Wissen für die Praxis

WALHALLA

Effertz · Bach-Terhorst

TV-L Kommentar 2025

Jahrbuch zum Tarifvertrag der Länder mit allen wichtigen Tariftexten und den Entgeltordnungen

Bibliografische Information der Deutschen Nationalbibliothek

Die Deutsche Nationalbibliothek verzeichnet diese Publikation in der Deutschen Nationalbibliografie; detaillierte bibliografische Daten sind im Internet über www.dnb.de abrufbar.

Zitiervorschlag:
Effertz/Bach-Terhorst, TV-L Kommentar 2025
Walhalla Fachverlag, Regensburg 2024

Hinweis: Unsere Werke sind stets bemüht, Sie nach bestem Wissen zu informieren. Alle Angaben in diesem Buch sind sorgfältig zusammengetragen und geprüft.
Durch Neuerungen in der Gesetzgebung, Rechtsprechung sowie durch den Zeitablauf ergeben sich zwangsläufig Änderungen. Bitte haben Sie deshalb Verständnis dafür, dass wir für die Vollständigkeit und Richtigkeit des Inhalts keine Haftung übernehmen.
Bearbeitungsstand: 25. Oktober 2024

Produktion: Walhalla Fachverlag, 93042 Regensburg
Umschlaggestaltung: grubergrafik, Augsburg
Printed in Germany
ISBN 978-3-8029-7943-9

ROE-CPI- 1224-18253-O

Das aktuelle Tarifrecht der Länder 2025

Seit dem letzten Tarifabschluss vom 9. Dezember 2023 sind einige Monate verstrichen, die die Tarifpartner genutzt haben, die vereinbarten Eckpunkte in förmliches Tarifrecht umzusetzen. Dieser Jahrbuch-Kommentar enthält die entsprechenden Texte.

Auf die nachfolgenden Änderungen des Tarifrechts möchten wir Sie besonders aufmerksam machen:

1. Erhöhung der Entgelte

Die Tabellenentgelte wurden zum 1. November 2024 einheitlich um 200 Euro angehoben. Zum 1. Februar erfolgt eine weitere Erhöhung um 5,5 Prozent. Wenn durch diese beiden Schritte keine Mindesterhöhung von 340 Euro erzielt wird, wird zum 1. Februar 2025 die Gesamterhöhung auf 340 Euro festgesetzt.

Tarifliche Zulagen und sonstige Entgeltbestandteile, für die eine Dynamisierung bei allgemeinen Entgeltanpassungen vereinbart ist, wurden ab dem 1. November 2024 um 4,76 Prozent (von den Tarifvertragsparteien umgerechneter Festbetrag) erhöht. Zum 1. Februar 2025 erfolgt eine weitere Erhöhung analog der Anhebung der Tabellenentgelte um 5,5 Prozent.

2. Auszubildende, dual Studierende, Praktikanten

Die Entgelte für Auszubildende, dual Studierende sowie Praktikantinnen und Praktikanten werden zum 1. November 2024 um 100 Euro und zum 1. Februar 2025 um weitere 50 Euro erhöht.

Eine grundlegende Neuerung gibt es bei der Übernahme-„Garantie“: Auszubildende bzw. Studierende, die ihre Ausbildung bzw. das Studium mindestens mit der Gesamtnote „Befriedigend“ abgeschlossen haben, sind fortan bei dienstlichem bzw. betrieblichem Bedarf im unmittelbaren Anschluss an das Ausbildungs- bzw. Studienverhältnis in ein unbefristetes Arbeitsverhältnis zu übernehmen, falls keine personenbedingte, verhaltensbedingte, betriebsbedingte oder gesetzliche Gründe entgegenstehen.

Bisher war bei Auszubildenden zuerst nur eine befristete Übernahme und im Anschluss bei Bewährung ein unbefristetes Arbeitsverhältnis vorgesehen; für Studierende gab es bislang keine entsprechende Bestimmung.

Die neuen Regelungen gelten seit dem 1. Oktober 2023 bis zunächst zum 31. Oktober 2025.

3. Sozial- und Erziehungsdienst

Verbesserungen haben sich auch für Beschäftigte im Sozial- und Erziehungsdienst ergeben:

Zum 1. Oktober 2024 sind die besonderen Stufenlaufzeiten bzw. abweichenden Endstufen weggefallen. Die statische Heimzulage ist von 61,36 Euro auf 100 Euro, von 40,90 Euro auf 65 Euro bzw. von 30,68 Euro auf 50 Euro angehoben worden.

Beschäftigte dieser Berufsgruppen in den Stadtstaaten (Berlin, Bremen, Hamburg) erhalten eine zusätzliche SuE-Zulage, die je nach Einsatzbereich Unterschiede in der Höhe vorsieht.

4. Hauptstadtzulage

Die in der Tarifeinigung vom 9. Dezember 2023 vereinbarte Tarifierung der Hauptstadtzulage ist in einem eigenständigen Tarifvertrag umgesetzt worden, nämlich dem „Tarifvertrag über die Gewährung einer Hauptstadtzulage (TV Hauptstadtzulage). Er tritt zum 1. April 2025 in Kraft und bezweckt, die besondere hauptstadtbedingte Konkurrenzsituation auszugleichen. Die Zulage beträgt 150 Euro monatlich und besteht aus einem – von den Beschäftigten „abwählbaren" – Zuschuss zum ÖPNV-Ticket zzgl. dem Differenzbetrag zu 150 Euro.

Weitere Änderungen, die sich aus der aktuellen Tarifrunde ergeben haben, werden ausführlich in einem **Sonderbeitrag** zur **Umsetzung der Tarifeinigung 2023** dargestellt.

Eine zusätzliche Arbeitshilfe stellen die ergänzend abgedruckten **gesetzlichen Regelungen** dar, etwa das Arbeitszeitgesetz, das Teilzeit- und Befristungsgesetz und das Kündigungsschutzgesetz. Sie erleichtern das Arbeiten mit dem von den Tarifpartnern bewusst schlank gehaltenen Tarifrecht, das in Teilbereichen auf eigene Regelungen verzichtet, sodass gesetzliche Bestimmungen zur Anwendung gelangen.

Kompakt und handlich enthält dieses Jahrbuch die folgenden Tarifvorschriften:

- TV-L mit fachlicher Kommentierung
- TVÜ-Länder (Tarifvertrag zur Überleitung der Beschäftigten der Länder in den TV-L und zur Regelung des Übergangsrechts) mit Hinweisen zur praktischen Umsetzung der Vorschriften
- Entgeltordnung zum TV-L mit ausführlichen Erläuterungen zu den Hintergründen, der Struktur und Technik der Entgeltordnung
- Tarifvertrag über die Eingruppierung und die Entgeltordnung für die Lehrkräfte der Länder (TV EntgO-L)
- Tarifvertrag für Auszubildende in Ausbildungsberufen nach dem Berufsbildungsgesetz (TVA-L BBiG) sowie in Pflege- und Gesundheitsberufen (TVA-L Pflege und TVA-L Gesundheit)
- Tarifvertrag für dual Studierende der Länder in ausbildungsintegrierten dualen Studiengängen (TVdS-L)
- Tarifvertrag für die Praktikantinnen/Praktikanten der Länder (TV Prakt-L)
- Tarifvertrag für Ärztinnen und Ärzte an Universitätskliniken (TV-Ärzte) und Überleitungstarifvertrag (TVÜ-Ärzte)

Selbstverständlich enthält das Jahrbuch auch die von der Tarifreform unberührt gebliebenen Tarifverträge zur betrieblichen Altersversorgung (Zusatzversorgung), zu den Personalunterkünften und zum Rationalisierungsschutz in ihrer aktuellen Fassung, die auch nach dem In-Kraft-Treten des TV-L die Rechtsgrundlage für tarifvertragliche Leistungen bilden.

Wir wünschen Ihnen mit der diesjährigen Ausgabe 2025 des TV-L Kommentars ein zuverlässiges und erfolgreiches Arbeiten.

Bearbeiter und Verlag

Schnellübersicht

Aktuelle Schwerpunkte

Abschnitt I
Aktuelles Tarifrecht

Abschnitt II
Tarifvertrag für den öffentlichen Dienst der Länder und Überleitungstarifvertrag

Abschnitt III
Tarifrecht der Auszubildenden, Praktikanten, Schüler und Studierenden

Abschnitt IV
Eingruppierung

Abschnitt V
Eingruppierung Lehrkräfte

Abschnitt VI
Tarifrecht TdL – Marburger Bund

Abschnitt VII
Weiteres Tarifrecht der Länder

Abschnitt VIII
Alters- und Hinterbliebenenversorgung

Abschnitt I
Aktuelles Tarifrecht

I

TV-L Trends

Schwerpunktbeitrag

Tarifeinigung und aktuelle Tarifverträge

TV-L Trends 2025

Von Andreas Bach-Terhorst

Durch wichtige Entscheidungen der Gerichte und ergänzende neue Tarifverträge hat der TV-L für den Bereich der Länder zahlreiche Änderungen erfahren. Die aktuellen Trends für das Jahr 2025 und ihre Auswirkungen für die Beschäftigten werden im Folgenden hervorgehoben. Die Änderungen im Tarifrecht orientieren sich am Aufbau des TV-L und sind den einzelnen Vorschriften zugeordnet. Es folgen neue Vereinbarungen aus Tarifverträgen. Alle dargestellten Themen sowie weitere Punkte sind in die Erläuterungen der Vorschriften eingearbeitet, auf die jeweiligen Fundstellen wird hingewiesen.

Änderungen des Nachweisgesetzes (§ 2 TV-L)

Mit dem im Gesetz zur Umsetzung der Richtlinie (EU) 2019/1152 des Europäischen Parlaments und des Rates vom 20. Juni 2019 über transparente und vorhersehbare Arbeitsbedingungen in der Europäischen Union im Bereich des Zivilrechts und zur Übertragung von Aufgaben an die Sozialversicherung für Landwirtschaft, Forsten und Gartenbau vom 20. Juli 2022 (BGBl. I S. 1174) wurde u. a. das Gesetz über den Nachweis der für ein Arbeitsverhältnis geltenden wesentlichen Bedingungen (Nachweisgesetz – NachwG) geändert. Daneben enthält dieses Gesetz Änderungen im BBiG (im Wesentlichen erweiterte Dokumentationspflichten in Bezug auf die geltenden Ausbildungsbedingungen). Die Niederschrift nach dem NachwG (siehe hierzu auch das unter 250 Anhang 10 abgedruckte Muster) ist an die geänderten Rahmenbedingungen angepasst worden.

Durch das am 26. September 2024 vom Bundestag verabschiedete „Vierte Bürokratieentlastungsgesetz (BEG IV)" wurde das NachwG noch einmal punktuell geändert. Nach § 2 Abs. 1 Satz 1 NachwG sind Arbeitgeber bislang verpflichtet, die wesentlichen Bedingungen eines Arbeitsvertrages schriftlich niederzulegen. Die europäische Richtlinie über transparente und vorhersehbare Arbeitsbedingungen (RL 2019/1152) fordert jedoch nicht die Einhaltung der Schriftform, sondern lässt auch den Nachweis der Arbeitsbedingungen in elektronischer Form zu. Die Bundesregierung hat sich im Vierten Bürokratieentlastungsgesetzes darauf verständigt, die Schriftform im Nachweisgesetz durch die Textform (§ 126b BGB) zu ersetzen.

Kopftuchverbot in der Verwaltung (§ 3 TV-L)

In vorangegangenen Ausgaben wurde an dieser Stelle die jüngste Rechtsprechung des BAG im Zusammenhang mit einer arbeitgeberseitigen Untersagung des Tragens eines Kopftuches im Kindergarten thematisiert. Der EuGH hat mit Urteil vom 28. November 2023 – C-148/22 – seine bisherige Rechtsprechung zum Tragen sichtbarer Zeichen weltanschaulicher/religiöser Überzeugungen am Arbeitsplatz bestätigt und auf den „Bereich der Verwaltung" erstreckt. Danach dürfen Behörden Mitarbeiterinnen grundsätzlich das Tragen eines Kopftuches verbieten, auch wenn die Mitarbeiterinnen selbst gar keinen „Publikumskontakt" haben. Ein solches Verbot ist nach Auffassung des EuGH solange nicht diskriminierend, wie religiöse Zeichen in der betreffenden Verwaltung **allgemein** verboten sind.

Personalgestellung (§ 4 Abs. 3 TV-L)

Eine Personalgestellung gem. § 4 Abs. 3 TV-L fällt nicht in den Anwendungsbereich der Europäischen Richtlinie über Leiharbeit (2008/104/EG). Das hat der Europäische Gerichtshof (EuGH) am 22. Juni 2023 – C-427/21 – entschieden. Es bleibt folglich dabei, dass die Bereichsausnahme des § 1 Abs. 3 Nr. 2b Arbeitnehmerüberlassungsgesetz greift und öffentliche Arbeitgeber eine Personalgestellung auf Grundlage von § 4 Abs. 3 TV-L vornehmen können. Das BAG hat zwischenzeitlich zur gleichlautenden Regelung in § 4 Abs. 3 TVöD entsprechend der vorgenannten Entscheidung des EuGH vom 22. Juni 2023 geurteilt (Urteil des BAG vom 25. Januar 2024 – 6 AZR 390/20 –). Damit setzt das BAG – für die Praxis höchst relevant – einen Schlusspunkt hinter die lang umstrittene Frage. Die Bereichsausnahme des § 1 Abs. 3 Nr. 2b AÜG stelle nach Auffassung des BAG insbesondere keinen Verstoß gegen den von Art. 3 Abs. 1 GG geschützten Gleichheitssatz dar, weil es bei der Personalgestellung nämlich nicht darum gehe, mit einer dauerhaften Verleihung des Beschäftigten das Verbot von Ketteneinsätzen zu umgehen, sondern dem Beschäftigten vielmehr dauerhaft die Sicherheit seines an sich verlorenen Arbeitsplatzes im öffentlichen Dienst erhalten bleiben soll.

Rückzahlungsvereinbarungen (§ 5 TV-L)

Rückzahlungsvereinbarungen sind nicht untersagt und damit grundsätzlich zulässig, soweit die Qualifizierungsmaßnahme selbst einer Rückzahlungsvereinbarung zugänglich ist (BAG-Urteil vom 1. 3. 2022 – 9 AZR 260/21). Eine Regelung, nach der sich der Arbeitnehmer an den Kosten einer Ausbildungsmaßnahme zu beteiligen hat, stellt nach der Rechtsprechung des BAG keine generelle unangemessene Benachteiligung dar. Gesetzlich sind Form, Inhalt und Gestaltung von Rückzahlungsvereinbarungen jedoch nicht geregelt. Das BAG musste sich in 2023 erneut mit dem Inhalt einer Rückzahlungsvereinbarung auseinandersetzen und kam in seinem Urteil vom 25. April 2023 – 9 AZR 187/22 – zu dem Schluss, dass im Urteilsfall die Rückzahlungsklausel eine unangemessene Benachteiligung der Arbeitnehmerin im Sinne des § 307 Abs. 1 Satz 1 BGB darstelle, da in der Vereinbarung nicht danach differenziert werde, aus welchen Gründen die Arbeitnehmerin nicht an der maßgeblichen Prüfung teilgenommen hat.

Der TV-L enthält (anders als der BAT als Vorgängerregelung) keine diesbezügliche tarifvertragliche Regelung. Im Umkehrschluss steht § 5 TV-L der Vereinbarung einer solchen Rückzahlungsklausel in der Qualifizierungsvereinbarung nach § 5 Abs. 5 TV-L bzw. einer individuellen Vereinbarung grundsätzlich nicht entgegen. Es ist davon auszugehen, dass sich die Gerichte in den kommenden Jahren immer wieder mit den verschiedensten Fallgestaltungen von Rückzahlungsvereinbarungen befassen werden. Vor diesem Hintergrund sind Arbeitgeber gut beraten, wenn sie sich im Vorfeld des Abschlusses einer Rückzahlungsvereinbarung erneut mit der einschlägigen Rechtsprechung vertraut machen. Denn durch eine nichtige Rückzahlungsvereinbarung hat der Arbeitgeber nichts gewonnen.

Arbeitszeiterfassung (§ 6 TV-L)

Das BAG hat mit seinem Beschluss vom 13. September 2022 – 1 ABR 22/21 – für großes Aufsehen gesorgt. Mit der Darlegung, dass Arbeitgeber bereits nach derzeit geltendem Recht (§ 3 Abs. 2 Nr. 1 ArbSchG) verpflichtet sind, Arbeitszeiterfassungssysteme einzuführen, hat das BAG eine weitreichende Grundsatzentscheidung getroffen. Allerdings lässt das BAG auch nach Vorliegen der Entscheidungsgründe viele Detailfragen offen und überlässt es dem Gesetzgeber, an dieser Stelle Licht ins Dunkel zu bringen. Hoffnung brachte da die Ankündigung des Bundesministeriums für Arbeit und Soziales (BMAS), in 2023 einen praxistauglichen Vorschlag für die Ausgestaltung der Arbeitszeiterfassung im Arbeitszeitgesetz vorzulegen.

Mit der Entscheidung des BAG stand insbesondere fest, dass Arbeitgeber Beginn, Dauer und Ende der Arbeitszeit (inkl. Überstunden und Pausenzeiten) erfassen und aufzeichnen müssen. Das System müsse entsprechend den Vorgaben des EuGH objektiv, verlässlich und zugänglich sein. Eine elektronische Zeiterfassung sei nach dem Urteil des BAG nicht zwingend geboten. Auch eine Delegation der Aufzeichnung an die Beschäftigten sei grundsätzlich zulässig.

Der TV-L enthält in den einschlägigen Vorschriften zur Arbeitszeit (§§ 6 ff.) keine eigenständigen Bestimmungen zur Erfassung ebendieser.

Das BMAS hat mit Datum 18. April 2023 den Referentenentwurf für ein Gesetz zur Änderung des Arbeitszeitgesetzes und anderer Vorschriften veröffentlicht. Nach § 16 Abs. 2 Satz 1 ArbZG in der Entwurfsfassung ist der Arbeitgeber verpflichtet, Beginn, Ende und Dauer der täglichen Arbeitszeit der Arbeitnehmer jeweils am Tag der Arbeitsleistung elektronisch aufzuzeichnen. Mit der elektronischen Aufzeichnung geht der Gesetzentwurf wesentlich über das Urteil des BAG hinaus. Nach § 16 Abs. 7 Nr. 1 ArbZG in der Entwurfsfassung soll jedoch von der elektronischen Aufzeichnung in einem Tarifvertrag oder auf Grund eines Tarifvertrages in einer Betriebs- oder Dienstvereinbarung abgewichen werden können. Für kleine und mittlere Unternehmen sollen diesbezüglich Übergangsregelungen gelten (§ 16 Abs. 8 ArbZG in der Entwurfsfassung). § 16 Abs. 7 Nr. 3 ArbZG in der Entwurfsfassung sieht zudem vor, dass in einem Tarifvertrag oder auf Grund eines Tarifvertrags in einer Betriebs- oder Dienstvereinbarung zugelassen werden kann, dass die Pflicht zur Aufzeichnung (§ 16 Abs. 2 Satz 1 ArbZG in der Entwurfsfassung) nicht bei Arbeitnehmern gilt, bei denen die gesamte Arbeitszeit wegen der besonderen Merkmale der ausgeübten Tätigkeit nicht gemessen oder nicht im Voraus festgelegt wird oder von den Arbeitnehmern selbst festgelegt werden kann. Die Voraussetzungen für die Anwendung dieser Regelung können nach der Gesetzesbegründung etwa bei Führungskräften, herausgehobenen Experten oder Wissenschaftlern gegeben sein, die nicht verpflichtet sind, zu festgesetzten Zeiten am Arbeitsplatz anwesend zu sein, sondern über den Umfang und die Einteilung ihrer Arbeitszeit selbst entscheiden können. Aufgrund ihrer Sachnähe können die Tarifvertragsparteien (oder auf Grundlage eines Tarifvertrags die Betriebspartner) festlegen, für welche Arbeitnehmerinnen und Arbeitnehmer die Voraussetzungen zutreffen.

Zunächst bleibt die weitere Entwicklung im Gesetzgebungsverfahren abzuwarten. Sollten die vorgenannten Entwürfe in einen Gesetzestext umgesetzt werden, wird es den Tarifvertragsparteien vorbehalten bleiben, ggf. Ausnahmeregelungen auf Grundlage von § 16 Abs. 7 ArbZG in der Entwurfsfassung zu vereinbaren. Bis Ende September 2024 war kaum noch eine Bewegung im Gesetzgebungsverfahren festzustellen. Es bleibt abzuwarten, ob sich das Kabinett des Themas noch in dieser Legislaturperiode annehmen wird.

Mehrarbeitsvergütung für Teilzeitbeschäftigte (§ 7 Abs. 6 TV-L)

Mit der Regelung in Absatz 6 greifen die Tarifpartner den Sachverhalt auf, dass Teilzeitbeschäftigte über das mit ihnen individuell vereinbarte Arbeitspensum hinaus zusätzliche Arbeit leisten. Diese Mehrarbeit führt – so lange nicht die Regelarbeitszeit eines vollbeschäftigten Arbeitnehmers erreicht bzw. überschritten wird – nicht zu mit Zuschlägen vergütenden Überstunden, sondern gem. § 8 Abs. 4 TV-L zu lediglich mit der anteiligen Vergütung zu bezahlender Mehrarbeit. Erst beim Überschreiten der Regelarbeitszeit eines Vollbeschäftigten entstehen auch bei teilzeitbeschäftigten Arbeitnehmern Überstunden.

Die Rechtmäßigkeit dieser Verfahrensweise war höchstrichterlich mehrfach bestätigt worden (siehe BAG-Urteil vom 25. Juli 1996 – 6 AZR 138/94 – und vom 26. April 2017 – 10 AZR 589/15). Sie hielt demnach auch einer kritischen Betrachtung im Hinblick auf das nach dem Teilzeit- und Befristungsgesetz (TzBfG) zu beachtende Nachteilsverbot Teilzeitbeschäftigter und vergleichbare europarechtliche Grenzen stand; denn auch Vollbeschäftigte erhalten Überstundenzuschläge erst, wenn die durchschnittliche regelmäßige wöchentliche Arbeitszeit überschritten ist. Diese Auffassung wurde durch das zum Manteltarifvertrag Systemgastronomie ergangene gegenteilige Urteil des BAG vom 19. Dezember 2018 – 10 AZR 231/18 – zwar vorübergehend erschüttert. Mit Urteil vom 15. Oktober 2021 – 6 AZR 253/19 – hat das BAG dann aber erneut entschieden, dass Teilzeitbeschäftigte für Mehrarbeitsstunden, die nicht die regelmäßige Arbeitszeit von Vollbeschäftigten überschreiten, keinen Anspruch auf Überstundenentgelt haben und die zwischenzeitliche Rechtsunsicherheit zunächst beseitigt.

Dem Anschein nach kehrte mit dieser 2021er Entscheidung des BAG etwas Ruhe in die Rechtsproblematik ein. In einer anderen diesbezüglich zu entscheidenden Sache hat das BAG jedoch beschlossen, das Verfahren zunächst auszusetzen und dem EuGH entsprechende Fragen zur Vorabentscheidung vorzulegen. Der EuGH hat mit Urteil vom 19. Oktober 2023 – C-660/20 – hierzu entschieden, dass Teilzeitbeschäftigte nicht schlechter behandelt werden dürfen, wenn es darum geht, eine erhöhte Vergütung wegen Überschreitung einer bestimmten Zahl an Arbeitsstunden zu erhalten. Die dem Urteilsfall zugrundeliegende „Mehrarbeitsvergütungsregelung" aus der Privatwirtschaft ähnelt der Regelung für Überstundenzuschläge in § 8 Abs. 1 Satz 2 Buchst. a) i. V. m. § 7 Abs. 7 und 8 TV-L. Es bleibt abzuwarten, wie das BAG in dem zunächst ausgesetzten Urteilsfall entscheiden wird und welche Folgerungen aus dem noch ausstehenden Urteil für die Überstundenregelungen in den Tarifverträgen des öffentlichen Dienstes zu ziehen sind. Bemerkenswert an dem Urteil des EuGH ist, dass dieser die einzelnen Entgeltbestandteile isoliert voneinander betrachtet. Dies mit der Folge, dass Arbeitnehmer in

Teilzeit bei gleichem Arbeitsumfang wie Vollzeitarbeitnehmer eine höhere Vergütung als Arbeitnehmer in Vollzeit erreichen.

Am 29. Juli 2024 hat der EuGH (C-184/22 und C-185/22) in einem ebenfalls vom BAG vorgelegten Fall an seiner Entscheidung aus Oktober 2023 festgehalten und präzisiert, dass ein Tarifvertrag, der die Zahlung von Überstundenzuschlägen an Teilzeitbeschäftigte nur für Arbeitsstunden vorsieht, die über die regelmäßige Arbeitszeit eines vergleichbaren Vollzeitbeschäftigten hinaus gearbeitet werden, zum einen eine Schlechterbehandlung von Teilzeitbeschäftigten und zum anderen eine mittelbare Diskriminierung aufgrund des Geschlechts darstelle.

Darlegungs- und Beweislast bei Überstunden (§ 7 Abs. 7 TV-L)

Das BAG hat in seinem Urteil vom 4. Mai 2022 – 5 AZR 359/21 – klarstellend entschieden, dass die auf Unionsrecht beruhende Pflicht zur Einführung eines Systems zur Messung der vom Arbeitnehmer geleisteten täglichen Arbeitszeit die vielfach bestätigten Grundsätze zur Verteilung der Darlegungs- und Beweislast im Fall von Überstunden nicht ändert. Nach Auffassung des BAG haben Arbeitnehmer zur Begründung einer Klage auf Vergütung geleisteter Überstunden weiterhin darzulegen, dass sie Arbeit in einem die Normalarbeitszeit übersteigenden Umfang geleistet haben und vorzutragen, dass der Arbeitgeber die geleisteten Überstunden ausdrücklich oder konkludent angeordnet, geduldet oder nachträglich gebilligt hat. Die auf Unionsrecht beruhende Pflicht zur Einführung eines Systems zur Messung der vom Arbeitnehmer geleisteten täglichen Arbeitszeit ändere die vom BAG entwickelten Grundsätze zur Verteilung der Darlegungs- und Beweislast nicht.

Maßgeblicher Ort für einen Anspruch auf Feiertagszuschlag (§ 8 Abs. 1 TV-L)

In einem Verfahren vor dem BAG stritten sich zwei Parteien über einen Anspruch auf tariflichen Feiertagszuschlag nach § 8 Abs. 1 Satz 2 Buchst. d) i. d. F. des § 43 Nr. 5 Abs. 1 Unterabs. 1 Satz 2 Buchst. d) TV-L. Der Kläger ist in Nordrhein-Westfalen in einem Klinikum beschäftigt und nahm in der Zeit vom 1. November 2021 bis 5. Dezember 2021 an einem Lehrgang in Hessen teil. „Allerheiligen" am 1. November eines jeden Jahres ist in Nordrhein-Westfalen ein gesetzlicher Feiertag, in Hessen jedoch nicht. Die Anreise am 1. November 2021 wurde seitens der Beklagten als Dienstreise behandelt und der Kläger leistete an diesem Tag für seinen Arbeitgeber zehn Stunden Arbeit. Der Kläger verlangte für diesen Tag jedoch nicht nur die Gutschrift von zehn Stunden auf sein Arbeitszeitkonto, sondern forderte darüber hinaus einen Feiertagszuschlag. Nach Auffassung des Klägers seien für die Berücksichtigung des tariflichen Feiertagszuschlags die rechtlichen und tatsächlichen Verhältnisse am gewöhnlichen Arbeitsort (hier: Nordrhein-Westfalen) entscheidend. Das beklagte Klinikum meinte hingegen, dass ein Anspruch auf Zahlung des Feiertagszuschlags die tatsächliche Erbringung von Arbeitsleistung an einem Arbeitsort voraussetze, für den ein gesetzlicher Feiertag festgelegt sei. Das BAG entschied letztlich mit Urteil vom 1. August 2024 – 6 AZR 38/24 –, dass sich der Anspruch auf Feiertagszuschläge danach richtet, ob am regelmäßigen Beschäftigungsort (hier: Nordrhein-Westfalen) ein gesetzlicher Feiertag ist. Vorsicht ist bei dieser Feststellung des BAG insbesondere vor dem Hintergrund geboten, dass es nach Kenntnis des Verfassers z. B. bei der steuerrechtlichen Beurteilung nach § 3b EStG auf die Verhältnisse am tatsächlichen Tätigkeitsort (hier: Hessen) ankommt.

Zulagen für ständige und unständige (Wechsel-)Schichtarbeit (§ 8 Abs. 7 und 8 TV-L)

Das BAG hat mit Urteil vom 22. Februar 2023 – 10 AZR 332/20 – entschieden, dass eine Regelung in einem Tarifvertrag, die für unregelmäßige Nachtarbeit einen höheren Zuschlag vorsieht als für regelmäßige Nachtarbeit, dann nicht gegen den allgemeinen Gleichheitssatz des Art. 3 Abs. 1 Grundgesetz verstößt, wenn ein sachlicher Grund für die Ungleichbehandlung gegeben ist. Ein solcher kann darin liegen, dass mit dem höheren Zuschlag neben den spezifischen Belastungen durch die Nachtarbeit auch die Belastungen durch die geringere Planbarkeit eines Arbeitseinsatzes in unregelmäßiger Nachtarbeit ausgeglichen werden sollen.

Im TV-L wird zwar bei den Nachtzuschlägen nicht zwischen regelmäßiger und unregelmäßiger Nachtarbeit unterschieden. Der TV-L sieht allerdings bei der (Wechsel-)Schichtzulage eine vergleichbare Differenzierung zwischen ständiger und nicht ständiger (Wechsel-) Schichtarbeit vor – siehe § 8 Abs. 7 und 8 TV-L.

Hemmung der Stufenlaufzeit während Elternzeit (§ 17 Abs. 3 Satz 2 TV-L)

Die Hemmung der Stufenlaufzeit während der Inanspruchnahme von Elternzeit nach § 17 Abs. 3 Satz 2 TV-L verstößt nicht gegen höherrangiges Recht. Sie führt nach Auffassung des BAG insbesondere nicht zu einer Diskriminierung wegen des Geschlechts oder zu einer unzulässigen Benachteiligung von Arbeitnehmern in Elternzeit. Dies entschied das BAG mit Urteil vom 22. Februar 2024 – 6 AZR 126/23 – zur vergleichbaren Regelung in § 17 Abs. 3 Satz 2 TVöD. Der Entscheidung lag der Fall einer Beschäftigten im Geltungsbereich des TVöD zugrunde, welche in der Zeit von 2013 bis 2021 verschiedene Elternzeiten in Anspruch nahm. Während dieser Zeiten kam es zu Stufenlaufzeithemmungen gem. § 17 Abs. 3 Satz 2 TVöD, welche dafür ursächlich waren, dass die Beschäftigte im Vorfeld einer Höhergruppierung die reguläre Stufenlaufzeit der Stufe 4 nicht absolvieren konnte und es dadurch im Zeitpunkt der Höhergruppierung zum Wegfall der bereits absolvierten Stufenlaufzeit in Stufe 4 kam. Die elternzeitbedingten Hemmungen der Stufenlaufzeit führten dazu, dass die Beschäftigte die Stufe 5 erst 5 Jahre und 2 Monate später erreichte. Die Beschäftigte vertrat die Auffassung, dass die tarifliche Regelung gegen höherrangiges Recht verstoße. Das BAG hingegen hat mit seinem Urteil die Rechtmäßigkeit der tariflichen Regelung bestätigt. Das Gericht argumentiert unter anderem damit, dass die Tarifvertragsparteien nicht für einen Ausgleich der Nachteile sorgen müssen, die sich für die Beschäftigten daraus ergeben, dass nach der gesetzlichen Ausgestaltung das Arbeitsverhältnis in der Zeit des Erziehungsurlaubs ruht.

Stufenlaufzeit bei Korrektur der Eingruppierung (§ 17 Abs. 4 TV-L)

Das BAG hat mit Urteil vom 8. Dezember 2022 – 6 AZR 459/21 – entschieden, dass die Korrektur einer seit Beginn der Tätigkeit zu niedrigen Eingruppierung keine Höhergruppierung im Sinne des § 17 Abs. 4 TVöD (vergleichbare Regelung zu § 17 Abs. 4 TV-L) ist. Bei der Korrektur einer fehlerhaften Eingruppierung ist nach Auffassung des BAG zwischen den zwei nachfolgenden Fallgestaltungen zu differenzieren:

Keine Höhergruppierung im Tarifsinne liegt danach vor, wenn ein Beschäftigter seit der Einstellung aufgrund einer falschen Bewertung der unverändert auszuübenden Tätigkeit irrtümlich nach einer niedrigeren Entgeltgruppe vergütet worden ist und dieser Fehler nunmehr korrigiert werden soll. Aufgrund der Tarifautomatik bei der Eingruppierung (§ 12 TV-L) hat sich der Beschäftigte in diesem Fall eingruppierungsrechtlich schon seit dem Zeitpunkt, in dem die tariflichen Eingruppierungsmerkmale der höheren Entgeltgruppe erfüllt gewesen sind, in der höheren Entgeltgruppe befunden und hat daher seit diesem Zeitpunkt ununterbrochen Berufserfahrung erworben. In dieser Konstellation sei der Beschäftigte nach der Korrektur der Eingruppierung derjenigen Stufe zuzuordnen, die der Zeit in dieser Tätigkeit entspreche. Die Stufenzuordnung ist folglich nach § 16 TVöD in der höheren Entgeltgruppe neu vorzunehmen und nach der Stufenfindung die Stufenlaufzeit nachzuzeichnen. Die vergleichbare Regelung des § 17 Abs. 4 TVöD komme nicht zur Anwendung.

Von dieser Fallgestaltung ist nach Auffassung des BAG eine nach der Einstellung, d. h. im Laufe des Arbeitsverhältnisses aufgrund einer Tätigkeits- oder Regelungsveränderung eingetretene Höhergruppierung, die zunächst nur nicht umgesetzt worden ist, zu unterscheiden. Wird der Tarifautomatik später im Wege der sog. „korrigierenden Höhergruppierung" Rechnung getragen, handele es sich unverändert um eine Höhergruppierung im Sinne des vergleichbaren § 17 Abs. 4 TVöD. Die Tarifautomatik bewirke in diesem Fall, dass die Korrektur auf das Datum der Übertragung der Tätigkeit bzw. der Erfüllung des Tätigkeitsmerkmals zurückwirke. Dementsprechend beginnt in diesem Fall auch die Stufenlaufzeit rückwirkend ab dem Zeitpunkt der Höhergruppierung.

Aufgrund der Vergleichbarkeit der Vorschriften im TVöD und im TV-L bestehen nach Auffassung des Verfassers keine Bedenken, im Bereich des TV-L entsprechend der klarstellenden Rechtsprechung zum TVöD zu verfahren.

Anspruch auf tarifliche Jahressonderzahlung (§ 20 TV-L) und Corona-Sonderzahlung in der Freistellungsphase bei Altersteilzeit

Ein Anspruch auf die tarifliche Jahressonderzahlung bzw. die Corona-Sonderzahlung nach dem TV Corona-Sonderzahlung vom 25. Oktober 2020 besteht nach Auffassung des BAG auch dann, wenn sich der Beschäftigte im Zeitpunkt der jeweiligen Stichtagsregelung bereits in der Freistellungsphase einer Altersteilzeitbeschäftigung befindet. Dies hat das BAG in Bezug auf die mit § 20 TV-L vergleichbare Regelung des § 20 TVöD (VKA) sowie den mit dem TV Corona-Sonderzahlung vom 29. November 2021 (Länder) vergleichbaren TV Corona-Sonderzahlung vom 25. Oktober 2020 (Bund und Kommunen) entschieden. Dem Urteil des BAG vom 25. Juli 2023 – 9 AZR 332/22 – lag der Sachverhalt zugrunde, dass sich die Streitparteien in einem „Vertrag für Altersteilzeitarbeit nach dem TV FlexAZ" darauf verständigten, das Arbeitsverhältnis vom 1. November 2018 bis zum 31. August 2022 als Altersteilzeitarbeitsverhältnis im Blockmodell mit einer „Arbeitsphase" vom 1. November 2018 bis zum 30. September 2020 und einer „Freizeitphase" vom 1. Oktober 2020 bis zum 31. August 2022 fortzuführen. Unabhängig von der Verteilung der Arbeitszeit sollte das Arbeitsentgelt fortlaufend nach Maßgabe des § 7 Abs. 2 TV FlexAZ gezahlt werden. Die Jahre 2018 und 2019, in der die Beklagte jeweils mit der Vergütung für den Monat November die tarifvertragliche Jahressonderzahlung in Höhe der Hälfte des einer Vollzeitkraft geschuldeten Betrags leistete, waren unstrittig. Für das Jahr 2020 lehnte die Beklagte jedoch sowohl die Jahressonderzahlung als auch die einmalig zu gewährende Corona-Sonderzahlung ab. Das BAG entschied hinsichtlich der Ansprüche auf die Sonderzahlungen wie folgt:

a) Corona-Sonderzahlung

Arbeitnehmer, die sich – wie die Klägerin – zu dem in § 2 Abs. 1 TV Corona-Sonderzahlung festgelegten Stichtag am 1. Oktober 2020 in der Freistellungsphase ihrer Altersteilzeit befanden, können die Corona-Sonderzahlung entsprechend der vereinbarten Teilzeitquote (§ 2 Abs. 2 Satz 4 TV Corona-Sonderzahlung) beanspruchen. Die Corona-Sonderzahlung hänge nach dem Wortlaut von § 2 Abs. 1 TV Corona-Sonderzahlung allein vom Bestehen des Arbeitsverhältnisses zum maßgeblichen Stichtag und eines Entgeltanspruchs an einem Tag im Referenzzeitraum ab. Der Tarifwortlaut biete keine Anhaltspunkte dafür, dass die Corona-Sonderzahlung Beschäftigten vorbehalten sein soll, die – anders als Arbeitnehmer in der Freistellungsphase der Altersteilzeit im Blockmodell – eine tatsächliche Arbeitsleistung erbracht haben. Zwischen den Parteien habe am 1. Oktober 2020 ein (Altersteilzeit-)Arbeitsverhältnis bestanden und die Klägerin habe im Zeitraum zwischen dem 1. März und dem 31. Oktober 2020 an (mehr als nur) einem Tag Anspruch auf Entgeltzahlung gehabt. Entsprechend habe sie auch einen (anteiligen) Anspruch auf die Einmalzahlung.

b) Jahressonderzahlung

Gemäß § 20 Abs. 1 TVöD (VKA) haben Beschäftigte, die am 1. Dezember im Arbeitsverhältnis stehen, Anspruch auf eine Jahressonderzahlung. Die Jahressonderzahlung habe eine Art Vergütungscharakter und stelle daher eine Gegenleistung für die vom Arbeitnehmer erbrachte Arbeitsleistung dar. Nach § 7 Abs. 2 Satz 1 TV FlexAZ fließen in den Teilzeitquotienten der Freistellungsphase ausnahmslos alle in der Aktivphase verdienten Entgeltbestandteile einschließlich derjenigen ein, die den Beschäftigten während der Aktivphase als Einmalzahlungen zustehen. Sowohl der Wechsel der Klägerin vom Vollzeitarbeitsverhältnis in das Altersteilzeitarbeitsverhältnis als auch der Eintritt in die Freistellungsphase der Altersteilzeit stellen Einschnitte dar, die nach Auffassung des BAG eine Berechnung der Jahressonderzahlung nach Zeitabschnitten erforderlich machen:

- Die bis zum Beginn der Aktivphase der Altersteilzeit zurückgelegten Kalendermonate seien unstrittig bei der Berechnung der

Altersteilzeitvergütung nicht zu berücksichtigen. Die Regelung in § 7 Abs. 2 Satz 1 TV FlexAZ bestimme ausschließlich die Auszahlungsmodalitäten des in der Aktivphase der Altersteilzeit erarbeiteten Arbeitsentgelts; sie erfasse nicht frühere Zeiträume.

– Von dem auf die Kalendermonate nach Beginn der Altersteilzeit entfallenden Wert sei gemäß § 7 Abs. 2 Satz 1 TV FlexAZ die eine Hälfte mit der Jahressonderzahlung für das laufende Kalenderjahr auszuzahlen und die andere Hälfte in das Wertguthaben einzustellen. Für den Zeitraum, in dem sich der Altersteilzeitarbeitnehmer noch in der Aktivphase seiner Altersteilzeit befand, stehe ihm die (halbe) Jahressonderzahlung gemäß § 7 Abs. 2 Satz 1 TV FlexAZ anteilig zu. Für die Entstehung des Anspruchs sei es ohne rechtliche Bedeutung, wenn sich der Arbeitnehmer zu dem in § 20 Abs. 5 Satz 1 TVöD (VKA) bestimmten Fälligkeitstermin (mit dem Tabellenentgelt für November) bereits in der Freistellungsphase befinde. Das dem Arbeitgeber in § 20 Abs. 5 Satz 2 TVöD (VKA) eingeräumte Ermessen, einen Teilbetrag der Jahressonderzahlung zu einem früheren Zeitpunkt auszahlen zu können, sei deshalb nach der gebotenen gesetzeskonformen, mit § 4 Abs. 1 Satz 2 TzBfG im Einklang stehenden Auslegung des § 7 Abs. 2 Satz 1 TV FlexAZ eingeschränkt. Die Hälfte der Jahressonderzahlung ist danach bereits mit der Altersteilzeitvergütung des letzten Monats der Aktivphase anteilig zu zahlen.

Aufgrund der Vergleichbarkeit der Vorschriften im TVöD und im TV-L bestehen nach Auffassung des Verfassers keine Bedenken, im Bereich des TV-L entsprechend der Rechtsprechung zum TVöD zu verfahren.

Beweislast bei Vorliegen einer Wiederholungserkrankung (§ 22 TV-L)

Die Darlegungs- und Beweislast für das Vorliegen einer „Wiederholungserkrankung" im Sinne des § 22 Abs. 1 Satz 2 TV-L liegt grundsätzlich beim Arbeitgeber. Wenn der Arbeitgeber das Vorliegen einer Wiederholungserkrankung jedoch bestreitet, muss zunächst der Arbeitnehmer auf Verlangen des Arbeitgebers darlegen, dass seine Arbeitsunfähigkeit nicht auf einer Wiederholungserkrankung beruht. Dies hat das BAG mit Urteil vom 18. Januar 2023 – 5 AZR 93/22 – entschieden.

Kürzung des Urlaubsanspruchs bei Freistellung von der Arbeitsleistung wegen Impfverweigerung (§ 26 TV-L)

Das BAG musste sich in den vergangenen Monaten mit zahlreichen Fragestellungen im Zusammenhang mit der Corona-Pandemie auseinandersetzen. Auch zum Erholungsurlaub gab es dabei eine interessante Entscheidung. Im Fall einer Freistellung von der Arbeitsleistung infolge der Verweigerung der Corona-Impfung in einer Einrichtung mit einrichtungsbezogenen Impfpflichten kann der Anspruch auf Urlaub für die Freistellungszeit anteilig gekürzt werden (Urteil des BAG vom 19. Juni 2024 – 5 AZR 167/23 –). Das BAG stützt sich in seiner Entscheidung insbesondere darauf, dass nach nationalen und europäischen rechtlichen Wertungen der Arbeitnehmer tatsächlich gearbeitet haben müsse, um einen bezahlten Anspruch auf Erholungsurlaub zu erwerben.

Urlaubserinnerungsmanagement (§ 26 TV-L)

Das BAG hat am 20. Dezember 2022 gleich mit zwei Entscheidungen die Mitwirkungs- bzw. Hinweisobliegenheiten für Arbeitgeber im Zusammenhang mit den Urlaubsansprüchen der Beschäftigten erneut verschärft.

Das erste Urteil des BAG vom 20. Dezember 2022 – 9 AZR 245/19 – betrifft den Verfall von Urlaubsansprüchen bei längerer Krankheit des Arbeitnehmers. Das Gericht entschied, dass der Anspruch auf den gesetzlichen Mindesturlaub aus einem Urlaubsjahr, in dem der Arbeitnehmer tatsächlich gearbeitet hat, bevor er aus gesundheitlichen Gründen an der Inanspruchnahme seines Urlaubs gehindert war, regelmäßig nur dann nach Ablauf eines Übertragungszeitraums von 15 Monaten erlischt, wenn der Arbeitgeber ihn rechtzeitig in die Lage versetzt hat, seinen Urlaub in Anspruch zu nehmen. Dies folge aus einer richtlinienkonformen Auslegung des § 7 Abs. 1 und Abs. 3 BUrlG. Das BAG hat dies mit Entscheidung vom 28. März 2023 – 9 AZR 488/21 – bestätigt. Nicht von den Gerichten geklärt war in diesem Zusammenhang der Fall, in dem der Arbeitnehmer bereits in den ersten Tagen des Urlaubsjahres erkrankt und der Arbeitgeber seinen Hinweisobliegenheiten zu diesem Zeitpunkt noch nicht nachgekommen ist. Das BAG entschied mit Urteil vom 31. Januar 2023 – 9 AZR 107/20 –, dass in diesem Fall nur solche Urlaubstage nicht verfallen, die bis zum Eintritt der Arbeitsunfähigkeit auch in natura tatsächlich hätten erfüllt werden können.

In einer weiteren Entscheidung vom 20. Dezember 2022 – 9 AZR 266/20 – bestätigte das BAG, dass der gesetzliche Anspruch eines Arbeitnehmers auf bezahlten Jahresurlaub zwar der gesetzlichen Verjährung unterliege. Allerdings beginne die dreijährige Verjährungsfrist erst am Ende des Kalenderjahres, in dem der Arbeitgeber den Arbeitnehmer über seinen konkreten Urlaubsanspruch und die Verfallfristen belehrt und der Arbeitnehmer den Urlaub dennoch aus freien Stücken nicht genommen hat.

Im Lichte der jüngsten Rechtsprechung sind Arbeitgeber gut beraten, im Rahmen des „Urlaubserinnerungsmanagements" die Beschäftigten möglichst frühzeitig im Urlaubsjahr nicht nur auf die Fristen zum Verfall des Urlaubs hinzuweisen, sondern zudem auch auf die Verjährungsfristen und deren Beginn mit Ablauf des Urlaubsjahres. Nur Arbeitgeber, die ihren Hinweisobliegenheiten hinreichend nachkommen, können sich auf die Verjährung bzw. den Verfall von Urlaubsansprüchen berufen.

Verweigerung der Wiedereinstellung eines wegen Erreichens einer tarifvertraglichen Altersgrenze ausgeschiedenen Arbeitnehmers kann zugunsten eines jüngeren Bewerbers zulässig sein (§ 33 TV-L)

Das BAG hatte über eine Klage auf Entschädigung wegen Altersdiskriminierung i. H. v. 30.000 Euro zu entscheiden. Der Kläger (eine ehemalige Lehrkraft bei dem beklagten Land), der sich wegen Erreichens der Regelaltersgrenze in der gesetzlichen Rentenversicherung seit Anfang des Jahres 2018 im Ruhestand befindet, war seitdem immer mal wieder im Rahmen befristeter Arbeitsverhältnisse als Lehrkraft für das beklagte Land tätig. Auch Ende 2021 bewarb sich der Kläger erneut als Vertretungslehrkraft an einem Gymnasium des beklagten Landes. Auf die ausgeschriebene Vertretungsstelle bewarb sich zudem eine deutlich jüngere Lehrkraft. Anfang 2022 schlug die Schulleitung den im Ruhestand befindlichen Kläger zur Einstellung vor. Die zuständige Bezirksregierung wies die Schulleitung sodann darauf hin, dass bei einer beabsichtigten Einstellung eines Bewerbers, der die Regelaltersgrenze überschritten hat, zu bestätigen sei, „dass sich sonst niemand mit einer Lehramtsbefähigung beworben habe oder ... sehr detailliert und nachvollziehbar dargelegt und begründet [werden müsse], warum ggf. vorhandene Mitbewerber/-innen trotz einer vorhandenen Lehramtsbefähigung für die Übernahme der Vertretungsstelle weniger bzw. nicht ausreichend qualifiziert sind". Die Schulleitung teilte der Bezirksregierung daraufhin mit, dass sie den Kläger zwar für besser qualifiziert halte, gleichwohl aber die Besetzung der Vertretungsstelle mit dem Mitbewerber beantrage. Die Stelle wurde schließlich mit dem Mitbewerber besetzt. Der Kläger verlangt eine Entschädigung wegen Altersdiskriminierung. Schließlich sei er allein wegen seines Alters nicht eingestellt worden – dies sei nicht zu rechtfertigen. Die Altersgrenze des § 33 Abs. 1 Buchst. a) TV-L beziehe sich nur auf die Beendigung des Arbeitsverhältnisses.

Das Gericht lehnte die Entschädigungsforderung ab. Zwar geht auch das Gericht zunächst davon aus, dass der Kläger wegen seines Alters unmittelbar benachteiligt wurde, doch ist die unterschiedliche Behandlung des Klägers nach Auffassung des Gerichts im vorliegenden Fall nach § 10 Satz 1 und Satz 2 AGG zulässig. Sie sei durch ein legitimes Ziel (hier: Ausgewogene Beschäftigungsverteilung zwischen den Generationen) gerechtfertigt. Die einschlägigen Regelungen im TV-L entsprechen dieser Zielsetzung. Insbesondere sehe der TV-L keine generelle Höchstaltersgrenze für die Begründung von Arbeitsverhältnissen vor. § 33 Abs. 1 Buchst. a) TV-L ordne nur die Beendigung des Arbeitsverhältnisses mit Ablauf des Monats an, in dem die/der Beschäftigte das gesetzlich festgelegte Alter zum Erreichen der Regelaltersrente vollendet hat. Dies sei der im Allgemeininteresse liegende Grundsatz. Allerdings komme nach § 33 Abs. 5 Satz 1 TV-L die Weiterbeschäftigung des nach § 33 Abs. 1 Buchst. a) TV-L ausgeschiedenen Beschäftigten in Betracht. Die Möglichkeit der Wiedereinstellung nach Erreichen der Altersgrenze solle nach dem BAG-Urteil aber nur einer vorübergehenden Weiterbeschäftigung bei besonderem Bedarf und Fehlen jüngerer qualifizierter Bewerber dienen.

Tatbestände einer außerordentlichen Kündigung (§ 34 TV-L)

Das BAG muss immer wieder über verschiedene Gründe einer außerordentlichen Kündigung urteilen und erweitert damit stetig die Bandbreite der höchstrichterlich bestätigten „Beispielsfälle". Zu den jüngsten Entscheidungen gehören beispielsweise die nachstehenden Urteilsfälle:

Mit Urteil vom 14. Dezember 2023 – 2 AZR 55/23 – entschied das BAG, dass ein in der Patientenversorgung eingesetzter Arbeitnehmer, der im Geltungsbereich von § 20a IfSG i. d. F. vom 10. Dezember 2021 wahrheitswidrig behauptet, dass aufgrund einer ärztlichen Untersuchung festgestellt worden sei, dass er vorläufig nicht gegen das Coronavirus Sars-CoV-2 geimpft werden könne, in erheblicher Weise eine arbeitsvertragliche Nebenpflicht versetzt. Das BAG führt zudem aus, dass das vertragsnotwendige Vertrauen des Arbeitgebers in den Arbeitnehmer auch durch den untauglichen Versuch einer Täuschung über eine aufgrund ärztlicher Untersuchung festgestellte (vorläufige) Impfunfähigkeit irreparabel zerstört sein kann.

Einem weiteren Urteilsfall lag eine ernstliche Drohung des Arbeitnehmers mit Gefahren für Leib oder Leben von Vorgesetzten oder Arbeitskollegen und/oder deren Verwandten zugrunde. Das BAG hat in seinem Urteil vom 28. Februar 2023 – 2 AZR 194/22 – entschieden, dass – sofern kein allgemeiner Rechtfertigungsgrund eingreift – die ernstliche Drohung „an sich" als wichtiger Grund im Sinne von § 626 Abs. 1 BGB in Betracht kommt und eine außerordentliche Kündigung rechtfertigen kann.

Einem Urteilsfall aus August 2023 lag eine beleidigende und menschenverachtende Äußerung über Vorgesetzte und Kollegen in einer privaten Chatgruppe zugrunde. Der fristlos gekündigte Arbeitnehmer, der sich zuvor in einer privaten Chatgruppe in beleidigender, rassistischer, sexistischer und zu Gewalt aufstachelnder Weise über Vorgesetzte und Arbeitskollegen äußerte, wehrte sich gegen die Kündigung mit einer Kündigungsschutzklage. Er war der Ansicht, der Inhalt des Chat-Verlaufs dürfe vom Arbeitgeber nicht verwendet werden und dürfe auch im Rechtsstreit aufgrund der Vertraulichkeit der privaten Äußerung nicht verwertet werden. Das BAG entschied im Urteil vom 24. August 2023 – 2 AZR 17/23 –, dass sich Arbeitnehmer in solchen außerordentlichen Kündigungsfällen nur im Ausnahmefall auf eine berechtigte Vertraulichkeitserwartung berufen können, und bestätigte damit die außerordentliche Kündigung im zugrundeliegenden Urteilsfall.

Maßregelungsverbot und Arbeitszeugnis (§ 35 TV-L)

Das Maßregelungsverbot in § 612a BGB verbietet es Arbeitgebern, Arbeitnehmer, die ihre Rechte in zulässiger Weise ausüben, zu benachteiligen. Dies gilt nach Auslegung des BAG auch über die Beendigung des Arbeitsverhältnisses hinaus.

Eine ehemalige Assistentin der Geschäftsführung verlangte dreimal hintereinander die Korrektur eines vom Arbeitgeber ausgestellten Arbeitszeugnisses. Während in den ersten beiden Fassungen das Zeugnis mit einer Wunsch- und Dankesformel abschloss, enthielt die dritte Fassung die entsprechende Formel nicht mehr. Diese „erzieherische Maßnahme" der ehemaligen Arbeitgeberin hat das BAG mit Urteil vom 6. Juni 2023 – 9 AZR 272/22 – als Verstoß gegen das Maßregelungsverbot für unzulässig erklärt. Das berechtigte Verlangen der Zeugniskorrektur dürfe nicht zur Verschlechterung des Zeugnisses führen. Zwar stelle die Wunsch- und Dankesformel kein notwendiges Element eines qualifizierten Zeugnisses nach § 109 Abs. 1 GewO dar, dennoch sei die ehemalige Beschäftigte dadurch, dass die Formel in den ersten beiden Entwürfen enthalten war, durch die Herausnahme der Klausel unrechtmäßig benachteiligt worden.

Überleitung am 1. Januar 2020 in die S-Entgelttabelle (§ 29e Abs. 1 TVÜ-Länder)

Das BAG hat die Rechtmäßigkeit der Überleitung am 1. Januar 2020 in die S-Entgelttabelle nach § 29e Abs. 1 TVÜ-Länder mit Urteil vom 25. Januar 2024 – 6 AZR 119/23 – bestätigt. Das Gericht sieht weder ein Problem darin, dass § 29e TVÜ-Länder die Überleitung der Beschäftigten im Sozial- und Erziehungsdienst nicht von deren vorheriger Antragstellung abhängig macht, noch dass die Tarifvertragsparteien durch die Bildung des Vergleichsentgeltes lediglich den Besitzstand stichtagsbezogen zum 1. Januar 2020 schützen. Durch die konkrete Neuregelung im Sozial- und Erziehungsdienst beabsichtigten die Tarifvertragsparteien nach Auffassung des BAG nicht, „jedwede Verschlechterung" auch im Hinblick auf künftige Entgelterwartungen zu vermeiden. Vielmehr haben sie die dem neuen Entgeltsystem immanenten Nachteile, die durch den darin vorgesehenen verzögerten Stufenaufstieg für Beschäftigte vorübergehend eintreten können, in Kauf genommen. Im Übrigen wurden die teilweise längeren Stufenlaufzeiten für den Sozial- und Erziehungsdienst mit der Tarifeinigung vom 9. Dezember 2023 aufgehoben.

Corona-Sonderzahlung während einer Teilzeittätigkeit in Elternzeit (TV Corona-Sonderzahlung)

Das BAG musste sich in den vergangenen Jahren mit den verschiedensten Auslegungsfragen zum Tarifvertrag über eine einmalige Corona-Sonderzahlung vom 29. November 2021 (TV Corona-Sonderzahlung) befassen. Aus verschiedensten Gesichtspunkten ist die Entscheidung des BAG vom 4. Juli 2024 – 6 AZR 206/23 – zur Gewährung einer Corona-Sonderzahlung während einer Teilzeittätigkeit in Elternzeit besonders bemerkenswert. Eine Beschäftigte in Teilzeittätigkeit während Elternzeit klagte gegenüber dem Land, bei dem sie seit Februar 2021 beschäftigt ist, auf Gewährung der vollen Corona-Sonderzahlung. Das Land gewährte der Beschäftigten vor dem Hintergrund, dass sie sich vom 15. August 2021 bis zum 18. Juni 2022 in Elternzeit befand und zum maßgeblichen Stichtag (29. November 2021) einer Teilzeittätigkeit in Elternzeit von 15 Wochenstunden nachging, die Corona-Sonderzahlung lediglich im Umfang ihres Teilzeitanteils. Das Land stützte sich dabei auf § 2 Abs. 2 Satz 2 TV Corona-Sonderzahlung, wonach Teilzeitarbeit zu einem Anspruch „pro-rata-temporis" in entsprechender Anwendung von § 24 Abs. 2 TV-L führt. Für die Höhe der

Sonderzahlung sei aus Sicht der Klägerin jedoch maßgeblich, dass sie vor der Elternzeit in Vollzeit gearbeitet habe.

Das BAG bestätigte in seinem Urteil weitgehend das vorinstanzliche Urteil des LAG Mecklenburg-Vorpommern vom 13. Juli 2023 – 5 Sa 163/22 –, welches entschieden hatte, dass Beschäftigte, die während der Elternzeit bei ihrem Arbeitgeber in Teilzeit arbeiten, nach dem TV Corona-Sonderzahlung einen Anspruch auf eine Sonderzahlung in voller Höhe hätten, wenn sie vor Beginn der Elternzeit in Vollzeit tätig waren. Das BAG sieht den Knackpunkt darin, dass das Arbeitsverhältnis während der Elternzeit (teilweise) ruht. Die Arbeitsvertragsparteien vereinbaren bei der Inanspruchnahme von Elternzeit keine wöchentliche Arbeitszeit mit dem Faktor „null", sondern die Hauptleistungspflichten ruhen während der Elternzeit kraft Gesetzes (§§ 15 ff. BEEG). Das (teilweise) Ruhen des Arbeitsverhältnisses führe dazu, dass die Spezialregelung des § 2 Abs. 2 Satz 4 TV Corona-Sonderzahlung die allgemeine Teilzeitregelung des § 2 Abs. 2 Satz 2 TV Corona-Sonderzahlung verdränge.

Zwar liegt der TV Corona-Sonderzahlung bereits einige Zeit zurück, dennoch enthält der Tarifvertrag über Sonderzahlungen zur Abmilderung der gestiegenen Verbraucherpreise (TV Inflationsausgleich) vom 9. Dezember 2023 eine inhaltsgleiche Formulierung, sodass mit Spannung abzuwarten bleibt, ob das BAG die zuvor geschilderte Rechtsauffassung in den diesbezüglich noch anhängigen Verfahren verfestigen wird.

Corona-Sonderzahlung in der Ansparphase einer Teilzeittätigkeit im Blockmodell (TV Corona-Sonderzahlung)

In einem weiteren Verfahren hatte das BAG über die Höhe des Anspruchs auf eine Corona-Sonderzahlung während der Ansparphase einer Teilzeittätigkeit im Blockmodell zu entscheiden. Zum maßgeblichen Stichtag der Berechnung der Höhe des Anspruchs nach dem Tarifvertrag über eine einmalige Corona-Sonderzahlung vom 29. November 2021 (TV Corona-Sonderzahlung) befand sich die Klägerin, die bei dem beklagten Land als Grundschullehrerin tätig ist, in der Ansparphase einer Teilzeit im Blockmodell. Während der Ansparphase arbeitete sie tatsächlich im Umfang von 23/28 Wochenstunden. Für das Blockmodell wurde insgesamt ein Teilzeitumfang von 11,5/28 Wochenstunden vereinbart. Letzteren Schlüssel legte das beklagte Land bei der Berechnung der Höhe der Corona-Sonderzahlung zugrunde. Die Klägerin hingegen begehrte, dass die Höhe entsprechend ihrer tatsächlichen Arbeitszeit in der Ansparphase von

23/28 Wochenstunden berechnet wird. Das BAG entschied in seinem Urteil vom 4. Juli 2024 – 6 AZR 3/24 – (abweichend von den beiden vorausgegangenen Instanzen) zugunsten des beklagten Landes, dass zur Bestimmung der Höhe der Corona-Sonderzahlung nach § 2 Abs. 2 TV Corona-Sonderzahlung im Fall einer Teilzeitbeschäftigung im Blockmodell der Anteil der individuell vereinbarten durchschnittlichen Arbeitszeit an der regelmäßigen Arbeitszeit vergleichbarer Vollzeitbeschäftigter zugrunde zu legen ist. Dabei gilt für die gesamte Zeit im Blockmodell eine einheitliche Teilzeitquote (hier: 11,5/28), auch wenn die Arbeitszeit in der Anspar- und der Freistellungsphase ungleichmäßig verteilt ist.

Auch in dieser Frage bleibt zum Zeitpunkt des Redaktionsschlusses abzuwarten, ob das BAG die vorgenannte Rechtsauffassung in diesbezüglich anhängigen Verfahren zum Tarifvertrag über Sonderzahlungen zur Abmilderung der gestiegenen Verbraucherpreise (TV Inflationsausgleich) vom 9. Dezember 2023 verfestigen wird.

Anpassungen in der Pflegeversicherung zum 1. Juli 2023

Zum 1. Juli 2023 hat sich die Höhe des Beitrages zur Pflegeversicherung geändert. Hintergrund war u. a. die Entlastung kinderreicher Familien. Der Gesetzgeber hat die Änderungen mit dem Gesetz zur Unterstützung und Entlastung in der Pflege (PUEG) beschlossen. Um diese Änderungen umsetzen zu können, wurde zum 1. Juli 2023 eine Neuberechnung der Beiträge zur gesetzlichen Pflegeversicherung erforderlich. Grundsätzlich ist hierfür die Elterneigenschaft sowie die Anzahl der Kinder unter 25 Jahren durch die beschäftigte Person gegenüber der beitragsabführenden Stelle nachzuweisen (§ 55 Abs. 3a SGB XI). Um insbesondere die Arbeitgeber vom Verwaltungsaufwand beim Nachweis der Elterneigenschaft und der Anzahl der Kinder zu entlasten, ist bis zum 31. März 2025 die Umsetzung eines digitalen Verfahrens zur Erhebung und zum Nachweis der entsprechenden Angaben geplant. Für die Zeit bis zum 30. Juni 2025 gilt der Nachweis aus Vereinfachungsgründen auch dann als erbracht, wenn die beschäftigte Person auf Aufforderung der beitragsabführenden Stelle die erforderlichen Angaben zu den berücksichtigungsfähigen Kindern mitteilt (§ 55 Abs. 3d SGB XI). Diese Angaben dürfen ohne weitere Prüfung durch den Arbeitgeber verwendet werden. Ggf. erfolgt eine entsprechende Korrektur bei Einführung des elektronischen Systems in 2025. Dieses Vorgehen wird auch als sog. „vereinfachtes Nachweisverfahren" bezeichnet. Ob das Verfahren nach Absatz 3a oder nach Absatz 3d genutzt wird, ist grundsätzlich der beitragsabführenden Stelle überlassen.

Die Umsetzung der Tarifeinigung 2023

von Andreas Bach-Terhorst

I. Rückblickende Anmerkung zur Tarifeinigung

Die Außergewöhnlichkeit der zurückliegenden Tarifrunde 2023 spiegelte sich bereits in den Forderungen der Gewerkschaften im Vorfeld der Verhandlungen wider: „10,5 Prozent mehr Gehalt, mindestens aber 500 Euro mehr im Monat bei einer Laufzeit von zwölf Monaten" lautete die zentrale Forderung der Gewerkschaftsseite. Nach etwa zweieinhalb Monaten intensiver Verhandlungen konnten die Vertragsparteien in der dritten Verhandlungsrunde am 9. Dezember 2023 ein einvernehmliches Tarifergebnis erzielen, welches ganz im Zeichen der inflationsbedingten Sondersituation stand. Mit verschiedenen Inflationsausgleichszahlungen von insgesamt 3.000 Euro für einen Vollzeitbeschäftigten, der Anhebung der Tabellenentgelte zum 1. November 2024 um einen Festbetrag von 200 Euro sowie einer weiteren Anhebung zum 1. Februar 2025 um 5,5 %, insgesamt in beiden Schritten aber mindestens 340 Euro, haben sich die Tarifpartner auf einen beachtlichen Gesamtkompromiss mit einer Laufzeit von 25 Monaten (bis zum 31. Oktober 2025) geeinigt.

Wie gewohnt sind die mittlerweile vorliegenden und in das Gesamtwerk eingearbeiteten Änderungstarifverträge nicht in allen Punkten selbsterklärend. Die nachstehende, nach Themenschwerpunkten aufgebaute Zusammenfassung soll es Ihnen erleichtern, sich den weitreichenden Änderungen zu nähern.

II. Die Umsetzung der Tarifeinigung in Tariftext

Die Tarifeinigung vom 9. Dezember 2023[1] begründet – mit Ausnahme des neu abgeschlossenen und unterzeichneten „TV Inflationsausgleich"[2] – noch keinerlei Ansprüche der Beschäftigten gegenüber dem Arbeitgeber. Diese ergeben sich erst aus den im Nachgang zur Tarifeinigung ausgearbeiteten Änderungstarifverträgen. Tarifeinigungen selbst sind eher als eine Abrede der Tarifpartner zu verstehen, die vorhandenen Tarifverträge im Sinne der getroffenen Absprache zu ändern. Traditionell werden die Texte der Änderungstarifverträge im Anschluss an Tarifrunden der Länder von der Arbeitgeberseite „handwerklich" vorbereitet bzw. ausformuliert und anschließend den Gewerkschaften zur Prüfung übersandt. Nach Abschluss dieser Prüfung werden von den Gewerkschaften i. d. R. Änderungsvorschläge

---

[1]) abgedruckt unter **150**

[2]) abgedruckt unter **160**

unterbreitet, die dann (ggf. unter Einbindung der jeweiligen Gremien) je nach Umfang in Redaktionsgesprächen oder im schriftlichen Verfahren beraten werden. Am Schluss des ganzen Prozesses liegen unterschriftsreife (Änderungs-)Tariftexte vor, die von den jeweiligen Spitzen der Tarifpartner unterzeichnet werden.

Auch wenn die Tarifeinigung 2023 in Teilen bereits ausformulierte Änderungsanweisungen für die betreffenden Tarifwerke enthielt, zog die Umsetzung der übrigen Eckpunkte in förmlichen Tariftext noch eine Menge „handwerklicher" Arbeit nach sich. An verschiedenen Stellen der Tarifeinigung haben die Tarifpartner auf Entscheidungen oder konkrete Formulierungen verzichtet und auf die anschließenden Redaktionsverhandlungen verwiesen; z. B. Überleitungsregelung der Beschäftigten im Sozial- und Erziehungsdienst (Abschnitt II.1. Buchst. d) der Tarifeinigung), die Überprüfung des Anwendungsbereichs der Heimzulage sowie die Prüfung der Vereinbarung einer Praxisanleiterzulage im Sozial- und Erziehungsdienst (Abschnitt II.2 Satz 2 bis 4 der Tarifeinigung) oder die Überprüfung der Rückzahlungsgrundsätze in § 21 TVdS-L (Abschnitt VIII.2 der Tarifeinigung). Die konkrete Ausgestaltung der „Hauptstadtzulage" (Abschnitt VI der Tarifeinigung), welche letztendlich in einem gesonderten Tarifvertrag gefasst wurde,[1)] bot entgegen dem Wortlaut der Tarifeinigung einiges an Verhandlungsmasse und war letztendlich maßgeblich für die Verzögerung der Redaktionsverhandlungen verantwortlich.

Die abgestimmten Änderungstariftexte der Tarifrunde 2023 lagen erst im Oktober 2024 vor. Frühestens ab diesem Zeitpunkt begannen die Ausschlussfristen zu laufen.

III. Die wichtigsten Änderungen

1. Inflationsausgleichszahlungen

Die unter 2. dargestellten Entgeltsteigerungen wurden bzw. werden erst zum 1. November 2024 bzw. 1. Februar 2025 wirksam. Die dadurch entstehenden 13 „Leer-Monate" von Oktober 2023 bis einschließlich Oktober 2024 wurden durch steuer- und sozialabgabenfreie Zuschüsse der Arbeitgeber zur Abmilderung der gestiegenen Verbraucherpreise im Sinne des § 3 Nr. 11c des Einkommensteuergesetzes in Verbindung mit § 1 Abs. 1 Satz 1 Nr. 1 Sozialversicherungsentgeltverordnung überbrückt, die als Inflationsausgleichszahlungen bezeichnet werden. Diese Zahlungen sind Gegenstand des eigenständigen Tarifvertrages über Sonderzahlungen zur Abmilderung der gestiegenen

---

1) TV Hauptstadtzulage abgedruckt unter **745**

Verbraucherpreise (TV Inflationsausgleich) vom 9. Dezember 2023.[1] Die Ausgleichszahlungen gliedern sich in eine Inflationsabmilderungs-Einmalzahlung sowie insgesamt zehn Inflationsabmilderungs-Monatszahlungen für die Monate Januar bis Oktober 2024. Die Einmalzahlung sowie die Monatszahlungen für Januar bis März 2024 waren zum frühestmöglichen Zeitpunkt auszuzahlen; die übrigen Monatszahlungen mit dem jeweiligen Entgelt der Monate April bis Oktober 2024. Die Höhe der Sonderzahlungen nach dem TV Inflationsausgleich beträgt für die Tarifbeschäftigten im Geltungsbereich des TV-L:

– Inflationsabmilderungs-Einmalzahlung:	1.800 Euro
– Inflationsabmilderungs-Monatszahlungen:	120 Euro
in Summe:	3.000 Euro

Für Auszubildende, dual Studierende sowie Praktikantinnen und Praktikanten im Geltungsbereich des TVA-L BBiG, TVA-L Pflege, TVA-L Gesundheit, TVdS-L oder TV Prakt-L betragen die Sonderzahlungen:

– Inflationsabmilderungs-Einmalzahlung:	1.000 Euro
– Inflationsabmilderungs-Monatszahlungen:	50 Euro
in Summe:	1.500 Euro

2. Allgemeine Erhöhung der Entgelte

In der vergangenen Tarifrunde haben sich die Tarifpartner nicht nur auf eine lineare Erhöhung der Tabellenentgelte geeinigt, sondern die Erhöhung um die sozialen Komponenten „Festbetrag“ und „Mindestbetrag“ ergänzt. Dadurch sollen die Beschäftigten in den unteren Entgeltgruppen in einem höheren Maß von den Tarifsteigerungen profitieren und von den gestiegenen Verbraucherpreisen entlastet werden.

2.1 Tabellenentgelte

Zum **1. November 2024** wurden die Tabellenentgelte in allen Entgeltgruppen und Erfahrungsstufen einheitlich um einen Festbetrag von 200 Euro angehoben.

Bereits drei Monate später, zum **1. Februar 2025**, erfolgt eine weitere Anhebung aller Tabellenentgelte um linear 5,5 %. Soweit für einen Tabellenwert bei den Erhöhungen zum 1. November 2024 und

[1] abgedruckt unter **160**

zum 1. Februar 2025 insgesamt keine Anhebung um 340 Euro erreicht wird, wird der betreffende Erhöhungsbetrag zum 1. Februar 2025 auf 340 Euro gesetzt (sog. Mindestbetrag). Relevant ist der Mindestbetrag in der allgemeinen Entgelttabelle zum TV-L jedoch lediglich in allen Stufen der Entgeltgruppe 1 sowie in Stufe 1 der Entgeltgruppe 2.

Die Änderungen des Zahlenwerks sind Bestandteil der Änderungstarifverträge und wurden in die Ihnen vorliegenden Texte eingearbeitet.

Beide Erhöhungsschritte gelten auch für die Beträge aus individuellen Zwischen- und Endstufen sowie für die Tabellenwerte der Entgeltgruppen 2 Ü und 15 Ü. Die diesbezüglichen Änderungen des Zahlenwerks wurden in § 19 TVÜ-Länder eingearbeitet.

2.2 Weitere Entgeltbestandteile

Tarifliche Zulagen und sonstige Entgeltbestandteile, für die eine Dynamisierung bei allgemeinen Entgeltanpassungen vereinbart ist, werden ab dem 1. November 2024 um 4,76 % (von den Tarifvertragsparteien umgerechneter Festbetrag) erhöht. Zum 1. Februar 2025 erfolgt eine weitere Erhöhung analog der Anhebung der Tabellenentgelte um 5,5 %. Die dynamischen Zulagen und sonstigen Entgeltbestandteile wurden in der ab dem 1. November 2024 bzw. 1. Februar 2025 geltenden Höhe in die Ihnen vorliegenden Tarifvertragstexte eingearbeitet.

3. Manteltarifvertragliche Änderungen

Die zurückliegende Tarifrunde 2023 stand zwar vordergründig im Licht der gestiegenen Verbraucherpreise; ganz ohne strukturelle Verbesserungen konnte jedoch auch diese Tarifeinigung nicht herbeigeführt werden. Nachstehend finden Sie die wichtigsten Veränderungen im Tarifwerk nach Themenblöcken zusammengefasst.

3.1 Beschäftigte im Sozial- und Erziehungsdienst

Die vereinbarten Verbesserungen für die Beschäftigten im Sozial- und Erziehungsdienst wurden wie folgt umgesetzt:

3.1.1 Wegfall der besonderen Stufenlaufzeiten zum 1. Oktober 2024

Die Tarifpartner haben sich darauf verständigt, die besonderen Stufenlaufzeiten bzw. die abweichenden „Endstufen“ für die Beschäftigten im Sozial- und Erziehungsdienst abzuschaffen. Hierzu haben sie die entsprechenden Angaben in § 52 TV-L bzw. in Teil II Abschnitt 20 der Entgeltordnung zum TV-L gestrichen. Die Überleitung der betroffenen Beschäftigten zum 1. Oktober 2024 haben die Tarifpartner im neuen § 29g TVÜ-Länder konkretisiert. Die einzelnen Absätze der

Überleitungsvorschrift greifen die Stufenzuordnungen für die jeweils unterschiedlichen Fallgestaltungen auf.

3.1.2 Anhebung der Tabellenentgelte für die Entgeltgruppe S 9 ab 1. Oktober 2024

Durch den Wegfall der besonderen Stufenlaufzeiten (siehe oben) wären die Entgeltgruppen S 8b und S 9 ab diesem Zeitpunkt nicht mehr nur betragsgleich, sondern würden sich zudem auch nicht mehr in den teilweise abweichenden Stufenlaufzeiten unterscheiden. Infolgedessen haben sich die Tarifpartner darauf verständigt, das Tabellenentgelt für die Entgeltgruppe S 9 ab dem 1. Oktober 2024 anzuheben. Die Tarifpartner haben die „Zwischentabelle" für die Zeit vom 1. Oktober 2024 bis 31. Oktober 2024 in Anlage G zum TV-L eingearbeitet.

3.1.3 Erhöhung der „Heimzulage" ab 1. Oktober 2024

Die deutliche Anhebung der statischen Heimzulage von 61,36 Euro auf 100 Euro, von 40,90 Euro auf 65 Euro und von 30,68 Euro auf 50 Euro wurde in Teil II Abschnitt 20 in die entsprechenden Vorbemerkungen eingearbeitet.

3.1.4 Anwendungsbereich „Heimzulage" und Einführung Praxisanleiterzulage

Die Tarifpartner haben vereinbart, den Anwendungsbereich der Heimzulage im Rahmen der Redaktionsverhandlungen zu prüfen. In den Gesprächen, die hierzu zwischenzeitlich stattgefunden haben, haben sich die Tarifpartner darauf verständigt, dass im Zuge dieser Tarifeinigung keine Anpassung des Anwendungsbereichs erfolgen wird und es im Ergebnis bei der reinen Erhöhung der Heimzulage zum 1. Oktober 2024 (siehe 3.1.3) bleibt.

In den Redaktionsverhandlungen haben die Tarifpartner auch vereinbarungsgemäß die Einführung einer Praxisanleiterzulage im Sozial- und Erziehungsdienst in Anlehnung an die Regelung bei der VKA geprüft. Die zwischenzeitlich erfolgte Prüfung hat ergeben, dass keine Praxisanleiterzulage im Sozial- und Erziehungsdienst eingeführt wird.

3.1.5 Sonderregelung „SuE-Zulage in Stadtstaaten" ab 1. Januar 2024

Die seit 1. Januar 2024 geltende Sonderregelung in § 52 Nr. 5 TV-L für die Länder Berlin, Bremen und Hamburg (= sog. Stadtstaaten) wurde unverändert aus der Tarifeinigung vom 9. Dezember 2023 in den Tarifvertragstext übernommen. Für Beschäftigte im Sozial- und

Erziehungsdienst in den abschließend aufgeführten Ländern sieht die Regelung vor, dass

- Leiter/innen (sowie ständige Vertreter/innen durch ausdrückliche Anordnung) von Kitas mit bis zu 40 Plätzen, die in Entgeltgruppe S 9 des Teils II Abschnitt 20.2 der Entgeltordnung eingruppiert sind, eine monatliche Zulage von 130 Euro erhalten,
- Sozialarbeiter/innen und Heilpädagog/innen, die in Teil II Abschnitt 20.4 der Entgeltordnung eingruppiert sind, eine monatliche Zulage von 130 Euro (Entgeltgruppen S 8b und S 9) bzw. 180 Euro (Entgeltgruppen S 10 bis S 15 Fg. 1) erhalten,
- Beschäftigte im handwerklichen Erziehungsdienst, die in Teil II Abschnitt 20.5 der Entgeltordnung eingruppiert sind, eine monatliche Zulage von 130 Euro erhalten und
- Erzieher/innen und Kinderpfleger/innen, die in den Entgeltgruppen S 2 bis S 9 des Teils II Abschnitt 20.6 der Entgeltordnung eingruppiert sind, eine Zulage von monatlich 130 Euro erhalten.

Die Tarifpartner sahen die Notwendigkeit für eine solche Regelung in den Stadtstaaten insbesondere vor dem Hintergrund der besonderen Konkurrenzsituation gegenüber den kommunalen Arbeitgebern, welche bereits entsprechende Zulagen infolge ihrer Tarifeinigung aus 2022 gewähren.

4. Beschäftigte in Pflege- und Gesundheitsberufen

4.1 Zulage für Pflegekräfte im Maßregelvollzug sowie dem Justizvollzug ab 1. Januar 2024

Die in den Vorbemerkungen Nr. 8 zu den Abschnitten 1 und 2 in Teil IV der Entgeltordnung verankerte „Universitätsklinik-Zulage" wird seit dem 1. Januar 2024 nicht mehr nur beschäftigten Pflegekräften an Universitätskliniken gezahlt, sondern auch auf die Pflegekräfte im Maßregelvollzug und dem Justizvollzug erstreckt. Die Vorbemerkungen in Nr. 8 zu den Abschnitten 1 und 2 in Teil IV der Entgeltordnung wurden entsprechend ergänzt.

4.2 Zulage für Gesundheitsberufe im Maßregelvollzug und Justizvollzug ab 1. Januar 2024

Nicht nur die Pflegekräfte im Maßregelvollzug und Justizvollzug erfuhren im Rahmen der Tarifeinigung 2023 Verbesserungen, auch die Beschäftigten in den Gesundheitsberufen sollten im besonderen Maße von dem Tarifergebnis profitieren. Hierzu haben sich die Tarifpartner darauf verständigt, die in der Tarifeinigung 2021 eingeführte „Zulage für Gesundheitsberufe an den Universitätskliniken" für bestimmte Beschäftigtengruppen auf entsprechende Beschäftigte im Maßregelvollzug und im Justizvollzug zu erstrecken. Hiervon profitieren abschließend

- Ergotherapeuten, Logopäden, medizinische Fachangestellte und zahnmedizinische Fachangestellte, medizinisch-technische Assistenten und Physiotherapeuten, die nach Teil II Abschnitt 10 Unterabschnitte 5, 6, 8, 10 oder 14 der Entgeltordnung eingruppiert sind, sowie
- biologisch-technische Assistenten und chemisch-technische Assistenten, die nach Teil II Abschnitt 22 Unterabschnitt 3 der Entgeltordnung eingruppiert sind.

Die Vorbemerkungen der Entgeltordnung wurden entsprechend ergänzt. Die Änderungstarifverträge bestätigen, dass die Zulage für Gesundheitsberufe an den Universitätskliniken **nicht** auf Diätassistent/-innen, Masseure und medizinische Bademeister/-innen sowie pharmazeutisch-technische Assistent/-innen im Maßregelvollzug oder Justizvollzug erstreckt wurde.

4.2.1 Zulagen für Beschäftigte in den Zentren für Psychiatrie Baden-Württemberg ab 1. Januar 2024

In Anlehnung an die Erstreckung der Universitätsklinik-Zulage auf den Maßregelvollzug und den Justizvollzug (siehe 4.1) und die teilweise Erweiterung von Zulagen für Gesundheitsberufe auf den Maßregelvollzug und Justizvollzug (siehe 4.2) erhalten auch entsprechende Beschäftigte in den Zentren für Psychiatrie Baden-Württemberg seit dem 1. Januar 2024 eine monatliche Zulage. Die Zulagengewährung an diesen Personenkreis wurde nicht in die entsprechenden Vorbemerkungen der Entgeltordnung eingearbeitet, sondern in Nr. 3 und Nr. 4 der Sonderregelung für Beschäftigte in Zentren für Psychiatrie Baden-Württemberg (§ 50 TV-L) aufgenommen.

5. Beschäftigte im Straßenbetriebsdienst und Straßenbau ab dem 1. Januar 2025

Die Tarifpartner haben zum 1. Januar 2025 in Teil III Abschnitt 3.7 der Entgeltordnung einige Änderungen vorgenommen, die für bestimmte Beschäftigte zu erheblichen Verbesserungen bei der Eingruppierung führen. Die Überleitung der betroffenen Beschäftigten haben die Tarifpartner in dem neuen § 29h TVÜ-Länder geregelt. Die sich aus den Verbesserungen ergebenden Höhergruppierungen und Zuordnungen erfolgen auf Antrag und abweichend von § 17 Abs. 4 TV-L stufengleich. Die Antragsfrist beträgt wie üblich ein Jahr ab Inkrafttreten (hier ab 1. Januar 2025).

6. Fahrrad-Leasing

Der in der Tarifeinigung bereits ausformulierte § 19b TV-L wurde mit Wirkung zum 1. Januar 2024 ohne inhaltliche Änderungen in den Tarifvertragstext übernommen. Die Tarifpartner haben mit dieser Vorschrift die für eine Entgeltumwandlung zum Zwecke eines Fahrrad-Leasings erforderliche tarifliche Öffnungsklausel auf manteltariflicher Ebene geschaffen und vermieden, dass entsprechend der bisher geltenden Beschlusslage der Mitgliederversammlung der TdL landesbezirkliche Tarifverhandlungen zu diesem Thema zu führen sind. Die beiden Länder, die hierzu bereits einen landesbezirklichen Tarifvertrag geschlossen haben (Bayern und Baden-Württemberg), sind vom Geltungsbereich des § 19b TV-L ausgenommen (siehe Protokollerklärung).

Um eine Entgeltumwandlung zum Zwecke des Fahrrad-Leasings auf tarifvertraglicher Grundlage durchführen zu können, müssen zunächst zwei Voraussetzungen erfüllt sein:

- Erstens muss die Möglichkeit zur Entgeltumwandlung auch im Besoldungsbereich des jeweiligen Landes eröffnet sein und
- zweitens muss der Arbeitgeber für sich die Entscheidung treffen, die Entgeltumwandlung auch seinen Tarifbeschäftigten anzubieten.

Erst wenn beide Voraussetzungen kumulativ erfüllt sind, haben die entsprechenden Tarifbeschäftigten dem Grunde nach einen tarifvertraglichen Anspruch auf eine Entgeltumwandlung. Zugleich ist der tarifliche Anwendungsbereich nur „soweit" eröffnet, als die Entgeltumwandlung zum Fahrrad-Leasing auch Beamtinnen und Beamten des jeweiligen Landes angeboten wird. Einen Anspruch auf Entgeltumwandlung haben also letztlich nur die Tarifbeschäftigten, die weder durch einschränkende beamtenrechtliche Regelungen von der Entgeltumwandlung ausgeschlossen sind noch durch eine Entscheidung des Arbeitgebers, die Entgeltumwandlung für die Tarifbeschäftigten nur zu bestimmten Konditionen einzuführen. Im Übrigen wird auf die Erläuterungen zum neuen § 19b TV-L verwiesen.

7. Hauptstadtzulage

Dieser überraschende Einigungspunkt aus der Tarifeinigung 2023 entpuppte sich Laufe der Redaktionsverhandlungen zugleich zum Sorgenkind der Tarifeinigung und führte letztendlich zu den für Außenstehende nicht nachvollziehbaren Verzögerungen bei der redaktionellen Umsetzung der gesamten Tarifeinigung. Die Tarifpartner haben es für sinnvoll erachtet, dass die Umsetzung der vereinbarten Tarifierung der vom Land Berlin bislang außertariflich gezahlten „Hauptstadtzulage" in einem eigenständigen Tarifvertrag, dem „Tarifvertrag über die Gewährung einer Hauptstadtzulage (TV Hauptstadtzulage) vom 9. Dezember 2023",[1] erfolgt. Entsprechend der Präambel des erst zum 1. April 2025 in Kraft tretenden TV Hauptstadtzulage bezwecken die Tarifvertragsparteien mit der Gewährung der Hauptstadtzulage die besondere hauptstadtbedingte Konkurrenzsituation auszugleichen. Dadurch, dass mit dem Tarifvertrag Abschnitt VI. der Tarifeinigung vom 9. Dezember 2023 umgesetzt wird, orientiert sich der TV Hauptstadtzulage weitgehend an dem Inhalt der bisher außertariflich gezahlten Hauptstadtzulage. Letztere ist auf einen Beschluss des Berliner Senats in seiner Sitzung am 8. September 2020 zurückzuführen. Er hatte darin beschlossen, ab dem 1. November 2020 eine „Hauptstadtzulage" sowohl für bestimmte Beamtinnen und Beamten als auch für vergleichbare Tarifbeschäftigte einzuführen. Die Zulage beträgt 150 Euro monatlich und besteht aus einem – von den Beschäftigten „abwählbaren" – Zuschuss zum ÖPNV-Ticket zzgl. dem Differenzbetrag zu 150 Euro.

In den Ländern Bremen und Hamburg dürfen nach dem Wortlaut der Tarifeinigung ab dem 1. Juli 2025 Gespräche über eine Zulagengewährung für Beschäftigte, die insbesondere bürgernahe Dienste wahrnehmen, zwischen den Gewerkschaften und den zuständigen Behörden auf Landesebene aufgenommen werden. Ob es zu derartigen Gesprächen kommen wird und wie eventuelle Gesprächsergebnisse umgesetzt werden, bleibt nach den Erfahrungen mit dem TV Hauptstadtzulage mit Spannung abzuwarten.

8. Auszubildende, dual Studierende sowie Praktikantinnen und Praktikanten

8.1 Entgelte

Die Entgelte für Auszubildende, dual Studierende sowie Praktikantinnen und Praktikanten werden ebenfalls zum 1. November 2024 und 1. Februar 2025 erhöht. Bei Auszubildenden nach dem TVA-L BBiG, TVA-L Pflege sowie TVA-L Gesundheit, bei Praktikanten nach dem TV Prakt-L sowie dual Studierenden nach dem TVdS-L erfolgte bzw. erfolgt einheitlich zum 1. November 2024 eine Anhebung der Entgelte um einen Festbetrag von 100 Euro sowie eine weitere Anhebung um weitere 50 Euro zum 1. Februar 2025.

[1] abgedruckt unter **745**

Die Änderungen des Zahlenwerks sind Bestandteil der Änderungstarifverträge und wurden in die Ihnen vorliegenden Texte eingearbeitet.

8.2 Übernahme-„Garantie"

Die in § 19 TVA-L BBiG, § 18a TVA-L Pflege bzw. § 18a TVA-L Gesundheit enthaltenen „Übernahmegarantien" sind am 30. September 2023 ausgelaufen. Die von den Tarifpartnern im Rahmen der Tarifeinigung neu gefassten Regelungen wurden ohne Änderungen auf Basis der Änderungstarifverträge in die Ihnen vorliegenden Tarifvertragstexte eingearbeitet.

Die neuen Übernahmegarantien sehen mit den jeweiligen Absätzen 1 eine grundlegende Neuerung vor. Auszubildende bzw. Studierende, die ihre Ausbildung bzw. das Studium mindestens mit der Gesamtnote „Befriedigend" abgeschlossen haben, sind fortan bei dienstlichem bzw. betrieblichem Bedarf im unmittelbaren Anschluss an das Ausbildungs- bzw. Studienverhältnis in ein unbefristetes Arbeitsverhältnis zu übernehmen, sofern nicht im Einzelfall personenbedingte, verhaltensbedingte, betriebsbedingte oder gesetzliche Gründe entgegenstehen. Die bisherigen Übernahmegarantien sahen zunächst immer für alle Auszubildenden gleichermaßen eine auf ein Jahr befristete Übernahme und erst im Anschluss daran bei Bewährung eine Übernahme in ein unbefristetes Arbeitsverhältnis vor. Diese Regelung haben die Tarifpartner nunmehr in den jeweiligen Absätzen 2 und 3 für die Auszubildenden bzw. Studierenden aufgenommen, die ihre Ausbildung bzw. das Studium nicht mit der Gesamtnote „Befriedigend" abgeschlossen haben und somit nicht bereits nach Absatz 1 in ein unbefristetes Arbeitsverhältnis übernommen werden.

Die neuen Regelungen gelten in der vorliegenden Fassung seit dem 1. Oktober 2023 und werden zum ersten Mal für den Abschlussjahrgang im Sommer 2024 flächendeckend Anwendung gefunden haben. Es wird sich im Nachgang zeigen, ob die neue Vorschrift hinreichend praxisgerecht ist. Die Regelungen gelten zunächst bis zum 31. Oktober 2025. Es bleibt abzuwarten, ob die Tarifpartner im Zuge der Tarifrunde 2025 Anpassungsbedarf sehen.

Erstmalig wurde eine entsprechende Regelung auch für dual Studierende in § 18a TVdS-L aufgenommen. Diesbezüglich haben die Tarifpartner sich darauf verständigt, in den Redaktionsverhandlungen zu prüfen, inwieweit § 21 TVdS-L („Rückzahlungsgrundsätze") im Lichte der Einführung des § 18a TVdS-L anzupassen ist. In den entsprechenden Gesprächen sind die Tarifpartner zu dem Entschluss gekommen, dass keine Anpassung der Rückzahlungsgrundsätze erforderlich ist.

9. Studentische Beschäftigte

Erwartungsgemäß hat die Tarifgemeinschaft deutscher Länder die ab dem 1. April 2024 geltende „schuldrechtliche Vereinbarung zur Regelung der Arbeitsbedingungen der studentischen Beschäftigten" aus Abschnitt IX der Tarifeinigung in die arbeitgeberseitigen „Richtlinien der Tarifgemeinschaft deutscher Länder über die Arbeitsbedingungen der wissenschaftlichen und studentischen Hilfskräfte" eingearbeitet. Mangels Einzugs der schuldrechtlichen Vereinbarung in die Tarifwerke der Länder war eine nähere Befassung im Rahmen der Redaktionsverhandlungen nicht erforderlich.

Im Nachgang zur Tarifeinigung kam es jedoch hinsichtlich der Begrifflichkeiten und des Geltungsbereichs der schuldrechtlichen Vereinbarung teilweise zu Irritationen. Es wird daher noch einmal darauf hingewiesen, dass die Mindestbeträge in der Tarifeinigung vom 9. Dezember 2023 ausdrücklich nur für „studentische Hilfskräfte" im Sinne der arbeitgeberseitigen Richtlinie (Hilfskräfte ohne abgeschlossene wissenschaftliche Hochschulbildung im Sinne der Nr. 1 der Protokollerklärungen zu Teil I der Entgeltordnung zum TV-L, Master-Abschluss in einem Fachhochschulstudiengang, der akkreditiert ist, Fachhochschulabschluss, Bachelor-Abschluss oder Master-Abschluss in einem Fachhochschulstudiengang, der nicht akkreditiert ist) vereinbart wurden. Die vereinbarte regelmäßige Mindestvertragslaufzeit hingegen gilt für alle studentischen Beschäftigten – und damit gleichermaßen für studentische und wissenschaftliche Hilfskräfte.

In der voraussichtlich Ende 2025 beginnenden Tarifrunde werden die Tarifpartner erneut über dieses Thema sprechen.

10. Inkrafttreten und Laufzeit

Grundsätzlich ist die Tarifeinigung zum 1. Oktober 2023 in Kraft getreten. Die Tarifpartner haben für einige Einigungsbestandteile jedoch hiervon abweichende Inkrafttretenszeitpunkte vereinbart. Zur besseren Übersicht finden Sie nachstehend eine visuelle Darstellung der einzelnen Zeitpunkte (in Klammern die jeweilige Fundstelle in der Tarifeinigung):

1. Oktober 2023	– Inflationsausgleichs-Einmalzahlung („frühestmöglich“) **(I.2)** – Übernahmegarantie Auszubildende und dual Studierende **(VIII)**
1. Januar 2024	– Entgeltumwandlung zum Fahrrad-Leasing – § 19b TV-L **(V)** – Beschäftigte in Pflege- und Gesundheitsberufen **(III)** – Sonderregelung SuE Stadtstaaten BE, HH und HB **(II.3)** – Inflationsausgleichs-Monatszahlungen (Januar–Oktober) **(I.2)**
1. April 2024	– Studentische Hilfskräfte (schuldrechtliche Vereinbarung) **(IX)**
1. Oktober 2024	– SuE: Wegfall besonderer Stufenlaufzeiten + Anhebung EG S 9 **(II.1)** – Anhebung Heimzulage **(II.2)**
1. November 2024	– Anhebung der Tabellenentgelte um einheitlich 200 Euro **(I.1)** – Steigerung der Entgelte für Auszubildende, dual Studierende sowie Praktikanten um einheitlich 100 Euro **(I.3)** – Anhebung dynamischer Entgeltbestandteile um 4,76 % **(I.4)**
1. Januar 2025	– Verbesserungen Straßenbetriebsdienst und Straßenbau **(IV)**
1. Februar 2025	– Anhebung der Tabellenentgelte um 5,5 % (Achtung Mindestbetrag) **(I.1)** – Steigerung der Entgelte für Auszubildende, dual Studierende sowie Praktikanten um einheitlich 50 Euro **(I.3)** – Anhebung dynamischer Entgeltbestandteile um 5,5 % **(I.4)**
1. April 2025	– TV Hauptstadtzulage **(VI.)**
31. Oktober 2025	– Frühestmöglicher Kündigungszeitpunkt **(XI)** – Auslaufen der Übernahmegarantien für Auszubildende und dual Studierende **(VIII.3)**

IV. Ausblick

Die Themenvielfalt des Tarifabschlusses und das aus diesem Abschluss resultierende finanzielle Volumen, welche in die Waagschale gelegt werden mussten, um einen einvernehmlichen Kompromiss auszutarieren, der nicht nur den Interessen der Verhandlungspartner, sondern auch der besonderen Situation der Beschäftigten gerecht wird, war in der letzten Tarifrunde beachtlich.

Obwohl die Tarifeinigung bereits einige ausformulierte Änderungsanweisungen enthielt, die ohne weiteres in die Änderungstarifvertragstexte übernommen werden konnten, nahm die konkrete Umsetzung einiger Verständigungen in förmlichen Tariftext mit über neun Monaten verhältnismäßig viel Zeit in Anspruch. Die Laufzeit von insgesamt 25 Monaten (bis 31. Oktober 2025) hat den Tarifpartnern jedoch mittelfristig Planungssicherheit verschafft. Da die Entgelttabellen frühestens zu diesem Zeitpunkt kündbar sind, ist die nächste Tarifrunde für Ende 2025/Anfang 2026 zu erwarten.

I

Tarifeinigung in den Tarifverhandlungen für die Beschäftigten der Länder

Vom 9. Dezember 2023

I. Entgelt

1. Erhöhung der Tabellenentgelte des TV-L

[1]Die Tabellenentgelte (einschließlich der Beträge aus einer individuellen Zwischen- oder Endstufe sowie der Tabellenwerte für die Entgeltgruppen 2 Ü, 13 Ü und 15 Ü) werden wie folgt erhöht:

a) zum 1. November 2024 um 200 Euro und

b) zum 1. Februar 2025 um weitere 5,5 Prozent.

[2]Soweit die Summe der Erhöhungen nach Satz 1 Buchstaben a und b insgesamt keine Erhöhung um 340 Euro erreicht, wird der betreffende Erhöhungsbetrag zum 1. Februar 2025 auf 340 Euro gesetzt.

[3]Unter Berücksichtigung der nachstehend aufgeführten weiteren Verbesserungen ergibt sich daraus eine dauerhafte Kostensteigerung für die Tarifgemeinschaft deutscher Länder von 11,11 Prozent.

2. Inflationsausgleich

[1]Die Vertragsparteien schließen den sich aus der Anlage 1 ergebenden „Tarifvertrag über Sonderzahlungen zur Abmilderung der gestiegenen Verbraucherpreise (TV Inflationsausgleich)“ vom 9. Dezember 2023. [2]Der Tarifvertrag unterliegt nicht der Erklärungsfrist nach Abschnitt XII.

3. Auszubildende, dual Studierende, Praktikantinnen und Praktikanten

Die monatlichen Ausbildungsentgelte der Auszubildenden nach dem TVA-L BBiG, nach dem TVA-L Pflege, nach dem TVA-L Gesundheit, die monatlichen Entgelte der dual Studierenden nach dem TVdS-L sowie die Entgelte der Praktikantinnen und Praktikanten nach dem TV Prakt-L werden wie folgt erhöht:

a) zum 1. November 2024 um einen Festbetrag in Höhe von 100 Euro und

b) zum 1. Februar 2025 um einen weiteren Festbetrag in Höhe von 50 Euro.

4. Folgeänderungen bei Entgeltbestandteilen

[1]Es erhöhen sich

a) die Bemessungsgrundlage für die Lohnzuschläge nach § 1 Absatz 2 des Tarifvertrages über die Lohnzuschläge gemäß § 29 MTL II (TVZ zum MTL) vom 9. Oktober 1963,
b) die Besitzstandszulagen nach §§ 9 und 11 TVÜ-Länder,
c) die Zulagenbeträge in der Anlage F,
d) die Bereitschaftsdienstentgelte in der Anlage E zum TV-L

zum 1. November 2024 um 4,76 Prozent (umgerechneter Sockel) und zum 1. Februar 2025 um weitere 5,5 Prozent.

[2]Der Erhöhungssatz nach Nr. 4 der Protokollerklärungen zu § 21 Satz 2 und 3 TV-L beträgt für

– vor dem 1. November 2024 zustehende Entgeltbestandteile 4,28 Prozent und
– vor dem 1. Februar 2025 zustehende Entgeltbestandteile 4,95 Prozent.

5. Inkraftsetzen der gekündigten Entgeltregelungen

[1]Die von den Gewerkschaften jeweils mit Schreiben vom 30. Juni 2023 gekündigten Entgeltregelungen werden für die Zeit bis 31. Oktober 2024 wieder in Kraft gesetzt.

II. Beschäftigte im Sozial- und Erziehungsdienst

1. Wegfall der besonderen Stufenlaufzeiten, Anhebung Entgeltgruppe S 9

a) In § 52 Nr. 3 TV-L werden die Ziffern 2 und 3 gestrichen.
b) Teil II Abschnitt 20 der Anlage A zum TV-L wird wie folgt geändert:
   aa) In Unterabschnitt 4 wird bei Entgeltgruppe S 8b der Zusatz „(Keine Stufen 5 und 6)" gestrichen.
   bb) In Unterabschnitt 5 wird bei Entgeltgruppe S 8b der Zusatz „(Stufe 5 nach sechs Jahren in Stufe 4 und Stufe 6 nach acht Jahren in Stufe 5)" gestrichen.
   cc) In Unterabschnitt 6 werden bei Entgeltgruppe S 8b der Zusatz „(Stufe 5 nach sechs Jahren in Stufe 4 und Stufe 6 nach acht Jahren in Stufe 5)", bei Entgeltgruppe S 4 Fallgruppe 2 der Zusatz „(keine Stufen 5 und 6)" und bei Entgeltgruppe 2 der Zusatz „(Stufe 3 nach zwei Jahren in Stufe 2, Stufe 4 nach drei Jahren in Stufe 3)" gestrichen.

c) [1]In der Anlage G zum TV-L werden für die Entgeltgruppe S 9 die folgenden Beträge (als Ausgangswert) vereinbart:

	Stufe 1	Stufe 2	Stufe 3	Stufe 4	Stufe 5	Stufe 6
S 9	3.073,29 €	3.370,86 €	3.631,83 €	4.015,00 €	4.375,30 €	4.653,28 €

[2]Für die Erhöhung dieser Beträge nach Satz 1 gilt Abschnitt I. 1. dieser Tarifeinigung entsprechend.

d) Die Überleitung wird im Rahmen der Redaktion in Anlehnung an die Regelungen bei der VKA vereinbart.

2. Heimzulage, Praxisanleiterzulage

[1]Teil II Abschnitt 20 der Anlage A zum TV-L wird wie folgt geändert:

a) In Unterabschnitt 1 werden in Satz 1 Buchstabe a der Vorbemerkung Nr. 1 die Angabe „61,36 Euro" durch die Angabe „100 Euro" und in Satz 1 Buchstabe b der Vorbemerkung Nr. 1 die Angabe „30,68 Euro" durch die Angabe „50 Euro" ersetzt.

b) In Unterabschnitt 4 werden in Absatz 1 Satz 1 Buchstabe a der Vorbemerkung die Angabe „61,36 Euro" durch die Angabe „100 Euro" und in Absatz 1 Satz 1 Buchstabe b der Vorbemerkung die Angabe „30,68 Euro" durch die Angabe „50 Euro" ersetzt.

c) In Unterabschnitt 5 wird in Satz 1 der Vorbemerkung die Angabe „40,90 Euro" durch die Angabe „65 Euro" ersetzt.

d) In Unterabschnitt 6 werden in Satz 1 Buchstabe a der Vorbemerkung die Angabe „61,36 Euro" durch die Angabe „100 Euro" und in Satz 1 Buchstabe b der Vorbemerkung die Angabe „30,68 Euro" durch die Angabe „50 Euro" ersetzt.

[2]Im Rahmen der Redaktion wird eine Überarbeitung des Anwendungsbereichs der Heimzulage geprüft. [3]Dabei wird die Rechtsentwicklung im SGB IX und SGB VIII berücksichtigt. [4]Im Rahmen der Redaktion wird ferner die Vereinbarung einer Praxisanleiterzulage in Anlehnung an die Regelung bei der VKA geprüft.

3. Sonderregelungen für das Land Berlin, die Freie Hansestadt Bremen und die Freie und Hansestadt Hamburg

In § 52 TV-L wird folgende Nr. 5 angefügt:

„Nr. 5

Zulage für bestimmte Beschäftigte im Sozial- und Erziehungsdienst der Länder Berlin, Bremen und Hamburg

(1) Die Regelungen dieser Nummer gelten nur für Beschäftigte im Sozial- und Erziehungsdienst des Landes Berlin, der Freien Hansestadt Bremen und der Freien und Hansestadt Hamburg.

(2) Beschäftigte, die nach Teil II Abschnitt 20 Unterabschnitt 2 der Entgeltordnung in der Entgeltgruppe S 9 eingruppiert sind, erhalten eine monatliche Zulage in Höhe von 130 Euro.

(3) [1]Beschäftigte, die nach Teil II Abschnitt 20 Unterabschnitt 4 der Entgeltordnung in einer der Entgeltgruppen S 8b bis S 14 sowie in der Entgeltgruppe S 15 Fallgruppe 1 eingruppiert sind, erhalten eine monatliche Zulage. [2]Die Zulage beträgt für Beschäftigte der Entgeltgruppen S 8b und S 9 130 Euro, im Übrigen 180 Euro.

(4) Beschäftigte, die nach Teil II Abschnitt 20 Unterabschnitt 5 der Entgeltordnung eingruppiert sind, erhalten eine monatliche Zulage in Höhe von 130 Euro.

(5) Beschäftigte, die nach Teil II Abschnitt 20 Unterabschnitt 6 der Entgeltordnung in einer der Entgeltgruppen S 2 bis S 9 eingruppiert sind, erhalten eine monatliche Zulage in Höhe von 130 Euro."

4. Inkrafttreten

der Nummern 1 und 2 dieses Abschnitts II. zum 1. Oktober 2024 und der Nummer 3 dieses Abschnitts II. zum 1. Januar 2024.

III. Beschäftigte in der Pflege und in Gesundheitsberufen

1. Erstrecken der Universitätsklinik-Zulage auf Pflegekräfte im Maßregelvollzug (§ 61 Nrn. 1, 2 und 3 StGB) und im Justizvollzug

In Satz 1 der Vorbemerkung Nr. 8 zu Teil IV Abschnitte 1 und 2 der Anlage A zum TV-L werden jeweils nach dem Wort „Universitätskliniken" ein Komma und die Wörter „im Maßregelvollzug (§ 61 Nrn. 1, 2 und 3 StGB) und im Justizvollzug" eingefügt.

2. Zulage für Beschäftigte in Gesundheitsberufen, im Maßregelvollzug (§ 61 Nrn. 1, 2 und 3 StGB) und im Justizvollzug

Die Vorbemerkungen zu Abschnitt 10 Unterabschnitte 5, 6, 8, 10 und 14 und die Vorbemerkung Nr. 2 zu Abschnitt 22 Unterabschnitt 3 des Teils II der Anlage A zum TV-L werden um eine Regelung ergänzt, nach der

– Ergotherapeuten, Logopäden, medizinische Fachangestellte und zahnmedizinische Fachangestellte, medizinisch-technische Assistenten und Physiotherapeuten, die nach Teil II Abschnitt 10 Unterabschnitte 5, 6, 8, 10 oder 14 der Anlage A zum TV-L eingruppiert sind, sowie

– biologisch-technische Assistenten und chemisch-technische Assistenten, die nach Teil II Abschnitt 22 Unterabschnitt 3 der Anlage A zum TV-L eingruppiert sind,

im Maßregelvollzug (§ 61 Nrn. 1, 2 und 3 StGB) und im Justizvollzug eine monatliche Zulage nach Anlage F Abschnitt IIa erhalten.

3. Zulagen für Beschäftigte in den Zentren für Psychiatrie Baden-Württemberg

a) § 50 Nr. 3 Satz 1 wird wie folgt gefasst:

„Pflegerinnen und Pflegehelferinnen nach der Vorbemerkung Nr. 1 zu Teil IV Abschnitt 1 der Entgeltordnung, die nach Teil IV Abschnitt 1 oder 2 der Entgeltordnung eingruppiert sind, erhalten eine monatliche Zulage nach Anlage F Abschnitt IV Nr. 8; die Vorbemerkung Nr. 8 zu Teil IV Abschnitt 1 und die Vorbemerkung Nr. 8 zu Teil IV Abschnitt 2 der Entgeltordnung finden keine Anwendung."

b) § 50 Nr. 4 wird wie folgt gefasst:

„Nr. 4

Zulage für Diätassistenten, Ergotherapeuten, Logopäden, Masseure und medizinische Bademeister, medizinische Fachangestellte und zahnmedizinische Fachangestellte, medizinisch-technische Assistenten und medizinisch-technische Gehilfen, pharmazeutisch-technische Assistenten, Physiotherapeuten, biologisch-technische Assistenten und chemisch-technische Assistenten sowie Arbeitserzieher

[1]Diätassistenten, Ergotherapeuten, Logopäden, Masseure und medizinische Bademeister, medizinische Fachangestellte und zahnmedizinische Fachangestellte, medizinisch-technische Assistenten und medizinisch-technische Gehilfen, pharmazeutisch-technische Assistenten und Physiotherapeuten, die nach Teil II Abschnitt 10 Unterabschnitte 4 bis 8, 10, 13 oder 14 der Anlage A zum TV-L eingruppiert sind, biologisch-technische Assistenten und chemisch-technische Assistenten, die nach Teil II Abschnitt 22 Unterabschnitt 3 der Anlage A zum TV-L eingruppiert sind, sowie Arbeitserzieher erhalten eine monatliche Zulage nach Anlage F Abschnitt IIa. [2]Die Vorbemerkungen zu Abschnitt 10 Unterabschnitte 4 bis 8, 10, 13 und 14 und die Vorbemerkung Nr. 2 zu Abschnitt 22 Unterabschnitt 3 des Teils II der Anlage A zum TV-L finden keine Anwendung."

4. Inkrafttreten

der Änderungen dieses Abschnitts III. jeweils zum 1. Januar 2024.

IV. Beschäftigte im Straßenbetriebsdienst und Straßenbau

1.

Teil III Abschnitt 3 Unterabschnitt 7 der Anlage A zum TV-L wird wie folgt geändert:

a) Die Entgeltgruppe 9a erhält folgende Fassung:

„Entgeltgruppe 9a

1. Kraftfahrzeughandwerker mit Meisterbrief des Kraftfahrzeughandwerks, die verantwortlich Kraftfahrzeuge nach § 29 StVZO abnehmen.
2. Bauaufseher,

   denen durch ausdrückliche Anordnung Tätigkeiten übertragen worden sind, die alle Phasen der Abwicklung eines Bauvertrages umfassen.
3. Kolonnenführer,

   denen mindestens 5 Kolonnenarbeiter durch ausdrückliche Anordnung ständig unterstellt sind und denen durch ausdrückliche Anordnung Tätigkeiten übertragen worden sind, die zusätzliche Fachkenntnisse erfordern, um die im Straßenbetriebsdienst eingesetzten Systeme der Informations- und Kommunikationstechnik zu bedienen.

   (Hierzu Protokollerklärung Nr. 6)
4. Streckenwarte (motorisierte Straßenaufseher, Verkehrssicherheitswarte),

   denen durch ausdrückliche Anordnung die Streckenwartung in Straßentunneln oder Tätigkeiten übertragen worden sind, die zusätzliche Fachkenntnisse erfordern, um die im Straßenbetriebsdienst eingesetzten Systeme der Informations- und Kommunikationstechnik zu bedienen.

   (Hierzu Protokollerklärungen Nrn. 1 und 6)"

b) In der Entgeltgruppe 7 wird folgende neue Fallgruppe 4 angefügt:

„4. Beschäftigte der Entgeltgruppe 5 Fallgruppen 1 und 2 des Abschnitts 1 als Verwalter des Gerätehofes einer Straßenmeisterei."

c) In der Entgeltgruppe 6 wird die Fallgruppe 2 wie folgt gefasst:

„2. (unbesetzt)"

d) In der Entgeltgruppe 6 wird folgende neue Fallgruppe 6 angefügt:

„6. Straßenwärter,

denen durch ausdrückliche Anordnung zusätzliche Tätigkeiten übertragen worden sind, die besondere, im Bereich des Straßenbetriebsdienstes erworbene Erfahrungen oder mindestens eine zusätzliche Schulung voraussetzen."

e) In der Entgeltgruppe 4 wird folgende neue Fallgruppe 3 angefügt:

„3. Beschäftigte im Straßenbetriebsdienst."

f) Die Entgeltgruppe 3 wird gestrichen.

g) Es wird folgende Protokollerklärung angefügt:

„Nr. 6 Die im Sinne dieses Tätigkeitsmerkmals im Straßenbetriebsdienst eingesetzten Systeme der Informations- und Kommunikationstechnik sind zum Beispiel mobile Einsatzdatenerfassung, Zeit- und Mengenerfassungssysteme für den Straßenbetriebsdienst, Straßenwetterinformationssysteme, Straßeninformationsbanken (SIB und SIB-Bauwerke)."

2.

Höhergruppierungen und Zuordnungen erfolgen auf Antrag stufengleich ohne Mitnahme der Stufenverweildauer mit einer Ausschlussfrist von einem Jahr ab Inkrafttreten.

3. Inkrafttreten

dieses Abschnitts IV. zum 1. Januar 2025.

V. Entgeltumwandlung zum Fahrrad-Leasing

1.

Es wird folgender § 19b TV-L zur Entgeltumwandlung zum Fahrrad-Leasing vereinbart:

„§ 19b
Entgeltumwandlung zum Fahrrad-Leasing

(1) [1]Beschäftigte haben Anspruch darauf, dass künftige monatliche Entgeltansprüche durch Entgeltumwandlung für das Leasing eines Fahrrades verwendet werden, wenn und soweit

- die Entgeltumwandlung zum Fahrrad-Leasing auch Beamtinnen und Beamten des jeweiligen Landes angeboten wird und
- der Arbeitgeber die Entgeltumwandlung zum Fahrrad-Leasing auch den Tarifbeschäftigten anbietet.

[2]Bietet der Arbeitgeber die Entgeltumwandlung zum Fahrradleasing einer oder einem Beschäftigten an, muss er die Entgeltumwandlung allen Beschäftigten anbieten.

(2) Von der Entgeltumwandlung ausgenommen sind

a) Beschäftigte, die zu Beginn der Entgeltumwandlung
   - in der Probezeit sind,
   - in einem gekündigten Arbeitsverhältnis stehen,
   - in einem Arbeitsverhältnis stehen, das weniger als die zu vereinbarende Leasingdauer andauert, sowie

b) Beschäftigte, deren Bezüge von einer Abtretung, Aufrechnung oder Pfändung betroffen sind, oder die Schuldnerin oder Schuldner in einem laufenden Insolvenzverfahren sind; dies gilt solange die jeweiligen Gläubiger aus den Bezügen pfändbare Beträge verlangen können, ungeachtet dessen, ob und in welcher Höhe sie dieses Recht tatsächlich wahrnehmen.

(3) [1]Leasingnehmer ist der Arbeitgeber. [2]Er überlässt der/dem Beschäftigten das Fahrrad zur dienstlichen und privaten Nutzung. [3]Die monatliche Entgeltumwandlung muss während der gesamten Dauer des Leasingvertrages, die längstens 36 Monate betragen darf, der monatlichen Leasingrate entsprechen.

(4) [1]Die Entgeltumwandlung ist nur zulässig für das Leasing von Fahrrädern im Sinne von § 63a Straßenverkehrs-Zulassungs-Verordnung. [2]Aus dem Angebot des Leasinggebers kann der/die Beschäftigte ein Fahrrad auswählen, das einschließlich etwaiger Zusatzleistungen (zum Beispiel Versicherungen) und verbundenem Zubehör einen Höchstbetrag von 7.000 Euro nicht über- und einen Mindestbetrag von 750 Euro nicht unterschreitet. [3]Als Preis für das Fahrrad selbst ist dabei die unverbindliche Preisempfehlung des Herstellers, Importeurs oder Großhändlers einschließlich Umsatzsteuer zugrunde zu legen. [4]Jeder Beschäftigten und jedem Beschäftigten kann jeweils nur ein Fahrrad überlassen werden.

(5) Die umgewandelten Entgeltbestandteile sind zusatzversorgungspflichtiges Entgelt.

(6) Die gesetzlichen Mitbestimmungs- und Beteiligungsrechte der Betriebs- oder Personalräte bleiben unberührt.

Protokollerklärung zu § 19b:

§ 19b findet im Freistaat Bayern und im Bereich des AVdöD Baden-Württemberg keine Anwendung, solange die dort auf Landesebene von diesen abgeschlossenen landesbezirklichen Tarifverträge zur Entgeltumwandlung zum Fahrradleasing gültig sind."

2. Inkrafttreten

dieses Abschnitts V. am 1. Januar 2024.

VI. Hauptstadtzulage

Die vom Land Berlin bislang außertariflich gezahlte Hauptstadtzulage an Beschäftigte und auszubildende Personen (vergleiche Rundschreiben IV Nr. 75/2020 der Senatsverwaltung der Finanzen vom 9. September 2020) wird von der TdL und den Gewerkschaften tarifiert.

VII. Gesprächszusage für die Freie Hansestadt Bremen und die Freie und Hansestadt Hamburg

[1]In der Freien Hansestadt Bremen und der Freien und Hansestadt Hamburg können ab dem 1. Juli 2025 jeweils Gespräche zwischen den Gewerkschaften auf Landesebene und den zuständigen Behörden über landesbezirkliche Regelungen über eine Zulage für Beschäftigte, die insbesondere bürgernahe Dienste wahrnehmen, aufgenommen werden. [2]Solche Tätigkeiten werden in der Freien und Hansestadt Hamburg in der Regel in den Bezirksämtern bzw. Kundenzentren und in der Freien Hansestadt Bremen in der Regel in Bürgerämtern und Ortsämtern wahrgenommen.

VIII. Sonstige Tarifregelungen

1. Auszubildende

a) § 19 TVA-L BBiG wird wie folgt gefasst:

„§ 19
Übernahme von Auszubildenden

(1) Auszubildende, die ihre Ausbildung mindestens mit der Gesamtnote „Befriedigend" abgeschlossen haben, werden bei dienstlichem bzw. betrieblichem Bedarf im unmittelbaren Anschluss an das Ausbildungsverhältnis in ein unbefristetes Arbeitsverhältnis übernommen, sofern nicht im Einzelfall personenbedingte, verhaltensbedingte, betriebsbedingte oder gesetzliche Gründe entgegenstehen; § 3 Absatz 1 Satz 2 TV-L gilt entsprechend.

(2) [1]Auszubildende, die ihre Ausbildung nicht mit mindestens der Gesamtnote „Befriedigend" abgeschlossen haben, werden nach erfolgreich bestandener Abschlussprüfung bei dienstlichem bzw. betrieblichem Bedarf im unmittelbaren Anschluss an das Ausbildungsverhältnis für die Dauer von zwölf Monaten in ein Arbeitsverhältnis übernommen, sofern nicht im Einzelfall personenbedingte, verhaltensbedingte, betriebsbedingte oder gesetzliche Gründe entgegenstehen; § 3 Absatz 1 Satz 2 TV-L gilt entsprechend. [2]Im Anschluss daran werden diese Beschäftigten bei entsprechender Bewährung in ein unbefristetes Arbeitsverhältnis übernommen.

(3) [1]Der dienstliche bzw. betriebliche Bedarf muss zum Zeitpunkt der Beendigung der Ausbildung nach Absatz 1 bzw. Absatz 2 Satz 1 vorliegen und setzt zudem eine freie und besetzbare Stelle bzw. einen freien und zu besetzenden Arbeitsplatz voraus, die/der eine ausbildungsadäquate Beschäftigung auf Dauer ermöglicht. [2]Bei einer Auswahlentscheidung sind die Ergebnisse der Abschlussprüfung und die persönliche Eignung zu berücksichtigen. [3]Bestehende Mitbestimmungsrechte bleiben unberührt.

Protokollerklärungen zu § 19:

1. [1]Für die Prüfung des dienstlichen bzw. betrieblichen Bedarfs, einer freien und besetzbaren Stelle bzw. eines freien und zu besetzenden Arbeitsplatzes sowie der ausbildungsadäquaten Beschäftigung ist auf die Ausbildungsdienststelle bzw. den Ausbildungsbetrieb abzustellen. [2]Steht in der Ausbildungsdienststelle bzw. dem Ausbildungsbetrieb keine Stelle bzw. kein Arbeitsplatz im Sinne des § 19 Absatz 3 Satz 1 zur Verfügung, wirkt die Ausbildungsdienststelle bzw. der Ausbildungsbetrieb auf eine Übernahme in eine andere Dienststelle bzw. einen anderen Betrieb des Arbeitgebers hin.
2. Besteht kein dienstlicher bzw. betrieblicher Bedarf für eine unbefristete Beschäftigung, ist eine befristete Beschäftigung außerhalb von § 19 möglich."

b) § 18a TVA-L Pflege wird wie folgt gefasst:

„§ 18a
Übernahme von Auszubildenden

(1) Auszubildende, die ihre Ausbildung mindestens mit der Gesamtnote „Befriedigend" abgeschlossen haben, werden bei dienstlichem bzw. betrieblichem Bedarf im unmittelbaren Anschluss an das Ausbildungsverhältnis in ein unbefristetes Arbeitsverhältnis übernommen, sofern nicht im Einzelfall personenbedingte, verhaltensbedingte, betriebsbedingte oder gesetzliche Gründe entgegenstehen; § 3 Absatz 1 Satz 2 TV-L gilt entsprechend.

(2) [1]Auszubildende, die ihre Ausbildung nicht mit mindestens der Gesamtnote „Befriedigend" abgeschlossen haben, werden nach erfolgreich bestandener Abschlussprüfung bei dienstlichem bzw. betrieblichem Bedarf im unmittelbaren Anschluss an das Ausbildungsverhältnis für die Dauer von zwölf Monaten in ein Arbeitsverhältnis übernommen, sofern nicht im Einzelfall personenbedingte, verhaltensbedingte, betriebsbedingte oder gesetzliche Gründe entgegenstehen; § 3 Absatz 1 Satz 2 TV-L gilt entsprechend. [2]Im Anschluss daran werden diese Beschäftigten bei entsprechender Bewährung in ein unbefristetes Arbeitsverhältnis übernommen.

(3) [1]Der dienstliche bzw. betriebliche Bedarf muss zum Zeitpunkt der Beendigung der Ausbildung nach Absatz 1 bzw. Absatz 2 Satz 1 vorliegen und setzt zudem eine freie und besetzbare Stelle bzw. einen freien und zu besetzenden Arbeitsplatz voraus, die/der eine ausbildungsadäquate Beschäftigung auf Dauer ermöglicht. [2]Bei

einer Auswahlentscheidung sind die Ergebnisse der Abschlussprüfung und die persönliche Eignung zu berücksichtigen. [3]Bestehende Mitbestimmungsrechte bleiben unberührt.

Protokollerklärungen zu § 18a:

1. [1]Für die Prüfung des dienstlichen bzw. betrieblichen Bedarfs, einer freien und besetzbaren Stelle bzw. eines freien und zu besetzenden Arbeitsplatzes sowie der ausbildungsadäquaten Beschäftigung ist auf die Ausbildungsdienststelle bzw. den Ausbildungsbetrieb abzustellen. [2]Steht in der Ausbildungsdienststelle bzw. dem Ausbildungsbetrieb keine Stelle bzw. kein Arbeitsplatz im Sinne des § 18a Absatz 3 Satz 1 zur Verfügung, wirkt die Ausbildungsdienststelle bzw. der Ausbildungsbetrieb auf eine Übernahme in eine andere Dienststelle bzw. einen anderen Betrieb des Arbeitgebers hin.
2. Besteht kein dienstlicher bzw. betrieblicher Bedarf für eine unbefristete Beschäftigung, ist eine befristete Beschäftigung außerhalb von § 18a möglich."

c) § 18a TVA-L Gesundheit wird wie folgt gefasst:

„§ 18a
Übernahme von Auszubildenden

(1) Auszubildende, die ihre Ausbildung mindestens mit der Gesamtnote „Befriedigend" abgeschlossen haben, werden bei dienstlichem bzw. betrieblichem Bedarf im unmittelbaren Anschluss an das Ausbildungsverhältnis in ein unbefristetes Arbeitsverhältnis übernommen, sofern nicht im Einzelfall personenbedingte, verhaltensbedingte, betriebsbedingte oder gesetzliche Gründe entgegenstehen; § 3 Absatz 1 Satz 2 TV-L gilt entsprechend.

(2) [1]Auszubildende, die ihre Ausbildung nicht mit mindestens der Gesamtnote „Befriedigend" abgeschlossen haben, werden nach erfolgreich bestandener Abschlussprüfung bei dienstlichem bzw. betrieblichem Bedarf im unmittelbaren Anschluss an das Ausbildungsverhältnis für die Dauer von zwölf Monaten in ein Arbeitsverhältnis übernommen, sofern nicht im Einzelfall personenbedingte, verhaltensbedingte, betriebsbedingte oder gesetzliche Gründe entgegenstehen; § 3 Absatz 1 Satz 2 TV-L gilt entsprechend. [2]Im Anschluss daran werden diese Beschäftigten bei entsprechender Bewährung in ein unbefristetes Arbeitsverhältnis übernommen.

(3) [1]Der dienstliche bzw. betriebliche Bedarf muss zum Zeitpunkt der Beendigung der Ausbildung nach Absatz 1 bzw. Absatz 2 Satz 1 vorliegen und setzt zudem eine freie und besetzbare Stelle bzw. einen freien und zu besetzenden Arbeitsplatz voraus, die/der eine ausbildungsadäquate Beschäftigung auf Dauer ermöglicht. [2]Bei einer Auswahlentscheidung sind die Ergebnisse der Abschlussprüfung und die persönliche Eignung zu berücksichtigen. [3]Bestehende Mitbestimmungsrechte bleiben unberührt.

Protokollerklärungen zu § 18a:

1. [1]Für die Prüfung des dienstlichen bzw. betrieblichen Bedarfs, einer freien und besetzbaren Stelle bzw. eines freien und zu besetzenden Arbeitsplatzes sowie der ausbildungsadäquaten Beschäftigung ist auf die Ausbildungsdienststelle bzw. den Ausbildungsbetrieb abzustellen. [2]Steht in der Ausbildungsdienststelle bzw. dem Ausbildungsbetrieb keine Stelle bzw. kein Arbeitsplatz im Sinne des § 18a Absatz 3 Satz 1 zur Verfügung, wirkt die Ausbildungsdienststelle bzw. der Ausbildungsbetrieb auf eine Übernahme in eine andere Dienststelle bzw. einen anderen Betrieb des Arbeitgebers hin.
2. Besteht kein dienstlicher bzw. betrieblicher Bedarf für eine unbefristete Beschäftigung, ist eine befristete Beschäftigung außerhalb von § 18a möglich."

d) Im TVdS-L wird nach § 18 folgender § 18a eingefügt:

„§ 18a
Übernahme von Studierenden

(1) Studierende, die ihre integrierte Ausbildung und ihr Studium jeweils mindestens mit der Gesamtnote „Befriedigend" abgeschlossen haben, werden bei dienstlichem bzw. betrieblichem Bedarf im unmittelbaren Anschluss an das Ausbildungs- und Studienverhältnis in ein unbefristetes Arbeitsverhältnis übernommen, sofern nicht im Einzelfall personenbedingte, verhaltensbedingte, betriebsbedingte oder gesetzliche Gründe entgegenstehen; § 3 Absatz 1 Satz 2 TV-L gilt entsprechend.

(2) [1]Studierende, die ihre integrierte Ausbildung und ihr Studium nicht jeweils mindestens mit der Gesamtnote „Befriedigend" abgeschlossen haben, werden nach erfolgreichem Abschluss des Studiums bei dienstlichem bzw. betrieblichem Bedarf im unmittelbaren Anschluss an das Ausbildungs- und Studienverhältnis für die Dauer von zwölf Monaten in ein Arbeitsverhältnis übernommen, sofern nicht im Einzelfall personenbedingte, verhaltensbedingte, betriebsbedingte oder gesetzliche Gründe entgegenstehen; § 3 Absatz 1 Satz 2 TV-L gilt entsprechend. [2]Im Anschluss daran werden diese Beschäftigten bei entsprechender Bewährung in ein unbefristetes Arbeitsverhältnis übernommen.

(3) [1]Der dienstliche bzw. betriebliche Bedarf muss zum Zeitpunkt der Beendigung des Studiums nach Absatz 1 bzw. Absatz 2 Satz 1 vorliegen und setzt zudem eine freie und besetzbare Stelle bzw. einen freien und zu besetzenden Arbeitsplatz voraus, die/der eine dem Studium adäquate Beschäftigung auf Dauer ermöglicht. [2]Bei einer Auswahlentscheidung sind die Ergebnisse der Abschlüsse der integrierten Ausbildung und des Studiums sowie die persönliche Eignung zu berücksichtigen. [3]Bestehende Mitbestimmungsrechte bleiben unberührt.

Protokollerklärungen zu § 18a:

1. [1]Für die Prüfung des dienstlichen bzw. betrieblichen Bedarfs, einer freien und besetzbaren Stelle bzw. eines freien und zu besetzenden Arbeitsplatzes sowie der dem Studium adäquaten Beschäftigung ist auf die Ausbildungsdienststelle bzw. den Ausbildungsbetrieb abzustellen. [2]Steht in der Ausbildungsdienststelle bzw. dem Ausbildungsbetrieb keine Stelle bzw. kein Arbeitsplatz im Sinne des § 18a Absatz 3 Satz 1 zur Verfügung, wirkt die Ausbildungsdienststelle bzw. der Ausbildungsbetrieb auf eine Übernahme in eine andere Dienststelle bzw. einen anderen Betrieb des Arbeitgebers hin.
2. Besteht kein dienstlicher bzw. betrieblicher Bedarf für eine unbefristete Beschäftigung, ist eine befristete Beschäftigung außerhalb von § 18a möglich."

2.

Im Rahmen der Redaktion wird geprüft, inwieweit § 21 TVdS-L im Lichte der Einfügung des § 18a TVdS-L angepasst werden soll.

3.

Geltung der Regelungen dieses Abschnitts vom 1. Oktober 2023 bis zum 31. Oktober 2025.

IX. Studentische Beschäftigte

1.

Zur Regelung der Arbeitsbedingungen der studentischen Beschäftigten vereinbaren die Tarifvertragsparteien die nachstehende schuldrechtliche Vereinbarung:

a) Mindestvertragslaufzeit

Die Beschäftigungsverhältnisse werden in der Regel für ein Jahr begründet; in begründeten Fällen können kürzere oder längere Zeiträume vereinbart werden.

b) Mindestentgelt

aa) Das Stundenentgelt studentischer Beschäftigter (ohne Abschluss) beträgt für jede arbeitsvertraglich vereinbarte Stunde ab dem Sommersemester 2024 mindestens 13,25 Euro.

bb) Das Stundenentgelt studentischer Beschäftigter (ohne Abschluss) beträgt für jede arbeitsvertraglich vereinbarte Stunde ab dem Sommersemester 2025 mindestens 13,98 Euro.

cc) Die Tarifvertragsparteien werden in der nächsten Tarifrunde erneut u. a. über die Anpassung der Mindestentgelte verhandeln.

2. Inkrafttreten

dieses Abschnitts IX. am 1. April 2024.

X. Maßregelungsklausel

Die Arbeitgebervertreter erklären, dass von Maßregelungen (Abmahnung, Entlassungen o. ä.) aus Anlass gewerkschaftlicher Warnstreiks, die bis einschließlich 9. Dezember 2023, 24:00 Uhr, durchgeführt wurden, abgesehen wird, wenn sich die Teilnahme an diesen Warnstreiks im Rahmen der Regelungen für rechtmäßige Arbeitskämpfe gehalten hat.

XI. Inkrafttreten, Laufzeit

[1]Inkrafttreten, soweit vorstehend nicht abweichend vereinbart: 1. Oktober 2023.

[2]Mindestlaufzeit der Regelungen unter I. bis zum 31. Oktober 2025.

XII. Erklärungsfrist: bis 19. Januar 2024

Protokollerklärung der TdL:

[1]Mit Blick auf die fortbestehende Meinungsverschiedenheit zum Verständnis des Arbeitsvorgangs werden die Änderungen zu IV. Nummer 1 ausdrücklich ohne Präjudiz für die Auslegung des § 12 TV-L vereinbart.

Anlage 1

Tarifvertrag über Sonderzahlungen zur Abmilderung der gestiegenen Verbraucherpreise (TV Inflationsausgleich)

Der TV Inflationsausgleich ist unter **160** abgedruckt.

I

Anhang[1])

Anlage B
zum TV-L

Entgelttabelle für Beschäftigte in den Entgeltgruppen 1 bis 15

Monatsbeträge in Euro

– gültig vom 1. November 2024 bis 31. Januar 2025 –

Entgelt-gruppe	Grundentgelt		Entwicklungsstufen			
	Stufe 1	Stufe 2	Stufe 3	Stufe 4	Stufe 5	Stufe 6
15	5 217,31	5 594,35	5 793,59	6 501,27	7 037,15	7 242,26
14	4 742,64	5 085,93	5 367,63	5 793,59	6 446,27	6 633,67
13	4 388,38	4 708,07	4 948,54	5 415,72	6 061,53	6 237,38
12	3 974,86	4 240,88	4 804,26	5 298,93	5 937,87	6 110,00
11	3 852,64	4 098,38	4 378,29	4 804,26	5 422,60	5 579,28
10	3 723,62	3 964,77	4 240,88	4 522,55	5 058,48	5 204,24
9b	3 336,59	3 569,08	3 720,54	4 139,07	4 495,09	4 623,96
9a	3 336,59	3 569,08	3 619,58	3 720,54	4 139,07	4 255,96
8	3 146,46	3 373,48	3 499,66	3 619,58	3 752,10	3 834,13
7	2 972,35	3 194,05	3 360,84	3 487,05	3 588,03	3 676,36
6	2 925,66	3 145,10	3 267,49	3 392,41	3 474,43	3 562,77
5	2 818,93	3 034,95	3 157,34	3 273,61	3 367,15	3 430,26
4	2 700,70	2 918,69	3 071,67	3 157,34	3 243,02	3 298,08
3	2 668,79	2 881,96	2 943,16	3 041,06	3 120,62	3 187,93
2	2 502,84	2 704,49	2 765,69	2 826,88	2 967,62	3 114,51
1	Je 4 Jahre	2 294,49	2 325,06	2 361,78	2 398,51	2 490,30

1) *Redaktioneller Hinweis:* Die hier abgedruckten Entgelttabellen sind kein förmlicher Bestandteil des Einigungspapiers.

Anlage B zum TV-L

Entgelttabelle für Beschäftigte in den Entgeltgruppen 1 bis 15

Monatsbeträge in Euro

– gültig ab 1. Februar 2025 –

Entgelt-gruppe	Grundentgelt		Entwicklungsstufen			
	Stufe 1	**Stufe 2**	**Stufe 3**	**Stufe 4**	**Stufe 5**	**Stufe 6**
15	5 504,26	5 902,04	6 112,24	6 858,84	7 424,19	7 640,58
14	5 003,49	5 365,66	5 662,85	6 112,24	6 800,81	6 998,52
13	4 629,74	4 967,01	5 220,71	5 713,58	6 394,91	6 580,44
12	4 193,48	4 474,13	5 068,49	5 590,37	6 264,45	6 446,05
11	4 064,54	4 323,79	4 619,10	5 068,49	5 720,84	5 886,14
10	3 928,42	4 182,83	4 474,13	4 771,29	5 336,70	5 490,47
9b	3 520,10	3 765,38	3 925,17	4 366,72	4 742,32	4 878,28
9a	3 520,10	3 765,38	3 818,66	3 925,17	4 366,72	4 490,04
8	3 319,52	3 559,02	3 692,14	3 818,66	3 958,47	4 045,01
7	3 135,83	3 369,72	3 545,69	3 678,84	3 785,37	3 878,56
6	3 086,57	3 318,08	3 447,20	3 578,99	3 665,52	3 758,72
5	2 973,97	3 201,87	3 330,99	3 453,66	3 552,34	3 618,92
4	2 849,24	3 079,22	3 240,61	3 330,99	3 421,39	3 479,47
3	2 815,57	3 040,47	3 105,03	3 208,32	3 292,25	3 363,27
2	2 642,84	2 853,24	2 917,80	2 982,36	3 130,84	3 285,81
1	Je 4 Jahre	2 434,49	2 465,06	2 501,78	2 538,51	2 630,30

Anlage C
zum TV-L

Entgelttabelle für Pflegekräfte

Monatsbeträge in Euro

– gültig vom 1. November 2024 bis 31. Januar 2025 –

Entgelt-gruppe	Grundentgelt		Entwicklungsstufen			
	Stufe 1	Stufe 2	Stufe 3	Stufe 4	Stufe 5	Stufe 6
KR 17		4 919,56	5 084,75	5 615,57	6 176,21	6 524,11
KR 16		4 810,42	4 972,03	5 493,92	6 102,25	6 370,60
KR 15		4 711,39	4 859,30	5 229,08	5 671,63	5 840,65
KR 14		4 602,25	4 746,59	5 107,44	5 597,68	5 687,14
KR 13		4 493,11	4 633,87	4 985,74	5 239,82	5 305,43
KR 12		4 274,79	4 408,41	4 742,39	4 947,57	5 042,99
KR 11		4 056,51	4 182,94	4 499,07	4 709,00	4 804,42
KR 10		3 838,23	3 957,49	4 291,50	4 452,54	4 553,93
KR 9		3 659,29	3 838,23	3 957,49	4 184,14	4 279,57
KR 8		3 382,89	3 537,98	3 736,82	3 897,43	4 120,15
KR 7		3 199,63	3 382,89	3 664,84	3 805,78	3 950,99
KR 6	2 714,29	2 889,60	3 058,69	3 418,14	3 509,76	3 678,90
KR 5	2 608,81	2 848,47	2 917,75	3 030,51	3 115,09	3 313,82

Anlage C zum TV-L

Entgelttabelle für Pflegekräfte

Monatsbeträge in Euro

– gültig ab 1. Februar 2025 –

Entgelt-gruppe	Grundentgelt		Entwicklungsstufen			
	Stufe 1	Stufe 2	Stufe 3	Stufe 4	Stufe 5	Stufe 6
KR 17		5 190,14	5 364,41	5 924,43	6 515,90	6 882,94
KR 16		5 074,99	5 245,49	5 796,09	6 437,87	6 720,98
KR 15		4 970,52	5 126,56	5 516,68	5 983,57	6 161,89
KR 14		4 855,37	5 007,65	5 388,35	5 905,55	5 999,93
KR 13		4 740,23	4 888,73	5 259,96	5 528,01	5 597,23
KR 12		4 509,90	4 650,87	5 003,22	5 219,69	5 320,35
KR 11		4 279,62	4 413,00	4 746,52	4 968,00	5 068,66
KR 10		4 049,33	4 175,15	4 527,53	4 697,43	4 804,40
KR 9		3 860,55	4 049,33	4 175,15	4 414,27	4 514,95
KR 8		3 568,95	3 732,57	3 942,35	4 111,79	4 346,76
KR 7		3 375,61	3 568,95	3 866,41	4 015,10	4 168,29
KR 6	2 863,58	3 048,53	3 226,92	3 606,14	3 702,80	3 881,24
KR 5	2 752,29	3 005,14	3 078,23	3 197,19	3 286,42	3 496,08

I

Anlage G
zum TV-L

Entgelttabelle für Beschäftigte im Sozial- und Erziehungsdienst

Monatsbeträge in Euro

– gültig vom 1. Oktober 2024 bis 31. Oktober 2024 –

Entgelt-gruppe	Grundentgelt		Entwicklungsstufen			
	Stufe 1	Stufe 2	Stufe 3	Stufe 4	Stufe 5	Stufe 6
S 18	4 129,77	4 255,33	4 804,44	5 216,23	5 833,95	6 211,42
S 17	3 751,26	4 083,75	4 529,86	4 804,44	5 353,48	5 676,08
S 16	3 662,48	3 994,55	4 296,52	4 667,14	5 078,96	5 326,04
S 15	3 525,89	3 843,52	4 118,10	4 433,81	4 941,69	5 161,30
S 14	3 507,36	3 804,10	4 109,21	4 419,58	4 762,78	5 002,98
S 13	3 447,95	3 708,47	4 049,44	4 323,95	4 667,14	4 838,72
S 12	3 400,60	3 697,96	4 024,89	4 313,15	4 670,07	4 821,07
S 11b	3 312,44	3 645,37	3 819,73	4 258,98	4 602,18	4 808,08
S 11a	3 244,38	3 575,21	3 748,45	4 186,72	4 529,86	4 735,78
S 9	3 073,29	3 370,86	3 631,83	4 015,00	4 375,30	4 653,28
S 8b	3 012,84	3 299,02	3 561,97	3 944,47	4 303,05	4 577,98
S 8a	2 969,94	3 227,29	3 454,40	3 669,56	3 878,72	4 096,87
S 7	2 898,63	3 142,08	3 355,33	3 568,53	3 728,47	3 967,08
S 4	2 744,34	3 002,13	3 188,73	3 315,33	3 435,29	3 622,14
S 3	2 567,24	2 824,89	3 004,13	3 168,73	3 244,03	3 333,99
S 2	2 468,79	2 681,96	2 743,16	2 841,06	2 920,62	2 987,93

Anlage G
zum TV-L

I

Entgelttabelle für Beschäftigte im Sozial- und Erziehungsdienst

Monatsbeträge in Euro

– gültig vom 1. November 2024 bis 31. Januar 2025 –

Entgelt-gruppe	Grundentgelt		Entwicklungsstufen			
	Stufe 1	Stufe 2	Stufe 3	Stufe 4	Stufe 5	Stufe 6
S 18	4 329,77	4 455,33	5 004,44	5 416,23	6 033,95	6 411,42
S 17	3 951,26	4 283,75	4 729,86	5 004,44	5 553,48	5 876,08
S 16	3 862,48	4 194,55	4 496,52	4 867,14	5 278,96	5 526,04
S 15	3 725,89	4 043,52	4 318,10	4 633,81	5 141,69	5 361,30
S 14	3 707,36	4 004,10	4 309,21	4 619,58	4 962,78	5 202,98
S 13	3 647,95	3 908,47	4 249,44	4 523,95	4 867,14	5 038,72
S 12	3 600,60	3 897,96	4 224,89	4 513,15	4 870,07	5 021,07
S 11b	3 512,44	3 845,37	4 019,73	4 458,98	4 802,18	5 008,08
S 11a	3 444,38	3 775,21	3 948,45	4 386,72	4 729,86	4 935,78
S 9	3 273,29	3 570,86	3 831,83	4 215,00	4 575,30	4 853,28
S 8b	3 212,84	3 499,02	3 761,97	4 144,47	4 503,05	4 777,98
S 8a	3 169,94	3 427,29	3 654,40	3 869,56	4 078,72	4 296,87
S 7	3 098,63	3 342,08	3 555,33	3 768,53	3 928,47	4 167,08
S 4	2 944,34	3 202,13	3 388,73	3 515,33	3 635,29	3 822,14
S 3	2 767,24	3 024,89	3 204,13	3 368,73	3 444,03	3 533,99
S 2	2 668,79	2 881,96	2 943,16	3 041,06	3 120,62	3 187,93

I

Anlage G
zum TV-L

Entgelttabelle für Beschäftigte im Sozial- und Erziehungsdienst

Monatsbeträge in Euro

– gültig ab 1. Februar 2025 –

Entgelt-gruppe	Grundentgelt		Entwicklungsstufen			
	Stufe 1	Stufe 2	Stufe 3	Stufe 4	Stufe 5	Stufe 6
S 18	4 567,91	4 700,37	5 279,68	5 714,12	6 365,82	6 764,05
S 17	4 168,58	4 519,36	4 990,00	5 279,68	5 858,92	6 199,26
S 16	4 074,92	4 425,25	4 743,83	5 134,83	5 569,30	5 829,97
S 15	3 930,81	4 265,91	4 555,60	4 888,67	5 424,48	5 656,17
S 14	3 911,26	4 224,33	4 546,22	4 873,66	5 235,73	5 489,14
S 13	3 848,59	4 123,44	4 483,16	4 772,77	5 134,83	5 315,85
S 12	3 798,63	4 112,35	4 457,26	4 761,37	5 137,92	5 297,23
S 11b	3 705,62	4 056,87	4 240,82	4 704,22	5 066,30	5 283,52
S 11a	3 633,82	3 982,85	4 165,61	4 627,99	4 990,00	5 207,25
S 9	3 453,32	3 767,26	4 042,58	4 446,83	4 826,94	5 120,21
S 8b	3 389,55	3 691,47	3 968,88	4 372,42	4 750,72	5 040,77
S 8a	3 344,29	3 615,79	3 855,39	4 082,39	4 303,05	4 533,20
S 7	3 269,05	3 525,89	3 750,87	3 975,80	4 144,54	4 396,27
S 4	3 106,28	3 378,25	3 575,11	3 708,67	3 835,23	4 032,36
S 3	2 919,44	3 191,26	3 380,36	3 554,01	3 633,45	3 728,36
S 2	2 815,57	3 040,47	3 105,03	3 208,32	3 292,25	3 363,27

I

Ausbildungsentgelte der Auszubildenden nach TVA-L BBiG/TVA-L Pflege/TVA-L Gesundheit

Monatsbeträge in Euro

TVA-L BBiG		
Ausbildungsjahr	**gültig vom 1. November 2024 bis 31. Januar 2025**	**gültig ab 1. Februar 2025**
1. Ausbildungsjahr	1 186,82	1 236,82
2. Ausbildungsjahr	1 240,96	1 290,96
3. Ausbildungsjahr	1 290,61	1 340,61
4. Ausbildungsjahr	1 359,51	1 409,51

TVA-L Pflege		
Ausbildungsjahr	**gültig vom 1. November 2024 bis 31. Januar 2025**	**gültig ab 1. Februar 2025**
1. Ausbildungsjahr	1 330,70	1 380,70
2. Ausbildungsjahr	1 396,70	1 446,70
3. Ausbildungsjahr	1 503,00	1 553,00

TVA-L Gesundheit		
Ausbildungsjahr	**gültig vom 1. November 2024 bis 31. Januar 2025**	**gültig ab 1. Februar 2025**
1. Ausbildungsjahr	1 230,74	1 280,74
2. Ausbildungsjahr	1 290,80	1 340,80
3. Ausbildungsjahr	1 387,53	1 437,53

I

Ausbildungs- bzw. Studienentgelte der dual Studierenden nach dem TVdS-L

Monatsbeträge in Euro

– gültig vom 1. November 2024 bis 31. Januar 2025 –

ausbildungsintegriert dual Studierende[1]			
	BBiG	**Pflege**	**Gesundheit**
nach § 8 Abs. 1 TVdS-L:		**Entgelt**	
1. Ausbildungs- und Studienjahr	1 336,82	1 480,70	1 380,74
2. Ausbildungs- und Studienjahr	1 390,96	1 546,70	1 440,80
3. Ausbildungs- und Studienjahr	1 440,61	1 653,00	1 537,53
4. Ausbildungs- und Studienjahr	1 509,51	–	–
nach § 8 Abs. 2 TVdS-L:			
nach Ablegung der Abschlussprüfung	1 400,00	1 610,00	1 480,00

Ausbildungs- bzw. Studienentgelte der dual Studierenden nach dem TVdS-L

Monatsbeträge in Euro

– gültig ab 1. Februar 2025 –

ausbildungsintegriert dual Studierende[1]			
	BBiG	**Pflege**	**Gesundheit**
nach § 8 Abs. 1 TVdS-L:		**Entgelt**	
1. Ausbildungs- und Studienjahr	1 386,82	1 530,70	1 430,74
2. Ausbildungs- und Studienjahr	1 440,96	1 596,70	1 490,80
3. Ausbildungs- und Studienjahr	1 490,61	1 703,00	1 587,53
4. Ausbildungs- und Studienjahr	1 559,51	–	–
nach § 8 Abs. 2 TVdS-L:			
nach Ablegung der Abschlussprüfung	1 450,00	1 660,00	1 530,00

1) Beträge jeweils einschließlich 150 Euro Studienzulage nach § 8 Abs. 1 TVdS-L

Entgelte der Praktikantinnen/Praktikanten nach dem TV Prakt-L

Monatsbeträge in Euro

Praktikantinnen/Praktikanten für den Beruf	**gültig vom 1. November 2024 bis 31. Januar 2025**	**gültig ab 1. Februar 2025**
der Sozialarbeiterin/ des Sozialarbeiters, der Sozialpädagogin/ des Sozialpädagogen, der Heilpädagogin/ des Heilpädagogen	2 003,54	2 053,54
der pharmazeutisch-technischen Assistentin/des pharmazeutisch-technischen Assistenten, der Erzieherin/des Erziehers	1 778,26	1 828,26
der Kinderpflegerin/ des Kinderpflegers, der Masseurin und medizinischen Bademeisterin/des Masseurs und medizinischen Bademeisters	1 721,31	1 771,31

Tarifvertrag über Sonderzahlungen zur Abmilderung der gestiegenen Verbraucherpreise (TV Inflationsausgleich)

Vom 9. Dezember 2023

§ 1 Geltungsbereich

Dieser Tarifvertrag gilt für Personen, die unter den Geltungsbereich eines der nachstehenden Tarifverträge fallen:

a) Tarifvertrag für den öffentlichen Dienst der Länder (TV-L),

b) Tarifvertrag für Auszubildende der Länder in Ausbildungsberufen nach dem Berufsbildungsgesetz (TVA-L BBiG),

c) Tarifvertrag für Auszubildende der Länder in Pflegeberufen (TVA-L Pflege),

d) Tarifvertrag für Auszubildende der Länder in Gesundheitsberufen (TVA-L Gesundheit),

e) Tarifvertrag für dual Studierende der Länder in ausbildungsintegrierten dualen Studiengängen (TVdS-L),

f) Tarifvertrag über die Regelung der Arbeitsbedingungen der Praktikantinnen/Praktikanten der Länder (TV Prakt-L),

g) Tarifvertrag über die Arbeitsbedingungen der Personenkraftwagenfahrer der Länder (Pkw-Fahrer-TV-L).

§ 2 Inflationsausgleichs-Einmalzahlung

(1) Personen, die unter den Geltungsbereich dieses Tarifvertrags fallen, erhalten eine einmalige Sonderzahlung (Inflationsausgleichs-Einmalzahlung), die zum frühestmöglichen Zeitpunkt ausgezahlt wird, wenn ihr Arbeits-, Ausbildungs-, Studien- oder Praktikantenverhältnis am 9. Dezember 2023 besteht und sie in der Zeit vom 1. August 2023 bis zum 8. Dezember 2023 an mindestens einem Tag Anspruch auf Entgelt hatten.

(2) [1]Die Höhe der Inflationsausgleichs-Einmalzahlung beträgt für Personen, die unter den Geltungsbereich des TV-L fallen, 1.800 Euro. [2]Für Personen, die unter den Geltungsbereich des TVA-L BBiG, TVA-L Pflege, TVA-L Gesundheit, TVdS-L oder TV Prakt-L fallen, beträgt die Inflationsausgleichs-Einmalzahlung 1000 Euro. [3]§ 24 Absatz 2 TV-L gilt entsprechend. [4]Maßgeblich sind die jeweiligen Verhältnisse am 9. Dezember 2023. [5]Sofern an diesem Tag das Arbeits-, Ausbildungs-, Studierenden- bzw. Praktikantenverhältnis geruht hat, sind die Verhältnisse am Tag vor dem Beginn des Ruhens maßgeblich.

§ 3 Inflationsausgleichs-Monatszahlungen

(1) [1]Personen, die unter den Geltungsbereich dieses Tarifvertrags fallen, erhalten in den Monaten Januar 2024 bis Oktober 2024 (Bezugsmonate) monatliche Sonderzahlungen (Inflationsausgleichs-Monatszahlungen). [2]Die Auszahlung erfolgt mit dem Entgelt für den jeweiligen Bezugsmonat, die Auszahlung für die Monate Januar 2024 bis März 2024 erfolgt zum frühestmöglichen Zeitpunkt. [3]Der Anspruch auf Inflationsausgleichs-Monatszahlungen besteht jeweils nur, wenn in dem Bezugsmonat ein Arbeits-, Ausbildungs-, Studien- oder Praktikantenverhältnis besteht und an mindestens einem Tag Anspruch auf Entgelt bestanden hat.

(2) [1]Die Höhe der Inflationsausgleichs-Monatszahlungen beträgt für Personen, die unter den Geltungsbereich des TV-L fallen, in den Bezugsmonaten jeweils 120 Euro. [2]Für Personen, die unter den Geltungsbereich des TVA-L BBiG, TVA-L Pflege, TVA-L Gesundheit, TVdS-L oder TV Prakt-L fallen, betragen die Inflationsausgleichs-Monatszahlungen in den Bezugsmonaten jeweils 50 Euro. [3]§ 24 Absatz 2 TV-L gilt entsprechend. [4]Maßgeblich sind die jeweiligen Verhältnisse am ersten Tag des jeweiligen Bezugsmonats. [5]Sofern am jeweils ersten Tag des jeweiligen Bezugsmonats das Arbeits-, Ausbildungs-, Studien- oder Praktikantenverhältnis ruht, sind die Verhältnisse am Tag vor dem Beginn des Ruhens maßgeblich. [6]In den Fällen des Abs. 1 Satz 4 sind ausnahmsweise die jeweiligen Verhältnisse am Tag des Beginns des Arbeits-, Ausbildungs-, Studien- oder Praktikantenverhältnisses maßgeblich.

Redaktionelle Anmerkung: § 3 Abs. 2 Satz 6 läuft ins Leere, da der zugrundeliegende Absatz 1 Satz 4 nicht Gegenstand des Tarifvertrages geworden ist.

§ 4 Gemeinsame Bestimmungen für die Sonderzahlungen nach §§ 2 und 3

(1) [1]Die Inflationsausgleichs-Einmalzahlung nach § 2 sowie die Inflationsausgleichs-Monatszahlungen nach § 3 werden jeweils zusätzlich zum ohnehin geschuldeten Entgelt gewährt. [2]Es handelt sich jeweils um einen Zuschuss des Arbeitgebers zur Abmilderung der gestiegenen Verbraucherpreise im Sinne des § 3 Nummer 11c des Einkommensteuergesetzes für die Jahre 2023 und 2024.

(2) [1]Anspruch auf Entgelt im Sinne des § 2 Absatz 1 bzw. § 3 Absatz 1 Satz 3 sind auch der Anspruch auf Entgeltfortzahlung aus Anlass der in § 21 Satz 1 TV-L und § 29 TV-L genannten Ereignisse und der Anspruch auf Krankengeldzuschuss (§ 22 Absatz 2 und 3 TV-L), auch wenn dieser wegen der Höhe des zustehenden Krankengeldes oder einer entsprechenden gesetzlichen Leistung nicht gezahlt wird. [2]Anspruch auf Ent-

gelt im Sinne des § 2 Absatz 1 bzw. § 3 Absatz 1 Satz 3 sind ferner die Ansprüche auf Entgeltfortzahlung nach §§ 9, 13 und 14 TVA-L BBiG, §§ 9, 13 und 14 TVA-L Pflege, §§ 9, 13 und 14 TVA-L Gesundheit, §§ 9, 13 und 14 TVdS-L sowie §§ 10, 11 und 12 TV Prakt-L. [3]Einem Anspruch auf Entgelt gleichgestellt sind der Bezug von Krankengeld nach § 45 SGB V oder entsprechender gesetzlicher Leistungen, Leistungen nach § 56 IfSG, Pflegeunterstützungsgeld nach § 44a Absatz 3 SGB XI, Kurzarbeitergeld und Leistungen nach §§ 18 bis 20 MuSchG sowie Verletztengeld nach § 45 SGB VII.

(3) Die Zahlungen nach §§ 2 und 3 sind kein zusatzversorgungspflichtiges Entgelt.

(4) Die Zahlungen nach §§ 2 und 3 sind bei der Bemessung sonstiger tariflicher Leistungen nicht zu berücksichtigen.

§ 5 Inkrafttreten

Unter der auflösenden Bedingung, dass die Tarifeinigung zwischen den Tarifvertragsparteien vom 9. Dezember 2023 bis zum Ablauf des 19. Januar 2024 von keiner Tarifvertragspartei widerrufen wird, tritt dieser Tarifvertrag am 9. Dezember 2023 in Kraft.

Durchführungshinweise der TdL zum Tarifvertrag über Sonderzahlungen zur Abmilderung der gestiegenen Verbraucherpreise (TV Inflationsausgleich)

vom 11. Januar 2024

Einführung

Am 9. Dezember 2023 haben sich die Tarifvertragsparteien auf verschiedene Sonderzahlungen zur Abmilderung der Inflationsfolgen verständigt. Der hierfür geschlossene Tarifvertrag (TV Inflationsausgleich) ist sogleich am 9. Dezember unterzeichnet worden.

Die in §§ 2 und 3 TV Inflationsausgleich vorgesehenen Sonderzahlungen werden zusätzlich zum ohnehin geschuldeten Entgelt gewährt. Es handelt sich jeweils um einen Zuschuss des Arbeitgebers zur Abmilderung der gestiegenen Verbraucherpreise im Sinne des § 3 Nr. 11c EStG für die Jahre 2023 und 2024.

1. Geltungsbereich (§ 1)

Der persönliche Geltungsbereich des Tarifvertrags erfasst nach § 1 Buchst. a die Tarifbeschäftigten, die dem Geltungsbereich des TV L (§ 1 TV-L) unterliegen. Damit gilt der Tarifvertrag auch für Beschäftigte, die am 1. November 2006 in die Entgeltgruppe 15 Ü übergeleitet worden sind (§ 1 Abs. 1 Satz 2 i. V. m. § 3 TVÜ-Länder).

Dieser Tarifvertrag gilt nach § 1 Buchst. b bis f TV Inflationsausgleich auch für:

- Auszubildende nach dem TVA-L BBiG, TVA-L Pflege und TVA-L Gesundheit,
- ausbildungsintegriert dual Studierende nach dem TVdS-L und
- Praktikantinnen und Praktikanten nach dem TV Prakt-L.

Beschäftigte, die dem Tarifvertrag über die Arbeitsbedingungen der Personenkraftwagenfahrer der Länder (Pkw-Fahrer-TV-L) unterfallen, sind bereits von § 1 Buchst. a TV Inflationsausgleich erfasst, wurden jedoch unter Buchstabe g deklaratorisch gesondert aufgeführt.

Geringfügig Beschäftigte im Sinne von § 8 Abs. 1 Nr. 1 SGB IV (sog. Minijobber) fallen unter den TV-L und haben einen Anspruch auf die Sonderzahlungen nach dem TV Inflationsausgleich, soweit sie die jeweiligen Voraussetzungen erfüllen. Zur Höhe der Zahlungen gelten die Ausführungen für Teilzeitbeschäftigte.

Für Beschäftigte, die unter den Geltungsbereich des TV-Ärzte, des TV Fleischuntersuchung oder des TV-L-Forst fallen, sowie für Auszubildende, die unter den Geltungsbereich des TVA-L Forst fallen, gilt der Tarifvertrag nicht. Für diese Beschäftigten finden gesonderte Tarifrunden statt, deren Ergebnisse abzuwarten bleiben.

2. Einmalzahlung (§ 2)

2.1 Anspruchsvoraussetzungen für die Einmalzahlung (§ 2 Abs. 1)

Für einen Anspruch auf die Inflationsausgleichs-Einmalzahlung nach § 2 TV Inflationsausgleich müssen kumulativ zwei Voraussetzungen erfüllt sein (§ 2 Abs. 1 TV Inflationsausgleich).

Erforderlich ist danach zum einen, dass am 9. Dezember 2023 ein Arbeits-, Ausbildungs-, Studien- oder Praktikantenverhältnis bestanden hat. Hierbei handelt es sich um eine harte Stichtagsregelung. Hat ein entsprechendes Rechtsverhältnis vor dem 9. Dezember 2023 geendet, sind die Voraussetzungen für die Einmalzahlung nach § 2 Abs. 1 TV Inflationsausgleich nicht erfüllt. Wird ein Arbeits-, Ausbildungs-, Studien- oder Praktikantenverhältnis erst nach dem 9. Dezember 2023 begründet, besteht ebenfalls kein Anspruch auf die Einmalzahlung nach § 2 Abs. 1 TV Inflationsausgleich. Abhängig vom Einstellungszeitpunkt kann jedoch ein Anspruch auf die Monatszahlungen nach § 3 gegeben sein. Ein Ruhen des Rechtsverhältnisses am 9. Dezember 2023 ist unschädlich, sofern die zweite Voraussetzung (Anspruch auf Entgelt im Referenzzeitraum – dazu sogleich) erfüllt ist.

Als zweite Voraussetzung muss nach § 2 Abs. 1 TV Inflationsausgleich in der Zeit vom 1. August 2023 bis zum 8. Dezember 2023 (Referenzzeitraum) an mindestens einem Tag Anspruch auf Entgelt bestanden haben. Ungeachtet des Bestands eines entsprechenden Rechtsverhältnisses muss daher innerhalb des genannten Referenzzeitraums ein Entgeltanspruch bestanden haben. Ein Anspruch auf die Einmalzahlung scheidet daher aus, wenn das Arbeits-, Ausbildungs-, Studien- oder Praktikantenverhältnis während des gesamten Referenzzeitraums (1. August 2023 bis 8. Dezember 2023) geruht hat und daher kein Entgeltanspruch bestand. Ein vor oder nach dem Referenzzeitraum liegender Entgeltanspruch ist für § 2 Abs. 1 TV Inflationsausgleich unbeachtlich.

Der Begriff des Entgeltanspruchs ist dem Wortlaut nach nicht allein auf das Tabellenentgelt beschränkt, so dass grundsätzlich auch ein Anspruch auf Entgeltbestandteile im Sinne des § 24 Abs. 1 Satz 4 TV-L genügt. Im Unterschied dazu stellt ein Anspruch auf die Jahressonderzahlung nach § 20 TV-L keinen Entgeltanspruch im Sinne des § 2 Abs. 1 TV Inflationsausgleich dar, so dass Personen, denen im Referenzzeitraum ausschließlich ein Anspruch auf die Jahressonderzahlung nach § 20 TV-L zusteht, keinen Anspruch auf die Inflationsausgleichs-Einmalzahlung nach § 2 TV Inflationsausgleich haben.

Als Entgelt im Sinne des § 2 Abs. 1 TV Inflationsausgleich zählen auch die Ansprüche auf Entgeltfortzahlung nach § 21 Satz 1 TV-L und § 29

TV-L sowie der Anspruch auf Krankengeldzuschuss (§ 22 Abs. 2 und 3 TV-L), auch wenn dieser wegen der Höhe der Barleistung des Sozialversicherungsträgers nicht gezahlt wird (§ 4 Abs. 2 Satz 1 TV Inflationsausgleich). Ferner gelten die Entgeltfortzahlungen nach §§ 9, 13, 14 TVA-L BBiG, §§ 9, 13, 14 TVA-L Pflege, §§ 9, 13, 14 TVA-L Gesundheit, §§ 9, 13, 14 TVdS-L und §§ 10, 11, 12 TV Prakt-L als Entgelt (§ 4 Abs. 2 Satz 2 TV Inflationsausgleich).

Einem Anspruch auf Entgelt ist nach § 4 Abs. 2 Satz 3 TV Inflationsausgleich gleichgestellt der Bezug von:

- (Kinder-)Krankengeld nach § 45 SGB V oder entsprechender gesetzlicher Leistungen (z. B. Krankengeld nach § 44b SGB V),
- Leistungen nach § 56 IfSG,
- Pflegeunterstützungsgeld nach § 44a Abs. 3 SGB XI,
- Kurzarbeitergeld nach §§ 95 ff. SGB III,
- Mutterschutzlohn nach § 18 MuSchG,
- Mutterschaftsgeld nach § 19 MuSchG oder
- der Arbeitgeberzuschuss zum Mutterschaftsgeld nach § 20 MuSchG sowie
- Verletztengeld nach § 45 SGB VII.

Der Bezug von Elterngeld ist dem Anspruch auf Entgelt hingegen nicht gleichgestellt.

2.2 Höhe der Einmalzahlung (§ 2 Abs. 2)

Der Höhe nach differenziert der TV Inflationsausgleich einerseits nach der Art des Rechtsverhältnisses (Arbeits-, Ausbildungs-, Studierenden- oder Praktikantenverhältnis) und andererseits nach dem individuellen Arbeitszeitumfang (Vollzeit- oder Teilzeitbeschäftigung).

2.2.1 Art des Rechtsverhältnisses

Nach § 2 Abs. 2 **Satz 1** TV Inflationsausgleich beträgt die Inflationsausgleichs-Einmalzahlung für Vollzeitbeschäftigte 1.800 Euro, soweit sie unter den TV-L bzw. den Pkw-Fahrer-TV-L fallen.

Für Auszubildende (im Sinne des TVA-L BBiG, des TVA-L Pflege oder des TVA-L Gesundheit), dual Studierende (im Sinne des TVdS-L) sowie Praktikantinnen und Praktikanten (im Sinne des TV Prakt-L) beträgt die Inflationsausgleichs-Einmalzahlung in Vollzeit 1.000 Euro (§ 2 Abs. 2 **Satz 2** TV Inflationsausgleich).

Für die Frage, ob sich die Höhe der Inflationsausgleichs-Einmalzahlung nach § 2 Abs. 2 Satz 1 oder Satz 2 TV Inflationsausgleich richtet, ist gemäß § 2 Abs. 2 Satz 4 TV Inflationsausgleich auf die Verhältnisse am 9. Dezember 2023 abzustellen. Unterfällt ein Anspruchsberechtigter an diesem Tag dem TV-L (bzw. dem Pkw-Fahrer-TV-L), richtet sich die Höhe der Einmalzahlung nach Satz 1. Für Anspruchsberechtigte, die an diesem Tag unter den TVA-L BBiG, den TVA-L Pflege, den TVA-L Gesundheit, den TVdS-L oder den TV Prakt-L fallen, richtet sich die Höhe der Einmalzahlung nach § 2 Abs. 2 Satz 2 TV Inflationsausgleich.

2.2.2 Berücksichtigung des individuellen Arbeitszeitumfangs am 9. Dezember 2023

Befanden sich Beschäftigte, Auszubildende, dual Studierende oder Praktikantinnen/Praktikanten am 9. Dezember 2023 in Teilzeit, erhalten sie die Inflationsausgleichs-Einmalzahlung anteilig entsprechend ihrem Teilzeitumfang (§ 2 Abs. 2 Satz 3 TV Inflationsausgleich i. V. m. § 24 Abs. 2 TV-L). Hierbei kommt es auf die Verhältnisse am 9. Dezember 2023 an (§ 2 Abs. 2 Satz 4 TV Inflationsausgleich). Es handelt sich insoweit um eine harte Stichtagsregelung, so dass ein abweichender individueller Arbeitszeitumfang während des Referenzzeitraums (1. August 2023 bis zum 8. Dezember 2023) ebenso unbeachtlich ist, wie eine Änderung des individuellen Arbeitszeitumfangs nach dem 9. Dezember 2023.

Besonderheiten gelten bei Anspruchsberechtigten, deren Rechtsverhältnis am 9. Dezember 2023 geruht hat (z. B. aufgrund des Bezugs einer befristeten Erwerbsunfähigkeitsrente oder wegen Sonderurlaubs nach § 28 TV-L), die aber gleichwohl im Referenzzeitraum einen Entgeltanspruch hatten. In derartigen Fällen ist für die Frage des individuellen Arbeitszeitumfangs nach § 2 Abs. 2 Satz 5 TV Inflationsausgleich der letzte Tag vor dem Beginn des Ruhens maßgebend. Dies gilt aufgrund des klaren Wortlauts auch dann, wenn der Arbeitszeitumfang vor dem Beginn des Ruhens niedriger war als nach dem Ende des Ruhens.

Hat das Arbeits-, Ausbildungs-, Studien- oder Praktikantenverhältnis während des Referenzzeitraums (vom 1. August 2023 bis zum 8. Dezember 2023) jedenfalls zeitweise geruht, bestand jedoch (spätestens) ab dem 9. Dezember 2023 wieder ein Entgeltanspruch im Sinne des § 2 Abs. 1 (ggf. i. V. m. § 4 Abs. 2) TV Inflationsausgleich, sind die Voraussetzungen des § 2 Abs. 2 Satz 5 TV Inflationsausgleich nicht gegeben. Daher sind in diesen Fällen nach Maßgabe des Grundsatzes des § 2 Abs. 2 Satz 4 TV Inflationsausgleich die Verhältnisse am 9. Dezember 2023 maßgeblich.

Das Vorstehende gilt auch für Beschäftigte, die sich am 9. Dezember 2023 in Elternzeit befinden, aber in Teilzeit beschäftigt sind. Für die Höhe der Einmalzahlung ist hier ausschließlich auf den Teilzeitumfang am 9. Dezember 2023 abzustellen, weil das Beschäftigungsverhältnis in diesem Fall nicht ruht.

Stehen Beschäftigte gleichzeitig in mehreren Arbeitsverhältnissen zu einem Arbeitgeber, für den der TV Inflationsausgleich gilt, besteht der Anspruch aus jedem Arbeitsverhältnis. Soweit es sich um Teilzeitarbeitsverhältnisse handelt, richtet sich die Höhe nach § 2 Abs. 2 Satz 3 TV Inflationsausgleich i. V. m. § 24 Abs. 2 TV L.

Soweit Beschäftigte bereits bei einem anderen Arbeitgeber eine Sonderzahlung zur Abmilderung der gestiegenen Verbraucherpreise erhalten haben, erfolgt nach dem TV Inflationsausgleich keine Anrechnung oder Kürzung der Zahlungen nach § 2 Abs. 1 TV Inflationsausgleich (siehe zu den steuer- und sozialversicherungsrechtlichen Auswirkungen unten Ziff. 6).

3. Monatszahlungen (§ 3)

Neben der Einmalzahlung nach § 2 sieht der TV Inflationsausgleich in § 3 für die Monate Januar bis Oktober 2024 jeweils Inflationsausgleichs-Monatszahlungen vor. Die genannten Monate werden im TV Inflationsausgleich als Bezugsmonate bezeichnet.

3.1 Anspruchsvoraussetzungen für die Monatszahlungen (§ 3 Abs. 1)

Voraussetzung der Monatszahlungen ist, dass in dem jeweiligen Bezugsmonat ein Arbeits-, Ausbildungs-, Studien- oder Praktikantenverhältnis besteht und an mindestens einem Tag Anspruch auf Entgelt bestanden hat. Die Anspruchsvoraussetzungen müssen für jeden Bezugsmonat gesondert vorliegen.

Anders als bei den Einmalzahlungen ist für den Bestand eines Arbeits-, Ausbildungs-, Studien- oder Praktikantenverhältnisses kein bestimmter Stichtag vorgesehen. Die Anspruchsvoraussetzungen des § 3 Abs. 1 Satz 3 TV Inflationsausgleich sind daher auch erfüllt, wenn das Arbeits-, Ausbildungs-, Studien- oder Praktikantenverhältnis erst im Laufe eines Kalendermonats begründet wird (siehe zur Höhe in diesem Fall unten bei 3.2.4). Gleichermaßen besteht ein Anspruch nach § 3 TV Inflationsausgleich auch für Bezugsmonate, in denen das Arbeits-, Ausbildungs-, Studien- oder Praktikantenverhältnis endet.

Neben dem Bestehen eines Arbeits-, Ausbildungs-, Studien- oder Praktikantenverhältnisses muss in den Bezugsmonaten auch jeweils an mindestens einem Tag Anspruch auf Entgelt bestehen. Ein Anspruch auf die Monatszahlungen scheidet daher aus, wenn das betreffende Rechtsverhältnis während des gesamten Bezugsmonats ruht und daher kein Entgeltanspruch gegeben ist. Endet das Ruhen eines Arbeits-, Ausbildungs-, Studien- oder Praktikantenverhältnisses hingegen im Laufe eines Bezugsmonats und lebt damit innerhalb des Bezugsmonats der Entgeltanspruch wieder auf, besteht auch Anspruch auf die Inflationsausgleichs-Monatszahlung für den betreffenden Bezugsmonat.

Einem Anspruch auf Entgelt sind nach § 4 Abs. 2 TV Inflationsausgleich eine Reihe von Entgeltfortzahlungsansprüchen und Entgeltersatzleistungen gleichgestellt (dazu oben Ziff. 2.1).

3.2 Höhe der Monatszahlungen (§ 3 Abs. 2)

Auch für die Höhe der Monatszahlungen differenziert der TV Inflationsausgleich einerseits nach der Art des Rechtsverhältnisses und andererseits nach dem individuellen Beschäftigungsumfang.

3.2.1 Art des Rechtsverhältnisses

Nach § 3 Abs. 2 **Satz 1** TV Inflationsausgleich beträgt die Inflationsausgleichs-Monatszahlung für Vollzeitbeschäftigte in den Bezugsmonaten jeweils 120 Euro, soweit sie unter den TV-L bzw. den Pkw-Fahrer-TV-L fallen.

Auszubildende, die unter den TVA-L BBiG, den TVA-L Pflege oder den TVA-L Gesundheit fallen, dual Studierende, die unter den TVdS-L fallen, sowie Praktikantinnen/Praktikanten, die unter den TV Prakt-L fallen, erhalten die Monatszahlungen nach § 3 TV Inflationsausgleich jeweils in Höhe von 50 Euro je Bezugsmonat (§ 3 Abs. 2 **Satz 2** TV Inflationsausgleich).

Soweit innerhalb eines Bezugsmonats ausnahmsweise sowohl die Voraussetzungen des § 3 Abs. 2 Satz 1 TV Inflationsausgleich als auch des § 3 Abs. 2 Satz 2 TV Inflationsausgleich vorliegen (z. B. Übernahme eines Auszubildenden in ein Arbeitsverhältnis im laufenden Monat), ist nach Maßgabe des § 3 Abs. 2 Satz 4 TV Inflationsausgleich das am ersten Tag des Bezugsmonats geltende Rechtsverhältnis ausschlaggebend. Bei Übernahme eines Auszubildenden ist daher im Monat der Übernahme lediglich die für Auszubildende maßgebliche, geringere Monatszahlung nach § 3 Abs. 2 Satz 2 TV Inflationsausgleich in Höhe von 50 Euro zu gewähren. Die Geschäftsstelle erhebt jedoch keine Bedenken, wenn die Länder in derartigen Fällen anstelle des Betrags nach § 3 Abs. 2 Satz 2 TV Inflationsausgleich übertariflich die

Zahlung des höheren Monatsbetrags nach § 3 Abs. 2 Satz 1 TV Inflationsausgleich ermöglichen, um eine Schlechterstellung im Verhältnis zu Beschäftigten zu vermeiden, die im Laufe eines Kalendermonats eingestellt werden (siehe dazu 3.2.4).

Die maßgebliche Höhe der Inflationsausgleich-Monatszahlung ist für jeden Bezugsmonat gesondert zu bestimmen.

3.2.2 Berücksichtigung des individuellen Arbeitszeitumfangs

Sind Beschäftigte, Auszubildende, dual Studierende und Praktikantinnen/Praktikanten in Teilzeit tätig, erhalten sie die Inflationsausgleichs-Monatszahlungen jeweils anteilig entsprechend ihrem Teilzeitumfang (§ 3 Abs. 2 Satz 3 TV Inflationsausgleich i. V. m. § 24 Abs. 2 TV-L). Maßgeblich sind hierbei jeweils die Verhältnisse am ersten Tag des betreffenden Bezugsmonats (§ 3 Abs. 2 Satz 4 TV Inflationsausgleich). Es handelt sich insoweit um eine harte Stichtagsregelung, so dass ein abweichender individueller Arbeitszeitumfang in früheren Bezugsmonaten ebenso unbeachtlich ist wie die Änderung des individuellen Arbeitszeitumfangs nach dem ersten Tag des Bezugsmonats. Die Geschäftsstelle erhebt jedoch keine Bedenken, wenn die Länder eine übertarifliche Regelung ermöglichen, nach der Anspruchsberechtigten, deren Arbeitszeit im laufenden Bezugsmonat erst nach dem Stichtag erhöht worden ist, zur Vermeidung einer Schlechterstellung im Verhältnis zu neu eingestellten Personen (siehe dazu 3.2.4) die Inflationsausgleichs-Monatszahlung entsprechend dem erhöhten individuellen Arbeitszeitumfang gezahlt wird.

Besonderheiten gelten bei Anspruchsberechtigten, deren Rechtsverhältnis am ersten Tag des betreffenden Bezugsmonats geruht hat (z. B. aufgrund des Bezugs einer befristeten Erwerbsunfähigkeitsrente oder wegen Sonderurlaubs nach § 28 TV-L), die aber gleichwohl im Bezugsmonat einen Entgeltanspruch hatten. In solchen Fällen ist für die Frage des individuellen Arbeitszeitumfangs nach § 3 Abs. 2 Satz 5 TV Inflationsausgleich auf den letzten Tag vor dem Beginn des Ruhens abzustellen. Dies gilt aufgrund des klaren Wortlauts auch dann, wenn der Arbeitszeitumfang vor dem Beginn des Ruhens niedriger war als nach dem Ende des Ruhens.

Soweit Beschäftigte gleichzeitig in mehreren Arbeitsverhältnissen zu einem Arbeitgeber stehen, für den der TV Inflationsausgleich gilt, besteht der Anspruch aus jedem Arbeitsverhältnis. Soweit es sich um Teilzeitarbeitsverhältnisse handelt, richtet sich die Höhe nach § 3 Abs. 2 Satz 3 TV Inflationsausgleich i. V. m. § 24 Abs. 2 TV L.

Sonderzahlungen zur Abmilderung der gestiegenen Verbraucherpreise, die Beschäftigte von anderen Arbeitgebern erhalten haben, werden nach dem TV Inflationsausgleich nicht auf Zahlungen nach § 3 Abs. 1 TV Inflationsausgleich angerechnet (siehe zu den steuer- und sozialversicherungsrechtlichen Auswirkungen unten Ziff. 6).

3.2.3 § 3 Abs. 2 Satz 6 ohne Anwendungsbereich

Im Zuge der Verhandlung zum TV Inflationsausgleich ist die ursprünglich vorgesehene Regelung des § 3 Abs. 1 Satz 4 TV Inflationsausgleich wegen des Wegfalls des Anwendungsbereichs gestrichen worden. Bei dieser Streichung ist übersehen worden, dass in der Folge auch § 3 Abs. 2 Satz 6 TV Inflationsausgleich hätte gestrichen werden müssen, da dieser auf § 3 Abs. 1 Satz 4 TV Inflationsausgleich aufbaute bzw. diesen ergänzte. Es handelt sich insoweit um ein bloßes Redaktionsversehen. § 3 Abs. 2 Satz 6 TV Inflationsausgleich läuft damit leer.

3.2.4 Begründung/Beendigung des Rechtsverhältnisses im laufenden Bezugsmonat

Wird ein Arbeits-, Ausbildungs-, Studien- oder Praktikantenverhältnis erst im Laufe eines Bezugsmonats begründet, erfüllt dies (bei Bestehen eines Entgeltanspruchs) die Voraussetzungen des § 3 Abs. 1 TV Inflationsausgleich, so dass auch in diesem Fall ein Anspruch auf eine Inflationsausgleichs-Monatszahlung gegeben ist (siehe dazu Ziff. 3.1). Allerdings läuft die Vorgabe des § 3 Abs. 2 Satz 4 TV Inflationsausgleich in diesen Fällen ins Leere, da für den danach maßgeblichen ersten Tag des Bezugsmonats gerade noch keine Festlegung zum individuellen Arbeitszeitumfang galt. Nach Sinn und Zweck der Regelung ist (auch im Lichte des gegenstandslosen § 3 Abs. 2 Satz 6 TV Inflationsausgleich) in derartigen Fällen anstelle des Tags des Bezugsmonats auf den ersten Tag des Beginns des Rechtsverhältnisses abzustellen. Für die Höhe der Inflationsausgleichs-Monatszahlung kommt es daher im Fall der erstmaligen Begründung eines Rechtsverhältnisses auf die Verhältnisse an dessen erstem Tag an. Für die folgenden Bezugsmonate ist anschließend wieder § 3 Abs. 2 Satz 4 TV Inflationsausgleich unmittelbar heranzuziehen.

Bei einem Wechsel in ein anderes Rechtsverhältnis innerhalb des laufenden Bezugsmonats (z. B. Übernahme eines Auszubildenden in ein Arbeitsverhältnis) ist auf die Vorgabe des § 3 Abs. 2 Satz 4 TV Inflationsausgleich abzustellen (näher dazu 3.2.1).

Wechselt ein Anspruchsberechtigter im Sinne des § 3 Abs. 1 TV Inflationsausgleich innerhalb eines laufenden Bezugsmonats in ein Beamtenverhältnis, berührt dies die Höhe des tariflichen Anspruchs nicht. Eine Anrechnung des tariflichen Anspruchs auf etwaige besoldungsrechtliche Zahlungen zur Inflationsabmilderung richtet sich nach den besoldungsrechtlichen Bestimmungen des Landes.

Endet ein Arbeits-, Ausbildungs-, Studien- oder Praktikantenverhältnis im Laufe eines Bezugsmonats, wird der Anspruch nach § 3 TV Inflationsausgleich davon nicht berührt.

Eine zeitanteilige Verringerung des Anspruchs auf die Monatszahlungen ist weder für den Fall einer erst im Laufe des Monats erfolgenden Begründung eines Rechtsverhältnisses noch für den Fall einer vor dem Monatsende erfolgenden Beendigung des Rechtsverhältnisses vorgesehen.

4. Auszahlungszeitpunkte (§ 2 Abs. 1 und § 3 Abs. 1 Satz 2)

Die Leistungen nach den §§ 2 und 3 TV Inflationsausgleich sind zu unterschiedlichen Zeitpunkten auszuzahlen. Hierbei ist zwischen der Einmalzahlung nach § 2 TV Inflationsausgleich und den Monatszahlungen für die Monate Januar bis März 2024 einerseits und den übrigen Monatszahlungen andererseits zu unterscheiden.

4.1 Einmalzahlung und Monatszahlungen bis einschließlich März 2024

Sowohl für die Einmalzahlung als auch die Monatszahlungen für die Monate Januar bis März 2024 ist im TV Inflationsausgleich festgelegt, dass die Auszahlung „zum frühestmöglichen Zeitpunkt" erfolgt (§ 2 Abs. 1 und § 3 Abs. 1 Satz 2 TV Inflationsausgleich). Für die genannten Zahlungen haben die Tarifvertragsparteien mit Blick auf den für die Zahlungsaufnahme erforderlichen zeitlichen Vorlauf bewusst darauf verzichtet, einen konkreten, verbindlichen Zahlungstermin festzulegen. Die einzige Zeitvorgabe besteht seither darin, dass die Auszahlung so früh wie möglich zu erfolgen hat.

Die Vorgabe gesteht den Arbeitgebern damit die für die Zahlbarmachung nötigen Zeitvorläufe zu. Ausgeschlossen sind dagegen bewusste Verzögerungen bereits möglicher Auszahlungen. Eine sofortige oder unverzügliche Auszahlung ist für die genannten Zahlungen hingegen nicht vorgegeben. Dies wird auch dadurch deutlich, dass die allgemeine Vorgabe, dass die Monatszahlungen „mit dem Entgelt für den jeweiligen Bezugsmonat" auszuzahlen sind, für die Monatszahlungen für Januar bis März 2024 gerade nicht gilt, sondern stattdessen nur eine „frühestmögliche" Auszahlung gefordert ist. Damit wird erkennbar, dass die Tarifvertragsparteien davon ausgehen, dass eine Auszahlung ggf. auch erst im Zeitpunkt der Zahlung der Entgelte für April 2024 möglich ist. Sowohl aus der Systematik als auch aus der Verwendung der gleichen Terminologie folgt, dass diese Annahme für die Monatszahlungen für Januar bis März 2024 ebenso gilt wie für die Einmalzahlung nach § 2 TV Inflationsausgleich.

Da die Regelungen des § 2 Abs. 1 bzw. des § 3 Abs. 1 Satz 2 TV Inflationsausgleich gerade darauf abzielen, dem Arbeitgeber die für die automatisierte Bezügeauszahlung nötige Programmierung zu ermöglichen, schließt die dem Arbeitgeber zugestandene Vorlaufzeit nicht nur die Programmierung der Zahlungsanforderungen an sich ein, sondern erstreckt sich auch auf die Einbindung der Zahlungen nach §§ 2 und 3 TV Inflationsausgleich in den nächstmöglichen Auszahlungszyklus. Der geforderte „frühestmögliche Zeitpunkt" knüpft also an den Zeitpunkt an, zu dem die Programmierung auch in den Zahlungszyklus der turnusmäßigen Entgeltzahlungen eingebunden werden kann.

Ungeachtet dessen folgt aus der Vorgabe der Zahlung zum „frühestmöglichen Zeitpunkt" nicht, dass die Auszahlung noch vor dem Vorliegen der Anspruchsvoraussetzungen erfolgen müsste. Insbesondere zielt die Regelung nicht darauf ab, die Fälligkeitszeitpunkte in diesem Fall vorzuverlagern. Ist es einem Arbeitgeber z. B. gelungen, bereits im Januar 2024 die technischen Rahmenbedingungen für die automatisierte Auszahlung der Ansprüche nach §§ 2 und 3 TV Inflationsausgleich zu schaffen, folgt daraus nicht, dass der Arbeitgeber im Januar 2024 bereits die Monatszahlungen für die Monate Februar und März 2024 ebenfalls auszuzahlen hätte. Vielmehr darf der Arbeitgeber insoweit abwarten, ob die Anspruchsvoraussetzungen in dem betreffenden Bezugsmonat jeweils überhaupt eintreten.

4.2 Monatszahlungen ab dem Monat April 2024

Die Monatszahlungen ab dem Monat April 2024 sind jeweils mit dem Entgelt für den betreffenden Bezugsmonat auszuzahlen (§ 3 Abs. 1 Satz 2 TV Inflationsausgleich). Die für die Einmalzahlung und die Monatszahlungen für die Monate Januar bis März 2024 geltende Erleichterung, dass die Auszahlung erst zum frühestmöglichen Zeitpunkt erfolgen muss, greift für Monatszahlungen ab dem Bezugsmonat April 2024 nicht ein. Vielmehr sind die Tarifvertragsparteien erkennbar davon ausgegangen, dass eine Zahlungsaufnahme bis zur Fälligkeit des Entgelts für den Monat April 2024 möglich ist.

5. Wechselwirkung mit anderen tariflichen Leistungen (§ 4 Abs. 4)

Die Inflationsausgleichs-Sonderzahlungen nach §§ 2 und 3 TV Inflationsausgleich sind bei der Bemessung sonstiger tariflicher Leistungen nicht zu berücksichtigen (§ 4 Abs. 4 TV Inflationsausgleich). Sie sind daher z. B. kein „Entgeltbestandteil" im Sinne des § 21 TV-L. Auch im Rahmen der Bemessung der Jahressonderzahlung nach § 20 TV-L finden die Sonderzahlungen nach dem TV Inflationsausgleich keine Berücksichtigung.

6. Lohnsteuer, Sozialversicherung und Zusatzversorgung

Bei den Zahlungen nach §§ 2 und 3 des TV Inflationsausgleich handelt es sich um Sonderzahlungen des Arbeitgebers zur Abmilderung der gestiegenen Verbraucherpreise, die zusätzlich zum ohnehin geschuldeten Arbeitsentgelt im Sinne des § 3 Nr. 11c EStG gewährt werden (§ 4 Abs. 1 TV Inflationsausgleich).

Nach § 3 Nr. 11c EStG sind Leistungen, die zur Abmilderung der gestiegenen Verbraucherpreise in Form von Zuschüssen und Sachbezügen gewährt werden und die seitens des Arbeitgebers in der Zeit vom 26. Oktober 2022 bis zum 31. Dezember 2024 zusätzlich zum ohnehin geschuldeten Arbeitslohn geleistet werden, bis zu einem Betrag von 3.000 Euro steuerfrei.

Für die Steuerbefreiung ist es erforderlich, dass die Auszahlung bis zum 31. Dezember 2024 erfolgt (Zuflussprinzip).

Nach Auffassung des Bundesfinanzministeriums (https://www.bundesfinanzministerium.de/Content/DE/FAQ/2022-12-07-FAQ-Inflationsausgleichspraemie.html) könne die Steuerbefreiung nach § 3 Nr. 11c EStG in der Regel für jedes Dienstverhältnis, also auch für aufeinander folgende oder nebeneinander bestehende Dienstverhältnisse, gesondert in Anspruch genommen werden. Dies gelte allerdings nicht bei mehreren Arbeitsverhältnissen zu demselben Arbeitgeber. Eine Prüfung, ob der Beschäftigte bereits in einem Rechtsverhältnis zu einem anderen Arbeitgeber eine Inflationsabmilderungszahlung im Sinne des § 3 Nr. 11c EStG erhalten hat, ist nach Auffassung des Bundesfinanzministeriums nicht erforderlich.

Die steuerfreien Leistungen sind im Lohnkonto aufzuzeichnen.

Die Beitragsfreiheit in der Sozialversicherung ergibt sich aus § 1 Abs. 1 Satz 1 Nr. 1 Sozialversicherungsentgeltverordnung (SvEV). Demnach gehören steuerfreie einmalige Einnahmen, laufende Zulagen, Zuschläge, Zuschüsse sowie ähnliche Einnahmen, die zusätzlich zu Löhnen oder Gehältern gewährt werden, nicht zum Arbeitsentgelt im sozialversicherungsrechtlichen Sinne und sind daher beitragsfrei.

Soweit der Steuerfreibetrag von 3.000 Euro (§ 3 Nr. 11c EStG) überschritten werden würde, wäre der übersteigende Betrag steuerpflichtig und beitragspflichtig.

Die Zahlungen nach §§ 2 und 3 TV Inflationsausgleich sind kein zusatzversorgungspflichtiges Entgelt (§ 4 Abs. 3 TV Inflationsausgleich).

7. Pfändbarkeit

Sowohl die Einmalzahlung nach § 2 TV Inflationsausgleich als auch die Monatszahlungen nach § 3 TV Inflationsausgleich stellen Arbeitseinkommen im Sinne des § 850 Zivilprozessordnung (ZPO) dar, so dass die Zahlungen nach den allgemeinen Grundsätzen der ZPO pfändbar sind. Eine ausdrückliche Ausnahme von Inflationsabmilderungszahlungen von der Pfändbarkeit ist gesetzlich nicht normiert worden.

8. Inkrafttreten und Bindung an die Tarifeinigung (§ 5)

Während die Tarifeinigung allgemein einer Erklärungsfrist bis zum 19. Januar 2024 unterliegt und somit bis zu diesem Zeitpunkt widerrufen werden kann, ist der TV Inflationsausgleich von der Erklärungsfrist formal ausgenommen (Ziff. 2 der Tarifeinigung). Da der TV Inflationsausgleich (anders als der TV Inflationsausgleich der VKA) auch nicht unter einer aufschiebenden Bedingung steht, ist der TV Inflationsausgleich vom 9. Dezember 2023 somit grundsätzlich sogleich wirksam geworden.

Da der TV Inflationsausgleich jedoch nach dessen § 5 unter der auflösenden Bedingung steht, dass die Tarifeinigung nicht widerrufen wird, ist der TV Inflationsausgleich gleichwohl mittelbar an den Bestand der Tarifeinigung gekoppelt. Würde die Tarifeinigung widerrufen, würde der Widerruf zwar nicht unmittelbar den TV Inflationsausgleich betreffen. Jedoch würde in diesem Fall die auflösende Bedingung des § 5 TV Inflationsausgleich eingreifen, so dass der Tarifvertrag in seiner Wirkung dennoch entfallen würde. Der TV Inflationsausgleich teilt somit das Schicksal der Tarifeinigung – nur, dass eine etwaige Unwirksamkeit auf anderem rechtlichen Wege (durch auflösende Bedingung statt durch Erstreckung des Widerrufs) eintritt.

Abschnitt II
Tarifvertrag für den öffentlichen Dienst der Länder und Überleitungstarifvertrag

Tarifvertrag für den öffentlichen Dienst der Länder (TV-L)

Vom 12. Oktober 2006

Zuletzt geändert durch
Änderungstarifvertrag Nr. 13 vom 9. Dezember 2023[1)]

Tarifvertragstext mit Erläuterungen

Präambel

Die Tarifvertragsparteien bekennen sich zur Gleichbehandlung aller Geschlechter. Sie sind sich einig, soweit in diesem Tarifvertrag Berufs- oder Tätigkeitsbezeichnungen bzw. Beschäftigtenbegriffe verwendet werden, dass diese für alle Geschlechter gelten.

Inhaltsverzeichnis

1) Die Abstimmung des Textes des Änderungstarifvertrages war erst im Oktober 2024 abgeschlossen.

II

C. Anlagen

II

A.
Allgemeiner Teil
Abschnitt I
Allgemeine Vorschriften

§ 1 Geltungsbereich

(1) Dieser Tarifvertrag gilt für Arbeitnehmerinnen und Arbeitnehmer (Beschäftigte), die in einem Arbeitsverhältnis zu einem Arbeitgeber stehen, der Mitglied der Tarifgemeinschaft deutscher Länder (TdL) oder eines Mitgliedverbandes der TdL ist.

Protokollerklärungen zu § 1 Absatz 1:

1. Der TV-L findet in Bremen und Bremerhaven keine Anwendung auf Beschäftigte, die unter den Geltungsbereich des Tarifvertrages über die Geltung des VKA-Tarifrechts für die Arbeiter und die arbeiterrentenversicherungspflichtigen Auszubildenden des Landes und der Stadtgemeinde Bremen sowie der Stadt Bremerhaven vom 17. Februar 1995 fallen. Für die Bestimmung des persönlichen Geltungsbereichs findet § 38 Absatz 5 Satz 2 entsprechende Anwendung.
2. Die Tarifvertragsparteien werden bis spätestens zum 31. Dezember 2006 eine abschließende Regelung zum Geltungsbereich des TV-L in Bremen und Bremerhaven entsprechend einer Einigung auf landesbezirklicher Ebene vereinbaren.

(2) Dieser Tarifvertrag gilt nicht für

a) Beschäftigte als leitende Angestellte im Sinne des § 5 Absatz 3 Betriebsverfassungsgesetz, wenn ihre Arbeitsbedingungen einzelvertraglich besonders vereinbart sind, sowie für Chefärztinnen und Chefärzte,

b) Beschäftigte, die ein über das Tabellenentgelt der Entgeltgruppe 15 beziehungsweise Ä 4 hinausgehendes regelmäßiges Entgelt erhalten, die Zulage nach § 16 Absatz 5 bleibt hierbei unberücksichtigt,

c) Beschäftigte, für die der TV-Fleischuntersuchung-Länder gilt,

d) Beschäftigte, für die die Tarifverträge für Waldarbeiter tarifrechtlich oder einzelarbeitsvertraglich zur Anwendung kommen,

e) Auszubildende, Schülerinnen/Schüler, Volontärinnen/Volontäre und Praktikantinnen/Praktikanten,

f) Beschäftigte, für die Eingliederungszuschüsse nach den §§ 217 ff. SGB III gewährt werden,

g) Beschäftigte, die Arbeiten nach den §§ 260 ff. SGB III verrichten,

h) Leiharbeitnehmerinnen/Leiharbeitnehmer von Personal-Service-Agenturen, sofern deren Rechtsverhältnisse durch Tarifvertrag geregelt sind,

i) geringfügig Beschäftigte im Sinne von § 8 Absatz 1 Nr. 2 SGB IV,

j) künstlerisches Theaterpersonal, Orchestermusikerinnen/Orchestermusiker sowie technisches Leitungspersonal und technisches Theaterpersonal nach Maßgabe der hierzu vereinbarten Protokollerklärungen,

k) Beschäftigte, die

aa) in ausschließlich Erwerbszwecken dienenden landwirtschaftlichen Verwaltungen und Betrieben, Weinbaubetrieben, Gartenbau- und Obstanbaubetrieben und deren Nebenbetrieben tätig sind,

bb) in landwirtschaftlichen Verwaltungen und Betrieben einschließlich der einer Verwaltung oder einem Betrieb nicht landwirtschaftlicher Art angegliederten Betriebe (zum Beispiel Lehr- und Versuchsgüter), Gartenbau-, Weinbau- und Obstanbaubetrieben und deren Nebenbetrieben tätig sind und unter den Geltungsbereich eines landesbezirklichen Tarifvertrages fallen,

l) Beschäftigte in den Bayerischen Spielbanken,

m) bei deutschen Dienststellen im Ausland eingestellte Ortskräfte,

n) Beschäftigte der Bayerischen Verwaltung der staatlichen Schlösser, Gärten und Seen, die bei der Bayerischen Seenschifffahrt GmbH in den Betriebsteilen Ammersee und Starnberger See in einer Beschäftigung tätig sind, die vor dem 1. Januar 2005 der Rentenversicherung der Arbeiter unterlag,

o) Beschäftigte, die mit der Wartung von Wohn-, Geschäfts- und Industriegebäuden in einer vor dem 1. Januar 2005 der Rentenversicherung der Arbeiter unterliegenden Beschäftigung beauftragt sind, wie zum Beispiel Hauswarte, Liegenschaftswarte,

p) Beschäftigte des Landes Berlin, die als Bauarbeiter der Knobelsdorff-Schule/Oberstufenzentrum Bautechnik I, als Begleiter von Behinderten oder als Schulwegbegleiter beschäftigt werden.

Protokollerklärung zu § 1 Absatz 2 Buchstabe j:

1. [1]Technisches Leitungspersonal umfasst technische Direktorinnen/Direktoren, Leiterinnen/Leiter der Ausstattungswerkstätten, des Beleuchtungswesens, der Bühnenplastikerwerkstatt, des Kostümwesens/der Kostümabteilung, des Malsaals, der Tontechnik sowie Chefmaskenbildnerinnen/Chefmaskenbildner. [2]Für die benannten Funktionen kann in den Theatern je künstlerischer Sparte jeweils nur eine Beschäftigte/ein Beschäftigter bestellt werden.
2. Unter den TV-L fallen Bühnenarbeiterinnen/Bühnenarbeiter sowie Kosmetikerinnen/Kosmetiker, Rüstmeisterinnen/Rüstmeister, Schlosserinnen/Schlosser, Schneiderinnen/Schneider, Schuhmacherinnen/Schuhmacher, Tapeziererinnen/Tapezierer, Tischlerinnen/Tischler einschließlich jeweils der Meisterinnen/Meister in diesen Berufen, Orchesterwartinnen/Orchesterwarte, technische Zeichnerinnen/Zeichner und Waffenmeisterinnen/Waffenmeister.
3. In der Regel unter den TV-L fallen Beleuchterinnen/Beleuchter, Beleuchtungsmeisterinnen/Beleuchtungsmeister, Bühnenmeisterinnen/Bühnenmeister, Garderobieren/Garderobiers bzw. Ankleiderinnen/Ankleider, Gewandmeisterinnen/Gewandmeister, Requisitenmeisterinnen/Requisitenmeister, Requisiteurinnen/Requisiteure, Seitenmeisterinnen/Seitenmeister, Tonmeisterinnen/Tonmeister, Tontechnikerinnen/Tontechniker und Veranstaltungstechnikerinnen/Veranstaltungstechniker.
4. In der Regel nicht unter den TV-L fallen Inspektorinnen/Inspektoren, Kostümmalerinnen/Kostümmaler, Maskenbildnerinnen/Maskenbildner, Oberinspektorinnen/Oberinspektoren, Theatermalerinnen/Theatermaler und Theaterplastikerinnen/Theaterplastiker.

Protokollerklärung zu § 1 Absatz 2 Buchstabe k:

Vom Geltungsbereich dieses Tarifvertrages nicht ausgenommen sind die Beschäftigten

1. in Gärten, Grünanlagen und Parks einschließlich der dazu gehörenden Gärtnereien,
2. des Staatsweingutes Meersburg,

3. der den Justizvollzugsanstalten in Bayern angegliederten landwirtschaftlichen Betriebe,
4. im landwirtschaftlichen Betriebszweig der Schloss- und Gartenverwaltung Herrenchiemsee,
5. der Bayerischen Landesanstalt für Landwirtschaft hinsichtlich der dort beschäftigten Pferdewärter, Gestütswärter und Pferdewirte, des Landesgestütes Celle und des Landgestüts Warendorf,
6. in Rheinland-Pfalz in den Dienstleistungszentren Ländlicher Raum (DLR) Westerwald-Osteifel, Eifel, Rheinpfalz, Mosel, Rheinhessen-Nahe-Hunsrück, Westpfalz.

Niederschriftserklärung zu § 1 Abs. 2 Buchst. b:

Bei der Bestimmung des regelmäßigen Entgelts werden Leistungsentgelt, Zulagen und Zuschläge nicht berücksichtigt.

(3) Dieser Tarifvertrag gilt ferner nicht für

a) Hochschullehrerinnen und Hochschullehrer,

b) wissenschaftliche und künstlerische Hilfskräfte,

c) studentische Hilfskräfte,[1])

d) Lehrbeauftragte an Hochschulen, Akademien und wissenschaftlichen Forschungseinrichtungen.

Protokollerklärungen zu § 1 Absatz 3:

1. Ausgenommen sind auch wissenschaftliche und künstlerische Assistentinnen/Assistenten, Oberassistentinnen/Oberassistenten, Oberingenieurinnen/Oberingenieure und Lektoren beziehungsweise die an ihre Stelle tretenden landesrechtlichen Personalkategorien, deren Arbeitsverhältnis am 31. Oktober 2006 bestanden hat, für die Dauer des ununterbrochen fortbestehenden Arbeitsverhältnisses.
2. Ausgenommen sind auch künstlerische Lehrkräfte an Kunst- und Musikhochschulen, deren Arbeitsverhältnis am 31. Dezember 2011 bestanden hat, für die Dauer des ununterbrochen fortbestehenden Arbeitsverhältnisses.

Niederschriftserklärung zu § 1 Abs. 3:

Die Tarifvertragsparteien gehen davon aus, dass studentische Hilfskräfte Beschäftigte sind, zu deren Aufgaben es gehört, das hauptberufliche wissenschaftliche Personal in Forschung und Lehre sowie bei außeruniversitären Forschungseinrichtungen zu unterstützen.

Niederschriftserklärung zu § 1 Abs. 3 und § 40:

Soweit es vereinbart ist, gilt dieser Tarifvertrag auch an außeruniversitären Forschungseinrichtungen, die nicht unter den Geltungsbereich des TV-L fallen.

(4) [1]Neben den Regelungen des Allgemeinen Teils (§§ 1 bis 39) gelten Sonderregelungen für nachstehende Beschäftigtengruppen:

a) Beschäftigte an Hochschulen und Forschungseinrichtungen (§ 40),

b) Ärztinnen und Ärzte an Universitätskliniken (§ 41),

c) Ärztinnen und Ärzte außerhalb von Universitätskliniken (§ 42),

---

[1]) Wegen der im Zuge der Tarifrunde 2023 aufgenommenen schuldrechtlichen Vereinbarung zu den regelmäßigen Mindestvertragslaufzeiten der Beschäftigungsverhältnisse studentischer Beschäftigter sowie den Mindestentgelten für studentische Beschäftigte (ohne Abschluss) ab dem Sommersemester 2024 siehe Abschnitt IX. der unter **150** abgedruckten Tarifeinigung. Die arbeitgeberseitige Umsetzung der schuldrechtlichen Vereinbarung ist im Nachgang zur Tarifeinigung in den Richtlinien der Tarifgemeinschaft deutscher Länder über die Arbeitsbedingungen der wissenschaftlichen und studentischen Hilfskräfte erfolgt.

d) Nichtärztliche Beschäftigte in Universitätskliniken und Krankenhäusern (§ 43),

e) Beschäftigte als Lehrkräfte (§ 44),

f) Beschäftigte an Theatern und Bühnen (§ 45),

g) Beschäftigte auf Schiffen und schwimmenden Geräten (§ 46),

h) Beschäftigte im Justizvollzugsdienst der Länder und im feuerwehrtechnischen Dienst der Freien und Hansestadt Hamburg sowie des Landes Berlin (§ 47),

i) Beschäftigte im forstlichen Außendienst (§ 48),

j) Beschäftigte in landwirtschaftlichen Verwaltungen und Betrieben, Weinbau- und Obstanbaubetrieben (§ 49),

k) Beschäftigte in Zentren für Psychiatrie Baden-Württemberg (§ 50),

l) Beschäftigte im Kampfmittelbeseitigungsdienst (§ 51),

m) Beschäftigte im Sozial- und Erziehungsdienst (§ 52).

[2]Die Sonderregelungen sind Bestandteil des TV-L.

Erläuterungen

§ 1 TV-L trifft Regelungen zum Geltungsbereich des TV-L und zu den Ausnahmen vom Geltungsbereich. Diese Themenbereiche waren früher im BAT in den §§ 1, 1a und 3 geregelt.

Unmittelbarer Geltungsbereich (Abs. 1)

Der TV-L gilt zunächst für die Arbeitnehmer und Arbeitnehmerinnen (im TV-L nachfolgend „Beschäftigte") der Arbeitgeber, die Mitglied der Tarifgemeinschaft deutscher Länder (TdL) oder eines Mitgliedverbandes der TdL sind. Dazu gehören in erster Linie die Bundesländer; nach der Wiederaufnahme Berlins in die TdL zum 1. 1. 2013 geht nur noch das Land Hessen einem eigenständigen Weg außerhalb der TdL. Die Länder sind entweder unmittelbar Mitglied der TdL oder (z. B. Baden-Württemberg, Nordrhein-Westfalen und Schleswig-Holstein) Mitglied eines Mitgliedverbandes der TdL. Daneben können weitere Arbeitgeber mittelbar über einen Arbeitgeberverband Mitglied der TdL sein (z. B. Universitätskliniken, Studentenwerke etc.). Unberührt von der in Absatz 1 festgelegten unmittelbaren Tarifbindung bleibt die Möglichkeit, die Geltung des TV-L arbeitsvertraglich zu vereinbaren.

Für die vom Marburger Bund vertretenen Universitätsärzte wurde ein eigenständiger Tarifvertrag vereinbart[1]).

---

[1]) abgedruckt unter **610**

Entgegen den bisherigen, nach Angestellten (BAT) und Arbeitern (MTArb) differenzierenden Manteltarifverträgen des öffentlichen Dienstes gibt der TV-L diese Unterscheidung auf und gilt einheitlich für Arbeiter und Angestellte.

Ebenfalls aufgegeben wurde die Trennung in Tarifverträge für das Gebiet der alten Bundesrepublik („Tarifgebiet West") und das Beitrittsgebiet („Tarifgebiet Ost"). Der TV-L enthält aber in einigen Bereichen unterschiedliche Regelungen für das Tarifgebiet West und Ost.

Nach allgemeinen tarifrechtlichen Grundsätzen werden vom Geltungsbereich nur diejenigen Beschäftigten erfasst, die entweder einer der am TV-L unmittelbar beteiligten Gewerkschaften angehören, oder die Mitglied einer sonstigen Gewerkschaft sind, die (künftig) durch einen Anschlusstarifvertrag in den Geltungsbereich des TV-L einbezogen wird. Der TV-L ist nicht allgemeinverbindlich im Sinne des § 5 des Tarifvertragsgesetzes. Für die tarifgebundenen Beschäftigten sind die Normen des TV-L Mindestbedingungen, die nicht zu Ungunsten der Beschäftigten abbedungen werden dürfen (siehe § 4 Abs. 3 Tarifvertragsgesetz). Übertarifliche Zahlungen sind tarifrechtlich ohne Weiteres möglich, werden aber durch die haushaltsrechtlichen Vorschriften der öffentlichen Arbeitgeber meist untersagt bzw. streng reglementiert. Auch das Satzungsrecht der TdL setzt den Mitgliedern dieses Arbeitgeberverbandes enge Grenzen für übertarifliche Zahlungen. Entsprechendes gilt nach der Satzung des Arbeitgeberverbandes des Landes Nordrhein-Westfalen (AdL NRW) für die Mitglieder dieses Verbandes.

Mit den nicht tarifgebundenen Beschäftigten vereinbaren die Arbeitgeber des öffentlichen Dienstes in der Regel im Arbeitsvertrag die Anwendung des TV-L auf das Arbeitsverhältnis. Die Vorschriften des TV-L finden dann nicht kraft normativer Wirkung des Tarifvertrages, sondern kraft (arbeits-)vertraglicher Vereinbarung Anwendung. Auf diese Weise werden im öffentlichen Dienst einerseits einheitliche Arbeitsbedingungen erreicht und wird andererseits dem Umstand Rechnung getragen, dass eine mögliche Gewerkschaftsmitgliedschaft seitens des Arbeitgebers nicht erfragt werden darf.

Ausnahmen vom persönlichen Geltungsbereich (Abs. 2)

Absatz 2 enthält in seinen Buchstaben a bis o eine Reihe von Beschäftigtengruppen, die von der Geltung des TV-L ausgenommen sind. Es ist denkbar, dass Beschäftigte von mehreren Ausnahmetatbeständen gleichzeitig erfasst werden. Im Einzelnen handelt es sich um die folgenden Ausschlussgründe:

Buchstabe a)

Hiernach unterliegen leitende Angestellte nicht den Regelungen des TV-L, wenn ihre Arbeitsbedingungen besonders vereinbart sind.

II

Die „besondere Vereinbarung" kann beispielsweise die Vereinbarung beamtenrechtlicher Versorgung oder eine Umsatz- oder Ergebnisbeteiligung sein.

Für die nähere Bestimmung, was „leitende Angestellte" sind, wird auf die Regelung des § 5 Abs. 3 und 4 Betriebsverfassungsgesetz Bezug genommen. Diese Vorschrift hat folgenden Wortlaut:

§ 5 Abs. 3 und 4 Betriebsverfassungsgesetz

(3) Dieses Gesetz findet, soweit in ihm nicht ausdrücklich etwas anderes bestimmt ist, keine Anwendung auf leitende Angestellte. Leitender Angestellter ist, wer nach Arbeitsvertrag und Stellung im Unternehmen oder im Betrieb

1. zur selbständigen Einstellung und Entlassung von im Betrieb oder in der Betriebsabteilung beschäftigten Arbeitnehmern berechtigt ist oder
2. Generalvollmacht oder Prokura hat und die Prokura auch im Verhältnis zum Arbeitgeber nicht unbedeutend ist oder
3. regelmäßig sonstige Aufgaben wahrnimmt, die für den Bestand und die Entwicklung des Unternehmens oder eines Betriebs von Bedeutung sind und deren Erfüllung besondere Erfahrungen und Kenntnisse voraussetzt, wenn er dabei entweder die Entscheidungen im Wesentlichen frei von Weisungen trifft oder sie maßgeblich beeinflusst; dies kann auch bei Vorgaben insbesondere aufgrund von Rechtsvorschriften, Plänen oder Richtlinien sowie bei Zusammenarbeit mit anderen leitenden Angestellten gegeben sein.

Für die in Absatz 1 Satz 3 genannten Beamten und Soldaten gelten die Sätze 1 und 2 entsprechend.

(4) Leitender Angestellter nach Absatz 3 Nr. 3 ist im Zweifel, wer

1. aus Anlass der letzten Wahl des Betriebsrats, des Sprecherausschusses oder von Aufsichtsratsmitgliedern der Arbeitnehmer oder durch rechtskräftige gerichtliche Entscheidung den leitenden Angestellten zugeordnet worden ist oder
2. einer Leitungsebene angehört, auf der in dem Unternehmen überwiegend leitende Angestellte vertreten sind, oder
3. ein regelmäßiges Jahresarbeitsentgelt erhält, das für leitende Angestellte in dem Unternehmen üblich ist, oder,
4. falls auch bei der Anwendung der Nummer 3 noch Zweifel bleiben, ein regelmäßiges Jahresarbeitsentgelt erhält, das das Dreifache der Bezugsgröße nach § 18 des Vierten Buches Sozialgesetzbuch überschreitet.

Nach Buchst. a fallen Chefärzte ebenfalls nicht unter den TV-L. Chefärzte im Sinne dieser Vorschrift sind die ärztlichen Direktoren der Krankenhäuser und die Chefärzte der Abteilungen (z. B. Chirurgie, Urologie) und Kliniken (z. B. Chirurgische Klinik, Kinderklinik).

Buchstabe b)

Nach dieser Vorschrift sind alle Beschäftigten, die ein über die höchste Entgeltgruppe des TV-L hinaus gehendes Entgelt erhalten, von der Geltung des TV-L ausgenommen. Dabei spielt es keine Rolle, ob die Vergütung frei oder in Anlehnung beispielsweise an B- oder C-Besoldungsgruppen vereinbart ist.

Während in einer ergänzenden Protokollnotiz zu der entsprechenden Vorschrift des BAT (§ 3 Buchst. h) definiert war, dass unter der höchsten Vergütung die Monatsvergütung i. S. d. § 26 BAT (also nur Grundvergütung und Ortszuschlag) zu verstehen war, enthält die Formulierung des TV-L keinerlei Einschränkungen. Die Tarifpartner haben aber in einer Niederschriftserklärung verdeutlicht, dass zur Bestimmung des regelmäßigen Entgelts Leistungsentgelt, Zulagen und Zuschläge nicht berücksichtigt werden.

Ab dem 1. November 2006 kann auch das Niveau der ehemaligen Vergütungsgruppe I BAT nur außertariflich erreicht werden (siehe § 17 Abs. 2 zweiter Spiegelstrich TVÜ-Länder[1])). Die entsprechenden Beschäftigten unterliegen nicht dem TV-L. Diejenigen Beschäftigten, die aus der Vergütungsgruppe I BAT in den TV-L übergeleitet worden sind, unterliegen weiterhin dem TV-L; für sie wurde die Entgeltgruppe 15Ü geschaffen (siehe § 19 Abs. 3 TVÜ-Länder).

Buchstabe c)

Diese Vorschrift nimmt die unter den Tarifvertrag zur Regelung der Rechtsverhältnisse der Beschäftigten in der Fleischuntersuchung (TV-Fleischuntersuchung Länder) von der Geltung des TV-L aus. Er ist mit Wirkung vom 1. November 2009 an die Stelle der Tarifverträge über die Regelung der Rechtsverhältnisse der nicht vollbeschäftigten amtlichen Tierärzte und Fleischkontrolleure in öffentlichen Schlachthöfen und in Einfuhruntersuchungsstellen (TV Ang iöS/TV Ang-O iöS) und die Tarifverträge über die Regelung der Rechtsverhältnisse der amtlichen Tierärzte und Fleischkontrolleure außerhalb öffentlicher Schlachthöfe (TV Ang aöS/TV Ang-O aöS) getreten.

[1]) abgedruckt unter **270**

II

Buchstabe d)

Nach dieser Vorschrift ausgenommen sind Waldarbeiter. Für sie gelten eigenständige Regelungen des TV-L-Forst.

Buchstabe e)

Ausgenommen vom Geltungsbereich des TV-L sind nach dieser Vorschrift die Auszubildenden, Schülerinnen/Schüler sowie Praktikanten.

Für diesen Personenkreis haben die Tarifpartner z. T. eigenständige tarifvertragliche Regelungen vereinbart. Im Einzelnen handelt es sich dabei um die folgenden Tarifverträge:

- Tarifvertrag für Auszubildende der Länder in Ausbildungsberufen nach dem Berufsbildungsgesetz (TVA-L BBiG)[1]) bzw. in Pflegeberufen (TVA-L Pflege)[2]), jeweils vom 12. Oktober 2006, sowie der Tarifvertrag für Auszubildende der Länder in Gesundheitsberufen (TVA-L Gesundheit)[3]) vom 30. Oktober 2018.
- Tarifvertrag über die Regelung der Arbeitsbedingungen der Praktikantinnen/Praktikanten der Länder (TV Prakt-L) vom 9. Dezember 2011[4]). Für nicht unter den Geltungsbereich des TV Prakt fallende Praktikanten ergeben sich Regelungen aus den Praktikanten-Richtlinien der Tarifgemeinschaft deutscher Länder.

Ebenfalls nicht unter den TV-L fallen Volontäre. Dies sind – in Anlehnung an § 82a HGB – nach der Definition des Bundesarbeitsgerichts (siehe BAG-Urteil vom 1. 12. 2004 – 7 AZR 129/04 –) Personen, die – ohne Auszubildende zu sein – zum Zwecke ihrer Ausbildung unentgeltlich oder gegen geringe Vergütung im Dienst eines anderen beschäftigt werden.

Buchstabe f) und g)

Nach dem Wortlaut dieser Vorschriften sind Beschäftigte vom Geltungsbereich des TV-L ausdrücklich ausgenommen, deren Beschäftigung von der Bundesagentur für Arbeit gefördert wird – sei es im Wege von Eingliederungszuschüssen nach den §§ 217 ff. SGB III (Buchst. f) oder als Arbeitsbeschaffungsmaßnahme (ABM) i. S. d. §§ 260 ff. SGB III (Buchst. g).

---

1) abgedruckt unter **305**

2) abgedruckt unter **312**

3) abgedruckt unter **318**

4) abgedruckt unter **340**

Der Wortlaut der Tarifvorschrift berücksichtigt noch nicht die inzwischen erfolgten Änderungen der Sozialgesetzlichen Ausgangssituation. So wurde z. B. durch das Gesetz zur Verbesserung der Eingliederungschancen am Arbeitsmarkt vom 20. Dezember 2011 (BGBl. I S. 2854) die Förderinstrumente des SGB III und SGB II zum 1. April 2012 neu geordnet, teilweise zusammengefasst (z. B. Eingliederungszuschüsse) oder aufgehoben (z. B. ABM, Eingliederungsgutscheine).

II

Nach Auffassung des Verfassers sind die jeweiligen von Nachfolgeregelungen der §§ 217 ff. bzw. 260 ff. SGB III erfassten Beschäftigten ebenfalls von der Geltung des TV-L ausgenommen. Zu nennen sind dazu als derzeit geltende Förderinstrumente insbesondere die §§ 88 ff. SGB III (Eingliederungszuschüsse; ggf. i. V. m. § 16 Abs. 1 SGB II) sowie § 16d (Arbeitsgelegenheiten) und § 16e (Förderung von Arbeitsverhältnissen) SGB II. Die Mitgliederversammlung der Tarifgemeinschaft deutscher Länder hat sich in ihrer 4./2019 Sitzung aber mittlerweile dafür ausgesprochen, Beschäftigte, für die die Förderinstrumente nach § 16e SGB II (Eingliederung von Langzeitarbeitslosen) sowie § 16i SGB II (Teilhabe am Arbeitsmarkt) i. d. F. des Teilhabechancengesetzes vom 17. Dezember 2018 (BGBl. I S. 2583) genutzt werden, in den TV-L einzubeziehen.

Nach gefestigter Rechtsprechung des BAG zu der vergleichbaren Vorschrift des § 3 Buchst. d) BAT verstößt die Herausnahme dieses Personenkreises aus dem BAT und die Vereinbarung einer hinter dem Tariflohn zurückbleibenden Vergütung nicht gegen den Gleichbehandlungsgrundsatz (siehe Urteil vom 18. 6. 1997 – 5 AZR 259/96; AP Nr. 2 zu § 3d BAT). Die öffentlichen Arbeitgeber haben demzufolge mit ABM-Kräften bereits in der Vergangenheit in der Regel eine abgesenkte Vergütung vereinbart (die entsprechenden Arbeitsvertragsmuster der Tarifgemeinschaft deutscher Länder sahen z. B. eine Vergütung in Höhe von 80 % der tarifvertraglichen Vergütung vor).

Durch Artikel 1 des Dritten Gesetzes für moderne Dienstleistungen am Arbeitsmarkt vom 23. Dezember 2003 (BGBl. I S. 2848) ist die Förderung von Arbeitsbeschaffungsmaßnahmen unter Zusammenlegung des bisherigen unterschiedlichen Förderungsrechts für Arbeitsbeschaffungs- und für Strukturanpassungsmaßnahmen durch Änderung der §§ 260 ff. SGB III neu geregelt worden. Die bisherige prozentuale Förderung ist dabei auf eine pauschalierte, nach Qualifikationsstufen gestaffelte Förderung umgestellt worden. Die Höhe des Zuschusses bemisst sich gemäß § 264 Abs. 2 SGB III n.F. nach der Art der Tätigkeit des geförderten Arbeitnehmers in der Maßnahme und beträgt monatlich – abhängig von dem in der Regel für die auszuübende Arbeit erforderlichen Qualifikationsniveau – 900 bis 1300 Euro.

II

Die Agentur für Arbeit kann den pauschalierten Zuschuss zum Ausgleich regionaler und in der Tätigkeit liegender Besonderheiten um bis zu 10 % erhöhen. Der Zuschuss wird höchstens bis zur Höhe des monatlich ausgezahlten Arbeitsentgelts gezahlt. Er ist bei Arbeitnehmern, die bei Beginn der Maßnahme das 25. Lebensjahr noch nicht vollendet haben, so zu bemessen, dass die Aufnahme einer Ausbildung nicht behindert wird.

Im Regelfall dürfte arbeitsrechtlich nicht zu beanstanden sein, wenn den einer Arbeitsbeschaffungsmaßnahme zugewiesenen Arbeitnehmern nur der Zuschuss gemäß § 264 SGB III n.F. als Vergütung bzw. Lohn gewährt wird. Denn nach dem Urteil des BAG vom 23. 5. 2001 – 5 AZR 527/99; n.v. – kann bei einem Entgelt jedenfalls oberhalb eines Richtwertes von zwei Dritteln des verkehrsüblichen Entgelts nicht von einer gemäß §§ 134, 138 BGB nichtigen Entgeltvereinbarung wegen Lohnwuchers gesprochen werden, wobei zur Ermittlung des verkehrsüblichen Entgelts nicht nur auf den Vergleich mit den tariflichen Entgelten im öffentlichen Dienst abzustellen, sondern von dem allgemeinen Lohnniveau im Wirtschaftsgebiet auszugehen ist. In die Ermittlung der ortsüblichen Vergütung für vergleichbare Tätigkeiten ist demnach das von anderen Arbeitgebern in der betreffenden Region außerhalb des öffentlichen Dienstes für vergleichbare Tätigkeiten gezahlte Arbeitsentgelt einzubeziehen.

Bei der Beschäftigung von ABM-Kräften wird sich regelmäßig die Frage stellen, ob der Arbeitsvertrag befristet werden kann. Dazu hat das BAG mit Urteil vom 4. 6. 2003 – 7 AZR 489/02; AP Nr. 245 zu § 620 BGB Befristeter Arbeitsvertrag – entschieden, dass die Gewährung eines Eingliederungszuschusses für ältere Arbeitnehmer nach § 218 Abs. 1 Nr. 3 SGB III a.F. allein nicht die Befristung des Arbeitsvertrages mit dem geförderten Arbeitnehmer rechtfertigt. Diese Bestimmung sei – anders als die Förderung durch Lohnkostenzuschüsse für ältere Arbeitnehmer nach der Vorgängerregelung in § 97 AFG – keine Maßnahme der Arbeitsbeschaffung, sondern diene dem Ausgleich von Minderleistungen. Alleine die Abhängigkeit von Zuschüssen und Fördermitteln stelle keinen Sachgrund für die Befristung von Arbeitsverträgen dar. Die Unsicherheit der finanziellen Entwicklung sei ein typisches Unternehmerrisiko, das nicht auf die Arbeitnehmer abgewälzt werden könne. Die Möglichkeit der Befristung wegen eines anderen Sachgrundes (z. B. wegen Aufgaben von begrenzter Dauer, Vertretung) bleibt aber ebenso unbenommen, wie – wenn die Voraussetzungen erfüllt sind – die Möglichkeit der sachgrundlosen Befristung i. S. v. § 14 Abs. 2 und 3 des Teilzeit- und Befristungsgesetzes. Hingegen hat das BAG mit Urteil vom 19. 1. 2005 – 7 AZR 250/04 – entschieden, dass die Förderung und Zuweisung eines Arbeitnehmers seitens der Arbeitsverwaltung i. S. v. §§ 260 ff. SGB III nicht nur die kalendermäßige Befristung des Arbeitsvertrages bis zum Ende der bei Vertragsschluss bereits bewilligten Förderung, sondern auch eine Zweckbefristung für die Gesamtdauer der längstens dreijährigen Förderung einschließlich etwaiger bei Vertragsschluss noch ungewisser Verlängerungen durch die Arbeitsverwaltung rechtfertigt.

Buchstabe h)

Nach dem Wortlaut dieser Vorschrift gilt der TV-L nicht für Leiharbeitnehmer von Personal-Service-Agenturen, soweit deren Rechtsverhältnisse durch Tarifverträge geregelt sind.

Da Leiharbeitnehmer – sofern es sich um eine rechtmäßige Arbeitnehmerüberlassung handelt – ohnehin kein Arbeitsverhältnis zu dem ausleihenden, sondern nur zu dem verleihenden Unternehmen begründen, dürfte diese Vorschrift ins Leere laufen.

Buchstabe i)

Diese Vorschrift nimmt geringfügig beschäftigte Arbeitnehmer i. S. v. § 8 Abs. 1 Nr. 2 SGB IV (das sind sogenannte kurzfristige Beschäftigungsverhältnisse) vom Geltungsbereich des TV-L aus. Die sozialversicherungsrechtliche Vorschrift hat folgenden Wortlaut:

§ 8 SGB IV Geringfügige Beschäftigung und geringfügige selbständige Tätigkeit; Geringfügigkeitsgrenze

(1) Eine geringfügige Beschäftigung liegt vor, wenn

1. das Arbeitsentgelt aus dieser Beschäftigung regelmäßig die Geringfügigkeitsgrenze nicht übersteigt,
2. die Beschäftigung innerhalb eines Kalenderjahres auf längstens drei Monate oder 70 Arbeitstage nach ihrer Eigenart begrenzt zu sein pflegt oder im Voraus vertraglich begrenzt ist, es sei denn, dass die Beschäftigung berufsmäßig ausgeübt wird und die Geringfügigkeitsgrenze übersteigt.

(1a) [1]Die Geringfügigkeitsgrenze im Sinne des Sozialgesetzbuchs bezeichnet das monatliche Arbeitsentgelt, das bei einer Arbeitszeit von zehn Wochenstunden zum Mindestlohn nach § 1 Absatz 2 Satz 1 des Mindestlohngesetzes in Verbindung mit der auf der Grundlage des § 11 Absatz 1 Satz 1 des Mindestlohngesetzes jeweils erlassenen Verordnung erzielt wird. [2]Sie wird berechnet, indem der Mindestlohn mit 130 vervielfacht, durch drei geteilt und auf volle Euro aufgerundet wird. [3]Die Geringfügigkeitsgrenze wird jeweils vom Bundesministerium für Arbeit und Soziales im Bundesanzeiger bekannt gegeben.

II

(1b) Ein unvorhersehbares Überschreiten der Geringfügigkeitsgrenze steht dem Fortbestand einer geringfügigen Beschäftigung nach Absatz 1 Nummer 1 nicht entgegen, wenn die Geringfügigkeitsgrenze innerhalb des für den jeweiligen Entgeltabrechnungszeitraum zu bildenden Zeitjahres in nicht mehr als zwei Kalendermonaten um jeweils einen Betrag bis zur Höhe der Geringfügigkeitsgrenze überschritten wird.

(2) [1]Bei der Anwendung des Absatzes 1 sind mehrere geringfügige Beschäftigungen nach Nummer 1 oder Nummer 2 sowie geringfügige Beschäftigungen nach Nummer 1 mit Ausnahme einer geringfügigen Beschäftigung nach Nummer 1 und nicht geringfügige Beschäftigungen zusammenzurechnen. [2]Eine geringfügige Beschäftigung liegt nicht mehr vor, sobald die Voraussetzungen des Absatzes 1 entfallen. [3]Wird beim Zusammenrechnen nach Satz 1 festgestellt, dass die Voraussetzungen einer geringfügigen Beschäftigung nicht mehr vorliegen, tritt die Versicherungspflicht erst mit dem Tag ein, an dem die Entscheidung über die Versicherungspflicht nach § 37 des Zehnten Buches durch die Einzugsstelle nach § 28i Satz 5 oder einen anderen Träger der Rentenversicherung bekannt gegeben wird. [4]Dies gilt nicht, wenn der Arbeitgeber vorsätzlich oder grob fahrlässig versäumt hat, den Sachverhalt für die versicherungsrechtliche Beurteilung der Beschäftigung aufzuklären.

(2a) Absatz 1 Nummer 2 gilt nicht für aufgrund der Beschäftigungsverordnung zugelassene kontingentierte kurzzeitige Beschäftigungen.

(3) [1]Die Absätze 1, 1a und 2 gelten entsprechend, soweit anstelle einer Beschäftigung eine selbständige Tätigkeit ausgeübt wird. [2]Dies gilt nicht für das Recht der Arbeitsförderung.

Geringfügige Beschäftigungen nach Nr. 1 der Vorschrift (in 2025 „556-Euro-Jobs") sind nicht von der Geltung des TV-L ausgenommen.

§ 1 Abs. 3 des TVÜ-Länder enthält eine Übergangsregelung, nach der für geringfügig Beschäftigte i. S. v. § 8 Abs. 1 Nr. 2 SGB IV, die am 31. Oktober 2006 unter den Geltungsbereich der Manteltarifverträge des öffentlichen Dienstes fallen, die bisher jeweils einschlägigen tarifvertraglichen Regelungen für die Dauer ihres ununterbrochen fortbestehenden Arbeitsverhältnisses weiterhin Anwendung finden. Im Hinblick auf die geringe Höchstdauer der kurzfristigen Beschäftigungsverhältnisse dürften die Auswirkungen der Übergangsvorschriften eher gering sein.

Buchstabe j)

Nach dieser Vorschrift sind Orchestermusiker, das überwiegend künstlerische Theaterpersonal und das Abendpersonal an Theatern und Bühnen von der Geltung des TV-L ausgenommen worden. Für diesen Personenkreis existieren spezielle Tarifverträge (z. B. der „Normalvertrag Bühne" oder der „Tarifvertrag für Musiker in Kulturorchestern").

Das nicht überwiegend künstlerisch tätige Personal an Theatern und Bühnen hingegen fällt grundsätzlich unter den TV-L. Es sind aber die Sonderregelungen des § 45 TV-L zu beachten. Durch den 8. Änderungstarifvertrag zum TV-L vom 28. März 2015 wurde die Abgrenzung zwischen künstlerischem (nicht vom TV-L erfassten) Theaterpersonal und nicht-künstlerischem (vom TV-L erfassten) Theaterpersonal neu gefasst. Betroffen von der neu definierten Abgrenzung ist insbesondere das technische Theaterpersonal und das technische Leitungspersonal. Zu der Vorschrift des Buchstaben n haben die Tarifpartner nun insgesamt vier Protokollerklärungen vereinbart. In Protokollerklärung Nr. 1 haben sie definiert, was sie unter „technischem Leitungspersonal" verstehen. In den weiteren Protokollerklärungen haben sie dann festgelegt bzw. aufgezählt, welche technischen Berufe unter den TV-L fallen (Protokollerklärung Nr. 2), „in der Regel" unter den TV-L fallen (Protokollerklärung Nr. 3) bzw. „in der Regel" nicht unter den TV-L fallen (Protokollerklärung Nr. 4). Die Änderungen des 8. Änderungstarifvertrages sind am 1. Juni 2015 in Kraft getreten und gelten im Ergebnis nur für neue Arbeitsverhältnisse. Für über den 1. Juni 2015 ununterbrochen fortbestehende Arbeitsverhältnisse gilt das alte Recht fort (siehe § 38a TV-L).

Buchstabe k)

Nach dieser Vorschrift sind bestimmte, im landwirtschaftlichen Bereich tätige Beschäftigte von der Geltung des TV-L ausgenommen worden.

Hingegen unterliegen Arbeitnehmer in Gärtnereien, Grünanlagen und Parks ebenso den Regelungen des TV-L, wie die in der Protokollerklärung zu § 1 Abs. 2 Buchst. k genannten Beschäftigten.

Buchstabe l)

Buchstabe l bestimmt, dass die Beschäftigten in den Bayerischen Spielbanken nicht dem TV-L unterliegen.

Buchstabe m)

Nach dieser Vorschrift sind die bei deutschen Dienststellen im Ausland (z. B. bei den Landesvertretungen in Brüssel) beschäftigten Ortskräfte vom TV-L ausgenommen. Die Arbeitsbedingungen dieser Beschäftigten werden in der Regel einzelvertraglich in Anlehnung an die jeweiligen ortsüblichen Bedingungen geregelt.

Sofern einheimische Beschäftigte zu den Auslandsdienststellen entsandt werden, unterliegen sie weiterhin dem TV-L. Die zustehenden Entgelte werden i. d. R. auf der Grundlage einer entsprechenden

Ermächtigung der Mitgliederversammlung der TdL (zuletzt in der 7./2009 Sitzung bestätigt) um die auslandsabhängigen Zusatzleistungen für vergleichbare Beamte (z. B. Auslandszuschlag, Auslandskinderzuschlag) ergänzt.

II

Buchstabe n) und o)

Diese Vorschriften nehmen bestimmte Beschäftigte in ehemals arbeiterrentenversicherungspflichtigen Tätigkeiten von der Geltung des TV-L aus.

Buchstabe p)

Diese Vorschrift ist aus Anlass der Wiederaufnahme Berlins in die Tarifgemeinschaft deutscher Länder durch den Änderungs-Tarifvertrag Nr. 6 vom 12. Dezember 2012 mit Wirkung vom 1. Januar 2013 angefügt worden und bewirkt, dass die genannten Beschäftigten (Begleiter) von der Geltung des TV-L ausgenommen sind.

Hochschulpersonal (Abs. 3)

Nach dieser Vorschrift sind Hochschullehrer, wissenschaftliche, künstlerische und studentische Hilfskräfte und Lehrbeauftragte an Hochschulen, Akademien und wissenschaftlichen Forschungsinstituten von der Geltung des TV-L ausgenommen. Bis zum 31. Dezember 2011 waren auch künstlerische Lehrkräfte an Kunst- und Musikhochschulen von der Geltung des TV-L ausgeschlossen. Im Zuge der Tarifrunde 2011 wurde vereinbart, diesen Personenkreis in den TV-L einzubeziehen. Die Umsetzung der Vereinbarung erfolgte im Rahmen des 4. Änderungstarifvertrages zum TV-L und trat am 1. Januar 2012 in Kraft. Wegen der Besonderheiten für künstlerische Lehrkräfte in Baden-Württemberg und Bayern siehe die Sonderregelung in § 40 Nr. 9 TV-L. In der Protokollerklärung Nr. 2 zu § 1 Abs. 3 wurde klargestellt, dass am 31. Dezember 2011 bestehende Arbeitsverhältnisse der künstlerischen Lehrkräfte weiterhin nicht den Regelungen des TV-L unterliegen. Die Eingruppierung richtet sich auch nach dem 1. Januar 2012 nicht nach dem TV-L bzw. der Entgeltordnung; denn Lehrkräfte sind gemäß Nr. 4 der Vorbemerkungen zu allen Entgeltgruppen weiterhin von der Geltung der Entgeltordnung ausgenommen. In der Regel bestehen zur Eingruppierung in den Ländern Richtlinien.

Auch der zum 1. August 2015 in Kraft getretene Tarifvertrag über die Eingruppierung und die Entgeltordnung für die Lehrkräfte der Länder (TV EntgO-L) ändert daran nichts, denn er gilt nur für Lehrkräfte an allgemein- und berufsbildenden Schulen und beinhaltet keine Eingruppierungsregelungen für künstlerische Lehrkräfte.

Die Aufzählung der Beschäftigtengruppen ist abschließend. Für am 31. Oktober 2006 bestehende Beschäftigungsverhältnisse wird sie jedoch insoweit durch eine Protokollerklärung ergänzt, als dass auch die darin aufgezählten Beschäftigten vom TV-L weiter ausgenommen bleiben. Dies gilt auch im Falle der späteren Verlängerung eines solchen Arbeitsverhältnisses.

Wer zu den aufgezählten Beschäftigtengruppen zählt, bestimmt sich nach den jeweils einschlägigen Hochschulgesetzen.

In einer Niederschriftserklärung haben die Tarifpartner dokumentiert, dass sie davon ausgehen, dass studentische Hilfskräfte Beschäftigte sind, zu deren Aufgabe es gehört, das hauptberufliche wissenschaftliche Personal in Forschung und Lehre sowie bei außeruniversitären Forschungseinrichtungen zu unterstützen. Die Arbeitsbedingungen der wissenschaftlichen/studentischen Hilfskräfte sind in den entsprechenden Richtlinien[1]) der Tarifgemeinschaft deutscher Länder geregelt. Wegen weiterer besonderer Regelungen siehe die „Sonderregelungen Wissenschaft" (= § 40).

Sonderregelungen (Abs. 4)

In Absatz 4 weisen die Tarifpartner auf Sonderregelungen für bestimmte Berufsgruppen hin, die in den §§ 40 bis 52 vereinbart worden sind und Bestandteil des TV-L sind.

1) abgedruckt unter **370**

§ 2 Arbeitsvertrag, Nebenabreden, Probezeit

(1) Der Arbeitsvertrag wird schriftlich abgeschlossen.

(2) [1]Mehrere Arbeitsverhältnisse zu demselben Arbeitgeber dürfen nur begründet werden, wenn die jeweils übertragenen Tätigkeiten nicht in einem unmittelbaren Sachzusammenhang stehen. [2]Andernfalls gelten sie als ein Arbeitsverhältnis.

(3) [1]Nebenabreden sind nur wirksam, wenn sie schriftlich vereinbart werden. [2]Sie können gesondert gekündigt werden, soweit dies einzelvertraglich vereinbart ist.

(4) [1]Die ersten sechs Monate der Beschäftigung gelten als Probezeit, soweit nicht eine kürzere Zeit vereinbart ist. [2]Bei Übernahme von Auszubildenden im unmittelbaren Anschluss an das Ausbildungsverhältnis in ein Arbeitsverhältnis entfällt die Probezeit.

Erläuterungen

§ 2 TV-L trifft Regelungen über den Arbeitsvertrag, über Nebenabreden zum Arbeitsvertrag und zur Probezeit. Diese Themenbereiche waren im BAT in den §§ 4 und 5 geregelt. Auf die abweichende Sonderregelung in § 45 Nr. 2 TV-L wird hingewiesen.

Arbeitsvertrag (Abs. 1)

Auch das Arbeitsverhältnis zwischen dem Arbeitgeber des öffentlichen Dienstes und seinen Arbeitnehmern ist ein ausschließlich privatrechtliches Arbeitsverhältnis, für das die Regeln des Zivilrechtes (insbesondere § 611 BGB – Dienstvertrag) gelten.

Die in Absatz 1 getroffene Bestimmung, dass der Arbeitsvertrag schriftlich geschlossen wird, trägt dem Interesse der eindeutigen Vereinbarung der für das Arbeitsverhältnis maßgebenden Bedingungen und ihres Nachweises (z. B. bei Streitigkeiten vor den Arbeitsgerichten) Rechnung. Das tarifliche Schriftformerfordernis umfasst auch spätere Änderungen des Arbeitsvertrages.

Gemäß § 12 Abs. 2 TV-L ist die Vergütungsgruppe des Beschäftigten im Arbeitsvertrag anzugeben.

Neben dem Schriftformerfordernis des Absatzes 1 sind die Dokumentationspflichten des Nachweisgesetzes[1)] zu beachten. Danach ist der Arbeitgeber verpflichtet, spätestens einen Monat nach dem vereinbarten Beginn des Arbeitsverhältnisses die wesentlichen Vertragsbe-

---

1) abgedruckt als **Anhang 1**

dingungen in eine Niederschrift aufzunehmen[1]. Teilweise reicht die Angabe der anwendbaren Tarifverträge – siehe § 2 Abs. 4 NachwG. Die Niederschrift ist am ersten Tag der Arbeitsleistung auszuhändigen – siehe § 2 Abs. 1 Satz 4 NachwG. Nach § 3 NachwG n. F. ist jede Änderung der wesentlichen Vertragsbedingungen dem Arbeitnehmer spätestens an dem Tag, an dem sie wirksam wird, schriftlich mitzuteilen. Diese Mitteilungspflicht gilt nicht bei einer Änderung der auf das Arbeitsverhältnis anwendbaren gesetzlichen Vorschriften, Tarifverträge sowie Betriebs- oder Dienstvereinbarungen.

Nach § 2 Abs. 1 Satz 2 Nr. 4 NachwG ist in die Niederschrift der Arbeitsort oder, falls der Arbeitnehmer nicht nur an einem bestimmten Arbeitsort tätig sein soll, ein Hinweis darauf aufzunehmen, dass der Angestellte an verschiedenen Orten beschäftigt werden kann. Als Arbeitsort ist in der Regel die politische Gemeinde anzugeben, in der die Beschäftigungsdienststelle ihren Sitz hat. Wird der Beschäftigte an einem anderen Ort als dem Sitz der Beschäftigungsdienststelle eingesetzt (z. B. in einer Außenstelle, an einem von mehreren Betriebshöfen), ist dieser Ort als Arbeitsort anzugeben. Wenn der Beschäftigte an verschiedenen Orten beschäftigt werden soll, ist in der Niederschrift darauf hinzuweisen.

Nach § 2 Abs. 1 Satz 2 Nr. 5 NachwG ist in der Niederschrift auch eine kurze Charakterisierung oder Beschreibung der von dem Beschäftigten zu leistenden Tätigkeit aufzunehmen. Nach der Gesetzesbegründung erfordert diese Kennzeichnung der von dem Beschäftigten zu erbringenden Tätigkeit keine detaillierten Ausführungen. Es reicht z. B. eine Umschreibung der zu leistenden Tätigkeit oder die Angabe eines der Tätigkeit entsprechenden charakteristischen Berufsbildes aus (z. B. „Angestellter im allgemeinen Verwaltungsdienst", „Technischer Angestellter", „Lehrer").

Die oben dargestellten gesetzlichen Verpflichtungen muss der Arbeitgeber nicht nur bei neu eingestellten Arbeitnehmern erfüllen, sondern auf deren Verlangen auch bei Arbeitnehmern, deren Arbeitsverhältnis bereits bei Inkrafttreten der Änderungen des NachwG am 1. August 2022 bestanden hat (siehe § 5 NachwG).

Die Niederschrift wird kein Bestandteil des Arbeitsvertrages; sie ist allein vom Arbeitgeber zu unterzeichnen (§ 2 Abs. 1 Satz 1 NachwG).

Dem Beschäftigten ist ein Exemplar der Niederschrift auszuhändigen (§ 2 Abs. 1 Satz 1 NachwG).

---

1) Arbeitsvertragsmuster mit Erläuterungen und Mustervorlage für die Niederschrift nach dem Nachweisgesetz abgedruckt unter **250**.

Bei der Einstellung von Beschäftigten und bei einer Vielzahl von Vertragsänderungen sind die Mitwirkungsrechte der Personalvertretungen zu beachten, die sich aus den folgenden Vorschriften ergeben:

Personalvertretungsgesetze

- Bund: Bundespersonalvertretungsgesetz vom 9. 6. 2021 (BGBl. I S. 1614)
- Baden-Württemberg: Landespersonalvertretungsgesetz i. d. F. der Bekanntmachung vom 12. 3. 2015 (GBl. S. 221)
- Bayern: Bayerisches Personalvertretungsgesetz i. d. F. der Bekanntmachung vom 11. 11. 1986 (GVBl. S. 349)
- Berlin: Personalvertretungsgesetz i. d. F. der Bekanntmachung vom 14. 7. 1994 (GVBl. S. 337)
- Brandenburg: Landespersonalvertretungsgesetz vom 15. 9. 1993 (GVBl. I S. 358)
- Bremen: Bremisches Personalvertretungsgesetz vom 5. 3. 1974 (Brem. GBl. S. 131)
- Hamburg: Hamburgisches Personalvertretungsgesetz vom 8. 7. 2014 (HmbGVBl. S. 299)
- Hessen: Hessisches Personalvertretungsgesetz vom 28. 3. 2023 (GVBl. S. 183)
- Mecklenburg-Vorpommern: Personalvertretungsgesetz vom 24. 2. 1993 (GVOBl. M-V S. 125)
- Niedersachsen: Niedersächsisches Personalvertretungsgesetz in der Fassung der Bekanntmachung vom 9. 2. 2016 (NdS. GVBl. S. 2)
- Nordrhein-Westfalen: Landespersonalvertretungsgesetz vom 3. 12. 1974 (GV. NRW. S. 1514)
- Rheinland-Pfalz: Personalvertretungsgesetz i. d. F. der Bekanntmachung vom 24. 11. 2000 (GVBl. S. 530)
- Saarland: Saarländisches Personalvertretungsgesetz i. d. F. der Bekanntmachung vom 2. 3. 1989 (Amtsbl. S. 413)
- Sachsen: Sächsisches Personalvertretungsgesetz i. d. F. der Bekanntmachung vom 29. 8. 2018 (SächsGVBl. S. 570)
- Sachsen-Anhalt: Landespersonalvertretungsgesetz Sachsen-Anhalt i. d. F. der Bekanntmachung vom 16. 3. 2004 (GVBl. S. 205)
- Schleswig-Holstein: Mitbestimmungsgesetz Schleswig-Holstein vom 11. 12. 1990 (GVOBl. Schl.-H. S. 577)
- Thüringen: Thüringer Personalvertretungsgesetz i. d. F. der Bekanntmachung vom 23. 1. 2020 (GVBl. S. 1, S. 111)

Auch aus den Gleichstellungsgesetzen des Bundes und der Länder können sich Mitwirkungsrechte der Frauen- bzw. Gleichstellungsbeauftragten ergeben.

Gleichstellungsgesetze

- Bund: Bundesgleichstellungsgesetz vom 24. 4. 2015 (BGBl. I S. 642)
- Baden-Württemberg: Chancengleichheitsgesetz vom 23. 2. 2016 (GBl. S. 108)
- Bayern: Bayerisches Gleichstellungsgesetz vom 24. 5. 1996 (GVBl. S. 186)
- Berlin: Landesgleichstellungsgesetz i. d. F. der Bekanntmachung vom 18. 11. 2010 (GVBl. S. 502)
- Brandenburg: Landesgleichstellungsgesetz vom 4. 7. 1994 (GVBl. S. 254)
- Bremen: Landesgleichstellungsgesetz vom 20. 11. 1990 (GBl. S. 433)
- Hamburg: Gleichstellungsgesetz vom 2. 12. 2014 (GVBl. S. 495)
- Hessen: Hessisches Gleichberechtigungsgesetz vom 20. 12. 2015 (GVBl. S. 637)
- Mecklenburg-Vorpommern: Gleichstellungsgesetz i. d. F. der Bekanntmachung vom 11. 7. 2016 (GVOBl. M-V S. 550)
- Niedersachsen: Niedersächsisches Gleichberechtigungsgesetz vom 9. 10. 2010 (NdS. GVBl. S. 558)
- Nordrhein-Westfalen: Landesgleichstellungsgesetz vom 9. 11. 1999 (GV. NRW. S. 590)
- Rheinland-Pfalz: Landesgleichstellungsgesetz vom 22. 12. 2015 (GVBl. S. 505)
- Saarland: Landesgleichstellungsgesetz vom 24. 4. 1996 (Amtsbl. S. 623)
- Sachsen: Sächsisches Gleichstellungsgesetz vom 19. 10. 2023 (SächsGVBl. S. 850)
- Sachsen-Anhalt: Frauenfördergesetz vom 27. 5. 1997 (GVBl. LSA S. 516)
- Schleswig-Holstein: Gleichstellungsgesetz vom 13. 12. 1994 (GVOBl. Schl.-H. S. 562)
- Thüringen: Thüringer Gleichstellungsgesetz vom 6. 3. 2013 (GVBl. S. 49).

Einheitlicher Arbeitsvertrag (Abs. 2)

Wie bislang § 4 Abs. 1 Unterabs. 2 BAT schränkt § 2 Abs. 2 TV-L die Begründung mehrerer Arbeitsverhältnisse zu demselben Arbeitgeber ein. Sie sind nur dann zulässig, wenn sie in keinem unmittelbaren

Sachzusammenhang miteinander stehen (z. B. bei Tätigkeit in zwei unterschiedlichen Dienststellen). Besteht ein unmittelbarer Sachzusammenhang, gelten die Beschäftigungen als **ein** Arbeitsverhältnis; die Eingruppierung ist auf der Grundlage der gesamten Tätigkeit zu bestimmen.

Wenn der Ausnahmetatbestand aber zu bejahen und somit von **mehreren** Arbeitsverhältnissen auszugehen ist, sind die Arbeitsverhältnisse mit allen Konsequenzen getrennt zu beurteilen und abzurechnen. Dies hat in der Regel in erster Linie Auswirkung auf die Eingruppierung, weil die Tätigkeiten separat zu beurteilen sind und dann auch Tätigkeiten eine Bedeutung erlangen können, die bei einer Gesamtbewertung keinen eingruppierungsrelevanten Umfang erreichen. Weitere Auswirkungen ergeben sich bei der Beurteilung von Stichtagen (z. B. bei der Jahressonderzahlung, bei Einmalzahlungen etc.). Auch hier kann – z. B. wenn eine der Tätigkeiten nicht ganzjährig bestand – eine getrennte Beurteilung zu anderen Ergebnissen führen wie eine Gesamtbetrachtung. Zwar sind abweichend von dem Grundsatz der isolierten Betrachtung aus arbeitszeitrechtlicher Sicht die Arbeits-/Einsatzzeiten beider Arbeitsverhältnisse bei der Prüfung der gesetzlichen Arbeitszeitgrenzen zusammenzurechnen (§ 2 Abs. 1 Satz 1 zweiter Halbsatz der Arbeitszeitgesetzes). Dies ist aber eine reine Frage des möglichen Höchsteinsatzes, der auch mit dritten Arbeitgebern abzustimmen wäre. Die Bezahlung der tatsächlichen Einsatzzeiten ist von der arbeitszeitrechtlichen Frage des rechtlich möglichen Einsatzes zu trennen. Sie ist für beide Tätigkeiten getrennt nach den Regeln des TV-L zu prüfen – und zwar ohne Querblick auf das zweite Arbeitsverhältnis. Da es sich bei den getrennten Arbeitsverhältnissen jeweils um eine Teilzeitbeschäftigung handelt, stellt die dort über das vertraglich vereinbarte Arbeitszeitmaß hinaus erbrachte Arbeitsleistung bis zum Erreichen der Regelarbeitszeit eines vergleichbar Vollbeschäftigten lediglich Mehrarbeit im Sinne des § 7 Abs. 6 TV-L dar und ist mit der individuellen Stundenvergütung zu entlohnen (§ 8 Abs. 4 TV-L). Erst wenn innerhalb des jeweiligen Arbeitsverhältnisses die Vollzeitgrenze überschritten werden sollte, können Überstunden im Sinne des § 7 Abs. 7 TV-L anfallen, die dann entsprechend zu vergüten wären und einen Anspruch auf Zeitzuschläge auslösten (§ 8 Abs. 1 und 2 TV-L).

Nebenabreden (Abs. 3)

Satz 1 der Vorschrift bestimmt, dass Nebenabreden nur wirksam sind, wenn sie schriftlich vereinbart worden sind. Fehlt die Schriftform, sind sie gemäß § 125 Satz 2 BGB nichtig.

Typische Gegenstände einer Nebenabrede sind beispielsweise

- die Vereinbarung, Ausbildungskosten zurückzuzahlen, wenn das Beschäftigungsverhältnis nach Abschluss der Ausbildung nicht eine bestimmte Zeit fortgesetzt wird,
- die Verkürzung der Probezeit,
- die Genehmigung bestimmter Nebentätigkeiten,
- die Möglichkeit der ordentlichen Kündigung bei befristeten Arbeitsverhältnissen.

Weitere Abmachungen jedweder Art sind möglich, soweit sie nicht gegen zwingende gesetzliche oder tarifvertragliche Vorschriften verstoßen. Der Vereinbarung einer geringeren als der tarifvertraglich vorgesehenen Vergütung stünde z. B. das Tarifvertragsgesetz (§ 4 Abs. 4) entgegen.

In Satz 2 der Vorschrift ist festgelegt, dass Nebenabreden nur dann gesondert gekündigt werden können, wenn dies einzelvertraglich vereinbart ist. Fehlt diese ausdrückliche Festlegung im Arbeitsvertrag, können sich die Vertragspartner – ebenso wie vom übrigen Inhalt des Arbeitsvertrages – nur einvernehmlich durch einen Änderungsvertrag oder einseitig durch eine Änderungskündigung lösen. Für diese Kündigung gelten dann die Regeln und Fristen, die für die Kündigung des gesamten Arbeitsvertrages maßgebend sind. Wenn zwar die Kündigungsmöglichkeit des Arbeitsvertrages ausdrücklich vereinbart worden ist, jedoch keine Festlegung einer besonderen Kündigungsfrist (z. B. 14 Tage) erfolgt ist, sind die allgemeinen Kündigungsfristen des TV-L zu beachten.

Probezeit (Abs. 4)

Nach Satz 1 der Vorschrift gelten die ersten sechs Monate der Beschäftigung als Probezeit, ohne dass es einer besonderen Vereinbarung dazu bedarf. Durch eine Nebenabrede zum Arbeitsvertrag (→ Erläuterungen zu Absatz 2) kann aber eine kürzere Probezeit vereinbart werden.

Nach Satz 2 entfällt die Probezeit, wenn Auszubildende im unmittelbaren Anschluss an das Ausbildungsverhältnis in ein Arbeitsverhältnis übernommen werden. Dabei wird davon auszugehen sein, dass es sich um ein Rechtsverhältnis zu demselben Arbeitgeber handeln muss.

Die in § 5 BAT vereinbarte Verlängerung der Probezeit um eine zehn Arbeitstage übersteigende Unterbrechungszeit ist in § 2 Abs. 4 nicht mehr enthalten. Auf die Probezeit werden jedoch aufgrund gesetzlicher Bestimmungen nicht angerechnet

II

- Zeiten der Teilnahme an einer Eignungsübung (§ 8 Satz 3 der VO zum Eignungsübungsgesetz)
- Zeiten des Grundwehrdienstes oder einer Wehrübung (§ 6 Abs. 3 des Arbeitsplatzschutzgesetzes)
- Zivildienstzeiten (§ 78 des Zivildienstgesetzes)
- Wehrdienstzeiten als Soldat auf Zeit und Zeiten einer Fachausbildung (§ 8 Abs. 5 des Soldatenversorgungsgesetzes).

Die rechtliche Bedeutung einer Probezeit darf nicht überschätzt werden. Auch während der Probezeit unterliegt das Beschäftigungsverhältnis uneingeschränkt den Vorschriften des TV-L. Die Probezeit ist daher z. B. Beschäftigungszeit i. S. v. § 34 Abs. 3. Die Probezeit zählt außerdem als Wartezeit im urlaubsrechtlichen Sinn (siehe § 4 BUrlG i. V. m. § 26 TV-L) und ist bei der Sechsmonatsfrist des § 1 Abs. 1 des Kündigungsschutzgesetzes zu berücksichtigen. Auch steuerlich, sozialversicherungsrechtlich und im Sinne der Zusatzversorgung gelten keine Besonderheiten.

Das Arbeitsverhältnis ist auch während der Probezeit unbefristet. Stellt der Arbeitgeber während der Probezeit fest, dass der Beschäftigte für die Tätigkeit nicht geeignet ist, muss er das Arbeitsverhältnis kündigen.

Die Kündigungsfrist nach § 34 beträgt unabhängig von der Probezeit nach § 2 Abs. 4 zwei Wochen zum Monatsschluss, das Kündigungsschutzgesetz gilt während der ersten sechs Monate nicht.

Die Möglichkeit, ein befristetes Arbeitsverhältnis zur Erprobung zu schließen, bleibt unberührt. Die Befristung zur Erprobung ist in § 14 Abs. 1 Satz 2 Nr. 5 TzBfG[1] ausdrücklich als Sachgrund genannt.

---

1) abgedruckt als Anhang 1 unter **210** § 30 TV-L

Anhang 1

Gesetz über den Nachweis der für ein Arbeitsverhältnis geltenden wesentlichen Bedingungen (Nachweisgesetz – NachwG)

Vom 20. Juli 1995 (BGBl. I S. 946)

Zuletzt geändert durch
Viertes Bürokratieentlastungsgesetz
vom 23. Oktober 2024 (BGBl. I Nr. 323)

II

§ 1 Anwendungsbereich

Dieses Gesetz gilt für alle Arbeitnehmer. Praktikanten, die gemäß § 22 Absatz 1 des Mindestlohngesetzes als Arbeitnehmer gelten, sind Arbeitnehmer im Sinne dieses Gesetzes.

§ 2 Nachweispflicht

(1) Der Arbeitgeber hat die wesentlichen Vertragsbedingungen des Arbeitsverhältnisses innerhalb der Fristen des Satzes 9 schriftlich niederzulegen, die Niederschrift zu unterzeichnen und dem Arbeitnehmer auszuhändigen. Die Niederschrift nach Satz 1 kann in Textform (§ 126b des Bürgerlichen Gesetzbuchs) abgefasst und elektronisch übermittelt werden, sofern das Dokument für den Arbeitnehmer zugänglich ist, gespeichert und ausgedruckt werden kann und der Arbeitgeber den Arbeitnehmer mit der Übermittlung auffordert, einen Empfangsnachweis zu erteilen. Im Fall des Satzes 2 hat der Arbeitgeber auf Verlangen des Arbeitnehmers die Niederschrift unter Hinweis auf den Geltungsbeginn der wesentlichen Vertragsbedingungen unverzüglich in der Form der Sätze 1 und 8 zu erteilen. Satz 3 gilt entsprechend, wenn die wesentlichen Vertragsbedingungen nicht nachgewiesen wurden. Die Verjährung des Anspruchs nach den Sätzen 3 und 4 beginnt mit dem Schluss des Jahres, in dem das Arbeitsverhältnis endet. Die Sätze 2 bis 5 finden keine Anwendung auf Arbeitnehmer, die in einem Wirtschaftsbereich oder Wirtschaftszweig nach § 2a Absatz 1 des Schwarzarbeitsbekämpfungsgesetzes tätig sind. In die Niederschrift sind mindestens aufzunehmen:

1. der Name und die Anschrift der Vertragsparteien,
2. der Zeitpunkt des Beginns des Arbeitsverhältnisses,
3. bei befristeten Arbeitsverhältnissen: das Enddatum oder die vorhersehbare Dauer des Arbeitsverhältnisses,

4. der Arbeitsort oder, falls der Arbeitnehmer nicht nur an einem bestimmten Arbeitsort tätig sein soll, ein Hinweis darauf, daß der Arbeitnehmer an verschiedenen Orten beschäftigt werden oder seinen Arbeitsort frei wählen kann,
5. eine kurze Charakterisierung oder Beschreibung der vom Arbeitnehmer zu leistenden Tätigkeit,
6. sofern vereinbart, die Dauer der Probezeit,
7. die Zusammensetzung und die Höhe des Arbeitsentgelts einschließlich der Vergütung von Überstunden, der Zuschläge, der Zulagen, Prämien und Sonderzahlungen sowie anderer Bestandteile des Arbeitsentgelts, die jeweils getrennt anzugeben sind, und deren Fälligkeit sowie die Art der Auszahlung,
8. die vereinbarte Arbeitszeit, vereinbarte Ruhepausen und Ruhezeiten sowie bei vereinbarter Schichtarbeit das Schichtsystem, der Schichtrhythmus und Voraussetzungen für Schichtänderungen,
9. bei Arbeit auf Abruf nach § 12 des Teilzeit- und Befristungsgesetzes:
   a) die Vereinbarung, dass der Arbeitnehmer seine Arbeitsleistung entsprechend dem Arbeitsanfall zu erbringen hat,
   b) die Zahl der mindestens zu vergütenden Stunden,
   c) der Zeitrahmen, bestimmt durch Referenztage und Referenzstunden, der für die Erbringung der Arbeitsleistung festgelegt ist, und
   d) die Frist, innerhalb derer der Arbeitgeber die Lage der Arbeitszeit im Voraus mitzuteilen hat,
10. sofern vereinbart, die Möglichkeit der Anordnung von Überstunden und deren Voraussetzungen,
11. die Dauer des jährlichen Erholungsurlaubs,
12. ein etwaiger Anspruch auf vom Arbeitgeber bereitgestellte Fortbildung,
13. wenn der Arbeitgeber dem Arbeitnehmer eine betriebliche Altersversorgung über einen Versorgungsträger zusagt, der Name und die Anschrift dieses Versorgungsträgers; die Nachweispflicht entfällt, wenn der Versorgungsträger zu dieser Information verpflichtet ist,
14. das bei der Kündigung des Arbeitsverhältnisses von Arbeitgeber und Arbeitnehmer einzuhaltende Verfahren, mindestens das Schriftformerfordernis und die Fristen für die Kündigung des Arbeitsverhältnisses, sowie die Frist zur Erhebung einer Kündigungsschutzklage; § 7 des Kündigungsschutzgesetzes ist auch bei

einem nicht ordnungsgemäßen Nachweis der Frist zur Erhebung einer Kündigungsschutzklage anzuwenden,

15. ein in allgemeiner Form gehaltener Hinweis auf die auf das Arbeitsverhältnis anwendbaren Tarifverträge, Betriebs- oder Dienstvereinbarungen sowie Regelungen paritätisch besetzter Kommissionen, die auf der Grundlage kirchlichen Rechts Arbeitsbedingungen für den Bereich kirchlicher Arbeitgeber festlegen.

Der Nachweis der wesentlichen Vertragsbedingungen nach Satz 1 in elektronischer Form ist ausgeschlossen. Dem Arbeitnehmer ist die Niederschrift mit den Angaben nach Satz 7 Nummer 1, 7 und 8 spätestens am ersten Tag der Arbeitsleistung, die Niederschrift mit den Angaben nach Satz 7 Nummer 2 bis 6, 9 und 10 spätestens am siebten Kalendertag nach dem vereinbarten Beginn des Arbeitsverhältnisses und die Niederschrift mit den übrigen Angaben nach Satz 7 spätestens einen Monat nach dem vereinbarten Beginn des Arbeitsverhältnisses auszuhändigen.

(1a) Wer einen Praktikanten einstellt, hat unverzüglich nach Abschluss des Praktikumsvertrages, spätestens vor Aufnahme der Praktikantentätigkeit, die wesentlichen Vertragsbedingungen schriftlich niederzulegen, die Niederschrift zu unterzeichnen und dem Praktikanten auszuhändigen. In die Niederschrift sind mindestens aufzunehmen:

1. der Name und die Anschrift der Vertragsparteien,
2. die mit dem Praktikum verfolgten Lern- und Ausbildungsziele,
3. Beginn und Dauer des Praktikums,
4. Dauer der regelmäßigen täglichen Praktikumszeit,
5. Zahlung und Höhe der Vergütung,
6. Dauer des Urlaubs,
7. ein in allgemeiner Form gehaltener Hinweis auf die Tarifverträge, Betriebs- oder Dienstvereinbarungen, die auf das Praktikumsverhältnis anzuwenden sind.

Absatz 1 Satz 8 gilt entsprechend.

(2) Hat der Arbeitnehmer seine Arbeitsleistung länger als vier aufeinanderfolgende Wochen außerhalb der Bundesrepublik Deutschland zu erbringen, so hat der Arbeitgeber dem Arbeitnehmer vor dessen Abreise die Niederschrift nach Absatz 1 Satz 1 mit allen wesentlichen Angaben nach Absatz 1 Satz 7 und folgenden zusätzlichen Angaben auszuhändigen:

1. das Land oder die Länder, in dem oder in denen die Arbeit im Ausland geleistet werden soll, und die geplante Dauer der Arbeit,
2. die Währung, in der die Entlohnung erfolgt,

3. sofern vereinbart, mit dem Auslandsaufenthalt verbundene Geld- oder Sachleistungen, insbesondere Entsendezulagen und zu erstattende Reise-, Verpflegungs- und Unterbringungskosten,
4. die Angabe, ob eine Rückkehr des Arbeitnehmers vorgesehen ist, und gegebenenfalls die Bedingungen der Rückkehr.

Auf die Verpflichtung nach Satz 1 finden folgende Regelungen entsprechende Anwendung:

1. Absatz 1 Satz 2, 5 und 6 sowie
2. Absatz 1 Satz 3 und 4.

(3) Fällt ein Auslandsaufenthalt nach Absatz 2 in den Anwendungsbereich der Richtlinie 96/71/EG des Europäischen Parlaments und des Rates vom 16. Dezember 1996 über die Entsendung von Arbeitnehmern im Rahmen der Erbringung von Dienstleistungen (ABl. L 18 vom 21. 1. 1997, S. 1), die durch die Richtlinie (EU) 2018/957 (ABl. L 173 vom 9. 7. 2018, S. 16) geändert worden ist, muss die Niederschrift nach Absatz 1 Satz 1 neben den Angaben nach Absatz 2 auch folgende zusätzliche Angaben enthalten:

1. die Entlohnung, auf die der Arbeitnehmer nach dem Recht des Mitgliedstaats oder der Mitgliedstaaten, in dem oder in denen der Arbeitnehmer seine Arbeit leisten soll, Anspruch hat,
2. den Link zu der einzigen offiziellen nationalen Website, die der Mitgliedstaat, in dem der Arbeitnehmer seine Arbeit leisten soll, betreibt nach Artikel 5 Absatz 2 Buchstabe a der Richtlinie 2014/67/EU des Europäischen Parlaments und des Rates vom 15. Mai 2014 zur Durchsetzung der Richtlinie 96/71/EG über die Entsendung von Arbeitnehmern im Rahmen der Erbringung von Dienstleistungen und zur Änderung der Verordnung (EU) Nr. 1024/2012 über die Verwaltungszusammenarbeit mit Hilfe des Binnenmarkt-Informationssystems – („IMI-Verordnung") (ABl. L 159 vom 28. 5. 2014, S. 11).

Auf die Verpflichtung nach Satz 1 finden folgende Regelungen entsprechende Anwendung:

1. Absatz 1 Satz 2, 5 und 6 sowie
2. Absatz 1 Satz 3 und 4.

(4) Die Angaben nach Absatz 1 Satz 7 Nummer 6 bis 8 und 10 bis 14 können ersetzt werden durch einen Hinweis auf die auf das Arbeitsverhältnis anwendbaren Tarifverträge, Betriebs- oder Dienstvereinbarungen sowie Regelungen paritätisch besetzter Kommissionen, die auf der Grundlage kirchlichen Rechts Arbeitsbedingungen für den Bereich kirchlicher Arbeitgeber festlegen. Ist in den Fällen des Absatzes 1 Satz 7 Nummer 11 und 14 die jeweilige gesetzliche Regelung

maßgebend, so kann hierauf verwiesen werden. Die Angaben nach Absatz 2 Satz 1 Nummer 2 und Absatz 3 Satz 1 Nummer 1 können ersetzt werden durch einen Hinweis auf konkrete Bestimmungen der einschlägigen Rechts- und Verwaltungsvorschriften und Satzungen oder Tarifverträge, Betriebs- oder Dienstvereinbarungen sowie Regelungen paritätisch besetzter Kommissionen, die auf der Grundlage kirchlichen Rechts Arbeitsbedingungen für den Bereich kirchlicher Arbeitgeber festlegen.

(5) Wenn dem Arbeitnehmer ein schriftlicher Arbeitsvertrag ausgehändigt worden ist, entfällt die Verpflichtung nach den Absätzen 1, 2 und 3, soweit der Vertrag die in den Absätzen 1 bis 4 geforderten Angaben enthält. Ist dem Arbeitnehmer ein Arbeitsvertrag in Textform nach Maßgabe des Absatzes 1 Satz 2 übermittelt worden, entfällt die Verpflichtung nach Absatz 1 Satz 1 und 2 und den Absätzen 2 und 3, soweit der Vertrag die in den Absätzen 1 bis 4 geforderten Angaben enthält; unberührt bleibt der Anspruch nach Absatz 1 Satz 3, auch in Verbindung mit Absatz 2 Satz 2 Nummer 2 oder Absatz 3 Satz 2 Nummer 2. Satz 2 gilt nicht in den Fällen des Absatzes 1 Satz 6.

§ 3 Änderung der Angaben

(1) Eine Änderung der wesentlichen Vertragsbedingungen oder der in § 2 Absatz 2 und 3 genannten Angaben ist dem Arbeitnehmer spätestens an dem Tag, an dem sie wirksam wird, schriftlich mitzuteilen. Auf die Verpflichtung nach Satz 1 finden folgende Regelungen entsprechende Anwendung:

1. § 2 Absatz 1 Satz 2, 5 und 6 sowie
2. § 2 Absatz 1 Satz 3 und 4.

Satz 1 gilt nicht bei einer Änderung der auf das Arbeitsverhältnis anwendbaren gesetzlichen Vorschriften, Tarifverträge, Betriebs- oder Dienstvereinbarungen sowie Regelungen paritätisch besetzter Kommissionen, die auf der Grundlage kirchlichen Rechts Arbeitsbedingungen für den Bereich kirchlicher Arbeitgeber festlegen.

(2) Die Verpflichtung nach Absatz 1 Satz 1 entfällt, sofern dem Arbeitnehmer hinsichtlich der Änderung ein schriftlicher Änderungsvertrag ausgehändigt worden ist. Das Gleiche gilt, wenn dem Arbeitnehmer hinsichtlich der Änderung ein Änderungsvertrag in Textform nach Maßgabe des § 2 Absatz 1 Satz 2 übermittelt worden ist; unberührt bleibt der Anspruch nach § 2 Absatz 1 Satz 3. Satz 2 gilt nicht in den Fällen des § 2 Absatz 1 Satz 6.

II

§ 4 Bußgeldvorschriften

(1) Ordnungswidrig handelt, wer

1. entgegen § 2 Absatz 1 Satz 1 eine in § 2 Absatz 1 Satz 7 genannte wesentliche Vertragsbedingung nicht, nicht richtig, nicht vollständig, nicht in der vorgeschriebenen Weise oder nicht rechtzeitig aushändigt,
2. entgegen § 2 Absatz 1 Satz 3, auch in Verbindung mit Satz 4, jeweils auch in Verbindung mit § 2 Absatz 2 Satz 2 Nummer 2, Absatz 3 Satz 2 Nummer 2 oder § 3 Absatz 1 Satz 2 Nummer 2, eine dort genannte Niederschrift nicht, nicht richtig, nicht vollständig oder nicht rechtzeitig erteilt,
3. entgegen § 2 Absatz 2 Satz 1, auch in Verbindung mit Absatz 3 Satz 1, eine dort genannte Niederschrift nicht, nicht richtig, nicht vollständig oder nicht rechtzeitig aushändigt oder
4. entgegen § 3 Absatz 1 Satz 1 eine Mitteilung nicht, nicht richtig, nicht vollständig, nicht in der vorgeschriebenen Weise oder nicht rechtzeitig macht.

(2) Die Ordnungswidrigkeit kann mit einer Geldbuße bis zu zweitausend Euro geahndet werden.

§ 5 Übergangsvorschrift

Hat das Arbeitsverhältnis bereits vor dem 1. August 2022 bestanden, so ist dem Arbeitnehmer auf sein Verlangen spätestens am siebten Tag nach Zugang der Aufforderung beim Arbeitgeber die Niederschrift mit den Angaben nach § 2 Absatz 1 Satz 7 Nummer 1 bis 10 auszuhändigen; die Niederschrift mit den übrigen Angaben nach § 2 Absatz 1 Satz 7 ist spätestens einen Monat nach Zugang der Aufforderung auszuhändigen. Soweit eine früher ausgestellte Niederschrift oder ein schriftlicher Arbeitsvertrag die nach diesem Gesetz erforderlichen Angaben enthält, entfällt diese Verpflichtung.

§ 6 Unabdingbarkeit

Von den Vorschriften dieses Gesetzes kann nicht zuungunsten des Arbeitnehmers abgewichen werden.

§ 3 Allgemeine Arbeitsbedingungen

(1) [1]Die arbeitsvertraglich geschuldete Leistung ist gewissenhaft und ordnungsgemäß auszuführen. [2]Die Beschäftigten müssen sich durch ihr gesamtes Verhalten zur freiheitlich demokratischen Grundordnung im Sinne des Grundgesetzes bekennen.

(2) Die Beschäftigten haben über Angelegenheiten, deren Geheimhaltung durch gesetzliche Vorschriften vorgesehen oder vom Arbeitgeber angeordnet ist, Verschwiegenheit zu wahren; dies gilt auch über die Beendigung des Arbeitsverhältnisses hinaus.

(3) [1]Die Beschäftigten dürfen von Dritten Belohnungen, Geschenke, Provisionen oder sonstige Vergünstigungen mit Bezug auf ihre Tätigkeit nicht annehmen. [2]Ausnahmen sind nur mit Zustimmung des Arbeitgebers möglich. [3]Werden den Beschäftigten derartige Vergünstigungen angeboten, haben sie dies dem Arbeitgeber unverzüglich anzuzeigen.

(4) [1]Nebentätigkeiten gegen Entgelt haben die Beschäftigten ihrem Arbeitgeber rechtzeitig vorher schriftlich anzuzeigen. [2]Der Arbeitgeber kann die Nebentätigkeit untersagen oder mit Auflagen versehen, wenn diese geeignet ist, die Erfüllung der arbeitsvertraglichen Pflichten der Beschäftigten oder berechtigte Interessen des Arbeitgebers zu beeinträchtigen. [3]Für Nebentätigkeiten im öffentlichen Dienst kann eine Ablieferungspflicht nach den Bestimmungen, die beim Arbeitgeber gelten, zur Auflage gemacht werden.

(5) [1]Der Arbeitgeber ist bei begründeter Veranlassung berechtigt, Beschäftigte zu verpflichten, durch ärztliche Bescheinigung nachzuweisen, dass sie zur Leistung der arbeitsvertraglich geschuldeten Tätigkeit in der Lage sind. [2]Bei dem beauftragten Arzt kann es sich um einen Betriebsarzt, Personalarzt oder Amtsarzt handeln, soweit sich die Betriebsparteien nicht auf einen anderen Arzt geeinigt haben. [3]Die Kosten dieser Untersuchung trägt der Arbeitgeber.

(6) [1]Die Beschäftigten haben ein Recht auf Einsicht in ihre vollständigen Personalakten. [2]Sie können das Recht auf Einsicht auch durch eine/n hierzu schriftlich Bevollmächtigte/n ausüben lassen. [3]Sie können Auszüge oder Kopien aus ihren Personalakten erhalten. [4]Die Beschäftigten müssen über Beschwerden und Behauptungen tatsächlicher Art, die für sie ungünstig sind oder ihnen nachteilig werden können, vor Aufnahme in die Personalakten gehört werden. [5]Ihre Äußerung ist zu den Personalakten zu nehmen.

(7) Für die Schadenshaftung der Beschäftigten finden die Bestimmungen, die für die Beamten des jeweiligen Landes jeweils gelten, entsprechende Anwendung.

Erläuterungen

§ 3 TV-L regelt die Bereiche allgemeine Pflichten (Absatz 1), Schweigepflicht (Absatz 2), Belohnungen/Geschenke (Absatz 3), Nebentätigkeiten (Absatz 4), ärztliche Untersuchung (Absatz 5) und Personalakten (Absatz 6) und Schadenshaftung (Absatz 7). Diese Themenbereiche waren im BAT in den §§ 7 (ärztliche Untersuchung), 8 (Allgemeine

Pflichten), 9 (Schweigepflicht), 10 (Belohnungen/Geschenke), 11 (Nebentätigkeit), 13 (Personalakten) und 14 (Haftung) geregelt. Auf die teilweise abweichenden Sonderregelungen in § 40 Nr. 2, § 41 Nr. 2, § 42 Nr. 2, § 43 Nr. 2, § 45 Nr. 3 und § 46 Nr. 2 TV-L wird hingewiesen.

Gewissenhafte Aufgabenerledigung, Streik (Abs. 1 Satz 1)

Bei der Bestimmung des Satzes 1, dass der Beschäftigte die im Rahmen des Arbeitsvertrages geschuldete Leistung gewissenhaft und ordnungsgemäß durchzuführen hat, handelt es sich eigentlich um eine Selbstverständlichkeit. Schon das allgemeine Arbeitsrecht beinhaltet den Grundsatz, dass der Arbeitnehmer die vertraglich geschuldete Leistung erbringen muss. Bei Nicht- oder Schlechterfüllung des Arbeitsvertrages sind die üblichen arbeitsrechtlichen Instrumente (Abmahnung, Kündigung → § 34) gegeben. In § 3 Abs. 1 TV-L wurde die Regelung des § 8 Abs. 1 Satz 1 BAT („Der Angestellte hat sich so zu verhalten, wie es von Angehörigen des ö. D. erwartet wird.") nicht übernommen. Das BAG hat daraus in zwei bemerkenswerten Urteilen (vom 10. 9. 2009 – 2 AZR 257/08 – und 28. 10. 2010 – 2 AZR 293/09) geschlossen, dass an das nebenberufliche Verhalten der nicht hoheitlich tätigen Beschäftigten keine erhöhten Ansprüche gestellt werden dürfen. Selbst kriminelle Handlungen bzw. entsprechende Strafen rechtfertigen nach Auffassung des BAG grundsätzlich nicht die Kündigung des Beschäftigten.

Die Frage, ob und in welchem Umfang Beschäftigte berechtigt sind, die Arbeit zur Erreichung kollektiver Ziele niederzulegen oder zu streiken, stellt sich regelmäßig insbesondere in Zeiten einer Lohnrunde. Die öffentlichen Arbeitgeber haben die rechtlichen Möglichkeiten, deren Grenzen und die aus Arbeitgebersicht notwendigen Maßnahmen (z. B. Dokumentationen, Engeltkürzung etc.) und die Folgen eines Streiks auf tarifvertraglichen Leistungen sowie die Sozialversicherung in sogenannten Arbeitskampfrichtlinien zusammengefasst.

Politische Treuepflicht (Abs. 1 Satz 2)

Satz 2 entspricht der Vorschrift des § 8 Abs. 1 Satz 2 BAT und enthält die Pflicht, sich zur freiheitlich demokratischen Grundordnung im Sinne des Grundgesetzes zu bekennen.

Über das Verfahren zur Überprüfung der Verfassungstreue bei der Einstellung von Angestellten bestehen keine gesetzlichen und auch keine tariflichen Vorschriften. Zur Frage der sog. politischen Treuepflicht der Angestellten des öffentlichen Dienstes wird auf nachstehende Rechtsprechung verwiesen:

a) Beschluss des Bundesverfassungsgerichts vom 22. 5. 1975 – 2 BvL 13/73 – (BVerfGE 39, 334):

„Auch die Angestellten des öffentlichen Dienstes schulden dem Arbeitgeber Loyalität und die gewissenhafte Erfüllung ihrer dienstlichen Verpflichtungen; auch sie dürfen den Staat, in dessen Dienst sie stehen, und seine Verfassungsordnung nicht angreifen; auch sie können wegen grober Verletzung dieser Dienstpflichten fristlos entlassen werden; und auch ihre Einstellung kann abgelehnt werden, wenn damit zu rechnen ist, dass sie ihre mit der Einstellung verbundenen Pflichten nicht werden erfüllen können oder wollen."

b) Urteil des BAG vom 31. 3. 1976 – 5 AZR 104/74 (AP Nr. 2 zu Art. 33 Abs. 2 GG):

„Nicht allen Angestellten und Arbeitern des öffentlichen Dienstes ist das gleiche Maß an politischer Treue abzuverlangen wie den Beamten. Bei Angestellten und Arbeitern müssen sich die in politischer Hinsicht zu stellenden Anforderungen aus dem jeweiligen Amt ergeben. Ein Lehrer und Erzieher muss (insoweit) gesteigerten Anforderungen genügen."

c) Urteil des BAG vom 20. 7. 1977 – 4 AZR 142/76 (AP Nr. 3 zu Art. 33 Abs. 2 GG):

„Art. 12 Abs. 1 GG steht der Kündigung eines Lehrers während der schulpraktischen Ausbildung nach dem Berliner Lehrerbildungsgesetz nicht entgegen.

Art. 33 Abs. 2 GG kann zur Unwirksamkeit einer Kündigung des Arbeitsverhältnisses führen, wenn der Arbeitnehmer einen unmittelbaren Wiedereinstellungsanspruch haben würde. Das setzt jedoch voraus, dass entsprechende Eignung, Befähigung und fachliche Leistung i. S. v. Art. 33 Abs. 2 GG vorliegen.

Eignung i. S. v. Art. 33 Abs. 2 GG umfasst auch die Bereitschaft, der dem Amt entsprechenden politischen Treuepflicht zu genügen; das gilt insbesondere für Lehrer, die Schulunterricht halten. Deshalb kann einem Lehrer wegen aktiver Mitgliedschaft in einer verfassungswidrigen Organisation und entsprechender Betätigung auch während der schulpraktischen Ausbildung gekündigt werden."

d) Urteil des BAG vom 6. 6. 1984 – 7 AZR 456/82 – (AP Nr. 11 zu § 1 KSchG Verhaltensbedingte Kündigung):

„Eine ordentliche Kündigung aus verhaltensbedingten Gründen setzt voraus, dass das Arbeitsverhältnis durch die im außerdienstlichen Bereich entfaltete politische Betätigung konkret beeinträchtigt wird, sei es im Leistungsbereich, im Bereich der Verbundenheit aller bei der Dienststelle beschäftigten Mitarbeiter, im personalen

Vertrauensbereich oder im behördlichen Aufgabenbereich." (Dies hat das BAG im Falle eines im Bereich der Bundesanstalt für Arbeit beschäftigten Hauptvermittlers verneint.)

e) Urteil des BAG vom 12. 5. 2011 – 2 AZR 479/09:

Aktives Eintreten für eine verfassungsfeindliche Partei oder deren Jugendorganisation kann die personenbedingte Kündigung eines im öffentlichen Dienst beschäftigten Arbeitnehmers begründen. Das gilt auch dann, wenn die Partei nicht durch das Bundesverfassungsgericht für verfassungswidrig erklärt worden ist. Hat allerdings der Arbeitgeber den Arbeitnehmer wegen politischer Betätigung abgemahnt, gibt er damit grundsätzlich zu erkennen, dass er die Fortsetzung des Arbeitsverhältnisses für zumutbar erachtet, wenn zukünftig verfassungsfeindliche Aktivitäten unterbleiben. Er kann eine spätere Kündigung deshalb nicht ausschließlich auf Verhalten stützen, das schon seiner Abmahnung zugrunde lag. Die Anfechtung des Arbeitsvertrags wegen verfassungsfeindlicher Betätigung setzt voraus, dass der Arbeitnehmer eine ihm bei seiner Einstellung in den öffentlichen Dienst zulässigerweise gestellte Frage nach seiner Verfassungstreue bewusst falsch beantwortet oder relevante Umstände trotz bestehender Offenbarungspflicht verschwiegen hat.

Im Urteilsfall ging es um außerdienstliche Aktivitäten für die NPD und deren Jugendorganisation (JN). Der Kläger, der Mitglied der NPD ist, war seit 2003 beim beklagten Land tätig. Vor Begründung des Arbeitsverhältnisses hatte er sich in einer Erklärung zu den Grundsätzen der freiheitlichen demokratischen Grundordnung im Sinne des Grundgesetzes bekannt und angegeben, er sei nicht Mitglied einer Organisation, die diese Grundordnung bekämpfe. Nachdem das beklagte Land ihn im Oktober 2007 wegen verschiedener parteipolitischer Aktivitäten abgemahnt hatte, kündigte es das Arbeitsverhältnis im Mai 2008 mit der Begründung, der Kläger habe durch Teilnahme an einer von der NPD abgehaltenen Gedenkveranstaltung erneut seine politische Treuepflicht verletzt. Zudem focht es den Arbeitsvertrag wegen arglistiger Täuschung an. Nach Auffassung des BAG sind Anfechtung des Arbeitsvertrages und Kündigung nicht berechtigt. Der entscheidende Senat ist aufgrund bindender Feststellungen des Landesarbeitsgerichts davon ausgegangen, dass sich der Kläger bei Abgabe seiner Erklärung zur Verfassungstreue eines Eignungsmangels nicht bewusst war. Der Kläger hat nach seiner Abmahnung bis zum Zugang der Kündigung kein Verhalten gezeigt, das als aktives Bekämpfen der freiheitlichen demokratischen Grundordnung des Grundgesetzes angesehen werden kann. Ob die NPD und ihre Jugendorganisation als verfassungsfeindlich einzustufen sind und ob das abgemahnte Verhalten deutlich gemacht hat, dass der Kläger mögliche verfassungsfeindliche Ziele der NPD aktiv unterstützt, brauchte das BAG in dem Urteilsfall nicht zu entscheiden.

II

f) Urteil des BAG vom 6. 9. 2012 – 2 AZR 372/11:

Auch in diesem Urteilsfall ging es um außerdienstliche Aktivitäten für die NPD und deren Jugendorganisation (JN). Der Kläger war Mitglied der NPD und hatte Aufrufe zu Demonstrationen weitergeleitet, in denen die Verfasser für einen gewaltsamen Umsturz eingetreten waren. Das BAG sah darin – auch wenn die NPD nicht verboten ist und die Weiterleitung des Demonstrationsaufrufs nicht strafbar sei – einen Loyalitätsbruch, der eine Kündigung rechtfertige.

Schweigepflicht (Abs. 2)

Nach dieser Vorschrift ist der Beschäftigte verpflichtet, über die Angelegenheiten, deren Geheimhaltung entweder durch Gesetz oder durch Anordnung des Arbeitgebers vorgeschrieben ist, Verschwiegenheit zu wahren.

Die Palette der in Betracht kommenden gesetzlichen Vorschriften ist vor dem Hintergrund der Bandbreite der Betätigungsfelder des öffentlichen Dienstes und der dabei anzutreffenden Berufsbilder sehr groß. Nachfolgend ist daher nur eine Auswahl der wichtigsten Gesetzesvorschriften aufgezählt. Dazu zählen

- die Datenschutzgesetze des Bundes und der Länder,
- die Abgabenordnung (§ 30: Steuergeheimnis),
- die Sozialgesetze (§ 35 SGB I: Sozialgeheimnis; § 213 SGB IX: für Beschäftigte der Integrationsämter etc.),
- § 9 des Bundesarchivgesetzes für die Beschäftigten, die mit der Bearbeitung der Bundesstatistiken beschäftigt werden,
- das Strafgesetzbuch (§§ 93 bis 101a: Landesverrat und Gefährdung der äußeren Sicherheit, § 203: Verletzung der Schweigepflicht, § 353b: Verletzung eines Dienstgeheimnisses, § 353c: unbefugte Weitergabe geheimer Gegenstände oder Nachrichten).

Es ist ausdrücklich bestimmt, dass die Verschwiegenheitspflicht auch über die Beendigung des Arbeitsverhältnisses hinaus fortbesteht.

Ein Verstoß gegen die Pflicht zur Verschwiegenheit stellt eine erhebliche Beeinträchtigung für das Arbeitsverhältnis dar und berechtigt den Arbeitgeber zur ordentlichen oder – je nach Schwere des Einzelfalles –

sogar zur fristlosen Kündigung. Dazu hat das BAG im Urteil vom 18. 6. 1970 – 2 AZR 369/69; AP Nr. 82 zu § 1 KSchG – festgestellt, dass der Angestellte des öffentlichen Dienstes keine Kündigung zu befürchten braucht, wenn er von seinem Petitionsrecht (Art. 17 GG) Gebrauch macht und dabei auf gewisse Missstände in seinem Amt aufmerksam macht. Mit seinem Urteil vom 3. 7. 2003 – 2 AZR 235/02; AP Nr. 45 zu § 1 KSchG 1969 Verhaltensbedingte Kündigung – hat sich das BAG ausführlich mit der Frage auseinandergesetzt, ob ein Arbeitnehmer wegen einer von ihm veranlassten Strafanzeige gegen seinen Vorgesetzten (sog. „whistleblower“) verhaltensbedingt gekündigt werden kann. Dies hat das BAG, das das Verfahren zur weiteren Entscheidung an die Vorinstanz zurückgewiesen hatte, für den Fall bejaht, dass der Arbeitnehmer in einer Strafanzeige gegen seinen Arbeitgeber oder dessen Repräsentanten wissentlich oder leichtfertig falsche Angaben gemacht hat. Auch die vorherige innerbetriebliche Meldung und Klärung des zur Anzeige gebrachten Missstandes sei dem Arbeitnehmer in gewissen Fällen zuzumuten.

Unabhängig von der im Einzelfall zu prüfenden Kündigungsmöglichkeit besteht bei Gesetzesverstößen (z. B. gegen die oben genannten gesetzlichen Vorschriften) die Möglichkeit der strafrechtlichen Verfolgung.

Soweit die Pflicht zur Verschwiegenheit besteht, bedarf der Beschäftigte für die Aussage vor Gericht der vorherigen Genehmigung durch den Arbeitgeber (§ 376 ZPO, § 54 StPO, § 46 Abs. 2 ArbGG).

Auf die Regelungen des zum 2. Juli 2023 in Kraft getretenen Hinweisgeberschutzgesetzes wird in diesem Zusammenhang hingewiesen. Hierin wird der Schutz natürlicher Personen, die im Rahmen ihrer beruflichen Tätigkeit Informationen über Verstöße erlangt haben und diese an die internen oder externen Meldestellen weitergeben (hinweisgebende Personen), geregelt. Die Arbeitgeber sind zur Einrichtung ebendieser Meldestellen (intern oder extern) verpflichtet.

Belohnungen/Geschenke (Abs. 3)

Nach dieser Vorschrift ist es den Beschäftigten untersagt, von Dritten Belohnungen, Geschenke, Provisionen oder sonstige Vergünstigungen ohne Zustimmung des Arbeitgebers anzunehmen. Sie haben entsprechende Angebote unverzüglich ihrem Arbeitgeber anzuzeigen.

Auch wenn die Vorschrift praktisch unverändert aus dem BAT übernommen worden ist, so ist sie vor dem Hintergrund der in der Öffentlichkeit, aber auch innerhalb des öffentlichen Dienstes gesteigerten Sensibilität gegenüber der Korruption sicher deutlich enger auszulegen als bei Inkrafttreten des BAT. Die beispielsweise in der damaligen Zeit dem Vernehmen nach nicht unübliche, von den Amtsleitungen gebilligte oder zumindest stillschweigend tolerierte Praxis manches ortsansässigen Steuerberaters, in der Vorweihnachtszeit kleinere Präsente (meist in Flaschenform) in den Finanzämtern abzugeben, wird heute in einem anderen Licht zu beurteilen sein.

Ein Verstoß gegen das Verbot, Geschenke und dergleichen anzunehmen, stellt einen Grund für eine ordentliche oder – je nach Schwere des Einzelfalles – sogar zur fristlosen Kündigung dar. Der Beschäftigte macht sich unter Umständen schadensersatzpflichtig und muss die erlangten Vorteile herausgeben.

Daneben besteht die Möglichkeit der strafrechtlichen Verfolgung (wegen Bestechlichkeit bzw. Vorteilsannahme: §§ 331 bzw. 332 StGB).

Das Verbot der Annahme von Geschenken etc. gilt formal nur für den Zeitraum des Bestehens des Arbeitsverhältnisses; eine Nachwirkensklausel wie etwa bei der Verschwiegenheit (s. o.) ist nicht ausdrücklich vereinbart. Unter das Verbot fiele in diesem Fall – wenn und soweit nachweisbar – allenfalls das Sich-Versprechen-Lassen von Vorteilen.

Nebentätigkeiten (Abs. 4)

Während im Bereich des BAT bislang hinsichtlich der Nebentätigkeit von Angestellten die für die Beamten des Arbeitgebers geltenden Vorschriften (z. B. die Bundesnebentätigkeitsverordnung) sinngemäß Anwendung fanden, enthält der TV-L eigenständige, im Wesentlichen an das bislang für Arbeiter geltende Recht (siehe § 13 MTArb) angelehnte Bestimmungen. Es bleibt abzuwarten, ob diese Regelungen den Bedürfnissen der Praxis gerecht werden; denn gerade im Bereich der Angestellten höherer Vergütungsgruppen enthielt das beamtenrechtliche Nebentätigkeitsrecht viele sinnvolle Bestimmungen, die nun nicht mehr automatisch gelten (siehe aber Satz 3).

Nach Satz 1 der Vorschrift hat der Beschäftigte Nebentätigkeiten gegen Entgelt seinem Arbeitgeber vorher – also vor deren Aufnahme – schriftlich anzuzeigen. Dabei ist der Begriff des Entgeltes weit zu fassen und schließt auch geldwerte Vorteile, aber nicht den Ersatz von Auslagen ein. Unentgeltliche Nebentätigkeiten (z. B. Ehrenämter) sind daher anzeigefrei.

Satz 2 der Vorschrift zählt abschließend auf, in welchen Fällen der Arbeitgeber berechtigt ist, die Nebentätigkeit zu untersagen oder mit Auflagen zu versehen. Dies ist der Fall, wenn die Nebentätigkeiten geeignet sind, entweder die Erfüllung der arbeitsvertraglichen Pflichten oder berechtigte Interessen des Arbeitgebers zu beeinträchtigen.

Dabei reicht es aus, dass die Nebentätigkeit lediglich von ihrer Art her „geeignet“ sein muss, Beeinträchtigungen hervorzurufen. Eine tatsächliche Beeinträchtigung im konkreten Einzelfall ist nicht Voraussetzung für das Verbot durch den Arbeitgeber. Dies hat das BAG mit Urteil vom 19. Dezember 2019 – 6 AZR 23/19 – bestätigt.

Von einer (ein Verbot rechtfertigenden) Beeinträchtigung der Erfüllung arbeitsvertraglicher Pflichten wird man ausgehen können, wenn die Tätigkeit zu einer zeitlichen oder physischen Überbeanspruchung des Beschäftigten führt. Bei Teilzeitbeschäftigten scheidet eine zeitliche Überbeanspruchung so lange aus, wie Haupt- und Nebenbeschäftigung das Maß der regelmäßigen Arbeitszeit eines Vollbeschäftigten nicht überschreiten.

Ein zur Untersagung der Nebentätigkeit führender Interessenkonflikt ist bei Überschneidung von dienstlichen und nebenberuflichen Tätigkeiten anzunehmen (z. B. wenn ein im Bauamt für die Bewilligung von Bauvoranfragen etc. zuständiger Beschäftigter nebenbei für ein Architekturbüro arbeitet und Bauvoranfragen etc. erstellt oder ein Beschäftigter eines Finanzamtes abends beim Steuerberater arbeitet).

Entsprechendes gilt nach dem Urteil des BAG vom 28. 2. 2002 – 6 AZR 357/01, wenn die Tätigkeit in der öffentlichen Wahrnehmung zu Irritationen führen kann (im Urteilsfall war ein Krankenpfleger in der Nebentätigkeit als Leichenbestatter tätig).

Der Arbeitgeber kann seine Zustimmung auch von Auflagen abhängig machen (z. B. einer zeitlichen Obergrenze).

Der Verstoß gegen die Pflicht, Nebentätigkeiten anzuzeigen, und die Ausübung untersagter Nebentätigkeiten können arbeitsrechtliche Sanktionen (je nach Schwere des Einzelfalles von der Abmahnung bis zur fristlosen Kündigung) nach sich ziehen.

Satz 3 ermöglicht es, die im BAT durch Inbezugnahme des Nebentätigkeitsrechts für Beamte geltenden Abführungspflichten bei Nebentätigkeiten im öffentlichen Dienst einzelvertraglich zu vereinbaren. Für bis zum 31. Oktober 2006 genehmigte Nebentätigkeiten der übergeleiteten Beschäftigten gelten die bisher anzuwendenden Bestimmungen weiter (§ 24 TVÜ-Länder)[1]).

Ärztliche Untersuchungen (Abs. 5)

Die Vorschrift des Absatzes 5 regelt – im Vergleich zur bisher maßgebenden Vorschrift (§ 7 BAT) in verkürzter Form – das Recht des Arbeit-

[1]) abgedruckt unter **270**

gebers, den Arbeitnehmer „... bei begründeter Veranlassung ... zu verpflichten, durch ärztliche Bescheinigung nachzuweisen, ob er zur Leistung der arbeitsvertraglich geschuldeten Arbeit in der Lage ist".

Was unter einem „begründeten Anlass" zu verstehen ist, ist nicht festgelegt. Darunter werden aber – auch wenn eine in § 7 Abs. 1 BAT entsprechende Bestimmung fehlt – die Einstellungsuntersuchung vor Beginn des Beschäftigungsverhältnisses und eine Untersuchung bei Zweifeln an einer behaupteten Arbeitsfähigkeit bzw. behaupteten Arbeitsunfähigkeit gehören. Die Weigerung des Arbeitnehmers, bei gegebener Veranlassung auf Wunsch des Arbeitgebers an einer ärztlichen Untersuchung zur Feststellung der Arbeits(un)fähigkeit mitzuwirken, kann je nach den Umständen des Einzelfalles geeignet sein, eine Kündigung zu rechtfertigen (siehe BAG vom 27. September 2012 – 7 AZR 811/11).

Bestehende gesetzliche Regelungen zur ärztlichen Untersuchung von Arbeitnehmern bleiben durch die Tarifvorschrift unberührt. Dabei kommen insbesondere die folgenden Gesetze in Betracht:

- das Infektionsschutzgesetz
- das Arbeitssicherheitsgesetz
- die Biostoffverordnung
- das Jugendarbeitsschutzgesetz
- die Gefahrstoffverordnung
- die Strahlenschutzverordnung
- die Unfallverhütungsvorschriften der Berufsgenossenschaften und
- die Bildschirmarbeitsplätze betreffenden Regelungen der Arbeitsstättenverordnung[1])

Satz 3 der Vorschrift bestimmt, dass der Arbeitgeber die Kosten der ärztlichen Untersuchung zu tragen hat.

Der mit der Untersuchung zu beauftragende Arzt ist von den Parteien gemeinsam festzulegen; er ist – wenn eine Einigung erfolgt – letztlich beliebig. Die Einschaltung des Amts-, Betriebs- oder Personalarztes, die in Satz 2 vorgeschlagen wird, ist nicht verbindlich, sondern zeigt nur denkbare Möglichkeiten auf.

Personalakten (Abs. 6)

Die Bestimmung entspricht im Wesentlichen der Regelung in § 13 BAT.

Die Vorschrift enthält keine Bestimmung darüber, ob, in welcher Weise und in welchem Umfang Personalakten für den Beschäftigten geführt

---

[1]) abgedruckt als **Anhang 1**

werden. § 3 Abs. 6 TV-L setzt das Vorhandensein von Personalakten voraus.

Satz 1 begründet das Recht zur Einsichtnahme in die vollständigen Personalakten, schließt also die Einsichtnahme in Bei-, Hilfs- oder Nebenakten ein. Ein besonderer Anlass muss für den Wunsch der Einsichtnahme nicht genannt werden; der Beschäftigte hat jederzeit ein Recht auf Akteneinsicht. Der Arbeitnehmer hat auch nach Beendigung des Arbeitsverhältnisses ein berechtigtes Interesse daran, den Inhalt seiner fortgeführten Personalakte auf ihren Wahrheitsgehalt zu überprüfen. Das Recht auf Einsichtnahme in die Personalakte erlischt daher nicht mit dem Ende des Beschäftigungsverhältnisses (so auch BAG, Urteil vom 16. November 2010 – 9 AZR 573/09).

Nach Satz 2 kann der Beschäftigte das Recht der Akteneinsicht auch durch einen von ihm dazu schriftlich Bevollmächtigten ausüben lassen. Besondere Anforderungen an eine etwaige Qualifikation (z. B. Rechtsanwalt) oder Funktion (z. B. Personalratsmitglied) stellt die Vorschrift nicht. Es kommt also jede bevollmächtigte Person in Betracht. Entgegen der Regelung in § 13 Abs. 1 Satz 4 BAT wird dem Arbeitgeber keine besondere Berechtigung eingeräumt, einen Bevollmächtigten aus dienstlichen oder betrieblichen Gründen zurückzuweisen.

Nach Satz 3 können die Beschäftigten Auszüge oder Kopien aus ihren Personalakten erhalten. In der Praxis dürften Ablichtungen das geeignete Mittel sein. Satz 3 enthält keine Regelung über die Tragung der dadurch entstehenden Kosten. Sie gehen, da die Kopie im Interesse und für den Beschäftigten gefertigt wird, zulasten des Beschäftigten, wenn und soweit der Arbeitgeber nicht von der Geltendmachung der Kosten absieht.

Nach den Sätzen 4 und 5 müssen Beschäftigte bei Vorliegen der dort genannten Sachverhalte gehört werden. Nimmt der Arbeitgeber z. B. eine Abmahnung ohne vorherige Anhörung des Angestellten gemäß § 3 Abs. 6 Satz 4 zu den Personalakten, so hat der Angestellte wegen Verletzung einer Nebenpflicht einen schuldrechtlichen Anspruch auf Entfernung der Abmahnung aus den Personalakten. Die nachträgliche Anhörung des Angestellten in Form der Übersendung des zu den Akten genommenen Abmahnungsschreibens heilt den Mangel nicht. Der Angestellte kann auch nicht auf sein Recht zur Gegendarstellung oder auf sein Recht zur Überprüfung der inhaltlichen Unrichtigkeit der Abmahnung verwiesen werden (BAG vom 16. November 1989 – 6 AZR 64/88 – BB 1990 S. 708). Nach dem Urteil des BAG vom 5. August 1992 – 5 AZR 531/91 – (BB 1992 S. 2295) kann der Arbeitnehmer beanspruchen, dass eine zu Unrecht erteilte Abmahnung aus der Personalakte entfernt wird.

Schadenshaftung (Abs. 7)

In Absatz 7 ist vereinbart, dass für die Schadenshaftung der Beschäftigten gegenüber ihrem Arbeitgeber die jeweils (in erster Linie für die Beamten) des Arbeitgebers geltenden Bestimmungen Anwendung finden. Die Regelung entspricht § 14 BAT. Wie zuvor schon der BAT und der Manteltarifvertrag für Arbeiterinnen und Arbeiter des Bundes und der Länder (MTArb) enthält auch der TV-L keine Vorschriften über die Haftung des Arbeitgebers gegenüber seinen Arbeitnehmern. Somit gelten die allgemeinen Rechtsvorschriften des Zivilrechts, insbesondere des BGB, in Verbindung mit der dazu gewachsenen Rechtsprechung.

Nach Kenntnis des Verfassers haben viele Arbeitgeber (u. a. das Land Nordrhein-Westfalen) im Interesse der Rechtssicherheit und der Verwaltungsvereinfachung auch nach Inkrafttreten des TV-L an ihrer bisherigen Praxis festgehalten, Schadensersatz gegenüber ihren Arbeitnehmern ggf. in Anlehnung an die für ihre Beamten geltenden Vorschriften zu leisten.

II

Anhang 1

Verordnung über Arbeitsstätten (Arbeitsstättenverordnung – ArbStättV)

Vom 12. August 2004 (BGBl. I S. 2179)

Zuletzt geändert durch
Cannabisgesetz
vom 27. März 2024 (BGBl. I Nr. 109)

– Auszug –

6. Maßnahmen zur Gestaltung von Bildschirmarbeitsplätzen

6.1 Allgemeine Anforderungen an Bildschirmarbeitsplätze

(1) Bildschirmarbeitsplätze sind so einzurichten und zu betreiben, dass die Sicherheit und der Schutz der Gesundheit der Beschäftigten gewährleistet sind. Die Grundsätze der Ergonomie sind auf die Bildschirmarbeitsplätze und die erforderlichen Arbeitsmittel sowie die für die Informationsverarbeitung durch die Beschäftigten erforderlichen Bildschirmgeräte entsprechend anzuwenden.

(2) Der Arbeitgeber hat dafür zu sorgen, dass die Tätigkeiten der Beschäftigten an Bildschirmgeräten insbesondere durch andere Tätigkeiten oder regelmäßige Erholungszeiten unterbrochen werden.

(3) Für die Beschäftigten ist ausreichend Raum für wechselnde Arbeitshaltungen und -bewegungen vorzusehen.

(4) Die Bildschirmgeräte sind so aufzustellen und zu betreiben, dass die Oberflächen frei von störenden Reflexionen und Blendungen sind.

(5) Die Arbeitstische oder Arbeitsflächen müssen eine reflexionsarme Oberfläche haben und so aufgestellt werden, dass die Oberflächen bei der Arbeit frei von störenden Reflexionen und Blendungen sind.

(6) Die Arbeitsflächen sind entsprechend der Arbeitsaufgabe so zu bemessen, dass alle Eingabemittel auf der Arbeitsfläche variabel angeordnet werden können und eine flexible Anordnung des Bildschirms, des Schriftguts und der sonstigen Arbeitsmittel möglich ist. Die Arbeitsfläche vor der Tastatur muss ein Auflegen der Handballen ermöglichen.

(7) Auf Wunsch der Beschäftigten hat der Arbeitgeber eine Fußstütze und einen Manuskripthalter zur Verfügung zu stellen, wenn eine ergonomisch günstige Arbeitshaltung auf andere Art und Weise nicht erreicht werden kann.

(8) Die Beleuchtung muss der Art der Arbeitsaufgabe entsprechen und an das Sehvermögen der Beschäftigten angepasst sein; ein angemessener Kontrast zwischen Bildschirm und Arbeitsumgebung ist zu gewährleisten. Durch die Gestaltung des Bildschirmarbeitsplatzes sowie der Auslegung und der Anordnung der Beleuchtung sind störende Blendungen, Reflexionen oder Spiegelungen auf dem Bildschirm und den sonstigen Arbeitsmitteln zu vermeiden.

(9) Werden an einem Arbeitsplatz mehrere Bildschirmgeräte oder Bildschirme betrieben, müssen diese ergonomisch angeordnet sein. Die Eingabegeräte müssen sich eindeutig dem jeweiligen Bildschirmgerät zuordnen lassen.

(10) Die Arbeitsmittel dürfen nicht zu einer erhöhten, gesundheitlich unzuträglichen Wärmebelastung am Arbeitsplatz führen.

6.2 Allgemeine Anforderungen an Bildschirme und Bildschirmgeräte

(1) Die Text- und Grafikdarstellungen auf dem Bildschirm müssen entsprechend der Arbeitsaufgabe und dem Sehabstand scharf und deutlich sowie ausreichend groß sein. Der Zeichen- und der Zeilenabstand müssen angemessen sein. Die Zeichengröße und der Zeilenabstand müssen auf dem Bildschirm individuell eingestellt werden können.

(2) Das auf dem Bildschirm dargestellte Bild muss flimmerfrei sein. Das Bild darf keine Verzerrungen aufweisen.

(3) Die Helligkeit der Bildschirmanzeige und der Kontrast der Text- und Grafikdarstellungen auf dem Bildschirm müssen von den Beschäftigten einfach eingestellt werden können. Sie müssen den Verhältnissen der Arbeitsumgebung individuell angepasst werden können.

(4) Die Bildschirmgröße und -form müssen der Arbeitsaufgabe angemessen sein.

(5) Die von den Bildschirmgeräten ausgehende elektromagnetische Strahlung muss so niedrig gehalten werden, dass die Sicherheit und die Gesundheit der Beschäftigten nicht gefährdet werden.

6.3 Anforderungen an Bildschirmgeräte und Arbeitsmittel für die ortsgebundene Verwendung an Arbeitsplätzen

(1) Bildschirme müssen frei und leicht dreh- und neigbar sein sowie über reflexionsarme Oberflächen verfügen. Bildschirme, die über reflektierende Oberflächen verfügen, dürfen nur dann betrieben werden, wenn dies aus zwingenden aufgabenbezogenen Gründen erforderlich ist.

(2) Tastaturen müssen die folgenden Eigenschaften aufweisen:

1. sie müssen vom Bildschirm getrennte Einheiten sein,
2. sie müssen neigbar sein,
3. die Oberflächen müssen reflexionsarm sein,
4. die Form und der Anschlag der Tasten müssen den Arbeitsaufgaben angemessen sein und eine ergonomische Bedienung ermöglichen,
5. die Beschriftung der Tasten muss sich vom Untergrund deutlich abheben und bei normaler Arbeitshaltung gut lesbar sein.

(3) Alternative Eingabemittel (zum Beispiel Eingabe über den Bildschirm, Spracheingabe, Scanner) dürfen nur eingesetzt werden, wenn dadurch die Arbeitsaufgaben leichter ausgeführt werden können und keine zusätzlichen Belastungen für die Beschäftigten entstehen.

6.4 Anforderungen an tragbare Bildschirmgeräte für die ortsveränderliche Verwendung an Arbeitsplätzen

(1) Größe, Form und Gewicht tragbarer Bildschirmgeräte müssen der Arbeitsaufgabe entsprechend angemessen sein.

(2) Tragbare Bildschirmgeräte müssen

1. über Bildschirme mit reflexionsarmen Oberflächen verfügen und
2. so betrieben werden, dass der Bildschirm frei von störenden Reflexionen und Blendungen ist.

(3) Tragbare Bildschirmgeräte ohne Trennung zwischen Bildschirm und externem Eingabemittel (insbesondere Geräte ohne Tastatur) dürfen nur an Arbeitsplätzen betrieben werden, an denen die Geräte nur kurzzeitig verwendet werden oder an denen die Arbeitsaufgaben mit keinen anderen Bildschirmgeräten ausgeführt werden können.

(4) Tragbare Bildschirmgeräte mit alternativen Eingabemitteln sind den Arbeitsaufgaben angemessen und mit dem Ziel einer optimalen Entlastung der Beschäftigten zu betreiben.

(5) Werden tragbare Bildschirmgeräte ortsgebunden an Arbeitsplätzen verwendet, gelten zusätzlich die Anforderungen nach Nummer 6.1.

6.5 Anforderungen an die Benutzerfreundlichkeit von Bildschirmarbeitsplätzen

(1) Beim Betreiben der Bildschirmarbeitsplätze hat der Arbeitgeber dafür zu sorgen, dass der Arbeitsplatz den Arbeitsaufgaben angemessen gestaltet ist. Er hat insbesondere geeignete Softwaresysteme bereitzustellen.

(2) Die Bildschirmgeräte und die Software müssen entsprechend den Kenntnissen und Erfahrungen der Beschäftigten im Hinblick auf die jeweilige Arbeitsaufgabe angepasst werden können.

(3) Das Softwaresystem muss den Beschäftigten Angaben über die jeweiligen Dialogabläufe machen.

(4) Die Bildschirmgeräte und die Software müssen es den Beschäftigten ermöglichen, die Dialogabläufe zu beeinflussen. Sie müssen eventuelle Fehler bei der Handhabung beschreiben und eine Fehlerbeseitigung mit begrenztem Arbeitsaufwand erlauben.

(5) Eine Kontrolle der Arbeit hinsichtlich der qualitativen oder quantitativen Ergebnisse darf ohne Wissen der Beschäftigten nicht durchgeführt werden.

II

§ 4 Versetzung, Abordnung, Zuweisung, Personalgestellung

(1) [1]Beschäftigte können aus dienstlichen oder betrieblichen Gründen versetzt oder abgeordnet werden. [2]Sollen Beschäftigte an eine Dienststelle oder einen Betrieb außerhalb des bisherigen Arbeitsortes versetzt oder voraussichtlich länger als drei Monate abgeordnet werden, so sind sie vorher zu hören.

Protokollerklärung zu § 4 Absatz 1:

1. Abordnung ist die vom Arbeitgeber veranlasste vorübergehende Beschäftigung bei einer anderen Dienststelle oder einem anderen Betrieb desselben oder eines anderen Arbeitgebers unter Fortsetzung des bestehenden Arbeitsverhältnisses.
2. Versetzung ist die vom Arbeitgeber veranlasste, auf Dauer bestimmte Beschäftigung bei einer anderen Dienststelle oder einem anderen Betrieb desselben Arbeitgebers unter Fortsetzung des bestehenden Arbeitsverhältnisses.

Niederschriftserklärung zu § 4 Absatz 1:

Der Begriff „Arbeitsort" ist ein generalisierter Oberbegriff; die Bedeutung unterscheidet sich nicht von dem bisherigen Begriff „Dienstort".

(2) [1]Beschäftigten kann im dienstlichen/betrieblichen oder öffentlichen Interesse mit ihrer Zustimmung vorübergehend eine mindestens gleich vergütete Tätigkeit bei einem Dritten zugewiesen werden. [2]Die Zustimmung kann nur aus wichtigem Grund verweigert werden. [3]Die Rechtsstellung der Beschäftigten bleibt unberührt. [4]Bezüge aus der Verwendung nach Satz 1 werden auf das Entgelt angerechnet.

Protokollerklärung zu § 4 Absatz 2:

Zuweisung ist – unter Fortsetzung des bestehenden Arbeitsverhältnisses – die vorübergehende Beschäftigung bei einem Dritten im In- und Ausland, bei dem der TV-L nicht zur Anwendung kommt.

(3) [1]Werden Aufgaben der Beschäftigten zu einem Dritten verlagert, ist auf Verlangen des Arbeitgebers bei weiter bestehendem Arbeitsverhältnis die arbeitsvertraglich geschuldete Arbeitsleistung bei dem Dritten zu erbringen (Personalgestellung). [2]§ 613a BGB sowie gesetzliche Kündigungsrechte bleiben unberührt.

Protokollerklärung zu § 4 Absatz 3:

[1]Personalgestellung ist – unter Fortsetzung des bestehenden Arbeitsverhältnisses – die auf Dauer angelegte Beschäftigung bei einem Dritten. [2]Die Modalitäten der Personalgestellung werden zwischen dem Arbeitgeber und dem Dritten vertraglich geregelt.

Erläuterungen

§ 4 TV-L regelt die Bereiche Versetzung und Abordnung (Absatz 1), Zuweisung (Absatz 2) und Personalgestellung (Absatz 3). Diese Themenbereiche waren bislang weitgehend in § 12 BAT geregelt.

Die Vorschrift des § 4 konkretisiert bzw. erweitert die sich schon aus dem allgemeinen Direktionsrecht des Arbeitgebers ergebenden Möglichkeiten des flexiblen Personaleinsatzes. Dabei handelt es sich um einseitige Maßnahmen des Arbeitgebers, von denen er stets nur nach pflichtgemäßem Ermessen – also nicht willkürlich – Gebrauch machen darf. Das in Absatz 1 und 2 der tariflichen Regelung verlangte Erfordernis dienstlicher oder betrieblicher Gründe für die Umsetzung ist zu beachten. Es dürfte bei Umorganisationen aber ebenso zu bejahen sein wie bei kurzfristiger Umsetzung Beschäftigter als Ersatz für Personalausfälle.

II

Das Arbeitsverhältnis zwischen den Vertragspartnern besteht fort; Rechtsverhältnisse bestehen somit auch im Fall der Zuweisung und der Personalgestellung nur zwischen dem Arbeitnehmer und dem „alten" Arbeitgeber.

Auch in den Fällen, in denen eine Abordnung oder Versetzung grundsätzlich möglich ist, sind Grenzen zu beachten. So kann zwar der Arbeitgeber im Rahmen und in den Grenzen der Tarifvorschrift den Einsatzort des Beschäftigten einseitig verändern. Die übrigen Arbeitsbedingungen – insbesondere die Vergütung – bleiben dadurch aber unberührt und können nur durch eine einvernehmliche Änderung des Arbeitsvertrages oder im Rahmen einer Änderungskündigung modifiziert werden. Der Einsatz auf einem geringer bewerteten Einsatzplatz ist selbst dann ausgeschlossen, wenn der Arbeitgeber die bisherige Vergütung fortzahlt (siehe BAG-Urteile vom 8. 10. 1962 – 2 AZR 550/61 – und vom 14. 7. 1965 – 4 AZR 347/63 – AP Nr. 18 bzw. Nr. 19 zu § 611 BGB Direktionsrecht).

Bei Abordnung und Versetzung sind nach dem Bundespersonalvertretungsgesetz bzw. den Personalvertretungsgesetzen der Länder Mitbestimmungsrechte der Personalvertretung zu beachten. Eine Liste der in Frage kommenden Gesetze ist bei den Erläuterungen zu § 2 Abs. 1 abgedruckt. Entsprechendes gilt im Geltungsbereich des Betriebsverfassungsgesetzes.

Versetzung, Abordnung (Abs. 1)

Die Vorschrift des Absatzes 1, in der die Möglichkeiten der Abordnung und Versetzung bestimmt sind, entspricht der Regelung des § 12 Abs. 1 BAT. Beschäftigte können demnach aus dienstlichen oder betrieblichen Gründen versetzt oder abgeordnet werden (Satz 1). Sollen sie an eine Dienststelle oder einen Betrieb außerhalb ihres bisherigen Arbeitsortes versetzt oder für voraussichtlich mehr als drei Monate abgeordnet werden, sind sie vorher zu hören (Satz 2).

In zwei Protokollerklärungen zu Absatz 1 haben die Tarifpartner – im Gegensatz zur Regelung des § 12 BAT, die auf eine eigene Begriffsbestimmung verzichtete – definiert, was sie unter den Begriffen „Abordnung" bzw. „Versetzung" verstehen. Abordnung ist demnach (siehe Protokollerklärung Nr. 1) die vom Arbeitgeber veranlasste vorübergehende Beschäftigung bei einer anderen Dienststelle oder einem (...) Arbeitgeber. Versetzung (siehe Protokollerklärung Nr. 2) ist die vom Arbeitgeber veranlasste dauerhafte Beschäftigung bei einer anderen Dienststelle oder einem anderen Betrieb desselben Arbeitgebers. In allen Fällen besteht das Arbeitsverhältnis fort.

Die Versetzung zu einem anderen Arbeitgeber ist somit nicht möglich, und zwar auch dann nicht, wenn der Beschäftigte einer solchen Maßnahme zustimmen würde. Wenn kein Fall des Absatzes 2 oder 3 vorliegt, muss das bisherige Arbeitsverhältnis in solchen Fällen beendet und mit dem neuen Arbeitgeber ein neues Arbeitsverhältnis begründet werden.

Nicht unter den Begriff der Abordnung bzw. Versetzung fällt der Wechsel des Arbeitsplatzes innerhalb derselben Dienststelle oder desselben Betriebs; hierbei handelt es sich um eine Umsetzung, die nach den Regeln des allgemeinen Direktionsrechtes zu beurteilen ist.

Der Beschäftigte ist in den Fällen des Satzes 2 (s. o.) vor der Abordnung bzw. Versetzung zu hören. Ihm ist somit die Gelegenheit zu geben, sich zu der beabsichtigten Maßnahme zu äußern, damit seine Interessen bei der Ermessensentscheidung des Arbeitgebers hinreichend berücksichtigt werden können. Eine Zustimmung des Beschäftigten ist aber nicht erforderlich.

In einer Niederschriftserklärung zu § 4 Abs. 1 haben die Tarifpartner klargestellt, dass der in Absatz 1 der Vorschrift verwendete Begriff des „Arbeitsortes" ein Oberbegriff sein soll, dessen Bedeutung sich nicht von dem bislang verwendeten Begriff des „Dienstortes" unterscheidet.

Zuweisung (Abs. 2)

In Absatz 2 ist das Verfahren der Zuweisung geregelt. Dem Beschäftigten kann demnach im dienstlichen/betrieblichen oder im öffentlichen Interesse vorübergehend eine Tätigkeit bei einem Dritten zugewiesen werden, die Tätigkeit muss mindestens gleich vergütet werden und die Zuweisung bedarf der Zustimmung des Beschäftigten (Satz 1). Er darf sie aber nur aus wichtigem Grund verweigern (Satz 2). Die Rechtsstellung des Beschäftigten bleibt – ebenso wie das Arbeitsverhältnis – unberührt (Satz 3). In Satz 4 ist vereinbart, dass die (von dem Dritten gezahlten) Bezüge auf das Entgelt (aus dem fortbestehenden Arbeitsverhältnis) angerechnet werden. Im Ergebnis führt diese Formulierung dazu, dass der Beschäftigte mindestens sein bisheriges Entgelt erhält und darüber hinausgehende Zahlungen behalten darf. Wäre gewollt gewesen, dass der Beschäftigte nur sein bisheriges Vergütungsniveau behält, hätten die Tarifpartner an Stelle des Begriffes „anrechnen" den Begriff „abführen" verwenden müssen.

In einer Protokollerklärung zu Absatz 2 ist bestimmt, was unter dem Begriff der „Zuweisung" zu verstehen ist. Zuweisung ist demnach die vorübergehende Beschäftigung bei einem Dritten im In- oder Ausland, bei dem der allgemeine Teil des TV-L nicht zur Anwendung kommt. Eine Zuweisung von einem Land zu einem anderen Land ist daher nicht vom Begriff der Zuweisung erfasst. Erfasst ist aber die Zuweisung an eine Kommune oder zum Bund, weil dort nicht der TV-L, sondern der TVöD zur Anwendung kommt. Wie bei der Abordnung und Versetzung besteht das Arbeitsverhältnis fort.

Personalgestellung (Abs. 3)

Absatz 3 regelt den (Sonder-)Fall der Personalgestellung und bestimmt, dass Beschäftigte auf Verlangen des Arbeitgebers bei einer Verlagerung von Aufgaben auf Dritte ihre vertraglich geschuldete Arbeitsleistung bei diesem Dritten erbringen müssen (Satz 1). Satz 2 der Vorschrift stellt klar, dass § 613a BGB und gesetzliche Kündigungsrechte unberührt bleiben.

§ 613a BGB Rechte und Pflichten bei Betriebsübergang

(1) Geht ein Betrieb oder ein Betriebsteil durch Rechtsgeschäft auf einen anderen Inhaber über, so tritt dieser in die Rechte und Pflichten aus den im Zeitpunkt des Übergangs bestehenden Arbeitsverhältnissen ein. Sind diese Rechte und Pflichten durch Rechtsnormen eines Tarifvertrags oder durch eine Betriebsvereinbarung geregelt, so werden sie Inhalt des Arbeitsverhältnisses zwischen dem neuen Inhaber und dem Arbeitnehmer und dürfen nicht vor Ablauf eines Jahres nach dem Zeitpunkt des Übergangs zum Nachteil des Arbeitnehmers geändert werden. Satz 2 gilt nicht, wenn die Rechte und Pflichten bei dem neuen Inhaber durch Rechtsnormen eines anderen Tarifvertrags oder durch eine andere Betriebsvereinbarung geregelt werden. Vor Ablauf der Frist nach Satz 2 können die Rechte und Pflichten geändert werden, wenn der Tarifvertrag oder die Betriebsvereinbarung nicht mehr gilt oder bei fehlender beiderseitiger Tarifgebundenheit im Geltungsbereich eines anderen Tarifvertrags dessen Anwendung zwischen dem neuen Inhaber und dem Arbeitnehmer vereinbart wird.

(2) Der bisherige Arbeitgeber haftet neben dem neuen Inhaber für Verpflichtungen nach Absatz 1, soweit sie vor dem Zeitpunkt des Übergangs entstanden sind und vor Ablauf von einem Jahr nach diesem Zeitpunkt fällig werden, als Gesamtschuldner. Werden solche Verpflichtungen nach dem Zeitpunkt des Übergangs fällig, so haftet der bisherige Arbeitgeber für sie jedoch nur in dem Umfang der dem im Zeitpunkt des Übergangs abgelaufenen Teil ihres Bemessungszeitraums entspricht.

(3) Absatz 2 gilt nicht, wenn eine juristische Person oder eine Personenhandelsgesellschaft durch Umwandlung erlischt.

(4) Die Kündigung des Arbeitsverhältnisses eines Arbeitnehmers durch den bisherigen Arbeitgeber oder durch den neuen Inhaber wegen des Übergangs eines Betriebs oder eines Betriebsteils ist unwirksam. Das Recht zur Kündigung des Arbeitsverhältnisses aus anderen Gründen bleibt unberührt.

(5) Der bisherige Arbeitgeber oder der neue Inhaber hat die von einem Übergang betroffenen Arbeitnehmer vor dem Übergang in Textform zu unterrichten über:

1. den Zeitpunkt oder den geplanten Zeitpunkt des Übergangs,
2. den Grund für den Übergang,
3. die rechtlichen, wirtschaftlichen und sozialen Folgen des Übergangs für die Arbeitnehmer und
4. die hinsichtlich der Arbeitnehmer in Aussicht genommenen Maßnahmen.

(6) Der Arbeitnehmer kann dem Übergang des Arbeitsverhältnisses innerhalb eines Monats nach Zugang der Unterrichtung nach Absatz 5 schriftlich widersprechen. Der Widerspruch kann gegenüber dem bisherigen Arbeitgeber oder dem neuen Inhaber erklärt werden.

In einer Protokollerklärung haben die Tarifpartner den Begriff der Personalgestellung als die auf Dauer angelegte Beschäftigung bei einem Dritten definiert. Das Arbeitsverhältnis zum bisherigen Arbeitgeber besteht auch im Fall der Personalgestellung zu den bisherigen Bedingungen fort. Die Einzelheiten der Personalgestellung werden „auf Arbeitgeberebene" zwischen dem ausleihenden alten Arbeitgeber und dem Dritten vereinbart.

Die tarifvertraglich mögliche Personalgestellung stößt u. U. rechtlich an die inzwischen recht engen Grenzen des Arbeitnehmerüberlassungsgesetzes (AÜG). Die Änderungen durch das „Erste Gesetz zur Änderung des Arbeitnehmerüberlassungsgesetzes – Verhinderung von Missbrauch der Arbeitnehmerüberlassung" vom 28. April 2011 (BGBl. I S. 642) sowie durch Artikel 1 des Gesetzes zur Änderung des Arbeitnehmerüberlassungsgesetzes und des Schwarzarbeitsbekämpfungsgesetzes vom 20. Juli 2011 (BGBl. I S. 1506) schränken die Möglichkeiten einer Personalüberlassung nämlich deutlich ein.

Bis dahin war eine Arbeitnehmerüberlassung erlaubnisfrei, soweit sie nicht gewerbsmäßig war. Künftig ist eine Arbeitnehmerüberlassung, soweit keine der Ausnahmen des § 1 Abs. 3 AÜG vorliegt, nur noch dann erlaubnisfrei, wenn sie nicht im Rahmen der wirtschaftlichen Tätigkeit des Arbeitgebers erfolgt, wobei der Begriff der wirtschaftlichen Tätigkeit weit auszulegen sein wird. Es ist zu empfehlen, im

Einzelfall frühzeitig zu prüfen, ob und inwieweit die beabsichtigte Personalmaßnahme durch das AÜG berührt wird.

Eine Personalgestellung gem. § 4 Abs. 3 fällt nicht in den Anwendungsbereich der Europäischen Richtlinie über Leiharbeit (2008/104/EG). Das hat der Europäische Gerichtshof (EuGH) am 22. Juni 2023 – C-427/21 – zur vergleichbaren Regelung des § 4 Abs. 3 TVöD entschieden. Es bleibt folglich dabei, dass die Bereichsausnahme des § 1 Abs. 3 Nr. 2b AÜG greift und öffentliche Arbeitgeber eine Personalgestellung auf Grundlage von § 4 Abs. 3 TV-L vornehmen können. Dies hat das BAG mit Urteil vom 25. Januar 2024 – 6 AZR 390/20 – bestätigt.

Die denkbaren Anwendungsfälle der Tarifvorschrift sind im Wesentlichen in drei Fallgruppen zu suchen.

Da § 613a BGB in Absatz 1 vorsieht, dass das Arbeitsverhältnis bei einem rechtsgeschäftlichen (also vertraglichen) Übergang eines Betriebs/Betriebsteils ebenfalls auf den Erwerber übergeht, bleibt in diesem Fall kein Raum für eine Personalgestellung. Dies wird auch in Satz 2 des § 4 Abs. 3 deutlich, wonach die Vorschrift des § 613a BGB unberührt bleibt. Bei grundsätzlich zu bejahender Anwendbarkeit des § 613a BGB können nur die Fälle von § 4 Abs. 3 TV-L erfasst werden, in denen der Beschäftigte nach § 613a Abs. 6 BGB dem Übergang seines Arbeitsverhältnisses widersprochen hat und deshalb beim alten Arbeitgeber verbleibt. Daneben sind Fälle des Aufgabenübergangs auf Dritte denkbar, die nicht von § 613a BGB erfasst werden, weil der Übergang eines Betriebs/Betriebsteils auf Dritte nicht vertraglich, sondern gesetzlich geregelt ist, oder weil der Aufgabenübergang auf Dritte nicht mit dem Übergang eines Betriebs/Betriebsteils einhergeht.

Wenn – wie oben dargestellt – die Voraussetzungen gegeben sind, dass zwar Aufgaben auf Dritte übergehen, der mit den Aufgaben betraute Beschäftigte aber beim alten Arbeitgeber bleibt, kann der alte Arbeitgeber den Beschäftigten an den Dritten ausleihen und die Einzelheiten dazu mit dem anderen Arbeitgeber vertraglich regeln.

Neben organisatorischen und finanziellen Fragen wird die Frage sein, inwieweit das Direktionsrecht auf den Dritten übertragen wird.

Der „Entleiher" kann nur insoweit ein Direktionsrecht ausüben, als nicht in die unverändert bestehenden Vertragsbeziehungen zwischen Arbeitnehmer und Arbeitgeber eingegriffen wird. Arbeitsvertragliche Beziehungen bestehen nämlich weiterhin nur zwischen dem Arbeitgeber und dem Arbeitnehmer, nicht jedoch zwischen dem Dritten und dem Arbeitnehmer. Diese Rechtsbeziehungen werden durch die Personalgestellung im Sinne des § 4 Abs. 3 TV-L nicht berührt – im Gegenteil: der Fortbestand des Arbeitsverhältnisses zum ursprünglichen Arbeitgeber wird von den Tarifpartnern in der Protokollerklärung zu § 4 Abs. 3 ausdrücklich bekräftigt. Es entspricht allgemeinen arbeits- und zivilrechtlichen Grundsätzen, ist aber an sich auch eine Selbstverständlichkeit, dass die Berechtigung zu in den Arbeitsvertrag eingreifenden Maßnahmen nicht auf den Dritten übertragen werden kann. Diese bleiben – wenn es sich um einseitige Maßnahmen wie z. B. Kündigungen, Abmahnungen etc. handelt – dem Arbeitgeber vorbehalten bzw. sind als zweiseitige Maßnahmen (Vertragsänderungen jeder Art; z. B. Änderungen der Wochenarbeitszeit) nur zwischen Arbeitgeber und Arbeitnehmer wirksam möglich. So hätte z. B. eine vom „Entleiher" ausgesprochene Abmahnung vor Gericht keinen Bestand, weil sie ein Arbeitsverhältnis mit ihm voraussetzte. Der „Entleiher" müsste in diesem Fall den Arbeitgeber rechtzeitig und umfassend von einem abmahnungswürdigen Verhalten des entliehenen Arbeitnehmers in Kenntnis setzen, damit dieser dann die Abmahnung aussprechen könnte.

Soweit die vertraglichen Beziehungen zwischen Arbeitnehmer und Arbeitgeber nicht betroffen sind, kann der die Arbeitskraft des Beschäftigten entgegennehmende Dritte das Direktionsrecht ausüben und z. B. im Rahmen der allgemeinen gesetzlichen und tarifvertraglichen Grenzen Zeit und Ort der Arbeit bestimmen, fachliche Weisungen erteilen, Dienstreisen anordnen und Erholungsurlaub, Arbeitsbefreiung erteilen.

Übertragbar ist somit im Ergebnis lediglich die „Regie des Tagesgeschäftes", die nun durch den „Entleiher" bestimmt werden kann; insoweit kann er das Direktionsrecht übernehmen.

Die Möglichkeit, dem im eigenen Betrieb u. U. wegen des Fortfalls seines Aufgabenbereiches nicht mehr benötigten Beschäftigten bei Vorliegen aller übrigen Anforderungen an eine Kündigung betriebsbedingt zu kündigen, bleibt dem Arbeitgeber – wie in Satz 2 der Vorschrift verdeutlicht – unbenommen.

Hinweis auf ein wichtiges BVerfG-Urteil zu Personalüberleitung im öffentlichen Dienst

Die Anwendung der Regelungen des § 613a BGB im Bereich des öffentlichen Dienstes ist ebenso wenig unproblematisch wie die nicht selten gewählte Variante der Personalüberleitung durch Gesetz oder Verordnung. Das zeigt zuletzt die Entscheidung des Bundesverfassungsgerichts (BVerfG) vom 25. Januar 2011 – 1 BvR 1741/09. Das BVerfG hat in dieser Entscheidung den gesetzlich geregelten Personalüberhang im Rahmen der Privatisierung der Hessener Universitätskliniken gerügt. Dies geschah vor allen Dingen mit Blick auf die Identität von Gesetzgeber und Arbeitgeber (jeweils Land Hessen), die dazu führt, dass der Arbeitgeber sich wegen seiner gleichzeitigen Funktion als Gesetzgeber Vorteile verschaffen kann. Das BVerfG hat darin einen Eingriff in die grundgesetzlich (Art. 12 Abs. 1 GG) geschützte Freiheit der Berufswahl, zu der auch die Freiheit der Wahl des Vertragspartners gehört, gesehen.

Da das Urteil auf die besondere „Privatisierungsgeschichte" der Hessener Universitätskliniken bezogen ist, sind Zweifel an seiner uneingeschränkten Anwendbarkeit in anderen Privatisierungsfällen angebracht. Das Urteil sollte bei anstehenden Privatisierungen gleichwohl mit Blick auf mögliche Parallelen geprüft werden, da zumindest die Hürden dafür höher geworden sind.

§ 5 Qualifizierung

(1) [1]Ein hohes Qualifikationsniveau und lebenslanges Lernen liegen im gemeinsamen Interesse von Beschäftigten und Arbeitgebern. [2]Qualifizierung dient der Steigerung von Effektivität und Effizienz des öffentlichen Dienstes, der Nachwuchsförderung und der Steigerung von beschäftigungsbezogenen Kompetenzen. [3]Die Tarifvertragsparteien verstehen Qualifizierung auch als Teil der Personalentwicklung.

(2) [1]Vor diesem Hintergrund stellt Qualifizierung nach diesem Tarifvertrag ein Angebot dar. [2]Aus ihm kann für die Beschäftigten kein individueller Anspruch außer nach Absatz 4 abgeleitet werden. [3]Es kann durch freiwillige Betriebsvereinbarung wahrgenommen und näher ausgestaltet werden. [4]Entsprechendes gilt für Dienstvereinbarungen im Rahmen der personalvertretungsrechtlichen Möglichkeiten. [5]Weitergehende Mitbestimmungsrechte werden dadurch nicht berührt.

(3) [1]Qualifizierungsmaßnahmen sind

a) die Fortentwicklung der fachlichen, methodischen und sozialen Kompetenzen für die übertragenen Tätigkeiten (Erhaltungsqualifizierung),
b) der Erwerb zusätzlicher Qualifikationen (Fort- und Weiterbildung),
c) die Qualifizierung zur Arbeitsplatzsicherung (Qualifizierung für eine andere Tätigkeit; Umschulung) und
d) die Einarbeitung bei oder nach längerer Abwesenheit (Wiedereinstiegsqualifizierung).

[2]Die Teilnahme an einer Qualifizierungsmaßnahme wird dokumentiert und den Beschäftigten schriftlich bestätigt.

(4) [1]Beschäftigte haben – auch in den Fällen des Absatzes 3 Satz 1 Buchstabe d – Anspruch auf ein regelmäßiges Gespräch mit der jeweiligen Führungskraft. [2]In diesem wird festgestellt, ob und welcher Qualifizierungsbedarf besteht. [3]Dieses Gespräch kann auch als Gruppengespräch geführt werden. [4]Wird nichts anderes geregelt, ist das Gespräch jährlich zu führen.

(5) Zeiten von vereinbarten Qualifizierungsmaßnahmen gelten als Arbeitszeit.

(6) [1]Die Kosten einer vom Arbeitgeber veranlassten Qualifizierungsmaßnahme – einschließlich Reisekosten – werden grundsätzlich vom Arbeitgeber getragen, soweit sie nicht von Dritten übernommen werden. [2]Ein möglicher Eigenbeitrag wird in einer Qualifizierungsvereinbarung geregelt. [3]Die Betriebsparteien sind gehalten, die Grundsätze einer fairen Kostenverteilung unter Berücksichtigung des betrieblichen und individuellen Nutzens zu regeln. [4]Ein Eigenbeitrag der Beschäftigten kann in Geld und/oder Zeit erfolgen.

(7) [1]Für eine Qualifizierungsmaßnahme nach Absatz 3 Satz 1 Buchstabe b oder c kann eine Rückzahlungspflicht der Kosten der Qualifizierungsmaßnahme in Verbindung mit der Bindung der/des Beschäftigten an den Arbeitgeber vereinbart werden. [2]Dabei kann die/der Beschäftigte verpflichtet werden, dem Arbeitgeber Aufwendungen oder Teile davon für eine Qualifizierungsmaßnahme zu ersetzen, wenn das Arbeitsverhältnis auf Wunsch der/des Beschäftigten endet. [3]Dies gilt nicht, wenn die/der Beschäftigte nicht innerhalb von

sechs Monaten entsprechend der erworbenen Qualifikation durch die Qualifizierungsmaßnahme beschäftigt wird, oder wenn die Beschäftigte wegen Schwangerschaft oder Niederkunft gekündigt oder einen Auflösungsvertrag geschlossen hat. [4]Die Höhe des Rückzahlungsbetrages und die Dauer der Bindung an den Arbeitgeber müssen in einem angemessenen Verhältnis stehen.

(8) Gesetzliche Förderungsmöglichkeiten können in die Qualifizierungsplanung einbezogen werden.

(9) Für Beschäftigte mit individuellen Arbeitszeiten sollen Qualifizierungsmaßnahmen so angeboten werden, dass ihnen eine gleichberechtigte Teilnahme ermöglicht wird.

Erläuterungen

In § 5 TV-L haben die Tarifvertragsparteien im Wesentlichen den besonderen Wert, den Qualifizierungsmaßnahmen nach ihrer Auffassung haben, dokumentiert, die verschiedenen Arten von entsprechenden Maßnahmen aufgeführt und Öffnungsklauseln für weitergehende Betriebs- oder Dienstvereinbarungen vereinbart. Abgesehen von dem Anspruch auf regelmäßige Mitarbeitergespräche zum Thema Qualifizierungsbedarf können die Beschäftigten aber keine Ansprüche – insbesondere keinen Anspruch auf individuelle Qualifizierung – ableiten.

Eine vergleichbare Vorschrift enthielt der BAT nicht, gleichwohl waren Qualifizierungsmaßnahmen natürlich auch in der Vergangenheit möglich und üblich. Die Zukunft wird zeigen, ob die Vorschrift des § 5 in Bezug auf Qualifikation Änderungen in der alltäglichen Praxis bewirken kann.

Auf die abweichenden Sonderregelungen in § 42 Nr. 3 TV-L wird hingewiesen.

„Präambel" (Abs. 1)

Absatz 1 enthält keine konkrete Regelung, sondern beschreibt – fast im Stil einer Präambel – das gemeinsame Interesse von Arbeitgebern und Beschäftigten an einem hohen Qualifikationsniveau und den hohen Nutzen der Qualifizierung.

Rechtscharakter der Vorschrift (Abs. 2)

In Absatz 2 beschreiben die Tarifpartner, dass Qualifizierung als Angebot zu verstehen ist, ohne dass die Beschäftigten daraus einen individuellen Anspruch auf Qualifizierung herleiten können. Die Vorschrift lässt Raum, das Angebot durch freiwillige Betriebsvereinbarungen näher zu konkretisieren.

Definition der Qualifizierungsmaßnahmen (Abs. 3)

II

Satz 1 der Vorschrift enthält eine Aufzählung der unterschiedlichen Arten von Qualifizierungsmaßnahmen, nämlich die Erhaltungsqualifizierung (Buchst. a), die Fort- und Weiterbildung (Buchst. b), die Umschulung bzw. Qualifizierung für eine andere Tätigkeit (Buchst. c) und die Wiedereinstiegsqualifizierung (Buchst. d). Die Grenzen zwischen diesen Gruppen dürften teilweise fließend sein.

In Satz 2 ist bestimmt, dass die Teilnahme an Qualifizierungsmaßnahmen zu dokumentieren und den Beschäftigten schriftlich zu bestätigen ist.

Regelmäßiges Gespräch (Abs. 4)

Die Regelung des Absatzes 4 räumt den Beschäftigten einen Anspruch auf regelmäßige Mitarbeitergespräche mit der jeweiligen Führungskraft zum Thema Qualifizierungsbedarf ein. Es soll – wenn keine anderen Vereinbarungen getroffen werden – jährlich erfolgen und darf auch in der Form eines Gruppengespräches stattfinden.

Qualifizierungsmaßnahmen als Arbeitszeit (Abs. 5)

In Absatz 5 ist bestimmt, dass die Zeiten einer vereinbarten Qualifizierungsmaßnahme als Arbeitszeit gelten. Dies steht nicht im Widerspruch zur in Absatz 6 beschriebenen Möglichkeit, dass der Beschäftigte einen Eigenbeitrag in Zeit leisten kann; denn der Verzicht auf (die Bezahlung von) Zeit setzt ja gerade voraus, dass diese eingesetzte Zeit grundsätzlich als Arbeitszeit zählt und zu vergüten ist.

Kosten/Eigenbeitrag (Abs. 6)

Nach Satz 1 der Vorschrift sollen die Kosten einer Qualifizierungsmaßnahme grundsätzlich vom Arbeitgeber getragen werden, soweit es nicht einen Dritten als Kostenträger gibt. Dies gilt auch für eventuelle Reisekosten.

Die Sätze 2 bis 4 höhlen diesen Grundsatz insoweit aus, als dass dort auch ein Eigenbetrag des Beschäftigten – sei es in Form von Geld oder in Form von „geopferter" Zeit – zugelassen wird. Dies ist durch eine Qualifizierungsvereinbarung zu regeln, wobei Satz 3 einen Appell an die Betriebsparteien enthält, eine faire Kostenverteilung unter Abwägung des beiderseitigen Nutzens vorzunehmen.

Rückzahlungspflicht (Abs. 7)

Die Vorschrift enthält eine dem Sinn her der Nr. 7 der SR 2a zum BAT entsprechende Regelung, wonach der Beschäftigte bei auf Veranlassung und im Interesse des Arbeitgebers durchgeführten Weiterbildungsmaßnahmen die entstandenen Kosten bzw. Teile davon zurückzahlen muss, wenn er sein Arbeitsverhältnis kurz darauf beendet. Neben den bereits in der Tarifvorschrift genannten Einschränkungen sind dabei natürlich die von der gefestigten Rechtsprechung des BAG zur Zulässigkeit und zu den Grenzen von Rückzahlungsvereinbarungen aufgestellten Grundsätze zu beachten (siehe z. B. Urteil vom 6. 11. 1996 – 5 AZR 498/95 –, NZA 1997, S. 663).

II

Gesetzliche Regelungen (Abs. 8)

Nach dieser Vorschrift können gesetzliche Förderungsmöglichkeiten in die Qualifizierungsplanung einbezogen werden. Die Ansprüche des Beschäftigten, die sich u. a. aus den Weiterbildungs- bzw. Bildungsfreistellungsgesetzen einiger Länder (→ Erläuterungen zu § 29), aus dem Personalvertretungsrecht und anderen gesetzlichen Vorschriften ergeben können, bleiben von der Regelung des § 5 TV-L ohnehin unberührt.

Beschäftigte mit individuellen Arbeitszeiten (Abs. 9)

Die Regelung des Absatzes 9 legt – wohl in erster Linie den Arbeitgebern – nahe, Beschäftigte mit individuellen Arbeitszeiten in die Qualifizierungsmaßnahmen § 5 TV-L einzubeziehen und ihnen eine gleichberechtigte Teilnahme zu ermöglichen. Im Hinblick auf die Bandbreite der im öffentlichen Dienst möglichen und praktizierten Teilzeitvarianten (Beschäftigung nur an bestimmten Wochentagen, Wechsel zwischen Vormittags- und Nachmittagstätigkeit, Arbeitsplatzteilung, rotierende Systeme etc.) wird die Umsetzung dieser Vorschrift eine Herausforderung an die Praxis sein.

II

Abschnitt II
Arbeitszeit

§ 6 Regelmäßige Arbeitszeit

(1) [1]Die durchschnittliche regelmäßige wöchentliche Arbeitszeit ausschließlich der Pausen

a) wird für jedes Bundesland im Tarifgebiet West auf der Grundlage der festgestellten tatsächlichen durchschnittlichen wöchentlichen Arbeitszeit im Februar 2006 ohne Überstunden und Mehrarbeit (tariflich und arbeitsvertraglich vereinbarte Arbeitszeit) wegen der gekündigten Arbeitszeitbestimmungen von den Tarifvertragsparteien nach den im Anhang zu § 6 festgelegten Grundsätzen errechnet*),

b) beträgt im Tarifgebiet West 38,5 Stunden für die nachfolgend aufgeführten Beschäftigten:

aa) Beschäftigte, die ständig Wechselschicht- oder Schichtarbeit leisten,

bb) Beschäftigte an Universitätskliniken, Landeskrankenhäusern, sonstigen Krankenhäusern und psychiatrischen Einrichtungen, mit Ausnahme der Ärztinnen und Ärzte nach Buchstabe d,

cc) Beschäftigte in Straßenmeistereien, Autobahnmeistereien, Kfz-Werkstätten, Theatern und Bühnen, Hafenbetrieben, Schleusen und im Küstenschutz,

dd) Beschäftigte in Einrichtungen für schwerbehinderte Menschen (Schulen, Heime) und in heilpädagogischen Einrichtungen,

ee) Beschäftigte, für die der TVöD gilt oder auf deren Arbeitsverhältnis vor der Einbeziehung in den TV-L der TVöD angewandt wurde,

ff) Beschäftigte in Kindertagesstätten in Bremen,

gg) Beschäftigte, für die durch landesbezirkliche Vereinbarung eine regelmäßige wöchentliche Arbeitszeit von 38,5 Stunden festgelegt wurde,

c) beträgt im Tarifgebiet Ost 40 Stunden,

d) beträgt für Ärztinnen und Ärzte im Sinne des § 41 (Sonderregelungen für Ärztinnen und Ärzte an Universitätskliniken) im Tarifgebiet West und im Tarifgebiet Ost einheitlich 42 Stunden.

---

*) **Hinweise der Tarifvertragsparteien zur regelmäßigen wöchentlichen Arbeitszeit in den Ländern (West)**
Um die praktische Umsetzung in den einzelnen Bundesländern zu erleichtern, geben die Tarifvertragsparteien die Ergebnisse der Berechnungen nach § 6 Absatz 1 und dem Anhang zu § 6 TV-L als Hinweis bekannt, der nicht Bestandteil des Tarifvertrages ist:

Baden-Württemberg	39 Stunden, 30 Minuten
Bayern	40 Stunden, 06 Minuten
Bremen	39 Stunden, 12 Minuten
Hamburg	39 Stunden, 00 Minuten
Niedersachsen	39 Stunden, 48 Minuten
Nordrhein-Westfalen	39 Stunden, 50 Minuten
Rheinland-Pfalz	39 Stunden, 00 Minuten
Saarland	39 Stunden, 30 Minuten
Schleswig-Holstein	38 Stunden, 42 Minuten

[2]Bei Wechselschichtarbeit werden die gesetzlich vorgeschriebenen Pausen in die Arbeitszeit eingerechnet. [3]Die regelmäßige Arbeitszeit kann auf fünf Tage, aus dringenden betrieblichen/dienstlichen Gründen auch auf sechs Tage verteilt werden.

[4]Die unterschiedliche Höhe der durchschnittlichen regelmäßigen wöchentlichen Arbeitszeit nach Satz 1 Buchstaben a und b bleibt ohne Auswirkung auf das Tabellenentgelt und die in Monatsbeträgen festgelegten Entgeltbestandteile.

(2) [1]Für die Berechnung des Durchschnitts der regelmäßigen wöchentlichen Arbeitszeit ist ein Zeitraum von bis zu einem Jahr zugrunde zu legen. [2]Abweichend von Satz 1 kann bei Beschäftigten, die ständig Wechselschicht- oder Schichtarbeit zu leisten haben, sowie für die Durchführung so genannter Sabbatjahrmodelle ein längerer Zeitraum zugrunde gelegt werden.

(3) [1]Soweit es die betrieblichen/dienstlichen Verhältnisse zulassen, wird die/der Beschäftigte am 24. Dezember und am 31. Dezember unter Fortzahlung des Tabellenentgelts und der sonstigen in Monatsbeträgen festgelegten Entgeltbestandteile von der Arbeit freigestellt. [2]Kann die Freistellung nach Satz 1 aus betrieblichen/dienstlichen Gründen nicht erfolgen, ist entsprechender Freizeitausgleich innerhalb von drei Monaten zu gewähren. [3]Die regelmäßige Arbeitszeit vermindert sich für jeden gesetzlichen Feiertag, sowie für den 24. Dezember und 31. Dezember, sofern sie auf einen Werktag fallen, um die dienstplanmäßig ausgefallenen Stunden.

Protokollerklärung zu § 6 Absatz 3 Satz 3:

Die Verminderung der regelmäßigen Arbeitszeit betrifft die Beschäftigten, die wegen des Dienstplans am Feiertag frei haben und deshalb ohne diese Regelung nacharbeiten müssten.

(4) Aus dringenden betrieblichen/dienstlichen Gründen kann auf der Grundlage einer Betriebs-/Dienstvereinbarung im Rahmen des § 7 Absatz 1, 2 und des § 12 Arbeitszeitgesetz von den Vorschriften des Arbeitszeitgesetzes abgewichen werden.

Protokollerklärung zu § 6 Absatz 4:

In vollkontinuierlichen Schichtbetrieben kann an Sonn- und Feiertagen die tägliche Arbeitszeit auf bis zu zwölf Stunden verlängert werden, wenn dadurch zusätzliche freie Schichten an Sonn- und Feiertagen erreicht werden.

(5) Die Beschäftigten sind im Rahmen begründeter betrieblicher/dienstlicher Notwendigkeiten zur Leistung von Sonntags-, Feiertags-, Nacht-, Wechselschicht-, Schichtarbeit sowie – bei Teilzeitbeschäftigung aufgrund arbeitsvertraglicher Regelung oder mit ihrer Zustimmung – zu Bereitschaftsdienst, Rufbereitschaft, Überstunden und Mehrarbeit verpflichtet.

(6) [1]Durch Betriebs-/Dienstvereinbarung kann ein wöchentlicher Arbeitszeitkorridor von bis zu 45 Stunden eingerichtet werden. [2]Die innerhalb eines Arbeitszeitkorridors geleisteten zusätzlichen Arbeitsstunden werden im Rahmen des nach Absatz 2 Satz 1 festgelegten Zeitraums ausgeglichen.

(7) [1]Durch Betriebs-/Dienstvereinbarung kann in der Zeit von 6 bis 20 Uhr eine tägliche Rahmenzeit von bis zu zwölf Stunden eingeführt werden. [2]Die inner-

halb der täglichen Rahmenzeit geleisteten zusätzlichen Arbeitsstunden werden im Rahmen des nach Absatz 2 Satz 1 festgelegten Zeitraums ausgeglichen.

(8) Die Absätze 6 und 7 gelten nur alternativ und nicht bei Wechselschicht- und Schichtarbeit.

II

(9) Für einen Betrieb/eine Verwaltung, in dem/der ein Personalvertretungsgesetz Anwendung findet, kann eine Regelung nach den Absätzen 4, 6 und 7 in einem landesbezirklichen Tarifvertrag getroffen werden, wenn eine Dienstvereinbarung nicht einvernehmlich zustande kommt und der Arbeitgeber ein Letztentscheidungsrecht hat.

(10) [1]In Verwaltungen und Betrieben, in denen auf Grund spezieller Aufgaben (zum Beispiel Ausgrabungen, Expeditionen, Schifffahrt) oder saisonbedingt erheblich verstärkte Tätigkeiten anfallen, kann für diese Tätigkeiten die regelmäßige Arbeitszeit auf bis zu 60 Stunden in einem Zeitraum von bis zu sieben Tagen verlängert werden. [2]In diesem Fall muss durch Verkürzung der regelmäßigen wöchentlichen Arbeitszeit bis zum Ende des Ausgleichszeitraums nach Absatz 2 Satz 1 ein entsprechender Zeitausgleich durchgeführt werden. [3]Die Sätze 1 und 2 gelten nicht für Beschäftigte gemäß §§ 41 bis 43.

(11) [1]Bei Dienstreisen gilt nur die Zeit der dienstlichen Inanspruchnahme am auswärtigen Geschäftsort als Arbeitszeit. [2]Für jeden Tag einschließlich der Reisetage wird jedoch mindestens die auf ihn entfallende regelmäßige, durchschnittliche oder dienstplanmäßige Arbeitszeit berücksichtigt, wenn diese bei Nichtberücksichtigung der Reisezeit nicht erreicht würde. [3]Überschreiten nicht anrechenbare Reisezeiten insgesamt 15 Stunden im Monat, so werden auf Antrag 25 v. H. dieser überschreitenden Zeiten bei fester Arbeitszeit als Freizeitausgleich gewährt und bei gleitender Arbeitszeit im Rahmen der jeweils geltenden Vorschriften auf die Arbeitszeit angerechnet. [4]Der besonderen Situation von Teilzeitbeschäftigten ist Rechnung zu tragen. [5]Soweit Einrichtungen in privater Rechtsform oder andere Arbeitgeber nach eigenen Grundsätzen verfahren, sind diese abweichend von den Sätzen 1 bis 4 maßgebend.

Erläuterungen

§ 6 TV-L trifft Regelungen zur regelmäßigen Arbeitszeit. Der Regelungsinhalt gehört zu den Kernbereichen des TV-L, um ihn haben die Tarifpartner in den Verhandlungen zum TV-L heftig gerungen. Kernforderung der Länder war, die Arbeitszeit der Arbeitnehmer an die in den Ländern bereits zuvor erhöhte Wochenarbeitszeit der Beamten (bis zu 42 Stunden wöchentlich) anzugleichen. Die Gewerkschaften wollten dies verhindern. Letztlich war nur eine nach Ländern differenzierende Lösung kompromissfähig. Diese Lösung berücksichtigt, dass die Länder die tariflichen Arbeitszeitregelungen zum 31. März 2004 gekündigt hatten und danach für viele Beschäftigte (bei Neueinstellungen, Übernahme von Auszubildenden, Verlängerung oder Entfristung befristeter Verträge, ...) bereits arbeitsvertraglich höhere Arbeitszeiten vereinbart hatten. Die durchschnittliche Regelarbeitszeit in den Ländern lag somit im Zeitpunkt des Tarifabschlusses (das Eckpunktepapier wurde am 19. Mai 2006 in Potsdam vereinbart) bereits deutlich über der Regelarbeitszeit des BAT/MTArb von 38,5 Stunden.

Die regelmäßige Arbeitszeit war früher in § 15 BAT geregelt.

Auf die teilweise erheblich abweichenden Sonderregelungen in § 40 Nr. 3, § 41 Nr. 3, § 42 Nr. 4, § 43 Nr. 3, § 44 Nr. 2, § 45 Nr. 4, § 46 Nr. 3, § 47 Nr. 2, § 48 Nr. 2 und § 49 Nr. 2 TV-L wird hingewiesen.

Regelmäßige wöchentliche Arbeitszeit (Abs. 1)

In Absatz 1 Satz 1 in Verbindung mit dem **Anhang** zu § 6[1]) haben die Tarifpartner ein Verfahren zur Ermittlung der nach Ländern getrennten durchschnittlichen regelmäßigen wöchentlichen Arbeitszeit vereinbart und damit einen Kerngedanken des Potsdamer Eckpunktepapiers umgesetzt. Das recht komplizierte Verfahren soll verhindern, dass die sogenannte Meistbegünstigungsklausel ausgelöst und im Zuge dessen die Arbeitszeiterhöhung auf die Kommunen der West-Bundesländer (und den Bund) durchgreift. Für die Beschäftigten und die Dienststellen/Betriebe dürfte letztlich nur die von den Tarifpartnern nachrichtlich erwähnte neue Regelarbeitszeit von Interesse sein.

Die neue Arbeitszeit wird in den einzelnen Bundesländern des Tarifgebietes West in einem mehrstufigen, nachfolgend dargestellten Verfahren ermittelt. Im Tarifgebiet West sind folgende Rechen- bzw. Ermittlungsschritte zu vollziehen:

Zunächst wird die tatsächliche regelmäßige wöchentliche Arbeitszeit (ohne Überstunden und Mehrarbeit) – bezogen auf den Monat Februar 2006 – von den Tarifvertragsparteien einvernehmlich festgelegt (Absatz 1 Buchstabe a des Anhangs zu § 6). Diese Zahl, die in Absatz 2 Satz 1 des Anhangs zu § 6 für die einzelnen Länder des Tarifgebietes West aufgelistet wird, liegt teilweise deutlich über 38,5 Stunden (tarifvertragliche Arbeitszeit nach BAT und MTArb). Ihre Höhe hängt vor allen Dingen davon ab, welche Wochenarbeitszeit ab wann (frühestens ab 1. April 2004) in den einzelnen Ländern arbeitsvertraglich in den Fällen vereinbart worden ist, die nicht mehr der tariflichen Nachbindung der tarifvertraglichen Regelungen der Arbeitszeit unterlagen (→ oben).

Die zuvor ermittelte Durchschnittszahl wird um das Doppelte der Differenz zwischen der tariflichen (38,5 Stunden) und der tatsächlichen Arbeitszeit erhöht. Der Erhöhungsbetrag ist aber auf 0,4 Stunden

---

1) abgedruckt als Anhang im Anschluss an diese Kommentierung

begrenzt. Bei der so ermittelten Zahl handelt es sich um die Gesamtdifferenz der bisherigen zur neuen durchschnittlichen Wochenarbeitszeit im jeweiligen Land (Absatz 1 Buchstabe b des Anhangs zu § 6). Sie ist in Satz 2 des Absatzes 2 des Anhangs zu § 6 nach Bundesländern getrennt dargestellt.

In § 6 Absatz 1 Satz 1 Buchstabe b haben die Tarifpartner einzelne Beschäftigtengruppen (z. B. Beschäftigte in Kliniken, im Straßenbau und Beschäftigte, die ständig Wechselschicht- oder Schichtarbeit leisten) von der Arbeitszeiterhöhung ausgenommen. Die Aufzählung ist nicht abschließend; sie kann durch landesbezirkliche Vereinbarung um weitere Beschäftigtengruppen erweitert werden (§ 6 Absatz 1 Satz 1 Buchstabe b Unterbuchstabe gg). Um dennoch das nach Absatz 1 Buchstabe b des Anhangs zu § 6 der Vorschrift ermittelte Erhöhungsvolumen zu erreichen, erhöht sich die Wochenarbeitszeit der übrigen, nicht von der Arbeitszeiterhöhung ausgenommenen Beschäftigten entsprechend überproportional. Die Beschäftigten der nicht von der Arbeitszeiterhöhung ausgenommenen Bereiche übernehmen faktisch das Steigerungsvolumen der Beschäftigten ausgenommener Bereiche. Diesen Umverteilungseffekt werden die landesbezirklichen Tarifpartner bei der Diskussion um erweiterte Ausnahmen von der Arbeitszeiterhöhung bedenken müssen; denn die Entlastung weiterer Beschäftigtengruppen geht weiter zulasten der übrigen Beschäftigten (insbesondere in der „klassischen" Verwaltung). Die Arbeitszeit der nicht ausgenommenen Bereiche wird gemäß Absatz 1 Buchstabe c Satz 3 des Anhangs zu § 6 mittels eines mit der Gesamtdifferenz (s. o.) zu multiplizierenden Faktors, der sich aus Satz 6 des Absatzes 2 des Anhangs zu § 6 ergibt, bestimmt. Die für die nicht ausgenommenen Bereiche letztlich maßgebende Arbeitszeit haben die Tarifpartner in einem Hinweis zu § 6 Absatz 1 Satz 1 Buchstabe a für die einzelnen Länder des Tarifgebietes West aufgelistet.

Im Tarifgebiet Ost bleibt es bei einer Wochenarbeitszeit von 40 Stunden (Absatz 1 Satz 1 Buchstabe c).

Für Ärzte an Universitätskliniken gilt eine durchschnittliche regelmäßige wöchentliche Arbeitszeit von 42 Stunden; sie ist bei der Festlegung der Entgelte für diesen Personenkreis berücksichtigt worden. Für andere, nicht von den Sonderregelungen für Ärzte an Universitätskliniken erfasste Ärzte gilt die Regelarbeitszeit des jeweiligen Landes.

Pausen zählen nach Absatz 1 Satz 1 grundsätzlich nicht zur regelmäßigen Arbeitszeit; nach Satz 2 werden aber bei Wechselschichtarbeit (→ § 7 Abs. 1) die gesetzlich vorgeschriebenen Pausen in die Arbeitszeit eingerechnet.

Als Ruhepause können dabei nur Zeiten der völligen Freistellung von der Arbeit gelten. Zeiten der Ruf- oder Arbeitsbereitschaft sind keine Pausenzeit (BAG-Urteil vom 27. 2. 1992 – 6 AZR 478/90, AP Nr. 5 zu § 3 AZO Kr.).

Die Mindestdauer der Pausen ist gesetzlich geregelt. Gemäß § 4 des Arbeitszeitgesetzes[1]) muss die Arbeit durch im Voraus festgelegte Ruhepausen von mindestens 30 (bei einer täglichen Arbeitszeit von mehr als sechs Stunden) bzw. 45 Minuten (bei einer Arbeitszeit von mehr als neun Stunden) unterbrochen werden. Die Ruhepausen dürfen in mehrere Zeitabschnitte von jeweils mindestens 15 Minuten aufgeteilt werden.

Bei jugendlichen Beschäftigten ist § 11 Abs. 1 des Jugendarbeitsschutzgesetzes zu beachten. Nach dieser Vorschrift sind Jugendlichen Ruhepausen von 30 (bei einer täglichen Arbeitszeit von mehr als viereinhalb Stunden) bzw. 60 Minuten (bei einer Arbeitszeit von mehr als sechs Stunden) zu gewähren.

Neben weiteren gesetzlichen Vorschriften (z. B. für Kraftfahrer oder für stillende Mütter) sind tarifliche Bestimmungen über Pausenregelungen (z. B. in den Tarifverträgen über die Arbeitsbedingungen an Bildschirmarbeitsplätzen) zu beachten.

Die regelmäßige Arbeitszeit ist grundsätzlich auf fünf, sie kann aus betrieblichen/dienstlichen Gründen auch auf sechs Tage verteilt werden (Absatz 1 Satz 3). An den Begriff der „dringenden" betrieblichen/dienstlichen Gründe werden im Interesse der Gewährleistung der Funktionsfähigkeit der Dienststelle/des Betriebes keine allzu hohen Bedingungen geknüpft werden können.

Die unterschiedliche Höhe der durchschnittlichen Arbeitszeit in den West-Ländern hat nach Satz 4 der Vorschrift keine Auswirkung auf das Entgelt.

Der TV-L enthält – anders als z. B. § 15 Abs. 7 BAT, wonach die Arbeitszeit an der Arbeitsstelle beginnt und endet – keine Regelung über Beginn und Ende der Arbeitszeit. Streitigkeiten über die Berücksichtigung von Wegezeiten innerhalb des Betriebes sowie um Umkleidezeiten waren damit vorprogrammiert. In seinem Urteil vom 19. September 2012 – 5 AZR 678/11 – hat das BAG entschieden, dass das Umkleiden für die Arbeitszeit dann zur Arbeitszeit gehört, wenn der Arbeitgeber das Tragen einer bestimmten Kleidung vorschreibt und das Umkleiden im Betrieb erfolgen muss. In diesem Fall gehören nach Auffassung des BAG auch die innerbetrieblichen Wege von einer vom

[1]) abgedruckt als **Anhang 1**

Arbeitsplatz getrennten Umkleidestelle zum Arbeitsplatz zur Arbeitszeit. Diese Rechtsprechung hat das BAG danach mehrfach bestätigt, z. B. im Urteil vom 6. September 2017 – 5 AZR 382/16 im Fall auffälliger Dienstkleidung.

II

Durchschnitt der regelmäßigen wöchentlichen Arbeitszeit (Abs. 2)

Nach Absatz 2 Satz 1 ist für die Berechnung der regelmäßigen wöchentlichen Arbeitszeit ein Zeitraum von bis zu einem Jahr zugrunde zu legen. Die Regelung ist erheblich flexibler als der im BAT geltende Ausgleichszeitraum, der durch die Kündigung des § 15 Abs. 1 Satz 2 BAT seit dem 1. März 1998 26 Wochen betrug. Der Jahreszeitraum des TV-L ermöglicht eine flexiblere Arbeitszeitgestaltung und hilft, jahreszeitliche Belastungsspitzen abzufangen. Nach Satz 2 der Vorschrift kann in den Fällen ständiger (Wechsel-)Schichtarbeit und zur Durchführung von Sabbatjahren ein „längerer" von den Tarifpartnern nicht nach oben begrenzter Zeitraum zugrunde gelegt werden.

Heiligabend, Silvester, Feiertage (Abs. 3)

Nach Satz 1 der Vorschrift wird der Beschäftigte am Heiligabend und an Silvester unter Fortzahlung des Tabellenentgelts und der in Monatsbeträgen festgelegten Entgeltbestandteile von der Arbeit freigestellt, wenn die betrieblichen/dienstlichen Verhältnisse dies zulassen. Wenn die Freistellung aus betrieblichen/dienstlichen Gründen nicht erfolgen kann, ist innerhalb von drei Monaten ein Freizeitausgleich zu gewähren (Satz 2). Auch nach Ablauf der Dreimonatsfrist wandelt sich der Freizeitanspruch nicht in einen Bezahlungsanspruch um, sondern bleibt weiter als Freizeitanspruch bestehen. Unabhängig von dem Anspruch auf Freizeitausgleich wird für die Arbeit am 24. und 31. 12. nach 6 Uhr ein Zuschlag in Höhe von 35 % (§ 8 Absatz 1 Satz 2 Buchst. e) gezahlt.

Nach Satz 3 der Vorschrift vermindert sich die regelmäßige Arbeitszeit für jeden gesetzlichen Feiertag und für den 24. und 31. 12., sofern diese Tage auf einen Werktag fallen, um die dienstplanmäßig ausgefallenen Stunden. Dies gilt nach der Protokollerklärung zu Absatz 3 Satz 3 aber nur für die Beschäftigten, die wegen des Dienstplanes an dem Feiertag ohnehin frei haben und deshalb ohne die Regelung des Satzes 3 die ausgefallene Zeit nacharbeiten müssten (so auch das BAG in seinem Urteil vom 8. Dezember 2010 – 5 AZR 667/09). Beschäftigte, bei denen die Arbeitszeit wegen des Feiertages ausfällt (die also an sich an dem Tag hätten arbeiten müssen), brauchen die Zeit nicht nacharbeiten und haben Anspruch auf Entgeltfortzahlung gemäß

§ 2 Abs. 1 des Entgeltfortzahlungesetzes. Beschäftigte, die an einem Feiertag arbeiten, erhalten neben ihrem Entgelt einen Feiertagszuschlag in Höhe von 35 % bzw. 135 % (mit/ohne Freizeitausgleich) (§ 8 Abs. 1 Satz 2 Buchst. d).

Die gesetzlichen Feiertage ergeben sich aus den folgenden Ländergesetzen:

- Baden-Württemberg: Gesetz über die Sonntage und Feiertage in der Fassung vom 8. 5. 1995 (GBl. S. 450), zuletzt geändert durch Gesetz vom 1. 12. 2015 (GBl. S. 1034),
- Bayern: Gesetz über den Schutz der Sonn- und Feiertage (Feiertagsgesetz – FTG) vom 21. 5. 1980 (GVBl. S. 215), zuletzt geändert durch VO vom 26. 3. 2019 (GVBl. S. 98),
- Berlin: Gesetz über die Sonn- und Feiertage vom 28. 10. 1954 (GVBl. S. 615), zuletzt geändert durch Gesetz vom 10. 7. 2024 (GVBl. S. 460),
- Brandenburg: Gesetz über die Sonn- und Feiertage (Feiertagsgesetz – FTG) vom 21. 3. 1991 (GVBl. I S. 44), zuletzt geändert durch Gesetz vom 30. 4. 2015 (GVBl. I Nr. 13),
- Bremen: Gesetz über die Sonn- und Feiertage vom 12. 11. 1954 (GBl. S. 115), zuletzt geändert durch Gesetz vom 26. 6. 2018 (GBl. S. 302),
- Hamburg: Gesetz über Sonntage, Feiertage, Gedenktage und Trauertage (Feiertagsgesetz) vom 16. 10. 1953 (GVOBl. S. 289), zuletzt geändert durch Gesetz vom 12. 3. 2018 (GVOBl. S. 63),
- Hessen: Hessisches Feiertagsgesetz (HFeiertagsG) i. d. F. der Bekanntmachung vom 29. 12. 1971 (GVBl. I S. 344), zuletzt geändert durch Gesetz vom 16. 10. 2013 (GVBl. I S. 566),
- Mecklenburg-Vorpommern: Gesetz über Sonn- und Feiertage (Feiertagsgesetz Mecklenburg-Vorpommern – FTG-MV) i. d. F. der Bekanntmachung vom 8. 3. 2002 (GVOBl. M-V S. 145), geändert durch das Gesetz vom 7. 7. 2022 (GVOBl. M-V S. 427),
- Niedersachsen: Niedersächsisches Gesetz über die Feiertage i. d. F. der Bekanntmachung vom 7. 3. 1995 (Nds. GVBl. S. 50), zuletzt geändert durch Gesetz vom 22. 6. 2018 (Nds. GVBl. S. 123),
- Nordrhein-Westfalen: Gesetz über Sonn- und Feiertage (Feiertagsgesetz NRW) i. d. F. der Bekanntmachung vom 23. April 1989 (GV. NRW. 1989 S. 222), zuletzt geändert durch Gesetz vom 20. Dezember 1994 (GV. NRW. S. 1114),
- Rheinland-Pfalz: Landesgesetz über den Schutz der Sonn- und Feiertage (Feiertagsgesetz – LFtG) vom 15. 7. 1970 (GVBl. S. 225), zuletzt geändert durch Gesetz vom 27. 10. 2009 (GVBl. S. 358),

II

- Saarland: Gesetz Nr. 1040 über die Sonn- und Feiertage (Feiertagsgesetz – SFG) vom 18. 2. 1976 (ABl. S. 213), zuletzt geändert durch Gesetz vom 15. 10. 2015 (ABl. S. 790),
- Sachsen: Gesetz über Sonn- und Feiertage im Freistaat Sachsen (SächsSFG) vom 10. 11. 1992 (GVBl. S. 536), zuletzt geändert durch Gesetz vom 30. 1. 2013 (GVBl. S. 2),
- Sachsen-Anhalt: Gesetz über die Sonn- und Feiertage (FeiertG LSA) i. d. F. der Bekanntmachung vom 25. 8. 2004 (GVBl. S. 538), zuletzt geändert durch Gesetz vom 22. 11. 2006 (GVBl. S. 528),
- Schleswig-Holstein: Gesetz über Sonn- und Feiertage i. d. F. vom 28. 6. 2004 (GVOBl. S. 213), zuletzt geändert durch Gesetz vom 21. 3. 2018 (GVOBl. Schl.-H. S. 69),
- Thüringen: Thüringer Feier- und Gedenktagsgesetz (ThürFtG) vom 21. 12. 1994 (GVBl. S. 1221), zuletzt geändert durch Gesetz vom 19. 3. 2019 (GVBl. S. 22).

Für alle Länder gilt außerdem Artikel 2 Abs. 2 des Einigungsvertrages vom 31. August 1990 (BGBl. II S. 885), der den 3. Oktober (Tag der Deutschen Einheit) als Feiertag bestimmt.

Arbeitszeitgesetz, abweichende Regelungen (Abs. 4 und 9)

Das Arbeitszeitgesetz[1]) enthält in seinen §§ 7 und 12 verschiedene Öffnungsklauseln für von den gesetzlichen Vorschriften abweichende tarifvertragliche Regelungen (hinsichtlich der Höchstarbeitszeit und Sonn- und Feiertagsarbeit). Die Vorschrift des Absatzes 4 schöpft die gesetzlich vorgesehene Möglichkeit aus, dass die abweichenden Regelungen durch einen Tarifvertrag einer Betriebs-/Dienstvereinbarung überlassen – also „nach unten" delegiert – werden kann. Für die Abweichung von den gesetzlichen Bestimmungen müssen dringende betriebliche/dienstliche Gründe vorliegen.

Absatz 9 sieht für den Fall, dass eine solche Betriebs-/Dienstvereinbarung nicht „einvernehmlich" (siehe dazu § 38 Abs. 3) zustande kommt, eine Regelung durch landesbezirklichen Tarifvertrag vor. Dies gilt aber nur in den Betrieben/Verwaltungen, in denen ein Personalvertretungsgesetz Anwendung findet, und ist darauf beschränkt, dass der Arbeitgeber ein Letztentscheidungsrecht hat.

Nach der Protokollerklärung zu Absatz 4 ist die Möglichkeit gegeben, in vollkontinuierlichen Schichtbetrieben die tägliche Arbeitszeit an Sonn- und Feiertagen auf bis zu zwölf Stunden zu verlängern, wenn

---

[1]) abgedruckt als **Anhang 1**

dadurch zusätzliche freie Schichten an Sonn- und Feiertagen erreicht werden.

Verpflichtung zu Sonderformen der Arbeit (Abs. 5)

Nach dieser Vorschrift, mit der die sich aus dem allgemeinen Direktionsrecht des Arbeitgebers ergebenden Rechte bzw. Pflichten konkretisiert werden, ist der Beschäftigte verpflichtet, verschiedene Sonderformen der Arbeit im Rahmen begründeter betrieblicher/dienstlicher Notwendigkeiten auszuüben. Für Teilzeitbeschäftigte ergibt sich die Verpflichtung zu Bereitschaftsdienst, Rufbereitschaft, Überstunden und Mehrarbeit nach dem Willen der Tarifpartner nur, wenn dies im Arbeitsvertrag vereinbart ist oder die Betroffenen zustimmen. Wegen der Definition der besonderen Arbeitsformen → §§ 7 und 9.

Arbeitszeitkorridor (Abs. 6, 8 und 9)

Für Verwaltungen und Verwaltungsteile, die nicht in Schicht oder Wechselschicht arbeiten, kann nach Absatz 6 ein Arbeitszeitkorridor eingerichtet werden. Dieser ermöglicht die Anordnung von bis zu 45 Arbeitsstunden pro Woche, ohne dass dafür ein Überstundenzuschlag gezahlt werden müsste. Andere anfallende Zeitzuschläge, z. B. für Nachtarbeit, müssen bezahlt werden. Die durchschnittliche Wochenarbeitszeit muss im einjährigen Ausgleichszeitraum erreicht werden (→ auch zu Absatz 2). Können die angeordneten Mehrstunden bis zum Ablauf des Ausgleichszeitraums nicht ausgeglichen werden, sind sie mit 100 % des individuellen Entgelts abzugelten zzgl. etwaiger Zeitzuschläge.

Die Einführung des Arbeitszeitkorridors setzt eine entsprechende Dienst- bzw. Betriebsvereinbarung und die Einrichtung eines Arbeitszeitkontos (→ § 10 Abs. 1 Satz 3) voraus. Die Regelung des Absatzes 9 ist zu beachten.

Rahmenzeit (Abs. 7, 8 und 9)

Für Verwaltungen und Verwaltungsteile, die nicht in Schicht oder Wechselschicht arbeiten, kann eine bis zu zwölfstündige Rahmenzeit zwischen 6 und 20 Uhr eingerichtet werden. Innerhalb dieser Rahmenzeit bleibt eine angeordnete Mehrabeit zuschlagsfrei. Andere anfallende Zeitzuschläge, z. B. für Samstagsarbeit, müssen bezahlt werden. Die durchschnittliche Wochenarbeitszeit muss im einjährigen Ausgleichszeitraum erreicht werden (→ auch zu Absatz 2). Können die angeordneten Mehrstunden bis zum Ablauf des Ausgleichszeitraums nicht ausgeglichen werden, sind sie mit 100 % des individuellen Entgelts abzugelten zzgl. etwaiger Zeitzuschläge.

Auch die Einführung der Rahmenzeit setzt eine entsprechende Dienst- bzw. Betriebsvereinbarung und die Einrichtung eines Arbeitszeitkontos voraus (s. o.). Arbeitszeitkorridor und Rahmenzeit können nur alternativ, nicht nebeneinander vereinbart werden.

Die Regelung des Absatzes 9 ist zu beachten.

Erweiterter saisonaler Ausgleich (Abs. 10)

Absatz 10 regelt den sogenannten Jahreszeitenausgleich für solche Verwaltungen und Betriebe, in denen auf Grund spezieller Aufgaben oder saisonaler Schwankungen Zeiten mit erheblich verstärkten Tätigkeiten anfallen. Für diese Bereiche haben die Tarifpartner – abweichend von der grundsätzlichen Regelung in § 6 Abs. 1 – eine Verlängerung der Arbeitszeit auf bis zu 60 Stunden in einem Siebentagezeitraum (der nicht der Kalenderwoche entsprechen muss) zugelassen. Voraussetzung ist allerdings, dass innerhalb des jährlichen Ausgleichszeitraumes des § 6 Abs. 2 Satz 1 ein Zeitausgleich erreicht wird. Im Ergebnis muss also – auf ein Jahr bezogen – wieder die im jeweiligen Arbeitsbereich geltende durchschnittliche Wochenarbeitszeit erreicht werden.

Die Ausdehnung des Ausgleichszeitraums auf ein Jahr ist durch § 7 Abs. 1 Nr. 1 Buchst. b des Arbeitszeitgesetzes gedeckt.

Berücksichtigung Reisezeiten bei Dienstreisen (Abs. 11)

In Absatz 11 haben die Tarifpartner geregelt, inwieweit Dienstreisezeiten als Arbeitszeit berücksichtigt werden. Nach Satz 1 der Vorschrift gilt grundsätzlich nur die Zeit des reinen Dienstgeschäftes als Arbeitszeit. In jedem Fall ist aber mindestens die auf den Dienstreisetag entfallende regelmäßige, durchschnittliche oder dienstplanmäßige Arbeitszeit berücksichtigt (Satz 2).

Satz 3 legt fest, dass in den Fällen, in denen nicht anrechenbare Reisezeiten von mehr als 15 Stunden im Monat angefallen sind, 25 v. H. der überschreitenden Zeit auf Antrag als Arbeitszeit gewertet und durch Freizeit ausgeglichen bzw. dem Gleitzeitkonto gutgeschrieben werden können.

In Satz 4 ist bestimmt, dass der besonderen Situation von Teilzeitbeschäftigten besonders Rechnung getragen wird. Dies kann in der Praxis nur so aussehen, dass eine während Dienstreisen ggf. erfolgte

– bezogen auf die individuelle Arbeitszeit – überproportionale Inanspruchnahme durch Freizeit ausgeglichen wird.

Soweit Einrichtungen in privater Rechtsform oder andere Arbeitgeber nach eigenen Grundsätzen zur Berücksichtigung von Reisezeiten als Arbeitszeit verfahren, sind diese Grundsätze maßgebend (Satz 5).

Gleitzeit (Protokollerklärung)

Zum Fortbestand bestehender und zum Abschluss neuer Gleitzeitvereinbarungen → die Protokollerklärung am Ende des Abschnitts II (im Anschluss an § 11).

Protokollerklärung zu Abschnitt II

Die Protokollerklärung zu Abschnitt II (§§ 6 bis 11) und Erläuterungen dazu sind im Anschluss an § 11 abgedruckt.

II

Anhang zu § 6 Regelung der durchschnittlichen regelmäßigen wöchentlichen Arbeitszeit im Tarifgebiet West

(1) Grundsätze der Berechnung

a) Die durchschnittliche regelmäßige wöchentliche Arbeitszeit ausschließlich der Pausen wird für jedes Bundesland im Tarifgebiet West auf der Grundlage der festgestellten tatsächlichen durchschnittlichen wöchentlichen Arbeitszeit im Februar 2006 ohne Überstunden und Mehrarbeit (tariflich und arbeitsvertraglich vereinbarte Arbeitszeit) von den Tarifvertragsparteien einvernehmlich festgelegt.

b) [1]Die Differenz zwischen der bisherigen tariflichen Arbeitszeit zur tatsächlichen Arbeitszeit wird verdoppelt, dabei werden aber nicht mehr als 0,4 Stunden für den zweiten Teil der Verdoppelung der Differenz berücksichtigt. [2]Das Ergebnis ist die Gesamtdifferenz. [3]Die Gesamtdifferenz wird der bisherigen tariflichen Arbeitszeit zugerechnet.

c) [1]Für die Beschäftigten beziehungsweise Beschäftigtengruppen, welche die Tarifvertragsparteien in § 6 Absatz 1 Satz 1 Buchstabe b Doppelbuchstabe aa bis ff festgelegt haben beziehungsweise die durch landesbezirkliche Vereinbarung nach § 6 Absatz 1 Satz 1 Buchstabe b Doppelbuchstabe gg einbezogen sind, beträgt die durchschnittliche regelmäßige wöchentliche Arbeitszeit ausschließlich der Pausen 38,5 Stunden. [2]Das auf diese Beschäftigten (einschließlich der Ärzte nach § 6 Absatz 1 Satz 1 Buchstabe d) entfallende Volumen der Differenz zu der Arbeitzeit nach Buchstabe b wird auf die Beschäftigten in den anderen Beschäftigungsbereichen übertragen und erhöht beziehungsweise verringert für diese das Ergebnis der nach Buchstabe b errechneten regelmäßigen wöchentlichen Arbeitszeit. [3]Unter Berücksichtigung der Ergebnisse nach Satz 1 und 2 wird die Gesamtdifferenz mit einem ermittelten Faktor multipliziert.

(2) Feststellungen und Berechnungen

[1]Die tatsächliche durchschnittliche wöchentliche Arbeitszeit im Monat Februar 2006, ermittelt nach § 6 Absatz 1 Satz 1 Buchstabe a, beträgt nach den Feststellungen der Tarifvertragsparteien in

Baden-Württemberg	38,95 Stunden
Bayern	39,33 Stunden
Bremen	38,795 Stunden
Hamburg	38,73 Stunden

Niedersachsen	38,92 Stunden
Nordrhein-Westfalen	39,20 Stunden
Rheinland-Pfalz	38,75 Stunden
Saarland	38,80 Stunden
Schleswig-Holstein	38,60 Stunden.

[2]Ergebnisse der Berechnungen nach Absatz 1 Buchstabe b:

Land	**§ 6 Absatz 1 Satz 1 Buchstabe a**	**Bisherige tarifliche Arbeitszeit § 15 Absatz 1 BAT**	**Differenz**	**Gesamtdifferenz nach Absatz 1 Buchstabe b**
Baden-Württemberg	38,95	38,50	0,45	0,85
Bayern	39,33	38,50	0,83	1,23
Bremen	38,795	38,50	0,295	0,59
Hamburg	38,73	38,50	0,23	0,46
Niedersachsen	38,92	38,50	0,42	0,82
Nordrhein-Westfalen	39,20	38,50	0,70	1,10
Rheinland-Pfalz	38,75	38,50	0,25	0,50
Saarland	38,80	38,50	0,30	0,60
Schleswig-Holstein	38,60	38,50	0,10	0,20

[3]Die Tarifvertragsparteien in den Ländern errechnen aufgrund der Daten nach Absatz 1 Buchstabe b und Buchstabe c die regelmäßige wöchentliche Arbeitszeit für die Beschäftigten nach § 6 Absatz 1 Satz 1 Buchstabe a. [4]Ist eine Einigung über die Daten und das ermittelte Ergebnis zur Arbeitszeit in einem Land nicht zu erzielen, werden die Tarifvertragsparteien auf Bundesebene in einer gemeinsamen Kommission eine abschließende Festlegung vornehmen.

[5]Zur praktischen Umsetzung ermitteln die Tarifvertragsparteien auf Bundesebene entsprechend dem festgestellten Ergebnis unter Berücksichtigung des Absatzes 1 Buchstabe c einen Faktor, mit dem die Gesamtdifferenz nach Absatz 1 Buchstabe b multipliziert wird.

[6]Danach ergibt sich für die Ermittlung der regelmäßigen wöchentlichen Arbeitszeit in den einzelnen Bundesländern jeweils folgender Faktor:

Land	Faktor
Baden-Württemberg	46,47
Bayern	32,60
Bremen	66,44
Hamburg	84,78
Niedersachsen	48,54
Nordrhein-Westfalen	36,21
Rheinland-Pfalz	78,00
Saarland	65,83
Schleswig-Holstein	193,50

[7]Die Ergebnisse werden auf volle Hundertstel gerundet.

Anhang 1

Arbeitszeitgesetz (ArbZG)

Vom 6. Juni 1994 (BGBl. I S. 1170)

Zuletzt geändert durch
Viertes Bürokratieentlastungsgesetz
vom 23. Oktober 2024 (BGBl. I Nr. 323)

II

Erster Abschnitt
Allgemeine Vorschriften

§ 1 Zweck des Gesetzes

Zweck des Gesetzes ist es,

1. die Sicherheit und den Gesundheitsschutz der Arbeitnehmer in der Bundesrepublik Deutschland und in der ausschließlichen Wirtschaftszone bei der Arbeitszeitgestaltung zu gewährleisten und die Rahmenbedingungen für flexible Arbeitszeiten zu verbessern sowie
2. den Sonntag und die staatlich anerkannten Feiertage als Tage der Arbeitsruhe und der seelischen Erhebung der Arbeitnehmer zu schützen.

§ 2 Begriffsbestimmungen

(1) Arbeitszeit im Sinne dieses Gesetzes ist die Zeit vom Beginn bis zum Ende der Arbeit ohne die Ruhepausen; Arbeitszeiten bei mehreren Arbeitgebern sind zusammenzurechnen. Im Bergbau unter Tage zählen die Ruhepausen zur Arbeitszeit.

(2) Arbeitnehmer im Sinne dieses Gesetzes sind Arbeiter und Angestellte sowie die zu ihrer Berufsbildung Beschäftigten.

(3) Nachtzeit im Sinne dieses Gesetzes ist die Zeit von 23 bis 6 Uhr, in Bäckereien und Konditoreien die Zeit von 22 bis 5 Uhr.

(4) Nachtarbeit im Sinne dieses Gesetzes ist jede Arbeit, die mehr als zwei Stunden der Nachtzeit umfaßt.

(5) Nachtarbeitnehmer im Sinne dieses Gesetzes sind Arbeitnehmer, die

1. auf Grund ihrer Arbeitszeitgestaltung normalerweise Nachtarbeit in Wechselschicht zu leisten haben oder
2. Nachtarbeit an mindestens 48 Tagen im Kalenderjahr leisten.

II

Zweiter Abschnitt
Werktägliche Arbeitszeit und arbeitsfreie Zeiten

§ 3 Arbeitszeit der Arbeitnehmer

Die werktägliche Arbeitszeit der Arbeitnehmer darf acht Stunden nicht überschreiten. Sie kann auf bis zu zehn Stunden nur verlängert werden, wenn innerhalb von sechs Kalendermonaten oder innerhalb von 24 Wochen im Durchschnitt acht Stunden werktäglich nicht überschritten werden.

§ 4 Ruhepausen

Die Arbeit ist durch im voraus feststehende Ruhepausen von mindestens 30 Minuten bei einer Arbeitszeit von mehr als sechs bis zu neun Stunden und 45 Minuten bei einer Arbeitszeit von mehr als neun Stunden insgesamt zu unterbrechen. Die Ruhepausen nach Satz 1 können in Zeitabschnitte von jeweils mindestens 15 Minuten aufgeteilt werden. Länger als sechs Stunden hintereinander dürfen Arbeitnehmer nicht ohne Ruhepause beschäftigt werden.

§ 5 Ruhezeit

(1) Die Arbeitnehmer müssen nach Beendigung der täglichen Arbeitszeit eine ununterbrochene Ruhezeit von mindestens elf Stunden haben.

(2) Die Dauer der Ruhezeit des Absatzes 1 kann in Krankenhäusern und anderen Einrichtungen zur Behandlung, Pflege und Betreuung von Personen, in Gaststätten und anderen Einrichtungen zur Bewirtung und Beherbergung, in Verkehrsbetrieben, beim Rundfunk sowie in der Landwirtschaft und in der Tierhaltung um bis zu eine Stunde verkürzt werden, wenn jede Verkürzung der Ruhezeit innerhalb eines Kalendermonats oder innerhalb von vier Wochen durch Verlängerung einer anderen Ruhezeit auf mindestens zwölf Stunden ausgeglichen wird.

(3) Abweichend von Absatz 1 können in Krankenhäusern und anderen Einrichtungen zur Behandlung, Pflege und Betreuung von Personen Kürzungen der Ruhezeit durch Inanspruchnahme während der Rufbereitschaft, die nicht mehr als die Hälfte der Ruhezeit betragen, zu anderen Zeiten ausgeglichen werden.

§ 6 Nacht- und Schichtarbeit

(1) Die Arbeitszeit der Nacht- und Schichtarbeitnehmer ist nach den gesicherten arbeitswissenschaftlichen Erkenntnissen über die menschengerechte Gestaltung der Arbeit festzulegen.

(2) Die werktägliche Arbeitszeit der Nachtarbeitnehmer darf acht Stunden nicht überschreiten. Sie kann auf bis zu zehn Stunden nur verlängert werden, wenn abweichend von § 3 innerhalb von einem Kalendermonat oder innerhalb von vier Wochen im Durchschnitt acht Stunden werktäglich nicht überschritten werden. Für Zeiträume, in denen Nachtarbeitnehmer im Sinne des § 2 Abs. 5 Nr. 2 nicht zur Nachtarbeit herangezogen werden, findet § 3 Satz 2 Anwendung.

II

(3) Nachtarbeitnehmer sind berechtigt, sich vor Beginn der Beschäftigung und danach in regelmäßigen Zeitabständen von nicht weniger als drei Jahren arbeitsmedizinisch untersuchen zu lassen. Nach Vollendung des 50. Lebensjahres steht Nachtarbeitnehmern dieses Recht in Zeitabständen von einem Jahr zu. Die Kosten der Untersuchungen hat der Arbeitgeber zu tragen, sofern er die Untersuchungen den Nachtarbeitnehmern nicht kostenlos durch einen Betriebsarzt oder einen überbetrieblichen Dienst von Betriebsärzten anbietet.

(4) Der Arbeitgeber hat den Nachtarbeitnehmer auf dessen Verlangen auf einen für ihn geeigneten Tagesarbeitsplatz umzusetzen, wenn

a) nach arbeitsmedizinischer Feststellung die weitere Verrichtung von Nachtarbeit den Arbeitnehmer in seiner Gesundheit gefährdet oder

b) im Haushalt des Arbeitnehmers ein Kind unter zwölf Jahren lebt, das nicht von einer anderen im Haushalt lebenden Person betreut werden kann, oder

c) der Arbeitnehmer einen schwerpflegebedürftigen Angehörigen zu versorgen hat, der nicht von einem anderen im Haushalt lebenden Angehörigen versorgt werden kann,

sofern dem nicht dringende betriebliche Erfordernisse entgegenstehen. Stehen der Umsetzung des Nachtarbeitnehmers auf einen für ihn geeigneten Tagesarbeitsplatz nach Auffassung des Arbeitgebers dringende betriebliche Erfordernisse entgegen, so ist der Betriebs- oder Personalrat zu hören. Der Betriebs- oder Personalrat kann dem Arbeitgeber Vorschläge für eine Umsetzung unterbreiten.

(5) Soweit keine tarifvertraglichen Ausgleichsregelungen bestehen, hat der Arbeitgeber dem Nachtarbeitnehmer für die während der Nachtzeit geleisteten Arbeitsstunden eine angemessene Zahl bezahlter freier Tage oder einen angemessenen Zuschlag auf das ihm hierfür zustehende Bruttoarbeitsentgelt zu gewähren.

(6) Es ist sicherzustellen, daß Nachtarbeitnehmer den gleichen Zugang zur betrieblichen Weiterbildung und zu aufstiegsfördernden Maßnahmen haben wie die übrigen Arbeitnehmer.

II

§ 7 Abweichende Regelungen

(1) In einem Tarifvertrag oder auf Grund eines Tarifvertrags in einer Betriebs- oder Dienstvereinbarung kann zugelassen werden,

1. abweichend von § 3
   a) die Arbeitszeit über zehn Stunden werktäglich zu verlängern, wenn in die Arbeitszeit regelmäßig und in erheblichem Umfang Arbeitsbereitschaft oder Bereitschaftsdienst fällt,
   b) einen anderen Ausgleichszeitraum festzulegen,
2. abweichend von § 4 Satz 2 die Gesamtdauer der Ruhepausen in Schichtbetrieben und Verkehrsbetrieben auf Kurzpausen von angemessener Dauer aufzuteilen,
3. abweichend von § 5 Abs. 1 die Ruhezeit um bis zu zwei Stunden zu kürzen, wenn die Art der Arbeit dies erfordert und die Kürzung der Ruhezeit innerhalb eines festzulegenden Ausgleichszeitraums ausgeglichen wird,
4. abweichend von § 6 Abs. 2
   a) die Arbeitszeit über zehn Stunden werktäglich hinaus zu verlängern, wenn in die Arbeitszeit regelmäßig und in erheblichem Umfang Arbeitsbereitschaft oder Bereitschaftsdienst fällt,
   b) einen anderen Ausgleichszeitraum festzulegen,
5. den Beginn des siebenstündigen Nachtzeitraums des § 2 Abs. 3 auf die Zeit zwischen 22 und 24 Uhr festzulegen.

(2) Sofern der Gesundheitsschutz der Arbeitnehmer durch einen entsprechenden Zeitausgleich gewährleistet wird, kann in einem Tarifvertrag oder auf Grund eines Tarifvertrags in einer Betriebs- oder Dienstvereinbarung ferner zugelassen werden,

1. abweichend von § 5 Abs. 1 die Ruhezeiten bei Rufbereitschaft den Besonderheiten dieses Dienstes anzupassen, insbesondere Kürzungen der Ruhezeit infolge von Inanspruchnahmen während dieses Dienstes zu anderen Zeiten auszugleichen,
2. die Regelungen der §§ 3, 5 Abs. 1 und § 6 Abs. 2 in der Landwirtschaft der Bestellungs- und Erntezeit sowie den Witterungseinflüssen anzupassen,
3. die Regelungen der §§ 3, 4, 5 Abs. 1 und § 6 Abs. 2 bei der Behandlung, Pflege und Betreuung von Personen der Eigenart dieser Tätigkeit und dem Wohl dieser Personen entsprechend anzupassen,
4. die Regelungen der §§ 3, 4, 5 Abs. 1 und § 6 Abs. 2 bei Verwaltungen und Betrieben des Bundes, der Länder, der Gemeinden und sonstigen Körperschaften, Anstalten und Stiftungen des öffentlichen Rechts sowie bei anderen Arbeitgebern, die der Tarifbindung eines

für den öffentlichen Dienst geltenden oder eines im wesentlichen inhaltsgleichen Tarifvertrags unterliegen, der Eigenart der Tätigkeit bei diesen Stellen anzupassen.

(2a) In einem Tarifvertrag oder auf Grund eines Tarifvertrags in einer Betriebs- oder Dienstvereinbarung kann abweichend von den §§ 3, 5 Abs. 1 und § 6 Abs. 2 auch zugelassen werden, die werktägliche Arbeitszeit auch ohne Ausgleich über acht Stunden zu verlängern, wenn in die Arbeitszeit regelmäßig und in erheblichem Umfang Arbeitsbereitschaft oder Bereitschaftsdienst fällt und durch besondere Regelungen sichergestellt wird, dass die Gesundheit der Arbeitnehmer nicht gefährdet wird.

(3) Im Geltungsbereich eines Tarifvertrags nach Absatz 1, 2 oder 2a können abweichende tarifvertragliche Regelungen im Betrieb eines nicht tarifgebundenen Arbeitgebers durch Betriebs- oder Dienstvereinbarung oder, wenn ein Betriebs- oder Personalrat nicht besteht, durch schriftliche Vereinbarung zwischen dem Arbeitgeber und dem Arbeitnehmer übernommen werden. Können auf Grund eines solchen Tarifvertrags abweichende Regelungen in einer Betriebs- oder Dienstvereinbarung getroffen werden, kann auch in Betrieben eines nicht tarifgebundenen Arbeitgebers davon Gebrauch gemacht werden. Eine nach Absatz 2 Nr. 4 getroffene abweichende tarifvertragliche Regelung hat zwischen nicht tarifgebundenen Arbeitgebern und Arbeitnehmern Geltung, wenn zwischen ihnen die Anwendung der für den öffentlichen Dienst geltenden tarifvertraglichen Bestimmungen vereinbart ist und die Arbeitgeber die Kosten des Betriebs überwiegend mit Zuwendungen im Sinne des Haushaltsrechts decken.

(4) Die Kirchen und die öffentlich-rechtlichen Religionsgesellschaften können die in Absatz 1, 2 oder 2a genannten Abweichungen in ihren Regelungen vorsehen.

(5) In einem Bereich, in dem Regelungen durch Tarifvertrag üblicherweise nicht getroffen werden, können Ausnahmen im Rahmen des Absatzes 1, 2 oder 2a durch die Aufsichtsbehörde bewilligt werden, wenn dies aus betrieblichen Gründen erforderlich ist und die Gesundheit der Arbeitnehmer nicht gefährdet wird.

(6) Die Bundesregierung kann durch Rechtsverordnung mit Zustimmung des Bundesrates Ausnahmen im Rahmen des Absatzes 1 oder 2 zulassen, sofern dies aus betrieblichen Gründen erforderlich ist und die Gesundheit der Arbeitnehmer nicht gefährdet wird.

(7) Auf Grund einer Regelung nach Absatz 2a oder den Absätzen 3 bis 5 jeweils in Verbindung mit Absatz 2a darf die Arbeitszeit nur verlängert werden, wenn der Arbeitnehmer schriftlich eingewilligt

hat. Der Arbeitnehmer kann die Einwilligung mit einer Frist von sechs Monaten schriftlich widerrufen. Der Arbeitgeber darf einen Arbeitnehmer nicht benachteiligen, wenn dieser die Einwilligung zur Verlängerung der Arbeitszeit nicht erklärt oder die Einwilligung widerrufen hat.

(8) Werden Regelungen nach Absatz 1 Nr. 1 und 4, Absatz 2 Nr. 2 bis 4 oder solche Regelungen auf Grund der Absätze 3 und 4 zugelassen, darf die Arbeitszeit 48 Stunden wöchentlich im Durchschnitt von zwölf Kalendermonaten nicht überschreiten. Erfolgt die Zulassung auf Grund des Absatzes 5, darf die Arbeitszeit 48 Stunden wöchentlich im Durchschnitt von sechs Kalendermonaten oder 24 Wochen nicht überschreiten.

(9) Wird die werktägliche Arbeitszeit über zwölf Stunden hinaus verlängert, muss im unmittelbaren Anschluss an die Beendigung der Arbeitszeit eine Ruhezeit von mindestens elf Stunden gewährt werden.

§ 8 Gefährliche Arbeiten

Die Bundesregierung kann durch Rechtsverordnung mit Zustimmung des Bundesrates für einzelne Beschäftigungsbereiche, für bestimmte Arbeiten oder für bestimmte Arbeitnehmergruppen, bei denen besondere Gefahren für die Gesundheit der Arbeitnehmer zu erwarten sind, die Arbeitszeit über § 3 hinaus beschränken, die Ruhepausen und Ruhezeiten über die §§ 4 und 5 hinaus ausdehnen, die Regelungen zum Schutz der Nacht- und Schichtarbeitnehmer in § 6 erweitern und die Abweichungsmöglichkeiten nach § 7 beschränken, soweit dies zum Schutz der Gesundheit der Arbeitnehmer erforderlich ist. Satz 1 gilt nicht für Beschäftigungsbereiche und Arbeiten in Betrieben, die der Bergaufsicht unterliegen.

Dritter Abschnitt
Sonn- und Feiertagsruhe

§ 9 Sonn- und Feiertagsruhe

(1) Arbeitnehmer dürfen an Sonn- und gesetzlichen Feiertagen von 0 bis 24 Uhr nicht beschäftigt werden.

(2) In mehrschichtigen Betrieben mit regelmäßiger Tag- und Nachtschicht kann Beginn oder Ende der Sonn- und Feiertagsruhe um bis zu sechs Stunden vor- oder zurückverlegt werden, wenn für die auf den Beginn der Ruhezeit folgenden 24 Stunden der Betrieb ruht.

(3) Für Kraftfahrer und Beifahrer kann der Beginn der 24stündigen Sonn- und Feiertagsruhe um bis zu zwei Stunden vorverlegt werden.

§ 10 Sonn- und Feiertagsbeschäftigung

(1) Sofern die Arbeiten nicht an Werktagen vorgenommen werden können, dürfen Arbeitnehmer an Sonn- und Feiertagen abweichend von § 9 beschäftigt werden

1. in Not- und Rettungsdiensten sowie bei der Feuerwehr,
2. zur Aufrechterhaltung der öffentlichen Sicherheit und Ordnung sowie der Funktionsfähigkeit von Gerichten und Behörden und für Zwecke der Verteidigung,
3. in Krankenhäusern und anderen Einrichtungen zur Behandlung, Pflege und Betreuung von Personen,
4. in Gaststätten und anderen Einrichtungen zur Bewirtung und Beherbergung sowie im Haushalt,
5. bei Musikaufführungen, Theatervorstellungen, Filmvorführungen, Schaustellungen, Darbietungen und anderen ähnlichen Veranstaltungen,
6. bei nichtgewerblichen Aktionen und Veranstaltungen der Kirchen, Religionsgesellschaften, Verbände, Vereine, Parteien und anderer ähnlicher Vereinigungen,
7. beim Sport und in Freizeit-, Erholungs- und Vergnügungseinrichtungen, beim Fremdenverkehr sowie in Museen und wissenschaftlichen Präsenzbibliotheken,
8. beim Rundfunk, bei der Tages- und Sportpresse, bei Nachrichtenagenturen sowie bei den der Tagesaktualität dienenden Tätigkeiten für andere Presseerzeugnisse einschließlich des Austragens, bei der Herstellung von Satz, Filmen und Druckformen für tagesaktuelle Nachrichten und Bilder, bei tagesaktuellen Aufnahmen auf Ton- und Bildträger sowie beim Transport und Kommissionieren von Presseerzeugnissen, deren Ersterscheinungstag am Montag oder am Tag nach einem Feiertag liegt,
9. bei Messen, Ausstellungen und Märkten im Sinne des Titels IV der Gewerbeordnung sowie bei Volksfesten,
10. in Verkehrsbetrieben sowie beim Transport und Kommissionieren von leichtverderblichen Waren im Sinne des § 30 Abs. 3 Nr. 2 der Straßenverkehrsordnung,
11. in den Energie- und Wasserversorgungsbetrieben sowie in Abfall- und Abwasserentsorgungsbetrieben,
12. in der Landwirtschaft und in der Tierhaltung sowie in Einrichtungen zur Behandlung und Pflege von Tieren,
13. im Bewachungsgewerbe und bei der Bewachung von Betriebsanlagen,

14. bei der Reinigung und Instandhaltung von Betriebseinrichtungen, soweit hierdurch der regelmäßige Fortgang des eigenen oder eines fremden Betriebs bedingt ist, bei der Vorbereitung der Wiederaufnahme des vollen werktägigen Betriebs sowie bei der Aufrechterhaltung der Funktionsfähigkeit von Datennetzen und Rechnersystemen,

II

15. zur Verhütung des Verderbens von Naturerzeugnissen oder Rohstoffen oder des Mißlingens von Arbeitsergebnissen sowie bei kontinuierlich durchzuführenden Forschungsarbeiten,
16. zur Vermeidung einer Zerstörung oder erheblichen Beschädigung der Produktionseinrichtungen.

(2) Abweichend von § 9 dürfen Arbeitnehmer an Sonn- und Feiertagen mit den Produktionsarbeiten beschäftigt werden, wenn die infolge der Unterbrechung der Produktion nach Absatz 1 Nr. 14 zulässigen Arbeiten den Einsatz von mehr Arbeitnehmern als bei durchgehender Produktion erfordern.

(3) Abweichend von § 9 dürfen Arbeitnehmer an Sonn- und Feiertagen in Bäckereien und Konditoreien für bis zu drei Stunden mit der Herstellung und dem Austragen oder Ausfahren von Konditorwaren und an diesem Tag zum Verkauf kommenden Bäckerwaren beschäftigt werden.

(4) Sofern die Arbeiten nicht an Werktagen vorgenommen werden können, dürfen Arbeitnehmer zur Durchführung des Eil- und Großbetragszahlungsverkehrs und des Geld-, Devisen-, Wertpapier- und Derivatehandels abweichend von § 9 Abs. 1 an den auf einen Werktag fallenden Feiertagen beschäftigt werden, die nicht in allen Mitgliedstaaten der Europäischen Union Feiertage sind.

§ 11 Ausgleich für Sonn- und Feiertagsbeschäftigung

(1) Mindestens 15 Sonntage im Jahr müssen beschäftigungsfrei bleiben.

(2) Für die Beschäftigung an Sonn- und Feiertagen gelten die §§ 3 bis 8 entsprechend, jedoch dürfen durch die Arbeitszeit an Sonn- und Feiertagen die in den §§ 3, 6 Abs. 2, §§ 7 und 21a Abs. 4 bestimmten Höchstarbeitszeiten und Ausgleichszeiträume nicht überschritten werden.

(3) Werden Arbeitnehmer an einem Sonntag beschäftigt, müssen sie einen Ersatzruhetag haben, der innerhalb eines den Beschäftigungstag einschließenden Zeitraums von zwei Wochen zu gewähren ist. Werden Arbeitnehmer an einem auf einen Werktag fallenden Feiertag beschäftigt, müssen sie einen Ersatzruhetag haben, der innerhalb

eines den Beschäftigungstag einschließenden Zeitraums von acht Wochen zu gewähren ist.

(4) Die Sonn- oder Feiertagsruhe des § 9 oder der Ersatzruhetag des Absatzes 3 ist den Arbeitnehmern unmittelbar in Verbindung mit einer Ruhezeit nach § 5 zu gewähren, soweit dem technische oder arbeitsorganisatorische Gründe nicht entgegenstehen.

§ 12 Abweichende Regelungen

In einem Tarifvertrag oder auf Grund eines Tarifvertrags in einer Betriebs- oder Dienstvereinbarung kann zugelassen werden,

1. abweichend von § 11 Abs. 1 die Anzahl der beschäftigungsfreien Sonntage in den Einrichtungen des § 10 Abs. 1 Nr. 2, 3, 4 und 10 auf mindestens zehn Sonntage, im Rundfunk, in Theaterbetrieben, Orchestern sowie bei Schaustellungen auf mindestens acht Sonntage, in Filmtheatern und in der Tierhaltung auf mindestens sechs Sonntage im Jahr zu verringern,
2. abweichend von § 11 Abs. 3 den Wegfall von Ersatzruhetagen für auf Werktage fallende Feiertage zu vereinbaren oder Arbeitnehmer innerhalb eines festzulegenden Ausgleichszeitraums beschäftigungsfrei zu stellen,
3. abweichend von § 11 Abs. 1 bis 3 in der Seeschiffahrt die den Arbeitnehmern nach diesen Vorschriften zustehenden freien Tage zusammenhängend zu geben,
4. abweichend von § 11 Abs. 2 die Arbeitszeit in vollkontinuierlichen Schichtbetrieben an Sonn- und Feiertagen auf bis zu zwölf Stunden zu verlängern, wenn dadurch zusätzliche freie Schichten an Sonn- und Feiertagen erreicht werden.

§ 7 Abs. 3 bis 6 findet Anwendung.

§ 13 Ermächtigung, Anordnung, Bewilligung

(1) Die Bundesregierung kann durch Rechtsverordnung mit Zustimmung des Bundesrates zur Vermeidung erheblicher Schäden unter Berücksichtigung des Schutzes der Arbeitnehmer und der Sonn- und Feiertagsruhe

1. die Bereiche mit Sonn- und Feiertagsbeschäftigung nach § 10 sowie die dort zugelassenen Arbeiten näher bestimmen,
2. über die Ausnahmen nach § 10 hinaus weitere Ausnahmen abweichend von § 9
   a) für Betriebe, in denen die Beschäftigung von Arbeitnehmern an Sonn- oder Feiertagen zur Befriedigung täglicher oder an diesen

II

Tagen besonders hervortretender Bedürfnisse der Bevölkerung erforderlich ist,

b) für Betriebe, in denen Arbeiten vorkommen, deren Unterbrechung oder Aufschub
   aa) nach dem Stand der Technik ihrer Art nach nicht oder nur mit erheblichen Schwierigkeiten möglich ist,
   bb) besondere Gefahren für Leben oder Gesundheit der Arbeitnehmer zur Folge hätte,
   cc) zu erheblichen Belastungen der Umwelt oder der Energie- oder Wasserversorgung führen würde,

c) aus Gründen des Gemeinwohls, insbesondere auch zur Sicherung der Beschäftigung,

zulassen und die zum Schutz der Arbeitnehmer und der Sonn- und Feiertagsruhe notwendigen Bedingungen bestimmen.

(2) Soweit die Bundesregierung von der Ermächtigung des Absatzes 1 Nr. 2 Buchstabe a keinen Gebrauch gemacht hat, können die Landesregierungen durch Rechtsverordnung entsprechende Bestimmungen erlassen. Die Landesregierungen können diese Ermächtigung durch Rechtsverordnung auf oberste Landesbehörden übertragen.

(3) Die Aufsichtsbehörde kann

1. feststellen, ob eine Beschäftigung nach § 10 zulässig ist,
2. abweichend von § 9 bewilligen, Arbeitnehmer zu beschäftigen
   a) im Handelsgewerbe an bis zu zehn Sonn- und Feiertagen im Jahr, an denen besondere Verhältnisse einen erweiterten Geschäftsverkehr erforderlich machen,
   b) an bis zu fünf Sonn- und Feiertagen im Jahr, wenn besondere Verhältnisse zur Verhütung eines unverhältnismäßigen Schadens dies erfordern,
   c) an einem Sonntag im Jahr zur Durchführung einer gesetzlich vorgeschriebenen Inventur,

und Anordnungen über die Beschäftigungszeit unter Berücksichtigung der für den öffentlichen Gottesdienst bestimmten Zeit treffen.

(4) Die Aufsichtsbehörde soll abweichend von § 9 bewilligen, daß Arbeitnehmer an Sonn- und Feiertagen mit Arbeiten beschäftigt werden, die aus chemischen, biologischen, technischen oder physikalischen Gründen einen ununterbrochenen Fortgang auch an Sonn- und Feiertagen erfordern.

(5) Die Aufsichtsbehörde hat abweichend von § 9 die Beschäftigung von Arbeitnehmern an Sonn- und Feiertagen zu bewilligen, wenn bei einer weitgehenden Ausnutzung der gesetzlich zulässigen wöchent-

lichen Betriebszeiten und bei längeren Betriebszeiten im Ausland die Konkurrenzfähigkeit unzumutbar beeinträchtigt ist und durch die Genehmigung von Sonn- und Feiertagsarbeit die Beschäftigung gesichert werden kann.

Vierter Abschnitt
Ausnahmen in besonderen Fällen

§ 14 Außergewöhnliche Fälle

(1) Von den §§ 3 bis 5, 6 Abs. 2, §§ 7, 9 bis 11 darf abgewichen werden bei vorübergehenden Arbeiten in Notfällen und in außergewöhnlichen Fällen, die unabhängig vom Willen der Betroffenen eintreten und deren Folgen nicht auf andere Weise zu beseitigen sind, besonders wenn Rohstoffe oder Lebensmittel zu verderben oder Arbeitsergebnisse zu mißlingen drohen.

(2) Von den §§ 3 bis 5, 6 Abs. 2, §§ 7, 11 Abs. 1 bis 3 und § 12 darf ferner abgewichen werden,

1. wenn eine verhältnismäßig geringe Zahl von Arbeitnehmern vorübergehend mit Arbeiten beschäftigt wird, deren Nichterledigung das Ergebnis der Arbeiten gefährden oder einen unverhältnismäßigen Schaden zur Folge haben würden,
2. bei Forschung und Lehre, bei unaufschiebbaren Vor- und Abschlußarbeiten sowie bei unaufschiebbaren Arbeiten zur Behandlung, Pflege und Betreuung von Personen oder zur Behandlung und Pflege von Tieren an einzelnen Tagen,

wenn dem Arbeitgeber andere Vorkehrungen nicht zugemutet werden können.

(3) Wird von den Befugnissen nach Absatz 1 oder 2 Gebrauch gemacht, darf die Arbeitszeit 48 Stunden wöchentlich im Durchschnitt von sechs Kalendermonaten oder 24 Wochen nicht überschreiten.

§ 15 Bewilligung, Ermächtigung

(1) Die Aufsichtsbehörde kann

1. eine von den §§ 3, 6 Abs. 2 und § 11 Abs. 2 abweichende längere tägliche Arbeitszeit bewilligen
   a) für kontinuierliche Schichtbetriebe zur Erreichung zusätzlicher Freischichten,
   b) für Bau- und Montagestellen,
2. eine von den §§ 3, 6 Abs. 2 und § 11 Abs. 2 abweichende längere tägliche Arbeitszeit für Saison- und Kampagnebetriebe für die Zeit der Saison oder Kampagne bewilligen, wenn die Verlängerung

der Arbeitszeit über acht Stunden werktäglich durch eine entsprechende Verkürzung der Arbeitszeit zu anderen Zeiten ausgeglichen wird,

3. eine von den §§ 5 und 11 Abs. 2 abweichende Dauer und Lage der Ruhezeit bei Arbeitsbereitschaft, Bereitschaftsdienst und Rufbereitschaft den Besonderheiten dieser Inanspruchnahmen im öffentlichen Dienst entsprechend bewilligen,

4. eine von den §§ 5 und 11 Abs. 2 abweichende Ruhezeit zur Herbeiführung eines regelmäßigen wöchentlichen Schichtwechsels zweimal innerhalb eines Zeitraums von drei Wochen bewilligen.

(2) Die Aufsichtsbehörde kann über die in diesem Gesetz vorgesehenen Ausnahmen hinaus weitergehende Ausnahmen zulassen, soweit sie im öffentlichen Interesse dringend nötig werden.

(2a) Die Bundesregierung kann durch Rechtsverordnung mit Zustimmung des Bundesrates

1. Ausnahmen von den §§ 3, 4, 5 und 6 Absatz 2 sowie von den §§ 9 und 11 für Arbeitnehmer, die besondere Tätigkeiten zur Errichtung, zur Änderung oder zum Betrieb von Bauwerken, künstlichen Inseln oder sonstigen Anlagen auf See (Offshore-Tätigkeiten) durchführen, zulassen und

2. die zum Schutz der in Nummer 1 genannten Arbeitnehmer sowie der Sonn- und Feiertagsruhe notwendigen Bedingungen bestimmen.

(3) Das Bundesministerium der Verteidigung kann in seinem Geschäftsbereich durch Rechtsverordnung mit Zustimmung des Bundesministeriums für Arbeit und Soziales aus zwingenden Gründen der Verteidigung Arbeitnehmer verpflichten, über die in diesem Gesetz und in den auf Grund dieses Gesetzes erlassenen Rechtsverordnungen und Tarifverträgen festgelegten Arbeitszeitgrenzen und -beschränkungen hinaus Arbeit zu leisten.

(3a) Das Bundesministerium der Verteidigung kann in seinem Geschäftsbereich durch Rechtsverordnung im Einvernehmen mit dem Bundesministerium für Arbeit und Soziales für besondere Tätigkeiten der Arbeitnehmer bei den Streitkräften Abweichungen von in diesem Gesetz sowie von in den auf Grund dieses Gesetzes erlassenen Rechtsverordnungen bestimmten Arbeitszeitgrenzen und -beschränkungen zulassen, soweit die Abweichungen aus zwingenden Gründen erforderlich sind und die größtmögliche Sicherheit und der bestmögliche Gesundheitsschutz der Arbeitnehmer gewährleistet werden.

(4) Werden Ausnahmen nach Absatz 1 oder 2 zugelassen, darf die Arbeitszeit 48 Stunden wöchentlich im Durchschnitt von sechs Kalendermonaten oder 24 Wochen nicht überschreiten.

Fünfter Abschnitt
Durchführung des Gesetzes

§ 16 Aushang und Arbeitszeitnachweise

(1) Der Arbeitgeber ist verpflichtet, eine Kopie dieses Gesetzes, der auf Grund dieses Gesetzes erlassenen, für den Betrieb geltenden Rechtsverordnungen und der für den Betrieb geltenden Tarifverträge und Betriebs- oder Dienstvereinbarungen im Sinne des § 7 Absatz 1 bis 3 und der §§ 12 und 21a Absatz 6 den Arbeitnehmern über die im Betrieb oder in der Dienststelle übliche Informations- und Kommunikationstechnik zur Verfügung zu stellen oder an geeigneter Stelle im Betrieb oder in der Dienststelle zur Einsichtnahme auszulegen oder auszuhängen.

(2) Der Arbeitgeber ist verpflichtet, die über die werktägliche Arbeitszeit des § 3 Satz 1 hinausgehende Arbeitszeit der Arbeitnehmer aufzuzeichnen und ein Verzeichnis der Arbeitnehmer zu führen, die in eine Verlängerung der Arbeitszeit gemäß § 7 Abs. 7 eingewilligt haben. Die Nachweise sind mindestens zwei Jahre aufzubewahren.

§ 17 Aufsichtsbehörde

(1) Die Einhaltung dieses Gesetzes und der auf Grund dieses Gesetzes erlassenen Rechtsverordnungen wird von den nach Landesrecht zuständigen Behörden (Aufsichtsbehörden) überwacht.

(2) Die Aufsichtsbehörde kann die erforderlichen Maßnahmen anordnen, die der Arbeitgeber zur Erfüllung der sich aus diesem Gesetz und den auf Grund dieses Gesetzes erlassenen Rechtsverordnungen ergebenden Pflichten zu treffen hat.

(3) Für den öffentlichen Dienst des Bundes sowie für die bundesunmittelbaren Körperschaften, Anstalten und Stiftungen des öffentlichen Rechts werden die Aufgaben und Befugnisse der Aufsichtsbehörde vom zuständigen Bundesministerium oder den von ihm bestimmten Stellen wahrgenommen; das gleiche gilt für die Befugnisse nach § 15 Abs. 1 und 2.

(4) Die Aufsichtsbehörde kann vom Arbeitgeber die für die Durchführung dieses Gesetzes und der auf Grund dieses Gesetzes erlassenen Rechtsverordnungen erforderlichen Auskünfte verlangen. Sie kann ferner vom Arbeitgeber verlangen, die Arbeitszeitnachweise und Tarifverträge oder Betriebs- oder Dienstvereinbarungen im Sinne des

§ 7 Abs. 1 bis 3, §§ 12 und 21a Abs. 6 sowie andere Arbeitszeitnachweise oder Geschäftsunterlagen, die mittelbar oder unmittelbar Auskunft über die Einhaltung des Arbeitszeitgesetzes geben, vorzulegen oder zur Einsicht einzusenden.

(5) Die Beauftragten der Aufsichtsbehörde sind berechtigt, die Arbeitsstätten während der Betriebs- und Arbeitszeit zu betreten und zu besichtigen; außerhalb dieser Zeit oder wenn sich die Arbeitsstätten in einer Wohnung befinden, dürfen sie ohne Einverständnis des Inhabers nur zur Verhütung von dringenden Gefahren für die öffentliche Sicherheit und Ordnung betreten und besichtigt werden. Der Arbeitgeber hat das Betreten und Besichtigen der Arbeitsstätten zu gestatten. Das Grundrecht der Unverletzlichkeit der Wohnung (Artikel 13 des Grundgesetzes) wird insoweit eingeschränkt.

(6) Der zur Auskunft Verpflichtete kann die Auskunft auf solche Fragen verweigern, deren Beantwortung ihn selbst oder einen der in § 383 Abs. 1 Nr. 1 bis 3 der Zivilprozeßordnung bezeichneten Angehörigen der Gefahr strafgerichtlicher Verfolgung oder eines Verfahrens nach dem Gesetz über Ordnungswidrigkeiten aussetzen würde.

Sechster Abschnitt
Sonderregelungen

§ 18 Nichtanwendung des Gesetzes

(1) Dieses Gesetz ist nicht anzuwenden auf

1. leitende Angestellte im Sinne des § 5 Abs. 3 des Betriebsverfassungsgesetzes sowie Chefärzte,
2. Leiter von öffentlichen Dienststellen und deren Vertreter sowie Arbeitnehmer im öffentlichen Dienst, die zu selbständigen Entscheidungen in Personalangelegenheiten befugt sind,
3. Arbeitnehmer, die in häuslicher Gemeinschaft mit den ihnen anvertrauten Personen zusammenleben und sie eigenverantwortlich erziehen, pflegen oder betreuen,
4. den liturgischen Bereich der Kirchen und der Religionsgemeinschaften.

(2) Für die Beschäftigung von Personen unter 18 Jahren gilt anstelle dieses Gesetzes das Jugendarbeitsschutzgesetz.

(3) Für die Beschäftigung von Arbeitnehmern als Besatzungsmitglieder auf Kauffahrteischiffen im Sinne des § 3 des Seearbeitsgesetzes gilt anstelle dieses Gesetzes das Seearbeitsgesetz.

§ 19 Beschäftigung im öffentlichen Dienst

Bei der Wahrnehmung hoheitlicher Aufgaben im öffentlichen Dienst können, soweit keine tarifvertragliche Regelung besteht, durch die zuständige Dienstbehörde die für Beamte geltenden Bestimmungen über die Arbeitszeit auf die Arbeitnehmer übertragen werden; insoweit finden die §§ 3 bis 13 keine Anwendung.

§ 20 Beschäftigung in der Luftfahrt

Für die Beschäftigung von Arbeitnehmern als Besatzungsmitglieder von Luftfahrzeugen gelten anstelle der Vorschriften dieses Gesetzes über Arbeits- und Ruhezeiten die Vorschriften über Flug-, Flugdienst- und Ruhezeiten der Zweiten Durchführungsverordnung zur Betriebsordnung für Luftfahrtgerät in der jeweils geltenden Fassung.

§ 21 Beschäftigung in der Binnenschiffahrt

(1) Die Bundesregierung kann durch Rechtsverordnung mit Zustimmung des Bundesrates, auch zur Umsetzung zwischenstaatlicher Vereinbarungen oder Rechtsakten der Europäischen Union, abweichend von den Vorschriften dieses Gesetzes die Bedingungen für die Arbeitszeitgestaltung von Arbeitnehmern, die als Mitglied der Besatzung oder des Bordpersonals an Bord eines Fahrzeugs in der Binnenschifffahrt beschäftigt sind, regeln, soweit dies erforderlich ist, um den besonderen Bedingungen an Bord von Binnenschiffen Rechnung zu tragen. Insbesondere können in diesen Rechtsverordnungen die notwendigen Bedingungen für die Sicherheit und den Gesundheitsschutz im Sinne des § 1, einschließlich gesundheitlicher Untersuchungen hinsichtlich der Auswirkungen der Arbeitszeitbedingungen auf einem Schiff in der Binnenschifffahrt, sowie die notwendigen Bedingungen für den Schutz der Sonn- und Feiertagsruhe bestimmt werden. In Rechtsverordnungen nach Satz 1 kann ferner bestimmt werden, dass von den Vorschriften der Rechtsverordnung durch Tarifvertrag abgewichen werden kann.

(2) Soweit die Bundesregierung von der Ermächtigung des Absatzes 1 keinen Gebrauch macht, gelten die Vorschriften dieses Gesetzes für das Fahrpersonal auf Binnenschiffen, es sei denn, binnenschifffahrtsrechtliche Vorschriften über Ruhezeiten stehen dem entgegen. Bei Anwendung des Satzes 1 kann durch Tarifvertrag von den Vorschriften dieses Gesetzes abgewichen werden, um der Eigenart der Binnenschifffahrt Rechnung zu tragen.

II

§ 21a Beschäftigung im Straßentransport

(1) Für die Beschäftigung von Arbeitnehmern als Fahrer oder Beifahrer bei Straßenverkehrstätigkeiten im Sinne der Verordnung (EG) Nr. 561/2006 des Europäischen Parlaments und des Rates vom 15. März 2006 zur Harmonisierung bestimmter Sozialvorschriften im Straßenverkehr und zur Änderung der Verordnungen (EWG) Nr. 3821/85 und (EG) Nr. 2135/98 des Rates sowie zur Aufhebung der Verordnung (EWG) Nr. 3820/85 des Rates (ABl. EG Nr. L 102 S. 1) oder des Europäischen Übereinkommens über die Arbeit des im internationalen Straßenverkehr beschäftigten Fahrpersonals (AETR) vom 1. Juli 1970 (BGBl. II 1974 S. 1473) in ihren jeweiligen Fassungen gelten die Vorschriften dieses Gesetzes, soweit nicht die folgenden Absätze abweichende Regelungen enthalten. Die Vorschriften der Verordnung (EG) Nr. 561/2006 und des AETR bleiben unberührt.

(2) Eine Woche im Sinne dieser Vorschriften ist der Zeitraum von Montag 0 Uhr bis Sonntag 24 Uhr.

(3) Abweichend von § 2 Abs. 1 ist keine Arbeitszeit:

1. die Zeit, während derer sich ein Arbeitnehmer am Arbeitsplatz bereithalten muss, um seine Tätigkeit aufzunehmen,
2. die Zeit, während derer sich ein Arbeitnehmer bereithalten muss, um seine Tätigkeit auf Anweisung aufnehmen zu können, ohne sich an seinem Arbeitsplatz aufhalten zu müssen,
3. für Arbeitnehmer, die sich beim Fahren abwechseln, die während der Fahrt neben dem Fahrer oder in einer Schlafkabine verbrachte Zeit.

Für die Zeiten nach Satz 1 Nr. 1 und 2 gilt dies nur, wenn der Zeitraum und dessen voraussichtliche Dauer im Voraus, spätestens unmittelbar vor Beginn des betreffenden Zeitraums bekannt ist. Die in Satz 1 genannten Zeiten sind keine Ruhezeiten. Die in Satz 1 Nr. 1 und 2 genannten Zeiten sind keine Ruhepausen.

(4) Die Arbeitszeit darf 48 Stunden wöchentlich nicht überschreiten. Sie kann auf bis zu 60 Stunden verlängert werden, wenn innerhalb von vier Kalendermonaten oder 16 Wochen im Durchschnitt 48 Stunden wöchentlich nicht überschritten werden.

(5) Die Ruhezeiten bestimmen sich nach den Vorschriften der Europäischen Gemeinschaften für Kraftfahrer und Beifahrer sowie nach dem AETR. Dies gilt auch für Auszubildende und Praktikanten.

(6) In einem Tarifvertrag oder auf Grund eines Tarifvertrags in einer Betriebs- oder Dienstvereinbarung kann zugelassen werden,

1. nähere Einzelheiten zu den in Absatz 3 Satz 1 Nr. 1, 2 und Satz 2 genannten Voraussetzungen zu regeln,
2. abweichend von Absatz 4 sowie den §§ 3 und 6 Abs. 2 die Arbeitszeit festzulegen, wenn objektive, technische oder arbeitszeitorganisatorische Gründe vorliegen. Dabei darf die Arbeitszeit 48 Stunden wöchentlich im Durchschnitt von sechs Kalendermonaten nicht überschreiten.

§ 7 Abs. 1 Nr. 2 und Abs. 2a gilt nicht. § 7 Abs. 3 gilt entsprechend.

(7) Der Arbeitgeber ist verpflichtet, die Arbeitszeit der Arbeitnehmer aufzuzeichnen. Die Aufzeichnungen sind mindestens zwei Jahre aufzubewahren. Der Arbeitgeber hat dem Arbeitnehmer auf Verlangen eine Kopie der Aufzeichnungen seiner Arbeitszeit auszuhändigen.

(8) Zur Berechnung der Arbeitszeit fordert der Arbeitgeber den Arbeitnehmer schriftlich auf, ihm eine Aufstellung der bei einem anderen Arbeitgeber geleisteten Arbeitszeit vorzulegen. Der Arbeitnehmer legt diese Angaben schriftlich vor.

Siebter Abschnitt
Straf- und Bußgeldvorschriften

§ 22 Bußgeldvorschriften

(1) Ordnungswidrig handelt, wer als Arbeitgeber vorsätzlich oder fahrlässig

1. entgegen §§ 3, 6 Abs. 2 oder § 21a Abs. 4, jeweils auch in Verbindung mit § 11 Abs. 2, einen Arbeitnehmer über die Grenzen der Arbeitszeit hinaus beschäftigt,
2. entgegen § 4 Ruhepausen nicht, nicht mit der vorgeschriebenen Mindestdauer oder nicht rechtzeitig gewährt,
3. entgegen § 5 Abs. 1 die Mindestruhezeit nicht gewährt oder entgegen § 5 Abs. 2 die Verkürzung der Ruhezeit durch Verlängerung einer anderen Ruhezeit nicht oder nicht rechtzeitig ausgleicht,
4. einer Rechtsverordnung nach § 8 Satz 1, § 13 Abs. 1 oder 2, § 15 Absatz 2a Nummer 2, § 21 Absatz 1 oder § 24 zuwiderhandelt, soweit sie für einen bestimmten Tatbestand auf diese Bußgeldvorschrift verweist,
5. entgegen § 9 Abs. 1 einen Arbeitnehmer an Sonn- oder Feiertagen beschäftigt,
6. entgegen § 11 Abs. 1 einen Arbeitnehmer an allen Sonntagen beschäftigt oder entgegen § 11 Abs. 3 einen Ersatzruhetag nicht oder nicht rechtzeitig gewährt,

7. einer vollziehbaren Anordnung nach § 13 Abs. 3 Nr. 2 zuwiderhandelt,
8. entgegen § 16 Abs. 1 die dort bezeichnete Auslage oder den dort bezeichneten Aushang nicht vornimmt,
9. entgegen § 16 Abs. 2 oder § 21a Abs. 7 Aufzeichnungen nicht oder nicht richtig erstellt oder nicht für die vorgeschriebene Dauer aufbewahrt oder
10. entgegen § 17 Abs. 4 eine Auskunft nicht, nicht richtig oder nicht vollständig erteilt, Unterlagen nicht oder nicht vollständig vorlegt oder nicht einsendet oder entgegen § 17 Abs. 5 Satz 2 eine Maßnahme nicht gestattet.

(2) Die Ordnungswidrigkeit kann in den Fällen des Absatzes 1 Nr. 1 bis 7, 9 und 10 mit einer Geldbuße bis zu dreißigtausend Euro, in den Fällen des Absatzes 1 Nr. 8 mit einer Geldbuße bis zu fünftausend Euro geahndet werden.

§ 23 Strafvorschriften

(1) Wer eine der in § 22 Abs. 1 Nr. 1 bis 3, 5 bis 7 bezeichneten Handlungen

1. vorsätzlich begeht und dadurch Gesundheit oder Arbeitskraft eines Arbeitnehmers gefährdet oder
2. beharrlich wiederholt,

wird mit Freiheitsstrafe bis zu einem Jahr oder mit Geldstrafe bestraft.

(2) Wer in den Fällen des Absatzes 1 Nr. 1 die Gefahr fahrlässig verursacht, wird mit Freiheitsstrafe bis zu sechs Monaten oder mit Geldstrafe bis zu 180 Tagessätzen bestraft.

Achter Abschnitt
Schlußvorschriften

§ 24 Umsetzung von zwischenstaatlichen Vereinbarungen und Rechtsakten der EG

Die Bundesregierung kann mit Zustimmung des Bundesrates zur Erfüllung von Verpflichtungen aus zwischenstaatlichen Vereinbarungen oder zur Umsetzung von Rechtsakten des Rates oder der Kommission der Europäischen Gemeinschaften, die Sachbereiche dieses Gesetzes betreffen, Rechtsverordnungen nach diesem Gesetz erlassen.

§ 25 Übergangsregelung für Tarifverträge

Enthält ein am 1. Januar 2004 bestehender oder nachwirkender Tarifvertrag abweichende Regelungen nach § 7 Abs. 1 oder 2 oder § 12

Satz 1, die den in diesen Vorschriften festgelegten Höchstrahmen überschreiten, bleiben diese tarifvertraglichen Bestimmungen bis zum 31. Dezember 2006 unberührt. Tarifverträgen nach Satz 1 stehen durch Tarifvertrag zugelassene Betriebsvereinbarungen sowie Regelungen nach § 7 Abs. 4 gleich.

II

II

§ 7 Sonderformen der Arbeit

(1) [1]Wechselschichtarbeit ist die Arbeit nach einem Schichtplan, der einen regelmäßigen Wechsel der täglichen Arbeitszeit in Wechselschichten vorsieht, bei denen Beschäftigte durchschnittlich längstens nach Ablauf eines Monats erneut zur Nachtschicht herangezogen werden. [2]Wechselschichten sind wechselnde Arbeitsschichten, in denen ununterbrochen bei Tag und Nacht, werktags, sonntags und feiertags gearbeitet wird. [3]Nachtschichten sind Arbeitsschichten, die mindestens zwei Stunden Nachtarbeit umfassen.

(2) Schichtarbeit ist die Arbeit nach einem Schichtplan, der einen regelmäßigen Wechsel des Beginns der täglichen Arbeitszeit um mindestens zwei Stunden in Zeitabschnitten von längstens einem Monat vorsieht, und die innerhalb einer Zeitspanne von mindestens 13 Stunden geleistet wird.

(3) Bereitschaftsdienst leisten Beschäftigte, die sich auf Anordnung des Arbeitgebers außerhalb der regelmäßigen Arbeitszeit an einer vom Arbeitgeber bestimmten Stelle aufhalten, um im Bedarfsfall die Arbeit aufzunehmen.

(4) [1]Rufbereitschaft leisten Beschäftigte, die sich auf Anordnung des Arbeitgebers außerhalb der regelmäßigen Arbeitszeit an einer dem Arbeitgeber anzuzeigenden Stelle aufhalten, um auf Abruf die Arbeit aufzunehmen. [2]Rufbereitschaft wird nicht dadurch ausgeschlossen, dass Beschäftigte vom Arbeitgeber mit einem Mobiltelefon oder einem vergleichbaren technischen Hilfsmittel ausgestattet sind.

(5) Nachtarbeit ist die Arbeit zwischen 21 Uhr und 6 Uhr.

(6) Mehrarbeit sind die Arbeitsstunden, die Teilzeitbeschäftigte über die vereinbarte regelmäßige Arbeitszeit hinaus bis zur regelmäßigen wöchentlichen Arbeitszeit von Vollbeschäftigten (§ 6 Absatz 1 Satz 1) leisten.

(7) Überstunden sind die auf Anordnung des Arbeitgebers geleisteten Arbeitsstunden, die über die im Rahmen der regelmäßigen Arbeitszeit von Vollbeschäftigten (§ 6 Absatz 1) für die Woche dienstplanmäßig beziehungsweise betriebsüblich festgesetzten Arbeitsstunden hinausgehen und nicht bis zum Ende der folgenden Kalenderwoche ausgeglichen werden.

(8) Abweichend von Absatz 7 sind nur die Arbeitsstunden Überstunden, die

a) im Falle der Festlegung eines Arbeitszeitkorridors nach § 6 Absatz 6 über 45 Stunden oder über die vereinbarte Obergrenze hinaus,

b) im Falle der Einführung einer täglichen Rahmenzeit nach § 6 Absatz 7 außerhalb der Rahmenzeit,

c) im Falle von Wechselschicht- oder Schichtarbeit über die im Schichtplan festgelegten täglichen Arbeitsstunden einschließlich der im Schichtplan vorgesehenen Arbeitsstunden, die bezogen auf die regelmäßige wöchentliche Arbeitszeit im Schichtplanturnus nicht ausgeglichen werden,

angeordnet worden sind.

Erläuterungen

§ 7 TV-L definiert die Begriffe für Sonderformen der Arbeit und korrespondiert mit § 8 TV-L, in dem der (finanzielle) Ausgleich für diese besonderen Formen der Arbeit bestimmt ist, und hinsichtlich des Zusatzurlaubs für (Wechsel-)Schichtarbeit mit § 27 TV-L. Die Begriffsbestimmungen waren bislang in § 15 (Absätze 6a, 6b und 8) und in § 17 BAT enthalten; der Zusatzurlaub ergab sich aus § 48a BAT.

Anders als im früheren Geltungsbereich des BAT trifft die Vorschrift des TV-L lediglich Begriffsbestimmungen, enthält aber keine Verpflichtung des Arbeitnehmers, bestimmte Sonderformen der Arbeit (z. B. Rufbereitschaft, Bereitschaftsdienst oder Überstunden) auszuüben. Diese Verpflichtung ergibt sich jedoch aus § 6 Abs. 5 TV-L. Unabhängig davon besteht die Möglichkeit, Sonderformen der Arbeit anzuordnen, bereits auf der Grundlage des allgemeinen Direktionsrechtes des Arbeitgebers.

Auf die teilweise erheblich abweichenden Sonderregelungen in § 40 Nr. 4, § 41 Nr. 4, § 42 Nr. 5, § 43 Nr. 4, § 44 Nr. 2, § 45 Nr. 4, § 47 Nr. 2 und § 48 Nr. 2 wird hingewiesen.

Wechselschicht/Nachtschicht (Abs. 1)

Die in Satz 1 und Satz 2 der Vorschrift getroffene Definition der Begriffe Wechselschichtarbeit und Wechselschicht entspricht der bisherigen Begriffsbestimmung in § 15 Abs. 8 BAT. Wechselschichtarbeit liegt vor, wenn die Arbeit nach einem Schichtplan ausgeführt wird, der den regelmäßigen Wechsel des Beginns der regelmäßigen Arbeitszeit vorsieht und den Beschäftigten durchschnittlich spätestens nach Ablauf eines Monats erneut zur Nachtschicht heranzieht. Die gelegentliche Heranziehung zur Nachtschicht reicht somit zur Annahme von Wechselschichtarbeit nicht aus. Wechselschichten setzen den ununterbrochenen Betrieb bei Tag und Nacht sowie an Sonn- und Feiertagen (also einen „Rund-um-die-Uhr-Betrieb") voraus.

Satz 3 bestimmt, dass Nachtschicht (im Sinne des Satzes 1) die Arbeitsschichten sind, die mindestens zwei Stunden Nachtarbeit umfassen. Der Begriff der Nachtarbeit ist in Absatz 5 der Vorschrift definiert; darunter ist die Arbeit zwischen 21 Uhr und 6 Uhr zu verstehen.

In seinem Urteil vom 24. März 2010 – 10 AZR 58/09 – hat sich das BAG mit der Frage befasst, welche Auswirkungen Urlaub oder Krankheit auf den Anspruch auf Wechselschichtzulage nach den wortgleichen Regelungen des TVöD haben. In dem entschiedenen Fall hatte der Kläger von Mitte August bis Mitte September Erholungsurlaub. Er hat deswegen erst nach mehr als einem Monat wieder in Nachtschichten gearbeitet. Ohne urlaubsbedingte Freistellung wäre er spätestens nach Ablauf eines Monats erneut zu mindestens zwei Nachtschichten herangezogen worden. Die Arbeitgeberin hatte dem Kläger für den Monat September nur die Zulage für ständige Schichtarbeit, nicht aber die für ständige Wechselschichtarbeit gezahlt. Das BAG hat – anders als die Vorinstanzen – der Klage stattgegeben. Fällt eine tariflich für den Zulagenanspruch geforderte Schicht nur deshalb aus, weil der Beschäftigte wegen der Gewährung von Erholungsurlaub oder aus anderen in § 21 TVöD genannten Gründen (z. B. Arbeitsunfähigkeit während des Entgeltfortzahlungszeitraums) von der Verpflichtung zur Erbringung der Arbeitsleistung frei ist, so steht dies nach Auffassung des BAG dem Anspruch auf die Zulage für ständige Wechselschichtarbeit nicht entgegen. Entscheidend ist, ob der Beschäftigte ohne die Arbeitsbefreiung die geforderten Schichten geleistet hätte.

Schichtarbeit (Abs. 2)

Die Definition der Schichtarbeit lehnt sich an die bisherigen Regelungen des § 15 Abs. 8 bzw. § 33a Abs. 2 Unterabs. 1 Buchst. b Doppelbuchst. bb BAT an. Die Voraussetzungen für das Vorliegen von Schichtarbeit im tariflichen Sinne entsprechen weitgehend denen der Wechselschichtarbeit, bleiben aber insgesamt hinter den dort geforderten Mindestbedingungen zurück. Schichtarbeit liegt vor, wenn die Arbeit nach einem Schichtplan ausgeführt wird, der den regelmäßigen Wechsel des Beginns der regelmäßigen Arbeitszeit vorsieht. Individuell wechselnde Arbeitszeiten des Arbeitnehmers sind nicht ausreichend (siehe BAG-Urteil vom 23. Juni 2010 – 10 AZR 548/09).

Weitere Voraussetzung für das Vorliegen von Schichtarbeit im Sinne des TV-L ist, dass

- der Wechsel des Beginns der täglichen Arbeitszeit in Zeitabschnitten von höchstens einem Monat erfolgt (der Wechsel von sechs Wochen Frühschicht mit sechs Wochen Spätschicht ist folglich keine Schichtarbeit),
- die Schichten um mindestens zwei Stunden zueinander verschoben sind (der Wechsel zwischen einer um 7 Uhr beginnenden Frühschicht und einer um 8 Uhr beginnenden Spätschicht führt also auch nicht zu Schichtarbeit),
- und dass die Arbeit innerhalb einer Zeitspanne von mindestens 13 Stunden, bezogen auf den Beginn der frühesten und das Ende der spätesten Schicht geleistet wird (bei einer üblichen Frühschicht von 6 bis 16 Uhr und einer regelmäßigen Spätschicht von 9 bis 18 Uhr liegt somit keine Schichtarbeit vor). Die 13-Stundenfrist muss

dabei nach den BAG-Urteilen vom 21. Oktober 2009 – 10 AZR 70/09 und 10 AZR 807/08 – nicht am selben Wochentag erreicht werden. Nach Auffassung des BAG ist es ausreichend, wenn die Mindestzeitspanne von 13 Stunden zwischen dem Beginn der frühesten und dem Ende der spätesten Schicht des jeweils zu beurteilenden Monats erreicht wird.

Bereitschaftsdienst (Abs. 3)

Die Vorschrift definiert – wie § 15 Abs. 6a BAT – Bereitschaftsdienst als die Zeit, in der sich der Arbeitnehmer auf Weisung des Arbeitgebers außerhalb der regelmäßigen Arbeitszeit an einer vom Arbeitgeber bestimmten Stelle (in der Regel dürfte dies die Arbeitsstelle sein) aufhält, um im Bedarfsfall die Arbeit aufzunehmen.

Die in § 15 Abs. 6a BAT enthaltene Einschränkung, dass der Arbeitgeber Bereitschaftsdienst nur anordnen darf, wenn zwar zu erwarten ist, dass Arbeit anfällt, die Zeit ohne Arbeit aber erfahrungsgemäß überwiegt, ist nicht in den TV-L übernommen worden.

Rufbereitschaft (Abs. 4)

Satz 1 der Vorschrift definiert – wie § 15 Abs. 6b BAT – Rufbereitschaft als die Zeit, in der sich der Arbeitnehmer auf Anordnung des Arbeitgebers außerhalb der regelmäßigen Arbeitszeit an einer dem Arbeitgeber anzuzeigenden (nicht vom Arbeitgeber bestimmten; in der Regel dürfte dies die Wohnung sein) Stelle aufhält, um auf Abruf die Arbeit aufzunehmen. Die in § 15 Abs. 6b BAT enthaltene Einschränkung, dass der Arbeitgeber Rufbereitschaft nur anordnen darf, wenn erfahrungsgemäß nur in Ausnahmefällen Arbeit anfällt, ist nicht in den TV-L übernommen worden.

In Satz 2 der Vorschrift ist – abweichend von der bislang dazu im Schrifttum vertretenen Meinung – ausdrücklich bestimmt, dass die Ausstattung des Arbeitnehmers mit einem Mobiltelefon oder einem vergleichbaren technischen Hilfsmittel Rufbereitschaft nicht ausschließt.

Zeiten der Rufbereitschaft sind auch unter Zugrundelegung der EUGH-Rechtsprechung zum gesetzlichen Arbeitszeitrecht keine Arbeitszeit; lediglich die Zeiten der tatsächlichen Inanspruchnahme während der Rufbereitschaft stellen Arbeitszeit im arbeitszeitrechtlichen Sinne dar.

Nachtarbeit (Abs. 5)

Nachtarbeit ist nach dieser Definition die Zeit zwischen 21 Uhr und 6 Uhr. Die Festlegung der Tarifpartner weicht damit von der bisherigen Regelung in § 15 Abs. 8 BAT (20 Uhr bis 6 Uhr) und der Definition des § 2 Abs. 3 des Arbeitszeitgesetzes (23 Uhr bis 6 Uhr) ab.

Mehrarbeit (Abs. 6)

Mit der Regelung in Absatz 6 greifen die Tarifpartner den bisher (teilweise) in § 34 Abs. 1 Unterabs. 1 Satz 2 BAT geregelten Sachverhalt auf, dass Teilzeitbeschäftigte über das mit ihnen individuell vereinbarte Arbeitspensum hinaus zusätzliche Arbeit leisten. Diese Mehrarbeit führt – so lange nicht die Regelarbeitszeit eines vollbeschäftigten Arbeitnehmers erreicht bzw. überschritten wird – nicht zu mit Zuschlägen vergütenden Überstunden, sondern zu lediglich mit der anteiligen Vergütung zu bezahlender Mehrarbeit (→ § 8 Abs. 4). Erst beim Überschreiten der Regelarbeitszeit eines Vollbeschäftigten entstehen auch bei teilzeitbeschäftigten Arbeitnehmern Überstunden.

Beispiele:

Individuelle vertragliche Arbeitszeit 30 Stunden, tatsächliche Arbeitszeit 35 Stunden: Die fünf überplanmäßigen Stunden sind mit der anteiligen Vergütung zu entlohnen.

Individuelle vertragliche Arbeitszeit 30 Stunden, tatsächliche Arbeitszeit 41 Stunden; unterstellte Regelarbeitszeit 39,5 Stunden: Auf der Grundlage der angenommenen Regelarbeitszeit für Arbeitnehmer sind 9,5 Stunden mit der anteiligen Vergütung und 1,5 Stunden mit der Überstundenvergütung zu entlohnen.

Die Rechtmäßigkeit dieser Verfahrensweise war höchstrichterlich mehrfach bestätigt worden (siehe BAG-Urteil vom 25. 7. 1996 – 6 AZR 138/94 – und vom 26. 4. 2017 – 10 AZR 589/15). Sie hielt demnach auch einer kritischen Betrachtung im Hinblick auf das nach dem Teilzeit- und Befristungsgesetz (TzBfG) zu beachtende Nachteilsverbot Teilzeitbeschäftigter und vergleichbare europarechtliche Grenzen stand; denn auch Vollbeschäftigte erhalten Überstundenzuschläge erst, wenn die durchschnittliche regelmäßige wöchentliche Arbeitszeit überschritten ist. Diese Auffassung wurde durch das zum Manteltarifvertrag Systemgastronomie ergangene gegenteilige Urteil des BAG vom 19. 12. 2018 – 10 AZR 231/18 – zwar vorübergehend erschüttert. Mit Blick auf zum TVöD anhängige Verfahren hatte die Mitgliederversammlung der Tarifgemeinschaft deutscher Länder in ihrer 4./2019 Sitzung beschlossen, aus dem BAG-Urteil vom 19. 12. 2018 zunächst keine Konsequenzen zu ziehen. Mit Urteil vom 15. Oktober 2021 – 6 AZR 253/19 – hat das BAG dann erneut entschieden, dass Teilzeitbeschäftigte für Mehrarbeitsstunden, die nicht die regelmäßige Arbeitszeit von Vollbeschäftigten überschreiten, keinen Anspruch auf Überstundenentgelt haben und die zwischenzeitliche Rechtsunsicherheit beseitigt.

Vor dem Hintergrund des Nachteilsverbotes kann den Betroffenen die anteilige Zahlung von in Monatsbeträgen festgelegten Zulagen/ Zuschlägen, die auch ein Vollbeschäftigter erhält und die bei dem Teilzeitbeschäftigten zuvor gemäß § 24 TV-L auf den Umfang der vetraglichen Teilzeit reduziert worden sind, nach Auffassung des Verfassers jedoch nicht verweigert werden.

Beispiel:
Die Wechselschichtzulage, die auf ein angenommenes vertragliches Arbeitszeitvolumen von 50 % reduziert wurde, ist – wenn der Betroffene Mehrarbeit leistet und damit auf 75 % der Arbeitszeit kommt – ebenfalls auf 75 % aufzustocken.

Zuschläge für z. B. Feiertags- oder Nachtarbeit und andere unständige Bezügebestandteile werden ohnehin „spitz" nach der geleisteten Arbeit berechnet und sind deshalb auch für Mehrarbeitsstunden zu zahlen.

Überstunden (Abs. 7)

Die Definition der Überstunden entspricht weitgehend der bisherigen Regelung in § 17 Abs. 1 BAT. Sie ist aber im Hinblick auf die neu aufgenommene, spezielle Vorschrift für Mehrarbeit Teilzeitbeschäftigter (→ Absatz 6) auf Vollbeschäftigte beschränkt. Ferner gelten Mehrarbeitszeiten nur dann als Überstunden im tariflichen Sinne, wenn sie nicht bis zum Ende der folgenden Kalenderwoche ausgeglichen werden. Im Ergebnis ist der Ausgleichszeitraum im Vergleich zum BAT damit von maximal einer auf maximal zwei Wochen angehoben worden.

Überstunden sind nach der Tarifvorschrift die auf Anordnung des Arbeitgebers geleisteten, über den Rahmen der für die Woche dienstplanmäßig bzw. betriebsüblich festgesetzten Arbeitszeit hinausgehenden Arbeitsstunden. Es gilt die wöchentliche Überstundenberechnung; somit führen Überschreitungen der täglichen dienstplanmäßigen bzw. betriebsüblichen Arbeitszeit, die innerhalb derselben Woche ausgeglichen werden, nicht zu Überstunden. Weitere Voraussetzung ist, dass kein Ausgleich bis zum Ende der folgenden (also der zweiten) Woche erfolgt (s. o.).

Entgegen der bisherigen Regelung in § 17 BAT enthält die Vorschrift des TV-L keine Bestimmungen, ob und ggf. mit welchen Einschränkungen Überstunden angeordnet werden können. Es ist somit nach den allgemeinen Grundsätzen des Direktionsrechts zu verfahren.

Überstunden in besonderen Fällen (Abs. 8)

Bei dieser Bestimmung handelt es sich um eine Ausnahmeregelung zu Absatz 7. Abweichend von den dort vereinbarten Grundsätzen sollen Überstunden in bestimmten Fällen unter anderen Voraussetzungen – insbesondere in Bezug auf Ausgleichszeiträume – entstehen.

Nach Satz 1 Buchst. a entstehen Überstunden im Falle der Festlegung eines wöchentlichen Arbeitszeitkorridors (→ § 6 Abs. 6) erst bei Überschreiten der in diesem Zusammenhang durch Betriebs-/Dienstvereinbarung festgelegten Obergrenze des Zeitkorridors (max. 45 Stunden).

Nach Satz 1 Buchst. b können im Fall der Einführung einer täglichen Rahmenzeit (→ § 6 Abs. 7) Überstunden erst bei Überschreiten des durch Dienst- oder Betriebsvereinbarung festgelegten Rahmens entstehen.

Nach dem Wortlaut des Satz 1 Buchst. c entstehen im Fall der Wechselschicht-/Schichtarbeit Überstunden nur unter besonderen Voraussetzungen. Diese hatte das BAG in seinen Urteilen vom 25. April 2013 – 6 AZR 800/11 – und vom 23. März 2017 – 6 AZR 161/16 – ausgelegt und detailliert dargestellt. Nach der in diesen (durch neuere Rechtsprechung – siehe unten – überholten) Urteilen vom BAG vertretenen Rechtsauffassung gilt die Tarifvorschrift für zwei unterschiedliche Sachverhaltsalternativen. Die erste Alternative betreffe den Sachverhalt, in dem zu den im Schichtplan festgesetzten „täglichen" Arbeitsstunden zusätzliche nicht im Schichtplan ausgewiesene Stunden angeordnet werden, es also zu einer Überschreitung der täglichen Arbeitszeit aus akutem Anlass komme. Solchen „ungeplanten" Überstunden stünden die Fälle der zweiten Alternative gegenüber, in denen die regelmäßige wöchentliche Arbeitszeit (von Vollbeschäftigten) bereits durch die im Schichtplan angeordneten Stunden überschritten werde (sog. „eingeplante" Überstunden). Der Unterschied zwischen den beiden Alternativen besteht nach Auffassung des BAG darin, dass bei den sog. ungeplanten Überstunden (erste Alternative), die über die tägliche Arbeitszeit hinaus abweichend vom bestehenden Schichtplan kurzfristig angeordnet werden, keine Möglichkeit des Freizeitausgleichs besteht. Das BAG ging im Ergebnis davon aus, dass diese ungeplanten Mehr-Stunden als Überstunden anzusehen sind und bei im Schichtplan beschäftigten Teilzeitbeschäftigten auch vor Erreichen des Arbeitszeitvolumens eines Vollzeitbeschäftigten Überstundenzuschläge auslösen können. Demgegenüber kann im Fall sog. eingeplanter Überstunden (zweite Alternative) noch ein Ausgleich der Stunden im Rahmen des Dienstplanturnus und dadurch das Entstehen von Überstunden vermieden werden.

Diese Rechtsauslegung hat das BAG mit seinem zur identischen Vorschrift des TVöD ergangenen Urteil vom 15. Oktober 2021 – 6 AZR 253/19 – aufgegeben. Das BAG hat die Vorschrift des § 7 Abs. 8 Buchst. c TVöD insgesamt für unwirksam erklärt, weil sie nach Auffassung des Gerichts gegen das Gebot der Normenklarheit verstößt. Folge ist, dass die Frage des Entstehens von Überstunden allein auf der Grundlage der allgemeinen Vorschrift des § 7 Abs. 7 TVöD zu beurteilen ist. Maßgeblich für die Entstehung von Überstunden sowohl für Vollzeit- als auch für Teilzeitbeschäftigte ist aufgrund des eindeutigen Wortlautes des § 7 Abs. 7 TVöD, dass über die dienstplanmäßig bzw. betriebsüblich festgesetzten Arbeitsstunden hinaus Arbeit zu leisten ist. Somit kann es nur noch ungeplante Überstunden geben. Geplante Überstunden – wie bisher auf der Grundlage der o. g. früheren Rechtsprechung im Rahmen von § 7 Abs. 8 Buchst. c TVöD – sind damit ausgeschlossen. Sollte die Sollarbeitszeit überplant werden, kommt es zum Ausgleich gemäß § 8 Abs. 2 TVöD, wobei der gemäß § 6 Abs. 2 TVöD festzulegende Ausgleichszeitraum maßgeblich ist. Gelingt der Ausgleich von geplanten Arbeitsstunden in dem Ausgleichszeitraum nicht, werden die verbleibenden Stunden nicht zu Überstunden, sondern gemäß § 8 Abs. 2 TVöD je Stunde mit 100 v. H. des auf eine Stunde entfallenden Anteils des Tabellenentgelts der jeweiligen Entgeltgruppe und Stufe ausbezahlt. Überstundenzuschläge fallen dabei nicht an. Für Teilzeitbeschäftigte – sowohl innerhalb als auch außerhalb von Schicht- und Wechselschichtarbeit – ist nach Auffassung des BAG uneingeschränkt die Regelung zur Mehrarbeit in § 7 Abs. 6 TVöD (siehe Erläuterungen zu § 7 Abs. 6 TV-L) maßgeblich. Danach sind Arbeitsstunden, die Teilzeitbeschäftigte über die vereinbarte regelmäßige Arbeitszeit hinaus bis zur regelmäßigen wöchentlichen Arbeitszeit von Vollbeschäftigten leisten, Mehrarbeit und ohne Überstundenzuschläge mit dem Stundenentgelt zu vergüten.

Die Mitgliederversammlung der Tarifgemeinschaft deutscher Länder hat in ihrer 5./2022 Sitzung am 6. April 2022 beschlossen, aus diesem zum TVöD ergangenen Urteil bei der Anwendung der identischen Vorschrift des § 7 Abs. 8 Buchst. c TV-L allgemeine Folgerungen zu ziehen.

Protokollerklärung zu Abschnitt II

Die Protokollerklärung zu Abschnitt II (§§ 6 bis 11) und Erläuterungen dazu sind im Anschluss an § 11 abgedruckt.

II

§ 8 Ausgleich für Sonderformen der Arbeit

(1) [1]Beschäftigte erhalten neben dem Entgelt für die tatsächliche Arbeitsleistung Zeitzuschläge. [2]Die Zeitzuschläge betragen – auch bei Teilzeitbeschäftigten – je Stunde

a) für Überstunden	
in den Entgeltgruppen 1 bis 9b	**30 v. H.,**
in den Entgeltgruppen 10 bis 15	**15 v. H.,**
b) für Nachtarbeit	**20 v. H.,**
c) für Sonntagsarbeit	**25 v. H.,**
d) bei Feiertagsarbeit	
– ohne Freizeitausgleich	**135 v. H.,**
– mit Freizeitausgleich	**35 v. H.,**
e) für Arbeit am 24. Dezember und am 31. Dezember jeweils ab 6 Uhr	**35 v. H.,**
f) für Arbeit an Samstagen von 13 bis 21 Uhr, soweit diese nicht im Rahmen von Wechselschicht- oder Schichtarbeit anfällt	**20 v. H.**

des auf eine Stunde entfallenden Anteils des Tabellenentgelts der Stufe 3 der jeweiligen Entgeltgruppe. [3]Beim Zusammentreffen von Zeitzuschlägen nach Satz 2 Buchstabe c bis f wird nur der höchste Zeitzuschlag gezahlt. [4]Auf Wunsch der Beschäftigten können, soweit ein Arbeitszeitkonto (§ 10) eingerichtet ist und die betrieblichen/dienstlichen Verhältnisse es zulassen, die nach Satz 2 zu zahlenden Zeitzuschläge entsprechend dem jeweiligen Vomhundertsatz einer Stunde in Zeit umgewandelt (faktorisiert) und ausgeglichen werden. [5]Dies gilt entsprechend für Überstunden als solche.

Protokollerklärung zu § 8 Absatz 1:

Bei Überstunden richtet sich das Entgelt für die tatsächliche Arbeitsleistung nach der jeweiligen Entgeltgruppe und der individuellen Stufe, höchstens jedoch nach der Stufe 4.

Protokollerklärung zu § 8 Absatz 1 Satz 2 Buchstabe d:

[1]Der Freizeitausgleich muss im Dienstplan besonders ausgewiesen und bezeichnet werden. [2]Falls kein Freizeitausgleich gewährt wird, werden als Entgelt einschließlich des Zeitzuschlags und des auf den Feiertag entfallenden Tabellenentgelts höchstens 235 v. H. gezahlt.

(2) [1]Überstunden sind grundsätzlich durch entsprechende Freizeit auszugleichen; für die Zeit des Freizeitausgleichs werden das Tabellenentgelt sowie die sonstigen, in Monatsbeträgen festgelegten Entgeltbestandteile weitergezahlt. [2]Sofern kein Arbeitszeitkonto nach § 10 eingerichtet ist, oder wenn ein solches besteht, die/der Beschäftigte jedoch keine Faktorisierung nach Absatz 1 geltend macht, erhält die/der Beschäftigte für Überstunden (§ 7 Absatz 7), die nicht bis zum Ende des dritten Kalendermonats – möglichst aber schon bis zum Ende des nächsten Kalendermonats – nach deren Entstehen mit Freizeit ausgeglichen worden sind, je Stunde 100 v. H. des auf die Stunde entfallenden Anteils des Tabellenentgelts der jeweiligen Entgeltgruppe und Stufe, höchstens jedoch nach der Stufe 4. [3]Der Anspruch auf den

Zeitzuschlag für Überstunden nach Absatz 1 besteht unabhängig von einem Freizeitausgleich.

(3) [1]Für Beschäftigte der Entgeltgruppen 15 und 15 Ü bei obersten Landesbehörden sind Mehrarbeit und Überstunden durch das Tabellenentgelt abgegolten. [2]Beschäftigte der Entgeltgruppen 13, 13 Ü und 14 bei obersten Landesbehörden erhalten nur dann ein Überstundenentgelt, wenn die Leistung der Mehrarbeit oder der Überstunden für sämtliche Beschäftigte der Behörde angeordnet ist; im Übrigen ist über die regelmäßige Arbeitszeit hinaus geleistete Arbeit dieser Beschäftigten durch das Tabellenentgelt abgegolten. [3]Satz 1 gilt auch für Leiterinnen/Leiter von Dienststellen und deren ständige Vertreterinnen/Vertreter, die in die Entgeltgruppen 14 und 15 und 15 Ü eingruppiert sind. [4]Die Sätze 1 bis 3 gelten nicht für Beschäftigte der Freien Hansestadt Bremen, der Freien und Hansestadt Hamburg sowie des Landes Berlin.

(4) Für Arbeitsstunden, die keine Überstunden sind und die aus betrieblichen/dienstlichen Gründen nicht innerhalb des nach § 6 Absatz 2 Satz 1 oder 2 festgelegten Zeitraums mit Freizeit ausgeglichen werden, erhält die/der Beschäftigte je Stunde 100 v. H. des auf eine Stunde entfallenden Anteils des Tabellenentgelts der jeweiligen Entgeltgruppe und Stufe.

Protokollerklärung zu § 8 Absatz 4:

Mit dem Begriff „Arbeitsstunden" sind nicht die Stunden gemeint, die im Rahmen von Gleitzeitregelungen im Sinne der Protokollerklärung zu Abschnitt II anfallen, es sei denn, sie sind angeordnet worden.

(5) [1]Für die Rufbereitschaft wird eine tägliche Pauschale je Entgeltgruppe gezahlt. [2]Für eine Rufbereitschaft von mindestens zwölf Stunden wird für die Tage Montag bis Freitag das Zweifache, für Samstag, Sonntag sowie für Feiertage das Vierfache des tariflichen Stundenentgelts nach Maßgabe der Entgelttabelle gezahlt. [3]Maßgebend für die Bemessung der Pauschale nach Satz 2 ist der Tag, an dem die Rufbereitschaft beginnt. [4]Für Rufbereitschaften von weniger als zwölf Stunden werden für jede angefangene Stunde 12,5 v. H. des tariflichen Stundenentgelts nach der Entgelttabelle gezahlt. [5]Die Zeit jeder einzelnen Inanspruchnahme innerhalb der Rufbereitschaft mit einem Einsatz außerhalb des Aufenthaltsorts im Sinne des § 7 Absatz 4 einschließlich der hierfür erforderlichen Wegezeiten wird auf eine volle Stunde gerundet und mit dem Entgelt für Überstunden sowie etwaiger Zeitzuschläge nach Absatz 1 bezahlt. [6]Wird die Arbeitsleistung innerhalb der Rufbereitschaft am Aufenthaltsort im Sinne des § 7 Absatz 4 telefonisch (zum Beispiel in Form einer Auskunft) oder mittels technischer Einrichtungen erbracht, wird abweichend von Satz 5 die Summe dieser Arbeitsleistungen am Ende des Rufbereitschaftsdienstes auf die nächsten vollen 30 oder 60 Minuten gerundet und mit dem Entgelt für Überstunden sowie etwaiger Zeitzuschläge nach Absatz 1 bezahlt; dauert der Rufbereitschaftsdienst länger als 24 Stunden (zum Beispiel an Wochenenden), erfolgt die Aufrundung nach jeweils 24 Stunden. [7]Absatz 1 Satz 4 gilt entsprechend, soweit die Buchung auf das Arbeitszeitkonto nach § 10 Absatz 3 Satz 2 zulässig ist. [8]Für die Zeit der Rufbereitschaft werden Zeitzuschläge nicht gezahlt.

Protokollerklärung zu § 8 Absatz 5:

Zur Ermittlung der Tage einer Rufbereitschaft, für die eine Pauschale gezahlt wird, ist auf den Tag des Beginns der Rufbereitschaft abzustellen.

Niederschriftserklärung zu § 8 Absatz 5:

a) Zur Erläuterung von § 8 Abs. 5 und der dazugehörigen Protokollerklärung sind sich die Tarifvertragsparteien über folgendes Beispiel einig:

„Beginnt eine Wochenendrufbereitschaft am Freitag um 15 Uhr und endet am Montag um 7 Uhr, so erhalten Beschäftigte folgende Pauschalen: Zwei Stunden für Freitag, je vier Stunden für Samstag und Sonntag, keine Pauschale für Montag. Sie erhalten somit zehn Stundenentgelte."

b) Zur Erläuterung von § 8 Abs. 5 Satz 6 sind sich die Tarifvertragsparteien über folgendes Beispiel einig:

Während eines Rufbereitschaftsdienstes von Freitag 16 Uhr bis Montag 8 Uhr werden Arbeitsleistungen am Aufenthaltsort in folgendem Umfang geleistet:

- Freitag 21.00 Uhr bis 21.08 Uhr (8 Minuten),
- Samstag 8.00 Uhr bis 8.15 Uhr (15 Minuten) sowie 15.50 Uhr bis 16.18 Uhr (28 Minuten),
- Sonntag 9.00 Uhr bis 9.35 Uhr (35 Minuten) sowie 22.00 Uhr bis 22.40 Uhr (40 Minuten).

Es werden aufgerundet:

- 8 und 15 Minuten = 23 Minuten auf 30 Minuten,
- 28 und 35 Minuten = 63 Minuten auf 1 Stunde 30 Minuten,
- 40 Minuten auf 60 Minuten (1 Stunde).

(6) [1]Das Entgelt für Bereitschaftsdienst wird durch besonderen Tarifvertrag geregelt. [2]Bis zum In-Kraft-Treten einer Regelung nach Satz 1 gelten die in dem jeweiligen Betrieb/der jeweiligen Verwaltung/Dienststelle am 31. Oktober 2006 jeweils geltenden Bestimmungen fort. [3]Das Bereitschaftsdienstentgelt kann, soweit ein Arbeitszeitkonto (§ 10) eingerichtet ist und die betrieblichen/dienstlichen Verhältnisse es zulassen (Absatz 1 Satz 4), im Einvernehmen mit der/dem Beschäftigten im Verhältnis 1:1 in Freizeit (faktorisiert) abgegolten werden. [4]Weitere Faktorisierungsregelungen können in einer einvernehmlichen Dienst- oder Betriebsvereinbarung getroffen werden.

Protokollerklärung zu § 8 Absatz 6:

Unabhängig von den Vorgaben des Absatzes 6 kann der Arbeitgeber einen Freizeitausgleich anordnen, wenn dies zur Einhaltung der Vorschriften des Arbeitszeitgesetzes erforderlich ist.

Niederschriftserklärung zu § 8 Absatz 6:

Die Faktorisierung erfolgt entsprechend dem jeweiligen Vomhundertsatz einer Stunde des vereinbarten Bereitschaftsdienstentgeltes.

(7) [1]Beschäftigte, die ständig Wechselschichtarbeit leisten, erhalten eine Wechselschichtzulage von 105 Euro monatlich. [2]Beschäftigte, die nicht ständig Wechselschichtarbeit leisten, erhalten eine Wechselschichtzulage von 0,63 Euro pro Stunde.

(8) [1]Beschäftigte, die ständig Schichtarbeit leisten, erhalten eine Schichtzulage von 40 Euro monatlich. [2]Beschäftigte, die nicht ständig Schichtarbeit leisten, erhalten eine Schichtzulage von 0,24 Euro pro Stunde.

Erläuterungen

§ 8 TV-L regelt den finanziellen Ausgleich für Sonderformen der Arbeit und ergänzt insoweit die in § 7 und 9 TV-L getroffene Definition der einzelnen Arten besonderer Arbeitsformen. Dieser Themenbereich war bislang in den §§ 15 Abs. 6a und 6b (Bereitschaftsdienst/Rufbereitschaft), 33a (Wechselschicht- und Schichtzulagen) und 35 BAT (Zeitzuschläge, Überstundenvergütung) geregelt. Die Möglichkeit der Pauschalierung von Zeitzuschlägen entsprechend § 35 Abs. 4 BAT findet sich nun in § 24 Abs. 6 TV-L (Berechnung und Auszahlung des Entgelts).

In Absatz 2 haben die Tarifpartner den Ausgleich für Überstunden geregelt und insoweit die Vorschriften des § 7 Abs. 7 und § 8 Abs. 1 TV-L ergänzt. In Absatz 3 haben sie besondere Vereinbarungen für bestimmte Beschäftigte in obersten Landesbehörden und für Leiter von Dienststellen getroffen. Diese Tatbestände waren bislang in § 17 Abs. 5, 6 und 7 BAT geregelt.

Auf die teilweise erheblich abweichenden Sonderregelungen in § 41 Nr. 5, § 42 Nr. 6, § 43 Nr. 5, § 44 Nr. 2, § 45 Nr. 4, § 46 Nr. 4 und § 47 Nr. 2 wird hingewiesen.

Tabellen über Stundenentgelte und Zeitzuschläge sind im Anschluss an die Kommentierung abgedruckt.

Zeitzuschläge (Abs. 1)[1])

In dieser Vorschrift sind die Zeitzuschläge festgelegt, die neben dem Entgelt für die Arbeitsleistung zu zahlen sind.

Die Zuschläge betragen

- für Überstunden (→ § 7 Abs. 7 und 8) 30 v. H. in den Entgeltgruppen 1 bis 9b und 15 v. H. in den Entgeltgruppen 10 bis 15. Wegen der Ausnahmen für bestimmte Beschäftigte der obersten Landesbehörden → Absatz 3,
- für Nachtarbeit (→ § 7 Abs. 5) 20 v. H.,
- für Sonntagsarbeit 25 v. H. Sonntagsarbeit ist die Zeit an einem Sonntag in der Zeit zwischen 0 Uhr und 24 Uhr,
- für Feiertagsarbeit ohne Freizeitausgleich 135 v. H., mit Freizeitausgleich 35 v. H. Nach Maßgabe der Protokollerklärung hierzu muss der Freizeitausgleich im Dienstplan besonders ausgewiesen und bezeichnet werden. Falls kein Freizeitausgleich gewährt wird, werden als Ausgleich für Feiertagsentgelt und Zeitzuschlag höchstens 235 v. H. gezahlt. Feiertage i. S. dieser Vorschrift sind die gesetz-

1) Tabellen zu den Stundenentgelten und Zeitzuschlägen sind als Anhang 1–5 abgedruckt.

lichen Feiertage (→ dazu Erläuterungen zu § 6 Abs. 3). Der Oster- und Pfingstsonntag sind nach den meisten Feiertagsgesetzen keine **gesetzlichen**, sondern **kirchliche** Feiertage. Für diese Tage ist somit abweichend vom alten Recht des BAT/MTArb nur der Sonntagszuschlag des § 8 Absatz 1 Satz 2 Buchstabe c TV-L und nicht der höhere Feiertagszuschlag nach Buchstabe d der Vorschrift zu zahlen. Dies hat das Bundesarbeitsgericht mit Urteil vom 17. März 2010 – 5 AZR 317/09 – für den Ostersonntag und mit Urteil vom 17. August 2011 – 10 AZR 347/10 – für den Oster- und Pfingstsonntag inzwischen ausdrücklich bestätigt. Diese Tage werden im neuen Tarifrecht im Ergebnis wie alle anderen Sonntage behandelt. Nur wenn sie (wie z. B. im brandenburgischen Feiertagsgesetz) ausdrücklich zu gesetzlichen Feiertagen erhoben werden, kommen Feiertagszuschläge in Betracht. In gleicher Weise ist auch die frühere Sonderstellung für Ostersamstag und Pfingstsamstag entfallen,

- für Arbeit am Heiligabend und an Silvester jeweils ab 6 Uhr 35 v. H. Besondere Zuschläge für an diesen Tagen in der Zeit vor 6 Uhr anfallende Arbeit sind nicht vorgesehen,
- für Arbeit an Samstagen in der Zeit von 13 Uhr bis 21 Uhr 20 v. H. Außerhalb dieses Zeitrahmens liegende Arbeitszeiten bleiben zuschlagsfrei. Ebenfalls ausgeschlossen sind Zuschläge, wenn die Samstagsarbeit im Rahmen von Wechselschicht- oder Schichtarbeit (→ § 7 Abs. 1 und 2) anfällt.

Bemessungsgrundlage ist gemäß Satz 2 der Vorschrift das Stundenentgelt der Stufe 3 der jeweiligen Entgeltgruppe (→ Entgelttabelle zum TV-L [1])), und zwar auch dann, wenn der Beschäftigte tatsächlich nach einer anderen Stufe vergütet wird. Die tatsächliche Arbeitsleistung wird bei Überstunden nach der individuellen Stufe der jeweiligen Entgeltgruppe, höchstens aber nach Stufe 4, vergütet (Protokollerklärung zu Absatz 1). Die Tarifpartner haben keine ausdrückliche Regelung dazu getroffen, ob Zeitzuschläge auch für Stundenbruchteile zu zahlen sind. Der Wortlaut der Tarifvorschrift, wonach die Zeitzuschläge „je Stunde" (→ § 8 Abs. 1 Satz 2) gezahlt werden, ist nicht eindeutig. Er lässt sowohl die Auslegung zu, dass Zeitzuschläge auch für Bruchteile von Stunden abzugelten sind, als auch die Auffassung, dass Zeitzuschläge nur für volle Stunden zustehen. Bei der vergleichbaren Vorschrift des § 35 Abs. 1 BAT hat sich zwar in der Literatur und in der Praxis die Meinung durchgesetzt, Zuschläge seien auch zeitanteilig für Stundenbruchteile zu gewähren. Zur Regelung des § 10 des Tarifvertrages Versorgungsbetriebe, der unmittelbares Vorbild für die Vor-

[1]) siehe Anlage B, C und G zum TV-L

schrift des TV-L war, finden sich aber auch Meinungsäußerungen, nach denen die Zeitzuschläge nur für volle Stunden zu zahlen sind. Der Bund hat sich in ersten Hinweisen zur Anwendung der wortgleichen Vorschrift des TVöD für eine zeitanteilige Gewährung der Zuschläge entschlossen. Die meisten Länder verfahren nach Kenntnis des Verfassers entsprechend.

Beim Zusammentreffen der Zeitzuschläge nach den Buchstaben c bis f (also für Sonntags- und Feiertagsarbeit sowie für Arbeit an Samstagen bzw. Heiligabend und Silvester) wird gemäß Satz 3 jeweils nur der höchste Zeitzuschlag gezahlt. Folglich wird für Arbeit an auf einen Sonntag fallenden Feiertagen der höhere Feiertagszuschlag gezahlt, der geringere Sonntagszuschlag geht unter. Zuschläge für Überstunden (Buchst. a) und Nachtarbeit (Buchst. b) hingegen können nebeneinander und auch neben den Zuschlägen nach den Buchstaben c bis f gezahlt werden.

Nach den Sätzen 4 und 5 der Vorschrift können auf Wunsch des Arbeitnehmers die entsprechend dem jeweiligen Vomhundertsatz (also 6 Minuten für 10 v. H. Zuschlag) in Arbeitszeit umgerechneten Zuschläge (Satz 4) und die Überstunden als solche (Satz 5) einem Arbeitszeitkonto gutgeschrieben werden, wenn die betrieblichen/dienstlichen Verhältnisse dies zulassen. Voraussetzung dafür ist, dass ein Arbeitszeitkonto (→ § 10) durch Betriebs-/Dienstvereinbarung eingerichtet worden ist und dass der betroffene Arbeitnehmer unter diese Regelung fällt.

Bestimmte Zuschläge können steuerfrei gezahlt werden. Die Steuerfreiheit der Zuschläge für Sonntags-, Feiertags- und Nachtarbeit ist durch das Steuerreformgesetz 1990 mit Wirkung ab 1. 1. 1990 in § 3b EStG neu geregelt und ist durch das Steueränderungsgesetz 2003 geändert worden. § 3b des Einkommensteuergesetzes in der aktuellen Fasssung lautet wie folgt:

§ 3b EStG Steuerfreiheit von Zuschlägen für Sonntags-, Feiertags- oder Nachtarbeit

(1) Steuerfrei sind Zuschläge, die für tatsächlich geleistete Sonntags-, Feiertags- oder Nachtarbeit neben dem Grundlohn gezahlt werden, soweit sie

1. für Nachtarbeit 25 Prozent,
2. vorbehaltlich der Nummern 3 und 4 für Sonntagsarbeit 50 Prozent,
3. vorbehaltlich der Nummer 4 für Arbeit am 31. Dezember ab 14 Uhr und an den gesetzlichen Feiertagen 125 Prozent,
4. für Arbeit am 24. Dezember ab 14 Uhr, am 25. und 26. Dezember sowie am 1. Mai 150 Prozent

des Grundlohns nicht übersteigen.

II

(2) [1]Grundlohn ist der laufende Arbeitslohn, der dem Arbeitnehmer bei der für ihn maßgebenden regelmäßigen Arbeitszeit für den jeweiligen Lohnzahlungszeitraum zusteht; er ist in einen Stundenlohn umzurechnen und mit höchstens 50 Euro anzusetzen. [2]Nachtarbeit ist die Arbeit in der Zeit von 20 Uhr bis 6 Uhr. [3]Sonntagsarbeit und Feiertagsarbeit ist die Arbeit in der Zeit von 0 Uhr bis 24 Uhr des jeweiligen Tages. [4]Die gesetzlichen Feiertage werden durch die am Ort der Arbeitsstätte geltenden Vorschriften bestimmt.

(3) Wenn die Nachtarbeit vor 0 Uhr aufgenommen wird, gilt abweichend von den Absätzen 1 und 2 Folgendes:

1. Für Nachtarbeit in der Zeit von 0 Uhr bis 4 Uhr erhöht sich der Zuschlagssatz auf 40 Prozent,
2. als Sonntagsarbeit und Feiertagsarbeit gilt auch die Arbeit in der Zeit von 0 Uhr bis 4 Uhr des auf den Sonntag oder Feiertag folgenden Tages.

Überstundenausgleich (Abs. 2)

Satz 1 der Vorschrift enthält den Grundsatz, dass Überstunden durch Freizeit auszugleichen sind; und zwar möglichst bis zum Ende des nächsten Kalendermonats nach ihrem Entstehen (Satz 2).

Satz 2 bestimmt, dass Überstunden, die nicht bis zum Ende des dritten Kalendermonats nach ihrem Entstehen durch Freizeit ausgeglichen werden, mit dem auf eine Stunde entfallenden Anteil des Tabellenentgelts der individuellen Entgeltgruppe und -stufe (höchstens aber Stufe 4) zu vergüten sind. Dies gilt jedoch nicht, wenn die Überstunden einem Arbeitszeitkonto im Sinne des § 10 gutgeschrieben werden.

Der Anspruch auf Überstundenzuschlag gemäß § 8 Abs. 1 besteht unabhängig davon, ob ein Zeitausgleich oder eine Bezahlung der Überstunde erfolgt (Satz 3).

Beschäftigte oberster Landesbehörden; Dienststellenleiter (Abs. 3)

Absatz 3 enthält Ausnahmen hinsichtlich der Mehrarbeits- und Überstundenvergütung für bestimmte Beschäftigte der obersten Landesbehörden (Sätze 1 und 2) und für die Leiter von Dienststellen und deren ständige Vertreter (Satz 3).

Oberste Landesbehörden sind im Wesentlichen die Ministerien. Die dortigen, in der Entgeltgruppe 15 und 15 Ü eingruppierten Beschäftigten erhalten kein besonderes Entgelt für Mehrarbeit und Überstunden, die Mehrbelastung gilt durch das Grundgehalt als abgegolten (Satz 1). Die entsprechenden Beschäftigten der Entgeltgruppen 13, 13 Ü und 14 erhalten ein besonderes Entgelt für Mehrarbeit und Überstunden nur, wenn die zusätzliche Arbeit für alle Beschäftigten der Behörde angeordnet worden ist; anderenfalls gilt auch diese über das übliche Maß hinausgehende Arbeitsleistung als durch das Grundentgelt abgegolten (Satz 2).

Satz 1 – also die uneingeschränkte Abgeltung von Mehrarbeit und Überstunden durch das Grundentgelt – gilt auch für Dienststellenleiter und ihre ständigen Vertreter, soweit sie in die Entgeltgruppen 14, 15 oder 15 Ü eingruppiert sind. Die Regelungen des Absatzes 3 gelten nicht in den Stadtstaaten Bremen und Hamburg sowie im Land Berlin.

Die praktische Bedeutung dieser Regelung dürfte im Hinblick auf die in diesen Bereichen in der Regel geltenden Gleitzeitvereinbarungen eher gering sein.

Mehrarbeitsvergütung (Abs. 4)

Für nicht durch Freizeit ausgeglichene (Mehr-)Arbeitsstunden, die keine Überstunden im tariflichen Sinne darstellen, erhält der Beschäftigte je Stunde 100 v. H. des auf seine Entgeltgruppe und -stufe entfallenden Stundenentgelts. Die in Absatz 1 vereinbarte Pauschalierung auf das Stundenentgelt der Stufe 3 findet nicht statt. Einziger erkennbarer Anwendungsfall sind die Mehrarbeitsstunden Teilzeitbeschäftigter (→ § 7 Abs. 6 und die dortigen Erläuterungen).

Durch Protokollerklärung ist klargestellt, dass im Rahmen von Gleitzeitregelungen anfallende Stundenguthaben nicht unter die auszugleichende Mehrarbeit fallen. Diese Zeitguthaben sind unter Beachtung der Gleitzeitvereinbarung nur durch Freizeit auszugleichen.

Vergütung der Rufbereitschaft (Abs. 5)

In Absatz 5 haben die Tarifpartner geregelt, wie die Rufbereitschaft (Sätze 1 bis 3) bzw. die tatsächliche Arbeitsleistung innerhalb der Rufbereitschaft (Satz 5) zu vergüten sind. Satz 4 trifft besondere Regelungen für die Fälle stundenweiser Rufbereitschaft. Die Definition des Begriffes der Rufbereitschaft ergibt sich aus § 7 Abs. 4.

Das Entgelt für die Rufbereitschaft ist – unabhängig von der tatsächlich anfallenden, gesondert zu vergütenden Arbeitsleistung – als Tagespauschale mit einem Vielfachen des Stundenentgelts der Entgelttabelle zum TV-L bestimmt worden. Für die Tage Montag bis Freitag beträgt das Entgelt für die Rufbereitschaft das Zweifache, für Samstage, Sonn- und Feiertage das Vierfache des maßgebenden Stundenentgelts. Für die Bemessung der Pauschale (also die Frage, ob das Zwei- oder Vierfache des Stundenentgelts zu zahlen ist) ist der Tag des Beginns der Rufbereitschaft maßgebend. In einer Niederschriftserklärung haben die Tarifpartner mit einem Beispiel verdeutlicht, wie die

Stundenpauschale zu berechnen ist. Bei einer Wochenendrufbereitschaft von Freitag 15 Uhr bis Montag 7 Uhr erhält der Beschäftigte demnach folgende Stundenpauschalen: für Freitag zwei Stunden, für Samstag und Sonntag je vier Stunden, für Montag keine Pauschale; ergibt zehn Stundenpauschalen für die Rufbereitschaft (zzgl. ggf. ein Entgelt für die tatsächlich angefallene Arbeitsleistung).

In den Fällen einer Rufbereitschaft von weniger als zwölf Stunden wird anstelle der Tagespauschale ein Stundensatz von 12,5 v. H. des tariflichen Stundenentgeltes gezahlt. Dies gilt nach dem Urteil des BAG vom 5. Februar 2009 – 6 AZR 114/08 – auch, wenn der Arbeitgeber an einem Kalendertag oder binnen 24 Stunden an zwei aufeinander folgenden Kalendertagen mehrere jeweils weniger als zwölf Stunden andauernde Rufbereitschaften anordnet, zwischen denen der Arbeitnehmer frei hat oder die normale Arbeitsleistung zu erbringen hat. Auch diese Rufbereitschaften sind stundenweise mit 12,5 % des tariflichen Stundenentgelts je angeordneter Stunde zu vergüten. Die Voraussetzungen für den Anspruch auf die tägliche Pauschale werden nach Auffassung des BAG nicht erfüllt.

Die tatsächliche Arbeitszeit während der Rufbereitschaft sowie die damit verbundenen Wegezeiten sind mit dem Entgelt für Überstunden sowie etwaiger Zeitzuschläge (z. B. für Sonntagsarbeit) zu vergüten – und zwar neben dem Entgelt für die Rufbereitschaft, das auch während der tatsächlichen Inanspruchnahme zusteht. In seinem zur vergleichbaren Vorschrift des § 11 Abs. 3 Satz 4 TV-Ärzte/VKA ergangenen Urteil vom 20. August 2014 – 10 AZR 937/13 – hat das BAG ausdrücklich klargestellt, dass auch die Wegezeiten Zeitzuschläge auslösen können. Bei Einsätzen außerhalb des Aufenthaltsortes im Sinne des § 7 Abs. 4 ist gemäß § 8 Abs. 5 Satz 5 die Zeit jeder Inanspruchnahme einschließlich der erforderlichen Wegezeiten auf volle Stunden aufzurunden.

Beispiel:

Während der Rufbereitschaft fallen drei Einsätze von jeweils (einschließlich Wegezeit) 45 Minuten an. Die Einsätze sind für die Vergütung einzeln auf drei mal eine Stunde – somit auf insgesamt drei Stunden aufzurunden.

Wenn die Arbeitsleistung ohne Verlassen des Aufenthaltsortes (z. B. telefonisch) erbracht wird, wird die Arbeitsleistung nach § 8 Abs. 5 Satz 6 erst am Ende der Rufbereitschaft, bei längeren Bereitschaftsdiensten spätestens nach 24 Stunden, auf die nächsten 30/60 Minuten aufgerundet.

Beispiel:

Wie Beispiel oben, aber Einsatz jeweils nur per Telefon ohne Verlassen des Aufenthaltsortes. Die Einsätze von insgesamt 135 Minuten (2 Stunden und

15 Minuten), sind für die Vergütung zunächst zu addieren und erst am Ende der Rufbereitschaft auf zwei Stunden und 30 Minuten aufzurunden.

Die Tarifpartner haben in einer Niederschriftserklärung zum besseren Verständnis der Vorschrift ein eigenes Beispiel gebildet.

Die Zeitzuschläge während der Inanspruchnahme aus der Rufbereitschaft sind nach Auffassung des BAG (Urteil vom 24. September 2008 – 6 AZR 259/08) „spitz" für die tatsächliche Arbeitsleistung zu zahlen; eine Rundung kommt nicht in Betracht.

In Satz 7 der Vorschrift haben die Tarifpartner bestimmt, dass Absatz 1 Satz 4 entsprechend gilt, so dass bei Vorhandensein eines auf der Grundlage von Bezirks-/Dienstvereinbarungen eingerichteten Arbeitszeitkontos die Rufbereitschaft und die tatsächliche Arbeitszeit auch in Form einer Zeitgutschrift abgegolten werden kann, soweit dies nach der jeweiligen Bezirks-/Dienstvereinbarung möglich ist.

In Satz 8 der Vorschrift ist klargestellt worden, dass für die Zeit der (passiven) Rufbereitschaft keine Zeitzuschläge gezahlt werden. Die Zahlung von Zuschlägen für die Zeiten der Inanspruchnahme (s. o.) bleibt davon unberührt.

Vergütung des Bereitschaftsdienstes (Abs. 6)

Hinsichtlich der Bereitschaftsdienstvergütung (zur Definition des Bereitschaftsdienstes → § 7 Abs. 3) trifft der TV-L keine eigenständige Regelung, sondern überlässt dies einem besonderen Tarifvertrag. Bis zu dessen Inkrafttreten soll es nach dem Willen der Tarifpartner bei den am 31. Oktober 2006 in der jeweiligen Verwaltung bzw. dem jeweiligen Betrieb geltenden Regelungen bleiben. Dies sind in der Regel die Vorschriften des § 15 Abs. 6a BAT und der Sonderregelungen (z. B. in den SR 2a, 2b und 2c) dazu. Für Beschäftigte in Kliniken und Krankenhäusern (ärztliches und nichtärztliches Personal) ist die Höhe des Bereitschaftsdienstentgelts in den §§ 41 bis 43 TV-L konkret festgelegt.

Wechselschichtzulage/Schichtzulage (Abs. 7 und 8)

In Absatz 7 bzw. 8 ist geregelt, dass der Arbeitnehmer, der ständig Wechselschichtarbeit/Schichtarbeit leistet, eine monatliche Zulage von 105 Euro (Wechselschichtarbeit/Abs. 7) bzw. 40 Euro (Schichtarbeit/Abs. 8) erhält. Wegen der höheren Beträge (150/60 Euro) im Geltungsbereich des § 43 TV-L (Universitätskliniken und Krankenhäuser) siehe § 43 Nr. 5 Ziffern 3 und 4 TV-L.

II

Das BAG hat mit Urteilen vom 24. September 2008 – 10 AZR 634/07 – und 25. September 2013 – 10 AZR 4/12 – die Kürzung der Wechselschicht- und Schichtzulagen bei Teilzeitbeschäftigten auf deren Arbeitszeitanteil als rechtmäßig beurteilt und damit die Auffassung der öffentlichen Arbeitgeber bestätigt. In der Kürzung liegt nach Auffassung des BAG keine Diskriminierung von Teilzeitbeschäftigten. Wegen der Definition der Begriffe Wechselschichtarbeit/Schichtarbeit siehe § 7 Abs. 1 bzw. 2.

Wer nicht ständig Wechselschichtarbeit/Schichtarbeit leistet, erhält eine Schichtzulage von 0,63 Euro (Wechselschichtarbeit) bzw. 0,24 Euro (Schichtarbeit) pro Stunde.

Was unter „ständiger" Wechselschichtarbeit/Schichtarbeit zu verstehen ist, ist in der Tarifvorschrift nicht näher definiert worden. Nach dem allgemeinen Sprachgebrauch wird man davon ausgehen können, dass „ständig" nicht im Sinne von „ausschließlich" zu verstehen ist, dass aber eine lediglich gelegentliche Heranziehung zur (Wechsel-)Schichtarbeit – beispielsweise im Rahmen der Vertretung – nicht ausreicht, um entsprechende Ansprüche zu begründen. Die Ausübung arbeitszeitlich wechselnder (Wechsel-)Schichtarbeit muss zum normalen Dienstablauf des Arbeitnehmers gehören – s. dazu auch BAG vom 13. Juni 2012 – 10 AZR 351/11.

Protokollerklärung zu Abschnitt II

Die Protokollerklärung zu Abschnitt II (§§ 6 bis 11) und Erläuterungen dazu sind im Anschluss an § 11 abgedruckt.

Anhang 1

Monats- und Stundenentgelte (West/Ost)

Monatsentgelte (in Euro)

– gültig vom 1. November 2024 bis 31. Januar 2025 –

EG	Stufe 1	Stufe 2	Stufe 3	Stufe 4	Stufe 5	Stufe 6
15 Ü	6.322,63	6.995,90	7.634,88	8.053,95	8.157,04	
15	5.217,31	5.594,35	5.793,59	6.501,27	7.037,15	7.242,26
14	4.742,64	5.085,93	5.367,63	5.793,59	6.446,27	6.633,67
13 Ü		4.708,07	4.948,54		6.446,27	6.633,67
13	4.388,38	4.708,07	4.948,54	5.415,72	6.061,53	6.237,38
12	3.974,86	4.240,88	4.804,26	5.298,93	5.937,87	6.110,00
11	3.852,64	4.098,38	4.378,29	4.804,26	5.422,60	5.579,28
10	3.723,62	3.964,77	4.240,88	4.522,55	5.058,48	5.204,24
9b	3.336,59	3.569,08	3.720,54	4.139,07	4.495,09	4.623,96
9a	3.336,59	3.569,08	3.619,58	3.720,54	4.139,07	4.255,96
8	3.146,46	3.373,48	3.499,66	3.619,58	3.752,10	3.834,13
7	2.972,35	3.194,05	3.360,84	3.487,05	3.588,03	3.676,36
6	2.925,66	3.145,10	3.267,49	3.392,41	3.474,43	3.562,77
5	2.818,93	3.034,95	3.157,34	3.273,61	3.367,15	3.430,26
4	2.700,70	2.918,69	3.071,67	3.157,34	3.243,02	3.298,08
3	2.668,79	2.881,96	2.943,16	3.041,06	3.120,62	3.187,93
2 Ü	2.569,86	2.777,93	2.857,48	2.955,41	3.022,72	3.114,51
2	2.502,84	2.704,49	2.765,69	2.826,88	2.967,62	3.114,51
1		2.294,49	2.325,06	2.361,78	2.398,51	2.490,30

13 Ü Stufe 4a	13 Ü Stufe 4b
5.367,63	5.793,59

II

Monatsentgelte (in Euro)

– gültig ab 1. Februar 2025 –

EG	Stufe 1	Stufe 2	Stufe 3	Stufe 4	Stufe 5	Stufe 6
15 Ü	6.670,37	7.380,67	8.054,80	8.496,92	8.605,68	
15	5.504,26	5.902,04	6.112,24	6.858,84	7.424,19	7.640,58
14	5.003,49	5.365,66	5.662,85	6.112,24	6.800,81	6.998,52
13 Ü		4.967,01	5.220,71		6.800,81	6.998,52
13	4.629,74	4.967,01	5.220,71	5.713,58	6.394,91	6.580,44
12	4.193,48	4.474,13	5.068,49	5.590,37	6.264,45	6.446,05
11	4.064,54	4.323,79	4.619,10	5.068,49	5.720,84	5.886,14
10	3.928,42	4.182,83	4.474,13	4.771,29	5.336,70	5.490,47
9b	3.520,10	3.765,38	3.925,17	4.366,72	4.742,32	4.878,28
9a	3.520,10	3.765,38	3.818,66	3.925,17	4.366,72	4.490,04
8	3.319,52	3.559,02	3.692,14	3.818,66	3.958,47	4.045,01
7	3.135,83	3.369,72	3.545,69	3.678,84	3.785,37	3.878,56
6	3.086,57	3.318,08	3.447,20	3.578,99	3.665,52	3.758,72
5	2.973,97	3.201,87	3.330,99	3.453,66	3.552,34	3.618,92
4	2.849,24	3.079,22	3.240,61	3.330,99	3.421,39	3.479,47
3	2.815,57	3.040,47	3.105,03	3.208,32	3.292,25	3.363,27
2 Ü	2.711,20	2.930,72	3.014,64	3.117,96	3.188,97	3.285,81
2	2.642,84	2.853,24	2.917,80	2.982,36	3.130,84	3.285,81
1		2.434,49	2.465,06	2.501,78	2.538,51	2.630,30

13 Ü Stufe 4a	13 Ü Stufe 4b
5.662,85	6.112,24

II

Stundenentgelte (in Euro)
bei einer Wochenarbeitszeit von 38 Stunden 30 Minuten
(Divisor 167,40)[1])

– gültig vom 1. November 2024 bis 31. Januar 2025 –

EG	Stufe 1	Stufe 2	Stufe 3	Stufe 4	Stufe 5	Stufe 6
15 Ü	37,77	41,79	45,61	48,11	48,73	
15	31,17	33,42	34,61	38,84	42,04	43,26
14	28,33	30,38	32,06	34,61	38,51	39,63
13 Ü		28,12	29,56		38,51	39,63
13	26,21	28,12	29,56	32,35	36,21	37,26
12	23,74	25,33	28,70	31,65	35,47	36,50
11	23,01	24,48	26,15	28,70	32,39	33,33
10	22,24	23,68	25,33	27,02	30,22	31,09
9b	19,93	21,32	22,23	24,73	26,85	27,62
9a	19,93	21,32	21,62	22,23	24,73	25,42
8	18,80	20,15	20,91	21,62	22,41	22,90
7	17,76	19,08	20,08	20,83	21,43	21,96
6	17,48	18,79	19,52	20,27	20,76	21,28
5	16,84	18,13	18,86	19,56	20,11	20,49
4	16,13	17,44	18,35	18,86	19,37	19,70
3	15,94	17,22	17,58	18,17	18,64	19,04
2 Ü	15,35	16,59	17,07	17,65	18,06	18,61
2	14,95	16,16	16,52	16,89	17,73	18,61
1		13,71	13,89	14,11	14,33	14,88

13 Ü Stufe 4a	13 Ü Stufe 4b
32,06	34,61

Hinweise:

1. Für in eine individuelle Endstufe übergeleitete Beschäftigte sind die Stundenentgelte nach § 24 Absatz 3 Satz 2 TV-L auf der Grundlage der individuellen Tabellenbeträge zu ermitteln.
2. Nach der Protokollerklärung zu § 8 Absatz 1 TV-L richtet sich bei Überstunden das Entgelt für die tatsächliche Arbeitsleistung nach der jeweiligen Entgeltgruppe und der individuellen Stufe, höchstens jedoch nach der Stufe 4.

[1]) gilt für Beschäftigte nach § 6 Abs. 1 Satz 1 Buchst. b TV-L

II

Stundenentgelte (in Euro) bei einer Wochenarbeitszeit von 38 Stunden 30 Minuten (Divisor 167,40)[1])

– gültig ab 1. Februar 2025 –

EG	Stufe 1	Stufe 2	Stufe 3	Stufe 4	Stufe 5	Stufe 6
15 Ü	39,85	44,09	48,12	50,76	51,41	
15	32,88	35,26	36,51	40,97	44,35	45,64
14	29,89	32,05	33,83	36,51	40,63	41,81
13 Ü		29,67	31,19		40,63	41,81
13	27,66	29,67	31,19	34,13	38,20	39,31
12	25,05	26,73	30,28	33,40	37,42	38,51
11	24,28	25,83	27,59	30,28	34,17	35,16
10	23,47	24,99	26,73	28,50	31,88	32,80
9b	21,03	22,49	23,45	26,09	28,33	29,14
9a	21,03	22,49	22,81	23,45	26,09	26,82
8	19,83	21,26	22,06	22,81	23,65	24,16
7	18,73	20,13	21,18	21,98	22,61	23,17
6	18,44	19,82	20,59	21,38	21,90	22,45
5	17,77	19,13	19,90	20,63	21,22	21,62
4	17,02	18,39	19,36	19,90	20,44	20,79
3	16,82	18,16	18,55	19,17	19,67	20,09
2 Ü	16,20	17,51	18,01	18,63	19,05	19,63
2	15,79	17,04	17,43	17,82	18,70	19,63
1		14,54	14,73	14,94	15,16	15,71

13 Ü Stufe 4a	13 Ü Stufe 4b
33,83	36,51

Hinweise:

1. Für in eine individuelle Endstufe übergeleitete Beschäftigte sind die Stundenentgelte nach § 24 Absatz 3 Satz 2 TV-L auf der Grundlage der individuellen Tabellenbeträge zu ermitteln.
2. Nach der Protokollerklärung zu § 8 Absatz 1 TV-L richtet sich bei Überstunden das Entgelt für die tatsächliche Arbeitsleistung nach der jeweiligen Entgeltgruppe und der individuellen Stufe, höchstens jedoch nach der Stufe 4.

---

[1]) gilt für Beschäftigte nach § 6 Abs. 1 Satz 1 Buchst. b TV-L

Stundenentgelte (in Euro)
bei einer Wochenarbeitszeit von 38 Stunden 42 Minuten
(Divisor 168,27)[1])

– gültig vom 1. November 2024 bis 31. Januar 2025 –

EG	Stufe 1	Stufe 2	Stufe 3	Stufe 4	Stufe 5	Stufe 6
15 Ü	37,57	41,58	45,37	47,86	48,48	
15	31,01	33,25	34,43	38,64	41,82	43,04
14	28,18	30,22	31,90	34,43	38,31	39,42
13 Ü		27,98	29,41		38,31	39,42
13	26,08	27,98	29,41	32,18	36,02	37,07
12	23,62	25,20	28,55	31,49	35,29	36,31
11	22,90	24,36	26,02	28,55	32,23	33,16
10	22,13	23,56	25,20	26,88	30,06	30,93
9b	19,83	21,21	22,11	24,60	26,71	27,48
9a	19,83	21,21	21,51	22,11	24,60	25,29
8	18,70	20,05	20,80	21,51	22,30	22,79
7	17,66	18,98	19,97	20,72	21,32	21,85
6	17,39	18,69	19,42	20,16	20,65	21,17
5	16,75	18,04	18,76	19,45	20,01	20,39
4	16,05	17,35	18,25	18,76	19,27	19,60
3	15,86	17,13	17,49	18,07	18,55	18,95
2 Ü	15,27	16,51	16,98	17,56	17,96	18,51
2	14,87	16,07	16,44	16,80	17,64	18,51
1		13,64	13,82	14,04	14,25	14,80

13 Ü Stufe 4a	13 Ü Stufe 4b
31,90	34,43

Hinweise:

1. Für in eine individuelle Endstufe übergeleitete Beschäftigte sind die Stundenentgelte nach § 24 Absatz 3 Satz 2 TV-L auf der Grundlage der individuellen Tabellenbeträge zu ermitteln.
2. Nach der Protokollerklärung zu § 8 Absatz 1 TV-L richtet sich bei Überstunden das Entgelt für die tatsächliche Arbeitsleistung nach der jeweiligen Entgeltgruppe und der individuellen Stufe, höchstens jedoch nach der Stufe 4.

1) Schleswig-Holstein

II

Stundenentgelte (in Euro)
bei einer Wochenarbeitszeit von 38 Stunden 42 Minuten
(Divisor 168,27)[1])

– gültig ab 1. Februar 2025 –

EG	Stufe 1	Stufe 2	Stufe 3	Stufe 4	Stufe 5	Stufe 6
15 Ü	39,64	43,86	47,87	50,50	51,14	
15	32,71	35,07	36,32	40,76	44,12	45,41
14	29,73	31,89	33,65	36,32	40,42	41,59
13 Ü		29,52	31,03		40,42	41,59
13	27,51	29,52	31,03	33,95	38,00	39,11
12	24,92	26,59	30,12	33,22	37,23	38,31
11	24,15	25,70	27,45	30,12	34,00	34,98
10	23,35	24,86	26,59	28,35	31,72	32,63
9b	20,92	22,38	23,33	25,95	28,18	28,99
9a	20,92	22,38	22,69	23,33	25,95	26,68
8	19,73	21,15	21,94	22,69	23,52	24,04
7	18,64	20,03	21,07	21,86	22,50	23,05
6	18,34	19,72	20,49	21,27	21,78	22,34
5	17,67	19,03	19,80	20,52	21,11	21,51
4	16,93	18,30	19,26	19,80	20,33	20,68
3	16,73	18,07	18,45	19,07	19,57	19,99
2 Ü	16,11	17,42	17,92	18,53	18,95	19,53
2	15,71	16,96	17,34	17,72	18,61	19,53
1		14,47	14,65	14,87	15,09	15,63

13 Ü Stufe 4a	13 Ü Stufe 4b
33,65	36,32

Hinweise:

1. Für in eine individuelle Endstufe übergeleitete Beschäftigte sind die Stundenentgelte nach § 24 Absatz 3 Satz 2 TV-L auf der Grundlage der individuellen Tabellenbeträge zu ermitteln.
2. Nach der Protokollerklärung zu § 8 Absatz 1 TV-L richtet sich bei Überstunden das Entgelt für die tatsächliche Arbeitsleistung nach der jeweiligen Entgeltgruppe und der individuellen Stufe, höchstens jedoch nach der Stufe 4.

[1]) Schleswig-Holstein

Stundenentgelte (in Euro)
bei einer Wochenarbeitszeit von 39 Stunden 00 Minuten
(Divisor 169,57)[1])

– gültig vom 1. November 2024 bis 31. Januar 2025 –

EG	Stufe 1	Stufe 2	Stufe 3	Stufe 4	Stufe 5	Stufe 6
15 Ü	37,29	41,26	45,02	47,50	48,10	
15	30,77	32,99	34,17	38,34	41,50	42,71
14	27,97	29,99	31,65	34,17	38,02	39,12
13 Ü		27,76	29,18		38,02	39,12
13	25,88	27,76	29,18	31,94	35,75	36,78
12	23,44	25,01	28,33	31,25	35,02	36,03
11	22,72	24,17	25,82	28,33	31,98	32,90
10	21,96	23,38	25,01	26,67	29,83	30,69
9b	19,68	21,05	21,94	24,41	26,51	27,27
9a	19,68	21,05	21,35	21,94	24,41	25,10
8	18,56	19,89	20,64	21,35	22,13	22,61
7	17,53	18,84	19,82	20,56	21,16	21,68
6	17,25	18,55	19,27	20,01	20,49	21,01
5	16,62	17,90	18,62	19,31	19,86	20,23
4	15,93	17,21	18,11	18,62	19,12	19,45
3	15,74	17,00	17,36	17,93	18,40	18,80
2 Ü	15,16	16,38	16,85	17,43	17,83	18,37
2	14,76	15,95	16,31	16,67	17,50	18,37
1		13,53	13,71	13,93	14,14	14,69

13 Ü Stufe 4a	13 Ü Stufe 4b
31,65	34,17

Hinweise:

1. Für in eine individuelle Endstufe übergeleitete Beschäftigte sind die Stundenentgelte nach § 24 Absatz 3 Satz 2 TV-L auf der Grundlage der individuellen Tabellenbeträge zu ermitteln.
2. Nach der Protokollerklärung zu § 8 Absatz 1 TV-L richtet sich bei Überstunden das Entgelt für die tatsächliche Arbeitsleistung nach der jeweiligen Entgeltgruppe und der individuellen Stufe, höchstens jedoch nach der Stufe 4.

---

[1]) Hamburg, Rheinland-Pfalz

II

Stundenentgelte (in Euro)
bei einer Wochenarbeitszeit von 39 Stunden 00 Minuten
(Divisor 169,57)[1])

– gültig ab 1. Februar 2025 –

EG	Stufe 1	Stufe 2	Stufe 3	Stufe 4	Stufe 5	Stufe 6
15 Ü	39,34	43,53	47,50	50,11	50,75	
15	32,46	34,81	36,05	40,45	43,78	45,06
14	29,51	31,64	33,40	36,05	40,11	41,27
13 Ü		29,29	30,79		40,11	41,27
13	27,30	29,29	30,79	33,69	37,71	38,81
12	24,73	26,39	29,89	32,97	36,94	38,01
11	23,97	25,50	27,24	29,89	33,74	34,71
10	23,17	24,67	26,39	28,14	31,47	32,38
9b	20,76	22,21	23,15	25,75	27,97	28,77
9a	20,76	22,21	22,52	23,15	25,75	26,48
8	19,58	20,99	21,77	22,52	23,34	23,85
7	18,49	19,87	20,91	21,70	22,32	22,87
6	18,20	19,57	20,33	21,11	21,62	22,17
5	17,54	18,88	19,64	20,37	20,95	21,34
4	16,80	18,16	19,11	19,64	20,18	20,52
3	16,60	17,93	18,31	18,92	19,42	19,83
2 Ü	15,99	17,28	17,78	18,39	18,81	19,38
2	15,59	16,83	17,21	17,59	18,46	19,38
1		14,36	14,54	14,75	14,97	15,51

13 Ü Stufe 4a	13 Ü Stufe 4b
33,40	36,05

Hinweise:

1. Für in eine individuelle Endstufe übergeleitete Beschäftigte sind die Stundenentgelte nach § 24 Absatz 3 Satz 2 TV-L auf der Grundlage der individuellen Tabellenbeträge zu ermitteln.
2. Nach der Protokollerklärung zu § 8 Absatz 1 TV-L richtet sich bei Überstunden das Entgelt für die tatsächliche Arbeitsleistung nach der jeweiligen Entgeltgruppe und der individuellen Stufe, höchstens jedoch nach der Stufe 4.

[1]) Hamburg, Rheinland-Pfalz

II

Stundenentgelte (in Euro)
bei einer Wochenarbeitszeit von 39 Stunden 12 Minuten
(Divisor 170,44)[1]

– gültig vom 1. November 2024 bis 31. Januar 2025 –

EG	Stufe 1	Stufe 2	Stufe 3	Stufe 4	Stufe 5	Stufe 6
15 Ü	37,10	41,05	44,80	47,25	47,86	
15	30,61	32,82	33,99	38,14	41,29	42,49
14	27,83	29,84	31,49	33,99	37,82	38,92
13 Ü		27,62	29,03		37,82	38,92
13	25,75	27,62	29,03	31,77	35,56	36,60
12	23,32	24,88	28,19	31,09	34,84	35,85
11	22,60	24,05	25,69	28,19	31,82	32,73
10	21,85	23,26	24,88	26,53	29,68	30,53
9b	19,58	20,94	21,83	24,28	26,37	27,13
9a	19,58	20,94	21,24	21,83	24,28	24,97
8	18,46	19,79	20,53	21,24	22,01	22,50
7	17,44	18,74	19,72	20,46	21,05	21,57
6	17,17	18,45	19,17	19,90	20,39	20,90
5	16,54	17,81	18,52	19,21	19,76	20,13
4	15,85	17,12	18,02	18,52	19,03	19,35
3	15,66	16,91	17,27	17,84	18,31	18,70
2 Ü	15,08	16,30	16,77	17,34	17,73	18,27
2	14,68	15,87	16,23	16,59	17,41	18,27
1		13,46	13,64	13,86	14,07	14,61

13 Ü Stufe 4a	**13 Ü Stufe 4b**
31,49	33,99

Hinweise:

1. Für in eine individuelle Endstufe übergeleitete Beschäftigte sind die Stundenentgelte nach § 24 Absatz 3 Satz 2 TV-L auf der Grundlage der individuellen Tabellenbeträge zu ermitteln.
2. Nach der Protokollerklärung zu § 8 Absatz 1 TV-L richtet sich bei Überstunden das Entgelt für die tatsächliche Arbeitsleistung nach der jeweiligen Entgeltgruppe und der individuellen Stufe, höchstens jedoch nach der Stufe 4.

[1]) Bremen

II

**Stundenentgelte (in Euro)
bei einer Wochenarbeitszeit von 39 Stunden 12 Minuten
(Divisor 170,44)[1]**

– gültig ab 1. Februar 2025 –

EG	Stufe 1	Stufe 2	Stufe 3	Stufe 4	Stufe 5	Stufe 6
15 Ü	39,14	43,30	47,26	49,85	50,49	
15	32,29	34,63	35,86	40,24	43,56	44,83
14	29,36	31,48	33,22	35,86	39,90	41,06
13 Ü		29,14	30,63		39,90	41,06
13	27,16	29,14	30,63	33,52	37,52	38,61
12	24,60	26,25	29,74	32,80	36,75	37,82
11	23,85	25,37	27,10	29,74	33,57	34,53
10	23,05	24,54	26,25	27,99	31,31	32,21
9b	20,65	22,09	23,03	25,62	27,82	28,62
9a	20,65	22,09	22,40	23,03	25,62	26,34
8	19,48	20,88	21,66	22,40	23,23	23,73
7	18,40	19,77	20,80	21,58	22,21	22,76
6	18,11	19,47	20,23	21,00	21,51	22,05
5	17,45	18,79	19,54	20,26	20,84	21,23
4	16,72	18,07	19,01	19,54	20,07	20,41
3	16,52	17,84	18,22	18,82	19,32	19,73
2 Ü	15,91	17,20	17,69	18,29	18,71	19,28
2	15,51	16,74	17,12	17,50	18,37	19,28
1		14,28	14,46	14,68	14,89	15,43

13 Ü Stufe 4a	13 Ü Stufe 4b
33,22	35,86

Hinweise:

1. Für in eine individuelle Endstufe übergeleitete Beschäftigte sind die Stundenentgelte nach § 24 Absatz 3 Satz 2 TV-L auf der Grundlage der individuellen Tabellenbeträge zu ermitteln.
2. Nach der Protokollerklärung zu § 8 Absatz 1 TV-L richtet sich bei Überstunden das Entgelt für die tatsächliche Arbeitsleistung nach der jeweiligen Entgeltgruppe und der individuellen Stufe, höchstens jedoch nach der Stufe 4.

[1]) Bremen

Stundenentgelte (in Euro)
bei einer Wochenarbeitszeit von 39 Stunden 24 Minuten
(Divisor 171,31)[1])

– gültig vom 1. November 2024 bis 31. Januar 2025 –

II

EG	Stufe 1	Stufe 2	Stufe 3	Stufe 4	Stufe 5	Stufe 6
15 Ü	36,91	40,84	44,57	47,01	47,62	
15	30,46	32,66	33,82	37,95	41,08	42,28
14	27,68	29,69	31,33	33,82	37,63	38,72
13 Ü		27,48	28,89		37,63	38,72
13	25,62	27,48	28,89	31,61	35,38	36,41
12	23,20	24,76	28,04	30,93	34,66	35,67
11	22,49	23,92	25,56	28,04	31,65	32,57
10	21,74	23,14	24,76	26,40	29,53	30,38
9b	19,48	20,83	21,72	24,16	26,24	26,99
9a	19,48	20,83	21,13	21,72	24,16	24,84
8	18,37	19,69	20,43	21,13	21,90	22,38
7	17,35	18,64	19,62	20,36	20,94	21,46
6	17,08	18,36	19,07	19,80	20,28	20,80
5	16,46	17,72	18,43	19,11	19,66	20,02
4	15,76	17,04	17,93	18,43	18,93	19,25
3	15,58	16,82	17,18	17,75	18,22	18,61
2 Ü	15,00	16,22	16,68	17,25	17,64	18,18
2	14,61	15,79	16,14	16,50	17,32	18,18
1		13,39	13,57	13,79	14,00	14,54

13 Ü Stufe 4a	13 Ü Stufe 4b
31,33	33,82

Hinweise:

1. Für in eine individuelle Endstufe übergeleitete Beschäftigte sind die Stundenentgelte nach § 24 Absatz 3 Satz 2 TV-L auf der Grundlage der individuellen Tabellenbeträge zu ermitteln.
2. Nach der Protokollerklärung zu § 8 Absatz 1 TV-L richtet sich bei Überstunden das Entgelt für die tatsächliche Arbeitsleistung nach der jeweiligen Entgeltgruppe und der individuellen Stufe, höchstens jedoch nach der Stufe 4.

[1]) Berlin

II

Stundenentgelte (in Euro)
bei einer Wochenarbeitszeit von 39 Stunden 24 Minuten
(Divisor 171,31)[1])

– gültig ab 1. Februar 2025 –

EG	Stufe 1	Stufe 2	Stufe 3	Stufe 4	Stufe 5	Stufe 6
15 Ü	38,94	43,08	47,02	49,60	50,23	
15	32,13	34,45	35,68	40,04	43,34	44,60
14	29,21	31,32	33,06	35,68	39,70	40,85
13 Ü		28,99	30,48		39,70	40,85
13	27,03	28,99	30,48	33,35	37,33	38,41
12	24,48	26,12	29,59	32,63	36,57	37,63
11	23,73	25,24	26,96	29,59	33,39	34,36
10	22,93	24,42	26,12	27,85	31,15	32,05
9b	20,55	21,98	22,91	25,49	27,68	28,48
9a	20,55	21,98	22,29	22,91	25,49	26,21
8	19,38	20,78	21,55	22,29	23,11	23,61
7	18,31	19,67	20,70	21,47	22,10	22,64
6	18,02	19,37	20,12	20,89	21,40	21,94
5	17,36	18,69	19,44	20,16	20,74	21,12
4	16,63	17,97	18,92	19,44	19,97	20,31
3	16,44	17,75	18,13	18,73	19,22	19,63
2 Ü	15,83	17,11	17,60	18,20	18,62	19,18
2	15,43	16,66	17,03	17,41	18,28	19,18
1		14,21	14,39	14,60	14,82	15,35

13 Ü Stufe 4a	13 Ü Stufe 4b
33,06	35,68

Hinweise:

1. Für in eine individuelle Endstufe übergeleitete Beschäftigte sind die Stundenentgelte nach § 24 Absatz 3 Satz 2 TV-L auf der Grundlage der individuellen Tabellenbeträge zu ermitteln.
2. Nach der Protokollerklärung zu § 8 Absatz 1 TV-L richtet sich bei Überstunden das Entgelt für die tatsächliche Arbeitsleistung nach der jeweiligen Entgeltgruppe und der individuellen Stufe, höchstens jedoch nach der Stufe 4.

[1]) Berlin

II

Stundenentgelte (in Euro)
bei einer Wochenarbeitszeit von 39 Stunden 30 Minuten
(Divisor 171,75)[1])

– gültig vom 1. November 2024 bis 31. Januar 2025 –

EG	Stufe 1	Stufe 2	Stufe 3	Stufe 4	Stufe 5	Stufe 6
15 Ü	36,81	40,73	44,45	46,89	47,49	
15	30,38	32,57	33,73	37,85	40,97	42,17
14	27,61	29,61	31,25	33,73	37,53	38,62
13 Ü		27,41	28,81		37,53	38,62
13	25,55	27,41	28,81	31,53	35,29	36,32
12	23,14	24,69	27,97	30,85	34,57	35,57
11	22,43	23,86	25,49	27,97	31,57	32,48
10	21,68	23,08	24,69	26,33	29,45	30,30
9b	19,43	20,78	21,66	24,10	26,17	26,92
9a	19,43	20,78	21,07	21,66	24,10	24,78
8	18,32	19,64	20,38	21,07	21,85	22,32
7	17,31	18,60	19,57	20,30	20,89	21,41
6	17,03	18,31	19,02	19,75	20,23	20,74
5	16,41	17,67	18,38	19,06	19,60	19,97
4	15,72	16,99	17,88	18,38	18,88	19,20
3	15,54	16,78	17,14	17,71	18,17	18,56
2 Ü	14,96	16,17	16,64	17,21	17,60	18,13
2	14,57	15,75	16,10	16,46	17,28	18,13
1		13,36	13,54	13,75	13,97	14,50

13 Ü Stufe 4a	13 Ü Stufe 4b
31,25	33,73

Hinweise:

1. Für in eine individuelle Endstufe übergeleitete Beschäftigte sind die Stundenentgelte nach § 24 Absatz 3 Satz 2 TV-L auf der Grundlage der individuellen Tabellenbeträge zu ermitteln.
2. Nach der Protokollerklärung zu § 8 Absatz 1 TV-L richtet sich bei Überstunden das Entgelt für die tatsächliche Arbeitsleistung nach der jeweiligen Entgeltgruppe und der individuellen Stufe, höchstens jedoch nach der Stufe 4.

---

[1]) Baden-Württemberg, Saarland

II

Stundenentgelte (in Euro) bei einer Wochenarbeitszeit von 39 Stunden 30 Minuten (Divisor 171,75)[1]

– gültig ab 1. Februar 2025 –

EG	Stufe 1	Stufe 2	Stufe 3	Stufe 4	Stufe 5	Stufe 6
15 Ü	38,84	42,97	46,90	49,47	50,11	
15	32,05	34,36	35,59	39,94	43,23	44,49
14	29,13	31,24	32,97	35,59	39,60	40,75
13 Ü		28,92	30,40		39,60	40,75
13	26,96	28,92	30,40	33,27	37,23	38,31
12	24,42	26,05	29,51	32,55	36,47	37,53
11	23,67	25,17	26,89	29,51	33,31	34,27
10	22,87	24,35	26,05	27,78	31,07	31,97
9b	20,50	21,92	22,85	25,42	27,61	28,40
9a	20,50	21,92	22,23	22,85	25,42	26,14
8	19,33	20,72	21,50	22,23	23,05	23,55
7	18,26	19,62	20,64	21,42	22,04	22,58
6	17,97	19,32	20,07	20,84	21,34	21,88
5	17,32	18,64	19,39	20,11	20,68	21,07
4	16,59	17,93	18,87	19,39	19,92	20,26
3	16,39	17,70	18,08	18,68	19,17	19,58
2 Ü	15,79	17,06	17,55	18,15	18,57	19,13
2	15,39	16,61	16,99	17,36	18,23	19,13
1		14,17	14,35	14,57	14,78	15,31

13 Ü Stufe 4a	13 Ü Stufe 4b
32,97	35,59

Hinweise:

1. Für in eine individuelle Endstufe übergeleitete Beschäftigte sind die Stundenentgelte nach § 24 Absatz 3 Satz 2 TV-L auf der Grundlage der individuellen Tabellenbeträge zu ermitteln.
2. Nach der Protokollerklärung zu § 8 Absatz 1 TV-L richtet sich bei Überstunden das Entgelt für die tatsächliche Arbeitsleistung nach der jeweiligen Entgeltgruppe und der individuellen Stufe, höchstens jedoch nach der Stufe 4.

---

[1]) Baden-Württemberg, Saarland

II

**Stundenentgelte (in Euro)
bei einer Wochenarbeitszeit von 39 Stunden 48 Minuten
(Divisor 173,05)[1])**

– gültig vom 1. November 2024 bis 31. Januar 2025 –

EG	Stufe 1	Stufe 2	Stufe 3	Stufe 4	Stufe 5	Stufe 6
15 Ü	36,54	40,43	44,12	46,54	47,14	
15	30,15	32,33	33,48	37,57	40,67	41,85
14	27,41	29,39	31,02	33,48	37,25	38,33
13 Ü		27,21	28,60		37,25	38,33
13	25,36	27,21	28,60	31,30	35,03	36,04
12	22,97	24,51	27,76	30,62	34,31	35,31
11	22,26	23,68	25,30	27,76	31,34	32,24
10	21,52	22,91	24,51	26,13	29,23	30,07
9b	19,28	20,62	21,50	23,92	25,98	26,72
9a	19,28	20,62	20,92	21,50	23,92	24,59
8	18,18	19,49	20,22	20,92	21,68	22,16
7	17,18	18,46	19,42	20,15	20,73	21,24
6	16,91	18,17	18,88	19,60	20,08	20,59
5	16,29	17,54	18,25	18,92	19,46	19,82
4	15,61	16,87	17,75	18,25	18,74	19,06
3	15,42	16,65	17,01	17,57	18,03	18,42
2 Ü	14,85	16,05	16,51	17,08	17,47	18,00
2	14,46	15,63	15,98	16,34	17,15	18,00
1		13,26	13,44	13,65	13,86	14,39

13 Ü Stufe 4a	13 Ü Stufe 4b
31,02	33,48

Hinweise:

1. Für in eine individuelle Endstufe übergeleitete Beschäftigte sind die Stundenentgelte nach § 24 Absatz 3 Satz 2 TV-L auf der Grundlage der individuellen Tabellenbeträge zu ermitteln.
2. Nach der Protokollerklärung zu § 8 Absatz 1 TV-L richtet sich bei Überstunden das Entgelt für die tatsächliche Arbeitsleistung nach der jeweiligen Entgeltgruppe und der individuellen Stufe, höchstens jedoch nach der Stufe 4.

[1]) Niedersachsen

II

Stundenentgelte (in Euro)
bei einer Wochenarbeitszeit von 39 Stunden 48 Minuten
(Divisor 173,05)[1])

– gültig ab 1. Februar 2025 –

EG	Stufe 1	Stufe 2	Stufe 3	Stufe 4	Stufe 5	Stufe 6
15 Ü	38,55	42,65	46,55	49,10	49,73	
15	31,81	34,11	35,32	39,64	42,90	44,15
14	28,91	31,01	32,72	35,32	39,30	40,44
13 Ü		28,70	30,17		39,30	40,44
13	26,75	28,70	30,17	33,02	36,95	38,03
12	24,23	25,85	29,29	32,30	36,20	37,25
11	23,49	24,99	26,69	29,29	33,06	34,01
10	22,70	24,17	25,85	27,57	30,84	31,73
9b	20,34	21,76	22,68	25,23	27,40	28,19
9a	20,34	21,76	22,07	22,68	25,23	25,95
8	19,18	20,57	21,34	22,07	22,87	23,37
7	18,12	19,47	20,49	21,26	21,87	22,41
6	17,84	19,17	19,92	20,68	21,18	21,72
5	17,19	18,50	19,25	19,96	20,53	20,91
4	16,46	17,79	18,73	19,25	19,77	20,11
3	16,27	17,57	17,94	18,54	19,02	19,44
2 Ü	15,67	16,94	17,42	18,02	18,43	18,99
2	15,27	16,49	16,86	17,23	18,09	18,99
1		14,07	14,24	14,46	14,67	15,20

13 Ü Stufe 4a	13 Ü Stufe 4b
32,72	35,32

Hinweise:

1. Für in eine individuelle Endstufe übergeleitete Beschäftigte sind die Stundenentgelte nach § 24 Absatz 3 Satz 2 TV-L auf der Grundlage der individuellen Tabellenbeträge zu ermitteln.
2. Nach der Protokollerklärung zu § 8 Absatz 1 TV-L richtet sich bei Überstunden das Entgelt für die tatsächliche Arbeitsleistung nach der jeweiligen Entgeltgruppe und der individuellen Stufe, höchstens jedoch nach der Stufe 4.

---

[1]) Niedersachsen

Stundenentgelte (in Euro)
bei einer Wochenarbeitszeit von 39 Stunden 50 Minuten
(Divisor 173,18)[1])

– gültig vom 1. November 2024 bis 31. Januar 2025 –

EG	Stufe 1	Stufe 2	Stufe 3	Stufe 4	Stufe 5	Stufe 6
15 Ü	36,51	40,40	44,09	46,51	47,10	
15	30,13	32,30	33,45	37,54	40,63	41,82
14	27,39	29,37	30,99	33,45	37,22	38,31
13 Ü		27,19	28,57		37,22	38,31
13	25,34	27,19	28,57	31,27	35,00	36,02
12	22,95	24,49	27,74	30,60	34,29	35,28
11	22,25	23,67	25,28	27,74	31,31	32,22
10	21,50	22,89	24,49	26,11	29,21	30,05
9b	19,27	20,61	21,48	23,90	25,96	26,70
9a	19,27	20,61	20,90	21,48	23,90	24,58
8	18,17	19,48	20,21	20,90	21,67	22,14
7	17,16	18,44	19,41	20,14	20,72	21,23
6	16,89	18,16	18,87	19,59	20,06	20,57
5	16,28	17,52	18,23	18,90	19,44	19,81
4	15,59	16,85	17,74	18,23	18,73	19,04
3	15,41	16,64	16,99	17,56	18,02	18,41
2 Ü	14,84	16,04	16,50	17,07	17,45	17,98
2	14,45	15,62	15,97	16,32	17,14	17,98
1		13,25	13,43	13,64	13,85	14,38

13 Ü Stufe 4a	13 Ü Stufe 4b
30,99	33,45

Hinweise:

1. Für in eine individuelle Endstufe übergeleitete Beschäftigte sind die Stundenentgelte nach § 24 Absatz 3 Satz 2 TV-L auf der Grundlage der individuellen Tabellenbeträge zu ermitteln.
2. Nach der Protokollerklärung zu § 8 Absatz 1 TV-L richtet sich bei Überstunden das Entgelt für die tatsächliche Arbeitsleistung nach der jeweiligen Entgeltgruppe und der individuellen Stufe, höchstens jedoch nach der Stufe 4.

[1]) Nordrhein-Westfalen

II

Stundenentgelte (in Euro)
bei einer Wochenarbeitszeit von 39 Stunden 50 Minuten
(Divisor 173,18)[1])

– gültig ab 1. Februar 2025 –

EG	Stufe 1	Stufe 2	Stufe 3	Stufe 4	Stufe 5	Stufe 6
15 Ü	38,52	42,62	46,51	49,06	49,69	
15	31,78	34,08	35,29	39,61	42,87	44,12
14	28,89	30,98	32,70	35,29	39,27	40,41
13 Ü		28,68	30,15		39,27	40,41
13	26,73	28,68	30,15	32,99	36,93	38,00
12	24,21	25,84	29,27	32,28	36,17	37,22
11	23,47	24,97	26,67	29,27	33,03	33,99
10	22,68	24,15	25,84	27,55	30,82	31,70
9b	20,33	21,74	22,67	25,21	27,38	28,17
9a	20,33	21,74	22,05	22,67	25,21	25,93
8	19,17	20,55	21,32	22,05	22,86	23,36
7	18,11	19,46	20,47	21,24	21,86	22,40
6	17,82	19,16	19,91	20,67	21,17	21,70
5	17,17	18,49	19,23	19,94	20,51	20,90
4	16,45	17,78	18,71	19,23	19,76	20,09
3	16,26	17,56	17,93	18,53	19,01	19,42
2 Ü	15,66	16,92	17,41	18,00	18,41	18,97
2	15,26	16,48	16,85	17,22	18,08	18,97
1		14,06	14,23	14,45	14,66	15,19

13 Ü Stufe 4a	13 Ü Stufe 4b
32,70	35,29

Hinweise:

1. Für in eine individuelle Endstufe übergeleitete Beschäftigte sind die Stundenentgelte nach § 24 Absatz 3 Satz 2 TV-L auf der Grundlage der individuellen Tabellenbeträge zu ermitteln.
2. Nach der Protokollerklärung zu § 8 Absatz 1 TV-L richtet sich bei Überstunden das Entgelt für die tatsächliche Arbeitsleistung nach der jeweiligen Entgeltgruppe und der individuellen Stufe, höchstens jedoch nach der Stufe 4.

[1]) Nordrhein-Westfalen

II

Stundenentgelte (in Euro)
bei einer Wochenarbeitszeit von 40 Stunden 06 Minuten
(Divisor 174,35)[1])

– gültig vom 1. November 2024 bis 31. Januar 2025 –

EG	Stufe 1	Stufe 2	Stufe 3	Stufe 4	Stufe 5	Stufe 6
15 Ü	36,26	40,13	43,79	46,19	46,79	
15	29,92	32,09	33,23	37,29	40,36	41,54
14	27,20	29,17	30,79	33,23	36,97	38,05
13 Ü		27,00	28,38		36,97	38,05
13	25,17	27,00	28,38	31,06	34,77	35,78
12	22,80	24,32	27,56	30,39	34,06	35,04
11	22,10	23,51	25,11	27,56	31,10	32,00
10	21,36	22,74	24,32	25,94	29,01	29,85
9b	19,14	20,47	21,34	23,74	25,78	26,52
9a	19,14	20,47	20,76	21,34	23,74	24,41
8	18,05	19,35	20,07	20,76	21,52	21,99
7	17,05	18,32	19,28	20,00	20,58	21,09
6	16,78	18,04	18,74	19,46	19,93	20,43
5	16,17	17,41	18,11	18,78	19,31	19,67
4	15,49	16,74	17,62	18,11	18,60	18,92
3	15,31	16,53	16,88	17,44	17,90	18,28
2 Ü	14,74	15,93	16,39	16,95	17,34	17,86
2	14,36	15,51	15,86	16,21	17,02	17,86
1		13,16	13,34	13,55	13,76	14,28

13 Ü Stufe 4a	13 Ü Stufe 4b
30,79	33,23

Hinweise:

1. Für in eine individuelle Endstufe übergeleitete Beschäftigte sind die Stundenentgelte nach § 24 Absatz 3 Satz 2 TV-L auf der Grundlage der individuellen Tabellenbeträge zu ermitteln.
2. Nach der Protokollerklärung zu § 8 Absatz 1 TV-L richtet sich bei Überstunden das Entgelt für die tatsächliche Arbeitsleistung nach der jeweiligen Entgeltgruppe und der individuellen Stufe, höchstens jedoch nach der Stufe 4.

[1]) Bayern

II

Stundenentgelte (in Euro)
bei einer Wochenarbeitszeit von 40 Stunden 06 Minuten
(Divisor 174,35)[1])

– gültig ab 1. Februar 2025 –

EG	Stufe 1	Stufe 2	Stufe 3	Stufe 4	Stufe 5	Stufe 6
15 Ü	38,26	42,33	46,20	48,73	49,36	
15	31,57	33,85	35,06	39,34	42,58	43,82
14	28,70	30,78	32,48	35,06	39,01	40,14
13 Ü		28,49	29,94		39,01	40,14
13	26,55	28,49	29,94	32,77	36,68	37,74
12	24,05	25,66	29,07	32,06	35,93	36,97
11	23,31	24,80	26,49	29,07	32,81	33,76
10	22,53	23,99	25,66	27,37	30,61	31,49
9b	20,19	21,60	22,51	25,05	27,20	27,98
9a	20,19	21,60	21,90	22,51	25,05	25,75
8	19,04	20,41	21,18	21,90	22,70	23,20
7	17,99	19,33	20,34	21,10	21,71	22,25
6	17,70	19,03	19,77	20,53	21,02	21,56
5	17,06	18,36	19,11	19,81	20,37	20,76
4	16,34	17,66	18,59	19,11	19,62	19,96
3	16,15	17,44	17,81	18,40	18,88	19,29
2 Ü	15,55	16,81	17,29	17,88	18,29	18,85
2	15,16	16,37	16,74	17,11	17,96	18,85
1		13,96	14,14	14,35	14,56	15,09

13 Ü Stufe 4a	13 Ü Stufe 4b
32,48	35,06

Hinweise:

1. Für in eine individuelle Endstufe übergeleitete Beschäftigte sind die Stundenentgelte nach § 24 Absatz 3 Satz 2 TV-L auf der Grundlage der individuellen Tabellenbeträge zu ermitteln.
2. Nach der Protokollerklärung zu § 8 Absatz 1 TV-L richtet sich bei Überstunden das Entgelt für die tatsächliche Arbeitsleistung nach der jeweiligen Entgeltgruppe und der individuellen Stufe, höchstens jedoch nach der Stufe 4.

[1]) Bayern

II

Stundenentgelte (in Euro)
bei einer Wochenarbeitszeit von 40 Stunden 00 Minuten
(Divisor 173,92)[1])

– gültig vom 1. November 2024 bis 31. Januar 2025 –

EG	Stufe 1	Stufe 2	Stufe 3	Stufe 4	Stufe 5	Stufe 6
15 Ü	36,35	40,22	43,90	46,31	46,90	
15	30,00	32,17	33,31	37,38	40,46	41,64
14	27,27	29,24	30,86	33,31	37,06	38,14
13 Ü		27,07	28,45		37,06	38,14
13	25,23	27,07	28,45	31,14	34,85	35,86
12	22,85	24,38	27,62	30,47	34,14	35,13
11	22,15	23,56	25,17	27,62	31,18	32,08
10	21,41	22,80	24,38	26,00	29,09	29,92
9b	19,18	20,52	21,39	23,80	25,85	26,59
9a	19,18	20,52	20,81	21,39	23,80	24,47
8	18,09	19,40	20,12	20,81	21,57	22,05
7	17,09	18,37	19,32	20,05	20,63	21,14
6	16,82	18,08	18,79	19,51	19,98	20,49
5	16,21	17,45	18,15	18,82	19,36	19,72
4	15,53	16,78	17,66	18,15	18,65	18,96
3	15,34	16,57	16,92	17,49	17,94	18,33
2 Ü	14,78	15,97	16,43	16,99	17,38	17,91
2	14,39	15,55	15,90	16,25	17,06	17,91
1		13,19	13,37	13,58	13,79	14,32

13 Ü Stufe 4a	13 Ü Stufe 4b
30,86	33,31

Hinweise:

1. Für in eine individuelle Endstufe übergeleitete Beschäftigte sind die Stundenentgelte nach § 24 Absatz 3 Satz 2 TV-L auf der Grundlage der individuellen Tabellenbeträge zu ermitteln.
2. Nach der Protokollerklärung zu § 8 Absatz 1 TV-L richtet sich bei Überstunden das Entgelt für die tatsächliche Arbeitsleistung nach der jeweiligen Entgeltgruppe und der individuellen Stufe, höchstens jedoch nach der Stufe 4.

[1]) gültig im Tarifgebiet Ost

II

Stundenentgelte (in Euro)
bei einer Wochenarbeitszeit von 40 Stunden 00 Minuten
(Divisor 173,92)[1])

– gültig ab 1. Februar 2025 –

EG	Stufe 1	Stufe 2	Stufe 3	Stufe 4	Stufe 5	Stufe 6
15 Ü	38,35	42,44	46,31	48,86	49,48	
15	31,65	33,94	35,14	39,44	42,69	43,93
14	28,77	30,85	32,56	35,14	39,10	40,24
13 Ü		28,56	30,02		39,10	40,24
13	26,62	28,56	30,02	32,85	36,77	37,84
12	24,11	25,73	29,14	32,14	36,02	37,06
11	23,37	24,86	26,56	29,14	32,89	33,84
10	22,59	24,05	25,73	27,43	30,68	31,57
9b	20,24	21,65	22,57	25,11	27,27	28,05
9a	20,24	21,65	21,96	22,57	25,11	25,82
8	19,09	20,46	21,23	21,96	22,76	23,26
7	18,03	19,38	20,39	21,15	21,77	22,30
6	17,75	19,08	19,82	20,58	21,08	21,61
5	17,10	18,41	19,15	19,86	20,43	20,81
4	16,38	17,70	18,63	19,15	19,67	20,01
3	16,19	17,48	17,85	18,45	18,93	19,34
2 Ü	15,59	16,85	17,33	17,93	18,34	18,89
2	15,20	16,41	16,78	17,15	18,00	18,89
1		14,00	14,17	14,38	14,60	15,12

13 Ü Stufe 4a	13 Ü Stufe 4b
32,56	35,14

Hinweise:

1. Für in eine individuelle Endstufe übergeleitete Beschäftigte sind die Stundenentgelte nach § 24 Absatz 3 Satz 2 TV-L auf der Grundlage der individuellen Tabellenbeträge zu ermitteln.
2. Nach der Protokollerklärung zu § 8 Absatz 1 TV-L richtet sich bei Überstunden das Entgelt für die tatsächliche Arbeitsleistung nach der jeweiligen Entgeltgruppe und der individuellen Stufe, höchstens jedoch nach der Stufe 4.

[1]) gültig im Tarifgebiet Ost

Anhang 2

Zeitzuschläge (West/Ost)

Zeitzuschläge (in Euro je Stunde) bei einer Wochenarbeitszeit von 38 Stunden 30 Minuten (Divisor 167,40)[1])

– gültig vom 1. November 2024 bis 31. Januar 2025 –

EG	Stufe 3	Überstunden		Nacht-arbeit	Sonn-tags-arbeit	Feiertagsarbeit		24. u. 31. 12. je ab 6 Uhr	Sams-tags-arbeit** 13 – 21 Uhr
		EG 1 – EG 9b	EG 10 – EG 15			ohne FA*	mit FA*		
	100 %	30 %	15 %	20 %	25 %	135 %	35 %	35 %	20 %
15 Ü	45,61		6,84	9,12	11,40	61,57	15,96	15,96	9,12
15	34,61		5,19	6,92	8,65	46,72	12,11	12,11	6,92
14	32,06		4,81	6,41	8,02	43,28	11,22	11,22	6,41
13 Ü	29,56		4,43	5,91	7,39	39,91	10,35	10,35	5,91
13	29,56		4,43	5,91	7,39	39,91	10,35	10,35	5,91
12	28,70		4,31	5,74	7,18	38,75	10,05	10,05	5,74
11	26,15		3,92	5,23	6,54	35,30	9,15	9,15	5,23
10	25,33		3,80	5,07	6,33	34,20	8,87	8,87	5,07
9b	22,23	6,67		4,45	5,56	30,01	7,78	7,78	4,45
9a	21,62	6,49		4,32	5,41	29,19	7,57	7,57	4,32
8	20,91	6,27		4,18	5,23	28,23	7,32	7,32	4,18
7	20,08	6,02		4,02	5,02	27,11	7,03	7,03	4,02
6	19,52	5,86		3,90	4,88	26,35	6,83	6,83	3,90
5	18,86	5,66		3,77	4,72	25,46	6,60	6,60	3,77
4	18,35	5,51		3,67	4,59	24,77	6,42	6,42	3,67
3	17,58	5,27		3,52	4,40	23,73	6,15	6,15	3,52
2 Ü	17,07	5,12		3,41	4,27	23,04	5,97	5,97	3,41
2	16,52	4,96		3,30	4,13	22,30	5,78	5,78	3,30
1	13,89	4,17		2,78	3,47	18,75	4,86	4,86	2,78

* FA = Freizeitausgleich

** Für Beschäftigte in Unikliniken und Krankenhäusern, die unter § 42 fallen, beträgt der Zeitzuschlag für Samstagsarbeit 0,64 Euro. Für Beschäftigte in Unikliniken und Krankenhäusern, die unter § 43 i. V. m. § 38 Absatz 5 Satz 1 TV-L fallen, beträgt der Zeitzuschlag für Samstagsarbeit im Rahmen von Wechselschicht- oder Schichtarbeit 0,64 Euro.

---

1) gilt für Beschäftigte nach § 6 Abs. 1 Satz 1 Buchst. b TV-L

Zeitzuschläge (in Euro je Stunde) bei einer Wochenarbeitszeit von 38 Stunden 30 Minuten (Divisor 167,40)[1])

– gültig ab 1. Februar 2025 –

II

EG	Stufe 3	Überstunden		Nachtarbeit	Sonntagsarbeit	Feiertagsarbeit		24. u. 31. 12. je ab 6 Uhr	Samstagsarbeit** 13–21 Uhr
		EG 1 – EG 9b	EG 10 – EG 15			ohne FA*	mit FA*		
	100 %	30 %	15 %	20 %	25 %	135 %	35 %	35 %	20 %
15 Ü	48,12		7,22	9,62	12,03	64,96	16,84	16,84	9,62
15	36,51		5,48	7,30	9,13	49,29	12,78	12,78	7,30
14	33,83		5,07	6,77	8,46	45,67	11,84	11,84	6,77
13 Ü	31,19		4,68	6,24	7,80	42,11	10,92	10,92	6,24
13	31,19		4,68	6,24	7,80	42,11	10,92	10,92	6,24
12	30,28		4,54	6,06	7,57	40,88	10,60	10,60	6,06
11	27,59		4,14	5,52	6,90	37,25	9,66	9,66	5,52
10	26,73		4,01	5,35	6,68	36,09	9,36	9,36	5,35
9b	23,45	7,04		4,69	5,86	31,66	8,21	8,21	4,69
9a	22,81	6,84		4,56	5,70	30,79	7,98	7,98	4,56
8	22,06	6,62		4,41	5,52	29,78	7,72	7,72	4,41
7	21,18	6,35		4,24	5,30	28,59	7,41	7,41	4,24
6	20,59	6,18		4,12	5,15	27,80	7,21	7,21	4,12
5	19,90	5,97		3,98	4,98	26,87	6,97	6,97	3,98
4	19,36	5,81		3,87	4,84	26,14	6,78	6,78	3,87
3	18,55	5,57		3,71	4,64	25,04	6,49	6,49	3,71
2 Ü	18,01	5,40		3,60	4,50	24,31	6,30	6,30	3,60
2	17,43	5,23		3,49	4,36	23,53	6,10	6,10	3,49
1	14,73	4,42		2,95	3,68	19,89	5,16	5,16	2,95

* FA = Freizeitausgleich

** Für Beschäftigte in Unikliniken und Krankenhäusern, die unter § 42 fallen, beträgt der Zeitzuschlag für Samstagsarbeit 0,64 Euro. Für Beschäftigte in Unikliniken und Krankenhäusern, die unter § 43 i. V. m. § 38 Absatz 5 Satz 1 TV-L fallen, beträgt der Zeitzuschlag für Samstagsarbeit im Rahmen von Wechselschicht- oder Schichtarbeit 0,64 Euro.

1) gilt für Beschäftigte nach § 6 Abs. 1 Satz 1 Buchst. b TV-L

Zeitzuschläge (in Euro je Stunde)
bei einer Wochenarbeitszeit von 38 Stunden 42 Minuten
(Divisor 168,27)[1])

– gültig vom 1. November 2024 bis 31. Januar 2025 –

EG	Stufe 3	Überstunden		Nachtarbeit	Sonntagsarbeit	Feiertagsarbeit		24. u. 31. 12. je ab 6 Uhr	Samstagsarbeit** 13 – 21 Uhr
		EG 1 – EG 9b	EG 10 – EG 15			ohne FA*	mit FA*		
	100 %	30 %	15 %	20 %	25 %	135 %	35 %	35 %	20 %
15 Ü	45,37		6,81	9,07	11,34	61,25	15,88	15,88	9,07
15	34,43		5,16	6,89	8,61	46,48	12,05	12,05	6,89
14	31,90		4,79	6,38	7,98	43,07	11,17	11,17	6,38
13 Ü	29,41		4,41	5,88	7,35	39,70	10,29	10,29	5,88
13	29,41		4,41	5,88	7,35	39,70	10,29	10,29	5,88
12	28,55		4,28	5,71	7,14	38,54	9,99	9,99	5,71
11	26,02		3,90	5,20	6,51	35,13	9,11	9,11	5,20
10	25,20		3,78	5,04	6,30	34,02	8,82	8,82	5,04
9b	22,11	6,63		4,42	5,53	29,85	7,74	7,74	4,42
9a	21,51	6,45		4,30	5,38	29,04	7,53	7,53	4,30
8	20,80	6,24		4,16	5,20	28,08	7,28	7,28	4,16
7	19,97	5,99		3,99	4,99	26,96	6,99	6,99	3,99
6	19,42	5,83		3,88	4,86	26,22	6,80	6,80	3,88
5	18,76	5,63		3,75	4,69	25,33	6,57	6,57	3,75
4	18,25	5,48		3,65	4,56	24,64	6,39	6,39	3,65
3	17,49	5,25		3,50	4,37	23,61	6,12	6,12	3,50
2 Ü	16,98	5,09		3,40	4,25	22,92	5,94	5,94	3,40
2	16,44	4,93		3,29	4,11	22,19	5,75	5,75	3,29
1	13,82	4,15		2,76	3,46	18,66	4,84	4,84	2,76

* FA = Freizeitausgleich

** Für Beschäftigte in Unikliniken und Krankenhäusern, die unter § 42 fallen, beträgt der Zeitzuschlag für Samstagsarbeit 0,64 Euro. Für Beschäftigte in Unikliniken und Krankenhäusern, die unter § 43 i. V. m. § 38 Absatz 5 Satz 1 TV-L fallen, beträgt der Zeitzuschlag für Samstagsarbeit im Rahmen von Wechselschicht- oder Schichtarbeit 0,64 Euro.

[1]) Schleswig-Holstein

II

Zeitzuschläge (in Euro je Stunde) bei einer Wochenarbeitszeit von 38 Stunden 42 Minuten (Divisor 168,27)[1]

– gültig ab 1. Februar 2025 –

EG	Stufe 3	Überstunden		Nacht-arbeit	Sonn-tags-arbeit	Feiertagsarbeit		24. u. 31. 12. je ab 6 Uhr	Sams-tags-arbeit** 13–21 Uhr
		EG 1 – EG 9b	EG 10 – EG 15			ohne FA*	mit FA*		
	100 %	30 %	15 %	20 %	25 %	135 %	35 %	35 %	20 %
15 Ü	47,87		7,18	9,57	11,97	64,62	16,75	16,75	9,57
15	36,32		5,45	7,26	9,08	49,03	12,71	12,71	7,26
14	33,65		5,05	6,73	8,41	45,43	11,78	11,78	6,73
13 Ü	31,03		4,65	6,21	7,76	41,89	10,86	10,86	6,21
13	31,03		4,65	6,21	7,76	41,89	10,86	10,86	6,21
12	30,12		4,52	6,02	7,53	40,66	10,54	10,54	6,02
11	27,45		4,12	5,49	6,86	37,06	9,61	9,61	5,49
10	26,59		3,99	5,32	6,65	35,90	9,31	9,31	5,32
9b	23,33	7,00		4,67	5,83	31,50	8,17	8,17	4,67
9a	22,69	6,81		4,54	5,67	30,63	7,94	7,94	4,54
8	21,94	6,58		4,39	5,49	29,62	7,68	7,68	4,39
7	21,07	6,32		4,21	5,27	28,44	7,37	7,37	4,21
6	20,49	6,15		4,10	5,12	27,66	7,17	7,17	4,10
5	19,80	5,94		3,96	4,95	26,73	6,93	6,93	3,96
4	19,26	5,78		3,85	4,82	26,00	6,74	6,74	3,85
3	18,45	5,54		3,69	4,61	24,91	6,46	6,46	3,69
2 Ü	17,92	5,38		3,58	4,48	24,19	6,27	6,27	3,58
2	17,34	5,20		3,47	4,34	23,41	6,07	6,07	3,47
1	14,65	4,40		2,93	3,66	19,78	5,13	5,13	2,93

* FA = Freizeitausgleich

** Für Beschäftigte in Unikliniken und Krankenhäusern, die unter § 42 fallen, beträgt der Zeitzuschlag für Samstagsarbeit 0,64 Euro. Für Beschäftigte in Unikliniken und Krankenhäusern, die unter § 43 i. V. m. § 38 Absatz 5 Satz 1 TV-L fallen, beträgt der Zeitzuschlag für Samstagsarbeit im Rahmen von Wechselschicht- oder Schichtarbeit 0,64 Euro.

[1]) Schleswig-Holstein

Zeitzuschläge (in Euro je Stunde) bei einer Wochenarbeitszeit von 39 Stunden 00 Minuten (Divisor 169,57)[1])

– gültig vom 1. November 2024 bis 31. Januar 2025 –

EG	Stufe 3	Überstunden		Nachtarbeit	Sonntagsarbeit	Feiertagsarbeit		24. u. 31. 12. je ab 6 Uhr	Samstagsarbeit** 13 – 21 Uhr
		EG 1 – EG 9b	EG 10 – EG 15			ohne FA*	mit FA*		
	100 %	30 %	15 %	20 %	25 %	135 %	35 %	35 %	20 %
15 Ü	45,02		6,75	9,00	11,26	60,78	15,76	15,76	9,00
15	34,17		5,13	6,83	8,54	46,13	11,96	11,96	6,83
14	31,65		4,75	6,33	7,91	42,73	11,08	11,08	6,33
13 Ü	29,18		4,38	5,84	7,30	39,39	10,21	10,21	5,84
13	29,18		4,38	5,84	7,30	39,39	10,21	10,21	5,84
12	28,33		4,25	5,67	7,08	38,25	9,92	9,92	5,67
11	25,82		3,87	5,16	6,46	34,86	9,04	9,04	5,16
10	25,01		3,75	5,00	6,25	33,76	8,75	8,75	5,00
9b	21,94	6,58		4,39	5,49	29,62	7,68	7,68	4,39
9a	21,35	6,41		4,27	5,34	28,82	7,47	7,47	4,27
8	20,64	6,19		4,13	5,16	27,86	7,22	7,22	4,13
7	19,82	5,95		3,96	4,96	26,76	6,94	6,94	3,96
6	19,27	5,78		3,85	4,82	26,01	6,74	6,74	3,85
5	18,62	5,59		3,72	4,66	25,14	6,52	6,52	3,72
4	18,11	5,43		3,62	4,53	24,45	6,34	6,34	3,62
3	17,36	5,21		3,47	4,34	23,44	6,08	6,08	3,47
2 Ü	16,85	5,06		3,37	4,21	22,75	5,90	5,90	3,37
2	16,31	4,89		3,26	4,08	22,02	5,71	5,71	3,26
1	13,71	4,11		2,74	3,43	18,51	4,80	4,80	2,74

* FA = Freizeitausgleich

** Für Beschäftigte in Unikliniken und Krankenhäusern, die unter § 42 fallen, beträgt der Zeitzuschlag für Samstagsarbeit 0,64 Euro. Für Beschäftigte in Unikliniken und Krankenhäusern, die unter § 43 i. V. m. § 38 Absatz 5 Satz 1 TV-L fallen, beträgt der Zeitzuschlag für Samstagsarbeit im Rahmen von Wechselschicht- oder Schichtarbeit 0,64 Euro.

---

1) Hamburg, Rheinland-Pfalz

II

Zeitzuschläge (in Euro je Stunde) bei einer Wochenarbeitszeit von 39 Stunden 00 Minuten (Divisor 169,57)[1]

– gültig ab 1. Februar 2025 –

EG	Stufe 3	Überstunden		Nacht-arbeit	Sonn-tags-arbeit	Feiertagsarbeit		24. u. 31. 12. je ab 6 Uhr	Sams-tags-arbeit** 13–21 Uhr
		EG 1 – EG 9b	EG 10 – EG 15			ohne FA*	mit FA*		
	100 %	30 %	15 %	20 %	25 %	135 %	35 %	35 %	20 %
15 Ü	47,50		7,13	9,50	11,88	64,13	16,63	16,63	9,50
15	36,05		5,41	7,21	9,01	48,67	12,62	12,62	7,21
14	33,40		5,01	6,68	8,35	45,09	11,69	11,69	6,68
13 Ü	30,79		4,62	6,16	7,70	41,57	10,78	10,78	6,16
13	30,79		4,62	6,16	7,70	41,57	10,78	10,78	6,16
12	29,89		4,48	5,98	7,47	40,35	10,46	10,46	5,98
11	27,24		4,09	5,45	6,81	36,77	9,53	9,53	5,45
10	26,39		3,96	5,28	6,60	35,63	9,24	9,24	5,28
9b	23,15	6,95		4,63	5,79	31,25	8,10	8,10	4,63
9a	22,52	6,76		4,50	5,63	30,40	7,88	7,88	4,50
8	21,77	6,53		4,35	5,44	29,39	7,62	7,62	4,35
7	20,91	6,27		4,18	5,23	28,23	7,32	7,32	4,18
6	20,33	6,10		4,07	5,08	27,45	7,12	7,12	4,07
5	19,64	5,89		3,93	4,91	26,51	6,87	6,87	3,93
4	19,11	5,73		3,82	4,78	25,80	6,69	6,69	3,82
3	18,31	5,49		3,66	4,58	24,72	6,41	6,41	3,66
2 Ü	17,78	5,33		3,56	4,45	24,00	6,22	6,22	3,56
2	17,21	5,16		3,44	4,30	23,23	6,02	6,02	3,44
1	14,54	4,36		2,91	3,64	19,63	5,09	5,09	2,91

* FA = Freizeitausgleich

** Für Beschäftigte in Unikliniken und Krankenhäusern, die unter § 42 fallen, beträgt der Zeitzuschlag für Samstagsarbeit 0,64 Euro. Für Beschäftigte in Unikliniken und Krankenhäusern, die unter § 43 i. V. m. § 38 Absatz 5 Satz 1 TV-L fallen, beträgt der Zeitzuschlag für Samstagsarbeit im Rahmen von Wechselschicht- oder Schichtarbeit 0,64 Euro.

[1]) Hamburg, Rheinland-Pfalz

Zeitzuschläge (in Euro je Stunde)
bei einer Wochenarbeitszeit von 39 Stunden 12 Minuten
(Divisor 170,44)[1]

– gültig vom 1. November 2024 bis 31. Januar 2025 –

EG	Stufe 3	Überstunden		Nachtarbeit	Sonntagsarbeit	Feiertagsarbeit		24. u. 31. 12. je ab 6 Uhr	Samstagsarbeit** 13 – 21 Uhr
		EG 1 – EG 9b	EG 10 – EG 15			ohne FA*	mit FA*		
	100 %	30 %	15 %	20 %	25 %	135 %	35 %	35 %	20 %
15 Ü	44,80		6,72	8,96	11,20	60,48	15,68	15,68	8,96
15	33,99		5,10	6,80	8,50	45,89	11,90	11,90	6,80
14	31,49		4,72	6,30	7,87	42,51	11,02	11,02	6,30
13 Ü	29,03		4,35	5,81	7,26	39,19	10,16	10,16	5,81
13	29,03		4,35	5,81	7,26	39,19	10,16	10,16	5,81
12	28,19		4,23	5,64	7,05	38,06	9,87	9,87	5,64
11	25,69		3,85	5,14	6,42	34,68	8,99	8,99	5,14
10	24,88		3,73	4,98	6,22	33,59	8,71	8,71	4,98
9b	21,83	6,55		4,37	5,46	29,47	7,64	7,64	4,37
9a	21,24	6,37		4,25	5,31	28,67	7,43	7,43	4,25
8	20,53	6,16		4,11	5,13	27,72	7,19	7,19	4,11
7	19,72	5,92		3,94	4,93	26,62	6,90	6,90	3,94
6	19,17	5,75		3,83	4,79	25,88	6,71	6,71	3,83
5	18,52	5,56		3,70	4,63	25,00	6,48	6,48	3,70
4	18,02	5,41		3,60	4,51	24,33	6,31	6,31	3,60
3	17,27	5,18		3,45	4,32	23,31	6,04	6,04	3,45
2 Ü	16,77	5,03		3,35	4,19	22,64	5,87	5,87	3,35
2	16,23	4,87		3,25	4,06	21,91	5,68	5,68	3,25
1	13,64	4,09		2,73	3,41	18,41	4,77	4,77	2,73

* FA = Freizeitausgleich

** Für Beschäftigte in Unikliniken und Krankenhäusern, die unter § 42 fallen, beträgt der Zeitzuschlag für Samstagsarbeit 0,64 Euro. Für Beschäftigte in Unikliniken und Krankenhäusern, die unter § 43 i. V. m. § 38 Absatz 5 Satz 1 TV-L fallen, beträgt der Zeitzuschlag für Samstagsarbeit im Rahmen von Wechselschicht- oder Schichtarbeit 0,64 Euro.

[1]) Bremen

Zeitzuschläge (in Euro je Stunde) bei einer Wochenarbeitszeit von 39 Stunden 12 Minuten (Divisor 170,44)[1])

– gültig ab 1. Februar 2025 –

EG	Stufe 3	Überstunden		Nacht-arbeit	Sonn-tags-arbeit	Feiertagsarbeit		24. u. 31. 12. je ab 6 Uhr	Sams-tags-arbeit** 13–21 Uhr
		EG 1 – EG 9b	EG 10 – EG 15			ohne FA*	mit FA*		
	100 %	30 %	15 %	20 %	25 %	135 %	35 %	35 %	20 %
15 Ü	47,26		7,09	9,45	11,82	63,80	16,54	16,54	9,45
15	35,86		5,38	7,17	8,97	48,41	12,55	12,55	7,17
14	33,22		4,98	6,64	8,31	44,85	11,63	11,63	6,64
13 Ü	30,63		4,59	6,13	7,66	41,35	10,72	10,72	6,13
13	30,63		4,59	6,13	7,66	41,35	10,72	10,72	6,13
12	29,74		4,46	5,95	7,44	40,15	10,41	10,41	5,95
11	27,10		4,07	5,42	6,78	36,59	9,49	9,49	5,42
10	26,25		3,94	5,25	6,56	35,44	9,19	9,19	5,25
9b	23,03	6,91		4,61	5,76	31,09	8,06	8,06	4,61
9a	22,40	6,72		4,48	5,60	30,24	7,84	7,84	4,48
8	21,66	6,50		4,33	5,42	29,24	7,58	7,58	4,33
7	20,80	6,24		4,16	5,20	28,08	7,28	7,28	4,16
6	20,23	6,07		4,05	5,06	27,31	7,08	7,08	4,05
5	19,54	5,86		3,91	4,89	26,38	6,84	6,84	3,91
4	19,01	5,70		3,80	4,75	25,66	6,65	6,65	3,80
3	18,22	5,47		3,64	4,56	24,60	6,38	6,38	3,64
2 Ü	17,69	5,31		3,54	4,42	23,88	6,19	6,19	3,54
2	17,12	5,14		3,42	4,28	23,11	5,99	5,99	3,42
1	14,46	4,34		2,89	3,62	19,52	5,06	5,06	2,89

* FA = Freizeitausgleich

** Für Beschäftigte in Unikliniken und Krankenhäusern, die unter § 42 fallen, beträgt der Zeitzuschlag für Samstagsarbeit 0,64 Euro. Für Beschäftigte in Unikliniken und Krankenhäusern, die unter § 43 i. V. m. § 38 Absatz 5 Satz 1 TV-L fallen, beträgt der Zeitzuschlag für Samstagsarbeit im Rahmen von Wechselschicht- oder Schichtarbeit 0,64 Euro.

[1]) Bremen

Zeitzuschläge (in Euro je Stunde)
bei einer Wochenarbeitszeit von 39 Stunden 24 Minuten
(Divisor 171,31)[1])

– gültig vom 1. November 2024 bis 31. Januar 2025 –

EG	Stufe 3	Überstunden		Nacht-arbeit	Sonn-tags-arbeit	Feiertagsarbeit		24. u. 31. 12. je ab 6 Uhr	Sams-tags-arbeit** 13 – 21 Uhr
		EG 1 – EG 9b	EG 10 – EG 15			ohne FA*	mit FA*		
	100 %	30 %	15 %	20 %	25 %	135 %	35 %	35 %	20 %
15 Ü	44,57		6,69	8,91	11,14	60,17	15,60	15,60	8,91
15	33,82		5,07	6,76	8,46	45,66	11,84	11,84	6,76
14	31,33		4,70	6,27	7,83	42,30	10,97	10,97	6,27
13 Ü	28,89		4,33	5,78	7,22	39,00	10,11	10,11	5,78
13	28,89		4,33	5,78	7,22	39,00	10,11	10,11	5,78
12	28,04		4,21	5,61	7,01	37,85	9,81	9,81	5,61
11	25,56		3,83	5,11	6,39	34,51	8,95	8,95	5,11
10	24,76		3,71	4,95	6,19	33,43	8,67	8,67	4,95
9b	21,72	6,52		4,34	5,43	29,32	7,60	7,60	4,34
9a	21,13	6,34		4,23	5,28	28,53	7,40	7,40	4,23
8	20,43	6,13		4,09	5,11	27,58	7,15	7,15	4,09
7	19,62	5,89		3,92	4,91	26,49	6,87	6,87	3,92
6	19,07	5,72		3,81	4,77	25,74	6,67	6,67	3,81
5	18,43	5,53		3,69	4,61	24,88	6,45	6,45	3,69
4	17,93	5,38		3,59	4,48	24,21	6,28	6,28	3,59
3	17,18	5,15		3,44	4,30	23,19	6,01	6,01	3,44
2 Ü	16,68	5,00		3,34	4,17	22,52	5,84	5,84	3,34
2	16,14	4,84		3,23	4,04	21,79	5,65	5,65	3,23
1	13,57	4,07		2,71	3,39	18,32	4,75	4,75	2,71

* FA = Freizeitausgleich

** Für Beschäftigte in Unikliniken und Krankenhäusern, die unter § 42 fallen, beträgt der Zeitzuschlag für Samstagsarbeit 0,64 Euro. Für Beschäftigte in Unikliniken und Krankenhäusern, die unter § 43 i. V. m. § 38 Absatz 5 Satz 1 TV-L fallen, beträgt der Zeitzuschlag für Samstagsarbeit im Rahmen von Wechselschicht- oder Schichtarbeit 0,64 Euro.

---

1) Berlin

II

Zeitzuschläge (in Euro je Stunde) bei einer Wochenarbeitszeit von 39 Stunden 24 Minuten (Divisor 171,31)[1])

– gültig ab 1. Februar 2025 –

EG	Stufe 3	Überstunden		Nachtarbeit	Sonntagsarbeit	Feiertagsarbeit		24. u. 31. 12. je ab 6 Uhr	Samstagsarbeit** 13–21 Uhr
		EG 1 – EG 9b	EG 10 – EG 15			ohne FA*	mit FA*		
	100 %	30 %	15 %	20 %	25 %	135 %	35 %	35 %	20 %
15 Ü	47,02		7,05	9,40	11,76	63,48	16,46	16,46	9,40
15	35,68		5,35	7,14	8,92	48,17	12,49	12,49	7,14
14	33,06		4,96	6,61	8,27	44,63	11,57	11,57	6,61
13 Ü	30,48		4,57	6,10	7,62	41,15	10,67	10,67	6,10
13	30,48		4,57	6,10	7,62	41,15	10,67	10,67	6,10
12	29,59		4,44	5,92	7,40	39,95	10,36	10,36	5,92
11	26,96		4,04	5,39	6,74	36,40	9,44	9,44	5,39
10	26,12		3,92	5,22	6,53	35,26	9,14	9,14	5,22
9b	22,91	6,87		4,58	5,73	30,93	8,02	8,02	4,58
9a	22,29	6,69		4,46	5,57	30,09	7,80	7,80	4,46
8	21,55	6,47		4,31	5,39	29,09	7,54	7,54	4,31
7	20,70	6,21		4,14	5,18	27,95	7,25	7,25	4,14
6	20,12	6,04		4,02	5,03	27,16	7,04	7,04	4,02
5	19,44	5,83		3,89	4,86	26,24	6,80	6,80	3,89
4	18,92	5,68		3,78	4,73	25,54	6,62	6,62	3,78
3	18,13	5,44		3,63	4,53	24,48	6,35	6,35	3,63
2 Ü	17,60	5,28		3,52	4,40	23,76	6,16	6,16	3,52
2	17,03	5,11		3,41	4,26	22,99	5,96	5,96	3,41
1	14,39	4,32		2,88	3,60	19,43	5,04	5,04	2,88

* FA = Freizeitausgleich

** Für Beschäftigte in Unikliniken und Krankenhäusern, die unter § 42 fallen, beträgt der Zeitzuschlag für Samstagsarbeit 0,64 Euro. Für Beschäftigte in Unikliniken und Krankenhäusern, die unter § 43 i. V. m. § 38 Absatz 5 Satz 1 TV-L fallen, beträgt der Zeitzuschlag für Samstagsarbeit im Rahmen von Wechselschicht- oder Schichtarbeit 0,64 Euro.

1) Berlin

Zeitzuschläge (in Euro je Stunde) bei einer Wochenarbeitszeit von 39 Stunden 30 Minuten (Divisor 171,75)[1]

– gültig vom 1. November 2024 bis 31. Januar 2025 –

II

EG	Stufe 3	Überstunden		Nachtarbeit	Sonntagsarbeit	Feiertagsarbeit		24. u. 31. 12. je ab 6 Uhr	Samstagsarbeit** 13 – 21 Uhr
		EG 1 – EG 9b	EG 10 – EG 15			ohne FA*	mit FA*		
	100 %	30 %	15 %	20 %	25 %	135 %	35 %	35 %	20 %
15 Ü	44,45		6,67	8,89	11,11	60,01	15,56	15,56	8,89
15	33,73		5,06	6,75	8,43	45,54	11,81	11,81	6,75
14	31,25		4,69	6,25	7,81	42,19	10,94	10,94	6,25
13 Ü	28,81		4,32	5,76	7,20	38,89	10,08	10,08	5,76
13	28,81		4,32	5,76	7,20	38,89	10,08	10,08	5,76
12	27,97		4,20	5,59	6,99	37,76	9,79	9,79	5,59
11	25,49		3,82	5,10	6,37	34,41	8,92	8,92	5,10
10	24,69		3,70	4,94	6,17	33,33	8,64	8,64	4,94
9b	21,66	6,50		4,33	5,42	29,24	7,58	7,58	4,33
9a	21,07	6,32		4,21	5,27	28,44	7,37	7,37	4,21
8	20,38	6,11		4,08	5,10	27,51	7,13	7,13	4,08
7	19,57	5,87		3,91	4,89	26,42	6,85	6,85	3,91
6	19,02	5,71		3,80	4,76	25,68	6,66	6,66	3,80
5	18,38	5,51		3,68	4,60	24,81	6,43	6,43	3,68
4	17,88	5,36		3,58	4,47	24,14	6,26	6,26	3,58
3	17,14	5,14		3,43	4,29	23,14	6,00	6,00	3,43
2 Ü	16,64	4,99		3,33	4,16	22,46	5,82	5,82	3,33
2	16,10	4,83		3,22	4,03	21,74	5,64	5,64	3,22
1	13,54	4,06		2,71	3,39	18,28	4,74	4,74	2,71

* FA = Freizeitausgleich

** Für Beschäftigte in Unikliniken und Krankenhäusern, die unter § 42 fallen, beträgt der Zeitzuschlag für Samstagsarbeit 0,64 Euro. Für Beschäftigte in Unikliniken und Krankenhäusern, die unter § 43 i. V. m. § 38 Absatz 5 Satz 1 TV-L fallen, beträgt der Zeitzuschlag für Samstagsarbeit im Rahmen von Wechselschicht- oder Schichtarbeit 0,64 Euro.

[1]) Baden-Württemberg, Saarland

Zeitzuschläge (in Euro je Stunde) bei einer Wochenarbeitszeit von 39 Stunden 30 Minuten (Divisor 171,75)[1)]

– gültig ab 1. Februar 2025 –

II

EG	Stufe 3	Überstunden		Nacht-arbeit	Sonn-tags-arbeit	Feiertagsarbeit		24. u. 31. 12. je ab 6 Uhr	Sams-tags-arbeit** 13–21 Uhr
		EG 1 – EG 9b	EG 10 – EG 15			ohne FA*	mit FA*		
	100 %	30 %	15 %	20 %	25 %	135 %	35 %	35 %	20 %
15 Ü	46,90		7,04	9,38	11,73	63,32	16,42	16,42	9,38
15	35,59		5,34	7,12	8,90	48,05	12,46	12,46	7,12
14	32,97		4,95	6,59	8,24	44,51	11,54	11,54	6,59
13 Ü	30,40		4,56	6,08	7,60	41,04	10,64	10,64	6,08
13	30,40		4,56	6,08	7,60	41,04	10,64	10,64	6,08
12	29,51		4,43	5,90	7,38	39,84	10,33	10,33	5,90
11	26,89		4,03	5,38	6,72	36,30	9,41	9,41	5,38
10	26,05		3,91	5,21	6,51	35,17	9,12	9,12	5,21
9b	22,85	6,86		4,57	5,71	30,85	8,00	8,00	4,57
9a	22,23	6,67		4,45	5,56	30,01	7,78	7,78	4,45
8	21,50	6,45		4,30	5,38	29,03	7,53	7,53	4,30
7	20,64	6,19		4,13	5,16	27,86	7,22	7,22	4,13
6	20,07	6,02		4,01	5,02	27,09	7,02	7,02	4,01
5	19,39	5,82		3,88	4,85	26,18	6,79	6,79	3,88
4	18,87	5,66		3,77	4,72	25,47	6,60	6,60	3,77
3	18,08	5,42		3,62	4,52	24,41	6,33	6,33	3,62
2 Ü	17,55	5,27		3,51	4,39	23,69	6,14	6,14	3,51
2	16,99	5,10		3,40	4,25	22,94	5,95	5,95	3,40
1	14,35	4,31		2,87	3,59	19,37	5,02	5,02	2,87

* FA = Freizeitausgleich

** Für Beschäftigte in Unikliniken und Krankenhäusern, die unter § 42 fallen, beträgt der Zeitzuschlag für Samstagsarbeit 0,64 Euro. Für Beschäftigte in Unikliniken und Krankenhäusern, die unter § 43 i. V. m. § 38 Absatz 5 Satz 1 TV-L fallen, beträgt der Zeitzuschlag für Samstagsarbeit im Rahmen von Wechselschicht- oder Schichtarbeit 0,64 Euro.

1) Baden-Württemberg, Saarland

Zeitzuschläge (in Euro je Stunde) bei einer Wochenarbeitszeit von 39 Stunden 48 Minuten (Divisor 173,05)[1]

– gültig vom 1. Novemeber 2024 bis 31. Januar 2025 –

EG	Stufe 3	Überstunden		Nachtarbeit	Sonntagsarbeit	Feiertagsarbeit		24. u. 31. 12. je ab 6 Uhr	Samstagsarbeit** 13 – 21 Uhr
		EG 1 – EG 9b	EG 10 – EG 15			ohne FA*	mit FA*		
	100 %	30 %	15 %	20 %	25 %	135 %	35 %	35 %	20 %
15 Ü	44,12		6,62	8,82	11,03	59,56	15,44	15,44	8,82
15	33,48		5,02	6,70	8,37	45,20	11,72	11,72	6,70
14	31,02		4,65	6,20	7,76	41,88	10,86	10,86	6,20
13 Ü	28,60		4,29	5,72	7,15	38,61	10,01	10,01	5,72
13	28,60		4,29	5,72	7,15	38,61	10,01	10,01	5,72
12	27,76		4,16	5,55	6,94	37,48	9,72	9,72	5,55
11	25,30		3,80	5,06	6,33	34,16	8,86	8,86	5,06
10	24,51		3,68	4,90	6,13	33,09	8,58	8,58	4,90
9b	21,50	6,45		4,30	5,38	29,03	7,53	7,53	4,30
9a	20,92	6,28		4,18	5,23	28,24	7,32	7,32	4,18
8	20,22	6,07		4,04	5,06	27,30	7,08	7,08	4,04
7	19,42	5,83		3,88	4,86	26,22	6,80	6,80	3,88
6	18,88	5,66		3,78	4,72	25,49	6,61	6,61	3,78
5	18,25	5,48		3,65	4,56	24,64	6,39	6,39	3,65
4	17,75	5,33		3,55	4,44	23,96	6,21	6,21	3,55
3	17,01	5,10		3,40	4,25	22,96	5,95	5,95	3,40
2 Ü	16,51	4,95		3,30	4,13	22,29	5,78	5,78	3,30
2	15,98	4,79		3,20	4,00	21,57	5,59	5,59	3,20
1	13,44	4,03		2,69	3,36	18,14	4,70	4,70	2,69

* FA = Freizeitausgleich

** Für Beschäftigte in Unikliniken und Krankenhäusern, die unter § 42 fallen, beträgt der Zeitzuschlag für Samstagsarbeit 0,64 Euro. Für Beschäftigte in Unikliniken und Krankenhäusern, die unter § 43 i. V. m. § 38 Absatz 5 Satz 1 TV-L fallen, beträgt der Zeitzuschlag für Samstagsarbeit im Rahmen von Wechselschicht- oder Schichtarbeit 0,64 Euro.

[1]) Niedersachsen

II

Zeitzuschläge (in Euro je Stunde) bei einer Wochenarbeitszeit von 39 Stunden 48 Minuten (Divisor 173,05)[1)]

– gültig ab 1. Februar 2025 –

EG	Stufe 3	Überstunden		Nacht-arbeit	Sonn-tags-arbeit	Feiertagsarbeit		24. u. 31. 12. je ab 6 Uhr	Sams-tags-arbeit** 13–21 Uhr
		EG 1 – EG 9b	EG 10 – EG 15			ohne FA*	mit FA*		
	100 %	30 %	15 %	20 %	25 %	135 %	35 %	35 %	20 %
15 Ü	46,55		6,98	9,31	11,64	62,84	16,29	16,29	9,31
15	35,32		5,30	7,06	8,83	47,68	12,36	12,36	7,06
14	32,72		4,91	6,54	8,18	44,17	11,45	11,45	6,54
13 Ü	30,17		4,53	6,03	7,54	40,73	10,56	10,56	6,03
13	30,17		4,53	6,03	7,54	40,73	10,56	10,56	6,03
12	29,29		4,39	5,86	7,32	39,54	10,25	10,25	5,86
11	26,69		4,00	5,34	6,67	36,03	9,34	9,34	5,34
10	25,85		3,88	5,17	6,46	34,90	9,05	9,05	5,17
9b	22,68	6,80		4,54	5,67	30,62	7,94	7,94	4,54
9a	22,07	6,62		4,41	5,52	29,79	7,72	7,72	4,41
8	21,34	6,40		4,27	5,34	28,81	7,47	7,47	4,27
7	20,49	6,15		4,10	5,12	27,66	7,17	7,17	4,10
6	19,92	5,98		3,98	4,98	26,89	6,97	6,97	3,98
5	19,25	5,78		3,85	4,81	25,99	6,74	6,74	3,85
4	18,73	5,62		3,75	4,68	25,29	6,56	6,56	3,75
3	17,94	5,38		3,59	4,49	24,22	6,28	6,28	3,59
2 Ü	17,42	5,23		3,48	4,36	23,52	6,10	6,10	3,48
2	16,86	5,06		3,37	4,22	22,76	5,90	5,90	3,37
1	14,24	4,27		2,85	3,56	19,22	4,98	4,98	2,85

* FA = Freizeitausgleich

** Für Beschäftigte in Unikliniken und Krankenhäusern, die unter § 42 fallen, beträgt der Zeitzuschlag für Samstagsarbeit 0,64 Euro. Für Beschäftigte in Unikliniken und Krankenhäusern, die unter § 43 i. V. m. § 38 Absatz 5 Satz 1 TV-L fallen, beträgt der Zeitzuschlag für Samstagsarbeit im Rahmen von Wechselschicht- oder Schichtarbeit 0,64 Euro.

1) Niedersachsen

II

Zeitzuschläge (in Euro je Stunde)
bei einer Wochenarbeitszeit von 39 Stunden 50 Minuten
(Divisor 173,18)[1])

– gültig vom 1. November 2024 bis 31. Januar 2025 –

EG	Stufe 3	Überstunden		Nacht-arbeit	Sonn-tags-arbeit	Feiertagsarbeit		24. u. 31. 12. je ab 6 Uhr	Sams-tags-arbeit** 13 – 21 Uhr
		EG 1 – EG 9b	EG 10 – EG 15			ohne FA*	mit FA*		
	100 %	30 %	15 %	20 %	25 %	135 %	35 %	35 %	20 %
15 Ü	44,09		6,61	8,82	11,02	59,52	15,43	15,43	8,82
15	33,45		5,02	6,69	8,36	45,16	11,71	11,71	6,69
14	30,99		4,65	6,20	7,75	41,84	10,85	10,85	6,20
13 Ü	28,57		4,29	5,71	7,14	38,57	10,00	10,00	5,71
13	28,57		4,29	5,71	7,14	38,57	10,00	10,00	5,71
12	27,74		4,16	5,55	6,94	37,45	9,71	9,71	5,55
11	25,28		3,79	5,06	6,32	34,13	8,85	8,85	5,06
10	24,49		3,67	4,90	6,12	33,06	8,57	8,57	4,90
9b	21,48	6,44		4,30	5,37	29,00	7,52	7,52	4,30
9a	20,90	6,27		4,18	5,23	28,22	7,32	7,32	4,18
8	20,21	6,06		4,04	5,05	27,28	7,07	7,07	4,04
7	19,41	5,82		3,88	4,85	26,20	6,79	6,79	3,88
6	18,87	5,66		3,77	4,72	25,47	6,60	6,60	3,77
5	18,23	5,47		3,65	4,56	24,61	6,38	6,38	3,65
4	17,74	5,32		3,55	4,44	23,95	6,21	6,21	3,55
3	16,99	5,10		3,40	4,25	22,94	5,95	5,95	3,40
2 Ü	16,50	4,95		3,30	4,13	22,28	5,78	5,78	3,30
2	15,97	4,79		3,19	3,99	21,56	5,59	5,59	3,19
1	13,43	4,03		2,69	3,36	18,13	4,70	4,70	2,69

* FA = Freizeitausgleich

** Für Beschäftigte in Unikliniken und Krankenhäusern, die unter § 42 fallen, beträgt der Zeitzuschlag für Samstagsarbeit 0,64 Euro. Für Beschäftigte in Unikliniken und Krankenhäusern, die unter § 43 i. V. m. § 38 Absatz 5 Satz 1 TV-L fallen, beträgt der Zeitzuschlag für Samstagsarbeit im Rahmen von Wechselschicht- oder Schichtarbeit 0,64 Euro.

[1]) Nordrhein-Westfalen

II

Zeitzuschläge (in Euro je Stunde) bei einer Wochenarbeitszeit von 39 Stunden 50 Minuten (Divisor 173,18)[1]

– gültig ab 1. Februar 2025 –

EG	Stufe 3	Überstunden		Nacht-arbeit	Sonn-tags-arbeit	Feiertagsarbeit		24. u. 31. 12. je ab 6 Uhr	Sams-tags-arbeit** 13–21 Uhr
		EG 1 – EG 9b	EG 10 – EG 15			ohne FA*	mit FA*		
	100 %	30 %	15 %	20 %	25 %	135 %	35 %	35 %	20 %
15 Ü	46,51		6,98	9,30	11,63	62,79	16,28	16,28	9,30
15	35,29		5,29	7,06	8,82	47,64	12,35	12,35	7,06
14	32,70		4,91	6,54	8,18	44,15	11,45	11,45	6,54
13 Ü	30,15		4,52	6,03	7,54	40,70	10,55	10,55	6,03
13	30,15		4,52	6,03	7,54	40,70	10,55	10,55	6,03
12	29,27		4,39	5,85	7,32	39,51	10,24	10,24	5,85
11	26,67		4,00	5,33	6,67	36,00	9,33	9,33	5,33
10	25,84		3,88	5,17	6,46	34,88	9,04	9,04	5,17
9b	22,67	6,80		4,53	5,67	30,60	7,93	7,93	4,53
9a	22,05	6,62		4,41	5,51	29,77	7,72	7,72	4,41
8	21,32	6,40		4,26	5,33	28,78	7,46	7,46	4,26
7	20,47	6,14		4,09	5,12	27,63	7,16	7,16	4,09
6	19,91	5,97		3,98	4,98	26,88	6,97	6,97	3,98
5	19,23	5,77		3,85	4,81	25,96	6,73	6,73	3,85
4	18,71	5,61		3,74	4,68	25,26	6,55	6,55	3,74
3	17,93	5,38		3,59	4,48	24,21	6,28	6,28	3,59
2 Ü	17,41	5,22		3,48	4,35	23,50	6,09	6,09	3,48
2	16,85	5,06		3,37	4,21	22,75	5,90	5,90	3,37
1	14,23	4,27		2,85	3,56	19,21	4,98	4,98	2,85

* FA = Freizeitausgleich

** Für Beschäftigte in Unikliniken und Krankenhäusern, die unter § 42 fallen, beträgt der Zeitzuschlag für Samstagsarbeit 0,64 Euro. Für Beschäftigte in Unikliniken und Krankenhäusern, die unter § 43 i. V. m. § 38 Absatz 5 Satz 1 TV-L fallen, beträgt der Zeitzuschlag für Samstagsarbeit im Rahmen von Wechselschicht- oder Schichtarbeit 0,64 Euro.

[1]) Nordrhein-Westfalen

Zeitzuschläge (in Euro je Stunde) bei einer Wochenarbeitszeit von 40 Stunden 06 Minuten (Divisor 174,35)[1]

– gültig vom 1. November 2024 bis 31. Januar 2025 –

EG	Stufe 3	Überstunden		Nacht-arbeit	Sonn-tags-arbeit	Feiertagsarbeit		24. u. 31. 12. je ab 6 Uhr	Sams-tags-arbeit** 13 – 21 Uhr
		EG 1 – EG 9b	EG 10 – EG 15			ohne FA*	mit FA*		
	100 %	30 %	15 %	20 %	25 %	135 %	35 %	35 %	20 %
15 Ü	43,79		6,57	8,76	10,95	59,12	15,33	15,33	8,76
15	33,23		4,98	6,65	8,31	44,86	11,63	11,63	6,65
14	30,79		4,62	6,16	7,70	41,57	10,78	10,78	6,16
13 Ü	28,38		4,26	5,68	7,10	38,31	9,93	9,93	5,68
13	28,38		4,26	5,68	7,10	38,31	9,93	9,93	5,68
12	27,56		4,13	5,51	6,89	37,21	9,65	9,65	5,51
11	25,11		3,77	5,02	6,28	33,90	8,79	8,79	5,02
10	24,32		3,65	4,86	6,08	32,83	8,51	8,51	4,86
9b	21,34	6,40		4,27	5,34	28,81	7,47	7,47	4,27
9a	20,76	6,23		4,15	5,19	28,03	7,27	7,27	4,15
8	20,07	6,02		4,01	5,02	27,09	7,02	7,02	4,01
7	19,28	5,78		3,86	4,82	26,03	6,75	6,75	3,86
6	18,74	5,62		3,75	4,69	25,30	6,56	6,56	3,75
5	18,11	5,43		3,62	4,53	24,45	6,34	6,34	3,62
4	17,62	5,29		3,52	4,41	23,79	6,17	6,17	3,52
3	16,88	5,06		3,38	4,22	22,79	5,91	5,91	3,38
2 Ü	16,39	4,92		3,28	4,10	22,13	5,74	5,74	3,28
2	15,86	4,76		3,17	3,97	21,41	5,55	5,55	3,17
1	13,34	4,00		2,67	3,34	18,01	4,67	4,67	2,67

* FA = Freizeitausgleich

** Für Beschäftigte in Unikliniken und Krankenhäusern, die unter § 42 fallen, beträgt der Zeitzuschlag für Samstagsarbeit 0,64 Euro. Für Beschäftigte in Unikliniken und Krankenhäusern, die unter § 43 i. V. m. § 38 Absatz 5 Satz 1 TV-L fallen, beträgt der Zeitzuschlag für Samstagsarbeit im Rahmen von Wechselschicht- oder Schichtarbeit 0,64 Euro.

[1]) Bayern

II

Zeitzuschläge (in Euro je Stunde) bei einer Wochenarbeitszeit von 40 Stunden 06 Minuten (Divisor 174,35)[1])

– gültig ab 1. Februar 2025 –

EG	Stufe 3	Überstunden		Nachtarbeit	Sonntagsarbeit	Feiertagsarbeit		24. u. 31. 12. je ab 6 Uhr	Samstagsarbeit** 13–21 Uhr
		EG 1 – EG 9b	EG 10 – EG 15			ohne FA*	mit FA*		
	100 %	30 %	15 %	20 %	25 %	135 %	35 %	35 %	20 %
15 Ü	46,20		6,93	9,24	11,55	62,37	16,17	16,17	9,24
15	35,06		5,26	7,01	8,77	47,33	12,27	12,27	7,01
14	32,48		4,87	6,50	8,12	43,85	11,37	11,37	6,50
13 Ü	29,94		4,49	5,99	7,49	40,42	10,48	10,48	5,99
13	29,94		4,49	5,99	7,49	40,42	10,48	10,48	5,99
12	29,07		4,36	5,81	7,27	39,24	10,17	10,17	5,81
11	26,49		3,97	5,30	6,62	35,76	9,27	9,27	5,30
10	25,66		3,85	5,13	6,42	34,64	8,98	8,98	5,13
9b	22,51	6,75		4,50	5,63	30,39	7,88	7,88	4,50
9a	21,90	6,57		4,38	5,48	29,57	7,67	7,67	4,38
8	21,18	6,35		4,24	5,30	28,59	7,41	7,41	4,24
7	20,34	6,10		4,07	5,09	27,46	7,12	7,12	4,07
6	19,77	5,93		3,95	4,94	26,69	6,92	6,92	3,95
5	19,11	5,73		3,82	4,78	25,80	6,69	6,69	3,82
4	18,59	5,58		3,72	4,65	25,10	6,51	6,51	3,72
3	17,81	5,34		3,56	4,45	24,04	6,23	6,23	3,56
2 Ü	17,29	5,19		3,46	4,32	23,34	6,05	6,05	3,46
2	16,74	5,02		3,35	4,19	22,60	5,86	5,86	3,35
1	14,14	4,24		2,83	3,54	19,09	4,95	4,95	2,83

* FA = Freizeitausgleich

** Für Beschäftigte in Unikliniken und Krankenhäusern, die unter § 42 fallen, beträgt der Zeitzuschlag für Samstagsarbeit 0,64 Euro. Für Beschäftigte in Unikliniken und Krankenhäusern, die unter § 43 i. V. m. § 38 Absatz 5 Satz 1 TV-L fallen, beträgt der Zeitzuschlag für Samstagsarbeit im Rahmen von Wechselschicht- oder Schichtarbeit 0,64 Euro.

1) Bayern

Zeitzuschläge (in Euro je Stunde) bei einer Wochenarbeitszeit von 40 Stunden 00 Minuten (Divisor 173,92)[1])

– gültig vom 1. November 2024 bis 31. Januar 2025 –

EG	Stufe 3	Überstunden		Nachtarbeit	Sonntagsarbeit	Feiertagsarbeit		24. u. 31. 12. je ab 6 Uhr	Samstagsarbeit** 13 – 21 Uhr
		EG 1 – EG 9b	EG 10 – EG 15			ohne FA*	mit FA*		
	100 %	30 %	15 %	20 %	25 %	135 %	35 %	35 %	20 %
15 Ü	43,90		6,59	8,78	10,98	59,27	15,37	15,37	8,78
15	33,31		5,00	6,66	8,33	44,97	11,66	11,66	6,66
14	30,86		4,63	6,17	7,72	41,66	10,80	10,80	6,17
13 Ü	28,45		4,27	5,69	7,11	38,41	9,96	9,96	5,69
13	28,45		4,27	5,69	7,11	38,41	9,96	9,96	5,69
12	27,62		4,14	5,52	6,91	37,29	9,67	9,67	5,52
11	25,17		3,78	5,03	6,29	33,98	8,81	8,81	5,03
10	24,38		3,66	4,88	6,10	32,91	8,53	8,53	4,88
9b	21,39	6,42		4,28	5,35	28,88	7,49	7,49	4,28
9a	20,81	6,24		4,16	5,20	28,09	7,28	7,28	4,16
8	20,12	6,04		4,02	5,03	27,16	7,04	7,04	4,02
7	19,32	5,80		3,86	4,83	26,08	6,76	6,76	3,86
6	18,79	5,64		3,76	4,70	25,37	6,58	6,58	3,76
5	18,15	5,45		3,63	4,54	24,50	6,35	6,35	3,63
4	17,66	5,30		3,53	4,42	23,84	6,18	6,18	3,53
3	16,92	5,08		3,38	4,23	22,84	5,92	5,92	3,38
2 Ü	16,43	4,93		3,29	4,11	22,18	5,75	5,75	3,29
2	15,90	4,77		3,18	3,98	21,47	5,57	5,57	3,18
1	13,37	4,01		2,67	3,34	18,05	4,68	4,68	2,67

* FA = Freizeitausgleich

** Für Beschäftigte in Unikliniken und Krankenhäusern, die unter § 42 fallen, beträgt der Zeitzuschlag für Samstagsarbeit 0,64 Euro. Für Beschäftigte in Unikliniken und Krankenhäusern, die unter § 43 i. V. m. § 38 Absatz 5 Satz 1 TV-L fallen, beträgt der Zeitzuschlag für Samstagsarbeit im Rahmen von Wechselschicht- oder Schichtarbeit 0,64 Euro.

1) gültig im Tarifgebiet Ost

II

Zeitzuschläge (in Euro je Stunde) bei einer Wochenarbeitszeit von 40 Stunden 00 Minuten (Divisor 173,92)[1]

– gültig ab 1. Februar 2025 –

EG	Stufe 3	Überstunden		Nacht-arbeit	Sonn-tags-arbeit	Feiertagsarbeit		24. u. 31. 12. je ab 6 Uhr	Sams-tags-arbeit** 13–21 Uhr
		EG 1 – EG 9b	EG 10 – EG 15			ohne FA*	mit FA*		
	100 %	30 %	15 %	20 %	25 %	135 %	35 %	35 %	20 %
15 Ü	46,31		6,95	9,26	11,58	62,52	16,21	16,21	9,26
15	35,14		5,27	7,03	8,79	47,44	12,30	12,30	7,03
14	32,56		4,88	6,51	8,14	43,96	11,40	11,40	6,51
13 Ü	30,02		4,50	6,00	7,51	40,53	10,51	10,51	6,00
13	30,02		4,50	6,00	7,51	40,53	10,51	10,51	6,00
12	29,14		4,37	5,83	7,29	39,34	10,20	10,20	5,83
11	26,56		3,98	5,31	6,64	35,86	9,30	9,30	5,31
10	25,73		3,86	5,15	6,43	34,74	9,01	9,01	5,15
9b	22,57	6,77		4,51	5,64	30,47	7,90	7,90	4,51
9a	21,96	6,59		4,39	5,49	29,65	7,69	7,69	4,39
8	21,23	6,37		4,25	5,31	28,66	7,43	7,43	4,25
7	20,39	6,12		4,08	5,10	27,53	7,14	7,14	4,08
6	19,82	5,95		3,96	4,96	26,76	6,94	6,94	3,96
5	19,15	5,75		3,83	4,79	25,85	6,70	6,70	3,83
4	18,63	5,59		3,73	4,66	25,15	6,52	6,52	3,73
3	17,85	5,36		3,57	4,46	24,10	6,25	6,25	3,57
2 Ü	17,33	5,20		3,47	4,33	23,40	6,07	6,07	3,47
2	16,78	5,03		3,36	4,20	22,65	5,87	5,87	3,36
1	14,17	4,25		2,83	3,54	19,13	4,96	4,96	2,83

* FA = Freizeitausgleich

** Für Beschäftigte in Unikliniken und Krankenhäusern, die unter § 42 fallen, beträgt der Zeitzuschlag für Samstagsarbeit 0,64 Euro. Für Beschäftigte in Unikliniken und Krankenhäusern, die unter § 43 i. V. m. § 38 Absatz 5 Satz 1 TV-L fallen, beträgt der Zeitzuschlag für Samstagsarbeit im Rahmen von Wechselschicht- oder Schichtarbeit 0,64 Euro.

[1]) gültig im Tarifgebiet Ost

Anhang 3

Pflegepersonal (West/Ost)

Monatsentgelte KR-Tabelle (in Euro)

– gültig vom 1. November 2024 bis 31. Januar 2025 –

EG KR	Stufe 1	Stufe 2	Stufe 3	Stufe 4	Stufe 5	Stufe 6
17		4.919,56	5.084,75	5.615,57	6.176,21	6.524,11
16		4.810,42	4.972,03	5.493,92	6.102,25	6.370,60
15		4.711,39	4.859,30	5.229,08	5.671,63	5.840,65
14		4.602,25	4.746,59	5.107,44	5.597,68	5.687,14
13		4.493,11	4.633,87	4.985,74	5.239,82	5.305,43
12		4.274,79	4.408,41	4.742,39	4.947,57	5.042,99
11		4.056,51	4.182,94	4.499,07	4.709,00	4.804,42
10		3.838,23	3.957,49	4.291,50	4.452,54	4.553,93
9		3.659,29	3.838,23	3.957,49	4.184,14	4.279,57
8		3.382,89	3.537,98	3.736,82	3.897,43	4.120,15
7		3.199,63	3.382,89	3.664,84	3.805,78	3.950,99
6	2.714,29	2.889,60	3.058,69	3.418,14	3.509,76	3.678,90
5	2.608,81	2.848,47	2.917,75	3.030,51	3.115,09	3.313,82

II

Monatsentgelte KR-Tabelle (in Euro)

– gültig ab 1. Februar 2025 –

EG KR	Stufe 1	Stufe 2	Stufe 3	Stufe 4	Stufe 5	Stufe 6
17		5.190,14	5.364,41	5.924,43	6.515,90	6.882,94
16		5.074,99	5.245,49	5.796,09	6.437,87	6.720,98
15		4.970,52	5.126,56	5.516,68	5.983,57	6.161,89
14		4.855,37	5.007,65	5.388,35	5.905,55	5.999,93
13		4.740,23	4.888,73	5.259,96	5.528,01	5.597,23
12		4.509,90	4.650,87	5.003,22	5.219,69	5.320,35
11		4.279,62	4.413,00	4.746,52	4.968,00	5.068,66
10		4.049,33	4.175,15	4.527,53	4.697,43	4.804,40
9		3.860,55	4.049,33	4.175,15	4.414,27	4.514,95
8		3.568,95	3.732,57	3.942,35	4.111,79	4.346,76
7		3.375,61	3.568,95	3.866,41	4.015,10	4.168,29
6	2.863,58	3.048,53	3.226,92	3.606,14	3.702,80	3.881,24
5	2.752,29	3.005,14	3.078,23	3.197,19	3.286,42	3.496,08

Stundenentgelte KR-Tabelle (in Euro)
bei einer Wochenarbeitszeit von 38 Stunden 30 Minuten
(Divisor 167,40)[1])

– gültig vom 1. November 2024 bis 31. Januar 2025 –

EG	Stufe 1	Stufe 2	Stufe 3	Stufe 4	Stufe 5	Stufe 6
KR 17		29,39	30,37	33,55	36,89	38,97
KR 16		28,74	29,70	32,82	36,45	38,06
KR 15		28,14	29,03	31,24	33,88	34,89
KR 14		27,49	28,35	30,51	33,44	33,97
KR 13		26,84	27,68	29,78	31,30	31,69
KR 12		25,54	26,33	28,33	29,56	30,13
KR 11		24,23	24,99	26,88	28,13	28,70
KR 10		22,93	23,64	25,64	26,60	27,20
KR 9		21,86	22,93	23,64	24,99	25,56
KR 8		20,21	21,13	22,32	23,28	24,61
KR 7		19,11	20,21	21,89	22,73	23,60
KR 6	16,21	17,26	18,27	20,42	20,97	21,98
KR 5	15,58	17,02	17,43	18,10	18,61	19,80

Hinweise:

1. Für in eine individuelle Endstufe übergeleitete Beschäftigte sind die Stundenentgelte nach § 24 Absatz 3 Satz 2 TV-L auf der Grundlage der individuellen Tabellenbeträge zu ermitteln.
2. Nach der Protokollerklärung zu § 8 Absatz 1 TV-L richtet sich bei Überstunden das Entgelt für die tatsächliche Arbeitsleistung nach der jeweiligen Entgeltgruppe und der individuellen Stufe, höchstens jedoch nach der Stufe 4.

[1]) gültig im Tarifgebiet West

II

Stundenentgelte KR-Tabelle (in Euro)
bei einer Wochenarbeitszeit von 38 Stunden 30 Minuten
(Divisor 167,40)[1])

– gültig ab 1. Februar 2025 –

EG	Stufe 1	Stufe 2	Stufe 3	Stufe 4	Stufe 5	Stufe 6
KR 17		31,00	32,05	35,39	38,92	41,12
KR 16		30,32	31,34	34,62	38,46	40,15
KR 15		29,69	30,62	32,96	35,74	36,81
KR 14		29,00	29,91	32,19	35,28	35,84
KR 13		28,32	29,20	31,42	33,02	33,44
KR 12		26,94	27,78	29,89	31,18	31,78
KR 11		25,57	26,36	28,35	29,68	30,28
KR 10		24,19	24,94	27,05	28,06	28,70
KR 9		23,06	24,19	24,94	26,37	26,97
KR 8		21,32	22,30	23,55	24,56	25,97
KR 7		20,16	21,32	23,10	23,99	24,90
KR 6	17,11	18,21	19,28	21,54	22,12	23,19
KR 5	16,44	17,95	18,39	19,10	19,63	20,88

Hinweise:

1. Für in eine individuelle Endstufe übergeleitete Beschäftigte sind die Stundenentgelte nach § 24 Absatz 3 Satz 2 TV-L auf der Grundlage der individuellen Tabellenbeträge zu ermitteln.
2. Nach der Protokollerklärung zu § 8 Absatz 1 TV-L richtet sich bei Überstunden das Entgelt für die tatsächliche Arbeitsleistung nach der jeweiligen Entgeltgruppe und der individuellen Stufe, höchstens jedoch nach der Stufe 4.

[1]) gültig im Tarifgebiet West

Zeitzuschläge KR-Tabelle (in Euro je Stunde) bei einer Wochenarbeitszeit von 38 Stunden 30 Minuten (Divisor 167,40)[1])

– gültig vom 1. November 2024 bis 31. Januar 2025 –

EG	Stufe 3	Überstunden		Nacht-arbeit	Sonn-tags-arbeit	Feiertagsarbeit		24. u. 31. 12. je ab 6 Uhr	Sams-tags-arbeit 13 – 21 Uhr**
		KR 5 - KR 12	KR 13 - KR 17			ohne FA*	mit FA*		
	100 %	30 %	15 %	20 %	25 %	135 %	35 %	35 %	20 %
KR 17	30,37		4,56	6,07	7,59	41,00	10,63	10,63	6,07
KR 16	29,70		4,46	5,94	7,43	40,10	10,40	10,40	5,94
KR 15	29,03		4,35	5,81	7,26	39,19	10,16	10,16	5,81
KR 14	28,35		4,25	5,67	7,09	38,27	9,92	9,92	5,67
KR 13	27,68		4,15	5,54	6,92	37,37	9,69	9,69	5,54
KR 12	26,33	7,90		5,27	6,58	35,55	9,22	9,22	5,27
KR 11	24,99	7,50		5,00	6,25	33,74	8,75	8,75	5,00
KR 10	23,64	7,09		4,73	5,91	31,91	8,27	8,27	4,73
KR 9	22,93	6,88		4,59	5,73	30,96	8,03	8,03	4,59
KR 8	21,13	6,34		4,23	5,28	28,53	7,40	7,40	4,23
KR 7	20,21	6,06		4,04	5,05	27,28	7,07	7,07	4,04
KR 6	18,27	5,48		3,65	4,57	24,66	6,39	6,39	3,65
KR 5	17,43	5,23		3,49	4,36	23,53	6,10	6,10	3,49

* FA = Freizeitausgleich

** Für Beschäftigte in Unikliniken und Krankenhäusern, die unter § 43 i. V. m. § 38 Absatz 5 Satz 1 TV-L fallen, beträgt der Zeitzuschlag für Samstagsarbeit im Rahmen von Wechselschicht- oder Schichtarbeit 0,64 Euro.

1) gültig im Tarifgebiet West

II

Zeitzuschläge KR-Tabelle (in Euro je Stunde) bei einer Wochenarbeitszeit von 38 Stunden 30 Minuten (Divisor 167,40)[1])

– gültig ab 1. Februar 2025 –

EG	Stufe 3	Überstunden		Nacht-arbeit	Sonn-tags-arbeit	Feiertagsarbeit		24. u. 31. 12. je ab 6 Uhr	Sams-tags-arbeit 13 – 21 Uhr**
		KR 5 - KR 12	KR 13 - KR 17			ohne FA*	mit FA*		
	100 %	30 %	15 %	20 %	25 %	135 %	35 %	35 %	20 %
KR 17	32,05		4,81	6,41	8,01	43,27	11,22	11,22	6,41
KR 16	31,34		4,70	6,27	7,84	42,31	10,97	10,97	6,27
KR 15	30,62		4,59	6,12	7,66	41,34	10,72	10,72	6,12
KR 14	29,91		4,49	5,98	7,48	40,38	10,47	10,47	5,98
KR 13	29,20		4,38	5,84	7,30	39,42	10,22	10,22	5,84
KR 12	27,78	8,33		5,56	6,95	37,50	9,72	9,72	5,56
KR 11	26,36	7,91		5,27	6,59	35,59	9,23	9,23	5,27
KR 10	24,94	7,48		4,99	6,24	33,67	8,73	8,73	4,99
KR 9	24,19	7,26		4,84	6,05	32,66	8,47	8,47	4,84
KR 8	22,30	6,69		4,46	5,58	30,11	7,81	7,81	4,46
KR 7	21,32	6,40		4,26	5,33	28,78	7,46	7,46	4,26
KR 6	19,28	5,78		3,86	4,82	26,03	6,75	6,75	3,86
KR 5	18,39	5,52		3,68	4,60	24,83	6,44	6,44	3,68

* FA = Freizeitausgleich

** Für Beschäftigte in Unikliniken und Krankenhäusern, die unter § 43 i. V. m. § 38 Absatz 5 Satz 1 TV-L fallen, beträgt der Zeitzuschlag für Samstagsarbeit im Rahmen von Wechselschicht- oder Schichtarbeit 0,64 Euro.

1) gültig im Tarifgebiet West

Stundenentgelte KR-Tabelle (in Euro) bei einer Wochenarbeitszeit von 40 Stunden 00 Minuten (Divisor 173,92)[1]

– gültig vom 1. November 2024 bis 31. Januar 2025 –

EG	Stufe 1	Stufe 2	Stufe 3	Stufe 4	Stufe 5	Stufe 6
KR 17		28,29	29,24	32,29	35,51	37,51
KR 16		27,66	28,59	31,59	35,09	36,63
KR 15		27,09	27,94	30,07	32,61	33,58
KR 14		26,46	27,29	29,37	32,19	32,70
KR 13		25,83	26,64	28,67	30,13	30,51
KR 12		24,58	25,35	27,27	28,45	29,00
KR 11		23,32	24,05	25,87	27,08	27,62
KR 10		22,07	22,75	24,68	25,60	26,18
KR 9		21,04	22,07	22,75	24,06	24,61
KR 8		19,45	20,34	21,49	22,41	23,69
KR 7		18,40	19,45	21,07	21,88	22,72
KR 6	15,61	16,61	17,59	19,65	20,18	21,15
KR 5	15,00	16,38	16,78	17,42	17,91	19,05

Hinweise:

1. Für in eine individuelle Endstufe übergeleitete Beschäftigte sind die Stundenentgelte nach § 24 Absatz 3 Satz 2 TV-L auf der Grundlage der individuellen Tabellenbeträge zu ermitteln.
2. Nach der Protokollerklärung zu § 8 Absatz 1 TV-L richtet sich bei Überstunden das Entgelt für die tatsächliche Arbeitsleistung nach der jeweiligen Entgeltgruppe und der individuellen Stufe, höchstens jedoch nach der Stufe 4.

[1] gültig im Tarifgebiet Ost

II

Stundenentgelte KR-Tabelle (in Euro)
bei einer Wochenarbeitszeit von 40 Stunden 00 Minuten
(Divisor 173,92)[1])

– gültig ab 1. Februar 2025 –

EG	Stufe 1	Stufe 2	Stufe 3	Stufe 4	Stufe 5	Stufe 6
KR 17		29,84	30,84	34,06	37,46	39,58
KR 16		29,18	30,16	33,33	37,02	38,64
KR 15		28,58	29,48	31,72	34,40	35,43
KR 14		27,92	28,79	30,98	33,96	34,50
KR 13		27,26	28,11	30,24	31,78	32,18
KR 12		25,93	26,74	28,77	30,01	30,59
KR 11		24,61	25,37	27,29	28,56	29,14
KR 10		23,28	24,01	26,03	27,01	27,62
KR 9		22,20	23,28	24,01	25,38	25,96
KR 8		20,52	21,46	22,67	23,64	24,99
KR 7		19,41	20,52	22,23	23,09	23,97
KR 6	16,46	17,53	18,55	20,73	21,29	22,32
KR 5	15,83	17,28	17,70	18,38	18,90	20,10

Hinweise:

1. Für in eine individuelle Endstufe übergeleitete Beschäftigte sind die Stundenentgelte nach § 24 Absatz 3 Satz 2 TV-L auf der Grundlage der individuellen Tabellenbeträge zu ermitteln.
2. Nach der Protokollerklärung zu § 8 Absatz 1 TV-L richtet sich bei Überstunden das Entgelt für die tatsächliche Arbeitsleistung nach der jeweiligen Entgeltgruppe und der individuellen Stufe, höchstens jedoch nach der Stufe 4.

[1]) gültig im Tarifgebiet Ost

**Zeitzuschläge KR-Tabelle (in Euro je Stunde)
bei einer Wochenarbeitszeit von 40 Stunden 00 Minuten
(Divisor 173,92)[1])**

– gültig vom 1. November 2024 bis 31. Januar 2025 –

EG	Stufe 3	Überstunden		Nachtarbeit	Sonntagsarbeit	Feiertagsarbeit		24. u. 31. 12. je ab 6 Uhr	Samstagsarbeit 13 – 21 Uhr**
		KR 5 - KR 12	KR 13 - KR 17			ohne FA*	mit FA*		
	100 %	30 %	15 %	20 %	25 %	135 %	35 %	35 %	20 %
KR 17	29,24		4,39	5,85	7,31	39,47	10,23	10,23	5,85
KR 16	28,59		4,29	5,72	7,15	38,60	10,01	10,01	5,72
KR 15	27,94		4,19	5,59	6,99	37,72	9,78	9,78	5,59
KR 14	27,29		4,09	5,46	6,82	36,84	9,55	9,55	5,46
KR 13	26,64		4,00	5,33	6,66	35,96	9,32	9,32	5,33
KR 12	25,35	7,61		5,07	6,34	34,22	8,87	8,87	5,07
KR 11	24,05	7,22		4,81	6,01	32,47	8,42	8,42	4,81
KR 10	22,75	6,83		4,55	5,69	30,71	7,96	7,96	4,55
KR 9	22,07	6,62		4,41	5,52	29,79	7,72	7,72	4,41
KR 8	20,34	6,10		4,07	5,09	27,46	7,12	7,12	4,07
KR 7	19,45	5,84		3,89	4,86	26,26	6,81	6,81	3,89
KR 6	17,59	5,28		3,52	4,40	23,75	6,16	6,16	3,52
KR 5	16,78	5,03		3,36	4,20	22,65	5,87	5,87	3,36

* FA = Freizeitausgleich

** Für Beschäftigte in Unikliniken und Krankenhäusern, die unter § 43 i. V. m. § 38 Absatz 5 Satz 1 TV-L fallen, beträgt der Zeitzuschlag für Samstagsarbeit im Rahmen von Wechselschicht- oder Schichtarbeit 0,64 Euro.

1) gültig im Tarifgebiet Ost

Zeitzuschläge KR-Tabelle (in Euro je Stunde) bei einer Wochenarbeitszeit von 40 Stunden 00 Minuten (Divisor 173,92)[1]

– gültig ab 1. Februar 2025 –

II

EG	Stufe 3	Überstunden		Nachtarbeit	Sonntagsarbeit	Feiertagsarbeit		24. u. 31. 12. je ab 6 Uhr	Samstagsarbeit 13 – 21 Uhr**
		KR 5 - KR 12	KR 13 - KR 17			ohne FA*	mit FA*		
	100 %	30 %	15 %	20 %	25 %	135 %	35 %	35 %	20 %
KR 17	30,84		4,63	6,17	7,71	41,63	10,79	10,79	6,17
KR 16	30,16		4,52	6,03	7,54	40,72	10,56	10,56	6,03
KR 15	29,48		4,42	5,90	7,37	39,80	10,32	10,32	5,90
KR 14	28,79		4,32	5,76	7,20	38,87	10,08	10,08	5,76
KR 13	28,11		4,22	5,62	7,03	37,95	9,84	9,84	5,62
KR 12	26,74	8,02		5,35	6,69	36,10	9,36	9,36	5,35
KR 11	25,37	7,61		5,07	6,34	34,25	8,88	8,88	5,07
KR 10	24,01	7,20		4,80	6,00	32,41	8,40	8,40	4,80
KR 9	23,28	6,98		4,66	5,82	31,43	8,15	8,15	4,66
KR 8	21,46	6,44		4,29	5,37	28,97	7,51	7,51	4,29
KR 7	20,52	6,16		4,10	5,13	27,70	7,18	7,18	4,10
KR 6	18,55	5,57		3,71	4,64	25,04	6,49	6,49	3,71
KR 5	17,70	5,31		3,54	4,43	23,90	6,20	6,20	3,54

* FA = Freizeitausgleich

** Für Beschäftigte in Unikliniken und Krankenhäusern, die unter § 43 i. V. m. § 38 Absatz 5 Satz 1 TV-L fallen, beträgt der Zeitzuschlag für Samstagsarbeit im Rahmen von Wechselschicht- oder Schichtarbeit 0,64 Euro.

[1]) gültig im Tarifgebiet Ost

Anhang 4

Ärzte

Monatsentgelte (in Euro) für Ärzte (§ 41 TV-L)

– gültig vom 1. November 2024 bis 31. Januar 2025 –

EG	Stufe 1	Stufe 2	Stufe 3	Stufe 4	Stufe 5
Ä 1	5.367,63	5.656,17	5.862,30	6.219,57	6.645,54
Ä 2	6.995,90	7.559,29	8.053,95		
Ä 3	8.692,91	9.187,58	9.895,24		
Ä 4	10.176,96	10.884,59	11.447,96		

Monatsentgelte (in Euro) für Ärzte (§ 41 TV-L)

– gültig ab 1. Februar 2025 –

EG	Stufe 1	Stufe 2	Stufe 3	Stufe 4	Stufe 5
Ä 1	5.662,85	5.967,26	6.184,73	6.561,65	7.011,04
Ä 2	7.380,67	7.975,05	8.496,92		
Ä 3	9.171,02	9.692,90	10.439,48		
Ä 4	10.736,69	11.483,24	12.077,60		

Stundenentgelte (in Euro) für Ärzte (§ 41 TV-L)

– gültig vom 1. November 2024 bis 31. Januar 2025 –

EG	Stufe 1	Stufe 2	Stufe 3	Stufe 4	Stufe 5
Ä 1	29,39	30,97	32,10	34,06	36,39
Ä 2	38,31	41,39	44,10		
Ä 3	47,60	50,31	54,18		
Ä 4	55,73	59,60	62,69		

Hinweis:

Bei Überstunden richtet sich das Entgelt für die tatsächliche Arbeitsleistung nach der jeweiligen Entgeltgruppe und der individuellen Stufe, **höchstens jedoch nach der Stufe 2** (Protokollerklärung zu § 8 Absatz 1 Satz 2 i. V. m. § 41 Nr. 5 Ziffer 1 TV-L).

Stundenentgelte (in Euro) für Ärzte (§ 41 TV-L)

– gültig ab 1. Februar 2025 –

EG	Stufe 1	Stufe 2	Stufe 3	Stufe 4	Stufe 5
Ä 1	31,01	32,68	33,87	35,93	38,39
Ä 2	40,42	43,67	46,53		
Ä 3	50,22	53,08	57,17		
Ä 4	58,79	62,88	66,14		

Hinweis:

Bei Überstunden richtet sich das Entgelt für die tatsächliche Arbeitsleistung nach der jeweiligen Entgeltgruppe und der individuellen Stufe, **höchstens jedoch nach der Stufe 2** (Protokollerklärung zu § 8 Absatz 1 Satz 2 i. V. m. § 41 Nr. 5 Ziffer 1 TV-L).

II

Zeitzuschläge (in Euro je Stunde) für Ärzte (§ 41 TV-L)

– gültig vom 1. November 2024 bis 31. Januar 2025 –

EG	Stufe 3 (Ä 1) bzw. Stufe 1 (Ä 2 bis Ä 4)	Überstunden	Nachtarbeit	Sonntagsarbeit	Feiertagsarbeit		24. u. 31. 12. je ab 6 Uhr	Samstagsarbeit 13 – 21 Uhr
					ohne FA*	mit FA*		
	100 %	15 %	20 %	25 %	135 %	35 %	35 %	
Ä 1	32,10	4,82	6,42	8,03	43,34	11,24	11,24	0,64
Ä 2	38,31	5,75	7,66	9,58	51,72	13,41	13,41	0,64
Ä 3	47,60	7,14	9,52	11,90	64,26	16,66	16,66	0,64
Ä 4	55,73	8,36	11,15	13,93	75,24	19,51	19,51	0,64

* FA = Freizeitausgleich

Zeitzuschläge (in Euro je Stunde) für Ärzte (§ 41 TV-L)

– gültig ab 1. Februar 2025 –

EG	Stufe 3 (Ä 1) bzw. Stufe 1 (Ä 2 bis Ä 4)	Überstunden	Nachtarbeit	Sonntagsarbeit	Feiertagsarbeit		24. u. 31. 12. je ab 6 Uhr	Samstagsarbeit 13 – 21 Uhr
					ohne FA*	mit FA*		
	100 %	15 %	20 %	25 %	135 %	35 %	35 %	
Ä 1	33,87	5,08	6,77	8,47	45,72	11,85	11,85	0,64
Ä 2	40,42	6,06	8,08	10,11	54,57	14,15	14,15	0,64
Ä 3	50,22	7,53	10,04	12,56	67,80	17,58	17,58	0,64
Ä 4	58,79	8,82	11,76	14,70	79,37	20,58	20,58	0,64

* FA = Freizeitausgleich

II

Anhang 5

SuE-Beschäftigte (West/Ost)

Monatsentgelte S-Tabelle (in Euro)

– gültig vom 1. November 2024 bis 31. Januar 2025 –

EG	Stufe 1	Stufe 2	Stufe 3	Stufe 4	Stufe 5	Stufe 6
S 18	4.329,77	4.455,33	5.004,44	5.416,23	6.033,95	6.411,42
S 17	3.951,26	4.283,75	4.729,86	5.004,44	5.553,48	5.876,08
S 16	3.862,48	4.194,55	4.496,52	4.867,14	5.278,96	5.526,04
S 15	3.725,89	4.043,52	4.318,10	4.633,81	5.141,69	5.361,30
S 14	3.707,36	4.004,10	4.309,21	4.619,58	4.962,78	5.202,98
S 13	3.647,95	3.908,47	4.249,44	4.523,95	4.867,14	5.038,72
S 12	3.600,60	3.897,96	4.224,89	4.513,15	4.870,07	5.021,07
S 11b	3.512,44	3.845,37	4.019,73	4.458,98	4.802,18	5.008,08
S 11a	3.444,38	3.775,21	3.948,45	4.386,72	4.729,86	4.935,78
S 9	3.273,29	3.570,86	3.831,83	4.215,00	4.575,30	4.853,28
S 8b	3.212,84	3.499,02	3.761,97	4.144,47	4.503,05	4.777,98
S 8a	3.169,94	3.427,29	3.654,40	3.869,56	4.078,72	4.296,87
S 7	3.098,63	3.342,08	3.555,33	3.768,53	3.928,47	4.167,08
S 4	2.944,34	3.202,13	3.388,73	3.515,33	3.635,29	3.822,14
S 3	2.767,24	3.024,89	3.204,13	3.368,73	3.444,03	3.533,99
S 2	2.668,79	2.881,96	2.943,16	3.041,06	3.120,62	3.187,93

Monatsentgelte S-Tabelle (in Euro)

– gültig ab 1. Februar 2025 –

EG	Stufe 1	Stufe 2	Stufe 3	Stufe 4	Stufe 5	Stufe 6
S 18	4.567,91	4.700,37	5.279,68	5.714,12	6.365,82	6.764,05
S 17	4.168,58	4.519,36	4.990,00	5.279,68	5.858,92	6.199,26
S 16	4.074,92	4.425,25	4.743,83	5.134,83	5.569,30	5.829,97
S 15	3.930,81	4.265,91	4.555,60	4.888,67	5.424,48	5.656,17
S 14	3.911,26	4.224,33	4.546,22	4.873,66	5.235,73	5.489,14
S 13	3.848,59	4.123,44	4.483,16	4.772,77	5.134,83	5.315,85
S 12	3.798,63	4.112,35	4.457,26	4.761,37	5.137,92	5.297,23
S 11b	3.705,62	4.056,87	4.240,82	4.704,22	5.066,30	5.283,52
S 11a	3.633,82	3.982,85	4.165,61	4.627,99	4.990,00	5.207,25
S 9	3.453,32	3.767,26	4.042,58	4.446,83	4.826,94	5.120,21
S 8b	3.389,55	3.691,47	3.968,88	4.372,42	4.750,72	5.040,77
S 8a	3.344,29	3.615,79	3.855,39	4.082,39	4.303,05	4.533,20
S 7	3.269,05	3.525,89	3.750,87	3.975,80	4.144,54	4.396,27
S 4	3.106,28	3.378,25	3.575,11	3.708,67	3.835,23	4.032,36
S 3	2.919,44	3.191,26	3.380,36	3.554,01	3.633,45	3.728,36
S 2	2.815,57	3.040,47	3.105,03	3.208,32	3.292,25	3.363,27

II

II

Stundenentgelte S-Tabelle (in Euro)
bei einer Wochenarbeitszeit von 38 Stunden 30 Minuten
(Divisor 167,40)[1)]

– gültig vom 1. November 2024 bis 31. Januar 2025 –

EG	Stufe 1	Stufe 2	Stufe 3	Stufe 4	Stufe 5	Stufe 6
S 18	25,86	26,61	29,90	32,36	36,05	38,30
S 17	23,60	25,59	28,25	29,90	33,17	35,10
S 16	23,07	25,06	26,86	29,07	31,54	33,01
S 15	22,26	24,15	25,80	27,68	30,71	32,03
S 14	22,15	23,92	25,74	27,60	29,65	31,08
S 13	21,79	23,35	25,38	27,02	29,07	30,10
S 12	21,51	23,29	25,24	26,96	29,09	29,99
S 11b	20,98	22,97	24,01	26,64	28,69	29,92
S 11a	20,58	22,55	23,59	26,21	28,25	29,48
S 9	19,55	21,33	22,89	25,18	27,33	28,99
S 8b	19,19	20,90	22,47	24,76	26,90	28,54
S 8a	18,94	20,47	21,83	23,12	24,37	25,67
S 7	18,51	19,96	21,24	22,51	23,47	24,89
S 4	17,59	19,13	20,24	21,00	21,72	22,83
S 3	16,53	18,07	19,14	20,12	20,57	21,11
S 2	15,94	17,22	17,58	18,17	18,64	19,04

Hinweise:

1. Für in eine individuelle Zwischen- oder Endstufe übergeleitete Beschäftigte sind die Stundenentgelte nach § 24 Absatz 3 Satz 2 TV-L auf der Grundlage der individuellen Tabellenbeträge zu ermitteln.
2. Nach der Protokollerklärung zu § 8 Absatz 1 TV-L richtet sich bei Überstunden das Entgelt für die tatsächliche Arbeitsleistung nach der jeweiligen Entgeltgruppe und der individuellen Stufe, höchstens jedoch nach der Stufe 4.

1) gilt für Beschäftigte nach § 6 Abs. 1 Satz 1 Buchst. b TV-L

II

Stundenentgelte S-Tabelle (in Euro)
bei einer Wochenarbeitszeit von 38 Stunden 30 Minuten
(Divisor 167,40)[1)]

– gültig ab 1. Februar 2025 –

EG	Stufe 1	Stufe 2	Stufe 3	Stufe 4	Stufe 5	Stufe 6
S 18	27,29	28,08	31,54	34,13	38,03	40,41
S 17	24,90	27,00	29,81	31,54	35,00	37,03
S 16	24,34	26,44	28,34	30,67	33,27	34,83
S 15	23,48	25,48	27,21	29,20	32,40	33,79
S 14	23,36	25,23	27,16	29,11	31,28	32,79
S 13	22,99	24,63	26,78	28,51	30,67	31,76
S 12	22,69	24,57	26,63	28,44	30,69	31,64
S 11b	22,14	24,23	25,33	28,10	30,26	31,56
S 11a	21,71	23,79	24,88	27,65	29,81	31,11
S 9	20,63	22,50	24,15	26,56	28,83	30,59
S 8b	20,25	22,05	23,71	26,12	28,38	30,11
S 8a	19,98	21,60	23,03	24,39	25,71	27,08
S 7	19,53	21,06	22,41	23,75	24,76	26,26
S 4	18,56	20,18	21,36	22,15	22,91	24,09
S 3	17,44	19,06	20,19	21,23	21,71	22,27
S 2	16,82	18,16	18,55	19,17	19,67	20,09

Hinweise:

1. Für in eine individuelle Zwischen- oder Endstufe übergeleitete Beschäftigte sind die Stundenentgelte nach § 24 Absatz 3 Satz 2 TV-L auf der Grundlage der individuellen Tabellenbeträge zu ermitteln.
2. Nach der Protokollerklärung zu § 8 Absatz 1 TV-L richtet sich bei Überstunden das Entgelt für die tatsächliche Arbeitsleistung nach der jeweiligen Entgeltgruppe und der individuellen Stufe, höchstens jedoch nach der Stufe 4.

---

1) gilt für Beschäftigte nach § 6 Abs. 1 Satz 1 Buchst. b TV-L

Stundenentgelte S-Tabelle (in Euro)
bei einer Wochenarbeitszeit von 38 Stunden 42 Minuten
(Divisor 168,27)[1]

– gültig vom 1. November 2024 bis 31. Januar 2025 –

II

EG	Stufe 1	Stufe 2	Stufe 3	Stufe 4	Stufe 5	Stufe 6
S 18	25,73	26,48	29,74	32,19	35,86	38,10
S 17	23,48	25,46	28,11	29,74	33,00	34,92
S 16	22,95	24,93	26,72	28,92	31,37	32,84
S 15	22,14	24,03	25,66	27,54	30,56	31,86
S 14	22,03	23,80	25,61	27,45	29,49	30,92
S 13	21,68	23,23	25,25	26,89	28,92	29,94
S 12	21,40	23,16	25,11	26,82	28,94	29,84
S 11b	20,87	22,85	23,89	26,50	28,54	29,76
S 11a	20,47	22,44	23,46	26,07	28,11	29,33
S 9	19,45	21,22	22,77	25,05	27,19	28,84
S 8b	19,09	20,79	22,36	24,63	26,76	28,39
S 8a	18,84	20,37	21,72	23,00	24,24	25,54
S 7	18,41	19,86	21,13	22,40	23,35	24,76
S 4	17,50	19,03	20,14	20,89	21,60	22,71
S 3	16,45	17,98	19,04	20,02	20,47	21,00
S 2	15,86	17,13	17,49	18,07	18,55	18,95

Hinweise:

1. Für in eine individuelle Zwischen- oder Endstufe übergeleitete Beschäftigte sind die Stundenentgelte nach § 24 Absatz 3 Satz 2 TV-L auf der Grundlage der individuellen Tabellenbeträge zu ermitteln.
2. Nach der Protokollerklärung zu § 8 Absatz 1 TV-L richtet sich bei Überstunden das Entgelt für die tatsächliche Arbeitsleistung nach der jeweiligen Entgeltgruppe und der individuellen Stufe, höchstens jedoch nach der Stufe 4.

[1] Schleswig-Holstein

Stundenentgelte S-Tabelle (in Euro)
bei einer Wochenarbeitszeit von 38 Stunden 42 Minuten
(Divisor 168,27)[1)]

– gültig ab 1. Februar 2025 –

EG	Stufe 1	Stufe 2	Stufe 3	Stufe 4	Stufe 5	Stufe 6
S 18	27,15	27,93	31,38	33,96	37,83	40,20
S 17	24,77	26,86	29,65	31,38	34,82	36,84
S 16	24,22	26,30	28,19	30,52	33,10	34,65
S 15	23,36	25,35	27,07	29,05	32,24	33,61
S 14	23,24	25,10	27,02	28,96	31,12	32,62
S 13	22,87	24,50	26,64	28,36	30,52	31,59
S 12	22,57	24,44	26,49	28,30	30,53	31,48
S 11b	22,02	24,11	25,20	27,96	30,11	31,40
S 11a	21,60	23,67	24,76	27,50	29,65	30,95
S 9	20,52	22,39	24,02	26,43	28,69	30,43
S 8b	20,14	21,94	23,59	25,98	28,23	29,96
S 8a	19,87	21,49	22,91	24,26	25,57	26,94
S 7	19,43	20,95	22,29	23,63	24,63	26,13
S 4	18,46	20,08	21,25	22,04	22,79	23,96
S 3	17,35	18,97	20,09	21,12	21,59	22,16
S 2	16,73	18,07	18,45	19,07	19,57	19,99

Hinweise:

1. Für in eine individuelle Zwischen- oder Endstufe übergeleitete Beschäftigte sind die Stundenentgelte nach § 24 Absatz 3 Satz 2 TV-L auf der Grundlage der individuellen Tabellenbeträge zu ermitteln.
2. Nach der Protokollerklärung zu § 8 Absatz 1 TV-L richtet sich bei Überstunden das Entgelt für die tatsächliche Arbeitsleistung nach der jeweiligen Entgeltgruppe und der individuellen Stufe, höchstens jedoch nach der Stufe 4.

1) Schleswig-Holstein

II

Stundenentgelte S-Tabelle (in Euro) bei einer Wochenarbeitszeit von 39 Stunden 00 Minuten (Divisor 169,57)[1)]

– gültig vom 1. November 2024 bis 31. Januar 2025 –

EG	Stufe 1	Stufe 2	Stufe 3	Stufe 4	Stufe 5	Stufe 6
S 18	25,53	26,27	29,51	31,94	35,58	37,81
S 17	23,30	25,26	27,89	29,51	32,75	34,65
S 16	22,78	24,74	26,52	28,70	31,13	32,59
S 15	21,97	23,85	25,46	27,33	30,32	31,62
S 14	21,86	23,61	25,41	27,24	29,27	30,68
S 13	21,51	23,05	25,06	26,68	28,70	29,71
S 12	21,23	22,99	24,92	26,62	28,72	29,61
S 11b	20,71	22,68	23,71	26,30	28,32	29,53
S 11a	20,31	22,26	23,29	25,87	27,89	29,11
S 9	19,30	21,06	22,60	24,86	26,98	28,62
S 8b	18,95	20,63	22,19	24,44	26,56	28,18
S 8a	18,69	20,21	21,55	22,82	24,05	25,34
S 7	18,27	19,71	20,97	22,22	23,17	24,57
S 4	17,36	18,88	19,98	20,73	21,44	22,54
S 3	16,32	17,84	18,90	19,87	20,31	20,84
S 2	15,74	17,00	17,36	17,93	18,40	18,80

Hinweise:

1. Für in eine individuelle Zwischen- oder Endstufe übergeleitete Beschäftigte sind die Stundenentgelte nach § 24 Absatz 3 Satz 2 TV-L auf der Grundlage der individuellen Tabellenbeträge zu ermitteln.
2. Nach der Protokollerklärung zu § 8 Absatz 1 TV-L richtet sich bei Überstunden das Entgelt für die tatsächliche Arbeitsleistung nach der jeweiligen Entgeltgruppe und der individuellen Stufe, höchstens jedoch nach der Stufe 4.

1) Hamburg, Rheinland-Pfalz

Stundenentgelte S-Tabelle (in Euro)
bei einer Wochenarbeitszeit von 39 Stunden 00 Minuten
(Divisor 169,57)[1)]

– gültig ab 1. Februar 2025 –

EG	Stufe 1	Stufe 2	Stufe 3	Stufe 4	Stufe 5	Stufe 6
S 18	26,94	27,72	31,14	33,70	37,54	39,89
S 17	24,58	26,65	29,43	31,14	34,55	36,56
S 16	24,03	26,10	27,98	30,28	32,84	34,38
S 15	23,18	25,16	26,87	28,83	31,99	33,36
S 14	23,07	24,91	26,81	28,74	30,88	32,37
S 13	22,70	24,32	26,44	28,15	30,28	31,35
S 12	22,40	24,25	26,29	28,08	30,30	31,24
S 11b	21,85	23,92	25,01	27,74	29,88	31,16
S 11a	21,43	23,49	24,57	27,29	29,43	30,71
S 9	20,37	22,22	23,84	26,22	28,47	30,20
S 8b	19,99	21,77	23,41	25,79	28,02	29,73
S 8a	19,72	21,32	22,74	24,07	25,38	26,73
S 7	19,28	20,79	22,12	23,45	24,44	25,93
S 4	18,32	19,92	21,08	21,87	22,62	23,78
S 3	17,22	18,82	19,93	20,96	21,43	21,99
S 2	16,60	17,93	18,31	18,92	19,42	19,83

Hinweise:

1. Für in eine individuelle Zwischen- oder Endstufe übergeleitete Beschäftigte sind die Stundenentgelte nach § 24 Absatz 3 Satz 2 TV-L auf der Grundlage der individuellen Tabellenbeträge zu ermitteln.
2. Nach der Protokollerklärung zu § 8 Absatz 1 TV-L richtet sich bei Überstunden das Entgelt für die tatsächliche Arbeitsleistung nach der jeweiligen Entgeltgruppe und der individuellen Stufe, höchstens jedoch nach der Stufe 4.

---

1) Hamburg, Rheinland-Pfalz

Stundenentgelte S-Tabelle (in Euro)
bei einer Wochenarbeitszeit von 39 Stunden 12 Minuten
(Divisor 170,44)[1)]

– gültig vom 1. November 2024 bis 31. Januar 2025 –

II

EG	Stufe 1	Stufe 2	Stufe 3	Stufe 4	Stufe 5	Stufe 6
S 18	25,40	26,14	29,36	31,78	35,40	37,62
S 17	23,18	25,13	27,75	29,36	32,58	34,48
S 16	22,66	24,61	26,38	28,56	30,97	32,42
S 15	21,86	23,72	25,34	27,19	30,17	31,46
S 14	21,75	23,49	25,28	27,10	29,12	30,53
S 13	21,40	22,93	24,93	26,54	28,56	29,56
S 12	21,13	22,87	24,79	26,48	28,57	29,46
S 11b	20,61	22,56	23,58	26,16	28,18	29,38
S 11a	20,21	22,15	23,17	25,74	27,75	28,96
S 9	19,20	20,95	22,48	24,73	26,84	28,48
S 8b	18,85	20,53	22,07	24,32	26,42	28,03
S 8a	18,60	20,11	21,44	22,70	23,93	25,21
S 7	18,18	19,61	20,86	22,11	23,05	24,45
S 4	17,27	18,79	19,88	20,63	21,33	22,43
S 3	16,24	17,75	18,80	19,76	20,21	20,73
S 2	15,66	16,91	17,27	17,84	18,31	18,70

Hinweise:

1. Für in eine individuelle Zwischen- oder Endstufe übergeleitete Beschäftigte sind die Stundenentgelte nach § 24 Absatz 3 Satz 2 TV-L auf der Grundlage der individuellen Tabellenbeträge zu ermitteln.
2. Nach der Protokollerklärung zu § 8 Absatz 1 TV-L richtet sich bei Überstunden das Entgelt für die tatsächliche Arbeitsleistung nach der jeweiligen Entgeltgruppe und der individuellen Stufe, höchstens jedoch nach der Stufe 4.

1) Bremen

II

**Stundenentgelte S-Tabelle (in Euro)
bei einer Wochenarbeitszeit von 39 Stunden 12 Minuten
(Divisor 170,44)[1)]**

– gültig ab 1. Februar 2025 –

EG	Stufe 1	Stufe 2	Stufe 3	Stufe 4	Stufe 5	Stufe 6
S 18	26,80	27,58	30,98	33,53	37,35	39,69
S 17	24,46	26,52	29,28	30,98	34,38	36,37
S 16	23,91	25,96	27,83	30,13	32,68	34,21
S 15	23,06	25,03	26,73	28,68	31,83	33,19
S 14	22,95	24,78	26,67	28,59	30,72	32,21
S 13	22,58	24,19	26,30	28,00	30,13	31,19
S 12	22,29	24,13	26,15	27,94	30,15	31,08
S 11b	21,74	23,80	24,88	27,60	29,72	31,00
S 11a	21,32	23,37	24,44	27,15	29,28	30,55
S 9	20,26	22,10	23,72	26,09	28,32	30,04
S 8b	19,89	21,66	23,29	25,65	27,87	29,58
S 8a	19,62	21,21	22,62	23,95	25,25	26,60
S 7	19,18	20,69	22,01	23,33	24,32	25,79
S 4	18,23	19,82	20,98	21,76	22,50	23,66
S 3	17,13	18,72	19,83	20,85	21,32	21,87
S 2	16,52	17,84	18,22	18,82	19,32	19,73

Hinweise:

1. Für in eine individuelle Zwischen- oder Endstufe übergeleitete Beschäftigte sind die Stundenentgelte nach § 24 Absatz 3 Satz 2 TV-L auf der Grundlage der individuellen Tabellenbeträge zu ermitteln.
2. Nach der Protokollerklärung zu § 8 Absatz 1 TV-L richtet sich bei Überstunden das Entgelt für die tatsächliche Arbeitsleistung nach der jeweiligen Entgeltgruppe und der individuellen Stufe, höchstens jedoch nach der Stufe 4.

---

1) Bremen

II

Stundenentgelte S-Tabelle (in Euro) bei einer Wochenarbeitszeit von 39 Stunden 24 Minuten (Divisor 171,31)[1]

– gültig vom 1. November 2024 bis 31. Januar 2025 –

EG	Stufe 1	Stufe 2	Stufe 3	Stufe 4	Stufe 5	Stufe 6
S 18	25,27	26,01	29,21	31,62	35,22	37,43
S 17	23,06	25,01	27,61	29,21	32,42	34,30
S 16	22,55	24,49	26,25	28,41	30,82	32,26
S 15	21,75	23,60	25,21	27,05	30,01	31,30
S 14	21,64	23,37	25,15	26,97	28,97	30,37
S 13	21,29	22,82	24,81	26,41	28,41	29,41
S 12	21,02	22,75	24,66	26,34	28,43	29,31
S 11b	20,50	22,45	23,46	26,03	28,03	29,23
S 11a	20,11	22,04	23,05	25,61	27,61	28,81
S 9	19,11	20,84	22,37	24,60	26,71	28,33
S 8b	18,75	20,43	21,96	24,19	26,29	27,89
S 8a	18,50	20,01	21,33	22,59	23,81	25,08
S 7	18,09	19,51	20,75	22,00	22,93	24,32
S 4	17,19	18,69	19,78	20,52	21,22	22,31
S 3	16,15	17,66	18,70	19,66	20,10	20,63
S 2	15,58	16,82	17,18	17,75	18,22	18,61

Hinweise:

1. Für in eine individuelle Zwischen- oder Endstufe übergeleitete Beschäftigte sind die Stundenentgelte nach § 24 Absatz 3 Satz 2 TV-L auf der Grundlage der individuellen Tabellenbeträge zu ermitteln.
2. Nach der Protokollerklärung zu § 8 Absatz 1 TV-L richtet sich bei Überstunden das Entgelt für die tatsächliche Arbeitsleistung nach der jeweiligen Entgeltgruppe und der individuellen Stufe, höchstens jedoch nach der Stufe 4.

[1] Berlin

Stundenentgelte S-Tabelle (in Euro)
bei einer Wochenarbeitszeit von 39 Stunden 24 Minuten
(Divisor 171,31)[1]

– gültig ab 1. Februar 2025 –

EG	Stufe 1	Stufe 2	Stufe 3	Stufe 4	Stufe 5	Stufe 6
S 18	26,66	27,44	30,82	33,36	37,16	39,48
S 17	24,33	26,38	29,13	30,82	34,20	36,19
S 16	23,79	25,83	27,69	29,97	32,51	34,03
S 15	22,95	24,90	26,59	28,54	31,66	33,02
S 14	22,83	24,66	26,54	28,45	30,56	32,04
S 13	22,47	24,07	26,17	27,86	29,97	31,03
S 12	22,17	24,01	26,02	27,79	29,99	30,92
S 11b	21,63	23,68	24,76	27,46	29,57	30,84
S 11a	21,21	23,25	24,32	27,02	29,13	30,40
S 9	20,16	21,99	23,60	25,96	28,18	29,89
S 8b	19,79	21,55	23,17	25,52	27,73	29,42
S 8a	19,52	21,11	22,51	23,83	25,12	26,46
S 7	19,08	20,58	21,90	23,21	24,19	25,66
S 4	18,13	19,72	20,87	21,65	22,39	23,54
S 3	17,04	18,63	19,73	20,75	21,21	21,76
S 2	16,44	17,75	18,13	18,73	19,22	19,63

Hinweise:

1. Für in eine individuelle Zwischen- oder Endstufe übergeleitete Beschäftigte sind die Stundenentgelte nach § 24 Absatz 3 Satz 2 TV-L auf der Grundlage der individuellen Tabellenbeträge zu ermitteln.
2. Nach der Protokollerklärung zu § 8 Absatz 1 TV-L richtet sich bei Überstunden das Entgelt für die tatsächliche Arbeitsleistung nach der jeweiligen Entgeltgruppe und der individuellen Stufe, höchstens jedoch nach der Stufe 4.

[1]) Berlin

II

Stundenentgelte S-Tabelle (in Euro)
bei einer Wochenarbeitszeit von 39 Stunden 30 Minuten
(Divisor 171,75)[1)]

– gültig vom 1. November 2024 bis 31. Januar 2025 –

EG	Stufe 1	Stufe 2	Stufe 3	Stufe 4	Stufe 5	Stufe 6
S 18	25,21	25,94	29,14	31,54	35,13	37,33
S 17	23,01	24,94	27,54	29,14	32,33	34,21
S 16	22,49	24,42	26,18	28,34	30,74	32,17
S 15	21,69	23,54	25,14	26,98	29,94	31,22
S 14	21,59	23,31	25,09	26,90	28,90	30,29
S 13	21,24	22,76	24,74	26,34	28,34	29,34
S 12	20,96	22,70	24,60	26,28	28,36	29,23
S 11b	20,45	22,39	23,40	25,96	27,96	29,16
S 11a	20,05	21,98	22,99	25,54	27,54	28,74
S 9	19,06	20,79	22,31	24,54	26,64	28,26
S 8b	18,71	20,37	21,90	24,13	26,22	27,82
S 8a	18,46	19,96	21,28	22,53	23,75	25,02
S 7	18,04	19,46	20,70	21,94	22,87	24,26
S 4	17,14	18,64	19,73	20,47	21,17	22,25
S 3	16,11	17,61	18,66	19,61	20,05	20,58
S 2	15,54	16,78	17,14	17,71	18,17	18,56

Hinweise:

1. Für in eine individuelle Zwischen- oder Endstufe übergeleitete Beschäftigte sind die Stundenentgelte nach § 24 Absatz 3 Satz 2 TV-L auf der Grundlage der individuellen Tabellenbeträge zu ermitteln.
2. Nach der Protokollerklärung zu § 8 Absatz 1 TV-L richtet sich bei Überstunden das Entgelt für die tatsächliche Arbeitsleistung nach der jeweiligen Entgeltgruppe und der individuellen Stufe, höchstens jedoch nach der Stufe 4.

1) Baden-Württemberg, Saarland

Stundenentgelte S-Tabelle (in Euro)
bei einer Wochenarbeitszeit von 39 Stunden 30 Minuten
(Divisor 171,75)[1)]

– gültig ab 1. Februar 2025 –

EG	Stufe 1	Stufe 2	Stufe 3	Stufe 4	Stufe 5	Stufe 6
S 18	26,60	27,37	30,74	33,27	37,06	39,38
S 17	24,27	26,31	29,05	30,74	34,11	36,09
S 16	23,73	25,77	27,62	29,90	32,43	33,94
S 15	22,89	24,84	26,52	28,46	31,58	32,93
S 14	22,77	24,60	26,47	28,38	30,48	31,96
S 13	22,41	24,01	26,10	27,79	29,90	30,95
S 12	22,12	23,94	25,95	27,72	29,92	30,84
S 11b	21,58	23,62	24,69	27,39	29,50	30,76
S 11a	21,16	23,19	24,25	26,95	29,05	30,32
S 9	20,11	21,93	23,54	25,89	28,10	29,81
S 8b	19,74	21,49	23,11	25,46	27,66	29,35
S 8a	19,47	21,05	22,45	23,77	25,05	26,39
S 7	19,03	20,53	21,84	23,15	24,13	25,60
S 4	18,09	19,67	20,82	21,59	22,33	23,48
S 3	17,00	18,58	19,68	20,69	21,16	21,71
S 2	16,39	17,70	18,08	18,68	19,17	19,58

Hinweise:

1. Für in eine individuelle Zwischen- oder Endstufe übergeleitete Beschäftigte sind die Stundenentgelte nach § 24 Absatz 3 Satz 2 TV-L auf der Grundlage der individuellen Tabellenbeträge zu ermitteln.
2. Nach der Protokollerklärung zu § 8 Absatz 1 TV-L richtet sich bei Überstunden das Entgelt für die tatsächliche Arbeitsleistung nach der jeweiligen Entgeltgruppe und der individuellen Stufe, höchstens jedoch nach der Stufe 4.

1) Baden-Württemberg, Saarland

II

Stundenentgelte S-Tabelle (in Euro)
bei einer Wochenarbeitszeit von 39 Stunden 48 Minuten
(Divisor 173,05)[1)]

– gültig vom 1. November 2024 bis 31. Januar 2025 –

EG	Stufe 1	Stufe 2	Stufe 3	Stufe 4	Stufe 5	Stufe 6
S 18	25,02	25,75	28,92	31,30	34,87	37,05
S 17	22,83	24,75	27,33	28,92	32,09	33,96
S 16	22,32	24,24	25,98	28,13	30,51	31,93
S 15	21,53	23,37	24,95	26,78	29,71	30,98
S 14	21,42	23,14	24,90	26,70	28,68	30,07
S 13	21,08	22,59	24,56	26,14	28,13	29,12
S 12	20,81	22,53	24,41	26,08	28,14	29,02
S 11b	20,30	22,22	23,23	25,77	27,75	28,94
S 11a	19,90	21,82	22,82	25,35	27,33	28,52
S 9	18,92	20,63	22,14	24,36	26,44	28,05
S 8b	18,57	20,22	21,74	23,95	26,02	27,61
S 8a	18,32	19,81	21,12	22,36	23,57	24,83
S 7	17,91	19,31	20,55	21,78	22,70	24,08
S 4	17,01	18,50	19,58	20,31	21,01	22,09
S 3	15,99	17,48	18,52	19,47	19,90	20,42
S 2	15,42	16,65	17,01	17,57	18,03	18,42

Hinweise:

1. Für in eine individuelle Zwischen- oder Endstufe übergeleitete Beschäftigte sind die Stundenentgelte nach § 24 Absatz 3 Satz 2 TV-L auf der Grundlage der individuellen Tabellenbeträge zu ermitteln.
2. Nach der Protokollerklärung zu § 8 Absatz 1 TV-L richtet sich bei Überstunden das Entgelt für die tatsächliche Arbeitsleistung nach der jeweiligen Entgeltgruppe und der individuellen Stufe, höchstens jedoch nach der Stufe 4.

1) Niedersachsen

Stundenentgelte S-Tabelle (in Euro)
bei einer Wochenarbeitszeit von 39 Stunden 48 Minuten
(Divisor 173,05)[1)]

– gültig ab 1. Februar 2025 –

EG	Stufe 1	Stufe 2	Stufe 3	Stufe 4	Stufe 5	Stufe 6
S 18	26,40	27,16	30,51	33,02	36,79	39,09
S 17	24,09	26,12	28,84	30,51	33,86	35,82
S 16	23,55	25,57	27,41	29,67	32,18	33,69
S 15	22,71	24,65	26,33	28,25	31,35	32,69
S 14	22,60	24,41	26,27	28,16	30,26	31,72
S 13	22,24	23,83	25,91	27,58	29,67	30,72
S 12	21,95	23,76	25,76	27,51	29,69	30,61
S 11b	21,41	23,44	24,51	27,18	29,28	30,53
S 11a	21,00	23,02	24,07	26,74	28,84	30,09
S 9	19,96	21,77	23,36	25,70	27,89	29,59
S 8b	19,59	21,33	22,93	25,27	27,45	29,13
S 8a	19,33	20,89	22,28	23,59	24,87	26,20
S 7	18,89	20,37	21,68	22,97	23,95	25,40
S 4	17,95	19,52	20,66	21,43	22,16	23,30
S 3	16,87	18,44	19,53	20,54	21,00	21,54
S 2	16,27	17,57	17,94	18,54	19,02	19,44

Hinweise:

1. Für in eine individuelle Zwischen- oder Endstufe übergeleitete Beschäftigte sind die Stundenentgelte nach § 24 Absatz 3 Satz 2 TV-L auf der Grundlage der individuellen Tabellenbeträge zu ermitteln.
2. Nach der Protokollerklärung zu § 8 Absatz 1 TV-L richtet sich bei Überstunden das Entgelt für die tatsächliche Arbeitsleistung nach der jeweiligen Entgeltgruppe und der individuellen Stufe, höchstens jedoch nach der Stufe 4.

1) Niedersachsen

II

Stundenentgelte S-Tabelle (in Euro)
bei einer Wochenarbeitszeit von 39 Stunden 50 Minuten
(Divisor 173,18)[1)]

– gültig vom 1. November 2024 bis 31. Januar 2025 –

EG	Stufe 1	Stufe 2	Stufe 3	Stufe 4	Stufe 5	Stufe 6
S 18	25,00	25,73	28,90	31,28	34,84	37,02
S 17	22,82	24,74	27,31	28,90	32,07	33,93
S 16	22,30	24,22	25,96	28,10	30,48	31,91
S 15	21,51	23,35	24,93	26,76	29,69	30,96
S 14	21,41	23,12	24,88	26,68	28,66	30,04
S 13	21,06	22,57	24,54	26,12	28,10	29,10
S 12	20,79	22,51	24,40	26,06	28,12	28,99
S 11b	20,28	22,20	23,21	25,75	27,73	28,92
S 11a	19,89	21,80	22,80	25,33	27,31	28,50
S 9	18,90	20,62	22,13	24,34	26,42	28,02
S 8b	18,55	20,20	21,72	23,93	26,00	27,59
S 8a	18,30	19,79	21,10	22,34	23,55	24,81
S 7	17,89	19,30	20,53	21,76	22,68	24,06
S 4	17,00	18,49	19,57	20,30	20,99	22,07
S 3	15,98	17,47	18,50	19,45	19,89	20,41
S 2	15,41	16,64	16,99	17,56	18,02	18,41

Hinweise:

1. Für in eine individuelle Zwischen- oder Endstufe übergeleitete Beschäftigte sind die Stundenentgelte nach § 24 Absatz 3 Satz 2 TV-L auf der Grundlage der individuellen Tabellenbeträge zu ermitteln.
2. Nach der Protokollerklärung zu § 8 Absatz 1 TV-L richtet sich bei Überstunden das Entgelt für die tatsächliche Arbeitsleistung nach der jeweiligen Entgeltgruppe und der individuellen Stufe, höchstens jedoch nach der Stufe 4.

1) Nordrhein-Westfalen

Stundenentgelte S-Tabelle (in Euro)
bei einer Wochenarbeitszeit von 39 Stunden 50 Minuten
(Divisor 173,18)[1)]

– gültig ab 1. Februar 2025 –

II

EG	Stufe 1	Stufe 2	Stufe 3	Stufe 4	Stufe 5	Stufe 6
S 18	26,38	27,14	30,49	33,00	36,76	39,06
S 17	24,07	26,10	28,81	30,49	33,83	35,80
S 16	23,53	25,55	27,39	29,65	32,16	33,66
S 15	22,70	24,63	26,31	28,23	31,32	32,66
S 14	22,58	24,39	26,25	28,14	30,23	31,70
S 13	22,22	23,81	25,89	27,56	29,65	30,70
S 12	21,93	23,75	25,74	27,49	29,67	30,59
S 11b	21,40	23,43	24,49	27,16	29,25	30,51
S 11a	20,98	23,00	24,05	26,72	28,81	30,07
S 9	19,94	21,75	23,34	25,68	27,87	29,57
S 8b	19,57	21,32	22,92	25,25	27,43	29,11
S 8a	19,31	20,88	22,26	23,57	24,85	26,18
S 7	18,88	20,36	21,66	22,96	23,93	25,39
S 4	17,94	19,51	20,64	21,42	22,15	23,28
S 3	16,86	18,43	19,52	20,52	20,98	21,53
S 2	16,26	17,56	17,93	18,53	19,01	19,42

Hinweise:

1. Für in eine individuelle Zwischen- oder Endstufe übergeleitete Beschäftigte sind die Stundenentgelte nach § 24 Absatz 3 Satz 2 TV-L auf der Grundlage der individuellen Tabellenbeträge zu ermitteln.
2. Nach der Protokollerklärung zu § 8 Absatz 1 TV-L richtet sich bei Überstunden das Entgelt für die tatsächliche Arbeitsleistung nach der jeweiligen Entgeltgruppe und der individuellen Stufe, höchstens jedoch nach der Stufe 4.

1) Nordrhein-Westfalen

II

Stundenentgelte S-Tabelle (in Euro)
bei einer Wochenarbeitszeit von 40 Stunden 06 Minuten
(Divisor 174,35)[1)]

– gültig vom 1. November 2024 bis 31. Januar 2025 –

EG	Stufe 1	Stufe 2	Stufe 3	Stufe 4	Stufe 5	Stufe 6
S 18	24,83	25,55	28,70	31,07	34,61	36,77
S 17	22,66	24,57	27,13	28,70	31,85	33,70
S 16	22,15	24,06	25,79	27,92	30,28	31,70
S 15	21,37	23,19	24,77	26,58	29,49	30,75
S 14	21,26	22,97	24,72	26,50	28,46	29,84
S 13	20,92	22,42	24,37	25,95	27,92	28,90
S 12	20,65	22,36	24,23	25,89	27,93	28,80
S 11b	20,15	22,06	23,06	25,57	27,54	28,72
S 11a	19,76	21,65	22,65	25,16	27,13	28,31
S 9	18,77	20,48	21,98	24,18	26,24	27,84
S 8b	18,43	20,07	21,58	23,77	25,83	27,40
S 8a	18,18	19,66	20,96	22,19	23,39	24,65
S 7	17,77	19,17	20,39	21,61	22,53	23,90
S 4	16,89	18,37	19,44	20,16	20,85	21,92
S 3	15,87	17,35	18,38	19,32	19,75	20,27
S 2	15,31	16,53	16,88	17,44	17,90	18,28

Hinweise:

1. Für in eine individuelle Zwischen- oder Endstufe übergeleitete Beschäftigte sind die Stundenentgelte nach § 24 Absatz 3 Satz 2 TV-L auf der Grundlage der individuellen Tabellenbeträge zu ermitteln.
2. Nach der Protokollerklärung zu § 8 Absatz 1 TV-L richtet sich bei Überstunden das Entgelt für die tatsächliche Arbeitsleistung nach der jeweiligen Entgeltgruppe und der individuellen Stufe, höchstens jedoch nach der Stufe 4.

1) Bayern

II

Stundenentgelte S-Tabelle (in Euro)
bei einer Wochenarbeitszeit von 40 Stunden 06 Minuten
(Divisor 174,35)[1]

– gültig ab 1. Februar 2025 –

EG	Stufe 1	Stufe 2	Stufe 3	Stufe 4	Stufe 5	Stufe 6
S 18	26,20	26,96	30,28	32,77	36,51	38,80
S 17	23,91	25,92	28,62	30,28	33,60	35,56
S 16	23,37	25,38	27,21	29,45	31,94	33,44
S 15	22,55	24,47	26,13	28,04	31,11	32,44
S 14	22,43	24,23	26,08	27,95	30,03	31,48
S 13	22,07	23,65	25,71	27,37	29,45	30,49
S 12	21,79	23,59	25,57	27,31	29,47	30,38
S 11b	21,25	23,27	24,32	26,98	29,06	30,30
S 11a	20,84	22,84	23,89	26,54	28,62	29,87
S 9	19,81	21,61	23,19	25,51	27,69	29,37
S 8b	19,44	21,17	22,76	25,08	27,25	28,91
S 8a	19,18	20,74	22,11	23,41	24,68	26,00
S 7	18,75	20,22	21,51	22,80	23,77	25,22
S 4	17,82	19,38	20,51	21,27	22,00	23,13
S 3	16,74	18,30	19,39	20,38	20,84	21,38
S 2	16,15	17,44	17,81	18,40	18,88	19,29

Hinweise:

1. Für in eine individuelle Zwischen- oder Endstufe übergeleitete Beschäftigte sind die Stundenentgelte nach § 24 Absatz 3 Satz 2 TV-L auf der Grundlage der individuellen Tabellenbeträge zu ermitteln.
2. Nach der Protokollerklärung zu § 8 Absatz 1 TV-L richtet sich bei Überstunden das Entgelt für die tatsächliche Arbeitsleistung nach der jeweiligen Entgeltgruppe und der individuellen Stufe, höchstens jedoch nach der Stufe 4.

[1] Bayern

Stundenentgelte S-Tabelle (in Euro)
bei einer Wochenarbeitszeit von 40 Stunden 00 Minuten
(Divisor 173,92)[1)]

– gültig vom 1. November 2024 bis 31. Januar 2025 –

EG	Stufe 1	Stufe 2	Stufe 3	Stufe 4	Stufe 5	Stufe 6
S 18	24,90	25,62	28,77	31,14	34,69	36,86
S 17	22,72	24,63	27,20	28,77	31,93	33,79
S 16	22,21	24,12	25,85	27,98	30,35	31,77
S 15	21,42	23,25	24,83	26,64	29,56	30,83
S 14	21,32	23,02	24,78	26,56	28,53	29,92
S 13	20,97	22,47	24,43	26,01	27,98	28,97
S 12	20,70	22,41	24,29	25,95	28,00	28,87
S 11b	20,20	22,11	23,11	25,64	27,61	28,80
S 11a	19,80	21,71	22,70	25,22	27,20	28,38
S 9	18,82	20,53	22,03	24,24	26,31	27,91
S 8b	18,47	20,12	21,63	23,83	25,89	27,47
S 8a	18,23	19,71	21,01	22,25	23,45	24,71
S 7	17,82	19,22	20,44	21,67	22,59	23,96
S 4	16,93	18,41	19,48	20,21	20,90	21,98
S 3	15,91	17,39	18,42	19,37	19,80	20,32
S 2	15,34	16,57	16,92	17,49	17,94	18,33

Hinweise:

1. Für in eine individuelle Zwischen- oder Endstufe übergeleitete Beschäftigte sind die Stundenentgelte nach § 24 Absatz 3 Satz 2 TV-L auf der Grundlage der individuellen Tabellenbeträge zu ermitteln.
2. Nach der Protokollerklärung zu § 8 Absatz 1 TV-L richtet sich bei Überstunden das Entgelt für die tatsächliche Arbeitsleistung nach der jeweiligen Entgeltgruppe und der individuellen Stufe, höchstens jedoch nach der Stufe 4.

---

1) gültig im Tarifgebiet Ost

Stundenentgelte S-Tabelle (in Euro)
bei einer Wochenarbeitszeit von 40 Stunden 00 Minuten
(Divisor 173,92)[1)]

– gültig ab 1. Februar 2025 –

EG	Stufe 1	Stufe 2	Stufe 3	Stufe 4	Stufe 5	Stufe 6
S 18	26,26	27,03	30,36	32,85	36,60	38,89
S 17	23,97	25,99	28,69	30,36	33,69	35,64
S 16	23,43	25,44	27,28	29,52	32,02	33,52
S 15	22,60	24,53	26,19	28,11	31,19	32,52
S 14	22,49	24,29	26,14	28,02	30,10	31,56
S 13	22,13	23,71	25,78	27,44	29,52	30,56
S 12	21,84	23,65	25,63	27,38	29,54	30,46
S 11b	21,31	23,33	24,38	27,05	29,13	30,38
S 11a	20,89	22,90	23,95	26,61	28,69	29,94
S 9	19,86	21,66	23,24	25,57	27,75	29,44
S 8b	19,49	21,23	22,82	25,14	27,32	28,98
S 8a	19,23	20,79	22,17	23,47	24,74	26,06
S 7	18,80	20,27	21,57	22,86	23,83	25,28
S 4	17,86	19,42	20,56	21,32	22,05	23,19
S 3	16,79	18,35	19,44	20,43	20,89	21,44
S 2	16,19	17,48	17,85	18,45	18,93	19,34

Hinweise:

1. Für in eine individuelle Zwischen- oder Endstufe übergeleitete Beschäftigte sind die Stundenentgelte nach § 24 Absatz 3 Satz 2 TV-L auf der Grundlage der individuellen Tabellenbeträge zu ermitteln.
2. Nach der Protokollerklärung zu § 8 Absatz 1 TV-L richtet sich bei Überstunden das Entgelt für die tatsächliche Arbeitsleistung nach der jeweiligen Entgeltgruppe und der individuellen Stufe, höchstens jedoch nach der Stufe 4.

---

1) gültig im Tarifgebiet Ost

II

Zeitzuschläge S-Tabelle (in Euro je Stunde)
bei einer Wochenarbeitszeit von 38 Stunden 30 Minuten
(Divisor 167,40)[1)]

– gültig vom 1. November 2024 bis 31. Januar 2025 –

EG	Stufe 3	Überstunden		Nachtarbeit	Sonntagsarbeit	Feiertagsarbeit		24. u. 31. 12. je ab 6 Uhr	Samstagsarbeit** 13–21 Uhr
		EG S 2 – EG S 14	EG S 15 – EG S 18			ohne FA*	mit FA*		
	100 %	30 %	15 %	20 %	25 %	135 %	35 %	35 %	20 %
S 18	29,90		4,49	5,98	7,48	40,37	10,47	10,47	5,98
S 17	28,25		4,24	5,65	7,06	38,14	9,89	9,89	5,65
S 16	26,86		4,03	5,37	6,72	36,26	9,40	9,40	5,37
S 15	25,80		3,87	5,16	6,45	34,83	9,03	9,03	5,16
S 14	25,74	7,72		5,15	6,44	34,75	9,01	9,01	5,15
S 13	25,38	7,61		5,08	6,35	34,26	8,88	8,88	5,08
S 12	25,24	7,57		5,05	6,31	34,07	8,83	8,83	5,05
S 11b	24,01	7,20		4,80	6,00	32,41	8,40	8,40	4,80
S 11a	23,59	7,08		4,72	5,90	31,85	8,26	8,26	4,72
S 9	22,89	6,87		4,58	5,72	30,90	8,01	8,01	4,58
S 8b	22,47	6,74		4,49	5,62	30,33	7,86	7,86	4,49
S 8a	21,83	6,55		4,37	5,46	29,47	7,64	7,64	4,37
S 7	21,24	6,37		4,25	5,31	28,67	7,43	7,43	4,25
S 4	20,24	6,07		4,05	5,06	27,32	7,08	7,08	4,05
S 3	19,14	5,74		3,83	4,79	25,84	6,70	6,70	3,83
S 2	17,58	5,27		3,52	4,40	23,73	6,15	6,15	3,52

* FA = Freizeitausgleich

** Für Beschäftigte in Unikliniken und Krankenhäusern, die unter § 42 fallen, beträgt der Zeitzuschlag für Samstagsarbeit 0,64 Euro. Für Beschäftigte in Unikliniken und Krankenhäusern, die unter § 43 i. V. m. § 38 Absatz 5 Satz 1 TV-L fallen, beträgt der Zeitzuschlag für Samstagsarbeit im Rahmen von Wechselschicht- oder Schichtarbeit 0,64 Euro.

1) gilt für Beschäftigte nach § 6 Abs. 1 Buchst. b TV-L

II

Zeitzuschläge S-Tabelle (in Euro je Stunde) bei einer Wochenarbeitszeit von 38 Stunden 30 Minuten (Divisor 167,40)[1)]

– gültig ab 1. Februar 2025 –

EG	Stufe 3	Überstunden		Nachtarbeit	Sonntagsarbeit	Feiertagsarbeit		24. u. 31. 12. je ab 6 Uhr	Samstagsarbeit** 13–21 Uhr
		EG S 2 – EG S 14	EG S 15 – EG S 18			ohne FA*	mit FA*		
	100 %	30 %	15 %	20 %	25 %	135 %	35 %	35 %	20 %
S 18	31,54		4,73	6,31	7,89	42,58	11,04	11,04	6,31
S 17	29,81		4,47	5,96	7,45	40,24	10,43	10,43	5,96
S 16	28,34		4,25	5,67	7,09	38,26	9,92	9,92	5,67
S 15	27,21		4,08	5,44	6,80	36,73	9,52	9,52	5,44
S 14	27,16	8,15		5,43	6,79	36,67	9,51	9,51	5,43
S 13	26,78	8,03		5,36	6,70	36,15	9,37	9,37	5,36
S 12	26,63	7,99		5,33	6,66	35,95	9,32	9,32	5,33
S 11b	25,33	7,60		5,07	6,33	34,20	8,87	8,87	5,07
S 11a	24,88	7,46		4,98	6,22	33,59	8,71	8,71	4,98
S 9	24,15	7,25		4,83	6,04	32,60	8,45	8,45	4,83
S 8b	23,71	7,11		4,74	5,93	32,01	8,30	8,30	4,74
S 8a	23,03	6,91		4,61	5,76	31,09	8,06	8,06	4,61
S 7	22,41	6,72		4,48	5,60	30,25	7,84	7,84	4,48
S 4	21,36	6,41		4,27	5,34	28,84	7,48	7,48	4,27
S 3	20,19	6,06		4,04	5,05	27,26	7,07	7,07	4,04
S 2	18,55	5,57		3,71	4,64	25,04	6,49	6,49	3,71

* FA = Freizeitausgleich

** Für Beschäftigte in Unikliniken und Krankenhäusern, die unter § 42 fallen, beträgt der Zeitzuschlag für Samstagsarbeit 0,64 Euro. Für Beschäftigte in Unikliniken und Krankenhäusern, die unter § 43 i. V. m. § 38 Absatz 5 Satz 1 TV-L fallen, beträgt der Zeitzuschlag für Samstagsarbeit im Rahmen von Wechselschicht- oder Schichtarbeit 0,64 Euro.

1) gilt für Beschäftigte nach § 6 Abs. 1 Buchst. b TV-L

II

Zeitzuschläge S-Tabelle (in Euro je Stunde) bei einer Wochenarbeitszeit von 38 Stunden 42 Minuten (Divisor 168,27)[1)]

– gültig vom 1. November 2024 bis 31. Januar 2025 –

EG	Stufe 3	Überstunden		Nacht-arbeit	Sonn-tags-arbeit	Feiertagsarbeit		24. u. 31. 12. je ab 6 Uhr	Sams-tags-arbeit** 13–21 Uhr
		EG S 2 – EG S 14	EG S 15 – EG S 18			ohne FA*	mit FA*		
	100 %	30 %	15 %	20 %	25 %	135 %	35 %	35 %	20 %
S 18	29,74		4,46	5,95	7,44	40,15	10,41	10,41	5,95
S 17	28,11		4,22	5,62	7,03	37,95	9,84	9,84	5,62
S 16	26,72		4,01	5,34	6,68	36,07	9,35	9,35	5,34
S 15	25,66		3,85	5,13	6,42	34,64	8,98	8,98	5,13
S 14	25,61	7,68		5,12	6,40	34,57	8,96	8,96	5,12
S 13	25,25	7,58		5,05	6,31	34,09	8,84	8,84	5,05
S 12	25,11	7,53		5,02	6,28	33,90	8,79	8,79	5,02
S 11b	23,89	7,17		4,78	5,97	32,25	8,36	8,36	4,78
S 11a	23,46	7,04		4,69	5,87	31,67	8,21	8,21	4,69
S 9	22,77	6,83		4,55	5,69	30,74	7,97	7,97	4,55
S 8b	22,36	6,71		4,47	5,59	30,19	7,83	7,83	4,47
S 8a	21,72	6,52		4,34	5,43	29,32	7,60	7,60	4,34
S 7	21,13	6,34		4,23	5,28	28,53	7,40	7,40	4,23
S 4	20,14	6,04		4,03	5,04	27,19	7,05	7,05	4,03
S 3	19,04	5,71		3,81	4,76	25,70	6,66	6,66	3,81
S 2	17,49	5,25		3,50	4,37	23,61	6,12	6,12	3,50

* FA = Freizeitausgleich

** Für Beschäftigte in Unikliniken und Krankenhäusern, die unter § 42 fallen, beträgt der Zeitzuschlag für Samstagsarbeit 0,64 Euro. Für Beschäftigte in Unikliniken und Krankenhäusern, die unter § 43 i. V. m. § 38 Absatz 5 Satz 1 TV-L fallen, beträgt der Zeitzuschlag für Samstagsarbeit im Rahmen von Wechselschicht- oder Schichtarbeit 0,64 Euro.

1) Schleswig-Holstein

II

Zeitzuschläge S-Tabelle (in Euro je Stunde) bei einer Wochenarbeitszeit von 38 Stunden 42 Minuten (Divisor 168,27)[1)]

– gültig ab 1. Februar 2025 –

EG	Stufe 3	Überstunden		Nacht-arbeit	Sonn-tags-arbeit	Feiertagsarbeit		24. u. 31. 12. je ab 6 Uhr	Sams-tags-arbeit** 13–21 Uhr
		EG S 2 – EG S 14	EG S 15 – EG S 18			ohne FA*	mit FA*		
	100 %	30 %	15 %	20 %	25 %	135 %	35 %	35 %	20 %
S 18	31,38		4,71	6,28	7,85	42,36	10,98	10,98	6,28
S 17	29,65		4,45	5,93	7,41	40,03	10,38	10,38	5,93
S 16	28,19		4,23	5,64	7,05	38,06	9,87	9,87	5,64
S 15	27,07		4,06	5,41	6,77	36,54	9,47	9,47	5,41
S 14	27,02	8,11		5,40	6,76	36,48	9,46	9,46	5,40
S 13	26,64	7,99		5,33	6,66	35,96	9,32	9,32	5,33
S 12	26,49	7,95		5,30	6,62	35,76	9,27	9,27	5,30
S 11b	25,20	7,56		5,04	6,30	34,02	8,82	8,82	5,04
S 11a	24,76	7,43		4,95	6,19	33,43	8,67	8,67	4,95
S 9	24,02	7,21		4,80	6,01	32,43	8,41	8,41	4,80
S 8b	23,59	7,08		4,72	5,90	31,85	8,26	8,26	4,72
S 8a	22,91	6,87		4,58	5,73	30,93	8,02	8,02	4,58
S 7	22,29	6,69		4,46	5,57	30,09	7,80	7,80	4,46
S 4	21,25	6,38		4,25	5,31	28,69	7,44	7,44	4,25
S 3	20,09	6,03		4,02	5,02	27,12	7,03	7,03	4,02
S 2	18,45	5,54		3,69	4,61	24,91	6,46	6,46	3,69

* FA = Freizeitausgleich

** Für Beschäftigte in Unikliniken und Krankenhäusern, die unter § 42 fallen, beträgt der Zeitzuschlag für Samstagsarbeit 0,64 Euro. Für Beschäftigte in Unikliniken und Krankenhäusern, die unter § 43 i. V. m. § 38 Absatz 5 Satz 1 TV-L fallen, beträgt der Zeitzuschlag für Samstagsarbeit im Rahmen von Wechselschicht- oder Schichtarbeit 0,64 Euro.

1) Schleswig-Holstein

II

Zeitzuschläge S-Tabelle (in Euro je Stunde) bei einer Wochenarbeitszeit von 39 Stunden 00 Minuten (Divisor 169,57)[1)]

– gültig vom 1. November 2024 bis 31. Januar 2025 –

EG	Stufe 3	Überstunden		Nachtarbeit	Sonntagsarbeit	Feiertagsarbeit		24. u. 31. 12. je ab 6 Uhr	Samstagsarbeit** 13–21 Uhr
		EG S 2 – EG S 14	EG S 15 – EG S 18			ohne FA*	mit FA*		
	100 %	30 %	15 %	20 %	25 %	135 %	35 %	35 %	20 %
S 18	29,51		4,43	5,90	7,38	39,84	10,33	10,33	5,90
S 17	27,89		4,18	5,58	6,97	37,65	9,76	9,76	5,58
S 16	26,52		3,98	5,30	6,63	35,80	9,28	9,28	5,30
S 15	25,46		3,82	5,09	6,37	34,37	8,91	8,91	5,09
S 14	25,41	7,62		5,08	6,35	34,30	8,89	8,89	5,08
S 13	25,06	7,52		5,01	6,27	33,83	8,77	8,77	5,01
S 12	24,92	7,48		4,98	6,23	33,64	8,72	8,72	4,98
S 11b	23,71	7,11		4,74	5,93	32,01	8,30	8,30	4,74
S 11a	23,29	6,99		4,66	5,82	31,44	8,15	8,15	4,66
S 9	22,60	6,78		4,52	5,65	30,51	7,91	7,91	4,52
S 8b	22,19	6,66		4,44	5,55	29,96	7,77	7,77	4,44
S 8a	21,55	6,47		4,31	5,39	29,09	7,54	7,54	4,31
S 7	20,97	6,29		4,19	5,24	28,31	7,34	7,34	4,19
S 4	19,98	5,99		4,00	5,00	26,97	6,99	6,99	4,00
S 3	18,90	5,67		3,78	4,73	25,52	6,62	6,62	3,78
S 2	17,36	5,21		3,47	4,34	23,44	6,08	6,08	3,47

* FA = Freizeitausgleich

** Für Beschäftigte in Unikliniken und Krankenhäusern, die unter § 42 fallen, beträgt der Zeitzuschlag für Samstagsarbeit 0,64 Euro. Für Beschäftigte in Unikliniken und Krankenhäusern, die unter § 43 i. V. m. § 38 Absatz 5 Satz 1 TV-L fallen, beträgt der Zeitzuschlag für Samstagsarbeit im Rahmen von Wechselschicht- oder Schichtarbeit 0,64 Euro.

1) Hamburg, Rheinland-Pfalz

Zeitzuschläge S-Tabelle (in Euro je Stunde) bei einer Wochenarbeitszeit von 39 Stunden 00 Minuten (Divisor 169,57)[1)]

– gültig ab 1. Februar 2025 –

EG	Stufe 3	Überstunden		Nachtarbeit	Sonntagsarbeit	Feiertagsarbeit		24. u. 31. 12. je ab 6 Uhr	Samstagsarbeit** 13–21 Uhr
		EG S 2 – EG S 14	EG S 15 – EG S 18			ohne FA*	mit FA*		
	100 %	30 %	15 %	20 %	25 %	135 %	35 %	35 %	20 %
S 18	31,14		4,67	6,23	7,79	42,04	10,90	10,90	6,23
S 17	29,43		4,41	5,89	7,36	39,73	10,30	10,30	5,89
S 16	27,98		4,20	5,60	7,00	37,77	9,79	9,79	5,60
S 15	26,87		4,03	5,37	6,72	36,27	9,40	9,40	5,37
S 14	26,81	8,04		5,36	6,70	36,19	9,38	9,38	5,36
S 13	26,44	7,93		5,29	6,61	35,69	9,25	9,25	5,29
S 12	26,29	7,89		5,26	6,57	35,49	9,20	9,20	5,26
S 11b	25,01	7,50		5,00	6,25	33,76	8,75	8,75	5,00
S 11a	24,57	7,37		4,91	6,14	33,17	8,60	8,60	4,91
S 9	23,84	7,15		4,77	5,96	32,18	8,34	8,34	4,77
S 8b	23,41	7,02		4,68	5,85	31,60	8,19	8,19	4,68
S 8a	22,74	6,82		4,55	5,69	30,70	7,96	7,96	4,55
S 7	22,12	6,64		4,42	5,53	29,86	7,74	7,74	4,42
S 4	21,08	6,32		4,22	5,27	28,46	7,38	7,38	4,22
S 3	19,93	5,98		3,99	4,98	26,91	6,98	6,98	3,99
S 2	18,31	5,49		3,66	4,58	24,72	6,41	6,41	3,66

* FA = Freizeitausgleich

** Für Beschäftigte in Unikliniken und Krankenhäusern, die unter § 42 fallen, beträgt der Zeitzuschlag für Samstagsarbeit 0,64 Euro. Für Beschäftigte in Unikliniken und Krankenhäusern, die unter § 43 i. V. m. § 38 Absatz 5 Satz 1 TV-L fallen, beträgt der Zeitzuschlag für Samstagsarbeit im Rahmen von Wechselschicht- oder Schichtarbeit 0,64 Euro.

1) Hamburg, Rheinland-Pfalz

II

Zeitzuschläge S-Tabelle (in Euro je Stunde) bei einer Wochenarbeitszeit von 39 Stunden 12 Minuten (Divisor 170,44)[1)]

– gültig vom 1. November 2024 bis 31. Januar 2025 –

EG	Stufe 3	Überstunden		Nacht-arbeit	Sonn-tags-arbeit	Feiertagsarbeit		24. u. 31. 12. je ab 6 Uhr	Sams-tags-arbeit** 13–21 Uhr
		EG S 2 – EG S 14	EG S 15 – EG S 18			ohne FA*	mit FA*		
	100 %	30 %	15 %	20 %	25 %	135 %	35 %	35 %	20 %
S 18	29,36		4,40	5,87	7,34	39,64	10,28	10,28	5,87
S 17	27,75		4,16	5,55	6,94	37,46	9,71	9,71	5,55
S 16	26,38		3,96	5,28	6,60	35,61	9,23	9,23	5,28
S 15	25,34		3,80	5,07	6,34	34,21	8,87	8,87	5,07
S 14	25,28	7,58		5,06	6,32	34,13	8,85	8,85	5,06
S 13	24,93	7,48		4,99	6,23	33,66	8,73	8,73	4,99
S 12	24,79	7,44		4,96	6,20	33,47	8,68	8,68	4,96
S 11b	23,58	7,07		4,72	5,90	31,83	8,25	8,25	4,72
S 11a	23,17	6,95		4,63	5,79	31,28	8,11	8,11	4,63
S 9	22,48	6,74		4,50	5,62	30,35	7,87	7,87	4,50
S 8b	22,07	6,62		4,41	5,52	29,79	7,72	7,72	4,41
S 8a	21,44	6,43		4,29	5,36	28,94	7,50	7,50	4,29
S 7	20,86	6,26		4,17	5,22	28,16	7,30	7,30	4,17
S 4	19,88	5,96		3,98	4,97	26,84	6,96	6,96	3,98
S 3	18,80	5,64		3,76	4,70	25,38	6,58	6,58	3,76
S 2	17,27	5,18		3,45	4,32	23,31	6,04	6,04	3,45

* FA = Freizeitausgleich

** Für Beschäftigte in Unikliniken und Krankenhäusern, die unter § 42 fallen, beträgt der Zeitzuschlag für Samstagsarbeit 0,64 Euro. Für Beschäftigte in Unikliniken und Krankenhäusern, die unter § 43 i. V. m. § 38 Absatz 5 Satz 1 TV-L fallen, beträgt der Zeitzuschlag für Samstagsarbeit im Rahmen von Wechselschicht- oder Schichtarbeit 0,64 Euro.

1) Bremen

Zeitzuschläge S-Tabelle (in Euro je Stunde) bei einer Wochenarbeitszeit von 39 Stunden 12 Minuten (Divisor 170,44)[1)]

– gültig ab 1. Februar 2025 –

EG	Stufe 3	Überstunden EG S 2 – EG S 14	Überstunden EG S 15 – EG S 18	Nacht-arbeit	Sonn-tags-arbeit	Feiertagsarbeit ohne FA*	Feiertagsarbeit mit FA*	24. u. 31. 12. je ab 6 Uhr	Sams-tags-arbeit** 13–21 Uhr
	100 %	30 %	15 %	20 %	25 %	135 %	35 %	35 %	20 %
S 18	30,98		4,65	6,20	7,75	41,82	10,84	10,84	6,20
S 17	29,28		4,39	5,86	7,32	39,53	10,25	10,25	5,86
S 16	27,83		4,17	5,57	6,96	37,57	9,74	9,74	5,57
S 15	26,73		4,01	5,35	6,68	36,09	9,36	9,36	5,35
S 14	26,67	8,00		5,33	6,67	36,00	9,33	9,33	5,33
S 13	26,30	7,89		5,26	6,58	35,51	9,21	9,21	5,26
S 12	26,15	7,85		5,23	6,54	35,30	9,15	9,15	5,23
S 11b	24,88	7,46		4,98	6,22	33,59	8,71	8,71	4,98
S 11a	24,44	7,33		4,89	6,11	32,99	8,55	8,55	4,89
S 9	23,72	7,12		4,74	5,93	32,02	8,30	8,30	4,74
S 8b	23,29	6,99		4,66	5,82	31,44	8,15	8,15	4,66
S 8a	22,62	6,79		4,52	5,66	30,54	7,92	7,92	4,52
S 7	22,01	6,60		4,40	5,50	29,71	7,70	7,70	4,40
S 4	20,98	6,29		4,20	5,25	28,32	7,34	7,34	4,20
S 3	19,83	5,95		3,97	4,96	26,77	6,94	6,94	3,97
S 2	18,22	5,47		3,64	4,56	24,60	6,38	6,38	3,64

* FA = Freizeitausgleich

** Für Beschäftigte in Unikliniken und Krankenhäusern, die unter § 42 fallen, beträgt der Zeitzuschlag für Samstagsarbeit 0,64 Euro. Für Beschäftigte in Unikliniken und Krankenhäusern, die unter § 43 i. V. m. § 38 Absatz 5 Satz 1 TV-L fallen, beträgt der Zeitzuschlag für Samstagsarbeit im Rahmen von Wechselschicht- oder Schichtarbeit 0,64 Euro.

1) Bremen

II

Zeitzuschläge S-Tabelle (in Euro je Stunde) bei einer Wochenarbeitszeit von 39 Stunden 24 Minuten (Divisor 171,31)[1)]

– gültig vom 1. November 2024 bis 31. Januar 2025 –

EG	Stufe 3	Überstunden		Nacht-arbeit	Sonn-tags-arbeit	Feiertagsarbeit		24. u. 31. 12. je ab 6 Uhr	Sams-tags-arbeit** 13–21 Uhr
		EG S 2 – EG S 14	EG S 15 – EG S 18			ohne FA*	mit FA*		
	100 %	30 %	15 %	20 %	25 %	135 %	35 %	35 %	20 %
S 18	29,21		4,38	5,84	7,30	39,43	10,22	10,22	5,84
S 17	27,61		4,14	5,52	6,90	37,27	9,66	9,66	5,52
S 16	26,25		3,94	5,25	6,56	35,44	9,19	9,19	5,25
S 15	25,21		3,78	5,04	6,30	34,03	8,82	8,82	5,04
S 14	25,15	7,55		5,03	6,29	33,95	8,80	8,80	5,03
S 13	24,81	7,44		4,96	6,20	33,49	8,68	8,68	4,96
S 12	24,66	7,40		4,93	6,17	33,29	8,63	8,63	4,93
S 11b	23,46	7,04		4,69	5,87	31,67	8,21	8,21	4,69
S 11a	23,05	6,92		4,61	5,76	31,12	8,07	8,07	4,61
S 9	22,37	6,71		4,47	5,59	30,20	7,83	7,83	4,47
S 8b	21,96	6,59		4,39	5,49	29,65	7,69	7,69	4,39
S 8a	21,33	6,40		4,27	5,33	28,80	7,47	7,47	4,27
S 7	20,75	6,23		4,15	5,19	28,01	7,26	7,26	4,15
S 4	19,78	5,93		3,96	4,95	26,70	6,92	6,92	3,96
S 3	18,70	5,61		3,74	4,68	25,25	6,55	6,55	3,74
S 2	17,18	5,15		3,44	4,30	23,19	6,01	6,01	3,44

* FA = Freizeitausgleich

** Für Beschäftigte in Unikliniken und Krankenhäusern, die unter § 42 fallen, beträgt der Zeitzuschlag für Samstagsarbeit 0,64 Euro. Für Beschäftigte in Unikliniken und Krankenhäusern, die unter § 43 i. V. m. § 38 Absatz 5 Satz 1 TV-L fallen, beträgt der Zeitzuschlag für Samstagsarbeit im Rahmen von Wechselschicht- oder Schichtarbeit 0,64 Euro.

1) Berlin

Zeitzuschläge S-Tabelle (in Euro je Stunde) bei einer Wochenarbeitszeit von 39 Stunden 24 Minuten (Divisor 171,31)[1)]

– gültig ab 1. Februar 2025 –

EG	Stufe 3	Überstunden		Nachtarbeit	Sonntagsarbeit	Feiertagsarbeit		24. u. 31. 12. je ab 6 Uhr	Samstagsarbeit** 13–21 Uhr
		EG S 2 – EG S 14	EG S 15 – EG S 18			ohne FA*	mit FA*		
	100 %	30 %	15 %	20 %	25 %	135 %	35 %	35 %	20 %
S 18	30,82		4,62	6,16	7,71	41,61	10,79	10,79	6,16
S 17	29,13		4,37	5,83	7,28	39,33	10,20	10,20	5,83
S 16	27,69		4,15	5,54	6,92	37,38	9,69	9,69	5,54
S 15	26,59		3,99	5,32	6,65	35,90	9,31	9,31	5,32
S 14	26,54	7,96		5,31	6,64	35,83	9,29	9,29	5,31
S 13	26,17	7,85		5,23	6,54	35,33	9,16	9,16	5,23
S 12	26,02	7,81		5,20	6,51	35,13	9,11	9,11	5,20
S 11b	24,76	7,43		4,95	6,19	33,43	8,67	8,67	4,95
S 11a	24,32	7,30		4,86	6,08	32,83	8,51	8,51	4,86
S 9	23,60	7,08		4,72	5,90	31,86	8,26	8,26	4,72
S 8b	23,17	6,95		4,63	5,79	31,28	8,11	8,11	4,63
S 8a	22,51	6,75		4,50	5,63	30,39	7,88	7,88	4,50
S 7	21,90	6,57		4,38	5,48	29,57	7,67	7,67	4,38
S 4	20,87	6,26		4,17	5,22	28,17	7,30	7,30	4,17
S 3	19,73	5,92		3,95	4,93	26,64	6,91	6,91	3,95
S 2	18,13	5,44		3,63	4,53	24,48	6,35	6,35	3,63

* FA = Freizeitausgleich

** Für Beschäftigte in Unikliniken und Krankenhäusern, die unter § 42 fallen, beträgt der Zeitzuschlag für Samstagsarbeit 0,64 Euro. Für Beschäftigte in Unikliniken und Krankenhäusern, die unter § 43 i. V. m. § 38 Absatz 5 Satz 1 TV-L fallen, beträgt der Zeitzuschlag für Samstagsarbeit im Rahmen von Wechselschicht- oder Schichtarbeit 0,64 Euro.

1) Berlin

II

Zeitzuschläge S-Tabelle (in Euro je Stunde) bei einer Wochenarbeitszeit von 39 Stunden 30 Minuten (Divisor 171,75)[1)]

– gültig vom 1. November 2024 bis 31. Januar 2025 –

EG	Stufe 3	Überstunden		Nacht-arbeit	Sonn-tags-arbeit	Feiertagsarbeit		24. u. 31. 12. je ab 6 Uhr	Sams-tags-arbeit** 13–21 Uhr
		EG S 2 – EG S 14	EG S 15 – EG S 18			ohne FA*	mit FA*		
	100 %	30 %	15 %	20 %	25 %	135 %	35 %	35 %	20 %
S 18	29,14		4,37	5,83	7,29	39,34	10,20	10,20	5,83
S 17	27,54		4,13	5,51	6,89	37,18	9,64	9,64	5,51
S 16	26,18		3,93	5,24	6,55	35,34	9,16	9,16	5,24
S 15	25,14		3,77	5,03	6,29	33,94	8,80	8,80	5,03
S 14	25,09	7,53		5,02	6,27	33,87	8,78	8,78	5,02
S 13	24,74	7,42		4,95	6,19	33,40	8,66	8,66	4,95
S 12	24,60	7,38		4,92	6,15	33,21	8,61	8,61	4,92
S 11b	23,40	7,02		4,68	5,85	31,59	8,19	8,19	4,68
S 11a	22,99	6,90		4,60	5,75	31,04	8,05	8,05	4,60
S 9	22,31	6,69		4,46	5,58	30,12	7,81	7,81	4,46
S 8b	21,90	6,57		4,38	5,48	29,57	7,67	7,67	4,38
S 8a	21,28	6,38		4,26	5,32	28,73	7,45	7,45	4,26
S 7	20,70	6,21		4,14	5,18	27,95	7,25	7,25	4,14
S 4	19,73	5,92		3,95	4,93	26,64	6,91	6,91	3,95
S 3	18,66	5,60		3,73	4,67	25,19	6,53	6,53	3,73
S 2	17,14	5,14		3,43	4,29	23,14	6,00	6,00	3,43

* FA = Freizeitausgleich

** Für Beschäftigte in Unikliniken und Krankenhäusern, die unter § 42 fallen, beträgt der Zeitzuschlag für Samstagsarbeit 0,64 Euro. Für Beschäftigte in Unikliniken und Krankenhäusern, die unter § 43 i. V. m. § 38 Absatz 5 Satz 1 TV-L fallen, beträgt der Zeitzuschlag für Samstagsarbeit im Rahmen von Wechselschicht- oder Schichtarbeit 0,64 Euro.

1) Baden-Württemberg, Saarland

II

Zeitzuschläge S-Tabelle (in Euro je Stunde) bei einer Wochenarbeitszeit von 39 Stunden 30 Minuten (Divisor 171,75)[1)]

– gültig ab 1. Februar 2025 –

EG	Stufe 3	Überstunden EG S 2 – EG S 14	Überstunden EG S 15 – EG S 18	Nacht-arbeit	Sonn-tags-arbeit	Feiertagsarbeit ohne FA*	Feiertagsarbeit mit FA*	24. u. 31. 12. je ab 6 Uhr	Sams-tags-arbeit** 13–21 Uhr
	100 %	30 %	15 %	20 %	25 %	135 %	35 %	35 %	20 %
S 18	30,74		4,61	6,15	7,69	41,50	10,76	10,76	6,15
S 17	29,05		4,36	5,81	7,26	39,22	10,17	10,17	5,81
S 16	27,62		4,14	5,52	6,91	37,29	9,67	9,67	5,52
S 15	26,52		3,98	5,30	6,63	35,80	9,28	9,28	5,30
S 14	26,47	7,94		5,29	6,62	35,73	9,26	9,26	5,29
S 13	26,10	7,83		5,22	6,53	35,24	9,14	9,14	5,22
S 12	25,95	7,79		5,19	6,49	35,03	9,08	9,08	5,19
S 11b	24,69	7,41		4,94	6,17	33,33	8,64	8,64	4,94
S 11a	24,25	7,28		4,85	6,06	32,74	8,49	8,49	4,85
S 9	23,54	7,06		4,71	5,89	31,78	8,24	8,24	4,71
S 8b	23,11	6,93		4,62	5,78	31,20	8,09	8,09	4,62
S 8a	22,45	6,74		4,49	5,61	30,31	7,86	7,86	4,49
S 7	21,84	6,55		4,37	5,46	29,48	7,64	7,64	4,37
S 4	20,82	6,25		4,16	5,21	28,11	7,29	7,29	4,16
S 3	19,68	5,90		3,94	4,92	26,57	6,89	6,89	3,94
S 2	18,08	5,42		3,62	4,52	24,41	6,33	6,33	3,62

* FA = Freizeitausgleich

** Für Beschäftigte in Unikliniken und Krankenhäusern, die unter § 42 fallen, beträgt der Zeitzuschlag für Samstagsarbeit 0,64 Euro. Für Beschäftigte in Unikliniken und Krankenhäusern, die unter § 43 i. V. m. § 38 Absatz 5 Satz 1 TV-L fallen, beträgt der Zeitzuschlag für Samstagsarbeit im Rahmen von Wechselschicht- oder Schichtarbeit 0,64 Euro.

1) Baden-Württemberg, Saarland

II

Zeitzuschläge S-Tabelle (in Euro je Stunde) bei einer Wochenarbeitszeit von 39 Stunden 48 Minuten (Divisor 173,05)[1)]

– gültig vom 1. November 2024 bis 31. Januar 2025 –

EG	Stufe 3	Überstunden		Nacht-arbeit	Sonn-tags-arbeit	Feiertagsarbeit		24. u. 31. 12. je ab 6 Uhr	Sams-tags-arbeit** 13–21 Uhr
		EG S 2 – EG S 14	EG S 15 – EG S 18			ohne FA*	mit FA*		
	100 %	30 %	15 %	20 %	25 %	135 %	35 %	35 %	20 %
S 18	28,92		4,34	5,78	7,23	39,04	10,12	10,12	5,78
S 17	27,33		4,10	5,47	6,83	36,90	9,57	9,57	5,47
S 16	25,98		3,90	5,20	6,50	35,07	9,09	9,09	5,20
S 15	24,95		3,74	4,99	6,24	33,68	8,73	8,73	4,99
S 14	24,90	7,47		4,98	6,23	33,62	8,72	8,72	4,98
S 13	24,56	7,37		4,91	6,14	33,16	8,60	8,60	4,91
S 12	24,41	7,32		4,88	6,10	32,95	8,54	8,54	4,88
S 11b	23,23	6,97		4,65	5,81	31,36	8,13	8,13	4,65
S 11a	22,82	6,85		4,56	5,71	30,81	7,99	7,99	4,56
S 9	22,14	6,64		4,43	5,54	29,89	7,75	7,75	4,43
S 8b	21,74	6,52		4,35	5,44	29,35	7,61	7,61	4,35
S 8a	21,12	6,34		4,22	5,28	28,51	7,39	7,39	4,22
S 7	20,55	6,17		4,11	5,14	27,74	7,19	7,19	4,11
S 4	19,58	5,87		3,92	4,90	26,43	6,85	6,85	3,92
S 3	18,52	5,56		3,70	4,63	25,00	6,48	6,48	3,70
S 2	17,01	5,10		3,40	4,25	22,96	5,95	5,95	3,40

* FA = Freizeitausgleich

** Für Beschäftigte in Unikliniken und Krankenhäusern, die unter § 42 fallen, beträgt der Zeitzuschlag für Samstagsarbeit 0,64 Euro. Für Beschäftigte in Unikliniken und Krankenhäusern, die unter § 43 i. V. m. § 38 Absatz 5 Satz 1 TV-L fallen, beträgt der Zeitzuschlag für Samstagsarbeit im Rahmen von Wechselschicht- oder Schichtarbeit 0,64 Euro.

1) Niedersachsen

II

Zeitzuschläge S-Tabelle (in Euro je Stunde) bei einer Wochenarbeitszeit von 39 Stunden 48 Minuten (Divisor 173,05)[1)]

– gültig ab 1. Februar 2025 –

EG	Stufe 3	Überstunden		Nachtarbeit	Sonntagsarbeit	Feiertagsarbeit		24. u. 31. 12. je ab 6 Uhr	Samstagsarbeit** 13–21 Uhr
		EG S 2 – EG S 14	EG S 15 – EG S 18			ohne FA*	mit FA*		
	100 %	30 %	15 %	20 %	25 %	135 %	35 %	35 %	20 %
S 18	30,51		4,58	6,10	7,63	41,19	10,68	10,68	6,10
S 17	28,84		4,33	5,77	7,21	38,93	10,09	10,09	5,77
S 16	27,41		4,11	5,48	6,85	37,00	9,59	9,59	5,48
S 15	26,33		3,95	5,27	6,58	35,55	9,22	9,22	5,27
S 14	26,27	7,88		5,25	6,57	35,46	9,19	9,19	5,25
S 13	25,91	7,77		5,18	6,48	34,98	9,07	9,07	5,18
S 12	25,76	7,73		5,15	6,44	34,78	9,02	9,02	5,15
S 11b	24,51	7,35		4,90	6,13	33,09	8,58	8,58	4,90
S 11a	24,07	7,22		4,81	6,02	32,49	8,42	8,42	4,81
S 9	23,36	7,01		4,67	5,84	31,54	8,18	8,18	4,67
S 8b	22,93	6,88		4,59	5,73	30,96	8,03	8,03	4,59
S 8a	22,28	6,68		4,46	5,57	30,08	7,80	7,80	4,46
S 7	21,68	6,50		4,34	5,42	29,27	7,59	7,59	4,34
S 4	20,66	6,20		4,13	5,17	27,89	7,23	7,23	4,13
S 3	19,53	5,86		3,91	4,88	26,37	6,84	6,84	3,91
S 2	17,94	5,38		3,59	4,49	24,22	6,28	6,28	3,59

* FA = Freizeitausgleich

** Für Beschäftigte in Unikliniken und Krankenhäusern, die unter § 42 fallen, beträgt der Zeitzuschlag für Samstagsarbeit 0,64 Euro. Für Beschäftigte in Unikliniken und Krankenhäusern, die unter § 43 i. V. m. § 38 Absatz 5 Satz 1 TV-L fallen, beträgt der Zeitzuschlag für Samstagsarbeit im Rahmen von Wechselschicht- oder Schichtarbeit 0,64 Euro.

1) Niedersachsen

II

Zeitzuschläge S-Tabelle (in Euro je Stunde) bei einer Wochenarbeitszeit von 39 Stunden 50 Minuten (Divisor 173,18)[1)]

– gültig vom 1. November 2024 bis 31. Januar 2025 –

EG	Stufe 3	Überstunden		Nacht-arbeit	Sonn-tags-arbeit	Feiertagsarbeit		24. u. 31. 12. je ab 6 Uhr	Sams-tags-arbeit** 13–21 Uhr
		EG S 2 – EG S 14	EG S 15 – EG S 18			ohne FA*	mit FA*		
	100 %	30 %	15 %	20 %	25 %	135 %	35 %	35 %	20 %
S 18	28,90		4,34	5,78	7,23	39,02	10,12	10,12	5,78
S 17	27,31		4,10	5,46	6,83	36,87	9,56	9,56	5,46
S 16	25,96		3,89	5,19	6,49	35,05	9,09	9,09	5,19
S 15	24,93		3,74	4,99	6,23	33,66	8,73	8,73	4,99
S 14	24,88	7,46		4,98	6,22	33,59	8,71	8,71	4,98
S 13	24,54	7,36		4,91	6,14	33,13	8,59	8,59	4,91
S 12	24,40	7,32		4,88	6,10	32,94	8,54	8,54	4,88
S 11b	23,21	6,96		4,64	5,80	31,33	8,12	8,12	4,64
S 11a	22,80	6,84		4,56	5,70	30,78	7,98	7,98	4,56
S 9	22,13	6,64		4,43	5,53	29,88	7,75	7,75	4,43
S 8b	21,72	6,52		4,34	5,43	29,32	7,60	7,60	4,34
S 8a	21,10	6,33		4,22	5,28	28,49	7,39	7,39	4,22
S 7	20,53	6,16		4,11	5,13	27,72	7,19	7,19	4,11
S 4	19,57	5,87		3,91	4,89	26,42	6,85	6,85	3,91
S 3	18,50	5,55		3,70	4,63	24,98	6,48	6,48	3,70
S 2	16,99	5,10		3,40	4,25	22,94	5,95	5,95	3,40

* FA = Freizeitausgleich

** Für Beschäftigte in Unikliniken und Krankenhäusern, die unter § 42 fallen, beträgt der Zeitzuschlag für Samstagsarbeit 0,64 Euro. Für Beschäftigte in Unikliniken und Krankenhäusern, die unter § 43 i. V. m. § 38 Absatz 5 Satz 1 TV-L fallen, beträgt der Zeitzuschlag für Samstagsarbeit im Rahmen von Wechselschicht- oder Schichtarbeit 0,64 Euro.

1) Nordrhein-Westfalen

Zeitzuschläge S-Tabelle (in Euro je Stunde)
bei einer Wochenarbeitszeit von 39 Stunden 50 Minuten
(Divisor 173,18)[1]

– gültig ab 1. Februar 2025 –

EG	Stufe 3	Überstunden		Nachtarbeit	Sonntagsarbeit	Feiertagsarbeit		24. u. 31. 12. je ab 6 Uhr	Samstagsarbeit** 13–21 Uhr
		EG S 2 – EG S 14	EG S 15 – EG S 18			ohne FA*	mit FA*		
	100 %	30 %	15 %	20 %	25 %	135 %	35 %	35 %	20 %
S 18	30,49		4,57	6,10	7,62	41,16	10,67	10,67	6,10
S 17	28,81		4,32	5,76	7,20	38,89	10,08	10,08	5,76
S 16	27,39		4,11	5,48	6,85	36,98	9,59	9,59	5,48
S 15	26,31		3,95	5,26	6,58	35,52	9,21	9,21	5,26
S 14	26,25	7,88		5,25	6,56	35,44	9,19	9,19	5,25
S 13	25,89	7,77		5,18	6,47	34,95	9,06	9,06	5,18
S 12	25,74	7,72		5,15	6,44	34,75	9,01	9,01	5,15
S 11b	24,49	7,35		4,90	6,12	33,06	8,57	8,57	4,90
S 11a	24,05	7,22		4,81	6,01	32,47	8,42	8,42	4,81
S 9	23,34	7,00		4,67	5,84	31,51	8,17	8,17	4,67
S 8b	22,92	6,88		4,58	5,73	30,94	8,02	8,02	4,58
S 8a	22,26	6,68		4,45	5,57	30,05	7,79	7,79	4,45
S 7	21,66	6,50		4,33	5,42	29,24	7,58	7,58	4,33
S 4	20,64	6,19		4,13	5,16	27,86	7,22	7,22	4,13
S 3	19,52	5,86		3,90	4,88	26,35	6,83	6,83	3,90
S 2	17,93	5,38		3,59	4,48	24,21	6,28	6,28	3,59

* FA = Freizeitausgleich

** Für Beschäftigte in Unikliniken und Krankenhäusern, die unter § 42 fallen, beträgt der Zeitzuschlag für Samstagsarbeit 0,64 Euro. Für Beschäftigte in Unikliniken und Krankenhäusern, die unter § 43 i. V. m. § 38 Absatz 5 Satz 1 TV-L fallen, beträgt der Zeitzuschlag für Samstagsarbeit im Rahmen von Wechselschicht- oder Schichtarbeit 0,64 Euro.

1) Nordrhein-Westfalen

Zeitzuschläge S-Tabelle (in Euro je Stunde) bei einer Wochenarbeitszeit von 40 Stunden 06 Minuten (Divisor 174,35)[1]

– gültig vom 1. November 2024 bis 31. Januar 2025 –

EG	Stufe 3	Überstunden		Nachtarbeit	Sonntagsarbeit	Feiertagsarbeit		24. u. 31. 12. je ab 6 Uhr	Samstagsarbeit** 13–21 Uhr
		EG S 2 – EG S 14	EG S 15 – EG S 18			ohne FA*	mit FA*		
	100 %	30 %	15 %	20 %	25 %	135 %	35 %	35 %	20 %
S 18	28,70		4,31	5,74	7,18	38,75	10,05	10,05	5,74
S 17	27,13		4,07	5,43	6,78	36,63	9,50	9,50	5,43
S 16	25,79		3,87	5,16	6,45	34,82	9,03	9,03	5,16
S 15	24,77		3,72	4,95	6,19	33,44	8,67	8,67	4,95
S 14	24,72	7,42		4,94	6,18	33,37	8,65	8,65	4,94
S 13	24,37	7,31		4,87	6,09	32,90	8,53	8,53	4,87
S 12	24,23	7,27		4,85	6,06	32,71	8,48	8,48	4,85
S 11b	23,06	6,92		4,61	5,77	31,13	8,07	8,07	4,61
S 11a	22,65	6,80		4,53	5,66	30,58	7,93	7,93	4,53
S 9	21,98	6,59		4,40	5,50	29,67	7,69	7,69	4,40
S 8b	21,58	6,47		4,32	5,40	29,13	7,55	7,55	4,32
S 8a	20,96	6,29		4,19	5,24	28,30	7,34	7,34	4,19
S 7	20,39	6,12		4,08	5,10	27,53	7,14	7,14	4,08
S 4	19,44	5,83		3,89	4,86	26,24	6,80	6,80	3,89
S 3	18,38	5,51		3,68	4,60	24,81	6,43	6,43	3,68
S 2	16,88	5,06		3,38	4,22	22,79	5,91	5,91	3,38

* FA = Freizeitausgleich

** Für Beschäftigte in Unikliniken und Krankenhäusern, die unter § 42 fallen, beträgt der Zeitzuschlag für Samstagsarbeit 0,64 Euro. Für Beschäftigte in Unikliniken und Krankenhäusern, die unter § 43 i. V. m. § 38 Absatz 5 Satz 1 TV-L fallen, beträgt der Zeitzuschlag für Samstagsarbeit im Rahmen von Wechselschicht- oder Schichtarbeit 0,64 Euro.

1) Bayern

II

Zeitzuschläge S-Tabelle (in Euro je Stunde) bei einer Wochenarbeitszeit von 40 Stunden 06 Minuten (Divisor 174,35)[1]

– gültig ab 1. Februar 2025 –

EG	Stufe 3	Überstunden		Nachtarbeit	Sonntagsarbeit	Feiertagsarbeit		24. u. 31. 12. je ab 6 Uhr	Samstagsarbeit** 13–21 Uhr
		EG S 2 – EG S 14	EG S 15 – EG S 18			ohne FA*	mit FA*		
	100 %	30 %	15 %	20 %	25 %	135 %	35 %	35 %	20 %
S 18	30,28		4,54	6,06	7,57	40,88	10,60	10,60	6,06
S 17	28,62		4,29	5,72	7,16	38,64	10,02	10,02	5,72
S 16	27,21		4,08	5,44	6,80	36,73	9,52	9,52	5,44
S 15	26,13		3,92	5,23	6,53	35,28	9,15	9,15	5,23
S 14	26,08	7,82		5,22	6,52	35,21	9,13	9,13	5,22
S 13	25,71	7,71		5,14	6,43	34,71	9,00	9,00	5,14
S 12	25,57	7,67		5,11	6,39	34,52	8,95	8,95	5,11
S 11b	24,32	7,30		4,86	6,08	32,83	8,51	8,51	4,86
S 11a	23,89	7,17		4,78	5,97	32,25	8,36	8,36	4,78
S 9	23,19	6,96		4,64	5,80	31,31	8,12	8,12	4,64
S 8b	22,76	6,83		4,55	5,69	30,73	7,97	7,97	4,55
S 8a	22,11	6,63		4,42	5,53	29,85	7,74	7,74	4,42
S 7	21,51	6,45		4,30	5,38	29,04	7,53	7,53	4,30
S 4	20,51	6,15		4,10	5,13	27,69	7,18	7,18	4,10
S 3	19,39	5,82		3,88	4,85	26,18	6,79	6,79	3,88
S 2	17,81	5,34		3,56	4,45	24,04	6,23	6,23	3,56

* FA = Freizeitausgleich

** Für Beschäftigte in Unikliniken und Krankenhäusern, die unter § 42 fallen, beträgt der Zeitzuschlag für Samstagsarbeit 0,64 Euro. Für Beschäftigte in Unikliniken und Krankenhäusern, die unter § 43 i. V. m. § 38 Absatz 5 Satz 1 TV-L fallen, beträgt der Zeitzuschlag für Samstagsarbeit im Rahmen von Wechselschicht- oder Schichtarbeit 0,64 Euro.

[1]) Bayern

II

Zeitzuschläge S-Tabelle (in Euro je Stunde) bei einer Wochenarbeitszeit von 40 Stunden 00 Minuten (Divisor 173,92)[1]

– gültig vom 1. November 2024 bis 31. Januar 2025 –

EG	Stufe 3	Überstunden		Nachtarbeit	Sonntagsarbeit	Feiertagsarbeit		24. u. 31. 12. je ab 6 Uhr	Samstagsarbeit** 13–21 Uhr
		EG S 2 – EG S 14	EG S 15 – EG S 18			ohne FA*	mit FA*		
	100 %	30 %	15 %	20 %	25 %	135 %	35 %	35 %	20 %
S 18	28,77		4,32	5,75	7,19	38,84	10,07	10,07	5,75
S 17	27,20		4,08	5,44	6,80	36,72	9,52	9,52	5,44
S 16	25,85		3,88	5,17	6,46	34,90	9,05	9,05	5,17
S 15	24,83		3,72	4,97	6,21	33,52	8,69	8,69	4,97
S 14	24,78	7,43		4,96	6,20	33,45	8,67	8,67	4,96
S 13	24,43	7,33		4,89	6,11	32,98	8,55	8,55	4,89
S 12	24,29	7,29		4,86	6,07	32,79	8,50	8,50	4,86
S 11b	23,11	6,93		4,62	5,78	31,20	8,09	8,09	4,62
S 11a	22,70	6,81		4,54	5,68	30,65	7,95	7,95	4,54
S 9	22,03	6,61		4,41	5,51	29,74	7,71	7,71	4,41
S 8b	21,63	6,49		4,33	5,41	29,20	7,57	7,57	4,33
S 8a	21,01	6,30		4,20	5,25	28,36	7,35	7,35	4,20
S 7	20,44	6,13		4,09	5,11	27,59	7,15	7,15	4,09
S 4	19,48	5,84		3,90	4,87	26,30	6,82	6,82	3,90
S 3	18,42	5,53		3,68	4,61	24,87	6,45	6,45	3,68
S 2	16,92	5,08		3,38	4,23	22,84	5,92	5,92	3,38

* FA = Freizeitausgleich

** Für Beschäftigte in Unikliniken und Krankenhäusern, die unter § 42 fallen, beträgt der Zeitzuschlag für Samstagsarbeit 0,64 Euro. Für Beschäftigte in Unikliniken und Krankenhäusern, die unter § 43 i. V. m. § 38 Absatz 5 Satz 1 TV-L fallen, beträgt der Zeitzuschlag für Samstagsarbeit im Rahmen von Wechselschicht- oder Schichtarbeit 0,64 Euro.

[1] gültig im Tarifgebiet Ost

Zeitzuschläge S-Tabelle (in Euro je Stunde) bei einer Wochenarbeitszeit von 40 Stunden 00 Minuten (Divisor 173,92)[1)]

– gültig ab 1. Februar 2025 –

EG	Stufe 3	Überstunden		Nachtarbeit	Sonntagsarbeit	Feiertagsarbeit		24. u. 31. 12. je ab 6 Uhr	Samstagsarbeit** 13–21 Uh
		EG S 2 – EG S 14	EG S 15 – EG S 18			ohne FA*	mit FA*		
	100 %	30 %	15 %	20 %	25 %	135 %	35 %	35 %	20 %
S 18	30,36		4,55	6,07	7,59	40,99	10,63	10,63	6,07
S 17	28,69		4,30	5,74	7,17	38,73	10,04	10,04	5,74
S 16	27,28		4,09	5,46	6,82	36,83	9,55	9,55	5,46
S 15	26,19		3,93	5,24	6,55	35,36	9,17	9,17	5,24
S 14	26,14	7,84		5,23	6,54	35,29	9,15	9,15	5,23
S 13	25,78	7,73		5,16	6,45	34,80	9,02	9,02	5,16
S 12	25,63	7,69		5,13	6,41	34,60	8,97	8,97	5,13
S 11b	24,38	7,31		4,88	6,10	32,91	8,53	8,53	4,88
S 11a	23,95	7,19		4,79	5,99	32,33	8,38	8,38	4,79
S 9	23,24	6,97		4,65	5,81	31,37	8,13	8,13	4,65
S 8b	22,82	6,85		4,56	5,71	30,81	7,99	7,99	4,56
S 8a	22,17	6,65		4,43	5,54	29,93	7,76	7,76	4,43
S 7	21,57	6,47		4,31	5,39	29,12	7,55	7,55	4,31
S 4	20,56	6,17		4,11	5,14	27,76	7,20	7,20	4,11
S 3	19,44	5,83		3,89	4,86	26,24	6,80	6,80	3,89
S 2	17,85	5,36		3,57	4,46	24,10	6,25	6,25	3,57

* FA = Freizeitausgleich

** Für Beschäftigte in Unikliniken und Krankenhäusern, die unter § 42 fallen, beträgt der Zeitzuschlag für Samstagsarbeit 0,64 Euro. Für Beschäftigte in Unikliniken und Krankenhäusern, die unter § 43 i. V. m. § 38 Absatz 5 Satz 1 TV-L fallen, beträgt der Zeitzuschlag für Samstagsarbeit im Rahmen von Wechselschicht- oder Schichtarbeit 0,64 Euro.

1) gültig im Tarifgebiet Ost

§ 9 Bereitschaftszeiten

(1) [1]Bereitschaftszeiten sind die Zeiten, in denen sich die/der Beschäftigte am Arbeitsplatz oder einer anderen vom Arbeitgeber bestimmten Stelle zur Verfügung halten muss, um im Bedarfsfall die Arbeit selbständig, gegebenenfalls auch auf Anordnung, aufzunehmen; in ihnen überwiegen die Zeiten ohne Arbeitsleistung. [2]Für Beschäftigte, in deren Tätigkeit regelmäßig und in nicht unerheblichem Umfang Bereitschaftszeiten fallen, gelten folgende Regelungen:

a) Bereitschaftszeiten werden zur Hälfte als tarifliche Arbeitszeit gewertet (faktorisiert).

b) Sie werden innerhalb von Beginn und Ende der regelmäßigen täglichen Arbeitszeit nicht gesondert ausgewiesen.

c) Die Summe aus den faktorisierten Bereitschaftszeiten und der Vollarbeitszeit darf die Arbeitszeit nach § 6 Absatz 1 nicht überschreiten.

d) Die Summe aus Vollarbeits- und Bereitschaftszeiten darf durchschnittlich 48 Stunden wöchentlich nicht überschreiten.

Ferner ist Voraussetzung, dass eine nicht nur vorübergehend angelegte Organisationsmaßnahme besteht, bei der regelmäßig und in nicht unerheblichem Umfang Bereitschaftszeiten anfallen.

(2) [1]Die Anwendung des Absatzes 1 bedarf im Geltungsbereich eines Personalvertretungsgesetzes einer einvernehmlichen Dienstvereinbarung. [2]§ 6 Absatz 9 gilt entsprechend.

(3) [1]Für Hausmeisterinnen/Hausmeister und für Beschäftigte im Rettungsdienst und in Rettungsdienstleitstellen, in deren Tätigkeit regelmäßig und in nicht unerheblichem Umfang Bereitschaftszeiten fallen, gilt Absatz 1 entsprechend; Absatz 2 findet keine Anwendung. [2]Für Beschäftigte im Rettungsdienst und in Rettungsdienstleitstellen beträgt in diesem Fall die zulässige tägliche Höchstarbeitszeit zwölf Stunden zuzüglich der gesetzlichen Pausen.

Protokollerklärung zu § 9 Absatz 1 und 2:

Diese Regelung gilt nicht für Wechselschicht- und Schichtarbeit.

Erläuterungen

In § 9 TV-L haben die Tarifvertragsparteien den Begriff der Bereitschaftszeiten definiert und Regeln für diese besondere Form der Arbeitszeitgestaltung bestimmt.

Sie folgen damit den Regelungen zur „Arbeitsbereitschaft", die bislang in erster Linie im bisherigen Recht der Arbeiter (z. B. § 18 MTArb) zu finden waren. Die Rechtsprechung zu den bisherigen Vorschriften zur Arbeitsbereitschaft hat diese besondere Form der Arbeit treffend als „Zeit wacher Achtsamkeit im Zustand der Entspannung" bezeichnet.

Auf die teilweise abweichenden Sonderregelungen in § 41 Nr. 6, § 44 Nr. 2 und § 47 Nr. 2 TV-L wird hingewiesen.

Begriffsbestimmung; Bewertung (Abs. 1)

Nach der Definition in Satz 1 der Vorschrift sind Bereitschaftszeiten Zeiten, in denen der Beschäftigte sich bereithalten muss, um im Bedarfsfall die Arbeit aufzunehmen. Den Aufenthaltsort bestimmt der Arbeitgeber; es kann der Arbeitsplatz oder ein anderer Ort sein. Grundvoraussetzung für die Annahme von Bereitschaftszeiten ist, dass die Zeiten ohne Arbeitsleistung überwiegen.

Für Beschäftigte, in deren Tätigkeit regelmäßig und in nicht unerheblichem Umfang Bereitschaftszeiten fallen, und die in entsprechenden organisierten Bereichen arbeiten, gelten die Regelungen des Satzes 2 Buchst. a bis d. Demnach werden Bereitschaftszeiten

- abweichend von den Vorschriften des Arbeitszeitgesetzes zur Hälfte als Arbeitszeit gewertet (Buchst. a),
- innerhalb der regelmäßigen Arbeitszeit nicht gesondert ausgewiesen (Buchst. b),
- zusammen mit der Vollarbeitszeit auf die Regelarbeitszeit des § 6 Abs. 1 begrenzt (Buchst. c); dabei ist die Summe aus der Vollarbeitszeit und der faktorisierten, d. h. halbierten Bereitschaftszeit maßgebend,
- zusammen mit der Vollarbeitszeit auf 48 Wochenstunden begrenzt (Buchst. d); dabei ist die Summe aus Vollarbeitszeit und tatsächlichen Bereitschaftszeiten nicht halbiert, sondern 1 : 1 zu bilden.

Nach Satz 3 der Vorschrift darf der Anfall von Bereitschaftszeiten nicht nur vorübergehend sein, sondern muss Ausdruck der dauerhaften organisatorischen Gestaltung des Arbeitsplatzes sein.

Besondere Maßgaben (Abs. 2)

Die Vorschrift des Absatzes 2 schränkt die Anwendung des Absatzes 1 ein.

Die Anwendung setzt im Geltungsbereich eines Personalvertretungsgesetzes (Liste der Gesetze → Erläuterungen zu § 2 Abs. 1) eine „einvernehmliche“ Dienstvereinbarung voraus. Was darunter zu verstehen ist, haben die Tarifpartner in § 38 Abs. 3 definiert. § 6 Abs. 9 gilt entsprechend, somit kann die Dienstvereinbarung auch durch einen landesbezirklichen Tarifvertrag ersetzt werden.

Hausmeister/Rettungsdienst (Abs. 3)

In Absatz 3 haben die Tarifpartner bestimmt, dass die speziellen Regelungen des Absatzes 1 ohne weitere Vereinbarungen für Hausmeister und im Rettungsdienst gelten, in deren Tätigkeit in regelmäßigem Umfang Bereitschaftszeiten anfallen. In Bezug auf die Regelungen für Hausmeister korrespondiert diese Vorschrift mit den Bestimmungen des § 23 TVÜ-Länder[1]). Absatz 2 gilt in diesem Bereich nicht. Für Beschäftigte im Rettungsdienst wurde eine tägliche Höchstarbeitszeit von zwölf Stunden vereinbart.

Protokollerklärung zu § 9 Abs. 1 und 2

In einer Protokollerklärung haben die Tarifpartner vereinbart, dass die Regelungen des § 9 Abs. 1 und 2 über Bereitschaftszeiten nicht für Wechselschicht- und Schichtarbeit gelten.

Protokollerklärung zu Abschnitt II

Die Protokollerklärung zu Abschnitt II (§§ 6 bis 11) und Erläuterungen dazu sind im Anschluss an § 11 abgedruckt.

Übergangsrecht

Auf die Übergangsvorschriften für Hausmeister in § 23 TVÜ-Länder[1]) wird hingewiesen.

---

[1]) abgedruckt unter **270**

§ 10 Arbeitszeitkonto

(1) [1]Durch Betriebs-/Dienstvereinbarung kann ein Arbeitszeitkonto eingerichtet werden. [2]Für einen Betrieb/eine Verwaltung, in dem/der ein Personalvertretungsgesetz Anwendung findet, kann eine Regelung nach Satz 1 auch in einem landesbezirklichen Tarifvertrag getroffen werden, wenn eine Dienstvereinbarung nicht einvernehmlich zustande kommt und der Arbeitgeber ein Letztentscheidungsrecht hat. [3]Soweit ein Arbeitszeitkorridor (§ 6 Absatz 6) oder eine Rahmenzeit (§ 6 Absatz 7) vereinbart wird, ist ein Arbeitszeitkonto einzurichten.

(2) [1]In der Betriebs-/Dienstvereinbarung wird festgelegt, ob das Arbeitszeitkonto im ganzen Betrieb/in der ganzen Verwaltung oder Teilen davon eingerichtet wird. [2]Alle Beschäftigten der Betriebs-/Verwaltungsteile, für die ein Arbeitszeitkonto eingerichtet wird, werden von den Regelungen des Arbeitszeitkontos erfasst.

(3) [1]Auf das Arbeitszeitkonto können Zeiten, die bei Anwendung des nach § 6 Absatz 2 festgelegten Zeitraums als Zeitguthaben oder als Zeitschuld bestehen bleiben, nicht durch Freizeit ausgeglichene Zeiten nach § 8 Absatz 1 Satz 5 und Absatz 4 sowie in Zeit umgewandelte Zuschläge nach § 8 Absatz 1 Satz 4 gebucht werden. [2]Weitere Kontingente (zum Beispiel Rufbereitschafts-/Bereitschaftsdienstentgelte) können durch Betriebs-/Dienstvereinbarung zur Buchung freigegeben werden. [3]Die/Der Beschäftigte entscheidet für einen in der Betriebs-/Dienstvereinbarung festgelegten Zeitraum, welche der in Satz 1 beziehungsweise Satz 2 genannten Zeiten auf das Arbeitszeitkonto gebucht werden.

(4) Im Falle einer unverzüglich angezeigten und durch ärztliches Attest nachgewiesenen Arbeitsunfähigkeit während eines Zeitausgleichs vom Arbeitszeitkonto (Zeiten nach Absatz 3 Satz 1 und 2) tritt eine Minderung des Zeitguthabens nicht ein.

Niederschriftserklärung zu § 10 Abs. 4:

Durch diese Regelung werden aus dem Urlaubsrecht entlehnte Ansprüche nicht begründet.

(5) In der Betriebs-/Dienstvereinbarung sind insbesondere folgende Regelungen zu treffen:

a) Die höchstmögliche Zeitschuld (bis zu 40 Stunden) und das höchstzulässige Zeitguthaben (bis zu einem Vielfachen von 40 Stunden), die innerhalb eines bestimmten Zeitraums anfallen dürfen;

b) Fristen für das Abbuchen von Zeitguthaben oder für den Abbau von Zeitschulden durch die/den Beschäftigten;

c) die Berechtigung, das Abbuchen von Zeitguthaben zu bestimmten Zeiten (zum Beispiel an so genannten Brückentagen) vorzusehen;

d) die Folgen, wenn der Arbeitgeber einen bereits genehmigten Freizeitausgleich kurzfristig widerruft.

(6) [1]Der Arbeitgeber kann mit der/dem Beschäftigten die Einrichtung eines Langzeitkontos vereinbaren. [2]In diesem Fall ist der Betriebs-/Personalrat zu

beteiligen und – bei Insolvenzfähigkeit des Arbeitgebers – eine Regelung zur Insolvenzsicherung zu treffen.

Erläuterungen

II

§ 10 TV-L trifft erstmalig Regelungen zur Einrichtung und zum Inhalt eines Arbeitszeitkontos. Der BAT enthielt bislang keine vergleichbare Regelung. Auf die teilweise abweichenden Sonderregelungen in § 44 Nr. 2 und § 48 Nr. 2 TV-L wird hingewiesen.

Arbeitszeitkonten sind wichtige Hilfsmittel, um die Arbeitszeit flexibler zu gestalten. Während in der Privatwirtschaft schon seit geraumer Zeit die unterschiedlichsten Modelle von Arbeitszeitkonten existieren, enthielten der BAT und die übrigen Manteltarifverträge des öffentlichen Dienstes keine Regelungen zur Einrichtung und Führung von Arbeitszeitkonten.

Die in der Privatwirtschaft anzutreffenden Modelle eines Arbeitszeitkontos lassen sich im Wesentlichen zwei verschiedenen Hauptarten zuordnen, nämlich dem Kurzzeitkonto und dem Langzeitkonto.

Das Kurzzeitkonto lässt sich als eine Art „Girokonto" definieren, auf dem kurzfristige Bewegungen (hier: von Zeitbuchungen) abgewickelt werden. Hauptziel ist es dabei, einerseits Ausgleichsmöglichkeiten für Beschäftigungsschwankungen innerhalb eines bestimmten Zeitrahmens (häufig ein Jahr) zu schaffen, andererseits den Beschäftigten zu ermöglichen, innerhalb näher bestimmter Grenzen die individuelle Arbeitszeitgestaltung selbst zu bestimmen und so beispielsweise auch erwirtschaftete Zeitguthaben in zusätzliche freie Stunden/Tage umzusetzen.

Das Langzeitkonto lässt sich – um bei den Begrifflichkeiten des Bankwesens, die eine bildhafte Darstellung ermöglichen, zu bleiben – als eine Art „Sparbuch" oder „Sparplan" charakterisieren. Hierbei geht es um den langfristigen Aufbau von Arbeitszeitguthaben, die dann einen zeitweiligen (Sabbatjahr, Langzeiturlaub) Ausstieg aus dem Berufsleben, oder – wenn sie ans Ende der Berufszeit gelegt werden – faktisch einen vorzeitigen Ausstieg aus dem Berufsleben ermöglichen.

Einrichtung des Arbeitszeitkontos (Abs. 1)

Hierbei handelt es sich grundsätzlich um eine **Kann**-Vorschrift, die die Einrichtung eines Arbeitszeitkontos durch Betriebs-/Dienstvereinbarung zulässt (Satz 1). Soweit in Betrieben/Verwaltungen ein Arbeitszeitkorridor (§ 6 Abs. 6) oder eine Rahmenzeit (§ 6 Abs. 7) vereinbart ist, **muss** ein Arbeitszeitkonto eingerichtet werden (Satz 3).

Satz 2 sieht – wie § 6 Abs. 9 für den Fall, dass eine solche Betriebs-/Dienstvereinbarung nicht einvernehmlich zustande kommt – eine Regelung durch landesbezirklichen Tarifvertrag vor. Dies gilt aber nur in den Betrieben/Verwaltungen, in denen ein Personalvertretungsgesetz Anwendung findet und ist auf die Situation beschränkt, dass der Arbeitgeber ein Letztentscheidungsrecht hat.

Was unter einer „einvernehmlichen" Dienstvereinbarung zu verstehen ist, haben die Tarifpartner in § 38 Abs. 3 definiert.

Geltungsbereich des Arbeitszeitkontos (Abs. 2)

Die Betriebsparteien legen in der Betriebs-/Dienstvereinbarung fest, ob das Arbeitszeitkonto im gesamten Betrieb/der gesamten Verwaltung, oder nur in Teilen davon eingerichtet wird (Satz 1). Der exakten Abgrenzung wird dabei in der Praxis große Bedeutung zukommen; denn nach Satz 2 der Vorschrift gilt das Arbeitszeitkonto für **alle** Beschäftigten in diesen festgelegten Bereichen.

In das Arbeitszeitkonto einfließende Zeiten (Abs. 3)

In Satz 1 der Vorschrift ist bestimmt, welche Zeiten zur Auffüllung des Arbeitszeitkontos zur Verfügung stehen. Hierbei handelt es sich um

- das nach der Durchschnittsberechnung der regelmäßigen Arbeitszeit innerhalb des festgelegten Ausgleichszeitraums (§ 6 Abs. 2) verbleibende Zeitguthaben (ggf. auch Zeitschuld),
- nicht bereits durch Freizeit ausgeglichene Überstunden (§ 8 Abs. 1 Satz 5),
- nicht bereits durch Freizeit ausgeglichene Mehrarbeit (§ 8 Abs. 4),
- auf Wunsch des Arbeitnehmers in Zeit umgerechnete Zeitzuschläge (§ 8 Abs. 1 Satz 4).

Die Freigabe weiterer Zeiten, die (ggf. nach Umrechnung von Geld in Zeit) in das Arbeitszeitkonto einfließen können, kann gemäß Satz 2 nur durch Betriebs- oder Dienstvereinbarung – also eine kollektive Regelung – und nicht etwa auf Wunsch einzelner Arbeitnehmer erfolgen. Die in der Vorschrift genannten Beispiele (Entgelt für Bereitschaftsdienste/Rufbereitschaft) sind nicht abschließend.

Buchungen ohne eine vorherige konkrete Vereinbarung dürften mit Blick auf das BAG-Urteil vom 21. März 2012 – 5 AZR 676/11 ausgeschlossen sein. In diesem Verfahren hatte das BAG Minusbuchungen des Arbeitgebers im Zusammenhang mit einer tariflich geänderten Gewährung von Erholungszeiten abgelehnt.

Die Entscheidung darüber, welche der zulässigen Zeiten letzten Endes auf dem Arbeitszeitkonto gebucht werden, liegt gemäß Satz 3 der Vorschrift beim Arbeitnehmer. Im Interesse der Planungssicherheit und Praktikabilität muss dazu die Betriebs-/Dienstvereinbarung eine Bestimmung enthalten, für welchen Zeitraum der Arbeitnehmer an seine Entscheidung gebunden sein soll. Eine unterschiedliche Handhabung „von Fall zu Fall" wird dadurch ausgeschlossen.

Folgen einer Erkrankung (Abs. 4)

Absatz 4 regelt den Fall, dass eine beantragte/genehmigte Inanspruchnahme von Zeitguthaben an einer Erkrankung des Beschäftigten scheitert. Sofern der Beschäftigte seine Arbeitsunfähigkeit unverzüglich anzeigt und durch ein ärztliches Attest nachweist, tritt eine Minderung des Zeitguthabens nicht ein. Mit der Niederschriftserklärung zu § 10 Abs. 4 TV-L haben die Tarifpartner klargestellt, dass mit dieser dem Urlaubsrecht entlehnten Regelung (wie Erkrankung während des Erholungsurlaubs) keine weitergehenden Ansprüche aus dem Urlaubsrecht wie z. B. Abgeltung, Übertragung und dergleichen begründet werden können.

Zu regelnde Kernpunkte (Abs. 5)

Die Vorschrift gibt Rahmenbedingungen vor, die bei Betriebs-/Dienstvereinbarungen zu beachten sind:

Nach Buchstabe a) muss die Betriebs-/Dienstvereinbarung Regelungen über die höchstmögliche Zeitschuld (bis zu 40 Stunden) und das höchstzulässige Zeitguthaben (bis zu einem Vielfachen von 40 Stunden) innerhalb eines bestimmten Zeitraumes enthalten.

Gemäß Buchstabe b) muss die Betriebs-/Dienstvereinbarung Fristen für das Abbuchen von Zeitguthaben vorsehen, die nach dem Umfang des beantragten Freizeitausgleiches zu staffeln sind. Dabei versteht es sich von selbst, dass die „Vorlaufzeit" bei Inanspruchnahme einiger freier Stunden bedeutend geringer sein kann, als bei längerfristigen Abwesenheiten aufgrund eines Freizeitausgleichs. Die nähere Ausgestaltung wird den Betriebsparteien vor Ort überlassen. Buchstabe b) legt den Betriebspartnern auch auf, die Fristen für den Abbau von Zeitschulden zu bestimmen.

Buchstabe c) enthält die in Betriebs-/Dienstvereinbarungen zu konkretisierende Berechtigung des Arbeitgebers, zu bestimmten Zeiten (z. B. an Brückentagen) das Abbuchen von Zeitguthaben vorzusehen.

In Buchstabe d) wird den Betriebspartnern auferlegt, in der Betriebs-/ Dienstvereinbarung auch Regelungen über die Folgen eines Widerrufs bereits genehmigter Freizeitausgleiche durch den Arbeitgeber zu regeln. Hier wäre denkbar, dass der Arbeitgeber einen „Strafzuschlag" entrichten muss und somit die auf seine Veranlassung nicht abgerufenen Zeiten nicht nur im Verhältnis 1 : 1, sondern mit einem höheren Wert dem Konto weiterhin gutschreibt.

Langzeitkonto (Abs. 6)

Während es sich bei dem Arbeitszeitkonto auf der Grundlage des § 10 im Regelfall um ein Kurzzeitkonto handelt, schafft Absatz 6 die Möglichkeit, auch ein Langzeitkonto einzurichten. Entgegen den üblichen Grundsätzen setzt dies keine Betriebs-/Dienstvereinbarung, sondern – unter Beteiligung des Betriebs-/Personalrates – eine individuelle Vereinbarung zwischen Arbeitgeber und Arbeitnehmer voraus. Rahmenbedingungen dafür werden tarifvertraglich nicht vorgegeben. Lediglich für den Fall, dass der Arbeitgeber insolvenzfähig ist, schreibt Satz 2 der Vorschrift eine Regelung zur Insolvenzsicherung vor. Diese Verpflichtung (und weitere Details zur sozialversicherungsrechtlichen Abwicklung von Langzeitkonten) ergeben sich inzwischen bereits aus den §§ 7 bis 7g des SGB IV i. d. F. des Gesetzes zur Verbesserung der Rahmenbedingungen für die Absicherung flexibler Arbeitsbedingungen – „FlexiG II" vom 21. Dezember 2008 (BGBl. I S. 2940).

Protokollerklärung zu Abschnitt II

Die Protokollerklärung zu Abschnitt II (§§ 6 bis 11) und Erläuterungen dazu sind im Anschluss an § 11 abgedruckt.

§ 11 Teilzeitbeschäftigung

(1) [1]Mit Beschäftigten soll auf Antrag eine geringere als die vertraglich festgelegte Arbeitszeit vereinbart werden, wenn sie

a) mindestens ein Kind unter 18 Jahren oder

b) einen nach ärztlichem Gutachten pflegebedürftigen sonstigen Angehörigen

II

tatsächlich betreuen oder pflegen und dringende dienstliche beziehungsweise betriebliche Belange nicht entgegenstehen. [2]Die Teilzeitbeschäftigung nach Satz 1 ist auf Antrag auf bis zu fünf Jahre zu befristen. [3]Sie kann verlängert werden; der Antrag ist spätestens sechs Monate vor Ablauf der vereinbarten Teilzeitbeschäftigung zu stellen. [4]Bei der Gestaltung der Arbeitszeit hat der Arbeitgeber im Rahmen der dienstlichen beziehungsweise betrieblichen Möglichkeiten der besonderen persönlichen Situation der/des Beschäftigten nach Satz 1 Rechnung zu tragen.

(2) Beschäftigte, die in anderen als den in Absatz 1 genannten Fällen eine Teilzeitbeschäftigung vereinbaren wollen, können von ihrem Arbeitgeber verlangen, dass er mit ihnen die Möglichkeit einer Teilzeitbeschäftigung mit dem Ziel erörtert, zu einer entsprechenden Vereinbarung zu gelangen.

(3) Ist mit früher Vollbeschäftigten auf ihren Wunsch eine nicht befristete Teilzeitbeschäftigung vereinbart worden, sollen sie bei späterer Besetzung eines Vollzeitarbeitsplatzes bei gleicher Eignung im Rahmen der dienstlichen beziehungsweise betrieblichen Möglichkeiten bevorzugt berücksichtigt werden.

Protokollerklärung zu Abschnitt II:

[1]Gleitzeitregelungen sind unter Wahrung der jeweils geltenden Mitbestimmungsrechte unabhängig von den Vorgaben zu Arbeitszeitkorridor und Rahmenzeit (§ 6 Absatz 6 und 7) möglich; dies gilt nicht bei Schicht- und Wechselschichtarbeit. [2]In den Gleitzeitregelungen kann auf Vereinbarungen nach § 10 verzichtet werden. [3]Sie dürfen keine Regelungen nach § 6 Absatz 4 enthalten. [4]Bei In-Kraft-Treten dieses Tarifvertrages bestehende Gleitzeitregelungen bleiben unberührt.

Erläuterungen

§ 11 TV-L trifft Regelungen zum Anspruch auf Teilzeitbeschäftigung. Die Vorschrift entspricht – von redaktionellen Änderungen abgesehen – § 15b BAT.

Die Regelung des § 11 TV-L stellt nicht die alleinige Grundlage für einen Anspruch auf Teilzeitbeschäftigung dar. Neben den in den Gleichstellungs- bzw. Frauenfördergesetzen des Bundes und der Länder (→ dazu Erläuterung Nr. 6 zu § 2 Abs. 1) enthaltenen Regeln zur Förderung der Teilzeitbeschäftigung und dem Teilzeitanspruch nach § 3 des Pflegezeitgesetzes[1]) sowie nach dem Familienpflegezeitge-

1) abgedruckt als Anhang 1 unter **210** § 29 TV-L

setz[1]) ist insbesondere das Teilzeit- und Befristungsgesetz – TzBfG[2]) – zu beachten. Es enthält in § 8 Abs. 1 einen allgemeinen Anspruch auf Teilzeitarbeit, der über die tariflichen Ansprüche hinausgeht. Da – von wenigen Ausnahmen abgesehen – von den Regelungen des TzBfG weder durch Tarif- noch durch Arbeitsvertrag zu Ungunsten der Beschäftigten abgewichen werden darf (→ § 22 TzBfG), wird häufig auch dann ein Anspruch auf Reduzierung der Arbeitszeit zu bejahen sein, wenn die Voraussetzungen des § 11 TV-L nicht vorliegen. Auch die Fälle, in denen nach dem TzBfG ein Anspruch auf zeitliche Befristung der Teilzeit besteht, gehen über die Möglichkeiten des § 11 TV-L hinaus (sog. „Brückenteilzeit" – s. § 9a TzBfG i. d. F. des Gesetzes zur Weiterentwicklung des Teilzeitrechts vom 11. Dezember 2018; BGBl. I S. 2384). Nach dem sogenannten Günstigkeitsprinzip finden die Tarifvorschriften uneingeschränkt Anwendung, wenn sie günstiger als die Gesetzesnorm sind. Dies ist insbesondere während der ersten neun Monate des Arbeitsverhältnisses der Fall; denn das TzBfG verlangt im Gegensatz zur tariflichen Anspruchsgrundlage eine Wartezeit von sechs Monaten und eine nach Ablauf der Wartezeit beginnende Frist von drei Monaten zur Geltendmachung des Anspruches.

Teilzeitbeschäftigung aus familiären Gründen (Abs. 1)

Nach Satz 1 der Vorschrift soll mit Beschäftigten, die mindestens ein Kind unter 18 Jahren (Buchst. a) oder einen nach ärztlichem Gutachten pflegebedürftigen sonstigen Angehörigen (Buchst. b) tatsächlich betreuen oder pflegen, eine geringere als die vertraglich festgelegte Arbeitszeit vereinbart werden. Zwar handelt es sich um eine „Soll-Vorschrift", die vom Wortlaut keinen unbedingten, sondern einen „weichen" Rechtsanspruch schafft. Gleichwohl kann bei Soll-Bestimmungen generell das Begehren nicht nach dem beliebigen Ermessen des Arbeitgebers, sondern nur bei Vorliegen wichtiger Gründe abgelehnt werden. Hinzu kommt bei § 11 TV-L, dass die Vorschrift selbst aufführt, dass (nur) **dringende** dienstliche bzw. betriebliche Belange der Bewilligung entgegenstehen können. Daran sind sehr strenge Maßstäbe anzulegen. Eine Ablehnung wird in der Praxis allenfalls in sehr kleinen Verwaltungen/Betrieben möglich sein können, wenn dort der Beschäftigte für eine begrenzte Übergangszeit unverzichtbar ist. In der Regel ist jeder Arbeitsausfall (hier: durch die Reduzierung der Arbeitszeit) durch organisatorische Maßnahmen aufzufangen.

---

[1]) abgedruckt als Anhang 1

[2]) abgedruckt als Anhang 1 unter **210** § 30 TV-L

Die Tarifvorschrift gilt – entgegen § 15b BAT – nicht nur für vollbeschäftigte, sondern auch für ohnehin nichtvollbeschäftigte Arbeitnehmer, die folglich einen Anspruch auf weitere Reduzierung ihrer individuellen Arbeitszeit haben. Damit haben die Tarifpartner die Konsequenzen aus der Rechtsprechung des BAG gezogen, das in seinem Urteil vom 18. 3. 2003 – 9 AZR 126/02, AP Nr. 3 zu § 8 TzBfG – in dem Ausschluss Teilzeitbeschäftigter eine rechtlich unwirksame Benachteiligung Teilzeitbeschäftigter gesehen hat.

Die Tarifpartner haben auf eine eigene Festlegung, was unter den Begriffen „Kind", „Angehöriger" und „pflegebedürftig" zu verstehen ist, verzichtet. Insoweit muss auf allgemein gültige Definitionen zurückgegriffen werden.

Zur Frage, wer als **Kind** im Sinne des Absatzes 1 Satz 1 Buchst. a anzusehen ist, kann auf die kindergeldrechtlichen Begriffsbestimmungen (§ 63 i. V. m. § 32 Abs. 1 Einkommensteuergesetz, § 2 Abs. 1 Bundeskindergeldgesetz) zurückgegriffen werden. Diese Vorschriften haben folgenden Wortlaut:

§ 63 EStG Kinder

(1) [1]Als Kinder werden berücksichtigt

1. Kinder im Sinne des § 32 Absatz 1,
2. vom Berechtigten in seinen Haushalt aufgenommene Kinder seines Ehegatten,
3. vom Berechtigten in seinen Haushalt aufgenommene Enkel.

[2]§ 32 Absatz 3 bis 5 gilt entsprechend. [3]Voraussetzung für die Berücksichtigung ist die Identifizierung des Kindes durch die an dieses Kind vergebene Identifikationsnummer (§ 139b der Abgabenordnung). [4]Ist das Kind nicht nach einem Steuergesetz steuerpflichtig (§ 139a Absatz 2 der Abgabenordnung), ist es in anderer geeigneter Weise zu identifizieren. [5]Die nachträgliche Identifizierung oder nachträgliche Vergabe der Identifikationsnummer wirkt auf Monate zurück, in denen die Voraussetzungen der Sätze 1 bis 4 vorliegen. [6]Kinder, die weder einen Wohnsitz noch ihren gewöhnlichen Aufenthalt im Inland, in einem Mitgliedstaat der Europäischen Union oder in einem Staat, auf den das Abkommen über den Europäischen Wirtschaftsraum Anwendung findet, haben, werden nicht berücksichtigt, es sei denn, sie leben im Haushalt eines Berechtigten im Sinne des § 62 Absatz 1 Satz 1 Nummer 2 Buchstabe a. [7]Kinder im Sinne von § 2 Absatz 4 Satz 2 des Bundeskindergeldgesetzes werden nicht berücksichtigt.

(2) Die Bundesregierung wird ermächtigt, durch Rechtsverordnung, die nicht der Zustimmung des Bundesrates bedarf, zu bestimmen, dass einem Berechtigten, der im Inland erwerbstätig ist oder sonst seine hauptsächlichen Einkünfte erzielt, für seine in Absatz 1 Satz 3 erster Halbsatz bezeichneten Kinder Kindergeld ganz oder teilweise zu leisten ist, soweit dies

mit Rücksicht auf die durchschnittlichen Lebenshaltungskosten für Kinder in deren Wohnsitzstaat und auf die dort gewährten dem Kindergeld vergleichbaren Leistungen geboten ist.

§ 32 EStG Kinder, Freibeträge für Kinder

(1) Kinder sind

1. im ersten Grad mit dem Steuerpflichtigen verwandte Kinder,
2. Pflegekinder (Personen, mit denen der Steuerpflichtige durch ein familienähnliches, auf längere Dauer berechnetes Band verbunden ist, sofern er sie nicht zu Erwerbszwecken in seinen Haushalt aufgenommen hat und das Obhuts- und Pflegeverhältnis zu den Eltern nicht mehr besteht).

. . .

§ 2 BKGG Kinder

(1) Als Kinder werden auch berücksichtigt

1. vom Berechtigten in seinen Haushalt aufgenommene Kinder seines Ehegatten oder Lebenspartners,
2. Pflegekinder (Personen, mit denen der Berechtigte durch ein familienähnliches, auf längere Dauer berechnetes Band verbunden ist, sofern er sie nicht zu Erwerbszwecken in seinen Haushalt aufgenommen hat und das Obhuts- und Pflegeverhältnis zu den Eltern nicht mehr besteht),
3. vom Berechtigten in seinen Haushalt aufgenommene Enkel.

. . .

Es ist aber nicht Voraussetzung, dass der Angestellte auch das Kindergeld erhält.

Bezüglich des in Absatz 1 Satz 1 Buchst. b verwendeten Begriffs „Angehörigen" kann die Legaldefinition in § 20 Abs. 5 Verwaltungsverfahrensgesetz herangezogen werden. Diese Vorschrift hat folgenden Wortlaut:

§ 20 VwVfG Ausgeschlossene Personen

. . .

(5) Angehörige im Sinne des Absatzes 1 Nr. 2 und 4 sind:

1. der Verlobte,
2. der Ehegatte,

2a. der Lebenspartner,

3. Verwandte und Verschwägerte gerader Linie,
4. Geschwister,
5. Kinder der Geschwister,
6. Ehegatten der Geschwister und Geschwister der Ehegatten,

6a. Lebenspartner der Geschwister und Geschwister der Lebenspartner,

7. Geschwister der Eltern,
8. Personen, die durch ein auf längere Dauer angelegtes Pflegeverhältnis mit häuslicher Gemeinschaft wie Eltern und Kind miteinander verbunden sind (Pflegeeltern und Pflegekinder).

Angehörige sind die in Satz 1 aufgeführten Personen auch dann, wenn

1. in den Fällen der Nummern 2, 3 und 6 die die Beziehung begründende Ehe nicht mehr besteht;
1a. in den Fällen der Nummern 2a, 3 und 6a die die Beziehung begründende Lebenspartnerschaft nicht mehr besteht;
2. in den Fällen der Nummern 3 bis 7 die Verwandtschaft oder Schwägerschaft durch Annahme als Kind erloschen ist;
3. im Falle der Nummer 8 die häusliche Gemeinschaft nicht mehr besteht, sofern die Personen weiterhin wie Eltern und Kind miteinander verbunden sind.

Partner einer eingetragenen Lebenspartnerschaft gelten gem. § 11 Abs. 1 Lebenspartnerschaftsgesetz als Familienangehöriger des anderen Lebenspartners.

„**Pflegebedürftigkeit**" ist anzunehmen, wenn die betroffene Person infolge ihrer körperlichen, seelischen und/oder geistigen Behinderung zu den Verrichtungen des täglichen Lebens aus eigener Kraft nicht imstande ist, so dass für ihre Pflege die Arbeitskraft einer anderen Person in Anspruch genommen werden muss. Vergleiche auch § 14 SGB XI:

§ 14 SGB XI Begriff der Pflegebedürftigkeit

(1) Pflegebedürftig im Sinne dieses Buches sind Personen, die gesundheitlich bedingte Beeinträchtigungen der Selbständigkeit oder der Fähigkeiten aufweisen und deshalb der Hilfe durch andere bedürfen. Es muss sich um Personen handeln, die körperliche, kognitive oder psychische Beeinträchtigungen oder gesundheitlich bedingte Belastungen oder Anforderungen nicht selbständig kompensieren oder bewältigen können. Die Pflegebedürftigkeit muss auf Dauer, voraussichtlich für mindestens sechs Monate, und mit mindestens der in § 15 festgelegten Schwere bestehen.

(2) Maßgeblich für das Vorliegen von gesundheitlich bedingten Beeinträchtigungen der Selbständigkeit oder der Fähigkeiten sind die in den folgenden sechs Bereichen genannten pflegefachlich begründeten Kriterien:

1. Mobilität: Positionswechsel im Bett, Halten einer stabilen Sitzposition, Umsetzen, Fortbewegen innerhalb des Wohnbereichs, Treppensteigen;
2. kognitive und kommunikative Fähigkeiten: Erkennen von Personen aus dem näheren Umfeld, örtliche Orientierung, zeitliche Orientierung, Erinnern an wesentliche Ereignisse oder Beobachtungen, Steuern von mehrschrittigen Alltagshandlungen, Treffen von Ent-

scheidungen im Alltagsleben, Verstehen von Sachverhalten und Informationen, Erkennen von Risiken und Gefahren, Mitteilen von elementaren Bedürfnissen, Verstehen von Aufforderungen, Beteiligen an einem Gespräch;

3. Verhaltensweisen und psychische Problemlagen: motorisch geprägte Verhaltensauffälligkeiten, nächtliche Unruhe, selbstschädigendes und autoaggressives Verhalten, Beschädigen von Gegenständen, physisch aggressives Verhalten gegenüber anderen Personen, verbale Aggression, andere pflegerelevante vokale Auffälligkeiten, Abwehr pflegerischer und anderer unterstützender Maßnahmen, Wahnvorstellungen, Ängste, Antriebslosigkeit bei depressiver Stimmungslage, sozial inadäquate Verhaltensweisen, sonstige pflegerelevante inadäquate Handlungen;
4. Selbstversorgung: Waschen des vorderen Oberkörpers, Körperpflege im Bereich des Kopfes, Waschen des Intimbereichs, Duschen und Baden einschließlich Waschen der Haare, An- und Auskleiden des Oberkörpers, An- und Auskleiden des Unterkörpers, mundgerechtes Zubereiten der Nahrung und Eingießen von Getränken, Essen, Trinken, Benutzen einer Toilette oder eines Toilettenstuhls, Bewältigen der Folgen einer Harninkontinenz und Umgang mit Dauerkatheter und Urostoma, Bewältigen der Folgen einer Stuhlinkontinenz und Umgang mit Stoma, Ernährung parenteral oder über Sonde, Bestehen gravierender Probleme bei der Nahrungsaufnahme bei Kindern bis zu 18 Monaten, die einen außergewöhnlich pflegeintensiven Hilfebedarf auslösen;
5. Bewältigung von und selbständiger Umgang mit krankheits- oder therapiebedingten Anforderungen und Belastungen:
   a) in Bezug auf Medikation, Injektionen, Versorgung intravenöser Zugänge, Absaugen und Sauerstoffgabe, Einreibungen sowie Kälte- und Wärmeanwendungen, Messung und Deutung von Körperzuständen, körpernahe Hilfsmittel,
   b) in Bezug auf Verbandswechsel und Wundversorgung, Versorgung mit Stoma, regelmäßige Einmalkatheterisierung und Nutzung von Abführmethoden, Therapiemaßnahmen in häuslicher Umgebung,
   c) in Bezug auf zeit- und technikintensive Maßnahmen in häuslicher Umgebung, Arztbesuche, Besuche anderer medizinischer oder therapeutischer Einrichtungen, zeitlich ausgedehnte Besuche medizinischer oder therapeutischer Einrichtungen, Besuch von Einrichtungen zur Frühförderung bei Kindern sowie
   d) in Bezug auf das Einhalten einer Diät oder anderer krankheits- oder therapiebedingter Verhaltensvorschriften;
6. Gestaltung des Alltagslebens und sozialer Kontakte: Gestaltung des Tagesablaufs und Anpassung an Veränderungen, Ruhen und Schlafen, Sichbeschäftigen, Vornehmen von in die Zukunft gerichteten

Planungen, Interaktion mit Personen im direkten Kontakt, Kontaktpflege zu Personen außerhalb des direkten Umfelds.

(3) Beeinträchtigungen der Selbständigkeit oder der Fähigkeiten, die dazu führen, dass die Haushaltsführung nicht mehr ohne Hilfe bewältigt werden kann, werden bei den Kriterien der in Absatz 2 genannten Bereiche berücksichtigt.

Das Vorliegen der Voraussetzungen ist vom Angestellten durch ein ärztliches Gutachten nachzuweisen; ein amtsärztliches Gutachten ist in der Regel nicht erforderlich.

Die im Falle des Absatzes 1 Satz 1 Buchst. a bzw. b geforderte **tatsächliche Betreuung oder Pflege** erfordert nicht, dass die Betreuung oder Pflege durch den Angestellten zwingend geboten ist, d. h. keine andere Person hierfür zur Verfügung steht.

Die Teilzeitbeschäftigung ist auf Antrag des Beschäftigten auf bis zu fünf Jahre zu befristen. Wird kein entsprechender Antrag gestellt, ist die Teilzeitbeschäftigung unbefristet. Bei rechtzeitiger Antragstellung (spätestens sechs Monate vor Ablauf der Befristung) kann die Teilzeitbeschäftigung über den ursprünglichen Zeitpunkt hinaus verlängert werden. Die Verlängerung ist vom Zeitrahmen beliebig, sie unterliegt – anders als die erstmalige Befristung – keinen zeitlichen Begrenzungen, solange die Anspruchsvoraussetzungen (z. B. an das Höchstalter des betreuten Kindes) noch vorliegen.

Fallen nach der Bewilligung der Teilzeitbeschäftigung die Voraussetzungen des Absatzes 1 Satz 1 Buchst. a oder b weg, z. B. weil das Kind den Haushalt verlassen hat oder der Pflegebedürftige verstorben ist, bleibt die vereinbarte Ermäßigung der Arbeitszeit bestehen. Dies gilt auch, wenn es sich um eine zeitlich befristete Verkürzung der wöchentlichen Arbeitszeit gehandelt hat (z. B. für die Dauer von fünf Jahren). Die Voraussetzungen müssen lediglich zum Zeitpunkt der Vereinbarung nach Absatz 1 vorgelegen haben. Auf Wunsch der Beschäftigten sollte in solchen Fällen jedoch geprüft werden, ob im Rahmen der jeweiligen dienstlichen oder betrieblichen Möglichkeiten eine Änderung der Vereinbarung erfolgen kann.

Satz 4 legt dar, dass der Arbeitgeber bei der Gestaltung der Arbeitszeit den Belangen der Kinder oder sonstige pflegebedürftige betreuenden/pflegenden Beschäftigten im Rahmen der dienstlichen/betrieblichen Möglichkeiten Rechnung tragen soll. Hieraus resultiert jedoch kein Anspruch des Beschäftigten auf eine Änderung des Arbeitsvertrages bezüglich der Lage der Arbeitszeit. Die Ausgestaltung der verringerten Arbeitszeit bleibt Teil des Direktionsrechts des Arbeitgebers (s. BAG vom 16. 12. 2014 – 9 AZR 915/13).

Teilzeitbeschäftigung aus anderen Gründen (Abs. 2)

Die Regelung in Absatz 2 eröffnet die Möglichkeit einer Teilzeitbeschäftigung auch aus anderen als familiären Gründen. Der Beschäftigte kann – falls dies notwendig sein sollte – von seinem Arbeitgeber verlangen, dass er mit ihm die Möglichkeit einer Teilzeitbeschäftigung mit dem Ziel erörtert, zu einer entsprechenden Vereinbarung zu gelangen. In jedem Einzelfall ist das persönliche Interesse des Angestellten an der Vereinbarung einer Teilzeitbeschäftigung mit den dienstlichen Belangen abzuwägen. Personalwirtschaftliche und organisatorische Gesichtspunkte sind zu berücksichtigen; die Berufung auf organisatorische Schwierigkeiten kann für sich allein jedoch nicht als Grund angesehen werden, den Antrag eines Angestellten auf Teilzeitbeschäftigung abzulehnen.

Rückkehr zur Vollbeschäftigung (Abs. 3)

Absatz 3 enthält eine Bemühensklausel, wonach der Arbeitgeber auf der Grundlage des § 11 Abs. 1 oder 2 TV-L teilzeitbeschäftigte Beschäftigte im Rahmen der dienstlichen bzw. betrieblichen Möglichkeiten bei der Besetzung eines Vollzeitarbeitsplatzes bevorzugt berücksichtigen soll. Nach der Regelung soll der teilzeitbeschäftigte Angestellte bei der Besetzung eines Vollzeitarbeitsplatzes bevorzugt berücksichtigt werden, wenn er für den zu besetzenden Arbeitsplatz die gleiche Eignung wie ein anderer Bewerber hat.

Mit Urteil vom 13. 11. 2001 – 9 AZR 442/00, AP Nr. 1 zu § 15b BAT – hat das BAG zur inhaltsgleichen Vorschrift des § 15b Abs. 3 BAT entschieden, dass eine Angestellte, deren Arbeitszeit wegen der Betreuung ihres Kindes antragsgemäß und ohne zeitliche Begrenzung auf die Hälfte der regelmäßigen tariflichen Wochenarbeitszeit verkürzt worden war, später nicht einseitig die Erhöhung ihrer Arbeitszeit verlangen kann – und zwar auch dann nicht, wenn der Arbeitgeber die Angestellte vor der Verringerung der Arbeitszeit nicht auf die Möglichkeit hingewiesen hatte, die Herabsetzung der Arbeitszeit zeitlich zu befristen.

Auswirkungen einer Teilzeitbeschäftigung

Nachfolgend sind die Auswirkungen einer Arbeitszeitreduzierung auf das Arbeitsverhältnis bzw. Leistungsansprüche dargestellt.

Beschäftigungszeit: Zeiten der Teilzeitbeschäftigung zählen uneingeschränkt zur Beschäftigungszeit i. S. d. § 34 Abs. 3.

Entgelt: Der teilzeitbeschäftigte Beschäftigte erhält den Teil des Entgelts, der dem Maß der mit ihm vereinbarten Arbeitszeit entspricht (→ § 24 Abs. 2).

Jubiläumsgeld: Der nicht vollbeschäftigte Beschäftigte erhält das Jubiläumsgeld in voller Höhe (→ § 23 Abs. 2 Satz 2). Zeiten einer Teilzeitbeschäftigung werden im vollen Umfang bei der Festsetzung der dem Jubiläumsgeld zugrunde liegenden Beschäftigungszeit berücksichtigt.

Jahressonderzahlung: Ist die regelmäßige Arbeitszeit in mindestens einem der Monate Juli, August und September herabgesetzt, ergibt sich über die Ermäßigung des für die Jahressonderzahlung maßgeblichen Durchschnittsentgelts eine Verringerung des Grundbetrages der jährlichen Zuwendung (→ § 24 Abs. 2 i. V. m. § 20 Abs. 2).

Vermögenswirksame Leistungen: Nicht Vollbeschäftigte erhalten von der vermögenswirksamen Leistung für Vollbeschäftigte den Teil, der dem Maß der mit ihnen vereinbarten regelmäßigen wöchentlichen Arbeitszeit entspricht (→ § 23 Abs. 1 Satz 2 i. V. m. § 24 Abs. 2).

Zusatzversorgung: Seit der Neuregelung des Rechts der Zusatzversorgung durch den Tarifvertrag Altersversorgung – ATV – sind teilzeitbeschäftigte Arbeitnehmer nicht mehr von der Pflicht zur Versicherung bei der VBL ausgenommen. Eine Minderung der Zusatzrente im Vergleich zur Zusatzversorgung eines Vollbeschäftigten ergibt sich in Folge des im Vergleich zur Vollbeschäftigung geringeren Entgelts und der entsprechend niedrigeren Einzahlungen bei der VBL.

Gleitzeitregelungen

Nach Satz 4 der Protokollerklärung zu Abschnitt II bleiben bei Inkrafttreten des TV-L bestehende Gleitzeitregelungen unberührt, brauchen also nicht angepasst zu werden. Nach den Sätzen 1 bis 3 sind auch neue Gleitzeitregelungen zulässig; sie dürfen aber keine das Arbeitszeitgesetz abdingende Regelungen beinhalten.

Anhang 1

Gesetz über die Familienpflegezeit (Familienpflegezeitgesetz – FPfZG)

Vom 6. Dezember 2011 (BGBl. I S. 2564)

Zuletzt geändert durch
Viertes Bürokratieentlastungsgesetz
vom 23. Oktober 2024 (BGBl. I Nr. 323)

§ 1 Ziel des Gesetzes

Durch die Einführung der Familienpflegezeit werden die Möglichkeiten zur Vereinbarkeit von Beruf und familiärer Pflege verbessert.

§ 2 Familienpflegezeit

(1) Beschäftigte sind von der Arbeitsleistung für längstens 24 Monate (Höchstdauer) teilweise freizustellen, wenn sie einen pflegebedürftigen nahen Angehörigen in häuslicher Umgebung pflegen (Familienpflegezeit). Während der Familienpflegezeit muss die verringerte Arbeitszeit wöchentlich mindestens 15 Stunden betragen. Bei unterschiedlichen wöchentlichen Arbeitszeiten oder einer unterschiedlichen Verteilung der wöchentlichen Arbeitszeit darf die wöchentliche Arbeitszeit im Durchschnitt eines Zeitraums von bis zu einem Jahr 15 Stunden nicht unterschreiten (Mindestarbeitszeit). Der Anspruch nach Satz 1 besteht nicht gegenüber Arbeitgebern mit in der Regel 25 oder weniger Beschäftigten ausschließlich der zu ihrer Berufsbildung Beschäftigten.

(2) Pflegezeit und Familienpflegezeit dürfen gemeinsam 24 Monate je pflegebedürftigem nahen Angehörigen nicht überschreiten (Gesamtdauer).

(3) Die §§ 5 bis 8 des Pflegezeitgesetzes gelten entsprechend.

(4) Die Familienpflegezeit wird auf Berufsbildungszeiten nicht angerechnet.

(5) Beschäftigte sind von der Arbeitsleistung für längstens 24 Monate (Höchstdauer) teilweise freizustellen, wenn sie einen minderjährigen pflegebedürftigen nahen Angehörigen in häuslicher oder außerhäuslicher Umgebung betreuen. Die Inanspruchnahme dieser Freistellung ist jederzeit im Wechsel mit der Freistellung nach Absatz 1 im Rahmen der Gesamtdauer nach Absatz 2 möglich. Absatz 1 Satz 2 bis 4 und die Absätze 2 bis 4 gelten entsprechend. Beschäftigte können diesen

Anspruch wahlweise statt des Anspruchs auf Familienpflegezeit nach Absatz 1 geltend machen.

§ 2a Inanspruchnahme der Familienpflegezeit

(1) Wer Familienpflegezeit nach § 2 beanspruchen will, muss dies dem Arbeitgeber spätestens acht Wochen vor dem gewünschten Beginn in Textform ankündigen und gleichzeitig erklären, für welchen Zeitraum und in welchem Umfang innerhalb der Gesamtdauer nach § 2 Absatz 2 die Freistellung von der Arbeitsleistung in Anspruch genommen werden soll. Dabei ist auch die gewünschte Verteilung der Arbeitszeit anzugeben. Enthält die Ankündigung keine eindeutige Festlegung, ob die oder der Beschäftigte Pflegezeit nach § 3 des Pflegezeitgesetzes oder Familienpflegezeit in Anspruch nehmen will, und liegen die Voraussetzungen beider Freistellungsansprüche vor, gilt die Erklärung als Ankündigung von Pflegezeit. Wird die Familienpflegezeit nach einer Freistellung nach § 3 Absatz 1 oder Absatz 5 des Pflegezeitgesetzes zur Pflege oder Betreuung desselben pflegebedürftigen Angehörigen in Anspruch genommen, muss sich die Familienpflegezeit unmittelbar an die Freistellung nach § 3 Absatz 1 oder Absatz 5 des Pflegezeitgesetzes anschließen. In diesem Fall soll die oder der Beschäftigte möglichst frühzeitig erklären, ob sie oder er Familienpflegezeit in Anspruch nehmen wird; abweichend von Satz 1 muss die Ankündigung spätestens drei Monate vor Beginn der Familienpflegezeit erfolgen. Wird eine Freistellung nach § 3 Absatz 1 oder Absatz 5 des Pflegezeitgesetzes nach einer Familienpflegezeit in Anspruch genommen, ist diese in unmittelbarem Anschluss an die Familienpflegezeit zu beanspruchen; sie ist dem Arbeitgeber spätestens acht Wochen vor Beginn in Textform anzukündigen.

(2) Arbeitgeber und Beschäftigte haben über die Verringerung und Verteilung der Arbeitszeit eine schriftliche Vereinbarung zu treffen. Hierbei hat der Arbeitgeber den Wünschen der Beschäftigten zu entsprechen, es sei denn, dass dringende betriebliche Gründe entgegenstehen.

(3) Für einen kürzeren Zeitraum in Anspruch genommene Familienpflegezeit kann bis zur Gesamtdauer nach § 2 Absatz 2 verlängert werden, wenn der Arbeitgeber zustimmt. Eine Verlängerung bis zur Gesamtdauer kann verlangt werden, wenn ein vorgesehener Wechsel in der Person der oder des Pflegenden aus einem wichtigen Grund nicht erfolgen kann.

(4) Die Beschäftigten haben die Pflegebedürftigkeit der oder des nahen Angehörigen durch Vorlage einer Bescheinigung der Pflegekasse oder des Medizinischen Dienstes der Krankenversicherung nach-

zuweisen. Bei in der privaten Pflege-Pflichtversicherung versicherten Pflegebedürftigen ist ein entsprechender Nachweis zu erbringen.

(5) Ist die oder der nahe Angehörige nicht mehr pflegebedürftig oder die häusliche Pflege der oder des nahen Angehörigen unmöglich oder unzumutbar, endet die Familienpflegezeit vier Wochen nach Eintritt der veränderten Umstände. Der Arbeitgeber ist hierüber unverzüglich zu unterrichten. Im Übrigen kann die Familienpflegezeit nur vorzeitig beendet werden, wenn der Arbeitgeber zustimmt.

(5a) Beschäftigte von Arbeitgebern mit in der Regel 25 oder weniger Beschäftigten ausschließlich der zu ihrer Berufsbildung Beschäftigten können bei ihrem Arbeitgeber den Abschluss einer Vereinbarung über eine Familienpflegezeit nach § 2 Absatz 1 Satz 1 bis 3 oder eine Freistellung nach § 2 Absatz 5 Satz 1 beantragen. Der Arbeitgeber hat den Antrag nach Satz 1 innerhalb von vier Wochen nach Zugang zu beantworten. Eine Ablehnung des Antrags ist zu begründen. Wird eine Freistellung nach Satz 1 vereinbart, gelten § 2 Absatz 2 bis 4 sowie § 2a Absatz 1 Satz 4 und 6 erster Halbsatz, Absatz 2 Satz 1, Absatz 3 Satz 1, Absatz 4 und 5 entsprechend.

(6) Die Absätze 1 bis 5 gelten entsprechend für die Freistellung von der Arbeitsleistung nach § 2 Absatz 5.

§ 2b Erneute Familienpflegezeit nach Inanspruchnahme einer Freistellung auf Grundlage der Sonderregelungen aus Anlass der COVID-19-Pandemie

(1) Abweichend von § 2a Absatz 3 können Beschäftigte einmalig nach einer beendeten Familienpflegezeit zur Pflege und Betreuung desselben pflegebedürftigen Angehörigen Familienpflegezeit erneut, jedoch insgesamt nur bis zur Höchstdauer nach § 2 Absatz 1 in Anspruch nehmen, wenn die Gesamtdauer von 24 Monaten nach § 2 Absatz 2 nicht überschritten wird und die Inanspruchnahme der beendeten Familienpflegezeit auf der Grundlage der Sonderregelungen aus Anlass der COVID-19-Pandemie erfolgte.

(2) Abweichend von § 2a Absatz 1 Satz 4 muss sich die Familienpflegezeit nicht unmittelbar an die Freistellung nach § 3 Absatz 1 oder Absatz 5 des Pflegezeitgesetzes anschließen, wenn die Freistellung aufgrund der Sonderregelungen aus Anlass der COVID-19-Pandemie in Anspruch genommen wurde und die Gesamtdauer nach § 2 Absatz 2 von 24 Monaten nicht überschritten wird.

(3) Abweichend von § 2a Absatz 1 Satz 6 muss sich die Freistellung nach § 3 Absatz 1 oder Absatz 5 des Pflegezeitgesetzes nicht unmittelbar an die Familienpflegezeit anschließen, wenn die Inanspruchnahme

der Familienpflegezeit aufgrund der Sonderregelungen aus Anlass der COVID-19-Pandemie erfolgte und die Gesamtdauer nach § 2 Absatz 2 von 24 Monaten ab Beginn der ersten Freistellung nicht überschritten wird.

§ 3 Förderung der pflegebedingten Freistellung von der Arbeitsleistung

(1) Für die Dauer der Freistellungen nach § 2 dieses Gesetzes oder nach § 3 des Pflegezeitgesetzes gewährt das Bundesamt für Familie und zivilgesellschaftliche Aufgaben Beschäftigten auf Antrag ein in monatlichen Raten zu zahlendes zinsloses Darlehen nach Maßgabe der Absätze 2 bis 5. Der Anspruch gilt auch für Vereinbarungen über Freistellungen von der Arbeitsleistung nach § 2a Absatz 5a dieses Gesetzes.

(2) Die monatlichen Darlehensraten werden in Höhe der Hälfte der Differenz zwischen den pauschalierten monatlichen Nettoentgelten vor und während der Freistellung nach Absatz 1 gewährt.

(3) Das pauschalierte monatliche Nettoentgelt vor der Freistellung nach Absatz 1 wird berechnet auf der Grundlage des regelmäßigen durchschnittlichen monatlichen Bruttoarbeitsentgelts ausschließlich der Sachbezüge der letzten zwölf Kalendermonate vor Beginn der Freistellung. Das pauschalierte monatliche Nettoentgelt während der Freistellung wird berechnet auf der Grundlage des Bruttoarbeitsentgelts, das sich aus dem Produkt aus der vereinbarten durchschnittlichen monatlichen Stundenzahl während der Freistellung und dem durchschnittlichen Entgelt je Arbeitsstunde ergibt. Durchschnittliches Entgelt je Arbeitsstunde ist das Verhältnis des regelmäßigen gesamten Bruttoarbeitsentgelts ausschließlich der Sachbezüge der letzten zwölf Kalendermonate vor Beginn der Freistellung zur arbeitsvertraglichen Gesamtstundenzahl der letzten zwölf Kalendermonate vor Beginn der Freistellung. Die Berechnung der pauschalierten Nettoentgelte erfolgt entsprechend der Berechnung der pauschalierten Nettoentgelte gemäß § 106 Absatz 1 Satz 5 bis 7 des Dritten Buches Sozialgesetzbuch. Bei einem weniger als zwölf Monate vor Beginn der Freistellung bestehenden Beschäftigungsverhältnis verkürzt sich der der Berechnung zugrunde zu legende Zeitraum entsprechend. Für die Berechnung des durchschnittlichen Entgelts je Arbeitsstunde bleiben Mutterschutzfristen, Freistellungen nach § 2, kurzzeitige Arbeitsverhinderungen nach § 2 des Pflegezeitgesetzes, Freistellungen nach § 3 des Pflegezeitgesetzes sowie die Einbringung von Arbeitsentgelt in und die Entnahme von Arbeitsentgelt aus Wertguthaben nach § 7b des Vierten Buches Sozialgesetzbuch außer Betracht. Abweichend von

Satz 6 bleiben auf Antrag für die Berechnung des durchschnittlichen Arbeitsentgelts je Arbeitsstunde in der Zeit vom 1. März 2020 bis zum Ablauf des 30. April 2023 auch Kalendermonate mit einem aufgrund der COVID-19-Pandemie geringeren Entgelt unberücksichtigt.

(4) In den Fällen der Freistellung nach § 3 des Pflegezeitgesetzes ist die monatliche Darlehensrate auf den Betrag begrenzt, der bei einer durchschnittlichen Arbeitszeit während der Familienpflegezeit von 15 Wochenstunden zu gewähren ist.

(5) Abweichend von Absatz 2 können Beschäftigte auch einen geringeren Darlehensbetrag in Anspruch nehmen, wobei die monatliche Darlehensrate mindestens 50 Euro betragen muss.

(6) Das Darlehen ist in der in Absatz 2 genannten Höhe, in den Fällen der Pflegezeit in der in Absatz 4 genannten Höhe, vorrangig vor dem Bezug von bedürftigkeitsabhängigen Sozialleistungen in Anspruch zu nehmen und von den Beschäftigten zu beantragen; Absatz 5 ist insoweit nicht anzuwenden. Bei der Berechnung von Sozialleistungen nach Satz 1 sind die Zuflüsse aus dem Darlehen als Einkommen zu berücksichtigen.

§ 4 Mitwirkungspflicht des Arbeitgebers

Der Arbeitgeber hat dem Bundesamt für Familie und zivilgesellschaftliche Aufgaben für bei ihm Beschäftigte den Arbeitsumfang sowie das Arbeitsentgelt vor der Freistellung nach § 3 Absatz 1 zu bescheinigen, soweit dies zum Nachweis des Einkommens aus Erwerbstätigkeit oder der wöchentlichen Arbeitszeit der die Förderung beantragenden Beschäftigten erforderlich ist. Für die in Heimarbeit Beschäftigten und die ihnen Gleichgestellten tritt an die Stelle des Arbeitgebers der Auftraggeber oder Zwischenmeister.

§ 5 Ende der Förderfähigkeit

(1) Die Förderfähigkeit endet mit dem Ende der Freistellung nach § 3 Absatz 1. Die Förderfähigkeit endet auch dann, wenn die oder der Beschäftigte während der Freistellung nach § 2 den Mindestumfang der wöchentlichen Arbeitszeit aufgrund gesetzlicher oder kollektivvertraglicher Bestimmungen oder aufgrund von Bestimmungen, die in Arbeitsrechtsregelungen der Kirchen enthalten sind, unterschreitet. Die Unterschreitung der Mindestarbeitszeit aufgrund von Kurzarbeit oder eines Beschäftigungsverbotes lässt die Förderfähigkeit unberührt.

(2) Die Darlehensnehmerin oder der Darlehensnehmer hat dem Bundesamt für Familie und zivilgesellschaftliche Aufgaben unverzüglich

jede Änderung in den Verhältnissen, die für den Anspruch nach § 3 Absatz 1 erheblich sind, mitzuteilen, insbesondere die Beendigung der häuslichen Pflege der oder des nahen Angehörigen, die Beendigung der Betreuung nach § 2 Absatz 5 dieses Gesetzes oder § 3 Absatz 5 des Pflegezeitgesetzes, die Beendigung der Freistellung nach § 3 Absatz 6 des Pflegezeitgesetzes, die vorzeitige Beendigung der Freistellung nach § 3 Absatz 1 sowie die Unterschreitung des Mindestumfangs der wöchentlichen Arbeitszeit während der Freistellung nach § 2 aus anderen als den in Absatz 1 Satz 2 genannten Gründen.

§ 6 Rückzahlung des Darlehens

(1) Im Anschluss an die Freistellung nach § 3 Absatz 1 ist die Darlehensnehmerin oder der Darlehensnehmer verpflichtet, das Darlehen innerhalb von 48 Monaten nach Beginn der Freistellung nach § 3 Absatz 1 zurückzuzahlen. Die Rückzahlung erfolgt in möglichst gleichbleibenden monatlichen Raten in Höhe des im Bescheid nach § 9 festgesetzten monatlichen Betrags jeweils spätestens zum letzten Bankarbeitstag des laufenden Monats. Für die Rückzahlung gelten alle nach § 3 an die Darlehensnehmerin oder den Darlehensnehmer geleisteten Darlehensbeträge als ein Darlehen.

(2) Die Rückzahlung beginnt in dem Monat, der auf das Ende der Förderung der Freistellung nach § 3 Absatz 1 folgt. Das Bundesamt für Familie und zivilgesellschaftliche Aufgaben kann auf Antrag der Darlehensnehmerin oder des Darlehensnehmers den Beginn der Rückzahlung auf einen späteren Zeitpunkt, spätestens jedoch auf den 25. Monat nach Beginn der Förderung festsetzen, wenn die übrigen Voraussetzungen für den Anspruch nach den §§ 2 und 3 weiterhin vorliegen. Befindet sich die Darlehensnehmerin oder der Darlehensnehmer während des Rückzahlungszeitraums in einer Freistellung nach § 3 Absatz 1, setzt das Bundesamt für Familie und zivilgesellschaftliche Aufgaben auf Antrag der oder des Beschäftigten die monatlichen Rückzahlungsraten bis zur Beendigung der Freistellung von der Arbeitsleistung aus. Der Rückzahlungszeitraum verlängert sich um den Zeitraum der Aussetzung.

§ 7 Härtefallregelung

(1) Zur Vermeidung einer besonderen Härte stundet das Bundesamt für Familie und zivilgesellschaftliche Aufgaben der Darlehensnehmerin oder dem Darlehensnehmer auf Antrag die Rückzahlung des Darlehens, ohne dass hierfür Zinsen anfallen. Als besondere Härte gelten insbesondere der Bezug von Entgeltersatzleistungen nach dem Dritten und dem Fünften Buch Sozialgesetzbuch, Leistungen zur

Sicherung des Lebensunterhalts nach dem Zweiten Buch Sozialgesetzbuch und Leistungen nach dem Dritten und Vierten Kapitel des Zwölften Buches Sozialgesetzbuch oder eine mehr als 180 Tage ununterbrochene Arbeitsunfähigkeit. Eine besondere Härte liegt auch vor, wenn sich die Darlehensnehmerin oder der Darlehensnehmer wegen unverschuldeter finanzieller Belastungen vorübergehend in ernsthaften Zahlungsschwierigkeiten befindet oder zu erwarten ist, dass sie oder er durch die Rückzahlung des Darlehens in der vorgesehenen Form in solche Schwierigkeiten gerät.

(2) Für den über die Gesamtdauer der Freistellungen nach § 2 dieses Gesetzes oder nach § 3 Absatz 1 oder 5 des Pflegezeitgesetzes hinausgehenden Zeitraum, in dem die Pflegebedürftigkeit desselben nahen Angehörigen fortbesteht, die Pflege durch die oder den Beschäftigten in häuslicher Umgebung andauert und die Freistellung von der Arbeitsleistung fortgeführt wird, sind auf Antrag die fälligen Rückzahlungsraten zu einem Viertel zu erlassen (Teildarlehenserlass) und die restliche Darlehensschuld für diesen Zeitraum bis zur Beendigung der häuslichen Pflege auf Antrag zu stunden, ohne dass hierfür Zinsen anfallen, sofern eine besondere Härte im Sinne von Absatz 1 Satz 3 vorliegt.

(3) Die Darlehensschuld erlischt, soweit sie noch nicht fällig ist, wenn die Darlehensnehmerin oder der Darlehensnehmer

1. Leistungen nach dem Dritten und Vierten Kapitel des Zwölften Buches Sozialgesetzbuch oder Leistungen zur Sicherung des Lebensunterhalts nach dem Zweiten Buch Sozialgesetzbuch ununterbrochen seit mindestens zwei Jahren nach dem Ende der Freistellung bezieht oder
2. verstirbt.

(4) Der Abschluss von Vergleichen sowie die Stundung, Niederschlagung und der Erlass von Ansprüchen richten sich, sofern in diesem Gesetz nicht abweichende Regelungen getroffen werden, nach den §§ 58 und 59 der Bundeshaushaltsordnung.

§ 8 Antrag auf Förderung

(1) Das Bundesamt für Familie und zivilgesellschaftliche Aufgaben entscheidet auf schriftlichen Antrag über das Darlehen nach § 3 und dessen Rückzahlung nach § 6.

(2) Der Antrag wirkt vom Zeitpunkt des Vorliegens der Anspruchsvoraussetzungen, wenn er innerhalb von drei Monaten nach deren Vorliegen gestellt wird, andernfalls wirkt er vom Beginn des Monats der Antragstellung.

(3) Der Antrag muss enthalten:

1. Name und Anschrift der oder des das Darlehen beantragenden Beschäftigten,
2. Name, Anschrift und Angehörigenstatus der gepflegten Person,
3. Bescheinigung über die Pflegebedürftigkeit oder im Fall des § 3 Absatz 6 des Pflegezeitgesetzes das dort genannte ärztliche Zeugnis über die Erkrankung des oder der nahen Angehörigen,
4. Dauer der Freistellung nach § 3 Absatz 1 sowie Mitteilung, ob zuvor eine Freistellung nach § 3 Absatz 1 in Anspruch genommen wurde, sowie
5. Höhe, Dauer und Angabe der Zeitabschnitte des beantragten Darlehens.

(4) Dem Antrag sind beizufügen:

1. Entgeltbescheinigungen mit Angabe der arbeitsvertraglichen Wochenstunden der letzten zwölf Monate vor Beginn der Freistellung nach § 3 Absatz 1,
2. in den Fällen der vollständigen Freistellung nach § 3 des Pflegezeitgesetzes eine Bescheinigung des Arbeitgebers über die Freistellung und in den Fällen der teilweisen Freistellung die hierüber getroffene schriftliche Vereinbarung zwischen dem Arbeitgeber und der oder dem Beschäftigten.

§ 9 Darlehensbescheid und Zahlweise

(1) In dem Bescheid nach § 8 Absatz 1 sind anzugeben:

1. Höhe des Darlehens,
2. Höhe der monatlichen Darlehensraten sowie Dauer der Leistung der Darlehensraten,
3. Höhe und Dauer der Rückzahlungsraten und
4. Fälligkeit der ersten Rückzahlungsrate.

Wurde dem Antragsteller für eine vor dem Antrag liegende Freistellung nach § 3 Absatz 1 ein Darlehen gewährt, sind für die Ermittlung der Beträge nach Satz 1 Nummer 3 und 4 das zurückliegende und das aktuell gewährte Darlehen wie ein Darlehen zu behandeln. Der das erste Darlehen betreffende Bescheid nach Satz 1 wird hinsichtlich Höhe, Dauer und Fälligkeit der Rückzahlungsraten geändert.

(2) Die Höhe der Darlehensraten wird zu Beginn der Leistungsgewährung in monatlichen Festbeträgen für die gesamte Förderdauer festgelegt.

(3) Die Darlehensraten werden unbar zu Beginn jeweils für den Kalendermonat ausgezahlt, in dem die Anspruchsvoraussetzungen vorliegen. Monatliche Förderungsbeträge, die nicht volle Euro ergeben,

sind bei Restbeträgen bis zu 0,49 Euro abzurunden und von 0,50 Euro an aufzurunden.

§ 10 Antrag und Nachweis in weiteren Fällen

(1) Das Bundesamt für Familie und zivilgesellschaftliche Aufgaben entscheidet auch in den Fällen des § 7 auf schriftlichen oder elektronischen Antrag, der Name und Anschrift der Darlehensnehmerin oder des Darlehensnehmers enthalten muss.

(2) Die Voraussetzungen des § 7 sind nachzuweisen

1. in den Fällen des Absatzes 1 durch Glaubhaftmachung der dort genannten Voraussetzungen, insbesondere durch Darlegung der persönlichen wirtschaftlichen Verhältnisse oder bei Arbeitsunfähigkeit durch Vorlage einer Arbeitsunfähigkeitsbescheinigung der Darlehensnehmerin oder des Darlehensnehmers,
2. in den Fällen des Absatzes 2 durch Vorlage einer Bescheinigung über die fortbestehende Pflegebedürftigkeit der oder des nahen Angehörigen und die Fortdauer der Freistellung von der Arbeitsleistung sowie Glaubhaftmachung der dort genannten Voraussetzungen, insbesondere durch Darlegung der persönlichen wirtschaftlichen Verhältnisse,
3. in den Fällen des Absatzes 3 durch Vorlage der entsprechenden Leistungsbescheide der Darlehensnehmerin oder des Darlehensnehmers oder durch Vorlage einer Sterbeurkunde durch die Rechtsnachfolger.

(3) Anträge auf Teildarlehenserlass nach § 7 Absatz 2 sind bis spätestens 48 Monate nach Beginn der Freistellungen nach § 2 dieses Gesetzes oder nach § 3 Absatz 1 oder 5 des Pflegezeitgesetzes zu stellen.

§ 11 Allgemeine Verwaltungsvorschriften

Zur Durchführung des Verfahrens nach den §§ 8 und 10 kann das Bundesministerium für Familie, Senioren, Frauen und Jugend allgemeine Verwaltungsvorschriften erlassen.

§ 12 Bußgeldvorschriften

(1) Ordnungswidrig handelt, wer vorsätzlich oder fahrlässig

1. entgegen § 4 Satz 1 eine dort genannte Bescheinigung nicht, nicht richtig, nicht vollständig oder nicht rechtzeitig erstellt,
2. entgegen § 5 Absatz 2 eine Mitteilung nicht, nicht richtig, nicht vollständig oder nicht rechtzeitig macht oder
3. entgegen § 8 Absatz 3 Nummer 4 eine Mitteilung nicht, nicht richtig, nicht vollständig oder nicht rechtzeitig macht.

(2) Verwaltungsbehörde im Sinne des § 36 Absatz 1 Nummer 1 des Gesetzes über Ordnungswidrigkeiten ist das Bundesamt für Familie und zivilgesellschaftliche Aufgaben.

(3) Die Ordnungswidrigkeit kann in den Fällen des Absatzes 1 Nummer 1 mit einer Geldbuße bis zu fünftausend Euro und in den Fällen des Absatzes 1 Nummer 2 mit einer Geldbuße bis zu tausend Euro geahndet werden.

(4) Die Geldbußen fließen in die Kasse des Bundesamtes für Familie und zivilgesellschaftliche Aufgaben. Diese trägt abweichend von § 105 Absatz 2 des Gesetzes über Ordnungswidrigkeiten die notwendigen Auslagen. Sie ist auch ersatzpflichtig im Sinne des § 110 Absatz 4 des Gesetzes über Ordnungswidrigkeiten.

§ 13 Aufbringung der Mittel

Die für die Ausführung dieses Gesetzes erforderlichen Mittel trägt der Bund.

§ 14 Beirat

(1) Das Bundesministerium für Familie, Senioren, Frauen und Jugend setzt einen unabhängigen Beirat für die Vereinbarkeit von Pflege und Beruf ein.

(2) Der Beirat befasst sich mit Fragen zur Vereinbarkeit von Pflege und Beruf, er begleitet die Umsetzung der einschlägigen gesetzlichen Regelungen und berät über deren Auswirkungen. Das Bundesministerium für Familie, Senioren, Frauen und Jugend kann dem Beirat Themenstellungen zur Beratung vorgeben.

(3) Der Beirat legt dem Bundesministerium für Familie, Senioren, Frauen und Jugend alle vier Jahre, erstmals zum 1. Juni 2019, einen Bericht vor und kann hierin Handlungsempfehlungen aussprechen.

(4) Der Beirat besteht aus einundzwanzig Mitgliedern, die vom Bundesministerium für Familie, Senioren, Frauen und Jugend im Einvernehmen mit dem Bundesministerium für Arbeit und Soziales und dem Bundesministerium für Gesundheit berufen werden. Stellvertretung ist zulässig. Die oder der Vorsitzende und die oder der stellvertretende Vorsitzende werden vom Bundesministerium für Familie, Senioren, Frauen und Jugend ernannt. Der Beirat setzt sich zusammen aus sechs Vertreterinnen oder Vertretern von fachlich betroffenen Interessenverbänden, je zwei Vertreterinnen oder Vertretern der Gewerkschaften, der Arbeitgeber, der Wohlfahrtsverbände und der Seniorenorganisationen sowie aus je einer Vertreterin oder einem Vertreter der sozialen und der privaten Pflege-Pflichtversicherung. Des Weiteren

gehören dem Beirat zwei Wissenschaftlerinnen oder Wissenschaftler mit Schwerpunkt in der Forschung der Vereinbarkeit von Pflege und Beruf sowie je eine Vertreterin oder ein Vertreter der Konferenz der Ministerinnen und Minister, Senatorinnen und Senatoren für Jugend und Familie, der Konferenz der Ministerinnen und Minister, Senatorinnen und Senatoren für Arbeit und Soziales sowie der kommunalen Spitzenverbände an. Die Besetzung des Beirats muss geschlechterparitätisch erfolgen.

(5) Die Amtszeit der Mitglieder des Beirats und ihrer Stellvertreterinnen oder Stellvertreter beträgt fünf Jahre und kann einmalig um fünf Jahre verlängert werden. Scheidet ein Mitglied oder dessen Stellvertreterin oder Stellvertreter vorzeitig aus, wird für den Rest der Amtszeit eine Nachfolgerin oder ein Nachfolger berufen.

(6) Die Mitglieder des Beirats sind ehrenamtlich tätig. Sie haben Anspruch auf Erstattung ihrer notwendigen Auslagen.

(7) Der Beirat arbeitet auf der Grundlage einer durch das Bundesministerium für Familie, Senioren, Frauen und Jugend zu erlassenden Geschäftsordnung.

§ 15 Übergangsvorschrift

Die Vorschriften des Familienpflegezeitgesetzes in der Fassung vom 6. Dezember 2011 gelten in den Fällen fort, in denen die Voraussetzungen für die Gewährung eines Darlehens nach § 3 Absatz 1 in Verbindung mit § 12 Absatz 1 Satz 1 bis einschließlich 31. Dezember 2014 vorlagen.

II

Abschnitt III
Eingruppierung und Entgelt und sonstige Leistungen

§ 12 Eingruppierung

(1) [1]Die Eingruppierung der/des Beschäftigten richtet sich nach den Tätigkeitsmerkmalen der Entgeltordnung (Anlage A). [2]Die/Der Beschäftigte erhält Entgelt nach der Entgeltgruppe, in der sie/er eingruppiert ist. [3]Die/Der Beschäftigte ist in der Entgeltgruppe eingruppiert, deren Tätigkeitsmerkmalen die gesamte von ihr/ihm nicht nur vorübergehend auszuübende Tätigkeit entspricht. [4]Die gesamte auszuübende Tätigkeit entspricht den Tätigkeitsmerkmalen einer Entgeltgruppe, wenn zeitlich mindestens zur Hälfte Arbeitsvorgänge anfallen, die für sich genommen die Anforderungen eines Tätigkeitsmerkmals oder mehrerer Tätigkeitsmerkmale dieser Entgeltgruppe erfüllen. [5]Kann die Erfüllung einer Anforderung in der Regel erst bei der Betrachtung mehrerer Arbeitsvorgänge festgestellt werden (z. B. vielseitige Fachkenntnisse), sind diese Arbeitsvorgänge für die Feststellung, ob diese Anforderung erfüllt ist, insoweit zusammen zu beurteilen. [6]Werden in einem Tätigkeitsmerkmal mehrere Anforderungen gestellt, gilt das in Satz 4 bestimmte Maß, ebenfalls bezogen auf die gesamte auszuübende Tätigkeit, für jede Anforderung. [7]Ist in einem Tätigkeitsmerkmal ein von Satz 4 oder 6 abweichendes zeitliches Maß bestimmt, gilt dieses. [8]Ist in einem Tätigkeitsmerkmal als Anforderung eine Voraussetzung in der Person der/des Beschäftigten bestimmt, muss auch diese Anforderung erfüllt sein.

Protokollerklärungen zu § 12 Absatz 1:

1. [1]Arbeitsvorgänge sind Arbeitsleistungen (einschließlich Zusammenhangsarbeiten), die, bezogen auf den Aufgabenkreis der/des Beschäftigten, zu einem bei natürlicher Betrachtung abgrenzbaren Arbeitsergebnis führen (z. B. unterschriftsreife Bearbeitung eines Aktenvorgangs, eines Widerspruchs oder eines Antrags, Betreuung bzw. Pflege einer Person oder Personengruppe, Fertigung einer Bauzeichnung, Erstellung eines EKG, Durchführung einer Unterhaltungs- bzw. Instandsetzungsarbeit). [2]Jeder einzelne Arbeitsvorgang ist als solcher zu bewerten und darf dabei hinsichtlich der Anforderungen zeitlich nicht aufgespalten werden.
2. Eine Anforderung im Sinne der Sätze 4 und 5 ist auch das in einem Tätigkeitsmerkmal geforderte Herausheben der Tätigkeit aus einer niedrigeren Entgeltgruppe.

(2) Die Entgeltgruppe der/des Beschäftigten ist im Arbeitsvertrag anzugeben.

Niederschriftserklärung zu § 12:

Zur Sicherstellung einer differenzierten Eingruppierung anhand des zeitlichen Umfangs, in dem eine bestimmte Anforderung (z. B. Schwierigkeit, Verantwortung) innerhalb der auszuübenden Tätigkeiten erfüllt sein muss (Hierarchisierung), werden die Tarifvertragsparteien unmittelbar nach der Redaktion Gespräche aufnehmen. (Nr. II. 1. der Tarifeinigung vom 2. März 2019)

Erläuterungen

Bei den §§ 12, 13 TV-L handelt es sich um die zentralen Eingruppierungsvorschriften zum TV-L, die mit Wirkung vom 1. Januar 2012 durch den Änderungs-Tarifvertrag Nr. 4 zum TV-L eingefügt worden sind. In

Verbindung mit der Entgeltordnung[1]) bestimmen sie die Grundsätze der Eingruppierung der Beschäftigten.

---

1) abgedruckt unter **420**

§ 13 Eingruppierung in besonderen Fällen

II

[1]Ist der/dem Beschäftigten eine andere, höherwertige Tätigkeit nicht übertragen worden, hat sich aber die ihr/ihm übertragene Tätigkeit (§ 12 Absatz 1 Satz 3) nicht nur vorübergehend derart geändert, dass sie den Tätigkeitsmerkmalen einer höheren als ihrer/seiner bisherigen Entgeltgruppe entspricht (§ 12 Absatz 1 Satz 4 bis 8), und hat die/der Beschäftigte die höherwertige Tätigkeit ununterbrochen sechs Monate lang ausgeübt, ist sie/er mit Beginn des darauffolgenden Kalendermonats in der höheren Entgeltgruppe eingruppiert. [2]Für die zurückliegenden sechs Kalendermonate gilt § 14 sinngemäß. [3]Ist die Zeit der Ausübung der höherwertigen Tätigkeit durch Urlaub, Arbeitsbefreiung, Arbeitsunfähigkeit, Kur- oder Heilverfahren oder Vorbereitung auf eine Fachprüfung für die Dauer von insgesamt nicht mehr als sechs Wochen unterbrochen worden, wird die Unterbrechungszeit in die Frist von sechs Monaten eingerechnet. [4]Bei einer längeren Unterbrechung oder bei einer Unterbrechung aus anderen Gründen beginnt die Frist nach der Beendigung der Unterbrechung von neuem. [5]Wird der/dem Beschäftigten vor Ablauf der sechs Monate wieder eine Tätigkeit zugewiesen, die den Tätigkeitsmerkmalen ihrer/seiner bisherigen Entgeltgruppe entspricht, gilt § 14 sinngemäß.

Erläuterungen zu den §§ 12, 13 TV-L

Bei den §§ 12, 13 TV-L handelt es sich um die zentralen Eingruppierungsvorschriften zum TV-L, die mit Wirkung vom 1. Januar 2012 durch den Änderungs-Tarifvertrag Nr. 4 zum TV-L eingefügt worden sind. In Verbindung mit der Entgeltordnung[1]) bestimmen sie die Grundsätze der Eingruppierung der Beschäftigten.

---

[1]) abgedruckt unter **420**

§ 14 Vorübergehende Übertragung einer höherwertigen Tätigkeit

(1) Wird Beschäftigten vorübergehend eine andere Tätigkeit übertragen, die den Tätigkeitsmerkmalen einer höheren Entgeltgruppe entspricht, und wurde diese Tätigkeit mindestens einen Monat ausgeübt, erhalten sie für die Dauer der Ausübung eine persönliche Zulage rückwirkend ab dem ersten Tag der Übertragung der Tätigkeit.

II

Niederschriftserklärung zu § 14 Abs. 1:

a) Ob die vorübergehend übertragene höherwertige Tätigkeit einer höheren Entgeltgruppe entspricht, bestimmt sich bis zum 31. Dezember 2011 nach den gemäß § 18 Abs. 3 TVÜ-Länder fortgeltenden Regelungen des § 22 Abs. 2 BAT/BAT-O bzw. den entsprechenden Regelungen für Arbeiterinnen und Arbeiter. Für Beschäftigte, die gemäß Teil II Abschnitt B der Anlage 1a zum BAT/BAT-O eingruppiert sind, sowie für Beschäftigte, die unter § 17 Abs. 10 TVÜ-Länder fallen, gilt Satz 1 auch über den 31. Dezember 2011 hinaus fort. Die Tarifvertragsparteien stellen klar, dass diese Niederschriftserklärung im Zusammenhang mit einer neuen Entgeltordnung überprüft wird.

b) Die Tarifvertragsparteien stellen klar, dass die vertretungsweise Übertragung einer höherwertigen Tätigkeit ein Unterfall der vorübergehenden Übertragung einer höherwertigen Tätigkeit ist.

(2) [1]Durch landesbezirklichen Tarifvertrag kann für bestimmte Tätigkeiten festgelegt werden, dass die Voraussetzung für die Zahlung einer persönlichen Zulage bereits erfüllt ist, wenn die vorübergehend übertragene Tätigkeit mindestens drei Arbeitstage angedauert hat. [2]Die Beschäftigten müssen dann ab dem ersten Tag der Vertretung in Anspruch genommen worden sein.

(3) [1]Die persönliche Zulage bemisst sich für Beschäftigte in den Entgeltgruppen 9a bis 14 aus dem Unterschiedsbetrag zu dem Betrag, der sich für die/den Beschäftigte/n bei dauerhafter Übertragung nach § 17 Absatz 4 Satz 1 bis 3 ergeben hätte. [2]Für Beschäftigte, die in eine der Entgeltgruppen 1 bis 8 eingruppiert sind, beträgt die Zulage 4,5 v. H. des individuellen Tabellenentgelts der/des Beschäftigten; bei vorübergehender Übertragung einer höherwertigen Tätigkeit über mehr als eine Entgeltgruppe gilt Satz 1 entsprechend.

Erläuterungen

§ 14 bestimmt, dass ein Beschäftigter, der vorübergehend im Vergleich zu seiner arbeitsvertraglich bestimmten Tätigkeit höherwertige Aufgaben erledigt, für die Dauer der anspruchsvolleren Tätigkeit eine Zulage erhält. In einer Niederschriftserklärung ist klargestellt, dass die vertretungsweise Übertragung höherwertiger Tätigkeiten eine „vorübergehende" Übertragung im tarifvertraglichen Sinne ist. Dieser Sachverhalt war bislang in § 24 BAT geregelt. Wegen der teilweise abweichenden Sonderregelungen siehe § 41 Nr. 9 TV-L.

Die Vorschrift des § 14 korrespondiert mit den Regelungen zur Eingruppierung – bis zum Inkrafttreten eines neuen Eingruppierungssystems also mit den Eingruppierungsvorschriften des BAT bzw. des MTArb, ab dem 1. Januar 2012 mit der Entgeltordnung zum TV-L. § 14 trifft Regelungen für die Fälle, in denen der Beschäftigte auf Veranlassung des Arbeitgebers vorübergehend eine höherwertige Tätigkeit ausübt.

Die Interessenlage von Arbeitgeber und Beschäftigten dürfte in der Regel so sein, dass der Beschäftigte natürlich an einer dauerhaft höheren Eingruppierung interessiert ist, während der Arbeitgeber im Interesse eines flexiblen Personaleinsatzes eher eine vorübergehende, ohne besondere (Änderungs-)Kündigung rückgängig zu machende Maßnahme bevorzugt.

Wegen der unterschiedlichen Interessenlage sind Meinungsverschiedenheiten und gerichtliche Auseinandersetzungen über die Zulässigkeit einer nur vorübergehenden Übertragung und Zahlung einer Zulage (in Konkurrenz zur stabilen Höhergruppierung) vorprogrammiert. Das BAG hat sich folglich in langjähriger Rechtsprechung zu der im Kern vergleichbaren Regelung des § 24 BAT mit dieser Frage auseinandergesetzt und über lange Zeit zunächst die Auffassung vertreten, die vorübergehende – anstelle einer dauerhaften – Übertragung einer höherwertigen Tätigkeit bedürfe – ähnlich wie im Fall befristeter Arbeitsverhältnisse – eines Sachgrundes. Diese Linie hat das BAG in seinem Urteil vom 17. 4. 2002 – 4 AZR 174/01, AP Nr. 23 zu § 24 BAT – verlassen, weil nach seiner (neuen) Auffassung an die Voraussetzungen einer vorübergehenden Übertragung höherwertiger Tätigkeiten im Rahmen des dem Arbeitgeber nach § 315 BGB grundsätzlich zustehenden Direktionsrechts nicht die gleichen strengen Maßstäbe anzulegen sind wie in den Fällen befristeter Arbeitsverhältnisse, wo es im Ergebnis um die Frage der Umgehung des gesetzlichen Kündigungsschutzes gehe. Nach der jetzigen Rechtsmeinung des BAG (z. B. Urteil vom 4. Juli 2012 – 4 AZR 759/10 – und vom 27. 1. 2016 – 4 AZR 468/14) muss im Wege einer sogenannten „doppelten Billigkeitsprüfung" erstens geprüft werden, ob die eigentliche Übertragung der höherwertigen Tätigkeit billigem Ermessen entspricht, und zweitens, ob es auch billigem Ermessen entspricht, die Tätigkeit nur vorübergehend (und nicht auf Dauer) zu übertragen.

An die zweite Stufe der Ermessensprüfung – also an die Beurteilung der Frage, ob es gerechtfertigt ist, die Tätigkeit nicht auf Dauer sondern nur vorübergehend zu übertragen – werden in den Fällen längerfristiger oder aufeinander folgender vorübergehender Übertragungen strenge Maßstäbe anzulegen sein. Eine generelle Höchstdauer für den Begriff der „vorübergehenden" Übertragung gibt es aber weder in der Tarifvorschrift, noch lässt sie sich aus der langjährigen arbeitsrechtlichen Rechtsprechung dazu entnehmen.

Bei der Billigkeitsprüfung handelt es sich stets um eine Einzelfallprüfung, bei der der Arbeitgeber als Ausübender des Direktionsrechtes die Beweislast dafür zu tragen hat, dass sowohl die Übertragung der Tätigkeit als auch deren vorübergehender Charakter billigem Ermessen entspricht. Trotz der unentbehrlichen Einzelfallprüfung kann in den folgenden typischen Beispielsfällen jedoch von einer in der Regel zulässigerweise nur vorübergehenden Übertragung höherwertiger Tätigkeiten ausgegangen werden:

- Erprobung: Eine vorübergehende Übertragung zur Erprobung des Beschäftigten ist zulässig; allein der Begriff der Erprobung beinhaltet jedoch, dass hier enge zeitliche Grenzen gesetzt sind.
- Übertragung von Führungspositionen auf Probe oder auf Zeit: Es wird davon auszugehen sein, dass die in der Natur der Tätigkeit liegende Instabilität ausreicht, um anstelle einer dauerhaften Höhergruppierung die Zahlung einer Zulage für die Zeit der Führungstätigkeit zu rechtfertigen (→ § 31 Abs. 3 und § 32 Abs. 3).
- Organisationsentscheidungen, wie beispielsweise die Entscheidung, die Stelle nur vorübergehend mit dem Beschäftigten zu besetzen, um nach Ablauf einiger Zeit (nach Abschluss der Laufbahnprüfung) dort einen Beamtenanwärter oder einen besser qualifizierten Beschäftigten einzusetzen. Entsprechendes gilt während des Laufs einer Stellenausschreibung oder für die Zeit im Vorfeld einer geplanten Neuorganisation der Arbeitsbereiche.

Ebenfalls schon unter den Begriff der vorübergehenden Tätigkeit lassen sich Vertretungssituationen fassen. Gleichwohl sind sie in der Tarifnorm bzw. der Niederschriftserklärung dazu besonders erwähnt. Bei der Vertretung ist zu beachten, dass es sich bei der Vertretungstätigkeit um eine „andere" als die eigentlich vom Beschäftigten auszuübende Tätigkeit handeln muss. Es kommt also nicht nur auf den reinen Zeitfaktor („mindestens ein Monat"), sondern auch auf die rechtlichen und organisatorischen Rahmenbedingungen an. Nach gefestigter Rechtsprechung des BAG zu der zumindest im Kern vergleichbaren Vorschrift des § 24 BAT werden Abwesenheitsvertretungen (z. B. wegen Urlaub oder Krankheit), die einem Beschäftigten auf Dauer (z. B. durch Geschäftsverteilungsplan) übertragen wurden, zum Inhalt des Arbeitsvertrages und sind in die tarifliche Bewertung seiner Tätigkeit einzubeziehen. Ob sie sich dort im Hinblick auf die relativ geringe Quantität tatsächlich auswirken, spielt keine Rolle. Sie können in diesem Fall keine Zulage mehr auslösen (siehe z. B. Urteil des BAG vom 5. 9. 1973 – 4 AZR 549/72; vom 29. 9. 1982 – 4 AZR 1161/79 und vom 24. 3. 1993 – 10 AZR 416/91). Diese Linie hat das BAG mit Urteil vom 16. April 2015 – 6 AZR 242/14 – inzwischen für den Bereich des TVöD/

TV-L bestätigt. Sollte der Sachverhalt hingegen so sein, dass einem nicht geschäftsplanmäßig damit betrauten Beschäftigten eine höherwertige Tätigkeit für eine mehr als einmonatige Urlaubsvertretung förmlich übertragen wird, so kann in diesem (Ausnahme-)Fall sicher eine Zulage in Betracht kommen. Vergleichbar ist die Situation bei der Tätigkeit des sogenannten ständigen Vertreters, bei dem die Vertretungstätigkeit Gegenstand seiner arbeitsvertraglichen Beschäftigung ist und sich in der Regel schon in der Eingruppierung niedergeschlagen hat (zumindest wenn ein eingruppierungsrelevanter Umfang erreicht wird bzw. ein Eingruppierungsmerkmal für ständige Vertreter vorgesehen ist). Die von dem Arbeitgeberkreis der BAT-Kommission in seiner Sitzung vom 8. Oktober 1996 zu § 24 BAT vertretene Auffassung, dass auch in den Fällen der ständigen Vertretung keine Bedenken gegen eine Zulage für diese Tätigkeit bestehen, wenn es sich um eine langfristige Vertretung handelt (z. B. bei Vertretung während der Elternzeit) wird im Lichte der Entscheidung des BAG vom 21. 10. 1998 – 10 AZR 224/98, ZTR 1999 S. 177 – kritisch zu beurteilen sein. Jedenfalls ist bei der Zahlung einer Zulage an ständige Vertreter ein strenger Maßstab anzulegen.

Die persönliche Zulage fällt weg, wenn die höherwertige Tätigkeit endet. Einer Änderungskündigung bedarf es nicht.

Voraussetzungen zur Gewährung einer Zulage (Abs. 1)

Wenn die oben erläuterten Billigkeitsprüfungen zu dem Ergebnis kommen, dass die befristete Übertragung einer höherwertigen Tätigkeit rechtlich möglich ist, stellt sich die Frage, ob die höherwertige Tätigkeit, die ja – wegen des vorübergehenden Charakters – nicht zu einer Höhergruppierung führt, eine Zulage nach sich zieht. Dies ist der Fall, wenn sie den Tätigkeitsmerkmalen einer höheren als der eigenen Eingruppierung entspricht. Es muss also für einen Vergleich der vertraglichen mit der ausgeübten Tätigkeit eine detaillierte Bewertung der vorübergehenden Tätigkeit erfolgen. Der Beschäftigte muss alle Voraussetzungen der höheren Entgeltgruppe (also auch die persönlichen Qualifikationsmerkmale) erfüllen. Die bloße Ausübung der Tätigkeit genügt nicht, es sei denn, das infrage kommende Eingruppierungsmerkmal ist auch offen für die sogenannten „sonstigen Beschäftigten".

Der bis zur Aufteilung der Entgeltgruppe 9 in die Entgeltgruppen 9a–9c in der Praxis häufig auftretende Fall, dass ein Beschäftigter der „kleinen Entgeltgruppe 9" (verlängerte Stufenlaufzeit, gesperrte Endstufe) vorübergehend Tätigkeiten ausübt, die bei dauerhafter Übertragung zur Eingruppierung in die reguläre Entgeltgruppe 9 führten, löste keine Zulage aus. Zwar handelte es sich um eine höherwertige Tätigkeit, sie führte aber nicht zu einer höheren Eingruppierung, so dass die Voraussetzungen des Absatzes 1 Satz 1 nicht erfüllt waren.

Die höherwertige Tätigkeit muss mindestens einen Monat lang ausgeübt worden sein. Ist diese Voraussetzung erfüllt, wird die Zulage rückwirkend ab Beginn der höherwertigen Tätigkeit gezahlt. Höherwertige Tätigkeiten von weniger als einem Monat Dauer werden, wenn es keinen landesbezirklichen Tarifvertrag im Sinne des Absatzes 2 gibt, nicht honoriert.

Öffnungsklausel für landesbezirkliche Tarifverträge (Abs. 2)

Absatz 2 enthält eine Öffnungsklausel, nach der für von den Tarifpartnern genau zu bestimmende Tätigkeiten nach näherer Maßgabe eines landesbezirklichen Tarifvertrages an die Stelle der Monatsfrist des Absatzes 1 eine Frist von drei Arbeitstagen treten kann. Es bleibt abzuwarten, ob und in welcher Form die Tarifpartner von dieser Öffnungsklausel Gebrauch machen werden.

Höhe der Zulage (Abs. 3)

Wenn die oben beschriebenen Voraussetzungen erfüllt sind, erhält der Beschäftigte der Entgeltgruppen 9a bis 14 eine Zulage in Höhe des Unterschiedsbetrages zwischen seinem jetzigen Entgelt und dem Betrag, der dem Beschäftigten zustehen würde, wenn ihm die vorübergehende Tätigkeit auf Dauer übertragen worden wäre. Ggf. steht somit auch ein Garantiebetrag zu.

Beschäftigte der Entgeltgruppen 1 bis 8 erhalten als Zulage für die vorübergehend oder vertretungsweise ausgeübte höherwertige Tätigkeit 4,5 v. H. ihres individuellen Tabellenentgelts. Sofern diesen Beschäftigten um mehr als eine Entgeltgruppe höherwertige Tätigkeiten vorübergehend übertragen werden, wird auch in diesen Fällen die Differenz zwischen dem „eigenen" und dem „vertretenen" Entgelt als Zulage gezahlt.

Im Zusammenhang mit der Einführung der Entgeltordnung zum TV-L haben die Tarifpartner die Regelung des § 14 TV-L durch den 4. Änderungstarifvertrag zum TV-L angepasst. Dies war notwendig, weil – ebenfalls im Zusammenhang mit der neuen Entgeltordnung – Vergütungsgruppen-/Entgeltgruppenzulagen ab dem 1. Januar 2012 bei der Ermittlung des Höhergruppierungsgewinns im Sinne des § 17 Abs. 4 TV-L und somit mittelbar bei der Differenzbetragsermittlung des § 14 Abs. 3 mitzählen, sodass die bisherige Anknüpfung an das

„Tabellenentgelt" nicht mehr passte. Der Begriff des „Tabellenentgelts" wurde durch den Begriff „Betrag" ersetzt. Einzelheiten dazu siehe bei § 17 Abs. 4.

Eine weitere Änderung ergab sich bei der Niederschriftserklärung. Durch die am 1. Januar 2012 in Kraft getretene Entgeltordnung ist der in der Niederschriftserklärung in ihrer Urfassung beschriebene Umweg über den BAT bei der Prüfung der Voraussetzungen einer „höherwertigen" Tätigkeit nicht mehr notwendig. Lediglich für die (noch) nicht von der Entgeltordnung erfassten Beschäftigten im Bereich der Datenverarbeitung und bestimmte, unter § 17 Abs. 10 TVÜ-Länder fallende Beschäftigte ist das „alte Verfahren" weiterhin notwendig. Dem trägt die Niederschriftserklärung in ihrer heutigen Fassung Rechnung.

Nach Auffassung des Verfassers dürften keine Bedenken bestehen, bei der Berechnung der persönlichen Zulage von Beschäftigten, die einer individuellen Endstufe zugeordnet worden sind (§ 6 Abs. 4 Satz 1 und § 7 Abs. 2 TVÜ-Länder), und denen

- vor dem 31. Oktober 2008 vorübergehend höherwertige Tätigkeiten übertragen wurden und die somit unter den Geltungsbereich der §§ 10 und 18 Abs. 1 TVÜ-Länder fielen, oder
- nach dem 31. Oktober 2008 vorübergehend höherwertige Tätigkeiten übertragen werden,

ab dem 1. November 2008 wie folgt zu verfahren: Das Entgelt der individuellen Endstufe gilt in diesem Fall als Betrag im Sinne des § 14 Abs. 3 Satz 1 TV-L und als individuelles Tabellenentgelt im Sinne des § 14 Abs. 3 Satz 2 TV-L. Beschäftigte in einer individuellen Endstufe, die in einer der Entgeltgruppen 2 bis 8 eingruppiert sind, erhalten somit eine persönliche Zulage in Höhe von 4,5 v. H. des Entgelts in der individuellen Endstufe. Beschäftigte in einer individuellen Endstufe, die in einer der Entgeltgruppen 9 bis 14 eingruppiert sind, erhalten eine persönliche Zulage in Höhe des Unterschiedsbetrages zwischen dem Entgelt der individuellen Endstufe und dem Betrag, der sich bei dauerhafter Übertragung nach § 17 Abs. 4 Satz 1 und 2 TV-L ergeben würde; ggf. steht also frühestens ab dem 1. November 2008 auch ein Garantiebetrag zu.

Aus der Bestimmung des § 24 Abs. 3 i. V. m. Abs. 5 ergibt sich, dass die Zulage, wenn sie nur für Teile eines Monates zusteht, taggenau anteilig gewährt wird.

Die Zulage ist Entgelt im sozialversicherungsrechtlichen Sinn, sie ist steuerpflichtig. Für die Zulage sind daher auch Umlagen an die VBL zu entrichten.

Übergangsregelungen

Die §§ 10 bzw. 18 TVÜ-Länder[1]) enthalten Übergangsregelungen für Beschäftigte, die im Zeitpunkt der Überleitung in den TV-L bereits eine Zulage für höherwertige Tätigkeiten bekamen und die entsprechende Tätigkeit fortführen (§ 10), bzw. übergeleitete Beschäftigte, denen zwischen dem Überleitungsstichtag (31. Oktober 2006) und dem 31. Oktober 2008 erstmals eine höherwertige Tätigkeit übertragen wird (§ 18).

1) abgedruckt unter **270**

§ 15 Tabellenentgelt

(1) [1]Die/Der Beschäftigte erhält monatlich ein Tabellenentgelt. [2]Die Höhe bestimmt sich nach der Entgeltgruppe, in die sie/er eingruppiert ist, und nach der für sie/ihn geltenden Stufe.

(2) Die Höhe der Tabellenentgelte ist in den Anlagen B und C festgelegt.

II

(3) [1]Im Rahmen von landesbezirklichen Regelungen können für an- und ungelernte Tätigkeiten in von Outsourcing und/oder Privatisierung bedrohten Bereichen in den Entgeltgruppen 1 bis 4 Abweichungen von der Entgelttabelle bis zu einer dort vereinbarten Untergrenze vorgenommen werden. [2]Die Untergrenze muss im Rahmen der Spannbreite des Entgelts der Entgeltgruppe 1 liegen. [3]Die Umsetzung erfolgt durch Anwendungsvereinbarung.

Niederschriftserklärung zu § 15:

Als Tabellenentgelt gilt auch das Entgelt aus der individuellen Zwischenstufe und der individuellen Endstufe.

Erläuterungen

§ 15 TV-L bestimmt das sogenannte Tabellenentgelt als Grundlage der Leistungen an den Beschäftigten. In einer Niederschriftserklärung haben die Tarifpartner klargestellt, dass auch das Entgelt aus einer individuellen Zwischen- bzw. Endstufe als „Tabellenentgelt" im tariflichen Sinne gilt. Die Entgelttabellen sind Bestandteil des TV-L. Sie sind ohne Einhaltung einer Frist, jedoch frühestens zum 31. Oktober 2025, gesondert kündbar (§ 39 Abs. 4 Buchst. g). Dadurch wurde die frühere Verfahrensweise, die Vergütung in eigenständigen Vergütungstarifverträgen zu regeln, aufgegeben.

Auf die teilweise abweichenden Sonderregelungen in § 41 Nr. 10 TV-L wird hingewiesen.

Begriffsbestimmung (Abs. 1)

Die Höhe des Tabellenentgelts bestimmt sich nach der für den Beschäftigten maßgebenden Eingruppierungsgruppe und seiner individuellen Entgeltstufe und kann dann aus der jeweiligen Tabelle der Anlage A bzw. Anlage B abgelesen werden. Bis zum In-Kraft-Treten der Entgeltordnung zum TV-L am 1. Januar 2012 waren zur Ermittlung der Entgeltgruppe und -stufe die Vorschriften des TVÜ-Länder zu beachten.

Ein Verzicht der Beschäftigten auf entstandene tarifliche Entgeltansprüche ist nur insoweit zulässig, als die Tarifvertragsparteien eine entsprechende Vereinbarung hierzu getroffen haben (§ 4 Abs. 4 Tarifvertragsgesetz). Die wohl bekannteste Vereinbarung im öffentlichen Dienst zum Verzicht auf tariflich entstandene Entgeltbestandteile ist der Tarifvertrag zur Entgeltumwandlung für die Beschäftigten des Bundes und der Länder (TV-EntgeltU-B/L).[1]) Hiernach können Beschäftigte zum Zwecke einer betrieblichen Altersversorgung auf entstandene Entgeltansprüche verzichten. Ein weiteres Beispiel ist der zwischen den Tarifvertragsparteien im Rahmen der Tarifrunde 2023 vereinbarte § 19b TV-L bezüglich einer Entgeltumwandlung zum Zwecke des Leasings von Fahrrädern.

Benennung der maßgebenden Tabellen (Abs. 2)

Absatz 2 verweist auf die Entgelttabellen, die als Anlagen B bzw. Anlage C bezeichnet und im Anschluss an den TV-L abgedruckt sind. Die Werte der Entgeltgruppen 2Ü, 13Ü und 15Ü finden sich im § 19 TVÜ-Länder.[2])

Öffnungsklausel (Abs. 3)

Absatz 3 enthält eine Öffnungsklausel, die es in von Outsourcing (Auslagerung auf andere Dienstleister) und/oder Privatisierung bedrohten Bereichen ermöglicht, durch landesbezirkliche Regelungen von der Entgelttabelle (nach unten) abweichende Entgelte für un- oder angelernte Tätigkeiten zu vereinbaren. Untergrenze dafür ist die Spannbreite der Entgeltgruppe 1. Es bleibt abzuwarten, ob und in welchem Umfang die Tarifpartner von dieser Öffnungsmöglichkeit Gebrauch machen werden.

---

1) abgedruckt unter **770**

2) abgedruckt unter **270**

§ 16 Stufen der Entgelttabelle

(1) [1]Die Entgeltgruppen 2 bis 15 umfassen jeweils sechs Stufen. [2]Die Abweichungen von Satz 1 sind in den jeweiligen Tätigkeitsmerkmalen in der Entgeltordnung geregelt.

(2) [1]Bei der Einstellung werden die Beschäftigten der Stufe 1 zugeordnet, sofern keine einschlägige Berufserfahrung vorliegt. [2]Verfügen Beschäftigte über eine einschlägige Berufserfahrung von mindestens einem Jahr aus einem vorherigen befristeten oder unbefristeten Arbeitsverhältnis zum selben Arbeitgeber, erfolgt die Stufenzuordnung unter Anrechnung der Zeiten der einschlägigen Berufserfahrung aus diesem vorherigen Arbeitsverhältnis. [3]Ist die einschlägige Berufserfahrung von mindestens einem Jahr in einem Arbeitsverhältnis zu einem anderen Arbeitgeber erworben worden, erfolgt die Einstellung in die Stufe 2, beziehungsweise – bei Einstellung nach dem 31. Januar 2010 und Vorliegen einer einschlägigen Berufserfahrung von mindestens drei Jahren – in Stufe 3. [4]Unabhängig davon kann der Arbeitgeber bei Neueinstellungen zur Deckung des Personalbedarfs Zeiten einer vorherigen beruflichen Tätigkeit ganz oder teilweise für die Stufenzuordnung berücksichtigen, wenn diese Tätigkeit für die vorgesehene Tätigkeit förderlich ist.

Protokollerklärungen zu § 16 Absatz 2:

1. Einschlägige Berufserfahrung ist eine berufliche Erfahrung in der übertragenen oder einer auf die Aufgabe bezogen entsprechenden Tätigkeit.
2. Ein Berufspraktikum nach dem Tarifvertrag über die vorläufige Weitergeltung der Regelungen für die Praktikantinnen/Praktikanten beziehungsweise nach dem Tarifvertrag über die Regelung der Arbeitsbedingungen der Praktikantinnen/Praktikanten der Länder gilt grundsätzlich als Erwerb einschlägiger Berufserfahrung.
3. Ein vorheriges Arbeitsverhältnis im Sinne des Satzes 2 besteht, wenn zwischen dem Ende des vorherigen und dem Beginn des neuen Arbeitsverhältnisses ein Zeitraum von längstens sechs Monaten liegt; bei Wissenschaftlerinnen/Wissenschaftlern ab der Entgeltgruppe 13 verlängert sich der Zeitraum auf längstens zwölf Monate.

Niederschriftserklärung zu § 16 Abs. 2 Satz 2:

Die Tarifvertragsparteien sind sich darüber einig, dass stichtagsbezogene Verwerfungen zwischen übergeleiteten Beschäftigten und Neueinstellungen entstehen können.

(2a) Der Arbeitgeber kann bei Einstellung von Beschäftigten im unmittelbaren Anschluss an ein Arbeitsverhältnis im öffentlichen Dienst (§ 34 Absatz 3 Satz 3 und 4) die beim vorherigen Arbeitgeber nach den Regelungen des TV-L, des TVÜ-Länder oder eines vergleichbaren Tarifvertrages erworbene Stufe bei der Stufenzuordnung ganz oder teilweise berücksichtigen; Absatz 2 Satz 4 bleibt unberührt.

(3) [1]Die Beschäftigten erreichen die jeweils nächste Stufe – von Stufe 3 an in Abhängigkeit von ihrer Leistung gemäß § 17 Absatz 2 – nach folgenden Zeiten einer ununterbrochenen Tätigkeit innerhalb derselben Entgeltgruppe bei ihrem Arbeitgeber (Stufenlaufzeit):

- **Stufe 2 nach einem Jahr in Stufe 1,**
- **Stufe 3 nach zwei Jahren in Stufe 2,**

- **Stufe 4 nach drei Jahren in Stufe 3,**
- **Stufe 5 nach vier Jahren in Stufe 4 und**
- **Stufe 6 nach fünf Jahren in Stufe 5.**

[2]Die Abweichungen von Satz 1 sind in den jeweiligen Tätigkeitsmerkmalen in der Entgeltordnung geregelt.

(4) [1]Die Entgeltgruppe 1 umfasst fünf Stufen. [2]Einstellungen erfolgen zwingend in der Stufe 2 (Eingangsstufe). [3]Die jeweils nächste Stufe wird nach vier Jahren in der vorangegangenen Stufe erreicht; § 17 Absatz 2 bleibt unberührt.

(5) [1]Zur regionalen Differenzierung, zur Deckung des Personalbedarfs, zur Bindung von qualifizierten Fachkräften oder zum Ausgleich höherer Lebenshaltungskosten kann Beschäftigten abweichend von der tarifvertraglichen Einstufung ein bis zu zwei Stufen höheres Entgelt ganz oder teilweise vorweg gewährt werden. [2]Beschäftigte mit einem Entgelt der Endstufe können bis zu 20 v. H. der Stufe 2 zusätzlich erhalten. [3]Die Zulage kann befristet werden. [4]Sie ist auch als befristete Zulage widerruflich.

Erläuterungen

§ 16 TV-L regelt die Zuweisung der Beschäftigten zu den Stufen der Entgeltgruppen bei Einstellung sowie den späteren Stufenaufstieg. Die Vorschrift umfasst neben einer allgemeinen Darstellung der Stufen (Absatz 1), dem Grundsatz der Stufenzuordnung bei Einstellung des Beschäftigten (Absatz 2) und den allgemeinen Regelungen zum Stufenaufstieg (Absatz 3) auch Sonderregelungen hinsichtlich der Stufenzuordnung bei einem Wechsel innerhalb des öffentlichen Dienstes (Absatz 2a) und Besonderheiten für die Entgeltgruppe 1 (Absatz 4). Die Vorweggewährung von Stufen ist in Absatz 5 der Vorschrift geregelt.

Auf die teilweise abweichenden Regelungen in § 40 Nr. 5, § 41 Nr. 11 und § 44 Nr. 2a TV-L – insbesondere auf § 40 Nr. 5 – wird hingewiesen.

Hinweis auf Übergangsregelungen

Bei den Beschäftigten, die zum 1. November 2006 aus dem Geltungsbereich eines der bisherigen Tarifverträge (BAT, MTArb, BMT-G und die entsprechenden Tarifverträge des Tarifgebietes Ost) in den TV-L übergeleitet worden sind, waren bei der Stufenzuweisung die besonderen Vorschriften der Überleitungs-Tarifverträge zu beachten. Verkürzt dargestellt erfolgte die Überleitung der ehemaligen Angestellten in der Regel in der Weise, dass sie betragsgenau in eine individuelle Zwischenstufe bzw. individuelle Endstufe ihrer neuen Entgeltgruppe übergeleitet wurden und von dort zum 1. November 2008 in die nächsthöhere Stufe aufgestiegen sind. Zu den Einzelheiten siehe

§ 6 TVÜ-Länder.[1]) Arbeiter wurden in der Regel der Stufe zugeordnet, die sie erreicht hätten, wenn der TV-L bereits seit Beginn ihrer Beschäftigungszeit für sie gegolten hätte. Zu den Einzelheiten siehe § 7 TVÜ-Länder.[2])

II

Stufen der Entgeltgruppen (Abs. 1)

In der ursprünglichen Fassung der Vorschrift bestanden die Entgeltgruppen 1 und 9 bis 15 aus fünf Stufen und die Entgeltgruppen 2 bis 8 aus sechs Stufen. Im Zuge der Tarifrunde 2017/2018 wurde die Einführung der Stufe 6 auch in den Entgeltgruppen 9 bis 15 sowie KR 9a bis KR 11a vereinbart. Voraussetzung für das Erreichen der Stufe 6 ist eine Verweildauer von 5 Jahren in Stufe 5 oder einer individuellen Endstufe „5+". Wegen der Einführung der Stufe 6 in den oberen Entgeltgruppen siehe die TdL-Hinweise vom 29. September 2017.

In einigen Tätigkeitsmerkmalen der Entgeltordnung sind besondere Stufenanzahlen und -laufzeiten vereinbart (Satz 2). Dies betrifft beispielsweise die Entgeltgruppe S 8b des Teils II Abschnitt 20.4 oder die Entgeltgruppe S 4 Fallgruppe 2 des Teils II Abschnitt 20.6 der Entgeltordnung zum TV-L.

Einstellungsstufe; Entgeltgruppen 2 bis 15 (Abs. 2)

Die Beschäftigten der Entgeltgruppen 2 bis 15 werden bei ihrer Einstellung grundsätzlich der Stufe 1 zugeordnet (Satz 1). Eine höhere Stufenzuweisung kommt nur dann in Betracht, wenn der Beschäftigte eine mindestens einjährige einschlägige Berufserfahrung aus einem vorherigen Arbeitsverhältnis zu demselben (Satz 2) oder zu einem anderen Arbeitgeber (Satz 3) mitbringt, oder wenn der Arbeitgeber unter den Voraussetzungen des Satzes 4 der Vorschrift Zeiten einer vorherigen beruflichen Tätigkeit ganz oder teilweise berücksichtigt.

Einschlägige Berufserfahrung

Was unter einschlägige Berufserfahrung im Sinne der Sätze 2 und 3 zu verstehen ist, haben die Tarifpartner in der Protokollerklärung Nr. 1 zu § 16 Abs. 2 vereinbart. Hiernach gilt als einschlägige Berufserfahrung eine berufliche Erfahrung in der übertragenen oder einer auf die Aufgabe bezogen entsprechenden Tätigkeit. Diese liegt vor, wenn die frühere Tätigkeit im Wesentlichen unverändert fortgesetzt wird. Ausreichend kann aber auch eine gleiche oder gleichartige Tätigkeit sein, vorausgesetzt, sie entspricht in der Wertigkeit der Eingruppierung.

---

[1]) abgedruckt unter **270**

[2]) abgedruckt unter **270**

Maßgeblich ist, ob das für die frühere Tätigkeit nötige Wissen und Können und die dort erworbenen Kenntnisse und Erfahrungen typischerweise konkret auch für die neue Tätigkeit erforderlich sind und diese prägen; beide Tätigkeiten müssen nach dem Aufgabenzuschnitt und dem Niveau zumindest gleichartig sein. Maßstab ist die mit der neuen Tätigkeit konkret verbundene Aufgabe.

Frühere Tätigkeiten, die nur eine niedrigere Eingruppierung als die jetzt in Rede stehende gerechtfertigt hätten, erfüllen das Merkmal der einschlägigen Berufserfahrung grundsätzlich nicht. In seinem Urteil vom 27. März 2014 – 6 AZR 571/12 – hat das BAG festgestellt, dass es dabei nicht auf die formale Bewertung der Tätigkeit durch den Arbeitgeber ankommt, sondern auf die entgeltrechtlich zutreffende Bewertung. Im Streitfall ging es darum, einem wissenschaftlichen Mitarbeiter Vorzeiten anzurechnen, die er unter der Vertragsbezeichnung „wissenschaftliche Hilfskraft" abgeleistet hatte, obwohl es sich letztlich eindeutig um Tätigkeiten eines wissenschaftlichen Mitarbeiters handelte. In dem gleichen Verfahren hat das BAG die Auffassung vertreten, dass es für den Erwerb einschlägiger Berufserfahrung nicht darauf ankomme, ob die Vorbeschäftigung in Teilzeit oder Vollzeit ausgeübt wird. Das BAG stellte hingegen mit Urteil vom 29. Juni 2022 – 6 AZR 475/21 – klar, dass einschlägige Berufserfahrung im Sinne des Absatzes 2 bei Aufbaufallgruppen auch in einer niedrigeren Entgeltgruppe erlangt werden kann. Dies setzt voraus, dass die höhere Bewertung der Tätigkeit nach der Wiedereinstellung aus der bloßen Erhöhung des Zeitanteils eines Arbeitsvorgangs resultiert.

Ausbildungszeiten können das Erfordernis der „einschlägigen Berufserfahrung" nicht erfüllen. Als einzige Ausnahme von diesem Grundsatz haben die Tarifvertragsparteien ein Berufspraktikum nach dem Tarifvertrag über die vorläufige Weitergeltung der Regelungen für die Praktikantinnen/Praktikanten vom 12. Oktober 2006 bzw. den Tarifvertrag vom 9. Dezember 2011 als Erwerb einschlägiger Berufserfahrung anerkannt (vgl. Protokollerklärung Nr. 2 zu § 16 Abs. 2). Dies betrifft allerdings nur ein Praktikum in dem konkreten Aufgabenbereich der neuen Tätigkeit.

Bestand zwischen den Parteien vorher kein Arbeitsverhältnis, sondern lagen den früheren Rechtsverhältnissen sog. Werk- oder Dienstverträge zugrunde, können diese nicht für die Stufenzuordnung berücksichtigt werden (BAG vom 21. 12. 2013 – 6 AZR 23/12).

Berufserfahrung bei demselben Arbeitgeber

Ist die Zeit einschlägiger Berufserfahrung bei demselben Arbeitgeber absolviert worden (wird der Beschäftigte also von diesem wiedereingestellt), kann gemäß Satz 2 die Berücksichtigung dieser Zei-

II

ten – bei Vorliegen aller Voraussetzungen und entsprechend langer Vorbeschäftigungszeiten – auch dazu führen, dass eine Einstellung sofort in die Endstufe der Entgeltgruppe erfolgt. Voraussetzung für die Anrechnung der früheren Zeiten ist aber zunächst, dass zwischen der „vorherigen" Beschäftigung und der Neueinstellung allenfalls ein unschädlicher Unterbrechungszeitraum liegt.

Die Protokollerklärung Nr. 3 zu § 16 Abs. 2 TV-L definiert die Dauer des unschädlichen Unterbrechungszeitraums. Danach darf zwischen den beiden Arbeitsverhältnissen höchstens ein Zeitraum von sechs Monaten liegen. Lediglich bei Wissenschaftlerinnen und Wissenschaftlern ab der Entgeltgruppe 13 beträgt der unschädliche Zeitraum ein Jahr.

Ob das vorherige Arbeitsverhältnis ein befristetes oder unbefristetes Arbeitsverhältnis war, ist für die Stufenzuordnung nicht relevant. Nach dem Wortlaut der Vorschrift ist die Auffassung vertretbar, dass die Berufserfahrung in einem einzigen Arbeitsverhältnis erworben worden sein muss, sodass die Aneinanderreihung mehrerer – ggf. unterbrochener – Arbeitsverhältnisse nicht möglich ist. In ihrer 5./2007 Sitzung am 25./26. September 2007 hat die Mitgliederversammlung der Tarifgemeinschaft deutscher Länder (TdL) jedoch keine Bedenken erhoben, wenn bei der Anwendung des § 16 Abs. 2 Satz 2 TV-L auch mehrere Arbeitsverhältnisse zu demselben Arbeitgeber zusammengerechnet werden, sofern eine etwaige Unterbrechung zwischen diesen Arbeitsverhältnissen nicht mehr als den in der Protokollerklärung Nr. 3 zu § 16 Abs. 2 festgelegten Zeitraum von sechs bzw. zwölf Monaten betragen hat.

Ergänzend dazu hat sich die Mitgliederversammlung der TdL in ihrer 2./2008 Sitzung am 20. Mai 2008 mit der Frage auseinandergesetzt, wie die Stufenzuordnung bei mehreren befristeten Arbeitsverhältnissen zu demselben Arbeitgeber erfolgen solle. Konkret ging es dabei um die Frage, ob einschlägige Berufserfahrungen aus mehreren Arbeitsverhältnissen auch dann berücksichtigt werden können, wenn bei Abschluss des neuen Arbeitsvertrages die tarifliche Voraussetzung „einjährig" noch nicht erfüllt ist, während der Laufzeit des Vertrages aber erreicht werden kann.

Beispiel:

Erster Arbeitsvertrag von 2/20 bis 7/20 (6 Monate), Unterbrechungen bis 9/20, zweiter befristeter Arbeitsvertrag beim selben Arbeitgeber von 10/20 bis 12/20 (3 Monate), Unterbrechung bis 1/21, ab 2/21 unbefristeter Arbeitsvertrag beim selben Arbeitgeber.

Die Mitgliederversammlung hat mehrheitlich keine Bedenken dagegen erhoben, dass eine Berücksichtigung von einschlägigen Berufserfahrungen aus mehreren vorherigen befristeten Arbeitsverhältnissen zum selben Arbeitgeber – jeweils ohne schädliche Unterbrechungen – für die Stufenzuordnung auch dann möglich ist, wenn bei Abschluss des neuen Arbeitsvertrages die einjährige Berufserfahrung noch nicht vorliegt. In dem Beispielsfall könne deshalb der Aufstieg in die Stufe 2 nach weiterer dreimonatiger Tätigkeit (also ab Mai 2021) erfolgen. In diesem Sinne hat mittlerweile auch das BAG entschieden (siehe Urteil vom 3. 7. 2014 – 6 AZR 1088/12).

Das BAG hat in seinem Urteil vom 23. September 2010 – 6 AZR 180/09 – entschieden, dass die unterschiedliche Berücksichtigung von Zeiten der Berufserfahrung beim selben Arbeitgeber und bei anderen Arbeitgebern (siehe zur Berufserfahrung bei anderen Arbeitgebern nachfolgenden Abschnitt) nicht den allgemeinen Gleichheitssatz des Art. 3 Abs. 1 GG verletzt. Bereits die betroffenen Beschäftigtengruppen sind nach Auffassung des BAG nicht vergleichbar. § 16 Abs. 2 Satz 2 TV-L diene dem Schutz des Besitzstandes von bereits früher bei demselben Arbeitgeber Beschäftigten bei kurzfristigen Unterbrechungen des Arbeitsverhältnisses. Beschäftigte, die von einem anderen Arbeitgeber zum jetzigen Arbeitgeber wechseln, weisen einen solchen, von den Tarifvertragsparteien als schutzwürdig angesehenen Besitzstand nicht auf. Darüber hinaus durften die Tarifvertragsparteien bei typisierender Betrachtung annehmen, dass in der weit überwiegenden Mehrzahl von Fällen eine nicht länger als sechs Monate zurückliegende Tätigkeit beim selben Arbeitgeber, die eine einschlägige Berufserfahrung vermittelt hat, den Beschäftigten befähigt, nach seiner Wiedereinstellung die im vorherigen Arbeitsverhältnis erworbene Berufserfahrung schneller in vollem Umfang im neuen Arbeitsverhältnis einzusetzen als dies einem Arbeitnehmer möglich ist, der seine Berufserfahrung in den oftmals gänzlich andersartigen Strukturen bei anderen Arbeitgebern, namentlich bei solchen der Privatwirtschaft, erworben hat. Außerdem durften sie einen Anreiz zur Rückkehr solcher Beschäftigten in den öffentlichen Dienst schaffen, die bereits einschlägige Berufserfahrung beim selben öffentlichen Arbeitgeber erworben hatten. In seinem Urteil vom 23. Februar 2017 – 6 AZR 843/15 – hat das BAG diese Auffassung im Wesentlichen bestätigt und dabei festgestellt, dass im Urteilsfall (die strittigen Vorzeiten waren bei unterschiedlichen Arbeitgebern im Inland absolviert worden) weder unionsrechtliche Freizügigkeitsvorschriften noch nationale Vorschriften der Privilegierung einschlägiger Berufserfahrung beim selben Arbeitgeber entgegenstehen.

In der Niederschriftserklärung zu Absatz 2 Satz 2 haben die Tarifpartner zum Ausdruck gebracht, dass sie stichtagsbezogene Unterschiede zwischen übergeleiteten und neu eingestellten Beschäftigten erkannt, aber augenscheinlich für unvermeidbar gehalten haben.

II

Berufserfahrung bei einem anderen Arbeitgeber

Ist die Zeit einschlägiger Berufserfahrung bei einem anderen Arbeitgeber absolviert worden, kann gemäß Satz 3 unter Berücksichtigung dieser Zeiten bei Neueinstellungen (nach dem 31. Januar 2010) sofort eine Zuordnung zur Stufe 3 erfolgen, wenn Vorzeiten von mindestens drei Jahren vorliegen. Im Ergebnis werden durch die Regelung des Satzes 3 Vorzeiten bei anderen Arbeitgebern wegen der Begrenzung auf Stufe 3 in geringerem Umfang berücksichtigt als Vorzeiten bei demselben Arbeitgeber, für die diese Stufenbegrenzung gem. Satz 2 nicht gilt. Hinsichtlich der Rechtmäßigkeit der unterschiedlichen Berücksichtigung von Zeiten der Berufserfahrung bei demselben Arbeitgeber und bei anderen Arbeitgebern siehe die umfassenden Erläuterungen zu „Berufserfahrung bei demselben Arbeitgeber".

Der Wortlaut des Satzes 3 ist dahingehend auslegbar, dass die Berufserfahrung in einem einzigen Arbeitsverhältnis erworben worden sein muss. In ihrer 5./2007 Sitzung am 25./26. September 2007 hat die Mitgliederversammlung der TdL jedoch keine Bedenken erhoben, wenn für die Anwendung des § 16 Abs. 2 Satz 3 TV-L auch mehrere Arbeitsverhältnisse zu diesem oder zu verschiedenen Arbeitgebern unabhängig von der Dauer einer Unterbrechung zusammengerechnet werden. Unterbrechungen, die bei sinngemäßer Anwendung des § 17 Abs. 3 Satz 3 TV-L zu einer Rückstufung führen würden, seien hingegen auf jeden Fall schädlich. Unabhängig davon stelle sich bei längeren Unterbrechungen zunehmend die Frage, ob in der früheren Tätigkeit noch der Erwerb einer einschlägigen Berufserfahrung für die jetzige Tätigkeit gesehen werden kann.

An dieser Verfahrensweise kann nach Auffassung des Verfassers – ggf. übertariflich – auch mit Blick auf das Urteil des BAG vom 3. Juli 2014 – 6 AZR 1088/12 – festgehalten werden. In diesem Urteil hat das BAG entschieden, dass bei Anwendung des § 16 Abs. 2 Satz 3 TV-L nach Maßgabe des Gleichheitssatzes und zur Vermeidung von Wertungswidersprüchen die gleiche Rechtsfolge erforderlich sei, wie im geregelten Fall der erneuten Einstellung bei demselben Arbeitgeber. Es gelte deshalb die Sechs- bzw. Zwölfmonatsgrenze der Protokollerklärung Nr. 3 zu § 16 Abs. 2 TV-L.

Die einschlägige Berufserfahrung bei dem anderen Arbeitgeber muss nicht zwingend im öffentlichen Dienst oder gar im Geltungsbereich des TV-L erworben worden sein. Die Anrechnung von Zeiten in der Privatwirtschaft oder im Ausland ist nicht ausgeschlossen.

Das BAG hat nach vorherigem Auskunftsersuchen an den EuGH (Entscheidung des EuGH vom 23. April 2020 – C-710/18) in seinem Urteil vom 29. April 2021 – 6 AZR 232/17 – die Auffassung vertreten, in Fällen mit Auslandsbezug verstoße die für die einstellungsbedingte Stufenzuordnung in § 16 Abs. 2 Satz 3 TV-L vorgesehene begrenzte Anrechnung einschlägiger Berufserfahrungszeiten gegen die Arbeitnehmerfreizügigkeit des Art. 45 Abs. 1 AEUV und sei unanwendbar. Hingegen hat das BAG ausdrücklich die Zulässigkeit der Unterscheidung in § 16 Abs. 2 (Satz 2 und 3) TV-L zwischen einschlägiger Berufserfahrung, die bei demselben Arbeitgeber erworben wurde, und solcher, die bei einem anderen (inländischen) Arbeitgeber erworben wurde, bestätigt. Die Obergrenze bei der Stufenzuordnung nach § 16 Abs. 2 Satz 3 TV-L bleibt weiterhin auf alle Fallgestaltungen mit ausschließlichem Inlandsbezug anwendbar. Hingegen sind sämtliche von einem Beschäftigten in einem anderen EU-Mitgliedstaat zurückgelegten einschlägigen Berufserfahrungszeiten bei der Stufenzuordnung zu berücksichtigen. Dabei hat die Stufenzuordnung über die Stufe 3 hinaus nach Maßgabe der Staffelung der Stufenlaufzeiten in § 16 Abs. 3 TV-L zu erfolgen, wobei auch etwaige angebrochene Stufenlaufzeiten erhalten bleiben müssen. Die Anerkennung förderlicher „Vordienstzeiten" nach § 16 Abs. 1 Satz 4 TV-L bleibt von der EuGH- bzw. BAG-Entscheidung unberührt.

Berücksichtigung von sog. „Restzeiten"

Zumeist wird nach der Zuordnung zu einer Stufe eine „Restzeit" verbleiben, weil die Stufensprünge an glatte Jahreszeiträume gebunden sind, sodass die verbleibenden Restmonate bzw. -tage der tatsächlichen Erfahrungszeiten übrigbleiben. Ein tariflicher Anspruch auf Berücksichtigung dieser Restzeiten besteht nicht. Nach Kenntnis des Verfassers haben sich aber viele Länder (z. B. das Land Nordrhein-Westfalen) damit einverstanden erklärt, dass diese Zeiten einschlägiger Berufserfahrung als außertarifliche Maßnahme ebenfalls angerechnet werden.

Berücksichtigung förderlicher Zeiten

Satz 4 enthält eine Ermächtigung für den Arbeitgeber, nach welcher dieser zur Deckung des Personalbedarfs, unabhängig von der Berücksichtigung vorheriger einschlägiger Berufserfahrung bei der Stufenzuordnung nach § 16 Abs. 2 Satz 2 und 3 TV-L, förderliche Zeiten beruflicher Tätigkeit ganz oder teilweise bei der Stufenzuordnung berücksichtigen kann. Die Anrechnung der förderlichen Zeiten liegt allein im Ermessen des Arbeitgebers; ein Rechtsanspruch des Beschäftigten besteht nicht.

Hingewiesen wird an dieser Stelle insbesondere auf die Voraussetzung „zur Deckung des Personalbedarfs". Denn das Tatbestandsmerkmal ist nicht bereits dann erfüllt, wenn der Arbeitgeber lediglich freie, im Haushaltsplan ausgewiesene Stellen besetzen will. Voraussetzung ist vielmehr, dass der Personalbedarf sonst quantitativ oder qualitativ nicht hinreichend gedeckt werden kann. Es müssen also entweder nicht genügend Bewerbungen (quantitativer Mangel) oder nicht ausreichend qualifizierte Bewerbungen (qualitativer Mangel) vorliegen (BAG-Urteil v. 21. 11. 2013 – 6 AZR 23/12). Die Anerkennung vorheriger Zeiten als förderlicher Tätigkeiten hat bei jeder (Wieder-)Einstellung (neu) zu erfolgen (BAG-Urteil v. 15. 10. 2021 – 6 AZR 268/20).

Wechsel innerhalb des öffentlichen Dienstes (Abs. 2a)

Die Vorschrift des Absatzes 2a ist mit dem Änderungstarifvertrag Nr. 2 vom 1. März 2009 mit Wirkung vom 1. März 2009 eingefügt worden. Die Tarifpartner haben mit dieser Regelung auf die Erfahrungen der Praxis reagiert, die gezeigt haben, dass das bisher geltende Prinzip der Stufenzuordnung den gewünschten Wechsel zwischen Arbeitgebern des öffentlichen Dienstes häufig hemmt, weil Vorzeiten nicht bzw. nicht vollständig berücksichtigt werden konnten bzw. weil sich selbst unter Berücksichtigung von Vorzeiten die im Zuge der Überleitung in den TV-L „mitgebrachte" Entgeltstufe nicht erreichen ließ.

Die Regelung in Absatz 2a ermöglicht es dem Arbeitgeber, den im unmittelbaren Anschluss an ein Arbeitsverhältnis zu einem anderen Arbeitgeber des öffentlichen Dienstes eingestellten Beschäftigten weiterhin der Stufe zuzuordnen, die er dort bereits erlangt hatte. Nach der Niederschriftserklärung zu § 15 TV-L kann davon ausgegangen werden, dass auch eine individuelle Endstufe als Stufe im Sinne dieser Vorschrift angesehen werden kann. Wenn die Voraussetzungen des Absatzes 2a dem Grunde nach vorliegen, ist auch eine teilweise Berücksichtigung der beim vorangehenden Arbeitgeber erlangten Stufe denkbar.

Beispiel:

Ein Land stellt einen Beschäftigten im unmittelbaren Anschluss an ein Beschäftigungsverhältnis im Bundesdienst ein. Die Vorzeiten führen nach Maßgabe des Absatzes 2 zur Zuordnung zu Stufe 2, der Beschäftigte war beim Bund in der gleichen Entgeltgruppe der Stufe 4 zugeordnet. Das aufnehmende Land kann den Beschäftigten entweder der Stufe 2 (nach Absatz 2) oder aber nach Absatz 2a entweder der Stufe 3 oder 4 zuordnen.

Als Arbeitgeber des öffentlichen Dienstes sind die unter die Regelung des § 34 Abs. 3 Sätze 3 und 4 TV-L fallenden Arbeitgeber anzusehen. Hierzu gehören im Wesentlichen Bund, Kommunen und Länder. Die Regelung des Absatzes 2a bezieht aber zusätzlich auch solche Arbeitgeber ein, die einen dem TV-L vergleichbaren Tarifvertrag anwenden. Dies sind beispielsweise Einrichtungen, die den TV-L durch Haustarifverträge in Bezug nehmen. Nach Auffassung des Verfassers dürften keine Bedenken bestehen, auch Einrichtungen dazuzurechnen, die den TVöD anwenden; denn auch dieser Tarifvertrag ist mit dem TV-L in seiner Grundsystematik vergleichbar.

Die Regelung ist zusätzlich zu der zu diesem Zeitpunkt bereits bestehenden Vorschrift des Absatzes 2 Satz 4 aufgenommen worden, nach der – das Vorliegen entsprechender förderlicher Zeiten vorausgesetzt – zur Deckung des Personalbedarfs schon bisher eine höhere Stufenzuordnung möglich war. Durch den Schlusshalbsatz, dass „Absatz 2 Satz 4 unberührt (bleibt)" haben die Tarifpartner verdeutlicht, dass die Anrechnung förderlicher Zeiten über die Vorschrift des Absatzes 2a hinaus erfolgen kann.

Beispiel:

Grundbeispiel wie oben. Sofern es zur Deckung des Personalbedarfs erforderlich ist und der Beschäftigte über förderliche Zeiten verfügt, kann auch eine darüber noch hinausgehende Zuordnung nach Maßgabe des Absatzes 2 Satz 4 in Betracht kommen (also bis zur Endstufe). Dies ist insbesondere dann denkbar, wenn der bisherige Arbeitgeber entsprechende Zeiten nicht berücksichtigt hatte.

Die Tarifpartner haben Absatz 2a ausdrücklich als „Kann-Vorschrift" ausgestaltet und die Anwendung in das Ermessen des Arbeitgebers gestellt. Die Regelung ermöglicht es dem Arbeitgeber somit, flexibel (und bedarfsgerecht) von der Berücksichtigung Gebrauch zu machen. Nach der Rechtsprechung des Bundesverwaltungsgerichtes zur Mitbestimmung bei der Stufenzuordnung (Urteil bzw. Beschluss vom 27. August 2008 – 6 P 11.07 – bzw. 6 P 3.08) wird jedoch ein Mitbestimmungsrecht der Personalvertretung zu bejahen sein.

Stufenaufstieg (Abs. 3)

In Satz 1 der Vorschrift sind die Fristen für den Stufenaufstieg geregelt, wobei ab dem Aufstieg von Stufe 3 nach Stufe 4 auch leistungsbezogene Verkürzungen/Verlängerungen der Fristen möglich sind (siehe hierzu § 17 Abs. 2 TV-L). Die Tätigkeit muss innerhalb dieser Entgeltgruppe bei demselben Arbeitgeber zurückgelegt worden sein, um auf die jeweilige Frist angerechnet zu werden. Sie darf – abgesehen von den in § 17 Abs. 3 TV-L aufgeführten Ausnahmefällen – nicht unterbrochen sein.

Nach näherer Maßgabe der Entgeltordnung, die in Satz 2 in Bezug genommen wird, gelten für bestimmte Tätigkeiten abweichende Stufenlaufzeiten sowie eine geringere Endstufe. Dies betrifft beispielsweise die Entgeltgruppe S 8b des Teils II Abschnitt 20.4 oder die Entgeltgruppe S 4 Fallgruppe 2 des Teils II Abschnitt 20.6 der Entgeltordnung zum TV-L.

Es stellt sich diesbezüglich die Frage, wie hinsichtlich der Stufenzuordnung zu verfahren ist, wenn Beschäftigte innerhalb einer Entgeltgruppe aus einer Tätigkeit mit längeren Stufenlaufzeiten bzw. einer Stufenbegrenzung in eine Tätigkeit ohne diese Einschränkungen

II

wechseln. Nach Auffassung des Verfassers ist nicht davon auszugehen, dass im Zeitpunkt der Übertragung der neuen (höherwertigen) Tätigkeit bezüglich der „Qualität" der zurückgelegten Zeiten differenziert werden muss. Es ist daher geboten, die bei der Tätigkeitsänderung zurückgelegte Zeit ohne qualitative Einschränkung zu berücksichtigen. Restzeiten können allerdings nicht fortgeführt und bei der Laufzeit für die nächste Stufe berücksichtigt werden. Diese Rechtsfolge ergibt sich aus dem Wortlaut des § 16 Abs. 3 Satz 1 TV-L, wonach die Stufenlaufzeit **in** der jeweils davor liegenden Stufe zurückgelegt sein muss.

Entgeltgruppe 1 (Abs. 4)

Absatz 4 enthält besondere und nur die Entgeltgruppe 1 betreffende Regelungen. Nach Satz 1 umfasst diese Entgeltgruppe fünf Stufen; Einstellungen erfolgen zwingend in Stufe 2 (Satz 2). Die folgenden Stufen werden grundsätzlich nach vier Jahren erreicht, wobei auch hier Verkürzungen/Verlängerungen der Fristen auf der Grundlage des § 17 Abs. 2 TV-L möglich sind.

Vorweggewährung von Stufen (Abs. 5)

Die Regelung des Absatzes 5 ermöglicht es dem Arbeitgeber, zur regionalen Differenzierung, zur Deckung des Personalbedarfs, zur Bindung qualifizierter Fachkräfte und zum Ausgleich höherer Lebenshaltungskosten eine Zulage im Volumen von max. zwei Stufen (bei Beschäftigten der vorletzten Stufe max. einer Stufe) zu gewähren (Satz 1) bzw. bei Beschäftigten der Endstufe einen Steigerungsbetrag (bis zu 20 v. H. der Stufe 2 der individuellen Entgeltgruppe; bei Wissenschaftlern bis zu 25 v. H. – siehe § 40 Nr. 5 TV-L) zusätzlich zum tariflich zustehenden Entgelt zu zahlen (Satz 2). Die Aufzählung der Anwendungstatbestände ist abschließend.

Ob ein möglicher Anwendungsfall des Satzes 1 oder des Satzes 2 vorliegt, hängt allein davon ab, ob der Beschäftigte bereits die für ihn maßgebende Endstufe erreicht hat. Die in Satz 1 vereinbarte Möglichkeit, den Beschäftigten ein bis zu zwei Stufen höheres Entgelt „vorweg" zu gewähren, setzt begrifflich voraus, dass die anvisierte Stufe von den Beschäftigten auch irgendwann erreicht werden könnte. Können die jeweiligen Beschäftigten eine höhere Stufe nicht mehr erreichen, so steht sie auch für eine entsprechende Vorweggewährung nicht zur Verfügung. Bis zum 31. Dezember 2018 war z. B. bei bestimmten Beschäftigten der Entgeltgruppe 9 bereits die Stufe 4 ausdrücklich als Endstufe bestimmt („kleine EG 9"). Sobald diese Beschäftigten ihre Endstufe (Stufe 4) erreicht hatten, konnte nicht der Unterschiedsbetrag zur (von ihnen nicht erreichbaren) Stufe 5, sondern nur der bis zu 20%ige Zuschlag auf der Grundlage des Satzes 2 gezahlt werden (siehe BAG v. 31. 7. 2014 – 6 AZR 822/12). Eine vergleichbare Situation ist derzeit z. B. bei der Entgeltgruppe S 8b des Teils II Abschnitt 20.4 sowie der Entgeltgruppe S 4 Fallgruppe 2 des Teils II Abschnitt 20.6 der Entgeltordnung zum TV-L gegeben. Die Regelung geht insgesamt weiter als die Vorschrift des § 16 Abs. 2 Satz 4 TV-L, die zum einen nur zur Deckung des Personalbedarfs zur Anwendung kommen darf und zum anderen das Vorhandensein „förderlicher Vorzeiten" voraussetzt.

Auf die Anwendung des Absatzes 5 hat der Beschäftigte keinen Rechtsanspruch; es liegt im Ermessen des Arbeitgebers, die Möglichkeiten des Absatzes 5 zu nutzen. Die Zulage (auch in Form der vollen oder teilweisen Vorweggewährung einer Stufe) ist widerruflich; sie kann befristet oder unbefristet gewährt werden. Eine Stufenvorweggewährung nach dieser Vorschrift kommt auch bei einer Einstellung eines Berufsanfängers ohne jegliche Berufserfahrung in Betracht, wenn der Personalbedarf qualitativ und quantitativ nicht anders gedeckt werden kann.

Das BAG hat in der Entscheidung vom 15. Juli 2021 – 6 AZR 561/20 – zum in diesem Zeitpunkt wortgleichen § 16 Abs. 5 TV-H die Auffassung vertreten, dass der Arbeitgeber bestimmen kann, ob und inwieweit die Zulage im Falle eines Stufenaufstiegs des Arbeitnehmers abgeschmolzen wird oder nicht und was bei einer Höher- oder Herabgruppierung geschieht. Bei einer arbeitsvertraglichen Inbezugnahme des § 16 Abs. 5 TV-L ohne nähere Bestimmung zum Abschmelzen der Zulage geht das BAG davon aus, dass die Zulage im Fall des Erreichens der nächsthöheren Stufe automatisch aufgezehrt wird. Die fehlende „Abschmelzregelung" im TV-H (und auch TV-L) füllt das BAG mit dem Hinweis, dass nach dem Wortlaut der Regelung das höhere Entgelt im Voraus („vorweg") gewährt wird. Das Wort „vorweg" impliziere ein automatisches Abschmelzen.

§ 17 Allgemeine Regelungen zu den Stufen

(1) Die Beschäftigten erhalten das Tabellenentgelt nach der neuen Stufe vom Beginn des Monats an, in dem die nächste Stufe erreicht wird.

II

(2) [1]Bei Leistungen der Beschäftigten, die erheblich über dem Durchschnitt liegen, kann die erforderliche Zeit für das Erreichen der Stufen 4 bis 6 jeweils verkürzt werden. [2]Bei Leistungen, die erheblich unter dem Durchschnitt liegen, kann die erforderliche Zeit für das Erreichen der Stufen 4 bis 6 jeweils verlängert werden. [3]Bei einer Verlängerung der Stufenlaufzeit hat der Arbeitgeber jährlich zu prüfen, ob die Voraussetzungen für die Verlängerung noch vorliegen. [4]Für die Beratung von schriftlich begründeten Beschwerden von Beschäftigten gegen eine Verlängerung nach Satz 2 beziehungsweise 3 ist eine betriebliche Kommission zuständig. [5]Die Mitglieder der betrieblichen Kommission werden je zur Hälfte vom Arbeitgeber und vom Betriebs-/Personalrat benannt; sie müssen dem Betrieb/der Dienststelle angehören. [6]Der Arbeitgeber entscheidet auf Vorschlag der Kommission darüber, ob und in welchem Umfang der Beschwerde abgeholfen werden soll.

Protokollerklärung zu § 17 Absatz 2:

Die Instrumente des § 17 Absatz 2 unterstützen die Anliegen der Personalentwicklung.

Protokollerklärung zu § 17 Absatz 2 Satz 2:

Bei Leistungsminderungen, die auf einem anerkannten Arbeitsunfall oder einer Berufskrankheit gemäß §§ 8 und 9 SGB VII beruhen, ist diese Ursache in geeigneter Weise zu berücksichtigen.

Protokollerklärung zu § 17 Absatz 2 Satz 6:

Die Mitwirkung der Kommission erfasst nicht die Entscheidung über die leistungsbezogene Stufenzuordnung.

(3) [1]Den Zeiten einer ununterbrochenen Tätigkeit im Sinne des § 16 Absatz 3 Satz 1 stehen gleich:

a) Schutzfristen nach dem Mutterschutzgesetz,

b) Zeiten einer Arbeitsunfähigkeit nach § 22 bis zu 39 Wochen,

c) Zeiten eines bezahlten Urlaubs,

d) Zeiten eines Sonderurlaubs, bei denen der Arbeitgeber vor dem Antritt schriftlich ein dienstliches beziehungsweise betriebliches Interesse anerkannt hat,

e) Zeiten einer sonstigen Unterbrechung von weniger als einem Monat im Kalenderjahr,

f) Zeiten der vorübergehenden Übertragung einer höherwertigen Tätigkeit.

[2]Zeiten der Unterbrechung bis zu einer Dauer von jeweils drei Jahren, die nicht von Satz 1 erfasst werden, und Elternzeit sowie Zeiten einer Unterbrechung bei Beschäftigten, die für eine jahreszeitlich begrenzte regelmäßig wiederkehrende Tätigkeit in einem Beschäftigungsverhältnis stehen (Saisonbeschäftigte), sind unschädlich; sie werden aber nicht auf die Stufenlaufzeit angerechnet.

[3]Bei einer Unterbrechung von mehr als drei Jahren erfolgt eine Zuordnung zu der Stufe, die der vor der Unterbrechung erreichten Stufe vorangeht, jedoch nicht niedriger als bei einer Neueinstellung; die Stufenlaufzeit beginnt mit dem Tag der Arbeitsaufnahme. [4]Zeiten, in denen Beschäftigte mit einer kürzeren als der regelmäßigen wöchentlichen Arbeitszeit eines entsprechenden Vollbeschäftigten beschäftigt waren, werden voll angerechnet.

II

(4) [1]Bei Eingruppierung in eine höhere Entgeltgruppe werden die Beschäftigten derjenigen Stufe zugeordnet, in der sie mindestens ihr bisheriges Tabellenentgelt erhalten, mindestens jedoch der Stufe 2; bei Eingruppierung über mehr als eine Entgeltgruppe wird die Zuordnung zu den Stufen so vorgenommen, als ob faktisch eine Eingruppierung in jede der einzelnen Entgeltgruppen stattgefunden hätte. [2]Beträgt der Unterschiedsbetrag zwischen dem derzeitigen Tabellenentgelt und dem Tabellenentgelt nach Satz 1 weniger als 100 Euro in den Entgeltgruppen 2 bis 8 beziehungsweise weniger als 180 Euro in den Entgeltgruppen 9a bis 15, so erhält die/der Beschäftigte während der betreffenden Stufenlaufzeit anstelle des Unterschiedsbetrags einen Garantiebetrag von monatlich 100 Euro (Entgeltgruppen 2 bis 8) beziehungsweise 180 Euro (Entgeltgruppen 9a bis 15); steht der/dem Beschäftigten neben dem bisherigen und/oder neuen Tabellenentgelt eine Entgeltgruppenzulage oder eine Besitzstandszulage nach § 9 oder § 17 Absatz 5 Satz 2 TVÜ-Länder zu, wird für die Anwendung des Halbsatzes 1 die Entgeltgruppenzulage bzw. Besitzstandszulage dem jeweiligen Tabellenentgelt hinzugerechnet und anschließend der Unterschiedsbetrag ermittelt. [3]Ist der Garantiebetrag höher als der Unterschiedsbetrag bei stufengleicher Zuordnung, wird als Garantiebetrag der Unterschiedsbetrag gezahlt. [4]Die Stufenlaufzeit in der höheren Entgeltgruppe beginnt mit dem Tag der Höhergruppierung. [5]Bei einer Eingruppierung in eine niedrigere Entgeltgruppe ist die/der Beschäftige der in der höheren Entgeltgruppe erreichten Stufe zuzuordnen. [6]Die/Der Beschäftigte erhält vom Beginn des Monats an, in dem die Veränderung wirksam wird, das entsprechende Tabellenentgelt aus der in Satz 1 oder Satz 5 festgelegten Stufe der betreffenden Entgeltgruppe, gegebenenfalls einschließlich des Garantiebetrags.

Protokollerklärung zu § 17 Absatz 4 Satz 1 2. Halbsatz:

Für Lehrkräfte im Sinne von Nr. 4 der Vorbemerkungen zu allen Teilen der Entgeltordnung als „Erfüller" gilt die Höhergruppierung von der Entgeltgruppe 11 in die Entgeltgruppe 13 nicht als „Eingruppierung über mehr als eine Entgeltgruppe".

Protokollerklärung zu § 17 Absatz 4 Satz 2 und 3:

Für Beschäftigte, die bis zum 31. Dezember 2018 höhergruppiert wurden, richtet sich der Anspruch auf einen Garantiebetrag ab 1. Januar 2019 nur dann nach § 17 Absatz 4 Satz 2 und 3, wenn sie am 31. Dezember 2018 Anspruch auf einen Garantiebetrag nach § 17 Absatz 4 Satz 2 in der bis zum 31. Dezember 2018 geltenden Fassung hatten.

Niederschriftserklärung zu § 17 TV-L

Im Zusammenhang mit dem Abschluss des Änderungstarifvertrages Nr. 1 zum TV-L vom 13. März 2008 hatten sich die Tarifvertragsparteien auf folgende Niederschriftserklärung zu § 17 TV-L verständigt. Die Niederschriftserklärung hatte nur eine eingeschränkte zeitliche Bedeutung und ist mit dem Änderungstarifvertrag Nr. 4 vom 2. Januar 2012 aufgehoben worden.

II

[1]Sofern Beschäftigten, die am 1. Januar 2008 in Entgeltgruppen eingruppiert sind, für die ein Bemessungssatz von 100 v. H. gilt, zwischen dem 1. Januar 2008 und dem 31. Dezember 2009 auf Dauer Tätigkeiten übertragen werden, die einer Vergütungsgruppe zugeordnet wären, für die nach der Protokollerklärung zu § 15 Absatz 1 TV-L noch ein Bemessungssatz von 92,5 v. H. maßgebend ist, gelten in der neuen Entgeltgruppe die Tabellenwerte der Anlage B 2 beziehungsweise B 3 zum TV-L. [2]Als Entgeltstufe ist diejenige Stufe maßgebend, die sich ergeben würde, wenn für alle Tabellenwerte ein einheitlicher Bemessungssatz gelten würde. [3]Liegt der neue Tabellenwert unter dem bisherigen Tabellenentgelt, wird eine Besitzstandszulage in Höhe des Differenzbetrages und zusätzlich der Garantiebetrag in sinngemäßer Anwendung des § 17 Absatz 4 Satz 2 TV-L gezahlt.

Erläuterungen

In § 17 TV-L haben die Tarifvertragsparteien allgemeine Regeln für den Stufenaufstieg (Absätze 1 und 2), die Berücksichtigung bestimmter Zeiten bei der Stufenzuordnung (Absatz 3) und das Verfahren bei Höher-/Herabgruppierungen (Absatz 4) geregelt. Die Vorschrift des § 17 setzt den Kerngedanken der Tarifreform um und regelt den Stufenaufstieg erstmalig nicht nur zeit-, sondern auch leistungsabhängig. Sie stellt damit hohe Anforderungen an die Praxis, da zukünftig nicht nur die Beamten, sondern auch die Tarifbeschäftigten einer Leistungsbeurteilung unterzogen werden müssen und betriebliche Kommissionen zur Beratung über Beschwerden gegen (wegen unterdurchschnittlicher Leistung) verzögerte Stufenaufstiege einzurichten sind.

Auf die teilweise abweichenden Sonderregelungen in § 41 Nr. 12 TV-L wird hingewiesen.

Übergangsrecht

Bei der Stufenzuweisung und beim Stufenaufstieg der von den bisherigen Vorschriften in den TV-L übergeleiteten Beschäftigten sind die besonderen Regelungen der §§ 6 und 7 TVÜ-Länder[1]) zu beachten. Demnach erfolgt bei ehemaligen Angestellten – unabhängig davon, in welche individuelle Zwischenstufe sie betragsgenau übergeleitet worden sind – der erste Stufenaufstieg grundsätzlich zum 1. November 2008 (§ 6 TVÜ-Länder). Bei ehemaligen Arbeitern erfolgt der Stufenaufstieg zwar nach näherer Maßgabe des 7 TVÜ-Länder grundsätzlich bereits nach den Regeln des TV-L, die Arbeiter werden aber so

---

1) abgedruckt unter **270**

gestellt, als habe der TV-L bereits zu Beginn ihrer Beschäftigungszeit Anwendung gefunden.

Grundsatz (Abs. 1)

In Absatz 1 ist der Grundsatz festgelegt, dass das entsprechende Tabellenentgelt bereits von dem Beginn des Monats an gezahlt wird, in dem die neue Stufe erreicht wird. Dies gilt für alle Stufenveränderungen – also sowohl für die zeit- als auch für die leistungsabhängigen.

Leistungsabhängiger Stufenaufstieg (Abs. 2)

Mit dieser Vorschrift haben die Tarifpartner erstmals eine Leistungskomponente beim Stufenaufstieg eingeführt. Sie gilt für den Aufstieg in die Stufen 4 bis 6; die Stufen 2 und 3 werden weiterhin nach Zeitablauf erreicht.

Nach den Sätzen 1 bzw. 2 und 3 der Vorschrift kann die notwendige Zeit für das Erreichen der Stufen 4 bis 6 (also für das Aufrücken aus den Stufen 3 bis 5) bei überdurchschnittlicher Leistung verkürzt (Satz 1) und bei unterdurchschnittlicher Leistung verlängert (Satz 2) werden. Im Fall der Verlängerung ist nach Satz 3 jährlich zu prüfen, ob die Voraussetzungen für die Verlängerung (also die Leistungsschwäche) weiterhin gegeben sind.

Bei Leistungsminderungen, die infolge eines Berufsunfalls oder einer Berufskrankheit auftreten, soll die Ursache in geeigneter Weise berücksichtigt werden. Es ist augenscheinlich der Wille der Tarifpartner, dass in diesen Fällen keine oder deutlich mildere Konsequenzen aus der – unverschuldeten – Leistungsminderung gezogen werden (Protokollerklärung zu Absatz 2 Satz 2).

Grenzen der Verkürzung oder Verlängerung enthält die Vorschrift über den leistungsbezogenen Stufenaufstieg nicht; es sind somit leistungsstarke „Überflieger", die nur ganz kurz auf den nächsten Stufenaufstieg warten müssen, ebenso möglich, wie leistungsschwächere Beschäftigte, die über eine bestimmte Entgeltstufe nicht mehr hinauskommen.

Bei der Nutzung der Vorschrift des § 17 Abs. 2 TV-L darf nicht außer Acht gelassen werden, dass es sich zwar um eine weitgehend in das Ermessen des Arbeitgebers gestellte „Kann-Vorschrift" handelt, die keine unmittelbaren Ansprüche der Beschäftigten beinhaltet (s. BAG v. 9. 6. 2016 – 6 AZR 321/15). Wie bei allen Ermessensvorschriften darf der Arbeitgeber aber auch bei der Anwendung des § 17 Abs. 2 TV-L nicht willkürlich („nach Gutsherrenart") verfahren. Es muss also nachvollziehbar sein, warum ein bestimmter Beschäftigter durch einen verkürzten Stufenaufstieg belohnt wird und warum andere (u. U. vergleichbare) Beschäftigte nicht bedacht werden. Neben einer Transparenz im Umgang mit der Vorschrift wird dazu ein regelmäßiges Beurteilungsverfahren der Beschäftigten notwendig sein, um die Auswahlkriterien und die Arbeitgeber-Entscheidung (ggf. auch vor den Arbeitsgerichten) in überprüfbarer Weise darlegen zu können.

Die Sätze 4 bis 6 regeln den Umgang mit schriftlich begründeten Beschwerden gegen eine Verlängerung der Stufenlaufzeit gemäß Satz 2 bzw. die Bestätigung der Verlängerung im Rahmen der jährlichen Prüfung im Sinne des Satzes 3. Für die Beratung über die Beschwerden ist eine betriebliche Kommission einzurichten, deren Mitglieder je zur Hälfte vom Arbeitgeber und vom Betriebs-/Personalrat benannt werden. Die in die Kommission entsandten Mitglieder müssen der Dienststelle angehören – es reicht also nicht, wenn sie lediglich bei dem gleichen Arbeitgeber beschäftigt sind. Die Kommission kann dem Arbeitgeber zwar Lösungsvorschläge darüber unterbreiten, ob und in welchem Umfang der Beschwerde abgeholfen werden sollte. Die Entscheidung darüber obliegt aber allein dem Arbeitgeber (Satz 6). In einer Protokollerklärung zu Absatz 2 Satz 6 ist ausdrücklich vereinbart worden, dass die Kommission nicht über die leistungsbezogene Stufenzuordnung entscheidet; es handelt sich um eine reine Beschwerdekommission.

Nach dem Wortlaut des § 6 Abs. 1 Satz 5 TVÜ-Länder[1]) („Der **weitere** Stufenaufstieg richtet sich nach den Regelungen des TV-L.") kam die Anwendung der Vorschrift für in eine indivduelle Zwischenstufe übergeleitete Beschäftigte vor dem 1. 11. 2008 nicht in Betracht.

Berücksichtigungsfähige Zeiten/Unterbrechungen (Abs. 3)

Nach § 16 Abs. 3 Satz 1 müssen Tätigkeitszeiten ununterbrochen zurückgelegt worden sein, um bei den (Regel-)Zeiten für Stufenaufstiege berücksichtigt zu werden. § 17 Abs. 3 enthält für eine Reihe von Fällen von diesem Grundsatz abweichende Regelungen.

In den Buchstaben a) bis f) des Satzes 1 ist abschließend aufgezählt, welche Unterbrechungszeiten die Tarifpartner als unschädlich ansehen. In den in diesem Katalog erwähnten Fällen werden auch die Unterbrechungszeiten (z. B. wegen Mutterschutz, Krankheit, bezahltem Urlaub etc.) mit der „ununterbrochenen Tätigkeit" gleichgestellt.

---

[1]) abgedruckt unter **270**

Sie zählen also bei den Zeiten des Stufenaufstiegs in vollem Umfang mit.

Entsprechendes gilt nach dem Beschluss der 15./2006 Sitzung der Mitgliederversammlung der Tarifgemeinschaft deutscher Länder (TdL) auch für Zeiten des Grundwehr- und Zivildienstes. Auch diese Zeiten unterbrechen die Stufenlaufzeit nicht und können auf die Stufenlaufzeit angerechnet werden. Eine andere Verfahrensweise wäre kaum mit dem Rechtsgedanken des § 6 Abs. 1 bzw. Abs. 4 des Arbeitsplatzschutzgesetzes – ggf. i. V. m. § 78 des Zivildienstgesetzes – in Einklang zu bringen. In ihrer 5./2010 Sitzung hat die Mitgliederversammlung der TdL keine Bedenken dagegen erhoben, wenn im Falle des freiwillig verlängerten Wehrdienstes (§ 6b Wehrpflichtgesetz) sowie des freiwillig verlängerten Zivildienstes (§ 41a Zivildienstgesetz) entsprechend verfahren wird. Die 5./2012 Mitgliederversammlung der TdL hat sich aus Anlass der Einführung des freiwilligen Wehrdienstes (§§ 54 ff. des Wehrpflichtgesetzes) und des Bundesfreiwilligendienstes erneut mit den Auswirkungen entsprechender Dienste auf die Stufenlaufzeit befasst und beschlossen, sowohl Zeiten des freiwilligen Wehrdienstes als auch Zeiten des Bundesfreiwilligendienstes, die jeweils maximal 23 Monate dauern, auf die Stufenlaufzeit anzurechnen.

Für von der Aufzählung des Satzes 1 nicht erfasste Unterbrechungszeiten bestimmt Satz 2 der Vorschrift, dass sie bis zur Dauer von drei Jahren, bei Elternzeit bzw. Saisonbeschäftigten unbegrenzt unschädlich sind. Die davor liegenden Zeiten bleiben folglich als Stufenlaufzeit erhalten; die Unterbrechung selbst zählt aber nicht dazu. Dies hat das Bundesarbeitsgericht mit Urteil vom 27. Januar 2011 – 6 AZR 526/09 – für die Unterbrechung durch Elternzeit für die regelungsgleiche Vorschrift des TVöD ausdrücklich bestätigt. Die Hemmung der Stufenlaufzeit bis zu einer Dauer von jeweils fünf Jahren durch die Inanspruchnahme von Elternzeit ist nach Auffassung des BAG mit dem Recht der Europäischen Union und dem Grundgesetz vereinbar und führt insbesondere nicht zu einer Geschlechtsdiskriminierung. Während der Elternzeit ruhe das Arbeitsverhältnis unter Suspendierung der wechselseitigen Hauptpflichten. In dieser Zeit werde keine Berufserfahrung gewonnen. Der Stufenaufstieg im Entgeltsystem des TVöD solle aber gerade die durch größere Erfahrung eintretende Verbesserung der Arbeitsleistung honorieren. Der TVöD stelle damit auf eine objektives Kriterium ab, das keinen Bezug zu einer Diskriminierung aufgrund des Geschlechts hat. Das Urteil ist im Geltungsbereich des TV-L uneingeschränkt anwendbar.

Unterbrechungszeiten von mehr als drei bzw. fünf Jahren führen bei der Wiederaufnahme der Arbeit dazu, dass der Beschäftigte der Stufe unterhalb der vor der Unterbrechung erreichten Stufe zugeordnet wird. Dabei darf das Ergebnis jedoch nicht geringer sein als bei einer Neueinstellung. Die Stufenlaufzeit beginnt mit dem Wiederaufnahmetag der Arbeit erneut zu laufen (Satz 3).

Wegen der Rückstufung der ehemaligen Angestellten, die während eines ruhenden Arbeitsverhältnisses in den TV-L übergeleitet worden waren → Erl. zu § 5 Abs. 6 TVÜ-Länder.[1])

In Satz 4 haben die Tarifpartner klargestellt, dass die Zeiten einer Teilzeitbeschäftigung voll berücksichtigt werden. Mit dieser Vorschrift tragen die Tarifpartner dem Diskriminierungsverbot des § 4 Abs. 1 des Teilzeit- und Befristungsgesetzes Rechnung.

Höhergruppierungen; Herabgruppierungen (Abs. 4)

Absatz 4 regelt die Stufenzuordnung bei Veränderungen der Engeltgruppe.

Im Falle der Höhergruppierung wird der Beschäftigte der Stufe zugeordnet, deren Tabellenentgelt mindestens dem bisherigen Tabellenentgelt des Angestellten entspricht (Satz 1), mindestens aber der Stufe 2. Ein Beschäftigter der Stufe 1 rückt im Falle der Höhergruppierung somit unmittelbar in die Stufe 2 der höheren Entgeltgruppe auf. Nach Satz 1 zweiter Halbsatz wird ein Aufstieg über zwei oder mehr Entgeltgruppen in Einzelschritte unterteilt. Dies führt für die Beschäftigten u. U. zu günstigeren Ergebnissen. Nach der im Zuge des 2. Änderungstarifvertrages vom 1. März 2009 mit Wirkung vom 1. März 2009 vereinbarten Protokollerklärung zu § 17 Absatz 4 Satz 1 2. Halbsatz galt diese Regelung bis zum Inkrafttreten einer neuen Entgeltordnung nicht für Aufstiege von Entgeltgruppe 3 nach 5 sowie 6 nach 8 und für „Erfüller-Lehrkräfte", die von Entgeltgruppe 11 nach Entgeltgruppe 13 aufsteigen. Damit trugen die Tarifpartner dem Umstand Rechnung, dass es die Entgeltgruppen 4 bzw. 7 für ehemalige Angestellte und die Entgeltgruppe 12 für „Erfüller-Lehrkräfte" nicht gab und nach bisherigem Recht die neue Tätigkeit u. U. nur um eine Vergütungsgruppe höher bewertet war (z. B. war die Vergütungsgruppe VIb BAT nur eine Vergütungsgruppe niedriger als Vc BAT; die entsprechenden Entgeltgruppen 6 und 8 liegen aber zwei Gruppen auseinander). Diese Protokollerklärung ist mit Inkrafttreten der Entgeltordnung zum TV-L am 1. Januar 2012 inhaltlich insoweit

[1]) abgedruckt unter **270**

bedeutungslos geworden, als dass in der Entgeltordnung die Entgeltgruppen 4 und 7 auch mit ehemaligen Angestellten „befüllt" worden sind. Die zuvor bestehende Lücke zwischen den Entgeltgruppen 3 und 5 bzw. 6 und 8 besteht somit nicht mehr. Die Tarifpartner haben deshalb im Zuge des 4. Änderungstarifvertrages zum TV-L die Protokollerklärung neu gefasst und nur noch die im Bereich der „Erfüller-Lehrkräfte" weiterhin bestehende Lücke angesprochen. Satz 2 der Vorschrift garantierte dem Beschäftigten einen „Mindest-Beförderungsgewinn" von ursprünglich 25 Euro (Entgeltgruppen 1 bis 8) bzw. 50 Euro (Entgeltgruppen 9a bis 15; dabei wird auch der Aufstieg von Entgeltgruppe 8 nach 9a bereits diesen höheren Garantiebetrag auslösen). Zur Fortentwicklung dieser Beträge s. u.

Unterschreitet der Unterschiedsbetrag zwischen dem derzeitigen und dem künftigen Tabellenentgelt diese Grenzen, so erhält der Beschäftigte neben seinem bisherigen Entgelt anstelle des Unterschiedsbetrages den Garantiebetrag. Im Zuge des 11. Änderungstarifvertrages vom 2. März 2019 wurde der Garantiebetrag auf den (fiktiven) Unterschiedsbetrag einer stufengleichen Höhergruppierung begrenzt; s. § 17 Abs. 4 Satz 3. Beim Aufstieg über zwei Entgeltgruppen ist der Garantiebetrag nicht bei den Zwischenschritten, sondern erst am Schluss zu prüfen; § 17 Abs. 4 Satz 1 Halbsatz 2 TV-L. Im Rahmen der Verhandlungen zur Entgeltordnung haben die Tarifpartner vereinbart, dass bei der Prüfung eines Garantiebetrages nicht nur die reinen Tabellenentgelte zu vergleichen, sondern ggf. auch Entgeltgruppenzulagen bzw. Besitzstandsbeträge für Vergütungsgruppenzulagen mit einzubeziehen sind. Auch diejenigen Beschäftigten, die bei einer Höhergruppierung den Anspruch auf eine Entgeltgruppenzulage oder eine Besitzstandszulage nach § 9 TVÜ-Länder verlieren, sollen mindestens in den Genuss des Garantiebetrages kommen. Diese Vereinbarung wurde im Zuge des 4. Änderungstarifvertrages zum TV-L mit Wirkung vom 1. Januar 2012 in den TV-L aufgenommen.

Die Mitgliederversammlung der Tarifgemeinschaft deutscher Länder (TdL) hat in ihrer 3./2012 Sitzung am 18./19. Juli 2012 die Frage der Berechnung des Garantiebetrages in den Fällen erörtert, in denen aufgrund einer vorangegangenen Höhergruppierung bereits ein Garantiebetrag gezahlt wird. Die Mitgliederversammlung hat sich dafür ausgesprochen, „künftig" (bezogen auf das Datum der Erörterung heißt das, beginnend mit Höhergruppierungen im Monat Juli 2012) nach der in den nachstehenden Beispielen dargestellten Weise zu verfahren. Die vom Verfasser redaktionell überarbeiteten Beispiele berücksichtigen die im Jahr 2017 maßgebenden Tabellenwerte.

II

Beispiel 1 (Fall ohne Entgeltgruppenzulage):

Es wird in zwei Schritten vorgegangen:

- *im ersten Schritt wird die Stufe in der neuen Entgeltgruppe ausschließlich anhand der Tabellenentgelte ermittelt,*
- *im zweiten Schritt wird (analog § 17 Abs. 4 Satz 2 2. Teilsatz TV-L) der Unterschiedsbetrag zwischen dem bisherigen Zahlbetrag und dem Entgelt in der höheren Entgeltgruppe ermittelt; der Garantiebetrag der nach der ersten Höhergruppierung zustand, würde hierbei berücksichtigt.*

Ausgangspunkt		*EG 6 Stufe 5*	*2872,87 Euro*
1. Höhergruppierung	*erster Schritt – Ermittlung der Stufe in der neuen EG:*	***EG 7 Stufe 4***	*2884,50 Euro*
	zweiter Schritt – Ermittlung	*EG 7 Stufe 4*	*2884,50 Euro*
	des Unterschiedsbetrags:	*./. EG 6 Stufe 5*	*- 2872,87 Euro*
			11,63 Euro
	Zahlbetrag:	*bisheriges Entgelt*	*2872,87 Euro*
		+ Garantiebetrag	*+ 31,34 Euro*
			2904,21 Euro
2. Höhergruppierung	*erster Schritt – Ermittlung der Stufe in der neuen EG:*	***EG 8 Stufe 3***	*2896,13 Euro*
	zweiter Schritt – Ermittlung	*EG 8 Stufe 3*	*2896,13 Euro*
	des (negativen) Unterschiedsbetrags:	*./. bisheriger Zahlbetrag*	*./. 2904,21 Euro*
			./. 8,08 Euro
	Zahlbetrag:	*bisheriger Zahlbetrag*	*2904,21 Euro*
		+ Garantiebetrag	*+ 31,34 Euro*
			2935,55 Euro

Nach der zweiten Höhergruppierung erhält der Beschäftigte danach einen „effektiven Höhergruppierungsgewinn" von 31,34 Euro (2935,55 Euro ./. 2904,21 Euro).

Beispiel 2 (Fall mit Entgeltgruppenzulage):

Ausgangspunkt		*EG 6 Stufe 5*	*2872,87 Euro*
		+ EGZ	*+ 55,75 Euro*
			2928,62 Euro
1. Höhergruppierung	*erster Schritt – Ermittlung der Stufe in der neuen EG:*	***EG 7 Stufe 4***	*2884,50 Euro*
	zweiter Schritt – Ermittlung des (negativen) Unterschiedsbetrags:	*EG 7 Stufe 4*	*2884,50 Euro*
		./. bisheriges Entgelt (Tab.-Entgelt + EGZ)	*./. 2928,62 Euro*
			./. 44,12 Euro
	Zahlbetrag:	*bisheriges Entgelt*	*2928,62 Euro*
		+ Garantiebetrag	*+ 31,34 Euro*
			2959,96 Euro
2. Höhergruppierung	*erster Schritt – Ermittlung der Stufe in der neuen EG:*	***EG 8 Stufe 3***	*2896,13 Euro*
	zweiter Schritt – Ermittlung des (negativen) Unterschiedsbetrags:	*EG 8 Stufe 3*	*2896,13 Euro*
		./. bisheriger Zahlbetrag	*./. 2959,96 Euro*
			./. 63,83 Euro
	Zahlbetrag:	*bisheriger Zahlbetrag*	*2959,96 Euro*
		+ Garantiebetrag	*+ 31,34 Euro*
			2991,30 Euro

Nach der zweiten Höhergruppierung erhält der Beschäftigte danach einen „effektiven Höhergruppierungsgewinn" von 31,34 Euro (2991,30 Euro ./. 2959,96 Euro).

Nach der Protokollerklärung zu Absatz 4 Satz 2 nahmen die Garantiebeträge an den allgemeinen Entgeltanpassungen teil. Im Zuge der Tarifrunde 2019/2020/2021 wurden die Garantiebeträge deutlich erhöht (ab 1. 1. 2019 100 Euro bzw. 180 Euro); in den Tarifeinigungen vom 29. November 2021 sowie vom 9. Dezember 2023[1]) wurde keine weitere Erhöhung vereinbart. Die neue Protokollerklärung zu § 17 Abs. 4 Satz 3 stellt sicher, dass die Beschäftigten, die am 31. 12. 2018 einen geringeren Garantiebetrag erhalten haben, an der Erhöhung teilhaben. Die Höhe der Garantiebeträge beträgt somit:

Tarifgebiet West		
Entgeltgruppe	**Zeit**	**Euro**
1 bis 8	ab 1. 1. 2008	25,73
	ab 1. 3. 2009	26,50
	ab 1. 3. 2010	26,82
	ab 1. 4. 2011	27,22
	ab 1. 1. 2012	27,74
	ab 1. 1. 2013	28,48
	ab 1. 1. 2014	29,32
	ab 1. 3. 2015	29,94
	ab 1. 3. 2016	30,67
	ab 1. 1. 2017	31,34
	ab 1. 1. 2018	32,08
	ab 1. 1. 2019	100,00; höchstens Betrag bei stufengleicher Höhergruppierung
9 bis 15	ab 1. 1. 2008	51,45
	ab 1. 3. 2009	52,99
	ab 1. 3. 2010	53,63
	ab 1. 4. 2011	54,43
	ab 1. 1. 2012	55,46
	ab 1. 1. 2013	56,93
	ab 1. 1. 2014	58,61
	ab 1. 3. 2015	59,84
	ab 1. 3. 2016	61,31
	ab 1. 1. 2017	62,66
	ab 1. 1. 2018	64,13
	ab 1. 1. 2019	180,00; höchstens Betrag bei stufengleicher Höhergruppierung

[1]) abgedruckt unter **150**

II

Tarifgebiet Ost		
Entgeltgruppe	**Zeit**	**Euro**
1 bis 8	ab 1. 1. 2008	25,00
	ab 1. 5. 2008	25,73
	ab 1. 3. 2009	26,50
	ab 1. 3. 2010	26,82
9 bis 15	bis 30. 4. 2008	46,25
	ab 1. 5. 2008	47,59
	ab 1. 3. 2009	49,02
	Spätestens ab 1. 1. 2010 gelten die Werte des Tarifgebietes West.	

Die Stufenlaufzeit in der höheren Entgeltgruppe beginnt gemäß Satz 3 mit dem Tag der Höhergruppierung. Dies gilt nach Auffassung des BAG (Urteil vom 3. Juli 2014 – 6 AZR 1067/12) auch dann, wenn dieselbe Tätigkeit bereits vorübergehend ausgeübt und mit einer persönlichen Zulage gemäß § 14 TV-L vergütet wurde.

Die Korrektur einer seit Beginn der Tätigkeit zu niedrigen Eingruppierung ist keine Höhergruppierung im Sinne dieser Vorschrift (siehe Urteil des BAG vom 8. Dezember 2022 – 6 AZR 459/21 – zur vergleichbaren Regelung des § 17 Abs. 4 TVöD).

Im Falle einer Herabgruppierung wird die in der bisherigen Entgeltgruppe erreichte Stufe in der niedrigeren Entgeltgruppe behalten (Satz 4) – und zwar in Ermangelung einer gegenteiligen Regelung unter Mitnahme der in der höheren Entgeltgruppe bereits zurückgelegten Stufenlaufzeit. Die Mitgliederversammlung der Tarifgemeinschaft deutscher Länder (TdL) hat in ihrer 11./2018 Sitzung entschieden, trotz der strengeren Auslegung durch das BAG (siehe Urteil vom 1. Juni 2017 – 6 AZR 741/15) an dieser Verfahrensweise festzuhalten. Herabgruppierungen ab dem 1. November 2008 bewirken bei Beschäftigten, die sich in einer individuellen Endstufe ihrer Entgeltgruppe befanden, in der neuen Entgeltgruppe eine Zuordnung zur jeweiligen Endstufe. Die besondere Berechnung nach § 6 Abs. 2 Satz 3 TVÜ -Länder[1]) ist auf Herabgruppierungen vor dem 1. November 2008 begrenzt. Dies hat das BAG mit Urteil vom 3. Juli 2014 – 6 AZR 753/12 – bestätigt.

Die Veränderungen werden nach Satz 5 jeweils bereits zum Monatsanfang wirksam. Dies gilt auch in den Fällen, in denen die Veränderungen erst im Laufe oder zum Ende eines Monats eintreten.

---

1) abgedruckt unter **270**

§ 18 (weggefallen)

Erläuterungen

II

§ 18 TV-L regelte bis zum 31. Dezember 2008 die Grundsätze über ein Leistungsentgelt. Die Vorschrift setzte damit einen Kerngedanken der Tarifreform – die Einführung leistungsbezogener Zahlungen – um.

Sie enthielt im Wesentlichen Regelungen zur Berechnung des für die Leistungsbezahlung bereitzustellenden Volumens von 1 % der ständigen Monatsentgelte des Vorjahres und zur zwingend vorgeschriebenen Ausschüttung des zweckgebunden bereitstehenden Betrages. Nähere Regelungen über die Ausgestaltung eines echten Leistungsentgelts sollten in landesbezirklichen Tarifverträgen vereinbart werden. Bis zum Zustandekommen dieser Tarifverträge auf Landesebene war eine pauschale Ausschüttung des vorhandenen Volumens in der Form vorgesehen, dass mit dem Dezemberentgelt 12 % des Septemberentgelts an die Beschäftigten ausgezahlt wurden.

Die Vorschrift ist im Zuge der Tarifrunde 2009 mit Wirkung vom 1. Januar 2009 aufgehoben worden. Das ursprüngliche Anliegen – die Einführung leistungsbezogener Zahlungen – wurde aufgegeben. Damit haben die Tarifpartner u. a. dem Umstand Rechnung getragen, dass landesbezirkliche Tarifverträge trotz zahlreicher Sondierungs- und Tarifgespräche nicht zur Unterschriftsreife gebracht werden konnten und in den Jahren 2007 und 2008 kein echtes, sondern ein pauschales Leistungsentgelt gezahlt wurde. Eine finanzielle Kompensation für die Streichung des Leistungsentgelts hat über die Gewährung eines Sockelbetrages in der Entgelttabelle und eine Einmalzahlung stattgefunden. Die Hälfte (20 Euro) des in der Tarifrunde 2009 vereinbarten Sockelbetrages bei der Erhöhung der Tabellenwerte ist als Gegenwert für den Fortfall des Leistungsentgelts zu sehen. Da die Leistungsbezahlung bereits ab dem 1. Januar 2009 entfiel, die Kompensation aber erst ab dem 1. März 2009 griff, wurde eine Einmalzahlung in Höhe von 40 Euro (2 × 20 Euro für Januar und Februar 2009) vereinbart.

Besonderheiten gelten für den Hochschulbereich. Dort ist für bestimmte Sachverhalte weiterhin eine Leistungsbezahlung möglich. Die Sonderregelungen der Nr. 6 des § 40 TV-L blieben inhaltlich bestehen und wurden im Zuge der Tarifrunde 2009 redaktionell überarbeitet.

Für unter den TV-L fallende Ärzte an Universitätskliniken siehe die Sonderregelung in § 41 Nr. 13 TV-L.

§ 19 Erschwerniszuschläge

(1) [1]Erschwerniszuschläge werden für Arbeiten gezahlt, die außergewöhnliche Erschwernisse beinhalten. [2]Dies gilt nicht für Erschwernisse, die mit dem Berufs- oder Tätigkeitsbild verbunden sind, das der Eingruppierung zugrunde liegt.

II

(2) Außergewöhnliche Erschwernisse im Sinne des Absatzes 1 ergeben sich grundsätzlich nur bei Arbeiten

a) mit besonderer Gefährdung,

b) mit extremer nicht klimabedingter Hitzeeinwirkung,

c) mit besonders starker Schmutz- oder Staubbelastung,

d) mit besonders starker Strahlenexposition oder

e) unter sonstigen vergleichbar erschwerten Umständen.

(3) Zuschläge nach Absatz 1 werden nicht gewährt, soweit der außergewöhnlichen Erschwernis durch geeignete Vorkehrungen, insbesondere zum Arbeitsschutz, ausreichend Rechnung getragen wird.

(4) [1]Die Zuschläge betragen in der Regel 5 bis 15 v. H. – in besonderen Fällen auch abweichend – des auf eine Stunde entfallenden Anteils des monatlichen Tabellenentgelts der Stufe 2 der Entgeltgruppe 2. [2]Teilzeitbeschäftigte erhalten Erschwerniszuschläge, die nach Stunden bemessen werden, in voller Höhe; sofern sie pauschaliert gezahlt werden, gilt dagegen § 24 Absatz 2.

(5) [1]Die zuschlagspflichtigen Arbeiten und die Höhe der Zuschläge werden tarifvertraglich vereinbart. [2]Bis zum In-Kraft-Treten eines entsprechenden Tarifvertrages gelten die bisherigen tarifvertraglichen Regelungen fort.

(6) Beschäftigte im Sinne von § 38 Absatz 5 Satz 2 im Außendienst des Straßenbetriebsdienstes und Straßenbaus und im Außendienst des Küstenschutzes der Wasserbauverwaltung erhalten für jeden Kalendermonat, für den ihnen Erschwerniszuschläge nach den Abschnitten A, M oder R des Zuschlagskataloges zum Tarifvertrag über die Lohnzuschläge gemäß § 29 MTL II (TVZ zum MTL) bzw. der entsprechenden Regelungen im Tarifvertrag über die Lohnzuschläge gemäß § 29 MTArb-O für Arbeiter der Länder (TVZ zum MTArb-O-TdL) zustehen, zusätzlich einen Pauschalbetrag von monatlich 25 Euro; § 24 Absatz 2 findet Anwendung.

Niederschriftserkärung zu § 19 Absatz 6:

Die Tarifvertragsparteien sind sich einig, dass die Pauschalzahlung nach § 19 Absatz 6 TV-L nur für diejenigen Monate gezahlt wird, für die der/dem Beschäftigten Erschwerniszuschläge aufgrund tatsächlicher Arbeitsleistung oder im Wege der Entgeltfortzahlung nach § 21 TV-L zustehen.

Erläuterungen

§ 19 TV-L legt in den Absätzen 1 bis 4 die Rahmenbedingungen für die Bezahlung von Erschwerniszuschlägen fest. Einzelheiten dazu bleiben gemäß Absatz 5 ausfüllenden Tarifverträgen überlassen. Der Themen-

II

bereich war früher in § 33 Abs. 1 Buchst. c) BAT und § 29 MTArb sowie in den diese Vorschriften ergänzenden Tarifverträgen (Tarifvertrag über die Gewährung von Zulagen gemäß § 33 Abs. 1 Buchst. c) BAT[1]) vom 11. Januar 1962 und Tarifvertrag über die Lohnzuschläge gemäß § 29 MTL vom 9. Oktober 1963) geregelt. Diese Tarifverträge gelten übergangsweise fort (Absatz 5 Satz 2). Das BAG hat mit Urteil vom 21. August 2010 – 10 AZR 303/09 – entschieden, dass ein Anspruch auf die sogenannte Baustellenzulage (§ 33 Abs. 2 BAT) mit Inkrafttreten des TV-L nicht mehr besteht.

Auf die abweichenden Sonderregelungen in § 41 Nr. 14, § 46 Nr. 6 und § 47 Nr. 2 TV-L wird hingewiesen.

Grundsätze für Erschwerniszuschläge (Abs. 1)

Die Vorschrift legt fest, dass grundsätzlich Erschwerniszuschläge für Arbeiten mit besonderen Erschwernissen zu zahlen sind. Ausgenommen davon sind aber nach Satz 2 solche Erschwernisse, die mit dem Berufs- oder Tätigkeitsbild verbunden sind und daher schon in die Eingruppierung eingeflossen sind.

Außergewöhnliche Erschwernisse (Abs. 2)

In den Buchstaben a) bis e) ist abschließend aufgezählt, bei welchen Arbeiten „außergewöhnliche Erschwernisse" vorliegen, die einen Anspruch auf Erschwerniszuschläge begründen können.

Ausschluss der Erschwerniszuschläge (Abs. 3)

Absatz 3 schließt die Zahlung von Erschwerniszuschlägen in den Fällen aus, in denen den Erschwernissen durch besondere Vorkehrungen – insbesondere hinsichtlich des Arbeitsschutzes – Rechnung getragen wird.

Betragsmäßiger Rahmen der Erschwerniszuschläge (Abs. 4)

Absatz 4 gibt den Tarifpartnern den Rahmen für Erschwerniszuschläge vor. Diese sollen in der Regel – je nach Grad der Erschwernis – zwischen 5 und 15 v. H. des auf eine Stunde entfallenden Anteils des monatlichen Tabellenentgelts der Stufe 2 der Entgeltgruppe 2 betragen. In besonderen Fällen kann davon (nach oben oder unten) abgewichen werden.

---

[1]) abgedruckt unter **750**

Der im Zuge des Änderungstarifvertrages Nr. 2 vom 1. März 2009 mit Wirkung vom 1. März 2009 eingefügte Satz 2 bewirkt im Ergebnis, dass Teilzeitbeschäftigte – bezogen auf die einzelne Arbeitsstunde – die gleichen Erschwerniszuschläge erhalten wie Vollbeschäftigte. Damit tragen die Tarifpartner den Erfordernissen des Teilzeit- und Befristungsgesetzes[1]) Rechnung, dessen § 4 Abs. 1 eine Diskriminierung Teilzeitbeschäftigter verbietet.

Tarifvertrag (Abs. 5)

Absatz 5 bestimmt, dass die zuschlagspflichtigen Arbeiten und die Höhe „tarifvertraglich" festzulegen sind. Somit besteht sowohl die Möglichkeit eines länderübergreifenden Tarifvertrages als auch mehrerer Ländertarifverträge. Entsprechende Tarifverträge sind bislang noch nicht vereinbart worden. Siehe dazu aber die Übergangsregelung des Satzes 2 der Vorschrift, nach der die bisherigen Tarifverträge zunächst fortgelten. Dabei handelt es sich um die in den Nrn. 11 bis 13 der Anlage 1 Teil B des TVÜ-Länder aufgeführten Tarifverträge.

Zulagen im Straßenbau und Küstenschutz (Abs. 6)

Die sehr spezielle Vorschrift des Absatzes 6 geht auf eine Vereinbarung im Rahmen der Tarifrunde 2011 zurück und wurde durch den Änderungs-Tarifvertrag Nr. 4 mit Wirkung vom 1. Januar 2012 in den TV-L aufgenommen.

Sie führt im Ergebnis dazu, dass die ehemaligen Arbeiter (zur Definition siehe § 38 Abs. 5 Satz 2) im Bereich des Straßenbaus und des Küstenschutzes neben ihren nach altem „Arbeitertarifrecht" ermittelten Lohnzuschlägen einen monatlichen Pauschalbetrag von 25 Euro (Teilzeitbeschäftigte anteilig) erhalten. Den besonderen Erschwernissen in diesen Bereichen soll damit nach dem Willen der Tarifpartner angemessen Rechnung getragen werden.

In einer Niederschriftserklärung haben die Tarifpartner klargestellt, dass die Zulage nur in den Monaten zusteht, in denen Erschwerniszuschläge tatsächlich zustehen – sei es unmittelbar als Entgeltanspruch oder mittelbar als Entgeltfortzahlungsanspruch.

---

[1]) abgedruckt als Anhang 1 unter **210** § 30 TV-L

II

§ 19a[1]) Zulagen

(1) [1]Beschäftigte in Justizvollzugseinrichtungen, in abgeschlossenen Vorführbereichen der Gerichte, in Psychiatrischen Krankenhäusern und in Abschiebehafteinrichtungen erhalten unter den gleichen Voraussetzungen und in der gleichen Höhe eine monatliche Zulage (Vollzugszulage), wie sie entsprechende Beamte des Arbeitgebers als Amts- oder Stellenzulage zum Ausgleich der besonderen Anforderungen im jeweiligen Bereich erhalten. [2]Die Vollzugszulage wird nur für Zeiträume gezahlt, für die den Beschäftigten Tabellenentgelt, Urlaubsentgelt oder Entgelt im Krankheitsfall zusteht. [3]Sie ist bei der Bemessung des Sterbegeldes (§ 23 Absatz 3) zu berücksichtigen. [4]Die Vollzugszulage ist kein zusatzversorgungspflichtiges Entgelt.

Protokollerklärung zu Absatz 1 Satz 1:

Der Anspruch auf die Vollzugszulage besteht, wenn die Beschäftigten überwiegend in den jeweiligen Einrichtungen bzw. Bereichen beschäftigt sind.

(2) Die Vollzugszulage vermindert sich, wenn für denselben Zeitraum

a) den nach Teil I, II oder III der Entgeltordnung zum TV-L eingruppierten Beschäftigten eine Wechselschicht- oder Schichtzulage zusteht, um die Hälfte dieser Zulage,

b) den nach Teil IV der Entgeltordnung zum TV-L eingruppierten Beschäftigten eine Wechselschichtzulage zusteht, um 25,56 Euro,

c) eine Zulage nach den Vorbemerkungen Nr. 9 oder 10 und/oder 11 zu Teil IV Abschnitt 1 bzw. der Vorbemerkung Nr. 7 zu Teil IV Abschnitt 2 der Entgeltordnung zum TV-L zusteht, um 90,00 Euro,

d) eine Gefahrenzulage nach § 1 Absatz 1 Nr. 5 des Tarifvertrages zu § 33 Absatz 1 Buchstabe c BAT – ggf. i. V. m. dem TV Zulagen Ang-O – zusteht, um 15,34 Euro,

e) ein Zuschlag nach Abschnitt F Nr. 2 der Anlage zum Tarifvertrag über die Lohnzuschläge gemäß § 29 MTL II (TVZ zum MTL) – ggf. i. V. m. dem TVZ zum MTArb-O-TdL – zusteht, um 15,34 Euro;

in den Fällen der Buchstaben c und d beträgt die Verminderung insgesamt höchstens 90,00 Euro.

---

1) **Übergangsregelungen**
(§ 4 Nr. 1 des 9. Änderungs-Tarifvertrages vom 17. Februar 2017):
(1) Soweit Beschäftigte in Justizvollzugseinrichtungen, in abgeschlossenen Vorführbereichen der Gerichte, in Psychiatrischen Krankenhäusern und in Abschiebehafteinrichtungen am 17. Februar 2017 nach den bisherigen Tarifregelungen Anspruch auf eine höhere Vollzugszulage haben als nach § 19a TV-L in der ab 1. Januar 2017 geltenden Fassung, wird ihnen der bisherige Betrag fortgezahlt, solange die anspruchsbegründende Tätigkeit unverändert ausgeübt wird.
(2) § 19a Absatz 2 Buchstabe a bzw. Buchstabe b TV-L findet auch auf Beschäftigte im Sinne von § 29a Absatz 2 TVÜ-Länder Anwendung, wenn sie einen Antrag nach § 29a Absatz 3 TVÜ-Länder nicht gestellt haben und bei Anwendung von § 12 TV-L nach der Entgeltordnung zum TV-L eingruppiert wären.

Erläuterungen

Tarifbeschäftigte, die in Justizvollzugseinrichtungen und in abgeschlossenen Vorführbereichen der Gerichte tätig sind, erhalten eine Zulage („Gitterzulage"). Rechtsgrundlage war bislang § 6 des Tarifvertrages über Zulagen an Angestellte (Länder) vom 17. Mai 1982 – ggfs. i. V. m. dem TV Zulagen Ang-O – bzw. der Tarifvertrag über Zulagen an Arbeiter bei Justizvollzugseinrichtungen und Psychiatrischen Krankenanstalten vom 27. November 1975/8. Mai 1991. Die Tarifvorschriften waren gem. Anlage 1 Teil B Nr. 9 und 10 bzw. Anlage 1 Teil C Nr. 14 und 15 TVÜ-Länder von der großen Tarifreform des Jahres 2006 unberührt geblieben und galten auch nach Ablösung der bis dahin geltenden Manteltarifverträge (BAT und MTArb) durch den TV-L fort. Die tarifvertraglichen Regelungen bildeten die damalige Rechtssituation vergleichbarer Beamter ab und sind dementsprechend angelehnt an früheres Bundesbesoldungsrecht. Sie sahen von Beginn der Tätigkeit eine nicht VBL-pflichtige Zulage von 95,53 Euro vor. Nach dem Übergang der Regelungskompetenz im Bereich der Besoldung auf die Länder im Zuge der Föderalismusreform haben sich die besoldungsrechtlichen Regelungen der Länder auch in Bezug auf die Gitterzulage auseinanderentwickelt. Dieser Tendenz haben die Tarifpartner in der Tarifrunde 2017/2018 Rechnung getragen und die Zulagen für Arbeitnehmer an die Zulage der vergleichbaren Beamten im jeweiligen Land angelehnt. Der entsprechende § 19a wurde im Zuge des 9. Änderungs-Tarifvertrages vom 17. Februar 2017 mit Wirkung vom 1. Januar 2017 in den TV-L eingefügt. Zeitgleich wurde das Übergangsrecht aufgehoben. Soweit Beschäftigte am 17. Februar 2017 nach der bisherigen Tarifregelung einen höheren Anspruch hatten, wird der höhere Betrag für die Dauer der unverändert auszuübenden anspruchsberechtigenden Tätigkeit fortgezahlt (§ 4 Nr. 1 Abs. 1 des 9. Änderungs-Tarifvertrages). In § 4 Nr. 1 Abs. 2 des 9. Änderungs-Tarifvertrages haben die Tarifpartner klargestellt, dass die Anrechnungsvorschriften des § 19a Abs. 2 Buchst. a und b, die an sich von einer Eingruppierung in bestimmte Teile der Entgeltordnung abhängig sind, auch für diejenigen Beschäftigten gelten, die zum 1. Januar 2012 keinen Antrag auf Eingruppierung i. S. d. § 29a Abs. 2 TVÜ-Länder[1]) gestellt haben.

---

[1]) abgedruckt unter **270**

II

§ 19b Entgeltumwandlung zum Fahrrad-Leasing

(1) [1]Beschäftigte haben Anspruch darauf, dass künftige monatliche Entgeltansprüche durch Entgeltumwandlung für das Leasing eines Fahrrades verwendet werden, wenn und soweit

- **die Entgeltumwandlung zum Fahrrad-Leasing auch Beamtinnen und Beamten des jeweiligen Landes angeboten wird und**
- **der Arbeitgeber die Entgeltumwandlung zum Fahrrad-Leasing auch den Tarifbeschäftigten anbietet.**

[2]Bietet der Arbeitgeber die Entgeltumwandlung zum Fahrrad-Leasing einer oder einem Beschäftigten an, muss er die Entgeltumwandlung allen Beschäftigten anbieten.

(2) Von der Entgeltumwandlung ausgenommen sind

a) Beschäftigte, die zu Beginn der Entgeltumwandlung
   - **in der Probezeit sind,**
   - **in einem gekündigten Arbeitsverhältnis stehen,**
   - **in einem Arbeitsverhältnis stehen, das weniger als die zu vereinbarende Leasingdauer andauert, sowie**

b) Beschäftigte, deren Bezüge von einer Abtretung, Aufrechnung oder Pfändung betroffen sind, oder die Schuldnerin oder Schuldner in einem laufenden Insolvenzverfahren sind; dies gilt solange die jeweiligen Gläubiger aus den Bezügen pfändbare Beträge verlangen können, ungeachtet dessen, ob und in welcher Höhe sie dieses Recht tatsächlich wahrnehmen.

(3) [1]Leasingnehmer ist der Arbeitgeber. [2]Er überlässt der/dem Beschäftigten das Fahrrad zur dienstlichen und privaten Nutzung. [3]Die monatliche Entgeltumwandlung muss während der gesamten Dauer des Leasingvertrages, die längstens 36 Monate betragen darf, der monatlichen Leasingrate entsprechen.

(4) [1]Die Entgeltumwandlung ist nur zulässig für das Leasing von Fahrrädern im Sinne von § 63a Straßenverkehrs-Zulassungs-Ordnung. [2]Aus dem Angebot des Leasinggebers kann die/der Beschäftigte ein Fahrrad auswählen, das einschließlich etwaiger Zusatzleistungen (zum Beispiel Versicherungen) und verbundenem Zubehör einen Höchstbetrag von 7000 Euro nicht über- und einen Mindestbetrag von 750 Euro nicht unterschreitet. [3]Als Preis für das Fahrrad selbst ist dabei die unverbindliche Preisempfehlung des Herstellers, Importeurs oder Großhändlers einschließlich Umsatzsteuer zugrunde zu legen. [4]Jeder/Jedem Beschäftigten kann jeweils nur ein Fahrrad überlassen werden.

(5) Die umgewandelten Entgeltbestandteile sind zusatzversorgungspflichtiges Entgelt.

(6) Die gesetzlichen Mitbestimmungsrechte bleiben unberührt.

Protokollerklärung zu § 19b:

§ 19b findet im Freistaat Bayern und im Bereich des AVdöD Baden-Württemberg keine Anwendung, solange die dort auf Landesebene von diesen abgeschlossenen landesbezirklichen Tarifverträge zur Entgeltumwandlung zum Fahrrad-Leasing gültig sind.

Erläuterungen

Die Tarifpartner haben sich in der Tarifeinigung vom 9. Dezember 2023 darauf verständigt, mit Wirkung vom 1. Januar 2024 eine Regelung zur Entgeltumwandlung zum Zwecke eines Fahrrad-Leasings aufzunehmen. Die tarifvertragliche Umsetzung erfolgt in dieser Vorschrift.

Bei einer Entgeltumwandlung zum Zwecke eines Fahrrad-Leasings verzichten die Beschäftigten auf freiwilliger Basis auf künftige Entgeltansprüche, während der Arbeitgeber in Höhe dieses Entgeltverzichtes ein Fahrrad least, welches er den Beschäftigten zur dienstlichen und privaten Nutzung überlässt.

Die Vorschrift begründet jedoch erst dann einen tarifvertraglichen Anspruch der Beschäftigten auf eine solche Entgeltumwandlung, wenn insbesondere die Voraussetzungen des Absatzes 1 erfüllt sind.

Voraussetzungen (Abs. 1)

Nach dem Wortlaut der Vorschrift entscheidet der Arbeitgeber über die grundsätzliche Einführung eines Angebots zur Entgeltumwandlung zum Fahrrad-Leasing. Er kann die Entgeltumwandlung jedoch nur dann anbieten, wenn und soweit eine entsprechende Entgeltumwandlung auch für die Beamtinnen und Beamten des jeweiligen Landes möglich ist. Erst wenn diese beiden Voraussetzungen kumulativ erfüllt sind, ergibt sich für die entsprechenden Tarifbeschäftigten dem Grunde nach ein Anspruch auf eine Entgeltumwandlung.

Entscheidet sich der Arbeitgeber einmal dafür, dass er die Entgeltumwandlung bei Vorliegen der Voraussetzungen einem Tarifbeschäftigten im Geltungsbereich des TV-L anbietet, muss er sie alle seinen Tarifbeschäftigten im Geltungsbereich des TV-L anbieten, soweit sie nicht unmittelbar nach § 19b TV-L, aufgrund von einschränkenden beamtenrechtlichen Regelungen („soweit") oder aufgrund einer Anwendungsentscheidung des Arbeitgebers hiervon ausgenommen sind. Anwendungsentscheidungen bzw. Einschränkungen des Arbeitgebers können beispielsweise personenbezogen (nur für bestimmte Entgelt- oder Personengruppen), bereichs- oder einrichtungsbezogen oder rein inhaltlicher Art sein. Der dem Arbeitgeber bei Vorliegen einer beamtenrechtlichen Regelung durch das „soweit" eröffnete Spielraum für die Ausgestaltung der Entgeltumwandlung besteht jedoch nur innerhalb des Rahmens des § 19b TV-L (z. B. Mindest- und Maximalwert des Fahrrades nach Absatz 4).

Nach Satz 1 können zudem nur künftige monatliche Entgeltbestandteile umgewandelt werden. Dies bedeutet, dass es sich um Entgeltansprüche handeln muss, die zum Zeitpunkt der Entgeltumwandlungsvereinbarung noch nicht durch Arbeitsleistung erarbeitet worden sind und die monatlich und monatsbezogen gezahlt werden. Stunden- oder Einmalbeträge sowie jahresbezogen gezahlte Beträge scheiden daher als Verwendung für eine Entgeltumwandlung aus. Hinsichtlich der Freistellungsphase in Altersteilzeit siehe die Erläuterungen zu Absatz 2.

Abgrenzung des Geltungsbereichs (Abs. 2)

Absatz 2 sieht für bestimmte unter den TV-L fallende Beschäftigte eine Ausnahme von der Entgeltumwandlungsmöglichkeit vor. Das betrifft Beschäftigte, die zu Beginn der Entgeltumwandlung

- noch in der Probezeit sind,
- in einem bereits gekündigten Arbeitsverhältnis stehen oder die
- in einem Arbeitsverhältnis stehen, das weniger als die zu vereinbarende Leasingdauer andauert.

Letzteres kann vor allem befristet Beschäftigte betreffen und Beschäftigte, deren Arbeitsverhältnis während der Leasingdauer wegen Erreichen der Regelaltersgrenze endet. Ebenfalls sind nach Satz 2 Beschäftigte, deren Entgelt von einer Abtretung, Aufrechnung oder Pfändung betroffen ist, oder die Schuldnerin oder Schuldner in einem laufenden Insolvenzverfahren sind, vom Geltungsbereich ausgenommen.

Zudem liegt es in der Natur der Sache, dass der Neuabschluss einer Entgeltumwandlung nur dann in Betracht kommt, wenn zumindest für den Zeitpunkt des Beginns dieser Entgeltumwandlung ein entsprechend hoher monatlicher Entgeltanspruch besteht, der umwandelbar ist. Ein Umwandlungsbeginn beispielsweise während einer Elternzeit ohne (Teilzeit-)Entgeltanspruch scheidet daher aus. Für den Fall, dass während der Laufzeit ein sog. Störfall eintritt, bei dem kein ausreichendes umwandelbares monatliches Entgelt mehr vorliegt, sehen die Rahmenvereinbarungen zwischen Leasinggeber und Arbeitgeber üblicherweise Regelungen vor, die vorsorglich in die Vereinbarungen mit den Beschäftigten aufgenommen werden sollten (siehe unten).

Für die unter den Geltungsbereich des TV-L fallenden Beschäftigten mit Altersteilzeitarbeit im Blockmodell kommt die Entgeltumwandlung nur dann in Betracht, wenn diese planmäßig noch während der Arbeitsphase endet. Beschäftigte in der Freistellungsphase erhalten ihr Entgelt dagegen aus einem bereits erworbenen Entgeltkonto und können folglich keine künftig erworbenen Entgeltansprüche mehr umwandeln (§ 19b Absatz 1 Satz 1 TV-L).

Die Protokollerklärung zu dieser Vorschrift regelt zudem, dass in den Ländern Baden-Württemberg und Bayern die dort bereits geschlossenen gesonderten landesbezirklichen Tarifverträge zum Zwecke eines Fahrrad-Leasings gelten; § 19b TV-L findet dort keine Anwendung.

Vertragsbeziehungen, Leasingdauer und Leasingrate (Abs. 3)

Im Fall einer Entgeltumwandlung zum Zwecke des Fahrrad-Leasings fungiert der Arbeitgeber als Leasingnehmer. Er least die Fahrräder auf Grundlage einer Rahmenvereinbarung von einem Leasinggeber als Vertragspartner. Die diesbezügliche vertragliche Umsetzung wird vielfach durch den Leasinggeber abgewickelt. Das geleaste Fahrrad, welches sich der Beschäftigte zuvor im Rahmen seiner Möglichkeiten (insbesondere der Grenzen nach Absatz 4) bei dem Leasinggeber ausgesucht hat, überlässt der Arbeitgeber dem Beschäftigten zur privaten und dienstlichen Nutzung. Für dieses Überlassungsverhältnis schließen Arbeitgeber und Beschäftigter grundsätzlich sowohl eine Entgeltumwandlungsvereinbarung als auch eine Nutzungsüberlassungsvereinbarung. Dabei ist darauf zu achten, dass darin alle wesentlichen Informationen festgehalten werden (Umwandlungsbetrag, Zweck der Entgeltumwandlung, Leasinggegenstand und Zubehör, Beginn und Ende der Entgeltumwandlung, Erklärung über das Nichtvorliegen von Pfändungen, Angaben zum Versicherungsabschluss, Zuständigkeit für Pflege und Wartung, Störfallregelungen etc.).

Der Umwandlungszeitraum darf nach Satz 3 36 Monate nicht übersteigen. 36 Monate sind bei den meisten Anbietern zugleich die regelmäßigen Laufzeiten. Die Entgeltumwandlungsvereinbarung und die Nutzungsüberlassungsvereinbarung können aus wichtigem Grund vorzeitig gekündigt werden. Die Wichtigkeit der Gründe wird im Wesentlichen von den Rahmenvereinbarungen zwischen Leasinggeber und Arbeitgeber abhängen.

Während der Laufzeit muss der Umwandlungsbetrag der Leasingrate entsprechen. Hierdurch haben die Tarifpartner ausgeschlossen, dass Arbeitgeber den Beschäftigten einen direkten oder indirekten Zuschuss zu den Leasingraten gewähren. Der Tarifvertrag sieht keine Höchst- oder Mindestgrenze für die Leasingrate oder den Umwandlungsbetrag vor, sondern lediglich eine Mindest- und Höchstgrenze hinsichtlich des Wertes des Fahrrades (Absatz 4). Der Beschäftigte sollte durch den Arbeitgeber frühzeitig darauf hingewiesen werden, dass es sich bei der Entgeltumwandlung um einen rechtlich wirksamen Verzicht auf monatliche Entgeltbestandteile handelt und sich dieser Verzicht mittelbar auch auf Entgelte auswirkt, die von diesen monatlichen Entgeltbestandteilen abgeleitet werden (z. B. Jahressonderzahlung).

Zulässige Fahrräder (Abs. 4)

§ 19b TV-L regelt ausschließlich die Entgeltumwandlung zum Zwecke des Leasings eines Fahrrades im Sinne des § 19b Abs. 4 TV-L. Die Entgeltumwandlung zu anderen Zwecken ist ausgeschlossen.

Nach Satz 1 sind nur Fahrräder im Sinne des § 63a StVZO für das Fahrrad-Leasing zugelassen. Erfasst sind hiervon auch klassische „E-Bikes" mit einer Unterstützung von bis zu 25 km/h (siehe im Einzelnen § 63a Abs. 2 StVZO).

Satz 2 begrenzt die Auswahl des Beschäftigten auf die Fahrräder, die der Leasinggeber als Vertragspartner des Arbeitgebers anbietet. Zugleich legt Satz 2 die Mindest- und Höchstgrenzen für das Fahrrad einschließlich Zubehör und Zusatzleistungen fest. Das Fahrrad darf demnach einschließlich Zusatzleistungen und verbundenem Zubehör einen Höchstwert von 7.000 Euro nicht über- und einen Mindestwert von 750 Euro nicht unterschreiten. Für das Fahrrad als solches gilt, dass bei der Berechnung der vorstehenden Grenzen nicht der tatsächliche Verkaufspreis, sondern die unverbindliche Preisempfehlung des Herstellers (brutto) zugrunde zu legen ist (Satz 3). Neben dem Fahrrad selbst können nach Satz 2 auch Zusatzleistungen wie Versicherungen oder Serviceverträge mit geleast werden oder weiteres „Zubehör". Unter Zubehör in diesem Sinne sind zusätzliche Ausstattungen des Fahrrades zu verstehen, die physikalisch mit dem Fahrrad verbunden werden. Davon ausgeschlossen sind beispielsweise Helme.

Mit jedem Beschäftigten darf der Arbeitgeber nach Satz 4 nur eine Umwandlungs- und Nutzungsüberlassungsvereinbarung für jeweils ein Fahrrad schließen. Nach Ablauf eines Vertrages ist ein erneutes Vertragsverhältnis nach § 19b TV-L zulässig.

Zusatzversorgung (Abs. 5)

Dieser Absatz regelt ausdrücklich, dass die umgewandelten Entgeltbestandteile zusatzversorgungspflichtig sind. Der vereinbarte Entgeltverzicht gilt also nicht hinsichtlich der Zusatzversorgung.

Mitbestimmung und Beteiligung (Abs. 6)

Gesetzliche Mitbestimmungs- und Beteiligungsrechte der Betriebs- und Personalräte bleiben von dieser Regelung unberührt.

§ 20 Jahressonderzahlung

(1) Beschäftigte, die am 1. Dezember im Arbeitsverhältnis stehen, haben Anspruch auf eine Jahressonderzahlung.

(2) [1]Die Jahressonderzahlung beträgt bei Beschäftigten

in den Entgeltgruppen	ab dem Kalenderjahr 2022
1 bis 4	87,43 v. H.
5 bis 8	88,14 v. H.
9a bis 11	74,35 v. H.
12 und 13	46,47 v. H.
14 und 15	32,53 v. H.

der Bemessungsgrundlage nach Absatz 3. [2]Für die Anwendung des Satzes 1 werden Beschäftigte der Entgeltgruppe 13 Ü bei einem Bezug des Tabellenentgelts aus den Stufen 2 und 3 der Entgeltgruppe 13, im Übrigen der Entgeltgruppe 14 zugeordnet.

Niederschriftserklärung zu § 20 Absatz 2 Satz 1:

Die Tarifvertragsparteien stimmen überein, dass die Beschäftigten der Entgeltgruppe 2 Ü zu den Entgeltgruppen 1 bis 4 und die Beschäftigten der Entgeltgruppe 15 Ü zu den Entgeltgruppen 14 bis 15 gehören.

(3) [1]Bemessungsgrundlage im Sinne des Absatzes 2 Satz 1 ist das monatliche Entgelt, das den Beschäftigten in den Kalendermonaten Juli, August und September durchschnittlich gezahlt wird; unberücksichtigt bleiben hierbei das zusätzlich für Überstunden und Mehrarbeit gezahlte Entgelt (mit Ausnahme der im Dienstplan vorgesehenen Mehrarbeits- oder Überstunden), Leistungszulagen, Leistungs- und Erfolgsprämien. [2]Der Bemessungssatz bestimmt sich nach der Entgeltgruppe am 1. September. [3]Bei Beschäftigten, deren Arbeitsverhältnis nach dem 31. August begonnen hat, tritt an die Stelle des Bemessungszeitraums der erste volle Kalendermonat des Arbeitsverhältnisses; anstelle des Bemessungssatzes der Entgeltgruppe am 1. September tritt die Entgeltgruppe des Einstellungstages. [4]In den Fällen, in denen im Kalenderjahr der Geburt des Kindes während des Bemessungszeitraums eine elterngeldunschädliche Teilzeitbeschäftigung ausgeübt wird, bemisst sich die Jahressonderzahlung nach dem Beschäftigungsumfang am Tag vor dem Beginn der Elternzeit.

Protokollerklärung zu § 20 Absatz 3:

[1]Bei der Berechnung des durchschnittlich gezahlten monatlichen Entgelts werden die gezahlten Entgelte der drei Monate addiert und durch drei geteilt; dies gilt auch bei einer Änderung des Beschäftigungsumfangs. [2]Ist im Bemessungszeitraum nicht für alle Kalendertage Entgelt gezahlt worden, werden die gezahlten Entgelte der drei Monate addiert, durch die Zahl der Kalendertage mit Entgelt geteilt und sodann mit 30,67 multipliziert. [3]Zeiträume, für die Krankengeldzuschuss gezahlt worden ist, bleiben hierbei unberücksichtigt. [4]Besteht während des Bemessungszeitraums an weniger als 30 Kalendertagen Anspruch auf Entgelt, ist der letzte Kalendermonat, in dem für alle Kalendertage Anspruch auf Entgelt bestand, maßgeblich.

II

(4) [1]Der Anspruch nach den Absätzen 1 bis 3 vermindert sich um ein Zwölftel für jeden Kalendermonat, in dem Beschäftigte keinen Anspruch auf Entgelt oder Fortzahlung des Entgelts nach § 21 haben. [2]Die Verminderung unterbleibt für Kalendermonate, für die Beschäftigte kein Tabellenentgelt erhalten haben wegen

a) Ableistung von Grundwehrdienst oder Zivildienst, wenn sie diesen vor dem 1. Dezember beendet und die Beschäftigung unverzüglich wieder aufgenommen haben,

b) Beschäftigungsverboten nach § 3 Absätze 1 und 2 Mutterschutzgesetz,

c) Inanspruchnahme der Elternzeit nach dem Bundeselterngeld- und Elternzeitgesetz bis zum Ende des Kalenderjahres, in dem das Kind geboren ist, wenn am Tag vor Antritt der Elternzeit Anspruch auf Entgelt oder auf Zuschuss zum Mutterschaftsgeld bestanden hat.

[3]Die Verminderung unterbleibt ferner für Kalendermonate, in denen Beschäftigten Krankengeldzuschuss gezahlt wurde oder nur wegen der Höhe des zustehenden Krankengelds oder einer entsprechenden gesetzlichen Leistung ein Krankengeldzuschuss nicht gezahlt worden ist.

(5) [1]Die Jahressonderzahlung wird mit dem Tabellenentgelt für November ausgezahlt. [2]Ein Teilbetrag der Jahressonderzahlung kann zu einem früheren Zeitpunkt ausgezahlt werden.

(6) [1]Beschäftigte, die bis zum 20. Mai 2006 Altersteilzeitarbeit vereinbart haben, erhalten die Jahressonderzahlung auch dann, wenn das Arbeitsverhältnis wegen Rentenbezugs vor dem 1. Dezember endet. [2]In diesem Falle treten an die Stelle des Bemessungszeitraums gemäß Absatz 3 die letzten drei Kalendermonate vor Beendigung des Arbeitsverhältnisses.

Erläuterungen

Im Geltungsbereich des TV-L ist das bisherige Urlaubsgeld und die bisherige Zuwendung (Weihnachtsgeld) des früheren Tarifrechts in einer Sonderzahlung zusammengefasst worden. Während die Anspruchsgrundlagen und Verfahrensgrundsätze bislang in eigenständigen Tarifverträgen (z. B. Tarifvertrag über ein Urlaubsgeld für Angestellte vom 16. März 1977 und Tarifvertrag eine Zuwendung für Angestellte vom 12. Oktober 1973) geregelt waren, ist die Vorschrift über eine Sonderzahlung nun in den TV-L einbezogen worden.

Auf die abweichende Sonderregelung in den § 41 Nr. 15 TV-L wird hingewiesen.

Übergangsrecht

Die Regelungen des § 20 gelten ab dem Kalenderjahr 2008 uneingeschränkt für alle Beschäftigten. Nur diejenigen Beschäftigten, deren Arbeitsverhältnis bereits am 30. Juni 2003 bestanden hat und die bis zum Oktober 2006 für die Zuwendung der tariflichen Nachwirkung unterliegen, fallen bereits im Jahr 2006 unter die Vorschrift des § 20 TV-L. Die übrigen Beschäftigten – sowohl diejenigen, mit denen arbeitsvertraglich vor dem 31. Oktober 2006 abweichende Vereinbarungen zur Zuwendung und zum Urlaubsgeld getroffen worden sind als auch die nach dem 31. Oktober 2006 neu eingestellten Beschäftigten – erhalten eine Sonderzahlung nach den abweichenden Regelungen des § 21 TVÜ-Länder. Weitere Einzelheiten zum Übergangsrecht → § 21 TVÜ-Länder[1]).

Anspruchsvoraussetzung (Abs. 1)

Im Gegensatz zu den bisherigen Regelungen der Zuwendungstarifverträge verzichtet der TV-L auf weitreichende Anspruchsvoraussetzungen und verlangt nur, dass der Beschäftigte am 1. Dezember in einem Arbeitsverhältnis steht. Eine Mindestzeit der Beschäftigung wird nicht vorausgesetzt. Eine Beurlaubung ohne Bezüge im Dezember ist ebenso unschädlich wie das Ausscheiden aus dem Arbeitsverhältnis zu Beginn des Folgejahres. Mit Urteil vom 12. Dezember 2012 – 10 AZR 718/11 – hat das BAG festgestellt, dass die Regelung, wonach der Anspruch auf eine Sonderzahlung vom Bestand des Arbeitsverhältnisses am 1. Dezember des Jahres abhängt, nicht altersdiskriminierend ist. In dem Urteilsfall hatte ein Beschäftigter, der am 31. Oktober aufgrund Erreichens des gesetzlichen Rentenalters aus dem Arbeitsverhältnis ausgeschieden war, sich gegen die Nichtzahlung der Jahressonderzahlung gewandt.

Höhe der Sonderzahlung (Abs. 2 und 3)

Die Zuwendung und das Urlaubsgeld wurden ab dem Jahr 2006 in einer dynamischen Jahressonderzahlung zusammengefasst. Sie hat sich im Tarifgebiet West ursprünglich nach folgenden gestaffelten Prozentsätzen bemessen:

- 95 % für die Entgeltgruppen 1 bis 8,
- 80 % für die Entgeltgruppen 9a bis 11,
- 50 % für die Entgeltgruppen 12 bis 13,
- 35 % für die Entgeltgruppen 14 bis 15.

Im Tarifgebiet Ost betrug die Jahressonderzahlung zunächst 71,5 %, 60 %, 45 %, 30 %. Im Zuge der Tarifrunde 2015/2016 wurde bis zum Jahr 2019 die schrittweise Angleichung an das Niveau des Tarifgebiets West vereinbart. Im Zuge der Tarifrunde 2019/2020/2021 wurde ein

---

[1]) abgedruckt unter **270**

II

„Einfrieren" der Jahressonderzahlung für die Jahre 2019 bis 2022 auf dem Niveau des Jahres 2018 vereinbart. Die entsprechenden, für die Rückrechnung aus den Tabellen der Jahre 2019 bis 2021 notwendigen Prozentsätze wurden mit dem 11. Änderungstarifvertrag zum TV-L vom 2. März 2019 in Absatz 2 Satz 1 eingeführt. Die Aufteilung der bis dahin ersten Gruppe (Entgeltgruppen 1 bis 8) in zwei Gruppen berücksichtigt die Auswirkungen der Mindestbeträge (100 bzw. 90 bzw. 50 Euro) in diesen Jahren. Für die Jahre 2022 ff. wurde dann in der Tarifrunde 2022 die Fortgeltung der im Jahr 2021 geltenden Prozentsätze vereinbart.

Maßgebend ist die Entgeltgruppe am 1. September (bzw. dem Einstellungstag, wenn das Arbeitsverhältnis später begonnen hat – Absatz 3 Satz 2 und 3).

Absatz 2 Satz 2 regelt die Zuordnung der Entgeltgruppe 13 Ü zu den Prozentbeträgen des Satzes 1. Demnach werden Beschäftigte der Entgeltgruppe 13 Ü Stufe 1 und 2 der Entgeltgruppe 13, die übrigen Beschäftigten der Entgeltgruppe 13 Ü der Entgeltgruppe 14 zugeordnet. In Absatz 2 Satz 3 war bestimmt, dass diejenigen Beschäftigten der Entgeltgruppe 13, die nach der Vorschrift des § 17 Abs. 8 TVÜ-Länder eine Zulage (Differenz zum Entgelt der Entgeltgruppe 14) erhalten, ebenfalls der Entgeltgruppe 14 zugerechnet wurden. Satz 3 ist durch Änderungstarifvertrag Nr. 4 zum TV-L mit Wirkung vom 1. Januar 2012 gestrichen worden, weil die ehemals unter § 17 Abs. 8 TVÜ-Länder fallenden Beschäftigten in der Entgeltordnung der Entgeltgruppe 14 zugerechnet werden. Diese Regelungen berücksichtigen, dass die Beträge teilweise aus der Entgeltgruppe 13 und teilweise aus der Entgeltgruppe 14 abgeleitet werden (Entgeltgruppe 13 Ü) bzw. dass das Niveau der Entgeltgruppe 14 entspricht (§ 17 Abs. 8 TVÜ-Länder). Nach der Niederschriftserklärung zu Absatz 2 Satz 1 sind die Beschäftigten der Entgeltgruppe 15 Ü sind den Beschäftigten der Entgeltgruppe 14/15 und die Beschäftigten der Entgeltgruppe 2 Ü den Beschäftigten der Entgeltgruppe 2 gleichzustellen.

Bemessungsgrundlage ist grundsätzlich das in den Monaten Juli, August und September gezahlte monatliche Entgelt, jedoch ohne das Entgelt für nichtdienstplanmäßige Mehrarbeit und Überstunden, Leistungszulagen/-prämien und Ertrags- und Erfolgsprämien. Satz 3 und die Protokollerklärung zu Absatz 3 treffen Sonderregelungen für den Fall, dass das Arbeitsverhältnis erst nach dem 31. August begonnen hat (dann wird der erste volle Beschäftigungsmonat als Bemessungsgrundlage herangezogen) bzw. für den Fall, dass nicht für alle Kalendertage des Bemessungszeitraumes Entgelt gezahlt wird (dann wird grundsätzlich „spitz" nach Tagen gerechnet bzw. hochgerechnet). Nach dem BAG-Urteil vom 22. März 2017 – 10 AZR 623/15 – ist bei der Bemessung der Jahressonderzahlung und der Frage, ob nach § 20 Abs. 3 Satz 1 und 2 TV-L (Referenzmonate) bzw. nach Satz 3 a. a. O. (erster voller Monat) zu verfahren ist, ausschließlich auf das am 1. Dezember bestehende (und damit anspruchsbegründende) Arbeitsverhältnis abzustellen. In diesem Punkt unterscheidet sich die Betrachtungsweise von der bei der Frage der Zwölftelung maßgebenden, bei der Vorbeschäftigungen im laufenden Jahr mit einzubeziehen sind. Ausgehend von der BAG-Auffassung, dass allein das am 1. Dezember bestehende Arbeitsverhältnis maßgebend ist, ergeben sich die folgenden beiden Varianten:

- 1. Einstellung nach dem 31. August: Gem. § 20 Abs. 3 Satz 3 TV-L ist der erste volle Monat zur Bemessung der Jahressonderzahlung heranzuziehen
- 2. Einstellung vor dem 31. August: Nach § 20 Abs. 3 Satz 1 und 2 TV-L, ggfs. unter Berücksichtigung der Protokollerklärung, zählt der (ggfs. verkürzte) Referenzzeitraum.

Nach Absatz 2 Satz 4 bemisst sich die Sonderzahlung in den Fällen, in denen eine erziehungsgeldunschädliche Teilzeitbeschäftigung (i. S. d. § 15 Abs. 4 BErzGG, seit 1. 1. 2007 § 15 Abs. 4 BEEG) ausgeübt wird, abweichend von dem Beschäftigungsumfang im Bemessungsmonat nach dem Beschäftigungsumfang am Tage vor dem Beginn der Elternzeit. Dies gilt aber nur für das Kalenderjahr der Geburt des Kindes; im Folgejahr gelten dann die allgemeinen Grundsätze zur Bemessung der Jahressonderzahlung.

Zur Frage, wie es sich auf die Höhe der Jahressonderzahlung auswirkt, wenn Beschäftigte selbst freiwilligen Wehrdienst (§§ 54 ff. des Wehrpflichtgesetzes) oder Bundesfreiwilligendienst leisten, hat die 5./2012 Mitgliederversammlung der TdL beschlossen, dass die Zwölftelungsregelung des § 20 Abs. 4 Satz 1 TV-L anzuwenden ist. Eine übertarifliche Anwendung der Ausnahmeregelung des § 20 Abs. 4 Satz 2 Buchst. a TV-L, die für die Pflichtdienste gelten, komme nicht in Betracht.

Zwölftelung (Abs. 4)

Nach dem in Satz 1 der Vorschrift aufgestellten Grundsatz vermindert sich die Jahressonderzahlung um ein Zwölftel für jeden Kalendermonat, in dem der Beschäftigte keinen Anspruch auf Entgelt, Urlaubsentgelt oder Entgeltfortzahlung hat. Die Kürzung kommt dabei nur in Betracht, wenn für den vollen Monat kein Entgelt o. Ä. gezahlt wird; erhält der Beschäftigte auch nur für einen Tag Entgelt, muss die Kürzung unterbleiben.

Satz 2 der Vorschrift enthält eine abschließende Aufzählung von Ausnahmen, in denen eine Kürzung der Sonderzahlung unterbleibt, obwohl der Beschäftigte kein Entgelt erhalten hat.

Dies sind zunächst die Fälle, in denen die Entgeltzahlung wegen Grundwehr- oder Zivildienst (Voraussetzung ist aber, dass der Beschäftigte am 1. Dezember die Beschäftigung wieder ausübt), Beschäftigungsverboten nach dem Mutterschutzgesetz (sechs Wochen vor und grundsätzlich acht Wochen nach der Entbindung) und Inanspruchnahme von Elternzeit nach dem BErzGG bzw. seit 1. 1. 2007 nach dem BEEG (aber nur in dem Geburtsjahr des Kindes und nur, wenn vor Antritt der Elternzeit Anspruch auf Entgelt oder Zuschuss zum Mutterschaftsgeld bestand) unterblieben ist.

Ferner unterbleibt die Kürzung, wenn den Beschäftigten ein Krankengeldzuschuss tatsächlich gezahlt oder nur wegen der Höhe des Krankengeldes oder einer entsprechenden gesetzlichen Leistung nicht gezahlt wurde.

In seiner Entscheidung vom 11. Juli 2012 – 10 AZR 488/11 – hat das BAG klargestellt, dass die Jahressonderzahlung um je ein Zwölftel für jeden Monat zu kürzen ist, in dem der Beschäftigte nicht bei dem Arbeitgeber beschäftigt war, zu dem am 1. Dezember ein Arbeitsverhältnis bestand. Beschäftigungszeiten bei anderen Arbeitgebern ändern nach Auffassung des BAG an der Anspruchskürzung nach § 20 Abs. 4 TV-L auch dann nichts, wenn es sich um Arbeitgeber des öffentlichen Dienstes handelt. (Im Urteilsfall ging es um einen unterjährigen Wechsel von einem zu einem anderen „TV-L-Arbeitgeber"; die Jahressonderzahlung wurde nur auf der Grundlage des Arbeitsverhältnisses mit dem letzten Arbeitgeber zuerkannt.) Zur Abgrenzung davon hat das BAG in seinem Urteil vom 12. Dezember 2012 – 10 AZR 922/11 – entschieden, dass für die Höhe des Anspruchs auf eine Jahressonderzahlung alle Arbeitsverhältnisse zu berücksichtigen sind, die im Kalenderjahr mit demselben Arbeitgeber bestanden haben – unabhängig davon, ob sie sich nahtlos aneinandergereiht haben, oder unterbrochen waren. Eine Kürzung (Zwölftelung) kann in diesen Fällen somit nur für Monate erfolgen, in denen keinerlei Entgelt gezahlt wurde.

Fälligkeit der Zahlung (Abs. 5)

Die Sonderzahlung ist – wie bisher die Zuwendung – mit dem Entgelt für den Monat November zu zahlen (Satz 1). Ein Teilbetrag der Sonderzahlung kann nach Satz 2 der Vorschrift zu einem früheren Zeitpunkt ausgezahlt werden. Einzelheiten zu dieser Vorschusszahlung haben die Tarifpartner nicht vereinbart.

Besonderheit bei Altersteilzeitarbeit (Abs. 6)

Die Regelungen des TV-L zur Jahressonderzahlung sehen – im Gegensatz zur Vorschrift des § 1 Abs. 2 der bisherigen Zuwendungstarifverträge – keine Teilzahlung bei unterjährigem Ausscheiden aus dem Beschäftigungsverhältnis beispielsweise wegen Erreichens der Altersgrenze, Erwerbsunfähigkeit oder im Anschluss an Altersteilzeitarbeit vor.

(Nur) für den Fall der Altersteilzeitarbeit enthält Absatz 6 eine Besitzstandsregelung. Demnach erhalten Beschäftigte, die bis zum 20. Mai 2006 ein Altersteilzeitarbeitsverhältnis vereinbart haben, die Jahressonderzahlung auch dann, wenn sie vor dem 1. Dezember (also dem anspruchsbegründenden Zeitpunkt) wegen Rentenbezuges aus dem Arbeitsverhältnis ausscheiden. Bemessungsgrundlage für die Sonderzahlung sind dann die letzten drei Kalendermonate vor Beendigung des Arbeitsverhältnisses.

§ 21 Bemessungsgrundlage für die Entgeltfortzahlung

[1]In den Fällen der Entgeltfortzahlung nach § 22 Absatz 1, § 26 und § 27 werden das Tabellenentgelt sowie die sonstigen in Monatsbeträgen festgelegten Entgeltbestandteile weitergezahlt. [2]Nicht in Monatsbeträgen festgelegte Entgeltbestandteile werden als Durchschnitt auf Basis der letzten drei vollen Kalendermonate, die dem maßgebenden Ereignis für die Entgeltfortzahlung vorhergehen (Berechnungszeitraum), gezahlt. [3]Ausgenommen hiervon sind das zusätzlich gezahlte Entgelt für Überstunden und Mehrarbeit (mit Ausnahme der im Dienstplan vorgesehenen Mehrarbeits- oder Überstunden sowie etwaiger Überstundenpauschalen), Leistungsentgelte, Jahressonderzahlungen sowie besondere Zahlungen nach § 23.

Protokollerklärungen zu § 21 Satz 2 und 3:

1. [1]Volle Kalendermonate im Sinne der Durchschnittsberechnung nach Satz 2 sind Kalendermonate, in denen an allen Kalendertagen das Arbeitsverhältnis bestanden hat. [2]Hat das Arbeitsverhältnis weniger als drei Kalendermonate bestanden, sind die vollen Kalendermonate, in denen das Arbeitsverhältnis bestanden hat, zugrunde zu legen. [3]Bei Änderungen der individuellen Arbeitszeit werden die nach der Arbeitszeitänderung liegenden vollen Kalendermonate zu Grunde gelegt.

2. [1]Der Tagesdurchschnitt nach Satz 2 beträgt 1/65 aus der Summe der zu berücksichtigenden Entgeltbestandteile, die für den Berechnungszeitraum zugestanden haben, wenn die regelmäßige wöchentliche Arbeitszeit durchschnittlich auf fünf Tage verteilt ist. [2]Maßgebend ist die Verteilung der Arbeitszeit zu Beginn des Berechnungszeitraums. [3]Bei einer abweichenden Verteilung der Arbeitszeit ist der Tagesdurchschnitt entsprechend Satz 1 und 2 zu ermitteln. [4]Sofern während des Berechnungszeitraums bereits Fortzahlungstatbestände vorlagen, bleiben bei der Ermittlung des Durchschnitts nach Satz 2 die für diese Ausfalltage auf Basis des Tagesdurchschnitts zustehenden Beträge sowie die Ausfalltage selbst unberücksichtigt.

3. [1]Liegt zwischen der Begründung des Arbeitsverhältnisses oder der Änderung der individuellen Arbeitszeit und dem maßgeblichen Ereignis für die Entgeltfortzahlung kein voller Kalendermonat, ist der Tagesdurchschnitt anhand der konkreten individuellen Daten zu ermitteln. [2]Dazu ist die Summe der zu berücksichtigenden Entgeltbestandteile, die für diesen Zeitraum zugestanden haben, durch die Zahl der tatsächlich in diesem Zeitraum erbrachten Arbeitstage zu teilen.

4. [1]Tritt die Fortzahlung des Entgelts nach einer allgemeinen Entgeltanpassung ein, sind die berücksichtigungsfähigen Entgeltbestandteile, die vor der Entgeltanpassung zustanden, um 90 v. H. des Vomhundertsatzes für die allgemeine Entgeltanpassung zu erhöhen. [2]Der Erhöhungssatz beträgt für

   - vor dem 1. November 2024 zustehende Entgeltbestandteile 4,28 v. H. und
   - vor dem 1. Februar 2025 zustehende Entgeltbestandteile 4,95 v. H.

Niederschriftserklärung zu § 21 Satz 2:

Bereitschaftsdienstentgelte und Rufbereitschaftsentgelte einschließlich des Entgelts für die Inanspruchnahme während der Rufbereitschaft fallen unter die Regelung des § 21 Satz 2.

II

Erläuterungen

In § 21 TV-L haben die Tarifvertragsparteien die Höhe der Entgeltfortzahlung geregelt. Die Rechtsgrundlage für eine Entgeltfortzahlung ergibt sich nicht aus § 21, sondern aus verschiedenen, in der Tarifvorschrift näher benannten Vorschriften des TV-L.

Im Bereich des BAT wurde bislang als Entgeltfortzahlung weitgehend die in § 47 Abs. 2 BAT näher bestimmte Urlaubsvergütung gewährt.

Durchführung der Entgeltfortzahlung

Die Tarifvorschrift regelt nicht den Anspruch auf Entgeltfortzahlung, sondern bestimmt in den abschließend aufgezählten Fällen dessen Höhe. Rechtsgrundlage für eine Entgeltfortzahlung i. S. d. § 21 sind die Vorschriften des § 22 Abs. 1 (Lohnfortzahlung im Krankheitsfall), § 26 (Lohnfortzahlung bei Erholungsurlaub) und § 27 (Lohnfortzahlung bei Zusatzurlaub). Auf die Besonderheiten bei der Inanspruchnahme von Urlaubsansprüchen bei der Änderung des Beschäftigungsumfangs/Beschäftigungsmodells im Laufe des Urlaubsjahres wird hingewiesen. Die Berechnung des Urlaubsentgeltes erfolgt (insbesondere bei der Verringerung der Arbeitszeit) abweichend von Satz 1 der Vorschrift. Im Einzelnen siehe hierzu die Erläuterungen zu § 26 sowie die Durchführungshinweise der Geschäftsstelle der TdL vom 26. Oktober 2020).[1]

In den in Satz 1 der Vorschrift abschließend genannten Fällen werden als Entgeltfortzahlung das Tabellenentgelt und die in Monatsbeträgen festgelegten Entgeltbestandteile weitergezahlt. In Monatsbeträgen werden beispielsweise die Zulage nach § 14 (vorübergehende Ausübung einer höherwertigen Tätigkeit) und Zulagen nach dem TVÜ-Länder[2] (Besitzstandszulagen, Strukturausgleiche) gezahlt. Für nicht in Monatsbeträgen festgelegte Entgeltbestandteile sieht Satz 2 der Vorschrift eine Durchschnittsberechnung auf der Grundlage der letzten drei Monate vor. Die Auszahlung des Tagesdurchschnitts erfolgt gemäß der Fälligkeitsregelung in § 24 Abs. 1 Satz 4 TV-L erst am Zahltag des zweiten Monats, der auf ihre Entstehung folgt. Zu den nicht in Monatsbeträgen festgelegten Entgeltbestandteilen zählen insbesondere die in § 8 (Ausgleich für Sonderformen der Arbeit) genannten

---

[1]) abgedruckt als Anhang 3 unter **210** § 26 TV-L

[2]) abgedruckt unter **270**

II

Stundenzuschläge und -pauschalen. Ausdrücklich ausgenommen von der Durchschnittsberechnung und somit von der Berücksichtigung im Rahmen der Entgeltfortzahlung sind nach Satz 3 das Mehrarbeits- und Überstundenentgelt (mit Ausnahme des Entgelts für im Dienstplan vorgesehene Überstunden/Mehrarbeit, das in die Berechnungsgrundlage einfließt), Leistungsentgelte (§ 18; mittlerweile nur noch i. d. F. des § 40 Nr. 6 TV-L von Bedeutung), Jahressonderzahlungen (§ 20) und die besonderen Zahlungen nach § 23 (Vermögenswirksame Leistungen, Jubiläumsgeld und Sterbegeld).

Ergänzende Vereinbarungen zur Durchschnittsberechnung

Die Tarifpartner haben in vier Protokollerklärungen und einer Niederschriftserklärung ergänzende Vereinbarungen zur Durchschnittsberechnung für nicht in Monatsbeträgen festgelegte Entgeltbestandteile vereinbart.

Die Protokollerklärung Nr. 1 befasst sich mit der Frage, welche Monate in bestimmten Sonderfällen bei der Durchschnittsberechnung zugrunde zu legen sind. Satz 2 der Tarifvorschrift bestimmt, dass der Entgeltdurchschnitt der letzten drei vollen Kalendermonate zu ermitteln ist. Nach Satz 1 der Protokollerklärung sind „volle" Kalendermonate solche Monate, in denen das Arbeitsverhältnis an allen Kalendertagen bestanden hat. Satz 2 der Protokollerklärung legt fest, dass in den Fällen, in denen das Arbeitsverhältnis weniger als drei Kalendermonate bestanden hat, nur die vollen Kalendermonate zugrunde zu legen sind. Satz 3 löst den Fall der Veränderung der individuellen Arbeitszeit während des Berechnungszeitraums und bestimmt, dass dann nur die nach der Änderung der Arbeitszeit liegenden vollen Kalendermonate maßgebend sind.

Protokollerklärung Nr. 2 regelt die Berechnung des Tagesdurchschnitts der nicht in Monatsbeträgen festgelegten Entgeltbestandteile. Dieser beträgt nach Satz 1 der Protokollerklärung $^1/_{65}$ der im dreimonatigen Berechnungszeitraum zu berücksichtigenden Entgeltbestandteile. Der Divisor 65 berücksichtigt dabei die durchschnittliche Anzahl der Arbeitstage in drei Monaten – bezogen auf eine Fünftage-Woche. Er ist bei einer abweichenden Verteilung der Arbeitszeit (z. B. auf vier oder sechs Tage in der Woche) anzupassen (Satz 3). Entsprechendes wird gelten müssen, wenn nicht drei, sondern weniger Monate der Durchschnittsberechnung zugrunde liegen. Maßgebend bei der Verteilung der Arbeitszeit sind die Verhältnisse zu Beginn des Berechnungszeitraums (Satz 2). Satz 4 stellt sicher, dass nicht der „Durchschnitt vom Durchschnitt" ermittelt wird und nimmt während des

Berechnungszeitraumes vorliegende Fortzahlungstatbestände von der Durchschnittsberechnung aus. Konsequenterweise werden in diesem Fall auch die entsprechenden Tage unberücksichtigt bleiben und der Nenner entsprechend angepasst werden müssen.

Die Protokollerklärung Nr. 3 wurde im Zuge des Änderungstarifvertrages Nr. 7 mit Wirkung vom 1. Januar 2013 eingefügt. Sie regelt den Fall, dass zwischen der Begründung des Arbeitsverhältnisses bzw. der Änderung der individuellen Arbeitszeit und dem Entgeltfortzahlungsereignis kein voller Monat liegt, so dass weder nach § 20 Satz 2 noch nach der Protokollerklärung Nr. 1 eine Berechnungsmethode verbindlich vorgegeben ist. In diesem Fall ist nach der Protokollerklärung Nr. 3 Tag genau auf der Grundlage der Arbeitstage zu rechnen. Die Tarifpartner haben mit der Protokollerklärung Nr. 3 auf das Urteil des BAG vom 20. 1. 2010 – 5 AZR 53/09 – reagiert. In diesem Urteil hatte das BAG für Fälle, in denen zwischen Begründung des Arbeitsverhältnisses bzw. Änderung der individuellen Arbeitszeit und dem Entgeltfortzahlungsereignis kein voller Monat liegt, in den bisherigen Regelungen keine wirksame Abweichung vom Entgeltausfallprinzip des Entgeltfortzahlungsgesetzes gesehen.

Nach der Protokollerklärung Nr. 4 sind in den Fällen, in denen nach einer allgemeinen Engeltanpassung ein Entgeltfortzahlungstatbestand (z. B. Urlaub, Krankheit) eintritt, die berücksichtigungsfähigen Entgeltbestandteile, die **vor** der Entgeltanpassung zustanden, um 90 v. H. des Vomhundertsatzes für die allgemeine Entgeltanpassung zu erhöhen. Der Erhöhungssatz beträgt für

- vor dem 1. November 2024 zustehende Entgeltbestandteile 4,28 Prozent und
- vor dem 1. Februar 2025 zustehende Entgeltbestandteile 4,95 Prozent.

In der Niederschriftserklärung haben die Tarifpartner klargestellt, dass Bereitschaftsdienst- und Rufbereitschaftsentgelte einschließlich des Entgelts für die Inanspruchnahme während der Rufbereitschaft nicht zu den in Monatsbeträgen festgelegten Entgeltbestandteilen des § 21 Satz 1, sondern zu den Beträgen des Satzes 2 der Vorschrift zu zählen sind. Sie werden somit auf der Basis des Durchschnitts der letzten drei vollen Kalendermonate vor dem Entgeltfortzahlungsereignis fortgezahlt. Dies hat das BAG – ausgehend von einem eher ungewöhnlichen und daher sicherlich nicht zu verallgemeinernden Sachverhalt – in seinem Urteil vom 10. April 2013 – 5 AZR 97/12 – in Frage gestellt. In dem Urteilsfall hat das BAG im Zusammenhang mit der Auslegung einer besonderen Dienstvereinbarung und entgegen dem Wortlaut

II

der Niederschriftserklärung von einer Einbeziehung des Entgelts für Rufbereitschaft und für die Inanspruchnahme aus der Rufbereitschaft in das Referenzentgelt des § 21 TV-L abgesehen. Nach Auffassung des Verfassers ist es mit Blick auf die Besonderheiten des entschiedenen Einzelfalles nicht angebracht, diese Feststellung zu verallgemeinern. Es ist weiterhin im Einklang mit dem in der Niederschriftserklärung zum Ausdruck kommenden Willen der Tarifpartner davon auszugehen, dass im Regelfall sowohl das Entgelt für die Rufbereitschaft als auch das Entgelt für die Inanspruchnahme aus der Rufbereitschaft in das Referenzentgelt des § 21 Satz 2 TV-L einfließen.

§ 22 Entgelt im Krankheitsfall

(1) [1]Werden Beschäftigte durch Arbeitsunfähigkeit infolge Krankheit an der Arbeitsleistung verhindert, ohne dass sie ein Verschulden trifft, erhalten sie bis zur Dauer von sechs Wochen das Entgelt nach § 21. [2]Bei erneuter Arbeitsunfähigkeit infolge derselben Krankheit sowie bei Beendigung des Arbeitsverhältnisses gelten die gesetzlichen Bestimmungen. [3]Als unverschuldete Arbeitsunfähigkeit im Sinne der Sätze 1 und 2 gilt auch die Arbeitsverhinderung im Sinne von § 3 Absatz 2, § 3a und § 9 Entgeltfortzahlungsgesetz.

Protokollerklärung zu § 22 Absatz 1 Satz 1:

Ein Verschulden liegt nur dann vor, wenn die Arbeitsunfähigkeit vorsätzlich oder grob fahrlässig herbeigeführt wurde.

(2) [1]Nach Ablauf des Zeitraums gemäß Absatz 1 erhalten die Beschäftigten für die Zeit, für die ihnen Krankengeld oder entsprechende gesetzliche Leistungen gezahlt werden, einen Krankengeldzuschuss in Höhe des Unterschiedsbetrags zwischen den tatsächlichen Barleistungen des Sozialleistungsträgers und dem Nettoentgelt. [2]Nettoentgelt ist das um die gesetzlichen Abzüge verminderte Entgelt im Sinne des § 21; bei freiwillig in der gesetzlichen Krankenversicherung versicherten Beschäftigten ist dabei deren Gesamtkranken- und Pflegeversicherungsbeitrag abzüglich Arbeitgeberzuschuss zu berücksichtigen. [3]Bei Beschäftigten, die in der gesetzlichen Krankenversicherung versicherungsfrei oder die von der Versicherungspflicht in der gesetzlichen Krankenversicherung befreit sind, sind bei der Berechnung des Krankengeldzuschusses diejenigen Leistungen zu Grunde zu legen, die ihnen als Pflichtversicherte in der gesetzlichen Krankenversicherung zustünden.

Protokollerklärung zu § 22 Absatz 2:

Im Falle der Arbeitsverhinderung nach § 3a Entgeltfortzahlungsgesetz stehen den tatsächlichen Barleistungen des Sozialversicherungsträgers das Krankengeld nach § 44a SGB V oder die tatsächlichen Leistungen des privaten Krankenversicherungsträgers oder des Beihilfeträgers gleich.

(3) [1]Der Krankengeldzuschuss wird bei einer Beschäftigungszeit (§ 34 Absatz 3)

a) von mehr als einem Jahr längstens bis zum Ende der 13. Woche und

b) von mehr als drei Jahren längstens bis zum Ende der 39. Woche

seit dem Beginn der Arbeitsunfähigkeit infolge derselben Krankheit gezahlt. [2]Maßgeblich für die Berechnung der Fristen nach Satz 1 ist die Beschäftigungszeit, die im Laufe der krankheitsbedingten Arbeitsunfähigkeit vollendet wird. [3]Innerhalb eines Kalenderjahres kann das Entgelt im Krankheitsfall nach Absatz 1 und 2 insgesamt längstens bis zum Ende der in Absatz 3 Satz 1 genannten Fristen bezogen werden; bei jeder neuen Arbeitsunfähigkeit besteht jedoch mindestens der sich aus Absatz 1 ergebende Anspruch.

(4) [1]Entgelt im Krankheitsfall wird nicht über das Ende des Arbeitsverhältnisses hinaus gezahlt; § 8 Entgeltfortzahlungsgesetz bleibt unberührt. [2]Krankengeldzuschuss wird zudem nicht über den Zeitpunkt hinaus gezahlt, von dem an Beschäftigte eine Rente oder eine vergleichbare Leistung auf Grund eigener Versicherung aus der gesetzlichen Rentenversicherung, aus einer zusätzlichen Alters- und Hinterbliebenenversorgung oder aus einer sonstigen Ver-

II

sorgungseinrichtung erhalten, die nicht allein aus Mitteln der Beschäftigten finanziert ist. [3]Überzahlter Krankengeldzuschuss und sonstige Überzahlungen gelten als Vorschuss auf die in demselben Zeitraum zustehenden Leistungen nach Satz 2; die Ansprüche der Beschäftigten gehen insoweit auf den Arbeitgeber über. [4]Der Arbeitgeber kann von der Rückforderung des Teils des überzahlten Betrags, der nicht durch die für den Zeitraum der Überzahlung zustehenden Bezüge im Sinne des Satzes 2 ausgeglichen worden ist, absehen, es sei denn, die/der Beschäftigte hat dem Arbeitgeber die Zustellung des Rentenbescheids schuldhaft verspätet mitgeteilt.

Erläuterungen

In § 22 TV-L haben die Tarifvertragsparteien die Entgeltfortzahlung im Krankheitsfall geregelt. Dabei haben sie in vielen Bereichen auf eigenständige Regelungen verzichtet – insoweit gelten die Vorschriften des Entgeltfortzahlungsgesetzes (EFZG)[1)].

Der Tatbestand der Entgeltfortzahlung im Krankheitsfall war bislang in § 37 (Krankenbezüge) und § 71 BAT (Übergangsregelung für die Zahlung von Krankenbezügen) geregelt. Die Vorschriften der §§ 37a (Anzeige- und Nachweispflichten) und 38 (Forderungsübergang bei Dritthaftung) enthielten Regelungen zu Randfragen der Entgeltfortzahlung, die sich nun nach den gesetzlichen Vorschriften des EFZG bestimmen.

Übergangsrecht

Vor einer Betrachtung der aktuellen Vorschrift des § 22 TV-L ist zunächst auf die Übergangsregelungen des § 13 TVÜ-Länder[2)] hinzuweisen.

Diese Übergangsvorschriften enthalten besondere Regelungen für die zum Zeitpunkt der Überleitung in den TV-L (31. Oktober 2006) von § 71 BAT erfassten Beschäftigten und gelten nur für danach ohne Unterbrechung fortgesetzte Arbeitsverhältnisse. Schon § 71 BAT war eine Übergangsvorschrift, die nur für die Angestellten galt, die sich bereits vor dem 1. Juli 1994 in einem Arbeitsverhältnis befunden hatten, das seitdem ununterbrochen fortbestanden hat. Sie ist im Rahmen der Systemumstellung der Entgeltfortzahlung im Krankheitsfall mit dem 69. Änderungs-Tarifvertrag zum BAT vom 25. April 1994 vereinbart worden und bewirkte, dass der davon erfasste Personenkreis auch nach dem Inkrafttreten der Änderungen am 1. Juli 1994 nicht wie die übrigen Angestellten im Krankheitsfall eine sechswöchige Entgeltfortzahlung und anschließend (nur noch) einen Zuschuss zum

---

1) abgedruckt als **Anhang 1**

2) abgedruckt unter **270**

Krankengeld der Krankenkassen, sondern weiterhin eine Lohnfortzahlung von bis zu sechs Monaten Dauer erhielt. So gesehen handelt es sich nun bei der Vorschrift des § 13 TVÜ-Länder um eine Übergangsvorschrift für bereits von einer älteren Übergangsvorschrift geschützte Beschäftigte.

Die jetzige Vorschrift führt zum einen zwar dazu, dass die ursprünglich von § 71 BAT erfassten Beschäftigten im Falle einer Krankheit nun – wie zuvor die übrigen, nicht von § 71 BAT erfassten Angestellten und die übrigen, unter den TV-L fallenden Beschäftigten – auch nur noch sechs Wochen Entgeltfortzahlung bekommen und anschließend einen Krankengeldzuschuss erhalten. Dieser ist aber nach der Regelung des § 13 Abs. 1 TVÜ-Länder insoweit höher als der Krankengeldzuschuss nach § 22 TV-L, als dass in diesen Fällen die Differenz zwischen dem **Netto**krankengeld (das ist das um Beiträge des Beschäftigten zur Renten- und Arbeitslosenversicherung bereinigte „Bruttokrankengeld", das von den Tarifpartnern in Anlehnung an die gesetzlichen Vorschriften mit „tatsächliche Barleistung des Sozialversicherungsträgers" bezeichnet wird) und dem Nettoentgelt ausgeglichen wird. Der Beschäftigte erhält somit im Ergebnis weitgehend sein bisheriges Nettoentgelt weiter; die einzige Einbuße besteht für ihn darin, dass bei der Berechnung des „Nettoentgelts" nur die gesetzlichen, nicht aber tarifvertragliche Abzüge (z. B. Arbeitnehmerbeitrag zur VBL) berücksichtigt werden. Nach den Vorschriften des TV-L würde (nur) die Differenz zwischen den „tatsächlichen Barleistungen" (= **Brutto**krankengeld) und dem Nettoentgelt ausgeglichen – der Beschäftigte bliebe also zusätzlich durch seine Beitragsanteile zur Renten- und Arbeitslosenversicherung belastet.

In § 13 Abs. 2 Satz 1 TVÜ-Länder ist über die oben dargestellte Besitzstandsregelung hinaus geregelt, dass diejenigen unter § 71 BAT fallenden Beschäftigten, die zum Zeitpunkt der Überleitung arbeitsunfähig erkrankt sind (und deshalb bereits Entgeltfortzahlung erhalten), für die Dauer dieser Krankheit auch nach Inkrafttreten des TV-L bis zu insgesamt höchstens 26 Wochen Entgeltfortzahlung erhalten. Faktisch gilt insoweit also das alte Recht weiter. Sollten die Betroffenen nach dem 1. November 2006 wegen derselben Krankheit erneut arbeitsunfähig werden, gilt § 22 TV-L (in Verbindung mit § 13 Abs. 1 TVÜ-Länder). In diesem Fall wird gemäß § 13 Abs. 2 Satz 2 TVÜ-Länder der Entgeltfortzahlungszeitraum nach Absatz 2 Satz 1 auf die Fristen der Entgeltfortzahlung bzw. des Krankengeldzuschusses des § 22 TV-L angerechnet. Wegen weiterer Einzelheiten der Übergangsvorschrift siehe die Erläuterungen zu § 13 TVÜ-Länder.

Entgeltfortzahlung (Abs. 1)

Grundsätze

Satz 1 der Vorschrift trifft eine dem EFZG entsprechende Regelung zur Entgeltfortzahlung im Krankheitsfall und wiederholt die gesetzlichen Bestimmungen. Der Spielraum der Tarifpartner ist in diesem Bereich sehr gering; denn die Vorschriften des EFZG sind – abgesehen von der Höhe der Entgeltfortzahlung – nicht abdingbar. Günstigere, über die Mindestanforderungen des EFZG hinausgehende tarifvertragliche Regelungen sind natürlich zulässig, so dass die Tarifpartner in § 22 von einer der Vorschrift des § 3 Abs. 3 EFZG (dort ist ein mindestens vierwöchiger Bestand des Arbeitsverhältnisses als Anspruchsvoraussetzung für die Entgeltfortzahlung im Krankheitsfall festgelegt) entsprechenden Wartezeit absehen konnten.

Grundvoraussetzung für die sechswöchige Entgeltfortzahlung ist sowohl nach § 3 Abs. 1 EFZG als auch nach § 22 Abs. 1 Satz 1 die unverschuldete Arbeitsunfähigkeit infolge Krankheit.

Der Begriff der Krankheit ist weder durch den Gesetzgeber im Rahmen des EFZG noch durch die Tarifpartner näher bestimmt worden. Nach dem allgemeinen und dem medizinischen Sprachgebrauch wird man davon ausgehen können, dass „Krankheit" jeder regelwidrige körperliche oder geistige Zustand ist – unabhängig von den Ursachen, die dazu geführt haben. Krankheit allein reicht als Auslöser des Entgeltfortzahlungsanspruchs aber nicht aus, sie muss grundsätzlich auch zur Arbeitsunfähigkeit führen. Arbeitsunfähigkeit ist auch dann gegeben, wenn die geschuldete Arbeitsleistung nicht voll, sondern nur zum Teil erbracht werden kann. Maßnahmen einer medizinischen Vorsorge oder Rehabilitation sind gemäß § 9 EFZG bzw. § 22 Abs. 1 Satz 3 als unverschuldete Arbeitsunfähigkeit im Sinne des Entgeltfortzahlungsrechtes anzusehen. Nach § 3 Abs. 2 EFZG gilt Entsprechendes für die nicht rechtswidrige Sterilisation und den nicht rechtswidrigen Schwangerschaftsabbruch. Besondere Beachtung verdient in diesem Zusammenhang die mit dem Gesetz zur Änderung des Transplantationsgesetzes vom 21. Juli 2012 (BGBl. I S. 1601) in das Entgeltfortzahlungsgesetz eingefügte Vorschrift des § 3a EFZG. Absatz 1 dieser neuen Vorschrift verschafft dem Organspender gegenüber seinem Arbeitgeber einen Anspruch auf Entgeltfortzahlung. Absatz 2 regelt die Refinanzierungsansprüche des Arbeitgebers gegenüber der Krankenkasse bzw. dem Beihilfeträger des Organempfängers. Die Tarifpartner haben die Vorschrift des § 3a EFZG im Zuge des Änderungstarifvertrags Nr. 7 mit Wirkung vom 1. Januar 2013 in die Aufzählung des Abs. 1 Satz 3 aufgenommen, sodass auch die Arbeitsunfähigkeit eines Organspenders als unverschuldet gilt. Durch Artikel 7 des GKV-Versorgungsstärkungsgesetzes vom 16. Juli 2015 (BGBl. I S. 1211) ist die Regelung in § 3a EFZG mit Wirkung vom 23. Juli 2015 um den Anspruch auf Entgeltfortzahlung bei Spende von Blut zur Separation von Blutstammzellen und anderen Blutbestandteilen erweitert worden. Dadurch haben auch diejenigen Beschäftigten einen Anspruch auf Entgeltfortzahlung durch den Arbeitgeber für die Zeit der Arbeitsunfähigkeit bis zur Dauer von sechs Wochen, die durch Arbeitsunfähigkeit infolge einer Blutspende zur Separation von Blutstammzellen oder anderen Blutbestandteilen im Sinne von § 9 des Transfusionsgesetzes an ihrer Arbeitsleistung verhindert sind. Entsprechend sind die Refinanzierungsmöglichkeiten des Arbeitgebers erweitert worden (§ 3a Abs. 2 EFZG).

Auch der Begriff der Arbeitsunfähigkeit ist in der Tarifvorschrift und im EFZG nicht näher definiert. Hilfen zur Begriffsbestimmung liefern aber die „Richtlinien des Gemeinsamen Bundesausschusses (der Ärzte und Krankenkassen) über die Beurteilung der Arbeitsunfähigkeit und die Maßnahmen zur stufenweisen Wiedereingliederung (Arbeitsunfähigkeits-Richtlinien) nach § 92 Abs. 1 Satz 2 Nr. 7 SGB V".[1]

Wiederholungserkrankungen

In diesem Fall gelten gemäß Satz 2 der Vorschrift die gesetzlichen Bestimmungen. Sie ergeben sich aus § 3 Abs. 1 Satz 2 EFZG. Dabei ist zunächst der Grundsatz zu beachten, dass für jede Krankheit grundsätzlich nur einmal ein sechswöchiger Entgeltfortzahlungsanspruch besteht. Wird der Beschäftigte wegen derselben Krankheit erneut arbeitsunfähig, so kann er zwar ggf. noch nicht ausgeschöpfte Zeiten des Sechswochenzeitraums in Anspruch nehmen; ein erneuter Anspruch entsteht jedoch grundsätzlich nicht. Etwas anderes gilt gemäß § 3 Abs. 1 Satz 2 Ziffer 1 bzw. 2 nur, wenn der Beschäftigte vor Beginn der Wiederholungserkrankung sechs Monate nicht infolge dieser Krankheit arbeitsunfähig war, oder seit dem Beginn der ersten Arbeitsunfähigkeit wegen dieser Krankheit eine Frist von zwölf Monaten abgelaufen ist.

Beispiel:

Der Beschäftigte ist an Rheuma erkrankt und fällt deshalb ab dem 15. März für die Dauer von vier Wochen aus. Ende September des gleichen Jahres fällt er für weitere drei Wochen wegen der gleichen Krankheit aus. Da das halbe Jahr (siehe § 3 Abs. 1 Satz 2 Nr. 1 EFZG) seit Ende der ersten Erkrankung noch nicht abgelaufen ist und somit kein erneuter Anspruch entstanden ist, hat er

[1] abgedruckt als **Anhang 2**

nur noch Anspruch auf zwei Wochen Entgeltfortzahlung; für die übrige Zeit hat er nur Anspruch auf Krankengeldzuschuss. Ende März des Folgejahres schließt sich die dritte Erkrankung wegen der gleichen Ursache an. Obwohl seit dem Ende der letzten Arbeitsunfähigkeit keine sechs Monate vergangen sind, entsteht nach § 3 Abs. 1 Satz 2 Nr. 2 EFZG ein neuer sechswöchiger Anspruch auf Entgeltfortzahlung, weil seit dem Beginn der ersten Arbeitsunfähigkeit (15. März des Vorjahres) mehr als zwölf Monate vergangen sind.

Die Darlegungs- und Beweislast für das Vorliegen einer Wiederholungserkrankung liegt grundsätzlich beim Arbeitgeber. Wenn der Arbeitgeber das Vorliegen einer Wiederholungserkrankung jedoch bestreitet, muss zunächst der Arbeitnehmer auf Verlangen des Arbeitgebers darlegen, dass seine Arbeitsunfähigkeit nicht auf einer Wiederholungserkrankung beruht (BAG-Urteil v. 18. 1. 2023 – 5 AZR 93/22).

Beendigung des Arbeitsverhältnisses während der Arbeitsunfähigkeit

Auch in diesem Fall gelten gemäß Satz 2 der Vorschrift die gesetzlichen Bestimmungen. Sie ergeben sich aus § 8 EFZG.

Das EFZG unterscheidet zwei Fallgruppen. Zum einen sind es die Fälle, dass der Arbeitgeber das Arbeitsverhältnis während der Arbeitsunfähigkeit krankheitsbedingt kündigt oder sich so verhält (z. B. durch Zahlungsverweigerung), dass der Arbeitnehmer das Arbeitsverhältnis fristlos kündigt. Zum anderen handelt es sich um jene Fallgestaltungen, dass das Arbeitsverhältnis während der Arbeitsunfähigkeit durch Kündigung aus anderen Gründen oder ohne dass es einer Kündigung bedarf (z. B. Fristablauf bei befristeten Arbeitsverträgen) endet. In der ersten Fallgruppe ist der Arbeitgeber verpflichtet, die Entgeltfortzahlung auch über das Ende der (durch diese Vorschrift nicht berührten) Kündigung hinaus zu zahlen, höchstens natürlich bis zum Ende der Sechswochenfrist. Die zweite Fallgruppe führt zum Erlöschen des Entgeltfortzahlungsanspruchs zum Zeitpunkt der Beendigung des Arbeitsverhältnisses.

Aus Anlass der Krankheit auf Veranlassung des Arbeitsgebers geschlossene Auflösungsverträge sind nach Auffassung des BAG (Urteil vom 20. 8. 1980 – 5 AZR 227/79 – AP Nr. 14 zu § 6 LohnFG) der ersten Fallgruppe zuzuordnen, führen also nicht zum Erlöschen des Entgeltfortzahlungsanspruchs.

Verschulden

Nur eine „unverschuldete" Arbeitsunfähigkeit löst den Anspruch auf Entgeltfortzahlung aus. Die Tarifpartner haben jedoch – wie zuvor in

§ 37 BAT – in einer Protokollerklärung zu Absatz 1 Satz 1 vereinbart, dass ein den Anspruch zunichte machendes „Verschulden" i. S. des Absatzes 1 Satz 1 nur vorliegt, wenn der Beschäftigte die Arbeitsunfähigkeit durch Vorsatz oder grobe Fahrlässigkeit herbeigeführt hat. Dies ist nach der Rechtsprechung zu den bisherigen Entgeltfortzahlungsregeln, die weiterhin herangezogen werden kann, jedoch nur in Ausnahmefällen zu vermuten und jeweils im Einzelfall zu prüfen.

So kann beispielsweise davon ausgegangen werden, dass selbst ein Selbstmordversuch in der Regel nicht schuldhaft ist (weil der Betroffene krankheitsbedingt in seiner Willensbildung eingeschränkt und daher „schuldunfähig" ist) – siehe BAG vom 28. 2. 1979 – 5 AZR 611/77 – AP Nr. 44 zu § 1 LohnFG. Auch bei einem alkoholabhängigen Arbeitnehmer fehlt es nach Auffassung des BAG in seinem Urteil vom 18. März 2015 – 10 AZR 99/14 suchtbedingt auch im Fall eines Rückfalls nach einer Therapie regelmäßig an einem solchen, die Entgeltfortzahlung ausschließendem Verschulden. Wird ein Arbeitnehmer infolge seiner Alkoholabhängigkeit arbeitsunfähig krank, könne nach dem derzeitigen Stand der medizinischen Erkenntnisse nicht von einem Verschulden im Sinne des Entgeltfortzahlungsrechts ausgegangen werden. Die Entstehung der Alkoholsucht sei vielmehr multikausal, wobei sich die unterschiedlichen Ursachen wechselseitig bedingen würden. Dies gelte im Grundsatz auch bei einem Rückfall nach einer durchgeführten Therapie. Im Hinblick auf eine Abstinenzrate von 40 bis 50 % je nach Studie und Art der Behandlung könne nach einer durchgeführten Rehabilitationsmaßnahme jedoch ein Verschulden des Arbeitnehmers an einem Rückfall nicht generell ausgeschlossen werden. Der Arbeitgeber könne deshalb in diesem Fall das fehlende Verschulden (und damit seine Pflicht zur Entgeltfortzahlung) bestreiten. Das Arbeitsgericht habe dann ein medizinisches Sachverständigengutachten zu der Frage einzuholen, ob der Arbeitnehmer den Rückfall schuldhaft i. S. d. § 3 Abs. 1 EFZG herbeigeführt habe. Ließe sich dies nicht eindeutig feststellen, weil ein Ursachenbündel hierfür vorliegt, gehe dies zulasten des Arbeitgebers. Das im Urteilsfall eingeholte sozialmedizinische Gutachten hatte ein Verschulden des Arbeitnehmers unter Hinweis auf die langjährige und chronische Alkoholabhängigkeit und den daraus folgenden „Suchtdruck" ausgeschlossen.

Hingegen können die vermeidbaren Unfallfolgen, die infolge der Verletzung der Anschnallpflicht entstanden sind, ebenso als selbst verschuldet angesehen werden (BAG vom 7. 10. 1981 – 5 AZR 1113/79 – AP Nr. 46 zu § 1 LohnFG) wie die Verletzungen infolge eines Unfalls wegen grober Verstöße gegen die Verkehrsregeln (BAG vom 23. 11. 1971 – 1 AZR 388/70 – AP Nr. 8 zu § 1 LohnFG).

II

Krankengeldzuschuss (Abs. 2)

Im Anschluss an die sechswöchige Entgeltfortzahlung nach Absatz 1 der Vorschrift erhalten die Beschäftigten für die Zeit, für die ihnen Krankengeld oder entsprechende gesetzliche Leistungen zustehen, einen Krankengeldzuschuss (Satz 1). Wegen der Höchstdauer siehe aber Absatz 3. „Entsprechende gesetzliche Leistungen" im Sinne des Satzes 1 sind das Übergangsgeld nach § 20 SGB VI bei stationären Rehabilitationsmaßnahmen und entsprechende Zahlungen von Unfallversicherungsträgern oder nach dem Bundesversorgungsgesetz.

Beschäftigte, die wegen des Überschreitens der Jahresarbeitsentgeltgrenze nicht in der gesetzlichen Krankenversicherung versicherungspflichtig sind, werden nach Satz 3 mit den Empfängern von Krankengeld gleichgestellt. Bei ihnen ist für die Berechnung des Krankengeldzuschusses der Krankengeldhöchstsatz, der bei unterstellter Pflichtversicherung in der gesetzlichen Krankenversicherung zustünde, zugrunde zu legen.

Die Höhe des Krankengeldzuschusses bestimmt sich, soweit nicht die Übergangsvorschrift des § 13 Abs. 1 TVÜ-Länder zu beachten ist, nach Satz 1 in Verbindung mit Satz 2 der Vorschrift. Die Berechnung des Krankengeldzuschusses nach den Grundsätzen des TV-L einerseits und dem Übergangsrecht andererseits ist oben im Zusammenhang mit der Erläuterung des Übergangsrechts dargestellt. Ergänzend ist auf die Berechnung des Nettoentgelts bei freiwillig in der gesetzlichen Krankenversicherung versicherten Beschäftigten hinzuweisen. Bei diesen Beschäftigten ist nach Absatz 2 Satz 2 zweiter Halbsatz anstelle der (bei ihnen nicht anfallenden) gesetzlichen Abzüge für Kranken- und Pflegeversicherung der gesamte Kranken- und Pflegeversicherungsbeitrag abzüglich des entsprechenden Arbeitgeberzuschusses als „gesetzlicher Abzug" zu berücksichtigen.

Mit der im Zuge des Änderungstarifvertrages Nr. 7 mit Wirkung vom 1. Januar 2013 vereinbarten Protokollerklärung zu § 22 Absatz 2 stellen die Tarifpartner sicher, dass im Falle der Organspende durch die zustehenden Leistungen gegen die Krankenversicherung, Beihilfe etc. des Organempfängers einerseits und den grundsätzlich zustehenden Krankengeldzuschuss andererseits keine „Überkompensation" von Verdienstausfällen eintritt.

Der Krankengeldzuschuss ist nach § 2 Abs. 2 Nr. 5 LStDV steuerpflichtiger Arbeitslohn. Soweit die Summe von Krankengeld und Krankengeldzuschuss das Nettoarbeitsentgelt um nicht mehr als 50 Euro monatlich überschreitet (was ein absoluter Ausnahmefall sein dürfte), gehört der Krankengeldzuschuss nicht zum sozialversicherungsrechtlichen Entgelt (§ 23c Abs. 1 SGB IV). Wird die Freigrenze überschritten, so wird der Krankengeldzuschuss in dem Umfang beitragspflichtig, in dem er das Vergleichs-Netto überschreitet. Gemäß § 15 Abs. 2 ATV in Verbindung mit Anlage 3 Satz 1 Nr. 8 zum ATV[1] gehört er nicht zum zusatzversorgungspflichtigen Entgelt.

Dauer des Krankengeldzuschusses (Abs. 3)

Die Regelung des Absatzes 3 begrenzt die Dauer der Bezugsfristen des Krankengeldzuschusses in Abhängigkeit von der Beschäftigungszeit (→ dazu § 34 Abs. 3). Bei einer Beschäftigungszeit von mehr als einem Jahr wird der Krankengeldzuschuss längstens bis zum Ende der 13. Woche, bei einer Beschäftigungszeit von mehr als drei Jahren längstens bis zum Ende der 39. Woche seit Beginn der Arbeitsunfähigkeit infolge derselben Krankheit gezahlt. Bei einer Beschäftigungszeit bis zu einem Jahr besteht somit kein Anspruch auf Krankengeldzuschuss. Maßgebend ist nach Satz 2 der Vorschrift die im Laufe der Arbeitsunfähigkeit vollendete Beschäftigungszeit.

Zu beachten ist bei der Berechnung der Bezugsdauer des Krankengeldzuschusses, dass sich die Frist von Beginn der Arbeitsunfähigkeit berechnet, so dass der Zeitraum der sechswöchigen Entgeltfortzahlung nach Absatz 1 mitgezählt wird. Der Zeitraum, für den ein Krankengeldzuschuss gezahlt wird, beträgt somit höchstens 7 bzw. 33 Wochen.

Da auch die Bezugsfristen des Krankengeldzuschusses krankheitsbezogen sind, gelten hier ebenfalls die Grundsätze für Wiederholungserkrankungen (s. o.). Dem Beschäftigten steht der Krankengeldzuschuss deshalb bei einer Wiederholungserkrankung nur einmal für höchstens 39 Wochen zu. Auch der Anspruch auf Krankengeldzuschuss lebt wieder auf, wenn die Entgeltfortzahlungsfrist erneut beginnt.

Satz 3 der Vorschrift begrenzt die Bezugsfristen für das Entgelt im Krankheitsfall (also sowohl für die Entgeltfortzahlung als auch den Krankengeldzuschuss) auf 13 bzw. 39 Wochen innerhalb eines Kalenderjahres. Bei jeder neuen Erkrankung besteht aber mindestens Anspruch auf die sechswöchige Entgeltfortzahlung.

Krankengeld und -zuschuss bei Beendigung des Arbeitsverhältnisses (Abs. 4)

Nach Satz 1 der Vorschrift wird das Entgelt im Krankheitsfall (unter diesen Oberbegriff fallen sowohl die Entgeltfortzahlung als auch der

---

[1] abgedruckt unter **810**

Krankengeldzuschuss) nicht über das Ende des Arbeitsverhältnisses hinaus gezahlt. Zwar bleibt nach dem zweiten Halbsatz des Satzes 1 „§ 8 EFZG unberührt". Diese gesetzliche Vorschrift betrifft aber nur die reine Entgeltfortzahlung, nicht jedoch den Krankengeldzuschuss. Während somit ein Anspruch auf Entgeltfortzahlung unter den Voraussetzungen des § 8 EFZG auch nach dem Ende des Arbeitsverhältnisses besteht, erlischt der Anspruch auf Krankengeldzuschuss ausnahmslos mit dem Ende des Arbeitsverhältnisses.

Satz 2 der Vorschrift bestimmt darüber hinaus, dass der Krankengeldzuschuss nicht über den Zeitpunkt hinaus gezahlt wird, von dem an der Beschäftigte Anspruch auf eine Rente aus der gesetzlichen Rentenversicherung, aus der zusätzlichen Alters- und Hinterbliebenenversorgung oder aus einer sonstigen Versorgungseinrichtung (z. B. berufsständische Versorgungseinrichtung der Ärzte oder Apotheker) erhält, zu der auch der Arbeitgeber Beiträge erbracht hat.

Nach Satz 3 gelten die über den Rentenbeginn hinaus gezahlten Krankengeldzuschüsse oder sonstigen Zahlungen als Vorschuss auf die entsprechende Rente; die Rentenansprüche des Beschäftigten gehen insoweit auf den Arbeitgeber über (Satz 3 zweiter Halbsatz). Klassischer Anwendungsfall ist die (in der Regel rückwirkende) Gewährung von Erwerbsunfähigkeitsrenten. In diesem Fall entfällt rückwirkend der Anspruch auf Krankengeldzuschuss; bereits geleistete Zahlungen sind mit den für den gleichen Zeitraum zustehenden Rentenansprüchen (die auf den Arbeitgeber übergehen) zu verrechnen.

Für den Fall, dass es sich um gesetzliche Rentenansprüche der Beschäftigten handelt, hat das Bundessozialgericht (BSG) mit Urteil vom 29. Januar 2014 – B 5 R 36/12 R – jedoch im Ergebnis entschieden, dass der tarifvertraglich geregelte Forderungsübergang aus § 22 Abs. 4 Satz 3, 2. Halbsatz TV-L für gesetzliche Rentenansprüche von Beschäftigten unzulässig und damit rechtsunwirksam ist. Das Urteil ist zur inhaltsgleichen Vorschrift des TVöD ergangen. Nach der Entscheidung des BSG ist die Übertragbarkeit von Ansprüchen auf Sozialleistungen abschließend in § 53 des Ersten Buches Sozialgesetzbuch (SGB I) geregelt. Einen Forderungsübergang für gesetzliche Rentenansprüche auf den Arbeitgeber sieht § 53 SGB I nicht vor. Die Tarifvertragsparteien sind in ihrer Normsetzungsbefugnis auf das privatrechtliche Arbeitsverhältnis beschränkt. Sie sind daher nach der Entscheidung des BSG nicht ermächtigt, tarifvertraglich die Abtretung gesetzlicher Rentenansprüche zu regeln.

In der Praxis führt das Urteil dazu, dass überzahlter Krankengeldzuschuss nicht mehr von der Deutschen Rentenversicherung Bund, sondern nur noch von der Versorgungsanstalt des Bundes und der Länder (VBL) bzw. anderen Zusatzversorgungseinrichtungen sowie von den

Beschäftigten eingefordert werden kann. Die Rückforderung gegenüber den Beschäftigten ist innerhalb von sechs Monaten nach Fälligkeit des Anspruchs schriftlich geltend zu machen (§ 37 Abs. 1 Satz 1 TV-L). Der Anspruch ist in dem Zeitpunkt fällig, in dem der Arbeitgeber Kenntnis über die rückwirkende Rentengewährung samt Leistungszeitraum und Leistungshöhe erlangt. Erst dann kann der Arbeitgeber die Höhe seines Anspruchs beziffern.

Kommt es dabei zu Überzahlungen (weil der Rentenanspruch hinter den für denselben Zeitraum geleisteten Zahlungen des Arbeitgebers zurückbleibt), so kann der Arbeitgeber nach Satz 4 von der Rückforderung des nicht gedeckten Betrages absehen. Voraussetzung für den Verzicht ist aber, dass der Beschäftigte nicht die Zustellung des Rentenbescheides schuldhaft verspätet mitgeteilt (und dadurch selbst die Ursache für die Überzahlung gesetzt) hat. Die Regelung des Satzes 4 entspricht der Vorschrift des § 37 Abs. 7 Unterabs. 3 BAT. Die Zukunft wird zeigen, ob die öffentlichen Arbeitgeber von der Verzichtsmöglichkeit weiterhin Gebrauch machen und auf die Rückforderung verzichten bzw. sie begrenzen (bislang wurde der Rückforderungsbetrag häufig auf ein Monatsentgelt begrenzt).

Nachweispflichten

Die Tarifpartner haben auf eine eigenständige Regelung – wie z. B. § 37a BAT – verzichtet. Die Nachweispflichten (für eine Krankheit/Arbeitsunfähigkeit) ergeben sich stattdessen aus § 5 EZFG. Wesentliche materielle Änderungen zum bisherigen Rechtszustand ergeben sich dadurch nicht; denn § 37a BAT entsprach im Kern der gesetzlichen Regelung. Der in der Vergangenheit teilweise anzutreffenden Praxis (insbesondere privater Arbeitgeber), Arbeitnehmer im Falle des Verdachts einer vorgetäuschten Krankheit durch einen Detektiv überwachen zu lassen, hat das BAG mit Urteil vom 19. Februar 2015 – 8 AZR 1007/13 enge Grenzen gesetzt. Nach Auffassung des Gerichts handelt ein Arbeitgeber, der wegen des Verdachts einer vorgetäuschten Arbeitsunfähigkeit einem Detektiv die Überwachung eines Arbeitnehmers überträgt, rechtswidrig, wenn sein Verdacht nicht auf konkreten Tatsachen beruht. Für dabei heimlich hergestellte Abbildungen gilt dasselbe. Eine solche rechtswidrige Verletzung des allgemeinen Persönlichkeitsrechts kann nach Meinung des BAG einen Geldentschädigungsanspruch („Schmerzensgeld“) begründen.

Der Beweiswert von (Folge-)Arbeitsunfähigkeitsbescheinigungen kann erschüttert sein, wenn ein arbeitsunfähiger Arbeitnehmer nach Zugang der Kündigung eine oder mehrere Folgebescheinigungen vorlegt, die passgenau die Dauer der Kündigungsfrist umfassen, und er unmittelbar nach Beendigung des Arbeitsverhältnisses eine neue

Beschäftigung aufnimmt (BAG-Urteil vom 13. Dezember 2023 – 5 AZR 137/23).

Forderungsübergang bei Dritthaftung

Ebenfalls verzichtet haben die Tarifpartner auf eine § 38 BAT entsprechende Vorschrift zum Forderungsübergang bei Dritthaftung. Eine entsprechende Schutzvorschrift für die Beschäftigten (darum handelte es sich, weil der Arbeitgeber hinsichtlich der Lohnfortzahlung zunächst in Vorlage ging, auf diese Weise den Lebensunterhalt des Beschäftigten sicherstellte und sich das Geld erst anschließend von dem zum Schadenersatz Verpflichteten erstatten ließ) ist im Hinblick auf die entsprechenden Regelungen der §§ 6 und 7 EFZG weitgehend entbehrlich. Materielle Änderungen zum bisherigen Recht ergeben sich aber in Bezug auf den Forderungsübergang beim Krankengeldzuschuss, der von der gesetzlichen Vorschrift nicht erfasst wird. Soweit gewollt (zweckmäßig wäre es), muss der Arbeitgeber den Forderungsübergang mit dem Beschäftigten einzelvertraglich vereinbaren.

Anhang 1

Gesetz über die Zahlung des Arbeitsentgelts an Feiertagen und im Krankheitsfall (Entgeltfortzahlungsgesetz)

Vom 26. Mai 1994 (BGBl. I S. 1014)

Zuletzt geändert durch
Drittes Bürokratieentlastungsgesetz
vom 22. November 2019 (BGBl. I S. 1746, 2021 S. 154, 2022 S. 482)

§ 1 Anwendungsbereich

(1) Dieses Gesetz regelt die Zahlung des Arbeitsentgelts an gesetzlichen Feiertagen und die Fortzahlung des Arbeitsentgelts im Krankheitsfall an Arbeitnehmer sowie die wirtschaftliche Sicherung im Bereich der Heimarbeit für gesetzliche Feiertage und im Krankheitsfall.

(2) Arbeitnehmer im Sinne dieses Gesetzes sind Arbeiter und Angestellte sowie die zu ihrer Berufsbildung Beschäftigten.

§ 2 Entgeltzahlung an Feiertagen

(1) Für Arbeitszeit, die infolge eines gesetzlichen Feiertages ausfällt, hat der Arbeitgeber dem Arbeitnehmer das Arbeitsentgelt zu zahlen, das er ohne den Arbeitsausfall erhalten hätte.

(2) Die Arbeitszeit, die an einem gesetzlichen Feiertag gleichzeitig infolge von Kurzarbeit ausfällt und für die an anderen Tagen als an gesetzlichen Feiertagen Kurzarbeitergeld geleistet wird, gilt als infolge eines gesetzlichen Feiertages nach Absatz 1 ausgefallen.

(3) Arbeitnehmer, die am letzten Arbeitstag vor oder am ersten Arbeitstag nach Feiertagen unentschuldigt der Arbeit fernbleiben, haben keinen Anspruch auf Bezahlung für diese Feiertage.

§ 3 Anspruch auf Entgeltfortzahlung im Krankheitsfall

(1) Wird ein Arbeitnehmer durch Arbeitsunfähigkeit infolge Krankheit an seiner Arbeitsleistung verhindert, ohne daß ihn ein Verschulden trifft, so hat er Anspruch auf Entgeltfortzahlung im Krankheitsfall durch den Arbeitgeber für die Zeit der Arbeitsunfähigkeit bis zur Dauer von sechs Wochen. Wird der Arbeitnehmer infolge derselben Krankheit erneut arbeitsunfähig, so verliert er wegen der erneuten Arbeitsunfähigkeit den Anspruch nach Satz 1 für einen weiteren Zeitraum von höchstens sechs Wochen nicht, wenn

1. er vor der erneuten Arbeitsunfähigkeit mindestens sechs Monate nicht infolge derselben Krankheit arbeitsunfähig war oder
2. seit Beginn der ersten Arbeitsunfähigkeit infolge derselben Krankheit eine Frist von zwölf Monaten abgelaufen ist.

II

(2) Als unverschuldete Arbeitsunfähigkeit im Sinne des Absatzes 1 gilt auch eine Arbeitsverhinderung, die infolge einer nicht rechtswidrigen Sterilisation oder eines nicht rechtswidrigen Abbruchs der Schwangerschaft eintritt. Dasselbe gilt für einen Abbruch der Schwangerschaft, wenn die Schwangerschaft innerhalb von zwölf Wochen nach der Empfängnis durch einen Arzt abgebrochen wird, die schwangere Frau den Abbruch verlangt und dem Arzt durch eine Bescheinigung nachgewiesen hat, daß sie sich mindestens drei Tage vor dem Eingriff von einer anerkannten Beratungsstelle hat beraten lassen.

(3) Der Anspruch nach Absatz 1 entsteht nach vierwöchiger ununterbrochener Dauer des Arbeitsverhältnisses.

§ 3a Anspruch auf Entgeltfortzahlung bei Spende von Organen, Geweben oder Blut zur Separation von Blutstammzellen oder anderen Blutbestandteilen

(1) Ist ein Arbeitnehmer durch Arbeitsunfähigkeit infolge der Spende von Organen oder Geweben, die nach den §§ 8 und 8a des Transplantationsgesetzes erfolgt, oder einer Blutspende zur Separation von Blutstammzellen oder anderen Blutbestandteilen im Sinne von § 9 des Transfusionsgesetzes an seiner Arbeitsleistung verhindert, hat er Anspruch auf Entgeltfortzahlung durch den Arbeitgeber für die Zeit der Arbeitsunfähigkeit bis zur Dauer von sechs Wochen. § 3 Absatz 1 Satz 2 gilt entsprechend.

(2) Dem Arbeitgeber sind von der gesetzlichen Krankenkasse des Empfängers von Organen, Geweben oder Blut zur Separation von Blutstammzellen oder anderen Blutbestandteilen das an den Arbeitnehmer nach Absatz 1 fortgezahlte Arbeitsentgelt sowie die hierauf entfallenden vom Arbeitgeber zu tragenden Beiträge zur Sozialversicherung und zur betrieblichen Alters- und Hinterbliebenenversorgung auf Antrag zu erstatten. Ist der Empfänger von Organen, Geweben oder Blut zur Separation von Blutstammzellen oder anderen Blutbestandteilen gemäß § 193 Absatz 3 des Versicherungsvertragsgesetzes bei einem privaten Krankenversicherungsunternehmen versichert, erstattet dieses dem Arbeitgeber auf Antrag die Kosten nach Satz 1 in Höhe des tariflichen Erstattungssatzes. Ist der Empfänger von Organen, Geweben oder Blut zur Separation von Blutstammzellen oder anderen Blutbestandteilen bei einem Beihilfeträger des Bundes bei-

hilfeberechtigt oder berücksichtigungsfähiger Angehöriger, erstattet der zuständige Beihilfeträger dem Arbeitgeber auf Antrag die Kosten nach Satz 1 zum jeweiligen Bemessungssatz des Empfängers von Organen, Geweben oder Blut zur Separation von Blutstammzellen oder anderen Blutbestandteilen; dies gilt entsprechend für sonstige öffentlich-rechtliche Träger von Kosten in Krankheitsfällen auf Bundesebene. Unterliegt der Empfänger von Organen, Geweben oder Blut zur Separation von Blutstammzellen oder anderen Blutbestandteilen der Heilfürsorge im Bereich des Bundes oder der truppenärztlichen Versorgung, erstatten die zuständigen Träger auf Antrag die Kosten nach Satz 1. Mehrere Erstattungspflichtige haben die Kosten nach Satz 1 anteilig zu tragen. Der Arbeitnehmer hat dem Arbeitgeber unverzüglich die zur Geltendmachung des Erstattungsanspruches erforderlichen Angaben zu machen.

§ 4 Höhe des fortzuzahlenden Arbeitsentgelts

(1) Für den in § 3 Abs. 1 oder in § 3a Absatz 1 bezeichneten Zeitraum ist dem Arbeitnehmer das ihm bei der für ihn maßgebenden regelmäßigen Arbeitszeit zustehende Arbeitsentgelt fortzuzahlen.

(1a) Zum Arbeitsentgelt nach Absatz 1 gehören nicht das zusätzlich für Überstunden gezahlte Arbeitsentgelt und Leistungen für Aufwendungen des Arbeitnehmers, soweit der Anspruch auf sie im Falle der Arbeitsfähigkeit davon abhängig ist, daß dem Arbeitnehmer entsprechende Aufwendungen tatsächlich entstanden sind, und dem Arbeitnehmer solche Aufwendungen während der Arbeitsunfähigkeit nicht entstehen. Erhält der Arbeitnehmer eine auf das Ergebnis der Arbeit abgestellte Vergütung, so ist der von dem Arbeitnehmer in der für ihn maßgebenden regelmäßigen Arbeitszeit erzielbare Durchschnittsverdienst der Berechnung zugrunde zu legen.

(2) Ist der Arbeitgeber für Arbeitszeit, die gleichzeitig infolge eines gesetzlichen Feiertages ausgefallen ist, zur Fortzahlung des Arbeitsentgelts nach § 3 oder nach § 3a Absatz 1 verpflichtet, bemißt sich die Höhe des fortzuzahlenden Arbeitsentgelts für diesen Feiertag nach § 2.

(3) Wird in dem Betrieb verkürzt gearbeitet und würde deshalb das Arbeitsentgelt des Arbeitnehmers im Falle seiner Arbeitsfähigkeit gemindert, so ist die verkürzte Arbeitszeit für ihre Dauer als die für den Arbeitnehmer maßgebende regelmäßige Arbeitszeit im Sinne des Absatzes 1 anzusehen. Dies gilt nicht im Falle des § 2 Abs. 2.

(4) Durch Tarifvertrag kann eine von den Absätzen 1, 1a und 3 abweichende Bemessungsgrundlage des fortzuzahlenden Arbeitsentgelts

festgelegt werden. Im Geltungsbereich eines solchen Tarifvertrages kann zwischen nichttarifgebundenen Arbeitgebern und Arbeitnehmern die Anwendung der tarifvertraglichen Regelung über die Fortzahlung des Arbeitsentgelts im Krankheitsfalle vereinbart werden.

§ 4a Kürzung von Sondervergütungen

Eine Vereinbarung über die Kürzung von Leistungen, die der Arbeitgeber zusätzlich zum laufenden Arbeitsentgelt erbringt (Sondervergütungen), ist auch für Zeiten der Arbeitsunfähigkeit infolge Krankheit zulässig. Die Kürzung darf für jeden Tag der Arbeitsunfähigkeit infolge Krankheit ein Viertel des Arbeitsentgelts, das im Jahresdurchschnitt auf einen Arbeitstag entfällt, nicht überschreiten.

§ 5 Anzeige- und Nachweispflichten

(1) Der Arbeitnehmer ist verpflichtet, dem Arbeitgeber die Arbeitsunfähigkeit und deren voraussichtliche Dauer unverzüglich mitzuteilen. Dauert die Arbeitsunfähigkeit länger als drei Kalendertage, hat der Arbeitnehmer eine ärztliche Bescheinigung über das Bestehen der Arbeitsunfähigkeit sowie deren voraussichtliche Dauer spätestens an dem darauffolgenden Arbeitstag vorzulegen. Der Arbeitgeber ist berechtigt, die Vorlage der ärztlichen Bescheinigung früher zu verlangen. Dauert die Arbeitsunfähigkeit länger als in der Bescheinigung angegeben, ist der Arbeitnehmer verpflichtet, eine neue ärztliche Bescheinigung vorzulegen. Ist der Arbeitnehmer Mitglied einer gesetzlichen Krankenkasse, muß die ärztliche Bescheinigung einen Vermerk des behandelnden Arztes darüber enthalten, daß der Krankenkasse unverzüglich eine Bescheinigung über die Arbeitsunfähigkeit mit Angaben über den Befund und die voraussichtliche Dauer der Arbeitsunfähigkeit übersandt wird.

(1a) Absatz 1 Satz 2 bis 5 gilt nicht für Arbeitnehmer, die Versicherte einer gesetzlichen Krankenkasse sind. Diese sind verpflichtet, zu den in Absatz 1 Satz 2 bis 4 genannten Zeitpunkten das Bestehen einer Arbeitsunfähigkeit sowie deren voraussichtliche Dauer feststellen und sich eine ärztliche Bescheinigung nach Absatz 1 Satz 2 oder 4 aushändigen zu lassen. Die Sätze 1 und 2 gelten nicht

1. für Personen, die eine geringfügige Beschäftigung in Privathaushalten ausüben (§ 8a des Vierten Buches Sozialgesetzbuch), und
2. in Fällen der Feststellung der Arbeitsunfähigkeit durch einen Arzt, der nicht an der vertragsärztlichen Versorgung teilnimmt.

(2) Hält sich der Arbeitnehmer bei Beginn der Arbeitsunfähigkeit im Ausland auf, so ist er verpflichtet, dem Arbeitgeber die Arbeitsunfähigkeit, deren voraussichtliche Dauer und die Adresse am Aufent-

haltsort in der schnellstmöglichen Art der Übermittlung mitzuteilen. Die durch die Mitteilung entstehenden Kosten hat der Arbeitgeber zu tragen. Darüber hinaus ist der Arbeitnehmer, wenn er Mitglied einer gesetzlichen Krankenkasse ist, verpflichtet, auch dieser die Arbeitsunfähigkeit und deren voraussichtliche Dauer unverzüglich anzuzeigen. Dauert die Arbeitsunfähigkeit länger als angezeigt, so ist der Arbeitnehmer verpflichtet, der gesetzlichen Krankenkasse die voraussichtliche Fortdauer der Arbeitsunfähigkeit mitzuteilen. Die gesetzlichen Krankenkassen können festlegen, daß der Arbeitnehmer Anzeige- und Mitteilungspflichten nach den Sätzen 3 und 4 auch gegenüber einem ausländischen Sozialversicherungsträger erfüllen kann. Absatz 1 Satz 5 gilt nicht. Kehrt ein arbeitsunfähig erkrankter Arbeitnehmer in das Inland zurück, so ist er verpflichtet, dem Arbeitgeber und der Krankenkasse seine Rückkehr unverzüglich anzuzeigen.

§ 6 Forderungsübergang bei Dritthaftung

(1) Kann der Arbeitnehmer auf Grund gesetzlicher Vorschriften von einem Dritten Schadensersatz wegen des Verdienstausfalls beanspruchen, der ihm durch die Arbeitsunfähigkeit entstanden ist, so geht dieser Anspruch insoweit auf den Arbeitgeber über, als dieser dem Arbeitnehmer nach diesem Gesetz Arbeitsentgelt fortgezahlt und darauf entfallende vom Arbeitgeber zu tragende Beiträge zur Bundesagentur für Arbeit, Arbeitgeberanteile an Beiträgen zur Sozialversicherung und zur Pflegeversicherung sowie zu Einrichtungen der zusätzlichen Alters- und Hinterbliebenenversorgung abgeführt hat.

(2) Der Arbeitnehmer hat dem Arbeitgeber unverzüglich die zur Geltendmachung des Schadensersatzanspruchs erforderlichen Angaben zu machen.

(3) Der Forderungsübergang nach Absatz 1 kann nicht zum Nachteil des Arbeitnehmers geltend gemacht werden.

§ 7 Leistungsverweigerungsrecht des Arbeitgebers

(1) Der Arbeitgeber ist berechtigt, die Fortzahlung des Arbeitsentgelts zu verweigern,

1. solange der Arbeitnehmer die von ihm nach § 5 Abs. 1 vorzulegende ärztliche Bescheinigung nicht vorlegt oder den ihm nach § 5 Abs. 2 obliegenden Verpflichtungen nicht nachkommt;
2. wenn der Arbeitnehmer den Übergang eines Schadensersatzanspruchs gegen einen Dritten auf den Arbeitgeber (§ 6) verhindert.

(2) Absatz 1 gilt nicht, wenn der Arbeitnehmer die Verletzung dieser ihm obliegenden Verpflichtungen nicht zu vertreten hat.

§ 8 Beendigung des Arbeitsverhältnisses

II

(1) Der Anspruch auf Fortzahlung des Arbeitsentgelts wird nicht dadurch berührt, daß der Arbeitgeber das Arbeitsverhältnis aus Anlaß der Arbeitsunfähigkeit kündigt. Das gleiche gilt, wenn der Arbeitnehmer das Arbeitsverhältnis aus einem vom Arbeitgeber zu vertretenden Grunde kündigt, der den Arbeitnehmer zur Kündigung aus wichtigem Grund ohne Einhaltung einer Kündigungsfrist berechtigt.

(2) Endet das Arbeitsverhältnis vor Ablauf der in § 3 Abs. 1 oder in § 3a Absatz 1 bezeichneten Zeit nach dem Beginn der Arbeitsunfähigkeit, ohne daß es einer Kündigung bedarf, oder infolge einer Kündigung aus anderen als den in Absatz 1 bezeichneten Gründen, so endet der Anspruch mit dem Ende des Arbeitsverhältnisses.

§ 9 Maßnahmen der medizinischen Vorsorge und Rehabilitation

(1) Die Vorschriften der §§ 3 bis 4a und 6 bis 8 gelten entsprechend für die Arbeitsverhinderung infolge einer Maßnahme der medizinischen Vorsorge oder Rehabilitation, die ein Träger der gesetzlichen Renten-, Kranken- oder Unfallversicherung, eine Verwaltungsbehörde der Kriegsopferversorgung oder ein sonstiger Sozialleistungsträger bewilligt hat und die in einer Einrichtung der medizinischen Vorsorge oder Rehabilitation durchgeführt wird. Ist der Arbeitnehmer nicht Mitglied einer gesetzlichen Krankenkasse oder nicht in der gesetzlichen Rentenversicherung versichert, gelten die §§ 3 bis 4a und 6 bis 8 entsprechend, wenn eine Maßnahme der medizinischen Vorsorge oder Rehabilitation ärztlich verordnet worden ist und in einer Einrichtung der medizinischen Vorsorge oder Rehabilitation oder einer vergleichbaren Einrichtung durchgeführt wird.

(2) Der Arbeitnehmer ist verpflichtet, dem Arbeitgeber den Zeitpunkt des Antritts der Maßnahme, die voraussichtliche Dauer und die Verlängerung der Maßnahme im Sinne des Absatzes 1 unverzüglich mitzuteilen und ihm

a) eine Bescheinigung über die Bewilligung der Maßnahme durch einen Sozialleistungsträger nach Absatz 1 Satz 1 oder
b) eine ärztliche Bescheinigung über die Erforderlichkeit der Maßnahme im Sinne des Absatzes 1 Satz 2

unverzüglich vorzulegen.

§ 10 Wirtschaftliche Sicherung für den Krankheitsfall im Bereich der Heimarbeit

(1) In Heimarbeit Beschäftigte (§ 1 Abs. 1 des Heimarbeitsgesetzes) und ihnen nach § 1 Abs. 2 Buchstabe a bis c des Heimarbeitsgesetzes

Gleichgestellte haben gegen ihren Auftraggeber oder, falls sie von einem Zwischenmeister beschäftigt werden, gegen diesen Anspruch auf Zahlung eines Zuschlags zum Arbeitsentgelt. Der Zuschlag beträgt

1. für Heimarbeiter, für Hausgewerbetreibende ohne fremde Hilfskräfte und die nach § 1 Abs. 2 Buchstabe a des Heimarbeitsgesetzes Gleichgestellten 3,4 vom Hundert,
2. für Hausgewerbetreibende mit nicht mehr als zwei fremden Hilfskräften und die nach § 1 Abs. 2 Buchstabe b und c des Heimarbeitsgesetzes Gleichgestellten 6,4 vom Hundert

des Arbeitsentgelts vor Abzug der Steuern, des Beitrags zur Bundesagentur für Arbeit und der Sozialversicherungsbeiträge ohne Unkostenzuschlag und ohne die für den Lohnausfall an gesetzlichen Feiertagen, den Urlaub und den Arbeitsausfall infolge Krankheit zu leistenden Zahlungen. Der Zuschlag für die unter Nummer 2 aufgeführten Personen dient zugleich zur Sicherung der Ansprüche der von ihnen Beschäftigten.

(2) Zwischenmeister, die den in Heimarbeit Beschäftigten nach § 1 Abs. 2 Buchstabe d des Heimarbeitsgesetzes gleichgestellt sind, haben gegen ihren Auftraggeber Anspruch auf Vergütung der von ihnen nach Absatz 1 nachweislich zu zahlenden Zuschläge.

(3) Die nach den Absätzen 1 und 2 in Betracht kommenden Zuschläge sind gesondert in den Entgeltbeleg einzutragen.

(4) Für Heimarbeiter (§ 1 Abs. 1 Buchstabe a des Heimarbeitsgesetzes) kann durch Tarifvertrag bestimmt werden, daß sie statt der in Absatz 1 Satz 2 Nr. 1 bezeichneten Leistungen die den Arbeitnehmern im Falle ihrer Arbeitsunfähigkeit nach diesem Gesetz zustehenden Leistungen erhalten. Bei der Bemessung des Anspruchs auf Arbeitsentgelt bleibt der Unkostenzuschlag außer Betracht.

(5) Auf die in den Absätzen 1 und 2 vorgesehenen Zuschläge sind die §§ 23 bis 25, 27 und 28 des Heimarbeitsgesetzes, auf die in Absatz 1 dem Zwischenmeister gegenüber vorgesehenen Zuschläge außerdem § 21 Abs. 2 des Heimarbeitsgesetzes entsprechend anzuwenden. Auf die Ansprüche der fremden Hilfskräfte der in Absatz 1 unter Nummer 2 genannten Personen auf Entgeltfortzahlung im Krankheitsfall ist § 26 des Heimarbeitsgesetzes entsprechend anzuwenden.

§ 11 Feiertagsbezahlung der in Heimarbeit Beschäftigten

(1) Die in Heimarbeit Beschäftigten (§ 1 Abs. 1 des Heimarbeitsgesetzes) haben gegen den Auftraggeber oder Zwischenmeister Anspruch auf Feiertagsbezahlung nach Maßgabe der Absätze 2 bis 5. Den gleichen Anspruch haben die in § 1 Abs. 2 Buchstabe a bis d des Heim-

arbeitsgesetzes bezeichneten Personen, wenn sie hinsichtlich der Feiertagsbezahlung gleichgestellt werden; die Vorschriften des § 1 Abs. 3 Satz 3 und Abs. 4 und 5 des Heimarbeitsgesetzes finden Anwendung. Eine Gleichstellung, die sich auf die Entgeltregelung erstreckt, gilt auch für die Feiertagsbezahlung, wenn diese nicht ausdrücklich von der Gleichstellung ausgenommen ist.

(2) Das Feiertagsgeld beträgt für jeden Feiertag im Sinne des § 2 Abs. 1 0,72 vom Hundert des in einem Zeitraum von sechs Monaten ausgezahlten reinen Arbeitsentgelts ohne Unkostenzuschläge. Bei der Berechnung des Feiertagsgeldes ist für die Feiertage, die in den Zeitraum von 1. Mai bis 31. Oktober fallen, der vorhergehende Zeitraum vom 1. November bis 30. April und für die Feiertage, die in den Zeitraum vom 1. November bis 30. April fallen, der vorhergehende Zeitraum vom 1. Mai bis 31. Oktober zugrunde zu legen. Der Anspruch auf Feiertagsgeld ist unabhängig davon, ob im laufenden Halbjahreszeitraum noch eine Beschäftigung in Heimarbeit für den Auftraggeber stattfindet.

(3) Das Feiertagsgeld ist jeweils bei der Entgeltzahlung vor dem Feiertag zu zahlen. Ist die Beschäftigung vor dem Feiertag unterbrochen worden, so ist das Feiertagsgeld spätestens drei Tage vor dem Feiertag auszuzahlen. Besteht bei der Einstellung der Ausgabe von Heimarbeit zwischen den Beteiligten Einvernehmen, das Heimarbeitsverhältnis nicht wieder fortzusetzen, so ist dem Berechtigten bei der letzten Entgeltzahlung das Feiertagsgeld für die noch übrigen Feiertage des laufenden sowie für die Feiertage des folgenden Halbjahreszeitraumes zu zahlen. Das Feiertagsgeld ist jeweils bei der Auszahlung in die Entgeltbelege (§ 9 des Heimarbeitsgesetzes) einzutragen.

(4) Übersteigt das Feiertagsgeld, das der nach Absatz 1 anspruchsberechtigte Hausgewerbetreibende oder im Lohnauftrag arbeitende Gewerbetreibende (Anspruchsberechtigte) für einen Feiertag auf Grund des § 2 seinen fremden Hilfskräften (§ 2 Abs. 6 des Heimarbeitsgesetzes) gezahlt hat, den Betrag, den er auf Grund der Absätze 2 und 3 für diesen Feiertag erhalten hat, so haben ihm auf Verlangen seine Auftraggeber oder Zwischenmeister den Mehrbetrag anteilig zu erstatten. Ist der Anspruchsberechtigte gleichzeitig Zwischenmeister, so bleibt hierbei das für die Heimarbeiter oder Hausgewerbetreibenden empfangene und weiter gezahlte Feiertagsgeld außer Ansatz. Nimmt ein Anspruchsberechtigter eine Erstattung nach Satz 1 in Anspruch, so können ihm bei Einstellung der Ausgabe von Heimarbeit die erstatteten Beträge auf das Feiertagsgeld angerechnet werden, das ihm auf Grund des Absatzes 2 und des Absatzes 3 Satz 3 für die

dann noch übrigen Feiertage des laufenden sowie für die Feiertage des folgenden Halbjahreszeitraumes zu zahlen ist.

(5) Das Feiertagsgeld gilt als Entgelt im Sinne der Vorschriften des Heimarbeitsgesetzes über Mithaftung des Auftraggebers (§ 21 Abs. 2), über Entgeltschutz (§§ 23 bis 27) und über Auskunftspflicht über Entgelte (§ 28); hierbei finden die §§ 24 bis 26 des Heimarbeitsgesetzes Anwendung, wenn ein Feiertagsgeld gezahlt ist, das niedriger ist als das in diesem Gesetz festgesetzte.

§ 12 Unabdingbarkeit

Abgesehen von § 4 Abs. 4 kann von den Vorschriften dieses Gesetzes nicht zuungunsten des Arbeitnehmers oder der nach § 10 berechtigten Personen abgewichen werden.

§ 13 Übergangsvorschrift

Ist der Arbeitnehmer von einem Tag nach dem 9. Dezember 1998 bis zum 1. Januar 1999 oder darüber hinaus durch Arbeitsunfähigkeit infolge Krankheit oder infolge einer Maßnahme der medizinischen Vorsorge oder Rehabilitation an seiner Arbeitsleistung verhindert, sind für diesen Zeitraum die seit dem 1. Januar 1999 geltenden Vorschriften maßgebend, es sei denn, daß diese für den Arbeitnehmer ungünstiger sind.

II

Anhang 2

Richtlinie des Gemeinsamen Bundesausschusses über die Beurteilung der Arbeitsunfähigkeit und die Maßnahmen zur stufenweisen Wiedereingliederung nach § 92 Abs. 1 Satz 2 Nr. 7 SGB V (Arbeitsunfähigkeits-Richtlinie)

Vom 14. November 2013 (BAnz. AT 27.01.2014 B4)

Zuletzt geändert durch
Bekanntmachung vom 7. Dezember 2023 (BAnz. AT 20.02.2024 B1)

§ 1 Präambel

(1) Die Feststellung der Arbeitsunfähigkeit und die Bescheinigung über ihre voraussichtliche Dauer erfordern – ebenso wie die ärztliche Beurteilung zur stufenweisen Wiedereingliederung – wegen ihrer Tragweite für Versicherte und ihrer arbeits- und sozialversicherungsrechtlichen sowie wirtschaftlichen Bedeutung besondere Sorgfalt.

(2) Diese Richtlinie hat zum Ziel, ein qualitativ hochwertiges, bundesweit standardisiertes Verfahren für die Praxis zu etablieren, das den Informationsaustausch und die Zusammenarbeit zwischen Vertragsärztin oder Vertragsarzt, Krankenkasse und Medizinischem Dienst verbessert.

§ 2 Definition und Bewertungsmaßstäbe

(1) [1]Arbeitsunfähigkeit liegt vor, wenn Versicherte auf Grund von Krankheit ihre zuletzt vor der Arbeitsunfähigkeit ausgeübte Tätigkeit nicht mehr oder nur unter der Gefahr der Verschlimmerung der Erkrankung ausführen können. [2]Bei der Beurteilung ist darauf abzustellen, welche Bedingungen die bisherige Tätigkeit konkret geprägt haben. [3]Arbeitsunfähigkeit liegt auch vor, wenn auf Grund eines bestimmten Krankheitszustandes, der für sich allein noch keine Arbeitsunfähigkeit bedingt, absehbar ist, dass aus der Ausübung der Tätigkeit für die Gesundheit oder die Gesundung abträgliche Folgen erwachsen, die Arbeitsunfähigkeit unmittelbar hervorrufen.

(2) [1]Arbeitsunfähigkeit besteht auch während einer stufenweisen Wiederaufnahme der Arbeit fort, durch die Versicherten die dauerhafte Wiedereingliederung in das Erwerbsleben durch eine schrittweise Heranführung an die volle Arbeitsbelastung ermöglicht werden soll. [2]Ebenso gilt die befristete Eingliederung arbeitsunfähiger Versicherter in eine Werkstatt für behinderte Menschen nicht als Wiederaufnahme

der beruflichen Tätigkeit. [3]Arbeitsunfähigkeit kann auch während einer Belastungserprobung und einer Arbeitstherapie bestehen.

(3) [1]Versicherte, die arbeitslos sind, ausgenommen Arbeitslose bzw. erwerbsfähige Leistungsberechtigte nach Absatz 3a, sind arbeitsunfähig, wenn sie krankheitsbedingt nicht mehr in der Lage sind, leichte Arbeiten in einem zeitlichen Umfang zu verrichten, für den sie sich bei der Agentur für Arbeit zur Verfügung gestellt haben. [2]Dabei ist es unerheblich, welcher Tätigkeit die oder der Versicherte vor der Arbeitslosigkeit nachging. [3]Arbeitsunfähigkeit liegt bei Schwangeren nach Satz 1 vor, wenn sie ohne Gefährdung für sich oder das ungeborene Kind nicht in der Lage sind, leichte Arbeiten in einem zeitlichen Umfang von mindestens 15 Stunden wöchentlich auszuüben.

(3a) Erwerbsfähige Leistungsberechtigte, die Leistungen zur Sicherung des Lebensunterhalts nach dem SGB II (Grundsicherung für Arbeitsuchende – „Hartz IV") beantragt haben oder beziehen, sind arbeitsunfähig, wenn sie krankheitsbedingt nicht in der Lage sind, mindestens drei Stunden täglich zu arbeiten oder an einer Eingliederungsmaßnahme teilzunehmen.

(4) [1]Versicherte, bei denen nach Eintritt der Arbeitsunfähigkeit das Beschäftigungsverhältnis endet und die aktuell keinen anerkannten Ausbildungsberuf ausgeübt haben (An- oder Ungelernte), sind nur dann arbeitsunfähig, wenn sie die letzte oder eine ähnliche Tätigkeit nicht mehr oder nur unter der Gefahr der Verschlimmerung der Erkrankung ausüben können. [2]Die Krankenkasse informiert die Vertragsärztin oder den Vertragsarzt über das Ende der Beschäftigung und darüber, dass die Arbeitnehmerin oder der Arbeitnehmer an- oder ungelernt ist, und nennt ähnlich geartete Tätigkeiten. [3]Beginnt während der Arbeitsunfähigkeit ein neues Beschäftigungsverhältnis, so beurteilt sich die Arbeitsunfähigkeit ab diesem Zeitpunkt nach dem Anforderungsprofil des neuen Arbeitsplatzes.

(5) [1]Die Beurteilung der Arbeitsunfähigkeit setzt die Befragung der oder des Versicherten durch die Vertragsärztin oder den Vertragsarzt zur aktuell ausgeübten Tätigkeit und den damit verbundenen Anforderungen und Belastungen voraus. [2]Das Ergebnis der Befragung ist bei der Beurteilung von Grund und Dauer der Arbeitsunfähigkeit zu berücksichtigen. [3]Zwischen der Krankheit und der dadurch bedingten Unfähigkeit zur Fortsetzung der ausgeübten Tätigkeit muss ein kausaler Zusammenhang erkennbar sein. [4]Bei Arbeitslosen bezieht sich die Befragung auch auf den zeitlichen Umfang, für den die oder der Versicherte sich der Agentur für Arbeit zur Vermittlung zur Verfügung gestellt hat.

(6) Rentnerinnen und Rentner können, wenn sie eine Erwerbstätigkeit ausüben, arbeitsunfähig nach Maßgabe dieser Richtlinien sein.

(7) Für körperlich, geistig oder seelisch behinderte Menschen, die in Werkstätten für behinderte Menschen oder in Blindenwerkstätten beschäftigt werden, gelten diese Richtlinien entsprechend.

(8) Diese Richtlinie gilt entsprechend für die Feststellung der Arbeitsunfähigkeit versicherter sowie nicht gesetzlich krankenversicherter Personen aufgrund einer im Rahmen des Transplantationsgesetzes erfolgenden Spende von Organen und Gewerben oder einer im Rahmen des Transfusionsgesetzes erfolgenden Spende von Blutstammzellen.

(9) [1]Für die Feststellung der Arbeitsunfähigkeit bei Durchführung medizinischer Maßnahmen zur Herbeiführung einer Schwangerschaft gilt diese Richtlinie entsprechend. [2]Sie gilt auch bei einer durch Krankheit erforderlichen Sterilisation oder einem unter den Voraussetzungen des § 218a Absatz 1 StGB vorgenommenem Abbruch der Schwangerschaft (Beratungsregelung).

(10) [1]Ist eine Dialysebehandlung lediglich während der vereinbarten Arbeitszeit möglich, besteht für deren Dauer, die Zeit der Anfahrt zur Dialyseeinrichtung und für die nach der Dialyse erforderliche Ruhezeit Arbeitsunfähigkeit. [2]Dasselbe gilt für andere extrakorporale Aphereseverfahren. [3]Die Bescheinigung für im Voraus feststehende Termine soll in Absprache mit der oder dem Versicherten in einer für deren oder dessen Belange zweckmäßigen Form erfolgen.

(11) Ist ein für die Ausübung der Tätigkeit oder das Erreichen des Arbeitsplatzes erforderliches Hilfsmittel (z. B. Körperersatzstück) defekt, besteht Arbeitsunfähigkeit so lange, bis die Reparatur des Hilfsmittels beendet oder ein Ersatz des defekten Hilfsmittels erfolgt ist.

§ 3 Ausnahmetatbestände

(1) Arbeitsunfähigkeit besteht nicht, wenn andere Gründe als die in § 2 genannten Gründe Ursache für die Arbeitsverhinderung der oder des Versicherten sind.

(2) Arbeitsunfähigkeit liegt insbesondere nicht vor

- bei Beaufsichtigung, Betreuung oder Pflege eines erkrankten Kindes. Die Bescheinigung hierfür hat auf dem vereinbarten Vordruck (Muster Nummer 21) zu erfolgen, der der Arbeitgeberin oder dem Arbeitgeber vorzulegen ist und zur Vorlage bei der Krankenkasse zum Bezug von Krankengeld ohne bestehende Arbeitsunfähigkeit der oder des Versicherten berechtigt,

- für Zeiten, in denen ärztliche Behandlungen zu diagnostischen oder therapeutischen Zwecken (z. B. im Rahmen von Früherkennungsuntersuchungen) stattfinden; dies gilt nicht, wenn die ärztliche Behandlung selbst zu einer Arbeitsunfähigkeit führt,
- bei Inanspruchnahme von Heilmitteln (z. B. physikalisch-medizinische Therapie),
- bei Teilnahme an ergänzenden Leistungen zur Rehabilitation oder rehabilitativen Leistungen anderer Art (Koronarsportgruppen u. a.),
- bei Durchführung von ambulanten und stationären Vorsorge- und Rehabilitationsleistungen, es sei denn, vor Beginn der Leistung bestand bereits Arbeitsunfähigkeit und diese besteht fort oder die Arbeitsunfähigkeit wird durch eine interkurrente Erkrankung ausgelöst,
- wenn Beschäftigungsverbote nach dem Infektionsschutzgesetz oder dem Mutterschutzgesetz (Zeugnis nach § 16 Absatz 1 MuSchG) ausgesprochen wurden; dies gilt nicht bei Vorliegen der Voraussetzungen nach § 2 Absatz 3 Satz 3 der Richtlinie,
- bei kosmetischen und anderen Operationen ohne krankheitsbedingten Hintergrund und ohne Komplikationen,
- bei einer nicht durch Krankheit bedingten Sterilisation (Verweis auf § 5 Absatz 6 der Richtlinie) oder
- wenn Beschäftigte kurzzeitig der Arbeit fernbleiben, weil dies erforderlich ist, um für einen pflegebedürftigen nahen Angehörigen in einer akut aufgetretenen Pflegesituation eine bedarfsgerechte Pflege zu organisieren oder eine pflegerische Versorgung in dieser Zeit sicherzustellen (kurzzeitige Arbeitsverhinderung gemäß § 2 PflegeZG).

§ 4 Verfahren zur Feststellung der Arbeitsunfähigkeit

(1) Bei der Feststellung der Arbeitsunfähigkeit sind körperlicher, geistiger und seelischer Gesundheitszustand der oder des Versicherten gleichermaßen zu berücksichtigen.

(2) Die ärztlich festgestellte Arbeitsunfähigkeit ist Voraussetzung für den Anspruch auf Entgeltfortzahlung und für den Anspruch auf Krankengeld.

(3) [1]Die Vertragsärztin oder der Vertragsarzt teilt der Krankenkasse auf Anforderung in der Regel innerhalb von drei Werktagen weitere Informationen auf den vereinbarten Vordrucken mit. [2]Derartige Anfragen seitens der Krankenkasse sind in der Regel frühestens nach einer kumulativen Zeitdauer der Arbeitsunfähigkeit von 21 Tagen

zulässig. [3]Soweit erforderlich dürfen dabei folgende Angaben erhoben werden:

1. die die Arbeitsunfähigkeit auslösenden Diagnosen, insbesondere durch Nennung der ICD-10-Codes,
2. Art und Umfang der Berufstätigkeit, die bis zum Beginn der Arbeitsunfähigkeit ausgeübt wurde,
3. bei Empfängern von Leistungen nach dem Dritten Buch Sozialgesetzbuch der zeitliche Umfang, für den die oder der Versicherte unter Berücksichtigung der Regelung nach § 2 Absatz 3 zur Arbeitsvermittlung zur Verfügung steht und
4. die weiteren diagnostischen, therapeutischen und rehabilitativen Maßnahmen, die in Bezug auf die die Arbeitsunfähigkeit auslösenden Diagnosen vorgesehen oder bereits eingeleitet sind; hierzu zählt auch die Angabe, ob eine Überweisung zur fachärztlichen Mitbehandlung ausgestellt wurde und wenn ja, zu welcher Fachrichtung.

(4) Sofern – abweichend von der Feststellung im Entlassungsbericht der Rehabilitationseinrichtung – weiterhin Arbeitsunfähigkeit attestiert wird, ist dies zu begründen.

(5) [1]Die Feststellung der Arbeitsunfähigkeit darf nur auf Grund einer ärztlichen Untersuchung erfolgen. [2]Diese erfolgt unmittelbar persönlich oder mittelbar persönlich im Rahmen einer Videosprechstunde oder nach telefonischer Anamnese nach Maßgabe von Absatz 5a. [3]Eine Feststellung der Arbeitsunfähigkeit auf Grund einer mittelbar persönlichen Untersuchung im Rahmen einer Videosprechstunde kann nur erfolgen, wenn die Erkrankung dies nicht ausschließt. [4]Im Fall einer Videosprechstunde soll die erstmalige Feststellung der Arbeitsunfähigkeit für Versicherte, die der Vertragsärztin oder dem Vertragsarzt oder einer anderen Vertragsärztin oder einem anderen Vertragsarzt derselben Berufsausübungsgemeinschaft aufgrund früherer Behandlung nicht unmittelbar persönlich bekannt sind, über einen Zeitraum von bis zu drei Kalendertagen nicht hinausgehen. [5]Sind Versicherte der Vertragsärztin oder dem Vertragsarzt oder einer anderen Vertragsärztin oder einem anderen Vertragsarzt derselben Berufsausübungsgemeinschaft aufgrund früherer Behandlung hingegen unmittelbar persönlich bekannt, kann eine erstmalige Feststellung der Arbeitsunfähigkeit im Rahmen einer Videosprechstunde für einen Zeitraum von bis zu sieben Kalendertagen erfolgen. [6]Die Feststellung des Fortbestehens der Arbeitsunfähigkeit im Rahmen der Videosprechstunde soll nur erfolgen, wenn bei der oder dem Versicherten bereits zuvor aufgrund unmittelbar persönlicher Untersuchung durch die Vertragsärztin oder den Vertragsarzt Arbeitsunfähigkeit wegen derselben

Krankheit festgestellt worden ist. 7Sofern der Vertragsärztin oder dem Vertragsarzt eine hinreichend sichere Beurteilung der Arbeitsunfähigkeit im Rahmen der Videosprechstunde nicht möglich ist, ist von einer Feststellung der Arbeitsunfähigkeit im Rahmen der Videosprechstunde abzusehen und auf die Erforderlichkeit einer unmittelbar persönlichen Untersuchung durch eine Vertragsärztin oder einen Vertragsarzt zu verweisen. 8Die oder der Versicherte ist im Vorfeld der Videosprechstunde über die eingeschränkten Möglichkeiten der Befunderhebung zum Zweck der Feststellung der Arbeitsunfähigkeit im Rahmen der Videosprechstunde aufzuklären. 9Ein Anspruch auf die Feststellung der Arbeitsunfähigkeit im Rahmen der Videosprechstunde besteht nicht. 10Die Vertragsärztin oder der Vertragsarzt hat dabei die Authentifizierung der oder des Versicherten sicherzustellen.

(5a) 1Sofern die Feststellung der Arbeitsunfähigkeit im Rahmen einer Videosprechstunde nicht möglich ist, kann diese bei Versicherten mit Erkrankungen, die keine schwere Symptomatik vorweisen, entsprechend der Vorgaben nach Absatz 5 auch nach telefonischer Anamnese mit der Maßgabe erfolgen, dass die erstmalige Feststellung der Arbeitsunfähigkeit über einen Zeitraum von bis zu fünf Kalendertagen nicht hinausgehen soll. 2Dies gilt nicht für Versicherte nach Absatz 5 Satz 4.

(6) Unterliegen Beschäftigte einer öffentlich-rechtlichen Pflicht zur Absonderung oder besteht eine öffentlichrechtliche Empfehlung zur Absonderung, gilt Absatz 5 mit der Maßgabe, dass sowohl die erstmalige Feststellung als auch die Feststellung des Fortbestehens der Arbeitsunfähigkeit auf Grundlage einer eingehenden telefonischen Befragung jeweils für Zeiträume von bis zu sieben Kalendertagen erfolgen kann, längstens jedoch bis zum Ablauf des Zeitraums der öffentlich-rechtlichen Pflicht oder Empfehlung zur Absonderung.

§ 4a Feststellung der Arbeitsunfähigkeit im Rahmen des Entlassmanagements

1Soweit es für die Versorgung der oder des Versicherten unmittelbar nach der Entlassung aus dem Krankenhaus erforderlich ist, kann das Krankenhaus (die Krankenhausärztin oder der Krankenhausarzt) im Rahmen des Entlassmanagements wie eine Vertragsärztin oder ein Vertragsarzt Arbeitsunfähigkeit für einen Zeitraum von bis zu sieben Kalendertagen nach der Entlassung entsprechend dieser Richtlinie feststellen. 2Die Krankenhausärztin oder der Krankenhausarzt hat in geeigneter Weise im Rahmen des Entlassmanagements rechtzeitig die weiterbehandelnde Vertragsärztin oder den weiterbehandelnden Vertragsarzt über die Feststellung der Arbeitsunfähigkeit zu infor-

II

mieren. [3]§ 11 Absatz 4 SGB V bleibt unberührt. [4]Die Regelungen der Sätze 1 bis 3 gelten entsprechend für die stationsäquivalente psychiatrische Behandlung sowie für Ärztinnen und Ärzte in Einrichtungen der medizinischen Rehabilitation bei Leistungen nach den §§ 40 Absatz 2 und 41 SGB V.

§ 5 Bescheinigung der Arbeitsunfähigkeit

(1) [1]Die Attestierung der Arbeitsunfähigkeit erfolgt auf dem dafür vorgesehenen Vordruck (Arbeitsunfähigkeitsbescheinigung). [2]Die Übermittlung der Ausfertigung für die Krankenkassen erfolgt ab dem 1. Januar 2021 durch ein elektronisches Verfahren. [3]Die Attestierung einer Arbeitsunfähigkeit (Erst- und Folgebescheinigung) darf nur von Vertragsärztinnen und Vertragsärzten oder deren persönlicher Vertretung vorgenommen werden sowie in den Fällen des § 4a auch von Krankenhausärztinnen und Krankenhausärzten oder Ärztinnen und Ärzten in Einrichtungen der medizinischen Rehabilitation. [4]Auf der Arbeitsunfähigkeitsbescheinigung sind alle die Diagnosen anzugeben, die aktuell vorliegen und die attestierte Dauer der Arbeitsunfähigkeit begründen (§ 295 SGB V). [5]Symptome (z. B. Fieber, Übelkeit) sind nach spätestens sieben Tagen durch eine Diagnose oder Verdachtsdiagnose auszutauschen. [6]Die Arbeitsunfähigkeitsbescheinigung muss erkennen lassen, ob es sich um eine Erst- oder Folgebescheinigung handelt. [7]Eine Erstbescheinigung ist auszustellen, wenn die Arbeitsunfähigkeit erstmalig festgestellt wird.

(2) [1]Dauert die Arbeitsunfähigkeit länger als in der Erstbescheinigung angegeben, ist nach Prüfung der aktuellen Verhältnisse eine Folgebescheinigung auszustellen. [2]Folgen zwei getrennte Arbeitsunfähigkeitszeiten mit unterschiedlichen Diagnosen unmittelbar aufeinander, dann ist für die zweite Arbeitsunfähigkeit eine Erstbescheinigung auszustellen. [3]Hat nach dem Ende einer Arbeitsunfähigkeit Arbeitsfähigkeit bestanden, wenn auch nur kurzfristig, ist eine Erstbescheinigung auszustellen. [4]Dies gilt auch dann, wenn eine neue Arbeitsunfähigkeit am Tag nach dem Ende der vorherigen Arbeitsunfähigkeit beginnt.

(3) [1]Die Arbeitsunfähigkeit soll für eine vor der ersten ärztlichen Inanspruchnahme liegende Zeit grundsätzlich nicht bescheinigt werden. [2]Eine Rückdatierung des Beginns der Arbeitsunfähigkeit auf einen vor dem Behandlungsbeginn liegenden Tag ist ebenso wie eine rückwirkende Bescheinigung über das Fortbestehen der Arbeitsunfähigkeit nur ausnahmsweise und nur nach gewissenhafter Prüfung und in der Regel nur bis zu drei Tagen zulässig. [3]Erscheinen Versicherte entgegen ärztlicher Aufforderung ohne triftigen Grund nicht zum vereinbarten Folgetermin oder nehmen einen Termin für eine erneute Videosprech-

stunde nicht wie vereinbart wahr, kann eine rückwirkende Bescheinigung der Arbeitsunfähigkeit versagt werden. [4]In diesem Fall ist von einer erneuten Arbeitsunfähigkeit auszugehen, die durch eine Erstbescheinigung zu attestieren ist. [5]Die Voraussetzung für das Fortbestehen einer lückenlosen Arbeitsunfähigkeit für die Beurteilung eines Anspruchs auf Krankengeld ist, dass die ärztliche Feststellung der weiteren Arbeitsunfähigkeit wegen derselben Krankheit spätestens am nächsten Werktag nach dem zuletzt bescheinigten Ende der Arbeitsunfähigkeit erfolgt; Samstage gelten insoweit nicht als Werktage.

(4) [1]Die voraussichtliche Dauer der Arbeitsunfähigkeit soll nicht für einen mehr als zwei Wochen im Voraus liegenden Zeitraum bescheinigt werden. [2]Ist es auf Grund der Erkrankung oder eines besonderen Krankheitsverlaufs sachgerecht, kann die Arbeitsunfähigkeit bis zur voraussichtlichen Dauer von einem Monat bescheinigt werden. [3]Kann zum Zeitpunkt der Bescheinigung der Arbeitsunfähigkeit bereits eingeschätzt werden, dass die Arbeitsunfähigkeit mit Ablauf des bescheinigten Zeitraums enden wird oder tatsächlich geendet hat, ist die Arbeitsunfähigkeitsbescheinigung als Endbescheinigung zu kennzeichnen.

(5) Besteht an arbeitsfreien Tagen Arbeitsunfähigkeit, z. B. an Samstagen, Sonntagen, Feiertagen, Urlaubstagen oder an arbeitsfreien Tagen auf Grund einer flexiblen Arbeitszeitregelung (sogenannte „Brückentage"), ist sie auch für diese Tage zu bescheinigen.

(6) Bei einer nicht durch Krankheit erforderlichen Sterilisation ist eine Arbeitsunfähigkeitsbescheinigung ausschließlich für Zwecke der Entgeltfortzahlung erforderlich.

(7) [1]Liegen ärztlicherseits Hinweise auf (z. B. arbeitsplatzbezogene) Schwierigkeiten für die weitere Beschäftigung der oder des Versicherten vor, sind diese der Krankenkasse in der Arbeitsunfähigkeitsbescheinigung mitzuteilen (Verweis auf § 6 Absatz 4 der Richtlinie). [2]Bei Feststellung oder Verdacht des Vorliegens eines Versicherungsfalles nach § 7 SGB VII (Arbeitsunfall, Berufskrankheit oder Gesundheitsschaden z. B. im Zusammenhang mit der Spende von Organen oder Geweben im Sinne von § 12a SGB VII), eines Versorgungsleidens, eines sonstigen Unfalls oder bei Vorliegen von Hinweisen auf Gewaltanwendung oder dritt verursachte Gesundheitsschäden ist gemäß § 294a SGB V auf der Arbeitsunfähigkeitsbescheinigung ein entsprechender Vermerk anzubringen.

§ 6 Zusammenwirken mit anderen Einrichtungen

(1) [1]Die Vertragsärztin oder der Vertragsarzt übermittelt dem Medizinischen Dienst auf Anfrage in der Regel innerhalb von drei Werktagen

die Auskünfte und krankheitsspezifischen Unterlagen, die dieser im Zusammenhang mit der Arbeitsunfähigkeit zur Durchführung seiner gesetzlichen Aufgaben benötigt. [2]Sofern vertraglich für diese Auskunftserteilung Vordrucke vereinbart worden sind, sind diese zu verwenden.

(2) [1]Das Gutachten des Medizinischen Dienstes ist grundsätzlich verbindlich. [2]Bestehen zwischen der Vertragsärztin oder dem Vertragsarzt und dem Medizinischen Dienst Meinungsverschiedenheiten, kann die Vertragsärztin oder der Vertragsarzt unter schriftlicher Darlegung von Gründen bei der Krankenkasse eine erneute Entscheidung auf der Basis eines Zweitgutachtens beantragen. [3]Sofern von dieser Möglichkeit Gebrauch gemacht wird, ist dieser Antrag unverzüglich nach Kenntnisnahme der abweichenden Beurteilung des Medizinischen Dienstes zu stellen.

(3) Bei Feststellung oder Verdacht des Vorliegens eines Arbeitsunfalls ist der Versicherte unverzüglich einer Ärztin oder einem Arzt mit Zulassung zur berufsgenossenschaftlichen Heilbehandlung vorzustellen.

(4) Können Versicherte nach ärztlicher Beurteilung die ausgeübte Tätigkeit nicht mehr ohne nachteilige Folgen für ihre Gesundheit oder den Gesundungsprozess verrichten, kann die Krankenkasse mit Zustimmung der oder des Versicherten beim Arbeitgeber die Prüfung anregen, ob eine für den Gesundheitszustand der oder des Versicherten unbedenkliche Tätigkeit bei demselben Arbeitgeber möglich ist.

§ 7 Stufenweise Wiedereingliederung

(1) [1]Bei der Feststellung, ob eine stufenweise Wiedereingliederung gemäß § 74 SGB V und § 44 SGB IX empfohlen werden kann, sind körperlicher, geistiger und seelischer Gesundheitszustand der oder des Versicherten gleichermaßen zu berücksichtigen. [2]Deshalb darf diese Feststellung nur aufgrund ärztlicher Untersuchung erfolgen. [3]Die Empfehlungen zur Umsetzung der stufenweisen Wiedereingliederung in der Anlage dieser Richtlinie sind zu beachten.

(2) Die Feststellung nach Absatz 1 hat spätestens ab einer Dauer der Arbeitsunfähigkeit von sechs Wochen im Zusammenhang mit jeder Bescheinigung der Arbeitsunfähigkeit gemäß § 5 zu erfolgen.

(3) [1]Von einer Feststellung nach Absatz 1 ist abzusehen, sofern durch die Teilnahme an einer Maßnahme der stufenweisen Wiedereingliederung für den Genesungsprozess der oder des Versicherten nachteilige gesundheitliche Folgen erwachsen können. [2]Gleiches gilt, sofern Versicherte eine stufenweise Wiederaufnahme ihrer Tätigkeit ablehnen.

(4) Eine Feststellung nach Absatz 1 erfolgt nicht im Rahmen des Entlassmanagements nach § 4a.

Anlage

Empfehlungen zur Umsetzung der stufenweisen Wiedereingliederung

II

1. Bei Arbeitsunfähigkeit kann eine Rückkehr an den Arbeitsplatz auch bei weiterhin notwendiger Behandlung sowohl betrieblich möglich als auch aus therapeutischen Gründen angezeigt sein. Über den Weg der stufenweisen Wiedereingliederung werden Arbeitnehmerinnen und Arbeitnehmer individuell, d. h. je nach Krankheit und bisheriger Arbeitsunfähigkeitsdauer schonend, aber kontinuierlich bei fortbestehender Arbeitsunfähigkeit an die Belastungen ihres Arbeitsplatzes herangeführt. Die Arbeitnehmerinnen und Arbeitnehmer erhalten damit die Möglichkeit, ihre Belastbarkeit entsprechend dem Stand der wiedererreichten körperlichen, geistigen und seelischen Leistungsfähigkeit zu steigern. Dabei sollte die Wiedereingliederungsphase in der Regel einen Zeitraum von sechs Monaten nicht überschreiten.
2. Die stufenweise Wiedereingliederung erfordert eine vertrauensvolle Zusammenarbeit zwischen der oder dem Versicherten, der behandelnden Vertragsärztin oder dem behandelnden Vertragsarzt, der Arbeitgeberin oder dem Arbeitgeber, der Arbeitnehmervertretung, der Betriebsärztin oder dem Betriebsarzt, der Krankenkasse sowie ggf. dem Medizinischen Dienst und dem Rehabilitationsträger auf der Basis der von der behandelnden Vertragsärztin oder vom behandelnden Vertragsarzt unter Beachtung der Schweigepflicht gegebenen Empfehlungen zur vorübergehenden Einschränkung der quantitativen oder qualitativen Belastung der oder des Versicherten durch die in der Wiedereingliederungsphase ausgeübte berufliche Tätigkeit. Eine standardisierte Betrachtungsweise ist nicht möglich, sodass der zwischen allen Beteiligten einvernehmlich zu findenden Lösung unter angemessener Berücksichtigung der Umstände im Einzelfall maßgebliche Bedeutung zukommt. Die Vertragsärztin oder der Vertragsarzt kann – mit Zustimmung der oder des Versicherten – von der Betriebsärztin oder vom Betriebsarzt, vom Betrieb oder über die Krankenkasse eine Beschreibung über die Anforderungen der Tätigkeit der oder des Versicherten anfordern.
3. Die infolge der krankheitsbedingten Einschränkung der Leistungsfähigkeit zu vermeidenden arbeitsbedingten Belastungen sind von der behandelnden Vertragsärztin oder vom behandelnden Vertragsarzt zu definieren. Die Vertragsärztin oder der Vertragsarzt kann der Krankenkasse einen Vorschlag unterbreiten, der die quantitativen und qualitativen Anforderungen einer Tätigkeit

beschreibt, die aufgrund der krankheitsbedingten Leistungseinschränkung noch möglich sind. Ist die Begrenzung der Belastung der oder des Versicherten durch vorübergehende Verkürzung der täglichen Arbeitszeit medizinisch angezeigt, kann auch dies eine geeignete Maßnahme zur stufenweisen Wiedereingliederung sein.

4. Eine stufenweise Wiedereingliederung an Arbeitsplätzen, für welche die Verordnung zur arbeitsmedizinischen Vorsorge (ArbMedVV) in der Fassung vom 23. Oktober 2013 Anwendung findet, kann grundsätzlich nur mit Zustimmung der Betriebsärztin oder des Betriebsarztes erfolgen. Ausgenommen davon bleiben die Fälle, bei denen feststeht, dass die am Arbeitsplatz vorliegende spezifische Belastung keine nachteiligen Auswirkungen auf den Gesundungsprozess des Betroffenen selbst oder Unfall- oder Gesundheitsgefahren für ihn selbst oder Dritte mit sich bringen kann.
5. Während der Phase der stufenweisen Wiedereingliederung sind Versicherte in regelmäßigen Abständen von der behandelnden Vertragsärztin oder vom behandelnden Vertragsarzt auf die gesundheitlichen Auswirkungen zu untersuchen. Ergeben die regelmäßigen Untersuchungen eine Steigerung der Belastbarkeit, ist eine Anpassung der stufenweisen Wiedereingliederung vorzunehmen. Stellt sich während der Phase der Wiedereingliederung heraus, dass für die Versicherten nachteilige gesundheitliche Folgen erwachsen können, ist eine Anpassung an die Belastungseinschränkungen vorzunehmen oder die Wiedereingliederung abzubrechen. Ergibt sich während der stufenweisen Wiedereingliederung, dass die bisherige Tätigkeit auf Dauer krankheitsbedingt nicht mehr in dem Umfang wie vor der Arbeitsunfähigkeit aufgenommen werden kann, so ist hierüber die Krankenkasse unverzüglich schriftlich zu informieren.
6. Erklärt die Arbeitgeberin oder der Arbeitgeber, dass es nicht möglich ist, die Versicherte oder den Versicherten zu beschäftigen, ist die stufenweise Wiedereingliederung nicht durchführbar.
7. Alle Änderungen des vereinbarten Ablaufs der Wiedereingliederung sind den Beteiligten unverzüglich mitzuteilen.
8. Voraussetzung für die stufenweise Wiedereingliederung ist die Einverständniserklärung der oder des Versicherten auf dem vereinbarten Vordruck. Auf diesem hat die Vertragsärztin oder der Vertragsarzt die tägliche Arbeitszeit und diejenigen Tätigkeiten anzugeben, die die oder der Versicherte während der Phase der Wiedereingliederung ausüben kann bzw. denen sie oder er nicht ausgesetzt werden darf. Die Arbeitgeberin oder der Arbeitgeber soll eine ablehnende Stellungnahme nach Nummer 6 der Anlage dieser Richtlinie ebenfalls auf dem Vordruck bescheinigen.

§ 23 Besondere Zahlungen

(1) [1]Einen Anspruch auf vermögenswirksame Leistungen nach Maßgabe des Vermögensbildungsgesetzes in seiner jeweiligen Fassung haben Beschäftigte, deren Arbeitsverhältnis voraussichtlich mindestens sechs Monate dauert. [2]Für Vollbeschäftigte beträgt die vermögenswirksame Leistung für jeden vollen Kalendermonat 6,65 Euro. [3]Der Anspruch entsteht frühestens für den Kalendermonat, in dem die/der Beschäftigte dem Arbeitgeber die erforderlichen Angaben schriftlich mitteilt, und für die beiden vorangegangenen Monate desselben Kalenderjahres; die Fälligkeit tritt nicht vor acht Wochen nach Zugang der Mitteilung beim Arbeitgeber ein. [4]Die vermögenswirksame Leistung wird nur für Kalendermonate gewährt, für die den Beschäftigten Tabellenentgelt, Entgeltfortzahlung oder Krankengeldzuschuss zusteht. [5]Für Zeiten, für die Krankengeldzuschuss zusteht, ist die vermögenswirksame Leistung Teil des Krankengeldzuschusses. [6]Die vermögenswirksame Leistung ist kein zusatzversorgungspflichtiges Entgelt.

(2) [1]Beschäftigte erhalten ein Jubiläumsgeld bei Vollendung einer Beschäftigungszeit (§ 34 Absatz 3)

a) von 25 Jahren in Höhe von	**350 Euro,**
b) von 40 Jahren in Höhe von	**500 Euro.**

[2]Teilzeitbeschäftigte erhalten das Jubiläumsgeld in voller Höhe.

(3) [1]Beim Tod von Beschäftigten, deren Arbeitsverhältnis nicht geruht hat, wird der Ehegattin/dem Ehegatten oder den Kindern ein Sterbegeld gewährt; der Ehegattin/dem Ehegatten steht die Lebenspartnerin/der Lebenspartner im Sinne des Lebenspartnerschaftsgesetzes gleich. [2]Als Sterbegeld wird für die restlichen Tage des Sterbemonats und – in einer Summe – für zwei weitere Monate das Tabellenentgelt der/des Verstorbenen gezahlt. [3]Die Zahlung des Sterbegeldes an einen der Berechtigten bringt den Anspruch der Übrigen gegenüber dem Arbeitgeber zum Erlöschen; die Zahlung auf das Gehaltskonto hat befreiende Wirkung.

(4) Für die Erstattung von Reise- und Umzugskosten sowie Trennungsgeld finden die Bestimmungen, die für die Beamtinnen und Beamten des Arbeitgebers jeweils gelten, entsprechende Anwendung.

Erläuterungen

§ 23 TV-L trifft Regelungen über „Besondere Zahlungen". Dies sind vermögenswirksame Leistungen (Absatz 1), Jubiläumsgeld (Absatz 2) und Sterbegeld (Absatz 3). Diese Tatbestände waren bislang in § 39 (Jubiläumsgeld), § 41 (Sterbegeld) BAT bzw. den vergleichbaren Vorschriften der Manteltarifverträge für Arbeiter geregelt. Die Anspruchsgrundlagen und Verfahrensgrundsätze zur Zahlung vermögenswirksamer Leistungen waren bislang in eigenständigen, in ihrem Kern an das Fünfte Vermögensbildungsgesetz angelehnten Tarifverträgen (z. B. Tarifvertrag über vermögenswirksame Leistungen an Angestellte vom

17. Dezember 1970) geregelt worden und sind nun in den TV-L einbezogen worden.

Daneben enthält Absatz 4 der Vorschrift Bestimmungen über das Entgelt bei Dienstreisen, das bislang in den §§ 42 bis 44 BAT geregelt war.

Vermögenswirksame Leistungen (Abs. 1)

Wie in der Einleitung bereits dargestellt, sind die Vorschriften über vermögenswirksame Leistungen nun in den TV-L einbezogen worden. Da die Regelung recht kurz gehalten ist, richten sich Einzelheiten weitgehend nach dem Fünften Vermögensbildungsgesetz. An den bisherigen Grundsätzen ändert sich aber im Wesentlichen nichts. Wie bisher beträgt die Leistung des Arbeitgebers 6,65 Euro monatlich für Vollbeschäftigte. Dieser Betrag reduziert sich bei Teilzeitkräften entsprechend dem Verhältnis ihrer Arbeitszeit zur Arbeitszeit eines Vollbeschäftigten (→ § 23 Abs. 1 Satz 2 i. V. m. § 24 Abs. 2). Die vermögenswirksame Leistung ist weiterhin kein zusatzversorgungspflichtiges Entgelt (§ 23 Abs. 1 Satz 6).

Beschäftigte im Tarifgebiet Ost erhielten – abweichend von den bei der Vergütung ansonsten geltenden Grundsätzen – auch bereits vor der Angleichung der Ost- an die West-Beträge die vollen Beträge (Satz 4 der zum 1. Januar 2013 aufgehobenen Protokollerklärung zu § 15 Abs. 1).

Jubiläumsgeld (Abs. 2)

Absatz 2 bestimmt, dass der Beschäftigte nach langjähriger (nämlich 25-jähriger und 40-jähriger Beschäftigungszeit) ein Jubiläumsgeld von 350 bzw. 500 Euro erhält. Dem Anspruch steht nach Auffassung des BAG (Urteil vom 9. 4. 2014 – 10 AZR 653/13) nicht entgegen, dass das Arbeitsverhältnis im Zeitpunkt der Vollendung der jeweiligen Beschäftigungszeit endet. Es ist nicht erforderlich, dass der Beschäftigte am eigentlichen Jubiläumstag noch im Arbeitsverhältnis steht. Im Urteilsfall hatte das Beschäftigungsverhältnis am 1. 3. 1972 begonnen, die notwendige 40-jährige Bewährungszeit wurde somit mit Ablauf des 29. 2. 2012 erreicht. Zeitgleich schied der Beschäftigte aus dem Arbeitsverhältnis aus, am eigentlichen Jubiläumstag – dem 1. 3. 2012 – war er bereits Rentner. Gleichwohl hat das BAG ihm das Jubiläumsgeld für 40-jährige Beschäftigung zuerkannt. Ein Jubiläumsgeld nach 50-jähriger Beschäftigungszeit ist tarifvertraglich nicht mehr vorgesehen. Nach Kenntnis des Verfassers wird von einigen Arbeitgebern (z. B. dem Land Nordrhein-Westfalen) in diesen seltenen Fällen gleichwohl übertariflich ein Jubiläumsgeld in gleicher Höhe wie bei einem 40-jährigen Jubiläum gezahlt.

Der Begriff der Beschäftigungszeit ist in § 34 Abs. 3 definiert. Hinsichtlich der im „alten Recht" absolvierten Zeiten ist aber § 14 Abs. 2 TVÜ-Länder[1]) dass für die Festsetzung des Jubiläumsgeldes nach den Vorschriften des TV-L nach altem Recht anerkannte Dienst- (BAT), Beschäftigungs- (BAT-O und MTArb-O) bzw. Jubiläumszeiten (MTArb) berücksichtigt werden.

Die vereinbarten Beträge gelten ungekürzt auch für Nichtvollbeschäftigte (Satz 2). Die Tarifpartner haben in diesem Punkt der zu § 39 BAT ergangenen Rechtsprechung Rechnung getragen (siehe Urteil des BAG vom 22. Mai 1996 – 10 AZR 618/95, AP Nr. 1 zu § 39 BAT).

Das Jubiläumsgeld ist steuer- und sozialversicherungspflichtiger Arbeitslohn. Es ist jedoch gemäß Nr. 9 der Anlage 3 zum ATV kein zusatzversorgungspflichtiges Entgelt.

Beschäftigte im Tarifgebiet Ost erhielten – abweichend von den bei der Vergütung ansonsten geltenden Grundsätzen – auch bereits vor der Angleichung der Ost- an die West-Beträge die vollen Beträge (Satz 4 der zum 1. Januar 2013 aufgehobenen Protokollerklärung zu § 15 Abs. 1).

Sterbegeld (Abs. 3)

Die Vorschrift entspricht in ihrem Kern § 41 BAT und sieht vor, dass der hinterbliebene Ehegatte, der Lebenspartner nach dem Lebenspartnerschaftsgesetz bzw. die Kinder des verstorbenen, in einem nicht ruhenden Arbeitsverhältnis tätigen Beschäftigten ein Sterbegeld erhalten. Ob ein Arbeitsverhältnis im Sinne der Vorschrift „ruht" hängt nicht davon ab, ob Entgelt gezahlt wird, sondern davon, ob es aufgrund von tarifvertraglichen oder gesetzlichen Regelungen förmlich zum Ruhen gebracht wurde. Während einer Erkrankung (auch nach Ablauf der Bezugsfristen für die Entgeltfortzahlung bzw. den Krankengeldzuschuss) oder der Beschäftigungsverbote nach dem Mutterschutzgesetz ruht das Arbeitsverhältnis ebenso wenig wie in Zeiten des Erholungsurlaubs, des „Abfeierns" von Überstunden, Gleitzeitguthaben o.ä. Hingegen bringen Sonderurlaub (z. B. zur Kinderbetreuung), Elternzeit nach dem BEEG oder eine befristete Rente i. S. d. § 33 Abs. 2 Satz 5 und 6 TV-L das Arbeitsverhältnis zum Ruhen.

---

[1]) abgedruckt unter **270**

Das Sterbegeld besteht aus dem restlichen Entgelt für den Sterbemonat und zwei weiteren Monatsentgelten des Verstorbenen. Bemessungsgrundlage für das Sterbegeld ist das Tabellenentgelt des § 15 TV-L, das nach der dazu abgegebenen Niederschriftserklärung auch das Entgelt aus der individuellen Zwischen- bzw. Endstufe umfasst. In Fällen, in denen – ohne dass das Arbeitsverhältnis ruht – im Sterbemonat keine Entgeltzahlung erfolgte (z. B. wegen Ablauf der Bezugsfristen für die Entgeltfortzahlung bzw. den Krankengeldzuschuss) ist das Tabellenentgelt maßgebend, das bei Arbeitsleistung im Sterbemonat zugestanden hätte. Nicht in die Bemessungsgrundlage (BMG) des Sterbegeldes gehören die sonstigen Entgeltbestandteile – insbesondere nicht die sogenannten unständigen Entgeltbestandteile für Überstunden, Bereitschaftsdienst, Wechselschichtzulagen etc.

Auch nach dem In-Kraft-Treten des TV-L gibt es einige Zulagen, die ihre Rechtsgrundlage nicht im TV-L, sondern in anderen noch geltenden Tarifverträgen haben. Diese Tarifverträge beinhalten zum Teil die ausdrückliche Einbeziehung der Zulagen in das Sterbegeld. Besonders zu nennen sind die Zulage nach dem RatschTV (die nach § 6 Abs. 6 Unterabs. 2 in die Bemessungsgrundlage des Sterbegeldes gehört), die Ministerialzulage (sie gehört gem. § 3 TV Zulagen ... obersten Landesbehörden in die Bemessungsgrundlage) und die Sicherheitszulage (sie gehört nach § 4 des TV Zulagen ... Sicherheitsdiensten der Länder in die Bemessungsgrundlage). Dass die alten Tariftexte noch § 41 BAT (statt § 23 Abs. 3 TV-L) zitieren, ist unschädlich – siehe § 2 Abs. 6 TVÜ-Länder.

Daneben gibt es noch weitere Zulagen aus der Entgeltordnung zum TV-L, die nach ihrem Wortlaut ebenfalls in die Bemessungsgrundlage für das Sterbegeld gehören. Siehe dazu z. B.

- Vorbemerkung Nr. 9 zu allen Teilen der Entgeltordnung
- Zulage nach Protokollerklärung Nr. 3 zu Teil II Abschnitt 5.2 (Fernmeldebetriebsdienst)
- Zulage nach der jeweiligen Vorbemerkung Nr. 1 zu Teil II Abschnitt 20.1, 20.4, 20.5 und 20.6 (Sozial- und Erziehungsdienst)
- Vorbemerkung Nr. 1 zu Teil II Abschnitt 8.3 (Fremdsprachenassistenten).

Die Zahlung des Sterbegeldes an einen der Berechtigten bringt – ebenso wie die Zahlung auf das Gehaltskonto des Verstorbenen – den Anspruch gegenüber den Arbeitgeber zum Erlöschen (Satz 3).

Wie bisher wird der allgemeine Rechtsgrundsatz, dass derjenige, der den Tod des Beschäftigten vorsätzlich herbeigeführt hat, keinen Anspruch auf Sterbegeld hat, zu beachten sein.

Anwendung beamtenrechtlicher Bestimmungen (Abs. 4)

In Absatz 4 ist bestimmt, dass für die Erstattung von Reise- und Umzugskosten sowie Trennungsgeld die für Beamte jeweils geltenden Vorschriften entsprechende – also sinngleiche – Anwendung finden sollen. Die Tarifpartner haben insoweit auf eine eigene Regelung verzichtet und nehmen die – bewährten – Regelungen für Beamte in Bezug. Auf die abweichende Sonderregelung in § 46 Nr. 7 TV-L wird hingewiesen.

Die wichtigsten Bestimmungen im Sinne dieser Vorschrift für Beamte sind:

Reisekostengesetze/-verordnungen

- Baden-Württemberg: Landesreisekostengesetz vom 4. 2. 2021 (GBl. S. 111)
- Bayern: Bayerisches Reisekostengesetz i. d. F. der Bekanntmachung vom 24. 4. 2001 (GVBl. S. 133)
- Berlin: Nach § 77 des Landesbeamtengesetzes für Berlin gilt das Bundesreisekostengesetz i. d. F. der Bekanntmachung vom 26. 5. 2005 (BGBl. I S. 1418) mit Maßgaben
- Brandenburg: Nach § 63 des Beamtengesetzes für das Land Brandenburg gilt das Bundesreisekostengesetz i. d. F. der Bekanntmachung vom 26. 5. 2005 (BGBl. I S. 1418)
- Bremen: Bremisches Reisekostengesetz i. d. F. der Bekanntmachung vom 24. 2. 2009 (Brem. GBl. S. 48)
- Hamburg: Hamburgisches Reisekostengesetz i. d. F. der Bekanntmachung vom 21. 5. 1974 (HmbGVBl. S. 159)
- Hessen: Hessisches Reisekostengesetz i. d. F. der Bekanntmachung vom 9. 10. 2009 (GVBl. I S. 397)
- Mecklenburg-Vorpommern: Reisekostengesetz vom 3. 6. 1998 (GVOBl. M-V S. 554)
- Niedersachsen: Niedersächsische Reisekostenverordnung vom 10. 1. 2017 (Nds. GVBl. S. 2)
- Nordrhein-Westfalen: Landesreisekostengesetz vom 1. 12. 2021 (GV. NRW. S. 1367)
- Rheinland-Pfalz: Landesreisekostengesetz i. d. F. der Bekanntmachung vom 24. 3. 1999 (GVBl. S. 89)
- Saarland: Saarländisches Reisekostengesetz i. d. F. der Bekanntmachung vom 13. 8. 1976 (Amtsbl. S. 857)
- Sachsen: Sächsisches Reisekostengesetz i. d. F. der Bekanntmachung vom 12. 12. 2008 (GVBl. S. 876)
- Sachsen-Anhalt: Gemäß § 4 des Gesetzes zur Neuregelung des Besoldungsrechts des Landes Sachsen-Anhalt vom 8. 2. 2011 (GVBl.

LSA S. 68) gilt das Bundesreisekostengesetz i. d. F. der Bekanntmachung vom 26. 5. 2005 (BGBl. I S. 1418) mit Maßgaben
- Schleswig-Holstein: Nach § 84 des Beamtengesetzes für das Land Schleswig-Holstein gilt das Bundesreisekostengesetz i. d. F. der Bekanntmachung vom 26. 5. 2005 (BGBl. I S. 1418) mit Maßgaben
- Thüringen: Thüringer Reisekostengesetz vom 23. 12. 2005 (GVBl. S. 446)

Umzugskostengesetze

- Baden-Württemberg: Landesumzugskostengesetz i. d. F. der Bekanntmachung vom 12. 2. 1996 (GBl. S. 127)
- Bayern: Bayerisches Umzugskostengesetz vom 24. 6. 2005 (GVBl. S. 192)
- Berlin: Nach § 77 des Landesbeamtengesetzes für Berlin gilt das Bundesumzugskostengesetz
- Brandenburg: Nach § 63 des Beamtengesetzes für das Land Brandenburg gilt das Bundesumzugskostengesetz
- Bremen: Bremisches Umzugskostengesetz i. d. F. der Bekanntmachung vom 28. 3. 2003 (Brem. GBl. S. 191)
- Hamburg: Nach § 84 Abs. 2 des Hamburgischen Landesbeamtengesetzes gilt das Bundesumzugskostengesetz in der am 31. 12. 2010 geltenden Fassung
- Hessen: Hessisches Umzugskostengesetz vom 26. 10. 1993 (GVBl. I S. 464)
- Mecklenburg-Vorpommern: Landesumzugskostengesetz vom 3. 6. 1998 (GVOBl. M-V S. 559)
- Niedersachsen: Nach § 98 des Niedersächsischen Beamtengesetzes gilt weitgehend das Bundesumzugskostengesetz
- Nordrhein-Westfalen: Landesumzugskostengesetz vom 6. 7. 1993 (GVBl. S. 464)
- Rheinland-Pfalz: Landesumzugskostengesetz vom 22. 12. 1992 (GVBl. S. 377)
- Saarland: Saarländisches Umzugskostengesetz i. d. F. der Bekanntmachung vom 13. 8. 1976 (Amtsbl. S. 863)
- Sachsen: Sächsisches Umzugskostengesetz vom 23. 11. 1993 (SächsGVBl. S. 1070)
- Sachsen-Anhalt: Gemäß § 4 des Gesetzes zur Neuregelung des Besoldungsrechts des Landes Sachsen-Anhalt vom 8. 2. 2011 (GVBl. LSA S. 68) gilt weitgehend das Bundesumzugskostengesetz
- Schleswig-Holstein: Nach § 87 des Beamtengesetzes für das Land Schleswig-Holstein gilt weitgehend das Bundesumzugskostengesetz
- Thüringen: Thüringer Umzugskostengesetz vom 2. 5. 2005 (GVBl. S. 446)

§ 24 Berechnung und Auszahlung des Entgelts

(1) [1]Bemessungszeitraum für das Tabellenentgelt und die sonstigen Entgeltbestandteile ist der Kalendermonat, soweit tarifvertraglich nicht ausdrücklich etwas Abweichendes geregelt ist. [2]Die Zahlung erfolgt am letzten Tag des Monats (Zahltag) für den laufenden Kalendermonat auf ein von der/dem Beschäftigten benanntes Konto innerhalb eines Mitgliedstaats der Europäischen Union. [3]Fällt der Zahltag auf einen Samstag oder auf einen Wochenfeiertag, gilt der vorhergehende Werktag, fällt er auf einen Sonntag, gilt der zweite vorhergehende Werktag als Zahltag. [4]Entgeltbestandteile, die nicht in Monatsbeträgen festgelegt sind, sowie der Tagesdurchschnitt nach § 21 sind am Zahltag des zweiten Kalendermonats, der auf ihre Entstehung folgt, fällig.

Protokollerklärungen zu § 24 Absatz 1:

1. Teilen Beschäftigte ihrem Arbeitgeber die für eine kostenfreie beziehungsweise kostengünstigere Überweisung in einen anderen Mitgliedstaat der Europäischen Union erforderlichen Angaben nicht rechtzeitig mit, so tragen sie die dadurch entstehenden zusätzlichen Überweisungskosten.
2. Soweit Arbeitgeber die Bezüge am 15. eines jeden Monats für den laufenden Monat zahlen, können sie jeweils im Dezember eines Kalenderjahres den Zahltag vom 15. auf den letzten Tag des Monats gemäß Absatz 1 Satz 1 verschieben.

(2) Soweit tarifvertraglich nicht ausdrücklich etwas anderes geregelt ist, erhalten Teilzeitbeschäftigte das Tabellenentgelt (§ 15) und alle sonstigen Entgeltbestandteile in dem Umfang, der dem Anteil ihrer individuell vereinbarten durchschnittlichen Arbeitszeit an der regelmäßigen Arbeitszeit vergleichbarer Vollzeitbeschäftigter entspricht.

(3) [1]Besteht der Anspruch auf das Tabellenentgelt oder die sonstigen Entgeltbestandteile nicht für alle Tage eines Kalendermonats, wird nur der Teil gezahlt, der auf den Anspruchszeitraum entfällt. [2]Besteht nur für einen Teil eines Kalendertags Anspruch auf Entgelt, wird für jede geleistete dienstplanmäßige oder betriebsübliche Arbeitsstunde der auf eine Stunde entfallende Anteil des Tabellenentgelts sowie der sonstigen in Monatsbeträgen festgelegten Entgeltbestandteile gezahlt. [3]Zur Ermittlung des auf eine Stunde entfallenden Anteils sind die in Monatsbeträgen festgelegten Entgeltbestandteile durch das 4,348-fache der regelmäßigen wöchentlichen Arbeitszeit (§ 6 Absatz 1 und entsprechende Sonderregelungen) zu teilen.

(4) [1]Ergibt sich bei der Berechnung von Beträgen ein Bruchteil eines Cents von mindestens 0,5, ist er aufzurunden; ein Bruchteil von weniger als 0,5 ist abzurunden. [2]Zwischenrechnungen werden jeweils auf zwei Dezimalstellen gerundet. [3]Jeder Entgeltbestandteil ist einzeln zu runden.

(5) Entfallen die Voraussetzungen für eine Zulage im Laufe eines Kalendermonats, gilt Absatz 3 entsprechend.

(6) Einzelvertraglich können neben dem Tabellenentgelt zustehende Entgeltbestandteile (zum Beispiel Zeitzuschläge, Erschwerniszuschläge, Überstundenentgelte) pauschaliert werden.

Erläuterungen

§ 24 TV-L trifft Regelungen zur Berechnung und Auszahlung des Entgelts. Dies war bislang in den §§ 34 und 36 BAT bzw. den vergleichbaren Bestimmungen für Arbeiter geregelt.

Auf die teilweise abweichenden Sonderregelungen in § 41 Nr. 6, § 42 Nr. 7 und § 43 Nr. 6 TV-L wird hingewiesen.

Bemessungszeitraum, Zahlungstermin (Abs. 1)

Bemessungszeitraum für das Tabellenentgelt und die sonstigen Entgeltbestandteile[1]) ist nach Satz 1 der Vorschrift grundsätzlich der Kalendermonat, soweit nicht tarifvertraglich etwas Abweichendes bestimmt ist. Abweichende Regelungen enthalten beispielsweise § 8 (Ausgleich für Sonderformen der Arbeit) oder § 19 Abs. 4 (Erschwerniszuschläge), wonach Zuschläge stundenbezogen berechnet werden.

Zahltag ist grundsätzlich der letzte Tag des Monats (Satz 2). Entgeltbestandteile, die nicht in Monatsbeträgen festgelegt sind (z. B. die o. g. Zuschläge) und bestimmte, nach einem Tagesdurchschnitt fortzuzahlende Entgeltbestandteile (→ § 21 Abs. 1 Satz 2) sind jedoch erst am letzten des zweiten auf ihre Entstehung folgenden Kalendermonats fällig (Satz 3).

§ 24 Abs. 1 Satz 3 entspricht der Regelung des § 36 Abs. 1 Satz 3 BAT und regelt in den Fällen, in denen der Zahltag auf einen Samstag, Sonntag oder Feiertag fällt, diese Vorverlegung des Zahltages auf den letzten davorliegenden Werktag.

Nach der Protokollerklärung Nr. 2 zu Absatz 1 bleibt für Arbeitgeber, die noch nicht von der im Rahmen der Lohnrunde 2003 vereinbarten Verschiebung des Zahlungstermins vom 15. auf den letzten des Monats Gebrauch gemacht haben, diese Möglichkeit weiterhin erhalten. Dies gilt allerdings nur im Monat Dezember.

Die Zahlung hat unbar auf ein vom Beschäftigten benanntes Konto innerhalb der Europäischen Union zu erfolgen (Satz 2). Nach der Protokollerklärung Nr. 1 zu Absatz 1 muss der Beschäftigte, der seinem Arbeitgeber nicht rechtzeitig die notwendigen Angaben für eine kostenfreie bzw. kostengünstige Überweisung in einen anderen EU-Staat mitteilt, die zusätzlichen Überweisungskosten tragen.

---

[1]) Tabellen über Stundenentgelte und Zeitzuschläge abgedruckt als Anhänge unter **210** § 8 TV-L

Vergütung Teilzeitbeschäftigter (Abs. 2)

Nach Absatz 2 erhalten Teilzeitbeschäftigte das Tabellenentgelt und die übrigen Entgeltbestandteile grundsätzlich nur anteilig – d. h. in dem Verhältnis ihrer individuell vereinbarten Arbeitszeit zur regelmäßigen Arbeitszeit eines vergleichbaren Vollbeschäftigten. Ausnahmen von diesem Grundsatz gelten nur, wenn tarifvertraglich etwas anderes vereinbart ist. Dies ist z. B. beim Jubiläumsgeld der Fall; denn in § 23 Abs. 2 Satz 2 haben die Tarifpartner ausdrücklich bestimmt, dass auch Teilzeitbeschäftigte ein volles Jubiläumsgeld erhalten.

Vergütung für Bruchteile eines Monats (Abs. 3)

Satz 1 der Vorschrift regelt die Fälle, in denen nicht für alle Tage des Kalendermonats Anspruch auf das Tabellenentgelt und die sonstigen Entgeltbestandteile bestand (z. B. weil das Arbeitsverhältnis im Laufe des Monats beginnt oder endet). In diesen Fällen ist das Entgelt nur für den Anspruchszeitraum zu zahlen. Zur Berechnung sind dabei die Tage mit Entgeltanspruch in Relation zur Gesamtzahl der (Kalender-)Tage des Monats zu setzen. Je nach Monat stehen somit für den einzelnen Tag $^1/_{28}$, $^1/_{29}$, $^1/_{30}$ oder $^1/_{31}$ zu.

In Satz 2 und 3 ist geregelt, wie zu verfahren ist, wenn nicht für den gesamten Tag, sondern nur für einen Teil des Tages Anspruch auf Entgelt bestand (z. B. wegen Teilnahme an einem Streik). In diesem Fall ist nur das Entgelt für den Anspruchszeitraum des Tages zu zahlen. Mangels Rundungsvorschrift sind die Zeitanteile dabei bis auf Minuten zu ermitteln. Zur Ermittlung des auf eine Stunde entfallenden Entgeltanteils sind die in Monatsbeträgen festgelegten Entgeltbestandteile – insbesondere der Tabellenlohn – durch das 4,348-fache der regelmäßigen wöchentlichen Arbeitszeit zu teilen. Der Faktor 4,348 drückt dabei die durchschnittliche Wochenzahl eines Monats aus (7 Tage × 4,348 = 30,436 Tage).

Beispiel:

Ein Beschäftigter eines Landes mit unterstellter Wochenarbeitszeit von 39 Stunden arbeitet nur sechs von acht Stunden. Das Monatsentgelt (Tabellenentgelt sowie sonstige Entgeltbestandteile) von angenommen 2000 Euro entspricht einem Stundenentgelt von 11,79 Euro (4,348 × 39 = 169,572; 2000 Euro ÷ 169,572 = 11,79).

Rundungsregeln (Abs. 4)

In Absatz 4 haben die Tarifpartner Vereinbarungen zur Rundung von Entgelt und Entgeltbestandteilen getroffen:

- Die Beträge sind gemeinüblich zu runden; also ab 0,5 Cent nach oben, sonst nach unten (Satz 1).
- Zwischenrechnungen sind auf zwei Dezimalstellen durchzuführen (Satz 2).
- Jeder Entgeltbestandteil ist einzeln zu runden (Satz 3).

Zulagen für Bruchteile eines Monats (Abs. 5)

Absatz 5 bestimmt, dass in dem Fall, in dem die Voraussetzungen für eine Zulage im Laufe eines Monats entfallen, das Berechnungsverfahren nach Absatz 3 Anwendung findet.

Pauschalierung (Abs. 6)

Absatz 6 lässt – wie zuvor z. B. § 35 Abs. 4 BAT – die einzelvertragliche Pauschalierung von Entgeltbestandteilen (z. B. Zeitzuschläge, Erschwerniszuschläge, Überstundenentgelte) zu. Die Aufzählung ist nicht abschließend, so dass davon ausgegangen werden kann, dass auch eine Pauschalierung weiterer Entgeltbestandteile möglich ist. Die Vereinbarung dient der Vereinfachung und erscheint dort sinnvoll, wo aus stets wiederkehrendem Anlass Zuschläge in etwa gleichem Umfang anfallen.

§ 25 Betriebliche Altersversorgung

[1]Die Beschäftigten haben Anspruch auf eine zusätzliche Alters- und Hinterbliebenenversorgung unter Eigenbeteiligung. [2]Einzelheiten bestimmt der Tarifvertrag über die betriebliche Altersversorgung der Beschäftigten des öffentlichen Dienstes (Tarifvertrag Altersversorgung – ATV) in seiner jeweils geltenden Fassung und für Beschäftigte der Freien und Hansestadt Hamburg das Hamburgische Zusatzversorgungsgesetz in seiner jeweils geltenden Fassung.

Erläuterungen

Die Regelungen des § 25 zur betrieblichen Altersversorgung entsprechen in ihrer Struktur den bisherigen Bestimmungen – z. B. in § 46 BAT.

Wie bisher verzichten die Tarifpartner an dieser Stelle auf Detailregelungen und verweisen auf den Tarifvertrag Altersversorgung – ATV[1]) bzw. das Hamburgische Ruhegeldgesetz. Weitere Vorschriften zur Durchführung der zusätzlichen Alters- und Hinterbliebenenversorgung ergeben sich aus der Satzung der Versorgungskassen – z. B. der Satzung für die Versorgungsanstalt des Bundes und der Länder (VBL).

Wegen der in ihren Grundzügen vergleichbaren Regelung kann das in den letzten Jahr(zehnt)en gewachsene Recht bzw. die dazu ergangene Rechtsprechung weiterhin zu Rate gezogen werden. Besonders zu beachten sind dabei die folgenden Grundsätze:

Anspruch auf Versicherung

Die tarifliche Regelung verpflichtet den Arbeitgeber, die unter den BAT/TV-L fallenden Beschäftigten zum Zwecke einer zusätzlichen Alters- und Hinterbliebenenversorgung zu versichern. Die Versicherung ist so auszugestalten, dass der pflichtversicherte Arbeitnehmer für sich und seine Hinterbliebenen eine Anwartschaft auf eine neben der gesetzlichen Rente zustehende Rente erwerben kann. Die tarifliche Regelung begründet keinen Anspruch auf zusätzliche Alters- und Hinterbliebenenversorgung unmittelbar gegenüber dem Arbeitgeber. Der Anspruch richtet sich lediglich auf Versicherung zum Zwecke der zusätzlichen Alters- und Hinterbliebenenversorgung. Unterlässt der Arbeitgeber es schuldhaft, den Beschäftigten (überhaupt oder rechtzeitig) entsprechend den tariflichen Vorschriften zu versichern, so haftet er dem Beschäftigten für die diesem daraus entstehenden Nachteile (Urteil des BAG vom 26. 11. 1964 – 5 AZR 48/64, AP Nr. 20

---

[1]) abgedruckt unter **810**

zu § 10 AOGÖ – und vom 9. 9. 1966 – 1 AZR 259/65, AP Nr. 76 zu § 611 BGB Fürsorgepflicht). Lehnt ein Beschäftigter die Anwendung des BAT auf sein Arbeitsverhältnis ab, weil er eine höhere als die tarifliche Vergütung behalten möchte, so hat er nach dem Urteil des BAG vom 25. Februar 1999 – 3 AZR 113/97 – (BB 1999 S. 1388) keinen Anspruch darauf, dass der Arbeitgeber ihm aus Gründen der Gleichbehandlung mit BAT-Kräften die tariflich geregelte Zusatzversorgung verschafft. Arbeitgeber, die an der Versorgungsanstalt des Bundes und der Länder (VBL) beteiligt sind, müssen jedem ihrer Beschäftigten die Satzung der Versorgungseinrichtung aushändigen. Eine schuldhafte Verletzung dieser Pflicht kann zu Schadenersatzansprüchen führen, wenn Beschäftigte aus Unkenntnis sinnvolle Versicherungsanträge nicht stellen und dadurch einen Versorgungsschaden erleiden (Urteil des BAG v. 15. 10. 1985 – 3 AZR 612/83 – NZA Heft 11/1986 S. 360). Ebenso können Schadenersatzansprüche des Beschäftigten entstehen, wenn es der Arbeitgeber schuldhaft unterlässt, den Beschäftigten auf die zu dessen Gunsten bestehenden Versorgungsmöglichkeiten hinzuweisen (Urteil des BAG vom 22. 11. 1963 – 1 AZR 17/63, AP Nr. 6 zu § 611 BGB Öffentlicher Dienst). Auskünfte, die der Arbeitgeber dem Beschäftigten hinsichtlich seiner Zusatzversicherung erteilt, müssen richtig und vollständig sein (auch anlässlich der Beendigung des Arbeitsverhältnisses); wenn ein Personalsachbearbeiter Zweifel hat, ob er nach seiner Kenntnis über die Satzung der Zusatzversorgungskasse ein Auskunftsersuchen zutreffend beantworten kann, so muss er sich bei der Kasse unterrichten oder die Anfrage des Beschäftigten dorthin zur Beantwortung weitergeben. Nimmt er diese Möglichkeit nicht wahr und gibt von sich aus eine falsche Auskunft, handelt er schuldhaft. Ein Beschäftigter des öffentlichen Dienstes handelt dagegen nicht schuldhaft, wenn er sich auf eine von dem Personalsachbearbeiter erteilte Auskunft verlässt, die nach den Umständen klar und vollständig erscheint (Urteil des BAG vom 24. 5. 1974 – 3 AZR 422/73, AP Nr. 6 zu § 242 BGB Ruhegehalt VBL).

Eigenbeteiligung

Nach dem Wortlaut des Tarifvertrages hat sich der Beschäftigte an den Aufwendungen für die Versicherung zu beteiligen. Diese Voraussetzung war mit der (stufenweisen) Übernahme des Arbeitnehmeranteils am Versicherungsbeitrag durch den Arbeitgeber praktisch entfallen. Seit dem 1. 7. 1973 trug der Arbeitgeber die Aufwendungen für die Zusatzversicherung nämlich zunächst allein.

Die grundsätzliche Beteiligung der Beschäftigten an den Kosten der Zusatzversorgung war seit dem 1. 1. 1999 aber durch den 24. Änd-TV zum Versorgungs-TV v. 20. 5. 1998, den 22. Änd-TV zum VersTV-Saar v. 20. 5. 1998 und den 32. Änd-TV zum VersTV-G v. 22. 6. 1998 wieder eingeführt worden. Dort war festgelegt worden, dass die Arbeitnehmer bei künftigen Erhöhungen des Umlagesatzes den Erhöhungsbetrag zur Hälfte tragen mussten, sobald der Umlagesatz ihrer Zusatzversorgungseinrichtung 5,2 v. H. des zusatzversorgungspflichtigen Entgelts übersteigt. Während viele bei kommunalen Zusatzversorgungskassen (z. B. rheinische ZVK) versicherte Angestellte weiterhin von einem Eigenanteil verschont blieben, weil der Umlagesatz ihrer Kasse weiterhin die Grenze von 5,2 v. H. nicht überstieg, wurden die bei der VBL Versicherten ab 1. 1. 1999 wieder zu einem Arbeitnehmeranteil herangezogen. Da seit 1. 1. 1999 der Umlagesatz zur VBL 7,7 v. H. betrug, mussten sich die Arbeitnehmer daran mit 1,25 v. H. [(7,7 – 5,2) : 2] beteiligen; der Arbeitgeber trug den Rest, somit 6,45 v. H. Im Zuge der 31. Änderung der VBL-Satzung wurde der Umlagesatz ab dem 1. 1. 2023 auf 5,49 v. H. festgelegt.

Im Zusammenhang mit dem Umstieg auf das neue, im ATV[1]) verankerte Zusatzversorgungssystem wurde der Arbeitnehmerbeitrag zur VBL ab dem 1. 1. 2002 auf 1,41 v. H. festgelegt. Nach der Tarifrunde 2015/2016 wurde der Arbeitnehmerbeitrag in drei Schritten (ab 1. 7. 2015 um 0,2 v. H., ab 1. 7. 2016 um 0,3 v. H. und ab 1. 7. 2017 um 0,4 v. H.) auf 1,81 v. H. angehoben.

Wegen der Arbeitnehmerbeiträge im Tarifgebiet Ost vgl. § 37a ATV bzw. § 66a der VBL-Satzung (dort ist der Einstieg ins Kapitaldeckungsverfahren geregelt).

Versicherungsleistungen

Die Tarifpartner haben in der Lohnrunde 2000 – vor allem vor dem Hintergrund sich abzeichnender Deckungslücken bei der VBL – vereinbart, Verhandlungen mit dem Ziel zu führen, die Zusatzversorgung auf eine dauerhaft finanzierbare Grundlage zu stellen. Ergebnis der Verhandlungen war der Altersvorsorgeplan 2001, der mit dem ATV umgesetzt worden ist.

Kernpunkt des neuen Rechts, das die zusätzliche Alters- und Hinterbliebenenversorgung auf eine völlig neue Grundlage stellt, ist die Abkehr vom zuvor geltenden System der Gesamtversorgung. Dieses System wurde rückwirkend zum 31. 12. 2000 geschlossen und durch ein Betriebsrentensystem in Form eines versicherungsmathematischen Punktemodells, das die Leistungen unabhängig von dritten Bezugs-

[1]) abgedruckt unter **810**

systemen (Rentenversicherung, Beamtenversorgung, Steuerrecht) definiert, ersetzt.

Künftig tritt eine nach Entgeltpunkten bemessene Zusatzversorgungsrente additiv zu der Grundversorgung der gesetzlichen Rente hinzu. Die Versorgungspunkte ergeben sich aus dem Produkt von Beiträgen und einem Altersfaktor. Das Verfahren ähnelt dem aus der gesetzlichen Rentenversicherung bekannten Verfahren der Ermittlung von Entgeltpunkten. Es spiegelt im Ergebnis die gesamte Lebensarbeitsleistung wider.

In das neue Betriebsrentensystem werden alle aktiv Beschäftigten übergeleitet. Für die rentennahen Jahrgänge (dies sind Beschäftigte, die am 1. Januar 2002 das 55. Lebensjahr vollendet haben) werden die zu übertragenden Anwartschaften unter weiterer Berücksichtigung des alten Systems, bei den übrigen Arbeitnehmern in Anlehnung an das BetrAVG ermittelt.

Mit dem Umstieg vom Gesamtversorgungssystem auf das neue Punktemodell wird der Arbeitnehmerbeitrag zur VBL-West auf 1,41 v. H. (statt 1,25 v. H. bis 31. 12. 2001) festgeschrieben. Wegen der Arbeitnehmerbeiträge im Tarifgebiet Ost vgl. § 37a ATV bzw. § 66a der VBL-Satzung (dort ist der Einstieg ins Kapitaldeckungsverfahren geregelt). Den Beschäftigten wird indessen eine spätere Rentenleistung garantiert, die sich bei einem kapitalgedeckten (und damit gesicherten) System aus einer Beitragsleistung von 4 v. H. ergibt.

Durch den Systemwechsel erhalten die Beschäftigten nunmehr auch die Möglichkeit, darüber hinaus eine private Altersvorsorge mit der sogenannten Riesterförderung zu betreiben, da der in § 10a Abs. 1 Satz 4 EStG normierte Ausschluss der bei einer Zusatzversorgungskasse des öffentlichen Dienstes Pflichtversicherten mit Anspruch auf eine beamtenähnliche Gesamtversorgung nicht mehr greift. Die Beschäftigten des öffentlichen Dienstes gehören seit 2002 zum Kreis der nach § 10a EStG begünstigten Personen. Sie haben damit die Möglichkeit, aus ihrem individuell versteuertem und verbeitragtem Nettoeinkommen – neben der neuen Betriebsrente – eine zusätzliche kapitalgedeckte Altersversorgung freiwillig und unter Inanspruchnahme der steuerlichen Förderung aufzubauen. Klarstellend sei darauf hingewiesen, dass der Arbeitnehmerbeitrag zur Umlage (Abrechnungsverband West) steuerlich nicht förderfähig ist.

Abschnitt IV
Urlaub und Arbeitsbefreiung

§ 26 Erholungsurlaub

(1) [1]Beschäftigte haben in jedem Kalenderjahr Anspruch auf Erholungsurlaub unter Fortzahlung des Entgelts (§ 21). [2]Bei Verteilung der wöchentlichen Arbeitszeit auf fünf Tage in der Kalenderwoche beträgt der Urlaubsanspruch in jedem Kalenderjahr 30 Arbeitstage. [3]Arbeitstage sind alle Kalendertage, an denen die Beschäftigten dienstplanmäßig oder betriebsüblich zu arbeiten haben oder zu arbeiten hätten, mit Ausnahme der auf Arbeitstage fallenden gesetzlichen Feiertage, für die kein Freizeitausgleich gewährt wird. [4]Bei einer anderen Verteilung der wöchentlichen Arbeitszeit als auf fünf Tage in der Woche erhöht oder vermindert sich der Urlaubsanspruch entsprechend. [5]Verbleibt bei der Berechnung des Urlaubs ein Bruchteil, der mindestens einen halben Urlaubstag ergibt, wird er auf einen vollen Urlaubstag aufgerundet; Bruchteile von weniger als einem halben Urlaubstag bleiben unberücksichtigt. [6]Der Erholungsurlaub muss im laufenden Kalenderjahr gewährt werden; er kann auch in Teilen genommen werden.

Protokollerklärung zu § 26 Absatz 1 Satz 6:

Der Urlaub soll grundsätzlich zusammenhängend gewährt werden; dabei soll ein Urlaubsteil von zwei Wochen Dauer angestrebt werden.

(2) Im Übrigen gilt das Bundesurlaubsgesetz mit folgenden Maßgaben:

a) Im Falle der Übertragung muss der Erholungsurlaub in den ersten drei Monaten des folgenden Kalenderjahres angetreten werden. Kann der Erholungsurlaub wegen Arbeitsunfähigkeit oder aus betrieblichen/dienstlichen Gründen nicht bis zum 31. März angetreten werden, ist er bis zum 31. Mai anzutreten.

b) Beginnt oder endet das Arbeitsverhältnis im Laufe eines Jahres, steht als Erholungsurlaub für jeden vollen Monat des Arbeitsverhältnisses ein Zwölftel des Urlaubsanspruchs nach Absatz 1 zu; § 5 Bundesurlaubsgesetz bleibt unberührt.

c) Ruht das Arbeitsverhältnis, so vermindert sich die Dauer des Erholungsurlaubs einschließlich eines etwaigen tariflichen Zusatzurlaubs für jeden vollen Kalendermonat um ein Zwölftel.

d) Das Entgelt nach Absatz 1 Satz 1 wird zu dem in § 24 genannten Zeitpunkt gezahlt.

Erläuterungen

§ 26 TV-L umfasst die Regelungen zum Anspruch auf Erholungsurlaub und konkretisiert damit wesentlich die gesetzlichen Vorschriften des Bundesurlaubsgesetzes (BUrlG).[1]) Im Gegensatz zum früheren BAT bzw. der vergleichbaren Regelungen für die Arbeiter haben

---

[1]) abgedruckt als **Anhang 1**

die Tarifpartner in dieser Vorschrift weitgehend auf eigenständige Regelungen zum Erholungsurlaub verzichtet und vermehrt (z. B. für die Urlaubsabgeltung) das BUrlG in Bezug genommen. Wie der vollständige Name des BUrlG („Mindesturlaubsgesetz für Arbeitnehmer") schon besagt, regelt das Gesetz insbesondere, in welchem Umfang Arbeitgeber Arbeitnehmern in Deutschland mindestens bezahlten Erholungsurlaub zu gewähren haben.

Während Absatz 1 der Vorschrift den eigentlichen Urlaubsanspruch, die Berechnung ebendieses Anspruchs sowie die Gewährung des Urlaubs regelt, enthält Absatz 2 Maßgaben, mit denen die Regelungen des BUrlG im Geltungsbereich des TV-L anzuwenden sind.

Hingewiesen wird auf die Durchführungshinweise der TdL zum Erholungsurlaub vom 10. Juni 2013[1]) und zum Urlaubsanspruch bei Änderung des Beschäftigungsumfangs/Beschäftigungsmodells im Laufe des Urlaubsjahres vom 26. Oktober 2020.[2])

Die teilweise abweichenden Sonderregelungen in § 40 Nr. 7 und § 44 Nr. 3 TV-L sind zu beachten.

Vorab wird vorsorglich darauf hingewiesen, dass die Rechtsprechung im Bereich des Erholungsurlaubs sowohl auf EU-Ebene als auch auf Bundesebene seit vielen Jahren stetig im Fluss ist und fortentwickelt wird.

Anspruch auf Erholungsurlaub (Abs. 1)

In dieser Vorschrift sind die Urlaubsdauer sowie die Berechnung des tariflichen Anspruchs auf Erholungsurlaub geregelt.

Die Tarifpartner hatten bei In-Kraft-Treten des TV-L in § 26 Abs. 1 Satz 2 zunächst eine altersabhängige Urlaubsstaffel vereinbart. Diese sah vor, dass der Urlaub bis zum vollendeten 30. Lebensjahr 26 Arbeitstage, bis zum vollendeten 40. Lebensjahr 29 Arbeitstage und danach 30 Arbeitstage betrug. Das BAG hatte mit Urteil vom 20. März 2012 – 9 AZR 529/10 – (zur vergleichbaren Vorschrift des § 26 TVöD) entschieden, dass die altersabhängige Urlaubsstaffel einen Verstoß gegen das Allgemeine Gleichbehandlungsgesetz darstelle. Der Verstoß konnte in dem anhängigen Fall nur beseitigt werden, indem die Dauer des Urlaubs der Betroffenen so weit „nach oben" angepasst wurde, dass der Urlaubsanspruch in jedem Kalenderjahr einheitlich für alle Altersgruppen 30 Arbeitstage beträgt. Im Rahmen der Tarifrunde 2013

---

[1]) abgedruckt als **Anhang 2**

[2]) abgedruckt als **Anhang 3**

wurde dann ein einheitlicher Urlaubsanspruch von 30 Arbeitstagen für alle Beschäftigten vereinbart.

Der Urlaubsanspruch entsteht nach dem BUrlG

- erstmalig nach sechsmonatigem Bestehen des Arbeitsverhältnisses (Wartezeit im Sinne des § 4 BUrlG)
- nach einmal erfüllter Wartezeit jeweils mit dem Beginn eines Kalenderjahres (§ 1 BUrlG).

Zur Entstehung des Urlaubsanspruchs siehe im Übrigen Abschnitt B. I. 1. der Hinweise der TdL zum Erholungsurlaub.[1])

Der Zusatzurlaub für schwerbehinderte Menschen ist in § 208 SGB IX geregelt.

Berechnung des Urlaubsanspruchs

Die tarifliche Urlaubsdauer von 30 Tagen ist auf der Grundlage einer Fünf-Tage-Woche festgelegt worden (Satz 2). Der TV-L stellt (anders als das BUrlG) bei der Verteilung der wöchentlichen Arbeitszeit auf Arbeitstage ab. Was als Arbeitstag im Sinne dieser Regelung gilt, haben die Tarifpartner in Satz 3 näher definiert. Bei einer anderen Verteilung der wöchentlichen Arbeitszeit ist der Urlaubsanspruch entsprechend umzurechnen (Satz 4). Ein bestimmtes Verfahren zur Umrechnung haben die Tarifpartner im TV-L nicht festgelegt. Es dürften somit keine Bedenken bestehen, nach allgemeinen mathematischen Grundsätzen zu verfahren, sodass der Urlaubsanspruch jeweils durch fünf (wegen der zugrundeliegenden Fünf-Tage-Woche) zu teilen und mit den tatsächlichen wöchentlichen Arbeitstagen zu multiplizieren ist.

Beispiel:

Ein Beschäftigter arbeitet in einer Sechs-Tage-Woche. Der Urlaubsanspruch von 30 Tagen ist durch fünf zu teilen und mit sechs zu multiplizieren. Der Urlaubsanspruch ist somit auf 36 Tage zu erhöhen. Bei im Laufe des Jahres wechselnder Arbeitsverteilung ist der Urlaubsanspruch ggf. getrennt für jeden Zeitraum zu ermitteln.

Nach Satz 5 der Vorschrift sind Bruchteile von Urlaubstagen (die sich z. B. bei der Berechnung nach Satz 4 ergeben) auf einen vollen Tag aufzurunden, wenn der Bruchteil mindestens einen halben Tag beträgt. Darunterliegende Bruchteile bleiben unberücksichtigt; sie verfallen somit.

Hinsichtlich der Berechnung des Urlaubsanspruchs bei Änderung des Beschäftigungsumfangs/Beschäftigungsmodells im Laufe des Urlaubs-

---

[1]) abgedruckt als **Anhang 2**

II

jahres hat die Geschäftsstelle der TdL mit Datum vom 26. Oktober 2020 aktuelle Durchführungshinweise erlassen.[1]) Die Durchführungshinweise für die Urlaubsberechnung bei unterjährigem Wechsel des Beschäftigungsumfangs stellen die Folgerungen der neuen BAG-Rechtsprechung getrennt für die Urlaubsdauer (Ziffer 2 der Hinweise) und für das Urlaubsentgelt (Ziffer 3 der Hinweise) dar. Während bei den Folgerungen für die Urlaubsdauer noch einmal besonders zwischen der Änderung des Beschäftigungsumfangs bei unveränderter Anzahl der Arbeitstage in der Kalenderwoche (Ziffer 2.1 der Hinweise) und der Änderung der Anzahl der Arbeitstage in der Kalenderwoche (Ziffer 2.2 der Hinweise) unterschieden wird, ergeben sich hinsichtlich des Urlaubsentgelts unterschiedliche Rechtsfolgen dahingehend, ob es sich um eine Verringerung der Arbeitszeit (Ziffer 3.1 der Hinweise) oder um eine Erhöhung der Arbeitszeit (Ziffer 3.2 der Hinweise) handelt. Hintergrund der Durchführungshinweise und der diesen Hinweisen zugrundeliegenden geänderten BAG-Rechtsprechung war im Kern die nachstehende Entwicklung unionsrechtlicher Vorgaben des EuGH:

Der EuGH hat mit seiner sogenannten „Tirol-Entscheidung" (Urteil vom 22. 4. 2010 – C-486/08) festgestellt, dass das Unionsrecht dahingehend auszulegen sei, dass die Inanspruchnahme des Jahresurlaubs zu einer späteren Zeit als dem Bezugszeitraum in keiner Beziehung zu der in dieser späteren Zeit vom Arbeitnehmer erbrachten Arbeitszeit stehe. Folglich darf durch eine Veränderung, insbesondere Verringerung der Arbeitszeit beim Übergang von einer Vollzeit- zu einer Teilzeitbeschäftigung, der Anspruch auf Jahresurlaub, den der Arbeitnehmer in der Zeit der Vollbeschäftigung erworben hat, nicht gemindert werden.

Der Urlaubsanspruch in Deutschland wird beim Wechsel auf Teilzeit jedoch nicht reduziert, sondern ausschließlich beim Wechsel der Anzahl der Wochenarbeitstage „technisch umgerechnet". Wer vor dem Wechsel auf Teilzeit X Wochen Resturlaub hatte, behält diese Wochenanzahl auch nach Umrechnung (aus 15 Tagen = 3 Wochen bei Fünf-Tage-Woche bleiben bei einer Drei-Tage-Woche 3/5 = 9 Tage = drei Wochen). Wenn jemand trotz Teilzeit weiterhin in einer Fünf-Tage-Woche arbeitet, erfolgt in Deutschland keine Minderung/Umrechnung. Umgekehrt erfolgt auch bei einer Vollzeitkraft die Umrechnung beim Wechsel der Wochenarbeitstage, so dass keine Teilzeitdiskriminierung erfolgt. Eine Änderung war im Lichte der EuGH-Entscheidung daher in diesem Punkt nicht erforderlich.

---

[1]) abgedruckt als **Anhang 3**

Etwas anders sah es bei der Berechnung des Urlaubsentgelts aus. Denn die Berechnung des Urlaubsentgelts richtete sich bis zu diesem Zeitpunkt nach dem Lohnausfallprinzip. Danach war das Entgelt für den Urlaubszeitraum fortzuzahlen, welches der Beschäftigte erhalten hätte, wenn er weitergearbeitet hätte. Mit Blick auf die EuGH-Rechtsprechung konnte bei Resturlaubsansprüchen, die vor einer Arbeitszeitverkürzung erworben wurden und tatsächlich bis zum Wechsel des Arbeitszeitmodells nicht in Anspruch genommen werden konnten, an dem bisherigen Berechnungsprinzip für das Urlaubsentgelt nicht weiter festgehalten werden. In den Fällen, in denen der Arbeitnehmer konkret gehindert war, den Resturlaub noch in der Phase vor Umstellung seiner Arbeitszeit zu nehmen, ist das Urlaubsentgelt noch auf der Grundlage des vor der Arbeitszeitreduzierung erzielten Entgelts zu zahlen. Dies gilt zumindest in Bezug auf den Mindesturlaub nach dem Bundesurlaubsgesetz.

Anknüpfend an diese „Tirol-Entscheidung" hat der EuGH mit seiner Entscheidung vom 13. Juni 2013 – C-415/12 (Brandes) – auf Veranlassung eines Vorlagebeschlusses des Arbeitsgerichtes Nienburg (beklagt war das Land Niedersachsen) die Aussagen seines Tirol-Beschlusses für das deutsche Urlaubsrecht im Kern bestätigt und ausgeführt, dass eine zeitanteilige Kürzung des Urlaubs wegen Teilzeitbeschäftigung nicht in Betracht kommt, wenn der Urlaub

(1.) in einer Zeit der Vollzeitbeschäftigung erworben wurde, und

(2.) der Arbeitnehmer tatsächlich nicht die Möglichkeit hatte, diesen Anspruch auszuüben.

Mit Blick auf die hieran anschließende Entscheidung des BAG vom 10. Februar 2015 – 9 AZR 53/14 (F) –, nach der die Urlaubsumrechnung unzulässig ist, haben die Länder in der 9./2015 Mitgliederversammlung der TdL beschlossen, aus diesem Urteil für die entschiedene Sachverhaltskonstellation (Wechsel von Vollzeit mit Fünf-Tage-Woche in Teilzeit mit weniger als fünf Arbeitstagen in der Woche) allgemeine Folgerungen zu ziehen.

In Folge der sogenannten „Greenfield-Entscheidung" des EuGH (Urteil vom 11. 11. 2015 – C-219/14), worin dieser seine unionsrechtlichen Vorgaben zur Berechnung von Urlaubsansprüchen in einem Fall der Erhöhung der Arbeitszeit präzisiert hat, hat die Mitgliederversammlung der TdL in ihren 1./2016 und 2./2016 Sitzungen konkretisiert, wie die Folgerungen im Detail aussehen sollen. Die entsprechenden Durchführungshinweise sind anschließend unter der Federführung der Geschäftsstelle der TdL ausgearbeitet worden und wurden mit dem Ziel einer möglichst praktikablen Umsetzung und einer weitgehenden Reduzierung des Verwaltungsaufwandes unter Beachtung der zwischenzeitlich ergangenen BAG-Rechtsprechung fortentwickelt.

Geltendmachung und Gewährung von Urlaub

Satz 6 der Vorschrift bestimmt, dass der Erholungsurlaub im laufenden Kalenderjahr gewährt werden muss und auch in Teilen genommen werden kann. Die Protokollerklärung zu § 26 Abs. 1 Satz 6 legt ergänzend fest, dass der Urlaub grundsätzlich zusammenhängend gewährt werden soll und ein Urlaubsteil dabei die Dauer von mindestens zwei Wochen erreichen soll. Mit dieser Regelung wird dem Erholungszweck des Urlaubs Rechnung getragen.

Arbeitnehmer sollten ihren Urlaubsanspruch in geeigneter Form geltend machen. Obwohl der Arbeitgeber den Urlaub auch ohne Geltendmachung des Arbeitnehmers gewähren kann (siehe z. B. BAG vom 22. 9. 1992 – 9 AZR 483/91), besteht insoweit grundsätzlich keine „Bringschuld" des Arbeitgebers. Mit Blick auf die Entwicklung der Rechtsprechung (u. a. BAG-Urteil vom 19. 2. 2019 – 9 AZR 541/15 – und die Vorabentscheidung des EuGH vom 6. 11. 2018 – C-684/16) ist jedoch bereits an dieser Stelle auf die Hinweisobliegenheiten des Arbeitgebers hinzuweisen. Das BAG hat im Laufe der vergangenen Jahre immer wieder erneut bekräftigt, dass Resturlaubsansprüche über viele Jahre hinweg fortbestehen und angesammelt werden können, wenn Arbeitgeber ihrer Hinweisobliegenheit nicht ordnungsgemäß nachkommen. Die Beweislast für die Erfüllung der Hinweisobliegenheiten trägt der Arbeitgeber. Ausbessern lassen sich dahingehende Versäumnisse im Nachhinein kaum.

Grundvoraussetzung für den Verfall nicht in Anspruch genommener Urlaubsansprüche ist also die pflichtgemäße Erfüllung der Aufforderungs- und Hinweisobliegenheiten des Arbeitgebers (BAG vom 20. 12. 2022 – 9 AZR 266/20). Hinsichtlich des Sonderfalls Verfall von Urlaubsansprüchen bei einer dauerhaften Erkrankung siehe BAG-Urteil vom 20. Dezember 2022 – 9 AZR 245/19. Arbeitgeber sind im Lichte der vorgenannten Rechtsprechung des EuGH und des BAG gut beraten, möglichst frühzeitig im Jahr ein entsprechendes „Erinnerungs-Management" schriftlich bzw. elektronisch zu vollziehen (ggf. Wiederholung bei grundlegenden Änderungen im Arbeitsverhältnis). Dabei sollten weder die Anzahl der Urlaubstage noch eine Aufforderung, die Urlaubstage so rechtzeitig zu beantragen, dass sie im Urlaubsjahr genommen werden können, sowie eine Belehrung über den Verfall nicht genommener Urlaubstage fehlen. Nach den Entwicklungen in den vergangenen Jahren ist zu erwarten, dass sich Arbeitgeber darauf einstellen müssen, dass EuGH und BAG die Rechtsprechung zur Hinweisobliegenheit und zum Urlaubsrecht in den kommenden Jahren weiter verschärfen werden.

Das Verfahren zur Geltendmachung („Beantragung") und Gewährung des Urlaubs ist in der Tarifvorschrift gar nicht und im Bundesurlaubsgesetz (BUrlG) nur im Ansatz geregelt. § 7 Abs. 1 BUrlG beschränkt sich auf die Aussage, dass bei der zeitlichen Festlegung des Urlaubs die Urlaubswünsche des Arbeitnehmers zu berücksichtigen sind, wenn dem keine dringenden betrieblichen Belange oder Urlaubswünsche anderer Arbeitnehmer, die unter sozialen Gesichtspunkten den Vorrang verdienen, entgegenstehen.

Ausgehend von dieser eher vagen rechtlichen Basis hat sich in der Vergangenheit im Bereich der Verwaltung bzw. des öffentlichen Dienstes (und auch in der Privatwirtschaft) das in der Vielzahl der Fälle funktionierende System entwickelt, dass der Arbeitnehmer seinen Urlaubsanspruch (bzw. den Urlaubswunsch) mit Hilfe eines förmlichen, von der Vertretung abgezeichneten Urlaubsantrags schriftlich bzw. elektronisch geltend macht, den der Arbeitgeber dann im Regelfall genehmigt. Zum Teil erfolgt eine Vorfestlegung des Urlaubs in Urlaubslisten o. Ä., in denen die Beschäftigten einer größer oder kleiner geschnittenen Arbeitseinheit ihre Urlaubswünsche frühzeitig kundtun. Letztlich dient dieses Verfahren der Umsetzung der Zielvorgaben des § 7 Abs. 1 BUrlG, dass einerseits die Beschäftigten den Urlaubszeitrahmen im Rahmen der Möglichkeiten selbst bestimmen können, dass aber andererseits erstens die Interessen der anderen Beschäftigten unter Berücksichtigung sozialer Gesichtspunkte (z. B. Ferienabhängigkeit wegen schulpflichtiger Kinder) berücksichtigt werden und zweitens die Aufrechterhaltung des Dienstbetriebes gewährleistet ist. Die schriftliche bzw. mittlerweile vielfach elektronische Geltendmachung erleichtert zudem aus Verwaltungsgesichtspunkten die Führung der Urlaubskartei und ermöglicht es – nicht nur im Streitfall – die genommenen und noch zustehenden Urlaubsansprüche zu ermitteln.

Vor dem Hintergrund der dazu ergangenen Rechtsprechung dürfte es dem Arbeitgeber verwehrt sein, einen bereits genehmigten Urlaub einseitig zu widerrufen oder gar Beschäftigte gegen deren Willen aus dem Urlaub zurückzurufen (siehe z. B. BAG vom 20. 6. 2000 – 9 AZR 405/99 und vom 14. 3. 2006 – 9 AZR 11/05). Die Möglichkeit, in besonderen Bedarfslagen den noch nicht angetretenen Urlaub einvernehmlich zu verschieben, besteht natürlich trotzdem. Entsprechendes gilt für die freiwillige Rückkehr des Beschäftigten aus dem bereits angetretenen Urlaub. In diesem Fall sollte aber vorab die Übernahme eventueller Kosten (z. B. Stornogebühren, zusätzliche Reisekosten) eindeutig festgelegt werden.

Maßgaben bei der Anwendung des Bundesurlaubsgesetzes (Abs. 2)

In Absatz 2 haben die Tarifpartner im Eingangssatz zunächst vereinbart, dass „im Übrigen" (also soweit Absatz 1 keine Regelungen enthält) grundsätzlich das Bundesurlaubsgesetz (BUrlG) gilt. In den Buchstaben a bis d des Absatzes 2 wurden jedoch „Maßgaben" (bzw. abweichende Regeln) für die Anwendung des BUrlG vereinbart.

Zu Buchst. a)

In dieser Vorschrift ist die Urlaubsübertragung in das dem Urlaubsjahr folgende Kalenderjahr teilweise abweichend von § 7 Abs. 3 BUrlG geregelt. In Ermangelung einer eigenen Regelung im TV-L gilt hinsichtlich der Übertragung zunächst der Grundsatz des BUrlG, nach dem die Übertragungsmöglichkeit auf betriebliche oder in der Person des Beschäftigten liegende Gründe beschränkt ist. Die Gründe müssen aber im Gegensatz zur Regelung im BUrlG nicht „dringend" sein.

Ebenfalls abweichend von den Vorschriften des BUrlG kann – anstelle der im BUrlG vorgesehenen maximalen Übertragungsdauer bis zum 31. März des Folgejahres – der Urlaub bis zum 31. Mai des Folgejahres angetreten werden, wenn er in Folge von Arbeitsunfähigkeit oder betrieblichen/dienstlichen Gründen nicht bis zum 31. März genommen werden konnte. Im Ergebnis kann der Beschäftigte, der seinen Urlaub bis zum 31. März aus den genannten Gründen nicht antreten konnte, den Urlaub bis weit in den Juni hineinziehen; er muss ihn nur bis zum 31. Mai angetreten (im Sinne von begonnen) haben.

Während der Geltungsdauer des BAT war es in den meisten Ländern üblich, übertariflich für die Arbeitnehmer die Urlaubsübertragung nach den weiter gefassten Vorschriften für Beamtinnen und Beamte zuzulassen. Nach Kenntnis des Verfassers ist diese Praxis von den meisten Ländern auch im Geltungsbereich des TV-L fortgesetzt worden. Im Bereich der Hochschulen und Forschungseinrichtungen besteht ohnehin eine generelle Übertragungsmöglichkeit bis zum 30. September des Folgejahres (siehe § 40 Nr. 7 TV-L).

Auf die Hinweispflicht des Arbeitgebers zum Verfall von nicht in Anspruch genommenen Urlaubsansprüchen wird hingewiesen (vgl. oben).

Zu Buchst. b) und c)

Diese Regelungen konkretisieren die Vorschrift des § 5 BUrlG zur anteiligen Urlaubsgewährung und bestimmen, dass der Urlaubsanspruch zu zwölfteln ist, wenn das Arbeitsverhältnis nicht das ganze Jahr besteht (Buchst. b) bzw. wenn es ruht (Buchst. c). Der Beschäftigte erhält somit bei einem nur in Teilen des Jahres bestehenden Beschäftigungsverhältnis für jeden vollen Monat ein Zwölftel des tariflichen Urlaubsanspruchs.

Dabei ist jedoch zu beachten, dass zu Ungunsten des Beschäftigten nicht von den Vorschriften des BUrlG abgewichen werden darf. Dies ist in erster Linie beim Ausscheiden des Beschäftigten im zweiten Kalenderhalbjahr der Fall. In diesem Fall kann der tarifvertragliche Urlaubsanspruch hinter dem gesetzlichen Anspruch auf Mindesturlaub mit der Folge zurückbleiben, dass der vorrangige gesetzliche Anspruch erfüllt werden muss (siehe BAG vom 9. 8. 2016 – 9 AZR 51/16).

Beispiel:

Ein Beschäftigter scheidet zum 1. August aus dem Beschäftigungsverhältnis aus. Er hat einen tarifvertraglichen Anspruch auf 7/12 des tariflichen Jahresurlaubs von 30 Tagen; das sind 17,5, aufgerundet 18 Tage. Der gesetzliche Urlaubsanspruch beträgt, da die Kürzungsvorschrift des § 5 Abs. 1 Buchst. c BUrlG beim Ausscheiden in der zweiten Jahreshälfte nicht greift und somit der Urlaubsanspruch in voller Höhe besteht, 24 Werktage, umgerechnet von der dem BUrlG zugrunde liegenden Sechs- auf eine Fünf-Tage-Woche somit 20 Tage. Der gesetzliche Anspruch ist zu erfüllen, dem Beschäftigten stehen 20 Tage Erholungsurlaub zu.

Zu Buchst. d)

Unter Buchstabe d) ist bestimmt, dass das Entgelt zum üblichen Zahlungszeitpunkt (siehe dazu § 24 TV-L) und nicht – wie in § 11 Abs. 2 BUrlG vorgesehen – vor Antritt des Urlaubs auszuzahlen ist.

Urlaubsabgeltung

Der TV-L enthält im Gegensatz zum Vorgängerrecht keine eigenständige Vereinbarung zur Abgeltung von Urlaubsansprüchen. Die entsprechende gesetzliche Vorschrift für die Urlaubsabgeltung ist § 7 Abs. 4 BUrlG. Hiernach sind Urlaubsansprüche, die wegen der Beendigung des Arbeitsverhältnisses nicht gewährt werden konnten, abzugelten. Grundvoraussetzung für die Urlaubsabgeltung ist somit, dass zum Zeitpunkt der Beendigung des Arbeitsverhältnisses ein offener Urlaubsanspruch besteht, der wegen der Beendigung des Arbeitsverhältnisses ganz oder teilweise nicht mehr gewährt werden kann (BAG vom 19. 2. 2019 – 9 AZR 541/15). Während des laufenden Arbeitsverhältnisses ist die Urlaubsabgeltung generell unzulässig.

Hinsichtlich der Höhe der Urlaubsabgeltung enthalten weder der TV-L noch das BUrlG eine Bestimmung. Anhaltspunkt bietet hierbei jedoch das BAG-Urteil vom 15. Januar 2013 – 9 AZR 465/11. Danach ist die Urlaubsabgeltung in der Weise zu berechnen, dass der Arbeitnehmer so gestellt wird, als hätte er den Urlaubsanspruch während der Dauer seines Arbeitsverhältnisses ausgeübt.

Der Urlaubsabgeltungsanspruch entsteht mit Beendigung des Arbeitsverhältnisses (BAG vom 21. 2. 2012 – 9 AZR 486/10). Er wird mit der Beendigung sofort fällig.

Im Anschluss an das Urteil des EuGH vom 20. Januar 2009 – C-350/06 und C-520/06 – hat das BAG seine langjährige gegenteilige Rechtsprechung, nach der die Regelungen des § 7 Abs. 3 und 4 BUrlG so ausgelegt wurden, dass der Urlaubsabgeltungsanspruch erlischt, wenn der Urlaubsanspruch aufgrund von krankheitsbedingter Arbeitsunfähigkeit des Arbeitnehmers bis zum Ende des Übertragungszeitraums nicht erfüllt werden kann, aufgegeben (Urteil vom 24. 3. 2009 – 9 AZR 983/07). Somit kommt eine Abgeltung des gesetzlichen Urlaubs (nicht des i. d. R. höheren tarifvertraglichen Urlaubsanspruchs) auch in Betracht, wenn Beschäftigte nach langjähriger Krankheit (z. B. wegen Frühverrentung) aus dem Arbeitsverhältnis ausscheiden.

Als Reaktion auf den aus damaliger Sicht durchaus als radikal zu bezeichnenden Bruch mit der bis dahin gefestigten Rechtsprechung zum Urlaubsrecht haben die öffentlichen Arbeitgeber der Länder Hinweise zum Umgang mit der neuen rechtlichen Situation gegeben. Als Anhang 2 ist der Kern der Hinweise der Tarifgemeinschaft deutscher Länder (TdL) abgedruckt. Erläuterungen zur Urlaubsabgeltung sind in Abschnitt II. der Hinweise zu finden.

Das BAG hat die Rechtsprechung in Bezug auf die Urlaubsabgeltung bei langandauernder Erkrankung zwischenzeitlich fortentwickelt. So hat es mit Urteil vom 20. Dezember 2022 – 9 AZR 245/19 – entschieden, dass der Urlaubsanspruch nach § 7 BurlG im Urteilsfall mit Ablauf der 15-Monatsfrist verfällt, wenn der Arbeitnehmer seit Beginn des Urlaubsjahres durchgehend bis zum 31. März des zweiten auf das Urlaubsjahr folgenden Kalenderjahres aus gesundheitlichen Gründen daran gehindert war, seinen Urlaub anzutreten. Auf die Erfüllung der Mitwirkungsobliegenheiten des Arbeitgebers komme es in diesen Fällen nicht an, da diese nicht zur Inanspruchnahme des Urlaubs hätten beitragen können.

Anders sieht es hingegen nach Auffassung des BAG beim Anspruch auf den gesetzlichen Mindesturlaub aus einem Urlaubsjahr aus, in dem der Arbeitnehmer tatsächlich gearbeitet hat, bevor er aus gesundheitlichen Gründen an der Inanspruchnahme seines Urlaubs gehindert war. Dieser Anspruch erlischt regelmäßig nur dann nach Ablauf eines Übertragungszeitraums, wenn der Arbeitgeber den Arbeitnehmer rechtzeitig in die Lage versetzt hat, seinen Urlaub in Anspruch zu nehmen (siehe Rechtsprechung zur Hinweisobliegenheit oben).

Der Urlaubsabgeltungsanspruch kann aufgrund einer tariflichen Ausschlussfrist verfallen. Das BAG hält hieran auch angesichts der neueren EuGH-Urlaubsrechtsprechung fest (Urteil des BAG vom 31. 1. 2023 – 9 AZR 244/20).

Urlaubsabgeltung bei Tod des Beschäftigten

Nach langjähriger gefestigter Rechtsprechung des BAG (z. B. im Urteil vom 20. 9. 2011 – 9 AZR 416/10) erlosch mit dem Tod des Beschäftigten nicht nur das Arbeitsverhältnis, sondern auch ein eventueller Urlaubsabgeltungsanspruch. Abweichend davon hat der EuGH – zurückgehend auf einen Vorlagebeschluss des Landesarbeitsgerichtes Hamm in seinem Urteil vom 12. Juni 2014 – C-118/13 – die Auffassung vertreten, dass das Unionsrecht einzelstaatlichen Rechtsvorschriften oder Gepflogenheiten entgegensteht, „wonach der Anspruch auf bezahlten Jahresurlaub ohne Begründung eines Abgeltungsanspruchs für nicht genommenen Urlaub untergeht, wenn das Arbeitsverhältnis durch den Tod des Arbeitnehmers endet". Im Ergebnis hat der EuGH den Erben eines Beschäftigten, der im laufenden Arbeitsverhältnis verstorben war, einen Anspruch auf Urlaubsabgeltung zugesprochen. Dieser von seiner bisherigen Rechtsprechung abweichenden Auffassung hat sich das BAG angeschlossen (Urteil vom 22. 9. 2015 – 9 AZR 170/14, bestätigt durch Urteil vom 22. 1. 2019 – 9 AZR 45/16). Die Mitgliederversammlung der Tarifgemeinschaft deutscher Länder (TdL) hat in ihrer 1./2016 Sitzung beschlossen, aus der Entscheidung des EuGH allgemeine Folgerungen zu ziehen.

Zusatzurlaub nach § 208 SGB IX

Wegen der Besonderheiten der Berechnung des (Zusatz-)Urlaubs nach § 208 SGB IX siehe § 27 TV-L Zusatzurlaub.

Anhang 1

Mindesturlaubsgesetz für Arbeitnehmer (Bundesurlaubsgesetz)

Vom 8. Januar 1963 (BGBl. I S. 2)

Zuletzt geändert durch
Gesetz zur Umsetzung des Seearbeitsübereinkommens 2006 der Internationalen Arbeitsorganisation
vom 20. April 2013 (BGBl. I S. 868)

§ 1 Urlaubsanspruch

Jeder Arbeitnehmer hat in jedem Kalenderjahr Anspruch auf bezahlten Erholungsurlaub.

§ 2 Geltungsbereich

Arbeitnehmer im Sinne des Gesetzes sind Arbeiter und Angestellte sowie die zu ihrer Berufsausbildung Beschäftigten. Als Arbeitnehmer gelten auch Personen, die wegen ihrer wirtschaftlichen Unselbständigkeit als arbeitnehmerähnliche Personen anzusehen sind; für den Bereich der Heimarbeit gilt § 12.

§ 3 Dauer des Urlaubs

(1) Der Urlaub beträgt jährlich mindestens 24 Werktage.

(2) Als Werktage gelten alle Kalendertage, die nicht Sonn- oder gesetzliche Feiertage sind.

§ 4 Wartezeit

Der volle Urlaubsanspruch wird erstmalig nach sechsmonatigem Bestehen des Arbeitsverhältnisses erworben.

§ 5 Teilurlaub

(1) Anspruch auf ein Zwölftel des Jahresurlaubs für jeden vollen Monat des Bestehens des Arbeitsverhältnisses hat der Arbeitnehmer

a) für Zeiten eines Kalenderjahres, für die er wegen Nichterfüllung der Wartezeit in diesem Kalenderjahr keinen vollen Urlaubsanspruch erwirbt;

b) wenn er vor erfüllter Wartezeit aus dem Arbeitsverhältnis ausscheidet;

c) wenn er nach erfüllter Wartezeit in der ersten Hälfte eines Kalenderjahres aus dem Arbeitsverhältnis ausscheidet.

(2) Bruchteile von Urlaubstagen, die mindestens einen halben Tag ergeben, sind auf volle Urlaubstage aufzurunden.

(3) Hat der Arbeitnehmer im Falle des Absatzes 1 Buchstabe c bereits Urlaub über den ihm zustehenden Umfang hinaus erhalten, so kann das dafür gezahlte Urlaubsentgelt nicht zurückgefordert werden.

§ 6 Ausschluß von Doppelansprüchen

(1) Der Anspruch auf Urlaub besteht nicht, soweit dem Arbeitnehmer für das laufende Kalenderjahr bereits von einem früheren Arbeitgeber Urlaub gewährt worden ist.

(2) Der Arbeitgeber ist verpflichtet, bei Beendigung des Arbeitsverhältnisses dem Arbeitnehmer eine Bescheinigung über den im laufenden Kalenderjahr gewährten oder abgegoltenen Urlaub auszuhändigen.

§ 7 Zeitpunkt, Übertragbarkeit und Abgeltung des Urlaubs

(1) Bei der zeitlichen Festlegung des Urlaubs sind die Urlaubswünsche des Arbeitnehmers zu berücksichtigen, es sei denn, daß ihrer Berücksichtigung dringende betriebliche Belange oder Urlaubswünsche anderer Arbeitnehmer, die unter sozialen Gesichtspunkten den Vorrang verdienen, entgegenstehen. Der Urlaub ist zu gewähren, wenn der Arbeitnehmer dies im Anschluß an eine Maßnahme der medizinischen Vorsorge oder Rehabilitation verlangt.

(2) Der Urlaub ist zusammenhängend zu gewähren, es sei denn, daß dringende betriebliche oder in der Person des Arbeitnehmers liegende Gründe eine Teilung des Urlaubs erforderlich machen. Kann der Urlaub aus diesen Gründen nicht zusammenhängend gewährt werden, und hat der Arbeitnehmer Anspruch auf Urlaub von mehr als zwölf Werktagen, so muß einer der Urlaubsteile mindestens zwölf aufeinanderfolgende Werktage umfassen.

(3) Der Urlaub muß im laufenden Kalenderjahr gewährt und genommen werden. Eine Übertragung des Urlaubs auf das nächste Kalenderjahr ist nur statthaft, wenn dringende betriebliche oder in der Person des Arbeitnehmers liegende Gründe dies rechtfertigen. Im Fall der Übertragung muß der Urlaub in den ersten drei Monaten des folgenden Kalenderjahres gewährt und genommen werden. Auf Verlangen des Arbeitnehmers ist ein nach § 5 Abs. 1 Buchstabe a entstehender Teilurlaub jedoch auf das nächste Kalenderjahr zu übertragen.

(4) Kann der Urlaub wegen Beendigung des Arbeitsverhältnisses ganz oder teilweise nicht mehr gewährt werden, so ist er abzugelten.

II

§ 8 Erwerbstätigkeit während des Urlaubs

Während des Urlaubs darf der Arbeitnehmer keine dem Urlaubszweck widersprechende Erwerbstätigkeit leisten.

§ 9 Erkrankung während des Urlaubs

Erkrankt ein Arbeitnehmer während des Urlaubs, so werden die durch ärztliches Zeugnis nachgewiesenen Tage der Arbeitsunfähigkeit auf den Jahresurlaub nicht angerechnet.

§ 10 Maßnahmen der medizinischen Vorsorge oder Rehabilitation

Maßnahmen der medizinischen Vorsorge oder Rehabilitation dürfen nicht auf den Urlaub angerechnet werden, soweit ein Anspruch auf Fortzahlung des Arbeitsentgelts nach den gesetzlichen Vorschriften über die Entgeltfortzahlung im Krankheitsfall besteht.

§ 11 Urlaubsentgelt

(1) Das Urlaubsentgelt bemißt sich nach dem durchschnittlichen Arbeitsverdienst, das der Arbeitnehmer in den letzten dreizehn Wochen vor dem Beginn des Urlaubs erhalten hat, mit Ausnahme des zusätzlich für Überstunden gezahlten Arbeitsverdienstes. Bei Verdiensterhöhungen nicht nur vorübergehender Natur, die während des Berechnungszeitraums oder des Urlaubs eintreten, ist von dem erhöhten Verdienst auszugehen. Verdienstkürzungen, die im Berechnungszeitraum infolge von Kurzarbeit, Arbeitsausfällen oder unverschuldeter Arbeitsversäumnis eintreten, bleiben für die Berechnung des Urlaubsentgelts außer Betracht. Zum Arbeitsentgelt gehörende Sachbezüge, die während des Urlaubs nicht weitergewährt werden, sind für die Dauer des Urlaubs angemessen in bar abzugelten.

(2) Das Urlaubsentgelt ist vor Antritt des Urlaubs auszuzahlen.

§ 12 Urlaub im Bereich der Heimarbeit

Für die in Heimarbeit Beschäftigten und die ihnen nach § 1 Abs. 2 Buchstaben a bis c des Heimarbeitsgesetzes Gleichgestellten, für die die Urlaubsregelung nicht ausdrücklich von der Gleichstellung ausgenommen ist, gelten die vorstehenden Bestimmungen mit Ausnahme der §§ 4 bis 6, 7 Abs. 3 und 4 und § 11 nach Maßgabe der folgenden Bestimmungen:

1. Heimarbeiter (§ 1 Abs. 1 Buchstabe a des Heimarbeitsgesetzes) und nach § 1 Abs. 2 Buchstabe a des Heimarbeitsgesetzes Gleichgestellte erhalten von ihrem Auftraggeber, oder falls sie von einem Zwischenmeister beschäftigt werden, von diesem bei einem Anspruch auf 24 Werktage ein Urlaubsentgelt von 9,1 vom Hundert des in

der Zeit vom 1. Mai bis zum 30. April des folgenden Jahres oder bis zur Beendigung des Beschäftigungsverhältnisses verdienten Arbeitsentgelts vor Abzug der Steuern und Sozialversicherungsbeiträge ohne Unkostenzuschlag und ohne die für den Lohnausfall an Feiertagen, den Arbeitsausfall infolge Krankheit und den Urlaub zu leistenden Zahlungen.

2. War der Anspruchsberechtigte im Berechnungszeitraum nicht ständig beschäftigt, so brauchen unbeschadet des Anspruches auf Urlaubsentgelt nach Nummer 1 nur so viele Urlaubstage gegeben zu werden, wie durchschnittliche Tagesverdienste, die er in der Regel erzielt hat, in dem Urlaubsentgelt nach Nummer 1 enthalten sind.
3. Das Urlaubsentgelt für die in Nummer 1 bezeichneten Personen soll erst bei der letzten Entgeltzahlung vor Antritt des Urlaubs ausgezahlt werden.
4. Hausgewerbetreibende (§ 1 Abs. 1 Buchstabe b des Heimarbeitsgesetzes) und nach § 1 Abs. 2 Buchstaben b und c des Heimarbeitsgesetzes Gleichgestellte erhalten von ihrem Auftraggeber oder, falls sie von einem Zwischenmeister beschäftigt werden, von diesem als eigenes Urlaubsentgelt und zur Sicherung der Urlaubsansprüche der von ihnen Beschäftigten einen Betrag von 9,1 vom Hundert des an sie ausgezahlten Arbeitsentgelts vor Abzug der Steuern und Sozialversicherungsbeiträge ohne Unkostenzuschlag und ohne die für den Lohnausfall an Feiertagen, den Arbeitsausfall infolge Krankheit und den Urlaub zu leistenden Zahlungen.
5. Zwischenmeister, die den in Heimarbeit Beschäftigten nach § 1 Abs. 2 Buchstabe d des Heimarbeitsgesetzes gleichgestellt sind, haben gegen ihren Auftraggeber Anspruch auf die von ihnen nach den Nummern 1 und 4 nachweislich zu zahlenden Beträge.
6. Die Beträge nach den Nummern 1, 4 und 5 sind gesondert im Entgeltbeleg auszuweisen.
7. Durch Tarifvertrag kann bestimmt werden, daß Heimarbeiter (§ 1 Abs. 1 Buchstabe a des Heimarbeitsgesetzes), die nur für einen Auftraggeber tätig sind und tariflich allgemein wie Betriebsarbeiter behandelt werden, Urlaub nach den allgemeinen Urlaubsbestimmungen erhalten.
8. Auf die in den Nummern 1, 4 und 5 vorgesehenen Beträge finden die §§ 23 bis 25, 27 und 28 und auf die in den Nummern 1 und 4 vorgesehenen Beträge außerdem § 21 Abs. 2 des Heimarbeitsgesetzes entsprechende Anwendung. Für die Urlaubsansprüche der

fremden Hilfskräfte der in Nummer 4 genannten Personen gilt § 26 des Heimarbeitsgesetzes entsprechend.

§ 13 Unabdingbarkeit

II

(1) Von den vorstehenden Vorschriften mit Ausnahme der §§ 1, 2 und 3 Abs. 1 kann in Tarifverträgen abgewichen werden. Die abweichenden Bestimmungen haben zwischen nichttarifgebundenen Arbeitgebern und Arbeitnehmern Geltung, wenn zwischen diesen die Anwendung der einschlägigen tariflichen Urlaubsregelung vereinbart ist. Im übrigen kann, abgesehen von § 7 Abs. 2 Satz 2, von den Bestimmungen dieses Gesetzes nicht zuungunsten des Arbeitnehmers abgewichen werden.

(2) Für das Baugewerbe oder sonstige Wirtschaftszweige, in denen als Folge häufigen Ortswechsels der von den Betrieben zu leistenden Arbeit Arbeitsverhältnisse von kürzerer Dauer als einem Jahr in erheblichem Umfange üblich sind, kann durch Tarifvertrag von den vorstehenden Vorschriften über die in Absatz 1 Satz 1 vorgesehene Grenze hinaus abgewichen werden, soweit dies zur Sicherung eines zusammenhängenden Jahresurlaubs für alle Arbeitnehmer erforderlich ist. Absatz 1 Satz 2 findet entsprechende Anwendung.

(3) Für den Bereich der Deutsche Bahn Aktiengesellschaft sowie einer gemäß § 2 Abs. 1 und § 3 Abs. 3 des Deutsche Bahn Gründungsgesetzes vom 27. Dezember 1993 (BGBl. I S. 2378, 2386) ausgegliederten Gesellschaft und für den Bereich der Nachfolgeunternehmen der Deutschen Bundespost kann von der Vorschrift über das Kalenderjahr als Urlaubsjahr (§ 1) in Tarifverträgen abgewichen werden.

§ 14 (gegenstandslos)

§ 15 Änderung und Aufhebung von Gesetzen

(1) Unberührt bleiben die urlaubsrechtlichen Bestimmungen des Arbeitsplatzschutzgesetzes vom 30. März 1957 (Bundesgesetzbl. I S. 293), geändert durch Gesetz vom 22. März 1962 (Bundesgesetzbl. I S. 169), des Neunten Buches Sozialgesetzbuch, des Jugendarbeitsschutzgesetzes vom 9. August 1960 (Bundesgesetzbl. I S. 665), geändert durch Gesetz vom 20. Juli 1962 (Bundesgesetzbl. I S. 449), und des Seearbeitsgesetzes vom 20. April 2013 (BGBl. I S. 868), jedoch wird

a) in § 19 Abs. 6 Satz 2 des Jugendarbeitsschutzgesetzes der Punkt hinter dem letzten Wort durch ein Komma ersetzt und folgender Satzteil angefügt: „und in diesen Fällen eine grobe Verletzung der Treuepflicht aus dem Beschäftigungsverhältnis vorliegt.";

b) § 53 Abs. 2 des Seemannsgesetzes durch folgende Bestimmungen ersetzt: „Das Bundesurlaubsgesetz vom 8. Januar 1963 (Bundesgesetzbl. I S. 2) findet auf den Urlaubsanspruch des Besatzungsmitglieds nur insoweit Anwendung, als es Vorschriften über die Mindestdauer des Urlaubs enthält."

(2) Mit dem Inkrafttreten dieses Gesetzes treten die landesrechtlichen Vorschriften über den Erholungsurlaub außer Kraft. In Kraft bleiben jedoch die landesrechtlichen Bestimmungen über den Urlaub für Opfer des Nationalsozialismus und für solche Arbeitnehmer, die geistig oder körperlich in ihrer Erwerbsfähigkeit behindert sind.

§ 15a Übergangsvorschrift

Befindet sich der Arbeitnehmer von einem Tag nach dem 9. Dezember 1998 bis zum 1. Januar 1999 oder darüber hinaus in einer Maßnahme der medizinischen Vorsorge oder Rehabilitation, sind für diesen Zeitraum die seit dem 1. Januar 1999 geltenden Vorschriften maßgebend, es sei denn, daß diese für den Arbeitnehmer ungünstiger sind.

§ 16 Inkrafttreten

Dieses Gesetz tritt mit Wirkung vom 1. Januar 1963 in Kraft.

Anhang 2

Hinweise der TdL zum Erholungsurlaub

Vom 10. Juni 2013

– Auszug –

Inhaltsübersicht

II

A. Neuregelungen zum Urlaubsrecht

Die Dauer des Erholungsurlaubs wurde mit der Tarifeinigung vom 9. 3. 2013 neu geregelt.

Anlass war das Urteil des BAG vom 20. 3. 2012 – 9 AZR 529/10, mit dem es die altersabhängige Staffelung in § 26 Abs. 1 Satz 2 TVöD a. F. wegen Verstoßes gegen das Verbot der Altersdiskriminierung für unwirksam erklärt hat. Die Staffelung stelle eine nicht gerechtfertigte Benachteiligung wegen des Alters dar, verstoße gegen §§ 1, 3 Abs. 1 AGG und sei deshalb gemäß § 7 Abs. 1 und 2 AGG i. V. m. § 134 BGB unwirksam. Diese Diskriminierung hat das BAG durch eine Anpassung „nach oben" (Anspruch 30 Arbeitstage) beseitigt.

Für die gleichlautende Regelung des § 26 Abs. 1 Satz 2 TV-L hat die Mitgliederversammlung in der 3./2012 Sitzung am 18./19. 7. 2012 beschlossen, in der Entgeltrunde 2013 mit den Gewerkschaften eine diskriminierungsfreie Regelung zu vereinbaren und hierzu § 26 Absatz 1 TV-L zum 31. 12. 2012 zu kündigen. Für die Jahre 2011 und 2012 sollte bei Vorliegen der sonstigen Voraussetzungen des § 26 TV-L übertariflich altersunabhängig ein Urlaub in Höhe von jeweils 30 Arbeitstagen gewährt werden.

I. Anspruch auf Urlaub

Mit der neuen Urlaubsregelung wurde – bei einer Verteilung der Arbeitszeit auf fünf Tage in der Kalenderwoche – altersunabhängig für alle Beschäftigten ein Anspruch von 30 Arbeitstagen Erholungsurlaub im Kalenderjahr vereinbart.

Die bisherige Regelung in § 26 Abs. 1 Satz 4 TV-L, wonach für die Berechnung der altersabhängigen Urlaubsdauer das Lebensjahr maßgebend war, das im Laufe des Kalenderjahres vollendet wurde, konnte dementsprechend entfallen. Als Folgeänderungen wurden

- die bisherigen Sätze 5 bis 7 zu den neuen Sätzen 4 bis 6 und
- die bisherige Protokollerklärung zu § 26 Absatz 1 Satz 7 zur neuen Protokollerklärung zu § 26 Absatz 1 Satz 6.

II. Inkrafttreten mit Wirkung vom 1. 1. 2013

Der Anspruch auf 30 Tage Erholungsurlaub für alle Beschäftigten besteht rückwirkend mit Wirkung vom 1. 1. 2013.

Soweit Arbeitgeber für das Kalenderjahr 2013 vorläufig die Urlaubsansprüche nach § 26 Abs. 1 Satz 2 TV-L a. F. in die Urlaubslisten eingetragen haben, sind diese entsprechend zu korrigieren.

Soweit bei Neueinstellungen in der Zeit vom 1. 1. bis zum 9. 3. 2013 entsprechend dem Beschluss der Mitgliederversammlung in der

4./2012 Sitzung (TOP 4) arbeitsvertraglich ein Anspruch von 26 Tagen Urlaub vereinbart worden ist, sind die Arbeitsverträge an die nunmehr ab 1. 1. 2013 geltende Rechtslage anzupassen. Darüber hinaus sind die Urlaubslisten entsprechend zu korrigieren.

III. Ansprüche auf Erholungsurlaub für 2011 und 2012

Die Mitgliederversammlung hat in ihrer 3./2012 Sitzung beschlossen, für die Jahre 2011 und 2012 bei Vorliegen der sonstigen Voraussetzungen des § 26 TV-L übertariflich altersunabhängig einen Urlaub von jeweils 30 Arbeitstagen zu gewähren.

Für Urlaubsansprüche, die aufgrund dessen über die frühere Staffelung in § 26 Abs. 1 Satz 2 TV-L a. F. hinausgehen, hat die Mitgliederversammlung in ihrer 1./2012 Sitzung (TOP 2) beschlossen, den Übertragungszeitraum bis zum 30. 6. 2013 zu verlängern.

B. Aktuelle Rechtsprechung des BAG zum Urlaubsrecht

I. Anspruch auf Urlaub

1. Entstehung des Anspruchs auf Urlaub

§ 3 BUrlG regelt die Höhe des Anspruchs auf den **gesetzlichen Mindesturlaub**. Danach beträgt der jährliche Anspruch bei einer Verteilung der Arbeitszeit auf fünf Tage in der Woche insgesamt 20 Arbeitstage. § 26 Abs. 1 Satz 2 TV-L regelt die Höhe des Anspruchs auf den **tariflichen (Mehr-)Urlaub**.

Die nachstehenden Grundsätze zur **Entstehung** des Urlaubsanspruchs gelten sowohl für den Anspruch auf den gesetzlichen Mindesturlaub als auch für den Anspruch auf den tariflichen Urlaub, da § 26 insoweit auf das BUrlG verweist. Soweit in einem Tarifvertrag für den tariflichen Urlaubsanspruch keine anderslautenden Regelungen getroffen werden, gelten die Grundsätze für den gesetzlichen Mindesturlaub auch für den tariflichen (Mehr-)Urlaub (BAG vom 17. 5. 2011 – 9 AZR 197/10, vom 15. 12. 2009 – 9 AZR 795/08).

Der **EuGH** hat zuletzt im Urteil vom 24. 1. 2012 (C-282/10 [„**Dominguez**"]) klargestellt, dass der Anspruch auf bezahlten Jahresurlaub **nicht davon abhängig** ist, **ob** in dem maßgeblichen Bezugszeitraum **überhaupt eine Arbeitsleistung erbracht** worden ist. Auch bei **Arbeitsunfähigkeit** während des gesamten Jahres entstehe der Anspruch auf den vierwöchigen Mindesturlaub nach Art. 7 Abs. 1 der Richtlinie 2003/88/EG (Arbeitszeitrichtlinie).

Das **BAG** hat daraufhin seine Rspr. bestätigt, dass für das Entstehen des vollen Urlaubsanspruchs am 1. Januar des Urlaubsjahres nach dem BUrlG allein das Bestehen eines Arbeitsverhältnisses Voraussetzung

II

ist (BAG vom 7. 8. 2012 – 9 AZR 353/10; st. Rspr. seit BAG vom 28. 1. 1982 – 6 AZR 571/79). Der Urlaubsanspruch nach §§ 1, 3 Abs. 1 BUrlG stehe **nicht unter der Bedingung, dass der Arbeitnehmer im Bezugszeitraum eine Arbeitsleistung erbringt** (BAG vom 7. 8. 2012 – 9 AZR 353/10). Der volle Urlaubsanspruch entstehe daher (im laufenden Arbeitsverhältnis) am 1. Januar auch dann, wenn der Arbeitnehmer nicht arbeitet (BAG vom 7. 8. 2012 – 9 AZR 353/10; st. Rspr., grundlegend BAG vom 13. 5. 1982 – 6 AZR 360/80).

Das BAG hat dies inzwischen für den Fall der **Arbeitsunfähigkeit infolge Krankheit** (BAG vom 21. 2. 2012 – 9 AZR 486/10) sowie die **nachstehenden Fälle des Ruhens** des Arbeitsverhältnisses entschieden:

1.1 Ruhen des Arbeitsverhältnisses aufgrund von Elternzeit

Am 1. Januar entsteht der volle Urlaubsanspruch für das Kalenderjahr auch dann, wenn das Arbeitsverhältnis am 1. Januar aufgrund von **Elternzeit** ruht (BAG vom 7. 8. 2012 – 9 AZR 353/10 – und vom 17. 5. 2011 – 9 AZR 197/10).

Das BAG begründet dies damit, dass schon der Gesetzgeber in der Kürzungsvorschrift des § 17 BEEG davon ausgegangen sei, dass im ruhenden Arbeitsverhältnis Urlaubsansprüche entstünden: Nur ein entstandener Anspruch könne gekürzt werden (BAG vom 17. 5. 2011 – 9 AZR 197/10 – mit Hinweis auf BAG vom 30. 7. 1986 – 8 AZR 475/84).

1.2 Ruhen des Arbeitsverhältnisses aufgrund einer befristeten Rente wegen Erwerbsminderung

Am 1. Januar entsteht der volle Urlaubsanspruch für das Kalenderjahr auch dann, wenn das Arbeitsverhältnis am 1. Januar aufgrund einer befristeten Rente wegen Erwerbsminderung gemäß § 33 Abs. 2 Satz 6 TVöD ruht und „das Ruhen auf eine Arbeitsunfähigkeit des Arbeitnehmers zurückzuführen ist“ (BAG vom 7. 8. 2012 – 9 AZR 353/10). Es ist davon auszugehen, dass das BAG diese Aussage auch für ein Ruhen nach der entsprechenden Vorschrift des § 33 Abs. 2 Satz 6 TV-L treffen würde.

Das BAG hat dies wie folgt begründet: Indem die Tarifvertragsparteien des TVöD als Folge der Anordnung des Ruhens in § 33 Abs. 2 Satz 6 TVöD die Kürzung des Urlaubsanspruchs nach § 26 Abs. 2 Buchst. c TVöD angeordnet haben, haben sie Arbeitnehmer, die eine befristete Rente wegen Erwerbsminderung beziehen, während des Ruhens des Arbeitsverhältnisses nach § 33 Abs. 2 Satz 6 TVöD im Ergebnis aus dem Anwendungsbereich des BUrlG ausgenommen. Dies lasse § 13 Abs. 1 Satz 1 BUrlG nicht zu. § 2 Satz 1 BUrlG nehme arbeitsunfähige

Arbeitnehmer, deren Arbeitsverhältnis kraft Abrede der Arbeitsvertragsparteien oder aufgrund tariflicher Anordnung ruht, nicht aus.

1.3 Ruhen des Arbeitsverhältnisses aufgrund von Wehrdienst

Am 1. Januar entsteht der volle Urlaubsanspruch für das Kalenderjahr auch dann, wenn das Arbeitsverhältnis am 1. Januar nach den Vorschriften des **ArbPlSchG** ruht.

In seiner Entscheidung vom 7. 8. 2012 – 9 AZR 353/10 – zum Urlaubsanspruch im Fall einer befristeten Rente wegen Erwerbsminderung verweist das BAG u. a. auf § 4 ArbPlSchG. Der Gesetzgeber sei bei dieser Vorschrift davon ausgegangen, dass im ruhenden Arbeitsverhältnis Urlaubsansprüche entstünden. Dies zeige die in dieser Vorschrift enthaltene Kürzungsmöglichkeit. – Nur ein entstandener Anspruch könne gekürzt werden (BAG vom 7. 8. 2012 – 9 AZR 353/10, vom 30. 7. 1986 – 8 AZR 475/84).

Daher dürfte in den folgenden Fällen des Ruhens am 1. Januar der volle Urlaubsanspruch für das Kalenderjahr entstehen:

- **freiwilliger Wehrdienst** nach § 58b SoldatenG (§ 16 Abs. 7 ArbPlSchG),
- Wehrdienst als **Soldat auf Zeit** im Sinne von § 16a Abs. 1 ArbPlSchG,
- Wehrdienst aufgrund einer im **Ausland bestehenden Wehrpflicht** (§ 16 Abs. 6 ArbPlSchG).

1.4 Weitere Fälle des Ruhens

Zu weiteren Fällen des Ruhens hat sich das BAG (noch) nicht konkret geäußert. Dies betrifft insbesondere folgende Fälle:

- Sonderurlaub gemäß § 28 TV-L bzw. nach den Gleichstellungsgesetzen der Länder,
- (vollständige) Pflegezeit gemäß §§ 3, 4 PflegeZG,
- Tätigkeit als Abgeordneter, soweit dies ein Ruhen des Arbeitsverhältnisses zur Folge hat.

Für diese Fälle ist bis auf Weiteres davon auszugehen, dass bei einem **Ruhen** des Arbeitsverhältnisses **am 1. Januar** für das Kalenderjahr zu diesem Zeitpunkt **kein Urlaubsanspruch** entsteht. Das BAG hat mit Urt. vom 7. 8. 2012 – 9 AZR 353/10 – für ein Entstehen des Urlaubsanspruchs im Fall des Ruhens ausdrücklich darauf abgestellt, dass das Ruhen des Arbeitsverhältnisses auf eine **Arbeitsunfähigkeit** des Arbeitnehmers zurückzuführen ist. – Diese Voraussetzung ist in den o. a. Fallgestaltungen nicht erfüllt. Hier beruht das Ruhen auf einer **freiwilligen Entscheidung des Beschäftigten**.

Zur Frage der Zwölftelung des Urlaubsanspruchs, wenn das **Ruhen** erst **im Laufe des Jahres** eintritt, siehe Ziffer 4.

2. Verfall und Übertragung des Urlaubsanspruchs bei Arbeitsunfähigkeit infolge Krankheit

2.1 Unterscheidung von gesetzlichem Mindesturlaub und tariflichem (Mehr-)Urlaub

Der **EuGH** hatte mit Urteil vom 20. 1. 2009 (C-350/06 und C-520/06 [„**Schultz-Hoff**"]) entschieden, dass es gegen Art. 7 der Arbeitszeitrichtlinie verstößt, wenn gesetzliche Urlaubsansprüche untergehen, die wegen Krankheit des Beschäftigten gar nicht geltend gemacht werden konnten.

Mit Urteil vom 22. 11. 2011 (C-214/10 [„**KHS**"]) hat der EuGH dies wieder eingeschränkt und entschieden, dass es **grundsätzlich zulässig ist, das Ansammeln von Ansprüchen auf bezahlten Jahresurlaub einzuschränken**, wenn ein Arbeitnehmer über mehrere Bezugszeiträume in Folge arbeitsunfähig ist. Entscheidend sei, dass der Übertragungszeitraum die Dauer des Bezugszeitraums, für den er gewährt wird, deutlich überschreitet. Nach Auffassung des EuGH ist ein **Übertragungszeitraum von insgesamt 15 Monaten ausreichend**, um dem von Art. 7 der Arbeitszeitrichtlinie bezweckten Schutz des Arbeitnehmers gerecht zu werden. Nach Ablauf dieser Zeit könne davon ausgegangen werden, dass der bezahlte Jahresurlaub für den Arbeitnehmer keine positive Wirkung als Erholungszeit mehr habe.

Das **BAG** hat seitdem in einer Reihe von Entscheidungen seine frühere Rechtsprechung zum Verfall und zur Übertragung des Urlaubs modifiziert. Dabei ist zwischen dem **gesetzlichen Mindesturlaub** und dem **tariflichen (Mehr-)Urlaub** zu unterscheiden, denn diese unterliegen den unterschiedlichen Regelungen des (europarechtskonform auszulegenden) BUrlG bzw. des § 26 TV-L. Diese Differenzierung hat das BAG ausdrücklich für zulässig erklärt: Die unionsrechtlichen Vorgaben in Art. 7 Abs. 1 Arbeitszeitrichtlinie betreffen ausschließlich den gesetzlichen Mindesturlaub gemäß §§ 1, 3 Abs. 1 BUrlG (BAG vom 22. 5. 2012 – 9 AZR 618/10). Die Tarifvertragsparteien können Urlaubsansprüche, die den Mindesturlaub übersteigen, frei regeln (BAG vom 22. 5. 2012 – 9 AZR 618/10, vom 13. 12. 2011 – 9 AZR 399/10, vom 12. 4. 2011 – 9 AZR 80/10, vom 4. 5. 2010 – 9 AZR 183/09, vom 23. 3. 2010 – 9 AZR 128/09; EuGH vom 3. 5. 2012 – C-337/10). Diese Befugnis schließt auch die Befristung des tariflichen (Mehr-)Urlaubs ein (BAG vom 22. 5. 2012 – 9 AZR 618/10).

2.2 Fristenregime für den gesetzlichen Mindesturlaub

Für den gesetzlichen Mindesturlaub ergibt sich nach der europarechtskonformen Auslegung des BUrlG im Fall von krankheitsbedingter Arbeitsunfähigkeit (bis auf Weiteres) folgendes Fristenregime:

2.2.1 Verfall des Urlaubsanspruchs am Ende des Urlaubsjahres

Mangels abweichender arbeits- oder tarifvertraglicher Regelungen bindet § 7 Abs. 3 Satz 1 BUrlG den Urlaubsanspruch an das Urlaubsjahr (BAG vom 13. 12. 2011 – 9 AZR 420/10, grundlegend BAG vom 13. 5. 1982 – 6 AZR 360/80).

Der Urlaubsanspruch verfällt am Ende des Urlaubsjahres, wenn nicht einer der in § 7 Abs. 3 Satz 2 BUrlG genannten Übertragungsgründe vorliegt (BAG vom 13. 12. 2011 – 9 AZR 420/10, vom 21. 6. 2005 – 9 AZR 200/04).

2.2.2 Ausnahmsweise Übertragung bis zum 31. März des Folgejahres, § 7 Abs. 3 Satz 2 BUrlG

Bestehen dringende betriebliche oder **in der Person des Arbeitnehmers liegende Gründe**, wird der Urlaub auf die ersten drei Monate des Folgejahres übertragen (BAG vom 13. 12. 2011 – 9 AZR 420/10, vom 24. 3. 2009 – 9 AZR 983/07).

Ist es dem Arbeitnehmer aufgrund einer **krankheitsbedingten Arbeitsunfähigkeit** unmöglich, seinen Urlaub am Jahresende zu nehmen, liegt ein Übertragungsgrund in der Person des Arbeitnehmers vor. Denn der Arbeitgeber ist aus Rechtsgründen gehindert, dem aufgrund seiner krankheitsbedingten Arbeitsunfähigkeit von der Arbeitsverpflichtung bereits befreiten Arbeitnehmer Urlaub zu erteilen. Urlaub und Arbeitsunfähigkeit schließen sich gegenseitig aus (BAG vom 21. 2. 2012 – 9 AZR 486/10, vom 29. 7. 2003 – 9 AZR 270/02).

Die Übertragung erfolgt **automatisch**. Rechtsgeschäftliche Handlungen der Arbeitsvertragsparteien sind nicht erforderlich (BAG vom 13. 12. 2011 – 9 AZR 420/10, vom 21. 2. 2012 – 9 AZR 486/10, vom 24. 3. 2009 – 9 AZR 983/07).

Der Urlaub geht nach § 7 Abs. 3 Satz 2 BUrlG **nur insoweit** auf den Übertragungszeitraum über, **als er wegen eines Übertragungsgrundes nicht mehr vollständig erfüllt werden kann** (BAG vom 13. 12. 2011 – 9 AZR 420/10). Ansonsten erlischt der erfüllbare Teil mit Ablauf des Kalenderjahres (BAG vom 13. 12. 2011 – 9 AZR 420/10, vom 24. 11. 1992 – 9 AZR 549/91). Dies gilt auch im Falle einer langwierigen krankheitsbedingten Arbeitsunfähigkeit, wenn der Arbeitnehmer im Kalenderjahr so rechtzeitig gesund und arbeitsfähig wird, dass er in der verbleibenden Zeit seinen Urlaub nehmen kann (BAG vom 13. 12. 2011 – 9 AZR 420/10, vom 9. 8. 2011 – 9 AZR 425/10).

II

Beispiel:

Ein Beschäftigter war vom 22. Februar bis zum 30. November 2012 arbeitsunfähig erkrankt. Am 3. Dezember 2012 hat der Beschäftigte noch seinen vollen gesetzlichen Mindesturlaub von 20 Tagen. Im Dezember nimmt er zwei Tage Urlaub.

Gemäß § 7 Abs. 3 Satz 2 BUrlG wird nur ein Urlaubsanspruch von drei Tagen nach 2013 übertragen, denn nur insoweit hatte der Beschäftigte krankheitsbedingt keine Möglichkeit, die restlichen 18 Tage Urlaub im Jahr 2012 zu nehmen.

2.2.3 Verfall des Urlaubsanspruchs am Ende des Übertragungszeitraums, § 7 Abs. 3 Satz 3 BUrlG

Im Fall der Übertragung gemäß § 7 Abs. 3 Satz 2 BUrlG verlangt § 7 Abs. 3 Satz 3 BUrlG, dass der Arbeitgeber den Anteil des Urlaubsanspruchs, der vor dem laufenden Urlaubsjahr entstanden ist, **innerhalb des ersten Quartals gewährt**, damit eine zeitnahe Erholung des Arbeitnehmers gewährleistet ist (BAG vom 13. 12. 2011 – 9 AZR 420/10, vom 9. 8. 2011 – 9 AZR 425/10).

Gemäß § 26 Abs. 2 Buchst. a TV-L ist nur erforderlich, dass der **Urlaub bis zum 31. März angetreten** wird. Diese von § 7 Abs. 3 Satz 3 BUrlG abweichende Regelung gilt nach der Rechtsprechung des BAG (unmittelbar) nur für den tariflichen (Mehr-)Urlaub und erfasst nicht den gesetzlichen Mindesturlaub (BAG vom 10. 7. 2012 – 9 AZR 11/11, vom 7. 8. 2012 – 9 AZR 353/10, vom 22. 5. 2012 – 9 AZR 618/10). Es werden aber keine Bedenken erhoben, diese – für die Beschäftigten günstigere – tarifliche Vorschrift entsprechend auch auf den gesetzlichen Mindesturlaub anzuwenden.

Der Urlaub **erlischt** trotz lang andauernder krankheitsbedingter Arbeitsunfähigkeit, wenn der Beschäftigte so **rechtzeitig gesund und arbeitsfähig** wird, dass er während des Übertragungszeitraums seinen Urlaub nehmen kann (BAG vom 10. 7. 2012 – 9 AZR 11/11, vom 9. 8. 2011 – 9 AZR 425/10).

2.2.4 Weitere Übertragung nicht nur bis zum 31. Mai (§ 26 Abs. 2 Buchst. a Satz 2 TV-L), sondern bis zum 31. Dezember des Folgejahres

Kann übertragener tariflicher (Mehr-)Urlaub wegen Arbeitsunfähigkeit nicht bis zum 31. März angetreten werden, ist er gemäß **§ 26 Abs. 2 Buchst. a Satz 2 TV-L** bis zum 31. Mai anzutreten.

Die Vorschrift **erfasst nicht den gesetzlichen Mindesturlaub** (BAG vom 7. 8. 2012 – 9 AZR 353/10, vom 22. 5. 2012 – 9 AZR 618/10). Stattdessen gilt für den Urlaubsanspruch, der wegen der mangelnden Möglichkeit der Inanspruchnahme infolge krankheitsbedingter Arbeitsunfähigkeit über den Übertragungszeitraum des ersten Quartals des Folgejahres hinaus fortbesteht, Folgendes: Sobald die Arbeitsunfähigkeit als Erfüllungshindernis des Urlaubsanspruchs wegfällt, unterfällt er erneut dem gesetzlichen (oder tarifvertraglichen) Fristenregime (BAG vom 10. 7. 2012 – 9 AZR 11/11, vom 12. 4. 2011 – 9 AZR 80/10). Er tritt also dem am 1. Januar des Urlaubsjahres neu erworbenen Urlaubsanspruch hinzu und unterliegt dann dessen Fristenregime. Damit greift sowohl für den übertragenen Urlaubsteilanspruch als auch für den Teilanspruch aus dem laufenden Jahr die in § 7 Abs. 3 Satz 1 BUrlG bestimmte Bezugsdauer **bis zum 31. Dezember** (BAG vom 12. 4. 2011 – 9 AZR 80/10).

Der Urlaub **erlischt** trotz lang andauernder krankheitsbedingter Arbeitsunfähigkeit, wenn der Beschäftigte so **rechtzeitig gesund und arbeitsfähig** wird, dass er während des Übertragungszeitraums seinen Urlaub nehmen kann (BAG vom 10. 7. 2012 – 9 AZR 11/11, vom 9. 8. 2011 – 9 AZR 425/10).

2.2.5 Weitere Übertragung bis zum 31. März des zweiten Folgejahres

Besteht die Arbeitsunfähigkeit auch **am 31. März des zweiten auf das Urlaubsjahr folgenden Kalenderjahres** fort, so **verfällt der Urlaubsanspruch gemäß § 7 Abs. 3 Satz 3 BUrlG** (BAG vom 7. 8. 2012 – 9 AZR 353/10). Der in das Folgejahr übertragene Urlaub unterliegt (auch) dem Fristenregime des § 7 Abs. 3 BUrlG (BAG vom 9. 8. 2011 – 9 AZR 425/10). Eine erneute Privilegierung des bereits übertragenen Urlaubs ist europarechtlich nicht geboten. Soweit das BAG (Urt. vom 24. 3. 2009 – 9 AZR 983/07) aufgrund der Schlussfolgerungen des EuGH in der Schultz-Hoff-Entscheidung angenommen hat, dass Urlaubsansprüche bei fortbestehender Krankheit unabhängig von der Länge des Zeitraums der Unmöglichkeit der Inanspruchnahme zu keinem Zeitpunkt verfallen, hält das BAG hieran nicht mehr fest. Der EuGH habe inzwischen seine Rechtsprechung „nuanciert" und in der KHS-Entscheidung betont, dass ein Recht des arbeitsunfähig erkrankten Arbeitnehmers, unbegrenzt alle während des Zeitraums seiner Abwesenheit von der Arbeit erworbenen Ansprüche auf bezahlten Jahresurlaub anzusammeln, nicht mehr dem Zweck des Anspruchs auf bezahlten Jahresurlaub entspreche.

Damit **verfällt** der aufrechterhaltene Urlaub entsprechend § 7 Abs. 3 Satz 3 BUrlG **am 31. März des zweiten auf das Urlaubsjahr folgenden Kalenderjahres,** mithin **15 Monate nach dem Ende des Bezugszeitraums.**

Aufgrund der Geltung dieses Fristenregimes kann die Frage der Anwendbarkeit der Regelungen über die regelmäßige **Verjährung** von drei Jahren (§ 195 BGB) auf den Urlaubsanspruch offen bleiben.

2.2.6 Keine Besonderheiten bei Anwendung der beamtenrechtlichen Übertragungsfristen bzw. für Beschäftigte an Hochschulen und in Forschungseinrichtungen

Soweit für die Übertragung von Urlaub die **beamtenrechtlichen Fristen übertariflich** angewendet werden, sollte im Interesse einer einheitlichen Verfahrensweise von einer entsprechenden Anwendung der Vorschriften auf den gesetzlichen Mindesturlaub abgesehen werden, denn diese sind nicht in jedem Einzelfall günstiger als das gesetzliche Fristenregime. Es gelten daher in diesen Fällen auch die von Ziffer 2.2.1 bis Ziffer 2.2.5 dargestellten Grundsätze (siehe auch Beispiel 5 unter Ziffer 2.4).

Der für **Beschäftigte an Hochschulen und in Forschungseinrichtungen** geltende § 26 Abs. 2 Buchst. a TV-L in der Fassung des **§ 40 Nr. 7 TV-L** findet nur auf den tariflichen (Mehr-)Urlaub Anwendung und erfasst nicht den gesetzlichen Mindesturlaub (siehe oben 2.2.3). Von einer entsprechenden Anwendung der Vorschrift auf den gesetzlichen Mindesturlaub sollte abgesehen werden, denn auch diese Regelung ist nicht in jedem Einzelfall günstiger als das gesetzliche Fristenregime. Es gelten daher in diesen Fällen auch die von Ziffer 2.2.1 bis Ziffer 2.2.5 dargestellten Grundsätze (siehe auch Beispiel 6 unter Ziffer 2.4).

2.3 Fristenregime für den tariflichen Urlaub

Die Fristen des § 26 Abs. 2 Buchst. a TV-L finden auf den tariflichen (Mehr-)Urlaub weiterhin uneingeschränkt Anwendung. Die Tarifvertragsparteien des TV-L haben in § 26 Abs. 2 hinsichtlich der Befristung und Übertragung und damit mittelbar auch zugleich bezüglich des Verfalls des Urlaubs von § 7 Abs. 3 BUrlG abweichende, eigenständige Regelungen getroffen (BAG vom 22. 5. 2012 – 9 AZR 618/10).

2.4 Beispielfälle einer Rückkehr nach längerer krankheitsbedingter Arbeitsunfähigkeit

In den Fällen von längerer krankheitsbedingter Arbeitsunfähigkeit sollte hinsichtlich der Urlaubsansprüche grundsätzlich eine **Günstigerprüfung** vorgenommen werden. Für das Zusammenspiel der Regelungen für den gesetzlichen Mindesturlaub und den tariflichen (Mehr-) Urlaub siehe die folgenden Beispiele:

Beispiel 1:

Eine Beschäftigte (56 Jahre) war vom 22. Februar 2012 bis zum 21. Juni 2013 arbeitsunfähig erkrankt. Sie hatte im Jahr 2012 keinen Urlaub genommen und beantragt nunmehr drei Wochen Urlaub vom 5. bis zum 23. August 2013 (15 Arbeitstage).

a) Anspruch auf Urlaub für 2012

Der **tarifliche Urlaubsanspruch** beträgt gemäß § 26 Abs. 1 TV-L 30 Arbeitstage. Der Urlaub wurde gemäß § 26 Abs. 2 Buchst. a TV-L bis zum 31. Mai 2013 übertragen. Da er bis dahin nicht angetreten worden ist, ist er **erloschen**. Der **gesetzliche Mindesturlaubsanspruch** beträgt 20 Arbeitstage. Der Urlaub wurde aufgrund der Krankheit der Beschäftigten gemäß § 7 Abs. 3 BUrlG in das Jahr 2013 übertragen. In europarechtskonformer Auslegung von § 7 Abs. 3 BUrlG kann die Beschäftigte vom 5. bis zum 23. August **15 Tage Urlaub** nehmen. Es verbleiben fünf Tage Resturlaub aus 2012, die (zunächst) auf das (Urlaubs-)Jahr 2013 befristet sind.

b) Anspruch auf Urlaub für 2013

Der Urlaubsanspruch für 2013 besteht nach der Rückkehr aus dem Urlaub am 24. August 2013 noch in voller Höhe.

Beispiel 2:

Ein Beschäftigter (58 Jahre) war vom 22. Februar 2012 bis zum 26. April 2013 arbeitsunfähig erkrankt. Er hatte im Jahr 2012 keinen Urlaub genommen und beantragt nunmehr drei Wochen Urlaub vom 31. Mai bis zum 21. Juni 2013 (16 Arbeitstage).

a) Anspruch auf Urlaub für 2012

Der **tarifliche Urlaubsanspruch** beträgt gemäß § 26 Abs. 1 TV-L 30 Arbeitstage. Der Urlaub wurde gemäß § 26 Abs. 2 Buchst. a TV-L bis zum 31. Mai 2013 übertragen. Bis dahin tritt der Beschäftigte nur **16 Tage an,** so dass der übrige tarifliche Anspruch auf **14 Tage** Urlaub **erlischt**. Der **gesetzliche Mindesturlaubsanspruch** beträgt **20 Arbeitstage.** Der Urlaub wurde aufgrund der Krankheit des Beschäftigten gemäß § 7 Abs. 3 BUrlG in das Jahr 2013 übertragen. In europarechtskonformer Auslegung von § 7 Abs. 3 BUrlG kann der Beschäftigte vom 31. Mai bis zum 21. Juni **16 Tage Urlaub nehmen.** Es **verbleiben vier Tage** Resturlaub aus 2012, die (zunächst) auf das (Urlaubs-)Jahr 2013 befristet sind.

b) Anspruch auf Urlaub für 2013

Der Urlaubsanspruch für 2013 besteht nach der Rückkehr aus dem Urlaub am 24. Juni 2013 noch in voller Höhe.

Beispiel 3:

Eine Beschäftigte (56 Jahre) war vom 22. Februar 2012 bis zum 6. Dezember 2013 arbeitsunfähig erkrankt. Sie hatte im Jahr 2012 keinen Urlaub genommen und beantragt nunmehr drei Wochen Urlaub vom 13. Dezember 2013 bis zum 3. Januar 2014 (11 Arbeitstage).

a) Anspruch auf Urlaub für 2012
Der **tarifliche Urlaubsanspruch** beträgt gemäß § 26 Abs. 1 TV-L 30 Arbeitstage. Der Urlaub wurde gemäß § 26 Abs. 2 Buchst. a TV-L bis zum 31. Mai 2013 übertragen. Da er bis dahin nicht angetreten worden ist, ist er **erloschen**. Der **gesetzliche Mindesturlaubsanspruch** beträgt 20 Arbeitstage. Der Urlaub wurde aufgrund der Krankheit der Beschäftigten gemäß § 7 Abs. 3 BUrlG in das Jahr 2013 übertragen. In europarechtskonformer Auslegung von § 7 Abs. 3 BUrlG kann die Beschäftigte vom 13. Dezember 2013 bis zum 3. Januar 2014 **elf Tage Urlaub nehmen**. Von den verbleibenden neun Tagen Resturlaub aus 2012 werden **fünf Tage in das Urlaubsjahr 2014 übertragen**. **Vier Tage erlöschen** am 31. Dezember 2013, denn insoweit hat die Beschäftigte vom 9. bis zum 12. Dezember 2013 tatsächlich die Möglichkeit, den Urlaub zu nehmen (vgl. BAG vom 13. 12. 2011 – 9 AZR 420/10).

b) Anspruch auf Urlaub für 2013
Der Urlaubsanspruch für 2013 besteht nach der Rückkehr aus dem Urlaub am 4. Januar 2014 noch **in voller Höhe**. Er erlischt, wenn er nicht bis zum 31. März, ggf. 31. Mai 2014 angetreten (tariflicher Urlaub) bzw. bis zum 31. März 2014 genommen (gesetzlicher Mindesturlaub) wird.

c) Anspruch auf Urlaub für 2014
Der Urlaubsanspruch für 2014 besteht nach der Rückkehr aus dem Urlaub am 4. Januar 2014 noch in **voller Höhe**.

Beispiel 4:

Ein Beschäftigter (58 Jahre) war vom 22. Februar 2012 bis zum 31. Dezember 2012 arbeitsunfähig erkrankt. Er hatte im Jahr 2012 keinen Urlaub genommen und beantragt nunmehr drei Wochen Urlaub vom 11. bis zum 27. März 2013 (13 Arbeitstage).

a) Anspruch auf Urlaub für 2012
Der **tarifliche Urlaubsanspruch** beträgt gemäß § 26 Abs. 1 TV-L **30 Arbeitstage**. Der Urlaub wurde gemäß § 26 Abs. 2 Buchst. a TV-L bis zum 31. März 2013 übertragen. Bis dahin **tritt** der Beschäftigte nur **13 Tage an**, so dass der übrige tarifliche Anspruch auf **17 Tage** Urlaub am 31. März 2013 **erlischt**. Der **gesetzliche Mindesturlaubsanspruch** beträgt **20 Arbeitstage**. Der Urlaub wurde aufgrund der Krankheit des Beschäftigten gemäß § 7 Abs. 3 BUrlG in das Jahr 2013 übertragen. Entsprechend § 26 Abs. 2 Buchst. a TV-L muss der Urlaub bis zum 31. März 2013 angetreten werden. Damit sind die für die Zeit vom 11. bis zum 27. März 2013 beantragten **13 Tage Urlaub** nicht erloschen. Die übrigen **sieben Tage** erlöschen dann am 31. März 2013, denn insoweit hat der Beschäftigte tatsächlich die Möglichkeit, den Urlaub vom 1. Januar bis zum 8. März 2013 zu nehmen (vgl. BAG vom 13. 12. 2011 – 9 AZR 420/10) bzw. bis zum 31. März 2013 anzutreten.

b) Anspruch auf Urlaub für 2013:
Der Urlaubsanspruch für 2013 besteht nach der Rückkehr aus dem Urlaub am 27. März 2013 noch **in voller Höhe**.

Beispiel 5a:

Ein Beschäftigter (58 Jahre) war vom 22. Februar 2012 bis zum 26. April 2013 arbeitsunfähig erkrankt. Er hatte im Jahr 2012 keinen Urlaub genommen und beantragt nunmehr drei Wochen Urlaub vom 7. bis zum 28. Oktober 2013 (16 Arbeitstage). Übertariflich ist die beamtenrechtliche Regelung anzuwenden, wonach der Urlaub bis zum 30. September des Folgejahres genommen sein muss.

II

a) Anspruch auf Urlaub für 2012

Der **tarifliche Urlaubsanspruch** beträgt gemäß § 26 Abs. 1 TV-L 30 Arbeitstage. Der Urlaub wurde aufgrund der übertariflichen beamtenrechtlichen Regelung bis zum 30. September 2013 übertragen. Da er bis dahin nicht genommen worden ist, ist er **erloschen**. Der **gesetzliche Mindesturlaubsanspruch** beträgt **20 Arbeitstage**. Der Urlaub wurde aufgrund der Krankheit des Beschäftigten gemäß § 7 Abs. 3 BUrlG in das Jahr 2013 übertragen. In europarechtskonformer Auslegung von § 7 Abs. 3 BUrlG kann der Beschäftigte vom 7. bis zum 26. Oktober **16 Tage Urlaub nehmen**. Es **verbleiben vier Tage** Resturlaub aus 2012, die (zunächst) auf das (Urlaubs-)Jahr 2013 befristet sind. Würde hier die übertarifliche beamtenrechtliche Regelung entsprechend angewendet, wäre der gesetzliche Mindesturlaub am 30. September 2013 erloschen, denn der Beschäftigte hätte den Urlaub bis dahin nehmen können, war er doch seit 29. April wieder arbeitsfähig. – Eine solche (über-)tarifliche Verschlechterung ist unzulässig (siehe auch oben 2.2.6).

b) Anspruch auf Urlaub für 2013

Der Urlaubsanspruch für 2013 besteht nach der Rückkehr aus dem Urlaub am 21. Oktober 2013 noch in voller Höhe.

Beispiel 5b:

Wie Beispiel 5a. Übertariflich ist die beamtenrechtliche Regelung anzuwenden, wonach der Urlaub bis zum 31. Dezember des Folgejahres genommen sein muss.

a) Anspruch auf Urlaub für 2012

Der **tarifliche Urlaubsanspruch** beträgt gemäß § 26 Abs. 1 TV-L 30 Arbeitstage. Der Urlaub wurde aufgrund der übertariflichen beamtenrechtlichen Regelung bis zum 31. Dezember 2013 übertragen. Werden die beantragten 16 Tage genommen, **verbleiben 14 Tage** Resturlaub aus 2012, die (zunächst) auf das (Urlaubs-)Jahr 2013 befristet sind. Der **gesetzliche Mindesturlaubsanspruch** beträgt **20 Arbeitstage**. Der Urlaub wurde aufgrund der Krankheit des Beschäftigten gemäß § 7 Abs. 3 BUrlG in das Jahr 2013 übertragen. In europarechtskonformer Auslegung von § 7 Abs. 3 BUrlG kann der Beschäftigte vom 7. bis zum 28. Oktober **16 Tage Urlaub nehmen**. Es **verbleiben vier Tage** Resturlaub aus 2012, die (zunächst) auf das (Urlaubs-)Jahr 2013 befristet sind.

b) Anspruch auf Urlaub für 2013

Der Urlaubsanspruch für 2013 besteht nach der Rückkehr aus dem Urlaub am 21. Oktober 2013 noch in voller Höhe.

II

Beispiel 6:

Ein Hochschulbeschäftigter (59 Jahre) war vom 22. Februar 2012 bis zum 26. April 2013 arbeitsunfähig erkrankt. Er hatte im Jahr 2012 keinen Urlaub genommen und beantragt nunmehr drei Wochen Urlaub vom 7. bis zum 25. Oktober 2013 (15 Arbeitstage).

a) Anspruch auf Urlaub für 2012
Der **tarifliche Urlaubsanspruch** beträgt gemäß § 26 Abs. 1 TV-L 30 Arbeitstage. Der Urlaub wurde gemäß § 26 Abs. 2 Buchst. a i. d. F. von § 40 Nr. 7 TV-L bis zum 30. September 2013 übertragen. Da er bis dahin nicht genommen worden ist, ist er **erloschen**.
Der **gesetzliche Mindesturlaubsanspruch** beträgt **20 Arbeitstage**. Der Urlaub wurde aufgrund der Krankheit des Hochschulbeschäftigten gemäß § 7 Abs. 3 BUrlG in das Jahr 2013 übertragen. In europarechtskonformer Auslegung von § 7 Abs. 3 BUrlG kann der Hochschulbeschäftigte vom 7. bis zum 25. Oktober **15 Tage Urlaub nehmen**. Es **verbleiben fünf Tage** Resturlaub aus 2012, die (zunächst) auf das (Urlaubs-)Jahr 2013 befristet sind.
Würde hier § 26 Abs. 2 Buchst. a i. d. F. von § 40 Nr. 7 TV-L entsprechend angewendet, wäre der gesetzliche Mindesturlaub am 30. September 2013 erloschen, denn der Hochschulbeschäftigte hätte den Urlaub bis dahin nehmen können, war er doch seit 29. April wieder arbeitsfähig. – Eine solche tarifliche Verschlechterung ist unzulässig (siehe auch oben 2.2.6).

b) Anspruch auf Urlaub für 2013
Der Urlaubsanspruch für 2013 besteht nach der Rückkehr aus dem Urlaub am 21. Oktober 2013 noch in voller Höhe.

3. Kein Vorrang des tariflichen Urlaubs

Ist **vor Beginn der Erkrankung bereits ein Teil des Urlaubs genommen** worden, ist dieser entsprechend der Rechtsprechung des BAG auch auf den gesetzlichen Mindesturlaub anzurechnen (BAG vom 7. 8. 2012 – 9 AZR 760/10).

Beispiel:

Eine Beschäftigte (56 Jahre) war vom 22. Februar 2012 bis zum 15. April 2013 arbeitsunfähig erkrankt. Sie hatte im Jahr 2012 bereits neun Tage Urlaub genommen und beantragt nunmehr drei Wochen Urlaub vom 31. Mai bis zum 21. Juni 2013 (16 Arbeitstage).

a) Anspruch auf Urlaub für 2012
Der **tarifliche Urlaubsanspruch** beträgt gemäß § 26 Abs. 1 TV-L noch 21 Arbeitstage. Der Urlaub wurde gemäß § 26 Abs. 2 Buchst. a TV-L bis zum 31. Mai 2013 übertragen. Bis dahin tritt die Beschäftigte nur **16 Tage an**, so dass der übrige tarifliche Anspruch auf **fünf Tage** Urlaub **erlischt**.
Der **gesetzliche Mindesturlaubsanspruch** beträgt noch **elf Arbeitstage**. Der Urlaub wurde aufgrund der Krankheit der Beschäftigten gemäß § 7 Abs. 3 BUrlG in das Jahr 2013 übertragen. In europarechtskonformer Auslegung von § 7 Abs. 3 BUrlG kann die Beschäftigte vom 31. Mai bis zum 14. Juni **elf**

Tage Urlaub nehmen. Der für die Zeit vom 17. bis zum 21. Juni 2013 beantragte Urlaub ist tariflicher Mehrurlaub.

b) Anspruch auf Urlaub für 2013

Der Urlaubsanspruch für 2013 besteht nach der Rückkehr aus dem Urlaub noch in voller Höhe.

II

4. Zwölftelung des Urlaubs bei befristeter Rente wegen Erwerbsminderung?

Für den Fall des Ruhens wegen einer **befristeten Rente wegen Erwerbsminderung** gemäß § 33 Abs. 2 Satz 6 TVöD hat das BAG (Urt. v. 7. 8. 2012 – 9 AZR 353/10) entschieden, dass § 26 Abs. 2 Buchst. c TVöD jedenfalls insoweit unwirksam ist, als auch die Verminderung **gesetzlicher** Urlaubsansprüche von Arbeitnehmern und schwerbehinderten Menschen erfasst werde, die **aus gesundheitlichen Gründen** nicht die ihnen nach dem Arbeitsvertrag obliegende Leistung erbracht haben. Eine solche Verminderung gesetzlicher Urlaubsansprüche lasse § 13 Abs. 1 Satz 1 BUrlG nicht zu. Entsprechendes dürfte für die wortlautgleiche Regelung des § 33 Abs. 2 Satz 6 TV-L gelten.

Soweit die vor oder während des Ruhenszeitraums entstandenen Urlaubsansprüche nicht zu kürzen sind, werden diese – wie oben unter Ziffer 2 für den Fall der Rückkehr nach Beendigung der Arbeitsunfähigkeit ausgeführt – bei Wiederaufnahme der Tätigkeit dem Urlaub des dann laufenden Kalenderjahres hinzugerechnet. Dabei sind die Höchstübertragungsdauer von 15 Monaten für den gesetzlichen Mindesturlaub und die Übertragungsfristen des § 26 Abs. 2 Buchst. a TV-L für den tariflichen (Mehr-)Urlaub zu beachten.

5. Kein Verfall des Anspruchs auf Urlaub aufgrund der Ausschlussfrist des § 37 TV-L

Die Ausschlussfrist des § 37 TV-L findet auf (gesetzliche und tarifliche) Ansprüche auf Erholungsurlaub keine Anwendung (BAG vom 7. 8. 2012 – 9 AZR 353/10, vom 18. 11. 2003 – 9 AZR 95/03). Zur Anwendung von § 37 TV-L auf den Anspruch auf Urlaubsabgeltung siehe Ziffer II. 4.

II. Anspruch auf Urlaubsabgeltung

1. Entstehung des Anspruchs auf Urlaubsabgeltung

Der Abgeltungsanspruch entsteht nach dem Wortlaut des § 7 Abs. 4 BUrlG erst mit der **Beendigung des Arbeitsverhältnisses** (BAG vom 20. 9. 2011 – 9 AZR 416/10).

Der Abgeltungsanspruch entsteht folglich nicht bereits zu dem Zeitpunkt, zu dem feststeht, dass das Arbeitsverhältnis zu einem bestimmten Termin enden wird und eine Urlaubsnahme nicht möglich ist (BAG vom 20. 9. 2011 – 9 AZR 416/10). Dies gilt insbesondere auch im Fall der **Altersteilzeit im Blockmodell** beim Wechsel von der Arbeits- in die Freistellungsphase.

Es ist irrelevant,

- welche Arbeitsvertragspartei die Beendigung des Arbeitsverhältnisses veranlasst hat, und
- auf welchem rechtlichen Weg die Beendigung herbeigeführt wird.

Im Falle des **Todes des Beschäftigten** während des bestehenden Arbeitsverhältnisses gilt eine Besonderheit: Der Urlaubsanspruch des Beschäftigten (Erblasser) geht mit dessen Tod unter und kann sich nicht in einen Abgeltungsanspruch i. S. v. § 7 Abs. 4 BUrlG umwandeln. Ein Urlaubsabgeltungsanspruch des Erblassers, der Teil der Erbmasse wäre, besteht daher nicht (BAG vom 20. 9. 2011 – 9 AZR 416/10). Für den Fall, dass der **Tod nach der Beendigung des Arbeitsverhältnisses** eintritt, hat es das BAG ausdrücklich dahinstehen lassen, ob der (dann bereits entstandene) Abgeltungsanspruch als reine Geldforderung nunmehr vererblich ist und nach § 1922 Abs. 1 BGB in den Nachlass fällt (BAG vom 20. 9. 2011 – 9 AZR 416/10). Bis auf Weiteres sollte hier von einem höchstpersönlichen und daher nicht vererbbaren Anspruch ausgegangen werden.[1])

2. Abgeltungsanspruch bei Arbeitsunfähigkeit infolge Krankheit

2.1 Gesetzlicher Mindesturlaub

Der **gesetzliche Mindesturlaub** ist bei Beendigung des Arbeitsverhältnisses nach § 7 Abs. 4 BUrlG **unabhängig von der Erfüllbarkeit des Freistellungsanspruchs in einem gedachten fortbestehenden Arbeitsverhältnis** abzugelten (BAG vom 21. 2. 2012 – 9 AZR 486/10, vom 9. 8. 2011 – 9 AZR 352/10). Die entgegenstehende Rechtsprechung hat das BAG im Nachgang zu der Entscheidung des EuGH vom 20. 1. 2009 (C-350/06 und C-520/06 – [Schultz-Hoff]) aufgegeben (BAG vom 24. 3. 2009 – 9 AZR 983/07).

Deshalb erlischt der gesetzliche Urlaubsabgeltungsanspruch auch nicht, wenn der Beschäftigte bis zum Ende des Urlaubsjahres und/oder des Übertragungszeitraums **erkrankt** und deswegen **arbeitsunfähig** ist (BAG vom 21. 2. 2012 – 9 AZR 486/10, vom 9. 8. 2011 – 9 AZR 352/10, vom 4. 5. 2010 – 9 AZR 183/09, vom 23. 3. 2010 – 9 AZR 128/09, vom 24. 3. 2009 – 9 AZR 983/07).

---

[1]) *Red. Hinweis:* Siehe dazu aber die Ausführungen zur Urlaubsabgeltung bei Tod des Beschäftigten im Kommentarteil zu § 26 TV-L.

Ein Auseinanderfallen von Entstehungs- und Fälligkeitszeitpunkt kann nur unter **besonderen Umständen** angenommen werden (BAG vom 9. 8. 2011 – 9 AZR 475/10). Solche liegen z. B. vor, wenn es dem Gläubiger praktisch unmöglich ist, den Anspruch mit seinem Entstehen geltend zu machen. Das ist etwa der Fall, wenn die rechtsbegründenden Tatsachen in der Sphäre des Schuldners liegen und der Gläubiger es nicht durch schuldhaftes Zögern versäumt hat, sich Kenntnis von den Voraussetzungen zu verschaffen, die er für die Geltendmachung benötigt (BAG vom 9. 8. 2011 – 9 AZR 475/10, vom 16. 11. 1989 – 6 AZR 114/88).

2.2 Tariflicher (Mehr-)Urlaub

In den Hinweisen vom 29. 4. 2009 hatte die Geschäftsstelle empfohlen, § 26 Abs. 2 Buchst. b TV-L als „vom Gesetzesrecht abgekoppelte Regelung" anzusehen. Daher sollte entsprechend der bisherigen Rechtsprechung des BAG von einem **Erlöschen des Abgeltungsanspruchs** für den tariflichen (Mehr-)Urlaub ausgegangen werden, wenn nach **Beendigung des Arbeitsverhältnisses** bis zum Ende des (fiktiven) Übertragungszeitraums der tarifliche (Mehr-)Urlaub aufgrund der **Krankheit** nicht hätte genommen werden können.

Nunmehr hat das BAG (Urt. vom 22. 5. 2012 – 9 AZR 618/10) zu § 26 TV-L entschieden, dass die Frage des Gleichlaufs des tariflichen und des gesetzlichen Urlaubs für jeden tariflichen Regelungsgegenstand (z. B. Fristenregime, Abgeltungsanspruch) gesondert zu prüfen ist. Hierbei ist es zu dem Ergebnis gelangt, dass § 26 TV-L zwar hinsichtlich des Fristenregimes eine eigenständige Regelung enthält, die vom gesetzlichen Mindesturlaub abgekoppelt ist, nicht aber hinsichtlich der Abgeltungsregelungen. Damit ist die **Abgeltung tariflicher (Mehr-) Urlaubsansprüche bei Beendigung des Arbeitsverhältnisses nicht davon abhängig, dass die Arbeitsfähigkeit wiedererlangt wird**.

Beispiel:

Ein Beschäftigter (58 Jahre) war vom 1. August 2011 bis zum Ausscheiden am 15. Juli 2013 und darüber hinaus arbeitsunfähig erkrankt. Er hatte für die Jahre 2011, 2012 und 2013 noch keinen Urlaub genommen und verlangt am 1. August 2013 Urlaubsabgeltung für die Jahre 2011, 2012 und 2013.

a) Anspruch auf Urlaubsabgeltung für 2011

Der **tarifliche Urlaubsanspruch** beträgt gemäß § 26 Abs. 1 TV-L **30 Arbeitstage**. Der Urlaub wurde gemäß § 26 Abs. 2 Buchst. a TV-L bis zum 31. Mai 2012 übertragen. Da er bis dahin nicht angetreten worden ist, ist er **erloschen**. Der **gesetzliche Mindesturlaubsanspruch** beträgt **20 Arbeitstage**. Der Urlaub wurde aufgrund der Krankheit des Beschäftigten gemäß § 7 Abs. 3 BUrlG zunächst in das Jahr 2012 und dann weiter in das Jahr 2013 übertragen. In europarechtskonformer Auslegung von § 7 Abs. 3 BUrlG ist der Urlaubsanspruch am 31. März 2013 erloschen. Der Beschäftigte hat damit für 2011 **keinen Anspruch auf Urlaubsabgeltung**.

II

b) Anspruch auf Urlaubsabgeltung für 2012
Der **tarifliche Urlaubsanspruch** beträgt gemäß § 26 Abs. 1 TV-L **30 Arbeitstage**. Der Urlaub wurde gemäß § 26 Abs. 2 Buchst. a TV-L bis zum 31. Mai 2013 übertragen. Da er bis dahin nicht angetreten worden ist, ist er **erloschen**. Der **gesetzliche Mindesturlaubsanspruch** beträgt **20 Arbeitstage**. Der Urlaub wurde aufgrund der Krankheit des Beschäftigten gemäß § 7 Abs. 3 BUrlG in das Jahr 2013 übertragen. In europarechtskonformer Auslegung von § 7 Abs. 3 BUrlG ist der Urlaubsanspruch bis zum Ausscheiden am 15. Juli 2013 nicht erloschen. Gemäß § 7 Abs. 4 BUrlG hat der Beschäftigte einen Anspruch auf entsprechende **Urlaubsabgeltung**. Der Beschäftigte hat damit für 2012 einen Anspruch auf **Urlaubsabgeltung von 20 Tagen**.

c) Anspruch auf Urlaubsabgeltung für 2013
Der **tarifliche Urlaubsanspruch** beträgt **15 Arbeitstage**. Nach § 26 Abs. 2 Buchst. b TV-L steht bei Beendigung des Arbeitsverhältnisses im Laufe eines Jahres für jeden vollen Monat des Arbeitsverhältnisses ein Zwölftel des Anspruchs nach § 26 Abs. 1 TV-L zu. Gemäß § 26 Abs. 2 TV-L i. V. m. § 7 Abs. 4 BUrlG hat der Beschäftigte einen Anspruch auf entsprechende **Urlaubsabgeltung**. Der **gesetzliche Mindesturlaubsanspruch** beträgt **20 Arbeitstage**. Der Beschäftigte hat noch seinen vollen Urlaubsanspruch, denn eine Zwölftelung fände nach § 5 Abs. 1 Buchst. c BUrlG nur statt, wenn der Beschäftigte in der ersten Jahreshälfte ausgeschieden wäre. Gemäß § 7 Abs. 4 BUrlG hat der Beschäftigte einen Anspruch auf entsprechende **Urlaubsabgeltung**. Dieser Anspruch auf Abgeltung ist aufgrund der Krankheit **nicht erloschen**, auf das – fiktive – Genommenhaben des Urlaubs bis zum Ende des – fiktiven – Übertragungszeitraums kommt es nicht an. Der Beschäftigte hat damit für 2013 einen Anspruch auf **Urlaubsabgeltung von 20 Tagen**.

3. Kein Erlöschen des Abgeltungsanspruchs am Ende des Urlaubsjahres bzw. Übertragungszeitraums

Der **Anspruch** auf Abgeltung des Urlaubs ist ein **Geldanspruch** und **unterliegt nicht dem Fristenregime des BUrlG** (BAG vom 19. 6. 2012 – 9 AZR 652/10). Damit sind für die Geltendmachung des Abgeltungsanspruchs nicht (mehr) die Übertragungsfristen für den zugrunde liegenden Urlaubsanspruch maßgebend.

Nach der früheren **Surrogatrechtsprechung** des BAG war für den Abgeltungsanspruch stattdessen noch Voraussetzung, dass der Urlaub noch gewährt werden könnte, wenn das Arbeitsverhältnis noch bestünde (vgl. BAG vom 19. 6. 2012 – 9 AZR 652/10). Damit war z. B. die Geltendmachung des Abgeltungsanspruchs im Februar des Folgejahres ausgeschlossen, wenn das Arbeitsverhältnis im September geendet hatte. Begründung: Der Urlaubsanspruch ist gemäß § 7 Abs. 3 BUrlG auf das Kalenderjahr befristet, so dass auch der ihn ersetzende Abgeltungsanspruch bis zum Ende des Kalenderjahres geltend gemacht und erfüllt werden müsse. Anderenfalls gehe der Abgeltungsanspruch ebenso wie der Urlaubsanspruch ersatzlos unter (vgl. BAG vom 19. 6. 2012 – 9 AZR 652/10). Das BAG hat diese Rechtsprechung nunmehr aufgegeben.

4. Verfall des Anspruchs auf Urlaubsabgeltung aufgrund der Ausschlussfrist des § 37 TV-L

Gemäß § 37 Abs. 1 TV-L verfallen Ansprüche aus dem Arbeitsverhältnis, wenn sie nicht innerhalb einer Ausschlussfrist von sechs Monaten nach Fälligkeit schriftlich geltend gemacht werden.

4.1 Geltung der Ausschlussfrist für den Anspruch auf Urlaubsabgeltung

Die Aufgabe der Surrogatstheorie hat zur Folge, dass der Abgeltungsanspruch nunmehr stets einen auf eine finanzielle Vergütung i. S. d. Art. 7 Abs. 2 der Arbeitszeitrichtlinie gerichteten reinen Geldanspruch darstellt (BAG vom 19. 6. 2012 – 9 AZR 652/10). Damit ist der Abgeltungsanspruch ein **Anspruch aus dem Arbeitsverhältnis im Sinne des § 37 Abs. 1 TV-L** (BAG vom 9. 8. 2011 – 9 AZR 352/10, vgl. auch BAG vom 19. 6. 2012 – 9 AZR 652/10, vom 21. 2. 2012 – 9 AZR 486/10, vom 13. 12. 2011 – 9 AZR 399/10).

Aufgrund der einschränkungslosen Formulierung des § 37 TV-L fallen unter den Begriff der „Ansprüche aus dem Arbeitsverhältnis" alle gesetzlichen und vertraglichen Ansprüche, die Arbeitsvertragsparteien aufgrund ihrer durch den Arbeitsvertrag begründeten Rechtsstellung gegeneinander haben. Diese Voraussetzung trifft auch auf Ansprüche auf Urlaubsabgeltung zu, denn sie begründen sich aus dem Arbeitsverhältnis (BAG vom 13. 12. 2011 – 9 AZR 399/10, vom 9. 8. 2011 – 9 AZR 352/10).

Die sechsmonatige Frist für die Geltendmachung gilt auch in den Fällen, in denen der Arbeitnehmer bei der Beendigung des Arbeitsverhältnisses **arbeitsunfähig infolge Krankheit** ist (BAG vom 13. 12. 2011 – 9 AZR 399/10). Der Lauf der Ausschlussfrist wird in diesen Fällen regelmäßig **nicht entsprechend § 206 BGB** (Hemmung der Verjährung bei höherer Gewalt) **gehemmt**. An die Annahme höherer Gewalt sind strenge Anforderungen zu stellen. Stets ist Voraussetzung, dass der Berechtigte ohne jedes Eigenverschulden an der Klage gehindert war (BAG vom 9. 8. 2011 – 9 AZR 352/10, vom 7. 11. 2002 – 2 AZR 297/01). Deshalb kann eine Arbeitsunfähigkeit nur dann den Lauf einer Ausschlussfrist hemmen, wenn dem Berechtigten infolge seines Zustands die Besorgung seiner Angelegenheiten schlechthin unmöglich wird (BAG vom 9. 8. 2011 – 9 AZR 352/10).

II

4.2 Kenntnis vom Anspruch auf Urlaubsabgeltung

Für den Verfall eines Anspruchs kommt es regelmäßig **nicht** auf die **Kenntnis** des Gläubigers von dem Anspruch an (BAG vom 21. 2. 2012 – 9 AZR 486/10, vom 13. 12. 2007 – 6 AZR 222/07). Dementsprechend sind z. B. auch Ansprüche auf Abgeltung von zusätzlichen Urlaubstagen in Zusammenhang mit der altersdiskriminierenden Staffelung des tariflichen Urlaubs in § 26 Abs. 1 Satz 2 TV-L ohne weiteres innerhalb der Frist des § 37 TV-L verfallen.

4.3 Geltendmachung des Anspruchs auf Urlaubsabgeltung

Die Geltendmachung des Abgeltungsanspruchs hat gemäß § 37 Abs. 1 TV-L schriftlich gegenüber dem Arbeitgeber zu erfolgen.

Die Erhebung einer **Kündigungsschutzklage** ist keine Geltendmachung des Anspruchs auf Urlaubsabgeltung (BAG vom 21. 2. 2012 – 9 AZR 486/10). Erhebt ein Arbeitnehmer Kündigungsschutzklage, kann darin zwar grundsätzlich eine schriftliche Geltendmachung der Ansprüche liegen, die vom Erfolg der Kündigungsschutzklage abhängen (BAG vom 11. 2. 2009 – 5 AZR 168/08, vom 14. 12. 2005 – 10 AZR 70/05). Der Anspruch auf Urlaubsabgeltung knüpft jedoch nicht an den Erfolg der Kündigungsschutzklage bzw. an den Fortbestand des Arbeitsverhältnisses an, sondern setzt mit der Beendigung des Arbeitsverhältnisses gerade das Gegenteil voraus. Will der Beschäftigte den tariflichen Verfall solcher Ansprüche verhindern, reicht die Erhebung einer Kündigungsschutzklage nicht aus (BAG vom 21. 2. 2012 – 9 AZR 486/10).

III. Anspruch auf Zusatzurlaub für Schwerbehinderte, § 125 SGB IX

Auf den Zusatzurlaub nach § 125 SGB IX sind die Vorschriften über die Entstehung, Übertragung, Kürzung und Abgeltung des gesetzlichen Mindesturlaubs anzuwenden (BAG vom 13. 12. 2011 – 9 AZR 399/10, vom 7. 8. 2012 – 9 AZR 353/10, vom 17. 5. 2011 – 9 AZR 197/10, vom 23. 3. 2010 – 9 AZR 128/09; siehe auch den Beschluss der Mitgliederversammlung in der 8./94 Sitzung am 15./16. 9. 1994 unter TOP 22).

Anhang 3

Urlaubsanspruch bei Änderung des Beschäftigungsumfangs/Beschäftigungsmodells im Laufe des Urlaubsjahres

Durchführungshinweise der Geschäftsstelle der TdL vom 26. Oktober 2020

1. Einleitung

1.1 Vorbemerkungen

Mit der Entscheidung vom 10. Februar 2015 – 9 AZR 53/14 (F) – hatte das Bundesarbeitsgericht (BAG) seine bisherige Rechtsprechung zur Berechnung des Urlaubsanspruchs in Folge der unionsrechtlichen Vorgaben des Europäischen Gerichtshofes (EuGH) grundsätzlich aufgegeben. In der zum Bereich des Bundes ergangenen Entscheidung stellte der 9. Senat fest, dass die in § 26 Abs. 1 Satz 4 (jetzt Satz 3) TVöD i. d. F. 2010 enthaltene Regelung wegen Verstoßes gegen das Verbot der Diskriminierung von Teilzeitkräften gemäß § 4 Abs. 1 TzBfG i. V. m. § 134 BGB unwirksam sei, soweit sie die Anzahl der während der Beschäftigung in Vollzeit erworbenen Urlaubstage mindert. Da die Entscheidungsgründe auf die vergleichbare Fassung in § 26 Abs. 1 Satz 4 TV-L übertragbar sind hatte die Mitgliederversammlung der TdL in ihrer 9./2015 Sitzung (TOP 12) beschlossen, aus dieser Entscheidung des BAG allgemeine Folgerungen für alle Fälle der Reduzierung der wöchentlichen Arbeitstage zu ziehen.

Anschließend präzisierte der EuGH mit Urteil vom 11. November 2015 – C-219/14 (Rechtssache „Greenfield") – seine unionsrechtlichen Vorgaben zur Berechnung der Urlaubsansprüche in einem Fall der Erhöhung der Arbeitszeit. Mit Rücksicht auf diese „Greenfield"-Entscheidung – die das BAG in seinem Urteil vom 10. Februar 2015 naturgemäß noch nicht berücksichtigen konnte – erweiterte die Mitgliederversammlung den o. g. Beschluss in der 1./2016 Sitzung (TOP 9.1) wie folgt: „Entsprechend dem Urteil des BAG vom 10. Februar 2015 – 9 AZR 53/14 (F) – und dem Urteil des EuGH vom 11. November 2015 – Rs. C-219/14 („Greenfield") – wird in Fällen der Reduzierung der wöchentlichen Arbeitstage und in Fällen der Erhöhung der wöchentlichen Arbeitstage die Zahl der Urlaubstage zeitabschnittsweise neu berechnet. In beiden Fällen kann monatsweise- oder wochengenau gerechnet werden. Für die Berechnung des Urlaubsentgelts gilt gemäß § 26 Abs. 1 Satz 1 TV-L die Regelung des § 21 TV-L."

Nach den auf dieser Grundlage erstellten TdL-Hinweisen vom 20. Mai 2016 liegen zwischenzeitlich einige neuere BAG-Entscheidungen zu dieser Thematik vor. Zur Berechnung der Urlaubsdauer (Ziffer 2) haben sich grundsätzlich keine Änderungen ergeben. Vielmehr hält der 9. Senat hier auch weiter an einer abschnittsbezogenen Berechnung fest. In Bezug auf die Berechnung des Urlaubsentgelts (Ziffer 3) haben sich hingegen einige Änderungen ergeben.

Die Mitgliederversammlung hat deshalb eine Neufassung der Durchführungshinweise am 26. Oktober 2020 beschlossen. Die nachfolgenden Hinweise ersetzen die bisherige Fassung vom 20. Mai 2016 und erläutern die Umsetzung der derzeitigen Rechtslage. Wesentliche Ziele der Neufassung waren eine möglichst praktikable Umsetzung in der Praxis und eine weitestgehende Reduzierung des Verwaltungsaufwandes. Mit einer ergänzenden Rundungsregel wird die stundenweise Gewährung von Urlaubsbruchteilen vermieden. Abschnittsbezogen berechnete Urlaubsansprüche können so in ganzen Arbeitstagen gewährt werden (siehe Ziffer 2.2). Dadurch ergibt sich zudem eine deutlich erleichterte Berechnung des Urlaubsentgelts (siehe Ziffer 3.1.1).

Die Hinweise beziehen sich sowohl auf den gesetzlichen Mindesturlaub als auch auf den tariflichen Mehrurlaub. Die allgemeinen Folgerungen aus der Rechtsprechung gelten für den Zusatzurlaub für schwerbehinderte Menschen nach § 208 SGB IX entsprechend.

1.2 Entscheidungen zur Berechnung des Urlaubsanspruchs

In seiner Entscheidung vom 14. März 2017 – 9 AZR 7/16 hatte das BAG im Fall eines unterjährigen Wechsels der Arbeitszeitverteilung zunächst noch ausgeführt, dass § 26 Abs. 1 Satz 4 TVöD a. F. nicht dahin ausgelegt werden könne, dass der kalendarisch bestimmte Urlaubsanspruch in Zeitabschnitte fragmentiert und damit als Summe mehrerer (Teil-)Urlaubsansprüche zu berechnen sei (Rz. 14). An dieser Auffassung hat das BAG jedoch nicht weiter festgehalten, sondern in den folgenden Entscheidungen zur Berechnung des Urlaubsanspruchs in diesen Fällen grundsätzlich entsprechende Zeitabschnitte gebildet (BAG vom 19. März 2019 – 9 AZR 315/17 und 9 AZR 406/17, sowie vom 21. Mai 2019 – 9 AZR 259/18):

> „Bei einem unterjährigen Wechsel der Anzahl der Arbeitstage ist der Gesamtjahresurlaubsanspruch für das betreffende Kalenderjahr unter Berücksichtigung der einzelnen Zeiträume der Beschäftigung und der auf sie entfallenden Wochentage mit Arbeitspflicht umzurechnen. Unter Umständen muss die Urlaubsdauer mehrfach berechnet werden" (9 AZR 315/17 Rz. 22).

Die in den Durchführungshinweisen vom 20. Mai 2016 zugrunde gelegte abschnittsweise Betrachtung von Urlaubsansprüchen vor und nach dem Änderungsstichtag bleibt damit grundsätzlich weiter zulässig.

Auch der mit BAG-Entscheidung vom 10. Februar 2015 – 9 AZR 53/14 (F) festgestellte Grundsatz, dass die tarifvertraglichen Regelungen keine Obliegenheit des Beschäftigten begründen, ihren bereits erworbenen Urlaubsanspruch vor dem Wechsel des Arbeitszeitmodells in Anspruch zu nehmen, hat weiterhin Bestand.

1.3 Entscheidungen zur Berechnung des Urlaubsentgelts hier: bei Verringerung der Arbeitszeit

In den ersten Entscheidungen des BAG zur Umsetzung der unionsrechtlichen Vorgaben in das deutsche Urlaubsrecht ging es vornehmlich um die Berechnung der Urlaubsdauer. Offen geblieben waren die Fragen zur Berechnung des Urlaubsentgelts. Zwischenzeitlich liegen jedoch auch hierzu einige höchstrichterliche Entscheidungen vor (BAG vom 20. März 2018 – 9 AZR 486/17, vom 18. September 2018 – 9 AZR 159/18, vom 20. November 2018 – 9 AZR 349/18, vom 19. März 2019 – 9 AZR 315/17 und 9 AZR 406/17).

Hervorzuheben ist insbesondere die Entscheidung des BAG vom 20. März 2018 – 9 AZR 486/17 –, in der es um die Berechnung des Urlaubsentgelts bei einer Arbeitszeitverringerung ging. In der zum TV-L ergangenen Entscheidung kommt nach Auffassung des 9. Senats eine richtlinienkonforme Auslegung der Tarifnormen nicht in Betracht. Der Urlaubssenat hat deshalb eine Teilnichtigkeit der betreffenden Tarifnormen festgestellt:

> § „Die Regelungen in § 26 Abs. 1 Satz 1 und § 21 Satz 1 TV-L sind wegen Verstoßes gegen das Verbot der Diskriminierung von Teilzeitkräften (§ 4 Abs. 1 TzBfG) gemäß § 134 BGB nichtig, soweit sie für die Berechnung des Urlaubsentgelts auf das im Urlaubszeitraum vom Arbeitnehmer zu beanspruchende Entgelt auch in den Fällen abstellen, in denen der Arbeitnehmer nach der Verringerung seiner wöchentlichen Regelarbeitszeit Urlaub nimmt, der aus der Zeit vor der Arbeitszeitreduzierung stammt (9 AZR 486/17 Rz. 11)."

Von daher ist anstelle der tariflich geregelten Entgeltfortzahlung in diesen Fallgestaltungen das Urlaubsentgelt auf der Grundlage, der vor der Reduzierung der Regelarbeitszeit geltenden Teilzeitquote zu ermitteln (siehe auch 9 AZR 486/17 Rz. 10).

II

1.4 Entscheidungen zur Berechnung des Urlaubsentgelts hier: bei Erhöhung der Arbeitszeit

Für Fälle der Erhöhung der Arbeitszeit hatte zunächst der EuGH die unionsrechtlichen Vorgaben zur Berechnung von Urlaubsansprüchen in seinem Urteil vom 11. November 2015 – C-219/14 („Greenfield") – weiter präzisiert und klargestellt, dass Urlaubsansprüche im Hinblick auf den im Arbeitsvertrag vorgesehenen Rhythmus erworben und dementsprechend zu berechnen sind (Rz. 29, 33 a. a. O.). Daraus folgert er unterschiedliche Wertigkeiten für die Zeiträume vor und nach dem Änderungsstichtag:

Urlaubsansprüche, die in Vollzeit erworben wurden, behalten ihre Wertigkeit, auch wenn sie zu einem späteren Zeitpunkt (z. B. in Teilzeit) in Anspruch genommen werden. Der EuGH geht also in Fällen der Verringerung der Arbeitszeit offensichtlich von einem „Wertguthaben" für die Zukunft aus. Diese Wertigkeit gilt jedoch umgekehrt auch für Urlaubsansprüche, die in Teilzeit erworben wurden und in einem späteren Abschnitt mit höherer Wochenstundenzahl in Anspruch genommen werden (Rz. 41 a. a. O.). Der EuGH hat deshalb ausdrücklich bestätigt, dass in Fällen einer Erhöhung des Arbeitszeitumfangs keine unionsrechtliche Verpflichtung einer Nachberechnung der bereits vor dem Änderungsstichtag erworbenen Urlaubsansprüche besteht (Tenor 1 a. a. O.).

Im deutschen Urlaubsrecht des öffentlichen Dienstes besteht nach der Entscheidung des BAG vom 20. November 2018 – 9 AZR 349/18 – eine hiervon abweichende Rechtslage. Das BAG hatte zu einer mit § 21 Satz 1 TV-L weitgehend inhaltsgleichen Regelung im Tarifrecht der Bundesagentur für Arbeit entschieden, dass die Berechnung des Urlaubsentgelts auf der Grundlage einer im Vergleich zum aktuellen Beschäftigungsumfang geringeren Beschäftigungsquote nicht dem tariflichen Regelungsgehalt und dem Gebot der gesetzeskonformen Auslegung von Tarifverträgen entspricht (Rz. 28, 29 a. a. O.). Berechnete man das Urlaubsentgelt auf der Grundlage einer im Vergleich zum aktuellen Beschäftigungsumfang geringeren Beschäftigungsquote, würde das Entgelt nicht „weitergezahlt", sondern für den Urlaubszeitraum verringert (Rz. 26 a. a. O.). Eine Verminderung des nach § 21 TV-L ermittelten Urlaubsentgelts ist deshalb in diesen Fällen ausgeschlossen (siehe Ziffer 3.2).

Soweit im Zusammenhang mit den Informationen zur BAG-Entscheidung vom 20. März 2018 – 9 AZR 486/17 – seinerzeit noch davon ausgegangen wurde, dass für in Teilzeit erworbene Urlaubstage im Falle einer Erhöhung der Arbeitszeit konsequenterweise das vorherige (niedrigere) Entgelt zu zahlen sei (siehe E-Mail der Geschäftsstelle vom 28. Juni 2018), hat sich dies aufgrund der neuen Rechtsprechung des BAG nicht bestätigt.

2. Folgerungen für die Urlaubsdauer

Der in § 26 Abs. 1 Satz 4 TV-L angelegte Grundsatz der anteiligen Berechnung ist bei einer von der Fünf-Tage-Woche abweichenden Verteilung der wöchentlichen Arbeitszeit auch weiterhin anzuwenden. Der EuGH hat in den Entscheidungen vom 22. April 2010 – C-486/08 – („Tirol") Rz. 33 und 13. Juni 2013 – C-415/12 – („Brandes") Rz. 31 klargestellt, dass für diese Zeit die Minderung des Anspruchs auf Jahresurlaub gegenüber dem bei Vollzeitbeschäftigung bestehenden Anspruch aus sachlichen Gründen gerechtfertigt ist. Abgelehnt hat er lediglich die Umrechnung des bis zum Wechsel des Arbeitszeitmodells bereits erworbenen Urlaubsanspruchs.

In Umsetzung dieser unionsrechtlichen Vorgaben hat das BAG auch nur eine Teilnichtigkeit der tarifvertraglichen Regelungen zur Umrechnung des Urlaubsanspruchs festgestellt. § 26 Abs. 1 Satz 4 TV-L ist daher lediglich insoweit unwirksam, soweit dadurch die Anzahl der noch **vor** der neuen Arbeitszeitverteilung erworbenen Urlaubstage gemindert wird (BAG vom 10. Februar 2015 – 9 AZR 53/14 (F), Rz. 15). Im Übrigen kommt die Tarifnorm hingegen weiter zur Anwendung, sodass der Urlaubsanspruch bei Änderung der Zahl der wöchentlichen Arbeitstage im Laufe des Urlaubsjahres für den Zeitraum **nach** der neuen Arbeitszeitverteilung gemäß § 26 Abs. 1 Satz 4 TV-L im Sinne einer abschnittsweisen Betrachtung neu zu berechnen ist. Nach der Entscheidung des 9. Senats vom 19. März 2019 – 9 AZR 315/17 – ist der Urlaubsanspruch bei jedem unterjährigen Wechsel des Arbeitszeitmodells neu zu berechnen. Im Hinblick auf die besonderen Fallgestaltungen in den Ländern wurden nachfolgend auch Beispielrechnungen mit mehrfachem Wechsel des Beschäftigungsumfangs aufgenommen.

2.1 Änderung des Beschäftigungsumfangs bei unveränderter Anzahl der Arbeitstage in der Kalenderwoche

In allen Fällen, in denen es bei der Zahl der wöchentlichen Arbeitstage bleibt und sich lediglich die tägliche Arbeitszeit der/des Beschäftigten ändert, ergeben sich für die Dauer des Urlaubsanspruchs keine Folgen. Oder anders formuliert: Änderungen der individuellen regelmäßigen Arbeitszeit ohne Änderung der Anzahl der Wochentage haben keinen Einfluss auf die Anzahl der zustehenden Urlaubstage (vgl. BAG vom 20. November 2018 – 9 AZR 349/18, Rz. 23).

Wegen des im deutschen Urlaubsrecht geltenden Tagesprinzips ist es für die Anzahl der Urlaubstage unerheblich, wie viele Arbeitsstunden der jeweilige Arbeitstag hat. Maßgebend für die Anrechnung auf den Urlaubsanspruch ist allein, ob an dem betreffenden Urlaubstag aufgrund der individuellen Arbeitsverteilung an sich eine Arbeitspflicht bestünde. Da sich der Jahresurlaubsanspruch von 30 Arbeitstagen nach § 26 Abs. 1 Satz 2 TV-L auf eine Fünf-Tage-Woche und nicht auf Arbeitsstunden bezieht, haben Teilzeitbeschäftigte, deren vertraglich vereinbarte Arbeitszeit auf fünf Tage in der Woche verteilt ist, den selben Urlaubsanspruch wie vergleichbare Vollzeitbeschäftigte.

Für die Urlaubsdauer ist daher in diesen Fällen grundsätzlich keine abschnittsbezogene Berechnung erforderlich. Anders stellt sich die Rechtslage bei der Bemessung des Urlaubsentgelts dar. Bei Verringerung der Wochenarbeitszeit ist das Urlaubsentgelt für jeden Abschnitt getrennt und unter Zugrundelegung der jeweiligen Teilzeitquote zu berechnen (siehe Ziffer 3.1.1 – Beispiel 5). Bei Erhöhung der Wochenarbeitszeit sind dagegen grundsätzlich keine Abschnitte zu bilden. Hier gilt das Entgeltfortzahlungsprinzip nach § 21 TV-L (siehe Ziffer 3.2 – Beispiele 6 und 7).

2.2 Änderung der Anzahl der Arbeitstage in der Kalenderwoche

Sofern die Anzahl der Arbeitstage in der Kalenderwoche im laufenden Kalenderjahr geändert wird, ist der Urlaubsanspruch nach der Rechtsprechung von EuGH und BAG abschnittsbezogen neu zu berechnen. In seiner Entscheidung vom 11. November 2015 – C-219/14 („Greenfield“) Rz. 35 führt der EuGH dazu aus, dass Zeiträume, in denen die Beschäftigten nach verschiedenen Arbeitsrhythmen arbeiten, voneinander zu unterscheiden und für jeden Zeitraum getrennt zu berechnen sind. So hat auch das BAG unlängst im Urteil vom 19. März 2019 – 9 AZR 315/17 Rz. 22 – erneut festgestellt, dass bei einem unterjährigen Wechsel der Anzahl der Arbeitstage in der Kalenderwoche der Gesamtjahresurlaubsanspruch für das betreffende Kalenderjahr unter Berücksichtigung der einzelnen Zeiträume der Beschäftigung und der auf sie entfallenden Wochentage mit Arbeitspflicht umzurechnen ist. Unter Umständen muss die Urlaubsdauer mehrfach berechnet werden.

Nach § 26 Abs. 1 Satz 2 bis 4 TV-L ist die tarifliche Urlaubsdauer auf der Grundlage einer Fünf-Tage-Woche festgelegt und bei einer anderen Verteilung der wöchentlichen Arbeitszeit entsprechend umzurechnen. Dementsprechend bemisst sich die Zahl der Urlaubstage, die auf die Abschnitte vor und nach dem Änderungsstichtag entfallen, nach der für den jeweiligen Abschnitt vereinbarten Anzahl der Wochenarbeitstage. Diese abschnittsbezogene Ermittlung der jeweiligen Urlaubsanteile gilt unabhängig davon, ob das Arbeitszeitvolumen verändert oder beibehalten wird.

Aus Gründen der Verwaltungsvereinfachung sollte bei der Berechnung der anteiligen Urlaubsansprüche die zur Berechnung von Teilurlaubsansprüchen in § 26 Abs. 2 Buchst. b TV-L bereits vorgegebene Zwölftelungsregelung angewandt werden. Von daher wird empfohlen, den beabsichtigten Wechsel des Beschäftigungsmodells möglichst zum Ersten eines Monats zu vereinbaren. Kann die Änderung der Anzahl der wöchentlichen Arbeitstage nicht zum Monatsersten erfolgen, sollte der Monat, in dessen Verlauf die Änderung erfolgt, bei demjenigen Bezugszeitraum mit der höheren Anzahl an Wochenarbeitstagen als voller Kalendermonat berücksichtigt werden.

Zur Neuberechnung des Urlaubsanspruchs wird zunächst der volle Urlaubsanspruch für das Kalenderjahr auf Basis des bisherigen und der volle Urlaubsanspruch auf Basis des neuen Beschäftigungsmodells ermittelt. Anschließend werden die so ermittelten Urlaubstage jeweils durch 12 Monate geteilt und mit der Anzahl der Monate des entsprechenden Teilabschnitts multipliziert.

$$\frac{\text{tariflicher Urlaubsanspruch}}{\text{12 Monate}} \times \text{... Monate des Teilabschnitts}$$

Die so ermittelten Teilansprüche werden dann addiert und ergeben so den Jahresurlaubsanspruch. Nach der Ermittlung des Jahresurlaubsanspruchs sind ggf. noch bestehende Urlaubsansprüche aus dem vorherigen Urlaubsjahr hinzuzurechnen und ggf. vor dem Änderungsstichtag bereits gewährter Urlaub in Abzug zu bringen.

Ergeben sich bei der abschnittsbezogenen Berechnung des Urlaubs Bruchteile, kann die Rundungsregelung des § 26 Abs. 1 Satz 5 TV-L an sich keine Anwendung finden, da es sich wegen des ununterbrochenen Arbeitsverhältnisses weiter um Vollurlaubsansprüche handelt. Im Einklang mit dem im deutschen Urlaubsrecht verankerten Tagesprinzip sollten die abschnittsbezogenen Urlaubsansprüche gleichwohl nur als ganze Arbeitstage gewährt werden. Solch ein Rechenergebnis steht zudem im Einklang mit dem im deutschen Urlaubsrecht verankerten Tagesprinzip. Dafür sind allerdings in vielen Fallgestaltungen entsprechende Rundungen unausweichlich. Bei den oben beschriebenen Spitzberechnungen können sich Bruchteile für nur einen aber auch für beide Bezugszeiträume ergeben.

Falls dieser Rechenweg zu Bruchteilen für nur einen Bezugszeitraum führt, ist die tarifliche Rundungsregelung in § 26 Abs. 1 Satz 5 TV-L analog anzuwenden. In Fällen, in denen sich Bruchteile für beide

Bezugszeiträume ergeben, sind diese zugunsten der Beschäftigten bei dem Bezugszeitraum mit der höheren regelmäßigen Wochenarbeitszeit aufzurunden. Im Gegenzug sind die Bruchteile bei dem Bezugszeitraum mit der niedrigeren regelmäßigen Wochenarbeitszeit abzurunden. Bleibt die regelmäßige Wochenarbeitszeit gleich und ändert sich nur die Anzahl der Wochenarbeitstage, ist zugunsten der Beschäftigten bei dem Bezugszeitraum mit der höheren Anzahl an Wochenarbeitstagen aufzurunden. Konsequenterweise sind dann im Gegenzug die Bruchteile bei dem Bezugszeitraum mit der niedrigeren Anzahl an Wochenarbeitstagen abzurunden. Die einzelnen Berechnungsschritte sollen in den nachfolgenden Beispielen verdeutlicht werden:

Beispiel 1 (Wochenarbeitstage verringert, Urlaubsbruchteile in einem Bezugszeitraum):

Eine Teilzeitbeschäftigte, die in der Vier-Tage-Woche arbeitet, verteilt ihre wöchentliche Arbeitszeit im Laufe des Monats März auf nur noch drei Arbeitstage. Die verringerte regelmäßige wöchentliche Arbeitszeit wird unverändert beibehalten. Urlaubsansprüche aus dem vorhergehenden Urlaubsjahr bestehen nicht. Der Urlaubsanspruch berechnet sich wie folgt:

Erster Berechnungsschritt (Spitzberechnung für beide Teilabschnitte):

- 6 Urlaubstage stehen für Januar bis März unter Berücksichtigung der Teilzeitbeschäftigung in der Vier-Tage-Woche zu (1. Teilabschnitt). Im Rahmen der Zwölftelung wird der Monat März, in dessen Verlauf der Wechsel stattfindet, bei dem Bezugszeitraum mit der höheren Anzahl an Wochenarbeitstagen als voller Monat berücksichtigt.

$$\frac{\text{24 Tage (4/5 von 30 Urlaubstagen)}}{\text{12 Monate}} \times \text{3 Monate}$$

- 13,5 Urlaubstage stehen für April bis Dezember unter Berücksichtigung der Teilzeitbeschäftigung in der Drei-Tage-Woche zu (2. Teilabschnitt).

$$\frac{\text{18 Tage (3/5 von 30 Urlaubstagen)}}{\text{12 Monate}} \times \text{9 Monate}$$

Der Jahresurlaubsanspruch betrüge demnach ohne Rundung 19,5 Arbeitstage (6 + 13,5), wobei nur auf den zweiten Bezugszeitraum rechnerisch ein halber Arbeitstag entfiele.

Zweiter Berechnungsschritt (Rundung):

Im Rahmen der abschnittsbezogenen Berechnung des Urlaubs hat sich lediglich für einen der beiden Bezugszeiträume ein Bruchteil ergeben. Im Beispielsfall ist dies der zweite Bezugszeitraum, der nach dem Wechsel liegt. Somit ist die tarifliche Rundungsregel des § 26 Abs. 1 Satz 5 TV-L, nach der Bruchteile von mindestens einem halben Urlaubstag aufzurunden sind und Bruchteile von weniger als einem halben Urlaubstag unberücksichtigt bleiben, entsprechend anzuwenden. Der Bruchteil beträgt 0,5 Arbeitstage und ist daher aufzurunden. Im Ergebnis ist also der Urlaubsanspruch für den zweiten Bezugszeitraum von 13,5 Arbeitstagen auf 14 Arbeitstage aufzurunden. In der Summe beträgt der Jahresurlaubsanspruch folglich 20 Arbeitstage (6 + 14). Durch die Rundung wird die stundenweise Berechnung des Urlaubsentgelts für einen halben Urlaubstag vermieden.

Beispiel 2 (Wochenarbeitstage verringert, Urlaubsbruchteile in beiden Bezugszeiträumen):

Ein an fünf Arbeitstagen Teilzeitbeschäftigter ändert im Laufe des Monats September die Verteilung seiner Wochenarbeitszeit auf drei Arbeitstage. Die verringerte regelmäßige wöchentliche Arbeitszeit wird unverändert beibehalten. Urlaubsansprüche aus dem vorhergehenden Urlaubsjahr bestehen nicht. Der Urlaubsanspruch berechnet sich wie folgt:

Erster Berechnungsschritt (Spitzberechnung für beide Teilabschnitte):

- 22,5 Urlaubstage stehen für Januar bis September unter Berücksichtigung der Teilzeitbeschäftigung in der Fünf-Tage-Woche zu (1. Teilabschnitt). Im Rahmen der Zwölftelung wird der Monat September, in dessen Verlauf der Wechsel stattfindet, bei dem Bezugszeitraum mit der höheren Anzahl an Wochenarbeitstagen als voller Monat berücksichtigt.

  $$\frac{\text{30 Tage (tariflicher Urlaub)}}{\text{12 Monate}} \times \text{9 Monate}$$

- 4,5 Urlaubstage stehen für Oktober bis Dezember unter Berücksichtigung der Teilzeitbeschäftigung in der Drei-Tage-Woche zu (2. Teilabschnitt)

  $$\frac{\text{18 Tage (3/5 von 30 Urlaubstagen)}}{\text{12 Monate}} \times \text{3 Monate}$$

Ohne Zwischenrundung der beiden Bruchteile betrüge der Jahresurlaubsanspruch 27 Arbeitstage (22,5 + 4,5), wobei auf beide Bezugszeiträume rechnerisch ein halber Arbeitstag entfiele.

Zweiter Berechnungsschritt (Rundung):

Im Rahmen der abschnittsbezogenen Berechnung des Urlaubs haben sich für beide Bezugszeiträume Bruchteile ergeben. Da es sich bei dem ersten Bezugszeitraum um den Abschnitt mit der höheren Anzahl an Wochenarbeitstagen bei gleichbleibender Wochenarbeitszeit handelt, wird der Urlaubsanspruch von 22,5 Arbeitstagen auf 23 Arbeitstage aufgerundet. Im Gegenzug werden die 4,5 Urlaubstage für den zweiten Bezugszeitraum auf 4 Urlaubstage abgerundet. In der Summe verbleibt es somit bei einem Jahresurlaubsanspruch von 27 Arbeitstagen (23 + 4). Durch die Rundung wird die stundenweise Berechnung des Urlaubsentgelts für einen halben Urlaubstag vermieden.

Beispiel 3 (Wochenarbeitstage mehrmals verringert, Urlaubsbruchteile in mehreren Bezugszeiträumen):

Ein an fünf Arbeitstagen Teilzeitbeschäftigter ändert im Laufe des Monats März die Verteilung seiner Wochenarbeitszeit auf vier Arbeitstage. Mitte Juni reduziert er die Verteilung erneut und arbeitet nur noch an drei Arbeitstagen in der Woche. Im September muss er die wöchentliche Arbeit aus privaten Gründen auf einen Wochentag verringern.

Durch mehrmaliges Wechseln des Beschäftigungsmodells innerhalb des Urlaubsjahres sind für die Berechnung des Urlaubsanspruchs insgesamt vier

Abschnitte zu bilden. Regelmäßig wird dieser Ablauf nicht zu Beginn des Urlaubsjahres feststehen. Von daher ist der Urlaubsanspruch fortschreitend nach jedem Wechsel erneut zu berechnen und festzustellen:

1. Wechsel (von fünf auf vier Wochenarbeitstage) – Urlaubsbruchteile in einem Bezugszeitraum:

Erster Berechnungsschritt (Spitzberechnung für beide Teilabschnitte)

- 7,5 Urlaubstage stehen für Januar bis März unter Berücksichtigung der Teilzeitbeschäftigung in der Fünf-Tage-Woche zu (1. Teilabschnitt). Im Rahmen der Zwölftelung wird der Monat März, in dessen Verlauf der Wechsel stattfindet, bei dem Bezugszeitraum mit der höheren Anzahl an Wochenarbeitstagen als voller Monat berücksichtigt.

$$\frac{\text{30 Tage (tariflicher Urlaub)}}{\text{12 Monate}} \times \text{3 Monate}$$

- 18 Urlaubstage stehen für April bis Dezember unter Berücksichtigung der Teilzeitbeschäftigung in der Vier-Tage-Woche zu (2. Teilabschnitt)

$$\frac{\text{24 Tage (4/5 von 30 Urlaubstagen)}}{\text{12 Monate}} \times \text{9 Monate}$$

Ohne Zwischenrundung der beiden Bruchteile betrüge der Jahresurlaubsanspruch 25,5 Arbeitstage (7,5 + 18), wobei nur auf den ersten Bezugszeitraum rechnerisch ein halber Arbeitstag entfiele.

Zweiter Berechnungsschritt (Rundung):

Im Rahmen der abschnittsbezogenen Berechnung des Urlaubs hat sich lediglich für einen der beiden Bezugszeiträume ein Bruchteil ergeben. Im Beispielsfall ist dies der erste Bezugszeitraum, der vor dem Wechsel liegt. Somit ist die tarifliche Rundungsregel des § 26 Abs. 1 Satz 5 TV-L, nach der Bruchteile von mindestens einem halben Urlaubstag aufzurunden sind und Bruchteile von weniger als einem halben Urlaubstag unberücksichtigt bleiben, entsprechend anzuwenden. Der Bruchteil beträgt 0,5 Arbeitstage und ist daher aufzurunden. Im Ergebnis ist also der Urlaubsanspruch für den ersten Bezugszeitraum von 7,5 Arbeitstagen auf 8 Arbeitstage aufzurunden. In der Summe beträgt der Jahresurlaubsanspruch folglich 26 Arbeitstage (8 + 18). Durch die Rundung wird die stundenweise Berechnung des Urlaubsentgelts für einen halben Urlaubstag vermieden.

2. Wechsel (von vier auf drei Wochenarbeitstage) – keine Urlaubsbruchteile:

Der Tarifbeschäftigte hat im ersten Bezugszeitraum einen Urlaubsanspruch auf 8 Arbeitstage erworben. Die Berechnung für den zweiten Bezugszeitraum ist durch einen weiteren Wechsel im Juni zu korrigieren:

Erster Berechnungsschritt (Spitzberechnung für beide Teilabschnitte)

- 6 Urlaubstage stehen für die Monate April bis Juni unter Berücksichtigung der Teilzeitbeschäftigung in der Vier-Tage-Woche zu (2. Teilabschnitt). Im Rahmen der Zwölftelung wird der Monat Juni, in dessen Verlauf der Wechsel stattfindet, bei dem Bezugszeitraum mit der höheren Anzahl an Wochenarbeitstagen als voller Monat berücksichtigt.

$$\frac{\text{24 Tage (4/5 von 30 Urlaubstagen)}}{\text{12 Monate}} \times \text{3 Monate}$$

II

- 9 Urlaubstage stehen für Juli bis Dezember unter Berücksichtigung der Teilzeitbeschäftigung in der Drei-Tage-Woche zu (3. Teilabschnitt)

$$\frac{\text{18 Tage (3/5 von 30 Urlaubstagen)}}{\text{12 Monate}} \times \text{6 Monate}$$

Für diese beiden Bezugszeiträume im Zeitraum April bis Dezember ergibt sich ein Urlaubsanspruch von 15 Arbeitstagen (6 + 9). Eine Rundung ist deswegen nicht erforderlich. Zusammen mit dem bereits festgestellten Urlaubsanspruch aus dem ersten Bezugszeitraum in Höhe von 8 Arbeitstagen beträgt der Jahresurlaubsanspruch 23 Arbeitstage (8 + 6 + 9).

<u>3. Wechsel (von drei Wochenarbeitstagen auf einen Wochenarbeitstag) – Urlaubsbruchteile in zwei Bezugszeiträumen:</u>

Der Tarifbeschäftigte hat in den ersten beiden Bezugszeiträumen einen Urlaubsanspruch von insgesamt 14 Arbeitstagen (8 + 6) erworben. Die Berechnung für den dritten Bezugszeitraum ist durch einen erneuten Wechsel des Beschäftigungsmodells von drei Tagen auf nur noch einen Tag in der Woche im Lauf des Monats September zu korrigieren:

Erster Berechnungsschritt (Spitzberechnung für beide Teilabschnitte)

- 4,5 Urlaubstage stehen für Juli bis September unter Berücksichtigung der Teilzeitbeschäftigung in der Drei-Tage-Woche zu (3. Teilabschnitt). Im Rahmen der Zwölftelung wird der Monat September, in dessen Verlauf der Wechsel stattfindet, bei dem Bezugszeitraum mit der höheren Wochenarbeitszeit als voller Monat berücksichtigt.

$$\frac{\text{18 Tage (3/5 von 30 Urlaubstagen)}}{\text{12 Monate}} \times \text{3 Monate}$$

- 1,5 Urlaubstage stehen für Oktober bis Dezember unter Berücksichtigung der Teilzeitbeschäftigung in der 1-Tage-Woche zu (4. Teilabschnitt)

$$\frac{\text{6 Tage (1/5 von 30 Urlaubstagen)}}{\text{12 Monate}} \times \text{3 Monate}$$

Ohne Zwischenrundung der beiden Bruchteile betrüge der Urlaubsanspruch im Zeitraum Juli bis Dezember 6 Arbeitstage (4,5 + 1,5), wobei auf beide Bezugszeiträume rechnerisch ein halber Arbeitstag entfiele.

Zweiter Berechnungsschritt (Rundung):

Im Rahmen der abschnittsbezogenen Berechnung des Urlaubs haben sich für beide Bezugszeiträume Bruchteile ergeben. Da es sich bei dem dritten Bezugszeitraum um den Abschnitt mit der höheren Wochenarbeitszeit handelt, wird der Urlaubsanspruch von 4,5 Arbeitstagen auf 5 Arbeitstage aufgerundet. Im Gegenzug werden die 1,5 Urlaubstage für den vierten Bezugszeitraum auf 1 Urlaubstag abgerundet. In der Summe verbleibt es somit bei einem Urlaubsanspruch im zweiten Halbjahr von 6 Arbeitstagen (5 + 1). Durch die Rundung wird die stundenweise Berechnung des Urlaubsentgelts für einen halben Urlaubstag vermieden.

Zusammenfassung: Für das gesamte Urlaubsjahr erhält der Tarifbeschäftigte mit den zuvor beschriebenen Rundungen 20 Urlaubstage (8 + 6 + 5 + 1). Ohne Rundung würde sich rein rechnerisch ein Urlaubsanspruch von 19,5 Urlaubstagen ergeben (7,5 + 6,0 + 4,5 + 1,5); dieser wäre nach § 26 Abs. 1 Satz 5 TV-L auf 20 Urlaubstage zu runden.

II

Beispiel 4 (Wochenarbeitstage und Arbeitszeit erhöht – Urlaubsbruchteile in einem Bezugszeitraum):

Ein an vier Arbeitstagen Teilzeitbeschäftigter kehrt im Lauf des Monats April zur Vollzeitbeschäftigung in der Fünf-Tage-Woche zurück. Urlaubsansprüche aus dem vorhergehenden Urlaubsjahr bestehen nicht. Der Urlaubsanspruch berechnet sich wie folgt:

Erster Berechnungsschritt (Spitzberechnung für beide Teilabschnitte):

- 6 Urlaubstage stehen für Januar bis März unter Berücksichtigung der Teilzeitbeschäftigung in der Vier-Tage-Woche zu (1. Teilabschnitt).

  $$\frac{\text{24 Tage (4/5 von 30 Urlaubstagen)}}{\text{12 Monate}} \times \text{3 Monate}$$

- 22,5 Urlaub stage stehen für April bis Dezember unter Berücksichtigung der Vollzeitbeschäftigung in der 5-Tage-Woche zu (2. Teilabschnitt). Im Rahmen der Zwölftelung wird der Monat April, in dessen Verlauf der Wechsel stattfindet, beim zweiten Bezugszeitraum als voller Monat berücksichtigt, da dieser mit der Vollzeitbeschäftigung die höhere wöchentliche Arbeitszeit aufweist.

  $$\frac{\text{30 Tage (tariflicher Urlaub)}}{\text{12 Monate}} \times \text{9 Monate}$$

Ohne Rundung des Bruchteils betrüge der Jahresurlaubsanspruch 28,5 Arbeitstage (6 + 22,5), wobei nur auf den zweiten Berechnungszeitraum rechnerisch ein halber Arbeitstag entfiele.

Zweiter Berechnungsschritt (Rundung):

Im Rahmen der abschnittsbezogenen Berechnung des Urlaubs hat sich lediglich für einen der beiden Bezugszeiträume ein Bruchteil ergeben. Im Beispielsfall ist dies der zweite Bezugszeitraum, der nach dem Wechsel liegt. Somit ist die tarifliche Rundungsregel des § 26 Abs. 1 Satz 5 TV-L, nach der Bruchteile von mindestens einem halben Urlaubstag aufzurunden sind und Bruchteile von weniger als einem halben Urlaubstag unberücksichtigt bleiben, analog anzuwenden. Der Bruchteil beträgt 0,5 Arbeitstage und ist daher aufzurunden. Im Ergebnis ist also der Urlaubsanspruch für den zweiten Bezugszeitraum von 22,5 Arbeitstagen auf 23 Arbeitstage aufzurunden. In der Summe beträgt der Jahresurlaubsanspruch folglich 29 Arbeitstage (6 + 23). Durch die Rundung wird die stundenweise Berechnung des Urlaubsentgelts für einen halben Urlaubstag vermieden.

Hinweis im Hinblick auf die Entgeltberechnung:

In Fällen einer Erhöhung der individuellen Arbeitszeit gilt die tarifvertragliche Regelung in § 26 Abs. 1 Satz 1 TV-L. Während des Urlaubs werden das Tabellenentgelt und die sonstigen in Monatsbeträgen festgelegten Entgeltbestandteile gemäß § 21 Satz 1 TV-L in der zum Zeitpunkt der Inanspruchnahme des Urlaubs maßgebenden Höhe weitergezahlt. Die nicht in Monatsbeträgen festgelegten Entgeltbestandteile werden nach Maßgabe von § 21 Satz 2 und 3 TV-L berechnet und gezahlt (siehe im Einzelnen dazu unter Ziffer 3.2).

3. Folgerungen für das Urlaubsentgelt

Mit den in den Ziffern 1.3 und 1.4 aufgeführten BAG-Urteilen liegen zwischenzeitlich auch Entscheidungen des 9. Senats zur Berechnung des Urlaubsentgelts vor. Danach ist zunächst grundsätzlich zwischen Fallgestaltungen einer unterjährigen Verringerung der Arbeitszeit und denen einer Erhöhung der Arbeitszeit im Laufe des Urlaubsjahres zu unterscheiden.

Während bei einer Erhöhung der individuellen Arbeitszeit die tariflichen Regelungen zur Berechnung des Urlaubsentgelts weiter wirksam sind, hat das BAG für Fälle der Arbeitszeitverringerung eine Teilnichtigkeit der betreffenden Tarifnormen festgestellt. In den an das BAG herangetragenen Streitfällen ging es bisher stets um die Frage des im Urlaubszeitraum (weiter) zu zahlenden Tabellenentgelts sowie der sonstigen in Monatsbeträgen festgestellten Entgeltbestandteile (im TV-L: § 26 Abs. 1 Satz 1 und § 21 Satz 1). Zur Berechnung des Tagesdurchschnitts der nicht in Monatsbeträgen festgestellten Entgeltbestandteile (§ 21 Satz 2 und 3 TV-L) liegt für Fälle der unterjährigen Veränderung des Beschäftigungsumfangs bisher noch keine höchstrichterliche Rechtsprechung vor.

3.1 Verringerung der Arbeitszeit

Anknüpfungspunkt für das in § 26 Abs. 1 Satz 1 und § 21 Satz 1 TVL geregelte Entgeltfortzahlungsprinzip ist das Entgelt, das dem Arbeitnehmer im Urlaubszeitraum zustände, wenn er seine Arbeitsleistung erbracht hätte. Dieses Prinzip hatte der 9. Senat bisher nicht beanstandet, wenn – wie im TV-L normiert – sichergestellt ist, dass der Arbeitnehmer mindestens das Urlaubsentgelt erhält, das er bei Weiterarbeit ohne Freistellung erwarten könnte (BAG vom 21. September 2010 – 9 AZR 510/09 Rz. 23).

In Folge der unionsrechtlichen Vorgaben des EuGH im Urteil vom 22. April 2010 – C-486/08 („Tirol“) hat das BAG mit Urteil vom 20. März 2018 – 9 AZR 486/17 entschieden, dass an dieser Rechtsprechung „für Alturlaub, den ein Arbeitnehmer nach Verringerung seiner wöchentlichen Regelarbeitszeit antritt, nicht festgehalten werden kann“ (Rz. 19 a. a. O.). Eine richtlinienkonforme Auslegung der Tarifnormen zur Berechnung des Urlaubsentgelts kommt nach Auffassung des BAG in diesen Fällen nicht in Betracht. Das BAG hat vielmehr eine Teilnichtigkeit dieser Tarifvorschriften festgestellt. Die Regelungen in § 26 Abs. 1 Satz 1 und § 21 Satz 1 TV-L sind wegen Verstoßes gegen das Verbot der Diskriminierung von Teilzeitkräften (§ 4 Abs. 1 TzBfG) gemäß § 134 BGB unwirksam, „soweit sie für die Berechnung des Urlaubsentgelts auf das im Urlaubszeitraum vom Arbeitnehmer zu beanspruchende Entgelt auch in den Fällen abstellen, in denen der Arbeitnehmer nach der Verringerung seiner wöchentlichen Regelarbeitszeit Urlaub nimmt, der aus der Zeit vor der Arbeitszeitreduzierung stammt" (Rz. 11 a. a. O.).

Da sich das Urlaubsentgelt in diesen Fällen nach den vor der Reduzierung der Regelarbeitszeit geltenden Parametern bemisst, wird auch insoweit eine getrennte, abschnittsbezogene Betrachtung erforderlich. Wegen der Anknüpfung an das Verbot der Diskriminierung von Teilzeitkräften gelten die Rechtsfolgen für den Gesamturlaubsanspruch und sind nicht auf den gesetzlichen Mindesturlaub beschränkt.

3.1.1 Urlaubsentgelt für vor der Verringerung erworbene Urlaubstage

Die in § 21 TV-L angelegte Berechnungsweise des Urlaubsentgelts kann jedoch geringfügig modifiziert werden, um dem im unionsrechtlichen Urlaubsrecht angelegten Gedanken eines in der Vergangenheit erworbenen Wertguthabens (siehe auch Ziffer 1.4) zu entsprechen. Dafür muss das Entgelt, das für das urlaubsbedingt ausgefallene Arbeitszeitvolumen zustehen würde, mit dem Zeitfaktor nach oben angepasst werden.

Durch fortgesetztes Anknüpfen an die Tarifnorm wird zunächst sichergestellt, dass zwischenzeitlich eingetretene Verdiensterhöhungen nicht nur vorübergehender Natur (allgemeine Tariferhöhungen, Höher- oder Herabgruppierungen sowie Stufensteigerungen) für die Berechnung des Urlaubsentgelts berücksichtigt werden. Diese Notwendigkeit einer Dynamisierung folgt nicht aus den unionsrechtlichen Vorgaben des EuGH, sondern ergibt sich aus den innerstaatlichen Regelungen des deutschen Urlaubsrechts (vgl. auch § 11 Abs. 1 Satz 2 BUrlG). Nach der Feststellung des BAG ist die Tarifregelung insoweit wirksam: Nach § 26 Abs. 1 Satz 1 und § 21 Satz 1 TV-L ist auf das während des Urlaubszeitraums maßgebliche Entgelt, also das Entgelt unter Einschluss etwaiger Tariferhöhungen, abzustellen (BAG vom 20. März 2018 – 9 AZR 486/17 Rz. 25). Ausgangspunkt der Entgeltberechnung ist also zunächst eine rein gegenwartsbezogene Betrachtung.

Anschließend sind die zuvor ermittelten Teilbeträge für sog. ständige und unständige Bezüge mit einem korrigierenden Zeitfaktor per Dreisatz hochzurechnen. Der Korrekturfaktor ergibt sich aus dem höheren (vergangenheitsbezogenen) Beschäftigungsumfang, der im Abschnitt vor dem Änderungsstichtag maßgeblich war. Notwendig ist diese Umrechnung sowohl für den Teilbetrag aus dem Tabellenentgelt und den sonstigen in Monatsbeträgen festgelegten Entgeltbestandteilen (§ 21 Satz 1 TV-L) als auch für den Teilbetrag aus den nicht in Monatsbeträgen festgelegten Entgeltbestandteilen (§ 21 Satz 2 TV-L).

Da es bei der Bemessung des Urlaubsentgelts um vor dem Änderungsstichtag erworbene Urlaubstage geht, muss stets ein für den einzelnen Urlaubstag maßgeblicher Tagesdurchschnitt errechnet werden. Die Berechnung eines Tagesdurchschnitts war bislang nur für sog. unständige Bestandteile im Sinne des § 21 Satz 2 und 3 TV-L geregelt. Als notwendige Modifikation gilt dieser Rechenweg jetzt auch für den Fall, dass Beschäftigte ausschließlich Anspruch auf ständige Bezüge im Sinne von § 21 Satz 1 TV-L haben. Sofern gleichzeitig Anspruch auf sog. ständige und unständige Entgeltbestandteile besteht, ergibt sich der für den einzelnen Urlaubstag maßgebliche Tagesdurchschnitt erst durch Addition der zwei Teilbeträge. Dabei ist mit Rücksicht auf die unterschiedlichen Entgeltbestandteile folgendes zu beachten:

a) Gegenwartsbezogene Betrachtung

   Zur Ermittlung des Tagesdurchschnitts ist auf die tatsächlichen Verhältnisse zum Zeitpunkt der Inanspruchnahme des Urlaubs abzustellen.

b) Ständige Entgeltbestandteile auf kalendertäglicher Basis ermitteln

   Für die Berechnung des Teilbetrags aus dem Tabellenentgelt und den sonstigen in Monatsbeträgen festgelegten Entgeltbestandteilen nach § 21 Satz 1 TV-L kommt die Regelung des § 24 Abs. 3 Satz 1 TV-L zur Anwendung. Die auf den einzelnen Urlaubstag entfallenden Beträge sind danach auf kalendertäglicher Basis zu berechnen. Im Zuge der gegenwartsbezogenen Betrachtung ist auf den Kalendermonat der tatsächlichen Inanspruchnahme des Urlaubs abzustellen. Als Tagesdurchschnitt stehen somit 1/28, 1/29, 1/30 oder 1/31 der sog. ständigen Entgeltbestandteile zu.

c) Unständige Entgeltbestandteile auf arbeitstäglicher Basis ermitteln

   Für die Berechnung des Teilbetrags aus den nicht in Monatsbeträgen festgesetzten Entgeltbestandteilen kann auf die in § 21 Satz 2 und 3 TV-L festgelegte Berechnungsmethode zurückgegriffen werden. Dabei handelt es sich um einen pauschalierend berechneten Tagesdurchschnitt auf arbeitstäglicher Basis. Maßgebendes Ereignis für den Berechnungszeitraum ist auch hier die tatsächliche Inanspruchnahme des Urlaubs. In Abhängigkeit vom Zeitpunkt der Inanspruchnahme des Urlaubs und dem Änderungsstichtag ist ggf. ein Ersatzberechnungszeitraum nach Nr. 1 Satz 3 der Protokollerklärungen zu § 21 Sätze 2 und 3 TV-L zu berücksichtigen.

Die Berechnung des Urlaubsentgelts auf der Grundlage des Tagesdurchschnitts für sog. ständige und unständige Entgeltbestandteile soll anhand des nachfolgenden Beispiels verdeutlicht werden:

Beispiel 5 (Wochenarbeitszeit verringert, Wochenarbeitstage unverändert – Urlaubsbruchteile in beiden Bezugszeiträumen):

Ein Vollzeitbeschäftigter in der Fünf-Tage-Woche mit einer regelmäßigen Arbeitszeit von 39 Wochenstunden wechselt im Laufe des Monats September in Teilzeit. Infolge der Halbtagsbeschäftigung verringert sich die wöchentliche Arbeitszeit auf 19,5 Stunden. Wegen der weiteren Verteilung auf fünf Tage in der Woche beträgt der Urlaubsanspruch unverändert 30 Arbeitstage im Kalenderjahr. Neben dem Tabellenentgelt (unterstellt 3.000 Euro) besteht Anspruch auf Zeit- und Erschwerniszuschläge (unterstellt 60 Euro pro Monat). Während der Vollzeitbeschäftigung hatte er bereits 10 Arbeitstage Urlaub im Juni genommen und will im Laufe des Monats Dezember (also während der Teilzeitbeschäftigung) weitere 10 Arbeitstage Urlaub nehmen.

Der Urlaubsanspruch berechnet sich wie folgt:

Erster Berechnungsschritt (Spitzberechnung für beide Teilabschnitte):

- 22,5 Urlaubstage stehen für Januar bis September unter Berücksichtigung der Vollzeitbeschäftigung in der Fünf-Tage-Woche zu (1. Teilabschnitt). Im Rahmen der Zwölftelung wird der Monat September, in dessen Verlauf der Wechsel stattfindet, bei dem Bezugszeitraum mit der höheren wöchentlichen Arbeitszeit als voller Monat berücksichtigt.

$$\frac{\text{30 Tage (tariflicher Urlaub)}}{\text{12 Monate}} \times \text{9 Monate}$$

- 7,5 Urlaubstage stehen für Oktober bis Dezember unter Berücksichtigung der Fünf-Tage-Woche zu (2. Teilabschnitt), hier allerdings in Teilzeitbeschäftigung

$$\frac{\text{30 Tage (tariflicher Urlaub)}}{\text{12 Monate}} \times \text{3 Monate}$$

Ohne Zwischenrundung der beiden Bruchteile betrüge der Jahresurlaubsanspruch 30 Arbeitstage (22,5 + 7,5), wobei auf beide Bezugszeiträume rechnerisch ein halber Arbeitstag entfiele.

Zweiter Berechnungsschritt (Rundung):

Im Rahmen der abschnittsbezogenen Berechnung des Urlaubs haben sich für beide Bezugszeiträume Bruchteile ergeben. Da es sich bei dem ersten Bezugszeitraum um den Abschnitt mit der höheren regelmäßigen wöchentlichen Arbeitszeit (Vollzeitarbeit) handelt, wird der Urlaubsanspruch von 22,5 Arbeitstagen auf 23 Arbeitstage aufgerundet. Im Gegenzug werden die 7,5 Urlaubstage für den zweiten Bezugszeitraum auf 7 Urlaubstage abgerundet. In der Summe verbleibt es somit bei einem Jahresurlaubsanspruch von 30 Arbeitstagen (23 + 7). Durch die Rundung wird die stundenweise Berechnung des Urlaubsentgelts für einen halben Urlaubstag vermieden.

Berechnung des Urlaubsentgelts:

Da der Beschäftigte neben dem Tabellenentgelt auch sog. unständige Entgeltbestandteile erhalten hat, erfolgt die Berechnung des auf den einzelnen Urlaubstag entfallenden Urlaubsentgelts entsprechend § 21 TV-L in zwei Teilbeträgen, die anschließend zu addieren sind:

- Für den ersten Teilbetrag aus dem Tabellenentgelt und den sonstigen in Monatsbeträgen festgelegten Entgeltbestandteilen ist bei Gegenwartsbetrachtung (s. o.) der Kalendermonat Dezember mit 31 Kalendertagen maßgeblich. Der kalendertägliche Durchschnitt ist somit nach § 24 Abs. 3 Satz TV-L mit dem Divisor 31 zu berechnen. Auf der Grundlage des Teilzeitentgelts in Höhe von 1.500 Euro für die Halbtagsbeschäftigung (Teilzeitquote 50 %) ergibt sich unter Berücksichtigung des § 24 Abs. 4 TV-L zunächst ein Tagesdurchschnitt von 48,39 Euro ($\frac{\text{1.500 Euro}}{\text{31 Kalendertage}}$).

  Dieser (auf aktueller Basis) erhaltene Betrag ist anschließend hochzurechnen, da die jetzt beanspruchten 10 Arbeitstage Urlaub in Vollzeit erworben wurden. Als erster Teilbetrag ist für die ständigen Entgeltbestandteile somit ein Betrag von 96,78 € festzuhalten (48,39 Euro × $\frac{\text{39 Wochenstunden}}{\text{19,5 Wochenstunden}}$).
- Berechnungszeitraum für den zweiten Teilbetrag aus den nicht in Monatsbeträgen festgelegten Entgeltbestandteilen nach § 21 Satz 2 TV-L sind hier die letzten zwei vollen Kalendermonate, die dem maßgeblichen Ereignis (Urlaubsbeginn im Laufe des Dezembers) vorausgehen. Der Regelberechnungszeitraum nach § 21 Satz 2 TV-L kommt nicht zum Tragen, da zwischen der Änderung der individuellen Arbeitszeit (September) und dem Urlaubsantritt (Dezember) keine vollen drei Kalendermonate liegen. Maßgeblich ist deshalb der Ersatzberechnungszeitraum nach Nr. 1 Satz 3 der PE zu § 21 Sätze 2 und 3 TV-L. Danach sind für die Berechnung des Tagesdurchschnitts die nach der Arbeitszeitänderung liegenden vollen Kalendermonate zugrunde zu legen. Da der Wechsel des Arbeitszeitmodells im Laufe des Septembers erfolgt und der Urlaub im Laufe des Dezembers angetreten wird, sind für die Berechnung des Tagesdurchschnitts die beiden vollen Kalendermonate Oktober und November zugrunde zu legen.

  Unterstellt, die Summe der zu berücksichtigenden Entgeltbestandteile in dem zweimonatigen Ersatzberechnungszeitraum hätte sich entsprechend des auf 50 % reduzierten Beschäftigungsumfangs auf 60 Euro halbiert, ergäbe sich nach § 21 Satz 2 in Verbindung mit Nr. 2 der PE zu § 21 Sätze 2 und 3 TV-L für die Zeit- und Erschwerniszuschläge auf Teilzeitbasis wegen der Fünf-Tage-Woche zunächst ein arbeitstäglicher Tagesdurchschnitt in Höhe von 1,38 Euro (60 Euro × $\frac{1}{43{,}33}$).

  Der Faktor für einen Zweimonatszeitraum ergibt sich nach den Ausführungen im Rundschreiben der TdL Geschäftsstelle im Rundschreiben vom 20. November 2006 – 2-06/1202/06 – D/2 aus folgender Umrechnung: (65 Arbeitstage × 2/3).

  Der (auf aktueller Basis berechnete) Betrag ist anschließend per Dreisatz auf den im Abschnitt vor dem Änderungsstichtag maßgeblichen Beschäf-

II

tigungsumfang umzurechnen (wie oben). Als zweiter Teilbetrag ist für die unständigen Entgeltbestandteile somit ein Betrag von 2,76 Euro festzuhalten (1,38 Euro × $\frac{\text{39 Wochenstunden}}{\text{19,5 Wochenstunden}}$).

- Das tägliche Urlaubsentgelt für die noch nicht verbrauchten, während der Vollzeitbeschäftigung erworbenen 10 Urlaubstage beträgt nach Addition der beiden Teilbeträge somit 99,54 € (96,78 € + 2,76 €).

3.1.2 Urlaubsentgelt für nach dem Änderungsstichtag erworbene Urlaubstage

Für die Urlaubstage, die bei abschnittsbezogener Betrachtung erst nach dem Änderungsstichtag erworben werden, kommt der Grundsatz der zeitanteiligen Entgeltberechnung nach § 24 Abs. 2 TV-L weiterhin zur Anwendung. Die tariflichen Regelungen zur Berechnung des Urlaubsentgelts sind wirksam. Das nach Maßgabe des § 26 Abs. 1 Satz 1 und § 21 TV-L zu berechnende Urlaubsentgelt richtet sich aufgrund der gegenwartsbezogenen Betrachtung nach dem Zeitpunkt der Inanspruchnahme des Urlaubs.

3.2 Erhöhung der Arbeitszeit

In Fällen einer Erhöhung der individuellen Arbeitszeit (Rückkehr zur Vollbeschäftigung oder Erhöhung der Teilzeitquote) sind die tariflichen Regelungen zur Berechnung des Urlaubsentgelts ohne Einschränkung wirksam. Maßgeblich für die Berechnung des Urlaubsentgelts ist der Zeitpunkt der Inanspruchnahme des Urlaubs. Nach Auffassung des BAG darf entsprechend dem im Tarifrecht einheitlich etablierten Regime der Entgeltfortzahlung in die Berechnung des Urlaubsentgelts keine geringere als die aktuelle Beschäftigungsquote eingestellt werden (Entscheidung vom 20. November 2018 – 9 AZR 349/18 Rz. 27). Die Fort- bzw. Weiterzahlung im Tarifsinne bezieht sich auf das Entgelt, auf das der Mitarbeiter unter Berücksichtigung des aktuellen Beschäftigungsumfangs Anspruch hat (Rz. 26 a. a. O.). Das entsprechend § 21 TV-L ermittelte Urlaubsentgelt ist folglich nicht zu kürzen. Berechnete man das Urlaubsentgelt auf der Grundlage einer im Vergleich zum aktuellen Beschäftigungsumfang geringeren Beschäftigungsquote, würde das Entgelt nicht „weitergezahlt", sondern für den Urlaubszeitraum verringert (zur Rechtslage siehe auch unter Ziffer 1.4). Diese Ausführungen gelten ebenso für ggf. noch vorhandenen Resturlaub.

Beispiel 6 (Fortsetzung des Beispiels 5)

Der Teilzeitbeschäftigte in der Fünf-Tage-Woche wechselt ab 1. Januar des Folgejahres wieder in Vollzeit. Er hat 10 Tage „Alturlaub" ins nächste Jahr übertragen und nimmt den gesamten Urlaub (40 Urlaubstage = 10 Tage Alturlaub + 30 Urlaubstage für das aktuelle Urlaubsjahr) ab 15. Januar.

Berechnung des Urlaubsanspruchs:

Durch Übertragung des „Alturlaubs" treten die übertragenen 10 Urlaubstage zum Urlaubsanspruch des Folgejahres hinzu. Somit besteht für den beantragten Urlaub insgesamt Anspruch auf 40 Urlaubstage.

Berechnung des Urlaubsentgelts:

Wegen der Erhöhung der Arbeitszeit bei fortgesetzter Beschäftigung in der Fünf-Tage-Woche ist eine Abschnittsbildung hier unzulässig. Die Berechnung des Urlaubsentgelts richtet sich in diesen Fällen vielmehr allein nach der tarifvertraglichen Regelung in § 21 TV-L. Für die Fortzahlung des Gehalts und der sonstigen in Monatsbeträgen festgelegten Bestandteile gilt das Entgeltausfallprinzip. Eine Fort- bzw. Weiterzahlung im Tarifsinne bezieht sich auf das Entgelt, auf das der Arbeitnehmer unter Berücksichtigung des aktuellen Beschäftigungsumfangs Anspruch hat. Anderenfalls würde das Entgelt bei Berechnung mit einer vergleichsweisen geringeren Beschäftigungsquote nicht „weitergezahlt", sondern für den Urlaubszeitraum verringert (BAG vom 20. November 2018 – 9 AZR 349/18 Rz. 25, 26). Folglich sind alle 40 Urlaubstage – und damit auch für die vormals zehn in Teilzeit erworbenen Urlaubstage – mit dem Vollzeitentgelt zu vergüten.

Beispiel 7 (Wochenarbeitszeit erhöht, Wochenarbeitstage unverändert)

Ein Teilzeitbeschäftigter in der Fünf-Tage-Woche mit einer regelmäßigen Arbeitszeit von 19,5 Wochenstunden wechselt im Laufe des Monats Juli in Vollzeit. Infolge der Vollzeitbeschäftigung erhöht sich die wöchentliche Arbeitszeit auf 39 Stunden. Während der Teilzeitbeschäftigung hatte er bisher noch keinen Urlaub genommen und nimmt seinen gesamten Jahresurlaub erst nach dem Änderungsstichtag in der zweiten Jahreshälfte.

Berechnung des Urlaubsanspruchs:

Weil die Arbeitszeit durchgehend auf fünf Tage in der Kalenderwoche verteilt ist, hat die Veränderung der Wochenarbeitszeit keinen Einfluss auf die Anzahl der für das Urlaubsjahr insgesamt zustehenden 30 Urlaubstage. In diesen Fällen ist eine abschnittsbezogene Berechnung nach aktueller Rechtsprechung des BAG nicht zulässig. Das Urlaubsentgelt richtet sich allein nach § 21 TV-L. Somit sind alle Urlaubstage und damit auch die in Teilzeit erworbenen Urlaubstage mit dem Vollzeitentgelt zu vergüten.

Die Höhe des während des Urlaubs fortzuzahlenden Entgelts ist in § 21 TV-L geregelt. Wie bereits zuvor beschrieben gilt es deshalb auch hier, die zweigeteilte Berechnungsweise (in „ständige" und „unständige" Entgeltbestandteile) zu beachten:

a) „Ständige" Entgeltbestandteile (§ 21 Satz 1 TV-L)

Für die Weiterzahlung des Tabellenentgelts und der sonstigen in Monatsbeträgen festgelegten Entgeltbestandteile (sog. ständige Entgeltbestandteile) gilt nach § 26 Abs. 1 Satz 1 i. V. m. § 21 Satz 1 TV-L das Entgeltausfallprinzip. Eine Fort- bzw. Weiterzahlung im Tarifsinne bezieht sich dabei auf das Entgelt, auf das der Arbeitnehmer unter Berücksichtigung des aktuellen Beschäftigungsumfangs

Anspruch hat (BAG vom 20. März 2018 – 9 AZR 486/17 Rz. 16). Die Tarifnormen bezwecken eine Verstetigung des Entgelts in den Fällen, in denen der Arbeitnehmer urlaubsbedingt an der Erbringung seiner Arbeitsleistung gehindert ist (Rz. 18 a. a. O.). Berechnete man das Urlaubsentgelt auf der Grundlage einer im Vergleich dazu geringeren Beschäftigungsquote, würde dadurch nach Feststellung des 9. Senats das Entgelt für den Urlaubszeitraum gemindert. Ein Rückgriff auf Entgeltansprüche aus vergangenen Zeiträumen stünde jedoch dem in der Tarifnorm angelegten Versteigungszweck entgegen (vgl. BAG vom 20. November 2018 – 9 AZR 349/18 Rz. 28).

b) „Unständige" Entgeltbestandteile (§ 21 Satz 2 TV-L)

Die nicht in Monatsbeträgen festgesetzten Entgeltbestandteile (sog. unständige Entgeltbestandteile) werden nach dem Referenzprinzip in Form eines arbeitstäglichen Tagesdurchschnitts gezahlt. Tarifvertraglich bestimmter Berechnungszeitraum sind grundsätzlich die letzten drei vollen Kalendermonate vor dem Urlaubsbeginn (§ 26 Abs. 1 Satz 1 i. V. m. § 21 Satz 2 TV-L). In Abhängigkeit vom Zeitpunkt der Inanspruchnahme des Urlaubs und Änderungszeitpunkt des Beschäftigungsumfangs ist ggf. ein Ersatzberechnungszeitraum nach Nr. 1 Satz 3 der Protokollerklärungen zu § 21 Sätze 2 und 3 TV-L zu berücksichtigen.

§ 27 Zusatzurlaub

(1) [1]Für die Gewährung eines Zusatzurlaubs gelten die für die Beamten des jeweiligen Landes jeweils maßgebenden Bestimmungen für Grund und Dauer sinngemäß. [2]Die beamtenrechtlichen Bestimmungen gelten nicht für den Zusatzurlaub für Wechselschichtarbeit, Schichtarbeit und Nachtarbeit.

(2) Beschäftigte, die ständig Wechselschichtarbeit nach § 7 Absatz 1 oder ständig Schichtarbeit nach § 7 Absatz 2 leisten und denen die Zulage nach § 8 Absatz 7 Satz 1 oder Absatz 8 Satz 1 zusteht, erhalten einen Arbeitstag Zusatzurlaub

a) bei Wechselschichtarbeit für je zwei zusammenhängende Monate und

b) bei Schichtarbeit für je vier zusammenhängende Monate.

(3) Im Falle nicht ständiger Wechselschicht- oder Schichtarbeit (zum Beispiel ständige Vertreter) erhalten Beschäftigte, denen die Zulage nach § 8 Absatz 7 Satz 2 oder Absatz 8 Satz 2 zusteht, einen Arbeitstag Zusatzurlaub für

a) je drei Monate im Jahr, in denen sie überwiegend Wechselschichtarbeit geleistet haben, und

b) je fünf Monate im Jahr, in denen sie überwiegend Schichtarbeit geleistet haben.

Protokollerklärung zu § 27 Absatz 2 und 3:

[1]Der Anspruch auf Zusatzurlaub bemisst sich nach der abgeleisteten Schicht- oder Wechselschichtarbeit und entsteht im laufenden Jahr, sobald die Voraussetzungen nach Absatz 2 oder 3 erfüllt sind. [2]Für die Feststellung, ob ständige Wechselschichtarbeit oder ständige Schichtarbeit vorliegt, ist eine Unterbrechung durch Arbeitsbefreiung, Freizeitausgleich, bezahlten Urlaub oder Arbeitsunfähigkeit in den Grenzen des § 22 unschädlich.

(4) [1]Zusatzurlaub nach diesem Tarifvertrag und sonstigen Bestimmungen mit Ausnahme von § 208 SGB IX wird nur bis zu insgesamt sechs Arbeitstagen im Kalenderjahr gewährt. [2]Erholungsurlaub und Zusatzurlaub (Gesamturlaub) dürfen im Kalenderjahr zusammen 35 Arbeitstage nicht überschreiten. [3]Satz 2 ist für Zusatzurlaub nach den Absätzen 2 und 3 hierzu nicht anzuwenden. [4]Bei Beschäftigten, die das 50. Lebensjahr vollendet haben, gilt abweichend von Satz 2 eine Höchstgrenze von 36 Arbeitstagen; maßgebend für die Berechnung der Urlaubsdauer ist das Lebensjahr, das im Laufe des Kalenderjahres vollendet wird.

(5) Im Übrigen gilt § 26 mit Ausnahme von Absatz 2 Buchstabe b entsprechend.

Erläuterungen

§ 27 TV-L trifft Regelungen zum Anspruch auf Zusatzurlaub. Dieser Themenbereich war bislang in den §§ 48a, 49 BAT bzw. den vergleichbaren Bestimmungen für Arbeiter geregelt. Gesetzliche Bestimmungen (insbesondere § 208 SGB IX) bleiben unberührt.

Auf die teilweise abweichenden Sonderregelungen in § 41 Nr. 17, § 42 Nr. 8, § 43 Nr. 7, § 46 Nr. 8, § 47 Nr. 2 und § 50 Nr. 2 TV-L wird hingewiesen.

Zusatzurlaub nach beamtenrechtlichen Bestimmungen (Abs. 1)

Die Vorschrift des Absatzes 1, nach der (mit Ausnahme des besonders geregelten Sonderurlaubs für Schicht-, Wechselschicht- und Nachtarbeit) Beschäftigte Anspruch auf Zusatzurlaub wie die vergleichbaren Beamten haben, entspricht der Vorschrift des § 49 Abs. 1 BAT. Sie hat geringe praktische Bedeutung (z. B. „Winterzusatzurlaub" in einigen Bundesländern).

Zusatzurlaub bei ständiger (Wechsel-)Schichtarbeit (Abs. 2)

In Absatz 2 ist festgelegt, dass die Beschäftigten, die ständig Wechselschichtarbeit bzw. ständig Schichtarbeit leisten und deshalb eine Zulage nach § 8 Abs. 7 Satz 1 bzw. § 8 Abs. 8 Satz 1 erhalten, Anspruch auf einen Arbeitstag Zusatzurlaub für je zwei bzw. vier zusammenhängende Monate erhalten (Buchst. a: Wechselschichtarbeit bzw. Buchst. b: Schichtarbeit).

Wegen der Definition der Begriffe „Wechselschichtarbeit" und „Schichtarbeit" → § 7 Abs. 1 und 2.

In einer Protokollerklärung zu den Absätzen 2 und 3 haben die Tarifpartner vereinbart, dass sich der Anspruch auf Zusatzurlaub nach den abgeleisteten Schichten bemisst und im laufenden Jahr entsteht, sobald die Voraussetzungen der Absätze 2 und 3 (also z. B. zwei zusammenhängende Monate Wechselschichtarbeit) erfüllt sind. Nach Satz 2 der Protokollnotiz sind Unterbrechungen der (Wechsel-)Schichtarbeit wegen Arbeitsbefreiung, Freizeitausgleich, bezahlten Urlaub oder Arbeitsunfähigkeit in den Grenzen des § 22 unschädlich.

Zusatzurlaub bei nicht ständiger (Wechsel-)Schichtarbeit (Abs. 3)

In Absatz 3 ist bestimmt, dass die Beschäftigten, die nicht ständig Wechselschichtarbeit bzw. nicht ständig Schichtarbeit leisten und deshalb eine Zulage nach § 8 Abs. 7 Satz 2 bzw. § 8 Abs. 8 Satz 2 erhalten, Anspruch auf einen Arbeitstag Zusatzurlaub für je drei bzw. fünf Monate haben, in denen sie im Kalenderjahr überwiegend Wechselschicht- (Buchst. a) bzw. Schichtarbeit (Buchst. b) geleistet haben.

Wegen der Begriffsdefinitionen und der Abgrenzung von ständiger zu nicht ständiger (Wechsel-)Schichtarbeit → § 7 Abs. 1 und 2 und die dortigen Erläuterungen.

Zur Protokollerklärung → bei Absatz 2.

Höchstgrenze (Abs. 4)

Diese Vorschrift beschränkt den Anspruch auf Zusatzurlaub in doppelter Hinsicht.

Satz 1 begrenzt den Zusatzurlaub nach dem TV-L und sonstigen Bestimmungen (darunter fallen insbesondere die Überleitungs-Tarifverträge und bezirkliche Regelungen) auf sechs Arbeitstage im Kalenderjahr.

In den Sätzen 2 bis 4 ist eine Obergrenze für die Summe von Erholungs- und Zusatzurlaubstagen festgelegt worden. Sie darf 35 Arbeitstage (bei Beschäftigten, die das 50. Lebensjahr vollendet haben, 36 Arbeitstage) im Kalenderjahr nicht überschreiten. Für die Altersberechnung ist das Lebensjahr maßgebend, das im Laufe des Kalenderjahres vollendet wird. Die Begrenzung des Satzes 2 für die Summe von Erholungs- und Zusatzurlaub gilt nach Satz 4 nicht für den Zusatzurlaub nach den Absätzen 2 und 3 (für Wechselschicht- bzw. Schichtarbeit) – insoweit kann also die Höchstgrenze von 35 bzw. 36 Arbeitstagen überschritten werden.

Übrige Bestimmungen (Abs. 5)

Gemäß Absatz 5 gelten – mit Ausnahme der Zwölftelungsvorschrift des § 26 Abs. 2 Buchst. b (Beginn oder Ende des Arbeitsverhältnisses im Laufe des Jahres) – im Übrigen die Vorschriften des § 26. Dieser Verweis auf die übrigen urlaubsrechtlichen Vorschriften hat insbesondere Bedeutung hinsichtlich der Urlaubsübertragung in das Folgejahr sowie – so das BAG im Urteil vom 19. 2. 2014 (10 AZR 539/13) – bei der Umrechnung des Urlaubsanspruchs bei einer von der Fünftagewoche abweichenden Verteilung der Arbeitszeit.

Zusatzurlaub nach § 208 SGB IX

Die Regelungen des § 208 SGB IX über die Gewährung von Zusatzurlaub für schwerbehinderte Beschäftigte bleiben von der Tarifvorschrift unberührt. Insbesondere die Zwölftelungsvorschriften des Tarifvertrages gelten nicht. § 208 SGB IX hat folgenden Wortlaut:

§ 208 SGB IX Zusatzurlaub

(1) Schwerbehinderte Menschen haben Anspruch auf einen bezahlten zusätzlichen Urlaub von fünf Arbeitstagen im Urlaubsjahr; verteilt sich die regelmäßige Arbeitszeit des schwerbehinderten Menschen auf mehr oder weniger als fünf Arbeitstage in der Kalenderwoche, erhöht oder vermindert sich der Zusatzurlaub entsprechend. Soweit tarifliche, betriebliche oder sonstige Urlaubsregelungen für schwerbehinderte Menschen einen längeren Zusatzurlaub vorsehen, bleiben sie unberührt.

(2) Besteht die Schwerbehinderteneigenschaft nicht während des gesamten Kalenderjahres, so hat der schwerbehinderte Mensch für jeden vollen Monat der im Beschäftigungsverhältnis vorliegenden Schwerbehinderteneigenschaft einen Anspruch auf ein Zwölftel des Zusatzurlaubs nach Ab-

II

satz 1 Satz 1. Bruchteile von Urlaubstagen, die mindestens einen halben Tag ergeben, sind auf volle Urlaubstage aufzurunden. Der so ermittelte Zusatzurlaub ist dem Erholungsurlaub hinzuzurechnen und kann bei einem nicht im ganzen Kalenderjahr bestehenden Beschäftigungsverhältnis nicht erneut gemindert werden.

(3) Wird die Eigenschaft als schwerbehinderter Mensch nach § 152 Abs. 1 und 2 rückwirkend festgestellt, finden auch für die Übertragbarkeit des Zusatzurlaubs in das nächste Kalenderjahr die dem Beschäftigungsverhältnis zugrunde liegenden urlaubsrechtlichen Regelungen Anwendung.

Nach der Rechtsprechung des Bundesarbeitsgerichts (BAG) bestand in der Vergangenheit ein Anspruch auf den vollen Zusatzurlaub auch dann, wenn die Schwerbehinderteneigenschaft erst im Laufe des Jahres entstand oder anerkannt wurde (s. Urteile des BAG vom 8. 3. 1994 – 9 AZR 49/93 – und vom 21. 2. 1995 – 9 AZR 166/94 – AP Nrn. 5 und 7 zu § 47 SchwbG 1986).

Diese Rechtsprechung ist überholt, seit (mit Wirkung vom 1. 5. 2004) durch das „Gesetz zur Förderung der Ausbildung und Beschäftigung schwerbehinderter Menschen" vom 23. 4. 2004 (BGBl. I S. 606) in § 125 SGB IX eigenständige Vorschriften zur Zwölftelung des Zusatzurlaubs für schwerbehinderte Arbeitnehmer aufgenommen worden sind. Besteht die Schwerbehinderteneigenschaft nicht das ganze Jahr, hat der schwerbehinderte Arbeitnehmer gemäß § 125 Abs. 2 SGB IX für jeden vollen Monat der im Beschäftigungsverhältnis vorliegenden Schwerbehinderteneigenschaft einen Anspruch auf ein Zwölftel des Zusatzurlaubs. Bruchteile von Urlaubstagen, die mindestens einen halben Tag ergeben, sind auf volle Urlaubstage aufzurunden. Der Umgang mit Bruchteilen von Urlaubstagen, die weniger als einen halben Tag ergeben, ist nicht gesetzlich geregelt. Es wird davon auszugehen sein, dass diese nicht abzurunden, sondern in dem geringeren Umfang zu gewähren sind. Bei rückwirkender Feststellung der Schwerbehinderteneigenschaft finden nach der – ebenfalls neu angefügten – Vorschrift des § 125 Abs. 3 SGB IX für die Übertragbarkeit des Zusatzurlaubs in das nächste Kalenderjahr die „dem Beschäftigungsverhältnis zugrunde liegenden urlaubsrechtlichen Regelungen (also § 26 Abs. 2 Buchstabe a TV-L) Anwendung. Bei länger andauernden Feststellungsverfahren wird der Zusatzurlaub für zurückliegende Kalenderjahre daher trotz rückwirkender Anerkennung der Schwerbehinderteneigenschaft in der Regel verfallen sein.

Während die oben aufgeführte Rechtsprechung des BAG in den Fällen, in denen die Schwerbehinderteneigenschaft erst im Laufe des Jahres eintritt, überholt ist, ist die Zwölftelung nach den Grundsätzen des BAG weiterhin nicht zulässig, wenn der Beschäftigte

- in der ersten Hälfte des Kalenderjahres in das Arbeitsverhältnis eintritt oder
- in der zweiten Hälfte des Kalenderjahres nach erfüllter Wartezeit (§ 4 BUrlG) aus dem Arbeitsverhältnis ausscheidet.

In diesen Fällen steht dem Angestellten der ungekürzte Zusatzurlaub zu.

II

Übergangsvorschriften

In § 15 TVÜ-Länder[1]) haben die Tarifpartner Übergangsbestimmungen getroffen. Auf die Erläuterungen dazu wird Bezug genommen.

[1]) abgedruckt unter **270**

§ 28 Sonderurlaub

Beschäftigte können bei Vorliegen eines wichtigen Grundes unter Verzicht auf die Fortzahlung des Entgelts Sonderurlaub erhalten.

Erläuterungen

Die Möglichkeit, Sonderurlaub unter Verzicht auf die Fortzahlung des Entgelts zu gewähren, war bislang in § 50 BAT bzw. den vergleichbaren Vorschriften für Arbeiter geregelt. Die Vorschrift wird in der Praxis nur dann von Bedeutung sein, wenn keine gesetzlichen Freistellungsansprüche (→ dazu Erläuterungen zu § 29) bestehen.

Voraussetzungen der Urlaubsgewährung

Die Tarifpartner haben hinsichtlich der Gewährung von unbezahltem Sonderurlaub eine denkbar „offene" Formulierung gewählt, nach der ein (aus Sicht des Beschäftigten) „wichtiger Grund" Anlass genug für die Möglichkeit der Beurlaubung ist. Es handelt sich um eine Kann-Vorschrift, bei deren Anwendung dem Arbeitgeber ein Ermessen bleibt, das er aber nach einheitlichen Kriterien ausüben muss. Als „wichtiger Grund" im Sinne des § 28 ist beispielsweise auch die bislang in § 50 Abs. 1 BAT ausdrücklich genannte Betreuung von Kindern bzw. pflegebedürftigen sonstigen Angehörigen anzusehen.

Tarifliche Folgen der Urlaubsgewährung

Die Folgen der Beurlaubung sollten nicht unterschätzt werden. Zur Vermeidung von Missverständnissen und eventueller Forderungen wegen unterlassener Hinweise auf die Folgen sollten die Beschäftigten bei Beantragung des Sonderurlaubs auf die Auswirkungen auf das Arbeitsverhältnis und auf die sozialversicherungsrechtlichen Folgen hingewiesen werden.

Durch die Beurlaubung ruht das Arbeitsverhältnis mit allen seinen Rechten und Pflichten. Es bestehen keine Ansprüche auf Entgelt, Krankenbezüge etc., die Sonderzahlung wird für jeden Monat um ein Zwölftel gekürzt.

Die Zeit des Sonderurlaubs gilt gemäß § 34 Abs. 3 grundsätzlich nicht als Beschäftigungszeit. Ein Sonderurlaub kann somit Auswirkungen auf alle von der Beschäftigungszeit abhängenden tarifvertraglichen Leistungen (insbesondere Bezugsdauer des Krankengeldzuschusses, Kündigungsfristen) haben. Nur wenn der Arbeitgeber vor Antritt des Sonderurlaubs schriftlich ein dienstliches oder betriebliches Interesse an der Beurlaubung anerkannt hat, wird die Zeit der Beurlaubung als Beschäftigungszeit berücksichtigt (→ § 34 Abs. 3 Satz 2). Entsprechendes gilt für die Berücksichtigung des Sonderurlaubs bei der Stufenzuweisung der Entgeltgruppen (→ § 17 Abs. 3 Satz 1 Buchst. d).

Weitere Folgen ergeben sich bei der Anwendung der Vorschriften des § 9 (Vergütungsgruppenzulagen) bzw. § 11 (Kinderbezogene Entgeltbestandteile) des TVÜ-Länder[1]). Auch dort ist ein Sonderurlaub anspruchsmindernd.

Versicherungsrechtliche Folgen der Urlaubsgewährung

Mit dem Beginn der Beurlaubung endet die Versicherungs- und Beitragspflicht zu den Zweigen der Sozialversicherung.

In der gesetzlichen Krankenversicherung besteht ggf. Anspruch auf Leistungen für einen Monat nach dem Ende der Mitgliedschaft (§ 19 Abs. 2 SGB V). Der Beschäftigte kann sich – soweit kein Anspruch auf Familienversicherung (§ 10 SGB V) besteht – für die Zeit des unbezahlten Sonderurlaubs in der gesetzlichen Krankenversicherung freiwillig versichern. Dieses Recht besteht nur für Personen, die als Mitglieder aus der Versicherungspflicht ausgeschieden sind und in den letzten 5 Jahren vor dem Ausscheiden mindestens 24 Monate oder unmittelbar vor dem Ausscheiden ununterbrochen mindestens 12 Monate versichert waren (vgl. § 9 Abs. 1 Nr. 1 SGB V). Einzelheiten über den Beginn dieser freiwilligen Versicherung und über die Höhe der zu entrichtenden Beiträge ergeben sich aus § 188 SGB V bzw. § 240 SGB V und den Regelungen der einzelnen Krankenkassen. Für eine solche Versicherung während eines unbezahlten Sonderurlaubs trägt der Arbeitgeber weder einen Arbeitgeberbeitragsanteil zu dieser Versicherung noch einen Zuschuss zu einer privaten oder freiwilligen Krankenversicherung.

Der Beschäftigte kann sich für die Zeit des unbezahlten Sonderurlaubs auch in der gesetzlichen Rentenversicherung freiwillig versichern (§ 7 Abs. 1 SGB VI). Auch für solche Versicherungen werden keine Arbeitgeberbeitragsanteile oder Zuschüsse gewährt. Die Beiträge hat die/der Versicherte selbst zu tragen (§ 171 SGB VI). Hinsichtlich eines Anspruchs auf Renten wegen verminderter Erwerbsfähigkeit (§ 43 SGB V) wird darauf hingewiesen, dass die Zeit einer Beurlaubung ohne Bezüge zu einem Wegfall der Anspruchsvoraussetzungen zum Bezug der genannten Renten führen kann, da Versicherte grundsätzlich nur dann einen Anspruch auf diese Renten haben, wenn sie die Wartezeit erfüllen und in den letzten 5 Jahren vor Eintritt der Minderung der Erwerbsfähigkeit drei Jahre Pflichtbeiträge entrichtet haben

[1]) abgedruckt unter **270**

(vgl. § 43 Abs. 1 bzw. Abs. 2 SGB VI). Die gesetzlichen Bestimmungen sehen unter bestimmten Voraussetzungen (§ 43 Abs. 4 SGB VI) die Verlängerung des Zeitraums von fünf Jahren vor. Hinsichtlich der Frage, ob diese Bestimmungen im Einzelfall Anwendung finden, können allein die zuständigen Rentenversicherungsträger Auskunft erteilen.

Während der Zeit der Beurlaubung nach § 28 TV-L bleibt die Pflichtversicherung bei der VBL bestehen (§ 2 Abs. 1 Tarifvertrag Altersversorgung – ATV)[1]). Da während der Zeit der Beurlaubung ohne Bezüge kein laufendes zusatzversorgungspflichtiges Entgelt gezahlt wird, ist in dieser Zeit auch keine Umlage zur VBL zu entrichten (vgl. §§ 15, 16 ATV).

Der Beschäftigte verliert grundsätzlich nicht wegen der Beurlaubung einen etwaigen Anspruch auf eine Zusatzversorgung. Während der Zeit der Beurlaubung wächst jedoch die Zusatzversorgung grundsätzlich nicht weiter an, sofern sich aus § 9 ATV (soziale Komponenten) oder Satz 5 und 6 der Anlage 3 zum ATV keine Besonderheiten ergeben.

Eine Anwartschaft auf Zusatzversorgung bleibt auch dann erhalten, wenn eine bis zum Eintritt des Versicherungsfalles dauernde Beurlaubung (sog. Altersurlaub) ausgesprochen wird. Es bestehen daher aus dieser Sicht keine Bedenken, einen Altersurlaub zu bewilligen.

---

[1]) abgedruckt unter **810**

§ 29 Arbeitsbefreiung

(1) [1]Nur die nachstehend aufgeführten Anlässe gelten als Fälle nach § 616 BGB, in denen Beschäftigte unter Fortzahlung des Entgelts in dem angegebenen Ausmaß von der Arbeit freigestellt werden:

a) Niederkunft der Ehefrau/der Lebenspartnerin im Sinne des Lebenspartnerschaftsgesetzes	**ein Arbeitstag,**
b) Tod der Ehegattin/des Ehegatten, der Lebenspartnerin/des Lebenspartners im Sinne des Lebenspartnerschaftsgesetzes, eines Kindes oder Elternteils	**zwei Arbeitstage,**
c) Umzug aus dienstlichem oder betrieblichem Grund an einen anderen Ort	**ein Arbeitstag,**
d) 25- und 40-jähriges Arbeitsjubiläum	**ein Arbeitstag,**
e) schwere Erkrankung	
aa) einer/eines Angehörigen, soweit sie/er in demselben Haushalt lebt,	**ein Arbeitstag im Kalenderjahr,**
bb) eines Kindes, das das 12. Lebensjahr noch nicht vollendet hat, wenn im laufenden Kalenderjahr kein Anspruch nach § 45 SGB V besteht oder bestanden hat,	**bis zu vier Arbeitstage im Kalenderjahr,**
cc) einer Betreuungsperson, wenn Beschäftigte deshalb die Betreuung ihres Kindes, das das 8. Lebensjahr noch nicht vollendet hat oder wegen körperlicher, geistiger oder seelischer bis zu Behinderung dauernd pflegebedürftig ist, übernehmen müssen,	**bis zu vier Arbeitstage im Kalenderjahr.**
[2]Eine Freistellung nach Buchstabe e erfolgt nur, soweit eine andere Person zur Pflege oder Betreuung nicht sofort zur Verfügung steht und die Ärztin/der Arzt in den Fällen der Doppelbuchstaben aa und bb die Notwendigkeit der Anwesenheit der/des Beschäftigten zur vorläufigen Pflege bescheinigt. [3]Die Freistellung darf insgesamt fünf Arbeitstage im Kalenderjahr nicht überschreiten.	
f) Ärztliche Behandlung von Beschäftigten, wenn diese während der Arbeitszeit erfolgen muss,	**erforderliche nachgewiesene Abwesenheitszeit einschließlich erforderlicher Wegezeiten.**

Niederschriftserklärung zu § 29 Abs. 1 Buchst. f:

Die ärztliche Behandlung erfasst auch die ärztliche Untersuchung und die ärztlich verordnete Behandlung.

II

(2) [1]Bei Erfüllung allgemeiner staatsbürgerlicher Pflichten nach deutschem Recht besteht der Anspruch auf Fortzahlung des Entgelts, wenn die Arbeitsbefreiung gesetzlich vorgeschrieben ist und soweit die Pflichten nicht außerhalb der Arbeitszeit, gegebenenfalls nach ihrer Verlegung, wahrgenommen werden können; soweit die Beschäftigten Anspruch auf Ersatz des Entgelts geltend machen können, besteht kein Anspruch auf Entgeltfortzahlung. [2]Das fortgezahlte Entgelt gilt in Höhe des Ersatzanspruchs als Vorschuss auf die Leistungen der Kostenträger. [3]Die Beschäftigten haben den Ersatzanspruch geltend zu machen und die erhaltenen Beträge an den Arbeitgeber abzuführen.

(3) [1]Der Arbeitgeber kann in sonstigen dringenden Fällen Arbeitsbefreiung unter Fortzahlung des Entgelts bis zu drei Arbeitstagen gewähren. [2]In begründeten Fällen kann bei Verzicht auf das Entgelt kurzfristige Arbeitsbefreiung gewährt werden, wenn die dienstlichen oder betrieblichen Verhältnisse es gestatten.

Protokollerklärung zu § 29 Absatz 3 Satz 2:

Zu den „begründeten Fällen" können auch solche Anlässe gehören, für die kein Anspruch auf Arbeitsbefreiung besteht (zum Beispiel Umzug aus persönlichen Gründen).

(4) [1]Auf Antrag kann den gewählten Vertreterinnen/Vertretern der Bezirksvorstände, der Landesbezirksvorstände, der Landesbezirksfachbereichsvorstände, der Bundesfachbereichsvorstände, der Bundesfachgruppenvorstände sowie des Gewerkschaftsrates beziehungsweise entsprechender Gremien anderer vertragsschließender Gewerkschaften zur Teilnahme an Tagungen Arbeitsbefreiung bis zu acht Werktagen im Jahr unter Fortzahlung des Entgelts erteilt werden; dringende dienstliche oder betriebliche Interessen dürfen der Arbeitsbefreiung nicht entgegenstehen. [2]Zur Teilnahme an Tarifverhandlungen mit der TdL oder ihren Mitgliedern kann auf Anfordern einer der vertragsschließenden Gewerkschaften Arbeitsbefreiung unter Fortzahlung des Entgelts ohne zeitliche Begrenzung erteilt werden.

(5) Zur Teilnahme an Sitzungen von Prüfungs- und von Berufsbildungsausschüssen nach dem Berufsbildungsgesetz sowie für eine Tätigkeit in Organen von Sozialversicherungsträgern kann den Mitgliedern Arbeitsbefreiung unter Fortzahlung des Entgelts gewährt werden, sofern nicht dringende dienstliche oder betriebliche Interessen entgegenstehen.

(6) In den Fällen der Absätze 1 bis 5 werden das Tabellenentgelt sowie die sonstigen Entgeltbestandteile, die in Monatsbeträgen festgelegt sind, weitergezahlt.

Erläuterungen

§ 29 TV-L trifft Regelungen zum Anspruch auf Arbeitsbefreiung aus bestimmten persönlichen Anlässen. Die Vorschrift entspricht im Kern § 52 BAT bzw. den entsprechenden Vorschriften für Arbeiter.

Auf die teilweise abweichenden Sonderregelungen in § 41 Nr. 18 TV-L wird hingewiesen.

Die tarifliche Vorschrift regelt die Fälle der Arbeitsbefreiung unter Wegfall bzw. unter Weiterzahlung des Entgelts (Entgelt im vorstehenden Sinne ist nicht das Entgelt nach § 21 TV-L, sondern nach Absatz 6 der Vorschrift nur das Tabellenentgelt sowie die in Monatsbeträgen festgelegten Entgeltbestandteile).

Sie greift dabei teilweise in den Regelungsbereich des bürgerlichen Gesetzbuches ein. Nach § 616 Satz 1 BGB „wird der zur Dienstleistung Verpflichtete des Anspruchs auf die Vergütung nicht dadurch verlustig, dass er für eine verhältnismäßig nicht erhebliche Zeit durch einen in seiner Person liegenden Grund ohne sein Verschulden an der Dienstleistung verhindert wird". Diese Vorschrift, die für Fälle gilt, „in denen der Angestellte aus bestimmten persönlichen Gründen an der Arbeitsleistung verhindert wird", ist tarifvertraglich abdingbar (siehe dazu Urteil des BAG vom 24. 11. 1988 – 6 AZR 423/86 – AP Nr. 4 zu § 52 BAT –). Von dieser Möglichkeit haben die Tarifvertragsparteien mit § 29 TV-L Gebrauch gemacht.

Freistellung aus persönlichen Gründen (Abs. 1)

Die tarifliche Regelung legt fest, welche Anlässe aus dem persönlichen Bereich des Beschäftigten als Freistellungsfälle i. S. d. § 616 BGB anzusehen sind. Bezahlte Freistellung aus persönlichen Gründen ist nur für die Dauer der in Absatz 1 festgelegten Tage zu gewähren; über die tariflich vorgesehenen Freistellungen hinaus bestehen keine weiteren Ansprüche nach § 616 BGB. Reichen diese Tage nicht aus, ist eine darüber hinausgehende Freistellung nur im Wege der Inanspruchnahme von Erholungsurlaub, ggf. Freistellungen im Rahmen von Gleitzeitregelungen oder der Beantragung unbezahlter Arbeitsbefreiung nach Absatz 3 Satz 2 möglich.

Fällt der Anlass für die Freistellung auf einen für den Beschäftigten arbeitsfreien Tag, ist eine Arbeitsbefreiung an einem anderen Tag nicht ausgeschlossen. In der Vorschrift ist nämlich nicht bestimmt, dass die Arbeitsbefreiung genau an dem Tag erfolgen muss, auf den das jeweilige Ereignis fällt. Gleichwohl jedoch ist bei der Arbeitsbefreiung aus persönlichen Gründen ein enger zeitlicher Zusammenhang zwischen dem Anlass der Freistellung und der Freistellung selbst unverzichtbar.

Die Freistellung erfolgt (mit Ausnahme des Buchstaben f dieser Regelung) für volle Arbeitstage. Bricht der Beschäftigte aus einem der aufgeführten Anlässe seine Arbeit im Verlaufe eines Arbeitstages ab, zählt dieser Tag als Freistellungstag bzw. als erster Freistellungstag. Zu den einzelnen Freistellungstatbeständen ist Folgendes anzumerken:

Zu Buchstabe a

II

Bei Niederkunft der Ehefrau besteht ein Freistellungsanspruch für einen Arbeitstag. Dieser Anspruch besteht auch, wenn die Ehegatten nicht in häuslicher Gemeinschaft leben; ausschlaggebend ist, dass die Ehe besteht. Die Niederkunft der nichtehelichen Lebensgefährtin eines Beschäftigten ist nicht von der Vorschrift erfasst (vgl. Urteil des BAG vom 25. 2. 1987 – 8 AZR 430/84 – AP Nr. 3 zu § 52 BAT –). Hingegen besteht ein Freistellungsanspruch im Falle der Niederkunft einer in einer eingetragenen Lebenspartnerschaft lebende Partnerin; denn sie ist in der Tarifvorschrift der „Ehefrau" gleichgestellt worden.

Ein Freistellungsanspruch besteht auch, wenn das Kind nicht lebend geboren wird. Bei Mehrlingsgeburten ist der Freistellungsanspruch auf einen Arbeitstag begrenzt.

Zu Buchstabe b

Die Freistellung im Todesfall ist auf den Tod des Ehegatten, des eingetragenen Lebenspartners nach dem Lebenspartnerschaftsgesetz, eines Kindes oder Elternteils begrenzt. Unter „Elternteil" sind nur die leiblichen Eltern zu verstehen. Adoptiveltern haben die Rechtsstellung leiblicher Eltern, wobei das familienrechtliche Verhältnis zu den leiblichen Eltern mit der Adoption jedoch erloschen ist.

Der Freistellungsanspruch ist nicht davon abhängig, dass die Verstorbenen in häuslicher Gemeinschaft mit dem Beschäftigten gelebt haben. Beim Tod eines geschiedenen Ehegatten besteht jedoch kein Freistellungsanspruch, ebenso wenig beim Tod eines nichtehelichen Lebensgefährten. Nicht erfasst sind ferner Schwiegereltern, Großeltern, Stiefeltern und Pflegeeltern. Nach dem Wortlaut der Vorschrift auch nicht erfasst sind Enkel, Pflege-, Stief- und Schwiegerkinder. Dass die hinsichtlich von Stief- und Pflegekindern gegenteilige Aussage der Tarifpartner anlässlich der Tarifverhandlungen zur vergleichbaren Vorschrift des § 52 BAT am 16./17. 10. 1956 noch Bestand hat, muss bezweifelt werden.

Die beiden Tage der Freistellung müssen nicht zusammenhängend in Anspruch genommen werden. Eine Aufteilung z. B. in der Weise, dass der erste Tag unmittelbar in zeitlichem Zusammenhang mit dem Todesfall und der zweite Tag anlässlich der Beisetzung gewährt wird, ist zulässig.

Zu Buchstabe c

Die Regelung gilt nur für einen Umzug aus dienstlichen oder betrieblichen Gründen an einen anderen Ort. Was sie unter „dienstlichem oder betrieblichem Grund" verstehen, haben die Tarifpartner nicht erläutert – weder in § 29 TV-L, noch in der vergleichbaren Vorschrift des § 52 BAT. Man muss also Gesamtbild bemühen, um ein Verständnis dessen zu gewinnen, was die Tarifpartner meinten. Schaut man sich den § 52 BAT in einer älteren (bis zum 30. Juni 1996 geltenden) Fassung an, dann gab es dort „Beim Umzug ... mit eigenem Hausstand anlässlich der Versetzung oder Abordnung an einen anderen Ort aus dienstlichen oder betrieblichen Gründen" 3 freie Tage. Die Absenkung der möglichen Freistellungstage zum 1. Juli 1996 auf einen Tag korrespondierte mit der gleichzeitigen Minderung der Anspruchsvoraussetzungen; weder ein eigener Hausstand, noch eine förmliche Versetzung/Abordnung wurden seit dem 1. Juli 1996 noch gefordert.

Vor diesem Hintergrund kann nach Meinung des Verfassers der Begriff der dienstlichen oder betrieblichen Gründe nun insgesamt recht weit gefasst werden. Mindestens die Fälle der Abordnung/Versetzung/ Zuweisung an einen anderen Ort, aber auch den Fall des Umzugs an einen anderen Ort aus Anlass der Begründung des Arbeitsverhältnisses sollte dazu gezählt werden. Die Entfernung des anderen vom bisherigen Ort spielt keine Rolle, wenn der dienstliche/betriebliche Grund für den Umzug zu bejahen ist. Auch für einen Umzug über eine große Entfernung besteht ein Freistellungsanspruch lediglich für einen Arbeitstag.

Für private Umzüge, für dienstliche/betriebliche Umzüge am gleichen Ort und auch für zusätzliche (den einen tariflich zugestandenen Tag übersteigende) Freistellungstage für dienstlich/betrieblich begründete Umzüge kommt gem. § 29 Abs. 3 Satz 2 i. V. m. der dazu vereinbarten Protokollerklärung unabhängig davon nur eine **unbezahlte** Freistellung in Betracht.

Zu Buchstabe d

Der Zeitpunkt des Jubiläumstages ergibt sich aus der Berechnung im Rahmen des § 23 Abs. 2. Der Anspruch auf Freistellung besteht auch dann, wenn der Jubiläumstag auf einen arbeitsfreien Tag fällt. Es muss aber ein zeitlicher Zusammenhang zwischen dem Anlass (Arbeitsjubiläum) und der Freistellung gewahrt bleiben.

Anspruch auf Freistellung aus Anlass des 50-jährigen Arbeitsjubiläums besteht demnach nicht; der Arbeitgeber kann aber eine Freistellung nach Absatz 3 Satz 1 bewilligen.

II

Zu Buchstabe e

Die Regelung erfasst alle Fälle einer schweren Erkrankung Dritter, aufgrund derer dem Beschäftigten Arbeitsbefreiung unter Fortzahlung der Bezüge gewährt werden kann. Die Dauer der Freistellung ist je nach Anlass unterschiedlich und darf insgesamt fünf Arbeitstage im Kalenderjahr nicht überschreiten. Die Freistellung dient nur der unvorhersehbaren, kurzfristig eintretenden, vorübergehenden Übernahme der notwendigen Pflege oder Betreuung und der Organisation der weiteren Pflege des Erkrankten oder der Betreuung seines Kindes durch den Beschäftigten. Die Freistellung ist daher nur möglich, wenn eine andere Person zur Übernahme dieser Aufgabe nicht sofort zur Verfügung steht und – in den Fällen der Doppelbuchstaben aa und bb – eine ärztliche Bescheinigung vorliegt, welche die Notwendigkeit der Anwesenheit des Beschäftigten (bzw. einer anderen Person) zur vorläufigen Pflege bestätigt; in dem Fall des Doppelbuchstaben cc ist diese Notwendigkeit wegen des Alters oder wegen der Behinderung des Kindes des Beschäftigten unterstellt. Dass eine andere Person nicht sofort zur Übernahme der Pflege oder Betreuung zur Verfügung steht, hat der Beschäftigte in allen Fällen der Doppelbuchstaben aa bis cc darzulegen.

Auch § 2 des Pflegezeitgesetzes[1]) ermöglicht eine kurzfristige Freistellung bis zur Dauer von 10 Arbeitstagen zur Pflege bzw. Organisation der Pflege naher Angehöriger (Definition siehe § 7 des Gesetzes). Ein Anspruch auf Entgeltfortzahlung gegenüber dem Arbeitgeber besteht nicht.

Neben dieser kurzfristigen Arbeitsbefreiung ermöglicht das Pflegezeitgesetz eine bis zu sechsmonatige vollständige oder teilweise (also Teilzeit) Freistellung zur Betreuung naher Angehöriger (Pflegezeit) – siehe §§ 3, 4 des Gesetzes. Auch für die Pflegezeit besteht kein Anspruch auf Entgeltfortzahlung. Die Verpflichtung zur Freistellung besteht nicht bei Arbeitgebern mit in der Regel 15 oder weniger Beschäftigten. Auch das Familienpflegezeitgesetz[2]) ermöglicht eine Arbeitszeitreduzierung es gilt nur bei Arbeitgebern mit mehr als 25 Beschäftigten.

Zu Doppelbuchstabe aa

Bei schwerer Erkrankung eines Angehörigen des Beschäftigten kann für einen Arbeitstag im Kalenderjahr Arbeitsbefreiung gewährt wer-

---

[1]) abgedruckt als **Anhang 1**

[2]) abgedruckt als Anhang 1 unter **210** § 11 TV-L

den. Ein solcher Anlass kann daher nur einmal im Kalenderjahr zur Freistellung führen. Voraussetzung ist, dass der erkrankte Angehörige mit dem Angestellten in demselben Haushalt lebt. Zum Kreis der Angehörigen in diesem Sinne können die in § 20 Abs. 5 Verwaltungsverfahrensgesetz (VwVfG, → Erläuterung zu § 11 Abs. 1) genannten Personen gezählt werden. Partner einer eingetragenen Lebenspartnerschaft gelten gem. § 11 Abs. 1 Lebenspartnerschaftsgesetz ebenfalls als Familienangehöriger des anderen Partners. Für die Pflege eines schwer erkrankten Kindes, das das 12. Lebensjahr noch nicht vollendet hat, wird, obwohl es zu dem Personenkreis i. S. d. § 20 Abs. 5 VwVfG rechnet, nicht Freistellung nach Doppelbuchstabe aa, sondern nach der speziellen Regelung des Doppelbuchstaben bb gewährt.

Zu Doppelbuchstabe bb

Bezüglich der Pflege erkrankter Kinder ist zunächst zu beachten, dass – bei Vorliegen der gesetzlichen Voraussetzungen – vorrangig ein Freistellungsanspruch nach § 45 SGB V besteht. Die Vorschrift hat folgenden Wortlaut:

§ 45 SGB V Krankengeld bei Erkrankung des Kindes

(1) [1]Versicherte haben Anspruch auf Krankengeld, wenn es nach ärztlichem Zeugnis erforderlich ist, daß sie zur Beaufsichtigung, Betreuung oder Pflege ihres erkrankten und versicherten Kindes der Arbeit fernbleiben, eine andere in ihrem Haushalt lebende Person das Kind nicht beaufsichtigen, betreuen oder pflegen kann und das Kind das zwölfte Lebensjahr noch nicht vollendet hat oder behindert und auf Hilfe angewiesen ist. [2]§ 10 Abs. 4 und § 44 Absatz 2 gelten für den Anspruch nach Satz 1 entsprechend.

(1a) [1]Ein Anspruch auf Krankengeld besteht auch für Versicherte, die nach § 11 Absatz 3 bei stationärer Behandlung ihres versicherten Kindes aus medizinischen Gründen als Begleitperson mitaufgenommen werden, sofern das Kind das zwölfte Lebensjahr noch nicht vollendet hat oder behindert und auf Hilfe angewiesen ist. [2]Das Vorliegen der in Satz 1 genannten medizinischen Gründe, die eine Mitaufnahme notwendig machen, sowie die Dauer der notwendigen Mitaufnahme sind von der stationären Einrichtung gegenüber der Begleitperson des versicherten Kindes zu bescheinigen; im Fall des § 11 Absatz 3 Satz 2 ist die Bescheinigung auf die Dauer der in Satz 1 genannten Mitaufnahme zu beschränken. [3]Der Anspruch nach Satz 1 besteht nur für einen Elternteil. [4]§ 10 Absatz 4 und § 44 Absatz 2 gelten für den Anspruch nach Satz 1 entsprechend. [5]Der Anspruch auf Krankengeld nach Absatz 1 bleibt unberührt. [6]Kein Anspruch auf Krankengeld nach Satz 1 besteht, wenn Krankengeld nach Absatz 4 oder nach § 44b in Anspruch genommen wird.

(2) [1]Anspruch auf Krankengeld nach Absatz 1 besteht in jedem Kalenderjahr für jedes Kind längstens für 10 Arbeitstage, für alleinerziehende Versicherte längstens für 20 Arbeitstage. [2]Der Anspruch nach Satz 1 besteht für Versicherte für nicht mehr als 25 Arbeitstage, für alleinerziehende Versicherte für nicht mehr als 50 Arbeitstage je Kalenderjahr. [3]Das Krankengeld nach Absatz 1 oder Absatz 1a beträgt 90 Prozent des ausgefallenen Nettoarbeitsentgelts aus beitragspflichtigem Arbeitsentgelt der Versicherten, bei Bezug von beitragspflichtigem einmalig gezahltem Arbeitsentgelt (§ 23a des Vierten Buches) in den der Freistellung von Arbeitsleistung nach Absatz 3 vorangegangenen zwölf Kalendermonaten 100 Prozent des ausgefallenen Nettoarbeitsentgelts aus beitragspflichtigem Arbeitsentgelt; es darf 70 Prozent der Beitragsbemessungsgrenze nach § 223 Absatz 3 nicht überschreiten. [4]Erfolgt die Berechnung des Krankengeldes nach Absatz 1 oder Absatz 1a aus Arbeitseinkommen, beträgt dies 70 Prozent des erzielten regelmäßigen Arbeitseinkommens, soweit es der Beitragsberechnung unterliegt. [5]§ 47 Absatz 1 Satz 6 bis 8, Absatz 4 Satz 3 bis 5 und § 47b gelten entsprechend.

(2a) [1]Abweichend von Absatz 2 Satz 1 besteht der Anspruch auf Krankengeld nach Absatz 1 jeweils in dem Kalenderjahr 2024 und in dem Kalenderjahr 2025 für jedes Kind längstens für 15 Arbeitstage, für alleinerziehende Versicherte längstens für 30 Arbeitstage. [2]Der Anspruch nach Satz 1 besteht für Versicherte für nicht mehr als 35 Arbeitstage, für alleinerziehende Versicherte für nicht mehr als 70 Arbeitstage.

(3) [1]Versicherte mit Anspruch auf Krankengeld nach Absatz 1 oder Absatz 1a haben für die Dauer dieses Anspruchs gegen ihren Arbeitgeber Anspruch auf unbezahlte Freistellung von der Arbeitsleistung, soweit nicht aus dem gleichen Grund Anspruch auf bezahlte Freistellung besteht. [2]Wird der Freistellungsanspruch nach Satz 1 geltend gemacht, bevor die Krankenkasse ihre Leistungsverpflichtung nach Absatz 1 oder Absatz 1a anerkannt hat, und sind die Voraussetzungen dafür nicht erfüllt, ist der Arbeitgeber berechtigt, die gewährte Freistellung von der Arbeitsleistung auf einen späteren Freistellungsanspruch zur Beaufsichtigung, Betreuung oder Pflege eines erkrankten Kindes anzurechnen. [3]Der Freistellungsanspruch nach Satz 1 kann nicht durch Vertrag ausgeschlossen oder beschränkt werden.

(4) [1]Versicherte haben ferner Anspruch auf Krankengeld, wenn sie zur Beaufsichtigung, Betreuung oder Pflege ihres erkrankten und versicherten Kindes der Arbeit fernbleiben, sofern das Kind das zwölfte Lebensjahr noch nicht vollendet hat oder behindert und auf Hilfe angewiesen ist und nach ärztlichem Zeugnis an einer Erkrankung leidet,

a) die progredient verläuft und bereits ein weit fortgeschrittenes Stadium erreicht hat,
b) bei der eine Heilung ausgeschlossen und eine palliativ-medizinische Behandlung notwendig oder von einem Elternteil erwünscht ist und
c) die lediglich eine begrenzte Lebenserwartung von Wochen oder wenigen Monaten erwarten lässt.

[2]Der Anspruch besteht nur für ein Elternteil. [3]Absatz 1 Satz 2, Absatz 3 und die §§ 47 und 47b gelten entsprechend.

(5) Anspruch auf unbezahlte Freistellung nach den Absätzen 3 und 4 haben auch Arbeitnehmer, die nicht Versicherte mit Anspruch auf Krankengeld nach Absatz 1 oder Absatz 1 sind.

Gemäß § 45 Abs. 1 SGB V besteht ein Anspruch auf Krankengeld für die Betreuung eines erkrankten Kindes, das das zwölfte Lebensjahr noch nicht vollendet hat. Der Anspruch besteht in jedem Kalenderjahr für jedes Kind längstens für 10 Arbeitstage, für alleinerziehende Versicherte längstens 20 Arbeitstage. Insgesamt steht der Anspruch im Kalenderjahr für nicht mehr als 25 Arbeitstage bzw. bei Alleinerziehenden für nicht mehr als 50 Arbeitstage zu (§ 45 Abs. 2 SGB V).

Für die Beaufsichtigung, Betreuung und Pflege **schwerstkranker** Kinder, die das zwölfte Lebensjahr noch nicht vollendet haben oder behindert und auf Pflege angewiesen sind, besteht ein zeitlich unbegrenzter Freistellungsanspruch (§ 45 Abs. 4 SGB V).

Für eine Freistellung auf der Grundlage dieser gesetzlichen Vorschrift ist keine Vergütung zu zahlen; es besteht vielmehr grundsätzlich ein Anspruch auf Krankengeld gegenüber der zuständigen Krankenkasse.

Voraussetzung für die Anwendung der tariflichen Vorschrift und somit für eine vom Arbeitgeber bezahlte Freistellung ist, dass im laufenden Kalenderjahr kein Anspruch nach § 45 SGB V besteht oder bestanden hat. Die Vorschrift kann daher in der Regel nur bei solchen Angestellten in Betracht kommen, die entweder selbst nicht in der gesetzlichen Krankenversicherung (GKV) versichert sind oder deren Kind aufgrund des Ausschlusses von der Familienversicherung (§ 10 Abs. 3 SGB V) nicht in der GKV versichert sind.

Zwar sieht § 45 Abs. 5 SGB V mittlerweile selbst in diesen Fällen einen Anspruch auf unbezahlte Freistellung vor, der bei einer streng am Wortlaut orientierten Auslegung der Tarifvorschrift die tariflichen Ansprüche auf bezahlte Freistellung zunichte machte. Zur inhaltsgleichen Vorschrift des § 52 BAT haben die öffentlichen Arbeitgeber jedoch die Auffassung vertreten, dass der gesetzliche Anspruch auf unbezahlte Freistellung den tariflichen Anspruch auf bezahlte Freistellung nicht vernichtet.

Die Arbeitsbefreiung beträgt höchstens vier Arbeitstage im Kalenderjahr. Nach Auffassung des BAG (Urteil vom 5. August 2014 – 9 AZR 878/12) gilt die in der Vorschrift festgelegte Höchstdauer von vier Arbeitstagen im Kalenderjahr für *jedes* schwer erkrankte Kind unter zwölf Jahren. Bei schwerer Erkrankung eines anderen Kindes unter zwölf Jahren ist aber die in § 29 Abs. 1 Satz 3 TV-L vereinbarte Obergrenze von insgesamt fünf Arbeitstagen im Kalenderjahr zu beachten, in die auch Freistellungen nach den anderen Tatbeständen des Buchstaben e) – Betreuung von anderen Angehörigen, Erkrankung einer Betreuungsperson – einzubeziehen sind.

Zu Doppelbuchstabe cc

Die Vorschrift regelt den Fall der schweren Erkrankung einer Betreuungsperson, die dazu führt, dass der Beschäftigte selbst die Betreuung seines Kindes, das das achte Lebensjahr noch nicht vollendet hat oder wegen körperlicher, geistiger oder seelischer Behinderung dauernd pflegebedürftig ist, selbst übernehmen muss. Die Arbeitsbefreiung beträgt höchstens vier Arbeitstage im Kalenderjahr, wobei zusätzlich die Höchstbegrenzung (auf maximal fünf Arbeitstage im Kalenderjahr) nach Buchstabe e Satz 3 für den Fall des Zusammentreffens mit Tatbeständen nach den Doppelbuchstaben aa und bb zu beachten ist.

Zu Buchstabe f

Die Freistellung zur ärztlichen Behandlung ist ohne Beschränkung auf bestimmte Gruppen von Ärzten geregelt. Es kann sich um einen Kassen- oder einen Privatarzt, aber auch um einen Amts-, Betriebs-, Versorgungs- oder Vertrauensarzt handeln. Der Begriff der ärztlichen Behandlung erfasst – wie die Tarifpartner in einer Niederschriftserklärung ausdrücklich klargestellt haben – auch die ärztliche Untersuchung und die ärztlich verordnete Behandlung. Die Behandlung braucht nicht von einem Arzt durchgeführt zu werden. Erfasst werden deshalb z. B. auch medizinische Massagen, wenn sie von einem Arzt verordnet worden sind. Dies gilt ebenso für ambulant durchgeführte Rehabilitationsmaßnahmen, soweit sie ärztlich verordnet sind.

Der Anspruch auf Freistellung unter Fortzahlung der Vergütung besteht nur dann, wenn die ärztliche Behandlung während der Arbeitszeit erfolgen muss. Der Beschäftigte muss sich deshalb bemühen, einen Untersuchungs- oder Behandlungstermin außerhalb seiner Arbeitszeit zu vereinbaren. Wenn ein Termin außerhalb der Arbeitszeit möglich und zumutbar ist, darf die Behandlung nicht während der Arbeitszeit erfolgen. Der Beschäftigte muss hierzu auch die Möglichkeiten seiner Gleitzeitgestaltung nutzen.

Die Dauer der Freistellung ist auf die erforderliche, d. h. die unumgänglich notwendige, nachgewiesene Abwesenheit von der Arbeit beschränkt. Die „nachgewiesene Abwesenheitszeit" ist zwar nicht dahingehend auszulegen, dass bei jedem Arztbesuch ein besonderer Nachweis, etwa in Form einer ärztlichen Bescheinigung über die erforderliche Zeit der Abwesenheit erbracht werden muss, doch kann bei jedem Arztbesuch ein entsprechender Nachweis verlangt werden. Die Art und Weise des Nachweises ist nicht spezifiziert. Das bedeutet, dass jede Form des Nachweises möglich ist. Entscheidend ist, dass die Erforderlichkeit der Abwesenheit schlüssig dargelegt und plausibel ist.

Im Allgemeinen dürfte es ausreichen, wenn der Beschäftigte glaubhaft erklärt, dass die ärztliche Behandlung nur während der Arbeitszeit durchgeführt werden kann. Hält der Arbeitgeber diese Aussage (z. B. im Falle häufiger Wiederholungen) nicht für ausreichend, kann er einen darüber hinausgehenden Nachweis verlangen. Dieser ist insbesondere in der Vorlage einer Bescheinigung der Arztpraxis oder des Instituts zu sehen. Weigert sich der Beschäftigte, eine solche Bescheinigung beizubringen, entfällt der Freistellungsanspruch unter Fortzahlung der Bezüge.

Die Freistellung schließt auch unvermeidbare Wartezeiten beim Arzt und die erforderlichen Wegezeiten zu und von der ärztlichen Behandlung ein.

Freistellung zur Erfüllung staatsbürgerlicher Pflichten (Abs. 2)

Die tarifliche Regelung setzt voraus, dass für die Erfüllung allgemeiner staatsbürgerlicher Pflichten eine Arbeitsbefreiung bereits gesetzlich vorgeschrieben ist. Die Tarifvorschrift regelt lediglich die Bezahlung der Zeit des Arbeitsausfalls.

Allgemeine staatsbürgerliche Pflichten sind solche, die sich aus der Rechtsstellung des Einzelnen als Staatsbürger ergeben, die also grundsätzlich jeden Bürger ohne Weiteres treffen können. Spezielle oder besondere Pflichten, die von der Zugehörigkeit zu einer bestimmten gesellschaftlichen Gruppe, einem Berufsstand o. a. abhängen, fallen nicht hierunter. Durch die Einschränkung auf Pflichten nach deutschem Recht wird klargestellt, dass Ansprüche aus Absatz 2 nicht entstehen, wenn es sich um die staatsbürgerliche Pflicht gegenüber einem anderen Staat handelt (z. B. gesetzliche Wahlpflicht in einem ausländischen Staat).

Nicht zu den allgemeinen staatsbürgerlichen Pflichten rechnen danach z. B. die folgenden Tatbestände:

Ausübung des Wahl- und Stimmrechts nach den Wahlgesetzen für die Wahl zum Europäischen Parlament, zum Deutschen Bundestag, zum

Landtag und zu den Kommunalparlamenten, da es sich insoweit nicht um die Erfüllung einer rechtlichen Pflicht handelt; im Übrigen bleibt dem Angestellten die Möglichkeit der Briefwahl.

Ausübung folgender öffentlicher Ehrenämter:

- Mitgliedschaft in den Selbstverwaltungsorganen der Sozialversicherungsträger,
- Tätigkeit in den Wahlorganen zur Durchführung der Sozialversicherungswahlen,
- Tätigkeit der Versichertenältesten und der Vertrauensmänner,
- Mitgliedschaft in Prüfungsausschüssen nach dem Berufsbildungsgesetz,
- Mitgliedschaft in den Organen der Bundesagentur für Arbeit,
- Tätigkeit in den Organen und Ausschüssen der als öffentlich-rechtliche Körperschaften ausgestatteten Berufskammern,
- Tätigkeit im Prüfungsausschuss in einer Industrie- und Handelskammer,
- Aufgaben in einem Beirat für Landschaftspflege.

Wegen der Freistellung für die Teilnahme an Sitzungen von Prüfungs- und Berufsbildungsausschüssen nach dem Berufsbildungsgesetz sowie für eine Tätigkeit in Organen von Sozialversicherungsträgern → aber Absatz 5.

Teilnahme an Wahlen der Organe der gesetzlichen Sozialversicherung und anderer öffentlicher Einrichtungen.

Wahrnehmung amtlicher, insbesondere gerichtlicher oder polizeilicher Termine, auch wenn sie nicht durch private Angelegenheiten des Angestellten veranlasst sind; eine Ausnahme gilt jedoch dann, wenn der Angestellte in Angelegenheiten Dritter als Zeuge oder Sachverständiger geladen ist.

Beteiligung an Notfalldiensten, es sei denn, die Heranziehung erfolgt auf der Grundlage landesrechtlicher Gesetze (z. B. aufgrund des nordrhein-westfälischen Gesetzes über den Brandschutz, die Hilfeleistung und den Katastrophenschutz vom 17. Dezember 2015 – GV. NRW. S. 886 –).

Für die öffentlichen Ehrenämter des Schöffen oder des ehrenamtlichen Richters ergibt sich ein Freistellungsanspruch mittelbar aus dem Gesetz: für die Wahl und Heranziehung der Schöffen aus §§ 31 bis 56 des Gerichtsverfassungsgesetzes; für die ehrenamtlichen Richter in der Arbeits-, Sozial- und Verwaltungsgerichtsbarkeit aus den §§ 16, 20 ff., 35, 43 des Arbeitsgerichtsgesetzes, den §§ 9, 30, 38 des Sozialgerichtsgesetzes und den § 19 ff. der Verwaltungsgerichtsordnung; in diesen Vorschriften wird die Arbeitsbefreiung für die Heranziehung als ehrenamtlicher Richter vorausgesetzt. Ungeachtet bestehender Unterschiede in den einzelnen Zweigen der Gerichtsbarkeit kann daher für jede Heranziehung als Schöffe oder ehrenamtlicher Richter Arbeitsbefreiung nach Absatz 2 gewährt werden.

Hinsichtlich der Tätigkeit in Wahlausschüssen und Wahlvorständen nach dem Bundeswahlgesetz, dem Europawahlgesetz und den Landes- bzw. Kommunalwahlgesetzen besteht eine Verpflichtung zur Übernahme dieses Ehrenamtes und eine gesetzliche Anwesenheitspflicht. Dies steht einer ausdrücklichen Verpflichtung des Arbeitgebers gleich, Arbeitsbefreiung zu gewähren. In diesen Fällen sind die Bezüge entsprechend der Regelung in Absatz 2 fortzuzahlen.

Der Anspruch auf Fortzahlung des Entgelts setzt voraus, dass die gesetzlich vorgeschriebene Arbeitsbefreiung für die Erfüllung allgemeiner staatsbürgerlicher Pflichten nach deutschem Recht in die Arbeitszeit des Beschäftigten fällt. Dazu hat das BAG mit Urteil vom 22. Januar 2009 – 6 AZR 78/08 – entschieden, dass ein ehrenamtlicher Richter, auf dessen Arbeitsverhältnis ein flexibles Arbeitszeitmodell mit Kern- und Gleitzeit Anwendung findet, keine Zeitgutschrift für die in die Gleitzeit fallende Richtertätigkeit verlangen kann.

In Nordrhein-Westfalen ist aber eine Besonderheit aufgrund des Gesetzes zur Stärkung des kommunalen Ehrenamtes und zur Änderung weiterer kommunalverfassungsrechtlicher Vorschriften vom 18. September 2012 (GV. NRW. S. 436) zu beachten. Das Gesetz sieht nämlich vor, dass bei flexiblen Arbeitszeiten für die Mandatswahrnehmung während der Gleitzeit, die nicht zur Kernarbeitszeit gehört, ein Freistellungsanspruch für die Mandatsträger von 50 % der aufgewendeten Zeit durch Zeitgutschrift auf dem Gleitzeitkonto gewährt wird. Der Anspruch auf Verdienstausfall gegenüber der Kommune, dem Kreis usw. ist in diesem Fall auf 50 % begrenzt. Bei Vorliegen aller Voraussetzungen hat der Arbeitgeber daher das Entgelt für die versäumte Arbeitszeit fortzuzahlen. Steht dem Beschäftigten ein Ersatzanspruch zu, gilt das vom Arbeitgeber fortgezahlte Entgelt in Höhe des Ersatzanspruchs als Vorschuss auf diese Leistungen. Der Beschäftigte hat den Ersatzanspruch geltend zu machen und die erhaltenen Beträge an den Arbeitgeber abzuführen. Die Höhe des Ersatzanspruchs richtet sich nach den gesetzlichen Vorschriften, die der Heranziehung des Beschäftigten zugrunde liegen. Soweit der Erstattungsanspruch hinter dem fortgezahlten Entgelt zurückbleibt, bleibt der Arbeitgeber belastet. Das gilt bei einer Erstattung selbst der Bruttovergütung immer noch für die Arbeitgeberanteile zur Sozialversicherung und die Umlage zur Zusatzversorgung.

Führt der Beschäftigte die erlangten Ersatzleistungen nicht an den Arbeitgeber ab, hat dieser gegen den Beschäftigten einen Anspruch auf Rückzahlung des Vorschusses. Der Arbeitgeber hat keinen Anspruch gegen den Kostenträger, es sei denn, der Beschäftigte habe ihm den Erstattungsanspruch abgetreten.

II

Aufwandsentschädigungen (z. B. für Fahrtkosten nach § 5 des Justizvergütungs- und -entschädigungsgesetzes) muss der Beschäftigte nicht abführen.

Arbeitsbefreiung in sonstigen dringenden Fällen (Abs. 3)

Die Vorschrift überlässt es dem Ermessen des Arbeitgebers, bei Verhinderungen anderer Art in Einzelfällen unter Fortzahlung (Satz 1) bzw. unter Wegfall (Satz 2) des Entgelts Arbeitsbefreiung zu gewähren.

Bei der Regelung des Fernbleibens von der Arbeit unter Fortzahlung der Vergütung nach Satz 1 ist zu berücksichtigen, dass es sich nach der umfassenden Regelung in den Absätzen 1 und 2 nur um Ausnahmefälle handeln kann. Die Freistellung ist auf drei Arbeitstage (pro Anlass, nicht je Kalenderjahr) begrenzt.

Zu den „begründeten Fällen" der Freistellung ohne Entgelt i. S. d. Satzes 2 nennt die zu dieser Regelung vereinbarte Protokollerklärung z. B. einen „Umzug aus persönlichen Gründen", für die die tarifliche Regelung in Absatz 1 keine Freistellungsmöglichkeit enthält. Ebenfalls darunter fallen dürften nicht von Buchst. b erfasste Todesfälle sowie das 50-jährige Arbeitsjubiläum. Eine Definition der „kurzfristigen" Arbeitsbefreiung enthält die tarifliche Vorschrift nicht, gegen eine Freistellung von maximal zwei Wochen dürften jedoch keine Bedenken bestehen. Längerfristige Freistellungen unterliegen den Vorschriften über Sonderurlaub (→ § 28).

Freistellung für gewerkschaftliche Zwecke (Abs. 4)

Absatz 4 eröffnet die Möglichkeit, Vertreter der vertragsschließenden Gewerkschaften zur Teilnahme an Tagungen (Satz 1) und zur Teilnahme an Tarifverhandlungen (Satz 2) unter Fortzahlung der Bezüge freizustellen.

Die Aufzählung der gewerkschaftlichen Gremien und Organe in Satz 1 berücksichtigt im Wesentlichen die Organisationsstrukturen der Gewerkschaft ver.di und ist bei den übrigen vertragsschließenden Gewerkschaften (insbesondere der dbb tarifunion) entsprechend anzuwenden.

Nur die gewählten Funktionsträger, nicht aber einfache Mitglieder haben einen Freistellungsanspruch.

Lehrgänge, Schulungen etc. fallen nicht unter den Begriff der Tagung.

Die Freistellung zu Tarifverhandlungen setzt eine Anforderung durch die jeweilige Gewerkschaft voraus. In der Praxis wird ein entsprechendes Einladungsschreiben ausreichen.

Der Freistellungsanspruch nach Satz 1 ist auf acht Werktage im Jahr begrenzt – in § 52 BAT waren für diese Zwecke höchstens sechs Freistellungstage vereinbart.

Die Freistellung kann seitens des Arbeitgebers abgelehnt werden, wenn dringende dienstliche oder betriebliche Interessen dem entgegenstehen.

Zur Teilnahme an den Tarifverhandlungen gehört nicht die Teilnahme an vorbereitenden Sitzungen oder an Sitzungen der Großen Tarifkommission. Reisezeiten zum und vom Verhandlungsort können jedoch berücksichtigt werden.

Der Freistellungsanspruch nach Satz 2 ist zeitlich nicht begrenzt.

Freistellung für Tätigkeiten in Ausschüssen nach dem Berufsbildungsgesetz und in Organen der Sozialversicherungsträger (Abs. 5)

Absatz 5 ermöglicht es, für die Teilnahme an Sitzungen von Prüfungs- und von Berufsbildungsausschüssen nach dem Berufsbildungsgesetz sowie für eine Tätigkeit in Organen von Sozialversicherungsträgern den Mitgliedern bezahlte Arbeitsbefreiung zu gewähren, sofern nicht dringende dienstliche oder betriebliche Interessen entgegenstehen.

Für die Vertreter in den Organen der Versorgungsanstalt des Bundes und der Länder und der kommunalen Zusatzversorgungseinrichtungen ist die Teilnahme an den Sitzungen der Organe Dienst. Einer Arbeitsbefreiung nach § 29 bedarf es nicht.

Fortzuzahlendes Entgelt (Abs. 6)

Nach dieser Vorschrift werden in den Freistellungsfällen der Absätze 1 bis 5 nicht das Entgelt nach § 21 TV-L, sondern nur das Tabellenentgelt sowie die in Monatsbeträgen festgesetzten Entgeltbestandteile fortgezahlt.

Sonstige Grundlagen für Arbeitsbefreiung

Gesetzliche Grundlagen

Während durch § 29 Abs. 1 die Regelung des § 616 BGB abgedungen wurde, bleibt eine Vielzahl gesetzlicher Regelungen unberührt und hat Vorrang vor der Tarifvorschrift. Die wichtigsten gesetzlichen Freistellungsmöglichkeiten sind nachfolgend aufgelistet.

Abgeordnetengesetze

II

- Europäisches Parlament: Europaabgeordnetengesetz vom 6. 4. 1979 (BGBl. I S. 413)
- Bundestag: Gesetz über die Rechtsverhältnisse der Mitglieder des deutschen Bundestages i. d. F. der Bekanntmachung vom 21. 2. 1996 (BGBl. I S. 326)
- Baden-Württemberg: Abgeordnetengesetz vom 12. 9. 1978 (GBl. S. 473)
- Bayern: Bayerisches Abgeordnetengesetz i. d. F. der Bekanntmachung vom 6. 3. 1996 (GVBl. S. 82)
- Berlin: Landesabgeordnetengesetz vom 21. 7. 1978 (GVBl. S. 1497)
- Brandenburg: Abgeordnetengesetz vom 19. 6. 2013 (GVBl. I. Nr. 23)
- Bremen: Bremisches Abgeordnetengesetz vom 16. 10. 1978 (Brem. GBl. S. 209)
- Hamburg: Hamburgisches Abgeordnetengesetz vom 21. 6. 1996 (GVBl. S. 141)
- Hessen: Hessisches Abgeordnetengesetz vom 18. 10. 1989 (GVBl. I S. 261)
- Mecklenburg-Vorpommern: Abgeordnetengesetz i. d. F. der Bekanntmachung vom 1. 2. 2007 (GVOBl. M-V S. 54)
- Niedersachsen: Niedersächsisches Abgeordnetengesetz i. d. F. der Bekanntmachung vom 20. 6. 2000 (Nds. GVBl. S. 129)
- Nordrhein-Westfalen: Abgeordnetengesetz vom 5. 4. 2005 (GV. NRW. S. 252)
- Rheinland-Pfalz: Abgeordnetengesetz Rheinland-Pfalz vom 21. 7. 1978 (GVBl. S. 587)
- Saarland: Abgeordnetengesetz i. d. F. der Bekanntmachung vom 27. 2. 1991 (Amtsbl. S. 430)
- Sachsen: Abgeordnetengesetz i. d. F. der Bekanntmachung vom 4. 7. 2000 (SächsGVBl. S. 326)
- Sachsen-Anhalt: Abgeordnetengesetz Sachsen-Anhalt i. d. F. der Bekanntmachung vom 14. 6. 2002 (GVBl. LSA S. 270)
- Schleswig-Holstein: Schleswig-Holsteinisches Abgeordnetengesetz i. d. F. der Bekanntmachung vom 13. 2. 1991 (GVOBl. Schl.-H. S. 100)
- Thüringen: Thüringer Abgeordnetengesetz i. d. F. der Bekanntmachung vom 9. 3. 1995 (GVBl. S. 121)

sowie die jeweiligen Kommunalwahl- und Kommunalverfassungsgesetze

Bildungsurlaubs-, Bildungsfreistellungs- und Weiterbildungsgesetze der Länder

- Baden-Württemberg: Bildungszeitgesetz vom 17. 3. 2015 (GBl. S. 161)
- Berlin: Bildungszeitgesetz vom 5. 7. 2021 (GVBl. S. 849)
- Brandenburg: Weiterbildungsgesetz vom 15. 12. 1993 (GVBl. I S. 498)
- Bremen: Bildungszeitgesetz vom 18. 12. 1974 (BremGBl. S. 348)
- Hamburg: Bildungsurlaubsgesetz vom 21. 1. 1974 (Hamburgisches GVBl. S. 6)
- Hessen: Bildungsurlaubsgesetz vom 28. 7. 1998 (GVBl. S. 294, ber. 348)
- Mecklenburg-Vorpommern: Bildungsfreistellungsgesetz vom 13. 12. 2013 (GVOBl. M-V S. 691)
- Niedersachsen: Bildungsurlaubsgesetz vom 25. 1. 1991 (Nds. GVBl. S. 29)
- Nordrhein-Westfalen: Arbeitnehmerweiterbildungsgesetz vom 6. 11. 1984 (GV. NRW. S. 678)
- Rheinland-Pfalz: Bildungsfreistellungsgesetz vom 30. 3. 1993 (GVBl. S. 157)
- Saarland: Bildungsfreistellungsgesetz vom 10. 2. 2010 (Amtsbl. S. 28)
- Sachsen: Weiterbildungsgesetz vom 29. 6. 1998 (SächsGVBl. S. 270)
- Sachsen-Anhalt: Bildungsfreistellungsgesetz vom 4. 3. 1998 (GVBl. LSA S. 92)
- Schleswig-Holstein: Weiterbildungsgesetz vom 6. 3. 2012 (GVOBl. Schl.-H. S. 282)
- Thüringen: Bildungsfreistellungsgesetz vom 15. Juli 2015 (GVBl. S. 114)

Weitere gesetzliche Freistellungsmöglichkeiten

- § 14 des Arbeitsplatzschutzgesetzes i. d. F. der Bekanntmachung vom 16. 7. 2009 (BGBl. I S. 2055)
- § 2 bzw. § 5 des Gesetzes über Betriebsärzte, Sicherheitsingenieure und andere Fachkräfte für Arbeitssicherheit vom 12. 12. 1973 (BGBl. I S. 1885)
- § 37 des Betriebsverfassungsgesetzes i. d. F. der Bekanntmachung vom 25. 9. 2001 (BGBl. I S. 2518)
- Freizeit zur Stellungssuche: § 626 BGB
- Freistellung zur Arbeitsplatzsuche: § 2 Abs. 2 Satz 2 SGB III

- Frauenförder-/Gleichstellungsgesetze: siehe dazu Erläuterungen zu § 2 Abs. 1 TV-L
- Personalvertretungsgesetze: siehe dazu Erläuterungen zu § 2 Abs. 1 TV-L
- §§ 2 und 3 des Pflegezeitgesetzes vom 28. 5. 2008 (BGBl. I S. 874)[1]
- Mutterschutzgesetz i. d. F. der Bekanntmachung vom 23. 5. 2017 (BGBl. I S. 1228)
- Freistellung der Vertrauensperson schwerbehinderter Menschen gem. § 179 SGB IX
- Freistellung nach dem Zivildienstgesetz i. d. F. der Bekanntmachung vom 17. 5. 2005 (BGBl. I S. 1346)

Außer-/übertarifliche Regelungen

Neben den tarifvertraglichen bzw. gesetzlichen Regelungen haben die öffentlichen Arbeitgeber in der Vergangenheit vielfach zugelassen, dass den Beschäftigten in Anlehnung an die jeweilige beamtenrechtliche Sonderurlaubsverordnung außer- bzw. übertariflich Arbeitsbefreiung gewährt wird.

Es bleibt abzuwarten, ob die Arbeitgeber diese Praxis fortsetzen werden. Dem könnte vor allen Dingen die Intention der Tarifpartner, mit dem TV-L ein eigenständiges, vom Beamtenrecht gelöstes Tarifrecht zu schaffen, entgegenstehen.

[1]) abgedruckt als **Anhang 1**

Anhang 1

Gesetz über die Pflegezeit (Pflegezeitgesetz – PflegeZG)

Vom 28. Mai 2008 (BGBl. I S. 874)

Zuletzt geändert durch
Viertes Bürokratieentlastungsgesetz
vom 23. Oktober 2024 (BGBl. I Nr. 323)

§ 1 Ziel des Gesetzes

Ziel des Gesetzes ist, Beschäftigten die Möglichkeit zu eröffnen, pflegebedürftige nahe Angehörige in häuslicher Umgebung zu pflegen und damit die Vereinbarkeit von Beruf und familiärer Pflege zu verbessern.

§ 2 Kurzzeitige Arbeitsverhinderung

(1) Beschäftigte haben das Recht, bis zu zehn Arbeitstage der Arbeit fernzubleiben, wenn dies erforderlich ist, um für einen pflegebedürftigen nahen Angehörigen in einer akut aufgetretenen Pflegesituation eine bedarfsgerechte Pflege zu organisieren oder eine pflegerische Versorgung in dieser Zeit sicherzustellen.

(2) Beschäftigte sind verpflichtet, dem Arbeitgeber ihre Verhinderung an der Arbeitsleistung und deren voraussichtliche Dauer unverzüglich mitzuteilen. Dem Arbeitgeber ist auf Verlangen eine ärztliche Bescheinigung über die Pflegebedürftigkeit des nahen Angehörigen und die Erforderlichkeit der in Absatz 1 genannten Maßnahmen vorzulegen.

(3) Der Arbeitgeber ist zur Fortzahlung der Vergütung nur verpflichtet, soweit sich eine solche Verpflichtung aus anderen gesetzlichen Vorschriften oder aufgrund Vereinbarung ergibt. Ein Anspruch der Beschäftigten auf Zahlung von Pflegeunterstützungsgeld richtet sich nach § 44a Absatz 3 des Elften Buches Sozialgesetzbuch.

§ 3 Pflegezeit und sonstige Freistellungen

(1) Beschäftigte sind von der Arbeitsleistung vollständig oder teilweise freizustellen, wenn sie einen pflegebedürftigen nahen Angehörigen in häuslicher Umgebung pflegen (Pflegezeit). Der Anspruch nach Satz 1 besteht nicht gegenüber Arbeitgebern mit in der Regel 15 oder weniger Beschäftigten.

(2) Die Beschäftigten haben die Pflegebedürftigkeit des nahen Angehörigen durch Vorlage einer Bescheinigung der Pflegekasse oder des

Medizinischen Dienstes der Krankenversicherung nachzuweisen. Bei in der privaten Pflege-Pflichtversicherung versicherten Pflegebedürftigen ist ein entsprechender Nachweis zu erbringen.

(3) Wer Pflegezeit beanspruchen will, muss dies dem Arbeitgeber spätestens zehn Arbeitstage vor Beginn in Textform ankündigen und gleichzeitig erklären, für welchen Zeitraum und in welchem Umfang die Freistellung von der Arbeitsleistung in Anspruch genommen werden soll. Wenn nur teilweise Freistellung in Anspruch genommen wird, ist auch die gewünschte Verteilung der Arbeitszeit anzugeben. Enthält die Ankündigung keine eindeutige Festlegung, ob die oder der Beschäftigte Pflegezeit oder Familienpflegezeit nach § 2 des Familienpflegezeitgesetzes in Anspruch nehmen will, und liegen die Voraussetzungen beider Freistellungsansprüche vor, gilt die Erklärung als Ankündigung von Pflegezeit. Beansprucht die oder der Beschäftigte nach der Pflegezeit Familienpflegezeit oder eine Freistellung nach § 2 Absatz 5 des Familienpflegezeitgesetzes zur Pflege oder Betreuung desselben pflegebedürftigen Angehörigen, muss sich die Familienpflegezeit oder die Freistellung nach § 2 Absatz 5 des Familienpflegezeitgesetzes unmittelbar an die Pflegezeit anschließen. In diesem Fall soll die oder der Beschäftigte möglichst frühzeitig erklären, ob sie oder er Familienpflegezeit oder eine Freistellung nach § 2 Absatz 5 des Familienpflegezeitgesetzes in Anspruch nehmen wird; abweichend von § 2a Absatz 1 Satz 1 des Familienpflegezeitgesetzes muss die Ankündigung spätestens drei Monate vor Beginn der Familienpflegezeit erfolgen. Wird Pflegezeit nach einer Familienpflegezeit oder einer Freistellung nach § 2 Absatz 5 des Familienpflegezeitgesetzes in Anspruch genommen, ist die Pflegezeit in unmittelbarem Anschluss an die Familienpflegezeit oder die Freistellung nach § 2 Absatz 5 des Familienpflegezeitgesetzes zu beanspruchen; sie ist abweichend von Satz 1 dem Arbeitgeber spätestens acht Wochen vor Beginn in Textform anzukündigen.

(4) Wenn nur teilweise Freistellung in Anspruch genommen wird, haben Arbeitgeber und Beschäftigte über die Verringerung und die Verteilung der Arbeitszeit eine schriftliche Vereinbarung zu treffen. Hierbei hat der Arbeitgeber den Wünschen der Beschäftigten zu entsprechen, es sei denn, dass dringende betriebliche Gründe entgegenstehen.

(5) Beschäftigte sind von der Arbeitsleistung vollständig oder teilweise freizustellen, wenn sie einen minderjährigen pflegebedürftigen nahen Angehörigen in häuslicher oder außerhäuslicher Umgebung betreuen. Die Inanspruchnahme dieser Freistellung ist jederzeit im Wechsel mit der Freistellung nach Absatz 1 im Rahmen der Gesamtdauer nach § 4

Absatz 1 Satz 4 möglich. Absatz 1 Satz 2 und die Absätze 2 bis 4 gelten entsprechend. Beschäftigte können diesen Anspruch wahlweise statt des Anspruchs auf Pflegezeit nach Absatz 1 geltend machen.

(6) Beschäftigte sind zur Begleitung eines nahen Angehörigen von der Arbeitsleistung vollständig oder teilweise freizustellen, wenn dieser an einer Erkrankung leidet, die progredient verläuft und bereits ein weit fortgeschrittenes Stadium erreicht hat, bei der eine Heilung ausgeschlossen und eine palliativmedizinische Behandlung notwendig ist und die lediglich eine begrenzte Lebenserwartung von Wochen oder wenigen Monaten erwarten lässt. Beschäftigte haben diese gegenüber dem Arbeitgeber durch ein ärztliches Zeugnis nachzuweisen. Absatz 1 Satz 2, Absatz 3 Satz 1 und 2 und Absatz 4 gelten entsprechend. § 45 des Fünften Buches Sozialgesetzbuch bleibt unberührt.

(6a) Beschäftigte von Arbeitgebern mit in der Regel 15 oder weniger Beschäftigten können bei ihrem Arbeitgeber den Abschluss einer Vereinbarung über eine Pflegezeit nach Absatz 1 Satz 1 oder eine sonstige Freistellung nach Absatz 5 Satz 1 oder Absatz 6 Satz 1 beantragen. Der Arbeitgeber hat den Antrag innerhalb von vier Wochen nach Zugang zu beantworten. Eine Ablehnung des Antrags ist zu begründen. Wird eine Pflegezeit oder sonstige Freistellung nach Satz 1 vereinbart, gelten die Absätze 2, 3 Satz 4 und 6 erster Halbsatz, Absatz 4 Satz 1 sowie Absatz 6 Satz 2 und 4 entsprechend.

(7) Ein Anspruch auf Förderung richtet sich nach den §§ 3, 4, 5 Absatz 1 Satz 1 und Absatz 2 sowie den §§ 6 bis 10 des Familienpflegezeitgesetzes.

§ 4 Dauer der Inanspruchnahme

(1) Die Pflegezeit nach § 3 beträgt für jeden pflegebedürftigen nahen Angehörigen längstens sechs Monate (Höchstdauer). Für einen kürzeren Zeitraum in Anspruch genommene Pflegezeit kann bis zur Höchstdauer verlängert werden, wenn der Arbeitgeber zustimmt. Eine Verlängerung bis zur Höchstdauer kann verlangt werden, wenn ein vorgesehener Wechsel in der Person des Pflegenden aus einem wichtigen Grund nicht erfolgen kann; dies gilt nicht für Fälle des § 3 Absatz 6a. Pflegezeit und Familienpflegezeit nach § 2 des Familienpflegezeitgesetzes dürfen gemeinsam die Gesamtdauer von 24 Monaten je pflegebedürftigem nahen Angehörigen nicht überschreiten. Die Pflegezeit wird auf Berufsbildungszeiten nicht angerechnet.

(2) Ist der nahe Angehörige nicht mehr pflegebedürftig oder die häusliche Pflege des nahen Angehörigen unmöglich oder unzumutbar, endet die Pflegezeit vier Wochen nach Eintritt der veränderten

Umstände. Der Arbeitgeber ist über die veränderten Umstände unverzüglich zu unterrichten. Im Übrigen kann die Pflegezeit nur vorzeitig beendet werden, wenn der Arbeitgeber zustimmt.

(3) Für die Betreuung nach § 3 Absatz 5 gelten die Absätze 1 und 2 entsprechend. Für die Freistellung nach § 3 Absatz 6 gilt eine Höchstdauer von drei Monaten je nahem Angehörigen. Für die Freistellung nach § 3 Absatz 6 gelten Absatz 1 Satz 2, 3 und 5 sowie Absatz 2 entsprechend; bei zusätzlicher Inanspruchnahme von Pflegezeit oder einer Freistellung nach § 3 Absatz 5 oder Familienpflegezeit oder einer Freistellung nach § 2 Absatz 5 des Familienpflegezeitgesetzes dürfen die Freistellungen insgesamt 24 Monate je nahem Angehörigen nicht überschreiten.

(4) Der Arbeitgeber kann den Erholungsurlaub, der der oder dem Beschäftigten für das Urlaubsjahr zusteht, für jeden vollen Kalendermonat der vollständigen Freistellung von der Arbeitsleistung um ein Zwölftel kürzen.

§ 4a Erneute Pflegezeit nach Inanspruchnahme einer Freistellung auf Grundlage der Sonderregelungen aus Anlass der COVID-19-Pandemie

(1) Abweichend von § 4 Absatz 1 Satz 2 und 3 können Beschäftigte einmalig nach einer beendeten Pflegezeit zur Pflege oder Betreuung desselben pflegebedürftigen Angehörigen Pflegezeit erneut, jedoch insgesamt nur bis zur Höchstdauer nach § 4 Absatz 1 Satz 1 in Anspruch nehmen, wenn die Gesamtdauer nach § 4 Absatz 1 Satz 4 nicht überschritten wird und die Inanspruchnahme der beendeten Pflegezeit auf der Grundlage der Sonderregelungen aus Anlass der COVID-19-Pandemie erfolgte.

(2) Abweichend von § 3 Absatz 3 Satz 4 muss sich die Familienpflegezeit oder eine Freistellung nach § 2 Absatz 5 des Familienpflegezeitgesetzes nicht unmittelbar an die Pflegezeit anschließen, wenn die Pflegezeit auf Grund der Sonderregelungen aus Anlass der COVID-19-Pandemie in Anspruch genommen wurde und die Gesamtdauer nach § 4 Absatz 1 Satz 4 nicht überschritten wird.

(3) Abweichend von § 3 Absatz 3 Satz 6 muss sich die Pflegezeit nicht unmittelbar an die Familienpflegezeit oder an die Freistellung nach § 2 Absatz 5 des Familienpflegezeitgesetzes anschließen, wenn die Familienpflegezeit oder Freistellung auf Grund der Sonderregelungen aus Anlass der COVID-19-Pandemie erfolgte und die Gesamtdauer nach § 4 Absatz 1 Satz 4 nicht überschritten wird.

§ 5 Kündigungsschutz

(1) Der Arbeitgeber darf das Beschäftigungsverhältnis von der Ankündigung, höchstens jedoch zwölf Wochen vor dem angekündigten Beginn, bis zur Beendigung der kurzzeitigen Arbeitsverhinderung nach § 2 oder der Freistellung nach § 3 nicht kündigen. Im Fall einer Vereinbarung über eine Freistellung nach § 3 Absatz 6a dieses Gesetzes oder nach § 2a Absatz 5a des Familienpflegezeitgesetzes beginnt der Kündigungsschutz mit dem Beginn der Freistellung.

(2) In besonderen Fällen kann eine Kündigung von der für den Arbeitsschutz zuständigen obersten Landesbehörde oder der von ihr bestimmten Stelle ausnahmsweise für zulässig erklärt werden. Die Bundesregierung kann hierzu mit Zustimmung des Bundesrates allgemeine Verwaltungsvorschriften erlassen.

§ 6 Befristete Verträge

(1) Wenn zur Vertretung einer Beschäftigten oder eines Beschäftigten für die Dauer der kurzzeitigen Arbeitsverhinderung nach § 2 oder der Freistellung nach § 3 eine Arbeitnehmerin oder ein Arbeitnehmer eingestellt wird, liegt hierin ein sachlicher Grund für die Befristung des Arbeitsverhältnisses. Über die Dauer der Vertretung nach Satz 1 hinaus ist die Befristung für notwendige Zeiten einer Einarbeitung zulässig.

(2) Die Dauer der Befristung des Arbeitsvertrages muss kalendermäßig bestimmt oder bestimmbar sein oder den in Absatz 1 genannten Zwecken zu entnehmen sein.

(3) Der Arbeitgeber kann den befristeten Arbeitsvertrag unter Einhaltung einer Frist von zwei Wochen kündigen, wenn die Freistellung nach § 4 Abs. 2 Satz 1 vorzeitig endet. Das Kündigungsschutzgesetz ist in diesen Fällen nicht anzuwenden. Satz 1 gilt nicht, soweit seine Anwendung vertraglich ausgeschlossen ist.

(4) Wird im Rahmen arbeitsrechtlicher Gesetze oder Verordnungen auf die Zahl der beschäftigten Arbeitnehmerinnen und Arbeitnehmer abgestellt, sind bei der Ermittlung dieser Zahl Arbeitnehmerinnen und Arbeitnehmer, die nach § 2 kurzzeitig an der Arbeitsleistung verhindert oder nach § 3 freigestellt sind, nicht mitzuzählen, solange für sie auf Grund von Absatz 1 eine Vertreterin oder ein Vertreter eingestellt ist. Dies gilt nicht, wenn die Vertreterin oder der Vertreter nicht mitzuzählen ist. Die Sätze 1 und 2 gelten entsprechend, wenn im Rahmen arbeitsrechtlicher Gesetze oder Verordnungen auf die Zahl der Arbeitsplätze abgestellt wird.

§ 7 Begriffsbestimmungen

(1) Beschäftigte im Sinne dieses Gesetzes sind

1. Arbeitnehmerinnen und Arbeitnehmer,
2. die zu ihrer Berufsbildung Beschäftigten,
3. Personen, die wegen ihrer wirtschaftlichen Unselbständigkeit als arbeitnehmerähnliche Personen anzusehen sind; zu diesen gehören auch die in Heimarbeit Beschäftigten und die ihnen Gleichgestellten.

(2) Arbeitgeber im Sinne dieses Gesetzes sind natürliche und juristische Personen sowie rechtsfähige Personengesellschaften, die Personen nach Absatz 1 beschäftigen. Für die arbeitnehmerähnlichen Personen, insbesondere für die in Heimarbeit Beschäftigten und die ihnen Gleichgestellten, tritt an die Stelle des Arbeitgebers der Auftraggeber oder Zwischenmeister.

(3) Nahe Angehörige im Sinne dieses Gesetzes sind

1. Großeltern, Eltern, Schwiegereltern, Stiefeltern,
2. Ehegatten, Lebenspartner, Partner einer eheähnlichen oder lebenspartnerschaftsähnlichen Gemeinschaft, Geschwister, Ehegatten der Geschwister und Geschwister der Ehegatten, Lebenspartner der Geschwister und Geschwister der Lebenspartner,
3. Kinder, Adoptiv- oder Pflegekinder, die Kinder, Adoptiv- oder Pflegekinder des Ehegatten oder Lebenspartners, Schwiegerkinder und Enkelkinder.

(4) Pflegebedürftig im Sinne dieses Gesetzes sind Personen, die die Voraussetzungen nach den §§ 14 und 15 des Elften Buches Sozialgesetzbuch erfüllen. Pflegebedürftig im Sinne von § 2 sind auch Personen, die die Voraussetzungen nach den §§ 14 und 15 des Elften Buches Sozialgesetzbuch voraussichtlich erfüllen.

§ 8 Unabdingbarkeit

Von den Vorschriften dieses Gesetzes kann nicht zuungunsten der Beschäftigten abgewichen werden.

Abschnitt V
Befristung und Beendigung des Arbeitsverhältnisses

§ 30 Befristete Arbeitsverträge

(1) [1]Befristete Arbeitsverträge sind zulässig auf Grundlage des Teilzeit- und Befristungsgesetzes sowie anderer gesetzlicher Vorschriften über die Befristung von Arbeitsverträgen. [2]Für Beschäftigte, auf welche die Regelungen des Tarifgebiets West Anwendung finden und deren Tätigkeit vor dem 1. Januar 2005 der Rentenversicherung der Angestellten unterlegen hätte, gelten die Besonderheiten in den Absätzen 2 bis 5; dies gilt nicht für Arbeitsverhältnisse, für welche die §§ 57a ff. Hochschulrahmengesetz beziehungsweise gesetzliche Nachfolgeregelungen unmittelbar oder entsprechend gelten.

(2) [1]Kalendermäßig befristete Arbeitsverträge mit sachlichem Grund sind nur zulässig, wenn die Dauer des einzelnen Vertrages fünf Jahre nicht übersteigt; weitergehende Regelungen im Sinne von § 23 Teilzeit- und Befristungsgesetz bleiben unberührt. [2]Beschäftigte mit einem Arbeitsvertrag nach Satz 1 sind bei der Besetzung von Dauerarbeitsplätzen bevorzugt zu berücksichtigen, wenn die sachlichen und persönlichen Voraussetzungen erfüllt sind.

(3) [1]Ein befristeter Arbeitsvertrag ohne sachlichen Grund soll in der Regel zwölf Monate nicht unterschreiten; die Vertragsdauer muss mindestens sechs Monate betragen. [2]Vor Ablauf des Arbeitsvertrages hat der Arbeitgeber zu prüfen, ob eine unbefristete oder befristete Weiterbeschäftigung möglich ist.

(4) [1]Bei befristeten Arbeitsverträgen ohne sachlichen Grund gelten die ersten sechs Wochen und bei befristeten Arbeitsverträgen mit sachlichem Grund die ersten sechs Monate als Probezeit. [2]Innerhalb der Probezeit kann der Arbeitsvertrag mit einer Frist von zwei Wochen zum Monatsschluss gekündigt werden.

(5) [1]Eine ordentliche Kündigung nach Ablauf der Probezeit ist nur zulässig, wenn die Vertragsdauer mindestens zwölf Monate beträgt. [2]Nach Ablauf der Probezeit beträgt die Kündigungsfrist in einem oder mehreren aneinander gereihten Arbeitsverhältnissen bei demselben Arbeitgeber

von insgesamt mehr als sechs Monaten	**vier Wochen,**
von insgesamt mehr als einem Jahr	**sechs Wochen**

zum Schluss eines Kalendermonats,

von insgesamt mehr als zwei Jahren	**drei Monate,**
von insgesamt mehr als drei Jahren	**vier Monate**

zum Schluss eines Kalendervierteljahres.

[3]Eine Unterbrechung bis zu drei Monaten ist unschädlich, es sei denn, dass das Ausscheiden von der/dem Beschäftigten verschuldet oder veranlasst war. [4]Die Unterbrechungszeit bleibt unberücksichtigt.

Protokollerklärung zu § 30 Absatz 5:

Bei mehreren aneinander gereihten Arbeitsverhältnissen führen weitere vereinbarte Probezeiten nicht zu einer Verkürzung der Kündigungsfrist.

(6) Die §§ 31 und 32 bleiben von den Regelungen der Absätze 3 bis 5 unberührt.

II

Erläuterungen

In § 30 TV-L haben die Tarifvertragsparteien Regelungen über befristete Arbeitsverhältnisse getroffen, die für die Angestellten des Tarifgebietes West aus den bisherigen Regelungen der SR 2y BAT abgeleitet worden sind. Für die übrigen Beschäftigten ist die Befristung nach gesetzlichen Vorschriften zugelassen worden.

Auf die teilweise abweichenden Sonderregelungen in § 40 Nr. 8 und § 41 Nr. 19 wird hingewiesen.

Grundzüge des Teilzeit- und Befristungsgesetzes

Die Möglichkeiten und Grenzen der Befristung von Arbeitsverträgen sind weitgehend durch das Gesetz über Teilzeitarbeit und befristete Arbeitsverträge (Teilzeit- und Befristungsgesetz – TzBfG[1])) gesetzlich vorgegeben worden. Da das TzBfG nur in zum Teil Öffnungsklauseln für abweichende tarifvertragliche Regelungen enthält, ist der Spielraum für die Tarifvertragsparteien begrenzt. Gibt es keine Öffnungsklausel, können sie wirksam nur dann vom Gesetz abweichende Regelungen vereinbaren, wenn diese günstiger als das Gesetz sind (§ 22 TzBfG). Da es sich beim TzBfG um eine Vorschrift zum Schutze des Arbeitnehmers handelt, die eine Schlechterstellung des befristeten im Vergleich zum dauerhaft Beschäftigten und die Umgehung des Kündigungsschutzes verhindern soll, sind in diesem Fall „günstigere" Regelungen solche, die eine Befristung erschweren bzw. einschränken.

An dieser Stelle sei kurz auf die wichtigsten Kernvorschriften des TzBfG – soweit die im öffentlichen Dienst typischen Fallgestaltungen berührt werden dürften – hingewiesen:

§ 4 Abs. 2 (Diskriminierungsverbot)

Nach dieser Vorschrift darf ein befristet Beschäftigter ohne sachlichen Grund nicht schlechter gestellt werden als vergleichbare unbefristete Arbeitnehmer. Er muss insbesondere die gleiche Vergütung erhalten (einschließlich eventueller Stufenaufstiege bei längerer Befristung) und die gleichen, von der Dauer der Beschäftigung abhängenden Rechte erwerben (z. B. Hineinwachsen in längere Bezugsfristen zum Krankengeldzuschuss).

---

[1]) abgedruckt als **Anhang 1**

§ 14 Abs. 1, 2 und 3 (Zulässigkeit der Befristung)

Die Zulässigkeit der Befristung ist nach Absatz 1 grundsätzlich vom Vorliegen eines Sachgrundes abhängig. Der in Absatz 1 Satz 2 enthaltene Katalog von Sachgründen ist nicht abschließend, er bietet aber einen guten Anhaltspunkt für Prüfung der Frage, ob sachliche Gründe die Befristung des Arbeitsverhältnisses rechtfertigen.

In seinen beachtenswerten Urteilen vom 18. Juli 2012 – 7 AZR 443/09 und 7 AZR 783/10 – hat das BAG im Fall sogenannter Kettenarbeitsverträge Aussagen dazu getroffen, ob bzw. wann trotz eines Sachgrundes (hier: Vertretung) eine Befristung ausnahmsweise rechtsmissbräuchlich und daher unwirksam sein kann. Bei einer Gesamtdauer von mehr als elf Jahren mit insgesamt 13 Befristungen hat das BAG Indizien dafür gesehen, dass der beklagte Arbeitgeber die an sich eröffnete Möglichkeit der Vertretungsbefristung rechtsmissbräuchlich ausgenutzt hat. Eine Befristung über sieben Jahre und neun Monate bei insgesamt vier Verträgen hat das BAG hingegen als unbedenklich eingestuft.

Mit seiner Entscheidung vom 26. 10. 2016 – 7 AZR 135/15 – hat das BAG diese Grundsätze bestätigt und noch weitere Details dazu herausgestellt. Das BAG hat in dem Urteilsfall (16 aufeinanderfolgende befristete Arbeitsverträge in einem Zeitraum von sechs Jahren und fast vier Monaten) letztlich entschieden, dass die Klage unbegründet ist. In seinen Entscheidungsgründen hat das BAG Grenzen zur Frage der Kontrolle bzw. Überprüfung des institutionellen Rechtsmissbrauchs in Bezug auf die Gesamtdauer der befristeten Arbeitsverhältnisse und auf die Gesamtzahl der Verlängerungen herausgearbeitet. Der Senat knüpfte dabei zur Bestimmung der Schwelle einer rechtsmissbräuchlichen Gestaltung von Sachgrundbefristungen an die gesetzlichen Kriterien in § 14 Abs. 2 Satz 1 TzBfG an. Diese Regelung sieht eine kalendermäßige Befristung eines Arbeitsvertrages ohne Vorliegen eines sachlichen Grundes bis zur Dauer von zwei Jahren bei maximal dreimaliger Verlängerungsmöglichkeit vor. Übertragen auf die Sachgrundbefristung nach § 14 Abs. 1 TzBfG lässt aus BAG-Sicht das erhebliche (mehrfache) Überschreiten dieser Grenzwerte den Schluss auf eine missbräuchliche Gestaltung zu. Es sei daher eine umfassende Missbrauchskontrolle geboten, wenn einer der Werte des § 14 Abs. 2 Satz 1 TzBfG mehr als das Vierfache beträgt oder beide Werte das Dreifache übersteigen. Konkret führt das BAG dazu aus: Überschreitet die Gesamtdauer des befristeten Arbeitsverhältnisses acht Jahre oder wurden mehr als zwölf Verlängerungen des befristeten Arbeitsvertrags vereinbart, hängt es von den weiteren, zunächst vom Kläger vorzutragenden (und im Streitfall nicht vorgetragenen) Umständen ab, ob ein Rechtsmissbrauch anzunehmen ist. Gleiches gilt, wenn die Gesamtdauer des befristeten Arbeitsverhältnisses sechs Jahre überschreitet und mehr als neun Vertragsverlängerungen vereinbart wurden. Werden aus Sicht des BAG die vorgenannten Grenzwerte alternativ oder kumulativ in besonders gravierendem Ausmaß überschritten, kann eine missbräuchliche Ausnutzung der an sich eröffneten Möglichkeit zur Sachgrundbefristung indiziert sein. Das Gericht geht i.d.R von einem indizierten Rechtsmissbrauch aus, wenn durch die befristeten Verträge einer der Werte des § 14 Abs. 2 Satz 1 TzBfG um mehr als das Fünffache überschritten wird oder beide Werte mehr als das jeweils Vierfache betragen. Konkret bedeutet dies, dass ein Rechtsmissbrauch indiziert ist, wenn die Gesamtdauer des Arbeitsverhältnisses zehn Jahre überschreitet oder mehr als 15 Vertragsverlängerungen vereinbart wurden oder wenn mehr als zwölf Vertragsverlängerungen bei einer Gesamtdauer von mehr als acht Jahren vorliegen. Insoweit billigt das BAG allerdings dem Arbeitgeber die Möglichkeit zu, die Annahme des indizierten Gestaltungsmissbrauchs durch den Vortrag besonderer Umstände zu entkräften. Mit Urteil vom 8. Juni 2016 – 7 AZR 259/14 – hat das BAG die für Kettenbefristungen auf der Grundlage des TzBfG aufgestellten Grundsätze auch im Fall einer Befristung nach dem Wissenschaftszeitvertragsgesetz (WissZeitVG) angewendet. Die Klägerin war vom 1. September 1989 bis zum 31. Oktober 2011 durchgehend an einer Hochschule beschäftigt, zunächst bis Februar 1996 auf der Grundlage von vier befristeten Arbeitsverträgen, die auch dem Abschluss der Promotion und dem Erwerb der Habilitation dienten. Anschließend war die Klägerin in dem Zeitraum vom 1. März 1996 bis zum 24. April 2007 als wissenschaftliche Assistentin im Rahmen eines Beamtenverhältnisses auf Zeit tätig. Danach schlossen sich für die Zeit vom 25. April 2007 bis zum 31. Oktober 2011 zwei auf den Sachgrund der Drittmittelfinanzierung gestützte befristete Arbeitsverträge an. Das BAG hat seine bisherige Aussage erneuert, dass die Befristung eines Arbeitsvertrags trotz Vorliegens eines Sachgrunds für die Befristung aufgrund der besonderen Umstände des Einzelfalls nach den Grundsätzen des institutionellen Rechtsmissbrauchs unwirksam sein kann. Dies gelte auch für Befristungen im Hochschulbereich, die auf den Sachgrund der Drittmittelfinanzierung nach § 2 Abs. 2 des WissZeitVG gestützt werden. Im Urteilsfall hatte das BAG die letzte Befristung nicht als rechtsmissbräuchlich angesehen, da ein erheblicher Zeitraum der befristeten Beschäftigung der wissenschaftlichen Qualifizierung der Klägerin diente. Das Verfahren ist zur weiteren Sachverhaltsaufklärung an das LAG zurückverwiesen worden.

Nach Absatz 2 ist bei der erstmaligen Begründung eines Arbeitsverhältnisses zu dem Arbeitgeber auch eine sachgrundlose Befristung bis zur Gesamtdauer von höchstens zwei Jahren zulässig. Nach Absatz 2 Satz 2 ist diese Befristung nicht statthaft, wenn mit demselben Arbeitgeber bereits zuvor ein befristetes oder unbefristetes Arbeitsverhältnis bestanden hat. Eine „Zuvor-Beschäftigung" im Sinne dieser Vorschrift liegt nach Auffassung des BAG (Urteil vom 6. April 2011 – 7 AZR 716/09) nicht vor, wenn ein früheres Arbeitsverhältnis mehr als drei Jahre zurückliegt. Das ergibt nach der Begründung des BAG die an ihrem Sinn und Zweck orientierte, verfassungskonforme Auslegung der gesetzlichen Regelung. Diese solle zum einen Arbeitgebern ermöglichen, auf schwankende Auftragslagen und wechselnde Marktbedingungen durch befristete Einstellungen zu reagieren, und für Arbeitnehmer eine Brücke zur Dauerbeschäftigung schaffen. Zum andern sollen durch das Verbot der „Zuvor-Beschäftigung" Befristungsketten und der Missbrauch befristeter Arbeitsverträge verhindert werden. Das Verbot könne allerdings auch zu einem Einstellungshindernis werden. Seine Anwendung ist daher nach Meinung des BAG nur insoweit gerechtfertigt, als dies zur Verhinderung von Befristungsketten erforderlich ist. Das sei bei lange Zeit zurückliegenden früheren Beschäftigungen typischerweise nicht mehr der Fall. Hier rechtfertige der Gesetzeszweck die Beschränkung der Vertragsfreiheit der Arbeitsvertragsparteien und die damit verbundene Einschränkung der Berufswahlfreiheit des Arbeitnehmers nicht. Die Gefahr missbräuchlicher Befristungsketten bestehe regelmäßig nicht mehr, wenn zwischen dem Ende des früheren Arbeitsverhältnisses und dem sachgrundlos befristeten neuen Arbeitsvertrag mehr als drei Jahre liegen. Dieser Zeitraum entspreche auch der gesetzgeberischen Wertung, die in der regelmäßigen zivilrechtlichen Verjährungsfrist zum Ausdruck komme.

Diese Rechtsprechung hat das BAG mit Urteil vom 21. September 2011 – 7 AZR 375/10 – bestätigt. Es hat darüber hinaus entschieden, dass ein Berufsausbildungsverhältnis kein Arbeitsverhältnis im Sinne des Vorbeschäftigungsverbots für eine sachgrundlose Befristung ist. Ein zuvor mit demselben Arbeitgeber bestehendes Ausbildungsverhältnis ist demzufolge kein befristetes Arbeitsverhältnis im Sinne von § 14 Abs. 2 Satz 2 TzBfG. Entsprechendes gilt für ein vorangegangenes Beamtenverhältnis (BAG v. 24. 2. 2016 – 7 AZR 712/13) und eine vorangegangene Heimarbeit (BAG v. 24. 8. 2016 – 7 AZR 342/14).

Das BVerfG hat mit Beschluss vom 6. Juni 2018 – 1 BvL 7/14, 1 BvR 1375/14 – die seitens des BAG vorgenommene Rechtsauslegung für unzulässig erklärt, da sie die Grenzen vertretbarer Auslegung gesetzlicher Vorgaben und zulässiger richterlicher Rechtsfortbildung durch Verletzung des in Art. 2 Abs. 1 und 20 Abs. 3 GG verankerten Rechtsstaatsprinzips überschreitet. Nach Auffassung des BVerfG ginge

II

die bisherige Auslegung des BAG nicht mit dem Willen des Gesetzgebers einher. Die vom BVerfG genannten Einschränkungsmöglichkeiten des § 14 Abs. 2 Satz 2 TzBfG (z. B. sieht das BVerfG bestimmte geringfügige Nebenbeschäftigungen während der Schul- und Studien- oder Familienzeit sowie die Tätigkeit von Werkstudierenden, studentischen Mitarbeitern im Rahmen ihrer Berufsqualifizierung nicht als einer Befristung entgegenstehende Vorbeschäftigungen an) sind noch nicht abschließend durch eine fachgerichtliche Rechtsprechung angelegt. Eine acht Jahre sowie eine 15 Jahre zurückliegende Vorbeschäftigung hat das BAG aber mit Urteil vom 23. Januar 2019 – 7 AZR 733/16 – bzw. vom 17. April 2019 – 7 AZR 323/17 – als befristungsschädlich und eine 22 Jahre zurückliegende Beschäftigung mit Urteil vom 21. August 2019 – 7 AZR 452/17 – als befristungsunschädlich angesehen. In seiner Entscheidung vom 15. Dezember 2021 – 7 AZR 530/20 – hat das BAG auch eine länger zurückliegende Vorbeschäftigung von kurzer Dauer (im Urteilsfall ein 13 Jahre zurückliegendes, achtwöchiges Beschäftigungsverhältnis) als befristungsunschädlich eingestuft.

Wenn die Voraussetzungen für eine Einstellungsbefristung vorliegen, muss der Höchstrahmen von zwei Jahren nicht mit einem Arbeitsvertrag ausgeschöpft werden; es ist auch eine dreimalige Verlängerung – also die Aufteilung in vier Verträge – möglich. Die Verlängerungsverträge dürfen aber keine Abweichungen der Arbeitsbedingungen enthalten.

Das BAG hat mit Urteil vom 16. Januar 2008 – 7 AZR 603/06 – entschieden, dass auch eine zusammen mit der Verlängerung vereinbarte Erhöhung der Wochenarbeitszeit (im Urteilsfall von bisher 20 auf 30 Stunden) einer weiteren sachgrundlosen Befristung entgegensteht. In Fortsetzung dazu hat das BAG mit Urteil vom 20. Februar 2008 – 7 AZR 786/06 – entschieden, dass sogar dann keine bloße Verlängerung, sondern die Begründung eines neuen Arbeitsverhältnisses gegeben ist, wenn in dem Verlängerungsvertrag lediglich auf ein im ursprünglichen Vertrag enthaltenes Kündigungsrecht i. S. d. § 15 Abs. 3 TzBfG verzichtet wurde. Vor dem Hintergrund dieser gefestigten Rechtsprechung ist ein vorsichtiger Umgang mit der Vorschrift angezeigt, weil ansonsten ein hohes Risiko besteht, ungewollt unbefristete Arbeitsverhältnisse zu begründen.

§ 15 Abs. 3 TzBfG in der Fassung des Gesetzes zur Verbesserung der Beschäftigungschancen älterer Menschen vom 19. April 2007 (BGBl. I S. 538) behandelt den Sonderfall der Einstellung älterer Arbeitnehmer (nach Vollendung des 52. Lebensjahres). Die gesetzliche Vorschrift gilt nur in den Fällen, in denen der Arbeitnehmer unmittelbar zuvor mindestens vier Monate beschäftigungslos im Sinne des § 119 Abs. 1 Nr. 1 SGB III („arbeitslos“) gewesen ist, Transferarbeitslosengeld bezogen oder an einer öffentlich geförderten Beschäftigungsmaßnahme nach dem SGB II oder III teilgenommen hat. Die Neufassung dieser Vorschrift trägt der Rechtsprechung des EUGH Rechnung, der die bis dahin geltende Regelung für eine verbotene Diskriminierung älterer Arbeitnehmer gehalten hatte (Urteil vom 22. 11. 2005 – C 144/04).

Die Befristung ist bis zur Gesamtdauer von höchstens fünf Jahren zulässig. Der Zeitraum muss nicht mit einem Arbeitsvertrag ausgeschöpft werden; es ist auch eine mehrfache Verlängerung – also die Aufteilung in mehrere Verträge – möglich.

§ 14 Abs. 5 (Schriftform)

Die Befristung bedarf der Schriftform. Diese Vorschrift kann sich in der Praxis als Fußangel erweisen, weil ihre Missachtung zur Begründung eines unbefristeten Arbeitsverhältnisses führt, das frühestens zum vereinbarten Ende der gescheiterten Befristung ordentlich (d. h. nur bei Vorliegen eines Kündigungsgrundes im Sinne des Kündigungsschutzgesetzes und unter Beachtung der Kündigungsfristen) gekündigt werden kann (→ § 16 TzBfG). Für den nicht selten anzutreffenden Fall, dass ein befristeter Arbeitsvertrag erst nach Aufnahme der Beschäftigung schriftlich fixiert wird, bedeutet dies, dass zwar ein Arbeitsverhältnis bereits mit Arbeitsaufnahme zustande gekommen ist, die Befristung aber wegen Missachtung der Schriftform nicht wirksam ist. Das Arbeitsverhältnis ist somit ein Arbeitsverhältnis auf unbestimmte Zeit (unbefristetes Arbeitsverhältnis); die nachträgliche schriftliche Vereinbarung der zuvor mündlich getroffenen Befristungsvereinbarung ändert daran nichts (vgl. BAG-Urteil vom 1. 12. 2004 – 7 AZR 198/04, ZTR 2005, S. 428, 429).

Das Schriftformerfordernis gilt nur für die Befristungsabrede, nicht jedoch für den Sachgrund (vgl. BAG-Urteil vom 23. 6. 2004 – 7 AZR 636/03, AP Nr. 12 zu § 14 TzBfG).

§ 15 Abs. 1 und 2 (Ende des befristeten Arbeitsvertrages)

Ein kalendermäßig bestimmter (Zeit-)Arbeitsvertrag endet mit Fristablauf, ohne dass es besonderer Hinweise oder sonstiger Schritte des Arbeitgebers bedarf (Absatz 1).

Ein zweckbefristeter Arbeitsvertrag endet zwar grundsätzlich mit Erreichen des Zwecks, frühestens aber zwei Wochen nach Zugang der schriftlichen Unterrichtung des Arbeitgebers über den Zeitpunkt der Zweckerreichung beim Arbeitnehmer (Absatz 2).

§ 15 Abs. 3 und 4 (Kündigung des befristeten Arbeitsverhältnisses)

Ein befristetes Arbeitsverhältnis ist gemäß Absatz 3 nur dann ordentlich kündbar, wenn dies im Arbeitsvertrag oder tarifvertraglich vereinbart ist. Die Möglichkeit der außerordentlichen (fristlosen) Kündigung i. S. d. § 626 BGB ist bei Vorliegen entsprechender Gründe auch ohne ausdrückliche Vereinbarung möglich. Absatz 4 enthält eine besondere Kündigungsfrist für befristete Arbeitsverhältnisse, die auf mehr als fünf Jahre oder für die Lebenszeit einer Person eingegangen worden sind.

§ 15 Abs. 5 (Verlängerung auf unbestimmte Zeit)

Nach dieser Vorschrift gilt ein befristetes Arbeitsverhältnis als auf unbestimmte Zeit fortgesetzt, wenn es nach Fristablauf oder nach Erreichen des Zwecks mit Wissen des Arbeitgebers fortgesetzt wird. Zur Vermeidung muss der Arbeitgeber der Fortsetzung unverzüglich widersprechen bzw. dem Arbeitgeber unverzüglich die Erreichung des Zwecks mitteilen.

§ 16 (Folgen unwirksamer Befristung)

Ist eine Befristung unwirksam (z. B. wegen Nichtbeachtung der Schriftform oder weil der angegebene Sachgrund nicht trägt), so gilt das Arbeitsverhältnis als auf unbestimmte Zeit abgeschlossen (→ zu § 14 Abs. 5 TzBfG).

§ 17 (Anrufung des Arbeitsgerichts)

Nach dieser Vorschrift muss der Arbeitnehmer, der die Unwirksamkeit einer Befristungsabrede gerichtlich geltend machen möchte, spätestens drei Wochen nach dem vereinbarten Ende des befristeten Arbeitsvertrages Klage beim zuständigen Arbeitsgericht erheben.

Geltungsbereich der Vorschrift (Abs. 1)

Mit dieser Vorschrift teilen die Tarifvertragspartner die Beschäftigten in zwei Gruppen ein, für die unterschiedliche Regelungen hinsichtlich der Befristung von Arbeitsverhältnissen gelten.

Zunächst wird in Satz 1 der Vorschrift klargestellt, dass befristete Arbeitsverträge nach dem TzBfG und anderen gesetzlichen Vorschriften zur Befristung von Arbeitsverträgen zulässig sind.

Zu den „anderen gesetzlichen Regelungen" zählen zum Beispiel

- § 21 Bundeselterngeld- und Elternzeitgesetz[1]) (Befristung zur Vertretung während Mutterschutz- und Erziehungsurlaubszeiten),
- das Gesetz über befristete Arbeitsverträge mit Ärzten in der Weiterbildung,

[1]) abgedruckt als **Anhang 3**

- § 6 des Pflegezeitgesetzes[1]).
- das Wissenschaftszeitvertragsgesetz[2]).

Mit Blick auf das Urteil des BAG vom 1. Juni 2011 – 7 AZR 827/09 – zum Geltungsbereich des WissZeitVG sollte die Heranziehung des WissZeitVG zu Befristungen von Arbeitsverträgen jedoch genau geprüft werden. Das BAG hat nämlich in diesem Urteil die Auffassung vertreten, dass zum „wissenschaftlichen Personal" nach § 1 Abs. 1 Satz 1 WissZeitVG nur derjenige Arbeitnehmer gehört, der wissenschaftliche Dienstleistungen erbringt. Es komme nicht auf die formelle Bezeichnung des Arbeitnehmers an, sondern auf den wissenschaftlichen Zuschnitt der von ihm auszuführenden Tätigkeit. Bei Mischtätigkeiten sei erforderlich, dass die wissenschaftlichen Dienstleistungen zeitlich überwiegen oder zumindest das Arbeitsverhältnis prägen. Dadurch wurde der in Frage kommende Personenkreis deutlich eingeschränkt.

In Satz 2 haben die Tarifpartner anschließend bestimmt, dass für die zum Tarifgebiet West gehörenden Beschäftigten, die nach altem Rentenrecht Angestellte gewesen wären (zur Begriffsbestimmung → auch § 38 Abs. 5 TV-L), bestimmte, in den Absätzen 2 bis 5 genannte Besonderheiten gelten. Dabei handelt es sich im Verhältnis zur gesetzlichen Regelung um „günstigere" Bestimmungen. Sie sollen nicht in den Befristungsfällen nach § 1 WissZeitVG (früher § 57a ff.) Hochschulrahmengesetz) zur Anwendung kommen.

Maßgaben für Befristungen mit Sachgrund (Abs. 2)

Nach dem Willen der Tarifpartner sind kalendermäßig befristete Arbeitsverträge (Zeitverträge) mit Sachgrund für den in Absatz 1 Satz 2 genannten Personenkreis nur zulässig, wenn die Dauer des einzelnen Vertrages fünf Jahre nicht übersteigt (Satz 1). Die Aneinanderreihung mehrerer Zeitverträge über die Dauer von mehr als fünf Jahren ist aber möglich, wenn und solange entsprechende Sachgründe gegeben sind. Andere Arten nicht kalendermäßig befristeter Arbeitsverträge (z. B. Zweckbefristung) sind von der Einschränkung nicht berührt.

Nach Satz 1 zweiter Halbsatz bleiben auch weitergehende gesetzliche Befristungsmöglichkeiten i. S. d. § 23 TzBfG unberührt.

Nach Satz 2 der Vorschrift sind mit Zeitvertrag beschäftigte Angestellte bei der Besetzung von Dauerarbeitsplätzen bevorzugt zu berücksichtigen, wenn sie die sachlichen und persönlichen Voraussetzungen erfüllen. Das Auswahlermessen des Arbeitgebers bei der Stellenbesetzung

---

[1]) abgedruckt als Anhang 1 unter **210** § 29 TV-L

[2]) abgedruckt als **Anhang 2**

wird durch diese Vorschrift eingeschränkt – zumindest in den Fällen, in denen der bislang befristet Beschäftigte in Eignung, Befähigung und fachlicher Leistung mit den übrigen Bewerbern gleichrangig ist.

Maßgaben für Befristungen ohne Sachgrund (Abs. 3)

Eine sachgrundlose Befristung (→ § 14 Abs. 2 und 3 TzBfG) soll zwölf und darf sechs Monate nicht unterschreiten. Das BAG hat mit Urteil vom 4. Dezember 2013 – 7 AZR 468/12 – zur wortgleichen Vorschrift des § 33 Abs. 3 Satz 1 Halbsatz 2 des Tarifvertrages für die Arbeitnehmerinnen und Arbeitnehmer der Bundesagentur für Arbeit vom 28. März 2006 (TV-BA) entschieden, dass die Vorschrift nur eine Mindestdauer des ersten sachgrundlos befristeten Vertrages verlangt, nicht aber auf Vertragsverlängerungen anzuwenden ist. Diese dürfen somit auch wesentlich kürzer als sechs Monate sein. Der Arbeitgeber hat vor Ablauf des Arbeitsverhältnisses zu prüfen, ob eine unbefristete oder befristete Weiterarbeit möglich ist. Abgesehen von der Untergrenze von sechs Monaten handelt es sich um eine Bemühensklausel, die keine verbindlichen Rechtsansprüche begründet. Die Vorschrift gilt nur für den in Absatz 1 Satz 2 genannten Personenkreis.

Probezeit (Abs. 4)

In dieser Vorschrift sind die Dauer der Probezeit für mit (sechs Monate) und ohne (sechs Wochen) sachlichen Grund befristete Arbeitsverträge sowie die Kündigungsmöglichkeit und Frist (zwei Wochen zum Monatsende) festgelegt worden. Die Regelungen gelten nur für den in Absatz 1 Satz 2 genannten Personenkreis.

Kündigung (Abs. 5)

In Absatz 5 haben die Tarifpartner die in § 15 Abs. 3 TzBfG genannte Möglichkeit genutzt, die ordentliche Kündigung befristeter Arbeitsverhältnisse tarifvertraglich zuzulassen. Die Regelung gilt gemäß § 22 Abs. 2 TzBfG auch für nicht tarifgebundene Arbeitnehmer.

Die Kündigung setzt eine Mindestvertragsdauer von zwölf Monaten voraus und sieht nach der Beschäftigungsdauer gestaffelte Kündigungsfristen vor. Arbeitsverhältnisse von weniger als zwölf Monaten Dauer können außerhalb der Probezeit nicht ordentlich gekündigt werden.

Die Regelungen des Absatzes 5 gelten nur für den in Absatz 1 Satz 2 genannten Personenkreis.

Ausnahmen vom Geltungsbereich (Abs. 6)

In Absatz 6 ist vereinbart worden, dass die besonderen Vorschriften für befristete Arbeitsverträge für Führungspositionen auf Probe (§ 31) bzw. auf Zeit (§ 32) nicht von den Regelungen/Einschränkungen der Absätze 3 bis 5 erfasst werden.

Arbeitsvertragsmuster

Ein Arbeitsvertragsmuster für befristet Beschäftigte ist als Anhang 3 unter **250** abgedruckt.

Anhang 1

II

Gesetz über Teilzeitarbeit und befristete Arbeitsverträge (Teilzeit- und Befristungsgesetz – TzBfG)

Vom 21. Dezember 2000 (BGBl. I S. 1966)

Zuletzt geändert durch
Gesetz zur Umsetzung der Richtlinie (EU) 2019/1152 des Europäischen Parlaments und des Rates vom 20. Juni 2019 über transparente und vorhersehbare Arbeitsbedingungen in der Europäischen Union im Bereich des Zivilrechts und zur Übertragung von Aufgaben an die Sozialversicherung für Landwirtschaft, Forsten und Gartenbau
vom 20. Juli 2022 (BGBl. I S. 1174)

Erster Abschnitt
Allgemeine Vorschriften

§ 1 Zielsetzung

Ziel des Gesetzes ist, Teilzeitarbeit zu fördern, die Voraussetzungen für die Zulässigkeit befristeter Arbeitsverträge festzulegen und die Diskriminierung von teilzeitbeschäftigten und befristet beschäftigten Arbeitnehmern zu verhindern.

§ 2 Begriff des teilzeitbeschäftigten Arbeitnehmers

(1) [1]Teilzeitbeschäftigt ist ein Arbeitnehmer, dessen regelmäßige Wochenarbeitszeit kürzer ist als die eines vergleichbaren vollzeitbeschäftigten Arbeitnehmers. [2]Ist eine regelmäßige Wochenarbeitszeit nicht vereinbart, so ist ein Arbeitnehmer teilzeitbeschäftigt, wenn seine regelmäßige Arbeitszeit im Durchschnitt eines bis zu einem Jahr reichenden Beschäftigungszeitraums unter der eines vergleichbaren vollzeitbeschäftigten Arbeitnehmers liegt. [3]Vergleichbar ist ein vollzeitbeschäftigter Arbeitnehmer des Betriebes mit derselben Art des Arbeitsverhältnisses und der gleichen oder einer ähnlichen Tätigkeit. [4]Gibt es im Betrieb keinen vergleichbaren vollzeitbeschäftigten Arbeitnehmer, so ist der vergleichbare vollzeitbeschäftigte Arbeitnehmer auf Grund des anwendbaren Tarifvertrages zu bestimmen; in allen anderen Fällen ist darauf abzustellen, wer im jeweiligen Wirtschaftszweig üblicherweise als vergleichbarer vollzeitbeschäftigter Arbeitnehmer anzusehen ist.

(2) Teilzeitbeschäftigt ist auch ein Arbeitnehmer, der eine geringfügige Beschäftigung nach § 8 Abs. 1 Nr. 1 des Vierten Buches Sozialgesetzbuch ausübt.

§ 3 Begriff des befristet beschäftigten Arbeitnehmers

(1) [1]Befristet beschäftigt ist ein Arbeitnehmer mit einem auf bestimmte Zeit geschlossenen Arbeitsvertrag. [2]Ein auf bestimmte Zeit geschlossener Arbeitsvertrag (befristeter Arbeitsvertrag) liegt vor, wenn seine Dauer kalendermäßig bestimmt ist (kalendermäßig befristeter Arbeitsvertrag) oder sich aus Art, Zweck oder Beschaffenheit der Arbeitsleistung ergibt (zweckbefristeter Arbeitsvertrag).

(2) [1]Vergleichbar ist ein unbefristet beschäftigter Arbeitnehmer des Betriebes mit der gleichen oder einer ähnlichen Tätigkeit. [2]Gibt es im Betrieb keinen vergleichbaren unbefristet beschäftigten Arbeitnehmer, so ist der vergleichbare unbefristet beschäftigte Arbeitnehmer auf Grund des anwendbaren Tarifvertrages zu bestimmen; in allen anderen Fällen ist darauf abzustellen, wer im jeweiligen Wirtschaftszweig üblicherweise als vergleichbarer unbefristet beschäftigter Arbeitnehmer anzusehen ist.

§ 4 Verbot der Diskriminierung

(1) [1]Ein teilzeitbeschäftigter Arbeitnehmer darf wegen der Teilzeitarbeit nicht schlechter behandelt werden als ein vergleichbarer vollzeitbeschäftigter Arbeitnehmer, es sei denn, dass sachliche Gründe eine unterschiedliche Behandlung rechtfertigen. [2]Einem teilzeitbeschäftigten Arbeitnehmer ist Arbeitsentgelt oder eine andere teilbare geldwerte Leistung mindestens in dem Umfang zu gewähren, der dem Anteil seiner Arbeitszeit an der Arbeitszeit eines vergleichbaren vollzeitbeschäftigten Arbeitnehmers entspricht.

(2) [1]Ein befristet beschäftigter Arbeitnehmer darf wegen der Befristung des Arbeitsvertrages nicht schlechter behandelt werden als ein vergleichbarer unbefristet beschäftigter Arbeitnehmer, es sei denn, dass sachliche Gründe eine unterschiedliche Behandlung rechtfertigen. [2]Einem befristet beschäftigten Arbeitnehmer ist Arbeitsentgelt oder eine andere teilbare geldwerte Leistung, die für einen bestimmten Bemessungszeitraum gewährt wird, mindestens in dem Umfang zu gewähren, der dem Anteil seiner Beschäftigungsdauer am Bemessungszeitraum entspricht. [3]Sind bestimmte Beschäftigungsbedingungen von der Dauer des Bestehens des Arbeitsverhältnisses in demselben Betrieb oder Unternehmen abhängig, so sind für befristet beschäftigte Arbeitnehmer dieselben Zeiten zu berücksichtigen wie für unbefristet beschäftigte Arbeitnehmer, es sei denn, dass eine

unterschiedliche Berücksichtigung aus sachlichen Gründen gerechtfertigt ist.

§ 5 Benachteiligungsverbot

Der Arbeitgeber darf einen Arbeitnehmer nicht wegen der Inanspruchnahme von Rechten nach diesem Gesetz benachteiligen.

Zweiter Abschnitt
Teilzeitarbeit

§ 6 Förderung von Teilzeitarbeit

Der Arbeitgeber hat den Arbeitnehmern, auch in leitenden Positionen, Teilzeitarbeit nach Maßgabe dieses Gesetzes zu ermöglichen.

§ 7 Ausschreibung; Erörterung; Information über freie Arbeitsplätze

(1) Der Arbeitgeber hat einen Arbeitsplatz, den er öffentlich oder innerhalb des Betriebes ausschreibt, auch als Teilzeitarbeitsplatz auszuschreiben, wenn sich der Arbeitsplatz hierfür eignet.

(2) [1]Der Arbeitgeber hat mit dem Arbeitnehmer dessen Wunsch nach Veränderung von Dauer oder Lage oder von Dauer und Lage seiner vertraglich vereinbarten Arbeitszeit zu erörtern und den Arbeitnehmer über entsprechende Arbeitsplätze zu informieren, die im Betrieb oder Unternehmen besetzt werden sollen. [2]Dies gilt unabhängig vom Umfang der Arbeitszeit. [3]Der Arbeitnehmer kann ein Mitglied der Arbeitnehmervertretung zur Unterstützung oder Vermittlung hinzuziehen.

(3) [1]Der Arbeitgeber hat einem Arbeitnehmer, dessen Arbeitsverhältnis länger als sechs Monate bestanden und der ihm in Textform den Wunsch nach Absatz 2 Satz 1 angezeigt hat, innerhalb eines Monats nach Zugang der Anzeige eine begründete Antwort in Textform mitzuteilen. [2]Hat der Arbeitgeber in den letzten zwölf Monaten vor Zugang der Anzeige bereits einmal einen in Textform geäußerten Wunsch nach Absatz 2 Satz 1 in Textform begründet beantwortet, ist eine mündliche Erörterung nach Absatz 2 ausreichend.

(4) [1]Der Arbeitgeber hat die Arbeitnehmervertretung über angezeigte Arbeitszeitwünsche nach Absatz 2 sowie über Teilzeitarbeit im Betrieb und Unternehmen zu informieren, insbesondere über vorhandene oder geplante Teilzeitarbeitsplätze und über die Umwandlung von Teilzeitarbeitsplätzen in Vollzeitarbeitsplätze oder umgekehrt. [2]Der Arbeitnehmervertretung sind auf Verlangen die erforderlichen Unter-

lagen zur Verfügung zu stellen; § 92 des Betriebsverfassungsgesetzes bleibt unberührt.

§ 8 Zeitlich nicht begrenzte Verringerung der Arbeitszeit

(1) Ein Arbeitnehmer, dessen Arbeitsverhältnis länger als sechs Monate bestanden hat, kann verlangen, dass seine vertraglich vereinbarte Arbeitszeit verringert wird.

(2) [1]Der Arbeitnehmer muss die Verringerung seiner Arbeitszeit und den Umfang der Verringerung spätestens drei Monate vor deren Beginn in Textform geltend machen. [2]Er soll dabei die gewünschte Verteilung der Arbeitszeit angeben.

(3) [1]Der Arbeitgeber hat mit dem Arbeitnehmer die gewünschte Verringerung der Arbeitszeit mit dem Ziel zu erörtern, zu einer Vereinbarung zu gelangen. [2]Er hat mit dem Arbeitnehmer Einvernehmen über die von ihm festzulegende Verteilung der Arbeitszeit zu erzielen.

(4) [1]Der Arbeitgeber hat der Verringerung der Arbeitszeit zuzustimmen und ihre Verteilung entsprechend den Wünschen des Arbeitnehmers festzulegen, soweit betriebliche Gründe nicht entgegenstehen. [2]Ein betrieblicher Grund liegt insbesondere vor, wenn die Verringerung der Arbeitszeit die Organisation, den Arbeitsablauf oder die Sicherheit im Betrieb wesentlich beeinträchtigt oder unverhältnismäßige Kosten verursacht. [3]Die Ablehnungsgründe können durch Tarifvertrag festgelegt werden. [4]Im Geltungsbereich eines solchen Tarifvertrages können nicht tarifgebundene Arbeitgeber und Arbeitnehmer die Anwendung der tariflichen Regelungen über die Ablehnungsgründe vereinbaren.

(5) [1]Die Entscheidung über die Verringerung der Arbeitszeit und ihre Verteilung hat der Arbeitgeber dem Arbeitnehmer spätestens einen Monat vor dem gewünschten Beginn der Verringerung in Textform mitzuteilen. [2]Haben sich Arbeitgeber und Arbeitnehmer nicht nach Absatz 3 Satz 1 über die Verringerung der Arbeitszeit geeinigt und hat der Arbeitgeber die Arbeitszeitverringerung nicht spätestens einen Monat vor deren gewünschtem Beginn in Textform abgelehnt, verringert sich die Arbeitszeit in dem vom Arbeitnehmer gewünschten Umfang. [3]Haben Arbeitgeber und Arbeitnehmer über die Verteilung der Arbeitszeit kein Einvernehmen nach Absatz 3 Satz 2 erzielt und hat der Arbeitgeber nicht spätestens einen Monat vor dem gewünschten Beginn der Arbeitszeitverringerung die gewünschte Verteilung der Arbeitszeit in Textform abgelehnt, gilt die Verteilung der Arbeitszeit entsprechend den Wünschen des Arbeitnehmers als festgelegt. [4]Der Arbeitgeber kann die nach Satz 3 oder Absatz 3 Satz 2 festgelegte Verteilung der Arbeitszeit wieder ändern, wenn das betriebliche Interesse

daran das Interesse des Arbeitnehmers an der Beibehaltung erheblich überwiegt und der Arbeitgeber die Änderung spätestens einen Monat vorher angekündigt hat.

(6) Der Arbeitnehmer kann eine erneute Verringerung der Arbeitszeit frühestens nach Ablauf von zwei Jahren verlangen, nachdem der Arbeitgeber einer Verringerung zugestimmt oder sie berechtigt abgelehnt hat.

(7) Für den Anspruch auf Verringerung der Arbeitszeit gilt die Voraussetzung, dass der Arbeitgeber, unabhängig von der Anzahl der Personen in Berufsbildung, in der Regel mehr als 15 Arbeitnehmer beschäftigt.

§ 9 Verlängerung der Arbeitszeit

Der Arbeitgeber hat einen teilzeitbeschäftigten Arbeitnehmer, der ihm in Textform den Wunsch nach einer Verlängerung seiner vertraglich vereinbarten Arbeitszeit angezeigt hat, bei der Besetzung eines Arbeitsplatzes bevorzugt zu berücksichtigen, es sei denn, dass

1. es sich dabei nicht um einen entsprechenden freien Arbeitsplatz handelt oder
2. der teilzeitbeschäftigte Arbeitnehmer nicht mindestens gleich geeignet ist wie ein anderer vom Arbeitgeber bevorzugter Bewerber oder
3. Arbeitszeitwünsche anderer teilzeitbeschäftigter Arbeitnehmer oder
4. dringende betriebliche Gründe entgegenstehen.

Ein freier zu besetzender Arbeitsplatz liegt vor, wenn der Arbeitgeber die Organisationsentscheidung getroffen hat, diesen zu schaffen oder einen unbesetzten Arbeitsplatz neu zu besetzen.

§ 9a Zeitlich begrenzte Verringerung der Arbeitszeit

(1) [1]Ein Arbeitnehmer, dessen Arbeitsverhältnis länger als sechs Monate bestanden hat, kann verlangen, dass seine vertraglich vereinbarte Arbeitszeit für einen im Voraus zu bestimmenden Zeitraum verringert wird. [2]Der begehrte Zeitraum muss mindestens ein Jahr und darf höchstens fünf Jahre betragen. [3]Der Arbeitnehmer hat nur dann einen Anspruch auf zeitlich begrenzte Verringerung der Arbeitszeit, wenn der Arbeitgeber in der Regel mehr als 45 Arbeitnehmer beschäftigt.

(2) [1]Der Arbeitgeber kann das Verlangen des Arbeitnehmers nach Verringerung der Arbeitszeit ablehnen, soweit betriebliche Gründe entgegenstehen; § 8 Absatz 4 gilt entsprechend. [2]Ein Arbeitgeber,

der in der Regel mehr als 45, aber nicht mehr als 200 Arbeitnehmer beschäftigt, kann das Verlangen eines Arbeitnehmers auch ablehnen, wenn zum Zeitpunkt des begehrten Beginns der verringerten Arbeitszeit bei einer Arbeitnehmerzahl von in der Regel

1. mehr als 45 bis 60 bereits mindestens vier,
2. mehr als 60 bis 75 bereits mindestens fünf,
3. mehr als 75 bis 90 bereits mindestens sechs,
4. mehr als 90 bis 105 bereits mindestens sieben,
5. mehr als 105 bis 120 bereits mindestens acht,
6. mehr als 120 bis 135 bereits mindestens neun,
7. mehr als 135 bis 150 bereits mindestens zehn,
8. mehr als 150 bis 165 bereits mindestens elf,
9. mehr als 165 bis 180 bereits mindestens zwölf,
10. mehr als 180 bis 195 bereits mindestens 13,
11. mehr als 195 bis 200 bereits mindestens 14

andere Arbeitnehmer ihre Arbeitszeit nach Absatz 1 verringert haben.

(3) [1]Im Übrigen gilt für den Umfang der Verringerung der Arbeitszeit und für die gewünschte Verteilung der Arbeitszeit § 8 Absatz 2 bis 5. [2]Für den begehrten Zeitraum der Verringerung der Arbeitszeit sind § 8 Absatz 2 Satz 1, Absatz 3 Satz 1, Absatz 4 sowie Absatz 5 Satz 1 und 2 entsprechend anzuwenden.

(4) Während der Dauer der zeitlich begrenzten Verringerung der Arbeitszeit kann der Arbeitnehmer keine weitere Verringerung und keine Verlängerung seiner Arbeitszeit nach diesem Gesetz verlangen; § 9 findet keine Anwendung.

(5) [1]Ein Arbeitnehmer, der nach einer zeitlich begrenzten Verringerung der Arbeitszeit nach Absatz 1 zu seiner ursprünglichen vertraglich vereinbarten Arbeitszeit zurückgekehrt ist, kann eine erneute Verringerung der Arbeitszeit nach diesem Gesetz frühestens ein Jahr nach der Rückkehr zur ursprünglichen Arbeitszeit verlangen. [2]Für einen erneuten Antrag auf Verringerung der Arbeitszeit nach berechtigter Ablehnung auf Grund entgegenstehender betrieblicher Gründe nach Absatz 2 Satz 1 gilt § 8 Absatz 6 entsprechend. [3]Nach berechtigter Ablehnung auf Grund der Zumutbarkeitsregelung nach Absatz 2 Satz 2 kann der Arbeitnehmer frühestens nach Ablauf von einem Jahr nach der Ablehnung erneut eine Verringerung der Arbeitszeit verlangen.

(6) Durch Tarifvertrag kann der Rahmen für den Zeitraum der Arbeitszeitverringerung abweichend von Absatz 1 Satz 2 auch zuungunsten des Arbeitnehmers festgelegt werden.

(7) Bei der Anzahl der Arbeitnehmer nach Absatz 1 Satz 3 und Absatz 2 sind Personen in Berufsbildung nicht zu berücksichtigen.

§ 10 Aus- und Weiterbildung

II

Der Arbeitgeber hat Sorge zu tragen, dass auch teilzeitbeschäftigte Arbeitnehmer an Aus- und Weiterbildungsmaßnahmen zur Förderung der beruflichen Entwicklung und Mobilität teilnehmen können, es sei denn, dass dringende betriebliche Gründe oder Aus- und Weiterbildungswünsche anderer teilzeit- oder vollzeitbeschäftigter Arbeitnehmer entgegenstehen.

§ 11 Kündigungsverbot

[1]Die Kündigung eines Arbeitsverhältnisses wegen der Weigerung eines Arbeitnehmers, von einem Vollzeit- in ein Teilzeitarbeitsverhältnis oder umgekehrt zu wechseln, ist unwirksam. [2]Das Recht zur Kündigung des Arbeitsverhältnisses aus anderen Gründen bleibt unberührt.

§ 12 Arbeit auf Abruf

(1) [1]Arbeitgeber und Arbeitnehmer können vereinbaren, dass der Arbeitnehmer seine Arbeitsleistung entsprechend dem Arbeitsanfall zu erbringen hat (Arbeit auf Abruf). [2]Die Vereinbarung muss eine bestimmte Dauer der wöchentlichen und täglichen Arbeitszeit festlegen. [3]Wenn die Dauer der wöchentlichen Arbeitszeit nicht festgelegt ist, gilt eine Arbeitszeit von 20 Stunden als vereinbart. [4]Wenn die Dauer der täglichen Arbeitszeit nicht festgelegt ist, hat der Arbeitgeber die Arbeitsleistung des Arbeitnehmers jeweils für mindestens drei aufeinander folgende Stunden in Anspruch zu nehmen.

(2) Ist für die Dauer der wöchentlichen Arbeitszeit nach Absatz 1 Satz 2 eine Mindestarbeitszeit vereinbart, darf der Arbeitgeber nur bis zu 25 Prozent der wöchentlichen Arbeitszeit zusätzlich abrufen. Ist für die Dauer der wöchentlichen Arbeitszeit nach Absatz 1 Satz 2 eine Höchstarbeitszeit vereinbart, darf der Arbeitgeber nur bis zu 20 Prozent der wöchentlichen Arbeitszeit weniger abrufen.

(3) [1]Der Arbeitgeber ist verpflichtet, den Zeitrahmen, bestimmt durch Referenzstunden und Referenztage, festzulegen, in dem auf seine Aufforderung hin Arbeit stattfinden kann. [2]Der Arbeitnehmer ist nur zur Arbeitsleistung verpflichtet, wenn der Arbeitgeber ihm die Lage seiner Arbeitszeit jeweils mindestens vier Tage im Voraus mitteilt und die Arbeitsleistung im Zeitrahmen nach Satz 1 zu erfolgen hat.

(4) [1]Zur Berechnung der Entgeltfortzahlung im Krankheitsfall ist die maßgebende regelmäßige Arbeitszeit im Sinne von § 4 Absatz 1 des Entgeltfortzahlungsgesetzes die durchschnittliche Arbeitszeit der

letzten drei Monate vor Beginn der Arbeitsunfähigkeit (Referenzzeitraum). [2]Hat das Arbeitsverhältnis bei Beginn der Arbeitsunfähigkeit keine drei Monate bestanden, ist der Berechnung des Entgeltfortzahlungsanspruchs die durchschnittliche Arbeitszeit dieses kürzeren Zeitraums zugrunde zu legen. [3]Zeiten von Kurzarbeit, unverschuldeter Arbeitsversäumnis, Arbeitsausfällen und Urlaub im Referenzzeitraum bleiben außer Betracht. [4]Für den Arbeitnehmer günstigere Regelungen zur Berechnung der Entgeltfortzahlung im Krankheitsfall finden Anwendung.

(5) Für die Berechnung der Entgeltzahlung an Feiertagen nach § 2 Absatz 1 des Entgeltfortzahlungsgesetzes gilt Absatz 4 entsprechend.

(6) [1]Durch Tarifvertrag kann von Absatz 1 und von der Vorankündigungsfrist nach Absatz 3 Satz 2 auch zuungunsten des Arbeitnehmers abgewichen werden, wenn der Tarifvertrag Regelungen über die tägliche und wöchentliche Arbeitszeit und die Vorankündigungsfrist vorsieht. [2]Im Geltungsbereich eines solchen Tarifvertrages können nicht tarifgebundene Arbeitgeber und Arbeitnehmer die Anwendung der tariflichen Regelungen über die Arbeit auf Abruf vereinbaren.

§ 13 Arbeitsplatzteilung

(1) [1]Arbeitgeber und Arbeitnehmer können vereinbaren, dass mehrere Arbeitnehmer sich die Arbeitszeit an einem Arbeitsplatz teilen (Arbeitsplatzteilung). [2]Ist einer dieser Arbeitnehmer an der Arbeitsleistung verhindert, sind die anderen Arbeitnehmer zur Vertretung verpflichtet, wenn sie der Vertretung im Einzelfall zugestimmt haben. [3]Eine Pflicht zur Vertretung besteht auch, wenn der Arbeitsvertrag bei Vorliegen dringender betrieblicher Gründe eine Vertretung vorsieht und diese im Einzelfall zumutbar ist.

(2) [1]Scheidet ein Arbeitnehmer aus der Arbeitsplatzteilung aus, so ist die darauf gestützte Kündigung des Arbeitsverhältnisses eines anderen in die Arbeitsplatzteilung einbezogenen Arbeitnehmers durch den Arbeitgeber unwirksam. [2]Das Recht zur Änderungskündigung aus diesem Anlass und zur Kündigung des Arbeitsverhältnisses aus anderen Gründen bleibt unberührt.

(3) Die Absätze 1 und 2 sind entsprechend anzuwenden, wenn sich Gruppen von Arbeitnehmern auf bestimmten Arbeitsplätzen in festgelegten Zeitabschnitten abwechseln, ohne dass eine Arbeitsplatzteilung im Sinne des Absatzes 1 vorliegt.

(4) [1]Durch Tarifvertrag kann von den Absätzen 1 und 3 auch zuungunsten des Arbeitnehmers abgewichen werden, wenn der Tarifvertrag Regelungen über die Vertretung der Arbeitnehmer enthält. [2]Im

Geltungsbereich eines solchen Tarifvertrages können nicht tarifgebundene Arbeitgeber und Arbeitnehmer die Anwendung der tariflichen Regelungen über die Arbeitsplatzteilung vereinbaren.

Dritter Abschnitt
Befristete Arbeitsverträge

§ 14 Zulässigkeit der Befristung

(1) [1]Die Befristung eines Arbeitsvertrages ist zulässig, wenn sie durch einen sachlichen Grund gerechtfertigt ist. [2]Ein sachlicher Grund liegt insbesondere vor, wenn

1. der betriebliche Bedarf an der Arbeitsleistung nur vorübergehend besteht,
2. die Befristung im Anschluss an eine Ausbildung oder ein Studium erfolgt, um den Übergang des Arbeitnehmers in eine Anschlussbeschäftigung zu erleichtern,
3. der Arbeitnehmer zur Vertretung eines anderen Arbeitnehmers beschäftigt wird,
4. die Eigenart der Arbeitsleistung die Befristung rechtfertigt,
5. die Befristung zur Erprobung erfolgt,
6. in der Person des Arbeitnehmers liegende Gründe die Befristung rechtfertigen,
7. der Arbeitnehmer aus Haushaltsmitteln vergütet wird, die haushaltsrechtlich für eine befristete Beschäftigung bestimmt sind, und er entsprechend beschäftigt wird oder
8. die Befristung auf einem gerichtlichen Vergleich beruht.

(2) [1]Die kalendermäßige Befristung eines Arbeitsvertrages ohne Vorliegen eines sachlichen Grundes ist bis zur Dauer von zwei Jahren zulässig; bis zu dieser Gesamtdauer von zwei Jahren ist auch die höchstens dreimalige Verlängerung eines kalendermäßig befristeten Arbeitsvertrages zulässig. [2]Eine Befristung nach Satz 1 ist nicht zulässig, wenn mit demselben Arbeitgeber bereits zuvor ein befristetes oder unbefristetes Arbeitsverhältnis bestanden hat. [3]Durch Tarifvertrag kann die Anzahl der Verlängerungen oder die Höchstdauer der Befristung abweichend von Satz 1 festgelegt werden. [4]Im Geltungsbereich eines solchen Tarifvertrages können nicht tarifgebundene Arbeitgeber und Arbeitnehmer die Anwendung der tariflichen Regelungen vereinbaren.

(2a) [1]In den ersten vier Jahren nach der Gründung eines Unternehmens ist die kalendermäßige Befristung eines Arbeitsvertrages ohne Vorliegen eines sachlichen Grundes bis zur Dauer von vier Jahren zulässig; bis zu dieser Gesamtdauer von vier Jahren ist auch die mehrfache Verlängerung eines kalendermäßig befristeten Arbeitsvertrages zulässig. [2]Dies gilt nicht für Neugründungen im Zusammenhang mit der rechtlichen Umstrukturierung von Unternehmen und Konzernen. [3]Maßgebend für den Zeitpunkt der Gründung des Unternehmens ist die Aufnahme einer Erwerbstätigkeit, die nach § 138 der Abgabenordnung der Gemeinde oder dem Finanzamt mitzuteilen ist. [4]Auf die Befristung eines Arbeitsvertrages nach Satz 1 findet Absatz 2 Satz 2 bis 4 entsprechende Anwendung.

(3) [1]Die kalendermäßige Befristung eines Arbeitsvertrages ohne Vorliegen eines sachlichen Grundes ist bis zu einer Dauer von fünf Jahren zulässig, wenn der Arbeitnehmer bei Beginn des befristeten Arbeitsverhältnisses das 52. Lebensjahr vollendet hat und unmittelbar vor Beginn des befristeten Arbeitsverhältnisses mindestens vier Monate beschäftigungslos im Sinne des § 138 Absatz 1 Nummer 1 des Dritten Buches Sozialgesetzbuch gewesen ist, Transferkurzarbeitergeld bezogen oder an einer öffentlich geförderten Beschäftigungsmaßnahme nach dem Zweiten oder Dritten Buch Sozialgesetzbuch teilgenommen hat. [2]Bis zu der Gesamtdauer von fünf Jahren ist auch die mehrfache Verlängerung des Arbeitsvertrages zulässig.

(4) Die Befristung eines Arbeitsvertrages bedarf zu ihrer Wirksamkeit der Schriftform.

Entscheidung des Bundesverfassungsgerichts
vom 6. Juni 2018 (BGBl. I S. 882)

Aus dem Beschluss des Bundesverfassungsgerichts vom 6. Juni 2018 – 1 BvL 7/14, 1 BvR 1375/14 – wird die folgende Entscheidungsformel veröffentlicht:

§ 14 Absatz 2 Satz 2 des Gesetzes über Teilzeitarbeit und befristete Arbeitsverträge (TzBfG) vom 21. Dezember 2000 (Bundesgesetzblatt I Seite 1966), zuletzt geändert durch Gesetz vom 20. Dezember 2011 (Bundesgesetzblatt I S. 2854), ist nach Maßgabe der Gründe mit dem Grundgesetz vereinbar.

Die vorstehende Entscheidungsformel hat gemäß § 31 Absatz 2 des Bundesverfassungsgerichtsgesetzes Gesetzeskraft.

§ 15 Ende des befristeten Arbeitsvertrages

(1) Ein kalendermäßig befristeter Arbeitsvertrag endet mit Ablauf der vereinbarten Zeit.

(2) Ein zweckbefristeter Arbeitsvertrag endet mit Erreichen des Zwecks, frühestens jedoch zwei Wochen nach Zugang der schriftlichen Unterrichtung des Arbeitnehmers durch den Arbeitgeber über den Zeitpunkt der Zweckerreichung.

(3) Wird für ein befristetes Arbeitsverhältnis eine Probezeit vereinbart, so muss diese im Verhältnis zu der erwarteten Dauer der Befristung und der Art der Tätigkeit stehen.

II

(4) Ein befristetes Arbeitsverhältnis unterliegt nur dann der ordentlichen Kündigung, wenn dies einzelvertraglich oder im anwendbaren Tarifvertrag vereinbart ist.

(5) [1]Ist das Arbeitsverhältnis für die Lebenszeit einer Person oder für längere Zeit als fünf Jahre eingegangen, so kann es von dem Arbeitnehmer nach Ablauf von fünf Jahren gekündigt werden. [2]Die Kündigungsfrist beträgt sechs Monate.

(6) Wird das Arbeitsverhältnis nach Ablauf der Zeit, für die es eingegangen ist, oder nach Zweckerreichung mit Wissen des Arbeitgebers fortgesetzt, so gilt es als auf unbestimmte Zeit verlängert, wenn der Arbeitgeber nicht unverzüglich widerspricht oder dem Arbeitnehmer die Zweckerreichung nicht unverzüglich mitteilt.

§ 16 Folgen unwirksamer Befristung

[1]Ist die Befristung rechtsunwirksam, so gilt der befristete Arbeitsvertrag als auf unbestimmte Zeit geschlossen; er kann vom Arbeitgeber frühestens zum vereinbarten Ende ordentlich gekündigt werden, sofern nicht nach § 15 Absatz 4 die ordentliche Kündigung zu einem früheren Zeitpunkt möglich ist. [2]Ist die Befristung nur wegen des Mangels der Schriftform unwirksam, kann der Arbeitsvertrag auch vor dem vereinbarten Ende ordentlich gekündigt werden.

§ 17 Anrufung des Arbeitsgerichts

[1]Will der Arbeitnehmer geltend machen, dass die Befristung eines Arbeitsvertrages rechtsunwirksam ist, so muss er innerhalb von drei Wochen nach dem vereinbarten Ende des befristeten Arbeitsvertrages Klage beim Arbeitsgericht auf Feststellung erheben, dass das Arbeitsverhältnis auf Grund der Befristung nicht beendet ist. [2]Die §§ 5 bis 7 des Kündigungsschutzgesetzes gelten entsprechend. [3]Wird das Arbeitsverhältnis nach dem vereinbarten Ende fortgesetzt, so beginnt die Frist nach Satz 1 mit dem Zugang der schriftlichen Erklärung des Arbeitgebers, dass das Arbeitsverhältnis auf Grund der Befristung beendet sei.

§ 18 Information über unbefristete Arbeitsplätze

(1) [1]Der Arbeitgeber hat die befristet beschäftigten Arbeitnehmer über entsprechende unbefristete Arbeitsplätze zu informieren, die besetzt werden sollen. [2]Die Information kann durch allgemeine

Bekanntgabe an geeigneter, den Arbeitnehmern zugänglicher Stelle im Betrieb und Unternehmen erfolgen.

(2) [1]Der Arbeitgeber hat einem Arbeitnehmer, dessen Arbeitsverhältnis länger als sechs Monate bestanden und der ihm in Textform den Wunsch nach einem auf unbestimmte Zeit geschlossenen Arbeitsvertrag angezeigt hat, innerhalb eines Monats nach Zugang der Anzeige eine begründete Antwort in Textform mitzuteilen. [2]Satz 1 gilt nicht, sofern der Arbeitnehmer dem Arbeitgeber diesen Wunsch in den letzten zwölf Monaten vor Zugang der Anzeige bereits einmal angezeigt hat.

§ 19 Aus- und Weiterbildung

Der Arbeitgeber hat Sorge zu tragen, dass auch befristet beschäftigte Arbeitnehmer an angemessenen Aus- und Weiterbildungsmaßnahmen zur Förderung der beruflichen Entwicklung und Mobilität teilnehmen können, es sei denn, dass dringende betriebliche Gründe oder Aus- und Weiterbildungswünsche anderer Arbeitnehmer entgegenstehen.

§ 20 Information der Arbeitnehmervertretung

Der Arbeitgeber hat die Arbeitnehmervertretung über die Anzahl der befristetet beschäftigten Arbeitnehmer und ihren Anteil an der Gesamtbelegschaft des Betriebes und des Unternehmens zu informieren.

§ 21 Auflösend bedingte Arbeitsverträge

Wird der Arbeitsvertrag unter einer auflösenden Bedingung geschlossen, gelten § 4 Absatz 2, § 5, § 14 Absatz 1 und 4, § 15 Absatz 2, 4 und 6 sowie die §§ 16 bis 20 entsprechend.

Vierter Abschnitt
Gemeinsame Vorschriften

§ 22 Abweichende Vereinbarungen

(1) Außer in den Fällen des § 9a Absatz 6, § 12 Absatz 6, § 13 Absatz 4 und § 14 Absatz 2 Satz 3 und 4 kann von den Vorschriften dieses Gesetzes nicht zuungunsten des Arbeitnehmers abgewichen werden.

(2) Enthält ein Tarifvertrag für den öffentlichen Dienst Bestimmungen im Sinne des § 8 Absatz 4 Satz 3 und 4, auch in Verbindung mit § 9a Absatz 2, des § 9a Absatz 6, § 12 Absatz 6, § 13 Absatz 4, § 14 Absatz 2 Satz 3 und 4 oder § 15 Absatz 4, so gelten diese Bestimmungen auch zwischen nicht tarifgebundenen Arbeitgebern und Arbeitnehmern

außerhalb des öffentlichen Dienstes, wenn die Anwendung der für den öffentlichen Dienst geltenden tarifvertraglichen Bestimmungen zwischen ihnen vereinbart ist und die Arbeitgeber die Kosten des Betriebes überwiegend mit Zuwendungen im Sinne des Haushaltsrechts decken.

§ 23 Besondere gesetzliche Regelungen

Besondere Regelungen über Teilzeitarbeit und über die Befristung von Arbeitsverträgen nach anderen gesetzlichen Vorschriften bleiben unberührt.

Anhang 2

Gesetz über befristete Arbeitsverträge in der Wissenschaft (Wissenschaftszeitvertragsgesetz – WissZeitVG)[1])

Vom 12. April 2007 (BGBl. I S. 506)

Zuletzt geändert durch
Wissenschafts- und Studierendenunterstützungsgesetz
vom 25. Mai 2020 (BGBl. I S. 1073)

§ 1 Befristung von Arbeitsverträgen

(1) Für den Abschluss von Arbeitsverträgen für eine bestimmte Zeit (befristete Arbeitsverträge) mit wissenschaftlichem und künstlerischem Personal mit Ausnahme der Hochschullehrerinnen und Hochschullehrer an Einrichtungen des Bildungswesens, die nach Landesrecht staatliche Hochschulen sind, gelten die §§ 2, 3 und 6. Von diesen Vorschriften kann durch Vereinbarung nicht abgewichen werden. Durch Tarifvertrag kann für bestimmte Fachrichtungen und Forschungsbereiche von den in § 2 Abs. 1 vorgesehenen Fristen abgewichen und die Anzahl der zulässigen Verlängerungen befristeter Arbeitsverträge festgelegt werden. Im Geltungsbereich eines solchen Tarifvertrages können nicht tarifgebundene Vertragsparteien die Anwendung der tariflichen Regelungen vereinbaren. Die arbeitsrechtlichen Vorschriften und Grundsätze über befristete Arbeitsverträge und deren Kündigung sind anzuwenden, soweit sie den Vorschriften der §§ 2 bis 6 nicht widersprechen.

(2) Unberührt bleibt das Recht der Hochschulen, das in Absatz 1 Satz 1 bezeichnete Personal auch in unbefristeten oder nach Maßgabe des Teilzeit- und Befristungsgesetzes befristeten Arbeitsverhältnissen zu beschäftigen.

§ 2 Befristungsdauer; Befristung wegen Drittmittelfinanzierung

(1) Die Befristung von Arbeitsverträgen des in § 1 Absatz 1 Satz 1 genannten Personals, das nicht promoviert ist, ist bis zu einer Dauer von sechs Jahren zulässig, wenn die befristete Beschäftigung zur För-

---

[1]) **Hinweis des Bearbeiters:**
Das Wissenschaftszeitvertragsgesetz, das als Artikel 1 des Gesetzes zur Änderung arbeitsrechtlicher Vorschriften in der Wissenschaft bekannt gegeben worden ist, trifft eigenständige Regelungen über die Befristung von Arbeitsverhältnissen im Hochschulbereich. Die bisherigen Regelungen in den §§ 57a bis 57f des Hochschulrahmengesetzes sind zeitgleich aufgehoben worden.

derung der eigenen wissenschaftlichen oder künstlerischen Qualifizierung erfolgt. Nach abgeschlossener Promotion ist eine Befristung bis zu einer Dauer von sechs Jahren, im Bereich der Medizin bis zu einer Dauer von neun Jahren, zulässig, wenn die befristete Beschäftigung zur Förderung der eigenen wissenschaftlichen oder künstlerischen Qualifizierung erfolgt; die zulässige Befristungsdauer verlängert sich in dem Umfang, in dem Zeiten einer befristeten Beschäftigung nach Satz 1 und Promotionszeiten ohne Beschäftigung nach Satz 1 zusammen weniger als sechs Jahre betragen haben. Die vereinbarte Befristungsdauer ist jeweils so zu bemessen, dass sie der angestrebten Qualifizierung angemessen ist. Die nach den Sätzen 1 und 2 insgesamt zulässige Befristungsdauer verlängert sich bei Betreuung eines oder mehrerer Kinder unter 18 Jahren um zwei Jahre je Kind. Satz 4 gilt auch, wenn hinsichtlich des Kindes die Voraussetzungen des § 15 Absatz 1 Satz 1 des Bundeselterngeld- und Elternzeitgesetzes vorliegen. Die nach den Sätzen 1 und 2 insgesamt zulässige Befristungsdauer verlängert sich bei Vorliegen einer Behinderung nach § 2 Absatz 1 des Neunten Buches Sozialgesetzbuch oder einer schwerwiegenden chronischen Erkrankung um zwei Jahre. Innerhalb der jeweils zulässigen Befristungsdauer sind auch Verlängerungen eines befristeten Arbeitsvertrages möglich.

(2) Die Befristung von Arbeitsverträgen des in § 1 Abs. 1 Satz 1 genannten Personals ist auch zulässig, wenn die Beschäftigung überwiegend aus Mitteln Dritter finanziert wird, die Finanzierung für eine bestimmte Aufgabe und Zeitdauer bewilligt ist und die Mitarbeiterin oder der Mitarbeiter überwiegend der Zweckbestimmung dieser Mittel entsprechend beschäftigt wird; die vereinbarte Befristungsdauer soll dem bewilligten Projektzeitraum entsprechen.

(3) Auf die in Absatz 1 geregelte zulässige Befristungsdauer sind alle befristeten Arbeitsverhältnisse mit mehr als einem Viertel der regelmäßigen Arbeitszeit, die mit einer deutschen Hochschule oder einer Forschungseinrichtung im Sinne des § 5 abgeschlossen wurden, sowie entsprechende Beamtenverhältnisse auf Zeit und Privatdienstverträge nach § 3 anzurechnen. Angerechnet werden auch befristete Arbeitsverhältnisse, die nach anderen Rechtsvorschriften abgeschlossen wurden. Die Sätze 1 und 2 gelten nicht für Arbeitsverhältnisse nach § 6 sowie vergleichbare studienbegleitende Beschäftigungen, die auf anderen Rechtsvorschriften beruhen.

(4) Im Arbeitsvertrag ist anzugeben, ob die Befristung auf den Vorschriften dieses Gesetzes beruht. Fehlt diese Angabe, kann die Befristung nicht auf Vorschriften dieses Gesetzes gestützt werden. Die

Dauer der Befristung muss bei Arbeitsverträgen nach Absatz 1 kalendermäßig bestimmt oder bestimmbar sein.

(5) Die jeweilige Dauer eines befristeten Arbeitsvertrages nach Absatz 1 verlängert sich im Einverständnis mit der Mitarbeiterin oder dem Mitarbeiter um

1. Zeiten einer Beurlaubung oder einer Ermäßigung der Arbeitszeit um mindestens ein Fünftel der regelmäßigen Arbeitszeit, die für die Betreuung oder Pflege eines oder mehrerer Kinder unter 18 Jahren, auch wenn hinsichtlich des Kindes die Voraussetzungen des § 15 Absatz 1 Satz 1 des Bundeselterngeld- und Elternzeitgesetzes vorliegen, oder pflegebedürftiger sonstiger Angehöriger gewährt worden sind,
2. Zeiten einer Beurlaubung für eine wissenschaftliche oder künstlerische Tätigkeit oder eine außerhalb des Hochschulbereichs oder im Ausland durchgeführte wissenschaftliche, künstlerische oder berufliche Aus-, Fort- oder Weiterbildung,
3. Zeiten einer Inanspruchnahme von Elternzeit nach dem Bundeselterngeld- und Elternzeitgesetz und Zeiten eines Beschäftigungsverbots nach den §§ 3 bis 6, 10 Absatz 3, § 13 Absatz 1 Nummer 3 und § 16 des Mutterschutzgesetzes in dem Umfang, in dem eine Erwerbstätigkeit nicht erfolgt ist,
4. Zeiten des Grundwehr- und Zivildienstes,
5. Zeiten einer Freistellung im Umfang von mindestens einem Fünftel der regelmäßigen Arbeitszeit zur Wahrnehmung von Aufgaben in einer Personal- oder Schwerbehindertenvertretung, von Aufgaben eines oder einer Frauen- oder Gleichstellungsbeauftragten oder zur Ausübung eines mit dem Arbeitsverhältnis zu vereinbarenden Mandats und
6. Zeiten einer krankheitsbedingten Arbeitsunfähigkeit, in denen ein gesetzlicher oder tarifvertraglicher Anspruch auf Entgeltfortzahlung nicht besteht.

In den Fällen des Satzes 1 Nummer 1, 2 und 5 soll die Verlängerung die Dauer von jeweils zwei Jahren nicht überschreiten. Zeiten nach Satz 1 Nummer 1 bis 6 werden in dem Umfang, in dem sie zu einer Verlängerung eines befristeten Arbeitsvertrages führen können, nicht auf die nach Absatz 1 zulässige Befristungsdauer angerechnet.

§ 3 Privatdienstvertrag

Für einen befristeten Arbeitsvertrag, den ein Mitglied einer Hochschule, das Aufgaben seiner Hochschule selbständig wahrnimmt, zur Unterstützung bei der Erfüllung dieser Aufgaben mit überwiegend aus Mitteln Dritter vergütetem Personal im Sinne von § 1 Abs. 1 Satz 1 abschließt, gelten die Vorschriften der §§ 1, 2 und 6 entsprechend.

§ 4 Wissenschaftliches Personal an staatlich anerkannten Hochschulen

Für den Abschluss befristeter Arbeitsverträge mit wissenschaftlichem und künstlerischem Personal an nach Landesrecht staatlich anerkannten Hochschulen gelten die Vorschriften der §§ 1 bis 3 und 6 entsprechend.

§ 5 Wissenschaftliches Personal an Forschungseinrichtungen

Für den Abschluss befristeter Arbeitsverträge mit wissenschaftlichem Personal an staatlichen Forschungseinrichtungen sowie an überwiegend staatlich, an institutionell überwiegend staatlich oder auf der Grundlage von Artikel 91b des Grundgesetzes finanzierten Forschungseinrichtungen gelten die Vorschriften der §§ 1 bis 3 und 6 entsprechend.

§ 6 Wissenschaftliche und künstlerische Hilfstätigkeiten

Befristete Arbeitsverträge zur Erbringung wissenschaftlicher oder künstlerischer Hilfstätigkeiten mit Studierenden, die an einer deutschen Hochschule für ein Studium, das zu einem ersten oder einem weiteren berufsqualifizierenden Abschluss führt, eingeschrieben sind, sind bis zur Dauer von insgesamt sechs Jahren zulässig. Innerhalb der zulässigen Befristungsdauer sind auch Verlängerungen eines befristeten Arbeitsvertrages möglich.

§ 7 Rechtsgrundlage für bereits abgeschlossene Verträge; Übergangsregelung; Verordnungsermächtigung

(1) Für die seit dem 23. Februar 2002 bis zum 17. April 2007 an staatlichen und staatlich anerkannten Hochschulen sowie an Forschungseinrichtungen im Sinne des § 5 abgeschlossenen Arbeitsverträge gelten die §§ 57a bis 57f des Hochschulrahmengesetzes in der ab 31. Dezember 2004 geltenden Fassung fort. Für vor dem 23. Februar 2002 an staatlichen und staatlich anerkannten Hochschulen sowie an Forschungseinrichtungen im Sinne des § 5 abgeschlossene Arbeitsverträge gelten die §§ 57a bis 57e des Hochschulrahmengesetzes in der vor dem 23. Februar 2002 geltenden Fassung fort. Satz 2 gilt entsprechend für Arbeitsverträge, die zwischen dem 27. Juli 2004 und dem 31. Dezember 2004 abgeschlossen wurden.

(2) Der Abschluss befristeter Arbeitsverträge nach § 2 Abs. 1 Satz 1 und 2 mit Personen, die bereits vor dem 23. Februar 2002 in einem

befristeten Arbeitsverhältnis zu einer Hochschule, einem Hochschulmitglied im Sinne von § 3 oder einer Forschungseinrichtung im Sinne von § 5 standen, ist auch nach Ablauf der in § 2 Abs. 1 Satz 1 und 2 geregelten jeweils zulässigen Befristungsdauer mit einer Laufzeit bis zum 29. Februar 2008 zulässig. Satz 1 gilt entsprechend für Personen, die vor dem 23. Februar 2002 in einem Dienstverhältnis als wissenschaftlicher oder künstlerischer Assistent standen. § 2 Abs. 5 gilt entsprechend.

(3) Die nach § 2 Absatz 1 Satz 1 und 2 insgesamt zulässige Befristungsdauer verlängert sich um sechs Monate, wenn ein Arbeitsverhältnis nach § 2 Absatz 1 zwischen dem 1. März 2020 und dem 30. September 2020 besteht. Das Bundesministerium für Bildung und Forschung wird ermächtigt, durch Rechtsverordnung mit Zustimmung des Bundesrates die zulässige Befristungsdauer höchstens um weitere sechs Monate zu verlängern, soweit dies aufgrund fortbestehender Auswirkungen der COVID-19-Pandemie in der Bundesrepublik Deutschland geboten erscheint; die Verlängerung ist auch auf Arbeitsverhältnisse zu erstrecken, die nach dem 30. September 2020 und vor Ablauf des in der Rechtsverordnung genannten Verlängerungszeitraums begründet werden.

Die nach § 2 Absatz 1 Satz 1 und 2 insgesamt zulässige Befristungsdauer verlängert sich über die in § 7 Absatz 3 Satz 1 genannte Verlängerung hinaus um weitere sechs Monate. Für Arbeitsverhältnisse nach § 2 Absatz 1, die zwischen dem 1. Oktober 2020 und dem 31. März 2021 begründet werden, verlängert sich die nach § 2 Absatz 1 Satz 1 und 2 insgesamt zulässige Befristungsdauer um sechs Monate. Siehe dazu die WissZeitVG-Befristungsdauer-Verlängerungs-Verordnung vom 3. September 2020 (BGBl. I S. 2039).

§ 8 Evaluation

Die Auswirkungen dieses Gesetzes werden im Jahr 2020 evaluiert.

Anhang 3

II

Gesetz zum Elterngeld und zur Elternzeit (Bundeselterngeld- und Elternzeitgesetz – BEEG)

in der Fassung der Bekanntmachung vom 27. Januar 2015 (BGBl. I S. 33)

– Auszug –

Zuletzt geändert durch
Viertes Bürokratieentlastungsgesetz
vom 23. Oktober 2024 (BGBl. I Nr. 323)

§ 20 Zur Berufsbildung Beschäftigte, in Heimarbeit Beschäftigte

(1) [1]Die zu ihrer Berufsbildung Beschäftigten gelten als Arbeitnehmer und Arbeitnehmerinnen im Sinne dieses Gesetzes. [2]Die Elternzeit wird auf die Dauer einer Berufsausbildung nicht angerechnet, es sei denn, dass während der Elternzeit die Berufsausbildung nach § 7a des Berufsbildungsgesetzes oder § 27b der Handwerksordnung in Teilzeit durchgeführt wird. [3]§ 15 Absatz 4 Satz 1 bleibt unberührt.

(2) [1]Anspruch auf Elternzeit haben auch die in Heimarbeit Beschäftigten und die ihnen Gleichgestellten (§ 1 Absatz 1 und 2 des Heimarbeitsgesetzes), soweit sie am Stück mitarbeiten. [2]Für sie tritt an die Stelle des Arbeitgebers der Auftraggeber oder Zwischenmeister und an die Stelle des Arbeitsverhältnisses das Beschäftigungsverhältnis.

§ 21 Befristete Arbeitsverträge

(1) Ein sachlicher Grund, der die Befristung eines Arbeitsverhältnisses rechtfertigt, liegt vor, wenn ein Arbeitnehmer oder eine Arbeitnehmerin zur Vertretung eines anderen Arbeitnehmers oder einer anderen Arbeitnehmerin für die Dauer eines Beschäftigungsverbotes nach dem Mutterschutzgesetz, einer Elternzeit, einer auf Tarifvertrag, Betriebsvereinbarung oder einzelvertraglichen Vereinbarung beruhenden Arbeitsfreistellung zur Betreuung eines Kindes oder für diese Zeiten zusammen oder für Teile davon eingestellt wird.

(2) Über die Dauer der Vertretung nach Absatz 1 hinaus ist die Befristung für notwendige Zeiten einer Einarbeitung zulässig.

(3) Die Dauer der Befristung des Arbeitsvertrags muss kalendermäßig bestimmt oder bestimmbar oder den in den Absätzen 1 und 2 genannten Zwecken zu entnehmen sein.

(4) [1]Der Arbeitgeber kann den befristeten Arbeitsvertrag unter Einhaltung einer Frist von mindestens drei Wochen, jedoch frühestens zum

Ende der Elternzeit, kündigen, wenn die Elternzeit ohne Zustimmung des Arbeitgebers vorzeitig endet und der Arbeitnehmer oder die Arbeitnehmerin die vorzeitige Beendigung der Elternzeit mitgeteilt hat. [2]Satz 1 gilt entsprechend, wenn der Arbeitgeber die vorzeitige Beendigung der Elternzeit in den Fällen des § 16 Absatz 3 Satz 2 nicht ablehnen darf.

(5) Das Kündigungsschutzgesetz ist im Falle des Absatzes 4 nicht anzuwenden.

(6) Absatz 4 gilt nicht, soweit seine Anwendung vertraglich ausgeschlossen ist.

(7) [1]Wird im Rahmen arbeitsrechtlicher Gesetze oder Verordnungen auf die Zahl der beschäftigten Arbeitnehmer und Arbeitnehmerinnen abgestellt, so sind bei der Ermittlung dieser Zahl Arbeitnehmer und Arbeitnehmerinnen, die sich in der Elternzeit befinden oder zur Betreuung eines Kindes freigestellt sind, nicht mitzuzählen, solange für sie aufgrund von Absatz 1 ein Vertreter oder eine Vertreterin eingestellt ist. [2]Dies gilt nicht, wenn der Vertreter oder die Vertreterin nicht mitzuzählen ist. [3]Die Sätze 1 und 2 gelten entsprechend, wenn im Rahmen arbeitsrechtlicher Gesetze oder Verordnungen auf die Zahl der Arbeitsplätze abgestellt wird.

II

§ 31 Führung auf Probe

(1) [1]Führungspositionen können als befristetes Arbeitsverhältnis bis zur Gesamtdauer von zwei Jahren vereinbart werden. [2]Innerhalb dieser Gesamtdauer ist eine höchstens zweimalige Verlängerung des Arbeitsvertrages zulässig. [3]Die beiderseitigen Kündigungsrechte bleiben unberührt.

(2) Führungspositionen sind die ab Entgeltgruppe 10 auszuübenden Tätigkeiten mit Weisungsbefugnis.

(3) [1]Besteht bereits ein Arbeitsverhältnis mit demselben Arbeitgeber, kann der/dem Beschäftigten vorübergehend eine Führungsposition bis zu der in Absatz 1 genannten Gesamtdauer übertragen werden. [2]Der/Dem Beschäftigten wird für die Dauer der Übertragung eine Zulage in Höhe des Unterschiedsbetrags zwischen den Tabellenentgelten nach der bisherigen Entgeltgruppe und dem sich bei Höhergruppierung nach § 17 Absatz 4 Satz 1 bis 3 ergebenden Tabellenentgelt gewährt. [3]Nach Fristablauf endet die Erprobung. [4]Bei Bewährung wird die Führungsfunktion auf Dauer übertragen; ansonsten erhält die/der Beschäftigte eine der bisherigen Eingruppierung entsprechende Tätigkeit.

Erläuterungen

§ 31 eröffnet die Möglichkeit, Führungspositionen befristet auf Probe zu vergeben und folgt damit den heutigen Üblichkeiten im Beamtenbereich. Das Instrument der „Führung auf Probe" soll in erster Linie der Personalentwicklung und Verbesserung der Führungsqualität dienen. Um dies zu erreichen, können Führungspositionen bis zur Dauer von zwei Jahren befristet übertragen werden. Ziel hierbei ist die Übertragung der Führungsfunktion auf Dauer. Wegen der ebenfalls neu geschaffenen Möglichkeit, Führungspositionen auf Zeit zu vergeben → § 32.

Auf die teilweise abweichenden Sonderregelungen in § 41 Nr. 20 TV-L wird hingewiesen.

Führungsposition als befristetes Arbeitsverhältnis (Abs. 1)

Absatz 1 regelt den Fall des „von außen" in eine Führungsposition neu eingestellten Beschäftigten. Das entsprechende Arbeitsverhältnis kann befristet werden. Die Befristungshöchstdauer beträgt insgesamt zwei Jahre. Der Zweijahreszeitraum braucht nicht schon zu Beginn des Arbeitsverhältnisses voll ausgeschöpft werden, er kann auch in insgesamt drei Zeiträume aufgeteilt werden (Satz 2). Der Beschäftigte erhält während dieser Zeit das Entgelt, das der Führungsaufgabe – wäre sie auf Dauer vergeben – zugeordnet ist.

Nach Satz 3 der Vorschrift bleiben „die beiderseitigen Kündigungsrechte" unberührt. Damit dürfte den Erfordernissen des § 14 Abs. 3

Teilzeit- und Befristungsgesetz[1]) hinreichend Rechnung getragen sein, so dass trotz der Befristung des Arbeitsverhältnisses auch eine ordentliche Kündigung möglich ist. Die besonderen Regelungen des § 30 Abs. 3 bis 5 gelten bei der befristeten Vergabe von Führungspositionen nicht (→ § 30 Abs. 6).

II

Begriffsbestimmung (Abs. 2)

Nach der Definition des Absatzes 2 sind Führungspositionen Tätigkeiten mit Weisungsbefugnis ab der Entgeltgruppe 10. Dabei müssen beide Voraussetzungen nebeneinander erfüllt sein; d. h., Tätigkeiten einer niedrigeren Entgeltgruppe sind trotz Weisungsbefugnis ebenso wenig Führungsposition im tariflichen Sinne wie Tätigkeiten der Entgeltgruppe 10 und aufwärts ohne Weisungsbefugnis.

Zulage für Führungspositionen (Abs. 3)

Absatz 3 regelt den Fall, dass einem „von innen" kommenden Beschäftigten aus einem bestehenden Arbeitsverhältnis heraus eine Führungsposition übertragen wird. Auch in diesem Fall kann die Führungstätigkeit befristet werden; insoweit gelten die in Absatz 1 vereinbarten Fristen. Der Beschäftigte erhält für die Dauer der Tätigkeit eine Zulage in Höhe des Unterschiedsbetrages zwischen dem Tabellenentgelt nach der bisherigen Entgeltgruppe und dem Tabellenentgelt, das er bei Höhergruppierung in die Entgeltgruppe, die der übertragenen Funktion entspricht, erhielte. Nach erfolgreichem Ende der Bewährung wird die Führungsfunktion auf Dauer übertragen und der Beschäftigte wird entsprechend eingruppiert. Ansonsten wird ihm die Führungsposition entzogen und er erhält wieder das seiner bisherigen Eingruppierung entsprechende Entgelt.

---

[1]) abgedruckt als Anhang 1 zu **§ 30 TV-L**

§ 32 Führung auf Zeit

(1) [1]Führungspositionen können als befristetes Arbeitsverhältnis bis zur Dauer von vier Jahren vereinbart werden. [2]Folgende Verlängerungen des Arbeitsvertrages sind zulässig:

a) in den Entgeltgruppen 10 bis 12 eine höchstens zweimalige Verlängerung bis zu einer Gesamtdauer von acht Jahren,

b) ab Entgeltgruppe 13 eine höchstens dreimalige Verlängerung bis zu einer Gesamtdauer von zwölf Jahren.

[3]Zeiten in einer Führungsposition nach Buchstabe a bei demselben Arbeitgeber können auf die Gesamtdauer nach Buchstabe b zur Hälfte angerechnet werden. [4]Die allgemeinen Vorschriften über die Probezeit (§ 2 Absatz 4) und die beiderseitigen Kündigungsrechte bleiben unberührt.

(2) Führungspositionen sind die ab Entgeltgruppe 10 auszuübenden Tätigkeiten mit Weisungsbefugnis.

(3) [1]Besteht bereits ein Arbeitsverhältnis mit demselben Arbeitgeber, kann der/dem Beschäftigten vorübergehend eine Führungsposition bis zu den in Absatz 1 genannten Fristen übertragen werden. [2]Der/Dem Beschäftigten wird für die Dauer der Übertragung eine Zulage gewährt in Höhe des Unterschiedsbetrags zwischen den Tabellenentgelten nach der bisherigen Entgeltgruppe und dem sich bei Höhergruppierung nach § 17 Absatz 4 Satz 1 bis 3 ergebenden Tabellenentgelt, zuzüglich eines Zuschlags von 75 v. H. des Unterschiedsbetrags zwischen den Tabellenentgelten der Entgeltgruppe, die der übertragenen Funktion entspricht, zur nächsthöheren Entgeltgruppe nach § 17 Absatz 4 Satz 1 bis 3. [3]Nach Fristablauf erhält die/der Beschäftigte eine der bisherigen Eingruppierung entsprechende Tätigkeit; der Zuschlag und die Zulage entfallen.

Erläuterungen

§ 32 eröffnet die Möglichkeit, Führungspositionen lediglich befristet zu vergeben und folgt damit den heutigen Üblichkeiten im Beamtenbereich. Im Gegensatz zur „Führung auf Probe" (→ § 31) ist das Instrument der „Führung auf Zeit" nicht auf eine dauerhafte Übertragung der Führungsposition gerichtet.

Auf die teilweise abweichenden Sonderregelungen in § 41 Nr. 21 TV-L wird hingewiesen.

Führungsposition als befristetes Arbeitsverhältnis (Abs. 1)

Absatz 1 regelt den Fall des „von außen" in eine Führungsposition neu eingestellten Beschäftigten. Das entsprechende Arbeitsverhältnis kann befristet werden. Von der Entgeltgruppe 10 bis 12 können die Aufgaben bis zu einer Dauer von (bei Ausschöpfung aller Verlängerungsmöglichkeiten) insgesamt 8 Jahren, ab der Entgeltgruppe 13 bis zu insgesamt 12 Jahren befristet übertragen werden. Der höchstmögliche Befristungszeitraum braucht nicht schon zu Beginn des Arbeitsverhältnisses voll ausgeschöpft werden, er kann auch in insgesamt drei (bis Entgeltgruppe 12) bzw. vier (ab Entgeltgruppe 13) Zeiträume aufgeteilt werden. Der Beschäftigte erhält während dieser Zeit das Entgelt, das der Führungsaufgabe – wäre sie auf Dauer vergeben – zugeordnet ist.

Satz 3 der Vorschrift sieht vor, dass Zeiten einer Führungsposition in den Entgeltgruppen 10 bis 12 auf die Gesamtdauer der Führungspositionen in Entgeltgruppe 13 zur Hälfte angerechnet werden können, wenn sie bei demselben Arbeitgeber zurückgelegt worden sind.

Nach Satz 4 der Vorschrift bleiben die Vorschriften über die Probezeit (→ § 2 Abs. 4) und „die beiderseitigen Kündigungsrechte" unberührt. Damit dürfte den Erfordernissen des § 14 Abs. 3 Teilzeit- und Befristungsgesetz[1]) hinreichend Rechnung getragen sein, so dass trotz der Befristung des Arbeitsverhältnisses auch eine ordentliche Kündigung möglich ist. Die besonderen Regelungen des § 30 Abs. 3 bis 5 gelten bei der befristeten Vergabe von Führungspositionen nicht (→ § 30 Abs. 6).

Begriffsbestimmung (Abs. 2)

Nach der Definition des Absatzes 2 sind Führungspositionen Tätigkeiten mit Weisungsbefugnis ab der Entgeltgruppe 10. Dabei müssen beide Voraussetzungen nebeneinander erfüllt sein; d. h., Tätigkeiten einer niedrigeren Entgeltgruppe sind trotz Weisungsbefugnis ebenso wenig Führungsposition im tariflichen Sinne wie Tätigkeiten der Entgeltgruppe 10 und aufwärts ohne Weisungsbefugnis.

Zulage für Führungspositionen (Abs. 3)

Absatz 3 regelt den Fall, dass einem „von innen" kommenden Beschäftigten aus einem bestehenden Arbeitsverhältnis heraus eine Führungsposition übertragen wird. Auch in diesem Fall kann die Führungstätigkeit befristet werden; insoweit gelten die in Absatz 1 vereinbarten Fristen. Neben dem Tabellenentgelt für die befristete Führungsaufgabe (als Differenz zwischen der Entgeltgruppe der Führungsaufgabe zur bisherigen Entgeltgruppe) wird eine Zulage in Höhe von 75 % des Unterschiedsbetrages zwischen den Tabellenentgelten der Entgeltgruppe, die der übertragenen Funktion entspricht, zur nächsthöheren Engeltgruppe gezahlt.

---

[1]) abgedruckt als Anhang 1 unter **210** § 30 TV-L

II

Beispiel:

Beschäftigter, Entgeltgruppe 11, übt auf Zeit eine Führungsposition der Entgeltgruppe 12 aus. Somit erhält er neben seiner bisherigen Vergütung den Differenzbetrag zur Entgeltgruppe 12 zuzüglich 75 % des Differenzbetrages zwischen den Entgeltgruppen 12 und 13 – jeweils so, als hätte eine Höhergruppierung stattgefunden.

Nach Ablauf der Befristung erhält der Beschäftigte wieder das seiner bisherigen Eingruppierung entsprechende Entgelt.

§ 33 Beendigung des Arbeitsverhältnisses ohne Kündigung

(1) Das Arbeitsverhältnis endet ohne Kündigung

a) mit Ablauf des Monats, in dem die/der Beschäftigte das gesetzlich festgelegte Alter zum Erreichen der Regelaltersrente vollendet hat,

b) jederzeit im gegenseitigen Einvernehmen (Auflösungsvertrag).

(2) [1]Das Arbeitsverhältnis endet ferner mit Ablauf des Monats, in dem der Bescheid eines Rentenversicherungsträgers (Rentenbescheid) zugestellt wird, wonach die/der Beschäftigte voll oder teilweise erwerbsgemindert ist. [2]Die/Der Beschäftigte hat den Arbeitgeber von der Zustellung des Rentenbescheids unverzüglich zu unterrichten. [3]Beginnt die Rente erst nach der Zustellung des Rentenbescheids, endet das Arbeitsverhältnis mit Ablauf des dem Rentenbeginn vorangehenden Tages. [4]Liegt im Zeitpunkt der Beendigung des Arbeitsverhältnisses eine nach § 175 SGB IX erforderliche Zustimmung des Integrationsamtes noch nicht vor, endet das Arbeitsverhältnis mit Ablauf des Tages der Zustellung des Zustimmungsbescheids des Integrationsamtes. [5]Das Arbeitsverhältnis endet nicht, wenn nach dem Bescheid des Rentenversicherungsträgers eine Rente auf Zeit gewährt wird. [6]In diesem Fall ruht das Arbeitsverhältnis für den Zeitraum, für den eine Rente auf Zeit gewährt wird; beginnt die Rente rückwirkend, ruht das Arbeitsverhältnis ab dem ersten Tag des Monats, der auf den Monat der Zustellung des Rentenbescheids folgt.

(3) Im Falle teilweiser Erwerbsminderung endet beziehungsweise ruht das Arbeitsverhältnis nicht, wenn die/der Beschäftigte nach ihrem/seinem vom Rentenversicherungsträger festgestellten Leistungsvermögen auf ihrem/seinem bisherigen oder einem anderen geeigneten und freien Arbeitsplatz weiterbeschäftigt werden könnte, soweit dringende dienstliche beziehungsweise betriebliche Gründe nicht entgegenstehen und die/der Beschäftigte innerhalb von zwei Wochen nach Zugang des Rentenbescheids ihre/seine Weiterbeschäftigung schriftlich beantragt.

(4) [1]Verzögert die/der Beschäftigte schuldhaft den Rentenantrag oder bezieht sie/er Altersrente nach § 236, § 236a oder § 236b SGB VI oder ist sie/er nicht in der gesetzlichen Rentenversicherung versichert, so tritt an die Stelle des Rentenbescheids das Gutachten einer Amtsärztin/eines Amtsarztes oder einer/eines nach § 3 Absatz 5 Satz 2 bestimmten Ärztin/Arztes. [2]Das Arbeitsverhältnis endet in diesem Fall mit Ablauf des Monats, in dem der/dem Beschäftigten das Gutachten bekannt gegeben worden ist.

(5) [1]Soll die/der Beschäftigte, deren/dessen Arbeitsverhältnis nach Absatz 1 Buchstabe a geendet hat, weiterbeschäftigt werden, ist ein neuer schriftlicher Arbeitsvertrag abzuschließen. [2]Das Arbeitsverhältnis kann jederzeit mit einer Frist von vier Wochen zum Monatsende gekündigt werden, wenn im Arbeitsvertrag nichts anderes vereinbart ist.

Erläuterungen

§ 33 legt die Fälle fest, in denen das Arbeitsverhältnis ohne besondere Kündigung endet. Diese Sachverhalte waren bislang in § 60 (Beendigung durch Erreichen der Altersgrenze), § 58 (Auflösungsvertrag) und § 59 BAT (Beendigung wegen verminderter Erwerbsfähigkeit) bzw. den vergleichbaren Regelungen für Arbeiter geregelt.

Auf die teilweise abweichenden Sonderregelungen § 41 Nr. 22, § 42 Nr. 9, § 44 Nr. 4 und § 47 Nr. 3 TV-L wird hingewiesen.

Beendigung wegen Alters; Auflösungsvertrag (Abs. 1)

In Absatz 1 sind zwei verschiedene Beendigungsgründe zusammengefasst, nämlich die Beendigung wegen Erreichens der Altersgrenze (Buchstabe a) und die Beendigung durch Auflösungsvertrag (Buchstabe b).

Zu Buchstabe a

Nach dieser Vorschrift endet das Arbeitsverhältnis automatisch mit Vollendung des Monats, in dem der Beschäftigte das gesetzlich festgelegte Alter zum Bezug der Regelaltersrente erreicht hat. Die Vereinbarung von Beendigungsklauseln zum Renteneintrittsalter hat der Gesetzgeber in § 10 Nr. 5 des Allgemeinen Gleichbehandlungsgesetzes vom 14. August 2006 (BGBl. I S. 1897) ausdrücklich gestattet. Auch das BAG (Urteil vom 8. Dezember 2010 – 7 AZR 438/09) sowie der EuGH (Urteil vom 12. Oktober 2010 – C 45-09) sehen sie als rechtmäßig an.

Wegen der Möglichkeit, den Beschäftigten über diesen Zeitpunkt hinaus zu beschäftigen, → Absatz 5.

Die mit dem Gesetz über Leistungsverbesserungen in der gesetzlichen Rentenversicherung (RV-Leistungsverbesserungsgesetz) vom 23. Juni 2014 (BGBl. I S. 787) eingeführte abschlagsfreie Rente mit dem 63. Lebensjahr für besonders langjährig Versicherte (§ 236b SGB VI) führt nicht zu einer automatischen Beendigung des Arbeitsverhältnisses. Es handelt sich nicht um die Regelaltersrente. Diese wird – ggfs. unter Berücksichtigung der Übergangsregelung des § 235 Abs. 2 SGB VI – mit Vollendung des 67. Lebensjahres erreicht. Die Beendigung des Arbeitsverhältnisses kann in diesen Fällen durch einen Auflösungsvertrag (s. Absatz 1 Buchstabe b) beendet werden.

Zu Buchstabe b

In Buchstabe b haben die Tarifpartner bestimmt, dass die Beendigung des Arbeitsverhältnisses durch Auflösungsvertrag im gegenseitigen Einvernehmen jederzeit (ohne Bindung an Fristen) möglich ist.

Die Beendigung von Arbeitsverhältnissen durch Kündigung oder Auflösungsvertrag bedarf zu ihrer Wirksamkeit gemäß § 623 BGB der Schriftform; die elektronische Form ist ausgeschlossen.

Beendigung wegen Erwerbsminderung (Abs. 2)

Absatz 2 regelt – weitgehend in Anlehnung an das bisherige Recht – die Grundsätze der Beendigung des Arbeitsverhältnisses bei verminderter Erwerbsfähigkeit.

Die Definition des Begriffs der verminderten Erwerbsfähigkeit ergibt sich aus dem Recht der gesetzlichen Rentenversicherung, und zwar im Wesentlichen aus § 43 SGB VI.

Voll erwerbsgemindert sind danach Versicherte, die wegen Krankheit oder Behinderung auf nicht absehbare Zeit außerstande sind, unter den üblichen Bedingungen des allgemeinen Arbeitsmarktes mindestens drei Stunden täglich erwerbstätig zu sein (§ 43 Abs. 2 Satz 2 SGB VI);

Teilweise erwerbsgemindert sind Versicherte, die wegen Krankheit oder Behinderung auf nicht absehbare Zeit außerstande sind, unter den üblichen Bedingungen des allgemeinen Arbeitsmarktes mindestens sechs Stunden täglich erwerbstätig zu sein (§ 43 Abs. 1 Satz 2 SGB VI). Dabei wird auf die konkrete Situation des (Teilzeit-)Arbeitsmarktes abgestellt, so dass Versicherte, die das verbliebene Restleistungsvermögen wegen Arbeitslosigkeit nicht in Erwerbseinkommen umsetzen können, anstelle der halben die volle Erwerbsminderungsrente erhalten (vgl. BT-Drucks. 14/230, Seiten 23, 25);

Keine Erwerbsminderungsrente: Ein Restleistungsvermögen auf dem allgemeinen Arbeitsmarkt von sechs Stunden und mehr schließt den Anspruch auf Erwerbsminderungsrente aus; dabei ist die jeweilige Arbeitsmarktlage nicht zu berücksichtigen (§ 43 Abs. 3 SGB VI).

Versicherte, die **vor** dem 2. Januar 1961 geboren sind und in ihrem bisherigen Beruf nicht mindestens sechs Stunden täglich arbeiten können, können nach § 240 SGB VI eine halbe Erwerbsminderungsrente unabhängig von den Verhältnissen des Arbeitsmarktes erhalten. Der Begriff der **Berufsunfähigkeit** ist in § 240 Abs. 2 SGB VI definiert.

Nach Satz 1 der Vorschrift endet das Arbeitsverhältnis grundsätzlich mit Ablauf des Monats, in dem der Rentenbescheid, wonach der Beschäftigte ganz oder teilweise erwerbsgemindert ist, zugestellt wird.

Satz 2 verpflichtet den Beschäftigten, den Arbeitgeber unverzüglich von der Zustellung des Rentenbescheides zu unterrichten.

Satz 3 bestimmt abweichend von dem Grundsatz in Satz 1, dass das Arbeitsverhältnis erst mit Ablauf des dem Rentenbeginn vorangehenden Tages endet, wenn der Rentenbescheid einen in der Zukunft liegenden Rentenbeginn festlegt. Dabei dürfte es sich um einen Ausnahmefall handeln; denn in der Regel wird – allein schon wegen der Verfahrensdauer – ein zurückliegendes Datum als Rentenbeginn festgelegt.

Satz 4 enthält eine weitere Ausnahme zum Beendigungszeitpunkt des Arbeitsverhältnisses. Sofern bei schwerbehinderten Beschäftigten die nach § 175 SGB IX erforderliche Zustimmung des Integrationsamtes bei Zustellung des Rentenbescheides noch nicht vorlag, endet das Arbeitsverhältnis mit schwerbehinderten Beschäftigten erst mit Ablauf des Tages vor der Zustellung des Zustimmungsbescheides des Integrationsamtes.

Nach den Sätzen 5 und 6 endet das Arbeitsverhältnis nicht, wenn nach dem Bescheid des Trägers der Rentenversicherung (nur) eine Rente auf Zeit bewilligt wird. In diesem Fall ruht das Arbeitsverhältnis für den Zeitraum der Rente auf Zeit – bei rückwirkender Zuerkennung einer Rente ggf. ab dem ersten Tag des Monats, der auf die Zustellung des Rentenbescheids folgt.

Besondere Beachtung verdienen einige Urteile des BAG zu § 59 BAT, der bisherigen Vorschrift zur Beendigung des Arbeitsverhältnisses bei verminderter Erwerbsfähigkeit. Da die Vorschrift des TV-L materiell weitgehend der bisherigen Regelung entspricht, können die vom BAG aufgestellten Grundsätze weiterhin zur Lösung von Zweifelsfragen herangezogen werden.

- Mit Urteil vom 23. 6. 2004 – 7 AZR 440/03; DB S. 2586 f. hat das BAG eine bedeutsame Entscheidung zum Beendigungszeitpunkt des Arbeitsverhältnisses in den Fällen der Erwerbsminderung getroffen. Das BAG zieht in der Entscheidung erstmals die seit 1. Januar 2001 geltende Vorschrift des § 15 Abs. 2 des Teilzeit- und Befristungsgesetzes (TzBfG), die bei auflösend bedingten Arbeitsverhältnissen entsprechend gilt (§ 21 TzBfG), heran, so dass auch in den Fällen des § 59 BAT/§ 62 MTArb (auflösende Bedingung ist hier der Eintritt der Erwerbsminderung) das Arbeitsverhältnis frühestens zwei Wochen nach Zugang der schriftlichen Unterrichtung des Arbeitnehmers durch den Arbeitgeber über den Zeitpunkt des Eintritts der auflösenden Bedingung endet. Nach Auffassung des BAG ist § 59 Abs. 1 BAT ergänzend gesetzeskonform dahin auszulegen, dass nicht schon der Rentenbescheid, sondern erst ein darauf Bezug nehmendes Schreiben des Arbeitgebers das Arbeitsverhältnis unter

Beachtung der gesetzlichen Auslauffrist beenden soll. Erhält der Arbeitgeber Kenntnis von der Zuerkennung einer Erwerbsminderungsrente, muss er den Arbeitnehmer schriftlich auf die Beendigung oder das Ruhen des Arbeitsverhältnisses hinweisen. Die Rechtswirkungen des § 59 BAT treten frühestens zwei Wochen nach Zugang dieser schriftlichen Mitteilung ein.

- Zu der Frage, welche weitreichenden Folgen sich ergeben (können), wenn ein Angestellter trotz der Beendigung des Arbeitsverhältnisses nach § 59 Abs. 1 BAT seine bisherige Tätigkeit fortsetzt, ohne seinen Arbeitgeber von der Zustellung des Rentenbescheides zu unterrichten, wird auf das Urteil des BAG vom 30. 4. 1997 – 7 AZR 122/96, AP Nr. 20 zu § 812 BGB – hingewiesen. Nach Auffassung des BAG erfolgt die Rückabwicklung der rechtsgrundlos erbrachten Arbeitgeberleistungen nach Bereicherungsrecht; die Grundsätze des faktischen Arbeitsverhältnisses finden keine Anwendung. Nach dem der Entscheidung zugrunde liegenden Sachverhalt war der Rentenbescheid im Monat März 1993 zugestellt worden, der Angestellte unterrichtete den Arbeitgeber hierüber aber erst ein Jahr später am 12. April 1994. Der Arbeitgeber verlangte daraufhin die Rückzahlung des Urlaubsgeldes, der Urlaubsvergütung, der geleisteten Krankenbezüge, der Zuschüsse zum Krankenversicherungsbeitrag und der vermögenswirksamen Leistungen sowie der für den Monat April 1994 überzahlten Vergütung. Das BAG hat den Rückzahlungsanspruch des Arbeitgebers weitgehend für berechtigt angesehen. Es stellt zunächst fest, dass zwischen den Arbeitsvertragsparteien seit dem 1. April 1993 kein Arbeitsverhältnis mehr bestand. Die nach diesem Zeitpunkt vom Arbeitgeber erbrachten Zahlungen hat der Angestellte nach den Bestimmungen über die ungerechtfertigte Bereicherung herauszugeben, wobei er für die tatsächlich erbrachte Arbeitsleistung Wertersatz in Höhe der monatlichen Vergütung verlangen kann. Zur Rückzahlung des Urlaubsentgelts sowie des Urlaubsgeldes ist er jedoch verpflichtet, da nach der Rechtsprechung des BAG der Urlaub keine Gegenleistung des Arbeitgebers für erbrachte oder noch zu erbringende Arbeitsleistungen darstellt. Der Rückzahlungsanspruch besteht auch hinsichtlich der geleisteten Krankenbezüge und der während der Arbeitsunfähigkeit geleisteten Zuschüsse zur Krankenversicherung, weil der Arbeitgeber während der Arbeitsunfähigkeit keine wertersetzende Gegenleistung erhalten hat. Das BAG hat den Angestellten auch zur Rückzahlung der anteiligen Sonderzuwendung verurteilt, weil auch die Zuwendung nicht reines Arbeitsentgelt für die erbrachte Arbeitsleistung darstellt, sondern auch der Belohnung vergangener und künftiger

Treue zum öffentlichen Dienst dient. Lediglich die vermögenswirksamen Leistungen konnte der Arbeitgeber nicht zurückverlangen, weil diese als Bestandteil der Vergütung für geleistete Arbeit anzusehen sind.

II

- Das Arbeitsverhältnis eines Angestellten endet nicht nach § 59 Abs. 1 Unterabs. 1 BAT mit Ablauf des Monats, in dem ihm ein Bescheid eines Rentenversicherungsträgers über die Feststellung einer Berufs- oder Erwerbsunfähigkeit zugestellt wird, wenn der Angestellte den Rentenantrag bis zum Ablauf der Widerspruchsfrist des § 84 SGG zurücknimmt (vgl. BAG-Urteil vom 11. 3. 1998 – 7 AZR 101/97, AP Nr. 8 zu § 59 BAT). Hingegen hat das BAG mit Urteil vom 3. 9. 2003 – 7 AZR 661/02, AP Nr. 1 zu § 59 BAT-O – entschieden, dass ein Arbeitsverhältnis, das aufgrund § 59 BAT wegen der Gewährung einer unbefristeten Erwerbsunfähigkeitsrente geendet hatte, nicht wieder auflebt, wenn der schon formell bestandskräftig gewordene Rentenbescheid später wieder aufgehoben wird. In diesem Fall bleibt es bei der bereits eingetretenen Beendigung des Arbeitsverhältnisses. Die Vorschrift des § 59 BAT, die dem beim Ausscheiden bereits unkündbaren Angestellten im Fall der Wiederherstellung der Berufsfähigkeit einen Wiedereinstellungsanspruch (Sollregelung) verschafft, bleibt aber unberührt.

Weiterbeschäftigung bei teilweiser Erwerbsminderung (Abs. 3)

Die Regelung in Absatz 3 entspricht § 59 Abs. 3 BAT.

Nach dieser Vorschrift kommt es nicht zur Beendigung oder zum Ruhen des Arbeitsverhältnisses, wenn der Beschäftigte eine Weiterbeschäftigung schriftlich beantragt und eine solche auch möglich ist. Antragsberechtigt sind nur Beschäftigte, bei denen eine teilweise Erwerbsminderung, nicht aber eine volle Erwerbsminderung festgestellt ist. Eine Weiterbeschäftigung kommt aber nur in Betracht, wenn im Umfang des vom Rentenversicherungsträger festgestellten Restleistungsvermögens eine Tätigkeit auf dem bisherigen oder auf einem anderen geeigneten und freien Arbeitsplatz noch möglich ist und dringende dienstliche bzw. betriebliche Gründe nicht entgegenstehen. Der Arbeitgeber ist aber nicht verpflichtet, durch Umorganisation einen neuen Arbeitsplatz zu schaffen, auf dem der Arbeitnehmer trotz seiner Beeinträchtigung beschäftigt werden könnte (vgl. Urteil des BAG vom 9. 8. 2000 – 7 AZR 749/98 – n. v. – sowie Urteil des LAG Niedersachsen vom 1. 12. 2000 – 12 Sa 1849/95 – ZTR 2001, S. 523). Der Beschäftigte, der weiterbeschäftigt werden möchte, muss seine Weiterbeschäftigung nach dem Wortlaut der Vorschrift innerhalb von zwei Wochen nach Zugang des Rentenbescheides schriftlich beantragen (Ausschlussfrist). Sowohl das Schriftformerfordernis als auch die relativ kurze Zweiwochenfrist sind vom BAG in seinen Urteilen vom 1. 12. 2004 – 7 AZR 135/04 – und 17. 3. 2016 – 6 AZR 221/15 – ausdrücklich bestätigt worden. Das BAG hat in seinem Urteil vom 23. 7. 2014 – 7 AZR 771/12 die Regelung des § 33 Abs. 3 TV-L als im Kern verfassungskonform bestätigt. Die Zwei-Wochen-Frist beginne aber entgegen dem Wortlaut der Vorschrift erst mit der Beendigungsmitteilung durch den Arbeitgeber. Die Beendigungsmitteilung des Arbeitgebers ist demnach unabdingbar.

Endet der Monat, in dem die Beendigungsmitteilung zugestellt worden ist, noch vor Ablauf der 2-Wochen-Frist und hat der Beschäftigte den Antrag auf Weiterbeschäftigung bis zum Monatsschluss noch nicht gestellt, endet bzw. ruht das Arbeitsverhältnis mit Ablauf dieses Monats gemäß der Regelung in Absatz 1. Stellt der Beschäftigte den Antrag auf Weiterbeschäftigung sodann im Folgemonat, aber noch innerhalb der 2-Wochen-Frist, und ist eine Weiterbeschäftigung auch möglich, so fällt die Wirkung des Absatzes 1 nachträglich wieder weg.

Ist eine Weiterbeschäftigung nur mit geringerer Wochenstundenzahl möglich, muss der Arbeitsvertrag entsprechend geändert werden.

Eine Weiterbeschäftigung des Beschäftigten schließt die Anwendung des § 22 Abs. 4 Satz 2 nicht aus, so dass ab dem Zeitpunkt, von dem ab die Erwerbsminderungsrente zusteht, Krankenbezüge höchstens für den gesetzlichen Entgeltfortzahlungszeitraum von sechs Wochen gezahlt werden.

Sonderfälle (Abs. 4)

Absatz 4 regelt die Fälle, in denen nicht zeitgerecht ein Rentenbescheid vorliegt, weil der Beschäftigte den entsprechenden Rentenantrag (auf Rente wegen Erwerbsminderung) schuldhaft verzögert, er Altersrente für langjährig Versicherte (§ 236 SGB VI), für besonders langjährig Versicherte (§ 236b SGB VI) oder für schwerbehinderte Menschen (§ 236a SGB VI) erhält, oder er nicht in der gesetzlichen Rentenversicherung versichert ist. In diesen Fällen tritt an die Stelle des Rentenbescheides das Gutachten eines Amtsarztes oder eines sonstigen nach § 3 Abs. 4 bestimmten Arztes. Das Arbeitsverhältnis endet somit mit Ablauf des Monats, in dem das entsprechende Gutachten dem Beschäftigten bekannt gegeben worden ist.

Weiterbeschäftigung (Abs. 5)

Absatz 5 regelt den Fall, dass Beschäftigte über das Ende des Monats hinaus weiterbeschäftigt werden sollen, zu dem sie das Alter zum

Bezug einer abschlagsfreien Regelaltersrente vollendet haben. Dies kann nach der Bestimmung in Satz 1 nur auf der Grundlage eines neuen schriftlichen Arbeitsvertrages erfolgen. Dieser unterliegt den Regeln des TV-L; lediglich hinsichtlich der Kündigungsmöglichkeiten gelten abweichende Fristen. In Satz 2 ist bestimmt, dass das Arbeitsverhältnis jederzeit mit einer Frist von vier Wochen zum Monatsende gekündigt werden kann; abweichende Vereinbarungen sind möglich.

Mit Wirkung vom 1. Juli 2014 ist eine gravierende Änderung eingetreten: Im Zuge des Gesetzes über Leistungsverbesserungen in der gesetzlichen Rentenversicherung (RV-Leistungsverbesserungsgesetz) vom 23. Juni 2014 (BGBl. I S. 787) wurde § 41 SGB VI um einen neuen Satz 3 ergänzt. Demnach können die Arbeitsvertragsparteien den tarifvertraglich vereinbarten Beendigungszeitpunkt (Regelaltersgrenze nach Absatz 1 Buchstabe a) einvernehmlich hinausschieben und das Arbeitsverhältnis zu unveränderten Bedingungen fortführen – ggf. auch mehrfach. Ein neuer Arbeitsvertrag ist dazu – anders als in der Tarifvorschrift vorgesehen[1]) – nicht notwendig. Da es sich nicht um den Abschluss eines (neuen) befristeten Arbeitsverhältnisses handelt, bedarf es für das Hinausschieben des Beendigungszeitpunktes keines sachlichen Grundes; das Teilzeit- und Befristungsgesetz[2]) greift nicht. Dies hat das BAG mit Urteil vom 19. Dezember 2018 – 7 AZR 70/17 – im Kern bestätigt. Die Regelung in § 41 Satz 3 SGB VI genüge den verfassungsrechtlichen Vorgaben und sei nach der Entscheidung des Gerichtshofs der Europäischen Union vom 28. Februar 2018 (– C-46/17 – [John]) mit Unionsrecht vereinbar.

Informationspflichten des Arbeitgebers

Wegen der besonderen Informationspflichten des Arbeitgebers bei Kündigungen, Aufhebungsverträgen und Befristungen nach § 2 Abs. 2 Satz 2 Nr. 3 SGB III → Erläuterung 4. zu § 34.

---

1) Muster abgedruckt als Anhang 6 unter **250**

2) abgedruckt als Anhang 1 unter **210** § 30 TV-L

II

§ 34 Kündigung des Arbeitsverhältnisses

(1) [1]Die Kündigungsfrist beträgt bis zum Ende des sechsten Monats seit Beginn des Arbeitsverhältnisses zwei Wochen zum Monatsschluss. [2]Im Übrigen beträgt die Kündigungsfrist bei einer Beschäftigungszeit (Absatz 3 Satz 1 und 2)

bis zu einem Jahr	**ein Monat zum Monatsschluss,**
von mehr als einem Jahr	**6 Wochen,**
von mindestens 5 Jahren	**3 Monate,**
von mindestens 8 Jahren	**4 Monate,**
von mindestens 10 Jahren	**5 Monate,**
von mindestens 12 Jahren	**6 Monate**

zum Schluss eines Kalendervierteljahres.

(2) [1]Arbeitsverhältnisse von Beschäftigten, die das 40. Lebensjahr vollendet haben und unter die Regelungen des Tarifgebiets West fallen, können nach einer Beschäftigungszeit (Absatz 3 Satz 1 und 2) von mehr als 15 Jahren durch den Arbeitgeber nur aus einem wichtigen Grund gekündigt werden. [2]Soweit Beschäftigte nach den bis zum 31. Oktober 2006 geltenden Tarifregelungen unkündbar waren, bleiben sie unkündbar.

(3) [1]Beschäftigungszeit ist die Zeit, die bei demselben Arbeitgeber im Arbeitsverhältnis zurückgelegt wurde, auch wenn sie unterbrochen ist. [2]Unberücksichtigt bleibt die Zeit eines Sonderurlaubs gemäß § 28, es sei denn, der Arbeitgeber hat vor Antritt des Sonderurlaubs schriftlich ein dienstliches oder betriebliches Interesse anerkannt. [3]Wechseln Beschäftigte zwischen Arbeitgebern, die vom Geltungsbereich dieses Tarifvertrages erfasst werden, werden die Zeiten bei dem anderen Arbeitgeber als Beschäftigungszeit anerkannt. [4]Satz 3 gilt entsprechend bei einem Wechsel von einem anderen öffentlich-rechtlichen Arbeitgeber.

Erläuterungen

Auch wenn die Überschrift des § 34 TV-L etwas anderes vermuten lässt, so handelt es sich bei dieser Vorschrift letztlich nur um eine tarifvertragliche Regelung der Kündigungsfristen und der sogenannten Unkündbarkeit für bestimmte Beschäftigte. Diese Bereiche waren bislang in den §§ 53, 55 BAT bzw. den entsprechenden Vorschriften für Arbeiter geregelt.

Im Übrigen ist hinsichtlich der Kündigung weiterhin das allgemeine Arbeitsrecht (des BGB und des Kündigungsschutzgesetzes[1])) und die in den letzten Jahr(zehnt)en dazu gewachsene Rechtsprechung zu beachten.

---

[1]) abgedruckt als **Anhang 1**

§ 34 Abs. 3 enthält eine – im Vergleich zum bisherigen Recht weiter gefasste – Definition des Begriffes der Beschäftigungszeit. Die war bislang in § 19 (und § 50 Abs. 3) BAT bzw. den vergleichbaren Regelungen für Arbeiter geregelt.

II

1. Allgemeines zur Kündigung

Die ordentliche Kündigung

Unter der ordentlichen Kündigung versteht man eine Maßnahme, ein auf unbestimmte Zeit abgeschlossenes (also unbefristetes) Arbeitsverhältnis unter Einhaltung bestimmter (gesetzlicher, tarifvertraglicher oder arbeitsvertraglicher) Fristen zu beenden.

Berechtigt zur Kündigung sind der Arbeitgeber und der Arbeitnehmer. Die Kündigung ist eine einseitige, grundsätzlich bedingungsfeindliche, empfangsbedürftige und unwiderrufliche Willenserklärung. Der Kündigende kann daher die Kündigung nicht einseitig widerrufen oder zurücknehmen. Selbstverständlich können sich die Vertragspartner aber einvernehmlich darauf verständigen, dass eine Kündigung nicht vollzogen und das Arbeitsverhältnis fortgesetzt wird.

Die Änderungskündigung

Die sogenannte Änderungskündigung ist eine Variante der „normalen" Kündigung – es handelt sich folglich um eine echte Kündigung. Abweichend von der Beendigungskündigung hat der Beschäftigte im Fall der Änderungskündigung aber die Wahl, ob er das Arbeitsverhältnis zu den vom Arbeitgeber für die Zukunft angebotenen (in der Regel verschlechterten) Arbeitsbedingungen fortsetzen möchte, oder ob er das Angebot ablehnt. Lehnt er das Angebot ab, endet das Arbeitsverhältnis fristgemäß. Der Beschäftigte kann das Angebot auch unter Vorbehalt annehmen und die soziale Rechtfertigung der Änderungskündigung durch die Arbeitsgerichte im Rahmen eines Kündigungsschutzprozesses nachprüfen lassen.

Die außerordentliche Kündigung

Die Regeln der außerordentlichen Kündigung ergeben sich aus § 626 BGB. Demnach kann das Dienstverhältnis von jedem Vertragsteil aus wichtigem Grund ohne Einhaltung einer Kündigungsfrist gekündigt werden, wenn Tatsachen vorliegen, auf Grund derer dem Kündigenden unter Berücksichtigung aller Umstände des Einzelfalles und unter Abwägung der Interessen beider Vertragsteile die Fortsetzung des Dienstverhältnisses bis zum Ablauf der Kündigungsfrist oder bis zu der vereinbarten Beendigung des Dienstverhältnisses nicht zugemutet werden kann. Wichtige Gründe i. S. dieser Vorschrift können beispielsweise sein

- Androhung einer Krankheit für den Fall, dass der Arbeitgeber Urlaub nicht bewilligt bzw. nicht verlängert
  (BAG v. 5. 11. 1992 – 2 AZR 147/92 – AP Nr. 4 zu § 626 BGB Krankheit),
- beharrliche Arbeitsverweigerung
  (BAG v. 21. 11. 1996 – 2 AZR 357/95 – AP Nr. 130 zu § 626 BGB),
- Diebstahl, grundsätzlich auch von Sachen von geringem Wert. Die recht strengen Grundsätze des sogenannten Bienenstich-Urteils des BAG v. 17. 5. 1984 – 2 AZR 3/83, NZA 1985, 91 – hat das BAG im so genannten Emmely-Urteil vom 10. 6. 2010 – 2 AZR 5541/09 – ein wenig aufgeweicht. Zwar hat das BAG in diesem Verfahren weiterhin auch dann eine fristlose Kündigung für grundsätzlich möglich gehalten, wenn der Vermögensschaden des Arbeitgebers gering ist. Es sieht darin aber keinen „absoluten Kündigungsgrund" mehr. Vielmehr müsse „unter Berücksichtigung aller Umstände des Einzelfalls und unter Abwägung der Interessen beider Vertragsteile" beurteilt werden, ob ein wichtiger Grund im Sinne des § 626 Abs. 1 BGB vorliege. Unter Umständen könne im Einzelfall (wie im Fall Emmely, wo ein Vermögensschaden von 1,30 Euro einem seit mehr als 30 Jahren ungestörtem Arbeitsverhältnis gegenüberstand) auch eine Abmahnung in Betracht kommen,
- Gleitzeitbetrug
  (BAG v. 27. 1. 1977 – 2 AZR 77/76 – AP Nr. 7 zu § 103 BetrVG 1972, BAG v. 9. 6. 2011 – 2 AZR 381/10 und vom 26. 9. 2013 – 2 AZR 682/12),
- Schmiergeldannahme
  (BAG v. 17. 8. 1972 – 2 AZR 425/71 – AP Nr. 65 zu § 626 BGB),
- schwere Straftaten (außerhalb des Dienstes)
  (BAG v. 6. 8. 2000 – 2 AZR 638/99 – AP Nr. 163 zu § 626 BAG),
- Stalking (im Urteilsfall gegenüber einer Kollegin)
  (BAG v. 19. 4. 2012 – 2 AZR 258/11),
- unerlaubte Selbstbeurlaubung
  (BAG v. 20. 5. 2021 – 2 AZR 457/20),
- ggf. ernstliche Drohung des Arbeitnehmers mit Gefahren für Leib oder Leben von Vorgesetzten oder Arbeitskollegen und/oder deren Verwandten
  (BAG v. 28. 2. 2023 – 2 AZR 194/22).

Die Kündigung kann nur innerhalb von zwei Wochen erfolgen. Die Frist beginnt aber erst mit dem Zeitpunkt, in dem der Kündigungsberechtigte von den für die Kündigung maßgebenden Tatsachen Kenntnis erlangt.

Der Kündigende muss dem anderen Teil auf Verlangen den Kündigungsgrund unverzüglich schriftlich mitteilen.

Es ist durchaus zulässig, neben einer außerordentlichen Kündigung hilfsweise ordentlich zu kündigen. Eine Umdeutung der außerordentlichen in eine ordentliche Kündigung ist aber nur möglich, wenn aus der Kündigung oder sonst eindeutig erkennbar ist, dass das Arbeitsverhältnis in jedem Fall, d. h. auch wenn die Kündigungsgründe für eine außerordentliche Kündigung nicht ausreichen sollten, beendet werden soll.

Schriftform

Die Beendigung des Arbeitsverhältnisses durch Kündigung (oder Auflösungsvertrag) bedarf zu ihrer Wirksamkeit gemäß § 623 BGB ausnahmslos der Schriftform; die elektronische Form (also Kündigung durch E-Mail, SMS etc.) ist ausdrücklich ausgeschlossen. Einer besonderen tariflichen Regelung (wie z. B. in § 57 BAT) bedurfte es nicht. Die Außerachtlassung der Schriftform hat die Nichtigkeit der Kündigung zur Folge (siehe z. B. Urteil des BAG vom 9. 2. 1972 – 4 AZR 149/71 – AP Nr. 1 zu § 4 BAT).

2. Die gesetzlichen Grenzen durch das Kündigungsschutzgesetz[1]) und andere Gesetze

Das Kündigungsrecht des Arbeitgebers ist durch verschiedene gesetzliche Regelungen eingeschränkt worden. Das Kündigungsrecht des Arbeitnehmers wird dadurch nicht begrenzt.

Kündigungsschutzgesetz

Geltungsbereich: Das Kündigungsschutzgesetz (KSchG) gilt nur in Verwaltungen und Betrieben mit mindestens fünf Arbeitnehmern (ohne Auszubildende). In Verwaltungen mit weniger als zehn Arbeitnehmern gilt der Kündigungsschutz nicht für nach dem 31. Dezember 2003 eingestellte Arbeitnehmer (§ 23 Abs. 1 KSchG). Bei der Feststellung der durchschnittlichen Arbeitnehmerzahl werden Teilzeitbeschäftigte mit einer regelmäßigen wöchentlichen Arbeitszeit von bis zu 20 Stunden mit 0,5, bei bis zu 30 Stunden mit 0,75 berücksichtigt (§ 23 Abs. 1 Satz 4 KSchG).

Geschützter Personenkreis: Der Schutz des Kündigungsschutzgesetzes tritt ein für Arbeitnehmer, deren Arbeitsverhältnis ohne Unterbrechung mehr als sechs Monate bestanden hat.

---

[1]) abgedruckt als **Anhang 1**

Folgen des Kündigungsschutzes: Wenn das Kündigungsschutzgesetz Anwendung findet, ist eine Kündigung nur wirksam, wenn sie nicht sozial ungerechtfertigt ist. Nach der Definition in § 1 Abs. 2 Satz 1 KSchG gibt es nur drei Fallgruppen von Gründen, die zur sozialen Rechtfertigung einer Kündigung führen, und zwar

- personenbedingte,
- verhaltensbedingte und
- betriebsbedingte Gründe.

Personenbedingte Kündigung

Als personenbedingter Kündigungsgrund kommt – neben z. B. den Fällen fehlender Arbeits- oder Berufserlaubnis – insbesondere die Beeinträchtigung des Arbeitsverhältnisses durch Krankheit des Beschäftigten in Betracht.

Dazu ist nach der gefestigten Rechtsprechung der Arbeitsgerichtsbarkeit in einem dreistufigen Prüfverfahren (ggf. unter Beteiligung von Ärzten) zunächst zu prüfen, ob in der Vergangenheit krankheitsbedingte Fehlzeiten zu erheblichen Beeinträchtigungen des Arbeitsverhältnisses (z. B. durch Kosten, Produktionsausfälle, Vertretungsbedarf, etc.) geführt haben.

Danach ist in einem zweiten Schritt eine Prognose über die zukünftige Arbeitsunfähigkeit des Beschäftigten zu stellen. Während z. B. eine ausgestandene Bruchverletzung – auch wenn sie in der zurückliegenden Zeit erhebliche Fehlzeiten verursacht hat – für die Zukunft keine weiteren Ausfallzeiten erwarten lässt, wird bei chronischen Rückenleiden häufig von weiteren Fehlzeiten auszugehen sein.

In einem dritten Schritt sind die Interessen der Vertragspartner gegeneinander abzuwägen; insbesondere ist zu prüfen, ob dem Arbeitgeber die Weiterbeschäftigung zuzumuten ist. Dies wird bei einem älteren Arbeitnehmer nach einem langjährigen ungestörten Arbeitsverhältnis anders zu beurteilen sein als bei einem, erst kurze Zeit Beschäftigen, der ständig krankheitsbedingt ausgefallen ist.

Von der Tendenz stellt die Rechtsprechung im Fall der krankheitsbedingten Kündigung strenge Anforderungen an die soziale Rechtfertigung einer Kündigung (vgl. BAG vom 12. 3. 1968 – 1 AZR 413/67, AP Nr. 1 zu § 1 KSchG 1951 Krankheit, sowie BAG vom 25. 11. 1982 – 2 AZR 140/81, AP Nr. 7 zu § 1 KSchG 1969 Krankheit –). Häufige, nicht nur kurzfristige Krankheiten können eine Kündigung sozial rechtfertigen (BAG vom 19. 8. 1976 – 3 AZR 512/75, AP Nr. 2 zu § 1 KSchG 1969 Krankheit –).

Dies gilt insbesondere auch dann, wenn im Augenblick der Kündigung weiterhin mit sich wiederholenden Erkrankungen zu rechnen ist, die sich belastend auf den Betrieb auswirken. Entsprechendes gilt nach dem Urteil des BAG v. 21. 5. 1992 – 2 AZR 399/91, AP Nr. 30 zu § 1 KSchG 1969 Krankheit – in den Fällen, in denen der Arbeitnehmer bereits längere Zeit (hier 1,5 Jahre) krank und im Zeitpunkt der Kündigung die Wiederherstellung der Arbeitsfähigkeit noch völlig ungewiss war. Diese Ungewissheit kann wie eine feststehende dauernde Arbeitsunfähigkeit zu einer erheblichen Beeinträchtigung betrieblicher Interessen führen. Nach gefestigter Rechtsprechung des BAG – siehe z. B. Urteil vom 5. 7. 1990 – 2 AZR 154/90, AP Nr. 26 zu § 1 KSchG 1969 Krankheit – kann eine Kündigung auch bei häufigen Kurzerkrankungen sozial gerechtfertigt sein.

Ist ein Arbeitnehmer auf Dauer krankheitsbedingt nicht mehr in der Lage, die geschuldete Arbeit auf seinem bisherigen Arbeitsplatz zu leisten, so ist er nach dem Urteil des BAG v. 29. 1. 1997 – 2 AZR 9/96 – (NZA 13/1997 S. 709) zur Vermeidung einer Kündigung auf einem leidensgerechten Arbeitsplatz im Betrieb oder Unternehmen weiter zu beschäftigen, falls ein solch gleichwertiger oder jedenfalls zumutbarer Arbeitsplatz frei und der Arbeitnehmer für die dort zu leistende Arbeit geeignet ist. Gegebenenfalls hat der Arbeitgeber einen solchen Arbeitsplatz durch Ausübung seines Direktionsrechts frei zu machen und sich – falls erforderlich – auch um die eventuell erforderliche Zustimmung der Personalvertretung zu bemühen. Zu einer weitergehenden Umorganisation ist der Arbeitgeber dagegen nicht verpflichtet.

Die Weigerung des Arbeitnehmers, bei gegebener Veranlassung auf Wunsch des Arbeitgebers an einer ärztlichen Untersuchung zur Feststellung der Arbeits(un)fähigkeit mitzuwirken, kann je nach den Umständen des Einzelfalles geeignet sein, eine Kündigung zu rechtfertigen (s. BAG vom 27. 9. 2012 – 7 AZR 811/11).

Die Frage, ob eine Krankheit auf betriebliche Ursachen zurückzuführen ist, ist nach dem Urteil des BAG v. 6. 9. 1989 – 2 AZR 118/89 – (RdA 1990 S. 61) im Rahmen der Interessenabwägung von erheblicher Bedeutung. In solchen Fällen trägt der Arbeitgeber die Darlegungs- und Beweislast dafür, dass ein solcher vom Arbeitnehmer behaupteter ursächlicher Zusammenhang **nicht** besteht.

Die Beurteilung einer Kündigung wegen Alkoholismus richtet sich nach der gefestigten Rechtsprechung des BAG (s. z. B. Urteile vom 22. 12. 2012 – 2 AZR 32/11 – und vom 20. 3. 2014 – 2 AZR 565/12) grundsätzlich nach den Grundsätzen über die personenbedingte Kündigung.

Aus den Besonderheiten der Trunksucht kann sich aber die Notwendigkeit ergeben, an die Prognose im Hinblick auf die weitere Entwicklung der Alkoholabhängigkeit geringere Anforderungen zu stellen. Ist der Arbeitnehmer im Zeitpunkt der Kündigung nicht therapiebereit, kann davon ausgegangen werden, dass er von dieser Krankheit in absehbarer Zeit nicht geheilt wird. Eine von ihm nach Ausspruch der Kündigung durchgeführte Therapie und ihr Ergebnis können daher nicht zur Korrektur der Prognose herangezogen werden (BAG vom 9. 4. 1987 – 2 AZR 210/86 – Betriebs-Berater 1987 S. 1815 –).

Nach der Entscheidung des BAG vom 12. 12. 1984 – 7 AZR 418/83 – AP Nr. 21 zu Art. 140 GG – kann bei einem in einem katholischen Krankenhaus beschäftigten Assistenzarzt der Austritt aus der katholischen Kirche einen personenbedingten Grund für eine ordentliche Kündigung darstellen.

Nach dem Urteil des BAG vom 24. 3. 2011 – 2 AZR 790/09 – ist die Verbüßung einer mehrjährigen Freiheitsstrafe grundsätzlich geeignet, die ordentliche Kündigung des Arbeitsverhältnisses zu rechtfertigen. Haben die der strafgerichtlichen Verurteilung zugrunde liegenden Taten keinen Bezug zum Arbeitsverhältnis, kommt regelmäßig nur eine personenbedingte Kündigung in Betracht. Sowohl bei den Anforderungen an den Kündigungsgrund als auch bei der einzelfallbezogenen Interessenabwägung ist nach Meinung des BAG zu berücksichtigen, dass der Arbeitnehmer seine Leistungsunmöglichkeit und die damit einhergehende Störung des Arbeitsverhältnisses selbst zu vertreten hat. Dem Arbeitgeber sind deshalb zur Überbrückung der Fehlzeit typischerweise geringere Anstrengungen und Belastungen zuzumuten als bei einer Verhinderung des Arbeitnehmers etwa wegen Krankheit. Zudem ist auf die voraussichtliche Dauer der Leistungsunmöglichkeit Bedacht zu nehmen. Jedenfalls dann, wenn gegen den Arbeitnehmer rechtskräftig eine Freiheitsstrafe von mehr als zwei Jahren verhängt worden ist, kann der Arbeitgeber den Arbeitsplatz nach Auffassung des BAG in der Regel dauerhaft neu besetzen. Die Kündigung des inhaftierten Beschäftigten ist aus einem in der Person des Klägers liegenden Grund gerechtfertigt. Dies hat das BAG mit Urteil vom 23. 5. 2013 – 2 AZR 120/12 – bekräftigt.

Verhaltensbedingte Kündigung

Die Gründe für eine verhaltensbedingte Kündigung sind mit denen einer außerordentlichen Kündigung vergleichbar. Hauptunterschied ist aber, dass die Gründe hinsichtlich ihrer Schwere und ihrer Auswirkungen geringer einzustufen sind und es dem Arbeitgeber zuzumuten ist, den Beschäftigten bis zum Ende der ordentlichen Kündigungsfrist weiter zu beschäftigen. In der Regel ist auch eine vorherige Abmahnung erforderlich, damit der Beschäftigte sein Fehlverhalten abstellen kann. Erst wenn er es nicht tut, ist die Kündigung möglich.

II

Während das BAG die Arbeitsverhinderung aufgrund einer längeren Haftstrafe als Sachgrund für eine personenbedingte Kündigung angesehen hat (s. o.), dürfte eine verhaltensbedingte Kündigung zumindest in den Fällen ausscheiden, in denen die Haftgründe in außerdienstlichem Fehlverhalten zu suchen sind. In § 3 Abs. 1 TV-L wurde die Regelung des § 8 Abs. 1 Satz 1 BAT („Der Angestellte hat sich so zu verhalten, wie es von Angehörigen des ö. D. erwartet wird.") nicht übernommen. Das BAG hat daraus in zwei bemerkenswerten Urteilen (vom 10. 9. 2009 – 2 AZR 257/08 – und 28. 10. 2010 – 2 AZR 293/09) geschlossen, dass an das nebenberufliche Verhalten der nicht hoheitlich tätigen Beschäftigten keine erhöhten Ansprüche gestellt werden dürfen. Selbst kriminelle Handlungen bzw. entsprechende Strafen mit außerdienstlichem Hintergrund rechtfertigen nach Auffassung des BAG grundsätzlich nicht die Kündigung des Beschäftigten aus verhaltensbedingten Gründen. Im Einzelfall hält das BAG allerdings eine personenbedingte Kündigung für möglich, weil auch außerdienstliche Straftaten Eignungsmängel des Beschäftigten darstellen können (s. Urteil vom 10. April 2014 – 2 AZR 684/13; im Urteil ging es um den Handel mit Betäubungsmitteln).

Wegen der Kündigungsmöglichkeiten im Falle der Missachtung politischer Treuepflichten siehe bei § 3 Abs. 1 TV-L.

Betriebsbedingte Kündigung

Gründe für eine betriebsbedingte Kündigung sind gegeben, wenn aufgrund von Aufgabenfortfall (z. B. durch geänderte Rahmenbedingungen wie deutlich zurückgehende Zahlen von Asylbewerbern oder Spätaussiedlern) oder durch Rationalisierungsmaßnahmen ein Arbeitsmangel eintritt. Ein betriebliches Erfordernis im Sinne des Kündigungsschutzgesetzes liegt im öffentlichen Dienst auch dann vor, wenn durch den Haushaltsplan bestimmte, nach sachlichen Merkmalen bezeichnete Stellen gestrichen werden. Allgemeine Sparmaßnahmen reichen nicht aus.

Als Besonderheit ist bei betriebsbedingten Kündigungen im öffentlichen Dienst die Vorschrift des § 1 Abs. 2 Satz 2 Nr. 2 Buchst. b KSchG zu beachten. Der dortige Grundsatz, dass eine Versetzung der Kündigung vorzuziehen und die Kündigung nur als letzte denkbare Maßnahme in Betracht kommt („Umsetzung geht vor Freisetzung") schränkt die Kündigungsmöglichkeiten des öffentlichen Arbeitgebers erheblich ein.

Als weitere Besonderheit ist innerhalb des Geltungsbereiches der – auch nach Inkrafttreten des TV-L weiter geltenden – Rationalisierungsschutztarifverträge die darin vereinbarte weitere Einschränkung der Kündigungsmöglichkeiten und die soziale Abfederung eventueller Kündigungen zu beachten.

II

Weitere gesetzliche Grenzen

Neben dem oben dargestellten allgemeinen Kündigungsschutz nach dem Kündigungsschutzgesetz ist z. B. in folgenden Fällen aufgrund besonderer gesetzlicher Regelungen i. d. R. eine Kündigung nicht möglich:

- § 17 MuSchG: Kündigung ab 280 Tagen vor dem voraussichtlichen Entbindungstermin (so BAG-Urteil vom 24. 11. 2022 – 2 AZR 11/22) bis zum Ablauf von vier Monaten nach der Entbindung
- § 18 BEEG: Kündigung während der Elternzeit
- § 5 Pflegezeitgesetz[1]): Kündigungsschutz während der Pflegezeit
- § 2 Abs. 3 Familienpflegezeitgesetz[2]) Entsprechende Anwendung des § 5 PflegeZG während der Familienpflegezeit
- § 168 SGB IX: Kündigung eines schwerbehinderten Menschen
- § 2 ArbPlSchG: Kündigung während des Grundwehrdienstes oder während einer Wehrübung (Entsprechendes gilt nach § 78 ZDG bei Ableistung des Zivildienstes)
- § 15 Abs. 2 KSchG: Kündigung eines Mitgliedes einer Personalvertretung
- § 179 Abs. 3 SGB IX: Kündigung der Vertrauenspersonen schwerbehinderter Menschen
- § 2 Abs. 3 Abgeordnetengesetz: Kündigung wegen Annahme oder Ausübung eines Bundestagsmandates

3. Beteiligung der Personalvertretung

Nach dem Bundespersonalvertretungsgesetz bzw. den Personalvertretungsgesetzen der Länder – ggf. bei ausgegliederten Gesellschaften „am Rande des öffentlichen Dienstes" auch aus dem Betriebsverfassungsgesetz – ergeben sich Beteiligungsrechte der Personalvertretung im Falle der Kündigung. Zur Liste der Personalvertretungsgesetze siehe die Erläuterung 5 zu § 2 Abs. 1.

---

[1]) abgedruckt als Anhang 1 unter **210** § 29 TV-L

[2]) abgedruckt als Anhang 1 unter **210** § 11 TV-L

Eine nicht ordnungsgemäß erfolgte Beteiligung der Personalvertretung führt zur Unwirksamkeit der Kündigung.

Zu beachten ist, dass nur die Kündigungsgründe zum Tragen kommen können, die der Personalvertretung genannt worden sind.

Soll im Falle der außerordentlichen Kündigung hilfsweise eine ordentliche Kündigung ausgesprochen werden, oder geht es um die Umdeutung einer außerordentlichen in eine ordentliche Kündigung, so setzt dies die entsprechende Information/Beteiligung/Anhörung der Personalvertretung voraus.

4. Informationspflichten des Arbeitgebers

Nach § 2 Abs. 2 Satz 2 Nr. 3 SGB III soll der Arbeitgeber den Arbeitnehmer vor der Beendigung des Arbeitsverhältnisses frühzeitig über die Notwendigkeit eigener Aktivitäten bei der Suche nach einer anderen Beschäftigung sowie über die Verpflichtung unverzüglicher Meldung bei der Agentur für Arbeit informieren, ihn hierzu freistellen und die Teilnahme an erforderlichen Qualifizierungsmaßnahmen ermöglichen.

Im Zusammenhang hiermit steht § 38 SGB III, der eine Person, deren Arbeitsverhältnis endet, verpflichtet, sich spätestens drei Monate vor dessen Beendigung persönlich bei der Agentur für Arbeit arbeitsuchend zu melden. Die Pflicht zur Meldung besteht unabhängig davon, ob der Fortbestand des Arbeitsverhältnisses gerichtlich geltend gemacht wird. Für Auszubildende in betrieblicher Ausbildung gilt die Verpflichtung zur frühzeitigen Meldung grundsätzlich nicht, da über die weitere berufliche Situation meist erst unmittelbar nach der Abschlussprüfung entschieden werden kann.

Hat sich der Arbeitslose entgegen § 38 SGB III nicht unverzüglich arbeitsuchend gemeldet, droht nach § 159 SGB III eine Sperrzeit.

Um der gesetzlichen Informationspflicht des Arbeitgebers zu genügen, ist zu empfehlen, im Falle der Kündigung oder Aufhebung eines Arbeitsvertrages (z. B. 58er-Regelung, goldener Handschlag) sowie bei Abschluss befristeter Arbeitsverträge wie folgt vorzugehen:

a) Kündigung/Aufhebung eines Arbeitsvertrages

In das Kündigungsschreiben oder in den Aufhebungsvertrag sollte folgender Mustertext aufgenommen werden:

„Zur Aufrechterhaltung ungekürzter Ansprüche auf Arbeitslosengeld sind Sie verpflichtet, sich spätestens drei Monate vor Ablauf des Beschäftigungsverhältnisses persönlich bei der Agentur für

Arbeit arbeitsuchend zu melden. Weiterhin sind Sie verpflichtet, aktiv nach einer Beschäftigung zu suchen."

b) Abschluss eines befristeten Arbeitsvertrages

Bereits bei Abschluss des befristeten Arbeitsvertrages sollte folgender Mustertext aufgenommen werden:

„Zur Aufrechterhaltung ungekürzter Ansprüche auf Arbeitslosengeld sind Sie verpflichtet, sich spätestens drei Monate vor Ablauf des Vertragsverhältnisses persönlich bei der Agentur für Arbeit arbeitsuchend zu melden. Sofern dieses Arbeitsverhältnis für eine kürzere Dauer als drei Monate befristet ist, besteht diese Verpflichtung innerhalb von drei Tagen nach Abschluss des Vertrages. Weiterhin sind Sie verpflichtet, aktiv nach einer Beschäftigung zu suchen."

Zur ergänzenden Information veröffentlicht und aktualisiert die Bundesagentur für Arbeit regelmäßig den „Leitfaden zur frühzeitigen Arbeitsuchendmeldung (§ 38 Abs. 1 SGB III) und Durchführung von Berufsberatung (§ 38 Abs. 2 SGB III)" und hält darüber hinaus eine Vielzahl von Merkblättern und Informationsmaterial für Beschäftigte bzw. Arbeitslose sowie Arbeitgeber bereit.

Es wird empfohlen, den betroffenen Beschäftigten ein Merkblatt auszuhändigen, das die Pflichten des Beschäftigten zusammenfasst. Die Unterlassung der Informationspflicht durch den Arbeitgeber führt nicht zu Schadensersatzpflichten (Urteil des BAG vom 29. 9. 2005 – 8 AZR 571/04).

5. Die Tarifvorschrift (§ 34)

Kündigungsfristen (Abs. 1)

Die Vorschrift des Absatzes 1 ist als abweichende Regelung i. S. d. § 622 Abs. 4 BGB zu sehen; sie ersetzt die Kündigungsfristen des BGB (§ 622 Abs. 1 bis 3 BGB). Dies gilt auch für nicht tarifgebundene Arbeitgeber und Arbeitnehmer, wenn die Anwendung des § 34 TV-L zwischen ihnen vereinbart worden ist (§ 622 Abs. 4 Satz 2 BGB). Nach Betriebszugehörigkeit gestaffelte Kündigungsfristen verletzen nach der zur vergleichbaren Vorschrift des § 622 Abs. 2 Satz 1 BGB ergangenen Entscheidung des BAG vom 18. September 2014 – 6 AZR 636/13 – das Verbot der mittelbaren Altersdiskriminierung des Allgemeinen Gleichbehandlungsgesetzes nicht.

Zwar führe die Differenzierung der Kündigungsfrist nach der Dauer der Betriebszugehörigkeit zu einer mittelbaren Benachteiligung jüngerer Arbeitnehmer. Die Verlängerung der Kündigungsfristen durch § 622 Abs. 2 Satz 1 BGB verfolge jedoch das rechtmäßige Ziel, länger beschäftigten und damit betriebstreuen, typischerweise älteren Arbeitnehmern durch längere Kündigungsfristen einen verbesserten Kündigungsschutz zu gewähren. Zur Erreichung dieses Ziels sei die Verlängerung auch in ihrer konkreten Staffelung angemessen und erforderlich. Darum liege keine mittelbare Diskriminierung wegen des Alters vor.

II

Die Kündigungsfristen gelten sowohl für den Arbeitgeber als auch den Beschäftigten. Kommt der Beschäftigte während der auch von ihm einzuhaltenden Kündigungsfrist seiner Arbeitsverpflichtung nicht mehr nach, kann er sich schadensersatzpflichtig machen (siehe BAG-Urteil v. 20. 12. 1990 – 2 AZR 412/90 – AP Nr. 3 zu § 53 BAT).

Unkündbare Beschäftigte (Abs. 2)

Bei Beschäftigten des Tarifgebietes West, die das 40. Lebensjahr vollendet haben, tritt nach Satz 1 der Vorschrift weiterhin nach einer Beschäftigungszeit (→ zu Absatz 3) von 15 Jahren ein erweiterter Kündigungsschutz ein. Entsprechendes gilt gemäß Satz 2 für Beschäftigte, die nach bisherigem Recht unkündbar waren. Die Betroffenen sind nur noch aus in ihrer Person oder ihrem Verhalten liegendem wichtigem Grund (also außerordentlich – s. o.) kündbar. Andere wichtige Gründe, insbesondere dringende betriebliche Erfordernisse, berechtigen nicht zur fristlosen Beendigung des Arbeitsverhältnisses. Die Anknüpfung an ein Mindestalter legt den Verdacht eines möglichen Verstoßes gegen das Diskriminierungsverbot (der jüngeren Beschäftigten) des Allgemeinen Gleichbehandlungsgesetzes (AGG) nahe. Zwar hat das BAG nach Kenntnis des Verfassers bislang zu dieser Tarifregelung noch keine Entscheidung getroffen. Die Entscheidungen vom 20. 6. 2013 – 2 AZR 295/12 – sowie vom 7. 7. 2011 – 2 AZR 355/10 (dort Rn. 26f) – lassen aber vermuten, dass das BAG einen etwaigen Verstoß gegen das Diskriminierungsverbot als durch ein legitimes Ziel i. S. d. § 10 AGG gerechtfertigt und die Regelungen daher als rechtswirksam ansehen würde.

Kommt ausnahmsweise eine außerordentliche Kündigung wegen krankheitsbedingter Fehlzeiten in Betracht, ist grundsätzlich eine der ordentlichen Kündigungsfrist (also sechs Monate zum Schluss des Kalendervierteljahres) entsprechende Auslauffrist einzuhalten (siehe BAG-Urteil v. 18. 10. 2000 – 2 AZR 627/99 – DB 2001 S. 388).

Beschäftigungszeit (Abs. 3)

In Absatz 3 haben die Tarifparteien definiert, was sie unter dem Begriff der Beschäftigungszeit, der für den Eintritt der Unkündbarkeit, aber

z. B. auch für die Dauer der Bezugsfristen des Krankengeldzuschusses von Bedeutung ist, verstehen.

Beschäftigungszeit ist demnach die bei demselben Arbeitgeber (→ aber Satz 3 und 4!) im Arbeitsverhältnis (also nicht als Beamter – so BAG v. 29. 6. 2017 – 6 AZR 364/16 –, Auszubildender, Praktikant etc.) zurückgelegte Zeit. Unterbrechungen sind unschädlich. Dies gilt auch für Unterbrechungen in Folge von Sonderurlaub i. S. v. § 28 TV-L. Die Zeit der Beurlaubung zählt aber nur dann als Beschäftigungszeit, wenn der Arbeitgeber vor Antritt des Sonderurlaubs ein dienstliches oder betriebliches Interesse an der Beurlaubung anerkannt hat. Satz 3 und 4 bestimmen – als Ausnahme von Satz 1 – dass auch frühere Zeiten bei einem anderen Arbeitgeber, der unter den Geltungsbereich des TV-L fällt, und Zeiten bei einem anderen öffentlich-rechtlichen Arbeitgeber (der u. U. unter den TVöD fällt) als Beschäftigungszeit anerkannt werden. Voraussetzung dafür ist aber ein „Wechsel" von dem anderen zum jetzigen Arbeitgeber. Liegen andere Zeiten (z. B. in der Privatwirtschaft oder als Beamter) dazwischen, scheidet die Anrechnung aus – s. BAG v. 29. 6. 2017 – 6 AZR 364/16. In seinem Urteil vom 19. 11. 2020 – 6 AZR 417/19 – hat das BAG klargestellt, dass nur die Beschäftigungszeit beim unmittelbar vorangegangenen Arbeitgeber berücksichtigt werden kann.

Bei der Berechnung der Kündigungsfristen nach § 34 Abs. 1 und der Unkündbarkeit nach Absatz 2 wird nur die Beschäftigungszeit nach „Absatz 3 Satz 1 und 2" berücksichtigt (so auch BAG v. 22. 2. 2018 – 6 AZR 137/17 –). Die bei anderen Arbeitgebern des öffentlichen Dienstes zurückgelegten Zeiten wirken sich somit nur auf die Jubiläumszeit (§ 23 Absatz 2) und die Bezugsdauer des Krankengeldzuschusses (§ 22 Absatz 3) aus.

Die Berücksichtigung bestimmter Zeiten als Beschäftigungszeit kann sich auch aus gesetzlichen Bestimmungen, deren Voraussetzungen und Auswirkungen im Einzelfall zu püfen sind, ergeben. Hierzu gehören z. B. Zeiten

- im Soldatenverhältnis bei der Bundeswehr nach dem Soldatenversorgungsgesetz,
- des freiwilligen Wehrdienstes und der Wehrübungen nach dem Arbeitsplatzschutzgesetz (Die 5./2012 Mitgliederversammlung der TdL hat darüber hinaus beschlossen, die Zeit des abgeleisteten Bundesfreiwilligendienstes übertariflich als Beschäftigungszeit anzuerkennen.),
- der Teilnahme an Eignungsübungen i. S. d. Eignungsübungsgesetzes bzw. der Verordnung zum Eignungübungsgesetz,

- im Polizeivollzugs- oder Grenzschutzdienst des Bundes nach dem Bundespolizeigesetz,
- im Zivilschutz nach dem Zivilschutzgesetz,
- im Dienst als THW-Helfer nach dem THW-Helferrechtsgesetz,
- im Katastrophenschutz nach den Katastrophenschutzgesetzen,
- im Bergbau unter Tage nach den Gesetzen über den Bergmannsversorgungsschein des Landes Nordrhein-Westfalen und des Saarlandes.

Übergangsvorschriften

Für die vom bisherigen Recht in den TV-L übergeleiteten Beschäftigten enthält § 14 TVÜ-Länder[1]) Übergangsbestimmungen, die im Wesentlichen den Fortbestand der bis zum 31. Oktober 2006 erreichten Beschäftigungszeiten sichern.

Eine Neuberechnung der vor dem 1. November 2006 zurückgelegten Zeit ist nicht vorgesehen. Insbesondere werden nicht die alten Zeiten unter Berücksichtigung der neuen Rechtslage des § 34 Abs. 3 TV-L neu bewertet.

---

1) abgedruckt unter **270**

Anhang 1

Kündigungsschutzgesetz (KSchG)

in der Fassung der Bekanntmachung vom 25. August 1969 (BGBl. I S. 1317)

Zuletzt geändert durch Betriebsrätemodernisierungsgesetz vom 14. Juni 2021 (BGBl. I S. 1762)

Erster Abschnitt Allgemeiner Kündigungsschutz

§ 1 Sozial ungerechtfertigte Kündigungen

(1) Die Kündigung des Arbeitsverhältnisses gegenüber einem Arbeitnehmer, dessen Arbeitsverhältnis in demselben Betrieb oder Unternehmen ohne Unterbrechung länger als sechs Monate bestanden hat, ist rechtsunwirksam, wenn sie sozial ungerechtfertigt ist.

(2) [1]Sozial ungerechtfertigt ist die Kündigung, wenn sie nicht durch Gründe, die in der Person oder in dem Verhalten des Arbeitnehmers liegen, oder durch dringende betriebliche Erfordernisse, die einer Weiterbeschäftigung des Arbeitnehmers in diesem Betrieb entgegenstehen, bedingt ist. [2]Die Kündigung ist auch sozial ungerechtfertigt, wenn

1. in Betrieben des privaten Rechts
   a) die Kündigung gegen eine Richtlinie nach § 95 des Betriebsverfassungsgesetzes verstößt,
   b) der Arbeitnehmer an einem anderen Arbeitsplatz in demselben Betrieb oder in einem anderen Betrieb des Unternehmens weiterbeschäftigt werden kann

   und der Betriebsrat oder eine andere nach dem Betriebsverfassungsgesetz insoweit zuständige Vertretung der Arbeitnehmer aus einem dieser Gründe der Kündigung innerhalb der Frist des § 102 Abs. 2 Satz 1 des Betriebsverfassungsgesetzes schriftlich widersprochen hat,
2. in Betrieben und Verwaltungen des öffentlichen Rechts
   a) die Kündigung gegen eine Richtlinie über die personelle Auswahl bei Kündigungen verstößt,
   b) der Arbeitnehmer an einem anderen Arbeitsplatz in derselben Dienststelle oder in einer anderen Dienststelle desselben Ver-

waltungszweiges an demselben Dienstort einschließlich seines Einzugsgebietes weiterbeschäftigt werden kann

und die zuständige Personalvertretung aus einem dieser Gründe fristgerecht gegen die Kündigung Einwendungen erhoben hat, es sei denn, daß die Stufenvertretung in der Verhandlung mit der übergeordneten Dienststelle die Einwendungen nicht aufrechterhalten hat.

II

[3]Satz 2 gilt entsprechend, wenn die Weiterbeschäftigung des Arbeitnehmers nach zumutbaren Umschulungs- oder Fortbildungsmaßnahmen oder eine Weiterbeschäftigung des Arbeitnehmers unter geänderten Arbeitsbedingungen möglich ist und der Arbeitnehmer sein Einverständnis hiermit erklärt hat. [4]Der Arbeitgeber hat die Tatsachen zu beweisen, die die Kündigung bedingen.

(3) [1]Ist einem Arbeitnehmer aus dringenden betrieblichen Erfordernissen im Sinne des Absatzes 2 gekündigt worden, so ist die Kündigung trotzdem sozial ungerechtfertigt, wenn der Arbeitgeber bei der Auswahl des Arbeitnehmers die Dauer der Betriebszugehörigkeit, das Lebensalter, die Unterhaltspflichten und die Schwerbehinderung des Arbeitnehmers nicht oder nicht ausreichend berücksichtigt hat; auf Verlangen des Arbeitnehmers hat der Arbeitgeber dem Arbeitnehmer die Gründe anzugeben, die zu der getroffenen sozialen Auswahl geführt haben. [2]In die soziale Auswahl nach Satz 1 sind Arbeitnehmer nicht einzubeziehen, deren Weiterbeschäftigung, insbesondere wegen ihrer Kenntnisse, Fähigkeiten und Leistungen oder zur Sicherung einer ausgewogenen Personalstruktur des Betriebes, im berechtigten betrieblichen Interesse liegt. [3]Der Arbeitnehmer hat die Tatsachen zu beweisen, die die Kündigung als sozial ungerechtfertigt im Sinne des Satzes 1 erscheinen lassen.

(4) Ist in einem Tarifvertrag, in einer Betriebsvereinbarung nach § 95 des Betriebsverfassungsgesetzes oder in einer entsprechenden Richtlinie nach den Personalvertretungsgesetzen festgelegt, wie die sozialen Gesichtspunkte nach Absatz 3 Satz 1 im Verhältnis zueinander zu bewerten sind, so kann die Bewertung nur auf grobe Fehlerhaftigkeit überprüft werden.

(5) [1]Sind bei einer Kündigung auf Grund einer Betriebsänderung nach § 111 des Betriebsverfassungsgesetzes die Arbeitnehmer, denen gekündigt werden soll, in einem Interessenausgleich zwischen Arbeitgeber und Betriebsrat namentlich bezeichnet, so wird vermutet, dass die Kündigung durch dringende betriebliche Erfordernisse im Sinne des Absatzes 2 bedingt ist. [2]Die soziale Auswahl der Arbeitnehmer kann nur auf grobe Fehlerhaftigkeit überprüft werden. [3]Die Sätze 1

und 2 gelten nicht, soweit sich die Sachlage nach Zustandekommen des Interessenausgleichs wesentlich geändert hat. [4]Der Interessenausgleich nach Satz 1 ersetzt die Stellungnahme des Betriebsrates nach § 17 Abs. 3 Satz 2.

§ 1a Abfindungsanspruch bei betriebsbedingter Kündigung

(1) [1]Kündigt der Arbeitgeber wegen dringender betrieblicher Erfordernisse nach § 1 Abs. 2 Satz 1 und erhebt der Arbeitnehmer bis zum Ablauf der Frist des § 4 Satz 1 keine Klage auf Feststellung, dass das Arbeitsverhältnis durch die Kündigung nicht aufgelöst ist, hat der Arbeitnehmer mit dem Ablauf der Kündigungsfrist Anspruch auf eine Abfindung. [2]Der Anspruch setzt den Hinweis des Arbeitgebers in der Kündigungserklärung voraus, dass die Kündigung auf dringende betriebliche Erfordernisse gestützt ist und der Arbeitnehmer bei Verstreichenlassen der Klagefrist die Abfindung beanspruchen kann.

(2) [1]Die Höhe der Abfindung beträgt 0,5 Monatsverdienste für jedes Jahr des Bestehens des Arbeitsverhältnisses. [2]§ 10 Abs. 3 gilt entsprechend. [3]Bei der Ermittlung der Dauer des Arbeitsverhältnisses ist ein Zeitraum von mehr als sechs Monaten auf ein volles Jahr aufzurunden.

§ 2 Änderungskündigung

[1]Kündigt der Arbeitgeber das Arbeitsverhältnis und bietet er dem Arbeitnehmer im Zusammenhang mit der Kündigung die Fortsetzung des Arbeitsverhältnisses zu geänderten Arbeitsbedingungen an, so kann der Arbeitnehmer dieses Angebot unter dem Vorbehalt annehmen, daß die Änderung der Arbeitsbedingungen nicht sozial ungerechtfertigt ist (§ 1 Abs. 2 Satz 1 bis 3, Abs. 3 Satz 1 und 2). [2]Diesen Vorbehalt muß der Arbeitnehmer dem Arbeitgeber innerhalb der Kündigungsfrist, spätestens jedoch innerhalb von drei Wochen nach Zugang der Kündigung erklären.

§ 3 Kündigungseinspruch

[1]Hält der Arbeitnehmer eine Kündigung für sozial ungerechtfertigt, so kann er binnen einer Woche nach der Kündigung Einspruch beim Betriebsrat einlegen. [2]Erachtet der Betriebsrat den Einspruch für begründet, so hat er zu versuchen, eine Verständigung mit dem Arbeitgeber herbeizuführen. [3]Er hat seine Stellungnahme zu dem Einspruch dem Arbeitnehmer und dem Arbeitgeber auf Verlangen schriftlich mitzuteilen.

§ 4 Anrufung des Arbeitsgerichts

[1]Will ein Arbeitnehmer geltend machen, dass eine Kündigung sozial ungerechtfertigt oder aus anderen Gründen rechtsunwirksam ist, so muss er innerhalb von drei Wochen nach Zugang der schriftlichen Kündigung Klage beim Arbeitsgericht auf Feststellung erheben, dass das Arbeitsverhältnis durch die Kündigung nicht aufgelöst ist. [2]Im Falle des § 2 ist die Klage auf Feststellung zu erheben, daß die Änderung der Arbeitsbedingungen sozial ungerechtfertigt oder aus anderen Gründen rechtsunwirksam ist. [3]Hat der Arbeitnehmer Einspruch beim Betriebsrat eingelegt (§ 3), so soll er der Klage die Stellungnahme des Betriebsrates beifügen. [4]Soweit die Kündigung der Zustimmung einer Behörde bedarf, läuft die Frist zur Anrufung des Arbeitsgerichtes erst von der Bekanntgabe der Entscheidung der Behörde an den Arbeitnehmer ab.

§ 5 Zulassung verspäteter Klagen

(1) [1]War ein Arbeitnehmer nach erfolgter Kündigung trotz Anwendung aller ihm nach Lage der Umstände zuzumutenden Sorgfalt verhindert, die Klage innerhalb von drei Wochen nach Zugang der schriftlichen Kündigung zu erheben, so ist auf seinen Antrag die Klage nachträglich zuzulassen. [2]Gleiches gilt, wenn eine Frau von ihrer Schwangerschaft aus einem von ihr nicht zu vertretenden Grund erst nach Ablauf der Frist des § 4 Satz 1 Kenntnis erlangt hat.

(2) [1]Mit dem Antrag ist die Klageerhebung zu verbinden; ist die Klage bereits eingereicht, so ist auf sie im Antrag Bezug zu nehmen. [2]Der Antrag muß ferner die Angabe der die nachträgliche Zulassung begründenden Tatsachen und der Mittel für deren Glaubhaftmachung enthalten.

(3) [1]Der Antrag ist nur innerhalb von zwei Wochen nach Behebung des Hindernisses zulässig. [2]Nach Ablauf von sechs Monaten, vom Ende der versäumten Frist an gerechnet, kann der Antrag nicht mehr gestellt werden.

(4) [1]Das Verfahren über den Antrag auf nachträgliche Zulassung ist mit dem Verfahren über die Klage zu verbinden. [2]Das Arbeitsgericht kann das Verfahren zunächst auf die Verhandlung und Entscheidung über den Antrag beschränken. [3]In diesem Fall ergeht die Entscheidung durch Zwischenurteil, das wie ein Endurteil angefochten werden kann.

(5) [1]Hat das Arbeitsgericht über einen Antrag auf nachträgliche Klagezulassung nicht entschieden oder wird ein solcher Antrag erstmals vor dem Landesarbeitsgericht gestellt, entscheidet hierüber die Kammer des Landesarbeitsgerichts. [2]Absatz 4 gilt entsprechend.

§ 6 Verlängerte Anrufungsfrist

[1]Hat ein Arbeitnehmer innerhalb von drei Wochen nach Zugang der schriftlichen Kündigung im Klagewege geltend gemacht, dass eine rechtswirksame Kündigung nicht vorliege, so kann er sich in diesem Verfahren bis zum Schluss der mündlichen Verhandlung erster Instanz zur Begründung der Unwirksamkeit der Kündigung auch auf innerhalb der Klagefrist nicht geltend gemachte Gründe berufen. [2]Das Arbeitsgericht soll ihn hierauf hinweisen.

§ 7 Wirksamwerden der Kündigung

Wird die Rechtsunwirksamkeit einer Kündigung nicht rechtzeitig geltend gemacht (§ 4 Satz 1, §§ 5 und 6), so gilt die Kündigung als von Anfang an rechtswirksam; ein vom Arbeitnehmer nach § 2 erklärter Vorbehalt erlischt.

§ 8 Wiederherstellung der früheren Arbeitsbedingungen

Stellt das Gericht im Falle des § 2 fest, daß die Änderung der Arbeitsbedingungen sozial ungerechtfertigt ist, so gilt die Änderungskündigung als von Anfang an rechtsunwirksam.

§ 9 Auflösung des Arbeitsverhältnisses durch Urteil des Gerichts; Abfindung des Arbeitnehmers

(1) [1]Stellt das Gericht fest, daß das Arbeitsverhältnis durch die Kündigung nicht aufgelöst ist, ist jedoch dem Arbeitnehmer die Fortsetzung des Arbeitsverhältnisses nicht zuzumuten, so hat das Gericht auf Antrag des Arbeitnehmers das Arbeitsverhältnis aufzulösen und den Arbeitgeber zur Zahlung einer angemessenen Abfindung zu verurteilen. [2]Die gleiche Entscheidung hat das Gericht auf Antrag des Arbeitgebers zu treffen, wenn Gründe vorliegen, die eine den Betriebszwecken dienliche weitere Zusammenarbeit zwischen Arbeitgeber und Arbeitnehmer nicht erwarten lassen. [3]Arbeitnehmer und Arbeitgeber können den Antrag auf Auflösung des Arbeitsverhältnisses bis zum Schluß der letzten mündlichen Verhandlung in der Berufungsinstanz stellen.

(2) Das Gericht hat für die Auflösung des Arbeitsverhältnisses den Zeitpunkt festzusetzen, an dem es bei sozial gerechtfertigter Kündigung geendet hätte.

§ 10 Höhe der Abfindung

(1) Als Abfindung ist ein Betrag bis zu zwölf Monatsverdiensten festzusetzen.

(2) [1]Hat der Arbeitnehmer das fünfzigste Lebensjahr vollendet und hat das Arbeitsverhältnis mindestens fünfzehn Jahre bestanden, so ist ein Betrag bis zu fünfzehn Monatsverdiensten, hat der Arbeitnehmer das fünfundfünfzigste Lebensjahr vollendet und hat das Arbeitsverhältnis mindestens zwanzig Jahre bestanden, so ist ein Betrag bis zu achtzehn Monatsverdiensten festzusetzen. [2]Dies gilt nicht, wenn der Arbeitnehmer in dem Zeitpunkt, den das Gericht nach § 9 Abs. 2 für die Auflösung des Arbeitsverhältnisses festsetzt, das in der Vorschrift des Sechsten Buches Sozialgesetzbuch über die Regelaltersrente bezeichnete Lebensalter erreicht hat.

(3) Als Monatsverdienst gilt, was dem Arbeitnehmer bei der für ihn maßgebenden regelmäßigen Arbeitszeit in dem Monat, in dem das Arbeitsverhältnis endet (§ 9 Abs. 2), an Geld- und Sachbezügen zusteht.

§ 11 Anrechnung auf entgangenen Zwischenverdienst

Besteht nach der Entscheidung des Gerichts das Arbeitsverhältnis fort, so muß sich der Arbeitnehmer auf das Arbeitsentgelt, das ihm der Arbeitgeber für die Zeit nach der Entlassung schuldet, anrechnen lassen,

1. was er durch anderweitige Arbeit verdient hat,
2. was er hätte verdienen können, wenn er es nicht böswillig unterlassen hätte, eine ihm zumutbare Arbeit anzunehmen,
3. was ihm an öffentlich-rechtlichen Leistungen infolge Arbeitslosigkeit aus der Sozialversicherung, der Arbeitslosenversicherung, der Sicherung des Lebensunterhalts nach dem Zweiten Buch Sozialgesetzbuch oder der Sozialhilfe für die Zwischenzeit gezahlt worden ist. Diese Beträge hat der Arbeitgeber der Stelle zu erstatten, die sie geleistet hat.

§ 12 Neues Arbeitsverhältnis des Arbeitnehmers; Auflösung des alten Arbeitsverhältnisses

[1]Besteht nach der Entscheidung des Gerichts das Arbeitsverhältnis fort, ist jedoch der Arbeitnehmer inzwischen ein neues Arbeitsverhältnis eingegangen, so kann er binnen einer Woche nach der Rechtskraft des Urteils durch Erklärung gegenüber dem alten Arbeitgeber die Fortsetzung des Arbeitsverhältnisses bei diesem verweigern. [2]Die Frist wird auch durch eine vor ihrem Ablauf zur Post gegebene schriftliche Erklärung gewahrt. [3]Mit dem Zugang der Erklärung erlischt das Arbeitsverhältnis. [4]Macht der Arbeitnehmer von seinem Verweigerungsrecht Gebrauch, so ist ihm entgangener Verdienst nur für die Zeit zwischen der Entlassung und dem Tage des Eintritts in das neue Arbeitsverhältnis zu gewähren. [5]§ 11 findet entsprechende Anwendung.

§ 13 Außerordentliche, sittenwidrige und sonstige Kündigungen

(1) [1]Die Vorschriften über das Recht zur außerordentlichen Kündigung eines Arbeitsverhältnisses werden durch das vorliegende Gesetz nicht berührt. [2]Die Rechtsunwirksamkeit einer außerordentlichen Kündigung kann jedoch nur nach Maßgabe des § 4 Satz 1 und der §§ 5 bis 7 geltend gemacht werden. [3]Stellt das Gericht fest, dass die außerordentliche Kündigung unbegründet ist, ist jedoch dem Arbeitnehmer die Fortsetzung des Arbeitsverhältnisses nicht zuzumuten, so hat auf seinen Antrag das Gericht das Arbeitsverhältnis aufzulösen und den Arbeitgeber zur Zahlung einer angemessenen Abfindung zu verurteilen. [4]Das Gericht hat für die Auflösung des Arbeitsverhältnisses den Zeitpunkt festzulegen, zu dem die außerordentliche Kündigung ausgesprochen wurde. [5]Die Vorschriften der §§ 10 bis 12 gelten entsprechend.

(2) Verstößt eine Kündigung gegen die guten Sitten, so finden die Vorschriften des § 9 Abs. 1 Satz 1 und Abs. 2 und der §§ 10 bis 12 entsprechende Anwendung.

(3) Im Übrigen finden die Vorschriften dieses Abschnitts mit Ausnahme der §§ 4 bis 7 auf eine Kündigung, die bereits aus anderen als den in § 1 Abs. 2 und 3 bezeichneten Gründen rechtsunwirksam ist, keine Anwendung.

§ 14 Angestellte in leitender Stellung

(1) Die Vorschriften dieses Abschnitts gelten nicht

1. in Betrieben einer juristischen Person für die Mitglieder des Organs, das zur gesetzlichen Vertretung der juristischen Person berufen ist,
2. in Betrieben einer Personengesamtheit für die durch Gesetz, Satzung oder Gesellschaftsvertrag zur Vertretung der Personengesamtheit berufenen Personen.

(2) [1]Auf Geschäftsführer, Betriebsleiter und ähnliche leitende Angestellte, soweit diese zur selbständigen Einstellung oder Entlassung von Arbeitnehmern berechtigt sind, finden die Vorschriften dieses Abschnitts mit Ausnahme des § 3 Anwendung. [2]§ 9 Abs. 1 Satz 2 findet mit der Maßgabe Anwendung, daß der Antrag des Arbeitgebers auf Auflösung des Arbeitsverhältnisses keiner Begründung bedarf.

II

Zweiter Abschnitt
Kündigungsschutz im Rahmen der Betriebsverfassung und Personalvertretung

§ 15 Unzulässigkeit der Kündigung

(1) [1]Die Kündigung eines Mitglieds eines Betriebsrats, einer Jugend- und Auszubildendenvertretung, einer Bordvertretung oder eines Seebetriebsrats ist unzulässig, es sei denn, daß Tatsachen vorliegen, die den Arbeitgeber zur Kündigung aus wichtigem Grund ohne Einhaltung einer Kündigungsfrist berechtigen, und daß die nach § 103 des Betriebsverfassungsgesetzes erforderliche Zustimmung vorliegt oder durch gerichtliche Entscheidung ersetzt ist. [2]Nach Beendigung der Amtszeit ist die Kündigung eines Mitglieds eines Betriebsrats, einer Jugend- und Auszubildendenvertretung oder eines Seebetriebsrats innerhalb eines Jahres, die Kündigung eines Mitglieds einer Bordvertretung innerhalb von sechs Monaten, jeweils vom Zeitpunkt der Beendigung der Amtszeit an gerechnet, unzulässig, es sei denn, daß Tatsachen vorliegen, die den Arbeitgeber zur Kündigung aus wichtigem Grund ohne Einhaltung einer Kündigungsfrist berechtigen; dies gilt nicht, wenn die Beendigung der Mitgliedschaft auf einer gerichtlichen Entscheidung beruht.

(2) [1]Die Kündigung eines Mitglieds einer Personalvertretung, einer Jugend- und Auszubildendenvertretung oder einer Jugendvertretung ist unzulässig, es sei denn, daß Tatsachen vorliegen, die den Arbeitgeber zur Kündigung aus wichtigem Grund ohne Einhaltung einer Kündigungsfrist berechtigen, und daß die nach dem Personalvertretungsrecht erforderliche Zustimmung vorliegt oder durch gerichtliche Entscheidung ersetzt ist. [2]Nach Beendigung der Amtszeit der in Satz 1 genannten Personen ist ihre Kündigung innerhalb eines Jahres, vom Zeitpunkt der Beendigung der Amtszeit an gerechnet, unzulässig, es sei denn, daß Tatsachen vorliegen, die den Arbeitgeber zur Kündigung aus wichtigem Grund ohne Einhaltung einer Kündigungsfrist berechtigen; dies gilt nicht, wenn die Beendigung der Mitgliedschaft auf einer gerichtlichen Entscheidung beruht.

(3) [1]Die Kündigung eines Mitglieds eines Wahlvorstands ist vom Zeitpunkt seiner Bestellung an, die Kündigung eines Wahlbewerbers vom Zeitpunkt der Aufstellung des Wahlvorschlags an, jeweils bis zur Bekanntgabe des Wahlergebnisses unzulässig, es sei denn, daß Tatsachen vorliegen, die den Arbeitgeber zur Kündigung aus wichtigem Grund ohne Einhaltung einer Kündigungsfrist berechtigen, und daß die nach § 103 des Betriebsverfassungsgesetzes oder nach dem Personalvertretungsrecht erforderliche Zustimmung vorliegt oder durch

eine gerichtliche Entscheidung ersetzt ist. [2]Innerhalb von sechs Monaten nach Bekanntgabe des Wahlergebnisses ist die Kündigung unzulässig, es sei denn, daß Tatsachen vorliegen, die den Arbeitgeber zur Kündigung aus wichtigem Grund ohne Einhaltung einer Kündigungsfrist berechtigen; dies gilt nicht für Mitglieder des Wahlvorstands, wenn dieser durch gerichtliche Entscheidung durch einen anderen Wahlvorstand ersetzt worden ist.

II

(3a) [1]Die Kündigung eines Arbeitnehmers, der zu einer Betriebs-, Wahl- oder Bordversammlung nach § 17 Abs. 3, § 17a Nr. 3 Satz 2, § 115 Abs. 2 Nr. 8 Satz 1 des Betriebsverfassungsgesetzes einlädt oder die Bestellung eines Wahlvorstands nach § 16 Abs. 2 Satz 1, § 17 Abs. 4, § 17a Nr. 4, § 63 Abs. 3, § 115 Abs. 2 Nr. 8 Satz 2 oder § 116 Abs. 2 Nr. 7 Satz 5 des Betriebsverfassungsgesetzes beantragt, ist vom Zeitpunkt der Einladung oder Antragstellung an bis zur Bekanntgabe des Wahlergebnisses unzulässig, es sei denn, dass Tatsachen vorliegen, die den Arbeitgeber zur Kündigung aus wichtigem Grund ohne Einhaltung einer Kündigungsfrist berechtigen; der Kündigungsschutz gilt für die ersten sechs in der Einladung oder die ersten drei in der Antragstellung aufgeführten Arbeitnehmer. [2]Wird ein Betriebsrat, eine Jugend- und Auszubildendenvertretung, eine Bordvertretung oder ein Seebetriebsrat nicht gewählt, besteht der Kündigungsschutz nach Satz 1 vom Zeitpunkt der Einladung oder Antragstellung an drei Monate.

(3b) [1]Die Kündigung eines Arbeitnehmers, der Vorbereitungshandlungen zur Errichtung eines Betriebsrats oder einer Bordvertretung unternimmt und eine öffentlich beglaubigte Erklärung mit dem Inhalt abgegeben hat, dass er die Absicht hat, einen Betriebsrat oder eine Bordvertretung zu errichten, ist unzulässig, soweit sie aus Gründen erfolgt, die in der Person oder in dem Verhalten des Arbeitnehmers liegen, es sei denn, dass Tatsachen vorliegen, die den Arbeitgeber zur Kündigung aus wichtigem Grund ohne Einhaltung einer Kündigungsfrist berechtigen. [2]Der Kündigungsschutz gilt von der Abgabe der Erklärung nach Satz 1 bis zum Zeitpunkt der Einladung zu einer Betriebs-, Wahl- oder Bordversammlung nach § 17 Absatz 3, § 17a Nummer 3 Satz 2, § 115 Absatz 2 Nummer 8 Satz 1 des Betriebsverfassungsgesetzes, längstens jedoch für drei Monate.

(4) Wird der Betrieb stillgelegt, so ist die Kündigung der in den Absätzen 1 bis 3a genannten Personen frühestens zum Zeitpunkt der Stillegung zulässig, es sei denn, daß ihre Kündigung zu einem früheren Zeitpunkt durch zwingende betriebliche Erfordernisse bedingt ist.

(5) [1]Wird eine der in den Absätzen 1 bis 3a genannten Personen in einer Betriebsabteilung beschäftigt, die stillgelegt wird, so ist sie in

eine andere Betriebsabteilung zu übernehmen. [2]Ist dies aus betrieblichen Gründen nicht möglich, so findet auf ihre Kündigung die Vorschrift des Absatzes 4 über die Kündigung bei Stillegung des Betriebs sinngemäß Anwendung.

§ 16 Neues Arbeitsverhältnis; Auflösung des alten Arbeitsverhältnisses

[1]Stellt das Gericht die Unwirksamkeit der Kündigung einer der in § 15 Absatz 1 bis 3b genannten Personen fest, so kann diese Person, falls sie inzwischen ein neues Arbeitsverhältnis eingegangen ist, binnen einer Woche nach Rechtskraft des Urteils durch Erklärung gegenüber dem alten Arbeitgeber die Weiterbeschäftigung bei diesem verweigern. [2]Im übrigen finden die Vorschriften des § 11 und des § 12 Satz 2 bis 4 entsprechende Anwendung.

Dritter Abschnitt
Anzeigepflichtige Entlassungen

§ 17 Anzeigepflicht

(1) [1]Der Arbeitgeber ist verpflichtet, der Agentur für Arbeit Anzeige zu erstatten, bevor er

1. in Betrieben mit in der Regel mehr als 20 und weniger als 60 Arbeitnehmern mehr als 5 Arbeitnehmer,
2. in Betrieben mit in der Regel mindestens 60 und weniger als 500 Arbeitnehmern 10 vom Hundert der im Betrieb regelmäßig beschäftigten Arbeitnehmer oder aber mehr als 25 Arbeitnehmer,
3. in Betrieben mit in der Regel mindestens 500 Arbeitnehmern mindestens 30 Arbeitnehmer

innerhalb von 30 Kalendertagen entläßt. [2]Den Entlassungen stehen andere Beendigungen des Arbeitsverhältnisses gleich, die vom Arbeitgeber veranlaßt werden.

(2) [1]Beabsichtigt der Arbeitgeber, nach Absatz 1 anzeigepflichtige Entlassungen vorzunehmen, hat er dem Betriebsrat rechtzeitig die zweckdienlichen Auskünfte zu erteilen und ihn schriftlich insbesondere zu unterrichten über

1. die Gründe für die geplanten Entlassungen,
2. die Zahl und die Berufsgruppen der zu entlassenden Arbeitnehmer,
3. die Zahl und die Berufsgruppen der in der Regel beschäftigten Arbeitnehmer,
4. den Zeitraum, in dem die Entlassungen vorgenommen werden sollen,

5. die vorgesehenen Kriterien für die Auswahl der zu entlassenden Arbeitnehmer,
6. die für die Berechnung etwaiger Abfindungen vorgesehenen Kriterien.

[2]Arbeitgeber und Betriebsrat haben insbesondere die Möglichkeiten zu beraten, Entlassungen zu vermeiden oder einzuschränken und ihre Folgen zu mildern.

(3) [1]Der Arbeitgeber hat gleichzeitig der Agentur für Arbeit eine Abschrift der Mitteilung an den Betriebsrat zuzuleiten; sie muß zumindest die in Absatz 2 Satz 1 Nr. 1 bis 5 vorgeschriebenen Angaben enthalten. [2]Die Anzeige nach Absatz 1 ist schriftlich unter Beifügung der Stellungnahme des Betriebsrates zu den Entlassungen zu erstatten. [3]Liegt eine Stellungnahme des Betriebsrates nicht vor, so ist die Anzeige wirksam, wenn der Arbeitgeber glaubhaft macht, daß er den Betriebsrat mindestens zwei Wochen vor Erstattung der Anzeige nach Absatz 2 Satz 1 unterrichtet hat, und er den Stand der Beratungen darlegt. [4]Die Anzeige muß Angaben über den Namen des Arbeitgebers, den Sitz und die Art des Betriebes enthalten, ferner die Gründe für die geplanten Entlassungen, die Zahl und die Berufsgruppen der zu entlassenden und der in der Regel beschäftigten Arbeitnehmer, den Zeitraum, in dem die Entlassungen vorgenommen werden sollen und die vorgesehenen Kriterien für die Auswahl der zu entlassenden Arbeitnehmer. [5]In der Anzeige sollen ferner im Einvernehmen mit dem Betriebsrat für die Arbeitsvermittlung Angaben über Geschlecht, Alter, Beruf und Staatsangehörigkeit der zu entlassenden Arbeitnehmer gemacht werden. [6]Der Arbeitgeber hat dem Betriebsrat eine Abschrift der Anzeige zuzuleiten. [7]Der Betriebsrat kann gegenüber der Agentur für Arbeit weitere Stellungnahmen abgeben. [8]Er hat dem Arbeitgeber eine Abschrift der Stellungnahme zuzuleiten.

(3a) [1]Die Auskunfts-, Beratungs- und Anzeigepflichten nach den Absätzen 1 bis 3 gelten auch dann, wenn die Entscheidung über die Entlassungen von einem den Arbeitgeber beherrschenden Unternehmen getroffen wurde. [2]Der Arbeitgeber kann sich nicht darauf berufen, daß das für die Entlassungen verantwortliche Unternehmen die notwendigen Auskünfte nicht übermittelt hat.

(4) [1]Das Recht zur fristlosen Entlassung bleibt unberührt. [2]Fristlose Entlassungen werden bei Berechnung der Mindestzahl der Entlassungen nach Absatz 1 nicht mitgerechnet.

(5) Als Arbeitnehmer im Sinne dieser Vorschrift gelten nicht

1. in Betrieben einer juristischen Person die Mitglieder des Organs, das zur gesetzlichen Vertretung der juristischen Person berufen ist,

2. in Betrieben einer Personengesamtheit die durch Gesetz, Satzung oder Gesellschaftsvertrag zur Vertretung der Personengesamtheit berufenen Personen,
3. Geschäftsführer, Betriebsleiter und ähnliche leitende Personen, soweit diese zur selbständigen Einstellung oder Entlassung von Arbeitnehmern berechtigt sind.

§ 18 Entlassungssperre

(1) Entlassungen, die nach § 17 anzuzeigen sind, werden vor Ablauf eines Monats nach Eingang der Anzeige bei der Agentur für Arbeit nur mit deren Zustimmung wirksam; die Zustimmung kann auch rückwirkend bis zum Tage der Antragstellung erteilt werden.

(2) Die Agentur für Arbeit kann im Einzelfall bestimmen, daß die Entlassungen nicht vor Ablauf von längstens zwei Monaten nach Eingang der Anzeige bei der Agentur für Arbeit wirksam werden.

(3) (weggefallen)

(4) Soweit die Entlassungen nicht innerhalb von 90 Tagen nach dem Zeitpunkt, zu dem sie nach den Absätzen 1 und 2 zulässig sind, durchgeführt werden, bedarf es unter den Voraussetzungen des § 17 Abs. 1 einer erneuten Anzeige.

§ 19 Zulässigkeit von Kurzarbeit

(1) Ist der Arbeitgeber nicht in der Lage, die Arbeitnehmer bis zu dem in § 18 Abs. 1 und 2 bezeichneten Zeitpunkt voll zu beschäftigen, so kann die Bundesagentur für Arbeit zulassen, daß der Arbeitgeber für die Zwischenzeit Kurzarbeit einführt.

(2) Der Arbeitgeber ist im Falle der Kurzarbeit berechtigt, Lohn oder Gehalt der mit verkürzter Arbeitszeit beschäftigten Arbeitnehmer entsprechend zu kürzen; die Kürzung des Arbeitsentgelts wird jedoch erst von dem Zeitpunkt an wirksam, an dem das Arbeitsverhältnis nach den allgemeinen gesetzlichen oder den vereinbarten Bestimmungen enden würde.

(3) Tarifvertragliche Bestimmungen über die Einführung, das Ausmaß und die Bezahlung von Kurzarbeit werden durch die Absätze 1 und 2 nicht berührt.

§ 20 Entscheidungen der Agentur für Arbeit

(1) [1]Die Entscheidungen der Agentur für Arbeit nach § 18 Abs. 1 und 2 trifft deren Geschäftsführung oder ein Ausschuß (Entscheidungsträger). [2]Die Geschäftsführung darf nur dann entscheiden, wenn die Zahl der Entlassungen weniger als 50 beträgt.

(2) [1]Der Ausschuß setzt sich aus dem Geschäftsführer, der Geschäftsführerin oder dem oder der Vorsitzenden der Geschäftsführung der Agentur für Arbeit oder einem von ihm oder ihr beauftragten Angehörigen der Agentur für Arbeit als Vorsitzenden und je zwei Vertretern der Arbeitnehmer, der Arbeitgeber und der öffentlichen Körperschaften zusammen, die von dem Verwaltungsausschuss der Agentur für Arbeit benannt werden. [2]Er trifft seine Entscheidungen mit Stimmenmehrheit.

(3) [1]Der Entscheidungsträger hat vor seiner Entscheidung den Arbeitgeber und den Betriebsrat anzuhören. [2]Dem Entscheidungsträger sind, insbesondere vom Arbeitgeber und Betriebsrat, die von ihm für die Beurteilung des Falles erforderlich gehaltenen Auskünfte zu erteilen.

(4) Der Entscheidungsträger hat sowohl das Interesse des Arbeitgebers als auch das der zu entlassenden Arbeitnehmer, das öffentliche Interesse und die Lage des gesamten Arbeitsmarktes unter besonderer Beachtung des Wirtschaftszweiges, dem der Betrieb angehört, zu berücksichtigen.

§ 21 Entscheidungen der Zentrale der Bundesagentur für Arbeit

[1]Für Betriebe, die zum Geschäftsbereich des Bundesministers für Verkehr oder des Bundesministers für Post- und Telekommunikation gehören, trifft, wenn mehr als 500 Arbeitnehmer entlassen werden sollen, ein gemäß § 20 Abs. 1 bei der Zentrale der Bundesagentur für Arbeit zu bildender Ausschuß die Entscheidungen nach § 18 Abs. 1 und 2. [2]Der zuständige Bundesminister kann zwei Vertreter mit beratender Stimme in den Ausschuß entsenden. [3]Die Anzeigen nach § 17 sind in diesem Falle an die Zentrale der Bundesagentur für Arbeit zu erstatten. [4]Im übrigen gilt § 20 Abs. 1 bis 3 entsprechend.

§ 22 Ausnahmebetriebe

(1) Auf Saisonbetriebe und Kampagne-Betriebe finden die Vorschriften dieses Abschnittes bei Entlassungen, die durch diese Eigenart der Betriebe bedingt sind, keine Anwendung.

(2) [1]Keine Saisonbetriebe oder Kampagne-Betriebe sind Betriebe des Baugewerbes, in denen die ganzjährige Beschäftigung nach dem Dritten Buch Sozialgesetzbuch gefördert wird. [2]Das Bundesministerium für Arbeit und Soziales wird ermächtigt, durch Rechtsverordnung Vorschriften zu erlassen, welche Betriebe als Saisonbetriebe oder Kampagne-Betriebe im Sinne des Absatzes 1 gelten.

Vierter Abschnitt
Schlußbestimmungen

§ 23 Geltungsbereich

II

(1) [1]Die Vorschriften des Ersten und Zweiten Abschnitts gelten für Betriebe und Verwaltungen des privaten und des öffentlichen Rechts, vorbehaltlich der Vorschriften des § 24 für die Seeschiffahrts-, Binnenschiffahrts- und Luftverkehrsbetriebe. [2]Die Vorschriften des Ersten Abschnitts gelten mit Ausnahme der §§ 4 bis 7 und des § 13 Abs. 1 Satz 1 und 2 nicht für Betriebe und Verwaltungen, in denen in der Regel fünf oder weniger Arbeitnehmer ausschließlich der zu ihrer Berufsbildung Beschäftigten beschäftigt werden. [3]In Betrieben und Verwaltungen, in denen in der Regel zehn oder weniger Arbeitnehmer ausschließlich der zu ihrer Berufsbildung Beschäftigten beschäftigt werden, gelten die Vorschriften des Ersten Abschnitts mit Ausnahme der §§ 4 bis 7 und des § 13 Abs. 1 Satz 1 und 2 nicht für Arbeitnehmer, deren Arbeitsverhältnis nach dem 31. Dezember 2003 begonnen hat; diese Arbeitnehmer sind bei der Feststellung der Zahl der beschäftigten Arbeitnehmer nach Satz 2 bis zur Beschäftigung von in der Regel zehn Arbeitnehmern nicht zu berücksichtigen. [4]Bei der Feststellung der Zahl der beschäftigten Arbeitnehmer nach den Sätzen 2 und 3 sind teilzeitbeschäftigte Arbeitnehmer mit einer regelmäßigen wöchentlichen Arbeitszeit von nicht mehr als 20 Stunden mit 0,5 und nicht mehr als 30 Stunden mit 0,75 zu berücksichtigen.

(2) Die Vorschriften des Dritten Abschnitts gelten für Betriebe und Verwaltungen des privaten Rechts sowie für Betriebe, die von einer öffentlichen Verwaltung geführt werden, soweit sie wirtschaftliche Zwecke verfolgen.

§ 24 Anwendung des Gesetzes auf Betriebe der Schifffahrt und des Luftverkehrs

(1) Die Vorschriften des Ersten und Zweiten Abschnitts finden nach Maßgabe der Absätze 2 bis 4 auf Arbeitsverhältnisse der Besatzung von Seeschiffen, Binnenschiffen und Luftfahrzeugen Anwendung.

(2) Als Betrieb im Sinne dieses Gesetzes gilt jeweils die Gesamtheit der Seeschiffe oder der Binnenschiffe eines Schifffahrtsbetriebs oder der Luftfahrzeuge eines Luftverkehrsbetriebs.

(3) Dauert die erste Reise eines Besatzungsmitglieds eines Seeschiffes oder eines Binnenschiffes länger als sechs Monate, so verlängert sich die Sechsmonatsfrist des § 1 Absatz 1 bis drei Tage nach Beendigung dieser Reise.

(4) [1]Die Klage nach § 4 ist binnen drei Wochen zu erheben, nachdem die Kündigung dem Besatzungsmitglied an Land zugegangen ist. [2]Geht dem Besatzungsmitglied eines Seeschiffes oder eines Binnenschiffes die Kündigung während der Fahrt des Schiffes zu, ist die Klage innerhalb von sechs Wochen nach dem Dienstende an Bord zu erheben. [3]Geht dem Besatzungsmitglied eines Seeschiffes die Kündigung während einer Gefangenschaft aufgrund von seeräuberischen Handlungen oder bewaffneten Raubüberfällen auf Schiffe im Sinne von § 2 Nummer 11 oder 12 des Seearbeitsgesetzes zu oder gerät das Besatzungsmitglied während des Laufs der Frist nach Satz 1 oder 2 in eine solche Gefangenschaft, ist die Klage innerhalb von sechs Wochen nach der Freilassung des Besatzungsmitglieds zu erheben; nimmt das Besatzungsmitglied nach der Freilassung den Dienst an Bord wieder auf, beginnt die Frist mit dem Dienstende an Bord. [4]An die Stelle der Dreiwochenfrist in § 5 Absatz 1 und § 6 treten die in den Sätzen 1 bis 3 genannten Fristen.

(5) [1]Die Vorschriften des Dritten Abschnitts finden nach Maßgabe der folgenden Sätze Anwendung auf die Besatzungen von Seeschiffen. [2]Bei Schiffen nach § 114 Absatz 4 Satz 1 des Betriebsverfassungsgesetzes tritt, soweit sie nicht als Teil des Landbetriebs gelten, an die Stelle des Betriebsrats der Seebetriebsrat. [3]Betrifft eine anzeigepflichtige Entlassung die Besatzung eines Seeschiffes, welches unter der Flagge eines anderen Mitgliedstaates der Europäischen Union fährt, so ist die Anzeige an die Behörde des Staates zu richten, unter dessen Flagge das Schiff fährt.

§ 25 Kündigung in Arbeitskämpfen

Die Vorschriften dieses Gesetzes finden keine Anwendung auf Kündigungen und Entlassungen, die lediglich als Maßnahmen in wirtschaftlichen Kämpfen zwischen Arbeitgebern und Arbeitnehmern vorgenommen werden.

§ 25a (gegenstandslos)

§ 26 Inkrafttreten

Dieses Gesetz tritt am Tage nach seiner Verkündung in Kraft.

II

§ 35 Zeugnis

(1) Bei Beendigung des Arbeitsverhältnisses haben die Beschäftigten Anspruch auf ein schriftliches Zeugnis über Art und Dauer ihrer Tätigkeit; es muss sich auch auf Führung und Leistung erstrecken (Endzeugnis).

(2) Aus triftigen Gründen können Beschäftigte auch während des Arbeitsverhältnisses ein Zeugnis verlangen (Zwischenzeugnis).

(3) Bei bevorstehender Beendigung des Arbeitsverhältnisses können die Beschäftigten ein Zeugnis über Art und Dauer ihrer Tätigkeit verlangen (vorläufiges Zeugnis).

(4) Die Zeugnisse gemäß den Absätzen 1 bis 3 sind unverzüglich auszustellen.

Erläuterungen

§ 35 TV-L trifft Regelungen zur Zeugniserteilung und konkretisiert damit die gesetzlichen Vorschriften des § 630 BGB und § 109 Gewerbeordnung (GewO). Dieser Themenbereich war bis zum In-Kraft-Treten des TV-L in § 61 BAT geregelt.

Auf die teilweise abweichenden Sonderregelungen in § 41 Nr. 23 und § 42 Nr. 10 TV-L wird hingewiesen.

Die Formulierung des Zeugnisses ist Sache des Arbeitgebers. Er ist hier grundsätzlich frei bei seiner Entscheidung, welche Eigenschaften des Beschäftigten er mehr hervorheben oder eher zurücktreten lassen möchte. Der Inhalt des Zeugnisses muss jedoch der Wahrheit verpflichtet sein und darf daher weder falsche noch in wesentlichen Punkten unvollständige Angaben enthalten bzw. wichtige Dinge verschweigen. Das Zeugnis soll zudem das Fortkommen des Beschäftigten nicht erschweren und soll daher – natürlich nur im Rahmen der Wahrheit – auch wohlwollend formuliert sein.

Die Kosten für die Ausstellung des Zeugnisses trägt der Arbeitgeber; er hat jedoch keine Übersendungs- oder Nachsendepflicht. Seine Arbeitspapiere, zu denen auch das Zeugnis gehört, muss der Beschäftigte nach dem Urteil des BAG vom 8. 3. 1995 – 5 AZR 848/93, AP Nr. 21 zu § 630 BGB – beim Arbeitgeber abholen. Nach § 242 BGB (Treu und Glauben) kann der Arbeitgeber allerdings im Einzelfall gehalten sein, das Arbeitszeugnis nachzuschicken. Dabei ist sicher auch abzuwägen, dass der Aufwand für den Arbeitgeber, ein Zeugnis zu kuvertieren und gegen geringes Entgelt zu verschicken, bedeutend geringer ist als der Aufwand des Beschäftigten, von einem u. U. recht weit entfernten Wohnort anzureisen und das Zeugnis abzuholen.

Die Erteilung des Zeugnisses in elektronischer Form ist ausgeschlossen; dies ergibt sich sowohl aus § 35 Abs. 1 TV-L („schriftliches Zeugnis"), als auch aus den in der Vorbemerkung genannten gesetzlichen Grundlagen.

Endzeugnis (Abs. 1)

Die Beschäftigten haben nach Absatz 1 der Vorschrift bei Beendigung des Arbeitsverhältnisses einen Anspruch auf ein Zeugnis über Art und Dauer der Beschäftigung, das sich auch auf Führung und Leistung erstrecken muss (sogenanntes qualifiziertes, erweitertes Zeugnis). Entgegen der Vorgängerregelung in § 61 BAT oder der gesetzlichen Regelung in § 109 Abs. 1 GewO, wonach ein qualifiziertes Zeugnis von einem entsprechenden Antrag des ehemaligen Beschäftigten abhängt und ansonsten ein auf Art und Dauer der Beschäftigung beschränktes (sogenanntes einfaches) Zeugnis zu erteilen ist, besteht nach der Regelung des TV-L stets ein Anspruch auf ein qualifiziertes Zeugnis.

Während das einfache Zeugnis durch die Angabe von Art des Arbeitsverhältnisses (genaue und vollständige Dokumentation der Tätigkeiten) und dessen Dauer (Bestand des Arbeitsverhältnisses abzgl. ggf. erheblicher Ausfallzeiten) eine reine Tatsachendarstellung umfasst, enthält das qualifizierte Zeugnis mit der persönlichen Leistung des Beschäftigten und dessen Verhalten im Arbeitsverhältnis ein vielmehr wertendes Urteil. Das qualifizierte Arbeitszeugnis ist ein individuell auf den einzelnen Arbeitnehmer zugeschnittenes Arbeitspapier, das dessen persönliche Leistung und sein Verhalten im Arbeitsverhältnis dokumentieren soll. Es stellt mithin eine individuell an den einzelnen Arbeitnehmer angepasste Beurteilung dar. Diesen Anforderungen wird regelmäßig nur ein individuell abgefasster Text gerecht. Die Leistungs- und Verhaltensbeurteilung muss sich dabei auf das Anforderungsprofil der vom Arbeitnehmer wahrgenommenen Aufgaben beziehen und steht damit in einem inneren Zusammenhang mit der Tätigkeitsbeschreibung (siehe BAG-Urteil vom 27. 4. 2021 – 9 AZR 262/20).

Der Grund für die Beendigung des Arbeitsverhältnisses (z. B. Kündigung durch den Arbeitgeber oder Beschäftigten, Auflösungsvertrag) ist für den Anspruch auf ein Zeugnis ohne Bedeutung.

Zwischenzeugnis (Abs. 2)

Nach Absatz 2 der Vorschrift können die Beschäftigten aus triftigen Gründen auch während des Arbeitsverhältnisses ein (Zwischen-)Zeugnis verlangen. An den Begriff der „triftigen Gründe“ werden keine sehr hohen Ansprüche gestellt werden können. Hierzu zählen beispielsweise die Suche nach einem anderen Arbeitsplatz, eine vom Arbeitgeber ins Auge gefasste Kündigung, zur Vorlage bei Behörden, für einen Kreditantrag etc. In seinem Urteil vom 1. 10. 1998 – 6 AZR 176/97, AP Nr. 2 zu § 61 BAT – hat das BAG selbst das Ausscheiden eines langjährigen Vorgesetzten als triftigen Grund für die Erteilung eines Zwischenzeugnisses angesehen. Nach dem Urteil des BAG vom 21. 1. 1993 – 6 AZR 171/92, AP Nr. 1 zu § 61 BAT – liegt ein triftiger Grund für die Erteilung eines Zwischenzeugnisses aber nicht vor, wenn der Arbeitnehmer das Zeugnis allein deshalb verlangt, weil er es in einem Eingruppierungsrechtsstreit als Beweismittel verwenden möchte. Absatz 2 enthält keine ausdrücklichen Bestimmungen zu Form und Inhalt des Zwischenzeugnisses. Nach Auffassung der Autoren müssen hierzu dieselben Normen herangezogen werden, wie für das Endzeugnis, so dass auch das Zwischenzeugnis als qualifiziertes Zeugnis auszufertigen ist. Der Anspruch auf ein Zwischenzeugnis ist gesetzlich nicht geregelt.

Vorläufiges Zeugnis (Abs. 3)

Nach Absatz 3 der Vorschrift können Beschäftigte bei bevorstehender Beendigung ihres Arbeitsverhältnisses ein vorläufiges Zeugnis verlangen. Von dieser Vorschrift sind die Fälle erfasst, in denen das Ende des Arbeitsverhältnisses zwar absehbar ist, es aber noch besteht. Dies ist beispielsweise während des Laufs der Kündigungsfrist sowie bei dem absehbaren Ende eines befristeten Arbeitsverhältnisses der Fall. Der Beschäftigte kann nur ein vorläufiges Zeugnis über Art und Dauer der Beschäftigung, also ein einfaches Zeugnis, verlangen.

Zeitrahmen (Abs. 4)

Die Zeugnisse sind nach Absatz 4 der Vorschrift jeweils „unverzüglich" auszustellen. „Unverzüglich" bedeutet dabei im rechtlichen Sinne nach § 121 Abs. 1 Satz 1 BGB „ohne schuldhaftes Zögern".

Sowohl der Anspruch auf Erteilung als auch der Anspruch auf Berichtigung eines Zeugnisses unterliegen der Ausschlussfrist des § 37 TV-L. Dies hat das BAG in seinen Entscheidungen vom 23. 2. 1983 – 5 AZR 515/80, AP Nr. 10 zu § 70 BAT – bzw. 11. 6. 1980 – 4 AZR 443/78, AP Nr. 7 zu § 70 BAT – zur Ausschlussfrist des § 70 BAT ausdrücklich bestätigt.

Der Anspruch auf Erteilung eines qualifizierten Zeugnisses unterliegt der dreijährigen Verjährungsfrist des § 195 BGB, beginnend mit dem Schluss des Kalenderjahres, in dem der Anspruch entstanden ist.

Auch eine Verwirkung des Anspruchs ist denkbar, wenn der Beschäftigte sich nur sehr schleppend um die Angelegenheit kümmert und beim Arbeitgeber der Eindruck entstehen muss, der Beschäftigte verfolge die Angelegenheit nicht weiter – siehe BAG, Urteil vom 17. 2. 1988 – 5 AZR 638/86, AP Nr. 17 zu § 630 BGB.

Weitere Arbeitspapiere

Neben dem Zeugnis sind dem Beschäftigten bei Beendigung des Arbeitsverhältnisses aufgrund von gesetzlichen Vorschriften verschiedene Unterlagen bzw. Bescheinigungen auszuhändigen. Im Einzelnen handelt es sich hierbei um

- die (Jahres-)Lohnsteuerbescheinigung (Ausdruck aus ELStAM – **E**lektronische **L**ohn**St**euer**A**bzugs**M**erkmale),
- eine Entgeltbescheinigung (§ 108 Gewerbeordnung i. V. m. der Entgeltbescheinigungsverordnung),
- die schriftliche Mitteilung über den Inhalt der Meldung an die Einzugsstelle für den Gesamtsozialversicherungsbeitrag (§ 28a Abs. 5 SGB IV),
- eine Arbeitsbescheinigung nach § 312 SGB III,
- den Versicherungsnachweis der Zusatzversorgung nach § 21 ATV über die bisher insgesamt erworbene Anwartschaft auf Betriebsrente,
- auf Verlangen die Vorausbescheinigung über Arbeitsentgelt in der gesetzlichen Rentenversicherung nach § 194 SGB VI,
- eine Bescheinigung über den im laufenden Urlaubsjahr gewährten oder abgegoltenen Urlaub (§ 6 Abs. 2 BUrlG),
- bei jugendlichen Beschäftigten die nach § 32 ff. JArbSchG ausgestellten ärztlichen Bescheinigungen (§ 41 Abs. 2 JArbSchG).

Bei pflichtwidriger Unterlassung bzw. schuldhaft verspäteter Erfüllung der Herausgabepflicht hat der Arbeitgeber (sofern dem ehemaligen Beschäftigten hierdurch ein kausaler Schaden entstanden ist) damit zu rechnen, dass er zum Ersatz des Verzugsschadens verpflichtet wird.

Abschnitt VI
Übergangs- und Schlussvorschriften

§ 36 Anwendung weiterer Tarifverträge

[1]Die in der Anlage 1 TVÜ-Länder Teil C aufgeführten Tarifverträge und Tarifvertragsregelungen gelten fort, soweit im TVÜ-Länder, in seinen Anlagen oder in diesem Tarifvertrag nicht ausdrücklich etwas anderes bestimmt ist. [2]Die Fortgeltung dieser Tarifverträge beschränkt sich auf den bisherigen Geltungsbereich (zum Beispiel Arbeiter/Angestellte; Tarifgebiet Ost/Tarifgebiet West). [3]Für das Land Berlin finden ferner die im Tarifvertrag zur Überleitung der Beschäftigten des Landes Berlin in das Tarifrecht der TdL (TV Wiederaufnahme Berlin) aufgeführten Tarifverträge und Tarifvertragsregelungen mit den dort genannten Maßgaben Anwendung.

Erläuterungen

Die Sätze 1 und 2 des § 36 TV-L dienen letztlich nur dem Hinweis auf die bereits im TVÜ-Länder[1]) getroffenen Vereinbarungen zur Weitergeltung bestimmter Tarifverträge bzw. tarifvertraglicher Regelungen. Satz 3 wurde durch den Änderungstarifvertrag Nr. 6 vom 12. Dezember 2012 aus Anlass der Wiederaufnahme Berlins in die Tarifgemeinschaft deutscher Länder mit Wirkung vom 1. Januar 2013 angefügt. Er verweist auf die besonderen Maßgaben des TV Wiederaufnahme Berlin.

---

[1]) abgedruckt unter **270**

§ 37 Ausschlussfrist

(1) [1]Ansprüche aus dem Arbeitsverhältnis verfallen, wenn sie nicht innerhalb einer Ausschlussfrist von sechs Monaten nach Fälligkeit von den Beschäftigten oder vom Arbeitgeber schriftlich geltend gemacht werden. [2]Für denselben Sachverhalt reicht die einmalige Geltendmachung des Anspruchs auch für später fällige Leistungen aus.

(2) Absatz 1 gilt nicht für Ansprüche aus einem Sozialplan.

Erläuterungen

§ 37 TV-L legt fest, dass Ansprüche aus dem Arbeitsverhältnis verfallen, wenn sie nicht innerhalb von sechs Monaten nach ihrer Fälligkeit schriftlich geltend gemacht werden. Die Regelung entspricht § 70 BAT; auf die Erfahrungen mit dieser Vorschrift und die dazu ergangene Rechtsprechung kann somit zurückgegriffen werden.

Die in § 70 BAT enthaltene Formulierung, dass die Ausschlussfrist sechs Monate beträgt, „soweit tarifvertraglich nichts anderes bestimmt ist", wurde nicht in den TV-L übernommen. Da der TV-L (im Gegensatz z. B. zu § 21 BAT) keine „anderen Bestimmungen" zur Dauer der Ausschlussfrist enthält, liefe sie ohnehin ins Leere.

Neu aufgenommen wurde die Vereinbarung des Absatzes 2, dass Ansprüche aus dem Sozialplan nicht der Ausschlussfrist unterliegen.

Die nachfolgenden Hinweise basieren auf der gefestigten Rechtsprechung zu den bisherigen Vorschriften über Ausschlussfristen in den Manteltarifverträgen des öffentlichen Dienstes.

Zweck; Allgemeines

Die Ausschlussfrist hat den Zweck, die Parteien des Arbeitsvertrages zur alsbaldigen Geltendmachung und Klärung ihrer Ansprüche zu veranlassen.

Für den Lauf der Ausschlussfrist ist das Kennen oder Kennen müssen des Anspruchs im Allgemeinen ohne Bedeutung. Besteht Unsicherheit, ob ein Anspruch auf eine bestimmte Leistung gegen das Land besteht, muss der Beschäftigte eine Klärung innerhalb der Ausschlussfrist herbeiführen oder den Anspruch schriftlich geltend machen. Eine ungeklärte Rechtsfrage steht der Anwendung der Ausschlussfrist jedenfalls nicht entgegen (BAG vom 1. 8. 1966 – 3 AZR 60/66, AP Nr. 34 zu § 4 TVG Ausschlussfristen –).

Die Ausschlussfrist gilt grundsätzlich sowohl für Arbeitnehmer- als auch für Arbeitgeberansprüche.

Es reicht nicht aus, wenn ein Anspruch von einem Dritten geltend gemacht wird, es sei denn, dieser hat erkennbar in Vollmacht des Anspruchsberechtigten gehandelt.

Die Ausschlussfrist gilt auch für nicht tarifgebundene Beschäftigte, wenn mit diesen im Arbeitsvertrag die Anwendung des TV-L vereinbart ist. Ansprüche, die nicht innerhalb der Ausschlussfrist geltend gemacht werden, erlöschen, wobei es auf die Kenntnis der Ausschlussfrist nicht ankommt.

Die Gerichte für Arbeitssachen haben die Ausschlussfrist von Amts wegen zu beachten (vgl. Urteile des BAG vom 13. 5. 1970 – 1 AZR 336/69, AP Nr. 56 zu § 611 BGB Haftung des Arbeitnehmers und vom 3. 5. 1972 – 4 AZR 259/71, AP Nr. 3 zu §§ 22, 23 BAT Krankenkassen).

Die Ansprüche sind schriftlich geltend zu machen. Zur Wahrung der Ausschlussfrist und des Schriftlichkeitsgebots nach § 70 Satz 1 BAT (ist identisch mit § 37 TV-L/TVöD) bedarf es nach dem Urteil des BAG vom 7. 7. 2010 – 4 AZR 549/08 jedoch nicht der Schriftform (mit eigenhändiger Unterschrift) nach § 126 Abs. 1 BGB. Es genügt die Einhaltung der Textform des § 126b BGB. Eine E-Mail, die den Namen und die Adresse des Ausstellers enthält und den Abschluss der Erklärung durch eine Grußformel und die Wiederholung des Namens eindeutig kenntlich macht, genügt nach der Auffassung des BAG den Erfordernissen des § 126b BGB.

Auch durch eine Klageerhebung kann eine Geltendmachung im Sinne der Tarifvorschrift gesehen werden. Nach gefestigter Rechtsprechung des Bundesarbeitsgerichtes (z. B. Urteile vom 8. 3. 1975 – 5 AZR 361/75, vom 22. 2. 2001 – 6 AZR 603/99 und vom 16. 3. 2016 – 4 AZR 421/15) kommt es aber für die Fristwahrung nicht auf den Zeitpunkt der Klageerhebung, sondern auf den Zeitpunkt der Zustellung der Klage beim Anspruchsgegner an. Zeitverzögerungen gehen zu Lasten des Antragstellers.

Erfasste Ansprüche

Von der Ausschlussfrist wird grundsätzlich jeder Anspruch aus dem Arbeitsverhältnis erfasst, d. h. nicht nur arbeitsvertragliche, sondern auch auf Gesetz beruhende, mit dem Arbeitsverhältnis in sachlichem Zusammenhang stehende Ansprüche. So verfällt neben einem Schadensersatzanspruch des Arbeitgebers wegen schuldhafter Verletzung einer arbeitsvertraglichen Pflicht auch ein aus demselben Vorfall entstandener Anspruch des Arbeitgebers gegen den Beschäftigten aus unerlaubter Handlung. Ein Anspruch, der nur mittelbar mit dem Arbeitsverhältnis zusammenhängt, z. B. der Schadensersatzanspruch aus einem Kraftfahrzeugunfall, den der Arbeitnehmer mit dem ihm zugewiesenen Dienstkraftwagen während der dienstfreien Zeit verursacht, fällt dagegen nicht unter die Ausschlussfrist.

Als weitere Beispiele unter die Ausschlussfrist fallender Ansprüche sind zu nennen

- Gesetzliche Ansprüche eines Arbeitnehmers gegen den Arbeitgeber, nicht genommenen Urlaub nach Beendigung des Arbeitsverhältnisses als reinen Geldanspruch abzugelten (Urteil des BAG vom 31. 1. 2023 – 9 AZR 244/20),
- Ansprüche des Beschäftigten auf Fürsorgeverletzung des Arbeitgebers,
- Lohnerstattungsansprüche des Arbeitgebers (bei Überzahlungen),
- Anspruch auf Zeugniserteilung.

Nicht unter die Ausschlussfrist fallen hingegen beispielsweise

- Ansprüche des Arbeitnehmers auf Verletzung des Persönlichkeitsrechts,
- Ansprüche des Arbeitnehmers auf Verschaffung einer Zusatzversorgung und eventuelle Schadensersatzansprüche gegen den Arbeitgeber wegen der Verletzung der Verschaffungspflicht,
- Anspruch auf Kindergeld nach dem EStG bzw. dem BKGG,
- Anspruch des Arbeitnehmers auf den Arbeitgeberzuschuss zur Krankenversicherung nach § 257 SGB V; dieser verjährt in vier Jahren nach Ablauf des Kalenderjahres, in dem er fällig geworden ist. Ist ein Beitragszuschuss für Zeiträume gezahlt worden, in denen die Voraussetzungen des § 257 SGB V nicht vorlagen, unterliegt der Erstattungsanspruch des Arbeitgebers gegenüber dem Arbeitnehmer allerdings der sechsmonatigen Ausschlussfrist.

Besonderheit beim Mindestlohn

Das Bundesarbeitsgericht hat mit Urteil vom 20. Juni 2018 – 5 AZR 377/17 – und 18. September 2018 – 9 AZR 162/18 – entschieden, dass der Anspruch auf den gesetzlichen Mindestlohn nicht durch Verfallsfristen ausgeschlossen werden kann. Dem stünde § 3 Satz 1 des Mindestlohngesetzes entgegen. Die Urteile betrafen Beschäftigte aus dem Bereich der gewerblichen Wirtschaft, wo der Mindestlohn – im Gegensatz zum unmittelbaren öffentlichen Dienst – eine bedeutsamere Rolle spielt. Dass der Anspruch auf Vergütung wegen Annahmeverzugs in Höhe des gesetzlichen Mindestlohns auch nicht einer Ausschlussfrist unterworfen werden kann, hat das BAG zwischenzeitlich mehrfach bestätigt, so beispielsweise mit Urteil vom 13. Juli 2022 – 5 AZR 498/21.

Besonderheit bei der Sozialversicherung

Nach der Rechtsprechung des Bundessozialgerichtes (z. B. Urteile vom 22. 6. 1994 – 10 RAr 3/93 – und vom 30. 8. 1994 – 12 RK 59/92) können die Einzugsstellen vom Arbeitgeber Beiträge auch auf Arbeitsentgelt fordern, das der Arbeitnehmer vom Arbeitgeber wegen einer tariflichen Ausschlussklausel nicht mehr verlangen kann.

Fälligkeit als Beginn der Ausschlussfrist

Die Ausschlussfrist beginnt mit der Fälligkeit des Anspruchs, d. h. regelmäßig schon mit seiner Entstehung (vgl. § 271 Abs. 1 BGB; Regeltatbestand der sofortigen Fälligkeit) zu laufen. Auf die Kenntnis des Anspruchsberechtigten kommt es grundsätzlich nicht an. Es gilt z. B. für die nachstehenden Ansprüche des Arbeitgebers hinsichtlich der Fälligkeit Folgendes:

- Bei Ansprüchen auf Rückforderung zu viel gezahlter Bezüge wird der Anspruch grundsätzlich im Zeitpunkt der Überzahlung fällig. Auf die hier dargestellten Sonderfälle wird hingewiesen.
- Bei Schadensersatzansprüchen aufgrund unmittelbarer Schädigung des Arbeitgebers tritt die Fälligkeit im Zeitpunkt der Schadensentstehung ein.

  Ist der Arbeitgeber z. B. durch eine Überzahlung von Bezügen geschädigt worden, so beginnt die Ausschlussfrist für den Schadensersatzanspruch gegen den für die Überzahlung Verantwortlichen entsprechend der Rechtsprechung des Bundesarbeitsgerichts dann zu laufen, wenn der Arbeitgeber die Möglichkeit hat, die ihm gegenüber dem Beschäftigten zustehenden Schadenersatzansprüche wenigstens in etwa zu beziffern. Voraussetzung hierfür ist, dass der Arbeitgeber vom Schadensereignis Kenntnis erlangt oder bei Beachtung der gebotenen Sorgfalt Kenntnis erlangt hätte.

  Entsteht der Schaden dem Arbeitgeber nicht unmittelbar, sondern einem Dritten, der seinerseits den Arbeitgeber haftbar macht, so wird die Regressforderung des Arbeitgebers gegen den Beschäftigten nicht vor dem Zeitpunkt fällig, in dem der Dritte bei dem Arbeitgeber Ansprüche auf Schadenersatz geltend macht oder in dem der Arbeitgeber in sonstiger Weise von einer drohenden Schadenersatzforderung erfährt (vgl. Urteil des BAG vom 16. 3. 1966 – 1 AZR 411/65, AP Nr. 32 zu § 4 TVG Ausschlussfristen).
- Der „normale" Fälligkeitszeitpunkt verändert sich, wenn der Anspruchsgegner durch sein Verhalten bewirkt, dass der Anspruchsinhaber seine Berechtigung nicht erkennen kann.

In einem solchen Fall wird der Beginn der Ausschlussfrist bis zu dem Zeitpunkt hinausgeschoben, in dem das Hindernis für die Geltendmachung (etwa die falsche Darstellung eines Unfallhergangs durch den Arbeitnehmer) entfallen ist. Sobald der Anspruchsberechtigte jedoch aufgrund der ihm neu bekannt werdenden Tatsachen mit einigermaßen sicherer Aussicht auf Erfolg Klage erheben kann – sei es auch nur eine Feststellungsklage –, ist mit dieser Kenntnismöglichkeit zugleich der Zeitpunkt der Fälligkeit im Sinne der tariflichen Ausschlussregelung gegeben. Um den Beginn der Ausschlussfrist in Lauf zu setzen, genügt also die objektive Möglichkeit, etwaige Ansprüche geltend zu machen; endgültige Kenntnis ist nicht erforderlich (BAG v. 10. 8. 1967 – 3 AZR 221/66, AP Nr. 37 zu § 4 TVG Ausschlussfristen).

- In seinem Urteil vom 19. Februar 2004 – 6 AZR 664/02, AP Nr. 3 zu § 70 BAT-O – hat sich das Bundesarbeitsgericht (BAG) erneut mit der Frage befasst, wann ein Rückzahlungsanspruch fällig wird, wenn ein Beschäftigter die allein ihm bekannten tatbestandlichen Voraussetzungen eines Vergütungsbestandteils – hier: Wegfall der Berechtigung zum Bezug des Ortszuschlags der Stufe 2 – pflichtwidrig nicht mitteilt. Das BAG hat seine bisher dazu vertretene Auffassung bestätigt und ist zu dem Schluss gekommen, dass in diesen Fällen die Fälligkeit (und damit der Beginn der Ausschlussfrist) erst eintreten, wenn der Arbeitgeber erstmals von dem vergütungsrelevanten Tatbestand Kenntnis erlangt.

Beginn der Ausschlussfrist bei neuen Tarifverträgen

Zu der Frage des Beginns des Laufs von Ausschlussfristen bei neuen Regelungen bestand nach der Niederschrift über das Termingespräch vom 19. 6. 1991 zwischen den Tarifvertragsparteien Einvernehmen, dass die Ausschlussfrist für Ansprüche aus neuen Tarifregelungen frühestens beginnt mit dem Erscheinungsdatum der amtlichen Veröffentlichung (z. B. Ministerialblatt, Amtsblatt) bzw. (im VKA-Bereich) mit dem Eingang des Rundschreibens des kommunalen Arbeitgeberverbandes (KAV) mit dem endgültigen Tariftext beim Arbeitgeber.

Wiederkehrende Leistungen

Durch die Regelung in Satz 2 soll vermieden werden, bestimmte Ansprüche allmonatlich geltend machen zu müssen (z. B. auf einen monatlichen Zuschlag). Zu der wortgleichen Vorschrift des § 63 Satz 2 BMT-G II hat das BAG mit Urteil vom 11. 12. 2003 – 6 AZR 539/02 (AP Nr. 1 zu § 63 BMT-G II) entschieden, dass bei sogenannten unständigen

Bezügebestandteilen eine einmalige Geltendmachung nicht ausreicht, um die Ausschlussfrist auch für später fällig werdende Leistungen unwirksam zu machen. Sogenannte unständige Bezügebestandteile, die nicht monatlich wiederkehrend oder in unterschiedlicher Höhe anfallen, würden nicht denselben Sachverhalt im Sinne dieser Tarifvorschrift betreffen und seien deshalb nicht von ihr erfasst.

Treu und Glauben

In Ausnahmefällen kann der Berufung auf den Ablauf der Ausschlussfrist der Einwand der unzulässigen Rechtsausübung entgegenstehen (§ 242 BGB, z. B. wenn der Schuldner den Anspruch vor Ablauf der Ausschlussfrist anerkannt hat oder durch sein Verhalten den Gläubiger von der rechtzeitigen Geltendmachung abgehalten hat. Nach dem Urteil des BAG vom 8. Dezember 2011 – 6 AZR 397/10 – stellt die Berufung eines Arbeitgebers auf die tarifliche Ausschlussfrist aber dann keine unzulässige Rechtsausübung dar, wenn eine unrichtige Auskunft nicht von ihm selbst oder der von ihm bestimmten zuständigen Person oder Einrichtung erteilt worden ist, sondern der Arbeitnehmer der unrichtigen Auskunft einer für verbindliche Auskünfte nicht zuständigen Person geglaubt und es deshalb unterlassen hat, seinen Anspruch rechtzeitig und formgerecht geltend zu machen. Nach dem Urteil des BAG vom 27. 10. 1970 – 1 AZR 216/70, AP Nr. 44 zu § 4 TVG Ausschlussfristen – kann sich der Beschäftigte nicht auf den Ablauf der Ausschlussfrist berufen, wenn er die Kenntnisnahme des Arbeitgebers von den Mängeln der Arbeit arglistig verhindert hat.

Verjährung

Von den Ausschlussfristen zu unterscheiden sind die Verjährungsfristen nach dem BGB. Nach § 196 Nr. 8 BGB in der bis zum 31. 12. 2001 geltenden Fassung betrug die Verjährungsfrist für Vergütungsansprüche zwei Jahre. Sie ist durch das Gesetz zur Modernisierung des Schuldrechts vom 26. November 2001 (BGBl. I S. 3138) auf drei Jahre verlängert worden und findet sich nun in § 195 BGB n. F. (Eine Neufassung des BGB ist am 2. 1. 2002 – BGBl. I S. 42 veröffentlicht worden.) Für zum 1. 1. 2002 vorhandene Ansprüche enthält Artikel 2 Abs. 6 des obigen Gesetzes eine Überleitungsvorschrift. Die Verjährung beginnt mit dem Schluss des Jahres, in dem der Anspruch entstanden ist (§ 201 BGB a. F., § 199 Abs. 1 BGB n. F.). Nur ausnahmsweise kann die Einrede der Verjährung gegen Treu und Glauben verstoßen und eine unzulässige Rechtsausübung darstellen.

Verwirkung

Unabhängig von Ausschlussfrist und Verjährung können Ansprüche aus dem Beschäftigungsverhältnis auch durch Verwirkung untergehen. Verwirkung als Sonderfall der unzulässigen Rechtsausübung tritt dadurch ein, dass sich der Gläubiger in bestimmter Weise verhält und der Schuldner sich auf dieses Verhalten des Gläubigers einrichtet (vgl. dazu z. B. Urteil des BAG v. 23. 12. 1957 – 1 AZR 565/56). Zur Verwirkung hat das BAG in seinem Urteil vom 25. 4. 2001 – 5 AZR 497/99 erneut grundsätzlich Stellung bezogen und ausgeführt, dass der Eintritt der Verwirkung nicht nur vom Zeit- sondern auch vom Umstandsmoment abhängt. Es reicht nicht, dass der Anspruchsgrund längere Zeit zurückliegt, sondern es müssen darüber hinaus besondere Umstände vorliegen, die die späte Geltendmachung eines Anspruchs treuwidrig erscheinen lassen. Der Erfüllung des Umstandsmoments steht demnach beispielsweise die Unkenntnis einer bestimmten Forderung regelmäßig entgegen, weil in diesem Fall kein Vertrauen geschaffen werden kann, dass sie nicht erhoben werden wird.

§ 38 Begriffsbestimmungen

(1) Sofern auf die Tarifgebiete Ost oder West Bezug genommen wird, gilt Folgendes:

a) Die Regelungen für das Tarifgebiet Ost gelten für die Beschäftigten, deren Arbeitsverhältnis in dem in Artikel 3 des Einigungsvertrages genannten Gebiet begründet worden ist und bei denen der Bezug des Arbeitsverhältnisses zu diesem Gebiet fortbesteht.

b) Für die übrigen Beschäftigten gelten die Regelungen für das Tarifgebiet West.

c) Abweichend von den Buchstaben a und b gelten für Beschäftigte, die in einem Arbeitsverhältnis zum Land Berlin stehen, einheitlich die Regelungen des Tarifgebietes West, soweit nicht ausdrücklich für das Land Berlin etwas anderes bestimmt ist.

(2) Sofern auf die Begriffe „Betrieb", „betrieblich" oder „Betriebspartei" Bezug genommen wird, gilt die Regelung für Verwaltungen sowie für Parteien nach dem Personalvertretungsrecht entsprechend; es sei denn, es ist etwas anderes bestimmt.

(3) Eine einvernehmliche Dienstvereinbarung liegt nur ohne Entscheidung der Einigungsstelle vor.

(4) Leistungsgeminderte Beschäftigte sind Beschäftigte, die ausweislich einer Bescheinigung des beauftragten Arztes (§ 3 Absatz 5) nicht mehr in der Lage sind, auf Dauer die vertraglich geschuldete Arbeitsleistung in vollem Umfang zu erbringen, ohne deswegen zugleich teilweise oder in vollem Umfang erwerbsgemindert im Sinne des SGB VI zu sein.

(5) [1]Die Regelungen für Angestellte finden Anwendung auf Beschäftigte, deren Tätigkeit vor dem 1. Januar 2005 der Rentenversicherung der Angestellten unterlegen hätte. [2]Die Regelungen für Arbeiterinnen und Arbeiter finden Anwendung auf Beschäftigte, deren Tätigkeit vor dem 1. Januar 2005 der Rentenversicherung der Arbeiter unterlegen hätte.

Erläuterungen

§ 38 TV-L definiert die Tarifgebiete Ost und West (Absatz 1) und den Anwendungsbereich der Begriffe „Betrieb", „betrieblich", „Betriebspartei" (Absatz 2), beschreibt, was die Tarifpartner unter einer „einvernehmlichen Dienstvereinbarung" (Absatz 3) und „Leistungsgeminderten Beschäftigten" (Absatz 4) verstehen und grenzt die Begriffe Arbeiter und Angestellte ab (Absatz 5). Die Abgrenzung Angestellte/Arbeiter ist im BAT in § 1 vorgenommen worden. Die Abgrenzung der Tarifgebiete Ost/West ergab sich aus dem Tarifvertrag über den Geltungsbereich der für den öffentlichen Dienst in der Bundesrepublik Deutschland bestehenden Tarifverträge vom 1. August 1990 (danach fanden die bis dahin geschlossenen Tarifverträge im Gebiet der ehemaligen DDR auch nach deren Beitritt keine Anwendung) und aus § 1 BAT-O.

Abgrenzung der Tarifgebiete (Abs. 1)

Der TV-L gilt zwar auch für die Beschäftigten im Tarifgebiet Ost. Da jedoch die Entgelte und die Jahressonderzahlung in den beiden Tarifgebieten bis zur vollständigen Angleichung des Bemessungssatzes noch voneinander abweichen bzw. abwichen (→ z. B. Protokollerklärung zu § 15 Abs. 1 und die unterschiedlichen Prozentsätze der Jahressonderzahlung in § 20 Abs. 1) und der TV-L zudem Regelungen enthält, die sich nur auf das Tarifgebiet West beziehen (→ z. B. bei § 30 oder § 34 Abs. 2), ist die Abgrenzung der Tarifgebiete weiterhin vorzunehmen.

Gemäß Absatz 1 Buchst. a) gelten die Regelungen für das Tarifgebiet Ost für die Beschäftigten, deren Arbeitsverhältnis in dem in Art. 3 Einigungsvertrages genannten Gebiet begründet worden ist und bei denen der Bezug des Arbeitsverhältnisses zu diesem Gebiet fortbesteht. Für die übrigen Beschäftigten gelten gem. Buchstabe b) die Regelungen für das Tarifgebiet West. Diese Festlegung folgt der bisherigen Abgrenzung der Tarifgebiete. Sie trägt der mittlerweile gefestigten Rechtsprechung zur Abgrenzung der Tarifgebiete Rechnung, indem im Rahmen der Vorschrift zur Anwendung des Tarifrechts Ost nicht nur die Begründung des Arbeitsverhältnisses im Beitrittsgebiet, sondern auch der fortdauernde Bezug zu diesem Gebiet gefordert wird. Das BAG hat in seinem Urteil vom 20. 3. 1997 – 6 AZR 10/96, AP Nr. 8 zu § 1 BAT-O – Klarheit zu den Rechtsfolgen eines vorübergehenden Einsatzes eines Beschäftigten im Tarifgebiet West geschaffen, dessen Arbeitsverhältnis im Tarifgebiet Ost begründet worden ist. Danach beurteilt sich die Frage, ob für die vorübergehende Tätigkeit im Tarifgebiet West das Ost- oder das Westtarifrecht gilt, vorrangig nach dem Zweck der Tätigkeit. Auf die Dauer der Tätigkeit kommt es nur insoweit an, als sie noch durch den Zweck gerechtfertigt sein muss. Wird ein Beschäftigter, dessen Arbeitsverhältnis im Tarifgebiet Ost begründet worden ist, zu einer Dienststelle im Tarifgebiet West entsandt, um – sei es auch nur befristet oder auf kurze Dauer – Aufgaben dieser Dienststelle wahrzunehmen, ist nach der o. g. Entscheidung des BAG für die Dauer der Entsendung das Westtarifrecht anzuwenden. Die Fortgeltung des Osttarifrechts während einer Tätigkeit im Tarifgebiet West kommt nach Aussage des BAG nur in Betracht, wenn

- der Beschäftigte durch die Arbeit im Tarifgebiet West Aufgaben seiner im Tarifgebiet Ost liegenden Dienststelle wie ein „verlängerter Arm" wahrnimmt (das BAG nennt in seiner Entscheidung die Bei-

spiele einer Montage, einer Kundenberatung oder die Einarbeitung neuer Ortskräfte) oder
- die Tätigkeit auch im Interesse der im Tarifgebiet Ost liegenden Dienststelle ist (z. B. bei einer Fortbildung).

Dabei muss nach Auffassung des BAG allerdings die Dauer der Tätigkeit im Tarifgebiet West von vornherein vom Arbeitgeber festgelegt werden und im Hinblick auf den Zweck sachgerecht – also nicht unangemessen lang – sein.

Buchstabe c) wurde durch den Änderungstarifvertrag Nr. 6 vom 12. Dezember 2012 aus Anlass der Wiederaufnahme Berlins in die Tarifgemeinschaft deutscher Länder mit Wirkung vom 1. Januar 2013 angefügt. In dieser Vorschrift haben die Tarifpartner festgelegt, dass abweichend von den Grundsätzen der Buchstaben a) und b) im Land Berlin regelmäßig die Regelungen des Tarifgebietes West anzuwenden sind.

Übertragung der Begriffe „Betrieb" etc. auf andere Bereiche (Abs. 2)

Mit der Regelung in Absatz 2 stellen die Tarifpartner klar, dass Tarifvorschriften, die die dem Sprachgebrauch des Betriebsverfassungsgesetzes entnommenen Begriffe „Betrieb", „betrieblich" und „Betriebspartei" verwenden, grundsätzlich auch in den einem Personalvertretungsgesetz unterliegenden Bereichen anzuwenden sind.

Einvernehmliche Dienstvereinbarung (Abs. 3)

In dieser Vorschrift ist bestimmt, dass eine „einvernehmliche" Dienstvereinbarung (z. B. i. S. v. § 6 Abs. 9 oder § 10 Abs. 1) nur vorliegt, wenn sie ohne Entscheidung der Einigungsstelle zustande gekommen ist.

Leistungsgeminderte Beschäftigte (Abs. 4)

Nach der Definition sind leistungsgeminderte Beschäftigte solche Beschäftigte, die nach ärztlichen Feststellungen nicht mehr in der Lage sind, auf Dauer die vertraglich geschuldete Leistung zu erbringen, ohne dass sie erwerbsgemindert im Sinne des SGB VI sind (→ dazu die Erläuterungen zu § 33 Abs. 2).

Abgrenzung Arbeiter/Angestellte (Abs. 5)

Im TV-L ist die im bisherigen Tarifrecht vorgenommene Trennung von Arbeitern und Angestellten zwar aufgehoben worden. Für die Überleitung und die Anwendung von Sonderregelungen ist die Abgrenzung der Statusgruppen jedoch weiterhin vorzunehmen.

Die bislang in § 1 BAT getroffene Zuordnung in Anlehnung an das Recht der Rentenversicherung (Arbeitnehmer in einer der Rentenversicherung der Angestellten unterliegenden Beschäftigung galten als Angestellte, die in einer der Rentenversicherung der Arbeiter unterliegenden Beschäftigung galten als Arbeiter) läuft ins Leere, seitdem durch das im Wesentlichen zum 1. Januar 2005 in Kraft getretene Gesetz zur Organisationsreform in der gesetzlichen Rentenversicherung vom 9. Dezember 2004 (BGBl. I S. 3242) die bislang getrennten Rentenversicherungszweige für Arbeiter und Angestellte in der Deutschen Rentenversicherung Bund vereinheitlicht worden sind. Die Tarifpartner haben die Zuordnung zur Gruppe der Arbeiter bzw. Angestellten daher davon abhängig gemacht, ob die Tätigkeit des jeweiligen Beschäftigten vor dem 1. Januar 2005 der Rentenversicherung der Arbeiter bzw. Angestellten unterlegen hätte.

II

§ 38a Übergangsvorschrift zu § 1 Absatz 2 Buchstabe j

[1]Auf technisches Theaterpersonal mit überwiegend künstlerischer Tätigkeit, mit dem am 31. Mai 2015 arbeitsvertraglich eine überwiegend künstlerische Tätigkeit vereinbart ist, findet § 1 Absatz 2 Buchstabe j in der bis zum 31. Mai 2015 geltenden Fassung für die Dauer des ununterbrochen fortbestehenden Arbeitsverhältnisses weiter Anwendung. [2]Auf technisches Theaterpersonal, mit dem am 31. Mai 2015 arbeitsvertraglich die Anwendung des TV-L vereinbart ist, findet der TV-L unabhängig von § 1 Absatz 2 Buchstabe j in der ab dem 1. Juni 2015 geltenden Fassung für die Dauer des ununterbrochen fortbestehenden Arbeitsverhältnisses weiter Anwendung. [3]Als ununterbrochen fortbestehend gilt das Arbeitsverhältnis auch, wenn im beiderseitigen Einvernehmen an ein befristetes Arbeitsverhältnis ohne Unterbrechung ein neues Arbeitsverhältnis zu demselben Arbeitgeber abgeschlossen wird.

Erläuterungen

Technisches Theaterpersonal

Absatz 2 der Vorschrift wurde durch den 8. Änderungstarifvertrag vom 28. März 2015 mit Wirkung vom 1. Juni 2015 angefügt. Die Regelung stellt eine Übergangsregelung zu § 1 Abs. 2 Buchst. j dar. Sie bewirkt, dass die zum 1. Juni 2015 in Kraft getretene Neuabgrenzung des Geltungsbereichs des TV-L) für das technische Theaterpersonal im Ergebnis nicht für entsprechende Beschäftigte gilt, die sich über den 1. Juni 2015 hinaus in einem ununterbrochenen Arbeitsverhältnis befanden und entweder aufgrund der bis dahin geltenden Fassung des § 1 Abs. 2 Buchst. j (siehe unten) oder aufgrund einzelvertraglicher Vereinbarung vom TV-L erfasst wurden. Für diese Beschäftigten gilt somit weiterhin der TV-L.

Die bis zum 31. Mai 2015 geltende Fassung des § 1 Abs. 2 Buchst. j hatte folgenden Wortlaut:

„2) Dieser Tarifvertrag gilt nicht für

...

j) künstlerisches Theaterpersonal, technisches Theaterpersonal mit überwiegend künstlerischer Tätigkeit und Orchestermusikerinnen/ Orchestermusiker,

..."

§ 38b Übergangsvorschriften

[1]Bei Beschäftigten, die Pflichtmitglied einer auf landesrechtlicher oder bundesrechtlicher Grundlage errichteten berufsständischen Versorgungseinrichtung im Sinne von § 6 Absatz 1 Satz 1 Nr. 1 SGB VI sind, endet das Arbeitsverhältnis abweichend von § 33 Absatz 1 Buchstabe a mit Erreichen der für die jeweilige Versorgungseinrichtung nach dem Stand vom 1. April 2019 geltenden Altersgrenze für eine abschlagsfreie Altersrente, sofern dies zu einem späteren Zeitpunkt als nach § 33 Absatz 1 Buchstabe a erfolgt. [2]Nach dem 1. April 2019 wirksam werdende Änderungen der satzungsmäßigen Bestimmungen der Versorgungseinrichtungen im Hinblick auf das Erreichen der Altersgrenze für eine abschlagsfreie Altersrente sind nur dann maßgeblich, wenn die sich daraus ergebende Altersgrenze mit der gesetzlich festgelegten Altersgrenze zum Erreichen der Regelaltersrente übereinstimmt.

II

Erläuterungen

Die Vorschrift wurde durch den Änderungstarifvertrag Nr. 11 mit Wirkung vom 1. Januar 2019 eingefügt. Die Vorschrift korrespondiert mit der Regelung in § 33 Abs. 1 Buchst. a TV-L. Abweichend von der dortigen Festlegung endet das Arbeitsverhältnis bei Beschäftigten, die bei bestimmten Versorgungswerken pflichtversichert sind, nicht bereits bei der gesetzlichen Grenze zum Erreichen einer abschlagsfreien Regelaltersrente, sondern ggfs. erst zum nach den Satzungen dieser Versorgungswerke späteren Termin für das Erreichen einer abschlagsfreien Rente. Damit wird erreicht, dass die betroffenen Beschäftigten nicht – bezogen auf die Satzung des jeweiligen Versorgungswerks – vorzeitig und unter Hinnahme von Abschlägen aus dem Arbeitsverhältnis ausscheiden müssen. Für die Bestimmung des Zeitpunkts der abschlagsfreien Altersrente sind die zum 1. April 2019 geltenden satzungsrechtlichen Bestimmungen der vorgenannten Versorgungswerke maßgeblich. Danach wirksam werdende Satzungsänderungen sind gemäß § 38a Satz 2 TV-L nur dann zu berücksichtigen, wenn diese zu einer Übereinstimmung mit der gesetzlich festgelegten Altersgrenze zum Erreichen einer abschlagsfreien Regelaltersrente führen.

§ 39 In-Kraft-Treten, Laufzeit

(1) [1]Dieser Tarifvertrag tritt am 1. November 2006 in Kraft. [2]Abweichend von Satz 1 treten § 26 Absatz 1 und Absatz 2 Buchstabe b und c sowie § 27 am 1. Januar 2007 in Kraft.

II

(2) Dieser Tarifvertrag kann von jeder Tarifvertragspartei mit einer Frist von drei Monaten zum Schluss eines Kalenderhalbjahres schriftlich gekündigt werden.

(3) [1]Abweichend von Absatz 2 kann von jeder Tarifvertragspartei auf landesbezirklicher Ebene schriftlich gekündigt werden

a) § 6 Absatz 1 mit einer Frist von einem Monat zum Schluss eines Kalendermonats. [2]Eine solche Kündigung erfasst zugleich auch abweichende Regelungen der tariflichen regelmäßigen wöchentlichen Arbeitszeit für besondere Beschäftigtengruppen in den Sonderregelungen,

b) § 20 mit einer Frist von drei Monaten zum 31. Dezember eines Kalenderjahres,

c) § 23 Absatz 2 mit einer Frist von einem Monat zum Schluss eines Kalendermonats.

(4) Abweichend von Absatz 2 können ferner schriftlich gekündigt werden

a) die Vorschriften des Abschnitts II mit einer Frist von einem Monat zum Schluss eines Kalendermonats,

b) unabhängig von Buchstabe a § 8 Absatz 1 mit einer Frist von drei Monaten zum Schluss eines Kalendervierteljahres,

c) die §§ 12 bis 14 und die Entgeltordnung (Anlage A) insgesamt und ohne Nachwirkung mit einer Frist von drei Monaten zum Schluss eines Kalenderhalbjahres,

d) § 23 Absatz 1 mit einer Frist von einem Monat zum Schluss eines Kalendermonats,

e) § 26 Absatz 1 mit einer Frist von drei Monaten zum Schluss eines Kalenderjahres,

f) die Abschnitte 10 und 25 des Teils II der Entgeltordnung gemeinsam mit einer Frist von drei Monaten zum Schluss eines Kalenderhalbjahres; die Nachwirkung dieser Vorschriften wird ausgeschlossen,

g) die Entgelttabellen (Anlagen B, C, D und G) mit einer Frist von einem Monat zum Schluss eines Kalendermonats, frühestens jedoch zum 31. Oktober 2025; eine Kündigung nach Absatz 2 umfasst nicht die Entgelttabellen.

Erläuterungen

In § 39 TV-L haben die Tarifpartner Regelungen zum Inkrafttreten und zu den Kündigungsmöglichkeiten des TV-L vereinbart. Hinsichtlich des Inkrafttretens sind daneben die besonderen Vorschriften des Überleitungs-Tarifvertrages (TVÜ-Länder)[1]) zu beachten.

---

1) abgedruckt unter **270**

Inkrafttreten (Abs. 1)

Der TV-L ist grundsätzlich am 1. November 2006 in Kraft getreten. Ausnahmen davon gelten hinsichtlich bestimmter Urlaubs-, Zusatzurlaubsregelungen (§§ 26, 27; Inkrafttreten 1. Januar 2007; → dazu § 15 des TVÜ-Länder).

Generell ist vor der Anwendung der Tarifvorschriften ein Blick in den TVÜ-Länder zu empfehlen, weil häufig für die übergeleiteten Beschäftigten Besonderheiten (z. B. bei der Entgeltfortzahlung im Krankheitsfall, Beschäftigungszeit) zu beachten sind.

Kündigungsfrist; Grundsatz (Abs. 2)

Der Tarifvertrag kann grundsätzlich mit einer Frist von drei Monaten zum Halbjahresende gekündigt werden. Die Kündigung bedarf der Schriftform. Die Kündigung des TV-L lässt die Entgelttabellen unberührt (siehe Abs. 4 Buchstabe g zweiter Halbsatz).

Kündigungsfrist; landesbezirkliche Kündigungen (Abs. 3)

Absatz 3 enthält besondere Kündigungsrechte, die nur auf landesbezirklicher Ebene ausgeübt werden können. Auch diese Kündigung bedarf der Schriftform. Im Einzelnen handelt es sich dabei um folgende Kündigungsmöglichkeiten:

Buchst. a): Hiernach kann die Vorschrift über die regelmäßige Arbeitszeit (§ 6 Abs. 1) gesondert gekündigt werden, und zwar mit einer Frist von einem Monat zum Ende des Kalendermonats.

Buchst. b): Die Vorschriften über eine Sonderzahlung (§ 20) können ebenfalls gesondert gekündigt werden, und zwar mit einer Frist von drei Monaten zum Jahresende.

Buchst. c): Nach dieser Vorschrift kann die Regelung über eine Jubiläumszuwendung (§ 23 Abs. 2) mit einer Frist von einem Monat zum Monatsende gekündigt werden.

Kündigungsfrist; weitere Ausnahmen (Abs. 4)

Absatz 4 enthält eine abschließende Aufzählung von weiteren abweichenden Kündigungsmöglichkeiten. Auch diese Kündigungen bedürfen der Schriftform:

Buchst. a): Hiernach können die Vorschriften des Abschnitts II (§§ 6 bis 11 – Arbeitszeit) mit einer Frist von einem Monat zum Monatsende gekündigt werden. Zum Sonderkündigungsrecht der regelmäßigen Arbeitszeit vgl. Absatz 3 Buchst. a.

Buchst. b): Diese Vorschrift beinhaltet ein Sonderkündigungsrecht für § 8 Abs. 1 (Zeitzuschläge für Sonderformen der Arbeit), das unabhängig von der Kündigungsmöglichkeit des Buchst. a ausgeübt werden kann. Die Kündigungsfrist beträgt drei Monate zum Quartalsende.

Buchst. c): Demnach können die Eingruppierungsvorschriften mit einer Frist von drei Monaten zum Halbjahresende, frühestens jedoch zum 31. Dezember 2014 gekündigt werden. Die an sich im Tarifvertragsgesetz vorgesehene Nachwirkung ist ausgeschlossen.

Buchst. d): Diese Vorschrift ermöglicht es, die Vorschriften über vermögenswirksame Leistungen mit einer Frist von einem Monat zum Monatsende zu kündigen.

Buchst. e): Nach dieser Vorschrift kann die Regelung der Dauer des Erholungsurlaubs mit einer Frist von drei Monaten zum Jahresende gekündigt werden.

Buchst. f): Diese Vorschrift ermöglicht, die Abschnitte 10 (Gesundheitsmerkmale) und 25 (Wirtschaftspersonal) der Entgeltordnung gemeinsam mit einer Frist von drei Monaten zum Halbjahresende zu kündigen. Die Nachwirkung ist ausgeschlossen.

Buchst. g): Nach dieser Vorschrift können die Entgelttabellen mit einer Frist von einem Monat zum Monatsende, frühestens jedoch zum 31. Oktober 2025, gekündigt werden.

Auch die Kündigung nach den abweichenden Kündigungsvorschriften des Absatzes 4 bedarf generell der Schriftform.

B. Sonderregelungen

§ 40 Sonderregelungen für Beschäftigte an Hochschulen und Forschungseinrichtungen

Nr. 1 Zu § 1 – Geltungsbereich –

Diese Sonderregelungen gelten für die Beschäftigten der Hochschulen und Forschungseinrichtungen der Länder, soweit nachfolgend nichts anderes bestimmt ist.

Niederschriftserklärung zu § 40 Nr. 1 (betreffend § 1 TV-L):

Hochschulen im Sinne von § 40 Nr. 1 sind die Hochschulen nach dem jeweiligen Landesrecht.

Niederschriftserklärung zu § 1 Absatz 3 und § 40:

Soweit es vereinbart ist, gilt dieser Tarifvertrag auch an außeruniversitären Forschungseinrichtungen, die nicht unter den Geltungsbereich des TV-L fallen.

Nr. 2 Zu § 3 – Allgemeine Arbeitsbedingungen –

1. § 3 Absatz 1 gilt in folgender Fassung:

„(1) [1]Die arbeitsvertraglich geschuldete Leistung ist gewissenhaft und ordnungsgemäß in Übereinstimmung mit der Zielsetzung der Einrichtung, insbesondere der spezifischen Aufgaben in Forschung, Lehre und Weiterbildung auszuführen. [2]Die Beschäftigten müssen sich durch ihr gesamtes Verhalten zur freiheitlich demokratischen Grundordnung im Sinne des Grundgesetzes bekennen."

2. § 3 Absatz 4 gilt in folgender Fassung:

„(4) [1]Nebentätigkeiten haben die Beschäftigten ihrem Arbeitgeber rechtzeitig vorher schriftlich anzuzeigen. [2]Der Arbeitgeber kann die Nebentätigkeit untersagen oder mit Auflagen versehen, wenn diese geeignet ist, die Erfüllung der arbeitsvertraglichen Pflichten der Beschäftigten oder berechtigte Interessen des Arbeitgebers zu beeinträchtigen. [3]Für Nebentätigkeiten im öffentlichen Dienst kann eine Ablieferungspflicht nach den Bestimmungen, die beim Arbeitgeber gelten, zur Auflage gemacht werden."

3. In § 3 werden folgende Absätze 8 und 9 angefügt:

„(8) [1]Der Arbeitgeber hat bei der Wahrnehmung des Direktionsrechts die Grundrechte der Wissenschaftsfreiheit und der Kunstfreiheit sowie das Grundrecht der Gewissensfreiheit zu beachten. [2]Für Konfliktfälle wird eine Ombudsperson oder eine Schlichtungskommission durch die Betriebsparteien bestimmt, die Empfehlungen zur Konfliktlösung aussprechen kann. [3]Gesetzliche Ansprüche bleiben von den Empfehlungen der Schlichtung unberührt.

(9) Soweit in § 53 Abs. 2 Hochschulrahmengesetz genannten befristet Beschäftigten Aufgaben übertragen werden, die auch der Vorbereitung einer Promotion oder der Erbringung zusätzlicher wissenschaftlicher Leistungen förderlich sind, soll ihnen im Rahmen ihrer Dienstaufgaben ausreichend Gelegenheit zu eigener wissenschaftlicher Arbeit gegeben werden."

Nr. 3 Zu § 6 – Regelmäßige Arbeitszeit –

1. § 6 Absatz 2 gilt in folgender Fassung:

„(2) [1]Für die Berechnung des Durchschnitts der regelmäßigen wöchentlichen Arbeitszeit ist ein Zeitraum von einem Jahr zugrunde zu legen. [2]Abweichend von Satz 1 kann bei Beschäftigten, die ständig Wechselschicht- oder Schichtarbeit zu leisten haben sowie für die Durchführung so genannter Sabbatjahrmodelle, ein längerer Zeitraum zugrunde gelegt werden."

2. § 6 Absatz 6 gilt in folgender Fassung:

„(6) [1]Durch Betriebs-/Dienstvereinbarung kann für bestimmte Beschäftigtengruppen oder Beschäftigtenbereiche ein wöchentlicher Arbeitszeitkorridor von bis zu 48 Stunden eingerichtet werden. [2]Die innerhalb eines Arbeitszeitkorridors geleisteten zusätzlichen Arbeitsstunden werden innerhalb eines Jahres ausgeglichen. [3]§ 6 Absatz 2 Satz 2 bleibt unberührt."

3. Es wird folgender Absatz 12 angefügt:

„(12) Durch Betriebs-/Dienstvereinbarung kann für bestimmte Beschäftigtengruppen oder Beschäftigtenbereiche vereinbart werden, dass die Verteilung der Arbeitszeit unter Berücksichtigung betrieblicher Belange vom Beschäftigten selbstverantwortlich festgelegt werden kann."

Nr. 4 Zu § 7 – Sonderformen der Arbeit –

§ 7 Absatz 8 gilt in folgender Fassung:

„(8) Abweichend von Absatz 7 sind nur die Arbeitsstunden Überstunden, die

a) im Falle der Festlegung eines Arbeitszeitkorridors nach § 6 Absatz 6 über 48 Stunden oder über die vereinbarte Obergrenze hinaus,

b) im Falle der Einführung einer täglichen Rahmenzeit nach § 6 Absatz 7 außerhalb der Rahmenzeit,

c) im Falle von Wechselschicht- oder Schichtarbeit über die im Schichtplan festgelegten täglichen Arbeitsstunden einschließlich der im Schichtplan vorgesehenen Arbeitsstunden, die bezogen auf die regelmäßige wöchentliche Arbeitszeit im Schichtplanturnus nicht ausgeglichen werden,

angeordnet worden sind."

Nr. 5 Zu § 16 – Stufen der Entgelttabelle –

1. § 16 Absatz 2 gilt in folgender Fassung:

„(2) [1]Bei der Einstellung werden die Beschäftigten der Stufe 1 zugeordnet, sofern keine einschlägige Berufserfahrung vorliegt. [2]Verfügen Beschäftigte über eine einschlägige Berufserfahrung von mindestens einem Jahr aus einem vorherigen befristeten oder unbefristeten Arbeitsverhältnis zum selben Arbeitgeber, erfolgt die Stufenzuordnung unter Anrechnung der Zeiten der einschlägigen Berufserfahrung aus diesem vorherigen Arbeitsverhältnis. [3]Ist die einschlägige Berufserfahrung von mindestens einem Jahr in einem Arbeitsverhältnis zu einem anderen Arbeitgeber erworben worden, erfolgt die Einstellung in die Stufe 2, beziehungsweise

– bei Einstellung nach dem 31. Januar 2010 und Vorliegen einer einschlägigen Berufserfahrung von mindestens drei Jahren – in Stufe 3.

[4]Werden Beschäftigte in den Entgeltgruppen 13 bis 15 eingestellt, gilt ergänzend: Zeiten mit einschlägiger Berufserfahrung an anderen Hochschulen oder außeruniversitären Forschungseinrichtungen werden grundsätzlich anerkannt. [5]Dasselbe gilt für Beschäftigte in den Entgeltgruppen 9a bis 12, wenn sie im Rahmen der Planung, Vorbereitung, Durchführung, Aus- und/oder Bewertung von wissenschaftlichen Vorhaben einen wesentlichen Beitrag leisten.

[6]Unabhängig davon kann der Arbeitgeber bei Neueinstellungen zur Deckung des Personalbedarfs Zeiten einer vorherigen beruflichen Tätigkeit ganz oder teilweise für die Stufenzuordnung berücksichtigen, wenn diese Tätigkeit für die vorgesehene Tätigkeit förderlich ist."

1a. § 16 Absatz 2a gilt in folgender Fassung:

„(2a) Der Arbeitgeber kann bei Einstellung von Beschäftigten im unmittelbaren Anschluss an ein Arbeitsverhältnis im öffentlichen Dienst (§ 34 Absatz 3 Satz 3 und 4) die beim vorherigen Arbeitgeber nach den Regelungen des TV-L, des TVÜ-Länder oder eines vergleichbaren Tarifvertrages erworbene Stufe bei der Stufenzuordnung ganz oder teilweise berücksichtigen; Absatz 2 Satz 6 bleibt unberührt."

2. § 16 Absatz 5 gilt in folgender Fassung:

„(5) [1]Zur regionalen Differenzierung, zur Deckung des Personalbedarfs, zur Bindung von qualifizierten Fachkräften oder zum Ausgleich höherer Lebenshaltungskosten kann Beschäftigten abweichend von der tarifvertraglichen Einstufung ein bis zu zwei Stufen höheres Entgelt ganz oder teilweise vorweg gewährt werden. [2]Beschäftigte mit einem Entgelt der Endstufe können bis zu 20 v. H. der Stufe 2 zusätzlich erhalten.

[3]Wissenschaftlerinnen und Wissenschaftler mit einem Entgelt der Endstufe können bis zu 25 v. H. der Stufe 2 zusätzlich erhalten. [4]Dies gilt jedoch nur, wenn

a) sie aufgrund ihrer fachlichen Qualifikation besondere projektbezogene Anforderungen erfüllen oder
b) eine besondere Personalbindung beziehungsweise Personalgewinnung erreicht werden soll.

[5]Die Zulage kann befristet werden. [6]Sie ist auch als befristete Zulage widerruflich."

Nr. 6 Zu § 18

§ 18 gilt in folgender Fassung:

„§ 18

Besondere Zahlung im Drittmittelbereich, Leistungszulage und -prämie

(1) [1]Beschäftigte im Drittmittelbereich können vom Arbeitgeber eine Sonderzahlung erhalten. [2]Voraussetzung ist, dass nach Deckung der Einzel- und Gemeinkosten des Drittmittelvorhabens entsprechende Erträge aus Mitteln privater Dritter verbleiben. [3]Die Beschäftigten müssen zudem durch beson-

dere Leistungen bei der Einwerbung der Mittel oder der Erstellung einer für die eingeworbenen Mittel zu erbringenden beziehungsweise erbrachten Leistung beigetragen haben. [4]Die Sonderzahlung kann bis zu 10 v. H. ihres Jahrestabellenentgelts betragen. [5]Sie ist nicht zusatzversorgungspflichtig.

(2) [1]Der Arbeitgeber kann Beschäftigten unabhängig von Absatz 1 eine Leistungszulage zahlen, wenn sie dauerhaft oder projektbezogen besondere Leistungen erbringen. [2]Die Zulage kann befristet werden. [3]Sie ist auch als befristete Zulage widerruflich.

(3) Der Arbeitgeber kann Beschäftigten unabhängig von Absatz 1 eine einmalige Leistungsprämie zahlen, wenn sie besondere Leistungen erbracht haben."

Niederschriftserklärung zu § 40 Nr. 6 (betreffend § 18 Abs. 2 und 3 TV-L):

a) Die Tarifvertragsparteien stimmen darin überein, dass in der nächsten Tarifrunde weitergehende Regelungen zur dienstlichen beziehungsweise betrieblichen Ausgestaltung geprüft werden, wenn in der Praxis erhebliche Umsetzungsprobleme erkennbar sind.

b) Die Gewerkschaften weisen darauf hin, dass etwaige Mittel für Leistungszulagen und Leistungsprämien nach den Absätzen 2 und 3 vom Arbeitgeber aufzubringen sind.

Nr. 7 Zu § 26 – Erholungsurlaub –

§ 26 Absatz 2 gilt in folgender Fassung:

„(2) Im Übrigen gilt das Bundesurlaubsgesetz mit folgenden Maßgaben:

a) Im Falle der Übertragung muss der Erholungsurlaub bis zum 30. September des folgenden Jahres genommen sein.

b) Beginnt oder endet das Arbeitsverhältnis im Laufe eines Jahres, steht als Erholungsurlaub für jeden vollen Monat des Arbeitsverhältnisses ein Zwölftel des Urlaubsanspruchs nach Absatz 1 zu; § 5 Bundesurlaubsgesetz bleibt unberührt.

c) Ruht das Arbeitsverhältnis, so vermindert sich die Dauer des Erholungsurlaubs einschließlich eines etwaigen tariflichen Zusatzurlaubs für jeden vollen Kalendermonat um ein Zwölftel.

d) Das Entgelt nach Absatz 1 Satz 1 wird zu dem in § 24 genannten Zeitpunkt gezahlt."

Nr. 8 Zu § 30 – Befristete Arbeitsverträge –

§ 30 Absatz 2 gilt in folgender Fassung:

„(2) [1]Kalendermäßig befristete Arbeitsverträge mit sachlichem Grund sind nur zulässig, wenn die Dauer des einzelnen Vertrages sieben Jahre nicht übersteigt; weitergehende Regelungen im Sinne von § 23 Teilzeit- und Befristungsgesetz bleiben unberührt. [2]Beschäftigte mit einem Arbeitsvertrag nach Satz 1 sind bei der Besetzung von Dauerarbeitsplätzen bevorzugt zu berücksichtigen, wenn die sachlichen und persönlichen Voraussetzungen erfüllt sind."

Niederschriftserklärung zu § 40 Nr. 8 (betreffend § 30 TV-L):

Die Tarifvertragsparteien werden bis zum 30. September 2007 prüfen, ob und inwieweit aufgrund der erhöhten Mobilitätsanforderungen bei wissenschaftlichen

Beschäftigten in Befristungsfällen, die nicht aufgrund des Hochschulrahmengesetzes beziehungsweise der gesetzlichen Nachfolgeregelungen oder im Rahmen einer Vertretungsregelung erfolgen, eine Überbrückungsleistung im Sinne einer Härtefallregelung gezahlt werden kann, wenn im Anschluss an eine befristete Beschäftigung keine zeitnahe Anschlussbeschäftigung erfolgt.

Niederschriftserklärung zu § 40 Nr. 8 und § 41 Nr. 19 (betreffend § 30 TV-L):
Die Tarifvertragsparteien erwarten eine verantwortungsbewusste Handhabung der Befristungen im Wissenschaftsbereich.

Nr. 9 Künstlerische Lehrkräfte an Kunst- und Musikhochschulen in Baden-Württemberg und Bayern

[1]Für künstlerische Lehrkräfte an Kunst- und Musikhochschulen in Baden-Württemberg und Bayern gelten § 44 Nummern 2 und 3 entsprechend. [2]An die Stelle der Schulferien treten dabei die Semesterferien.

II

§ 41 Sonderregelungen für Ärztinnen und Ärzte an Universitätskliniken

Nr. 1 Zu § 1 – Geltungsbereich –

(1) [1]Diese Sonderregelungen gelten für Ärztinnen und Ärzte einschließlich Zahnärztinnen und Zahnärzte (Beschäftigte), die an einer Universitätsklinik überwiegend Aufgaben in der Patientenversorgung wahrnehmen. [2]Sie gelten auch für Ärztinnen und Ärzte, die in ärztlichen Servicebereichen in der Patientenversorgung eingesetzt sind.

(2) Ob und inwieweit diese Sonderregelungen auf andere Ärztinnen und Ärzte im Landesdienst (zum Beispiel an psychiatrischen Krankenhäusern) übertragen werden, ist auf Landesebene zu verhandeln.

(3) Soweit in § 40 geregelte Tatbestände auch für Ärztinnen und Ärzte an Universitätskliniken einschlägig sein könnten, sind sie in die Regelungen dieses § 41 vollständig aufgenommen worden.

Protokollerklärungen zu Nr. 1 Absatz 1:

1. Zu den ärztlichen Servicebereichen in der Patientenversorgung zählen zum Beispiel Pathologie, Labor und Krankenhaushygiene.
2. Der Tarifvertrag für das Universitätsklinikum Schleswig-Holstein (Beschäftigungspakt) vom 20. Oktober 2004 bleibt unberührt.

Nr. 2 Zu § 3 – Allgemeine Arbeitsbedingungen –

§ 3 gilt in folgender Fassung:

„§ 3 Allgemeine Arbeitsbedingungen

(1) [1]Die arbeitsvertraglich geschuldete Leistung ist gewissenhaft und ordnungsgemäß auszuführen; dabei sind die Ziele der Hochschule und die spezifischen Aufgaben in Forschung, Lehre und Weiterbildung zu beachten. [2]Die Beschäftigten müssen sich durch ihr gesamtes Verhalten zur freiheitlich demokratischen Grundordnung im Sinne des Grundgesetzes bekennen.

(2) Die Beschäftigten haben über Angelegenheiten, deren Geheimhaltung durch gesetzliche Vorschriften vorgesehen oder vom Arbeitgeber angeordnet ist, Verschwiegenheit zu wahren; dies gilt auch über die Beendigung des Arbeitsverhältnisses hinaus.

(3) [1]Die Beschäftigten dürfen von Dritten Belohnungen, Geschenke, Provisionen oder sonstige Vergünstigungen mit Bezug auf ihre Tätigkeit nicht annehmen. [2]Ausnahmen sind nur mit Zustimmung des Arbeitgebers möglich. [3]Werden den Beschäftigten derartige Vergünstigungen angeboten, haben sie dies dem Arbeitgeber unverzüglich anzuzeigen.

(4) [1]Eine Beteiligung der Beschäftigten an Poolgeldern hat nach transparenten Grundsätzen, insbesondere unter Berücksichtigung von Verantwortung, Leistung und Erfahrung zu erfolgen. [2]Sie richtet sich nach den landesrechtlichen Bestimmungen. [3]Soweit keine landesrechtlichen Bestimmungen erlassen sind, soll ein Poolvolumen gemäß den Grundsätzen des Satzes 1 verteilt werden;

die Klinik kann weitere Kriterien bestimmen. [4]Die Beteiligung an Poolgeldern ist kein zusatzversorgungspflichtiges Entgelt.

(5) [1]Der Arbeitgeber ist bei begründeter Veranlassung berechtigt, Beschäftigte zu verpflichten, durch ärztliche Bescheinigung nachzuweisen, dass sie zur Leistung der arbeitsvertraglich geschuldeten Tätigkeit in der Lage sind. [2]Bei dem beauftragten Arzt kann es sich um einen Betriebsarzt, Personalarzt oder Amtsarzt handeln, soweit sich die Betriebsparteien nicht auf einen anderen Arzt geeinigt haben. [3]Die Kosten dieser Untersuchung trägt der Arbeitgeber. [4]Der Arbeitgeber kann die Beschäftigten auch bei Beendigung des Arbeitsverhältnisses untersuchen lassen. [5]Auf Verlangen der Beschäftigten ist er hierzu verpflichtet. [6]Beschäftigte, die besonderen Ansteckungsgefahren ausgesetzt oder in gesundheitsgefährdenden Bereichen beschäftigt sind, sind in regelmäßigen Zeitabständen ärztlich zu untersuchen.

II

(6) [1]Die Beschäftigten haben ein Recht auf Einsicht in ihre vollständigen Personalakten. [2]Sie können das Recht auf Einsicht auch durch eine/n hierzu schriftlich Bevollmächtigte/n ausüben lassen. [3]Sie können Auszüge oder Kopien aus ihren Personalakten erhalten. [4]Die Beschäftigten müssen über Beschwerden und Behauptungen tatsächlicher Art, die für sie ungünstig sind oder ihnen nachteilig werden können, vor Aufnahme in die Personalakten gehört werden. [5]Ihre Äußerung ist zu den Personalakten zu nehmen.

(7) Für die Schadenshaftung der Beschäftigten finden die Bestimmungen, die für die Beamten des jeweiligen Landes jeweils gelten, entsprechende Anwendung.

(8) [1]Der Arbeitgeber hat bei der Wahrnehmung des Direktionsrechts die Grundrechte der Wissenschaftsfreiheit und das Grundrecht der Gewissensfreiheit zu beachten. [2]Für Konfliktfälle wird eine Ombudsperson oder eine Schlichtungskommission durch die Betriebsparteien bestimmt, die Empfehlungen zur Konfliktlösung aussprechen kann. [3]Gesetzliche Ansprüche bleiben von den Empfehlungen der Schlichtung unberührt.

(9) [1]Zu den Pflichten der Beschäftigten gehört es auch, ärztliche Bescheinigungen auszustellen. [2]Die Beschäftigten können vom Arbeitgeber verpflichtet werden, im Rahmen einer zugelassenen Nebentätigkeit von leitenden Ärztinnen und Ärzten oder für Belegärztinnen und Belegärzte innerhalb der Einrichtung ärztlich tätig zu werden.

(10) [1]Zu den Pflichten der Beschäftigten aus der Haupttätigkeit gehört es, am Rettungsdienst in Notarztwagen und Hubschraubern teilzunehmen. [2]Für jeden Einsatz in diesem Rettungsdienst erhalten die Beschäftigten einen nicht zusatzversorgungspflichtigen Einsatzzuschlag in Höhe von 15,41 Euro. [3]Dieser Betrag verändert sich zu demselben Zeitpunkt und in dem gleichen Ausmaß wie das Tabellenentgelt der Entgeltgruppe Ä 1 Stufe 2.

Protokollerklärungen zu § 3 Absatz 10:

1. Beschäftigte, denen aus persönlichen Gründen (zum Beispiel Vorliegen einer anerkannten Minderung der Erwerbsfähigkeit, die dem Einsatz im Rettungsdienst entgegensteht, Flugunverträglichkeit) oder aus fachlichen Gründen die

Teilnahme am Rettungsdienst nicht zumutbar beziehungsweise untersagt ist, dürfen nicht zum Einsatz im Rettungsdienst herangezogen werden.

2. [1]Der Einsatzzuschlag steht nicht zu, wenn den Beschäftigten wegen der Teilnahme am Rettungsdienst außer den tariflichen Bezügen sonstige Leistungen vom Arbeitgeber oder von einem Dritten (zum Beispiel private Unfallversicherung, für die der Arbeitgeber oder ein Träger des Rettungsdienstes die Beiträge ganz oder teilweise trägt, Liquidationsansprüche) zustehen. [2]Die Beschäftigten können auf die sonstigen Leistungen verzichten.
3. Der Einsatzzuschlag beträgt
   - 22,12 Euro ab 1. Dezember 2022,
   - 22,93 Euro ab 1. November 2024 und
   - 24,19 Euro ab 1. Februar 2025.

(11) Zu den Pflichten der Beschäftigten aus der Haupttätigkeit gehören auch die Erstellung von Gutachten, gutachtlichen Äußerungen und wissenschaftlichen Ausarbeitungen, die nicht von einem Dritten angefordert und vergütet werden.

(12) [1]Für die Nebentätigkeiten der Beschäftigten finden die Bestimmungen, die für die Beamten des jeweiligen Landes jeweils gelten, sinngemäß Anwendung. [2]Die Beschäftigten können vom Arbeitgeber verpflichtet werden, als Nebentätigkeit Unterricht zu erteilen sowie Gutachten, gutachtliche Äußerungen und wissenschaftliche Ausarbeitungen zu erstellen, die von einem Dritten angefordert und vergütet werden. [3]Dies gilt auch im Rahmen einer zugelassenen Nebentätigkeit des leitenden Arztes. [4]Steht die Vergütung für das Gutachten, die gutachtliche Äußerung oder wissenschaftliche Ausarbeitung ausschließlich dem Arbeitgeber zu, so haben die Beschäftigten entsprechend ihrer Beteiligung einen Anspruch auf einen Teil dieser Vergütung. [5]In allen anderen Fällen sind die Beschäftigten berechtigt, für die Nebentätigkeit einen Anteil der Vergütung anzunehmen, die von dem Dritten zu zahlen ist. [6]Die Beschäftigten können die Übernahme der Nebentätigkeit verweigern, wenn die angebotene Vergütung offenbar nicht dem Umfang ihrer Beteiligung entspricht. [7]Im Übrigen kann die Übernahme der Nebentätigkeit nur in besonders begründeten Ausnahmefällen verweigert werden.

(13) Auch die Ausübung einer unentgeltlichen Nebentätigkeit bedarf der vorherigen Genehmigung des Arbeitgebers, wenn für sie Räume, Einrichtungen, Personal oder Material des Arbeitgebers in Anspruch genommen werden.

(14) [1]Werden für eine Nebentätigkeit Räume, Einrichtungen, Personal oder Material des Arbeitgebers in Anspruch genommen, so haben die Beschäftigten dem Arbeitgeber die Kosten hierfür zu erstatten, soweit sie nicht von anderer Seite zu erstatten sind. [2]Die Kosten können in einer Nebenabrede zum Arbeitsvertrag pauschaliert werden."

Nr. 3 Zu § 6 – Regelmäßige Arbeitszeit –

1. § 6 Absatz 1 bis 5 gelten in folgender Fassung:

„(1) [1]Die durchschnittliche regelmäßige wöchentliche Arbeitszeit ausschließlich der Pausen beträgt 42 Stunden. [2]Die regelmäßige Arbeitszeit kann auf fünf Tage, aus notwendigen betrieblichen/dienstlichen Gründen auch auf sechs Tage verteilt werden.

(2) [1]Für die Berechnung des Durchschnitts der regelmäßigen wöchentlichen Arbeitszeit ist ein Zeitraum von einem Jahr zugrunde zu legen. [2]Abweichend kann bei Beschäftigten, die ständig Wechselschicht- oder Schichtarbeit zu leisten haben, sowie für die Durchführung so genannter Sabbatjahrmodelle, ein längerer Zeitraum zugrunde gelegt werden.

(3) [1]Soweit es die betrieblichen/dienstlichen Verhältnisse zulassen, werden Beschäftigte am 24. Dezember und am 31. Dezember unter Fortzahlung des Tabellenentgelts und der sonstigen in Monatsbeträgen festgelegten Entgeltbestandteile von der Arbeit freigestellt. [2]Kann die Freistellung nach Satz 1 aus betrieblichen/dienstlichen Gründen nicht erfolgen, ist entsprechender Freizeitausgleich innerhalb von drei Monaten zu gewähren. [3]Die regelmäßige Arbeitszeit vermindert sich für den 24. Dezember und 31. Dezember, sofern sie auf einen Werktag fallen, um die dienstplanmäßig ausgefallenen Stunden. [4]Die Arbeitszeit an einem gesetzlichen Feiertag, der auf einen Werktag fällt, wird durch eine entsprechende Freistellung an einem anderen Werktag bis zum Ende des dritten Kalendermonats ausgeglichen, wenn es die betrieblichen Verhältnisse zulassen; der Ausgleich soll möglichst aber schon bis zum Ende des nächsten Kalendermonats erfolgen. [5]Kann ein Freizeitausgleich nicht gewährt werden, erhalten die Beschäftigten je Stunde 100 v. H. des Stundenentgelts; Stundenentgelt ist der auf eine Stunde entfallende Anteil des monatlichen Entgelts der jeweiligen Entgeltgruppe und Stufe nach der Entgelttabelle. [6]Ist ein Arbeitszeitkonto eingerichtet, ist eine Buchung gemäß § 10 Absatz 3 zulässig. [7]In den Fällen des Satzes 4 steht der Zeitzuschlag von 35 v. H. (§ 8 Absatz 1 Satz 2 Buchstabe d) zu. [8]Für Beschäftigte, die regelmäßig nach einem Dienstplan eingesetzt werden, der Wechselschicht- oder Schichtdienst an sieben Tagen in der Woche vorsieht, vermindert sich die regelmäßige Wochenarbeitszeit um ein Fünftel der arbeitsvertraglich vereinbarten durchschnittlichen Wochenarbeitszeit, wenn sie an einem gesetzlichen Feiertag, der auf einen Werktag fällt, nicht wegen des Feiertags, sondern dienstplanmäßig nicht zur Arbeit eingeteilt sind und deswegen an anderen Tagen der Woche ihre regelmäßige Arbeitszeit erbringen müssen. [9]In den Fällen des Satzes 8 gelten die Sätze 4 bis 7 nicht.

Protokollerklärung zu § 6 Absatz 3 Satz 3:

Die Verminderung der regelmäßigen Arbeitszeit betrifft die Beschäftigten, die wegen des Dienstplans frei haben und deshalb ohne diese Regelung nacharbeiten müssten.

(4) Aus dringenden betrieblichen/dienstlichen Gründen kann auf der Grundlage einer Betriebs-/Dienstvereinbarung im Rahmen des § 7 Absatz 1, 2 und des § 12 Arbeitszeitgesetz von den Vorschriften des Arbeitszeitgesetzes abgewichen werden.

(5) [1]Die Beschäftigten sind im Rahmen begründeter betrieblicher/dienstlicher Notwendigkeiten verpflichtet, Sonntags-, Feiertags-, Nacht-, Wechselschicht-, Schichtarbeit sowie – bei Teilzeitbeschäftigung aufgrund arbeitsvertraglicher Regelung oder mit ihrer Zustimmung – Bereitschaftsdienst, Rufbereitschaft, Überstunden und Mehrarbeit zu leisten. [2]Beschäftigte, die

regelmäßig an Sonn- und Feiertagen arbeiten müssen, erhalten innerhalb von zwei Wochen zwei arbeitsfreie Tage. ³Hiervon soll ein freier Tag auf einen Sonntag fallen."

2. § 6 Absatz 10 gilt in folgender Fassung:

„(10) ¹Unter den Voraussetzungen des Arbeitszeit- und Arbeitsschutzgesetzes, insbesondere des § 5 Arbeitsschutzgesetz, kann die tägliche Arbeitszeit im Schichtdienst auf bis zu 12 Stunden ausschließlich der Pausen ausgedehnt werden, um längere Freizeitintervalle zu schaffen oder die Zahl der Wochenenddienste zu vermindern. ²In unmittelbarer Folge dürfen nicht mehr als vier Zwölf-Stunden-Schichten und innerhalb von zwei Kalenderwochen nicht mehr als acht Zwölf-Stunden-Schichten geleistet werden. ³Solche Schichten können nicht mit Bereitschaftsdienst (§ 7 Absatz 3) kombiniert werden."

II

3. Nach § 6 Absatz 11 wird folgender Absatz 12 eingefügt:

„(12) Wird den Beschäftigten durch ausdrückliche Anordnung des Arbeitgebers eine Sonderfunktion innerhalb der Klinik übertragen (zum Beispiel Transplantationsbeauftragte/Transplantationsbeauftragter, Strahlenschutzbeauftragte/Strahlenschutzbeauftragter), sind sie für diese Tätigkeit und die Fortbildung hierzu in erforderlichem Umfang von ihren sonstigen Aufgaben freizustellen."

4. Zu § 6 gelten folgende Protokollerklärungen:

„Protokollerklärungen zu § 6:

1. ¹Die Tarifvertragsparteien erwarten, dass den Beschäftigten bei der Festlegung der Arbeitszeit ein angemessener zeitlicher Anteil der Arbeitszeit für ihre wissenschaftliche Tätigkeit in Forschung und Lehre zugestanden wird. ²Die in den Hochschulgesetzen der Länder geregelten Mindestzeiten für die Ausübung wissenschaftlicher Tätigkeit bleiben unberührt.
2. Die Tarifvertragsparteien erwarten, dass die Kliniken zusammen mit den Beschäftigten nach Wegen suchen, die Beschäftigten von bürokratischen, patientenfernen Aufgaben zu entlasten und deren Arbeitsabläufe besser zu organisieren.
3. Die Tarifvertragsparteien erwarten, dass in den Kliniken unter Einbeziehung der Beschäftigten intensiv alternative Arbeitszeitmodelle entwickelt werden, die sowohl den gesetzlichen Anforderungen als auch veränderten betrieblichen Anforderungen entsprechen.
4. ¹Die Arbeitszeiten der Beschäftigten sollen objektiv dokumentiert werden. ²Die konkrete Anwendung wird durch Pilotprojekte geprüft."

Nr. 4 Zu § 7 – Sonderformen der Arbeit –

1. § 7 Absatz 1 gilt in folgender Fassung:

„(1) ¹Wechselschichtarbeit ist die Arbeit nach einem Schichtplan, der einen regelmäßigen Wechsel der täglichen Arbeitszeit in Wechselschichten vorsieht, bei denen die/der Beschäftigte durchschnittlich längstens nach Ablauf eines Monats erneut zu mindestens zwei Nachtschichten herangezogen wird. ²Wechselschichten sind wechselnde Arbeitsschichten, in denen ununterbrochen bei Tag und Nacht, werktags, sonntags und feier-

tags gearbeitet wird. [3]Nachtschichten sind Arbeitsschichten, die mindestens zwei Stunden Nachtarbeit umfassen."

2. § 7 Absätze 3 und 4 gelten in folgender Fassung:

„(3) [1]Beschäftigte sind verpflichtet, sich auf Anordnung des Arbeitgebers außerhalb der regelmäßigen Arbeitszeit an einer vom Arbeitgeber bestimmten Stelle aufzuhalten, um im Bedarfsfall die Arbeit aufzunehmen (Bereitschaftsdienst). [2]Der Arbeitgeber darf Bereitschaftsdienst nur anordnen, wenn zu erwarten ist, dass zwar Arbeit anfällt, erfahrungsgemäß aber die Zeit ohne Arbeitsleistung überwiegt.

(4) [1]Rufbereitschaft leisten Beschäftigte, die sich auf Anordnung des Arbeitgebers außerhalb der regelmäßigen Arbeitszeit an einer dem Arbeitgeber anzuzeigenden Stelle aufhalten, um auf Abruf die Arbeit aufzunehmen. [2]Der Arbeitgeber darf Rufbereitschaft nur anordnen, wenn erfahrungsgemäß lediglich in Ausnahmefällen Arbeit anfällt. [3]Rufbereitschaft wird nicht dadurch ausgeschlossen, dass Beschäftigte vom Arbeitgeber mit einem Mobiltelefon oder einem vergleichbaren technischen Hilfsmittel ausgestattet sind. [4]Durch tatsächliche Arbeitsleistung innerhalb der Rufbereitschaft kann die tägliche Höchstarbeitszeit von zehn Stunden überschritten werden (§§ 3, 7 Absatz 1 Nr. 1 und Nr. 4 Arbeitszeitgesetz)."

3. § 7 erhält folgende Absätze 9 bis 11:

„(9) [1]Wenn in die Arbeitszeit regelmäßig und in erheblichem Umfang Bereitschaftsdienst fällt, kann im Rahmen des § 7 Absatz 1 Nr. 1 und Nr. 4 Arbeitszeitgesetz die tägliche Arbeitszeit im Sinne des Arbeitszeitgesetzes abweichend von den §§ 3 und 6 Absatz 2 Arbeitszeitgesetz über acht Stunden hinaus auf bis zu 24 Stunden (8 Stunden Volldienst und 16 Stunden Bereitschaftsdienst) verlängert werden, wenn mindestens die Zeit über acht Stunden als Bereitschaftsdienst abgeleistet wird. [2]Die Verlängerung setzt voraus:

a) eine Prüfung alternativer Arbeitszeitmodelle,

b) eine Belastungsanalyse gemäß § 5 Arbeitsschutzgesetz und

c) gegebenenfalls daraus resultierende Maßnahmen zur Gewährleistung des Gesundheitsschutzes.

[3]Die tägliche Arbeitszeit darf bei Ableistung ausschließlich von Bereitschaftsdienst an Samstagen, Sonn- und Feiertagen maximal 24 Stunden betragen, wenn dadurch für den Einzelnen mehr Wochenenden und Feiertage frei sind.

(10) [1]Unter den Voraussetzungen des Absatzes 9 Satz 2 Buchstabe a bis c und bei Einhaltung der Grenzwerte des Absatzes 9 kann im Rahmen des § 7 Absatz 2a Arbeitszeitgesetz eine Verlängerung der täglichen Arbeitszeit über acht Stunden hinaus auch ohne Ausgleich erfolgen. [2]Dabei ist eine wöchentliche Arbeitszeit von bis zu maximal durchschnittlich 58 Stunden in der Bereitschaftsdienststufe I und von bis zu maximal durchschnittlich 54 Stunden in der Bereitschaftsdienststufe II zulässig. [3]Durch Tarifvertrag auf Landesebene kann in begründeten Einzelfällen eine durchschnittliche wöchentliche Höchstarbeitszeit von bis zu 66 Stunden vereinbart werden.

II

[4]Für die Berechnung des Durchschnitts der wöchentlichen Arbeitszeit ist ein Zeitraum von einem Jahr zugrunde zu legen.

(11) [1]In den Fällen, in denen Teilzeitarbeit (§ 11) vereinbart wurde, verringern sich die Höchstgrenzen der wöchentlichen Arbeitszeit in Absatz 10 – beziehungsweise in den Fällen, in denen Absatz 10 nicht zur Anwendung kommt, die Höchstgrenze von 48 Stunden – in demselben Verhältnis wie die Arbeitszeit dieser Teilzeitbeschäftigten zu der regelmäßigen Arbeitszeit der Vollbeschäftigten verringert worden ist. [2]Mit Zustimmung der/des Beschäftigten oder aufgrund von dringenden dienstlichen oder betrieblichen Belangen kann hiervon abgewichen werden.“

Niederschriftserklärung zu § 41 Nr. 4 (betreffend § 7 Abs. 10 TV-L):

Die Tarifvertragsparteien gehen davon aus, dass es für die Vereinbarung einer durchschnittlichen wöchentlichen Höchstarbeitszeit von bis zu 66 Stunden einen Bedarf geben kann.

Niederschriftserklärung zu § 41 Nr. 4, § 42 Nr. 5 und § 43 Nr. 4 (betreffend § 7 Abs. 1 TV-L):

Der Anspruch auf die Wechselschichtzulage ist auch erfüllt, wenn unter Einhaltung der Monatsfrist zwei Nachtdienste geleistet werden, die nicht zwingend unmittelbar aufeinander folgen müssen.

Nr. 5 Zu § 8 – Ausgleich für Sonderformen der Arbeit –

1. § 8 Absatz 1 gilt in folgender Fassung:

„(1) [1]Beschäftigte erhalten neben dem Entgelt für die tatsächliche Arbeitsleistung Zeitzuschläge. [2]Die Zeitzuschläge betragen – auch bei Teilzeitbeschäftigten – je Stunde

a) für Überstunden	**15 v. H.,**
b) für Nachtarbeit	**20 v. H.,**
c) für Sonntagsarbeit	**25 v. H.,**
d) bei Feiertagsarbeit	
– ohne Freizeitausgleich	**135 v. H.,**
– mit Freizeitausgleich	**35 v. H.,**
e) für Arbeit am 24. Dezember und am 31. Dezember jeweils ab 6 Uhr	**35 v. H.,**
f) für Arbeit an Samstagen von 13 bis 21 Uhr	**0,64 €;**

in den Fällen der Buchstaben a bis e beziehen sich die Werte bei Ärzten der Entgeltgruppe Ä 1 auf den Anteil des Tabellenentgelts der Stufe 3 und bei Ärzten der Entgeltgruppen Ä 2 bis Ä 4 auf den Anteil des Tabellenentgelts der Stufe 1 der jeweiligen Entgeltgruppe, der auf eine Stunde entfällt. [3]Beim Zusammentreffen von Zeitzuschlägen nach Satz 2 Buchstabe c bis f wird nur der höchste Zeitzuschlag gezahlt. [4]Auf Wunsch der Beschäftigten können, soweit ein Arbeitszeitkonto (§ 10) eingerichtet ist und die betrieblichen/dienstlichen Verhältnisse es zulassen, die nach Satz 2 zu zahlenden Zeitzuschläge entsprechend dem jeweiligen Vomhundertsatz einer Stunde in Zeit umgewandelt und ausgeglichen werden. [5]Dies gilt entsprechend für Überstunden als solche.

Protokollerklärung zu § 8 Absatz 1 Satz 2:

Bei Überstunden richtet sich das Entgelt für die tatsächliche Arbeitsleistung nach der jeweiligen Entgeltgruppe und der individuellen Stufe, höchstens jedoch nach der Stufe 2.

Protokollerklärung zu § 8 Absatz 1 Satz 2 Buchstabe d:

[1]Der Freizeitausgleich muss im Dienstplan besonders ausgewiesen und bezeichnet werden. [2]Falls kein Freizeitausgleich gewährt wird, werden als Entgelt einschließlich des Zeitzuschlags und des auf den Feiertag entfallenden Tabellenentgelts höchstens 235 v. H. gezahlt."

2. § 8 Abs. 2 gilt in folgender Fassung:

„(2) [1]Überstunden sind grundsätzlich durch entsprechende Freizeit auszugleichen; für die Zeit des Freizeitausgleichs werden das Tabellenentgelt sowie die sonstigen, in Monatsbeträgen festgelegten Entgeltbestandteile weitergezahlt. [2]Sofern kein Arbeitszeitkonto nach § 10 eingerichtet ist, oder wenn ein solches besteht, die/der Beschäftigte jedoch keine Faktorisierung nach Absatz 1 geltend macht, erhält die/der Beschäftigte für Überstunden (§ 7 Absatz 7), die nicht bis zum Ende des dritten Kalendermonats – möglichst aber schon bis zum Ende des nächsten Kalendermonats – nach deren Entstehen mit Freizeit ausgeglichen worden sind, je Stunde 100 v. H. des auf die Stunde entfallenden Anteils des Tabellenentgelts der jeweiligen Entgeltgruppe und Stufe, höchstens jedoch nach der Stufe 2. [3]Der Anspruch auf den Zeitzuschlag für Überstunden nach Absatz 1 besteht unabhängig von einem Freizeitausgleich."

3. § 8 Absatz 3 gilt nicht.

4. § 8 Absatz 6 gilt in folgender Fassung:

„(6) [1]Zur Berechnung des Entgelts wird die Zeit des Bereitschaftsdienstes einschließlich der geleisteten Arbeit in zwei Stufen als Arbeitszeit gewertet. [2]Ausschlaggebend sind die Arbeitsleistungen, die während des Bereitschaftsdienstes erfahrungsgemäß durchschnittlich anfallen:

Bereitschafts-dienststufe	**Arbeitsleistung innerhalb des Bereitschaftsdienstes**	**Bewertung als Arbeitszeit**
I	**0 bis zu 25 v. H.**	**60 v. H.**
II	**Mehr als 25 v. H. bis 49 v. H.**	**95 v. H.**

[3]Für die Zeit des Bereitschaftsdienstes an gesetzlichen Feiertagen erhöht sich die Bewertung um 25 Prozentpunkte. [4]Im Übrigen werden Zeitzuschläge (Absatz 1) für die Zeit des Bereitschaftsdienstes einschließlich der geleisteten Arbeit nicht gezahlt.

[5]Für die Zeit des Bereitschaftsdienstes, die als Arbeitszeit gewertet wird, wird das tarifliche Stundenentgelt der jeweiligen Entgeltgruppe und Stufe (individuelles Stundenentgelt) gezahlt. [6]Das Bereitschaftsdienstentgelt kann im Verhältnis 1:1 in Freizeit abgegolten werden (Freizeitausgleich). [7]Für die Zeit des Freizeitausgleichs werden das Entgelt und die in Monatsbeträgen festgelegten Zulagen fortgezahlt. [8]Die Zuweisung zu den Stufen des Bereitschaftsdienstes erfolgt durch schriftliche Nebenabrede zum

Arbeitsvertrag. [9]Die Nebenabrede ist mit einer Frist von drei Monaten jeweils zum Ende eines Kalenderhalbjahres kündbar."

Nr. 6 Zu § 9 – Bereitschaftszeiten –

§ 9 gilt nicht.

II

Niederschriftserklärung zu § 41 Nr. 6, § 42 Nr. 6 und § 43 Nr. 5 (betreffend §§ 6 bis 10 TV-L):
Die Dokumentation der Arbeitszeit, der Mehrarbeit, der Überstunden, der Bereitschaftsdienste usw. ist nicht mit dem Arbeitszeitkonto (§ 10 TV-L) gleichzusetzen. Arbeitszeitkonten können nur auf der Grundlage des § 10 TV-L durch Betriebs- bzw. Dienstvereinbarung eingerichtet und geführt werden.

Nr. 7 Zu § 12 – Eingruppierung –

§ 12 gilt in folgender Fassung:

„§ 12 Eingruppierung

Die Beschäftigten sind entsprechend ihrer nicht nur vorübergehend und zeitlich mindestens zur Hälfte auszuübenden Tätigkeit wie folgt eingruppiert:

Entgeltgruppe	Bezeichnung
Ä 1	**Ärztin/Arzt mit entsprechender Tätigkeit**
Ä 2	**Fachärztin/Facharzt mit entsprechender Tätigkeit**
Ä 3	**Oberärztin/Oberarzt** **Oberarzt ist derjenige Arzt, dem die medizinische Verantwortung für Teil- oder Funktionsbereiche der Klinik beziehungsweise Abteilung vom Arbeitgeber übertragen worden ist.** **Oberarzt ist ferner der Facharzt in einer durch den Arbeitgeber übertragenen Spezialfunktion, für die dieser eine erfolgreich abgeschlossene Schwerpunkt- oder Zusatzweiterbildung nach der Weiterbildungsordnung fordert.**
Ä 4	**Fachärztin/Facharzt, der/dem die ständige Vertretung des leitenden Arztes (Chefarzt) vom Arbeitgeber übertragen worden ist.**

Protokollerklärung zu Ä 4:
Ständiger Vertreter ist nur der Arzt, der den leitenden Arzt in der Gesamtheit seiner Dienstaufgaben vertritt. Das Tätigkeitsmerkmal kann daher innerhalb einer Klinik nur von einer Ärztin/einem Arzt erfüllt werden."

Nr. 8 Zu § 13

§ 13 gilt in folgender Fassung:

„§ 13 Zulage bei Überschreiten der Mindestweiterbildungszeit

Ärztinnen/Ärzte der Entgeltgruppe Ä 1 in der Weiterbildung zur Fachärztin beziehungsweise zum Facharzt erhalten eine monatliche Zulage in Höhe der Differenz zur Stufe 1 der Entgeltgruppe Ä 2, sobald sie die Mindestweiterbildungszeit nach der Weiterbildungsordnung um mehr als ein Jahr überschritten haben, ohne dass sie dies zu vertreten haben."

Nr. 9 Zu § 14 – Vorübergehende Übertragung einer höherwertigen Tätigkeit –

§ 14 gilt in folgender Fassung:

„§ 14 Vorübergehende Übertragung einer höherwertigen Tätigkeit

(1) Wird Beschäftigten vorübergehend eine andere Tätigkeit übertragen, die den Tätigkeitsmerkmalen einer höheren Entgeltgruppe entspricht, und wurde diese Tätigkeit mindestens einen Monat ausgeübt, erhalten sie für die Dauer der Ausübung eine persönliche Zulage rückwirkend ab dem ersten Tag der Übertragung der Tätigkeit.

(2) Die persönliche Zulage bemisst sich bei Beschäftigten, die in eine der Entgeltgruppen Ä 1 bis Ä 3 eingruppiert sind, aus dem Unterschiedsbetrag zu dem Tabellenentgelt, das sich bei dauerhafter Übertragung ergeben hätte."

Nr. 10 Zu § 15 – Tabellenentgelt –

§ 15 gilt in folgender Fassung:

„§ 15 Tabellenentgelt

(1) [1]Die/Der Beschäftigte erhält monatlich ein Tabellenentgelt. [2]Die Höhe bestimmt sich nach der Entgeltgruppe, in die sie/er eingruppiert ist, und nach der für sie/ihn geltenden Stufe.

(2) Die Höhe der Tabellenentgelte ist in Anlage D festgelegt."

Nr. 11 Zu § 16 – Stufen der Entgelttabelle –

§ 16 gilt in folgender Fassung:

„§ 16 Stufen der Entgelttabelle

(1) [1]Die Entgeltgruppe Ä 1 umfasst fünf Stufen; die Entgeltgruppen Ä 2 bis Ä 4 umfassen drei Stufen. [2]Die Beschäftigten erreichen die jeweils nächste Stufe nach den Zeiten ärztlicher (Ä 1), fachärztlicher (Ä 2), oberärztlicher (Ä 3) Tätigkeit beziehungsweise der Tätigkeit als ständiger Vertreter des leitenden Arztes (Chefarztes), die in der Tabelle (Anlage D) angegeben sind.

(2) [1]Für die Anrechnung von Vorzeiten ärztlicher Tätigkeit gilt Folgendes: Bei der Einstellung werden Zeiten mit einschlägiger Berufserfahrung als förderliche Zeiten für die Stufenzuordnung berücksichtigt. [2]Zeiten von Berufserfahrung aus nichtärztlicher Tätigkeit können berücksichtigt werden.

(3) [1]Zur regionalen Differenzierung, zur Deckung des Personalbedarfs, zur Bindung von qualifizierten Fachkräften oder zum Ausgleich höherer Lebenshaltungskosten kann abweichend von der tarifvertraglichen Einstufung ein bis zu zwei Stufen höheres Entgelt ganz oder teilweise vorweg gewährt werden. [2]Beschäftigte mit einem Entgelt der Endstufe können bis zu 20 v. H. der Stufe 2 zusätzlich erhalten. [3]Die Zulage kann befristet werden. [4]Sie ist auch als befristete Zulage widerruflich.

(4) [1]Bei Wissenschaftlerinnen und Wissenschaftlern tritt bei Anwendung des Absatzes 3 an die Stelle des Wertes von 20 v. H. der Wert 25 v. H. [2]Dies gilt jedoch nur, wenn

a) sie aufgrund ihrer fachlichen Qualifikation besondere projektbezogene Anforderungen erfüllen oder

b) eine besondere Personalbindung beziehungsweise Personalgewinnung erreicht werden soll."

Nr. 12 Zu § 17 – Allgemeine Regelungen zu den Stufen –

§ 17 gilt in folgender Fassung:

„§ 17 Allgemeine Regelungen zu den Stufen

(1) Die Beschäftigten erhalten das Tabellenentgelt nach der neuen Stufe vom Beginn des Monats an, in dem die nächste Stufe erreicht wird.

(2) [1]Den Zeiten einer ununterbrochenen Tätigkeit im Sinne des § 16 Absatz 1 Satz 2 stehen gleich:

a) Schutzfristen nach dem Mutterschutzgesetz,

b) Zeiten einer Arbeitsunfähigkeit nach § 22 bis zu 39 Wochen,

c) Zeiten eines bezahlten Urlaubs,

d) Zeiten eines Sonderurlaubs, bei denen der Arbeitgeber vor dem Antritt schriftlich ein dienstliches beziehungsweise betriebliches Interesse anerkannt hat,

e) Zeiten einer sonstigen Unterbrechung von weniger als einem Monat im Kalenderjahr,

f) Zeiten der vorübergehenden Übertragung einer höherwertigen Tätigkeit.

[2]Zeiten der Unterbrechung bis zu einer Dauer von jeweils drei Jahren, die nicht von Satz 1 erfasst werden, und Elternzeit sind unschädlich; sie werden aber nicht auf die Stufenlaufzeit angerechnet. [3]Zeiten, in denen eine Beschäftigung mit einer kürzeren als der regelmäßigen wöchentlichen Arbeitszeit eines entsprechenden Vollbeschäftigten erfolgt ist, werden voll angerechnet."

Nr. 13 Zu § 18

§ 18 gilt in folgender Fassung:

„§ 18 Besondere Zahlung im Drittmittelbereich

[1]Die Beschäftigten im Drittmittelbereich können vom Arbeitgeber eine Sonderzahlung erhalten. [2]Voraussetzung ist, dass nach Deckung der Einzel- und Gemeinkosten des Drittmittelvorhabens entsprechende Erträge aus Mitteln privater Dritter verbleiben. [3]Die Beschäftigten müssen zudem durch besondere Leistungen bei der Einwerbung der Mittel oder der Erstellung einer für die eingeworbenen Mittel zu erbringenden beziehungsweise erbrachten Leistung beigetragen haben. [4]Die Sonderzahlung kann bis zu 10 v. H. ihres Jahrestabellenentgelts betragen. [5]Sie ist nicht zusatzversorgungspflichtig."

Nr. 14 Zu § 19 – Erschwerniszuschläge –

§ 19 gilt nicht.

Nr. 15 Zu § 20 – Jahressonderzahlungen –

§ 20 gilt nicht.

Nr. 16 Zu § 24 – Berechnung und Auszahlung des Entgelts –

§ 24 Absatz 6 gilt in folgender Fassung:

„(6) [1]Durch Nebenabrede zum Arbeitsvertrag können neben dem Tabellenentgelt zustehende Entgeltbestandteile (zum Beispiel Zeitzuschläge, Erschwerniszuschläge, Überstundenentgelte) pauschaliert werden. [2]Die Nebenabrede ist mit einer Frist von drei Monaten jeweils zum Ende eines Kalenderhalbjahres kündbar."

Nr. 17 Zu § 27 – Zusatzurlaub –

§ 27 erhält folgenden Absatz 6:

„(6) [1]Beschäftigte erhalten Zusatzurlaub im Kalenderjahr bei einer Leistung im Kalenderjahr von mindestens

150 Nachtarbeitsstunden	**1 Arbeitstag**
300 Nachtarbeitsstunden	**2 Arbeitstage**
450 Nachtarbeitsstunden	**3 Arbeitstage**
600 Nachtarbeitsstunden	**4 Arbeitstage.**

[2]Bei Teilzeitkräften ist die Zahl der in Satz 1 geforderten Nachtarbeitsstunden entsprechend dem Verhältnis der vereinbarten durchschnittlichen regelmäßigen Arbeitszeit zur regelmäßigen Arbeitszeit von entsprechenden Vollzeitkräften zu kürzen. [3]Nachtarbeitsstunden, die in Zeiträumen geleistet werden, für die Zusatzurlaub für Wechselschicht- oder Schichtarbeit zusteht, bleiben unberücksichtigt. [4]Bei Anwendung des Satzes 1 werden nur die im Rahmen der regelmäßigen Arbeitszeit in der Zeit zwischen 21 Uhr und 6 Uhr dienstplanmäßig beziehungsweise betriebsüblich geleisteten Nachtarbeitsstunden berücksichtigt. [5]Absatz 4 und Absatz 5 finden Anwendung.

Protokollerklärung zu § 27 Absatz 6:

Der Anspruch auf Zusatzurlaub bemisst sich nach den abgeleisteten Nachtarbeitsstunden und entsteht im laufenden Jahr, sobald die Voraussetzungen nach Absatz 6 Satz 1 erfüllt sind."

Nr. 18 Zu § 29 – Arbeitsbefreiung –

§ 29 Absatz 6 gilt in folgender Fassung, ergänzt um Absatz 7:

„(6) [1]Zur Teilnahme an Arztkongressen, Fachtagungen und vergleichbaren Veranstaltungen ist den Beschäftigten Arbeitsbefreiung bis zu drei Arbeitstage im Kalenderjahr zu gewähren. [2]Die Arbeitsbefreiung wird auf einen Anspruch nach den Weiterbildungsgesetzen der Länder angerechnet. [3]Bei Personalkostenerstattung durch Dritte erfolgt eine Freistellung für bis zu fünf Tage.

(7) In den Fällen der Absätze 1 bis 6 werden das Tabellenentgelt sowie die sonstigen Entgeltbestandteile, die in Monatsbeträgen festgelegt sind, weitergezahlt."

Nr. 19 Zu § 30 – Befristete Arbeitsverträge –

1. § 30 Absatz 2 gilt in folgender Fassung:

„(2) [1]Kalendermäßig befristete Arbeitsverträge mit sachlichem Grund sind nur zulässig, wenn die Dauer des einzelnen Vertrages sieben Jahre nicht übersteigt; weitergehende Regelungen im Sinne von § 23 Teilzeit- und Befristungsgesetz bleiben unberührt. [2]Beschäftigte mit einem Arbeitsvertrag nach Satz 1 sind bei der Besetzung von Dauerarbeitsplätzen bevorzugt zu berücksichtigen, wenn die sachlichen und persönlichen Voraussetzungen erfüllt sind."

2. § 30 erhält folgenden Absatz 7:

„(7) [1]Beim Abschluss von befristeten Arbeitsverträgen mit besonders kurzen Vertragslaufzeiten ist auch das Interesse der Beschäftigten an einer notwendigen Planungssicherheit zu berücksichtigen. [2]Bei befristeten Beschäftigungen nach dem Hochschulrahmengesetz beziehungsweise einer gesetzlichen Nachfolgeregelung mit dem Zweck der Weiterbildung zur Fachärztin beziehungsweise zum Facharzt soll der erste Vertrag möglichst für eine Laufzeit von nicht weniger als zwei Jahren und der weitere Vertrag bis zum Ende der Mindestweiterbildungszeit geschlossen werden. [3]Sachliche Gründe können eine kürzere Vertragslaufzeit erfordern."

Niederschriftserklärung zu § 40 Nr. 8 und § 41 Nr. 19 (betreffend § 30 TV-L):

Die Tarifvertragsparteien erwarten eine verantwortungsbewusste Handhabung der Befristungen im Wissenschaftsbereich.

Nr. 20 Zu § 31 – Führung auf Probe –

§ 31 gilt in folgender Fassung:

„§ 31 Führung auf Probe

(1) [1]Führungspositionen können als befristetes Arbeitsverhältnis bis zur Gesamtdauer von zwei Jahren vereinbart werden. [2]Innerhalb dieser Gesamtdauer ist eine höchstens zweimalige Verlängerung des Arbeitsvertrages zulässig. [3]Die beiderseitigen Kündigungsrechte bleiben unberührt.

(2) Führungspositionen sind die ab Entgeltgruppe Ä 3 auszuübenden Tätigkeiten mit Weisungsbefugnis.

(3) [1]Besteht bereits ein Arbeitsverhältnis mit demselben Arbeitgeber, kann der/dem Beschäftigten vorübergehend eine Führungsposition bis zu der in Absatz 1 genannten Gesamtdauer übertragen werden. [2]Der/Dem Beschäftigten wird für die Dauer der Übertragung eine Zulage in Höhe des Unterschiedsbetrags zu dem Tabellenentgelt, das sich bei dauerhafter Übertragung ergeben hätte, gewährt. [3]Nach Fristablauf endet die Erprobung. [4]Bei Bewährung wird die Führungsfunktion auf Dauer übertragen; ansonsten erhält die/der Beschäftigte eine der bisherigen Eingruppierung entsprechende Tätigkeit."

Nr. 21 Zu § 32 – Führung auf Zeit –

§ 32 gilt in folgender Fassung:

„§ 32 Führung auf Zeit

(1) ¹Führungspositionen können als befristetes Arbeitsverhältnis bis zur Dauer von vier Jahren vereinbart werden. ²Folgende Verlängerungen des Arbeitsvertrages sind zulässig:

a) in der Entgeltgruppe Ä 3 eine höchstens zweimalige Verlängerung bis zu einer Gesamtdauer von acht Jahren,

b) in der Entgeltgruppe Ä 4 eine höchstens dreimalige Verlängerung bis zu einer Gesamtdauer von zwölf Jahren.

³Zeiten in einer Führungsposition nach Buchstabe a bei demselben Arbeitgeber können auf die Gesamtdauer nach Buchstabe b zur Hälfte angerechnet werden. ⁴Die allgemeinen Vorschriften über die Probezeit (§ 2 Absatz 4) und die beiderseitigen Kündigungsrechte bleiben unberührt.

(2) Führungspositionen sind die ab Entgeltgruppe Ä 3 auszuübenden Tätigkeiten mit Weisungsbefugnis.

(3) ¹Besteht bereits ein Arbeitsverhältnis mit demselben Arbeitgeber, kann der/dem Beschäftigten vorübergehend eine Führungsposition bis zu den in Absatz 1 genannten Fristen übertragen werden. ²Der/Dem Beschäftigten wird für die Dauer der Übertragung eine Zulage in Höhe des Unterschiedsbetrags zu dem Tabellenentgelt, das sich bei dauerhafter Übertragung ergeben hätte, gewährt. ³Nach Fristablauf erhält die/der Beschäftigte eine der bisherigen Eingruppierung entsprechende Tätigkeit."

Nr. 22 Zu § 33 – Beendigung des Arbeitsverhältnisses ohne Kündigung –

1. § 33 Absatz 4 gilt in folgender Fassung:

„(4) ¹Verzögert die/der Beschäftigte schuldhaft den Rentenantrag oder bezieht sie/er Altersrente nach § 236, § 236a oder § 236b SGB VI oder ist sie/er nicht in der gesetzlichen Rentenversicherung oder in einem berufsständischen Versorgungswerk versichert, so tritt an die Stelle des Rentenbescheids das Gutachten einer Amtsärztin/eines Amtsarztes oder einer/eines nach § 3 Absatz 5 Satz 2 bestimmten Ärztin/Arztes. ²Das Arbeitsverhältnis endet in diesem Fall mit Ablauf des Monats, in dem der/dem Beschäftigten das Gutachten bekannt gegeben worden ist."

2. Dem § 33 wird folgende Protokollerklärung angefügt:

„Protokollerklärung zu § 33 Absatz 2 und 3:

Als Rentenversicherungsträger im Sinne der Absätze 2 und 3 gelten auch berufsständische Versorgungswerke."

Nr. 23 Zu § 35 – Zeugnis –

Dem § 35 wird folgender Absatz 5 angefügt:

„(5) Das Zeugnis wird vom leitenden Arzt und vom Arbeitgeber ausgestellt."

II

Nr. 24 Zu § 39 – In-Kraft-Treten, Laufzeit –

§ 39 Absatz 3 gilt in folgender Fassung:

„(3) Abweichend von Absatz 2 kann von jeder Tarifvertragspartei auf landesbezirklicher Ebene schriftlich gekündigt werden

a) § 6 Absatz 1 mit einer Frist von einem Monat zum Schluss eines Kalendermonats,

b) § 23 Absatz 2 mit einer Frist von einem Monat zum Schluss eines Kalendermonats."

Nr. 25 Zu § 12 – TVÜ-Länder –

(1) [1]Abweichend von § 12 Absatz 7 TVÜ-Länder erhalten übergeleitete Fachärztinnen und Fachärzte, die

– am 31. Oktober 2006 Grundvergütung aus den Lebensaltersstufen 45 oder 47 der Vergütungsgruppe I a BAT/BAT-O beziehen und

– ab 1. November 2006 in die Entgeltgruppe Ä 2 eingruppiert sind,

ab November 2006 einen nicht dynamischen Strukturausgleich zusätzlich zu ihrem monatlichen Entgelt. [2]Der Strukturausgleich beträgt monatlich bei Anspruch auf Grundvergütung am 31. Oktober 2006 aus

Lebensaltersstufe	Tarifgebiet West	Tarifgebiet Ost
45	90,00 Euro	83,25 Euro
47	190,00 Euro	175,75 Euro

(2) [1]Bei Höhergruppierungen und allgemeinen Entgelterhöhungen wird der Unterschiedsbetrag zum bisherigen Entgelt auf den Strukturausgleich angerechnet. [2]Dasselbe gilt für die Zahlung von Zulagen nach §§ 14 und 16 Absatz 3 und 4. [3]Im Tarifgebiet Ost wird auch die Angleichung zum 1. Januar 2010 angerechnet.

Redaktionelle Anmerkung zu Abs. 2: Der Mehrbetrag aus allgemeinen Entgelterhöhungen ist in vollem Umfang auf den Strukturausgleich anzurechnen (Absatz 2). Spätestens die Entgelterhöhung zum 1. März 2009 führt zum Fortfall eines etwaigen Strukturausgleichs.

§ 42 Sonderregelungen für Ärztinnen und Ärzte außerhalb von Universitätskliniken

Nr. 1 Zu § 1 – Geltungsbereich –

Diese Sonderregelungen gelten für Ärztinnen und Ärzte einschließlich Zahnärztinnen und Zahnärzte (Beschäftigte), die nicht unter den Geltungsbereich des § 41 fallen und in Krankenhäusern oder Einrichtungen, in denen die betreuten Personen in ärztlicher Behandlung stehen, beschäftigt werden.

Nr. 2 Zu § 3 – Allgemeine Arbeitsbedingungen –

§ 3 gilt in folgender Fassung:

„§ 3 Allgemeine Arbeitsbedingungen

(1) [1]Die arbeitsvertraglich geschuldete Leistung ist gewissenhaft und ordnungsgemäß auszuführen. [2]Die Beschäftigten müssen sich durch ihr gesamtes Verhalten zur freiheitlich demokratischen Grundordnung im Sinne des Grundgesetzes bekennen.

(2) Die Beschäftigten haben über Angelegenheiten, deren Geheimhaltung durch gesetzliche Vorschriften vorgesehen oder vom Arbeitgeber angeordnet ist, Verschwiegenheit zu wahren; dies gilt auch über die Beendigung des Arbeitsverhältnisses hinaus.

(3) [1]Die Beschäftigten dürfen von Dritten Belohnungen, Geschenke, Provisionen oder sonstige Vergünstigungen mit Bezug auf ihre Tätigkeit nicht annehmen. [2]Ausnahmen sind nur mit Zustimmung des Arbeitgebers möglich. [3]Werden den Beschäftigten derartige Vergünstigungen angeboten, haben sie dies dem Arbeitgeber unverzüglich anzuzeigen.

(4) [1]Eine Beteiligung der Beschäftigten an Poolgeldern hat nach transparenten Grundsätzen, insbesondere unter Berücksichtigung von Verantwortung, Leistung und Erfahrung zu erfolgen. [2]Sie richtet sich nach den landesrechtlichen Bestimmungen. [3]Soweit keine landesrechtlichen Bestimmungen erlassen sind, soll ein Poolvolumen gemäß den Grundsätzen des Satzes 1 verteilt werden; die Klinik kann weitere Kriterien bestimmen. [4]Die Beteiligung an Poolgeldern ist kein zusatzversorgungspflichtiges Entgelt.

(5) [1]Der Arbeitgeber ist bei begründeter Veranlassung berechtigt, Beschäftigte zu verpflichten, durch ärztliche Bescheinigung nachzuweisen, dass sie zur Leistung der arbeitsvertraglich geschuldeten Tätigkeit in der Lage sind. [2]Bei dem beauftragten Arzt kann es sich um einen Betriebsarzt, Personalarzt oder Amtsarzt handeln, soweit sich die Betriebsparteien nicht auf einen anderen Arzt geeinigt haben. [3]Die Kosten dieser Untersuchung trägt der Arbeitgeber. [4]Der Arbeitgeber kann die Beschäftigten auch bei Beendigung des Arbeitsverhältnisses untersuchen lassen. [5]Auf Verlangen der Beschäftigten ist er hierzu verpflichtet. [6]Beschäftigte, die besonderen Ansteckungsgefahren ausgesetzt oder in gesundheitsgefährdenden Bereichen beschäftigt sind, sind in regelmäßigen Zeitabständen ärztlich zu untersuchen.

(6) [1]Die Beschäftigten haben ein Recht auf Einsicht in ihre vollständigen Personalakten. [2]Sie können das Recht auf Einsicht auch durch eine/n hierzu schriftlich Bevollmächtigte/n ausüben lassen. [3]Sie können Auszüge oder Kopien aus

ihren Personalakten erhalten. [4]Die Beschäftigten müssen über Beschwerden und Behauptungen tatsächlicher Art, die für sie ungünstig sind oder ihnen nachteilig werden können, vor Aufnahme in die Personalakten gehört werden. [5]Ihre Äußerung ist zu den Personalakten zu nehmen.

(7) Für die Schadenshaftung der Beschäftigten finden die Bestimmungen, die für die Beamten des jeweiligen Landes jeweils gelten, entsprechende Anwendung.

(8) (nicht besetzt)

(9) [1]Zu den Pflichten der Beschäftigten gehört es auch, ärztliche Bescheinigungen auszustellen. [2]Die Beschäftigten können vom Arbeitgeber verpflichtet werden, im Rahmen einer zugelassenen Nebentätigkeit von leitenden Ärztinnen und Ärzten oder für Belegärztinnen und Belegärzte innerhalb der Einrichtung ärztlich tätig zu werden.

(10) [1]Zu den Pflichten der Beschäftigten aus der Haupttätigkeit gehört es, am Rettungsdienst in Notarztwagen und Hubschraubern teilzunehmen. [2]Für jeden Einsatz in diesem Rettungsdienst erhalten die Beschäftigten einen nicht zusatzversorgungspflichtigen Einsatzzuschlag in Höhe von 15,41 Euro. [3]Dieser Betrag verändert sich zu demselben Zeitpunkt und in dem gleichen Ausmaß wie das Tabellenentgelt der Entgeltgruppe 14 Stufe 3.

Protokollerklärungen zu § 3 Absatz 10:

1. Beschäftigte, denen aus persönlichen Gründen (zum Beispiel Vorliegen einer anerkannten Minderung der Erwerbsfähigkeit, die dem Einsatz im Rettungsdienst entgegensteht, Flugunverträglichkeit) oder aus fachlichen Gründen die Teilnahme am Rettungsdienst nicht zumutbar beziehungsweise untersagt ist, dürfen nicht zum Einsatz im Rettungsdienst herangezogen werden.
2. [1]Der Einsatzzuschlag steht nicht zu, wenn den Beschäftigten wegen der Teilnahme am Rettungsdienst außer den tariflichen Bezügen sonstige Leistungen vom Arbeitgeber oder von einem Dritten (zum Beispiel private Unfallversicherung, für die der Arbeitgeber oder ein Träger des Rettungsdienstes die Beiträge ganz oder teilweise trägt, Liquidationsansprüche) zustehen. [2]Die Beschäftigten können auf die sonstigen Leistungen verzichten.
3. Der Einsatzzuschlag beträgt
   - 22,12 Euro ab 1. Dezember 2022,
   - 22,98 Euro ab 1. November 2024 und
   - 24,24 Euro ab 1. Februar 2025.

(11) Zu den Pflichten der Beschäftigten aus der Haupttätigkeit gehören auch die Erstellung von Gutachten, gutachtlichen Äußerungen und wissenschaftlichen Ausarbeitungen, die nicht von einem Dritten angefordert und vergütet werden.

(12) [1]Für die Nebentätigkeiten der Beschäftigten finden die Bestimmungen, die für die Beamten des jeweiligen Landes jeweils gelten, sinngemäß Anwendung. [2]Die Beschäftigten können vom Arbeitgeber verpflichtet werden, als Nebentätigkeit Unterricht zu erteilen sowie Gutachten, gutachtliche Äußerungen und wissenschaftliche Ausarbeitungen zu erstellen, die von einem Dritten angefordert und vergütet werden. [3]Dies gilt auch im Rahmen einer zuge-

lassenen Nebentätigkeit des leitenden Arztes. [4]Steht die Vergütung für das Gutachten, die gutachtliche Äußerung oder wissenschaftliche Ausarbeitung ausschließlich dem Arbeitgeber zu, so haben die Beschäftigten entsprechend ihrer Beteiligung einen Anspruch auf einen Teil dieser Vergütung. [5]In allen anderen Fällen sind die Beschäftigten berechtigt, für die Nebentätigkeit einen Anteil der Vergütung anzunehmen, die von dem Dritten zu zahlen ist. [6]Die Beschäftigten können die Übernahme der Nebentätigkeit verweigern, wenn die angebotene Vergütung offenbar nicht dem Umfang ihrer Beteiligung entspricht. [7]Im Übrigen kann die Übernahme der Nebentätigkeit nur in besonders begründeten Ausnahmefällen verweigert werden.

(13) Auch die Ausübung einer unentgeltlichen Nebentätigkeit bedarf der vorherigen Genehmigung des Arbeitgebers, wenn für sie Räume, Einrichtungen, Personal oder Material des Arbeitgebers in Anspruch genommen werden.

(14) [1]Werden für eine Nebentätigkeit Räume, Einrichtungen, Personal oder Material des Arbeitgebers in Anspruch genommen, so haben die Beschäftigten dem Arbeitgeber die Kosten hierfür zu erstatten, soweit sie nicht von anderer Seite zu erstatten sind. [2]Die Kosten können in einer Nebenabrede zum Arbeitsvertrag pauschaliert werden."

Nr. 3 Zu § 5 – Qualifizierung –

§ 5 erhält folgende Absätze 10 bis 12:

„(10) Für Beschäftigte, die sich in Facharztweiterbildung, Schwerpunktweiterbildung oder Zusatzausbildung nach dem Gesetz über befristete Arbeitsverträge mit Ärzten in der Weiterbildung befinden, ist ein Weiterbildungsplan aufzustellen, der unter Berücksichtigung des Standes der Weiterbildung die zu vermittelnden Ziele und Inhalte der Weiterbildungsabschnitte sachlich und zeitlich gegliedert festlegt.

(11) Die Weiterbildung ist vom Betrieb im Rahmen seines Versorgungsauftrags bei wirtschaftlicher Betriebsführung so zu organisieren, dass die/der Beschäftigte die festgelegten Weiterbildungsziele in der nach der jeweiligen Weiterbildungsordnung vorgesehenen Zeit erreichen kann.

(12) [1]Können Weiterbildungsziele aus Gründen, die der Arbeitgeber zu vertreten hat, in der vereinbarten Dauer des Arbeitsverhältnisses nicht erreicht werden, so ist die Dauer des Arbeitsvertrages entsprechend zu verlängern. [2]Die Regelungen des Gesetzes über befristete Arbeitsverträge mit Ärzten in der Weiterbildung bleiben hiervon unberührt und sind für den Fall lang andauernder Arbeitsunfähigkeit sinngemäß anzuwenden. [3]Absatz 2 bleibt unberührt."

Nr. 4 Zu § 6 – Regelmäßige Arbeitszeit –

1. **§ 6 Absatz 1 Satz 2 gilt nicht.**
2. **§ 6 Absatz 3 gilt in folgender Fassung:**

   „(3) [1]Soweit es die betrieblichen/dienstlichen Verhältnisse zulassen, werden Beschäftigte am 24. Dezember und am 31. Dezember unter Fortzahlung des Tabellenentgelts und der sonstigen in Monatsbeträgen festgelegten Entgeltbestandteile von der Arbeit freigestellt. [2]Kann die Freistellung aus

II

betrieblichen/dienstlichen Gründen nicht erfolgen, ist entsprechender Freizeitausgleich innerhalb von drei Monaten zu gewähren. [3]Die regelmäßige Arbeitszeit vermindert sich für den 24. Dezember und 31. Dezember, sofern sie auf einen Werktag fallen, um die dienstplanmäßig ausgefallenen Stunden. [4]Die Arbeitszeit an einem gesetzlichen Feiertag, der auf einen Werktag fällt, wird durch eine entsprechende Freistellung an einem anderen Werktag bis zum Ende des dritten Kalendermonats ausgeglichen, wenn es die betrieblichen Verhältnisse zulassen; der Ausgleich soll möglichst aber schon bis zum Ende des nächsten Kalendermonats erfolgen. [5]Kann ein Freizeitausgleich nicht gewährt werden, erhält die/der Beschäftigte je Stunde 100 v. H. des Stundenentgelts; Stundenentgelt ist der auf eine Stunde entfallende Anteil des monatlichen Entgelts der jeweiligen Entgeltgruppe und Stufe nach der Entgelttabelle. [6]Ist ein Arbeitszeitkonto eingerichtet, ist eine Buchung gemäß § 10 Absatz 3 zulässig. [7]In den Fällen des Satzes 4 steht der Zeitzuschlag von 35 v. H. (§ 8 Absatz 1 Satz 2 Buchstabe d) zu. [8]Für Beschäftigte, die regelmäßig nach einem Dienstplan eingesetzt werden, der Wechselschicht- oder Schichtdienst an sieben Tagen in der Woche vorsieht, vermindert sich die regelmäßige Wochenarbeitszeit um ein Fünftel der arbeitsvertraglich vereinbarten durchschnittlichen Wochenarbeitszeit, wenn sie an einem gesetzlichen Feiertag, der auf einen Werktag fällt, nicht wegen des Feiertags, sondern dienstplanmäßig nicht zur Arbeit eingeteilt sind und deswegen an anderen Tagen der Woche ihre regelmäßige Arbeitszeit erbringen müssen. [9]In den Fällen des Satzes 8 gelten die Sätze 4 bis 7 nicht.

Protokollerklärung zu § 6 Absatz 3 Satz 3:

Die Verminderung der regelmäßigen Arbeitszeit betrifft die Beschäftigten, die wegen des Dienstplans frei haben und deshalb ohne diese Regelung nacharbeiten müssten."

3. **§ 6 Absatz 5 gilt in folgender Fassung:**

   „(5) [1]Die Beschäftigten sind im Rahmen begründeter betrieblicher/dienstlicher Notwendigkeiten verpflichtet, Sonntags-, Feiertags-, Nacht-, Wechselschicht-, Schichtarbeit sowie – bei Teilzeitbeschäftigung aufgrund arbeitsvertraglicher Regelung oder mit ihrer Zustimmung – Bereitschaftsdienst, Rufbereitschaft, Überstunden und Mehrarbeit zu leisten. [2]Beschäftigte, die regelmäßig an Sonn- und Feiertagen arbeiten müssen, erhalten innerhalb von zwei Wochen zwei arbeitsfreie Tage. [3]Hiervon soll ein freier Tag auf einen Sonntag fallen."

4. **§ 6 Absatz 10 gilt nicht.**

Nr. 5 **Zu § 7 – Sonderformen der Arbeit –**

1. **§ 7 Absatz 1 gilt in folgender Fassung:**

   „(1) [1]Wechselschichtarbeit ist die Arbeit nach einem Schichtplan, der einen regelmäßigen Wechsel der täglichen Arbeitszeit in Wechselschichten vorsieht, bei denen die/der Beschäftigte durchschnittlich längstens nach Ablauf eines Monats erneut zu mindestens zwei Nachtschichten herangezogen wird. [2]Wechselschichten sind wechselnde Arbeitsschichten, in denen ununterbrochen bei Tag und Nacht, werktags, sonntags und feier-

tags gearbeitet wird. [3]Nachtschichten sind Arbeitsschichten, die mindestens zwei Stunden Nachtarbeit umfassen."

2. § 7 Absätze 3 und 4 gelten in folgender Fassung:

„(3) [1]Beschäftigte sind verpflichtet, sich auf Anordnung des Arbeitgebers außerhalb der regelmäßigen Arbeitszeit an einer vom Arbeitgeber bestimmten Stelle aufzuhalten, um im Bedarfsfall die Arbeit aufzunehmen (Bereitschaftsdienst). [2]Der Arbeitgeber darf Bereitschaftsdienst nur anordnen, wenn zu erwarten ist, dass zwar Arbeit anfällt, erfahrungsgemäß aber die Zeit ohne Arbeitsleistung überwiegt.

(4) [1]Rufbereitschaft leisten Beschäftigte, die sich auf Anordnung des Arbeitgebers außerhalb der regelmäßigen Arbeitszeit an einer dem Arbeitgeber anzuzeigenden Stelle aufhalten, um auf Abruf die Arbeit aufzunehmen. [2]Der Arbeitgeber darf Rufbereitschaft nur anordnen, wenn erfahrungsgemäß lediglich in Ausnahmefällen Arbeit anfällt. [3]Rufbereitschaft wird nicht dadurch ausgeschlossen, dass Beschäftigte vom Arbeitgeber mit einem Mobiltelefon oder einem vergleichbaren technischen Hilfsmittel ausgestattet sind. [4]Durch tatsächliche Arbeitsleistung innerhalb der Rufbereitschaft kann die tägliche Höchstarbeitszeit von zehn Stunden überschritten werden (§§ 3, 7 Absatz 1 Nr. 1 und Nr. 4 Arbeitszeitgesetz)".

3. § 7 erhält folgende Absätze 9 bis 12:

„(9) Abweichend von den §§ 3, 5 und 6 Absatz 2 Arbeitszeitgesetz kann im Rahmen des § 7 Arbeitszeitgesetz die tägliche Arbeitszeit im Sinne des Arbeitszeitgesetzes über acht Stunden hinaus verlängert werden, wenn mindestens die acht Stunden überschreitende Zeit im Rahmen von Bereitschaftsdienst geleistet wird, und zwar wie folgt:

a) bei Bereitschaftsdiensten der Stufen A und B bis zu insgesamt maximal 16 Stunden täglich; die gesetzlich vorgeschriebene Pause verlängert diesen Zeitraum nicht,

b) bei Bereitschaftsdiensten der Stufen C und D bis zu insgesamt maximal 13 Stunden täglich; die gesetzlich vorgeschriebene Pause verlängert diesen Zeitraum nicht.

(10) [1]Auf Grund einer Dienst-/Betriebsvereinbarung kann im Rahmen des § 7 Absatz 1 Nr. 1 und Nr. 4 Arbeitszeitgesetz die tägliche Arbeitszeit im Sinne des Arbeitszeitgesetzes abweichend von den §§ 3 und 6 Absatz 2 Arbeitszeitgesetz über acht Stunden hinaus auf bis zu 24 Stunden ausschließlich der Pausen verlängert werden, wenn in die Arbeitszeit regelmäßig und in erheblichem Umfang Bereitschaftsdienst fällt. [2]Die Verlängerung setzt voraus:

a) eine Prüfung alternativer Arbeitszeitmodelle,

b) eine Belastungsanalyse gemäß § 5 Arbeitsschutzgesetz und

c) gegebenenfalls daraus resultierende Maßnahmen zur Gewährleistung des Gesundheitsschutzes.

[3]Für einen Betrieb/eine Verwaltung, in dem/der ein Personalvertretungsgesetz Anwendung findet, kann eine Regelung nach Satz 1 in einem landesbezirklichen Tarifvertrag getroffen werden, wenn eine Dienstvereinbarung

nicht einvernehmlich zustande kommt und der Arbeitgeber ein Letztentscheidungsrecht hat.

(11) [1]Unter den Voraussetzungen des Absatzes 10 Satz 2 kann im Rahmen des § 7 Absatz 2a Arbeitszeitgesetz eine Verlängerung der täglichen Arbeitszeit über acht Stunden hinaus auch ohne Ausgleich erfolgen. [2]Dabei ist eine wöchentliche Arbeitszeit von bis zu maximal durchschnittlich 58 Stunden in den Bereitschaftsdienststufen A und B und von bis zu maximal durchschnittlich 54 Stunden in den Bereitschaftsdienststufen C und D zulässig. [3]Für die Berechnung des Durchschnitts der wöchentlichen Arbeitszeit gilt § 6 Absatz 2 Satz 1.

Protokollerklärung zu § 7 Absatz 11:

[1]Die Tarifvertragsparteien sind sich einig: Das In-Kraft-Treten des Tarifvertrages kann nicht der Anlass sein, die bestehenden betrieblichen und für die Beschäftigten günstigeren Regelungen zur Arbeitszeit zu kündigen und zu verändern. [2]Ziel ist es, die Belastungen durch eine entsprechende Arbeitszeitgestaltung zu verringern. [3]Für jede Änderung der betrieblichen Regelungen, die zu einer längeren Arbeitszeit führen, ist zwingende Voraussetzung: Im Rahmen des § 7 Absatz 2a Arbeitszeitgesetz

- muss eine Prüfung alternativer Arbeitszeitmodelle erfolgen,
- muss eine Belastungsanalyse gemäß § 5 Arbeitsschutzgesetz vorliegen und
- müssen gegebenenfalls daraus resultierende Maßnahmen zur Gewährleistung des Gesundheitsschutzes umgesetzt werden

und für diese Maßnahme müssen dringende dienstliche oder betriebliche Gründe vorliegen. [4]Mit dem Personal- oder Betriebsrat soll eine einvernehmliche Regelung getroffen werden.

(12) [1]In den Fällen, in denen Teilzeitarbeit (§ 11) vereinbart wurde, verringern sich die Höchstgrenzen der wöchentlichen Arbeitszeit in Absatz 11 – beziehungsweise in den Fällen, in denen Absatz 11 nicht zur Anwendung kommt, die Höchstgrenze von 48 Stunden – in demselben Verhältnis wie die Arbeitszeit dieser Teilzeitbeschäftigten zu der regelmäßigen Arbeitszeit der Vollbeschäftigten verringert worden ist. [2]Mit Zustimmung der/des Beschäftigten oder aufgrund von dringenden dienstlichen oder betrieblichen Belangen kann hiervon abgewichen werden."

Niederschriftserklärung zu § 41 Nr. 4, § 42 Nr. 5 und § 43 Nr. 4 (betreffend § 7 Abs. 1 TV-L):

Der Anspruch auf die Wechselschichtzulage ist auch erfüllt, wenn unter Einhaltung der Monatsfrist zwei Nachtdienste geleistet werden, die nicht zwingend unmittelbar aufeinander folgen müssen.

Nr. 6 Zu § 8 – Ausgleich für Sonderformen der Arbeit –

1. § 8 Absatz 1 gilt in folgender Fassung:

„(1) [1]Beschäftigte erhalten neben dem Entgelt für die tatsächliche Arbeitsleistung Zeitzuschläge. [2]Die Zeitzuschläge betragen – auch bei Teilzeitbeschäftigten – je Stunde

a) für Überstunden	**15 v. H.,**
b) für Nachtarbeit	**20 v. H.,**
c) für Sonntagsarbeit	**25 v. H.,**

d) bei Feiertagsarbeit
- **ohne Freizeitausgleich** **135 v. H.,**
- **mit Freizeitausgleich** **35 v. H.,**

e) für Arbeit am 24. Dezember und am 31. Dezember jeweils ab 6 Uhr **35 v. H.,**

f) für Arbeit an Samstagen von 13 bis 21 Uhr **0,64 €;**

II

in den Fällen der Buchstaben a bis e beziehen sich die Werte auf den Anteil des Tabellenentgelts der Stufe 3 der jeweiligen Entgeltgruppe, der auf eine Stunde entfällt. [3]Beim Zusammentreffen von Zeitzuschlägen nach Satz 2 Buchstabe c bis f wird nur der höchste Zeitzuschlag gezahlt. [4]Auf Wunsch der Beschäftigten können, soweit ein Arbeitszeitkonto (§ 10) eingerichtet ist und die betrieblichen/dienstlichen Verhältnisse es zulassen, die nach Satz 2 zu zahlenden Zeitzuschläge entsprechend dem jeweiligen Vomhundertsatz einer Stunde in Zeit umgewandelt und ausgeglichen werden. [5]Dies gilt entsprechend für Überstunden als solche.

Protokollerklärung zu § 8 Absatz 1 Satz 1:

Bei Überstunden richtet sich das Entgelt für die tatsächliche Arbeitsleistung nach der jeweiligen Entgeltgruppe und der individuellen Stufe, höchstens jedoch nach der Stufe 4.

Protokollerklärung zu § 8 Absatz 1 Satz 2 Buchstabe d:

[1]Der Freizeitausgleich muss im Dienstplan besonders ausgewiesen und bezeichnet werden. [2]Falls kein Freizeitausgleich gewährt wird, werden als Entgelt einschließlich des Zeitzuschlags und des auf den Feiertag entfallenden Tabellenentgelts höchstens 235 v. H. gezahlt."

2. § 8 Absatz 3 gilt nicht.

3. § 8 Absatz 6 gilt in folgender Fassung:

„(6) Zur Berechnung des Entgelts wird die Zeit des Bereitschaftsdienstes einschließlich der geleisteten Arbeit wie folgt als Arbeitszeit gewertet und bezahlt:

a) [1]Ausschlaggebend sind die Arbeitsleistungen, die während des Bereitschaftsdienstes erfahrungsgemäß durchschnittlich anfallen:

Stufe	Arbeitsleistung innerhalb des Bereitschaftsdienstes	Bewertung als Arbeitszeit
A	0 bis 10 v. H.	15 v. H.
B	mehr als 10 bis 25 v. H.	25 v. H.
C	mehr als 25 bis 40 v. H.	40 v. H.
D	mehr als 40 bis 49 v. H.	55 v. H.

[2]Ein der Stufe A zugeordneter Bereitschaftsdienst wird der Stufe B zugeteilt, wenn die/der Beschäftigte während des Bereitschaftsdienstes in der Zeit von 22 bis 6 Uhr erfahrungsgemäß durchschnittlich mehr als dreimal dienstlich in Anspruch genommen wird.

b) Entsprechend der Zahl der Bereitschaftsdienste je Kalendermonat, die vom Beschäftigten abgeleistet werden, wird die Zeit eines jeden Bereitschaftsdienstes zusätzlich wie folgt als Arbeitszeit gewertet:

II

Zahl der Bereitschaftsdienste im Kalendermonat	Bewertung als Arbeitszeit
1. bis 8. Bereitschaftsdienst	25 v. H.
9. bis 12. Bereitschaftsdienst	35 v. H.
13. und folgende Bereitschaftsdienste	45 v. H.

c) [1]Für die Zeit des Bereitschaftsdienstes an gesetzlichen Feiertagen erhöht sich die Bewertung nach Buchstabe a um 25 Prozentpunkte. [2]Im Übrigen werden Zeitzuschläge (Absatz 1) für die Zeit des Bereitschaftsdienstes einschließlich der geleisteten Arbeit nicht gezahlt.

d) [1]Die Zuweisung zu den Stufen des Bereitschaftsdienstes erfolgt durch schriftliche Nebenabrede zum Arbeitsvertrag. [2]Die Nebenabrede ist mit einer Frist von drei Monaten jeweils zum Ende eines Kalenderhalbjahres kündbar.

e) [1]Das Entgelt für die gewertete Bereitschaftsdienstzeit nach den Buchstaben a bis c bestimmt sich für übergeleitete Beschäftigte auf der Basis ihrer Eingruppierung am 31. Oktober 2006 nach der Anlage E. [2]Für Beschäftigte, die nach dem 31. Oktober 2006 eingestellt werden und in den Fällen der Übertragung einer höher oder niedriger bewerteten Tätigkeit ist die Vergütungsgruppe maßgebend, die sich zum Zeitpunkt der Einstellung beziehungsweise der Höher- oder Herabgruppierung bei Fortgeltung des bisherigen Tarifrechts ergeben hätte.

f) [1]Das Bereitschaftsdienstentgelt kann, soweit ein Arbeitszeitkonto (§ 10) eingerichtet ist und die betrieblichen/dienstlichen Verhältnisse es zulassen (Absatz 1 Satz 4), im Einvernehmen mit der/dem Beschäftigten im Verhältnis 1:1 in Freizeit (faktorisiert) abgegolten werden. [2]Weitere Faktorisierungsregelungen können in einer einvernehmlichen Dienst- oder Betriebsvereinbarung getroffen werden.

Protokollerklärung zu § 8 Absatz 6 Buchstabe f:

Unabhängig von den Vorgaben des Absatzes 6 Buchstabe f kann der Arbeitgeber einen Freizeitausgleich anordnen, wenn dies zur Einhaltung der Vorschriften des Arbeitszeitgesetzes erforderlich ist."

Niederschriftserklärung zu § 41 Nr. 6, § 42 Nr. 6 und § 43 Nr. 5 (betreffend §§ 6 bis 10 TV-L):

Die Dokumentation der Arbeitszeit, der Mehrarbeit, der Überstunden, der Bereitschaftsdienste usw. ist nicht mit dem Arbeitszeitkonto (§ 10 TV-L) gleichzusetzen. Arbeitszeitkonten können nur auf der Grundlage des § 10 TV-L durch Betriebs- bzw. Dienstvereinbarung eingerichtet und geführt werden.

Nr. 7 Zu § 24 – Berechnung und Auszahlung des Entgelts –

§ 24 Absatz 6 gilt in folgender Fassung:

„(6) [1]Durch Nebenabrede zum Arbeitsvertrag können neben dem Tabellenentgelt zustehende Entgeltbestandteile (zum Beispiel Zeitzuschläge, Erschwerniszuschläge, Überstundenentgelte) pauschaliert werden. [2]Die Nebenabrede ist mit einer Frist von drei Monaten jeweils zum Ende eines Kalenderhalbjahres kündbar."

Nr. 8 Zu § 27 – Zusatzurlaub –

§ 27 erhält folgenden Absatz 6:

„(6) 1Beschäftigte erhalten Zusatzurlaub im Kalenderjahr bei einer Leistung im Kalenderjahr von mindestens

150 Nachtarbeitsstunden	**1 Arbeitstag**
300 Nachtarbeitsstunden	**2 Arbeitstage**
450 Nachtarbeitsstunden	**3 Arbeitstage**
600 Nachtarbeitsstunden	**4 Arbeitstage.**

2Bei Teilzeitkräften ist die Zahl der in Satz 1 geforderten Nachtarbeitsstunden entsprechend dem Verhältnis der vereinbarten durchschnittlichen regelmäßigen Arbeitszeit zur regelmäßigen Arbeitszeit von entsprechenden Vollzeitkräften zu kürzen. 3Nachtarbeitsstunden, die in Zeiträumen geleistet werden, für die Zusatzurlaub für Wechselschicht- oder Schichtarbeit zusteht, bleiben unberücksichtigt. 4Bei Anwendung des Satzes 1 werden nur die im Rahmen der regelmäßigen Arbeitszeit in der Zeit zwischen 21 Uhr und 6 Uhr dienstplanmäßig beziehungsweise betriebsüblich geleisteten Nachtarbeitsstunden berücksichtigt. 5Absatz 4 und Absatz 5 finden Anwendung.

Protokollerklärung zu § 27 Absatz 6:

Der Anspruch auf Zusatzurlaub bemisst sich nach den abgeleisteten Nachtarbeitsstunden und entsteht im laufenden Jahr, sobald die Voraussetzungen nach Absatz 6 Satz 1 erfüllt sind."

Nr. 9 Zu § 33 – Beendigung des Arbeitsverhältnisses ohne Kündigung –

1. **§ 33 Absatz 4 gilt in folgender Fassung:**

   „(4) 1Verzögert die/der Beschäftigte schuldhaft den Rentenantrag oder bezieht sie/er Altersrente nach § 236, § 236a oder § 236b SGB VI oder ist sie/er nicht in der gesetzlichen Rentenversicherung oder in einem berufsständischen Versorgungswerk versichert, so tritt an die Stelle des Rentenbescheids das Gutachten einer Amtsärztin/eines Amtsarztes oder einer/eines nach § 3 Absatz 5 Satz 2 bestimmten Ärztin/Arztes. 2Das Arbeitsverhältnis endet in diesem Fall mit Ablauf des Monats, in dem der/dem Beschäftigten das Gutachten bekannt gegeben worden ist."

2. **Dem § 33 wird folgende Protokollerklärung angefügt:**

   „Protokollerklärung zu § 33 Absatz 2 und 3:

   Als Rentenversicherungsträger im Sinne der Absätze 2 und 3 gelten auch berufsständische Versorgungswerke."

Nr. 10 Zu § 35 – Zeugnis –

Dem § 35 wird folgender Absatz 5 angefügt:

„(5) Das Zeugnis wird vom leitenden Arzt und vom Arbeitgeber ausgestellt."

§ 43 Sonderregelungen für die nichtärztlichen Beschäftigten in Universitätskliniken und Krankenhäusern

Nr. 1 Zu § 1 – Geltungsbereich –

II

Diese Sonderregelungen gelten für Beschäftigte (mit Ausnahme der Ärztinnen und Ärzte, Zahnärztinnen und Zahnärzte, die unter § 41 oder § 42 fallen), wenn sie in Universitätskliniken, Krankenhäusern oder sonstigen Einrichtungen und Heimen, in denen die betreuten Personen in ärztlicher Behandlung stehen, beschäftigt werden.

Nr. 2 Zu § 3 – Allgemeine Arbeitsbedingungen –

§ 3 Absatz 5 gilt in folgender Fassung:

„(5) [1]Der Arbeitgeber ist bei begründeter Veranlassung berechtigt, Beschäftigte zu verpflichten, durch ärztliche Bescheinigung nachzuweisen, dass sie zur Leistung der arbeitsvertraglich geschuldeten Tätigkeit in der Lage sind. [2]Bei dem beauftragten Arzt kann es sich um einen Betriebsarzt, Personalarzt oder Amtsarzt handeln, soweit sich die Betriebsparteien nicht auf einen anderen Arzt geeinigt haben. [3]Die Kosten dieser Untersuchung trägt der Arbeitgeber. [4]Der Arbeitgeber kann die Beschäftigten auch bei Beendigung des Arbeitsverhältnisses untersuchen lassen. [5]Auf Verlangen der Beschäftigten ist er hierzu verpflichtet. [6]Beschäftigte, die besonderen Ansteckungsgefahren ausgesetzt oder in gesundheitsgefährdenden Bereichen beschäftigt sind, sind in regelmäßigen Zeitabständen ärztlich zu untersuchen."

Nr. 3 Zu § 6 – Regelmäßige Arbeitszeit –

1. **§ 6 Absatz 1 Satz 2 gilt nicht.**
2. **§ 6 Absatz 3 gilt in folgender Fassung:**

   „(3) [1]Soweit es die betrieblichen/dienstlichen Verhältnisse zulassen, werden Beschäftigte am 24. Dezember und am 31. Dezember unter Fortzahlung des Tabellenentgelts und der sonstigen in Monatsbeträgen festgelegten Entgeltbestandteile von der Arbeit freigestellt. [2]Kann die Freistellung aus betrieblichen/dienstlichen Gründen nicht erfolgen, ist entsprechender Freizeitausgleich innerhalb von drei Monaten zu gewähren. [3]Die regelmäßige Arbeitszeit vermindert sich für den 24. Dezember und 31. Dezember, sofern sie auf einen Werktag fallen, um die dienstplanmäßig ausgefallenen Stunden. [4]Die Arbeitszeit an einem gesetzlichen Feiertag, der auf einen Werktag fällt, wird durch eine entsprechende Freistellung an einem anderen Werktag bis zum Ende des dritten Kalendermonats ausgeglichen, wenn es die betrieblichen Verhältnisse zulassen; der Ausgleich soll möglichst aber schon bis zum Ende des nächsten Kalendermonats erfolgen. [5]Kann ein Freizeitausgleich nicht gewährt werden, erhält die/der Beschäftigte je Stunde 100 v. H. des Stundenentgelts; Stundenentgelt ist der auf eine Stunde entfallende Anteil des monatlichen Entgelts der jeweiligen Entgeltgruppe und Stufe nach der Entgelttabelle. [6]Ist ein Arbeitszeitkonto eingerichtet, ist eine Buchung gemäß § 10 Absatz 3 zulässig. [7]In den Fällen des Satzes 4 steht der Zeitzuschlag von 35 v. H. (§ 8 Absatz 1 Satz 2 Buchstabe d) zu. [8]Für

Beschäftigte, die regelmäßig nach einem Dienstplan eingesetzt werden, der Wechselschicht- oder Schichtdienst an sieben Tagen in der Woche vorsieht, vermindert sich die regelmäßige Wochenarbeitszeit um ein Fünftel der arbeitsvertraglich vereinbarten durchschnittlichen Wochenarbeitszeit, wenn sie an einem gesetzlichen Feiertag, der auf einen Werktag fällt, nicht wegen des Feiertags, sondern dienstplanmäßig nicht zur Arbeit eingeteilt sind und deswegen an anderen Tagen der Woche ihre regelmäßige Arbeitszeit erbringen müssen. [9]In den Fällen des Satzes 8 gelten die Sätze 4 bis 7 nicht.

Protokollerklärung zu § 6 Absatz 3 Satz 3:

Die Verminderung der regelmäßigen Arbeitszeit betrifft die Beschäftigten, die wegen des Dienstplans frei haben und deshalb ohne diese Regelung nacharbeiten müssten."

3. **§ 6 Absatz 5 gilt in folgender Fassung:**

   „(5) [1]Die Beschäftigten sind im Rahmen begründeter betrieblicher/dienstlicher Notwendigkeiten verpflichtet, Sonntags-, Feiertags-, Nacht-, Wechselschicht-, Schichtarbeit sowie – bei Teilzeitbeschäftigung aufgrund arbeitsvertraglicher Regelung oder mit ihrer Zustimmung – Bereitschaftsdienst, Rufbereitschaft, Überstunden und Mehrarbeit zu leisten. [2]Beschäftigte, die regelmäßig an Sonn- und Feiertagen arbeiten müssen, erhalten innerhalb von zwei Wochen zwei arbeitsfreie Tage. [3]Hiervon soll ein freier Tag auf einen Sonntag fallen."

4. **§ 6 Absatz 10 gilt nicht.**

Nr. 4 Zu § 7 – Sonderformen der Arbeit –

1. **§ 7 Absatz 1 gilt in folgender Fassung:**

   „(1) [1]Wechselschichtarbeit ist die Arbeit nach einem Schichtplan, der einen regelmäßigen Wechsel der täglichen Arbeitszeit in Wechselschichten vorsieht, bei denen die/der Beschäftigte durchschnittlich längstens nach Ablauf eines Monats erneut zu mindestens zwei Nachtschichten herangezogen wird. [2]Wechselschichten sind wechselnde Arbeitsschichten, in denen ununterbrochen bei Tag und Nacht, werktags, sonntags und feiertags gearbeitet wird. [3]Nachtschichten sind Arbeitsschichten, die mindestens zwei Stunden Nachtarbeit umfassen."

2. **§ 7 Absätze 3 und 4 gelten in folgender Fassung:**

   „(3) [1]Beschäftigte sind verpflichtet, sich auf Anordnung des Arbeitgebers außerhalb der regelmäßigen Arbeitszeit an einer vom Arbeitgeber bestimmten Stelle aufzuhalten, um im Bedarfsfall die Arbeit aufzunehmen (Bereitschaftsdienst). [2]Der Arbeitgeber darf Bereitschaftsdienst nur anordnen, wenn zu erwarten ist, dass zwar Arbeit anfällt, erfahrungsgemäß aber die Zeit ohne Arbeitsleistung überwiegt.

   (4) [1]Rufbereitschaft leisten Beschäftigte, die sich auf Anordnung des Arbeitgebers außerhalb der regelmäßigen Arbeitszeit an einer dem Arbeitgeber anzuzeigenden Stelle aufhalten, um auf Abruf die Arbeit aufzunehmen. [2]Der Arbeitgeber darf Rufbereitschaft nur anordnen, wenn erfahrungsgemäß lediglich in Ausnahmefällen Arbeit anfällt. [3]Rufbereitschaft wird nicht

dadurch ausgeschlossen, dass Beschäftigte vom Arbeitgeber mit einem Mobiltelefon oder einem vergleichbaren technischen Hilfsmittel ausgestattet sind. [4]Durch tatsächliche Arbeitsleistung innerhalb der Rufbereitschaft kann die tägliche Höchstarbeitszeit von zehn Stunden überschritten werden (§§ 3, 7 Absatz 1 Nr. 1 und Nr. 4 Arbeitszeitgesetz)".

II

3. § 7 erhält folgende Absätze 9 bis 12:

„(9) Abweichend von den §§ 3, 5 und 6 Absatz 2 Arbeitszeitgesetz kann im Rahmen des § 7 Arbeitszeitgesetz die tägliche Arbeitszeit im Sinne des Arbeitszeitgesetzes über acht Stunden hinaus verlängert werden, wenn mindestens die acht Stunden überschreitende Zeit im Rahmen von Bereitschaftsdienst geleistet wird, und zwar wie folgt:

a) bei Bereitschaftsdiensten der Stufen A und B bis zu insgesamt maximal 16 Stunden täglich; die gesetzlich vorgeschriebene Pause verlängert diesen Zeitraum nicht,

b) bei Bereitschaftsdiensten der Stufen C und D bis zu insgesamt maximal 13 Stunden täglich; die gesetzlich vorgeschriebene Pause verlängert diesen Zeitraum nicht.

(10) [1]Auf Grund einer Dienst-/Betriebsvereinbarung kann im Rahmen des § 7 Absatz 1 Nr. 1 und Nr. 4 Arbeitszeitgesetz die tägliche Arbeitszeit im Sinne des Arbeitszeitgesetzes abweichend von den §§ 3 und 6 Absatz 2 Arbeitszeitgesetz über acht Stunden hinaus auf bis zu 24 Stunden ausschließlich der Pausen verlängert werden, wenn in die Arbeitszeit regelmäßig und in erheblichem Umfang Bereitschaftsdienst fällt. [2]Die Verlängerung setzt voraus:

a) eine Prüfung alternativer Arbeitszeitmodelle,

b) eine Belastungsanalyse gemäß § 5 Arbeitsschutzgesetz und

c) gegebenenfalls daraus resultierende Maßnahmen zur Gewährleistung des Gesundheitsschutzes.

[3]Für einen Betrieb/eine Verwaltung, in dem/der ein Personalvertretungsgesetz Anwendung findet, kann eine Regelung nach Satz 1 in einem landesbezirklichen Tarifvertrag getroffen werden, wenn eine Dienstvereinbarung nicht einvernehmlich zustande kommt und der Arbeitgeber ein Letztentscheidungsrecht hat.

(11) [1]Unter den Voraussetzungen des Absatzes 10 Satz 2 kann im Rahmen des § 7 Absatz 2a Arbeitszeitgesetz eine Verlängerung der täglichen Arbeitszeit über acht Stunden hinaus auch ohne Ausgleich erfolgen. [2]Dabei ist eine wöchentliche Arbeitszeit von bis zu maximal durchschnittlich 58 Stunden in den Bereitschaftsdienststufen A und B und von bis zu maximal durchschnittlich 54 Stunden in den Bereitschaftsdienststufen C und D zulässig. [3]Für die Berechnung des Durchschnitts der wöchentlichen Arbeitszeit gilt § 6 Absatz 2 Satz 1.

Protokollerklärung zu § 7 Absatz 11:

[1]Die Tarifvertragsparteien sind sich einig: Das In-Kraft-Treten des Tarifvertrages kann nicht der Anlass sein, die bestehenden betrieblichen und für die Beschäftigten günstigeren Regelungen zur Arbeitszeit zu kündigen und zu verändern. [2]Ziel ist es, die Belastungen durch eine entsprechende Arbeitszeitgestaltung zu verringern. [3]Für

jede Änderung der betrieblichen Regelungen, die zu einer längeren Arbeitszeit führen, ist zwingende Voraussetzung: Im Rahmen des § 7 Absatz 2a Arbeitszeitgesetz
- muss eine Prüfung alternativer Arbeitszeitmodelle erfolgen,
- muss eine Belastungsanalyse gemäß § 5 Arbeitsschutzgesetz vorliegen und
- müssen gegebenenfalls daraus resultierende Maßnahmen zur Gewährleistung des Gesundheitsschutzes umgesetzt werden

und für diese Maßnahme müssen dringende dienstliche oder betriebliche Gründe vorliegen. [4]Mit dem Personal- oder Betriebsrat soll eine einvernehmliche Regelung getroffen werden.

II

(12) [1]In den Fällen, in denen Teilzeitarbeit (§ 11) vereinbart wurde, verringern sich die Höchstgrenzen der wöchentlichen Arbeitszeit in Absatz 11 – beziehungsweise in den Fällen, in denen Absatz 11 nicht zur Anwendung kommt, die Höchstgrenze von 48 Stunden – in demselben Verhältnis wie die Arbeitszeit dieser Teilzeitbeschäftigten zu der regelmäßigen Arbeitszeit der Vollbeschäftigten verringert worden ist. [2]Mit Zustimmung der/des Beschäftigten oder aufgrund von dringenden dienstlichen oder betrieblichen Belangen kann hiervon abgewichen werden."

Niederschriftserklärung zu § 41 Nr. 4, § 42 Nr. 5 und § 43 Nr. 4 (betreffend § 7 Abs. 1 TV-L):

Der Anspruch auf die Wechselschichtzulage ist auch erfüllt, wenn unter Einhaltung der Monatsfrist zwei Nachtdienste geleistet werden, die nicht zwingend unmittelbar aufeinander folgen müssen.

Nr. 5 Zu § 8 – Ausgleich für Sonderformen der Arbeit –

1. § 8 Absatz 1 gilt in folgender Fassung:

„(1) [1]Beschäftigte erhalten neben dem Entgelt für die tatsächliche Arbeitsleistung Zeitzuschläge. [2]Die Zeitzuschläge betragen – auch bei Teilzeitbeschäftigten – je Stunde

a) für Überstunden	
in den Entgeltgruppen 1 bis 9b	**30 v. H.,**
in den Entgeltgruppen 10 bis 15	**15 v. H.,**
b) für Nachtarbeit	**20 v. H.,**
c) für Sonntagsarbeit	**25 v. H.,**
d) bei Feiertagsarbeit	
– ohne Freizeitausgleich	**135 v. H.,**
– mit Freizeitausgleich	**35 v. H.,**
e) für Arbeit am 24. Dezember und am 31. Dezember jeweils ab 6 Uhr	**35 v. H.,**
f) für Arbeit an Samstagen von 13 bis 21 Uhr	
– für Beschäftigte nach § 38 Absatz 5 Satz 1, soweit die Samstagsarbeit nicht im Rahmen von Wechselschicht- oder Schichtarbeit anfällt,	**20 v. H.,**
im Übrigen	**0,64 Euro,**
– für die übrigen Beschäftigten, soweit die Samstagsarbeit nicht im Rahmen von Wechselschicht- oder Schichtarbeit anfällt,	**20 v. H.;**

II

in den Fällen der Buchstaben a bis f beziehen sich die Vomhundertsätze auf den Anteil des Tabellenentgelts der Stufe 3 der jeweiligen Entgeltgruppe, der auf eine Stunde entfällt. [3]Beim Zusammentreffen von Zeitzuschlägen nach Satz 2 Buchstabe c bis f wird nur der höchste Zeitzuschlag gezahlt. [4]Auf Wunsch der Beschäftigten können, soweit ein Arbeitszeitkonto (§ 10) eingerichtet ist und die betrieblichen/dienstlichen Verhältnisse es zulassen, die nach Satz 2 zu zahlenden Zeitzuschläge entsprechend dem jeweiligen Vomhundertsatz einer Stunde in Zeit umgewandelt und ausgeglichen werden. [5]Dies gilt entsprechend für Überstunden als solche.

Protokollerklärung zu § 8 Absatz 1 Satz 1:

Bei Überstunden richtet sich das Entgelt für die tatsächliche Arbeitsleistung nach der jeweiligen Entgeltgruppe und der individuellen Stufe, höchstens jedoch nach der Stufe 4.

Protokollerklärung zu § 8 Absatz 1 Satz 2 Buchstabe d:

[1]Der Freizeitausgleich muss im Dienstplan besonders ausgewiesen und bezeichnet werden. [2]Falls kein Freizeitausgleich gewährt wird, werden als Entgelt einschließlich des Zeitzuschlags und des auf den Feiertag entfallenden Tabellenentgelts höchstens 235 v. H. gezahlt."

2. **§ 8 Absatz 6 gilt in folgender Fassung:**

„(6) Zur Berechnung des Entgelts wird die Zeit des Bereitschaftsdienstes einschließlich der geleisteten Arbeit wie folgt als Arbeitszeit gewertet und bezahlt:

a) [1]Ausschlaggebend sind die Arbeitsleistungen, die während des Bereitschaftsdienstes erfahrungsgemäß durchschnittlich anfallen:

Stufe	Arbeitsleistung innerhalb des Bereitschaftsdienstes	Bewertung als Arbeitszeit
A	0 bis 10 v. H.	15 v. H.
B	mehr als 10 bis 25 v. H.	25 v. H.
C	mehr als 25 bis 40 v. H.	40 v. H.
D	mehr als 40 bis 49 v. H.	55 v. H.

[2]Ein der Stufe A zugeordneter Bereitschaftsdienst wird der Stufe B zugeteilt, wenn die/der Beschäftigte während des Bereitschaftsdienstes in der Zeit von 22 bis 6 Uhr erfahrungsgemäß durchschnittlich mehr als dreimal dienstlich in Anspruch genommen wird.

b) Entsprechend der Zahl der Bereitschaftsdienste je Kalendermonat, die vom Beschäftigten abgeleistet werden, wird die Zeit eines jeden Bereitschaftsdienstes zusätzlich wie folgt als Arbeitszeit gewertet:

Zahl der Bereitschaftsdienste im Kalendermonat	Bewertung als Arbeitszeit
1. bis 8. Bereitschaftsdienst	25 v. H.
9. bis 12. Bereitschaftsdienst	35 v. H.
13. und folgende Bereitschaftsdienste	45 v. H.

c) [1]Für die Zeit des Bereitschaftsdienstes an gesetzlichen Feiertagen erhöht sich die Bewertung nach Buchstabe a um 25 Prozentpunkte. [2]Im Übrigen werden Zeitzuschläge (Absatz 1) für die Zeit des Bereitschaftsdienstes einschließlich der geleisteten Arbeit nicht gezahlt.

d) Die Zuweisung zu den Stufen des Bereitschaftsdienstes erfolgt durch die Betriebsparteien.

e) [1]Das Entgelt für die gewertete Bereitschaftsdienstzeit nach den Buchstaben a bis c bestimmt sich für übergeleitete Beschäftigte auf der Basis ihrer Eingruppierung am 31. Oktober 2006 nach der Anlage E. [2]Für Beschäftigte, die nach dem 31. Oktober 2006 eingestellt werden und in den Fällen der Übertragung einer höher oder niedriger bewerteten Tätigkeit ist die Vergütungs- beziehungsweise Lohngruppe maßgebend, die sich zum Zeitpunkt der Einstellung beziehungsweise der Höher- oder Herabgruppierung bei Fortgeltung des bisherigen Tarifrechts ergeben hätte.

f) [1]Das Bereitschaftsdienstentgelt kann, soweit ein Arbeitszeitkonto (§ 10) eingerichtet ist und die betrieblichen/dienstlichen Verhältnisse es zulassen (Absatz 1 Satz 4), im Einvernehmen mit der/dem Beschäftigten im Verhältnis 1:1 in Freizeit (faktorisiert) abgegolten werden. [2]Weitere Faktorisierungsregelungen können in einer einvernehmlichen Dienst- oder Betriebsvereinbarung getroffen werden.

Protokollerklärung zu § 8 Absatz 6 Buchstabe f:

Unabhängig von den Vorgaben des Absatzes 6 Buchstabe f kann der Arbeitgeber einen Freizeitausgleich anordnen, wenn dies zur Einhaltung der Vorschriften des Arbeitszeitgesetzes erforderlich ist."

3. **§ 8 Absatz 7 Satz 1 gilt in folgender Fassung:**

„(7) [1]Beschäftigte, die ständig Wechselschichtarbeit leisten, erhalten eine Wechselschichtzulage von 150 Euro monatlich."

4. **§ 8 Absatz 8 Satz 1 gilt in folgender Fassung:**

„(8) [1]Beschäftigte, die ständig Schichtarbeit leisten, erhalten eine Schichtzulage von 60 Euro monatlich."

Niederschriftserklärung zu § 41 Nr. 6, § 42 Nr. 6 und § 43 Nr. 5 (betreffend §§ 6 bis 10 TV-L):

Die Dokumentation der Arbeitszeit, der Mehrarbeit, der Überstunden, der Bereitschaftsdienste usw. ist nicht mit dem Arbeitszeitkonto (§ 10 TV-L) gleichzusetzen. Arbeitszeitkonten können nur auf der Grundlage des § 10 TV-L durch Betriebs- bzw. Dienstvereinbarung eingerichtet und geführt werden.

Niederschriftserklärung zu § 43 Nr. 5:

Die Tarifvertragsparteien werden Verhandlungen über die Erhöhung des Zeitzuschlags für Samstagsarbeit bei Wechselschicht- oder Schichtarbeit in Krankenhäusern (§ 43 TV-L) aufnehmen, nachdem die entsprechenden Tarifverhandlungen der VKA abgeschlossen sind.

II

Nr. 5a Zu § 16 – Stufen der Entgelttabelle

1. § 16 Absatz 1 gilt in folgender Fassung:

„(1) [1]Die Entgeltgruppen KR 5 und KR 6 umfassen sechs Stufen. [2]Die Entgeltgruppen KR 7 bis KR 17 umfassen die Stufen 2 bis 6. [3]Die Abweichungen von Satz 1 oder Satz 2 sind in den jeweiligen Tätigkeitsmerkmalen der Entgeltordnung geregelt."

2. § 16 Absatz 2 Satz 1 gilt für die Entgeltgruppen KR 7 bis KR 17 in folgender Fassung:

„[1]Bei der Einstellung werden die Beschäftigten der Entgeltgruppen KR 7 bis KR 17 der Stufe 2 zugeordnet, sofern keine einschlägige Berufserfahrung vorliegt."

3. § 16 Absatz 2 Satz 3 gilt für die Entgeltgruppen KR 7 bis KR 17 in folgender Fassung:

„[3]Ist die einschlägige Berufserfahrung von mindestens zwei Jahren in einem Arbeitsverhältnis zu einem anderen Arbeitgeber erworben worden, erfolgt die Einstellung in die Stufe 3."

Nr. 6 Zu § 24 – Berechnung und Auszahlung des Entgelts –

§ 24 Absatz 6 gilt in folgender Fassung:

„(6) [1]Durch Nebenabrede zum Arbeitsvertrag können neben dem Tabellenentgelt zustehende Entgeltbestandteile (zum Beispiel Zeitzuschläge, Erschwerniszuschläge, Überstundenentgelte) pauschaliert werden. [2]Die Nebenabrede ist mit einer Frist von drei Monaten jeweils zum Ende eines Kalenderhalbjahres kündbar."

Nr. 7 Zu § 27 – Zusatzurlaub –

§ 27 erhält folgende Absätze 6 bis 8:

„(6) [1]Beschäftigte erhalten Zusatzurlaub im Kalenderjahr bei einer Leistung im Kalenderjahr von mindestens

150 Nachtarbeitsstunden	**1 Arbeitstag**
300 Nachtarbeitsstunden	**2 Arbeitstage**
450 Nachtarbeitsstunden	**3 Arbeitstage**
600 Nachtarbeitsstunden	**4 Arbeitstage.**

[2]Bei Teilzeitkräften ist die Zahl der in Satz 1 geforderten Nachtarbeitsstunden entsprechend dem Verhältnis der vereinbarten durchschnittlichen regelmäßigen Arbeitszeit zur regelmäßigen Arbeitszeit von entsprechenden Vollzeitkräften zu kürzen. [3]Nachtarbeitsstunden, die in Zeiträumen geleistet werden, für die Zusatzurlaub für Wechselschicht- oder Schichtarbeit zusteht, bleiben unberücksichtigt. [4]Bei Anwendung des Satzes 1 werden nur die im Rahmen der regelmäßigen Arbeitszeit in der Zeit zwischen 21 Uhr und 6 Uhr dienstplanmäßig beziehungsweise betriebsüblich geleisteten Nachtarbeitsstunden berücksichtigt. [5]Absatz 4 und Absatz 5 finden Anwendung.

Protokollerklärung zu § 27 Absatz 6:

Der Anspruch auf Zusatzurlaub bemisst sich nach den abgeleisteten Nachtarbeitsstunden und entsteht im laufenden Jahr, sobald die Voraussetzungen nach Absatz 6 Satz 1 erfüllt sind.

(7) [1]Besteht im Kalenderjahr 2020 Anspruch auf mindestens drei Tage Zusatzurlaub nach Absatz 2 Buchstabe a, wird ein weiterer Tag Zusatzurlaub gewährt. [2]Im Kalenderjahr 2021 wird bei einem Anspruch auf mindestens drei Tage Zusatzurlaub nach Absatz 2 Buchstabe a ein weiterer Tag Zusatzurlaub gewährt; besteht Anspruch auf mindestens vier Tage Zusatzurlaub nach Absatz 2 Buchstabe a, wird ein zweiter zusätzlicher Tag Zusatzurlaub gewährt. [3]Ab dem Kalenderjahr 2022 wird für je zwei Tage Zusatzurlaubsanspruch nach Absatz 2 Buchstabe a ein zusätzlicher Tag Zusatzurlaub gewährt.

(8) [1]Soweit Zusatzurlaub für ständige Wechselschichtarbeit zusteht, wird abweichend von Absatz 4 Satz 1 Zusatzurlaub nach diesem Tarifvertrag und sonstigen Bestimmungen mit Ausnahme von § 208 SGB IX nur bis zu insgesamt sieben Arbeitstagen im Kalenderjahr 2020, acht Arbeitstagen im Kalenderjahr 2021 und neun Arbeitstagen ab dem Kalenderjahr 2022 gewährt. [2]Im Übrigen gilt § 27 Absatz 4 entsprechend."

Niederschriftserklärung zu § 43 Nr. 7:

Die Tarifvertragsparteien sind sich darüber einig, dass auch der Zusatzurlaub für ständige Wechselschichtarbeit nach § 43 Nr. 7 gemäß § 27 Absatz 4 Satz 3 nicht auf den Gesamturlaub nach § 27 Absatz 4 Satz 2 angerechnet wird.

Nr. 8 Regelungen zur Anwendung des Teils IV der Entgeltordnung

[1]Pflegepersonen nach Teil IV Abschnitt 2 der Entgeltordnung, denen die Leitung des Pflegepersonals einer organisatorischen Einheit oder mehrerer organisatorischer Einheiten übertragen ist, erhalten für die Dauer dieser Tätigkeit eine monatliche Zulage von 45,00 Euro, soweit diesen Beschäftigten in dem selben Zeitraum keine Zulage nach der Vorbemerkung Nr. 7 zu Teil IV Abschnitt 2 in Verbindung mit der Vorbemerkung Nr. 9 oder 10 zu Teil IV Abschnitt 1 der Entgeltordnung gezahlt wird. [2]Dasselbe gilt für Beschäftigte in der Funktionsdiagnostik, in der Endoskopie, im Operationsdienst und im Anästhesiedienst.

Niederschriftserklärung zu § 43 Nr. 8:

Die Tarifparteien sind sich darin einig, dass durch die Änderung des § 43 Nr. 8 im Hinblick auf die zwischen den Tarifvertragsparteien strittige und beim BAG anhängige Frage des Geltungsbereichs des § 43 Nr. 8 Absatz 2 Satz 2 keine Änderung der vom BAG abschließend zu beurteilenden Rechtslage herbeigeführt wird.

Nr. 9 Zuordnung der Entgeltgruppen ab 1. Januar 2019

Soweit in diesem Tarifvertrag auf bestimmte Entgeltgruppen der Anlage B Bezug genommen wird, entspricht:

die Entgeltgruppe	der Entgeltgruppe
KR 5	3
KR 6	4
KR 7	7
KR 8	8
KR 9, KR 10	9a
KR 11, KR 12	9b
KR 13	10
KR 14, KR 15	11
KR 16, KR 17	12.

§ 44 Sonderregelungen für Beschäftigte als Lehrkräfte[1])

Nr. 1 Zu § 1 – Geltungsbereich –

[1]Diese Sonderregelungen gelten für Beschäftigte als Lehrkräfte an allgemeinbildenden Schulen und berufsbildenden Schulen (zum Beispiel Berufs-, Berufsfach- und Fachschulen). [2]Sie gelten nicht für Lehrkräfte an Schulen und Einrichtungen der Verwaltung, die der Ausbildung oder Fortbildung von Angehörigen des öffentlichen Dienstes dienen, sowie an Krankenpflegeschulen und ähnlichen der Ausbildung dienenden Einrichtungen, soweit es sich nach den in den Ländern jeweils geltenden landesrechtlichen Regelungen nicht um berufsbildende Schulen handelt.

Protokollerklärung:
Lehrkräfte im Sinne dieser Sonderregelungen sind Personen, bei denen die Vermittlung von Kenntnissen und Fertigkeiten im Rahmen eines Schulbetriebes der Tätigkeit das Gepräge gibt.

Nr. 2 Zu Abschnitt II – Arbeitszeit –

[1]Die §§ 6 bis 10 finden keine Anwendung. [2]Es gelten die Bestimmungen für die entsprechenden Beamten in der jeweils geltenden Fassung. [3]Sind entsprechende Beamte nicht vorhanden, so ist die Arbeitszeit im Arbeitsvertrag zu regeln.

Nr. 2a Zu Abschnitt III – Eingruppierung, Entgelt und sonstige Leistungen –

Die §§ 12 bis 14, 16 und 17 finden Anwendung nach Maßgabe der §§ 3 bis 7 des Tarifvertrages über die Eingruppierung und die Entgeltordnung für die Lehrkräfte der Länder (TV EntgO-L) in der jeweils geltenden Fassung.

Nr. 3 Zu Abschnitt IV – Urlaub und Arbeitsbefreiung –

(1) [1]Der Urlaub ist in den Schulferien zu nehmen. [2]Wird die Lehrkraft während der Schulferien durch Unfall oder Krankheit arbeitsunfähig, so hat sie dies unverzüglich anzuzeigen. [3]Die Lehrkraft hat sich nach Ende der Schulferien oder, wenn die Krankheit länger dauert, nach Wiederherstellung der Arbeitsfähigkeit zur Arbeitsleistung zur Verfügung zu stellen.

(2) [1]Für eine Inanspruchnahme der Lehrkraft während der den Urlaub in den Schulferien übersteigenden Zeit gelten die Bestimmungen für die entsprechenden Beamten. [2]Sind entsprechende Beamte nicht vorhanden, regeln dies die Betriebsparteien.

Nr. 4 Zu Abschnitt V – Befristung und Beendigung des Arbeitsverhältnisses –

Das Arbeitsverhältnis endet, ohne dass es einer Kündigung bedarf, mit Ablauf des Schulhalbjahres (31. Januar beziehungsweise 31. Juli), in dem die Lehrkraft das gesetzlich festgelegte Alter zum Erreichen der Regelaltersrente vollendet hat.

---

[1]) Zur Eingruppierung der Lehrkräfte siehe die unter **510** und **515** abgedruckten Tarifvorschriften.

§ 45 Sonderregelungen für Beschäftigte an Theatern und Bühnen

Nr. 1 Zu § 1 – Geltungsbereich –

II

(1) Diese Sonderregelungen gelten für die Beschäftigten in Theatern und Bühnen.

(2) (weggefallen)

(3) Die Arbeitsbedingungen des Abendpersonals (insbesondere Platzanweiser, Logenschließer, Garderobenpersonal, Toilettenpersonal, Aushilfen) werden abweichend von Protokollerklärung Nr. 3 zu § 1 Absatz 2 Buchstabe j gesondert vereinbart.

Nr. 2 Zu § 2 – Arbeitsvertrag, Nebenabreden, Probezeit –

Im Arbeitsvertrag kann eine Probezeit bis zur Dauer einer Spielzeit vereinbart werden.

Nr. 3 Zu § 3 – Allgemeine Arbeitsbedingungen –

Beschäftigte sind verpflichtet, an Reisen zu auswärtigen Aufführungen teilzunehmen.

Protokollerklärung:

Bei Reisen zu auswärtigen Aufführungen ist die Zeit einer aus betrieblichen Gründen angeordneten Mitfahrt auf dem Wagen, der Geräte oder Kulissen befördert, als Arbeitszeit zu bewerten.

Nr. 4 Zu Abschnitt II – Arbeitszeit –

(1) [1]Beschäftigte sind an Sonn- und Feiertagen ebenso zu Arbeitsleistungen verpflichtet wie an Werktagen. [2]Zum Ausgleich für die Arbeit an Sonntagen wird jede Woche ein ungeteilter freier Tag gewährt. [3]Dieser soll mindestens in jeder siebenten Woche auf einen Sonn- oder Feiertag fallen.

(2) Die regelmäßige Arbeitszeit der Beschäftigten, die eine Theaterbetriebszulage (Absatz 5) erhalten, kann um sechs Stunden wöchentlich verlängert werden.

(3) Beschäftigte erhalten für jede Arbeitsstunde, um die die allgemeine regelmäßige Arbeitszeit (§ 6 Absatz 1) nach Absatz 2 verlängert worden ist, 100 v. H. des auf eine Stunde entfallenden Anteils des monatlichen Entgelts der jeweiligen Entgeltgruppe und Stufe nach Maßgabe der Entgelttabelle.

(4) [1]Überstunden dürfen nur angeordnet werden, wenn ein außerordentliches dringendes betriebliches Bedürfnis besteht oder die besonderen Verhältnisse des Theaterbetriebes es erfordern. [2]Für Überstunden ist neben dem Entgelt für die tatsächliche Arbeitsleistung der Zeitzuschlag nach § 8 Absatz 1 Satz 2 Buchstabe a zu zahlen. [3]Die Protokollerklärung zu § 8 Absatz 1 Satz 1 über die Berechnung des Entgelts für die tatsächliche Arbeitsleistung findet Anwendung.

(5) [1]Die Regelungen über Zeitzuschläge und über die Wechselschichtzulage und Schichtzulage (§ 8 Absätze 1, 7 und 8) gelten nicht für Beschäftigte, die eine Theaterbetriebszulage oder einen Theaterbetriebszuschlag nach einem

landesbezirklichen Tarifvertrag erhalten. [2]Landesbezirklich kann Abweichendes geregelt werden.

Protokollerklärung zu Nr. 4 Absatz 5:

Am 31. Oktober 2006 bestehende Tarifverträge über eine Theaterbetriebszulage oder einen Theaterbetriebszuschlag können nach den jeweils vereinbarten Kündigungsfristen von den Tarifvertragsparteien auf landesbezirklicher Ebene gekündigt werden; dies gilt auch für die von der TdL für das Tarifgebiet Ost geschlossenen Tarifverträge.

(6) Die Arbeitszeit darf nur in Ausnahmefällen, wenn es der Betrieb erfordert, auf mehr als zwei Zeitabschnitte des Tages verteilt werden.

§ 46 Sonderregelungen für Beschäftigte auf Schiffen und schwimmenden Geräten

Nr. 1 Zu § 1 – Geltungsbereich –

[1]Diese Sonderregelungen gelten für die Besatzungsmitglieder auf Schiffen und schwimmenden Geräten, soweit die Schiffe und schwimmenden Geräte in den Schiffslisten der Verwaltung aufgeführt sind. [2]Zur Besatzung eines Schiffes oder schwimmenden Gerätes gehören nur diejenigen Beschäftigten, die mit Rücksicht auf Schifffahrt und Betrieb an Bord, gegebenenfalls in mehreren Schichten, tätig sein müssen und in der von der Verwaltung aufzustellenden Bordliste aufgeführt sind. [3]Beschäftigte, die an Bord dieselben Arbeiten verrichten, ohne selbst in der Bordliste aufgeführt zu sein, werden für die Dauer dieser Tätigkeit wie Besatzungsmitglieder behandelt. [4]Die Regelungen gelten auch für Beschäftigte der Länder, die auf nicht landeseigenen Schiffen und schwimmenden Geräten eingesetzt sind.

Protokollerklärung:

Die Eintragung in die Bordliste berührt die tarifliche Eingruppierung in die Entgeltgruppen nicht.

Nr. 2 Zu § 3 – Allgemeine Arbeitsbedingungen –

Zu den allgemeinen Pflichten gehört auch das Ableisten von Wachdienst.

Nr. 3 Zu § 6 – Regelmäßige Arbeitszeit –

(1) [1]Die Arbeitszeit beginnt und endet an der Arbeitsstelle. [2]Im Tidebetrieb richten sich Beginn und Ende der Arbeitszeit nach den Gezeiten. [3]Kann die Arbeitsstelle nur mit einem vom Arbeitgeber gestellten Fahrzeug erreicht werden und trifft das Fahrzeug infolge höherer Gewalt nicht rechtzeitig an der Arbeitsstelle ein, wird die Zeit ab dem Zeitpunkt des auf der Arbeitsstelle angeordneten Arbeitsbeginns als Arbeitszeit gewertet.

(2) [1]Kann die Arbeitsstelle auf Schiffen und schwimmenden Geräten nur mit einem vom Arbeitgeber gestellten schwimmenden Fahrzeug erreicht werden, so wird die Transportzeit bei der Hin- und Rückfahrt jeweils mit 50 v. H. als Arbeitszeit gewertet. [2]Die regelmäßige Arbeitszeit kann entsprechend verlängert werden. [3]Für Maschinisten auf Schiffen, schwimmenden Geräten und sonstigen Motorgeräten kann die regelmäßige Arbeitszeit für Vor- und Abschlussarbeiten um täglich bis zu einer Stunde verlängert werden.

(3) [1]Sofern die Einsatzkonzeption von seegehenden Schiffen und schwimmenden Geräten dies erfordert (zum Beispiel 24-Stunden-Betrieb), kann die Arbeitszeit in einem Zeitraum von 24 Stunden auf bis zu 12 Stunden verlängert und auf einen Zeitraum von 168 Stunden verteilt werden, wenn im unmittelbaren Anschluss an den verlängerten Arbeitszeitraum ein Ausgleich durch Freizeit erfolgt, der dem Umfang der regelmäßigen Arbeitszeit nach § 6 Absatz 1 entspricht. [2]Im Rahmen der Wechselschichten nach Satz 1 geleistete Arbeitsstunden, die über das Doppelte der regelmäßigen wöchentlichen Arbeitszeit nach § 6 Absatz 1 hinausgehen, sind Überstunden im Sinne des § 7 Absatz 7.

(4) Außerhalb der regelmäßigen Arbeitszeit angeordnete Anwesenheit an Bord wird bei der Bemessung des Entgelts zu 50 v. H. als Arbeitszeit gewertet, es sei denn, dass Freiwache gewährt wird oder dass Arbeit angeordnet ist.

(5) [1]Für Beschäftigte, die über 10 Stunden hinaus zum Wachdienst herangezogen werden, können Wachschichten bis zu zwölf Stunden festgesetzt werden, wenn in den Wachdienst in erheblichem Umfang Bereitschaftsdienst im Sinne des § 7 Absatz 1 Nr. 1 Buchstabe a Arbeitszeitgesetz fällt. [2]Für die Bemessung des Entgelts während der Wachdienste gelten folgende Vorschriften:

1. Bei folgenden Wachschichten wird für jede Wachstunde das volle Entgelt gezahlt:
   a) Durchgehende Wachdienste, bei denen Pausen oder inaktive Zeiten während des Bereitschaftsdienstes weniger als ein Drittel der Gesamtwachzeit ausmachen.
   b) Wachdienste, die ausschließlich im Freien abgeleistet werden oder bei denen auf Anordnung oder infolge besonderer Umstände eine Bindung an einen vorgeschriebenen Platz besteht (zum Beispiel Decks-, Maschinen-, Brücken- oder Ankerwachen).
2. Anwesenheitswachdienste, die nicht den in Nr. 1 genannten Einschränkungen unterliegen, werden wie folgt bewertet:
   a) Bei einer Tageswachschicht wird je eineinhalb Wachstunden das Entgelt für eine Arbeitsstunde gezahlt.
   b) Bei einer Nachtwachschicht bis zu zwölf Stunden wird eine Stundengarantie von drei Arbeitsstunden angesetzt, wenn beim Wachdienst nur Anwesenheit verlangt und eine Schlafgelegenheit gestellt wird. Soweit die Voraussetzungen nach Satz 1 nicht vorliegen, gilt Buchstabe a entsprechend.

(6) Bei sämtlichen Arten der Anwesenheitswachdienste wird für kleine Arbeiten während der Wache, die insgesamt weniger als zwei Stunden betragen, keine besondere Vergütung gezahlt.

(7) [1]Besatzungsmitglieder auf Schadstoffunfallbekämpfungsschiffen und auf Laderaumsaugbaggern, deren Arbeitszeit sich nach Absatz 3 richtet, erhalten pro Einsatztag einen Zuschlag in Höhe von 25 Euro. [2]Überstunden sind bis zu zwei Stunden täglich abgegolten (zum Beispiel für kleinere Reparaturen); dies gilt nicht im Falle von Havarien, Bergungsarbeiten oder angeordneten Reparaturen. [3]Der Zuschlag nach Satz 1 ist von der Durchschnittsberechnung nach § 21 Satz 2 ausgenommen.

Nr. 4 Zu § 8 – Ausgleich für Sonderformen der Arbeit –

(1) Bei angeordneter Anwesenheit an Bord nach Nr. 3 Absatz 4 werden Zeitzuschläge nach § 8 Absatz 1 Satz 2 Buchstabe b bis f nicht gezahlt.

(2) Bei allen Formen des Wachdienstes im Sinne der Nr. 3 Absatz 5 Satz 2 Nr. 2 wird der Zeitzuschlag nach § 8 Absatz 1 Satz 2 Buchstabe b und Buchstabe f nicht gezahlt.

Nr. 5 Zu Abschnitt III – Eingruppierung, Entgelt und sonstige Leistungen –

Beschäftigte, die für eine andere Tätigkeit qualifiziert werden, erhalten während der Qualifizierungszeit ihr bisheriges Tabellenentgelt und sonstige Entgeltbestandteile.

Nr. 6 Zu § 19 – Erschwerniszuschläge –

(1) [1]Bei Bergungen und Hilfeleistungen sowie Havariearbeiten und mit diesen zusammenhängenden Arbeiten werden Zuschläge in Höhe von 25 v. H. des auf eine Stunde entfallenden Anteils des monatlichen Entgelts der Stufe 2 der Entgeltgruppe 2 gezahlt. [2]Dies gilt auch bei Bergungen von Fahrzeugen und Gegenständen der eigenen Verwaltung sowie Hilfeleistungen für solche Fahrzeuge und Gegenstände, sofern die Leistungen besonders schwierig oder mit erheblicher Gefahr verbunden waren.

(2) [1]Auf Schadstoffunfallbekämpfungsschiffen und Laderaumsaugbaggern wird für Einsätze zum Feuerschutz beziehungsweise zur Bekämpfung von Schadstoffen, Öl oder Chemikalien je Einsatztag ein Zuschlag in Höhe von 50 Euro gezahlt und die Verpflegung vom Arbeitgeber unentgeltlich bereitgestellt; dies gilt nicht für Übungseinsätze. [2]Absatz 1 findet keine Anwendung.

(3) Beschäftigten, die auf einem Fahrzeug oder schwimmenden Gerät tätig sind, wird der bei Havarie oder Sinken des Fahrzeuges oder schwimmenden Gerätes, durch Brand, Explosion oder Einbruchsdiebstahl oder durch ähnliche Ursachen auf dem Fahrzeug oder Gerät nachweisbar entstandene Schaden an persönlichen Gegenständen bis zum Höchstbetrag von 1.500 Euro im Einzelfall ersetzt.

Nr. 7 Zu § 23 Absatz 4 – Reise- und Umzugskosten, Trennungsgeld –

(1) [1]Für Fahrten zur Arbeitsstelle werden die entstandenen notwendigen Fahrtkosten nach Maßgabe der §§ 4 und 5 Bundesreisekostengesetz beziehungsweise entsprechender landesrechtlicher Vorschriften erstattet, sofern sie die Fahrtkosten zu der Arbeitsstätte, der die/der Beschäftigte dauerhaft personell zugeordnet ist, übersteigen. [2]An Stelle des Tagegeldes (§ 6 Bundesreisekostengesetz beziehungsweise entsprechende landesrechtliche Vorschriften) wird nachfolgende Aufwandsvergütung gezahlt:

- bei einer Abwesenheit ab 8 Stunden in Höhe von 3 Euro,
- bei einer Abwesenheit ab 14 Stunden in Höhe von 5 Euro,
- bei einer Abwesenheit ab 24 Stunden für je 24 Stunden in Höhe von 8 Euro.

[3]Beträgt hierbei die Entfernung zwischen der Arbeitsstätte, der die/der Beschäftigte dauerhaft personell zugeordnet ist und der Stelle, an der das Dienstgeschäft erledigt wird, weniger als 2 km, wird Aufwandsvergütung nach Satz 2 nicht gewährt. [4]Notwendige Übernachtungskosten werden gemäß § 7 Bundesreisekostengesetz beziehungsweise entsprechenden landesrechtlichen Vorschriften erstattet.

(2) Abweichend von Absatz 1 Satz 2 wird bei Abwesenheit von 3 bis zu 8 Stunden eine Pauschale in Höhe von 2 Euro gezahlt.

(3) [1]Für Beschäftigte auf Schiffen oder schwimmenden Geräten – mit Ausnahme der Besatzungsmitglieder auf Fähren der Länder Bremen, Niedersachsen und Schleswig-Holstein – ist Absatz 1 mit folgenden Maßgaben anzuwenden:

1. Für die Berechnung des Tagegeldes nach Absatz 1 Satz 2 ist maßgebend, dass sich das Schiff nicht am ständigen Liegeplatz (Heimathafen) befindet.
2. Bei Übernachtungen auf Schiffen oder schwimmenden Geräten, die nicht den erlassenen Mindestbestimmungen entsprechen, wird ein Übernachtungsgeld in Höhe von 8 Euro gezahlt.

[2]Reisebeihilfen für Familienheimfahrten werden nach Maßgabe des § 8 Sätze 3 und 4 Bundesreisekostengesetz beziehungsweise entsprechender landesrechtlicher Vorschriften gezahlt. [3]Satz 2 gilt nicht für Trennungsgeldempfänger.

(4) Die Regelungen in den Absätzen 1 und 3 ersetzen die Vorschriften über die Erstattung von Reisekosten in § 23 Absatz 4.

(5) Abweichend von § 6 Absatz 11 Satz 3 werden nicht anrechenbare Reisezeiten bei fester Arbeitszeit zu 50 v. H. als Freizeitausgleich gewährt und bei gleitender Arbeitszeit im Rahmen der jeweils geltenden Vorschriften als Arbeitszeit angerechnet.

Nr. 8 Zu § 27 – Zusatzurlaub –

Die Regelungen über Zusatzurlaub nach § 27 gelten nicht bei Tätigkeiten nach Nr. 3 Absatz 4 bis 6.

II

§ 47 Sonderregelungen für Beschäftigte im Justizvollzugsdienst der Länder sowie im feuerwehrtechnischen Dienst der Freien und Hansestadt Hamburg sowie des Landes Berlin

Nr. 1 Zu § 1 – Geltungsbereich –

(1) Diese Sonderregelungen gelten für Beschäftigte des Justizvollzugsdienstes, die im Aufsichtsdienst, im Werkdienst oder im Sanitätsdienst tätig sind sowie für Beschäftigte im feuerwehrtechnischen Dienst der Freien und Hansestadt Hamburg sowie des Landes Berlin.

(2) Nr. 2 gilt nur für Beschäftigte im feuerwehrtechnischen Dienst der Freien und Hansestadt Hamburg sowie des Landes Berlin.

(3) Diese Sonderregelungen gelten nur im Tarifgebiet West.

Nr. 2 Zu Abschnitt II – Arbeitszeit – und zu Abschnitt III – Eingruppierung, Entgelt –

(1) [1]Die §§ 6 bis 9 und 19 finden auf Beschäftigte im feuerwehrtechnischen Dienst der Freien und Hansestadt Hamburg sowie des Landes Berlin keine Anwendung. [2]Es gelten die Bestimmungen für die entsprechenden Beamten. [3]§ 27 Absätze 2 und 3 finden unbeschadet der Sätze 1 und 2 mit der Maßgabe Anwendung, dass an die Stelle der Zulagen nach § 8 Absätze 7 und 8 die entsprechenden besoldungsrechtlichen Zulagen treten.

(2) [1]Beschäftige im Einsatzdienst erhalten eine monatliche Zulage (Feuerwehrzulage). [2]Hierfür finden die Bestimmungen, die für die Beamtinnen und Beamten des Arbeitgebers jeweils gelten, entsprechende Anwendung.

(3) [1]Die Feuerwehrzulage wird nur für Zeiträume gezahlt, für die Entgelt, Urlaubsentgelt oder Entgelt im Krankheitsfall zusteht. [2]Sie ist bei der Bemessung des Sterbegeldes (§ 23 Absatz 3) zu berücksichtigen.

Nr. 3 Zu Abschnitt V – Befristung und Beendigung des Arbeitsverhältnisses – Übergangszahlung

(1) [1]Das Arbeitsverhältnis von Beschäftigten mit einer Tätigkeit von mindestens 36 Jahren bei demselben Arbeitgeber im Aufsichts-, Werk- oder Sanitätsdienst des Justizvollzugsdienstes oder im Einsatzdienst der Berufsfeuerwehr endet auf schriftliches Verlangen der/des Beschäftigten zu dem von ihr/ihm gewünschten Zeitpunkt, frühestens jedoch 36 Kalendermonate vor dem Erreichen der gesetzlichen Regelaltersgrenze und nicht vor dem Zeitpunkt, zu dem vergleichbare Beamtinnen und Beamte des Arbeitgebers im Aufsichts-, Werk- oder Sanitätsdienst des Justizvollzugsdienstes beziehungsweise im Einsatzdienst der Berufsfeuerwehr in den gesetzlichen Ruhestand treten. [2]Besteht ein Anspruch auf Altersrente für schwerbehinderte Menschen, tritt an die Stelle der Regelaltersgrenze die Altersgrenze für die abschlagsfreie Inanspruchnahme der Altersrente für schwerbehinderte Menschen. [3]Bei einer kürzeren Beschäftigung im Aufsichts-, Werk- oder Sanitätsdienst des Justizvollzugsdienstes beziehungsweise im Einsatzdienst der Berufsfeuerwehr als 36 Jahre ist Satz 1 mit der Maßgabe anzuwenden, dass

sich die 36-monatige Frist um jeweils einen Monat für jedes fehlende volle Beschäftigungsjahr vermindert. [4]Die/Der Beschäftigte hat das Verlangen mindestens drei Monate vor dem von ihr/ihm gewünschten Beendigungszeitpunkt zu erklären.

II

(2) [1]Beschäftigte, deren Arbeitsverhältnis nach Absatz 1 geendet hat, erhalten für jeden Kalendermonat, der nach dem Ausscheiden und vor dem Erreichen der Altersgrenze nach Absatz 1 Satz 1 beziehungsweise 2 liegt, eine Übergangszahlung in Höhe von 65 v. H. des monatlichen Tabellenentgelts der Entgeltgruppe 7 Stufe 6. [2]Bei Beschäftigten, die zum Zeitpunkt des Ausscheidens in der Entgeltgruppe 8 oder höher bzw. in der Entgeltgruppe KR 10 oder höher eingruppiert sind, ist Berechnungsgrundlage für die Übergangszahlung das monatliche Tabellenentgelt der Entgeltgruppe 8 Stufe 6. [3]Die Übergangszahlung erfolgt in einer Summe mit dem Ausscheiden der/des Beschäftigten. [4]Auf Wunsch der/des Beschäftigten kann die Übergangszahlung auch in Teilbeträgen ausgezahlt werden.

(3) [1]Bei Beschäftigten, für die am 31. Dezember 2016 § 47 Nr. 3 Absatz 4 Satz 1 Buchstabe a in der am 31. Dezember 2016 geltenden Fassung gegolten hat, beträgt der Bemessungssatz für die Übergangszahlung abweichend von Absatz 2 Satz 1 75 v. H. [2]Bei Beschäftigten, für die am 31. Dezember 2016 § 47 Nr. 3 Absatz 4 Satz 1 Buchstabe b in der am 31. Dezember 2016 geltenden Fassung gegolten hat, beträgt der Bemessungssatz für die Übergangszahlung abweichend von Absatz 2 Satz 1 71 v. H.

(4) Auf Beschäftigte, die Anspruch auf Altersrente für besonders langjährig Versicherte haben, finden die vorstehenden Regelungen keine Anwendung.

Übergangsregelung:

§ 4 Nr. 2 des 9. Änderungstarifvertrages vom 17. Februar 2017 enthält folgende Übergangsregelung:

„Im Zusammenhang mit der Neuregelung der Übergangszahlung im Justizvollzugsdienst zum 1. Januar 2017 (§ 1 Nr. 13) gilt folgende Übergangsregelung:
Am 31. Dezember 2016 schon und am 1. Januar 2017 noch beim selben Arbeitgeber im Arbeitsverhältnis stehende Beschäftigte, deren Arbeitsverhältnis bei Fortgeltung von § 47 Nr. 3 TV-L in der bis zum 31. Dezember 2016 geltenden Fassung innerhalb von acht Jahren nach dem 31. Dezember 2016 auf schriftliches Verlangen vorgezogen enden würde, können bis zum 31. Dezember 2017 schriftlich bei ihrem Arbeitgeber beantragen, dass an Stelle von § 47 Nr. 3 TV-L in der ab 1. Januar 2017 geltenden Fassung § 47 Nr. 3 TV-L in der bis zum 31. Dezember 2016 geltenden Fassung weiterhin Anwendung findet."

§ 47 Nr. 3 TV-L in der bis zum 31. Dezember 2016 gültigen Fassung hatte folgenden Wortlaut:

Nr. 3 Zu Abschnitt V – Befristung und Beendigung des Arbeitsverhältnisses – Übergangszahlung

(1) [1]Das Arbeitsverhältnis endet auf schriftliches Verlangen vor Vollendung des für das Erreichen der Regelaltersrente gesetzlich festgelegten Alters zu dem Zeitpunkt, zu dem vergleichbare Beamtinnen und Beamte des Arbeitgebers im Aufsichtsdienst beziehungsweise im Einsatzdienst der Berufsfeuerwehr in den gesetzlichen Ruhestand treten. [2]Die/Der Beschäftigte hat das Verlangen mindestens drei Monate vor Erreichen dieses Zeitpunktes zu erklären.

(2) [1]Beschäftigte, deren Arbeitsverhältnis nach Absatz 1 geendet hat, erhalten für jedes volle Beschäftigungsjahr im Aufsichts-, Werk- oder Sanitätsdienst beziehungsweise Einsatzdienst eine Übergangszahlung in Höhe von 45 v. H. des monatlichen Tabellenentgelts der Entgeltgruppe 6 Stufe 6, höchstens das 35-fache dieses Betrages. [2]Die Übergangszahlung erfolgt in einer Summe mit dem Ausscheiden der/des Beschäftigten. [3]Auf Wunsch des Beschäftigten kann die Übergangszahlung auch in Teilbeträgen ausgezahlt werden.

(3) [1]Der Anspruch auf Übergangszahlung besteht nur dann, wenn Beschäftigte den Abschluss einer auf eine Kapitalleistung gerichteten Versicherung und die Entrichtung der Beiträge mit einer garantierten Ablaufleistung zum voraussichtlichen Zeitpunkt der Beendigungsmöglichkeit des Arbeitsverhältnisses nach Absatz 1, mindestens in Höhe von 30 v. H. des monatlichen Tabellenentgelts der Entgeltgruppe 6 Stufe 6, multipliziert mit 35 nachweisen. [2]Ist die/der Beschäftigte bei erstmaliger Tätigkeit im Aufsichts-, Werk- oder Sanitätsdienst beziehungsweise Einsatzdienst älter als 25 Jahre, verringert sich die garantierte Ablaufleistung, auf die die Versicherung nach Satz 1 mindestens abzuschließen ist, um 1/35 für jedes übersteigende Jahr. [3]Von der Entrichtung der Beiträge kann vorübergehend bei einer wirtschaftlichen Notlage der/des Beschäftigten abgesehen werden.

(4) [1]Beschäftigte, die am 31 Oktober 2006 schon und am 1. November 2006 noch im Aufsichts-, Werk- oder Sanitätsdienst beziehungsweise Einsatzdienst beschäftigt sind, erhalten – in den Fällen der Buchstaben c bis e unter der Voraussetzung des Absatzes 3 –

a) eine Übergangszahlung in Höhe von 100 v. H., wenn sie am Stichtag das 55. Lebensjahr vollendet haben,

b) eine Übergangszahlung in Höhe von 95 v. H., wenn sie am Stichtag das 50. Lebensjahr vollendet haben,

c) eine Übergangszahlung in Höhe von 87,5 v. H., wenn sie am Stichtag das 45. Lebensjahr vollendet haben,

d) eine Übergangszahlung in Höhe von 77,5 v. H., wenn sie am Stichtag das 40. Lebensjahr vollendet haben,

e) eine Übergangszahlung in Höhe von 62,5 v. H., wenn sie am Stichtag das 37. Lebensjahr vollendet haben,

des 26,3-fachen des monatlichen Tabellenentgelts der Entgeltgruppe 6 Stufe 6, wenn sie zum Zeitpunkt der Beendigung des Arbeitsverhältnisses nach Absatz 1 mindestens 35 Jahre im Aufsichts-, Werk- oder Sanitätsdienst beziehungsweise Einsatzdienst bei demselben Arbeitgeber tätig waren. [2]Bei einer kürzeren Beschäftigung verringert sich die Übergangszahlung um 1/35 für jedes fehlende Jahr.

(5) [1]Einem Antrag von Beschäftigten auf Vereinbarung von Altersteilzeitarbeit nach dem Tarifvertrag zur Regelung der Altersteilzeitarbeit (TV ATZ) soll auch schon vor der Vollendung des 60. Lebensjahres entsprochen werden. [2]§ 5 Absatz 7 TV ATZ gilt in diesen Fällen mit der Maßgabe, dass an die Stelle des Vomhundertsatzes von 5 v. H. ein Vomhundertsatz von 8,33 v. H. tritt.

Niederschriftserklärung zu § 47 Nr. 3 Abs. 2:

Der Arbeitgeber hat dem Beschäftigten die Höhe der garantierten Ablaufleistung, auf welche die Versicherung abzuschließen ist, mitzuteilen.

§ 48 Sonderregelungen für Beschäftigte im forstlichen Außendienst

Nr. 1 Zu § 1 – Geltungsbereich –

Diese Sonderregelungen gelten für Beschäftigte im forstlichen Außendienst, die nicht von § 1 Absatz 2 Buchstabe d erfasst werden.

II

Nr. 2 Zu Abschnitt II – Arbeitszeit –

(1) [1]Der tarifliche wöchentliche Arbeitszeitkorridor beträgt 48 Stunden. [2]Abweichend von § 7 Absatz 7 sind nur die Arbeitsstunden Überstunden, die über den Arbeitszeitkorridor nach Satz 1 hinaus auf Anordnung geleistet worden sind. [3]§ 10 Absatz 1 Satz 3 findet keine Anwendung, auf Antrag der/des Beschäftigten kann ein Arbeitszeitkonto in vereinfachter Form durch Selbstaufschreibung geführt werden.

(2) Absatz 1 gilt nicht, wenn Dienstvereinbarungen zur Gleitzeit bestehen oder vereinbart werden.

§ 49 Sonderregelungen für Beschäftigte in landwirtschaftlichen Verwaltungen und Betrieben, Weinbau- und Obstanbaubetrieben

Nr. 1 Zu § 1 Absatz 1 – Geltungsbereich –

Diese Sonderregelungen gelten für Beschäftigte in landwirtschaftlichen Verwaltungen und Betrieben, Weinbau- und Obstanbaubetrieben.

Nr. 2 Zu § 6 – Regelmäßige Arbeitszeit –

[1]Die regelmäßige Arbeitszeit kann in vier Monaten bis auf 50 und weiteren vier Monaten des Jahres auf bis zu 56 Stunden wöchentlich festgesetzt werden. [2]Sie darf im Jahr aber 2.188 Stunden im Tarifgebiet West und 2.214 Stunden im Tarifgebiet Ost nicht übersteigen. [3]Dies gilt nicht für Beschäftigte im Sinne des § 38 Absatz 5 Satz 1, denen Arbeiten übertragen sind, deren Erfüllung zeitlich nicht von der Eigenart der Verwaltung oder des Betriebes abhängig ist.

§ 50 Sonderregelungen für Beschäftigte in Zentren für Psychiatrie Baden-Württemberg

Nr. 1 Zu § 1 Absatz 1 – Geltungsbereich –

Diese Sonderregelungen gelten für Beschäftigte in Zentren für Psychiatrie Baden-Württemberg neben den Sonderregelungen in § 42 und § 43.

Nr. 2 Zu § 27 – Zusatzurlaub –

Nach Absatz 3 wird folgender Absatz 3a eingefügt:

„(3a) [1]Beschäftigte in Zentren für Psychiatrie Baden-Württemberg, die überwiegend und nicht nur vorübergehend in unmittelbarem Kontakt mit psychisch kranken Menschen stehen, erhalten im Kalenderjahr einen Arbeitstag Zusatzurlaub, soweit sich nicht aufgrund von Absatz 1 Satz 1 ein entsprechender Anspruch auf mehr als einen Tag Zusatzurlaub ergibt; § 26 gilt für diesen Zusatzurlaub entsprechend. [2]Der Zusatzurlaub nach Satz 1 gilt nicht als Zusatzurlaub im Sinne von Absatz 4."

Nr. 3 Pflegezulage

[1]Pflegerinnen und Pflegehelferinnen nach der Vorbemerkung 1 zu Teil IV Abschnitt 1 der Entgeltordnung, die nach Teil IV Abschnitt 1 oder Abschnitt 2 der Entgeltordnung eingruppiert sind, erhalten eine monatliche Zulage nach Anlage F Abschnitt IV Nr. 8; die Vorbemerkung Nr. 8 zu Teil IV Abschnitt 1 und die Vorbemerkung Nr. 8 zu Teil IV Abschnitt 2 der Entgeltordnung finden keine Anwendung. [2]Die Zulage verändert sich bei allgemeinen Entgeltanpassungen um den von den Tarifvertragsparteien für die jeweilige Entgeltgruppe festgelegten Vomhundertsatz; Sockelbeträge, Mindestbeträge und vergleichbare nichtlineare Steigerungen bleiben unberücksichtigt. [3]Sie wird nur für die Zeiträume gezahlt, in denen Beschäftigte einen Anspruch auf Entgelt oder Entgeltfortzahlung nach § 21 haben. [4]Sie ist bei der Bemessung des Sterbegeldes (§ 23 Absatz 3) zu berücksichtigen.

Nr. 4 Zulage für Diätassistenten, Ergotherapeuten, Logopäden, Masseure und medizinische Bademeister, medizinische Fachangestellte und zahnmedizinische Fachangestellte, medizinisch-technische Assistenten und medizinisch-technische Gehilfen, pharmazeutisch-technische Assistenten, Physiotherapeuten, biologisch-technische Assistenten und chemisch-technische Assistenten sowie Arbeitserzieher

[1]Diätassistenten, Ergotherapeuten, Logopäden, Masseure und medizinische Bademeister, medizinische Fachangestellte und zahnmedizinische Fachangestellte, medizinisch-technische Assistenten und medizinisch-technische Gehilfen, pharmazeutisch-technische Assistenten und Physiotherapeuten, die nach Teil II Abschnitt 10 Unterabschnitte 4 bis 8, 10, 13 oder 14 der Entgeltordnung eingruppiert sind, biologisch-technische Assistenten und chemisch-technische Assistenten, die nach Teil II Abschnitt 22 Unterabschnitt 3 der Entgeltordnung eingruppiert sind, sowie Arbeitserzieher erhalten eine monatliche Zulage nach Anlage F Abschnitt IIa. [2]Die Vorbemerkungen zu

Abschnitt 10 Unterabschnitte 4 bis 8, 10, 13 und 14 und die Vorbemerkung Nr. 2 zu Abschnitt 22 Unterabschnitt 3 des Teils II der Entgeltordnung finden keine Anwendung.

II

§ 51 Sonderregelungen für Beschäftigte im Kampfmittelbeseitigungsdienst

Nr. 1 Zu § 1 – Geltungsbereich –

II

[1]Diese Sonderregelungen gelten für die Beschäftigten im Kampfmittelbeseitigungsdienst. [2]Für Beschäftigte, die zur Lokalisierung von Fundmunition überwiegend Luftbildmaterial aus den beiden Weltkriegen auswerten (Luftbildauswerter), gilt nur nachstehender § 19 Ziffer 5.

Nr. 2 Zu § 19 – Erschwerniszuschläge –

§ 19 gilt in folgender Fassung:

„§ 19 Zulagen, Zuschläge und Sonderprämie

1. Gefahrenzulage

(1) [1]Leiter des Kampfmittelbeseitigungsdienstes, ständige Vertreter des Leiters des Kampfmittelbeseitigungsdienstes und Leiter im Kampfmittelbeseitigungsdienst im Sinne der Protokollerklärung Nr. 1 zu Abschnitt 26 des Teils II der Entgeltordnung erhalten eine monatliche Gefahrenzulage. [2]Sie beträgt

vom 1. Dezember 2022 bis 31. Oktober 2024	**1216,67 Euro,**
vom 1. November 2024 bis 31. Januar 2025	**1274,58 Euro,**
ab 1. Februar 2025	**1344,68 Euro.**

(2) [1]Truppführer im Sinne der Protokollerklärung Nr. 3 zu Abschnitt 26 des Teils II der Entgeltordnung sowie Munitionsfacharbeiter, die in den Entgeltgruppen 5 und 6 nach Teil II Abschnitt 26 der Entgeltordnung eingruppiert sind, erhalten bei einer Beschäftigung von monatlich mindestens 125 Arbeitsstunden im unmittelbaren Gefahrenbereich eine monatliche Gefahrenzulage. [2]Sie beträgt

– für Truppführer

vom 1. Dezember 2022 bis 31. Oktober 2024	**1216,67 Euro,**
vom 1. November 2024 bis 31. Januar 2025	**1274,58 Euro,**
ab 1. Februar 2025	**1344,68 Euro**

und

– für Munitionsfacharbeiter

vom 1. Dezember 2022 bis 31. Oktober 2024	**1106,07 Euro,**
vom 1. November 2024 bis 31. Januar 2025	**1158,72 Euro,**
ab 1. Februar 2025	**1222,45 Euro.**

[3]Sinkt die Zahl der Arbeitsstunden im unmittelbaren Gefahrenbereich um mehr als 28, so wird die Gefahrenzulage für jede Stunde, die an 125 fehlt, um 1/125 gekürzt.

Protokollerklärung zu Ziffer 1 Absatz 2:

Die Tätigkeit im unmittelbaren Gefahrenbereich im Sinne des Absatzes 2 ist das Suchen, Prüfen, Entfernen, Entschärfen, Sprengen oder Zerlegen von Munition oder Munitionsteilen sowie deren Transport.

(3) [1]Für die Dauer des Erholungsurlaubs, der Gewährung von Entgelt im Krankheitsfall nach § 22 sowie für die Dauer von dienstlich erforderlichen Lehrgängen wird die Gefahrenzulage weitergezahlt. [2]Im Falle des Todes wird die Gefahrenzulage auch im Sterbemonat gezahlt. [3]Eine Kürzung nach Absatz 2 Satz 3 tritt in diesen Fällen nicht ein.

(4) [1]Die Beschäftigten, die chemische Munition suchen, prüfen, entfernen oder transportieren, erhalten bei einer Beschäftigung von monatlich mindestens 125 Arbeitsstunden im unmittelbaren Gefahrenbereich eine weitere monatliche Gefahrenzulage; sie beträgt

vom 1. Dezember 2022 bis 31. Oktober 2024	147,48 Euro,
vom 1. November 2024 bis 31. Januar 2025	154,50 Euro,
ab 1. Februar 2025	163,00 Euro.

[2]Absatz 2 Satz 3 gilt sinngemäß.

(5) Die Gefahrenzulagen sind kein zusatzversorgungspflichtiges Entgelt, soweit sie 50 v. H. des in Absatz 1, 2 oder 4 festgesetzten Betrages übersteigen.

2. Sonderprämie

(1) [1]In Sonderfällen, in denen die Entschärfung ein außergewöhnliches Gefahrenmoment in sich birgt (z. B. Bombe mit Langzeitzünder), einschließlich eines erforderlichen Transports vor der Entschärfung, wird eine Sonderprämie als zusätzliche Gefahrenzulage gezahlt; sie beträgt

vom 1. Dezember 2022 bis 31. Oktober 2024	816,05 Euro,
vom 1. November 2024 bis 31. Januar 2025	854,89 Euro,
ab 1. Februar 2025	901,91 Euro.

[2]Die Sonderprämie erhält jeder Beschäftigte, der unmittelbar an der Entschärfung oder beim Transport der noch nicht entschärften Bombe mitarbeitet. [3]Die Prämie wird jedoch je Sonderfall im Sinne von Satz 1 nur einmal gezahlt.

Protokollerklärungen zu Ziffer 2 Absatz 1:

1. Der Entschärfung einer Bombe mit Langzeitzünder steht die Entschärfung entsprechender Seemunition (z. B. Torpedos, Wasserbomben, Seeminen) gleich.
2. [1]Zum Entschärfen gehört auch das Entfernen des Zünders durch Sprengung. [2]Das Sprengen des gesamten Sprengkörpers gilt nicht als Entschärfung.

(2) Die Sonderprämie ist kein zusatzversorgungspflichtiges Entgelt.

3. Zulage für Tauchertätigkeiten

[1]Die Beschäftigten erhalten eine Zulage für Tauchertätigkeiten. [2]Sie bestimmt sich nach den gemäß Anlage 1 Teil B Nrn. 12, 13 TVÜ-Länder bzw. § 29 TVÜ-Länder fortgeltenden Tarifverträgen.

4. Schmutz-, Gefahren- und Erschwerniszuschläge, Schutzkleidung

(1) Ständig in der Kampfmittelbeseitigung beschäftigte Munitionsfacharbeiter, die in den Entgeltgruppen 5 und 6 nach Teil II Abschnitt 26 der Entgeltordnung eingruppiert sind, erhalten zur Abgeltung aller Schmutz-, Gefahren- und Erschwerniszuschläge für jede Arbeitsstunde einen Zuschlag.

(2) [1]Der Zuschlag wird in Höhe der Zuschlagsgruppe II der gemäß Anlage 1 Teil B Nrn. 12, 13 TVÜ-Länder fortgeltenden Tarifverträge bzw. in Höhe von 6 v. H. der Bemessungsgrundlage des nach § 29 TVÜ-Länder fortgeltenden

II

Tarifvertrages gezahlt. [2]Soweit Schutzkleidung gewährt wird, vermindert sich der Zuschlag um ein Drittel.

5. Zulage für Luftbildauswerter

(1) [1]Luftbildauswerter in den Entgeltgruppen 8 und 9a, die nicht nach Teil II Abschnitt 26 der Entgeltordnung eingruppiert sind, erhalten eine monatliche Zulage. [2]Sie beträgt

vom 1. Dezember 2022 bis 31. Oktober 2024	**124,98 Euro,**
vom 1. November 2024 bis 31. Januar 2025	**130,93 Euro,**
ab 1. Februar 2025	**138,13 Euro.**

(2) [1]Die Zulage wird nur für Zeiträume gezahlt, für die den Beschäftigten Tabellenentgelt, Urlaubsentgelt oder Entgelt im Krankheitsfall nach § 22 zusteht. [2]Sie ist bei der Bemessung des Sterbegeldes (§ 23 Absatz 3) zu berücksichtigen."

Nr. 3 Zu § 23 – Gruppenunfallversicherung –

(1) [1]Die Beschäftigten werden zusätzlich gegen Unfälle im unmittelbaren Gefahrenbereich versichert. [2]Die Versicherungssumme beträgt für den Fall des Todes 56.497,75 Euro und für den Invaliditätsfall 112.995,51 Euro bei Zahlung einer Rente nach der Rententabelle des Versicherungsträgers. [3]Die Prämien werden vom Arbeitgeber gezahlt.

(2) Von der Gruppenunfallversicherung kann abgesehen werden, wenn entsprechende Leistungen im Fall eines Unfalles anderweitig gewährleistet sind.

Nr. 4 Zu § 27 – Zusatzurlaub –

Die Beschäftigten der Freien Hansestadt Bremen, der Freien und Hansestadt Hamburg, von Niedersachsen und von Schleswig-Holstein erhalten im Kalenderjahr drei Arbeitstage Zusatzurlaub.

Nr. 5 Laufzeit

(1) Die vorstehenden Nummern 1 bis 4 sowie Abschnitt 26 in Teil II der Entgeltordnung können ohne Einhaltung einer Frist jederzeit schriftlich gekündigt werden.

(2) [1]Die Beträge in den Nummern 2 und 3 können frühestens zum 31. Dezember 2018 schriftlich gekündigt werden. [2]Eine Erhöhung dieser Beträge bleibt der Vereinbarung künftiger Tarifrunden vorbehalten.

Übergangsregelung

Bei Einführung des § 51 wurde folgende Übergangsregelung vereinbart (§ 2 des 10. Änderungstarifvertrages vom 7. November 2017):

„§ 2
Besitzstandsregelungen

(1) Soweit Beschäftigte im Kampfmittelbeseitigungsdienst am 31. Dezember 2017 höher als nach Teil II Abschnitt 26 der Entgeltordnung zum TV-L eingruppiert sind, bleibt die Eingruppierung für die Dauer der unverändert auszuübenden Tätigkeit unberührt.

(2) Für Hilfstruppführer, die über den 31. Dezember 2017 hinaus unter Beibehaltung ihrer Eingruppierung im Kampfmittelbeseitigungsdienst tätig sind, gilt § 51 TV-L mit der Maßgabe, dass die Gefahrenzulage in der gleichen Höhe wie für Munitionsfacharbeiter gezahlt wird.

(3) [1]Sofern Truppführer am 31. Dezember 2017 eine Besitzstandszulage für eine bisherige Vergütungsgruppenzulage gemäß § 9 Absatz 4 Satz 1 TVÜ-Länder erhalten und ab 1. Januar 2018 Anspruch auf eine Entgeltgruppenzulage nach der Entgeltordnung zum TV-L in geringerer Höhe besteht, wird ihnen die am 1. Januar 2018 bestehende Differenz unter den bisherigen Voraussetzungen als Besitzstandszulage so lange gezahlt, wie die anspruchsbegründende Tätigkeit unverändert ausgeübt wird und die sonstigen Voraussetzungen für die bisherige Vergütungsgruppenzulage nach bisherigem Recht weiter bestehen. [2]Die Besitzstandszulage verändert sich bei allgemeinen Entgeltanpassungen um den von den Tarifvertragsparteien für die jeweilige Entgeltgruppe vereinbarten Vomhundertsatz. [3]Daneben steht ein weiterer Anspruch auf die bisherige Vergütungsgruppenzulage nicht zu."

§ 52 Sonderregelungen für Beschäftigte im Sozial- und Erziehungsdienst

II

Nr. 1 Zu § 1 – Geltungsbereich –

Diese Sonderregelungen gelten für die Beschäftigten im Sozial- und Erziehungsdienst.

Nr. 2 Zu § 15 – Tabellenentgelt –

§ 15 Absatz 2 gilt in folgender Fassung:

„(2) Die Höhe der Tabellenentgelte ist in der Anlage G festgelegt."

Nr. 3 Zu § 16 – Stufen der Entgelttabelle –

§ 16 Absatz 1 Satz 1 gilt in folgender Fassung:

„[1]Die Entgeltgruppen S 2 bis S 18 umfassen sechs Stufen."

Nr. 4 Zuordnung der Entgeltgruppen

Soweit in diesem Tarifvertrag auf bestimmte Entgeltgruppen der Anlage B Bezug genommen wird, entspricht:

die Entgeltgruppe	der Entgeltgruppe
S 2	2
S 3	4
S 4	5
S 5 (nicht besetzt)	6
S 6 (nicht besetzt) S 7, S 8a, S 8b	8
S 9, S 10 (nicht besetzt), S 11a	9a
S 11b, S 12, S 13, S 14	9b
S 15, S 16	10
S 17	11
S 18	12.

Nr. 5 Zulage für bestimmte Beschäftigte im Sozial- und Erziehungsdienst der Länder Berlin, Bremen und Hamburg

(1) Die Regelungen dieser Nummer gelten nur für Beschäftigte im Sozial- und Erziehungsdienst des Landes Berlin, der Freien Hansestadt Bremen und der Freien und Hansestadt Hamburg.

(2) Beschäftigte, die nach Teil II Abschnitt 20 Unterabschnitt 2 der Entgeltordnung in der Entgeltgruppe S 9 eingruppiert sind, erhalten eine monatliche Zulage in Höhe von 130 Euro.

(3) [1]Beschäftigte, die nach Teil II Abschnitt 20 Unterabschnitt 4 der Entgeltordnung in einer der Entgeltgruppen S 8b bis S 14 oder in der Entgeltgruppe S 15 Fallgruppe 1 eingruppiert sind, erhalten eine monatliche Zulage. [2]Die Zulage

beträgt für Beschäftigte der Entgeltgruppen S 8b und S 9 130 Euro, im Übrigen 180 Euro.

(4) Beschäftigte, die nach Teil II Abschnitt 20 Unterabschnitt 5 der Entgeltordnung eingruppiert sind, erhalten eine monatliche Zulage in Höhe von 130 Euro.

(5) Beschäftigte, die nach Teil II Abschnitt 20 Unterabschnitt 6 der Entgeltordnung in einer der Entgeltgruppen S 2 bis S 9 eingruppiert sind, erhalten eine monatliche Zulage in Höhe von 130 Euro.

(6) [1]Die Zulage nach den Absätzen 2 bis 5 wird nur für Zeiträume gezahlt, in denen Beschäftigte einen Anspruch auf Entgelt oder Entgeltfortzahlung nach § 21 haben. [2]Sie ist bei der Bemessung des Sterbegeldes (§ 23 Absatz 3) zu berücksichtigen.

II

C.
Anlagen

Anlage A

Entgeltordnung zum TV-L[1])

Anlage B

Entgelttabelle für Beschäftigte in den Entgeltgruppen 1 bis 15

Monatsbeträge in Euro

– gültig vom 1. Dezember 2022 bis 31. Oktober 2024 –

Entgelt-gruppe	Grundentgelt		Entwicklungsstufen			
	Stufe 1	Stufe 2	Stufe 3	Stufe 4	Stufe 5	Stufe 6
15	5 017,31	5 394,35	5 593,59	6 301,27	6 837,15	7 042,26
14	4 542,64	4 885,93	5 167,63	5 593,59	6 246,27	6 433,67
13	4 188,38	4 508,07	4 748,54	5 215,72	5 861,53	6 037,38
12	3 774,86	4 040,88	4 604,26	5 098,93	5 737,87	5 910,00
11	3 652,64	3 898,38	4 178,29	4 604,26	5 222,60	5 379,28
10	3 523,62	3 764,77	4 040,88	4 322,55	4 858,48	5 004,24
9b	3 136,59	3 369,08	3 520,54	3 939,07	4 295,09	4 423,96
9a	3 136,59	3 369,08	3 419,58	3 520,54	3 939,07	4 055,96
8	2 946,46	3 173,48	3 299,66	3 419,58	3 552,10	3 634,13
7	2 772,35	2 994,05	3 160,84	3 287,05	3 388,03	3 476,36
6	2 725,66	2 945,10	3 067,49	3 192,41	3 274,43	3 362,77
5	2 618,93	2 834,95	2 957,34	3 073,61	3 167,15	3 230,26
4	2 500,70	2 718,69	2 871,67	2 957,34	3 043,02	3 098,08
3	2 468,79	2 681,96	2 743,16	2 841,06	2 920,62	2 987,93
2	2 302,84	2 504,49	2 565,69	2 626,88	2 767,62	2 914,51
1	Je 4 Jahre	2 094,49	2 125,06	2 161,78	2 198,51	2 290,30

[1]) abgedruckt unter **420**

Anlage B

Entgelttabelle für Beschäftigte in den Entgeltgruppen 1 bis 15

Monatsbeträge in Euro

– gültig vom 1. November 2024 bis 31. Januar 2025 –

Entgelt-gruppe	Grundentgelt		Entwicklungsstufen			
	Stufe 1	Stufe 2	Stufe 3	Stufe 4	Stufe 5	Stufe 6
15	5 217,31	5 594,35	5 793,59	6 501,27	7 037,15	7 242,26
14	4 742,64	5 085,93	5 367,63	5 793,59	6 446,27	6 633,67
13	4 388,38	4 708,07	4 948,54	5 415,72	6 061,53	6 237,38
12	3 974,86	4 240,88	4 804,26	5 298,93	5 937,87	6 110,00
11	3 852,64	4 098,38	4 378,29	4 804,26	5 422,60	5 579,28
10	3 723,62	3 964,77	4 240,88	4 522,55	5 058,48	5 204,24
9b	3 336,59	3 569,08	3 720,54	4 139,07	4 495,09	4 623,96
9a	3 336,59	3 569,08	3 619,58	3 720,54	4 139,07	4 255,96
8	3 146,46	3 373,48	3 499,66	3 619,58	3 752,10	3 834,13
7	2 972,35	3 194,05	3 360,84	3 487,05	3 588,03	3 676,36
6	2 925,66	3 145,10	3 267,49	3 392,41	3 474,43	3 562,77
5	2 818,93	3 034,95	3 157,34	3 273,61	3 367,15	3 430,26
4	2 700,70	2 918,69	3 071,67	3 157,34	3 243,02	3 298,08
3	2 668,79	2 881,96	2 943,16	3 041,06	3 120,62	3 187,93
2	2 502,84	2 704,49	2 765,69	2 826,88	2 967,62	3 114,51
1	Je 4 Jahre	2 294,49	2 325,06	2 361,78	2 398,51	2 490,30

II

Anlage B

Entgelttabelle für Beschäftigte in den Entgeltgruppen 1 bis 15

Monatsbeträge in Euro

– gültig ab 1. Februar 2025 –

Entgelt-gruppe	Grundentgelt		Entwicklungsstufen			
	Stufe 1	Stufe 2	Stufe 3	Stufe 4	Stufe 5	Stufe 6
15	5 504,26	5 902,04	6 112,24	6 858,84	7 424,19	7 640,58
14	5 003,49	5 365,66	5 662,85	6 112,24	6 800,81	6 998,52
13	4 629,74	4 967,01	5 220,71	5 713,58	6 394,91	6 580,44
12	4 193,48	4 474,13	5 068,49	5 590,37	6 264,45	6 446,05
11	4 064,54	4 323,79	4 619,10	5 068,49	5 720,84	5 886,14
10	3 928,42	4 182,83	4 474,13	4 771,29	5 336,70	5 490,47
9b	3 520,10	3 765,38	3 925,17	4 366,72	4 742,32	4 878,28
9a	3 520,10	3 765,38	3 818,66	3 925,17	4 366,72	4 490,04
8	3 319,52	3 559,02	3 692,14	3 818,66	3 958,47	4 045,01
7	3 135,83	3 369,72	3 545,69	3 678,84	3 785,37	3 878,56
6	3 086,57	3 318,08	3 447,20	3 578,99	3 665,52	3 758,72
5	2 973,97	3 201,87	3 330,99	3 453,66	3 552,34	3 618,92
4	2 849,24	3 079,22	3 240,61	3 330,99	3 421,39	3 479,47
3	2 815,57	3 040,47	3 105,03	3 208,32	3 292,25	3 363,27
2	2 642,84	2 853,24	2 917,80	2 982,36	3 130,84	3 285,81
1	Je 4 Jahre	2 434,49	2 465,06	2 501,78	2 538,51	2 630,30

Anlage C

Entgelttabelle für Pflegekräfte

Monatsbeträge in Euro

– gültig vom 1. Dezember 2022 bis 31. Oktober 2024 –

Entgelt-gruppe	Grundentgelt		Entwicklungsstufen			
	Stufe 1	Stufe 2	Stufe 3	Stufe 4	Stufe 5	Stufe 6
KR 17		4 719,56	4 884,75	5 415,57	5 976,21	6 324,11
KR 16		4 610,42	4 772,03	5 293,92	5 902,25	6 170,60
KR 15		4 511,39	4 659,30	5 029,08	5 471,63	5 640,65
KR 14		4 402,25	4 546,59	4 907,44	5 397,68	5 487,14
KR 13		4 293,11	4 433,87	4 785,74	5 039,82	5 105,43
KR 12		4 074,79	4 208,41	4 542,39	4 747,57	4 842,99
KR 11		3 856,51	3 982,94	4 299,07	4 509,00	4 604,42
KR 10		3 638,23	3 757,49	4 091,50	4 252,54	4 353,93
KR 9		3 459,29	3 638,23	3 757,49	3 984,14	4 079,57
KR 8		3 182,89	3 337,98	3 536,82	3 697,43	3 920,15
KR 7		2 999,63	3 182,89	3 464,84	3 605,78	3 750,99
KR 6	2 514,29	2 689,60	2 858,69	3 218,14	3 309,76	3 478,90
KR 5	2 408,81	2 648,47	2 717,75	2 830,51	2 915,09	3 113,82

II

Anlage C

Entgelttabelle für Pflegekräfte

Monatsbeträge in Euro

– gültig vom 1. November 2024 bis 31. Januar 2025 –

Entgelt-gruppe	Grundentgelt		Entwicklungsstufen			
	Stufe 1	Stufe 2	Stufe 3	Stufe 4	Stufe 5	Stufe 6
KR 17		4 919,56	5 084,75	5 615,57	6 176,21	6 524,11
KR 16		4 810,42	4 972,03	5 493,92	6 102,25	6 370,60
KR 15		4 711,39	4 859,30	5 229,08	5 671,63	5 840,65
KR 14		4 602,25	4 746,59	5 107,44	5 597,68	5 687,14
KR 13		4 493,11	4 633,87	4 985,74	5 239,82	5 305,43
KR 12		4 274,79	4 408,41	4 742,39	4 947,57	5 042,99
KR 11		4 056,51	4 182,94	4 499,07	4 709,00	4 804,42
KR 10		3 838,23	3 957,49	4 291,50	4 452,54	4 553,93
KR 9		3 659,29	3 838,23	3 957,49	4 184,14	4 279,57
KR 8		3 382,89	3 537,98	3 736,82	3 897,43	4 120,15
KR 7		3 199,63	3 382,89	3 664,84	3 805,78	3 950,99
KR 6	2 714,29	2 889,60	3 058,69	3 418,14	3 509,76	3 678,90
KR 5	2 608,81	2 848,47	2 917,75	3 030,51	3 115,09	3 313,82

Anlage C

Entgelttabelle für Pflegekräfte

Monatsbeträge in Euro

– gültig ab 1. Februar 2025 –

Entgelt-gruppe	Grundentgelt		Entwicklungsstufen			
	Stufe 1	Stufe 2	Stufe 3	Stufe 4	Stufe 5	Stufe 6
KR 17		5 190,14	5 364,41	5 924,43	6 515,90	6 882,94
KR 16		5 074,99	5 245,49	5 796,09	6 437,87	6 720,98
KR 15		4 970,52	5 126,56	5 516,68	5 983,57	6 161,89
KR 14		4 855,37	5 007,65	5 388,35	5 905,55	5 999,93
KR 13		4 740,23	4 888,73	5 259,96	5 528,01	5 597,23
KR 12		4 509,90	4 650,87	5 003,22	5 219,69	5 320,35
KR 11		4 279,62	4 413,00	4 746,52	4 968,00	5 068,66
KR 10		4 049,33	4 175,15	4 527,53	4 697,43	4 804,40
KR 9		3 860,55	4 049,33	4 175,15	4 414,27	4 514,95
KR 8		3 568,95	3 732,57	3 942,35	4 111,79	4 346,76
KR 7		3 375,61	3 568,95	3 866,41	4 015,10	4 168,29
KR 6	2 863,58	3 048,53	3 226,92	3 606,14	3 702,80	3 881,24
KR 5	2 752,29	3 005,14	3 078,23	3 197,19	3 286,42	3 496,08

II

Anlage D

Entgelttabelle für Ärztinnen und Ärzte im Geltungsbereich des § 41 TV-L

Monatsbeträge in Euro bei 42 Wochenstunden

– gültig vom 1. Dezember 2022 bis 31. Oktober 2024 –

Entgelt-gruppe	Stufe 1	Stufe 2	Stufe 3	Stufe 4	Stufe 5
Ä 1	5 167,63 im 1. Jahr	5 456,17 im 2. Jahr	5 662,30 im 3. Jahr	6 019,57 im 4. Jahr	6 445,54 ab dem 5. Jahr
Ä 2	6 795,90 ab dem 1. Jahr	7 359,29 ab dem 4. Jahr	7 853,95 ab dem 7. Jahr		
Ä 3	8 492,91 ab dem 1. Jahr	8 987,58 ab dem 4. Jahr	9 695,24 ab dem 7. Jahr		
Ä 4	9 976,96 ab dem 1. Jahr	10 684,59 ab dem 4. Jahr	11 247,96 ab dem 7. Jahr		

Anlage D

Entgelttabelle für Ärztinnen und Ärzte im Geltungsbereich des § 41 TV-L

Monatsbeträge in Euro bei 42 Wochenstunden

– gültig vom 1. November 2024 bis 31. Januar 2025 –

Entgelt-gruppe	Stufe 1	Stufe 2	Stufe 3	Stufe 4	Stufe 5
Ä 1	5 367,63 im 1. Jahr	5 656,17 im 2. Jahr	5 862,30 im 3. Jahr	6 219,57 im 4. Jahr	6 645,54 ab dem 5. Jahr
Ä 2	6 995,90 ab dem 1. Jahr	7 559,29 ab dem 4. Jahr	8 053,95 ab dem 7. Jahr		
Ä 3	8 692,91 ab dem 1. Jahr	9 187,58 ab dem 4. Jahr	9 895,24 ab dem 7. Jahr		
Ä 4	10 176,96 ab dem 1. Jahr	10 884,59 ab dem 4. Jahr	11 447,96 ab dem 7. Jahr		

II

Anlage D

Entgelttabelle für Ärztinnen und Ärzte im Geltungsbereich des § 41 TV-L

Monatsbeträge in Euro bei 42 Wochenstunden

– gültig ab 1. Februar 2025 –

Entgelt-gruppe	Stufe 1	Stufe 2	Stufe 3	Stufe 4	Stufe 5
Ä 1	5 662,85 im 1. Jahr	5 967,26 im 2. Jahr	6 184,73 im 3. Jahr	6 561,65 im 4. Jahr	7 011,04 ab dem 5. Jahr
Ä 2	7 380,67 ab dem 1. Jahr	7 975,05 ab dem 4. Jahr	8 496,92 ab dem 7. Jahr		
Ä 3	9 171,02 ab dem 1. Jahr	9 692,90 ab dem 4. Jahr	10 439,48 ab dem 7. Jahr		
Ä 4	10 736,69 ab dem 1. Jahr	11 483,24 ab dem 4. Jahr	12 077,60 ab dem 7. Jahr		

Anlage E

Bereitschaftsdienstentgelte

(zu § 8 Abs. 6 Buchstabe e Satz 1 in der Fassung des § 42 Nr. 6 und des § 43 Nr. 5)

A. Beschäftigte, deren Eingruppierung sich nach der Anlage 1a zum BAT/BAT-O richtet

– gültig vom 1. Dezember 2022 bis 31. Oktober 2024 –

Vergütungsgruppe	Tarifgebiet West €	Tarifgebiet Ost €
VergGr. I	43,00	41,39
VergGr. Ia	39,40	37,91
VergGr. Ib	36,29	34,90
VergGr. IIa	33,22	31,94
VergGr. III	30,00	28,86
VergGr. IVa	27,60	26,56
VergGr. IVb	25,41	24,43
VergGr. Va/b	24,51	23,58
VergGr. Vc	23,27	22,42
VergGr. VIb	21,62	20,81
VergGr. VII	20,27	19,51
VergGr. VIII	19,07	18,36
VergGr. IXa	18,37	17,68
VergGr. IXb	18,00	17,34
VergGr. X	17,09	16,47

B. Beschäftigte, deren Eingruppierung sich nach der Anlage 1b zum BAT/BAT-O richtet

– gültig vom 1. Dezember 2022 bis 31. Oktober 2024 –

Vergütungsgruppe	Tarifgebiet West €	Tarifgebiet Ost €
Kr. XIII	35,71	34,36
Kr. XII	32,90	31,65
Kr. XI	31,03	29,88
Kr. X	29,15	28,08
Kr. IX	27,50	26,42
Kr. VIII	27,00	25,96
Kr. VII	25,46	24,51
Kr. VI	24,69	23,78
Kr. Va	23,79	22,87
Kr. V	23,16	22,24
Kr. IV	21,99	21,17
Kr. III	20,84	20,08
Kr. II	19,84	19,09
Kr. I	18,95	18,26

C. Beschäftigte, deren Eingruppierung sich nach dem MTArb/MTArb-O richtet

– gültig vom 1. Dezember 2022 bis 31. Oktober 2024 –

Lohngruppe	Tarifgebiet West €	Tarifgebiet Ost €
Lgr. 9	24,15	23,21
Lgr. 8a	23,62	22,72
Lgr. 8	23,11	22,20
Lgr. 7a	22,60	21,76
Lgr. 7	22,10	21,26
Lgr. 6a	21,62	20,81
Lgr. 6	21,17	20,34
Lgr. 5a	20,70	19,91
Lgr. 5	20,23	19,47
Lgr. 4a	19,81	19,06
Lgr. 4	19,37	18,61
Lgr. 3a	18,95	18,26
Lgr. 3	18,52	17,84
Lgr. 2a	18,10	17,45
Lgr. 2	17,75	17,04
Lgr. 1a	17,37	16,67
Lgr. 1	16,96	16,32

II

Anlage E

Bereitschaftsdienstentgelte

(zu § 8 Abs. 6 Buchstabe e Satz 1 in der Fassung des § 42 Nr. 6 und des § 43 Nr. 5)

A. Beschäftigte, deren Eingruppierung sich nach der Anlage 1a zum BAT/BAT-O richtet

– gültig vom 1. November 2024 bis 31. Januar 2025 –

Vergütungsgruppe	Tarifgebiet West €	Tarifgebiet Ost €
VergGr. I	45,05	43,36
VergGr. Ia	41,28	39,71
VergGr. Ib	38,02	36,56
VergGr. IIa	34,80	33,46
VergGr. III	31,43	30,23
VergGr. IVa	28,91	27,82
VergGr. IVb	26,62	25,59
VergGr. Va/b	25,68	24,70
VergGr. Vc	24,38	23,49
VergGr. VIb	22,65	21,80
VergGr. VII	21,23	20,44
VergGr. VIII	19,98	19,23
VergGr. IXa	19,24	18,52
VergGr. IXb	18,86	18,17
VergGr. X	17,90	17,25

B. Beschäftigte, deren Eingruppierung sich nach der Anlage 1b zum BAT/BAT-O richtet

– gültig vom 1. November 2024 bis 31. Januar 2025 –

Vergütungsgruppe	Tarifgebiet West €	Tarifgebiet Ost €
Kr. XIII	37,41	36,00
Kr. XII	34,47	33,16
Kr. XI	32,51	31,30
Kr. X	30,54	29,42
Kr. IX	28,81	27,68
Kr. VIII	28,29	27,20
Kr. VII	26,67	25,68
Kr. VI	25,87	24,91
Kr. Va	24,92	23,96
Kr. V	24,26	23,30
Kr. IV	23,04	22,18
Kr. III	21,83	21,04
Kr. II	20,78	20,00
Kr. I	19,85	19,13

II

C. Beschäftigte, deren Eingruppierung sich nach dem MTArb/MTArb-O richtet

– gültig vom 1. November 2024 bis 31. Januar 2025 –

Lohngruppe	Tarifgebiet West €	Tarifgebiet Ost €
Lgr. 9	25,30	24,31
Lgr. 8a	24,74	23,80
Lgr. 8	24,21	23,26
Lgr. 7a	23,68	22,80
Lgr. 7	23,15	22,27
Lgr. 6a	22,65	21,80
Lgr. 6	22,18	21,31
Lgr. 5a	21,69	20,86
Lgr. 5	21,19	20,40
Lgr. 4a	20,75	19,97
Lgr. 4	20,29	19,50
Lgr. 3a	19,85	19,13
Lgr. 3	19,40	18,69
Lgr. 2a	18,96	18,28
Lgr. 2	18,59	17,85
Lgr. 1a	18,20	17,46
Lgr. 1	17,77	17,10

Anlage E

Bereitschaftsdienstentgelte

(zu § 8 Abs. 6 Buchstabe e Satz 1 in der Fassung des § 42 Nr. 6 und des § 43 Nr. 5)

A. Beschäftigte, deren Eingruppierung sich nach der Anlage 1a zum BAT/BAT-O richtet

– gültig ab 1. Februar 2025 –

Vergütungsgruppe	Tarifgebiet West €	Tarifgebiet Ost €
VergGr. I	47,53	45,74
VergGr. Ia	43,55	41,89
VergGr. Ib	40,11	38,57
VergGr. IIa	36,71	35,30
VergGr. III	33,16	31,89
VergGr. IVa	30,50	29,35
VergGr. IVb	28,08	27,00
VergGr. Va/b	27,09	26,06
VergGr. Vc	25,72	24,78
VergGr. VIb	23,90	23,00
VergGr. VII	22,40	21,56
VergGr. VIII	21,08	20,29
VergGr. IXa	20,30	19,54
VergGr. IXb	19,90	19,17
VergGr. X	18,88	18,20

B. Beschäftigte, deren Eingruppierung sich nach der Anlage 1b zum BAT/BAT-O richtet

– gültig ab 1. Februar 2025 –

Vergütungsgruppe	Tarifgebiet West €	Tarifgebiet Ost €
Kr. XIII	39,47	37,98
Kr. XII	36,37	34,98
Kr. XI	34,30	33,02
Kr. X	32,22	31,04
Kr. IX	30,39	29,20
Kr. VIII	29,85	28,70
Kr. VII	28,14	27,09
Kr. VI	27,29	26,28
Kr. Va	26,29	25,28
Kr. V	25,59	24,58
Kr. IV	24,31	23,40
Kr. III	23,03	22,20
Kr. II	21,92	21,10
Kr. I	20,94	20,18

C. Beschäftigte, deren Eingruppierung sich nach dem MTArb/MTArb-O richtet

– gültig ab 1. Februar 2025 –

Lohngruppe	Tarifgebiet West €	Tarifgebiet Ost €
Lgr. 9	26,69	25,65
Lgr. 8a	26,10	25,11
Lgr. 8	25,54	24,54
Lgr. 7a	24,98	24,05
Lgr. 7	24,42	23,49
Lgr. 6a	23,90	23,00
Lgr. 6	23,40	22,48
Lgr. 5a	22,88	22,01
Lgr. 5	22,36	21,52
Lgr. 4a	21,89	21,07
Lgr. 4	21,41	20,57
Lgr. 3a	20,94	20,18
Lgr. 3	20,47	19,72
Lgr. 2a	20,00	19,29
Lgr. 2	19,61	18,83
Lgr. 1a	19,20	18,42
Lgr. 1	18,75	18,04

II

Anlage F

Beträge der in der Entgeltordnung (Anlage A zum TV-L) geregelten Zulagen

– gültig vom 1. Dezember 2022 bis 31. Dezember 2023 –

I. Entgeltgruppenzulagen gemäß Teil II der Entgeltordnung

[1]Die Entgeltgruppenzulagen gemäß Teil II der Entgeltordnung verändern sich bei allgemeinen Entgeltanpassungen um den von den Tarifvertragsparteien für die jeweilige Entgeltgruppe festgelegten Vomhundertsatz; Sockelbeträge, Mindestbeträge und vergleichbare nichtlineare Steigerungen bleiben unberücksichtigt. [2]Sie betragen

Nr. der Entgeltgruppenzulage	Euro/Monat
1	170,88
2	161,18
3	149,49
4	141,02
5	136,70
6	133,31
7	(unbesetzt)
8	120,00
9	105,76
10	(unbesetzt)
11	63,11
12	(unbesetzt)
13	(unbesetzt)
14	(unbesetzt)
15	94,01

II. Funktionszulagen gemäß Teil II Abschnitte 5 und 8 der Entgeltordnung

[1]Die Funktionszulagen

- für Beschäftigte im Fernmeldebetriebsdienst gemäß Nr. 3 der Protokollerklärungen zu Abschnitt 5 Unterabschnitt 2 des Teils II der Entgeltordnung sowie
- für Fremdsprachenassistenten (Fremdsprachensekretäre) gemäß Nr. 1 der Vorbemerkungen zu Abschnitt 8 Unterabschnitt 3 des Teils II der Entgeltordnung

verändern sich bei allgemeinen Entgeltanpassungen um den von den Tarifvertragsparteien für die jeweilige Entgeltgruppe festgelegten

Vomhundertsatz; Sockelbeträge, Mindestbeträge und vergleichbare nichtlineare Steigerungen bleiben unberücksichtigt. [2]Sie betragen

Nr. der Funktionszulage	Euro/Monat
1	120,49
2	104,48
3	164,31
4	145,28
5	137,33
6	130,03

IIa. Zulagen für bestimmte Beschäftigte in Universitätskliniken gemäß Teil II der Entgeltordnung und gemäß § 50 Nr. 4

[1]Die Zulagen

- gemäß der Vorbemerkung zu Abschnitt 10 Unterabschnitt 4 des Teils II der Entgeltordnung,
- gemäß der Vorbemerkung zu Abschnitt 10 Unterabschnitt 5 des Teils II der Entgeltordnung,
- gemäß der Vorbemerkung zu Abschnitt 10 Unterabschnitt 6 des Teils II der Entgeltordnung,
- gemäß der Vorbemerkung zu Abschnitt 10 Unterabschnitt 7 des Teils II der Entgeltordnung,
- gemäß der Vorbemerkung zu Abschnitt 10 Unterabschnitt 8 des Teils II der Entgeltordnung,
- gemäß der Vorbemerkung zu Abschnitt 10 Unterabschnitt 10 des Teils II der Entgeltordnung,
- gemäß der Vorbemerkung zu Abschnitt 10 Unterabschnitt 13 des Teils II der Entgeltordnung,
- gemäß der Vorbemerkung zu Abschnitt 10 Unterabschnitt 14 des Teils II der Entgeltordnung,
- gemäß Nr. 2 der Vorbemerkungen zu Abschnitt 22 Unterabschnitt 3 des Teils II der Entgeltordnung und
- gemäß § 50 Nr. 4

betragen 71,96 Euro. [2]Sie verändern sich bei allgemeinen Entgeltanpassungen um den von den Tarifvertragsparteien für die jeweilige Entgeltgruppe festgelegten Vomhundertsatz; Sockelbeträge, Mindestbeträge und vergleichbare nichtlineare Steigerungen bleiben unberücksichtigt. [3]Sie wird nur für die Zeiträume gezahlt, in denen Beschäftigte einen Anspruch auf Entgelt oder Entgeltfortzahlung nach § 21 haben. [4]Sie ist bei der Bemessung des Sterbegeldes (§ 23 Absatz 3) zu berücksichtigen.

II

III. Vorarbeiterzulagen gemäß Nr. 8 der Vorbemerkungen zu Teil III der Entgeltordnung

Die Vorarbeiterzulagen gemäß Nr. 8 der Vorbemerkungen zu Teil III der Entgeltordnung betragen

Nr. der Vorarbeiterzulage	Euro/Monat
1	176,49
2	302,10

IV. Zulagen für Beschäftigte im Pflegedienst gemäß Teil IV der Entgeltordnung

Die Zulagen für Beschäftigte im Pflegedienst

- gemäß Nr. 8 oder 11 der Vorbemerkungen zu Abschnitt 1 des Teils IV der Entgeltordnung,
- gemäß der Protokollerklärung Nr. 3 zu Abschnitt 1 des Teils IV der Entgeltordnung sowie
- gemäß Nr. 8 oder 9 der Vorbemerkungen zu Abschnitt 2 des Teils IV der Entgeltordnung

betragen

Nr. der Zulage	Euro/Monat	Euro/Stunde
1		1,64
2	565,83	
3	525,04	
4	486,90	
5	451,51	
6	418,93	
7	388,78	
8	143,92	
9	80,53	

Anlage F

Beträge der in der Entgeltordnung (Anlage A zum TV-L) geregelten Zulagen

– gültig vom 1. Januar 2024 bis 31. Oktober 2024 –

I. Entgeltgruppenzulagen gemäß Teil II der Entgeltordnung

[1]Die Entgeltgruppenzulagen gemäß Teil II der Entgeltordnung verändern sich bei allgemeinen Entgeltanpassungen um den von den Tarifvertragsparteien für die jeweilige Entgeltgruppe festgelegten Vomhundertsatz; Sockelbeträge, Mindestbeträge und vergleichbare nichtlineare Steigerungen bleiben unberücksichtigt. [2]Sie betragen

Nr. der Entgeltgruppenzulage	Euro/Monat
1	170,88
2	161,18
3	149,49
4	141,02
5	136,70
6	133,31
7	(unbesetzt)
8	120,00
9	105,76
10	(unbesetzt)
11	63,11
12	(unbesetzt)
13	(unbesetzt)
14	(unbesetzt)
15	94,01

II. Funktionszulagen gemäß Teil II Abschnitte 5 und 8 der Entgeltordnung

[1]Die Funktionszulagen

- für Beschäftigte im Fernmeldebetriebsdienst gemäß Nr. 3 der Protokollerklärungen zu Abschnitt 5 Unterabschnitt 2 des Teils II der Entgeltordnung sowie
- für Fremdsprachenassistenten (Fremdsprachensekretäre) gemäß Nr. 1 der Vorbemerkungen zu Abschnitt 8 Unterabschnitt 3 des Teils II der Entgeltordnung

verändern sich bei allgemeinen Entgeltanpassungen um den von den Tarifvertragsparteien für die jeweilige Entgeltgruppe festgelegten

Vomhundertsatz; Sockelbeträge, Mindestbeträge und vergleichbare nichtlineare Steigerungen bleiben unberücksichtigt. [2]Sie betragen

Nr. der Funktionszulage	Euro/Monat
1	120,49
2	104,48
3	164,31
4	145,28
5	137,33
6	130,03

II

IIa. Zulagen für bestimmte Beschäftigte in Universitätskliniken, im Maßregelvollzug (§ 61 Nrn. 1, 2 und 3 StGB) sowie im Justizvollzug gemäß Teil II der Entgeltordnung und gemäß § 50 Nr. 4

[1]Die Zulagen

- gemäß der Vorbemerkung zu Abschnitt 10 Unterabschnitt 4 des Teils II der Entgeltordnung,
- gemäß der Vorbemerkung zu Abschnitt 10 Unterabschnitt 5 des Teils II der Entgeltordnung,
- gemäß der Vorbemerkung zu Abschnitt 10 Unterabschnitt 6 des Teils II der Entgeltordnung,
- gemäß der Vorbemerkung zu Abschnitt 10 Unterabschnitt 7 des Teils II der Entgeltordnung,
- gemäß der Vorbemerkung zu Abschnitt 10 Unterabschnitt 8 des Teils II der Entgeltordnung,
- gemäß der Vorbemerkung zu Abschnitt 10 Unterabschnitt 10 des Teils II der Entgeltordnung,
- gemäß der Vorbemerkung zu Abschnitt 10 Unterabschnitt 13 des Teils II der Entgeltordnung,
- gemäß der Vorbemerkung zu Abschnitt 10 Unterabschnitt 14 des Teils II der Entgeltordnung,
- gemäß Nr. 2 der Vorbemerkungen zu Abschnitt 22 Unterabschnitt 3 des Teils II der Entgeltordnung und
- gemäß § 50 Nr. 4

betragen 71,96 Euro. [2]Sie verändern sich bei allgemeinen Entgeltanpassungen um den von den Tarifvertragsparteien für die jeweilige Entgeltgruppe festgelegten Vomhundertsatz; Sockelbeträge, Mindestbeträge und vergleichbare nichtlineare Steigerungen bleiben unberücksichtigt. [3]Sie werden nur für die Zeiträume gezahlt, in denen Beschäftigte einen Anspruch auf Entgelt oder Entgeltfortzahlung

nach § 21 haben. [4]Sie ist bei der Bemessung des Sterbegeldes (§ 23 Absatz 3) zu berücksichtigen.

III. Vorarbeiterzulagen gemäß Nr. 8 der Vorbemerkungen zu Teil III der Entgeltordnung

Die Vorarbeiterzulagen gemäß Nr. 8 der Vorbemerkungen zu Teil III der Entgeltordnung betragen

Nr. der Vorarbeiterzulage	Euro/Monat
1	176,49
2	302,10

IV. Zulagen für Beschäftigte im Pflegedienst gemäß Teil IV der Entgeltordnung

Die Zulagen für Beschäftigte im Pflegedienst

- gemäß Nr. 8 oder 11 der Vorbemerkungen zu Abschnitt 1 des Teils IV der Entgeltordnung,
- gemäß der Protokollerklärung Nr. 3 zu Abschnitt 1 des Teils IV der Entgeltordnung sowie
- gemäß Nr. 8 oder 9 der Vorbemerkungen zu Abschnitt 2 des Teils IV der Entgeltordnung

betragen

Nr. der Zulage	Euro/Monat	Euro/Stunde
1		1,64
2	565,83	
3	525,04	
4	486,90	
5	451,51	
6	418,93	
7	388,78	
8	143,92	
9	80,53	

II

Anlage F

Beträge der in der Entgeltordnung (Anlage A zum TV-L) geregelten Zulagen

– gültig vom 1. November 2024 bis 31. Januar 2025 –

I. Entgeltgruppenzulagen gemäß Teil II der Entgeltordnung

[1]Die Entgeltgruppenzulagen gemäß Teil II der Entgeltordnung verändern sich bei allgemeinen Entgeltanpassungen um den von den Tarifvertragsparteien für die jeweilige Entgeltgruppe festgelegten Vomhundertsatz; Sockelbeträge, Mindestbeträge und vergleichbare nichtlineare Steigerungen bleiben unberücksichtigt. [2]Sie betragen

Nr. der Entgeltgruppenzulage	Euro/Monat
1	179,01
2	168,85
3	156,61
4	147,73
5	143,21
6	139,66
7	(unbesetzt)
8	125,71
9	110,79
10	(unbesetzt)
11	66,11
12	(unbesetzt)
13	(unbesetzt)
14	(unbesetzt)
15	98,48

II. Funktionszulagen gemäß Teil II Abschnitte 5 und 8 der Entgeltordnung

[1]Die Funktionszulagen

- für Beschäftigte im Fernmeldebetriebsdienst gemäß Nr. 3 der Protokollerklärungen zu Abschnitt 5 Unterabschnitt 2 des Teils II der Entgeltordnung sowie
- für Fremdsprachenassistenten (Fremdsprachensekretäre) gemäß Nr. 1 der Vorbemerkungen zu Abschnitt 8 Unterabschnitt 3 des Teils II der Entgeltordnung

verändern sich bei allgemeinen Entgeltanpassungen um den von den Tarifvertragsparteien für die jeweilige Entgeltgruppe festgelegten

Vomhundertsatz; Sockelbeträge, Mindestbeträge und vergleichbare nichtlineare Steigerungen bleiben unberücksichtigt. [2]Sie betragen

Nr. der Funktionszulage	Euro/Monat
1	126,23
2	109,45
3	172,13
4	152,20
5	143,87
6	136,22

IIa. Zulagen für bestimmte Beschäftigte in Universitätskliniken, im Maßregelvollzug (§ 61 Nrn. 1, 2 und 3 StGB) sowie im Justizvollzug gemäß Teil II der Entgeltordnung und gemäß § 50 Nr. 4

[1]Die Zulagen

- gemäß der Vorbemerkung zu Abschnitt 10 Unterabschnitt 4 des Teils II der Entgeltordnung,
- gemäß der Vorbemerkung zu Abschnitt 10 Unterabschnitt 5 des Teils II der Entgeltordnung,
- gemäß der Vorbemerkung zu Abschnitt 10 Unterabschnitt 6 des Teils II der Entgeltordnung,
- gemäß der Vorbemerkung zu Abschnitt 10 Unterabschnitt 7 des Teils II der Entgeltordnung,
- gemäß der Vorbemerkung zu Abschnitt 10 Unterabschnitt 8 des Teils II der Entgeltordnung,
- gemäß der Vorbemerkung zu Abschnitt 10 Unterabschnitt 10 des Teils II der Entgeltordnung,
- gemäß der Vorbemerkung zu Abschnitt 10 Unterabschnitt 13 des Teils II der Entgeltordnung,
- gemäß der Vorbemerkung zu Abschnitt 10 Unterabschnitt 14 des Teils II der Entgeltordnung,
- gemäß Nr. 2 der Vorbemerkungen zu Abschnitt 22 Unterabschnitt 3 des Teils II der Entgeltordnung und
- gemäß § 50 Nr. 4

betragen 75,39 Euro. [2]Sie verändern sich bei allgemeinen Entgeltanpassungen um den von den Tarifvertragsparteien für die jeweilige Entgeltgruppe festgelegten Vomhundertsatz; Sockelbeträge, Mindestbeträge und vergleichbare nichtlineare Steigerungen bleiben unberücksichtigt. [3]Sie werden nur für die Zeiträume gezahlt, in denen Beschäftigte einen Anspruch auf Entgelt oder Entgeltfortzahlung

nach § 21 haben. [4]Sie ist bei der Bemessung des Sterbegeldes (§ 23 Absatz 3) zu berücksichtigen.

III. Vorarbeiterzulagen gemäß Nr. 8 der Vorbemerkungen zu Teil III der Entgeltordnung

Die Vorarbeiterzulagen gemäß Nr. 8 der Vorbemerkungen zu Teil III der Entgeltordnung betragen

Nr. der Vorarbeiterzulage	Euro/Monat
1	184,89
2	316,48

IV. Zulagen für Beschäftigte im Pflegedienst gemäß Teil IV der Entgeltordnung

Die Zulagen für Beschäftigte im Pflegedienst

- gemäß Nr. 8 oder 11 der Vorbemerkungen zu Abschnitt 1 des Teils IV der Entgeltordnung,
- gemäß der Protokollerklärung Nr. 3 zu Abschnitt 1 des Teils IV der Entgeltordnung sowie
- gemäß Nr. 8 oder 9 der Vorbemerkungen zu Abschnitt 2 des Teils IV der Entgeltordnung

betragen

Nr. der Zulage	Euro/Monat	Euro/Stunde
1		1,72
2	592,76	
3	550,03	
4	510,08	
5	473,00	
6	438,87	
7	407,29	
8	150,77	
9	84,36	

Anlage F

Beträge der in der Entgeltordnung (Anlage A zum TV-L) geregelten Zulagen

– gültig ab 1. Februar 2025 –

I. Entgeltgruppenzulagen gemäß Teil II der Entgeltordnung

[1]Die Entgeltgruppenzulagen gemäß Teil II der Entgeltordnung verändern sich bei allgemeinen Entgeltanpassungen um den von den Tarifvertragsparteien für die jeweilige Entgeltgruppe festgelegten Vomhundertsatz; Sockelbeträge, Mindestbeträge und vergleichbare nichtlineare Steigerungen bleiben unberücksichtigt. [2]Sie betragen

Nr. der Entgeltgruppenzulage	Euro/Monat
1	188,86
2	178,14
3	165,22
4	155,86
5	151,09
6	147,34
7	(unbesetzt)
8	132,62
9	116,88
10	(unbesetzt)
11	69,75
12	(unbesetzt)
13	(unbesetzt)
14	(unbesetzt)
15	103,90

II. Funktionszulagen gemäß Teil II Abschnitte 5 und 8 der Entgeltordnung

[1]Die Funktionszulagen

- für Beschäftigte im Fernmeldebetriebsdienst gemäß Nr. 3 der Protokollerklärungen zu Abschnitt 5 Unterabschnitt 2 des Teils II der Entgeltordnung sowie
- für Fremdsprachenassistenten (Fremdsprachensekretäre) gemäß Nr. 1 der Vorbemerkungen zu Abschnitt 8 Unterabschnitt 3 des Teils II der Entgeltordnung

verändern sich bei allgemeinen Entgeltanpassungen um den von den Tarifvertragsparteien für die jeweilige Entgeltgruppe festgelegten

Vomhundertsatz; Sockelbeträge, Mindestbeträge und vergleichbare nichtlineare Steigerungen bleiben unberücksichtigt. [2]Sie betragen

Nr. der Funktionszulage	Euro/Monat
1	133,17
2	115,47
3	181,60
4	160,57
5	151,78
6	143,71

IIa. Zulagen für bestimmte Beschäftigte in Universitätskliniken, im Maßregelvollzug (§ 61 Nrn. 1, 2 und 3 StGB) sowie im Justizvollzug gemäß Teil II der Entgeltordnung und gemäß § 50 Nr. 4

[1]Die Zulagen

- gemäß der Vorbemerkung zu Abschnitt 10 Unterabschnitt 4 des Teils II der Entgeltordnung,
- gemäß der Vorbemerkung zu Abschnitt 10 Unterabschnitt 5 des Teils II der Entgeltordnung,
- gemäß der Vorbemerkung zu Abschnitt 10 Unterabschnitt 6 des Teils II der Entgeltordnung,
- gemäß der Vorbemerkung zu Abschnitt 10 Unterabschnitt 7 des Teils II der Entgeltordnung,
- gemäß der Vorbemerkung zu Abschnitt 10 Unterabschnitt 8 des Teils II der Entgeltordnung,
- gemäß der Vorbemerkung zu Abschnitt 10 Unterabschnitt 10 des Teils II der Entgeltordnung,
- gemäß der Vorbemerkung zu Abschnitt 10 Unterabschnitt 13 des Teils II der Entgeltordnung,
- gemäß der Vorbemerkung zu Abschnitt 10 Unterabschnitt 14 des Teils II der Entgeltordnung,
- gemäß Nr. 2 der Vorbemerkungen zu Abschnitt 22 Unterabschnitt 3 des Teils II der Entgeltordnung und
- gemäß § 50 Nr. 4

betragen 79,54 Euro. [2]Sie verändern sich bei allgemeinen Entgeltanpassungen um den von den Tarifvertragsparteien für die jeweilige Entgeltgruppe festgelegten Vomhundertsatz; Sockelbeträge, Mindestbeträge und vergleichbare nichtlineare Steigerungen bleiben unberücksichtigt. [3]Sie werden nur für die Zeiträume gezahlt, in denen Beschäftigte einen Anspruch auf Entgelt oder Entgeltfortzahlung

nach § 21 haben. [4]Sie ist bei der Bemessung des Sterbegeldes (§ 23 Absatz 3) zu berücksichtigen.

III. Vorarbeiterzulagen gemäß Nr. 8 der Vorbemerkungen zu Teil III der Entgeltordnung

Die Vorarbeiterzulagen gemäß Nr. 8 der Vorbemerkungen zu Teil III der Entgeltordnung betragen

Nr. der Vorarbeiterzulage	Euro/Monat
1	195,06
2	333,89

IV. Zulagen für Beschäftigte im Pflegedienst gemäß Teil IV der Entgeltordnung

Die Zulagen für Beschäftigte im Pflegedienst

- gemäß Nr. 8 oder 11 der Vorbemerkungen zu Abschnitt 1 des Teils IV der Entgeltordnung,
- gemäß der Protokollerklärung Nr. 3 zu Abschnitt 1 des Teils IV der Entgeltordnung sowie
- gemäß Nr. 8 oder 9 der Vorbemerkungen zu Abschnitt 2 des Teils IV der Entgeltordnung

betragen

Nr. der Zulage	Euro/Monat	Euro/Stunde
1		1,81
2	625,36	
3	580,28	
4	538,13	
5	499,02	
6	463,01	
7	429,69	
8	159,06	
9	89,00	

II

Anlage G

Entgelttabelle für Beschäftigte im Sozial- und Erziehungsdienst

Monatsbeträge in Euro

– gültig vom 1. Dezember 2022 bis 30. September 2024 –

Entgelt-gruppe	Grundentgelt		Entwicklungsstufen			
	Stufe 1	Stufe 2	Stufe 3	Stufe 4	Stufe 5	Stufe 6
S 18	4 129,77	4 255,33	4 804,44	5 216,23	5 833,95	6 211,42
S 17	3 751,26	4 083,75	4 529,86	4 804,44	5 353,48	5 676,08
S 16	3 662,48	3 994,55	4 296,52	4 667,14	5 078,96	5 326,04
S 15	3 525,89	3 843,52	4 118,10	4 433,81	4 941,69	5 161,30
S 14	3 507,36	3 804,10	4 109,21	4 419,58	4 762,78	5 002,98
S 13	3 447,95	3 708,47	4 049,44	4 323,95	4 667,14	4 838,72
S 12	3 400,60	3 697,96	4 024,89	4 313,15	4 670,07	4 821,07
S 11b	3 312,44	3 645,37	3 819,73	4 258,98	4 602,18	4 808,08
S 11a	3 244,38	3 575,21	3 748,45	4 186,72	4 529,86	4 735,78
S 9	3 012,84	3 299,02	3 561,97	3 944,47	4 303,05	4 577,98
S 8b	3 012,84	3 299,02	3 561,97	3 944,47	4 303,05	4 577,98
S 8a	2 969,94	3 227,29	3 454,40	3 669,56	3 878,72	4 096,87
S 7	2 898,63	3 142,08	3 355,33	3 568,53	3 728,47	3 967,08
S 4	2 744,34	3 002,13	3 188,73	3 315,33	3 435,29	3 622,14
S 3	2 567,24	2 824,89	3 004,13	3 168,73	3 244,03	3 333,99
S 2	2 468,79	2 681,96	2 743,16	2 841,06	2 920,62	2 987,93

Anlage G

Entgelttabelle für Beschäftigte im Sozial- und Erziehungsdienst

Monatsbeträge in Euro

– gültig vom 1. Oktober 2024 bis 31. Oktober 2024 –

Entgelt-gruppe	Grundentgelt		Entwicklungsstufen			
	Stufe 1	Stufe 2	Stufe 3	Stufe 4	Stufe 5	Stufe 6
S 18	4 129,77	4 255,33	4 804,44	5 216,23	5 833,95	6 211,42
S 17	3 751,26	4 083,75	4 529,86	4 804,44	5 353,48	5 676,08
S 16	3 662,48	3 994,55	4 296,52	4 667,14	5 078,96	5 326,04
S 15	3 525,89	3 843,52	4 118,10	4 433,81	4 941,69	5 161,30
S 14	3 507,36	3 804,10	4 109,21	4 419,58	4 762,78	5 002,98
S 13	3 447,95	3 708,47	4 049,44	4 323,95	4 667,14	4 838,72
S 12	3 400,60	3 697,96	4 024,89	4 313,15	4 670,07	4 821,07
S 11b	3 312,44	3 645,37	3 819,73	4 258,98	4 602,18	4 808,08
S 11a	3 244,38	3 575,21	3 748,45	4 186,72	4 529,86	4 735,78
S 9	3 073,29	3 370,86	3 631,83	4 015,30	4 375,30	4 653,28
S 8b	3 012,84	3 299,02	3 561,97	3 944,47	4 303,05	4 577,98
S 8a	2 969,94	3 227,29	3 454,40	3 669,56	3 878,72	4 096,87
S 7	2 898,63	3 142,08	3 355,33	3 568,53	3 728,47	3 967,08
S 4	2 744,34	3 002,13	3 188,73	3 315,33	3 435,29	3 622,14
S 3	2 567,24	2 824,89	3 004,13	3 168,73	3 244,03	3 333,99
S 2	2 468,79	2 681,96	2 743,16	2 841,06	2 920,62	2 987,93

Anlage G

Entgelttabelle für Beschäftigte im Sozial- und Erziehungsdienst

Monatsbeträge in Euro

– gültig vom 1. November 2024 bis 31. Januar 2025 –

Entgelt-gruppe	Grundentgelt		Entwicklungsstufen			
	Stufe 1	Stufe 2	Stufe 3	Stufe 4	Stufe 5	Stufe 6
S 18	4 329,77	4 455,33	5 004,44	5 416,23	6 033,95	6 411,42
S 17	3 951,26	4 283,75	4 729,86	5 004,44	5 553,48	5 876,08
S 16	3 862,48	4 194,55	4 496,52	4 867,14	5 278,96	5 526,04
S 15	3 725,89	4 043,52	4 318,10	4 633,81	5 141,69	5 361,30
S 14	3 707,36	4 004,10	4 309,21	4 619,58	4 962,78	5 202,98
S 13	3 647,95	3 908,47	4 249,44	4 523,95	4 867,14	5 038,72
S 12	3 600,60	3 897,96	4 224,89	4 513,15	4 870,07	5 021,07
S 11b	3 512,44	3 845,37	4 019,73	4 458,98	4 802,18	5 008,08
S 11a	3 444,38	3 775,21	3 948,45	4 386,72	4 729,86	4 935,78
S 9	3 273,29	3 570,86	3 831,83	4 215,00	4 575,30	4 853,28
S 8b	3 212,84	3 499,02	3 761,97	4 144,47	4 503,05	4 777,98
S 8a	3 169,94	3 427,29	3 654,40	3 869,56	4 078,72	4 296,87
S 7	3 098,63	3 342,08	3 555,33	3 768,53	3 928,47	4 167,08
S 4	2 944,34	3 202,13	3 388,73	3 515,33	3 635,29	3 822,14
S 3	2 767,24	3 024,89	3 204,13	3 368,73	3 444,03	3 533,99
S 2	2 668,79	2 881,96	2 943,16	3 041,06	3 120,62	3 187,93

Anlage G

Entgelttabelle für Beschäftigte im Sozial- und Erziehungsdienst

Monatsbeträge in Euro

– gültig ab 1. Februar 2025 –

Entgelt-gruppe	Grundentgelt		Entwicklungsstufen			
	Stufe 1	Stufe 2	Stufe 3	Stufe 4	Stufe 5	Stufe 6
S 18	4 567,91	4 700,37	5 279,68	5 714,12	6 365,82	6 764,05
S 17	4 168,58	4 519,36	4 990,00	5 279,68	5 858,92	6 199,26
S 16	4 074,92	4 425,25	4 743,83	5 134,83	5 569,30	5 829,97
S 15	3 930,81	4 265,91	4 555,60	4 888,67	5 424,48	5 656,17
S 14	3 911,26	4 224,33	4 546,22	4 873,66	5 235,73	5 489,14
S 13	3 848,59	4 123,44	4 483,16	4 772,77	5 134,83	5 315,85
S 12	3 798,63	4 112,35	4 457,26	4 761,37	5 137,92	5 297,23
S 11b	3 705,62	4 056,87	4 240,82	4 704,22	5 066,30	5 283,52
S 11a	3 633,82	3 982,85	4 165,61	4 627,99	4 990,00	5 207,25
S 9	3 453,32	3 767,26	4 042,58	4 446,83	4 826,94	5 120,21
S 8b	3 389,55	3 691,47	3 968,88	4 372,42	4 750,72	5 040,77
S 8a	3 344,29	3 615,79	3 855,39	4 082,39	4 303,05	4 533,20
S 7	3 269,05	3 525,89	3 750,87	3 975,80	4 144,54	4 396,27
S 4	3 106,28	3 378,25	3 575,11	3 708,67	3 835,23	4 032,36
S 3	2 919,44	3 191,26	3 380,36	3 554,01	3 633,45	3 728,36
S 2	2 815,57	3 040,47	3 105,03	3 208,32	3 292,25	3 363,27

Muster für Arbeitsverträge

Anhang 1

Erläuterungen zu den Arbeitsvertragsmustern

I. Grundsätzliches

II

Nach § 2 Absatz 1 und 3 TV-L werden der Arbeitsvertrag sowie Änderungen und Ergänzungen dazu schriftlich abgeschlossen. Zu verwenden ist daher jeweils das passende Arbeitsvertragsmuster; der Anwendungsbereich ergibt sich jeweils aus der Überschrift der Muster.

Die Kästchen in den Arbeitsvertragsmustern eröffnen entweder eine Wahlmöglichkeit zwischen zwei oder mehreren Alternativen oder auch, ob eine Regelung in den individuellen Arbeitsvertrag aufgenommen werden soll. Dabei ist Zutreffendes anzukreuzen.

Die Erläuterungen unter Abschnitt II beziehen sich auf die Muster

- für Arbeitsverträge mit Beschäftigten, für die der TV-L gilt und die auf unbestimmte Zeit eingestellt werden (Anhang 2);
- für Arbeitsverträge mit Beschäftigten, für die der TV-L gilt und die befristet eingestellt werden (Anhang 3);
- für Arbeitsverträge mit Beschäftigten, die im Anschluss an das Berufsausbildungsverhältnis befristet eingestellt werden (Anhang 4);
- für Änderungsverträge mit Beschäftigten, für die der TV-L gilt (Anhang 5) und
- für Vereinbarungen nach § 41 Satz 3 SGB VI betreffend Weiterbeschäftigung über die Regelaltersgrenze hinaus (Anhang 12).

Für Lehrkräfte gelten im Zusammenhang mit dem am 1. August 2015 in Kraft getretenen Tarifvertrag über die Eingruppierung und die Entgeltordnung für die Lehrkräfte der Länder (TV EntgO-L) eigene Arbeitsvertragsmuster. Im Übrigen gelten die weiteren Ausführungen, soweit keine besonderen Hinweise gegeben werden, für Lehrkräfte entsprechend.

Ergänzend zu den vorgenannten Arbeitsvertragsmustern ist als Anhang 10 das Muster einer Niederschrift nach dem Nachweisgesetz (vgl. § 2 Absatz 1 Satz 2 Nachweisgesetz) und als Anhang 11 ein Merkblattmuster für Beschäftigte bei Beendigung des Arbeitsverhältnisses (vgl. § 2 Absatz 2 Nr. 3 SGB III) enthalten.

II. Zu den Arbeitsvertragsmustern

1. Einleitungssatz des Arbeitsvertrages

Ein Arbeitsvertrag wird unter Vorbehalt geschlossen, wenn die Wirksamkeit des Vertrages z. B. von dem Ergebnis einer Prüfung oder einer ärztlichen Untersuchung abhängig gemacht wird.

2. Zu § 1 des Arbeitsvertrages (Arbeitszeitumfang und Dauer des Arbeitsverhältnisses)

2.1 Teilzeitbeschäftigung

Der Regelfall einer Teilzeitbeschäftigung ist die individuelle Vereinbarung einer durchschnittlichen Arbeitszeit in einem prozentualen Verhältnis zur regelmäßigen Arbeitszeit vergleichbarer Vollzeitbeschäftigter. Soll ausnahmsweise abweichend von diesem Grundsatz eine feste Stundenzahl – die auch bei einer allgemeinen Änderung der regelmäßigen wöchentlichen Arbeitszeit unverändert bleiben soll – für die Teilzeitbeschäftigung vereinbart werden, so ist das entsprechende Kästchen anzukreuzen und auszufüllen.

Bei Teilzeitbeschäftigten ist gemäß § 6 Absatz 5 TV-L die Verpflichtung zur Leistung von Bereitschaftsdienst, Rufbereitschaft, Überstunden und Mehrarbeit arbeitsvertraglich zu vereinbaren; ohne arbeitsvertragliche Vereinbarung ist jeweils die Zustimmung der/des Teilzeitbeschäftigten erforderlich.

Bei Lehrkräften richtet sich die Arbeitszeit in der Regel nach den für die Beamten maßgebenden Bestimmungen (§ 44 Nr. 2 TV-L). Soweit in den Arbeitsvertragsmustern für Lehrkräfte (Anhang 7 bis 9) die Klausel, dass eine teilzeitbeschäftigte Lehrkraft im Rahmen begründeter dienstlicher Notwendigkeiten zur Leistung von Überstunden und Mehrarbeit verpflichtet ist, entsprechenden landesrechtlichen Bestimmungen entgegensteht, ist diese Klausel gegebenenfalls abzuändern oder zu streichen (vgl. auch jeweilige Fußnote).

2.2 Befristung

2.2.1 Allgemeines

Für Befristungen von Arbeitsverhältnissen gelten die Regelungen des § 30 TV-L. Gemäß § 30 Absatz 1 Satz 1 TV-L sind befristete Arbeitsverträge nach Maßgabe des Teilzeit- und Befristungsgesetzes (TzBfG) sowie anderer gesetzlicher Vorschriften über die Befristung von Arbeitsverträgen zulässig. Darüber hinaus gelten ausschließlich für Beschäftigte, auf welche die Regelungen des Tarifgebiets West Anwendung finden und deren Tätigkeit vor dem 1. Januar 2005 der Rentenversicherung der Angestellten unterlegen hätte, die Besonderheiten in § 30 Absätze 2 bis 5 TV-L; dies gilt nicht für Arbeitsverhältnisse, für welche die §§ 1 ff. Wissenschaftszeitvertragsgesetz beziehungsweise gesetzliche Nachfolgeregelungen unmittelbar oder entsprechend gelten.

Das TzBfG unterscheidet bei befristeten Arbeitsverträgen zwischen kalendermäßig befristeten und zweckbefristeten Arbeitsverträgen (§ 3 Absatz 1 TzBfG). Dabei bedarf die Befristung eines Arbeitsvertrages zu ihrer Wirksamkeit der Schriftform (§ 14 Absatz 4 TzBfG). Das Schriftformerfordernis erfasst nicht die Angabe des Befristungsgrundes (mit/ohne Sachgrund beziehungsweise welcher Sachgrund). Der Arbeitsvertrag muss bei einem befristeten Arbeitsverhältnis vor dessen Beginn schriftlich ausgefertigt sein.

2.2.2 Kalendermäßig befristeter Arbeitsvertrag

Das kalendermäßig befristete Arbeitsverhältnis endet mit Ablauf der vereinbarten Zeit (§ 15 Absatz 1 TzBfG).

2.2.3 Zweckbefristung

Bei der Zweckbefristung ist das Ende des Arbeitsverhältnisses nicht an einen bestimmten Termin gebunden, sondern an das Erreichen eines im Arbeitsvertrag definierten Zwecks. Der Zweck muss im Arbeitsvertrag so hinreichend umschrieben sein, dass man zuverlässig feststellen kann, ob er erreicht ist. Der Gesetzgeber verpflichtet den Arbeitgeber, die Beschäftigte/den Beschäftigten spätestens zwei Wochen vor Erreichen des Zwecks schriftlich davon zu unterrichten (§ 15 Absatz 2 TzBfG); das Arbeitsverhältnis endet frühestens zwei Wochen nach Zugang der schriftlichen Unterrichtung. Es wird empfohlen, Zweckbefristungen regelmäßig mit einer kalendermäßigen Befristung des Arbeitsverhältnisses zu verbinden.

2.2.4 Sachgrundlose – kalendermäßige – Befristung (§ 14 Absatz 2 und 3 TzBfG)

Ein Arbeitsverhältnis kann ohne Vorliegen eines sachlichen Grundes bis zu einer Dauer von zwei Jahren abgeschlossen werden. Innerhalb der Gesamtdauer von zwei Jahren kann das Arbeitsverhältnis bis zu dreimal verlängert werden. Zu beachten ist, dass bei einer eventuellen Verlängerung innerhalb des Zweijahreszeitraums keine über die bloße Verlängerung hinausgehende Vereinbarung getroffen werden darf. Jede darüber hinaus gehende Änderung des Arbeitsverhältnisses (z. B. Art der Tätigkeit/Arbeitszeit) oder der Abschluss eines neuen Arbeitsvertrages anstelle der bloßen Verlängerung führen nach § 16 TzBfG zu einer unwirksamen Befristung und in der Folge zu einem auf unbestimmte Zeit abgeschlossenen Arbeitsvertrag. Zulässig ist dagegen eine einvernehmliche Änderung während der Laufzeit des sachgrundlos befristeten Arbeitsverhältnisses; die Vertragsdauer muss dabei aber beibehalten werden (vgl. Urteil des BAG vom 19. Oktober 2005 – 7 AZR 31/05 – und 18. Januar 2006 – 7 AZR 178/05 –).

Grundsätzlich darf kein vorheriges Arbeitsverhältnis im Sinne des § 14 Absatz 2 TzBfG zu demselben Arbeitgeber bestanden haben. Ausbildungs- und Beamtenverhältnisse gelten nicht als derartige Arbeitsverhältnisse.

Soweit es um deren erstmalige Anwendung zwischen denselben Arbeitsvertragsparteien geht, ist gemäß § 14 Absatz 3 TzBfG die sachgrundlose kalendermäßige Befristung eines Arbeitsvertrages bis zu einer Dauer von fünf Jahren zulässig, wenn der Arbeitnehmer bei Beginn des befristeten Arbeitsverhältnisses das 52. Lebensjahr vollendet hat und unmittelbar vor Beginn des befristeten Arbeitsverhältnisses mindestens vier Monate beschäftigungslos im Sinne des § 138 Absatz 1 Nummer 1 SGB III gewesen ist, Transferkurzarbeitergeld bezogen oder an einer öffentlich geförderten Beschäftigungsmaßnahme nach SGB II oder SGB III teilgenommen hat. Bis zu der Gesamtdauer von fünf Jahren ist auch die mehrfache Verlängerung des Arbeitsvertrages zulässig.

2.2.5 Besonderheiten für Beschäftigte, auf die die Regelungen des Tarifgebiets West Anwendung finden und deren Tätigkeit vor dem 1. Januar 2005 der Rentenversicherung der Angestellten unterlegen hätte

- Kalendermäßig befristete Arbeitsverträge mit sachlichem Grund sind nur zulässig, wenn die Dauer des einzelnen Vertrages fünf Jahre nicht übersteigt (§ 30 Absatz 2 Satz 1 TV-L).
- Ein befristeter Arbeitsvertrag ohne sachlichen Grund soll in der Regel zwölf Monate nicht unterschreiten; die Vertragsdauer muss mindestens sechs Monate betragen (§ 30 Absatz 3 Satz 1 TV-L).

Diese arbeitsvertraglichen Befristungsformen gelten nicht für Arbeitsverhältnisse, für die die §§ 1 ff. Wissenschaftszeitvertragsgesetz bzw. gesetzliche Nachfolgeregelungen unmittelbar oder entsprechend gelten. Bei Befristungen nach den §§ 1 ff. WissZeitVG rege ich an, nach der Angabe des Enddatums den Zusatz „(§ 1 WissZeitVG)" anzubringen.

2.2.6 Befristungen nach § 21 Bundeselterngeld- und Elternzeitgesetz (BEEG)

Ein sachlicher Grund für die Befristung eines Arbeitsverhältnisses liegt vor, wenn Beschäftigte zur Vertretung einer/eines anderen Beschäftigten für die Dauer eines Beschäftigungsverbots nach dem Mutterschutzgesetz/der Elternzeit/der Arbeitsfreistellung zur Betreuung eines Kindes nach § 21 BEEG eingestellt werden. Über die Dauer der eigentlichen Vertretung hinaus ist die Befristung für die notwendige Zeit einer Einarbeitung zulässig. Die Dauer der Befristung des Arbeitsvertrages muss kalendermäßig bestimmt oder bestimmbar sein.

2.2.7 Befristungen nach §§ 2, 3 bzw. 6 Pflegezeitgesetz (PflegeZG), § 2 Familienpflegezeitgesetz (FPfZG)

Ein sachlicher Grund für die Befristung eines Arbeitsverhältnisses liegt vor, wenn Beschäftigte zur Vertretung einer/eines anderen Beschäftigten für die Dauer einer kurzzeitigen Arbeitsverhinderung gemäß § 2 PflegeZG, einer Freistellung gemäß § 3 PflegeZG oder einer teilweisen Freistellung im Rahmen einer Familienpflegezeit gemäß § 2 FPfZG in Verbindung mit § 6 PflegeZG eingestellt werden. Über die Dauer der eigentlichen Vertretung hinaus ist die Befristung für die notwendige Zeit einer Einarbeitung zulässig. Die Dauer der Befristung des Arbeitsvertrages muss kalendermäßig bestimmt oder bestimmbar sein.

2.3 Übertragung von Führungspositionen auf Zeit und auf Probe (§§ 31 und 32 TV-L) bei externen Bewerbern

Es bestehen keine besonderen Formerfordernisse; die Arbeitsvertragsmuster für befristete Einstellungen finden uneingeschränkt Anwendung.

2.4 Besonderheiten beim Arbeitsvertragsmuster für die befristete Beschäftigung im Anschluss an das Berufsausbildungsverhältnis

Im Falle der Befristung aufgrund § 19 TVA-L BBiG/§ 18a TVA-L Pflege ist das Muster für Arbeitsverträge mit Beschäftigten, die im Anschluss an das Berufsausbildungsverhältnis befristet eingestellt werden (Anhang 4) zu verwenden. Die Laufzeit des befristeten Vertrages muss zwölf Monate betragen.

Für die Befristungen außerhalb von § 19 TVA-L BBiG/§ 18a TVA-L Pflege gelten keine Besonderheiten; zu verwenden ist das reguläre Arbeitsvertragsmuster für befristete Beschäftigungen (Anhang 4).

3. Zu § 2 des Arbeitsvertrages (Verweis auf Tarifrecht)

Das Arbeitsverhältnis bestimmt sich nach dem Tarifvertrag für den öffentlichen Dienst der Länder (TV-L) und dem Tarifvertrag zur Überleitung der Beschäftigten der Länder in den TV-L und zur Regelung des Übergangsrechts (TVÜ-Länder) und die diese ergänzenden, ändernden oder ersetzenden Tarifverträge in der jeweils geltenden Fassung. Aus Sicht der Geschäftsstelle bestehen keine Bedenken, wenn ein Arbeitgeber die Regelungen des § 2 – im Hinblick auf einen etwaigen Verbandsaustritt – um den Zusatz „solange der Arbeitgeber hieran gebunden ist" ergänzt.

Bei Abschluss eines befristeten Arbeitsverhältnisses mit sachlichem Grund nach § 21 BEEG wäre folgender Satz aufzunehmen: „Auf das Arbeitsverhältnis findet § 21 Absatz 1 bis 5 BEEG Anwendung." Eine entsprechende Option ist in dem Arbeitsvertragsmuster für eine befristete Einstellung (Anhang 3 und 8) vorgesehen.

Bei Abschluss eines befristeten Arbeitsverhältnisses mit sachlichem Grund nach § 6 PflegeZG wäre folgender Satz aufzunehmen: „Auf das Arbeitsverhältnis findet § 6 Absatz 1 bis 3 PflegeZG Anwendung." Ein entsprechender Satz wäre auch bei einer Anwendung nach § 2 Absatz 3 des FPfZG in Verbindung mit § 6 Absatz 1 bis 3 PflegeZG aufzunehmen. Die jeweilige Option ist in dem Arbeitsvertragsmuster für eine befristete Einstellung (Anhang 4 und 9) bereits enthalten.

4. Zu § 3 des Arbeitsvertrages (Probezeit und Kündigung befristeter Arbeitsverhältnisse)

4.1 Probezeit

Nach § 2 Absatz 4 TV-L gelten die ersten sechs Monate der Beschäftigung als Probezeit, soweit nicht eine kürzere Zeit vereinbart ist.

Bei befristeten Arbeitsverträgen für Beschäftigte, auf die die Regelungen des Tarifgebietes West Anwendung finden und deren Tätigkeit vor dem 1. Januar 2005 der Rentenversicherung der Angestellten unterlegen hätte, gelten

- bei befristeten Arbeitsverträgen ohne sachlichen Grund die ersten sechs Wochen als Probezeit (§ 30 Absatz 4 Satz 1 1. Halbsatz TV-L),
- bei befristeten Arbeitsverträgen mit sachlichem Grund die ersten sechs Monate als Probezeit (§ 30 Absatz 4 Satz 1 2. Halbsatz TV-L).

Bei Übernahme von Auszubildenden im unmittelbaren Anschluss an das Ausbildungsverhältnis in ein Arbeitsverhältnis entfällt die Probezeit (§ 2 Absatz 4 Satz 2 TV-L). Der Text des § 3 im Arbeitsvertragsmuster für die befristete Beschäftigung im Anschluss an das Berufsausbildungsverhältnis (Anhang 4) enthält deshalb eine entsprechende Formulierung.

Im Falle einer Befristung außerhalb des § 19 TVA-L BBiG/§ 18a TVA-L Pflege sowie bei unbefristeter Einstellung ist diese Formulierung in § 3 des entsprechenden Arbeitsvertragsmusters aufzunehmen.

4.2 Kündigung befristeter Arbeitsverhältnisse

Befristete Arbeitsverhältnisse dürfen gemäß § 15 Absatz 3 TzBfG nur ordentlich gekündigt werden, wenn dies tarif- oder arbeitsvertraglich ausdrücklich vereinbart ist. Für befristete Arbeitsverhältnisse nach § 30 Absatz 1 Satz 2 ist die ordentliche Kündigung ausdrücklich in § 30 Absatz 4 und 5 vereinbart. Für diese Befristungsfälle ist der Satz in § 3 Absatz 2 des jeweiligen Arbeitsvertragsmusters daher deklaratorisch.

Bei befristeten Arbeitsverhältnissen nach § 30 Absatz 1 Satz 1 TV-L ist dagegen eine ordentliche Kündigung im TV-L nicht ausdrücklich vorgesehen. Deshalb sollte in § 3 Absatz 2 des Arbeitsvertrages der Verweis auf die Kündigungsmöglichkeit nach § 34 Absatz 1 TV-L aufgenommen werden, wenn eine ordentliche Kündigung des Arbeitsverhältnisses nicht ausgeschlossen sein soll.

5. Zu § 4 des Arbeitsvertrages (Eingruppierung)

5.1 TV-L-Beschäftigte ohne Lehrkräfte im Geltungsbereich des § 44 Nr. 1 TV-L

Seit dem 1. Januar 2012 gelten für Eingruppierungsvorgänge grundsätzlich die §§ 12, 13 TV-L in Verbindung mit der Entgeltordnung zum TV-L.

Allerdings gelten für Beschäftigte, die unter § 2 Nr. 3 des Änderungstarifvertrages Nr. 1 zum BAT-O vom 8. Mai 1991 fallen, sowie für Beschäftigte, die unter § 17 Absatz 10 TVÜ-Länder fallen, gemäß § 17 Absatz 1 Satz 2 TVÜ-Länder die bisherigen Vorschriften auch über den 31. Dezember 2011 hinaus fort.

Für diesen Personenkreis – mit Ausnahme von Beschäftigten mit Entgelt nach Entgeltgruppe 1 – kann gemäß § 17 Absatz 3 Satz 1 TVÜ-Länder kein Vertrauensschutz und kein Besitzstand eingeräumt werden; es ist in den Arbeitsverträgen dieser Beschäftigten an den angegebenen Stellen mithin folgende Klausel aufzunehmen:

„Gemäß § 17 Absatz 3 Satz 1 TVÜ-Länder sind alle zwischen dem 1. Januar 2012 und dem Inkrafttreten entsprechender neuer Eingruppierungsregelungen stattfindenden Eingruppierungsvorgänge (Neueinstellungen und Umgruppierungen) vorläufig und begründen keinen Vertrauensschutz und keinen Besitzstand."

Die Eingruppierung erfolgt für diesen Personenkreis nach dem bisherigen Recht in zwei Schritten:

Zunächst ist die maßgebliche Vergütungs- oder Lohngruppe zu ermitteln. Anschließend wird diese gemäß Anlage 4 TVÜ-Länder der Entgeltgruppe des TV-L zugeordnet (§ 17 Absatz 7 TVÜ-Länder). Die so ermittelte maßgebliche Entgeltgruppe ist im Arbeitsvertrag anzugeben. Die im Rahmen des Eingruppierungsvorgangs festzustellende Vergütungs- beziehungsweise Lohngruppe sowie Fallgruppe ist Gegenstand der Tätigkeitsdarstellung und -bewertung der/des Beschäftigten; diese Angaben sind wie bisher weder in den Arbeitsvertrag noch in die Niederschrift nach dem Nachweisgesetz aufzunehmen.

Die Entgeltgruppe nach TV-L bestimmt den Rahmen des Direktionsrechts des Arbeitgebers. Deren Aufnahme in den Arbeitsvertrag stellt über die Wiedergabe der tariflichen Regelung hinaus zugleich eine eigenständige Vereinbarung zwischen Beschäftigten und Arbeitgeber über den Umfang des Direktionsrechts dar.

5.2 Lehrkräfte im Geltungsbereich des § 44 Nr. 1 TV-L

Für Lehrkräfte an allgemeinbildenden und berufsbildenden Schulen, die unter den Geltungsbereich des § 44 Nr. 1 TV-L fallen, ist – unabhängig von der Zugehörigkeit zu einer Gewerkschaft – der am 1. August 2015 in Kraft getretene Tarifvertrag über die Eingruppierung und die Entgeltordnung für die Lehrkräfte der Länder (TV EntgO-L) anzuwenden (vgl. Erläuterungen in Abschnitt B der Durchführungshinweise der TdL vom 13. Oktober 2015 zum TV EntgO-L). Diesbezüglich enthält § 4 der Muster für Arbeitsverträge mit Lehrkräften (Anhang 7 bis 9) einen entsprechenden Text mit Klammerverweisung.

6. Zu § 5 des Arbeitsvertrages (Nebenabreden)

Für den Fall, dass eine vereinbarte Nebenabrede während der Laufzeit des Vertrages nicht gesondert kündbar sein soll, ist Absatz 2 zu streichen; in diesem Falle würde Absatz 3 zu Absatz 2.

In Umsetzung höchstrichterlicher Rechtsprechung (vgl. u. a. Urteil des BAG vom 20. Mai 2008 – 9 AZR 382/07 –) ist in den Musterarbeitsverträgen nun keine allgemeine Schriftformklausel mehr enthalten. Nicht hiervon betroffen ist hingegen das in § 2 Absatz 3 TV-L tarifvertraglich vereinbarte und nun in § 5 Absatz 3 der Arbeitsvertragsmuster aufgenommene Schriftformerfordernis für Nebenabreden.

7. Option einer Abtretungsklausel

Für den Fall, dass ein Dritter den krankheitsbedingten Ausfall eines Beschäftigten verursacht hat, bestehen keine Bedenken, in den Arbeitsvertrag eine Regelung zum Übergang von Schadensersatzansprüchen aufzunehmen. Für die reine Entgeltfortzahlungsphase beinhaltet § 6 Entgeltfortzahlungsgesetz zwar einen gesetzlichen Übergang; für die Zeit der Gewährung des Krankengeldzuschusses gilt diese Vorschrift aber nicht, so dass insoweit eine förmliche Abtretungserklärung des Beschäftigten sinnvoll sein kann. Eine entsprechende Arbeitsvertragsklausel könnte wie folgt lauten:

„Kann die/der Beschäftigte auf Grund gesetzlicher Vorschriften von einem Dritten Schadensersatz wegen des Verdienstausfalls beanspruchen, der ihr/ihm durch Arbeitsunfähigkeit entstanden ist, tritt sie/er ihre/seine Ansprüche auf Schadensersatz insoweit an den Arbeitgeber ab, als dieser der/dem Beschäftigten Entgelt einschließlich sonstiger Leistungen fortgezahlt hat."

8. Besonderheit Änderungsvertrag

Die vorangegangenen Ausführungen in diesem Abschnitt gelten auch für den Änderungsvertrag, soweit sie eine die jeweils vorzunehmende Änderung betreffende Frage (z. B. Dauer oder Umfang des Arbeitsverhältnisses) betreffen.

Bei Abschluss eines Änderungsvertrages sind – unabhängig von der Art der Änderung – jeweils in § 1 die Absätze 1 bis 3 des Arbeitsvertragsmusters auszufüllen, sofern der Ursprungsarbeitsvertrag abweichende Regelungen enthält (Verweis auf den BAT/BAT-O/MTArb/MTArb-O oder Benennung einer Vergütungs-/Lohngruppe im Arbeitsvertrag). Absatz 4 ist lediglich bei Bedarf auszufüllen.

In Anlehnung an das entsprechende Änderungsvertragsmuster zum TV-Ärzte ist in § 1 Absatz 1 des Änderungsvertragsmusters ein weiteres Kästchen angefügt, wonach die vereinbarte Befristung des Arbeitsvertrages durch den Änderungsvertrag (z. B. bei einer Arbeitszeitänderung) unberührt bleibt.

Zudem ist eine Option für Fälle der befristeten Vereinbarung von Teilzeit vorgesehen. Eine solche Vereinbarung hat die Folge, dass nach Ablauf der Frist die vorherige Vereinbarung zur Arbeitszeit wieder auflebt. Die Befristungsdauer kann gemäß § 11 Absatz 1 Satz 2 TV-L bis zu fünf Jahre betragen. Die Möglichkeit der Verlängerung ist gegeben. In den Fällen befristeter Arbeitszeitverringerungen außerhalb von § 11 Absatz 1 TV-L ist die Befristungsdauer frei wählbar.

9. Vereinbarung nach § 41 Satz 3 SGB VI

Mit Inkrafttreten des RV-Leistungsbesserungsgesetzes zum 1. Juli 2014 wurde u. a. die Möglichkeit für eine Weiterbeschäftigung über die Regelaltersgrenze hinaus in § 41 Satz 3 SGB VI geschaffen.

Das Muster für Vereinbarungen nach § 41 Satz 3 SGB VI (Anhang 6) trägt der gesetzlichen Möglichkeit Rechnung. Es gilt nur für Beschäftigte, die in einem unbefristeten Arbeitsverhältnis stehen und kann auch für außertariflich Beschäftigte oberhalb der Entgeltgruppe 15 herangezogen werden. Eine Vereinbarung nach § 41 Satz 3 SGB VI ist stets vor Erreichen der individuellen Regelaltersgrenze abzuschließen.

Das vorgenannte Vereinbarungsmuster enthält keine Möglichkeit einer Änderung von Arbeitsbedingungen, da § 41 Satz 3 SGB VI allein das Hinausschieben des tarifvertraglich/vertraglich vereinbarten Beendigungszeitpunktes – ggf. auch mehrfach – über das Erreichen der Regelaltersgrenze hinaus, regelt. Es wird darauf hingewiesen, dass durch die Rechtsprechung noch nicht abschließend geklärt ist, ob gleichzeitig mit der befristeten Verlängerung des Arbeitsvertrages Arbeitsbedingungen geändert werden können. § 14 Absatz 2 TzBfG verbietet dies bei sachgrundlosen Befristungen. Um das Risiko einer unwirksamen Befristung und damit einen unbefristeten Arbeitsvertrag auszuschließen, sollte die Entscheidung der Gerichte abgewartet werden, bevor eine solche Änderung der Arbeitsbedingungen zeitgleich mit der Befristung vereinbart wird. Sofern neben dem Beendigungszeitpunkt auch Arbeitsbedingungen geändert werden sollen (z. B. eine Reduzierung der wöchentlichen Arbeitszeit), sind solche Änderungen aus Gründen der Rechtssicherheit zeitlich getrennt von einer Vereinbarung nach § 41 Satz 3 SGB VI, d. h. durch vorhergehenden Abschluss eines gesonderten Änderungsvertrages (vgl. Anhang 5 und 9) zu vereinbaren.

Anhang 2

Muster für Arbeitsverträge mit Beschäftigten, für die der TV-L gilt und die auf unbestimmte Zeit eingestellt werden[1]

Zwischen

....

vertreten durch .... (Arbeitgeber)

und

Frau/Herrn ....

Anschrift: ....

geboren am: .... (Beschäftigte/Beschäftigter)

wird – vorbehaltlich[2] .... – folgender

Arbeitsvertrag

geschlossen:

§ 1

Frau/Herr ....

wird ab ....

auf unbestimmte Zeit

☐ als Vollbeschäftigte/Vollbeschäftigter eingestellt.[3]

☐ als Teilzeitbeschäftigte/Teilzeitbeschäftigter[3]

  ☐ mit .... v. H. der durchschnittlichen regelmäßigen wöchentlichen Arbeitszeit eines entsprechenden Vollbeschäftigten eingestellt.[3]

  ☐ mit einer durchschnittlichen regelmäßigen wöchentlichen Arbeitszeit von .... Stunden eingestellt.[3,4]

  Die/Der Teilzeitbeschäftigte ist im Rahmen begründeter dienstlicher Notwendigkeiten zur Leistung von Bereitschaftsdienst, Rufbereitschaft, Überstunden und Mehrarbeit verpflichtet.

§ 2

Für das Arbeitsverhältnis gelten

- der Tarifvertrag für den öffentlichen Dienst der Länder (TV-L),
- der Tarifvertrag zur Überleitung der Beschäftigten der Länder in den TV-L und zur Regelung des Übergangsrechts (TVÜ-Länder) sowie

- die Tarifverträge, die den TV-L und den TVÜ-Länder ergänzen, ändern oder ersetzen,

in der Fassung, die für den Bereich der Tarifgemeinschaft deutscher Länder und für das Land .... jeweils gilt.

II

§ 3

Die Probezeit nach § 2 Absatz 4 TV-L beträgt sechs Monate.[5]

§ 4

Die/Der Beschäftigte ist in der Entgeltgruppe .... TV-L eingruppiert (§ 12 Absatz 2 TV-L).[6]

Der Arbeitgeber ist berechtigt, der/dem Beschäftigten aus dienstlichen Gründen eine andere Tätigkeit im Rahmen der Entgeltgruppe zuzuweisen.

§ 5

(1) Die Vereinbarung von Nebenabreden bedarf der Schriftform (§ 2 Absatz 3 Satz 1 TV-L).

(2) Es wird folgende Nebenabrede vereinbart:

☐ ....[3]

(3) Die Nebenabrede kann mit einer Frist

☐ von zwei Wochen zum Monatsschluss[3]

☐ von .... zum ....[3]

schriftlich gekündigt werden.

....

(Ort, Datum)

....

(Arbeitgeber) (Beschäftigte/Beschäftigter)

---

1 Dieses Muster ist nicht zu verwenden für Ärztinnen und Ärzte, für die der TV-Ärzte gilt, und für Lehrkräfte, die unter § 44 TV-L fallen; für diese Beschäftigten liegen besondere Vertragsmuster vor.

2 Auszufüllen, wenn die Wirksamkeit des Vertrages zum Beispiel von dem Ergebnis einer Prüfung abhängig gemacht wird.

3 Zutreffendes ankreuzen und gegebenenfalls ausfüllen.

4 Nur auszufüllen, wenn die vereinbarte Stundenzahl auch bei einer allgemeinen tariflichen Änderung der regelmäßigen wöchentlichen Arbeitszeit unverändert bleiben soll.

5 Nach § 2 Absatz 4 TV-L gelten die ersten sechs Monate der Beschäftigung als Probezeit, soweit nicht eine kürzere Zeit vereinbart ist.

Bei Übernahme von Auszubildenden im unmittelbaren Anschluss an das Ausbildungsverhältnis in ein Arbeitsverhältnis entfällt die Probezeit (§ 2 Absatz 4 Satz 2 TV-L).

6 Mit Ausnahme der Eingruppierung in die Entgeltgruppe 1 ist für Beschäftigte, die unter § 2 Nummer 3 des Änderungstarifvertrages Nummer 1 zum BAT-O vom 8. Mai 1991 fallen sowie für Beschäftigte, die unter § 17 Absatz 10 TVÜ-Länder fallen, folgende Klausel aufzunehmen:

„Gemäß § 17 Absatz 3 Satz 1 TVÜ-Länder sind alle zwischen dem 1. Januar 2012 und dem In-Kraft-Treten entsprechender neuer Eingruppierungsregelungen stattfindenden Eingruppierungsvorgänge (Neueinstellungen und Umgruppierungen) vorläufig und begründen keinen Vertrauensschutz und keinen Besitzstand.“

II

Anhang 3

Muster für Arbeitsverträge mit Beschäftigten, für die der TV-L gilt und die befristet eingestellt werden[1]

Zwischen

....

vertreten durch ....(Arbeitgeber)

und

Frau/Herrn ....

Anschrift: ....

geboren am: .... (Beschäftigte/Beschäftigter)

wird – vorbehaltlich[2] .... – folgender

Arbeitsvertrag

geschlossen:

§ 1

Frau/Herr ....

wird ab ....

☐ als Vollbeschäftigte/Vollbeschäftigter eingestellt.[3]

☐ als Teilzeitbeschäftigte/Teilzeitbeschäftigter[3]

☐ mit .... v. H. der durchschnittlichen regelmäßigen wöchentlichen Arbeitszeit eines entsprechenden Vollbeschäftigten befristet eingestellt.[3]

☐ mit einer durchschnittlichen regelmäßigen wöchentlichen Arbeitszeit von .... Stunden befristet eingestellt.[3,4]

Die/Der Teilzeitbeschäftigte ist im Rahmen begründeter dienstlicher Notwendigkeiten zur Leistung von Bereitschaftsdienst, Rufbereitschaft, Überstunden und Mehrarbeit verpflichtet.

Der Arbeitsvertrag ist

☐ wegen Vorliegens eines sachlichen Grundes nach § 14 Absatz 1 TzBfG

☐ kalendermäßig befristet bis zum ....[3]

☐ zweckbefristet für ....

längstens bis zum ....[3]

☐ befristet gemäß § 21 BEEG bis zum ....[3]

☐ befristet gemäß § 6 PflegeZG bis zum ....[3]

☐ befristet gemäß § 2 Absatz 3 FPfZG i. V. m § 6 Absatz 1 bis 3 PflegeZG bis zum .... [3]

☐ ohne Vorliegen eines sachlichen Grundes nach § 14 Absatz 2 TzBfG befristet bis zum .... [3]

☐ ohne Vorliegen eines sachlichen Grundes nach § 14 Absatz 3 TzBfG befristet bis zum .... [3]

§ 2

Für das Arbeitsverhältnis gelten

- der Tarifvertrag für den öffentlichen Dienst der Länder (TV-L),
- der Tarifvertrag zu Überleitung der Beschäftigten der Länder in den TV-L und zur Regelung des Übergangsrechts (TVÜ-Länder) sowie
- die Tarifverträge, die den TV-L und den TVÜ-Länder ergänzen, ändern oder ersetzen,

in der Fassung, die für den Bereich der Tarifgemeinschaft deutscher Länder und für das Land .... jeweils gilt.

☐ Auf das Arbeitsverhältnis findet § 21 Absatz 1 bis 5 BEEG Anwendung.[3]

☐ Auf das Arbeitsverhältnis findet § 6 Absatz 1 bis 3 PflegeZG Anwendung.[3]

☐ Auf das Arbeitsverhältnis findet § 2 Absatz 3 FPfZG in Verbindung mit § 6 Absatz 1 bis 3 PflegeZG Anwendung.[3]

§ 3

(1) ☐ Die Probezeit nach § 2 Absatz 4 TV-L beträgt sechs Monate.[3, 5]

☐ Die Probezeit beträgt nach § 30 Absatz 4 Satz 1 1. Halbsatz TV-L sechs Wochen.[3, 5, 6]

☐ Die Probezeit nach § 30 Absatz 4 Satz 1 2. Halbsatz TV-L beträgt sechs Monate.[3, 5, 6]

(2) ☐ Für die Kündigung des gemäß § 30 Absatz 1 Satz 1 TV-L befristeten Arbeitsverhältnisses gilt § 34 Absatz 1 TV-L.[3]

☐ Für die Kündigung des gemäß § 30 Absatz 1 Satz 2 TV-L befristeten Arbeitsverhältnisses gilt § 30 Absatz 4 und 5 TV-L.[3, 6]

§ 4

Die/Der Beschäftigte ist in der Entgeltgruppe .... TV-L eingruppiert (§ 12 Absatz 2 TV-L).[3, 7]

Der Arbeitgeber ist berechtigt, der/dem Beschäftigten aus dienstlichen Gründen eine andere Tätigkeit im Rahmen der Entgeltgruppe zuzuweisen.

II

§ 5

(1) Die Vereinbarung von Nebenabreden bedarf der Schriftform (§ 2 Absatz 3 Satz 1 TV-L).

(2) Es wird folgende Nebenabrede vereinbart:

☐ ....[3]

(3) Die Nebenabrede kann mit einer Frist

☐ von zwei Wochen zum Monatsschluss[3]

☐ von .... zum ....[3]

schriftlich gekündigt werden.

....

(Ort, Datum)

....

(Arbeitgeber) (Beschäftigte/Beschäftigter)

---

1 Dieses Muster gilt für befristete Arbeitsverträge mit und ohne sachlichen Grund. Es ist nicht zu verwenden für Ärztinnen und Ärzte, für die der TV-Ärzte gilt, und für Lehrkräfte, die unter § 44 TV-L fallen; für diese Beschäftigten liegen besondere Vertragsmuster vor.

2 Auszufüllen, wenn die Wirksamkeit des Vertrages zum Beispiel von dem Ergebnis einer Prüfung abhängig gemacht wird.

3 Zutreffendes bitte ankreuzen und gegebenenfalls ausfüllen.

4 Nur auszufüllen, wenn die vereinbarte Stundenzahl auch bei einer allgemeinen tariflichen Änderung der regelmäßigen wöchentlichen Arbeitszeit unverändert bleiben soll.

5 Nach § 2 Absatz 4 Satz 1 TV-L gelten die ersten sechs Monate der Beschäftigung als Probezeit, soweit nicht eine kürzere Zeit vereinbart ist.
Bei Übernahme von Auszubildenden im unmittelbaren Anschluss an das Ausbildungsverhältnis in ein Arbeitsverhältnis entfällt die Probezeit (§ 2 Absatz 4 TV-L).
Für Beschäftigte im Tarifgebiet West, deren Tätigkeit vor dem 1. Januar 2005 der Rentenversicherung der Angestellten unterlegen hätte, gelten
- bei befristeten Arbeitsverträgen ohne sachlichen Grund die ersten sechs Wochen als Probezeit (§ 30 Absatz 4 Satz 1 1. Halbsatz TV-L),
- bei befristeten Arbeitsverträgen mit sachlichem Grund die ersten sechs Monate als Probezeit (§ 30 Absatz 4 Satz 1 2. Halbsatz TV-L).

6 Dieses Kästchen ist nur einschlägig bei Beschäftigten im Tarifgebiet West, deren Tätigkeit vor dem 1. Januar 2005 der Rentenversicherung der Angestellten unterlegen hätte. In den Fällen der §§ 1 ff. Wissenschaftszeitvertragsgesetz findet diese Kündigungsbestimmung keine Anwendung.

7 Mit Ausnahme der Eingruppierung in die Entgeltgruppe 1 ist für Beschäftigte, die unter § 2 Nummer 3 des Änderungstarifvertrages Nummer 1 zum BAT-O vom 8. Mai 1991 fallen sowie für Beschäftigte, die unter § 17 Absatz 10 TVÜ-Länder fallen, folgende Klausel aufzunehmen:
„Gemäß § 17 Absatz 3 Satz 1 TVÜ-Länder sind alle zwischen dem 1. Januar 2012 und dem In-Kraft-Treten entsprechender neuer Eingruppierungsregelungen stattfindenden Eingruppierungsvorgänge (Neueinstellungen und Umgruppierungen) vorläufig und begründen keinen Vertrauensschutz und keinen Besitzstand."

Anhang 4

II

Muster für Arbeitsverträge mit Beschäftigten, die im Anschluss an das Berufsausbildungsverhältnis befristet eingestellt werden[1]

Zwischen

....

vertreten durch ....(Arbeitgeber)

und

Frau/Herrn ....

Anschrift: ....

geboren am: .... (Beschäftigte/Beschäftigter)

wird – vorbehaltlich[2] ....– folgender

Arbeitsvertrag

geschlossen:

§ 1

Frau/Herr ....

wird ab ....

☐ als Vollbeschäftigte/Vollbeschäftigter befristet eingestellt.[3]

☐ als Teilzeitbeschäftigte/Teilzeitbeschäftigter[3]

- ☐ mit .... v. H. der durchschnittlichen regelmäßigen wöchentlichen Arbeitszeit eines entsprechenden Vollbeschäftigten befristet eingestellt.[3]
- ☐ mit einer durchschnittlichen regelmäßigen wöchentlichen Arbeitszeit von .... Stunden befristet eingestellt.[3, 4]

Die/Der Teilzeitbeschäftigte ist im Rahmen begründeter dienstlicher Notwendigkeiten zur Leistung von Bereitschaftsdienst, Rufbereitschaft, Überstunden und Mehrarbeit verpflichtet.

Das Arbeitsverhältnis ist bis zum .... befristet.[3, 5]

Die Befristung erfolgt

☐ aufgrund von § 19 Satz 1 TVA-L BBiG.[3]

☐ aufgrund von § 18a Satz 1 TVA-L Pflege.[3]

§ 2

Für das Arbeitsverhältnis gelten

- der Tarifvertrag für den öffentlichen Dienst der Länder (TV-L),
- der Tarifvertrag zur Überleitung der Beschäftigten der Länder in den TV-L und zur Regelung des Übergangsrechts (TVÜ-Länder) sowie
- die Tarifverträge, die den TV-L und den TVÜ-Länder ergänzen, ändern oder ersetzen,

in der Fassung, die für den Bereich der Tarifgemeinschaft deutscher Länder und für das Land .... jeweils gilt.[3]

§ 3

(1) Eine Probezeit ist nicht vereinbart.[6]

(2) ☐ Für die Kündigung des gemäß § 30 Absatz 1 Satz 1 TV-L befristeten Arbeitsverhältnisses gilt § 34 Absatz 1 TV-L.[3]

☐ Für die Kündigung des gemäß § 30 Absatz 1 Satz 2 TV-L befristeten Arbeitsverhältnisses gilt § 30 Absatz 4 und 5 TV-L.[3, 7]

§ 4

Die/Der Beschäftigte ist in der Entgeltgruppe .... TV-L eingruppiert (§ 12 Absatz 2 TV-L).[3, 8]

Der Arbeitgeber ist berechtigt, der/dem Beschäftigten aus dienstlichen Gründen eine andere Tätigkeit im Rahmen der Entgeltgruppe zuzuweisen.

§ 5

(1) Die Vereinbarung von Nebenabreden bedarf der Schriftform § 2 Absatz 3 Satz 1 TV-L).

(2) Es wird folgende Nebenabrede vereinbart:

☐ [3]

(3) Die Nebenabrede kann mit einer Frist

☐ von zwei Wochen zum Monatsschluss[3]

☐ von .... zum ....[3]

schriftlich gekündigt werden.

....

(Ort, Datum)

....

(Arbeitgeber) (Beschäftigte/Beschäftigter)

1 Dieses Muster gilt nur für Beschäftigte, die im Anschluss an das Berufsausbildungsverhältnis von ihrem Ausbildenden (Arbeitgeber) nach den Regelungen des § 19 TVA-L BBiG bzw. des § 18a TVA-L Pflege befristet übernommen werden.

2 Auszufüllen, wenn die Wirksamkeit des Vertrages zum Beispiel vom erfolgreichen Bestehen der Abschlussprüfung oder vom Ergebnis der Prüfung abhängig gemacht wird.

3 Zutreffendes ankreuzen bzw. ausfüllen.

4 Nur auszufüllen, wenn die vereinbarte Stundenzahl auch bei einer allgemeinen tariflichen Änderung der regelmäßigen wöchentlichen Arbeitszeit unverändert bleiben soll.

5 Im Falle der Übernahme nach § 19 TVA-L BBiG/§ 18a TVA-L Pflege muss die Laufzeit des befristeten Vertrages zwölf Monate betragen. Die Anschlussbeschäftigung muss unmittelbar erfolgen.

6 Bei Übernahme von Auszubildenden im unmittelbaren Anschluss an das Ausbildungsverhältnis in ein Arbeitsverhältnis entfällt die Probezeit (§ 2 Absatz 4 TV-L).

7 Gilt für Beschäftigte im Tarifgebiet West, deren Tätigkeit vor dem 1. Januar 2005 der Rentenversicherung der Angestellten unterlegen hätte.

8 Mit Ausnahme der Eingruppierung in die Entgeltgruppe 1 ist für Beschäftigte, die unter § 2 Nummer 3 des Änderungstarifvertrages Nummer 1 zum BAT-O vom 8. Mai 1991 fallen sowie für Beschäftigte, die unter § 17 Absatz 10 TVÜ-Länder fallen, folgende Klausel aufzunehmen:

„Gemäß § 17 Absatz 3 Satz 1 TVÜ-Länder sind alle zwischen dem 1. Januar 2012 und dem In-Kraft-Treten entsprechender neuer Eingruppierungsregelungen stattfindenden Eingruppierungsvorgänge (Neueinstellungen und Umgruppierungen) vorläufig und begründen keinen Vertrauensschutz und keinen Besitzstand."

Anhang 5

Muster für Änderungsverträge mit Beschäftigten, für die der TV-L gilt[1, 2]

II

Zwischen

....

vertreten durch ....(Arbeitgeber)

und

Frau/Herrn ....

Anschrift: ....

geboren am: .... (Beschäftigte/Beschäftigter)

wird in Abänderung des Arbeitsvertrages vom ....

☐ in der Fassung des Änderungsvertrages vom .... folgender[3]

Änderungsvertrag

geschlossen:

§ 1

(1) ☐ § 1 wird durch folgende Vereinbarung geändert:[3]

Frau/Herr ....

wird ab ....

☐ als Vollbeschäftigte/Vollbeschäftigter weiterbeschäftigt.[3]

☐ als Teilzeitbeschäftigte/Teilzeitbeschäftigter[3]

- ☐ mit .... v. H. der durchschnittlichen regelmäßigen wöchentlichen Arbeitszeit eines entsprechenden Vollbeschäftigten weiterbeschäftigt.[3]
- ☐ mit einer durchschnittlichen regelmäßigen wöchentlichen Arbeitszeit von .... Stunden weiterbeschäftigt.[3]

Die/Der Teilzeitbeschäftigte ist im Rahmen begründeter dienstlicher Notwendigkeiten zur Leistung von Bereitschaftsdienst, Rufbereitschaft, Überstunden und Mehrarbeit verpflichtet.

☐ Die Änderung der Arbeitszeit ist befristet bis zum ....[3] Nach Ablauf der Frist gilt wieder die Arbeitszeit des Arbeitsvertrages vom ....[3]

☐ Die vereinbarte Befristung des Arbeitsvertrages bleibt durch diesen Änderungsvertrag unberührt.[3]

(2) ☐ Der Wortlaut zu § 2 erhält folgende Fassung:[3]

„Für das Arbeitsverhältnis gelten

- der Tarifvertrag für den öffentlichen Dienst der Länder (TV-L),
- der Tarifvertrag zur Überleitung der Beschäftigten der Länder in den TV-L und zur Regelung des Übergangsrechts (TVÜ-Länder) sowie
- die Tarifverträge, die den TV-L und den TVÜ-Länder ergänzen, ändern oder ersetzen,

in der Fassung, die für den Bereich der Tarifgemeinschaft deutscher Länder und für das Land .... jeweils gilt."

(3) ☐ In § 4 des Arbeitsvertrages werden die Worte

„☐ Entgeltgruppe .... ☐ Vergütungsgruppe .... ☐ Lohngruppe ...."
durch die Worte „Entgeltgruppe ...." ersetzt.[3, 4]

Der Arbeitgeber ist berechtigt, der/dem Beschäftigten aus dienstlichen Gründen eine andere Tätigkeit im Rahmen der Entgeltgruppe zuzuweisen.

(4) ☐ In § 5 des Arbeitsvertrages wird[3]

☐ um folgende Nebenabrede ergänzt:[3]
☐ durch folgende Nebenabrede ersetzt:[3]

1. ☐ Die Vereinbarung von Nebenabreden bedarf der Schriftform (§ 2 Absatz 3 Satz 1 TV-L).[3]
2. ☐ Es wird folgende Nebenabrede vereinbart:[3]
   ☐ ....[3]
3. ☐ Die Nebenabrede kann mit einer Frist[3]
   ☐ von zwei Wochen zum Monatsschluss[3]
   von .... zum ....[3]
   schriftlich gekündigt werden.

(5) ☐ § 6 des Arbeitsvertrages wird aufgehoben.[3]

§ 2

Dieser Änderungsvertrag tritt ☐ am / ☐ mit Wirkung vom .... in Kraft.[3]

....

(Ort, Datum)

....

(Arbeitgeber) (Beschäftigte/Beschäftigter)

---

1 Aufgeführt sind Hauptfälle von Vertragsänderungen. Das Muster kann aber auch bei anderen Änderungen als Grundlage dienen.

2 Dieses Muster ist nicht zu verwenden für Ärztinnen und Ärzte, für die der TV-Ärzte gilt, und Lehrkräfte, die unter § 44 TV-L fallen; für diese Beschäftigen liegen besondere Vertragsmuster vor.

3 Zutreffendes bitte ankreuzen und gegebenenfalls ausfüllen.

4 Mit Ausnahme der Eingruppierung in die Entgeltgruppe 1 ist für Beschäftigte, die unter § 2 Nummer 3 des Änderungstarifvertrages Nummer 1 zum BAT-O vom 8. Mai 1991 fallen sowie für Beschäftigte, die unter § 17 Absatz 10 TVÜ-Länder fallen, folgende Klausel aufzunehmen:

„Gemäß § 17 Absatz 3 Satz 1 TVÜ-Länder sind alle zwischen dem 1. Januar 2012 und dem In-Kraft-Treten entsprechender neuer Eingruppierungsregelungen stattfindenden Eingruppierungsvorgänge (Neueinstellungen und Umgruppierungen) vorläufig und begründen keinen Vertrauensschutz und keinen Besitzstand."

Anhang 6

Muster
für Vereinbarungen nach § 41 Satz 3 SGB VI [1,2]

Zwischen

....

vertreten durch ....(Arbeitgeber)

und

Frau/Herrn ....

Anschrift: ....

geboren am: .... (Beschäftigte/Beschäftigter)

wird in Abänderung des Arbeitsvertrages vom ....

☐ in der Fassung des Änderungsvertrages vom .... folgender[3]

Änderungsvertrag

geschlossen:

§ 1

Gemäß § 41 Satz 3 SGB VI wird folgende Vereinbarung[4] getroffen:

Der Beendigungszeitpunkt des Arbeitsverhältnisses aufgrund des Erreichens der Regelaltersgrenze gemäß

☐ § 33 Absatz 1 Buchst. a TV-L mit Ab-- lauf des .... (Datum)[3]

☐ § 44 Nummer 4 TV-L mit Ablauf des .... (Datum)[3]

☐ arbeitsvertraglicher Vereinbarung mit Ablauf des .... (Datum)[3]

wird bis zum Ablauf des .... (Datum)[3] hinausgeschoben.

Das Arbeitsverhältnis endet zu diesem Zeitpunkt, ohne dass es einer Kündigung bedarf. Im Übrigen bleiben die bisherigen Vereinbarungen des Arbeitsvertrages unverändert.

Dieser Änderungsvertrag tritt am .... in Kraft.

....

(Ort/Datum)

....

(Arbeitgeber) (Beschäftigte/Beschäftigter)

II

[1] § 41 Satz 3 Sozialgesetzbuch (SGB) Sechstes Buch (VI) lautet: „Sieht eine Vereinbarung die Beendigung des Arbeitsverhältnisses mit dem Erreichen der Regelaltersgrenze vor, können die Arbeitsvertragsparteien durch Vereinbarung während des Arbeitsverhältnisses den Beendigungszeitpunkt, gegebenenfalls auch mehrfach, hinausschieben."

[2] Dieses Muster gilt nur für Beschäftigte, die in einem unbefristeten Arbeitsverhältnis stehen.

[3] Zutreffendes ankreuzen und gegebenenfalls ausfüllen.

[4] Eine Vereinbarung nach § 41 Satz 3 SGB VI ist stets vor Erreichen der Regelaltersgrenze abzuschließen.

Anhang 7

**Muster
für Arbeitsverträge mit Lehrkräften, für die der TV-L gilt
und die auf unbestimmte Zeit eingestellt werden[1]**

II

Zwischen

....

vertreten durch ....(Arbeitgeber)

und

Frau/Herrn ....
Anschrift: ....
geboren am: .... (Lehrkraft)
wird – vorbehaltlich[2] ....– folgender

Arbeitsvertrag

geschlossen:

§ 1

Frau/Herr ....
wird ab ....

auf unbestimmte Zeit

☐ als vollbeschäftigte Lehrkraft eingestellt.[3]

☐ als teilzeitbeschäftigte Lehrkraft[3]

  ☐ mit .... v. H. der durchschnittlichen regelmäßigen wöchentlichen Arbeitszeit einer entsprechenden vollbeschäftigten Lehrkraft eingestellt.[3]

  ☐ mit einer durchschnittlichen regelmäßigen wöchentlichen Arbeitszeit von .... Pflichtstunden eingestellt.[3,4]

Die teilzeitbeschäftigte Lehrkraft ist im Rahmen begründeter dienstlicher Notwendigkeiten zur Leistung von Überstunden und Mehrarbeit verpflichtet. [6]

§ 2

Für das Arbeitsverhältnis gelten

- der Tarifvertrag für den öffentlichen Dienst der Länder (TV-L),
- der Tarifvertrag zu Überleitung der Beschäftigten der Länder in den TV-L und zur Regelung des Übergangsrechts (TVÜ-Länder) sowie
- die Tarifverträge, die den TV-L und den TVÜ-Länder ergänzen, ändern oder ersetzen,

in der Fassung, die für den Bereich der Tarifgemeinschaft deutscher Länder und für das Land .... jeweils gilt.

§ 3

Die Probezeit nach § 2 Absatz 4 TV-L beträgt sechs Monate.[5]

§ 4

Die Lehrkraft ist in der Entgeltgruppe .... eingruppiert (§ 12 Absatz 2 TV-L in der Fassung des § 3 TV EntgO-L).[3]

Der Arbeitgeber ist berechtigt, der Lehrkraft aus dienstlichen Gründen eine andere Tätigkeit im Rahmen der Entgeltgruppe zuzuweisen.

§ 5

(1) Die Vereinbarung von Nebenabreden bedarf der Schriftform (§ 2 Absatz 3 Satz 1 TV-L).

(2) Es wird folgende Nebenabrede vereinbart:

☐ .... [3]

(3) Die Nebenabrede kann mit einer Frist

☐ von zwei Wochen zum Monatsschluss[3]

☐ von .... zum .... [3]

schriftlich gekündigt werden.

....

(Ort, Datum)

....

(Arbeitgeber) (Lehrkraft)

---

1 Dieses Vertragsmuster ist nur für Lehrkräfte an allgemeinbildenden und berufsbildenden Schulen, die unter § 44 TV-L fallen, zu verwenden.

2 Auszufüllen, wenn die Wirksamkeit des Vertrages zum Beispiel von dem Ergebnis einer Prüfung abhängig gemacht wird.

3 Zutreffendes bitte ankreuzen und gegebenenfalls ausfüllen.

4 Nur auszufüllen, wenn die vereinbarte Stundenzahl auch bei einer allgemeinen Änderung der Pflichtstunden einer vollbeschäftigten Lehrkraft unverändert bleiben soll.

5 Nach § 2 Absatz 4 TV-L gelten die ersten sechs Monate der Beschäftigung als Probezeit, soweit nicht eine kürzere Zeit vereinbart ist.

6 Soweit aufgrund landesrechtlicher Bestimmungen eine andere Rechtslage besteht, ist diese Klausel gegebenenfalls abzuändern oder zu streichen.

Anhang 8

Muster
für Arbeitsverträge mit Lehrkräften, für die der TV-L gilt und die befristet eingestellt werden[1]

II

Zwischen

....

vertreten durch ....(Arbeitgeber)

und

Frau/Herrn ....

Anschrift: ....

geboren am: .... (Lehrkraft)

wird – vorbehaltlich[2] .... – folgender

Arbeitsvertrag

geschlossen:

§ 1

Frau/Herr ....

wird ab ....

☐ als vollbeschäftigte Lehrkraft befristet eingestellt.[3]

☐ als teilzeitbeschäftigte Lehrkraft[3]

- ☐ mit .... v. H. der durchschnittlichen regelmäßigen wöchentlichen Arbeitszeit einer entsprechenden vollbeschäftigten Lehrkraft befristet eingestellt.[3]
- ☐ mit einer durchschnittlichen regelmäßigen wöchentlichen Arbeitszeit von .... Pflichtstunden befristet eingestellt.[3,4]

Die teilzeitbeschäftigte Lehrkraft ist im Rahmen begründeter dienstlicher Notwendigkeiten zur Leistung von Überstunden und Mehrarbeit verpflichtet.[7]

Der Arbeitsvertrag ist

☐ wegen Vorliegens eines sachlichen Grundes nach § 14 Absatz 1 TzBfG

- ☐ kalendermäßig befristet bis zum ....[3]
- ☐ zweckbefristet für ....

längstens bis zum ....[3]

☐ befristet gemäß § 21 BEEG bis zum ....[3]

☐ befristet gemäß § 6 PflegeZG bis zum ....[3]

☐ befristet gemäß § 2 Absatz 3 FPfZG i. V. m. § 6 PflegeZG bis zum ....[3]

☐ ohne Vorliegen eines sachlichen Grundes nach § 14 Absatz 2 TzBfG befristet bis zum ....[3]

☐ ohne Vorliegen eines sachlichen Grundes nach § 14 Absatz 3 TzBfG befristet bis zum ....[3]

II

§ 2

Für das Arbeitsverhältnis gelten

- der Tarifvertrag für den öffentlichen Dienst der Länder (TV-L),
- der Tarifvertrag zu Überleitung der Beschäftigten der Länder in den TV-L und zur Regelung des Übergangsrechts (TVÜ-Länder) sowie
- die Tarifverträge, die den TV-L und den TVÜ-Länder ergänzen, ändern oder ersetzen,

in der Fassung, die für den Bereich der Tarifgemeinschaft deutscher Länder und für das Land .... jeweils gilt.

☐ Auf das Arbeitsverhältnis findet § 21 Absatz 1 bis 5 BEEG Anwendung.[3]

☐ Auf das Arbeitsverhältnis findet § 6 Absatz 1 bis 3 PflegeZG Anwendung.[3]

☐ Auf das Arbeitsverhältnis findet § 6 PflegeZG in Verbindung mit § 2 Absatz 3 FPfZG Anwendung.[3]

§ 3

(1) ☐ Die Probezeit nach § 2 Absatz 4 TV-L beträgt sechs Monate.[3, 5]

☐ Die Probezeit beträgt nach § 30 Absatz 4 Satz 1 1. Halbsatz TV-L sechs Wochen.[3, 5]

☐ Die Probezeit beträgt nach § 30 Absatz 4 Satz 1 2. Halbsatz TV-L sechs Monate.[3, 5, 6]

(2) ☐ Für die Kündigung des gemäß § 30 Absatz 1 Satz 1 TV-L befristeten Arbeitsverhältnisses gilt § 34 Absatz 1 TV-L.[3]

☐ Für die Kündigung des gemäß § 30 Absatz 1 Satz 2 TV-L befristeten Arbeitsverhältnisses gilt § 30 Absatz 4 und 5 TV-L.[3, 6]

§ 4

Die Lehrkraft ist in der Entgeltgruppe .... eingruppiert (§ 12 Absatz 2 TV-L in der Fassung des § 3 TV EntgO-L).[3]

Der Arbeitgeber ist berechtigt, der Lehrkraft aus dienstlichen Gründen eine andere Tätigkeit im Rahmen der Entgeltgruppe zuzuweisen.

§ 5

II

(1) Die Vereinbarung von Nebenabreden bedarf der Schriftform (§ 2 Absatz 3 Satz 1 TV-L).

(2) Es wird folgende Nebenabrede vereinbart:

☐ ....[3]

(3) Die Nebenabrede kann mit einer Frist

☐ von zwei Wochen zum Monatsschluss[3]

☐ von .... zum ....[3]

schriftlich gekündigt werden.

....

(Ort, Datum)

....

(Arbeitgeber) (Lehrkraft)

---

1 Dieses Vertragsmuster ist nur für Lehrkräfte an allgemeinbildenden und berufsbildenden Schulen, die unter § 44 TV-L fallen, für befristete Arbeitsverhältnisse mit und ohne Sachgrund zu verwenden.

2 Auszufüllen, wenn die Wirksamkeit des Vertrages zum Beispiel von dem Ergebnis einer Prüfung abhängig gemacht wird.

3 Zutreffendes bitte ankreuzen und gegebenenfalls ausfüllen.

4 Nur auszufüllen, wenn die vereinbarte Stundenzahl auch bei einer allgemeinen Änderung der Pflichtstunden einer vollbeschäftigten Lehrkraft unverändert bleiben soll.

5 Nach § 2 Absatz 4 TV-L gelten die ersten sechs Monate der Beschäftigung als Probezeit, soweit nicht eine kürzere Zeit vereinbart ist.
Für Lehrkräfte im Tarifgebiet West gelten
- bei befristeten Arbeitsverträgen ohne sachlichen Grund die ersten sechs Wochen als Probezeit (§ 30 Absatz 4 Satz 1 1. Halbsatz TV-L),
- bei befristeten Arbeitsverträgen mit sachlichem Grund die ersten sechs Monate als Probezeit (§ 30 Absatz 4 Satz 1 2. Halbsatz TV-L).

6 Dieses Kästchen ist nur einschlägig bei Beschäftigten im Tarifgebiet West.

7 Soweit aufgrund landesrechtlicher Bestimmungen eine andere Rechtslage besteht, ist diese Klausel gegebenenfalls abzuändern oder zu streichen.

Anhang 9

Muster
für Änderungsverträge mit Lehrkräften, für die der TV-L gilt[1, 2]

Zwischen

....

vertreten durch ....(Arbeitgeber)

und

Frau/Herrn ....

Anschrift: ....

geboren am: .... (Lehrkraft)

wird in Abänderung des Arbeitsvertrages vom ....

☐ in der Fassung des Änderungsvertrages vom .... folgender[3]

Änderungsvertrag

geschlossen:

§ 1

(1) ☐ § 1 wird durch folgende Vereinbarung geändert:[3]

Frau/Herr ....

wird ab ....

☐ als vollbeschäftigte Lehrkraft weiterbeschäftigt.[3]

☐ als teilzeitbeschäftigte Lehrkraft[3]

- ☐ mit .... v. H. der durchschnittlichen regelmäßigen wöchentlichen Arbeitszeit einer entsprechenden vollbeschäftigten Lehrkraft weiterbeschäftigt.[3]
- ☐ mit einer durchschnittlichen regelmäßigen wöchentlichen Arbeitszeit von .... Pflichtstunden weiterbeschäftigt.[3]

Die teilzeitbeschäftigte Lehrkraft ist im Rahmen begründeter dienstlicher Notwendigkeiten zur Leistung von Überstunden und Mehrarbeit verpflichtet.[4]

- ☐ Die Änderung der Arbeitszeit ist befristet bis zum ....[3] Nach Ablauf der Frist gilt wieder die Arbeitszeit des Arbeitsvertrages ....[3]
- ☐ Die vereinbarte Befristung des Arbeitsvertrages bleibt durch diesen Änderungsvertrag unberührt.[3]

(2) ☐ Der Wortlaut zu § 2 erhält folgende Fassung:[3]

„Für das Arbeitsverhältnis gelten

- der Tarifvertrag für den öffentlichen Dienst der Länder (TV-L),
- der Tarifvertrag zur Überleitung der Beschäftigten der Länder in den TV-L und zur Regelung des Übergangsrechts (TVÜ-Länder) sowie
- die Tarifverträge, die den TV-L und den TVÜ-Länder ergänzen, ändern oder ersetzen,

in der Fassung, die für den Bereich der Tarifgemeinschaft deutscher Länder und für das Land .... jeweils gilt."

(3) ☐ Der Wortlaut zu § 4 erhält folgende Fassung:[3]

Die Lehrkraft ist in der Entgeltgruppe .... eingruppiert (§ 12 Absatz 2 TV-L in der Fassung des § 3 TV EntgO-L).[3]

Der Arbeitgeber ist berechtigt, der Lehrkraft aus dienstlichen Gründen eine andere Tätigkeit im Rahmen der Entgeltgruppe zuzuweisen.

(4) § 5 des Arbeitsvertrages wird[3]

☐ um folgende Nebenabrede ergänzt:[3]

☐ durch folgende Nebenabrede ersetzt:[3]

1. ☐ Die Vereinbarung von Nebenabreden bedarf der Schriftform (§ 2 Absatz 3 Satz 1 TV-L).[3]
2. ☐ Es wird folgende Nebenabrede vereinbart:[3]

   ☐ ....[3]
3. ☐ Die Nebenabrede kann mit einer Frist[3]

   ☐ von zwei Wochen zum Monatsschluss[3]

   ☐ von .... zum ....[3]

   schriftlich gekündigt werden.

(5) ☐ § 6 des Arbeitsvertrages wird aufgehoben.

§ 2

Dieser Änderungsvertrag tritt
☐ am / ☐ mit Wirkung vom .... in Kraft.[3]

....
(Ort, Datum)

....
(Arbeitgeber) (Lehrkraft)

1 Aufgeführt sind Hauptfälle von Vertragsänderungen. Das Muster kann aber auch bei anderen Änderungen als Grundlage dienen.

2 Dieses Muster ist nur für Lehrkräfte an allgemeinbildenden und berufsbildenden Schulen, die unter § 44 TV-L fallen, zu verwenden.

3 Zutreffendes ankreuzen und gegebenenfalls ausfüllen.

4 Soweit aufgrund landesrechtlicher Bestimmungen eine andere Rechtslage besteht, ist diese Klausel gegebenenfalls abzuändern oder zu streichen.

Anhang 10

Niederschrift nach dem Nachweisgesetz[1]

II

Nach dem Gesetz über den Nachweis der für ein Arbeitsverhältnis geltenden wesentlichen Bedingungen (Artikel 1 des Gesetzes zur Anpassung arbeitsrechtlicher Bestimmungen an das EG-Recht vom 20. Juli 1995 – BGBl. I S. 946) in der jeweiligen Fassung wird neben dem zwischen

.... (Arbeitgeber/-in)

vertreten durch: ....

Anschrift: ....

und

.... (Beschäftigte/-r)

geboren am: ....

Anschrift: ....

geschlossenen Arbeitsvertrag vom ....

Folgendes niedergelegt:

1. Die Beschäftigung erfolgt
   - ☐ in .... (Arbeitsort)
   - ☐ an verschiedenen Orten[2]
   - ☐ an einem frei wählbaren Arbeitsort.

Die tariflichen Vorschriften über die Versetzung, Abordnung, Zuweisung und Personalgestellung bleiben unberührt.

2. Die/Der Beschäftigte wird als .... [3] beschäftigt. Die Übertragung anderer Tätigkeiten bleibt vorbehalten.
3. Neben dem tariflich zustehenden Entgelt erhält die/der Beschäftigte folgende Entgelte: ....[4]
   Das nach Satz 1 genannte Entgelt ist nach den Regelungen des § 24 Absatz 1 TV-L zu zahlen.
4. Folgende Ruhepausen bzw. Ruhezeiten sind vereinbart:

   ....

   ....[5]
5. Ergänzend zu § 2 des Arbeitsvertrags gelten für das Arbeitsverhältnis auch folgende Vereinbarungen zur Schichtarbeit/Wechselschichtarbeit:

   ....

   ....[6]

6. Für die vereinbarte Arbeit auf Abruf (§ 12 TzBfG)[7] gilt Folgendes:
Die Arbeit auf Abruf ist vereinbar nach:
....[8]
   - ☐ Die Arbeitsleistung ist entsprechend dem Arbeitsanfall zu erbringen.[9]
   - ☐ Die mindestens zu vergütenden Stunden betragen ....[10].
   - ☐ Die Arbeitsleistung ist an .... (Referenztage) zu .... (Referenzstunden) zu erbringen (Zeitfenster); außerhalb dieses Zeitfensters wird keine Arbeitsleistung verlangt.[11]
   - ☐ Die Mindestankündigungsfrist für die Arbeitsleistung beträgt ....[12] [13]
7. Die betriebliche Altersversorgung wird durchgeführt von:
.... (Name des Versorgungsträgers)
.... (Anschrift des Versorgungsträgers).
8. Die Kündigung bedarf der Schriftform.
Will die/der Beschäftigte geltend machen, dass eine Kündigung sozial ungerechtfertigt oder aus anderen Gründen rechtsunwirksam ist, so muss sie/er innerhalb von drei Wochen nach Zugang der schriftlichen Kündigung Klage beim Arbeitsgericht auf Feststellung erheben, dass das Arbeitsverhältnis durch die Kündigung nicht aufgelöst ist (§ 4 Satz 1 Kündigungsschutzgesetz – KSchG). Auf den abweichenden Fristbeginn nach § 4 Satz 4 KSchG wird hingewiesen.
9. Ergänzend zu § 2 des Arbeitsvertrags gelten für das Arbeitsverhältnis ferner die einschlägigen Betriebs- beziehungsweise Dienstvereinbarungen.
10. Sonstiges[14]

....	....
(Ort, Datum)	(Arbeitgeber/-in)

Ich bestätige hiermit den Erhalt der Niederschrift:

....	....
Ort, Datum	(Vor- und Nachname)

II

1 Der/Dem Beschäftigten ist die Niederschrift:
- mit den Angaben zu Nr. 3, 4 und 5 spätestens am ersten Tag der Arbeitsleistung,
- mit den Angaben zu Nr. 1, 2 und 6 spätestens am siebten Kalendertag nach dem vereinbarten Beginn des Arbeitsverhältnisses und
- mit den Angaben zu Nr. 7, 8 und 9 spätestens einen Monat nach dem vereinbarten Beginn des Arbeitsverhältnisses

jeweils auszuhändigen.

Eine Änderung der wesentlichen Vertragsbedingungen ist der/dem Beschäftigten spätestens an dem Tag, an dem sie wirksam wird, schriftlich mitzuteilen. Dies gilt nicht bei einer Änderung der auf das Arbeitsverhältnis anwendbaren gesetzlichen Vorschriften, Tarifverträge, Betriebs- oder Dienstvereinbarungen.

2 Diese Alternative kommt in Betracht, wenn die/der Beschäftigte nicht nur an einem Ort beschäftigt werden soll.

3 Hier ist die Bezeichnung der zu leistenden Tätigkeit aufzunehmen, zum Beispiel „Beschäftigte/r im allgemeinen Verwaltungsdienst“, „Assistenzärztin/Assistenzarzt“ oder „Schlepperfahrer/-in“.

4 Einzusetzen sind außertariflich gezahlte Entgeltbestandteile, z. B. eine in Monatsbeträgen geleistete außertarifliche Zulage. Trifft dies nicht zu, ist Nr. 3 zu streichen.

5 Einzusetzen sind die einschlägigen Dienst- bzw. Betriebsvereinbarungen oder ggf. individuelle/dienstplanmäßige Regelungen. Sind Ruhepausen und Ruhezeiten nicht vereinbart, ist Nr. 4 zu streichen.

6 Einzutragen sind die einschlägigen Dienst- bzw. Betriebsvereinbarungen. Sofern solche Regelungen nicht existieren, ist bei vereinbarter Schichtarbeit über das Schichtsystem (z. B. Drei-Schicht-System), den Schichtrhythmus (z. B. wöchentlicher Wechsel von Früh-, Spät- und Nachtschicht) und ggf. die Voraussetzungen für Schichtänderungen zu informieren. Es handelt sich um generelle Informationen zur vereinbarten Schichtarbeit. Ein zusätzlicher Nachweis über individuelle Schichtänderungen (z. B. aktualisierte Dienstpläne) innerhalb des vereinbarten Schichtsystems bzw. des vereinbarten Schichtrhythmus ist nicht erforderlich. Ist Schichtarbeit nicht vereinbart, ist Nr. 5 zu streichen.

7 Ist Arbeit auf Abruf nicht vereinbart, ist Nr. 6 zu streichen.

8 Einzusetzen sind die einschlägigen Dienst- bzw. Betriebsvereinbarungen oder ggf. individuelle/dienstplanmäßige Regelungen.

9 Anzukreuzen, soweit zutreffend und nicht in Dienst- oder Betriebsvereinbarung geregelt.

10 Anzukreuzen und auszufüllen, soweit zutreffend und nicht in Dienst- oder Betriebsvereinbarung geregelt.

11 Anzukreuzen und auszufüllen, soweit zutreffend und nicht in Dienst- oder Betriebsvereinbarung geregelt.

12 Anzukreuzen und auszufüllen, soweit zutreffend und nicht in Dienst- oder Betriebsvereinbarung geregelt.

13 Nach § 12 Absatz 3 Satz 2 TzBfG beträgt die Mindestankündigungsfrist vier Tage.

14 Hier können z. B. AT-Regelung, ein Auslandsbezug etc. eingefügt werden. Sind keine zusätzlichen Regelungen vereinbart, ist Nr. 10 zu streichen.

Anhang 11

Merkblatt
für Beschäftigte bei Beendigung des Arbeitsverhältnisses

Im Zusammenhang mit der Beendigung des Arbeitsverhältnisses wird auf Folgendes hingewiesen:

Beschäftigte sind verpflichtet, bereits bei einem bestehenden Arbeitsverhältnis frühzeitig vor dessen Beendigung eigenverantwortlich nach einer weiteren Beschäftigung zu suchen (§ 2 Absatz 5 Nr. 2 SGB III).

Weiterhin sind Beschäftigte, deren Arbeitsverhältnis endet, verpflichtet, sich spätestens drei Monate vor dessen Beendigung persönlich bei der Agentur für Arbeit arbeitsuchend zu melden. Liegen zwischen der Kenntnis des Beendigungszeitpunktes und der Beendigung des Arbeitsverhältnisses weniger als drei Monate, hat die Meldung innerhalb von drei Tagen nach Kenntnis des Beendigungszeitpunktes zu erfolgen. Zur Wahrung der Frist nach den Sätzen 1 und 2 reicht eine Anzeige unter Angabe der persönlichen Daten und des Beendigungszeitpunktes aus, wenn die persönliche Meldung nach terminlicher Vereinbarung nachgeholt wird. Die Pflicht zur Meldung besteht unabhängig davon, ob der Fortbestand des Arbeitsverhältnisses gerichtlich geltend gemacht oder vom Arbeitgeber in Aussicht gestellt wird (vgl. § 38 Absatz 1 SGB III).

Eine verspätete Meldung bei der Bundesagentur für Arbeit zieht eine Sperrzeit für den Anspruch auf Arbeitslosengeld von einer Woche nach sich (§ 159 Absatz 1 Nummer 7 SGB III).

Kenntnis genommen am ....

....

(Unterschrift Beschäftigte/Beschäftigter)

II

Tarifvertrag zur Überleitung der Beschäftigten der Länder in den TV-L und zur Regelung des Übergangsrechts (TVÜ-Länder)

II

Vom 12. Oktober 2006

Zuletzt geändert durch
Änderungstarifvertrag Nr. 12 vom 9. Dezember 2023[1])

Tarifvertragstext mit Erläuterungen

Inhaltsübersicht

[1]) Die Abstimmung des Textes des Änderungstarifvertrages war erst im Oktober 2024 abgeschlossen.

II

4. Abschnitt
Sonstige vom TV-L abweichende oder ihn ergänzende Bestimmungen

II

II

1. Abschnitt
Allgemeine Vorschriften

§ 1 Geltungsbereich

(1) [1]Dieser Tarifvertrag gilt für Angestellte, Arbeiterinnen und Arbeiter (Beschäftigte),

- **deren Arbeitsverhältnis zu einem Arbeitgeber, der Mitglied der Tarifgemeinschaft deutscher Länder (TdL) oder eines Mitgliedverbandes der TdL ist, über den 31. Oktober 2006 hinaus fortbesteht, und**
- **die am 1. November 2006 unter den Geltungsbereich des Tarifvertrages für den öffentlichen Dienst der Länder (TV-L) fallen,**

für die Dauer des ununterbrochen fortbestehenden Arbeitsverhältnisses. [2]Dieser Tarifvertrag gilt ferner für die unter § 19 Abs. 3 fallenden Beschäftigten der Entgeltgruppe 15 Ü.

Protokollerklärungen zu § 1 Abs. 1 Satz 1:

1. Unterbrechungen von bis zu einem Monat sind unschädlich; bei Lehrkräften im Sinne der Nr. 4 der Vorbemerkungen zu allen Teilen der Entgeltordnung zum TV-L tritt bei Unterbrechungen während der Sommerferien an die Stelle des Zeitraums von einem Monat die Dauer der Sommerferien.
2. [1]Auf Beschäftigte, die seit mindestens fünf Jahren für eine jahreszeitlich begrenzte regelmäßig wiederkehrende Tätigkeit in einem Arbeitsverhältnis standen oder stehen (Saisonbeschäftigte), werden die §§ 2 bis 8, 11, 14, 17, 18, 19 Abs. 1, § 29a auch dann angewandt, wenn das Arbeitsverhältnis am 31. Oktober bzw. 1. November 2006 nicht bestanden hat. [2]Für die Überleitung, insbesondere für die Berechnung des Vergleichsentgelts, finden die Regelungen für Beschäftigte, die im Oktober 2006 beurlaubt waren, sinngemäß Anwendung. [3]Die Anwendung dieses Tarifvertrages endet, wenn der Saisonbeschäftigte in einer neuen Saison nicht wieder eingestellt wird. [4]Dieser Tarifvertrag gilt uneingeschränkt für Saisonarbeitnehmer, deren Arbeitsverhältnis am 31. Oktober 2006 besteht, bis zum Ende dieses Saisonarbeitsverhältnisses. [5]Bestand mit den Saisonbeschäftigten am 31. Oktober bzw. 1. November 2006 ein Arbeitsverhältnis, finden die in Satz 1 angeführten Vorschriften dieses Tarifvertrages auf nachfolgende Saisonbeschäftigungen unter den Voraussetzungen der Sätze 1 und 3 Anwendung.
3. Hat das Arbeitsverhältnis nur wegen des Feiertages am 31. Oktober oder 1. November 2006 nicht bestanden, ist dies für die Anwendung dieses Tarifvertrages unschädlich.

(2) Nur soweit nachfolgend ausdrücklich bestimmt, gelten die Vorschriften dieses Tarifvertrages auch für Beschäftigte, deren Arbeitsverhältnis zu einem Arbeitgeber im Sinne des Absatzes 1 nach dem 31. Oktober 2006 beginnt und die unter den Geltungsbereich des TV-L fallen.

(3) Für geringfügig Beschäftigte im Sinne des § 8 Abs. 1 Nr. 2 SGB IV, die am 31. Oktober 2006 unter den Geltungsbereich des BAT/BAT-O/MTArb/MTArb-O fallen, finden die bisher jeweils einschlägigen tarifvertraglichen Regelungen für die Dauer ihres ununterbrochenen fortbestehenden Arbeitsverhältnisses weiterhin Anwendung.

(4) Die Bestimmungen des TV-L gelten, soweit dieser Tarifvertrag keine abweichenden Regelungen trifft.

Niederschriftserklärung zu § 1:

Für den Fall des Wiedereintritts eines Landes in die Tarifgemeinschaft deutscher Länder (TdL) verpflichtet sich die TdL zur Aufnahme von Tarifverhandlungen über die Überleitung in den TV-L.

Erläuterungen

Zu § 1 Abs. 1

Nach Maßgabe des Absatzes 1 Satz 1 der Vorschrift gilt der TVÜ-Länder grundsätzlich nur für die Beschäftigten der Arbeitgeber, die Mitglied in der Tarifgemeinschaft deutscher Länder (TdL) oder eines Mitgliedverbandes der TdL sind. Dazu gehören in erster Linie die Bundesländer, die mit Ausnahme der Länder Berlin und Hessen unmittelbar Mitglied der TdL oder (z. B. Baden-Württemberg und Nordrhein-Westfalen) Mitglied eines Mitgliedverbandes der TdL sind. Daneben können weitere Arbeitgeber mittelbar über einen Arbeitgeberverband Mitglied der TdL sein (z. B. Universitätskliniken, Studentenwerke).

Unberührt von der in Absatz 1 Satz 1 festgelegten unmittelbaren Tarifbindung bleibt die Möglichkeit, die Geltung des TVÜ-Länder arbeitsvertraglich zu vereinbaren (siehe dazu auch die Niederschriftserklärung zu § 2 Abs. 1 und die entsprechenden Erläuterungen).

Ferner gilt der TVÜ-Länder für die unter § 19 Abs. 3 TVÜ-Länder fallenden Beschäftigten (Satz 2). Dies sind die „Spitzenangestellten" (Angestellte der Vergütungsgruppe I BAT, die in die Entgeltgruppe 15 Ü übergleitet werden).

Weitere Voraussetzung für die Geltung des TVÜ-Länder ist, dass der Beschäftigte am 31. Oktober 2006 in einem Beschäftigungsverhältnis steht, das über den 1. November 2006 hinaus fortgesetzt wird (und deshalb dem TV-L unterliegt).

Von § 1 Abs. 1 TVÜ erfasst sind somit auch Beschäftigte, die im Oktober 2006 – z. B. aufgrund Beurlaubung, Mutterschutz oder Elternzeit, Wehr- oder Zivildienst – keine oder nur für Teile des Monats Oktober Bezüge erhalten. Maßgeblich ist allein, dass zum Überleitungsstichtag ein Arbeitsverhältnis besteht, welches über den 1. November 2006 hinaus fortbesteht. Wegen der Berechnung des Vergleichsentgelts in diesen Fällen siehe § 5 Abs. 6 TVÜ.

Der Schutz durch den Überleitungs-TV ist grundsätzlich auf die Dauer des nach dem 1. November 2006 ununterbrochen fortbestehenden Arbeitsverhältnisses begrenzt.

Voraussetzung ist der Fortbestand des Arbeitsverhältnisses, das zum Überleitungsstichtag in den TV-L (1. 11. 2006) bestanden hat. Dabei kann für die Frage der Fortdauer des Arbeitsverhältnisses nicht nur formal auf den Bestand eines bestimmten Arbeitsvertrages abgestellt werden; auch die Verlängerung befristeter Arbeitsverträge zu gleichen oder nur geringfügig (z. B. in Bezug auf den Umfang der wöchentlichen Arbeitszeit) geänderten Bedingungen führt nach herrschender Meinung nicht zur Beendigung des Arbeitsverhältnisses. Davon abzugrenzen ist aber die Fortsetzung eines Arbeitsverhältnisses zu völlig geänderten Konditionen (z. B. bis zum 31. 3. 2007 befristetes Arbeitsverhältnis eines zunächst unterwertig eingesetzten Hochschulabsolventen in Entgeltgruppe 9, ab dem 1. 4. 2007 Weiterbeschäftigung bei demselben Arbeitgeber in anderer, der Entgeltgruppe 13 zuzurechnenden Tätigkeit); in diesen Fällen ist von einer im Hinblick auf § 1 TVÜ schädlichen Beendigung des übergeleiteten und Begründung eines neuen Arbeitsverhältnisses auszugehen. Folge ist, dass der TVÜ auf das neue Arbeitsverhältnis keine Anwendung findet.

Zu den Protokollerklärungen zu Abs. 1 Satz 1

Nach der Protokollerklärung Nr. 1 zu Absatz 1 Satz 1 sind Unterbrechungen von bis zu einem Monat unschädlich. Die zunächst für die Zeit bis zum 31. Oktober 2008 vereinbarte Befristung der Regelung ist durch den Änderungstarifvertrag Nr. 2 vom 1. März 2009 gestrichen worden. Dieser Änderungstarifvertrag, der am 1. März 2009 in Kraft getreten ist, trifft keine Aussage zu Unterbrechungen in der Zeit vom 1. November 2008 bis zum 28. Februar 2009; sie sind somit bei förmlicher Betrachtung in Bezug auf die Anwendung des TVÜ-Länder auf das Arbeitsverhältnis als schädlich anzusehen und führen zum Fortfall der Besitzstände des TVÜ-Länder. Nach Auffassung des Verfassers dürfte es geboten sein, diese Lücke außertariflich zu schließen und den TVÜ-Länder auch bei Unterbrechungen von weniger als einem Monat in der Zeit vom 1. November 2008 bis zum 28. Februar 2009 weiter anzuwenden. Das BAG hat mit Urteil vom 27. November 2008 – 6 AZR 632/08 – entschieden, dass die weitere Anwendung des TVÜ-VKA ausscheidet, wenn das Arbeitsverhältnis mehr als einen Monat unterbrochen ist, und dass es hierbei alleine auf die Dauer der Unterbrechung ankommt. Ein möglicher sachlicher Zusammenhang zwischen den beiden Arbeitsverhältnissen ändere daran nichts. Diese Grundsätze zur Überschreitung der Monatsfrist sind auf die inhalts- und sinngleiche Vorschrift des TVÜ- Länder übertragbar. Bei Lehrkräften im Sinne der Vorbemerkung Nr. 4 zu allen Teilen der Entgeltordnung (bis zum 31. Dezember 2011: Vorbemerkung Nr. 5 zu allen Vergütungsgruppen) tritt bei Unterbrechungen während der Sommerferien an die Stelle der Monatsfrist die Dauer der Sommerferien. Mit dieser Vorschrift wird der Praxis der Länder begegnet, Lehrkräfte, deren befristetes

Arbeitsverhältnis zum Schuljahresende ausläuft, aus Kostengründen erst mit Beginn des neuen Schuljahres (unbefristet oder befristet) wieder einzustellen. Die Protokollerklärung Nr. 1, die im Rahmen des Änderungstarifvertrages Nr. 2 vom 1. März 2009 in diesem Punkt klarer gefasst worden ist, stellt sicher, dass auch die längere Unterbrechung für die Dauer der Sommerferien unschädlich ist. Dies gilt aber nur, wenn die Unterbrechung die Gesamtdauer der Sommerferien nicht überschreitet.

Die Protokollerklärung **Nr. 2** betrifft den Fall der Saisonbeschäftigten. Die Sätze 1 bis 3 gelten für bestimmte Saisonbeschäftigte, die am Überleitungsstichtag nicht beschäftigt sind, die aber seit mindestens fünf Jahren regelmäßig in der jeweiligen Saison beschäftigt waren. Für sie gelten die in Satz 1 der Protokollerklärung aufgezählten Vorschriften des TVÜ-Länder. Dieser besondere Schutz endet aber, wenn der Saisonangestellte in einer Saison nicht wieder eingestellt wird. Satz 4 der Protokollerklärung stellt klar, dass der TVÜ-Länder für diejenigen Saisonangestellten, deren Arbeitsverhältnis über den 31. Oktober 2006 hinaus fortbesteht, bis zum Ende dieses Saisonarbeitsverhältnisses gilt. Nach Ende des Saisonarbeitsverhältnisses gilt – wenn die geforderten Voraussetzungen erfüllt sind – im Falle der Wiederkehr ggf. der eingeschränkte Schutz der Sätze 1 bis 3 (Satz 5).

In der Protokollerklärung **Nr. 3** haben die Tarifpartner klargestellt, dass die Anwendung des TVÜ-Länder nicht daran scheitern soll, dass das Arbeitsverhältnis nur wegen des Feiertages am 31. Oktober (Reformationstag) bzw. am 1. November 2006 (Allerheiligen) nicht bestanden hat. Mit dieser Vorschrift wird der Praxis einiger Länder begegnet, befristet Beschäftigte, deren Arbeitsverhältnis zum 31. Oktober 2006 ausläuft, aus Kostengründen erst zum nächsten Werktag, dem 2. November 2006, (unbefristet oder befristet) wieder einzustellen.

Zu § 1 Abs. 2

Für Beschäftigte, deren Arbeitsverhältnis nach dem 31. Oktober 2006 beginnt und die unter den Geltungsbereich des TV-L fallen, gelten die Regelungen des TVÜ-Länder nur, wenn es im TVÜ-Länder ausdrücklich bestimmt ist (z. B. § 11 Abs. 3 Buchst. b und § 17).

Zu § 1 Abs. 3

Die Vorschrift des Absatzes 3, wonach sogenannte kurzfristig Beschäftigte, die eigentlich in den TV-L übergeleitet werden müssten, auch nach dem 31. Oktober 2006 unter den BAT etc. fallen, hat im Hinblick auf die Höchstdauer dieser Beschäftigungsverhältnisse (50 Tage) relativ geringe Bedeutung.

II

Zu § 1 Abs. 4

In Absatz 4 haben die Tarifpartner klargestellt, dass die Bestimmungen des TV-L gelten, soweit der TVÜ-Länder keine abweichenden Regelungen trifft.

Zur Niederschriftserklärung

In einer Niederschriftserklärung hat sich die Tarifgemeinschaft deutscher Länder (TdL) verpflichtet, im Fall des Wiedereintritts eines Landes in die TdL Verhandlungen über die Überleitung in den TV-L aufzunehmen. Dadurch soll vermieden werden, dass das wieder eintretende Land mit Wiedereintritt in die TdL den TV-L ohne jegliche Besitzstands- und Übergangsregeln anwenden kann. Betroffen sein können nur die bei Inkrafttreten des TV-L/TVÜ-Länder nicht von der TdL vertretenen Länder Berlin und Hessen.

§ 2 Ersetzung bisheriger Tarifverträge durch den TV-L

(1) [1]Der TV-L ersetzt in Verbindung mit diesem Tarifvertrag für den Bereich der Tarifgemeinschaft deutscher Länder (TdL) die in Anlage 1 TVÜ-Länder Teil A und Teil B aufgeführten Tarifverträge (einschließlich deren Anlagen) bzw. Tarifvertragsregelungen, soweit im TV-L, in diesem Tarifvertrag oder in den Anlagen nicht ausdrücklich etwas anderes bestimmt ist. [2]Die Ersetzung erfolgt mit Wirkung vom 1. November 2006, soweit kein abweichender Termin bestimmt ist.

II

Protokollerklärungen zu § 2 Abs. 1:

1. [1]Die Anlage 1 TVÜ-Länder Teil B (Liste der ersetzten Tarifverträge bzw. Tarifvertragsregelungen) enthält – über die Anlage 1 TVÜ-Länder Teil A hinaus – die Tarifverträge bzw. die Tarifvertragsregelungen, die am 1. November 2006 ohne Nachwirkung außer Kraft treten. [2]Ist für diese Tarifvorschriften in der Liste ein abweichender Zeitpunkt für das Außerkrafttreten bzw. eine vorübergehende Fortgeltung vereinbart, beschränkt sich die Fortgeltung dieser Tarifverträge auf deren bisherigen Geltungsbereich (Arbeiter/Angestellte; Tarifgebiet Ost/Tarifgebiet West usw.)
2. Von der ersetzenden Wirkung werden ergänzende Tarifverträge, die von der TdL abgeschlossen sind, nicht erfasst, soweit diese anstelle landesbezirklicher Regelungen oder für das Tarifgebiet Ost vereinbart sind.

Niederschriftserklärung zu § 2 Abs. 1:

Die Tarifvertragsparteien gehen davon aus, dass der TV-L und der TVÜ-Länder das bisherige Tarifrecht auch dann ersetzen, wenn arbeitsvertragliche Bezugnahmen nicht ausdrücklich den Fall der ersetzenden Regelung beinhalten.

(2) [1]Tarifverträge, die von einzelnen Mitgliedern der TdL abgeschlossen wurden, sind durch die landesbezirklichen Tarifvertragsparteien hinsichtlich ihrer Weitergeltung zu prüfen und bei Bedarf an den TV-L anzupassen. [2]Das Recht zur Kündigung der in Satz 1 genannten Tarifverträge bleibt unberührt.

Protokollerkärung zu § 2 Abs. 2:

Entsprechendes gilt für Tarifverträge, die von der TdL abgeschlossen sind, soweit diese anstelle landesbezirklicher Regelungen oder für das Tarifgebiet Ost vereinbart sind.

(3) Unabhängig von den Absätzen 1 und 2 gelten Tarifverträge gemäß § 3 des Tarifvertrages zur sozialen Absicherung fort und sind bei Bedarf an den TV-L anzupassen.

(4) [1]Im Übrigen werden solche Tarifvertragsregelungen mit Wirkung vom 1. November 2006 ersetzt, die

- **materiell in Widerspruch zu Regelungen des TV-L bzw. dieses Tarifvertrages stehen,**
- **einen Regelungsinhalt haben, der nach dem Willen der Tarifvertragsparteien durch den TV-L bzw. diesen Tarifvertrag ersetzt oder aufgehoben worden ist, oder**
- **zusammen mit dem TV-L bzw. diesem Tarifvertrag zu Doppelleistungen führen würden.**

Niederschriftserklärung zu § 2 Abs. 4:

Mit Abschluss der Verhandlungen über die Anlage 1 TVÜ-Länder Teil B heben die Tarifvertragsparteien § 2 Abs. 4 auf.

II

(5) [1]Die in der Anlage 1 TVÜ-Länder Teil C aufgeführten Tarifverträge und Tarifvertragsregelungen gelten fort, soweit im TV-L, in diesem Tarifvertrag oder in den Anlagen nicht ausdrücklich etwas anderes bestimmt ist. [2]Die Fortgeltung erfasst auch Beschäftigte im Sinne des § 1 Abs. 2.

Protokollerklärung zu § 2 Abs. 5:

Die Fortgeltung dieser Tarifverträge beschränkt sich auf den bisherigen Geltungsbereich (z. B. Arbeiter/Angestellte; Tarifgebiet Ost/Tarifgebiet West usw.).

(6) Soweit in nicht ersetzten Tarifverträgen und Tarifvertragsregelungen auf Vorschriften verwiesen wird, die aufgehoben oder ersetzt worden sind, gelten an deren Stelle bis zu einer redaktionellen Anpassung die Regelungen des TV-L bzw. dieses Tarifvertrages entsprechend.

Erläuterungen

§ 2 bestimmt, welche Tarifverträge zum 1. November 2006 durch den TV-L ersetzt werden und welche Tarifverträge fortbestehen. Einzelheiten dazu ergeben sich im Wesentlichen aus drei Anlagen bzw. drei Teilen einer Anlage, nämlich der Anlage 1 TVÜ-Länder Teil A, der Anlage 1 TVÜ-Länder Teil B und der Anlage 1 TVÜ-Länder Teil C. Die Teile A und B sind dabei „Negativlisten" der fortfallenden Tarifvorschriften; Teil C ist eine „Positivliste" und enthält die fortbestehenden Tarifverträge. Die Anlagen sind im Anschluss an den Text des TVÜ-Länder abgedruckt. In § 36 TV-L haben die Tarifpartner die Fortgeltung bestimmter Tarifverträge/Tarifvertragsregelungen noch einmal ausdrücklich bekräftigt.

Zu § 2 Abs. 1 und Abs. 5

Nach Absatz 1 werden die in den Anlagen 1 TVÜ-Länder Teil A und Teil B näher bezeichneten Tarifverträge durch den TV-L ersetzt bzw. aufgehoben. Die Anlage 1 Teil A enthält den BAT, den BAT-O, den MTArb und den MTArb-O. In Teil B sind weitere Tarifverträge (z. B. die Zuwendungs-, Urlaubsgeld- und Vergütungstarifverträge sowie die Tarifverträge über vermögenswirksame Leistungen) aufgezählt. Soweit in Teil B Tarifverträge teilweise fortbestehen (z. B. einige Regelungen der Zulagentarifverträge), ist durch Satz 2 der Protokollerklärung Nr. 1 zu Absatz 1 klargestellt, dass die Fortgeltung sich nur auf den bisherigen Geltungsbereich (Arbeiter/Angestellte; Tarifgebiet West/Ost) bezieht. Tarifverträge, die von der TdL anstelle landesbezirklicher Regelungen oder für das Tarifgebiet Ost geschlossen worden sind, werden nach der

Protokollerklärung Nr. 2 zu Absatz 1 nicht durch den TV-L ersetzt. Sie sind aber an das neue Recht anzupassen (siehe dazu Absatz 2).

Durch eine Niederschriftserklärung zu Absatz 1 ist von den Tarifvertragsparteien klargestellt worden, dass der TV-L das bisherige Tarifrecht auch dann ersetzen soll, wenn arbeitsvertragliche Bezugnahmen nicht ausdrücklich den Fall der ersetzenden Regelung beinhalten (so auch Urteil des BAG vom 19. Mai 2010 – 4 AZR 796/08). Dies dürfte im Hinblick auf die in der Praxis verwendeten Musterarbeitsverträge, die regelmäßig vorsehen, dass das Arbeitsverhältnis sich „nach dem BAT und den diesen ergänzenden, ändernden und ersetzenden Tarifverträgen ..." (bestimmt), ohnehin die Ausnahme sein.

Absatz 5 verweist auf die Positivliste des Teils C der Anlage zum TVÜ-Länder und bestimmt, dass die dort genannten Tarifverträge fortgelten; die Protokollerklärung dazu stellt auch hier klar, dass die Weitergeltung sich auf den bisherigen Geltungsbereich beschränkt (s. o.).

Zu § 2 Abs. 2

Absatz 2 enthält hinsichtlich der landesbezirklichen Tarifverträge (z. B. über die Arbeitsbedingungen an Bildschirmarbeitsplätzen in Nordrhein-Westfalen) den Auftrag an die abschließenden Tarifpartner (das jeweilige Bundesland und der entsprechende Regionalverband der Gewerkschaften), die Regelungen zu prüfen und ggf. anzupassen. Die Möglichkeit, die Regelungen zu kündigen, bleibt nach Satz 2 der Vorschrift unberührt.

Nach der Protokollerklärung zu Absatz 2 gilt Entsprechendes (also der Prüfauftrag) für die von der TdL anstelle landesbezirklicher Tarifverträge oder für das Tarifgebiet Ost abgeschlossenen Tarifverträge (diese Situation liegt z. B. in einigen Ländern in Bezug auf die Tarifverträge über die Arbeitsbedingungen im Kampfmittelräumdienst vor; die entsprechenden Tarifverträge sind von der TdL für diese Länder geschlossen worden; der Weiterbestand der Tarifverträge ist in der Anlage 1 Teil C ausdrücklich gesichert).

Zu § 2 Abs. 3

Hierdurch ist der Bestand der nur das Tarifgebiet Ost betreffenden Tarifverträge auf der Grundlage des § 3 des Tarifvertrages zur sozialen Absicherung („besondere Arbeitszeit") ausdrücklich gesichert.

II

Zu § 2 Abs. 4

Absatz 4 enthält – quasi als Auffangstatbestand – die Bestimmung, dass solche Tarifregelungen zum 1. November 2006 entfallen, die im Widerspruch zum TVÜ-Länder bzw. dem TV-L stehen, die Regelungsinhalte haben, die durch den TVÜ-Länder bzw. den TV-L ersetzt oder aufgehoben wurden, oder die zusammen mit dem TVÜ-Länder bzw. dem TV-L zu Doppelleistungen führen würden.

In einer Niederschriftserklärung dazu haben die Tarifpartner vereinbart, diese Vorschrift nach Abschluss der Verhandlungen zum Teil B der Anlage 1 zum TVÜ-Länder aufzuheben.

Zu § 2 Abs. 6

Absatz 6 bestimmt, dass bis zu einer redaktionellen Anpassung Verweise anderer Tariftexte auf entfallene Vorschriften nun als Verweis auf den TV-L bzw. den TVÜ-Länder gelten.

2. Abschnitt
Überleitungsregelungen

§ 3 Überleitung in den TV-L

Die von § 1 Abs. 1 erfassten Beschäftigten werden am 1. November 2006 nach den nachfolgenden Regelungen in den TV-L übergeleitet.

Erläuterungen

§ 3 bestimmt, dass die Beschäftigten zum 1. November 2006 unter Beachtung der Regelungen des TVÜ in den TV-L übergeleitet werden.

II

§ 4 Zuordnung der Vergütungs- und Lohngruppen

(1) [1]Für die Überleitung der Beschäftigten wird ihre Vergütungs- bzw. Lohngruppe (§ 22 BAT/BAT-O bzw. entsprechende Regelungen für Arbeiterinnen und Arbeiter bzw. besondere tarifvertragliche Vorschriften für bestimmte Berufsgruppen) nach der Anlage 2 TVÜ-Länder Teil A und B bzw. den Anlagen 5A und 5B den Entgeltgruppen des TV-L zugeordnet. [2]Für Ärztinnen und Ärzte, einschließlich Ärztinnen und Ärzte in ärztlichen Servicebereichen, Zahnärztinnen und Zahnärzte, die an einer Universitätsklinik überwiegend Aufgaben in der Patientenversorgung wahrnehmen, gilt die Entgeltordnung gemäß Anlage 2 TVÜ-Länder Teil C. [3]Satz 2 gilt entsprechend für sonstige Ärztinnen und Ärzte, soweit für sie die Anwendung dieser Entgeltordnung vereinbart ist.

Protokollerklärungen zu § 4 Abs. 1:

1. [1]Bis zum In-Kraft-Treten einer neuen Entgeltordnung verständigen sich die Tarifvertragsparteien zur besseren Übersichtlichkeit für die Zuordnung der Beschäftigten gemäß Anlage 1b zum BAT/BAT-O auf eine Anwendungstabelle gemäß Anlage 5A und Anlage 5B; dies gilt auch für Beschäftigte im Sinne des § 1 Abs. 2. [2]In den Entgeltgruppen KR 11b und KR 12a erhöht sich der Tabellenwert nach 5 Jahren in Stufe 5 um 200,– Euro, § 9 Absatz 4 Satz 2 gilt entsprechend; ist bei übergeleiteten Beschäftigten das Vergleichsentgelt höher als das Entgelt der Stufe 5, erhalten sie den erhöhten Tabellenwert ab dem 1. November 2008. [3]Die Tarifvertragsparteien sind sich einig, dass diese Anwendungstabelle – insbesondere die Bezeichnung der Entgeltgruppen – keinen Vorgriff auf die Verhandlungen zu einer neuen Entgeltordnung darstellt. [4]Die Regelungen des TV-L über die Bezahlung im Tarifgebiet Ost gelten entsprechend.
2. Lehrkräfte, die ihre Lehrbefähigung nach dem Recht der DDR erworben haben und deren Ämter in den Landesbesoldungsgesetzen der neuen Bundesländer bzw. deren Tätigkeitsmerkmale in den Richtlinien des Freistaates Sachsen zur Eingruppierung der angestellten Lehrkräfte an öffentlichen Schulen ausgebracht wurden, sind „Erfüller" im Sinne der Überleitung der Lehrkräfte.
3. Zu den ärztlichen Servicebereichen in der Patientenversorgung zählen zum Beispiel Pathologie, Labor, Krankenhaushygiene.

(2) Beschäftigte, die im November 2006 bei Fortgeltung des bisherigen Tarifrechts die Voraussetzungen für eine Höhergruppierung, einen Bewährungs-, Fallgruppen- oder Tätigkeitsaufstieg erfüllt hätten, werden für die Überleitung so behandelt, als wären sie bereits im Oktober 2006 höhergruppiert bzw. höher eingereiht worden.

(3) Beschäftigte, die im November 2006 bei Fortgeltung des bisherigen Tarifrechts in eine niedrigere Vergütungs- bzw. Lohngruppe eingruppiert bzw. eingereiht worden wären, werden für die Überleitung so behandelt, als wären sie bereits im Oktober 2006 herabgruppiert bzw. niedriger eingereiht worden.

Niederschriftserklärung zu § 4:

Die Tarifvertragsparteien gehen davon aus, dass Ärzte, die am 31. Oktober 2006 die Bezeichnung „Oberarzt/Oberärztin" führen, ohne die Voraussetzungen für eine Eingruppierung als Oberärztin beziehungsweise Oberarzt nach § 12 TV-L zu erfüllen, die Berechtigung zur Führung ihrer bisherigen Bezeichnung nicht verlieren. Eine Eingruppierung nach Entgeltgruppe Ä 3 ist hiermit nicht verbunden.

Erläuterungen

Bei dieser Vorschrift handelt es sich um eine der Kernvorschriften des TVÜ-Länder, ohne die die Tarifreform nicht denkbar wäre.

Zu § 4 Abs. 1

Für die Überleitung der Beschäftigten werden die bisherigen Vergütungs- bzw. Lohngruppen einer neuen Entgeltgruppe des TV-L zugeordnet, § 4 Abs. 1 TVÜ. Maßgeblich ist die Vergütungs- bzw. Lohngruppe am 31. Oktober 2006. Die Zuordnung der Vergütungsgruppen der Anlage 1a zum BAT/BAT-O und der Lohngruppen des Lohngruppenverzeichnisses zum Tarifvertrag über das Lohngruppenverzeichnis der Länder zum MTArb/MTArb-O ist für die Überleitung in die neuen Entgeltgruppen in der Anlage 2 Teil A TVÜ-Länder festgelegt.

Die Anlage 2 Teil B regelt die Zuordnung der Vergütungsgruppen von Lehrkräften zu den neuen Entgeltgruppen, soweit sie von der Anlage 1a BAT/BAT-O ausgenommen sind. Dabei wird zwischen sog. Erfüllern und Nichterfüllern unterschieden.

Die Anlage 2 Teil C weist die neuen Entgeltgruppen für die Ärztinnen und Ärzte aus, die an einer Universitätsklinik überwiegend Aufgaben in der Patientenversorgung wahrnehmen, § 4 Abs. 1 Satz 2 TVÜ. Anders als bei den übrigen Angestellten richtet sich die Bestimmung der neuen Entgeltgruppe hier alleine nach der auszuübenden Tätigkeit und nicht nach der bisherigen Vergütungsgruppe. In der Protokollerklärung wird klargestellt, dass die dort aufgeführten Aufgaben aus Sicht der Tarifvertragsparteien den Bezug zur Patientenversorgung haben.

Die Anlage 2 Teil C gilt für andere Ärztinnen und Ärzte, soweit für sie die Anwendung dieser Entgeltordnung auf Landesebene vereinbart ist, § 4 Abs. 1 Satz 3 TVÜ.

Für die übrigen Ärztinnen und Ärzte, die nicht unter die neue Entgeltordnung fallen, gelten die allgemeinen Bestimmungen zur Überleitung.

Bei der Vereinbarung von Tätigkeitsmerkmalen für Oberärzte waren Schwierigkeiten vorprogrammiert, weil damit erstens Neuland betreten wurde (es gab bislang den Begriff des Oberarztes im Eingruppierungsrecht nicht) und weil zweitens die Definition des Oberarztes nichts mit der in den Kliniken bis dahin (ohne eingruppierungsmäßige Folgen) recht großzügig verwendeten Bezeichnung des Oberarztes zu tun hat. Es stand bei Einführung der neuen Tätigkeitsmerkmale für Ärzte zu befürchten, dass eine große Anzahl von „Titularoberärzten" der Kliniken allein aufgrund ihrer Bezeichnung die Eingruppierung nach Ä 3 geltend machen würden, obwohl sie die dortigen Voraussetzungen nicht erfüllen. Die Tarifpartner waren bemüht, durch eine Niederschriftserklärung zu § 4 TVÜ-Länder eine gewisse Rechtssicherheit herbeizuführen. In dieser Niederschriftserklärung haben sie klargestellt, dass zwar die bei Inkrafttreten des TV-L als Oberärzte bezeichneten Ärzte diesen „Titel" behalten dürfen, dass damit aber keine Konsequenzen bei der Eingruppierung verbunden sind und insbesondere die Entgeltgruppe Ä 3 nicht erreicht wird.

Für das Pflegepersonal, das unter die Anlage 1b zum BAT/BAT-O fällt, ergibt sich die Zuordnung ihrer bisherigen Vergütungsgruppen zu den neuen Entgeltgruppen aus den sog. Kr.-Anwendungstabellen. Diese sind dem TVÜ-Länder als Anlagen 5A und 5B beigefügt. Diese Kr.-Anwendungstabellen sind auch für neue Eingruppierungsvorgänge ab 1. November 2006 maßgebend. Bei der Bestimmung der maßgebenden Vergütungsgruppe ist dabei der Verlauf der Eingruppierung, nicht aber die aktuelle Position innerhalb dieses Verlaufs maßgebend.

Beispiele:

- Eine Krankenschwester ist am 1. November 2006 in der VergGr. Kr. VI Fallgruppe 19 eingruppiert, in die sie aus der VergGr. Kr. V Fallgruppe 14 nach sechsjähriger Bewährung aufgestiegen ist. Sie befindet sich also in diesem Falle in dem Verlauf „V mit Aufstieg nach VI" in der dritten Spalte von links der Kr.-Anwendungstabelle und wird daher der Entgeltgruppe Kr. 8a TV-L zugeordnet.
- Eine Krankenschwester ist in der VergGr. Kr. VI Fallgruppe 6a eingruppiert, hat also keinen weiteren Aufstieg in die VergGr. Kr. VII. Sie befindet sich damit in dem Verlauf „VI ohne Aufstieg" und wird somit der Entgeltgruppe Kr. 9a zugeordnet.

Außerhalb des Bereichs der Pflegekräfte und der Ärzte im Sinne der Anlage 2 Teil C ist für neue Eingruppierungsvorgänge ab 1. November 2006 ausschließlich die Anlage 4 TVÜ-Länder maßgebend, § 17 Abs. 7 TVÜ.

Die Zuordnung erfolgt bei den bisherigen Statusgruppen nach unterschiedlichen Grundsätzen.

Arbeiter

Bei den Arbeitern erfolgt die Zuordnung anhand der Lohn- und Fallgruppe, die im Oktober 2006 maßgeblich ist. Es kommt dabei allerdings nicht allein auf die zum Stichtag erreichte Lohngruppe an; die Überleitung richtet sich vielmehr nach der Lohngruppenentwicklung, die der Tätigkeit zugeordnet ist. Anknüpfungspunkt ist daher die jeweils einschlägige „Aufstiegskette" aus Grundtätigkeit und Bewährungs- bzw.

Tätigkeitsaufstiegen. Unerheblich ist, in welcher Stufe dieser Kette sich der Beschäftigte zum Stichtag befindet. Die verschiedenen Fallgestaltungen sind in Anlage 2 TVÜ-Länder einzeln aufgeführt.

Beispiele:

- Ein Arbeiter erhält im Oktober 2006 Lohn der Lohngruppe 4 Fallgruppe 1. Da ihm die zum Überleitungszeitpunkt ausgeübte Tätigkeit nach bisherigem Recht den Aufstieg in die Lohngruppen 5 und 5a eröffnet hätte, wird er gemäß Anlage 2 TVÜ-Länder der Entgeltgruppe 5 zugeordnet.
- Dem Arbeiter aus Beispiel 1 ist eine Tätigkeit der Lohngruppe 4 Fallgruppe 3 übertragen, die nach bisherigem Recht zu einem Aufstieg in die Lohngruppe 4a geführt hätte. In diesem Fall erfolgt die Zuordnung zur Entgeltgruppe 4.
- Einem Arbeiter ist eine Tätigkeit der Lohngruppe 1 Fallgruppe 1 übertragen, das bisherige Recht eröffnet den Aufstieg nach Lohngruppe 2 und 2a. Die Zuordnung erfolgt nach Anlage 2 TVÜ übergangsweise bis zum Inkrafttreten einer neuen Entgeltordnung in die Entgeltgruppe 2 Ü. Gleiches gilt für Arbeiter mit Tätigkeiten der Lohngruppe 2 mit Aufstieg nach Lohngruppe 2a.

Angestellte

Bei den Angestellten ergibt sich die Zuordnung der einzelnen Vergütungsgruppen zu den Entgeltgruppen ebenfalls aus Anlage 2 TVÜ-Länder. Dabei kann wie folgt unterschieden werden:

- Für die Entgeltgruppe 2 sowie die Entgeltgruppen 9 bis 15 richtet sich die Zuordnung ebenfalls nach der übertragenen Tätigkeit und der zugeordneten Vergütungsentwicklung. Bei Tätigkeitsmerkmalen ohne Bewährungs- oder Fallgruppenaufstieg wird demnach die zum Stichtag einschlägige Vergütungsgruppe zugrunde gelegt; dies gilt bei Lehrkräften auch für die Überleitung der sog. Erfüller, für die es bei einer Beschäftigung im Angestelltenverhältnis – wie auch als Beamte – grundsätzlich keinen vorhersehbaren Bewährungs- oder Fallgruppenaufstieg gibt. Sieht die Vergütungsordnung oder sehen die Lehrer-Richtlinien der TdL dagegen für die einschlägige Fallgruppe Bewährungs- oder Fallgruppenaufstiege vor, wird in der Anlage 2 TVÜ-Länder vorgegeben, an welche „Aufstiegskette" anzuknüpfen ist und ob es darauf ankommt, ob der Beschäftigte zum Überleitungszeitpunkt Bewährungs- oder Fallgruppenaufstiege erreicht hat.
- Für die Zuordnung zu den Entgeltgruppen 3, 5, 6 und 8 ist allein die Vergütungsgruppe am 31. Oktober 2006 entscheidend. Ob die einschlägige Fallgruppe weitere Bewährungs- oder Fallgruppen-

aufstiege vorsieht oder im Wege eines solchen Aufstiegs erreicht wurde, spielt für die Zuordnung keine Rolle.

Die vorstehenden Grundsätze lassen sich durch folgende Beispiele verdeutlichen:

II

Beispiele:

- Eine Verwaltungsangestellte mit Tätigkeiten der Vergütungsgruppe BAT VIII Fallgruppe 1b ist am 1. April 2006 im Wege des Aufstiegs in die Vergütungsgruppe VII Fallgruppe 1c aufgerückt. Sie wird daher nach Anlage 2 TVÜ mit ihrer im Oktober 2006 maßgeblichen Vergütungsgruppe BAT VII der Entgeltgruppe 5 zugeordnet.
- Der Aufstieg der in Beispiel 1 genannten Verwaltungsangestellten steht erst am 1. April 2007 an, am 31. Oktober 2006 ist sie (noch) in Vergütungsgruppe BAT VIII eingruppiert. Nach Anlage 2 TVÜ erfolgt die Zuordnung in dieser Konstellation zur Entgeltgruppe 3. Der „spätere Aufstieg" ist nach § 8 Abs. 1 TVÜ erst zum individuellen „Aufstiegszeitpunkt" zu berücksichtigen (hier 1. April 2007).
- Eine Verwaltungsangestellte der Vergütungsgruppe BAT IVa Fallgruppe 1a ist am 1. April 2006 im Wege des Fallgruppenaufstieges in die Vergütungsgruppe BAT III Fallgruppe 1b aufgerückt. Entsprechend Anlage 2 TVÜ wird sie zum 1. November 2006 der Entgeltgruppe 11 zugeordnet.
- Abweichend von Beispiel 3 steht der Aufstieg der dort genannten Verwaltungsangestellten erst zum 1. April 2007 an. Anders als nach der Systematik in Beispiel 2 erfolgt die Zuordnung hier nicht zu der niedrigeren, sondern zu derselben Entgeltgruppe. Die Verwaltungsangestellte wird also ebenfalls der Entgeltgruppe 11 zugeordnet. Der „spätere Aufstieg" ist nach § 8 Abs. 2 TVÜ erst zum individuellen „Aufstiegszeitpunkt" (hier 1. April 2007) durch Neuberechnung des Vergleichsentgelts zu berücksichtigen.
- Der Verwaltungsangestellten aus Beispiel 3 ist eine Tätigkeit der Vergütungsgruppe BAT IVa Fallgruppe 1b übertragen worden. Diese Tätigkeit eröffnet nicht den Aufstieg in die Vergütungsgruppe BAT III. In diesem Fall erfolgt die Zuordnung zur Entgeltgruppe 10.

Der TVÜ ordnet auf Grundlage der Eingruppierung/Einreihung bei Überleitung die Beschäftigten anhand der Anlage 2 TVÜ-Länder einer neuen Entgeltgruppe zu. Wird nachträglich festgestellt, dass die Eingruppierung unzutreffend gewesen ist, bleiben die allgemeinen arbeits- und tarifrechtlichen Regelungen – insbesondere die Regelungen der korrigierenden Rückgruppierung – unberührt.

Erhalten Beschäftigte am 31. Oktober 2006 eine persönliche Zulage für die Ausübung einer höherwertigen Tätigkeit nach § 24 BAT/BAT-O bzw. den entsprechenden Regelungen für Arbeiterinnen und Arbeiter, ist für die Überleitung die Vergütungs- bzw. Lohngruppe maßgeblich, in die die Beschäftigten eingruppiert sind; sie erhalten aber ab dem

1. November 2006 eine Besitzstandszulage nach Maßgabe des § 10 TVÜ.

Die bisherige Vergütungsgruppe I BAT/BAT-O ist in der Entgelttabelle des TV-L nicht mehr abgebildet. Die Beschäftigungsverhältnisse bei Übertragung entsprechender Tätigkeiten sind ab dem 1. November 2006 außertariflich zu regeln (§ 17 Abs. 2 TVÜ). Bei Überleitung vorhandene Angestellte der Vergütungsgruppe I BAT/BAT-O unterliegen dem TV-L und werden in eine besondere Entgeltgruppe 15 Ü übergeleitet; Stufen, Werte und regelmäßige Verweildauer sind in § 19 Abs. 3 TVÜ näher geregelt.

Außertarifliche Angestellte, für die der BAT nach dessen § 3 Buchst. h nicht galt, werden auch vom TVÜ nicht erfasst. Ihre außertarifliche Vergütung gilt fort. Nach den arbeitsvertraglichen Abreden bestimmt sich, inwieweit die Regelungen des TV-L und des diesen ergänzenden TVÜ ab dem 1. November 2006 auch für diese Beschäftigten zur Anwendung kommen. Wird arbeitsvertraglich auf Regelungen des BAT/BAT-O verwiesen, treten an deren Stelle die entsprechenden Regelungen des TV-L, ggf. in Verbindung mit dem TVÜ.

Zu § 4 Abs. 2 und 3

In Absatz 2 bzw. Absatz 3 der Vorschrift ist bestimmt, dass Bewährungs-, Fallgruppen- oder Tätigkeitsaufstiege sowie Höher- und Herabgruppierungen, die bei Fortgeltung des bisherigen Rechts im Monat November 2006 vollzogen worden wären, für die Überleitung so behandelt werden, als wären sie bereits im Oktober 2006 vollzogen worden.

§ 5 Vergleichsentgelt

(1) Für die Zuordnung zu den Stufen der Entgelttabelle des TV-L wird für die Beschäftigten nach § 4 ein Vergleichsentgelt auf der Grundlage der Bezüge, die im Oktober 2006 zustehen, nach den Absätzen 2 bis 6 gebildet.

II

(2) [1]Bei Beschäftigten aus dem Geltungsbereich des BAT/BAT-O setzt sich das Vergleichsentgelt aus Grundvergütung, allgemeiner Zulage und Ortszuschlag der Stufe 1 oder 2 zusammen. [2]Ist auch eine andere Person im Sinne von § 29 Abschn. B Abs. 5 BAT/BAT-O ortszuschlagsberechtigt oder nach beamtenrechtlichen Grundsätzen familienzuschlagsberechtigt, wird die Stufe 1 und der jeweilige Anteil des Unterschiedsbetrages der Ortszuschlagsstufe 1 und 2 bzw. des Familienzuschlags der Stufe 1, den die andere Person aufgrund von Teilzeitbeschäftigung nicht mehr erhält, zugrunde gelegt; findet der TV-L am 1. November 2006 auch auf die andere Person Anwendung, geht der jeweils individuell zustehende Teil des Unterschiedsbetrages zwischen den Stufen 1 und 2 des Ortszuschlags in das Vergleichsentgelt ein. [3]Ferner fließen im Oktober 2006 tarifvertraglich zustehende Funktionszulagen insoweit in das Vergleichsentgelt ein, als sie nach dem TV-L nicht mehr vorgesehen sind. [4]Erhalten Beschäftigte eine Gesamtvergütung (§ 30 BAT/BAT-O), bildet diese das Vergleichsentgelt. [5]Bei Lehrkräften im Sinne der Vorbemerkung Nr. 5 zu allen Vergütungsgruppen der Anlage 1a zum BAT/BAT-O wird die Zulage nach § 2 Abs. 3 des Tarifvertrages über Zulagen an Angestellte in das Vergleichsentgelt eingerechnet. [6]Abweichend von Satz 5 wird bei Lehrkräften, die am 31. Oktober 2006 einen Anspruch auf die Zulage nach Abschnitt A Nr. 2 der Lehrer-Richtlinien der TdL bzw. der Lehrer-Richtlinien-O der TdL haben, die Zulage nach § 2 Abs. 2 Buchst. c des Tarifvertrages über Zulagen an Angestellte, und bei Lehrkräften, die einen arbeitsvertraglichen Anspruch auf Zahlung einer allgemeinen Zulage wie die unter der Anlage 1a zum BAT/BAT-O fallenden Angestellten haben, diese Zulage in das Vergleichsentgelt eingerechnet.

Protokollerklärung zu § 5 Abs. 2 Satz 3:

[1]Vorhandene Beschäftigte erhalten unter den bisherigen Voraussetzungen bis zum 31. Dezember 2018 ihre Techniker- und Meisterzulagen bzw. bis zum 31. Dezember 2020 ihre Programmiererzulage als persönliche Besitzstandszulage. [2]Die Protokollerklärung zu § 6 Abs. 1 gilt entsprechend.

(3) [1]Bei Beschäftigten aus dem Geltungsbereich des MTArb/MTArb-O wird der Monatstabellenohn als Vergleichsentgelt zugrunde gelegt. [2]Absatz 2 Satz 3 gilt entsprechend. [3]Erhalten Beschäftigte den Lohn nach § 23 Abs. 1 MTArb/MTArb-O, bildet dieser das Vergleichsentgelt.

(4) [1]Beschäftigte, die im November 2006 bei Fortgeltung des bisherigen Rechts die Grundvergütung bzw. den Monatstabellenlohn der nächsthöheren Lebensalters- bzw. Lohnstufe erhalten hätten, werden für die Bemessung des Vergleichsentgelts so behandelt, als wäre der Stufenaufstieg bereits im Oktober 2006 erfolgt. [2]§ 4 Abs. 2 und 3 gilt bei der Bemessung des Vergleichsentgelts entsprechend.

(5) [1]Bei Teilzeitbeschäftigten wird das Vergleichsentgelt auf der Grundlage eines entsprechenden Vollzeitbeschäftigten bestimmt. [2]Satz 1 gilt für Beschäf-

tigte, deren Arbeitszeit nach § 3 des Tarifvertrages zur sozialen Absicherung vom 6. Juli 1992 herabgesetzt ist, entsprechend.

Protokollerklärung zu § 5 Abs. 5:

[1]Lediglich das Vergleichsentgelt wird auf der Grundlage eines entsprechenden Vollzeitbeschäftigten ermittelt; sodann wird nach der Stufenzuordnung das zustehende Entgelt zeitanteilig berechnet. [2]Die zeitanteilige Kürzung des auf den Ehegattenanteil im Ortszuschlag entfallenden Betrages (§ 5 Abs. 2 Satz 2 2. Halbsatz) unterbleibt nach Maßgabe des § 29 Abschn. B Abs. 5 Satz 2 BAT/BAT-O. [3]Neue Ansprüche entstehen hierdurch nicht.

(6) Für Beschäftigte, die nicht für alle Tage im Oktober 2006 oder für keinen Tag dieses Monats Bezüge erhalten, wird das Vergleichsentgelt so bestimmt, als hätten sie für alle Tage dieses Monats Bezüge erhalten; in den Fällen des § 27 Abschn. A Abs. 7 BAT/BAT-O und § 27 Abschn. B Abs. 3 Unterabs. 4 BAT/ Unterabs. 3 BAT-O bzw. der entsprechenden Regelungen für Arbeiterinnen und Arbeiter werden die Beschäftigten für das Vergleichsentgelt so gestellt, als hätten sie am 1. Oktober 2006 die Arbeit wieder aufgenommen.

Wichtiger Hinweis auf bedeutsame Rechtsprechung des EuGH

Der EuGH hat sich in seinem Urteil vom 8. September 2011 (C-297/10 und C-298/10) mit folgenden, für die Überleitung der Beschäftigten aus dem BAT in den TVöD elementaren Fragen auseinandergesetzt:

- Verstießen die Lebensaltersstufen des BAT gegen das Verbot der Altersdiskriminierung?
- Setzt sich eine etwaige Diskriminierung in der Überleitung aus dem BAT in den TVöD durch den TVÜ-Bund (Stichwort: Vergleichsentgelt) fort?

Die gleiche Fragestellung ergibt sich analog auch für die Überleitung aus dem BAT in den TVöD auf der Grundlage des TVÜ-VKA und für die Überleitung in den TV-L durch den TVÜ-Länder. Die Regelungen sind identisch bzw. vergleichbar.

Zur ersten Frage hat der EuGH festgestellt, dass die Lebensaltersstufen des BAT eine unzulässige Diskriminierung wegen des Lebensalters dargestellt haben.

Zur zweiten Frage hat der EuGH entschieden, dass die Überleitung aus dem BAT in den TVöD zwar eine unmittelbare Diskriminierung darstellt, diese aber gerechtfertigt war, denn es sei ein legitimes Ziel (Wahrung der Besitzstände) verfolgt worden, das Mittel (Überleitung durch den TVÜ-Bund) sei erforderlich gewesen (individuelle Zwischenstufe als einzige Möglichkeit, das bisherige Niveau zu gewährleisten; Übergangscharakter durch schrittweises Auswachsen der Diskriminierung) und das Mittel sei angemessen gewesen (Sozialpartner haben keine sachwidrigen Übergangsregelungen getroffen, weiter Gestaltungsspielraum).

Im Ergebnis hat der EuGH also die Rechtmäßigkeit des von den Tarifpartnern in den §§ 5 und 6 vereinbarten Überleitungsverfahrens bestätigt. Das BAG hat sich dieser Auffassung in seinem Urteil vom 8. Dezember 2011 (6 AZR 319/09) angeschlossen.

Erläuterungen

Während in § 4 die Zuordnung zu den Entgeltgruppen festgelegt ist, bestimmen die §§ 5 bis 7 das Verfahren der Zuordnung zu den Entgeltstufen.

Zu § 5 Abs. 1

Hierzu ist zunächst ein Vergleichsentgelt zu ermitteln, und zwar grundsätzlich auf der Basis der Bezüge des Monats Oktober 2006. Weitere Einzelheiten ergeben sich aus den Absätzen 2 bis 6.

Besondere Beachtung verdient das Urteil des BAG vom 25. Juni 2009 – 6 AZR 384/08. Demnach kann ein fehlerhaft gebildetes Vergleichsentgelt für künftige Entgeltzahlungen jederzeit korrigiert werden. Die Ausschlussfrist des § 37 TVöD (die Vorschrift entspricht § 37 TV-L) steht nach Auffassung des BAG nur einer unbegrenzten Rückforderung des in der Vergangenheit zu viel gezahlten Entgelts entgegen.

Zu § 5 Abs. 2

Im Vergleichsentgelt sind bei Angestellten gem. § 5 Abs. 2 zu berücksichtigen:

Grundvergütung und **Allgemeine Zulage**;

Funktionszulagen nur insoweit, als sie nach dem TV-L nicht mehr vorgesehen sind. Hinsichtlich der Zulagen für Angestellte im Schreibdienst verfahren die meisten Länder wie vor der Tarifreform, d. h., soweit die Zulagen zu BAT-Zeiten gewährt wurden, werden sie auch unter dem TV-L als übertarifliche Zulage gezahlt.

Die **Vergütungsgruppenzulage** fließt nicht in das Vergleichsentgelt ein; es ist aber eine Besitzstandsregelung vereinbart (siehe § 9 des TVÜ-Länder).

Soweit unter 18-jährige Beschäftigte eine **Gesamtvergütung** i. S. d. § 30 BAT/BAT-O erhalten, bildet diese das Vergleichsentgelt (Satz 4).

Sätze 5 und 6 regeln die Höhe der in das Vergleichsentgelt einfließenden (allgemeinen) **Zulage für Lehrkräfte**. Grundsätzlich ist dies die „Lehrer-Zulage" nach § 2 Abs. 3 des Tarifvertrages über Zulagen für Angestellte (zuletzt 42,98 Euro); höhere Beträge können nur berücksichtigt werden, soweit am 31. Oktober 2006 ein entsprechender arbeitsvertraglicher Anspruch besteht, oder soweit sich aus den Lehrer-Richtlinien der TdL ein höherer Anspruch ergibt.

Bis zu einer Überarbeitung oder Neuregelung der entsprechenden Abschnitte der Entgeltordnung zum TV-L erhielten vorhandene Beschäftigte ihre **Meister-, Techniker- und Programmiererzulage** unter den bisherigen Voraussetzungen nach dem ursprünglichen Wortlaut der Protokollerklärung zu § 5 Abs. 2 Satz 3 TVÜ-Länder als Besitzstandszulage. Die zum 1. Januar 2012 in Kraft getretene Entgeltordnung ließ diese Zulagen unberührt. Die Programmiererzulage wird aber im Zuge der Neugestaltung des Teils II Abschnitt 11 (IT) der Entgeltordnung ab dem 1. Januar 2021 entfallen. Meister- und Technikerzulage sind bereits ab dem 1. Januar 2019 in den Vorbemerkungen zu den jeweiligen Abschnitten des Teils II der Entgeltordnung geregelt. Wegen der Zahlung solcher Zulagen an nicht übergeleitete Beschäftigte siehe § 17 Abs. 6 TVÜ-Länder.

Familienbezogene Entgeltbestandteile – und damit auch der Verheiratetenzuschlag nach § 29 Abschn. B Abs. 2 BAT/BAT-O – sind im TV-L nicht mehr vorgesehen. In das Vergleichsentgelt fließt zur Sicherung des bisherigen Gehaltsniveaus grundsätzlich der individuell nach § 29 Abschn. B Abs. 2 BAT/BAT-O zustehende Ortszuschlag der Stufe 1 oder 2 ein. Ausschlaggebend sind die Bezüge im Oktober 2006. Veränderungen im Familienstand (z. B. Eheschließung, Scheidung) ab November 2006 wirken sich auf das Vergleichsentgelt nicht mehr aus. Es bleibt bei der Einbeziehung desjenigen Ortszuschlages in das Vergleichsentgelt, der im Oktober 2006 zugestanden hat. Nach der Auffassung des BAG in seinem Urteil vom 22. April 2010 – 6 AZR 966/08 – muss für alleinerziehende Angestellte, deren Söhne im Oktober 2006 Grundwehr- oder Zivildienst leisteten, das Vergleichsentgelt jedoch für die Zeit ab Beendigung dieses Dienstes neu berechnet werden, wenn ohne den Grundwehr- oder Zivildienst im Oktober 2006 noch die tariflichen Voraussetzungen (des § 29 Abschn. B Abs. 2 Nr. 4 BAT) für den Ortszuschlag der Stufe 2 erfüllt gewesen wären. Die tarifliche Regelung benachteilige ohne sachliche Rechtfertigung alleinerziehende Angestelle, deren Söhne im für die Berechnung des Vergleichsentgelts maßgeblichen Monat Oktober 2006 der allgemeinen staatsbürgerlichen Pflicht zum Wehr- oder Ersatzdienst nachkamen, gegenüber alleinerziehenden Elternteilen von Töchtern sowie von Söhnen, die nicht wehrtauglich waren oder tatsächlich nicht zum Wehrdienst bzw. Zivildienst herangezogen wurden.

Ist zum Überleitungszeitpunkt auch eine andere Person im Sinne des § 29 Abschn. B Abs. 5 BAT/BAT-O ortszuschlagsberechtigt oder nach § 40 Abs. 4 BBesG familienzuschlagsberechtigt (Konkurrenzfall), gilt für die Ermittlung des Vergleichsentgelts eine gesonderte Regelung (§ 5 Abs. 2 Satz 2 TVÜ): Kann der Ehegatte des Angestellten – mit Rücksicht auf den Wegfall des Ortzuschlags im Geltungsbereich des TV-L – den vollen Ortszuschlag der Stufe 2 oder Familienzuschlag der Stufe 1 bei seinem Arbeitgeber oder Dienstherrn beanspruchen (z. B. wenn der Ehegatte Angestellter eines noch den BAT oder BAT-O anwendenden Arbeitgebers oder Beamter ist), wird für das Vergleichsentgelt lediglich die Stufe 1 des bisherigen Ortszuschlags zugrunde gelegt. Wegen der Besonderheiten bei Teilzeitbeschäftigung der anderen Person siehe weiter unten.

Werden beide Personen, im Regelfall also beide Ehepartner, am 1. November 2006 in den TV-L übergeleitet, erfolgt die Überleitung jeweils mit dem Ortszuschlag der Stufe 1 zuzüglich des individuell zustehenden Teils des Unterschiedsbetrages zwischen den Stufen 1 und 2 des Ortszuschlags. Für eingetragene Lebenspartnerschaften nach dem Lebenspartnerschaftsgesetz gilt Entsprechendes.

Das Familieneinkommen soll durch die Überleitung eines Berechtigten in den TV-L nicht erhöht werden. Hierzu dient die Einbeziehung nur des Ortzuschlags der Stufe 1 statt der Stufe 1 ½ bzw. des bislang individuell zustehenden Anteils am Ehegattenanteil in das Vergleichsentgelt bei Eingreifen der Konkurrenzregelung des § 29 Abschn. B Abs. 5 BAT/BAT-O. Der Grund: Wird der andere Berechtigte nicht ebenfalls gleichzeitig in den TV-L übergeleitet, hat dieser wegen Wegfalls der Voraussetzungen für ein Eingreifen der Konkurrenzregelung ab dem 1. November 2006 Anspruch auf den Ortzuschlag der Stufe 2 bzw. eine vergleichbare Leistung. Zu den Besonderheiten bei Teilzeitbeschäftigung der anderen Person siehe weiter unten.

Der kinderbezogene Anteil des Ortszuschlags (Stufe 3 und weitere Stufen) wird nach § 11 TVÜ als dynamische Besitzstandszulage fortgezahlt und fließt nicht in das Vergleichsentgelt ein.

Unter Berücksichtigung dieser Grundsätze sind folgende Fallgestaltungen besonders zu erwähnen:

In den Konkurrenzfällen des § 29 Abschn. B Abs. 5 BAT/BAT-O ist danach zu unterscheiden, ob die andere Person ebenfalls in den TV-L übergeleitet wird. In diesem Fall wird bei beiden Personen der bisher zustehende Ortszuschlag der Stufe 1 zuzüglich des halben Ehegattenanteils (Stufe 1½) in das Vergleichsentgelt einbezogen.

Gilt der TV-L am 1. November 2006 für beide Ehegatten und erhält ein Ehegatte im Oktober 2006 keine Bezüge wegen Ruhen des Arbeitsverhältnisses aufgrund von Elternzeit, Rente auf Zeit, oder Ablauf der Krankenbezugsfristen oder wegen Sonderurlaub zur Kinderbetreuung, ist gleichwohl bei beiden Ehegatten der Ortszuschlag der Stufe 1½ für das Vergleichsentgelt zu berücksichtigen, § 5 Abs. 2 Satz 2 2. Halbsatz TVÜ. Da der berufstätige Angestellte auf der Grundlage des bisherigen Rechts (§ 29 Abschn. B Abs. 5 BAT/BAT-O) im Monat Oktober 2006 den vollen Verheiratetenzuschlag und der Ehegatte, der beurlaubt ist oder dessen Arbeitsverhältnis ruht, nach der Überleitung zunächst weiterhin kein Entgelt erhält, entsteht der Familie durch die Überleitung ein Fehlbetrag in Höhe des hälftigen Verheiratetenzuschlags. In diesen Fällen kann – in Abstimmung mit den Gewerkschaften – den berufstätigen Beschäftigten eine übertarifliche Zulage in Höhe der Differenz zwischen dem ihm individuell zustehenden Teil des Unterschiedsbetrages zwischen den Stufen 1 und 2 des Ortszuschlags und dem vollen Unterschiedsbetrags gezahlt werden. Die Zulage ist dynamisch und verändert sich somit bei allgemeinen Entgeltanpassungen um den von den Tarifvertragsparteien für die jeweilige Entgeltgruppe des Beschäftigten festgelegten Vomhundertsatz sowie im Tarifgebiet Ost auch bei Veränderungen des Bemessungssatzes. Im Zuge der Tarifrunde 2009 wurde festgelegt, dass der Zulagenbetrag bei Stufensteigerungen und Höhergruppierungen mit dem Unterschiedsbetrag zum bisherigen Entgelt verrechnet (also gekürzt) wird.

Wird die andere Person nicht in den TV-L übergeleitet, etwa weil sie Beamter, Versorgungsempfänger oder als Angestellter bei einem anderen, noch den BAT/BAT-O anwendenden öffentlichen Arbeitgeber einschließlich der dem öffentlichen Dienst gleichgestellten Arbeitgeber im Sinne des § 29 Abschn. B Abs. 7 BAT/BAT-O tätig ist, ist in das Vergleichsentgelt der Ortszuschlag der Stufe 1 einzubeziehen. Die andere Person hat vom 1. November 2006 an Anspruch auf den Ortszuschlag der Stufe 2 bzw. eine entsprechende Leistung. Durch die Einbeziehung nur des Ortszuschlags der Stufe 1 in diesen Fällen wird eine überleitungsbedingte Erhöhung des Entgelts der beiden im öffentlichen Dienst beschäftigten Personen vermieden. Diese Verfahrensweise hat das BAG mit Urteil vom 30. Oktober 2008 – 6 AZR 682/07 – bestätigt. Ist die andere Person teilzeitbeschäftigt, steht ihr zwar der Ortszuschlag der Stufe 2 bzw. eine entsprechende Leistung zu, allerdings aufgrund ihrer Teilzeitbeschäftigung nur anteilig. Dies wird bei der Überleitung des Angestellten in den TV-L dadurch ausgeglichen, dass in das Vergleichsentgelt zusätzlich derjenige Teil des Ehegattenanteils eingerechnet wird, der der Konkurrenzgemeinschaft wegen der Teilzeitbeschäftigung der anderen Person nicht mehr gezahlt wird, § 5 Abs. 2 Satz 2 1. Halbsatz TVÜ.

Beispiel:

Die Ehefrau eines vollbeschäftigten Angestellten ist als Beamtin mit 60 v.H. teilzeitbeschäftigt. Bis zum 31. Oktober 2006 haben beide Ehegatten jeweils die Hälfte des jeweiligen (unterschiedlich hohen) Verheiratetenanteils erhalten. Ab November 2006 erhält die Ehefrau wegen ihrer Teilzeitbeschäftigung 60 v.H. des Familienzuschlags von 100,24 Euro (West), das sind 60,14 Euro. Wäre sie vollbeschäftigt, hätte ihr ab November 2006 der volle Familienzuschlag von 100,24 Euro zugestanden. In das Vergleichsentgelt wird neben dem Ortszuschlag der Stufe 1 folglich ein zusätzlicher Betrag von 40,10 Euro eingerechnet.

Mit einem besonderen, in der Praxis aber gar nicht so seltenen Sonderfall hatte sich das BAG in seinem Urteil vom 19. Oktober 2010 – 6 AZR 305/09 – auseinanderzusetzen:

Der Kläger war mit der Hälfte der tariflichen Wochenarbeitszeit bei dem beklagten Land beschäftigt. Auch seine ebenso teilzeitbeschäftigte Ehefrau stand im öffentlichen Dienst. Auf beide Arbeitsverhältnisse fand ursprünglich der BAT Anwendung. Der Kläger und seine Ehefrau erhielten deshalb den Unterschiedsbetrag zwischen den Stufen 1 und 2 des Ortszuschlags (Ehegattenanteil) ohne zeitanteilige Kürzung bis zur Überleitung der Ehefrau des Klägers in den TVöD am 1. Oktober 2005 jeweils zur Hälfte. Da die Ehefrau des Klägers seit der Überleitung in den TVöD nicht mehr ortszuschlagsberechtigt war, zahlte das beklagte Land dem Kläger ab diesem Zeitpunkt zwar den vollen Ehegattenanteil, verminderte diesen jedoch wegen der Teilzeitbeschäftigung des Klägers um die Hälfte. Die Anwendung dieser Kürzungsregelung war nicht mehr gemäß § 29 Abschn. B Abs. 5 Satz 2 BAT ausgeschlossen, weil der Ehegatte des Angestellten nach der Überleitung in den TVöD nicht mehr ortszuschlagsberechtigt im Sinne von § 29 Abschn. B Abs. 5 Satz 1 BAT war. Diesen so gekürzten Ortszuschlag legte das beklagte Land auch bei der Berechnung des Vergleichsentgelts anlässlich der Überleitung des Klägers in den TV-L zum 1. November 2006 zugrunde. Mit seiner Klage verlangte der Kläger den Differenzbetrag zum ungekürzten Ortszuschlag und die Zahlung eines entsprechend höheren Entgelts nach seiner Überleitung in den TV-L.

Die Klage blieb erfolglos. Der Kläger hatte nach Auffassung des BAG nach der Überleitung seiner Ehefrau in den TVöD nur Anspruch auf den entsprechend seiner Teilzeit gekürzten Ortszuschlag. Deshalb habe das beklagte Land bei der Überleitung des Klägers in den TV-L das Vergleichsentgelt zutreffend ermittelt. Zwar habe sich aufgrund der Überleitung der Ehefrau des Klägers in den TVöD und der Kürzung des ehegattenbezogenen Ortszuschlags des Klägers das Familieneinkommen vermindert. Die Tarifvertragsparteien seien jedoch nicht verpflichtet gewesen, bei der Aufstellung der Überleitungsregelungen den bestehenden Zustand unter Berücksichtigung jeglicher Beschäftigungskonstellation überzuleitender Ehepaare zu erhalten.

Etwaige sonstige Verluste, die dadurch eintreten können, dass der andere Ehegatte, z. B. als Beamter, wegen der unterschiedlichen Höhe von Familienzuschlag und Ortszuschlag keinen vollen Ausgleich erhält, werden nicht ausgeglichen.

Bestimmte Arbeitsvertragsrichtlinien und tarifvertragliche Regelungen von Arbeitgebern des öffentlichen Dienstes im Sinne des Ortszuschlagsrechts enthalten sog. Gegenkonkurrenzregelungen. Nach diesen wird der Ortszuschlag der Stufe 2 bzw. eine entsprechende Leistung nicht gezahlt, wenn dessen Ehepartner Anspruch auf den Ortszuschlag der Stufe 2 hat. Folge hiervon ist, dass die Konkurrenzregelung des § 29 Abschn. B Abs. 5 BAT/BAT-O in diesen Fällen keine Anwendung findet, also bislang Ortszuschlag der Stufe 2 zu zahlen war. Da die sog. Gegenkonkurrenzregel mit der Überleitung des Angestellten in den TV-L nicht mehr greift, die andere Person also Anspruch auf den Ortszuschlag der Stufe 2 bzw. eine vergleichbare Leistung vom 1. November 2006 an hat, ist in diesen Fällen der Ortszuschlag der Stufe 1 in das Vergleichsentgelt einzubeziehen. Dies hat das BAG mit Urteil vom 17. Juni 2008 – 6 AZR 635/07 – im Ergebnis bestätigt.

Hat der überzuleitende Angestellte im Monat Oktober 2006 keine Bezüge erhalten, z. B. aufgrund Elternzeit oder Sonderurlaub, wird das Vergleichsentgelt gemäß § 5 Absatz 6 TVÜ so bestimmt, als hätte er für alle Tage dieses Monats Bezüge erhalten, wobei er in den Fällen des § 27 Abschnitt A Absatz 7 BAT/BAT-O und § 27 Abschnitt B Absatz 3 Unterabsatz 4 BAT bzw. Unterabsatz 3 BAT-O für das Vergleichsentgelt so gestellt wird, als wäre am 1. Oktober 2006 die Arbeit wieder aufgenommen worden. Bezogen auf den Ortszuschlag bedeutet diese Regelung, dass zu prüfen ist, welche Stufe beim Ortszuschlag zugestanden hätte, wenn Anspruch auf Vergütung bestanden hätte. Hätte hiernach im Oktober 2006 Ortszuschlag der Stufe 1 oder der Stufe 2 zugestanden, ist auch die Stufe 1 bzw. die Stufe 2 in das – fiktive – Vergleichsentgelt einzubeziehen und der Angestellte damit überzuleiten. Bei Eingreifen der Konkurrenzregelung, also der Beschäftigung einer anderen Person ebenfalls im öffentlichen Dienst, gilt die oben dargestellte Grundregel. Wird die andere ortszuschlagsberechtigte Person ebenfalls in den TV-L übergeleitet, ist hiernach der Ortszuschlag mit dem individuell zustehenden Anteil am Ehegattenanteil in das Vergleichsentgelt einzubeziehen, andernfalls der Ortszuschlag der Stufe 1.

Bei Beschäftigten, deren ortszuschlags- bzw. familienzuschlagsberechtigter Ehegatte im Oktober 2006 keine Bezüge erhält wegen Ruhen des Arbeitsverhältnisses aufgrund von Elternzeit, Rente auf Zeit, oder Ablauf der Krankenbezugsfristen oder wegen Sonderurlaub zur Kinderbetreuung, ist für das Vergleichsentgelt der Ortszuschlag der Stufe 1 zu berücksichtigen, § 5 Abs. 2 Satz 2 1. Halbsatz TVÜ. Solange die Ortszuschlags- bzw. Familienzuschlagsberechtigten keine Bezüge erhalten, kann – in Abstimmung mit den Gewerkschaften – eine übertarifliche Zulage in Höhe der Differenz zwischen der Stufe 1 und der Stufe 2 des Ortszuschlags der im Oktober 2006 zustehenden Tarifklasse gezahlt werden. Die Zulage ist dynamisch und verändert sich somit bei allgemeinen Entgeltanpassungen um den von den Tarifvertragsparteien für die jeweilige Entgeltgruppe des Beschäftigten festgelegten Vomhundertsatz; im Tarifgebiet Ost auch bei Veränderungen des Bemessungssatzes. Im Zuge der Tarifrunde 2009 wurde festgelegt, dass der Zulagenbetrag bei Stufensteigerungen und Höhergruppierungen mit dem Unterschiedsbetrag zum bisherigen Entgelt verrechnet (also gekürzt) wird.

Zu § 5 Abs. 3

Bei Arbeitern bildet der Monatstabellenlohn (ggf. der Lohn i. S. d. § 23 MTArb/MTArb-O) das Vergleichsentgelt. Hinsichtlich der Funktionszulagen gilt die Regelung für Angestellte entsprechend.

Zu § 5 Abs. 4

Stufenaufstiege (sowohl für Arbeiter als auch für Angestellte), die bei Fortgeltung des bisherigen Rechts im Monat November 2006 vollzogen worden wären, werden für die Ermittlung des Vergleichsentgelts so behandelt, als wären sie bereits im Oktober 2006 vollzogen worden. Entsprechendes gilt – durch die Inbezugnahme des § 4 Abs. 2 und 3 – hinsichtlich von Höher-/Herabgruppierungen bzw. für höhere/niedrigere Einreihungen im November 2006.

Zu § 5 Abs. 5

Bei Teilzeitbeschäftigten wird zum Zweck der Stufenzuordnung das Vergleichsentgelt zunächst auf der Grundlage eines vergleichbaren Vollbeschäftigten berechnet und dann die maßgebende Stufe ermittelt. In Satz 2 ist klargestellt, dass dies auch für Beschäftigte gilt, deren Arbeitszeit auf der Grundlage des § 3 des Tarifvertrages zur sozialen Absicherung reduziert worden ist.

In der Protokollerklärung zu dieser Vorschrift ist klargestellt, dass das monatliche Entgelt des Teilzeitbeschäftigten dann der seiner Arbeitszeit entsprechende Bruchteil des Tabellenwertes ist. In den Fällen des § 29 Abschn. B Abs. 5 Satz 2 BAT/BAT-O (beide Ehegatten anspruchsberechtigt und mit mindestens der Hälfte der Regelarbeitszeit beschäftigt bzw. einer der Ehegatten vollbeschäftigt) unterbleibt nach Satz 2 aber die zeitanteilige Kürzung des in das Vergleichsentgelt eingeflossenen Ehegattenanteils im Ortszuschlag.

Zu § 5 Abs. 6

Die Vorschrift des § 5 Abs. 6 TVÜ trägt dem Grundgedanken Rechnung, dass alle Beschäftigten in das neue Tarifrecht überführt werden sollen. Daher sind besondere Regelungen für Beschäftigte erforderlich, die nicht für alle Tage im Oktober 2006 oder für keinen Tag dieses Monats Bezüge erhalten. In diesen Fällen wird das Vergleichsentgelt **fiktiv** so bestimmt, als hätten die Beschäftigten für alle Tage des Monats Oktober 2006 Bezüge erhalten.

Bei Beurlaubungen ohne Bezüge oder bei Ruhen des Arbeitsverhältnisses aus anderen Gründen (z. B. längerfristige Erkrankung, befristete Erwerbsunfähigkeit) wird das Vergleichsentgelt für diese Beschäftigten fiktiv so bestimmt, als hätten sie die Arbeit am 1. Oktober 2006 wieder aufgenommen. Nach der Überleitung sind dann wieder die tatsächlichen Beschäftigungsverhältnisse zugrunde zu legen. Ein weiterer Stufenaufstieg richtet sich nach den Bestimmungen des TV-L.

In den Fällen, in denen die Beurlaubung länger als sechs Monate dauert und daher die Stufenaufstiege nicht weiter gelaufen sind, werden die Lebensaltersstufen zum 1. Oktober 2006 nach den bisherigen Regeln (z. B. § 27 Abschn. A Abs. 7 BAT/BAT-O und den entsprechenden Regelungen für Arbeiterinnen und Arbeiter) neu festgesetzt, und die Ermittlung des Vergleichsentgelts erfolgt aus diesen Stufen.

Die Mitgliederversammlung der Tarifgemeinschaft deutscher Länder (TdL) hat sich in ihrer 5/2007 Sitzung am 25./26. September 2007 mit der Frage befasst, wie die Vorschriften des § 5 Abs. 6 TVÜ (Überleitung Beurlaubter mit fiktivem Vergleichsentgelt) und des § 17 Abs. 3 Satz 3 TV-L (Rückstufung bei schädlicher Unterbrechung) miteinander zu verknüpfen sind. Dabei stellt sich insbesondere die Frage, ob und zu welchem Zeitpunkt eine Rückstufung erfolgen muss, wenn Beschäftigte nach einer langen Ruhensphase ihres Arbeitsverhältnisses (z. B. wegen erziehungsbedingtem Sonderurlaub) und zwischenzeitlicher Überleitung in den TV-L ihre Arbeit wieder aufnehmen. Dies wirft besonders bei Beschäftigten, die sich bei ihrer Rückkehr noch in einer individuellen Zwischen- oder Endstufe befinden, weitere Fragen zur technischen Umsetzung auf (z. B.: Was ist in diesem Fall die „nächstniedrigere Stufe"?).

Die Mitgliederversammlung hat keine Bedenken dagegen erhoben, dass die Vorschrift des § 17 Abs. 3 Satz 3 TV-L (Zuordnung zu einer niedrigeren Stufe nach Unterbrechungen von mehr als drei Jahren) so ausgelegt wird, dass

- nur nach dem In-Kraft-Treten des TV-L liegende Unterbrechungszeiten berücksichtigt werden können (für vorher liegende Unterbrechungszeiten enthält § 5 Abs. 6 TVÜ-Länder eine besondere Vorschrift),
- ein Rückfall in die niedrigere Entgeltstufe nur erfolgen kann, wenn die/der Beschäftigte bereits aus einer regulären Stufe in die nächste reguläre Stufe aufgestiegen war und
- Beschäftigte, die sich in einer individuellen Endstufe befinden, deshalb auch nach längeren Unterbrechungen nicht zurückfallen können.

Ergänzend wurde von der Mitgliederversammlung darauf hingewiesen, dass nach § 6 Abs. 1 Satz 4 TVÜ-Länder ehemalige Angestellte, die sich nach ihrer Überleitung in den TV-L noch in einer individuellen Zwischenstufe befinden, zum 1. November 2008 in die dem Betrag nach nächsthöhere reguläre Stufe ihrer Entgeltgruppe aufsteigen. Dies gelte unabhängig davon, ob das Arbeitsverhältnis der/des Beschäftigten zu diesem oder zu einem anderen Zeitpunkt in der Vergangenheit geruht hat. Auch diejenigen Beschäftigten, die sich schon seit der Überleitung in Elternzeit oder Sonderurlaub befinden, werden, wenn sie in eine Zwischenstufe übergeleitet wurden, zum 1. November 2008 einer regulären Stufe zugeordnet. Diese Überleitungsvorschrift gehe dem § 17 Abs. 3 TV-L vor.

§ 6 Stufenzuordnung der Angestellten

(1) [1]Beschäftigte aus dem Geltungsbereich des BAT/BAT-O – mit Ausnahme der Ärztinnen und Ärzte im Sinne des § 4 Abs. 1 Satz 2 und 3 – werden einer ihrem Vergleichsentgelt entsprechenden individuellen Zwischenstufe der Entgeltgruppe (§ 4) zugeordnet. [2]Das Entgelt der individuellen Zwischenstufe nach Satz 1 wird zum 1. Januar 2008 im Tarifgebiet West um 2,9 v. H. erhöht und auf volle fünf Euro aufgerundet. [3]Die Erhöhung einschließlich Aufrundung gilt im Tarifgebiet Ost ab 1. Mai 2008. [4]Zum 1. November 2008 steigen diese Beschäftigten in die betragsmäßig nächsthöhere reguläre Stufe ihrer Entgeltgruppe auf. [5]Der weitere Stufenaufstieg richtet sich nach den Regelungen des TV-L. [6]Für die Stufenzuordnung der Lehrkräfte im Sinne der Vorbemerkung Nr. 5 zu allen Vergütungsgruppen der Anlage 1a zum BAT/BAT-O gilt die Entgelttabelle zum TV-L mit den Maßgaben des § 20.

Protokollerklärung zu § 6 Abs. 1:

Das Entgelt der individuellen Zwischenstufe nach Satz 1 wird für Beschäftigte, auf die die Regelungen des Tarifgebietes Ost Anwendung finden und die nach dem BAT-O (einschließlich des § 2 Nr. 3 des Änderungstarifvertrages Nr. 1 zum BAT-O vom 8. Mai 1991) in die Vergütungsgruppen X bis Vb, Kr. I bis Kr. VIII eingruppiert oder nach dem MTArb-O in die Lohngruppen 1 bis 9 eingereiht wären, am 1. Januar 2008 um den Faktor 1,081081 erhöht.

(2) [1]Werden Beschäftigte vor dem 1. November 2008 höhergruppiert (nach § 8 Abs. 1 und 3, § 9 Abs. 3 Buchst. a oder aufgrund Übertragung einer mit einer höheren Entgeltgruppe bewerteten Tätigkeit), so erhalten sie in der höheren Entgeltgruppe Tabellenentgelt nach der regulären Stufe, deren Betrag mindestens der individuellen Zwischenstufe entspricht, jedoch nicht weniger als das Tabellenentgelt der Stufe 2; der weitere Stufenaufstieg richtet sich nach den Regelungen des TV-L. [2]In den Fällen des Satzes 1 gilt § 17 Abs. 4 Satz 2 TV-L entsprechend. [3]Werden Beschäftigte vor dem 1. November 2008 herabgruppiert, werden sie in der niedrigeren Entgeltgruppe derjenigen individuellen Zwischenstufe zugeordnet, die sich bei Herabgruppierung im Oktober 2006 ergeben hätte; der weitere Stufenaufstieg richtet sich nach Absatz 1 Satz 4 und 5.

(3) [1]Ist bei Beschäftigten, deren Eingruppierung sich nach der Vergütungsordnung für Angestellte im Pflegedienst (Anlage 1b zum BAT/BAT-O) richtet, das Vergleichsentgelt niedriger als das Entgelt der Stufe 3, entspricht es aber mindestens dem Mittelwert aus den Beträgen der Stufen 2 und 3 und ist die/der Beschäftigte am Stichtag mindestens drei Jahre in einem Arbeitsverhältnis bei demselben Arbeitgeber beschäftigt, wird sie/er abweichend von Absatz 1 bereits zum 1. November 2006 in die Stufe 3 übergeleitet. [2]Der weitere Stufenaufstieg richtet sich nach den Regelungen des TV-L.

(4) [1]Liegt das Vergleichsentgelt über der höchsten Stufe der nach § 4 bestimmten Entgeltgruppe, werden die Beschäftigten abweichend von Absatz 1 einer dem Vergleichsentgelt entsprechenden individuellen Endstufe zugeordnet; bei Lehrkräften im Sinne der Vorbemerkung Nr. 5 zu allen Vergütungsgruppen der Anlage 1a zum BAT/BAT-O gilt dabei die Entgelttabelle zum TV-L mit den Maßgaben des § 20. [2]Absatz 1 Sätze 2 und 3 gelten entsprechend. [3]Werden

Beschäftigte aus einer individuellen Endstufe höhergruppiert, so erhalten sie in der höheren Entgeltgruppe mindestens den Betrag, der ihrer bisherigen individuellen Endstufe entspricht. [4]Im Übrigen gilt Absatz 2 entsprechend. [5]Die individuelle Endstufe verändert sich um denselben Vomhundertsatz bzw. in demselben Umfang wie die höchste Stufe der jeweiligen Entgeltgruppe.

Protokollerklärung zu § 6 Abs. 4:

[1]Die Protokollerklärung zu § 6 Abs. 1 gilt entsprechend. [2]Sie findet am 1. Januar 2010 entsprechende Anwendung auf Beschäftigte im Tarifgebiet Ost, für deren Entgelt am 31. Dezember 2009 noch ein Bemessungssatz von 92,5 v. H. gilt.

(5) [1]Beschäftigte, deren Vergleichsentgelt niedriger ist als das Tabellenentgelt in der Stufe 2, werden abweichend von Absatz 1 der Stufe 2 zugeordnet. [2]Der weitere Stufenaufstieg richtet sich nach den Regelungen des TV-L. [3]Abweichend von Satz 1 werden Beschäftigte, denen am 31. Oktober 2006 eine in der Allgemeinen Vergütungsordnung (Anlage 1a zum BAT/BAT-O) durch die Eingruppierung in Vergütungsgruppe Va BAT/BAT-O mit Aufstieg nach IVb und IVa BAT/BAT-O abgebildete Tätigkeit übertragen ist, der Stufe 1 der Entgeltgruppe 10 zugeordnet.

(6) [1]Ärztinnen und Ärzte im Sinne des § 4 Abs. 1 Satz 2 und 3 werden derjenigen Stufe der Entgeltgruppe (§ 4) zugeordnet, die sie erreicht hätten, wenn die Entgelttabelle für Ärztinnen und Ärzte bereits seit Beginn ihrer Zugehörigkeit zu der für sie maßgebenden Entgeltgruppe gegolten hätte. [2]Für die Stufenfindung bei der Überleitung zählen die Zeiten im jetzigen Arbeitsverhältnis zu demselben Arbeitgeber. [3]Für die Berücksichtigung von Vorzeiten ärztlicher Tätigkeit bei der Stufenfindung gilt § 16 Abs. 2 in Verbindung mit § 41 Nr. 11 TV-L. [4]Ist das Vergleichsentgelt höher als das nach den Sätzen 1 bis 3 maßgebende Tabellenentgelt, wird das Vergleichsentgelt so lange gezahlt, bis das Tabellenentgelt das Vergleichsentgelt erreicht. Absatz 1 Sätze 2 und 3 gelten entsprechend.

Protokollerklärungen zu §§ 4 und 6:

Für die Überleitung in die Entgeltgruppe 8a gemäß Anlagen 5A und 5B TVÜ-Länder gilt für übergeleitete Beschäftigte

- der Vergütungsgruppe Kr. V vier Jahre Kr. Va, zwei Jahre Kr. VI
- der Vergütungsgruppe Kr. Va drei Jahre Kr. VI
- der Vergütungsgruppe Kr. Va fünf Jahre Kr. VI
- der Vergütungsgruppe Kr. V sechs Jahre Kr. VI

mit Ortszuschlag der Stufe 2:

1. Zunächst erfolgt die Überleitung nach den allgemeinen Grundsätzen.
2. Die Verweildauer in Stufe 3 wird von drei Jahren auf zwei Jahre verkürzt.
3. Der Tabellenwert der Stufe 4 wird nach der Überleitung um 100 Euro erhöht.

Erläuterungen

Zu § 6 Abs. 1

Am 1. November 2006 werden die Angestellten mit dem zum Stichtag ermittelten Vergleichsentgelt in eine individuelle Zwischenstufe ihrer neuen Entgeltgruppe übergeleitet. Es erfolgt zum Stichtag also keine direkte Zuordnung der Angestellten zu einer bestimmten Grundentgelt- oder Entwicklungsstufe der neuen Tabelle, sie werden in der Übergangszeit zwischen der betragsmäßig nächstniedrigeren und der nächsthöheren Stufe ihrer neuen Entgeltgruppe geführt. Zum 1. November 2008 steigen die der individuellen Zwischenstufe zugeordneten ehemaligen Angestellten in die nächsthöhere Stufe auf und erhalten das dort vorgesehene Entgelt. Der weitere Stufenaufstieg richtet sich dann nach den Regelungen des TV-L.

II

Beispiel:

Beispiel aus Vereinfachungsgründen ohne die Erhöhung nach Satz 2 bzw. 3:

Angestellter, BAT VII ohne Aufstieg nach VIb, Stufe 29 Jahre

Grundvergütung 1305,86 Euro

Ortszuschlag Stufe 1473,21 Euro

Allgemeine Zulage 107,44 Euro

Vergleichsentgelt 1886,51 Euro

Laut Anlage 2 Teil A zum TVÜ-Länder Überleitung in EG 5 zwischen Stufe 2 (1875) und Stufe 3 (1970); das Vergleichsentgelt von 1886,51 Euro wird bis zum 31. Oktober 2008 gezahlt; zum 1. November 2008 Aufrücken in Stufe 3; der weitere Stufenaufstieg richtet sich nach den Regeln des TV-L.

Nach den Sätzen 2 und 3 wird das Vergleichsentgelt der individuellen Zwischenstufe zum 1. Januar (West) bzw. 1. Mai 2008 (Ost) um 2,9 v. H. erhöht und dann auf volle 5 Euro aufgerundet. Für das Vergleichsentgelt gelten insoweit die gleichen Regeln wie für das Tabellenentgelt (siehe dazu § 3 des Tarifvertrages über Einmalzahlungen).

Bei der Stufenzuordnung der Lehrkräfte sind gemäß Satz 6 die Maßgaben des § 20 TVÜ-Länder zu beachten (siehe dort).

Zur Protokollerklärung zu § 6 Abs. 1

Die Protokollerklärung betrifft nur das Tarifgebiet Ost. Mit ihr stellen die Tarifpartner den Effekt der Erhöhung des Bemessungssatzes/Ost der unteren Einkommensgruppen zum 1. Januar 2008 auch für übergeleitete Beschäftigte sicher (der Faktor 1,081081 bewirkt die Umrechnung von 92,5 v. H. – Bemessungssatz/alt – auf 100 v. H. – Bemessungssatz/neu).

Zu § 6 Abs. 2

Beschäftigte in einer individuellen Zwischenstufe, die vor dem 1. November 2008 höhergruppiert werden, erhalten in der höheren Entgeltgruppe gemäß § 6 Abs. 2 Satz 1 Entgelt nach der regulären Stufe, deren Betrag mindestens das bisherige Vergleichsentgelt erreicht, mindestens aber das Entgelt der Stufe 2 der neuen Entgeltgruppe („doppelte Absicherung nach unten"). Der weitere Stufenaufstieg richtet sich gemäß Satz 1 Halbsatz 2 nach den Regeln des TV-L.

Nach Satz 3 gilt § 17 Abs. 4 Satz 2 TV-L (das ist der Garantiebetrag bei Höhergruppierungen von ursprünglich 25 Euro in den Entgeltgruppen 1 bis 8 bzw. ursprünglich 50 Euro in den Entgeltgruppen 9 bis 15 – zur Entwicklung der Garantiebeträge → Erl. zu § 17 Abs. 4 TV-L) entsprechend.

Herabgruppierungen in der Zeit vor dem 1. November 2008 werden so gehandhabt, als sei die Herabgruppierung bereits im Oktober 2006 erfolgt; der weitere Stufenaufstieg richtet sich nach den allgemeinen Grundsätzen.

Zu § 6 Abs. 3

Absatz 3 enthält eine besondere Regelung für die unter Anlage 1b BAT (Pflegedienst) fallenden Angestellten. Die übergeleiteten Pflegekräfte erhalten an Stelle der Mindeststufe 2 (siehe § 6 Abs. 2 und Abs. 5) die Mindeststufe 3, wenn das tatsächliche Vergleichsentgelt mindestens dem Mittelwert der Stufen 2 und 3 entspricht und wenn der Beschäftigte mindestens drei Jahre bei demselben Arbeitgeber beschäftigt ist. Der weitere Stufenaufstieg richtet sich dann nach den Regeln des TV-L.

Zu § 6 Abs. 4

Die Tarifvertragsparteien haben sich darauf verständigt, dass niemand nach Überleitung in den TV-L weniger verdienen soll als vorher. Liegt das Vergleichsentgelt daher über der Endstufe der maßgeblichen Entgeltgruppe, werden diese Beschäftigten am 1. November 2006 einer individuellen Endstufe jenseits der Tabellenendstufe zugeordnet. Auch die individuelle Endstufe wird zum 1. Januar (West) bzw. 1. Mai (Ost) 2008 um 2,9 v. H. erhöht und anschließend auf volle fünf Euro aufgerundet (siehe Satz 2 und den dort enthaltenen Verweis auf Absatz 1 Sätze 2 und 3). Die individuelle Endstufe ist dynamisch ausgestaltet; d. h., sie wird bei späteren Lohnerhöhungen/-minderungen (z. B. aufgrund künftiger Lohnrunden in den Jahren 2009 ff.) in dem gleichen Maß erhöht bzw. vermindert wie die höchste Stufe der jeweiligen Entgeltgruppe (Satz 5). Auch nach einer Höhergruppierung bleibt mindestens der Betrag der individuellen Endstufe erhalten (Satz 3); durch die Inbezugnahme des Absatzes 2 in Satz 4 ist davon auszugehen, dass den Betroffenen in diesem Fall auch der Garantiebetrag des § 17 Abs. 4 Satz 2 TV-L zusteht.

Bei Lehrern sind die besonderen Maßgaben des § 20 TVÜ-Länder zu beachten.

Zur Protokollerklärung zu § 6 Abs. 4

Diese Protokollerklärung verweist auf die Protokollerklärung zu § 6 Abs. 1, in der die Anpassung des Bemessungssatzes/Ost für bestimmte Entgeltgruppen geregelt ist (siehe dort). Durch den im Zuge des Änderungstarifvertrages Nr. 2 vom 1. März 2009 angefügten Satz 2 wird der Effekt der Protokollerklärung zu § 6 Abs. 1 (Hebung des Bemessungssatzes für das Vergleichsentgelt von 92,5 v. H. auf 100 v. H.) auch für den Anpassungsschritt der höheren Entgeltgruppen zum 1. Januar 2010 hergestellt.

Zu § 6 Abs. 5

Absatz 5 garantiert, dass die Beschäftigten grundsätzlich mindestens der Stufe 2 zugeordnet werden, und zwar auch dann, wenn ihr Vergleichsentgelt unterhalb der Stufe 2 liegt. Da es sich bei der Zuweisung zu Stufe 2 nicht um die Zuweisung zu einer individuellen Zwischenstufe handelt, erfolgt der weitere Aufstieg in den Stufen nach den allgemeinen Regelungen des TV-L (Satz 2). Die Stufe 3 ist somit nach zwei Jahren erreichbar.

Eine Ausnahme gilt nach Satz 3 der Vorschrift für die Angestellten, denen am 31. Oktober 2006 eine Tätigkeit der Vergütungsgruppe Va BAT/BAT-O mit Aufstieg nach IVb und IVa BAT/BAT-O übertragen ist. Diese Beschäftigten sind der Stufe I der Entgeltgruppe 10 zugeordnet.

Zu § 6 Abs. 6

In Absatz 6 haben die Tarifpartner besondere Regelungen für Ärzte an Universitätskliniken (und die ihnen gleichgestellten Ärzte) vereinbart. Bei ihnen erfolgt die Stufenzuordnung so, als hätte die Entgelttabelle für Ärzte bereits seit Beginn der Zugehörigkeit des Arztes zu seiner Entgeltgruppe gegolten. Vorzeiten sind dabei aber nur mit Einschränkungen zu berücksichtigen (Satz 2 und 3).

Satz 4 stellt sicher, dass mindestens das Vergleichsentgelt gezahlt wird.

Zur Protokollerklärung zu den §§ 4 und 6

Die Protokollerklärung enthält Sonderregelungen zur Überleitung bestimmter Krankenpflegekräfte (Verkürzung der Verweildauer in Stufe 3, Zulage).

§ 7 Stufenzuordnung der Arbeiterinnen und Arbeiter

(1) [1]Beschäftigte aus dem Geltungsbereich des MTArb/MTArb-O werden entsprechend ihrer Beschäftigungszeit nach § 6 MTArb/MTArb-O – mit Ausnahme der Übergangsvorschrift Nr. 3 zu § 6 MTArb-O – der Stufe der gemäß § 4 bestimmten Entgeltgruppe zugeordnet, die sie erreicht hätten, wenn die Entgelttabelle des TV-L bereits seit Beginn ihrer Beschäftigungszeit gegolten hätte; Stufe 1 ist hierbei ausnahmslos mit einem Jahr zu berücksichtigen. [2]Der weitere Stufenaufstieg richtet sich nach den Regelungen des TV-L.

(2) § 6 Abs. 4 und Abs. 5 Satz 1 und 2 gilt für Beschäftigte gemäß Absatz 1 entsprechend.

(3) [1]Ist das Tabellenentgelt nach Absatz 1 Satz 1 niedriger als das Vergleichsentgelt, werden die Beschäftigten einer dem Vergleichsentgelt entsprechenden individuellen Zwischenstufe zugeordnet; § 6 Abs. 1 Satz 2 und 3 gilt entsprechend. [2]Der Aufstieg aus der individuellen Zwischenstufe in die betragsmäßig nächsthöhere reguläre Stufe ihrer Entgeltgruppe findet zu dem Zeitpunkt statt, zu dem sie gemäß Absatz 1 Satz 1 die Voraussetzungen für diesen Stufenaufstieg aufgrund der Beschäftigungszeit erfüllt haben. [3]§ 6 Absatz 4 Satz 5 gilt entsprechend.

(4) [1]Werden Beschäftigte während ihrer Verweildauer in der individuellen Zwischenstufe höhergruppiert, erhalten sie in der höheren Entgeltgruppe Tabellenentgelt nach der regulären Stufe, deren Betrag mindestens der individuellen Zwischenstufe entspricht, jedoch nicht weniger als das Entgelt der Stufe 2; der weitere Stufenaufstieg richtet sich nach den Regelungen des TV-L. [2]§ 17 Abs. 4 Satz 2 TV-L gilt entsprechend. [3]Werden Beschäftigte während ihrer Verweildauer in der individuellen Zwischenstufe herabgruppiert, erfolgt die Stufenzuordnung in der niedrigeren Entgeltgruppe, als sei die niedrigere Einreihung bereits im Oktober 2006 erfolgt; der weitere Stufenaufstieg richtet sich bei Zuordnung zu einer individuellen Zwischenstufe nach Absatz 3 Satz 2, ansonsten nach Absatz 1 Satz 2.

Protokollerklärung zu den Absätzen 2 bis 4:

Die Protokollerklärung zu § 6 Abs. 1 gilt entsprechend.

Erläuterungen

Zu § 7 Abs. 1

Arbeiter werden zum Stichtag 1. November 2006 zunächst nach ihrer Beschäftigungszeit (§ 6 MTArb/MTArb-O; aber ohne die besondere Übergangsvorschrift Nr. 3 zu § 6 MTArb-O) in die Entgeltstufe ihrer neuen Entgeltgruppe übergeleitet, die sie erreicht hätten, wenn die neue Entgelttabelle bereits seit dem Beginn ihrer Beschäftigungszeit gegolten hätte; dabei wird die Stufe 1 in jedem Fall mit einem Jahr berücksichtigt. Der weitere Stufenaufstieg erfolgt nach den Grundsätzen des TV-L, also nach den §§ 16, 17 TV-L.

II

Beispiel:

Überleitung eines Arbeiters der Lohngruppe 5a zum 1. November 2006, Beginn der Beschäftigungszeit am 1. September 1999 = 7 Jahre, Monatstabellenlohn der Lohnstufe 4: 2.040,54 Euro, Tarifgebiet West

1. SchrittÜberleitung in Entgeltgruppe 5

2. SchrittStufenzuordnung nach Beschäftigungszeit

Aufgrund der Beschäftigungszeit von 7 Jahren erfolgt die Zuordnung zur Stufe 4 = 2.065,00 Euro

Berechnung des Vergleichsentgelts:
Das Entgelt der Stufe 4 ist höher als das Vergleichsentgelt (entspricht Monatstabellenlohn). Der Arbeiter wird nach § 7 Abs. 1 Satz 1 TVÜ ab 1. November 2006 der Stufe 4 in der Entgeltgruppe 5 zugeordnet.

Weiterer Stufenaufstieg:

Der weitere Stufenaufstieg richtet sich nach den Regelungen des TV-L (§ 7 Abs. 1 Satz 2 TVÜ). Nach der Zuordnung zu der regulären Stufe der neuen Entgeltgruppe ist die bisher erreichte Beschäftigungszeit nicht mehr relevant (dies hat das BAG mit Urteil vom 13. August 2009 – 6 AZR 177/08 ausdrücklich bestätigt). Im neuen Entgeltsystem ist allein die jeweilige Stufenlaufzeit (§ 16 Abs. 3 TV-L) maßgeblich. Im vorstehenden Beispiel beginnt die Laufzeit für den nächsten Stufenaufstieg aus der Stufe 4 am 1. November 2006. Damit erfolgt der Aufstieg in die nächsthöhere Stufe 5 bei regelmäßiger Stufenlaufzeit (4 Jahre in Stufe 4) zum 1. November 2010.

Das BAG hat mit Urteil vom 26. Juni 2008 – 6 AZR 498/07 – entschieden, dass es bei der Überleitung von Arbeitern hinsichtlich der Stufenzuordnung nur auf die tatsächliche Beschäftigungszeit ankomme. Etwaige „förderliche Zeiten", die im bisherigen Recht für die Lohnstufenzuordnung der Beschäftigungszeit hinzugerechnet werden konnten, bleiben nach Auffassung des BAG unberücksichtigt. Das Urteil ist zwar auf der Grundlage der kommunalen Vorschriften (§ 7 TVÜ-VKA nach Überleitung aus dem BMT-G) ergangen. Die Grundsätze sind aber wegen der in diesem Punkt weitgehenden Übereinstimmung von § 7 TVÜ-VKA, TVÜ-Bund und TVÜ-Länder bzw. BMT-G und MTArb auch im Bereich des Überleitungsrechts des Bundes und der Länder von Bedeutung.

Zu § 7 Abs. 2

Gemäß § 7 Abs. 2 gelten § 6 Abs. 4 (individuelle Endstufe oberhalb der höchsten Stufe einer Entgeltgruppe) und Abs. 5 Satz 1 und 2 (Zuweisung mindestens zur Stufe 2) entsprechend. Einzelheiten dazu siehe unter Erläuterungen zu § 6 Abs. 4 und 5.

II

Zu § 7 Abs. 3

Absatz 3 bestimmt, dass auch den Arbeitern nach der Überführung in das neue Entgeltsystem mindestens das Vergleichsentgelt erhalten bleibt. Sofern es höher ist, als das nach Absatz 1 Satz 1 zustehende Entgelt, wird das Vergleichsentgelt – wie bei den Angestellten – als individuelle Zwischenstufe weiter gewährt (Satz 1). Auch bei Arbeitern wird das Entgelt in der individuellen Zwischenstufe zum 1. Januar (West) bzw. 1. Mai (Ost) 2008 um 2,9 v. H. erhöht und anschließend auf volle fünf Euro aufgerundet (siehe Satz 1 zweiter Halbsatz und den dort enthaltenen Verweis auf § 6 Absatz 1 Sätze 2 und 3). Durch den mit dem Änderungstarifvertrag Nr. 2 vom 1. März 2009 angefügten Satz 3 und den darin enthaltenen Verweis auf § 6 Absatz 4 Satz 5 wird sichergestellt, dass das Entgelt an der individuellen Zwischenstufe auch an späteren Entgelterhöhungen im Zuge von Lohnrunden teilnimmt.

Anders als bei ehemaligen Angestellten richtet sich die Verweildauer in der individuellen Zwischenstufe – ebenso wie die Verweildauer in einer „normalen" neuen Entgeltstufe – nach den Regelungen des TV-L und somit nach der für das Erreichen der nächsten Stufe noch verbleibenden individuellen Beschäftigungszeit. Ein genereller „Beförderungstag" (wie der 1. November 2008 bei ehemaligen Angestellten) ist bei ehemaligen Arbeitern nicht vorgesehen.

Beispiel:

Überleitung eines Arbeiters der Lohngruppe 5a zum 1. November 2006; Beginn der Beschäftigungszeit am 1. September 1997 = 9 Jahre, Monatstabellenlohn der Lohnstufe 5: 2.073,19 Euro, Tarifgebiet West

1. Schritt: Überleitung in Entgeltgruppe 5

2. Schritt: Stufenzuordnung nach Beschäftigungszeit

Aufgrund der Beschäftigungszeit von 9 Jahren erfolgt die Zuordnung zur Stufe 4 = 2.065,00 Euro

Berechnung des Vergleichsentgelts:
Das Entgelt der Stufe 4 ist niedriger als das Vergleichsentgelt (entspricht Monatstabellenlohn). Der Arbeiter wird deshalb nach § 7 Abs. 3 Satz 1 TVÜ mit dem Betrag von 2.073,19 Euro in die individuelle Zwischenstufe 4+ übergeleitet.

Weiterer Stufenaufstieg:
Im Gegensatz zur Stufenzuordnung nach der Beschäftigungszeit bleibt in den Fällen, in denen die Überleitung in eine individuelle Zwischenstufe erfolgt, die bisher erreichte Beschäftigungszeit des Arbeiters für den Aufstieg in die nächsthöhere reguläre Stufe weiter relevant. Der Aufstieg in die reguläre Stufe 5 erfolgt somit am 1. September 2007, da die nächsthöhere reguläre Stufe 5 eine Beschäftigungszeit von 10 Jahren voraussetzt und diese am 1. September 2007 erfüllt ist.

Zu § 7 Abs. 4

Die Regelung des § 7 Abs. 4 in den Fällen der Höher- bzw. Herabgruppierung von ehemaligen Arbeitern während der Zeit der Verweildauer in einer individuellen Zwischenstufe entspricht im Kern der Regelung in § 6 Abs. 2 (siehe Erläuterung zu § 6 Abs. 2).

Zur Protokollerklärung zu Abs. 2 bis 4

Diese Protokollerklärung verweist auf die Protokollerklärung zu § 6 Absatz 1, in der die Anpassung des Bemessungssatzes/Ost für bestimmte Entgeltgruppen geregelt ist (siehe dort).

II

3. Abschnitt
Besitzstandsregelungen

§ 8 Bewährungs- und Fallgruppenaufstiege

(1) [1]Beschäftigte, die aus dem Geltungsbereich des BAT/BAT-O in eine der Entgeltgruppen 3, 5, 6 oder 8 übergeleitet werden und

- die am 1. November 2006 bei Fortgeltung des bisherigen Tarifrechts die für eine Höhergruppierung erforderliche Zeit der Bewährung oder Tätigkeit zur Hälfte erfüllt haben,
- bis zum individuellen Aufstiegszeitpunkt weiterhin eine Tätigkeit auszuüben haben, die diesen Aufstieg ermöglicht hätte, und
- bei denen zum individuellen Aufstiegszeitpunkt keine Anhaltspunkte vorliegen, die bei Fortgeltung des bisherigen Rechts einer Höhergruppierung entgegengestanden hätten,

sind zu dem Zeitpunkt, zu dem sie nach bisherigem Recht höhergruppiert wären, in die nächsthöhere Entgeltgruppe des TV-L eingruppiert. [2]Abweichend von Satz 1 erfolgt die Höhergruppierung in die Entgeltgruppe 5, wenn die Beschäftigten aus der Vergütungsgruppe VIII BAT/BAT-O mit ausstehendem Aufstieg nach Vergütungsgruppe VII BAT/BAT-O in die Entgeltgruppe 3 übergeleitet worden sind; sie erfolgt in die Entgeltgruppe 8, wenn die Beschäftigten aus der Vergütungsgruppe VIb BAT/BAT-O mit ausstehendem Aufstieg nach Vergütungsgruppe Vc BAT/BAT-O in die Entgeltgruppe 6 übergeleitet worden sind. [3]Die Sätze 1 und 2 gelten nicht in den Fällen des § 4 Abs. 2. [4]Erfolgt die Höhergruppierung vor dem 1. November 2008, gilt – gegebenenfalls unter Berücksichtigung des Satzes 2 – § 6 Abs. 2 Satz 1 und 2 entsprechend.

(2) [1]Beschäftigte, die aus dem Geltungsbereich des BAT/BAT-O in eine der Entgeltgruppen 2 sowie 9 bis 15 übergeleitet werden und

- die am 1. November 2006 bei Fortgeltung des bisherigen Tarifrechts die für eine Höhergruppierung erforderliche Zeit der Bewährung oder Tätigkeit zur Hälfte erfüllt haben,
- in der Zeit zwischen dem 1. Dezember 2006 und dem 31. Oktober 2008 höhergruppiert wären,
- bis zum individuellen Aufstiegszeitpunkt weiterhin eine Tätigkeit auszuüben haben, die diesen Aufstieg ermöglicht hätte, und
- bei denen zum individuellen Aufstiegszeitpunkt keine Anhaltspunkte vorliegen, die bei Fortgeltung des bisherigen Rechts einer Höhergruppierung entgegengestanden hätten,

erhalten ab dem Zeitpunkt, zu dem sie nach bisherigem Recht höhergruppiert wären, in ihrer bisherigen Entgeltgruppe Entgelt nach derjenigen individuellen Zwischen- bzw. Endstufe, die sich ergeben hätte, wenn sich ihr Vergeichsentgelt (§ 5) nach der Vergütung aufgrund der Höhergruppierung bestimmt hätte. [2]Ein etwaiger Strukturausgleich wird ab dem individuellen Aufstiegszeitpunkt nicht mehr gezahlt. [3]Der weitere Stufenaufstieg richtet sich bei Zuordnung zu einer individuellen Zwischenstufe nach § 6 Abs. 1. [4]§ 4

Abs. 2 bleibt unberührt. [5]Zur Ermittlung einer neuen individuellen Zwischenstufe gemäß Satz 1 ist für Beschäftigte im Tarifgebiet Ost, die unter die Protokollerklärung zu § 6 Abs. 1 fallen, das auf den Rechtsstand vom 31. Oktober 2006 festgestellte neue Vergleichsentgelt um den Faktor 1,081081 zu erhöhen, wenn die Neuberechnung des Vergleichsentgelts in der Zeit nach dem 31. Dezember 2007 zu erfolgen hat. [6]Darüber hinaus ist das Vergleichsentgelt um 2,9 v. H. zu erhöhen und auf volle fünf Euro aufzurunden, wenn die Neuberechnung des Vergleichsentgelts für Beschäftigte im Tarifgebiet West nach dem 31. Dezember 2007 und für Beschäftigte im Tarifgebiet Ost nach dem 30. April 2008 zu erfolgen hat.

Niederschriftserklärung zu § 8 Abs. 2:

Die Neuberechnung des Vergleichsentgelts führt nicht zu einem Wechsel der Entgeltgruppe.

Niederschriftserklärung zu § 8 Abs. 1 Satz 3 und Abs. 2 Satz 2 sowie § 9 Abs. 2 bis 4:

Eine missbräuchliche Entziehung der Tätigkeit mit dem ausschließlichen Ziel, eine Höhergruppierung bzw. eine Besitzstandszulage zu verhindern, ist nicht zulässig.

(3) [1]Abweichend von Absatz 1 Satz 1 und Absatz 2 Satz 1 gelten die Absätze 1 beziehungsweise 2 auf schriftlichen Antrag entsprechend für übergeleitete Beschäftigte, die bei Fortgeltung des BAT/BAT-O bis spätestens zum 31. Oktober 2012 wegen Erfüllung der erforderlichen Zeit der Bewährung oder Tätigkeit höhergruppiert worden wären, unabhängig davon, ob die Hälfte der erforderlichen Bewährungs- oder Tätigkeitszeit am Stichtag erfüllt ist. [2]In den Fällen des Absatzes 2 Satz 1 erhalten Beschäftigte, die in der Zeit zwischen dem 1. November 2008 und dem 31. Oktober 2012 bei Fortgeltung des BAT/BAT-O höhergruppiert worden wären, in ihrer bisherigen Entgeltgruppe Entgelt nach derjenigen individuellen Zwischen- oder Endstufe, die sich aus der Summe des bisherigen Tabellenentgelts und dem nach Absatz 2 ermittelten Höhergruppierungsgewinn nach bisherigem Recht ergibt; die Stufenlaufzeit bleibt hiervon unberührt. [3]Bei Beschäftigten mit individueller Endstufe erhöht sich in diesen Fällen ihre individuelle Endstufe um den nach bisherigem Recht ermittelten Höhergruppierungsgewinn. [4]Im Tarifgebiet Ost sind Anpassungen des Bemessungssatzes bei der Ermittlung des Höhergruppierungsgewinns zu berücksichtigen; ab 1. Januar 2010 werden in den Fällen, in denen noch keine Bemessungssatzanhebung stattgefunden hat, die Höhergruppierungsgewinne um den Faktor 1,081081 erhöht. [5]§ 6 Absatz 4 Satz 5 gilt – auch bei Zuordnung zu einer individuellen Zwischenstufe – entsprechend.

Protokollerklärung zu § 8 Absatz 3:

Wäre die/der Beschäftigte bei Fortgeltung des BAT/BAT-O in der Zeit vom 1. Januar 2011 bis 31. März 2011 wegen Erfüllung der Voraussetzungen des Absatzes 3 höhergruppiert worden, findet Absatz 3 auf schriftlichen Antrag vom 1. April 2011 an Anwendung.

(4) [1]Die Absätze 1 bis 3 finden auf übergeleitete Beschäftigte, deren Eingruppierung sich bis zum 31. Dezember 2011 nach der Vergütungsordnung für Angestellte im Pflegedienst (Anlage 1b zum BAT/BAT-O) richtet, und die zum 1. Januar 2012 in den Teil IV der Entgeltordnung zum TV-L übergeleitet werden, sowie auf übergeleitete Ärztinnen und Ärzte im Sinne des § 4 Abs. 1

Satz 2 und 3 keine Anwendung. [2]Satz 1 gilt nicht für die gemäß Anlagen 5A und 5B in die Entgeltgruppen 9a bis 9d übergeleiteten Beschäftigten.

(5) [1]Ist bei einer Lehrkraft, die bis zum 31. Dezember 2011 gemäß Nr. 5 der Vorbemerkungen zu allen Vergütungsgruppen nicht unter die Anlage 1a zum BAT/BAT-O und ab 1. Januar 2012 gemäß Nr. 4 der Vorbemerkung zu allen Teilen der Entgeltordnung nicht unter die Entgeltordnung zum TV-L fällt, eine Höhergruppierung nur vom Ablauf einer Bewährungszeit und von der Bewährung abhängig und ist am 1. November 2006 die Hälfte der Mindestzeitdauer für einen solchen Aufstieg erfüllt, erfolgt in den Fällen des Absatzes 1 unter den weiteren dort genannten Voraussetzungen zum individuellen Aufstiegszeitpunkt der Aufstieg in die nächsthöhere Entgeltgruppe. [2]Absatz 1 Satz 2 und Höhergruppierungsmöglichkeiten durch entsprechende Anwendung beamtenrechtlicher Regelungen bleiben unberührt. [3]In den Fällen des Absatzes 2 gilt Satz 1 mit der Maßgabe, dass anstelle der Höhergruppierung eine Neuberechnung des Vergleichsentgelts nach Absatz 2 erfolgt. [4]Absatz 3 gilt entsprechend.

II

Erläuterungen

Die Vorschrift bestimmt im Wesentlichen – unterschiedlich für die Beschäftigten der Entgeltgruppen 3, 5, 6 oder 8 (Absatz 1) einerseits und die Beschäftigten der Entgeltgruppen 2 sowie 9 bis 15 (Absatz 2) andererseits, inwieweit sich bei der Überleitung bereits zurückgelegte Bewährungs-/Tätigkeitszeiten in der neuen Entgeltordnung auswirken. Es handelt sich dabei im Ergebnis um eine Besitzstandsregelung für „abgeschnittene" Bewährungs-/Tätigkeitsaufstiege.

Zu § 8 Abs. 1

Für Angestellte, die in eine der Entgeltgruppen 3, 5, 6 oder 8 überführt werden und am Stichtag (1. November 2006) die Hälfte der Zeitdauer für einen Aufstieg in die nächsthöhere BAT-Vergütungsgruppe erfüllt haben, erfolgt zum individuellen Aufstiegszeitpunkt der „Aufstieg" in die nächsthöhere Entgeltgruppe entsprechend den Regelungen des TV-L über Höhergruppierungen, soweit der Beschäftigte zum Stichtag die persönlichen Voraussetzungen erfüllt hätte (Satz 1).

Beschäftigte der Vergütungsgruppe VIII BAT/BAT-O mit ausstehendem Aufstieg nach Vergütungsgruppe VII BAT/BAT-O werden (von Entgeltgruppe 3) in die Entgeltgruppe 5, Beschäftigte der Vergütungsgruppe VIb BAT/BAT-O mit ausstehendem Aufstieg nach Vergütungsgruppe Vc BAT/BAT-O werden (von Entgeltgruppe 6) in die Entgeltgruppe 8 höhergruppiert, denn die Entgeltgruppen 4 und 7 sind nur für ehemalige Arbeiter vorgesehen (Satz 2).

Die von § 4 Abs. 2 erfassten Beschäftigten (das sind die Höhergruppierungsfälle im November 2006; siehe Erläuterungen zu § 4 Abs. 2) sind von dem oben dargestellten Grundsatz ausgenommen (Satz 3), weil die Höhergruppierung im November 2006 ohnehin bereits im Vergleichsentgelt berücksichtigt ist.

Wenn die Höhergruppierung aufgrund dieser Vorschrift in der Zeit vor dem 1. November 2008 erfolgt, sind die allgemeinen Grundsätze des § 6 Abs. 2 Satz 1 und 2 (siehe Erläuterungen zu § 6 Abs. 2) zu beachten (Satz 4).

Wegen der Besonderheiten in den Fällen, in denen im Anschluss an einen Aufstieg noch eine Vergütungsgruppenzulage vorgesehen ist, siehe Erläuterungen zu § 9 Abs. 3 Buchstabe a.

Zu § 8 Abs. 2

Angestellte, die in eine der Entgeltgruppen 2 sowie 9 bis 15 überführt werden und am Stichtag (1. November 2006) die Hälfte der Zeitdauer für einen Aufstieg in die nächsthöhere BAT-Vergütungsgruppe erfüllt haben, steigen zwar zum individuellen Aufstiegszeitpunkt nicht in die nächsthöhere Entgeltgruppe auf. Bei Beschäftigten, die am 1. November 2006 die Hälfte der Zeitdauer für einen Aufstieg in die nächsthöhere BAT-Vergütungsgruppe erfüllt haben, in der Zeit zwischen dem 1. Dezember 2006 und dem 31. Oktober 2008 höhergruppiert worden wären, und die zum Stichtag die persönlichen Voraussetzungen erfüllt hätten, wird aber zu dem individuellen Aufstiegszeitpunkt das für die Überleitung maßgebende Vergleichsentgelt (siehe Erläuterungen zu § 5) neu berechnet.

Dabei wird anstelle der tatsächlichen Vergütungsgruppe das Entgelt der bei unterstellter Höhergruppierung erreichten Vergütungsgruppe zugrunde gelegt. Auf dieser Basis wird dann das zustehende Entgelt nach der individuellen Zwischenstufe (der durch die Überleitung erreichten Entgeltgruppe) bzw. ggf. der Endstufe nach den allgemeinen Grundsätzen (siehe Erläuterungen zu § 6) neu ermittelt (Satz 1). Ein Wechsel der Entgeltgruppe ist damit nicht verbunden (Niederschriftserklärung zu § 8 Abs. 2); Auswirkungen ergeben sich somit nur bei der Entgeltstufe. Das BAG hält diese Verfahrensweise für rechtmäßig (s. Urteil vom 29. 1. 2014 – 6 AZR 943/11). Dass es in Einzelfällen zu einer Besserstellung dieser vom „fiktiven Aufstieg" profitierenden Beschäftigten gegenüber denjenigen Beschäftigten kommen kann, die den Bewährungsaufstieg nach BAT/BAT-O bereits vor dem 1. Oktober 2007 vollzogen haben, ist nach den Ausführungen des BAG unerheblich (s. Urteil vom 16. Oktober 2014 – 6 AZR 661/12).

Etwaige Strukturausgleiche (siehe § 12) werden ab diesem Zeitpunkt nicht mehr gezahlt (Satz 2).

Ist im Wege des „fiktiven Aufstieges" die Zuordnung zu einer individuellen Zwischenstufe erfolgt, richtet sich der weitere Stufenaufstieg nach § 6 Abs. 1 – er erfolgt somit zum 1. November 2008 (Satz 3; siehe auch Erläuterungen zu § 6 Allgemeines). Nach Satz 4 der Vorschrift bleibt § 4 Abs. 2 unberührt – bei den darunter fallenden Beschäftigten (das sind die Höhergruppierungsfälle im November 2006) wird die Höhergruppierung für die Ermittlung des Vergleichsentgelts ohnehin berücksichtigt (siehe Erläuterungen zu § 4).

Satz 5 stellt sicher, dass bei den unter die Protokollerklärung zu § 6 Abs. 1 (siehe dort) fallenden Beschäftigten des Tarifgebietes Ost im Falle einer Neuberechnung des Vergleichsentgelts der Anpassungsfaktor (zur Hochrechnung von 92,5 v. H. auf 100 v. H.) anzuwenden ist.

Nach Satz 6 hat bei einer Neuberechnung des Vergleichsentgelts nach dem 31. Dezember 2007 (Tarifgebiet West) bzw. 30. April 2008 (Tarifgebiet Ost) eine Erhöhung um 2,9 v. H. und eine Aufrundung auf volle fünf Euro zu erfolgen (zu den Grundsätzen siehe § 6 Abs. 1 Sätze 2 und 3).

Zu § 8 Abs. 3

Nach Absatz 3 erfolgte der Bewährungs-/Fallgruppenaufstieg nach Absatz 1 bzw. der „fiktive Bewährungs-/Fallgruppenaufstieg" nach Absatz 2 in den Fällen, in denen der tatsächliche Aufstieg bei Weitergeltung alten Rechts bis zum 31. Oktober 2008 erfolgt wäre, auch dann, wenn die in den Absätzen 1 und 2 geforderte „Halbzeit" am 1. November 2006 noch nicht erfüllt war.

Die praktische Bedeutung dieser Vorschrift war eher gering; sie konnte unter Berücksichtigung der Datenlage nur dann zur Anwendung kommen, wenn zwischen der Grund- und der Aufstiegsvergütungsgruppe nur eine relativ kurze Zeit lag.

Absatz 3 ist im Zuge des Änderungstarifvertrages Nr. 2 vom 1. März 2009 mit Wirkung vom 1. März 2009 erheblich geändert und hinsichtlich seiner Wirkung erweitert worden. Im Ergebnis finden nach der Neufassung des Absatzes 3 auch die Aufstiege, die bei Fortgeltung des bisherigen (BAT-)Rechts in der Zeit vom 1. März 2009 bis zum 31. Dezember 2010 erfolgt wären, noch statt, wenn die Betroffenen dies beantragen. Im Eckpunktepapier zur Tarifrunde 2009 hatten die Tarifpartner schon festgelegt, dass über eine Verlängerung dieser Regelung im Rahmen der nächsten Tarifrunde beraten werden kann. Im Rahmen der Tarifrunde 2011 wurde die Frist dann bis zum 31. Oktober 2012 verlängert. Bei der Antragstellung ist zu bedenken, dass sich durch einen Aufstieg gemäß § 8 Absatz 2 Satz 2 bzw. § 12 Absatz 5 Auswirkungen (Fortfall bzw. Minderung) auf einen ggf. zustehenden Strukturausgleich ergeben, die unter Umständen einen Höhergruppierungsgewinn zumindest vorübergehend übersteigen.

Im Fall der in die Entgeltgruppen 3, 5, 6 oder 8 übergeleiteten Beschäftigten erfolgt entsprechend der Regelung in Absatz 1 ein „echter" Aufstieg zum individuellen Aufstiegszeitpunkt (Satz 1).

In den Fällen der in die Entgeltgruppen 2 und 9 bis 15 übergeleiteten ehemaligen Angestellten wird in Anlehnung an das Verfahren des Absatzes 2 der nach bisherigem Recht ermittelte Höhergruppierungsgewinn zum Tabellenentgelt hinzugerechnet und die Summe aus Tabellenentgelt und Höhergruppierungsgewinn dann als neue individuelle Zwischen- oder Endstufe der jeweiligen Entgeltgruppe gezahlt. Die Stufenzuweisung wird davon nicht berührt; die betroffenen Beschäftigten steigen somit erst zum regulär vorgesehenen Zeitpunkt in die nächst höhere Stufe auf (Satz 2 und 3).

Beispiel:

Eine Beschäftigte mit originärer Eingruppierung in die VergGr. Vb mit seinerzeit noch ausstehendem Aufstieg nach VergGr. IVb (nach 6 Jahren) ist mit ihrem Vergleichsentgelt gem. § 5 TVÜ-Länder (35. LASt, Ortszuschlagsstufe 1) in Höhe von 2454,73 EUR in die Entgeltgruppe 9 und einer Zuordnung zu einer individuellen Zwischenstufe zwischen den Stufen 3 und 4 (Stufe 3+) übergeleitet worden. Das Entgelt erhöhte sich gemäß § 6 Abs. 1 Satz 2 TVÜ-Länder zum 1. Januar 2008 auf 2530 EUR. Am 1. November 2008 rückte sie gem. § 6 Abs. 1 Satz 4 TVÜ-Länder in die reguläre Stufe 4 (2810 EUR) auf. Am 1. März 2009 erhöht sich ihr monatliches Tabellenentgelt auf 2935,50 EUR und am 1. März 2010 auf 2970,73 EUR. Am 1. Juli 2010 erreicht sie den individuellen Zeitpunkt, zu dem sie nach bisherigem Recht in die VergGr. IVb höhergruppiert worden wäre.

Ab dem 1. Juli 2010 hat sie auf Antrag Anspruch auf ein erhöhtes Entgelt in ihrer Entgeltgruppe 9. Ihr Höhergruppierungsgewinn berechnet sich wie folgt:

Vergleichsentgelt VergGr Vb, 35. LASt, OZ 1 =	2454,73 EUR
Vergleichsentgelt VergGr IVb, 35. LASt, OZ 1=	2713,59 EUR
Differenz (Höhergruppierungsgewinn) =	258,86 EUR

Ab dem 1. Juli 2010 erhält sie daher zusätzlich zu ihrem Tabellenentgelt in Höhe von 2970,73 EUR den individuellen Höhergruppierungsgewinn in Höhe von 258,86 EUR monatlich; das ergibt in der Summe 3229,59 EUR als neues monatliches Entgelt. Die Stufenlaufzeit nach Stufe 5 (vier Jahre nach Erreichen der Stufe 4, gerechnet ab 1. November 2008) bleibt unberührt, die Stufe 5 wird somit zum 1. November 2012 erreicht.

Mit der Regelung des Satzes 4 wird erreicht, dass sich Anpassungsschritte des Bemessungssatzes Ost auch bei der Ermittlung des Höhergruppierungsgewinnes auswirken. Durch den Verweis in Satz 5 auf § 6 Abs. 4 Satz 5 wird die Dynamisierung des Betrages bei allgemeinen Entgelterhöhungen sichergestellt.

In einer Protokollerklärung zu Absatz 3 n. F. i. d. F. d. Änderungstarifvertrages Nr. 3 vom 10. März 2011 haben die Tarifpartner vereinbart, dass die Vorschrift auf Antrag auch für solche Aufstiege anzuwenden ist, die in der Zeit vom 1. Januar 2011 (also nach dem Auslaufen der Regelung des Absatzes 3 a. F.) und dem Inkrafttreten der Neufassung (1. April 2011) stattgefunden hätten. Die erhöhten Beträge stehen dann ab dem 1. April 2011 zu.

Zu § 8 Abs. 4

In Absatz 4 haben die Tarifpartner vereinbart, dass die Grundsätze zur Sicherung des Effekts von Bewährungs-/Fallgruppenaufstiegen nicht für Angestellte der Anlage 1b zum BAT (Pflegekräfte) und für die Ärzte i. S. d. § 4 Abs. 1 Satz 2 und 3 TVÜ-Länder (Ärzte an Universitätskliniken und ihnen gleichgestellte Ärzte) gelten. Satz 3 der Vorschrift enthält eine Ausnahme von der Ausnahme und bestimmt, dass gemäß den Anlagen 5A und 5B in die Entgeltgruppen 9a bis 9d übergeleitete Beschäftigte (Pflegekräfte) doch unter die Absätze 1 bis 3 fallen.

Zu § 8 Abs. 5

In Absatz 5 ist die sinngleiche Übertragung der Grundsätze zur Sicherung von Bewährungs-/Fallgruppenaufstiegen auf (die nicht unter die Anlage 1a zum BAT bzw. die Entgeltordnung zum TV-L fallenden) Lehrkräfte vereinbart worden.

Zur Niederschriftserklärung zu § 8 Abs. 1 Satz 3 und Abs. 2 Satz 2 sowie § 9 Abs. 2 bis 4

In einer Niederschriftserklärung zu § 8 Abs. 1 Satz 3 und Abs. 2 Satz 2 sowie § 9 Abs. 2 bis 4 haben die Tarifvertragspartner bestimmt, dass eine missbräuchliche Entziehung der bisherigen Tätigkeit mit dem ausschließlichen Ziel, eine Höhergruppierung zu verhindern, nicht zulässig ist.

Dadurch wird das allgemeine Direktionsrecht des Arbeitgebers, nach dem er an sich berechtigt wäre, dem Arbeitnehmer anstelle einer zum Aufstieg führenden Tätigkeit die Tätigkeit der gleichen Vergütungsgruppe, aber einer nicht zum Aufstieg führenden Fallgruppe, zuzuweisen, eingeschränkt. Die Einschränkung gilt aber nur, wenn die

Verhinderung des Aufstieges das ausschließliche Ziel der Entziehung der zum Aufstieg berechtigenden Tätigkeit ist. Die Zuweisung einer anderen, nicht zum Aufstieg berechtigenden Tätigkeit im Rahmen beispielsweise einer Neustrukturierung der Dienststelle wird durch die Niederschriftserklärung nicht blockiert.

II

§ 9 Vergütungsgruppenzulagen

(1) Aus dem Geltungsbereich des BAT/BAT-O übergeleitete Beschäftigte, denen am 31. Oktober 2006 nach der Vergütungsordnung zum BAT/BAT-O eine Vergütungsgruppenzulage zusteht, erhalten in der Entgeltgruppe, in die sie übergeleitet werden, eine Besitzstandszulage in Höhe ihrer bisherigen Vergütungsgruppenzulage.

(2) [1]Aus dem Geltungsbereich des BAT/BAT-O übergeleitete Beschäftigte, die bei Fortgeltung des bisherigen Rechts nach dem 31. Oktober 2006 eine Vergütungsgruppenzulage ohne vorausgehenden Fallgruppenaufstieg erreicht hätten, erhalten ab dem Zeitpunkt, zu dem ihnen die Zulage nach bisherigem Recht zugestanden hätte, eine Besitzstandszulage. [2]Die Höhe der Besitzstandszulage bemisst sich nach dem Betrag, der als Vergütungsgruppenzulage zu zahlen gewesen wäre, wenn diese bereits am 31. Oktober 2006 zugestanden hätte. [3]Voraussetzung ist, dass

- am 1. November 2006 die für die Vergütungsgruppenzulage erforderliche Zeit der Bewährung oder Tätigkeit nach Maßgabe des § 23b Abschn. A BAT/BAT-O zur Hälfte erfüllt ist,
- zu diesem Zeitpunkt keine Anhaltspunkte vorliegen, die bei Fortgeltung des bisherigen Rechts der Vergütungsgruppenzulage entgegengestanden hätten und
- bis zum individuellen Zeitpunkt nach Satz 1 weiterhin eine Tätigkeit auszuüben ist, die zu der Vergütungsgruppenzulage geführt hätte.

(2a) [1]Absatz 2 gilt auf schriftlichen Antrag entsprechend für übergeleitete Beschäftigte, die bei Fortgeltung des BAT/BAT-O bis spätestens zum 31. Oktober 2012 wegen Erfüllung der erforderlichen Zeit der Bewährung oder Tätigkeit die Voraussetzungen der Vergütungsgruppenzulage erfüllt hätten, unabhängig davon, ob die Hälfte der erforderlichen Zeit der Bewährung oder Tätigkeit am Stichtag erfüllt ist. [2]Die Protokollerklärung zu § 8 Absatz 3 gilt entsprechend.

(3) Für aus dem Geltungsbereich des BAT/BAT-O übergeleitete Beschäftigte, die bei Fortgeltung des bisherigen Rechts nach dem 31. Oktober 2006 im Anschluss an einen Fallgruppenaufstieg eine Vergütungsgruppenzulage erreicht hätten, gilt Folgendes:

a) [1]In eine der Entgeltgruppen 3, 5, 6 oder 8 übergeleitete Beschäftigte, die den Fallgruppenaufstieg am 31. Oktober 2006 noch nicht erreicht haben, sind zu dem Zeitpunkt, zu dem sie nach bisherigem Recht höhergruppiert worden wären, in die nächsthöhere Entgeltgruppe des TV-L eingruppiert; § 8 Abs. 1 Satz 2 bis 4 gilt entsprechend. [2]Eine Besitzstandszulage für eine Vergütungsgruppenzulage steht nicht zu.

b) [1]Ist ein der Vergütungsgruppenzulage vorausgehender Fallgruppenaufstieg am 31. Oktober 2006 bereits erfolgt, gilt Absatz 2 mit der Maßgabe, dass am 1. November 2006 die Hälfte der Gesamtzeit für den Anspruch auf die Vergütungsgruppenzulage einschließlich der Zeit für den vorausgehenden Aufstieg zurückgelegt sein muss oder die Vergütungsgruppenzulage bei Fortgeltung des bisherigen Rechts bis zum 31. Oktober 2012 erworben

worden wäre. [2]Im Fall des Satzes 1 2. Alternative wird die Besitzstandszulage auf schriftlichen Antrag gewährt. [3]Die Protokollerklärung zu § 8 Absatz 3 gilt entsprechend.

II

c) [1]Wäre im Fall des Buchstaben a nach bisherigem Recht der Fallgruppenaufstieg spätestens am 31. Oktober 2008 erreicht worden, gilt Absatz 2 auf schriftlichen Antrag mit der Maßgabe, dass am 1. November 2008 die Hälfte der Gesamtzeit für den Anspruch auf die Vergütungsgruppenzulage einschließlich der Zeit für den vorausgehenden Aufstieg erreicht worden sein muss und die Vergütungsgruppenzulage bei Fortgeltung des bisherigen Rechts bis zum 31. Oktober 2012 erworben worden wäre. [2]Die Protokollerklärung zu § 8 Absatz 3 gilt entsprechend.

(4) [1]Die Besitzstandszulage nach den Absätzen 1, 2 und 3 Buchstaben b und c wird so lange gezahlt, wie die anspruchsbegründende Tätigkeit ununterbrochen ausgeübt wird und die sonstigen Voraussetzungen für die Vergütungsgruppenzulage nach bisherigem Recht weiterhin bestehen. [2]Sie verändert sich bei allgemeinen Entgeltanpassungen um den von den Tarifvertragsparteien für die jeweilige Entgeltgruppe vereinbarten Vomhundertsatz. [3]Daneben steht ein weiterer Anspruch auf eine Entgeltgruppenzulage nach der Entgeltordnung zum TV-L nicht zu.

Protokollerklärungen zu § 9 Abs. 4:

1. Unterbrechungen wegen Mutterschutz, Elternzeit, Krankheit und Urlaub sind unschädlich.
2. Die Protokollerklärung zu § 6 Absatz 4 gilt entsprechend.

Protokollerklärung zu § 9 Absatz 4 Satz 2:

Die Besitzstandszulage erhöht sich ab 1. November 2024 um 4,76 v. H. und ab 1. Februar 2025 um 5,5 v. H.

Niederschriftserklärung zu § 8 Abs. 1 Satz 3 und Abs. 2 Satz 2 sowie § 9 Abs. 2 bis 4:

Eine missbräuchliche Entziehung der Tätigkeit mit dem ausschließlichen Ziel, eine Höhergruppierung bzw. eine Besitzstandszulage zu verhindern, ist nicht zulässig.

Erläuterungen

Die Vorschrift regelt, inwieweit Vergütungsgruppenzulagen bzw. „Anwartschaftszeiten" auf Vergütungsgruppenzulagen beim Wechsel in die neue Entgeltordnung berücksichtigt werden. Dabei sind unterschiedliche Regelungen vereinbart worden für aus dem BAT/BAT-O übergeleitete Beschäftigte, die am 31. Oktober 2006 bereits eine Vergütungsgruppenzulage erhalten, für Beschäftigte, die nach altem Recht Anspruch auf eine Vergütungsgruppenzulage ohne vorausgehenden Fallgruppenaufstieg hatten, und für Beschäftigte, die nach altem Recht Anspruch auf eine Vergütungsgruppenzulage nach vorausgehendem Fallgruppenaufstieg hatten.

Zu § 9 Abs. 1

Beschäftigte, die am Stichtag 31. Oktober 2006 bereits eine Vergütungsgruppenzulage erhalten, bekommen in der übergeleiteten Entgeltgruppe eine der bislang gezahlten Vergütungsgruppenzulage entsprechende Besitzstandszulage, die parallel zum (Vergleichs-)Entgelt gezahlt wird. Wegen der Dauer der Zahlung und ihrer Dynamisierung → Absatz 4.

Zu § 9 Abs. 2

Beschäftigte, die bei Fortgeltung des alten Rechts nach dem Überleitungsstichtag Anspruch auf eine Vergütungsgruppenzulage ohne vorausgehenden Fallgruppenaufstieg realisiert hätten, erhalten in der übergeleiteten Entgeltgruppe ab dem Zeitpunkt, in dem die Vergütungsgruppenzulage nach altem Recht zugestanden hätte, eine Besitzstandszulage in Höhe dieser Vergütungsgruppenzulage (Satz 1 und 2), wenn sie am 1. November 2006 die für die Vergütungsgruppenzulage erforderliche Bewährungszeit zur Hälfte zurückgelegt haben und die persönlichen Voraussetzungen für die Zulage erfüllen (Satz 3). Wegen der Dauer der Zahlung und ihrer Dynamisierung → Absatz 4.

Zu § 9 Abs. 2a

Absatz 2a ist im Zuge des Änderungstarifvertrages Nr. 2 vom 1. März 2009 mit Wirkung vom 1. März 2009 eingefügt worden. Die Vorschrift erweitert den Geltungsbereich der Regelung des Absatzes 2 auch auf die Fälle, die am 1. November 2006 noch nicht die nach Absatz 2 erforderliche „Halbzeit" für die Vergütungsgruppenzulage erfüllt hatten. Auch in diesen Fällen wird nach der Neuregelung des Absatzes 2a eine Vergütungsgruppenzulage gezahlt, wenn bei Fortgeltung des bisherigen (BAT-)Rechts der Beginn der Zulagenzahlung in der Zeit vom 1. März 2009 (In-Kraft-Treten des Absatzes 2a) bis zum 31. Dezember 2010 gelegen hätte. Im Eckpunktepapier zur Tarifrunde 2009 hatten die Tarifpartner schon festgelegt, dass über eine Verlängerung dieser Regelung im Rahmen der nächsten Tarifrunde beraten werden kann. Im Rahmen der Tarifrunde 2011 wurde die Frist dann bis zum 31. Oktober 2012 verlängert. Die Zahlungsaufnahme setzt einen entsprechenden schriftlichen Antrag der Betroffenen voraus.

Nach Satz 2 der Vorschrift gilt die Protokollerklärung zu § 8 Absatz 3 entsprechend. Somit ist die Vorschrift des Absatzes 2a auf schriftlichen Antrag auch für solche Vergütungsgruppenzulagen anzuwenden, die schon vor dem 1. April 2011 begonnen hätten. Die erhöhten Beträge stehen dann ab dem 1. April 2011 zu.

II

Zu § 9 Abs. 3

Die Regelung des Absatzes 2 lässt nachfolgende Fallgestaltungen offen, die zum Teil in Absatz 3 geregelt sind.

- In eine der Entgeltgruppen 3, 5, 6 oder 8 übergeleitete Beschäftigte bei noch nicht erreichtem Fallgruppenaufstieg:

  Diese Beschäftigten, für die nach bisherigem Recht zunächst ein Fallgruppenaufstieg und danach eine Vergütungsgruppenzulage vorgesehen war („doppelter Bewährungsaufstieg"), werden zu dem Zeitpunkt, zu dem sie nach bisherigem Recht höhergruppiert worden wären, in die nächsthöhere Entgeltgruppe eingruppiert (Absatz 3 Buchst. a). Dabei gilt die Vorschrift der Sätze 2 bis 4 des § 8 Abs. 1 entsprechend (→ dazu Erläuterungen zu § 8 Abs. 1). Es ist nicht erforderlich, dass die Bewährungszeit bei Überleitung bereits zur Hälfte zurückgelegt worden ist.

  Eine Besitzstandszulage für eine (verpasste) Vergütungsgruppenzulage steht in diesen Fällen nicht zu.

- In andere Entgeltgruppen übergeleitete Beschäftigte bei noch nicht erreichtem Fallgruppenaufstieg:

  Dieser Fall ist nicht geregelt. Sofern entsprechende Fallgestaltungen in der Praxis überhaupt auftreten können, wird dann weder – wie in den Fällen der Entgeltgruppen 3, 5, 6 oder 8 – eine Höhergruppierung vollzogen noch besteht Anspruch auf eine Besitzstandszulage.

  Die Besitzstandsregelungen des § 8 Abs. 2 sind aber ggf. zu beachten (→ Erläuterungen zu § 8 Abs. 2).

- Besitzstandszulagen für Vergütungsgruppenzulagen bei bereits erreichtem Fallgruppenaufstieg:

  In diesen Fällen gilt gemäß Absatz 3 Buchstabe b die Vorschrift des Absatzes 2 (→ Erläuterungen zu Absatz 2) mit der Maßgabe, dass am 1. November 2006 die Hälfte der Gesamtzeit für den Anspruch auf die Vergütungsgruppenzulage einschließlich der Zeit für den vorausgegangenen Aufstieg zurückgelegt sein muss. Auch diese Vorschrift ist im Zuge des Änderungstarifvertrages Nr. 2 vom 1. März 2009 mit Wirkung vom 1. März 2009 modifiziert worden. Nach näherer Maßgabe der neu in den Satz 1 aufgenommenen zweiten Alternative genügt es auch hier, dass der Anspruch auf Vergütungsgruppenzulage nach bisherigem Recht bis zum 31. Dezember 2010 erworben worden wäre (zur weiteren Verlängerung dieses Datums im Rahmen der Tarifrunde 2011 siehe bei den Erläuterungen zum Absatz 2a). Die Zahlungsaufnahme setzt einen entsprechenden schriftlichen Antrag der Betroffenen voraus. Nach Satz 2 der Vorschrift gilt die Protokollerklärung zu § 8 Absatz 3 entsprechend.

Somit ist die Vorschrift des Absatzes 2a auf schriftlichen Antrag auch für solche Vergütungsgruppenzulagen anzuwenden, die schon vor dem 1. April 2011 begonnen hätten. Die erhöhten Beträge stehen dann ab dem 1. April 2011 zu. Wegen der Dauer der Zahlung und ihrer Dynamisierung → Absatz 4.

Der ebenfalls durch den Änderungstarifvertrag Nr. 2 eingefügte Buchstabe c des Absatzes 3 führt zu einer Ausweitung des für eine Besitzstandszulage in Frage kommenden Personenkreises. Bis dahin hatten die unter Absatz 3 Buchstabe a fallenden Beschäftigten unter den dort genannten Voraussetzungen nur einen Anspruch auf den Aufstieg, nicht aber auf eine sich daran anschließende Vergütungsgruppenzulage. Nach der Neuregelung kommt eine Zulage (nach Aufstieg) auch in den Fällen noch in Betracht, in denen der Aufstieg nach bisherigem Recht spätestens am 31. Oktober 2008 erfolgt wäre, am 1. November 2008 die Gesamtzeit für den Aufstieg und den Anspruch auf Vergütungsgruppenzulage insgesamt zur Hälfte absolviert war und der Anspruch auf Zulage bis zum 31. Dezember 2010 erworben wird. Ist dies der Fall, so steigen die Beschäftigten nicht nur zum individuellen Zeitpunkt auf, sondern erhalten dann zu dem Zeitpunkt, an dem nach altem Recht der Anspruch auf eine Vergütungsgruppenzulage entstanden wäre, eine Besitzstandszulage. Weitere Voraussetzung ist ein schriftlicher Antrag der Betroffenen. Zur weiteren Verlängerung des Enddatums 31. Dezember 2010 im Rahmen der Tarifrunde 2011 siehe bei den Erläuterungen zum Absatz 2a. Nach Satz 2 der Vorschrift gilt die Protokollerklärung zu § 8 Absatz 3 entsprechend. Somit ist die Vorschrift des Absatzes 2a auf schriftlichen Antrag auch für solche Vergütungsgruppenzulagen anzuwenden, die schon vor dem 1. April 2011 begonnen hätten. Die erhöhten Beträge stehen dann ab dem 1. April 2011 zu.

Zu § 9 Abs. 4

Besitzstandszulagen werden nach Absatz 4 so lange fortgezahlt, wie die anspruchsbegründende Tätigkeit ununterbrochen ausgeübt wird und die sonstigen Voraussetzungen für eine Vergütungsgruppenzulage weiterhin bestehen. Die Zulage ist dynamisch gestaltet; d. h., sie wird bei Entgeltanpassungen um den gleichen Prozentsatz verändert wie das Entgelt der Entgeltgruppe, in die der Beschäftigte eingruppiert ist (Absatz 4 Satz 2). Mit dem durch Änderungstarifvertrag Nr. 4 mit Wirkung vom 1. Januar 2012 eingeführten Satz 3 wird klargestellt, dass ein Anspruch auf eine Besitzstandszulage den Anspruch auf eine Entgeltgruppenzulage ausschließt.

II

Zu den Protokollerklärungen zu Abs. 4

In Protokollerklärung Nr. 1 ist vereinbart worden, dass Unterbrechungen wegen Mutterschaft, Elternzeit, Krankheit und Urlaub für die Fortzahlung der Vergütungsgruppenzulagen nach den Absätzen 1, 2 und 3 Buchst. b unschädlich sind. Die Zulage wird also auch nach Ende der Unterbrechung fortgezahlt. Die Aufzählung ist abschließend. Mit Urteil vom 24. März 2012 – 6 AZR 586/10 – hat das BAG entschieden, dass auch Sonderurlaub unter den Begriff des „Urlaubs" zu fassen ist, so dass auch längere Unterbrechungen durch Sonderurlaub unschädlich für den weiteren Bezug der Besitzstandszulage sind. Protokollerklärung Nr. 2 verweist auf die Protokollerklärung zu § 6 Absatz 4, in der die Anpassung des Bemessungssatzes/Ost für bestimmte Entgeltgruppen geregelt ist (→ dort).

In der Protokollerklärung zu Absatz 4 Satz 2 werden jeweils die sich aus der letzten Tarifrunde ergebenden Steigerungsbeträge vereinbart; die Besitzstandszulage erhöht sich ab 1. November 2024 um 4,76 Prozent und ab 1. Februar 2025 um 5,5 Prozent.

Zur Niederschriftserklärung zu § 8 Abs. 1 Satz 3 und Abs. 2 Satz 2 sowie § 9 Abs. 2 bis 4

→ hierzu Erläuterungen zu § 8.

II

§ 10 Fortführung vorübergehend übertragener höherwertiger Tätigkeit

[1]Beschäftigte, denen am 31. Oktober 2006 eine Zulage nach § 24 BAT/BAT-O zusteht, erhalten nach Überleitung in den TV-L eine Besitzstandszulage in Höhe ihrer bisherigen Zulage, solange sie die anspruchsbegründende Tätigkeit weiterhin ausüben und die Zulage nach bisherigem Recht zu zahlen wäre. [2]Wird die anspruchsbegründende Tätigkeit über den 31. Oktober 2008 hinaus beibehalten, finden mit Wirkung ab dem 1. November 2008 die Regelungen des TV-L über die vorübergehende Übertragung einer höherwertigen Tätigkeit Anwendung. [3]Für eine vor dem 1. November 2006 vorübergehend übertragene höherwertige Tätigkeit, für die am 31. Oktober 2006 wegen der zeitlichen Voraussetzungen des § 24 Abs. 1 bzw. 2 BAT/BAT-O noch keine Zulage gezahlt wird, gilt Satz 1 und 2 ab dem Zeitpunkt entsprechend, zu dem nach bisherigem Recht die Zulage zu zahlen gewesen wäre. [4]Sätze 1 bis 3 gelten in den Fällen des § 9 MTArb/MTArb-O entsprechend; bei Vertretung einer Arbeiterin/eines Arbeiters bemisst sich die Zulage nach dem Unterschiedsbetrag zwischen dem Lohn nach § 9 Abs. 2 Buchst. a MTArb/MTArb-O und dem im Oktober 2006 ohne Zulage zustehenden Lohn. [5]Sätze 1 bis 4 gelten bei besonderen tarifvertraglichen Vorschriften über die vorübergehende Übertragung höherwertiger Tätigkeiten entsprechend. [6]Die Zulage nach Satz 1 verändert sich bei allgemeinen Entgeltanpassungen um den von den Tarifvertragsparteien für die jeweilige Entgeltgruppe vereinbarten Vomhundertsatz. [7]Ist Beschäftigten, die eine Besitzstandszulage nach Satz 1 erhalten, die anspruchsbegründende Tätigkeit bis zum 31. Oktober 2008 dauerhaft übertragen worden, erhalten sie eine persönliche Zulage, wenn sich die Bezüge dadurch verringert haben. [8]Die Zulage nach Satz 7 wird für die Dauer der Wahrnehmung dieser Tätigkeit auf einen bis zum 31. Dezember 2009 zu stellenden schriftlichen Antrag (Ausschlussfrist) der/des Beschäftigten vom 1. März 2009 an gezahlt. [9]Die Höhe der Zulage bemisst sich nach dem Unterschiedsbetrag zwischen dem am 1. November 2006 nach § 6 oder § 7 zustehenden Tabellenentgelt oder Entgelt nach einer individuellen Zwischen- oder Endstufe einschließlich der Besitzstandszulage nach Satz 1 und dem Tabellenentgelt nach der Höhergruppierung. [10]Nach der Höhergruppierung erfolgte Entgelterhöhungen durch allgemeine Entgeltanpassungen, durch Stufenaufstiege und Höhergruppierungen und durch Zulagen gemäß § 14 Absatz 3 TV-L sind auf die persönliche Zulage in voller Höhe anzurechnen.

Protokollerklärung zu § 10 Satz 10:

Die Anrechnung umfasst auch entsprechende Entgeltsteigerungen, die nach dem 31. Oktober 2006 erfolgt sind.

Niederschriftserklärung zu § 10:

Die Tarifvertragsparteien stellen klar, dass die vertretungsweise Übertragung einer höherwertigen Tätigkeit ein Unterfall der vorübergehenden Übertragung einer höherwertigen Tätigkeit ist.

Erläuterungen

Diese Regelung bewirkt im Ergebnis, dass die Vorschriften des § 24 BAT/BAT-O bzw. § 9 MTArb/MTArb-O für die übergeleiteten Beschäf-

II

tigten, denen am 31. Oktober 2006 vorübergehend (oder vertretungsweise – → Niederschriftserklärung zu § 10) höherwertige Tätigkeiten übertragen waren, die sie auch nach dem 1. November 2006 fortführen, bis zum 31. Oktober 2008 weiter gelten. Die Zulage ist dynamisch ausgestaltet und wird bei allgemeinen Lohnerhöhungen angepasst (Satz 6). Nach dem 1. November 2008 sind die Vorschriften des TV-L (→ § 14 TV-L) anzuwenden.

Dementsprechend bestimmen sich ab dem 1. November 2008 Voraussetzungen und Höhe des Anspruchs auch in den Fällen, in denen die vorübergehende höherwertige Tätigkeit vor dem 1. November 2006 übertragen wurde, ausschließlich nach § 14 TV-L. Folglich sind in den Fällen, in denen die vorübergehend höherwertige Tätigkeit aus dem alten Recht über den 31. Oktober 2008 hinaus fortgeführt wird, Voraussetzungen und Höhe der Zulage mit Wirkung vom 1. November 2008 anhand des § 14 TV-L neu zu bestimmen. Dabei können sich Änderungen sowohl in Bezug auf das „Ob" als auch auf die Höhe der Zulagenzahlung ergeben:

– *§ 14 Abs. 1 TV-L – Voraussetzungen für die Zahlung einer Zulage*

  Die Monatsfrist des § 14 Abs. 1 TV-L ist in diesen Fällen zwangsläufig erfüllt. Ob die vorübergehend übertragene Tätigkeit auch nach § 14 Abs. 1 TV-L höherwertig ist, richtet sich ab dem 1. November 2008 ausschließlich nach der Eingruppierung der höherwertigen Tätigkeit in die Entgeltgruppen des TV-L. Bis zum Inkrafttreten der neuen Entgeltordnung werden die Vergütungsgruppen der Vergütungsordnung gem. Anlage 4 TVÜ-Länder den Entgeltgruppen des TV-L zugeordnet (§ 17 Abs. 7 TVÜ-Länder). Eine höherwertige Tätigkeit ist nach neuem Recht nur dann gegeben, wenn die Tätigkeit einer höheren Entgeltgruppe zugeordnet ist als die Entgeltgruppe, in die die/der Beschäftigte (tariflich) eingruppiert ist. Ob der Tätigkeitswechsel zu einem Wechsel der Vergütungs- bzw. Lohngruppe führt, ist dagegen für die Höherwertigkeit i. S. des § 14 Abs. 1 TV-L unerheblich, soweit sich dadurch die Entgeltgruppe nicht ändert. Die Neubestimmung der Voraussetzungen für die Zahlung einer persönlichen Zulage nach § 14 TV-L kann deshalb im Einzelfall zur Folge haben, dass ab dem 1. November 2008 der Anspruch auf eine Zulage entfällt.

  Beispiel:

  Eine Beschäftigte (ehemals Angestellte) mit Tätigkeiten der Vergütungsgruppe IVb BAT mit noch nicht vollzogenem Bewährungsaufstieg in die Vergütungsgruppe IVa BAT ist am 1. November 2006 in die Entgeltgruppe 10 übergeleitet worden. Am 1. Juni 2006, also vor Inkrafttreten des TV-L, waren ihr vorübergehend Tätigkeiten der Vergütungsgruppe IVa des Teils I der Anlage 1a zum BAT (ohne Aufstieg) übertragen worden. Sie hatte daher ab 1. November 2006 Anspruch auf eine Besitzstandszulage nach § 10 TVÜ-Länder in Höhe ihrer bisherigen Zulage nach § 24 BAT. Die Tätigkeit wird auch über den 31. Oktober 2008 hinaus beibehalten.

Ab 1. November 2008 richten sich der Anspruch und die Höhe der persönlichen Zulage für die vorübergehende Übertragung einer höherwertigen Tätigkeit nach § 14 TV-L. Im Rahmen dieser Vorschrift steht die persönliche Zulage nur zu, wenn die vorübergehend übertragene Tätigkeit auch nach dem Recht des TV-L einer höheren Entgeltgruppe zugeordnet ist. Gemäß Anlage 4 TVÜ-Länder sind Tätigkeiten der Vergütungsgruppe IVa BAT (ohne Aufstieg) der Entgeltgruppe 10 zugeordnet. Da die Beschäftigte im Rahmen der Überleitung bereits in die Entgeltgruppe 10 eingruppiert ist, liegt ab dem 1. November 2008 keine höherwertige Tätigkeit mehr vor. Sie hat daher ab diesem Zeitpunkt keinen Anspruch auf eine persönliche Zulage nach § 14 TV-L.

– *§ 14 Abs. 3 TV-L – Höhe der Zulage*

Durch die Neuberechnung am 1. November 2008 beträgt die Höhe der persönlichen Zulage 4,5 v. H. für Beschäftigte in den Entgeltgruppen 1 bis 8 (§ 14 Abs. 3 Satz 2 TV-L). Für Beschäftigte, die in einer der Entgeltgruppen 9 bis 15 eingruppiert sind, bemisst sich die Höhe der persönlichen Zulage aus dem Unterschiedsbetrag zwischen dem Tabellenentgelt auf Grund der Eingruppierung und dem Tabellenentgelt, das sich bei dauerhafter Übertragung der nur vorübergehend übertragenen Tätigkeit nach § 17 Abs. 4 Satz 1 und 2 TV-L ergeben hätte (§ 14 Abs. 3 Satz 1 TV-L); ggf. steht also auch ein Garantiebetrag zu.

Wegen der Berechnung im Übrigen siehe § 14 Abs. 3 TV-L und die Hinweise dazu.

Die Neuberechnung kann im Einzelfall zur Folge haben, dass sich die Höhe der persönlichen Zulage für die Übertragung der höherwertigen Tätigkeit verringert.

Beispiel:

Eine Beschäftigte (ehemals Angestellte) mit Tätigkeiten der Vergütungsgruppe VII BAT, LASt. 33, ist am 1. November 2006 mit einem fiktiven Vergleichsentgelt in Höhe von 2.050 EUR in die Entgeltgruppe 5, Stufe 3+ übergeleitet worden. Am 1. Juni 2006 – also vor Inkrafttreten des TV-L – waren ihr vorübergehend Tätigkeiten der Vergütungsgruppe VIb BAT (ohne Aufstieg) übertragen worden. Sie hatte daher ab 1. November 2006 Anspruch auf eine Besitzstandszulage nach § 10 TVÜ-Länder in Höhe ihrer bisherigen Zulage nach § 24 BAT, also der Differenz zwischen den Vergütungsgruppen VII und VIb BAT (140 EUR monatlich). Sie übt die Tätigkeiten auch über den 31. Oktober 2008 hinaus aus. Am 1. November 2008 steigt sie gem. § 6 Abs. 1 Satz 4 TVÜ-Länder in die nächsthöhere reguläre Stufe 4 auf.

II

Ab 1. November 2008 sind die Voraussetzungen und die Höhe für die persönliche Zulage erneut zu prüfen; es finden die Regelungen des § 14 TV-L Anwendung. Im Rahmen dieser Vorschrift steht die persönliche Zulage nur zu, wenn die vorübergehend übertragene Tätigkeit auch nach dem Recht des TV-L einer höheren Entgeltgruppe zugeordnet ist. Gemäß Anlage 4 TVÜ-Länder sind Tätigkeiten der Vergütungsgruppe VIb BAT (ohne Aufstieg) der Entgeltgruppe 6 zugeordnet. Es liegt daher eine höherwertige Tätigkeit auch im Sinne des TV-L vor. Ab 1. November 2008 hat sie für die weitere Dauer der Ausübung der höherwertigen Tätigkeit Anspruch auf eine persönliche Zulage in Höhe von 4,5 v. H. des Tabellenentgelts der Entgeltgruppe 5 Stufe 4 (§ 14 Abs. 3 Satz 2 TV-L), also von 95,63 EUR monatlich. Die persönliche Zulage hat sich daher ab dem 1. November 2008 verringert.

Wegen der Folgen der vorübergehenden Übertragung einer höherwertigen Tätigkeit in der Zeit vom 1. November 2006 bis zum 31. Oktober 2008 siehe § 18 TVÜ-Länder.

Mit den im Zuge des 2. Änderungstarifvertrages vom 1. März 2009 mit Wirkung vom 1. März 2009 angefügten Sätzen 7 bis 10 haben die Tarifpartner eine besondere Regelung für den Fall getroffen, dass Beschäftigten in der Zeit bis zum 31. Oktober 2008 die anspruchsbegründende Tätigkeit dauerhaft übertragen wird. Zum Ausgleich der in diesen Fällen denkbaren Entgeltminderung, die daraus resultiert, dass das Vergleichsentgelt zuzüglich der nach bisherigem Recht berechneten Zulage höher ist als der „Beförderungsgewinn", haben die Tarifpartner eine Zulage vereinbart. Sie wird zunächst in Höhe des Differenzbetrages zwischen der Summe aus Vergleichsentgelt bei Überleitung in den TV-L und der nach bisherigem Recht (z. B. § 24 BAT) ermittelten Zulage einerseits und dem Entgelt nach Höhergruppierung andererseits gezahlt. Die Zulage wird grundsätzlich zwar für die Zeit der Wahrnehmung der dauerhaft übertragenen Tätigkeit gewährt. Sie ist aber aufzehrbar; Entgeltsteigerungen durch allgemeine Entgeltanpassungen, Stufenaufstiege und Höhergruppierungen, sowie Zulagen i. S. des § 14 Absatz 3 TV-L sind auf die Differenzzulage voll anzurechnen. Dies gilt nach der dazu vereinbarten Protokollerklärung auch für Entgeltsteigerungen nach dem 31. Oktober 2006 (aber noch vor der Höhergruppierung). Die praktische Bedeutung der neuen Sätze 7 bis 10 dürfte im Hinblick auf diese sehr weit reichenden Anrechnungsvorschriften eher gering sein.

Die Zulagenzahlung ist antragsgebunden und setzt einen schriftlichen Antrag bis zum 31. Dezember 2009 voraus. Zahlungsbeginn ist bei rechtzeitiger Antragsstellung der 1. März 2009.

§ 11 Kinderbezogene Entgeltbestandteile

(1) [1]Für im Oktober 2006 zu berücksichtigende Kinder werden die kinderbezogenen Entgeltbestandteile des BAT/BAT-O oder MTArb/MTArb-O in der für Oktober 2006 zustehenden Höhe als Besitzstandszulage fortgezahlt, solange für diese Kinder Kindergeld nach dem Einkommensteuergesetz (EStG) oder nach dem Bundeskindergeldgesetz (BKGG) ununterbrochen gezahlt wird oder ohne Berücksichtigung des § 64 oder § 65 EStG oder des § 3 oder § 4 BKGG gezahlt würde. [2]Die Besitzstandszulage entfällt ab dem Zeitpunkt, zu dem einer anderen Person, die im öffentlichen Dienst steht oder auf Grund einer Tätigkeit im öffentlichen Dienst nach beamtenrechtlichen Grundsätzen oder nach einer Ruhelohnordnung versorgungsberechtigt ist, für ein Kind, für welches die Besitzstandszulage gewährt wird, das Kindergeld gezahlt wird; die Änderung der Kindergeldberechtigung hat die/der Beschäftigte dem Arbeitgeber unverzüglich schriftlich anzuzeigen. [3]Unterbrechungen der Kindergeldzahlung wegen Ableistung von Grundwehrdienst, Zivildienst oder Wehrübungen sowie die Ableistung eines freiwilligen sozialen oder ökologischen Jahres sind unschädlich; soweit die unschädliche Unterbrechung bereits im Monat Oktober 2006 vorliegt, wird die Besitzstandszulage ab dem Zeitpunkt des Wiederauflebens der Kindergeldzahlung gewährt.

Protokollerklärungen zu § 11 Absatz 1:

1. [1]Die Unterbrechung der Entgeltzahlung im Oktober 2006 bei Ruhen des Arbeitsverhältnisses wegen Elternzeit, Rente auf Zeit oder Ablauf der Krankenbezugsfristen ist für das Entstehen des Anspruchs auf die Besitzstandszulage unschädlich. [2]Bei späteren Unterbrechungen der Entgeltzahlung in den Fällen von Satz 1 wird die Besitzstandszulage nach Wiederaufnahme der Beschäftigung weiter gezahlt. [3]Die Höhe der Besitzstandszulage nach Satz 1 richtet sich nach § 5 Abs. 6. [4]Diejenigen Beschäftigten, die im Oktober 2006 nicht kindergeldberechtigt waren und deshalb keinen kinderbezogenen Ortszuschlagsanteil erhalten haben und bis zum 31. Dezember 2006 einen Berechtigtenwechsel beim Kindergeld vornehmen, haben Anspruch auf die Besitzstandszulage nach Satz 1. [5]Die Höhe der Besitzstandszulage ist so zu bemessen, als hätte die/der Beschäftigte bereits im Oktober 2006 Anspruch auf Kindergeld gehabt.
2. [1]Nr. 1 gilt entsprechend auf schriftlichen Antrag bei Ruhen des Arbeitsverhältnisses wegen eines Sonderurlaubs aufgrund von Familienpflichten oder eines Sonderurlaubs, für den der Arbeitgeber vor dessen Antritt ein dienstliches oder betriebliches Interesse an der Beurlaubung schriftlich anerkannt hat. [2]Familienpflichten im Sinne des Satzes 1 liegen vor, wenn die/der Beschäftigte mindestens ein Kind unter 18 Jahren oder einen nach ärztlichem Gutachten pflegebedürftigen Angehörigen tatsächlich betreut oder pflegt. [3]Die/Der Beschäftigte hat das Vorliegen der Voraussetzungen nachzuweisen und Änderungen anzuzeigen.
3. [1]Bei Tod der/des Kindergeldberechtigten wird ein Anspruch nach Absatz 1 für den anderen in den TV-L übergeleiteten Beschäftigten auf schriftlichen Antrag auch nach dem 1. November 2006 begründet. [2]Der Anspruch auf die kinderbezogenen Entgeltbestandteile muss bei der verstorbenen Person unbeschadet der sonstigen Voraussetzungen des Absatzes 1 bis zum Todestag bestanden haben. [3]Die Höhe der Besitzstandszulage ist so zu bemessen, als hätte die/der Beschäftigte bereits im Oktober 2006 Anspruch auf Kindergeld gehabt. [4]Die Besitzstandszulage wird ab dem ersten Tag des Monats, der dem Sterbemonat folgt, frühestens jedoch ab 1. März 2009, gezahlt. [5]Satz 3 der Nr. 2 gilt entsprechend.

(2) [1]§ 24 Abs. 2 TV-L ist anzuwenden. [2]Die Besitzstandszulage nach Absatz 1 Satz 1 verändert sich bei allgemeinen Entgeltanpassungen um den von den Tarifvertragsparteien für die jeweilige Entgeltgruppe vereinbarten Vomhundertsatz. [3]Ansprüche nach Absatz 1 können für Kinder ab dem vollendeten 16. Lebensjahr durch Vereinbarung mit der/dem Beschäftigten abgefunden werden.

Protokollerklärung zu § 11 Absatz 2:
Die Protokollerklärungen zu § 6 Absatz 4 und zu § 9 Absatz 4 Satz 2 gelten entsprechend.

(3) Absätze 1 und 2 gelten entsprechend für

a) zwischen dem 1. November 2006 und dem 31. Dezember 2006 geborene Kinder der übergeleiteten Beschäftigten,

b) die Kinder von bis zum 31. Dezember 2006 in ein Arbeitsverhältnis übernommenen Auszubildenden, Schülerinnen/Schüler in der Gesundheits- und Krankenpflege, Gesundheits- und Kinderkrankenpflege und in der Entbindungspflege sowie Praktikantinnen und Praktikanten aus tarifvertraglich geregelten Beschäftigungsverhältnissen, soweit diese Kinder vor dem 1. Januar 2007 geboren sind.

Erläuterungen

Zu § 11 Abs. 1

Die Fortzahlung der früheren kinderbezogenen Entgeltbestandteile (§ 29 Abschn. B Abs. 3, 4 und 6 BAT/BAT-O/BAT-Ostdeutsche Sparkassen, § 41 MTArb/MTArb-O) als Besitzstandszulage ab 1. November 2006 setzt grundsätzlich voraus, dass im Oktober 2006 tatsächlich entsprechende kinderbezogene Entgeltbestandteile zugestanden haben. Hiervon gelten jedoch mehrere Ausnahmen:

– Bei Nichtzahlung des Kindergelds aufgrund der Ableistung von Grundwehrdienst, Zivildienst oder Wehrübungen (§ 11 Abs. 1 Satz 3 2. Halbsatz TVÜ) und der dadurch bedingten Nichtzahlung auch der kinderbezogenen Entgeltbestandteile haben die Tarifvertragsparteien ausdrücklich bestimmt, dass mit dem Wiederaufleben der Kindergeldzahlung die kinderbezogenen Entgeltbestandteile als Besitzstandszulage fortgezahlt werden. Dabei sind sie in der Höhe zu zahlen, die maßgeblich gewesen wäre, wenn im Oktober 2006 die unschädliche Unterbrechung nicht vorgelegen hätte. Die Mitgliederversammlung der Tarifgemeinschaft deutscher Länder (TdL) hatte bereits in ihrer 5./2010 Sitzung keine Bedenken dagegen erhoben, dass im Fall des freiwillig verlängerten Wehrdienstes (§ 6b Wehrpflichtgesetz) bzw. des freiwillig verlängerten Zivildienstes (§ 41a Zivildienstgesetz) entsprechend verfahren wird. Die Mitgliederversammlung der TdL hat sich ihn ihrer 10./2011 und 4./2012 Mitgliederversammlung erneut mit der Auswirkung von „Diensten" auf die Zahlung des Kinderbesitzstandes befasst und zunächst darauf hingewiesen, dass im Falle der Dienste, während denen nach den gesetzlichen Vorschriften inzwischen das Kindergeld fortgezahlt wird (z. B. bei Bundesfreiwilligendienst und internationalem Jugendfreiwilligendienst; s. § 32 Abs. 4 Satz 1 Nr. 2 Buchst. d EStG bzw. § 2 Abs. 2 Satz 1 Nr. 2 Buchst. d BKGG) die Besitzstandszulage gemäß § 11 TVÜ-Länder weiter zu gewähren sei. Die Mitgliederversammlung hat dann beschlossen, dass über die bereits tarifvertraglich vorgeschriebene Zahlungswiederaufnahme im Anschluss an die Unterbrechung der Kindergeldzahlung (z. B. wegen der Ableistung von Grundwehrdienst, Wehrübungen und Zivildienst – § 11 Abs. 1 Satz 3 TVÜ-Länder) der Anspruch auf die tarifliche Besitzstandszulage auch in den nachstehenden Fällen nach dem Wegfall des Unterbrechungsgrundes mit der Wiederaufnahme der Kindergeldzahlung wiederauflebt:

- freiwilliger Wehrdienst nach Abschnitt 7 WPflG,
- freiwillige Verlängerung des Grundwehrdienstes nach § 53 WPflG,
- freiwilliger zusätzlicher Zivildienst nach § 41a ZDG,
- freiwillige Verlängerung des Zivildienstes nach § 81 ZDG.

Für die Wiederaufnahme der Zahlung ist ein schriftlicher Antrag erforderlich.

- Die Unterbrechung der Entgeltzahlung im Oktober 2006 bei Ruhen des Arbeitsverhältnisses wegen Elternzeit, Rente auf Zeit, Ablauf der Krankenbezugsfristen ist für das Entstehen des Anspruchs auf die Besitzstandszulage unschädlich. Bei späteren Unterbrechungen der Entgeltzahlung wegen der vorgenannten Tatbestände wird die Besitzstandszulage nach Wiederaufnahme der Beschäftigung weiter gezahlt (Sätze 1 und 2 der Protokollerklärung zu § 11 Abs. 1 Satz 1 TVÜ). Dasselbe gilt für Unterbrechungen der Entgeltzahlung wegen der Mutterschutzfristen.
- Der Anspruch auf die Besitzstandszulage besteht auch, wenn sich auf der Basis der bisherigen Tarifvorschriften – insbesondere auch unter Beachtung der dortigen Ausschlussfristen – die Berücksichtigungsfähigkeit von Kindern im Oktober 2006 erst nachträglich ergibt (z. B. bei einer rückwirkenden Bewilligung des gesetzlichen Kindergeldes).
- In Satz 4 der Protokollerklärung zu § 11 Abs. 1 Satz 1 TVÜ haben die TV-Parteien die Möglichkeit des Berechtigtenwechsels für den Kindergeldanspruch eröffnet. Danach können auch diejenigen Beschäftigten, die im Oktober 2006 nicht kindergeldberechtigt waren und deshalb keinen kinderbezogenen Ortszuschlagsanteil

oder Sozialzuschlag erhalten haben, noch einen Anspruch auf die Besitzstandszulage begründen. Dazu müssen sie durch einen Antrag an die das Kindergeld zahlende Stelle den Berechtigtenwechsel beim Kindergeld bis zum 31. Dezember 2006 vornehmen. Von Interesse kann dieser Berechtigtenwechsel in den Fällen sein, in denen der bisher Kindergeldberechtigte als Teilzeitbeschäftigter im öffentlichen Dienst steht.

Die Fortzahlung der tariflichen Besitzstandszulage ab dem 1. November 2006 erfolgt nur, solange für die Kinder nach dem Einkommensteuergesetz (EStG) oder Bundeskindergeldgesetz (BKGG) ununterbrochen Kindergeld gezahlt wird oder ohne Berücksichtigung des § 64 oder § 65 EStG oder des § 3 oder § 4 BKGG gezahlt würde. Daher sind Unterbrechungen beim gesetzlichen Kindergeld grundsätzlich schädlich und haben den endgültigen Wegfall der Besitzstandszulage zur Folge. Das BAG hat diese Rechtsfolge in dem zu § 11 TVÜ-Länder ergangenen Urteil vom 29. Juni 2022 – 6 AZR 465/21 – bestätigt.

Ein späteres Wiederaufleben der tariflichen Besitzstandszulage mit der Wiederaufnahme der Kindergeldzahlung im Anschluss an den Wegfall des Unterbrechungsgrundes erfolgt grundsätzlich nur in den abschließend genannten Ausnahmefällen: Also bei der Ableistung von Grundwehrdienst, Zivildienst oder Wehrübungen (§ 11 Abs. 1 Satz 3 TVÜ). Soweit eine solche Unterbrechung bereits im Oktober 2006 vorgelegen hat, wird die Besitzstandszulage mit dem Wiederaufleben der Zahlung des gesetzlichen Kindergeldes gewährt. Durch Artikel 7 des Steuerumgehungsbekämpfungsgesetzes vom 23. Juni 2017 (BGBl. I S. 1682) wurde dem § 66 EStG mit Wirkung vom 1. Januar 2018 ein neuer Absatz 3 angefügt. Die neue Vorschrift bewirkt, dass das Kindergeld auch dann nur noch für maximal sechs Monate nachgezahlt werden kann, wenn ein Anspruch für davor liegende Zeiträume grundsätzlich besteht. Bei verspäteter Antragstellung des Kindergeldberechtigten (z. B., wenn zu spät auf die Einstellung der Kindergeldzahlung bei Vollendung des 18. Lebensjahres reagiert wird) kann es daher zu einer Unterbrechung der Kindergeldzahlung kommen. Diese würde nach dem Wortlaut der Tarifvorschrift zum Wegfall der Besitzstandszulage nach § 11 TVÜ-Länder führen. Da der Anspruch jedoch dem Grunde nach besteht, hat sich die Mitgliederversammlung der Tarifgemeinschaft deutscher Länder in ihrer 10./2017 Sitzung dafür ausgesprochen, die Zahlung der kinderbezogenen Besitzstandszulage in diesen Fällen auf Antrag mit der Zahlung des Kindergeldes übertariflich wiederaufzunehmen.

Bei Unterbrechungen der Entgeltzahlung wegen Elternzeit, wegen der Gewährung einer Rente auf Zeit oder wegen Ablaufs der Krankenbezugsfristen wird auch die Zahlung der Besitzstandszulage unterbrochen. Sie wird allerdings nach Wiederaufnahme der Beschäftigung weitergezahlt (Sätze 1 und 2 der Protokollerklärung Nr. 1 zu § 11 Abs. 1 Satz 1 TVÜ). Dasselbe gilt für Unterbrechungen der Entgeltzahlung wegen Mutterschutzfristen oder wegen des Bezugs von Krankengeld nach § 45 SGB V. Im Zuge des 2. Änderungstarifvertrages vom 1. März 2009 haben die Tarifpartner in zwei zusätzlichen Protokollerklärungen weitere Ausnahmen zu Absatz 1 vereinbart und damit seit In-Kraft-Treten des TV-L bzw. TVÜ-Länder festgestellte Härten bei der Zahlung des Kinderbesitzstandes ausgeglichen. Die neue Protokollerklärung Nr. 2 stellt die Unterbrechung wegen eines Sonderurlaubs mit anerkannt dienstlichem bzw. betrieblichem Interesse sowie aufgrund von Familienpflichten den in der Protokollerklärung Nr. 1 genannten Unterbrechungstatbeständen gleich. Die Definition der Familienpflichten (Betreuung von Kindern unter 18 Jahren oder anderer pflegebedürftiger Angehöriger) entspricht derjenigen in § 11 TV-L – siehe die dortigen Erläuterungen. Die Zahlung ist antragsgebunden. Das Vorliegen der Voraussetzungen ist nachzuweisen und Änderungen sind anzuzeigen.

Die neue Protokollerklärung Nr. 3 regelt den Härtefall, dass der Kindergeldberechtigte stirbt. Die Tarifpartner haben vereinbart, dass in diesem Fall der Beschäftigte auf Antrag ab dem 1. des auf den Sterbemonat folgenden Monats (frühestens aber ab dem 1. März 2009) den Kinderbesitzstand erhalten kann. Auch hier sind das Vorliegen der Voraussetzungen nachzuweisen und Änderungen anzuzeigen.

Nicht geregelt ist die Frage der Auswirkungen einer kurzfristigen (10 Arbeitstage) bzw. längerfristigen (bis zu einem halben Jahr) Unterbrechung auf Grundlage der §§ 2 bzw. 3 des Pflegezeitgesetzes[1]). Die Mitgliederversammlung der TdL hat in ihrer 4./2008 Sitzung am 15. August 2008 keine Bedenken erhoben, „wenn sowohl die kurzzeitige Arbeitsverhinderung nach § 2 Pflegezeitgesetz (längstens für 10 Arbeitstage, in denen kein Entgeltanspruch besteht) als auch die Pflegezeit nach § 3 Pflegezeitgesetz (längstens für sechs Monate, ebenfalls ohne Entgeltanspruch) als unschädlich für den Weiterbezug der (Kinder-)Besitzstandszulage nach § 11 TVÜ-Länder ab Wiederaufnahme der Tätigkeit angesehen wird."

Erhält nach der Überleitung eine andere Person, die im öffentlichen Dienst tätig ist, Kindergeld für ein Kind, für das bisher die Besitzstandszulage nach § 11 TVÜ gewährt wird, so entfällt die Besitzstands-

[1]) abgedruckt als Anhang 1 unter **210** § 29 TV-L

zulage mit dem Wechsel der Kindergeldzahlung, § 11 Abs. 1 Satz 2 TVÜ. Die Besitzstandszulage entfällt auch, wenn die andere Person aufgrund einer Tätigkeit im öffentlichen Dienst nach beamtenrechtlichen Grundsätzen oder nach einer Ruhelohnordnung versorgungsberechtigt ist. Ein Anwendungsfall des § 11 Abs. 1 Satz 2 TVÜ-Bund liegt nach Auffassung des BAG (Urteil vom 8. Dezember 2011 – 6 AZR 397/10) nur dann vor, wenn mit dem Kindergeldberechtigtenwechsel zugleich ein Anspruch auf kinderbezogene Leistungen der anderen Person verbunden ist. Abweichend vom Wortlaut der Tarifvorschrift, der nur darauf abstellt, ob der anderen Person Kindergeld gezahlt wird, hält das BAG danach einen Wegfall der Besitzstandszulage für nicht gerechtfertigt, wenn sich das Arbeitsverhältnis der anderen Person z. B. nach dem TVöD oder nach dem TV-L richtet, die andere Person aber keinen Anspruch auf kinderbezogene Leistungen aus ihrer Tätigkeit im öffentlichen Dienst hat.

Das Urteil hat auch Auswirkungen auf die wortgleiche Vorschrift des TVÜ-Länder. Das BAG-Urteil verhindert in diesen Fällen lediglich trotz Kindergeldberechtigtenwechsel den Fortfall des Anspruchs auf Besitzstandszulage. Das erstmalige Entstehen von Ansprüchen nach dem 1. November 2006 ist damit nicht verbunden. Ansonsten führen auch spätere Änderungen der Verhältnisse nicht dazu, dass erstmalig ein Anspruch auf die Besitzstandszulage entsteht. Dies hat das LAG Hamm mit Urteil vom 23. Februar 2012 – 11 Sa 1606/11 – festgestellt. In dem Urteilsfall hatte zunächst der ebenfalls als Arbeitnehmer im öffentlichen Dienst beschäftigte kindergeldberechtigte Ehemann der Klägerin die Besitzstandszulage erhalten. Nach dessen Verrentung begehrte die Klägerin die Besitzstandszulage. Die Klage und die Berufung der Klägerin wurden zurückgewiesen. Das Urteil ist rechtskräftig; die gegen die Nichtzulassung der Revision gerichtete Beschwerde der Klägerin hat das BAG mit Beschluss vom 20. September 2012 – 6 AZN 1053/12 – zurückgewiesen.

Bei sog. Gegenkonkurrenzregelungen (diese gibt es z. B. in den Arbeitsvertragsrichtlinien der Caritas) wurden zu Zeiten des BAT kinderbezogene Entgeltbestandteile nicht gewährt, wenn der andere Anspruchsberechtigte im öffentlichen Dienst tätig war. Die öffentlichen Arbeitgeber haben die Auffassung vertreten, dass es für die Zahlung des Kinderbesitzstandes nach § 11 TVÜ auf den tatsächlichen Kindergeldbezug im Vormonat der Überleitung ankomme. Erhalte der andere Anspruchsberechtigte, für den bisher die Gegenkonkurrenzklausel gegolten hat, tatsächlich das Kindergeld, so stünde dem in den TV-L übergeleiteten Beschäftigten eine Besitzstandszulage nicht zu. Die sog. Gegenkonkurrenzklausel greife mit der Überleitung des Beschäftigten in den TV-L nicht mehr; die andere Person habe Anspruch auf kinderbezogene Leistungen vom Überleitungsmonat an. Dieser Auffassung ist das BAG in seinem Urteil vom 13. August 2009 – 6 AZR 319/08 – nicht gefolgt. Nach Auffassung des BAG hat der bei dem öffentlichen Arbeitgeber beschäftigte Ehepartner selbst dann Anspruch auf eine Besitzstandszulage für den kinderbezogenen Ortszuschlag, wenn der im Geltungsbereich der AVR Caritas beschäftigte Ehepartner aufgrund einer Vereinbarung mit seinem Ehegatten für die gemeinsamen Kinder das Kindergeld bezieht. Ab dem Überleitungsmonat kann er nach Auffassung des BAG von seinem Arbeitgeber eine entsprechende Besitzstandszulage verlangen.

Waren die bisherigen Konkurrenzregelungen aus anderen Gründen, z. B. wegen Elternzeit der anderen Person, im Oktober 2006 nicht einschlägig, leben sie aber nach dem 31. Oktober 2006 wieder auf und erhält die andere Person für das Kind Kindergeld, fällt die Besitzstandszulage ebenfalls weg, § 11 Abs. 1 Satz 2 1. Halbsatz TVÜ. Die Änderung der Kindergeldberechtigung bzw. die Zahlungsaufnahme von kinderbezogenen Entgeltbestandteilen bei einer anderen für das Kind kindergeldberechtigten Person ist von dem Beschäftigten unverzüglich schriftlich anzuzeigen.

Zu § 11 Abs. 2

Die Besitzstandszulage beträgt bei Vollbeschäftigten bis zum 31. 12. 2007 90,57 Euro, ab dem 1. 1. 2008 93,20 Euro, ab dem 1. 3. 2009 96,00 Euro, ab dem 1. 3. 2010 97,15 Euro, ab dem 1. 4. 2011 98,61 Euro, ab dem 1. Januar 2012 100,48 Euro, ab dem 1. Januar 2013 103,14 Euro, ab dem 1. Januar 2014 106,18 Euro, ab dem 1. März 2015 108,41 Euro, ab dem 1. März 2016 111,07 Euro, ab dem 1. Januar 2017 113,51 Euro, ab dem 1. Januar 2018 116,18 Euro, ab dem 1. Januar 2019 119,90 Euro, ab dem 1. Januar 2020 123,74 Euro, ab dem 1. Januar 2021 125,47 Euro, ab dem 1. Dezember 2022 128,98 Euro, ab dem 1. November 2024 135,12 Euro und nach dem 1. Februar 2025 142,55 Euro im Tarifgebiet West für jedes berücksichtigungsfähige Kind. Im Tarifgebiet Ost beträgt diese Zulage für jedes berücksichtigungsfähige Kind bei Vollbeschäftigten in den ehemaligen Vergütungsgruppen X bis Vb, Kr. I bis Kr. VIII und den ehemaligen Lohngruppen 1 bis 9 bis zum 31. 12. 2007 83,78 Euro, vom 1. 1. 2008 bis zum 30. 4. 2008 90,57 Euro, ab dem 1. 5. 2008 93,20 Euro, ab dem 1. 3. 2009 96,00 Euro und ab dem 1. 3. 2010 97,15 Euro; für die übrigen Beschäftigten gilt bis zum 30. 4. 2008 eine Zulage in Höhe von 83,78 Euro, ab dem 1. 5. 2008 in Höhe von 86,21 Euro, ab dem 1. 3. 2009 88,80 Euro, ab dem 1. 1. 2010 96 Euro und ab dem 1. 3. 2010 97,15 Euro. Inzwischen entsprechen die Werte denen des Tarifgebietes West.

Hinzu kommen die sog. Kindererhöhungsbeträge, die früheren Angestellten der VergGrn. X bis VIII BAT/BAT-O und früheren Arbeitern der Lohngruppen 1 bis 4 im Oktober 2006 zustanden. Die Weiterzahlung der sog. Kindererhöhungsbeträge als Besitzstandszulage ist an den Kindergeldanspruch für dieses Kind, nicht aber an weitere Voraussetzungen geknüpft. Ein nach dem 31. Oktober 2006 eintretender Wegfall bei der Anzahl der im Rahmen der Besitzstandszulage berücksichtigten Kinder führt demzufolge nicht zu einer Anpassung oder zum Wegfall des sog. Kindererhöhungsbetrages in der Besitzstandszulage für die weiter berücksichtigungsfähigen Kinder. Auch eine spätere Höhergruppierung des Beschäftigten hat auf die Höhe der Besitzstandszulage einschließlich etwaiger Kindererhöhungsbeträge keine Auswirkungen. Die Kindererhöhungsbeträge ergeben sich aus der nachstehenden Tabelle für das Tarifgebiet West. Seit 1. 1. 2010 gelten sie auch im Tarifgebiet Ost.

Zeitraum ab	Kindererhöhungsbetrag			
	VGr. X – VIII, Kr. I, II, LGr. 1 – 4	VGr. X, IXb, Kr. I, LGr. 1, 1a, 2	VGr. IXa, Kr. II, LGr. 2a, 3, 3a	VGr. VIII, LGr. 4
	1. Kind	Jedes weitere zu berücksichtigende Kind		
01. 11. 2006	5,11 €	25,56 €	20,45 €	15,34 €
01. 01. 2008	5,26 €	26,30 €	21,04 €	15,78 €
01. 03. 2009	5,42 €	27,09 €	21,67 €	16,25 €
01. 03. 2010	5,49 €	27,42 €	21,93 €	16,45 €
01. 04. 2011	5,57 €	27,83 €	22,26 €	16,70 €
01. 01. 2012	5,68 €	28,36 €	22,68 €	17,02 €
01. 01. 2013	5,83 €	29,11 €	23,28 €	17,47 €
01. 01. 2014	6,00 €	29,97 €	23,97 €	17,99 €
01. 03. 2015	6,13 €	30,60 €	24,47 €	18,37 €
01. 03. 2016	6,28 €	31,35 €	25,07 €	18,82 €
01. 01. 2017	6,42 €	32,04 €	25,62 €	19,23 €
01. 01. 2018	6,57 €	32,79 €	26,22 €	19,68 €
01. 01. 2019	6,78 €	33,84 €	27,06 €	20,31 €
01. 01. 2020	7,00 €	34,92 €	27,93 €	20,96 €
01. 01. 2021	7,10 €	35,41 €	28,32 €	21,25 €
01. 12. 2022	7,30 €	36,40 €	29,11 €	21,85 €
01. 11. 2024	7,65 €	38,13 €	30,50 €	22,89 €
01. 02. 2025	8,07 €	40,23 €	32,18 €	24,15 €

Teilzeitbeschäftigte erhalten die Besitzstandszulage dann in voller Höhe, wenn ihnen im Oktober 2006 der kinderbezogene Entgeltbestandteil auch in voller Höhe zustand (z. B. aufgrund des § 29 Abschn.

B Abs. 6 Satz 3 BAT/BAT-O). Dies ergibt sich aus § 11 Abs. 1 Satz 1 TVÜ. In den übrigen Fällen erhalten Teilzeitbeschäftigte die Besitzstandszulage zeitanteilig.

Bei individuellen Arbeitszeitveränderungen nach dem 31. Oktober 2006 ist die Besitzstandszulage neu zu berechnen. Dies gilt bei Arbeitszeitreduzierungen des Berechtigten auch in bisherigen Konkurrenzfällen (§ 29 Abschnitt B Absatz 6 BAT/BAT-O). Hier gilt die allgemeine Regelung zur zeitanteiligen Bemessung des Entgelts von Teilzeitbeschäftigten nach § 24 Absatz 2 TV-L. Erhöht oder vermindert sich die Arbeitszeit, so verändert sich die Besitzstandszulage ebenfalls entsprechend § 24 Absatz 2 TV-L.

Beispiel:

Eine Beschäftigte war im Oktober 2006 vollzeitbeschäftigt und hat den Kinderanteil für ein Kind bezogen, der ihr ab November 2006 als Besitzstandszulage in voller Höhe zusteht. Ab März 2007 beträgt ihr Arbeitszeitumfang 50 v. H. und ab August 2007 wieder 100 v. H.

Die Besitzstandszulage steht in den Monaten März bis Juli 2007 in Höhe von 50 v. H. zu und ab August 2007 wieder in Höhe von 100 v. H.

Eine Besonderheit ist in den Fällen zu beachten, in denen die kinderbezogene Besitzstandszulage aufgrund eines Konkurrenzfalls trotz einer Teilzeitbeschäftigung zunächst zu 100 % zustand. Das Bundesarbeitsgericht (BAG) hat für diesen Fall mit Urteil vom 15. November 2012 – 6 AZR 373/11 – im Wege einer einschränkenden Auslegung entschieden, dass bei späteren, unterhalb einer Vollzeitbeschäftigung bleibenden Arbeitszeiterhöhungen entgegen dem Wortlaut des § 11 Abs. 2 Satz 1 TVÜ-Länder i. V. m. § 24 Abs. 2 TV-L eine Verringerung der Besitzstandszulage nach Sinn und Zweck der Tarifnorm nicht eintritt.

Standen im Oktober 2006 die kinderbezogenen Entgeltbestandteile nur anteilig zu, weil das Arbeitsverhältnis erst im Laufe des Monats Oktober 2006 begründet worden ist, gilt Folgendes: In diesen Fällen ist die Besitzstandszulage gleichwohl in der Höhe zu zahlen, die maßgebend gewesen wäre, wenn die kinderbezogenen Entgeltbestandteile im gesamten Monat Oktober 2006 zugestanden hätten.

Die Besitzstandszulage verändert sich bei allgemeinen Entgeltanpassungen um den von den Tarifvertragsparteien für die jeweilige Entgeltgruppe des Beschäftigten festgelegten Vomhundertsatz. Im Tarifgebiet Ost gilt dies auch für die Änderungen des Bemessungssatzes für die Bezüge (siehe Protokollerklärung zu Absatz 2).

Eine Nutzung der Möglichkeit zur Abfindung im Sinne des § 11 Abs. 2 Satz 3 TVÜ obliegt der Entscheidung des jeweiligen Arbeitgebers.

II

Zu Absatz 3

Eine Besitzstandszulage steht ebenfalls zu für im November oder Dezember 2006 geborene Kinder der übergeleiteten Beschäftigten (Absatz 3 Buchstabe a) und für vor dem 1. Januar 2007 geborene Kinder der bis zum 31. Dezember 2006 in ein Arbeitsverhältnis übernommenen Auszubildenden, Krankenpflege- und Hebammenschüler sowie Praktikanten aus tarifvertraglich geregelten Beschäftigungsverhältnissen (z. B. TV Prakt; Absatz 3 Buchstabe b).

§ 12 Strukturausgleich

(1) [1]Aus dem Geltungsbereich des BAT/BAT-O übergeleitete Beschäftigte erhalten einen nicht dynamischen Strukturausgleich ausschließlich in den in Anlage 3 aufgeführten Fällen zusätzlich zu ihrem monatlichen Entgelt. [2]Maßgeblicher Stichtag für die anspruchsbegründenden Voraussetzungen (Vergütungsgruppe, Lebensaltersstufe, Ortszuschlag, Aufstiegszeiten) ist der 1. November 2006, sofern in Anlage 3 nicht ausdrücklich etwas anderes geregelt ist.

Protokollerklärung zu § 12 Absatz 1:

[1]Bei aus dem Geltungsbereich des BAT-O übergeleiteten „Erfüller"-Lehrkräften mit einer Ausbildung nach dem Recht der ehemaligen DDR wird, sofern sie nach dem 1. Juli 1995 im Wege der Höhergruppierung eine Vergütungsgruppe erreicht haben, die für vergleichbare Lehrkräfte mit einer Ausbildung nach bundesdeutschem Recht das Eingangsamt darstellt, diese Vergütungsgruppe als für den Strukturausgleich maßgebliche Vergütungsgruppe angesehen. [2]Für Beschäftigte im Sinne des Satzes 1, die noch nicht im Wege des Aufstiegs höhergruppiert wurden, ist die zum Zeitpunkt der Überleitung maßgebende Vergütungsgruppe die für den Strukturausgleich maßgebliche Vergütungsgruppe. [3]Maßgeblich ist jeweils in der Spalte „Aufstieg" der Anlage 3 die Bezeichnung „ohne" zu der jeweiligen Vergütungsgruppe. [4]Werden Beschäftigte im Sinne des Satzes 2, die bereits einen Strukturausgleich nach der Anlage 3 Teil A erhalten, nach dem 31. Oktober 2006 in eine Entgeltgruppe höhergruppiert, in die vergleichbare Lehrkräfte mit einer Ausbildung nach bundesdeutschem Recht im Eingangsamt eingruppiert werden, findet § 12 Absatz 5 Anwendung. [5]Zahlungen werden frühestens ab dem 1. März 2009 geleistet.

(2) Die Zahlung des Strukturausgleichs beginnt im November 2008, sofern in Anlage 3 nicht etwas anderes bestimmt ist.

(3) Für Beschäftigte, für die nach dem TV-L die Regelungen des Tarifgebiets Ost Anwendung finden, gilt der jeweilige Bemessungssatz.

(4) [1]Bei Teilzeitbeschäftigung steht der Strukturausgleich anteilig zu (§ 24 Abs. 2 TV-L). [2]Satz 1 gilt für Beschäftigte, deren Arbeitszeit nach § 3 des Tarifvertrages zur sozialen Absicherung vom 6. Juli 1992 bzw. 12. Oktober 2006 herabgesetzt ist, entsprechend.

Protokollerklärung zu § 12 Abs. 4:

Bei späteren Veränderungen der individuellen regelmäßigen wöchentlichen Arbeitszeit der/des Beschäftigten ändert sich der Strukturausgleich entsprechend.

(5) [1]Bei Höhergruppierungen wird der Unterschiedsbetrag zum bisherigen Entgelt auf den Strukturausgleich angerechnet. [2]Dies gilt auch, wenn die Höhergruppierung aufgrund der Überleitung von Beschäftigten in die Entgeltordnung zum TV-L gemäß § 29a Absatz 3 oder aufgrund § 29c Absatz 3, § 29d Absatz 2, § 29e oder § 29f erfolgt. [3]Für Beschäftigte in einer der Entgeltgruppen 9a bis 15 (Anlage B zum TV-L), in der Entgeltgruppe 13 Ü (§ 19) oder in einer der Entgeltgruppen KR 9 bis 16 (Anlage C zum TV-L) wird bei Erreichen der Stufe 6 auch der Unterschiedsbetrag zwischen Stufe 5 und Stufe 6 auf den Strukturausgleich angerechnet. [4]Satz 3 gilt ab 1. Januar 2020 entsprechend für Beschäftigte in einer der Entgeltgruppen S 9 bis S 18 (Anlage G zum TV-L). [5]Satz 3 findet keine Anwendung auf Beschäftigte im Sinne von § 19 Absatz 2 Satz 2.

Protokollerklärungen zu § 12 Absatz 5:

1. Die Überleitung in die Entgeltgruppe 14 gemäß § 29a Absatz 5 gilt nicht als Höhergruppierung.
2. [1]Für Beschäftigte, die in der Zeit vom 1. Januar 2018 bis zum 30. September 2018 der Stufe 6 zugeordnet werden, wird auch die Erhöhung des Unterschiedsbetrages am 1. Oktober 2018 auf den Strukturausgleich angerechnet. [2]Satz 1 gilt entsprechend bei Beschäftigten in Entgeltgruppe 9 mit besonderer Stufenlaufzeit von fünf Jahren in Stufe 2 für den Erhöhungsbetrag nach Anlage B zum TV-L. [3]Satz 1 findet keine Anwendung auf Beschäftigte im Sinne von § 19 Absatz 2 Satz 2.

(6) Einzelvertraglich kann der Strukturausgleich abgefunden werden.

(7) Die Absätze 1 bis 6 finden auf Ärztinnen und Ärzte im Sinne des § 4 Abs. 1 Satz 2 und 3 keine Anwendung.

Niederschriftserklärung zu § 12:

[1]Die Tarifvertragsparteien erkennen an, dass die Strukturausgleiche in einem Zusammenhang mit einer zukünftigen Entgeltordnung stehen. [2]Die Tarifvertragsparteien werden nach einer Vereinbarung einer neuen Entgeltordnung zum TV-L prüfen, ob und in welchem Umfang sie neben den bereits verbindlich vereinbarten Fällen, in denen Strukturausgleichsbeträge festgelegt sind, für einen Zeitraum bis längstens Ende 2015 in weiteren Fällen Regelungen, die auch in der Begrenzung der Zuwächse aus Strukturausgleichen bestehen können, vornehmen müssen. [3]Sollten zusätzliche Strukturausgleiche vereinbart werden, sind die sich daraus ergebenden Kostenwirkungen in der Entgeltrunde 2009 zu berücksichtigen.

Erläuterungen

Anders als der Besitzstand dient der Strukturausgleich nicht der Sicherung einer bestehenden Vergütungshöhe, sondern als Ausgleich für fiktive zukünftige Einkommenseinbußen. Grundsätzlich werden nicht mehr realisierte Erwerbsaussichten nach dem alten Recht im TV-L nicht geschützt. Nach Überführung in die neue Tabelle können sich aber bei einzelnen Gruppen von bisherigen Angestellten im Vergleich zu der Einkommensentwicklung, die sie nach BAT gehabt hätten, Differenzen ergeben, die die Tarifvertragsparteien unter Vertrauensschutzgesichtspunkten teilweise ausgleichen wollten.

Dabei sind sich die Tarifvertragsparteien bewusst, dass durch die Strukturausgleiche Verwerfungen entstehen können, weil im Einzelfall Härten oder überproportionale Begünstigungen eintreten können. Sie haben dies im Interesse einer für eine Vielzahl von Fallgestaltungen angestrebten Abmilderung von Exspektanzverlusten in Kauf genommen.

Die Tabelle der Strukturausgleiche (Anlage 3 zum TVÜ-Länder), enthält eine abschließende Aufzählung der in Betracht kommenden Zahlungen. Die Anlage 3 ist im Zuge des Änderungstarifvertrages Nr. 1 vom 13. März 2008 um Regelungen für das unter die Anlage 1b zum BAT fallende Pflegepersonal und durch den Änderungstarifvertrag

Nr. 2 vom 1. März 2009 um Regelungen für bestimmte Lehrkräfte ergänzt worden.

Zur Anwendung der Vorschriften zum Strukturausgleich hat die Tarifgemeinschaft deutscher Länder Durchführungshinweise gegeben; die Neufassung vom 19. Dezember 2012 berücksichtigt die zum Strukturausgleich zwischenzeitlich ergangene Rechtsprechung (siehe Anhang 1). Die Hinweise sind nach Kenntnis des Verfassers von den meisten Ländern übernommen worden.

Zu § 12 Abs. 1

Stichtag für die anspruchsbegründenden Voraussetzungen zur Zahlung eines Strukturausgleichs ist der 1. November 2006, sofern sich aus Anlage 3 TVÜ-Länder (abgedruckt im Anschluss an den Text des TVÜ-Länder) kein anderes Datum ergibt. Die Höhe der einzelnen Strukturausgleiche ergibt sich ebenfalls aus der abschließenden Aufzählung der Anlage 3 TVÜ-Länder; die Strukturausgleiche nehmen nicht an zukünftigen linearen Erhöhungen teil.

Zu § 12 Abs. 2

Beginn für die Zahlung ist – sofern Anlage 3 TVÜ-Länder nichts anderes bestimmt – der Monat November 2008.

Zu § 12 Abs. 3

Für das Tarifgebiet Ost ist der jeweilige Bemessungssatz zu beachten; die Tabellenwerte der Anlage 3 TVÜ-Länder sind entsprechend zu mindern.

Zu § 12 Abs. 4

Teilzeitbeschäftigte (auch aufgrund des § 3 des Tarifvertrages zur sozialen Absicherung nicht voll Beschäftigte) erhalten die Strukturausgleiche anteilig; spätere Veränderungen der individuellen Arbeitszeit sind zu berücksichtigen (→ auch die Protokollerklärung zu § 12 Abs. 4).

Zu § 12 Abs. 5

Bei Höhergruppierungen wird der Unterschiedsbetrag zum bisherigen Entgelt – also der „Beförderungsgewinn" – auf den Strukturausgleich angerechnet. Durch Satz 2 i. d. F. des Änderungstarifvertrages Nr. 4 und die Protokollerklärung Nr. 1 dazu wird klargestellt, dass auch in den Fällen der „Antragshöhergruppierung" aus Anlass der neuen Entgeltordnung – nicht aber bei der Höhergruppierung von Entgeltgruppe „13Z" nach 14 – entsprechend zu verfahren ist. Im Zuge der Tarifeinigung 2017 wurde vereinbart, dass auch die Entgeltgruppen 9 bis 15 und KR 9a bis KR 11a eine Stufe 6 erhalten. Die neue Stufe 6 wird in zwei Schritten zum 1. Januar bzw. 1. Oktober 2018 eingeführt. Zeitgleich wurde (mit dem 8. Änderungs-Tarifvertrag) in Absatz 5 Sätze 3 bis 5 geregelt, dass beim Erreichen der Stufe 6 der Unterschiedsbetrag zwischen den Stufen 5 und 6 auf den Strukturausgleich angerechnet wird. Dies gilt auch für diejenigen Beschäftigten der Entgeltgruppe 9 mit besonderen Stufenlaufzeiten („kleine EG 9"), die ab dem 1. Januar bzw. 1. Oktober 2018 eine Zulage nach der Anlage B zum TV-L (Entgelttabelle) erhalten. Ausgenommen von der Anrechnungsregelung sind die in § 19 Abs. 2 Satz 2 genannten Beschäftigten (Beschäftigte im Sinne von § 53 HRG), denn mit der Protokollerklärung zu § 19 Abs. 2 Satz 2 wurde bereits eine eigenständige Anrechnungsvorschrift vereinbart.

Im Zuge der Tarifrunde 2019/2020/2021 wurde die Vorschrift klarstellend ergänzt um die Höhergruppierungstatbestände in Folge der Änderungen der Entgeltordnung zum 1. Januar 2019, 2020 bzw. 2021. Die Umgruppierung innerhalb der Entgeltgruppe 9 (s. § 29b) wird von § 12 Abs. 5 nicht erfasst.

Zu § 12 Abs. 6

Der Strukturausgleich kann im Einzelfall vertraglich abgefunden werden.

Zu § 12 Abs. 7

In Absatz 7 ist klargestellt worden, dass die Regelungen über einen Strukturausgleich für die Ärzte i. S. d. § 4 Abs. 1 Satz 2 und 3 TVÜ-Länder (Ärzte an Universitätskliniken und ihnen gleichgestellte Ärzte) nicht gelten.

Anhang 1

TdL-Durchführungshinweise zur Anwendung der Regelungen über Strukturausgleiche gemäß § 12 TVÜ-Länder

Vom 27. Mai 2008
(neu gefasst mit Rundschreiben vom 19. Dezember 2012)

Die folgenden Hinweise fassen die aktuelle Rechtslage zusammen und ersetzen die Hinweise der Geschäftsstelle vom 27. Mai 2008 – 2-02-12 / 544/08 – D/2 –.

1. Vorbemerkungen

Einzelne Gruppen der früheren Angestellten, die aus dem Geltungsbereich des BAT/BAT-O in den TV-L übergeleitet worden sind, erhalten nach § 12 TVÜ-Länder[1]) unter bestimmten Voraussetzungen zusätzlich zu ihrem monatlichen Entgelt einen Strukturausgleich, der je nach Fallgestaltung unterschiedlich hoch sein und für unterschiedlich lange Zeit bezogen werden kann. Zum Hintergrund der Regelung sei auf Folgendes hingewiesen:

Bei der Tabellengestaltung und den Tabellenwerten des TV-L ist das in den Bewährungs-, Fallgruppen- und Zeitaufstiegen enthaltene Finanzvolumen ebenso berücksichtigt worden wie das Volumen des bisherigen Verheiratetenanteils im Ortszuschlag der Angestellten. Zudem galt es, die Absicht der Tarifvertragsparteien zu verwirklichen, die Einkommensentwicklung für jüngere Beschäftigte attraktiver zu gestalten und im Gegenzug die bisherigen Tabellenwerte in den Endstufen vielfach etwas abzuflachen. So wurde bei der Gestaltung der neuen Entgelttabelle das Ziel verfolgt, die früheren Lebensaltersstufen der Angestellten durch tätigkeitsbezogene Entwicklungsstufen zu ersetzen und dabei die bisherige Stufenzahl (bis zu zwölf Stufen der unter die Anlage 1a zum BAT/BAT-O fallenden Angestellten, neun Stufen bei den unter die Anlage 1b zum BAT/BAT-O fallenden Pflegekräften und acht Stufen bei den Arbeitern) zu verringern. Auf Grund dieser strukturellen Unterschiede ist ein individueller Vergleich der früheren Lohn- und Vergütungstabellen mit der Entgelttabelle des TV-L nicht möglich. Gleichwohl haben sich die Tarifvertragsparteien dazu entschlossen, flankierend für eine eng begrenzte Zahl von Fallgestaltungen so genannte Strukturausgleiche einzuführen. Die Strukturausgleiche haben nicht die Funktion, Exspektanzen der Beschäftigten, die bei Fortgeltung des BAT/BAT-O ggf. bestanden hätten, im Einzelfall zu sichern oder zu kompensieren. Die Tarifvertragsparteien haben insoweit

- keine einzelfallbezogene, sondern eine typisierte Betrachtung vorgenommen,
- sich auf einige, aus übereinstimmender Sicht regelungsbedürftige Fallgestaltungen beschränkt und
- keine volle Kompensation, sondern einen begrenzten Ausgleich bzw. eine Abmilderung veränderter Perspektiven angestrebt.

---

[1]) In diesen Hinweisen zitierte Paragrafenangaben ohne Tarifvertragsbezeichnung sind solche des TVÜ-Länder.

Bei der Regelung des § 12 waren sich die Tarifvertragsparteien der damit im Einzelfall je nach individueller Fallgestaltung unter Umständen verbundenen Härten und Verwerfungen bewusst. Sie haben diese Verwerfungen im Interesse einer für eine Vielzahl von Fallgestaltungen angestrebten Abmilderung von Exspektanzverlusten aber hingenommen.

Nicht erfasst sind ehemalige Arbeiterinnen und Arbeiter; bei diesen Beschäftigten bestehen keine vergleichbaren Exspektanzverluste.

Für Ärztinnen und Ärzte, die unter § 41 TV-L oder unter den TV-Ärzte fallen, gilt eine eigenständige Regelung, die sich auf Fachärztinnen und Fachärzte der Lebensaltersstufen 45 und 47 der Vergütungsgruppe I a BAT/BAT-O beschränkt; insoweit wird auf § 41 Nr. 25 TV-L bzw. auf § 9 TVÜ-Ärzte verwiesen.

2. Aufbau der Regelungen in § 12 und in der Anlage 3 TVÜ-Länder

Die Anspruchsvoraussetzungen (dazu im Folgenden Ziffer 3) und Rechtsfolgen (dazu im Folgenden Ziffer 4) für den Erhalt eines Strukturausgleichs sind im Wesentlichen in § 12 Absatz 1 in Verbindung mit Anlage 3 TVÜ-Länder geregelt. Die Anlage 3 besteht neben den einleitenden Vorbemerkungen aus zwei Tabellen, und zwar

- der Tabelle in Teil A der Anlage 3, die für alle Angestellten mit Ausnahme des Pflegepersonals im Sinne der Anlage 1b zum BAT/BAT-O gilt, und
- der Tabelle in Teil B der Anlage 3, die nur für das Pflegepersonal im Sinne der Anlage 1b zum BAT/BAT-O gilt.

Die nachstehenden Ausführungen unter Ziffer 3 bis 5 beziehen sich zunächst nur auf die Tabelle im Teil A der Anlage 3. Auf die Besonderheiten beim Pflegepersonal (Tabelle im Teil B der Anlage 3) wird unter Ziffer 6 eingegangen.

Die Tabelle im **Teil A der Anlage 3** gliedert sich in sieben Spalten. Dabei listen die Spalten 1 bis 5 die Anspruchsvoraussetzungen auf. In den Spalten 6 und 7 sind die Rechtsfolgen genannt, also Höhe, Zahlungsbeginn und Dauer der Zahlung des Strukturausgleichs. Sind alle Voraussetzungen der Spalten 1 bis 5 einer Zeile der Tabelle erfüllt, ist der Anspruch für den in der jeweiligen Zeile der Tabelle genannten Strukturausgleich grundsätzlich in der dort genannten Höhe und Dauer gegeben.

Spalte 1	Spalte 2	Spalte 3	Spalte 4	Spalte 5	Spalte 6	Spalte 7
Entgelt-gruppe	VergGr	Aufstieg	OZ-Stufe	LASt	Höhe	Dauer
Anspruchsvoraussetzungen					Rechtsfolgen	

Hierbei beschreibt

- die **Spalte 1** die Entgeltgruppe, in welche die/der ehemalige Angestellte übergeleitet worden ist,
- die **Spalte 2** die Vergütungsgruppe der/des Angestellten nach der Anlage 1a zum BAT/BAT-O, aus der die Überleitung gemäß Anlage 2 TVÜ-Länder erfolgt ist,
- die **Spalte 3** Aufstiege, die bei unterstellter Fortgeltung des BAT/BAT-O noch ausgestanden hätten,
- die **Spalte 4** die Ortszuschlagsstufe 1 bzw. 2 der/des Angestellten zum 1. November 2006,
- die **Spalte 5** die Lebensaltersstufe der Grundvergütung der Vergütungsgruppe, aus der die Überleitung erfolgt sein muss,
- die **Spalte 6** den Betrag des Strukturausgleichs,
- die **Spalte 7** die Dauer, für den der Strukturausgleich gezahlt wird und teilweise auch einen vom Regelfall abweichenden Beginn der Zahlung.

Weitere Voraussetzungen und Rechtsfolgen finden sich außerdem in § 12 Absatz 2 bis 5 sowie in den Vorbemerkungen in Anlage 3 TVÜ-Länder (nachfolgend kurz: Vorbemerkungen).

Besteht ein Anspruch auf Strukturausgleich, handelt es sich um einen regelmäßigen, statischen und zusätzlichen Entgeltbestandteil: Der Strukturausgleich wird zusätzlich zum monatlichen Entgelt gezahlt (§ 12 Absatz 1 Satz 1). Er wird im Rahmen der Bemessungsgrundlagen nach § 20 TV-L (Jahressonderzahlung) und § 21 TV-L (Entgeltfortzahlung) berücksichtigt. Der Strukturausgleich ist nicht dynamisch (§ 12 Absatz 1 Satz 1), wird also bei linearen Einkommenssteigerungen nicht erhöht. Einkommenssteigerungen werden – mit Ausnahme bei Höhergruppierungen (§ 12 Absatz 5, siehe dazu unten Ziffer 4.3.1) – grundsätzlich nicht auf die Höhe des Strukturausgleichs angerechnet.

3. Anspruchsvoraussetzungen für den Strukturausgleich nach der Tabelle in Teil A der Anlage 3

Einen Anspruch auf Strukturausgleich nach der Tabelle in Teil A der Anlage 3, also nach der Tabelle, die nicht für die Pflegekräfte gilt (siehe insoweit Ziffer 6), haben

- aus dem Geltungsbereich des BAT/BAT-O in den TV-L übergeleitete Beschäftigte im Sinne des § 1 Absatz 1 (siehe dazu sogleich Ziffer 3.1),
- die bei Inkrafttreten des TVÜ-Länder (dazu Ziffer 3.2)
- in eine der in Spalte 1 genannten Entgeltgruppen übergeleitet wurden (dazu Ziffer 3.3) und
- aus einer der in Spalte 2 bezeichneten Vergütungsgruppen in den TV-L übergeleitet worden sind (dazu Ziffer 3.4.1),
- bei unterstellter Fortgeltung des BAT/BAT-O aus der in Spalte 2 bezeichneten Vergütungsgruppe den in Spalte 3 ausgewiesenen Aufstieg gehabt hätten (dazu Ziffer 3.4.2) und
- Anspruch auf den in Spalte 4 ausgewiesenen Ortszuschlag (dazu Ziffer 3.5) gehabt hätten und
- die in Spalte 5 ausgewiesene Lebensaltersstufe (dazu Ziffer 3.6) erreicht hatten,
- sofern kein unter Ziffer 5 beschriebener Sonderfall wegen Eingreifens des Konkurrenzfalles im Ortszuschlag besteht.

Die Anspruchsvoraussetzungen richten sich also im Wesentlichen nach den ersten fünf Spalten der Tabelle, die alle kumulativ erfüllt sein müssen.

3.1 Überleitung aus BAT/BAT-O in den TV-L (§ 12 Absatz 1)

Ein Anspruch auf Strukturausgleich setzt voraus, dass es sich um übergeleitete ehemalige Angestellte im Sinne des § 1 Absatz 1 handelt. Insoweit wird auf die Ausführungen in den Durchführungshinweisen zum TVÜ-Länder vom 18. August 2006 (vgl. dort Ziffer 1) verwiesen.

3.2 Stichtag „1. November 2006"

Stichtag für das Vorliegen der Tatbestandsvoraussetzungen eines Strukturausgleichsanspruchs ist der 1. November 2006 (§ 12 Absatz 1 Satz 2). Dies wirkt sich insbesondere für die Beurteilung von Tatbestandsmerkmalen aus, die sich auf Regelungen des BAT/BAT-O beziehen. Da die Regelungen des BAT/BAT-O mit Ablauf des 31. Oktober 2006 außer Kraft getreten sind, ist bei Veränderungen nach dem 31. Oktober 2006 zu prüfen, welche Rechtsfolgen sich bei fiktiver Weitergeltung von BAT/BAT-O am 1. November 2006 ergeben hätten (vgl. auch Ziffer 12 der Durchführungshinweise zum TVÜ-Länder vom 18. August 2006).

Im Regelfall kommt es darauf an, auf Grund welcher Vergütungsmerkmale die/der Beschäftigte nach dem TVÜ-Länder in die Entgelttabelle des TV-L übergeleitet worden ist. Durch den Stichtag „1. November 2006" können sich allerdings im Einzelfall – über § 4 Absatz 2 und 3 hinaus – Korrekturen ergeben, etwa bei Heirat **am** 1. November 2006 oder in den so genannten Konkurrenzfällen des § 5 Absatz 2 (siehe Ziffer 3.5). Ein tatsächlicher Bezug von Entgelt am 1. November 2006 ist nicht Voraussetzung. Ebenso wenig erfolgt ein Abgleich mit der Höhe des Vergleichsentgelts bei Überleitung im Sinne von § 5.

Beispiel:

Ein Angestellter in der VergGr. VI b Fallgruppe 1 a BAT (ohne Aufstiegsmöglichkeit), Lebensaltersstufe 35 und Anspruch auf Ortszuschlag der Stufe 1 ist mit Inkrafttreten des TV-L in die Entgeltgruppe 6 übergeleitet worden.

Für die Prüfung eines Anspruchs auf Strukturausgleich ist festzustellen,

- in welche Entgeltgruppe die Beschäftigten am 1. November 2006 nach § 4 übergeleitet worden sind,
- welche Vergütungsgruppe (mit Fallgruppe) nach der Anlage 1a zum BAT der Überleitung zugrunde lag,
- inwieweit an diese Fallgruppe (noch) ein Bewährungs- bzw. Fallgruppenaufstieg anknüpft,
- welche Lebensaltersstufe und welcher Ortszuschlag dem Beschäftigten am 1. November 2006 zugestanden hätte, wenn die Regelungen des BAT/BAT-O am 1. November 2006 noch Anwendung gefunden hätten (fiktive Weitergeltung).

3.3 Spalte 1 – „Entgeltgruppe"

Für die weitere Prüfung des Anspruchs auf Strukturausgleich ist nach Spalte 1 der Tabelle die Entgeltgruppe maßgeblich, in welche die Beschäftigten nach § 4 Absatz 1 bis 3 in Verbindung mit der Anlage 2 zum TVÜ-Länder zum 1. November 2006 übergeleitet worden sind. Soweit Beschäftigte bei der Überleitung übertariflich eingruppiert waren, bestehen keine Bedenken, wenn der Anspruch auf einen Strukturausgleich für die Dauer der übertariflichen Eingruppierung nach der übertariflichen Entgeltgruppe – sowie der (früheren) übertariflichen Vergütungsgruppe – bestimmt wird.

Entgeltgruppen, in welche die/der Beschäftigte aufgrund von Höher- oder Herabgruppierungen nach der Überleitung – einschließlich solcher im Sinne des § 6 Absatz 2 – eingruppiert ist, begründen keine Ansprüche aus § 12. Höhergruppierungen nach der Überleitung – auch nach § 8 Absatz 1 und Absatz 3 1. Alternative – führen zu einer Anrechnung des Höhergruppierungsgewinns (siehe Ziffer 4.3.1); bei einer Neuberechnung des Vergleichsentgelts in den Fällen des § 8 Absatz 2 und Absatz 3 2. Alternative (siehe Ziffer 4.4.2) entfällt der Anspruch.

Zu den Auswirkungen einer Herabgruppierung auf den Anspruch auf Strukturausgleich siehe Ziffer 4.4.3.

3.4 Spalten 2 und 3

Spalte 2 „Vergütungsgruppe" und Spalte 3 „Aufstieg" der Tabelle bilden eine Einheit und müssen im Zusammenhang mit der Systematik der Vergütungsordnung (Anlage 1a zum BAT/BAT-O) gesehen werden. Spalte 2 bezeichnet dabei einzelne Vergütungsgruppen. Die Spalte 3 bildet einzelne Fallgruppen innerhalb dieser Vergütungsgruppen ab, und zwar nach Verläufen mit und ohne (weiteren) Aufstieg.

3.4.1 Spalte 2 – „Vergütungsgruppe bei Inkrafttreten TVÜ"

In Spalte 2 der Tabelle („Vergütungsgruppe bei Inkrafttreten TVÜ") ist auf die Vergütungsgruppe abzustellen, in welche die/der ehemalige Angestellte bei Inkrafttreten des TVÜ, also am 1. November 2006, bei Weitergeltung des BAT/BAT-O eingruppiert gewesen wäre. Die bisher vertretene Rechtsauffassung, dass in Spalte 2 der Tabelle auf die Vergütungsgruppe abzustellen sei, in welche die/der ehemalige Angestellte bei In-Kraft-Treten des TVÜ-Länder originär eingruppiert war, wird nach dem Urteil des BAG vom 18. Oktober 2012 – 6 AZR 261/11 – aufgegeben.

Für Fälle eines Bewährungs- bzw. Fallgruppenaufstiegs wird auf Ziffern 3.4.2.1 und 3.4.2.2 verwiesen.

Zu übertariflichen Eingruppierungen wird auf Ziffer 3.3 verwiesen.

3.4.2 Spalte 3 – „Aufstieg"

Während Spalte 2 der Tabelle die Eingruppierung nach BAT/BAT-O benennt, begrenzt Spalte 3 den Anspruch auf einen Strukturausgleich auf bestimmte Fallgruppen dieser Vergütungsgruppe. Dabei ist danach zu unterscheiden, ob bzw. in wie vielen Jahren die Vergütungsordnung einen Bewährungs- bzw. Fallgruppenaufstieg nach den §§ 23a bzw. 23b BAT/BAT-O aus der in Spalte 2 genannten Vergütungsgruppe vorgesehen hat.

3.4.2.1 Fälle „ohne" Aufstieg

Soweit in Spalte 3 „Aufstieg" das Wort „ohne" steht, bedeutet dies, dass aus der Vergütungsgruppe, aus der die Überleitung in den TV-L erfolgt ist, gemäß Anlage 1a zum BAT/BAT-O kein Aufstieg (Bewährungs- oder Fallgruppenaufstieg) möglich gewesen wäre.

Entsprechend dem Urteil des BAG vom 18. Oktober 2012 – 6 AZR 261/11 – reicht es aus, wenn nach einem bei der Überleitung bereits vollzogenen Aufstieg lediglich kein weiterer Aufstieg möglich gewesen wäre (siehe Beschluss der Mitgliederversammlung in der 6./2012 Sitzung am 11./12. Dezember 2012 (TOP 9.2)).

Beispiel 1:

Eine Verwaltungsangestellte, Lebensaltersstufe 35 und Ortszuschlag der Stufe 1, war in VergGr. I b Fallgruppe 1 a BAT eingruppiert und ist am 1. November 2006 in die Entgeltgruppe 14 übergeleitet worden. Aus dieser Fallgruppe besteht ausweislich der Anlage 1a zum BAT/BAT-O keine Aufstiegsmöglichkeit nach §§ 23a, 23b BAT/BAT-O in die Vergütungsgruppe I a BAT.

Für die Prüfung der Anspruchsvoraussetzungen ist diejenige Zeile der Tabelle heranzuziehen, welche in Spalte 1 die Entgeltgruppe 14 und in Spalte 2 die originäre Vergütungsgruppe 1 b BAT ausweist. Spalte 3 muss die Möglichkeit bzw. die Zeit des Aufstieges enthalten. Da sich laut Sachverhalt keine Aufstiegsmöglichkeit eröffnet, muss Spalte 3 das Wort „ohne" ausweisen. Die folgenden Spalten 4 und 5 geben die erforderlichen persönlichen Daten der/des Beschäftigten wieder, die hier erfüllt sind. Somit besteht Anspruch auf Zahlung eines Strukturausgleichs in Höhe von 100 € monatlich für die Dauer von vier Jahren:

E	VergGr	Aufstieg	OZ-Stufe	LASt	Höhe	Dauer
14	I b	ohne	OZ 1	35	100 €	für 4 Jahre

Beispiel 2:

Ein Büroangestellter, Lebensaltersstufe 39 und Ortszuschlag der Stufe 2, war noch vor Inkrafttreten des TV-L aus der VergGr. VII Fallgruppe 1 a BAT, in die er originär eingruppiert worden ist, nach sechsjähriger Bewährung in VergGr. VI b Fallgruppe 1 b BAT aufgestiegen. Am 1. November 2006 ist er mit der durch den Aufstieg erlangten VergGr. VI b in die Entgeltgruppe 6 übergeleitet worden.

Für die Prüfung der Anspruchsvoraussetzungen sind diejenigen Zeilen der Tabelle maßgeblich, welche in Spalte 1 die Entgeltgruppe 6 und in Spalte 2 die Vergütungsgruppe VI b BAT ausweisen, aus der er in den TV-L übergeleitet worden ist.

Da nach der Anlage 1a zum BAT im Anschluss an den Aufstieg aus VergGr. VII nach VergGr. VI b kein weiterer Aufstieg mehr vorgesehen war, muss die Spalte 3 das Wort „ohne" aufweisen.

Daher ist vorliegend folgende Zeile der Tabelle heranzuziehen:

E	VergGr	Aufstieg	OZ-Stufe	LASt	Höhe	Dauer
6	VI b	ohne	OZ 2	39	50 €	dauerhaft

Der Beschäftigte hat danach einen Anspruch auf dauerhafte Zahlung eines Strukturausgleichs in Höhe von 50 € monatlich.

Anmerkung zu Beispiel 2:

Aus einer Zeile mit dem Eintrag „ohne" in Spalte 3 hatten nach den Durchführungshinweisen vom 27. Mai 2008 – 2-02-12 / 544/08 – D/2 – bereits jene Beschäftigten einen Anspruch auf Strukturausgleich, die (originär) in VergGr. VI b ohne Aufstiegsmöglichkeit eingruppiert waren und in die Entgeltgruppe 6 übergeleitet worden sind. Sie erfüllen auch weiterhin die Voraussetzungen auf einen Strukturausgleich, ohne dass sich für sie nach dem Urteil des BAG vom 18. Oktober 2012 – 6 AZR 261/11 – Änderungen ergeben.

3.4.2.2 Fälle mit ausgewiesenem Aufstieg

Ist in Spalte 3 ein Aufstieg von bestimmter Dauer in die dort genannte höhere Vergütungsgruppe ausgewiesen, bedeutet dies: Tarifvertraglich erfasst sind die Beschäftigten nur dann, wenn diese am Stichtag noch in ihrer originären Vergütungsgruppe eingruppiert sind und der gemäß Anlage 1a zum BAT/BAT-O aus der Fallgruppe nach altem Recht bestehende Bewährungs- bzw. Fallgruppenaufstieg mit der in Spalte 3 genannten Zeitdauer noch aussteht. Dabei ist für die Zuordnung zu Spalte 3 ohne Bedeutung, ob § 8 den nach der Vergütungsordnung vorgesehenen, künftigen Aufstieg sichert.

Beispiel:

Ein Angestellter, Ortszuschlag der Stufe 1, ist seit dem Jahr 1999 in VergGr. II a Fallgruppe 1 a BAT eingruppiert, aus der sich gemäß Anlage 1a zum BAT nach elfjähriger Bewährung ein Aufstieg in die VergGr. I b Fallgruppe 2 BAT ergibt; er ist mit Lebensaltersstufe 35 am 1. November 2006 in die Entgeltgruppe 13Ü übergeleitet worden.

Für die Prüfung der Anspruchsvoraussetzungen ist diejenige Zeile der Tabelle heranzuziehen, welche in Spalte 1 die Entgeltgruppe 13Ü und in Spalte 2 die originäre Vergütungsgruppe II a BAT ausweist. Spalte 3 muss die Zeit des Aufstieges in die VergGr. I b BAT in der konkreten Fallgruppe (hier elf Jahre) enthalten. Die folgenden beiden Spalten bilden die persönlichen Daten des Beschäftigten zutreffend ab, so dass er Anspruch auf Zahlung eines Strukturausgleichs in Höhe von 50 € monatlich für die Dauer von fünf Jahren hat:

E	VergGr	Aufstieg	OZ-Stufe	LASt	Höhe	Dauer
13Ü	II a	I b nach 11 Jahren	OZ 1	35	50 €	für 5 Jahre

3.5 Spalte 4 – „Ortszuschlag Stufe 1, 2 bei Inkrafttreten TVÜ"

Spalte 4 der Tabelle unterscheidet beim Strukturausgleich nach der Stufe des Ortszuschlags nach altem Recht. Maßgeblich ist nach § 12 Absatz 1 Satz 2 die Stufe des Ortszuschlags, welche die/der Beschäftigte am 1. November 2006 bei Weitergeltung des BAT/BAT-O erhalten hätte. Nicht entscheidend ist, welche Stufe des Ortszuschlags in das Vergleichsentgelt eingeflossen ist. Es kommt vielmehr auf die tatsächlichen Verhältnisse des Familienstandes am 1. November 2006 an. Für Fälle, in denen § 29 Abschnitt B Absatz 5 BAT/BAT-O Anwendung finden würde (Konkurrenzregelung), gelten die unter Ziffer 5 dargestellten Besonderheiten.

Soweit also noch **am** 1. November 2006 eine Änderung des Familienstandes eingetreten ist, die nach altem Recht im Monat November 2006 zu einem Anspruch auf Ortszuschlag der Stufe 2 geführt hätte, ist dies beim Strukturausgleich zu berücksichtigen. Änderungen im Familienstand am 2. November 2006 oder später wirken sich auf den Anspruch auf Strukturausgleich nicht mehr aus. § 29 Abschnitt C Absatz 2 BAT/BAT-O, wonach der Ortszuschlag einer höheren Stufe vom Ersten des Monats an gezahlt wird, in dem das für die Erhöhung maßgebende Ereignis fällt, findet keine, auch keine entsprechende Anwendung.

Bei einer – bislang nicht bekannten – Änderung des Familienstandes am 1. November 2006 bzw. im Oktober 2006, die im Monat November 2006 zu einem Anspruch auf Ortszuschlag der Stufe 1 statt der bisherigen Stufe 2 (z. B. wegen rechtskräftiger Ehescheidung im Oktober 2006) oder zu einem Anspruch auf Ortszuschlag der Stufe 2 statt der Stufe 1 (z. B. wegen Eheschließung am 1. November 2006) geführt hätte, muss ein daraus folgender Anspruch auf Strukturausgleich von der/dem Beschäftigten nachgewiesen werden. Im Übrigen bestehen keine Bedenken, bei der Feststellung, ob die Konkurrenzregelung des § 29 Abschnitt B Absatz 5 BAT/BAT-O eingreift (vgl. hierzu nachfolgend unter Ziffer 5.1), auf die bekannten Verhältnisse am 31. Oktober 2006 abzustellen und nur auf Antrag der/des Beschäftigten den Wegfall der Konkurrenzregelung infolge Ausscheidens des Ehegatten aus dem öffentlichen Dienst spätestens mit Ablauf des 31. Oktober 2006 zu berücksichtigen.

In denjenigen Fällen, in denen sich die/der Beschäftigte am 1. November 2006 in Elternzeit befunden hat oder die gegenseitigen Pflichten aus dem Arbeitsverhältnis aus sonstigen Gründen (z. B. Sonderurlaub) suspendiert waren, mithin für Beschäftigte, die nicht an allen Tagen des Monats Oktober 2006 oder für keinen Tag dieses Monats Bezüge erhalten haben, ist in § 5 Absatz 6 bestimmt, dass das Vergleichsentgelt so berechnet wird, als hätten sie für alle Tage dieses Monats Bezüge erhalten bzw. als hätten sie am 1. Oktober 2006 die Arbeit wieder aufgenommen. Diese Beschäftigten wurden somit fiktiv übergeleitet, so dass diese Beschäftigten zum Zeitpunkt des Wiederauflebens des Beschäftigungsverhältnisses (z. B. infolge Rückkehr aus der Elternzeit) der Entgeltgruppe und Stufe zuzuordnen sind, die sich aus der fiktiven Überleitung und deren Weiterführung ergibt. Auch hinsichtlich des Strukturausgleichs sind sie so zu stellen, als seien sie zum 1. November 2006 zurückgekehrt. Dies betrifft nicht nur die Ermittlung des Strukturausgleichs anhand der zum Stichtag (1. November 2006) gültigen Faktoren zur Ermittlung des Strukturausgleichs, sondern auch die Zahlungsdauer. Der Endzeitpunkt für einen befristet zustehenden Strukturausgleich schiebt sich nicht um die Zahl von Monaten hinaus, für die vor dem Wiederaufleben des Beschäftigungsverhältnisses keine Zahlung möglich war (siehe auch Ziffer 4.2.2).

In Fällen, in denen die/der Beschäftigte am 31. Oktober 2006 den Ehegattenanteil im Ortszuschlag in voller Höhe erhielt, weil der Ehegatte z. B. beurlaubt war, ist für die Ermittlung des Vergleichsentgelts (§ 5 TVÜ-Länder) der Beschäftigte so behandelt worden, als ob der Ehegatte fiktiv die Arbeit wieder aufgenommen hatte. Er wurde deshalb mit dem Ortszuschlag der Stufe 1 oder 1½ übergeleitet und erhielt eine übertarifliche Differenzzulage (siehe Nr. 5.1.3 Absätze 5 und 12 der Durchführungshinweise vom 18. August 2006 zum TVÜ-Länder). Auch beim Strukturausgleich ist in diesen Fällen die/der Beschäftigte so zu behandeln, als hätte die andere Person fiktiv die Arbeit wieder aufgenommen. Waren dadurch beide Beschäftigte vollzeitbeschäftigt, ist mithin für die Ermittlung des Strukturausgleichs die Ortszuschlagsstufe 1½ zugrunde zu legen, wenn sich die/der andere Beschäftigte zum Stichtagszeitpunkt und darüber hinaus beispielsweise in Elternzeit befindet und somit tatsächlich der/dem Beschäftigten Ortszuschlag der Stufe 2 gezahlt wird. Der Strukturausgleich der/des Beschäftigten beträgt somit in diesen Fällen ebenfalls 50 v. H. des Strukturausgleichs der Ortszuschlagsstufe 2. Siehe hierzu im Einzelnen Ziffer 5.

3.6 Spalte 5 – „Lebensaltersstufe bei Inkrafttreten TVÜ"

Die Spalte 5 „Lebensaltersstufe" der Tabelle enthält die Stufe, die für den in den TV-L übergeleiteten Beschäftigten bei Fortgeltung des BAT/BAT-O am 1. November 2006 gegolten hätte. Bis zur Überleitung vorweggewährte Lebensaltersstufen (§ 27 Abschnitt C BAT/BAT-O) werden berücksichtigt. Da nach § 5 Absatz 4 eine im November 2006 bei Fortgeltung des bisherigen Rechts eingetretene Stufensteigerung beim Vergleichsentgelt ohnehin berücksichtigt worden ist, ist stets die Stufe maßgebend, mit der die Beschäftigten in den TV-L übergeleitet worden sind.

4. Rechtsfolgen

Liegen die unter Ziffer 3 näher bezeichneten Tatbestandsvoraussetzungen vor, besteht dem Grunde nach Anspruch auf Strukturausgleich. Der Inhalt des Anspruchs, insbesondere Beginn, Höhe und Zahlungsdauer, richtet sich bei der Tabelle in Teil A der Anlage 3 TVÜ-Länder nach den Spalten 6 und 7 der Tabelle sowie § 12 Absatz 2 bis 5. Danach besteht der Anspruch auf Strukturausgleich

- in der Höhe gemäß Spalte 6 der Tabelle (dazu Ziffer 4.1),
- ab dem in § 12 Absatz 2 und Spalte 7 bestimmten Zeitpunkt (dazu Ziffer 4.2.1),
- für die Dauer gemäß Spalte 7 der Tabelle (dazu Ziffer 4.2.2, 4.2.3 und 4.4) und
- in dem in § 12 Absatz 3 und 4 bestimmten Umfang (dazu Ziffer 4.1.2),
- sofern keine Anrechnung (z. B. nach § 12 Absatz 5) erfolgt (dazu Ziffer 4.3) und
- kein unter Ziffer 5 beschriebener Konkurrenzfall im Ortszuschlag besteht.

4.1 Höhe des Strukturausgleichs

4.1.1 Allgemeines

Beschäftigte erhalten den Strukturausgleich zusätzlich zu ihrem monatlichen Entgelt (§ 12 Absatz 1 Satz 1). Die Zahlung eines Strukturausgleichs setzt daher die Zahlung von Entgelt voraus. Der Begriff des Entgelts umfasst neben dem Tabellenentgelt die sonstigen in Monatsbeträgen festgelegten Entgeltbestandteile.

Die Ausgleichsbeträge sind nicht dynamisch (§ 12 Absatz 1 Satz 1). Sie nehmen daher an allgemeinen Entgeltanpassungen nicht teil, sondern bleiben für die Dauer der Zahlung in der Höhe grundsätzlich unverändert. Andererseits sind allgemeine Entgeltanpassungen auch nicht auf den Strukturausgleich anzurechnen. Änderungen der Strukturausgleichsbeträge können sich aber ergeben bei

- einer Änderung der individuellen regelmäßigen Arbeitszeit (siehe Ziffer 4.1.2),
- einer Höhergruppierung (siehe Ziffer 4.3.1) oder
- einer Neuberechnung des Vergleichsentgelts gemäß § 8 Absatz 2 und Absatz 3 2. Alternative (siehe Ziffer 4.4.2).

Zu den Auswirkungen einer vorübergehenden Übertragung einer höherwertigen Tätigkeit bzw. einer Herabgruppierung auf den Strukturausgleich siehe Ziffer 4.3.2 bzw. siehe Ziffer 4.4.3.

Die Höhe des Ausgleichsbetrages ist der Spalte 6 der Tabelle zu entnehmen. Die Strukturausgleichsbeträge sind zusatzversorgungspflichtiges Entgelt (§ 15 Absatz 2 Satz 1 ATV). Sie fließen

- als monatliches Entgelt i. S. v. § 20 Absatz 3 Satz 1 TV-L in die Bemessungsgrundlage für die Jahressonderzahlung (§ 20 TV-L) bzw.
- als sonstige in Monatsbeträgen festgelegte Entgeltbestandteile in die Bemessungsgrundlage für die Entgeltfortzahlung (§ 21 Satz 1 TV-L)

ein.

Besteht nicht für alle Tage eines Kalendermonats ein Anspruch auf Entgelt, wird ein Strukturausgleich nur anteilig für den Zeitraum gezahlt, für den ein Entgeltanspruch besteht (vgl. § 24 Absatz 3 Satz 1 TV-L). Dies gilt sinngemäß bei Änderungen des Teilzeitumfangs im Laufe eines Kalendermonats.

Steht ein Strukturausgleichsbetrag nur anteilig zu (z. B. aufgrund von Teilzeitbeschäftigung), ist die Rundungsregelung des § 24 Absatz 4 TV-L zu berücksichtigen.

4.1.2 Teilzeitbeschäftigung

Teilzeitbeschäftigten steht der Strukturausgleich – mit Ausnahme der unter Ziffer 5.4 dargestellten Sonderfälle – zeitanteilig zu (§ 12 Absatz 4 Satz 1 TVÜ-Länder in Verbindung mit § 24 Absatz 2 TV-L). Für Beschäftigte im Tarifgebiet Ost, deren Arbeitszeit nach § 3 des Tarifvertrages zur sozialen Absicherung vom 6. Juli 1992 bzw. vom 12. Oktober 2006 herabgesetzt ist, gilt dies gemäß § 12 Absatz 4 Satz 2 TVÜ-Länder entsprechend.

Bei individuellen Veränderungen des Arbeitszeitumfangs (also Erhöhungen und Reduzierungen) ändert sich der Strukturausgleich entsprechend. Dies gilt sowohl für Arbeitszeitänderungen vor als auch nach Zahlungsbeginn (Protokollerklärung zu § 12 Absatz 4).

Beispiel:

Ein vollzeitbeschäftigter Angestellter der VergGr. IV a Fallgruppe 1 b BAT (ohne Aufstieg), Lebensaltersstufe 43 und mit einem Ortszuschlag der Stufe 2 ist in die Entgeltgruppe 10 übergeleitet worden. Er erhält ab November 2008 dauerhaft einen monatlichen Strukturausgleich in Höhe von 60 € aus folgender Zeile der Tabelle:

E	VergGr	Aufstieg	OZ-Stufe	LASt	Höhe	Dauer
10	IV a	ohne	OZ 2	43	60 €	dauerhaft

Ab 16. April 2010 reduziert er seine wöchentliche Arbeitszeit auf 75 v. H. eines Vollzeitbeschäftigten.

Für April 2010 beträgt der Strukturausgleich 52,50 €; ab Mai 2010 erhält der Beschäftigte 75 v. H. des vollen Strukturausgleichs, somit 45 € monatlich.

Hinsichtlich der Veränderung des Arbeitszeitumfangs von Beschäftigten, deren für Spalte 4 der Tabelle maßgeblicher Ortszuschlag sich nach § 29 Abschnitt B Absatz 5 BAT/BAT-O (Konkurrenzregelung) bemisst, gelten wegen der insoweit vorgehenden besonderen Regelungen in der Vorbemerkung die unter Ziffer 5.4 dargestellten Besonderheiten.

4.2 Zahlungsbeginn und -dauer, Unterbrechungen

4.2.1 Zahlungsbeginn

Der Beginn der Zahlung des Strukturausgleichs ist grundsätzlich der Monat November 2008 (§ 24 Absatz 1 TV-L), sofern in Spalte 7 der Tabelle nicht etwas anderes bestimmt ist (§ 12 Absatz 2, vgl. auch Absatz 2 Sätze 1 und 2 der Vorbemerkungen).

Beispiel:

Wird in Spalte 7 als Zahlungsbeginn „nach 4 Jahren" genannt, bedeutet dies einen Zahlungsbeginn nach vier Jahren, gerechnet von November 2006 an, also im November 2010.

Unterbrechungen der Entgeltzahlung vor dem in Spalte 7 der Tabelle bestimmten Zeitpunkt führen nach Absatz 2 Satz 2 der Vorbemerkungen nicht zu einer Verschiebung des Zahlungsbeginns (vgl. auch Ziffer 4.2.3). Steht allerdings im eigentlichen Monat der Zahlungsaufnahme kein Entgelt zu (z. B. wegen Elternzeit), verschiebt sich der Zahlungsbeginn auf den ersten Monat mit Entgeltanspruch.

4.2.2 Zahlungsdauer

4.2.2.1 Allgemeines

Die Dauer der Zahlung richtet sich ebenfalls nach den Angaben in Spalte 7 der Tabelle. In der Mehrzahl der Fälle wird der Strukturausgleich dauerhaft zusätzlich zum monatlichen Entgelt gezahlt, d. h. für den gesamten Zeitraum des Arbeitsverhältnisses, sofern Entgelt geschuldet wird (vgl. § 12 Absatz 1 Satz 1 in Verbindung mit Absatz 2 Satz 3 der Vorbemerkungen). Teilweise ist die Bezugsdauer aber befristet; dabei bezieht sich diese Angabe auf konkrete Kalenderzeiträume, stets gerechnet ab November 2008 (vgl. Absatz 3 Satz 1 der Vorbemerkungen). Die Angabe „für 3 Jahre" bedeutet einen Zahlungsanspruch von November 2008 bis Oktober 2011. Die Angabe „nach 4 Jahren für 7 Jahre" bedeutet Zahlungsbeginn im November 2010 und letzte Zahlung im Oktober 2017. Zu Unterbrechungen vgl. Ziffer 4.2.3.

Sofern in Spalte 7 der Tabelle eine Befristung des Strukturausgleichs auf eine bestimmte Anzahl von Jahren festgelegt ist, muss hinsichtlich der Beendigung folgende – in Absatz 3 Satz 2 der Vorbemerkungen geregelte – Besonderheit beachtet werden:

II

Eine tarifvertragliche Ausnahme zu Gunsten der Beschäftigten besteht dann, wenn das Ende des Zahlungszeitraumes zeitlich nicht mit einem Stufenaufstieg in der jeweiligen Entgeltgruppe zusammenfällt; in diesen Fällen wird der Strukturausgleich bis zum nächsten Stufenaufstieg fortgezahlt.

Beispiel:

Eine vollzeitbeschäftigte Angestellte ist am 1. November 2006 mit einem Vergleichsentgelt von 3.145,53 € (Tarifgebiet West) in eine individuelle Zwischenstufe zwischen den Stufen 2 und 3 (Stufe 2+) der Entgeltgruppe 12 übergeleitet worden und hat nach folgender Zeile der Tabelle Anspruch auf einen Strukturausgleich von 100 € monatlich für die Dauer von fünf Jahren:

E	VergGr	Aufstieg	OZ-Stufe	LASt	Höhe	Dauer
12	III	II a nach 8 Jahren	OZ 2	31	100 €	für 5 Jahre

Am 1. November 2008 rückt sie gemäß § 6 Absatz 1 Satz 2 in die nächsthöhere reguläre Stufe 3 auf. Bei durchschnittlicher Leistung rückt sie nach dreijähriger Stufenlaufzeit am 1. November 2011 in die Stufe 4 auf. Im November 2008 erhält sie erstmalig einen monatlichen Strukturausgleich in Höhe von 100 €. Aufgrund der Beschränkung auf fünf Jahre würde die letzte Zahlung im Oktober 2013 erfolgen.

Weil die regelmäßige Stufenlaufzeit zum Erreichen der Stufe 5 – durchschnittliche Leistung wird unterstellt – vier Jahre beträgt, steht der Beschäftigten bis zum Erreichen der nächsthöheren Stufe 5, also bis Oktober 2015, der Strukturausgleich zu. Die Bezugsdauer des Strukturausgleichs verlängert sich also um zwei Jahre.

Maßgeblich ist der tatsächliche Zeitpunkt des Stufenaufstiegs, auch im Fall der Verkürzung oder Verlängerung der Stufenlaufzeit nach § 17 Absatz 2 und 3 TV-L (siehe hierzu aber Ziffer 4.2.2.2). Da durch die Klausel bei Beschäftigten, welche die Endstufe noch nicht erreicht haben, eine Verringerung der monatlichen Bezüge vermieden werden soll, gilt die Ausnahmeregelung nicht, wenn der Stufenaufstieg in die Endstufe bereits erfolgt ist; in diesen Fällen bleibt es bei der festgelegten Dauer. Bei Beschäftigten, die sich zum Zeitpunkt des Auslaufens des in der Tabelle ausgewiesenen Zahlungszeitraumes bereits in der Endstufe befinden, steht kein Stufenaufstieg mehr an, durch den die Einkommenseinbuße infolge des Wegfalls des Strukturausgleichs ganz oder zum Teil kompensiert werden könnte. Eine Verlängerung des Zahlungszeitraums des Strukturausgleichs kann daher in diesen Fällen nicht stattfinden.

4.2.2.2 Zahlungsdauer bei Verkürzung oder Verlängerung des Stufenaufstiegs

Auch in denjenigen Fällen, in denen der Stufenaufstieg gemäß § 17 Absatz 2 Satz 1 TV-L verkürzt oder gemäß § 17 Absatz 2 Satz 2, § 17 Absatz 3 Satz 2 TV-L verlängert wird, greift die sich aus Absatz 3 Satz 2 der Vorbemerkungen zur Anlage 3 TVÜ-Länder ergebende Regelung, wonach ein zeitlich befristeter Strukturausgleich bis zum nächsten Stufenaufstiegszeitpunkt weiterzuzahlen ist, wenn das Ende der in der Tabelle angegebenen Zahlungsdauer nicht mit einem Stufenaufstieg zeitlich zusammenfällt.

Für eine **Verkürzung** der Stufenlaufzeit gemäß § 17 Absatz 2 Satz 1 TV-L ergeben sich daraus folgende Fallkonstellationen:

a) Durch den verkürzten Stufenaufstieg kann der sich aus der Tabelle ergebende Endzeitpunkt der Zahlungsdauer des Strukturausgleichs und der Zeitpunkt des Stufenaufstieges **auseinanderfallen**.

Beispiel:

Für einen Beschäftigten ist die folgende Zeile der Strukturausgleichstabelle maßgeblich:

E	VergGr	Aufstieg	OZ-Stufe	LASt	Höhe	Dauer
9	V b	IV b nach 6 Jahren	OZ 1	29	50 €	für 3 Jahre

Der Beschäftigte erhält ab dem 1. November 2008 Entgelt nach der Entgeltgruppe 9 Stufe 3. Nach der Regelaufstiegszeit würde der Beschäftigte nach drei Jahren, mithin am 1. November 2011, in die Stufe 4 aufsteigen. Zu diesem Zeitpunkt würde auch die Zahlung des Strukturausgleichs gemäß der Tabelle enden.

Der Stufenaufstieg wird gemäß § 17 Absatz 2 Satz 1 TV-L um ein Jahr verkürzt. Der Beschäftigte steigt somit am 1. November 2010 in die Entgeltgruppe 9 Stufe 4 auf. Der Strukturausgleich ist nach der Tabelle aber noch bis zum 31. Oktober 2011 weiterzuzahlen.

Da in diesem Falle der Endzeitpunkt für die Zahlung des Strukturausgleichs nach der Tabelle und der Stufenaufstiegszeitpunkt nicht zusammenfallen, ist gemäß Absatz 3 Satz 2 der Vorbemerkungen zur Anlage 3 TVÜ-Länder der Strukturausgleich bis zum nächsten Stufenaufstiegszeitpunkt, mithin dem Aufstieg in die Stufe 5 am 1. November 2014, weiterzuzahlen.

b) Durch den verkürzten Stufenaufstieg kann der sich aus der Tabelle ergebende Endzeitpunkt der Zahlungsdauer des Strukturausgleichs und der Zeitpunkt des Stufenaufstieges **zusammenfallen**.

II

Beispiel:

Für eine Beschäftigte ist die folgende Zeile der Strukturausgleichstabelle maßgeblich:

E	VergGr	Aufstieg	OZ-Stufe	LASt	Höhe	Dauer
10	IV b	IV a nach 2, 4, 6 Jahren	OZ 1	35	40 €	für 4 Jahre

Die Beschäftigte erhält ab dem 1. November 2008 Entgelt nach der Entgeltgruppe 10 Stufe 3. Nach der Regelaufstiegszeit würde die Beschäftigte nach drei Jahren, mithin am 1. November 2011, in die Stufe 4 und nach weiteren vier Jahren, mithin am 1. November 2015, in die Stufe 5 aufsteigen. Die Zahlung des Strukturausgleichs gemäß der Tabelle würde nach vier Jahren, mithin zum 1. November 2012 enden. Nach Absatz 3 Satz 2 der Vorbemerkungen zur Anlage 3 TVÜ-Länder wäre der Strukturausgleich bis zum nächsten Stufenaufstiegszeitpunkt, mithin dem Aufstieg in die Stufe 5 zum 1. November 2015, weiterzuzahlen.

Gemäß § 17 Absatz 2 Satz 1 TV-L wird der Stufenaufstieg in die Stufe 4 um ein Jahr und in die Stufe 5 um zwei Jahre verkürzt. Die Beschäftigte steigt somit am 1. November 2010 in die Stufe 4 und am 1. November 2012 in die Stufe 5 auf. Die Zahlung des Strukturausgleichs endet nach der Tabelle zum gleichen Zeitpunkt. Eine Verlängerung der Strukturausgleichszahlung findet nicht statt.

c) Sowohl der verkürzte Stufenaufstieg als auch der Regelaufstiegszeitpunkt können vor dem sich aus der Tabelle ergebenden Endzeitpunkt der Zahlungsdauer des Strukturausgleichs liegen.

Beispiel:

Wie Beispiel zu Buchstabe b, aber es erfolgt nur einmalig eine Verkürzung der Stufenlaufzeit, und zwar bei dem Aufstieg in die Stufe 4. Die Beschäftigte steigt somit bereits am 1. November 2010 in die Stufe 4 auf.

Die Zahlung des Strukturausgleichs endet nach der Tabelle zum 1. November 2012. Da die Stufenlaufzeit nicht erneut verkürzt wird, ist der Strukturausgleich gemäß Absatz 3 Satz 2 der Vorbemerkungen zur Anlage 3 TVÜ-Länder bis zum nächsten Stufenaufstiegszeitpunkt, mithin nunmehr dem Aufstieg in die Stufe 5 zum 1. November 2014, weiterzuzahlen. Der Weiterzahlungszeitraum des Strukturausgleichs verkürzt sich somit im Vergleich zur Regelaufstiegsdauer um ein Jahr.

Desgleichen ist der Strukturausgleich auch in denjenigen Fällen, in denen der Stufenaufstieg gemäß § 17 Absatz 2 Satz 2, § 17 Absatz 3 Satz 2 TV-L **verlängert** wird, bis zum Stufenaufstiegszeitpunkt unabhängig davon weiterzuzahlen, ob bereits zuvor ein Auseinanderfallen zwischen dem Stufenaufstiegszeitpunkt und dem Endzeitpunkt der Zahlungsdauer des Strukturausgleichs gegeben war oder ob es erst durch die Verlängerung des Stufenaufstiegs zu einem solchen Auseinanderfallen gekommen ist.

4.2.3 Unterbrechung der Zahlung

Ruht vorübergehend der tarifliche Anspruch auf Entgelt z. B. wegen des Ablaufs der Krankenbezugsfristen, wegen der Inanspruchnahme von Elternzeit oder wegen Sonderurlaubs (§ 28 TV-L), besteht für diesen Zeitraum auch kein Anspruch auf Zahlung eines Strukturausgleichs (§ 12 Absatz 1 Satz 1 – vgl. Ziffer 4.1.1). Ist in Spalte 7 der Tabelle eine zeitlich begrenzte Bezugsdauer angegeben, wird dieser Kalenderzeitraum nicht um Unterbrechungszeiten verlängert, sondern rechnet unverändert ab dem Monat des Beginns des Strukturausgleichs (vgl. Ziffer 4.2.1).

Beispiel:

Ein Beschäftigter hat ab November 2008 Anspruch auf Zahlung eines Strukturausgleichs für die Dauer von drei Jahren bis Oktober 2011. Am 10. September 2010 endet seine sechswöchige Bezugsfrist für Entgelt im Krankheitsfall gemäß § 22 Absatz 1 TV-L. Vom 11. September 2010 bis 9. Juni 2011 hat er Anspruch auf Krankengeldzuschuss gemäß § 22 Absatz 2 TV-L. Seine Arbeit nimmt er am 15. Dezember 2011 wieder auf. In der Zeit vom 10. Juni bis 14. Dezember 2011 besteht kein Anspruch auf Entgelt.

Für die Dauer des Erhalts von Entgelt im Krankheitsfall gemäß § 22 Absatz 1 TV-L besteht auch Anspruch auf Zahlung des Strukturausgleichs, also bis 10. September 2010 (für September 2010 nur anteilig). Für die Zeit des Anspruchs auf Krankengeldzuschuss gemäß § 22 Absatz 2 TV-L ist der Strukturausgleich in die Berechnung des Krankengeldzuschusses mit einzubeziehen. Ab 10. Juni 2011 und für die weiteren vollen Kalendermonate ohne Entgeltanspruch besteht kein Anspruch auf Zahlung eines Strukturausgleichs. Im Oktober 2011 endet ohnehin der auf einen Kalenderzeitraum von drei Jahren befristete Strukturausgleich. Eine Verlängerung des im Oktober 2008 beginnenden Bezugszeitraums um Zeiten ohne Anspruch auf Zahlung des Strukturausgleichs (also der Zeit vom 10. Juni bis Ende Oktober 2011) ab der Wiederaufnahme der Arbeit im Dezember 2011, findet nicht statt. (Eine etwaige Verlängerung bis zum nächsten Stufenaufstiegszeitpunkt gemäß Absatz 3 Satz 2 der Vorbemerkungen zur Anlage 3 TVÜ-Länder bleibt unberührt.)

4.3 Anrechnungen auf den Strukturausgleich

Nach § 12 Absatz 5 wird bei Höhergruppierungen der Unterschiedsbetrag zum bisherigen Entgelt auf den Strukturausgleich angerechnet (dazu Ziffer 4.3.1). In den Fällen einer vorübergehenden Übertragung einer höherwertigen Tätigkeit erfolgt hingegen keine Anrechnung (dazu Ziffer 4.3.3).

II

4.3.1 Anrechnung bei Höhergruppierung

Bei Höhergruppierungen nach § 17 Absatz 4 TV-L oder nach § 6 Absatz 2 TVÜ-Länder einschließlich Höhergruppierungen nach § 8 Absatz 1 und Absatz 3 1. Alternative wird der Unterschiedsbetrag zum bisherigen Entgelt nach § 12 Absatz 5 auf den Strukturausgleich angerechnet. Dies gilt für alle Höhergruppierungen, gleich aus welchem Grund.

Angerechnet werden Höhergruppierungsgewinne infolge einer Höhergruppierung vor Beginn der Zahlung des Strukturausgleichs ebenso wie Höhergruppierungsgewinne nach Zahlungsaufnahme des Strukturausgleichs. Anzurechnen ist der Höhergruppierungsgewinn im Zeitpunkt der Höhergruppierung einschließlich eines etwaigen Garantiebetrages nach § 17 Absatz 4 Satz 2 TV-L sowie ggf. nachfolgende Stufensteigerungen (vgl. Ziffer 4.3.2). Allgemeine Entgeltanpassungen führen dagegen nicht zu weiterer Verrechnung.

4.3.2 Höhe des Anrechnungsbetrages

Nach § 12 Absatz 5 wird bei einer Höhergruppierung der Unterschiedsbetrag zum bisherigen Entgelt auf den Strukturausgleich angerechnet. Unterschiedsbetrag ist die Differenz zwischen dem bisherigen Tabellenentgelt, das im Monat vor der Höhergruppierung gezahlt wurde, und dem sich auf Grund der Höhergruppierung ergebenden Entgelt ggf. einschließlich eines Garantiebetrages (vgl. § 17 Absatz 4 TV-L, § 6 Absatz 2 TVÜ-Länder).

Beispiel:

Eine Angestellte ist mit einem fiktiven Vergleichsentgelt von 2.622,58 € (Tarifgebiet West), das sich am 1. Januar 2008 wegen der allgemeinen Entgeltanpassung auf 2.700 € erhöht hat, in eine individuelle Zwischenstufe zwischen den Stufen 3 und 4 (Stufe 3+) der Entgeltgruppe 9 übergeleitet worden und hat nach folgender Zeile der Tabelle ab November 2008 Anspruch auf einen dauerhaften Ausgleichsbetrag in Höhe von 60 € monatlich:

E	VergGr	Aufstieg	OZ-Stufe	LASt	Höhe	Dauer
9	V b	IV b nach 2, 3, 4, 6 Jahren	OZ 2	37	60 €	dauerhaft

Am 1. August 2008 – drei Monate vor Beginn der Zahlung eines Strukturausgleichs – wird sie in Entgeltgruppe 10 höhergruppiert und erhält nach § 6 Absatz 2 Satz 1 ein monatliches Tabellenentgelt in Höhe von 2.885 €.

Die Differenz zwischen dem bisherigen und dem neuen Tabellenentgelt beträgt 185 € monatlich. Diese Steigerung ihres Entgelts überschreitet den Ausgleichsbetrag von 60 € um 125 € und zehrt deshalb den Ausgleichsbetrag völlig auf. Der dem Grunde nach bestehende Anspruch auf Zahlung des Strukturausgleichs entfällt daher aufgrund der Höhergruppierung.

II

Wird der Strukturausgleich durch die Höhergruppierung nicht vollständig aufgezehrt, erfolgt bei anschließenden Stufenaufstiegen eine weitere Anrechnung. Gleiches gilt bei erneuter Höhergruppierung.

Beispiel:

Eine Angestellte ist mit einem fiktiven Vergleichsentgelt von 1.872,63 € (Tarifgebiet West), das sich am 1. Januar 2008 wegen der allgemeinen Entgeltanpassung auf 1.930 € erhöht hat, in eine individuelle Zwischenstufe zwischen den Stufen 3 und 4 (Stufe 3+) der Entgeltgruppe 3 übergeleitet worden und hat nach folgender Zeile der Tabelle ab November 2008 Anspruch auf einen dauerhaften Ausgleichsbetrag in Höhe von 35 € monatlich:

E	VergGr	Aufstieg	OZ-Stufe	LASt	Höhe	Dauer
3	VIII	ohne	OZ 2	35	35 €	dauerhaft

Am 1. November 2008 steigt sie in die Stufe 4 der Entgeltgruppe 3 auf (1.935,00 €). Am 1. Dezember 2008 wird sie nach Entgeltgruppe 4 höhergruppiert und erhält dort wegen des Wirksamwerdens des Garantiebetrages von 25,73 € insgesamt 1.960,73 €.

Als Strukturausgleich werden im Monat November 2008 noch 35 € gezahlt. Ab Dezember 2008 reduziert sich der Strukturausgleich auf (35,00 – 25,73 =) 9,27 €. Mit Erreichen der nächsthöheren Stufe 4 in der Entgeltgruppe 4 – durchschnittliche Leistung vorausgesetzt – im Dezember 2011 entfällt der noch verbliebene Strukturausgleich von 9,27 € gänzlich.

Wäre die Beschäftigte bereits am 1. Mai 2008 höhergruppiert worden, hätte die Differenz zwischen dem bisherigen Vergleichsentgelt (1.930 €) und dem neuen Tabellenentgelt in Entgeltgruppe 4 Stufe 3 (1.960 €) 30 € betragen, so dass bereits ab November 2008 nur ein Strukturausgleich von 5 € zugestanden hätte.

4.3.3 Keine Anrechnung bei vorübergehender Übertragung höherwertiger Tätigkeit

Entsprechend dem Urteil des BAG vom 26. Juli 2012 – 6 AZR 701/10 – wird die Zulage für die vorübergehende Übertragung einer höherwertigen Tätigkeit (§ 14 TV-L) nicht auf den Strukturausgleich angerechnet, so dass dieser in unveränderter Höhe fortzuzahlen ist (siehe Beschluss der Mitgliederversammlung in der 6./2012 Sitzung am 11./12. Dezember 2012 (TOP 9.1).

II

4.4 Wegfall des Strukturausgleichs

4.4.1 Fallgestaltungen

Während die Einstellung der Entgeltzahlung eine Unterbrechung bewirkt (siehe Ziffer 4.2.3), entfällt der Anspruch auf Strukturausgleich

- bei Ablauf der festgelegten Dauer (siehe Ziffer 4.2.2),
- bei vollständiger Aufzehrung nach Höhergruppierung (siehe Ziffer 4.3.2), sowie
- bei Neuberechnung des Vergleichsentgelts nach § 8 Absatz 2 und Absatz 3 2. Alternative (siehe Ziffer 4.4.2).

In den Fällen einer Herabgruppierung erfolgt hingegen kein Wegfall (siehe Ziffer 4.4.3).

4.4.2 Neuberechnung des Vergleichsentgelts nach § 8 Absatz 2 und Absatz 3 2. Alternative

Ergibt sich bei den Entgeltgruppen 2 sowie 9 bis 15 in der Zeit vom 1. November 2006 bis zum 31. Oktober 2008 nach § 8 Absatz 2 und Absatz 3 2. Alternative ein höheres Vergleichsentgelt, entfällt der Anspruch auf Strukturausgleich (§ 8 Absatz 2 Satz 3). Dies gilt auch dann, wenn der Höhergruppierungsgewinn niedriger ist als der Strukturausgleichsbetrag.

4.4.3 Kein Wegfall bei Herabgruppierung

Nach dem Urteil des BAG vom 14. April 2011 – 6 AZR 726/09 – hat eine Herabgruppierung nach dem Inkrafttreten des TVÜ-Bund keine Auswirkung auf den Anspruch auf Strukturausgleich nach § 12 TVÜ-Bund, da die Vergütungsgruppe zum Stichtag 1. Oktober 2005 maßgebend ist.

Die Mitgliederversammlung hat in ihrer 12./2011 Sitzung (TOP 12) keine Bedenken erhoben, aus dem Urteil des BAG allgemeine Folgerungen für den Strukturausgleich nach § 12 zu ziehen. Dies gilt allerdings nicht für korrigierende Rückgruppierungen.

5. Konkurrenzfälle beim Ehegattenanteil im Ortszuschlag

Abweichungen von den unter Ziffer 3 dargestellten Tatbestandsvoraussetzungen wie auch von den unter Ziffer 4 dargestellten Rechtsfolgen ergeben sich in so genannten Konkurrenzfällen des Ortszuschlags. Der Anspruch auf Strukturausgleich knüpft tatbestandlich an den Ortszuschlagsanspruch nach altem Recht an. Dabei sind in Spalte 4 der Tabelle nur Fallgestaltungen des Ortszuschlags der

Stufe 1 und des Ortszuschlags der Stufe 2 abgebildet. Für den besonderen Fall, dass sich der Ortszuschlag zum 1. November 2006 nach § 29 Abschnitt B Absatz 5 BAT/BAT-O bemessen hätte, sind die Sonderregelungen gemäß Absatz 1 der Vorbemerkungen zu Anlage 3 TVÜ-Länder zu beachten.

5.1 Anwendungsbereich

Absatz 1 der Vorbemerkungen zu Anlage 3 TVÜ-Länder betrifft Fälle, in denen zum Überleitungsstichtag der Ehegatte einer/eines Beschäftigten als Angestellter, Beamter, Richter oder Soldat im öffentlichen Dienst stand oder auf Grund einer Tätigkeit im öffentlichen Dienst nach beamtenrechtlichen Grundsätzen versorgungsberechtigt war und ihm ebenfalls der Familienzuschlag der Stufe 1 oder der Ortszuschlag der Stufe 2 oder eine entsprechende Leistung in Höhe von mindestens der Hälfte des Unterschiedsbetrages zwischen der Stufe 1 und der Stufe 2 des Ortszuschlages der höchsten Tarifklasse zugestanden hätte (vgl. § 29 Abschnitt B Absatz 5 BAT/BAT-O). Keine Anwendung findet die Sonderregelung auf andere nicht verheiratete Beschäftigte, die nach bisherigem Recht den Ortszuschlag der Stufe 2 erhalten haben, wie z. B. Witwen, Geschiedene mit Unterhaltsverpflichtung usw., da auf sie § 29 Abschnitt B Absatz 5 BAT/BAT-O keine Anwendung fand.

Der Fall, dass wegen der Beanspruchung des Ortszuschlags der Stufe 2 durch mehrere Beschäftigte im öffentlichen Dienst wegen der Aufnahme einer anderen Person oder mehrerer anderer Personen in die gemeinsam bewohnte Wohnung, der Unterschiedsbetrag zwischen der Stufe 1 und der Stufe 2 des für den Angestellten maßgebenden Ortszuschlags gemäß § 29 Abschnitt B Absatz 2 Nr. 4 Satz 4 BAT/BAT-O nach der Zahl der Berechtigten zum Stichtag (1. November 2006) anteilig zu gewähren war, ist von den Tarifvertragsparteien nicht berücksichtigt worden. Da diesbezüglich jedoch die gleiche Interessenlage wie in den Fällen der Ehegattenkonkurrenz gemäß § 29 Abschnitt B Absatz 5 BAT/BAT-O gegeben ist, ist aufgrund der bestehenden Regelungslücke die tarifvertragliche Regelung nach Satz 1 der Vorbemerkungen zur Anlage 3 TVÜ-Länder für den Fall der Ehegattenkonkurrenz gemäß § 29 Abschnitt B Absatz 5 BAT/BAT-O entsprechend heranzuziehen. Die nachstehenden Ausführungen sind auch auf diesen Fall übertragbar.

Maßgeblich ist, ob § 29 Abschnitt B Absatz 5 BAT/BAT-O am Stichtag, also am 1. November 2006 Anwendung gefunden hätte (vgl. Ziffer 3.2). Die Regelung findet daher sowohl auf Beschäftigte, deren

Ehegatte am Stichtag weiterhin ortszuschlagsberechtigt war, als auch auf Beschäftigte, deren Ehegatte zum Stichtag ebenfalls in den TV-L übergeleitet worden ist, Anwendung. Wegen der auf den Stichtag 1. November 2006 bezogenen fiktiven Weitergeltung ist es unerheblich, welche Stufe des Ortszuschlags in das Vergleichsentgelt nach § 5 eingeflossen ist (§ 12 Absatz 1 Satz 2 verweist ausdrücklich nicht auf § 5). Auch wenn also bei einem verheirateten Angestellten bei der Überleitung die Stufe 1 des Ortszuschlags z. B. wegen Beschäftigung des Ehegatten als Beamtin/Beamter zugrunde gelegt wurde, gilt in diesen Fällen beim Strukturausgleich die Sonderregelung des Absatzes 1 der Vorbemerkungen zur Anlage 3 TVÜ-Länder.

Beispiel:

Ein verheirateter Angestellter (OZ Stufe 2) in VergGr. V b BAT mit noch ausstehendem fünfjährigen Aufstieg in VergGr. IV b ist am 1. November 2006 in die Entgeltgruppe 9 übergeleitet worden. Weil die Ehefrau des Beschäftigten bei einem öffentlichen Arbeitgeber beschäftigt war, welcher über den 31. Oktober 2006 hinaus den BAT/ BAT-O anwendete, ging bei Überleitung in den TV-L die Stufe 1 des Ortszuschlags in das Vergleichsentgelt des Beschäftigten ein (§ 5 Absatz 2 Satz 2).

Bei der Prüfung, ob dem Beschäftigten ein Strukturausgleich zusteht und wenn ja, in welcher Höhe, ist Absatz 1 der Vorbemerkungen anzuwenden. Es sind daher die mit Ortszuschlag der Stufe 2 ausgewiesenen Strukturausgleiche maßgeblich (zur Höhe siehe Ziffer 5.3).

Unerheblich ist, ob sich nach dem 1. November 2006 die für den Ortszuschlag relevanten Verhältnisse ändern (siehe Ziffer 3.5).

Beispiel:

Heirat nach dem 1. November 2006 oder Ausscheiden des Ehegatten aus dem öffentlichen Dienst nach dem 1. November 2006.

5.2 Für Konkurrenzfälle maßgebliche OZ-Stufe der Tabelle

In den Fällen der Konkurrenzregelung des § 29 Abschnitt B Absatz 5 BAT/BAT-O sind ausschließlich die mit Ortszuschlag der **Stufe 2** ausgewiesenen Strukturausgleiche maßgeblich (siehe Absatz 1 der Vorbemerkungen zur Anlage 3 TVÜ-Länder).

5.3.1 Höhe des Strukturausgleichs

Sofern die übrigen Tatbestandsvoraussetzungen vorliegen (siehe dazu oben Ziffer 3), steht als Strukturausgleich die Hälfte des Strukturausgleichsbetrages zu, welcher für Beschäftigte mit Ortszuschlag der Stufe 2 ausgewiesen ist, also die Hälfte des in Spalte 6 genannten Betrages.

Beispiel:

Ein verheirateter vollzeitbeschäftigter Angestellter der VergGr. III Fallgruppe 2 a BAT mit achtjährigem Aufstieg nach VergGr. II a BAT, Lebensaltersstufe 39, ist am 1. November 2006 in die Entgeltgruppe 12 übergeleitet worden. Die Ehefrau des Beschäftigten war zum Stichtag ebenfalls im öffentlichen Dienst tätig.

Der Strukturausgleich bestimmt sich grundsätzlich nach der Stufe 2 in Spalte 4 der Tabelle. Demnach ist folgende Zeile der Tabelle heranzuziehen:

E	VergGr	Aufstieg	OZ-Stufe	LASt	Höhe	Dauer
12	III	II a nach 8 Jahren	OZ 2	39	100 €	dauerhaft

Nach Absatz 1 der Vorbemerkungen steht dem Beschäftigten als Strukturausgleich die Hälfte des in Spalte 6 ausgewiesenen Betrages zu, also dauerhaft 50 €/Monat.

5.4 Teilzeitarbeit

Nach § 29 Abschnitt B Absatz 5 BAT/BAT-O war die Höhe des Ortszuschlages bei Teilzeitarbeit in Konkurrenzfällen anders als in Fällen ohne Konkurrenz unter bestimmten Voraussetzungen nicht zeitratierlich zu bemessen; § 34 Absatz 1 Unterabsatz 1 Satz 1 BAT/BAT-O fand auf Grund der Regelung in § 29 Abschnitt B Absatz 5 BAT/BAT-O in bestimmten Fällen der Konkurrenz im Ortszuschlag keine Anwendung (§ 29 Abschnitt B Absatz 5 Satz 2 BAT/BAT-O). Diese Besonderheiten sind durch die Inbezugnahme von § 29 Abschnitt B Absatz 5 BAT/BAT-O in Absatz 1 der Vorbemerkungen zur Anlage 3 TVÜ-Länder auch bei der Ermittlung der Höhe des Strukturausgleichs zu berücksichtigen, werden aber in dieser Vorbemerkung zugleich modifiziert. Daraus ergeben sich die folgenden Besonderheiten:

5.4.1 Teilzeitarbeit zum Stichtag

Es ist danach zu unterscheiden, ob § 34 Absatz 1 Unterabsatz 1 Satz 1 BAT/BAT-O am Stichtag Anwendung fand oder nicht.

5.4.1.1 Keine Anwendung des § 34 Absatz 1 Unterabsatz 1 Satz 1 BAT/BAT-O am Stichtag

Beschäftigte, bei denen zum Stichtag mindestens ein Ehepartner vollzeitbeschäftigt war oder beide Ehegatten mit jeweils mindestens der Hälfte der durchschnittlichen regelmäßigen wöchentlichen Arbeitszeit beschäftigt waren, hätten gemäß § 29 Abschnitt B Absatz 5 Satz 2 BAT/BAT-O Anspruch auf Ortszuschlag in Höhe des hälftigen Unterschiedsbetrages zwischen dem Ortszuschlag der Stufe 1 und dem Ortszuschlag der Stufe 2 gehabt. Nach Absatz 1 der Vorbemerkungen zur Anlage 3 TVÜ-Länder erhalten diese Beschäftigten „den entsprechenden Anteil" des Strukturausgleichs, also die Hälfte des Strukturausgleichs für Verheiratete.

Beispiel:

Ein verheirateter, mit 60 v. H. teilzeitbeschäftigter Angestellter der VergGr. III BAT ist am 1. November 2006 in die Entgeltgruppe 12 übergeleitet worden. Die Ehefrau des Beschäftigten war zu diesem Zeitpunkt ebenfalls im öffentlichen Dienst tätig und vollzeitbeschäftigt. Die Strukturausgleichstabelle weist für diesen Fall (mit der OZ-Stufe 2) in der Spalte 6 einen Betrag von 100 € aus.

Absatz 1 der Vorbemerkungen ist zu beachten; diese Vorschrift findet auch Anwendung auf Beschäftigte, bei denen zum Stichtag (1. November 2006) mindestens ein Ehepartner vollzeitbeschäftigt war oder beide Ehegatten mit jeweils mindestens der Hälfte der durchschnittlichen regelmäßigen wöchentlichen Arbeitszeit beschäftigt waren. Weil der Beschäftigte mit 60 v. H. teilzeitbeschäftigt ist, steht ihm als Strukturausgleich vom 1. November 2008 an die Hälfte des Betrages nach Spalte 6 der Tabelle zu, also dauerhaft 50 € monatlich.

5.4.1.2 Anwendung des § 34 Absatz 1 Unterabsatz 1 Satz 1 BAT/BAT-O am Stichtag

Anders verhält es sich, wenn mit beiden Ehegatten **nicht** mindestens die Hälfte der durchschnittlichen regelmäßigen wöchentlichen Arbeitszeit vergleichbarer Vollbeschäftigter vereinbart war. In diesem Fall stand der hälftige Ehegattenanteil jedem Ehegatten nur anteilig zu (§ 29 Abschnitt B Absatz 5 BAT/BAT-O in Verbindung mit § 34 Absatz 1 Unterabsatz 1 Satz 1 BAT/BAT-O). Von den Tarifvertragsparteien war nicht beabsichtigt, in diesen Fällen den Strukturausgleich ebenfalls zur Hälfte zu zahlen. Denn in diesen Fällen „bemisst" sich der Ortszuschlag gerade nicht nach der Ausnahmeregelung des § 29 Abschnitt B Absatz 5 BAT/BAT-O, sondern nach § 34 Absatz 1 Unterabsatz 1 Satz 1 BAT/BAT-O.

Beispiel:

Wie Beispiel zu Ziffer 5.4.1.1, jedoch war der Angestellte mit 40 v. H. und seine Ehefrau mit 50 v. H. teilzeitbeschäftigt. Der Angestellte erhielt auf Grund anzuwendender Konkurrenzregelung gemäß § 34 Absatz 1 Unterabsatz 1 Satz 1 BAT/BAT-O 40 v. H. des hälftigen Ehegattenanteils.

Der Beschäftigte erhält nach zwei Jahren, also vom 1. November 2008 an, 40 v. H. vom ausgewiesenen Strukturausgleich in Höhe von 100 €, mithin 40 € monatlich.

5.4.2 Spätere Veränderungen des Teilzeitumfangs

Da es auf die Verhältnisse am Stichtag ankommt, also am 1. November 2006, spielt es für den Anspruch auf Strukturausgleich keine Rolle, wie sich das Beschäftigungsverhältnis des Ehegatten der/des Beschäftigten entwickelt. Die Verhältnisse am 1. November 2006 bleiben für die gesamte Zahlungsdauer des Strukturausgleichs maßgeblich, selbst wenn der Ehegatte aus dem Arbeitsverhältnis ausscheidet. Die früheren Konkurrenzregelungen des Ortszuschlagsrechts sind für den weiteren Anspruch auf Strukturausgleich nicht maßgeblich und demzufolge auch nicht weiterzuführen. Änderungen im Umfang der Arbeitszeit wirken sich allerdings unterschiedlich danach aus, ob entsprechend den Vorbemerkungen zur Anlage 3 TVÜ-Länder der Strukturausgleich zur Hälfte aufgrund Vollbeschäftigung eines oder mindestens hälftiger Arbeitszeit beider Ehegatten zu zahlen ist oder ob sich der Ehegattenanteil im Ortszuschlag bei Eingreifen der Konkurrenzregelung des § 29 Abschnitt B Absatz 5 BAT/BAT-O nach § 34 Absatz 1 Unterabsatz 1 Satz 1 BAT/BAT-O bemessen hat.

II

5.4.2.1 Keine Anwendung des § 34 Absatz 1 Unterabsatz 1 Satz 1 BAT/BAT-O am Stichtag

In den Fällen, in denen die Konkurrenzregelung des § 29 Abschnitt B Absatz 5 BAT/BAT-O Anwendung fand und sich der Ehegattenanteil im Ortszuschlag nach § 29 Abschnitt B Absatz 5 BAT/BAT-O bemessen hat (siehe Beispiele zu Ziffer 5.3 und 5.4.1.1), bleibt es beim bisherigen Zahlbetrag, auch wenn die Arbeitszeit weniger als die Hälfte der für Vollbeschäftigte geltenden Arbeitszeit beträgt. Auch bei einer Erhöhung der Arbeitszeit verbleibt es beim bisherigen Zahlbetrag.

Beispiel 1:

Der Beschäftigte im Beispiel zu Ziffer 5.3 erhält vom 1. November 2008 an die Hälfte des für Vollbeschäftigte ausgewiesenen Strukturausgleichs, also 50 € monatlich. Der Beschäftigte erhöht zum 1. Januar 2009 seine Arbeitszeit auf 75 v. H. wöchentlich. Der Strukturausgleich ist in bisheriger Höhe weiterzuzahlen.

Beispiel 2:

Der Beschäftigte im Beispiel zu Ziffer 5.4.1.1 reduziert zum 1. Januar 2009 seine Arbeitszeit auf 12 Stunden wöchentlich. Der Strukturausgleich ist in bisheriger Höhe weiterzuzahlen.

5.4.2.2 Anwendung des § 34 Absatz 1 Unterabsatz 1 Satz 1 BAT/BAT-O am Stichtag

In den Fällen, in denen die Konkurrenzregelung des § 29 Abschnitt B Absatz 5 BAT/BAT-O Anwendung fand und sich der Ehegattenanteil im Ortszuschlag nach § 34 Absatz 1 Unterabsatz 1 Satz 1 BAT/BAT-O bestimmte (siehe Beispiel zu Ziffer 5.4.1.2), bewirken Arbeitszeitänderungen auch eine Änderung des bisherigen Zahlbetrages, wobei höchstens die Hälfte des für verheiratete Vollbeschäftigte ausgewiesenen Strukturausgleichs zusteht.

Beispiel 1:

Der Beschäftigte im Beispiel zu Ziffer 5.4.1.2 erhöht am 1. Januar 2009 seine Arbeitszeit auf 70 v. H. der für Vollbeschäftigte geltenden Arbeitszeit. Er erhält ab diesem Zeitpunkt die Hälfte des für Vollbeschäftigte ausgewiesenen Strukturausgleichs, also 50 € monatlich.

Beispiel 2:

Der Beschäftigte im Beispiel zu Ziffer 5.4.1.2 verringert am 1. Mai 2009 seine Arbeitszeit auf 20 v. H. der für Vollbeschäftigte geltenden Arbeitszeit. Er erhält ab diesem Zeitpunkt 20 v. H. des für Vollbeschäftigte ausgewiesenen Strukturausgleichs, also 20 € monatlich.

6. Strukturausgleich für Pflegekräfte

6.1 Abweichende Tabellenstruktur

Die Strukturausgleiche für das Pflegepersonal, das unter die Anlage 1b zum BAT/BAT-O fällt, sind in einer eigenständigen Tabelle festgelegt, die in der Anlage 3 zum TVÜ-Länder unter **Teil B** abgedruckt ist. Diese Tabelle weicht in ihrem Aufbau von der Tabelle des Teils A ab; sie gliedert sich wie folgt:

Spalte 1	Spalte 2	Spalte 3	Spalte 4	Spalte 5	Spalte 6	Spalte 7	Spalte 8
EG	Vergütungsgruppe	Ortszuschlag Stufe ½	Überleitung aus		nach	für	Betrag Tarifgebiet West
			VergGr.	Stufe			

Hierbei beschreibt

- die Spalte 1 die Entgeltgruppe, in die die ehemalige Pflegekraft übergeleitet worden ist,
- die Spalte 2 den Karriereverlauf, der für die Festlegung der neuen Entgeltgruppe maßgeblich war,
- die Spalte 3 die Ortszuschlagsstufe 1 bzw. 2 der Pflegekraft zum 1. November 2006,

- die Spalten 4 und 5 die Vergütungsgruppe und Stufe, aus der die Überleitung erfolgt sein muss,
- die Spalte 6 den Beginn des Strukturausgleichs,
- die Spalte 7 die Dauer, für die der Strukturausgleich gezahlt wird und,
- die Spalte 8 den Betrag des Strukturausgleichs im Tarifgebiet West, für den im Tarifgebiet Ost der jeweilige Bemessungssatz gilt.

II

Die Spalte 2 greift die KR-Verläufe auf, die auch schon aus der KR-Anwendungstabelle (Anlagen 5 A und 5 B zum TVÜ-Länder) bekannt sind. Teilweise wird aber zusätzlich nach Aufstiegszeiten differenziert (so z. B. bei den Strukturausgleichen der in die Entgeltgruppe KR 8a übergeleiteten Pflegekräfte).

Die Spalten 4 und 5 konkretisieren dann – bezogen auf den in Spalte 2 beschriebenen KR-Verlauf – aus welcher Vergütungsgruppe und Stufe die Überleitung erfolgt sein muss, um Anspruch auf den Strukturausgleich zu erwerben.

Beispiel:

Enthält die Tabelle in Teil B der Anlage 3 zum TVÜ-Länder folgende Zeilen:

EG	Vergütungsgruppe	Ortszuschlag Stufe ½	Überleitung aus		nach	für	Betrag Tarifgebiet West
			VergGr.	Stufe			
8a	Kr. V a 3 Jahre, KR. VI	OZ 2	Kr. V a	3	4 Jahren	7 Jahre	45,- €
			Kr. VI	5	2 Jahren	5 Jahre	60,- €
		OZ 1	Kr. VI	4	2 Jahren	9 Jahre	55,- €
			Kr. VI	7	2 Jahren	5 Jahre	60,- €

steht ein Anspruch auf einen Strukturausgleich nur zu, wenn

- es sich um eine Pflegekraft handelt, die in die Entgeltgruppe 8a übergeleitet wurde,
- eine Tätigkeit übertragen war, die nach drei Jahren einen Aufstieg von der Vergütungsgruppe Kr. V a in die Vergütungsgruppe Kr. VI ermöglichte,
- bei Anspruch auf Ortszuschlag der Stufe 2 die Überleitung entweder
  - aus der Vergütungsgruppe Kr. V a Stufe 3 oder
  - aus der Vergütungsgruppe Kr. VI Stufe 5 oder
- bei Anspruch auf Ortszuschlag der Stufe 1 die Überleitung entweder
  - aus der Vergütungsgruppe Kr. VI Stufe 4 oder
  - aus der Vergütungsgruppe Kr. VI Stufe 7

erfolgte.

In einer Reihe von Fällen steht der Strukturausgleich dabei schon nach einem Jahr nach der Überleitung, also ab dem 1. November 2007 zu. Die hiervon betroffenen Pflegekräfte erfahren folglich eine Nachzahlung ihres Strukturausgleichs seit dem 1. November 2007.

II

6.2 Sonderregelungen für die Entgeltgruppe 7a (Hebammen, Altenpflegerinnen)

Für die in die Entgeltgruppe 7a nach der KR-Anwendungstabelle eingruppierten Hebammen und Altenpflegerinnen sieht die Strukturausgleichstabelle folgende Besonderheit vor:

EG	Vergütungsgruppe	Ortszuschlag Stufe ½	Überleitung aus		nach	für	Betrag Tarifgebiet West
			VergGr.	Stufe			
7a	Kr. IV 2 Jahre (Hebammen 1 Jahr, Altenpflegerinnen 3 Jahre) Kr. V 4 Jahre Kr. Va	OZ 2	Kr. V	3	2 Jahren (Altenpflegerinnen nach 3 Jahren)	9 Jahre (Altenpflegerinnen für 8 Jahre)	50,- €

Hier sind zusammengefasst dargestellt

- Krankenpflegekräfte der VergGr. Kr. IV mit zweijährigem Aufstieg nach VergGr. Kr. V und weiterem vierjährigen Aufstieg nach VergGr. Kr. V a,
- Hebammen der VergGr. Kr. IV mit einjährigem Aufstieg nach VergGr. Kr. V und weiterem vierjährigen Aufstieg nach VergGr. Kr. V a und
- Altenpflegerinnen der VergGr. Kr. IV mit dreijährigem Aufstieg nach VergGr. Kr. V und weiterem vierjährigen Aufstieg nach VergGr. Kr. V a.

Krankenpflegekräfte und Hebammen, die am Stichtag Ortszuschlag der Stufe 2 und Grundvergütung nach VergGr. Kr. V Stufe 3 erhalten haben, erhalten einen Strukturausgleich nach zwei Jahren, also vom 1. November 2008 an, für neun Jahre in Höhe von 50 €. Altenpflegerinnen, die am Stichtag Ortszuschlag der Stufe 2 und Grundvergütung nach VergGr. Kr. V Stufe 3 erhalten haben, erhalten diesen Strukturausgleich nach drei Jahren, also vom 1. November 2009 an, für acht Jahre.

Im Übrigen gelten die Ausführungen unter Ziffer 3 bis 5 entsprechend.

6.3 Wechsel in einen höheren oder niedrigeren Strukturausgleichsbetrag

Soweit die Tabelle in Teil B der Anlage 3 zum TVÜ-Länder einen Strukturausgleich für eine bestimmte Dauer vorsieht und im Anschluss daran einen zeitlich befristeten oder dauerhaften höheren oder niedrigeren Strukturausgleich als zuvor, gelten folgende Besonderheiten:

Ist der nach Ablauf des ersten Zahlbetrages zu gewährende Strukturausgleich höher als der Ursprungsbetrag, steht der neue Betrag unmittelbar nach Ablauf der Zahldauer des in der Tabelle ausgewiesenen ersten Zahlbetrages zu. Denn der Zweck der Ausnahmeregelung, durch Weiterzahlung des Strukturausgleichs bis zur nächsten Stufensteigerung möglichst finanzielle Einbußen der/des Beschäftigten zu vermeiden, greift hier nicht. Unberührt davon bleibt die Weiterzahlung eines befristeten weiteren Zahlbetrages über die in der Tabelle angegebene Zahldauer hinaus bis zu einem dann greifenden Stufenaufstieg.

Beispiel 1:

Ein vollzeitbeschäftigter Angestellter war in VergGr. Kr. VII eingruppiert. Der Ortszuschlag bestimmte sich nach Stufe 2. Grundvergütung erhielt er nach Stufe 6. Die Überleitung erfolgte in die Entgeltgruppe 9b Stufe 3 der KR-Anwendungstabelle gemäß Anlage 5 A zum TVÜ-Länder. Der Beschäftigte hat nach folgender Zeile der Tabelle Anspruch auf einen Strukturausgleich von 40 € monatlich für die Dauer von zwei Jahren und danach von 100 € für die Dauer von drei Jahren:

EG	Vergütungsgruppe	Ortszuschlag Stufe ½	Überleitung aus		nach	für	Betrag Tarifgebiet West
			VergGr.	Stufe			
9b	Kr. VII	OZ 2	Kr. VII	6	2 Jahren	2 Jahre, danach für 3 Jahre	40,- € 100,- €

Der Beschäftigte erhält nach zwei Jahren und damit vom 1. November 2008 an einen Strukturausgleich in Höhe von 40 €. Danach, also vom 1. November 2010 an, erhält der Beschäftigte einen Strukturausgleich in Höhe von 100 €, auch wenn der Aufstieg in die Stufe 4 nach der KR-Anwendungstabelle gemäß Anlage 5 A zum TVÜ-Länder erst nach fünf Jahren in Stufe 3 und damit – durchschnittliche Leistung unterstellt – zum 1. November 2011

II

erfolgt. Der nächste Stufenaufstieg in die Stufe 5 erfolgt bei durchschnittlicher Leistung nach fünf Jahren in Stufe 4 und damit zum 1. November 2016. Obwohl die dreijährige Bezugsdauer des Strukturausgleichs von 100 € zum 31. Oktober 2013 endet, erhält der Beschäftigte den Strukturausgleich nach Absatz 3 Satz 2 der Vorbemerkungen bis zum Aufstieg in die Stufe 5 und damit bis zum 31. Oktober 2016 weitergezahlt.

In den meisten solchermaßen ausgebrachten Fallgestaltungen ist der im Anschluss an eine zeitlich befristete Dauer zustehende Strukturausgleich allerdings niedriger als der ursprüngliche Zahlbetrag. Da die Ausnahmeregelung in Absatz 3 Satz 2 der Vorbemerkungen zur Anlage 3 zum TVÜ-Länder auf das Ende des Zahlungszeitraumes abstellt, insoweit also auf den gesamten Zeitraum abgestellt wird, für den ein Strukturausgleich zusteht, und nur für diesen Fall die Weiterzahlung bis zum nächsten Stufenaufstieg vorgesehen ist, steht der niedrigere Betrag auch hier unmittelbar nach Ablauf der Zahldauer des in der Tabelle ausgewiesenen höheren Zahlbetrages zu.

Beispiel 2:

Ein vollzeitbeschäftigter Angestellter war in VergGr. Kr. VII mit Aussicht auf den fünfjährigen Bewährungsaufstieg nach VergGr. Kr. VIII eingruppiert und ist in die Entgeltgruppe 9c Stufe 3+ gemäß der KR-Anwendungstabelle nach Anlage 5 A zum TVÜ-Länder übergeleitet worden. Der Ortszuschlag bestimmte sich nach Stufe 1. Grundvergütung erhielt er nach Stufe 5. Der Beschäftigte hat nach folgender Zeile der Tabelle Anspruch auf einen Strukturausgleich von 150 € monatlich für die Dauer von zwei Jahren und danach von 60 € für die Dauer von fünf Jahren:

EG	Vergütungsgruppe	Ortszuschlag Stufe ½	Überleitung aus		nach	für	Betrag Tarifgebiet West
			VergGr.	Stufe			
9c	Kr. VII 5 Jahre Kr. VIII	OZ 1	Kr. VII	5	3 Jahren	2 Jahre, danach für 5 Jahre	150,- € 60,- €

Der Beschäftigte erhält nach drei Jahren und damit vom 1. November 2009 an einen Strukturausgleich in Höhe von 150 € für zwei Jahre. Danach erhält der Beschäftigte einen Strukturausgleich in Höhe von 60 € für fünf Jahre. Am 1. November 2008 steigt der Beschäftigte in die Stufe 4 auf. Der Strukturausgleich von 150 € steht zwei Jahre und damit bis zum 31. Oktober 2011 zu. Vom 1. November 2011 an hat der Beschäftigte für fünf Jahre Anspruch auf den Strukturausgleich von 60 €. Der Aufstieg in die hier gegebene Endstufe 5 nach der KR-Anwendungstabelle erfolgt – durchschnittliche Leistung unterstellt – nach fünf Jahren in der Stufe 4 und damit zum 1. November 2013. Da die Stufe 5 vorliegend Endstufe ist, endet der Zahlungsanspruch auf Strukturausgleich am 31. Oktober 2016.

7. Abfindung des Strukturausgleichs

Von der Möglichkeit der einmaligen Abfindung des Strukturausgleichs (§ 12 Absatz 6) kann im gegenseitigen Einvernehmen zwischen Arbeitgeber und Beschäftigten mitbestimmungsfrei Gebrauch gemacht werden. Die Abfindungsregelung eröffnet die Möglichkeit, den Anspruch auf Strukturausgleich durch einen oder mehrere Einmalbeträge abzufinden. Dazu, wie der Abfindungsbetrag zu ermitteln ist, haben die Tarifvertragsparteien keine Vorgaben gemacht. Ein Anspruch auf Abfindung besteht nicht.

II

§ 13 Entgeltfortzahlung im Krankheitsfall

(1) [1]Bei Beschäftigten, für die bis zum 31. Oktober 2006 § 71 BAT gegolten hat und die nicht in der privaten Krankenversicherung versichert sind, wird abweichend von § 22 Abs. 2 TV-L für die Dauer des über den 31. Oktober 2006 hinaus ununterbrochen fortbestehenden Arbeitsverhältnisses der Krankengeldzuschuss in Höhe des Unterschiedsbetrages zwischen dem festgesetzten Nettokrankengeld oder der entsprechenden gesetzlichen Nettoleistung und dem Nettoentgelt (§ 22 Abs. 2 Satz 2 und 3 TV-L) gezahlt. [2]Nettokrankengeld ist das um die Arbeitnehmeranteile zur Sozialversicherung reduzierte Krankengeld. [3]Bei Beschäftigten, die in der gesetzlichen Krankenversicherung versicherungsfrei oder die von der Versicherungspflicht in der gesetzlichen Krankenversicherung befreit sind, werden bei der Berechnung des Krankengeldzuschusses diejenigen Leistungen zu Grunde gelegt, die ihnen als Pflichtversicherte in der gesetzlichen Krankenversicherung zustünden.

(2) [1]Beschäftigte im Sinne des Absatzes 1 erhalten längstens bis zum Ende der 26. Woche seit dem Beginn ihrer über den 31. Oktober 2006 hinaus ununterbrochen fortbestehenden Arbeitsunfähigkeit infolge derselben Krankheit oder Arbeitsverhinderung infolge einer Maßnahme der medizinischen Vorsorge oder Rehabilitation ihr Entgelt nach § 21 TV-L fortgezahlt. [2]Tritt nach dem 1. November 2006 Arbeitsunfähigkeit infolge derselben Krankheit ein, werden die Zeiten der Entgeltfortzahlung nach Satz 1 auf die Fristen gemäß § 22 TV-L angerechnet.

(3) [1]Bei Beschäftigten, für die bis zum 31. Oktober 2006 § 71 BAT gegolten hat und die in der privaten Krankenversicherung versichert sind, wird anstelle des Krankengeldzuschusses nach § 22 Abs. 2 TV-L und 3 TV-L für die Dauer des über den 31. Oktober 2006 hinaus ununterbrochen fortbestehenden Arbeitsverhältnisses das Entgelt nach § 21 TV-L bis zur Dauer von 26 Wochen gezahlt. [2]§ 22 Abs. 4 TV-L findet auf die Entgeltfortzahlung nach Satz 1 ensprechende Anwendung. [3]Die Sätze 1 und 2 gelten auf Antrag entsprechend für bisher unter § 71 BAT fallende Beschäftigte, die freiwillig in der gesetzlichen Krankenversicherung versichert sind und am 19. Mai 2006 (Stichtag) einen Anspruch auf Krankengeld erst ab der 27. Woche der Arbeitsunfähigkeit hatten; der Antrag ist bis zum 31. Dezember 2006 zu stellen.

Protokollerklärung zu § 13:

[1]Ansprüche aufgrund von Regelungen für die Gewährung von Beihilfen an Arbeitnehmerinnen und Arbeitnehmer im Krankheitsfall bleiben für übergeleitete Beschäftigte, die am 31. Oktober 2006 noch Anspruch auf Beihilfe haben, unberührt. [2]Änderungen von Beihilfevorschriften für Beamte kommen zur Anwendung, soweit auf Landes- bzw. Bundesvorschriften Bezug genommen wird.

Erläuterungen

Übergangsvorschrift

Bei § 13 TVÜ-Länder handelt es sich um eine Übergangsvorschrift zu § 22 TV-L (Entgelt im Krankheitsfall).

Die Übergangsvorschrift enthält besondere Regelungen für die zum Zeitpunkt der Überleitung in den TV-L (31. Oktober 2006) von § 71 BAT erfassten Beschäftigten und gilt nur für danach ohne Unterbrechung fortgesetzte Arbeitsverhältnisse. Schon § 71 BAT war eine Übergangsvorschrift, die nur für die Angestellten galt, die sich bereits vor dem 1. Juli 1994 in einem Arbeitsverhältnis befunden hatten, das seitdem ununterbrochen fortbestanden hat. Sie ist im Rahmen der Systemumstellung der Entgeltfortzahlung im Krankheitsfall mit dem 69. Änderungs-Tarifvertrag zum BAT vom 25. April 1994 vereinbart worden und bewirkte, dass der davon erfasste Personenkreis auch nach dem Inkrafttreten der Änderungen am 1. Juli 1994 nicht wie die übrigen Angestellten im Krankheitsfall eine sechswöchige Entgeltfortzahlung und anschließend (nur noch) einen Zuschuss zum Krankengeld der Krankenkassen, sondern weiterhin eine Lohnfortzahlung von bis zu sechs Monaten Dauer erhielt. So gesehen handelt es sich nun bei der Vorschrift des § 13 TVÜ-Länder um eine Übergangsvorschrift für bereits von einer älteren Übergangsvorschrift geschützte Beschäftigte.

Zu § 13 Abs. 1

Die Tarifreform bzw. die Überleitung in das neue Recht des TV-L führt zum einen zwar dazu, dass die ursprünglich von § 71 BAT erfassten Beschäftigten im Falle einer Krankheit nun – wie zuvor die übrigen, nicht von § 71 BAT erfassten Angestellten und die übrigen, unter den TV-L fallenden Beschäftigten – auch nur noch sechs Wochen Entgeltfortzahlung bekommen und anschließend einen Krankengeldzuschuss erhalten.

Dieser ist aber nach der Regelung des § 13 Abs. 1 TVÜ-Länder insoweit höher als der Krankengeldzuschuss nach § 22 TV-L, als dass in diesen Fällen die Differenz zwischen dem **Netto**krankengeld (das ist das um Beiträge des Beschäftigten zur Renten- und Arbeitslosenversicherung bereinigte „Bruttokrankengeld“, das von den Tarifpartnern in Anlehnung an die gesetzlichen Vorschriften mit „tatsächliche Barleistung des Sozialversicherungsträgers“ bezeichnet wird) und dem Nettoentgelt ausgeglichen wird. Der Beschäftigte erhält somit im Ergebnis weitgehend sein bisheriges Nettoentgelt weiter; die einzige Einbuße besteht für ihn darin, dass bei der Berechnung des „Nettoentgelts“ nur die gesetzlichen, nicht aber tarifvertragliche Abzüge (z. B. Arbeitnehmerbeitrag zur VBL) berücksichtigt werden. Nach den Vorschriften des TV-L würde (nur) die Differenz zwischen den „tatsächlichen Barleistungen“ (= **Brutto**krankengeld) und dem Nettoentgelt ausgeglichen – der Beschäftigte bliebe also zusätzlich durch seine Beitragsanteile zur Renten- und Arbeitslosenversicherung belastet.

Absatz 1 gilt nicht für die in der privaten Krankenversicherung versicherten Beschäftigten. Für sie gelten die besonderen Regelungen des Absatzes 3.

Zu § 13 Abs. 2

In § 13 Abs. 2 Satz 1 TVÜ-Länder ist über die oben dargestellte Besitzstandsregelung hinaus geregelt, dass diejenigen unter § 71 BAT fallenden Beschäftigten, die zum Zeitpunkt der Überleitung arbeitsunfähig erkrankt sind (und deshalb bereits Entgeltfortzahlung erhalten), für die Dauer dieser Krankheit auch nach Inkrafttreten des TV-L bis zu insgesamt höchstens 26 Wochen Entgeltfortzahlung erhalten. Faktisch gilt insoweit also das alte Recht weiter. Sollten die Betroffenen nach dem 1. November 2006 wegen derselben Krankheit erneut arbeitsunfähig werden, gilt § 22 TV-L (in Verbindung mit § 13 Abs. 1 TVÜ). In diesem Fall wird gemäß § 13 Abs. 2 Satz 2 TVÜ-Länder der Entgeltfortzahlungszeitraum nach Absatz 2 Satz 1 auf die Fristen der Entgeltfortzahlung bzw. des Krankengeldzuschusses des § 22 TV-L angerechnet.

Zu § 13 Abs. 3

Nach den Regeln dieser Vorschrift bleibt für die Beschäftigten, die unter § 71 BAT fallen und in der privaten Krankenversicherung versichert sind, die Gehaltsfortzahlung im Krankheitsfall für die Dauer von bis zu 26 Wochen erhalten. Es gilt also faktisch das bisherige Recht fort. Diese Regelung geht auf eine entsprechende Vereinbarung im Potsdamer Eckpunktepapier (vom 19. Mai 2006) zurück und trägt dem Umstand Rechnung, dass gerade ältere Arbeitnehmer ihre private Krankenversicherung kaum mit vertretbaren Mehrbelastungen an die neue Rechtslage (Fortfall der Entgeltfortzahlung nach der sechsten Woche) anpassen könnten.

In Satz 2 ist klargestellt, dass die Regeln des § 22 Abs. 4 TV-L (keine Entgeltfortzahlung über das Ende des Beschäftigungsverhältnisses hinaus; kein Krankengeldzuschuss bei Beendigung des Arbeitsverhältnisses im Rentenfall; ggf. Rückforderung überzahlter Beträge) entsprechend gelten.

Nach Satz 3 werden auf Antrag diejenigen Beschäftigten den in der privaten Krankenversicherung versicherten Beschäftigten gleichgestellt, die bisher unter § 71 BAT fielen, in der gesetzlichen Krankenversicherung freiwillig versichert sind und am 19. Mai 2006 (Tag der Tarifeinigung auf das Eckpunktepapier) einen Anspruch auf Krankengeld erst ab der 27. Kalenderwoche haben. Damit wird dem Umstand Rechnung getragen, dass auch dieser Personenkreis seinen Krankenversicherungsschutz nur unter erheblichen finanziellen Mehrbelastungen an die geänderten tariflichen Rahmenbedingungen anpassen könnte. Der Antrag ist bis zum 31. Dezember 2006 zu stellen.

Zur Protokollerklärung

In der Protokollerklärung wurde vereinbart, dass übergeleitete Beschäftigte ihre am 31. Oktober 2006 ggf. bestehende Beihilfeberechtigung behalten. Durch Satz 2 der Vorschrift ist sichergestellt, dass künftige Änderungen der Beihilfevorschriften zur Anwendung kommen („dynamische Weitergeltung").

§ 14 Beschäftigungszeit

(1) Für die Dauer des über den 31. Oktober 2006 hinaus fortbestehenden Arbeitsverhältnisses werden die vor dem 1. November 2006 nach Maßgabe der jeweiligen tarifrechtlichen Vorschriften anerkannten Beschäftigungszeiten – mit Ausnahme der Zeiten im Sinne der Übergangsvorschrift Nr. 3 zu § 19 BAT-O/§ 6 MTArb-O – als Beschäftigungszeit im Sinne des § 34 Abs. 3 TV-L berücksichtigt.

(2) Für die Anwendung des § 23 Abs. 2 TV-L werden die bis zum 31. Oktober 2006 zurückgelegten Zeiten, die nach Maßgabe

- **des § 39 BAT anerkannte Dienstzeit,**
- **des § 39 BAT-O bzw. § 45 MTArb-O anerkannte Beschäftigungszeit,**
- **des § 45 MTArb anerkannte Jubiläumszeit**

sind, als Beschäftigungszeit im Sinne des § 34 Abs. 3 TV-L berücksichtigt.

Erläuterungen

Zu § 14 Abs. 1

In Absatz 1 der Vorschrift ist festgelegt, dass anerkanne Vordienstzeiten der übergeleiteten Beschäftigten grundsätzlich weiterhin als Beschäftigungszeit i. S. d. § 34 Abs. 3 TV-L berücksichtigt werden. Dies gilt jedoch nicht für Zeiten im Sinne der nur das Tarifgebiet Ost betreffenden Übergangsvorschrift Nr. 3 zu § 19 BAT-O/§ 6 MTArb-O.

Eine Neuberechnung der vor dem 1. November 2006 zurückgelegten Zeit ist nicht vorgesehen. Insbesondere werden nicht die alten Zeiten unter Berücksichtigung der neuen Rechtslage des § 34 Abs. 3 TV-L neu bewertet:

Beispiel:

Ein vom BAT in den TV-L wechselnder Arbeitnehmer hat am 1. November 2006 eine Beschäftigungszeit von 10 Jahren absolviert. Weitere drei Jahre sind ihm in der Vergangenheit gestrichen worden, weil er auf eigenen Wunsch aus dem Beschäftigungsverhältnis ausgeschieden war (§ 19 Abs. 1 Unterabs. 2 BAT). Obwohl es eine mit § 19 Abs. 1 Unterabs. 2 BAT vergleichbare Regelung im § 34 Abs. 3 TV-L nicht gibt, bleibt es bei der Nichtberücksichtigung dieser drei Jahre.

Zu § 14 Abs. 2

In dieser Vorschrift ist bestimmt, dass für den Anspruch auf ein Jubiläumsgeld nach den Vorschriften des TV-L (§ 23 Abs. 2 TV-L) nach altem Recht anerkannte Dienstzeiten (§ 39 BAT), Beschäftigungszeiten (§ 39 BAT-O und § 45 MTArb-O) bzw. Jubiläumszeiten (§ 45 MTArb) berücksichtigt werden. Diese Besitzstandsregelung gilt aber nur für die Dauer des fortbestehenden Arbeitsverhältnisses mit demselben Arbeitgeber – siehe BAG vom 19. November 2020 – 6 AZR 417/19.

§ 15 Urlaub

(1) [1]Für die Dauer und die Bewilligung des Erholungsurlaubs bzw. von Zusatzurlaub für das Urlaubsjahr 2006 sowie für dessen Übertragung auf das Urlaubsjahr 2007 gelten die im Oktober 2006 jeweils maßgebenden Vorschriften bis zum 31. Dezember 2006 fort. [2]Die Regelungen des TV-L gelten für die Bemessung des Urlaubsentgelts.

(2) [1]Aus dem Geltungsbereich des BAT/BAT-O übergeleitete Beschäftigte der Vergütungsgruppen I und Ia, die für das Urlaubsjahr 2006 einen Anspruch auf 30 Arbeitstage Erholungsurlaub erworben haben, behalten bei einer Fünftagewoche diesen Anspruch für die Dauer des über den 31. Oktober 2006 hinaus ununterbrochen fortbestehenden Arbeitsverhältnisses. [2]Die Urlaubsregelungen des TV-L bei abweichender Verteilung der Arbeitszeit gelten entsprechend.

(3) [1]§ 49 Abs. 1 und 2 MTArb/MTArb-O i. V. m. dem Tarifvertrag über Zusatzurlaub für gesundheitsgefährdende Arbeiten für Arbeiter der Länder gelten bis zum In-Kraft-Treten eines entsprechenden Tarifvertrags der Länder fort; im Übrigen gilt Absatz 1 entsprechend. [2]Aus dem Geltungsbereich des MTArb übergeleitete Beschäftigte, die am 31. Oktober 2006 Anspruch auf einen Zusatzurlaub nach § 49 Abs. 4 MTArb haben, behalten diesen Anspruch, solange sie die Anspruchsvoraussetzungen in dem über den 31. Oktober 2006 hinaus ununterbrochen fortbestehenden Arbeitsverhältnis weiterhin erfüllen.

(4) [1]In den Fällen des § 48a BAT/BAT-O oder § 8a MTArb/MTArb-O wird der nach der Arbeitsleistung im Kalenderjahr 2006 zu bemessende Zusatzurlaub im Kalenderjahr 2007 gewährt. [2]Die nach Satz 1 zustehenden Urlaubstage werden auf den nach den Bestimmungen des TV-L im Kalenderjahr 2007 zustehenden Zusatzurlaub für Wechselschichtarbeit und Schichtarbeit angerechnet. [3]Absatz 1 Satz 2 gilt entsprechend.

Erläuterungen

Mit dieser Vorschrift haben die Tarifvertragsparteien vom TV-L abweichende Regelungen getroffen.

Zu § 15 Abs. 1

Absatz 1 bestimmt, dass im Urlaubsjahr 2006 für die Dauer, die Bewilligung und die Übertragung (nach 2007) des Erholungs- und Zusatzurlaubs die im Oktober 2006 geltenden (Alt-)Vorschriften fortgelten (Satz 1).

Für die Bemessung des Urlaubsentgelts gelten hingegen die Regelungen des TV-L (Satz 2).

Zu § 15 Abs. 2

Nach dieser Vorschrift behalten die ehemaligen Angestellten der Vergütungsgruppen I und Ia BAT/BAT-O, die im Urlaubsjahr 2006 – bezogen auf eine Fünf-Tage-Woche – einen Urlaubsanspruch von 30 Arbeitstagen (statt 29 lt. TV-L) hatten, diesen Anspruch für die Dauer des über den 31. Oktober 2006 hinaus ununterbrochen fortbestehenden Arbeitsverhältnisses. Wird die Arbeitszeit auf mehr oder weniger als fünf Tage in der Woche verteilt, ist der Urlaubsanspruch nach den Regeln des TV-L (§ 26 Abs. 1 Satz 4 TV-L) anzupassen.

Zu § 15 Abs. 3

Absatz 3 bestimmt, dass die Regelungen des § 49 Abs. 1 und 2 MTArb/MTArb-O i. V. m. dem Tarifvertrag über Zusatzurlaub für gesundheitsgefährdende Arbeiten für Arbeiter der Länder bis zum Inkrafttreten eines entsprechenden neuen Tarifvertrages der Länder fortgelten. Satz 2 sichert den Zusatzurlaub gemäß § 49 Abs. 4 MTArb (Zusatzurlaub für Minderschwerbehinderte) für diejenigen, die am Überleitungstag Anspruch darauf hatten für die Dauer des ununterbrochen fortbestehenden Arbeitsverhältnisses und solange die Anspruchsvoraussetzungen weiter vorliegen.

Zu § 15 Abs. 4

Hiernach ist der nach den bisherigen Vorschriften über Zusatzurlaub für Wechselschicht-, Schicht- und Nachtarbeit nach den Gegebenheiten des Jahres 2006 zu bemessene Zusatzurlaub im Kalenderjahr 2007 zu gewähren. Dabei ist der nach den Vorschriften des TV-L (§ 27) im Jahr 2007 für Wechselschicht- und Schichtarbeit zustehende Zusatzurlaub anzurechnen. Hinsichtlich des Urlaubsentgelts sind die Regeln des TV-L anzuwenden.

§ 16 Abgeltung

[1]Durch Vereinbarung mit der/dem Beschäftigten können Entgeltbestandteile aus Besitzständen, ausgenommen für Vergütungsgruppenzulagen, pauschaliert bzw. abgefunden werden. [2]§ 11 Abs. 2 Satz 3 und § 12 Abs. 6 bleiben unberührt.

Protokollerklärung zum 3. Abschnitt:

[1]Einvernehmlich werden die Verhandlungen zur Überleitung der Entgeltsicherung bei Leistungsminderung zurückgestellt. [2]Da damit die fristgerechte Überleitung bei Beschäftigten, die eine Zahlung nach §§ 25, 37 MTArb/MTArb-O bzw. § 56 BAT/BAT-O erhalten, nicht sichergestellt ist, erfolgt am 1. November 2006 eine Fortzahlung der bisherigen Bezüge als zu verrechnender Abschlag auf das Entgelt, das diesen Beschäftigten nach dem noch zu erzielenden künftigen Verhandlungsergebnis zusteht; § 6 Abs. 1 Sätze 2 und 3 sowie die Protokollerklärung zu § 6 Abs. 1 gelten entsprechend. [3]Die in Satz 2 genannten Bestimmungen – einschließlich etwaiger Sonderregelungen – finden in ihrem jeweiligen Geltungsbereich bis zum In-Kraft-Treten einer Neuregelung weiterhin Anwendung, und zwar auch für Beschäftigte im Sinne des § 1 Abs. 2. [4]§ 55 Abs. 2 Unterabs. 2 Satz 2 BAT bleibt in seinem bisherigen Geltungsbereich unberührt. [5]Sollte das künftige Verhandlungsergebnis geringer als bis dahin gewährte Leistungen ausfallen, ist eine Rückforderung ausgeschlossen.

Erläuterungen

§ 16 eröffnet – neben den Abfindungsmöglichkeiten des § 11 Abs. 2 Satz 3 (siehe Erläuterungen zu § 11) und § 12 Abs. 6 (siehe Erläuterungen zu § 12 Abs. 6) die Möglichkeit, das Entgelt für bestimmte Besitzstände zu pauschalieren oder abzufinden. Ausdrücklich von dieser Möglichkeit ausgenommen sind lediglich Besitzstandszulagen für Vergütungsgruppenzulagen (siehe Erläuterungen zu § 9).

Zur Protokollnotiz

In einer nach § 16 – also am Ende des dritten Abschnitts des TVÜ – abgedruckten Protokollnotiz haben die Tarifvertragsparteien die Verhandlungen zur Überleitung der Entgeltsicherung bei Leistungsminderung einvernehmlich zurückgestellt. Bei Beschäftigten, die eine Zahlung auf der Grundlage der §§ 25, 37 MTArb/MTArb-O bzw. § 56 BAT/BAT-O erhalten, werden die bisherigen Bezüge bis zu einer entsprechenden Regelung als später zu verrechnender Abschlag gezahlt. Die Beträge sind nach Satz 2 2. Halbsatz zum 1. Januar (Tarifgebiet-West) bzw. 1. Mai 2008 (Tarifgebiet Ost) um 2,9 % zu erhöhen und auf volle fünf Euro zu runden. Im Tarifgebiet Ost gilt zudem die Protokollerklärung zu § 6 Abs. 1 (Anpassung des Bemessungssatzes).

Sollte das Verhandlungsergebnis später hinter den vorläufigen Zahlungen zurückbleiben, ist eine Rückforderung der Überzahlung ausgeschlossen. Die Regelung des § 55 Abs. 2 Satz 2 BAT (Ausschluss der

Kündigung in bestimmten Fällen der Leistungsminderung) bleibt bestehen.

II

Gemäß Vorbemerkung Nr. 8 Abs. 5 zu Teil III der Entgeltordnung gilt die Vorarbeiterzulage als Bestandteil des Monatstabellenlohns und wird somit ebenfalls „gesichert".

4. Abschnitt
Sonstige vom TV-L abweichende oder ihn ergänzende Bestimmungen

§ 17 Eingruppierung

(1) [1]Die §§ 22, 23 BAT/BAT-O einschließlich der Vergütungsordnung, die §§ 1, 2 Abs. 1 und § 5 des Tarifvertrages über das Lohngruppenverzeichnis der Länder zum MTArb (TV Lohngruppen TdL) einschließlich des Lohngruppenverzeichnisses mit Anlagen 1 und 2 sowie die entsprechenden Regelungen für das Tarifgebiet Ost einschließlich § 2 Nr. 3 des Änderungstarifvertrages Nr. 1 zum BAT-O vom 8. Mai 1991 gelten über den 31. Oktober 2006 hinaus bis zum 31. Dezember 2011 fort. [2]Für Beschäftigte, die unter § 2 Nr. 3 des Änderungstarifvertrages Nr. 1 zum BAT-O vom 8. Mai 1991 fallen, gelten die entsprechenden Vorschriften des Satzes 1 auch über den 31. Dezember 2011 hinaus fort; dies gilt entsprechend für Beschäftigte, die unter Absatz 10 fallen. [3]Diese über den 31. Dezember 2011 hinaus fortgeltenden Regelungen finden auf übergeleitete und ab dem 1. November 2006 neu eingestellte Beschäftigte im jeweiligen bisherigen Geltungsbereich nach Maßgabe dieses Tarifvertrages Anwendung. [4]An die Stelle der Begriffe Vergütung und Lohn tritt der Begriff Entgelt.

Protokollerklärung zu § 17 Abs. 1 Satz 2:

Satz 2 findet für Lehrkräfte, für die die Entgeltordnung zum TV-L besondere Tätigkeitsmerkmale enthält, keine Anwendung.

(2) Abweichend von Absatz 1

- **gelten Vergütungsordnung und Lohngruppenverzeichnis nicht für ab dem 1. November 2006 in Entgeltgruppe 1 TV-L neu eingestellte Beschäftigte,**
- **gilt die Vergütungsgruppe I der Vergütungsordnung zum BAT/BAT-O ab dem 1. November 2006 nicht fort; die Ausgestaltung entsprechender Arbeitsverhältnisse erfolgt außertariflich,**
- **gilt für übergeleitete und ab dem 1. November 2006 neu eingestellte Ärztinnen und Ärzte im Sinne des § 4 Abs. 1 Satz 2 und 3 die Entgeltordnung gemäß Anlage 2 TVÜ-Länder Teil C.**

(3) [1]Mit Ausnahme der Eingruppierung in die Entgeltgruppe 1 sind für Beschäftigte, die unter § 2 Nr. 3 des Änderungstarifvertrages Nr. 1 zum BAT-O vom 8. Mai 1991 fallen sowie für Beschäftigte, die unter Absatz 10 fallen, alle zwischen dem 1. Januar 2012 und dem In-Kraft-Treten entsprechender neuer Eingruppierungsregelungen stattfindenden Eingruppierungsvorgänge (Neueinstellungen und Umgruppierungen) vorläufig und begründen keinen Vertrauensschutz und keinen Besitzstand. [2]Dies gilt nicht für Aufstiege gemäß § 8 Abs. 1 Satz 1 und 2 und Abs. 3.

(4) (weggefallen)

(5) [1]Bewährungs-, Fallgruppen- und Tätigkeitsaufstiege gibt es ab dem 1. November 2006 nicht mehr; §§ 8 und 9 bleiben unberührt. [2]Satz 1 gilt auch für Vergütungsgruppenzulagen, es sei denn, dem Tätigkeitsmerkmal einer Vergütungsgruppe der Allgemeinen Vergütungsordnung (Anlage 1a zum BAT) ist eine Vergütungsgruppenzulage zugeordnet, die unmittelbar mit Übertra-

gung der Tätigkeit zusteht; bei Übertragung einer entsprechenden Tätigkeit bis zum 31. Dezember 2011 wird diese unter den Voraussetzungen des bisherigen Tarifrechts als Besitzstandzulage in der bisherigen Höhe gezahlt; § 9 Abs. 4 gilt entsprechend.

II

(6) Soweit die Anforderungen nach bisherigem Tarifrecht erfüllt wären, erhalten diejenigen Beschäftigten, denen ab 1. November 2006 eine anspruchsbegründende Tätigkeit übertragen wird, eine persönliche Zulage,

a) die sich betragsmäßig nach der entfallenen Techniker- und Meisterzulage bemisst bis zum 31. Dezember 2018;

b) die sich betragsmäßig nach der entfallenen Programmiererzulage bemisst bis zum 31. Dezember 2020.

Protokollerklärung zu § 17 Abs. 6:
Die Protokollerklärung zu § 6 Absatz 4 gilt entsprechend.

(7) [1]Für Eingruppierungen ab dem 1. November 2006 bis zum 31. Dezember 2011 werden die Vergütungsgruppen der Allgemeinen Vergütungsordnung (Anlage 1a zum BAT) und die Lohngruppen des Lohngruppenverzeichnisses gemäß Anlage 4 den Entgeltgruppen des TV-L zugeordnet. [2]Für Beschäftigte, die unter § 2 Nr. 3 des Änderungstarifvertrages Nr. 1 zum BAT-O vom 8. Mai 1991 fallen sowie für Beschäftigte, die unter Absatz 10 fallen, gilt Satz 1 auch für Eingruppierungen nach dem 31. Dezember 2011 fort. [3]In den Fällen des § 16 Absatz 2a TV-L kann die Eingruppierung auch über den 31. Dezember 2011 hinaus unter Anwendung der Anlage 2 in die im unmittelbar vorhergehenden Arbeitsverhältnis gemäß § 4 Absatz 1 in Verbindung mit Anlage 2, § 8 Absatz 1 und 3, § 9 Absatz 3 Buchstabe a oder durch vergleichbare Regelungen erworbene Entgeltgruppe erfolgen, sofern das unmittelbar vorhergehende Arbeitsverhältnis vor dem 1. November 2006 begründet worden ist und derselben Ausgangsvergütungsgruppe zugeordnet war; im vorhergehenden Arbeitsverhältnis noch nicht vollzogene Bewährungs-, Tätigkeits- oder Zeitaufstiege werden in dem neuen Arbeitsverhältnis nicht weitergeführt. [4]Absatz 1 Satz 3 bleibt unberührt.

Protokollerklärungen zu § 17 Abs. 7:

1. Die Protokollerklärung Nr. 1 zu § 4 Abs. 1 gilt entsprechend für übergeleitete und ab dem 1. November 2006 neu eingestellte Pflegekräfte.
2. Satz 2 findet für Lehrkräfte, für die die Entgeltordnung zum TV-L besondere Tätigkeitsmerkmale enthält, keine Anwendung.

(8) [1]Beschäftigte, die ab dem 1. November 2006 in die Entgeltgruppe 13 eingruppiert sind und die nach der Allgemeinen Vergütungsordnung (Anlage 1a zum BAT/BAT-O) in Vergütungsgruppe IIa BAT/BAT-O mit fünf- bzw. sechsjährigem Aufstieg nach Vergütungsgruppe Ib BAT/BAT-O eingruppiert wären, erhalten bis zum 31. Dezember 2011 eine persönliche Zulage in Höhe des Unterschiedsbetrages zwischen dem Entgelt ihrer Stufe nach Entgeltgruppe 13 und der entsprechenden Stufe der Entgeltgruppe 14. [2]Von Satz 1 werden auch Fallgruppen der Vergütungsgruppe Ib BAT/BAT-O erfasst, deren Tätigkeitsmerkmale eine bestimmte Tätigkeitsdauer voraussetzen. [3]Die Sätze 1 und 2 gelten auch für Beschäftigte im Sinne des § 1 Abs. 2. [4]Sie gelten nicht für Ärztinnen und Ärzte im Sinne des § 4 Abs. 1 Satz 2 und 3.

Niederschriftserklärung zu § 17 Absatz 8:

Mit dieser Regelung ist keine Entscheidung über Zuordnung und Fortbestand/Besitzstand der Zulage im Rahmen einer neuen Entgeltordnung verbunden.

(9) [1]Die bisherigen Regelungen für Vorarbeiterinnen und Vorarbeiter gelten bis zum 31. Dezember 2011 im bisherigen Geltungsbereich fort; dies gilt auch für Beschäftigte im Sinne des § 1 Abs. 2. [2]Ist anlässlich der vorübergehenden Übertragung einer höherwertigen Tätigkeit im Sinne des § 14 TV-L zusätzlich eine Tätigkeit auszuüben, für die nach bisherigem Recht ein Anspruch auf Zahlung einer Zulage für Vorarbeiterinnen und Vorarbeiter besteht, erhält die/der Beschäftigte bis zum 31. Dezember 2011 abweichend von Satz 1 sowie von § 14 Abs. 3 TV-L anstelle der Zulage nach § 14 TV-L für die Dauer der Ausübung sowohl der höherwertigen als auch der zulagenberechtigenden Tätigkeit eine persönliche Zulage in Höhe von insgesamt 10 v. H. ihres/seines Tabellenentgelts. [3]Für Beschäftigte, die unter Absatz 10 fallen, gelten Satz 1 und 2 auch über den 31. Dezember 2011 hinaus fort.

Protokollerklärung zu § 17 Absatz 9 Satz 1:

[1]Die Zulage für Vorarbeiterinnen und Vorarbeiter verändert sich bei allgemeinen Entgeltanpassungen nach dem 31. Dezember 2010 um den von den Tarifvertragsparteien für die jeweilige Entgeltgruppe festgelegten Vomhundertsatz. [2]Sie erhöht sich ab 1. April 2011 um 1,5 v. H. und ab 1. Januar 2012 um 1,9 v. H.

(10) Die Absätze 1 bis 9 gelten für besondere tarifvertragliche Vorschriften über die Eingruppierungen entsprechend.

Protokollerklärung zu § 17:

Die Tarifvertragsparteien sind sich darin einig, dass im Falle einer neuen Entgeltordnung die bisherigen unterschiedlichen materiellen Wertigkeiten aus Fachhochschulabschlüssen (einschließlich Sozialpädagogen/innen und Ingenieuren/innen) auf das Niveau der vereinbarten Entgeltwerte der Entgeltgruppe 9 ohne Mehrkosten (unter Berücksichtigung der Kosten für den Personenkreis, der nach der Übergangsphase nicht mehr in eine höhere bzw. niedrigere Entgeltgruppe eingruppiert ist) zusammengeführt werden; die Abbildung von Heraushebungsmerkmalen oberhalb der Entgeltgruppe 9 bleibt davon unberührt.

Vorbemerkung zu den Erläuterungen aus Anlass der neuen Entgeltordnung

Am 1. Januar 2012 ist die Entgeltordnung zum TV-L in Kraft getreten.

Die Entgeltordnung beendet den seit In-Kraft-Treten des TV-L am 1. November 2006 bekannten Zustand, dass zur Ermittlung der maßgebenden (vorläufigen) Entgeltgruppe zunächst die nach altem (BAT/MTArb) Recht maßgebende Vergütungs-/Lohngruppe zu ermitteln und diese dann nach der Anlage 4 zum TVÜ-Länder umzuschlüsseln war.

Die entsprechenden Regelungen des § 17 TVÜ-Länder sind von den Tarifpartnern durch den 4. Änderungstarifvertrag zum TVÜ weitgehend bis zum 31. Dezember 2011 befristet worden. Lediglich für die weiterhin nicht von der Entgeltordnung erfassten Lehrkräfte des Tarifgebietes Ost sowie den (noch) nicht in der Entgeltordnung geregelten Bereich der IT-Kräfte sowie die unter bestimmte, nicht unter die Entgeltordnung, sondern unter besondere tarifvertragliche Eingruppierungsregelungen fallende Beschäftigte (§ 17 Absatz 10) galten die Regelungen des § 17 zunächst fort.

II

Im Zuge des 5. Änderungstarifvertrages zum TVÜ-Länder vom 23. August 2012 wurden – entsprechend der Abrede der Tarifpartner bei den Verhandlungen zur Entgeltordnung – rückwirkend zum 1. Januar 2012 Tätigkeitsmerkmale für IT-Kräfte vereinbart. Insoweit wurde daher der Umweg über das alte Eingruppierungsrecht auch für diese Beschäftigten entbehrlich; die Regelungen des § 17 wurden entsprechend angepasst. Entsprechendes gilt mit In-Kraft-Treten des TV EntgO-L[1]) am 1. August 2015 für Lehrkräfte.

Ebenfalls über den 31. Dezember 2011 hinaus gelten die Regelungen zur Zahlung der Meister-, Techniker- und Programmiererzulage (Absatz 6) und die in Absatz 7 Satz 3 n. F. weiterhin eingeräumte Möglichkeit zur Fortführung einer vom bisherigen Arbeitgeber „mitgebrachten" Entgeltgruppe. Die Programmiererzulage wird aber im Zuge der Neugestaltung des Teils II Abschnitt 11 (IT) der Entgeltordnung ab dem 1. Januar 2021 entfallen; die Rechtsgrundlage für die Meister- und Technikerzulage wird ab dem 1. Januar 2020 in die Vorbemerkungen zu den jeweiligen Abschnitten des Teils II der Entgeltordnung verschoben.

Da die bisherige Kommentierung für Zeiträume vor 2012 und zum besseren Verständnis der Eingruppierungstechnik der Zeit vom 1. November 2006 bis zum 31. Dezember 2011 weiterhin hilfreich ist, haben wir sie in diesem Werk belassen. Der Tariftext ist selbstverständlich auf dem aktuellen Stand.

Erläuterungen

Mit den Regelungen des § 17 tragen die Tarifpartner dem Umstand Rechnung, dass der TV-L im Wesentlichen zum 1. November 2006 in Kraft tritt, die Überleitung des vorhandenen Personals zu diesem Zeitpunkt erfolgt, neu Eingestellte einer Entgeltgruppe zuzuordnen sind, aber die Eingruppierungsvorschriften des TV-L noch nicht vereinbart worden sind. Es ist derzeit noch nicht absehbar, wann eine neue Entgeltordnung die bisherige Vergütungsordnung und das Lohngruppenverzeichnis zum MTArb ablösen wird. Die Tarifpartner haben im

[1]) abgedruckt unter **510**

Rahmen der Tarifrunde 2009 vereinbart, nach den Sommerferien 2009 Verhandlungen dazu aufzunehmen.

(Die Entgeltordnung zum TV-L ist am 1. Januar 2012 in Kraft getreten – s. Vorbemerkung zu den Erläuterungen.)

Zu § 17 Abs. 1

Nach Absatz 1 gelten die bisherigen Bestimmungen über die Eingruppierung der Angestellten und Einreihung der Arbeiter in ihrem jeweiligen Geltungsbereich (also Arbeiter/Angestellte; West/Ost) grundsätzlich fort.

Zu § 17 Abs. 2

Der in Absatz 1 vereinbarte Grundsatz der Weitergeltung des bisherigen Rechts gilt gemäß Absatz 2 der Vorschrift nicht für die ab dem 1. November 2006 in die Entgeltgruppe 1 neu eingestellten Beschäftigten, die ehemaligen Angestellten der Vergütungsgruppe I BAT/BAT-O, die ab dem 1. November 2006 zu außertariflichen Bedingungen weiterbeschäftigt werden (→ dazu aber § 19 Abs. 3) und die ab dem 1. November 2006 neu eingestellten Ärzte an Universitätskliniken und die ihnen gleichgestellten Ärzte (→ § 4 Abs. 1 Satz 2 und 3).

Zu § 17 Abs. 3

Abgesehen von den Eingruppierungen in die neue Entgeltgruppe 1 und der neu eingestellten Ärzte an Universitätskliniken und der ihnen gleichgestellten Ärzte finden grundsätzlich alle zwischen dem 1. November 2006 und dem Inkrafttreten einer neuen Entgeltordnung stattfindenden Eingruppierungs- und Einreihungsvorgänge – sei es im Wege der Umgruppierung als auch bei Neueinstellungen – vorläufig statt. Vertrauensschutz bzw. Besitzstände werden durch die Eingruppierung/Einreihung nicht begründet. Lediglich die Höhergruppierungen aufgrund besitzstandsweise vollzogener Bewährungsaufstiege im Sinne des § 8 Abs. 1 Satz 1 und 2 und Abs. 3 (→ Erläuterungen zu § 8) erfolgen nicht vorläufig (Satz 2).

Zu § 17 Abs. 4

In Absatz 4 wird klargestellt, dass Anpassungen der Eingruppierung aufgrund einer neuen Entgeltordnung mit Wirkung für die Zukunft – also für den Zeitraum nach deren Inkrafttreten – erfolgen. Das bedeutet, dass Zahlungen für davor liegende Zeiträume nicht mehr aufgegriffen werden. Sofern Rückgruppierungen erfolgen, sind Nachteile durch eine nicht dynamische Besitzstandszulage für den Zeitraum der Ausübung der Tätigkeit abzufangen. Dabei wird unterschieden zwischen den übergeleiteten Beschäftigten (Abbau der Besitzstandszulage frühestens bei Stufenaufstiegen nach einem Jahr nach Inkrafttreten der neuen Entgeltordnung um die Hälfte des Steigerungsbetrages) und nach dem 31. Oktober 2006 neu eingestellten Beschäftigten (statt hälftiger Anrechnung volle Anrechnung des Steigerungsbetrages). Nach Satz 4 dieser Vorschrift bleiben die Grundsätze korrigierender Rückgruppierung unberührt. Dieser Fall kann aber nur vorliegen, wenn die vorläufige Zuordnung zu einer Entgeltgruppe bereits auf der Grundlage des in diesem Zeitpunkt geltenden Rechts fehlerhaft war (wenn also Bearbeitungsfehler vorlagen). Die Tarifpartner haben die Vorschrift des Absatzes 4 im Zuge der Einführung der Entgeltordnung zum TV-L inzwischen aufgehoben.

Zu § 17 Abs. 5

Absatz 5 bestimmt, dass es – abgesehen von den in Folge der Besitzstandsregeln der §§ 8 und 9 erfolgten Aufstiege – ab dem 1. November 2006 keine Aufstiege mehr gibt (Satz 1). Vergütungsgruppenzulagen kommen nach Satz 2 ebenfalls nicht mehr in Betracht – es sei denn, die Vergütungsgruppenzulage steht nach den Regeln der Vergütungsordnung bereits unmittelbar bei Übertragung der Tätigkeit (und nicht erst nach Bewährung) zu. In diesem Fall wird die Vergütungsgruppenzulage bis zum Inkrafttreten der neuen Entgeltordnung gezahlt. § 9 Abs. 4 gilt entsprechend; somit ist auch diese Zulage dynamisch und wird solange gezahlt, wie die anspruchsbegründende Tätigkeit ununterbrochen ausgeübt wird und die sonstigen Voraussetzungen für eine Vergütungsgruppenzulage bestehen (→ auch Erläuterungen zu § 9).

Zu § 17 Abs. 6

Diese Vorschrift korrespondiert mit der Regelung in der Protokollerklärung zu § 5 Abs. 2 Satz 3 (→ Erläuterungen zu § 5 Abs. 2) und bestimmt, dass auch Beschäftigten, denen nach dem 1. November 2006 eine anspruchsberechtigende Tätigkeit übertragen wird, eine entsprechende Zulage gezahlt wird. Der Verweis auf die Protokollerklärung zu § 6 Abs. 4 stellt den Effekt der Erhöhung des Bemessungssatzes Ost für bestimmte Entgeltgruppen sicher (→ Erläuterung zur Protokollerklärung zu § 6 Abs. 4).

Zu § 17 Abs. 7

Für die Einreihungs-/Eingruppierungsvorgänge zwischen dem 1. November 2006 und dem Inkrafttreten der neuen Entgeltordnung gilt gemäß Absatz 7 die eigenständige Zuordnungsregelung der Anlage 4 zum TVÜ-Länder.

Für nach dem 1. November 2006 neu eingestellte Pflegekräften gelten diese Grundsätze gemäß der Protokollerklärung zu Absatz 7 entsprechend; an die Stelle der Anlage 4 treten in diesem Fall die Anlagen 5A und 5B.

Mit dem im Zuge des 2. Änderungstarifvertrages vom 1. März 2009 eingefügten neuen Satz 2 (durch den Änd-TV Nr. 4 v. 2. Januar 2012 nach Satz 3 verschoben) haben die Tarifpartner bestimmt, dass in den Fällen des § 16 Absatz 2a TV-L die beim vorangegangenen Arbeitgeber im Wege der Überleitung ermittelte Entgeltgruppe beibehalten werden kann, wenn sie derselben Ausgangsvergütungsgruppe zuzuordnen war. § 16 Absatz 2a TV-L erfasst die Fälle, in denen Beschäftigte im unmittelbaren Anschluss an ein Beschäftigungsverhältnis im öffentlichen Dienst oder bei einem anderen den TV-L oder einen vergleichbaren Tarifvertrag (z. B. TVöD) anwendenden Arbeitgeber eingestellt werden.

Durch diese Regelung wird erreicht, dass z. B. eine ursprünglich aus der Vergütungsgruppe Vc/Vb BAT in die Entgeltgruppe 8 übergeleitete Beschäftigte, die beim bisherigen Arbeitgeber nach der Überleitung bereits gemäß § 8 Absatz 1 TVÜ in die Entgeltgruppe 9 höhergruppiert worden war, die Entgeltgruppe 9 behalten kann und nicht nach den Regeln der Anlage 4 zum TVÜ-Länder in der Entgeltgruppe 8 anfangen muss. Bereits beim vorherigen Arbeitgeber begonnene Bewährungsaufstiege können jedoch nicht fortgesetzt werden; wenn im obigen Beispiel der Bewährungsaufstieg nach Entgeltgruppe 9 im Zeitpunkt des Arbeitgeberwechsels noch nicht erfolgt war, kann die Beschäftigte beim neuen Arbeitgeber die Entgeltgruppe 9 in dieser Tätigkeit nicht mehr erreichen.

Im Gleichklang zur Regelung des § 16 Absatz 2a TV-L ist auch die Regelung des § 17 Absatz 7 Satz 3 TVÜ als „Kann-Regelung" ausgestaltet, die in das Ermessen des Arbeitgebers gestellt ist.

Zu § 17 Abs. 8

Absatz 8 trifft eine besondere Regelung für bestimmte in die Entgeltgruppe 13 eingruppierte Beschäftigte. Soweit sie nach altem Recht als Angestellte in die Vergütungsgruppe IIa BAT/BAT-O mit fünf- oder sechsjährigem Aufstieg nach Vergütungsgruppe Ib BAT/BAT-O eingruppiert gewesen wären, erhalten sie nach Satz 1 der Vorschrift eine Zulage in Höhe des Unterschiedsbetrages zwischen den Entgeltgruppen 14 und 13.

Entsprechendes gilt für Beschäftigte, die nach altem Recht als Angestellte in solche Fallgruppen der Vergütungsgruppe Ib BAT/BAT-O eingruppiert gewesen wären, die eine bestimmte Tätigkeitsdauer voraussetzen.

Absatz 8 gilt gemäß Satz 3 auch für neu eingestellte Beschäftigte. Die Regelungen gelten gemäß Satz 4 nicht für Ärzte an Universitätskliniken und die ihnen gleichgestellten Ärzte (→ § 4 Abs. 1 Satz 2 und 3).

Nach der mit Wirkung vom 1. Januar 2012 gestrichenen Niederschriftserklärung zu § 17 Abs. 8 sollte durch diese Regelung keine Entscheidung über die Eingruppierung im Rahmen der neuen Entgeltordnung bzw. den Fortbestand der Zulage verbunden sein.

Für Zeiträume ab dem 1. Januar 2012 läuft die Regelung des § 17 Abs. 8 ins Leere, weil der entsprechende Beschäftigtenkreis in der Entgeltordnung 2012 unmittelbar der Entgeltgruppe 14 zugeordnet wurde.

Zu § 17 Abs. 9

Nach Maßgabe des Absatzes 9 gelten die bisherigen Regelungen für Vorarbeiter bis zum Inkrafttreten der neuen Entgeltordnung fort (Satz 1). Absatz 9 gilt gemäß Satz 1 zweiter Halbsatz auch für neu eingestellte Beschäftigte. Maßgebend ist somit § 3 TV Lohngruppen TdL, dessen Absätze 1 bis 3 folgenden Wortlaut haben:

„§ 3 Vorarbeiter

(1) Die Arbeiter, die zu Vorarbeitern von Arbeitern der Lohngruppe 1 bis 3a bestellt worden sind, erhalten für die Dauer der Tätigkeit als solche eine Zulage von acht vom Hundert des Monatstabellenlohnes der Lohnstufe 4 der Lohngruppe 1 bzw. von acht vom Hundert des auf eine Stunde entfallenden Anteils des Monatstabellenlohnes der Lohnstufe 4 der Lohngruppe 1.

Die Arbeiter, die zu Vorarbeitern von Arbeitern mindestens der Lohngruppe 4 bestellt worden sind, erhalten für die Dauer der Tätigkeit als solche eine Zulage von zwölf vom Hundert des Monatstabellenlohnes der Lohnstufe 4 der Lohngruppe 4 bzw. von zwölf vom Hundert des auf eine Stunde entfallenden Anteils des Monatstabellenlohnes der Lohnstufe 4 der Lohngruppe 4.

Wird die Bestellung zum Vorarbeiter widerrufen, so wird die Vorarbeiterzulage für die Dauer von zwei Wochen weitergezahlt, es sei denn, dass die Bestellung von vornherein für eine bestimmte Zeit erfolgt ist.

(2) Vorarbeiter sind Arbeiter, die durch schriftliche Verfügung zu Gruppenführern von Arbeitern bestellt worden sind und selbst mitarbeiten. Die Gruppe muss außer dem Vorarbeiter aus mindestens zwei Arbeitern bestehen. Zur Arbeit zugeteilte Insassen von psychiatrischen Krankenanstalten, Justizvollzugsanstalten, Landesblindenanstalten, Landesjugendheimen (Erziehungsheimen) und Firmenarbeiter rechnen wie entsprechende Arbeiter. Auszubildende nach dem Manteltarifvertrag für Auszubildende vom 6. Dezember 1974 in der jeweils geltenden Fassung können im dritten Ausbildungsjahr als Arbeiter der Lohngruppe 4 Nr. 1 und 2 gerechnet werden.

(3) Arbeiter, bei denen die Aufsichtsfunktion zum Inhalt ihrer Tätigkeit gehört, sind nicht Vorarbeiter im Sinne dieser Vorschrift.

(4) ..."

Werden vorübergehend höherwertige Tätigkeiten übertragen, die nach altem Recht einen Anspruch auf Zahlung einer Vorarbeiterzulage auslösten, so erhält der Betroffene – abweichend von § 14 TV-L – eine Zulage in Höhe von 10 % seines Tabellenentgelts (Satz 2). Dadurch ist sowohl die höherwertige Tätigkeit als auch die Vorarbeiterzulage abgegolten. Seit dem In-Kraft-Treten der Entgeltordnung zum TV-L gilt diese Vorschrift nur noch für Beschäftigte i. S. d. § 17 Abs. 10 TVÜ-Länder.

Zur Protokollerklärung zu § 17 Abs. 9

Die Vorarbeiterzulage betrug auf der Grundlage der letzten Monatslohntabellen zum MTArb:

1. Im Tarifgebiet West
   a) nach § 3 Abs. 1 Satz 1 TV Lohngruppen (1673,46 € × 8 % =) 133,88 €
   b) nach § 3 Abs. 1 Satz 2 TV Lohngruppen (1909,73 € × 12 % =) 229,17 €
2. Im Tarifgebiet Ost
   a) nach § 3 Abs. 1 Satz 1 TV Lohngruppen (1547,95 € × 8 % =) 123,84 €
   b) nach § 3 Abs. 1 Satz 2 TV Lohngruppen (1766,48 € × 12 % =) 211,98 €

Diese Beträge waren zunächst statisch (s. dazu BAG-Urteil vom 17. Oktober 2012 – 10 AZR 716/11). Erst im Zuge der Lohnrunde 2011 wurde die Protokollerklärung zu § 17 Abs. 9 vereinbart, die eine Anpassung der Beträge zur Folge hat.

Somit ergeben sich die nachstehenden Beträge:

1. Im Tarifgebiet West

a)	nach § 3 Abs. 1 Satz 1	ab 1. 4. 2011	135,89 €
	TV Lohngruppen	ab 1. 1. 2012	138,47 €
b)	nach § 3 Abs. 2 Satz 1	ab 1. 4. 2011	232,61 €
	TV Lohngruppen	ab 1. 1. 2012	237,03 €

2. Im Tarifgebiet Ost

a)	nach § 3 Abs. 1 Satz 1	ab 1. 4. 2011	125,70 €
	TV Lohngruppen	ab 1. 1. 2012	128,09 €
b)	nach § 3 Abs. 2 Satz 1	ab 1. 4. 2011	215,16 €
	TV Lohngruppen	ab 1. 1. 2012	219,25 €

Mit Wirkung vom 1. Januar 2012 sind die Vorarbeiterzulagen in die Entgeltordnung zum TV-L aufgenommen worden. Ihre aktuelle Höhe ergibt sich aus Abschnitt IV der Anlage F zum TV-L.

Zu § 17 Abs. 10

Gemäß Absatz 10 gelten die Vorschriften der Absätze 1 bis 9 für „besondere tarifvertragliche Vorschriften über die Eingruppierung" entsprechend. Was sie darunter verstehen, haben die Tarifpartner nicht näher beschrieben. Als Beispiel können jedoch insbesondere die Tarifverträge für Beschäftigte im Kampfmittelbeseitigungsdienst genannt werden. *(Hinweis: Die Beschäftigten des Kampfmittelbeseitigungsdienstes sind mit Wirkung vom 1. Januar 2018 in den TV-L einbezogen worden – siehe § 51 TV-L.)*

Zur Protokollerklärung zu § 17

In einer Protokollerklärung zu § 17 haben die Tarifpartner vereinbart, die Eingruppierung von Absolventen von Fachhochschulen innerhalb des neuen, noch zu vereinbarenden Tarifsystems hinsichtlich der Grundeingruppierung zu vereinheitlichen. Die ursprünglich im Satz 2 enthaltene Vereinbarung, wonach für den Fall, dass die neue Eingruppierungsordnung nicht bis zum 31. Dezember 2008 zustande kommt, die Betroffenen einheitlich in die Entgeltgruppe 9 eingruppiert werden sollten, ist im Zuge der Tarifrunde 2009 gestrichen worden.

§ 18 Vorübergehende Übertragung einer höherwertigen Tätigkeit nach dem 31. Oktober 2006

(1) [1]Wird aus dem Geltungsbereich des BAT/BAT-O übergeleiteten Beschäftigten in der Zeit zwischen dem 1. November 2006 und dem 31. Oktober 2008 erstmalig außerhalb von § 10 eine höherwertige Tätigkeit vorübergehend übertragen, findet der TV-L Anwendung. [2]Ist die/der Beschäftigte in eine individuelle Zwischenstufe übergeleitet worden, gilt für die Bemessung der persönlichen Zulage § 6 Abs. 2 Satz 1 und 2 entsprechend. [3]Bei Überleitung in eine individuelle Endstufe gilt § 6 Abs. 4 Satz 3 entsprechend. [4]In den Fällen des § 6 Abs. 5 bestimmt sich die Höhe der Zulage nach den Vorschriften des TV-L über die vorübergehende Übertragung einer höherwertigen Tätigkeit.

(2) Wird aus dem Geltungsbereich des MTArb/MTArb-O übergeleiteten Beschäftigten nach dem 31. Oktober 2006 erstmalig außerhalb von § 10 eine höherwertige Tätigkeit vorübergehend übertragen, gelten bis zum Inkrafttreten eines Tarifvertrages über eine persönliche Zulage die bisherigen Regelungen des MTArb/MTArb-O mit der Maßgabe entsprechend, dass sich die Höhe der Zulage nach dem TV-L richtet, soweit sich aus § 17 Abs. 9 Satz 2 und 3 nichts anderes ergibt.

(3) [1]Bis zum 31. Dezember 2011 gilt – auch für Beschäftigte im Sinne des § 1 Abs. 2 – die Regelung des § 14 TV-L zur vorübergehenden Übertragung einer höherwertigen Tätigkeit mit der Maßgabe, dass sich die Voraussetzungen für die übertragene höherwertige Tätigkeit nach § 22 Abs. 2 BAT/BAT-O bzw. den entsprechenden Regelungen für Arbeiter bestimmen. [2]Für Beschäftigte, die unter § 17 Absatz 10 fallen, gilt Satz 1 bis zum In-Kraft-Treten entsprechender Eingruppierungsvorschriften über den 31. Dezember 2011 hinaus fort.

Erläuterungen

Diese Vorschrift ergänzt § 10 und trifft Regelungen für die vorübergehende (oder vertretungsweise → Niederschriftserklärung) Übertragung höherwertiger Tätigkeiten nach dem 1. November 2006; § 10 dagegen regelt die Fälle vorheriger Übertragung entsprechender Tätigkeiten.

Zu § 18 Abs. 1

Absatz 1 bestimmt, dass bei ehemaligen, zum 1. November 2006 in den TV-L übergeleiteten Angestellten, denen zwischen dem 1. November 2006 und dem 31. Oktober 2008 erstmals eine höherwertige Tätigkeit übertragen wird, der TV-L (§ 14) anzuwenden ist (Satz 1).

Besonderheiten gelten nach den Sätzen 2 und 3 allerdings für Beschäftigte, die in eine individuelle Zwischen- oder Endstufe übergeleitet wurden.

Bei Beschäftigten, die mit einer individuellen Zwischenstufe in eine der Entgeltgruppen 2 bis 8 übergeleitet worden sind, wird die persön-

II

liche Zulage abweichend von § 14 Abs. 3 Satz 2 TV-L nicht prozentual bestimmt. Sie errechnet sich nach dem Unterschiedsbetrag zwischen dem Vergleichsentgelt und dem Betrag, der sich für den Beschäftigten bei dauerhafter Übertragung der höherwertigen Tätigkeit nach § 17 Abs. 4 Satz 1 und 2 TV-L ergeben würde. Ggf. kommt der Garantiebetrag zum Tragen.

Bei Überleitung in eine individuelle Zwischenstufe der Entgeltgruppen 9 bis 15 gibt es dagegen keine Besonderheiten: Die persönliche Zulage bemisst sich aus dem Unterschiedsbetrag zwischen dem Vergleichsentgelt und dem Betrag, der sich für den Beschäftigten bei dauerhafter Übertragung der höherwertigen Tätigkeit nach § 17 Abs. 4 Satz 1 und 2 TV-L ergeben würde; ggf. einschließlich Garantiebetrag.

Ab dem 1. November 2008 bemisst sich – ebenso wie in den Fällen des § 10 TVÜ-Länder – bei Fortdauer einer vorübergehenden Übertragung höherwertiger Tätigkeiten an übergeleitete Angestellte die Höhe der Zulage nach § 14 Abs. 3 TV-L.

Während sich die Voraussetzungen für die Zahlung einer Zulage für die vorübergehende Ausübung einer höherwertigen Tätigkeit sowohl vor als auch ab dem 1. November 2008 nach § 14 Abs. 1 TV-L bestimmen und sich insoweit keine Änderung ergeben, muss die Höhe der Zulage – unabhängig vom Aufstieg in die reguläre Stufe gemäß § 6 Abs. 1 Satz 4 TVÜ-Länder zum 1. November 2008 – ggf. anhand des § 14 Abs. 3 TV-L neu berechnet werden. Insbesondere für die Entgeltgruppen 1 bis 8 bemisst sich die Höhe der Zulage ab dem 1. November 2008 nicht mehr nach § 17 Abs. 4 TV-L, sondern beträgt nach § 14 Abs. 3 Satz 2 TV-L 4,5 v. H. des individuellen Tabellenentgelts der/des Beschäftigten.

Beispiel:

Ein Beschäftigter (ehemals Angestellter) mit Tätigkeiten der Vergütungsgruppe VII BAT (nach Aufstieg aus Vergütungsgruppe VIII BAT) ist am 1. November 2006 mit einem fiktiven Vergleichsentgelt in Höhe von 2.180 EUR in die Entgeltgruppe 5, Stufe 5+ übergeleitet worden. Am 1. Juni 2007 wurden ihm vorübergehend Tätigkeiten der Vergütungsgruppe VIb BAT übertragen. Die erstmalige Übertragung einer höherwertigen Tätigkeit von in den TV-L übergeleiteten ehemaligen Angestellten nach dem 31. Oktober 2006 richtete sich nach § 18 Abs. 1 TVÜ-Länder. Im Rahmen dieser Vorschrift steht die persönliche Zulage nur zu, wenn die vorübergehend übertragene Tätigkeit auch nach dem Recht des TV-L einer höheren Entgeltgruppe zugeordnet ist. Gemäß Anlage 4 TVÜ-Länder sind Tätigkeiten der Vergütungsgruppe VIb BAT der Entgeltgruppe 6 zugeordnet. Es liegt daher eine höherwertige Tätigkeit auch im Sinne des TV-L vor. Er hat ab 1. Juni

2007 Anspruch auf eine persönliche Zulage gemäß § 18 Abs. 1 Satz 2 in Verbindung mit § 6 Abs. 2 Satz 1 und 2 TVÜ-Länder. Diese bemisst sich aus dem Unterschiedsbetrag zwischen dem Betrag in der individuellen Zwischenstufe und dem Tabellenentgelt der regulären Stufe in der höheren Entgeltgruppe, deren Betrag mindestens der individuellen Zwischenstufe entspricht. Die persönliche Zulage betrug daher bis zur allgemeinen Entgeltanpassung im Jahr 2008 40 EUR (Unterschiedsbetrag individuelle Zwischenstufe Entgeltgruppe 5 Stufe 5+ mit 2.180 EUR zu 2.220 EUR in Entgeltgruppe 6 Stufe 5). Er übt die Tätigkeiten auch über den 31. Oktober 2008 hinaus aus. Am 1. November 2008 steigt er gemäß § 6 Abs. 1 Satz 4 TVÜ-Länder in die nächsthöhere reguläre Stufe 6 auf.

Ab 1. November 2008 ist die Höhe der persönlichen Zulage neu zu bestimmen; es finden die Regelungen des § 14 Abs. 3 Satz 2 TV-L Anwendung. Ab 1. November 2008 hat er für die weitere Dauer der Ausübung der höherwertigen Tätigkeit Anspruch auf eine persönliche Zulage in Höhe von 4,5 v. H. des Tabellenentgelts der Entgeltgruppe 5 Stufe 6; also von 101,25 € monatlich. Die persönliche Zulage hat sich daher ab dem 1. November 2008 erhöht.

Satz 3 regelt die Bemessung der Zulage bei Überleitung in eine individuelle Endstufe und verweist insoweit auf die Regelung des § 6 Abs. 4 Satz 3 (es wird also wie bei einer Höhergruppierung aus einer individuellen Endstufe verfahren → Erläuterungen zu § 6 Abs. 4). Da § 18 Abs. 1 Satz 3 nur auf Satz 3 des § 6 Abs. 4 verweist, steht ein Garantiebetrag nicht zu.

Nach Auffassung des Verfassers dürften keine Bedenken bestehen, bei der Berechnung der persönlichen Zulage von Beschäftigten, die einer individuellen Endstufe zugeordnet worden sind (§ 6 Abs. 4 Satz 1 und § 7 Abs. 2 TVÜ-Länder), und denen

- vor dem 31. Oktober 2008 vorübergehend höherwertige Tätigkeiten übertragen wurden und somit unter den Geltungsbereich der §§ 10 und 18 Abs. 1 TVÜ-Länder fielen, oder
- nach dem 31. Oktober 2008 vorübergehend höherwertige Tätigkeiten übertragen werden,

ab dem 1. November 2008 wie folgt zu verfahren: Das Entgelt der individuellen Endstufe gilt in diesem Fall als Tabellenentgelt im Sinne des § 14 Abs. 3 Satz 1 TV-L und als individuelles Tabellenentgelt im Sinne des § 14 Abs. 3 Satz 2 TV-L. Beschäftigte in einer individuellen Endstufe, die in einer der Entgeltgruppen 2 bis 8 eingruppiert sind, erhalten somit eine persönliche Zulage in Höhe von 4,5 v. H. des Entgelts in der individuellen Endstufe. Beschäftigte in einer individuellen Endstufe, die in einer der Entgeltgruppen 9 bis 14 eingruppiert sind, erhalten eine persönliche Zulage in Höhe des Unterschiedsbetrages zwischen dem Entgelt der individuellen Endstufe und dem Tabellenentgelt, das sich bei dauerhafter Übertragung nach § 17 Abs. 4

Satz 1 und 2 TV-L ergeben würde; ggf. steht also frühestens ab dem 1. November 2008 auch ein Garantiebetrag zu.

Satz 4 bestimmt die Zahlung einer Zulage für die ehemaligen Angestellten, die der Stufe 2 als Mindeststufe gemäß § 6 Abs. 5 zugeordnet worden sind (→ Erläuterungen zu § 6 Abs. 5). Hier bestimmt sich die Zulage nach den Vorschriften des TV-L (§ 14) über die vorübergehende Übertragung höherwertiger Tätigkeiten.

Zu § 18 Abs. 2

Absatz 2 bestimmt, dass bei ehemaligen, zum 1. November 2006 in den TV-L übergeleiteten Arbeitern, denen nach dem 31. Oktober 2006 erstmals eine höherwertige Tätigkeit übertragen wird, bis zum Inkrafttreten eines noch zu vereinbarenden Tarifvertrages über eine persönliche Zulage die bisherigen Regeln des MTArb/MTArb-O anzuwenden sind. Nach näherer Maßgabe des § 9 MTArb/MTArb-O steht die Zulage dann – abweichend von § 14 TV-L – vom ersten Tag an zu, wenn die höherwertige Tätigkeit an mehr als zwei aufeinanderfolgenden Tagen ausgeübt wird. Lediglich die Höhe der Zulage bestimmt sich nach den Regeln des TV-L. Wegen der Besonderheiten hinsichtlich der Vorarbeiterzulage in diesen Fällen → § 17 Abs. 9 Satz 2 und 3 TVÜ-Länder.

Zu § 18 Abs. 3

Nach Absatz 3 war die höherwertige Tätigkeit für die Prüfung der Voraussetzungen der Regelungen des TV-L zur vorübergehenden Übertragung höherwertiger Tätigkeiten bis zum Inkrafttreten der Entgeltordnung am 1. Januar 2012 nach den bisherigen Vorschriften des BAT/MTArb (z. B. § 22 Abs. 2 BAT) zu bestimmen. Für die Beschäftigten in der Datenverarbeitung, die (noch) nicht von der Entgeltordnung erfasst werden, sowie für die unter § 17 Abs. 10 TVÜ-Länder fallenden Beschäftigten ist der Umweg über das alte Recht auch nach dem 31. Dezember 2011 notwendig gewesen. Im Zuge des 5. Änderungstarifvertrages zum TVÜ-Länder vom 23. August 2012 wurden – entsprechend der Abrede der Tarifpartner bei den Verhandlungen zur Entgeltordnung – rückwirkend zum 1. Januar 2012 Tätigkeitsmerkmale für IT-Kräfte vereinbart. Insoweit wurde daher der Umweg über das alte Eingruppierungsrecht auch für diese Beschäftigten entbehrlich; die Regelungen des § 18 wurden entsprechend angepasst.

§ 19 Entgeltgruppen 2 Ü, 13 Ü und 15 Ü

(1) [1]Für Beschäftigte, die in die Entgeltgruppe 2 Ü übergeleitet worden sind, oder ab dem 1. November 2006 in die Lohngruppe 1 mit Aufstieg nach 2 und 2a oder in die Lohngruppe 2 mit Aufstieg nach 2a eingestellt und gemäß § 17 Absatz 7 der Entgeltgruppe 2 Ü zugeordnet worden sind, gelten besondere Tabellenwerte, soweit sich aus § 29a nichts anderes ergibt. [2]Die besonderen Tabellenwerte betragen

II

a) in der Zeit vom 1. Oktober 2023 bis 31. Oktober 2024

Stufe 1	Stufe 2	Stufe 3	Stufe 4	Stufe 5	Stufe 6
2369,86	2577,93	2657,48	2755,41	2822,72	2914,51

b) in der Zeit vom 1. November 2024 bis 31. Januar 2025

Stufe 1	Stufe 2	Stufe 3	Stufe 4	Stufe 5	Stufe 6
2569,86	2777,93	2857,48	2955,41	3022,72	3114,51

c) ab 1. Februar 2025

Stufe 1	Stufe 2	Stufe 3	Stufe 4	Stufe 5	Stufe 6
2711,20	2930,72	3014,64	3117,96	3188,97	3285,81

(2) [1]Für Beschäftigte, die in die Entgeltgruppe 13 Ü übergeleitet worden sind, gelten folgende Tabellenwerte:

a) in der Zeit vom 1. Oktober 2023 bis 31. Oktober 2024

	Stufe 2	Stufe 3	Stufe 4a	Stufe 4b	Stufe 5	Stufe 6
		Nach 2 Jahren in Stufe 2	Nach 4 Jahren in Stufe 3	Nach 3 Jahren in Stufe 4a	Nach 3 Jahren in Stufe 4b	Nach 5 Jahren in Stufe 5
Beträge aus	(E 13/2)	(E 13/3)	(E 14/3)	(E 14/4)	(E 14/5)	(E 14/6)
E 13 Ü	4508,07	4748,54	5167,63	5593,59	6246,27	6433,67

b) in der Zeit vom 1. November 2024 bis 31. Januar 2025

	Stufe 2	Stufe 3	Stufe 4a	Stufe 4b	Stufe 5	Stufe 6
		Nach 2 Jahren in Stufe 2	Nach 4 Jahren in Stufe 3	Nach 3 Jahren in Stufe 4a	Nach 3 Jahren in Stufe 4b	Nach 5 Jahren in Stufe 5
Beträge aus	(E 13/2)	(E 13/3)	(E 14/3)	(E 14/4)	(E 14/5)	(E 14/6)
E 13 Ü	4708,07	4948,54	5367,63	5793,59	6446,27	6633,67

II

c) ab 1. Februar 2025

	Stufe 2	Stufe 3	Stufe 4a	Stufe 4b	Stufe 5	Stufe 6
		Nach 2 Jahren in Stufe 2	Nach 4 Jahren in Stufe 3	Nach 3 Jahren in Stufe 4a	Nach 3 Jahren in Stufe 4b	Nach 5 Jahren in Stufe 5
Beträge aus	(E 13/2)	(E 13/3)	(E 14/3)	(E 14/4)	(E 14/5)	(E 14/6)
E 13 Ü	4967,01	5220,71	5662,85	6112,24	6800,81	6998,52

[2]Bei Beschäftigten im Sinne des § 53 Hochschulrahmengesetz, die in die Entgeltgruppe 13 Ü übergeleitet werden und bei denen das Vergleichsentgelt im Zeitpunkt der Überleitung den Betrag von 3300 Euro nicht erreicht, erhöht sich der Tabellenwert in der Stufe 6 um den Betrag, der sich ergibt, wenn von 200 Euro die Differenz zwischen den Stufen 5 und 6 der Entgelttabelle abgezogen wird. [3]Dasselbe gilt bei Neueinstellungen von Beschäftigten im Sinne des § 53 Hochschulrahmengesetz in die Stufen 1 oder 2 der Entgeltgruppe 13 für die Erhöhung des Tabellenwertes der Stufe 6 der Entgeltgruppe 13.

Protokollerklärung zu § 19 Absatz 2 Satz 2:

Die Erhöhung des Tabellenwertes beträgt

- 12,60 Euro vom 1. Oktober 2023 bis 31. Januar 2025,
- 2,29 Euro ab 1. Februar 2025.

Protokollerklärung zu § 19 Absatz 2 Satz 3:

Die Erhöhung des Tabellenwertes beträgt

- 24,15 Euro vom 1. Oktober 2023 bis 31. Januar 2025,
- 14,47 Euro ab 1. Februar 2025.

(3) [1]Übergeleitete Beschäftigte der Vergütungsgruppe I BAT/BAT-O unterliegen dem TV-L. [2]Sie werden in die Entgeltgruppe 15 Ü übergeleitet. [3]Für sie gelten folgende Tabellenwerte:

a) vom 1. Oktober 2023 bis 31. Oktober 2024

Stufe 1	Stufe 2	Stufe 3	Stufe 4	Stufe 5
6122,63	6795,90	7434,88	7853,95	7957,04

b) in der Zeit vom 1. November 2024 bis 31. Januar 2025

Stufe 1	Stufe 2	Stufe 3	Stufe 4	Stufe 5
6322,63	6995,90	7634,88	8053,95	8157,04

c) ab 1. Februar 2025

Stufe 1	Stufe 2	Stufe 3	Stufe 4	Stufe 5
6670,37	7380,67	8054,80	8496,92	8605,68

[4]Die Verweildauer in den Stufen 1 bis 4 beträgt jeweils fünf Jahre. [5]§ 6 Absatz 5 findet keine Anwendung.

(4) Die Regelungen des TV-L über die Bezahlung im Tarifgebiet Ost gelten entsprechend.

(5) [1]Für am 1. Januar 2018 vorhandene Beschäftigte der Entgeltgruppe 13 Ü wird die bis zum 31. Dezember 2017 in Stufe 5 bzw. in der individuellen Endstufe zurückgelegte Zeit angerechnet. [2]Ist das Tabellenentgelt der Stufe 6 niedriger als der bisherige Betrag der individuellen Endstufe, werden die Beschäftigten erneut einer individuellen Endstufe unter Beibehaltung der bisherigen Entgelthöhe zugeordnet; § 6 Absatz 4 Sätze 3 bis 5 TVÜ-Länder gelten entsprechend.

Erläuterungen

Die Vorschrift legt die Tabellenwerte der in der Grundentgelttabelle zum TV-L noch nicht definierten Entgeltgruppen 2 Ü, 13 Ü und 15 Ü fest.

Zu § 19 Abs. 1

Hierunter fallen die unmittelbar in Entgeltgruppe 2 Ü übergeleiteten Beschäftigten sowie die in der Zeit vom 1. November 2006 bis zum 31. Dezember 2011 in Lohngruppe 1 mit Aufstieg nach 2 und 2a und Lohngruppe 2 mit Aufstieg nach 2a eingestellten Beschäftigten. In der zum 1. Januar 2012 in Kraft tretenden Entgeltordnung wird die Entgeltgruppe 2 Ü nicht mehr vergeben.

Zu § 19 Abs. 2

Absatz 2 beinhaltet die Tabellenwerte der für die Länder vereinbarten Entgeltgruppe 13 Ü, in die Angestellte der Vergütungsgruppe IIa BAT mit ausstehendem Aufstieg in die Vergütungsgruppe Ib BAT nach 11- oder 15-jähriger Bewährungszeit übergeleitet werden.

Satz 2 der Vorschrift enthält für bestimmte Beschäftigte im Sinne des § 53 Hochschulrahmengesetz (wissenschaftliche und künstlerische Mitarbeiter) einen weiteren Erhöhungsbetrag. Nach Satz 3 der Vorschrift gilt der Erhöhungsbetrag auch für neueingestellte Beschäftigte im Sinne des § 53 HRG.

Die Regelung der Sätze 2 und 3 wurde im Zusammenhang mit der Einführung der Stufe 6 im Zuge des 8. Änderungs-TV vom 17. Februar 2017 modifiziert und um zwei Protokollerklärungen ergänzt.

Zu § 19 Abs. 3

Hiervon werden die aus Vergütungsgruppe I BAT/BAT-O übergeleiteten Beschäftigten erfasst. Abweichend von den allgemeinen Grundsätzen beträgt die Verweildauer in den Stufen 1 bis 4 jeweils fünf Jahre. § 6 Abs. 5 (Mindeststufe) findet keine Anwendung.

Zu § 19 Abs. 4

Nach dieser Vorschrift ist für das Tarifgebiet Ost der jeweilige Bemessungsfaktor zu beachten.

Seit dem 1. Januar 2010 gelten im Tarifgebiet Ost die Beträge des Tarifgebietes West.

Zu § 19 Abs. 5

Im Zuge der Tarifrunde 2017 ist auch für die Entgeltgruppe 13 Ü eine Stufe 6 vereinbart worden. Die neue, mit dem 8. Änderungs-Tarifvertrag vom 17. Februar 2017 mit Wirkung vom 1. Januar 2018 eingefügte Vorschrift regelt die Anrechnung der bis zum 31. Dezember 2017 bereits in der Stufe 5 bzw. der individuellen Endstufe verbrachten Zeiten (Satz 1). Für Beschäftigte, die einer individuellen Endstufe zugeordnet werden, erfolgt erneut eine Zuordnung zu einer individuellen Endstufe („6 +"), wenn das individuelle Entgelt auch oberhalb der neuen Stufe sechs liegt (Satz 2). Durch den Verweis in Satz 3 auf die Regelungen des § 6 Abs. 4 Sätze 3 bis 5 gelten die dortigen Regelungen zum Mindesthöhergruppierungsgewinn bei einer Höhergruppierung aus der individuellen Endstufe sowie zur Dynamisierung der Endstufe bei allgemeinen Entgelterhöhungen.

II

§ 20 Anwendung der Entgelttabelle auf Lehrkräfte

(1) [1]Für übergeleitete und für ab 1. November 2006 neu eingestellte Lehrkräfte, die bis zum 31. Dezember 2011 gemäß Nr. 5 der Vorbemerkungen zu allen Vergütungsgruppen nicht unter die Anlage 1a zum BAT/BAT-O und/oder ab 1. Januar 2012 gemäß Nr. 4 der Vorbemerkungen zu allen Teilen der Entgeltordnung nicht unter die Entgeltordnung zum TV-L fallen, gilt die Entgelttabelle zum TV-L bis zum 31. Dezember 2016 mit der Maßgabe, dass die Tabellenwerte

- **der Entgeltgruppen 5 bis 8 um 64,00 Euro und**
- **der Entgeltgruppen 9 bis 13 um 72,00 Euro**

vermindert werden; die verminderten Tabellenwerte sind auch maßgebend für die Zuordnung der Lehrkräfte in die individuelle Zwischenstufe bzw. individuelle Endstufe am 1. November 2006. [2]Satz 1 gilt nicht für Lehrkräfte, die die fachlichen und pädagogischen Voraussetzungen für die Einstellung als Studienrat nach der Besoldungsgruppe A 13 BBesG oder eines entsprechenden Landesbesoldungsgesetzes erfüllen, und für übergeleitete Lehrkräfte, die einen arbeitsvertraglichen Anspruch auf Zahlung einer allgemeinen Zulage wie die unter die Anlage 1a zum BAT/BAT-O fallenden Angestellten haben.

(2) Im Tarifgebiet West vermindern sich die Beträge nach Absatz 1 Satz 1 bei jeder nach dem 1. November 2006 wirksam werdenden allgemeinen Tabellenanpassung in

- **den Entgeltgruppen 5 bis 8 um 6,40 Euro und**
- **den Entgeltgruppen 9 bis 13 um 7,20 Euro.**

Niederschriftserklärung zu § 20 Absatz 2:

Eine Lehrkraft, die in eine individuelle Endstufe übergeleitet wurde, erhält nach einem Harmonisierungsschritt mindestens den Tabellenwert der für ihre Entgeltgruppe maßgebenden letzten Tabellenstufe, wenn dieser den Betrag der neuen individuellen Endstufe übersteigt.

(3) [1]Die Regelungen des TV-L über die Bezahlung im Tarifgebiet Ost gelten entsprechend. [2]Im Tarifgebiet Ost findet der Bemessungssatz für die Entgelte auch auf die Beträge nach Absatz 1 Satz 1 Halbsatz 1 und Absatz 2 Anwendung. [3]Die Verminderung nach Absatz 2 erfolgt mit jeder nach dem 1. November 2006 wirksam werdenden allgemeinen Tabellenanpassung im Tarifgebiet Ost.

Protokollerklärung zu § 20:

Die Verminderungsbeträge nach Absatz 1 betragen

in den Entgeltgruppen	vom 1. 3. 2015 bis 29. 2. 2016	vom 1. 3. 2016 bis 31. 12. 2016
	Euro	Euro
5 bis 8	12,80	6,40
9 bis 13	14,40	7,20

Erläuterungen

Mit der Regelung des § 20 TVÜ-Länder haben die Tarifpartner die nicht von der Vergütungsordnung zum BAT bzw. von der Entgeltordnung zum TV-L erfassten Lehrkräfte mit in die Entgelttabelle des TV-L einbezogen. Durch eine Minderung der Tabellenwerte haben sie dabei dem Umstand Rechnung getragen, dass eine Vielzahl der Lehrkräfte nach altem Recht eine geringere allgemeine Zulage erhielt als die vergleichbaren übrigen Angestellten. Diese Entgeltdifferenz zwischen Lehrern und übrigen Beschäftigten soll zunächst weitergelten und dann bei Lohnerhöhungen in 10 Schritten abgebaut werden.

Zu § 20 Abs. 1

Nach Absatz 1 der Vorschrift gilt die Entgelttabelle zum TV-L auch für die nicht unter die Allgemeine Vergütungsordnung des BAT bzw. die Entgeltordnung zum TV-L fallenden Lehrkräfte. Lehrkräfte erhielten nach dem bisherigen Recht in der Regel eine geringere allgemeine Zulage als die vergleichbaren übrigen Angestellten (nämlich gem. § 2 Abs. 3 des Tarifvertrages über Zulagen an Angestellte vom 17. Mai 1982 zuletzt 42,98 Euro statt 114,60 Euro bzw. 107,44 Euro gemäß Abs. 2 Buchst. b bzw. c aaO). Die Tabellenwerte der Entgelttabelle zum TV-L werden entsprechend – aber auf volle Euro gerundet – gekürzt. Dies gilt nach Satz 1 2. Halbsatz auch für die Berechnung des Vergleichsentgelts.

Ausgenommen von der Kürzung sind nach Satz 2 der Vorschrift aber die Lehrkräfte, die vergleichbar als Studienrat eingesetzt sind (und eine entsprechende Zulage bekommen) oder die als übergeleitete Lehrkräfte aufgrund arbeitsvertraglicher Vereinbarung einen individualrechtlichen Anspruch auf eine ungekürzte Zulage haben.

Zu § 20 Abs. 2

Die Regelung des Absatzes 2 sieht zum Zweck einer mittelfristigen Angleichung der Tabellenwerte für Lehrer an die Entgelte der vergleichbaren übrigen Beschäftigten einen schrittweisen Abbau der Minderungsbeträge im Zuge allgemeiner Lohnerhöhungen des Absatzes 1 vor. Die erste Kürzung des Minderungsbetrages erfolgt somit im Zuge der zum 1. Januar 2008 vereinbarten Erhöhung der Tabellenbeträge: zum 1. März 2009, 1. März 2010, 1. April 2011, 1. Januar 2012, 1. Januar 2013 – 1. Januar 2014; 1. März 2015 sowie 1. März 2016 erfolgten weitere Anpassungsschritte; zum 1. Januar 2017 entfällt der Verminderungsbetrag.

Die im Rahmen des 2. Änderungstarifvertrages eingefügte Niederschriftserklärung stellt sicher, dass die betroffenen Beschäftigten in den Grenzfällen, in denen das individuelle Entgelt der Endstufe „von unten" vom Tabellenentgelt überholt wird, das dann höhere Tabellenentgelt erhalten.

II

Zu § 20 Abs. 3

Nach dieser Vorschrift ist für das Tarifgebiet Ost der jeweilige Bemessungsfaktor zu beachten. Dies gilt sowohl für die Kürzungsbeträge nach Absatz 1 als auch für die Minderungsbeträge nach Absatz 2.

II

§ 21 Jahressonderzahlung in den Jahren 2006 und 2007

(1) Für Beschäftigte, deren Arbeitsverhältnis bereits am 30. Juni 2003 bestanden hat und die bis zum 31. Oktober 2006 für die Zuwendung der tariflichen Nachwirkung unterliegen, richtet sich die Jahressonderzahlung nach § 20 TV-L.

(2) [1]Für die Beschäftigten, mit denen arbeitsvertraglich vor dem 31. Oktober 2006 abweichende Vereinbarungen zur Zuwendung und zum Urlaubsgeld getroffen worden sind, gilt:

a) Im Jahr 2006 richtet sich der Anspruch auf Zuwendung und Urlaubsgeld nach den am 19. Mai 2006 geltenden Landesregelungen.

b) Im Jahr 2007 wird die nach den jeweiligen arbeitsvertraglichen Vereinbarungen zustehende Summe aus Zuwendung und Urlaubsgeld um 50 v. H. des Differenzbetrages zu der Jahressonderzahlung nach § 20 TV-L erhöht, sofern die Jahressonderzahlung nach § 20 TV-L höher wäre.

c) Ab dem Jahr 2008 gilt § 20 TV-L.

[2]Der Arbeitgeber kann die Angleichungsschritte hinsichtlich des Umfangs und/oder der Zeitfolge schneller vollziehen.

(3) Nach dem 31. Oktober 2006 neu eingestellte Beschäftigte erhalten die Jahressonderzahlung in den Jahren 2006 und 2007 in Höhe des Betrages, der ihnen nach Absatz 2 zustehen würde, wenn das Arbeitsverhältnis am 31. Oktober 2006 bestanden hätte.

(4) Soweit nach den Absätzen 2 und 3 Urlaubsgeld gezahlt wird, ist dieser Teil der Jahressonderzahlung nicht zusatzversorgungspflichtig.

(5) Die Absätze 1 bis 4 finden auf Ärztinnen und Ärzte im Sinne des § 4 Abs. 1 Satz 2 und 3 keine Anwendung.

Erläuterungen

§ 21 trifft Regelungen über die Jahressonderzahlung 2006 und 2007. Die Vorschrift ist mittlerweile ohne praktische Bedeutung.

II

§ 22 Abrechnung unständiger Bezügebestandteile

Bezüge im Sinne des § 36 Abs. 1 Unterabs. 2 BAT/BAT-O, § 31 Abs. 2 Unterabs. 2 MTArb/MTArb-O für Arbeitsleistungen bis zum 31. Oktober 2006 werden nach den bis dahin jeweils geltenden Regelungen abgerechnet, als ob das Arbeitsverhältnis mit Ablauf des 31. Oktober 2006 beendet worden wäre.

Erläuterungen

Mit dieser Vorschrift haben die Tarifpartner bestimmt, dass die bis zum 31. Oktober 2006 „verdienten" unständigen Bezügebestandteile zu diesem Zeitpunkt nach altem Recht in der Weise abgerechnet werden, als hätte das Beschäftigungsverhältnis zu diesem Zeitpunkt geendet.

Die Regelung ist mittlerweile ohne praktische Bedeutung.

§ 23 Bereitschaftszeiten

[1]Nr. 3 SR 2r BAT/BAT-O für Hausmeister und entsprechende Tarifregelungen für Beschäftigtengruppen mit Bereitschaftszeiten innerhalb ihrer regelmäßigen Arbeitszeit gelten fort. [2]Dem § 9 TV-L widersprechende Regelungen zur Arbeitszeit sind bis zum 31. Dezember 2006 entsprechend anzupassen.

II

Erläuterungen

Nach dieser Vorschrift gelten die Nr. 3 SR 2r BAT/BAT-O (Hausmeister) und entsprechende Tarifregelungen für Beschäftigtengruppen, in deren regelmäßiger Arbeitszeit Bereitschaftszeiten fallen, fort. Die entsprechenden Arbeitszeitregelungen sind nach Satz 2 der Vorschrift aber an die Vereinbarungen zu § 9 TV-L anzupassen.

Der Umstand, dass die vereinbarte Anpassungsfrist mittlerweile verstrichen ist, hat keine Auswirkung auf den Fortbestand der Altregelungen.

Die Vorschrift der Nr. 3 SR 2r BAT hatte zuletzt folgenden Wortlaut:

„Nr. 3

Zu § 15 – Regelmäßige Arbeitszeit –

(1) Die regelmäßige Arbeitszeit beträgt durchschnittlich 50 ½ Stunden wöchentlich.

(2) § 15 Abs. 2 und 4 findet keine Anwendung."

Mit Blick auf die Regelungen des Arbeitzeitgesetzes (abgedruckt als Anhang 1 zu § 6 TV-L) dürfte mittlerweile von einer Höchstgrenze von 48 Wochenstunden auszugehen sein (jüngst nochmals EuGH, Urt. v. 25. 11. 2010 – Rs C-429/09 sowie bereits BAG im Urteil vom 14. Oktober 2004 – 6 AZR 564/03). Während das BAG noch die Auffassung vertreten hat, dass auch bei einer rechtswidrigen Arbeitszeit von mehr als 48 Wochenstunden kein Vergütungsanspruch für die übersteigende Zeit besteht, sieht der EuGH hierfür einen Schadensersatzanspruch. Der EuGH lässt aber ausdrücklich offen, in welcher Form (Geld, Freizeitausgleich?) und Höhe dieser Schadensersatz zu erbringen ist.

§ 24 Nebentätigkeiten

Für bis zum 31. Oktober 2006 genehmigte Nebentätigkeiten der übergeleiteten Beschäftigten gelten die bisher anzuwendenden Bestimmungen weiter; eine arbeitsvertragliche Neuregelung bleibt unberührt.

Erläuterungen

Nach dieser Vorschrift gelten die im bisherigen Recht enthaltenen Bestimmungen zu Nebenbeschäftigungen (z. B. § 11 BAT und die darin enthaltene Inbezugnahme des beamtenrechtlichen Nebentätigkeitsrechts) für genehmigte Nebentätigkeiten der übergeleiteten Beschäftigten über den 31. Oktober 2006 hinaus weiter. Es bleibt den jeweiligen Vertragspartnern aber unbenommen, andere arbeitsvertragliche Vereinbarungen zu treffen.

Bei neu eingestellten Beschäftigten (sie werden nicht von § 24 TVÜ-Länder erfasst) und bei nach dem 1. November 2006 genehmigten Nebentätigkeiten (fallen ebenfalls nicht unter den § 24 TVÜ-Länder) empfiehlt es sich, einzelvertragliche Regelungen zu treffen, um beispielsweise Abführungspflichten zu regeln.

§ 25 Sonderregelungen für Beschäftigte im bisherigen Geltungsbereich der SR 2 a, SR 2 b, SR 2 m und SR 2 o BAT/BAT-O und der SR 2 a, SR 2 b, SR 2 i und SR 2 l der Anlage 2 Abschnitt B MTArb/MTArb-O

(1) Nr. 7 SR 2 a BAT/BAT-O gilt im bisherigen Geltungsbereich für Maßnahmen, die vor dem 1. November 2006 bewilligt worden sind, fort.

II

(2) Bestehende Regelungen zur Anrechnung von Wege- und Umkleidezeiten auf die Arbeitszeit bleiben durch das In-Kraft-Treten des TV-L unberührt.

(3) Regelungen gemäß Nr. 2 SR 2 m BAT/BAT-O bleiben durch das In-Kraft-Treten des TV-L unberührt.

(4) Übergeleiteten Beschäftigten, die am 31. Oktober 2006 Zulagen nach Nr. 5a und Nr. 6 Absatz 3 SR o BAT/BAT-O beziehungsweise nach Nr. 7 SR 2 l der Anlage 2 Abschnitt B MTArb/Nr. 6 SR 2 l der Anlage 2 Abschnitt B MTArb-O erhalten haben, wird diese Zulage unter den bisherigen Voraussetzungen als weiterhin widerrufliche Zulage fortgezahlt.

(5) [1]Für die von § 1 Abs. 1 und 2 erfassten Beschäftigten gelten im bisherigen Geltungsbereich fort:

- **Nr. 8 und Nr. 10 SR 2 a der Anlage 2 Abschnitt B MTArb/Nr. 7 und Nr. 11 SR 2 a der Anlage 2 Abschnitt B MTArb-O,**
- **Nr. 6 Absatz 2, Nr. 8 und Nr. 9 SR 2 b der Anlage 2 Abschnitt B MTArb/Nr. 7 Absatz 2, Nr. 10 und Nr. 13 SR 2 b der Anlage 2 Abschnitt B MTArb-O und**
- **Nr. 4 SR 2 i der Anlage 2 Abschnitt B MTArb.**

[2]Sie können durch landesbezirklichen Tarifvertrag geändert werden.

Erläuterungen

Mit dieser Vorschrift wird der Bestand in den Absätzen 1 bis 5 näher bestimmter Sonderregelungen gesichert. Die Vorschrift erlangt nur in den genannten Bereichen eine begrenzte Bedeutung.

Zu § 25 Abs. 1

Durch § 25 Abs. 1 gilt die Nr. 7 SR 2a BAT/BAT-O für die bisher von dieser Vorschrift erfassten Pflegekräfte fort. Die Vorschrift regelt die Fort- und Weiterbildung auf Veranlassung des Arbeitgebers einschließlich Fragen der Entgeltfortzahlung, der Kostentragung und der Verpflichtung zur Rückzahlung in bestimmten Fällen. Durch Absatz 1 wird sichergestellt, dass die Rechtsgrundlage für eine eventuelle Rückforderung von Fort- und Weiterbildungskosten für Maßnahmen, die vor dem 1. November 2006 bewilligt worden sind, erhalten bleibt. Für Maßnahmen, die nach dem 31. Oktober 2006 bewilligt werden, gilt ausschließlich § 5 TV-L, der in seinem Absatz 7 wiederum die Möglichkeit der vertraglichen Vereinbarung einer Rückzahlungsverpflichtung vorsieht.

Zu § 25 Abs. 2

Praktische Bedeutung dürfte die Regelung nur in den Fällen erlangen, in denen in einigen Kliniken noch Vereinbarungen zur pauschalen Abgeltung der sogenannten Wege- und Umkleidezeit bestehen. Diese Vereinbarungen bleiben durch das Inkrafttreten des TV-L unberührt, d. h. treten nicht automatisch außer Kraft, können jedoch mit den üblichen, im konkreten Einzelfall zulässigen arbeitsrechtlichen Mitteln beendet werden (Kündigung, Änderungskündigung).

Auch ohne besondere Vereinbarung sind Wege- und Umkleiderzeiten unter den Voraussetzungen des BAG-Urteils vom 19. September 2012 – 5 AZR 678/11 – zu berücksichtigen. In diesem Urteil hat das BAG entschieden, dass das Umkleiden für die Arbeit dann zur Arbeitszeit gehört, wenn der Arbeitgeber das Tragen einer bestimmten Kleidung vorschreibt und das Umkleiden im Betrieb erfolgen muss. In diesem Fall gehören nach Auffassung des BAG auch die innerbetrieblichen Wege von einer vom Arbeitsplatz getrennten Umkleidestelle zum Arbeitsplatz zur Arbeitzeit. Diese Rechtsprechung hat das BAG danach mehrfach bestätigt, z. B. im Urteil vom 6. September 2017 – 5 AZR 382/16 im Fall auffälliger Dienstkleidung.

Zu § 25 Abs. 3

Die fortgeltende Regelung der Nr. 2 SR 2m BAT betraf Diplombibliothekare an Büchereien, zu deren Aufgaben auch die Erarbeitung von Bücherkenntnissen und die Besprechungen von Neuerscheinungen gehört. Bestehende Regelungen über eine Anrechnung der für diese Aufgaben anzusetzenden Zeit auf die Arbeitszeit bleiben durch das Inkrafttreten des TV-L unberührt.

Zu § 25 Abs. 4

Nach dieser Vorschrift wird übergeleiteten Beschäftigten, die am 31. Oktober 2006 Zulagen nach näher bezeichneten Regelungen der SR 2o BAT/BAT-O beziehungsweise der SR 2l der Anlage 2 Abschnitt B MTArb /MTArb-O erhalten haben, diese Zulagen unter den bisherigen Voraussetzungen weiterhin als widerrufliche Zulage fortgezahlt. Der Arbeitgeber kann die Gewährung der bisherigen Leistungen für die Zukunft widerrufen. Der Widerruf wird in der Regel mit Ablauf des zweiten auf den Zugang des Widerrufs folgenden Kalendermonat wirksam (→ zum Beispiel Nr. 5a Satz 3 SR 2o BAT).

II

Zu § 25 Abs. 5

Diese Vorschrift sichert den Fortbestand bestimmter Sonderregelungen für Straßenbauarbeiter, für Wasserbauarbeiter und (nur in Niedersachsen) für Moorarbeiter. Die in den bisherigen einschlägigen Sonderregelungen enthaltenen Vorschriften über die Entschädigungen bei Dienstreisen, Abordnungen und Dienstgängen sowie Lohnfortzahlung bei Ausbildungsmaßnahmen gelten übergangsweise als landesbezirkliche Regelung weiter und zwar auch für neueingestellte Beschäftigte im bisherigen Geltungsbereich. Die Tarifvertragsparteien auf landesbezirklicher Ebene können die fortgeltenden Bestimmungen durch einen landesbezirklichen Tarifvertrag ablösen. Dazu ist in § 30 Abs. 5 TVÜ ein besonderes Kündigungsrecht verankert worden.

§ 26 Beschäftigte im Vollstreckungsdienst

§ 33 Abs. 1 Buchst. b BAT/BAT-O gilt für übergeleitete und neueingestellte Beschäftigte im Vollstreckungsdienst fort.

Erläuterungen

§ 26 TVÜ-Länder bewirkt die Fortgeltung des § 33 Abs. 1 Buchst. b BAT/BAT-O sowohl für übergeleitete als auch für neueingestellte Beschäftigte.

In der fortwirkenden Vorschrift des BAT/BAT-O ist geregelt, dass Angestellte eine Vollstreckungsdienstentschädigung erhalten, wenn und soweit sie den entsprechenden Beamten ihres Arbeitgebers zusteht.

Die Vorschrift des § 33 Abs. 1 Buchst. b BAT/BAT-O hat folgenden Wortlaut:

„(1) Der Angestellte erhält für die Zeit, für die ihm Vergütung (§ 26) zusteht, eine Zulage,

a) ...

b) wenn dem entsprechenden Beamten seines Arbeitgebers im Vollstreckungsdienst eine Entschädigung zu gewähren ist,

c) ..."

In den Fällen der Buchstaben a) und b) erhält der Angestellte die gleiche Zulage (Entschädigung) wie der entsprechende Beamte; bei der Berechnung der Krankenbezüge, der Urlaubsvergütung und der Zuwendung wird die Zulage (Entschädigung) nur berücksichtigt, wenn und soweit sie bei den entsprechenden Bezügen der Beamten berücksichtigt wird."

§ 27 Übergangsregelungen für bestehende Dienstwohnungsverhältnisse

Für bestehende Dienstwohnungsverhältnisse gelten § 65 BAT/BAT-O, § 69 MTArb/MTArb-O und § 5 Abschn. A der Ausbildungsvergütungstarifverträge weiter.

II

Erläuterungen

Nach dieser Vorschrift gelten die im bisherigen Recht enthaltenen Dienstwohnungsvorschriften, nach denen für die Zuweisung von Dienstwohnungen und die Bemessung der dafür zu zahlenden Vergütung die jeweiligen beamtenrechtlichen Vorschriften heranzuziehen sind, für bestehende Dienstwohnungsverhältnisse weiter.

Für neue Dienstwohnungsverhältnisse wird – soweit es gewünscht ist – empfohlen, die Geltung der beamtenrechtlichen Vorschriften im Arbeitsvertrag oder in einer Nebenabrede zum Arbeitsvertrag individuell zu vereinbaren.

§ 28 Änderung des Beschäftigungsumfangs im Zuge der Arbeitszeitverlängerung

(1) [1]Bei Teilzeitbeschäftigten, mit denen am 31. Oktober 2006 im Arbeitsvertrag eine feste Stundenzahl vereinbart ist und bei denen sich am 1. November 2006 das Entgelt wegen einer anderen Relation von ermäßigter zur vollen Arbeitszeit vermindert, ist auf Antrag der/des Beschäftigten die Stundenzahl so aufzustocken, dass die Höhe ihres bisherigen regelmäßigen Brutto-Entgelts erreicht wird. [2]Der Antrag ist bis zum 31. Januar 2007 zu stellen. [3]Satz 1 gilt nicht für Beschäftigte in Altersteilzeit.

(2) Die/Der Beschäftigte, die/der unter § 41 TV-L fällt, erhält das Recht auf Beibehaltung der regelmäßigen wöchentlichen Arbeitszeit von 38,5 Stunden (Tarifgebiet West) beziehungsweise 40 Stunden (Tarifgebiet Ost); in diesem Fall wird das entsprechende zeitanteilige Tabellenentgelt gezahlt.

Erläuterungen

Zu § 28 Abs. 1

Mit dieser Vorschrift trugen die Tarifpartner dem Umstand Rechnung, dass sich die regelmäßige wöchentliche Arbeitszeit für die Mehrzahl der Beschäftigten im Zuge der Tarifreform erhöht hatte.

Die Erhöhung ließ sich bei Vollbeschäftigten und bei Teilzeitbeschäftigten, in deren Arbeitsvertrag ein Bruchteil der Regelarbeitszeit (z. B. „die Hälfte“ oder 75 %, . . .) vereinbart war, relativ unproblematisch umsetzen – die Arbeitszeit der Betroffenen erhöhte sich.

Bei denjenigen Teilzeitbeschäftigten, in deren Arbeitsvertrag anstelle eines Bruchteils der Regelarbeitszeit eine feste Stundenzahl vereinbart war, galt diese vertragliche Vereinbarung aber auch nach der Erhöhung der Arbeitszeit im Zuge der Tarifreform weiter. Dies hätte eine Kürzung der Vergütung zur Folge gehabt. Um die Kürzung zu vermeiden, konnte der Betroffene seine Arbeitszeit auf der Grundlage des § 28 TVÜ-Länder entsprechend erhöhen. Einen Antrag dazu konnte er bis zum 31. Januar 2007 stellen.

Die Vorschrift hat ihre Bedeutung inzwischen verloren.

Zu § 28 Abs. 2

Die Vorschrift räumt den unter § 41 TV-L fallenden Ärzten an Universitätskliniken das Recht ein, weiterhin 38,5 bzw. 40 Stunden (statt 42 Stunden) zu arbeiten. Das Entgelt ist dann entsprechend zu kürzen.

§ 29 Arbeiterinnen und Arbeiter der Freien und Hansestadt Hamburg

Der Tarifvertrag über die Gewährung von Schmutz-, Gefahren- und Erschwerniszuschlägen an die Arbeiter der Freien und Hansestadt Hamburg vom 4. Dezember 1975 in der Fassung des 4. Änderungstarifvertrages vom 17. Juli 1996 gilt als in Anlage 1 Teil B Nr. 12 aufgeführter Tarifvertrag. Ausgenommen von der dort genannten Fortgeltung sind seine Kennziffern 17, 33, 51, 57, 61 bis 66 und 70 bis 117.

Erläuterungen

§ 29 trägt der besonderen tarifvertraglichen Situation der Arbeiter der Freien und Hansestadt Hamburg Rechnung und regelt die Weitergeltung bestimmter – ausschließlich diesen Personenkreis betreffender – Tarifvorschriften.

§ 29a Überleitung in die Entgeltordnung zum TV-L am 1. Januar 2012

(1) [1]Für in den TV-L übergeleitete und für zwischen dem 1. November 2006 und dem 31. Dezember 2011 neu eingestellte Beschäftigte gelten für Eingruppierungen ab dem 1. Januar 2012 die §§ 12, 13 TV-L sowie die Entgeltordnung zum TV-L. [2]Hängt die Eingruppierung nach den §§ 12, 13 TV-L von der Zeit einer Tätigkeit oder Berufsausübung ab, wird die vor dem 1. Januar 2012 zurückgelegte Zeit so berücksichtigt, wie sie zu berücksichtigen wäre, wenn die Entgeltordnung zum TV-L bereits seit dem Beginn des Arbeitsverhältnisses gegolten hätte.

(2) [1]In den TV-L übergeleitete und ab dem 1. November 2006 neu eingestellte Beschäftigte,

- **deren Arbeitsverhältnis zu einem Arbeitgeber, der Mitglied der TdL oder eines Mitgliedsverbandes der TdL ist, über den 31. Dezember 2011 hinaus fortbesteht, und**
- **die am 1. Januar 2012 unter den Geltungsbereich des TV-L fallen,**

sind – jedoch unter Beibehaltung der bisherigen Entgeltgruppe für die Dauer der unverändert auszuübenden Tätigkeit – zum 1. Januar 2012 in die Entgeltordnung zum TV-L übergeleitet; Absatz 3 bleibt unberührt. [2]Soweit an die Tätigkeit in der bisherigen Entgeltgruppe in Abweichung von § 16 Absatz 1 Satz 1 und Absatz 3 Satz 1 TV-L besondere Stufenregelungen nach den Anlagen 2, 4 oder 5 geknüpft waren, gelten diese für die Dauer der unverändert auszuübenden Tätigkeit fort. [3]Soweit an die Tätigkeit in der bisherigen Entgeltgruppe besondere Entgeltbestandteile geknüpft waren und diese in der Entgeltordnung zum TV-L in geringerer Höhe entsprechend vereinbart sind, wird die hieraus am 1. Januar 2012 bestehende Differenz unter den bisherigen Voraussetzungen als Besitzstandszulage so lange gezahlt, wie die anspruchsbegründende Tätigkeit unverändert ausgeübt wird und die sonstigen Voraussetzungen für den besonderen Entgeltbestandteil nach bisherigem Recht weiterhin bestehen; § 9 Absatz 4 bleibt unberührt. [4]Satz 3 gilt entsprechend, wenn besondere Entgeltbestandteile in der Entgeltordnung zum TV-L nicht mehr vereinbart sind.

Protokollerklärung zu § 29a Absatz 2:

[1]Die vorläufige Zuordnung zu der Entgeltgruppe des TV-L nach der Anlage 2 oder 4 gilt als Eingruppierung. [2]Eine Überprüfung und Neufeststellung der Eingruppierungen findet aufgrund der Überleitung in die Entgeltordnung zum TV-L nicht statt.

(3) [1]Ergibt sich in den Fällen des Absatzes 2 Satz 1 nach der Entgeltordnung zum TV-L eine höhere Entgeltgruppe, sind die Beschäftigten auf Antrag in die Entgeltgruppe eingruppiert, die sich nach § 12 TV-L ergibt. [2]Die Stufenzuordnung in der höheren Entgeltgruppe richtet sich nach den Regelungen für Höhergruppierungen (§ 17 Absatz 4 TV-L). [3]War die/der Beschäftigte in der bisherigen Entgeltgruppe der Stufe 1 zugeordnet, wird sie/er abweichend von Satz 2 der Stufe 1 der höheren Entgeltgruppe zugeordnet; die bisher in Stufe 1 verbrachte Zeit wird angerechnet. [4]Bei Beschäftigten im Sinne von Teil II Abschnitt 22 Unterabschnitt 1 der Entgeltordnung zum TV-L werden übertariflich gewährte Leistungen auf den Höhergruppierungsgewinn ange-

II

rechnet. [5]Satz 1 gilt für den erstmaligen Anspruch auf eine Entgeltgruppenzulage entsprechend, sofern bei Eingruppierungen zwischen dem 1. November 2006 und dem 31. Dezember 2011 die vergleichbare Vergütungsgruppenzulage aufgrund von § 17 Absatz 5 nicht mehr gezahlt wurde.

Niederschriftserklärung zu § 29a Absatz 3 Satz 4:

Die Tarifvertragsparteien stimmen darin überein, dass die Frage, inwieweit sich übertariflich gewährte Leistungen vermindern, von der arbeitsvertraglichen Regelung abhängt.

(4) [1]Der Antrag nach Absatz 3 Satz 1 und/oder nach Absatz 3 Satz 5 kann nur bis zum 31. Dezember 2012 gestellt werden (Ausschlussfrist) und wirkt auf den 1. Januar 2012 zurück; nach dem Inkrafttreten der Entgeltordnung zum TV-L eingetretene Änderungen der Stufenzuordnung in der bisherigen Entgeltgruppe bleiben bei der Stufenzuordnung nach Absatz 3 Satz 2 und 3 unberücksichtigt. [2]Ruht das Arbeitsverhältnis am 1. Januar 2012, beginnt die Frist von einem Jahr mit der Wiederaufnahme der Tätigkeit; der Antrag wirkt auf den 1. Januar 2012 zurück.

(5) Abweichend von den Absätzen 2 und 3 sind Beschäftigte mit einem Anspruch auf die bisherige Zulage nach § 17 Absatz 8 stufengleich und unter Beibehaltung der in ihrer Stufe zurückgelegten Stufenlaufzeit in die Entgeltgruppe 14 übergeleitet.

(6) Die Absätze 1 bis 5 gelten nicht für Beschäftigte, die unter § 2 Nr. 3 des Änderungstarifvertrages Nr. 1 zum BAT-O vom 8. Mai 1991 fallen, sowie für Beschäftigte, die unter § 17 Absatz 10 fallen.

(7) Für Beschäftigte, die gemäß Teil II Abschnitt B der Anlage 1a zum BAT/BAT-O eingruppiert sind, gilt Absatz 4 mit folgenden Maßgaben:

a) Anstatt bis zum 31. Dezember 2012 kann der Antrag gemäß Satz 1 bis zum 31. August 2013 gestellt werden.

b) Erfolgt bei einem ruhenden Arbeitsverhältnis nach Satz 2 die Wiederaufnahme der Tätigkeit bis zum 31. August 2012, kann der Antrag bis zum 31. August 2013 gestellt werden; der Antrag wirkt auf den 1. Januar 2012 zurück.

Niederschriftserklärung zu § 29a:

Die Tarifvertragsparteien erkennen die Komplexität der Verhandlungsmaterie an. Sie werden gegebenenfalls nicht erkannte Regelungsmaterie auf der Basis der bisherigen Verhandlungsgrundlage (keine strukturellen Veränderungen) lösen.

Erläuterungen

Bei der Vorschrift des § 29a TVÜ-Länder handelt es sich um die zentrale Vorschrift zur Überleitung der Beschäftigten in die neue Entgeltordnung. Ihre Grundzüge waren ein über Monate heftig diskutiertes Kernthema der Tarifeinigung. Letztlich wurde eine umfassende Besitzstandssicherung vereinbart, die für die am 31. Dezember 2011/1. Januar 2012 in der gleichen Tätigkeit beim selben Arbeitgeber Beschäftigten nur „nach oben" führen kann.

Wegen der umfassenden Darstellung der Überleitungstechnik bzw. der Regeln beim In-Kraft-Setzen der neuen Entgeltordnung wird auf Abschnitt V des Beitrags „Die neue Entgeltordnung für die Arbeitnehmer der Länder"[1]) hingewiesen.

II

Zusammengefasst lässt sich die Überleitung wie folgt darstellen:

- Die Entgeltordnung tritt am 1. Januar 2012 in Kraft; alle Eingruppierungsvorgänge (Ausnahme: Lehrer, zunächst auch Beschäftigte in der Datenverarbeitung, Beschäftigte i. S. d. § 17 Abs. 10 TVÜ-Länder) unterliegen ab diesem Zeitpunkt der neuen Entgeltordnung. Zurückgelegte Zeiten werden uneingeschränkt berücksichtigt.
- Für über den 31. Dezember 2011 hinaus beim selben Arbeitgeber weiterhin ausgeübte Tätigkeiten bleibt es bei der bisherigen Eingruppierung; eine Überprüfung findet ebenso wenig statt wie eine Herabgruppierung; die nach Anlage 2 oder 4 zum TVÜ-Länder vorgenommene Eingruppierung gilt als zutreffend und hat weiterhin Bestand.
- Beschäftigte, die nach der Entgeltordnung höher eingruppiert sind als nach der Anlage 2 oder 4 zum TVÜ-Länder (z. B. Beschäftigte mit dem Verlauf Vc/Vb BAT mit kurzem Bewährungsaufstieg, die statt der Entgeltgruppe 8 nun der „kleinen" Entgeltgruppe 9 zugeordnet werden), haben ein Antragsrecht, um die höhere Eingruppierung zu wählen. Entsprechendes gilt für die Beschäftigten, die aufgrund der Entgeltordnung erstmalig einen Anspruch auf eine Entgeltgruppenzulage erlangen können, ohne bereits einen Anspruch auf eine Vergütungsgruppenzulage gehabt zu haben.
- Der Antrag muss innerhalb des Jahres 2012 (bei ruhendem Arbeitsverhältnis innerhalb eines Jahres nach Wiederaufnahme der Tätigkeit) gestellt werden; er wirkt auf den 1. Januar 2012 zurück. Wird der Antrag nicht oder nicht fristgerecht gestellt, erlischt das Antragsrecht – siehe BAG-Urteil vom 18. September 2019 zur vergleichbaren Regelung des § 26 TVÜ-Bund – 4 AZR 42/19, Rn. 30.
- Im Falle eines Antrags findet eine „normale" Höhergruppierung nach den Regeln des § 17 Abs. 4 TV-L statt (Ausnahme bei der Stufenzuordnung bei Beschäftigten in der Stufe 1). Achtung: Auch die Anrechnung beim Strukturausgleich findet nach den üblichen Regeln (§ 12 Abs. 5 TVÜ-Länder) statt.
- Beschäftigte der bisherigen Entgeltgruppe 13 mit Zulage nach § 17 Abs. 8 TVÜ/alt (13 + Z) werden stufengleich ohne besonderen Antrag in die Entgeltgruppe 14 überführt.

[1]) abgedruckt unter **405**

- Im Zuge des 5. Änderungstarifvertrages zum TVÜ-Länder vom 23. August 2012 wurden – entsprechend der Abrede der Tarifpartner bei den Verhandlungen zur Entgeltordnung – rückwirkend zum 1. Januar 2012 Tätigkeitsmerkmale für IT-Kräfte vereinbart. Insoweit wurde daher der Umweg über das alte Eingruppierungsrecht auch für diese Beschäftigten entbehrlich; die Regelungen des TVÜ-Länder wurden entsprechend angepasst. Da sich die redaktionelle Schlussfassung des Tarifvertrages bzw. das Unterschriftsverfahren zum 5. Änderungstarifvertrag sowie die Bekanntgabe des Tarifvertrages erkennbar verzögerten, haben die Tarifpartner mit dem neu vereinbarten Abs. 7 der Vorschrift das Datum für einen Höhergruppierungsantrag für die vom neuen Teil II Abschnitt 11 erfassten Beschäftigten (IT-Kräfte) vom 31. Dezember 2012 auf den 31. August 2013 verschoben. So haben auch diese Beschäftigten einen angemessenen Zeitraum, um über einen eventuellen Höhergruppierungsantrag in Ruhe zu entscheiden. Abgesehen von dem geänderten Datum gelten auch insoweit die übrigen Regelungen des § 29a TVÜ-Länder.

§ 29b Überleitung aus der bisherigen Entgeltgruppe 9 in die Entgeltgruppen 9a und 9b am 1. Januar 2019

(1) Beschäftigte der Entgeltgruppe 9, für die keine besonderen Stufenregelungen gelten,

- **deren Arbeitsverhältnis zu einem Arbeitgeber, der Mitglied der TdL oder eines Mitgliedsverbandes der TdL ist, über den 31. Dezember 2018 hinaus fortbesteht, und**
- **die am 1. Januar 2019 unter den Geltungsbereich des TV-L fallen,**

sind stufengleich und unter Mitnahme der in ihrer Stufe zurückgelegten Stufenlaufzeit in die Entgeltgruppe 9b übergeleitet.

(2) [1]Beschäftigte der Entgeltgruppe 9 mit einer besonderen Stufenlaufzeit in der Stufe 3 von sieben Jahren

- **deren Arbeitsverhältnis zu einem Arbeitgeber, der Mitglied der TdL oder eines Mitgliedsverbandes der TdL ist, über den 31. Dezember 2018 hinaus fortbesteht, und**
- **die am 1. Januar 2019 unter den Geltungsbereich des TV-L fallen,**

sind in die Entgeltgruppe 9a übergeleitet. [2]Sie sind wie folgt einer Stufe und innerhalb dieser Stufe dem Jahr der Stufenlaufzeit unter Mitnahme der Restzeit zugeordnet:

bisherige Stufe / Jahr innerhalb der Stufe / Restzeit (R)	neue Stufe / Jahr innerhalb der Stufe / Restzeit (R)
1 / 1 / R	1 / 1 / R
2 / 1 / R	2 / 1 / R
2 / 2 / R	2 / 2 / R
3 / 1 / R	3 / 1 / R
3 / 2 / R	3 / 2 / R
3 / 3 / R	3 / 3 / R
3 / 4 / R	4 / 1 / R
3 / 5 / R	4 / 2 / R
3 / 6 / R	4 / 3 / R
3 / 7 / R	4 / 4 / R
4 / 1 / R	5 / 1 / R
4 / 2 / R	5 / 2 / R
4 / 3 / R	5 / 3 / R
4 / 4 / R	5 / 4 / R
4 / 5 / R	5 / 5 / R
4 / 6 und weitere	6

[3]Beschäftigte, die in die Entgeltgruppe 9a Stufe 3 übergeleitet werden, erhalten bis zur Zuordnung zur Stufe 4 das Entgelt der Stufe 4.

(3) [1]Beschäftigte der Entgeltgruppe 9 mit einer besonderen Stufenlaufzeit in der Stufe 2 von fünf Jahren

- **deren Arbeitsverhältnis zu einem Arbeitgeber, der Mitglied der TdL oder eines Mitgliedsverbandes der TdL ist, über den 31. Dezember 2018 hinaus fortbesteht, und**
- **die am 1. Januar 2019 unter den Geltungsbereich des TV-L fallen,**

II

sind in die Entgeltgruppe 9a übergeleitet. [2]Sie sind wie folgt einer Stufe und innerhalb dieser Stufe dem Jahr der Stufenlaufzeit ggf. unter Mitnahme der Restzeit zugeordnet:

bisherige Stufe / Jahr innerhalb der Stufe / Restzeit (R)	neue Stufe / Jahr innerhalb der Stufe / Restzeit (R)
1 / 1 / R	1 / 1 / R
2 / 1 / R	2 / 1 / R
2 / 2 / R	2 / 2 / R
2 / 3 / R	3 / 1 / R
2 / 4 / R	3 / 2 / R
2 / 5 / R	3 / 3 / R
3 / 1 / R	4 / 1 / R
3 / 2 / R	4 / 2 / R
3 / 3 / R	4 / 3 / R
3 / 4 / R	4 / 4 / R
3 / 5 / R	5 / 1 / –
3 / 6 / R	5 / 1 / –
3 / 7 / R	5 / 1 / –
3 / 8 / R	5 / 1 / –
3 / 9 / R	5 / 1 / –
4 / 1 / R	5 / 1 / R
4 / 2 / R	5 / 2 / R
4 / 3 / R	5 / 3 / R
4 / 4 / R	5 / 4 / R
4 / 5 / R	5 / 5 / R
4 / 6 und weitere	6

(4) Beschäftigte im Sinne der Absätze 1 bis 3 in einer individuellen Endstufe werden einer neuen individuellen Endstufe zugeordnet, die der nach bisherigem Recht für Januar 2019 zustehenden individuellen Endstufe entspricht; § 6 Absatz 4 Satz 5 gilt entsprechend.

(5) Die Absätze 1 bis 4 gelten auch für Beschäftigte im Sinne des § 1 Absatz 2.

Erläuterungen

Bei der Vorschrift des § 29b TVÜ-Länder handelt es sich um eine der zentralen Vorschriften im Zusammenhang mit den im Zuge der Tarifrunde 2019/2020/2021 vereinbarten Änderungen der Entgeltordnung.

Geregelt sind die Folgen der zum 1. Januar 2019 vereinbarten Aufteilung der Entgeltgruppe 9 mit („kleine" EG 9) und ohne besondere Stufenlaufzeit in die Entgeltgruppen 9a und 9b. Im Ergebnis haben die Tarifpartner diesen Schritt erwartungsgemäß so gestaltet, dass den Beschäftigten keinerlei Nachteile entstehen.

Zu § 29b Abs. 1

In diesem Absatz ist die Überleitung aus der Entgeltgruppe 9 ohne besondere Stufenlaufzeiten in die Entgeltgruppe 9b geregelt. Im Ergebnis werden die Beschäftigten, die am 31. Dezember 2018 schon und am 1. Januar 2019 noch beim gleichen Arbeitgeber beschäftigt sind und weiterhin unter den TV-L fallen, stufengleich unter Mitnahme ihrer Stufenlaufzeit (einschl. Restzeiten) in die Entgeltgruppe 9 übergeleitet. Eines Antrages der Beschäftigten bedarf es nicht.

Zu § 29b Abs. 2 und Abs. 3

In diesen Absätzen ist die Überleitung aus der Entgeltgruppe 9 mit besonderen Stufenlaufzeiten („kleine" EG 9) in die Entgeltgruppe 9a geregelt. Eines Antrages der Beschäftigten bedarf es nicht. Die unterschiedlichen Stufenlaufzeiten machen getrennte Regelungen für die Arbeiter im alten Rechtssinn (Teil III der Entgeltordnung; geregelt in Absatz 2) und die Angestellten im alten Rechtssinn (Teil I und II der Entgeltordnung; geregelt in Absatz 3) notwendig. Im Ergebnis werden die Beschäftigten, die am 31. Dezember 2018 schon und am 1. Januar 2019 noch beim gleichen Arbeitgeber beschäftigt sind und weiterhin unter den TV-L fallen, so übergeleitet, dass ihnen keine Nachteile entstehen können. Dazu wird jeweils in der linken Spalte der vereinbarten Tabelle der Status Quo in Bezug auf Stufenzuordnung und absolvierter Laufzeit (einschl. Restzeit) in der kleinen Entgeltgruppe 9 aufgelistet, dem dann in der rechten Spalte die Situation in Bezug auf Stufenzuordnung und absolvierter Stufenlaufzeit/Restzeit in der Entgeltgruppe 9a gegenübersteht. Für die ehemaligen Arbeiter wird in Absatz 2 Satz 3 – abweichend von der tabellarischen Zuordnung – zur Vermeidung denkbarer Nachteile bestimmt, dass trotz förmlicher Zuordnung zu Stufe 3 das Entgelt der Stufe 4 so lange gezahlt wird, bis die Stufe 4 tatsächlich erreicht ist.

Zu § 29b Abs. 4

Absatz 4 enthält eine besondere Besitzstandsregelung für die Beschäftigten, die am 31. Dezember 2018 Entgelt aus einer individuellen Endstufe erhalten haben. Diese Beschäftigten erhalten weiterhin Entgelt aus der (höheren) individuellen Endstufe. Der Verweis auf § 6 Abs. 4 Satz 5 im letzten Halbsatz stellt klar, dass das Entgelt der individuellen Endstufe an Steigerungen (aufgrund von Lohnrunden) teilnimmt.

Zu § 29b Abs. 5

Absatz 5 stellt klar, dass die Regelungen der Absätze 1 bis 4 nicht nur für in den TV-L übergeleitete, sondern auch für nach dem 1. November 2006 eingestellte Beschäftigte gilt.

§ 29c Überleitung der Pflegekräfte am 1. Januar 2019

(1) [1]Beschäftigte im Sinne von Teil IV der Entgeltordnung zum TV-L

- **deren Arbeitsverhältnis zu einem Arbeitgeber, der Mitglied der TdL oder eines Mitgliedsverbandes der TdL ist, über den 31. Dezember 2018 hinaus fortbesteht, und**
- **die am 1. Januar 2019 unter den Geltungsbereich des TV-L fallen,**

sind für die Dauer der unverändert auszuübenden Tätigkeit wie folgt von der bisherigen in die neue KR-Entgeltgruppe übergeleitet:

bisherige KR-Entgeltgruppe	neue KR-Entgeltgruppe
KR 3a	KR 5
KR 4a	KR 6
KR 7a	KR 7
KR 8a	KR 8
KR 9a	KR 9
KR 9b	KR 10
KR 9c	KR 11
KR 9d	KR 12
KR 10a	KR 13
KR 11a	KR 14
KR 11b	KR 15
KR 12a	KR 16

[2]Absatz 3 bleibt unberührt.

Protokollerklärung zu § 29c Absatz 1:

Eine Überprüfung und Neufeststellung der Eingruppierungen findet aufgrund der Überleitung nicht statt.

(2) [1]Die Überleitung nach Absatz 1 erfolgt stufengleich unter Mitnahme der in der Stufe zurückgelegten Stufenlaufzeit. [2]Ist durch eine Verkürzung der Stufenlaufzeit in der neuen KR-Entgeltgruppe die Stufenlaufzeit zum Erreichen der nächsthöheren Stufe der jeweiligen neuen KR-Entgeltgruppe erfüllt, beginnt in dieser nächsthöheren Stufe die Stufenlaufzeit neu. [3]Der weitere Stufenaufstieg richtet sich nach § 16 Absatz 3 Satz 1 TV-L. [4]Beschäftigte in einer individuellen Endstufe werden wie folgt einer Stufe zugeordnet:

- **übersteigt der Betrag, der ohne die Änderungen in Teil IV der Entgeltordnung für Januar 2019 als individuelle Endstufe zustehen würde, den Betrag der höchsten Stufe, werden Beschäftigte einer individuellen Endstufe zugeordnet, die der nach bisherigen Recht für Januar 2019 zustehenden individuellen Endstufe entspricht; § 6 Absatz 4 Satz 5 gilt entsprechend;**
- **übersteigt der Betrag, der ohne die Änderungen in Teil IV der Entgeltordnung für Januar 2019 als individuelle Endstufe zustehen würde, den Betrag der höchsten Stufe nicht, werden Beschäftigte der Stufe 6 zugeordnet.**

(3) [1]Ergibt sich in den Fällen des Absatzes 1 nach Teil IV der Entgeltordnung zum TV-L eine höhere Entgeltgruppe, sind die Beschäftigten auf Antrag in

II

die Entgeltgruppe eingruppiert, die sich nach § 12 TV-L ergibt. [2]Die Stufenzuordnung in der höheren Entgeltgruppe richtet sich nach den Regelungen für Höhergruppierungen (§ 17 Absatz 4 TV-L). [3]War die/der Beschäftigte in der bisherigen Entgeltgruppe der Stufe 1 zugeordnet, wird sie/er abweichend von Satz 2 der Stufe 1 der höheren Entgeltgruppe zugeordnet; die bisher in Stufe 1 verbrachte Zeit wird angerechnet.

(4) [1]Der Antrag nach Absatz 3 Satz 1 kann nur bis zum 31. März 2020 gestellt werden (Ausschlussfrist) und wirkt auf den 1. Januar 2019 zurück; nach dem 1. Januar 2019 eingetretene Änderungen der Stufenzuordnung in der bisherigen Entgeltgruppe bleiben bei der Stufenzuordnung nach Absatz 2 Satz 2 und 3 unberücksichtigt. [2]Ruht das Arbeitsverhältnis am 1. Januar 2019, beginnt die Frist von einem Jahr mit der Wiederaufnahme der Tätigkeit; der Antrag wirkt auf den 1. Januar 2019 zurück.

(5) Die Absätze 1 bis 4 gelten auch für Beschäftigte im Sinne des § 1 Absatz 2.

Erläuterungen

Bei der Vorschrift des § 29c TVÜ-Länder handelt es sich um eine der zentralen Vorschriften im Zusammenhang mit den im Zuge der Tarifrunde 2019/2020/2021 vereinbarten Änderungen der Entgeltordnung. Geregelt sind die Folgen der zum 1. Januar 2019 vereinbarten neuen Tätigkeitsmerkmale für Pflegekräfte in Teil IV der Entgeltordnung. Im Ergebnis haben die Tarifpartner diesen Schritt erwartungsgemäß so gestaltet, dass den Beschäftigten keinerlei Nachteile entstehen.

Zu § 29c Abs. 1

In diesem Absatz ist die Überleitung aus den bisherigen KR-Entgeltgruppen und der KR-Tabelle (Anlage C zum TV-L) in die neu bezeichneten KR-Entgeltgruppen und neue KR-Tabelle geregelt. Im Ergebnis werden die Beschäftigten, die am 31. Dezember 2018 schon und am 1. Januar 2019 noch beim gleichen Arbeitgeber beschäftigt sind und weiterhin unter den TV-L fallen, stufengleich unter Mitnahme ihrer Stufenlaufzeit (einschl. Restzeiten) in die neuen KR-Entgeltgruppen übergeleitet. Nach der Protokollerklärung zu Absatz 1 erfolgt bei der Überleitung keine Überprüfung der Eingruppierungen. Eines Antrages der Beschäftigten bedarf es für diesen Schritt der Überleitung nicht.

Zu § 29c Abs. 2

In Satz 1 dieses Absatzes ist grundsätzlich bestimmt, dass die Beschäftigten stufengleich unter Mitnahme ihrer Stufenlaufzeit (einschl. Restzeiten) in die sich aus Absatz 1 ergebende Entgeltgruppe übergeleitet werden. Satz 2 enthält insoweit eine Ausnahme von diesem Grundsatz, als dass die Beschäftigten, die durch die im neuen Recht kürzeren Stufenlaufzeiten einiger KR-Entgeltgruppen unmittelbar einer höheren Stufe zugeordnet werden, eventuelle Restzeiten verlieren und in der höheren Stufe die Stufenlaufzeit neu beginnt. Der weitere Stufenaufstieg richtet sich dann nach den allgemeinen Regeln des § 16 Absatz 3 Satz 1 TV-L (s. Satz 3). Satz 4 enthält eine besondere Besitzstandsregelung für die Beschäftigten, die für Januar 2019 ohne die Änderungen in Teil IV der Entgeltordnung (aber gleichwohl unter Berücksichtigung der neuen Zuordnung nach Absatz 1) Entgelt aus einer individuellen Endstufe erhalten würden. Diese Beschäftigten erhalten weiterhin Entgelt aus der individuellen Endstufe, wenn dies höher ist als das Entgelt aus der Stufe 6; ansonsten werden sie der Stufe 6 zugeordnet. Der Verweis auf § 6 Abs. 4 Satz 5 im letzten Halbsatz des ersten Spiegelstriches stellt klar, dass das Entgelt der individuellen Endstufe an Steigerungen (aufgrund von Lohnrunden) teilnimmt.

Zu § 29c Abs. 3 und 4

Absätze 4 und 5 sind systematisch an § 29a Absatz 3 und 4 angelehnt und erlangen in den Fällen eine Bedeutung, in denen sich nach den neuen Tätigkeitsmerkmalen des Teils IV der Entgeltordnung zum TV-L eine höhere Eingruppierung ergibt, als nach der (automatisch erfolgenden) Zuordnung nach Absatz 1. In diesem Fall haben die Beschäftigten ein Recht, die höhere Eingruppierung zu beantragen. Der Antrag muss bis zum 31. März 2020 (bei ruhendem Arbeitsverhältnis innerhalb eines Jahres nach dem Ende des Ruhens) gestellt werden. Er wirkt auf den 1. Januar 2019 zurück; zwischenzeitliche Stufensteigerungen bleiben unberücksichtigt (Absatz 4). Wird der Antrag nicht oder nicht fristgerecht gestellt, erlischt das Antragsrecht – siehe BAG-Urteil vom 18. September 2019 zur vergleichbaren Regelung des § 26 TVÜ-Bund – 4 AZR 42/19, Rn. 30. Im Falle eines Antrags findet eine „normale" Höhergruppierung nach den Regeln des § 17 Abs. 4 TV-L statt (Ausnahme bei der Stufenzuordnung bei Beschäftigten in der Stufe 1; s. Absatz 3 Satz 3). Achtung: Auch die Anrechnung beim Strukturausgleich findet nach den üblichen Regeln (§ 12 Abs. 5 TVÜ-Länder) statt.

Zu § 29c Abs. 5

Absatz 5 stellt klar, dass die Regelungen der Absätze 1 bis 4 nicht nur für in den TV-L übergeleitete, sondern auch für nach dem 1. November 2006 eingestellte Beschäftigte gilt.

§ 29d Überleitung der Beschäftigten, für die sich ab 1. Januar 2020 Verbesserungen in der Eingruppierung ergeben

(1) [1]Beschäftigte,

- **deren Arbeitsverhältnis zu einem Arbeitgeber, der Mitglied der TdL oder eines Mitgliedsverbandes der TdL ist, über den 31. Dezember 2019 hinaus fortbesteht, und**
- **die am 1. Januar 2020 unter den Geltungsbereich des TV-L fallen,**

sind für den Fall, dass sich für sie eine höhere Eingruppierung ausschließlich aufgrund der zum 1. Januar 2020 in Kraft tretenden Änderungen in der Entgeltordnung zum TV-L ergibt, für die Dauer der unverändert auszuübenden Tätigkeit in der bisherigen Entgeltgruppe eingruppiert. [2]Absatz 2 bleibt unberührt. [3]Soweit an die Tätigkeit in der bisherigen Entgeltgruppe in Abweichung von § 16 Absatz 1 Satz 1 und Absatz 3 Satz 1 TV-L besondere Stufenregelungen in den Tätigkeitsmerkmalen der Entgeltordnung zum TV-L oder nach den Anlagen 2 oder 4 geknüpft waren, gelten diese für die Dauer der unverändert auszuübenden Tätigkeit fort; dies gilt nicht für die besonderen Stufenregelungen nach den Anlagen 2 und 4 für die Entgeltgruppe 9.

Protokollerklärung zu § 29d Absatz 1:

Die Protokollerklärung zu § 29a Absatz 2 gilt entsprechend.

(2) [1]Ergibt sich in den Fällen des Absatzes 1 Satz 1 nach den Änderungen in der Entgeltordnung zum TV-L eine höhere Entgeltgruppe, sind die Beschäftigten auf Antrag in die Entgeltgruppe eingruppiert, die sich nach § 12 TV-L ergibt. [2]Die Stufenzuordnung in der höheren Entgeltgruppe richtet sich nach den Regelungen für Höhergruppierungen (§ 17 Absatz 4 TV-L). [3]War die/der Beschäftigte in der bisherigen Entgeltgruppe der Stufe 1 zugeordnet, wird sie/er abweichend von Satz 2 der Stufe 1 der höheren Entgeltgruppe zugeordnet; die bisher in Stufe 1 verbrachte Zeit wird angerechnet.

(3) [1]Der Antrag nach Absatz 2 Satz 1 kann nur bis zum 31. Dezember 2020 gestellt werden (Ausschlussfrist) und wirkt auf den 1. Januar 2020 zurück; nach dem 1. Januar 2020 eingetretene Änderungen der Stufenzuordnung in der bisherigen Entgeltgruppe bleiben bei der Stufenzuordnung nach Absatz 2 Satz 2 und 3 unberücksichtigt. [2]Ruht das Arbeitsverhältnis am 1. Januar 2020, beginnt die Frist von einem Jahr mit der Wiederaufnahme der Tätigkeit; der Antrag wirkt auf den 1. Januar 2020 zurück.

(4) Die Absätze 1 bis 3 gelten nicht

- **für Beschäftigte im Sinne von Teil II Abschnitt 20 der Entgeltordnung zum TV-L,**
- **für Beschäftigte, die unter § 2 Nr. 3 des Änderungstarifvertrages Nr. 1 zum BAT-O vom 8. Mai 1991 fallen, sowie**
- **für Beschäftigte, die unter § 17 Absatz 10 fallen.**

(5) Die Absätze 1 bis 4 gelten auch für Beschäftigte im Sinne des § 1 Absatz 2.

Erläuterungen

Bei der Vorschrift des § 29d TVÜ-Länder handelt es sich um eine der zentralen Vorschriften im Zusammenhang mit den im Zuge der Tarifrunde 2019/2020/2021 vereinbarten Änderungen der Entgeltordnung. Geregelt sind die Folgen der zum 1. Januar 2020 vereinbarten neuen Tätigkeitsmerkmale für die Beschäftigten der Entgeltordnung, mit Ausnahme der Pflegekräfte (s. § 29c), der Beschäftigten des Sozial- und Erziehungsdienstes (s. § 29e) und weiterer in Absatz 4 genannter Beschäftigter. Im Ergebnis haben die Tarifpartner diesen Schritt erwartungsgemäß so gestaltet, dass den Beschäftigten keinerlei Nachteile entstehen. Die Vorschrift ist systematisch weitgehend an die bewährte Vorschrift des § 29a angelehnt.

Zusammengefasst lässt sich die in den **Absätzen 1 bis 3** geregelte Überleitung wie folgt darstellen:

- Die Änderungen der Entgeltordnung treten grundsätzlich am 1. Januar 2020 in Kraft (Ausnahme: Pflegekräfte, Aufteilung Entgeltgruppe 9 in 9a und 9b, Beschäftigte in der Datenverarbeitung).
- Für eine über den 31. Dezember 2019 hinaus beim selben Arbeitgeber weiterhin ausgeübte Tätigkeit bleibt es bei der bisherigen Eingruppierung; eine Überprüfung findet ebenso wenig statt wie eine Herabgruppierung; die bisherige Eingruppierung gilt als zutreffend und hat weiterhin Bestand (s. Absatz 1 und Protokollerklärung zu Absatz 1).
- Beschäftigte, die aufgrund der Änderungen der Entgeltordnung ab dem 1. Januar 2020 höher eingruppiert sind als bisher, haben ein Antragsrecht, um die höhere Eingruppierung zu wählen (s. Absatz 2).
- Der Antrag muss innerhalb des Jahres 2020 (bei ruhendem Arbeitsverhältnis innerhalb eines Jahres nach dem Ende des Ruhens) gestellt werden. Er wirkt auf den 1. Januar 2020 zurück; zwischenzeitliche Höherstufungen werden nicht berücksichtigt (s. Absatz 3). Wird der Antrag nicht oder nicht fristgerecht gestellt, erlischt das Antragsrecht – siehe BAG-Urteil vom 18. September 2019 zur vergleichbaren Regelung des § 26 TVÜ-Bund – 4 AZR 42/19, Rn. 30.
- Im Falle eines Antrags findet eine „normale" Höhergruppierung nach den Regeln des § 17 Abs. 4 TV-L statt (Ausnahme bei der Stufenzuordnung bei Beschäftigten in der Stufe 1). Achtung: Auch die Anrechnung beim Strukturausgleich findet nach den üblichen Regeln (§ 12 Abs. 5 TVÜ-Länder) statt.

Absatz 5 stellt klar, dass die Regelungen der Absätze 1 bis 4 nicht nur für in den TV-L übergeleitete, sondern auch für nach dem 1. November 2006 eingestellte Beschäftigte gilt.

§ 29e Überleitung der Beschäftigten im Sozial- und Erziehungsdienst am 1. Januar 2020

II

(1) Beschäftigte im Sinne von Teil II Abschnitt 20 der Entgeltordnung zum TV-L,
- **deren Arbeitsverhältnis zu einem Arbeitgeber, der Mitglied der TdL oder eines Mitgliedsverbandes der TdL ist, über den 31. Dezember 2019 hinaus fortbesteht, und**
- **die am 1. Januar 2020 unter den Geltungsbereich des TV-L fallen,**

sind in die neue S-Entgeltgruppe übergeleitet.

(2) [1]Beschäftigte im Sinne von Absatz 1 sind wie folgt einer Stufe und innerhalb dieser Stufe dem Jahr der Stufenlaufzeit unter Mitnahme der Restzeit zugeordnet:

bisherige Stufe / Jahr innerhalb der Stufe / Restzeit (R)	neue Stufe / Jahr innerhalb der Stufe / Restzeit (R)
1 / 1 / R	1 / 1 / R
2 / 1 / R	2 / 1 / R
2 / 2 / R	2 / 2 / R
3 / 1 / R	2 / 3 / R
3 / 2 / R	3 / 1 / R
3 / 3 / R	3 / 2 / R
4 / 1 / R	3 / 3 / R
4 / 2 / R	3 / 4 / R
4 / 3 / R	4 / 1 / R
4 / 4 / R	4 / 2 / R
5 / 1 / R	4 / 3 / R
5 / 2 / R	4 / 4 / R
5 / 3 / R	5 / 1 / R
5 / 4 / R	5 / 2 / R
5 / 5 / R	5 / 3 / R
6 / 1 / R	5 / 4 / R
6 / 2 / R	5 / 5 / R
6 / 3 / R	6

[2]Für Beschäftigte im Sinne von Teil II Abschnitt 20, deren Eingruppierung sich nach Entgeltgruppe S 4 Fallgruppe 2 des Unterabschnitts 6 richtet, gilt Satz 1 mit der Maßgabe, dass die Stufe 4 die Endstufe ist. [3]Abweichend von Satz 1 sind Beschäftigte im Sinne von Teil II Abschnitt 20, deren Eingruppierung sich nach Entgeltgruppe S 8b der Unterabschnitte 5 oder 6 richtet, wie folgt einer Stufe und innerhalb dieser Stufe dem Jahr der Stufenlaufzeit unter Mitnahme der Restzeit zugeordnet:

bisherige Stufe / Jahr innerhalb der Stufe / Restzeit (R)	neue Stufe / Jahr innerhalb der Stufe / Restzeit (R)
1 / 1 / R	1 / 1 / R
2 / 1 / R	2 / 1 / R
2 / 2 / R	2 / 2 / R
3 / 1 / R	2 / 3 / R
3 / 2 / R	3 / 1 / R
3 / 3 / R	3 / 2 / R
4 / 1 / R	3 / 3 / R
4 / 2 / R	3 / 4 / R
4 / 3 / R	4 / 1 / R
4 / 4 / R	4 / 2 / R
5 / 1 / R	4 / 3 / R
5 / 2 / R	4 / 4 / R
5 / 3 / R	4 / 5 / R
5 / 4 / R	4 / 6 / R
5 / 5 / R	5 / 1 / R
6 / 1 / R	5 / 2 / R
6 / 2 / R	5 / 3 / R
6 / 3 / R	5 / 4 / R
6 / 4 / R	5 / 5 / R
6 / 5 / R	5 / 6 / R
6 / 6 / R	5 / 7 / R
6 / 7 / R	5 / 8 / R
6 / 8 / R	6

[4]Für Beschäftigte im Sinne von Teil II Abschnitt 20, deren Eingruppierung sich nach Entgeltgruppe S 8b des Unterabschnitts 4 richtet, gilt Satz 1 mit der Maßgabe, dass die Stufe 4 die Endstufe ist. [5]Abweichend von Satz 1 sind Beschäftigte, deren Eingruppierung sich nach Entgeltgruppe S 2 richtet, stufengleich unter Mitnahme der Restzeit übergeleitet. [6]Der weitere Stufenaufstieg richtet sich nach den für das jeweilige Tätigkeitsmerkmal geltenden Stufenregelungen. [7]Beschäftigte, die im Januar 2020 in ihrer bisherigen Entgeltgruppe bei Fortgeltung des bisherigen Rechts einen Stufenaufstieg gehabt hätten, werden für die Bemessung des Vergleichsentgelts so behandelt, als wäre der Stufenaufstieg bereits im Dezember 2019 erfolgt. [8]Beschäftigte in einer individuellen Endstufe werden wie folgt einer Stufe zugeordnet:

- **übersteigt der Betrag, der ohne die Änderungen in Teil II Abschnitt 20 der Entgeltordnung für Januar 2020 als individuelle Endstufe zustehen würde, den Betrag der höchsten Stufe, werden Beschäftigte einer individuellen Endstufe zugeordnet, die der nach bisherigem Recht für Januar 2020 zustehenden individuellen Endstufe entspricht; § 6 Absatz 4 Satz 5 gilt entsprechend;**

– übersteigt der Betrag, der ohne die Änderungen in Teil II Abschnitt 20 der Entgeltordnung für Januar 2020 als individuelle Endstufe zustehen würde, den Betrag der höchsten Stufe nicht, werden sie zunächst der Stufe zugeordnet, in der sie mindestens den Betrag der individuellen Endstufe erhalten; anschließend erfolgt die Einstufung unter Berücksichtigung der in der individuellen Endstufe bisher verbrachten Zeit.

II

(3) [1]Es wird ein Vergleichsentgelt gebildet, das sich aus den für Januar 2020 zustehenden Entgeltbestandteilen im Sinne des Satzes 2 zusammensetzt, die ohne die Änderungen in Teil II Abschnitt 20 der Entgeltordnung zustehen würden. [2]Entgeltbestandteile im Sinne des Satzes 1 sind nur

– das Tabellenentgelt nach Anlage B zum TV-L einschließlich eines nach § 17 Absatz 4 TV-L gegebenenfalls zustehenden Garantiebetrages;

– das Entgelt aus einer individuellen Endstufe einschließlich eines nach § 17 Absatz 4 TV-L gegebenenfalls zustehenden Garantiebetrages;

– eine Entgeltgruppenzulage nach Anlage F zum TV-L in der bis zum 31. Dezember 2019 geltenden Fassung, erhöht um 3,12 v. H.;

– eine nach § 9 oder § 17 Absatz 5 Satz 2 zustehende Besitzstandszulage.

[3]Bei Teilzeitbeschäftigten wird das Vergleichsentgelt auf der Grundlage eines vergleichbaren Vollzeitbeschäftigten bestimmt, anschließend wird das zustehende Entgelt nach § 24 Absatz 2 TV-L berechnet. [4]Für Beschäftigte, die nicht für alle Tage im Januar 2020 oder für keinen Tag dieses Monats Entgelt erhalten haben, wird das Vergleichsentgelt so bestimmt, als hätten sie für alle Tage dieses Monats Entgelt erhalten.

(4) [1]Ist das Vergleichsentgelt nicht höher als das Tabellenentgelt nach Anlage G der sich nach Absatz 2 ergebenden Stufe der Entgeltgruppe, in der die/der Beschäftigte am 1 Januar 2020 eingruppiert ist, erhält die/der Beschäftigte das entsprechende Tabellenentgelt ihrer/seiner Entgeltgruppe. [2]Übersteigt das Vergleichsentgelt das Tabellenentgelt der sich nach Absatz 2 ergebenden Stufe, erhält die/der Beschäftigte so lange das Vergleichsentgelt, bis das jeweils zustehende Tabellenentgelt das Vergleichsentgelt erreicht bzw. übersteigt. [3]Das Vergleichsentgelt verändert sich um denselben Vomhundertsatz bzw. in demselben Umfang wie die nächstniedrigere Stufe.

(5) Die Absätze 1 bis 4 gelten auch für Beschäftigte im Sinne des § 1 Absatz 2.

Erläuterungen

Bei der Vorschrift des § 29e TVÜ-Länder handelt es sich um eine der zentralen Vorschriften im Zusammenhang mit den im Zuge der Tarifrunde 2019/2020/2021 vereinbarten Änderungen der Entgeltordnung. Geregelt sind die Folgen der zum 1. Januar 2020 vereinbarten neuen Tätigkeitsmerkmale für Beschäftigte im Sozial- und Erziehungsdienst des Teils II Abschnitt 20 der Entgeltordnung. Im Ergebnis haben die Tarifpartner diesen Schritt erwartungsgemäß so gestaltet, dass den Beschäftigten keinerlei Nachteile entstehen. Insbesondere die in Absatz 3 vorgesehene Vergleichsberechnung alt/neu und die damit zusammenhängende Gewährleistung des bisherigen Entgelts als Mindestbetrag führt zu diesem gewünschten Effekt. Die Überleitung in das neue Recht erfolgt automatisch; eines Antrages der Beschäftigten bedarf es für die Überleitung nicht.

Zu § 29e Abs. 1

In diesem Absatz ist bestimmt, dass die Beschäftigten des Sozial- und Erziehungsdienstes, die am 31. Dezember 2019 schon und am 1. Januar 2020 noch beim gleichen Arbeitgeber beschäftigt sind und weiterhin unter den TV-L fallen, zum 1. Januar 2020 aus ihren bisherigen („normalen") Entgeltgruppen in die neuen, nach Teil II Abschnitt 20 der Entgeltordnung ermittelten „S-Entgeltgruppen" übergeleitet werden. Dies korrespondiert zeitlich mit der Einführung der S-Tabelle (Anlage G zum TV-L).

Zu § 29e Abs. 2

Die Stufenzuordnung erfolgt auf der Grundlage des Satzes 1 grundsätzlich so, dass jeweils in der linken Spalte der vereinbarten Tabelle der Status Quo in Bezug auf Stufenzuordnung und absolvierter Laufzeit (einschl. Restzeit) in der bisherigen Entgeltgruppe aufgelistet ist, dem dann in der rechten Spalte die Situation in Bezug auf Stufenzuordnung und absolvierter Stufenlaufzeit/Restzeit in der S-Entgeltgruppe gegenübersteht. Die Sätze 2 bis 6 enthalten für bestimmte, dort näher festgelegte Fallkonstellationen besondere, teilweise abweichende Regelungen der Zuordnung. Satz 7 legt fest, dass Höherstufungen, die im Januar 2020 – und damit eigentlich nach Überleitung – erfolgt wären, so behandelt werden, als hätten sie bereits im Jahr 2019 stattgefunden. Satz 8 enthält eine besondere Besitzstandsregelung für die Beschäftigten, die im Dezember 2019 Entgelt aus einer individuellen Endstufe erhalten haben. Diese Beschäftigten erhalten weiterhin Entgelt aus der (höheren) individuellen Endstufe. Der Verweis auf § 6 Abs. 4 Satz 5 im letzten Halbsatz stellt klar, dass das Entgelt der individuellen Endstufe an Steigerungen (aufgrund von Lohnrunden) teilnimmt. Sollte das Entgelt der individuellen Endstufe von der neuen Tabelle „überholt" werden, werden die Beschäftigten zunächst der in Bezug auf das individuelle Entgelt nächsthöheren Stufe zugeordnet und aus dieser dann übergeleitet.

Zu § 29e Abs. 3 und 4

Absätze 3 und 4 garantieren, dass tatsächlich durch die Überleitung keine Nachteile entstehen können. Dazu wird ein Vergleichsentgelt gebildet, das im Wesentlichen aus dem bisherigen Entgelt besteht (Absatz 3 Satz 1). Bei Teilzeitbeschäftigten und/oder bei entgeltfreien Zeiten findet nach näherer Maßgabe der Sätze 3 und 4 des Absatzes 3 ggfs. eine fiktive Berechnung/Hochrechnung statt. Übersteigt das neue Tabellenentgelt der zuvor gemäß den Regeln des Absatzes 2 bestimmten Stufe das Vergleichsentgelt, wird das neue Tabellenentgelt gezahlt (Absatz 4 Satz 1). Bleibt das neue Tabellenentgelt hinter dem Vergleichsentgelt zurück, steht das Vergleichsentgelt zu, bis es von dem neuen Tabellenentgelt überholt wird (Absatz 4 Satz 2). Das Vergleichsentgelt nimmt an allgemeinen Erhöhungen (aufgrund von Lohnrunden) teil (Absatz 4 Satz 3).

Zu § 29e Abs. 5

Absatz 5 stellt klar, dass die Regelungen der Absätze 1 bis 4 nicht nur für in den TV-L übergeleitete, sondern auch für nach dem 1. November 2006 eingestellte Beschäftigte gilt.

§ 29f Überleitung der Beschäftigten in der Informationstechnik am 1. Januar 2021

(1) Für Beschäftigte im Sinne von Teil II Abschnitt 11 der Entgeltordnung zum TV-L gilt § 29d mit folgenden Maßgaben:

a) Anstatt bis zum 31. Dezember 2020 kann der Antrag gemäß Absatz 3 Satz 1 bis zum 31. Dezember 2021 gestellt werden.

b) Abweichend von Absatz 3 Satz 2 beginnt bei einem Ruhen des Arbeitsverhältnisses am 1. Januar 2021 die Frist von einem Jahr mit der Wiederaufnahme der Tätigkeit; der Antrag wirkt auf den 1. Januar 2021 zurück.

(2) Beschäftigten, die nicht gemäß Absatz 1 höhergruppiert werden, wird die anstatt der Programmiererzulage zustehende persönliche Besitzstandszulage nach der Protokollerklärung zu § 5 Absatz 2 Satz 3 bzw. die persönliche Zulage nach § 17 Absatz 6 unter den bisherigen Voraussetzungen über den 31. Dezember 2020 hinaus weitergezahlt.

(3) Die Absätze 1 und 2 gelten auch für Beschäftigte im Sinne des § 1 Absatz 2.

Erläuterungen

Zu § 29f Abs. 1

Mit der Vorschrift des § 29f TVÜ-Länder werden die in § 29d vereinbarten Regelungen der Überleitung und der Antragstellung für eine ggfs. mögliche Höhergruppierung (s. dortige Erläuterungen) an das abweichende In-Kraft-Treten (1. Januar 2021) der neuen Tätigkeitsmerkmale des Teils II Abschnitt 11 der Entgeltordnung für Beschäftigte in der Informationstechnik angepasst.

Zu § 29f Abs. 2

In diesem Absatz ist bestimmt, dass bei den Beschäftigten, die keinen Höhergruppierungsantrag stellen und somit ihre bisherige Eingruppierung beibehalten, die Programmiererzulage nicht entfällt. Ohne diese besondere Regelung würden sie sonst Einbußen hinnehmen müssen.

Zu § 29f Abs. 3

Absatz 3 stellt klar, dass die Regelungen der Absätze 1 und 2 nicht nur für in den TV-L übergeleitete, sondern auch für nach dem 1. November 2006 eingestellte Beschäftigte gilt.

§ 29g Übergangsregelungen für Beschäftigte, die am 1. Oktober 2024 unter § 52 TV-L fallen

(1) [1]Beschäftigte, die nach Teil II Abschnitt 20 der Entgeltordnung zum TV-L eingruppiert sind und die am 1. Oktober 2024 in der Stufe 2 eine Stufenlaufzeit von mehr als zwei Jahren absolviert haben, werden zum 1. Oktober 2024 der Stufe 3 zugeordnet. [2]Beschäftigte, die nach Teil II Abschnitt 20 der Entgeltordnung zum TV-L eingruppiert sind und die am 1. Oktober 2024 in der Stufe 3 eine Stufenlaufzeit von mehr als drei Jahren absolviert haben, werden zum 1. Oktober 2024 der Stufe 4 zugeordnet.

(2) Beschäftigte, die in Entgeltgruppe S 8b des Teils II Abschnitt 20 Unterabschnitt 4 der Entgeltordnung zum TV-L eingruppiert sind sowie Beschäftigte, die in Entgeltgruppe S 4 Fallgruppe 2 des Teils II Abschnitt 20 Unterabschnitt 6 der Entgeltordnung zum TV-L eingruppiert sind und die am 1. Oktober 2024 jeweils in der Stufe 4 eine Stufenlaufzeit von mehr als vier Jahren absolviert haben, werden zum 1. Oktober 2024 der Stufe 5 zugeordnet.

(3) [1]Beschäftigte, die in Entgeltgruppe S 8b des Teil II Abschnitt 20 Unterabschnitte 5 oder 6 der Entgeltordnung zum TV-L eingruppiert sind und die am 1. Oktober 2024 in der Stufe 4 eine Stufenlaufzeit von mehr als vier Jahren absolviert haben, werden zum 1. Oktober 2024 der Stufe 5 zugeordnet. [2]Beschäftigte, die in Entgeltgruppe S 8b des Teil II Abschnitt 20 Unterabschnitte 5 oder 6 der Entgeltordnung zum TV-L eingruppiert sind und die am 1. Oktober 2024 in der Stufe 5 eine Stufenlaufzeit von mehr als fünf Jahren absolviert haben, werden zum 1. Oktober 2024 der Stufe 6 zugeordnet.

(4) Für die Stufenzuordnung gemäß den Absätzen 1 bis 3 gilt, dass die ab dem 1. Oktober 2024 zugeordnete Stufe jeweils neu zu laufen beginnt.

(5) Die Absätze 1 bis 4 gelten auch für Beschäftigte im Sinne des § 1 Absatz 2.

Erläuterungen

Die Vorschrift des § 29g TVÜ-Länder regelt die Überleitung der von dem Wegfall der besonderen Stufenlaufzeiten im Sozial- und Erziehungsdienst betroffenen Beschäftigten. Gegenstand der Tarifrunde 2023 war unter anderem der Wegfall der besonderen Stufenlaufzeiten in § 52 TV-L sowie an verschiedenen Stellen im Teil II Abschnitt 20 der Entgeltordnung zum TV-L zum 1. Oktober 2024. Für die betroffenen Beschäftigten sieht die Vorschrift folgende Überleitung vor:

Absatz 1	SuE-Beschäftigte in einer Stufe 2	mit mehr als 2 Jahren Stufenlaufzeit	Zuordnung zur Stufe 3
Absatz 1	SuE-Beschäftigte in einer Stufe 3	mit mehr als 3 Jahren Stufenlaufzeit	Zuordnung zur Stufe 4

Absatz 2	– Beschäftigte in der Tätigkeit von Erzieherinnen, Heilerziehungspflegerinnen oder Heilerzieherinnen mit staatlicher Anerkennung in der Entgeltgruppe S 4 Fallgruppe 2 Stufe 4 sowie – Beschäftigte in der Tätigkeit von Sozialarbeitern/Sozialpädagogen mit staatlicher Anerkennung in der Entgeltgruppe S 8b Stufe 4	mit mehr als 4 Jahren Stufenlaufzeit	Zuordnung zur Stufe 5
Absatz 3	Handwerksmeister, Industriemeister oder Gärtnermeister als Gruppenleiter in Ausbildungs- oder Berufsförderungswerkstätten oder Werkstätten für Menschen mit Behinderung in der Entgeltgruppe S 8b Stufe 4	mit mehr als 4 Jahren Stufenlaufzeit	Zuordnung zur Stufe 5
Absatz 3	Erzieherinnen, Heilerziehungspflegerinnen und Heilerzieherinnen mit staatlicher Anerkennung und entsprechender Tätigkeit sowie sonstige Beschäftigte, die aufgrund gleichwertiger Fähigkeiten und ihrer Erfahrungen entsprechende Tätigkeiten ausüben, mit besonders schwierigen fachlichen Tätigkeiten in der Entgeltgruppe S 8b Stufe 4	mit mehr als 5 Jahren Stufenlaufzeit	Zuordnung zur Stufe 6

Absatz 4 der Vorschrift bestimmt, dass die Stufenlaufzeit in der neu zugeordneten Stufe ab dem 1. Oktober 2024 neu zu laufen beginnt. Es erfolgt demnach keine Mitnahme von sog. „Restzeiten".

Absatz 5 stellt klar, dass die Regelungen der vorgenannten Absätze nicht nur für in den TV-L übergeleitete Beschäftigte, sondern auch für die nach dem 1. November 2006 eingestellten Beschäftigten gilt.

II

§ 29h Überleitung der Beschäftigten im Straßenbetriebsdienst und Straßenbau zum 1. Januar 2025

(1) Beschäftigte die nach Teil III Abschnitt 3 Unterabschnitt 7 der Entgeltordnung zum TV-L eingruppiert sind,

- **deren Arbeitsverhältnis zu einem Arbeitgeber, der Mitglied der TdL oder eines Mitgliedsverbandes der TdL ist, über den 31. Dezember 2024 hinaus fortbesteht, und**
- **die am 1. Januar 2025 unter den Geltungsbereich des TV-L fallen,**

sind für den Fall, dass sich für sie eine höhere Eingruppierung ausschließlich aufgrund der nach dem Änderungstarifvertrag Nr. 13 zum TV-L zum 1. Januar 2025 in Kraft tretenden Änderungen in Teil III Abschnitt 3 Unterabschnitt 7 der Entgeltordnung zum TV-L ergibt, für die Dauer der unverändert auszuübenden Tätigkeit in der bisherigen Entgeltgruppe eingruppiert.

(2) Eine Überprüfung und Neufeststellung der Eingruppierungen findet aufgrund der Änderungen der Entgeltordnung zum TV-L nicht statt.

(3) [1]Ergibt sich in den Fällen des Absatzes 1 nach den Änderungen in Teil III Abschnitt 3 Unterabschnitt 7 der Entgeltordnung zum TV-L eine höhere Entgeltgruppe, sind die Beschäftigten auf Antrag in der Entgeltgruppe eingruppiert, die sich nach § 12 TV-L ergibt. [2]Die Stufenzuordnung in der höheren Entgeltgruppe entspricht der erreichten Stufe in der bisherigen Entgeltgruppe; die Stufenlaufzeit beginnt neu. [3]Abweichend von Satz 2 Halbsatz 2 wird bei Beschäftigten, die in der bisherigen Entgeltgruppe der Stufe 1 zugeordnet waren, die bisher verbrachte Stufenlaufzeit angerechnet. [4]Der Antrag nach Satz 1 kann nur bis zum 31. Dezember 2025 gestellt werden (Ausschlussfrist) und wirkt auf den 1. Januar 2025 zurück; nach dem 1. Januar 2025 eingetretene Änderungen der Stufenzuordnung in der bisherigen Entgeltgruppe bleiben bei der Stufenzuordnung nach den Sätzen 2 und 3 unberücksichtigt. [5]Ruht das Arbeitsverhältnis am 1. Januar 2025, beginnt die Ausschlussfrist von einem Jahr mit der Wiederaufnahme der Tätigkeit; der Antrag wirkt auf den 1. Januar 2025 zurück.

(4) Bei Höhergruppierungen nach Absatz 3 wird der Unterschiedsbetrag zum bisherigen Entgelt auf einen etwaigen Strukturausgleich nach § 12 angerechnet.

(5) Die Absätze 1 bis 4 gelten auch für Beschäftigte im Sinne des § 1 Absatz 2.

Erläuterungen

Diese Vorschrift regelt zentral die Überleitung der Beschäftigten im Straßenbetriebsdienst und Straßenbau, die zum 1. Januar 2025 von den Änderungen in Teil III Abschnitt 3 Unterabschnitt 7 der Entgeltordnung zum TV-L betroffen sind. Die Überleitungsregelung ist systematisch weitgehend an bewährte Übergangsregelungen im TVÜ-Länder (z. B. § 29a oder § 29d) angelehnt, weicht jedoch zugleich in einem entscheidenden Punkt hiervon ab.

Zu § 29h Abs. 1 und 2

Im Grundsatz (Absatz 1) bleibt es auch über den 1. Januar 2025 hinaus für die von den Neuerungen in der Entgeltordnung betroffenen Beschäftigten für die Dauer der unverändert auszuübenden Tätigkeit bei einer Eingruppierung in der bisherigen Entgeltgruppe; eine automatische Überprüfung bzw. Neufeststellung der Eingruppierung erfolgt nach Absatz 2 nicht.

Zu § 29h Abs. 3

Die Beschäftigten, die aufgrund der Änderungen der Entgeltordnung ab dem 1. Januar 2025 nach § 12 TV-L höher eingruppiert sind, haben jedoch nach Absatz 3 der Vorschrift ein Antragsrecht, um die höhere Eingruppierung zu wählen. Der Antrag muss innerhalb des Jahres 2025 (bei ruhendem Arbeitsverhältnis innerhalb eines Jahres nach dem Ende des Ruhens) gestellt werden. Er wirkt dann auf den 1. Januar 2025 zurück. Wird der Antrag nicht oder nicht rechtzeitig gestellt, erlischt das Antragsrecht – siehe BAG-Urteil vom 18. September 2019 zur vergleichbaren Vorschrift des § 26 TVÜ-Bund – 4 AZR 42/19, Rn. 30.

Im Falle eines Antrages findet jedoch (abweichend von der Systematik bisheriger Überleitungen!) keine „normale" Höhergruppierung nach allen Regeln des § 17 Abs. 4 TV-L statt. Denn hiervon abweichend wird der Beschäftigte in der höheren Entgeltgruppe der Stufe zugeordnet, die der erreichten Stufe in der bisherigen Entgeltgruppe entspricht (= stufengleich). Unabhängig der in der bisherigen Stufe zurückgelegten Stufenlaufzeit beginnt die Stufenlaufzeit nach der Höhergruppierung in der neuen Entgeltgruppe (mit Ausnahme einer Zuordnung in der bisherigen Entgeltgruppe in Stufe 1, siehe Satz 3) nach Satz 2 neu zu laufen.

Zu § 29h Abs. 4

Mit Absatz 4 wird klargestellt, dass auch der Unterschiedsbetrag aufgrund der Höhergruppierung nach den Regeln dieser Vorschrift auf den Strukturausgleich nach § 12 Abs. 5 TVÜ-Länder anzurechnen ist.

Zu § 29h Abs. 5

Absatz 5 stellt klar, dass die Regelungen der vorgenannten Absätze nicht nur für in den TV-L übergeleitete Beschäftigte, sondern auch für die nach dem 1. November 2006 eingestellten Beschäftigten gilt.

II

§ 30 In-Kraft-Treten, Laufzeit

(1) Dieser Tarifvertrag tritt am 1. November 2006 in Kraft.

Niederschriftserklärung zu § 30 Abs. 1:

[1]Im Hinblick auf die notwendigen personalwirtschaftlichen, organisatorischen und technischen Vorarbeiten für die Überleitung der vorhandenen Beschäftigten in den TV-L sehen die Tarifvertragsparteien die Problematik einer fristgerechten Umsetzung der neuen Tarifregelungen zum 1. November 2006. [2]Sie bitten die personalverwaltenden und bezügezahlenden Stellen, im Interesse der Beschäftigten gleichwohl eine terminnahe Überleitung zu ermöglichen und die Zwischenzeit mit zu verrechnenden Abschlagszahlungen zu überbrücken.

(2) Dieser Tarifvertrag kann ohne Einhaltung einer Frist jederzeit schriftlich gekündigt werden, frühestens zum 31. Dezember 2009.

(3) § 21 Absätze 1 bis 4 können auf landesbezirklicher Ebene mit einer Frist von drei Kalendermonaten zum 31. Dezember jeden Kalenderjahres gekündigt werden, frühestens jedoch zum 31. Dezember desjenigen Jahres, in dem die volle Angleichung nach § 21 Abs. 2 erreicht ist.

(4) Die §§ 17 und 18 einschließlich Anlagen können ohne Einhaltung einer Frist, jedoch nur insgesamt, schriftlich gekündigt werden, frühestens zum 31. Oktober 2025; die Nachwirkung dieser Vorschriften wird ausgeschlossen.

(5) Die nach § 25 Absatz 5 fortgeltenden Regelungen können – auch einzeln – von jeder Tarifvertragspartei auf landesbezirklicher Ebene mit einer Frist von einem Monat zum Ende eines Kalendermonats schriftlich gekündigt werden. Die Nachwirkung (§ 4 Absatz 5 Tarifvertragsgesetz) wird nicht ausgeschlossen.

(6) [1]Unabhängig von Absatz 4 kann § 2 Nr. 3 des Änderungstarifvertrages Nr. 1 zum BAT-O vom 8. Mai 1991 gesondert gekündigt werden, frühestens jedoch zum Tag des Inkrafttretens der neuen Entgeltordnung. [2]Die Nachwirkung ist ausgeschlossen.

Erläuterungen

Zu § 30 Abs. 1

Der Tarifvertrag tritt am 1. November 2006 in Kraft. Die Tarifpartner haben die vorprogrammierten Umsetzungsprobleme bei der Überleitung zum 1. November 2006 erkannt, bitten die dafür zuständigen Stellen aber gleichwohl um eine möglichst zügige Umsetzung und regen ggf. Abschlagszahlungen an (Niederschriftserklärung zu Absatz 1).

Zu § 30 Abs. 2

Frühest möglicher Kündigungstermin ist nach näherer Maßgabe des Absatzes 2 der 31. Dezember 2009; Kündigungsfristen wurden nicht vereinbart.

Zu § 30 Abs. 3

Absatz 3 enthält eine Sonderkündigungsmöglichkeit der Vorschriften über eine Sonderzahlung. Sie geht zurück auf Abschnitt III Ziffer 4 des Eckpunktepapiers. Die Regeln über eine Jahressonderzahlung können demnach auf landesbezirklicher Ebene mit einer Frist von drei Monaten zum 31. Dezember erfolgen – frühestens aber zum 31. Dezember des Jahres, in dem die Angleichung der Jahressonderzahlung der übrigen Beschäftigten an die Jahressonderzahlung der unter die tarifvertragliche Nachwirkung fallenden Beschäftigten erreicht ist.

Zu § 30 Abs. 4

In Absatz 4 haben die Tarifpartner ein Sonderkündigungsrecht für die §§ 17 und 18 (Eingruppierung/vorübergehende Übertragung einer höherwertigen Tätigkeit nach dem 31. Oktober 2006) vereinbart. Diese Paragraphen können nur komplett und einschließlich der dazu gehörenden Anlagen gekündigt werden, und zwar nach der derzeit geltenden Vereinbarung frühestens zum 31. Oktober 2025. Die im Tarifvertragsgesetz vorgesehene Nachwirkung ist ausgeschlossen worden.

Zu § 30 Abs. 5

In Absatz 5 haben die Tarifpartner vereinbart, dass die nach § 25 Abs. 5 fortgeltenden Regelungen gesondert (auch einzeln) auf landesbezirklicher Ebene mit einer Frist von einem Monat zum Monatsende schriftlich gekündigt werden könnte. Die gesetzliche Nachwirkung wurde ausdrücklich nicht ausgeschlossen.

Zu § 30 Abs. 6

Der neue Absatz 6 wurde im Zuge der Lohnrunde 2011 eingefügt. Danach kann die nur im Tarifgebiet Ost geltende Regelung des § 2 Nr. 3 des Änderungstarifvertrages Nr. 1 zum BAT-O gesondert gekündigt werden. Diese Regelung besagt, dass die Lehrkräfte des Tarifgebietes Ost, die die fachlichen und pädagogischen Voraussetzungen zur Übernahme in das Beamtenverhältnis erfüllen, wie die entsprechenden Beamten eingruppiert werden.

Anlage 1 (Teil A)

II

Anlage 1 TVÜ-Länder Teil A

– Ersetzte Tarifverträge –

1. Bundes-Angestelltentarifvertrag (BAT) vom 23. Februar 1961, zuletzt geändert durch den 78. Tarifvertrag zur Änderung des Bundes-Angestelltentarifvertrages vom 31. Januar 2003
2. Tarifvertrag zur Anpassung des Tarifrechts – Manteltarifliche Vorschriften – (BAT-O) vom 10. Dezember 1990, zuletzt geändert durch den Änderungstarifvertrag Nr. 13 vom 31. Januar 2003 zum Tarifvertrag zur Anpassung des Tarifrechts – Manteltarifliche Vorschriften – (BAT-O)
3. Manteltarifvertrag für Arbeiterinnen und Arbeiter des Bundes und der Länder (MTArb) vom 6. Dezember 1995, zuletzt geändert durch den Änderungstarifvertrag Nr. 4 vom 31. Januar 2003 zum Manteltarifvertrag für Arbeiterinnen und Arbeiter des Bundes und der Länder (MTArb)
4. Tarifvertrag zur Anpassung des Tarifrechts für Arbeiter an den MTArb – (MTArb-O) vom 10. Dezember 1990, zuletzt geändert durch den Änderungstarifvertrag Nr. 11 vom 31. Januar 2003 zum Tarifvertrag zur Anpassung des Tarifrechts für Arbeiter an den MTArb – (MTArb-O)

Anlage 1 (Teil B)

Anlage 1 TVÜ-Länder Teil B

– Ersetzte Tarifverträge bzw. Tarifvertragsregelungen –

Vorbemerkungen:

1. Die nachfolgende Liste ist noch nicht abschließend. Sobald die Verhandlungen der Tarifvertragsparteien zu Anlage 1 TVÜ-Länder Teil B abgeschlossen sind, ersetzt die Neufassung diese Anlage.
2. Soweit einzelne Tarifvertragsregelungen vorübergehend fortgelten, erstreckt sich die Fortgeltung auch auf Beschäftigte i. S. d. § 1 Abs. 2 TVÜ-Länder.

1. Tarifvertrag zu § 71 BAT betreffend Besitzstandswahrung vom 23. Februar 1961
2. Vergütungstarifvertrag Nr. 35 zum BAT für den Bereich der Länder vom 31. Januar 2003
3. Vergütungstarifvertrag Nr. 7 zum BAT-O für den Bereich der Länder vom 31. Januar 2003,
   mit Ausnahme des § 3 Abs. 1, der für die Tabellenentgelte der zu § 15 Abs. 2 TV-L vereinbarten Anlage B – nach § 15 Abs. 2 Satz 2 TV-L i. V. m. der Anlage 2 zu § 4 Abs. 1 und der Anlage 4 zu § 17 Abs. 7 TVÜ-Länder – fortgilt
4. Monatslohntarifvertrag Nr. 5 zum MTArb vom 31. Januar 2003
5. Monatslohntarifvertrag Nr. 7 zum MTArb-O vom 31. Januar 2003,
   mit Ausnahme des § 3 Abs. 1, der für die Tabellenentgelte der zu § 15 Abs. 2 TV-L vereinbarten Anlage B – nach § 15 Abs. 2 Satz 2 TV-L i. V. m. der Anlage 2 zu § 4 Abs. 1 und der Anlage 4 zu § 17 Abs. 7 TVÜ-Länder – fortgilt
6. Tarifvertrag über das Lohngruppenverzeichnis der Länder zum MTArb (TV Lohngruppen-TdL) vom 11. Juli 1966
7. Tarifvertrag über das Lohngruppenverzeichnis der Länder zum MTArb-O (TV Lohngruppen-O-TdL) vom 8. Mai 1991
8. Tarifvertrag über Zusatzurlaub für gesundheitsgefährdende Arbeiten für Arbeiter der Länder vom 17. Dezember 1959
9. Tarifvertrag über Zulagen an Angestellte (Länder) vom 17. Mai 1982

10. Tarifvertrag über Zulagen an Angestellte (TV Zulagen Ang-O) (Länder) vom 8. Mai 1991,
    mit Ausnahme
    - des Eingangssatzes des § 1 Abs. 1,
    - des § 1 Abs. 1 Nr. 1, 1. Halbsatz entsprechend Nr. 11 und
    - des § 1 Abs. 1 Nr. 6
11. Tarifvertrag über die Gewährung von Zulagen gemäß § 33 Abs. 1 Buchst. c BAT vom 11. Januar 1962
    - Fortgeltung bis zum In-Kraft-Treten einer tariflichen Neuregelung der Erschwerniszuschläge gemäß § 19 TV-L
12. Tarifvertrag über Lohnzuschläge gemäß § 29 MTL II (TVZ zum MTL) vom 9. Oktober 1963
    - Fortgeltung bis zum In-Kraft-Treten einer tariflichen Neuregelung der Erschwerniszuschläge gemäß § 19 TV-L
13. Tarifvertrag über die Lohnzuschläge gemäß § 29 MTArb-O für Arbeiter der Länder (TVZ zum MTArb-O-TdL) vom 8. Mai 1991
    - Fortgeltung bis zum In-Kraft-Treten einer tariflichen Neuregelung der Erschwerniszuschläge gemäß § 19 TV-L
14. (aufgehoben)
15. (aufgehoben)
16. Tarifvertrag über vermögenswirksame Leistungen an Arbeiter (Länder) vom 17. Dezember 1970
17. Tarifvertrag über vermögenswirksame Leistungen an Arbeiter (TV VL Arb-O) vom 8. Mai 1991
18. Tarifvertrag über eine Zuwendung für Angestellte vom 12. Oktober 1973
19. Tarifvertrag über eine Zuwendung für Angestellte (TV Zuwendung Ang-O) vom 10. Dezember 1990
20. Tarifvertrag über eine Zuwendung für Arbeiter des Bundes und der Länder vom 12. Oktober 1973
21. Tarifvertrag über eine Zuwendung für Arbeiter (TV Zuwendung Arb-O) vom 10. Dezember 1990
22. Tarifvertrag über ein Urlaubsgeld für Angestellte vom 16. März 1977
23. Tarifvertrag über ein Urlaubsgeld für Angestellte (TV Urlaubsgeld Ang-O) vom 10. Dezember 1990
24. Tarifvertrag über ein Urlaubsgeld für Arbeiter vom 16. März 1977
25. Tarifvertrag über ein Urlaubsgeld für Arbeiter (TV Urlaubsgeld Arb-O) vom 10. Dezember 1990

26. Tarifvertrag zur Regelung der Rechtsverhältnisse der Ärzte/Ärztinnen im Praktikum vom 10. April 1987
27. Tarifvertrag zur Regelung der Rechtsverhältnisse der Ärzte/Ärztinnen im Praktikum (Mantel-TV AiP-O) vom 5. März 1991
28. Entgelttarifvertrag Nr. 12 für Ärzte/Ärztinnen im Praktikum vom 31. Januar 2003
29. Entgelttarifvertrag Nr. 7 für Ärzte/Ärztinnen im Praktikum (Ost) vom 31. Januar 2003
30. Tarifvertrag über vermögenswirksame Leistungen an Ärzte/Ärztinnen im Praktikum vom 10. April 1987
31. Tarifvertrag über eine Zuwendung für Ärzte/Ärztinnen im Praktikum vom 10. April 1987
32. Tarifvertrag über eine Zuwendung für Ärzte/Ärztinnen im Praktikum (TV Zuwendung AiP-O) vom 5. März 1991
33. Tarifvertrag über ein Urlaubsgeld für Ärzte/Ärztinnen im Praktikum vom 10. April 1987
34. Tarifvertrag über ein Urlaubsgeld für Ärzte/Ärztinnen im Praktikum (TV Urlaubsgeld AiP-O) vom 5. März 1991
35. Tarifvertrag über die Erhöhung der Löhne und Gehälter für Beschäftigte im öffentlichen Dienst vom 4. September 1990
36. Vereinbarung über die Schaffung zusätzlicher Ausbildungsplätze im öffentlichen Dienst vom 17. Juli 1996
37. Tarifvertrag über die Versorgung der Arbeitnehmer des Bundes und der Länder sowie von Arbeitnehmern kommunaler Verwaltungen und Betriebe (Versorgungs-TV) vom 4. November 1966
38. Tarifvertrag über die Versorgung der Arbeitnehmer des Saarlandes und der Mitglieder des Kommunalen Arbeitgeberverbandes Saar e. V. (VersTV-Saar) vom 15. November 1966
39. Tarifvertrag über Zulagen an Arbeiter bei obersten Landesbehörden (Ost) vom 12. November 1991
40. Tarifvertrag vom 26. Mai 1964 betreffend Beihilfe für Angestellte und Lehrlinge des Landes Baden-Württemberg
41. Tarifvertrag vom 26. Mai 1964 betreffend Beihilfe für Arbeiter und Lehrlinge des Landes Baden-Württemberg
42. Tarifvertrag vom 26. Mai 1964 betreffend Beihilfe für Angestellte und Lehrlinge des Landes Bremen
43. Tarifvertrag vom 26. Mai 1964 betreffend Beihilfe für Arbeiter und Lehrlinge des Landes Bremen

44. Tarifvertrag vom 26. Mai 1964 betreffend Beihilfe für Angestellte und Lehrlinge des Landes Hamburg
45. Tarifvertrag vom 26. Mai 1964 betreffend Beihilfe für Arbeiter und Lehrlinge des Landes Hamburg
46. Tarifvertrag vom 26. Mai 1964 betreffend Beihilfe für Angestellte und Lehrlinge des Landes Niedersachsen
47. Tarifvertrag vom 26. Mai 1964 betreffend Beihilfe für Arbeiter und Lehrlinge des Landes Niedersachsen
48. Tarifvertrag vom 26. Mai 1964 betreffend Beihilfe für Angestellte, Arbeiter und Lehrlinge des Landes Rheinland-Pfalz
49. Tarifvertrag vom 26. Mai 1964 betreffend Beihilfe für Angestellte, Arbeiter und Lehrlinge des Saarlandes
50. Tarifvertrag vom 26. Mai 1964 betreffend Beihilfe für Angestellte und Lehrlinge des Landes Schleswig-Holstein
51. Tarifvertrag vom 26. Mai 1964 betreffend Beihilfe für Arbeiter und Lehrlinge des Landes Schleswig-Holstein

Anlage 1 (Teil C)

Anlage 1 TVÜ-Länder Teil C
– Fortgeltende Tarifverträge –

Vorbemerkung:

1. Die nachfolgende Liste ist noch nicht abschließend. Sobald die Verhandlungen der Tarifvertragsparteien zu Anlage 1 TVÜ-Länder Teil C abgeschlossen sind, ersetzt die Neufassung diese Anlage.
2. Die in dieser Anlage aufgeführten Tarifverträge sind in der jeweils geltenden Fassung zitiert.

1. Tarifvertrag über den Rationalisierungsschutz für Angestellte (RatSchTV Ang) vom 9. Januar 1987
2. Tarifvertrag über den Rationalisierungsschutz für Arbeiter des Bundes und der Länder (RatSchTV Arb) vom 9. Januar 1987
3. Tarifvertrag zur sozialen Absicherung vom 6. Juli 1992
4. Tarifvertrag zur Regelung der Altersteilzeitarbeit (TV ATZ) vom 5. Mai 1998
5. Tarifvertrag zur Regelung des Übergangs in den Ruhestand für Angestellte im Flugverkehrskontrolldienst durch Altersteilzeitarbeit vom 26. März 1999
6. Tarifvertrag über die betriebliche Altersversorgung der Beschäftigten des öffentlichen Dienstes (Tarifvertrag Altersversorgung – ATV) vom 1. März 2002
7. Tarifvertrag über die betriebliche Altersversorgung der Waldarbeiter der Länder und Gemeinden sowie der Arbeiter in den landwirtschaftlichen Betrieben und in den Weinbaubetrieben der Länder (Tarifvertrag Altersversorgung-Wald – ATV-W) vom 18. November 2002
8. Tarifvertrag über den Geltungsbereich der für den öffentlichen Dienst in der Bundesrepublik Deutschland bestehenden Tarifverträge vom 1. August 1990
9. Tarifvertrag über Zulagen an Angestellte bei obersten Bundesbehörden oder bei obersten Landesbehörden vom 4. November 1971
10. Tarifvertrag über Zulagen an Arbeiter bei obersten Bundesbehörden oder bei obersten Landesbehörden vom 4. November 1971
11. Tarifvertrag über Zulagen an Angestellte bei den Sicherheitsdiensten der Länder vom 9. Februar 1978

12. Tarifvertrag über Zulagen an Arbeiter bei den Sicherheitsdiensten der Länder vom 9. Februar 1978
13. Tarifvertrag über Zulagen an Arbeiter bei den Sicherheitsdiensten der Länder (Ost) vom 8. Mai 1991
14. (weggefallen)
15. (weggefallen)
16. Tarifvertrag über die Ausführung von Arbeiten im Gedingeverfahren im Bereich der SR 2 b des Abschnitts B der Anlage 2 MTArb (Gedingerichtlinien) vom 15. Mai 1962
17. Tarifvertrag über die Bewertung der Personalunterkünfte für Angestellte vom 16. März 1974
18. Tarifvertrag über die Bewertung der Personalunterkünfte für Arbeiter vom 16. März 1974
19. (weggefallen)
20. (weggefallen)
21. (weggefallen)
22. (weggefallen)
23. (weggefallen)
24. (weggefallen)
25. (weggefallen)
26. (weggefallen)
27. (weggefallen)
28. Tarifvertrag über die Regelung der Arbeitsbedingungen über das ständig beschäftigte Abendpersonal an Theatern und Bühnen vom 25. Juni 1991
29. Tarifvertrag vom 25. Juni 1991 über die Theaterbetriebszulage für Angestellte (Ost)
30. Tarifvertrag vom 25. Juni 1991 über den Theaterbetriebszuschlag für Arbeiter (Ost)

Ferner gelten bis zu einer Neuregelung diejenigen Tarifregelungen fort, die Eingruppierungsregelungen enthalten.

Anlage 2 (Teil A)

Anlage 2 TVÜ-Länder
Zuordnung der Vergütungs- und Lohngruppen zu den Entgeltgruppen für am 31. Oktober 2006 /1. November 2006 vorhandene Beschäftigte für die Überleitung (Länder)

Teil A
Beschäftigte mit Ausnahme der Lehrkräfte im Sinne des Teils B und der Ärztinnen und Ärzte im Sinne des Teil C

Entgeltgruppe	Vergütungsgruppe	Lohngruppe
15 Ü	I	Keine
15	Keine Stufe 6 Ia Ia nach Aufstieg aus Ib Ib mit ausstehendem Aufstieg nach Ia	Keine
14	Keine Stufe 6 Ib ohne Aufstieg nach Ia Ib nach Aufstieg aus IIa IIa mit ausstehendem Aufstieg nach Ib nach 5 oder 6 Jahren	Keine
13 Ü	Keine Stufe 6 IIa mit ausstehendem Aufstieg nach Ib nach 11 oder 15 Jahren	Keine
13	Keine Stufe 6 IIa ohne Aufstieg nach Ib	Keine
12	Keine Stufe 6 IIa nach Aufstieg aus III III mit ausstehendem Aufstieg nach IIa	Keine
11	Keine Stufe 6 III ohne Aufstieg nach IIa III nach Aufstieg aus IVa IVa mit ausstehendem Aufstieg nach III	Keine

II

Entgeltgruppe	Vergütungsgruppe	Lohngruppe
10	Keine Stufe 6 IVa ohne Aufstieg nach III IVa nach Aufstieg aus IVb IVb mit ausstehendem Aufstieg nach IVa Va in den ersten sechs Monaten der Berufsausübung, wenn danach IVb mit Aufstieg nach IVa (Zuordnung zu Stufe 1)	Keine
9	IVb ohne Aufstieg nach IVa (keine Stufe 6) IVb nach Aufstieg aus Va ohne weiteren Aufstieg nach IVa (keine Stufe 6) IVb nach Aufstieg aus Vb (keine Stufe 6) Va mit ausstehendem Aufstieg nach IVb ohne weiteren Aufstieg nach IVa (keine Stufe 6) Va ohne Aufstieg nach IVb (Stufe 3 nach 5 Jahren in Stufe 2, Stufe 4 nach 9 Jahren in Stufe 3, keine Stufen 5 und 6) Vb mit ausstehendem Aufstieg nach IVb (keine Stufe 6) Vb ohne Aufstieg nach IVb (Stufe 3 nach 5 Jahren in Stufe 2, Stufe 4 nach 9 Jahren in der Stufe 3, keine Stufen 5 und 6) Vb nach Aufstieg aus Vc (Stufe 3 nach 5 Jahren in Stufe 2, Stufe 4 nach 9 Jahren in Stufe 3, keine Stufen 5 und 6)	9 (Stufe 4 nach 7 Jahren in Stufe 3, keine Stufen 5 und 6)
8	Vc mit ausstehendem Aufstieg nach Vb Vc ohne Aufstieg nach Vb Vc nach Aufstieg aus VIb	8a 8 mit ausstehendem Aufstieg nach 8a 7 mit ausstehendem Aufstieg nach 8 und 8a

Entgeltgruppe	Vergütungsgruppe	Lohngruppe
7	Keine	7a 7 mit ausstehendem Aufstieg nach 7a 7 nach Aufstieg aus 6 6 mit ausstehendem Aufstieg nach 7 und 7a
6	VIb mit ausstehendem Aufstieg nach Vc VIb ohne Aufstieg nach Vc VIb nach Aufstieg aus VII	6a 6 mit ausstehendem Aufstieg nach 6a 6 nach Aufstieg aus 5 5 mit ausstehendem Aufstieg nach 6 und 6a
5	VII mit ausstehendem Aufstieg nach VIb VII ohne Aufstieg nach VIb VII nach Aufstieg aus VIII	5a 5 mit ausstehendem Aufstieg nach 5a 5 nach Aufstieg aus 4 4 mit ausstehendem Aufstieg nach 5 und 5a
4	Keine	4a 4 mit ausstehendem Aufstieg nach 4a 4 nach Aufstieg aus 3 3 mit ausstehendem Aufstieg nach 4 und 4a

Entgeltgruppe	Vergütungsgruppe	Lohngruppe
3	Keine Stufe 6 VIII mit ausstehendem Aufstieg nach VII VIII ohne Aufstieg nach VII VIII nach Aufstieg aus IXb	3a 3 mit ausstehendem Aufstieg nach 3a 3 nach Aufstieg aus 2 und 2a mit ausstehendem Aufstieg nach 3a 3 nach Aufstieg aus 2a mit ausstehendem Aufstieg nach 3a 3 nach Aufstieg aus 2 und 2a (keine Stufe 6) 2a nach Aufstieg aus 2 mit ausstehendem Aufstieg nach 3 und 3a 2a mit ausstehendem Aufstieg nach 3 und 3a 2a nach Aufstieg aus 2 mit ausstehendem Aufstieg nach 3 (keine Stufe 6) 2 mit ausstehendem Aufstieg nach 2a, 3 und 3a 2 mit ausstehendem Aufstieg nach 2a und 3 (keine Stufe 6)
2Ü	Keine	2a 2 mit ausstehendem Aufstieg nach 2a 2 nach Aufstieg aus 1 1 mit ausstehendem Aufstieg nach 2 und 2a
2	IXa IXb mit ausstehendem Aufstieg nach VIII IXb mit ausstehendem Aufstieg nach IXa IXb nach Aufstieg aus X (keine Stufe 6) X (keine Stufe 6)	1a (keine Stufe 6) 1 mit ausstehendem Aufstieg nach 1a (keine Stufe 6)
1	Keine	Keine

Anlage 2 (Teil B)

Anlage 2 TVÜ-Länder
Zuordnung der Vergütungs- und Lohngruppen zu den Entgeltgruppen für am 31. Oktober 2006 /1. November 2006 vorhandene Beschäftigte für die Überleitung (Länder)

Teil B
Lehrkräfte, für die nach Nr. 5 der Vorbemerkungen zu allen Vergütungsgruppen der Anlage 1a zum BAT/BAT-O nicht gilt

Entgeltgruppe	Eingruppierung Lehrkräfte „Erfüller" Vergütungsgruppe	Eingruppierung Lehrkräfte „Nichterfüller" Vergütungsgruppe
15 Ü	I	–
15	Ia	–
14	Ib	Ib nach Aufstieg aus IIa
13	IIa	IIa ohne Aufstieg nach Ib IIa mit ausstehendem Aufstieg nach Ib
12	–	IIa nach Aufstieg aus III IIa nach Aufstieg aus IIb III mit ausstehendem Aufstieg nach IIa IIb mit ausstehendem Aufstieg nach IIa
11	III	IIb ohne Aufstieg nach IIa III ohne Aufstieg nach IIa III nach Aufstieg aus IVa IVa mit ausstehendem Aufstieg nach III
10	IVa	IVa ohne Aufstieg nach III IVa nach Aufstieg aus IVb IVb mit ausstehendem Aufstieg nach IVa

II

Entgeltgruppe	Eingruppierung Lehrkräfte „Erfüller“ Vergütungsgruppe	Eingruppierung Lehrkräfte „Nichterfüller“ Vergütungsgruppe
9	IVb Vb (Stufe 3 nach 5 Jahren in Stufe 2, Stufe 4 nach 9 Jahren in Stufe 3, keine Stufe 5)	IVb ohne Aufstieg nach IVa IVb nach Aufstieg aus Vb Vb mit ausstehendem Aufstieg nach IVb Vb ohne Aufstieg nach IVb (Stufe 3 nach 5 Jahren in Stufe 2, Stufe 4 nach 9 Jahren in Stufe 3, keine Stufe 5) Vb nach Aufstieg aus Vc (Stufe 3 nach 5 Jahren in Stufe 2, Stufe 4 nach 9 Jahren in Stufe 3, keine Stufe 5) Vb nach Aufstieg aus VIb (Stufe 3 nach 5 Jahren in Stufe 2, Stufe 4 nach 9 Jahren in Stufe 3, keine Stufe 5)
8	Vc	Vc ohne Aufstieg Vc nach Aufstieg aus VIb Vc mit ausstehendem Aufstieg nach Vb
7	–	–
6	–	–

Anlage 2 (Teil C)

Anlage 2 TVÜ-Länder
Zuordnung der Vergütungs- und Lohngruppen zu den Entgeltgruppen für am 31. Oktober 2006 /1. November 2006 vorhandene Beschäftigte für die Überleitung (Länder)

Teil C
Ärztinnen und Ärzte im Sinne des § 4 Abs. 1 Satz 2 und 3

Entgeltgruppe	Bezeichnung
Ä 1	Arzt mit entsprechender Tätigkeit
Ä 2	Facharzt mit entsprechender Tätigkeit
Ä 3	Oberarzt: – Oberarzt ist derjenige Arzt, dem die medizinische Verantwortung für Teil- oder Funktionsbereiche der Klinik bzw. Abteilung vom Arbeitgeber übertragen worden ist. – Facharzt in einer durch den Arbeitgeber übertragenen Spezialfunktion, für die dieser eine erfolgreich abgeschlossene Schwerpunkt- oder Zusatzweiterbildung nach der Weiterbildungsordnung fordert.
Ä 4	Facharzt, dem die ständige Vertretung des leitenden Arztes (Chefarzt) vom Arbeitgeber übertragen worden ist. (Protokollerklärung: Ständiger Vertreter ist nur der Arzt, der den leitenden Arzt in der Gesamtheit seiner Dienstaufgaben vertritt. Das Tätigkeitsmerkmal kann daher innerhalb einer Klinik nur von einem Arzt erfüllt werden.)

II

Anlage 3

Strukturausgleiche für Angestellte

Angestellte, deren Ortszuschlag sich nach § 29 Abschn. B Abs. 5 BAT/BAT-O bemisst, erhalten den entsprechenden Anteil, in jedem Fall aber die Hälfte des Strukturausgleichs für Verheiratete.

Soweit nicht anders ausgewiesen, beginnt die Zahlung des Strukturausgleichs am 1. November 2008. Die Angabe „nach . . . Jahren" bedeutet, dass die Zahlung nach den genannten Jahren ab dem In-Kraft-Treten des TV-L beginnt; so wird z. B. bei dem Merkmal „nach 4 Jahren" der Zahlungsbeginn auf den 1. November 2010 festgelegt, wobei die Auszahlung eines Strukturausgleichs mit den jeweiligen Monatsbezügen erfolgt. Die Dauer der Zahlung ist ebenfalls angegeben; dabei bedeutet „dauerhaft" die Zahlung während der Zeit des Arbeitsverhältnisses.

Ist die Zahlung „für" eine bestimmte Zahl von Jahren angegeben, ist der Bezug auf diesen Zeitraum begrenzt (z. B. „für 5 Jahre" bedeutet Beginn der Zahlung im November 2008 und Ende der Zahlung mit Ablauf Oktober 2013). Eine Ausnahme besteht dann, wenn das Ende des Zahlungszeitraumes nicht mit einem Stufenaufstieg in der jeweiligen Entgeltgruppe zeitlich zusammenfällt; in diesen Fällen wird der Strukturausgleich bis zum nächsten Stufenaufstieg fortgezahlt. Diese Ausnahmeregelung gilt nicht, wenn der Stufenaufstieg in die Endstufe erfolgt; in diesen Fällen bleibt es bei der festgelegten Dauer.

A. Angestellte (einschl. Lehrkräfte), mit Ausnahme des Pflegepersonals im Sinne der Anlage 1b zum BAT/BAT-O

Entgelt-gruppe	Vergü-tungs-gruppe bei In-Kraft-Treten TVÜ	Aufstieg	Orts-zuschlag Stufe 1,2	Lebens-alters-stufe	Höhe Aus-gleichs-betrag	Dauer
			bei In-Kraft-Treten TVÜ			
2	X	IXb nach 2 Jahren	OZ 2	23	40 €	für 4 Jahre
2	X	IXb nach 2 Jahren	OZ 2	29	30 €	dauerhaft
2	X	IXb nach 2 Jahren	OZ 2	31	30 €	dauerhaft
2	X	IXb nach 2 Jahren	OZ 2	33	30 €	dauerhaft
2	X	IXb nach 2 Jahren	OZ 2	35	20 €	dauerhaft
3	VIII	ohne	OZ 2	25	35 €	nach 4 Jahren dauerhaft
3	VIII	ohne	OZ 2	27	35 €	dauerhaft
3	VIII	ohne	OZ 2	29	35 €	nach 4 Jahren dauerhaft
3	VIII	ohne	OZ 2	31	35 €	dauerhaft
3	VIII	ohne	OZ 2	33	35 €	dauerhaft
3	VIII	ohne	OZ 2	35	35 €	dauerhaft
3	VIII	ohne	OZ 2	37	20 €	dauerhaft
6	VIb	ohne	OZ 2	29	50 €	dauerhaft
6	VIb	ohne	OZ 2	31	50 €	dauerhaft
6	VIb	ohne	OZ 2	33	50 €	dauerhaft
6	VIb	ohne	OZ 2	35	50 €	dauerhaft
6	VIb	ohne	OZ 2	37	50 €	dauerhaft
6	VIb	ohne	OZ 2	39	50 €	dauerhaft
8	Vc	ohne	OZ 2	37	40 €	dauerhaft
8	Vc	ohne	OZ 2	39	40 €	dauerhaft
9	Vb	ohne	OZ 1	29	60 €	für 12 Jahre
9	Vb	ohne	OZ 1	31	60 €	nach 4 Jahren für 7 Jahre
9	Vb	ohne	OZ 1	33	60 €	für 7 Jahre

Entgelt-gruppe	Vergü-tungs-gruppe bei In-Kraft-Treten TVÜ	Aufstieg	Orts-zuschlag Stufe 1,2	Lebens-alters-stufe	Höhe Aus-gleichs-betrag	Dauer
			bei In-Kraft-Treten TVÜ			
9	Vb	ohne	OZ 2	27	90 €	nach 4 Jahren für 7 Jahre
9	Vb	ohne	OZ 2	29	90 €	für 7 Jahre
9	Vb	ohne	OZ 2	35	20 €	nach 4 Jahren dauerhaft
9	Vb	ohne	OZ 2	37	40 €	nach 4 Jahren dauerhaft
9	Vb	ohne	OZ 2	39	40 €	dauerhaft
9	Vb	ohne	OZ 2	41	40 €	dauerhaft
9	Vb	IVb nach 6 Jahren	OZ 1	29	50 €	für 3 Jahre
9	Vb	IVb nach 2, 3, 4, 6 Jahren	OZ 1	35	60 €	für 4 Jahre
9	Vb	IVb nach 2, 3, 4, 6 Jahren	OZ 2	31	50 €	für 4 Jahre
9	Vb	IVb nach 2, 3, 4, 6 Jahren	OZ 2	37	60 €	dauerhaft
9	Vb	IVb nach 2, 3, 4, 6 Jahren	OZ 2	39	60 €	dauerhaft
9	Vb	IVb nach 2, 3, 4, 6 Jahren	OZ 2	41	60 €	dauerhaft
9	IVb	ohne	OZ 1	35	60 €	für 4 Jahre
9	IVb	ohne	OZ 2	31	50 €	für 4 Jahre
9	IVb	ohne	OZ 2	37	60 €	dauerhaft
9	IVb	ohne	OZ 2	39	60 €	dauerhaft
9	IVb	ohne	OZ 2	41	60 €	dauerhaft
10	IVb	IVa nach 2, 4, 6 Jahren	OZ 1	35	40 €	für 4 Jahre

Entgelt-gruppe	Vergütungsgruppe bei In-Kraft-Treten TVÜ	Aufstieg	Orts-zuschlag Stufe 1,2	Lebens-alters-stufe	Höhe Aus-gleichs-betrag	Dauer
			bei In-Kraft-Treten TVÜ			
10	IVb	IVa nach 2, 4, 6 Jahren	OZ 1	41	30 €	dauerhaft
10	IVb	IVa nach 2, 4, 6 Jahren	OZ 1	43	30 €	dauerhaft
10	IVb	IVa nach 6 Jahren	OZ 2	29	70 €	für 7 Jahre
10	IVb	IVa nach 2, 4, 6 Jahren	OZ 2	37	60 €	nach 4 Jahren dauerhaft
10	IVb	IVa nach 2, 4, 6 Jahren	OZ 2	39	60 €	dauerhaft
10	IVb	IVa nach 2, 4, 6 Jahren	OZ 2	41	85 €	dauerhaft
10	IVb	IVa nach 2, 4, 6 Jahren	OZ 2	43	60 €	dauerhaft
10	IVa	ohne	OZ 1	35	40 €	für 4 Jahre
10	IVa	ohne	OZ 1	41	30 €	dauerhaft
10	IVa	ohne	OZ 1	43	30 €	dauerhaft
10	IVa	ohne	OZ 2	37	60 €	nach 4 Jahren dauerhaft
10	IVa	ohne	OZ 2	39	60 €	dauerhaft
10	IVa	ohne	OZ 2	41	85 €	dauerhaft
10	IVa	ohne	OZ 2	43	60 €	dauerhaft
11	IVa	III nach 4, 6, 8 Jahren	OZ 1	41	40 €	dauerhaft
11	IVa	III nach 4, 6, 8 Jahren	OZ 1	43	40 €	dauerhaft
11	IVa	III nach 4, 6, 8 Jahren	OZ 2	37	70 €	nach 4 Jahren dauerhaft
11	IVa	III nach 4, 6, 8 Jahren	OZ 2	39	70 €	dauerhaft
11	IVa	III nach 4, 6, 8 Jahren	OZ 2	41	85 €	dauerhaft
11	IVa	III nach 4, 6, 8 Jahren	OZ 2	43	70 €	dauerhaft

Entgelt-gruppe	Vergü-tungs-gruppe bei In-Kraft-Treten TVÜ	Aufstieg	Orts-zuschlag Stufe 1,2	Lebens-alters-stufe	Höhe Aus-gleichs-betrag	Dauer
			bei In-Kraft-Treten TVÜ			
11	III	ohne	OZ 1	41	40 €	nach 4 Jahren dauerhaft
11	III	ohne	OZ 1	43	40 €	dauerhaft
11	III	ohne	OZ 2	37	70 €	nach 4 Jahren dauerhaft
11	III	ohne	OZ 2	39	70 €	dauerhaft
11	III	ohne	OZ 2	41	85 €	dauerhaft
11	III	ohne	OZ 2	43	70 €	dauerhaft
11	IIb	ohne	OZ 1	31	60 €	nach 4 Jahren für 2 Jahre
11	IIb	ohne	OZ 1	39	60 €	nach 4 Jahren dauerhaft
11	IIb	ohne	OZ 1	41	80 €	dauerhaft*)
11	IIb	ohne	OZ 2	29	60 €	nach 4 Jahren für 2 Jahre
11	IIb	ohne	OZ 2	35	80 €	nach 4 Jahren dauerhaft
11	IIb	ohne	OZ 2	37	100 €	nach 4 Jahren dauerhaft
11	IIb	ohne	OZ 2	39	110 €	dauerhaft*)
11	IIb	ohne	OZ 2	41	80 €	dauerhaft*)
12	III	IIa nach 10 Jahren	OZ 1	33	95 €	für 5 Jahre
12	III	IIa nach 10 Jahren	OZ 1	35	95 €	für 4 Jahre
12	III	IIa nach 10 Jahren	OZ 1	39	50 €	nach 4 Jahren dauerhaft
12	III	IIa nach 10 Jahren	OZ 1	41	50 €	dauerhaft

Entgeltgruppe	Vergütungsgruppe bei In-Kraft-Treten TVÜ	Aufstieg	Ortszuschlag Stufe 1,2	Lebensaltersstufe	Höhe Ausgleichsbetrag	Dauer
			bei In-Kraft-Treten TVÜ			
12	III	IIa nach 10 Jahren	OZ 1	43	50 €	dauerhaft
12	III	IIa nach 10 Jahren	OZ 2	33	100 €	für 4 Jahre
12	III	IIa nach 10 Jahren	OZ 2	37	100 €	nach 4 Jahren dauerhaft
12	III	IIa nach 10 Jahren	OZ 2	39	100 €	dauerhaft
12	III	IIa nach 10 Jahren	OZ 2	41	100 €	dauerhaft
12	III	IIa nach 10 Jahren	OZ 2	43	85 €	dauerhaft
12	III	IIa nach 8 Jahren	OZ 1	35	95 €	für 4 Jahre
12	III	IIa nach 8 Jahren	OZ 1	39	50 €	nach 4 Jahren dauerhaft
12	III	IIa nach 8 Jahren	OZ 1	41	50 €	dauerhaft
12	III	IIa nach 8 Jahren	OZ 1	43	50 €	dauerhaft
12	III	IIa nach 8 Jahren	OZ 2	31	100 €	für 5 Jahre
12	III	IIa nach 8 Jahren	OZ 2	33	100 €	für 4 Jahre
12	III	IIa nach 8 Jahren	OZ 2	37	100 €	nach 4 Jahren dauerhaft
12	III	IIa nach 8 Jahren	OZ 2	39	100 €	dauerhaft
12	III	IIa nach 8 Jahren	OZ 2	41	100 €	dauerhaft
12	III	IIa nach 8 Jahren	OZ 2	43	85 €	dauerhaft
12	III	IIa nach 5 Jahren	OZ 1	29	100 €	für 3 Jahre

II

Entgelt-gruppe	Vergü-tungs-gruppe bei In-Kraft-Treten TVÜ	Aufstieg	Orts-zuschlag Stufe 1,2 bei In-Kraft-Treten TVÜ	Lebens-alters-stufe	Höhe Aus-gleichs-betrag	Dauer
12	III	IIa nach 5 u. 6 Jahren	OZ 1	35	95 €	für 4 Jahre
12	III	IIa nach 5 u. 6 Jahren	OZ 1	39	50 €	nach 4 Jahren dauerhaft
12	III	IIa nach 5 u. 6 Jahren	OZ 1	41	50 €	dauerhaft
12	III	IIa nach 5 u. 6 Jahren	OZ 1	43	50 €	dauerhaft
12	III	IIa nach 5 u. 6 Jahren	OZ 2	33	100 €	für 4 Jahre
12	III	IIa nach 5 u. 6 Jahren	OZ 2	37	100 €	nach 4 Jahren dauerhaft
12	III	IIa nach 5 u. 6 Jahren	OZ 2	39	100 €	dauerhaft
12	III	IIa nach 5 u. 6 Jahren	OZ 2	41	100 €	dauerhaft
12	III	IIa nach 5 u. 6 Jahren	OZ 2	43	85 €	dauerhaft
13	IIa	ohne	OZ 2	39	60 €	nach 4 Jahren dauerhaft
13	IIa	ohne	OZ 2	41	60 €	dauerhaft
13	IIa	ohne	OZ 2	43	60 €	dauerhaft
13 Ü	IIa	Ib nach 15 Jahren	OZ 1	27	20 €	nach 4 Jahren für 2 Jahre
13 Ü	IIa	Ib nach 15 Jahren	OZ 1	29	20 €	nach 2 Jahren für 2 Jahre
13 Ü	IIa	Ib nach 15 Jahren	OZ 1	29	130 €	nach 4 Jahren für 2 Jahre
13 Ü	IIa	Ib nach 15 Jahren	OZ 1	39	80 €	dauerhaft

Entgelt-gruppe	Vergü-tungs-gruppe bei In-Kraft-Treten TVÜ	Aufstieg	Orts-zuschlag Stufe 1,2	Lebens-alters-stufe	Höhe Aus-gleichs-betrag	Dauer
			bei In-Kraft-Treten TVÜ			
13 Ü	IIa	Ib nach 15 Jahren	OZ 1	41	80 €	dauerhaft
13 Ü	IIa	Ib nach 15 Jahren	OZ 1	43	80 €	dauerhaft
13 Ü	IIa	Ib nach 15 Jahren	OZ 1	45	60 €	dauerhaft
13 Ü	IIa	Ib nach 15 Jahren	OZ 2	27	100 €	nach 4 Jahren für 2 Jahre
13 Ü	IIa	Ib nach 15 Jahren	OZ 2	37	110 €	dauerhaft
13 Ü	IIa	Ib nach 15 Jahren	OZ 2	39	110 €	dauerhaft
13 Ü	IIa	Ib nach 15 Jahren	OZ 2	41	110 €	dauerhaft
13 Ü	IIa	Ib nach 15 Jahren	OZ 2	43	110 €	dauerhaft
13 Ü	IIa	Ib nach 15 Jahren	OZ 2	45	60 €	dauerhaft
13 Ü	IIa	Ib nach 11 Jahren	OZ 1	27	20 €	nach 4 Jahren für 2 Jahre
13 Ü	IIa	Ib nach 11 Jahren	OZ 1	29	20 €	nach 2 Jahren für 2 Jahre
13 Ü	IIa	Ib nach 11 Jahren	OZ 1	29	130 €	nach 4 Jahren für 2 Jahre
13 Ü	IIa	Ib nach 11 Jahren	OZ 1	33	60 €	nach 4 Jahren für 4 Jahre
13 Ü	IIa	Ib nach 11 Jahren	OZ 1	35	50 €	für 5 Jahre
13 Ü	IIa	Ib nach 11 Jahren	OZ 1	37	110 €	nach 2 Jahren für 3 Jahre

II

Entgelt-gruppe	Vergü-tungs-gruppe bei In-Kraft-Treten TVÜ	Aufstieg	Orts-zuschlag Stufe 1,2	Lebens-alters-stufe	Höhe Aus-gleichs-betrag	Dauer
			bei In-Kraft-Treten TVÜ			
13 Ü	IIa	Ib nach 11 Jahren	OZ 1	41	80 €	nach 4 Jahren dauerhaft
13 Ü	IIa	Ib nach 11 Jahren	OZ 1	43	80 €	dauerhaft
13 Ü	IIa	Ib nach 11 Jahren	OZ 1	45	60 €	dauerhaft
13 Ü	IIa	Ib nach 11 Jahren	OZ 2	27	100 €	nach 4 Jahren für 2 Jahre
13 Ü	IIa	Ib nach 11 Jahren	OZ 2	35	165 €	nach 3 Jahren für 2 Jahre
13 Ü	IIa	Ib nach 11 Jahren	OZ 2	37	110 €	dauerhaft
13 Ü	IIa	Ib nach 11 Jahren	OZ 2	39	110 €	nach 4 Jahren dauerhaft
13 Ü	IIa	Ib nach 11 Jahren	OZ 2	41	110 €	dauerhaft
13 Ü	IIa	Ib nach 11 Jahren	OZ 2	43	110 €	dauerhaft
13 Ü	IIa	Ib nach 11 Jahren	OZ 2	45	60 €	dauerhaft
14	IIa	Ib nach 5 und 6 Jahren	OZ 1	31	100 €	für 3 Jahre
14	IIa	Ib nach 5 und 6 Jahren	OZ 1	35	100 €	für 4 Jahre
14	IIa	Ib nach 5 und 6 Jahren	OZ 1	41	80 €	nach 4 Jahren dauerhaft
14	IIa	Ib nach 5 und 6 Jahren	OZ 1	43	80 €	dauerhaft

Entgeltgruppe	Vergütungsgruppe bei In-Kraft-Treten TVÜ	Aufstieg	Ortszuschlag Stufe 1,2	Lebensaltersstufe	Höhe Ausgleichsbetrag	Dauer
			bei In-Kraft-Treten TVÜ			
14	IIa	Ib nach 5 und 6 Jahren	OZ 1	45	60 €	dauerhaft
14	IIa	Ib nach 5 und 6 Jahren	OZ 2	31	110 €	für 7 Jahre
14	IIa	Ib nach 5 und 6 Jahren	OZ 2	33	50 €	für 4 Jahre
14	IIa	Ib nach 5 und 6 Jahren	OZ 2	39	110 €	nach 4 Jahren dauerhaft
14	IIa	Ib nach 5 und 6 Jahren	OZ 2	41	110 €	dauerhaft
14	IIa	Ib nach 5 u. 6 Jahren	OZ 2	43	110 €	dauerhaft
14	IIa	Ib nach 5 u. 6 Jahren	OZ 2	45	60 €	dauerhaft
14	Ib	ohne	OZ 1	35	100 €	nach 4 Jahren
14	Ib	ohne	OZ 1	41	80 €	nach 4 Jahren dauerhaft
14	Ib	ohne	OZ 1	43	80 €	dauerhaft
14	Ib	ohne	OZ 1	45	60 €	dauerhaft
14	Ib	ohne	OZ 2	33	50 €	für 4 Jahre
14	Ib	ohne	OZ 2	39	110 €	nach 4 Jahren dauerhaft
14	Ib	ohne	OZ 2	41	110 €	dauerhaft
14	Ib	ohne	OZ 2	43	110 €	dauerhaft
14	Ib	ohne	OZ 2	45	60 €	dauerhaft
15	Ia	ohne	OZ 1	39	100 €	für 4 Jahre
15	Ia	ohne	OZ 1	43	50 €	dauerhaft
15	Ia	ohne	OZ 1	45	50 €	dauerhaft
15	Ia	ohne	OZ 2	37	110 €	für 4 Jahre

Entgelt-gruppe	Vergütungs-gruppe bei In-Kraft-Treten TVÜ	Aufstieg	Orts-zuschlag Stufe 1,2	Lebens-alters-stufe	Höhe Aus-gleichs-betrag	Dauer
			bei In-Kraft-Treten TVÜ			
15	Ia	ohne	OZ 2	41	50 €	dauerhaft
15	Ia	ohne	OZ 2	43	50 €	dauerhaft
15	Ia	ohne	OZ 2	45	50 €	dauerhaft
15	Ib	Ia nach 8 Jahren	OZ 1	39	110 €	für 4 Jahre
15	Ib	Ia nach 8 Jahren	OZ 1	43	50 €	dauerhaft
15	Ib	Ia nach 8 Jahren	OZ 1	45	50 €	dauerhaft
15	Ib	Ia nach 8 Jahren	OZ 2	37	110 €	für 4 Jahre
15	Ib	Ia nach 8 Jahren	OZ 2	41	50 €	dauerhaft
15	Ib	Ia nach 8 Jahren	OZ 2	43	50 €	dauerhaft
15	Ib	Ia nach 8 Jahren	OZ 2	45	50 €	dauerhaft
15	Ib	Ia nach 4 Jahren	OZ 1	39	110 €	für 4 Jahre
15	Ib	Ia nach 4 Jahren	OZ 1	43	50 €	dauerhaft
15	Ib	Ia nach 4 Jahren	OZ 1	45	50 €	dauerhaft
15	Ib	Ia nach 4 Jahren	OZ 2	37	110 €	für 4 Jahre
15	Ib	Ia nach 4 Jahren	OZ 2	41	50 €	dauerhaft
15	Ib	Ia nach 4 Jahren	OZ 2	43	50 €	dauerhaft
15	Ib	Ia nach 4 Jahren	OZ 2	45	50 €	dauerhaft
15 Ü	I	ohne	OZ 2	43	50 €	dauerhaft
15 Ü	I	ohne	OZ 2	45	50 €	dauerhaft

*) Der Strukturausgleich wird frühestens ab dem 1. März 2009 geleistet.

B. Pflegepersonal im Sinne der Anlage 1b zum BAT/BAT-O

EG	Vergütungsgruppe	Ortszuschlag Stufe ½	Überleitung aus VergGr.	Überleitung aus Stufe	nach	für	Betrag Tarifgebiet West
12a	Kr. XII 5 Jahre Kr. XIII	OZ 2	Kr. XII	6	1 Jahr	6 Jahre	90,– €
11b	Kr. XI 5 Jahre Kr. XII	OZ 2	Kr. XI	6	1 Jahr	6 Jahre	150,– €
		OZ 1	Kr. XI	6	1 Jahr	6 Jahre	90,– €
			Kr. XI	7	2 Jahren	5 Jahre	130,– €
11a	Kr. X 5 Jahre Kr. XI	OZ 2	Kr. X	4	5 Jahren	2 Jahre	220,– €
			Kr. X	5	3 Jahren	4 Jahre	300,– €
		OZ 1	Kr. X	5	3 Jahren	4 Jahre	190,– €
			Kr. X	6	1 Jahr	6 Jahre	260,– €
10a	Kr. IX 5 Jahre Kr. X	OZ 2	Kr. IX	5	3 Jahren	2 Jahre, danach dauerhaft	270,– € 20,– €
			Kr. IX	6	4 Jahren	dauerhaft	35,– €
			Kr. X	7	2 Jahren	dauerhaft	35,– €
			Kr. X	8	2 Jahren	dauerhaft	35,– €
		OZ 1	Kr. IX	5	3 Jahren	2 Jahre	170,– €
			Kr. IX	6	1 Jahr	4 Jahre	240,– €
9d	Kr. VIII 5 Jahre Kr. IX	OZ 2	Kr. VIII	5	6 Jahren	dauerhaft	15,– €
			Kr. VIII	6	1 Jahr	3 Jahre, danach dauerhaft	140,– € 15,– €
			Kr. IX	7	2 Jahren	dauerhaft	30,– €
			Kr. IX	8	2 Jahren	dauerhaft	20,– €
		OZ 1	Kr. VIII	6	1 Jahr	1 Jahr, danach für 2 Jahre	200,– € 60,– €

II

EG	Vergütungs-gruppe	Ortszu-schlag Stufe ½	Überleitung aus VergGr.	Stufe	nach	für	Betrag Tarif-gebiet West
9c	Kr. VII 5 Jahre Kr. VIII	OZ 2	Kr. VII	4	4 Jahren	2 Jahre, danach für 4 Jahre	55,– € 110,– €
			Kr. VII	5	4 Jahren	3 Jahre	80,– €
			Kr. VII	6	1 Jahr	6 Jahre	140,– €
		OZ 1	Kr. VII	5	3 Jahren	2 Jahre, danach für 5 Jahre	150,– € 60,– €
			Kr. VIII	6	1 Jahr	9 Jahre	150,– €
			Kr. VIII	7	2 Jahren	5 Jahre	100,– €
9b	Kr. VII	OZ 2	Kr. VII	5	4 Jahren	3 Jahre	45,– €
			Kr. VII	6	2 Jahren	2 Jahre, danach für 3 Jahre	40,– € 100,– €
			Kr. VII	7	2 Jahren	dauerhaft	10,– €
			Kr. VII	8	2 Jahren	dauerhaft	10,– €
		OZ 1	Kr. VII	6	6 Jahren	1 Jahr	60,– €
			Kr. VII	7	4 Jahren	3 Jahre	60,– €
9b	Kr. VI 5 Jahre Kr. VII	OZ 2	Kr. VI	6	1 Jahr	6 Jahre	90,– €
			Kr. VII	6	1 Jahr	4 Jahre	90,– €
			Kr. VII	7	2 Jahren	dauerhaft	10,– €
			Kr. VII	8	2 Jahren	dauerhaft	10,– €
		OZ 1	Kr. VI	5	3 Jahren	2 Jahre	240,– €
			Kr. VI	6	1 Jahr	1 Jahr	200,– €
			Kr. VII	7	4 Jahren	3 Jahre	65,– €
9b	Kr. VI 7 Jahre Kr. VII	OZ 2	Kr. VI	6	4 Jahren	3 Jahre	90,– €
			Kr. VI	7	1 Jahr	1 Jahr danach für 5 Jahre	200,– € 120,– €
			Kr. VII	8	2 Jahren	dauerhaft	10,– €
		OZ 1	Kr. VI	5	4 Jahren	4 Jahre	50,– €
			Kr. VI	7	1 Jahr	1 Jahr danach für 5 Jahre	190,– € 20,– €

EG	Vergütungs-gruppe	Ortszu-schlag Stufe ½	Überleitung aus VergGr.	Stufe	nach	für	Betrag Tarif-gebiet West
9a	Kr. VI	OZ 2	Kr. VI	4	4 Jahren	3 Jahre	30,– €
			Kr. VI	5	2 Jahren	5 Jahre	75,– €
		OZ 1	Kr. VI	5	2 Jahren	8 Jahre	50,– €
			Kr. VI	6	4 Jahren	3 Jahre	40,– €
			Kr. VI	7	2 Jahren	5 Jahre	60,– €
8a	Kr. Va 3 Jahre, Kr. VI	OZ 2	Kr. Va	3	4 Jahren	7 Jahre	45,– €
			Kr. VI	5	2 Jahren	5 Jahre	60,– €
		OZ 1	Kr. VI	4	2 Jahren	9 Jahre	55,– €
			Kr. VI	7	2 Jahren	5 Jahre	60,– €
8a	Kr. Va 5 Jahre Kr. VI	OZ 2	Kr. Va	3	4 Jahren	7 Jahre	45,– €
			Kr. VI	5	2 Jahren	5 Jahre	60,– €
		OZ 1	Kr. Va	3	4 Jahren	3 Jahre	55,– €
			Kr. Va	4	2 Jahren	9 Jahre	55,– €
			Kr. VI	4	2 Jahren	8 Jahre	55,– €
			Kr. VI	7	2 Jahren	5 Jahre	60,– €
8a	Kr. V 6 Jahre Kr. VI	OZ 2	Kr. V	2	6 Jahren	7 Jahre	30,– €
			Kr. V	3	4 Jahren	7 Jahre	35,– €
			Kr. VI	5	2 Jahren	5 Jahre	60,– €
		OZ 1	Kr. V	3	2 Jahren	7 Jahre	120,– €
			Kr. VI	4	2 Jahren	9 Jahre	55,– €
			Kr. VI	7	2 Jahren	5 Jahre	60,– €
8a	Kr. V 4 Jahre, Kr. Va 2 Jahre, Kr. VI	OZ 2	Kr. V	2	6 Jahren	7 Jahre	60,– €
			Kr. Va	3	4 Jahren	7 Jahre	60,– €
			Kr. VI	4	3 Jahren	4 Jahre	25,– €
			Kr. VI	5	1 Jahr	2 Jahre, danach für 4 Jahre	25,– € 80,– €
			Kr. VI	7	1 Jahr	1 Jahr	40,– €
			Kr. VI	8	1 Jahr	1 Jahr	40,– €
		OZ 1	Kr. Va	3	2 Jahren	5 Jahre	55,– €
			Kr. VI	4	2 Jahren	4 Jahre, danach für 5 Jahre	70,– € 20,– €
			Kr. VI	7	2 Jahren	5 Jahre	55,– €

II

EG	Vergütungs-gruppe	Ortszu-schlag Stufe ½	Überleitung aus VergGr.	Stufe	nach	für	Betrag Tarif-gebiet West
7a	Kr. V 4 Jahre Kr. Va	OZ 2	Kr. V	3	4 Jahren	7 Jahre	55,– €
			Kr. Va	5	4 Jahren	3 Jahre	70,– €
			Kr. Va	7	2 Jahren	dauerhaft	25,– €
			Kr. Va	8	2 Jahren	dauerhaft	20,– €
		OZ 1	Kr. Va	5	2 Jahren	9 Jahre	45,– €
			Kr. Va	7	2 Jahren	5 Jahre	40,– €
7a	Kr. V 5 Jahre Kr. Va	OZ 2	Kr. V	3	4 Jahren	7 Jahre	45,– €
			Kr. V	4	2 Jahren	9 Jahre	100,– €
			Kr. Va	5	4 Jahren	3 Jahre	90,– €
			Kr. Va	7	2 Jahren	dauerhaft	25,– €
			Kr. Va	8	2 Jahren	dauerhaft	20,– €
		OZ 1	Kr. Va	5	2 Jahren	9 Jahre	45,– €
			Kr. Va	7	2 Jahren	5 Jahre	40,– €
7a	Kr. IV 2 Jahre (Hebammen 1 Jahr, Altenpflegerinnen 3 Jahre) Kr. V 4 Jahre Kr. Va	OZ 2	Kr. V	3	2 Jahren (Altenpflegerinnen nach 3 Jahren)	9 Jahre (Altenpflegerinnen für 8 Jahre)	50,– €
			Kr. Va	5	2 Jahren	5 Jahre	55,– €
			Kr. Va	7	2 Jahren	dauerhaft	25,– €
			Kr. Va	8	2 Jahren	dauerhaft	20,– €
		OZ 1	Kr. V	4	4 Jahren	2 Jahre	20,– €
			Kr. Va	5	2 Jahren	9 Jahre	55,– €
			Kr. Va	6	4 Jahren	3 Jahre	10,– €
			Kr. Va	7	2 Jahren	5 Jahre	60,– €
7a	Kr. IV 4 Jahre Kr. V	OZ 2	Kr. V	4	4 Jahren	dauerhaft	25,– €
			Kr. V	5	6 Jahren	dauerhaft	25,– €
			Kr. V	6	4 Jahren	dauerhaft	35,– €
			Kr. V	7	2 Jahren	dauerhaft	65,– €
			Kr. V	8	2 Jahren	dauerhaft	40,– €
		OZ 1	Kr. IV	3	2 Jahren	3 Jahre	100,– €
			Kr. V	6	2 Jahren	4 Jahre	40,– €
			Kr. V	7	2 Jahren	4 Jahre	90,– €

EG	Vergütungsgruppe	Ortszuschlag Stufe ½	Überleitung aus VergGr.	Stufe	nach	für	Betrag Tarifgebiet West
4a	Kr. III 4 Jahre Kr. IV	OZ 2	Kr. IV	3	2 Jahren	2 Jahre, danach für 7 Jahre	20,– € 60,– €
			Kr. IV	4	4 Jahren	3 Jahre	40,– €
			Kr. IV	5	2 Jahren	5 Jahre	60,– €
			Kr. IV	7	2 Jahren	dauerhaft	25,– €
			Kr. IV	8	2 Jahren	dauerhaft	35,– €
		OZ 1	Kr. IV	5	2 Jahren	9 Jahre	55,– €
			Kr. IV	7	2 Jahren	5 Jahre	40,– €
4a	Kr. II 2 Jahre Kr. III 4 Jahre Kr. IV	OZ 2	Kr. III	3	2 Jahren	9 Jahre	40,– €
			Kr. IV	4	4 Jahren	3 Jahre	40,– €
			Kr. IV	5	2 Jahren	5 Jahre	60,– €
			Kr. IV	7	2 Jahren	dauerhaft	25,– €
			Kr. IV	8	2 Jahren	dauerhaft	35,– €
		OZ 1	Kr. IV	5	2 Jahren	9 Jahre	55,– €
			Kr. IV	7	2 Jahren	5 Jahre	40,– €
3a	Kr. I 3 Jahre Kr. II	OZ 2	Kr. I	2	1 Jahr	10 Jahre	55,– €
			Kr. II	2	1 Jahr	1 Jahr	40,– €
			Kr. II	7	4 Jahren	dauerhaft	15,– €
			Kr. II	8	2 Jahren	dauerhaft	25,– €
		OZ 1	Kr. I	2	1 Jahr	3 Jahre	30,– €
			Kr. II	2	1 Jahr	3 Jahre	30,– €
			Kr. II	4	2 Jahren	9 Jahre	35,– €

Anlage 4 (Teil A)

Anlage 4 TVÜ-Länder
Vorläufige Zuordnung der Vergütungs- und Lohngruppen zu den Entgeltgruppen für ab dem 1. November 2006 stattfindende Eingruppierungsvorgänge (Länder)

Teil A
Beschäftigte mit Ausnahme der Lehrkräfte im Sinne des Teils B

Entgeltgruppe	Vergütungsgruppe	Lohngruppe
15	keine Stufe 6 Ia Ib mit Aufstieg nach Ia	–
14	keine Stufe 6 Ib ohne Aufstieg nach Ia	–
13	keine Stufe 6 Beschäftigte mit Tätigkeiten, die eine abgeschlossene wissenschaftliche Hochschulausbildung voraussetzen (IIa mit und ohne Aufstieg nach Ib) [ggf. Zulage nach § 17 Abs. 8 TVÜ] und weitere Beschäftigte, die nach der Vergütungsordnung zum BAT/BAT-O unmittelbar in IIa eingruppiert sind.	–
12	keine Stufe 6 III mit Aufstieg nach IIa	–
11	keine Stufe 6 III ohne Aufstieg nach IIa IVa mit Aufstieg nach III	–
10	keine Stufe 6 IVa ohne Aufstieg nach III IVb mit Aufstieg nach IVa Va in den ersten sechs Monaten der Berufsausübung, wenn danach IVb mit Aufstieg nach IVa	–

Entgeltgruppe	Vergütungsgruppe	Lohngruppe
9	IVb ohne Aufstieg nach IVa (keine Stufe 6) Va mit Aufstieg nach IVb ohne weiteren Aufstieg nach IVa (keine Stufe 6) Va ohne Aufstieg nach IVb (Stufe 3 nach 5 Jahren in Stufe 2, Stufe 4 nach 9 Jahren in Stufe 3, keine Stufen 5 und 6) Vb mit Aufstieg nach IVb (keine Stufe 6) Vb ohne Aufstieg nach IVb (Stufe 3 nach 5 Jahren in Stufe 2, Stufe 4 nach 9 Jahren in Stufe 3, keine Stufen 5 und 6)	9 (Stufe 4 nach 7 Jahren in Stufe 3, keine Stufen 5 und 6)
8	Vc mit Aufstieg nach Vb Vc ohne Aufstieg nach Vb	8 mit Aufstieg nach 8a 7 mit Aufstieg nach 8 und 8a
7	Keine	7 mit Aufstieg nach 7a 6 mit Aufstieg nach 7 und 7a
6	VIb mit Aufstieg nach Vc VIb ohne Aufstieg nach Vc	6 mit Aufstieg nach 6a 5 mit Aufstieg nach 6 und 6a
5	VII mit Aufstieg nach VIb VII ohne Aufstieg nach VIb	5 mit Aufstieg nach 5a 4 mit Aufstieg nach 5 und 5a
4	Keine	4 mit Aufstieg nach 4a 3 mit Aufstieg nach 4 und 4a
3	Keine Stufe 6 VIII mit Aufstieg nach VII VIII ohne Aufstieg nach VII	3 mit Aufstieg nach 3a 2a mit Aufstieg nach 3 und 3a 2 mit Aufstieg nach 2a, 3 und 3a 2 mit Aufstieg nach 2a und 3 (keine Stufe 6)
2Ü	Keine	2 mit Aufstieg nach 2a 1 mit Aufstieg nach 2 und 2a
2	IXb mit Aufstieg nach VIII IXb mit Aufstieg nach IXa X mit Aufstieg nach IXb (keine Stufe 6)	1 mit Aufstieg nach 1a (keine Stufe 6)

II

Entgeltgruppe	Vergütungsgruppe	Lohngruppe
1	(nicht abschließender Beispielskatalog) Beschäftigte mit einfachsten Tätigkeiten, zum Beispiel – Essens- und Getränkeausgeber/innen – Garderobenpersonal – Spülen und Gemüseputzen und sonstige Tätigkeiten im Haus- und Küchenbereich – Reiniger/innen in Außenbereichen wie Höfe, Wege, Grünanlagen, Parks – Wärter/innen von Bedürfnisanstalten – Servierer/innen – Hausarbeiter/innen – Hausgehilfe/Hausgehilfin – Bote/Botin (ohne Aufsichtsfunktion) Ergänzungen können durch landesbezirklichen Tarifvertrag geregelt werden. **Hinweis:** Diese Zuordnung gilt unabhängig von bisherigen tariflichen Zuordnungen zu Vergütungs-/Lohngruppen.	

Anlage 4 (Teil B)

Anlage 4 TVÜ-Länder
Vorläufige Zuordnung der Vergütungs- und Lohngruppen zu den Entgeltgruppen für ab dem 1. November 2006 stattfindende Eingruppierungs- und Einreihungsvorgänge (Länder)

Teil B
Lehrkräfte, für die nach Nr. 5 der Vorbemerkungen zu allen Vergütungsgruppen die Anlage 1a zum BAT/BAT-O nicht gilt

Entgeltgruppe	Eingruppierung Lehrkräfte „Erfüller" Vergütungsgruppe	Eingruppierung Lehrkräfte „Nichterfüller" Vergütungsgruppe
15	Ia	–
14	Ib	–
13	IIa	IIa mit und ohne Aufstieg nach Ib
12	–	III mit Aufstieg nach IIa IIb mit Aufstieg nach IIa
11	III	IIb ohne Aufstieg nach IIa III ohne Aufstieg nach IIa IVa mit Aufstieg nach III
10	IVa	IVa ohne Aufstieg nach III IVb mit Aufstieg nach IVa
9	IVb Vb (Stufe 3 nach 5 Jahren in Stufe 2, Stufe 4 nach 9 Jahren in Stufe 3, keine Stufe 5)	IVb ohne Aufstieg nach IVa Vb mit Aufstieg nach IVb Vb ohne Aufstieg nach IVb (Stufe 3 nach 5 Jahren in Stufe 2, Stufe 4 nach 9 Jahren in Stufe 3, keine Stufe 5)
8	Vc	Vc ohne Aufstieg Vc mit Aufstieg nach Vb
7	–	–
6	–	VIb ohne Aufstieg VIb mit Aufstieg nach Vc VIb mit Aufstieg nach Vb

Anlage 5 (A/B)

KR-Anwendungstabelle
Gültig vom . . .

Werte aus Entgelt-gruppe allg. Tabelle	Entgelt-gruppe KR	Zuordnungen Vergütungs-gruppen KR/KR-Verläufe	Grundentgelt		Entwicklungsstufen			
			Stufe 1	Stufe 2	Stufe 3	Stufe 4	Stufe 5	Stufe 6
EG 12	12a	XII mit Aufstieg nach XIII	–	–	. . .	. . . nach 2 J. St. 3	. . . nach 3 J. St. 4	–
EG 11	11b	XI mit Aufstieg nach XII	–	–		. . .	. . .	–
EG 11	11a	X mit Aufstieg nach XI	–	–	. . .	. . . nach 2 J. St. 3	. . . nach 5 J. St. 4	–
EG 10	10a	IX mit Aufstieg nach X	–	–	. . .	. . . nach 2 J. St. 3	. . . nach 3 J. St. 4	–
EG 9, EG 9b	9d	VIII mit Aufstieg nach IX	–	–	. . .	. . . nach 4 J. St. 3	. . . nach 2 J. St. 4	–
	9c	VII mit Aufstieg nach VIII	–	–	. . .	. . . nach 5 J. St. 3	. . . nach 5 J. St. 4	–
	9b	VI mit Aufstieg nach VII VII ohne Aufstieg	–	–	. . .	. . . nach 5 J. St. 3	. . . nach 5 J. St. 4	–
	9a	VI ohne Aufstieg	–	–	. . .	. . . nach 5 J. St. 3	. . . nach 5 J. St. 4	–
EG 7, EG 8, EG 9b	8a	Va mit Aufstieg nach VI V mit Aufstieg nach Va und VI	–	. . .	. . .	. . .	. . .	. . .
		V mit Aufstieg nach VI	. . .					
EG 7, EG 8	7a	V mit Aufstieg nach Va	–	. . .	. . .	. . .	. . .	. . .
		IV mit Aufstieg nach V und Va	. . .					
		IV mit Aufstieg nach V						–

KR-Anwendungstabelle Gültig vom . . .								
Werte aus Entgeltgruppe allg. Tabelle	Entgeltgruppe KR	Zuordnungen Vergütungsgruppen KR/KR-Verläufe	Grundentgelt		Entwicklungsstufen			
			Stufe 1	Stufe 2	Stufe 3	Stufe 4	Stufe 5	Stufe 6
EG 4, EG 6	4a	II mit Aufstieg nach III und IV	. . .	. . .	. . .	. . .	. . .	. . .
		III mit Aufstieg nach IV						
EG 3, EG 4	3a	I mit Aufstieg nach II	. . .	. . .	. . .	. . .	. . .	. . .

In den Entgeltgruppen KR 11b und KR 12a erhöht sich der Tabellenwert nach 5 Jahren in Stufe 5 um . . . Euro.

Anmerkung: Die aktuellen Tabellenentgelte für Pflegekräfte sind ab 1. Januar 2012 in Anlage C zum TV-L geregelt.

II

Abschnitt III
Tarifrecht der Auszubildenden, Praktikanten, Schüler und Studierenden

III

Tarifvertrag für Auszubildende der Länder in Ausbildungsberufen nach dem Berufsbildungsgesetz (TVA-L BBiG)

Vom 12. Oktober 2006

Zuletzt geändert durch
Änderungstarifvertrag Nr. 12 vom 9. Dezember 2023[1])

Inhaltsübersicht

1) Die Abstimmung des Textes des Änderungstarifvertrages war erst im Oktober 2024 abgeschlossen.

§ 1 Geltungsbereich

(1) [1]Dieser Tarifvertrag gilt für Personen, die in Verwaltungen und Betrieben in einem staatlich anerkannten oder als staatlich anerkannt geltenden Ausbildungsberuf nach dem Berufsbildungsgesetz (BBiG) ausgebildet werden (Auszubildende). [2]Voraussetzung ist, dass sie in Verwaltungen und Betrieben ausgebildet werden, die unter den Geltungsbereich des TV-L fallen.

III

(2) Dieser Tarifvertrag gilt nicht für

a) Auszubildende nach dem Pflegeberufegesetz und nach dem Anästhesietechnische- und Operationstechnische-Assistenten-Gesetz sowie Schülerinnen/Schüler in der Gesundheits- und Krankenpflege, Gesundheits- und Kinderkrankenpflege, Altenpflege, Operationstechnischen Assistenz, Anästhesietechnischen Assistenz, Entbindungspflege, Krankenpflegehilfe und Altenpflegehilfe sowie nach dem Notfallsanitätergesetz,

b) Schülerinnen/Schüler, die in den in der Anlage zum TVA-L Gesundheit aufgeführten Gesundheitsberufen ausgebildet werden,

c) Praktikantinnen/Praktikanten und Volontärinnen/Volontäre,

d) Auszubildende, die in Ausbildungsberufen der Landwirtschaft, des Weinbaues oder der Forstwirtschaft ausgebildet werden, es sei denn, dass die Beschäftigten des Ausbildenden unter den Tarifvertrag für den öffentlichen Dienst der Länder (TV-L) fallen,

e) körperlich, geistig oder seelisch behinderte Personen, die aufgrund ihrer Behinderung in besonderen Ausbildungswerkstätten, Berufsförderungswerkstätten oder in Lebenshilfeeinrichtungen ausgebildet werden, sowie für Personen, die in Ausbildungs- oder Berufsförderungswerkstätten von Justizvollzugseinrichtungen ausgebildet werden,

f) Studierende in einem ausbildungsintegrierten dualen Studium, die vom Geltungsbereich des Tarifvertrages für dual Studierende der Länder in ausbildungsintegrierten dualen Studiengängen (TVdS-L) erfasst sind.

(3) Soweit in diesem Tarifvertrag nichts anderes geregelt ist, gelten die jeweils einschlägigen gesetzlichen Vorschriften.

(4) Für die Auszubildenden des Landes Berlin gelten – mit Ausnahme des Tarifvertrages über die betriebliche Altersversorgung für die Beschäftigten des öffentlichen Dienstes (Tarifvertrag Altersversorgung – ATV) vom 1. März 2002 in der jeweils geltenden Fassung – einheitlich die Regelungen dieses Tarifvertrages für das Tarifgebiet West.

§ 2 Ausbildungsvertrag, Nebenabreden

(1) [1]Vor Beginn des Ausbildungsverhältnisses ist ein schriftlicher Ausbildungsvertrag zu schließen. [2]Dieser enthält neben der Bezeichnung des Ausbildungsberufs mindestens Angaben über

a) die maßgebliche Ausbildungs- und Prüfungsordnung in der jeweils geltenden Fassung sowie Art, sachliche und zeitliche Gliederung der Ausbildung,
b) Beginn und Dauer der Ausbildung,
c) Dauer der regelmäßigen täglichen oder wöchentlichen Ausbildungszeit,
d) Dauer der Probezeit,
e) Zahlung und Höhe des Ausbildungsentgelts,
f) Dauer des Urlaubs,
g) Voraussetzungen, unter denen der Ausbildungsvertrag gekündigt werden kann,
h) die Geltung des Tarifvertrages für Auszubildende der Länder (TVA-L BBiG) sowie einen in allgemeiner Form gehaltenen Hinweis auf die Betriebs-/Dienstvereinbarungen, die auf das Ausbildungsverhältnis anzuwenden sind,
i) die Form des Ausbildungsnachweises gemäß § 13 Satz 2 Nummer 7 Berufsbildungsgesetz.

(2) [1]Nebenabreden sind nur wirksam, wenn sie schriftlich vereinbart werden. [2]Sie können gesondert gekündigt werden, soweit dies einzelvertraglich vereinbart ist.

(3) [1]Falls im Rahmen eines Ausbildungsvertrages eine Vereinbarung über die Gewährung einer Personalunterkunft getroffen wird, ist dies in einer gesondert kündbaren Nebenabrede festzulegen. [2]Der Wert der Personalunterkunft wird im Tarifgebiet West nach dem Tarifvertrag über die Bewertung der Personalunterkünfte für Angestellte vom 16. März 1974 in der jeweils geltenden Fassung auf das Ausbildungsentgelt angerechnet. [3]Der nach § 3 Absatz 1 Unterabsatz 1 des Tarifvertrages über die Bewertung der Personalunterkünfte für Angestellte vom 16. März 1974 maßgebende Quadratmetersatz ist hierbei um 15 v. H. zu kürzen.

§ 3 Probezeit

(1) Die Probezeit beträgt drei Monate.

(2) Während der Probezeit kann das Ausbildungsverhältnis von beiden Seiten jederzeit ohne Einhalten einer Kündigungsfrist gekündigt werden.

§ 4 Ärztliche Untersuchungen

(1) [1]Auszubildende haben auf Verlangen des Ausbildenden vor ihrer Einstellung ihre gesundheitliche Eignung durch das Zeugnis eines Amtsarztes nachzuweisen. [2]Für Auszubildende, die unter das Jugendarbeitsschutzgesetz (JArbSchG) fallen, ist ergänzend § 32 Absatz 1 Jugendarbeitsschutzgesetz zu beachten.

(2) [1]Die Auszubildenden können bei begründeter Veranlassung verpflichtet werden, durch eine ärztliche Bescheinigung nachzuweisen, dass sie in der Lage sind, die nach dem Ausbildungsvertrag übernommenen Verpflichtungen zu erfüllen. [2]Bei dem beauftragten Arzt kann es sich um einen Betriebsarzt, Personalarzt oder Amtsarzt handeln, soweit sich die Betriebsparteien nicht auf einen anderen Arzt geeinigt haben. [3]Die Kosten dieser Untersuchung trägt der Ausbildende.

(3) [1]Auszubildende, die besonderen Ansteckungsgefahren ausgesetzt sind, oder die mit gesundheitsgefährdenden Tätigkeiten oder mit der Zubereitung von Speisen beauftragt werden, sind in regelmäßigen Zeitabständen ärztlich zu untersuchen. [2]Die Untersuchung ist auf Antrag der Auszubildenden auch bei Beendigung des Ausbildungsverhältnisses durchzuführen.

§ 5 Schweigepflicht, Nebentätigkeiten

(1) Auszubildende haben in demselben Umfang Verschwiegenheit zu wahren wie die Beschäftigten des Ausbildenden.

(2) [1]Nebentätigkeiten gegen Entgelt haben Auszubildende ihrem Ausbildenden rechtzeitig vorher schriftlich anzuzeigen. [2]Der Ausbildende kann die Nebentätigkeit untersagen oder mit Auflagen versehen, wenn diese geeignet ist, die nach dem Ausbildungsvertrag übernommenen Verpflichtungen der Auszubildenden oder berechtigte Interessen des Ausbildenden zu beeinträchtigen.

§ 6 Personalakten

(1) [1]Die Auszubildenden haben ein Recht auf Einsicht in ihre vollständigen Personalakten. [2]Sie können das Recht auf Einsicht durch einen hierzu schriftlich Bevollmächtigten ausüben lassen. [3]Sie können Auszüge oder Kopien aus ihren Personalakten erhalten. [4]Die Auszubildenden müssen über Beschwerden und Behauptungen tatsächlicher Art, die für sie ungünstig sind oder ihnen nachteilig werden können, vor Aufnahme in die Personalakten gehört werden. [5]Ihre Äußerung ist zu den Personalakten zu nehmen.

(2) [1]Beurteilungen sind den Auszubildenden unverzüglich bekannt zu geben. [2]Die Bekanntgabe ist aktenkundig zu machen.

§ 7 Wöchentliche und tägliche Ausbildungszeit

(1) Die durchschnittliche regelmäßige wöchentliche Ausbildungszeit und die tägliche Ausbildungszeit der Auszubildenden, die nicht unter das Jugendarbeitsschutzgesetz fallen, richten sich nach den Regelungen für die Beschäftigten des Ausbildenden.

(2) Wird das Führen von Berichtsheften (Ausbildungsnachweisen) verlangt, ist den Auszubildenden dazu Gelegenheit während der Ausbildungszeit zu geben.

(3) An Tagen, an denen Auszubildende an einem theoretischen betrieblichen Unterricht von mindestens 270 tatsächlichen Unterrichtsminuten teilnehmen, dürfen sie nicht zur praktischen Ausbildung herangezogen werden.

(4) [1]Unterrichtszeiten einschließlich der Pausen gelten als Ausbildungszeit. [2]Dies gilt auch für die notwendige Wegezeit zwischen Unterrichtsort und Ausbildungsstätte, sofern die Ausbildung nach dem Unterricht fortgesetzt wird.

(5) Auszubildende dürfen an Sonn- und Wochenfeiertagen und in der Nacht zur Ausbildung nur herangezogen werden, wenn dies nach dem Ausbildungszweck erforderlich ist.

(6) [1]Auszubildende dürfen nicht über die nach Absatz 1 geregelte Ausbildungszeit hinaus zu Mehrarbeit herangezogen und nicht mit Akkordarbeit beschäftigt werden. [2]§§ 21, 23 Jugendarbeitsschutzgesetz und § 17 Absatz 7 Berufsbildungsgesetz bleiben unberührt.

§ 8 Ausbildungsentgelt

(1) Das monatliche Ausbildungsentgelt beträgt für Auszubildende

a) in der Zeit vom 1. Oktober 2023 bis 31. Oktober 2024

im ersten Ausbildungsjahr	1086,82 Euro,
im zweiten Ausbildungsjahr	1140,96 Euro,
im dritten Ausbildungsjahr	1190,61 Euro,
im vierten Ausbildungsjahr	1259,51 Euro,

b) in der Zeit vom 1. November 2024 bis 31. Januar 2025

im ersten Ausbildungsjahr	1186,82 Euro,
im zweiten Ausbildungsjahr	1240,96 Euro,
im dritten Ausbildungsjahr	1290,61 Euro,
im vierten Ausbildungsjahr	1359,51 Euro,

c) ab 1. Februar 2025

im ersten Ausbildungsjahr	1236,82 Euro,
im zweiten Ausbildungsjahr	1290,96 Euro,
im dritten Ausbildungsjahr	1340,61 Euro,
im vierten Ausbildungsjahr	1409,51 Euro.

(2) Das Ausbildungsentgelt wird zu dem Termin gezahlt, zu dem auch die Beschäftigten des Ausbildenden ihr Entgelt erhalten.

(3) Ist wegen des Besuchs einer weiterführenden oder einer berufsbildenden Schule oder wegen einer Berufsausbildung in einer sonstigen Einrichtung die Ausbildungszeit verkürzt, gilt für die Höhe des Ausbildungsentgelts der Zeitraum, um den die Ausbildungszeit verkürzt wird, als abgeleistete Ausbildungszeit.

(4) Wird die Ausbildungszeit

a) gemäß § 18 Absatz 1 Satz 2 verlängert oder

b) auf Antrag der Auszubildenden nach § 8 Absatz 2 Berufsbildungsgesetz von der zuständigen Stelle oder nach § 27c Absatz 2 der Handwerksordnung von der Handwerkskammer verlängert,

wird während des Zeitraums der Verlängerung das Ausbildungsentgelt des letzten regelmäßigen Ausbildungsabschnitts gezahlt.

(5) In den Fällen des § 18 Absatz 2 erhalten Auszubildende bis zur Ablegung der Abschlussprüfung das Ausbildungsentgelt des letzten regelmäßigen Ausbildungsabschnitts, bei Bestehen der Prüfung darüber hinaus rückwirkend von dem Zeitpunkt an, an dem das Ausbildungsverhältnis geendet hat, den Unterschiedsbetrag zwischen dem ihnen gezahlten Ausbildungsentgelt und dem für das vierte Ausbildungsjahr maßgebenden Ausbildungsentgelt.

(6) Für die Ausbildung an Samstagen, Sonntagen, Feiertagen und Vorfesttagen, für den Bereitschaftsdienst und die Rufbereitschaft, für die Überstunden und für die Zeitzuschläge gelten die für die Beschäftigten des Ausbildenden geltenden Regelungen sinngemäß.

(7) Zulagen nach dem Tarifvertrag zu § 33 Absatz 1 Buchstabe c BAT/BAT-O können bei Vorliegen der geforderten Voraussetzungen zur Hälfte gezahlt werden.

(8) An Auszubildende, die im Rahmen ihrer Ausbildung in erheblichem Umfang mit Arbeiten gemäß § 29 MTArb/MTArb-O beschäftigt werden, kann im zweiten bis vierten Ausbildungsjahr ein monatlicher Pauschalzuschlag von 10,23 Euro gezahlt werden.

§ 9 Urlaub

(1) [1]Auszubildende erhalten Erholungsurlaub in entsprechender Anwendung der für die Beschäftigten des Ausbildenden geltenden Regelungen. [2]Während des Erholungsurlaubs wird das Ausbildungsentgelt (§ 8 Absatz 1) fortgezahlt.

(2) Der Erholungsurlaub ist nach Möglichkeit zusammenhängend während der unterrichtsfreien Zeit zu erteilen und in Anspruch zu nehmen.

§ 10 Ausbildungsmaßnahmen außerhalb der Ausbildungsstätte

(1) Bei Dienstreisen und Reisen zur Ablegung der in den Ausbildungsordnungen vorgeschriebenen Prüfungen erhalten Auszubildende eine Entschädigung in entsprechender Anwendung der Reisekostenbestimmungen, die für die Beschäftigten des Ausbildenden jeweils gelten.

(2) [1]Bei Reisen zur Teilnahme an überbetrieblichen Ausbildungsmaßnahmen im Sinne des § 5 Absatz 2 Satz 1 Nr. 6 Berufsbildungsgesetz außerhalb der politischen Gemeindegrenze der Ausbildungsstätte werden die entstandenen notwendigen Fahrtkosten bis zur Höhe der Kosten der Fahrkarte der jeweils niedrigsten Klasse des billigsten regelmäßig verkehrenden Beförderungsmittels (im Bahnverkehr ohne Zuschläge) erstattet; Möglichkeiten zur Erlangung von Fahrpreisermäßigungen (zum Beispiel Schülerfahrkarten, Monatsfahrkarten, BahnCard) sind auszunutzen. [2]Beträgt die Entfernung zwischen den Ausbildungsstätten hierbei mehr als 300 km, können im Bahnverkehr Zuschläge beziehungsweise besondere Fahrpreise (zum Beispiel für ICE) erstattet werden. [3]Für die Erstattung der nachgewiesenen notwendigen Kosten einer Unterkunft am auswärtigen Ort gelten, soweit nicht eine unentgeltliche Unterkunft zur Verfügung steht, diejenigen Regelungen entsprechend, die für die Beschäftigten des Ausbildenden maßgebend sind. [4]Zu den Auslagen des bei notwendiger auswärtiger Unterbringung entstehenden Verpflegungsmehraufwands wird für volle Kalendertage der Anwesenheit am auswärtigen Ausbildungsort ein Verpflegungszuschuss in Höhe der nach der Sozialversicherungsentgeltverordnung maßgebenden Sachbezugswerte für Frühstück, Mittagessen und Abendessen gewährt. [5]Bei unentgeltlicher Verpflegung wird der jeweilige Sachbezugswert einbehalten.[6]Bei einer über ein Wochenende oder einen Feiertag hinaus andauernden Ausbildungsmaßnahme werden die dadurch entstandenen Mehrkosten für Unterkunft und Verpflegungsmehraufwand nach Maßgabe der Sätze 3 bis 5 erstattet.

(3) [1]Für den Besuch einer auswärtigen Berufsschule werden die notwendigen Fahrtkosten sowie die Auslagen für Unterkunft und Verpflegungsmehraufwand nach Maßgabe des Absatzes 2 erstattet. [2]Erstattungen durch Dritte sind anzurechnen. [3]Sofern der Auszubildende auf seinen Antrag eine andere als die regulär zu besuchende Berufsschule besucht, wird der Ausbildende von der Kostenübernahme befreit.

(4) Bei Abordnungen und Zuweisungen werden die Kosten nach Maßgabe des Absatzes 2 erstattet.

III

§ 11 Familienheimfahrten

[1]Für Familienheimfahrten von der Ausbildungsstätte oder vom Ort der auswärtigen Berufsschule, deren Besuch vom Ausbildenden veranlasst wurde, zum Wohnort der Eltern und zurück werden den Auszubildenden monatlich einmal Fahrtkosten erstattet. [2]Erstattungsfähig sind die im Bundesgebiet notwendigen Fahrtkosten bis zur Höhe der Kosten der Fahrkarte der jeweils niedrigsten Klasse des billigsten regelmäßig verkehrenden Beförderungsmittels (im Bahnverkehr ohne Zuschläge). [3]Dem Wohnort der Eltern steht der Wohnort der Erziehungsberechtigten oder der Ehegattin/des Ehegatten oder der Lebenspartnerin/des Lebenspartners gleich. [4]Möglichkeiten zur Erlangung von Fahrpreisermäßigungen (zum Beispiel Schülerfahrkarten, Monatsfahrkarten, BahnCard) sind auszunutzen. [5]Beträgt die Entfernung mehr als 300 km, können im Bahnverkehr Zuschläge beziehungsweise besondere Fahrpreise (zum Beispiel für ICE) erstattet werden. [6]Die Sätze 1 bis 5 gelten nicht, wenn aufgrund geringer Entfernung eine tägliche Rückkehr möglich und zumutbar ist oder der Aufenthalt am jeweiligen Ort der Ausbildungsstätte oder der auswärtigen Berufsschule weniger als vier Wochen beträgt.

§ 12 Schutzkleidung, Ausbildungsmittel

(1) Soweit das Tragen von Schutzkleidung gesetzlich vorgeschrieben oder angeordnet ist, wird sie unentgeltlich zur Verfügung gestellt und bleibt Eigentum des Ausbildenden.

(2) Der Ausbildende hat den Auszubildenden kostenlos die Ausbildungsmittel zur Verfügung zu stellen, die zur Berufsausbildung und zum Ablegen von Zwischen- und Abschlussprüfungen erforderlich sind.

§ 13 Entgelt im Krankheitsfall

(1) [1]Sind Auszubildende durch Arbeitsunfähigkeit infolge Krankheit ohne ihr Verschulden verhindert, ihre Verpflichtungen aus dem Ausbildungsvertrag zu erfüllen, erhalten sie für die Zeit der Arbeitsunfähigkeit bis zu einer Dauer von sechs Wochen das Ausbildungsentgelt (§ 8 Absatz 1) fortgezahlt. [2]Bei Wiederholungserkrankungen sowie bei Beendigung des Ausbildungsverhältnisses richtet sich die Dauer der Entgeltfortzahlung nach den gesetzlichen Bestimmungen.

(2) Im Übrigen gilt das Entgeltfortzahlungsgesetz.

(3) [1]Hat die/der Auszubildende bei dem Ausbildenden einen Arbeitsunfall erlitten oder sich eine Berufskrankheit zugezogen, wird bei der jeweils ersten darauf beruhenden Arbeitsunfähigkeit nach Ablauf des

Entgeltfortzahlungszeitraums von sechs Wochen ein Krankengeldzuschuss bis zum Ende der 26. Woche seit dem Beginn der Arbeitsunfähigkeit gezahlt. [2]Der Krankengeldzuschuss wird in Höhe des Unterschiedsbetrages zwischen den tatsächlichen Barleistungen des Sozialleistungsträgers und dem sich nach Absatz 1 ergebenden Nettoausbildungsentgelt gezahlt. [3]Voraussetzung für die Zahlung des Krankengeldzuschusses ist, dass der zuständige Unfallversicherungsträger den Arbeitsunfall oder die Berufskrankheit anerkennt.

§ 14 Entgeltfortzahlung in anderen Fällen

(1) Auszubildenden ist das Ausbildungsentgelt (§ 8 Absatz 1) für insgesamt fünf Ausbildungstage fortzuzahlen, um sich vor den in den Ausbildungsordnungen vorgeschriebenen Abschlussprüfungen ohne Bindung an die planmäßige Ausbildung auf die Prüfung vorbereiten zu können; bei der Sechstagewoche besteht dieser Anspruch für sechs Ausbildungstage.

(2) Der Freistellungsanspruch nach Absatz 1 verkürzt sich um die Zeit, für die Auszubildende zur Vorbereitung auf die Abschlussprüfung besonders zusammengefasst werden; es besteht jedoch mindestens ein Anspruch auf zwei Ausbildungstage.

(3) Im Übrigen gelten für die Arbeitsbefreiung diejenigen Regelungen entsprechend, die für die Beschäftigten des Ausbildenden maßgebend sind.

§ 15 Vermögenswirksame Leistungen

(1) [1]Auszubildende erhalten im Tarifgebiet West eine vermögenswirksame Leistung in Höhe von 13,29 Euro monatlich und im Tarifgebiet Ost in Höhe von 6,65 Euro monatlich, wenn sie diesen Betrag nach Maßgabe des Vermögensbildungsgesetzes in seiner jeweiligen Fassung anlegen. [2]Der Anspruch auf vermögenswirksame Leistungen entsteht frühestens für den Kalendermonat, in dem dem Ausbildenden die erforderlichen Angaben mitgeteilt werden, und für die beiden vorangegangenen Monate desselben Kalenderjahres. [3]Die vermögenswirksamen Leistungen werden nur für Kalendermonate gewährt, für die den Auszubildenden Ausbildungsentgelt, Entgeltfortzahlung oder Krankengeldzuschuss zusteht. [4]Für Zeiten, für die Krankengeldzuschuss zusteht, sind die vermögenswirksamen Leistungen Teil des Krankengeldzuschusses.

(2) Die vermögenswirksamen Leistungen sind kein zusatzversorgungspflichtiges Entgelt.

§ 16 Jahressonderzahlung

(1) [1]Auszubildende, die am 1. Dezember in einem Ausbildungsverhältnis stehen, haben Anspruch auf eine Jahressonderzahlung. [2]Diese beträgt 95 v. H. des Ausbildungsentgelts (§ 8 Absatz 1), das den Auszubildenden für November zusteht.

(2) [1]Der Anspruch ermäßigt sich um ein Zwölftel für jeden Kalendermonat, in dem Auszubildende keinen Anspruch auf Ausbildungsentgelt (§ 8 Absatz 1), Fortzahlung des Entgelts während des Erholungsurlaubs (§ 9) oder im Krankheitsfall (§ 13) haben. [2]Die Verminderung unterbleibt für Kalendermonate, für die Auszubildende wegen Beschäftigungsverboten nach § 3 Absätze 1 und 2 Mutterschutzgesetz kein Ausbildungsentgelt erhalten haben. [3]Die Verminderung unterbleibt ferner für Kalendermonate der Inanspruchnahme der Elternzeit nach dem Bundeselterngeld- und Elternzeitgesetz bis zum Ende des Kalenderjahres, in dem das Kind geboren ist. [4]Voraussetzung ist, dass am Tag vor Antritt der Elternzeit Anspruch auf Entgelt oder auf Zuschuss zum Mutterschaftsgeld bestanden hat.

(3) [1]Die Jahressonderzahlung wird mit dem Ausbildungsentgelt für November ausgezahlt. [2]Ein Teilbetrag der Jahressonderzahlung kann zu einem früheren Zeitpunkt ausgezahlt werden.

(4) [1]Auszubildende, die im unmittelbaren Anschluss an die Ausbildung von ihrem Ausbildenden in ein Arbeitsverhältnis übernommen werden und am 1. Dezember noch in diesem Arbeitsverhältnis stehen, erhalten zusammen mit der anteiligen Jahressonderzahlung aus dem Arbeitsverhältnis eine anteilige Jahressonderzahlung aus dem Ausbildungsverhältnis. [2]Ist die Übernahme im Laufe eines Kalendermonats erfolgt, wird dieser Kalendermonat bei der anteiligen Jahressonderzahlung aus dem Arbeitsverhältnis berücksichtigt.

§ 17 Betriebliche Altersversorgung

[1]Die Auszubildenden haben Anspruch auf eine zusätzliche Alters- und Hinterbliebenenversorgung unter Eigenbeteiligung. [2]Einzelheiten bestimmt der Tarifvertrag über die betriebliche Altersversorgung der Beschäftigten des öffentlichen Dienstes (Tarifvertrag Altersversorgung – ATV) in seiner jeweils geltenden Fassung.

Protokollerklärung zu § 17:

§ 17 gilt nicht für Auszubildende der Freien und Hansestadt Hamburg.

Niederschriftserklärung zu § 17 TVA-L BBiG, § 17 TVA-L Pflege, § 17 TVA-L Gesundheit:

Die Tarifvertragsparteien weisen darauf hin, dass Auszubildende nicht vom Geltungsbereich des Hamburgischen Zusatzversorgungsgesetzes erfasst werden. Für die Dauer der Ausbildung werden keine Eigenbeiträge zur betrieblichen Altersversorgung erhoben. Die Ausbildung wird aber als Wartezeit und als ruhegeldfähige Beschäftigungszeit bei der Ruhegeldberechnung berücksichtigt, wenn sich unmittelbar an die Ausbildung ein Beschäftigungsverhältnis zur Freien und Hansestadt Hamburg anschließt.

§ 18 Beendigung des Ausbildungsverhältnisses

(1) [1]Das Ausbildungsverhältnis endet mit Ablauf der Ausbildungszeit; abweichende gesetzliche Regelungen bleiben unberührt. [2]Im Falle des Nichtbestehens der Abschlussprüfung verlängert sich das Ausbildungsverhältnis auf Verlangen der Auszubildenden bis zur nächstmöglichen Wiederholungsprüfung, höchstens um ein Jahr.

(2) Können Auszubildende ohne eigenes Verschulden die Abschlussprüfung erst nach beendeter Ausbildungszeit ablegen, gilt Absatz 1 Satz 2 entsprechend.

(3) Beabsichtigt der Ausbildende keine Übernahme in ein Arbeitsverhältnis, hat er dies den Auszubildenden drei Monate vor dem voraussichtlichen Ende der Ausbildungszeit schriftlich mitzuteilen.

(4) Nach der Probezeit (§ 3) kann das Ausbildungsverhältnis unbeschadet der gesetzlichen Kündigungsgründe nur gekündigt werden

a) aus einem sonstigen wichtigen Grund ohne Einhalten einer Kündigungsfrist,

b) von Auszubildenden mit einer Kündigungsfrist von vier Wochen.

(5) Werden Auszubildende im Anschluss an das Ausbildungsverhältnis beschäftigt, ohne dass hierüber ausdrücklich etwas vereinbart worden ist, so gilt ein Arbeitsverhältnis auf unbestimmte Zeit als begründet.

§ 19 Übernahme von Auszubildenden

(1) Auszubildende, die ihre Ausbildung mindestens mit der Gesamtnote „Befriedigend" abgeschlossen haben, werden bei dienstlichem bzw. betrieblichem Bedarf im unmittelbaren Anschluss an das Ausbildungsverhältnis in ein unbefristetes Arbeitsverhältnis übernommen, sofern nicht im Einzelfall personenbedingte, verhaltensbedingte, betriebsbedingte oder gesetzliche Gründe entgegenstehen; § 3 Absatz 1 Satz 2 TV-L gilt entsprechend.

(2) [1]Auszubildende, die ihre Ausbildung nicht mit mindestens der Gesamtnote „Befriedigend" abgeschlossen haben, werden nach erfolgreich bestandener Abschlussprüfung bei dienstlichem bzw. betrieblichem Bedarf im unmittelbaren Anschluss an das Ausbildungsverhältnis für die Dauer von zwölf Monaten in ein Arbeitsverhältnis übernommen, sofern nicht im Einzelfall personenbedingte, verhaltensbedingte, betriebsbedingte oder gesetzliche Gründe entgegenstehen; § 3 Absatz 1 Satz 2 TV-L gilt entsprechend. [2]Im Anschluss daran

werden diese Beschäftigten bei entsprechender Bewährung in ein unbefristetes Arbeitsverhältnis übernommen.

(3) [1]Der dienstliche bzw. betriebliche Bedarf muss zum Zeitpunkt der Beendigung der Ausbildung nach Absatz 1 bzw. Absatz 2 Satz 1 vorliegen und setzt zudem eine freie und besetzbare Stelle bzw. einen freien und zu besetzenden Arbeitsplatz voraus, die/der eine ausbildungsadäquate Beschäftigung auf Dauer ermöglicht. [2]Bei einer Auswahlentscheidung sind die Ergebnisse der Abschlussprüfung und die persönliche Eignung zu berücksichtigen. [3]Bestehende Mitbestimmungsrechte bleiben unberührt.

Protokollerklärung zu § 19:

1. [1]Für die Prüfung des dienstlichen bzw. betrieblichen Bedarfs, einer freien und besetzbaren Stelle bzw. eines freien und zu besetzenden Arbeitsplatzes sowie der ausbildungsadäquaten Beschäftigung ist auf die Ausbildungsdienststelle bzw. den Ausbildungsbetrieb abzustellen. [2]Steht in der Ausbildungsdienststelle bzw. dem Ausbildungsbetrieb keine Stelle bzw. kein Arbeitsplatz im Sinne des § 19 Absatz 3 Satz 1 zur Verfügung, wirkt die Ausbildungsdienststelle bzw. der Ausbildungsbetrieb auf eine Übernahme in eine andere Dienststelle bzw. einen anderen Betrieb des Arbeitgebers hin.
2. Besteht kein dienstlicher bzw. betrieblicher Bedarf für eine unbefristete Beschäftigung, ist eine befristete Beschäftigung außerhalb von § 19 möglich.

§ 20 Abschlussprämie

(1) [1]Bei Beendigung des Ausbildungsverhältnisses aufgrund erfolgreich abgelegter Abschlussprüfung beziehungsweise staatlicher Prüfung erhalten Auszubildende eine Abschlussprämie als Einmalzahlung in Höhe von 400 Euro. [2]Die Abschlussprämie ist kein zusatzversorgungspflichtiges Entgelt. [3]Sie ist nach Bestehen der Abschlussprüfung beziehungsweise der staatlichen Prüfung fällig.

(2) [1]Die Abschlussprämie wird nicht gezahlt, wenn die Ausbildung nach erfolgloser Prüfung aufgrund einer Wiederholungsprüfung abgeschlossen wird. [2]Im Einzelfall kann der Ausbildende dennoch eine Abschlussprämie zahlen.

§ 21 Zeugnis

[1]Der Ausbildende hat den Auszubildenden bei Beendigung des Berufsausbildungsverhältnisses ein Zeugnis auszustellen. [2]Das Zeugnis muss Angaben über Art, Dauer und Ziel der Berufsausbildung sowie über die erworbenen Fertigkeiten und Kenntnisse der Auszubildenden enthalten. [3]Auf deren Verlangen sind auch Angaben über Führung, Leistung und besondere fachliche Fähigkeiten aufzunehmen.

§ 22 Ausschlussfrist

[1]Ansprüche aus dem Ausbildungsverhältnis verfallen, wenn sie nicht innerhalb einer Ausschlussfrist von sechs Monaten nach Fälligkeit von den Auszubildenden oder vom Ausbildenden schriftlich geltend gemacht werden. [2]Für denselben Sachverhalt reicht die einmalige Geltendmachung des Anspruchs auch für später fällige Leistungen aus.

§ 23 Inkrafttreten, Außerkrafttreten, Laufzeit

(1) [1]Dieser Tarifvertrag tritt am 1. November 2006 in Kraft. [2]Abweichend von Satz 1 tritt § 16 Absatz 1 bis 4 am 1. Januar 2008 in Kraft.

(1a) § 19 tritt mit Ablauf des 31. Oktober 2025 außer Kraft.

(2) Dieser Tarifvertrag kann mit einer Frist von drei Monaten zum Ende eines Kalenderhalbjahres schriftlich gekündigt werden.

(3) Abweichend von Absatz 2 kann § 16 von jeder Tarifvertragspartei auf landesbezirklicher Ebene mit einer Frist von drei Monaten zum 31. Dezember eines Kalenderjahres schriftlich gekündigt werden.

(4) Abweichend von Absatz 2 können ferner schriftlich gekündigt werden:

a) § 8 Absatz 1 mit einer Frist von einem Monat zum Ende eines Kalendermonats, frühestens jedoch zum 31. Oktober 2025; eine Kündigung nach Absatz 2 erfasst nicht den § 8 Absatz 1,

b) § 20 mit einer Frist von einem Monat zum Ende eines Kalenderjahres.

(5) Dieser Tarifvertrag ersetzt mit Wirkung vom 1. November 2006 die in der Anlage aufgeführten Tarifverträge.

Anlage
(zu § 23 Absatz 5)

(Ersetzte Tarifverträge)

1. Manteltarifvertrag für Auszubildende vom 6. Dezember 1974,
2. Manteltarifvertrag für Auszubildende (Mantel-TV Azubi-O) vom 5. März 1991,
3. Ausbildungsvergütungstarifvertrag Nr. 22 für Auszubildende vom 31. Januar 2003,
4. Ausbildungsvergütungstarifvertrag Nr. 7 für Auszubildende (Ost) vom 31. Januar 2003,
5. Tarifvertrag über vermögenswirksame Leistungen an Auszubildende vom 17. Dezember 1970,
6. Tarifvertrag über vermögenswirksame Leistungen an Auszubildende (TV VL Azubi-O) vom 8. Mai 1991,
7. Tarifvertrag über ein Urlaubsgeld für Auszubildende vom 16. März 1977,
8. Tarifvertrag über ein Urlaubsgeld für Auszubildende (TV Urlaubsgeld Azubi-O) vom 5. März 1991,
9. Tarifvertrag über eine Zuwendung für Auszubildende vom 12. Oktober 1973,
10. Tarifvertrag über eine Zuwendung für Auszubildende (TV Zuwendung Azubi-O) vom 5. März 1991.

Tarifvertrag für Auszubildende der Länder in Pflegeberufen (TVA-L Pflege)

Vom 12. Oktober 2006

Zuletzt geändert durch
Änderungstarifvertrag Nr. 12 vom 9. Dezember 2023[1])

III

Inhaltsübersicht

---

[1]) Die Abstimmung des Textes des Änderungstarifvertrages war erst im Oktober 2024 abgeschlossen.

§ 1 Geltungsbereich

(1) [1]Dieser Tarifvertrag gilt für Auszubildende nach dem Pflegeberufegesetz sowie für Schülerinnen/Schüler in der Gesundheits- und Krankenpflege, Gesundheits- und Kinderkrankenpflege, Entbindungspflege und Altenpflege sowie nach dem Notfallsanitätergesetz (Auszubildende). [2]Voraussetzung ist, dass sie in Einrichtungen ausgebildet werden, die unter den Geltungsbereich des TV-L fallen.

III

(1a) [1]Dieser Tarifvertrag gilt auch für Auszubildende nach dem Anästhesietechnische- und Operationstechnische-Assistenten-Gesetz sowie für Schülerinnen/Schüler in der Operationstechnischen Assistenz und in der Anästhesietechnischen Assistenz jeweils nach der DKG-Empfehlung vom 17. September 2013 (Auszubildende). [2]Voraussetzung ist, dass die praktische Ausbildung an einer Universitätsklinik erfolgt, die unter den Geltungsbereich des TV-L fällt.

(2) Dieser Tarifvertrag gilt nicht für Schülerinnen/Schüler in der Krankenpflegehilfe und Altenpflegehilfe sowie für Studierende in einem ausbildungsintegrierten dualen Studium, die vom Geltungsbereich des Tarifvertrages für dual Studierende der Länder in ausbildungsintegrierten dualen Studiengängen (TVdS-L) erfasst sind.

(3) Soweit in diesem Tarifvertrag nichts anderes geregelt ist, gelten die jeweils einschlägigen gesetzlichen Vorschriften.

(4) Für die Auszubildenden des Landes Berlin gelten – mit Ausnahme des Tarifvertrages über die betriebliche Altersversorgung für die Beschäftigten des öffentlichen Dienstes (Tarifvertrag Altersversorgung – ATV) vom 1. März 2002 in der jeweils geltenden Fassung – einheitlich die Regelungen dieses Tarifvertrages für das Tarifgebiet West.

§ 2 Ausbildungsvertrag, Nebenabreden

(1) [1]Vor Beginn des Ausbildungsverhältnisses ist ein schriftlicher Ausbildungsvertrag zu schließen. [2]Dieser enthält neben der Bezeichnung des Ausbildungsberufs mindestens Angaben über

a) die maßgebliche Ausbildungs- und Prüfungsordnung in der jeweils geltenden Fassung sowie Art, sachliche und zeitliche Gliederung der Ausbildung,
b) Beginn und Dauer der Ausbildung,
c) Dauer der regelmäßigen täglichen oder wöchentlichen Ausbildungszeit,
d) Dauer der Probezeit,
e) Zahlung und Höhe des Ausbildungsentgelts,
f) Dauer des Urlaubs,

g) Voraussetzungen, unter denen der Ausbildungsvertrag gekündigt werden kann,

h) die Geltung des Tarifvertrages für Auszubildende der Länder in Pflegeberufen (TVA-L Pflege) sowie einen in allgemeiner Form gehaltenen Hinweis auf die Betriebs-/Dienstvereinbarungen, die auf das Ausbildungsverhältnis anzuwenden sind.

[3]Bei Auszubildenden nach dem Pflegeberufegesetz enthält der Ausbildungsvertrag darüber hinaus Angaben über:

a) den gewählten Vertiefungseinsatz einschließlich der Ausrichtung nach § 7 Absatz 4 Satz 2 Pflegeberufegesetz,

b) die Verpflichtung der Auszubildenden/des Auszubildenden zum Besuch der Ausbildungsveranstaltungen der Pflegeschule,

c) den Umfang etwaiger Sachbezüge nach § 19 Absatz 2 Pflegeberufegesetz,

d) den Hinweis auf die Rechte als Arbeitnehmerin/Arbeitnehmer im Sinne von § 5 Betriebsverfassungsgesetz oder des für den Träger der praktischen Ausbildung jeweils geltenden Landespersonalvertretungsgesetzes.

[4]Bei Auszubildenden nach dem Anästhesietechnische- und Operationstechnische-Assistenten-Gesetz enthält der Ausbildungsvertrag über Satz 2 hinaus Angaben über:

a) die Verpflichtung der Auszubildenden/des Auszubildenden zum Besuch der Ausbildungsveranstaltungen der Schule,

b) den Umfang etwaiger Sachbezüge nach § 30 Anästhesietechnische- und Operationstechnische-Assistenten-Gesetz,

c) den Hinweis auf die Rechte als Arbeitnehmerin/Arbeitnehmer im Sinne von § 5 Betriebsverfassungsgesetz oder des für die verantwortliche Einrichtung der praktischen Ausbildung jeweils geltenden Landespersonalvertretungsgesetzes.

(2) [1]Nebenabreden sind nur wirksam, wenn sie schriftlich vereinbart werden. [2]Sie können gesondert gekündigt werden, soweit dies einzelvertraglich vereinbart ist.

(3) [1]Falls im Rahmen eines Ausbildungsvertrages eine Vereinbarung über die Gewährung einer Personalunterkunft getroffen wird, ist dies in einer gesondert kündbaren Nebenabrede festzulegen. [2]Der Wert der Personalunterkunft wird im Tarifgebiet West nach dem Tarifvertrag über die Bewertung der Personalunterkünfte für Angestellte vom 16. März 1974 in der jeweils geltenden Fassung auf das Ausbildungsentgelt angerechnet. [3]Der nach § 3 Absatz 1 Unterabsatz 1 des Tarifvertrages über die Bewertung der Personalunterkünfte für Ange-

stellte vom 16. März 1974 maßgebende Quadratmetersatz ist hierbei um 15 v. H. zu kürzen.

§ 3 Probezeit

III

(1) [1]Die Probezeit für Auszubildende nach dem Pflegeberufegesetz und nach dem Anästhesietechnische- und Operationstechnische-Assistenten-Gesetz sowie für Schülerinnen/Schüler in der Gesundheits- und Krankenpflege, Gesundheits- und Kinderkrankenpflege, Entbindungspflege und Altenpflege beträgt sechs Monate. [2]Für Schülerinnen/Schüler in der Operationstechnischen Assistenz und in der Anästhesietechnischen Assistenz jeweils nach der DKG-Empfehlung vom 17. September 2013 sowie nach dem Notfallsanitätergesetz beträgt die Probezeit vier Monate.

(2) Während der Probezeit kann das Ausbildungsverhältnis von beiden Seiten jederzeit ohne Einhalten einer Kündigungsfrist gekündigt werden.

§ 4 Ärztliche Untersuchungen

(1) [1]Auszubildende haben auf Verlangen des Ausbildenden vor ihrer Einstellung ihre gesundheitliche Eignung durch das Zeugnis eines Amtsarztes nachzuweisen. [2]Für Auszubildende, die unter das Jugendarbeitsschutzgesetz (JArbSchG) fallen, ist ergänzend § 32 Absatz 1 Jugendarbeitsschutzgesetz zu beachten.

(2) [1]Die Auszubildenden können bei begründeter Veranlassung verpflichtet werden, durch eine ärztliche Bescheinigung nachzuweisen, dass sie in der Lage sind, die nach dem Ausbildungsvertrag übernommenen Verpflichtungen zu erfüllen. [2]Bei dem beauftragten Arzt kann es sich um einen Betriebsarzt, Personalarzt oder Amtsarzt handeln, soweit sich die Betriebsparteien nicht auf einen anderen Arzt geeinigt haben. [3]Die Kosten dieser Untersuchung trägt der Ausbildende.

(3) [1]Auszubildende, die besonderen Ansteckungsgefahren ausgesetzt sind, oder die mit gesundheitsgefährdenden Tätigkeiten oder mit der Zubereitung von Speisen beauftragt werden, sind in regelmäßigen Zeitabständen ärztlich zu untersuchen. [2]Die Untersuchung ist auf Antrag der Auszubildenden auch bei Beendigung des Ausbildungsverhältnisses durchzuführen.

§ 5 Schweigepflicht, Nebentätigkeiten

(1) Auszubildende haben in demselben Umfang Verschwiegenheit zu wahren wie die Beschäftigten des Ausbildenden.

(2) [1]Nebentätigkeiten gegen Entgelt haben Auszubildende ihrem Ausbildenden rechtzeitig vorher schriftlich anzuzeigen. [2]Der Ausbildende kann die Nebentätigkeit untersagen oder mit Auflagen versehen, wenn diese geeignet ist, die nach dem Ausbildungsvertrag übernommenen Verpflichtungen der Auszubildenden oder berechtigte Interessen des Ausbildenden zu beeinträchtigen.

§ 6 Personalakten

(1) [1]Die Auszubildenden haben ein Recht auf Einsicht in ihre vollständigen Personalakten. [2]Sie können das Recht auf Einsicht durch einen hierzu schriftlich Bevollmächtigten ausüben lassen. [3]Sie können Auszüge oder Kopien aus ihren Personalakten erhalten. [4]Die Auszubildenden müssen über Beschwerden und Behauptungen tatsächlicher Art, die für sie ungünstig sind oder ihnen nachteilig werden können, vor Aufnahme in die Personalakten gehört werden. [5]Ihre Äußerung ist zu den Personalakten zu nehmen.

(2) [1]Beurteilungen sind den Auszubildenden unverzüglich bekannt zu geben. [2]Die Bekanntgabe ist aktenkundig zu machen.

§ 7 Wöchentliche und tägliche Ausbildungszeit

(1) Die durchschnittliche regelmäßige wöchentliche Ausbildungszeit und die tägliche Ausbildungszeit der Auszubildenden, die nicht unter das Jugendarbeitsschutzgesetz fallen, richten sich nach den Regelungen für die Beschäftigten des Ausbildenden.

(2) Auszubildende dürfen im Rahmen des Ausbildungszwecks auch an Sonntagen und Wochenfeiertagen und in der Nacht ausgebildet werden.

(3) Eine Beschäftigung, die über die durchschnittliche regelmäßige wöchentliche Ausbildungszeit hinausgeht, ist nur ausnahmsweise zulässig; § 19 Absatz 3 Pflegeberufegesetz und § 31 Anästhesietechnische- und Operationstechnische-Assistenten-Gesetz bleiben unberührt.

§ 8 Ausbildungsentgelt

(1) Das monatliche Ausbildungsentgelt beträgt für Auszubildende

a) in der Zeit vom 1. Oktober 2023 bis 31. Oktober 2024

im ersten Ausbildungsjahr	1230,70 Euro,
im zweiten Ausbildungsjahr	1296,70 Euro,
im dritten Ausbildungsjahr	1403,00 Euro,

b) in der Zeit vom 1. November 2024 bis 31. Januar 2025

im ersten Ausbildungsjahr	1330,70 Euro,
im zweiten Ausbildungsjahr	1396,70 Euro,
im dritten Ausbildungsjahr	1503,00 Euro,

c) ab 1. Februar 2025

im ersten Ausbildungsjahr	1380,70 Euro,
im zweiten Ausbildungsjahr	1446,70 Euro,
im dritten Ausbildungsjahr	1553,00 Euro.

(2) Das Ausbildungsentgelt wird zu dem Termin gezahlt, zu dem auch die Beschäftigten des Ausbildenden ihr Entgelt erhalten.

(3) Ist wegen des Besuchs einer weiterführenden oder einer berufsbildenden Schule oder wegen einer Berufsausbildung in einer sonstigen Einrichtung die Ausbildungszeit verkürzt, gilt für die Höhe des Ausbildungsentgelts der Zeitraum, um den die Ausbildungszeit verkürzt wird, als abgeleistete Ausbildungszeit.

(4) Für die Ausbildung an Samstagen, Sonntagen, Feiertagen und Vorfesttagen, für den Bereitschaftsdienst und die Rufbereitschaft, für die Überstunden und für die Zeitzuschläge gelten die für die Beschäftigten des Ausbildenden geltenden Regelungen sinngemäß.

(5) Bei Vorliegen der Voraussetzungen erhalten die Auszubildenden

a) die Zulagen nach dem Tarifvertrag zu § 33 Absatz 1 Buchstabe c BAT/BAT-O sowie die Zulagen nach den Vorbemerkungen Nr. 9 oder 10 und/oder 11 zu Teil IV Abschnitt 1 der Entgeltordnung zum TV-L (Anlage A) zur Hälfte,
b) die Schicht- und Wechselschichtzulage nach den für die Beschäftigten geltenden Bedingungen jeweils zu drei Vierteln.

§ 9 Urlaub

(1) [1]Auszubildende erhalten Erholungsurlaub in entsprechender Anwendung der für die Beschäftigten des Ausbildenden geltenden Regelungen. [2]Während des Erholungsurlaubs wird das Ausbildungsentgelt (§ 8 Absatz 1) fortgezahlt.

(2) Der Erholungsurlaub ist nach Möglichkeit zusammenhängend während der unterrichtsfreien Zeit zu erteilen und in Anspruch zu nehmen.

(3) [1]Im zweiten und dritten Ausbildungsjahr erhalten Auszubildende im Schichtdienst (entsprechend § 7 Absatz 2 TV-L) pauschal jeweils einen Tag Zusatzurlaub. [2]Absatz 1 Satz 2 gilt entsprechend.

Niederschriftserklärung zu § 9 Absatz 3 TVA-L Pflege, § 9 Absatz 3 TVA-L Gesundheit:
Sollten die darüber hinausgehenden Anforderungen für Wechselschichtdienst (entsprechend § 7 Absatz 1 TV-L) erfüllt sein, ist dies für den Anspruch auf Zusatzurlaub unschädlich.

§ 10 Ausbildungsmaßnahmen außerhalb der Ausbildungsstätte

(1) Bei Dienstreisen erhalten die Auszubildenden eine Entschädigung in entsprechender Anwendung der Reisekostenbestimmungen, die für die Beschäftigten des Ausbildenden jeweils gelten.

(2) Bei Reisen zur vorübergehenden Ausbildung an einer anderen Einrichtung außerhalb der politischen Gemeindegrenze der Ausbildungsstätte sowie zur Teilnahme an Vorträgen, an Arbeitsgemeinschaften oder an Übungen werden die entstandenen notwendigen Fahrtkosten bis zur Höhe der Kosten für die Fahrkarte der jeweils niedrigsten Klasse des billigsten regelmäßig verkehrenden Beförderungsmittels (im Bahnverkehr ohne Zuschläge) erstattet; Möglichkeiten zur Erlangung von Fahrpreisermäßigungen (zum Beispiel Schülerfahrkarten, Monatsfahrkarten, BahnCard) sind auszunutzen.

§ 11 Familienheimfahrten

[1]Für Familienheimfahrten von der Ausbildungsstätte zum Wohnort der Eltern und zurück werden den Auszubildenden monatlich einmal Fahrtkosten erstattet. [2]Erstattungsfähig sind die im Bundesgebiet notwendigen Fahrtkosten bis zur Höhe der Kosten der Fahrkarte der jeweils niedrigsten Klasse des billigsten regelmäßig verkehrenden Beförderungsmittels (im Bahnverkehr ohne Zuschläge). [3]Dem Wohnort der Eltern steht der Wohnort der Erziehungsberechtigten oder der Ehegattin/des Ehegatten oder der Lebenspartnerin/des Lebenspartners gleich. [4]Möglichkeiten zur Erlangung von Fahrpreisermäßigungen (zum Beispiel Schülerfahrkarten, Monatsfahrkarten, BahnCard) sind auszunutzen. [5]Die Sätze 1 bis 4 gelten nicht, wenn aufgrund geringer Entfernung eine tägliche Rückkehr möglich und zumutbar ist oder der Aufenthalt am jeweiligen Ort der Ausbildungsstätte weniger als vier Wochen beträgt.

§ 12 Schutzkleidung, Ausbildungsmittel

(1) Auszubildende erhalten Schutzkleidung nach den Bestimmungen, die für die entsprechenden Beschäftigten des Ausbildenden maßgebend sind.

(2) Der Ausbildende hat den Auszubildenden kostenlos die Ausbildungsmittel zur Verfügung zu stellen, die zur Ausbildung und zum Ablegen der staatlichen Prüfung erforderlich sind.

§ 13 Entgelt im Krankheitsfall

(1) [1]Sind Auszubildende durch Arbeitsunfähigkeit infolge Krankheit ohne ihr Verschulden verhindert, ihre Verpflichtungen aus dem Ausbildungsvertrag zu erfüllen, erhalten sie für die Zeit der Arbeitsunfähigkeit bis zu einer Dauer von sechs Wochen das Ausbildungsentgelt (§ 8 Absatz 1) fortgezahlt. [2]Bei Wiederholungserkrankungen sowie bei Beendigung des Ausbildungsverhältnisses richtet sich die Dauer der Entgeltfortzahlung nach den gesetzlichen Bestimmungen.

III

(2) Im Übrigen gilt das Entgeltfortzahlungsgesetz.

(3) [1]Hat die/der Auszubildende bei dem Ausbildenden einen Arbeitsunfall erlitten oder sich eine Berufskrankheit zugezogen, wird bei der jeweils ersten darauf beruhenden Arbeitsunfähigkeit nach Ablauf des Entgeltfortzahlungszeitraums von sechs Wochen ein Krankengeldzuschuss bis zum Ende der 26. Woche seit dem Beginn der Arbeitsunfähigkeit gezahlt. [2]Der Krankengeldzuschuss wird in Höhe des Unterschiedsbetrages zwischen den tatsächlichen Barleistungen des Sozialleistungsträgers und dem sich nach Absatz 1 ergebenden Nettoausbildungsentgelt gezahlt. [3]Voraussetzung für die Zahlung des Krankengeldzuschusses ist, dass der zuständige Unfallversicherungsträger den Arbeitsunfall oder die Berufskrankheit anerkennt.

§ 14 Entgeltfortzahlung in anderen Fällen

(1) Auszubildenden ist das Ausbildungsentgelt (§ 8 Absatz 1) für insgesamt fünf Ausbildungstage fortzuzahlen, um sich vor den in den Ausbildungsordnungen vorgeschriebenen Abschlussprüfungen ohne Bindung an die planmäßige Ausbildung auf die Prüfung vorbereiten zu können; bei der Sechstagewoche besteht dieser Anspruch für sechs Ausbildungstage.

(2) Der Freistellungsanspruch nach Absatz 1 verkürzt sich um die Zeit, für die Auszubildende zur Vorbereitung auf die Abschlussprüfung besonders zusammengefasst werden; es besteht jedoch mindestens ein Anspruch auf zwei Ausbildungstage.

(3) Im Übrigen gelten für die Arbeitsbefreiung diejenigen Regelungen entsprechend, die für die Beschäftigten des Ausbildenden maßgebend sind.

§ 15 Vermögenswirksame Leistungen

(1) [1]Auszubildende erhalten im Tarifgebiet West eine vermögenswirksame Leistung in Höhe von 13,29 Euro monatlich und im Tarifgebiet Ost in Höhe von 6,65 Euro monatlich, wenn sie diesen Betrag nach Maßgabe des Vermögensbildungsgesetzes in seiner jeweiligen Fas-

sung anlegen. [2]Der Anspruch auf vermögenswirksame Leistungen entsteht frühestens für den Kalendermonat, in dem dem Ausbildenden die erforderlichen Angaben mitgeteilt werden, und für die beiden vorangegangenen Monate desselben Kalenderjahres. [3]Die vermögenswirksamen Leistungen werden nur für Kalendermonate gewährt, für die den Auszubildenden Ausbildungsentgelt, Entgeltfortzahlung oder Krankengeldzuschuss zusteht. [4]Für Zeiten, für die Krankengeldzuschuss zusteht, sind die vermögenswirksamen Leistungen Teil des Krankengeldzuschusses.

(2) Die vermögenswirksamen Leistungen sind kein zusatzversorgungspflichtiges Entgelt.

§ 16 Jahressonderzahlung

(1) [1]Auszubildende, die am 1. Dezember in einem Ausbildungsverhältnis stehen, haben Anspruch auf eine Jahressonderzahlung. [2]Diese beträgt 95 v. H. des Ausbildungsentgelts (§ 8 Absatz 1), das den Auszubildenden für November zusteht.

(2) [1]Der Anspruch ermäßigt sich um ein Zwölftel für jeden Kalendermonat, in dem Auszubildende keinen Anspruch auf Ausbildungsentgelt (§ 8 Absatz 1), Fortzahlung des Entgelts während des Erholungsurlaubs (§ 9) oder im Krankheitsfall (§ 13) haben. [2]Die Verminderung unterbleibt für Kalendermonate, für die Auszubildende wegen Beschäftigungsverboten nach § 3 Absätze 1 und 2 Mutterschutzgesetz kein Ausbildungsentgelt erhalten haben. [3]Die Verminderung unterbleibt ferner für Kalendermonate der Inanspruchnahme der Elternzeit nach dem Bundeselterngeld- und Elternzeitgesetz bis zum Ende des Kalenderjahres, in dem das Kind geboren ist. [4]Voraussetzung ist, dass am Tag vor Antritt der Elternzeit Anspruch auf Entgelt oder auf Zuschuss zum Mutterschaftsgeld bestanden hat.

(3) [1]Die Jahressonderzahlung wird mit dem Ausbildungsentgelt für November ausgezahlt. [2]Ein Teilbetrag der Jahressonderzahlung kann zu einem früheren Zeitpunkt ausgezahlt werden.

(4) [1]Auszubildende, die im unmittelbaren Anschluss an die Ausbildung von ihrem Ausbildenden in ein Arbeitsverhältnis übernommen werden und am 1. Dezember noch in diesem Arbeitsverhältnis stehen, erhalten zusammen mit der anteiligen Jahressonderzahlung aus dem Arbeitsverhältnis eine anteilige Jahressonderzahlung aus dem Ausbildungsverhältnis. [2]Ist die Übernahme im Laufe eines Kalendermonats erfolgt, wird dieser Kalendermonat bei der anteiligen Jahressonderzahlung aus dem Arbeitsverhältnis berücksichtigt.

§ 17 Betriebliche Altersversorgung

[1]Die Auszubildenden haben Anspruch auf eine zusätzliche Alters- und Hinterbliebenenversorgung unter Eigenbeteiligung. [2]Einzelheiten bestimmt der Tarifvertrag über die betriebliche Altersversorgung der Beschäftigten des öffentlichen Dienstes (Tarifvertrag Altersversorgung – ATV) in seiner jeweils geltenden Fassung.

Protokollerklärung zu § 17:

§ 17 gilt nicht für Auszubildende der Freien und Hansestadt Hamburg.

Niederschriftserklärung zu § 17 TVA-L BBiG, § 17 TVA-L Pflege, § 17 TVA-L Gesundheit:

Die Tarifvertragsparteien weisen darauf hin, dass Auszubildende nicht vom Geltungsbereich des Hamburgischen Zusatzversorgungsgesetzes erfasst werden. Für die Dauer der Ausbildung werden keine Eigenbeiträge zur betrieblichen Altersversorgung erhoben. Die Ausbildung wird aber als Wartezeit und als ruhegeldfähige Beschäftigungszeit bei der Ruhegeldberechnung berücksichtigt, wenn sich unmittelbar an die Ausbildung ein Beschäftigungsverhältnis zur Freien und Hansestadt Hamburg anschließt.

§ 18 Beendigung des Ausbildungsverhältnisses

(1) [1]Das Ausbildungsverhältnis endet mit Ablauf der Ausbildungszeit; abweichende gesetzliche Regelungen bleiben unberührt. [2]Im Falle des Nichtbestehens der Abschlussprüfung verlängert sich das Ausbildungsverhältnis auf Verlangen der Auszubildenden bis zur nächstmöglichen Wiederholungsprüfung, höchstens um ein Jahr.

(2) Können Auszubildende ohne eigenes Verschulden die Abschlussprüfung erst nach beendeter Ausbildungszeit ablegen, gilt Absatz 1 Satz 2 entsprechend.

(3) Beabsichtigt der Ausbildende keine Übernahme in ein Arbeitsverhältnis, hat er dies den Auszubildenden drei Monate vor dem voraussichtlichen Ende der Ausbildungszeit schriftlich mitzuteilen.

(4) Nach der Probezeit (§ 3) kann das Ausbildungsverhältnis unbeschadet der gesetzlichen Kündigungsgründe nur gekündigt werden

a) aus einem sonstigen wichtigen Grund ohne Einhalten einer Kündigungsfrist,

b) von Auszubildenden mit einer Kündigungsfrist von vier Wochen.

(5) Werden Auszubildende im Anschluss an das Ausbildungsverhältnis beschäftigt, ohne dass hierüber ausdrücklich etwas vereinbart worden ist, so gilt ein Arbeitsverhältnis auf unbestimmte Zeit als begründet.

§ 18a Übernahme von Auszubildenden

(1) Auszubildende, die ihre Ausbildung mindestens mit der Gesamtnote „Befriedigend“ abgeschlossen haben, werden bei dienstlichem

bzw. betrieblichem Bedarf im unmittelbaren Anschluss an das Ausbildungsverhältnis in ein unbefristetes Arbeitsverhältnis übernommen, sofern nicht im Einzelfall personenbedingte, verhaltensbedingte, betriebsbedingte oder gesetzliche Gründe entgegenstehen; § 3 Absatz 1 Satz 2 TV-L gilt entsprechend.

(2) [1]Auszubildende, die ihre Ausbildung nicht mit mindestens der Gesamtnote „Befriedigend" abgeschlossen haben, werden nach erfolgreich bestandener Abschlussprüfung bei dienstlichem bzw. betrieblichem Bedarf im unmittelbaren Anschluss an das Ausbildungsverhältnis für die Dauer von zwölf Monaten in ein Arbeitsverhältnis übernommen, sofern nicht im Einzelfall personenbedingte, verhaltensbedingte, betriebsbedingte oder gesetzliche Gründe entgegenstehen; § 3 Absatz 1 Satz 2 TV-L gilt entsprechend. [2]Im Anschluss daran werden diese Beschäftigten bei entsprechender Bewährung in ein unbefristetes Arbeitsverhältnis übernommen.

(3) [1]Der dienstliche bzw. betriebliche Bedarf muss zum Zeitpunkt der Beendigung der Ausbildung nach Absatz 1 bzw. Absatz 2 Satz 1 vorliegen und setzt zudem eine freie und besetzbare Stelle bzw. einen freien und zu besetzenden Arbeitsplatz voraus, die/der eine ausbildungsadäquate Beschäftigung auf Dauer ermöglicht. [2]Bei einer Auswahlentscheidung sind die Ergebnisse der Abschlussprüfung und die persönliche Eignung zu berücksichtigen. [3]Bestehende Mitbestimmungsrechte bleiben unberührt.

Protokollerklärungen zu § 18a:

1. [1]Für die Prüfung des dienstlichen bzw. betrieblichen Bedarfs, einer freien und besetzbaren Stelle bzw. eines freien und zu besetzenden Arbeitsplatzes sowie der ausbildungsadäquaten Beschäftigung ist auf die Ausbildungsdienststelle bzw. den Ausbildungsbetrieb abzustellen. [2]Steht in der Ausbildungsdienststelle bzw. dem Ausbildungsbetrieb keine Stelle bzw. kein Arbeitsplatz im Sinne des § 18a Absatz 3 Satz 1 zur Verfügung, wirkt die Ausbildungsdienststelle bzw. der Ausbildungsbetrieb auf eine Übernahme in eine andere Dienststelle bzw. einen anderen Betrieb des Arbeitgebers hin.
2. Besteht kein dienstlicher bzw. betrieblicher Bedarf für eine unbefristete Beschäftigung, ist eine befristete Beschäftigung außerhalb von § 18a möglich.

§ 19 Abschlussprämie

(1) [1]Bei Beendigung des Ausbildungsverhältnisses aufgrund erfolgreich abgelegter Abschlussprüfung bzw. staatlicher Prüfung erhalten Auszubildende eine Abschlussprämie als Einmalzahlung in Höhe von 400 Euro. [2]Die Abschlussprämie ist kein zusatzversorgungspflichtiges Entgelt. [3]Sie ist nach Bestehen der Abschlussprüfung bzw. der staatlichen Prüfung fällig.

(2) [1]Die Abschlussprämie wird nicht gezahlt, wenn die Ausbildung nach erfolgloser Prüfung aufgrund einer Wiederholungsprüfung abgeschlossen wird. [2]Im Einzelfall kann der Ausbildende dennoch eine Abschlussprämie zahlen.

§ 20 Ausschlussfrist

III

[1]Ansprüche aus dem Ausbildungsverhältnis verfallen, wenn sie nicht innerhalb einer Ausschlussfrist von sechs Monaten nach Fälligkeit von den Auszubildenden oder vom Ausbildenden schriftlich geltend gemacht werden. [2]Für denselben Sachverhalt reicht die einmalige Geltendmachung des Anspruchs auch für später fällige Leistungen aus.

§ 21 Inkrafttreten, Außerkrafttreten, Laufzeit

(1) [1]Dieser Tarifvertrag tritt am 1. November 2006 in Kraft. [2]Abweichend von Satz 1 tritt § 16 Absatz 1 bis 4 am 1. Januar 2008 in Kraft.

(1a) § 18a tritt mit Ablauf des 31. Oktober 2025 außer Kraft.

(2) Dieser Tarifvertrag kann mit einer Frist von drei Monaten zum Ende eines Kalenderhalbjahres schriftlich gekündigt werden.

(3) Abweichend von Absatz 2 kann § 16 von jeder Tarifvertragspartei auf landesbezirklicher Ebene mit einer Frist von drei Monaten zum 31. Dezember eines Kalenderjahres schriftlich gekündigt werden.

(4) Abweichend von Absatz 2 können ferner schriftlich gekündigt werden:

a) § 8 Absatz 1 mit einer Frist von einem Monat zum Ende eines Kalendermonats, frühestens jedoch zum 31. Oktober 2025; eine Kündigung nach Absatz 2 erfasst nicht den § 8 Absatz 1,
b) § 19 mit einer Frist von einem Monat zum Ende eines Kalenderjahres.

(5) Dieser Tarifvertrag ersetzt mit Wirkung vom 1. November 2006 die in der Anlage aufgeführten Tarifverträge.

Anlage
(zu § 21 Absatz 5)

(Ersetzte Tarifverträge)

1. Tarifvertrag zur Regelung der Rechtsverhältnisse der Schülerinnen/ Schüler, die nach Maßgabe des Krankenpflegegesetzes oder des Hebammengesetzes ausgebildet werden, vom 28. Februar 1986,
2. Tarifvertrag zur Regelung der Rechtsverhältnisse der Schülerinnen/ Schüler, die nach Maßgabe des Krankenpflegegesetzes oder des Hebammengesetzes ausgebildet werden (Mantel-TV Schü-O), vom 5. März 1991,
3. Ausbildungsvergütungstarifvertrag Nr. 12 für Schülerinnen/Schüler, die nach Maßgabe des Krankenpflegegesetzes oder des Hebammengesetzes ausgebildet werden, vom 31. Januar 2003,
4. Ausbildungsvergütungstarifvertrag Nr. 7 für Schülerinnen/Schüler, die nach Maßgabe des Krankenpflegegesetzes oder des Hebammengesetzes ausgebildet werden (Ost), vom 31. Januar 2003,
5. Tarifvertrag über ein Urlaubsgeld für Schülerinnen/Schüler, die nach Maßgabe des Krankenpflegegesetzes in der Krankenpflege oder in der Kinderkrankenpflege oder nach Maßgabe des Hebammengesetzes ausgebildet werden, vom 21. April 1986,
6. Tarifvertrag über ein Urlaubsgeld für Schülerinnen/Schüler, die nach Maßgabe des Krankenpflegegesetzes in der Krankenpflege oder in der Kinderkrankenpflege oder nach Maßgabe des Hebammengesetzes ausgebildet werden (TV Urlaubsgeld Schü-O), vom 5. März 1991,
7. Tarifvertrag über eine Zuwendung für Schülerinnen/Schüler, die nach Maßgabe des Krankenpflegegesetzes oder des Hebammengesetzes ausgebildet werden, vom 21. April 1986,
8. Tarifvertrag über eine Zuwendung für Schülerinnen/Schüler, die nach Maßgabe des Krankenpflegegesetzes oder des Hebammengesetzes ausgebildet werden (TV Zuwendung Schü-O), vom 5. März 1991.

Tarifvertrag für Auszubildende der Länder in Gesundheitsberufen (TVA-L Gesundheit)

Vom 30. Oktober 2018

Zuletzt geändert durch
Änderungstarifvertrag Nr. 4 vom 9. Dezember 2023[1)]

Inhaltsübersicht

1) Die Abstimmung des Textes des Änderungstarifvertrages war erst im Oktober 2024 abgeschlossen.

§ 1 Geltungsbereich

(1) [1]Dieser Tarifvertrag gilt für Schülerinnen/Schüler, die in den in der Anlage aufgeführten Gesundheitsberufen ausgebildet werden (Auszubildende). [2]Voraussetzung ist, dass sie von einer Universitätsklinik ausgebildet werden, die unter den Geltungsbereich des TV-L fällt.

Protokollerklärung zu § 1 Absatz 1:

Unter Ausbildung in diesem Sinne ist zu verstehen, dass zwischen der Universitätsklinik und der Schülerin/dem Schüler ein Ausbildungsverhältnis besteht.

(1a) Dieser Tarifvertrag gilt nicht für Studierende in einem ausbildungsintegrierten dualen Studium, die vom Geltungsbereich des Tarifvertrages für dual Studierende der Länder in ausbildungsintegrierten dualen Studiengängen (TVdS-L) erfasst sind.

(2) Soweit in diesem Tarifvertrag nichts anderes geregelt ist, gelten die jeweils einschlägigen gesetzlichen Vorschriften.

(3) Für die Auszubildenden des Landes Berlin gelten – mit Ausnahme des Tarifvertrages über die betriebliche Altersversorgung für die Beschäftigten des öffentlichen Dienstes (Tarifvertrag Altersversorgung – ATV) vom 1. März 2002 in der jeweils geltenden Fassung – einheitlich die Regelungen dieses Tarifvertrages für das Tarifgebiet West.

§ 2 Ausbildungsvertrag, Nebenabreden

(1) [1]Vor Beginn des Ausbildungsverhältnisses ist ein schriftlicher Ausbildungsvertrag zu schließen. [2]Dieser enthält neben der Bezeichnung des Ausbildungsberufs mindestens Angaben über

a) die maßgebliche Ausbildungs- und Prüfungsordnung in der jeweils geltenden Fassung sowie Art, sachliche und zeitliche Gliederung der Ausbildung,

b) Beginn und Dauer der Ausbildung,

c) Dauer der regelmäßigen täglichen oder wöchentlichen Ausbildungszeit,

d) Dauer der Probezeit,

e) Zahlung und Höhe des Ausbildungsentgelts,

f) Dauer des Urlaubs,

g) Voraussetzungen, unter denen der Ausbildungsvertrag gekündigt werden kann,

h) die Geltung des Tarifvertrages für Auszubildende der Länder in Gesundheitsberufen (TVA-L Gesundheit) sowie einen in allgemeiner Form gehaltenen Hinweis auf die Betriebs-/Dienstvereinbarungen, die auf das Ausbildungsverhältnis anzuwenden sind.

(2) [1]Nebenabreden sind nur wirksam, wenn sie schriftlich vereinbart werden. [2]Sie können gesondert gekündigt werden, soweit dies einzelvertraglich vereinbart ist.

(3) [1]Falls im Rahmen eines Ausbildungsvertrages eine Vereinbarung über die Gewährung einer Personalunterkunft getroffen wird, ist dies in einer gesondert kündbaren Nebenabrede festzulegen. [2]Der Wert der Personalunterkunft wird im Tarifgebiet West nach dem Tarifvertrag über die Bewertung der Personalunterkünfte für Angestellte vom 16. März 1974 in der jeweils geltenden Fassung auf das Ausbildungsentgelt angerechnet. [3]Der nach § 3 Absatz 1 Unterabsatz 1 des Tarifvertrages über die Bewertung der Personalunterkünfte für Angestellte vom 16. März 1974 maßgebende Quadratmetersatz ist hierbei um 15 v. H. zu kürzen.

§ 3 Probezeit

(1) Die Probezeit beträgt sechs Monate.

(2) Während der Probezeit kann das Ausbildungsverhältnis von beiden Seiten jederzeit ohne Einhalten einer Kündigungsfrist gekündigt werden.

§ 4 Ärztliche Untersuchungen

(1) [1]Auszubildende haben auf Verlangen des Ausbildenden vor ihrer Einstellung ihre gesundheitliche Eignung durch das Zeugnis eines Amtsarztes nachzuweisen. [2]Für Auszubildende, die unter das Jugendarbeitsschutzgesetz (JArbSchG) fallen, ist ergänzend § 32 Absatz 1 Jugendarbeitsschutzgesetz zu beachten.

(2) [1]Die Auszubildenden können bei begründeter Veranlassung verpflichtet werden, durch eine ärztliche Bescheinigung nachzuweisen, dass sie in der Lage sind, die nach dem Ausbildungsvertrag übernommenen Verpflichtungen zu erfüllen. [2]Bei dem beauftragten Arzt kann es sich um einen Betriebsarzt, Personalarzt oder Amtsarzt handeln, soweit sich die Betriebsparteien nicht auf einen anderen Arzt geeinigt haben. [3]Die Kosten dieser Untersuchung trägt der Ausbildende.

(3) [1]Auszubildende, die besonderen Ansteckungsgefahren ausgesetzt sind, oder die mit gesundheitsgefährdenden Tätigkeiten oder mit der Zubereitung von Speisen beauftragt werden, sind in regelmäßigen Zeitabständen ärztlich zu untersuchen. [2]Die Untersuchung ist auf Antrag der Auszubildenden auch bei Beendigung des Ausbildungsverhältnisses durchzuführen.

§ 5 Schweigepflicht, Nebentätigkeiten

(1) Auszubildende haben in demselben Umfang Verschwiegenheit zu wahren wie die Beschäftigten des Ausbildenden.

(2) [1]Nebentätigkeiten gegen Entgelt haben Auszubildende ihrem Ausbildenden rechtzeitig vorher schriftlich anzuzeigen. [2]Der Ausbildende kann die Nebentätigkeit untersagen oder mit Auflagen versehen, wenn diese geeignet ist, die nach dem Ausbildungsvertrag übernommenen Verpflichtungen der Auszubildenden oder berechtigte Interessen des Ausbildenden zu beeinträchtigen.

III

§ 6 Personalakten

(1) [1]Die Auszubildenden haben ein Recht auf Einsicht in ihre vollständigen Personalakten. [2]Sie können das Recht auf Einsicht durch einen hierzu schriftlich Bevollmächtigten ausüben lassen. [3]Sie können Auszüge oder Kopien aus ihren Personalakten erhalten. [4]Die Auszubildenden müssen über Beschwerden und Behauptungen tatsächlicher Art, die für sie ungünstig sind oder ihnen nachteilig werden können, vor Aufnahme in die Personalakten gehört werden. [5]Ihre Äußerung ist zu den Personalakten zu nehmen.

(2) [1]Beurteilungen sind den Auszubildenden unverzüglich bekannt zu geben. [2]Die Bekanntgabe ist aktenkundig zu machen.

§ 7 Wöchentliche und tägliche Ausbildungszeit

(1) Die durchschnittliche regelmäßige wöchentliche Ausbildungszeit und die tägliche Ausbildungszeit der Auszubildenden, die nicht unter das Jugendarbeitsschutzgesetz fallen, richten sich nach den Regelungen für die Beschäftigten des Ausbildenden.

(2) Auszubildende dürfen im Rahmen des Ausbildungszwecks auch an Sonntagen und Wochenfeiertagen und in der Nacht ausgebildet werden.

(3) Eine Beschäftigung, die über die durchschnittliche regelmäßige wöchentliche Ausbildungszeit hinausgeht, ist nur ausnahmsweise zulässig.

§ 8 Ausbildungsentgelt

(1) Das monatliche Ausbildungsentgelt beträgt für Auszubildende

a) in der Zeit vom 1. Oktober 2023 bis 31. Oktober 2024

im ersten Ausbildungsjahr	1130,74 Euro,
im zweiten Ausbildungsjahr	1190,80 Euro,
im dritten Ausbildungsjahr	1287,53 Euro,

b) in der Zeit vom 1. November 2024 bis 31. Januar 2025

im ersten Ausbildungsjahr	1230,74 Euro,
im zweiten Ausbildungsjahr	1290,80 Euro,
im dritten Ausbildungsjahr	1387,53 Euro,

c) ab 1. Februar 2025

im ersten Ausbildungsjahr	1280,74 Euro,
im zweiten Ausbildungsjahr	1340,80 Euro,
im dritten Ausbildungsjahr	1437,53 Euro.

(2) Das Ausbildungsentgelt wird zu dem Termin gezahlt, zu dem auch die Beschäftigten des Ausbildenden ihr Entgelt erhalten.

(3) Ist wegen des Besuchs einer weiterführenden oder einer berufsbildenden Schule oder wegen einer Berufsausbildung in einer sonstigen Einrichtung die Ausbildungszeit verkürzt, gilt für die Höhe des Ausbildungsentgelts der Zeitraum, um den die Ausbildungszeit verkürzt wird, als abgeleistete Ausbildungszeit.

(4) Für die Ausbildung an Samstagen, Sonntagen, Feiertagen und Vorfesttagen, für den Bereitschaftsdienst und die Rufbereitschaft, für die Überstunden und für die Zeitzuschläge gelten die für die Beschäftigten des Ausbildenden geltenden Regelungen sinngemäß.

(5) Bei Vorliegen der Voraussetzungen erhalten die Auszubildenden

a) die Zulagen nach dem Tarifvertrag zu § 33 Absatz 1 Buchstabe c BAT/BAT-O zur Hälfte,

b) die Schicht- und Wechselschichtzulage nach den für die Beschäftigten geltenden Bedingungen jeweils zu drei Vierteln.

§ 9 Urlaub

(1) [1]Auszubildende erhalten Erholungsurlaub in entsprechender Anwendung der für die Beschäftigten des Ausbildenden geltenden Regelungen. [2]Während des Erholungsurlaubs wird das Ausbildungsentgelt (§ 8 Absatz 1) fortgezahlt.

(2) Der Erholungsurlaub ist nach Möglichkeit zusammenhängend während der unterrichtsfreien Zeit zu erteilen und in Anspruch zu nehmen.

(3) [1]Im zweiten und dritten Ausbildungsjahr erhalten Auszubildende im Schichtdienst (entsprechend § 7 Absatz 2 TV-L) pauschal jeweils einen Tag Zusatzurlaub. [2]Absatz 1 Satz 2 gilt entsprechend.

Niederschriftserklärung zu § 9 Absatz 3 TVA-L Pflege, § 9 Absatz 3 TVA-L Gesundheit:
Sollten die darüber hinausgehenden Änderungen für Wechselschichtdienst (entsprechend § 7 Absatz 1 TV-L) erfüllt sein, ist dies für den Anspruch auf Zusatzurlaub unschädlich.

§ 10 Ausbildungsmaßnahmen außerhalb der Ausbildungsstätte

(1) Bei Dienstreisen erhalten die Auszubildenden eine Entschädigung in entsprechender Anwendung der Reisekostenbestimmungen, die für die Beschäftigten des Ausbildenden jeweils gelten.

(2) Bei Reisen zur vorübergehenden Ausbildung an einer anderen Einrichtung außerhalb der politischen Gemeindegrenze der Ausbildungsstätte sowie zur Teilnahme an Vorträgen, an Arbeitsgemeinschaften oder an Übungen werden die entstandenen notwendigen Fahrtkosten bis zur Höhe der Kosten für die Fahrkarte der jeweils niedrigsten Klasse des billigsten regelmäßig verkehrenden Beförderungsmittels (im Bahnverkehr ohne Zuschläge) erstattet; Möglichkeiten zur Erlangung von Fahrpreisermäßigungen (zum Beispiel Schülerfahrkarten, Monatsfahrkarten, BahnCard) sind auszunutzen.

§ 11 Familienheimfahrten

[1]Für Familienheimfahrten von der Ausbildungsstätte zum Wohnort der Eltern und zurück werden den Auszubildenden monatlich einmal Fahrtkosten erstattet. [2]Erstattungsfähig sind die im Bundesgebiet notwendigen Fahrtkosten bis zur Höhe der Kosten der Fahrkarte der jeweils niedrigsten Klasse des billigsten regelmäßig verkehrenden Beförderungsmittels (im Bahnverkehr ohne Zuschläge). [3]Dem Wohnort der Eltern steht der Wohnort der Erziehungsberechtigten oder der Ehegattin/des Ehegatten oder der Lebenspartnerin/des Lebenspartners gleich. [4]Möglichkeiten zur Erlangung von Fahrpreisermäßigungen (zum Beispiel Schülerfahrkarten, Monatsfahrkarten, BahnCard) sind auszunutzen. [5]Die Sätze 1 bis 4 gelten nicht, wenn aufgrund geringer Entfernung eine tägliche Rückkehr möglich und zumutbar ist oder der Aufenthalt am jeweiligen Ort der Ausbildungsstätte weniger als vier Wochen beträgt.

§ 12 Schutzkleidung, Ausbildungsmittel

(1) Auszubildende erhalten Schutzkleidung nach den Bestimmungen, die für die entsprechenden Beschäftigten des Ausbildenden maßgebend sind.

(2) Der Ausbildende hat den Auszubildenden kostenlos die Ausbildungsmittel zur Verfügung zu stellen, die zur Ausbildung und zum Ablegen der staatlichen Prüfung erforderlich sind.

§ 13 Entgelt im Krankheitsfall

(1) [1]Sind Auszubildende durch Arbeitsunfähigkeit infolge Krankheit ohne ihr Verschulden verhindert, ihre Verpflichtungen aus dem Ausbildungsvertrag zu erfüllen, erhalten sie für die Zeit der Arbeitsunfä-

higkeit bis zu einer Dauer von sechs Wochen das Ausbildungsentgelt (§ 8 Absatz 1) fortgezahlt. [2]Bei Wiederholungserkrankungen sowie bei Beendigung des Ausbildungsverhältnisses richtet sich die Dauer der Entgeltfortzahlung nach den gesetzlichen Bestimmungen.

(2) Im Übrigen gilt das Entgeltfortzahlungsgesetz.

III

(3) [1]Hat die/der Auszubildende bei dem Ausbildenden einen Arbeitsunfall erlitten oder sich eine Berufskrankheit zugezogen, wird bei der jeweils ersten darauf beruhenden Arbeitsunfähigkeit nach Ablauf des Entgeltfortzahlungszeitraums von sechs Wochen ein Krankengeldzuschuss bis zum Ende der 26. Woche seit dem Beginn der Arbeitsunfähigkeit gezahlt. [2]Der Krankengeldzuschuss wird in Höhe des Unterschiedsbetrages zwischen den tatsächlichen Barleistungen des Sozialleistungsträgers und dem sich nach Absatz 1 ergebenden Nettoausbildungsentgelt gezahlt. [3]Voraussetzung für die Zahlung des Krankengeldzuschusses ist, dass der zuständige Unfallversicherungsträger den Arbeitsunfall oder die Berufskrankheit anerkennt.

§ 14 Entgeltfortzahlung in anderen Fällen

(1) Auszubildenden ist das Ausbildungsentgelt (§ 8 Absatz 1) für insgesamt fünf Ausbildungstage fortzuzahlen, um sich vor den in den Ausbildungsordnungen vorgeschriebenen Abschlussprüfungen ohne Bindung an die planmäßige Ausbildung auf die Prüfung vorbereiten zu können; bei der Sechstagewoche besteht dieser Anspruch für sechs Ausbildungstage.

(2) Der Freistellungsanspruch nach Absatz 1 verkürzt sich um die Zeit, für die Auszubildende zur Vorbereitung auf die Abschlussprüfung besonders zusammengefasst werden; es besteht jedoch mindestens ein Anspruch auf zwei Ausbildungstage.

(3) Im Übrigen gelten für die Arbeitsbefreiung diejenigen Regelungen entsprechend, die für die Beschäftigten des Ausbildenden maßgebend sind.

§ 15 Vermögenswirksame Leistungen

(1) [1]Auszubildende erhalten im Tarifgebiet West eine vermögenswirksame Leistung in Höhe von 13,29 Euro monatlich und im Tarifgebiet Ost in Höhe von 6,65 Euro monatlich, wenn sie diesen Betrag nach Maßgabe des Vermögensbildungsgesetzes in seiner jeweiligen Fassung anlegen. [2]Der Anspruch auf vermögenswirksame Leistungen entsteht frühestens für den Kalendermonat, in dem dem Ausbildenden die erforderlichen Angaben mitgeteilt werden, und für die beiden vorangegangenen Monate desselben Kalenderjahres. [3]Die vermö-

genswirksamen Leistungen werden nur für Kalendermonate gewährt, für die den Auszubildenden Ausbildungsentgelt, Entgeltfortzahlung oder Krankengeldzuschuss zusteht. [4]Für Zeiten, für die Krankengeldzuschuss zusteht, sind die vermögenswirksamen Leistungen Teil des Krankengeldzuschusses.

(2) Die vermögenswirksamen Leistungen sind kein zusatzversorgungspflichtiges Entgelt.

§ 16 Jahressonderzahlung

(1) [1]Auszubildende, die am 1. Dezember in einem Ausbildungsverhältnis stehen, haben Anspruch auf eine Jahressonderzahlung. [2]Diese beträgt 95 v. H. des Ausbildungsentgelts (§ 8 Absatz 1), das den Auszubildenden für November zusteht.

(2) [1]Der Anspruch ermäßigt sich um ein Zwölftel für jeden Kalendermonat, in dem Auszubildende keinen Anspruch auf Ausbildungsentgelt (§ 8 Absatz 1), Fortzahlung des Entgelts während des Erholungsurlaubs (§ 9) oder im Krankheitsfall (§ 13) haben. [2]Die Verminderung unterbleibt für Kalendermonate, für die Auszubildende wegen Beschäftigungsverboten nach § 3 Absätze 1 und 2 Mutterschutzgesetz kein Ausbildungsentgelt erhalten haben. [3]Die Verminderung unterbleibt ferner für Kalendermonate der Inanspruchnahme der Elternzeit nach dem Bundeselterngeld- und Elternzeitgesetz bis zum Ende des Kalenderjahres, in dem das Kind geboren ist. [4]Voraussetzung ist, dass am Tag vor Antritt der Elternzeit Anspruch auf Entgelt oder auf Zuschuss zum Mutterschaftsgeld bestanden hat.

(3) [1]Die Jahressonderzahlung wird mit dem Ausbildungsentgelt für November ausgezahlt. [2]Ein Teilbetrag der Jahressonderzahlung kann zu einem früheren Zeitpunkt ausgezahlt werden.

(4) [1]Auszubildende, die im unmittelbaren Anschluss an die Ausbildung von ihrem Ausbildenden in ein Arbeitsverhältnis übernommen werden und am 1. Dezember noch in diesem Arbeitsverhältnis stehen, erhalten zusammen mit der anteiligen Jahressonderzahlung aus dem Arbeitsverhältnis eine anteilige Jahressonderzahlung aus dem Ausbildungsverhältnis. [2]Ist die Übernahme im Laufe eines Kalendermonats erfolgt, wird dieser Kalendermonat bei der anteiligen Jahressonderzahlung aus dem Arbeitsverhältnis berücksichtigt.

§ 17 Betriebliche Altersversorgung

[1]Die Auszubildenden haben Anspruch auf eine zusätzliche Alters- und Hinterbliebenenversorgung unter Eigenbeteiligung. [2]Einzelheiten bestimmt der Tarifvertrag über die betriebliche Altersversorgung der

Beschäftigten des öffentlichen Dienstes (Tarifvertrag Altersversorgung – ATV) in seiner jeweils geltenden Fassung.

Protokollerklärung zu § 17:

§ 17 gilt nicht für Auszubildende der Freien und Hansestadt Hamburg.

Niederschriftserklärung zu § 17 TVA-L BBiG, § 17 TVA-L Pflege, § 17 TVA-L Gesundheit:

Die Tarifvertragsparteien weisen darauf hin, dass Auszubildende nicht vom Geltungsbereich des Hamburgischen Zusatzversorgungsgesetzes erfasst werden. Für die Dauer der Ausbildung werden keine Eigenbeträge zur betrieblichen Altersversorgung erhoben. Die Ausbildung wird aber als Wartezeit und als ruhegeldfähige Beschäftigungszeit bei der Ruhegeldberechnung berücksichtigt, wenn sich unmittelbar an die Ausbildung ein Beschäftigungsverhältnis zur Freien und Hansestadt Hamburg anschließt.

§ 18 Beendigung des Ausbildungsverhältnisses

(1) [1]Das Ausbildungsverhältnis endet mit Ablauf der Ausbildungszeit; abweichende gesetzliche Regelungen bleiben unberührt. [2]Im Falle des Nichtbestehens der Abschlussprüfung verlängert sich das Ausbildungsverhältnis auf Verlangen der Auszubildenden bis zur nächstmöglichen Wiederholungsprüfung, höchstens um ein Jahr.

(2) Können Auszubildende ohne eigenes Verschulden die Abschlussprüfung erst nach beendeter Ausbildungszeit ablegen, gilt Absatz 1 Satz 2 entsprechend.

(3) Beabsichtigt der Ausbildende keine Übernahme in ein Arbeitsverhältnis, hat er dies den Auszubildenden drei Monate vor dem voraussichtlichen Ende der Ausbildungszeit schriftlich mitzuteilen.

(4) Nach der Probezeit (§ 3) kann das Ausbildungsverhältnis unbeschadet der gesetzlichen Kündigungsgründe nur gekündigt werden

a) aus einem sonstigen wichtigen Grund ohne Einhalten einer Kündigungsfrist,

b) von Auszubildenden mit einer Kündigungsfrist von vier Wochen.

(5) Werden Auszubildende im Anschluss an das Ausbildungsverhältnis beschäftigt, ohne dass hierüber ausdrücklich etwas vereinbart worden ist, so gilt ein Arbeitsverhältnis auf unbestimmte Zeit als begründet.

§ 18a Übernahme von Auszubildenden

(1) Auszubildende, die ihre Ausbildung mindestens mit der Gesamtnote „Befriedigend“ abgeschlossen haben, werden bei dienstlichem bzw. betrieblichem Bedarf im unmittelbaren Anschluss an das Ausbildungsverhältnis in ein unbefristetes Arbeitsverhältnis übernommen, sofern nicht im Einzelfall personenbedingte, verhaltensbedingte, betriebsbedingte oder gesetzliche Gründe entgegenstehen; § 3 Absatz 1 Satz 2 TV-L gilt entsprechend.

(2) [1]Auszubildende, die ihre Ausbildung nicht mit mindestens der Gesamtnote „Befriedigend" abgeschlossen haben, werden nach erfolgreich bestandener Abschlussprüfung bei dienstlichem bzw. betrieblichem Bedarf im unmittelbaren Anschluss an das Ausbildungsverhältnis für die Dauer von zwölf Monaten in ein Arbeitsverhältnis übernommen, sofern nicht im Einzelfall personenbedingte, verhaltensbedingte, betriebsbedingte oder gesetzliche Gründe entgegenstehen; § 3 Absatz 1 Satz 2 TV-L gilt entsprechend. [2]Im Anschluss daran werden diese Beschäftigten bei entsprechender Bewährung in ein unbefristetes Arbeitsverhältnis übernommen.

(3) [1]Der dienstliche bzw. betriebliche Bedarf muss zum Zeitpunkt der Beendigung der Ausbildung nach Absatz 1 bzw. Absatz 2 Satz 1 vorliegen und setzt zudem eine freie und besetzbare Stelle bzw. einen freien und zu besetzenden Arbeitsplatz voraus, die/der eine ausbildungsadäquate Beschäftigung auf Dauer ermöglicht. [2]Bei einer Auswahlentscheidung sind die Ergebnisse der Abschlussprüfung und die persönliche Eignung zu berücksichtigen. [3]Bestehende Mitbestimmungsrechte bleiben unberührt.

Protokollerklärung zu § 18a:

1. [1]Für die Prüfung des dienstlichen bzw. betrieblichen Bedarfs, einer freien und besetzbaren Stelle bzw. eines freien und zu besetzenden Arbeitsplatzes sowie der ausbildungsadäquaten Beschäftigung ist auf die Ausbildungsdienststelle bzw. den Ausbildungsbetrieb abzustellen. [2]Steht in der Ausbildungsdienststelle bzw. dem Ausbildungsbetrieb keine Stelle bzw. kein Arbeitsplatz im Sinne des § 18a Absatz 3 Satz 1 zur Verfügung, wirkt die Ausbildungsdienststelle bzw. der Ausbildungsbetrieb auf eine Übernahme in eine andere Dienststelle bzw. einen anderen Betrieb des Arbeitgebers hin.
2. Besteht kein dienstlicher bzw. betrieblicher Bedarf für eine unbefristete Beschäftigung, ist eine befristete Beschäftigung außerhalb von § 18a möglich.

§ 19 Abschlussprämie

(1) [1]Bei Beendigung des Ausbildungsverhältnisses aufgrund erfolgreich abgelegter Abschlussprüfung bzw. staatlicher Prüfung erhalten Auszubildende eine Abschlussprämie als Einmalzahlung in Höhe von 400 Euro. [2]Die Abschlussprämie ist kein zusatzversorgungspflichtiges Entgelt. [3]Sie ist nach Bestehen der Abschlussprüfung bzw. der staatlichen Prüfung fällig.

(2) [1]Die Abschlussprämie wird nicht gezahlt, wenn die Ausbildung nach erfolgloser Prüfung aufgrund einer Wiederholungsprüfung abgeschlossen wird. [2]Im Einzelfall kann der Ausbildende dennoch eine Abschlussprämie zahlen.

§ 20 Ausschlussfrist

[1]Ansprüche aus dem Ausbildungsverhältnis verfallen, wenn sie nicht innerhalb einer Ausschlussfrist von sechs Monaten nach Fälligkeit von den Auszubildenden oder vom Ausbildenden schriftlich geltend gemacht werden. [2]Für denselben Sachverhalt reicht die einmalige Geltendmachung des Anspruchs auch für später fällige Leistungen aus.

§ 21 Inkrafttreten, Außerkrafttreten, Laufzeit

(1) Dieser Tarifvertrag tritt am 1. Januar 2019 in Kraft.

(1a) § 18a tritt mit Ablauf des 31. Oktober 2025 außer Kraft.

(2) Dieser Tarifvertrag kann mit einer Frist von drei Monaten zum Ende eines Kalenderhalbjahres schriftlich gekündigt werden.

(3) Abweichend von Absatz 2 kann § 16 von jeder Tarifvertragspartei auf landesbezirklicher Ebene mit einer Frist von drei Monaten zum 31. Dezember eines Kalenderjahres schriftlich gekündigt werden.

(4) Abweichend von Absatz 2 können ferner schriftlich gekündigt werden:

a) § 8 Absatz 1 mit einer Frist von einem Monat zum Ende eines Kalendermonats, frühestens jedoch zum 31. Oktober 2025; eine Kündigung nach Absatz 2 erfasst nicht den § 8 Absatz 1,

b) § 19 mit einer Frist von einem Monat zum Ende eines Kalenderjahres.

Anlage zum TVA-L Gesundheit

Ausbildungsberufe gemäß § 1 Absatz 1 Satz 1		
	Berufsausbildung	**Gesetzliche Vorschriften in der jeweils geltenden Fassung**
1.	Orthoptistinnen und Orthoptisten	Orthoptistengesetz vom 28. November 1989 (BGBl. I S. 2061) Ausbildungs- und Prüfungsverordnung für Orthoptistinnen und Orthoptisten vom 21. März 1990 (BGBl. I S. 563)
2.	Logopädinnen und Logopäden	Gesetz über den Beruf des Logopäden vom 7. Mai 1980 (BGBl. I S. 529) Ausbildungs- und Prüfungsordnung für Logopäden vom 1. Oktober 1980 (BGBl. I S. 1892)
3.	a) Medizinisch-technische Laboratoriumsassistentinnen und Medizinisch-technische Laboratoriumsassistenten b) Medizinisch-technische Radiologieassistentinnen und Medizinisch-technische Radiologieassistenten c) Medizinisch-technische Assistentinnen für Funktionsdiagnostik und Medizinisch-technische Assistenten für Funktionsdiagnostik d) Veterinärmedizinisch-technische Assistentinnen und Veterinärmedizinisch-technische Assistenten	MTA-Gesetz vom 2. August 1993 (BGBl. I S. 1402) Ausbildungs- und Prüfungsverordnung für technische Assistenten in der Medizin vom 25. April 1994 (BGBl. I S. 922)
4.	Ergotherapeutinnen und Ergotherapeuten	Ergotherapeutengesetz vom 25. Mai 1976 (BGBl. I S. 1246) Ergotherapeuten-Ausbildungs- und Prüfungsverordnung vom 2. August 1999 (BGBl. I S. 1731)

Ausbildungsberufe gemäß § 1 Absatz 1 Satz 1		
	Berufsausbildung	**Gesetzliche Vorschriften in der jeweils geltenden Fassung**
5.	Physiotherapeutinnen und Physiotherapeuten	Masseur- und Physiotherapeutengesetz vom 26. Mai 1994 (BGBl. I S. 1084) Ausbildungs- und Prüfungsverordnung für Physiotherapeuten vom 6. Dezember 1994 (BGBl. I S. 3786)
6.	Diätassistentinnen und Diätassistenten	Diätassistentengesetz vom 8. März 1994 (BGBl. I S. 446) Ausbildungs- und Prüfungsverordnung für Diätassistentinnen und Diätassistenten vom 1. August 1994 (BGBl. I S. 2088).

Tarifvertrag über die Regelung der Arbeitsbedingungen der Praktikantinnen/Praktikanten der Länder (TV Prakt-L)

Vom 9. Dezember 2011

Zuletzt geändert durch
Änderungstarifvertrag Nr. 7 vom 9. Dezember 2023[1]

Inhaltsübersicht

---

[1] Die Abstimmung des Textes des Änderungstarifvertrages war erst im Oktober 2024 abgeschlossen.

III

§ 1 Geltungsbereich

(1) Dieser Tarifvertrag gilt für Praktikantinnen/Praktikanten für den Beruf

a) der Sozialarbeiterin/des Sozialarbeiters, der Sozialpädagogin/des Sozialpädagogen und der Heilpädagogin/des Heilpädagogen während der praktischen Tätigkeit, die nach Abschluss des Fachhochschulstudiums der staatlichen Anerkennung als Sozialarbeiterin/Sozialarbeiter, Sozialpädagogin/Sozialpädagoge oder Heilpädagogin/Heilpädagoge vorauszugehen hat,

b) der pharmazeutisch-technischen Assistentin/des pharmazeutisch-technischen Assistenten während der praktischen Tätigkeit nach § 11 Absatz 1 Satz 2 Nummer 4 des Gesetzes über den Beruf der pharmazeutisch-technischen Assistentin und des pharmazeutisch-technischen Assistenten (PTA-Berufsgesetz – PTAG) in der Neufassung vom 13. Januar 2020 (BGBl. I S. 66),

c) der Erzieherin/des Erziehers und der Kinderpflegerin/des Kinderpflegers während der praktischen Tätigkeit, die nach den geltenden Ausbildungsordnungen der staatlichen Anerkennung als Erzieherin/Erzieher oder Kinderpflegerin/Kinderpfleger vorauszugehen hat,

d) der Masseurin und medizinischen Bademeisterin/des Masseurs und medizinischen Bademeisters während der praktischen Tätigkeit nach § 7 des Gesetzes über die Berufe in der Physiotherapie (Masseur- und Physiotherapeutengesetz) vom 26. Mai 1994 (BGBl. I S. 1084),

die in einem Praktikantenverhältnis zu einem Arbeitgeber stehen, dessen Beschäftigte unter den Geltungsbereich des TV-L fallen.

(2) Dieser Tarifvertrag gilt nicht für Praktikantinnen/Praktikanten, deren praktische Tätigkeit in die schulische Ausbildung oder die Hochschulausbildung integriert ist.

(3) Für die Praktikantinnen und Praktikanten des Landes Berlins gelten einheitlich die Regelungen dieses Tarifvertrages für das Tarifgebiet West.

§ 2 Praktikantenvertrag, Nebenabreden

(1) Vor Beginn des Praktikantenverhältnisses ist ein schriftlicher Praktikantenvertrag zu schließen.

(2) [1]Nebenabreden sind nur wirksam, wenn sie schriftlich vereinbart werden. [2]Sie können gesondert gekündigt werden, soweit dies einzelvertraglich vereinbart ist.

§ 3 Probezeit

(1) Die Probezeit beträgt drei Monate.

(2) Während der Probezeit kann das Praktikantenverhältnis von beiden Seiten jederzeit ohne Einhalten einer Kündigungsfrist gekündigt werden.

§ 4 Ärztliche Untersuchungen

(1) [1]Die Praktikantinnen/Praktikanten können bei begründeter Veranlassung verpflichtet werden, durch ärztliche Bescheinigung nachzuweisen, dass sie in der Lage sind, die nach § 1 Absatz 1 erforderliche praktische Tätigkeit auszuüben. [2]Bei dem beauftragten Arzt kann es sich um einen Betriebsarzt, Personalarzt oder Amtsarzt handeln, soweit sich die Betriebsparteien nicht auf einen anderen Arzt geeinigt haben. [3]Die Kosten dieser Untersuchung trägt der Arbeitgeber.

(2) Praktikantinnen/Praktikanten, die besonderen Ansteckungsgefahren ausgesetzt oder mit gesundheitsgefährdenden Tätigkeiten beschäftigt sind, sind auf ihren Antrag bei Beendigung des Praktikantenverhältnisses ärztlich zu untersuchen.

§ 5 Schweigepflicht, Nebentätigkeiten, Haftung, Schutzkleidung

(1) Praktikantinnen/Praktikanten haben in demselben Umfang Verschwiegenheit zu wahren wie die Beschäftigten des Arbeitgebers.

(2) [1]Nebentätigkeiten gegen Entgelt haben Praktikantinnen/Praktikanten ihrem Arbeitgeber rechtzeitig vorher schriftlich anzuzeigen. [2]Der Arbeitgeber kann die Nebentätigkeit untersagen oder mit Auflagen versehen, wenn diese geeignet ist, die nach § 1 Absatz 1 erforderliche praktische Tätigkeit der Praktikantinnen/Praktikanten oder berechtigte Interessen des Arbeitgebers zu beeinträchtigen.

(3) [1]Die Praktikantinnen/Praktikanten dürfen von Dritten Belohnungen, Geschenke, Provisionen oder sonstige Vergünstigungen mit Bezug auf ihre Tätigkeit nicht annehmen. [2]Ausnahmen sind nur mit Zustimmung des Arbeitgebers möglich. [3]Werden ihnen derartige Vergünstigungen angeboten, haben sie dies dem Arbeitgeber unverzüglich anzuzeigen.

(4) Für die Schadenshaftung der Praktikantinnen/Praktikanten finden die Bestimmungen, die für die Beamten des jeweiligen Landes jeweils gelten, entsprechende Anwendung.

(5) Soweit das Tragen von Schutzkleidung gesetzlich vorgeschrieben oder angeordnet ist, wird sie unentgeltlich zur Verfügung gestellt und bleibt Eigentum des Arbeitgebers.

§ 6 Personalakten

[1]Die Praktikantinnen/Praktikanten haben ein Recht auf Einsicht in ihre vollständigen Personalakten. [2]Sie können das Recht auf Einsicht durch eine/n hierzu schriftlich Bevollmächtigte/n ausüben lassen. [3]Sie können Auszüge oder Kopien aus ihren Personalakten erhalten. [4]Die Praktikantinnen/Praktikanten müssen über Beschwerden und Behauptungen tatsächlicher Art, die für sie ungünstig sind oder ihnen nachteilig werden können, vor Aufnahme in die Personalakten gehört werden. [5]Ihre Äußerung ist zu den Personalakten zu nehmen.

§ 7 Wöchentliche und tägliche Arbeitszeit

Die durchschnittliche regelmäßige wöchentliche Arbeitszeit und die tägliche Arbeitszeit der Praktikantinnen/Praktikanten richten sich nach den Bestimmungen, die für die Arbeitszeit der bei dem Arbeitgeber in dem künftigen Beruf der Praktikantinnen/Praktikanten Beschäftigten gelten.

§ 8 Entgelt

(1) Das monatliche Entgelt beträgt für Praktikantinnen/Praktikanten für den Beruf

– der Sozialarbeiterin/des Sozialarbeiters,
der Sozialpädagogin/des Sozialpädagogen,
der Heilpädagogin/des Heilpädagogen

vom 1. Oktober 2023 bis 31. Oktober 2024	1903,54 Euro,
vom 1. November 2024 bis 31. Januar 2025	2003,54 Euro,
ab 1. Februar 2025	2053,54 Euro,

– der pharmazeutisch-technischen Assistentin/des pharmazeutisch-technischen Assistenten,
der Erzieherin/des Erziehers

vom 1. Oktober 2023 bis 31. Oktober 2024	1678,26 Euro,
vom 1. November 2024 bis 31. Januar 2025	1778,26 Euro,
ab 1. Februar 2025	1828,26 Euro,

– der Kinderpflegerin/des Kinderpflegers,
der Masseurin und medizinischen Bademeisterin/des Masseurs und medizinischen Bademeisters

vom 1. Oktober 2023 bis 31. Oktober 2024	1621,31 Euro,
vom 1. November 2024 bis 31. Januar 2025	1721,31 Euro,
ab 1. Februar 2025	1771,31 Euro.

(2) Für die Berechnung und Auszahlung des Entgelts gilt § 24 TV-L entsprechend.

§ 9 Sonstige Entgeltregelungen

(1) [1]Für die praktische Tätigkeit an Samstagen, Sonntagen, Feiertagen, am 24. Dezember und am 31. Dezember, für den Bereitschaftsdienst und die Rufbereitschaft, für die Überstunden und für die Zeitzuschläge gelten die für die Beschäftigten des Arbeitgebers geltenden Regelungen sinngemäß. [2]Dabei gilt als Stundenanteil des Tabellenentgelts im Sinne des § 8 Absatz 1 Satz 2 TV-L der auf eine Stunde entfallende Anteil des Entgelts (§ 8 Absatz 1). [3]Zur Ermittlung dieses Anteils ist das jeweilige Entgelt durch das 4,348fache der durchschnittlichen regelmäßigen wöchentlichen Arbeitszeit (§ 7) zu teilen.

(2) Soweit Beschäftigten im Sinne von § 38 Absatz 5 Satz 1 TV-L gemäß § 19 Absatz 5 Satz 2 TV-L in Verbindung mit § 33 Absatz 1 Buchstabe c und Absatz 6 BAT/BAT-O eine Zulage zusteht, erhalten Praktikantinnen/Praktikanten unter denselben Voraussetzungen die entsprechende Zulage in voller Höhe.

(3) Soweit Beschäftigten, die im Heimerziehungsdienst tätig sind, eine Zulage nach der Anlage A zum TV-L zusteht, erhalten Praktikantinnen und Praktikanten unter denselben Voraussetzungen die entsprechende Zulage in voller Höhe.

(4) Soweit Beschäftigten gemäß § 8 Absatz 7 bzw. 8 TV-L eine Wechselschicht- bzw. Schichtzulage zusteht, erhalten Praktikantinnen und Praktikanten unter denselben Voraussetzungen 75 v. H. des entsprechenden Zulagenbetrages.

(5) [1]Falls im Rahmen des Praktikantenvertrages eine Vereinbarung über die Gewährung einer Personalunterkunft getroffen wird, ist dies in einer gesondert kündbaren Nebenabrede (§ 2 Absatz 2) festzulegen. [2]Der Wert der Personalunterkunft wird im Tarifgebiet West nach dem Tarifvertrag über die Bewertung der Personalunterkünfte für Angestellte vom 16. März 1974 in der jeweils geltenden Fassung auf das Entgelt (§ 8 Absatz 1) mit der Maßgabe angerechnet, dass der nach § 3 Absatz 1 Unterabsatz 1 des genannten Tarifvertrages maßgebende Quadratmetersatz um 15 v. H. zu kürzen ist. [3]Sachbezüge sind in Höhe der durch Rechtsverordnung nach § 17 Absatz 1 Satz 1 Nr. 4 SGB IV bestimmten Werte anzurechnen. [4]Kann die Praktikantin/der Praktikant während der Zeit, für die nach §§ 10, 11 und 12 Bezüge zustehen, Sachbezüge aus berechtigtem Grund nicht abnehmen, sind diese nach den Sachbezugswerten abzugelten.

§ 10 Urlaub

[1]Praktikantinnen/Praktikanten erhalten Erholungsurlaub in entsprechender Anwendung der für die Beschäftigten des Arbeitgebers gel-

tenden Regelungen. [2]Während des Erholungsurlaubs wird das Entgelt (§ 8 Absatz 1) fortgezahlt.

§ 11 Entgelt im Krankheitsfall

(1) [1]Werden Praktikantinnen/Praktikanten durch Arbeitsunfähigkeit infolge Krankheit ohne ihr Verschulden verhindert, die nach § 1 Absatz 1 erforderliche praktische Tätigkeit auszuüben, erhalten sie für die Zeit der Arbeitsunfähigkeit bis zu einer Dauer von sechs Wochen das Entgelt (§ 8 Absatz 1) in entsprechender Anwendung der für die Beschäftigten des Arbeitgebers geltenden Regelungen fortgezahlt. [2]Im Übrigen gilt das Entgeltfortzahlungsgesetz.

III

(2) [1]Bei der jeweils ersten Arbeitsunfähigkeit, die durch einen bei dem Arbeitgeber erlittenen Arbeitsunfall oder durch eine bei dem Arbeitgeber zugezogene Berufskrankheit verursacht ist, erhält die Praktikantin/der Praktikant nach Ablauf des nach Absatz 1 maßgebenden Zeitraums bis zum Ende der 26. Woche seit dem Beginn der Arbeitsunfähigkeit einen Krankengeldzuschuss. [2]Der Krankengeldzuschuss wird in Höhe des Unterschiedsbetrages zwischen den tatsächlichen Barleistungen des Sozialversicherungsträgers und dem sich nach Absatz 1 ergebenden Nettoentgelt gezahlt. [3]Voraussetzung für die Zahlung des Krankengeldzuschusses ist, dass der zuständige Unfallversicherungsträger den Arbeitsunfall oder die Berufskrankheit anerkennt.

§ 12 Entgeltfortzahlung in anderen Fällen

Praktikantinnen/Praktikanten haben Anspruch auf Arbeitsbefreiung unter Fortzahlung ihres Entgelts (§ 8 Absatz 1) unter denselben Voraussetzungen wie die Beschäftigten des Arbeitgebers.

§ 13 Vermögenswirksame Leistungen

Praktikantinnen/Praktikanten haben unter denselben Voraussetzungen wie die Beschäftigten des Arbeitgebers Anspruch auf eine vermögenswirksame Leistung in Höhe von 13,29 Euro monatlich.

§ 14 Jahressonderzahlung

(1) [1]Praktikantinnen/Praktikanten, die am 1. Dezember in einem Praktikantenverhältnis stehen, haben Anspruch auf eine Jahressonderzahlung. [2]Diese beträgt 95 v. H. des Entgelts (§ 8 Absatz 1), das den Praktikantinnen/Praktikanten für November zusteht.

(2) [1]Der Anspruch ermäßigt sich um ein Zwölftel für jeden Kalendermonat, in dem Praktikantinnen/Praktikanten keinen Anspruch auf Entgelt (§ 8 Absatz 1), Fortzahlung des Entgelts während des Erholungsurlaubs (§ 10) oder im Krankheitsfall (§ 11) haben. [2]Die Ver-

minderung unterbleibt für Kalendermonate, für die Praktikantinnen wegen Beschäftigungsverboten nach § 3 Absätze 1 und 2 des Mutterschutzgesetzes kein Entgelt erhalten haben. [3]Sie unterbleibt ferner für Kalendermonate der Inanspruchnahme der Elternzeit nach dem Bundeselterngeld- und Elternzeitgesetz (BEEG) bis zum Ende des Kalenderjahres, in dem das Kind geboren ist, wenn am Tag vor Antritt der Elternzeit Anspruch auf Entgelt oder auf Zuschuss zum Mutterschaftsgeld bestanden hat.

(3) Die Jahressonderzahlung wird mit dem für November zustehenden Entgelt ausgezahlt.

(4) [1]Praktikantinnen/Praktikanten, die im unmittelbaren Anschluss an das Praktikantenverhältnis von ihrem Arbeitgeber in ein Arbeitsverhältnis übernommen werden und am 1. Dezember noch in diesem Arbeitsverhältnis stehen, erhalten zusammen mit der anteiligen Jahressonderzahlung aus dem Arbeitsverhältnis eine anteilige Jahressonderzahlung aus dem Praktikantenverhältnis. [2]Erfolgt die Übernahme im Laufe eines Kalendermonats, wird für diesen Monat nur die anteilige Jahressonderzahlung aus dem Arbeitsverhältnis gezahlt.

§ 15 Beendigung des Praktikantenverhältnisses

(1) Das Praktikantenverhältnis endet mit dem im Praktikantenvertrag vereinbarten Zeitpunkt, ohne dass es einer Kündigung bedarf.

(2) Nach der Probezeit (§ 3) kann das Praktikantenverhältnis unbeschadet der gesetzlichen Kündigungsgründe nur gekündigt werden

a) aus einem sonstigen wichtigen Grund ohne Einhalten einer Kündigungsfrist,

b) von der Praktikantin/dem Praktikanten mit einer Kündigungsfrist von vier Wochen.

§ 16 Zeugnis

[1]Der Arbeitgeber hat den Praktikantinnen/Praktikanten bei Beendigung des Praktikantenverhältnisses ein Zeugnis auszustellen. [2]Das Zeugnis muss Angaben über Art, Dauer und Ziel des Praktikums sowie über die erworbenen Fertigkeiten und Kenntnisse enthalten. [3]Auf Verlangen der Praktikantinnen/Praktikanten sind auch Angaben über Führung, Leistung und besondere fachliche Fähigkeiten aufzunehmen.

§ 17 Ausschlussfrist

[1]Ansprüche aus dem Praktikantenverhältnis verfallen, wenn sie nicht innerhalb einer Ausschlussfrist von sechs Monaten nach Fälligkeit von

der Praktikantin/dem Praktikanten oder vom Arbeitgeber schriftlich geltend gemacht werden. [2]Für denselben Sachverhalt reicht die einmalige Geltendmachung des Anspruchs auch für später fällig werdende Leistungen aus.

§ 18 Inkrafttreten, Laufzeit

(1) Dieser Tarifvertrag tritt am 1. Januar 2012 in Kraft.

(2) Dieser Tarifvertrag kann mit einer Frist von drei Monaten zum Ende eines Kalenderhalbjahres schriftlich gekündigt werden.

(3) Abweichend von Absatz 2 kann § 8 Absatz 1 mit einer Frist von einem Monat zum Ende eines Kalendermonats, frühestens jedoch zum 31. Oktober 2025, schriftlich gekündigt werden; eine Kündigung nach Absatz 2 erfasst nicht den § 8 Absatz 1.

(4) Abweichend von Absatz 2 kann § 14 von jeder Tarifvertragspartei auf landesbezirklicher Ebene mit einer Frist von drei Monaten zum 31. Dezember eines Kalenderjahres schriftlich gekündigt werden.

(5) Dieser Tarifvertrag ersetzt für den Bereich der Tarifgemeinschaft deutscher Länder mit Wirkung vom 1. Januar 2012 die in der Anlage aufgeführten Tarifverträge.

Anlage
(zu § 18 Absatz 5)

1. Tarifvertrag über die vorläufige Weitergeltung der Regelungen für die Praktikantinnen/Praktikanten vom 12. Oktober 2006 in der Fassung des Änderungstarifvertrages Nr. 2 vom 10. März 2011.
2. Tarifvertrag über die Regelung der Arbeitsbedingungen der Praktikantinnen/Praktikanten (TV Prakt) vom 22. März 1991.
3. Tarifvertrag über die Regelung der Arbeitsbedingungen der Praktikantinnen/Praktikanten (TV Prakt-O) vom 5. März 1991.
4. Tarifvertrag über eine Zuwendung für Praktikantinnen (Praktikanten) vom 12. Oktober 1973.
5. Tarifvertrag über eine Zuwendung für Praktikantinnen/Praktikanten (TV Zuwendung Prakt-O) vom 5. März 1991.
6. Tarifvertrag über vermögenswirksame Leistungen an Auszubildende vom 17. Dezember 1970.
7. Tarifvertrag über vermögenswirksame Leistungen an Auszubildende (TV VL Azubi-O) vom 8. Mai 1991.

III

Tarifvertrag für dual Studierende der Länder in ausbildungsintegrierten dualen Studiengängen (TVdS-L)

Vom 29. Januar 2020

Zuletzt geändert durch
Änderungstarifvertrag Nr. 2 vom 9. Dezember 2023[1]

III

Inhaltsübersicht

[1] Die Abstimmung des Textes des Änderungstarifvertrages war erst im Oktober 2024 abgeschlossen.

§ 1 Geltungsbereich, Begriffsbestimmungen

(1) [1]Dieser Tarifvertrag gilt für Personen, die mit Verwaltungen und Betrieben einen Vertrag für die Teilnahme an einem ausbildungsintegrierten dualen Studiengang schließen. [2]Voraussetzung ist, dass die Verwaltungen und Betriebe unter den Geltungsbereich des TV-L fallen. [3]Voraussetzung ist auch, dass die Personen in einem Beruf ausgebildet werden, der in

a) § 1 Absatz 1 des Tarifvertrages für Auszubildende der Länder in Ausbildungsberufen nach dem Berufsbildungsgesetz (TVA-L BBiG),
b) § 1 Absatz 1 des Tarifvertrages für Auszubildende der Länder in Pflegeberufen (TVA-L Pflege),
c) § 1 Absatz 1a TVA-L Pflege oder
d) § 1 Absatz 1 des Tarifvertrages für Auszubildende der Länder in Gesundheitsberufen (TVA-L Gesundheit) in Verbindung mit der Anlage zum TVA-L Gesundheit

geregelt ist.

Protokollerklärung zu § 1 Absatz 1 Satz 1:
Wird in einem Beruf nach Satz 3 Buchstabe c oder d ausgebildet, sind Verwaltungen und Betriebe Universitätskliniken.

Protokollerklärung zu § 1 Absatz 1 Satz 3:
Unter Ausbildung in diesem Sinne ist zu verstehen, dass zwischen Verwaltung oder Betrieb und den auszubildenden Personen ein Ausbildungsverhältnis besteht.

(2) Dieser Tarifvertrag gilt nicht für Personen, die

a) im Rahmen eines dualen Studiengangs in Ausbildungsberufen der Landwirtschaft, des Weinbaues oder der Forstwirtschaft ausgebildet werden, es sei denn, dass die Beschäftigten des Ausbildenden unter den TV-L fallen,
b) im Rahmen ihres Hochschulstudiums oder ihrer Ausbildung ein Praktikum ableisten, ohne dass dieses jeweils Teil eines ausbildungsintegrierten dualen Studiums ist,
c) ein praxisintegriertes duales Studium, ein Praktikum nach § 26 Berufsbildungsgesetz oder eine Volontärausbildung ableisten oder
d) ausbildungsbegleitend oder berufsintegriert beziehungsweise berufsbegleitend studieren.

(3) [1]Das ausbildungsintegrierte duale Studium verbindet auf der Grundlage eines schriftlichen Ausbildungs- und Studienvertrags die Ausbildung in einem Beruf nach Absatz 1 Satz 3 Buchstabe a bis d mit einem Studium, das in einem vom Ausbildenden vorgegebenen Studiengang an einer Hochschule absolviert wird. [2]Das ausbildungsintegrierte duale Studium gliedert sich in einen Ausbildungsteil und einen Studienteil, die beide jeweils dem Erreichen der entsprechenden

III

Abschlussqualifikation dienen. [3]Der Studienteil des dualen Studiums beinhaltet fachtheoretische Studienabschnitte an der Hochschule (Lehrveranstaltungen) und berufspraktische Studienabschnitte beim Ausbildenden oder einem von dem Ausbildenden zu bestimmenden Dritten.

(4) Die Personen werden nachfolgend Studierende genannt; ausbildungsintegrierte duale Studiengänge werden nachfolgend als Studiengang beziehungsweise Studium bezeichnet.

(5) Soweit in diesem Tarifvertrag nichts anderes geregelt ist, gelten die jeweils einschlägigen gesetzlichen Vorschriften.

(6) Für Studierende des Landes Berlin gelten – mit Ausnahme des Tarifvertrages über die betriebliche Altersversorgung für die Beschäftigten des öffentlichen Dienstes (Tarifvertrag Altersversorgung – ATV) vom 1. März 2002 in der jeweils geltenden Fassung – einheitlich die Regelungen dieses Tarifvertrages für das Tarifgebiet West.

§ 2 Ausbildungs- und Studienvertrag, Nebenabreden

(1) [1]Vor Beginn des Ausbildungs- und Studienverhältnisses ist ein schriftlicher Ausbildungs- und Studienvertrag zu schließen, der neben der Bezeichnung des beabsichtigten Studienabschlusses (Studienteil) und des integrierten Ausbildungsberufes (Ausbildungsteil) mindestens folgende Angaben enthält:

a) die maßgebliche Studien- und Prüfungsordnung in der jeweils geltenden Fassung, die kooperierende Hochschule, den Aufbau und die sachliche Gliederung des Studiums, die maßgebliche Ausbildungs- und Prüfungsordnung in der jeweils geltenden Fassung sowie Art, sachliche und zeitliche Gliederung des Ausbildungsteils,

b) Beginn, Dauer und Verteilung des Studienteils einschließlich berufspraktischer Studienabschnitte (Studienplan) und Festlegung der diesbezüglichen Teilnahmepflicht sowie Beginn, Dauer und Verteilung des Ausbildungsteils,

c) Dauer der regelmäßigen täglichen oder wöchentlichen Ausbildungs- und Studienzeit,

d) Dauer der Probezeit,

e) Zahlung und Höhe des Studienentgelts sowie der Studiengebühren,

f) Dauer des Urlaubs,

g) Voraussetzungen, unter denen der Ausbildungs- und Studienvertrag gekündigt werden kann,

h) Bindungs- und Rückzahlungsbedingungen,

i) die Geltung des Tarifvertrages für dual Studierende der Länder in ausbildungsintegrierten dualen Studiengängen (TVdS-L) sowie einen in allgemeiner Form gehaltenen Hinweis auf die Betriebs-/Dienstvereinbarungen, die auf das Ausbildungs- und Studienverhältnis anzuwenden sind,

j) die Form des Ausbildungsnachweises gemäß § 13 Satz 2 Nummer 7 Berufsbildungsgesetz für Studierende mit einem Ausbildungsteil nach § 1 Absatz 1 Satz 3 Buchstabe a.

[2]Bei Studierenden mit einem Ausbildungsteil nach § 1 Absatz 1 Satz 3 Buchstabe b mit einer integrierten Ausbildung nach dem Pflegeberufegesetz enthält der Ausbildungs- und Studienvertrag darüber hinaus Angaben über:

a) den gewählten Vertiefungseinsatz einschließlich einer Ausrichtung nach § 7 Absatz 4 Satz 2 Pflegeberufegesetz,

b) Verpflichtung der Studierenden/des Studierenden zum Besuch der Ausbildungsveranstaltungen der Pflegeschule,

c) Umfang etwaiger Sachbezüge nach § 19 Absatz 2 Pflegeberufegesetz,

d) Hinweis auf die Rechte als Arbeitnehmerin/Arbeitnehmer im Sinne von § 5 des Betriebsverfassungsgesetzes oder des für den Träger der praktischen Ausbildung des Ausbildungsteils jeweils geltenden Landespersonalvertretungsgesetzes.

[3]Bei Studierenden mit einem Ausbildungsteil nach § 1 Absatz 1 Satz 3 Buchstabe c enthält der Ausbildungs- und Studienvertrag über Satz 1 hinaus Angaben über:

a) die Verpflichtung der Studierenden/des Studierenden zum Besuch der Ausbildungsveranstaltungen der Schule,

b) den Umfang etwaiger Sachbezüge nach § 30 Anästhesietechnische- und Operationstechnische-Assistenten-Gesetz,

c) den Hinweis auf die Rechte als Arbeitnehmerin/Arbeitnehmer im Sinne von § 5 Betriebsverfassungsgesetz oder des für die verantwortliche Einrichtung der praktischen Ausbildung des Ausbildungsteils jeweils geltenden Landespersonalvertretungsgesetzes.

(2) [1]Nebenabreden sind nur wirksam, wenn sie schriftlich vereinbart werden. [2]Sie können gesondert gekündigt werden, soweit dies einzelvertraglich vereinbart ist.

(3) [1]Falls im Rahmen des Ausbildungs- und Studienvertrages eine Vereinbarung über die Gewährung einer Personalunterkunft getroffen wird, ist dies in einer gesondert kündbaren Nebenabrede festzulegen. [2]Der Wert der Personalunterkunft wird im Tarifgebiet West nach

dem Tarifvertrag über die Bewertung der Personalunterkünfte für Angestellte vom 16. März 1974 in der jeweils geltenden Fassung auf das Studienentgelt (§ 8 Absatz 1 beziehungsweise Absatz 2) angerechnet. [3]Der nach § 3 Absatz 1 Unterabsatz 1 des Tarifvertrages über die Bewertung der Personalunterkünfte für Angestellte vom 16. März 1974 maßgebende Quadratmetersatz ist hierbei um 15 v. H. zu kürzen.

§ 3 Probezeit, Kündigung

(1) Die Probezeit beträgt:

a) drei Monate für Studierende mit einem Ausbildungsteil nach § 1 Absatz 1 Satz 3 Buchstabe a,

b) vier Monate für Studierende mit einem Ausbildungsteil nach § 1 Absatz 1 Satz 3 Buchstabe b und c, wenn sie Schülerinnen/Schüler nach dem Notfallsanitätergesetz oder in der Operationstechnischen Assistenz und der Anästhesietechnischen Assistenz jeweils nach der DKG-Empfehlung vom 17. September 2013 sind,

c) sechs Monate für die übrigen Studierenden.

(2) Während der Probezeit kann der Ausbildungs- und Studienvertrag von beiden Seiten jederzeit ohne Einhalten einer Kündigungsfrist gekündigt werden.

(3) Nach der Probezeit kann der Ausbildungs- und Studienvertrag unbeschadet der gesetzlichen Kündigungsgründe nur gekündigt werden

a) aus einem sonstigen wichtigen Grund ohne Einhalten einer Kündigungsfrist,

b) von den Studierenden mit einer Kündigungsfrist von vier Wochen.

§ 4 Ärztliche Untersuchungen

(1) [1]Studierende haben auf Verlangen des Ausbildenden vor ihrer Einstellung ihre gesundheitliche Eignung durch das Zeugnis eines Amtsarztes nachzuweisen. [2]Für Studierende, die unter das Jugendarbeitsschutzgesetz (JArbSchG) fallen, ist ergänzend § 32 Absatz 1 Jugendarbeitsschutzgesetz zu beachten.

(2) [1]Die Studierenden können bei begründeter Veranlassung verpflichtet werden, durch eine ärztliche Bescheinigung nachzuweisen, dass sie in der Lage sind, die nach dem Ausbildungs- und Studienvertrag übernommenen Verpflichtungen zu erfüllen. [2]Bei dem beauftragten Arzt kann es sich um einen Betriebsarzt, Personalarzt oder Amtsarzt handeln, soweit sich die Betriebsparteien nicht auf einen anderen Arzt geeinigt haben. [3]Die Kosten dieser Untersuchung trägt der Ausbildende.

(3) [1]Studierende, die besonderen Ansteckungsgefahren ausgesetzt sind, oder die mit gesundheitsgefährdenden Tätigkeiten oder mit der Zubereitung von Speisen beauftragt werden, sind in regelmäßigen Zeitabständen ärztlich zu untersuchen. [2]Die Untersuchung ist auf Antrag der Studierenden auch bei Beendigung des Ausbildungs- und Studienverhältnisses durchzuführen.

§ 5 Schweigepflicht, Nebentätigkeiten

(1) Studierende haben in demselben Umfang Verschwiegenheit zu wahren wie die Beschäftigten des Ausbildenden.

(2) [1]Nebentätigkeiten gegen Entgelt haben Studierende ihrem Ausbildenden rechtzeitig vorher schriftlich anzuzeigen. [2]Der Ausbildende kann die Nebentätigkeit untersagen oder mit Auflagen versehen, wenn diese geeignet ist, die nach dem Ausbildungs- und Studienvertrag übernommenen Verpflichtungen der Studierenden oder berechtigte Interessen des Ausbildenden zu beeinträchtigen.

§ 6 Nachweispflichten, Personalakten

(1) [1]Die Leistungsnachweise aus dem Studienteil des Studiums sind Bestandteil der Personalakte der Studierenden. [2]Hierzu haben die Studierenden die von den Hochschulen auszustellenden Leistungsübersichten nach den jeweiligen Studien- und Prüfungsordnungen sowie eine Abschrift des Abschlusszeugnisses unverzüglich dem Ausbildenden vorzulegen.

(2) [1]Die Studierenden haben ein Recht auf Einsicht in ihre vollständigen Personalakten. [2]Sie können das Recht auf Einsicht durch einen hierzu schriftlich Bevollmächtigten ausüben lassen. [3]Sie können Auszüge oder Kopien aus ihren Personalakten erhalten. [4]Die Studierenden müssen über Beschwerden und Behauptungen tatsächlicher Art, die für sie ungünstig sind oder ihnen nachteilig werden können, vor Aufnahme in die Personalakten gehört werden. [5]Ihre Äußerung ist zu den Personalakten zu nehmen.

(3) [1]Beurteilungen sind den Studierenden unverzüglich bekannt zu geben. [2]Die Bekanntgabe ist aktenkundig zu machen.

§ 7 Wöchentliche und tägliche Ausbildungs- und Studienzeit

(1) [1]Die durchschnittliche regelmäßige wöchentliche Ausbildungs- und Studienzeit und tägliche Ausbildungs- und Studienzeit der Studierenden richten sich während der fachtheoretischen Abschnitte nach der jeweiligen Ausbildungs-/Studien- und Prüfungsordnung. [2]Die durchschnittliche regelmäßige wöchentliche Ausbildungs- und Studienzeit und tägliche Ausbildungs- und Studienzeit der Studierenden, die nicht

unter das Jugendarbeitsschutzgesetz fallen, richten sich während der berufspraktischen Studienabschnitte einschließlich der praktischen Ausbildung während des Ausbildungsteils beim Ausbildenden nach den für die Beschäftigten des Ausbildenden maßgebenden Vorschriften über die Arbeitszeit. [3]Gleiches gilt bei der Durchführung von berufspraktischen Abschnitten einschließlich der praktischen Ausbildung während des Ausbildungsteils bei einem Dritten. [4]Im Ausbildungs- und Studienvertrag (§ 2) wird die Ausbildungs- und Studienzeit der berufspraktischen Abschnitte einschließlich der praktischen Ausbildung verbindlich vereinbart.

(2) Wird das Führen von Berichtsheften (Ausbildungsnachweisen) verlangt, ist den Studierenden dazu während der Ausbildungs- und Studienzeit Gelegenheit zu geben.

(3) [1]An Tagen, an denen Studierende fachtheoretische Studienabschnitte an der Hochschule absolvieren, gilt die tägliche Ausbildungs- und Studienzeit als erfüllt. [2]Im Übrigen gelten für Studierende, die eine Ausbildung nach § 1 Absatz 1 Satz 3 Buchstabe a absolvieren, Unterrichtszeiten einschließlich der Pausen als Ausbildungs- und Studienzeit. [3]Dies gilt auch für die notwendige Wegezeit zwischen Unterrichtsort und Ausbildungsstätte, sofern berufspraktische Studienabschnitte oder die praktische Ausbildung nach dem Unterricht fortgesetzt werden.

(4) Im Übrigen gilt für Studierende, die eine Ausbildung nach § 1 Absatz 1 Satz 3 Buchstabe a absolvieren, dass sie an Tagen, an denen sie im Rahmen ihres Ausbildungsteils an einem theoretisch betrieblichen Unterricht von mindestens 270 tatsächlichen Unterrichtsminuten teilnehmen, nicht zur praktischen Ausbildung herangezogen werden dürfen.

(5) Studierende dürfen im Rahmen des Ausbildungs- und Studienzwecks auch an Sonntagen und Wochenfeiertagen und in der Nacht ausgebildet werden.

(6) [1]Eine Beschäftigung, die über die nach Absatz 1 geregelte Ausbildungs- und Studienzeit hinausgeht, ist nur ausnahmsweise zulässig. [2]§§ 21, 23 Jugendarbeitsschutzgesetz, § 17 Absatz 7 Berufsbildungsgesetz, § 19 Absatz 3 Pflegeberufegesetz und § 31 Anästhesietechnische- und Operationstechnische-Assistenten-Gesetz bleiben unberührt.

§ 8 Studienentgelt und Studiengebühren

(1) [1]Studierende erhalten bis zum Ablauf des Kalendermonats, in dem die Abschlussprüfung des Ausbildungsteils erfolgreich abgelegt wird, ein Studienentgelt, das sich aus einem monatlichen Entgelt nach

Satz 2 und einer Studienzulage von 150 Euro monatlich zusammensetzt. [2]Das monatliche Entgelt beträgt bei

a) einem Studium mit einem Ausbildungsteil nach § 1 Absatz 1 Satz 3 Buchstabe a

in der Zeit vom 1. Oktober 2023 bis 31. Oktober 2024	
im ersten Jahr des Ausbildungsteils	1086,82 Euro,
im zweiten Jahr des Ausbildungsteils	1140,96 Euro,
im dritten Jahr des Ausbildungsteils	1190,61 Euro,
im vierten Jahr des Ausbildungsteils	1259,51 Euro,
in der Zeit vom 1. November 2024 bis 31. Januar 2025	
im ersten Jahr des Ausbildungsteils	1186,82 Euro,
im zweiten Jahr des Ausbildungsteils	1240,96 Euro,
im dritten Jahr des Ausbildungsteils	1290,61 Euro,
im vierten Jahr des Ausbildungsteils	1359,51 Euro,
ab 1. Februar 2025	
im ersten Jahr des Ausbildungsteils	1236,82 Euro,
im zweiten Jahr des Ausbildungsteils	1290,96 Euro,
im dritten Jahr des Ausbildungsteils	1340,61 Euro,
im vierten Jahr des Ausbildungsteils	1409,51 Euro,

b) einem Studium mit einem Ausbildungsteil nach § 1 Absatz 1 Satz 3 Buchstabe b oder c

in der Zeit vom 1. Oktober 2023 bis 31. Oktober 2024	
im ersten Jahr des Ausbildungsteils	1230,70 Euro,
im zweiten Jahr des Ausbildungsteils	1296,70 Euro,
im dritten Jahr des Ausbildungsteils	1403,00 Euro,
in der Zeit vom 1. November 2024 bis 31. Januar 2025	
im ersten Jahr des Ausbildungsteils	1330,70 Euro,
im zweiten Jahr des Ausbildungsteils	1396,70 Euro,
im dritten Jahr des Ausbildungsteils	1503,00 Euro,
ab 1. Februar 2025	
im ersten Jahr des Ausbildungsteils	1380,70 Euro,
im zweiten Jahr des Ausbildungsteils	1446,70 Euro,
im dritten Jahr des Ausbildungsteils	1553,00 Euro,

c) einem Studium mit einem Ausbildungsteil nach § 1 Absatz 1 Satz 3 Buchstabe d

in der Zeit vom 1. Oktober 2023 bis 31. Oktober 2024	
im ersten Jahr des Ausbildungsteils	1130,74 Euro,
im zweiten Jahr des Ausbildungsteils	1190,80 Euro,
im dritten Jahr des Ausbildungsteils	1287,53 Euro,

in der Zeit vom 1. November 2024 bis 31. Januar 2025
im ersten Jahr des Ausbildungsteils 1230,74 Euro,
im zweiten Jahr des Ausbildungsteils 1290,80 Euro,
im dritten Jahr des Ausbildungsteils 1387,53 Euro,
ab 1. Februar 2025
im ersten Jahr des Ausbildungsteils 1280,74 Euro,
im zweiten Jahr des Ausbildungsteils 1340,80 Euro,
im dritten Jahr des Ausbildungsteils 1437,53 Euro.

(2) Nach dem Ablauf des Kalendermonats, in dem die Abschlussprüfung des Ausbildungsteils erfolgreich abgelegt wurde, erhalten die Studierenden anstelle des Studienentgelts nach Absatz 1 bis zur Beendigung des Studiums ein monatliches Studienentgelt bei

a) einem Studium mit einem Ausbildungsteil nach § 1 Absatz 1 Satz 3 Buchstabe a
in der Zeit vom 1. Oktober 2023 bis 31. Oktober 2024 1300,00 Euro,
in der Zeit vom 1. November 2024 bis 31. Januar 2025 1400,00 Euro,
ab 1. Februar 2025 1450,00 Euro,
b) einem Studium mit einem Ausbildungsteil nach § 1 Absatz 1 Satz 3 Buchstabe d
in der Zeit vom 1. Oktober 2023 bis 31. Oktober 2024 1.380,00 Euro,
in der Zeit vom 1. November 2024 bis 31. Januar 2025 1480,00 Euro,
ab 1. Februar 2025 1530,00 Euro,
c) einem Studium mit einem Ausbildungsteil nach § 1 Absatz 1 Satz 3 Buchstabe b oder c
in der Zeit vom 1. Oktober 2023 bis 31. Oktober 2024 1510,00 Euro,
in der Zeit vom 1. November 2024 bis 31. Januar 2025 1610,00 Euro,
ab 1. Februar 2025 1660,00 Euro.

(3) Das Studienentgelt wird zu dem Termin gezahlt, zu dem auch die Beschäftigten des Ausbildenden ihr Entgelt erhalten.

(4) Der Ausbildende übernimmt die notwendigen Studiengebühren.

(5) Ist wegen des Besuchs einer weiterführenden oder einer berufsbildenden Schule oder wegen einer Berufsausbildung in einer sonstigen Einrichtung die Ausbildungszeit des Ausbildungsteils verkürzt, gilt für

die Höhe des Studienentgelts nach Absatz 1 der Zeitraum, um den die Ausbildungszeit des Ausbildungsteils verkürzt wird, als abgeleistete Ausbildungszeit.

(6) Wird bei einem Studium mit einem Ausbildungsteil nach § 1 Absatz 1 Satz 3 Buchstabe a die Ausbildungszeit des Ausbildungsteils

a) im Falle des Nichtbestehens der Abschlussprüfung auf Verlangen der Studierenden/des Studierenden bis zur nächstmöglichen Wiederholungsprüfung verlängert (höchstens um ein Jahr) oder

b) auf Antrag der Studierenden/des Studierenden nach § 8 Absatz 2 Berufsbildungsgesetz von der zuständigen Stelle oder nach § 27c Absatz 2 der Handwerksordnung von der Handwerkskammer verlängert,

wird während des Zeitraums der Verlängerung das Studienentgelt nach Absatz 1 Satz 1 in Verbindung mit Satz 2 Buchstabe a für den jeweils letzten regelmäßigen Ausbildungsabschnitt des Ausbildungsteils gezahlt.

(7) [1]Können Studierende bei einem Studium mit einem Ausbildungsteil nach § 1 Absatz 1 Satz 3 Buchstabe a ohne eigenes Verschulden die Abschlussprüfung des Ausbildungsteils erst nach beendeter Ausbildungsdauer (§ 2 Absatz 1 Satz 1 2. Halbsatz Buchstabe b) ablegen (spätestens nach einem Jahr), erhalten die Studierenden bis zur Ablegung der Abschlussprüfung des Ausbildungsteils ein Studienentgelt nach Absatz 1 Satz 1 in Verbindung mit Satz 2 Buchstabe a für den letzten regelmäßigen Ausbildungsabschnitt. [2]Bei Bestehen der Prüfung erhalten die Studierenden darüber hinaus rückwirkend von dem Zeitpunkt an, an dem der Ausbildungsteil geendet hat, den Unterschiedsbetrag zwischen dem ihnen gezahlten Studienentgelt nach Satz 1 und dem für das vierte Jahr des Ausbildungsteils maßgebenden Studienentgelt nach Absatz 1 Satz 1 in Verbindung mit Satz 2 Buchstabe a.

§ 8a Unständige Entgeltbestandteile, sonstige Entgeltregelungen

(1) [1]Für Studierende, deren berufspraktische Studienabschnitte einschließlich der praktischen Ausbildung des Ausbildungsteils an Samstagen, Sonntagen, Feiertagen und Vorfesttagen stattfinden, gelten die für die Beschäftigten des Ausbildenden geltenden Regelungen sinngemäß. [2]Dies gilt auch für den Bereitschaftsdienst und die Rufbereitschaft, für die Überstunden und für die Zeitzuschläge.

(2) Zulagen nach dem Tarifvertrag zu § 33 Absatz 1 Buchstabe c BAT/BAT-O können bei Vorliegen der Voraussetzungen zur Hälfte gezahlt werden.

(3) An Studierende mit einem Ausbildungsteil nach § 1 Absatz 1 Satz 3 Buchstabe a, die im Rahmen ihres Ausbildungsteils in erheblichem Umfang mit Arbeiten gemäß § 29 MTArb/MTArb-O beschäftigt werden, kann im zweiten bis vierten Jahr des Ausbildungsteils ein monatlicher Pauschalzuschlag von 10,23 Euro gezahlt werden.

(4) Studierende mit einem Ausbildungsteil nach § 1 Absatz 1 Satz 3 Buchstabe b und c erhalten bei Vorliegen der Voraussetzungen die Zulagen nach den Vorbemerkungen Nr. 9 oder 10 und/oder 11 zu Teil IV Abschnitt 1 der Entgeltordnung zum TV-L (Anlage A) zur Hälfte.

(5) Studierende mit einem Ausbildungsteil nach § 1 Absatz 1 Satz 3 Buchstabe b bis d erhalten bei Vorliegen der Voraussetzungen die Schicht- und Wechselschichtzulage nach den für die Beschäftigten des Ausbildenden geltenden Bedingungen jeweils zu drei Vierteln.

§ 9 Urlaub

(1) [1]Studierende erhalten Erholungsurlaub in entsprechender Anwendung der für die Beschäftigten des Ausbildenden geltenden Regelungen. [2]Während des Erholungsurlaubs wird das Studienentgelt (§ 8 Absatz 1 beziehungsweise Absatz 2) fortgezahlt.

(2) Der Erholungsurlaub ist in der vorlesungs- und unterrichtsfreien Zeit in Anspruch zu nehmen.

(3) [1]Studierende mit einem Ausbildungsteil nach § 1 Absatz 1 Satz 3 Buchstabe b, c oder d, die im Ausbildungsteil im Schichtdienst (entsprechend § 7 Absatz 2 TV-L) eingesetzt werden, erhalten im zweiten und dritten Jahr des Ausbildungsteils pauschal jeweils einen Tag Zusatzurlaub. [2]Absatz 1 Satz 2 gilt entsprechend.

§ 10 Ausbildungs- und Studienmaßnahmen außerhalb der Ausbildungsstätte

(1) [1]Bei Dienstreisen, die im Rahmen des Ausbildungsteils oder der berufspraktischen Studienabschnitte erfolgen, erhalten die Studierenden eine Entschädigung in entsprechender Anwendung der Reisekostenbestimmungen, die für die Beschäftigten des Ausbildenden jeweils gelten. [2]Gleiches gilt für Studierende mit einem Ausbildungsteil nach § 1 Absatz 1 Satz 3 Buchstabe a bei Reisen zur Ablegung der in den Ausbildungsordnungen beziehungsweise in den Studien- und Prüfungsordnungen vorgeschriebenen Prüfungen.

(2) [1]Bei Reisen von Studierenden mit einem Ausbildungsteil nach § 1 Absatz 1 Satz 3 Buchstabe a, die im Rahmen des Ausbildungsteils an überbetrieblichen Ausbildungsmaßnahmen im Sinne des § 5 Absatz 2 Satz 1 Nr. 6 Berufsbildungsgesetz außerhalb der politischen

Gemeindegrenze der Ausbildungsstätte erfolgen, werden die entstandenen notwendigen Fahrtkosten bis zur Höhe der Kosten der Fahrkarte der jeweils niedrigsten Klasse des billigsten regelmäßig verkehrenden Beförderungsmittels (im Bahnverkehr ohne Zuschläge) erstattet; Möglichkeiten zur Erlangung von Fahrpreisermäßigungen (zum Beispiel Schülerfahrkarten, Monatsfahrkarten, BahnCard, Semesterticket) sind auszunutzen. [2]Beträgt die Entfernung zwischen den Ausbildungsstätten hierbei mehr als 300 km, können im Bahnverkehr Zuschläge beziehungsweise besondere Fahrpreise (zum Beispiel für ICE) erstattet werden. [3]Für die Erstattung der nachgewiesenen notwendigen Kosten einer Unterkunft am auswärtigen Ort gelten, soweit nicht eine unentgeltliche Unterkunft zur Verfügung steht, diejenigen Regelungen entsprechend, die für die Beschäftigten des Ausbildenden maßgebend sind. [4]Zu den Auslagen des bei notwendiger auswärtiger Unterbringung entstehenden Verpflegungsmehraufwands wird für volle Kalendertage der Anwesenheit am auswärtigen Ausbildungsort ein Verpflegungszuschuss in Höhe der nach der Sozialversicherungsentgeltverordnung maßgebenden Sachbezugswerte für Frühstück, Mittagessen und Abendessen gewährt. [5]Bei unentgeltlicher Verpflegung wird der jeweilige Sachbezugswert einbehalten. [6]Bei einer über ein Wochenende oder einen Feiertag hinaus andauernden Ausbildungsmaßnahme werden die dadurch entstandenen Mehrkosten für Unterkunft und Verpflegungsmehraufwand nach Maßgabe der Sätze 3 bis 5 erstattet. [7]Die Sätze 1 bis 6 gelten auch für Reisen im Rahmen der fachtheoretischen Studienabschnitte, wenn die Hochschule außerhalb der politischen Gemeindegrenze der Ausbildungsstätte liegt.

III

(3) [1]Bei Reisen von Studierenden mit einem Ausbildungsteil nach § 1 Absatz 1 Satz 3 Buchstabe b, c oder d, die im Rahmen des Ausbildungsteils zur vorübergehenden Ausbildung an einer anderen Einrichtung außerhalb der politischen Gemeindegrenze der Ausbildungsstätte sowie zur Teilnahme an Vorträgen, an Arbeitsgemeinschaften oder an Übungen erfolgen, werden die entstandenen notwendigen Fahrtkosten bis zur Höhe der Kosten für die Fahrkarte der jeweils niedrigsten Klasse des billigsten regelmäßig verkehrenden Beförderungsmittels (im Bahnverkehr ohne Zuschläge) erstattet; Möglichkeiten zur Erlangung von Fahrpreisermäßigungen (zum Beispiel Schülerfahrkarten, Monatsfahrkarten, BahnCard, Semesterticket) sind auszunutzen. [2]Satz 1 gilt auch für die Reisen im Rahmen der fachtheoretischen Studienabschnitte, wenn die Hochschule außerhalb der politischen Gemeindegrenze der Ausbildungsstätte liegt.

(4) [1]Bei Reisen von Studierenden mit einem Ausbildungsteil nach § 1 Absatz 1 Satz 3 Buchstabe a, die im Rahmen des Ausbildungsteils zum Zwecke des Besuchs einer auswärtigen Berufsschule erfolgen, werden die notwendigen Fahrtkosten sowie die Auslagen für Unterkunft und Verpflegungsmehraufwand nach Maßgabe des Absatzes 2 erstattet. [2]Erstattungen durch Dritte sind anzurechnen. [3]Sofern der Studierende auf seinen Antrag eine andere als die regulär zu besuchende Berufsschule besucht, wird der Ausbildende von der Kostenübernahme befreit.

(5) Bei Abordnungen und Zuweisungen von Studierenden mit einem Ausbildungsteil nach § 1 Absatz 1 Satz 3 Buchstabe a, die im Rahmen des Ausbildungsteils erfolgen, werden die Kosten nach Maßgabe des Absatzes 2 erstattet.

§ 11 Familienheimfahrten

(1) [1]Studierenden mit einem Ausbildungsteil nach § 1 Absatz 1 Satz 3 Buchstabe a werden für Familienheimfahrten von der Ausbildungsstätte oder vom Ort der auswärtigen Berufsschule/Hochschule, deren Besuch vom Ausbildenden veranlasst wurde, zum Wohnort der Eltern und zurück monatlich einmal Fahrtkosten erstattet. [2]Erstattungsfähig sind die im Bundesgebiet notwendigen Fahrtkosten bis zur Höhe der Kosten der Fahrkarte der jeweils niedrigsten Klasse des billigsten regelmäßig verkehrenden Beförderungsmittels (im Bahnverkehr ohne Zuschläge). [3]Dem Wohnort der Eltern steht der Wohnort der Erziehungsberechtigten oder der Ehegattin/des Ehegatten oder der Lebenspartnerin/des Lebenspartners gleich. [4]Möglichkeiten zur Erlangung von Fahrpreisermäßigungen (zum Beispiel Schülerfahrkarten, Monatsfahrkarten, BahnCard, Semesterticket) sind auszunutzen. [5]Beträgt die Entfernung mehr als 300 km, können im Bahnverkehr Zuschläge beziehungsweise besondere Fahrpreise (zum Beispiel für ICE) erstattet werden. [6]Die Sätze 1 bis 5 gelten nicht, wenn aufgrund geringer Entfernung eine tägliche Rückkehr möglich und zumutbar ist oder der Aufenthalt am jeweiligen Ort der Ausbildungsstätte oder der auswärtigen Berufsschule/Hochschule weniger als vier Wochen beträgt.

(2) [1]Studierenden mit einem Ausbildungsteil nach § 1 Absatz 1 Satz 3 Buchstabe b, c oder d werden für Familienheimfahrten von der Ausbildungsstätte zum Wohnort der Eltern und zurück monatlich einmal Fahrtkosten erstattet. [2]Die Regelungen des Absatzes 1, Sätze 2 bis 4 gelten entsprechend. [3]Die Sätze 1 und 2 gelten nicht, wenn aufgrund geringer Entfernung eine tägliche Rückkehr möglich und zumutbar ist

oder der Aufenthalt am jeweiligen Ort der Ausbildungsstätte weniger als vier Wochen beträgt.

§ 12 Schutzkleidung, Ausbildungsmittel

(1) [1]Für Studierende mit einem Ausbildungsteil nach § 1 Absatz 1 Satz 3 Buchstabe a wird Schutzkleidung unentgeltlich zur Verfügung gestellt, soweit das Tragen von Schutzkleidung gesetzlich vorgeschrieben oder angeordnet ist. [2]Die Schutzkleidung bleibt Eigentum des Ausbildenden. [3]Der Ausbildende hat den Studierenden mit einem Ausbildungsteil nach § 1 Absatz 1 Satz 3 Buchstabe a kostenlos die Ausbildungsmittel zur Verfügung zu stellen, die für die Ausbildung im Rahmen des Ausbildungsteils und zum Ablegen von Zwischen- und Abschlussprüfungen im Rahmen des Ausbildungsteils erforderlich sind.

(2) [1]Studierende mit einem Ausbildungsteil nach § 1 Absatz 1 Satz 3 Buchstabe b, c oder d erhalten Schutzkleidung nach den Bestimmungen, die für die entsprechenden Beschäftigten des Ausbildenden maßgebend sind. [2]Der Ausbildende hat den Studierenden mit einem Ausbildungsteil nach § 1 Absatz 1 Satz 3 Buchstabe b, c oder d kostenlos die Ausbildungsmittel zur Verfügung zu stellen, die für die Ausbildung im Rahmen des Ausbildungsteils und zum Ablegen der staatlichen Prüfung im Rahmen des Ausbildungsteils erforderlich sind.

§ 13 Entgelt im Krankheitsfall

(1) Sind Studierende durch Arbeitsunfähigkeit infolge Krankheit ohne ihr Verschulden verhindert, ihre Verpflichtungen aus dem Ausbildungs- und Studienvertrag zu erfüllen, erhalten sie für die Zeit der Arbeitsunfähigkeit bis zu einer Dauer von sechs Wochen das Studienentgelt (§ 8 Absatz 1 beziehungsweise Absatz 2) fortgezahlt.

(2) Im Übrigen gilt das Entgeltfortzahlungsgesetz.

(3) [1]Hat die Studierende/der Studierende bei dem Ausbildenden einen Arbeitsunfall erlitten oder sich eine Berufskrankheit zugezogen, wird bei der jeweils ersten darauf beruhenden Arbeitsunfähigkeit nach Ablauf des Entgeltfortzahlungszeitraums von sechs Wochen ein Krankengeldzuschuss bis zum Ende der 26. Woche seit dem Beginn der Arbeitsunfähigkeit gezahlt. [2]Der Krankengeldzuschuss wird in Höhe des Unterschiedsbetrages zwischen den tatsächlichen Barleistungen des Sozialleistungsträgers und dem sich nach Absatz 1 jeweils ergebenden Nettoentgelt gezahlt. [3]Voraussetzung für die Zahlung des Krankengeldzuschusses ist, dass der zuständige Unfallversicherungsträger den Arbeitsunfall oder die Berufskrankheit anerkennt.

III

§ 14 Entgeltfortzahlung in anderen Fällen

(1) Studierenden ist das Studienentgelt (§ 8 Absatz 1) für insgesamt fünf Tage fortzuzahlen, um sich vor den in den Ausbildungsordnungen für den Ausbildungsteil vorgeschriebenen Abschlussprüfungen ohne Bindung an die planmäßige Ausbildung auf die Prüfung vorbereiten zu können; bei der Sechstagewoche besteht dieser Anspruch für sechs Ausbildungstage.

(2) Der Freistellungsanspruch nach Absatz 1 verkürzt sich um die Zeit, für die Studierende zur Vorbereitung auf die Abschlussprüfung besonders zusammengefasst werden; es besteht jedoch mindestens ein Anspruch auf zwei Ausbildungstage.

(3) Im Übrigen gelten für die Arbeitsbefreiung diejenigen Regelungen entsprechend, die für die Beschäftigten des Ausbildenden maßgebend sind.

§ 15 Vermögenswirksame Leistungen

(1) [1]Studierende erhalten im Tarifgebiet West eine vermögenswirksame Leistung in Höhe von 13,29 Euro monatlich und im Tarifgebiet Ost in Höhe von 6,65 Euro monatlich, wenn sie diesen Betrag nach Maßgabe des Vermögensbildungsgesetzes in seiner jeweiligen Fassung anlegen. [2]Der Anspruch auf vermögenswirksame Leistungen entsteht frühestens für den Kalendermonat, in dem dem Ausbildenden die erforderlichen Angaben mitgeteilt werden, und für die beiden vorangegangenen Monate desselben Kalenderjahres. [3]Die vermögenswirksamen Leistungen werden nur für Kalendermonate gewährt, für die den Studierenden Studienentgelt nach § 8 Absatz 1 oder 2, Entgeltfortzahlung oder Krankengeldzuschuss zusteht. [4]Für Zeiten, für die Krankengeldzuschuss zusteht, sind die vermögenswirksamen Leistungen Teil des Krankengeldzuschusses.

(2) Die vermögenswirksamen Leistungen sind kein zusatzversorgungspflichtiges Entgelt.

§ 16 Jahressonderzahlung

(1) [1]Studierende, die am 1. Dezember in einem Ausbildungs- und Studienverhältnis stehen, haben Anspruch auf eine Jahressonderzahlung. [2]Diese beträgt bei Studierenden 95 v. H. des Studienentgelts nach § 8 Absatz 1 beziehungsweise 95 v. H. des Studienentgelts nach § 8 Absatz 2, das den Studierenden für November zusteht.

(2) [1]Der Anspruch ermäßigt sich um ein Zwölftel für jeden Kalendermonat, in dem Studierende keinen Anspruch auf Studienentgelt nach § 8 Absatz 1 beziehungsweise Absatz 2, Fortzahlung des Entgelts wäh-

rend des Erholungsurlaubs (§ 9) oder im Krankheitsfall (§ 13) haben. [2]Die Verminderung unterbleibt für Kalendermonate, für die Studierende wegen Beschäftigungsverboten nach § 3 Absätze 1 und 2 Mutterschutzgesetz kein Studienentgelt nach § 8 Absatz 1 beziehungsweise Absatz 2 erhalten haben. [3]Die Verminderung unterbleibt ferner für Kalendermonate der Inanspruchnahme der Elternzeit nach dem Bundeselterngeld- und Elternzeitgesetz bis zum Ende des Kalenderjahres, in dem das Kind geboren ist. [4]Voraussetzung ist, dass am Tag vor Antritt der Elternzeit Anspruch auf Entgelt oder auf Zuschuss zum Mutterschaftsgeld bestanden hat.

(3) [1]Die Jahressonderzahlung wird mit dem Studienentgelt für November ausgezahlt. [2]Ein Teilbetrag der Jahressonderzahlung kann zu einem früheren Zeitpunkt ausgezahlt werden.

(4) [1]Studierende, die im unmittelbaren Anschluss an das Studium von ihrem Ausbildenden in ein Arbeitsverhältnis übernommen werden und am 1. Dezember noch in diesem Arbeitsverhältnis stehen, erhalten zusammen mit der anteiligen Jahressonderzahlung aus dem Arbeitsverhältnis eine anteilige Jahressonderzahlung aus dem Ausbildungs- und Studienverhältnis. [2]Ist die Übernahme im Laufe eines Kalendermonats erfolgt, wird dieser Kalendermonat bei der anteiligen Jahressonderzahlung aus dem Arbeitsverhältnis berücksichtigt.

§ 17 Betriebliche Altersversorgung

[1]Die Studierenden haben Anspruch auf eine zusätzliche Alters- und Hinterbliebenenversorgung unter Eigenbeteiligung. [2]Einzelheiten bestimmt der Tarifvertrag über die betriebliche Altersversorgung der Beschäftigten des öffentlichen Dienstes (Tarifvertrag Altersversorgung – ATV) in seiner jeweils geltenden Fassung.

Protokollerklärung zu § 17:

§ 17 gilt nicht für Studierende der Freien und Hansestadt Hamburg.

§ 18 Beendigung, Verkürzung und Verlängerung des Ausbildungs- und Studienverhältnisses

(1) [1]Das Ausbildungs- und Studienverhältnis endet mit dem Ablauf der im Ausbildungs- und Studienvertrag vereinbarten Dauer (§ 2 Absatz 1 Satz 1 Buchstabe b); abweichende gesetzliche Regelungen bleiben unberührt.

(2) [1]Das Ausbildungs- und Studienverhältnis endet abweichend von Absatz 1:

a) bei wirksamer Kündigung (§ 3 Absätze 2 und 3) oder

b) bei Exmatrikulation durch die Hochschule nach der jeweiligen Studien- und Prüfungsordnung oder

c) bei endgültigem Nichtbestehen einer notwendigen Ausbildungsprüfung des Ausbildungsteils; dies gilt nicht, wenn sich im Falle des Nichtbestehens der Abschlussprüfung der Ausbildungsteil auf Verlangen der Studierenden bis zur nächstmöglichen Wiederholungsprüfung (höchstens um ein Jahr) verlängert oder die Abschlussprüfung ohne eigenes Verschulden des Studierenden erst nach beendeter Ausbildungszeit des Ausbildungsteils abgelegt wird (spätestens nach einem Jahr).

[2]Abweichende gesetzliche Regelungen bleiben unberührt.

(3) [1]Eine Verkürzung des Studienteils (Regelstudienzeit) kann in Abstimmung mit dem Ausbildenden beantragt werden, sofern eine Verkürzung nach der Studien- und Prüfungsordnung für das Studium zulässig ist und Vereinbarkeit mit dem gleichzeitig zu absolvierenden Ausbildungsteil gewährleistet ist. [2]Der Ausbildungs- und Studienvertrag ist entsprechend anzupassen. [3]Abweichende gesetzliche Regelungen bleiben unberührt.

(4) Beabsichtigt der Ausbildende keine Übernahme in ein Arbeitsverhältnis, hat er dies der Studierenden/dem Studierenden drei Monate vor dem voraussichtlichen Ende des Ausbildungs- und Studienverhältnisses schriftlich mitzuteilen.

(5) Werden Studierende im Anschluss an das Ausbildungs- und Studienverhältnis beschäftigt, ohne dass hierüber ausdrücklich etwas vereinbart worden ist, so gilt ein Arbeitsverhältnis auf unbestimmte Zeit als begründet.

§ 18a Übernahme von Studierenden

(1) Studierende, die ihre integrierte Ausbildung und ihr Studium jeweils mindestens mit der Gesamtnote „Befriedigend" abgeschlossen haben, werden bei dienstlichem bzw. betrieblichem Bedarf im unmittelbaren Anschluss an das Ausbildungs- und Studienverhältnis in ein unbefristetes Arbeitsverhältnis übernommen, sofern nicht im Einzelfall personenbedingte, verhaltensbedingte, betriebsbedingte oder gesetzliche Gründe entgegenstehen; § 3 Absatz 1 Satz 2 TV-L gilt entsprechend.

(2) [1]Studierende, die ihre integrierte Ausbildung und ihr Studium nicht jeweils mindestens mit der Gesamtnote „Befriedigend" abgeschlossen haben, werden nach erfolgreichem Abschluss des Studiums bei dienstlichem bzw. betrieblichem Bedarf im unmittelbaren Anschluss an das Ausbildungs- und Studienverhältnis für die Dauer von zwölf Monaten

in ein Arbeitsverhältnis übernommen, sofern nicht im Einzelfall personenbedingte, verhaltensbedingte, betriebsbedingte oder gesetzliche Gründe entgegenstehen; § 3 Absatz 1 Satz 2 TV-L gilt entsprechend. [2]Im Anschluss daran werden diese Beschäftigten bei entsprechender Bewährung in ein unbefristetes Arbeitsverhältnis übernommen.

(3) [1]Der dienstliche bzw. betriebliche Bedarf muss zum Zeitpunkt der Beendigung des Studiums nach Absatz 1 bzw. Absatz 2 Satz 1 vorliegen und setzt zudem eine freie und besetzbare Stelle bzw. einen freien und zu besetzenden Arbeitsplatz voraus, die/der eine dem Studium adäquate Beschäftigung auf Dauer ermöglicht. [2]Bei einer Auswahlentscheidung sind die Ergebnisse der Abschlüsse der integrierten Ausbildung und des Studiums sowie die persönliche Eignung zu berücksichtigen. [3]Bestehende Mitbestimmungsrechte bleiben unberührt.

III

Protokollerklärungen zu § 18a:

1. [1]Für die Prüfung des dienstlichen bzw. betrieblichen Bedarfs, einer freien und besetzbaren Stelle bzw. eines freien und zu besetzenden Arbeitsplatzes sowie der dem Studium adäquaten Beschäftigung ist auf die Ausbildungsdienststelle bzw. den Ausbildungsbetrieb abzustellen. [2]Steht in der Ausbildungsdienststelle bzw. dem Ausbildungsbetrieb keine Stelle bzw. kein Arbeitsplatz im Sinne des § 18a Absatz 3 Satz 1 zur Verfügung, wirkt die Ausbildungsdienststelle bzw. der Ausbildungsbetrieb auf eine Übernahme in eine andere Dienststelle bzw. einen anderen Betrieb des Arbeitgebers hin.
2. [1]Besteht kein dienstlicher bzw. betrieblicher Bedarf für eine unbefristete Beschäftigung, ist eine befristete Beschäftigung außerhalb von § 18a möglich.

§ 19 Abschlussprämie

(1) [1]Bei Beendigung des Ausbildungsteils aufgrund erfolgreich abgelegter Abschlussprüfung beziehungsweise staatlicher Prüfung erhalten Studierende eine Abschlussprämie als Einmalzahlung in Höhe von 400 Euro. [2]Die Abschlussprämie ist kein zusatzversorgungspflichtiges Entgelt. [3]Sie ist nach Bestehen der Abschlussprüfung beziehungsweise der staatlichen Prüfung fällig.

(2) [1]Die Abschlussprämie wird nicht gezahlt, wenn der Ausbildungsteil nach erfolgloser Prüfung aufgrund einer Wiederholungsprüfung abgeschlossen wird. [2]Im Einzelfall kann der Ausbildende dennoch eine Abschlussprämie zahlen.

§ 20 Zeugnis

[1]Der Ausbildende hat den Studierenden bei Beendigung des Ausbildungsteils nach § 1 Absatz 1 Satz 3 Buchstabe a ein Zeugnis auszustellen. [2]Das Zeugnis muss Angaben über Art, Dauer und Ziel der Berufsausbildung sowie die erworbenen Fertigkeiten und Kenntnisse der Studierenden enthalten. [3]Auf Verlangen sind auch Angaben über Führung, Leistung und besondere fachliche Fähigkeiten aufzunehmen.

§ 21 Rückzahlungsgrundsätze

(1) Verpflichtet sich der Ausbildende, Studierende nach Beendigung ihres Studiums in ein Beschäftigungsverhältnis entsprechend ihrer mit dem Studium erworbenen Abschlussqualifikation zu übernehmen, sind die ehemals Studierenden verpflichtet, dort für die Dauer von fünf Jahren beruflich tätig zu sein (Bindungsdauer).

(2) Der vom Ausbildenden bis zur Beendigung oder bis zum Abbruch des Studiums gezahlte Betrag, bestehend aus der Studienzulage nach § 8 Absatz 1 Satz 1, dem Studienentgelt nach § 8 Absatz 2 sowie den übernommenen Studiengebühren nach § 8 Absatz 4, ist von den Studierenden oder den ehemals Studierenden zurückzuerstatten:

a) bei endgültigem Nichtbestehen einer notwendigen Ausbildungs- oder Studienprüfung, wenn die Erfolglosigkeit in den Verantwortungsbereich der Studierenden fällt, weil sie es schuldhaft unterlassen haben, den erfolgreichen Abschluss des Studiums im Rahmen des ihnen Möglichen zielstrebig zu verfolgen; dies gilt nicht in den Fällen des § 18 Absatz 2 Buchstabe c, 2. Halbsatz,
b) bei Beendigung des Studiums durch Kündigung vom Ausbildenden aus einem von den Studierenden zu vertretenden Grund oder durch eine Eigenkündigung der Studierenden nach Ende der Probezeit, die nicht durch einen wichtigen Grund gemäß § 626 BGB gerechtfertigt ist,
c) bei Ablehnung des Angebots, beim Ausbildenden im Anschluss an das erfolgreich bestandene Studium entsprechend der erworbenen Abschlussqualifikation ein Beschäftigungsverhältnis zu begründen oder
d) soweit das Beschäftigungsverhältnis, das beim Ausbildenden im Anschluss an das erfolgreich bestandene Studium entsprechend der erworbenen Abschlussqualifikation begründet wurde, aus einem von den ehemals Studierenden zu vertretenden Grund innerhalb der ersten fünf Jahre seines Bestehens endet.

(3) Sofern berufspraktische Studienabschnitte beim Ausbildenden absolviert wurden, verringert sich der Rückzahlungsbetrag auf 75 v. H. des Gesamtbetrages nach Absatz 2.

(4) Der zurückzuerstattende Gesamtbetrag nach Absatz 2 beziehungsweise Absatz 3 wird für jeden vollen Monat, in dem nach Beendigung des Studiums ein Beschäftigungsverhältnis bestand, um 1/60 vermindert.

(5) [1]Die Rückzahlungspflicht in den Fällen des Absatzes 2 Buchstabe a oder b entfällt, wenn die Studierenden nach endgültigem Nichtbestehen der notwendigen Studienprüfung oder nach Kündigung

infolge des Abbruchs des Studiums in ein Beschäftigungsverhältnis beim Ausbildenden entsprechend der mit der Ausbildung erworbenen Abschlussqualifikation übernommen werden und dieses Beschäftigungsverhältnis für die Bindungsdauer nach Satz 3 fortbesteht. [2]Die Rückzahlungspflicht entfällt nicht, wenn das Beschäftigungsverhältnis innerhalb der Bindungsdauer nach Satz 3 aus einem von der Beschäftigten/vom Beschäftigten zu vertretenden Grund endet. [3]Abweichend von Absatz 1 bemisst sich die Bindungsdauer nach der Dauer des Ausbildungs- und Studienverhältnisses, wobei jeder volle Monat des Ausbildungs- und Studienverhältnisses einem Monat Bindungsdauer entspricht. [4]Zur Berechnung des zurückzuerstattenden Betrages gilt Absatz 3; Absatz 4 ist sinngemäß anzuwenden.

(6) Auf die Rückzahlungspflicht kann ganz oder teilweise verzichtet werden, soweit sie für die Studierenden oder die ehemals Studierenden eine besondere Härte bedeuten würde.

§ 22 Ausschlussfrist

[1]Ansprüche aus dem Ausbildungs- und Studienverhältnis verfallen, wenn sie nicht innerhalb einer Ausschlussfrist von sechs Monaten nach Fälligkeit von den Studierenden oder vom Ausbildenden schriftlich geltend gemacht werden. [2]Für denselben Sachverhalt reicht die einmalige Geltendmachung des Anspruchs auch für später fällige Leistungen aus.

§ 23 Inkrafttreten, Laufzeit und Übergangsrecht

(1) Dieser Tarifvertrag tritt am 1. August 2020 in Kraft.

(1a) § 18a tritt mit Ablauf des 31. Oktober 2025 außer Kraft.

(2) Dieser Tarifvertrag kann mit einer Frist von drei Monaten zum Schluss eines Kalenderhalbjahres schriftlich gekündigt werden.

(3) Abweichend von Absatz 2 kann § 16 von jeder Tarifvertragspartei auf landesbezirklicher Ebene mit einer Frist von drei Monaten zum Schluss eines Kalenderjahres schriftlich gekündigt werden.

(4) Abweichend von Absatz 2 können ferner schriftlich gekündigt werden

a) § 8 Absatz 1 Satz 2 und Absatz 2 mit einer Frist von einem Monat zum Schluss eines Kalendermonats, frühestens jedoch zum 31. Oktober 2025; eine Kündigung nach Absatz 2 erfasst nicht den § 8 Absatz 1 Satz 2 und Absatz 2,

b) § 19 mit einer Frist von einem Monat zum Schluss des Kalenderjahres.

III

Abschnitt IV
Eingruppierung

IV

IV

Die neue Entgeltordnung für die Arbeitnehmer der Länder

Von Jörg Effertz und Andreas Bach-Terhorst

Hinweis:

Die unter dieser Leitziffer abgedruckten Hinweise dienten ursprünglich dazu, die am 1. Januar 2012 in Kraft getretene Entgeltordnung für die Beschäftigten, ihre Hintergründe und die Überleitung in das neue Recht zu erläutern. Diese Gesamtübersicht ist weiterhin wichtig, um Hintergründe, Struktur und Technik der Entgeltordnung zu verstehen und sie leichter anwenden zu können.

Spätere Änderungen sind eingepflegt worden. Dies gilt insbesondere für die im Zuge der Tarifrunde 2019/2020/2021 vereinbarten Änderungen, die grundsätzlich zum 1. Januar 2020, zum Teil aber auch bereits zum 1. Januar 2019 (z. B. Aufteilung der Entgeltgruppe 9, Tätigkeitsmerkmale im Bereich Pflege) oder erst zum 1. Januar 2021 (Tätigkeitsmerkmale im Bereich IT) in Kraft treten bzw. getreten sind.

Überblick

Nach sehr langen Verhandlungen und einem redaktionellen Schlussspurt trat die neue Entgeltordnung für die Beschäftigten der Länder[1] zum 1. Januar 2012 in Kraft. Ende 2012 wurden rückwirkend auch Beschäftigte aus der Informationstechnik/Datenverarbeitung mit einbezogen. Das neue Werk ist übersichtlicher, in manchen Bereichen schlanker und insgesamt anwenderfreundlicher. Da – dem redaktionellen Auftrag folgend – wo immer möglich auf Bewährtes zurückgegriffen wurde, hat die neue Entgeltordnung dennoch einen hohen Wiedererkennungswert und stellt weder den Praktiker vor unlösbare Eingruppierungsprobleme noch lässt sie eine Welle von gerichtlichen Eingruppierungsstreitigkeiten erwarten. Dazu tragen sicher auch die mit viel Augenmaß vereinbarten Überleitungsregelungen bei.

Die nachstehenden Ausführungen sollen zum einen zum besseren Verständnis des von den Tarifpartnern gewählten Weges beitragen, der im Vergleich zu ganz frühen Überlegungen eher eine Reform als eine Revolution darstellt. Zum anderen bieten sie einen ersten Überblick über die wichtigsten Details der neuen Entgeltordnung einschließlich der jüngsten Ergänzungen und ihr Inkraftsetzen.

---

[1]) abgedruckt unter **420**

Rückschau auf die Entstehungsgeschichte

Die jetzige Entgeltordnung sowie ihr auf bewährte Grundsätze zurückgreifendes Konzept lassen sich ohne eine Rückschau auf ihre lange Entstehungsgeschichte kaum verstehen. Die nachstehenden Verfahrensschritte verdeutlichen, beginnend beim Inkrafttreten des Tarifvertrages für den öffentlichen Dienst der Länder (TV-L), die Entwicklung und den zunehmenden Druck auf die Tarifpartner, eine Entgeltordnung zum TV-L zu vereinbaren.

I. Ausgangslage nach Inkrafttreten des TV-L

Im Verlauf der Verhandlungen zum TV-L und zu dem damit einhergehenden Übergangs- bzw. Überleitungsrecht des TVÜ-Länder hatten die Tarifpartner die Themen „zentrale Eingruppierungsvorschrift" und „Entgeltordnung" im Interesse der zügigen Einführung eines modernen Tarifrechts zurückgestellt und letztlich den TV-L ohne Neuregelung dieser Themen vereinbart. Ursprünglich war beabsichtigt, die fehlenden Regelungen kurzfristig nachzuholen. Ein konkretes Datum für eine neue Entgeltordnung wurde bei den Verhandlungen zum TV-L nicht vereinbart.

Lediglich in der Niederschriftserklärung zu den §§ 12 und 13 TV-L (Eingruppierung, Eingruppierung in besonderen Fällen) fand sich ein Zieldatum (30. 09. 2009), dessen Verstreichen aber – abgesehen von einer Verhandlungszusage zur Anpassung von Übergangsregelungen – keine Sanktionen o. Ä. zur Folge hatte. In der Rückschau kann man diese Verfahrensweise bzw. die dahinter stehende Einschätzung der Tarifpartner, eine Entgeltordnung werde sich bald finden lassen, nur als erfrischend naiv bezeichnen. Bei etwas pragmatischerer Betrachtung muss man aber zugestehen, dass ohne die Entzerrung von allgemeinem Manteltarifrecht einerseits und Entgeltordnung andererseits der Wechsel vom BAT/MTArb in den TV-L – und damit die größte Tarifreform seit Inkrafttreten des BAT im Jahr 1961 – nicht zu schultern gewesen wäre.

Um die Zeit zwischen dem Inkrafttreten des TV-L am 1. November 2006 und der Vereinbarung eines neuen Eingruppierungsrechts zu überbrücken und in dieser Zeit die Zuordnung von Beschäftigten zu den Entgeltgruppen des TV-L zu gewährleisten, hatten die Tarifpartner den vorübergehenden Fortbestand der alten zentralen Eingruppierungsvorschriften der §§ 22, 23 BAT bzw. des TV Lohngruppen, der Vergütungsordnung zum BAT sowie des Lohngruppenverzeichnisses vereinbart (§ 17 Abs. 1 TVÜ-Länder). Dabei waren bestimmte Maßgaben zu beachten, wie z. B. der in § 17 Abs. 5 TVÜ-Länder festgelegte Fortfall von Aufstiegen etc. Die zentrale Vorschrift des § 17 TVÜ-Länder war flankiert durch Übergangsregelungen (z. B. für die Vollendung begonnener Aufstiege in § 8 TVÜ-Länder und die Gewährung von Vergütungsgruppenzulagen in § 9 TVÜ-Länder). Daneben konnten bestimmte Vergütungsbestandteile des alten Rechts bis zur Vereinbarung einer neuen Entgeltordnung fortgezahlt oder sogar erstmalig bewilligt werden (z. B. Techniker-, Meister- und Programmierzulagen nach der Protokollerklärung zu § 5 Abs. 2 Satz 3 TVÜ-Länder sowie § 17 Abs. 6 TVÜ-Länder).

Grundsystematik der Übergangsregelungen zur Eingruppierung war, dass zunächst im alten Recht der Eingruppierung/Einreihung eine tarifgerechte Vergütungs-/Lohngruppe ermittelt und diese dann nach näherer Maßgabe der Anlage 4 zum TVÜ-Länder in die neue Entgeltgruppe „umgeschlüsselt" wurde. Ausnahmen bestanden nur für Randbereiche (Entgeltgruppe 1 TV-L und Vergütungsgruppe I BAT) sowie für die mittlerweile anderweitig tariflich geregelte Berufsgruppe der Ärzte. Den Tarifpartnern war bei Vereinbarung des neuen Rechts klar, dass der Umweg über das alte Recht keine Dauerlösung darstellen konnte. Dies nicht nur aufgrund des durch den Umweg über das alte Eingruppierungsrecht verursachten Mehraufwandes, sondern auch wegen als ungerecht empfundener Eingruppierungsergebnisse. Insbesondere der Umstand, dass bei Neueinstellungen und Tätigkeitswechseln nach dem 1. November 2006 für die Beschäftigten der ehemaligen Vergütungsgruppen BAT X bis Vc nach näherer Maßgabe der Anlage 4 zum TVÜ-Länder oft eine geringere Eingruppierung als für übergeleitete Beschäftigte vorgesehen war, führte in der Praxis zu Unverständnis und Unmut.

Beispiel:

Der Eingruppierungsverlauf Vergütungsgruppe Vc BAT mit Bewährungsaufstieg in die Vergütungsgruppe Vb BAT führte nach näherer Maßgabe der Anlage 4 TVÜ-Länder in die Entgeltgruppe E 8, in die auch Tätigkeiten der Vergütungsgruppe Vc BAT führten. Beschäftigte, die im Zeitpunkt der Überleitung bereits die Vergütungsgruppe Vb BAT erreicht hatten, wurden in die sogenannte kleine E 9 (keine Stufen 5 und 6; Stufe 3 nach fünf Jahren in Stufe 2, Stufe 4 nach neun Jahren in Stufe 3) übernommen. Die neu eingesetzten Beschäftigten erhielten somit ein um eine Entgeltgruppe niedrigeres Entgelt als ihre Vorgänger auf dieser Stelle.

II. Tarifrunde 2009

Nachdem alle (zum Teil eher zaghaften) Versuche zur Reform des Eingruppierungsrechts wegen weit auseinanderliegender Vorstellungen und einer nicht einmal ansatzweise einzuhaltenden Kostenneutralität gescheitert sind, haben sich die Tarifpartner in der Tarifrunde 2009 auf einen bahnbrechenden konzeptionellen Neuansatz der Herangehensweise an das „Projekt Entgeltordnung" verständigt. Als Ziffer 7 des Einigungspapiers vom 1. März 2009 haben sie folgende Verfahrensabrede über die Herangehensweise an eine neue Entgeltordnung getroffen:

Verhandlungen zur Entgeltordnung des TV-L

Es wird vereinbart, unverzüglich nach den Sommerferien Verhandlungen zur Entgeltordnung (einschließlich des Lehrerbereichs) aufzunehmen. Grundlage sollen die – zunächst von gegenstandslos gewordenen Tätigkeitsmerkmalen redaktionell zu bereinigenden – Fallgruppen des allgemeinen Teils der Anlage 1a zum BAT und die bestehenden zusätzlichen Tätigkeitsmerkmale für bestimmte Angestelltengruppen der Länder (einschließlich der Anlage 1b zum BAT) und die Eingruppierungsmerkmale der Arbeiterinnen und Arbeiter sein, aus denen Funktionsmerkmale (bisher Tätigkeitsmerkmale) für den besonderen Bedarf der Landesverwaltungen und -einrichtungen entwickelt werden sollen.

Die bisherigen Eingruppierungsgrundsätze, die redaktionell bereinigten Fallgruppen des allgemeinen Teils der Anlage 1a zum BAT und die zu entwickelnden Funktionsmerkmale sollen die Entgeltordnung des TV-L bilden und sind alsbald in Kraft zu setzen. Zusätzlich wird für einzelne Verwaltungen, über deren Eignung sich die Tarifvertragsparteien einigen, versuchsweise als lediglich rechnerische Eingruppierungsgrundlage ein gesondert zu vereinbarendes Modell erprobt. Nach Ablauf von eineinhalb Jahren nach Inkrafttreten dieses gesondert vereinbarten Modells werden die Tarifvertragsparteien die Geeignetheit und Auswirkungen der geltenden und erprobten Modelle überprüfen.

Wesentliche Neuerung zu allen vorangegangenen Verhandlungsansätzen war die von den Tarifpartnern verabredete Aufteilung in zwei Schritte, nämlich erstens die redaktionelle Bereinigung und Überarbeitung des bestehenden Eingruppierungs-/Einreihungssystems und Inkraftsetzen dieses ersten Ergebnisses und zweitens die spätere Vereinbarung und Erprobung neuer Bezahlungsmodelle.

III. Tarifrunde 2011 und darauf aufbauende Redaktionsverhandlungen

Die auf der Grundlage der Vereinbarung der Tarifrunde 2009 geführten Verhandlungen stellten sich – trotz des reduzierten Ansatzes – als sehr schwierig heraus.

Erst im Rahmen bzw. im Einigungspaket der Tarifrunde 2011 ist es den Tarifpartnern am 10. März 2011 gelungen, die Verhandlungen zum Abschluss zu bringen und eine zentrale Eingruppierungsvorschrift sowie die Eckpunkte einer neuen Entgeltordnung zu vereinbaren. Sie tritt am 1. Januar 2012 in Kraft und löst die nachfolgend unter I dargestellte und nun bereits rund fünf Jahre praktizierte Übergangslösung ab.

In der Zeit von März bis Dezember 2011 haben die Fachleute der Tarifpartner die vereinbarten Eckpunkte mit Leben gefüllt und die neue Entgeltordnung als „durchgeschriebene Fassung" ausgearbeitet. Daneben mussten die Überleitungsregelungen ausformuliert, in den TVÜ-Länder eingearbeitet und Folgeänderungen im TV-L berücksichtigt werden.

IV. Tarifrunde 2019/2020/2021

Bereits die Tarifeinigung der Tarifrunde 2017/2018 für die Beschäftigten der Länder beinhaltete neben den „lohnrundentypischen" Änderungen des Zahlenwerks auch eine Verhandlungszusage zur Entgeltordnung. Wie bereits im Zusammenhang mit der Einführung der am 1. Januar 2012 in Kraft getretenen Entgeltordnung zum TV-L vereinbart, sollte die „2012er Entgeltordnung" zu einem späteren Zeitpunkt tiefgreifender überarbeitet werden. Das Vorhaben wurde in Anlage 2 des Einigungspapiers vom 17. Februar 2017 konkretisiert. Die Anlage 2 beinhaltete Verfahrensabsprachen für die weiteren Verhandlungen zur Überarbeitung der Entgeltordnung zum TV-L. Die damaligen Vereinbarungen hatten folgenden Wortlaut:

„Prozessvereinbarung über Tarifverhandlungen zur Entgeltordnung der Länder

Die Tarifvertragsparteien stimmen darin überein, unverzüglich nach Abschluss der Tarifrunde 2017 mit folgenden Maßgaben Tarifverhandlungen über eine Weiterentwicklung der Entgeltordnung der Länder aufzunehmen:

1. *Grundlage der Verhandlungen sind die Eingruppierungsvorschriften des TV-L und die Tätigkeitsmerkmale der Anlage A zum TV-L (Entgeltordnung der Länder).*
2. *Bei den Verhandlungen sollen allgemeine berufliche und tarifliche Entwicklungen, die nicht in die Entgeltordnung vom 2. Januar 2012 eingeflossen oder seitdem eingetreten sind, einbezogen werden.*
3. *Zunächst wird in gemeinsamen Arbeitsgruppen eine Durchsicht und Analyse aller vorhandenen Eingruppierungsmerkmale der Anlage A zum TV-L mit dem Ziel der Feststellung ihrer weiteren Relevanz (Beibehaltung, Streichung, Aktualisierung oder Ergänzung) durchgeführt.*

4. *[1]Es wird eine Steuerungsgruppe auf Spitzenebene gebildet. [2]Ihr gehören unter Einbeziehung der Vorsitzenden zu gleichen Teilen Vertreterinnen und Vertreter der TdL und der Gewerkschaften an. [3]Sie soll die Arbeitsschritte koordinieren, den erreichten Verhandlungsstand bewerten, offene Fragen klären und weitere Verhandlungsschritte festlegen. [4]Die Steuerungsgruppe tagt im Abstand von vier Monaten.*

5. *Die Verhandlungen sollen im Jahr 2018 abgeschlossen sein, damit in der Tarifrunde 2019 über die Inkraftsetzung der geeinten Änderungen entschieden werden kann."*

Nach der bei den Verhandlungen zur Entgeltordnung 2012 bewährten Technik sollte somit zunächst eine Bestandsaufnahme auf der Basis der vorhandenen Regelungen (also der Entgeltordnung 2012) und dann die Überprüfung dieser Tätigkeitsmerkmale auf Aktualität und Ergänzungsbedarf erfolgen. Die Überprüfung sollte – auch insoweit auf bewährte Weise – in gemeinsamen Arbeitsgruppen der Tarifpartner erfolgen. In den Arbeitsgruppensitzungen konnten die Gewerkschaften auch ihre Forderungen nach einer Verbesserung des Eingruppierungsniveaus geltend machen. Über allem sollte dann eine Steuerungsgruppe stehen, der die jeweiligen Verhandlungsspitzen von Arbeitgebern und Gewerkschaften angehörten. Der Zeitplan sah vor, dass die Verhandlungen im Laufe des Jahres 2018 soweit abgeschlossen werden sollten, dass ihre Ergebnisse und noch offene Streitpunkte in die Tarifrunde 2019 einfließen konnten. Das Zeitziel war mehr als ehrgeizig, denn schließlich mussten auf Arbeitsebene erzielte Einigungsstände auch finanziell bewertet werden, um sie dann in die Verhandlungsmasse der Tarifrunde „einzupreisen".

Entsprechend der dargestellten Prozessvereinbarung hatten die Tarifpartner zwar die Gespräche über die Zukunft der Entgeltordnung zum TV-L bereits im Sommer 2017 mit einem auf Leitungsebene geführten Verfahrensgespräch aufgenommen. Seit dem Herbst 2017 tagten dann insgesamt fünf von den Tarifpartnern auf Arbeitsebene eingerichtete Arbeitsgruppen und befassten sich – auch mit Querblick auf die Regelungen für die Beschäftigten des Bundes und der Kommunen – zunächst intensiv mit den einzelnen Tätigkeitsmerkmalen. Die weiteren Verhandlungen wurden dann aber von den Arbeitgebern als Reaktion auf mit dem Ziel eines „TV-Entlastung" geführte Streiks in mehreren Universitätskliniken in Nordrhein-Westfalen bzw. im Saarland ausgesetzt. Sie wurden erst nach einer Befriedung der Situation an den Kliniken im Sommer 2018 wieder aufgenommen. Der Zeitdruck war dann naturgemäß ebenso größer wie der Anteil der nicht in den

Arbeitsgruppen „abgeräumten“ und in die Tarifrunde 2019/2020/2021 einfließenden Verhandlungspunkte.

Trotzdem haben sich die Tarifpartner in der Tarifeinigung vom 2. März 2019 auch auf eine Reihe von teilweise sehr weitreichenden Änderungen der Entgeltordnung verständigt. Nachstehend sind die Bereiche benannt, in denen Änderungen vereinbart wurden, die mittlerweile auch in förmlichen Tariftext übertragen wurden. Im Einzelnen wurden (in der Reihenfolge der Teile der Entgeltordnung) hinsichtlich der Eingruppierung folgende Veränderungen vereinbart:

Ab 1. Januar 2019

- Aufspaltung der Entgeltgruppe 9 in die Entgeltgruppen 9a und 9b
  Die bisherige Entgeltgruppe 9 wurde zum 1. Januar 2019 in die Entgeltgruppen 9a und 9b aufgeteilt. Für die Entgeltgruppe 9a (bisher Entgeltgruppe 9 mit besonderen Stufenlaufzeiten, „kleine Entgeltgruppe 9“) gelten jetzt eigenständige Tabellenwerte. Auch für die Entgeltgruppe 9a gelten nun die üblichen Stufenlaufzeiten des § 16 Absatz 3 Satz 1 TV-L; die Stufen 5 und 6 wurden freigegeben. Die bisherige Entgeltgruppe 9 mit regulärer Stufenlaufzeit wird Entgeltgruppe 9b. Die Änderungen ziehen sich durch die Teile I, II und III der Entgeltordnung. Die Überleitung in die neuen Entgeltgruppen 9a und 9b erfolgt nach näherer Maßgabe des § 29b TVÜ-Länder; ein Antrag der Beschäftigten ist nicht erforderlich.
- Pflegedienst (Teil IV)
  Die Tätigkeitsmerkmale für Beschäftigte im Pflegedienst wurden – weitgehend in Anlehnung an die Entgeltordnung VKA – neu geregelt. In diesem Zusammenhang wurde auch eine neue „KR-Tabelle“ (Anlage C zum TV-L) vereinbart. Außerdem wurde eine dynamische Pflegezulage für bestimmte Pflegekräfte an Universitätskliniken und in den Zentren für Psychiatrie in Baden-Württemberg eingeführt. Die Überleitung in die geänderten Rahmenbedingungen erfolgt nach näherer Maßgabe des § 29c TVÜ-Länder in zwei Schritten. Im ersten Schritt wird aus der bisherigen KR-Tabelle in die neue KR-Tabelle übergeleitet; ein Antrag der Beschäftigten ist dazu nicht erforderlich. Der zweite Schritt erfolgt ggfs. nur auf Antrag der Beschäftigten und gilt für diejenigen Beschäftigten, deren Eingruppierung nach dem neu gefassten Teil IV der Entgeltordnung zu höheren Ergebnissen führt als nach dem bis zum 31. Dezember 2018 geltenden Teil IV. In diesem Fall haben die Beschäftigten das Recht, die höhere Eingruppierung zu beantragen. Der Antrag muss bis zum 31. März 2020 (bei ruhendem Arbeitsverhältnis innerhalb eines Jahres nach dem Ende des Ruhens) gestellt werden. Er wirkt auf den 1. Januar 2019 zurück; zwischenzeitliche Stufensteigerun-

gen bleiben unberücksichtigt. Im Falle eines Antrags findet eine „normale" Höhergruppierung nach den Regeln des § 17 Abs. 4 TV-L statt. Achtung: Auch die Anrechnung beim Strukturausgleich findet nach den üblichen Regeln (§ 12 Abs. 5 TV-Länder) statt.

Ab 1. Januar 2020

- Allgemeine Tätigkeitsmerkmale (Teil I)
  Es wurden neue Tätigkeitsmerkmale in die Entgeltgruppen 5 und 9b eingefügt, die nun ausbildungsbezogen definiert sind und eine erfolgreich abgeschlossene Berufsausbildung in einem anerkannten Ausbildungsberuf mit einer Ausbildungsdauer von mindestens drei Jahren sowie entsprechende Tätigkeiten (Entgeltgruppe 5 Fallgruppe 2) bzw. eine abgeschlossene Hochschulbildung und entsprechende Tätigkeit (Entgeltgruppe 9b Fallgruppe 3) fordern. Eine Verschiebung der Werte-Ebenen bei der Eingruppierung ist mit diesem eher redaktionellen Schritt nicht verbunden.
- Archive, Bibliotheken usw. (Teil II Abschn. 1)
  An Stelle der bisherigen Tätigkeitsmerkmale findet der Allgemeine Teil der Entgeltordnung (Teil I) Anwendung.
- Psychotherapeuten (Teil II Abschn. 2)
  Nach dem neuen Unterabschnitt 4 werden Psychologische Psychotherapeuten und Kinder- und Jugendlichenpsychotherapeuten – jeweils mit abgeschlossener wissenschaftlicher Hochschulbildung und mit Approbation und entsprechender Tätigkeit – in der Entgeltgruppe 14 eingruppiert.
- Forstverwaltung (Teil II Abschn. 7)
  Der Abschnitt wurde aufgehoben.
- Gesundheitsberufe (Teil II Abschn. 10)
  Die Tätigkeitsmerkmale für Lehrkräfte in Gesundheitsberufen (Teil II Abschn. 10.1) wurden in Anlehnung an Teil B Abschnitt XI Ziffer 21 der Entgeltordnung VKA neu geregelt.
- Justiz (Teil II Abschn. 12)
  In Unterabschnitt 1 (Beschäftigte bei Gerichten und Staatsanwaltschaften) wurde Folgendes geändert:
  - In Entgeltgruppe 9b wurde das Tätigkeitsmerkmal „Gruppenleiter bei Gerichten und Staatsanwaltschaften" ausgebracht
  - Das Tätigkeitsmerkmal der Entgeltgruppe 3 (Justizhelfer) wurde der Entgeltgruppe 4 zugeordnet
  - In Protokollerklärung Nr. 3 (schwierige Tätigkeiten) wurde die „Führung von Haftlisten" ergänzend aufgenommen

  - Die Protokollerklärung Nr. 5 (betreffend Wehrdienstgerichte) wurde aufgehoben.
- Meister (Teil II Abschn. 15)
  - In Unterabschnitt 2 wurde das bisherige Tätigkeitsmerkmal der Entgeltgruppe 7 (Handwerksmeister, ... mit erfolgreich abgeschlossener aufgabenspezifischer Sonderausbildung) der Entgeltgruppe 8 zugeordnet.
  - In Unterabschnitt 4 wurde das bisherige Tätigkeitsmerkmal der Entgeltgruppe 7 Fallgruppe 1 (Gärtnermeister) der Entgeltgruppe 8 zugeordnet.
- Rettungsdienst (Teil II Abschn. 18)
  Es wurden Verbesserungen in Anlehnung an kommunale Regelungen vereinbart; betroffen sind in erster Linie Berlin und Hamburg.
- Sozial- und Erziehungsdienst (Teil II Abschn. 20)
  Die Tätigkeitsmerkmale für Beschäftigte im Sozial- und Erziehungsdienst wurden – weitgehend in Anlehnung an die Entgeltordnung VKA – neu geregelt. In diesem Zusammenhang wurde zum 1. Januar 2020 auch die so genannte „S-Tabelle" eingeführt. Die Überleitung in das geänderte Recht erfolgt nach näherer Maßgabe des § 29e TVÜ-Länder; ein Antrag der Beschäftigten ist nicht erforderlich.
- Techniker (Teil II Abschn. 22.2)
  Das Tätigkeitsmerkmal der Entgeltgruppe 7 wurde der Entgeltgruppe 8 zugeordnet. Die Tätigkeit der früheren Entgeltgruppe 9 Fallgruppe 1 wurde der Entgeltgruppe 9b zugewiesen; die Entgeltgruppenzulage nach Anlage F Nr. 9 entfällt.
- Beschäftigte mit körperlich/handwerklich geprägten Tätigkeiten (Teil III)
  Es wurde eine Reihe von Detailverbesserungen vereinbart (z. B. Freigabe der Stufe 6 in bestimmten Tätigkeitsmerkmalen der Entgeltgruppen 2 und 3).

Ab 1. Januar 2021

Informationstechnik (Teil II Abschn. 11)

Die Tätigkeitsmerkmale für Beschäftigte in der Informationstechnik wurden in Anlehnung an die Entgeltordnung VKA mit Wirkung vom 1. Januar 2021 neu geregelt. Die so genannte Programmiererzulage wurde in diesem Zusammenhang aufgehoben. In Anlehnung an die bewährte Regelung des § 29a TVÜ-Länder bestimmt § 29f TVÜ-Länder, dass diejenigen Beschäftigten, deren Eingruppierung nach der ab dem 1. Januar 2021 geltenden Entgeltordnung zu höheren Ergebnissen führt als nach dem bis zum 31. Dezember 2020 geltenden Recht, die höhere Eingruppierung beantragen können. Der Antrag muss bis zum 31. Dezember 2021 (bei ruhendem Arbeitsverhältnis innerhalb eines Jahres nach dem Ende des Ruhens) gestellt werden. Er wirkt auf den 1. Januar 2021 zurück; zwischenzeitliche Stufensteigerungen bleiben unberücksichtigt. Im Falle eines Antrags findet eine „normale" Höhergruppierung nach den Regeln des § 17 Abs. 4 TV-L statt. Achtung: Auch die Anrechnung beim Strukturausgleich findet nach den üblichen Regeln (§ 12 Abs. 5 TV-Länder) statt.

Die neue Entgeltordnung

I. Zentrale Eingruppierungsvorschriften

Die Eingruppierungsvorschrift der §§ 12, 13 TV-L wurde aus den §§ 22, 23 BAT entwickelt.

§§ 12 und 13 TV-L haben den folgenden Wortlaut:

§ 12 TV-L Eingruppierung

(1) [1]Die Eingruppierung des/der Beschäftigten richtet sich nach den Tätigkeitsmerkmalen der Entgeltordnung (Anlage A). [2]Die/Der Beschäftigte erhält Entgelt nach der Entgeltgruppe, in der sie/er eingruppiert ist. [3]Die/Der Beschäftigte ist in der Entgeltgruppe eingruppiert, deren Tätigkeitsmerkmalen die gesamte von ihr/ihm nicht nur vorübergehend auszuübende Tätigkeit entspricht. [4]Die gesamte auszuübende Tätigkeit entspricht den Tätigkeitsmerkmalen einer Entgeltgruppe, wenn zeitlich mindestens zur Hälfte Arbeitsvorgänge anfallen, die für sich genommen die Anforderungen eines Tätigkeitsmerkmals oder mehrerer Tätigkeitsmerkmale dieser Entgeltgruppe erfüllen. [5]Kann die Erfüllung einer Anforderung in der Regel erst bei der Betrachtung mehrerer Arbeitsvorgänge festgestellt werden (z. B. vielseitige Fachkenntnisse), sind diese Arbeitsvorgänge für die Feststellung, ob diese Anforderung erfüllt ist, insoweit zusammen zu beurteilen. [6]Werden in einem Tätigkeitsmerkmal mehrere Anforderungen gestellt, gilt das in Satz 4 bestimmte Maß, ebenfalls bezogen auf die gesamte auszuübende Tätigkeit, für jede Anforderung. [7]Ist in einem Tätigkeitsmerkmal ein von Satz 4 oder 6 abweichendes zeitliches Maß bestimmt, gilt dieses. [8]Ist in einem Tätigkeitsmerkmal als Anforderung eine Voraussetzung in der Person des/der Beschäftigten bestimmt, muss auch diese Anforderung erfüllt sein.

Protokollerklärungen zu Absatz 1:

1. [1]Arbeitsvorgänge sind Arbeitsleistungen (einschließlich Zusammenhangsarbeite*n), die, bezogen auf den Aufgabenkreis der/des Beschäftigten, zu einem bei natürlicher* Betrachtung abgrenzbaren Arbeitsergebnis führen (z. B. unterschriftsreife Bearbeitung eines Aktenvorgangs, eines Widerspruchs oder eines Antrags, Betreuung bzw. Pflege einer Person oder Personengruppe, Fertigung einer Bauzeichnung, Erstellung eines EKG, Durchführung einer Unterhal-

tungs- bzw. Instandsetzungsarbeit). [2]Jeder einzelne Arbeitsvorgang ist als solcher zu bewerten und darf dabei hinsichtlich der Anforderungen zeitlich nicht aufgespalten werden.

2. Eine Anforderung im Sinne der Sätze 4 und 5 ist auch das in einem Tätigkeitsmerkmal geforderte Herausheben der Tätigkeit aus einer niedrigeren Entgeltgruppe.

(2) Die Entgeltgruppe des/der Beschäftigten ist im Arbeitsvertrag anzugeben.

Niederschriftserklärung zu § 12[1])
Zur Sicherstellung einer differenzierten Eingruppierung anhand des zeitlichen Umfangs, in dem eine bestimmte Anforderung (z. B. Schwierigkeit, Verantwortung) innerhalb der auszuübenden Tätigkeiten erfüllt sein muss (Hierarchisierung), werden die Tarifvertragsparteien unmittelbar nach der Redaktion Gespräche aufnehmen. (Nr. II.1 der Tarifeinigung vom 2. März 2019)

§ 13 TV-L Eingruppierung in besonderen Fällen[2])

[1]Ist der/dem Beschäftigten eine andere, höherwertige Tätigkeit nicht übertragen worden, hat sich aber die ihr/ihm übertragene Tätigkeit (§ 12 Abs. 1 Satz 3) nicht nur vorübergehend derart geändert, dass sie den Tätigkeitsmerkmalen einer höheren als ihrer/seiner bisherigen Entgeltgruppe entspricht (§ 12 Abs. 1 Satz 4 bis 8), und hat die/der Beschäftigte die höherwertige Tätigkeit ununterbrochen sechs Monate lang ausgeübt, ist sie/er mit Beginn des darauffolgenden Kalendermonats in der höheren Entgeltgruppe eingruppiert. [2]Für die zurückliegenden sechs Kalendermonate gilt § 14 sinngemäß. [3]Ist die Zeit der Ausübung der höherwertigen Tätigkeit durch Urlaub, Arbeitsbefreiung, Arbeitsunfähigkeit, Kur- oder Heilverfahren oder Vorbereitung auf eine Fachprüfung für die Dauer von insgesamt nicht mehr als sechs Wochen unterbrochen worden, wird die Unterbrechungszeit in die Frist von sechs Monaten eingerechnet. [4]Bei einer längeren Unterbrechung oder bei einer Unterbrechung aus anderen Gründen beginnt die Frist nach der Beendigung der Unterbrechung von neuem. [5]Wird der/dem Beschäftigten vor Ablauf der sechs Monate wieder eine Tätigkeit zugewiesen, die den Tätigkeitsmerkmalen seiner bisherigen Vergütungsgruppe entspricht, gilt § 14 sinngemäß.

Anmerkungen zu den zentralen Eingruppierungsvorschriften

Die zentralen Eingruppierungsvorschriften enthalten im Vergleich zum bisherigen Recht keine materiellen Veränderungen; sie sind – auch für ehemalige Arbeiter – eng an die Formulierung der §§ 12, 13 BAT angelehnt. Insbesondere die tragenden Gedanken der Tarifautomatik, die Anknüpfung an die auszuübende Tätigkeit, die Bildung von

[1]) Niederschriftserklärung eingefügt im Zuge der Tarifrunde 2019/2020/2021.

[2]) In der Fassung des 11. Änderungstarifvertrages.

Arbeitsvorgängen, die Notwendigkeit eines eingruppierungsrelevanten Umfangs der Tätigkeit usw. entsprechen dem bisherigen Recht, das sich bewährt hat und für dessen Auslegung auf eine in Jahrzehnten gewachsene Rechtsprechung zurückgegriffen werden kann. Im Einzelnen ist dazu Folgendes anzumerken:

§ 12 TV-L: Eingruppierung

Die Eingruppierung der Beschäftigten richtet sich nach der Tätigkeit, die aufgrund des Arbeitsvertrages auf Dauer auszuüben ist. Entscheidend ist also die Gestaltung des Arbeitsvertrages. Die Vereinbarung im Arbeitsvertrag über die auszuübende Tätigkeit begründet einen Anspruch auf Beschäftigung mit entsprechenden Tätigkeiten und ist maßgebend für die Eingruppierung und damit auch für das Entgelt. Im Interesse der Klarheit ist die Entgeltgruppe im Arbeitsvertrag – ggf. als Änderung – anzugeben (§ 12 Abs. 2 TV-L).

Die Eingruppierung selbst erfolgt aufgrund der Tarifautomatik. Sie bedarf keines förmlichen Aktes, ein solcher hat nur deklaratorischen Charakter.

§ 12 TV-L: Geltungsbereich

§ 12 TV-L bestimmt:

- welche Tätigkeit für die Eingruppierung maßgebend ist, nämlich die gesamte auszuübende Tätigkeit.
- in welchem zeitlichen Umfang die in den Tätigkeitsmerkmalen beschriebene Tätigkeit als Voraussetzung für die Eingruppierung ausgeübt werden muss (grundsätzlich mindestens zur Hälfte).

Gegenstand der Bewertung ist jeder einzelne Arbeitsvorgang innerhalb der gesamten auszuübenden Tätigkeit.

§ 12 TV-L: Tätigkeitsmerkmale und Arbeitsvorgänge

§ 12 TV-L gilt sowohl für die Eingruppierung bei Neueinstellungen als auch bei Übertragung einer anderen Tätigkeit. Nach § 12 Abs. 1 Satz 3 TV-L sind Beschäftigte in der Entgeltgruppe eingruppiert, deren Tätigkeitsmerkmalen die gesamte von ihnen nicht nur vorübergehend auszuübende Tätigkeit entspricht.

Die Vorschrift enthält mehrere Aussagen:

- Die Worte „Die/Der Beschäftigte ist ... eingruppiert" machen deutlich, dass sich die Eingruppierung als zwingende rechtliche Folge der Tätigkeit ergibt. Damit kommt der Grundsatz der Tarifautomatik klar zum Ausdruck.

- Die **gesamte** Tätigkeit ist maßgebend. Es kommt nicht auf Feststellung und Unterscheidung von Teiltätigkeiten und darauf an, ob und welche Teiltätigkeit überwiegt und ggf. der Bewertung zugrunde zu legen ist oder für die Bewertung außer Betracht zu bleiben hat.
- Es ist nur auf die **auszuübende**, d. h. auf die vom Arbeitgeber im Rahmen des Arbeitsvertrages übertragene Tätigkeit abzustellen. Die mit den im Arbeitsumfeld tätigen Kollegen und gegebenenfalls auch mit dem unmittelbaren Fachvorgesetzten abgestimmte Ausübung einer höherwertigen Tätigkeit durch die Beschäftigten ohne – auch nur stillschweigende – diesbezügliche Zustimmung der für Personalangelegenheiten zuständigen Stelle des Arbeitgebers vermag einen Anspruch der Beschäftigten auf Höhergruppierung nicht zu begründen (Urteil des BAG vom 26. März 1997 – 4 AZR 489/95). Die an die auszuübende Tätigkeit anknüpfende Tarifautomatik gilt grundsätzlich auch während der Zeit der **Einarbeitung** auf einem Arbeitsplatz, sofern die Aufgaben des Arbeitsplatzes den Beschäftigten uneingeschränkt übertragen sind, obgleich sie in qualitativer und/oder quantitativer Hinsicht noch keine vollwertigen Arbeitsergebnisse zu erzielen vermag. Dies gilt nicht, wenn die Beschäftigten zunächst lediglich Teil-Aufgaben (die einer niedrigeren Entgeltgruppe entsprechen) zu erfüllen hat.

Bewertung Arbeitsvorgänge

Wann die nach § 12 Abs. 1 Satz 3 TV-L maßgebende Tätigkeit den Tätigkeitsmerkmalen einer Entgeltgruppe entspricht, ergibt sich aus den Sätzen 4 ff. und den Protokollnotizen. Nach § 12 Abs. 1 Satz 4 TV-L ist Grundlage der Eingruppierung die Bewertung der einzelnen Arbeitsvorgänge (Protokollnotiz Nr. 1).

Ermittlung Entgeltgruppe

Die gesamte auszuübende Tätigkeit eines Beschäftigten setzt sich aus Arbeitsvorgängen zusammen. Die einzelnen Arbeitsvorgänge sind die Elemente für die Bewertung der Tätigkeit. Für jeden Arbeitsvorgang ist das Tätigkeitsmerkmal zu ermitteln, dessen Anforderungen er erfüllt. Die für die einzelnen Arbeitsvorgänge, die derselben Entgeltgruppe zuzuordnen sind, **normalerweise** aufzuwendenden Zeiten sind zusammenzurechnen. Ergibt sich, dass zeitlich mindestens die Hälfte oder das im Tätigkeitsmerkmal festgelegte sonstige Maß erreicht ist, folgt daraus, dass die gesamte Tätigkeit den Tätigkeitsmerkmalen dieser Entgeltgruppe entspricht und der Beschäftigte in dieser Entgeltgruppe eingruppiert ist.

Beispiel:

Von den im Monatsdurchschnitt insgesamt zu erledigenden Arbeitsvorgängen eines Beschäftigten sind

- der Anzahl nach 60 v. H. schwierige Tätigkeiten i. S. der EntgeltGr. 4 des Teils I; sie nehmen 35 v. H. der gesamten Arbeitszeit in Anspruch,
- der Anzahl nach 40 v. H. solche Arbeitsvorgänge, die gründliche Fachkenntnisse i. S. der EntgeltGr. 5 a. a. O. erfordern; sie nehmen 65 v. H. der gesamten Arbeitszeit in Anspruch.

Der Beschäftigte ist in der Entgeltgruppe 5 eingruppiert.

Nach der Protokollnotiz Nr. 2 ist das in einem Tätigkeitsmerkmal geforderte Herausheben der Tätigkeit aus einer niedrigeren Entgeltgruppe ebenfalls eine Anforderung i. S. des § 12 Abs. 1 Sätze 4 und 5 TV-L.

Beispiel:

Ein Beschäftigter hat Arbeitsvorgänge zu erledigen, von denen – dem zeitlichen Aufwand nach – 70 v. H. besonders verantwortungsvolle Tätigkeiten i. S. der EntgeltGr. 9, Fallgruppe 1 des Teils I darstellen. Ein Teil davon, der 40 v. H. der gesamten Arbeitszeit ausmacht, besteht aus Arbeitsvorgängen, deren Erledigung besonders schwierig und bedeutend i. S. der Entgeltgruppe 11 a. a. O. ist. Der Beschäftigte ist nicht in der Entgeltgruppe 11, sondern in der Entgeltgruppe 9 eingruppiert, da der zeitliche Aufwand für die Erledigung der Arbeitsvorgänge, deren Erledigung besonders schwierig und bedeutend ist, nicht mindestens 50 v. H. beträgt.

Definition Arbeitsvorgang

Im Rahmen der Tarifeinigung vom 2. März 2019 haben die Tarifpartner vereinbart, Tarifverhandlungen mit dem Ziel einer rechtssicheren Neudefinition des Begriffs des „Arbeitsvorgangs" (§ 12 TV-L) aufzunehmen. Das Bundesarbeitsgericht (BAG) hatte mit Urteil vom 28. Februar 2018 – 4 AZR 816/16 – die gesamte Tätigkeit eines Geschäftsstellenverwalters eines Gerichtes als einheitlichen Arbeitsvorgang bewertet und damit die Feindifferenzierung nach schwierigen und weniger schwierigen Aufgabenanteilen erheblich erschwert. Die Arbeitgeber haben von den Gewerkschaften die Wiederherstellung des in § 12 TV-L vereinbarten Regelungsgehalts gefordert, konnten sich aber in der Tarifrunde damit nicht durchsetzen. Es wurde jedoch vereinbart, zur Sicherstellung einer differenzierten Eingruppierung anhand des zeitlichen Umfangs, in dem eine bestimmte Anforderung (z. B. Schwierigkeit, Verantwortung) innerhalb der auszuübenden Tätigkeiten erfüllt sein muss (Hierarchisierung), unmittelbar nach der Redaktion der Tarifrunde 2019/2020/2021 Gespräche dazu aufzunehmen.

Was ein Arbeitsvorgang ist, wird in der Protokollnotiz Nr. 1 erläutert. Die Tarifvertragsparteien haben mit dem Begriff des Arbeitsvorgangs das Ziel verfolgt, die Bewertung der Tätigkeit anhand des kleinsten bei natürlicher und vernünftiger Betrachtungsweise abgrenzbaren Teils der gesamten Tätigkeit aufzubauen. Die Abgrenzung ergibt sich aus dem jeweiligen konkreten Arbeitsergebnis, zu dem der Arbeitsvorgang führt. Damit ist gewährleistet, dass z. B. sogenannte Zusammenhangsarbeiten, die als ein- und untergeordnete Teile einer Arbeitsleistung anzusehen sind, nicht gesondert gewertet werden dürfen (z. B. das für die Bearbeitung eines Aktenvorgangs erforderliche Heraussuchen eines Aktenstücks oder die Beiziehung anderer Vorgänge).

Das für die Abgrenzung des Arbeitsvorgangs maßgebende Arbeitsergebnis ist auf den Aufgabenkreis des Beschäftigten bezogen. Bei arbeitsteiliger Erledigung der Aufgaben ist z. B. nicht die Erstellung eines Bauplanes als Arbeitsvorgang anzusehen, sondern der konkrete Beitrag des Beschäftigten hierzu, soweit der Beitrag nicht seinerseits aus mehreren Arbeitsvorgängen besteht.

Der so gebildete einzelne Arbeitsvorgang ist methodisch gesehen der kleinste – selbstständige – Gegenstand der tariflichen Bewertung und darf hinsichtlich der Anforderungen zeitlich nicht weiter aufgespaltet werden (Protokollnotiz Nr. 1 Satz 2). Daraus folgt: Ein Arbeitsvorgang ist als solcher entweder schwierig – oder er ist es nicht; er erfordert als solcher entweder eine selbstständige Leistung – oder er erfordert sie nicht. Ein Arbeitsvorgang, der nur zu einem Drittel schwierig wäre oder nur zu einem Fünftel selbstständige Leistungen erfordern würde, ist mit Blick auf die Definition des Arbeitsvorgangs nicht denkbar. Das Verbot der zeitlichen Aufspaltung bedeutet deshalb, dass der zeitliche Anteil, zu dem die tariflichen Tätigkeitsmerkmale einer bestimmten Fallgruppe erfüllt sein müssen, nicht innerhalb des Arbeitsvorgangs, sondern nach dem zeitlichen Anteil der entsprechenden Arbeitsvorgänge innerhalb der gesamten auszuübenden Tätigkeit festgestellt werden müssen. Innerhalb des einzelnen Arbeitsvorgangs sind nämlich die zu verzeichnenden Anforderungen stets jeweils voll erfüllt.

Betrachtung mehrerer Arbeitsvorgänge

Bestimmte Anforderungen, die in Tätigkeitsmerkmalen erstellt werden, können ihrer Natur nach vielfach nicht in einem einzigen Arbeitsvorgang erfüllt sein. So wird beispielsweise die Anforderung „vielseitige Fachkenntnisse“ regelmäßig erst in der Bearbeitung mehrerer Arbeitsvorgänge auf verschiedenartigen Fach- oder Rechtsgebieten erfüllt werden können. Um dieser Besonderheit Rechnung zu tragen, ist in § 12 Abs. 1 Satz 5 TV-L zugelassen, dass für die Prüfung, ob derartige Anforderungen erfüllt sind, entsprechende Arbeitsvorgänge **insoweit** zusammen betrachtet werden.

Ein Tätigkeitsmerkmal – mehrere Anforderungen

§ 12 Abs. 1 Satz 6 TV-L regelt die Fälle, in denen in einem Tätigkeitsmerkmal mehrere Anforderungen gestellt werden (z. B. gründliche und vielseitige Fachkenntnisse einerseits, selbstständige Leistungen andererseits). In diesen Fällen muss jede dieser Anforderungen in dem für die Bewertung der gesamten Tätigkeit geforderten zeitlichen Ausmaß erfüllt sein. Dieses zeitliche Ausmaß beträgt nach § 12 Abs. 1 Satz 4 TV-L die Hälfte; ist in einem Tätigkeitsmerkmal selbst ein anderes zeitliches Maß bestimmt (z. B. „zu einem Drittel selbstständige Leistungen"), so gilt dieses Maß (Satz 7 a. a. O.).

Tätigkeitsmerkmale mehrerer Entgeltgruppen

Eine Besonderheit liegt in den Fällen vor, in denen dieselbe Anforderung in Tätigkeitsmerkmalen mehrerer Entgeltgruppen verwendet wird und lediglich das zeitliche Maß über die Eingruppierung entscheidet. Die eingruppierungsrelevante Zuordnung ergibt sich in diesen Fällen erst nach Feststellung der zeitlichen Inanspruchnahme mit Arbeitsvorgängen, die die Anforderung erfüllen.

Beispiel:

Ein Beschäftigter erledigt:

- Arbeitsvorgänge, die schwierige Tätigkeiten i. S. der EntgeltGr. 4 des Teils I darstellen (Arbeitsvorgänge A),
- Arbeitsvorgänge, die gründliche und vielseitige Fachkenntnisse erfordern (Arbeitsvorgänge B),
- Arbeitsvorgänge, die gründliche und vielseitige Fachkenntnisse sowie selbstständige Leistungen erfordern (Arbeitsvorgänge C).

Der Beschäftigte ist in der Entgeltgruppe 4 eingruppiert, wenn die Arbeitsvorgänge A zeitlich überwiegen.

Der Beschäftigte ist in der Entgeltgruppe 6 eingruppiert, wenn die Arbeitsvorgänge B und C zusammen zeitlich mindestens 50 v. H. ausmachen.

Der Beschäftigte ist in der Entgeltgruppe 8 eingruppiert, wenn bei einem mindestens hälftigen Zeitanteil der Arbeitsvorgänge B und C die Arbeitsvorgänge C zeitlich mindestens 33 1/3 v. H. ausmachen.

Der Beschäftigte ist in der Entgeltgruppe 4 eingruppiert, wenn die Arbeitsvorgänge C zeitlich zwar mehr als 33 1/3 v. H., die Arbeitsvorgänge B und C zusammen jedoch weniger als 50 v. H. ausmachen (s. o.).

Zeitraum der Bewertung

Für die Bewertung der von dem Beschäftigten auszuübenden Tätigkeit ist ein angemessener Zeitraum zugrunde zu legen. Der Zeitraum ist angemessen, wenn gewährleistet ist, dass die in dem Aufgabenkreis des Beschäftigten auf Dauer regelmäßig anfallenden Arbeitsvorgänge sicher erfasst werden. Hierzu hat das Bundesarbeitsgericht mit Urteil vom 26. April 1966 – 1 AZR 458/64 entschieden, dass, wenn die Tätigkeit des Beschäftigten in ihrem Schwierigkeitsgrad Schwankungen unterworfen ist, die Feststellung, ob der Beschäftigte überwiegend selbstständige Leistungen erbringt, über einen längeren (z. B. sechsmonatigen) Zeitraum zu erstrecken sind.

Art der geforderten Anforderung

Bei den nach § 12 Absatz 1 Satz 8 TV-L geforderten Anforderungen in der Person des Beschäftigten kann es sich z. B. um eine geforderte Ausbildung, staatliche Anerkennung oder um die Erfüllung der Zeit einer Tätigkeit handeln.

Mehrere Tätigkeitsmerkmale

§ 12 TV-L gilt auch für Tätigkeitsmerkmale, in denen eine bestimmte Funktion des Beschäftigten für die Eingruppierung maßgebend ist (z. B. Kassenleiter, ständiger Vertreter des . . ., Beschäftigter . . . mit x Unterstellten). In diesen Fällen bedarf es nicht der Bewertung der einzelnen Arbeitsvorgänge, da diese bereits im Tätigkeitsmerkmal selbst insgesamt pauschal bewertet sind. Übt ein Beschäftigter daneben eine Tätigkeit aus, die unter ein anderes Tätigkeitsmerkmal fällt, ist bei der Anwendung des § 12 Abs. 1 TV-L die Funktionstätigkeit als Summe gleich zu bewertender Arbeitsvorgänge anzusehen. Es kommt also auf das zeitliche Ausmaß an, in dem die Funktion ausgeübt wird.

§ 12 TV-L: Nachweis Eingruppierung

Zum Nachweis der tarifgerechten Eingruppierung sind in der Regel die dem Beschäftigten übertragenen Tätigkeiten und deren Zuordnung zu den Tätigkeitsmerkmalen der Vergütungsordnung in einer Arbeitsplatzbeschreibung vollständig und nachprüfbar darzustellen.

§ 12 TV-L: Neu eingestellte Beschäftigte

Bei neu eingestellten Beschäftigten, die erst eingearbeitet oder erprobt werden, oder bei Beschäftigten, die auf einem anderen Arbeitsplatz eingearbeitet oder erprobt werden, genügt zunächst eine Tätigkeitsdarstellung und -bewertung mit den Angaben, die für die endgültige Übertragung der Tätigkeiten maßgebend sind. Daneben müssten in einem Vermerk die Gründe festgehalten werden, die einer höheren Eingruppierung derzeit noch entgegenstehen (dass z. B. wegen der Einarbeitung oder Erprobung selbstständige Leistungen noch nicht zu erbringen sind oder eine besondere Verantwortung mit der Ausübung der Tätigkeit noch nicht verbunden ist).

§ 12 TV-L: Höherwertige Tätigkeit in Vertretung

Wird einem Beschäftigten vertretungsweise eine andere, höherwertige Tätigkeit übertragen (§ 14 Abs. 1 TV-L), kann von der Erstellung einer Tätigkeitsdarstellung und -bewertung abgesehen werden, wenn die Tätigkeitsdarstellung und -bewertung des Vertretenen ausreichenden Aufschluss über die vertretungsweise auszuübende Tätigkeit gibt.

§ 12 TV-L: Tätigkeitsbereich/Vereinbarung Arbeitsvertrag

Falls keine spezielle Vereinbarung im Arbeitsvertrag getroffen worden ist, können dem Beschäftigten alle Tätigkeiten übertragen werden, die die Merkmale der für ihn maßgebenden Entgeltgruppe erfüllen – gefestigte Rechtsprechung des Bundesarbeitsgerichts – siehe z. B. Urteil vom 26. Juni 2002 – 6 AZR 50/00. Die Zuweisung der einer niedrigeren Entgeltgruppe zuzurechnenden Tätigkeit scheidet aber selbst dann aus, wenn das bisher gezahlte Entgelt fortgezahlt wird (Urteil des Bundesarbeitsgerichts vom 8. Oktober 1962 – 2 AZR 550/61).

§ 12 TV-L: Fehlerhafte Entgeltgruppe

Nach dem Urteil des Bundesarbeitsgerichts vom 23. August 1995 – 4 AZR 352/94 bedarf es zur Korrektur der Eingruppierung bei dem Angestellten unzutreffend mitgeteilter Entgeltgruppe – unbeschadet der erforderlichen Mitbestimmung der Personalvertretung – keiner Änderungskündigung, wenn die unzutreffend mitgeteilte Entgeltgruppe auf eine rechtsfehlerhafte Tarifanwendung zurückzuführen ist. Der Mitteilung der Entgeltgruppe durch den Arbeitgeber kommt nach Auffassung des BAG (siehe Urteil vom 16. 2. 2000 – 4 AZR 62/99) nur eine deklaratorische Bedeutung zu. Der Arbeitgeber muss aber im Einzelnen vortragen, warum und inwieweit seine bisherige Bewertung der Tätigkeit fehlerhaft war und deshalb die Eingruppierung korrigiert werden muss (Urteil des Bundesarbeitsgerichts vom 11. Juni 1997 – 10 AZR 724/95).

§ 13 TV-L: Änderung der Tätigkeitsmerkmale

§ 13 TV-L regelt nur die Fälle, in denen dem Beschäftigten nicht eine höherwertige Tätigkeit vom Arbeitgeber übertragen wird, sondern sich die Tätigkeit des Beschäftigten aus sich heraus (z. B. durch Änderung von Gesetzen usw.) derart ändert, dass sie den Tätigkeitsmerkmalen einer höheren Entgeltgruppe entspricht. Eine solche Änderung „aus sich heraus" ist ein Sonderfall. Ein verständiger und fürsorglicher Arbeitgeber sollte von Zeit zu Zeit prüfen, ob der Zuschnitt des Arbeitsplatzes noch der Eingruppierungssituation entspricht; er kann dann durch Umverteilungen, Aufgabenverlagerungen etc. steuernd eingreifen.

§ 13 TV-L: Dauer der Tätigkeit

Der Beschäftigte ist automatisch in der höheren Entgeltgruppe eingruppiert, wenn er die höherwertige Tätigkeit sechs Monate lang ununterbrochen (wegen unschädlicher bzw. schädlicher Unterbrechungen siehe jedoch die Sätze 3 und 4 der Vorschrift) ausgeübt hat und zwar mit dem Ersten des nach Ablauf der sechs Monate folgenden Kalendermonats. Dabei wird die Dauerhaftigkeit der Änderung vorausgesetzt; eine nur vorübergehende Änderung der Anforderungen berührt die Eingruppierung nicht. Für die zurückliegenden sechs Kalendermonate erhält der Beschäftigte eine Zulage nach § 14 TV-L.

§ 13 TV-L: Entzug höherwertiger Tätigkeit

Nach Satz 5 der Vorschrift gilt § 14 TV-L auch sinngemäß bei Entzug der höherwertigen Tätigkeit.

II. Die neue Entgeltordnung verfolgt „nur" einen redaktionellen Ansatz

1. Grundsatz

Wie in Teil II des vorhergehenden Kapitels dargestellt, verfolgten die Tarifpartner bei der Schaffung der Entgeltordnung zum TV-L in erster Linie einen redaktionellen Ansatz. Dies darf natürlich mit Blick auf die gewaltige Aufgabe, die allein schon die Zusammenfassung der ehemaligen Merkmale für Arbeiter und Angestellte darstellt, nicht nur als Auftrag einer eher milden sprachlichen Überarbeitung („Beschäftigte" statt „Arbeiter" und „Angestellte", „Entgeltgruppe 1–15" statt „Lohngruppe 1–9" und „Vergütungsgruppe X bis I und Streichung unnötig gewordener Aufstiegsmerkmale) verstanden werden. Zur redaktionellen Arbeit gehörte z. B. auch, dass veraltete Berufsbezeichnungen ersetzt oder gestrichen wurden.

Unmittelbarer Ausdruck des eher redaktionellen Auftrags ist aber, dass die Überarbeitung grundsätzlich nicht zu einer Verschiebung der in den alten Regelwerken sowie dem Überleitungsrecht des TVÜ-Länder vereinbarten Wertigkeiten der Tätigkeiten führen sollte. Diesen Auftrag haben die Tarifpartner nicht aus dem Auge verloren. Lediglich in den nachstehend aufgeführten Bereichen hat die redaktionelle Überarbeitung zu materiellen Veränderungen geführt.

2. Ausnahmen: Veränderungen aufgrund der redaktionellen Überarbeitung

Kurze Bewährungsaufstiege in den unteren Entgeltgruppen

Über die reine sprachliche Redaktion hinausgehende inhaltliche Änderungen wurden für bestimmte Merkmale der Entgeltgruppen 3 bis 8 vereinbart. Dort haben die Tarifpartner eine Neubewertung der auszuübenden Tätigkeiten vorgenommen und die im alten Recht zu Verläufen mit kurzem Aufstieg (bis zu sechs Jahren) führenden Tätigkeiten im Vergleich zum Niveau der Anlage 4 TVÜ-Länder einer höheren Entgeltgruppe zugewiesen. Tragende Überlegung für die Tarifpartner war dabei der Gedanke, dass die früher nach einer kurzen Tätigkeits-/Bewährungszeit erreichbare Vergütungsgruppe die eigentliche Wertigkeit der Tätigkeit widerspiegelt, während es sich bei der ersten, bezogen auf die durchschnittliche Verweildauer oder gar ein Berufsleben eher kurze Tätigkeitsphase faktisch um eine abgesenkte Eingruppierung gehandelt hat.

Beispiele:

- Das Tätigkeitsmerkmal der Vergütungsgruppe Vc Fallgruppe 1a des Allgemeinen Teils der Anlage 1a zum BAT („Beschäftigte im Büro-, Buchhalterei-, sonstigen Innendienst und im Außendienst, deren Tätigkeit gründliche und vielseitige Fachkenntnisse und selbstständige Leistungen erfordert.") führte nach altem Recht nach drei Jahren in die Vergütungsgruppe Vb Fallgruppe 1c. Dieser Verlauf führte nach näherer Maßgabe der Anlage 4 TVÜ-Länder in die Entgeltgruppe E 8. Da es sich um einen kurzen Aufstieg handelt, haben die Tarifpartner die Tätigkeit nun direkt der Entgeltgruppe zugeordnet, die sich bei unmittelbarer Eingruppierung in die ehemalige Aufstiegsvergütungsgruppe Vb ergeben hätte. Dies ist die sogenannte kleine E 9 (keine Stufen 5 und 6; Stufe 3 nach fünf Jahren in Stufe 2, Stufe 4 nach neun Jahren in Stufe 3). Das entsprechende Merkmal findet sich nun in Teil I der Entgeltordnung.
- Das Tätigkeitsmerkmal der Vergütungsgruppe VII Fallgruppe 1a des Allgemeinen Teils der Anlage 1a zum BAT („Beschäftigte im Büro-, Buchhalterei-, sonstigen Innendienst und im Außendienst, deren Tätigkeit

gründliche und vielseitige Fachkenntnisse erfordert.") führte nach altem Recht nach sechs Jahren in die Vergütungsgruppe VIb Fallgruppe 1b. Dieser Verlauf führte nach näherer Maßgabe der Anlage 4 TVÜ-Länder in die Entgeltgruppe E 5. Da es sich um einen kurzen Aufstieg handelt, haben die Tarifpartner die Tätigkeit nun direkt der Entgeltgruppe zugeordnet, die sich bei unmittelbarer Eingruppierung in die ehemalige Aufstiegsvergütungsgruppe VIb ergeben hätte. Dies ist die Entgeltgruppe 6. Das entsprechende Merkmal findet sich nun in Teil I der Entgeltordnung.

Die Aufstiegsmerkmale in den Entgeltgruppen 9 und höher konnten gestrichen werden. Die Anlage 4 TVÜ-Länder bildet in diesem Bereich nämlich Verläufe ab, die unabhängig vom Standort in diesem Verlauf jeweils in die gleiche Entgeltgruppe führen. Eine vergleichbare Regelung zur Wiederherstellung von Aufstiegseffekten wie in den unteren Entgeltgruppen war daher in den Entgeltgruppen 9 und höher nicht erforderlich.

Beispiel:

Tätigkeiten der Vergütungsgruppe IVa BAT mit Aufstieg nach III BAT führen nach Anlage 4 zum TVÜ-Länder in die Entgeltgruppe 11, unabhängig davon, wann der Aufstieg nach altem Recht erreicht worden wäre. Die ursprünglichen Aufstiegsmerkmale in III BAT laufen leer und konnten gestrichen werden. Für die Eingruppierung reichen die Anforderungen des Ausgangsmerkmals in IVa BAT aus; nur dieses jeweilige Grundmerkmal wird in die neue Entgeltordnung übernommen.

Entgeltgruppen 4 und 7 für ehemalige Angestellte

Teilweise werden in der neuen Entgeltordnung ehemalige Angestelltentätigkeiten erstmalig der Entgeltgruppe 4 (einige Verläufe der alten Vergütungsgruppe VIII BAT mit kurzem Aufstieg nach VII BAT) bzw. der Entgeltgruppe 7 (einige Verläufe der alten Vergütungsgruppe VIb BAT mit kurzem Aufstieg nach Vc BAT) zugeordnet. Dadurch ließ sich trotz der im Vergleich zum alten Eingruppierungssystem reduzierten Anzahl der Entgeltgruppen eine gewisse „Feineinstellung" erreichen, die mit Blick auf die eher geringen finanziellen Abstände der unteren Entgeltgruppen voneinander wünschenswert ist.

Beispiele:

- Das Tätigkeitsmerkmal der Vergütungsgruppe VIII Fallgruppe 1b des Allgemeinen Teils der Anlage 1a zum BAT („Beschäftigte im Büro-, Buchhalterei-, sonstigen Innendienst und im Außendienst, deren Tätigkeit sich dadurch aus der Fallgruppe 1a heraushebt, dass sie mindestens zu einem Viertel gründliche Fachkenntnisse erfordert") führte nach altem Recht nach zwei Jahren in die Vergütungsgruppe VII Fallgruppe 1c. Dieser Verlauf führte nach näherer Maßgabe der Anlage 4 TVÜ-Länder in die Entgeltgruppe E 3. Da es sich um einen kurzen Aufstieg handelt, haben die

Tarifpartner nun die Effekte des früheren Aufstiegs zumindest teilweise wieder hergestellt und die Tätigkeit der Entgeltgruppe 4 zugewiesen. Das entsprechende Merkmal findet sich nun in Teil I der Entgeltordnung.

- Das Tätigkeitsmerkmal der Vergütungsgruppe VIb Fallgruppe 1 des Teils II Abschnitt L Unterabschnitt II (Technische Assistenten) der Anlage 1a zum BAT („Technische Assistenten, die schwierige Aufgaben erfüllen") führte nach altem Recht nach zwei Jahren in die Vergütungsgruppe Vc Fallgruppe 2. Dieser Verlauf führte nach näherer Maßgabe der Anlage 4 TVÜ-Länder in die Entgeltgruppe E 6. Da es sich um einen kurzen Aufstieg handelt, haben die Tarifpartner nun die Effekte des früheren Aufstiegs zumindest teilweise wieder hergestellt und die Tätigkeit der Entgeltgruppe 7 zugewiesen. Das entsprechende Merkmal findet sich nun in Teil II Abschnitt 22.3 der Entgeltordnung.

Einarbeitungszeiten

Entsprechend der Langzeitbetrachtung wurden auch kurze Einarbeitungszeiten (bis ein Jahr) bzw. die entsprechenden Merkmale ersatzlos gestrichen. Diese Beschäftigten sind nun unmittelbar entsprechend dem im alten Recht erst nach Einarbeitung erreichten Niveau eingruppiert.

Beispiel:

Bislang waren Beschäftigungstherapeuten (jetzt: Ergotherapeuten) in den ersten sechs Monaten der Berufsausübung nach staatlicher Anerkennung in Vergütungsgruppe VII Fallgruppe 12 und danach in Vergütungsgruppe VIb Fallgruppe 7 des Teils II Abschnitt D (medizinische Hilfsberufe) der Anlage 1a zum BAT eingruppiert. Nach näherer Maßgabe der Anlage 4 zum TVÜ-Länder hätte dieser Karriereverlauf in die Entgeltgruppe 5 geführt; zahlreiche Länder waren aber der Empfehlung der Geschäftsstelle der TdL gefolgt, die Einarbeitungszeit zu ignorieren und hatten die betroffenen Beschäftigten (übertariflich) der Entgeltgruppe 6 zugeordnet.

Unter Streichung der sechsmonatigen Einarbeitungszeit erfolgt die tarifliche Eingruppierung künftig unmittelbar in Entgeltgruppe E 6. Das entsprechende Merkmal findet sich nun in Teil II Abschnitt 11.5 der Entgeltordnung.

Entgeltgruppe 13 + Zulage

Diejenigen Merkmale der früheren Vergütungsgruppe IIa BAT mit kürzeren Aufstiegen, die bisher formal zur Eingruppierung in E 13 führten und nach näherer Maßgabe des § 17 Abs. 8 TVÜ-Länder eine Zulage in Höhe des Unterschiedsbetrages zwischen Entgeltgruppe 13 und Entgeltgruppe 14 beinhalteten, werden künftig unmittelbar der Entgeltgruppe 14 zugeordnet.

Beispiel:

Bislang waren Tierärzte in Vergütungsgruppe IIa Fallgruppe 6 und nach fünf Jahren in Vergütungsgruppe Ib Fallgruppe 18 des Allgemeinen Teils der Anlage 1a zum BAT eingruppiert. Nach näherer Maßgabe des § 17 Abs. 8 TVÜ-Länder erhielten sie eine Zulage in Höhe des Unterschiedsbetrages zwischen dem Entgelt ihrer Entgeltstufe der Entgeltgruppe 13 und der entsprechenden Stufe der Entgeltgruppe 14. Die neue Entgeltordnung weist die Tätigkeit der Tierärzte unmittelbar der Entgeltgruppe 14 zu. Das entsprechende Merkmal findet sich nun in Teil II Abschnitt 2.3 der Entgeltordnung.

Beschäftigte mit einem Anspruch auf die bisherige Zulage nach § 17 Abs. 8 TVÜ-Länder werden stufengleich und unter Beibehaltung der in ihrer Stufe zurückgelegten Stufenlaufzeit in die Entgeltgruppe 14 übergeleitet. Neben einer höheren Stabilität (die Zulage entfiel bisher bei Umsetzungen in andere, keine Zulage auslösende Tätigkeiten der Entgeltgruppe 14; künftig kann die „echte" Eingruppierung in die Entgeltgruppe 14 nur durch Änderungskündigung oder eine einvernehmliche Vertragsänderung beseitigt werden) ergeben sich dadurch in erster Linie bei Zeitzuschlägen des § 8 TV-L Auswirkungen, weil diese bislang aus dem geringeren Tabellenentgelt der Entgeltgruppe 13 abgeleitet wurden und die Zulage des § 17 Abs. 8 TVÜ-Länder sich auf die Zuschläge nicht auswirkte.

Qualifizierte Bewährungsaufstiege

Das Zeiterfordernis in den sogenannten qualifizierten Bewährungsaufstiegen wurde gestrichen. Diese Merkmale zeichnen sich dadurch aus, dass nicht allein ein Zeitablauf bzw. eine Bewährungszeit ausreicht, sondern daneben auch eine Heraushebung gefordert wird. Der Zeitfaktor wird künftig nicht mehr gefordert.

Beispiel:

Bislang waren Angestellte im offenen Vollzugsdienst nach mindestens dreijähriger Tätigkeit in der Vergütungsgruppe VII, deren Tätigkeit sich dadurch aus der Vergütungsgruppe VII heraushebt, dass sie besondere Erfahrung und Zuverlässigkeit erfordert, in die Vergütungsgruppe VIb Fallgruppe 2 des Teils II Abschnitt T Unterabschnitt II der Anlage 1a zum BAT eingruppiert.

Unter Streichung der dreijährigen Mindestzeit erfolgt die Eingruppierung künftig unmittelbar in Entgeltgruppe E 6. Das entsprechende Merkmal findet sich nun in Teil II Abschnitt 12.2 der Entgeltordnung.

Technische Beschäftigte, Ingenieure

Die bisher im Allgemeinen Teil der Anlage 1a zum BAT zu findenden Tätigkeitsmerkmale für technische, vermessungstechnische sowie landkartentechnische Beschäftigte (früher: Angestellte) sind nun dem

Teil II Abschnitt 22 der Entgeltordnung zugeordnet. Für diesen Personenkreis wurden insoweit (über den redaktionellen Ansatz der neuen Entgeltordnung hinaus) strukturelle Verbesserungen vereinbart, als dass für eine Heraushebung aus Entgeltgruppe 10 (nach 11), Entgeltgruppe 11 (nach 12) und Entgeltgruppe 12 (nach 13) ein Drittel-Umfang der Heraushebung ausreicht (statt dem an sich erforderlichen Hälfte-Umfang).

III. Gliederung der neuen Entgeltordnung

Die neue Entgeltordnung fasst – soweit sie nicht entbehrlich geworden sind – die Tätigkeitsmerkmale zusammen, die bislang im Teil I (Allgemeiner Teil) und in den Teilen II (Zusätzliche Tätigkeitsmerkmale) und IV (Zusätzliche Tätigkeitsmerkmale Länder) der Anlage 1a zum BAT, der Anlage 1b zum BAT (Pflegedienst) sowie dem Lohngruppenverzeichnis zum MTArb enthalten waren. Die Tarifpartner haben sich bei der Gliederung an das bisherige System der Anlage 1a zum BAT angelehnt und zwei Teile aufgenommen: in Teil I der Entgeltordnung die Allgemeinen Tätigkeitsmerkmale für den Verwaltungsdienst (diese sind abgeleitet aus den jeweils ersten Fallgruppen des bisherigen Teils I der Anlage 1a zum BAT) und in Teil II der Entgeltordnung besondere Tätigkeitsmerkmale für bestimmte Beschäftigtengruppen (das sind die übrigen Merkmale des Teils I sowie die Merkmale der Teile II und IV der Anlage 1a zum BAT). Teil III der Entgeltordnung bildet die ehemaligen Arbeitermerkmale des Lohngruppenverzeichnisses ab und in Teil IV der Entgeltordnung sind die Merkmale für den Pflegedienst (ehemals Anlage 1b zum BAT) aufgenommen worden.

Daraus ergibt sich die nachstehende Gliederung:

Teil I Allgemeine Tätigkeitsmerkmale für den Verwaltungsdienst

Teil II Tätigkeitsmerkmale für bestimmte Beschäftigtengruppen

1. Archiv- und Bibliotheksdienst
2. Ärzte, Apotheker, Tierärzte und Zahnärzte
3. Bäderbetriebe
4. Bezügerechner; Versorgungsämter
5. Fernmeldetechnischer Dienst, Fernmeldebetriebsdienst
6. Forschung
7. *(aufgehoben)*
8. Fremdsprachendienst
9. Gartenbau, Landwirtschaft und Weinbau
10. Gesundheitsberufe
11. Informations- und Kommunikationstechnik

12. Justizdienst
13. Kanzleidienst
14. Kassendienst
15. Meister, Grubenkontrolleure, technische Beschäftigte mit besonderen Aufgaben
16. Registraturen
17. Restaurierungs-, Präparierungs- und Konservierungsarbeiten
18. Rettungsdienst
19. Schifffahrt
20. Sozial- und Erziehungsdienst
21. Steuerverwaltung
22. Technische Berufe, Ingenieure
23. Technische Beschäftigte im Eichdienst
24. Theater und Bühnen
25. Wirtschaftspersonal
26. Beschäftigte im Kampfmittelbeseitigungsdienst

Teil III Beschäftigte mit körperlich/handwerklich geprägten Tätigkeiten

Teil IV Beschäftigte im Pflegedienst

Durch die Verschiebung der bisher im Teil I der Anlage 1a zum BAT enthaltenen Merkmale für besondere Berufsgruppen (z. B. Apotheker, Kanzlei- und Kassendienst, Registratoren, Tierärzte, Forscher usw.) in den Teil II der Entgeltordnung gestaltet sich die Suche einfacher und die innerhalb des jeweiligen Fachbereichs vereinbarte Differenzierung und Abstufung der Tätigkeiten ist besser ablesbar.

Einen recht breiten Raum nahm bei den Redaktionsverhandlungen zur neuen Entgeltordnung die Frage ein, ob und inwieweit die allgemeinen Tätigkeitsmerkmale des Teils I der Entgeltordnung eine Auffangfunktion darstellen sollen, was unter Umständen dazu führen könnte, dass eine höhere Eingruppierung als nach den besonderen Merkmalen des Teils II möglich wäre.

Letztlich haben es die Tarifpartner bei dem bewährten Abgrenzungssystem der Vorbemerkungen zu allen Vergütungsgruppen der Anlage 1a zum BAT und der dazu bestehenden gefestigten Rechtsprechung des BAG (insbesondere Urteil vom 14. 8. 1985 – 4 AZR 322/84) belassen. Die Auffangfunktion beschränkt sich somit auf Tätigkeiten, für die Teil II keine Tätigkeitsmerkmale bereit hält; in den Entgeltgruppen 2 bis 12 wird außerdem noch ein Verwaltungsbezug gefordert, um die Merkmale des Teils I anwenden zu können.

Die oben dargestellten Grundsätze sind in die Vorbemerkung Nr. 1 Absatz 3 zu allen Teilen der Entgeltordnung und in eine Niederschriftserklärung dazu aufgenommen worden. Die Vorbemerkung und die dazu gehörende Niederschriftserklärung haben folgenden Wortlaut:

§ **Nr. 1 Abs. 3:**

„(3) [1]Für Beschäftigte, deren Tätigkeit nicht in Teil II aufgeführt ist, gelten die Tätigkeitsmerkmale des Teils I, sofern in Satz 2 nicht etwas anderes geregelt ist. [2]Die Tätigkeitsmerkmale der Entgeltgruppen 2 bis 12 des Teils I gelten nur, sofern die auszuübende Tätigkeit einen unmittelbaren Bezug zu den eigentlichen Aufgaben der betreffenden Verwaltungsdienststellen, -behörden oder -institutionen hat."

IV

Niederschriftserklärung zu Absatz 3:

„Die Tarifvertragsparteien sind sich einig, dass die allgemeinen Merkmale für den Verwaltungsdienst (Teil I der Entgeltordnung) eine Auffangfunktion in dem gleichen Umfang besitzen wie – bestätigt durch die st. Rspr. des BAG – die bisherigen ersten Fallgruppen des allgemeinen Teils der Anlage 1a zum BAT/BAT-O."

IV. Struktur der neuen Tätigkeitsmerkmale

1. Allgemeiner Teil

Die Tätigkeitsmerkmale des Allgemeinen Teils (Teil I) der neuen Entgeltordnung sind aus den jeweils ersten Fallgruppen des Teils I der Anlage 1a zum BAT abgeleitet worden. Während die Entgeltgruppen 2 bis 12 weiterhin ohne Ausbildungsbezug unter Heranziehung unbestimmter Rechtsbegriffe festgelegt sind, setzen die Tätigkeitsmerkmale der Entgeltgruppen 13 bis 15 weiterhin eine abgeschlossene Hochschulausbildung voraus (zum Sonderfall des sogenannten „sonstigen Beschäftigten" siehe weiter unten in diesem Abschnitt). Das Tätigkeitsmerkmal der im Niveau unterhalb des alten Eingruppierungsrechts liegenden Entgeltgruppe 1 wurde unverändert aus der Anlage 4 zum TVÜ-Länder übernommen.

Dies vorangestellt ergibt sich folgende Struktur (da die Tätigkeitsmerkmale bzw. deren Anforderungen aufeinander aufbauen, von unten nach oben):

Entgeltgruppe 1

Beschäftigte mit einfachsten Tätigkeiten: Das Tätigkeitsmerkmal und der Beispielskatalog dazu wurden unverändert aus der Anlage 4 zum TVÜ-Länder übernommen.

Entgeltgruppe 2

Beschäftigte im Büro-, Buchhalterei-, sonstigen Innendienst und im Außendienst mit einfachen Tätigkeiten: Abgeleitet aus den Merkmalen der Vergütungsgruppe X Fallgruppe 1 mit Aufstieg nach Vergütungsgruppe IXb Fallgruppe 2 („... vorwiegend mechanische Tätigkeit“) sowie Vergütungsgruppe IXb Fallgruppe 1 mit Aufstieg nach Vergütungsgruppe IXa („... einfachere Arbeiten“). Der in der Anlage 4 zum TVÜ-Länder für Beschäftigte der Vergütungsgruppe X mit Aufstieg nach Vergütungsgruppe IXb noch enthaltene Zusatz „keine Stufe 6“ ist entfallen.

Entgeltgruppe 3

Beschäftigte im Büro-, Buchhalterei-, sonstigen Innendienst und im Außendienst mit Tätigkeiten, für die eine eingehende Einarbeitung bzw. eine fachliche Anlernung erforderlich ist, die über eine Einarbeitung im Sinne der Entgeltgruppe 2 hinausgeht: Das Tätigkeitsmerkmal ist aus dem Merkmal der Vergütungsgruppe VIII Fallgruppe 1a mit Aufstieg nach Vergütungsgruppe VII Fallgruppe 2 hervorgegangen, das „schwierigere“ Tätigkeiten erforderte. Der Entgeltgruppe 3 werden aber nur die Tätigkeiten zugeordnet, die über die Entgeltgruppe 2 hinausgehen, aber noch nicht als „schwierig“ im Sinne der Entgeltgruppe 4 angesehen werden können. Eine „eingehende fachliche Einarbeitung“ im Sinne der Entgeltgruppe 3 ist erforderlich, wenn zur Ausübung der Tätigkeit fachbezogene Kenntnisse und Fertigkeiten benötigt werden, die – ohne eine Vor- oder Ausbildung vorauszusetzen – vom Arbeitgeber in der Regel binnen eines Zeitraums von sechs Wochen vermittelt werden können. Qualifikationen wie diejenigen Kenntnisse und Fertigkeiten, die im Rahmen der Vollzeitschulpflicht vermittelt werden und daher von einem Beschäftigten im Regelfall außerhalb des Arbeitsverhältnisses und unabhängig von diesem erworben werden, sind keine Vor- oder Ausbildung im Tarifsinn (siehe BAG-Urteil vom 13. Dezember 2023 – 4 AZR 317/22 – zur vergleichbaren Entgeltgruppe 3 im TVöD/VKA).

Entgeltgruppe 4

- Beschäftigte im Büro-, Buchhalterei-, sonstigen Innendienst und im Außendienst mit schwierigen Tätigkeiten: Schwierige Tätigkeiten sind solche, die über die Tätigkeiten der Entgeltgruppe 3 hinausgehen und z. B. ein höheres Maß an gedanklicher Arbeit erfordern.
- Beschäftigte im Büro-, Buchhalterei-, sonstigen Innendienst und im Außendienst, deren Tätigkeiten sich dadurch aus der Entgelt-

gruppe 3 herausheben, dass sie mindestens zu einem Viertel gründliche Fachkenntnisse erfordern: Das Tätigkeitsmerkmal ist aus dem Merkmal der Vergütungsgruppe VIII Fallgruppe 1b mit Aufstieg nach Vergütungsgruppe VII Fallgruppe 1c hervorgegangen. Erforderlich sind (im Umfang von 25 Prozent) nähere Kenntnisse von Gesetzen, Verwaltungsvorschriften und Tarifbestimmungen usw. des Aufgabenkreises.

Entgeltgruppe 5

Beschäftigte im Büro-, Buchhalterei-, sonstigen Innendienst und im Außendienst, deren Tätigkeit gründliche Fachkenntnisse (erforderlich sind nähere Kenntnisse von Gesetzen, Verwaltungsvorschriften und Tarifbestimmungen usw. des Aufgabenkreises) erfordert: Das Tätigkeitsmerkmal ist aus dem Merkmal der Vergütungsgruppe VII Fallgruppe 1b mit Aufstieg nach Vergütungsgruppe VIb Fallgruppe 2 hervorgegangen. Erforderlich sind nähere Kenntnisse von Gesetzen, Verwaltungsvorschriften und Tarifbestimmungen usw. des Aufgabenkreises.

Mit Wirkung vom 1. Januar 2020 wurde eine neue Fallgruppe 2 eingefügt für Beschäftigte mit erfolgreich abgeschlossener Berufsausbildung in einem anerkannten Ausbildungsberuf mit einer Ausbildungsdauer von mindestens drei Jahren sowie entsprechender Tätigkeit.

Entgeltgruppe 6

Beschäftigte im Büro-, Buchhalterei-, sonstigen Innendienst und im Außendienst, deren Tätigkeit gründliche und vielseitige Fachkenntnisse erfordert: Das Tätigkeitsmerkmal ist aus dem Merkmal der Vergütungsgruppe VII Fallgruppe 1a mit Aufstieg nach Vergütungsgruppe VIb Fallgruppe 1b hervorgegangen. Dieser Verlauf mit „kurzem" (sechs Jahre) Bewährungsaufstieg wird nun unmittelbar der höheren Entgeltgruppe zugeordnet (siehe dazu Abschnitt II Nummer 2.1).

Entgeltgruppe 8

Beschäftigte im Büro-, Buchhalterei-, sonstigen Innendienst und im Außendienst, deren Tätigkeit gründliche und vielseitige Fachkenntnisse und mindestens zu einem Drittel selbstständige Leistungen erfordert: Das Tätigkeitsmerkmal ist aus dem Merkmal der Vergütungsgruppe Vc Fallgruppe 1b hervorgegangen.

Entgeltgruppe 9a (bis 31. Dezember 2018: „kleine" Entgeltgruppe 9)

Beschäftigte im Büro-, Buchhalterei-, sonstigen Innendienst und im Außendienst, deren Tätigkeit gründliche und vielseitige Fachkenntnisse und selbstständige Leistungen erfordert (Stufe 3 nach 5 Jahren in Stufe 2, Stufe 4 nach 9 Jahren in Stufe 3, keine Stufen 5 und 6): Das Tätigkeitsmerkmal ist aus dem Merkmal der Vergütungsgruppe Vc Fallgruppe 1a mit Aufstieg nach Vergütungsgruppe Vb Fallgruppe 1c hervorgegangen. Dieser Verlauf mit „kurzem" (drei Jahre) Bewährungsaufstieg wird nun unmittelbar der höheren Entgeltgruppe zugeordnet (siehe dazu Abschnitt II in diesem Kapitel, „Kurze Bewährungsaufstiege in den unteren Entgeltgruppen"). Dies ist – bezogen auf die bisher nach Anlage 4 zum TVÜ-Länder maßgebende Entgeltgruppe 8 – die „kleine" Entgeltgruppe 9.

Zur Aufteilung der Entgeltgruppe 9 in die Entgeltgruppen 9a und 9b s. o. unter IV. Tarifrunde 2019/2020/2021.

Entgeltgruppe 9b (bis 31. Dezember 2018: Entgeltgruppe 9)

- Beschäftigte im Büro-, Buchhalterei-, sonstigen Innendienst und im Außendienst, deren Tätigkeit sich dadurch aus der Entgeltgruppe 9 Fallgruppe 2 heraushebt, dass sie besonders verantwortungsvoll ist: Das Tätigkeitsmerkmal ist aus dem Merkmal der Vergütungsgruppe IVb Fallgruppe 1a hervorgegangen. Da bereits die geringeren Anforderungen der Fallgruppe 2 in die Entgeltgruppe 9 führen, ist das Merkmal der Fallgruppe 1 an dieser Stelle an sich überflüssig. Es wird aber als Basis für die weitere Heraushebung in den Entgeltgruppen 10 und 11 benötigt.

- Beschäftigte im Büro-, Buchhalterei-, sonstigen Innendienst und im Außendienst, deren Tätigkeit gründliche, umfassende Fachkenntnisse und selbstständige Leistungen erfordert: Das Tätigkeitsmerkmal ist aus dem Merkmal der Vergütungsgruppe Vb Fallgruppe 1a mit Aufstieg nach Vergütungsgruppe IVb Fallgruppe 2 hervorgegangen. Der Verlauf Vb/IVb ist bereits nach Anlage 4 zum TVÜ-Länder der Entgeltgruppe 9 zugeordnet gewesen – und zwar unabhängig, in welcher der beiden Vergütungsgruppen sich der Beschäftigte befand.

- Mit Wirkung vom 1. Januar 2020 wurde eine neue Fallgruppe 3 eingefügt für Beschäftigte mit einer abgeschlossenen Hochschulbildung und entsprechender Tätigkeit.

Entgeltgruppe 10

Beschäftigte im Büro-, Buchhalterei-, sonstigen Innendienst und im Außendienst, deren Tätigkeit sich mindestens zu einem Drittel durch besondere Schwierigkeit und Bedeutung aus der Entgeltgruppe 9 Fallgruppe 1 heraushebt: Das Tätigkeitsmerkmal ist aus dem Merkmal der Vergütungsgruppe IVa Fallgruppe 1b hervorgegangen. Die Eingruppierung in IVa ohne Aufstieg ist bereits nach Anlage 4 zum TVÜ-Länder der Entgeltgruppe 10 zugeordnet gewesen.

Entgeltgruppe 11

Beschäftigte im Büro-, Buchhalterei-, sonstigen Innendienst und im Außendienst, deren Tätigkeit sich durch besondere Schwierigkeit und Bedeutung aus der Entgeltgruppe 9 Fallgruppe 1 heraushebt: Das Tätigkeitsmerkmal ist aus dem Merkmal der Vergütungsgruppe IVa Fallgruppe 1a mit Aufstieg nach Vergütungsgruppe III Fallgruppe 1b hervorgegangen. Der Verlauf IVa/III ist bereits nach Anlage 4 zum TVÜ-Länder der Entgeltgruppe 11 zugeordnet gewesen – und zwar unabhängig, in welcher der beiden Vergütungsgruppen sich der Beschäftigte befand.

Entgeltgruppe 12

Beschäftigte im Büro-, Buchhalterei-, sonstigen Innendienst und im Außendienst, deren Tätigkeit sich durch das Maß der damit verbundenen Verantwortung erheblich aus der Entgeltgruppe 11 heraushebt: Das Tätigkeitsmerkmal ist aus dem Merkmal der Vergütungsgruppe III Fallgruppe 1a mit Aufstieg nach Vergütungsgruppe IIa Fallgruppe 10 hervorgegangen. Der Verlauf III/IIa ist bereits nach Anlage 4 zum TVÜ-Länder der Entgeltgruppe 12 zugeordnet gewesen – und zwar unabhängig, in welcher der beiden Vergütungsgruppen sich der Beschäftigte befand.

Entgeltgruppe 13

Beschäftigte mit abgeschlossener wissenschaftlicher Hochschulbildung und entsprechender Tätigkeit sowie sonstige Beschäftigte, die aufgrund gleichwertiger Fähigkeiten und ihrer Erfahrungen entsprechende Tätigkeiten ausüben: Das Tätigkeitsmerkmal ist aus dem Merkmal der Vergütungsgruppe IIa Fallgruppe 1a mit Aufstieg nach Vergütungsgruppe Ib Fallgruppe 2 hervorgegangen. Der Verlauf IIa/Ib ist bereits nach Anlage 4 zum TVÜ-Länder der Entgeltgruppe 13 zugeordnet gewesen – und zwar unabhängig, in welcher der beiden

Vergütungsgruppen sich der Beschäftigte befand. Zum Sonderfall des sogenannten „sonstigen Beschäftigten" siehe weiter unten in diesem Abschnitt.

Was unter einer „abgeschlossenen wissenschaftlichen Hochschulbildung" verstanden wird, haben die Tarifpartner in der Protokollerklärung Nr. 1 zu Teil I der Entgeltordnung in folgendem Wortlaut[1] dargestellt.

§ „(1) Wissenschaftliche Hochschulen sind Universitäten, Technische Hochschulen sowie andere Hochschulen, die nach Landesrecht als wissenschaftliche Hochschulen anerkannt sind.

(2) [1]Eine abgeschlossene wissenschaftliche Hochschulbildung liegt vor, wenn das Studium mit einer ersten Staatsprüfung oder mit einer Diplomprüfung oder mit einer Masterprüfung oder mit einer Magisterprüfung beendet worden ist. [2]Diesen Prüfungen steht eine Promotion nur in den Fällen gleich, in denen die Ablegung einer ersten Staatsprüfung oder einer Diplomprüfung oder einer Masterprüfung oder einer Magisterprüfung nach den einschlägigen Ausbildungsvorschriften nicht vorgesehen ist. [3]Eine abgeschlossene wissenschaftliche Hochschulbildung liegt auch vor, wenn der Master an einer Fachhochschule erlangt wurde und den Zugang zum höheren Dienst bzw. zur entsprechenden Qualifikationsebene eröffnet; dies setzt voraus, dass der Masterstudiengang das Akkreditierungsverfahren erfolgreich durchlaufen hat, solange dies nach dem jeweils geltenden Landesbeamtenrecht für den Zugang zum höheren Dienst bzw. zur entsprechenden Qualifikationsebene gefordert ist.

(3) [1]Eine abgeschlossene wissenschaftliche Hochschulbildung setzt voraus, dass die Abschlussprüfung in einem Studiengang abgelegt wird, der seinerseits mindestens das Zeugnis der Hochschulreife (allgemeine Hochschulreife oder einschlägige fachgebundene Hochschulreife) oder eine andere landesrechtliche Hochschulzugangsberechtigung als Zugangsvoraussetzung erfordert, und für den Abschluss eine Mindeststudienzeit von mehr als sechs Semestern – ohne etwaige Praxissemester, Prüfungssemester o. Ä. – vorgeschrieben ist. [2]Ein Bachelorstudiengang erfüllt diese Voraussetzung auch dann nicht, wenn mehr als sechs Semester für den Abschluss vorgeschrieben sind.

(4) Ein Abschluss an einer ausländischen Hochschule gilt als abgeschlossene wissenschaftliche Hochschulbildung, wenn er von der zuständigen staatlichen Anerkennungsstelle als dem deutschen Hochschulabschluss gleichwertig anerkannt wurde."

---

[1]) In der Fassung des 11. Änderungstarifvertrages.

IV

Entgeltgruppe 14

- Beschäftigte mit abgeschlossener wissenschaftlicher Hochschulbildung und entsprechender Tätigkeit sowie sonstige Beschäftigte, die aufgrund gleichwertiger Fähigkeiten und ihrer Erfahrungen entsprechende Tätigkeiten ausüben, deren Tätigkeit sich mindestens zu einem Drittel durch besondere Schwierigkeit und Bedeutung aus der Entgeltgruppe 13 heraushebt: Das Tätigkeitsmerkmal ist aus dem Merkmal der Vergütungsgruppe IIa Fallgruppe 1b mit Aufstieg nach Vergütungsgruppe Ib Fallgruppe 1c hervorgegangen. Dieser Verlauf war nach Anlage 4 zum TVÜ-Länder der Entgeltgruppe 13 zugeordnet gewesen und löste darüber hinaus eine Zulage nach § 17 Abs. 8 TVÜ-Länder aus. Die Entgeltgruppe „13 + Z" wurde im Rahmen der neuen Entgeltordnung in die Entgeltgruppe 14 überführt (siehe dazu Abschnitt II in diesem Kapitel, „Entgeltgruppe 13 + Zulage").
- Beschäftigte mit abgeschlossener wissenschaftlicher Hochschulbildung und entsprechender Tätigkeit sowie sonstige Beschäftigte, die aufgrund gleichwertiger Fähigkeiten und ihrer Erfahrungen entsprechende Tätigkeiten ausüben, deren Tätigkeit sich dadurch aus der Entgeltgruppe 13 heraushebt, dass sie mindestens zu einem Drittel hochwertige Leistungen bei besonders schwierigen Aufgaben erfordert: Das Tätigkeitsmerkmal ist aus dem Merkmal der Vergütungsgruppe IIa Fallgruppe 1c mit Aufstieg nach Vergütungsgruppe Ib Fallgruppe 1e hervorgegangen. Dieser Verlauf war nach Anlage 4 zum TVÜ-Länder der Entgeltgruppe 13 zugeordnet gewesen und löste darüber hinaus eine Zulage nach § 17 Abs. 8 TVÜ-Länder aus. Die Entgeltgruppe „13 + Z" wurde im Rahmen der neuen Entgeltordnung in die Entgeltgruppe 14 überführt (siehe dazu Abschnitt II in diesem Kapitel, „Entgeltgruppe 13 + Zulage").
- Beschäftigte mit abgeschlossener wissenschaftlicher Hochschulbildung und entsprechender Tätigkeit sowie sonstige Beschäftigte, die aufgrund gleichwertiger Fähigkeiten und ihrer Erfahrungen entsprechende Tätigkeiten ausüben, denen mindestens drei Beschäftigte mindestens der Entgeltgruppe 13 durch ausdrückliche Anordnung ständig unterstellt sind: Das Tätigkeitsmerkmal ist aus dem Merkmal der Vergütungsgruppe Ib Fallgruppe 1b hervorgegangen. Es war bereits nach Anlage 4 zum TVÜ-Länder der Entgeltgruppe 14 zugeordnet.

Entgeltgruppe 15

- Beschäftigte mit abgeschlossener wissenschaftlicher Hochschulbildung und entsprechender Tätigkeit sowie sonstige Beschäftigte, die aufgrund gleichwertiger Fähigkeiten und ihrer Erfahrungen entsprechende Tätigkeiten ausüben, deren Tätigkeit sich durch das Maß der damit verbundenen Verantwortung erheblich aus der Entgeltgruppe 14 Fallgruppe 1 heraushebt: Das Tätigkeitsmerkmal ist aus dem Merkmal der Vergütungsgruppe Ia Fallgruppe 1a hervorgegangen. Es war bereits nach Anlage 4 zum TVÜ-Länder der Entgeltgruppe 15 zugeordnet.

- Beschäftigte mit abgeschlossener wissenschaftlicher Hochschulbildung und entsprechender Tätigkeit sowie sonstige Beschäftigte, die aufgrund gleichwertiger Fähigkeiten und ihrer Erfahrungen entsprechende Tätigkeiten ausüben, denen mindestens fünf Beschäftigte mindestens der Entgeltgruppe 13 durch ausdrückliche Anordnung ständig unterstellt sind: Das Tätigkeitsmerkmal ist aus dem Merkmal der Vergütungsgruppe Ia Fallgruppe 1b hervorgegangen. Es war bereits nach Anlage 4 zum TVÜ-Länder der Entgeltgruppe 15 zugeordnet.

2. Grundsatz „eine Entgeltgruppe niedriger, wenn die ausbildungsmäßigen Voraussetzungen nicht erfüllt sind“

Nach der Vorbemerkung Nr. 1 Unterabschnitt 3 zu allen Vergütungsgruppen der Anlage 1a zum BAT waren Beschäftigte, die nicht über die im Tätigkeitsmerkmal geforderte Ausbildung verfügen, aber die sonstigen Anforderungen erfüllen, eine Vergütungsgruppe niedriger eingruppiert. Dieser Grundsatz ist ohne materielle Veränderungen in die Vorbemerkung Nr. 1 Absatz 4 zu allen Teilen der Entgeltordnung aufgenommen worden. Die Vorbemerkung in der Fassung des 11. Änderungstarifvertrages hat folgenden Wortlaut:

§ „[1]Ist in einem Tätigkeitsmerkmal des Teils I oder II eine Vorbildung oder Ausbildung als Anforderung bestimmt, sind Beschäftigte, die die geforderte Vorbildung oder Ausbildung nicht besitzen,

- wenn nicht auch ‚sonstige Beschäftigte‘ von diesem Tätigkeitsmerkmal erfasst werden oder
- wenn auch ‚sonstige Beschäftigte‘ von diesem Tätigkeitsmerkmal erfasst werden, diese Beschäftigten jedoch nicht die Voraussetzungen des ‚sonstigen Beschäftigten‘ erfüllen,

bei Erfüllung der sonstigen Anforderungen dieses Tätigkeitsmerkmals in der nächst niedrigeren Entgeltgruppe eingruppiert. [2]Satz 1 gilt entsprechend für Tätigkeitsmerkmale, die bei Erfüllung qualifizierter Anforderungen eine höhere Eingruppierung vorsehen; Satz 1 gilt nicht, wenn die Entgeltordnung für diesen Fall ein Tätigkeitsmerkmal (z. B. ‚in der

Tätigkeit von ...') enthält. [3]Gegenüber den Entgeltgruppen 14 und 13 Ü gilt hierbei die Entgeltgruppe 13 als nächst niedrigere Entgeltgruppe."

Zur Anwendung des Grundsatzes bei Tätigkeitsmerkmalen mit „sonstigen Beschäftigten" siehe nachfolgenden Abschnitt 3.

3. „Sonstige Beschäftigte"

Wie bisher sind viele Tätigkeitsmerkmale auch für „sonstige Beschäftigte, die aufgrund gleichwertiger Fähigkeiten und ihrer Erfahrungen entsprechende Tätigkeiten ausüben", geöffnet. Die Rechtsfigur des „sonstigen Beschäftigten" (früher: „sonstiger Angestellter") ist Gegenstand langjähriger, gefestigter Rechtsprechung. Bei der Prüfung der Frage, ob ein Beschäftigter die Anforderungen erfüllt, um als „sonstiger Beschäftigter" eingruppiert zu werden, sind die folgenden Grundsätze zu beachten:

Definition

Sonstige Beschäftigte sind Beschäftigte, die nicht über die jeweils geforderte Vorbildung oder Ausbildung verfügen. Sie müssen aber alle übrigen in den Tätigkeitsmerkmalen genannten Anforderungen erfüllen, d. h. sie müssen **kumulativ** über die „Fähigkeiten **und Erfahrungen**" verfügen, die denen der in den Tätigkeitsmerkmalen genannten ausgebildeten Beschäftigten entsprechen; außerdem muss die auszuübende „entsprechende Tätigkeit" derartige Fähigkeiten und Erfahrungen erfordern und damit den Zuschnitt der Tätigkeit der in den Tätigkeitsmerkmalen genannten ausgebildeten Beschäftigten haben.

a) Die **subjektive** Anforderung der „gleichwertigen Fähigkeiten" setzt voraus, dass der sonstige Beschäftigte über Fähigkeiten verfügt, die denen, die in der jeweiligen Ausbildung vermittelt werden, gleichwertig sind (vgl. BAG, Urteil vom 26. Juli 1967 – 4 AZR 433/66). Dabei wird nicht das gleiche Wissen und Können, aber eine ähnlich gründliche Beherrschung eines entsprechend umfangreichen Wissensgebietes vorausgesetzt (vgl. BAG, Urteil vom 31. Juli 1963 – 4 AZR 425/62), wobei die Begrenzung auf ein engbegrenztes Teilgebiet nicht ausreicht (vgl. BAG, Urteile vom 10. Oktober 1979 – 4 AZR 1029/77, vom 26. November 1980 – 4 AZR 809/78, vom 29. Oktober 1980 – 4 AZR 750/78, vom 29. September 1982 – 4 AZR 1161/79 und vom 24. Oktober 1984 – 4 AZR 386/82 = AP Nr. 96).

   Die weiter geforderte „Erfahrung" muss ebenfalls in der Person des sonstigen Beschäftigten vorliegen. Die Erfahrung kann zwangsläufig nur nach einer längeren Zeit der Ausübung einer einschlägigen

Tätigkeit – ggf. auch außerhalb des öffentlichen Dienstes – erworben werden. So ist z. B. ausgeschlossen, dass ein Berufsanfänger als sonstiger Beschäftigter eingruppiert ist.

b) Aufgrund gleichwertiger Fähigkeiten und ihrer Erfahrungen müssen die sonstigen Beschäftigten „entsprechende Tätigkeiten" ausüben. Dies bedeutet, dass sich die auszuübende Tätigkeit auf die konkrete Fachrichtung der jeweiligen Ausbildung beziehen muss und dass sie gerade die durch die Ausbildung erworbenen Fähigkeiten erfordert (vgl. BAG, Urteile vom 23. Mai 1979 – 4 AZR 576/77 und vom 23. Februar 1994 – 4 AZR 217/93).

Eine entsprechende Tätigkeit ist demnach nur dann gegeben, wenn sie **objektiv** ein Wissen und Können erfordert, das sich im Vergleich zu der in den Tätigkeitsmerkmalen geforderten Ausbildung als ähnlich gründliche Beherrschung eines Wissensgebietes darstellt (vgl. BAG, Urteil vom 25. Oktober 1972 – 4 AZR 511/71), d. h. insbesondere die Befähigung, wie ein einschlägig ausgebildeter Mitarbeiter Zusammenhänge zu überschauen und Ergebnisse zu entwickeln (vgl. BAG, Urteile vom 2. April 1980 – 4 AZR 306/78, vom 29. Januar 1986 – 4 AZR 465/84 und vom 28. September 1994 – 4 AZR 830/93).

Tarifrechtliche Prüfung

Hierbei ist wie folgt zu verfahren:

- Grundlage der zu treffenden Feststellungen ist in jedem Fall eine – ggf. zu aktualisierende – Arbeitsplatzbeschreibung und -bewertung.
- Alle tariflichen Voraussetzungen für die Eingruppierung als sonstiger Beschäftigter müssen kumulativ vorliegen (vgl. Nr. 1.2.1). Der Beschäftigte muss über gleichwertige Fähigkeiten **und Erfahrungen** verfügen wie ein Beschäftigter mit der geforderten Vorbildung oder Ausbildung **und** er muss eine entsprechende Tätigkeit ausüben.
- Ein tariflicher Vergütungsanspruch als sonstiger Beschäftigter besteht z. B. dann nicht, wenn der Beschäftigte zwar möglicherweise über Fähigkeiten und Erfahrungen wie ein Akademiker oder Diplom-Ingenieur (FH) verfügt, der auszuübenden Tätigkeit als solcher aber ein **akademischer** bzw. **ingenieurmäßiger** Zuschnitt fehlt (vgl. BAG, Urteile vom 17. Mai 1972 – 4 AZR 280/71, vom 18. Mai 1977 – 4 AZR 18/76 und vom 10. Februar 1982 – 4 AZR 393/79).
- Beansprucht der Beschäftigte für sich die Eigenschaft eines sonstigen Beschäftigten, trifft ihn hinsichtlich aller Tatsachen die Darlegungs- und Beweispflicht.

- Es ist rechtlich möglich, aus der auszuübenden entsprechenden Tätigkeit Rückschlüsse auf die Fähigkeiten und Erfahrungen eines sonstigen Beschäftigten zu ziehen; ist ein solcher Beschäftigter z. B. wie ein ausgebildeter Diplom-Ingenieur (FH) vielfältig einsetzbar, so kann das dafür sprechen, dass er über entsprechende Fähigkeiten und Erfahrungen verfügt; fehlt es an einer derartigen breiten Verwendungsfähigkeit, so kann das gegen gleichwertige Fähigkeiten und Erfahrungen sprechen (vgl. BAG, Urteil vom 13. Dezember 1978 – 4 AZR 322/77).
- Daraus kann aber weder der Rechtssatz noch der allgemeine Erfahrungssatz hergeleitet werden, dass immer dann, wenn ein Beschäftigter eine solche entsprechende Tätigkeit ausübt, dieser auch notwendigerweise über gleichwertige Fähigkeiten und Erfahrungen verfügen müsse. Viele Beschäftigte mit solchen entsprechenden Tätigkeiten sind gleichwohl – anders als z. B. ein ausgebildeter Diplom-Ingenieur (FH) – an anderen Stellen deshalb nicht einsetzbar, weil ihnen dafür notwendige Kenntnisse und Erfahrungen fehlen (vgl. BAG, Urteil vom 26. November 1980 – 4 AZR 809/78).

Vergütungsanspruch

Werden **alle** Voraussetzungen als sonstiger Beschäftigter erfüllt, führt dies tarifrechtlich zu einem entsprechenden Vergütungsanspruch. Der Arbeitgeber, der das Vorliegen dieser Voraussetzungen bestätigt, sollte alle dafür ausschlaggebenden Gründe – auch und gerade hinsichtlich der personenbezogenen Anforderungen – vollständig und nachvollziehbar festhalten und zu den Akten nehmen.

„eine Entgeltgruppe niedriger, wenn die ausbildungsmäßigen Voraussetzungen nicht erfüllt sind"

Dieser Grundsatz (siehe oben vorhergegangenen Abschnitt 2) galt bis zum 31. Dezember 2019 nach dem Wortlaut der Vorbemerkung Nr. 1 Abs. 4 zu allen Teilen der Entgeltordnung nicht für Merkmale, die einen „sonstigen Beschäftigten" beinhalten. Gleichwohl konnte dieser Grundsatz nach der Beschlusslage der Mitgliederversammlung der TdL zur Vergütungsordnung zum BAT auch in Merkmalen mit sonstigen Angestellten herangezogen werden. Dazu gab es eine entsprechende Ermächtigung der 5./95 Mitgliederversammlung der TdL, von der nach Kenntnis des Verfassers weitgehend Gebrauch gemacht worden ist. Da die Rechtslage bzw. Systematik durch die Entgeltordnung 2012 nicht verändert worden ist, war von einem Fortbestand der Ermächtigung auszugehen. Mit Wirkung vom 1. Januar 2020 ist diese

Verfahrensweise in Vorbemerkung Nr. 1 Absatz 4 Satz 1 zu allen Teilen der Entgeltordnung verankert worden.

4. Beschäftigte mit körperlich/handwerklich geprägten Tätigkeiten (früher: „Arbeiter“)

Die ehemaligen Regelungen zur dort „Einreihung“ genannten Eingruppierung der früheren Arbeiter im Lohngruppenverzeichnis zum MTArb (zur Abgrenzung der ehemaligen Arbeiter von den ehemaligen Angestellten siehe § 38 Abs. 5 TV-L) wurde vermutlich nicht nur vom Verfasser als eher unübersichtlich angesehen. Dies lag nicht zuletzt an der Vielzahl von (aus Verwaltungssicht) eher exotischen Berufsbezeichnungen, für die das Lohngruppenverzeichnis Tätigkeitsmerkmale bereit hielt. Der Ansatz der Tarifpartner, das Lohngruppenverzeichnis deutlich zu „entrümpeln“ (so lautete tatsächlich die auf Arbeitsebene verwendete Kurzform des redaktionellen Auftrags) ist sehr zu begrüßen; die Verschlankung der Merkmale war längst überfällig.

Dies vorangestellt ist zu den neuen Tätigkeitsmerkmalen der nach altem Recht als Arbeiter einzustufenden Beschäftigten Folgendes anzumerken:

Verknüpfung der Tätigkeitsmerkmale für ehemalige Arbeiter mit der übrigen Entgeltordnung

Die Tätigkeitsmerkmale für ehemalige Arbeiter sind – relativ eigenständig – als Teil III der neuen Entgeltordnung aufgenommen worden. Anders als Teil I und Teil II, die eine gewisse Durchlässigkeit haben (wegen der Auffangfunktion des Teils I für den Teil II siehe die Erläuterungen in Abschnitt III), ist die Auffangfunktion des Teils I für ehemalige Arbeiter ausgeschlossen. Dies ergibt sich zum einen aus der Vorbemerkung Nr. 1 Absatz 3 zu allen Teilen der Entgeltordnung; dort ist nur die Durchlässigkeit zwischen den Teilen I und II festgelegt. Zum anderen ist die Exklusivität des Teils III für ehemalige Arbeiter in der Vorbemerkung Nr. 2 zu allen Teilen der Entgeltordnung und in der dazu vereinbarten Protokollerklärung verankert. Die Vorbemerkung Nr. 2 und die Protokollerklärung dazu haben folgenden Wortlaut:

> „Für Beschäftigte mit körperlich/handwerklich geprägten Tätigkeiten gelten nur die Tätigkeitsmerkmale des Teils III.
>
> Protokollerklärung zu Nr. 2 der Vorbemerkungen zu allen Teilen der Entgeltordnung: In Teil III sind nur die Beschäftigten eingruppiert, die bei Fortgeltung des alten Rechts im Lohngruppenverzeichnis des MTArb/MTArb-O eingereiht gewesen wären.“

Struktur der Tätigkeitsmerkmale für ehemalige Arbeiter

Auch im Teil III sind die Tätigkeitsmerkmale so aufgebaut, dass es einen Allgemeinen Teil und Besondere Teile (für bestimmte Berufssparten bzw. Einsatzgebiete) gibt. Der Allgemeine Teil gilt immer dann, wenn die besonderen Teile keine Merkmale enthalten.

Diese Grundsätze haben die Tarifpartner in den Vorbemerkungen Nrn. 1 bis 3 des Teils III besonders fixiert. Diese Vorbemerkungen haben folgenden Wortlaut:

„1. [1]Die Fallgruppen des Abschnitts 1 (allgemeine Tätigkeitsmerkmale) gelten, sofern die Tätigkeit nicht in besonderen Tätigkeitsmerkmalen der Abschnitte 2 und 3 aufgeführt ist. [2]Dies gilt nicht für Beschäftigte der Entgeltgruppe 2, die überwiegend Arbeiten zu verrichten haben, die die Körperkräfte außerordentlich beanspruchen.

2. (1) [1]Die besonderen Tätigkeitsmerkmale des Abschnitts 3, die für bestimmte Verwaltungen, Ämter und Betriebe (z. B. für die Polizeiverwaltung) vorgesehen sind, gelten nur für die Beschäftigten in diesen Verwaltungen, Ämtern und Betrieben. [2]Das schließt nicht aus, dass Beschäftigte außerhalb dieser Verwaltungen, Ämter und Betriebe, die gleichartige Tätigkeiten zu verrichten haben, bei Erfüllung der allgemeinen Tätigkeitsmerkmale in dieselbe Entgeltgruppe eingruppiert sind.

(2) Die Tätigkeitsmerkmale, die für ein bestimmtes Fachgebiet (z. B. für das Vermessungswesen) vorgesehen sind, gelten für alle Beschäftigten in diesem Fachgebiet ohne Rücksicht darauf, in welcher Verwaltung, welchem Amt oder Betrieb sie tätig sind.

3. Erfolgt eine Eingruppierung nach einem besonderen Tätigkeitsmerkmal, kommt es auf die berufliche Vorbildung nicht an, es sei denn, das Tätigkeitsmerkmal fordert eine bestimmte Ausbildung oder eine andere berufliche Qualifikation."

Dies vorangestellt ergibt sich folgende Struktur der allgemeinen Tätigkeitsmerkmale des Teils III (da die Tätigkeitsmerkmale bzw. deren Anforderungen aufeinander aufbauen, von unten nach oben):

Entgeltgruppe 1

Beschäftigte mit einfachsten Tätigkeiten: Das Merkmal und der dazu gehörende Beispielskatalog sind unverändert aus der Anlage 4 zum TVÜ-Länder übernommen worden.

Entgeltgruppe 2

Beschäftigte mit einfachen Tätigkeiten: Einfache Tätigkeiten sind Tätigkeiten, die keine Vor- und Ausbildung, aber eine Einarbeitung erfordern, die über eine sehr kurze Einweisung oder Anlernphase hinausgeht. Die Einarbeitung dient dem Erwerb derjenigen Kenntnisse und Fertigkeiten, die für die Beherrschung der Arbeitsabläufe als solche erforderlich sind.

Entgeltgruppe 3

- Beschäftigte mit Tätigkeiten, für die eine eingehende Einarbeitung erforderlich ist (keine Stufe 6).
- Angelernte Beschäftigte, das sind Beschäftigte mit Tätigkeiten, die eine handwerkliche oder fachliche Anlernung erfordern.
- Beschäftigte mit Tätigkeiten der Entgeltgruppe 2, die die Körperkräfte außerordentlich beanspruchen oder mit besonderer Verantwortung verbunden sind.

Entgeltgruppe 4

Beschäftigte mit erfolgreich abgeschlossener Ausbildung in einem anerkannten Ausbildungsberuf mit einer Ausbildungsdauer von weniger als drei Jahren, die in ihrem oder einem diesem verwandten Beruf beschäftigt werden.

Entgeltgruppe 5

- Beschäftigte mit erfolgreich abgeschlossener Ausbildung in einem anerkannten Ausbildungsberuf mit einer Ausbildungsdauer von mindestens drei Jahren, die in ihrem oder einem diesem verwandten Beruf beschäftigt werden.
- Beschäftigte, die nach einer mindestens dreijährigen ununterbrochenen Beschäftigung in einem anerkannten Ausbildungsberuf mit einer Ausbildungsdauer von mindestens drei Jahren eine verwaltungseigene Prüfung erfolgreich abgelegt haben und eine entsprechende Tätigkeit ausüben.

Entgeltgruppe 6

Beschäftigte der Entgeltgruppe 5 Fallgruppen 1 und 2, die hochwertige Arbeiten verrichten: Hochwertige Arbeiten sind Arbeiten, die an das Überlegungsvermögen und das fachliche Geschick des Beschäftigten Anforderungen stellen, die über das Maß dessen hinausgehen, das von einem solchen Beschäftigten üblicherweise verlangt werden kann.

Entgeltgruppe 7

Beschäftigte der Entgeltgruppe 5 Fallgruppen 1 und 2, die besonders hochwertige Arbeiten verrichten: Besonders hochwertige Arbeiten sind Arbeiten, die neben vielseitigem hochwertigem fachlichem Können besondere Umsicht und Zuverlässigkeit erfordern.

Überlappung

Zu den wichtigsten Aufgaben der Tarifpartner bei der Schaffung des Teils III gehörte die sinnvolle Verknüpfung der Merkmale für ehemalige Arbeiter mit denen für ehemalige Angestellte. Dies wäre ohne eine Lösung der aus der Zusammenfassung der Vergütungsordnung mit dem Lohngruppenverzeichnis resultierenden „Überlappungsproblematik" (vergleichbare Tätigkeiten von ehemaligen Arbeitern bzw. ehemaligen Angestellten, die aber zum Teil für ehemalige Arbeiter einerseits und ehemalige Angestellte andererseits in der Vergütungsordnung bzw. im Lohngruppenverzeichnis unterschiedlich bewertet worden waren) nicht zu bewältigen gewesen.

IV

Beispiele:

- Die Eingruppierung von Hausmeistern ist künftig nur noch im Teil III (ehemalige Arbeiter) geregelt. Die bisherige Zweigleisigkeit (Teil II Abschnitt O der Anlage 1a zum BAT sowie Lohngruppe 3 Fallgruppe 6.13, Lohngruppe 4 Fallgruppe 6.11 und 6.12, Lohngruppe 5 Fallgruppe 6.8) wurde abgeschafft.
- Das Merkmal der bisherigen Vergütungsgruppe IXb des Teils II Abschnitt J Unterabschnitt I (Justizverwaltungsdienst) „Justizhelfer nach mindestens dreijähriger Beschäftigung als solche im Arbeiterverhältnis" wurde mit Wirkung vom 1. Januar 2012 mit den vergleichbaren Merkmalen für ehemalige Arbeiter (Lohngruppe 3, 6.14 mit Aufstieg nach drei Jahren in Lohngruppe 4, 6.13 und nach weiteren vier Jahren nach Lohngruppe 4a) im Abschnitt II Nummer 12.1 zusammengefasst und auf dem Niveau der Entgeltgruppe 3 vereinheitlicht. Vorhandene Beschäftigte hatten natürlich Besitzstandsschutz. Ab dem 1. Januar 2020 gilt für Justizhelfer generell die Entgeltgruppe 4.

5. Beschäftigte im Pflegedienst

Die Tätigkeitsmerkmale für Pflegekräfte, die sich im alten Recht aus der Anlage 1b zum BAT ergaben, bleiben von der jetzigen Überarbeitung materiell unberührt; es bleibt bei der vereinbarten redaktionellen Überarbeitung, die insbesondere zu einer übersichtlichen Gliederung geführt hat. Daneben wurden die aus der Anlage 5 zum TVÜ-Länder bekannten, im Vergleich zur alten Anlage 1b zum BAT feiner differenzierenden Entgeltgruppenbezeichnungen übernommen (z. B. KR 9a, 9b, 9c usw.). Insgesamt bleibt das bewährte System der „KR-Entgeltgruppen" aber erhalten. Die nach den Karriereverläufen ermittelte Eingruppierung und das durch Besonderheiten der Tabellenstruktur geprägte Entgelt lassen sich auch künftig aus einer eigenständigen KR-Tabelle ablesen, die auch bereits die Besonderheiten bei der Stufenzuordnung und Laufzeit (früher: Anhang zu den Anlagen A und B) erfasst und weitere Einzelfallfeststellungen entbehrlich macht. Die neue KR-Tabelle ist aus der sogenannten KR-Anwendungstabelle (Anlage 5 zum TVÜ-Länder) entwickelt worden. Da die besonderen Stufenlaufzeiten im KR-Bereich nun in Abschnitt IV der Entgeltordnung bei dem jeweiligen Tätigkeitsmerkmal genannt sind, wurde der bisherige Anhang zu § 16 TV-L entbehrlich.

Die Tätigkeitsmerkmale für Pflegekräfte sind – relativ eigenständig – als Teil IV der neuen Entgeltordnung aufgenommen worden. Anders als Teil I und Teil II, die eine gewisse Durchlässigkeit haben (wegen der Auffangfunktion des Teils I für den Teil II siehe die Erläuterungen in Abschnitt III), ist die Auffangfunktion des Teils I für Pflegekräfte ausgeschlossen. Dies ergibt sich zum einen aus der Vorbemerkung Nr. 1 Absatz 3 zu allen Teilen der Entgeltordnung; dort ist nur die Durchlässigkeit zwischen den Teilen I und II festgelegt. Zum anderen ist die Exklusivität des Teils IV für Pflegekräfte in der Vorbemerkung Nr. 3 zu allen Teilen der Entgeltordnung verankert.

Die Vorbemerkung Nr. 3 hat folgenden Wortlaut:

„Für Beschäftigte im Pflegedienst gelten nur die Tätigkeitsmerkmale des Teils IV."

Zu den gravierenden Änderungen, die zum 1. Januar 2019 in Kraft gesetzt worden sind, s. o. unter IV. Tarifrunde 2019/2020/2021.

6. Weitere Beschäftigtengruppen

Folgende weitere Beschäftigtengruppen bedürfen besonderer Erwähnung:

Lehrer[1])

Die Gewerkschaft GEW hat sich in den Verhandlungen über die neue Entgeltordnung 2012 mit ihren Forderungen nach einer tarifvertraglichen Regelung der Lehrer-Eingruppierung nicht durchsetzen können. Ein von den Arbeitgeberbeschäftigungsgruppenn gemachter Vorschlag zur Tarifierung der Eingruppierung bestimmter Lehrkräfte (der sogenannten Erfüller) hat die Gewerkschaft zurückgewiesen, weil

---

1) Siehe zur Eingruppierung der Lehrkräfte an allgemein- und berufsbildenden Schulen aber den 2015 (dbb beamtenbund und tarifunion) bzw. im Rahmen der Tarifrunde 2017/2018 (GEW) vereinbarten Tarifvertrag über die Eingruppierung und die Entgeltordnung für die Lehrkräfte der Länder (TV EntgO-L) – **510** und **515**.

der Arbeitgebervorschlag lediglich den bisher in Richtlinien (Westländer) bzw. in § 2 Nr. 3 des Änderungstarifvertrages Nr. 1 zum BAT-O vom 8. Mai 1991 (Ostländer) enthaltenen Grundsatz der Ableitung der Lehrer-Entgeltgruppe aus der Besoldungsgruppe vergleichbarer Beamter tarifvertraglich festgeschrieben hätte. Im Wesentlichen aus den gleichen Gründen ist ein erneuter Versuch zur Tarifizierung der Eingruppierung der Lehrkräfte im Rahmen der Entgeltrunde 2013 gescheitert.

Es bleibt somit für Lehrer bei der bereits aus der Vergütungsordnung zum BAT bekannten Situation, dass sie grundsätzlich nicht von der Entgeltordnung erfasst sind und ihre Eingruppierung in Anlehnung an die Besoldungsgruppen vergleichbarer Beamter erfolgt – sei es durch Richtlinien (Westländer und Sachsen) oder durch tarifvertragliche Verweisung in § 2 Nr. 3 des Änderungstarifvertrages Nr. 1 zum BAT-O vom 8. Mai 1991 (Ostländer).

Die Vorbemerkung Nr. 5 zu allen Vergütungsgruppen der Vergütungsordnung, nach der Lehrer nicht von der Vergütungsordnung erfasst waren, wurde sinngleich als Vorbemerkung Nr. 4 zu allen Teilen der Entgeltordnung übernommen. Diese Vorbemerkung hat seit Inkrafttreten des TV EntgO-L nun folgenden Wortlaut:

> „[1]Die Entgeltordnung zum TV-L (Anlage A) gilt nur für diejenigen Lehrkräfte, für die in den Teilen II oder IV ein besonderes Tätigkeitsmerkmal vereinbart ist. [2]Für Beschäftigte als Lehrkräfte, die unter den Geltungsbereich des § 44 fallen, gelten ausschließlich die Eingruppierungsregelungen der Entgeltordnung Lehrkräfte (Anlage zum TV EntgO-L)."

Damit sind nicht nur die Lehrkräfte an allgemein- und berufsbildenden Schulen, sondern alle Beschäftigten von der Entgeltordnung ausgenommen, deren Tätigkeit durch die Vermittlung von Fähigkeiten und Kenntnissen im Rahmen eines Schul-, Hochschul- oder vergleichbaren Betriebes (z. B. Ausbildungseinrichtungen der Verwaltung) geprägt wird. Nicht dazu gehören Beschäftigte, die Personen am Arbeitsplatz außerhalb eines Schulbetriebes unterweisen (Ausbilder) – siehe dazu BAG vom 10. Oktober 1984 – 4 AZR 411/82. Diese Beschäftigten fallen ebenso unter die Entgeltordnung wie diejenigen Lehrkräfte, für die eigenständige Tätigkeitsmerkmale in der Entgeltordnung ausdrücklich vereinbart wurden (z. B. für Unterrichtsschwestern im Teil IV Pflegedienst). Die Tarifgemeinschaft deutscher Länder (TdL) hat im Zuge der Einigung der Tarifrunde 2011 zugesagt, in ihren Lehrerrichtlinien mit Wirkung des Inkrafttretens der Entgeltordnung die kurzen Aufstiege in der oben unter Abschnitt B Teil II Nummer 2.1

dargestellten Weise abzubilden. Dies betrifft nur die überschaubare Zahl der Lehrkräfte der unteren Entgeltgruppen (höchstens bis zum Verlauf Vc/Vb BAT der bei kurzen Bewährungsaufstiegen statt in die Entgeltgruppe 8 dann in die „kleine" Entgeltgruppe 9 führt).

Schreibkräfte

Die bereits zum 31. Dezember 1983 gekündigten und inhaltlich völlig überholten Regelungen des alten Teils II Abschnitt N der Anlage 1a zum BAT für Angestellte im Schreibdienst sind nicht mehr neu vereinbart worden. Für neue Eingruppierungsvorgänge kann daher nur noch auf den allgemeinen Teil der neuen Entgeltordnung zurückgegriffen werden. Der Verfasser geht davon aus, dass die Besitzstände der am 31. Dezember 2011 vorhandenen Schreibkräfte gewahrt bleiben – einschließlich der zu diesem Zeitpunkt mit Blick auf den gekündigten Zustand des alten Teils N übertariflich (fort-)gezahlten Zulagen.

Beschäftigte in der Informationstechnik/Datenverarbeitung

Die Tarifpartner hatten ursprünglich beabsichtigt, neue Tätigkeitsmerkmale für Beschäftigte in der Datenverarbeitung (ehemaliger Abschnitt B des Teils II der Anlage 1a zum BAT) zusammen mit der übrigen Entgeltordnung in Kraft zu setzen. Mit Blick auf die offensichtlich nicht mehr den heutigen Gegebenheiten (sowohl technisch als auch in Bezug auf Arbeitsabläufe etc.) entsprechende Grundkonzeption dieser Merkmale hatten sich die Tarifpartner an Stelle einer rein redaktionellen Anpassung für eine mehr in die Tiefe gehende Reform der Merkmale entschieden. Diese konnte nicht zum 1. Januar 2012, sondern erst im Sommer 2012 abgeschlossen werden und ist im Zuge des 5. Änderungstarifvertrages zum TV-L vom 23. August rückwirkend zum 1. Januar 2012 in Kraft gesetzt worden. Die Antragsfrist der Beschäftigten auf Höhergruppierung endet abweichend von der regluären Frist des § 29a Abs. 4 TVÜ-Länder (31. Dezember 2012) erst ab 31. August 2013 (s. § 29a Abs. 7 TVÜ-Länder i. d. F. des Änderungstarifvertrages Nr. 5 zum TVÜ-Länder vom 23. August 2012). Zu den gravierenden Änderungen, die zum 1. Januar 2021 in Kraft gesetzt worden sind, s. o. unter IV. Tarifrunde 2019/2020/2021.

Sozial- und Erziehungsdienst

Die Tätigkeitsmerkmale für Beschäftigte im Sozial- und Erziehungsdienst wurden im Zuge der Entgeltordnung 2012 – vergleichbar wie die Merkmale der übrigen Bereiche – weitgehend nur redaktionell überarbeitet und in Teil II Abschnitt 20 überführt. Im Zuge der Tarifrunde 2017/2018 wurden dann Änderungen vereinbart (insbesondere neue Entgeltgruppenzulagen). Seine heutige Fassung hat Teil II Abschnitt 20 mit Wirkung vom 1. Januar 2020 im Rahmen der Änderungen der Tarifrunde 2019/2020/2021 erhalten (s. o. unter IV. Tarifrunde 2019/2020/2021).

V. Überleitung vorhandener Beschäftigter in die neue Entgeltordnung

Hinweis:

Die nachstehende Beschreibung bezieht sich auf die Überleitung in die Regelungen der Entgeltordnung 2012. Eine vergleichbare Technik gilt aber bei der Umsetzung der weitreichenden Änderungen der Tarifrunde 2019/2020/2021, sodass die Darstellung auch dort herangezogen werden kann. Dabei sind die geänderten Daten zu beachten. Die Überleitung der Beschäftigten im Bereich Pflege, Sozial- und Erziehungsdienst sowie in die neuen Entgeltgruppen 9a und 9b setzte zum 1. Januar 2019 bzw. 2020 teilweise keinen Antrag voraus. Einzelheiten s. dazu bei den Erläuterungen zu den §§ 29b–29f TVÜ-Länder[1]).

Die Tarifpartner haben die Regelungen zur Überleitung vorhandener Beschäftigter in die neue Entgeltordnung im TVÜ-Länder – und dort im Wesentlichen in § 29a – platziert. Der § 29a TVÜ-Länder ersetzt mit Wirkung vom 1. Januar 2012 die durch die neue Entgeltordnung überflüssig gewordenen vorläufigen Regelungen (z. B. des § 17 TVÜ-Länder). Um trotzdem (z. B. für ggf. noch laufende Rechtsstreitigkeiten) nachvollziehen zu können, nach welchen Regelungen beispielsweise die Überleitung der Beschäftigten vom BAT bzw. MTArb in den TV-L erfolgte, bleiben die entsprechenden Alt-Regelungen im TVÜ-Länder erhalten. Soweit erforderlich, wird ihre Geltungsdauer auf den Zeitpunkt des Inkrafttretens der Entgeltordnung befristet (z. B. § 17 Abs. 1 TVÜ-Länder).

Folgende Punkte sind im Zusammenhang mit dem Inkraftsetzen der Entgeltordnung und der Überleitung vorhandener Beschäftigter besonders zu erwähnen:

1. Zeitpunkt

Die neue Entgeltordnung ist wie geplant zum 1. Januar 2012 in Kraft getreten.

---

[1]) abgedruck unter **270**

2. Überleitungstechnik

Grundsatz

Beschäftigte sollen für die Dauer der unverändert auszuübenden Tätigkeit in der bisherigen Entgeltgruppe eingruppiert bleiben. Die Tarifautomatik des § 12 TV-L greift insoweit nicht. Soweit an diese Tätigkeit Entgeltbestandteile geknüpft waren, werden diese unter den bisherigen Voraussetzungen weiter geleistet. Die vorläufige Zuordnung der bisherigen Vergütungs-/Lohngruppen nach der Anlage 2 bzw. 4 TVÜ-Länder gilt als Eingruppierung.

Im Übrigen gehen die Tarifvertragsparteien davon aus, dass für die Beschäftigten anlässlich der Einführung der Entgeltordnung grundsätzlich keine Neufestsetzung der Eingruppierungen erfolgt. Eine Komplettprüfung aller beim Start der neuen Entgeltordnung vorgefundenen Eingruppierungen auf ihre sachliche Richtigkeit ist nicht vorgesehen.

Für die Praxis bedeutet dieser Grundsatz, dass keine „flächendeckende Eingruppierungswelle" erfolgen soll. Alle am 31. Dezember 2011 vorgefundenen Eingruppierungen gelten als richtig und bleiben erhalten. In den Fällen, in denen die Beschäftigten von der neuen Entgeltordnung profitieren, eröffnet sich für sie die nachstehend dargestellte Antragsmöglichkeit.

Antragsmöglichkeit

Ergibt sich nach der neuen Entgeltordnung für die Dauer der unverändert auszuübenden Tätigkeit eine höhere Entgeltgruppe als nach der bisherigen Eingruppierung, werden die Beschäftigten auf Antrag in die Entgeltgruppe übergeleitet, die sich nach § 12 TV-L ergibt.

Potenziell von einer höheren Eingruppierung profitieren können neben den nun unmittelbar der Entgeltgruppe 14 zuzuordnenden Beschäftigten der Entgeltgruppe „13 + Z" (siehe § 17 Abs. 8 TVÜ-Länder) in erster Linie bestimmte Beschäftigte der Entgeltgruppe 2 bis 8, für die nun die Effekte ehemals kurzfristiger (bis max. sechs Jahre) Aufstiegsmöglichkeiten in Form einer höheren Eingruppierung wieder hergestellt worden sind (siehe dazu Abschnitt II „Kurze Bewährungsaufstiege in den unteren Entgeltgruppen").

Dass der Kreis der tatsächlich von einer höheren Eingruppierung erfassten Beschäftigten in der Praxis kleiner ist, als auf den ersten Blick anzunehmen, verdeutlicht die nachstehende Betrachtung eines Beschäftigten mit dem früheren Eingruppierungsverlauf Vc mit Aufstieg nach Vb BAT (gewählt, weil mit ehemals sechsjährigem Aufstieg die zeitliche Höchstgrenze für die noch begünstigten Aufstiegsmerkmale erreicht wird).

Beispiel:

Ausgangslage: Bestimmte Bezügerechner waren nach dem Allgemeinen Teil der Anlage 1a zum BAT in die Vergütungsgruppe Vc Fallgruppe 15 bzw. 16 eingruppiert. Diese Merkmale führten nach sechs Jahren in die Vergütungsgruppe Vb Fallgruppe 7a bzw. 7b des Allgemeinen Teils der Anlage 1a zum BAT. Dieser Verlauf führte nach näherer Maßgabe der Anlage 4 TVÜ-Länder in die Entgeltgruppe E 8. Da es sich um einen kurzen Aufstieg handelt, haben die Tarifpartner die Tätigkeit nun direkt der Entgeltgruppe zugeordnet, die sich bei unmittelbarer Eingruppierung in die ehemalige Aufstiegsvergütungsgruppe Vb ergeben hätte. Dies ist die sogenannte kleine E 9 (keine Stufen 5 und 6; Stufe 3 nach fünf Jahren in Stufe 2, Stufe 4 nach neun Jahren in Stufe 3). Das entsprechende Merkmal findet sich nun in Teil II Abschnitt 4 der Entgeltordnung.

Folgen für die Beschäftigten:

- Aus der Vergütungsgruppe Vb BAT übergeleitete Beschäftigte: Diese Beschäftigten sind nach näherer Maßgabe der Anlage 2 zum TVÜ-Länder bereits in die „kleine E 9" übergeleitet worden; die neue Entgeltordnung führt zu keinen Veränderungen.
- Aus der Vergütungsgruppe Vc BAT übergeleitete Beschäftigte: Diese Beschäftigten sind nach näherer Maßgabe der Anlage 2 zum TVÜ-Länder in die Entgeltgruppe 8 übergeleitet worden. Den am 01. 11. 2006 bereits begonnenen sechsjährigen Bewährungsaufstieg können sie nach den Regeln des § 8 Abs. 3 i. V. m. § 8 Abs. 1 TVÜ-Länder auf Antrag noch vollenden; die Frist ist im Rahmen der Tarifrunde 2011 parallel zur Regelung der Entgeltordnung für sechsjährige Bewährungsaufstiege bis zum 31. 10. 2012 verlängert worden. Die neue Entgeltordnung führt im Ergebnis zu keinen Veränderungen. Da die Regelung des § 8 TVÜ-Länder nicht (wie die neue Entgeltordnung) zum 01. 01. 2012, sondern erst zum individuellen Aufstiegszeitpunkt in die höhere Entgeltgruppe führt, kann hierbei Beschäftigten, deren individueller Aufstiegstermin in der Zeit vom 01. 01. 2012 bis zum 31. 10. 2012 liegt, im Einzelfall durch die neue Entgeltordnung ein Zeitgewinn eintreten.
- Ab dem 01. 11. 2006 neu eingestellte bzw. eingruppierte Beschäftigte. Beschäftigte, die nach dem 01. 11. 2006 eingruppiert worden sind (sei es als neu Eingestellte oder im Wege des Arbeitsplatzwechsels), sind bei dem Verlauf Vc/Vb BAT nach näherer Maßgabe der Anlage 4 zum TVÜ-Länder in die Entgeltgruppe 8 eingruppiert worden. Die neue Entgeltordnung sieht die Eingruppierung in die „kleine" Entgeltgruppe 9 vor; diese Beschäftigten können von einem Antrag auf Neu-Eingruppierung nach neuem Recht profitieren und können (unter Abwägung der Nachteile durch evtl. fortfallende Strukturausgleiche) einen Antrag stellen.

Fazit: Der Kreis der positiv Betroffenen reduziert sich auf diejenigen, die nach dem 1. November 2006 eingruppiert wurden.

Antragstellung

Der Antrag ist innerhalb eines Jahres ab Inkrafttreten der Entgeltordnung zu stellen – also innerhalb des Jahres 2012. Für Beschäftigte in der Datenverarbeitung/Informationstechnik gilt eine abweichende Frist (31. August 2013), weil die Tätigkeitsmerkmale erst im Sommer 2012 vereinbart werden konnten. Es handelt sich um eine Ausschlussfrist, die nicht verlängerbar ist; Ausnahme: Ruht das Arbeitsverhältnis beim Inkrafttreten der Entgeltordnung, beginnt die Frist mit der Wiederaufnahme der Tätigkeit. Der Antrag – egal, wann er gestellt wird – bezieht sich auf den Zeitpunkt des Inkrafttretens der Entgeltordnung. Nach Inkrafttreten der Entgeltordnung eingetretene Veränderungen, z. B. der Stufenzuordnung in der bisherigen Entgeltgruppe, bleiben somit unberücksichtigt – u. U. mit entsprechenden Folgen bei der Berechnung des Höhergruppierungsgewinns. Die Entscheidung darüber, ob er einen entsprechenden Antrag stellt, obliegt dem Beschäftigten. Er muss insbesondere unter Berücksichtigung seiner individuellen Situation abwägen, ob der zu erwartende Höhergruppierungsgewinn absehbar höher ist als eventuelle Verluste beim Strukturausgleich (siehe unten Ziffer 3 zu „Andere Zulagen“). Im Wege der Fürsorgepflicht wird die jeweilige Dienststelle gehalten sein, ihm Daten (insbesondere in Bezug auf die konkrete Eingruppierung) bereitzustellen.

IV

Folgen einer „Antragshöhergruppierung“

Der aus Anlass der Überleitung auf Antrag erfolgende Wechsel der Entgeltgruppe richtet sich nach den allgemeinen Regelungen für Höhergruppierungen gemäß § 17 Abs. 4 TV-L. Maßgebend sind die Verhältnisse zum Zeitpunkt des Inkrafttretens der neuen Entgeltordnung (siehe oben unter „Antragstellung“). Die betroffenen Beschäftigten können also nicht noch im Laufe des Jahres 2012 eintretende Stufensteigerungen abwarten, um dadurch unter Umständen einen größeren Höhergruppierungsgewinn zu realisieren. Bei einer Überleitung aus Stufe 1 der bisherigen Entgeltgruppe erfolgt die Zuordnung in Stufe 1 der höheren Entgeltgruppe; die bisher in Stufe 1 verbrachte Zeit wird angerechnet. Beschäftigte der Entgeltgruppe 13 + Zulage werden stufengleich unter Beibehaltung ihrer bisherigen Stufenlaufzeit in die Entgeltgruppe 14 höhergruppiert (siehe unter Abschnitt II „Entgeltgruppe 13 + Zulage“).

3. Weitere Änderungen im Zusammenhang mit der Einführung der neuen Entgeltordnung

Vergütungsgruppenzulagen

Vergütungsgruppenzulagen (künftig Entgeltgruppenzulagen) können neu vergeben werden, wenn nur ein kürzerer Zeitablauf gefordert wird. Frist und Motivation für diese Verfahrensweise entsprechen dem Verfahren bei der Berücksichtigung kürzerer Bewährungsaufstiege in den unteren Entgeltgruppen (siehe oben unter Abschnitt II „Kurze Bewährungsaufstiege in den unteren Entgeltgruppen"; die Höchstgrenze liegt somit ebenfalls bei sechs Jahren). Die betroffenen Beschäftigten erhalten die Vergütungsgruppenzulage nicht erst nach einem bestimmten Zeitablauf, sondern von Beginn der anspruchsbegründenden Tätigkeit. Der dadurch faktisch eintretenden verlängerten Bezugsdauer tragen die Tarifpartner dadurch Rechnung, dass der monatliche Zulagenbetrag künftig entsprechend reduziert (Arbeitstitel „abgezinst") wird. Die neue Entgeltordnung räumt den Betroffenen durch einen Zusatz zu dem jeweiligen Tätigkeitsmerkmal den Anspruch auf eine Entgeltgruppenzulage ein. Die Höhe der Zulage ergibt sich aus der neuen Anlage F zum TV-L. Durch die Zusammenfassung der Zulagenbeträge in der Anlage F zum TV-L haben die Tarifpartner erreicht, dass bei Entgelterhöhungen (z. B. im Rahmen einer Tarifrunde) keine Änderungen an vielen Stellen der Entgeltordnung notwendig sind, sondern nur die Anlage F anzupassen ist. Bereits in der Vergangenheit erworbene Ansprüche auf eine Besitzstandszulage bleiben nach Maßgabe des § 9 Abs. 4 TVÜ-Länder erhalten; eine Absenkung auf das neue Niveau wird also insoweit nicht erfolgen.

Höhergruppierungen aus Entgeltgruppen mit Vergütungs-/Entgeltgruppenzulagen können dazu führen, dass die Beschäftigten „unter dem Strich" Einbußen erleiden, weil der tarifvertraglich vorgesehene Höhergruppierungsgewinn nicht den Verlust durch den Fortfall der Zulage ausgleicht. Bei Höhergruppierungen ist für die Stufenzuordnung nämlich allein das Tabellenentgelt maßgebend. Nach übereinstimmender Auffassung der Tarifpartner ist aber künftig sicherzustellen, dass als „tatsächlicher Höhergruppierungsgewinn" mindestens der Garantiebetrag verbleibt. Der „tatsächliche Höhergruppierungsgewinn" errechnet sich dann aus dem bisher zustehenden Entgelt (Tabellenentgelt ggf. zuzüglich Entgelt- bzw. Vergütungsgruppenzulage) und dem künftig zustehenden Entgelt (Tabellenentgelt ggf. zuzüglich Entgeltgruppenzulage). Im Ergebnis wird somit bei der Höhergruppierung mindestens der Garantiebetrag gezahlt. Diese

Grundsätze haben die Tarifpartner in § 17 Abs. 4 Satz 2 Halbsatz 2 aufgenommen.

Verlängerte Übergangsregelungen beim Aufstieg (§ 8 TVÜ-Länder) und bei Vergütungsgruppenzulagen (§ 9 TVÜ-Länder)

Entsprechend der Abbildung der kurzfristigen Bewährungsaufstiege bzw. der vergleichbaren Gewährung der Vergütungsgruppenzulagen in der neuen Entgeltordnung sollen auch bei Überleitung in den TV-L begonnene Bewährungsaufstiege vollendet und vergleichbare Vergütungsgruppenzulagen erreicht werden. Die §§ 8 Abs. 3, 9 Abs. 2a und 3 TVÜ-Länder wurden daher bereits im Zuge der Tarifrunde 2011 in der Weise befristet, dass die in den TV-L übergeleiteten Beschäftigten mit den ab dem 1. November 2006 neu eingestellten Beschäftigten gleichbehandelt werden. Aus diesem Grund wurde die bisherige Befristung der §§ 8 und 9 TVÜ-Länder durch den Änderungstarifvertrag Nr. 3 zum TVÜ-Länder vom 10. März 2011 bis zum 31. Oktober 2012 ausgeweitet.

Meister, Techniker, Programmierzulagen

Bestimmte Zulagen (Meister-, Techniker-, Programmiererzulage sowie Außendienstzulage in der Steuerverwaltung) richteten sich auch nach dem Inkrafttreten des TV-L noch nach dem partiell fortgeltenden Tarifvertrag über Zulagen an Angestellte vom 17. Mai 1982. Diese Situation bestand auch nach dem Inkrafttreten der Entgeltordnung 2012 fort. Die Prüfung der Voraussetzungen dieses ursprünglich den Bundes-Angestelltentarifvertrag (BAT) ergänzenden Tarifvertrages wurde zunehmend komplizierter, weil sie in dem Tarifvertrag auf der Grundlage der Eingruppierungsvorschriften der längst aufgehobenen Vergütungsordnung zum BAT definiert waren. Die Tarifpartner haben daher im Zuge der Tarifrunde 2019/2020/2021 – ohne materielle Veränderungen – mit Wirkung vom 1. Januar 2019 die Rechtsgrundlage für die Zulagen in die Vorbemerkungen zu den jeweiligen Teilen/Abschnitten der Entgeltordnung verschoben und die aktuell betroffenen Entgelt-/Fallgruppen konkret benannt. Als Folgeänderung wurden die den früheren Rechtszustand bestimmenden Vorschriften der Protokollerklärung zu § 5 Abs. 2 Satz 3 TVÜ-Länder, § 17 Abs. 6 TVÜ-Länder sowie die Anlage 1 Teil B zum TVÜ-Länder redaktionell angepasst. Achtung: Die Programmiererzulage entfällt ab dem 1. Januar 2021 im Zuge der Neuregelung der Eingruppierung der Beschäftigten im Bereich der IT endgültig. Die so genannte Gitterzulage war im Rahmen der Tarifrunde 2017 bereits mit Wirkung vom 1. Januar 2017 in § 19a TV-L neu geregelt worden.

Vorarbeiterzulage

Die Vorarbeiterzulage ist künftig als dynamische Zulage in den Vorbemerkungen zu Teil III der Entgeltordnung geregelt. Wie bisher ist die Höhe der Zulage von der Eingruppierung der unterstellten Beschäftigten abhängig. Demnach erhalten Vorarbeiter von Beschäftigten der Entgeltgruppen 1–4 eine monatliche Zulage in Höhe von 138,47 Euro (Stand: 1. Januar 2012) und Vorarbeiter von Beschäftigten mindestens der Entgeltgruppe 5 eine monatliche Zulage in Höhe von 237,03 Euro (Stand: 1. Januar 2012). Die aktuelle Höhe der Vorarbeiterzulage ergibt sich zukünftig aus der Anlage F zum TV-L.

Strukturausgleich

Die Regelungen über Strukturausgleiche bleiben unberührt. Höhergruppierungen aufgrund der neuen Entgeltordnung gelten als „normale" Höhergruppierung und lösen die üblichen Folgen auf den Strukturausgleich aus (siehe § 12 Abs. 5 TVÜ-Länder). Da somit Höhergruppierungsgewinne auf den Strukturausgleich angerechnet werden, bedarf es der Entscheidung, ob sich ein Höhergruppierungsantrag (siehe oben unter „Antragstellung") ggf. auch nach Gegenrechnung eines (Teil-)Verlustes des Strukturausgleichs rechnet.

Entgeltordnung zum TV-L[1])

Vom 2. Januar 2012

Zuletzt geändert durch
Änderungstarifvertrag Nr. 13 vom 9. Dezember 2023[2])

Inhaltsübersicht

---

1) Die Entgeltordnung zum TV-L wurde durch den Änderungstarifvertrag Nr. 4 vom 2. Januar 2012 als Anlage A in den TV-L eingefügt.

2) Die Abstimmung des Textes des Änderungstarifvertrages war erst im Oktober 2024 abgeschlossen.

IV

IV

IV

Entgeltordnung zum TV-L

Vorbemerkungen zu allen Teilen der Entgeltordnung

Niederschriftserklärung zur Vorbemerkung zu allen Teilen der Entgeltordnung

Soweit in der Entgeltordnung Berufs- und Tätigkeitsbezeichnungen usw. in der weiblichen oder in der männlichen Form verwendet werden, entspricht dies der Bezeichnung in den früheren Tätigkeitsmerkmalen. Die Tarifvertragsparteien sind sich selbstverständlich einig, dass sie auch für das jeweils andere Geschlecht gelten.

1. (1) Für das Verhältnis der Teile I und II zueinander gelten die Regelungen der Absätze 2 bis 4.

(2) [1]Für Beschäftigte, deren Tätigkeit in besonderen Tätigkeitsmerkmalen des Teils II aufgeführt ist, gelten nur die Tätigkeitsmerkmale dieses Teils. [2]Die Tätigkeitsmerkmale des Teils I gelten für diese Beschäftigten weder in der Entgeltgruppe, in der ihre Tätigkeit in Teil II aufgeführt ist, noch in einer höheren Entgeltgruppe. [3]Die Sätze 1 und 2 gelten nicht für sonstige Beschäftigte der Entgeltgruppen 13 bis 15 des Teils I, die aufgrund gleichwertiger Fähigkeiten und ihrer Erfahrungen entsprechende Tätigkeiten im Sinne des Teils I ausüben, es sei denn, dass ihre Tätigkeit in besonderen Tätigkeitsmerkmalen des Teils II aufgeführt ist. [4]Abweichend von Satz 1 gelten die Tätigkeitsmerkmale der Entgeltgruppen 14 und 15 des Teils I auch für Ärzte, Apotheker und Zahnärzte, die außerhalb von Krankenhäusern oder Einrichtungen, in denen die betreuten Personen in ärztlicher Behandlung stehen, beschäftigt werden, sowie ferner für Tierärzte.

IV

(3) [1]Für Beschäftigte, deren Tätigkeit nicht in Teil II aufgeführt ist, gelten die Tätigkeitsmerkmale des Teils I, sofern in Satz 2 nicht etwas anderes geregelt ist. [2]Die Tätigkeitsmerkmale der Entgeltgruppen 2 bis 12 des Teils I gelten nur, sofern die auszuübende Tätigkeit einen unmittelbaren Bezug zu den eigentlichen Aufgaben der betreffenden Verwaltungsdienststellen, -behörden oder -institutionen hat.

Niederschriftserklärung zu Nr. 1 Abs. 3 der Vorbemerkungen zu allen Teilen der Entgeltordnung

Die Tarifvertragsparteien sind sich einig, dass die allgemeinen Merkmale für den Verwaltungsdienst (Teil I der Entgeltordnung) eine Auffangfunktion in dem gleichen Umfang besitzen wie – bestätigt durch die st. Rspr. des BAG – die bisherigen ersten Fallgruppen des allgemeinen Teils der Anlage 1a zum BAT/BAT-O.

(4) [1]Ist in einem Tätigkeitsmerkmal des Teils I oder II eine Vorbildung oder Ausbildung als Anforderung bestimmt, sind Beschäftigte, die die geforderte Vorbildung oder Ausbildung nicht besitzen,

- wenn nicht auch „sonstige Beschäftigte" von diesem Tätigkeitsmerkmal erfasst werden oder

- wenn auch „sonstige Beschäftigte" von diesem Tätigkeitsmerkmal erfasst werden, diese Beschäftigten jedoch nicht die Voraussetzungen des „sonstigen Beschäftigten" erfüllen,

bei Erfüllung der sonstigen Anforderungen dieses Tätigkeitsmerkmals in der nächst niedrigeren Entgeltgruppe eingruppiert. [2]Satz 1 gilt entsprechend für Tätigkeitsmerkmale, die bei Erfüllung qualifizierter Anforderungen eine höhere Eingruppierung vorsehen; Satz 1 gilt nicht, wenn die Entgeltordnung für diesen Fall ein Tätigkeitsmerkmal (z. B. „in der Tätigkeit von ...") enthält. [3]Gegenüber den Entgeltgruppen 14 und 13 Ü gilt hierbei die Entgeltgruppe 13 als nächst niedrige Entgeltgruppe.

2. Für Beschäftigte mit körperlich/handwerklich geprägten Tätigkeiten gelten nur die Tätigkeitsmerkmale des Teils III.

   Protokollerklärung:

   In Teil III sind nur die Beschäftigten eingruppiert, die bei Fortgeltung des alten Rechts im Lohngruppenverzeichnis des MTArb/MTArb-O eingereiht gewesen wären.

3. Für Beschäftigte im Pflegedienst gelten nur die Tätigkeitsmerkmale des Teils IV.
4. [1]Die Entgeltordnung zum TV-L (Anlage A) gilt nur für diejenigen Lehrkräfte, für die in den Teilen II oder IV ein besonderes Tätigkeitsmerkmal vereinbart ist. [2]Für Beschäftigte als Lehrkräfte, die unter den Geltungsbereich des § 44 fallen, gelten ausschließlich die Eingruppierungsregelungen der Entgeltordnung Lehrkräfte (Anlage zum TV EntgO-L).
5. Das Tätigkeitsmerkmal der Entgeltgruppe 1 des Teils I gilt unabhängig von den Nummern 1 und 3 für Tätigkeiten der Teile II und IV.
6. [1]Soweit die Eingruppierung von der Zahl der unterstellten Beschäftigten abhängig ist, rechnen hierzu auch Angehörige der vergleichbaren Besoldungsgruppen. [2]Bei der Zahl der unterstellten bzw. beaufsichtigten oder der in dem betreffenden Bereich beschäftigten Personen zählen Teilzeitbeschäftigte entsprechend dem Verhältnis der mit ihnen im Arbeitsvertrag vereinbarten Arbeitszeit zur regelmäßigen Arbeitszeit eines Vollzeitbeschäftigten. [3]Für die Eingruppierung ist es unschädlich, wenn im Organisations- und Stellenplan zur Besetzung ausgewiesene Stellen nicht besetzt sind.

   Niederschriftserklärung zu Nr. 6 der Vorbemerkungen zu allen Teilen der Entgeltordnung

   Die Tarifvertragsparteien sind sich einig, dass bei etwaigen Veränderungen in der Ämterstruktur durch Landesbeamtenrecht die Zuordnung geprüft und gegebenenfalls geändert wird.

7. Ständige Vertreter sind nicht die Vertreter in Urlaubs- und sonstigen Abwesenheitsfällen.

8. (1) [1]Aufgrund des Artikels 37 des Einigungsvertrages und der Vorschriften hierzu als gleichwertig festgestellte Abschlüsse, Prüfungen und Befähigungsnachweise stehen ab dem Zeitpunkt ihres Erwerbs den in den Tätigkeitsmerkmalen geforderten entsprechenden Anforderungen gleich. [2]Ist die Gleichwertigkeit erst nach Erfüllung zusätzlicher Erfordernisse festgestellt worden, gilt die Gleichstellung ab der Feststellung.

   (2) Facharbeiter mit einem im Beitrittsgebiet erworbenen Facharbeiterzeugnis, das nach Artikel 37 des Einigungsvertrages und der Vorschriften hierzu dem Prüfungszeugnis in einem anerkannten Ausbildungsberuf mit einer Ausbildungsdauer von mindestens drei Jahren bzw. einer kürzeren Ausbildungsdauer gleichgestellt ist, werden bei entsprechender Tätigkeit wie Beschäftigte mit erfolgreich abgeschlossener Ausbildung in einem solchen Ausbildungsberuf eingruppiert.

9. Entgeltgruppenzulagen gelten, soweit tarifvertraglich nichts anderes vereinbart ist, bei der Bemessung des Sterbegeldes (§ 23 Absatz 3) als Bestandteil des Tabellenentgelts.

Teil I
Allgemeine Tätigkeitsmerkmale für den Verwaltungsdienst

Niederschriftserklärung zu Teil I und Teil II

In einzelnen Abschnitten des alten Rechts unterschiedlich gefasste Tätigkeitsmerkmale, insbesondere Merkmale mit „sonstigen Beschäftigten" und tätigkeitsbezogenen Heraushebungen, werden in der Entgeltordnung zum TV-L in einem nunmehr einheitlichen Aufbau aufgeführt. Die Tarifvertragsparteien sind sich darin einig, dass durch diese Vereinheitlichung keine materiellen Änderungen beabsichtigt sind.

IV

Entgeltgruppe 15

1. Beschäftigte mit abgeschlossener wissenschaftlicher Hochschulbildung und entsprechender Tätigkeit sowie sonstige Beschäftigte, die aufgrund gleichwertiger Fähigkeiten und ihrer Erfahrungen entsprechende Tätigkeiten ausüben,

   deren Tätigkeit sich durch das Maß der damit verbundenen Verantwortung erheblich aus der Entgeltgruppe 14 Fallgruppe 1 heraushebt.

   (Hierzu Protokollerklärung Nr. 1)

2. Beschäftigte mit abgeschlossener wissenschaftlicher Hochschulbildung und entsprechender Tätigkeit sowie sonstige Beschäftigte, die aufgrund gleichwertiger Fähigkeiten und ihrer Erfahrungen entsprechende Tätigkeiten ausüben,

   denen mindestens fünf Beschäftigte mindestens der Entgeltgruppe 13 durch ausdrückliche Anordnung ständig unterstellt sind.

   (Hierzu Protokollerklärungen Nrn. 1 und 2)

Entgeltgruppe 14

1. Beschäftigte mit abgeschlossener wissenschaftlicher Hochschulbildung und entsprechender Tätigkeit sowie sonstige Beschäftigte, die aufgrund gleichwertiger Fähigkeiten und ihrer Erfahrungen entsprechende Tätigkeiten ausüben,

   deren Tätigkeit sich durch besondere Schwierigkeit und Bedeutung aus der Entgeltgruppe 13 heraushebt.

   (Hierzu Protokollerklärung Nr. 1)

2. Beschäftigte mit abgeschlossener wissenschaftlicher Hochschulbildung und entsprechender Tätigkeit sowie sonstige Beschäftigte, die aufgrund gleichwertiger Fähigkeiten und ihrer Erfahrungen entsprechende Tätigkeiten ausüben,

deren Tätigkeit sich mindestens zu einem Drittel durch besondere Schwierigkeit und Bedeutung aus der Entgeltgruppe 13 heraushebt.

(Hierzu Protokollerklärung Nr. 1)

3. Beschäftigte mit abgeschlossener wissenschaftlicher Hochschulbildung und entsprechender Tätigkeit sowie sonstige Beschäftigte, die aufgrund gleichwertiger Fähigkeiten und ihrer Erfahrungen entsprechende Tätigkeiten ausüben,

   deren Tätigkeit sich dadurch aus der Entgeltgruppe 13 heraushebt, dass sie mindestens zu einem Drittel hochwertige Leistungen bei besonders schwierigen Aufgaben erfordert.

   (Hierzu Protokollerklärung Nr. 1)

4. Beschäftigte mit abgeschlossener wissenschaftlicher Hochschulbildung und entsprechender Tätigkeit sowie sonstige Beschäftigte, die aufgrund gleichwertiger Fähigkeiten und ihrer Erfahrungen entsprechende Tätigkeiten ausüben,

   denen mindestens drei Beschäftigte mindestens der Entgeltgruppe 13 durch ausdrückliche Anordnung ständig unterstellt sind.

   (Hierzu Protokollerklärungen Nrn. 1 und 2)

Entgeltgruppe 13

Beschäftigte mit abgeschlossener wissenschaftlicher Hochschulbildung und entsprechender Tätigkeit sowie sonstige Beschäftigte, die aufgrund gleichwertiger Fähigkeiten und ihrer Erfahrungen entsprechende Tätigkeiten ausüben.

(Hierzu Protokollerklärung Nr. 1)

Entgeltgruppe 12

Beschäftigte im Büro-, Buchhalterei-, sonstigen Innendienst und im Außendienst,

deren Tätigkeit sich durch das Maß der damit verbundenen Verantwortung erheblich aus der Entgeltgruppe 11 heraushebt.

(Hierzu Protokollerklärung Nr. 3)

Entgeltgruppe 11

Beschäftigte im Büro-, Buchhalterei-, sonstigen Innendienst und im Außendienst,

deren Tätigkeit sich durch besondere Schwierigkeit und Bedeutung aus der Entgeltgruppe 9b Fallgruppe 1 heraushebt.

(Hierzu Protokollerklärung Nr. 3)

Entgeltgruppe 10

Beschäftigte im Büro-, Buchhalterei-, sonstigen Innendienst und im Außendienst,

deren Tätigkeit sich mindestens zu einem Drittel durch besondere Schwierigkeit und Bedeutung aus der Entgeltgruppe 9b Fallgruppe 1 heraushebt.

(Hierzu Protokollerklärung Nr. 3)

Entgeltgruppe 9b

1. Beschäftigte der Fallgruppen 2 oder 3,

   deren Tätigkeit sich dadurch aus der Fallgruppe 2 oder 3 heraushebt, dass sie besonders verantwortungsvoll ist.
2. Beschäftigte im Büro-, Buchhalterei-, sonstigen Innendienst und im Außendienst,

   deren Tätigkeit gründliche, umfassende Fachkenntnisse und selbständige Leistungen erfordert.

   (Hierzu Protokollerklärungen Nrn. 3, 4 und 5)
3. Beschäftigte im Büro-, Buchhalterei-, sonstigen Innendienst und im Außendienst mit abgeschlossener Hochschulbildung und entsprechender Tätigkeit.

   (Hierzu Protokollerklärungen Nrn. 3 und 11)

Entgeltgruppe 9a

Beschäftigte der Entgeltgruppe 6,

deren Tätigkeit selbständige Leistungen erfordert.

(Hierzu Protokollerklärung Nr. 5)

Entgeltgruppe 8

Beschäftigte der Entgeltgruppe 6,

deren Tätigkeit mindestens zu einem Drittel selbständige Leistungen erfordert.

(Hierzu Protokollerklärung Nr. 5)

Entgeltgruppe 6

Beschäftigte der Entgeltgruppe 5 Fallgruppe 1 oder 2,

deren Tätigkeit vielseitige Fachkenntnisse erfordert.

(Hierzu Protokollerklärung Nr. 6)

Entgeltgruppe 5

1. Beschäftigte im Büro-, Buchhalterei-, sonstigen Innendienst und im Außendienst,

   deren Tätigkeit gründliche Fachkenntnisse erfordert.

   (Hierzu Protokollerklärungen Nrn. 3 und 7)

2. Beschäftigte im Büro-, Buchhalterei-, sonstigen Innendienst und im Außendienst mit erfolgreich abgeschlossener Berufsausbildung in einem anerkannten Ausbildungsberuf

   mit einer Ausbildungsdauer von mindestens drei Jahren und entsprechender Tätigkeit.

   (Hierzu Protokollerklärungen Nrn. 3 und 12)

Entgeltgruppe 4

1. Beschäftigte im Büro-, Buchhalterei-, sonstigen Innendienst und im Außendienst

   mit schwierigen Tätigkeiten.

   (Hierzu Protokollerklärungen Nrn. 3 und 8)

   Niederschriftserklärung zu Teil I, Entgeltgruppe 4 Fallgruppe 1:

   Die Tarifvertragsparteien haben sich in der Entgeltgruppe 4 Fallgruppe 1 auf das neue Heraushebungsmerkmal „schwierige" Tätigkeiten verständigt. Im Hinblick auf die Neustrukturierung der Tätigkeitsmerkmale in den Entgeltgruppen 3 und 4 (Allgemeiner Teil) im Rahmen der neuen Entgeltordnung waren sie sich darüber einig, dass die bisher unter das Heraushebungsmerkmal „schwierigere" Tätigkeiten (ehemals Vergütungsgruppe VIII Fallgruppe 1a in Teil I der Anlage 1a zum BAT/BAT-O und Beispielkatalog hierzu) fallenden Tätigkeiten in Abhängigkeit ihrer jeweiligen konkreten Anforderungen der Entgeltgruppe 3 oder der Entgeltgruppe 4 zugeordnet werden sollen.

   Unter Bezugnahme auf den o. g. Beispielkatalog werden die Tätigkeiten „Mitwirkung bei der Bearbeitung laufender oder gleichartiger Geschäfte nach Anleitung", „Entwerfen von dabei zu erledigenden Schreiben nach skizzierten Angaben", „Erledigung ständig wiederkehrender Arbeiten in Anlehnung an ähnliche Vorgänge – auch ohne Anleitung –" der Entgeltgruppe 3 zugeordnet. Die Tätigkeiten „Führung von Karteien oder elektronischen Dateien, die nach technischen oder wissenschaftlichen Merkmalen geordnet sind oder deren Führung die Kenntnis fremder Sprachen voraussetzt", werden der Entgeltgruppe 4 zugeordnet.

2. Beschäftigte im Büro-, Buchhalterei-, sonstigen Innendienst und im Außendienst,

   deren Tätigkeiten sich dadurch aus der Entgeltgruppe 3 herausheben, dass sie mindestens zu einem Viertel gründliche Fachkenntnisse erfordern.

   (Hierzu Protokollerklärungen Nrn. 3 und 7)

Entgeltgruppe 3

Beschäftigte im Büro-, Buchhalterei-, sonstigen Innendienst und im Außendienst

mit Tätigkeiten, für die eine eingehende Einarbeitung bzw. eine fachliche Anlernung erforderlich ist, die über eine Einarbeitung im Sinne der Entgeltgruppe 2 hinausgeht.

(Hierzu Protokollerklärung Nr. 3)

Entgeltgruppe 2

Beschäftigte im Büro-, Buchhalterei-, sonstigen Innendienst und im Außendienst

mit einfachen Tätigkeiten.

(Hierzu Protokollerklärungen Nrn. 3 und 9)

IV

Entgeltgruppe 1

Beschäftigte mit einfachsten Tätigkeiten.

(Hierzu Protokollerklärung Nr. 10)

Protokollerklärungen:

Nr. 1 (1) Wissenschaftliche Hochschulen sind Universitäten, Technische Hochschulen sowie andere Hochschulen, die nach Landesrecht als wissenschaftliche Hochschulen anerkannt sind.

(2) [1]Eine abgeschlossene wissenschaftliche Hochschulbildung liegt vor, wenn das Studium mit einer ersten Staatsprüfung oder mit einer Diplomprüfung oder mit einer Masterprüfung oder mit einer Magisterprüfung beendet worden ist. [2]Diesen Prüfungen steht eine Promotion nur in den Fällen gleich, in denen die Ablegung einer ersten Staatsprüfung oder einer Diplomprüfung oder einer Masterprüfung oder einer Magisterprüfung nach den einschlägigen Ausbildungsvorschriften nicht vorgesehen ist. [3]Eine abgeschlossene wissenschaftliche Hochschulbildung liegt auch vor, wenn der Master an einer Fachhochschule erlangt wurde und den Zugang zur Laufbahn des höheren Dienstes bzw. zur entsprechenden Qualifikationsebene eröffnet; dies setzt voraus, dass der Masterstudiengang das Akkreditierungsverfahren erfolgreich durchlaufen hat, solange dies nach dem jeweils geltenden Landesbeamtenrecht für den Zugang zur Laufbahn des höheren Dienstes bzw. zur entsprechenden Qualifikationsebene gefordert ist.

(3) [1]Eine abgeschlossene wissenschaftliche Hochschulbildung setzt voraus, dass die Abschlussprüfung in einem Studiengang abgelegt wird, der seinerseits mindestens das Zeugnis der Hochschulreife (allgemeine Hochschulreife oder einschlägige fachgebundene Hochschulreife) oder eine andere landesrechtliche Hochschulzugangsberechtigung als Zugangsvoraussetzung erfordert, und für den Abschluss eine Mindeststudienzeit von mehr als sechs Semestern – ohne etwaige Praxissemester, Prüfungssemester o. Ä. – vorgeschrieben ist. [2]Ein Bachelorstudiengang erfüllt diese Voraussetzung auch dann nicht, wenn mehr als sechs Semester für den Abschluss vorgeschrieben sind.

(4) Ein Abschluss an einer ausländischen Hochschule gilt als abgeschlossene wissenschaftliche Hochschulbildung, wenn er von der zuständigen staat-

lichen Anerkennungsstelle als dem deutschen Hochschulabschluss gleichwertig anerkannt wurde.

Nr. 2 (1) Im Sinne der Nr. 6 der Vorbemerkungen zu allen Teilen der Entgeltordnung ist vergleichbar die Entgeltgruppe 13 der Besoldungsgruppe A 13.

(2) Bei der Zahl der Unterstellten zählen nicht mit:

a) Beschäftigte, die nach Teil II Abschnitt 9 (Gartenbau, Landwirtschaft und Weinbau) eingruppiert sind,
b) Beschäftigte, die nach Teil II Abschnitt 22 (Ingenieure, technische Berufe) eingruppiert sind,
c) Beamte der Besoldungsgruppe A 13, soweit sie der Laufbahn des gehobenen Dienstes bzw. der entsprechenden Qualifikationsebene angehören.

Nr. 3 Buchhaltereidienst im Sinne dieses Tätigkeitsmerkmals bezieht sich nur auf Tätigkeiten von Beschäftigten, die mit kaufmännischer Buchführung beschäftigt sind.

IV

Nr. 4 Gründliche, umfassende Fachkenntnisse bedeuten gegenüber den in den Entgeltgruppen 6, 8 und 9a geforderten gründlichen und vielseitigen Fachkenntnissen eine Steigerung der Tiefe und der Breite nach.

Nr. 5 Selbständige Leistungen erfordern ein den vorausgesetzten Fachkenntnissen entsprechendes selbständiges Erarbeiten eines Ergebnisses unter Entwicklung einer eigenen geistigen Initiative; eine leichte geistige Arbeit kann diese Anforderung nicht erfüllen.

Nr. 6 [1]Die gründlichen und vielseitigen Fachkenntnisse brauchen sich nicht auf das gesamte Gebiet der Verwaltung/des Betriebes, in der/dem der Beschäftigte tätig ist, zu beziehen. [2]Der Aufgabenkreis des Beschäftigten muss aber so gestaltet sein, dass er nur beim Vorhandensein gründlicher und vielseitiger Fachkenntnisse ordnungsgemäß bearbeitet werden kann.

Nr. 7 Erforderlich sind nähere Kenntnisse von Gesetzen, Verwaltungsvorschriften und Tarifbestimmungen usw. des Aufgabenkreises.

Nr. 8 Schwierige Tätigkeiten sind solche, die mehr als eine eingehende Einarbeitung bzw. mehr als eine fachliche Anlernung i. S. der Entgeltgruppe 3 erfordern, z. B. durch einen höheren Aufwand an gedanklicher Arbeit.

Nr. 9 [1]Einfache Tätigkeiten sind Tätigkeiten, die weder eine Vor- noch eine Ausbildung, aber eine Einarbeitung erfordern, die über eine sehr kurze Einweisung oder Anlernphase hinausgeht. [2]Die Einarbeitung dient dem Erwerb derjenigen Kenntnisse und Fertigkeiten, die für die Beherrschung der Arbeitsabläufe als solche erforderlich sind.

Nr. 10 [1]Einfachste Tätigkeiten üben z. B. aus

- Essens- und Getränkeausgeber,
- Garderobenpersonal,
- Beschäftigte, die spülen, Gemüse putzen oder sonstige Tätigkeiten im Haus- und Küchenbereich ausüben,
- Reiniger in Außenbereichen wie Höfen, Wegen, Grünanlagen, Parks,
- Wärter von Bedürfnisanstalten,
- Servierer,
- Hausarbeiter und
- Hausgehilfen.

[2]Ergänzungen können durch landesbezirklichen Tarifvertrag geregelt werden.

Nr. 11 (1) Eine abgeschlossene Hochschulbildung liegt vor, wenn von einer Hochschule im Sinne des § 1 Hochschulrahmengesetz (HRG) ein Diplomgrad mit dem Zusatz „Fachhochschule" („FH"), ein anderer nach § 18 HRG gleichwertiger Abschlussgrad oder ein Bachelorgrad verliehen wurde.

(2) [1]Der Bachelorstudiengang muss nach den Regelungen des Akkreditierungsrats akkreditiert sein. [2]Dem gleichgestellt sind Abschlüsse in akkreditierten Bachelorausbildungsgängen an Berufsakademien.

(3) Eine abgeschlossene Hochschulbildung setzt voraus, dass die Abschlussprüfung in einem Studiengang abgelegt wird, der seinerseits mindestens das Zeugnis der Hochschulreife (allgemeine Hochschulreife) oder eine andere landesrechtliche Hochschulzugangsberechtigung als Zugangsvoraussetzung erfordert, und für den Abschluss eine Mindeststudienzeit von sechs Semestern – ohne etwaige Praxissemester, Prüfungssemester o. Ä. – vorgeschrieben ist.

(4) Ein Abschluss an einer ausländischen Hochschule gilt als abgeschlossene Hochschulbildung, wenn er von der zuständigen staatlichen Anerkennungsstelle als dem deutschen Hochschulabschluss gleichwertig anerkannt wurde.

Nr. 12 Anerkannte Ausbildungsberufe sind die nach dem Berufsbildungsgesetz oder der Handwerksordnung staatlich anerkannten oder als staatlich anerkannt geltenden Ausbildungsberufe.

Teil II
Tätigkeitsmerkmale für bestimmte Beschäftigtengruppen

Niederschriftserklärung zu Teil I und Teil II

In einzelnen Abschnitten des alten Rechts unterschiedlich gefasste Tätigkeitsmerkmale, insbesondere Merkmale mit „sonstigen Beschäftigten" und tätigkeitsbezogenen Heraushebungen, werden in der Entgeltordnung zum TV-L in einem nunmehr einheitlichen Aufbau aufgeführt. Die Tarifvertragsparteien sind sich darin einig, dass durch diese Vereinheitlichung keine materiellen Änderungen beabsichtigt sind.

1. Beschäftigte in Archiven, Bibliotheken, Büchereien und Museen

Es findet Teil I Anwendung.

2. Ärzte, Apotheker, Psychotherapeuten, Tierärzte und Zahnärzte

Niederschriftserklärung zu Teil II Abschnitt 2

Soweit für Ärztinnen und Ärzte im Sinne des § 42 gemäß § 41 Nr. 1 Abs. 2 die Geltung des § 41 insgesamt vereinbart ist, gelten die Tätigkeitsmerkmale des § 41 Nr. 7.

2.1 Apotheker

Entgeltgruppe 15

Apotheker als Leiter von Apotheken,

denen mindestens vier Apotheker durch ausdrückliche Anordnung ständig unterstellt sind.

(Hierzu Protokollerklärung)

Entgeltgruppe 14

Apotheker.

Protokollerklärung:

[1]Bei der Zahl der unterstellten Apotheker zählen nur diejenigen unterstellten Apotheker mit, die in einem Arbeits- oder Beamtenverhältnis zu demselben Arbeitgeber oder Dienstherrn stehen oder im Krankenhaus von einem sonstigen öffentlichen Arbeitgeber oder Dienstherrn zur Krankenversorgung eingesetzt werden. [2]Gegen Stundenentgelt tätige Apotheker, die im Jahresdurchschnitt nicht mehr als 18 Stunden wöchentlich zur Arbeitsleistung herangezogen werden, zählen nicht mit.

2.2 Ärzte und Zahnärzte

Entgeltgruppe 15

1. Ärzte in Krankenhäusern,

   die als ständige Vertreter des leitenden Arztes durch ausdrückliche Anordnung bestellt sind,

   wenn dem leitenden Arzt mindestens sechs Ärzte ständig unterstellt sind.

   (Hierzu Protokollerklärungen Nrn. 1 und 2)

2. Ärzte in Krankenhäusern,

   die aufgrund ausdrücklicher Anordnung einem der Gebiete Anästhesie, Blutzentrale, Pathologie, Röntgenologie oder Zentrallaboratorium vorstehen und auf diesem Gebiet tätig sind,

   nach vierjähriger Tätigkeit in Entgeltgruppe 14 Fallgruppe 1.

3. Ärzte in Krankenhäusern,

   die aufgrund ausdrücklicher Anordnung einen selbständigen Funktionsbereich innerhalb einer Fachabteilung oder innerhalb eines Fachbereichs leiten und in diesem Funktionsbereich tätig sind,

   nach vierjähriger Tätigkeit in Entgeltgruppe 14 Fallgruppe 2.

   (Hierzu Protokollerklärung Nr. 3)

4. Ärzte als Leiter von Blutzentralen außerhalb von Krankenhäusern.
5. Ärzte,
   denen mindestens fünf Ärzte oder Zahnärzte durch ausdrückliche Anordnung ständig unterstellt sind.
   (Hierzu Protokollerklärung Nr. 2)
6. Zahnärzte in Krankenhäusern,
   die als ständige Vertreter des leitenden Zahnarztes durch ausdrückliche Anordnung bestellt sind,
   wenn dem leitenden Zahnarzt mindestens sechs Zahnärzte ständig unterstellt sind.
   (Hierzu Protokollerklärungen Nrn. 1 und 2)
7. Zahnärzte,
   denen mindestens fünf Zahnärzte durch ausdrückliche Anordnung ständig unterstellt sind.
   (Hierzu Protokollerklärung Nr. 2)
8. Fachärzte mit entsprechender Tätigkeit.
9. Fachzahnärzte mit entsprechender Tätigkeit.

Entgeltgruppe 14

1. Ärzte in Krankenhäusern,
   die aufgrund ausdrücklicher Anordnung einem der Gebiete Anästhesie, Blutzentrale, Pathologie, Röntgenologie oder Zentrallaboratorium vorstehen und in nicht unerheblichem Umfange auf diesem Gebiet tätig sind.
   (Hierzu Protokollerklärung Nr. 4)
2. Ärzte in Krankenhäusern,
   die aufgrund ausdrücklicher Anordnung einen selbständigen Funktionsbereich innerhalb einer Fachabteilung oder innerhalb eines Fachbereiches leiten und in nicht unerheblichem Umfange in diesem Funktionsbereich tätig sind.
   (Hierzu Protokollerklärungen Nrn. 3 und 4)
3. Ärzte.
4. Zahnärzte.

Protokollerklärungen:

Nr. 1 [1]Ständiger Vertreter im Sinne des Tätigkeitsmerkmals ist nur der Arzt/Zahnarzt, der den leitenden Arzt/Zahnarzt in der Gesamtheit seiner Dienstaufgaben vertritt. [2]Das Tätigkeitsmerkmal kann daher innerhalb einer Abteilung (Klinik) nur von einem Arzt/Zahnarzt erfüllt werden.

Nr. 2 [1]Bei der Zahl der unterstellten Ärzte und Zahnärzte zählen nur diejenigen unterstellten Ärzte und Zahnärzte mit, die in einem Arbeits- oder Beamtenverhältnis zu demselben Arbeitgeber oder Dienstherrn stehen oder im Krankenhaus von einem sonstigen öffentlichen Arbeitgeber oder Dienstherrn zur

Krankenversorgung eingesetzt werden. [2]Gegen Stundenentgelt tätige Ärzte und Zahnärzte, die im Jahresdurchschnitt nicht mehr als 18 Stunden wöchentlich zur Arbeitsleistung herangezogen werden, zählen nicht mit.

Nr. 3 Funktionsbereiche sind wissenschaftlich anerkannte Spezialgebiete innerhalb eines ärztlichen Fachgebietes, z. B. Nephrologie, Handchirurgie, Neuroradiologie, Elektroenzephalografie, Herzkatheterisierung.

Nr. 4 Der Umfang der Tätigkeit ist nicht mehr unerheblich, wenn er etwa ein Viertel der gesamten Tätigkeit ausmacht.

2.3 Tierärzte

Entgeltgruppe 15

1. Tierärzte,

   denen mindestens fünf Tierärzte durch ausdrückliche Anordnung ständig unterstellt sind.

   (Hierzu Protokollerklärung)

2. Fachtierärzte mit entsprechender Tätigkeit.

Entgeltgruppe 14

Tierärzte.

Protokollerklärung:

[1]Bei der Zahl der unterstellten Tierärzte zählen nur diejenigen unterstellten Tierärzte mit, die in einem Arbeits- oder Beamtenverhältnis zu demselben Arbeitgeber oder Dienstherrn stehen oder im Krankenhaus von einem sonstigen öffentlichen Arbeitgeber oder Dienstherrn zur Krankenversorgung eingesetzt werden. [2]Gegen Stundenentgelt tätige Tierärzte, die im Jahresdurchschnitt nicht mehr als 18 Stunden wöchentlich zur Arbeitsleistung herangezogen werden, und gegen Stückvergütung tätige Tierärzte zählen nicht mit.

2.4 Psychotherapeuten

Entgeltgruppe 14

Psychologische Psychotherapeuten und Kinder- und Jugendlichenpsychotherapeuten jeweils mit abgeschlossener wissenschaftlicher Hochschulbildung und mit Approbation und entsprechender Tätigkeit.

(Hierzu Protokollerklärung)

Protokollerklärung:

(1) Wissenschaftliche Hochschulen sind Universitäten, Technische Hochschulen sowie andere Hochschulen, die nach Landesrecht als wissenschaftliche Hochschulen anerkannt sind.

(2) [1]Eine abgeschlossene wissenschaftliche Hochschulbildung liegt vor, wenn das Studium mit einer ersten Staatsprüfung oder mit einer Diplomprüfung oder mit einer Masterprüfung oder mit einer Magisterprüfung beendet worden ist. [2]Diesen Prüfungen steht eine Promotion nur in den Fällen gleich, in denen die Ablegung einer ersten Staatsprüfung oder einer Diplomprüfung oder einer Masterprüfung oder einer Magisterprüfung nach den einschlägigen Ausbildungsvorschriften nicht vorgesehen ist. [3]Eine abgeschlossene wissenschaftliche Hochschulbildung liegt auch vor, wenn

der Master an einer Fachhochschule erlangt wurde und den Zugang zur Laufbahn des höheren Dienstes bzw. zur entsprechenden Qualifikationsebene eröffnet; dies setzt voraus, dass der Masterstudiengang das Akkreditierungsverfahren erfolgreich durchlaufen hat, solange dies nach dem jeweils geltenden Landesbeamtenrecht für den Zugang zur Laufbahn des höheren Dienstes bzw. zur entsprechenden Qualifikationsebene gefordert ist.

(3) [1]Eine abgeschlossene wissenschaftliche Hochschulbildung setzt voraus, dass die Abschlussprüfung in einem Studiengang abgelegt wird, der seinerseits mindestens das Zeugnis der Hochschulreife (allgemeine Hochschulreife oder einschlägige fachgebundene Hochschulreife) oder eine andere landesrechtliche Hochschulzugangsberechtigung als Zugangsvoraussetzung erfordert, und für den Abschluss eine Mindeststudienzeit von mehr als sechs Semestern – ohne etwaige Praxissemester, Prüfungssemester o. Ä. – vorgeschrieben ist. [2]Ein Bachelorstudiengang erfüllt diese Voraussetzung auch dann nicht, wenn mehr als sechs Semester für den Abschluss vorgeschrieben sind.

(4) Ein Abschluss an einer ausländischen Hochschule gilt als abgeschlossene wissenschaftliche Hochschulbildung, wenn er von der zuständigen staatlichen Anerkennungsstelle als dem deutschen Hochschulabschluss gleichwertig anerkannt wurde.

3. Beschäftigte in Bäderbetrieben

Vorbemerkung

[1]Beschäftigte, die nach Entgeltgruppe 8 oder 9a dieses Abschnitts eingruppiert sind, erhalten eine monatliche Zulage in Höhe von 38,35 Euro. [2]Die Zulage wird nur für Zeiträume gezahlt, in denen Beschäftigte einen Anspruch auf Entgelt oder Entgeltfortzahlung nach § 21 haben. [3]Die Zahlung erfolgt längstens bis zu einer Überarbeitung bzw. Neuregelung des Abschnitts 3.

Entgeltgruppe 9a

1. Geprüfte Meister für Bäderbetriebe als Betriebsleiter,

   denen die Aufsicht über mindestens 18 Beschäftigte, davon mindestens fünf Fachangestellte für Bäderbetriebe bzw. Beschäftigte in der Tätigkeit von Fachangestellten für Bäderbetriebe, durch ausdrückliche Anordnung ständig übertragen ist.

   (Beschäftigte in dieser Fallgruppe erhalten eine monatliche Entgeltgruppenzulage gemäß Anlage F Abschnitt I Nr. 2.)

   (Hierzu Protokollerklärungen Nrn. 1, 2 und 3)

2. Geprüfte Meister für Bäderbetriebe als Betriebsleiter,

   denen die Aufsicht über mindestens zehn Beschäftigte, davon mindestens drei Fachangestellte für Bäderbetriebe bzw. Beschäftigte in der Tätigkeit von Fachangestellten für Bäderbetriebe, durch ausdrückliche Anordnung ständig übertragen ist.

   (Hierzu Protokollerklärungen Nrn. 1, 2 und 3)

3. Geprüfte Meister für Bäderbetriebe,

   die durch ausdrückliche Anordnung als ständige Vertreter der in Fallgruppe 1 eingruppierten Betriebsleiter bestellt sind.

   (Hierzu Protokollerklärung Nr. 4)

Entgeltgruppe 8

Geprüfte Meister für Bäderbetriebe mit entsprechender Tätigkeit.

Entgeltgruppe 6

Fachangestellte für Bäderbetriebe,

denen als Schichtführer die Aufsicht über mindestens vier Beschäftigte oder über mindestens zwei Fachangestellte für Bäderbetriebe bzw. Beschäftigte in der Tätigkeit von Fachangestellten für Bäderbetriebe durch ausdrückliche Anordnung ständig übertragen ist.

(Hierzu Protokollerklärungen Nrn. 1 und 3)

Entgeltgruppe 5

Fachangestellte für Bäderbetriebe mit entsprechender Tätigkeit.

Entgeltgruppe 2

Beschäftigte in der Tätigkeit von Fachangestellten für Bäderbetriebe.

Protokollerklärungen:

Nr. 1 Anstelle eines Beschäftigten in der Tätigkeit eines Fachangestellten für Bäderbetriebe kann auch eine Aufsichtskraft mit Rettungsschwimmernachweis treten.

Nr. 2 (1) Zu den Aufgaben des Betriebsleiters gehören die Aufgaben des Badebetriebsleiters, d. h. im Wesentlichen
Überwachung des Badebetriebes und der Einhaltung der Haus- und Badeordnung,
Einsatz, Beaufsichtigung und Überwachung des Badepersonals,
Überwachung der Badeeinrichtungen und
Beaufsichtigung der Reinigungsarbeiten.

(2) [1]Zusätzlich bestehen die Aufgaben des Betriebsleiters im Folgenden:

a) Haushalts- und Kassenangelegenheiten
Mitwirkung bei der Aufstellung des Haushaltsplanes, Bewirtschaftung der Haushaltsmittel, Auswertung der ermittelten Betriebsergebnisse, Prüfung der Tages- und Monatsabrechnungen.

b) Personalangelegenheiten
Erstellung der Dienstpläne bzw. Mitwirkung bei der Erstellung der Dienstpläne, Prüfung der Stundennachweise, Bearbeitung von Urlaubs- und Krankheitsfällen, Aufsicht über das Verwaltungs- und das betriebstechnische Personal.

c) Allgemeine Verwaltungsangelegenheiten
Aufnahme von Diebstählen und Unfällen, Führen von Statistiken, Fertigen von Berichten, Materialverwaltung.

[2]Es ist unschädlich, wenn dem Betriebsleiter einzelne in den Buchstaben a bis c genannten Aufgaben nicht übertragen sind.

Nr. 3 [1]Soweit die Eingruppierung von der Zahl der ständig zu beaufsichtigenden Personen abhängt, gilt Nr. 6 der Vorbemerkungen zu allen Teilen der Entgeltordnung entsprechend. [2]Der Entgeltgruppe 5 vergleichbar ist die Besoldungsgruppe A 6; der Entgeltgruppe 2 vergleichbar ist die Besoldungsgruppe A 2.

Nr. 4 [1]Dieses Tätigkeitsmerkmal gilt auch dann, wenn der Vertretene im Beamtenverhältnis steht. [2]In diesem Falle ist von der Entgeltgruppe auszugehen, in der der Vertretene eingruppiert wäre, wenn er unter diesen Abschnitt fiele.

IV

4. Berechner von Dienst- und Versorgungsbezügen sowie von Entgelten, Beschäftigte in Landesversorgungsämtern

Entgeltgruppe 10

1. Sachbearbeiter in der Rechtsabteilung eines Landesversorgungsamtes, die Vorverfahren sowie Streitverfahren erster oder zweiter Instanz bearbeiten.
2. Sachbearbeiter in der Abteilung Versorgung eines Landesversorgungsamtes mit schwierigen Aufgaben (schwierige Aufgaben sind z. B. Bearbeiten von Grundsatzfragen, von Berichtigungs- oder Rückforderungsfällen nach §§ 40 ff. VfG).

Entgeltgruppe 9b

Beschäftigte, denen mindestens drei Beschäftigte mindestens der Entgeltgruppe 6 durch ausdrückliche Anordnung ständig unterstellt sind.

Entgeltgruppe 9a

1. Beschäftigte, deren Tätigkeit sich dadurch aus der Entgeltgruppe 6 Fallgruppe 1 heraushebt,

   dass sie aufgrund der angegebenen tatsächlichen Verhältnisse Entgelte einschließlich der Krankenbezüge und Urlaubsentgelte selbständig errechnen und die damit zusammenhängenden Arbeiten (z. B. Feststellen der Versicherungspflicht in der Sozialversicherung und der Zusatzversicherung, Bearbeiten von Abtretungen und Pfändungen) selbständig ausführen sowie den damit zusammenhängenden Schriftwechsel selbständig führen.

   (Hierzu Protokollerklärungen Nrn. 1 und 2)
2. Beschäftigte, deren Tätigkeit sich dadurch aus der Entgeltgruppe 6 Fallgruppe 2 heraushebt,

   dass sie aufgrund der angegebenen tatsächlichen Verhältnisse die für die Errechnung und Zahlbarmachung der Entgelte einschließlich der Krankenbezüge und Urlaubsentgelte im DV-Verfahren notwendigen Merkmale und die sonstigen Anspruchsvoraussetzungen feststellen, die erforderlichen Arbeiten (z. B. Feststellen der Versicherungspflicht in der Sozialversicherung und der Zusatzversicherung, Bearbeiten von Abtretungen und Pfändungen) und Kontrollen zur maschinellen Berechnung verantwortlich vornehmen sowie den damit zusammenhängenden Schriftwechsel selbständig führen.

   (Hierzu Protokollerklärungen Nrn. 1 und 2)

Entgeltgruppe 8

Beschäftigte, deren Tätigkeit sich dadurch aus der Entgeltgruppe 6 Fallgruppe 2 heraushebt,

dass sie aufgrund der angegebenen tatsächlichen Verhältnisse die für die Errechnung und Zahlbarmachung der Dienst- oder Versorgungsbezüge im DV-Verfahren notwendigen Merkmale und die sonstigen Anspruchsvoraussetzungen feststellen, die erforderlichen Arbeiten (z. B. Bearbeiten von Abtretungen und Pfändungen) und Kontrollen zur maschinellen Berechnung verantwortlich vornehmen sowie den damit zusammenhängenden Schriftwechsel selbständig führen.

(Hierzu Protokollerklärungen Nrn. 2 und 3)

Entgeltgruppe 6

1. Beschäftigte, deren Tätigkeit sich dadurch aus der Entgeltgruppe 5 heraushebt,

   dass sie aufgrund der angegebenen Merkmale Dienst- oder Versorgungsbezüge, Entgelte einschließlich der Krankenbezüge und Urlaubsentgelte selbständig errechnen.

   (Hierzu Protokollerklärung Nr. 2)

2. Beschäftigte, die aufgrund der angegebenen Merkmale die für die Errechnung und Zahlbarmachung der Dienst- oder Versorgungsbezüge, Entgelte einschließlich der Krankenbezüge und Urlaubsentgelte im DV-Verfahren erforderlichen Arbeiten und Kontrollen zur maschinellen Berechnung verantwortlich vornehmen.

   (Hierzu Protokollerklärung Nr. 2)

Entgeltgruppe 5

Berechner von Dienst- oder Versorgungsbezügen, von Entgelten einschließlich der Krankenbezüge oder Urlaubsentgelte,

deren Tätigkeit gründliche Fachkenntnisse erfordert.

(Hierzu Protokollerklärung Nr. 2)

Protokollerklärungen:

Nr. 1 Das Tätigkeitsmerkmal ist auch erfüllt, wenn der Beschäftigte die Beschäftigungszeit sowie das Tabellenentgelt nach §§ 15 und 16 bei der Einstellung nicht festzusetzen und Abtretungen und Pfändungen nicht zu bearbeiten hat.

Nr. 2 Zu den Dienst- und Versorgungsbezügen bzw. den Entgelten im Sinne dieses Tätigkeitsmerkmals gehören gegebenenfalls auch sonstige Leistungen, z. B. Kindergeld, Beitragszuschuss nach § 257 SGB V und vermögenswirksame Leistungen.

Nr. 3 Das Tätigkeitsmerkmal ist auch erfüllt, wenn der Beschäftigte das Besoldungsdienstalter erstmals, die ruhegehaltfähigen Dienstbezüge erstmals, die ruhegehaltfähige Dienstzeit bei der Einstellung nicht festzusetzen, keine Widerspruchsbescheide zu erteilen und Abtretungen und Pfändungen nicht zu bearbeiten hat.

5. Beschäftigte im fernmeldetechnischen Dienst und im Fernmeldebetriebsdienst

5.1 Beschäftigte im fernmeldetechnischen Dienst

Entgeltgruppe 9a

Beschäftigte im fernmeldetechnischen Dienst als Fernmelderevisoren,

denen mindestens sechs Fernmelderevisoren durch ausdrückliche Anordnung ständig unterstellt sind.

(Hierzu Protokollerklärungen Nrn. 1 und 2)

Entgeltgruppe 8

1. Beschäftigte im fernmeldetechnischen Dienst als Fernmelderevisoren

   mit besonders schwierigen Tätigkeiten.

   (Hierzu Protokollerklärungen Nrn. 1 und 2)
2. Beschäftigte im fernmeldetechnischen Dienst als Fernmelderevisoren,

   deren Tätigkeit sich dadurch aus der Entgeltgruppe 6 heraushebt, dass an elektronischen Geräten selbständig Funktionsprüfungen durchzuführen und Fehler zu beseitigen sind, wenn dabei schwierige Messungen vorzunehmen sind.

   (Hierzu Protokollerklärungen Nrn. 1, 2 und 3)
3. Beschäftigte im fernmeldetechnischen Dienst als Fernmelderevisoren,

   denen mindestens ein Fernmelderevisor durch ausdrückliche Anordnung ständig unterstellt ist.

   (Hierzu Protokollerklärungen Nrn. 1 und 2)

Entgeltgruppe 7

Beschäftigte im fernmeldetechnischen Dienst nach sechsjähriger Tätigkeit als Fernmelderevisoren in Entgeltgruppe 6,

denen das Überprüfen und Überwachen des technischen Zustandes der Fernmeldeanlagen gemäß den VDE-Vorschriften übertragen ist.

(Hierzu Protokollerklärungen Nrn. 1 und 2)

Entgeltgruppe 6

Beschäftigte im fernmeldetechnischen Dienst als Fernmelderevisoren

mit schwierigen Tätigkeiten.

(Hierzu Protokollerklärungen Nrn. 1 und 2)

Entgeltgruppe 5

1. Beschäftigte im fernmeldetechnischen Dienst als Fernmeldereviso-ren, soweit nicht anderweitig eingruppiert.

   (Hierzu Protokollerklärungen Nrn. 1 und 2)

2. Beschäftigte im fernmeldetechnischen Dienst

   mit erfolgreich abgeschlossener Ausbildung in einem anerkannten einschlägigen Ausbildungsberuf,

   die Anlagen oder Einrichtungen der Fernmeldetechnik entweder unterhalten (prüfen, instand halten und instand setzen) oder selbständig bedienen, prüfen und instand halten.

   (Hierzu Protokollerklärung Nr. 2)

Entgeltgruppe 3

Beschäftigte im fernmeldetechnischen Dienst,

deren Tätigkeit sich aus der Entgeltgruppe 2 dadurch heraushebt, dass schwierige Tätigkeiten bei der Bedienung und Instandhaltung von Anlagen oder Einrichtungen der Fernmeldetechnik auszuüben und Störungen nach allgemeinen Anweisungen zu beseitigen sind.

(keine Stufe 6)

Entgeltgruppe 2

Beschäftigte im fernmeldetechnischen Dienst,

die Anlagen oder Einrichtungen der Fernmeldetechnik bedienen und einfache Instandhaltungsarbeiten ausführen.

Protokollerklärungen:

Nr. 1 Fernmelderevisoren sind Beschäftigte mit erfolgreich abgeschlossener Ausbildung in einem anerkannten einschlägigen Ausbildungsberuf

mit Tätigkeiten, die die Fähigkeit voraussetzen, Funktionen und Schaltungsabläufe von Fernmeldeanlagen verschiedener Systeme (Bautechniken) anhand technischer Schaltungsunterlagen (z. B. Stromlaufplänen, Montageplänen, Zeitdiagrammen, Datenflussplänen) so zu erkennen, dass sie in der Lage sind, solche Fernmeldeanlagen selbständig instand zu halten und instand zu setzen.

Nr. 2 Beschäftigte ohne erfolgreich abgeschlossene Ausbildung in einem anerkannten einschlägigen Ausbildungsberuf,

die eine verwaltungseigene Prüfung in einem anerkannten einschlägigen Ausbildungsberuf abgelegt haben oder denen im Bereich des Bundesministeriums der Verteidigung die ATN-Stufe 7 in einem einschlägigen Ausbildungsberuf zuerkannt worden ist, werden bei der Eingruppierung den Beschäftigten mit erfolgreich abgeschlossener Ausbildung in einem anerkannten einschlägigen Ausbildungsberuf gleichgestellt.

Nr. 3 Elektronische Geräte sind z. B.:
Elektronische Schlüsselgeräte,
Funkfernschreibübertragungssysteme,
Richtfunkgeräte,
Trägerfrequenzgeräte,
Diversitygeräte,
Automatische Morsegeber (Umsetzgeräte).

5.2 Beschäftigte im Fernmeldebetriebsdienst

Entgeltgruppe 8

Beschäftigte in Fernmeldebetriebsstellen,

die die Aufsicht über mindestens 18 weitere Beschäftigte im Fernmeldebetriebsdienst führen.

(Hierzu Protokollerklärung Nr. 1)

Entgeltgruppe 6

1. Beschäftigte in Fernmeldebetriebsstellen,

   die die Aufsicht über neun weitere Beschäftigte im Fernmeldebetriebsdienst führen.

   (Hierzu Protokollerklärung Nr. 1)
2. Fernsprecher, die fremdsprachlichen Fernsprechverkehr abwickeln.

Entgeltgruppe 5

1. Fernsprecher an Auskunftsplätzen.

   (Hierzu Protokollerklärungen Nrn. 2 und 3)
2. Fernsprecher, die in nicht unerheblichem Umfang fremdsprachlichen Fernsprechverkehr abwickeln.

   (Hierzu Protokollerklärungen Nrn. 3 und 4)
3. Beschäftigte in Fernmeldebetriebsstellen,

   die die Aufsicht über fünf weitere Beschäftigte im Fernmeldebetriebsdienst führen.

   (Hierzu Protokollerklärung Nr. 1)

Entgeltgruppe 4

Fernsprecher, soweit nicht anderweitig eingruppiert.

(Hierzu Protokollerklärung Nr. 3)

Entgeltgruppe 3

Beschäftigte im Fernmeldebetriebsdienst

mit Tätigkeiten, für die eine eingehende Einarbeitung bzw. eine fachliche Anlernung erforderlich ist, die über eine Einarbeitung im Sinne der Entgeltgruppe 2 hinausgeht.

Entgeltgruppe 2

Beschäftigte im Fernmeldebetriebsdienst
mit einfachen Tätigkeiten.
(Hierzu Protokollerklärung Nr. 5)

Protokollerklärungen:

Nr. 1 Soweit die Eingruppierung von der Zahl der ständig zu beaufsichtigenden Personen abhängt, gilt Nr. 6 der Vorbemerkungen zu allen Teilen der Entgeltordnung entsprechend.

Nr. 2 Auskunftsplätze sind Arbeitsplätze, die von der Verwaltung durch ausdrückliche Anordnung eingerichtet worden sind
a) zur Vermittlung von Gesprächen, die von der annehmenden Vermittlungskraft nicht routinemäßig vermittelt werden können oder
b) zur Erteilung von Auskünften.

IV

Nr. 3 (1) [1]Beschäftigte, die durch ausdrückliche Anordnung zum Schichtführer bestellt sind, erhalten für die Dauer dieser Tätigkeit eine monatliche Funktionszulage

in Entgeltgruppe	gemäß Anlage F Abwschnitt II
5	Nr. 1
4	Nr. 2

[2]Die Funktionszulage gilt bei der Bemessung des Sterbegeldes (§ 23 Absatz 3) als Bestandteil des Tabellenentgelts und wird nur neben dem Entgelt nach Entgeltgruppe 5 bzw. Entgeltgruppe 4 gezahlt. [3]Sie ist nur für Zeiträume zu zahlen, für die ein Anspruch auf Entgelt oder Entgeltfortzahlung (§ 21 Satz 1) besteht; § 24 Absatz 3 gilt entsprechend.

(2) Die Bestellung zum Schichtführer setzt voraus, dass neben dem Beschäftigten mindestens ein weiterer Beschäftigter im Fernmeldebetriebsdienst in dieser Schicht tätig ist und der Schichtführer für den ordnungsgemäßen Ablauf seiner Schicht verantwortlich ist.

Nr. 4 Der Umfang der fremdsprachlichen Vermittlungstätigkeit ist nicht mehr unerheblich, wenn er etwa ein Viertel der gesamten Tätigkeit ausmacht.

Nr. 5 [1]Einfache Tätigkeiten sind Tätigkeiten, die weder eine Vor- noch eine Ausbildung, aber eine Einarbeitung erfordern, die über eine sehr kurze Einweisung oder Anlernphase hinausgeht. [2]Die Einarbeitung dient dem Erwerb derjenigen Kenntnisse und Fertigkeiten, die für die Beherrschung der Arbeitsabläufe als solche erforderlich sind.

6. Beschäftigte in der Forschung

Entgeltgruppe 15

Beschäftigte mit abgeschlossener wissenschaftlicher Hochschulbildung und entsprechender Tätigkeit in der Forschung,

deren Tätigkeit sich dadurch aus der Entgeltgruppe 14 Fallgruppe 1 heraushebt, dass sie bei schwierigen Forschungsaufgaben hochwertige Leistungen erfordert.

(Hierzu Protokollerklärungen Nrn. 1 und 2)

Entgeltgruppe 14

1. Beschäftigte mit abgeschlossener wissenschaftlicher Hochschulbildung und entsprechender Tätigkeit in der Forschung,

   deren Tätigkeit sich dadurch aus der Entgeltgruppe 13 heraushebt, dass schwierige Forschungsaufgaben zur selbständigen und verantwortlichen Bearbeitung übertragen sind.

   (Hierzu Protokollerklärungen Nrn. 1 und 2)
2. Beschäftigte mit abgeschlossener wissenschaftlicher Hochschulbildung und entsprechender Tätigkeit in der Forschung,

   deren Tätigkeit sich dadurch aus der Entgeltgruppe 13 heraushebt, dass mindestens zu einem Drittel schwierige Forschungsaufgaben zur selbständigen und verantwortlichen Bearbeitung übertragen sind.

   (Hierzu Protokollerklärungen Nrn. 1 und 2)

Entgeltgruppe 13

Beschäftigte mit abgeschlossener wissenschaftlicher Hochschulbildung und entsprechender Tätigkeit in der Forschung sowie sonstige Beschäftigte, die aufgrund gleichwertiger Fähigkeiten und ihrer Erfahrungen entsprechende Tätigkeiten ausüben.

(Hierzu Protokollerklärungen Nrn. 1 und 2)

Protokollerklärungen:

Nr. 1 (1) Wissenschaftliche Hochschulen sind Universitäten, Technische Hochschulen sowie andere Hochschulen, die nach Landesrecht als wissenschaftliche Hochschulen anerkannt sind.

(2) [1]Eine abgeschlossene wissenschaftliche Hochschulbildung liegt vor, wenn das Studium mit einer ersten Staatsprüfung oder mit einer Diplomprüfung oder mit einer Masterprüfung oder mit einer Magisterprüfung beendet worden ist. [2]Diesen Prüfungen steht eine Promotion nur in den Fällen gleich, in denen die Ablegung einer ersten Staatsprüfung oder einer Diplomprüfung oder einer Masterprüfung oder einer Magisterprüfung nach den einschlägigen Ausbildungsvorschriften nicht vorgesehen ist. [3]Eine abgeschlossene wissenschaftliche Hochschulbildung liegt auch vor, wenn der Master an einer Fachhochschule erlangt wurde und den Zugang zur Laufbahn des höheren Dienstes bzw. zur entsprechenden Qualifikationsebene eröffnet; dies setzt voraus, dass

IV

der Masterstudiengang das Akkreditierungsverfahren erfolgreich durchlaufen hat, solange dies nach dem jeweils geltenden Landesbeamtenrecht für den Zugang zur Laufbahn des höheren Dienstes bzw. zur entsprechenden Qualifikationsebene gefordert ist.

(3) [1]Eine abgeschlossene wissenschaftliche Hochschulbildung setzt voraus, dass die Abschlussprüfung in einem Studiengang abgelegt wird, der seinerseits mindestens das Zeugnis der Hochschulreife (allgemeine Hochschulreife oder einschlägige fachgebundene Hochschulreife) oder eine andere landesrechtliche Hochschulzugangsberechtigung als Zugangsvoraussetzung erfordert, und für den Abschluss eine Mindeststudienzeit von mehr als sechs Semestern – ohne etwaige Praxissemester, Prüfungssemester o. Ä. – vorgeschrieben ist. [2]Ein Bachelorstudiengang erfüllt diese Voraussetzung auch dann nicht, wenn mehr als sechs Semester für den Abschluss vorgeschrieben sind.

(4) Ein Abschluss an einer ausländischen Hochschule gilt als abgeschlossene wissenschaftliche Hochschulbildung, wenn er von der zuständigen staatlichen Anerkennungsstelle als dem deutschen Hochschulabschluss gleichwertig anerkannt wurde.

Nr. 2 [1]Eine Tätigkeit in der Forschung ist die Wahrnehmung von Forschungsaufgaben. [2]Forschungsaufgaben sind Aufgaben, die dazu bestimmt sind, den wissenschaftlichen Kenntnisstand zu erweitern, neue wissenschaftliche Methoden zu entwickeln oder wissenschaftliche Kenntnisse und wissenschaftliche Methoden auf bisher nicht beurteilbare Sachverhalte anzuwenden. [3]Die Tätigkeitsmerkmale für Beschäftigte mit Forschungsaufgaben gelten auch für Ärzte, Apotheker, Tierärzte und Zahnärzte mit Forschungsaufgaben.

7. (unbesetzt)

8. Beschäftigte im Fremdsprachendienst

8.1 Konferenzdolmetscher

Vorbemerkung

(1) Voraussetzung für die Eingruppierung nach den Tätigkeitsmerkmalen ist, dass der Beschäftigte die Fähigkeit besitzt, konsekutiv und simultan zu dolmetschen.

(2) [1]Ein Beschäftigter dolmetscht konsekutiv, wenn er Ausführungen in einer Sprache unmittelbar anschließend inhaltlich richtig und sprachlich einwandfrei in eine andere Sprache mündlich überträgt. [2]Er muss zusammenhängende Ausführungen von etwa 10 Minuten Dauer übertragen können.

IV

(3) Ein Beschäftigter dolmetscht simultan, wenn er über eine technische Anlage Ausführungen eines Redners hört und sie gleichzeitig inhaltlich und sprachlich einwandfrei in eine andere Sprache mündlich überträgt.

(4) Dolmetscht ein Beschäftigter nur konsekutiv oder nur simultan, so erfüllt er ebenfalls die Voraussetzungen für die Eingruppierung nach den Tätigkeitsmerkmalen.

Entgeltgruppe 15

1. Beschäftigte mit einschlägiger wissenschaftlicher Abschlussprüfung oder langjähriger Berufserfahrung als Dolmetscher,

   die aus einer fremden Sprache ins Deutsche und umgekehrt dolmetschen und

   aufgrund ihrer sprachlichen und fachlichen Kenntnisse allseitig verwendet werden.

   (Hierzu Protokollerklärung Nr. 1)

2. Beschäftigte mit einschlägiger wissenschaftlicher Abschlussprüfung oder langjähriger Berufserfahrung als Dolmetscher,

   die aus zwei fremden Sprachen ins Deutsche und umgekehrt dolmetschen und

   aufgrund ihrer sprachlichen und fachlichen Kenntnisse vielseitig verwendet werden.

   (Hierzu Protokollerklärung Nr. 2)

Entgeltgruppe 14

1. Beschäftigte mit einschlägiger wissenschaftlicher Abschlussprüfung oder langjähriger Berufserfahrung als Dolmetscher,

   die aus einer fremden Sprache ins Deutsche und umgekehrt dolmetschen und aufgrund ihrer sprachlichen und fachlichen Kenntnisse vielseitig verwendet werden.

(Hierzu Protokollerklärung Nr. 2)

2. Beschäftigte mit einschlägiger wissenschaftlicher Abschlussprüfung oder langjähriger Berufserfahrung als Dolmetscher,

   die aus zwei fremden Sprachen ins Deutsche und umgekehrt dolmetschen.

Entgeltgruppe 13

Beschäftigte mit einschlägiger wissenschaftlicher Abschlussprüfung oder langjähriger Berufserfahrung als Dolmetscher,

die aus einer fremden Sprache ins Deutsche und umgekehrt dolmetschen.

Entgeltgruppe 12

Beschäftigte als Dolmetscher während der Einarbeitungszeit.

(Hierzu Protokollerklärung Nr. 3)

Protokollerklärungen:

Nr. 1 Die allseitige Verwendung erfordert die Fähigkeit – ohne Rücksicht auf die Zahl der Teilnehmer in Konferenzen oder bei Besprechungen zwischen führenden Persönlichkeiten – auf den wesentlichen Fachgebieten des Ressorts und ggf. auch auf einzelnen ressortfremden Fachgebieten zu dolmetschen.

Nr. 2 Die vielseitige Verwendung erfordert die Fähigkeit, auf mehreren Fachgebieten des Ressorts zu dolmetschen.

Nr. 3 [1]Bei Beschäftigten mit einschlägiger wissenschaftlicher Abschlussprüfung beträgt die Einarbeitungszeit längstens zwei Jahre; für die übrigen Beschäftigten beträgt sie drei Jahre. [2]Auf die Einarbeitungszeit können Zeiten der Berufserfahrung als Dolmetscher angerechnet werden.

8.2 Überprüfer und Übersetzer

Vorbemerkungen

1. Wird ein Überprüfer oder ein Übersetzer neben seiner Tätigkeit als solcher nicht nur gelegentlich als Konferenzdolmetscher beschäftigt, so ist er nach den für ihn in Betracht kommenden Tätigkeitsmerkmalen der Konferenzdolmetscher einzugruppieren, sofern es für ihn günstiger ist.

   (Hierzu Protokollerklärung Nr. 1)

2. Bei der Anwendung der Tätigkeitsmerkmale tritt bei Beschäftigten, deren Muttersprache nicht die deutsche Sprache ist, jeweils an die Stelle der deutschen Sprache die Muttersprache des Beschäftigten; die deutsche Sprache gilt für ihn als Fremdsprache.

Entgeltgruppe 15

1. Beschäftigte mit einschlägiger wissenschaftlicher Abschlussprüfung oder langjähriger Berufserfahrung als Überprüfer oder Übersetzer nach fünfjähriger Tätigkeit in Entgeltgruppe 14,

   die Übersetzungen aus zwei fremden Sprachen ins Deutsche und aus dem Deutschen in zwei fremde Sprachen verantwortlich überprüfen und in druckreife Form bringen.

   (Hierzu Protokollerklärungen Nrn. 2, 3 und 4)
2. Beschäftigte mit einschlägiger wissenschaftlicher Abschlussprüfung oder langjähriger Berufserfahrung als Überprüfer oder Übersetzer,

   die Übersetzungen aus drei fremden Sprachen ins Deutsche und aus dem Deutschen in zwei fremde Sprachen verantwortlich überprüfen und in druckreife Form bringen.

   (Hierzu Protokollerklärungen Nrn. 2, 3 und 4)

Entgeltgruppe 14

1. Beschäftigte mit einschlägiger wissenschaftlicher Abschlussprüfung oder langjähriger Berufserfahrung als Überprüfer oder Übersetzer,

   die Übersetzungen aus zwei fremden Sprachen ins Deutsche und aus dem Deutschen in eine fremde Sprache verantwortlich überprüfen und in druckreife Form bringen.

   (Hierzu Protokollerklärungen Nrn. 2, 3 und 4)
2. Beschäftigte mit einschlägiger wissenschaftlicher Abschlussprüfung oder langjähriger Berufserfahrung als Überprüfer oder Übersetzer,
   die Übersetzungen aus dem Deutschen in eine fremde Sprache verantwortlich überprüfen und in druckreife Form bringen.

   (Hierzu Protokollerklärungen Nrn. 2, 3 und 4)

Entgeltgruppe 13

1. Beschäftigte, mit einschlägiger wissenschaftlicher Abschlussprüfung oder langjähriger Berufserfahrung als Überprüfer oder Übersetzer,

   die Übersetzungen ins Deutsche und in eine fremde Sprache verantwortlich überprüfen.

   (Hierzu Protokollerklärung Nr. 2)
2. Beschäftigte mit einschlägiger wissenschaftlicher Abschlussprüfung oder langjähriger Berufserfahrung als Überprüfer oder Übersetzer,

   die Übersetzungen aus zwei fremden Sprachen ins Deutsche verantwortlich überprüfen.

   (Hierzu Protokollerklärung Nr. 2)

3. Beschäftigte mit einschlägiger wissenschaftlicher Abschlussprüfung oder langjähriger Berufserfahrung als Überprüfer oder Übersetzer,

   die Übersetzungen aus einer fremden Sprache ins Deutsche verantwortlich überprüfen und

   dabei besonders gründliche und umfassende Kenntnisse auf einem wissenschaftlichen oder wissenschaftlich-technischen Fachgebiet zur Geltung bringen.

   (Hierzu Protokollerklärungen Nrn. 2, 4 und 5)

4. Beschäftigte mit einschlägiger wissenschaftlicher Abschlussprüfung oder langjähriger Berufserfahrung als Überprüfer oder Übersetzer,

   die Übersetzungen aus einer fremden Sprache ins Deutsche verantwortlich überprüfen und

   die aufgrund ihrer sprachlichen und fachlichen Kenntnisse vielseitig verwendet werden.

   (Hierzu Protokollerklärungen Nrn. 2 und 4)

5. Beschäftigte mit langjähriger Tätigkeit als Übersetzer in Entgeltgruppe 11 Fallgruppe 3,

   die schwierige Texte aus zwei fremden Sprachen ins Deutsche und auch in nicht unerheblichem Umfange aus dem Deutschen in eine fremde Sprache einwandfrei und zuverlässig übersetzen und

   beim Übersetzen in die fremde Sprache nachweislich Leistungen erbringen, die denen eines Beschäftigten der Fallgruppe 6 entsprechen.

   (Hierzu Protokollerklärungen Nrn. 4, 6, 7, 8 und 9)

6. Beschäftigte mit einschlägiger wissenschaftlicher Abschlussprüfung nach erfolgreicher Einarbeitungszeit in Entgeltgruppe 11 Fallgruppe 5,

   die schwierige Texte aus zwei fremden Sprachen ins Deutsche und auch in nicht unerheblichem Umfange aus dem Deutschen in eine fremde Sprache einwandfrei und zuverlässig übersetzen.

   (Hierzu Protokollerklärungen Nrn. 4, 7, 9 und 10)

7. Beschäftigte mit mehrjähriger Tätigkeit als Übersetzer in Entgeltgruppe 11 Fallgruppe 4,

   die schwierige Texte aus zwei fremden Sprachen ins Deutsche und daneben in nicht unerheblichem Umfange schwierige Texte auch aus einer dritten fremden Sprache ins Deutsche übersetzen und

   beim Übersetzen aus der dritten fremden Sprache nachweislich Leistungen erbringen, die denen eines Beschäftigten der Fallgruppe 6 entsprechen.

   (Hierzu Protokollerklärungen Nrn. 4, 6, 7, 8 und 9)

IV

Entgeltgruppe 11

1. Beschäftigte mit langjähriger Tätigkeit als Übersetzer in Entgeltgruppe 10 Fallgruppe 2,

   deren Tätigkeit sich dadurch aus dieser Entgeltgruppe heraushebt, dass sie beim Übersetzen gründliche Kenntnisse auf mindestens einem wissenschaftlichen oder wissenschaftlich-technischen Fachgebiet zur Geltung bringen.

   (Hierzu Protokollerklärungen Nrn. 6 und 11)

2. Beschäftigte mit langjähriger Tätigkeit als Übersetzer in Entgeltgruppe 10,

   die schwierige Texte aus zwei fremden Sprachen ins Deutsche einwandfrei und zuverlässig übersetzen und

   dabei gründliche Kenntnisse auf mindestens einem wissenschaftlichen oder wissenschaftlich-technischen Fachgebiet zur Geltung bringen.

   (Hierzu Protokollerklärungen Nrn. 4, 6, 9 und 11)

3. Beschäftigte mit mehrjähriger Tätigkeit als Übersetzer in Entgeltgruppe 10,

   die schwierige Texte aus zwei fremden Sprachen ins Deutsche und daneben auch in nicht unerheblichem Umfange Texte aus dem Deutschen in eine fremde Sprache einwandfrei und zuverlässig übersetzen.

   (Hierzu Protokollerklärungen Nrn. 4, 6, 7 und 9)

4. Beschäftigte mit mehrjähriger Tätigkeit als Übersetzer in Entgeltgruppe 10 Fallgruppe 5,

   die schwierige Texte aus zwei fremden Sprachen ins Deutsche und daneben nicht nur gelegentlich auch aus einer dritten fremden Sprache ins Deutsche einwandfrei und zuverlässig übersetzen.

   (Hierzu Protokollerklärungen Nrn. 1, 4, 6 und 9)

5. Beschäftigte mit einschlägiger wissenschaftlicher Abschlussprüfung,

   die während der zweijährigen Einarbeitungszeit als Übersetzer schwieriger Texte

   aus zwei fremden Sprachen ins Deutsche und auch in nicht unerheblichem Umfange aus dem Deutschen in eine fremde Sprache übersetzen.

   (Hierzu Protokollerklärungen Nrn. 4, 7, 9 und 12)

6. Beschäftigte, die schwierige Texte aus einer fremden Sprache ins Deutsche einwandfrei und zuverlässig übersetzen und dabei gründ-

liche Kenntnisse auf mindestens einem wissenschaftlichen oder wissenschaftlich-technischen Fachgebiet zur Geltung bringen.
(Hierzu Protokollerklärungen Nrn. 4, 9 und 11)

Entgeltgruppe 10

1. Beschäftigte mit langjähriger Tätigkeit als Übersetzer in Entgeltgruppe 9b Fallgruppen 1, 2 oder 3,
   deren Tätigkeit sich dadurch aus dieser Entgeltgruppe heraushebt, dass sie nicht nur gelegentlich bei Besprechungen kürzere zusammenhängende Ausführungen inhaltlich und sprachlich richtig aus dem Deutschen in eine fremde Sprache und umgekehrt mündlich übertragen.
   (Hierzu Protokollerklärungen Nrn. 1, 4, 6 und 13)
2. Beschäftigte mit mehrjähriger Tätigkeit als Übersetzer in Entgeltgruppe 9b Fallgruppe 1,
   die schwierige Texte aus einer fremden Sprache ins Deutsche und auch in nicht unerheblichem Umfange aus dem Deutschen in eine fremde Sprache einwandfrei und zuverlässig übersetzen.
   (Hierzu Protokollerklärungen Nrn. 4, 6, 7 und 9)
3. Beschäftigte, deren Tätigkeit sich dadurch aus der Entgeltgruppe 9b Fallgruppe 3 heraushebt, dass sie in nicht unerheblichem Umfange schwierige Texte einwandfrei und zuverlässig übersetzen.
   (Hierzu Protokollerklärungen Nrn. 7 und 9)
4. Beschäftigte, die aus zwei fremden Sprachen ins Deutsche und auch in nicht unerheblichem Umfange aus dem Deutschen in eine fremde Sprache einwandfrei und zuverlässig übersetzen.
   (Hierzu Protokollerklärungen Nrn. 4 und 7)
5. Beschäftigte, deren Tätigkeit sich dadurch aus der Entgeltgruppe 9b Fallgruppe 3 heraushebt, dass sie nicht nur gelegentlich auch aus einer dritten fremden Sprache ins Deutsche einwandfrei und zuverlässig übersetzen.
   (Hierzu Protokollerklärung Nr. 1)

Entgeltgruppe 9b

1. Beschäftigte, deren Tätigkeit sich dadurch aus der Fallgruppe 4 heraushebt, dass sie nicht nur gelegentlich schwierige Texte einwandfrei und zuverlässig übersetzen.
   (Hierzu Protokollerklärungen Nrn. 1 und 9)
2. Beschäftigte, die aus einer fremden Sprache ins Deutsche und auch in nicht unerheblichem Umfange aus dem Deutschen in eine fremde Sprache einwandfrei und zuverlässig übersetzen.

(Hierzu Protokollerklärungen Nrn. 4 und 7)

3. Beschäftigte, die aus zwei fremden Sprachen ins Deutsche einwandfrei und zuverlässig übersetzen.

   (Hierzu Protokollerklärung Nr. 4)

4. Beschäftigte, die aus einer fremden Sprache ins Deutsche einwandfrei und zuverlässig übersetzen.

   (Hierzu Protokollerklärung Nr. 4)

Protokollerklärungen:

Nr. 1 Eine Tätigkeit wird nicht nur gelegentlich ausgeübt, wenn sie mindestens etwa ein Zehntel der gesamten Tätigkeit ausmacht.

Nr. 2 [1]Überprüfen heißt Vergleichen von Übersetzungen mit dem Originaltext auf Vollständigkeit, auf sprachliche, sachliche und terminologische Richtigkeit, ferner – soweit erforderlich – das stilistische Ausfeilen der Übersetzung unter Wahrung der Stilebene des Originaltextes. [2]Die Übersetzungen dürfen nur von Übersetzern oder anderen Bediensteten, die eine den Merkmalen dieses Tarifvertrages entsprechende Tätigkeit ausüben, nicht aber von dem Überprüfenden angefertigt worden sein. [3]Ein Beschäftigter überprüft „verantwortlich", wenn die überprüfte Übersetzung keiner weiteren Kontrolle mehr unterliegt.

Nr. 3 [1]Eine Übersetzung ist dann in „druckreife Form" zu bringen, wenn sie unter Wahrung der Stilebene des Originaltextes stilistisch ausgefeilt wird und den für die Abfassung von Gesetzen, Verträgen, Vorschriften, anderen amtlichen Veröffentlichungen oder wissenschaftlichen Arbeiten geltenden Grundsätzen der sprachlichen Gestaltung vollständig entspricht und höchsten Anforderungen genügen muss. [2]Ob die druckreife Form erforderlich ist, ergibt sich aus dem Verwendungszweck der Übersetzung oder aus einer ausdrücklichen Anordnung im Einzelfall.

Nr. 4 Der Übersetzung oder der Überprüfung einer Übersetzung aus dem Deutschen in eine fremde Sprache steht die Übersetzung oder die Überprüfung einer Übersetzung aus einer fremden Sprache in eine andere fremde Sprache gleich.

Nr. 5 (1) Besonders gründliche und umfassende Fachkenntnisse auf mindestens einem wissenschaftlichen oder wissenschaftlich-technischen Fachgebiet liegen vor, wenn der Beschäftigte befähigt ist, die wesentlichen fachlichen Zusammenhänge aus dem ihm zugewiesenen wissenschaftlichen oder wissenschaftlich-technischen Gesamtbereich zu erfassen und Übersetzungen auf ihre sprachliche und fachliche Richtigkeit verantwortlich zu überprüfen.

(2) Bei den geforderten Kenntnissen handelt es sich nicht um Kenntnisse, die von einem Beschäftigten mit abgeschlossener wissenschaftlicher Hochschulbildung gefordert werden.

Nr. 6 Auf die mehr- oder langjährige Tätigkeit als Übersetzer werden Zeiten gleicher Tätigkeit außerhalb des Geltungsbereiches dieses Abschnitts angerechnet.

Nr. 7 Eine Tätigkeit wird in nicht unerheblichem Umfange ausgeübt, wenn sie mindestens ein Viertel der gesamten Tätigkeit ausmacht.

Nr. 8 (1) [1]Der Beschäftigte hat nachzuweisen, dass seine Leistungen denen eines Beschäftigten der Entgeltgruppe 13 Fallgruppe 6 entsprechen. [2]Dieser Nachweis ist geführt, wenn der Beschäftigte erfolgreich die Prüfung vor der nach Maßgabe der im Anhang zu Teil III Abschnitt 16 Unterabschnitt 4 der Entgeltordnung Bund enthaltenen Prüfungsordnung gebildeten Kommission oder vor einer entsprechenden Kommission, die von einem Land allein oder von mehreren Ländern gemeinsam gebildet worden ist, abgelegt hat.

(2) [1]Besteht der Beschäftigte die Prüfung, wird er mit Ablauf der geforderten Tätigkeitsdauer höhergruppiert, wenn er den Antrag auf Zulassung zur Prüfung vor Ablauf der geforderten Tätigkeitsdauer gestellt und die Prüfung in dem auf die Antragstellung folgenden Prüfungstermin bestanden hat. [2]In allen anderen Fällen erfolgt die Höhergruppierung mit Wirkung vom Ersten des Monats, in dem der Beschäftigte die Prüfung besteht.

Nr. 9 Ein Text ist als schwierig zu bezeichnen, wenn

a) zu seinem sprachlich und inhaltlich richtigen Verständnis eine eingehende Textanalyse sowie ein entsprechendes Einfühlungs- und Vorstellungsvermögen auf den einschlägigen wissenschaftlichen oder technischen Fachgebieten erforderlich ist und

b) seine originaltreue, sinnwahrende, inhaltlich und formal adäquate Übertragung die erforderliche Vertrautheit mit den Ausdrucksmitteln der Zielsprache voraussetzt.

Nr. 10 (1) [1]Mit Ablauf der Einarbeitungszeit hat der Arbeitgeber dem Beschäftigten durch eine fachliche Beurteilung zu eröffnen, ob die Einarbeitungszeit erfolgreich abgeschlossen ist. [2]Erklärt der Arbeitgeber, dass dies nicht der Fall sei, so ist dem Beschäftigten auf seinen innerhalb eines Monats nach Eröffnung der fachlichen Beurteilung zu stellenden Antrag Gelegenheit zu geben, den Nachweis durch Ablegung einer Prüfung gemäß Nr. 8 der Protokollerklärungen zu erbringen.

(2) [1]Die Prüfung soll innerhalb von sechs Monaten nach Antragstellung erfolgen. [2]Besteht der Beschäftigte die Prüfung, so ist er rückwirkend von dem Tage an, der auf den letzten Tag der Einarbeitungszeit folgt, in die Entgeltgruppe 13 einzugruppieren.

(3) Erbringt der Beschäftigte den Nachweis der erfolgreich abgeschlossenen Einarbeitungszeit nicht, so wird er bei Weiterbeschäftigung in die Entgeltgruppe eingruppiert, deren Tätigkeitsmerkmale er erfüllt.

Nr. 11 (1) Gründliche Kenntnisse auf mindestens einem wissenschaftlichen oder wissenschaftlich-technischen Fachgebiet liegen vor, wenn der Beschäftigte befähigt ist, die wesentlichen fachlichen Zusammenhänge aus dem ihm zugewiesenen wissenschaftlichen oder wissenschaftlich-technischen Teilgebiet zu erfassen und Übersetzungen in der wissenschaftlichen oder wissenschaftlich-technischen Fachsprache abzufassen.

(2) Bei den geforderten Kenntnissen handelt es sich nicht um Kenntnisse, die von einem Beschäftigten mit abgeschlossener wissenschaftlicher Hochschulbildung gefordert werden.

Nr. 12 Das Tätigkeitsmerkmal ist auch erfüllt, wenn dem Beschäftigten im Hinblick auf die Einarbeitung die Übersetzung schwieriger Texte noch nicht überwiegend übertragen ist.

Nr. 13 Die Eingruppierung in diese Fallgruppe setzt den Nachweis voraus, dass der Beschäftigte zusammenhängende Ausführungen von etwa drei Minuten Dauer übertragen kann.

8.3 Fremdsprachenassistenten (Fremdsprachensekretäre)

Vorbemerkungen

1. [1]Beschäftigte, die mit mindestens einem Drittel der regelmäßigen wöchentlichen Arbeitszeit im Sinne des § 6 Schreibmaschinen mit nichtlateinischen Schriftzeichen bedienen und hierbei vollwertige

Leistungen erbringen, erhalten für die Dauer dieser Tätigkeit eine monatliche Funktionszulage

in Entgeltgruppe	gemäß Anlage F Abschnitt II
9b	Nr. 3
9a	Nr. 4
7 und 8	Nr. 5
6	Nr. 6

Diese gilt bei der Bemessung des Sterbegeldes (§ 23 Absatz 3) als Bestandteil des Tabellenentgelts. [3]Sie ist nur für Zeiträume zu zahlen, für die ein Anspruch auf Entgelt oder Entgeltfortzahlung (§ 21 Satz 1) besteht; § 24 Absatz 3 gilt entsprechend. [4]§ 24 Absatz 2 findet keine Anwendung.

2. Unter diesen Abschnitt fallen auch Beschäftigte, die nicht mindestens zur Hälfte in einer fremden Sprache oder in mehreren fremden Sprachen nach Diktat schreiben oder einfache Übersetzungen anfertigen, wenn sie den Nachweis erbringen, dass sie geläufig in einer fremden Sprache oder in mehreren fremden Sprachen nach Diktat schreiben können und wenn sie handschriftliche Vorlagen in einer fremden Sprache oder in mehreren fremden Sprachen abschreiben.

Entgeltgruppe 9b

Beschäftigte, die in mehr als zwei fremden Sprachen geläufig nach Diktat schreiben oder einfache Übersetzungen aus diesen oder in diese Sprachen anfertigen.

(Hierzu Protokollerklärung Nr. 1 und Nr. 3)

Entgeltgruppe 9a

Beschäftigte, die in zwei fremden Sprachen geläufig nach Diktat schreiben oder einfache Übersetzungen aus diesen oder in diese Sprache anfertigen.

(Hierzu Protokollerklärung Nr. 1 und Nr. 3)

Entgeltgruppe 8

Beschäftigte, die mit Rücksicht auf die beabsichtigte Beschäftigung als Fremdsprachenassistent (Fremdsprachensekretär) bei der Einstellung den Nachweis erbringen, dass sie geläufig in zwei fremden Sprachen nach Diktat schreiben oder einfache Übersetzungen aus diesen oder in diese Sprachen anfertigen können.

(Hierzu Protokollerklärungen Nrn. 1 und 2)

Entgeltgruppe 7

Beschäftigte, die in einer fremden Sprache geläufig nach Diktat schreiben oder einfache Übersetzungen aus dieser oder in diese Sprache anfertigen.

(Hierzu Protokollerklärungen Nrn. 1 und 3)

Entgeltgruppe 6

Beschäftigte, die mit Rücksicht auf die beabsichtigte Beschäftigung als Fremdsprachenassistent (Fremdsprachensekretär) bei der Einstellung den Nachweis erbringen, dass sie geläufig in einer fremden Sprache nach Diktat schreiben oder einfache Übersetzungen aus dieser oder in diese Sprache anfertigen können.

(Hierzu Protokollerklärungen Nrn. 1 und 2)

Protokollerklärungen:

Nr. 1 [1]Einfache Übersetzungen sind Übersetzungen von Texten, deren Verständnis in der Ausgangssprache weder inhaltlich noch sprachlich Schwierigkeiten bietet, sowie von Texten, deren adäquate Wiedergabe in der Zielsprache keine besonderen Anforderungen an das Formulierungsvermögen stellt. [2]Die Übertragung einfacher Texte schließt auch die Erledigung der fremdsprachigen Routinekorrespondenz ein.

Nr. 2 Der Anspruch auf Eingruppierung nach der Entgeltgruppe 6 bzw. 8 erlischt, wenn nicht spätestens nach Ablauf von drei Jahren nach der Einstellung die endgültige Beschäftigung als Fremdsprachenassistent (Fremdsprachensekretär) erfolgt und während dieser Frist nicht durch alljährlich von der beschäftigten Behörde anzuordnende Überprüfungen die erforderlichen fremdsprachlichen Kenntnisse und Fähigkeiten nachgewiesen werden.

Nr. 3 [1]Werden dem Beschäftigten aus zwingenden dienstlichen Gründen bei einer Auslandsvertretung Tätigkeiten einer niedrigeren Entgeltgruppe dieses Unterabschnitts übertragen, bleibt die Eingruppierung für die Dauer von höchstens vier Jahren unberührt, wenn der Beschäftigte unmittelbar vorher mindestens vier Jahre ununterbrochen aufgrund dieser Fallgruppe eingruppiert war. [2]Satz 1 kann in begründeten Ausnahmefällen entsprechend angewendet werden, wenn der Anteil der unter diesen Unterabschnitt fallenden Tätigkeiten bei einer Auslandsvertretung 50 v. H. der gesamten auszuübenden Tätigkeit nicht erreicht.

9. Beschäftigte im Gartenbau, in der Landwirtschaft und im Weinbau

9.1 Gartenbau-, landwirtschafts- und weinbautechnische Beschäftigte

Vorbemerkung

(1) [1]Gartenbau, landwirtschafts- und weinbautechnische Beschäftigte aller Fachrichtungen mit abgeschlossener einschlägiger Hochschulausbildung (Bachelor- bzw. entsprechender Hochschulabschluss) sowie sonstige Beschäftigte, die aufgrund gleichwertiger Fähigkeiten und ihrer Erfahrungen entsprechende Tätigkeiten ausüben und nach diesem Unterabschnitt eingruppiert sind, erhalten eine monatliche Zulage in Höhe von 23,01 Euro. [2]Die Zulage wird nur für Zeiträume gezahlt, in denen Beschäftigte einen Anspruch auf Entgelt oder Entgeltfortzahlung nach § 21 haben. [3]Die Zahlung erfolgt längstens bis zu einer Überarbeitung bzw. Neuregelung des Unterabschnitts 1.

(2) Die Zulage steht nicht zu neben einer Zulage nach den Tarifverträgen, die nach Nrn. 9 oder 11 der Anlage 1 Teil C zum TVÜ-Länder fortgelten.

(3) Absatz 1 und 2 gilt auch für Beschäftigte im Sinne der Protokollerklärung Nr. 2.

Entgeltgruppe 13

Gartenbau-, landwirtschafts- und weinbautechnische Beschäftigte aller Fachrichtungen mit abgeschlossener einschlägiger Hochschulausbildung (Bachelor- bzw. entsprechender Hochschulabschluss) sowie sonstige Beschäftigte, die aufgrund gleichwertiger Fähigkeiten und ihrer Erfahrungen entsprechende Tätigkeiten ausüben,

deren Tätigkeit sich durch das Maß der Verantwortung erheblich aus der Entgeltgruppe 12 heraushebt.

(Hierzu Protokollerklärungen Nrn. 1, 2 und 3)

Entgeltgruppe 12

Gartenbau-, landwirtschafts- und weinbautechnische Beschäftigte aller Fachrichtungen mit abgeschlossener einschlägiger Hochschulausbildung (Bachelor- bzw. entsprechender Hochschulabschluss) und langjähriger praktischer Erfahrung sowie sonstige Beschäftigte, die aufgrund gleichwertiger Fähigkeiten und ihrer Erfahrungen entsprechende Tätigkeiten ausüben, mit langjähriger praktischer Erfahrung, deren Tätigkeit sich durch besondere Schwierigkeit und Bedeutung oder durch künstlerische oder Spezialaufgaben aus der Entgeltgruppe 11 Fallgruppe 2 heraushebt.

(Hierzu Protokollerklärungen Nrn. 1, 2 und 4)

Entgeltgruppe 11

1. Gartenbau-, landwirtschafts- und weinbautechnische Beschäftigte aller Fachrichtungen mit abgeschlossener einschlägiger Hochschulausbildung (Bachelor- bzw. entsprechender Hochschulabschluss) als Leiter von Pflanzenbeschaustellen sowie sonstige Beschäftigte, die aufgrund gleichwertiger Fähigkeiten und ihrer Erfahrungen entsprechende Tätigkeiten ausüben,

   denen mindestens 16 Pflanzenbeschauer oder Beschäftigte mit Gutachtertätigkeit in der Pflanzenbeschau durch ausdrückliche Anordnung ständig unterstellt sind.

   (Hierzu Protokollerklärungen Nrn. 1 und 2)

2. Gartenbau-, landwirtschafts- und weinbautechnische Beschäftigte aller Fachrichtungen mit abgeschlossener einschlägiger Hochschulausbildung (Bachelor- bzw. entsprechender Hochschulabschluss) sowie sonstige Beschäftigte, die aufgrund gleichwertiger Fähigkeiten und ihrer Erfahrungen entsprechende Tätigkeiten ausüben,

   deren Tätigkeit sich durch besondere Leistungen aus der Entgeltgruppe 10 Fallgruppe 2 heraushebt.

   (Hierzu Protokollerklärungen Nrn. 1, 2 und 5)

Entgeltgruppe 10

1. Gartenbau-, landwirtschafts- und weinbautechnische Beschäftigte aller Fachrichtungen mit abgeschlossener einschlägiger Hochschulausbildung (Bachelor- bzw. entsprechender Hochschulabschluss) als Leiter von Pflanzenbeschaustellen sowie sonstige Beschäftigte, die aufgrund gleichwertiger Fähigkeiten und ihrer Erfahrungen entsprechende Tätigkeiten ausüben,

   denen mindestens acht Pflanzenbeschauer oder Beschäftigte mit Gutachtertätigkeit in der Pflanzenbeschau durch ausdrückliche Anordnung ständig unterstellt sind.

   (Hierzu Protokollerklärungen Nrn. 1 und 2)

2. Gartenbau-, landwirtschafts- und weinbautechnische Beschäftigte aller Fachrichtungen mit abgeschlossener einschlägiger Hochschulausbildung (Bachelor- bzw. entsprechender Hochschulabschluss) und entsprechender Tätigkeit sowie sonstige Beschäftigte, die auf-

grund gleichwertiger Fähigkeiten und ihrer Erfahrungen entsprechende Tätigkeiten ausüben.

(Hierzu Protokollerklärungen Nrn. 1, 2 und 6)

Entgeltgruppe 9b

Gartenbau-, landwirtschafts- und weinbautechnische Beschäftigte aller Fachrichtungen mit abgeschlossener einschlägiger Hochschulausbildung (Bachelor- bzw. entsprechender Hochschulabschluss) sowie sonstige Beschäftigte, die aufgrund gleichwertiger Fähigkeiten und ihrer Erfahrungen entsprechende Tätigkeiten ausüben,

als Leiter kleinerer Pflanzenbeschaustellen oder

mit Gutachtertätigkeit in der Pflanzenbeschau.

(Hierzu Protokollerklärungen Nrn. 1 und 2)

Entgeltgruppe 9a

1. Gartenbau-, landwirtschafts- und weinbautechnische Beschäftigte (staatlich geprüfte Landwirte und staatlich geprüfte Weinbauer sowie Beschäftigte mit abgeschlossener gleichwertiger Ausbildung) sowie sonstige Beschäftigte, die aufgrund gleichwertiger Fähigkeiten und ihrer Erfahrungen entsprechende Tätigkeiten ausüben,

   deren Tätigkeit sich durch den Umfang und die Bedeutung des Aufgabengebietes und große Selbständigkeit wesentlich aus der Entgeltgruppe 7 Fallgruppe 1 heraushebt.

   (Hierzu Protokollerklärungen Nrn. 7 und 8)

2. Gartenbau-, landwirtschafts- und weinbautechnische Beschäftigte aller Fachrichtungen, die eine einschlägige Gehilfenprüfung abgelegt und eine einschlägige Fachschule durchlaufen haben sowie sonstige Beschäftigte, die aufgrund gleichwertiger Fähigkeiten und ihrer Erfahrungen entsprechende Tätigkeiten ausüben,

   deren Tätigkeit sich durch den Umfang und die Bedeutung des Aufgabengebietes und große Selbständigkeit wesentlich aus der Entgeltgruppe 7 Fallgruppe 2 heraushebt.

   (Hierzu Protokollerklärungen Nrn. 7 und 8)

3. Beschäftigte mit viersemestriger abgeschlossener Ausbildung an einer Landfrauenschule sowie sonstige Beschäftigte, die aufgrund gleichwertiger Fähigkeiten und ihrer Erfahrungen entsprechende Tätigkeiten ausüben,

   deren Tätigkeit sich durch den Umfang und die Bedeutung des Aufgabengebietes und große Selbständigkeit wesentlich aus der Entgeltgruppe 7 Fallgruppe 3 heraushebt.

   (Hierzu Protokollerklärung Nr. 8)

Entgeltgruppe 7

1. Gartenbau-, landwirtschafts- und weinbautechnische Beschäftigte (staatlich geprüfte Landwirte und staatlich geprüfte Weinbauer sowie Beschäftigte mit abgeschlossener gleichwertiger Ausbildung) sowie sonstige Beschäftigte, die aufgrund gleichwertiger Fähigkeiten und ihrer Erfahrungen entsprechende Tätigkeiten ausüben,

   in Tätigkeiten, die vielseitige Fachkenntnisse und in nicht unerheblichem Umfang selbständige Leistungen erfordern.

   (Hierzu Protokollerklärungen Nrn. 7, 9 und 10)

2. Gartenbau-, landwirtschafts- und weinbautechnische Beschäftigte aller Fachrichtungen, die eine einschlägige Gehilfenprüfung abgelegt und eine einschlägige Fachschule durchlaufen haben sowie sonstige Beschäftigte, die aufgrund gleichwertiger Fähigkeiten und ihrer Erfahrungen entsprechende Tätigkeiten ausüben,

   in Tätigkeiten, die vielseitige Fachkenntnisse und in nicht unerheblichem Umfang selbständige Leistungen erfordern.

   (Hierzu Protokollerklärungen Nrn. 7, 9 und 10)

3. Beschäftigte mit viersemestriger abgeschlossener Ausbildung an einer Landfrauenschule sowie sonstige Beschäftigte, die aufgrund gleichwertiger Fähigkeiten und ihrer Erfahrungen entsprechende Tätigkeiten ausüben,

   in Tätigkeiten, die vielseitige Fachkenntnisse und in nicht unerheblichem Umfang selbständige Leistungen erfordern.

   (Hierzu Protokollerklärungen Nrn. 9 und 10)

4. Dorfhelferinnen mit staatlicher Anerkennung und entsprechender Tätigkeit,

   denen mindestens vier Dorfhelferinnen mit staatlicher Anerkennung oder Beschäftigte in der Tätigkeit von Dorfhelfern durch ausdrückliche Anordnung ständig unterstellt sind.

Entgeltgruppe 6

1. Gartenbau-, landwirtschafts- und weinbautechnische Beschäftigte (staatlich geprüfte Landwirte und staatlich geprüfte Weinbauer sowie Beschäftigte mit abgeschlossener gleichwertiger Ausbildung) mit entsprechender Tätigkeit sowie sonstige Beschäftigte, die aufgrund gleichwertiger Fähigkeiten und ihrer Erfahrungen entsprechende Tätigkeiten ausüben.

   (Hierzu Protokollerklärung Nr. 7)

2. Beschäftigte mit viersemestriger abgeschlossener Ausbildung an einer Landfrauenschule und entsprechender Tätigkeit sowie sons-

tige Beschäftigte, die aufgrund gleichwertiger Fähigkeiten und ihrer Erfahrungen entsprechende Tätigkeiten ausüben.

3. Gartenbau-, landwirtschafts- und weinbautechnische Beschäftigte aller Fachrichtungen, die eine einschlägige Gehilfenprüfung abgelegt und eine einschlägige Fachschule durchlaufen haben sowie sonstige Beschäftigte, die aufgrund gleichwertiger Fähigkeiten und ihrer Erfahrungen entsprechende Tätigkeiten ausüben,

   deren Tätigkeit sich dadurch aus der Entgeltgruppe 5 heraushebt, dass die Beschäftigten auf ihrem Fachgebiet in der technischen Beratung einfacherer Art oder bei der Durchführung von Versuchen und sonstigen Arbeiten mit entsprechendem Schwierigkeitsgrad tätig sind.

   (Hierzu Protokollerklärungen Nrn. 7 und 11)

4. Dorfhelferinnen mit staatlicher Anerkennung und entsprechender Tätigkeit.

Entgeltgruppe 5

Gartenbau-, landwirtschafts- und weinbautechnische Beschäftigte aller Fachrichtungen, die eine einschlägige Gehilfenprüfung abgelegt und eine einschlägige Fachschule durchlaufen haben, mit entsprechender Tätigkeit, sowie sonstige Beschäftigte, die aufgrund gleichwertiger Fähigkeiten und ihrer Erfahrungen entsprechende Tätigkeiten ausüben.

(Hierzu Protokollerklärung Nr. 7)

Entgeltgruppe 4

Beschäftigte in der Tätigkeit von Dorfhelferinnen.

Entgeltgruppe 3

Gartenbau-, landwirtschafts- und weinbautechnische Beschäftigte aller Fachrichtungen

mit Tätigkeiten, für die eine eingehende Einarbeitung bzw. eine fachliche Anlernung erforderlich ist, die über eine Einarbeitung im Sinne der Entgeltgruppe 2 hinausgeht.

Entgeltgruppe 2

Gartenbau-, landwirtschafts- und weinbautechnische Beschäftigte aller Fachrichtungen

mit einfachen Tätigkeiten.

(Hierzu Protokollerklärung Nr. 12)

Protokollerklärungen:

Nr. 1 Als Fachrichtungen der gartenbau-, landwirtschafts- und weinbautechnischen Beschäftigten mit abgeschlossener einschlägiger Hochschulausbildung (Bachelor- oder entsprechender Hochschulabschluss) gelten Gartenbau, Landbau, Weinbau und ländliche Hauswirtschaft mit allen jeweiligen Fachgebieten und Untergebieten, z. B.:

In der Fachrichtung Gartenbau die Fachgebiete:

Baumschulen, Blumen- und Zierpflanzenbau, Garten- und Landschaftsgestaltung, Obst- und Gemüsebau, Obst- und Gemüseverwertung, Pflanzenschutz, Samenbau u. a.

oder

in der Fachrichtung Landbau die Fachgebiete:

Betriebswirtschaft, Obstbau, Pflanzenbau, Pflanzenschutz, Tierhaltung und -fütterung, Tierzucht u. a.

mit den Untergebieten z. B. in der Betriebswirtschaft:

Arbeitswirtschaft, Betriebsabrechnungswesen, Kreditwesen, Landesplanung, Landtechnik, Marktwirtschaft, Raumordnung u. a.

Nr. 2 Unter dieses Tätigkeitsmerkmal fallen auch Beschäftigte, die am 31. Dezember 1990 in einem Arbeitsverhältnis gestanden haben, das am 1. Januar 1991 zu demselben Arbeitgeber fortbestanden hat, und die vor dem 1. Januar 1991 die Abschlussprüfung einer sechssemestrigen höheren Fachschule abgelegt haben oder die die Abschlussprüfung einer sechssemestrigen höheren Landfrauenschule abgelegt haben und dieser Abschlussprüfung entsprechende Tätigkeiten ausüben.

Nr. 3 [1]Tätigkeiten im Sinne der Entgeltgruppe 13 sind z. B.:

a) Entwickeln arbeitstechnischer Verfahren in der Produktion und in der Aufbereitung der Erzeugnisse;
b) Erarbeiten von Leitbildern für die Arbeitswirtschaft und für die Mechanisierung von Betrieben oder als Muster für die Bauausführung;
c) Beratung aufgrund eigener Auswertung von Arbeitstagebüchern für schwierige Betriebsumstellungen;
d) Fortbildung oder Spezialberatung von Beratungskräften der Entgeltgruppen 9a bis 12 mehrerer Dienststellen oder vergleichbarer Beratungskräfte außerhalb des öffentlichen Dienstes oder selbständiges Ausarbeiten von Richtlinien für Einzelaufgaben dieser Beratungskräfte;
e) Ausarbeiten von Gutachten über Anträge für Förderungsmaßnahmen für schwierige umfassende Betriebsumstellungen;
f) Ausarbeiten von Vorschlägen für regionale Strukturprogramme aufgrund selbständiger Auswertung der Strukturdaten;
g) Selbständiges Bestimmen der optimalen Produktionsverfahren der verschiedenen Produktionszweige im Einzelbetrieb;
h) Ausarbeiten von allgemeinen Grundsätzen und Tabellen für die Bewertung von Wirtschaftsgütern (Werttaxen);
i) Ausarbeiten von landeskulturellen Plänen und gutachtlichen landesplanerischen und raumordnerischen Stellungnahmen größeren Umfangs;
j) Spezialtätigkeit mit besonderer Bedeutung und besonderer Schwierigkeit als Hilfskraft bei wissenschaftlichen Aufgaben;
k) Entwickeln von Leitbildern und Planungsgrundsätzen für Raum- und Einrichtungsprogramme, die als Grundlage für übergebietliche Programme dienen;

l) Leiter größerer Sachgebiete (Ämter, Abteilungen, Abschnitte oder Referate) in Gartenbauverwaltungen, wenn ihnen mindestens vier Beschäftigte mit Tätigkeiten mindestens
der Entgeltgruppe 10 des Abschnitts 22 Unterabschnitt 1
oder
der Entgeltgruppe 9b Fallgruppe 2 des Teils I und
mindestens drei Beschäftigte mit Tätigkeiten mindestens
der Entgeltgruppe 8 oder der Entgeltgruppe 9a Fallgruppen 4 oder 5 des Abschnitts 15 Unterabschnitt 4,
der Entgeltgruppe 6 des Teils I oder
der Entgeltgruppe 7 Fallgruppen 1, 2 oder 3 dieses Unterabschnitts
durch ausdrückliche Anordnung ständig unterstellt sind;

m) Ausarbeiten besonders schwieriger und umfangreicher Programme und Folgepläne im Rahmen städtebaulicher und landschaftspflegerischer Planungen, z. B. als Grundlage für Flächennutzungspläne und Bebauungspläne;

n) Selbständiges Planen und Leiten von Pflanzenschutzaktionen in Gebieten mit vielfältigen Kulturen unter schwierigen geografischen Bedingungen.

IV

[2]Im Sinne der Nr. 6 der Vorbemerkungen zu allen Teilen der Entgeltordnung sind vergleichbar:

- die Entgeltgruppe 10 der Besoldungsgruppe A 11,
- die Entgeltgruppe 9b Fallgruppe 2 des Teils I der Besoldungsgruppe A 10,
- die Entgeltgruppe 9a Fallgruppen 4 oder 5 des Abschnitts 15 Unterabschnitt 4 der Besoldungsgruppe A 9,
- die Entgeltgruppe 8 der Besoldungsgruppe A 8 und
- die Entgeltgruppen 6 und 7 der Besoldungsgruppe A 7.

Nr. 4 [1]Tätigkeiten im Sinne der Entgeltgruppe 12 sind z. B.:

a) Entwickeln von besonderen Methoden für die praktische Durchführung von Versuchen;

b) Erproben neuer arbeitstechnischer Verfahren in der Produktion und in der Aufbereitung der Erzeugnisse;

c) Selbständige Beratung auf besonders schwierigen Gebieten, z. B. Beratung in Umschuldungsfragen, Beratung von Siedlungsträgern oder von Fertigbauherstellern über den hauswirtschaftlichen Raumbedarf oder die Raumausstattung (Einflussnahme auf die Entwicklung neuer Bautypen mit Variationsmöglichkeiten), übergebietliche (Regierungsbezirk oder Kammerbereich) Spezialberatung;

d) Umfassende Planung und Beratung eines ländlichen Haushalts aufgrund einer Haushaltsanalyse (Stufenplan für mindestens zehn Jahre, geld- und arbeitswirtschaftliche Voranschläge);

e) Beratung aufgrund eigener Auswertung von Arbeitstagebüchern;

f) Beurteilen von Erfolgsrechnungen (Jahresabschlüssen) und Analysieren von Ergebnissen der Betriebs- bzw. Haushaltsrechnungen anhand von errechneten Kenndaten;

g) Erarbeiten von Arbeitsvoranschlägen;

h) Ausarbeiten von Vorschlägen für umfassende Förderungsmaßnahmen zur Schwerpunktbildung im Einzelbetrieb aufgrund eines Betriebsumstellungs- oder Entwicklungsplanes;

i) Selbständiges Auswerten von Strukturdaten;

j) Ausarbeiten von Vorschlägen für Strukturmaßnahmen, z. B. Beurteilung der topografischen Verhältnisse, Vorschläge für Gehöftstandorte;
k) Ermitteln der Werte von Pflanzenbeständen und des Wertes des lebenden und toten Inventars eines Gartenbau-, Landwirtschafts- oder Weinbaubetriebes;
l) Selbständiges Planen und Leiten von Pflanzenschutzaktionen;
m) Besonders schwierige Tätigkeiten als Hilfskraft bei wissenschaftlichen Aufgaben;
n) Ausarbeiten von Programmen und Folgeplänen im Rahmen städtebaulicher oder landschaftspflegerischer Planungen, z. B. als Grundlage für Flächennutzungspläne und Bebauungspläne;
o) Leitung des Abschnitts für Planungs- oder Neubau- oder Pflege- und Ordnungsmaßnahmen im Grünflächenwesen oder in der Landschaftspflege, wenn dem Abschnittsleiter mindestens ein Beschäftigter mit Tätigkeiten mindestens
der Entgeltgruppe 11 des Teils I
oder
der Entgeltgruppe 9b Fallgruppe 1 des Teils I und
mindestens zwei Beschäftigte mit Tätigkeiten mindestens
der Entgeltgruppe 8 oder der Entgeltgruppe 9a Fallgruppen 4 oder 5 des Abschnitts 15 Unterabschnitt 4 oder
der Entgeltgruppe 6 des Teils I
durch ausdrückliche Anordnung ständig unterstellt sind;
p) Aufstellen oder Prüfen von Entwürfen besonders schwieriger Art (z. B. für Bezirkssportanlagen, Ausstellungsparks) einschließlich Massen- und Kostenberechnungen und von Verdingungsunterlagen, deren Bearbeitung besondere Fachkenntnisse und besondere praktische Erfahrung oder künstlerische Begabung voraussetzt;
q) Selbständige Beratung im Pflanzenschutzdienst von Spezialbetrieben, die eine betriebsbezogene Arbeitsplanung zur Durchführung des integrierten Pflanzenschutzes erfordert.

[2]Im Sinne der Nr. 6 der Vorbemerkungen zu allen Teilen der Entgeltordnung sind vergleichbar:
- die Entgeltgruppe 11 der Besoldungsgruppe A 12,
- die Entgeltgruppe 10 der Besoldungsgruppe A 11,
- die Entgeltgruppe 9a Fallgruppe 4 oder 5 des Abschnitts 15 Unterabschnitt 4 der Besoldungsgruppe A 9 und
- die Entgeltgruppen 6 und 7 der Besoldungsgruppe A 7.

Nr. 5 [1]Tätigkeiten im Sinne der Entgeltgruppe 11 Fallgruppe 2 sind z. B.:
a) Selbständiges Planen und Auswerten von Versuchen und Wertprüfungen mit besonderer Schwierigkeit, z. B. mit gleichzeitig mehreren Fragestellungen (Komplexversuche) oder z. B. für landtechnische Verfahren der Innen- und Außenwirtschaft;
b) Durchführen von Versuchen und Wertprüfungen in größerem Ausmaß, wenn dem Beschäftigten mehrere gartenbau-, landwirtschafts- und weinbautechnische Beschäftigte mindestens in Tätigkeiten der Entgeltgruppe 7 Fallgruppen 1 oder 2 durch ausdrückliche Anordnung ständig unterstellt sind;
c) Feststellen der Wirkung von Pflanzenschutzmitteln für das Julius Kühn-Institut – Bundesforschungsinstitut für Kulturpflanzen (JKI);
d) Selbständige Beratung in schwierigen Bereichen des Fachgebiets der Beschäftigten, die besondere Fachkenntnisse und besondere praktische

IV

Erfahrung voraussetzt, z. B. Ausarbeiten schwieriger Wirtschaftlichkeitsrechnungen oder schwieriger Finanzierungspläne, Ausarbeiten von Arbeitsvoranschlägen nach der vereinfachten Methode;

e) Selbständige Beratung über einfachere Gemeinschaftsmaßnahmen im Rahmen der Verbesserung der Agrar-, Erzeugungs- oder Marktstruktur;

f) Beratung über Maßnahmen für den Fremdenverkehr als Betriebszweig auf dem Bauernhof;

g) Gruppenberatung durch schwierige Fachvorträge;

h) Durchführen von Erwachsenenfortbildungslehrgängen über Rationalisierung im landwirtschaftlichen Haushalt;

i) Ausarbeiten von Vorschlägen zur Durchführung einzelner Maßnahmen im Rahmen von Betriebsumstellungen;

j) Ausarbeiten von Vorschlägen für Baumaßnahmen, z. B. zur Grundrissgestaltung (Raumzuordnung und Einrichtung) für grundlegende technische Einrichtungen, z. B. zentrale Heizungs- und Warmwasserbereitungsanlagen mit Berechnungen der notwendigen Nennheizleistungen, der Wärmedämmung oder des Heizmaterialbedarfs;

k) Selbständige schwierige Erhebungen und Berechnungen für Teilaufgaben bei der Vorplanung von Flurbereinigungen oder sonstigen Maßnahmen zur Verbesserung der Agrarstruktur, z. B. Feststellen der künftigen Acker-, Grünland- und Sonderkulturflächen aufgrund der natürlichen Voraussetzungen, Feststellen von Grenzertragsböden;

l) Selbständiges Erarbeiten der betriebswirtschaftlichen Unterlagen für die Kalkulation von Produktionsverfahren;

m) Ermitteln der Werte von Wirtschaftserschwernissen bei Flächenverlusten;

n) Nachzuchtbeurteilungen für Zuchtwertschätzungen von Vatertieren, z. B. Beurteilung von Jungtieren der Besamungsbullen;

o) Selbständiges Vorbereiten von Entscheidungen im Saatenanerkennungsverfahren bei Vorstufen und Hybridsorten, bei denen verschiedene Zuchtkomponenten zu berücksichtigen sind;

p) Selbständige Planung und Organisation von Pflanzenschutz- oder Schädlingsbekämpfungsmaßnahmen, die sich auf das Gebiet einer oder mehrerer Gemeinden erstrecken, und das Überwachen ihrer Auswirkungen;

q) Herausgabe von Warnmeldungen im Pflanzenschutzdienst für den Beratungsbezirk aufgrund eigener Feststellungen, soweit das Ermitteln der biologischen Daten schwierige Methoden erfordert;

r) Tätigkeit als Hilfskraft bei wissenschaftlichen Aufgaben mit einem besonderen Maß von Verantwortlichkeit;

s) Aufstellen oder Prüfen von Entwürfen einschließlich Massen- und Kostenberechnungen oder Verdingungsunterlagen, deren Bearbeitung besondere Fachkenntnisse und besondere praktische Erfahrungen oder künstlerische Begabung voraussetzt;

t) Beaufsichtigen von Schätzern oder verantwortliches Schätzen der Pflanzenbestände und des Inventarbestandes von Kleingartenanlagen oder Kleinsiedlungen in schwierigen Fällen;

u) Örtliche Leitung schwieriger Gartenbau-, Landschaftsbau-, Obstbau-, Pflanzenbau-, Pflanzenschutz- oder Weinbaumaßnahmen und deren Abrechnung;

v) Selbständige Beratung über die Bekämpfung von Schädlingen, Krankheiten und Schadpflanzen im Pflanzenschutzdienst einschließlich der selbständigen Beratung über die Anwendung von Pflanzenschutzmitteln und -geräten für hochwertige Spezialkulturen.

[2]Im Sinne der Nr. 6 der Vorbemerkungen zu allen Teilen der Entgeltordnung sind vergleichbar die Entgeltgruppen 6 und 7 der Besoldungsgruppe A 7.

Nr. 6 Tätigkeiten im Sinne der Entgeltgruppe 10 Fallgruppe 2 sind z. B.:

a) Selbständiges Planen von Versuchen nach vorgegebener Aufgabenstellung und Auswerten der Versuche nach variationsstatistischen Methoden;
b) Überwachen von mehreren gartenbau-, landwirtschafts- oder weinbautechnischen Beschäftigten in Tätigkeiten der Entgeltgruppen 5 bis 8 bei der Durchführung von Versuchen;
c) Anlage und Auswertung von Wertprüfungen;
d) Selbständige produktionstechnische Beratung auf dem Fachgebiet des Beschäftigten, z. B. Ausarbeiten von Wirtschaftlichkeitsberechnungen, schwierigen Einzelplänen und Geldvoranschlägen; Beratung über einzelne Folgemaßnahmen nach Flurbereinigungen und landkulturellen Maßnahmen oder nach Betriebsumstellungen;
e) Tierzuchttechnische Beratung, z. B. Auswahl weiblicher Zuchttiere im Einzelbetrieb;
f) Gruppenberatung durch schwierige Fachvorträge auf dem Gebiet des Beschäftigten;
g) Beratung in der ländlichen Hauswirtschaft, insbesondere in der Haushaltsführung, z. B. Ausarbeiten schwieriger Einzelpläne für Organisationspläne, von Plänen für Haushaltseinrichtungen einschließlich technischer Anlagen, Beratung über Vorratshaltung durch Gefrieren und Kühlen;
h) Selbständige Beratung in Gesundheits- und Ernährungsfragen;
i) Aufstellen und Prüfen von Entwürfen nicht nur einfacher Art einschließlich Massen- und Kostenberechnungen oder von Verdingungsunterlagen, Bearbeiten der damit zusammenhängenden technischen Angelegenheiten – auch im technischen Rechnungswesen;
j) Örtliche Leitung oder Mitwirken bei der Leitung von nicht nur einfachen Gartenbau-, Landschaftsbau-, Obstbau-, Pflanzenbau-, Pflanzenschutz- oder Weinbaumaßnahmen und deren Abrechnung;
k) Mitwirken bei der Vorplanung von Flurbereinigungen oder von sonstigen Maßnahmen zur Verbesserung der Agrarstruktur, z. B. Erheben und Berechnen von Daten, Beurteilung des Ist-Zustandes;
l) Selbständiges Bearbeiten von Kreditfällen, die innerhalb der Beleihungsgrenze liegen, bei landwirtschaftlichen Förderungsmaßnahmen;
m) Feststellen von betriebswirtschaftlichen Daten für die Kalkulation von Produktionsverfahren;
n) Mitwirken bei Strukturanalysen;
o) Ermitteln von Pachtpreisen für gartenbaulich, landwirtschaftlich oder weinbaulich genutzte Grundstücke;
p) Schätzen des Wertes von Pflanzenbeständen;
q) Selbständiges Vorbereiten von Entscheidungen für die Saatenanerkennung oder für die Körung von Tieren oder für die Ankörung von Obstmuttergehölzen;
r) Selbständige Beratung über die Bekämpfung von Schädlingen, Krankheiten und Schadpflanzen im Pflanzenschutzdienst einschließlich der selbständigen Beratung über die Anwendung von Pflanzenschutzmitteln und -geräten;
s) Herausgabe von Warndienstmeldungen im Pflanzenschutzdienst für den Beratungsbezirk aufgrund eigener Feststellungen, soweit das Ermitteln der biologischen Daten keine schwierigen Methoden erfordert;
t) Tätigkeit als Hilfskraft bei wissenschaftlichen Aufgaben.

Nr. 7 Als Fachrichtung der gartenbau-, landwirtschafts- und weinbautechnischen Beschäftigten, die eine einschlägige Gehilfenprüfung abgelegt und eine einschlägige Fachschule durchlaufen haben, gelten Gartenbau, Landbau, Weinbau, ländliche Hauswirtschaft mit den jeweiligen Fachgebieten und Untergebieten, z. B.:

In der Fachrichtung Gartenbau die Fachgebiete:

Baumschulen, Blumen- und Zierpflanzenbau, Landschaftsgärtnerei, Obst- und Gemüsebau, Obst- und Gemüseverwertung, Pflanzenschutz, Samenbau u. a.

oder

in der Fachrichtung Landbau die Fachgebiete:

Obstbau, Pflanzenbau, Pflanzenschutz, Tierhaltung und -fütterung, Tierzucht u. a.

mit den Untergebieten z. B. in der Tierzucht:

Geflügelzucht, Pferdezucht, Rinderzucht, Schafzucht, Schweinezucht, Ziegenzucht u. a.

Nr. 8 Tätigkeiten im Sinne der Entgeltgruppe 9a Fallgruppen 1, 2 und 3 sind z. B.:

a) Durchführen und Auswerten schwieriger Versuche und Gegenüberstellen der Ergebnisse;
b) Überwachen der Leistungsprüfungen an Prüfstationen;
c) Durchführen von Versuchen zur Feststellung von Sorten, die zu Gefrierverfahren geeignet sind;
d) Produktionstechnische Beratung, z. B. in Spezialbetriebszweigen beim Aufbau von Erzeugerringen, Erzeugergemeinschaften oder Anbaugemeinschaften; Ausarbeiten von Einzelplänen wie Anbauplänen, Düngungsplänen, Fruchtfolgeplänen, Fütterungsplänen, Spritzplänen;
e) Mitwirken bei Gruppen- und Massenberatungen durch Fachvorträge;
f) Beratung bei der Planung von Gemeinschaftseinrichtungen für hauswirtschaftliche Zwecke;
g) Beratung bei der Einrichtung von einzelnen Wohn- und Wirtschaftsräumen;
h) Beratung in der Organisation der Vatertierhaltung;
i) Mitwirken bei Fachlehrgängen der landwirtschaftlichen Berufsausbildung und -fortbildung;
j) Selbständiges Durchführen von Feldbegehungen unter produktionstechnischen Gesichtspunkten;
k) Mitwirken bei Anerkennungsentscheidungen nach Feldbeständen bei der Saatenanerkennung;
l) Arbeitszeitfeststellungen in der ländlichen Hauswirtschaft;
m) Selbständige pflanzenbauliche Beurteilungen und Schätzungen, z. B. Bonitierungen, Schadensfeststellungen oder Identifizierungen von Sorten.

Nr. 9 Tätigkeiten im Sinne der Entgeltgruppe 7 Fallgruppen 1, 2 und 3 sind z. B.:

a) Durchführen und Auswerten von einfachen Versuchen nach statistischen Methoden und Gegenüberstellen der Ergebnisse;
b) Durchführen von landtechnischen Versuchen mit Datenermittlung, z. B. Schlupf- und Zugwiderstandsmessungen, Feststellen von Ladeleistungen;
c) Durchführen von schwierigen Leistungsprüfungen, z. B. Zugleistungsprüfungen bei Pferden einschließlich Auswerten der Messdiagramme, Ultraschallmessungen bei Schweinen, Messungen am Schlachtkörper;

d) Einfache produktionstechnische oder verwertungstechnische Beratung oder Absatzberatung auf dem Fachgebiet des Beschäftigten;

e) Aufnehmen des Betriebszustandes und Prüfen der Betriebsverhältnisse für die produktionstechnische Beratung;

f) Laufende Prüfung der Betriebsvorgänge einschließlich Erstellen der Betriebsberechnung;

g) Einfachere Produktionswertberechnungen;

h) Einfache Beratung in der Technik der ländlichen Hauswirtschaft;

i) Herstellen von Beratungs- und Anschauungsmaterial nach Weisung;

j) Mitwirken bei der landwirtschaftlichen Berufsausbildung und -fortbildung;

k) Mitwirken bei pflanzenbaulichen Beurteilungen und Schätzungen, z. B. Bonitierungen, Schadensfeststellungen und Identifizierung von Sorten;

l) Sortenfeststellung und Güteprüfung nach äußeren Merkmalen bei der Saatgutverkehrskontrolle;

m) Handbonitierung von Qualitätsproben nach Bewertungsschlüsseln;

n) Durchführen von Qualitätsprüfungen;

o) Mitwirken bei amtlichen Überwachungen und Anerkennungen, z. B. bei Saatgutanerkennungen oder Körungen;

p) Mitwirken beim Vollzug staatlicher Förderungsmaßnahmen;

q) Mitwirken bei der Erzeugungs- und Marktberichterstattung;

r) Ernteermittlungen;

s) Durchführen der Blattlauskontrolle in virusgefährdeten Kulturen.

Nr. 10 [1]Die selbständigen Leistungen müssen sich auf die Tätigkeit, die der Gesamttätigkeit das Gepräge gibt, beziehen. [2]Der Umfang der selbständigen Leistungen ist nicht mehr unerheblich, wenn er etwa ein Viertel der gesamten Tätigkeit ausmacht.

Nr. 11 Technische Beratungen einfacherer Art im Sinne der Entgeltgruppe 6 Fallgruppe 3 sind Empfehlungen und Hinweise in produktionstechnischen Fragen nach allgemeinen Richtlinien und dazugehörige technische Berechnungen.

Zur Durchführung von Versuchen und sonstigen Arbeiten mit entsprechendem Schwierigkeitsgrad im Sinne der Entgeltgruppe 6 Fallgruppe 3 gehören z. B. folgende Tätigkeiten:

a) Feststellen von Produktionsvorgängen oder Entwicklungsabläufen bei der Durchführung von einfacheren Versuchen aller Art nach Plan;

b) Beaufsichtigen oder Leiten von Arbeitsgruppen oder Arbeitskolonnen bei Versuchen nach Weisung;

c) Fachtechnische Arbeiten für Ausstellungen, Schauen, Vorführungen oder Wettbewerben;

d) Mitwirken bei Feldbegehungen und Besichtigungsfahrten.

Nr. 12 [1]Einfache Tätigkeiten sind Tätigkeiten, die weder eine Vor- noch eine Ausbildung, aber eine Einarbeitung erfordern, die über eine sehr kurze Einweisung oder Anlernphase hinausgeht. [2]Die Einarbeitung dient dem Erwerb derjenigen Kenntnisse und Fertigkeiten, die für die Beherrschung der Arbeitsabläufe als solche erforderlich sind.

9.2 Pflanzenbeschauer und staatliche Fischereiaufseher

Entgeltgruppe 9a

1. Pflanzenbeschauer,

   denen mindestens drei Pflanzenbeschauer durch ausdrückliche Anordnung ständig unterstellt sind,

   als Schichtführer oder Leiter einer Einlassstelle

   mit Entscheidungsbefugnis über die Zurückweisung von Sendungen.
2. Pflanzenbeschauer,

   deren Tätigkeit sich dadurch aus der Entgeltgruppe 7 Fallgruppe 2 heraushebt, dass ihnen in Seehäfen die selbständige Untersuchung von Seeschiffen auf Vorratsschädlinge und die selbständige Anordnung und Überwachung von Schädlingsbekämpfungsmaßnahmen auf Seeschiffen und sonstigen Transportfahrzeugen übertragen sind.
3. Staatliche Fischereiaufseher mit Tätigkeit in der Spezialberatung für Fischzucht und in der Spezialberatung von Fischereiorganisationen, wenn sie Fischbesatz- und Fischbewirtschaftungspläne selbständig auszuarbeiten haben.

IV

Entgeltgruppe 7

1. Pflanzenbeschauer als

   Schichtführer oder Leiter einer Einlassstelle

   mit Entscheidungsbefugnis über die Zurückweisung von Sendungen.
2. Pflanzenbeschauer,

   deren Tätigkeit sich dadurch aus der Entgeltgruppe 4 heraushebt,

   dass die Tätigkeit gründliche Fachkenntnisse erfordert und

   dass ihnen in Seehäfen in nicht unerheblichem Umfang die selbständige Untersuchung von Seeschiffen auf Vorratsschädlinge und die selbständige Anordnung und Überwachung von Schädlingsbekämpfungsmaßnahmen auf Seeschiffen und sonstigen Transportfahrzeugen übertragen sind.

   (Hierzu Protokollerklärung Nr. 1)

Entgeltgruppe 6

Staatliche Fischereiaufseher.

Entgeltgruppe 4

Pflanzenbeschauer.

Entgeltgruppe 3

Beschäftigte in der Tätigkeit von staatlichen Fischereiaufsehern oder Pflanzenbeschauern

mit Tätigkeiten, für die eine eingehende Einarbeitung bzw. eine fachliche Anlernung erforderlich ist, die über eine Einarbeitung im Sinne der Entgeltgruppe 2 hinausgeht.

Entgeltgruppe 2

Beschäftigte in der Tätigkeit von staatlichen Fischereiaufsehern oder Pflanzenbeschauern

mit einfachen Tätigkeiten.

(Hierzu Protokollerklärung Nr. 2)

Protokollerklärungen:

Nr. 1 Der Umfang der Aufgaben ist nicht mehr unerheblich, wenn er etwa ein Viertel der gesamten Tätigkeit ausmacht.

Nr. 2 [1]Einfache Tätigkeiten sind Tätigkeiten, die weder eine Vor- noch eine Ausbildung, aber eine Einarbeitung erfordern, die über eine sehr kurze Einweisung oder Anlernphase hinausgeht. [2]Die Einarbeitung dient dem Erwerb derjenigen Kenntnisse und Fertigkeiten, die für die Beherrschung der Arbeitsabläufe als solche erforderlich sind.

9.3 Leiter von landwirtschaftlichen Betrieben

Vorbemerkungen

1. Für die Unterscheidung der landwirtschaftlichen Betriebe nach Betriebsgrößen gilt Folgendes:

   a) Gartenbaubetriebe

   [1]Die Betriebsgröße ist abhängig von der Nutzfläche:

Betriebsgröße	**Nutzfläche in Einheitsquadratmeter**
kleinere Betriebe	bis zu 20.000
mittelgroße Betriebe	bis zu 60.000
große Betriebe	mehr als 60.000

   [2]Für die Berechnung der Einheitsquadratmeter gilt folgender Umrechnungsschlüssel:

Nutzungsart	**Freilandfläche**	**Unterglasfläche**	
		heizbar	**nicht heizbar**
Gemüsebau	1	9	7
Blumen und Zierpflanzen	2	18	10
Gehölzbaumschulen	1,3		9
Obstbaumschulen	0,8		5,6

b) Landwirtschaftsbetriebe

[1]Die Betriebsgröße ist abhängig von der landwirtschaftlichen Nutzfläche:

Betriebsgröße	Landwirtschaftliche Nutzfläche in ha
kleinere Betriebe	bis zu 60
mittelgroße Betriebe	bis zu 180
große Betriebe	mehr als 180

[2]Mitbewirtschaftete forstwirtschaftliche Nutzflächen gelten zu einem Drittel als landwirtschaftliche Nutzflächen.

c) Obstanbaubetriebe

Die Betriebsgröße ist abhängig von der Größe der Kernobstanlage bzw. der Steinobst- oder Beerenobstanlage:

Betriebsgröße	Kernobstanlage in ha	Steinobst- oder Beerenobstanlage in ha
kleinere Betriebe	bis zu 12	bis zu 8
mittelgroße Betriebe	bis zu 36	bis zu 24
große Betriebe	mehr als 36	mehr als 24

d) Weinbaubetriebe

Die Betriebsgröße ist abhängig von der Größe der Rebfläche bei gebietsüblichem Umtrieb; bei Rebveredelungsbetrieben ist sie abhängig von der Zahl der Veredelungen im Jahr:

Betriebsgröße	Rebfläche in ha bei gebietsüblichem Umtrieb in ha	Zahl der Veredelungen im Jahr
kleinere Betriebe	bis zu 6	bis zu 150.000
mittelgroße Betriebe	bis zu 18	bis zu 450.000
große Betriebe	mehr als 18	mehr als 450.000

e) Weinkellereien

Die Betriebsgröße ist abhängig von der Größe des Weinlagers im Durchschnitt der letzten drei Jahre:

Betriebsgröße	Weinlager im Durchschnitt der letzten drei Jahre in l Wein
kleinere Betriebe	bis zu 400.000
mittelgroße Betriebe	bis zu 1.200.000
große Betriebe	mehr als 1.200.000

2. Für die Unterscheidung der landwirtschaftlichen Betriebe nach dem Schwierigkeitsgrad gilt Folgendes:
   a) Schwierig ist der Betrieb,
      1. der mindestens drei Betriebszweige im Sinne der Protokollerklärung umfasst;
      2. in dem unter der Verantwortung des Leiters ständig mehrere Auszubildende ausgebildet oder in dem ständig Lehrgänge abgehalten werden oder in dem durch umfangreiche Beratungen und Demonstrationen der Betriebsablauf erheblich erschwert wird;
      3. in dem ständig Versuche nicht einfacher Art anzustellen sind, die die Betriebsführung erheblich erschweren;
      4. in dem wegen extremer Boden- oder Klimaverhältnisse besondere Erschwernisse auftreten;
      5. der überwiegend Strafgefangene oder Anstaltsinsassen zu arbeitstherapeutischen Zwecken im Sinne des § 37 Absatz 5 des Strafvollzugsgesetzes beschäftigt.
   b) Sehr schwierig ist der Betrieb, der die Erschwernisgründe von mindestens zwei der in Buchstabe a genannten Nummern aufweist.
3. Für die Unterscheidung der Tätigkeit der Leiter von landwirtschaftlichen Betrieben nach dem Grad der Selbständigkeit gilt Folgendes:
   a) Eingeschränkte Selbständigkeit hat der Betriebsleiter, der nach den von ihm aufgestellten und von der vorgesetzten Stelle genehmigten Organisations-, Wirtschafts-, Finanz-, Anbau-, Ausbau-, Lager-, Zucht- usw. -plänen selbständig handelt und der bei der Einstellung und Entlassung der Beschäftigten mitwirkt.
   b) Volle Selbständigkeit hat der Betriebsleiter, der die in Buchstabe a genannten Pläne selbständig aufstellt und im Rahmen dieser Pläne selbständig handelt sowie für die Einstellung und Entlassung der Beschäftigten nach Teil III der Entgeltordnung verantwortlich ist und bei der Einstellung und Entlassung der übrigen Beschäftigten mitwirkt. Die Genehmigung der Organisations-, Wirtschafts- und Finanzpläne durch die vorgesetzte Stelle berührt die volle Selbständigkeit nicht.

Entgeltgruppe 12

Leiter von großen und sehr schwierigen landwirtschaftlichen Betrieben mit voller Selbständigkeit.

Entgeltgruppe 11

Leiter von

a) großen und sehr schwierigen landwirtschaftlichen Betrieben mit eingeschränkter Selbständigkeit,

b) großen und schwierigen landwirtschaftlichen Betrieben mit voller Selbständigkeit,

c) mittelgroßen und sehr schwierigen landwirtschaftlichen Betrieben mit voller Selbständigkeit.

Entgeltgruppe 10

Leiter von

a) großen und sehr schwierigen landwirtschaftlichen Betrieben, die für die Betriebsleitung eingehende Weisungen erhalten,

b) großen und schwierigen landwirtschaftlichen Betrieben mit eingeschränkter Selbständigkeit,

c) großen und einfachen landwirtschaftlichen Betrieben mit voller Selbständigkeit,

d) mittelgroßen und sehr schwierigen landwirtschaftlichen Betrieben mit eingeschränkter Selbständigkeit,

e) mittelgroßen und schwierigen landwirtschaftlichen Betrieben mit voller Selbständigkeit,

f) kleineren und sehr schwierigen landwirtschaftlichen Betrieben mit voller Selbständigkeit.

Entgeltgruppe 9b

Leiter von

a) großen und schwierigen landwirtschaftlichen Betrieben, die für die Betriebsleitung eingehende Weisungen erhalten,

b) großen und einfachen landwirtschaftlichen Betrieben mit eingeschränkter Selbständigkeit,

c) mittelgroßen und sehr schwierigen landwirtschaftlichen Betrieben, die für die Betriebsleitung eingehende Weisungen erhalten,

d) mittelgroßen und schwierigen landwirtschaftlichen Betrieben mit eingeschränkter Selbständigkeit,

e) mittelgroßen und einfachen landwirtschaftlichen Betrieben mit voller Selbständigkeit,

f) kleineren und sehr schwierigen landwirtschaftlichen Betrieben mit eingeschränkter Selbständigkeit,

g) kleineren und schwierigen landwirtschaftlichen Betrieben mit voller Selbständigkeit.

Entgeltgruppe 9a

Leiter von

a) großen und einfachen landwirtschaftlichen Betrieben, die für die Betriebsleitung eingehende Weisungen erhalten,

b) mittelgroßen und schwierigen landwirtschaftlichen Betrieben, die für die Betriebsleitung eingehende Weisungen erhalten,

c) mittelgroßen und einfachen landwirtschaftlichen Betrieben mit eingeschränkter Selbständigkeit,

d) kleineren und sehr schwierigen landwirtschaftlichen Betrieben, die für die Betriebsleitung eingehende Weisungen erhalten,

e) kleineren und schwierigen landwirtschaftlichen Betrieben mit eingeschränkter Selbständigkeit,

f) kleineren und einfachen landwirtschaftlichen Betrieben mit voller Selbständigkeit.

Entgeltgruppe 7

Leiter von

a) mittelgroßen und einfachen landwirtschaftlichen Betrieben, die für die Betriebsleitung eingehende Weisungen erhalten,

b) kleineren und schwierigen landwirtschaftlichen Betrieben, die für die Betriebsleitung eingehende Weisungen erhalten,

c) kleineren und einfachen landwirtschaftlichen Betrieben mit eingeschränkter Selbständigkeit.

Entgeltgruppe 6

Leiter von kleineren und einfachen landwirtschaftlichen Betrieben, die für die Betriebsleitung eingehende Weisungen erhalten.

Protokollerklärung:

[1]Als Betriebszweige im Sinne der Nr. 2 der Vorbemerkungen gelten:

- Ackerbau,
- Hackfruchtbau, wenn mehr als 20 v. H. der landwirtschaftlichen Nutzfläche mit Hackfrucht bestellt sind,
- Saatzucht,
- Saatgutvermehrung,
- Großviehhaltung einschließlich Futterbau,
- Schweinehaltung,
- Kleintierhaltung einschließlich Schäferei und Imkerei,
- Sonderkultur wie Tabakbau, Hopfenbau, Feldgemüsebau, Obstbau, Weinbau usw.,
- Zierpflanzenbau,
- gärtnerischer Gemüsebau,
- Staudengärtnerei,
- Baumschule (Gehölzbaumschule, Obstbaumschule),
- Landschaftsgärtnerei,

- Friedhofsgärtnerei,
- Blumenverarbeitung,
- Rebenveredelung einschließlich Rebmuttergärten,
- Weinausbau,
- Obstaufbereitung und Lagerung,
- Obst- oder Gemüseverarbeitung,
- Brennerei,

wenn der Betriebszweig mehr als 15 v. H. des Gesamtarbeitsaufwands des Betriebes erfordert. [2]Zur Tierhaltung zählt auch die Zucht.

10. Beschäftigte in Gesundheitsberufen

Die Bezeichnungen	**umfassen auch**
Audiologie-Assistenten	Audiometristen
Ergotherapeuten	Beschäftigungstherapeuten
Masseure und medizinische Bademeister	Masseure
Medizinische Fachangestellte	Arzthelfer
Pharmazeutisch-kaufmännische Angestellte	Apothekenhelfer
Physiotherapeuten	Krankengymnasten
Präparationstechnische Assistenten	Dermoplastiker, Moulageure, Biologiemodellmacher
Zahnmedizinische Fachangestellte	Zahnärztliche Helfer

10.1 Lehrkräfte in Schulen für Gesundheitsberufe

Vorbemerkungen

1. Dieser Unterabschnitt gilt nicht in den Ländern, in denen es sich bei den Schulen für Gesundheitsberufe nach den jeweiligen landesrechtlichen Regelungen um berufsbildende Schulen handelt; in diesen Ländern gilt stattdessen der Tarifvertrag über die Eingruppierung und die Entgeltordnung für die Lehrkräfte der Länder (TV EntgO-L) vom 28. März 2015 in seiner jeweils geltenden Fassung.
2. (1) Wissenschaftliche Hochschulen sind Universitäten, Technische Hochschulen sowie andere Hochschulen, die nach Landesrecht als wissenschaftliche Hochschulen anerkannt sind.

   (2) [1]Eine abgeschlossene wissenschaftliche Hochschulbildung liegt vor, wenn das Studium mit einer ersten Staatsprüfung oder mit einer Diplomprüfung oder mit einer Masterprüfung oder mit einer Magisterprüfung beendet worden ist. [2]Diesen Prüfungen steht eine Promotion nur in den Fällen gleich, in denen die Ablegung einer ersten Staatsprüfung oder einer Diplomprüfung oder einer Masterprüfung oder einer Magisterprüfung nach den einschlägigen Ausbildungsvorschriften nicht vorgesehen ist. [3]Eine abgeschlossene wissenschaftliche Hochschulbildung liegt auch vor, wenn der Master an einer Fachhochschule erlangt wurde und den Zugang zur Laufbahn des höheren Dienstes bzw. zur entsprechenden Qualifikationsebene eröffnet; dies setzt voraus, dass der Masterstudiengang das Akkreditierungsverfahren erfolgreich durchlaufen hat, solange dies nach dem jeweils geltenden Landesbeamtenrecht für den Zugang zur Laufbahn des höheren Dienstes bzw. zur entsprechenden Qualifikationsebene gefordert ist.

(3) [1]Eine abgeschlossene wissenschaftliche Hochschulbildung setzt voraus, dass die Abschlussprüfung in einem Studiengang abgelegt wird, der seinerseits mindestens das Zeugnis der Hochschulreife (allgemeine Hochschulreife oder einschlägige fachgebundene Hochschulreife) oder eine andere landesrechtliche Hochschulzugangsberechtigung als Zugangsvoraussetzung erfordert, und für den Abschluss eine Mindeststudienzeit von mehr als sechs Semestern – ohne etwaige Praxissemester, Prüfungssemester o. Ä. – vorgeschrieben ist. [2]Ein Bachelorstudiengang erfüllt diese Voraussetzung auch dann nicht, wenn mehr als sechs Semester für den Abschluss vorgeschrieben sind.

(4) Ein Abschluss an einer ausländischen Hochschule gilt als abgeschlossene wissenschaftliche Hochschulbildung, wenn er von der zuständigen staatlichen Anerkennungsstelle als dem deutschen Hochschulabschluss gleichwertig anerkannt wurde.

3. (1) Eine abgeschlossene Hochschulbildung liegt vor, wenn von einer Hochschule im Sinne des § 1 Hochschulrahmengesetz (HRG) ein Diplomgrad mit dem Zusatz „Fachhochschule" („FH"), ein anderer nach § 18 HRG gleichwertiger Abschlussgrad oder ein Bachelorgrad verliehen wurde.

(2) [1]Der Bachelorstudiengang muss nach den Regelungen des Akkreditierungsrats akkreditiert sein. [2]Dem gleichgestellt sind Abschlüsse in akkreditierten Bachelorausbildungsgängen an Berufsakademien.

(3) Eine abgeschlossene Hochschulbildung setzt voraus, dass die Abschlussprüfung in einem Studiengang abgelegt wird, der seinerseits mindestens das Zeugnis der Hochschulreife (allgemeine Hochschulreife) oder eine andere landesrechtliche Hochschulzugangsberechtigung als Zugangsvoraussetzung erfordert, und für den Abschluss eine Mindeststudienzeit von sechs Semestern – ohne etwaige Praxissemester, Prüfungssemester o. Ä. – vorgeschrieben ist.

(4) Ein Abschluss an einer ausländischen Hochschule gilt als abgeschlossene Hochschulbildung, wenn er von der zuständigen staatlichen Anerkennungsstelle als dem deutschen Hochschulabschluss gleichwertig anerkannt wurde.

Entgeltgruppe 15

Beschäftigte der Entgeltgruppe 13 Fallgruppe 1 als Leiter einer Schule.

Entgeltgruppe 14

Beschäftigte der Entgeltgruppe 13 Fallgruppe 1 als stellvertretender Leiter einer Schule oder als Fachbereichsleiter einer Schule.

Entgeltgruppe 13

1. Lehrkräfte mit abgeschlossener wissenschaftlicher Hochschulbildung und – soweit nach dem jeweiligen Landesrecht vorgesehen – mit erfolgreich absolviertem Vorbereitungsdienst (Referendariat) mit entsprechender Tätigkeit sowie sonstige Beschäftigte, die aufgrund gleichwertiger Fähigkeiten und ihrer Erfahrungen entsprechende Tätigkeiten ausüben.
2. Beschäftigte der Entgeltgruppe 11 Fallgruppe 1 als Leiter einer Schule.

Entgeltgruppe 12

1. Beschäftigte der Entgeltgruppe 10 als Leiter einer Schule.
2. Beschäftigte der Entgeltgruppe 11 Fallgruppe 1 als stellvertretender Leiter oder als Fachbereichsleiter einer Schule.

Entgeltgruppe 11

1. Lehrkräfte mit abgeschlossener Hochschulbildung und entsprechender Tätigkeit sowie sonstige Beschäftigte, die aufgrund gleichwertiger Fähigkeiten und ihrer Erfahrungen entsprechende Tätigkeiten ausüben.
2. Beschäftigte der Entgeltgruppe 10 als stellvertretende Leiter oder als Fachbereichsleiter einer Schule.

Entgeltgruppe 10

Lehrkräfte mit entsprechender Zusatzqualifikation.

Entgeltgruppe 9b

Lehrkräfte.

10.2 Audiologie-Assistenten

Entgeltgruppe 9b

Audiologie-Assistenten mit staatlicher Anerkennung oder mit mindestens zweijähriger Fachausbildung an Universitätskliniken oder medizinischen Akademien,

die als Hilfskräfte bei wissenschaftlichen Forschungsaufgaben mit einem besonders hohen Maß von Verantwortlichkeit tätig sind.

Entgeltgruppe 9a

Audiologie-Assistenten mit staatlicher Anerkennung oder mit mindestens zweijähriger Fachausbildung an Universitätskliniken oder medizinischen Akademien und entsprechender Tätigkeit,

die schwierige Aufgaben erfüllen.

(Hierzu Protokollerklärung Nr. 1)

Entgeltgruppe 8

Audiologie-Assistenten mit staatlicher Anerkennung oder mit mindestens zweijähriger Fachausbildung an Universitätskliniken oder medizinischen Akademien und entsprechender Tätigkeit,

die in nicht unerheblichem Umfange schwierige Aufgaben erfüllen.

(Hierzu Protokollerklärungen Nrn. 1 und 2)

Entgeltgruppe 6

Audiologie-Assistenten mit staatlicher Anerkennung oder mit mindestens zweijähriger Fachausbildung an Universitätskliniken oder medizinischen Akademien und entsprechender Tätigkeit.

Entgeltgruppe 4

Beschäftigte in der Tätigkeit von Audiologie-Assistenten.

Protokollerklärungen:

Nr. 1 Schwierige Aufgaben sind z. B. Fertigung von Sprach-, Spiel- und Reflexaudiogrammen, Gehörprüfung bei Kleinkindern und geistig behinderten Patienten sowie Gehörgeräteanpassung und Gehörerziehung – Hörtraining – bei Kleinkindern.

Nr. 2 Der Umfang der schwierigen Aufgaben bzw. der Tätigkeiten ist nicht mehr unerheblich, wenn er etwa ein Viertel der gesamten Tätigkeit ausmacht.

10.3 Amtliche Fachassistenten, Desinfektoren, Gesundheitsaufseher, Seehafengesundheitsaufseher

Entgeltgruppe 9b

1. Seehafengesundheitsaufseher (Seehafengesundheitskontrolleure) mit Prüfung und entsprechender Tätigkeit,

   die besonders schwierige Aufgaben erfüllen.

   (Hierzu Protokollerklärungen Nrn. 1, 2 und 3)
2. Beschäftigte in der Tätigkeit von Betriebsinspektoren.

   (Hierzu Protokollerklärung Nr. 4)

Entgeltgruppe 9a

1. Desinfektoren mit Prüfung

   als Leiter des technischen Betriebes von Desinfektionsanstalten, denen mindestens 18 Desinfektoren mit Prüfung durch ausdrückliche Anordnung ständig unterstellt sind.

(Hierzu Protokollerklärung Nr. 5)

2. Gesundheitsaufseher mit Prüfung und entsprechender Tätigkeit,

   denen mindestens fünf Gesundheitsaufseher oder Beschäftigte in der Tätigkeit von Gesundheitsaufsehern durch ausdrückliche Anordnung ständig unterstellt sind.

   (Hierzu Protokollerklärung Nr. 1)

3. Gesundheitsaufseher mit Prüfung und entsprechender Tätigkeit,

   die schwierige Aufgaben erfüllen.

   (Hierzu Protokollerklärungen Nrn. 1 und 6)

4. Seehafengesundheitsaufseher (Seehafengesundheitskontrolleure) mit Prüfung und entsprechender Tätigkeit,

   die im gesamten Aufgabenbereich eines Seehafengesundheitsaufsehers in nicht unerheblichem Umfange besonders schwierige Aufgaben erfüllen.

   (Hierzu Protokollerklärungen Nrn. 1, 2 und 7)

IV

Entgeltgruppe 8

1. Desinfektoren mit Prüfung

   als Leiter des technischen Betriebes von Desinfektionsanstalten,

   denen mindestens neun Desinfektoren mit Prüfung durch ausdrückliche Anordnung ständig unterstellt sind.

   (Hierzu Protokollerklärung Nr. 5)

2. Desinfektoren mit Prüfung

   als ausdrücklich bestellte ständige Vertreter von Leitern des technischen Betriebes von Desinfektionsanstalten,

   denen mindestens 18 Desinfektoren mit Prüfung durch ausdrückliche Anordnung ständig unterstellt sind.

   (Hierzu Protokollerklärung Nr. 5)

3. Gesundheitsaufseher mit Prüfung und entsprechender Tätigkeit,

   denen mindestens zwei Gesundheitsaufseher oder Beschäftigte in der Tätigkeit von Gesundheitsaufsehern durch ausdrückliche Anordnung ständig unterstellt sind.

   (Hierzu Protokollerklärung Nr. 1)

4. Gesundheitsaufseher mit Prüfung und entsprechender Tätigkeit,

   die in nicht unerheblichem Umfange schwierige Aufgaben im gesamten Aufgabenbereich eines Gesundheitsaufsehers erfüllen.

   (Hierzu Protokollerklärungen Nrn. 1, 6 und 7)

5. Seehafengesundheitsaufseher (Seehafengesundheitskontrolleure) mit Prüfung und entsprechender Tätigkeit.

   (Hierzu Protokollerklärungen Nrn. 1 und 2)

Entgeltgruppe 6

1. Desinfektoren mit Prüfung

   als ausdrücklich bestellte ständige Vertreter von Leitern des technischen Betriebes von Desinfektionsanstalten,

   denen mindestens neun Desinfektoren mit Prüfung durch ausdrückliche Anordnung ständig unterstellt sind.

   (Hierzu Protokollerklärung Nr. 5)

IV

2. Desinfektoren mit Prüfung und entsprechender Tätigkeit,

   denen mindestens vier Desinfektoren mit Prüfung durch ausdrückliche Anordnung ständig unterstellt sind.

3. Desinfektoren mit Prüfung,

   die in nicht unerheblichem Umfange Aufsichtstätigkeit bei Begasungen mit hochgiftigen Stoffen auf Schiffen, schwimmenden Geräten oder an Land in Gebäuden, Silos, Containern und Waggons ausüben.

   (Hierzu Protokollerklärung Nr. 7)

4. Gesundheitsaufseher mit Prüfung und entsprechender Tätigkeit.

   (Hierzu Protokollerklärung Nr. 1)

Entgeltgruppe 5

Desinfektoren mit Prüfung und entsprechender Tätigkeit,

denen mindestens zwei Desinfektoren mit Prüfung durch ausdrückliche Anordnung ständig unterstellt sind.

Entgeltgruppe 4

1. Amtliche Fachassistenten.
2. Desinfektoren mit Prüfung und entsprechender Tätigkeit.

Entgeltgruppe 3

1. Desinfektionshelfer.
   (keine Stufe 6)
2. Beschäftigte in der Tätigkeit von Gesundheitsaufsehern.

   (Hierzu Protokollerklärung Nr. 1)

Entgeltgruppe 2

Beschäftigte als Hilfskraft im Sinne des bis zum 31. Dezember 1992 geltenden § 2 Nr. 1 Buchst. b der Hilfskräfteverordnung – Frisches Fleisch – (HKrFrFlV).

Protokollerklärungen:

Nr. 1 [1]Beschäftigte, die die Tätigkeit eines Gesundheitsaufsehers ausüben und die Prüfung als Gesundheitsaufseher deshalb nicht abgelegt haben, weil in dem betreffenden Land eine Prüfungsmöglichkeit für Gesundheitsaufseher nicht besteht, werden nach den Tätigkeitsmerkmalen für Gesundheitsaufseher mit Prüfung eingruppiert. [2]Satz 1 gilt sinngemäß für Seehafengesundheitsaufseher (Seehafengesundheitskontrolleure).

Nr. 2 Die Eingruppierung der Beschäftigten beim hafenärztlichen Dienst der Freien und Hansestadt Hamburg nach dem Tätigkeitsmerkmal in Entgeltgruppe 9b Fallgruppe 2 bleibt unberührt.

Nr. 3 Besonders schwierige Aufgaben sind z. B.

- Prüfung und zusammenfassende Darstellung epidemiologischer Situationen an Bord eines Schiffes, auf dem übertragbare Krankheiten aufgetreten sind;
- Überprüfung und Auswertung der Bordkrankenbücher aufgrund gründlicher allgemein-medizinischer und spezieller seuchenhygienischer Kenntnisse;
- Mitwirkung bei der Prüfung und Begutachtung der Ausrüstung der Kauffahrteischiffe einschließlich ihrer Rettungsboote mit Arznei- und anderen Hilfsmitteln der Krankenfürsorge aufgrund einschlägiger pharmazeutischer Kenntnisse;
- Mitwirkung bei der Prüfung des Bestandes und der erfolgten Anwendung der Betäubungsmittel aufgrund einschlägiger Kenntnisse der gesetzlichen Betäubungsmittelvorschriften;
- Entscheidungsbefugnis für dringende Quarantänemaßnahmen im Rahmen der durch den zuständigen Arzt erteilten Ermächtigung.

Nr. 4 Das Tätigkeitsmerkmal gilt nur für Beschäftigte beim hafenärztlichen Dienst der Freien und Hansestadt Hamburg.

Nr. 5 Zu den Desinfektionsanstalten rechnen auch entsprechende Einrichtungen mit anderer Bezeichnung.

Nr. 6 [1]Schwierige Aufgaben sind z. B. die Begutachtung von Flächennutzungsplänen und die Begutachtung von großen Bauvorhaben mit noch nicht gesicherter Wasserversorgung und Abwässerbeseitigung. [2]Zur Erfüllung der schwierigen Aufgaben gehört auch, dass der Gesundheitsaufseher den Sachverhalt bewertet, daraus die notwendigen Folgerungen zieht und die hiermit zusammenhängenden Berichte, Gutachten und sonstigen Schreiben entwirft.

Nr. 7 Der Umfang der schwierigen Aufgaben bzw. der Tätigkeiten ist nicht mehr unerheblich, wenn er etwa ein Viertel der gesamten Tätigkeit ausmacht.

10.4 Diätassistentinnen

Vorbemerkung

Diätassistentinnen an Universitätskliniken erhalten eine monatliche Zulage nach Anlage F Abschnitt IIa.

Entgeltgruppe 9b

1. Diätassistentinnen

   als Leiterinnen von Diätküchen,

   die für die Versorgung von durchschnittlich täglich mindestens 400 Personen mit Diätverpflegung verantwortlich sind.

   (Hierzu Protokollerklärung Nr. 1)

2. Diätassistentinnen

   mit zusätzlicher Ausbildung als Ernährungsberaterin und mit entsprechender Tätigkeit.

Entgeltgruppe 9a

1. Diätassistentinnen

   als Leiterinnen von Diätküchen,

   die für die Versorgung von durchschnittlich täglich mindestens 200 Personen mit Diätverpflegung verantwortlich sind.

   (Hierzu Protokollerklärung Nr. 1)

2. Diätassistentinnen

   als durch ausdrückliche Anordnung bestellte ständige Vertreterinnen von Leiterinnen von Diätküchen,

   die für die Versorgung von durchschnittlich täglich mindestens 400 Personen mit Diätverpflegung verantwortlich sind.

   (Hierzu Protokollerklärung Nr. 1)

3. Diätassistentinnen mit entsprechender Tätigkeit,

   die schwierige Aufgaben erfüllen.

   (Hierzu Protokollerklärung Nr. 2)

Entgeltgruppe 8

1. Diätassistentinnen

   als durch ausdrückliche Anordnung bestellte ständige Vertreterinnen von Leiterinnen von Diätküchen,

   die für die Versorgung von durchschnittlich täglich mindestens 200 Personen mit Diätverpflegung verantwortlich sind.

   (Hierzu Protokollerklärung Nr. 1)

2. Diätassistentinnen als Diätküchenleiterinnen.

   (Hierzu Protokollerklärungen Nrn. 1 und 3)

3. Diätassistentinnen mit entsprechender Tätigkeit,

   die in nicht unerheblichem Umfange schwierige Aufgaben erfüllen.

   (Hierzu Protokollerklärungen Nrn. 2 und 4)

Entgeltgruppe 7

Diätassistentinnen mit entsprechender Tätigkeit.

Entgeltgruppe 4

Beschäftigte in der Tätigkeit von Diätassistentinnen.

Protokollerklärungen:

Nr. 1 [1]Diätküchen können auch unselbständige Teile einer Großküche sein. [2]Zu den Diätküchen zählen auch die Diätmilchküchen. [3]Schonkost ist keine Diätkost.

Nr. 2 Schwierige Aufgaben sind z. B.
- Diätberatung von einzelnen Patienten,
- selbständige Durchführung von Ernährungserhebungen,
- Mitarbeit bei Grundlagenforschung im Fachbereich klinische Ernährungslehre,
- Herstellung und Berechnung spezifischer Diätformen bei dekompensierten Leberzirrhosen, Niereninsuffizienz, Hyperlipidämien,
- Stoffwechsel-Bilanz-Studien,
- Maldigestion und Malabsorption nach Shunt-Operationen,
- Kalzium-Test-Diäten,
- spezielle Anfertigung von Sondenernährung für Patienten auf Intensiv- und Wachstationen.

Nr. 3 In den Ländern, in denen eine staatliche Anerkennung als Diätküchenleiterin nicht erfolgt, gilt das Tätigkeitsmerkmal als erfüllt, wenn sich die Diätassistentin drei Jahre als Diätküchenleiterin bewährt hat.

Nr. 4 Der Umfang der schwierigen Aufgaben bzw. der Tätigkeiten ist nicht mehr unerheblich, wenn er etwa ein Viertel der gesamten Tätigkeit ausmacht.

IV

10.5 Ergotherapeuten

Vorbemerkung

Ergotherapeuten an Universitätskliniken, im Maßregelvollzug (§ 61 Nrn. 1, 2 und 3 StGB) und im Justizvollzug erhalten eine monatliche Zulage nach Anlage F Abschnitt IIa.

Entgeltgruppe 9b

Ergotherapeuten mit entsprechender Tätigkeit,

denen mindestens zwei Ergotherapeuten oder Beschäftigte in der Tätigkeit von Ergotherapeuten durch ausdrückliche Anordnung ständig unterstellt sind.

Entgeltgruppe 9a

Ergotherapeuten mit entsprechender Tätigkeit,

die schwierige Aufgaben erfüllen.

(Hierzu Protokollerklärung Nr. 1)

Entgeltgruppe 8

Ergotherapeuten mit entsprechender Tätigkeit,

die in nicht unerheblichem Umfange schwierige Aufgaben erfüllen.
(Hierzu Protokollerklärungen Nrn. 1 und 2)

Entgeltgruppe 6

Ergotherapeuten mit entsprechender Tätigkeit.

Entgeltgruppe 4

Beschäftigte in der Tätigkeit von Ergotherapeuten.

Protokollerklärungen:

Nr. 1 Schwierige Aufgaben sind z. B. Beschäftigungstherapie bei Querschnittslähmungen, in Kinderlähmungsfällen, mit spastisch Gelähmten, in Fällen von Dysmelien, in der Psychiatrie oder Geriatrie.

Nr. 2 Der Umfang der schwierigen Aufgaben bzw. der Tätigkeiten ist nicht mehr unerheblich, wenn er etwa ein Viertel der gesamten Tätigkeit ausmacht.

10.6 Logopäden

Vorbemerkung

Logopäden an Universitätskliniken, im Maßregelvollzug (§ 61 Nrn. 1, 2 und 3 StGB) und im Justizvollzug erhalten eine monatliche Zulage nach Anlage F Abschnitt IIa.

Entgeltgruppe 9b

Logopäden mit entsprechender Tätigkeit,

die als Hilfskräfte bei wissenschaftlichen Forschungsaufgaben mit einem besonders hohen Maß von Verantwortlichkeit tätig sind.

Entgeltgruppe 9a

Logopäden mit entsprechender Tätigkeit,

die schwierige Aufgaben erfüllen.

(Hierzu Protokollerklärung Nr. 1)

Entgeltgruppe 8

Logopäden mit entsprechender Tätigkeit,

die in nicht unerheblichem Umfange schwierige Aufgaben erfüllen.

(Hierzu Protokollerklärungen Nrn. 1 und 2)

Entgeltgruppe 6

Logopäden mit entsprechender Tätigkeit.

Entgeltgruppe 4

Beschäftigte in der Tätigkeit von Logopäden.

Protokollerklärungen:

Nr. 1 Schwierige Aufgaben sind z. B. die Behandlung von Kehlkopflosen, von Patienten nach Schlaganfällen oder Gehirnoperationen, von Patienten mit Intelligenzminderungen, von Aphasiepatienten, von Patienten mit spastischen Lähmungen im Bereich des Sprachapparates.

Nr. 2 Der Umfang der schwierigen Aufgaben bzw. der Tätigkeiten ist nicht mehr unerheblich, wenn er etwa ein Viertel der gesamten Tätigkeit ausmacht.

10.7 Masseure und medizinische Bademeister

Vorbemerkung

Masseure und medizinische Bademeister an Universitätskliniken erhalten eine monatliche Zulage nach Anlage F Abschnitt IIa.

IV

Entgeltgruppe 9a

Masseure und medizinische Bademeister mit entsprechender Tätigkeit,

denen mindestens acht Masseure und medizinische Bademeister oder Beschäftigte in der Tätigkeit von Masseuren und medizinischen Bademeistern durch ausdrückliche Anordnung ständig unterstellt sind.

Entgeltgruppe 8

1. Masseure und medizinische Bademeister mit entsprechender Tätigkeit,

   denen mindestens vier Masseure und medizinische Bademeister oder Beschäftigte in der Tätigkeit von Masseuren und medizinischen Bademeistern durch ausdrückliche Anordnung ständig unterstellt sind.

2. Masseure und medizinische Bademeister mit entsprechender Tätigkeit,

   denen mindestens zwei Masseure und medizinische Bademeister oder Beschäftigte in der Tätigkeit von Masseuren und medizinischen Bademeistern durch ausdrückliche Anordnung ständig unterstellt sind und

   die schwierige Aufgaben erfüllen.

   (Hierzu Protokollerklärung)

Entgeltgruppe 6

1. Masseure und medizinische Bademeister mit entsprechender Tätigkeit,

   denen mindestens zwei Masseure und medizinische Bademeister oder Beschäftigte in der Tätigkeit von Masseuren und medizinischen Bademeistern durch ausdrückliche Anordnung ständig unterstellt sind.

2. Masseure und medizinische Bademeister mit entsprechender Tätigkeit,
   die schwierige Aufgaben erfüllen.
   (Hierzu Protokollerklärung)

Entgeltgruppe 4

Masseure und medizinische Bademeister mit entsprechender Tätigkeit.

Entgeltgruppe 3

Beschäftigte in der Tätigkeit von Masseuren und medizinischen Bademeistern.
(keine Stufe 6)

Protokollerklärungen:

Schwierige Aufgaben sind z. B. Verabreichung von Kohlensäure- oder Sauerstoffbädern bei Herz- und Kreislaufbeschwerden, Massage- oder Bäderbehandlung nach Schlaganfällen oder bei Kinderlähmung, Massagebehandlung von Frischoperierten.

10.8 Medizinische Fachangestellte, zahnmedizinische Fachangestellte

Vorbemerkung

Medizinische Fachangestellte und zahnmedizinische Fachangestellte an Universitätskliniken, im Maßregelvollzug (§ 61 Nrn. 1, 2 und 3 StGB) und im Justizvollzug erhalten eine monatliche Zulage nach Anlage F Abschnitt IIa.

Entgeltgruppe 8

Zahnmedizinische Fachangestellte mit entsprechender Tätigkeit, denen mindestens zehn zahnmedizinische Fachangestellte oder Beschäftigte in der Tätigkeit von zahnmedizinischen Fachangestellten durch ausdrückliche Anordnung ständig unterstellt sind.

Entgeltgruppe 6

1. Medizinische Fachangestellte mit entsprechender Tätigkeit,
   die schwierige Aufgaben erfüllen.
   (Hierzu Protokollerklärung)
2. Zahnmedizinische Fachangestellte mit entsprechender Tätigkeit, denen mindestens fünf zahnmedizinische Fachangestellte oder Beschäftigte in der Tätigkeit von zahnmedizinischen Fachangestellten durch ausdrückliche Anordnung ständig unterstellt sind.

Entgeltgruppe 5

1. Medizinische Fachangestellte mit entsprechender Tätigkeit.
2. Zahnmedizinische Fachangestellte mit entsprechender Tätigkeit.

Entgeltgruppe 3

1. Beschäftigte in der Tätigkeit von medizinischen Fachangestellten.
2. Beschäftigte in der Tätigkeit von zahnmedizinischen Fachangestellten.

Protokollerklärung:

Schwierige Aufgaben sind z. B. Patientenabrechnungen im stationären und ambulanten Bereich, Durchführung von Elektro-Kardiogrammen mit allen Ableitungen, Einfärben von cytologischen Präparaten oder gleich schwierige Einfärbungen.

10.9 Präparationstechnische Assistenten, Sektionsgehilfen

Entgeltgruppe 9a

1. Präparationstechnische Assistenten,

   denen mindestens zwei präparationstechnische Assistenten, davon mindestens einer mit Tätigkeiten der Entgeltgruppe 8 Fallgruppe 2 durch ausdrückliche Anordnung ständig unterstellt sind.

   (Hierzu Protokollerklärung Nr. 1)
2. Präparationstechnische Assistenten,

   die in nicht unerheblichem Umfange schwierige Aufgaben erfüllen und

   mindestens zu einem Drittel ihrer Gesamttätigkeit selbständig Demonstrationen im Hörsaal vorbereiten und bei der Durchführung mitwirken.

   (Hierzu Protokollerklärungen Nrn. 2 und 3)

Entgeltgruppe 8

1. Präparationstechnische Assistenten,

   denen mindestens zwei präparationstechnische Assistenten durch ausdrückliche Anordnung ständig unterstellt sind.
2. Präparationstechnische Assistenten,

   die in nicht unerheblichem Umfange schwierige Aufgaben erfüllen.

   (Hierzu Protokollerklärungen Nrn. 2 und 3)

Entgeltgruppe 7

Präparationstechnische Assistenten mit entsprechender Tätigkeit.

Entgeltgruppe 6

Sektionsgehilfen,

die in nicht unerheblichem Umfange auch Tätigkeiten von präparationstechnischen Assistenten ausüben und

denen mindestens zwei Sektionsgehilfen durch ausdrückliche Anordnung ständig unterstellt sind.

(Hierzu Protokollerklärung Nr. 2)

Entgeltgruppe 3

Sektionsgehilfen.

Protokollerklärungen:

Nr. 1 Im Sinne der Nr. 6 der Vorbemerkungen zu allen Teilen der Entgeltordnung ist vergleichbar die Entgeltgruppe 8 der Besoldungsgruppe A 8.

Nr. 2 Der Umfang der schwierigen Aufgaben bzw. der Tätigkeiten ist nicht mehr unerheblich, wenn er etwa ein Viertel der gesamten Tätigkeit ausmacht.

Nr. 3 Schwierige Aufgaben sind z. B. Herstellung von Korrosionspräparaten, Darstellung feinerer Gefäße und Nerven.

10.10 Medizinisch-technische Assistentinnen, medizinisch-technische Gehilfinnen

Vorbemerkung

Medizinisch-technische Assistentinnen und medizinisch-technische Gehilfinnen an Universitätskliniken sowie medizinisch-technische Assistentinnen im Maßregelvollzug (§ 61 Nrn. 1, 2 und 3 StGB) und im Justizvollzug erhalten eine monatliche Zulage nach Anlage F Abschnitt IIa.

Entgeltgruppe 10

Leitende medizinisch-technische Assistentinnen,

denen mindestens 16 medizinisch-technische Assistentinnen, medizinisch-technische Gehilfinnen oder sonstige Beschäftigte, die aufgrund gleichwertiger Fähigkeiten und ihrer Erfahrungen entsprechende Tätigkeiten ausüben, durch ausdrückliche Anordnung ständig unterstellt sind.

(Hierzu Protokollerklärung Nr. 1)

Entgeltgruppe 9b

1. Medizinisch-technische Assistentinnen mit entsprechender Tätigkeit,

   denen mindestens zwei medizinisch-technische Assistentinnen, medizinisch-technische Gehilfinnen oder sonstige Beschäftigte, die aufgrund gleichwertiger Fähigkeiten und ihrer Erfahrungen entsprechende Tätigkeiten ausüben, durch ausdrückliche Anordnung ständig unterstellt sind.

2. Medizinisch-technische Assistentinnen mit entsprechender Tätigkeit,

   die als Hilfskräfte bei wissenschaftlichen Forschungsaufgaben mit einem besonders hohen Maß von Verantwortlichkeit tätig sind.

   (Hierzu Protokollerklärung Nr. 2)

Entgeltgruppe 9a

Medizinisch-technische Assistentinnen mit entsprechender Tätigkeit,

die in nicht unerheblichem Umfange eine oder mehrere der folgenden Aufgaben erfüllen:

- Wartung und Justierung von hochwertigen und schwierig zu bedienenden Messgeräten (z. B. Autoanalyzern) und Anlage der hierzu gehörenden Eichkurven, Bedienung eines Elektronenmikroskops sowie Vorbereitung der Präparate für Elektronenmikroskopie;
- Quantitative Bestimmung von Kupfer und Eisen, Bestimmung der Eisenbindungskapazität, schwierige Hormonbestimmungen, schwierige Fermentaktivitätsbestimmungen, schwierige gerinnungsphysiologische Untersuchungen;
- Virusisolierungen oder ähnliche schwierige mikrobiologische Verfahren, Gewebezüchtungen, schwierige Antikörperbestimmungen (z. B. Coombs-Test, Blutgruppen-Serologie);
- Vorbereitung und Durchführung von röntgenologischen Gefäßuntersuchungen in der Schädel-, Brust- oder Bauchhöhle;
- Mitwirkung bei Herzkatheterisierungen, Schichtaufnahmen in den drei Dimensionen mit Spezialgeräten, Enzephalografien, Ventrikulografien, schwierigen intraoperativen Röntgenaufnahmen.

(Hierzu Protokollerklärung Nr. 3)

Entgeltgruppe 8

Medizinisch-technische Assistentinnen mit entsprechender Tätigkeit,

die in nicht unerheblichem Umfange schwierige Aufgaben erfüllen.

(Hierzu Protokollerklärungen Nrn. 3 und 4)

Entgeltgruppe 7

Medizinisch-technische Assistentinnen mit entsprechender Tätigkeit.

Entgeltgruppe 6

Medizinisch-technische Gehilfinnen mit staatlicher Prüfung nach zweisemestriger Ausbildung mit entsprechender Tätigkeit sowie sonstige Beschäftigte, die aufgrund gleichwertiger Fähigkeiten und ihrer Erfahrungen entsprechende Tätigkeiten ausüben,

die in nicht unerheblichem Umfange schwierige Aufgaben erfüllen, soweit diese nicht den medizinisch-technischen Assistentinnen vorbehalten sind.

(Hierzu Protokollerklärungen Nrn. 3 und 4)

Entgeltgruppe 4

Medizinisch-technische Gehilfinnen mit staatlicher Prüfung nach zweisemestriger Ausbildung und mit entsprechender Tätigkeit sowie sonstige Beschäftigte, die aufgrund gleichwertiger Fähigkeiten und ihrer Erfahrungen entsprechende Tätigkeiten ausüben.

Protokollerklärungen:

Nr. 1 Leitende medizinisch-technische Assistentinnen im Sinne dieses Tätigkeitsmerkmals sind Assistentinnen, denen unter der Verantwortung eines Arztes für eine Laboratoriumsabteilung oder für eine radiologische Abteilung insbesondere die Arbeitseinteilung, die Überwachung des Arbeitsablaufs und der Arbeitsausführung durch ausdrückliche Anordnung übertragen sind.

Nr. 2 Medizinisch-technische Assistentinnen, die im Rahmen ihrer Tätigkeit als Hilfskräfte bei wissenschaftlichen Forschungsaufgaben mit einem besonders hohen Maß von Verantwortlichkeit tätig sind, werden auch dann als solche eingruppiert, wenn sie im Rahmen dieser Tätigkeit Aufgaben erfüllen, die im Tätigkeitsmerkmal der Entgeltgruppe 9a genannt sind.

Nr. 3 Der Umfang der schwierigen Aufgaben bzw. der Tätigkeiten ist nicht mehr unerheblich, wenn er etwa ein Viertel der gesamten Tätigkeit ausmacht.

Nr. 4 Schwierige Aufgaben sind z. B. der Diagnostik vorausgehende technische Arbeiten bei überwiegend selbständiger Verfahrenswahl auf histologischem, mikrobiologischem, serologischem und quantitativ klinisch-chemischem Gebiet; ferner schwierige röntgenologische Untersuchungsverfahren, insbesondere zur röntgenologischen Funktionsdiagnostik, messtechnische Aufgaben und Hilfeleistung bei der Verwendung von radioaktiven Stoffen sowie schwierige medizinisch-fotografische Verfahren.

10.11 Orthoptistinnen

Entgeltgruppe 9b

1. Orthoptistinnen mit entsprechender Tätigkeit,

   denen mindestens zwei Orthoptistinnen oder Beschäftigte in der Tätigkeit von Orthoptistinnen durch ausdrückliche Anordnung ständig unterstellt sind.

2. Orthoptistinnen mit entsprechender Tätigkeit,

   die als Hilfskräfte bei wissenschaftlichen Forschungsaufgaben mit einem besonders hohen Maß von Verantwortlichkeit tätig sind.

Entgeltgruppe 9a

Orthoptistinnen mit entsprechender Tätigkeit,

die schwierige Aufgaben erfüllen.

(Hierzu Protokollerklärung Nr. 1)

Entgeltgruppe 8

Orthoptistinnen mit entsprechender Tätigkeit,

die in nicht unerheblichem Umfange schwierige Aufgaben erfüllen.

(Hierzu Protokollerklärungen Nrn. 1 und 2)

Entgeltgruppe 6

Orthoptistinnen mit entsprechender Tätigkeit.

Entgeltgruppe 4

Beschäftigte in der Tätigkeit von Orthoptistinnen.

Protokollerklärungen:

Nr. 1 Schwierige Aufgaben sind z. B. die Behandlung eingefahrener beidäugiger Anomalien, exzentrischer Fixationen und Kleinstanomalien.

Nr. 2 Der Umfang der schwierigen Aufgaben bzw. der Tätigkeiten ist nicht mehr unerheblich, wenn er etwa ein Viertel der gesamten Tätigkeit ausmacht.

10.12 Pharmazeutisch-kaufmännische Angestellte

Entgeltgruppe 6

1. Pharmazeutisch-kaufmännische Angestellte mit entsprechender Tätigkeit

   in Arzneimittelausgabestellen,

   denen mindestens drei pharmazeutisch-kaufmännische Angestellte oder Beschäftigte in der Tätigkeit von pharmazeutisch-kaufmännischen Angestellten durch ausdrückliche Anordnung ständig unterstellt sind.

   (Hierzu Protokollerklärungen Nrn. 1 und 2)

2. Pharmazeutisch-kaufmännische Angestellte mit entsprechender Tätigkeit,

   die schwierige Aufgaben erfüllen.

   (Hierzu Protokollerklärungen Nrn. 1 und 3)

Entgeltgruppe 5

Pharmazeutisch-kaufmännische Angestellte mit entsprechender Tätigkeit.

(Hierzu Protokollerklärung Nr. 1)

Entgeltgruppe 3

Beschäftigte in der Tätigkeit von pharmazeutisch-kaufmännischen Angestellten.

Protokollerklärungen:

Nr. 1 Den pharmazeutisch-kaufmännischen Angestellten stehen Drogisten gleich.

Nr. 2 Apotheken sind keine Arzneimittelausgabestellen im Sinne dieses Tätigkeitsmerkmals.

Nr. 3 Schwierige Aufgaben sind z. B. Taxieren, Mitwirkung bei der Herstellung von sterilen Lösungen oder sonstigen Arzneimitteln unter Verantwortung eines Apothekers.

10.13 Pharmazeutisch-technische Assistenten

Vorbemerkung

Pharmazeutisch-technische Assistenten an Universitätskliniken erhalten eine monatliche Zulage nach Anlage F Abschnitt IIa.

Entgeltgruppe 9b

1. Pharmazeutisch-technische Assistenten mit entsprechender Tätigkeit,

   denen mindestens zwei pharmazeutisch-technische Assistenten oder pharmazeutisch-kaufmännische Angestellte mit Tätigkeiten mindestens der Entgeltgruppe 6 durch ausdrückliche Anordnung ständig unterstellt sind.

   (Hierzu Protokollerklärungen Nrn. 1 und 2)

2. Pharmazeutisch-technische Assistenten mit entsprechender Tätigkeit, die als Hilfskräfte bei wissenschaftlichen Forschungsaufgaben mit einem besonders hohen Maß von Verantwortlichkeit tätig sind.

Entgeltgruppe 8

Pharmazeutisch-technische Assistenten mit entsprechender Tätigkeit,

die in nicht unerheblichem Umfange schwierige Aufgaben erfüllen.

(Hierzu Protokollerklärungen Nrn. 3 und 4)

Entgeltgruppe 6

Pharmazeutisch-technische Assistenten mit entsprechender Tätigkeit.

Protokollerklärungen:

Nr. 1 Den pharmazeutisch-kaufmännischen Angestellten stehen Drogisten gleich.

Nr. 2 Im Sinne der Nr. 6 der Vorbemerkungen zu allen Teilen der Entgeltordnung ist vergleichbar die Entgeltgruppe 6 der Besoldungsgruppe A 7.

Nr. 3 Der Umfang der schwierigen Aufgaben bzw. der Tätigkeiten ist nicht mehr unerheblich, wenn er etwa ein Viertel der gesamten Tätigkeit ausmacht.

Nr. 4 Schwierige Aufgaben sind z. B.:

In der chemisch-physikalischen Analyse: gravimetrische, titrimetrische und fotometrische Bestimmungen einschl. Komplexometrie, Leitfähigkeitsmessungen und chromatografische Analysen.

In der Pflanzenanalyse: Anfertigung mikroskopischer Schnitte. Schwierige Identitäts- und Reinheitsprüfungen nach dem Deutschen Arzneibuch (Chemikalien, Drogen).

Herstellung und Kontrolle steriler Lösungen der verschiedensten Zusammensetzungen in größerem Umfang unter Verwendung moderner Apparaturen.

Herstellung von sonstigen Arzneimitteln in größerem Umfang unter Verwendung moderner in der Galenik gebräuchlicher Apparaturen (Suppositorien, Salben, Pulvergemische, Ampullen, Tabletten u. a.).

Herstellung von Arzneizubereitungen nach Rezept oder Einzelvorschrift.

10.14 Physiotherapeuten

Vorbemerkung

Physiotherapeuten an Universitätskliniken, im Maßregelvollzug (§ 61 Nrn. 1, 2 und 3 StGB) und im Justizvollzug erhalten eine monatliche Zulage nach Anlage F Abschnitt IIa.

Entgeltgruppe 10

Leitende Physiotherapeuten,

denen mindestens 16 Physiotherapeuten oder Beschäftigte in der Tätigkeit von Physiotherapeuten durch ausdrückliche Anordnung ständig unterstellt sind.

(Hierzu Protokollerklärung Nr. 1)

Entgeltgruppe 9b

Physiotherapeuten mit entsprechender Tätigkeit,

denen mindestens zwei Physiotherapeuten oder Beschäftigte in der Tätigkeit von Physiotherapeuten durch ausdrückliche Anordnung ständig unterstellt sind.

Entgeltgruppe 9a

Physiotherapeuten mit entsprechender Tätigkeit,

die schwierige Aufgaben erfüllen.

(Hierzu Protokollerklärung Nr. 2)

Entgeltgruppe 8

Physiotherapeuten mit entsprechender Tätigkeit,

die in nicht unerheblichem Umfange schwierige Aufgaben erfüllen.

(Hierzu Protokollerklärungen Nrn. 2 und 3)

Entgeltgruppe 6

Physiotherapeuten mit entsprechender Tätigkeit.

Entgeltgruppe 4

Beschäftigte in der Tätigkeit von Physiotherapeuten.

Protokollerklärungen:

Nr. 1 Leitende Physiotherapeuten sind Physiotherapeuten, denen unter der Verantwortung eines Arztes für eine physiotherapeutische Abteilung insbesondere die Arbeitseinteilung, die Überwachung des Arbeitsablaufs und der Arbeitsausführung durch ausdrückliche Anordnung übertragen sind.

Nr. 2 Schwierige Aufgaben sind z. B. Krankengymnastik nach Lungen- oder Herzoperationen, nach Herzinfarkten, bei Querschnittslähmungen, in Kinderlähmungsfällen, mit spastisch Gelähmten, in Fällen von Dysmelien, nach Verbrennungen, in der Psychiatrie oder Geriatrie, nach Einsatz von Endoprothesen.

Nr. 3 Der Umfang der schwierigen Aufgaben bzw. der Tätigkeiten ist nicht mehr unerheblich, wenn er etwa ein Viertel der gesamten Tätigkeit ausmacht.

10.15 Zahntechniker

Entgeltgruppe 10

Zahntechnikermeister,

denen mindestens 16 Zahntechnikermeister oder Zahntechniker durch ausdrückliche Anordnung ständig unterstellt sind.

Entgeltgruppe 9b

1. Zahntechnikermeister oder Zahntechniker mit entsprechender Tätigkeit,

   denen mindestens zwei Beschäftigte mit Tätigkeiten mindestens der Entgeltgruppe 8 Fallgruppe 3 durch ausdrückliche Anordnung ständig unterstellt sind.

   (Hierzu Protokollerklärung Nr. 1)
2. Zahntechnikermeister oder Zahntechniker mit entsprechender Tätigkeit,

   die als Hilfskräfte bei wissenschaftlichen Forschungsaufgaben mit einem besonders hohen Maß von Verantwortlichkeit tätig sind.

Entgeltgruppe 9a

1. Zahntechnikermeister mit entsprechenden Tätigkeiten,

   die Kenntnisse in der kieferchirurgischen Prothetik erfordern, oder die Epithesen herstellen.
2. Zahntechnikermeister oder Zahntechniker,

   denen an Universitätskliniken die handwerkliche Unterweisung von Studenten in zahntechnischen Arbeiten obliegt.

Entgeltgruppe 8

1. Zahntechnikermeister mit entsprechender Tätigkeit.
2. Zahntechniker mit entsprechenden Tätigkeiten,
   die Kenntnisse in der kieferchirurgischen Prothetik erfordern, oder die Epithesen herstellen.
3. Zahntechniker mit entsprechender Tätigkeit,
   die schwierige Aufgaben erfüllen.
   (Hierzu Protokollerklärung Nr. 2)

Entgeltgruppe 6

Zahntechniker mit entsprechender Tätigkeit.

Protokollerklärungen:

Nr. 1 Im Sinne der Nr. 6 der Vorbemerkungen zu allen Teilen der Entgeltordnung ist vergleichbar die Entgeltgruppe 8 der Besoldungsgruppe A 8.

Nr. 2 Schwierige Aufgaben sind z. B. Tätigkeiten in der zahnärztlichen Keramik, in der Kiefer-Orthopädie, in der Parallelometertechnik, in der Vermessungstechnik für Einstückgussprothesen, in der Geschiebetechnik.

11. Beschäftigte in der Informations- und Kommunikationstechnik

Vorbemerkungen

1. [1]Nach diesem Abschnitt sind Beschäftigte eingruppiert, die sich mit Systemen der Informations- und Kommunikationstechnik befassen ohne Rücksicht auf ihre organisatorische Eingliederung. [2]Zu diesen Systemen zählen insbesondere informationstechnische Hard- und Softwaresysteme, Anwendungsprogramme, Datenbanken, Komponenten der Kommunikationstechnik in lokalen IKT-Netzen und IKT-Weitverkehrsnetzen sowie Produkte und Services, die mit diesen Systemen erstellt werden. [3]Dabei werden Tätigkeiten im gesamten Lebenszyklus eines solchen IKT-Systems erfasst, also dessen Planung, Spezifikation, Entwurf, Design, Erstellung, Implementierung, Test, Integration in die operative Umgebung, Produktion, Optimierung und Tuning, Pflege, Fehlerbeseitigung und Qualitätssicherung. [4]Auch Tätigkeiten zur Sicherstellung der Informationssicherheit fallen unter die nachfolgenden Merkmale. [5]Da mit den informationstechnischen Systemen in der Regel Produkte oder Services erstellt werden, gelten die nachfolgenden Tätigkeitsmerkmale auch für die Beschäftigten in der Produktionssteuerung und im IKT-Servicemanagement. [6]Nicht unter diesen Abschnitt fallen Beschäftigte, die lediglich IKT-Systeme anwenden oder Beschäftigte, die lediglich die Rahmenbedingungen für die Informations- und Kommunikationstechnik schaffen und sich die informationstechnischen Spezifikationen von den IKT-Fachleuten zuarbeiten lassen.

2. (1) Eine abgeschlossene Hochschulbildung liegt vor, wenn von einer Hochschule im Sinne des § 1 Hochschulrahmengesetz (HRG) ein Diplomgrad mit dem Zusatz „Fachhochschule" („FH"), ein anderer nach § 18 HRG gleichwertiger Abschlussgrad oder ein Bachelorgrad verliehen wurde.

   (2) [1]Der Bachelorstudiengang muss nach den Regelungen des Akkreditierungsrats akkreditiert sein. [2]Dem gleichgestellt sind Abschlüsse in akkreditierten Bachelorausbildungsgängen an Berufsakademien.

   (3) Eine abgeschlossene Hochschulbildung setzt voraus, dass die Abschlussprüfung in einem Studiengang abgelegt wird, der seinerseits mindestens das Zeugnis der Hochschulreife (allgemeine Hochschulreife) oder eine andere landesrechtliche Hochschulzugangsberechtigung als Zugangsvoraussetzung erfordert, und für den Abschluss eine Mindeststudienzeit von sechs Semestern – ohne etwaige Praxissemester, Prüfungssemester o. Ä. – vorgeschrieben ist.

(4) Ein Abschluss an einer ausländischen Hochschule gilt als abgeschlossene Hochschulbildung, wenn er von der zuständigen staatlichen Anerkennungsstelle als dem deutschen Hochschulabschluss gleichwertig anerkannt wurde.

Entgeltgruppe 13

1. Beschäftigte der Entgeltgruppe 12 Fallgruppe 2,

   deren Tätigkeit sich mindestens zu einem Drittel durch das Maß der Verantwortung erheblich aus der Entgeltgruppe 12 Fallgruppe 2 heraushebt.

2. Beschäftigte der Entgeltgruppe 10

   mit mindestens dreijähriger praktischer Erfahrung,

   die durch ausdrückliche Anordnung als Leiter einer IT-Gruppe bestellt sind und denen mindestens

   a) zwei Beschäftigte dieses Abschnitts mindestens der Entgeltgruppe 12 oder

   b) drei Beschäftigte dieses Abschnitts mindestens der Entgeltgruppe 11

   durch ausdrückliche Anordnung ständig unterstellt sind.

Entgeltgruppe 12

1. Beschäftigte der Entgeltgruppe 11 Fallgruppe 2

   mit mindestens dreijähriger praktischer Erfahrung,

   deren Tätigkeit sich mindestens zu einem Drittel durch besondere Schwierigkeit und Bedeutung oder durch Spezialaufgaben aus der Entgeltgruppe 11 Fallgruppe 2 heraushebt.

2. Beschäftigte der Entgeltgruppe 11 Fallgruppe 2

   mit mindestens dreijähriger praktischer Erfahrung,

   deren Tätigkeit sich durch besondere Schwierigkeit und Bedeutung oder durch Spezialaufgaben aus der Entgeltgruppe 11 Fallgruppe 2 heraushebt.

3. Beschäftigte der Entgeltgruppe 10

   mit mindestens dreijähriger praktischer Erfahrung,

   die durch ausdrückliche Anordnung als Leiter einer IT-Gruppe bestellt sind und denen mindestens

   a) zwei Beschäftigte dieses Abschnitts mindestens der Entgeltgruppe 11 oder

   b) drei Beschäftigte dieses Abschnitts mindestens der Entgeltgruppe 10

   durch ausdrückliche Anordnung ständig unterstellt sind.

Entgeltgruppe 11

1. Beschäftigte der Entgeltgruppe 10,
   deren Tätigkeit sich mindestens zu einem Drittel durch besondere Leistungen aus der Entgeltgruppe 10 heraushebt.
   (Hierzu Protokollerklärung Nr. 1)
2. Beschäftigte der Entgeltgruppe 10,
   deren Tätigkeit sich durch besondere Leistungen aus der Entgeltgruppe 10 heraushebt.
   (Hierzu Protokollerklärung Nr. 1)

Entgeltgruppe 10

1. Beschäftigte mit einschlägiger abgeschlossener Hochschulbildung (z. B. in der Fachrichtung Informatik) und entsprechender Tätigkeit sowie sonstige Beschäftigte, die aufgrund gleichwertiger Fähigkeiten und ihrer Erfahrungen entsprechende Tätigkeiten ausüben.
2. Beschäftigte der Entgeltgruppe 9b,
   deren Tätigkeit einen Gestaltungsspielraum erfordert, der über den Gestaltungsspielraum in Entgeltgruppe 8 hinausgeht.

Entgeltgruppe 9b

Beschäftigte der Entgeltgruppe 9a,
deren Tätigkeit umfassende Fachkenntnisse erfordert.
(Hierzu Protokollerklärung Nr. 2)

Entgeltgruppe 9a

Beschäftigte der Entgeltgruppe 8,
deren Tätigkeit zusätzliche Fachkenntnisse erfordert.

Entgeltgruppe 8

Beschäftigte der Entgeltgruppe 7,
deren Tätigkeit über die Standardfälle hinaus Gestaltungsspielraum erfordert.

Entgeltgruppe 7

Beschäftigte der Entgeltgruppe 6,
die ohne Anleitung tätig sind.

Entgeltgruppe 6

1. Beschäftigte mit einschlägiger abgeschlossener Berufsausbildung (z. B. Fachinformatiker der Fachrichtungen Anwendungsentwicklung oder Systemintegration, Technische Systeminformatiker, IT-

System-Kaufleute oder IT-Systemelektroniker) und entsprechender Tätigkeit sowie sonstige Beschäftigte, die aufgrund gleichwertiger Fähigkeiten und ihrer Erfahrungen entsprechende Tätigkeiten ausüben.

2. Beschäftigte, deren Tätigkeit gründliche und vielseitige Fachkenntnisse erfordert.

   (Hierzu Protokollerklärung Nr. 3)

Protokollerklärungen:

Nr. 1 Besondere Leistungen sind Tätigkeiten, deren Bearbeitung besondere Fachkenntnisse und besondere praktische Erfahrung voraussetzt oder die eine fachliche Weisungsbefugnis beinhalten.

Nr. 2 Umfassende Fachkenntnisse bedeuten gegenüber den in der Entgeltgruppe 9a geforderten Fachkenntnissen eine Steigerung der Tiefe und der Breite nach.

Nr. 3 [1]Gründliche Fachkenntnisse erfordern nähere Kenntnisse von Rechtsvorschriften oder näheres kaufmännisches oder technisches Fachwissen usw. des Aufgabenkreises. [2]Die gründlichen und vielseitigen Fachkenntnisse brauchen sich nicht auf das gesamte Gebiet der Verwaltung (des Betriebes), bei der der Beschäftigte tätig ist, zu beziehen. [3]Der Aufgabenkreis des Beschäftigten muss aber so gestaltet sein, dass er nur beim Vorhandensein gründlicher und vielseitiger Fachkenntnisse ordnungsgemäß bearbeitet werden kann.

IV

12. Beschäftigte im Justizdienst

12.1 Beschäftigte bei Gerichten und Staatsanwaltschaften

Entgeltgruppe 9b

Gruppenleiter bei Gerichten oder Staatsanwaltschaften.

(Hierzu Protokollerklärung Nr. 5)

Entgeltgruppe 9a

1. Geschäftsstellenverwalter bei Gerichten oder Staatsanwaltschaften, deren Tätigkeit sich dadurch aus der Entgeltgruppe 6 Fallgruppe 1 heraushebt, dass sie schwierig ist.

   (Hierzu Protokollerklärungen Nrn. 1 und 3)
2. Beschäftigte in Serviceeinheiten bei Gerichten oder Staatsanwaltschaften, deren Tätigkeit sich dadurch aus der Entgeltgruppe 6 Fallgruppe 2 heraushebt, dass sie schwierig ist.

   (Hierzu Protokollerklärungen Nrn. 2 und 3)

Entgeltgruppe 8

1. Geschäftsstellenverwalter bei Gerichten oder Staatsanwaltschaften, deren Tätigkeit sich dadurch aus der Entgeltgruppe 6 Fallgruppe 1 heraushebt, dass sie mindestens zu einem Drittel schwierig ist.

   (Hierzu Protokollerklärungen Nrn. 1 und 3)
2. Beschäftigte in Serviceeinheiten bei Gerichten oder Staatsanwaltschaften, deren Tätigkeit sich dadurch aus der Entgeltgruppe 6 Fallgruppe 2 heraushebt, dass sie mindestens zu einem Drittel schwierig ist.

   (Hierzu Protokollerklärungen Nrn. 2 und 3)

Entgeltgruppe 6

1. Geschäftsstellenverwalter bei Gerichten oder Staatsanwaltschaften, deren Tätigkeit sich dadurch aus der Entgeltgruppe 5 Fallgruppe 1 heraushebt, dass sie mindestens zu einem Fünftel schwierig ist.

   (Beschäftigte in dieser Fallgruppe erhalten eine monatliche Entgeltgruppenzulage gemäß Anlage F Abschnitt I Nr. 11.)

   (Hierzu Protokollerklärungen Nrn. 1, 3 und 4)
2. Beschäftigte in Serviceeinheiten bei Gerichten oder Staatsanwaltschaften, deren Tätigkeit sich dadurch aus der Fallgruppe 4 heraushebt, dass sie mindestens zu einem Fünftel schwierig ist.

   (Beschäftigte in dieser Fallgruppe erhalten eine monatliche Entgeltgruppenzulage gemäß Anlage F Abschnitt I Nr. 11.)

   (Hierzu Protokollerklärungen Nrn. 2, 3 und 4)

3. Protokollführer bei Gerichten, die in Strafsachen Inhaltsprotokolle selbständig fertigen.

   (Beschäftigte in dieser Fallgruppe erhalten eine monatliche Entgeltgruppenzulage gemäß Anlage F Abschnitt I Nr. 11.)

4. Beschäftigte in Serviceeinheiten bei Gerichten oder Staatsanwaltschaften.

   (Hierzu Protokollerklärung Nr. 2)

Entgeltgruppe 5

1. Geschäftsstellenverwalter bei Gerichten oder Staatsanwaltschaften.

   (Hierzu Protokollerklärung Nr. 1)

2. Protokollführer bei Gerichten oder Staatsanwaltschaften.
3. Beschäftigte, denen die Eintragungen in das Grundbuch oder die Register mit Unterschriftsleistung obliegen.

Entgeltgruppe 4

1. Beschäftigte, denen die Eintragungen in das Grundbuch oder die Register ohne Unterschriftsleistung obliegen.
2. Justizhelfer.

   (Hierzu Protokollerklärung Nr. 6)

Entgeltgruppe 2

Beschäftigte bei Gerichten und Staatsanwaltschaften
mit einfachen Tätigkeiten.

(Hierzu Protokollerklärung Nr. 7)

Protokollerklärungen:

Nr. 1 Geschäftsstellenverwalter sind Beschäftigte, die Schriftgut verwalten und mindestens zu einem Drittel ihrer Gesamttätigkeit die sonstigen, in den Geschäftsordnungen für die Gerichte und Staatsanwaltschaften für ihr Arbeitsgebiet dem mittleren Dienst bzw. der entsprechenden Qualifikationsebene zugewiesenen Tätigkeiten wahrnehmen.

Nr. 2 Beschäftigte in Serviceeinheiten bei Gerichten oder Staatsanwaltschaften sind Beschäftigte, die die Ausbildung nach der Verordnung über die Berufsausbildung zum Justizfachangestellten/zur Justizfachangestellten vom 26. Januar 1998 (BGBl. I S. 195) erfolgreich abgeschlossen haben und Aufgaben des mittleren Justizdienstes bzw. der entsprechenden Qualifikationsebene und der Justizfachangestellten (z. B. Geschäftsstellentätigkeit, Protokollführung, Assistenztätigkeiten) ganzheitlich bearbeiten, sowie sonstige Beschäftigte, die aufgrund gleichwertiger Fähigkeiten und ihrer Erfahrungen entsprechende Tätigkeiten in Serviceeinheiten ausüben.

Nr. 3 Schwierige Tätigkeiten im Sinne dieses Tätigkeitsmerkmals sind z. B.:

a) die Anordnung von Zustellungen, die Ladung von Amts wegen, die Vermittlung von Zustellungen im Parteibetrieb, die Heranziehung und die Ladung der ehrenamtlichen Richter, die Besorgung der öffentlichen Zustellung und Ladung,

b) die Erteilung von Rechtskraft- und Notfristzeugnissen sowie die Erteilung von Vollstreckungsklauseln, die Vollstreckbarkeitsbescheinigung in Strafsachen,

c) die Aufgaben nach den Anordnungen über die Erhebung von statistischen Daten und der Mitteilung an das Bundeszentralregister, das Gewerbezentralregister und das Kraftfahrtbundesamt,

d) die dem Urkundsbeamten der Geschäftsstelle

- nach der Grundbuchordnung übertragenen Geschäfte einschließlich des Entwerfens von Hypotheken-, Grundschuld- und Rentenschuldbriefen und des Entwerfens von Berichtigungen und Ergänzungen derselben sowie
- Führung des Tagebuchs,
- die entsprechenden Geschäfte nach §§ 28–31 der Handelsregisterverordnung, § 26 der Verordnung über das Genossenschaftsregister, § 3 der Bestimmung über das Vereins- und Güterrechtsregister vom 24. Januar 1924 (RMinBl. 22) bzw. der ergänzenden oder ersetzenden landesrechtlichen Vorschriften über die Führung des Güterrechtsregisters und § 10 der Vereinsregisterverordnung,

e) die Aufgaben des Kostenbeamten, die Aufgaben der Geschäftsstelle bei der Bewilligung von Prozesskostenhilfe mit Zahlungsbestimmung, die Festsetzung und Anweisung der den Zeugen, Sachverständigen und ehrenamtlichen Richter sowie den Beteiligten zu gewährenden Entschädigungen (einschl. etwaiger Vorschüsse),

f) die Mitwirkung bei der Überwachung von Auflagen und Weisungen nach § 153a Absatz 1 Strafprozessordnung und dem Jugendgerichtsgesetz sowie der Lebensführung des Verurteilten nach § 453b Strafprozessordnung und der Gnadenordnung sowie der Überwachung von Zahlungen bei der Vollstreckung von Geldstrafen,

g) die unterschriftsreife Vorbereitung von Beschlüssen und Verfügungen sowie die Anordnungen für Richter, Staatsanwälte und Rechtspfleger, die Vorprüfung von Klagen und Anschuldigungsschriften, Anträgen sowie Rechtsmitteln und Rechtsbehelfen in Gerichtsverfahren (Spruchkörperzuständigkeit, Ermittlung des Berichterstatters, Fristwahrung, Beweisangebote in patentgerichtlichen Verfahren u. Ä.), die Überprüfung fristgebundener Gebührenzahlungen in patentgerichtlichen Verfahren,

h) die Beantwortung von Sachstandsanfragen und Auskunftsersuchen formeller Art sowie die Überwachung von Akteneinsichten in patentgerichtlichen Verfahren,

i) Führung von Haftlisten.

Nr. 4 Das Tätigkeitsmerkmal ist auch erfüllt, wenn die schwierigen Tätigkeiten zusammen mit der selbständigen Fertigung von Inhaltsprotokollen in Strafsachen mindestens 35 vom Hundert der Gesamttätigkeit ausmachen.

Nr. 5 Die Tätigkeit von Gruppenleitern beinhaltet die Koordination der Geschäftsabläufe innerhalb einer großen Geschäftsstelle bzw. Serviceeinheit, insbesondere Einsatzsteuerung in der Serviceeinheit, Urlaubsplanung, Qualitätssicherung und Einarbeitung neuer Beschäftigter.

Nr. 6 Justizhelfer sind Arbeitnehmer bei den Gerichten und Staatsanwaltschaften, die die Aufgaben eines Justizwachtmeisters erfüllen (insbesondere auch Sitzungs- und Vorführdienst).

Nr. 7 [1]Einfache Tätigkeiten sind Tätigkeiten, die weder eine Vor- noch eine Ausbildung, aber eine Einarbeitung erfordern, die über eine sehr kurze Einweisung oder Anlernphase hinausgeht. [2]Die Einarbeitung dient dem Erwerb derjenigen Kenntnisse und Fertigkeiten, die für die Beherrschung der Arbeitsabläufe als solche erforderlich sind.

12.2 Beschäftigte im allgemeinen Justizvollzugsdienst

Entgeltgruppe 7

Beschäftigte im geschlossenen Vollzugsdienst, deren Tätigkeit sich dadurch aus der Entgeltgruppe 6 Fallgruppe 2 heraushebt, dass sie besondere Erfahrung und Zuverlässigkeit erfordert.
(Hierzu Protokollerklärung)

Entgeltgruppe 6

1. Beschäftigte im offenen Vollzugsdienst, deren Tätigkeit sich dadurch aus der Fallgruppe 2 heraushebt, dass sie besondere Erfahrung und Zuverlässigkeit erfordert.
   (Beschäftigte in dieser Fallgruppe erhalten eine monatliche Entgeltgruppenzulage gemäß Anlage F Abschnitt I Nr. 11.)
   (Hierzu Protokollerklärung)
2. Beschäftigte im offenen oder geschlossenen Vollzugsdienst mit selbständiger Tätigkeit.

Entgeltgruppe 4

Beschäftigte im offenen oder geschlossenen Vollzugsdienst, soweit nicht anderweitig eingruppiert.

Protokollerklärung:

Besondere Erfahrung und Zuverlässigkeit liegen vor, wenn die fachliche Aufsicht auf ein Mindestmaß beschränkt werden kann.

13. Beschäftigte im Kanzleidienst

Entgeltgruppe 9b

Vorsteher von Kanzleien mit mindestens 40 Kanzleikräften.

Entgeltgruppe 8

1. Vorsteher von Kanzleien mit mindestens 25 Kanzleikräften.
2. Ständige Vertreter von Vorstehern von Kanzleien mit mindestens 60 Kanzleikräften.

Entgeltgruppe 6

Vorsteher von Kanzleien mit mindestens 15 Kanzleikräften.

Entgeltgruppe 5

Vorsteher von Kanzleien.
(Hierzu Protokollerklärung)

Protokollerklärung:

Als Vorsteher von Kanzleien gelten nur Beschäftigte, die einer Kanzlei mit mindestens fünf Kanzleikräften vorstehen.

14. Beschäftigte im Kassendienst

Entgeltgruppe 10

1. Leiter von Kassen mit mindestens 30 Kassenbeschäftigten.

   (Hierzu Protokollerklärung Nr. 1)
2. Leiter von Kassen mit mindestens 15 Kassenbeschäftigten, wenn sie zugleich Leiter der Vollstreckungsstelle sind.

   (Hierzu Protokollerklärung Nr. 1)

Entgeltgruppe 9b

1. Leiter von Kassen mit mindestens fünf Kassenbeschäftigten.

   (Hierzu Protokollerklärung Nr. 1)
2. Leiter von Kassen, die zugleich Leiter der Vollstreckungsstelle sind, soweit nicht in die Entgeltgruppe 10 eingruppiert.

   (Hierzu Protokollerklärung Nr. 1)
3. Ständige Vertreter der Leiter von Kassen mit mindestens zwölf Kassenbeschäftigten.

   (Hierzu Protokollerklärung Nr. 1)
4. Beschäftigte in staatlichen Oberkassen oder Zentralkassen, denen mindestens drei Beschäftigte mit buchhalterischen Tätigkeiten der Entgeltgruppe 8 Fallgruppe 3 oder Entgeltgruppe 6 Fallgruppe 4 ständig unterstellt sind.

   (Hierzu Protokollerklärung Nr. 1)
5. Beschäftigte, die verantwortlich Personen- oder Sachkonten führen oder verwalten, in staatlichen Zentralkassen mit besonders schwierigen Arbeiten.

   (Hierzu Protokollerklärungen Nrn. 1, 2 und 3)
6. Kassierer in Kassen, die das Ergebnis mehrerer Kassierer zusammenfassen.

   (Hierzu Protokollerklärung Nr. 1)
7. Kassierer in Kassen mit schwierigem Zahlungsverkehr und ständig außergewöhnlich hohen Barumsätzen.

   (Hierzu Protokollerklärung Nr. 1)

Entgeltgruppe 8

1. Beschäftigte in Kassen, die verantwortlich Personen- oder Sachkonten führen oder verwalten, wenn ihnen schwierige buchhalterische Tätigkeiten übertragen sind.

   (Hierzu Protokollerklärungen Nrn. 1, 2, 4 und 5)

IV

2. Beschäftigte in Kassen, denen mindestens drei Beschäftigte mit buchhalterischen Tätigkeiten mindestens der Entgeltgruppe 5 ständig unterstellt sind.
   (Hierzu Protokollerklärungen Nrn. 1, 4 und 6)
3. Beschäftigte, die verantwortlich Personen- oder Sachkonten führen oder verwalten, in staatlichen Kassen, in denen die Ergebnisse mehrerer Kassen zusammengefasst werden, wenn ihnen schwierige buchhalterische Tätigkeiten übertragen sind.
   (Hierzu Protokollerklärungen Nrn. 1, 2 und 5)
4. Beschäftigte in Finanzkassen mit vollautomatischem Steuererhebungsverfahren, die an Hand der Buchungsbelege Auskünfte erteilen.
   (Hierzu Protokollerklärung Nr. 1)
5. Kassierer in Kassen an Arbeitsplätzen mit ständig überdurchschnittlich hohen Postenzahlen.
   (Hierzu Protokollerklärungen Nrn. 1 und 7)
6. Verwalter von Zahlstellen, in denen ständig nach Art und Umfang besonders schwierige Zahlungsgeschäfte anfallen, wenn ihnen mindestens drei Beschäftigte ständig unterstellt sind.
   (Hierzu Protokollerklärung Nr. 1)
7. Leiter von Kassen mit mindestens drei Kassenbeschäftigten mindestens der Entgeltgruppe 4.
   (Hierzu Protokollerklärungen Nrn. 1 und 6)

Entgeltgruppe 6

1. Beschäftigte in Kassen, die verantwortlich Personen- oder Sachkonten führen oder verwalten, wenn ihnen in nicht unerheblichem Umfang schwierige buchhalterische Tätigkeiten übertragen sind.
   (Hierzu Protokollerklärungen Nrn. 1, 2, 4, 5 und 8)
2. Beschäftigte in Finanzkassen, die verantwortlich Personen- oder Sachkonten führen oder verwalten, wenn sie sich durch besondere Zuverlässigkeit aus der Entgeltgruppe 5 Fallgruppe 1 herausheben.
   (Hierzu Protokollerklärungen Nrn. 1, 2 und 9)
3. Beschäftigte in Kassen, denen mindestens drei Beschäftigte mit buchhalterischen Tätigkeiten mindestens der Entgeltgruppe 4 ständig unterstellt sind.
   (Hierzu Protokollerklärungen Nrn. 1, 4 und 6)
4. Beschäftigte, die verantwortlich Personen- oder Sachkonten führen oder verwalten, in staatlichen Kassen, in denen die Ergebnisse mehrerer Kassen zusammengefasst werden.
   (Hierzu Protokollerklärungen Nrn. 1 und 2)

5. Kassierer in Kassen, soweit nicht anderweitig eingruppiert.
   (Hierzu Protokollerklärungen Nrn. 1 und 7)
6. Verwalter von Zahlstellen, in denen ständig nach Art und Umfang besonders schwierige Zahlungsgeschäfte anfallen.
   (Hierzu Protokollerklärung Nr. 1)
7. Leiter von Kassen mit mindestens einem Kassenbeschäftigten mindestens der Entgeltgruppe 4.
   (Hierzu Protokollerklärungen Nrn. 1 und 6)

Entgeltgruppe 5

1. Beschäftigte in Kassen, die verantwortlich Personen- oder Sachkonten führen oder verwalten.
   (Hierzu Protokollerklärungen Nrn. 1, 2 und 4)
2. Beschäftigte in Finanzkassen, deren Tätigkeit gründliche Fachkenntnisse erfordert.
   (Hierzu Protokollerklärungen Nrn. 1 und 10)
3. Kassierer in kleineren Kassen.
   (Hierzu Protokollerklärungen Nrn. 1 und 7)
4. Zahlstellenverwalter größerer Zahlstellen.
   (Hierzu Protokollerklärung Nr. 1)
5. Verwalter von Einmannkassen.
   (Hierzu Protokollerklärung Nr. 1)

Entgeltgruppe 4

Beschäftigte im Kassendienst mit schwierigen Tätigkeiten.
(Hierzu Protokollerklärungen Nrn. 1 und 11)

Niederschriftserklärung zu Teil II Abschnitt 14, Entgeltgruppe 4:
Die Niederschriftserklärung zu Teil I, Entgeltgruppe 4 Fallgruppe 1 gilt entsprechend.

Entgeltgruppe 3

Beschäftigte im Kassendienst
mit Tätigkeiten, für die eine eingehende Einarbeitung bzw. eine fachliche Anlernung erforderlich ist, die über eine Einarbeitung im Sinne der Entgeltgruppe 2 hinausgeht.
(Hierzu Protokollerklärung Nr. 1)

Entgeltgruppe 2

Beschäftigte im Kassendienst
mit einfachen Tätigkeiten.
(Hierzu Protokollerklärungen Nrn. 1 und 12)

IV

Protokollerklärungen:

Nr. 1 Kassen und Zahlstellen im Sinne dieses Tätigkeitsmerkmals sind nur die in den jeweiligen Landesregelungen zur Organisation von Kassen und Zahlstellen (z. B. Landeshaushaltsordnungen, Verwaltungsvorschriften) als solche bestimmten.

Nr. 2 Beschäftigte führen oder verwalten verantwortlich Personen- oder Sachkonten, wenn sie die Belege vor der Buchung auf ihre Ordnungsmäßigkeit nach den Kassenvorschriften zu prüfen und für die Richtigkeit der Buchungen die Verantwortung zu tragen haben.

Nr. 3 Besonders schwierige Arbeiten sind z. B. Zahlungs- und Abrechnungsverkehr; Nachweis der zentralen Kredite, Rücklagen, Geldanlagen; Gesamtrechnungslegung.

Nr. 4 Dieses Tätigkeitsmerkmal gilt auch für Beschäftigte, die in Zahlstellen oder Buchungsstellen verantwortlich Personen- oder Sachkonten führen oder verwalten.

Nr. 5 Schwierige buchhalterische Tätigkeiten sind z. B.:

a) selbständiger Verkehr mit den bewirtschafteten Stellen;
b) Führen oder Verwalten von Darlehens- oder Schuldendienstkonten, wenn die Zins- und Tilgungsleistungen selbständig errechnet werden müssen;
c) selbständiges Bearbeiten von Vollstreckungsangelegenheiten (mit Ausnahme des Ausstellens von Pfändungsaufträgen und von Amtshilfeersuchen);
d) Bearbeiten schwierig aufzuklärender Verwahrposten;
e) selbständiges Bearbeiten von Werthinterlegungen einschließlich der Kontenführung;
f) Führen oder Verwalten von Sachkonten für Haushaltsausgaben, wenn damit das Überwachen zahlreicher Abschlagszahlungen verbunden ist;
g) Führen oder Verwalten von Sachkonten, bei denen Deckungsvorschriften nicht nur einfacher Art zu beachten sind
(Deckungsvorschriften nur einfacher Art sind z. B.:
in Sammelnachweisen zusammengefasste Ausgaben;
gegenseitige oder einseitige Deckungsfähigkeit bei den Personalausgaben oder Deckungsvermerke, die sich auf der Ausgabenseite auf nur zwei Haushaltsstellen beschränken);
h) Führen oder Verwalten von Konten für den Abrechnungsverkehr mit Kassen oder Zahlstellen;
i) selbständiges Bearbeiten der Abrechnung mit Gerichtsvollziehern;
j) Führen oder Verwalten schwieriger Konten der Vermögensrechnung bei gleichzeitigem selbständigem Berechnen von Abschreibungen aufgrund allgemeiner – betraglich nicht festgelegter – Kassen- oder Buchungsanweisungen.

Nr. 6 Im Sinne der Nr. 6 der Vorbemerkungen zu allen Teilen der Entgeltordnung ist vergleichbar

- die Entgeltgruppe 5 der Besoldungsgruppe A 6 und
- die Entgeltgruppe 4 der Besoldungsgruppe A 5.

Nr. 7 Unter dieses Tätigkeitsmerkmal fallen auch Kassierer für unbaren Zahlungsverkehr.

Nr. 8 Der Umfang der schwierigen buchhalterischen Tätigkeiten ist nicht mehr unerheblich, wenn er etwa ein Viertel der gesamten Tätigkeit ausmacht.

Nr. 9 Besondere Zuverlässigkeit liegt vor, wenn die fachliche Aufsicht auf ein Mindestmaß beschränkt werden kann.

Nr. 10 Erforderlich sind nähere Kenntnisse von Gesetzen und Verwaltungsvorschriften usw. des Aufgabenkreises.

Nr. 11 Schwierige Tätigkeiten sind solche, die mehr als eine eingehende Einarbeitung bzw. mehr als eine fachliche Anlernung i. S. der Entgeltgruppe 3 erfordern, z. B. durch einen höheren Aufwand an gedanklicher Arbeit.

Nr. 12 [1]Einfache Tätigkeiten sind Tätigkeiten, die weder eine Vor- noch eine Ausbildung, aber eine Einarbeitung erfordern, die über eine sehr kurze Einweisung oder Anlernphase hinausgeht. [2]Die Einarbeitung dient dem Erwerb derjenigen Kenntnisse und Fertigkeiten, die für die Beherrschung der Arbeitsabläufe als solche erforderlich sind.

IV

15. Meister, technische Beschäftigte mit besonderen Aufgaben, Grubenkontrolleure

Vorbemerkung

[1]Beschäftigte, die nach diesem Abschnitt eingruppiert sind, erhalten eine monatliche Zulage in Höhe von 38,35 Euro. [2]Die Zulage wird nur für Zeiträume gezahlt, in denen Beschäftigte einen Anspruch auf Entgelt oder Entgeltfortzahlung nach § 21 haben. [3]Die Zahlung erfolgt längstens bis zu einer Überarbeitung bzw. Neuregelung des Abschnitts 15.

15.1 Technische Beschäftigte mit besonderen Aufgaben, Grubenkontrolleure

Entgeltgruppe 9b

Technische Beschäftigte mit besonders verantwortungsvoller Tätigkeit

a) als Schichtführer in großen thermischen Kraftwerken, großen Heizkraftwerken oder großen Müllverbrennungsanlagen, die außerhalb der regulären Tagesarbeitszeit für den gesamten Betrieb allein verantwortlich sind,

b) in großen E-Lastverteileranlagen, die in der Schicht für die Netzbetriebsführung allein verantwortlich sind,

c) als Leiter von großen und vielschichtig strukturierten Instandsetzungsbereichen

sowie

sonstige technische Beschäftigte mit vergleichbarer Tätigkeit, die wegen der Schwierigkeit der Aufgaben und der Größe der Verantwortung ebenso zu bewerten ist, wie die Tätigkeiten nach Buchstaben a bis c.

(Beschäftigte in dieser Fallgruppe erhalten eine monatliche Entgeltgruppenzulage gemäß Anlage F Abschnitt I Nr. 1.)

(Hierzu Protokollerklärung)

Entgeltgruppe 9a

Grubenkontrolleure.

Protokollerklärung:

[1]Ein vielschichtig strukturierter Bereich liegt vor, wenn in diesem Bereich die Arbeit von mindestens drei Gewerken zu koordinieren ist und mindestens drei Gewerken jeweils Meister vorstehen. [2]Gewerke sind Fachrichtungen im Sinne anerkannter Ausbildungsberufe, in denen die Meisterprüfung abgelegt werden kann. [3]Im Mehrschichtbetrieb ist es unschädlich, wenn in den mindestens drei Gewerken nicht in allen Schichten jeweils Meister im Sinne des Satzes 1 eingesetzt sind.

15.2 Handwerksmeister, Industriemeister und Meister mit Sonderausbildung

Vorbemerkungen

1. [1]Meister im Sinne dieser Tätigkeitsmerkmale sind Beschäftigte, die auf handwerklichem Gebiet tätig sind. [2]Diese Tätigkeitsmerkmale gelten nicht für Meister, die außerhalb der handwerklichen Berufsarbeit tätig sind (z. B. Platzmeister, Lagermeister, Hausmeister, Verkehrsmeister). [3]Wasserbauwerkmeister mit entsprechender Tätigkeit werden nach den Tätigkeitsmerkmalen für Handwerksmeister eingruppiert.
2. Aufgabenspezifische Sonderausbildungen sind Ausbildungen von Handwerkern oder Facharbeitern zum geprüften Kraftwerksmeister, zum geprüften Gasmeister, zum geprüften Fernwärmemeister oder im militärfachlichen Meisterlehrgang der Bundeswehr in der Materialerhaltung von Luftfahrtgerät sowie Ausbildungen in gleichwertigen Ausbildungsgängen für Handwerker oder Facharbeiter.

Entgeltgruppe 9a

1. Handwerksmeister, Industriemeister und Meister mit erfolgreich abgeschlossener aufgabenspezifischer Sonderausbildung,

   deren Tätigkeit sich durch den Umfang und die Bedeutung des Aufgabengebietes und große Selbständigkeit wesentlich aus der Fallgruppe 3 heraushebt.

   (Beschäftigte in dieser Fallgruppe erhalten eine monatliche Entgeltgruppenzulage gemäß Anlage F Abschnitt I Nr. 2.)
2. Handwerksmeister, Industriemeister und Meister mit erfolgreich abgeschlossener aufgabenspezifischer Sonderausbildung,

   deren Tätigkeit sich durch den Umfang und die Bedeutung des Aufgabengebietes und große Selbständigkeit wesentlich aus der Fallgruppe 4 heraushebt.

   (Beschäftigte in dieser Fallgruppe erhalten eine monatliche Entgeltgruppenzulage gemäß Anlage F Abschnitt I Nr. 2.)
3. Handwerksmeister, Industriemeister und Meister mit erfolgreich abgeschlossener aufgabenspezifischer Sonderausbildung,

   sofern sie große Arbeitsstätten (Bereiche, Werkstätten, Abteilungen oder Betriebe) zu beaufsichtigen haben, in denen Handwerker oder Facharbeiter beschäftigt sind.
4. Handwerksmeister, Industriemeister und Meister mit erfolgreich abgeschlossener aufgabenspezifischer Sonderausbildung,

deren Tätigkeit sich dadurch aus der Entgeltgruppe 8 heraushebt, dass die Beschäftigung an einer besonders wichtigen Arbeitsstätte mit einem höheren Maß von Verantwortlichkeit erfolgt.

Entgeltgruppe 8

Handwerksmeister, Industriemeister und Meister mit erfolgreich abgeschlossener aufgabenspezifischer Sonderausbildung.

15.3 Maschinenmeister

Vorbemerkung

[1]Meister im Sinne dieser Tätigkeitsmerkmale sind Beschäftigte, die auf handwerklichem Gebiet tätig sind. [2]Diese Tätigkeitsmerkmale gelten nicht für Meister, die außerhalb der handwerklichen Berufsarbeit tätig sind (z. B. Platzmeister, Lagermeister, Hausmeister, Verkehrsmeister). [3]Wasserbauwerkmeister mit entsprechender Tätigkeit werden nach den Tätigkeitsmerkmalen für Handwerksmeister eingruppiert.

Entgeltgruppe 9a

1. Maschinenmeister,

   denen mindestens zwei Maschinenmeister der Entgeltgruppe 7 oder einer höheren Entgeltgruppe durch ausdrückliche Anordnung ständig unterstellt sind.

   (Beschäftigte in dieser Fallgruppe erhalten eine monatliche Entgeltgruppenzulage gemäß Anlage F Abschnitt I Nr. 4.)

   (Hierzu Protokollerklärung)

2. Maschinenmeister,

   deren Tätigkeit sich durch den Umfang und die Bedeutung des Aufgabengebietes und große Selbständigkeit wesentlich aus der Fallgruppe 3 heraushebt.

   (Beschäftigte in dieser Fallgruppe erhalten eine monatliche Entgeltgruppenzulage gemäß Anlage F Abschnitt I Nr. 4.)

3. Maschinenmeister an großen und wichtigen Maschinenanlagen.

Entgeltgruppe 7

Maschinenmeister, soweit nicht anderweitig eingruppiert.

Entgeltgruppe 6

Maschinenmeister an kleinen und einfachen Maschinenanlagen.

Protokollerklärung:

Im Sinne der Nr. 6 der Vorbemerkungen zu allen Teilen der Entgeltordnung ist vergleichbar die Entgeltgruppe 7 der Besoldungsgruppe A 7.

15.4 Gärtnermeister, Meister im gärtnerischen oder landwirtschaftlichen Betrieb

Vorbemerkungen

Gärtnermeister und Meister im Sinne dieser Tätigkeitsmerkmale sind Beschäftigte, die eine Tätigkeit in folgenden Fachgebieten ausüben:

Blumen- und Zierpflanzenbau, Obstbau, gärtnerischer Gemüsebau, Baumschulen, gärtnerischer Samenbau, Landschaftsgärtnerei, Friedhofsgärtnerei.

Entgeltgruppe 9a

1. Gärtnermeister,

   denen mehrere Gärtnermeister oder Meister, davon mindestens einer mit Tätigkeiten mindestens der Entgeltgruppe 8 oder der Entgeltgruppe 9a Fallgruppen 4 oder 5, durch ausdrückliche Anordnung ständig unterstellt sind oder die regelmäßig vergleichbare Arbeitskräfte von Unternehmern einzusetzen und zu beaufsichtigen haben.

   (Beschäftigte in dieser Fallgruppe erhalten eine monatliche Entgeltgruppenzulage gemäß Anlage F Abschnitt I Nr. 2.)

   (Hierzu Protokollerklärung Nr. 1)

2. Gärtnermeister,

   die in einem besonders bedeutenden Arbeitsbereich mit einem höheren Maß von Verantwortlichkeit beschäftigt sind und

   deren Tätigkeit sich durch den Umfang und die Bedeutung des Aufgabengebietes und große Selbständigkeit wesentlich aus der Fallgruppe 4 heraushebt.

   (Beschäftigte in dieser Fallgruppe erhalten eine monatliche Entgeltgruppenzulage gemäß Anlage F Abschnitt I Nr. 2.)

   (Hierzu Protokollerklärung Nr. 2)

3. Gärtnermeister,

   die in einem besonders bedeutenden Arbeitsbereich mit einem höheren Maß von Verantwortlichkeit beschäftigt sind und

   deren Tätigkeit sich durch den Umfang und die Bedeutung des Aufgabengebietes und große Selbständigkeit wesentlich aus der Fallgruppe 5 heraushebt.

   (Beschäftigte in dieser Fallgruppe erhalten eine monatliche Entgeltgruppenzulage gemäß Anlage F Abschnitt I Nr. 2.)

   (Hierzu Protokollerklärung Nr. 2)

4. Gärtnermeister,

   sofern sie besonders schwierige Arbeitsbereiche zu beaufsichtigen haben, in denen Gärtnergehilfen oder Beschäftigte mit gärtnerischem oder landwirtschaftlichem Facharbeiterbrief beschäftigt sind.

   (Hierzu Protokollerklärungen Nrn. 2 und 3)

5. Gärtnermeister,

   deren Tätigkeit sich dadurch aus der Entgeltgruppe 8 heraushebt, dass sie in einem besonders bedeutenden Arbeitsbereich mit einem höheren Maß von Verantwortlichkeit beschäftigt sind.

   (Hierzu Protokollerklärung Nr. 2)

6. Meister mit langjähriger Tätigkeit in der Entgeltgruppe 7 oder einer entsprechenden Tätigkeit außerhalb des Geltungsbereichs dieses Tarifvertrages,

   sofern sie besonders schwierige Arbeitsbereiche zu beaufsichtigen haben, in denen Gärtnergehilfen oder Beschäftigte mit gärtnerischem oder landwirtschaftlichem Facharbeiterbrief beschäftigt sind.

   (Hierzu Protokollerklärungen Nrn. 2 und 3)

Entgeltgruppe 8

Gärtnermeister.

Entgeltgruppe 7

Meister mit mehrjähriger Tätigkeit als Meister in der Entgeltgruppe 6 oder einer entsprechenden Tätigkeit außerhalb des Geltungsbereichs dieses Tarifvertrages,

die die Aufsicht über eine größere Gruppe von Gärtnergehilfen oder Beschäftigten mit gärtnerischem oder landwirtschaftlichem Facharbeiterbrief führen.

Entgeltgruppe 6

Meister mit mehrjähriger Tätigkeit als Gärtnergehilfe,

die die Aufsicht über eine Gruppe von Gärtnergehilfen oder Beschäftigten mit gärtnerischem oder landwirtschaftlichem Facharbeiterbrief führen.

Protokollerklärungen:

Nr. 1 Im Sinne der Nr. 6 der Vorbemerkungen zu allen Teilen der Entgeltordnung ist vergleichbar

- die Entgeltgruppe 8 der Besoldungsgruppe A 8 und
- die Entgeltgruppe 9a Fallgruppen 4 und 5 der Besoldungsgruppe A 9.

Nr. 2 Arbeitsbereiche im Sinne dieses Tätigkeitsmerkmals sind z. B. Reviere (Bezirke), Betriebsstätten, Friedhöfe.

Nr. 3 Besonders schwierige Arbeitsbereiche im Sinne dieses Tätigkeitsmerkmals sind solche, die erheblich über den normalen Schwierigkeitsgrad hinausgehen.

15.5 Meister

Vorbemerkung

[1]Meister im Sinne dieser Tätigkeitsmerkmale sind Beschäftigte, die auf handwerklichem Gebiet tätig sind. [2]Diese Tätigkeitsmerkmale gelten nicht für Meister, die außerhalb der handwerklichen Berufsarbeit tätig sind (z. B. Platzmeister, Lagermeister, Hausmeister, Verkehrsmeister). [3]Wasserbauwerkmeister mit entsprechender Tätigkeit werden nach den Tätigkeitsmerkmalen für Handwerksmeister eingruppiert.

Entgeltgruppe 9a

Meister mit langjähriger Tätigkeit in der Entgeltgruppe 7 oder einer entsprechenden Tätigkeit außerhalb des Geltungsbereichs dieses Tarifvertrages,

sofern sie große Arbeitsstätten (Bereiche, Werkstätten, Abteilungen oder Betriebe) zu beaufsichtigen haben, in denen Handwerker oder Facharbeiter beschäftigt sind.

Entgeltgruppe 7

Meister mit mehrjähriger Tätigkeit als Meister in Entgeltgruppe 6 oder einer entsprechenden Tätigkeit außerhalb des Geltungsbereichs dieses Tarifvertrages,

die die Aufsicht über eine größere Gruppe von Handwerkern, Facharbeitern oder sonstigen handwerklich tätigen Beschäftigten führen.

Entgeltgruppe 6

Meister mit mehrjähriger Tätigkeit als Handwerker oder Facharbeiter,

die die Aufsicht über eine Gruppe von Handwerkern, Facharbeitern oder sonstigen handwerklich tätigen Beschäftigten führen.

16. Beschäftigte in Registraturen

Entgeltgruppe 9b

Leiter von Registraturen,

deren Tätigkeit sich durch die besondere Bedeutung der Registratur aus der Entgeltgruppe 8 Fallgruppe 1 oder 2 heraushebt.

Entgeltgruppe 9a

1. Leiter einer nach Sachgesichtspunkten vielfach gegliederten Registratur,

   denen mindestens fünf Registraturbeschäftigte, davon zwei mindestens der Entgeltgruppe 6 Fallgruppe 3, ständig unterstellt sind.

   (Hierzu Protokollerklärungen Nrn. 1, 2, 3 und 4)

2. Leiter einer nach Sachgesichtspunkten vielfach gegliederten Registratur in obersten Landesbehörden,

   denen mindestens drei Registraturbeschäftigte, davon zwei mindestens der Entgeltgruppe 6 Fallgruppe 3, ständig unterstellt sind.

   (Hierzu Protokollerklärungen Nrn. 1, 2, 3 und 4)

Entgeltgruppe 8

1. Leiter einer nach Sachgesichtspunkten vielfach gegliederten Registratur,

   denen mindestens drei Registraturbeschäftigte, davon einer mindestens der Entgeltgruppe 6 Fallgruppe 3, ständig unterstellt sind.

   (Hierzu Protokollerklärungen Nrn. 1, 2, 3 und 4)

2. Leiter einer nach Sachgesichtspunkten vielfach gegliederten Registratur in obersten Landesbehörden,

   denen mindestens zwei Registraturbeschäftigte, davon einer mindestens der Entgeltgruppe 6 Fallgruppe 3, ständig unterstellt sind.

   (Hierzu Protokollerklärungen Nrn. 1, 2, 3 und 4)

3. Leiter von Registraturen,

   denen mindestens vier Registraturbeschäftigte, davon drei mindestens der Entgeltgruppe 5 Fallgruppe 1, ständig unterstellt sind.

   (Hierzu Protokollerklärungen Nrn. 1, 3 und 4)

4. Leiter von Registraturen,

   denen mindestens acht Registraturbeschäftigte ständig unterstellt sind.

   (Hierzu Protokollerklärungen Nrn. 3 und 4)

Entgeltgruppe 6

1. Leiter von Registraturen,

   denen mindestens zwei Registraturbeschäftigte, davon einer mindestens der Entgeltgruppe 5 Fallgruppe 1, ständig unterstellt sind.

   (Hierzu Protokollerklärungen Nrn. 1, 3 und 4)

2. Leiter von Registraturen,

   denen mindestens fünf Registraturbeschäftigte ständig unterstellt sind.

   (Hierzu Protokollerklärungen Nrn. 3 und 4)

3. Registraturbeschäftigte in einer nach Sachgesichtspunkten vielfach gegliederten Registratur in Tätigkeiten, die gründliche, umfangreiche Fachkenntnisse des Registraturwesens und eingehende Kenntnisse des verwalteten Schriftgutes erfordern.

   (Hierzu Protokollerklärung Nr. 2)

Entgeltgruppe 5

1. Registraturbeschäftigte mit gründlichen Fachkenntnissen.

   (Hierzu Protokollerklärung Nr. 5)

2. Leiter von Registraturen.

Entgeltgruppe 4

Registraturbeschäftigte mit schwierigen Tätigkeiten.

(Hierzu Protokollerklärung Nr. 6)

Niederschriftserklärung zu Teil II Abschnitt 16, Entgeltgruppe 4:

Die Niederschriftserklärung zu Teil I, Entgeltgruppe 4 Fallgruppe 1 gilt entsprechend.

Entgeltgruppe 3

Registraturbeschäftigte

mit Tätigkeiten, für die eine eingehende Einarbeitung bzw. eine fachliche Anlernung erforderlich ist, die über eine Einarbeitung im Sinne der Entgeltgruppe 2 hinausgeht.

Entgeltgruppe 2

Registraturbeschäftigte

mit einfachen Tätigkeiten.

(Hierzu Protokollerklärung Nr. 7)

Protokollerklärungen:

Nr. 1 Im Sinne der Nr. 6 der Vorbemerkungen zu allen Teilen der Entgeltordnung ist vergleichbar

- die Entgeltgruppe 5 der Besoldungsgruppe A 6 und
- die Entgeltgruppe 6 der Besoldungsgruppe A 7.

Nr. 2 Eine nach Sachgesichtspunkten vielfach gegliederte Registratur liegt vor, wenn das Schriftgut auf der Grundlage eines eingehenden, systematisch nach Sachgebieten, Oberbegriffen, Untergruppen und Stichworten weit gefächerten Aktenplans unterzubringen ist; nur in alphabetischer oder numerischer Reihenfolge geordnetes Schriftgut erfüllt diese Voraussetzungen nicht.

Nr. 3 Leiter von Registraturen, denen weniger Registraturbeschäftigte als im Tätigkeitsmerkmal gefordert ständig unterstellt sind, sind nach den Tätigkeitsmerkmalen für Registraturbeschäftigte einzugruppieren, wenn dies für sie günstiger ist.

Nr. 4 Zu den Registraturbeschäftigten im Sinne dieses Tätigkeitsmerkmals gehören auch die Beschäftigten im Registraturdienst der Entgeltgruppen 2 bis 4.

Nr. 5 Erforderlich sind eingehende Kenntnisse im Geschäftsbereich, in der Weiterführung und im Ausbau einer Registratur.

Nr. 6 Schwierige Tätigkeiten sind solche, die mehr als eine eingehende Einarbeitung bzw. mehr als eine fachliche Anlernung i. S. der Entgeltgruppe 3 erfordern, z. B. durch einen höheren Aufwand an gedanklicher Arbeit.

Nr. 7 [1]Einfache Tätigkeiten sind Tätigkeiten, die weder eine Vor- noch eine Ausbildung, aber eine Einarbeitung erfordern, die über eine sehr kurze Einweisung oder Anlernphase hinausgeht. [2]Die Einarbeitung dient dem Erwerb derjenigen Kenntnisse und Fertigkeiten, die für die Beherrschung der Arbeitsabläufe als solche erforderlich sind.

17. Beschäftigte mit Restaurierungs-, Präparierungs- und Konservierungsarbeiten

Vorbemerkungen

1. [1]Dieser Abschnitt gilt für Beschäftigte mit Restaurierungs-, Präparierungs- und Konservierungsarbeiten an kunstgeschichtlichen, kulturgeschichtlichen und naturkundlichen Sammlungen und Forschungseinrichtungen, an Archiven und bei der Denkmalpflege. [2]Dieser Abschnitt gilt nicht für staatlich geprüfte technische Assistenten für naturkundliche Museen und Forschungsinstitute mit entsprechender Tätigkeit.
2. (1) Restaurierungs-, Präparierungs- und Konservierungsarbeiten im Sinne dieses Abschnitts sind Arbeiten, die zum Ziel haben, Objekte von künstlerischer, kulturhistorischer, wissenschaftlicher oder dokumentarischer Bedeutung oder von didaktischem Wert ohne Rücksicht auf ihren materiellen oder kommerziellen Wert zu bergen, zu erhalten, wiederherzustellen und herzurichten.

   (2) Restaurierungs-, Präparierungs- und Konservierungsarbeiten sind auch die Nachbildung vom Original, die freie Nachbildung, die Rekonstruktion und der Modellbau, die zum Ziel haben, einen erhaltenswerten Befund der Wissenschaft und der Lehre nutzbar zu machen, sowie die grabungstechnischen Arbeiten.

   (3) Zu den Restaurierungs-, Präparierungs- und Konservierungsarbeiten gehören auch Tätigkeiten wie: konservatorisch richtige Lagerung der Sammlungsobjekte; Klimatisierung der Ausstellungs- und Depoträume; Ein- und Auspacken, Transport und Montage der Sammlungsobjekte; Mitwirkung bei Ausstellungen; Führen von Zustands- und Arbeitsprotokollen.

Entgeltgruppe 13

Beschäftigte mit Restaurierungs-, Präparierungs- oder Konservierungsarbeiten,

deren Tätigkeiten wegen der Schwierigkeit der Aufgaben und der Größe ihrer Verantwortung ebenso zu bewerten sind wie die Tätigkeiten der an kunstgeschichtlichen und kulturgeschichtlichen Sammlungen und Forschungseinrichtungen Beschäftigten mit abgeschlossener wissenschaftlicher Hochschulbildung und mit entsprechender Tätigkeit.

Entgeltgruppe 11

Beschäftigte mit Restaurierungs-, Präparierungs- oder Konservierungsarbeiten, deren Tätigkeit sich durch das Maß der damit verbundenen Verantwortung erheblich aus der Entgeltgruppe 10 Fallgruppe 1 heraushebt.

(Hierzu Protokollerklärung Nr. 1)

Entgeltgruppe 10

1. Beschäftigte mit Restaurierungs-, Präparierungs- oder Konservierungsarbeiten

   mit langjähriger Erfahrung in Tätigkeiten mindestens der Entgeltgruppe 9b Fallgruppe 1,

   deren Tätigkeit sich durch besondere Leistungen sowie dadurch aus der Entgeltgruppe 9b Fallgruppe 1 heraushebt, dass sie besondere Fachkenntnisse erfordert.

   (Hierzu Protokollerklärung Nr. 2)

2. Beschäftigte, deren Tätigkeit sich dadurch aus der Entgeltgruppe 9b Fallgruppe 1 heraushebt, dass sie besondere Fachkenntnisse erfordert,

   und denen mindestens drei Beschäftigte mit Restaurierungs-, Präparierungs- oder Konservierungsarbeiten durch ausdrückliche Anordnung ständig unterstellt sind,

   davon mindestens ein Beschäftigter mit Tätigkeiten, die sich dadurch aus der Entgeltgruppe 9b Fallgruppe 1 herausheben, dass sie besondere Fachkenntnisse erfordern.

   (Hierzu Protokollerklärung Nr. 2)

Entgeltgruppe 9b

1. Beschäftigte, die besonders schwierige Restaurierungs-, Präparierungs- oder Konservierungsarbeiten selbständig ausführen.

   (Hierzu Protokollerklärung Nr. 3)

2. Beschäftigte, die schwierige Restaurierungs-, Präparierungs- oder Konservierungsarbeiten selbständig ausführen und

   denen mehrere Beschäftigte mit Restaurierungs-, Präparierungs- oder Konservierungsarbeiten, davon mindestens ein Beschäftigter mit Tätigkeiten mindestens der Entgeltgruppe 8 Fallgruppen 1 oder 2, durch ausdrückliche Anordnung ständig unterstellt sind.

   (Hierzu Protokollerklärung Nr. 4)

Entgeltgruppe 8

1. Beschäftigte, die besonders schwierige Restaurierungs-, Präparierungs- oder Konservierungsarbeiten unter Anleitung ausführen.

   (Hierzu Protokollerklärung Nr. 3)

2. Beschäftigte, die schwierige und mindestens zu einem Viertel ihrer Gesamttätigkeit besonders schwierige Restaurierungs-, Präparierungs- oder Konservierungsarbeiten selbständig ausführen.

   (Hierzu Protokollerklärungen Nrn. 3 und 4)

3. Beschäftigte, die Restaurierungs-, Präparierungs- oder Konservierungsarbeiten ausführen und

   denen mehrere Beschäftigte mit Restaurierungs-, Präparierungs- oder Konservierungsarbeiten, davon mindestens ein Beschäftigter mit Tätigkeiten mindestens der Entgeltgruppe 6 Fallgruppe 1, durch ausdrückliche Anordnung ständig unterstellt sind.

Entgeltgruppe 6

1. Beschäftigte, deren Tätigkeit sich dadurch aus der Entgeltgruppe 5 heraushebt, dass mindestens zu einem Viertel der Gesamttätigkeit schwierige Restaurierungs-, Präparierungs- oder Konservierungsarbeiten zur selbständigen Bearbeitung übertragen sind.

   (Hierzu Protokollerklärung Nr. 4)

2. Beschäftigte, die Restaurierungs-, Präparierungs- oder Konservierungsarbeiten ausführen und

   denen mehrere Beschäftigte mit Restaurierungs-, Präparierungs- oder Konservierungsarbeiten mindestens der Entgeltgruppe 4 durch ausdrückliche Anordnung ständig unterstellt sind.

Entgeltgruppe 5

1. Beschäftigte, die nicht mehr einfache Restaurierungs-, Präparierungs- oder Konservierungsarbeiten ausführen.

   (Hierzu Protokollerklärung Nr. 5)

2. Beschäftigte, die schwierige Restaurierungs-, Präparierungs- oder Konservierungsarbeiten unter Anleitung ausführen.

   (Hierzu Protokollerklärung Nr. 4)

Entgeltgruppe 4

Beschäftigte, die einfache Restaurierungs-, Präparierungs- oder Konservierungsarbeiten ausführen.

(Hierzu Protokollerklärung Nr. 6)

Protokollerklärungen:

Nr. 1 Beschäftigte heben sich durch das Maß ihrer Verantwortung erheblich aus der Entgeltgruppe 10 Fallgruppe 1 z. B. durch folgende Tätigkeiten heraus:

a) Selbständige schwierige technische Untersuchungen zur Feststellung von bisher nicht bekannten alten Herstellungstechniken, deren Beschreibung und ggf. Anwendung;

b) Selbständige technische Untersuchungen von Objekten auf ihre Echtheit, die spezielle technologische Kenntnisse erfordern;
c) Leitung großer und schwieriger Restaurierungsvorhaben von Wandmalereien, z. B. im Zusammenhang mit der Sanierung und Restaurierung eines Bauwerks;
d) Außergewöhnlich schwierige Restaurierung oder Übertragung von technisch besonders komplizierten Wandmalereien;
e) Kompliziertes Zusammensetzen und Ergänzen großflächiger Wandmalereien, die nur noch in zahlreichen kleinen Bruchstücken vorhanden sind;
f) Festlegen sich hebender Farbschichten an Gouache-Blättern oder Buchmalereien;
g) Regenerieren von geschwärztem Bleiweiß oder geschwärzten Silberauflagen auf Handzeichnungen oder mittelalterlichen Buchmalereien;
h) Konservieren von verkohltem Papier oder Pergament einschließlich Sichtbarmachen der Schrift;
i) Restaurieren von außerordentlich wertvollen und außerordentlich empfindlichen Papyri;
j) Mit besonderem konservatorischen Risiko verbundenes Abnehmen von Firnissen und Übermalungen an Gemälden;
k) Übertragen von Gemälden auf neue Bildträger;
l) Restaurieren von Steinskulpturen mit wesentlich gestörter struktureller Festigkeit;
m) Außergewöhnlich schwieriges Freilegen originaler Fassungen von Skulpturen;
n) Außergewöhnlich schwieriges Restaurieren von wertvollen historischen Musikinstrumenten zur Wiedergewinnung ihres originalen Klanges;
o) Technische Leitung großer und schwieriger Grabungen (wie z. B. komplizierte Kirchen-, Burgen- oder Stadtkerngrabungen) und Ausarbeiten der publikationsreifen Grabungsberichte;
p) Restaurieren eines vielseitigen Fundkomplexes, dessen Erhaltung für die Forschung von einmaliger Bedeutung ist (z. B. Fürstengrab von Klein-Aspergle);
q) Präparieren von zoologischen, botanischen und paläontologischen Unica und von Typus-Material (d. h. von Einzelobjekten, die Richtmaß für die systematischen Einheiten in Zoologie, Botanik und Paläontologie sind);
r) Präparieren von paläontologischen Einzelstücken, die besondere Bedeutung für die Beurteilung der Entwicklungsgeschichte der Tiere und Pflanzen haben (z. B. Archaeopteryx).

Nr. 2 Tätigkeiten, die besondere Fachkenntnisse erfordern, sind z. B.:

1. im Bereich Prähistorische Objekte und entsprechende kunsthandwerkliche Gebrauchsgegenstände
   a) Fach-(arbeits-)gebiet Keramik:
      – Rekonstruktion nur fragmentarisch erhaltener figürlicher oder plastisch verzierter Keramik;
      – Entwickeln und Erproben neuartiger Restaurierungs- und Konservierungsverfahren bei vorgegebener Aufgabenstellung;
   b) Fach-(arbeits-)gebiet Glas und Porzellan:
      – Rekonstruktion nur fragmentarisch erhaltener Gläser schwer zu ermittelnder Form;
      – Behandlung sehr komplizierter Glasabblätterungen;
      – Entwickeln und Erproben neuartiger Restaurierungs- und Konservierungsverfahren bei vorgegebener Aufgabenstellung;

c) Fach-(arbeits-)gebiet Edelmetalle:
   - Rekonstruktion schlecht und nur fragmentarisch erhaltener Edelmetallgegenstände schwer zu ermittelnder Form;
   - Entwickeln und Erproben neuartiger Restaurierungs- und Konservierungsverfahren bei vorgegebener Aufgabenstellung;

d) Fach-(arbeits-)gebiet Kupfer, Bronze, Messing, sonstige Nichteisenmetalle:
   - Rekonstruktion schlecht und nur fragmentarisch erhaltener Gegenstände schwer zu ermittelnder Form aus Kupfer, Bronze, Messing oder sonstigen Nichteisenmetallen;
   - Entwickeln und Erproben neuartiger Restaurierungs- und Konservierungsverfahren bei vorgegebener Aufgabenstellung;

e) Fach-(arbeits-)gebiet Eisen:
   - Rekonstruktion sehr schlecht erhaltener und aus dem ursprünglichen Verband geratener Eisengegenstände, auch nach Röntgenaufnahmen;
   - Entwickeln und Erproben neuartiger Restaurierungs- und Konservierungsverfahren bei vorgegebener Aufgabenstellung;

f) Fach-(arbeits-)gebiet Textilien:
   - Reinigen, Konservieren und Ergänzen stark zerstörter sehr wertvoller alter Textilien;
   - Auflegen (Aufnähen) stark zerstörter sehr wertvoller alter Textilien auf stützende Unterlagen;
   - Entwickeln und Erproben neuartiger Restaurierungs- und Konservierungsverfahren bei vorgegebener Aufgabenstellung;

g) Fach-(arbeits-)gebiet organ. Materialien (Holz, Leder, Federn usw.):
   - Rekonstruktion schlecht und nur fragmentarisch erhaltener Ledergegenstände komplizierter Form;
   - Reinigen, Konservieren und Ergänzen stark zerstörter komplizierter Gegenstände aus Federn oder aus vergleichbar empfindlichem Material;
   - Entwicklung und Erproben neuartiger Restaurierungs- und Konservierungsverfahren bei vorgegebener Aufgabenstellung;

h) Fach-(arbeits-)gebiet Wandmalereien, Mosaiken:
   - Sehr komplizierte und umfangreiche Ergänzungen von Mosaiken;
   - Schwieriges Übertragen von Wandmalereien auf neue Träger, z. B. bei erheblicher Zerstörung der Malschichten;
   - Schwieriges Ergänzen von Wandmalereien;
   - Abnehmen von Übermalungen oder Sinterschichten auf Wandmalereien in außergewöhnlich schwierigen Fällen;
   - Feststellen der Ursachen von Verfallserscheinungen an Wandmalereien;
   - Technische Untersuchung von Wandmalereien und Putzschichten bei eigener Wahl des Verfahrens als Grundlage für die wissenschaftliche Auswertung;
   - Entwickeln und Erproben neuartiger Restaurierungs- und Konservierungsverfahren bei vorgegebener Aufgabenstellung;

2. im Bereich Grafik, Bucheinbände, Archivgut
   a) Fach-(arbeits-)gebiet Grafiken, Bibliotheks- und Archivgut:
      - Restaurieren sehr wertvoller und empfindlicher grafischer Blätter aufgrund eigener Farb- und Fleckenanalysen;

- Reinigen von Aquarellen und von Handzeichnungen mit wasserlöslichen Farbstoffen durch Bäder und Chemikalien;
- Schließen von Rissen und Löchern in sehr wertvollen grafischen Blättern, wenn die bildliche Darstellung wesentlich betroffen ist;
- Restaurieren angesengter oder verhärteter Pergamente;
- Trennen und Konservieren der Blätter stark eingedrückter und verklebter Papyrusrollen oder Codices;
- Restaurieren seltener und hoch empfindlicher Beschreibstoffe (z. B. Textilien oder Palmblätter);
- Restaurieren sehr wertvoller und empfindlicher Bucheinbände (z. B. mittelalterliche Buchbeutel, Ledermosaikeinbände, Lederschnittbände oder Ledereinbände von Colines oder Krause);
- Entwickeln und Erproben neuartiger Restaurierungs- und Konservierungsverfahren bei vorgegebener Aufgabenstellung;

b) Fach-(arbeits-)gebiet foto- und kinematografische Archivalien:
   - Leitung der technischen Arbeiten in einem großen Filmarchiv;

3. im Bereich Gemälde, Skulpturen und entsprechende kunsthandwerkliche Objekte
   a) Fach-(arbeits-)gebiet Gemälde:
      - Feststellen der Ursachen von Verfallserscheinungen an Gemälden;
      - Reinigen empfindlicher Gemälde;
      - Herstellen schwieriger Retuschen an Gemälden;
      - Doublieren empfindlicher Gemälde;
      - Technische Untersuchung von Gemälden bei eigener Wahl des Verfahrens als Grundlage für die wissenschaftliche Auswertung;
      - Entwickeln und Erproben neuartiger Restaurierungs- und Konservierungsverfahren bei vorgegebener Aufgabenstellung;
   b) Fach-(arbeits-)gebiet Plastik, Kunsthandwerk, Stein:
      - Feststellen der Ursachen von Verfallserscheinungen an Skulpturen;
      - Schwierige plastische Ergänzungen und Retuschen an Skulpturen;
      - Schwieriges Freilegen originaler Fassungen von Skulpturen;
      - Herstellen von Treppenschnitten und Querschnitten an gefassten Skulpturen in schwierigen Fällen;
      - Konservieren hoch empfindlicher Holzskulpturen bei sehr erheblichen Verfallserscheinungen;
      - Entsalzen und Festigen bemalter Steinskulpturen;
      - Entwickeln und Erproben neuartiger Restaurierungs- und Konservierungsverfahren bei vorgegebener Aufgabenstellung;
   c) Fach-(arbeits-)gebiet Musikinstrumente:
      - Wiederherstellen vollständiger Mechaniken von historischen Cembali, Hammerklavieren und Kleinorgeln zur Spielbarkeit;
      - Berechnen und Aufziehen des Saitenbezuges von Musikinstrumenten und seine mitteltönige oder temperierte Einstimmung;
      - Mensurgerechtes Wiederherstellen von Orgelpfeifen;
      - Wiederherstellen der inneren Teile historischer Streich- und Zupfinstrumente zur Wiedergewinnung ihres originalen Klanges;
      - Halsrekonstruktionen an Streich- und Zupfinstrumenten;
      - Spielbarmachen historischer Holzblasinstrumente durch mensurgerechtes Wiederherstellen stark verzogener Röhrenteile und Anfertigen und Anpassen der einfachen oder der Doppelrohrblätter;

- Entwickeln und Erproben neuartiger Restaurierungs- und Konservierungsverfahren bei vorgegebener Aufgabenstellung;

4. im Bereich Rekonstruktionen, Abformungen, Modellbau
   a) Fach-(arbeits-)gebiet Abgüsse, Nachbildungen usw.:
      - Entwickeln und Erproben neuartiger Nachbildungsverfahren bei vorgegebener Aufgabenstellung;

   b) Fach-(arbeits-)gebiet zeichnerische Rekonstruktion und Modellbau:
      - Schwierige zeichnerische Rekonstruktion von Sammlungsgegenständen und sonstigen Objekten von wissenschaftlichem Interesse auf der Grundlage eigener Ermittlungen;

5. im Fach-(arbeits-)gebiet Ausgrabungen
   - Schwierige topografische Vermessungen von komplizierten Burgwällen, Grabhügeln und anderen komplizierten Geländedenkmälern einschließlich Anfertigen von Höhenschichtplänen;
   - Sehr schwierige bautechnische Aufmessungen;
   - Technische Leitung großer Grabungen;

6. im Bereich naturkundliche Objekte
   a) Fach-(arbeits-)gebiet Zoologie – allgemeine und Nasspräparation:
      - Entwickeln und Erproben neuartiger Präparierungs-, Konservierungs- und Nachbildungsverfahren bei vorgegebener Aufgabenstellung;

   b) Fach-(arbeits-)gebiet Zoologie – Balgpräparation, Demoplastik und Dioramen:
      - Entwerfen und Herstellen schwieriger zoologischer, botanischer, paläontologischer oder ethnografischer Dioramen ohne grafische und Kunstmalerarbeiten. (Die Schwierigkeit muss sich sowohl auf den Lebensraum als auch auf die Ausstellungsobjekte beziehen.);

   c) Fach-(arbeits-)gebiet Zoologie – Skelette:
      - Präparieren und Aufstellen komplizierter Skelette seltener Tiere, für die unmittelbares Vergleichsmaterial nicht und Fachliteratur nur in unzureichendem Maße herangezogen werden können;

   d) Fach-(arbeits-)gebiet Botanik:
      - Entwickeln und Erproben neuartiger Präparierungs-, Konservierungs- und Nachbildungsverfahren bei vorgegebener Aufgabenstellung;

   e) Fach-(arbeits-)gebiet Geologie und Paläontologie:
      - Entwickeln und Erproben neuartiger Präparierungs-, Konservierungs- und Nachbildungsverfahren bei vorgegebener Aufgabenstellung;
      - Ergänzen und Aufstellen komplizierter Skelette fossiler Tiere, für die unmittelbares Vergleichsmaterial nicht und Fachliteratur nur in unzureichendem Maße herangezogen werden können;

   f) Fach-(arbeits-)gebiet Mineralogie:
      - Entwickeln und Erproben neuartiger Präparierungs-, Konservierungs- und Nachbildungsverfahren bei vorgegebener Aufgabenstellung.

Nr. 3 Besonders schwierige Restaurierungs-, Präparierungs- und Konservierungsarbeiten sind z. B.:

1. im Bereich Prähistorische Objekte und entsprechende kunsthandwerkliche Gebrauchsgegenstände
   a) Fach-(arbeits-)gebiet Keramik:
      - Mechanisches oder chemisches Reinigen, Sortieren, Festigen, Zusammensetzen und Ergänzen von im Scherben sehr brüchiger oder inkrustierter Keramik oder von Keramik mit schlecht haftender Bemalung;

IV

- Rekonstruktion nur fragmentarisch erhaltener Keramik (z. B. mittels Drehscheibe und Schablone);

b) Fach-(arbeits-)gebiet Glas und Porzellan:
- Mechanisches oder chemisches Reinigen, Zusammensetzen und Ergänzen schlecht erhaltener (z. B. „durchkorrodierter") Gläser;
- Behandlung von Glasabblätterungen;

c) Fach-(arbeits-)gebiet Edelmetalle:
- Ausbeulen, Zusammensetzen, Ergänzen und Sichern schlecht erhaltener oder fein verzierter Edelmetallgegenstände;

d) Fach-(arbeits-)gebiet Kupfer, Bronze, Messing, sonstige Nichteisenmetalle:
- Ausbeulen, Zusammensetzen, Ergänzen und Sichern schlecht erhaltener oder fein verzierter Gegenstände aus Kupfer, Bronze, Messing oder sonstigen Nichteisenmetallen;

e) Fach-(arbeits-)gebiet Eisen:
- Festigen und Freischleifen schlecht erhaltener Tauschierungen auf Eisengegenständen;
- Sichern und Konservieren der an Eisengegenständen haftenden organischen Reste;

f) Fach-(arbeits-)gebiet Textilien:
- Reinigen, Konservieren und Ergänzen brüchiger oder sehr empfindlicher Textilien;
- Auflegen (Aufnähen) brüchiger oder sehr empfindlicher Textilien auf stützende Unterlagen;

g) Fach-(arbeits-)gebiet organ. Materialien (Holz, Leder, Federn usw.):
- Konservieren feuchter Hölzer nach der Methode Müller-Beck und Haas oder nach anderen gleich schwierigen Verfahren;
- Reinigen und Konservieren brüchiger Ledergegenstände;
- Reinigen, Konservieren und Ergänzen stark beschädigter oder sehr empfindlicher Gegenstände aus Federn oder aus vergleichbar empfindlichem Material;

h) Fach-(arbeits-)gebiet Wandmalereien, Mosaiken:
- Kompliziertes und umfangreiches Übertragen oder Wiederverlegen sowie Ergänzen von Mosaiken mit erheblichen Zerstörungen;
- Übertragen von Wandmalereien auf neue Träger;
- Fixieren der Pigmente pudernder Wandmalereien;
- Abnehmen von Übermalungen und schwer entfernbaren Sinterschichten auf Wandmalereien;
- Wiederherstellen von Wandmalereien aus Bruchstücken mit komplizierten Bruchflächen;
- Technische Untersuchung von Wandmalerei- und Putzschichten zur Herstellung von Putzschichtplänen;
- Einfaches Ergänzen von Wandmalereien;

2. im Bereich Grafik, Bucheinbände, Archivgut

a) Fach-(arbeits-)gebiet Grafiken, Bibliotheks- und Archivgut:
- Behandeln von Flecken aller Art auf sehr wertvollen und empfindlichen grafischen Blättern oder Glätten solcher Blätter (z. B. durch Spannen);
- Ablösen sehr wertvoller und empfindlicher grafischer Blätter, die mit schwer lösbaren Stoffen aufgeklebt sind;

   - Schließen von Rissen und Löchern in sehr wertvollen und empfindlichen grafischen Blättern, wenn die bildliche Darstellung betroffen ist;
   - Strecken von Pergament in schwierigen Fällen (z. B. bei Wachs- oder Fettverfleckung, bei Verhornung oder bei Schrumpfung durch Hitzeeinwirkung);
   - Manuelles Entfernen von Schimmelpilz auf Pastellen;
   - Zusammensetzen, Ergänzen und Konservieren von in der Substanz stark beschädigten entweder brüchigen oder in vielen Teilen vorhandenen Archivalien- und Buchblättern;
   - Aufrollen schlecht erhaltener großer Papyrusrollen, Lösen von Papyruskartonage sowie Trennen und Konservieren der einzelnen Blätter;
   - Restaurieren deformierter Gegenstände auf Papyruskartonage mit Bemalung;
   - Restaurieren brüchiger oder sehr empfindlicher Seidenrollbilder;
   - Konservieren von Siegeln komplizierter Form, deren Festigkeit durch Fremdstoffzusätze stark beeinträchtigt ist;
   - Ledererganzungen an mittelalterlichen Einbänden;

 b) Fach-(arbeits-)gebiet foto- und kinematografische Archivalien:
   - Prüfen der foto- und kinematografischen Archivalien auf das Erfordernis von Restaurierungen einschließlich Bestimmen der anzuwendenden Restaurierungsverfahren;

3. im Bereich Gemälde, Skulpturen und entsprechende kunsthandwerkliche Objekte
 a) Fach-(arbeits-)gebiet Gemälde:
   - Reinigen wenig empfindlicher Gemälde;
   - Festlegen von Farbabhebungen an Gemälden;
   - Herstellen einfacher Retuschen an Gemälden;
   - Doublieren wenig empfindlicher Gemälde;
 b) Fach-(arbeits-)gebiet Plastik, Kunsthandwerk, Stein:
   - Kompliziertes Reinigen empfindlicher Skulpturen;
   - Lösen oder Absprengen von späteren Fassungen an Skulpturen unter dem Stereomikroskop;
   - Herstellen von Treppenschnitten und Querschnitten an gefassten Skulpturen in einfachen Fällen;
   - Zusammensetzen, Zusammenkleben und Montieren hoch empfindlicher Skulpturen;
   - Einfache plastische Ergänzungen und Retuschen an Skulpturen;
   - Konservieren von Skulpturen bei starkem Schädlingsbefall;
 c) Fach-(arbeits-)gebiet Musikinstrumente:
   - Schwierige Corpusrestaurierungen von Musikinstrumenten als Voraussetzung für ihre Spielbarmachung;
   - Nacharbeiten fehlender Teile komplizierter Form von Musikinstrumenten;
   - Erneuern von Verbrauchsmaterialien wie Klappenpolstern und -federn, Zapfenwicklungen, Saiten, Hammerledern, Dämpferfilzen, Kielen usw. an historischen Musikinstrumenten zur Spielbarkeit;

4. im Bereich Rekonstruktionen, Abformungen, Modellbau
 a) Fach-(arbeits-)gebiet Abgüsse, Nachbildungen usw.:
   - Herstellen von Negativformen von sehr empfindlichen Originalen sehr komplizierter Form und Herstellen der Abgüsse;

IV

- Herstellen von Galvanoplastiken nach Originalen sehr komplizierter Form;
- Originalgetreues Nachformen von Originalen sehr komplizierter Form;

b) Fach-(arbeits-)gebiet zeichnerische Rekonstruktion und Modellbau:
- Herstellen schwieriger Modelle von Sammlungsgegenständen und sonstigen Objekten von wissenschaftlichem Interesse nach eigenen Entwürfen aufgrund wissenschaftlicher Unterlagen;
- Schwierige zeichnerische Rekonstruktion von Sammlungsgegenständen und sonstigen Objekten von wissenschaftlichem Interesse auf der Grundlage eigener Ausdeutung von gegebenen Unterlagen;

5. im Fach-(arbeits-)gebiet Ausgrabungen
- Durchführen schwieriger Grabungen (dazu gehören z. B. Planen und Vermessen von Probeschnitten, Anfertigen schwieriger Grabungszeichnungen und schwieriger Grabungs- oder Fundberichte, Fotografische Dokumentation);
- Topografische Vermessung von Geländedenkmälern nach Lage und Höhe;
- Bautechnische Aufmessungen;

6. im Bereich naturkundliche Objekte

a) Fach-(arbeits-)gebiet Zoologie – allgemeine und Nasspräparation:
- Erproben neuartiger, schwieriger Präparierungsverfahren;
- Präparieren von Tieren nach schwierigen Verfahren bei selbständiger Wahl des Verfahrens;
- Präparieren kleinster zoologischer Objekte (z. B. Genitalien kleiner Insekten) unter dem Mikroskop;

b) Fach-(arbeits-)gebiet Zoologie – Balgpräparation, Dermoplastik und Dioramen:
- Herstellen schwieriger Dermoplastiken (z. B. solche, die das Muskelspiel wiedergeben, oder solche sehr großer Tiere);
- Herstellen zoologischer, botanischer, paläontologischer oder ethnografischer Dioramen – ohne grafische und Kunstmalerarbeiten – nach skizzenhaften Angaben;

c) Fach-(arbeits-)gebiet Zoologie – Skelette:
- Präparieren und Aufstellen komplizierter Skelette seltener Tiere unter Verwendung selbst zusammengestellter Fachliteratur;

d) Fach-(arbeits-)gebiet Botanik:
- Erproben neuartiger schwieriger Präparierungsverfahren;
- Präparieren kleinster Pflanzen und Pflanzenteile unter dem Mikroskop;
- Präparieren von Pflanzen nach schwierigen Verfahren bei selbständiger Wahl des Verfahrens;

e) Fach-(arbeits-)gebiet Geologie und Paläontologie:
- Erproben neuartiger schwieriger Präparierungsverfahren;
- Feinpräparieren sehr schlecht erhaltener oder schlecht präparierbarer Fossilien (z. B. weicher oder spröder Fossilien in hartem Gestein), auch mit komplizierten Geräten;
- Herstellen sehr schwieriger paläobotanischer Präparate (z. B. Kutikula-Präparate, Präparate für Pollenanalysen);
- Herstellen schwieriger Serienschliffe und schwieriger orientierter Dünnschliffe von Fossilien;

- Übertragen schlecht erhaltener großer Fossilien auf Lackfilme;
- Sehr schwieriges Herausätzen von empfindlichen Fossilien oder Fossilienteilen;
- Präparieren von Mikrofossilien unter dem Mikroskop;
- Ergänzen und Aufstellen komplizierter Skelette fossiler Tiere für Schauzwecke;
- Sicherung des Fossil-Materials einschließlich topografischer und zeichnerischer Fundaufnahme bei großen paläontologischen Fundkomplexen;

f) Fach-(arbeits-)gebiet Mineralogie:
- Herstellen von Mineralschnitten und von orientierten Gesteinsdünnschliffen;
- Herstellen zweiseitig polierter Mineral- und Gesteinsdünnschliffe;
- Herstellen von Mineral- und Gesteinspräparaten für Untersuchungen mit der Mikrosonde;
- Handauslesen extrem reiner Mineralfraktionen für die Spektralanalyse;
- Herauslösen bestimmter Mineralkörner aus Gesteinsdünnschliffen (Mikropräparation);

g) Fach-(arbeits-)gebiet Nachbildungen und Modelle von Tieren, Pflanzen und Fossilien:
- Herstellen originalgetreuer Nachbildungen (einschließlich Negativform und Abguss) sehr kompliziert gestalteter Tiere, Pflanzen und Fossilien;
- Herstellen von Rekonstruktionen und Modellen kompliziert gestalteter Tiere oder Pflanzen.

Nr. 4 Schwierige Restaurierungs-, Präparierungs- und Konservierungsarbeiten sind z. B.:

1. im Bereich Prähistorische Objekte und entsprechende kunsthandwerkliche Gebrauchsgegenstände

a) Fach-(arbeits-)gebiet Keramik:
- Waschen, Sortieren, Festigen, Zusammensetzen und Ergänzen von im Scherben brüchiger Keramik;

b) Fach-(arbeits-)gebiet Glas und Porzellan:
- Zusammensetzen und Ergänzen gut erhaltener dünnwandiger Gläser oder Porzellangegenstände;
- Chemisches Entfernen fest anhaftender Auflagen (z. B. Sinter) von gut erhaltenen Gläsern oder von Porzellangegenständen mit Aufglasurmalerei;

c) Fach-(arbeits-)gebiet Edelmetalle:
- Mechanisches und chemisches Entfernen von Sinter- und Umsetzungsprodukten (z. B. Salze oder Oxyde) auf empfindlichen Edelmetallgegenständen;

d) Fach-(arbeits-)gebiet Kupfer, Bronze, Messing, sonstige Nichteisenmetalle:
- Mechanisches Entfernen der Patina, Ergänzen und Festigen von stark korrodierten Gegenständen aus Kupfer, Bronze, Messing oder sonstigen Nichteisenmetallen;

e) Fach-(arbeits-)gebiet Eisen:
   - Freischleifen, Entchloren, Zusammenkleben und Ergänzen stark korrodierter oder völlig durchkorrodierter Eisengegenstände, auch nach Röntgenaufnahmen;
   - Freischleifen gut erhaltener Tauschierungen auf Eisengegenständen;
   - Restaurieren metallisch gut erhaltener Eisengegenstände komplizierter Form;

f) Fach-(arbeits-)gebiet Textilien:
   - Reinigen und Konservieren empfindlicher oder im Verband gestörter Textilien;
   - Auflegen (Aufnähen) empfindlicher Textilien auf stützende Unterlagen sowie Unterlegen von Fehlstellen;

g) Fach-(arbeits-)gebiet organ. Materialien (Holz, Leder, Federn usw.):
   - Reinigen und Konservieren grabungsfrischer Ledergegenstände;
   - Reinigen und Konservieren schlecht erhaltener Ledergegenstände;
   - Reinigen und Konservieren beschädigter Gegenstände aus Federn oder vergleichbar empfindlichem Material;

h) Fach-(arbeits-)gebiet Wandmalereien, Mosaiken:
   - Übertragen oder Wiederverlegen von Mosaiken kleineren Formats und guten Erhaltungszustandes;
   - Befestigen loser Farbschollen und Putzstücke von Wandmalereien sowie Verputzen von Fehlstellen;
   - Putzfestigung unter Wandmalereien und Mosaiken;
   - Wiederherstellen von Wandmalereien aus Bruchstücken mit einfachen Bruchflächen;
   - Wiederherstellen von Mosaiken aus Bruchstücken;
   - Abnehmen schwer entfernbarer Übertünchungen auf Wandmalereien und Mosaiken und schwer entfernbarer Sinterschichten auf Mosaiken;

2. im Bereich Grafik, Bucheinbände, Archivgut
   a) Fach-(arbeits-)gebiet Grafiken, Bibliotheks- und Archivgut:
      - Behandeln von Griffstellen, Wasserrändern oder Stockflecken auf Handzeichnungen in gutem Zustand, empfindlichen handschriftlichen Blättern, kolorierten druckgrafischen Blättern sowie solchen auf empfindlichen Papieren oder Pergamenten oder Glätten solcher Blätter (z. B. durch Spannen);
      - Sehr schwieriges Entfernen von Flecken (z. B. Öl, Firnis, Kopierstift, Stempelfarbe, Tesaklebstoff) auf grafischen Blättern;
      - Schließen von Rissen und Löchern in grafischen Blättern, wenn die bildliche Darstellung betroffen ist;
      - Ausflicken und Einbetten sehr empfindlicher Archivalien- und Buchblätter in Kunststofffolien oder Japanpapier;
      - Lösen zusammengeklebter empfindlicher Archivalien- oder Buchblätter in schwierigen Fällen (z. B. bei starker Verschimmelung);
      - Aufziehen beschädigter handgezeichneter Karten großen Formats oder von Seidenrollbildern;
      - Ablösen und Reinigen fest verklebter Pergamente von Bucheinbänden;
      - Glätten und Festigen von Papyri in mittelmäßigem Erhaltungszustand;
      - Ergänzen von Siegeln komplizierter Form;
      - Heften auf echte Bünde;

- Herstellen von handgestochenen Kapitalen an Bucheinbänden;
- Herstellen von Buchbeschlägen komplizierter Art;
- Festigen, Erneuern und Ergänzen von Bucheinbänden in schwierigen Fällen (z. B. reich ornamentierte Holzdeckel);

b) Fach-(arbeits-)gebiet foto- und kinematografische Archivalien:
- Schwierige Retuschen an beschädigten foto- und kinematografischen Archivalien;
- Sensitometrische Kontrolle von Kopien kinematografischer Archivalien;
- Überprüfen von zweistreifigem Nitrofilmbild- und -tonmaterial auf Zusammengehörigkeit einschließlich Synchronlegen und Anbringen der Startzeichen;

3. im Bereich Gemälde, Skulpturen und entsprechende kunsthandwerkliche Objekte

a) Fach-(arbeits-)gebiet Gemälde:
- Kitten von Farbausbrüchen an Gemälden und Wiederbefestigen loser Farbteile;
- Entfernen des Oberflächenschmutzes auf gefirnissten Gemälden;

b) Fach-(arbeits-)gebiet Plastik, Kunsthandwerk, Stein:
- Zusammensetzen und -kleben empfindlicher Skulpturen;
- Reinigen von Skulpturen mit Lösungs- und Abbeizmitteln;
- Abnehmen lockerer Übermalungsschichten auf Skulpturen;
- Instand setzen reich ornamentierter oder reich intarsierter Möbel oder Gemälderahmen;
- Durchspülen unbemalter Steingegenstände;

c) Fach-(arbeits-)gebiet Musikinstrumente:
- Nacharbeiten fehlender Außenteile, komplizierte Verleimungen und entsprechend schwierige Arbeiten an Musikinstrumenten zur äußeren Wiederherstellung bis zur Ausstellungsfähigkeit;

4. im Bereich Rekonstruktionen, Abformungen, Modellbau

a) Fach-(arbeits-)gebiet Abgüsse, Nachbildungen usw.:
- Herstellen von Negativformen von empfindlichen Originalen und Herstellen der Abgüsse;
- Herstellen von Galvanoplastiken nach Originalen;
- Originalgetreues Nachformen von Originalen komplizierter Form;
- Originalgetreues Kolorieren von Nachbildungen;

b) Fach-(arbeits-)gebiet zeichnerische Rekonstruktion und Modellbau:
- Herstellen schwieriger Modelle von Sammlungsgegenständen und sonstigen Objekten von wissenschaftlichem Interesse nach skizzenhaften Angaben;
- Schwierige zeichnerische Rekonstruktion von Sammlungsgegenständen und sonstigen Objekten von wissenschaftlichem Interesse;

5. im Fach-(arbeits-)gebiet Ausgrabungen
- Durchführen kleinerer Grabungen (dazu gehören z. B.
Vermessungsarbeiten nach einfachen Methoden,
Fotografische Dokumentation,
Fundkonservierung von empfindlichen Objekten auf dem Grabungsgelände,
Anfertigen einfacher maßstäblicher Grabungszeichnungen und einfacher Grabungs- oder Fundberichte,
Beaufsichtigung der Grabungsarbeiter);

IV

- Anfertigen schwieriger Grabungszeichnungen und schwieriger Grabungs- oder Fundberichte;

6. im Bereich naturkundliche Objekte
   a) Fach-(arbeits-)gebiet Zoologie – allgemeine und Nasspräparation:
      - Herstellen schwieriger anatomischer Präparate (z. B. Nerven- oder Gefäßpräparate);
   b) Fach-(arbeits-)gebiet Zoologie – Balgpräparation, Dermoplastik und Dioramen:
      - Herstellen einfacher Dermoplastiken (anatomisch genaues Nachbilden des Tierkörpers, Zubereiten der Haut, Überziehen des nachgebildeten Körpers mit der Haut, Färben von nackten Hautteilen, Auswählen und Einsetzen der Augen);
   c) Fach-(arbeits-)gebiet Zoologie – Skelette:
      - Präparieren schwierig zu bearbeitender Wirbeltierskelette;
      - Herrichten und Aufstellen von Wirbeltierskeletten für Schauzwecke (Bleichen der präparierten Skelette, Aufstellen und Montieren der Stützgerüste und Montieren der Skelette);
      - Präparieren von Bänderskeletten (Abfleischen und Mazerieren der Knochen unter Erhaltung der Sehnenbänder zwischen den Gelenken; Bleichen, Stützen und Montieren der Skelette);
   d) Fach-(arbeits-)gebiet Botanik:
      - Herstellen schwieriger Präparate von Blüten (z. B. sehr kleine oder stark umgebildete Blüten wie die der Gräser und Sauergräser);
      - Herstellen schwieriger pflanzenanatomischer Präparate (z. B. embryologische Schnitte oder Chromosomenpräparate);
   e) Fach-(arbeits-)gebiet Geologie und Paläontologie:
      - Konservieren von sehr brüchigen Fossilien und von Fossilien aus sich veränderndem Material (z. B. Markasit);
      - Beseitigen alter Konservierungsmittel aus präparierten Fossilien und erneutes Konservieren;
      - Feinpräparieren von weichen Fossilien in weichem Gestein und von harten Fossilien in hartem Gestein, auch mit einfachen Geräten (z. B. Vibrotool);
      - Herstellen von orientierten Anschliffen, von geätzten Dünnschliffen einschließlich Lackfilmabzügen, selektives Anfärben auf bestimmte Mineralien bei Fossilien und fossilhaltigem Gestein;
      - Herstellen von Dünn- oder Serienschliffen von Fossilien;
      - Herstellen von Lackfilmen und Folienabzügen großer geologischer Objekte (z. B. Bodenprofile) und gut erhaltener großer Fossilien;
      - Herausätzen von Fossilien aus Gestein;
      - Auslesen von Mikrofossilien und Vorsortieren nach Familien;
      - Ergänzen und Aufstellen einfacher Skelette fossiler Tiere für Schauzwecke;
      - Sicherung des Fossil-Materials einschließlich topografischer und zeichnerischer Fundaufnahme bei kleinen paläontologischen Fundkomplexen;
   f) Fach-(arbeits-)gebiet Mineralogie:
      - Herstellen von Großdünnschliffen von Mineralien und Gesteinen;
      - Herstellen von Körnerdünnschliffen, von Dünnschliffen von Salzgestein und von polierten Anschliffen kohliger Gesteine;

- Ätzen von Erzanschliffen und selektives Anfärben auf bestimmte Mineralien bei mineralogischen oder petrografischen Dünnschliffen;
- Aufbereiten und Trennen der Mineralien aus Gesteinen anhand vorgegebener Trennungsstammbäume (z. B. mit Schwerelösungen, Zentrifuge, Magnetscheider, Stoßherd);

g) Fach-(arbeits-)gebiet Nachbildungen und Modelle von Tieren, Pflanzen und Fossilien:
- Herstellen originalgetreuer Nachbildungen (einschließlich Negativform und Abguss) kompliziert gestalteter Tiere, Pflanzen und Fossilien;
- Herstellen von Rekonstruktionen und Modellen von Tieren und Pflanzen.

Nr. 5 Nicht mehr einfache Restaurierungs-, Präparierungs- und Konservierungsarbeiten sind Arbeiten, die handwerkliche Fertigkeiten und die Beherrschung besonderer Arbeitstechniken voraussetzen, wie z. B.

1. im Bereich Prähistorische Objekte und entsprechende kunsthandwerkliche Gebrauchsgegenstände

a) Fach-(arbeits-)gebiet Keramik:
- Waschen, Sortieren, Zusammensetzen und Ergänzen von im Scherben fester verzierter, kompliziert geformter oder sehr zerbrochener Keramik;
- Entfernen von Sinter und Auswässern von Salzen oder Bodensäuren bei im Scherben fester Keramik;
- Kolorieren von Keramik;

b) Fach-(arbeits-)gebiet Glas und Porzellan:
- Zusammensetzen und Ergänzen gut erhaltener dickwandiger Gläser oder Porzellangegenstände komplizierter Form;

c) Fach-(arbeits-)gebiet Edelmetalle:
(unbesetzt)

d) Fach-(arbeits-)gebiet Kupfer, Bronze, Messing, sonstige Nichteisenmetalle:
- Mechanisches Entfernen der Patina, Entchloren oder Tränken von korrodierten Gegenständen aus Kupfer, Bronze oder Messing;

e) Fach-(arbeits-)gebiet Eisen:
- Restaurieren metallisch gut erhaltener Eisengegenstände;
- Chemisches und elektrolytisches Entrosten von Eisengegenständen;
- Tränken von korrodierten Eisengegenständen im Vakuum;

f) Fach-(arbeits-)gebiet Textilien:
- Reinigen, z. B. Waschen und Trocknen sowie Auflegen (Aufnähen) beschädigter Textilien;

g) Fach-(arbeits-)gebiet organ. Materialien (Holz, Leder, Federn usw.):
- Kontrolliertes Austrocknen feuchter Hölzer;
- Reinigen und Konservieren gut erhaltener Gegenstände aus Federn oder aus vergleichbar empfindlichem Material;

h) Fach-(arbeits-)gebiet Wandmalereien, Mosaiken:
- Mechanisches Abnehmen leicht entfernbarer Sinterschichten und Übertünchungen auf Wandmalereien und Mosaiken mit guter Oberflächenerhaltung und fester Haftung an ihrem Untergrund;

2. im Bereich Grafik, Bucheinbände, Archivgut

a) Fach-(arbeits-)gebiet Grafiken, Bibliotheks- und Archivgut:
- Auflegen empfindlicher grafischer Blätter;

- Behandeln von Griffstellen, Wasserrändern oder Stockflecken (z. B. durch Wasserbäder ohne scharfe Chemikalien) auf schwarz-weißen druckgrafischen Blättern, auf handschriftlichen und anderen Archivalien-Blättern sowie auf gut erhaltenen Papyri oder Glätten solcher Blätter (z. B. durch Spannen);
- Schließen von nicht in die bildliche Darstellung hineingehenden Rissen in grafischen Blättern;
- Lösen zusammengeklebter empfindlicher Archivalien- oder Buchblätter;
- Nachleimen von Papieren;
- Aufziehen beschädigter Urkunden und gedruckter Karten;
- Ausflicken und Einbetten von Archivalien- und Buchblättern in Kunststofffolien oder Japanpapier;
- Neutralisieren alter Tinten;
- Reinigen und Konservieren empfindlicher Siegel;
- Ergänzen von Siegeln;
- Reinigen und Konservieren von Bleibullen;
- Herstellen von Pergamenteinbänden;
- Heften auf echte Bünde einfacher Art;

b) Fach-(arbeits-)gebiet foto- und kinematografische Archivalien:
- Chemisches Behandeln chemisch oder bakteriell geschädigter foto- und kinematografischer Archivalien;
- Herstellen von Reproduktionen beschädigter fotografischer Archivalien einschließlich Retuschen;
- Vergleichen und Kennzeichnen von positivem und negativem kinematografischem Archivmaterial zur Herstellung vollständiger Kopien;
- Prüfen von foto- und kinematografischen Archivalien auf Chemikalienrückstände;

3. im Bereich Gemälde, Skulpturen und entsprechende kunsthandwerkliche Objekte

a) Fach-(arbeits-)gebiet Gemälde:
- Durchführen provisorischer restauratorischer Sicherungsmaßnahmen an Gemälden (z. B. Sichern von Farbabhebungen);

b) Fach-(arbeits-)gebiet Plastik, Kunsthandwerk, Stein:
- Zusammensetzen und -kleben unempfindlicher Skulpturen;
- Reinigen gefasster Skulpturen mit einfachen Mitteln;
- Einfaches Ergänzen ornamentaler Holz- und Metallteile an Möbeln oder an Gemälderahmen;
- Mechanisches Abnehmen von Sinter auf unempfindlichen Steingegenständen;

c) Fach-(arbeits-)gebiet Musikinstrumente:
- Reinigen empfindlicher Teile und Mechaniken von Musikinstrumenten;
- Verleimen einfacher Bruchstellen und Risse an äußeren Holzteilen von Musikinstrumenten und entsprechende Reparaturen an Metallblasinstrumenten;
- Stimmen von Cembali mit Hilfe eines Stimmgerätes;

4. im Bereich Rekonstruktionen, Abformungen, Modellbau

a) Fach-(arbeits-)gebiet Abgüsse, Nachbildungen usw.:
- Herstellen von Negativformen von wenig empfindlichen Originalen komplizierter Form und Herstellen der Abgüsse;

b) Fach-(arbeits-)gebiet zeichnerische Rekonstruktion und Modellbau:
   - Herstellen schwieriger Modelle von Sammlungsgegenständen und sonstigen Objekten von wissenschaftlichem Interesse nach Vorlagen;
   - Einfache zeichnerische Rekonstruktion von Sammlungsgegenständen und sonstigen Objekten von wissenschaftlichem Interesse;

5. im Fach-(arbeits-)gebiet Ausgrabungen
   - Freilegen und Bergen von Bodenfunden;
   - Herrichten von Erdprofilen und Grabungsflächen zum Zeichnen und Messen;
   - Anfertigen von Grabungsskizzen oder einfachen maßstäblichen Grabungszeichnungen und einfachen Grabungs- oder Fundberichten;
   - Beaufsichtigen von Teilabschnitten bei größeren Grabungen;
6. im Bereich naturkundliche Objekte
   a) Fach-(arbeits-)gebiet Zoologie – allgemeine und Nasspräparation:
      - Methodisches Sammeln von Tieren einschließlich Etikettieren, Messen, Führen des Feldtagebuches und Feldpräparation;
      - Reinigen von Fellen mit Chemikalien;
      - Schädlingsbekämpfung an Sammlungsobjekten;
      - Herstellen schwieriger Nasspräparate von Tieren einschließlich Vorkonservieren (z. B. Injizieren von Konservierungsflüssigkeiten, Überführen, Konzentrationswechsel);
      - Herstellen einfacher anatomischer Präparate (z. B. Übersichtspräparate von Muskeln oder Organen);
      - Trockenpräparieren von Fischen, Amphibien und Reptilien;
   b) Fach-(arbeits-)gebiet Zoologie – Balgpräparation, Dermoplastik und Dioramen:
      - Herstellen schwieriger Stopfpräparate von Vögeln und Säugetieren (z. B. Kolibri, Zwergmaus);
      - Herrichten und Aufstellen von Frisch- oder Stopfpräparaten von Vögeln und Säugetieren (nicht Dermoplastik) für Schauzwecke in naturgetreuer Haltung (Nachbilden des Körpers; Auswählen, Einführen und Verankern der Drähte; Stellung geben und Ordnen des Gefieders oder des Fells);
   c) Fach-(arbeits-)gebiet Zoologie – Skelette:
      - Präparieren schwierig zu bearbeitender Rohskelette;
      - Präparieren einfach zu bearbeitender Wirbeltierskelette (Abkochen der vormazerierten Rohskelette; Säubern mit Bürsten, Schabwerkzeugen und chemisches Reinigen und Entfetten);
   d) Fach-(arbeits-)gebiet Botanik:
      - Methodisches Sammeln von Pflanzen einschließlich Etikettieren, Führen des Feldtagebuches und Feldpräparation;
      - Schwierige Arbeiten für Herbarien (z. B. Trocknen von dickfleischigen Pflanzen, von Flechten, Orchideen und Pflanzen mit ähnlicher Struktur unter Benutzung komplizierter Apparate oder mit chemischen Methoden);
      - Herstellen einfacher Präparate von Blüten;
      - Herstellen einfacher pflanzenanatomischer Präparate;
      - Herstellen schwieriger Nasspräparate von Pflanzen (ggf. einschließlich Vorkonservieren, z. B. zur Erhaltung des Chlorophylls);

IV

IV

e) Fach-(arbeits-)gebiet Geologie und Paläontologie:
- Methodisches Sammeln von Fossilien bei einfachen geologischen Verhältnissen einschließlich Etikettieren, Anfertigen geologischer Fundpunktskizzen und Vorkonservieren an der Fundstätte;
- Sortieren von Geländeaufsammlungen nach Fundorten, Fundschichten und Fossilgruppen;
- Zusammensetzen und -kleben stark zerbrochener Fossilien;
- Reinigen und Festigen von brüchigem Fossil-Material;
- Grobpräparieren von in Gestein eingeschlossenen Fossilien;
- Feinpräparieren von harten Fossilien in weichem Gestein;
- Konservieren präparierter Fossilien;
- Herstellen von Lackfilmen und Folienabzügen bei Anschliffen von Gesteinen und einfach gebauten Fossilien;
- Aufbereiten von Gesteinsproben durch Schlämmen oder Auffrieren;
- Herstellen von Anschliffen von Gesteinen und Fossilien;
- Auslesen von leicht erkennbaren Mikrofossilien;

f) Fach-(arbeits-)gebiet Mineralogie:
- Chemisches Reinigen von Mineralstufen;
- Herstellen von Anschliffen und polierten Anschliffen von Mineralien, Gesteinen und Erzen;
- Herstellen von Mineral- und Gesteinsdünnschliffen in normalem Format (2×3 cm);
- Herstellen von Körnerstreupräparaten für mineralogische oder petrografische Untersuchungen;

g) Fach-(arbeits-)gebiet Nachbildungen und Modelle von Tieren, Pflanzen und Fossilien:
- Herstellen originalgetreuer Nachbildungen (einschließlich Negativform und Abguss) einfach gestalteter Tiere, Pflanzen und Fossilien.

Nr. 6 Einfache Restaurierungs-, Präparierungs- und Konservierungsarbeiten sind z. B.

1. im Bereich Prähistorische Objekte und entsprechende kunsthandwerkliche Gebrauchsgegenstände

a) Fach-(arbeits-)gebiet Keramik:
- Waschen, Sortieren und Zusammensetzen von im Scherben fester Keramik sowie Ergänzen und Einfärben kleinerer Fehlstellen;

b) Fach-(arbeits-)gebiet Glas und Porzellan:
- Zusammensetzen gut erhaltener dickwandiger Gläser oder Porzellangegenstände unkomplizierter Form;

c) Fach-(arbeits-)gebiet Edelmetalle:
(unbesetzt)

d) Fach-(arbeits-)gebiet Kupfer, Bronze, Messing, sonstige Nichteisenmetalle:
(unbesetzt)

e) Fach-(arbeits-)gebiet Eisen:
(unbesetzt)

f) Fach-(arbeits-)gebiet Textilien:
- Knüpfarbeiten an sonst gut erhaltenen Teppichen;
- Reinigen, z. B. Waschen und Trocknen, sowie Auflegen (Aufnähen) gut erhaltener Textilien;

g) Fach-(arbeits-)gebiet organ. Materialien (Holz, Leder, Federn usw.):
- Tränken und Festigen trockener Hölzer;
- Geschmeidigmachen von Ledergegenständen;

h) Fach-(arbeits-)gebiet Wandmalereien, Mosaiken:
   - Reinigen der Oberfläche unempfindlicher Wandmalereien oder empfindlicher Mosaiken ohne scharfe Instrumente oder Chemikalien;

2. im Bereich Grafik, Bucheinbände, Archivgut
   a) Fach-(arbeits-)gebiet Grafiken, Bibliotheks- und Archivgut:
      - Auflegen unempfindlicher grafischer Blätter;
      - Ausbessern leicht beschädigter Archivalien- und Buchblätter mit Dokumentenlack oder Japanpapier;
      - Reinigen und Konservieren unempfindlicher Siegel;
      - Reinigen und Pflegen von Ledereinbänden mit Blind- oder Goldpressung;
   b) Fach-(arbeits-)gebiet foto- und kinematografische Archivalien:
      - Kleb- und Umrollarbeiten an stark beschädigten kinematografischen Archivalien;
      - Synchronlegen von Bild und Ton bei kinematografischen Archivalien mit Startzeichen;

IV

3. im Bereich Gemälde, Skulpturen und entsprechende kunsthandwerkliche Objekte
   a) Fach-(arbeits-)gebiet Gemälde:
      - Ein- und Ausrahmen von Gemälden;
   b) Fach-(arbeits-)gebiet Plastik, Kunsthandwerk, Stein:
      - Montieren von Skulpturen und sonstigen Ausstellungsgegenständen;
      - Zusammensetzen und -leimen von Möbeln;
      - Reinigen empfindlicher Steingegenstände ohne scharfe Instrumente oder Chemikalien;
   c) Fach-(arbeits-)gebiet Musikinstrumente:
      - Reinigen wenig empfindlicher Teile und Mechaniken von Musikinstrumenten;
4. im Bereich Rekonstruktionen, Abformungen, Modellbau
   a) Fach-(arbeits-)gebiet Abgüsse, Nachbildungen usw.:
      - Herstellen von Negativformen von wenig empfindlichen Originalen einfacher Form und Herstellen der Abgüsse;
   b) Fach-(arbeits-)gebiet zeichnerische Rekonstruktion und Modellbau:
      - Herstellen einfacher Modelle von Sammlungsgegenständen und sonstigen Objekten von wissenschaftlichem Interesse nach Vorlagen;
5. im Fach-(arbeits-)gebiet Ausgrabungen
   - Freilegen wenig empfindlicher Bodenfunde;
   - Fundregistrierung bei Grabungen;
6. im Bereich naturkundliche Objekte
   a) Fach-(arbeits-)gebiet Zoologie – allgemeine und Nasspräparation:
      - Einfaches methodisches Sammeln für zoologische Zwecke;
      - Waschen und mechanisches Reinigen von Fellen und älteren Präparaten (z. B. Dermoplastiken, Stopfpräparate, Molluskenschalen und sonstige einfache Hartteile von Wirbeltieren und Wirbellosen);
      - Überprüfen und Nachfüllen der Konservierungsflüssigkeiten in Nasssammlungen;
      - Herstellen einfacher Nasspräparate von Tieren;
   b) Fach-(arbeits-)gebiet Zoologie – Balgpräparation, Dermoplastik und Dioramen:
      - Herstellen einfacher Stopfpräparate von Vögeln und Säugetieren (Abbalgen, Reinigen der Gefieder und Felle, Vergiften der Haut gegen Schädlingsbefall, Verarbeiten zu Bälgen);

c) Fach-(arbeits-)gebiet Zoologie – Skelette:
   - Präparieren einfach zu bearbeitender Rohskelette von Vögeln und Säugetieren (Entfleischen, Wässern, Trocknen und Vorkonservieren der Knochen);
d) Fach-(arbeits-)gebiet Botanik:
   - Einfaches methodisches Sammeln für botanische Zwecke;
   - Einfache Arbeiten für Herbarien (z. B. Trocknen, Vergiften, Befestigen und Etikettieren von Pflanzen der verschiedenen systematischen Gruppen, auch unter Benutzung einfacher Apparate);
   - Herstellen einfacher Nasspräparate von Pflanzen;
e) Fach-(arbeits-)gebiet Geologie und Paläontologie:
   - Einfaches methodisches Sammeln für geologische und paläontologische Zwecke;
   - Auspacken und Ordnen von Geländeaufsammlungen (Fossil-Material und Gesteinsproben);
   - Waschen und mechanisches Reinigen von Fossil-Material und Gesteinsproben;
   - Vorpräparieren fossilhaltigen Gesteins;
   - Zusammensetzen und -kleben unempfindlicher Fossilien bei einfachen Brüchen;
f) Fach-(arbeits-)gebiet Mineralogie:
   - Auspacken und Ordnen von Geländeaufsammlungen (Mineralien und Gesteine);
   - Waschen und mechanisches Reinigen unempfindlicher Mineralstufen;
   - Vorrichten mineralogischer oder petrografischer Proben für Dünnschliffe, Anschliffe oder für die Mineraltrennung;
   - Formatisieren mineralogischer oder petrografischer Handstücke;
g) Fach-(arbeits-)gebiet Nachbildungen und Modelle von Tieren, Pflanzen und Fossilien:
   - Herstellen von Nachbildungen (Negativform und Abguss) von Tieren, Pflanzen und Fossilien.

IV

18. Beschäftigte im Rettungsdienst

18.1 Beschäftigte in Leitstellen

Entgeltgruppe 9a

Disponenten in Leitstellen mit der nach Landesrecht jeweils geforderten Qualifikation mit entsprechender Tätigkeit.

(Hierzu Protokollerklärung)

Entgeltgruppe 8

Beschäftigte in Leitstellen mit qualifizierter Anrufannahme und Anrufweiterleitung.

Protokollerklärung:

[1]Sofern überwiegend schwierige Dispositionen auszuüben sind, wird eine monatliche Entgeltgruppenzulage nach Anlage F Abschnitt I Nr. 9 gezahlt. [2]Die Zulage verändert sich bei allgemeinen Entgeltanpassungen um den von den Tarifvertragsparteien für die jeweilige Entgeltgruppe festgelegten Vomhundertsatz; Sockelbeträge, Mindestbeträge und vergleichbare nichtlineare Steigerungen bleiben unberücksichtigt.

IV

18.2 Beschäftigte im Rettungsdienst

Entgeltgruppe 10

Leiter von Rettungswachen, denen mindestens 40 Beschäftigte durch ausdrückliche Anordnung ständig unterstellt sind.

Entgeltgruppe 9b

1. Leiter von Rettungswachen.
2. Ständige Vertreter von Leitern von Rettungswachen, denen mindestens 40 Beschäftigte durch ausdrückliche Anordnung ständig unterstellt sind.

Entgeltgruppe 9a

Ständige Vertreter von Leitern von Rettungswachen.

Entgeltgruppe KR 8

Notfallsanitäter mit entsprechenden Tätigkeiten.

(Hierzu Protokollerklärung Nr. 1)

Entgeltgruppe 6

Rettungsassistenten mit entsprechender Tätigkeit.

Entgeltgruppe 4

Rettungssanitäter mit entsprechender Tätigkeit.

(Hierzu Protokollerklärung Nr. 2)

Protokollerklärungen:

Nr. 1 [1]Notfallsanitäter, die als Praxisanleiter eingesetzt sind und die berufspädagogische Zusatzqualifikation im Umfang von mindestens 200 Stunden absolviert haben, erhalten für die Dauer der Tätigkeit als Praxisanleiter eine monatliche Zulage nach Anlage F Abschnitt IV Nr. 9. [2]Die Zulage verändert sich bei allgemeinen Entgeltanpassungen um den von den Tarifvertragsparteien für die jeweilige Entgeltgruppe festgelegten Vomhundertsatz; Sockelbeträge, Mindestbeträge und vergleichbare nichtlineare Steigerungen bleiben unberücksichtigt.

Nr. 2 Diese Beschäftigten erhalten eine Entgeltgruppenzulage in Höhe von 2,3 v. H. ihres jeweiligen Tabellenentgelts.

18.3 Beschäftigte an Rettungsdienstschulen

Vorbemerkungen

1. Dieser Unterabschnitt gilt nicht für Lehrkräfte der Freien und Hansestadt Hamburg, für die aufgrund landesspezifischer Regelung der Tarifvertrag über die Eingruppierung und die Entgeltordnung für die Lehrkräfte der Länder (TV EntgO-L) vom 28. März 2015 in seiner jeweils geltenden Fassung Anwendung findet.

2. (1) Eine abgeschlossene Hochschulbildung liegt vor, wenn von einer Hochschule im Sinne des § 1 Hochschulrahmengesetz (HRG) ein Diplomgrad mit dem Zusatz „Fachhochschule" („FH"), ein anderer nach § 18 HRG gleichwertiger Abschlussgrad oder ein Bachelorgrad verliehen wurde.

   (2) [1]Der Bachelorstudiengang muss nach den Regelungen des Akkreditierungsrats akkreditiert sein. [2]Dem gleichgestellt sind Abschlüsse in akkreditierten Bachelorausbildungsgängen an Berufsakademien.

   (3) Eine abgeschlossene Hochschulbildung setzt voraus, dass die Abschlussprüfung in einem Studiengang abgelegt wird, der seinerseits mindestens das Zeugnis der Hochschulreife (allgemeine Hochschulreife) oder eine andere landesrechtliche Hochschulzugangsberechtigung als Zugangsvoraussetzung erfordert, und für den Abschluss eine Mindeststudienzeit von sechs Semestern – ohne etwaige Praxissemester, Prüfungssemester o. Ä. – vorgeschrieben ist.

   (4) Ein Abschluss an einer ausländischen Hochschule gilt als abgeschlossene Hochschulbildung, wenn er von der zuständigen staatlichen Anerkennungsstelle als dem deutschen Hochschulabschluss gleichwertig anerkannt wurde.

Entgeltgruppe 13

Beschäftigte der Entgeltgruppe 11 Fallgruppe 1 als Leiter einer Rettungsdienstschule.

Entgeltgruppe 12

1. Beschäftigte der Entgeltgruppe 10 als Leiter einer Rettungsdienstschule.
2. Beschäftigte der Entgeltgruppe 11 Fallgruppe 1 als stellvertretende Leiter oder als Fachbereichsleiter einer Rettungsdienstschule.

Entgeltgruppe 11

1. Lehrkräfte mit abgeschlossener Hochschulbildung und entsprechender Tätigkeit sowie sonstige Beschäftigte, die aufgrund gleichwertiger Fähigkeiten und ihrer Erfahrungen entsprechende Tätigkeiten ausüben.
2. Beschäftigte der Entgeltgruppe 10 als stellvertretende Leiter oder als Fachbereichsleiter einer Rettungsdienstschule.

Entgeltgruppe 10

Lehrkräfte mit entsprechender Zusatzqualifikation.

19. Beschäftigte in der Schifffahrt

Vorbemerkungen

1. (1) Die Einteilung der Befähigungszeugnisse richtet sich nach der Verordnung über die Befähigungen der Seeleute in der Seeschifffahrt (Seeleute-Befähigungsverordnung – See-BV) in der jeweils gültigen Fassung.

   (2) Hierbei wird unterschieden in Befähigungszeugnisse ohne Einschränkungen (§ 29 Absatz 1, § 33 Absatz 1 Nummern 1 Buchstabe a und 2 Buchstabe a sowie § 38 Absatz 1 See-BV) und Befähigungszeugnisse mit Einschränkungen (§ 29 Absatz 2, § 33 Absatz 1 Nummern 1 Buchstabe b und 2 Buchstabe b, § 33 Absatz 2 sowie § 38 Absatz 2 See-BV).

2. (1) [1]Beschäftigte, die nach Entgeltgruppe 9b oder 10 dieses Abschnitts eingruppiert sind, erhalten eine monatliche Zulage in Höhe von 23,01 Euro. [2]Die Zulage wird nur für Zeiträume gezahlt, in denen Beschäftigte einen Anspruch auf Entgelt oder Entgeltfortzahlung nach § 21 haben. [3]Die Zahlung erfolgt längstens bis zu einer Überarbeitung bzw. Neuregelung des Abschnitts 19.

   (2) Die Zulage steht nicht zu neben einer Zulage nach den Tarifverträgen, die nach Nrn. 9 oder 11 der Anlage 1 Teil C zum TVÜ-Länder fortgelten.

Entgeltgruppe 10

1. Nautische Beschäftigte mit nautischem Befähigungszeugnis ohne Einschränkungen, die an Land koordinierende und leitende Tätigkeiten ausüben, für die ein solches Befähigungszeugnis vorgeschrieben oder notwendige Voraussetzung ist.
2. Schiffsführer mit nautischem Befähigungszeugnis ohne Einschränkungen, die Schiffe führen, für die ein solches Befähigungszeugnis vorgeschrieben oder notwendige Voraussetzung ist.

Entgeltgruppe 9b

1. Nautische Beschäftigte mit nautischem Befähigungszeugnis ohne oder mit Einschränkungen, die an Land koordinierende und leitende Tätigkeiten ausüben.
2. Schiffsbetriebstechniker mit technischem Befähigungszeugnis ohne Einschränkungen, die Tätigkeiten ausüben, für die ein solches Befähigungszeugnis vorgeschrieben oder notwendige Voraussetzung ist.
3. Schiffsführer mit nautischem Befähigungszeugnis mit Einschränkungen auf Schiffen und Schleppern über 515 kW (700 PS) sowie

Schiffsführer und leitende Maschinisten oder Alleinmaschinisten auf Unterelbebooten der Wasserschutzpolizei Hamburg über 1472 kW (2000 PS).

(Hierzu Protokollerklärung Nr. 1)

4. Schiffsführer mit nautischem Befähigungszeugnis mit Einschränkungen auf Schiffen über 73 kW (100 PS), die zusätzlich über eine vermessungstechnische Ausbildung verfügen und entsprechende Tätigkeiten ausüben.

   (Hierzu Protokollerklärung Nr. 2)

Entgeltgruppe 9a

1. Schiffsführer mit nautischem Befähigungszeugnis mit Einschränkungen auf Schiffen über 295 kW (400 PS) und auf Schiffen zur Versorgung der Inseln Neuwerk und Scharhörn sowie auf Lotsenversetzschiffen sowie Schiffsführer auf Hafenbooten der Wasserschutzpolizei Hamburg über 736 kW (1000 PS).

   (Hierzu Protokollerklärung Nr. 1)
2. Schiffs- oder Geräteführer auf Schiffen oder schwimmenden Geräten über 73 kW (100 PS) mit nautischem Befähigungszeugnis mit Einschränkungen.

   (Hierzu Protokollerklärung Nr. 2)
3. Nautische Beschäftigte mit nautischem Befähigungszeugnis mit Einschränkungen auf Schiffen (Steuerleute), die zusätzlich über eine vermessungstechnische Ausbildung verfügen und entsprechende Tätigkeiten ausüben.
4. Leiter der Maschinenanlage mit technischem Befähigungszeugnis ohne Einschränkungen, die an Bord entsprechende Tätigkeiten ausüben.

Entgeltgruppe 7

1. Nautische Beschäftigte mit nautischem Befähigungszeugnis mit Einschränkungen auf Schiffen (Steuerleute), die an Bord entsprechende Tätigkeiten ausüben.

   (Hierzu Protokollerklärung Nr. 3)
2. Maschinisten mit technischem Befähigungszeugnis mit Einschränkungen, die an Bord entsprechende Tätigkeiten ausüben.

   (Hierzu Protokollerklärung Nr. 3)
3. Schiffsführer auf Hafenbooten der Wasserschutzpolizei, soweit nicht anderweitig eingruppiert, sowie solche mit nautischem Befähigungszeugnis mit Einschränkungen auf Schleppern bis 295 kW

(400 PS), Vermessungsschiffen, gewässerkundlichen Messschiffen und Bereisungsschiffen.

(Hierzu Protokollerklärung Nr. 1)

4. Schiffs- oder Geräteführer mit nautischem Befähigungszeugnis mit Einschränkungen, soweit nicht anderweitig eingruppiert.

Entgeltgruppe 6

Schiffsbetriebsmechaniker (Matrosen, Maschinisten oder Motorenwärter) mit abgeschlossener Ausbildung in einem einschlägigen anerkannten Ausbildungsberuf mit einer Ausbildungsdauer von mindestens drei Jahren, die Dienst auf Geräten oder Schiffen verrichten, in der Funktion als Bootsmann (Vorarbeiter der Decksmannschaft).

(Hierzu Protokollerklärung Nr. 3)

Entgeltgruppe 5

1. Schiffsbetriebsmechaniker (Matrosen, Maschinisten oder Motorenwärter) mit abgeschlossener Ausbildung in einem einschlägigen anerkannten Ausbildungsberuf mit einer Ausbildungsdauer von mindestens drei Jahren, die Dienst auf Geräten oder Schiffen verrichten.

   (Hierzu Protokollerklärung Nr. 3)
2. Köche mit abgeschlossener Ausbildung in einem einschlägig anerkannten Ausbildungsberuf mit einer Ausbildungsdauer von mindestens drei Jahren auf Geräten oder Schiffen.

   (Hierzu Protokollerklärung Nr. 3)
3. Beschäftigte mit Fahrprüfung bei der Schifffahrt auf dem Königssee oder dem Tegernsee während der Dauer ihrer Verwendung im Fahrdienst.

   (Hierzu Protokollerklärung Nr. 3)

Entgeltgruppe 3

Bordarbeiter, Werkhelfer oder Decksleute (ungelerntes Boots-, Geräte- und Schiffspersonal).

(Hierzu Protokollerklärung Nr. 3)

Entgeltgruppe 2

Bordarbeiter, Werkhelfer oder Decksleute (ungelerntes Boots-, Geräte- und Schiffspersonal)

mit einfachen Tätigkeiten.

(Hierzu Protokollerklärungen Nrn. 3 und 4)

Protokollerklärungen:

Nr. 1 Das Tätigkeitsmerkmal gilt nur in der Freien und Hansestadt Hamburg.

Nr. 2 Das Tätigkeitsmerkmal gilt nicht in der Freien und Hansestadt Hamburg.

Nr. 3 Beschäftigte im Sinne dieses Tätigkeitsmerkmals gelten als Beschäftigte im Sinne des Tarifvertrags über die Lohnzuschläge gemäß § 29 MTArb bzw. des Tarifvertrags über die Lohnzuschläge gemäß § 29 MTArb-O für die Arbeiter der Länder.

Nr. 4 [1]Einfache Tätigkeiten sind Tätigkeiten, die weder eine Vor- noch eine Ausbildung, aber eine Einarbeitung erfordern, die über eine sehr kurze Einweisung oder Anlernphase hinausgeht. [2]Die Einarbeitung dient dem Erwerb derjenigen Kenntnisse und Fertigkeiten, die für die Beherrschung der Arbeitsabläufe als solche erforderlich sind.

IV

20. Beschäftigte im Sozial- und Erziehungsdienst

Vorbemerkungen

1. [1]Die – im Unterschied zu dem Teil II Abschnitt G der Anlage 1a zum BAT erfolgte – Untergliederung dieses Abschnitts dient ausschließlich der besseren Übersichtlichkeit und nicht einer Veränderung des rechtlichen Verhältnisses der Tätigkeitsmerkmale zueinander. [2]Insbesondere stellen die Tätigkeitsmerkmale dieses Abschnitts insgesamt, nicht aber die Zusammenfassung von Tätigkeitsmerkmalen in den jeweiligen Unterabschnitten für sich eine abschließende spezielle Eingruppierungsregelung im Sinne der Rechtsprechung des BAG (z. B. Urt. vom 5. Juli 2006 – 4 AZR 555/05) dar. [3]So können z. B. Erzieherinnen mit staatlicher Anerkennung bei Erfüllen der Voraussetzungen als „sonstige Beschäftigte" nach den in Unterabschnitt 4 aufgeführten Tätigkeitsmerkmalen eingruppiert sein, obwohl Erzieherinnen mit staatlicher Anerkennung nur in Tätigkeitsmerkmalen des Unterabschnitts 6 benannt sind.

IV

2. [1]Der Ermittlung der Durchschnittsbelegung in den Unterabschnitten 1, 2 und 3 ist für das jeweilige Kalenderjahr grundsätzlich die Zahl der vom 1. Oktober bis 31. Dezember des vorangegangenen Kalenderjahres vergebenen, je Tag gleichzeitig belegbaren Plätze zugrunde zu legen. [2]Eine Unterschreitung der maßgeblichen je Tag gleichzeitig belegbaren Plätze von nicht mehr als 5 v. H. führt nicht zur Herabgruppierung. [3]Eine Unterschreitung um mehr als 5 v. H. führt erst dann zur Herabgruppierung, wenn die maßgebliche Platzzahl drei Jahre hintereinander unterschritten wird. [4]Eine Unterschreitung auf Grund vom Arbeitgeber verantworteter Maßnahmen (z. B. Qualitätsverbesserungen) führt ebenfalls nicht zur Herabgruppierung. [5]Hiervon bleiben organisatorische Maßnahmen infolge demografischer Handlungsnotwendigkeiten unberührt.

20.1 Leiterinnen von Erziehungsheimen oder von Wohnheimen für erwachsene Menschen mit Behinderung

Vorbemerkungen

1. [1]Beschäftigte, die nach diesem Unterabschnitt eingruppiert sind, erhalten für die Dauer der Tätigkeit in einem Erziehungsheim, einem Kinder- oder einem Jugendwohnheim oder einer vergleichbaren Einrichtung (Heim)

   a) eine monatliche Zulage in Höhe von 100 Euro, wenn in dem Heim überwiegend Menschen mit Behinderung im Sinne des § 2 SGB IX oder Kinder und/oder Jugendliche mit wesentlichen Erziehungsschwierigkeiten zum Zwecke der Erziehung, Ausbildung oder Pflege ständig untergebracht sind;

b) eine monatliche Zulage in Höhe von 50 Euro, wenn nicht überwiegend solche Personen ständig untergebracht sind.

[2]Satz 1 Buchstabe a gilt für die Dauer der Tätigkeit in einem Wohnheim für erwachsene Menschen mit Behinderung im Sinne des § 2 SGB IX entsprechend. [3]Die Zulage wird nur für Zeiträume gezahlt, in denen Beschäftigte einen Anspruch auf Entgelt oder Entgeltfortzahlung nach § 21 haben. [4]Sie ist bei der Bemessung des Sterbegeldes (§ 23 Absatz 3) zu berücksichtigen.

2. Erziehungsheime sind Heime, in denen überwiegend Kinder oder Jugendliche mit Behinderung im Sinne des § 2 SGB IX oder Kinder oder Jugendliche mit wesentlichen Erziehungsschwierigkeiten ständig untergebracht sind.
3. Der Unterabschnitt gilt nicht für Leiterinnen bzw. ständige Vertreterinnen von Leiterinnen von Wohngruppen.

Entgeltgruppe S 18

Beschäftigte als Leiterinnen von Erziehungsheimen oder von Wohnheimen für erwachsene Menschen mit Behinderung im Sinne des § 2 SGB IX

mit einer Durchschnittsbelegung von mindestens 50 Plätzen.

Entgeltgruppe S 17

Beschäftigte, die durch ausdrückliche Anordnung als ständige Vertreterinnen von Leiterinnen von Erziehungsheimen oder von Wohnheimen für erwachsene Menschen mit Behinderung im Sinne des § 2 SGB IX

mit einer Durchschnittsbelegung von mindestens 90 Plätzen bestellt sind.

Entgeltgruppe S 16

1. Beschäftigte als Leiterinnen von Erziehungsheimen oder von Wohnheimen für erwachsene Menschen mit Behinderung im Sinne des § 2 SGB IX.
2. Beschäftigte, die durch ausdrückliche Anordnung als ständige Vertreterinnen von Leiterinnen von Erziehungsheimen oder von Wohnheimen für erwachsene Menschen mit Behinderung im Sinne des § 2 SGB IX

   mit einer Durchschnittsbelegung von mindestens 50 Plätzen bestellt sind.

Entgeltgruppe S 15

Beschäftigte, die durch ausdrückliche Anordnung als ständige Vertreterinnen von Leiterinnen von Erziehungsheimen oder von Wohnheimen für erwachsene Menschen mit Behinderung im Sinne des § 2 SGB IX bestellt sind.

20.2 Leiterinnen von Kindertagesstätten

Vorbemerkung

Kindertagesstätten im Sinne der Tätigkeitsmerkmale dieses Unterabschnitts sind Krippen, Kindergärten, Horte, Kinderbetreuungsstuben, Kinderhäuser und Kindertageseinrichtungen der örtlichen Kindererholungsfürsorge.

Entgeltgruppe S 18

Beschäftigte als Leiterinnen von Kindertagesstätten
mit einer Durchschnittsbelegung von mindestens 180 Plätzen.

Entgeltgruppe S 17

1. Beschäftigte als Leiterinnen von Kindertagesstätten
   mit einer Durchschnittsbelegung von mindestens 130 Plätzen.
2. Beschäftigte, die durch ausdrückliche Anordnung als ständige Vertreterinnen von Leiterinnen von Kindertagesstätten
   mit einer Durchschnittsbelegung von mindestens 180 Plätzen bestellt sind.
   (Hierzu Protokollerklärung)

Entgeltgruppe S 16

1. Beschäftigte als Leiterinnen von Kindertagesstätten
   mit einer Durchschnittsbelegung von mindestens 100 Plätzen.
2. Beschäftigte, die durch ausdrückliche Anordnung als ständige Vertreterinnen von Leiterinnen von Kindertagesstätten
   mit einer Durchschnittsbelegung von mindestens 130 Plätzen bestellt sind.
   (Hierzu Protokollerklärung)

Entgeltgruppe S 15

1. Beschäftigte als Leiterinnen von Kindertagesstätten
   mit einer Durchschnittsbelegung von mindestens 70 Plätzen.
2. Beschäftigte, die durch ausdrückliche Anordnung als ständige Vertreterinnen von Leiterinnen von Kindertagesstätten

mit einer Durchschnittsbelegung von mindestens 100 Plätzen bestellt sind.

(Hierzu Protokollerklärung)

Entgeltgruppe S 13

1. Beschäftigte als Leiterinnen von Kindertagesstätten

   mit einer Durchschnittsbelegung von mindestens 40 Plätzen.

2. Beschäftigte, die durch ausdrückliche Anordnung als ständige Vertreterinnen von Leiterinnen von Kindertagesstätten

   mit einer Durchschnittsbelegung von mindestens 70 Plätzen bestellt sind.

   (Hierzu Protokollerklärung)

Entgeltgruppe S 9

1. Beschäftigte als Leiterinnen von Kindertagesstätten.

2. Beschäftigte, die durch ausdrückliche Anordnung als ständige Vertreterinnen von Leiterinnen von Kindertagesstätten

   mit einer Durchschnittsbelegung von mindestens 40 Plätzen bestellt sind.

   (Hierzu Protokollerklärung)

Protokollerklärung:

Je Kindertagesstätte soll eine ständige Vertreterin der Leiterin bestellt werden.

20.3 Leiterinnen von Kindertagesstätten für Menschen mit Behinderung oder von Tagesstätten für erwachsene Menschen mit Behinderung

Vorbemerkung

Kindertagesstätten im Sinne der Tätigkeitsmerkmale dieses Unterabschnitts sind Krippen, Kindergärten, Horte, Kinderbetreuungsstuben, Kinderhäuser und Kindertageseinrichtungen der örtlichen Kindererholungsfürsorge.

Entgeltgruppe S 18

Beschäftigte als Leiterinnen von Kindertagesstätten für Menschen mit Behinderung im Sinne von § 2 SGB IX oder für Kinder und Jugendliche mit wesentlichen Erziehungsschwierigkeiten oder von Tagesstätten für erwachsene Menschen mit Behinderung im Sinne des § 2 SGB IX

mit einer Durchschnittsbelegung von mindestens 90 Plätzen.

Entgeltgruppe S 17

1. Beschäftigte als Leiterinnen von Kindertagesstätten für Menschen mit Behinderung im Sinne von § 2 SGB IX oder für Kinder und Jugendliche mit wesentlichen Erziehungsschwierigkeiten oder von Tagesstätten für erwachsene Menschen mit Behinderung im Sinne des § 2 SGB IX

   mit einer Durchschnittsbelegung von mindestens 70 Plätzen.

2. Beschäftigte, die durch ausdrückliche Anordnung als ständige Vertreterinnen von Leiterinnen von Kindertagesstätten für Menschen mit Behinderung im Sinne von § 2 SGB IX oder für Kinder oder Jugendliche mit wesentlichen Erziehungsschwierigkeiten oder von Tagesstätten für erwachsene Menschen mit Behinderung im Sinne des § 2 SGB IX

   mit einer Durchschnittsbelegung von mindestens 90 Plätzen bestellt sind.

   (Hierzu Protokollerklärung)

IV

Entgeltgruppe S 16

1. Beschäftigte als Leiterinnen von Kindertagesstätten für Menschen mit Behinderung im Sinne von § 2 SGB IX oder für Kinder und Jugendliche mit wesentlichen Erziehungsschwierigkeiten oder von Tagesstätten für erwachsene Menschen mit Behinderung im Sinne des § 2 SGB IX

   mit einer Durchschnittsbelegung von mindestens 40 Plätzen.

2. Beschäftigte, die durch ausdrückliche Anordnung als ständige Vertreterinnen von Leiterinnen von Kindertagesstätten für Menschen mit Behinderung im Sinne von § 2 SGB IX oder für Kinder und Jugendliche mit wesentlichen Erziehungsschwierigkeiten oder von Tagesstätten für erwachsene Menschen mit Behinderung im Sinne des § 2 SGB IX

   mit einer Durchschnittsbelegung von mindestens 70 Plätzen bestellt sind.

   (Hierzu Protokollerklärung)

Entgeltgruppe S 15

1. Beschäftigte als Leiterinnen von Kindertagesstätten für Menschen mit Behinderung im Sinne von § 2 SGB IX oder für Kinder und Jugendliche mit wesentlichen Erziehungsschwierigkeiten oder von Tagesstätten für erwachsene Menschen mit Behinderung im Sinne des § 2 SGB IX.

2. Beschäftigte, die durch ausdrückliche Anordnung als ständige Vertreterinnen von Leiterinnen von Kindertagesstätten für Menschen mit Behinderung im Sinne von § 2 SGB IX oder für Kinder und Jugendliche mit wesentlichen Erziehungsschwierigkeiten oder von Tagesstätten für erwachsene Menschen mit Behinderung im Sinne des § 2 SGB IX

   mit einer Durchschnittsbelegung von mindestens 40 Plätzen bestellt sind.

   (Hierzu Protokollerklärung)

Entgeltgruppe S 11a

Beschäftigte, die durch ausdrückliche Anordnung als ständige Vertreterinnen von Leiterinnen von Kindertagesstätten für Menschen mit Behinderung im Sinne von § 2 SGB IX oder für Kinder und Jugendliche mit wesentlichen Erziehungsschwierigkeiten oder von Tagesstätten für erwachsene Menschen mit Behinderung im Sinne des § 2 SGB IX bestellt sind.

(Hierzu Protokollerklärung)

Protokollerklärung:

Je Kindertagesstätte soll eine ständige Vertreterin der Leiterin bestellt werden.

20.4 Sozialarbeiter/Sozialpädagogen, Kinder- und Jugendlichenpsychotherapeuten/Psychagogen, Bewährungshelfer, Heilpädagogen

Vorbemerkung

(1) [1]Beschäftigte, die nach diesem Unterabschnitt eingruppiert sind, erhalten für die Dauer der Tätigkeit in einem Erziehungsheim, einem Kinder- oder einem Jugendwohnheim oder einer vergleichbaren Einrichtung (Heim)

a) eine monatliche Zulage in Höhe von 100 Euro, wenn in dem Heim überwiegend Menschen mit Behinderungen im Sinne des § 2 SGB IX oder Kinder und/oder Jugendliche mit wesentlichen Erziehungsschwierigkeiten zum Zwecke der Erziehung, Ausbildung oder Pflege ständig untergebracht sind;

b) eine monatliche Zulage in Höhe von 50 Euro, wenn nicht überwiegend solche Personen ständig untergebracht sind.

[2]Die Zulage wird nur für Zeiträume gezahlt, in denen Beschäftigte einen Anspruch auf Entgelt oder Entgeltfortzahlung nach § 21 haben. [3]Sie ist bei der Bemessung des Sterbegeldes (§ 23 Absatz 3) zu berücksichtigen.

(2) Absatz 1 gilt nicht für Beschäftigte der Entgeltgruppe S 17 Fallgruppe 2 sowie Beschäftigte der Entgeltgruppe S 15 Fallgruppe 2.

Entgeltgruppe S 18

Sozialarbeiter und Sozialpädagogen mit staatlicher Anerkennung sowie Heilpädagogen mit abgeschlossener Hochschulbildung und – soweit nach dem jeweiligen Landesrecht vorgesehen – mit staatlicher Anerkennung mit jeweils entsprechender Tätigkeit sowie sonstige Beschäftigte, die aufgrund gleichwertiger Fähigkeiten und ihrer Erfahrungen entsprechende Tätigkeiten ausüben,

IV

deren Tätigkeit sich durch das Maß der damit verbundenen Verantwortung erheblich aus der Entgeltgruppe S 17 Fallgruppe 1 heraushebt.

(Hierzu Protokollerklärung Nr. 1)

Entgeltgruppe S 17

1. Sozialarbeiter und Sozialpädagogen mit staatlicher Anerkennung sowie Heilpädagogen mit abgeschlossener Hochschulbildung und – soweit nach dem jeweiligen Landesrecht vorgesehen – mit staatlicher Anerkennung mit jeweils entsprechender Tätigkeit sowie sonstige Beschäftigte, die aufgrund gleichwertiger Fähigkeiten und ihrer Erfahrungen entsprechende Tätigkeiten ausüben,

   deren Tätigkeit sich durch besondere Schwierigkeit und Bedeutung aus der Entgeltgruppe S 12 heraushebt.

   (Hierzu Protokollerklärung Nr. 1)
2. Kinder- und Jugendlichenpsychotherapeuten/Psychagogen mit staatlicher Anerkennung oder staatlich anerkannter Prüfung und entsprechender Tätigkeit.

   (Hierzu Protokollerklärung Nr. 2)

Entgeltgruppe S 15

1. Sozialarbeiter und Sozialpädagogen mit staatlicher Anerkennung sowie Heilpädagogen mit abgeschlossener Hochschulbildung und – soweit nach dem jeweiligen Landesrecht vorgesehen – mit staatlicher Anerkennung mit jeweils entsprechender Tätigkeit sowie sonstige Beschäftigte, die aufgrund gleichwertiger Fähigkeiten und ihrer Erfahrungen entsprechende Tätigkeiten ausüben,

   deren Tätigkeit sich mindestens zu einem Drittel durch besondere Schwierigkeit und Bedeutung aus der Entgeltgruppe S 12 heraushebt.

   (Hierzu Protokollerklärung Nr. 1)
2. Bewährungshelfer.

Entgeltgruppe S 14

Sozialarbeiter und Sozialpädagogen mit staatlicher Anerkennung sowie Heilpädagogen mit abgeschlossener Hochschulbildung und – soweit nach dem jeweiligen Landesrecht vorgesehen – mit staatlicher Anerkennung mit jeweils entsprechender Tätigkeit sowie sonstige Beschäftigte, die aufgrund gleichwertiger Fähigkeiten und ihrer Erfahrungen entsprechende Tätigkeiten ausüben,

die Entscheidungen zur Vermeidung der Gefährdung des Kindeswohls treffen und in Zusammenarbeit mit dem Familiengericht beziehungsweise Vormundschaftsgericht Maßnahmen einleiten, welche zur Gefahrenabwehr erforderlich sind, oder mit gleichwertigen Tätigkeiten, die für die Entscheidung zur zwangsweisen Unterbringung von Menschen mit psychischen Krankheiten erforderlich sind (z. B. Sozialpsychiatrischer Dienst der örtlichen Stellen der Städte).

(Hierzu Protokollerklärungen Nrn. 1 und 3)

Entgeltgruppe S 12

Sozialarbeiter und Sozialpädagogen mit staatlicher Anerkennung sowie Heilpädagogen mit abgeschlossener Hochschulbildung und – soweit nach dem jeweiligen Landesrecht vorgesehen – mit staatlicher Anerkennung mit jeweils entsprechender Tätigkeit sowie sonstige Beschäftigte, die aufgrund gleichwertiger Fähigkeiten und ihrer Erfahrungen entsprechende Tätigkeiten ausüben,

mit schwierigen Tätigkeiten.

(Hierzu Protokollerklärungen Nrn. 1 und 4)

Entgeltgruppe S 11b

Sozialarbeiter und Sozialpädagogen mit staatlicher Anerkennung sowie Heilpädagogen mit abgeschlossener Hochschulbildung und – soweit nach dem jeweiligen Landesrecht vorgesehen – mit staatlicher Anerkennung mit jeweils entsprechender Tätigkeit sowie sonstige Beschäftigte, die aufgrund gleichwertiger Fähigkeiten und ihrer Erfahrungen entsprechende Tätigkeiten ausüben.

(Hierzu Protokollerklärung Nr. 1)

Entgeltgruppe S 9

1. Heilpädagogen mit staatlicher Anerkennung und entsprechender Tätigkeit.

   (Hierzu Protokollerklärung Nr. 5)

2. Beschäftigte in der Tätigkeit von Heilpädagogen mit abgeschlossener Hochschulbildung und – soweit nach dem jeweiligen Landesrecht vorgesehen – mit staatlicher Anerkennung.
   (Hierzu Protokollerklärung Nr. 1)

Entgeltgruppe S 8b

Beschäftigte in der Tätigkeit von Sozialarbeitern/Sozialpädagogen mit staatlicher Anerkennung.

Protokollerklärungen:

Nr. 1 (1) Eine abgeschlossene Hochschulbildung liegt vor, wenn von einer Hochschule im Sinne des § 1 Hochschulrahmengesetz (HRG) ein Diplomgrad mit dem Zusatz „Fachhochschule" („FH"), ein anderer nach § 18 HRG gleichwertiger Abschlussgrad oder ein Bachelorgrad verliehen wurde.

(2) [1]Der Bachelorstudiengang muss nach den Regelungen des Akkreditierungsrats akkreditiert sein. [2]Dem gleichgestellt sind Abschlüsse in akkreditierten Bachelorausbildungsgängen an Berufsakademien.

(3) Eine abgeschlossene Hochschulbildung setzt voraus, dass die Abschlussprüfung in einem Studiengang abgelegt wird, der seinerseits mindestens das Zeugnis der Hochschulreife (allgemeine Hochschulreife) oder eine andere landesrechtliche Hochschulzugangsberechtigung als Zugangsvoraussetzung erfordert, und für den Abschluss eine Mindeststudienzeit von sechs Semestern – ohne etwaige Praxissemester, Prüfungssemester o. Ä. – vorgeschrieben ist.

(4) Ein Abschluss an einer ausländischen Hochschule gilt als abgeschlossene Hochschulbildung, wenn er von der zuständigen staatlichen Anerkennungsstelle als dem deutschen Hochschulabschluss gleichwertig anerkannt wurde.

Nr. 2 Kinder- und Jugendlichenpsychotherapeuten/Psychagogen mit abgeschlossener wissenschaftlicher Hochschulbildung und entsprechender Tätigkeit werden von diesem Tätigkeitsmerkmal nicht erfasst.

Nr. 3 [1]Das „Treffen von Entscheidungen zur Vermeidung der Gefährdung des Kindeswohls und die Einleitung von Maßnahmen in Zusammenarbeit mit dem Familiengericht beziehungsweise Vormundschaftsgericht, welche zur Gefahrenabwehr erforderlich sind", sind im Allgemeinen Sozialen Dienst bei Tätigkeiten im Rahmen der Fallverantwortung bei

- Hilfen zur Erziehung nach § 27 SGB VIII,
- der Hilfeplanung nach § 36 SGB VIII,
- der Inobhutnahme von Kindern und Jugendlichen (§ 42 SGB VIII),
- der Mitwirkung in Verfahren vor den Familiengerichten (§ 50 SGB VIII)

einschließlich der damit in Zusammenhang stehenden Tätigkeiten erfüllt. [2]Die Durchführung der Hilfen nach den getroffenen Entscheidungen (z. B. Erziehung in einer Tagesgruppe, Vollzeitpflege oder Heimerziehung) fällt nicht unter die Entgeltgruppe S 14. [3]Die in Aufgabengebieten außerhalb des Allgemeinen Sozialen Dienstes wie z. B. Erziehungsbeistandschaft, Pflegekinderdienst, Adoptionsvermittlung, Jugendgerichtshilfe, Vormundschaft, Pflegschaft auszuübenden Tätigkeiten fallen nicht unter die Entgeltgruppe S 14, es sei denn, dass durch Organisationsentscheidung des Arbeitgebers im Rahmen dieser Aufgabengebiete ebenfalls Tätigkeiten auszuüben sind, die die Voraussetzungen von Satz 1 erfüllen.

Nr. 4 Schwierige Tätigkeiten sind z. B. die

a) Beratung von Suchtmittel-Abhängigen,
b) Beratung von HIV-Infizierten oder an AIDS erkrankten Personen,

c) begleitende Fürsorge für Heimbewohner und nachgehende Fürsorge für ehemalige Heimbewohner,

d) begleitende Fürsorge für Strafgefangene und nachgehende Fürsorge für ehemalige Strafgefangene,

e) Koordinierung der Arbeiten mehrerer Beschäftigter mindestens der Entgeltgruppe S 9.

Nr. 5 Unter Heilpädagogen mit staatlicher Anerkennung sind Beschäftigte zu verstehen, die einen nach Maßgabe der Rahmenvereinbarung über die Ausbildung und Prüfung an Fachschulen (Beschluss der Kultusministerkonferenz vom 7. November 2002) gestalteten Ausbildungsgang für Heilpädagogen mit der vorgeschriebenen Prüfung erfolgreich abgeschlossen und die Berechtigung zur Führung der Berufsbezeichnung „staatlich anerkannte Heilpädagogin/staatlich anerkannter Heilpädagoge" erworben haben.

20.5 Beschäftigte im handwerklichen Erziehungsdienst

Vorbemerkung

[1]Beschäftigte, die nach diesem Unterabschnitt eingruppiert sind, erhalten für die Dauer der Tätigkeit in einem Erziehungsheim, einem Kinder- oder einem Jugendwohnheim oder einer vergleichbaren Einrichtung (Heim) eine monatliche Zulage in Höhe von 65 Euro, wenn in dem Heim überwiegend Menschen mit Behinderung im Sinne des § 2 SGB IX oder Kinder und/oder Jugendliche mit wesentlichen Erziehungsschwierigkeiten zum Zwecke der Erziehung, Ausbildung oder Pflege ständig untergebracht sind. [2]Die Zulage wird nur für Zeiträume gezahlt, in denen Beschäftigte einen Anspruch auf Entgelt oder Entgeltfortzahlung nach § 21 haben. [3]Sie ist bei der Bemessung des Sterbegeldes (§ 23 Absatz 3) zu berücksichtigen.

Entgeltgruppe S 8b

Handwerksmeister, Industriemeister oder Gärtnermeister als Gruppenleiter in Ausbildungs- oder Berufsförderungswerkstätten oder Werkstätten für Menschen mit Behinderung.

Entgeltgruppe S 7

Beschäftigte mit abgeschlossener Berufsausbildung als Gruppenleiter in Ausbildungs- oder Berufsförderungswerkstätten oder Werkstätten für Menschen mit Behinderung.

Entgeltgruppe S 4

Beschäftigte im handwerklichen Erziehungsdienst mit abgeschlossener Berufsausbildung.

20.6 Erzieherinnen, Kinderpflegerinnen

Vorbemerkung

[1]Beschäftigte, die nach diesem Unterabschnitt eingruppiert sind, erhalten für die Dauer der Tätigkeit in einem Erziehungsheim, einem Kinder- oder einem Jugendwohnheim oder einer vergleichbaren Einrichtung (Heim)

a) eine monatliche Zulage in Höhe von 100 Euro, wenn in dem Heim überwiegend Menschen mit Behinderung im Sinne des § 2 SGB IX oder Kinder und/oder Jugendliche mit wesentlichen Erziehungsschwierigkeiten zum Zwecke der Erziehung, Ausbildung oder Pflege ständig untergebracht sind;

b) eine monatliche Zulage in Höhe von 50 Euro, wenn nicht überwiegend solche Personen ständig untergebracht sind.

[2]Die Zulage wird nur für Zeiträume gezahlt, in denen Beschäftigte einen Anspruch auf Entgelt oder Entgeltfortzahlung nach § 21 haben. [3]Sie ist bei der Bemessung des Sterbegeldes (§ 23 Absatz 3) zu berücksichtigen.

Entgeltgruppe S 17

Beschäftigte

mit fachlich koordinierenden Aufgaben für mindestens 24 Beschäftigte mindestens der Entgeltgruppe S 8a.

Entgeltgruppe S 15

Beschäftigte

mit fachlich koordinierenden Aufgaben für mindestens zwölf Beschäftigte mindestens der Entgeltgruppe S 8a.

Entgeltgruppe S 9

1. Beschäftigte

   mit fachlich koordinierenden Aufgaben für mindestens acht Beschäftigte mindestens der Entgeltgruppe S 8a.

2. Erzieherinnen, Heilerziehungspflegerinnen und Heilerzieherinnen mit staatlicher Anerkennung und jeweils entsprechender Tätigkeit sowie sonstige Beschäftigte, die aufgrund gleichwertiger Fähigkeiten und ihrer Erfahrungen entsprechende Tätigkeiten ausüben,

   mit fachlich koordinierenden Aufgaben für mindestens drei Beschäftigte mindestens der Entgeltgruppe S 8b.

   (Hierzu Protokollerklärungen Nrn. 1 und 2)

Entgeltgruppe S 8b

Erzieherinnen, Heilerziehungspflegerinnen und Heilerzieherinnen mit staatlicher Anerkennung und entsprechender Tätigkeit sowie sonstige Beschäftigte, die aufgrund gleichwertiger Fähigkeiten und ihrer Erfahrungen entsprechende Tätigkeiten ausüben,
mit besonders schwierigen fachlichen Tätigkeiten.
(Hierzu Protokollerklärungen Nrn. 1, 2 und 3)

Entgeltgruppe S 8a

Erzieherinnen, Heilerziehungspflegerinnen und Heilerzieherinnen mit staatlicher Anerkennung und entsprechender Tätigkeit sowie sonstige Beschäftigte, die aufgrund gleichwertiger Fähigkeiten und ihrer Erfahrungen entsprechende Tätigkeiten ausüben.
(Hierzu Protokollerklärungen Nrn. 1 und 2)

Entgeltgruppe S 4

1. Kinderpflegerinnen mit staatlicher Anerkennung oder mit staatlicher Prüfung und entsprechender Tätigkeit sowie sonstige Beschäftigte, die aufgrund gleichwertiger Fähigkeiten und ihrer Erfahrungen entsprechende Tätigkeiten ausüben,
   mit schwierigen fachlichen Tätigkeiten.
   (Hierzu Protokollerklärung Nr. 4)
2. Beschäftigte in der Tätigkeit von Erzieherinnen, Heilerziehungspflegerinnen oder Heilerzieherinnen mit staatlicher Anerkennung.
   (Hierzu Protokollerklärung Nr. 1)

Entgeltgruppe S 3

Kinderpflegerinnen mit staatlicher Anerkennung oder mit staatlicher Prüfung und entsprechender Tätigkeit sowie sonstige Beschäftigte, die aufgrund gleichwertiger Fähigkeiten und ihrer Erfahrungen entsprechende Tätigkeiten ausüben.

Entgeltgruppe S 2

Beschäftigte in der Tätigkeit von Kinderpflegerinnen mit staatlicher Anerkennung.

Protokollerklärungen:

Nr. 1 Als entsprechende Tätigkeit von Erzieherinnen gilt auch die Tätigkeit in Schulkindergärten, Vorklassen oder Vermittlungsgruppen für nicht schulpflichtige Kinder und die Betreuung von über 18-jährigen Personen (z. B. in Einrichtungen für Menschen mit Behinderung im Sinne des § 2 SGB IX oder für Obdachlose).

Nr. 2 Nach diesem Tätigkeitsmerkmal sind auch

a) Kindergärtnerinnen und Hortnerinnen mit staatlicher Anerkennung oder staatlicher Prüfung,

b) Gesundheits- und Kinderkrankenpflegerinnen, die in Kinderkrippen tätig sind,

c) Beschäftigte mit einem Bachelorabschluss „Kindheitspädagogik“ bzw. „Elementarpädagogik“, wenn sie in der Erziehung von Kindern und Jugendlichen eingesetzt sind,

eingruppiert.

Nr. 3 Besonders schwierige fachliche Tätigkeiten sind z. B. die

a) Tätigkeiten in Integrationsgruppen (Erziehungsgruppen, denen besondere Aufgaben in der gemeinsamen Förderung behinderter und nicht behinderter Kinder zugewiesen sind) mit einem Anteil von mindestens einem Drittel von Menschen mit Behinderung im Sinne des § 2 SGB IX in Einrichtungen der Kindertagesbetreuung,

b) Tätigkeiten in Gruppen von Menschen mit Behinderung im Sinne des § 2 SGB IX oder von Kindern und/oder Jugendlichen mit wesentlichen Erziehungsschwierigkeiten,

c) Tätigkeiten in Jugendzentren/Häusern der offenen Tür,

d) Tätigkeiten in geschlossenen (gesicherten) Gruppen,

e) fachlichen Koordinierungstätigkeiten für mindestens vier Beschäftigte mindestens der Entgeltgruppe S 8a,

f) Tätigkeiten einer Facherzieherin mit einrichtungsübergreifenden Aufgaben.

Nr. 4 Schwierige fachliche Tätigkeiten sind z. B.

a) Tätigkeiten in Einrichtungen für Menschen mit Behinderung im Sinne des § 2 SGB IX und in psychiatrischen Kliniken,

b) die allein verantwortliche Betreuung von Gruppen z. B. in Randzeiten,

c) Tätigkeiten in Integrationsgruppen (Erziehungsgruppen, denen besondere Aufgaben in der gemeinsamen Förderung behinderter und nicht behinderter Kinder zugewiesen sind) mit einem Anteil von mindestens einem Drittel von Menschen mit Behinderung im Sinne des § 2 SGB IX in Einrichtungen der Kindertagesbetreuung,

d) Tätigkeiten in Gruppen von Menschen mit Behinderung im Sinne des § 2 SGB IX oder in Gruppen von Kindern und/oder Jugendlichen mit wesentlichen Erziehungsschwierigkeiten,

e) Tätigkeiten in geschlossenen (gesicherten) Gruppen.

21. Beschäftigte in der Steuerverwaltung

Vorbemerkungen

1. Für Beschäftigte, die in diesem Abschnitt nicht aufgeführt sind, gelten die Tätigkeitsmerkmale des Teils I und der anderen Abschnitte dieses Teils.
2. [1]Beschäftigte, die nach Entgeltgruppe 6, 8 oder 9a dieses Abschnitts eingruppiert sind, erhalten für die Zeit ihrer überwiegenden Beschäftigung im Außendienst der Steuerprüfung eine monatliche Außendienstzulage in Höhe von 17,05 Euro. [2]Beschäftigte, die nach Entgeltgruppen 9b, 10, 11 oder 12 dieses Abschnitts eingruppiert sind, erhalten für die Zeit ihrer überwiegenden Beschäftigung im Außendienst der Steuerprüfung eine monatliche Außendienstzulage in Höhe von 38,35 Euro. [3]Die Zulage wird nur für Zeiträume gezahlt, in denen Beschäftigte einen Anspruch auf Entgelt oder Entgeltfortzahlung nach § 21 haben. [4]Die Zahlung erfolgt längstens bis zu einer Überarbeitung bzw. Neuregelung des Abschnitts 21.

Entgeltgruppe 13

1. Leitende Konzernprüfer.

   (Hierzu Protokollerklärung Nr. 1)
2. Betriebsprüfer, die prüfungsmäßig schwierigste Großbetriebe oder prüfungsmäßig schwierige Konzerne prüfen.

   (Hierzu Protokollerklärungen Nrn. 2 und 3)

Entgeltgruppe 12

1. Leiter von Sachgebieten.

   (Hierzu Protokollerklärung Nr. 4)
2. Betriebsprüfer, die prüfungsmäßig schwierige Großbetriebe oder die Konzerne prüfen.

   (Hierzu Protokollerklärungen Nrn. 2 und 3)

Entgeltgruppe 11

1. Erste oder alleinige Sachbearbeiter in der Verbindungsstelle zum Rechenzentrum in Finanzämtern mit mindestens 200 Arbeitskräften.

   (Hierzu Protokollerklärungen Nrn. 5 und 6)
2. Betriebsprüfer, die Großbetriebe prüfen.

   (Hierzu Protokollerklärung Nr. 2)

Entgeltgruppe 10

1. Sachbearbeiter in der Rechtsbehelfsstelle.
   (Hierzu Protokollerklärung Nr. 5)
2. Sachbearbeiter von Arbeitsgebieten mit überwiegend Kapitalgesellschaften im Sinne des Körperschaftsteuergesetzes oder Betrieben gewerblicher Art von Körperschaften des öffentlichen Rechts oder Personengesellschaften des Handelsrechts.
   (Hierzu Protokollerklärung Nr. 5)
3. Sachbearbeiter, die zugleich Hauptsachbearbeiter sind.
   (Hierzu Protokollerklärung Nr. 5)
4. Erste oder alleinige Sachbearbeiter in der Verbindungsstelle zum Rechenzentrum in Finanzämtern mit mindestens 120 Arbeitskräften.
   (Hierzu Protokollerklärungen Nrn. 5 und 6)
5. Betriebsprüfer, die Mittelbetriebe prüfen, davon mindestens zu einem Drittel ihrer gesamten Tätigkeit prüfungsmäßig schwierige Mittelbetriebe.
   (Hierzu Protokollerklärungen Nrn. 2 und 3)
6. Umsatzsteuersonderprüfer, die Betriebe mit steuerfreien Umsätzen, die nach § 15 Absatz 3 UStG den Vorsteuerabzug nicht ausschließen, oder mit nicht steuerbaren Auslandsumsätzen prüfen, wenn die Betriebe jährlich Vorsteuerabzüge von mehr als 1.022.000 Euro geltend machen.
7. Lohnsteueraußenprüfer, die Betriebe mit durchschnittlich mehr als 2.000 Arbeitnehmern prüfen.
   (Hierzu Protokollerklärung Nr. 7)
8. Sachbearbeiter für Straf- und Bußgeldsachen.
   (Hierzu Protokollerklärung Nr. 5)
9. Sachbearbeiter, denen zugleich die Bearbeitung der Allgemeinsachen in der Arbeitgeberstelle, der Bewertungsstelle oder der Vollstreckungsstelle übertragen ist, wenn mehrere Sachbearbeiter vorhanden sind und ein Hauptsachbearbeiter nicht bestellt ist.
   (Hierzu Protokollerklärung Nr. 5)

Entgeltgruppe 9b

1. Betriebsprüfer, die Mittel- oder Kleinbetriebe prüfen.
   (Hierzu Protokollerklärung Nr. 2)
2. Sachbearbeiter, soweit nicht anderweitig eingruppiert.
   (Hierzu Protokollerklärung Nr. 5)
3. Umsatzsteuersonderprüfer, soweit nicht anderweitig eingruppiert.

4. Lohnsteueraußenprüfer, die Betriebe mit durchschnittlich mehr als 50 Arbeitnehmern prüfen.

   (Hierzu Protokollerklärung Nr. 7)

Entgeltgruppe 9a

1. Beschäftigte der Finanzämter, die zum Zwecke der steuerlichen Gewinnermittlung Kleinstbetriebe prüfen.

   (Hierzu Protokollerklärung Nr. 2)
2. Lohnsteueraußenprüfer, soweit nicht anderweitig eingruppiert.
3. Sachbearbeiter von einfacheren Arbeitsgebieten.

   (Hierzu Protokollerklärungen Nrn. 5 und 8)
4. Mitarbeiter, die einfachere Veranlagungen durchführen oder gleichwertige Tätigkeiten ausüben.

   (Hierzu Protokollerklärungen Nrn. 5 und 9)
5. Mitarbeiter, die in nicht unerheblichem Umfang schwierigere Veranlagungen durchführen oder gleichwertige Tätigkeiten ausüben.

   (Hierzu Protokollerklärungen Nrn. 5 und 10)
6. Erste Mitarbeiter, die für die Abwicklung des gesamten Innendienstes der Betriebsprüfungsstellen mit mehr als 50 Betriebsprüfern oder der Steuerfahndungsstellen mit mehr als 40 Steuerfahndern verantwortlich sind.

   (Hierzu Protokollerklärungen Nrn. 5 und 6)
7. Bearbeiter in der Veranlagungs-Verwaltungsstelle, wenn ihnen Weisungsbefugnis gegenüber mindestens vier Bearbeitern übertragen ist (Koordinatoren).
8. Bearbeiter in der Umsatzsteuer-Voranmeldungsstelle, wenn ihnen Weisungsbefugnis gegenüber mindestens vier Bearbeitern übertragen ist (Koordinatoren).

Entgeltgruppe 8

1. Mitarbeiter, die mindestens zu einem Drittel ihrer gesamten Tätigkeit einfachere Veranlagungen durchführen oder gleichwertige Tätigkeiten ausüben.

   (Hierzu Protokollerklärungen Nrn. 5 und 9)
2. Erste oder alleinige Mitarbeiter, die für die Abwicklung des gesamten Innendienstes der Betriebsprüfungsstellen mit mehr als 25 Betriebsprüfern oder der Steuerfahndungsstellen mit mehr als 20 Steuerfahndern verantwortlich sind.

   (Hierzu Protokollerklärungen Nrn. 5 und 11)

IV

3. Erste oder alleinige Mitarbeiter, die für die Abwicklung des gesamten Innendienstes der zentralen Lohnsteueraußenprüfungsstellen mit mehr als 20 Lohnsteueraußenprüfern verantwortlich sind.
   (Hierzu Protokollerklärungen Nrn. 5 und 11)
4. Bearbeiter in der Veranlagungs-Verwaltungsstelle, wenn ihnen Weisungsbefugnis gegenüber mindestens zwei Bearbeitern übertragen ist (Koordinatoren).
5. Bearbeiter in der Umsatzsteuer-Voranmeldungsstelle, wenn ihnen Weisungsbefugnis gegenüber mindestens zwei Bearbeitern übertragen ist (Koordinatoren).
6. Mitarbeiter in Arbeitnehmerstellen, die Lohnsteuerermäßigungsanträge und Antragsveranlagungen aller Schwierigkeitsgrade selbständig bearbeiten.
   (Hierzu Protokollerklärung Nr. 5)

Entgeltgruppe 6

1. Mitarbeiter, die mindestens zu einem Fünftel ihrer gesamten Tätigkeit einfachere Veranlagungen durchführen oder gleichwertige Tätigkeiten ausüben.
   (Hierzu Protokollerklärungen Nrn. 5 und 9)
2. Erste Mitarbeiter in der Verbindungsstelle zum Rechenzentrum.
   (Hierzu Protokollerklärungen Nrn. 5 und 11)
3. Erste oder alleinige Mitarbeiter, die für die Abwicklung des gesamten Innendienstes der Betriebsprüfungsstellen mit mehr als zwölf Betriebsprüfern oder der Steuerfahndungsstellen mit mehr als zehn Steuerfahndern verantwortlich sind.
   (Hierzu Protokollerklärungen Nrn. 5 und 11)
4. Erste oder alleinige Mitarbeiter, die für die Abwicklung des gesamten Innendienstes der zentralen Lohnsteueraußenprüfungsstellen mit mehr als zehn Lohnsteueraußenprüfern verantwortlich sind.
   (Hierzu Protokollerklärungen Nrn. 5 und 11)
5. Beschäftigte im Vollstreckungsaußendienst.
6. Bearbeiter in der Veranlagungs-Verwaltungsstelle, soweit nicht anderweitig eingruppiert.
   (Hierzu Protokollerklärung Nr. 12)
7. Bearbeiter in der Umsatzsteuer-Voranmeldungsstelle, soweit nicht anderweitig eingruppiert.
   (Hierzu Protokollerklärung Nr. 13)

Protokollerklärungen:

Nr. 1 Leitende Konzernprüfer im Sinne dieses Tätigkeitsmerkmals sind Betriebsprüfer, denen durch ausdrückliche Anordnung die Leitung und Koordinierung der Tätigkeit von Betriebsprüfern, die prüfungsmäßig schwierige Konzerne prüfen, übertragen ist.

Nr. 2 (1) [1]Die Abgrenzung der für die Eingruppierung der Betriebsprüfer maßgebenden Betriebsgrößen ergibt sich aus § 3 BpO 2000 und den zu seiner Durchführung ergangenen Erlassen. [2]Werden die seit dem 15. März 2000 geltenden Abgrenzungsmerkmale wesentlich geändert, werden die Tarifvertragsparteien – ohne dass es einer Kündigung bedarf – gemeinsam prüfen, ob diese Änderung eine Änderung der Tätigkeitsmerkmale für Betriebsprüfer erfordert.

(2) Ob es sich um Konzernprüfungen handelt, bestimmt sich nach den §§ 13 bis 19 BpO 2000 in der jeweiligen Fassung.

Nr. 3 (1) Der prüfungsmäßige Schwierigkeitsgrad eines Betriebes kann sich insbesondere ergeben aus

a) der Kompliziertheit des Buchhaltungssystems,
b) der Organisation des Betriebes (z. B. größerer gewerblicher Fabrikationsbetrieb, vielfältige, schwer überschaubare Beteiligungsverhältnisse, Betriebsaufspaltungen, ausländische Verflechtungen und Konzernverflechtungen, erhebliche Investitionen im Ausland),
c) der Rechtsform (z. B. AG, GmbH & Co. KG),
d) dem Vorliegen erheblicher materiell-rechtlicher Zweifelsfragen.

(2) Ist der Schwierigkeitsgrad der Prüfung erst nach deren Abschluss feststellbar, erfolgt die Zuordnung eines Betriebes zu dem entsprechenden Schwierigkeitsgrad nach Abschluss der Prüfung.

IV

Nr. 4 Ist für die Tätigkeit eines Sachgebietsleiters eine abgeschlossene wissenschaftliche Hochschulbildung (Protokollerklärung Nr. 1 zu Teil I) erforderlich, gelten abweichend von Nr. 1 Absatz 2 Satz 2 der Vorbemerkungen zu allen Teilen der Entgeltordnung die Tätigkeitsmerkmale der Entgeltgruppen 13 bis 15 des Teils I.

Nr. 5 (1) [1]Sachbearbeiter und Mitarbeiter im Sinne dieses Tätigkeitsmerkmals sind nur die betreffenden Beschäftigten bei den Finanzämtern und den ausgegliederten Prüfungs- und Fahndungsstellen, soweit sie Aufgaben nach § 5 des Finanzverwaltungsgesetzes oder nach steuerrechtlichen Vorschriften erfüllen. [2]Dazu gehören nicht die Beschäftigten mit allgemeinen Verwaltungsaufgaben, die Beschäftigten in den Kassen sowie die Beschäftigten im Außendienst mit Ausnahme der Steuerermittler, Fahndungshelfer und Betriebsprüfungshelfer.

(2) [1]Für Mitarbeiter, die in Abschnitt 21 nicht aufgeführt sind, gelten die Tätigkeitsmerkmale des Teils I. [2]Für die Mitarbeiter der Amtlichen Landwirtschaftlichen Sachverständigen in der Tätigkeit von Vermessungstechnikern gelten die Tätigkeitsmerkmale für Vermessungstechniker in Abschnitt 22 Unterabschnitt 8.

Nr. 6 Für die Ermittlung der Zahl der Arbeitskräfte bleibt das Personal im Schreib- und Vervielfältigungsdienst, Fotokopier-, Post- und Botendienst, in der Hausverwaltung und im Fernsprech- und Fahrdienst unberücksichtigt.

Nr. 7 Maßgebend für die Eingruppierung der Lohnsteueraußenprüfer ist nicht die Gesamtzahl der Arbeitnehmer eines Arbeitgebers, sondern die Zahl der Arbeitnehmer, die lohnsteuerlich in dem geprüften Betrieb oder in der geprüften Betriebsstätte geführt werden.

Nr. 8 Einfachere Arbeitsgebiete sind z. B.

- Arbeitsgebiete in der Umsatzsteuer-Voranmeldungsstelle,
- Veranlagungsbezirke für Reise-/Wandergewerbetreibende bzw. für Grenzgänger,

- Arbeitsgebiete in der Kraftfahrzeugsteuerstelle mit Ausnahme der Arbeitsgebiete, in denen überwiegend Allgemeinsachen bearbeitet werden, sowie
- Arbeitsgebiete in der Lohnsteuerstelle für Wohnungsbauprämien und Sparprämien.

Nr. 9 Gleichwertige Tätigkeiten sind z. B.
- die Bearbeitung von Stundungs- und Erlassanträgen,
- die Festsetzung von Vorauszahlungen bei Neuaufnahme von Steuerpflichtigen,
- die Androhung und Festsetzung von Erzwingungsgeldern,
- die Einheitswertfeststellungen im Ertragswertverfahren,
- die Art- und Wertfortschreibung,
- die Freistellungen von der Grunderwerbsteuer,
- die Bearbeitung von Forderungspfändungen
  sowie
- die Bearbeitung von Anträgen auf Aussetzung der Vollziehung.

Nr. 10 [1]Der Umfang der schwierigeren Veranlagungen oder gleichwertigen Tätigkeiten ist nicht mehr unerheblich, wenn er etwa ein Viertel der gesamten Tätigkeit ausmacht. [2]Eine gleichwertige Tätigkeit ist z. B. die Einheitswertfeststellung im Sachwertverfahren.

Nr. 11 Erste Mitarbeiter sind die in Arbeitsgebieten mit mehr als einem Mitarbeiter ausdrücklich als solche bestellten Mitarbeiter.

Nr. 12 [1]Dem Bearbeiter sind folgende Aufgaben übertragen:
a) Aufnahme und Übernahme von Steuerfällen bei Aktenüberweisungen, Abgabe von Steuerakten;
b) Zuteilung und Löschung von Kennbuchstaben, Anweisung und Änderung von anderen Grunddaten;
c) Bearbeitung der Umsatzsteuer-Voranmeldungen;
d) Fallgruppenzuordnung;
e) erstmalige Festsetzung der Vorauszahlungen – außer für Gesellschaften und deren Gesellschafter –;
f) Sichtung von Kontrollmaterial wie Lohnzettel, Veräußerungsmitteilungen usw.;
g) Sichtung der ESt-4- und EW-11-Mitteilungen;
h) Erteilung von Auskünften einfacher Art.

[2]Für die Eingruppierung ist es unschädlich, wenn eine oder mehrere der genannten Aufgaben nicht übertragen sind.

Nr. 13 [1]Dem Bearbeiter sind folgende Aufgaben übertragen:
a) Überprüfung und Beanstandung der Voranmeldung;
b) Bearbeitung der Prüf- und Hinweisfälle;
c) Festsetzung von Umsatzsteuer-Vorauszahlungen wegen Nichtabgabe der Voranmeldung oder wegen fehlerhafter Angaben in der Voranmeldung;
d) Festsetzung von Zuschlägen nach § 152 AO wegen verspäteter Abgabe oder Nichtabgabe der Umsatzsteuer-Voranmeldungen;
e) Abrechnung und Ausstellung der Umsatzsteuerhefte für Reisegewerbetreibende;
f) Bearbeitung der Anträge auf Einzel- oder Dauerfristverlängerung für die Abgabe der Voranmeldungen;
g) Bearbeitung der nach § 168 Satz 2 AO zustimmungsbedürftigen Voranmeldungen.

[2]Für die Eingruppierung ist es unschädlich, wenn eine oder mehrere der genannten Aufgaben nicht übertragen sind.

22. Ingenieure, Beschäftigte in technischen Berufen

Niederschriftserklärung zu Teil II Abschnitte 22 und 23:

Die Tarifvertragsparteien halten eine Neuvereinbarung der bisherigen Vorbemerkungen Nrn. 3 und 4 zu allen Vergütungsgruppen der Anlage 1a zum BAT/BAT-O für entbehrlich. Es besteht Einvernehmen, dass – wie bisher – unter „staatlich geprüften Technikern" sowie unter „technischen Assistenten mit staatlicher Anerkennung" diejenigen Personen zu verstehen sind, die nach dem Berufsordnungsrecht berechtigt sind, diese Berufsbezeichnungen zu führen.

22.1 Ingenieure

Vorbemerkungen

IV

1. Unter „technischer Ausbildung" ist der erfolgreiche Besuch einer Schule zu verstehen, deren Abschlusszeugnisse zum Eintritt in die Laufbahn des gehobenen technischen Dienstes bzw. zur entsprechenden Qualifikationsebene berechtigen.
2. (1) [1]Beschäftigte, die nach diesem Unterabschnitt eingruppiert sind, erhalten eine monatliche Zulage in Höhe von 23,01 Euro. [2]Die Zulage wird nur für Zeiträume gezahlt, in denen Beschäftigte einen Anspruch auf Entgelt oder Entgeltfortzahlung nach § 21 haben. [3]Die Zahlung erfolgt längstens bis zu einer Überarbeitung bzw. Neuregelung des Abschnitts 22 Unterabschnitt 1.

   (2) Die Zulage steht nicht zu neben einer Zulage nach den Tarifverträgen, die nach Teil C Nrn. 9 oder 11 der Anlage 1 zum TVÜ-Länder fortgelten.

   (3) Absatz 1 und 2 gilt auch für Beschäftigte im Sinne der Protokollerklärung Nr. 1.

Entgeltgruppe 13

1. Technische Beschäftigte mit technischer Ausbildung sowie sonstige Beschäftigte, die aufgrund gleichwertiger Fähigkeiten und ihrer Erfahrungen entsprechende Tätigkeiten ausüben,

   deren Tätigkeit sich zu mindestens einem Drittel durch das Maß der Verantwortung erheblich aus der Entgeltgruppe 12 Fallgruppe 1 heraushebt.
2. Vermessungstechnische und landkartentechnische Beschäftigte mit technischer Ausbildung sowie sonstige Beschäftigte, die aufgrund gleichwertiger Fähigkeiten und ihrer Erfahrungen entsprechende Tätigkeiten ausüben,

   deren Tätigkeit sich zu mindestens einem Drittel durch das Maß der Verantwortung erheblich aus der Entgeltgruppe 12 Fallgruppe 3 heraushebt.

   (Hierzu Protokollerklärung Nr. 1)

Entgeltgruppe 12

1. Technische Beschäftigte mit technischer Ausbildung und langjähriger praktischer Erfahrung sowie sonstige Beschäftigte, die aufgrund gleichwertiger Fähigkeiten und ihrer Erfahrungen entsprechende Tätigkeiten ausüben, mit langjähriger praktischer Erfahrung,

   deren Tätigkeit sich durch besondere Schwierigkeit und Bedeutung oder durch künstlerische oder Spezialaufgaben aus der Entgeltgruppe 11 Fallgruppe 1 heraushebt.
2. Technische Beschäftigte mit technischer Ausbildung und langjähriger praktischer Erfahrung sowie sonstige Beschäftigte, die aufgrund gleichwertiger Fähigkeiten und ihrer Erfahrungen entsprechende Tätigkeiten ausüben, mit langjähriger praktischer Erfahrung,

   deren Tätigkeit sich zu mindestens einem Drittel durch besondere Schwierigkeit und Bedeutung oder durch künstlerische oder Spezialaufgaben aus der Entgeltgruppe 11 Fallgruppe 1 heraushebt.
3. Vermessungstechnische und landkartentechnische Beschäftigte mit technischer Ausbildung und langjähriger praktischer Erfahrung sowie sonstige Beschäftigte, die aufgrund gleichwertiger Fähigkeiten und ihrer Erfahrungen entsprechende Tätigkeiten ausüben, mit langjähriger praktischer Erfahrung,

   deren Tätigkeit sich durch besondere Schwierigkeit und Bedeutung oder durch schöpferische oder Spezialaufgaben aus der Entgeltgruppe 11 Fallgruppe 3 heraushebt.

   (Hierzu Protokollerklärungen Nrn. 1 und 2)
4. Vermessungstechnische und landkartentechnische Beschäftigte mit technischer Ausbildung und langjähriger praktischer Erfahrung sowie sonstige Beschäftigte, die aufgrund gleichwertiger Fähigkeiten und ihrer Erfahrungen entsprechende Tätigkeiten ausüben, mit langjähriger praktischer Erfahrung,

   deren Tätigkeit sich zu mindestens einem Drittel durch besondere Schwierigkeit und Bedeutung oder durch schöpferische oder Spezialaufgaben aus der Entgeltgruppe 11 Fallgruppe 3 heraushebt.

   (Hierzu Protokollerklärungen Nrn. 1 und 2)

Entgeltgruppe 11

1. Technische Beschäftigte mit technischer Ausbildung sowie sonstige Beschäftigte, die aufgrund gleichwertiger Fähigkeiten und ihrer Erfahrungen entsprechende Tätigkeiten ausüben,

   deren Tätigkeit sich durch besondere Leistungen aus der Entgeltgruppe 10 Fallgruppe 1 heraushebt.

   (Hierzu Protokollerklärung Nr. 3)

2. Technische Beschäftigte mit technischer Ausbildung sowie sonstige Beschäftigte, die aufgrund gleichwertiger Fähigkeiten und ihrer Erfahrungen entsprechende Tätigkeiten ausüben,

   deren Tätigkeit sich zu mindestens einem Drittel durch besondere Leistungen aus der Entgeltgruppe 10 Fallgruppe 1 heraushebt.

   (Hierzu Protokollerklärung Nr. 3)
3. Vermessungstechnische und landkartentechnische Beschäftigte mit technischer Ausbildung in selbständiger Tätigkeit sowie sonstige Beschäftigte in selbständiger Tätigkeit, die aufgrund gleichwertiger Fähigkeiten und ihrer Erfahrungen entsprechende Tätigkeiten ausüben,

   deren Tätigkeit sich durch besondere Leistungen aus der Entgeltgruppe 10 Fallgruppe 2 heraushebt.

   (Hierzu Protokollerklärung Nr. 1)
4. Vermessungstechnische und landkartentechnische Beschäftigte mit technischer Ausbildung in selbständiger Tätigkeit sowie sonstige Beschäftigte in selbständiger Tätigkeit, die aufgrund gleichwertiger Fähigkeiten und ihrer Erfahrungen entsprechende Tätigkeiten ausüben,

   deren Tätigkeit sich zu mindestens einem Drittel durch besondere Leistungen aus der Entgeltgruppe 10 Fallgruppe 2 heraushebt.

   (Hierzu Protokollerklärung Nr. 1)

Entgeltgruppe 10

1. Technische Beschäftigte mit technischer Ausbildung und entsprechender Tätigkeit sowie sonstige Beschäftigte, die aufgrund gleichwertiger Fähigkeiten und ihrer Erfahrungen entsprechende Tätigkeiten ausüben.

   (Hierzu Protokollerklärung Nr. 4)
2. Vermessungstechnische und landkartentechnische Beschäftigte mit technischer Ausbildung und entsprechender Tätigkeit sowie sonstige Beschäftigte, die aufgrund gleichwertiger Fähigkeiten und ihrer Erfahrungen entsprechende Tätigkeiten ausüben.

   (Hierzu Protokollerklärungen Nrn. 1 und 5)

Protokollerklärungen:

Nr. 1 (1) [1]Vermessungstechnische und landkartentechnische Beschäftigte, die vor dem 1. Juli 1972 eine der technischen Ausbildung nach der Vorbemerkung zu diesem Unterabschnitt gleichwertige behördliche Prüfung abgelegt haben, werden den vermessungstechnischen und landkartentechnischen Beschäftigten mit technischer Ausbildung nach der Vorbemerkung zu diesem Unterabschnitt gleichgestellt. [2]Das Gleiche gilt, wenn die behördliche Prüfung nach dem 30. Juni 1972 abgelegt worden ist, die Ausbildung jedoch vor dem 1. Juli 1972 begonnen hat.

(2) [1]Den vermessungstechnischen Angestellten mit einer vor dem 1. Juli 1972 abgelegten gleichwertigen behördlichen Prüfung stehen die behördlich geprüften Kulturbautechniker gleich, die vor dem 1. Juli 1972 die behördliche Prüfung nach der hessischen Ausbildungs- und Prüfungsordnung für kulturbautechnische Angestellte der Wasserwirtschaftsverwaltung vom 21. Januar 1958 (Staats-Anzeiger für das Land Hessen S. 134) erfolgreich abgelegt haben. [2]Absatz 1 Satz 2 gilt entsprechend.

Nr. 2 Besonders schwierige Tätigkeiten und bedeutende Aufgaben im Sinne dieses Tätigkeitsmerkmals sind z. B.:

a) Ausführung von umfangreichen Vermessungen zur Fortführung oder Neueinrichtung des Liegenschaftskatasters (Katastervermessungen) mit widersprüchlichen Unterlagen oder von umfangreichen Katastervermessungen mit gleichem Schwierigkeitsgrad (z. B. in Grubensenkungsgebieten);

b) Absteckungen für umfangreiche Ingenieurbauten, z. B. Brücken-, Hochstraßen-, Tunnelabsteckungen oder Absteckungen anderer vergleichbarer Verkehrsbauten, ggf. einschließlich der Vor- und Folgearbeiten;

c) Lagefestpunktvermessungen (Erkundung bzw. Erkundung und Messung) in engbebauten Gebieten oder unter gleich schwierigen Verhältnissen (Lagefestpunkte sind trigonometrische Polygon- und gleichwertige Punkte);

d) Ausführung oder Auswertung von Präzisionsvermessungen in übergeordneten Netzen des Lage- oder Höhenfestpunktfeldes;

e) Aufsichts- und Prüftätigkeit bei der Auswertung von Katastervermessungen mit widersprüchlichen Unterlagen oder bei kartografischen, nivellitischen, fotogrammetrischen, typografischen oder trigonometrischen Arbeiten oder bei Bodenordnungsverfahren mit gleichem Schwierigkeitsgrad. (Das Fehlen der Aufsichtstätigkeit ist unerheblich, wenn dem Beschäftigten besonders schwierige Prüfungen übertragen sind, z. B. Prüftätigkeit zur Übernahme von Messungsschriften bei umfangreichen Fortführungs- oder Neuvermessungen aufgrund neuer Aufnahmenetze);

f) Aufsichts- und Prüftätigkeit bei der Prüfung fertiger Arbeitsergebnisse der Flurbereinigung, ggf. einschließlich der Herstellung der Unterlagen für die Berichtigung des Grundbuches und der vermessungstechnischen Unterlagen für die Berichtigung des Liegenschaftskatasters, oder beim Ausbau der gemeinschaftlichen Anlagen in allen Verfahren eines Flurbereinigungsamtes. (Bei größeren Flurbereinigungsämtern kann dieses Merkmal auch von mehreren Beschäftigten erfüllt werden);

g) Verantwortliche Ausführung der vermessungstechnischen Ingenieurarbeiten eines Flurbereinigungsverfahrens (ausführender vermessungstechnischer Sachbearbeiter oder erster technischer Sachbearbeiter);

h) Vermessungstechnische Auswertung von Bauleitplänen unter besonderen technischen Schwierigkeiten.

Nr. 3 Besondere Leistungen sind z. B.: Aufstellung oder Prüfung von Entwürfen, deren Bearbeitung besondere Fachkenntnisse und besondere praktische Erfahrung oder künstlerische Begabung voraussetzt, sowie örtliche Leitung bzw. Mitwirkung bei der Leitung von schwierigen Bauten und Bauabschnitten sowie deren Abrechnung.

Nr. 4 Entsprechende Tätigkeiten sind z. B.:

a) Aufstellung oder Prüfung von Entwürfen nicht nur einfacher Art einschließlich Massen-, Kosten- und statischen Berechnungen und Verdingungsunterlagen, Bearbeitung der damit zusammenhängenden laufenden technischen Angelegenheiten – auch im technischen Rechnungswesen –, örtliche Leitung oder Mitwirkung bei der Leitung von Bauten und Bauabschnitten sowie deren Abrechnung;

b) Ausführung besonders schwieriger Analysen, Schiedsanalysen oder selbständige Erledigung neuartiger Versuche nach kurzer Weisung in Versuchslaboratorien, Versuchsanstalten und Versuchswerkstätten.

Nr. 5 Entsprechende Tätigkeiten sind z. B.:

- Ausführung oder Auswertung von trigonometrischen oder topografischen Messungen nach Lage und Höhe nicht nur einfacher Art, von Katastermessungen oder von bautechnischen Messungen nicht nur einfacher Art; fotogrammetrische Auswertungen und Entzerrungen,
- kartografische Entwurfs- und Fortführungsarbeiten.

22.2 Techniker

Vorbemerkungen

1. (1) Die Tätigkeitsmerkmale dieses Unterabschnitts gelten auch für Kerntechniker, Reaktortechniker, Rechenmaschinentechniker, Synchrotrontechniker, Tieftemperaturtechniker und Vakuumtechniker in Kernforschungseinrichtungen.

   (2) Kernforschungseinrichtungen sind Reaktoren sowie Hochenergiebeschleuniger- und Plasmaforschungsanlagen und ihre hiermit räumlich oder funktionell verbundenen Institute und Einrichtungen.

   (3) Hochenergiebeschleunigeranlagen im Sinne dieser Regelung sind solche, deren Endenergie bei der Beschleunigung von Elektronen 100 Mill. Elektronenvolt (MeV), bei Protonen, Deuteronen und sonstigen schweren Teilchen 20 MeV überschreitet.

   (4) Plasmaforschungsanlagen im Sinne dieser Regelung sind solche Anlagen, deren Energiespeicher mindestens 1 Million Joule aufnimmt und mindestens 1 Million VA als Impulsleistung abgibt oder die für länger als 1 msec mit Magnetfeldern von mindestens 50.000 Gauß arbeiten und in denen eine kontrollierte Kernfusion angestrebt wird.
2. Die Tätigkeitsmerkmale dieses Unterabschnitts gelten auch für Beschäftigte, die diese Tätigkeiten unter der Bezeichnung „Baustellenaufseher (Bauaufseher)“ oder unter der Bezeichnung „Zeichner“ ausüben.
3. Für Beschäftigte mit einer Ausbildung als Chemotechniker im Sinne der Rahmenordnung der staatlichen Prüfung für Chemotechniker vom 14./15. Mai 1964 bzw. vom 31.7.1970 gelten die Tätigkeitsmerkmale des Unterabschnitts 3 (Technische Assistenten).

Entgeltgruppe 9b

Staatlich geprüfte Techniker sowie sonstige Beschäftigte die aufgrund gleichwertiger Fähigkeiten und ihrer Erfahrungen entsprechende Tätigkeiten ausüben, in einer Tätigkeit der Entgeltgruppe 9a, die schwierige Aufgaben erfüllen.

Entgeltgruppe 9a

Staatlich geprüfte Techniker mit entsprechender Tätigkeit sowie sonstige Beschäftigte, die aufgrund gleichwertiger Fähigkeiten und ihrer Erfahrungen entsprechende Tätigkeiten ausüben,

die selbständig tätig sind.

Entgeltgruppe 8

Staatlich geprüfte Techniker mit entsprechender Tätigkeit sowie sonstige Beschäftigte, die aufgrund gleichwertiger Fähigkeiten und ihrer Erfahrungen entsprechende Tätigkeiten ausüben.

22.3 Technische Assistenten

Vorbemerkungen

1. Technische Assistenten mit staatlicher Anerkennung im Sinne der Tätigkeitsmerkmale dieses Unterabschnitts sind z. B. chemisch-technische Assistenten, physikalisch-technische Assistenten oder landwirtschaftlich-technische Assistenten jeweils mit staatlicher Anerkennung.
2. Chemisch-technische Assistenten und biologisch-technische Assistenten an Universitätskliniken, im Maßregelvollzug (§ 61 Nrn. 1, 2 und 3 StGB) und im Justizvollzug erhalten eine monatliche Zulage nach Anlage F Abschnitt IIa.

Entgeltgruppe 10

Technische Assistenten mit staatlicher Anerkennung mit entsprechender Tätigkeit,

die als Lehrkräfte an staatlich anerkannten Schulen für technische Assistenten eingesetzt sind und

deren Tätigkeit besondere Kenntnisse und Erfahrungen erfordert.

Entgeltgruppe 9b

1. Technische Assistenten mit staatlicher Anerkennung mit entsprechender Tätigkeit,

   die als Lehrkräfte an staatlich anerkannten Schulen für technische Assistenten eingesetzt sind.

2. Technische Assistenten mit staatlicher Anerkennung mit entsprechender Tätigkeit,

   die schwierige Aufgaben erfüllen, die ein besonders hohes Maß an Verantwortlichkeit erfordern.

Entgeltgruppe 9a

Technische Assistenten mit staatlicher Anerkennung mit entsprechender Tätigkeit,

die schwierige Aufgaben erfüllen und in nicht unerheblichem Umfang verantwortlichere Tätigkeiten verrichten, sowie

Laboranten mit Abschlussprüfung, die aufgrund gleichwertiger Fähigkeiten und ihrer Erfahrungen entsprechende Tätigkeiten ausüben.

(Hierzu Protokollerklärung)

Entgeltgruppe 7

Technische Assistenten mit staatlicher Anerkennung mit entsprechender Tätigkeit sowie sonstige Beschäftigte, die aufgrund gleichwertiger Fähigkeiten und ihrer Erfahrungen entsprechende Tätigkeiten ausüben,

die schwierige Aufgaben erfüllen.

Entgeltgruppe 6

Technische Assistenten mit staatlicher Anerkennung mit entsprechender Tätigkeit sowie sonstige Beschäftigte, die aufgrund gleichwertiger Fähigkeiten und ihrer Erfahrungen entsprechende Tätigkeiten ausüben.

Protokollerklärung:

Der Umfang der verantwortlicheren Tätigkeiten ist nicht mehr unerheblich, wenn er etwa ein Viertel der gesamten Tätigkeit ausmacht.

22.4 Laboranten

Entgeltgruppe 7

Laboranten und Werkstoffprüfer mit Abschlussprüfung,

die sich in Entgeltgruppe 6 besonders bewährt haben, und deren Tätigkeit sich durch selbständige Leistungen aus der Entgeltgruppe 6 heraushebt.

Entgeltgruppe 6

Laboranten und Werkstoffprüfer mit Abschlussprüfung,

deren Tätigkeit sich durch besondere Leistungen aus der Entgeltgruppe 5 heraushebt.

Entgeltgruppe 5

Laboranten und Werkstoffprüfer mit Abschlussprüfung und entsprechender Tätigkeit.

Entgeltgruppe 4

Beschäftigte in der Tätigkeit von Laboranten oder Werkstoffprüfern,
deren Tätigkeit sich dadurch aus der Entgeltgruppe 3 heraushebt, dass sie schwierig ist.

Entgeltgruppe 3

Beschäftigte in der Tätigkeit von Laboranten oder Werkstoffprüfern.
(keine Stufe 6)

22.5 Zeichner

Entgeltgruppe 6

Zeichner mit entsprechender Abschlussprüfung (z. B. als Bauzeichner oder technischer Systemplaner) sowie sonstige Beschäftigte, die aufgrund gleichwertiger Fähigkeiten und ihrer Erfahrungen entsprechende Tätigkeiten ausüben,
die Tätigkeiten ausüben, die besondere Leistungen erfordern.
(Hierzu Protokollerklärung Nr. 1)

Entgeltgruppe 5

Zeichner mit entsprechender Abschlussprüfung (z. B. als Bauzeichner oder technischer Systemplaner) und entsprechender Tätigkeit sowie sonstige Beschäftigte, die aufgrund gleichwertiger Fähigkeiten und ihrer Erfahrungen entsprechende Tätigkeiten ausüben.

Entgeltgruppe 2

Zeichner mit einfacher Tätigkeit.
(Hierzu Protokollerklärung Nr. 2)

Protokollerklärungen:

Nr. 1 Besondere Leistungen sind z. B.: Anfertigung schwieriger Zeichnungen und Pläne nach nur groben Angaben oder nach Unterlagen ohne Anleitung sowie Erstellung der sich daraus ergebenden Detailzeichnungen, Ausführung der hiermit zusammenhängenden technischen Berechnungen wie Massenermittlungen bzw. Aufstellung von Stücklisten, selbständige Ermittlung technischer Daten und Werte und ihre Auswertung bei der Anfertigung von Plänen.

Nr. 2 Einfache Tätigkeiten sind z. B.: Pausarbeiten, Ausziehen und Anlegen von Zeichnungen einfacherer Art, Übertragung von Zeichnungen einfacher Art im gleichen Maßstab oder mittels des Pantografen, Herstellung von Schaltungsskizzen usw. einfacherer Art nach Entwürfen oder nach besonderer Anleitung.

22.6 Baustellenaufseher (Bauaufseher)

Entgeltgruppe 6

Baustellenaufseher (Bauaufseher),

deren Tätigkeit sich dadurch aus der Entgeltgruppe 4 heraushebt, dass schwierige Kontrollarbeiten zu verrichten sind.

(Hierzu Protokollerklärung)

Entgeltgruppe 4

Beschäftigte, die die vorgeschriebene Ausführung von Bauarbeiten und das Baumaterial nach Menge und Güte kontrollieren (Baustellenaufseher, Bauaufseher).

IV

Entgeltgruppe 3

Beschäftigte in der Baustellen- bzw. Bauaufsicht

mit Tätigkeiten, für die eine eingehende Einarbeitung bzw. eine fachliche Anlernung erforderlich ist, die mehr als eine über eine sehr kurze Einweisung oder Anlernphase hinausgehende Einarbeitung erfordert.

Protokollerklärungen:

Schwierige Kontrollarbeiten sind z. B.:

- Festhalten von Zwischenaufmaßen, die während der Bauausführung erforderlich werden;
- Fertigen von einfacheren Aufmaßskizzen sowie einfacheren Flächen- und Massenberechnungen;
- Überwachen von Erdarbeiten in schwierigem Gelände;
- Kontrolle des Gefälles bei Gräben und Rohrleitungen;
- Kontrolle der Materialeinbringung für Stahlbetonarbeiten;
- Überwachen der Arbeiten zahlreicher Baugewerke auf größeren Baustellen.

22.7 Modelleure

Vorbemerkung

Modelleure sind Beschäftigte, die zeichnerisch dargestellte Planaussagen – ggf. ergänzt durch eigene Feststellungen – unter Berücksichtigung der topografischen Verhältnisse in maßstäblich-wirklichkeitsgetreue dreidimensionale Anschauungsobjekte umsetzen, wenn für diese Tätigkeit eine besondere technische und künstlerische Befähigung erforderlich ist.

Entgeltgruppe 9a

Modelleure im Bereich des Bau- und Planungswesens,

deren Tätigkeit sich dadurch aus der Entgeltgruppe 7 heraushebt, dass sie hochwertige Leistungen erfordert.

Entgeltgruppe 7

Modelleure im Bereich des Bau- und Planungswesens,

deren Tätigkeit sich dadurch aus der Entgeltgruppe 6 heraushebt, dass sie besondere Leistungen erfordert.

Entgeltgruppe 6

Modelleure im Bereich des Bau- und Planungswesens.

Entgeltgruppe 3

Beschäftigte im Modellbau (Bereich Bau- und Planungswesen)

mit Tätigkeiten, für die eine eingehende Einarbeitung bzw. eine fachliche Anlernung erforderlich ist, die über eine Einarbeitung im Sinne der Entgeltgruppe 2 hinausgeht.

Entgeltgruppe 2

Beschäftigte im Modellbau (Bereich Bau- und Planungswesen)

mit einfachen Tätigkeiten.

(Hierzu Protokollerklärung)

Protokollerklärung:

[1]Einfache Tätigkeiten sind Tätigkeiten, die weder eine Vor- noch eine Ausbildung, aber eine Einarbeitung erfordern, die über eine sehr kurze Einweisung oder Anlernphase hinausgeht. [2]Die Einarbeitung dient dem Erwerb derjenigen Kenntnisse und Fertigkeiten, die für die Beherrschung der Arbeitsabläufe als solche erforderlich sind.

22.8 Vermessungstechniker, Landkartentechniker, Planungstechniker

Vorbemerkung

Den Vermessungstechnikern mit Abschlussprüfung werden die nach der hessischen Ausbildungs- und Prüfungsordnung für kulturbautechnische Angestellte der Wasserwirtschaftsverwaltung vom 21. Januar 1958 (Staats-Anzeiger für das Land Hessen S. 134) ausgebildeten Kulturbautechniker mit verwaltungseigener Lehrabschlussprüfung gleichgestellt.

Entgeltgruppe 9a

Vermessungstechniker und Geomatiker mit Abschlussprüfung sowie Landkartentechniker, Flurbereinigungstechniker, Katastertechniker und Planungstechniker mit verwaltungseigener Abschlussprüfung sowie sonstige Beschäftigte, die aufgrund gleichwertiger Fähigkeiten und ihrer Erfahrungen entsprechende Tätigkeiten ausüben,

deren Tätigkeit sich dadurch aus der Entgeltgruppe 6 heraushebt, dass schwierige Aufgaben zu erfüllen sind.

(Hierzu Protokollerklärung Nr. 1)

Entgeltgruppe 8

Vermessungstechniker und Geomatiker mit Abschlussprüfung sowie Landkartentechniker, Flurbereinigungstechniker, Katastertechniker und Planungstechniker mit verwaltungseigener Abschlussprüfung sowie sonstige Beschäftigte, die aufgrund gleichwertiger Fähigkeiten und ihrer Erfahrungen entsprechende Tätigkeiten ausüben, deren Tätigkeit sich dadurch aus der Entgeltgruppe 6 heraushebt, dass mindestens zu einem Drittel schwierige Aufgaben zu erfüllen sind.

(Hierzu Protokollerklärung Nr. 1)

Entgeltgruppe 7

Vermessungstechniker und Geomatiker mit Abschlussprüfung sowie Landkartentechniker, Flurbereinigungstechniker, Katastertechniker und Planungstechniker mit verwaltungseigener Abschlussprüfung sowie sonstige Beschäftigte, die aufgrund gleichwertiger Fähigkeiten und ihrer Erfahrungen entsprechende Tätigkeiten ausüben, deren Tätigkeit sich dadurch aus der Entgeltgruppe 6 heraushebt, dass in nicht unerheblichem Umfang schwierige Aufgaben zu erfüllen sind.

(Hierzu Protokollerklärungen Nrn. 1 und 2)

Entgeltgruppe 6

Vermessungstechniker und Geomatiker mit Abschlussprüfung sowie Landkartentechniker, Flurbereinigungstechniker, Katastertechniker und Planungstechniker mit verwaltungseigener Abschlussprüfung sowie sonstige Beschäftigte, die aufgrund gleichwertiger Fähigkeiten und ihrer Erfahrungen entsprechende Tätigkeiten ausüben, deren Tätigkeit sich durch besondere Leistungen aus der Entgeltgruppe 5 heraushebt.

Entgeltgruppe 5

Vermessungstechniker und Geomatiker mit Abschlussprüfung sowie Landkartentechniker, Flurbereinigungstechniker, Katastertechniker und Planungstechniker mit verwaltungseigener Abschlussprüfung und entsprechender Tätigkeit sowie sonstige Beschäftigte, die aufgrund gleichwertiger Fähigkeiten und ihrer Erfahrungen entsprechende Tätigkeiten ausüben.

Protokollerklärungen:

Nr. 1 Schwierige Aufgaben im Sinne dieses Tätigkeitsmerkmals sind z. B.:

a) Schwierige Einmessungen der Grenzen von Nutzungsarten oder Bodenklassen;

b) Führung von Schätzungsrissen in Flurbereinigungsverfahren;

c) Anpassen der Schätzungsgrenzen an die neuen Grenzen der Flurbereinigung sowie schwieriges Ausarbeiten der Schätzungsunterlagen (z. B. Rahmenkarten);
d) Herstellen der Betriebskarte der Bewertungsstützpunkte bei schwierigen Verhältnissen (z. B. Teilzupachtungen);
e) Gebäudeeinmessungen oder Lageplanvermessungen in bebauten Ortslagen, wenn die Messung behindert ist, oder bei gleich schwierigen Verhältnissen;
f) einfachere Lagepasspunktbestimmungen;
g) Nivellements zur Bestimmung von Höhenpasspunkten;
h) Bearbeiten von schwierigeren Vermessungssachen im Innendienst (wie Bearbeiten von Fortführungsvermessungen bei einer größeren Zahl von Nachweisen);
i) in der Luftbildvermessung:
Vorbereiten der Kartenunterlagen für den Bildflug; Passpunktbestimmung; schwierige Einpassungen von Luftbildern in Kartengrundrisse unter gleichzeitiger topografischer Auswertung; selbständige fotogrammetrische Auswertungen an Geräten niederer Ordnung (z. B. Stereotop, Luftbildumzeichner); Radialschlitztriangulationen; Entzerrungen einfacherer Art;
j) schwierige Kartierungen zur Kartenneuherstellung und Kartenfortführung (wie Kartierung von Altstadtgebieten, von schwierigen Straßen- und Wasserlaufvermessungen);
k) schwieriges Einpassen vor Kartenteilen;
l) Generalisierung von Situation (ohne Ortsteile) und Gelände (Höhenlinien);
m) besonders schwierige Herstellung und Fortführung von Kartenoriginalen nach Entwurfsvorlagen – einschließlich Randbearbeitung und Ausführung von Korrekturen – in der Kartografie oder für das Liegenschaftskataster;
n) besonders schwierige Montagen bei inhaltsreichen Karten im Maßstab 1:25.000 und kleiner;
o) schwierige Übertragung und Generalisierung von Fachplanungen für das Raumordnungskataster (z. B. Neueintragung von Fachplanungen mit Maßstabsumstellung und Neudarstellung);
p) Ausarbeitung von Raumordnungsskizzen im Maßstab 1:25.000 für landesplanerische Rahmenprogramme;
q) besonders schwierige Fortführung der Kartenoriginale des Raumordnungskatasters;
r) besonders schwierige Ausarbeitungen in Kataster- und Umlegungsverfahren;
s) Führen von Fischwasser- und Jagdkataster.

Nr. 2 Der Umfang der schwierigen Aufgaben ist nicht mehr unerheblich, wenn er etwa ein Viertel der gesamten Tätigkeit ausmacht.

22.9 Reproduktionstechnische Beschäftigte

Entgeltgruppe 9a

Beschäftigte im Vermessungs- und Kartenwesen mit Abschlussprüfung in einem reproduktionstechnischen Beruf sowie sonstige Beschäftigte, die aufgrund gleichwertiger Fähigkeiten und ihrer Erfahrungen entsprechende Tätigkeiten ausüben,
die schwierige Aufgaben besonderer Art erfüllen.
(Hierzu Protokollerklärungen Nrn. 1 und 2)

Entgeltgruppe 8

Beschäftigte im Vermessungs- und Kartenwesen mit Abschlussprüfung in einem reproduktionstechnischen Beruf sowie sonstige Beschäftigte, die aufgrund gleichwertiger Fähigkeiten und ihrer Erfahrungen entsprechende Tätigkeiten ausüben,

deren Tätigkeit sich dadurch aus der Entgeltgruppe 6 heraushebt, dass schwierige Aufgaben zu erfüllen sind.

(Hierzu Protokollerklärungen Nrn. 1 und 3)

Entgeltgruppe 7

Beschäftigte im Vermessungs- und Kartenwesen mit Abschlussprüfung in einem reproduktionstechnischen Beruf sowie sonstige Beschäftigte, die aufgrund gleichwertiger Fähigkeiten und ihrer Erfahrungen entsprechende Tätigkeiten ausüben,

deren Tätigkeit sich dadurch aus der Entgeltgruppe 6 heraushebt, dass in nicht unerheblichem Umfang schwierige Aufgaben zu erfüllen sind.

(Hierzu Protokollerklärungen Nrn. 1, 3 und 4)

Entgeltgruppe 6

Beschäftigte im Vermessungs- und Kartenwesen mit Abschlussprüfung in einem reproduktionstechnischen Beruf sowie sonstige Beschäftigte, die aufgrund gleichwertiger Fähigkeiten und ihrer Erfahrungen entsprechende Tätigkeiten ausüben,

deren Tätigkeit sich durch besondere Leistungen aus der Entgeltgruppe 5 heraushebt.

(Hierzu Protokollerklärung Nr. 1)

Entgeltgruppe 5

Beschäftigte im Vermessungs- und Kartenwesen mit Abschlussprüfung in einem reproduktionstechnischen Beruf und entsprechender Tätigkeit sowie sonstige Beschäftigte, die aufgrund gleichwertiger Fähigkeiten und ihrer Erfahrungen entsprechende Tätigkeiten ausüben.

(Hierzu Protokollerklärung Nr. 1)

Entgeltgruppe 4

1. Beschäftigte an Bürooffsetmaschinen.
2. Beschäftigte in Druckereien als Maschinenhelfer im Buch- oder Flachdruck oder als Anleger für großformatigen Mehrfarbendruck oder als Anleger beim Druck mehrfarbiger Landkarten.

Entgeltgruppe 3

Beschäftigte an Bürovervielfältigungsmaschinen und in der Mikroverfilmung.

(keine Stufe 6)

Entgeltgruppe 2

Beschäftigte in der Tätigkeit eines reproduktionstechnischen Berufs mit einfachen Tätigkeiten.

(Hierzu Protokollerklärungen Nrn. 1 und 5)

Protokollerklärungen:

Nr. 1 Reproduktionstechnische Berufe sind:
Fotograf,
Mediengestalter Digital und Print.

Nr. 2 Schwierige Aufgaben besonderer Art im Sinne dieses Tätigkeitsmerkmals sind z. B.:

- schwieriges Einpassen von Kartenteilen;
- besonders schwierige Montagen bei inhaltsreichen Karten im Maßstab 1:25.000 und kleiner.

Nr. 3 Schwierige Aufgaben im Sinne dieses Tätigkeitsmerkmals sind z. B.:

- Strichaufnahmen oder Halbtonaufnahmen nach Sollmaß und jeden Formats; Maßausgleich auf gegebenes Sollmaß; Herstellen von Rasterfilmen ein- und mehrfarbig, von Schummerungsvorlagen über Halbtonaufnahmen; selbständige Versuchs- und Entwicklungsarbeiten bei der Einführung neuer technischer Verfahren;
- Zusammenkopie von einzelnen Kartenteilen mit Kartenrahmen bei der Neuherstellung sowie Einkopierung von Fortführungen in vorhandene Originale auf Folie und Glas mit kartografischer Passgenauigkeit.

Nr. 4 Der Umfang der schwierigen Aufgaben ist nicht mehr unerheblich, wenn er etwa ein Viertel der gesamten Tätigkeit ausmacht.

Nr. 5 [1]Einfache Tätigkeiten sind Tätigkeiten, die weder eine Vor- noch eine Ausbildung, aber eine Einarbeitung erfordern, die über eine sehr kurze Einweisung oder Anlernphase hinausgeht. [2]Die Einarbeitung dient dem Erwerb derjenigen Kenntnisse und Fertigkeiten, die für die Beherrschung der Arbeitsabläufe als solche erforderlich sind.

22.10 Operateure, Strahlenschutztechniker und Strahlenschutzlaboranten in Kernforschungseinrichtungen

Entgeltgruppe 9b

Operateure,

deren Tätigkeit sich dadurch aus der Entgeltgruppe 8 oder der Entgeltgruppe 6 heraushebt, dass sie aufgrund schwieriger Arbeitsabläufe besonders hohe Anforderungen stellt.

Entgeltgruppe 9a

Strahlenschutztechniker,

deren Tätigkeit sich durch ein hohes Maß an Verantwortung oder dadurch aus der Entgeltgruppe 7 heraushebt, dass schwierige Aufgaben zu erfüllen sind.

(Hierzu Protokollerklärung)

Entgeltgruppe 8

Operateure,

deren Tätigkeit sich dadurch aus der Entgeltgruppe 6 heraushebt, dass sie besondere Zuverlässigkeit erfordert.

Entgeltgruppe 7

Beschäftigte im Strahlenschutz, die Kontrollbereiche selbständig überwachen oder Abschirmungs- und Dosisberechnungen durchführen (Strahlenschutztechniker).

(Hierzu Protokollerklärung)

Entgeltgruppe 6

Beschäftigte an Reaktoren, Beschleunigeranlagen, Tieftemperaturanlagen, heißen Zellen und vergleichbaren Experimentieranlagen, die eine oder mehrere der nachstehenden Aufgaben erfüllen:

a) Bedienung des Steuerpults eines Reaktors oder Beschleunigers und der Betriebskreisläufe,

b) Kontrolle und Bedienung von Experimentieranlagen und -kreisläufen,

c) Kontrolle und Bedienung der zu den in den Buchstaben a und b genannten Anlagen gehörenden Maschinenanlagen und Behebung von Störungen

(Operateure).

Entgeltgruppe 5

1. Beschäftigte während der Ausbildungszeit zum Operateur.
2. Beschäftigte, die einfache Operateuraufgaben selbständig erledigen.
3. Strahlenschutzlaboranten,

   deren Tätigkeit sich dadurch aus der Entgeltgruppe 3 heraushebt, dass sie Strahlungsmessungen beurteilen und Empfehlungen für strahlenschutzgerechtes Verhalten geben.

Entgeltgruppe 3

Beschäftigte, die Strahlungsmessungen durchführen und protokollieren (Strahlenschutzlaboranten).

(keine Stufe 6)

Protokollerklärung:

Nach diesem Tätigkeitsmerkmal sind auch die Beschäftigten bei den Strahlenschutzmessstellen einzugruppieren.

22.11 Fotografen

Entgeltgruppe 9b

Fotografen mit Abschlussprüfung sowie sonstige Beschäftigte, die aufgrund gleichwertiger Fähigkeiten und ihrer Erfahrungen entsprechende Tätigkeiten ausüben,

deren Tätigkeit sich dadurch aus der Entgeltgruppe 9a Fallgruppe 3 heraushebt, dass in nicht unerheblichem Umfang selbständig neue Arbeitsverfahren zu entwickeln und zu erproben sind.

(Hierzu Protokollerklärung Nr. 1)

Entgeltgruppe 9a

1. Fotografen mit Abschlussprüfung und entsprechender Tätigkeit sowie sonstige Beschäftigte, die aufgrund gleichwertiger Fähigkeiten und ihrer Erfahrungen entsprechende Tätigkeiten ausüben,

   denen mindestens acht Beschäftigte dieses Unterabschnitts durch ausdrückliche Anordnung ständig unterstellt sind.

2. Fotografen mit Abschlussprüfung und entsprechender Tätigkeit sowie sonstige Beschäftigte, die aufgrund gleichwertiger Fähigkeiten und ihrer Erfahrungen entsprechende Tätigkeiten ausüben,

   denen mindestens vier Beschäftigte dieses Unterabschnitts mindestens der Entgeltgruppe 8 durch ausdrückliche Anordnung ständig unterstellt sind.

3. Fotografen mit Abschlussprüfung sowie sonstige Beschäftigte, die aufgrund gleichwertiger Fähigkeiten und ihrer Erfahrungen entsprechende Tätigkeiten ausüben,

   deren Tätigkeit sich dadurch aus der Entgeltgruppe 8 Fallgruppe 1 heraushebt, dass sie in Forschungseinrichtungen auszuüben ist und hohen wissenschaftlichen Ansprüchen genügende Arbeitsergebnisse zu erbringen sind.

Entgeltgruppe 8

1. Fotografen mit Abschlussprüfung sowie sonstige Beschäftigte, die aufgrund gleichwertiger Fähigkeiten und ihrer Erfahrungen entsprechende Tätigkeiten ausüben,

   deren Tätigkeit sich dadurch aus der Entgeltgruppe 6 heraushebt, dass sie besonders schwierig ist.

   (Hierzu Protokollerklärung Nr. 2)

2. Fotografen mit Abschlussprüfung und entsprechender Tätigkeit sowie sonstige Beschäftigte, die aufgrund gleichwertiger Fähigkeiten und ihrer Erfahrungen entsprechende Tätigkeiten ausüben,

   denen mindestens vier Beschäftigte dieses Unterabschnitts durch ausdrückliche Anordnung ständig unterstellt sind.

Entgeltgruppe 6

Fotografen mit Abschlussprüfung sowie sonstige Beschäftigte, die aufgrund gleichwertiger Fähigkeiten und ihrer Erfahrungen entsprechende Tätigkeiten ausüben,

mit schwieriger Tätigkeit.

(Hierzu Protokollerklärung Nr. 3)

Entgeltgruppe 5

Fotografen mit Abschlussprüfung und entsprechender Tätigkeit sowie sonstige Beschäftigte, die aufgrund gleichwertiger Fähigkeiten und ihrer Erfahrungen entsprechende Tätigkeiten ausüben.

Entgeltgruppe 3

Beschäftigte mit fotografischen Tätigkeiten, für die eine eingehende Einarbeitung bzw. eine fachliche Anlernung erforderlich ist, die über eine Einarbeitung im Sinne der Entgeltgruppe 2 hinausgeht.

Entgeltgruppe 2

Beschäftigte mit einfachen fotografischen Tätigkeiten.

(Hierzu Protokollerklärung Nr. 4)

Protokollerklärungen:

Nr. 1 Der Umfang der Tätigkeit ist nicht mehr unerheblich, wenn er etwa ein Viertel der gesamten Tätigkeit ausmacht.

Nr. 2 Besonders schwierige Tätigkeit ist das selbständige Herstellen objektgerechter fotografischer Aufnahmen unter Berücksichtigung der jeweiligen fachlichen Anforderungen bei besonders erschwerten fototechnischen Aufnahmebedingungen, z. B.

- Aufnahmen von schlecht sichtbaren Spuren im Polizeidienst;
- Intraoralaufnahmen, Aufnahme eines Lehrfilmes bei einer Shuntoperation im medizinischen Bereich;
- Aufnahmen, die die besondere Herausarbeitung bestimmter für die wissenschaftliche Bearbeitung notwendiger Merkmale erfordern, in der Forschung und in der Materialprüfung.

Nr. 3 Schwierige Tätigkeit ist das selbständige Herstellen objektgerechter fotografischer Aufnahmen unter Berücksichtigung der jeweiligen fachlichen Anforderungen, z. B.
- Aufnahmen zur Beweissicherung an Tat- und Unfallorten im Polizeidienst;
- Operationsaufnahmen im medizinischen Bereich;
- Aufnahmen bei der Durchführung von Forschungsaufgaben, für Lehrzwecke oder bei Versuchen zur Materialprüfung in den Bereichen der Forschung, der wissenschaftlichen Lehre und der Materialprüfung.

Nr. 4 [1]Einfache Tätigkeiten sind Tätigkeiten, die weder eine Vor- noch eine Ausbildung, aber eine Einarbeitung erfordern, die über eine sehr kurze Einweisung oder Anlernphase hinausgeht. [2]Die Einarbeitung dient dem Erwerb derjenigen Kenntnisse und Fertigkeiten, die für die Beherrschung der Arbeitsabläufe als solche erforderlich sind.

22.12 Fotolaboranten

Entgeltgruppe 6

Fotolaboranten mit Abschlussprüfung,

deren Tätigkeit sich dadurch aus der Entgeltgruppe 4 heraushebt, dass bei Colorentwicklungsarbeiten selbständig Filterbestimmungen zur Erzielung höchster Farbgenauigkeit oder besonderer Farbdarstellung vorzunehmen sind.

Entgeltgruppe 4

Fotolaboranten mit Abschlussprüfung und entsprechender Tätigkeit.

Entgeltgruppe 3

Beschäftigte in der Tätigkeit von Fotolaboranten mit Abschlussprüfung.

Entgeltgruppe 2

Beschäftigte in Fotolaboren

mit einfachen Tätigkeiten.

(Hierzu Protokollerklärung)

Protokollerklärung:

[1]Einfache Tätigkeiten sind Tätigkeiten, die weder eine Vor- noch eine Ausbildung, aber eine Einarbeitung erfordern, die über eine sehr kurze Einweisung oder Anlernphase hinausgeht. [2]Die Einarbeitung dient dem Erwerb derjenigen Kenntnisse und Fertigkeiten, die für die Beherrschung der Arbeitsabläufe als solche erforderlich sind.

23. Technische Beschäftigte im Eichdienst

Niederschriftserklärung zu Teil II Abschnitte 22 und 23:

Die Tarifvertragsparteien halten eine Neuvereinbarung der bisherigen Vorbemerkungen Nrn. 3 und 4 zu allen Vergütungsgruppen der Anlage 1a zum BAT/BAT-O für entbehrlich. Es besteht Einvernehmen, dass – wie bisher – unter „staatlich geprüften Technikern" sowie unter „technischen Assistenten mit staatlicher Anerkennung" diejenigen Personen zu verstehen sind, die nach dem Berufsordnungsrecht berechtigt sind, diese Berufsbezeichnungen zu führen.

Vorbemerkung

(1) [1]Beschäftigte, die nach Entgeltgruppe 9b, 10 oder 11 dieses Abschnitts eingruppiert sind, erhalten eine monatliche Zulage in Höhe von 23,01 Euro. [2]Die Zulage wird nur für Zeiträume gezahlt, in denen Beschäftigte einen Anspruch auf Entgelt oder Entgeltfortzahlung nach § 21 haben. [3]Die Zahlung erfolgt längstens bis zu einer Überarbeitung bzw. Neuregelung des Abschnitts 23.

(2) Die Zulage steht nicht zu neben einer Zulage nach den Tarifverträgen, die nach Teil C Nrn. 9 oder 11 der Anlage 1 zum TVÜ-Länder fortgelten.

IV

Entgeltgruppe 11

Technische Beschäftigte im Eichdienst mit technischer Ausbildung und entsprechender Tätigkeit und langjähriger praktischer Erfahrung sowie sonstige Beschäftigte, die aufgrund gleichwertiger Fähigkeiten und ihrer Erfahrungen entsprechende Tätigkeiten ausüben,

deren Tätigkeit sich durch die besondere Bedeutung des Aufgabenkreises aus der Entgeltgruppe 10 heraushebt.

(Hierzu Protokollerklärungen Nrn. 1 und 2)

Entgeltgruppe 10

Technische Beschäftigte im Eichdienst mit technischer Ausbildung und entsprechender Tätigkeit sowie sonstige Beschäftigte, die aufgrund gleichwertiger Fähigkeiten und ihrer Erfahrungen entsprechende Tätigkeiten ausüben,

deren Tätigkeit sich durch die besondere Schwierigkeit der Aufgaben aus der Entgeltgruppe 9b heraushebt.

(Hierzu Protokollerklärungen Nrn. 1 und 3)

Entgeltgruppe 9b

Technische Beschäftigte im Eichdienst mit technischer Ausbildung und entsprechender Tätigkeit sowie sonstige Beschäftigte, die aufgrund gleichwertiger Fähigkeiten und ihrer Erfahrungen entsprechende Tätigkeiten ausüben.

(Hierzu Protokollerklärungen Nrn. 1 und 4)

Entgeltgruppe 9a

Eichtechnische Beschäftigte mit einschlägiger staatlicher Abschlussprüfung oder mit Meisterprüfung (Handwerks- oder Industriemeister) in einer einschlägigen Fachrichtung sowie sonstige Beschäftigte mit einschlägiger Handwerker- oder Facharbeiterausbildung, die aufgrund gleichwertiger Fähigkeiten und ihrer Erfahrungen entsprechende Tätigkeiten ausüben,

deren Tätigkeit sich dadurch aus der Entgeltgruppe 8 heraushebt, dass sie besonders schwierig ist.

(Hierzu Protokollerklärungen Nrn. 5, 6 und 7)

Entgeltgruppe 8

Eichtechnische Beschäftigte mit einschlägiger staatlicher Abschlussprüfung oder mit Meisterprüfung (Handwerks- oder Industriemeister) in einer einschlägigen Fachrichtung sowie sonstige Beschäftigte mit einschlägiger Handwerker- oder Facharbeiterausbildung, die aufgrund gleichwertiger Fähigkeiten und ihrer Erfahrungen entsprechende Tätigkeiten ausüben,

mit schwieriger Tätigkeit.

(Hierzu Protokollerklärung Nr. 8)

Entgeltgruppe 6

1. Eichtechnische Beschäftigte mit einschlägiger staatlicher Abschlussprüfung oder mit Meisterprüfung (Handwerks- oder Industriemeister) in einer einschlägigen Fachrichtung und entsprechender Tätigkeit sowie sonstige Beschäftigte mit einschlägiger Handwerker- oder Facharbeiterausbildung, die aufgrund gleichwertiger Fähigkeiten und ihrer Erfahrungen entsprechende Tätigkeiten ausüben.

   (Hierzu Protokollerklärungen Nrn. 5, 6 und 9)

2. Eichtechnische Beschäftigte mit einschlägiger staatlicher Abschlussprüfung oder mit Meisterprüfung (Handwerks- oder Industriemeister) in einer einschlägigen Fachrichtung sowie sonstige Beschäftigte mit einschlägiger Handwerker- oder Facharbeiterausbildung, die aufgrund gleichwertiger Fähigkeiten und ihrer Erfahrungen entsprechende Tätigkeiten ausüben,

   als Gruppenführer in der Vor-, Haupt- und Kontrollprüfung von Aräometern, Industrie- und Laboratoriumsthermometern, medizinischen Spritzen oder Messwerkzeugen für wissenschaftliche und technische Untersuchungen,

denen mindestens vier Eichhelfer mit Tätigkeiten der Entgeltgruppe 4 Fallgruppe 1 durch ausdrückliche Anordnung ständig unterstellt sind.

(Hierzu Protokollerklärungen Nrn. 5, 6 und 10)

Entgeltgruppe 5

1. Eichhelfer

   als Gruppenführer in der Vor-, Haupt- und Kontrollprüfung von Glasmessgeräten, denen mindestens drei Eichhelfer durch ausdrückliche Anordnung ständig unterstellt sind.

2. Eichhelfer mit einschlägiger Handwerker- oder Facharbeiterausbildung mit schwieriger Tätigkeit.

   (Hierzu Protokollerklärung Nr. 11)

Entgeltgruppe 4

1. Eichhelfer,

   deren Tätigkeit sich dadurch aus der Entgeltgruppe 3 Fallgruppe 1 heraushebt, dass sie in der Vor-, Haupt- und Kontrollprüfung von Aräometern, Industrie- und Laboratoriumsthermometern, medizinischen Spritzen oder Messwerkzeugen für wissenschaftliche und technische Untersuchungen auszuüben ist.

2. Eichhelfer mit einschlägiger Handwerker- oder Facharbeiterausbildung.

Entgeltgruppe 3

1. Eichhelfer in der Vor- und Hauptprüfung von Glasmessgeräten.

   (keine Stufe 6)

2. Eichhelfer ohne einschlägige Handwerker- oder Facharbeiterausbildung.

   (keine Stufe 6)

Entgeltgruppe 2

Eichhelfer ohne einschlägige Handwerker- oder Facharbeiterausbildung

mit einfachen Tätigkeiten.

(Hierzu Protokollerklärung Nr. 12)

IV

Protokollerklärungen:

Nr. 1 Unter „technischer Ausbildung“ ist der erfolgreiche Besuch einer Schule zu verstehen, deren Abschlusszeugnisse zum Eintritt in die Laufbahn des gehobenen technischen Dienstes bzw. zur entsprechenden Qualifikationsebene berechtigen.

Nr. 2 Besonders bedeutende Tätigkeiten sind z. B.
- Eichen von Gaskalorimetern und Messgeräten zur kontinuierlichen Dichtemessung;
- selbständige Entwicklung neuer Prüfverfahren;
- Überwachen von Hauptprüfstellen für Elektrizitätsmessgeräte.

Nr. 3 Besonders schwierige Aufgaben sind z. B.
- Eichen von Abfüllmaschinen, Maßfüllmaschinen, Mengenumwertern, Zeitmessgeräten, Flüssiggasmessanlagen, temperaturkompensierenden Flüssigkeitszählern, Verkehrsradargeräten;
- Überwachen von Prüfstellen für Gas- und Wassermessgeräte sowie Außen- oder Nebenprüfstellen für Elektrizitätsmessgeräte.

Nr. 4 Entsprechende Tätigkeiten sind z. B.
- Eichen von abrollenden und legenden Messmaschinen, Präzisionsmaßstäben und -messbändern, Geschwindigkeitsmessern, Fahrtschreibern, Planimetern, Flächenmessmaschinen, Lagerbehältern über 100 cbm Inhalt, Messanlagen für Flüssigkeiten mit mehr als 32 mm Anschlussweite, Messkammertankwagen, Gleis- oder Fahrzeugwaagen, Präzisionswaagen in Sonderausführung, Feinwaagen, hydrostatischen Waagen, selbsttätigen Waagen, Eiersortiermaschinen, Messgeräten zur Bestimmung des Feuchtigkeitsgehalts von Getreide; Prüfen von Gebrauchsnormalen und Prüfungshilfsmitteln;
- Überwachen von Betrieben zur Herstellung von Packungen, Flaschen und Schankgefäßen.

Nr. 5 Als einschlägige staatliche Abschlussprüfung ist die Abschlussprüfung als „staatlich geprüfter Techniker“ in einer Fachrichtung der Metallverarbeitung oder der Elektrotechnik anzusehen.

Nr. 6 Handwerksmeister und Industriemeister mit einschlägiger Fachrichtung im Sinne dieses Tätigkeitsmerkmals sind Beschäftigte, die die Meisterprüfung in einem Beruf der Metallverarbeitung oder des Elektrohandwerks bzw. der Elektroindustrie abgelegt haben.

Nr. 7 Besonders schwierige Tätigkeiten sind z. B. das
- Neueichen von Messanlagen für Flüssigkeiten bis 32 mm Anschlussweite, Eiersortierwaagen, Getreideprobern;
- Prüfen von Gebrauchsnormalen für Präzisionsgewichte;
- Eichen von Druckmessgeräten und Lagerbehältern bis 100 cbm Inhalt.

Nr. 8 Schwierige Tätigkeiten im Sinne dieses Tätigkeitsmerkmals sind z. B.
- Eichen von Kolbenmesspumpen, Herbstgefäßen, Maisch- oder Gärbottichen, Brau- oder Sudpfannen, Feingewichten, Handelswaagen mit einer Einspielungslage von mehr als 3 000 kg Höchstlast, Blutdruckmessgeräten;
- Eichen von Präzisionsmessgeräten aus Glas, die im Bereich der diagnostischen Heilkunde und bei der Kontrolle von Arzneimitteln angewendet werden, z. B. Hämoglobinpipetten, Zellenzählkammern, Pyknometern, Dilatometern;
- Nacheichen von Messanlagen für Flüssigkeiten bis 32 mm Anschlussweite;
- Prüfen von Gebrauchsnormalen für Handelsgewichte (außer Gewichtsgerätschaften);
- Vorprüfen von Waagebalken für Gleis- oder Fahrzeugwaagen.

Nr. 9 Entsprechende Tätigkeiten sind z. B. Eichen von Wegstreckenzählern und Fahrpreisanzeigern an Kraftfahrzeugen, Präzisionsgewichten, Präzisionswaagen einfacher Ausführung, Handelswaagen mit einer Einspielungslage bis 3 000 kg Höchstlast, Neigungswaagen bis 200 kg Höchstlast, Reifendruckmessgeräten.

Nr. 10 Im Sinne der Nr. 6 der Vorbemerkungen zu allen Teilen der Entgeltordnung ist vergleichbar die Entgeltgruppe 4 der Besoldungsgruppe A 5.

Nr. 11 Schwierige Tätigkeiten im Sinne dieses Tätigkeitsmerkmals sind z. B.
- Eichen von Maßstäben, Flüssigkeitsmaßen und Handelsgewichten;
- Nacheichen von Messwerkzeugen mit festen Messwänden, Bier- oder Weinfässern, Handelswaagen mit einer Einspielungslage bis 500 kg Höchstlast.

Nr. 12 [1]Einfache Tätigkeiten sind Tätigkeiten, die weder eine Vor- noch eine Ausbildung, aber eine Einarbeitung erfordern, die über eine sehr kurze Einweisung oder Anlernphase hinausgeht. [2]Die Einarbeitung dient dem Erwerb derjenigen Kenntnisse und Fertigkeiten, die für die Beherrschung der Arbeitsabläufe als solche erforderlich sind.

24. Beschäftigte an Theatern und Bühnen

Vorbemerkung:

Dieser Abschnitt gilt nicht für Beleuchtungsmeister, Beleuchtungsobermeister, Theatermeister (Bühnenmeister) und Theaterobermeister (Bühnenobermeister) an Theatern oder Bühnen ohne eigenes Ensemble, es sei denn, es handelt sich um Theater oder Bühnen, die hinsichtlich der technischen Ausstattung und der Spielfrequenz einem Theater oder einer Bühne mit eigenem Ensemble vergleichbar sind.

24.1 Beschäftigte im Kartenverkauf

Entgeltgruppe 9b

Leiter der Stammkartenbüros, die zugleich in nicht unerheblichem Umfang selbständig Werbeaufgaben erfüllen.

(Hierzu Protokollerklärungen Nrn. 1 und 2)

Entgeltgruppe 6

1. Eintrittskartenkassierer und Stammkartenkassierer,

   deren Tätigkeit sich durch den Umfang des Zahlungsverkehrs und die Schwierigkeit des Abrechnungsverfahrens aus der Entgeltgruppe 5 Fallgruppe 2 heraushebt.

2. Leiter der Stammkartenbüros.

   (Hierzu Protokollerklärung Nr. 1)

Entgeltgruppe 5

1. Bearbeiter der Stammmieten.

   (Hierzu Protokollerklärung Nr. 3)

2. Eintrittskartenkassierer und Stammkartenkassierer.

Entgeltgruppe 4

Eintrittskartenkassierer und Stammkartenkassierer mit geringem Zahlungsverkehr bei einfacheren Abrechnungsverfahren.

Entgeltgruppe 3

Beschäftigte im Kartenverkauf

mit Tätigkeiten, für die eine eingehende Einarbeitung bzw. eine fachliche Anlernung erforderlich ist, die über eine Einarbeitung im Sinne der Entgeltgruppe 2 hinausgeht.

Entgeltgruppe 2

Beschäftigte im Kartenverkauf
mit einfachen Tätigkeiten.
(Hierzu Protokollerklärung Nr. 4)

Protokollerklärungen:

Nr. 1 Leiter der Stammkartenbüros sind Beschäftigte, die mit einem oder mehreren ihnen unterstellten Mitarbeitern (einschließlich der Stammkartenkassierer) die Abonnementsangelegenheiten des Theaters erledigen.

Nr. 2 Der Umfang der Tätigkeit ist nicht mehr unerheblich, wenn er etwa ein Viertel der gesamten Tätigkeit ausmacht.

Nr. 3 Bearbeiter der Stammmieten sind Beschäftigte, die mit Interessenten über Stammmieten verhandeln.

Nr. 4 [1]Einfache Tätigkeiten sind Tätigkeiten, die weder eine Vor- noch eine Ausbildung, aber eine Einarbeitung erfordern, die über eine sehr kurze Einweisung oder Anlernphase hinausgeht. [2]Die Einarbeitung dient dem Erwerb derjenigen Kenntnisse und Fertigkeiten, die für die Beherrschung der Arbeitsabläufe als solche erforderlich sind.

IV

24.2 Beschäftigte in den Bereichen Beleuchtung, Technik und Ton

Vorbemerkung

[1]Beschäftigte, die nach Entgeltgruppe 8 Fallgruppe 1, 3 oder 4 oder Entgeltgruppe 9a dieses Unterabschnitts eingruppiert sind, erhalten eine monatliche Zulage in Höhe von 38,35 Euro. [2]Die Zulage wird nur für Zeiträume gezahlt, in denen Beschäftigte einen Anspruch auf Entgelt oder Entgeltfortzahlung nach § 21 haben. [3]Die Zahlung erfolgt längstens bis zu einer Überarbeitung bzw. Neuregelung des Unterabschnitts 2.

Entgeltgruppe 9b

1. Technische Oberinspektoren.
   (Beschäftigte in dieser Fallgruppe erhalten eine monatliche Entgeltgruppenzulage gemäß Anlage F Abschnitt I Nr. 1.)
   (Hierzu Protokollerklärung Nr. 1)
2. Technische Inspektoren.
   (Hierzu Protokollerklärung Nr. 2)

Entgeltgruppe 9a

1. Beleuchtungsobermeister,
   denen mindestens zwei Beleuchtungsmeister an einer Bühne im technischen Sinne ständig unterstellt sind.
   (Beschäftigte in dieser Fallgruppe erhalten eine monatliche Entgeltgruppenzulage gemäß Anlage F Abschnitt I Nr. 2.)
   (Hierzu Protokollerklärung Nr. 3)

2. Beleuchtungsobermeister.

   (Hierzu Protokollerklärung Nr. 3)

3. Beleuchtungsmeister

   an Bühnen mit technisch schwieriger Bühnenanlage oder an Bühnen mit technisch einfacherer Bühnenanlage, an denen ständig mindestens 30 Arbeitnehmer mit der Bedienung der technischen Anlage (insbesondere der Bühnenaufbauten, Dekorationszüge und Versenkungen) sowie der Beleuchtungsanlage und mit der Bereitstellung von Requisiten und von Dekorations-, Polster- und Tapezierwerkstücken zu den Proben und Aufführungen beschäftigt sind.

   (Hierzu Protokollerklärung Nr. 4)

4. Theaterobermeister (Bühnenobermeister),

   denen mindestens zwei Theatermeister an einer Bühne im technischen Sinne ständig unterstellt sind.

   (Beschäftigte in dieser Fallgruppe erhalten eine monatliche Entgeltgruppenzulage gemäß Anlage F Abschnitt I Nr. 2.)

   (Hierzu Protokollerklärung Nr. 5)

5. Theaterobermeister (Bühnenobermeister).

   (Hierzu Protokollerklärung Nr. 5)

6. Theatermeister (Bühnenmeister)

   an Bühnen mit technisch schwieriger Bühnenanlage oder an Bühnen mit technisch einfacherer Bühnenanlage, an denen ständig mindestens 30 Arbeitnehmer mit der Bedienung der technischen Anlage (insbesondere der Bühnenaufbauten, Dekorationszüge und Versenkungen) sowie der Beleuchtungsanlage und mit der Bereitstellung von Requisiten und von Dekorations-, Polster- und Tapezierwerkstücken zu den Proben und Aufführungen beschäftigt sind.

   (Hierzu Protokollerklärung Nr. 6)

7. Theatertontechniker (Elektroakustiker) mit Meisterprüfung in einem einschlägigen anerkannten Ausbildungsberuf mit einer Ausbildungsdauer von mindestens drei Jahren sowie sonstige Beschäftigte, die aufgrund gleichwertiger Fähigkeiten und ihrer Erfahrungen entsprechende Tätigkeiten ausüben,

   mit langjährigen Erfahrungen in dieser Tätigkeit und mit einem höheren Maß von Verantwortlichkeit.

   (Hierzu Protokollerklärung Nr. 7)

Entgeltgruppe 8

1. Beleuchtungsmeister.

   (Hierzu Protokollerklärung Nr. 4)

2. Hausinspektoren,

   denen mehr als 75 Arbeitnehmer ständig unterstellt sind.

   (Hierzu Protokollerklärungen Nrn. 8 und 9)
3. Theatermeister (Bühnenmeister).

   (Hierzu Protokollerklärung Nr. 6)
4. Theatertontechniker (Elektroakustiker) mit Meisterprüfung in einem einschlägigen anerkannten Ausbildungsberuf mit einer Ausbildungsdauer von mindestens drei Jahren sowie

   sonstige Beschäftigte, die aufgrund gleichwertiger Fähigkeiten und ihrer Erfahrungen entsprechende Tätigkeiten ausüben.

   (Hierzu Protokollerklärung Nr. 7)

Entgeltgruppe 7

1. Schnürmeister.

   (Hierzu Protokollerklärung Nr. 10)
2. Seitenmeister.

   (Hierzu Protokollerklärung Nr. 10)
3. Stellwerksbeleuchter in selbständiger Tätigkeit.

   (Hierzu Protokollerklärung Nr. 11)
4. Versenkungsmeister.

   (Hierzu Protokollerklärung Nr. 10)

Entgeltgruppe 6

Hausinspektoren,

denen mehr als 50 Arbeitnehmer ständig unterstellt sind.

(Hierzu Protokollerklärungen Nrn. 8 und 9)

Entgeltgruppe 5

1. Hausinspektoren.

   (Hierzu Protokollerklärungen Nrn. 8 und 9)
2. Theatertontechniker (Elektroakustiker).

   (Hierzu Protokollerklärung Nr. 7)

Entgeltgruppe 3

Beschäftigte in den Bereichen Beleuchtung, Technik und Ton

mit Tätigkeiten, für die eine eingehende Einarbeitung bzw. eine fachliche Anlernung erforderlich ist, die über eine Einarbeitung im Sinne der Entgeltgruppe 2 hinausgeht.

Entgeltgruppe 2

Beschäftigte in den Bereichen Beleuchtung, Technik und Ton mit einfachen Tätigkeiten.

(Hierzu Protokollerklärung Nr. 12)

Protokollerklärungen:

Nr. 1 Technische Oberinspektoren sind Technische Inspektoren als ständige Vertreter des Technischen Direktors bzw. des Technischen Leiters an Theatern oder Bühnen mit mindestens einem weiteren Technischen Inspektor.

Nr. 2 Technische Inspektoren sind Beschäftigte, die unter der Leitung des Technischen Direktors bzw. des Technischen Leiters an Theatern oder Bühnen für den gesamten technischen Betrieb, gegebenenfalls einschließlich der Werkstätten, verantwortlich sind.

IV

Nr. 3 Beleuchtungsobermeister sind Beleuchtungsmeister, denen gegenüber mindestens zwei Beleuchtungsmeistern an einer Bühne im technischen Sinne die Diensteinteilung obliegt.

Nr. 4 Beleuchtungsmeister sind Beschäftigte, die während der Proben und Aufführungen, zu denen sie eingeteilt sind, nach den ihnen gegebenen Anweisungen (des Regisseurs, des Bühnenbildners, des Leiters des Beleuchtungswesens usw.) die Beleuchtung verantwortlich leiten und durchführen und denen auch die Einrichtung der szenischen Beleuchtung nach den Vorstellungen des Regisseurs usw. obliegt.

Nr. 5 Theaterobermeister (Bühnenobermeister) sind Theatermeister (Bühnenmeister), denen gegenüber mindestens zwei Theatermeistern an einer Bühne im technischen Sinne die Diensteinteilung obliegt.

Nr. 6 Theatermeister (Bühnenmeister) sind Beschäftigte, die während der Proben und Aufführungen, zu denen sie eingeteilt sind, für die technische Einrichtung (insbesondere Bühnenaufbauten, Dekorationszüge und Versenkungen) mit Ausnahme der Beleuchtungstechnik verantwortlich sind.

Nr. 7 Theatertontechniker (Elektroakustiker) sind Beschäftigte, die unter der künstlerischen Verantwortung des Theatertonmeisters oder eines Künstlerischen Vorstandes die elektroakustischen Anlagen bedienen und warten.

Nr. 8 (1) Hausinspektoren sind Hausmeister, denen auch die Kontrolle der ordnungsgemäßen Abwicklung des Publikumsdienstes, die Durchführung der Hausordnung und die Abrechnung von Garderobengebühren, Programmheften usw. obliegen.

(2) Soweit die Eingruppierung der Hausinspektoren von der Zahl der ständig unterstellten Arbeitnehmer abhängig ist, werden nur die Arbeitnehmer gerechnet, die in einem unmittelbaren Arbeitsverhältnis zu dem Arbeitgeber stehen.

Nr. 9 Hausmeister sind Beschäftigte, die die Reinigung des Hauses und Hausgrundstückes überwachen, kleine Reparaturen selbst durchführen und größere Reparaturen veranlassen, die allgemeine Hauseinrichtung und das Hausinventar betreuen, das Haus öffnen und schließen und die Aufsicht über das Hauspersonal (Garderoben- und Reinigungspersonal, Pförtner, Schließer usw.) führen.

Nr. 10 Beschäftigte im Sinne dieses Tätigkeitsmerkmals haben unter den Voraussetzungen der Nr. 8 der Vorbemerkungen zu Teil III einen Anspruch auf eine entsprechende Zulage; Nr. 8 Absatz 4 der Vorbemerkungen zu Teil III findet keine Anwendung.

Nr. 11 Das Tätigkeitsmerkmal ist nur dann erfüllt, wenn das Stellwerk nicht überwiegend von einem Beleuchtungsmeister bedient wird.

Nr. 12 [1]Einfache Tätigkeiten sind Tätigkeiten, die weder eine Vor- noch eine Ausbildung, aber eine Einarbeitung erfordern, die über eine sehr kurze Einweisung oder Anlernphase hinausgeht. [2]Die Einarbeitung dient dem Erwerb derjenigen Kenntnisse und Fertigkeiten, die für die Beherrschung der Arbeitsabläufe als solche erforderlich sind.

24.3 Beschäftigte in den Bereichen Kostüme, Maske und Requisite

Vorbemerkung

[1]Beschäftigte, die nach Entgeltgruppe 6 Fallgruppen 3 oder 5, Entgeltgruppe 7 Fallgruppen 1 bis 4, Entgeltgruppe 8 Fallgruppen 1 oder 3 oder Entgeltgruppe 9a dieses Unterabschnitts eingruppiert sind, erhalten eine monatliche Zulage in Höhe von 38,35 Euro. [2]Die Zulage wird nur für Zeiträume gezahlt, in denen Beschäftigte einen Anspruch auf Entgelt oder Entgeltfortzahlung nach § 21 haben. [3]Die Zahlung erfolgt längstens bis zu einer Überarbeitung bzw. Neuregelung des Unterabschnitts 3.

IV

Entgeltgruppe 9a

1. Gewandmeister mit abgeschlossener Gewandmeister- oder gleichwertiger Fachausbildung

   mit größerem Aufgabenbereich.

   (Beschäftigte in dieser Fallgruppe erhalten eine monatliche Entgeltgruppenzulage gemäß Anlage F Abschnitt I Nr. 2.)

   (Hierzu Protokollerklärung Nr. 1)
2. Gewandmeister mit abgeschlossener Gewandmeister- oder gleichwertiger Fachausbildung,

   denen auch die Aufstellung von Kostenvoranschlägen und die Führung von Fundusbüchern obliegen.

   (Hierzu Protokollerklärung Nr. 1)
3. Requisitenmeister

   mit einem besonderen Maß von Selbständigkeit bei der Herstellung von Requisiten,

   denen eine Gruppe von mindestens drei Arbeitnehmern ständig unterstellt ist, wenn diese neben Handrequisiten (Kleinrequisiten) in erheblichem Umfang auch andere Requisiten herstellt.

   (Hierzu Protokollerklärung Nr. 2)
4. Rüstmeister

   mit einem besonderen Maß von Selbständigkeit bei der Herstellung von Rüstungen und Waffen,

   denen mindestens ein Facharbeiter ständig unterstellt ist.

   (Hierzu Protokollerklärung Nr. 3)

5. Theaterschuhmachermeister

   mit einem besonderen Maß von Selbständigkeit bei der Herstellung von Theaterschuhwerk,

   wenn ihnen mindestens zwei Arbeitskräfte ständig unterstellt sind, von denen mindestens einer Facharbeiter sein muss.

6. Theatertapeziermeister

   mit einem besonderen Maß von Selbständigkeit bei der Herstellung von Dekorations-, Polster- und Tapezierwerkstücken,

   denen eine Gruppe von mindestens drei Theatertapezierern ständig unterstellt ist, wenn diese in erheblichem Umfang Dekorations-, Polster- und Tapezierwerkstücke herstellt.

   (Hierzu Protokollerklärung Nr. 4)

Entgeltgruppe 8

1. Gewandmeister.

   (Hierzu Protokollerklärung Nr. 1)

2. Theatermaler,

   die für die Einteilung und den Ablauf der Arbeit von mindestens zehn Theater- und Kostümmalern und Kascheuren verantwortlich sind.

   (Beschäftigte in dieser Fallgruppe erhalten eine monatliche Entgeltgruppenzulage gemäß Anlage F Abschnitt I Nr. 8.)

   (Hierzu Protokollerklärung Nr. 5)

3. Theaterschuhmachermeister.

Entgeltgruppe 7

1. Requisitenmeister,

   denen mindestens zwei Arbeitnehmer ständig unterstellt sind.

   (Hierzu Protokollerklärung Nr. 2)

2. Requisitenmeister,

   die mit einem besonderen Maß von Selbständigkeit neben Handrequisiten (Kleinrequisiten) auch andere Requisiten herstellen.

   (Hierzu Protokollerklärung Nr. 2)

3. Rüstmeister.

   (Hierzu Protokollerklärung Nr. 3)

4. Theatertapeziermeister,

   denen mindestens zwei Theatertapezierer ständig unterstellt sind.

   (Hierzu Protokollerklärung Nr. 4)

5. Erste Zuschneider.

   (Hierzu Protokollerklärung Nr. 6)

Entgeltgruppe 6

1. Maskenbildner,

   die durch ausdrückliche Anordnung als ständige Vertreter des Chefmaskenbildners bestellt sind.

   (Hierzu Protokollerklärung Nr. 7)

2. Modellbauer,

   deren Tätigkeit sich durch besondere Leistungen aus der Entgeltgruppe 5 Fallgruppe 4 heraushebt.

   (Hierzu Protokollerklärung Nr. 8)

3. Requisitenmeister.

   (Hierzu Protokollerklärung Nr. 2)

4. Theater- und Kostümmaler mit abgeschlossener Ausbildung an einer Kunstfachschule sowie

   sonstige Beschäftigte, die aufgrund gleichwertiger Fähigkeiten und ihrer Erfahrungen entsprechende Tätigkeiten ausüben.

   (Hierzu Protokollerklärung Nr. 5)

5. Theatertapeziermeister.

   (Hierzu Protokollerklärung Nr. 4)

Entgeltgruppe 5

1. Kascheure (Theaterplastiker).

   (Hierzu Protokollerklärung Nr. 9)

2. Magazinmeister (Dekorationsmeister),

   deren Tätigkeit sich dadurch aus der Entgeltgruppe 4 heraushebt, dass mindestens sechs Arbeitnehmer zu beaufsichtigen sind.

   (Hierzu Protokollerklärung Nr. 10)

3. Maskenbildner.

   (Hierzu Protokollerklärung Nr. 7)

4. Modellbauer.

   (Hierzu Protokollerklärung Nr. 8)

5. Theater- und Kostümmaler.

   (Hierzu Protokollerklärung Nr. 5)

Entgeltgruppe 4

Magazinmeister (Dekorationsmeister).

(Hierzu Protokollerklärung Nr. 10)

Entgeltgruppe 3

Beschäftigte in den Bereichen Kostüme, Maske und Requisite

mit Tätigkeiten, für die eine eingehende Einarbeitung bzw. eine fachliche Anlernung erforderlich ist, die über eine Einarbeitung im Sinne der Entgeltgruppe 2 hinausgeht.

Entgeltgruppe 2

Beschäftigte in den Bereichen Kostüme, Maske und Requisite

mit einfachen Tätigkeiten.

(Hierzu Protokollerklärung Nr. 11)

Protokollerklärungen:

Nr. 1 Gewandmeister sind Beschäftigte, die nach den Entwürfen des Bühnen- oder Kostümbildners die Kostüme beschaffen oder zuschneiden oder deren Anfertigung leiten und überwachen.

Nr. 2 Requisitenmeister sind Beschäftigte, die gegebenenfalls mit ihnen unterstellten Requisiteuren nach näherer Anordnung der Künstlerischen oder Technischen Vorstände Requisiten beschaffen oder herstellen, die Requisiten verwalten und warten und die Requisiten für die Proben und Aufführungen bereithalten.

Nr. 3 Rüstmeister sind Beschäftigte, die nach näherer Anordnung der Künstlerischen oder Technischen Vorstände Rüstungen, Waffen und andere metallene Gegenstände sowie Feuerwerkskörper, Schmuck usw. beschaffen oder herstellen und für Proben und Aufführungen bereithalten und gegebenenfalls verwalten und warten.

Nr. 4 (1) Theatertapeziermeister sind Beschäftigte, die mit ihnen unterstellten Theatertapezierern Dekorations-, Polster- und Tapezierarbeiten durchführen und die hergestellten Werkstücke verwalten, warten und zu den Proben und Aufführungen bereithalten.

(2) Soweit die Eingruppierung der Theatertapeziermeister von der Zahl der ständig unterstellten Theatertapezierer abhängt, werden die ihnen etwa unterstellten Näherinnen nicht mitgezählt.

Nr. 5 Theater- und Kostümmaler sind Beschäftigte, die nach Entwürfen des Bühnen- oder Kostümbildners in eigener Verantwortung bildliche Darstellungen zum Bühnengebrauch anfertigen.

Nr. 6 Die Bezeichnung erster Zuschneider schließt nicht aus, dass auch alleinige Zuschneider unter dieses Tätigkeitsmerkmal fallen können.

Nr. 7 Maskenbildner sind Beschäftigte, die nach Anweisung des Bühnenbildners, eines anderen Künstlerischen Vorstandes oder des Chefmaskenbildners Masken schminken sowie Bärte, Frisuren, Perücken usw. herstellen.

Nr. 8 Modellbauer sind Beschäftigte, die nach Bühnenbildentwürfen Modelle anfertigen.

Nr. 9 Kascheure (Theaterplastiker) sind Beschäftigte, die nach Anweisung des Bühnenbildners oder eines anderen Künstlerischen Vorstandes in eigener Verantwortung Plastiken herstellen.

Nr. 10 (1) [1]Magazinmeister (Dekorationsmeister) sind Beschäftigte, die das Dekorationslager verwalten. [2]Vielfach ist ihnen auch die Leitung der Transportkolonne (Fahrmeister) übertragen.

(2) [1]Für die Eingruppierung der Magazinmeister (Dekorationsmeister) in der Entgeltgruppe 5 ist es nicht erforderlich, dass die Arbeitnehmer dem

Magazinmeister (Dekorationsmeister) ständig unterstellt sind. [2]Es zählen auch Arbeitnehmer mit, die ihm aus anderen Abteilungen zugeteilt werden.

Nr. 11 [1]Einfache Tätigkeiten sind Tätigkeiten, die weder eine Vor- noch eine Ausbildung, aber eine Einarbeitung erfordern, die über eine sehr kurze Einweisung oder Anlernphase hinausgeht. [2]Die Einarbeitung dient dem Erwerb derjenigen Kenntnisse und Fertigkeiten, die für die Beherrschung der Arbeitsabläufe als solche erforderlich sind.

24.4 Beschäftigte in Theaterbibliotheken, Orchesterwarte

Entgeltgruppe 6

Beschäftigte, die durch ausdrückliche Anordnung zu Leitern der Musik- oder Schauspielbibliotheken bestellt sind.

Entgeltgruppe 5

1. Orchesterwarte,

   die zugleich den gesamten Notenfundus verwalten oder in nicht unerheblichem Umfang Orchesterstimmen ausschreiben oder Notenmaterial ergänzen.

   (Hierzu Protokollerklärungen Nrn. 1 und 2)
2. Verwalter von Rollen- und Stimmenmaterial (im Theatersprachgebrauch „Beschäftigte in Theaterbibliotheken" genannt), die dieses Material auch für den Bühnengebrauch einrichten.

Entgeltgruppe 4

1. Orchesterwarte.

   (Hierzu Protokollerklärung Nr. 2)
2. Verwalter von Rollen- und Stimmenmaterial.

Protokollerklärungen:

Nr. 1 Der Umfang der Tätigkeit ist nicht mehr unerheblich, wenn er etwa ein Viertel der gesamten Tätigkeit ausmacht.

Nr. 2 [1]Orchesterwarte sind Beschäftigte, denen die Bereitstellung und das Einsammeln der Noten und Pulte sowie der größeren Instrumente bei Proben und Aufführungen verantwortlich übertragen sind. [2]Vielfach sind ihnen auch die Verwaltung und die Pflege der Materialien, an einigen kleineren Bühnen auch die Verwaltung des gesamten Notenfundus, übertragen.

25. Wirtschaftspersonal

25.1 Beschäftigte im Küchenwirtschaftsdienst in Einrichtungen im Sinne des § 43

Entgeltgruppe 10

1. Küchenmeister, Hauswirtschaftsleiterinnen oder Diätassistentinnen als Leiter von Küchen,

   in denen durchschnittlich täglich mehr als 1.500 Vollportionen hergestellt werden.

   (Hierzu Protokollerklärungen Nrn. 1, 2 und 3)

2. Küchenmeister, Hauswirtschaftsleiterinnen oder Diätassistentinnen als Leiter von Küchen,

   in denen durchschnittlich täglich mehr als 1.000 Vollportionen hergestellt werden, wenn der Küche eine Diätküche eingegliedert ist.

   (Hierzu Protokollerklärungen Nrn. 1, 2, 3 und 4)

Entgeltgruppe 9b

1. Küchenmeister, Hauswirtschaftsleiterinnen oder Diätassistentinnen als durch ausdrückliche Anordnung bestellte ständige Vertreter von Leitern von Küchen,

   in denen durchschnittlich täglich mehr als 1.500 Vollportionen hergestellt werden.

   (Hierzu Protokollerklärungen Nrn. 1, 2 und 3)
2. Küchenmeister, Hauswirtschaftsleiterinnen oder Diätassistentinnen als Leiter von Küchen,

   in denen durchschnittlich täglich mehr als 1.000 Vollportionen hergestellt werden.

   (Hierzu Protokollerklärungen Nrn. 1, 2 und 3)
3. Küchenmeister, Hauswirtschaftsleiterinnen oder Diätassistentinnen als durch ausdrückliche Anordnung bestellte ständige Vertreter von Leitern von Küchen,

   in denen durchschnittlich täglich mehr als 1.000 Vollportionen hergestellt werden, wenn der Küche eine Diätküche eingegliedert ist.

   (Hierzu Protokollerklärungen Nrn. 1, 2, 3 und 4)
4. Küchenmeister, Hauswirtschaftsleiterinnen oder Diätassistentinnen als Leiter von Küchen,

in denen durchschnittlich täglich mehr als 500 Vollportionen hergestellt werden, wenn der Küche eine Diätküche eingegliedert ist.

(Hierzu Protokollerklärungen Nrn. 1, 2, 3 und 4)

Entgeltgruppe 9a

1. Küchenmeister, Hauswirtschaftsleiterinnen oder Diätassistentinnen

   als durch ausdrückliche Anordnung bestellte ständige Vertreter von Leitern von Küchen,

   in denen durchschnittlich täglich mehr als 1.000 Vollportionen hergestellt werden.

   (Hierzu Protokollerklärungen Nrn. 1, 2 und 3)
2. Küchenmeister, Hauswirtschaftsleiterinnen oder Diätassistentinnen

   als Leiter von Küchen,

   in denen durchschnittlich täglich mehr als 500 Vollportionen hergestellt werden.

   (Hierzu Protokollerklärungen Nrn. 1, 2 und 3)
3. Küchenmeister, Hauswirtschaftsleiterinnen oder Diätassistentinnen

   als durch ausdrückliche Anordnung bestellte ständige Vertreter von Leitern von Küchen,

   in denen durchschnittlich täglich mehr als 500 Vollportionen hergestellt werden, wenn der Küche eine Diätküche eingegliedert ist.

   (Hierzu Protokollerklärungen Nrn. 1, 2, 3 und 4)
4. Küchenmeister, Hauswirtschaftsleiterinnen oder Diätassistentinnen

   als Leiter von Küchen,

   in denen durchschnittlich täglich mehr als 250 Vollportionen hergestellt werden, wenn der Küche eine Diätküche eingegliedert ist.

   (Hierzu Protokollerklärungen Nrn. 1, 2, 3 und 4)
5. Küchenmeister, Hauswirtschaftsleiterinnen oder Diätassistentinnen,

   denen durch ausdrückliche Anordnung die Arbeitsvorbereitung, die Überwachung des Arbeitsablaufes und die Einteilung des Personals in einer Küche übertragen ist,

   in der durchschnittlich täglich mehr als 1.500 Vollportionen hergestellt werden.

   (Hierzu Protokollerklärungen Nrn. 1, 2 und 3)

Entgeltgruppe 8

1. Küchenmeister, Hauswirtschaftsleiterinnen oder Diätassistentinnen

   als Leiter von Küchen,

in denen durchschnittlich täglich bis zu 250 Vollportionen hergestellt werden, wenn der Küche eine Diätküche eingegliedert ist.
(Hierzu Protokollerklärungen Nrn. 1, 2, 3 und 4)

2. Küchenmeister, Hauswirtschaftsleiterinnen oder Diätassistentinnen als durch ausdrückliche Anordnung bestellte ständige Vertreter von Leitern von Küchen,
   in denen durchschnittlich täglich mehr als 250 Vollportionen hergestellt werden, wenn der Küche eine Diätküche eingegliedert ist.
   (Hierzu Protokollerklärungen Nrn. 1, 2 und 3)

Entgeltgruppe 7

1. Küchenmeister, Hauswirtschaftsleiterinnen oder Diätassistentinnen als Leiter von Küchen,
   in denen durchschnittlich täglich mehr als 250 Vollportionen hergestellt werden.
   (Hierzu Protokollerklärungen Nrn. 1, 2 und 3)
2. Küchenmeister, Hauswirtschaftsleiterinnen oder Diätassistentinnen,
   als durch ausdrückliche Anordnung bestellte ständige Vertreter von Leitern von Küchen,
   in denen durchschnittlich täglich mehr als 500 Vollportionen hergestellt werden.
   (Hierzu Protokollerklärungen Nrn. 1, 2 und 3)
3. Küchenmeister, Hauswirtschaftsleiterinnen oder Diätassistentinnen denen durch ausdrückliche Anordnung die Arbeitsvorbereitung, die Überwachung des Arbeitsablaufes und die Einteilung des Personals in einer Küche übertragen ist,
   in der durchschnittlich täglich mehr als 1.000 Vollportionen hergestellt werden.
   (Hierzu Protokollerklärungen Nrn. 1, 2 und 3)

Entgeltgruppe 6

1. Küchenmeister, Hauswirtschaftsleiterinnen oder Diätassistentinnen als Leiter von Küchen.
   (Hierzu Protokollerklärungen Nrn. 2 und 3)
2. Küchenmeister, Hauswirtschaftsleiterinnen oder Diätassistentinnen als durch ausdrückliche Anordnung bestellte ständige Vertreter von Leitern von Küchen,
   in denen durchschnittlich täglich bis zu 250 Vollportionen hergestellt werden, wenn der Küche eine Diätküche eingegliedert ist.
   (Hierzu Protokollerklärungen Nrn. 1, 2, 3 und 4)

3. Küchenmeister, Hauswirtschaftsleiterinnen oder Diätassistentinnen,

   als durch ausdrückliche Anordnung bestellte ständige Vertreter von Leitern von Küchen,

   in denen durchschnittlich täglich mehr als 250 Vollportionen hergestellt werden.

   (Hierzu Protokollerklärungen Nrn. 1, 2 und 3)

Entgeltgruppe 5

Wirtschafterinnen (Hauswirtschafterinnen) mit entsprechender Tätigkeit, soweit nicht anderweitig eingruppiert.

(Hierzu Protokollerklärung Nr. 5)

Entgeltgruppe 4

Beschäftigte, die als ständige Vertreter von Leitern von Küchen durch ausdrückliche Anordnung bestellt sind, soweit nicht anderweitig eingruppiert.

(keine Stufe 6)

Entgeltgruppe 3

Beschäftigte im Küchenwirtschaftsdienst mit Tätigkeiten, für die eine eingehende Einarbeitung bzw. eine fachliche Anlernung erforderlich ist, die über eine Einarbeitung im Sinne der Entgeltgruppe 2 hinausgeht.

(keine Stufe 6)

Entgeltgruppe 2

Beschäftigte im Küchenwirtschaftsdienst

mit einfachen Tätigkeiten.

(Hierzu Protokollerklärung Nr. 6)

Protokollerklärungen:

Nr. 1 (1) [1]Hängt die Eingruppierung von der Zahl der Vollportionen ab, so ist Teilverpflegung mit folgenden Anteilen in Vollportionen umzurechnen:

- Frühstück mit 21,66 Prozent,
- Mittagessen mit 39,17 Prozent und
- Abendessen mit 39,17 Prozent.

[2]Wird in einer Küche nur Mittagessen zubereitet, so werden die Mittagessenportionen zur Hälfte als Vollportionen angerechnet.

(2) [1]Bei der Zahl der Vollportionen bleibt die Zahl der Diätportionen unberücksichtigt. [2]Werden von der Hauptküche an die Diätküche die Grundnahrungsmittel (z. B. Kartoffeln, Fleisch, Gemüse) geliefert, gilt folgender Umrechnungsschlüssel:

a) Bei Lieferung der Grundnahrungsmittel für alle Mahlzeiten gelten drei Diätportionen als zwei Vollportionen.
b) Werden die Grundnahrungsmittel nicht für alle Mahlzeiten geliefert, gelten drei Diätportionen als eine Vollportion.

Nr. 2 (1) Küchenmeister sind Beschäftigte, die bei der Industrie- und Handelskammer die Prüfung als Küchenmeister bestanden haben.

(2) Dem Küchenmeister werden gleichgestellt:
a) Köche mit Abschlussprüfung nach sechsjähriger Berufsausübung als Koch,
b) Metzger (Fleischer, Schlachter), Bäcker oder Konditoren mit Abschlussprüfung nach achtjähriger Berufsausübung als Koch,

beim Nachweis der Meisterprüfung bereits nach dreijähriger Berufsausübung als Koch.

Nr. 3 Hauswirtschaftsleiterinnen sind Beschäftigte mit staatlicher Prüfung oder mit staatlicher Anerkennung als Hauswirtschaftsleiterin, als Wirtschaftsleiterin oder als hauswirtschaftliche Betriebsleiterin.

Nr. 4 (1) Eine Diätküche ist im Sinne dieses Tätigkeitsmerkmals in eine Küche eingegliedert, wenn der Leiter der Hauptküche folgende Zuständigkeiten hat:
a) Personalausgleich für die Hauptküche und Diätküche, Personalzuweisung für die Diätküche,
b) Dienstplangestaltung für beide Küchen,
c) Verantwortung für die technische Abwicklung des Essentransportes beider Küchen.

(2) Eine räumlich getrennte Unterbringung der Diätküche steht ihrer Eingliederung in die Hauptküche bei Erfüllung der vorstehenden Buchstaben a bis c nicht entgegen, wenn diese Diätküche mit den Grundnahrungsmitteln (z. B. Kartoffeln, Fleisch, Gemüse) durch die Hauptküche versorgt wird.

(3) Durch die Eingliederung der Diätküche wird die Verantwortung des Diätküchenleiters für die hergestellten Diätportionen nicht berührt.

Nr. 5 (1) Wirtschafterinnen sind Beschäftigte mit abgeschlossener Berufsausbildung und staatlicher Prüfung als Wirtschafterin, die
a) mit der selbständigen Führung der gesamten Hauswirtschaft oder
b) mit der selbständigen Erledigung
   von Teilgebieten der Hauswirtschaft
   oder in Teilgebieten der Küchenwirtschaft, z. B.
   – Aufstellen des Speiseplans,
   – Zubereitung der Nahrung oder Beaufsichtigen des Küchenpersonals,
   – Bestellen und Berechnen der Nahrungsmittel,
   oder in Teilgebieten der Hauspflege, z. B.
   – Aufsicht über Pflege und Reinigen des Hauses,
   – Beschaffen der Pflege- und Reinigungsmittel,
   oder in Teilgebieten der Wäschereinigung und -pflege, z. B.
   – Aufsicht über Reinigen und Instandhalten der Wäsche,
   – Beschaffen und Kontrollieren der Wäsche,
   oder in Teilgebieten der Materialverwaltung, z. B.
   – Beschaffen, Ausgeben, Abrechnen und Kontrollieren von Material
   beauftragt sind.

(2) Beschäftigte, die im Geltungsbereich dieses Tarifvertrages mindestens fünf Jahre die Tätigkeit von Wirtschafterinnen ausgeübt haben, ohne die staatliche Prüfung abgelegt zu haben, werden für diesen Tarifvertrag den Wirtschafterinnen mit staatlicher Prüfung gleichgestellt.

Nr. 6 [1]Einfache Tätigkeiten sind Tätigkeiten, die weder eine Vor- noch eine Ausbildung, aber eine Einarbeitung erfordern, die über eine sehr kurze Einweisung oder Anlernphase hinausgeht. [2]Die Einarbeitung dient dem Erwerb derjenigen Kenntnisse und Fertigkeiten, die für die Beherrschung der Arbeitsabläufe als solche erforderlich sind.

25.2 Beschäftigte im Wäschereidienst in Einrichtungen im Sinne des § 43

Entgeltgruppe 10

Wäschereileiter

in Wäschereien mit einer Jahresleistung von mehr als 2.500 t Schmutzwäsche.

(Hierzu Protokollerklärung Nr. 1)

Entgeltgruppe 9b

1. Wäschereileiter

   in Wäschereien mit einer Jahresleistung von mehr als 1.500 t Schmutzwäsche.

   (Hierzu Protokollerklärung Nr. 1)
2. Beschäftigte als durch ausdrückliche Anordnung bestellte ständige Vertreter von Wäschereileitern

   in Wäschereien mit einer Jahresleistung von mehr als 2.500 t Schmutzwäsche.

   (Hierzu Protokollerklärung Nr. 1)

Entgeltgruppe 9a

1. Wäschereileiter

   in Wäschereien mit einer Jahresleistung von mehr als 1.000 t Schmutzwäsche.

   (Hierzu Protokollerklärung Nr. 1)
2. Beschäftigte als durch ausdrückliche Anordnung bestellte ständige Vertreter von Wäschereileitern

   in Wäschereien mit einer Jahresleistung von mehr als 1.500 t Schmutzwäsche.

   (Hierzu Protokollerklärung Nr. 1)

Entgeltgruppe 8

1. Wäschereileiter

   in Wäschereien mit einer Jahresleistung von mehr als 500 t Schmutzwäsche.

   (Hierzu Protokollerklärung Nr. 1)

2. Beschäftigte als durch ausdrückliche Anordnung bestellte ständige Vertreter von Wäschereileitern

   in Wäschereien mit einer Jahresleistung von mehr als 1.000 t Schmutzwäsche.

   (Hierzu Protokollerklärung Nr. 1)

3. Nähereileiter,

   denen mehr als 36 Arbeitnehmer durch ausdrückliche Anordnung ständig unterstellt sind.

   (Hierzu Protokollerklärung Nr. 2)

4. Leiter von Teilbetriebsbereichen

   in Zentralwäschereien mit einer Jahresleistung von mehr als 2.500 t Schmutzwäsche.

   (Hierzu Protokollerklärungen Nr. 1 und Nr. 3)

5. Hauswirtschaftsleiterinnen,

   denen in Anstalten mit mindestens 1.200 planmäßigen Betten die Anforderung, Pflege und Verwaltung (einschließlich Annahme und Ausgabe) der Wäsche obliegen.

   (Hierzu Protokollerklärungen Nrn. 2 und 4)

Entgeltgruppe 6

1. Wäschereileiter

   in Wäschereien mit einer Jahresleistung von mehr als 175 t Schmutzwäsche.

   (Hierzu Protokollerklärung Nr. 1)

2. Beschäftigte als durch ausdrückliche Anordnung bestellte ständige Vertreter von Wäschereileitern

   in Wäschereien mit einer Jahresleistung von mehr als 500 t Schmutzwäsche.

   (Hierzu Protokollerklärung Nr. 1)

3. Nähereileiter,

   denen mehr als 27 Arbeitnehmer durch ausdrückliche Anordnung ständig unterstellt sind.

   (Hierzu Protokollerklärung Nr. 2)

4. Hauswirtschaftsleiterinnen,

   denen in Anstalten mit mindestens 750 planmäßigen Betten die Anforderung, Pflege und Verwaltung (einschließlich Annahme und Ausgabe) der Wäsche obliegen.

   (Hierzu Protokollerklärungen Nrn. 2 und 4)

Entgeltgruppe 5

1. Wäschereileiter

   in Wäschereien mit einer Jahresleistung von mehr als 80 t Schmutzwäsche.

   (Hierzu Protokollerklärung Nr. 1)

2. Beschäftigte als durch ausdrückliche Anordnung bestellte ständige Vertreter von Wäschereileitern

   in Wäschereien mit einer Jahresleistung von mehr als 175 t Schmutzwäsche.

   (Hierzu Protokollerklärung Nr. 1)

3. Nähereileiter,

   denen mehr als 18 Arbeitnehmer durch ausdrückliche Anordnung ständig unterstellt sind.

   (Hierzu Protokollerklärung Nr. 2)

4. Beschäftigte im Wirtschaftsdienst als Leiter der Wäschetauschstelle in Krankenanstalten mit mindestens 1.000 planmäßigen Betten.

   (Hierzu Protokollerklärung Nr. 5)

5. Wirtschafterinnen,

   denen in Anstalten mit mindestens 300 planmäßigen Betten die Anforderung, Pflege und Verwaltung (einschließlich Annahme und Ausgabe) der Wäsche obliegen.

   (Hierzu Protokollerklärung Nr. 6)

Entgeltgruppe 3

Beschäftigte im Wäschereidienst

mit Tätigkeiten, für die eine eingehende Einarbeitung bzw. eine fachliche Anlernung erforderlich ist, die über eine Einarbeitung im Sinne der Entgeltgruppe 2 hinausgeht.

Entgeltgruppe 2

Beschäftigte im Wäschereidienst

mit einfachen Tätigkeiten.

(Hierzu Protokollerklärung Nr. 7)

Protokollerklärungen:

Nr. 1 Wäschereileiter sind Beschäftigte, die dem Wäschereibetrieb (Waschen, Trocknen, Plätten) vorstehen.

Nr. 2 Wirtschafter mit staatlicher Prüfung werden nach diesem Tätigkeitsmerkmal eingruppiert, wenn sie die in dem Tätigkeitsmerkmal geforderte Tätigkeit ausüben.

Nr. 3 Als Teilbetriebsbereiche im Sinne dieses Tätigkeitsmerkmals gelten nicht die Annahme und Ausgabe der Wäsche und die Näherei.

Nr. 4 Hauswirtschaftsleiterinnen sind Beschäftigte mit staatlicher Prüfung oder mit staatlicher Anerkennung als Hauswirtschaftsleiterinnen, als Wirtschaftsleiterinnen oder als hauswirtschaftliche Betriebsleiterinnen.

Nr. 5 Beschäftigte im Wirtschaftsdienst sind Arbeitnehmer, die im Wirtschaftsdienst Teilaufgaben wahrzunehmen haben, für die keine staatliche Prüfung als Wirtschafter, sondern lediglich eine abgeschlossene, mindestens zweijährige, einschlägige Berufsausbildung erforderlich ist.

Nr. 6 (1) Wirtschafterinnen sind Beschäftigte mit staatlicher Prüfung als Wirtschafterin, die

a) mit der selbständigen Führung der gesamten Hauswirtschaft oder
b) mit der selbständigen Erledigung
von Teilgebieten der Hauswirtschaft
oder in Teilgebieten der Küchenwirtschaft, z. B.
- Aufstellen des Speiseplans,
- Zubereitung der Nahrung oder Beaufsichtigen des Küchenpersonals,
- Bestellen und Berechnen der Nahrungsmittel,
oder in Teilgebieten der Hauspflege, z. B.
- Aufsicht über Pflege und Reinigen des Hauses,
- Beschaffen der Pflege- und Reinigungsmittel,
oder in Teilgebieten der Wäschereinigung und -pflege, z. B.
- Aufsicht über Reinigen und Instandhalten der Wäsche,
- Beschaffen und Kontrollieren der Wäsche,
oder in Teilgebieten der Materialverwaltung, z. B.
- Beschaffen, Ausgeben, Abrechnen und Kontrollieren von Material
beauftragt sind.

(2) Beschäftigte, die im Geltungsbereich dieses Tarifvertrages mindestens fünf Jahre die Tätigkeit von Wirtschafterinnen ausgeübt haben, ohne die staatliche Prüfung abgelegt zu haben, werden für diesen Tarifvertrag den Wirtschafterinnen mit staatlicher Prüfung gleichgestellt.

Nr. 7 [1]Einfache Tätigkeiten sind Tätigkeiten, die weder eine Vor- noch eine Ausbildung, aber eine Einarbeitung erfordern, die über eine sehr kurze Einweisung oder Anlernphase hinausgeht. [2]Die Einarbeitung dient dem Erwerb derjenigen Kenntnisse und Fertigkeiten, die für die Beherrschung der Arbeitsabläufe als solche erforderlich sind.

25.3 Leiter der Hauswirtschaft und Beschäftigte im Wirtschaftsdienst mit Teilaufgaben in Einrichtungen im Sinne des § 43

Entgeltgruppe 8

Wirtschafterinnen oder Beschäftigte im Wirtschaftsdienst

als Magazinvorsteher für Nahrungsmittel, Textilien, Hausrat und Wirtschaftsbedarf in Anstalten mit mehr als 1.500 planmäßigen Betten.

(Hierzu Protokollerklärungen Nrn. 1 und 2)

Entgeltgruppe 6

1. Hauswirtschaftsleiterinnen mit entsprechender Tätigkeit.
(Hierzu Protokollerklärungen Nrn. 3 und 4)

2. Wirtschafterinnen oder Beschäftigte im Wirtschaftsdienst
   als Magazinvorsteher für Nahrungsmittel, Textilien, Hausrat und Wirtschaftsbedarf
   in Anstalten mit mehr als 750 planmäßigen Betten.
   (Hierzu Protokollerklärungen Nrn. 1 und 2)
3. Wirtschafterinnen oder Beschäftigte im Wirtschaftsdienst
   als Magazinvorsteher für Nahrungsmittel oder für Textilien, Hausrat und Wirtschaftsbedarf
   in Anstalten mit mehr als 1.500 planmäßigen Betten.
   (Hierzu Protokollerklärungen Nrn. 1 und 2)

Entgeltgruppe 5

1. Wirtschafterinnen oder Beschäftigte im Wirtschaftsdienst
   als Magazinvorsteher für Nahrungsmittel, Textilien, Hausrat und Wirtschaftsbedarf, soweit nicht anderweitig eingruppiert.
   (Hierzu Protokollerklärungen Nrn. 1, 2 und 5)
2. Wirtschafterinnen oder Beschäftigte im Wirtschaftsdienst
   als Magazinvorsteher für Nahrungsmittel oder für Textilien, Hausrat und Wirtschaftsbedarf
   in Anstalten mit mehr als 750 planmäßigen Betten.
   (Hierzu Protokollerklärungen Nrn. 1 und 2)

Entgeltgruppe 3

Beschäftigte im Wirtschaftsdienst mit Teilaufgaben
mit Tätigkeiten, für die eine eingehende Einarbeitung bzw. eine fachliche Anlernung erforderlich ist, die über eine Einarbeitung im Sinne der Entgeltgruppe 2 hinausgeht.

Entgeltgruppe 2

Beschäftigte im Wirtschaftsdienst mit Teilaufgaben
mit einfachen Tätigkeiten.
(Hierzu Protokollerklärung Nr. 6)

Protokollerklärungen:

Nr. 1 (1) Wirtschafterinnen sind Beschäftigte mit staatlicher Prüfung als Wirtschafterin, die
a) mit der selbständigen Führung der gesamten Hauswirtschaft oder
b) mit der selbständigen Erledigung
   von Teilgebieten der Hauswirtschaft
   oder in Teilgebieten der Küchenwirtschaft, z. B.
   - Aufstellen des Speiseplans,
   - Zubereitung der Nahrung oder Beaufsichtigen des Küchenpersonals,
   - Bestellen und Berechnen der Nahrungsmittel,

oder in Teilgebieten der Hauspflege, z. B.

- Aufsicht über Pflege und Reinigen des Hauses,
- Beschaffen der Pflege- und Reinigungsmittel,

oder in Teilgebieten der Wäschereinigung und -pflege, z. B.

- Aufsicht über Reinigen und Instandhalten der Wäsche,
- Beschaffen und Kontrollieren der Wäsche,

oder in Teilgebieten der Materialverwaltung, z. B.

- Beschaffen, Ausgeben, Abrechnen und Kontrollieren von Material

beauftragt sind.

(2) Beschäftigte, die im Geltungsbereich dieses Tarifvertrages mindestens fünf Jahre die Tätigkeit von Wirtschafterinnen ausgeübt haben, ohne die staatliche Prüfung abgelegt zu haben, werden für diesen Tarifvertrag den Wirtschafterinnen mit staatlicher Prüfung gleichgestellt.

Nr. 2 Beschäftigte im Wirtschaftsdienst sind Arbeitnehmer, die im Wirtschaftsdienst Teilaufgaben wahrzunehmen haben, für die keine staatliche Prüfung als Wirtschafterin, sondern lediglich eine abgeschlossene, mindestens zweijährige, einschlägige Berufsausbildung erforderlich ist.

Nr. 3 Hauswirtschaftsleiterinnen sind Beschäftigte mit staatlicher Prüfung oder mit staatlicher Anerkennung als Hauswirtschaftsleiterin, als Wirtschaftsleiterin oder als hauswirtschaftliche Betriebsleiterin.

Nr. 4 (1) Hauswirtschaftsleiterinnen üben eine entsprechende Tätigkeit aus, wenn sie der Hauswirtschaft (Küchenwirtschaft, Wäschereinigung und -pflege und Reinigungsdienst) vorstehen und ihnen der Einkauf oder die Anforderung von Lebensmitteln oder sonstigen Verbrauchsmitteln, gegebenenfalls einschließlich der Kostenberechnung und der Wirtschaftsbuchführung, obliegen.

(2) Die entsprechende Tätigkeit der Hauswirtschaftsleiterin gilt auch dann als erfüllt, wenn wegen der Versorgung durch eine auswärtige Küche oder wegen der Wäschereinigung durch eine auswärtige Wäscherei oder wegen der Hausreinigung durch ein Reinigungsinstitut eines dieser Teilgebiete nicht von der Hauswirtschaftsleiterin selbst wahrgenommen wird.

(3) Küchenmeister werden nach diesem Tätigkeitsmerkmal eingruppiert, wenn sie die in dem Tätigkeitsmerkmal geforderte Tätigkeit ausüben.

Nr. 5 Dieses Tätigkeitsmerkmal ist auch erfüllt, wenn von den Teilgebieten Textilien, Hausrat und Wirtschaftsbedarf ein Teilgebiet im Magazin nicht enthalten ist.

Nr. 6 [1]Einfache Tätigkeiten sind Tätigkeiten, die weder eine Vor- noch eine Ausbildung, aber eine Einarbeitung erfordern, die über eine sehr kurze Einweisung oder Anlernphase hinausgeht. [2]Die Einarbeitung dient dem Erwerb derjenigen Kenntnisse und Fertigkeiten, die für die Beherrschung der Arbeitsabläufe als solche erforderlich sind.

25.4 Beschäftigte in Einrichtungen, die nicht unter § 43 fallen

Entgeltgruppe 9b

Hauswirtschaftsleiterinnen mit entsprechender Tätigkeit

in Heimen mit einer Durchschnittsbelegung von mehr als 200 Plätzen.

(Hierzu Protokollerklärungen Nrn. 1, 2, 3 und 4)

Entgeltgruppe 9a

1. Hauswirtschaftsleiterinnen mit entsprechender Tätigkeit

   in Heimen mit einer Durchschnittsbelegung von mehr als 100 Plätzen.

   (Hierzu Protokollerklärungen Nrn. 1, 2, 3 und 4)

2. Hauswirtschaftsleiterinnen

   als durch ausdrückliche Anordnung bestellte ständige Vertreterinnen von Hauswirtschaftsleiterinnen

   in Heimen mit einer Durchschnittsbelegung von mehr als 200 Plätzen.

   (Hierzu Protokollerklärungen Nrn. 1, 2, 3, 4 und 5)

IV

Entgeltgruppe 8

1. Hauswirtschaftsleiterinnen mit entsprechender Tätigkeit

   in Heimen mit einer Durchschnittsbelegung von mehr als 50 Plätzen.

   (Hierzu Protokollerklärungen Nrn. 1, 2, 3 und 4)

2. Hauswirtschaftsleiterinnen

   als durch ausdrückliche Anordnung bestellte ständige Vertreterinnen von Hauswirtschaftsleiterinnen

   in Heimen mit einer Durchschnittsbelegung von mehr als 100 Plätzen.

   (Hierzu Protokollerklärungen Nrn. 1, 2, 3, 4 und 5)

Entgeltgruppe 6

1. Hauswirtschaftsleiterinnen mit entsprechender Tätigkeit.

   (Hierzu Protokollerklärungen Nrn. 1 und 2)

2. Wirtschafterinnen

   als durch ausdrückliche Anordnung bestellte ständige Vertreterinnen von Hauswirtschaftsleiterinnen

   in Heimen mit einer Durchschnittsbelegung von mehr als 50 Plätzen.

   (Hierzu Protokollerklärung Nr. 6)

Entgeltgruppe 5

Wirtschafterinnen

als durch ausdrückliche Anordnung bestellte ständige Vertreterinnen von Hauswirtschaftsleiterinnen.

(Hierzu Protokollerklärung Nr. 6)

Entgeltgruppe 3

Beschäftigte im Wirtschaftsdienst

mit Tätigkeiten, für die eine eingehende Einarbeitung bzw. eine fachliche Anlernung erforderlich ist, die über eine Einarbeitung im Sinne der Entgeltgruppe 2 hinausgeht.

Entgeltgruppe 2

Beschäftigte im Wirtschaftsdienst

mit einfachen Tätigkeiten.

(Hierzu Protokollerklärung Nr. 7)

IV

Protokollerklärungen:

Nr. 1 Hauswirtschaftsleiterinnen sind Beschäftigte mit staatlicher Prüfung oder mit staatlicher Anerkennung als Hauswirtschaftsleiterin, als Wirtschaftsleiterin oder als hauswirtschaftliche Betriebsleiterin.

Nr. 2 (1) Hauswirtschaftsleiterinnen üben eine entsprechende Tätigkeit aus, wenn sie der Hauswirtschaft (Küchenwirtschaft, Wäschereinigung und -pflege und Reinigungsdienst) vorstehen und ihnen der Einkauf oder die Anforderung von Lebensmitteln oder sonstigen Verbrauchsmitteln, gegebenenfalls einschließlich der Kostenberechnung und der Wirtschaftsbuchführung, obliegen.

(2) Die entsprechende Tätigkeit der Hauswirtschaftsleiterin gilt auch dann als erfüllt, wenn wegen der Versorgung durch eine auswärtige Küche oder wegen der Wäschereinigung durch eine auswärtige Wäscherei oder wegen der Hausreinigung durch ein Reinigungsinstitut eines dieser Teilgebiete nicht von der Hauswirtschaftsleiterin selbst wahrgenommen wird.

(3) Küchenmeister werden nach diesem Tätigkeitsmerkmal eingruppiert, wenn sie die in dem Tätigkeitsmerkmal geforderte Tätigkeit ausüben.

Nr. 3 Zu den Einrichtungen im Sinne dieses Unterabschnitts rechnen nicht die Kindertagesstätten (Kindertagesheime).

Nr. 4 (1) [1]Der Ermittlung der Durchschnittsbelegung ist die Zahl der tatsächlich belegten, nicht jedoch die Zahl der vorhandenen Plätze zugrunde zu legen. [2]Vorübergehend oder für kurze Zeit, z. B. wegen Erkrankung des Kindes oder Jugendlichen, nicht belegte Plätze sind mitzurechnen.

(2) [1]Der Ermittlung der Durchschnittsbelegung ist ein Zeitraum von einem Kalenderjahr zugrunde zu legen. [2]Zeiten, in denen die Einrichtung, z. B. wegen der Ferien, nicht oder nur gering belegt ist, sind außer Betracht zu lassen. [3]Bei der Feststellung der Durchschnittsbelegung ist von der täglichen Höchstbelegung auszugehen.

Nr. 5 Wirtschafterinnen mit staatlicher Prüfung werden nach diesem Tätigkeitsmerkmal eingruppiert, wenn sie die in dem Tätigkeitsmerkmal geforderte Tätigkeit ausüben.

Nr. 6 (1) Wirtschafterinnen sind Beschäftigte mit staatlicher Prüfung als Wirtschafter, die

a) mit der selbständigen Führung der gesamten Hauswirtschaft oder

b) mit der selbständigen Erledigung
von Teilgebieten der Hauswirtschaft
oder in Teilgebieten der Küchenwirtschaft, z. B.
- Aufstellen des Speiseplans,
- Zubereitung der Nahrung oder Beaufsichtigen des Küchenpersonals,
- Bestellen und Berechnen der Nahrungsmittel,

oder in Teilgebieten der Hauspflege, z. B.
- Aufsicht über Pflege und Reinigen des Hauses,
- Beschaffen der Pflege- und Reinigungsmittel,

oder in Teilgebieten der Wäschereinigung und -pflege, z. B.
- Aufsicht über Reinigen und Instandhalten der Wäsche,
- Beschaffen und Kontrollieren der Wäsche,

oder in Teilgebieten der Materialverwaltung, z. B.
- Beschaffen, Ausgeben, Abrechnen und Kontrollieren von Material

beauftragt sind.

(2) Beschäftigte, die im Geltungsbereich dieses Tarifvertrages mindestens fünf Jahre die Tätigkeit von Wirtschafterinnen ausgeübt haben, ohne die staatliche Prüfung abgelegt zu haben, werden für diesen Tarifvertrag den Wirtschafterinnen mit staatlicher Prüfung gleichgestellt.

Nr. 7 [1]Einfache Tätigkeiten sind Tätigkeiten, die weder eine Vor- noch eine Ausbildung, aber eine Einarbeitung erfordern, die über eine sehr kurze Einweisung oder Anlernphase hinausgeht. [2]Die Einarbeitung dient dem Erwerb derjenigen Kenntnisse und Fertigkeiten, die für die Beherrschung der Arbeitsabläufe als solche erforderlich sind.

26. Beschäftigte im Kampfmittelbeseitigungsdienst[1])

Entgeltgruppe 12

Leiter des Kampfmittelbeseitigungsdienstes.

Entgeltgruppe 11

1. Leiter im Kampfmittelbeseitigungsdienst, soweit nicht höher eingruppiert.

   (Hierzu Protokollerklärung Nr. 1)

2. Ständiger Vertreter des Leiters des Kampfmittelbeseitigungsdienstes und zugleich Sprengmeister mit entsprechender Tätigkeit.

   (Hierzu Protokollerklärung Nr. 2)

IV

Entgeltgruppe 9b

Truppführer.

(Beschäftigte in dieser Entgeltgruppe erhalten eine monatliche Entgeltgruppenzulage gemäß Anlage F Abschnitt I Nr. 15.)

(Hierzu Protokollerklärung Nr. 3)

Entgeltgruppe 6

1. Beschäftigte mit erfolgreich abgeschlossener Ausbildung in einem einschlägigen anerkannten Ausbildungsberuf mit einer Ausbildungsdauer von mindestens drei Jahren, die hochwertige Arbeiten verrichten.

   (Hierzu Protokollerklärungen Nrn. 4 und 5)

---

1) Im Zusammenhang mit der Aufnahme des Teils II Abschnitt 26 wurden folgende Besitzstandsregelungen vereinbart (§ 2 des 10. Änderungstarifvertrages vom 7. November 2017):

„§ 2
Besitzstandsregelungen

(1) Soweit Beschäftigte im Kampfmittelbeseitigungsdienst am 31. Dezember 2017 höher als nach Teil II Abschnitt 26 der Entgeltordnung zum TV-L eingruppiert sind, bleibt die Eingruppierung für die Dauer der unverändert auszuübenden Tätigkeit unberührt.

(2) Für Hilfstruppführer, die über den 31. Dezember 2017 hinaus unter Beibehaltung ihrer Eingruppierung im Kampfmittelbeseitigungsdienst tätig sind, gilt § 51 TV-L mit der Maßgabe, dass die Gefahrenzulage in der gleichen Höhe wie für Munitionsfacharbeiter gezahlt wird.

(3) [1]Sofern Truppführer am 31. Dezember 2017 eine Besitzstandszulage für eine bisherige Vergütungsgruppenzulage gemäß § 9 Absatz 4 Satz 1 TVÜ-Länder erhalten und ab 1. Januar 2018 Anspruch auf eine Entgeltgruppenzulage nach der Entgeltordnung zum TV-L in geringerer Höhe besteht, wird ihnen die am 1. Januar 2018 bestehende Differenz unter den bisherigen Voraussetzungen als Besitzstandszulage so lange gezahlt, wie die anspruchsbegründende Tätigkeit unverändert ausgeübt wird und die sonstigen Voraussetzungen für die bisherige Vergütungsgruppenzulage nach bisherigem Recht weiter bestehen. [2]Die Besitzstandszulage verändert sich bei allgemeinen Entgeltanpassungen um den von den Tarifvertragsparteien für die jeweilige Entgeltgruppe vereinbarten Vomhundertsatz. [3]Daneben steht ein weiterer Anspruch auf die bisherige Vergütungsgruppenzulage nicht zu."

2. Beschäftigte, die an einem Munitionsfachlehrgang der Bundeswehr oder an einem vergleichbaren Lehrgang erfolgreich teilgenommen haben und hochwertige Arbeiten verrichten.
   (Hierzu Protokollerklärungen Nrn. 4 und 5)

Entgeltgruppe 5

1. Beschäftigte mit erfolgreich abgeschlossener Ausbildung in einem einschlägigen anerkannten Ausbildungsberuf mit einer Ausbildungsdauer von mindestens drei Jahren.
   (Hierzu Protokollerklärung Nr. 5)
2. Beschäftigte, die an einem Munitionsfachlehrgang der Bundeswehr oder an einem vergleichbaren Lehrgang erfolgreich teilgenommen haben.
   (Hierzu Protokollerklärung Nr. 5)

Protokollerklärungen:

Nr. 1 Leiter im Kampfmittelbeseitigungsdienst im Sinne dieses Tätigkeitsmerkmals sind nur:
- a) Technischer Einsatzleiter für die Kampfmittelbeseitigung (gilt nur in Brandenburg und in Nordrhein-Westfalen),
- b) Einsatzleiter (gilt nur in Brandenburg und in Sachsen-Anhalt),
- c) Sachgebietsleiter und zugleich Sprengmeister mit entsprechender Tätigkeit (gilt nur in der Freien und Hansestadt Hamburg und in Schleswig-Holstein),
- d) Leiter des Munitionszerlegebetriebs (gilt nur in Baden-Württemberg, in Brandenburg, in Mecklenburg-Vorpommern, in Sachsen und in Sachsen-Anhalt).

Nr. 2 Gilt nur in der Freien Hansestadt Bremen, in Mecklenburg-Vorpommern und in Rheinland-Pfalz.

Nr. 3 [1]Truppführer im Sinne des Tätigkeitsmerkmals sind als fachtechnisches Aufsichtspersonal in der Kampfmittelbeseitigung Beschäftigte, die in dieser Funktion die Verantwortung für die notwendigen Kampfmittelräum- und/oder Munitionszerlegemaßnahmen tragen. [2]Truppführer führen u. a. die Beratung der zuständigen Gefahrenabwehrbehörden, die Identifizierung, Entschärfung und Sprengung persönlich aus; eine bloße Aufsicht ist hierfür nicht ausreichend. [3]Truppführer müssen die Befähigung zum Sprengen haben.

Nr. 4 Hochwertige Arbeiten sind Arbeiten, die an das Überlegungsvermögen und das fachliche Geschick des Beschäftigten Anforderungen stellen, die über das Maß dessen hinausgehen, das von einem solchen Beschäftigten üblicherweise verlangt werden kann.

Nr. 5 Beschäftigte im Sinne dieses Tätigkeitsmerkmals haben unter den Voraussetzungen der Nr. 8 der Vorbemerkungen zu Teil III einen Anspruch auf eine entsprechende Zulage; Nr. 8 Absatz 4 der Vorbemerkungen zu Teil III findet keine Anwendung.

Teil III
Beschäftigte mit körperlich/handwerklich geprägten Tätigkeiten

Vorbemerkungen zu Teil III der Entgeltordnung

1. [1]Die Fallgruppen des Abschnitts 1 (Allgemeine Tätigkeitsmerkmale) gelten, sofern die Tätigkeit nicht in besonderen Tätigkeitsmerkmalen der Abschnitte 2 und 3 aufgeführt ist. [2]Dies gilt nicht für Beschäftigte der Entgeltgruppe 2, die überwiegend Arbeiten zu verrichten haben, die die Körperkräfte außerordentlich beanspruchen.

IV

2. (1) [1]Die besonderen Tätigkeitsmerkmale des Abschnitts 3, die für bestimmte Verwaltungen, Ämter und Betriebe (z. B. für die Polizeiverwaltung) vorgesehen sind, gelten nur für die Beschäftigten in diesen Verwaltungen, Ämtern und Betrieben. [2]Das schließt nicht aus, dass Beschäftigte außerhalb dieser Verwaltungen, Ämter und Betriebe, die gleichartige Tätigkeiten zu verrichten haben, bei Erfüllung der allgemeinen Tätigkeitsmerkmale in dieselbe Entgeltgruppe eingruppiert sind.

   (2) Die Tätigkeitsmerkmale, die für ein bestimmtes Fachgebiet (z. B. für das Vermessungswesen) vorgesehen sind, gelten für alle Beschäftigten in diesem Fachgebiet ohne Rücksicht darauf, in welcher Verwaltung, welchem Amt oder Betrieb sie tätig sind.

3. Erfolgt eine Eingruppierung nach einem besonderen Tätigkeitsmerkmal, kommt es auf die berufliche Vorbildung nicht an, es sei denn, das Tätigkeitsmerkmal fordert eine bestimmte Ausbildung oder eine andere berufliche Qualifikation.

4. (1) [1]Anerkannte Ausbildungsberufe sind die nach dem Berufsbildungsgesetz oder der Handwerksordnung staatlich anerkannten oder als staatlich anerkannt geltenden Ausbildungsberufe. [2]In besonderen Tätigkeitsmerkmalen genannte Ausbildungsberufe umfassen auch die entsprechenden früheren Ausbildungsberufe.

   (2) Der Besitz eines Handwerksmeisterbriefs, eines Industriemeisterbriefs oder eines Meisterbriefs in einem anderen anerkannten Ausbildungsberuf hat keinen Einfluss auf die Eingruppierung, soweit dieser nicht ausdrücklich in einem Tätigkeitsmerkmal gefordert ist.

   (3) Zu den Beschäftigten mit erfolgreich abgeschlossener Ausbildung in einem einschlägigen anerkannten Ausbildungsberuf mit einer Ausbildungsdauer von mindestens drei Jahren gehören auch die Beschäftigten der Entgeltgruppe 5 Fallgruppe 2 mit verwaltungseigener Prüfung.

5. Die Besatzungen von Wasserfahrzeugen der Polizeiverwaltungen sind wie die entsprechenden Beschäftigten in der Binnen- bzw. Seeschifffahrt (Teil II Abschnitt 19) eingruppiert.
6. Für die Beschäftigten der Häfen des Landes Niedersachsen gelten auch die Tätigkeitsmerkmale für die Beschäftigten im Wasserbau.
7. Die Richtlinien für die verwaltungseigenen Prüfungen, deren Ablegung die Voraussetzung für die Eingruppierung in bestimmte Entgeltgruppen bildet, sind im Anhang zu Teil III festgelegt.
8. (1) [1]Beschäftigte, die zu Vorarbeitern von Beschäftigten der Entgeltgruppen 1 bis 4 bestellt worden sind, erhalten für die Dauer der Tätigkeit als solche eine monatliche Zulage gemäß Anlage F Abschnitt III Nr. 1. [2]Beschäftigte, die zu Vorarbeitern von Beschäftigten mindestens der Entgeltgruppe 5 bestellt worden sind, erhalten für die Dauer der Tätigkeit als solche eine monatliche Zulage gemäß Anlage F Abschnitt III Nr. 2. [3]Die Vorarbeiterzulage verändert sich bei allgemeinen Entgeltanpassungen um den von den Tarifvertragsparteien für die jeweilige Entgeltgruppe festgelegten Vomhundertsatz; Sockelbeträge, Mindestbeträge und vergleichbare nichtlineare Steigerungen bleiben unberücksichtigt.

   (2) [1]Sofern ein Anspruch auf die Vorarbeiterzulage nicht für alle Tage eines Kalendermonats besteht, gilt § 24 Absatz 3. [2]Wird die Bestellung zum Vorarbeiter widerrufen, so wird die Vorarbeiterzulage für die Dauer von zwei Wochen weitergezahlt, es sei denn, dass die Bestellung von vornherein für eine bestimmte Zeit erfolgt ist.

   (3) [1]Vorarbeiter sind Beschäftigte, die durch schriftliche Verfügung zu Gruppenführern von Beschäftigten bestellt worden sind und selbst mitarbeiten. [2]Die Gruppe muss außer dem Vorarbeiter aus mindestens zwei Beschäftigten bestehen. [3]Zur Arbeit zugeteilte Insassen von psychiatrischen Krankenanstalten, Justizvollzugsanstalten, Landesblindenanstalten, Landesjugendheimen und Beschäftigte von Firmen rechnen wie entsprechende Beschäftigte. [4]Auszubildende nach dem Tarifvertrag für Auszubildende der Länder nach dem Berufsbildungsgesetz (TVA-L BBiG) vom 12. Oktober 2006 in der jeweils geltenden Fassung können ab dem dritten Ausbildungsjahr als Beschäftigte der Entgeltgruppe 5 Fallgruppe 1 gerechnet werden.

   (4) Beschäftigte, bei denen die Aufsichtsfunktion zum Inhalt ihrer Tätigkeit gehört, sind nicht Vorarbeiter im Sinne dieser Vorschrift.

   (5) Bei der Sicherung des Lohnstandes nach der Protokollerklärung zum 3. Abschnitt des TVÜ-Länder gilt die Vorarbeiterzulage als Bestandteil des Monatstabellenlohnes.

1. Allgemeine Tätigkeitsmerkmale

Entgeltgruppe 7

Beschäftigte der Entgeltgruppe 5 Fallgruppen 1 und 2,
die besonders hochwertige Arbeiten verrichten.
(Hierzu Protokollerklärung Nr. 1)

Entgeltgruppe 6

Beschäftigte der Entgeltgruppe 5 Fallgruppen 1 und 2,
die hochwertige Arbeiten verrichten.
(Hierzu Protokollerklärung Nr. 2)

Entgeltgruppe 5

1. Beschäftigte mit erfolgreich abgeschlossener Ausbildung in einem anerkannten Ausbildungsberuf

   mit einer Ausbildungsdauer von mindestens drei Jahren,

   die in ihrem oder einem diesem verwandten Beruf beschäftigt werden.
2. Beschäftigte,

   die nach einer mindestens dreijährigen ununterbrochenen Beschäftigung in einem anerkannten Ausbildungsberuf mit einer Ausbildungsdauer von mindestens drei Jahren eine verwaltungseigene Prüfung erfolgreich abgelegt haben und

   eine entsprechende Tätigkeit ausüben.

Entgeltgruppe 4

Beschäftigte mit erfolgreich abgeschlossener Ausbildung in einem anerkannten Ausbildungsberuf

mit einer Ausbildungsdauer von weniger als drei Jahren,

die in ihrem oder einem diesem verwandten Beruf beschäftigt werden.

Entgeltgruppe 3

1. Beschäftigte

   mit Tätigkeiten, für die eine eingehende Einarbeitung erforderlich ist.

   (Keine Stufe 6)
2. Angelernte Beschäftigte.

   (Hierzu Protokollerklärung Nr. 3)
3. Beschäftigte

   mit Tätigkeiten der Entgeltgruppe 2,

die die Körperkräfte außerordentlich beanspruchen oder mit besonderer Verantwortung verbunden sind.

Entgeltgruppe 2

Beschäftigte
mit einfachen Tätigkeiten.
(Hierzu Protokollerklärung Nr. 4)

Entgeltgruppe 1

Beschäftigte
mit einfachsten Tätigkeiten.
(Hierzu Protokollerklärung Nr. 5)

Protokollerklärungen:

Nr. 1 Besonders hochwertige Arbeiten sind Arbeiten, die neben vielseitigem hochwertigem fachlichen Können besondere Umsicht und Zuverlässigkeit erfordern.

Nr. 2 Hochwertige Arbeiten sind Arbeiten, die an das Überlegungsvermögen und das fachliche Geschick des Beschäftigten Anforderungen stellen, die über das Maß dessen hinausgehen, das von einem solchen Beschäftigten üblicherweise verlangt werden kann.

Nr. 3 Das sind Beschäftigte mit Tätigkeiten, die eine handwerkliche oder fachliche Anlernung erfordern.

Nr. 4 [1]Einfache Tätigkeiten sind Tätigkeiten, die weder eine Vor- noch eine Ausbildung, aber eine Einarbeitung erfordern, die über eine sehr kurze Einweisung oder Anlernphase hinausgeht. [2]Die Einarbeitung dient dem Erwerb derjenigen Kenntnisse und Fertigkeiten, die für die Beherrschung der Arbeitsabläufe als solche erforderlich sind.

Nr. 5 [1]Einfachste Tätigkeiten üben z. B. aus
- Essens- und Getränkeausgeber,
- Garderobenpersonal,
- Beschäftigte, die spülen, Gemüse putzen oder sonstige Tätigkeiten im Haus- und Küchenbereich ausüben,
- Reiniger in Außenbereichen wie Höfen, Wegen, Grünanlagen, Parks,
- Wärter von Bedürfnisanstalten,
- Servierer,
- Hausarbeiter und
- Hausgehilfen.

[2]Ergänzungen können durch landesbezirklichen Tarifvertrag geregelt werden.

IV

2. Besondere Tätigkeitsmerkmale für sämtliche Bereiche

2.1 Facharbeiter

Entgeltgruppe 9a

1. Beschäftigte der Entgeltgruppe 5 Fallgruppe 1 des Abschnitts 1

   mit erfolgreich abgeschlossener Ausbildung in einem einschlägigen anerkannten Ausbildungsberuf mit einer Ausbildungsdauer von dreieinhalb Jahren,

   die als Bediener von CNC-gesteuerten Maschinen komplizierte Werkstücke aus unterschiedlichen Materialien herstellen und dafür selbständig nach Fertigungsunterlagen Arbeitsablaufprogramme ergänzen, Maschinenprogramme eingeben, testen und fahren sowie Programmfehler feststellen und beseitigen.

2. Beschäftigte der Entgeltgruppe 5 Fallgruppe 1 des Abschnitts 1

   mit erfolgreich abgeschlossener Ausbildung in einem einschlägigen anerkannten Ausbildungsberuf mit einer Ausbildungsdauer von dreieinhalb Jahren,

   die bei Einsatz von Laserschneidtechnik und Lasergraviertechnik selbständig Arbeitsablaufprogramme ergänzen, eingeben, testen und fahren sowie Programmfehler feststellen und beseitigen.

3. Beschäftigte der Entgeltgruppe 5 Fallgruppe 1 des Abschnitts 1

   mit erfolgreich abgeschlossener Ausbildung in einem einschlägigen anerkannten Ausbildungsberuf mit einer Ausbildungsdauer von mindestens drei Jahren

   mit Meisterbrief,

   die in großen Arbeitsstätten mit zentraler Haus- und Betriebstechnik komplizierte Anlagen warten, instand setzen, die Betriebsbereitschaft gewährleisten und in der Lage sind, die Regelung und Steuerung der Anlagen technischen Änderungen anzupassen.

   (Hierzu Protokollerklärungen Nrn. 1 und 2)

Entgeltgruppe 8

Aufzugsmonteure

mit einschlägiger Ausbildung nach Entgeltgruppe 5 Fallgruppe 1 des Abschnitts 1,

die elektrisch gesteuerte Aufzüge oder sonstige komplizierte Aufzugsanlagen mit Befehlsspeicherung unter Einbeziehung des eigentlichen Steuerteils warten und instand setzen.

Entgeltgruppe 7

Aufzugsmonteure.

Protokollerklärungen:

Nr. 1 Einschlägige anerkannte Ausbildungsberufe im Sinne dieses Tätigkeitsmerkmals sind z. B. Systemelektroniker, Elektroniker für Betriebstechnik, Mechatroniker für Kältetechnik, Anlagenmechaniker für Sanitär-, Heizungs- und Klimatechnik, Elektroniker für Automatisierungstechnik.

Nr. 2 Komplizierte Anlagen im Sinne dieses Tätigkeitsmerkmals sind z. B. zentrale Mess-, Steuer- und Regelanlagen für Heiz-, Klima-, Sanitär- und Elektrotechnik.

2.2 Fahrer, Maschinenführer, Tankwarte und Wagenpfleger

Entgeltgruppe 5

1. Führer von Baugeräten und Erdbewegungsmaschinen (z. B. Bagger, Krane, Planierraupen, Straßenhobel, Walzen).
2. Fahrer von Lastkraftwagen oder Lastkraftwagenzügen
   mit einem Ladegewicht von mehr als 5 t.
   (Hierzu Protokollerklärung Nr. 1)
3. Fahrer von Mehrzweckfahrzeugen (Unimog u. a.)
   bei regelmäßiger Verwendung verschiedener Anbaugeräte.
   (Hierzu Protokollerklärungen Nrn. 2 und 3)
4. Fahrer von Omnibussen
   mit mindestens 14 Fahrgastsitzen.

IV

Entgeltgruppe 4

1. Fahrer von Elektrofahrzeugen oder Elektrokarren,
   die nach der Straßenverkehrszulassungsordnung mit amtlichen Kennzeichen zum Verkehr zugelassen sind und überwiegend im öffentlichen Verkehr eingesetzt sind.
2. Fahrer von Gabelstaplern,
   die nach der Straßenverkehrszulassungsordnung mit amtlichen Kennzeichen zum Verkehr zugelassen sind und überwiegend im öffentlichen Verkehr eingesetzt sind.
3. Fahrer von Gabelstaplern
   mit einer Hubkraft von mehr als 1 t, die nicht zum öffentlichen Verkehr zugelassen sind.
4. Kraftwagenfahrer.

Entgeltgruppe 3

1. Fahrer von Elektrofahrzeugen oder Elektrokarren.
2. Fahrer von Gabelstaplern,
   die nicht zum öffentlichen Verkehr zugelassen sind.
3. Tankwarte ohne abgeschlossene Ausbildung als Tankwart.
4. Wagenpfleger.

Protokollerklärungen:

Nr. 1 Bei Verringerung des Ladegewichts durch Anbringen von Ladegeräten oder anderen Geräten ist vom Ladegewicht ohne Geräte auszugehen.

Nr. 2 Eine regelmäßige Verwendung verschiedener Anbaugeräte liegt vor, wenn verschiedene Anbaugeräte in ständiger Wiederkehr, jedoch nicht nur gelegentlich verwendet werden.

Nr. 3 Durch die Eingruppierung sind die Zuschläge nach § 29 MTArb – ausgenommen die Zuschläge nach Nr. A 20 Buchst. c) und d), Nrn. A 25 bis 28 und A 82 sowie Nrn. M 7 und 8 TVZ zum MTL II – im Zusammenhang mit der Verwendung der Anbaugeräte abgegolten.

2.3 Hausmeister, Pförtner, Reinigungs- und Wachpersonal, Kunsteisbahn-, Sporthallen- und Sportplatzwarte

Vorbemerkung

Abweichend von der Protokollerklärung zu Nr. 2 der Vorbemerkungen zu allen Teilen der Entgeltordnung sind in diesem Unterabschnitt auch Beschäftigte eingruppiert, die bei Fortgeltung des alten Rechts

- in Vergütungsgruppe IXb Fallgruppe 1 oder in Vergütungsgruppe VIII Fallgruppe 2 des Teils II Abschnitt H (Hausmeister an Theatern und Bühnen) oder
- in Teil II Abschnitt O (Schulhausmeister und Hausmeister in Verwaltungsgebäuden)

der Anlage 1a zum BAT/BAT-O eingruppiert gewesen wären.

Entgeltgruppe 5

1. Hausmeister mit erfolgreich abgeschlossener Ausbildung in einem einschlägigen anerkannten Ausbildungsberuf mit einer Ausbildungsdauer von mindestens drei Jahren.
2. Kunsteisbahnwarte, Sporthallenwarte, Sportplatzwarte (Sportplatzmeister) mit erfolgreich abgeschlossener Ausbildung in einem einschlägigen anerkannten Ausbildungsberuf mit einer Ausbildungsdauer von mindestens drei Jahren.

Entgeltgruppe 4

1. Hausmeister.
2. Kunsteisbahnwarte, Sporthallenwarte, Sportplatzwarte (Sportplatzmeister).
3. Eishobelfahrer auf Eisbereitungsmaschinen.

Entgeltgruppe 3

1. Pförtner
   a) an verkehrsreichen Eingängen,
   b) mit einfachem Fernsprechvermittlungsdienst,

c) die in nicht unerheblichem Umfang mit schriftlichen Arbeiten beschäftigt werden oder

d) mit Fernsprechvermittlungsdienst mit mehr als einem Amtsanschluss.

2. Wächter mit Dienstwaffen, Begleithunden oder im Freien.
3. Pförtner.
4. Reiniger von Werkstätten und Maschinenhallen.

Entgeltgruppe 2

1. Reiniger auf selbst fahrenden Reinigungsmaschinen, die diese Maschinen auch warten.
2. Wächter.
3. Reiniger, soweit nicht in Entgeltgruppe 1 eingruppiert.

Protokollerklärung:

Zu den schriftlichen Arbeiten gehört nicht das Ausfüllen von Besucherzetteln.

2.4 Beschäftigte in der Entsorgung

Entgeltgruppe 4

1. Tierkörperverwerter ohne abgeschlossene Ausbildung in einem anerkannten Ausbildungsberuf in Tierkörperbeseitigungsanstalten.
2. Geprüfte Klärwärter.

Entgeltgruppe 3

Klärarbeiter.

2.5 Kesselwärter (Heizer), Maschinisten, Turbinenmaschinisten und Schichtführer an Hochdruckkesselanlagen

Entgeltgruppe 8

1. Kesselwärter (Heizer)

   a) mit erfolgreich abgeschlossener Ausbildung als Anlagenmechaniker für Sanitär-, Heizungs- und Klimatechnik oder in einem artverwandten anerkannten metallverarbeitenden oder in einem anerkannten elektrotechnischen Ausbildungsberuf mit einer Ausbildungsdauer von mindestens drei Jahren oder

b) mit Kesselwärterprüfung,

die eine Heizungsanlage mit mindestens 29,308 Mio. kJ/h oder mehrere Heizungsanlagen mit zusammen mindestens 29,308 Mio. kJ/h verantwortlich betreiben,

wenn ihnen mindestens drei Kesselwärter (Heizer) mit Ausbildung nach Buchstabe a) oder Buchstabe b) unterstellt sind.

2. Kesselwärter (Heizer)

   a) mit erfolgreich abgeschlossener Ausbildung als Anlagenmechaniker für Sanitär-, Heizungs- und Klimatechnik oder in einem artverwandten anerkannten metallverarbeitenden oder in einem anerkannten elektrotechnischen Ausbildungsberuf mit einer Ausbildungsdauer von mindestens drei Jahren oder

   b) mit Kesselwärterprüfung,

   deren Tätigkeit sich dadurch aus der Entgeltgruppe 7 heraushebt, dass besonders schwierige Instandsetzungen oder Instandhaltungen neben der Beaufsichtigung oder Wartung von Regelanlagen zur Steuerung angeschlossener Unterzentralen zu erledigen sind.

3. Beschäftigte der Entgeltgruppe 5 Fallgruppe 1 des Abschnitts 1, deren Tätigkeit sich dadurch aus der Entgeltgruppe 7 heraushebt, dass besonders schwierige Instandsetzungsarbeiten an komplizierten elektrischen Mess- und Regelanlagen selbständig und verantwortlich auszuführen sind.

4. Kesselwärter (Heizer)

   a) mit erfolgreich abgeschlossener Ausbildung als Anlagenmechaniker für Sanitär-, Heizungs- und Klimatechnik oder in einem artverwandten anerkannten metallverarbeitenden oder in einem anerkannten elektrotechnischen Ausbildungsberuf mit einer Ausbildungsdauer von mindestens drei Jahren oder

   b) mit Kesselwärterprüfung

   an Hochdruckkesselanlagen,

   die zugleich Schalttafelwärter sind.

5. Kesselwärter (Heizer)

   a) mit erfolgreich abgeschlossener Ausbildung als Anlagenmechaniker für Sanitär-, Heizungs- und Klimatechnik oder in einem artverwandten anerkannten metallverarbeitenden oder in einem anerkannten elektrotechnischen Ausbildungsberuf mit einer Ausbildungsdauer von mindestens drei Jahren oder

   b) mit Kesselwärterprüfung

   an Hochdruckkesselanlagen,

   die zugleich Schichtführer sind.

   (Hierzu Protokollerklärungen Nrn. 1 und 2)

6. Schichtführer an Hochdruckkesselanlagen.

   (Hierzu Protokollerklärungen Nrn. 1 und 2)

7. Turbinenmaschinisten mit erfolgreich abgeschlossener Ausbildung in einem einschlägigen anerkannten Ausbildungsberuf mit einer Ausbildungsdauer von mindestens drei Jahren, die zugleich auch Schalttafelwärter sind.

   (Hierzu Protokollerklärung Nr. 3)

Entgeltgruppe 7

1. Kesselwärter (Heizer)

   a) mit erfolgreich abgeschlossener Ausbildung als Anlagenmechaniker für Sanitär-, Heizungs- und Klimatechnik oder in einem artverwandten anerkannten metallverarbeitenden oder in einem anerkannten elektrotechnischen Ausbildungsberuf mit einer Ausbildungsdauer von mindestens drei Jahren oder

   b) mit Kesselwärterprüfung,

   die eine Heizungsanlage mit mindestens 12,560 Mio. kJ/h oder mehrere Heizungsanlagen mit zusammen mindestens 12,560 Mio. kJ/h verantwortlich betreiben,

   wenn ihnen mindestens drei Kesselwärter (Heizer) unterstellt sind.

2. Kesselwärter (Heizer)

   a) mit erfolgreich abgeschlossener Ausbildung als Anlagenmechaniker für Sanitär-, Heizungs- und Klimatechnik oder in einem artverwandten anerkannten metallverarbeitenden oder in einem anerkannten elektrotechnischen Ausbildungsberuf mit einer Ausbildungsdauer von mindestens drei Jahren oder

   b) mit Kesselwärterprüfung,

   die eine Heizungsanlage mit mindestens 29,308 Mio. kJ/h oder mehrere Heizungsanlagen mit zusammen mindestens 29,308 Mio. kJ/h verantwortlich betreiben.

3. Kesselwärter (Heizer)

   a) mit erfolgreich abgeschlossener Ausbildung als Anlagenmechaniker für Sanitär-, Heizungs- und Klimatechnik oder in einem artverwandten anerkannten metallverarbeitenden oder in einem anerkannten elektrotechnischen Ausbildungsberuf mit einer Ausbildungsdauer von mindestens drei Jahren oder

   b) mit Kesselwärterprüfung

   an Hochdruckkesselanlagen.

4. Schalttafelwärter

   in Heizkraftwerken.

5. Turbinenmaschinisten mit erfolgreich abgeschlossener Ausbildung in einem einschlägigen anerkannten Ausbildungsberuf mit einer Ausbildungsdauer von mindestens drei Jahren

   in Heizkraftwerken.

Entgeltgruppe 6

1. Kesselwärter (Heizer)

   a) mit erfolgreich abgeschlossener Ausbildung als Anlagenmechaniker für Sanitär-, Heizungs- und Klimatechnik oder in einem artverwandten anerkannten metallverarbeitenden oder in einem anerkannten elektrotechnischen Ausbildungsberuf mit einer Ausbildungsdauer von mindestens drei Jahren oder

   b) mit Kesselwärterprüfung,

   die eine Heizungsanlage mit mindestens 12,560 Mio. kJ/h oder mehrere Heizungsanlagen mit zusammen mindestens 12,560 Mio. kJ/h verantwortlich betreiben.

2. Kesselwärter (Heizer)

   a) mit erfolgreich abgeschlossener Ausbildung als Anlagenmechaniker für Sanitär-, Heizungs- und Klimatechnik oder in einem artverwandten anerkannten metallverarbeitenden oder in einem anerkannten elektrotechnischen Ausbildungsberuf mit einer Ausbildungsdauer von mindestens drei Jahren oder

   b) mit Kesselwärterprüfung,

   die eine Heizungsanlage mit mindestens 8,374 Mio. kJ/h oder mehrere Heizungsanlagen mit zusammen mindestens 8,374 Mio. kJ/h verantwortlich betreiben,

   wenn ihnen mindestens zwei Kesselwärter (Heizer) unterstellt sind.

3. Maschinisten mit erfolgreich abgeschlossener Ausbildung in einem einschlägigen anerkannten Ausbildungsberuf mit einer Ausbildungsdauer von mindestens drei Jahren für die Wärmeverteilung.

Entgeltgruppe 5

1. Kesselwärter (Heizer) mit erfolgreich abgeschlossener Ausbildung als Anlagenmechaniker für Sanitär-, Heizungs- und Klimatechnik oder in einem artverwandten anerkannten metallverarbeitenden oder in einem anerkannten elektrotechnischen Ausbildungsberuf mit einer Ausbildungsdauer von mindestens drei Jahren an

   a) Anlagen, die der amtlichen Überwachung unterliegen,

b) einer Warmwasserheizungsanlage mit mindestens 2,093 Mio. kJ/h oder mehreren Warmwasserheizungsanlagen mit zusammen mindestens 2,093 Mio. kJ/h oder

c) einer Dampfheizungsanlage mit mindestens 1,465 Mio. kJ/h oder mehreren Dampfheizungsanlagen mit zusammen mindestens 1,465 Mio. kJ/h.

2. Maschinisten mit erfolgreich abgeschlossener Ausbildung in einem einschlägigen anerkannten Ausbildungsberuf mit einer Ausbildungsdauer von mindestens drei Jahren

   an Bekohlungs- und Entaschungsanlagen, an Entgasungs-, Speisepumpen- und Wasseraufbereitungsanlagen von Hochdruckkesselanlagen.

3. Maschinisten für die Wärmeverteilung.

IV

Entgeltgruppe 4

1. Kesselwärter (Heizer) mit Kesselwärterprüfung an
   a) Anlagen, die der amtlichen Überwachung unterliegen,
   b) einer Warmwasserheizungsanlage mit mindestens 2,093 Mio. kJ/h oder mehreren Warmwasserheizungsanlagen mit zusammen mindestens 2,093 Mio. kJ/h oder
   c) einer Dampfheizungsanlage mit mindestens 1,465 Mio. kJ/h oder mehreren Dampfheizungsanlagen mit zusammen mindestens 1,465 Mio. kJ/h.
2. Beschäftigte als Maschinisten ohne abgeschlossene Ausbildung in einem einschlägigen anerkannten Ausbildungsberuf

   an Bekohlungs- und Entaschungsanlagen, an Entgasungs-, Speisepumpen- und Wasseraufbereitungsanlagen von Hochdruckkesselanlagen.

Entgeltgruppe 3

1. Beschäftigte als Helfer an Heizungsanlagen.
2. Kesselwärter (Heizer).
3. Beschäftigte als Bekohler oder Entschlacker an Hochdruckkesselanlagen.

Protokollerklärungen:

Nr. 1 Schichtführer an Hochdruckkesselanlagen sind die für die Kesselanlagen neben dem aufsichtführenden Schichtmeister verantwortlichen Beschäftigten.

Nr. 2 Nr. 8 Absatz 4 der Vorbemerkungen zu Teil III gilt nicht.

Nr. 3 Dieses Tätigkeitsmerkmal gilt auch für das Kraftwerk am Sylvensteinsee.

2.6 Taucher

Entgeltgruppe 9a

Tauchermeister, die selbst hochwertige Arbeiten ausführen, oder gleichwertige Taucheraufseher, die selbst hochwertige Arbeiten verrichten oder denen mindestens ein Handwerker unterstellt ist, der hochwertige Arbeiten verrichtet.

Entgeltgruppe 8

Tauchermeister, von denen die Tauchermeisterprüfung der Industrie- und Handelskammer verlangt wird.

Entgeltgruppe 7

Taucher mit erfolgreich abgeschlossener Ausbildung in einem einschlägigen anerkannten Ausbildungsberuf mit einer Ausbildungsdauer von mindestens drei Jahren.

Entgeltgruppe 6

Taucher.

2.7 Tierwärter

Entgeltgruppe 5

Tierwärter
in wissenschaftlichen Anstalten, Lehr- und Versuchsanstalten, Untersuchungsanstalten,
wenn sie kranke oder zu medizinischen Zwecken infizierte Tiere pflegen.

Entgeltgruppe 3

Tierwärter
in wissenschaftlichen Anstalten, Lehr- und Versuchsanstalten, Untersuchungsanstalten und Tiergärten.

3. Besondere Tätigkeitsmerkmale für einzelne Bereiche

3.1 Beschäftigte in Galerien, Museen, Schlössern

Entgeltgruppe 8

Beschäftigte der Entgeltgruppe 5 Fallgruppen 1 und 2 des Abschnitts 1,

deren Tätigkeit sich dadurch aus der Entgeltgruppe 7 des Abschnitts 1 heraushebt, dass sie hochwertigste Arbeiten an wertvollen Kunstgegenständen oder an kunstgeschichtlich bedeutenden Gebäudeteilen verrichten.

Entgeltgruppe 7

Schlossverwalter.

Entgeltgruppe 6

Schlossführer,

die Führungen in mehr als einer Fremdsprache durchführen.

(Hierzu Protokollerklärung)

Entgeltgruppe 5

Schlossführer,

die Führungen in einer Fremdsprache durchführen.

(Hierzu Protokollerklärung)

Entgeltgruppe 4

Galerieaufseher, Museumsaufseher, Schlossaufseher, Schlossführer,

zu deren Tätigkeit Führungen, der Verkauf von Eintrittskarten sowie von vielfältigem Druck- und Bildmaterial gehören.

Entgeltgruppe 3

1. Galerieaufseher, Museumsaufseher, Parkaufseher, Schlossaufseher.
2. Schlossarbeiter,

   zu deren Tätigkeit im Bedarfsfall regelmäßig Schlossführungen und das Erheben von Eintrittsgeld gehören.
3. Schlossführer.

Protokollerklärung:

Die Muttersprache des Schlossführers gilt nicht als Fremdsprache.

3.2 Beschäftigte im Gartenbau

Entgeltgruppe 8

1. Reviergärtner in Botanischen Gärten.
   (Hierzu Protokollerklärung Nr. 1)
2. Spezialisten für Sonderkulturen,
   z. B. für Orchideen oder ähnlich schwierige Kulturen.

Entgeltgruppe 5

1. Beschäftigte mit gärtnerischem oder landwirtschaftlichem Facharbeiterbrief.
2. Beschäftigte mit Waldfacharbeiterbrief.
3. Fahrer von Traktoren
   bei regelmäßiger Verwendung verschiedener Anbaugeräte sowie verschiedener Anhängegeräte (z. B. Mähdrescher, Hackfrucht-Vollernter), die vom Traktor aus bedient werden.
   (Hierzu Protokollerklärungen Nrn. 2 und 3)

Entgeltgruppe 4

1. Fahrer von Traktoren,
   die einer Zulassung zum Straßenverkehr bedürfen.
2. Gartenarbeiter,
   die motorgetriebene Gartenbau- und Landmaschinen (mit Ausnahme von einfachen Maschinen) führen und warten sowie kleinere Reparaturen selbständig ausführen.

Entgeltgruppe 3

1. Gartenarbeiter,
   die gärtnerische Arbeiten verrichten, die an das Überlegungsvermögen und das fachliche Geschick Anforderungen stellen, die über das Maß dessen hinausgehen, das von einem angelernten Arbeiter verlangt werden kann.
   (Hierzu Protokollerklärung Nr. 4)
2. Gartenarbeiter,
   die motorgetriebene Gartenbau- und Landmaschinen (mit Ausnahme von einfachen Rasenmähern) führen.
3. Fahrer von Traktoren.

Protokollerklärungen:

Nr. 1 Nr. 8 Absatz 4 der Vorbemerkungen zu Teil III gilt nicht.

Nr. 2 Eine regelmäßige Verwendung verschiedener Anbaugeräte liegt vor, wenn verschiedene Anbaugeräte in ständiger Wiederkehr, jedoch nicht nur gelegentlich verwendet werden.

Nr. 3 Durch die Eingruppierung sind die Zuschläge nach § 29 MTArb – ausgenommen die Zuschläge nach Nr. A 20 Buchst. c) und d) sowie Nrn. A 25 bis 28 und A 82 TVZ zum MTL II – im Zusammenhang mit der Verwendung der Anbau- und Anhängegeräte abgegolten.

Nr. 4 Z. B. Formschneiden von Bäumen, Hecken und Sträuchern, selbständige Bepflanzung von Parterreanlagen, selbständige Versuchsarbeiten nach besonderer Weisung.

3.3 Beschäftigte im Gesundheitswesen

Entgeltgruppe 9a

1. Beschäftigte der Entgeltgruppe 5 Fallgruppe 1 des Abschnitts 1,

   mit erfolgreich abgeschlossener Ausbildung in einem einschlägigen anerkannten Ausbildungsberuf mit einer Ausbildungsdauer von mindestens drei Jahren

   mit Meisterbrief oder mit einer zusätzlichen fachlichen Fortbildung,

   die verschiedene Spezialeinrichtungen bzw. Spezialanlagen warten, instand setzen, die Betriebsbereitschaft gewährleisten und in der Lage sind, die Regelung und Steuerung der Anlagen technischen Änderungen anzupassen.

   (Hierzu Protokollerklärungen Nrn. 1 und 2)

2. Orthopädiemechaniker und Bandagisten mit Ausbildung nach Entgeltgruppe 5 Fallgruppe 1 des Abschnitts 1,

   deren Tätigkeit sich dadurch aus der Entgeltgruppe 7 heraushebt, dass sie regelmäßig schwierigste Arbeiten beim Anfertigen, Anpassen und Korrigieren von komplizierten orthopädischen Heil- und Hilfsmitteln selbständig ausführen.

   (Hierzu Protokollerklärung Nr. 3)

Entgeltgruppe 8

Beschäftigte der Entgeltgruppe 5 Fallgruppe 1 des Abschnitts 1,

deren Tätigkeit sich dadurch aus der Entgeltgruppe 7 heraushebt, dass sie besonders schwierige Instandsetzungsarbeiten an komplizierten medizinischen Geräten selbständig ausführen und die Verantwortung für die Funktionstüchtigkeit der Geräte tragen.

(Hierzu Protokollerklärung Nr. 4)

Entgeltgruppe 7

Orthopädiemechaniker und Bandagisten mit Ausbildung nach Entgeltgruppe 5 Fallgruppe 1 des Abschnitts 1,

die Arbeiten verrichten, die an das Überlegungsvermögen und das fachliche Geschick des Beschäftigten Anforderungen stellen, die über das Maß dessen hinausgehen, das von einem Orthopädiemechaniker und Bandagisten üblicherweise verlangt werden kann.

Entgeltgruppe 6

Orthopädiemechaniker und Bandagisten mit Ausbildung nach Entgeltgruppe 5 Fallgruppe 1 des Abschnitts 1.

Entgeltgruppe 5

Fahrer von Röntgenschirmbildzügen.

Entgeltgruppe 3

1. Anatomiehelfer.
2. Beschäftigte, die an Einlassen der Strand- oder Kurbezirke Eintrittskarten oder Kurkarten kontrollieren, verkaufen und abrechnen.
3. Beschäftigte an Verbrennungsanlagen.
4. Krankenträger.
5. Parkaufseher.
6. Strandkorbwärter.
7. Badewärter (Badegehilfen) in medizinischen Bädern.

(keine Stufe 6)

(Hierzu Protokollerklärung Nr. 5)

Entgeltgruppe 2

Badewärter (Badegehilfen).

(Hierzu Protokollerklärung Nr. 5)

Protokollerklärungen:

Nr. 1 Einschlägige anerkannte Ausbildungsberufe im Sinne dieses Tätigkeitsmerkmals sind z. B. Mechatroniker, Energieelektroniker, Kälteanlagenbauer, Zentralheizungs- und Lüftungsbauer, Mess- und Regelmechaniker.

Nr. 2 Spezialeinrichtungen bzw. Spezialanlagen im Sinne dieses Tätigkeitsmerkmals sind z. B. zentrale Sauerstoffanlagen, zentrale Vakuumanlagen, zentrale Lachgasanlagen, zentrale Druckluftanlagen, zentrale Sterilisationsanlagen, zentrale Destillieranlagen, zentrale Mess-, Steuer- und Regelanlagen für Klima- und Kälteanlagen in Krankenhäusern der Maximalversorgung.

Nr. 3 Schwierigste Arbeiten sind z. B.

a) selbständige und gestaltende Mitwirkung bei der Neukonstruktion und Entwicklung bisher nicht gebräuchlicher Hilfsmittel und Körperersatzstücke oder deren Teile,

b) Anfertigung

- von schwierigen Kraftzugbandagen und Steuerungssystemen bei der Herstellung willkürlich funktionierender Prothesen,
- von Bandagen und korrigierenden Apparaten zur Behandlung schwieriger Skoliosen,
- von Hals- und Kopfstützen aus Kunststoffmaterial,
- von Bandagen zur Rentension habitueller Gelenkluxationen und
- von Bandagen für Darm- und Vaginalprolapse oder künstlichem After,

c) Anfertigung von Redressionskorsetts für hochgradige Verkrümmungen der Wirbelsäule, besonders schwierige Prothesenversorgungen, etwa bei Exartikulationen, Gelenkversteifungen und Gliedmaßenfehlstellung,
d) Versorgung von Kindern mit angeborenen Fehlbildungen der Gliedmaßen (Dysmelien) mit Prothesen und Orthesen,
e) Konstruktion und Anfertigung von aktiv beweglichen Kunstarmen und Kunsthänden mit hochentwickelten technischen Systemen.

Nr. 4 Komplizierte medizinische Geräte im Sinne dieses Tätigkeitsmerkmals sind z. B.
a) elektrische Überwachungsanlagen auf Intensivstationen oder in Operationsräumen zur Messung von Temperatur, Blutdruck, Atmung – sog. elektronische Krankenschwestern –,
b) komplizierte Elektrokardiografen,
c) Gas-Chromatografen,
d) Geräte zur Erstellung von Blutanalysen,
e) Pulswellengeschwindigkeitsmesser,
f) Schockgeräte

und ähnliche Geräte.

Nr. 5 Beschäftigte mit entsprechenden einschlägigen Arbeiten in Kurmittelhäusern (z. B. Inhalatorien, Moorbädern) stehen den Badewärtern (Badegehilfen) in medizinischen Bädern gleich.

3.4 Beschäftigte in der Landwirtschaft

Entgeltgruppe 5

1. Beschäftigte mit gärtnerischem oder landwirtschaftlichem Facharbeiterbrief.
2. Beschäftigte mit Waldfacharbeiterbrief.
3. Fahrer von Traktoren

   bei regelmäßiger Verwendung verschiedener Anbaugeräte sowie verschiedener Anhängegeräte (z. B. Mähdrescher, Hackfrucht-Vollernter), die vom Traktor aus bedient werden.
   (Hierzu Protokollerklärungen Nrn. 1 und 2)

Entgeltgruppe 4

1. Fahrer von Traktoren,

   die einer Zulassung zum Straßenverkehr bedürfen.
2. Landwirtschaftliche Beschäftigte,

   die motorgetriebene Gartenbau- und Landmaschinen (mit Ausnahme von einfachen Maschinen) führen und warten sowie kleinere Reparaturen selbständig ausführen.

Entgeltgruppe 3

1. Fahrer von Traktoren.
2. Landwirtschaftliche Beschäftigte als
   - Geflügelzüchter ohne Prüfung,
   - Gespannführer,

- Melker ohne Prüfung,
- Schäfer ohne Prüfung,
- Schweinewarte ohne Prüfung,

nach mindestens dreijähriger Berufserfahrung.

3. Landwirtschaftliche Beschäftigte,

   die motorgetriebene Gartenbau- und Landmaschinen (mit Ausnahme von einfachen Rasenmähern) führen.

4. Landwirtschaftliche Beschäftigte,

   die in Versuchsanlagen nach besonderer Weisung selbständig Versuchsarbeiten durchführen.

Protokollerklärungen:

Nr. 1 Eine regelmäßige Verwendung verschiedener Anbaugeräte liegt vor, wenn verschiedene Anbaugeräte in ständiger Wiederkehr, jedoch nicht nur gelegentlich verwendet werden.

Nr. 2 Durch die Eingruppierung sind die Zuschläge nach § 29 MTArb – ausgenommen die Zuschläge nach Nr. A 20 Buchst. c) und d) sowie Nrn. A 25 bis 28 und A 82 TVZ zum MTL II – im Zusammenhang mit der Verwendung der Anbau- und Anhängegeräte abgegolten.

3.5 Beschäftigte in Lehr-, Forschungs- und Materialprüfungseinrichtungen

Entgeltgruppe 8

1. Beschäftigte der Entgeltgruppe 5 Fallgruppe 1 des Abschnitts 1,

   mit erfolgreich abgeschlossener Ausbildung in einem einschlägigen anerkannten Ausbildungsberuf mit einer Ausbildungsdauer von mindestens drei Jahren,

   die besonders schwierige Instandsetzungsarbeiten an elektrisch und mechanisch komplizierten Funk- oder sonstigen Spezialgeräten ausführen, wobei sie Fehler durch eigene hochfrequenztechnische oder gleichschwierige Messungen selbst eingrenzen.

   (Hierzu Protokollerklärung Nr. 1)

2. Beschäftigte der Entgeltgruppe 5 Fallgruppen 1 und 2 des Abschnitts 1,

   die eine mindestens dreijährige Berufserfahrung in Entwicklungs-, Forschungs- oder Materialprüfungsstätten haben und

   deren Tätigkeit sich dadurch aus der Entgeltgruppe 7 heraushebt, dass sie überdurchschnittliche Kenntnisse der Werkstoffe und deren Verarbeitung besitzen und bei Entwicklungs- und Versuchsarbeiten selbständig und gestaltend mitwirken.

   (Hierzu Protokollerklärung Nr. 2)

3. Beschäftigte der Entgeltgruppe 5 Fallgruppen 1 und 2 des Abschnitts 1,

die eine mindestens dreijährige Berufserfahrung in Lehr- oder Forschungseinrichtungen für Gartenbau, Landwirtschaft, Obst- und Weinbau haben und

deren Tätigkeit sich dadurch aus der Entgeltgruppe 7 heraushebt, dass sie überdurchschnittliche Kenntnisse auf dem betreffenden Gebiet besitzen und bei Versuchsarbeiten im Rahmen der gegebenen Weisungen verantwortlich und selbständig mitwirken.

(Hierzu Protokollerklärung Nr. 2)

Entgeltgruppe 7

Beschäftigte der Entgeltgruppe 5 Fallgruppen 1 und 2 des Abschnitts 1

mit erfolgreich abgeschlossener Ausbildung in einem einschlägigen anerkannten Ausbildungsberuf mit einer Ausbildungsdauer von mindestens drei Jahren,

die die für die Forschung, Lehre und Materialprüfung benötigten Apparaturen, Hilfsgeräte oder Prüfkörper anfertigen, instand setzen oder bedienen und instand setzen.

(Hierzu Protokollerklärung Nr. 1)

Entgeltgruppe 6

Beschäftigte der Entgeltgruppe 5 Fallgruppen 1 und 2 des Abschnitts 1,

die die für die Forschungs-, Lehr- und Materialprüfung benötigten Apparaturen, Hilfsgeräte oder Prüfkörper anfertigen, instand setzen oder bedienen und instand setzen.

Entgeltgruppe 5

Versuchsgehilfen mit verwaltungseigener Prüfung in wasserbaulichen Versuchsanstalten.

Entgeltgruppe 3

Messhelfer ohne abgeschlossene Ausbildung in einem einschlägigen anerkannten Ausbildungsberuf bei den Materialprüfungsanstalten.

Protokollerklärungen:

Nr. 1 Einschlägige anerkannte Ausbildungsberufe im Sinne dieses Tätigkeitsmerkmals sind z. B. Systemelektroniker, Mechatroniker, Elektroniker.

Nr. 2 Die Berufserfahrung kann auch in Entwicklungs-, Forschungs- und Materialprüfungsstätten und -einrichtungen außerhalb des öffentlichen Dienstes erworben sein.

3.6 Beschäftigte in der Polizeiverwaltung

Entgeltgruppe 9b

Freigabeberechtigtes Personal im Hubschrauberinstandhaltungsbetrieb mit Freigabeberechtigung mindestens nach Cat. B1 oder B2 der VO (EG) 2042/2003 Anhang III.

Entgeltgruppe 9a

1. Freigabeberechtigtes Personal im Hubschrauberinstandhaltungsbetrieb mit Freigabeberechtigung nach Cat. A der VO (EG) 2042/2003 Anhang III.
2. Kraftfahrzeughandwerker mit Meisterbrief des Kraftfahrzeughandwerks,

   die verantwortlich Kraftfahrzeuge nach § 29 StVZO abnehmen.

IV

Entgeltgruppe 8

1. Beschäftigte der Entgeltgruppe 5 Fallgruppe 1 des Abschnitts 1

   mit erfolgreich abgeschlossener Ausbildung in einem einschlägigen anerkannten Ausbildungsberuf mit einer Ausbildungsdauer von mindestens drei Jahren,

   die besonders schwierige Instandsetzungsarbeiten an elektrisch und mechanisch komplizierten Funk- oder sonstigen Spezialgeräten ausführen, wobei sie Fehler durch eigene hochfrequenztechnische oder gleich schwierige Messungen selbst eingrenzen.

   (Hierzu Protokollerklärung Nr. 1)
2. Beschäftigte der Entgeltgruppe 5 Fallgruppen 1 und 2 des Abschnitts 1,

   die selbständig und gestaltend Kraftfahrzeuge für den Einbau von Radar- und Fotogeräten zur Geschwindigkeitsmessung umbauen und diese Geräte einbauen und justieren.
3. Fluggerätemechaniker mit Ausbildung nach Entgeltgruppe 5 Fallgruppe 1 des Abschnitts 1.
4. Kraftfahrzeugmechatroniker mit Ausbildung nach Entgeltgruppe 5 Fallgruppe 1 des Abschnitts 1,

   deren Tätigkeit sich dadurch aus der Entgeltgruppe 7 heraushebt, dass sie hochqualifizierte Mess-, Prüf- und Justierarbeiten mit Messuhren, Spezialtestgeräten, Bremsprüfgeräten oder Prüf- und Justiergeräten für Achsen und Fahrgestelle an Polizeieinsatzfahrzeugen ausführen.
5. Metallhandwerker mit einschlägiger Ausbildung nach Entgeltgruppe 5 Fallgruppe 1 des Abschnitts 1 als Waffenmechaniker,

deren Tätigkeit sich dadurch aus der Entgeltgruppe 7 heraushebt, dass sie besonders schwierige Instandsetzungsarbeiten oder Spezialarbeiten an hochempfindlichen oder komplizierten Waffen oder Geräten selbständig ausführen.

Entgeltgruppe 7

1. Beschäftigte mit erfolgreich abgeschlossener Ausbildung in einem einschlägigen anerkannten Ausbildungsberuf mit einer Ausbildungsdauer von mindestens drei Jahren (z. B. Technische Modellbauer, Tischler) als Kraftfahrzeugschreiner,

   denen die besonders schwierigen Ausstattungs-, Instandsetzungs- oder Prüfarbeiten übertragen werden, zu deren Erledigung vielseitiges, hochwertiges fachliches Können erforderlich ist.
2. Kraftfahrzeugmechatroniker mit Ausbildung nach Entgeltgruppe 5 Fallgruppe 1 des Abschnitts 1,

   denen die besonders schwierigen Ausstattungs-, Instandsetzungs- oder Prüfarbeiten übertragen werden, zu deren Erledigung vielseitiges, hochwertiges fachliches Können erforderlich ist.
3. Metallhandwerker mit einschlägiger Ausbildung nach Entgeltgruppe 5 Fallgruppe 1 des Abschnitts 1 als Waffenmechaniker,

   denen die schwierigen Instandsetzungs- und Prüfarbeiten übertragen werden.

Entgeltgruppe 6

1. Beschäftigte der Entgeltgruppe 5 Fallgruppe 1 des Abschnitts 1,

   mit erfolgreich abgeschlossener Ausbildung in einem einschlägigen anerkannten Ausbildungsberuf mit einer Ausbildungsdauer von mindestens drei Jahren in der Fernmeldetechnik.

   (Hierzu Protokollerklärung Nr. 1)
2. Beschäftigte mit erfolgreich abgeschlossener Ausbildung in einem einschlägigen anerkannten Ausbildungsberuf mit einer Ausbildungsdauer von mindestens drei Jahren (z. B. Sattler) als Kraftfahrzeugsattler oder (z. B. Technische Modellbauer, Tischler) als Kraftfahrzeugschreiner,

   die hochwertige Arbeiten verrichten.

   (Hierzu Protokollerklärung Nr. 2)
3. Kraftfahrzeugmechatroniker, Karosserie- und Fahrzeugbaumechaniker, Fahrzeuglackierer mit Ausbildung nach Entgeltgruppe 5 Fallgruppe 1 des Abschnitts 1,

   die hochwertige Arbeiten verrichten.

   (Hierzu Protokollerklärung Nr. 2)
4. Metallhandwerker mit erfolgreich abgeschlossener Ausbildung in einem einschlägigen anerkannten Ausbildungsberuf mit einer Ausbildungsdauer von mindestens drei Jahren als Waffenmechaniker.

Entgeltgruppe 5

Lagerarbeiter mit erfolgreich abgeschlossener Berufsausbildung mit einer Ausbildungsdauer von mindestens drei Jahren und entsprechender Tätigkeit.

Entgeltgruppe 4

1. Kammerarbeiter oder Lagerarbeiter,
   die wertvolle Geräte pflegen.
   (Hierzu Protokollerklärung Nr. 3)
2. Lehrmittelwarte an Polizeischulen.
3. Schießstandwarte.

IV

Entgeltgruppe 3

1. Bootspfleger.
2. Hundepfleger ohne einschlägige Berufsausbildung.
3. Lagerarbeiter in Fernmeldelagern,
   deren Tätigkeit umfassende Fachkenntnisse erfordert.
4. Pferdepfleger ohne einschlägige Berufsausbildung.

Protokollerklärungen:

Nr. 1 Einschlägige anerkannte Ausbildungsberufe im Sinne dieses Tätigkeitsmerkmals sind z. B. Systemelektroniker, Mechatroniker, Elektroniker.

Nr. 2 Im Sinne dieses Tätigkeitsmerkmals können Beschäftigte hochwertige Arbeiten verrichten z. B. bei der Herstellung oder Instandsetzung von Spezialein- oder Spezialaufbauten oder beim Instandsetzen von Getrieben und Motoren.

Nr. 3 Die Pflege von wertvollen Geräten erfasst nicht die Pflege von Waffen.

3.7 Beschäftigte im Straßenbetriebsdienst und Straßenbau[1])

Entgeltgruppe 9a[2])

1. Kraftfahrzeughandwerker mit Meisterbrief des Kraftfahrzeughandwerks, die verantwortlich Kraftfahrzeuge nach § 29 StVZO abnehmen.

---

[1]) Unterabschnitt 7 in nachstehend abgedruckter Fassung gilt ab dem 1. Januar 2025, zu den Änderungen siehe auch Abschnitt IV. der unter **150** abgedruckten Tarifeinigung 2023. Mit Ablauf des 31. Dezember 2024 wird Entgeltgruppe 3 des Unterabschnittes 7 aufgehoben. Bis dahin hat sie folgenden Wortlaut:
„Entgeltgruppe 3
1. Beschäftigte im Straßenbau,
   die sich in mindestens dreijähriger Tätigkeit in der Straßenbauverwaltung in der Entgeltgruppe 2 oder mindestens dreijähriger gleichartiger oder berufsverwandter Tätigkeit ausreichende Fachkenntnisse erworben haben.
2. Maschinisten ohne abgeschlossene Ausbildung in einem einschlägigen anerkannten Ausbildungsberuf
   an Kompressoren, Pumpen oder Seilbahngeräten."

[2]) Entgeltgruppe 9a hat bis zum 31. Dezember 2024 folgenden Wortlaut:
„Entgeltgruppe 9a
Kraftfahrzeughandwerker mit Meisterbrief des Kraftfahrzeughandwerks, die verantwortlich Kraftfahrzeuge nach § 29 StVZO abnehmen."

2. Bauaufseher,

   denen durch ausdrückliche Anordnung Tätigkeiten übertragen worden sind, die alle Phasen der Abwicklung eines Bauvertrages umfassen.

3. Kolonnenführer,

   denen mindestens fünf Kolonnenarbeiter durch ausdrückliche Anordnung ständig unterstellt sind und denen durch ausdrückliche Anordnung Tätigkeiten übertragen worden sind, die zusätzliche Fachkenntnisse erfordern, um die im Straßenbetriebsdienst eingesetzten Systeme der Informations- und Kommunikationstechnik zu bedienen.

   (Hierzu Protokollerklärung Nr. 6)

4. Streckenwarte (motorisierte Straßenaufseher, Verkehrssicherheitswarte),

   denen durch ausdrückliche Anordnung die Streckenwartung in Straßentunneln oder Tätigkeiten übertragen worden sind, die zusätzliche Fachkenntnisse erfordern, um die im Straßenbetriebsdienst eingesetzten Systeme der Informations- und Kommunikationstechnik zu bedienen.

   (Hierzu Protokollerklärungen Nrn. 1 und 6)

Entgeltgruppe 8

1. Bauaufseher.
2. Kolonnenführer.
3. Streckenwarte (motorisierte Straßenaufseher, Verkehrssicherheitswarte).

   (Hierzu Protokollerklärung Nr. 1)

4. Beschäftigte der Entgeltgruppe 5 Fallgruppe 1 des Abschnitts 1 mit erfolgreich abgeschlossener Ausbildung in einem einschlägigen anerkannten Ausbildungsberuf mit einer Ausbildungsdauer von mindestens drei Jahren,

   die besonders schwierige Instandsetzungsarbeiten an elektrisch und mechanisch komplizierten Funk- oder sonstigen Spezialgeräten ausführen, wobei sie Fehler durch eigene hochfrequenztechnische oder gleich schwierige Messungen selbst eingrenzen.

   (Hierzu Protokollerklärung Nr. 2)

5. Beschäftigte der Entgeltgruppe 5 Fallgruppen 1 und 2 des Abschnitts 1,

   die für die Einsatzbereitschaft des gesamten Kraftfahrzeug- und Maschinenparks

- eines Straßenbauamtes bzw. einer Straßenmeisterei, bei denen der gesamte Kraftfahrzeug- und Maschinenpark mehrerer Straßenmeistereien zusammengefasst ist, oder
- bei einer Autobahnmeisterei

verantwortlich sind und die schwierigste Reparaturen selbständig ausführen, solange ihnen keine Vorarbeiterzulage zusteht.

6. Beschäftigte der Entgeltgruppe 5 Fallgruppen 1 und 2 des Abschnitts 1,

   die eine mindestens dreijährige Berufserfahrung in der Bauaufsicht und Montage von Brückenbauten und in der Prüfung und Feststellung von Schäden an Brückenkonstruktionen (vorwiegend aus Stahl, Stahl- und Spannbeton) haben und

   deren Tätigkeit sich aus der Entgeltgruppe 7 dadurch heraushebt, dass sie darüber hinaus besondere Kenntnisse und Erfahrungen für die Feststellung von Schäden an den verschiedenen Werkstoffen und Konstruktionsteilen besitzen und in der Lage sind, auch schwierige Instandsetzungsarbeiten selbständig auszuführen oder die Ausführung zu beaufsichtigen.

7. Beschäftigte der Entgeltgruppe 5 Fallgruppen 1 und 2 des Abschnitts 1

   mit mehr als dreijähriger Berufserfahrung,

   deren Tätigkeit sich aus der Entgeltgruppe 7 dadurch heraushebt, dass sie komplizierte Brückenbesichtigungswagen und Brückenprüfgeräte bedienen und führen.

IV

Entgeltgruppe 7[1])

1. Beschäftigte der Entgeltgruppe 5 Fallgruppen 1 und 2 des Abschnitts 1 als Brückenschlosser oder Betonsanierer,

   die Brücken überwachen und schwierige Reparaturen an Brücken selbständig ausführen.

2. Beschäftigte mit erfolgreich abgeschlossener Ausbildung in einem einschlägigen anerkannten Ausbildungsberuf mit einer Ausbildungsdauer von mindestens drei Jahren (z. B. Technische Modellbauer, Tischler) als Kraftfahrzeugschreiner,

   denen die besonders schwierigen Ausstattungs-, Instandsetzungs- oder Prüfarbeiten übertragen werden, zu deren Erledigung vielseitiges, hochwertiges fachliches Können erforderlich ist.

3. Kraftfahrzeugmechatroniker mit Ausbildung nach Entgeltgruppe 5 Fallgruppe 1 des Abschnitts 1,

---

1) Die Fallgruppe 4 wird zum 1. Januar 2025 der Entgeltgruppe 7 angefügt.

denen die besonders schwierigen Ausstattungs-, Instandsetzungs- oder Prüfarbeiten übertragen werden, zu deren Erledigung vielseitiges, hochwertiges fachliches Können erforderlich ist.

4. Beschäftigte der Entgeltgruppe 5 Fallgruppen 1 und 2 des Abschnitts 1

   als Verwalter des Gerätehofes einer Straßenmeisterei.

Entgeltgruppe 6[1])

1. Beschäftigte der Entgeltgruppe 5 Fallgruppen 1 und 2 des Abschnitts 1 als Landschaftsgärtner,

   die die Baumaßnahmen im Landschaftsbau alleinverantwortlich überwachen.

2. (nicht besetzt)

3. Beschäftigte mit erfolgreich abgeschlossener Ausbildung in einem einschlägigen anerkannten Ausbildungsberuf mit einer Ausbildungsdauer von mindestens drei Jahren (z. B. Sattler) als Kraftfahrzeugsattler oder (z. B. Technische Modellbauer, Tischler) als Kraftfahrzeugschreiner,

   die hochwertige Arbeiten verrichten.

   (Hierzu Protokollerklärung Nr. 3)

4. Kraftfahrzeugmechatroniker, Karosserie- und Fahrzeugbaumechaniker, Fahrzeuglackierer mit Ausbildung nach Entgeltgruppe 5 Fallgruppe 1 des Abschnitts 1,

   die hochwertige Arbeiten verrichten.

   (Hierzu Protokollerklärung Nr. 3)

5. Sprengmeister.

6. Straßenwärter,

   denen durch ausdrückliche Anordnung zusätzliche Tätigkeiten übertragen worden sind, die besondere, im Bereich des Straßenbetriebsdienstes erworbene Erfahrungen oder mindestens eine zusätzliche Schulung voraussetzen.

Entgeltgruppe 5

1. Beschäftigte der Entgeltgruppen 3 und 4 als Fahrer von Schneeräumgeräten (mit Ausnahme der handgeführten) für die Dauer der Verwendung als solche.

   (Hierzu Protokollerklärungen Nrn. 4 und 5)

---

[1]) Die Fallgruppe 6 wird zum 1. Januar 2025 der Entgeltgruppe 6 angefügt.
Bis zum 31. Dezember 2024 hat Fallgruppe 2 der Entgeltgruppe 6 folgenden Wortlaut:
„2. Beschäftigte der Entgeltgruppe 5 Fallgruppen 1 und 2 des Abschnitts 1 als Verwalter des Gerätehofes einer Straßenmeisterei."

2. Fahrer von selbstaufnehmenden Großkehrmaschinen für die Dauer der Verwendung als solche.
   (Hierzu Protokollerklärung Nr. 5)

Entgeltgruppe 4[1])

1. Beschäftigte der Entgeltgruppe 3 für die Dauer der Verwendung als Fahrer von Fahrbahnmarkierungsmaschinen.
   (Hierzu Protokollerklärung Nr. 5)
2. Bohrtruppführer ohne abgeschlossene Ausbildung in einem einschlägigen anerkannten Ausbildungsberuf.
3. Beschäftigte im Straßenbetriebsdienst.

IV

Protokollerklärungen:[2])

Nr. 1 Streckenwarte sind Straßenwärter oder Beschäftigte mit einer entsprechenden Prüfung nach Entgeltgruppe 5 Fallgruppe 2 des Abschnitts 1, die nach Wegfall der Wärterstrecke infolge Einführung der Kolonnen neuer Art einen größeren Straßenabschnitt im motorisierten Einsatz beaufsichtigen.

Nr. 2 Einschlägige anerkannte Ausbildungsberufe im Sinne dieses Tätigkeitsmerkmals sind z. B. Systemelektroniker, Mechatroniker, Elektroniker.

Nr. 3 Im Sinne dieses Tätigkeitsmerkmals können Beschäftigte hochwertige Arbeiten verrichten z. B. bei der Herstellung oder Instandsetzung von Spezialein- oder Spezialaufbauten oder beim Instandsetzen von Getrieben und Motoren.

Nr. 4 Zu den Schneeräumgeräten gehören auch Schneefräsen und Schneeschleudern.

Nr. 5 [1]Bei einer Herabgruppierung aus diesem Tätigkeitsmerkmal wird der Beschäftigte abweichend von § 17 Absatz 4 Satz 5 in der niedrigeren Entgeltgruppe der Stufe zugeordnet, die er vor der Höhergruppierung erreicht hatte. [2]Die zuvor in dieser Stufe verbrachte Zeit wird angerechnet; für die Zeiten in der höheren Entgeltgruppe gilt § 17 Absatz 3 Satz 1 Buchst. f entsprechend.

Nr. 6 Die im Sinne dieses Tätigkeitsmerkmals im Straßenbetriebsdienst eingesetzten Systeme der Informations- und Kommunikationstechnik sind z. B. mobile Einsatzdatenerfassung, Zeit- und Mengenerfassungssysteme für den Straßenbetriebsdienst, Straßenwetterinformationssysteme, Straßeninformationsbanken (SIB und SIB-Bauwerke).

Niederschriftserklärung zu Teil III Abschnitt 3 Unterabschnitt 7

Die Tarifvertragsparteien werden nach Abschluss des Tarifvertrages TV IGA Verhandlungen über die Eingruppierung der in Teil III Abschnitt 3.7 aufgeführten Beschäftigten aufnehmen.

3.8 Beschäftigte im Vermessungswesen

Entgeltgruppe 8

1. Beschäftigte mit erfolgreich abgeschlossener Ausbildung in einem einschlägigen anerkannten Ausbildungsberuf mit einer Ausbildungsdauer von mindestens drei Jahren als Maschinensetzer.

---

1) Die Fallgruppe 3 wird zum 1. Januar 2025 der Entgeltgruppe 4 angefügt.

2) Die Protokollerklärung Nr. 6 gilt ab dem 1. Januar 2025.

2. Medientechnologen Druck mit Ausbildung nach Entgeltgruppe 5 Fallgruppe 1 des Abschnitts 1

   mit besonders schwierigen mehrfarbigen großformatigen Druckarbeiten an Offsetschnellpressen oder Offsetdruckmaschinen.
3. Feinwerkmechaniker mit Ausbildung nach Entgeltgruppe 5 Fallgruppe 1 des Abschnitts 1,

   die besonders schwierige Instandsetzungsarbeiten an komplizierten Messinstrumenten ausführen und diese justieren.
4. Kopierarbeiter mit erfolgreich abgeschlossener Ausbildung in einem einschlägigen anerkannten Ausbildungsberuf mit einer Ausbildungsdauer von mindestens drei Jahren,

   die besonders schwierige großformatige Unterlagen für mehrfarbige Druckerzeugnisse herstellen.

Entgeltgruppe 7

1. Medientechnologen Druckverarbeitung mit Ausbildung nach Entgeltgruppe 5 Fallgruppe 1 des Abschnitts 1

   mit besonders schwierigen Arbeiten, wie Kaschieren von Kartenoriginalen und Landkarten, Herstellen besonderer Mustervorlagen.
2. Medientechnologen Druck mit Ausbildung nach Entgeltgruppe 5 Fallgruppe 1 des Abschnitts 1

   mit besonders schwierigen Druckarbeiten.
3. Medientechnologen Druck mit Ausbildung nach Entgeltgruppe 5 Fallgruppe 1 des Abschnitts 1 als Lichtsetzer

   mit schwieriger Tätigkeit im Landkartendruck.
4. Feinwerkmechaniker mit Ausbildung nach Entgeltgruppe 5 Fallgruppe 1 des Abschnitts 1,

   die hochwertige Messinstrumente instand setzen.
5. Kopierarbeiter

   mit besonders schwierigen Kopierarbeiten auf Bildträgern aller Art.

Entgeltgruppe 6

1. Medientechnologen Druck mit Ausbildung nach Entgeltgruppe 5 Fallgruppe 1 des Abschnitts 1.
2. Feinwerkmechaniker mit Ausbildung nach Entgeltgruppe 5 Fallgruppe 1 des Abschnitts 1.
3. Kopierarbeiter

   mit Kopierarbeiten auf Kunststofffolien, Glas und Metall im Negativ- und Positivverfahren, Nutzenmontage- und Retuschierarbeiten.
4. Messgehilfen mit verwaltungseigener Prüfung,

die als Beobachter an Instrumenten (einschließlich Protokollieren) oder als Beobachter an Instrumenten mit automatischer Registrierung eingesetzt sind.

Entgeltgruppe 5

Messgehilfen mit verwaltungseigener Prüfung.

Entgeltgruppe 3

1. Beschäftigte mit Druckplatten-Kopierarbeiten im Negativ- und Positivverfahren.
2. Messgehilfen ohne verwaltungseigene Prüfung.

3.9 Beschäftigte im Wasserbau in den Ländern Baden-Württemberg und Bayern

Entgeltgruppe 8

1. Bauaufseher.
2. Kolonnenführer.

Entgeltgruppe 6

1. Beschäftigte im Wasserbau der Entgeltgruppe 5 Fallgruppen 1 und 2 des Abschnitts 1 bzw. Flusswärter

   als Verwalter des Gerätehofes einer Flussmeisterei.
2. Sprengmeister.
3. Wasserbauer mit einschlägiger dreijähriger Berufsausbildung und verwaltungseigener Prüfung, die hochwertige Arbeiten verrichten. (Hierzu Protokollerklärung)

Entgeltgruppe 5

1. Beschäftigte im Wasserbau mit verwaltungseigener Prüfung.
2. Flusswärter mit verwaltungseigener Prüfung mit eigener Strecke (gilt nur für das Land Baden-Württemberg).
3. Schiffer (Beschäftigte im Wasserbau mit verwaltungseigener Prüfung als Fahrer von Wasserfahrzeugen).

Entgeltgruppe 4

1. Baulokführer.
2. Bohrtruppführer ohne abgeschlossene Ausbildung in einem anerkannten Ausbildungsberuf.
3. Flusswärter.

Entgeltgruppe 3

1. Wasserbauarbeiter.
2. Maschinisten ohne abgeschlossene Ausbildung in einem einschlägigen anerkannten Ausbildungsberuf an Kompressoren, Pumpen oder Seilbahngeräten.
3. Schiffer (Fahrer von Wasserfahrzeugen).

Protokollerklärung:

Hochwertige Arbeiten sind Arbeiten, die an das Überlegungsvermögen und das fachliche Geschick des Beschäftigten Anforderungen stellen, die über das Maß dessen hinausgehen, das von einem solchen Beschäftigten üblicherweise verlangt werden kann.

3.10 Beschäftigte im Wasserbau in den übrigen Ländern (gilt nicht für die Freie und Hansestadt Hamburg)

Entgeltgruppe 8

1. Bauaufseher.
2. Geprüfte Wasserbauwerkmeister mit entsprechender Tätigkeit.
3. Schtmeister in der Wasserwirtschaft.

Entgeltgruppe 7

1. Brückenwärter mit erfolgreich abgeschlossener Ausbildung in einem einschlägigen anerkannten Ausbildungsberuf mit einer Ausbildungsdauer von mindestens drei Jahren,

   die die Aufsicht verantwortlich führen.
2. Seeschleusenmaschinisten mit erfolgreich abgeschlossener Ausbildung in einem einschlägigen anerkannten Ausbildungsberuf mit einer Ausbildungsdauer von mindestens drei Jahren,

   die selbständig Instandhaltungsarbeiten ausführen.
3. Sperrwerksleiter mit erfolgreich abgeschlossener Berufsausbildung in einem einschlägigen anerkannten Ausbildungsberuf mit einer Ausbildungsdauer von drei Jahren.

Entgeltgruppe 6

1. Baggerführer auf Raupenbaggern im Tidegebiet,

   die auch Reparaturen ausführen.
2. Beschäftigte der Entgeltgruppe 5 Fallgruppen 1 und 2 des Abschnitts 1, die folgende oder gleichwertige Arbeiten verrichten:
   a) Anbringen von Berghölzern, Aufnahme von Peilprofilen, Bergungsarbeiten, Ein- und Ausdocken von Schiffen und schwimmenden Geräten, Einrichten von Wohn- und Aufenthaltsräumen auf Schiffen, Packwerksarbeiten, Reparaturen an den mecha-

nischen Teilen der Schleusen- und Wehrverschlüsse, schwierige Instandsetzungen von Kraft- und Arbeitsmaschinen einschließlich der Stark- und Schwachstromanlagen, schwierige Reparaturen an Schiffen und schwimmenden Geräten, schwierige Taklerarbeiten, Verzimmern von Dalben und Leitwerken sowie

b) sonstige handwerkliche Arbeiten, die im allgemeinen nur aufgrund der besonderen, im Bereich der Wasserbauverwaltung erworbenen Erfahrungen geleistet werden können, sofern bei der Ausführung der Arbeiten an das Überlegungsvermögen und das fachliche Geschick des Beschäftigten Anforderungen gestellt werden, die über das Maß dessen hinausgehen, das von einem Beschäftigten der Entgeltgruppe 5 Fallgruppe 1 des Abschnitts 1 üblicherweise verlangt werden kann.

(Hierzu Protokollerklärung Nr. 5)

3. Brückenwärter an verkehrsreichen beweglichen Brücken mit erfolgreich abgeschlossener Ausbildung in einem einschlägigen anerkannten Ausbildungsberuf mit einer Ausbildungsdauer von mindestens drei Jahren.

4. Brückenwärter, Gruppenmaschinenführer mit erfolgreich abgeschlossener Ausbildung in einem einschlägigen anerkannten Ausbildungsberuf mit einer Ausbildungsdauer von mindestens drei Jahren,

   die selbständig Instandsetzungsarbeiten ausführen.

5. Brückenwärter,

   die die Aufsicht verantwortlich führen.

6. Messgehilfen mit verwaltungseigener Prüfung auf Vermessungsschiffen oder Vermessungsbooten,

   a) die funktechnische Ortungsaufgaben wahrzunehmen haben,

   b) die hochwertige elektronische Messgeräte selbständig zu bedienen haben,

   wenn sie sich besondere Fachkenntnisse und Fähigkeiten erworben haben.

   (Hierzu Protokollerklärung Nr. 1)

7. Schleusenbeschäftigte mit erfolgreich abgeschlossener Ausbildung in einem einschlägigen anerkannten Ausbildungsberuf mit einer Ausbildungsdauer von mindestens drei Jahren

   als ständige Vertreter der Schleusenbeamten oder leitenden Schleusenbeschäftigten, die für mehrere Schleusen zuständig sind.

8. Seeschleusendecksleute mit seemännischer Ausbildung nach dreijähriger Fahrtzeit auf Fahrzeugen der Binnen- oder Seeschifffahrt,

die schichtweise ständig Vertreter von Schleusenbeamten oder leitenden Schleusenbeschäftigten sind.

(Hierzu Protokollerklärung Nr. 2)

Entgeltgruppe 5

1. Beschäftigte mit erfolgreich abgeschlossener Ausbildung in einem einschlägigen anerkannten Ausbildungsberuf mit einer Ausbildungsdauer von mindestens drei Jahren als Schwenkschaufelfahrer, die auch Reparaturen selbständig ausführen.
2. Brückenwärter, Schleusenmaschinisten, Wasserbauarbeiter (Küstenschutz-, Landgewinnungs- und Streckenunterhaltungsarbeiter) mit erfolgreich abgeschlossener Ausbildung in einem einschlägigen anerkannten Ausbildungsberuf mit einer Ausbildungsdauer von mindestens drei Jahren.
3. Fahrer von Traktoren im Deichgebiet

   bei regelmäßiger Verwendung verschiedener Anbaugeräte sowie verschiedener Anhängegeräte (z. B. Kreiselmäher, Frontlader, Graswender, Hochdruckpresse, Hydrolader, Teekrechen), die vom Traktor aus bedient werden.

   (Hierzu Protokollerklärungen Nrn. 3 und 4)
4. Greifbaggerführer oder Gruppenmaschinenführer.
5. Schiffsmechaniker als Takler.
6. Schleusenbeschäftigte und Wehrbeschäftigte

   mit erfolgreich abgeschlossener Ausbildung in einem einschlägigen anerkannten Ausbildungsberuf mit einer Ausbildungsdauer von mindestens drei Jahren,

   denen die Bedienung und Wartung von elektrischen und maschinellen Einrichtungen obliegt.
7. Seeschleusendecksleute mit seemännischer Ausbildung nach dreijähriger Fahrtzeit auf Fahrzeugen der Binnen- oder Seeschifffahrt.
8. Wasserbauarbeiter, die nach einer mindestens dreijährigen ununterbrochenen Beschäftigung in einem anerkannten Ausbildungsberuf mit einer Ausbildungsdauer von mindestens drei Jahren eine verwaltungseigene Prüfung erfolgreich abgelegt haben und eine entsprechende Tätigkeit ausüben.

Entgeltgruppe 4

1. Brückenwärter, Schwenkschaufelfahrer.
2. Schleusenbeschäftigte,
   a) denen die Leitung des Betriebes auf einer kleinen verkehrsarmen Schleuse obliegt,

IV

b) die außer mit dem Verholen und Festmachen der Fahrzeuge bei der Schleusenbedienung eingesetzt sind,
c) die ständige Vertreter der Schleusenbeamten oder leitenden Schleusenbeschäftigten sind oder
d) denen die Leitung des Schleusendienstes obliegt.

3. Wehrbeschäftigte,
denen die Leitung des Betriebes auf einer kleinen verkehrsarmen Wehranlage obliegt.

Entgeltgruppe 3

Schleusenbeschäftigte, Wehrbeschäftigte und Wasserbauarbeiter (Küstenschutz-, Landgewinnungs- und Streckenunterhaltungsarbeiter).

Protokollerklärungen:

Nr. 1 Zu hochwertigen elektronischen Messgeräten zählen z. B. elektronische Tachymeter, elektronische Wellen- und Strömungsmessgeräte.

Nr. 2 Die bei den Seeschleusen als Leinenverfahrer bezeichneten Beschäftigten gehören zu den Seeschleusendecksleuten.

Nr. 3 Eine regelmäßige Verwendung verschiedener Anbaugeräte liegt vor, wenn verschiedene Anbaugeräte in ständiger Wiederkehr, jedoch nicht nur gelegentlich verwendet werden.

Nr. 4 Durch die Eingruppierung sind die Zuschläge nach § 29 MTArb – ausgenommen die Zuschläge nach Nr. A 20 Buchst. c) und d) sowie Nrn. A 25 bis 28 und A 82 TVZ zum MTL II – im Zusammenhang mit der Verwendung der Anbau- und Anhängegeräte abgegolten.

Nr. 5 Hierunter können auch Arbeiten im Tidegebiet und Watt zählen.

3.11 Beschäftigte im Weinbau

Entgeltgruppe 5

1. Beschäftigte mit Facharbeiterbrief im Weinbau.
2. Beschäftigte mit gärtnerischem oder landwirtschaftlichem Facharbeiterbrief.
3. Beschäftigte bei der staatlichen Reblausbekämpfung
   a) mit erfolgreich abgeschlossener Ausbildung in einem anerkannten Ausbildungsberuf im Weinbau mit einer Ausbildungsdauer von mindestens drei Jahren,
   b) mit verwaltungseigener Prüfung in einem Ausbildungsberuf nach Buchstabe a,
   c) mit Facharbeiterbrief im Weinbau.
4. Fahrer von Traktoren
   bei regelmäßiger Verwendung verschiedener Anbaugeräte.
   (Hierzu Protokollerklärungen Nrn. 1 und 2)

Entgeltgruppe 4

1. Fahrer von Traktoren.
2. Rebarbeiter,

   die motorgetriebene Landmaschinen (mit Ausnahme von einfachen Maschinen) führen und warten sowie kleinere Reparaturen selbständig ausführen.

Entgeltgruppe 3

1. Beschäftigte bei der staatlichen Reblausbekämpfung.
2. Rebarbeiter, die motorgetriebene Landmaschinen führen.

Protokollerklärungen:

Nr. 1 Eine regelmäßige Verwendung verschiedener Anbaugeräte liegt vor, wenn verschiedene Anbaugeräte in ständiger Wiederkehr, jedoch nicht nur gelegentlich verwendet werden.

Nr. 2 Durch die Eingruppierung sind die Zuschläge nach § 29 MTArb – ausgenommen die Zuschläge nach Nr. A 20 Buchst. c) und d) sowie Nrn. A 25 bis 28 und A 82 TVZ zum MTL II – im Zusammenhang mit der Verwendung der Anbau- und Anhängegeräte abgegolten.

IV

3.12 Beschäftigte in Gestüten

Entgeltgruppe 5

Gestütswärter.

(Hierzu Protokollerklärung)

Entgeltgruppe 3

Pferdepfleger ohne einschlägige Berufsausbildung.

Protokollerklärung:

Gestütswärter sind Beschäftigte, die eine verwaltungseigene Prüfung abgelegt haben und wie beamtete Gestütswärter tätig sind.

3.13 Beschäftigte in Münzen

Entgeltgruppe 9a

Beschäftigte der Entgeltgruppe 5 Fallgruppe 1 des Abschnitts 1

mit erfolgreich abgeschlossener Ausbildung in einem einschlägigen anerkannten Ausbildungsberuf mit einer Ausbildungsdauer von dreieinhalb Jahren,

die als Münzwerkzeugmacher an CNC gesteuerten Dreh-, Fräs-, Erodier- oder Rundschleifmaschinen selbständig schwierige Arbeitsablaufprogramme zur Herstellung von Prägewerkzeugen für Münzen und Medaillen ergänzen, Maschinenprogramme eingeben, testen und fahren sowie Programmfehler feststellen und beseitigen.

Entgeltgruppe 8

1. Beschäftigte der Entgeltgruppe 5 Fallgruppe 1 des Abschnitts 1,
   deren Tätigkeit sich dadurch aus der Entgeltgruppe 7 heraushebt, dass sie besonders schwierige Einrichtungs- und Instandsetzungsarbeiten an Maschinen und Anlagen durchführen.
2. Metallhandwerker mit einschlägiger Ausbildung nach Entgeltgruppe 5 Fallgruppe 1 des Abschnitts 1,
   die selbständig Spezialmaschinen entwickeln, weiterentwickeln oder herstellen oder Matrizen und Patrizen zur Herstellung von Prägestempeln anfertigen.
3. Metallhandwerker mit einschlägiger Ausbildung nach Entgeltgruppe 5 Fallgruppe 1 des Abschnitts 1 als Graveure.
   (Hierzu Protokollerklärung)
4. Oberflächenbeschichter (Galvaniseure) als Hartverchromer.

Entgeltgruppe 7

Metallhandwerker mit einschlägiger Ausbildung nach Entgeltgruppe 5 Fallgruppe 1 des Abschnitts 1,

die Präzisionswerkzeuge für die Prägung von Münzen und Medaillen herstellen und instand setzen, Maschinen einrichten und instand setzen.

Entgeltgruppe 6

1. Münzarbeiter mit verwaltungseigener Prüfung als Präger von Medaillen,
   die die Maschinen selbst einrichten und die Werkzeugbehandlung durchführen, wenn besonders hohe Anforderungen an die Prägetechnik gestellt werden.
2. Tresorverwalter,
   die für das Wiegen/Zählen der Münzen, Medaillen und Rohlinge verantwortlich sind.

Entgeltgruppe 5

Münzarbeiter mit verwaltungseigener Prüfung.

Entgeltgruppe 4

1. Münzarbeiter, mit Ausnahme der Beschäftigten als Präger.
2. Münzarbeiter,
   die als Geldzähler eingesetzt sind und für die tägliche Abrechnung verantwortlich sind.
3. Präger von Spezialmünzen und Medaillen,

die die Maschinen selbst einrichten und die Werkzeugbehandlung durchführen.

Entgeltgruppe 3

1. Beschäftigte, die Münzen verpacken und versenden.
2. Präger.

Protokollerklärung:

Die Tätigkeit des Graveurs umfasst auch das Reduzieren.

3.14 Beschäftigte in der Wilhelma

Entgeltgruppe 8

1. Tierpfleger mit einschlägiger Ausbildung nach Entgeltgruppe 5 Fallgruppe 1 des Abschnitts 1 als Revierpfleger.
2. Tierpfleger mit einschlägiger Ausbildung nach Entgeltgruppe 5 Fallgruppe 1 des Abschnitts 1,

   die verantwortlich Menschenaffen oder Korallenfische pflegen, sowie

   Tierpfleger mit einschlägiger Ausbildung nach Entgeltgruppe 5 Fallgruppe 1 des Abschnitts 1,

   deren Tätigkeit wegen der Schwierigkeit der Aufgaben und der Größe der Verantwortung ebenso zu bewerten ist wie die verantwortliche Pflege von Menschenaffen oder Korallenfischen.

IV

3.15 Beschäftigte in Häfen im Land Niedersachsen

Entgeltgruppe 8

1. Elektroniker mit erfolgreich abgeschlossener Ausbildung in einem einschlägigen anerkannten Ausbildungsberuf mit einer Ausbildungsdauer von mindestens drei Jahren, die elektronisch gesteuerte Krananlagen (Portaldrehwippkrane, Verladebrücken) unter Einbeziehung des eigentlichen Steuerteils warten und instand setzen.
2. Führer von großen Schwimmrammen.
3. Beschäftigte der Entgeltgruppen 5 Fallgruppen 1 und 2 des Abschnitts 1,

   deren Tätigkeit sich dadurch aus der Entgeltgruppe 7 heraushebt, dass schwierigste Wartungsarbeiten, Reparaturen und Justierungen an hydraulischen und pneumatischen Regelkreisen von Krananlagen unter Einbeziehung der angeschlossenen Geräte und Instrumente einschließlich aller Sicherungsorgane (z. B. pneumatisch gesteuerte Kran-Überlassungssicherungen) selbständig und verantwortlich auszuführen sind.

Entgeltgruppe 6

1. Hafenwärter mit nautischem Befähigungszeugnis mit Einschränkungen und dreijähriger Fahrtzeit.
2. Hafenwärter mit erfolgreich abgeschlossener Berufsausbildung als Schiffsbetriebsmechaniker (Matrose, Maschinist oder Motorenwärter) oder einem anderen einschlägigen anerkannten Ausbildungsberuf mit einer Ausbildungsdauer von mindestens drei Jahren und einer dreijährigen Fahrtzeit.

3.16 Beschäftigte in Kraftfahrzeugwerkstätten des Landes Berlin

Entgeltgruppe 9a

Kraftfahrzeughandwerker mit Meisterbrief des Kraftfahrzeughandwerks,

die verantwortlich Kraftfahrzeuge nach § 29 StVZO abnehmen.

Entgeltgruppe 8

Kraftfahrzeugmechatroniker mit Ausbildung nach Entgeltgruppe 5 Fallgruppe 1 des Abschnitts 1,

deren Tätigkeit sich dadurch aus der Entgeltgruppe 7 heraushebt, dass sie hochqualifizierte Mess-, Prüf- und Justierarbeiten mit Messuhren, Spezialtestgeräten, Bremsprüfgeräten oder Prüf- und Justiergeräten für Achsen und Fahrgestelle an Feuerwehreinsatzfahrzeugen ausführen.

Entgeltgruppe 7

1. Beschäftigte mit erfolgreich abgeschlossener Ausbildung in einem einschlägigen anerkannten Ausbildungsberuf mit einer Ausbildungsdauer von mindestens drei Jahren (z. B. Technische Modellbauer, Tischler) als Kraftfahrzeugschreiner,

   denen die besonders schwierigen Ausstattungs-, Instandsetzungs- oder Prüfarbeiten übertragen werden, zu deren Erledigung vielseitiges, hochwertiges fachliches Können erforderlich ist.
2. Kraftfahrzeugmechatroniker mit Ausbildung nach der Entgeltgruppe 5 Fallgruppe 1 des Abschnitts 1,

   denen die besonders schwierigen Ausstattungs-, Instandsetzungs- oder Prüfarbeiten übertragen werden, zu deren Erledigung vielseitiges, hochwertiges fachliches Können erforderlich ist.

Entgeltgruppe 6

1. Beschäftigte mit erfolgreich abgeschlossener Ausbildung in einem einschlägigen anerkannten Ausbildungsberuf mit einer Ausbil-

dungsdauer von mindestens drei Jahren (z. B. Sattler) als Kraftfahrzeugsattler oder (z. B. Technische Modellbauer, Tischler) als Kraftfahrzeugschreiner,
die hochwertige Arbeiten verrichten.
(Hierzu Protokollerklärung)

2. Kraftfahrzeugmechatroniker, Karosserie- und Fahrzeugbaumechaniker, Fahrzeuglackierer mit Ausbildung nach Entgeltgruppe 5 Fallgruppe 1 des Abschnitts 1,
die hochwertige Arbeiten verrichten.
(Hierzu Protokollerklärung)

Protokollerklärung:

Im Sinne dieses Tätigkeitsmerkmals können Beschäftigte hochwertige Arbeiten verrichten z. B. bei der Herstellung oder Instandsetzung von Spezialein- oder Spezialaufbauten oder beim Instandsetzen von Getrieben und Motoren.

Anhang zu Teil III der Entgeltordnung zum TV-L
Richtlinien für verwaltungseigene Prüfungen

I. Richtlinie für verwaltungseigene Prüfungen in einem anerkannten Ausbildungsberuf nach Entgeltgruppe 5 Fallgruppe 2 Teil III Abschnitt 1 der Entgeltordnung zum TV-L

Nr. 1 Allgemeines

(1) Diese Richtlinie gilt für verwaltungseigene Prüfungen in einem anerkannten Ausbildungsberuf nach Entgeltgruppe 5 Fallgruppe 2 Teil III Abschnitt 1 (allgemeine Tätigkeitsmerkmale) der Entgeltordnung zum TV-L.

IV

(2) Verwaltungseigene Prüfungen können nur für Tätigkeiten abgelegt werden, die in dem Bereich der Verwaltung oder in dem Betrieb vorkommen, bei dem der Beschäftigte tätig ist.

(3) [1]Der Beschäftigte hat die mindestens dreijährige ununterbrochene Beschäftigung nach Entgeltgruppe 5 Fallgruppe 2 Teil III Abschnitt 1 der Entgeltordnung zum TV-L mit einschlägigen Tätigkeiten des Ausbildungsberufs, in dem er die Prüfung ablegen will, zu verbringen. [2]Die dreijährige Beschäftigung soll in der Regel in der Verwaltung oder in dem Betrieb geleistet worden sein, in dem der Beschäftigte tätig ist. [3]Als einschlägige Tätigkeit gilt nicht schon allein die mechanische Bedienung von Arbeits- oder Werkzeugmaschinen.

(4) [1]Abweichend von Absatz 3 muss sich der Beschäftigte für die verwaltungseigene Prüfung in dem anerkannten Ausbildungsberuf Straßenwärter im Straßenbetriebsdienst und Straßenbau mindestens drei Jahre als Beschäftigter im Straßenbau bei einer Straßen- oder Autobahnmeisterei bewährt haben. [2]Gleichartige Tätigkeiten bei anderen Stellen sollen bis zur Hälfte, höchstens jedoch mit zwei Jahren angerechnet werden. [3]Für die Feststellung der dreijährigen Tätigkeit sollen unterbrochene Beschäftigungen zusammengerechnet werden, sofern sie nicht vor einer Unterbrechung von mehr als zwei Jahren liegen. [4]Der Beschäftigte mit einer erfolgreich abgeschlossenen Ausbildung in einem anerkannten Ausbildungsberuf, die für die Tätigkeit als Straßenwärter förderlich ist (z. B. Maurer, Beton- und Stahlbetonbauer, Steinmetz, Asphaltbauer), muss sich mindestens sechs Monate als Beschäftigter im Straßenbetriebsdienst und Straßenbau bei einer Straßen- oder Autobahnmeisterei bewährt haben.

Protokollerklärungen zu Absatz 4:

1. Die Prüfung nach Abschnitt III der Richtlinien für verwaltungseigene Prüfungen (Anlage 2 zum TV Lohngruppen TdL) in der bis zum 30. Juni 1972 geltenden Fassung gilt als verwaltungseigene Prüfung in dem anerkannten Ausbildungsberuf

Straßenwärter nach Entgeltgruppe 5 Fallgruppe 2 Teil III Abschnitt 1 der Entgeltordnung zum TV-L.

2. Straßenbauer mit Abschlussprüfung werden bei der Eingruppierung in die Entgeltgruppen 5 und höher wie Straßenwärter mit Abschlussprüfung behandelt.

Nr. 2 Zulassungsantrag

[1]Der Beschäftigte hat einen schriftlichen Antrag auf Zulassung zur Prüfung (unter Angabe des Ausbildungsberufs) bei der für ihn zuständigen Dienststelle oder bei dem für ihn zuständigen Betrieb einzureichen. [2]Die Dienststelle beziehungsweise der Betrieb entscheidet über die Zulassung.

Protokollerklärung:

Dem Antrag soll stattgegeben werden, wenn es sich um einen Beschäftigten handelt, dem in Zukunft voraussichtlich überwiegend Tätigkeiten übertragen werden, die sonst nur von ausgebildeten Beschäftigten ausgeführt werden.

Nr. 3 Prüfungsausschuss

(1) Die Prüfung ist vor einem Prüfungsausschuss abzulegen.

(2) Der Ausschuss setzt sich zusammen aus:

a) einem sachverständigen Beamten oder sachverständigen Beschäftigten als Vorsitzenden,

b) einem Meister oder Werkmeister des betreffenden Ausbildungsberufs als Beisitzer,

c) einem Beschäftigten mit einer Ausbildung nach Entgeltgruppe 5 Fallgruppe 1 Teil III Abschnitt 1 der Entgeltordnung zum TV-L in dem betreffenden Berufszweig als Beisitzer.

(3) Die Prüfung kann auch vom Prüfungsausschuss einer anderen Verwaltung oder eines anderen Betriebes des Arbeitgebers abgenommen werden.

Nr. 4 Prüfungsanforderungen

(1) [1]Mit der Prüfung soll der Nachweis erbracht werden, dass der Beschäftigte die in dem betreffenden Ausbildungsberuf gebräuchlichen Handgriffe und Fertigkeiten mit genügender Sicherheit ausübt und die notwendigen Fachkenntnisse besitzt. [2]Diese Kenntnisse und Fertigkeiten müssen den an einen Beschäftigten der Entgeltgruppe 5 Fallgruppe 1 Teil III Abschnitt 1 der Entgeltordnung zum TV-L durchschnittlich zu stellenden Anforderungen entsprechen.

(2) [1]Die Prüfung soll von den Gegebenheiten der Betriebspraxis ausgehen. [2]Sie besteht aus einem praktischen und einem mündlichen Teil. [3]Das Hauptgewicht ist auf den praktischen Teil zu legen, in dem

der Beschäftigte durch eine geeignete Arbeitsprobe sein praktisches Können nachzuweisen hat.

Nr. 5 Prüfung

(1) Der Prüfungstermin und der Prüfungsort werden vom Vorsitzenden des Prüfungsausschusses festgesetzt und den Beteiligten rechtzeitig bekanntgegeben.

(2) [1]Über den Verlauf der Prüfung ist eine Niederschrift aufzunehmen, die neben dem Gesamtergebnis auch die Bewertung des praktischen und mündlichen Prüfungsteils enthalten soll. [2]Die Niederschrift ist von allen Mitgliedern des Prüfungsausschusses zu unterschreiben.

IV

(3) Nach beendeter Prüfung entscheidet der Prüfungsausschuss auf Grund des Ergebnisses der praktischen und mündlichen Prüfung, ob der Beschäftigte bestanden hat und teilt das Ergebnis dem Beschäftigten sofort mit.

(4) [1]Der Vorsitzende des Prüfungsausschusses gibt die Prüfungsunterlagen mit der Niederschrift über das Ergebnis der Prüfung an die zuständige Dienststelle oder den zuständigen Betrieb. [2]Hat der Beschäftigte die Prüfung bestanden, stellt ihm die Dienststelle oder der Betrieb hierüber ein Zeugnis aus. [3]In dem Zeugnis ist anzugeben, in welchem Ausbildungsberuf die Prüfung abgelegt worden ist.

(5) Die Prüfungsunterlagen mit der Niederschrift über das Ergebnis der Prüfung sowie eine Abschrift des Zeugnisses sind zu den Personalakten des Beschäftigten zu nehmen.

Nr. 6 Wiederholung der Prüfung

(1) [1]Hat der Beschäftigte die Prüfung nicht bestanden, so kann er sie – nach einer vom Prüfungsausschuss zu bestimmenden Frist – wiederholen. [2]Die Frist soll mindestens sechs Monate betragen; sie ist in der Prüfungsniederschrift festzulegen. [3]Der Beschäftigte hat die Prüfung in allen Teilen zu wiederholen.

(2) Eine weitere Wiederholung der Prüfung ist nicht zulässig.

Nr. 7 Prüfungsgebühren

Prüfungsgebühren werden nicht erhoben.

Nr. 8 Entgeltfortzahlung

Dem Beschäftigten wird zum Ablegen der Prüfung Freistellung von der Arbeit unter Entgeltfortzahlung für die Dauer der zwingend notwendigen Abwesenheit gewährt.

Nr. 9 Reisekosten

[1]Dem Beschäftigten werden die notwendigen Auslagen für die Benutzung der regelmäßig verkehrenden öffentlichen Verkehrsmittel nach den jeweiligen reisekostenrechtlichen Regelungen der Länder erstattet. [2]Im Übrigen können zur Bestreitung der Mehrausgaben am Prüfungsort nach den jeweiligen reisekostenrechtlichen Regelungen der Länder Zuschüsse in Höhe des bei Dienstreisen zustehenden Tage- und Übernachtungsgeldes gezahlt werden.

Nr. 10 Anerkennung von verwaltungseigenen Prüfungen

[1]Die bei einer Verwaltung oder einem Betrieb des Arbeitgebers abgelegte verwaltungseigene Prüfung gilt für den gesamten Bereich des Arbeitgebers. [2]Eine verwaltungseigene Prüfung, die bei einem anderen Arbeitgeber abgelegt worden ist, kann anerkannt werden, wenn diese Prüfung Voraussetzung für die Einstellung war.

II. Richtlinie für verwaltungseigene Prüfungen der Versuchsgehilfen an wasserbaulichen Versuchsanstalten

Nr. 1 Allgemeines

(1) Diese Richtlinie gilt für verwaltungseigene Prüfungen der Versuchsgehilfen nach Entgeltgruppe 5 Abschnitt 3 Unterabschnitt 5 (Beschäftigte in Lehr-, Forschungs- und Materialprüfungseinrichtungen) des Teils III der Entgeltordnung zum TV-L.

(2) [1]Der Beschäftigte muss sich in einer mindestens dreijährigen Tätigkeit als Versuchsgehilfe im Dienst einer hochschuleigenen wasserbaulichen Versuchsanstalt bewährt haben. [2]Gleichartige Tätigkeiten bei anderen Stellen sollen bis zur Hälfte, höchstens jedoch mit zwei Jahren angerechnet werden. [3]Für die Feststellung der dreijährigen Tätigkeit sollen unterbrochene Beschäftigungen zusammengerechnet werden, sofern sie nicht vor einer Unterbrechung von mehr als zwei Jahren liegen.

Nr. 2 Zulassungsantrag

[1]Der Beschäftigte hat einen schriftlichen Antrag auf Zulassung zur Prüfung bei der für ihn zuständigen Dienststelle einzureichen. [2]Die Dienststelle entscheidet über die Zulassung.

Protokollerklärung:

Dem Antrag soll stattgegeben werden, wenn es sich um einen Beschäftigten handelt, der in Zukunft voraussichtlich überwiegend mit Tätigkeiten als Versuchsgehilfe beschäftigt wird, für deren Ausführung die Fähigkeiten nach Nr. 4 Absatz 1 erforderlich sind.

Nr. 3 Prüfungsausschuss

(1) Die Prüfung ist vor einem Prüfungsausschuss abzulegen.

(2) [1]Der Ausschuss setzt sich zusammen aus:

a) einem Beamten oder Beschäftigten, der eine mehrjährige Erfahrung als Versuchsingenieur im Wasserbau besitzt, als Vorsitzenden,

b) einem Beamten oder Beschäftigten, der eine mehrjährige Erfahrung als Versuchsingenieur im Wasserbau besitzt, als Beisitzer,

c) einem geprüften Versuchsgehilfen oder einem Beschäftigten mit einer Ausbildung nach Entgeltgruppe 5 Fallgruppe 1 Teil III Abschnitt 1 der Entgeltordnung zum TV-L mit einer mehrjährigen Tätigkeit an einer wasserbaulichen Versuchsanstalt als Beisitzer.

[2]Solange ein Beisitzer nach Buchstabe c nicht zur Verfügung steht, ist hierfür ein weiterer Beisitzer nach Buchstabe b zu bestellen.

Nr. 4 Prüfungsanforderungen

(1) [1]Mit der Prüfung soll der Nachweis erbracht werden, dass der Beschäftigte die in der Tätigkeit als Versuchsgehilfe gebräuchlichen Handgriffe und Fertigkeiten auch unter schwierigen Bedingungen mit genügender Sicherheit ausübt und die erforderlichen Fachkenntnisse besitzt.

[2]Hierzu gehören insbesondere:

a) Selbständiges Bedienen einfacher Messgeräte (Spitzentaster, Druckanschlüsse, Staurohre) einschließlich der Aufschreibungen;

b) Bedienen und Warten von Schreibpegeln und von üblichen Geschwindigkeitsmesseinrichtungen (hydrometrische Flügel);

c) selbständige Wassermengeneinstellung und -bestimmung an Eichüberfällen, Ablesen von Eichkurven;

d) Materialsortierung, Eingabe-, Zugabe- und Kolkfestlegung bei Geschiebeversuchen;

e) Bedienen und Warten von Pumpen, Schiebern und Absperrschützen einschließlich elektrisch gesteuerter Verschlusseinrichtungen;

f) Einfachere geodätische Arbeiten wie Streckenmessen mit Messbändern oder Messlatten, Abloten und Ablesen gemessener Maße, Handhaben von Nivellierlatten; Aufstellen und Pflege von Vermessungsinstrumenten;

g) Herstellen von Modellbauwerken und Modellteilen aus künstlichen Steinen, aus Beton und Fertigteilen einschließlich Herstellen von Mörteln und Betonmischungen;

h) Herstellen von Modellrauhigkeit und Modellieren mit geeignetem Material;

i) einfachere Schreinerarbeiten zum Herstellen von Schalungen;

k) einfachere Schlosserarbeiten beim Aufbau der gesonderten Einrichtungen für die Wasserzu- und -ableitungen wie Messrinnen, Rohrleitungen und Schieber.

(2) Die Prüfung besteht aus einem praktischen und einem mündlichen Teil, wobei das Hauptgewicht auf den praktischen Teil zu legen ist.

(3) Die praktische Prüfung besteht in der Mithilfe beim Modellbau und Modellversuch, in der der Beschäftigte sein praktisches Können bei den in Absatz 1 bezeichneten Arbeiten nachzuweisen hat.

(4) In der mündlichen Prüfung hat der Beschäftigte seine Fachkenntnisse auch auf folgenden Gebieten nachzuweisen:

a) Kenntnisse über Verwendung und Verarbeitung von Modellbaustoffen;

b) Absichern von offenen Versuchsrinnen, Grundkenntnisse in erster Hilfe und Unfallverhütung;

c) Lagerhaltung der Messgeräte.

(5) Der praktische Teil der Prüfung soll etwa drei Stunden, der mündliche Teil der Prüfung etwa eine halbe Stunde dauern.

Nr. 5 Weitere Vorschriften

(1) Abschnitt I Nr. 5 (Prüfung), Nr. 6 (Wiederholung der Prüfung), Nr. 7 (Prüfungsgebühren), Nr. 8 (Entgeltfortzahlung), Nr. 9 (Reisekosten) und Nr. 10 (Anerkennung von verwaltungseigenen Prüfungen) finden entsprechende Anwendung.

(2) Der Beschäftigte führt nach bestandener Prüfung die Bezeichnung „Versuchsgehilfe".

III. Richtlinie für verwaltungseigene Prüfungen der Messgehilfen

Nr. 1 Allgemeines

(1) Diese Richtlinie gilt für verwaltungseigene Prüfungen der Messgehilfen nach Entgeltgruppe 5 und nach Entgeltgrupp 6 Fallgruppe 4 Abschnitt 3 Unterabschnitt 8 (Beschäftigte im Vermessungswesen) sowie nach Entgeltgruppe 6 Fallgruppe 6 Abschnitt 3 Unterabschnitt 10 (Beschäftigte im Wasserbau in den übrigen Ländern) des Teils III der Entgeltordnung zum TV-L.

(2) [1]Der Beschäftigte muss sich in einer mindestens dreijährigen Tätigkeit als Messgehilfe im Dienst einer behördlichen Vermessungsstelle oder bei einem öffentlich bestellten Vermessungsingenieur bewährt haben. [2]Gleichartige Tätigkeiten bei anderen Stellen sollen angerechnet werden. [3]Für die Feststellung der dreijährigen Tätigkeit sollen

unterbrochene Beschäftigungen zusammengerechnet werden, sofern sie nicht vor einer Unterbrechung von mehr als zwei Jahren liegen.

Nr. 2 Zulassungsantrag

[1]Der Beschäftigte hat einen schriftlichen Antrag auf Zulassung zur Prüfung bei der für ihn zuständigen Dienststelle einzureichen. [2]Die Dienststelle entscheidet über die Zulassung.

Protokollerklärung:

Dem Antrag soll stattgegeben werden, wenn es sich um einen Beschäftigten handelt, der in Zukunft voraussichtlich überwiegend mit Tätigkeiten als Messgehilfe beschäftigt wird, für deren Ausführung die Fähigkeiten nach Nr. 4 Absatz 1 erforderlich sind.

Nr. 3 Prüfungsausschuss

(1) Die Prüfung ist vor einem Prüfungsausschuss abzulegen.

(2) [1]Der Ausschuss setzt sich zusammen aus:

a) einem Beamten des vermessungstechnischen Dienstes oder einem vermessungstechnischen Beschäftigten als Vorsitzenden,
b) einem Beamten des vermessungstechnischen Dienstes oder einem vermessungstechnischen Beschäftigten als Beisitzer,
c) einem geprüften Messgehilfen oder einem vergleichbaren Beamten des vermessungstechnischen Dienstes als Beisitzer.

[2]Solange ein Beisitzer nach Buchstabe c nicht zur Verfügung steht, ist hierfür ein weiterer Beisitzer nach Buchstabe b zu bestellen.

(3) Die Prüfung kann auch vom Prüfungsausschuss einer anderen Verwaltung des Arbeitgebers abgenommen werden.

Nr. 4 Prüfungsanforderungen

(1) [1]Mit der Prüfung soll der Nachweis erbracht werden, dass der Beschäftigte die in der Tätigkeit als Messgehilfe gebräuchlichen Handgriffe und Fertigkeiten auch unter schwierigen Bedingungen mit genügender Sicherheit ausübt und die notwendigen Fachkenntnisse besitzt.

[2]Hierzu gehören insbesondere:

a) bei Katastermessungen:
   - Aufsuchen von Grenz- und Vermessungs- und Stationspunkten nach Weisung, Karten, Skizzen und einfachen Rissangaben;
   - Setzen und Überprüfen von Grenz-, Vermessungsmarken und Stationspunkten mit und ohne Sicherungen, Handhabung von Plattensuchern;

b) bei Messungen mit analoger Ausrüstung:
   - Streckenmessung mit Messbändern, Abloten, Ablesen gemessener Maße;
   - Einfluchten von Vermessungslinien ohne Vermessungsinstrumente, einfache Punktsignalisierung, Absetzen von Parallelen in einfachen Fällen, Bestimmung von Linienschnittpunkten;
   - Aufnahme und Absetzen rechter Winkel mit Winkelprisma;
   - Handhabung von Nivellierlatten, Lattenuntersätzen, Fluchtstäben, Reflektorprismen, Gefällmessern und Plattensuchern;
   - Durchführung eines Nivellements mit einfachen Aufschreibungen;
   - Setzen und Überprüfen von Vermessungsmarken und Stationspunkten mit und ohne Sicherungen;
   - einfache Aufschreibungen;

c) bei Messungen mit digitaler Ausrüstung:
   - Bedienung von elektronischen Tachymetern, Digitalnivellieren und GPS-Rovern nach Voreinstellung von Messroutinen durch den Messtruppführer;
   - Handhabung der Prismenstäbe;
   - Aufstellen von Vermessungsinstrumenten, auch zentrisch (Nivellierinstrument, EDM, Tachymeter, GNNS-Antenne);

d) Einrichtung und Absicherung einer Vermessungsstelle;

e) Kenntnis der Ausrüstung, Pflege der Vermessungsgeräte und Ausführung kleinerer Reparaturen.

(2) Die Prüfung besteht aus einem praktischen und einem mündlichen Teil, wobei das Hauptgewicht auf den praktischen Teil zu legen ist.

(3) Die praktische Prüfung besteht in der Mithilfe bei einer Vermessung, in der der Beschäftigte sein praktisches Können bei den in Absatz 1 bezeichneten Arbeiten nachzuweisen hat.

(4) [1]In der mündlichen Prüfung hat der Beschäftigte seine Fachkenntnisse auch auf folgenden Gebieten nachzuweisen:

a) allgemeine Materialkunde über Vermessungsgeräte und Abmarkungsmaterial;

b) Absicherung einer Vermessungsstelle, erste Hilfe, Unfallverhütung;

c) Verhalten auf fremden Grundstücken und im Verkehr mit den Beteiligten;

d) geometrische Grundbegriffe, einfache Aufgaben in den Grundrechnungsarten;

e) grundlegende Begriffe des Vermessungs- und Katasterwesens.

[2]Die bei der praktischen Prüfung gestellten Fragen können als Teil der mündlichen Prüfung angesehen werden.

(5) Der praktische Teil der Prüfung soll etwa drei Stunden, der mündliche Teil der Prüfung etwa eine halbe Stunde dauern.

Nr. 5 Weitere Vorschriften

Abschnitt I Nr. 5 (Prüfung), Nr. 6 (Wiederholung der Prüfung), Nr. 7 (Prüfungsgebühren), Nr. 8 (Entgeltfortzahlung), Nr. 9 (Reisekosten) und Nr. 10 (Anerkennung von verwaltungseigenen Prüfungen) finden entsprechende Anwendung.

IV. Richtlinie für verwaltungseigene Prüfungen der Beschäftigten in Münzen

Nr. 1 Allgemeines

(1) Diese Richtlinien gelten für verwaltungseigene Prüfungen der Beschäftigten in Münzen nach Entgeltgruppe 5 und Entgeltgruppe 6 Fallgruppe 1 Abschnitt 3 Unterabschnitt 13 des Teils III der Entgeltordnung zum TV-L.

(2) [1]Der Beschäftigte muss sich in einer mindestens dreijährigen ununterbrochenen Tätigkeit im Dienst einer Staatlichen Münze bewährt haben. [2]Die Tätigkeit darf sich nicht allein auf das mechanische Bedienen von Maschinen oder Transportmitteln beschränkt haben.

Nr. 2 Zulassungsantrag

[1]Der Beschäftigte hat einen schriftlichen Antrag auf Zulassung zur Prüfung bei der für ihn zuständigen Dienststelle einzureichen. [2]Die Dienststelle entscheidet über die Zulassung.

Protokollerklärung:

Dem Antrag soll stattgegeben werden, wenn der Beschäftigte in Zukunft voraussichtlich überwiegend mit Tätigkeiten beschäftigt wird, die sich nicht allein auf die in Nr. 1 Absatz 2 Satz 2 genannten Tätigkeiten beschränken.

Nr. 3 Prüfungsausschuss

(1) Die Prüfung ist vor einem Prüfungsausschuss abzulegen.

(2) [1]Der Ausschuss setzt sich zusammen aus

a) einem sachverständigen Beamten oder sachverständigen Beschäftigten als Vorsitzenden,

b) einem technischen Beamten oder technischen Beschäftigten mit mehrjähriger Erfahrung im allgemeinen Münzbetrieb als Beisitzer,

c) einem Beschäftigten mit verwaltungseigener Prüfung oder einem vergleichbaren Beamten des technischen Dienstes einer Staatlichen Münze als Beisitzer.

[2]Solange ein Beisitzer nach Buchstabe c nicht zur Verfügung steht, ist hierfür ein geeigneter Beschäftigter zu bestellen, der in absehbarer Zeit nicht zur verwaltungseigenen Prüfung ansteht.

(3) Über die Berufung in den Prüfungsausschuss entscheidet auf Vorschlag der Münzstätten das zuständige Ministerium des Landes, das die Münzstätten betreibt.

Nr. 4 Prüfungsanforderungen

(1) [1]Mit der Prüfung soll der Nachweis erbracht werden, dass der Beschäftigte die in seiner Tätigkeit gebräuchlichen Fertigkeiten auch unter schwierigen Bedingungen mit genügender Sicherheit ausübt, die erforderlichen Kenntnisse besitzt und die gebotene Sorgfalt beachtet. [2]Hierzu gehören insbesondere:

a) Allgemeine Kenntnisse der Eigenschaften von gültigen Bundesmünzen;

b) Aufgaben der Münzstätten;

c) für Beschäftigte im Produktionsbetrieb

1. selbständiges Bedienen der üblichen Prägepressen, Randiermaschinen, Zählmaschinen, Rollierautomaten und Walzen für die Altgeldvernichtung;
2. Beseitigung von einfachen Störungen, die beim Betrieb der unter Nr. 1 genannten Maschinen auftreten;
3. Vorbehandlung der Plättchen oder Münzen für die Beschickung der unter Nr. 1 genannten Maschinen;
4. selbständige Führung der bei Arbeiten an den unter Nr. 1 genannten Maschinen anfallenden Grundaufzeichnungen;
5. Pflege der unter Nr. 1 genannten Maschinen und Ausbau von Prägewerkzeugen;
6. Beurteilung der vorschriftsmäßigen Beschaffenheit von Münzplättchen und Münzen;
7. Grundkenntnisse über die Herstellung von polierten Plättchen;
8. Prägung von Spiegelglanzmünzen;
9. sachgemäße Be- und Entladung von Münzen und Münzplättchen sowie deren Einlagerung;
10. Verpackung von Münzen in die gängigen Behältnisse einschließlich deren Beschriftung und Verplombung.

(2) Die Prüfung besteht aus einem praktischen und einem mündlichen Teil, wobei das Hauptgewicht auf den praktischen Teil zu legen ist.

(3) In der praktischen Prüfung muss der Beschäftigte nachweisen, dass er in der Lage ist, die in Absatz 1 aufgeführten Arbeiten unter Beachtung der maßgebenden Sicherheitsvorschriften sachgemäß und sorgfältig zu verrichten.

(4)[1]In der mündlichen Prüfung hat der Beschäftigte neben den unter Absatz 1 Buchstaben a und b geforderten Kenntnissen die Kenntnis der jeweils innerhalb seines Aufgabenbereichs zu beachtenden Dienstvorschriften nachzuweisen. [2]Die bei der praktischen Prüfung gestellten Fragen können als Teil der mündlichen Prüfung angesehen werden.

(5) Der praktische Teil der Prüfung soll etwa drei Stunden, der mündliche Teil der Prüfung etwa eine halbe Stunde dauern.

Nr. 5 Weitere Vorschriften

Abschnitt I Nr. 5 (Prüfung), Nr. 6 (Wiederholung der Prüfung), Nr. 7 (Prüfungsgebühren), Nr. 8 (Entgeltfortzahlung), Nr. 9 (Reisekosten) und Nr. 10 (Anerkennung von verwaltungseigenen Prüfungen) finden entsprechende Anwendung.

Teil IV
Beschäftigte im Pflegedienst

1. Beschäftigte in der Pflege

Vorbemerkungen

1. [1]Die Bezeichnung „Pflegehelferinnen" umfasst auch Gesundheits- und Krankenpflegehelferinnen sowie Altenpflegehelferinnen. [2]Die Bezeichnung „Pflegerinnen" umfasst Gesundheits- und Krankenpflegerinnen, Gesundheits- und Kinderkrankenpflegerinnen sowie Altenpflegerinnen in allen Fachrichtungen bzw. Spezialisierungen.

2. Gesundheits- und Krankenpflegerinnen, die die Tätigkeiten von Gesundheits- und Kinderkrankenpflegerinnen oder von Altenpflegerinnen ausüben, sind als Gesundheits- und Kinderkrankenpflegerinnen bzw. als Altenpflegerinnen eingruppiert.

3. Gesundheits- und Kinderkrankenpflegerinnen, die die Tätigkeiten von Gesundheits- und Krankenpflegerinnen oder von Altenpflegerinnen ausüben, sind als Gesundheits- und Krankenpflegerinnen bzw. als Altenpflegerinnen eingruppiert.

4. Altenpflegerinnen, die die Tätigkeiten von Gesundheits- und Krankenpflegerinnen ausüben, sind als Gesundheits- und Krankenpflegerinnen eingruppiert.

5. Nach den Tätigkeitsmerkmalen für Pflegerinnen sind auch Hebammen sowie Operationstechnische Assistentinnen und Anästhesietechnische Assistentinnen mit abgeschlossener Ausbildung nach der DKG-Empfehlung vom 17. September 2013 in der jeweiligen Fassung oder nach gleichwertiger landesrechtlicher Regelung, die die Tätigkeit von Gesundheits- und Krankenpflegerinnen oder von Gesundheits- und Kinderkrankenpflegerinnen auszuüben haben, eingruppiert.

6. [1]Zu der entsprechenden Tätigkeit von Pflegehelferinnen bzw. von Pflegerinnen gehört auch die Tätigkeit in Ambulanzen, Blutzentralen, in Milchküchen oder Frauenmilchsammelstellen und Dialyseeinheiten, soweit es sich nicht überwiegend um eine Verwaltungs- oder Empfangstätigkeit handelt. [2]Dieser Abschnitt findet auch auf Pflegehelferinnen bzw. Pflegerinnen Anwendung, die im zentralen Sterilisationsdienst und Krankentransportdienst eingesetzt sind, soweit es sich nicht überwiegend um eine Verwaltungs- oder Empfangstätigkeit handelt.

IV

7. Die Bezeichnungen umfassen auch

Gesundheits- und Krankenpflegehelferinnen	Krankenpflegehelferinnen
Gesundheits- und Krankenpflegerinnen	Krankenschwestern
Gesundheits- und Kinderkrankenpflegerinnen	Kinderkrankenschwestern.

8. [1]Pflegerinnen und Pflegehelferinnen an Universitätskliniken, im Maßregelvollzug (§ 61 Nrn. 1, 2 und 3 StGB) und im Justizvollzug erhalten eine monatliche Zulage nach Anlage F Abschnitt IV Nr. 8. [2]Die Zulage verändert sich bei allgemeinen Entgeltanpassungen um den von den Tarifvertragsparteien für die jeweilige Entgeltgruppe festgelegten Vomhundertsatz; Sockelbeträge, Mindestbeträge und vergleichbare nichtlineare Steigerungen bleiben unberücksichtigt. [3]Sie wird nur für die Zeiträume gezahlt, in denen Beschäftigte einen Anspruch auf Entgelt oder Entgeltfortzahlung nach § 21 haben. [4]Sie ist bei der Bemessung des Sterbegeldes (§ 23 Absatz 3) zu berücksichtigen.

Niederschriftserklärung zu Teil IV Abschnitt 1 Vorbemerkung Nr. 8

Die Tarifvertragsparteien sind sich darüber einig, dass auch Hebammen sowie Operationstechnische Assistentinnen und Anästhesietechnische Assistentinnen mit abgeschlossener Ausbildung nach der DKG-Empfehlung vom 17. September 2013 in der jeweils geltenden Fassung oder nach gleichwertiger landesrechtlicher Regelung, die die Tätigkeit von Gesundheits- und Krankenpflegerinnen oder von Gesundheits- und Kinderkrankenpflegerinnen auszuüben haben, die Zulage nach der Vorbemerkung Nr. 8 erhalten.

9. [1]Beschäftigte der Entgeltgruppen KR 5 bis KR 9, die die Grund- und Behandlungspflege zeitlich überwiegend bei
   a) an schweren Infektionskrankheiten erkrankten Patienten (z. B. Tuberkulose-Patienten), die wegen der Ansteckungsgefahr in besonderen Infektionsabteilungen oder Infektionsstationen untergebracht sind,
   b) Kranken in geschlossenen oder halbgeschlossenen (Open-door-system) psychiatrischen Abteilungen oder Stationen,
   c) Kranken in geriatrischen Abteilungen oder Stationen,
   d) Gelähmten oder an multipler Sklerose erkrankten Patienten,
   e) Patienten nach Transplantationen innerer Organe oder von Knochenmark,
   f) an AIDS (Vollbild) erkrankten Patienten,
   g) Patienten, bei denen Chemotherapien durchgeführt oder die mit Strahlen oder mit inkorporierten radioaktiven Stoffen behandelt werden,

ausüben, erhalten für die Dauer dieser Tätigkeit im Fall des Buchstaben a eine monatliche Zulage in Höhe von 150 Euro und in den Fällen der Buchstaben b bis g eine monatliche Zulage in Höhe von 90 Euro. [2]Die Zulage steht auch bei Erfüllung mehrerer Tatbestände nur einmal zu; ergeben sich bei Erfüllung mehrerer Tatbestände unterschiedlich hohe Zulagenbeträge, wird nur die betragsmäßig höchste Zulage gezahlt.

10. [1]Beschäftigte der Entgeltgruppen KR 5 bis KR 9, die zeitlich überwiegend in Einheiten für Intensivmedizin (Stationen für Intensivbehandlungen und Intensivüberwachung sowie Wachstationen, die für Intensivüberwachung eingerichtet sind) Patienten pflegen, erhalten für die Dauer dieser Tätigkeit eine monatliche Zulage von 150 Euro. [2]Neben der Zulage nach Satz 1 steht eine Zulage nach der Vorbemerkung Nr. 9 nicht zu.

11. [1]Beschäftigte der Entgeltgruppen KR 5 bis KR 9, die die Grund- und Behandlungspflege bei schwerbrandverletzten Patienten in Einheiten für Schwerbrandverletzte, denen durch die Einsatzzentrale/Rettungsleitstelle der Feuerwehr Hamburg Schwerbrandverletzte vermittelt werden, ausüben, erhalten eine Zulage nach Anlage F Abschnitt IV Nr. 1 für jede volle Arbeitsstunde dieser Pflegetätigkeit. [2]Die Zulage verändert sich bei allgemeinen Entgeltanpassungen um den von den Tarifvertragsparteien für die jeweilige Entgeltgruppe festgelegten Vomhundertsatz; Sockelbeträge, Mindestbeträge und vergleichbare nichtlineare Steigerungen bleiben unberücksichtigt. [3]Eine nach den Vorbemerkungen Nrn. 9 oder 10 zustehende Zulage vermindert sich um den Betrag, der in demselben Kalendermonat nach Satz 1 zusteht.

12. (1) Eine abgeschlossene Hochschulbildung liegt vor, wenn von einer Hochschule im Sinne des § 1 Hochschulrahmengesetz (HRG) ein Diplomgrad mit dem Zusatz „Fachhochschule" („FH"), ein anderer nach § 18 HRG gleichwertiger Abschlussgrad oder ein Bachelorgrad verliehen wurde.

    (2) [1]Der Bachelorstudiengang muss nach den Regelungen des Akkreditierungsrats akkreditiert sein. [2]Dem gleichgestellt sind Abschlüsse in akkreditierten Bachelorausbildungsgängen an Berufsakademien.

    (3) Eine abgeschlossene Hochschulbildung setzt voraus, dass die Abschlussprüfung in einem Studiengang abgelegt wird, der seinerseits mindestens das Zeugnis der Hochschulreife (allgemeine Hochschulreife) oder eine andere landesrechtliche Hochschulzugangsberechtigung als Zugangsvoraussetzung erfordert, und für den Abschluss eine Mindeststudienzeit von sechs Semestern

IV

– ohne etwaige Praxissemester, Prüfungssemester o. Ä. – vorgeschrieben ist.

(4) Ein Abschluss an einer ausländischen Hochschule gilt als abgeschlossene Hochschulbildung, wenn er von der zuständigen staatlichen Anerkennungsstelle als dem deutschen Hochschulabschluss gleichwertig anerkannt wurde.

Entgeltgruppe 12

Beschäftigte, deren Tätigkeit sich durch das Maß der damit verbundenen Verantwortung erheblich aus der Entgeltgruppe 11 heraushebt.

(Hierzu Protokollerklärung Nr. 1)

Entgeltgruppe 11

Beschäftigte, deren Tätigkeit sich durch besondere Schwierigkeit und Bedeutung aus der Entgeltgruppe 9b Fallgruppe 1 heraushebt.

(Hierzu Protokollerklärung Nr. 1)

Entgeltgruppe 9b

1. Beschäftigte, deren Tätigkeit sich dadurch aus der Fallgruppe 2 heraushebt, dass sie besonders verantwortungsvoll ist.

   (Hierzu Protokollerklärung Nr. 1)

2. Beschäftigte mit abgeschlossener Hochschulbildung und den Anforderungen der Protokollerklärung Nr. 1 Buchstaben a bis e entsprechender Tätigkeit sowie sonstige Beschäftigte, die aufgrund gleichwertiger Fähigkeiten und ihrer Erfahrungen entsprechende Tätigkeiten ausüben.

   (Hierzu Protokollerklärung Nr. 1)

Entgeltgruppe KR 9

1. Beschäftigte der Entgeltgruppe KR 7 Fallgruppe 1 mit abgeschlossener Fachweiterbildung und entsprechender Tätigkeit.

   (Hierzu Protokollerklärungen Nrn. 3 und 4)

2. Beschäftigte der Entgeltgruppe KR 7 Fallgruppe 1 mit erfolgreich abgeschlossener Fachweiterbildung zur Hygienefachkraft und entsprechender Tätigkeit,

   die innerhalb der Pflege, auch stationsübergreifend, tätig sind.

Entgeltgruppe KR 8

1. Beschäftigte der Entgeltgruppe KR 7 Fallgruppe 1,
   deren Tätigkeit sich aufgrund besonderer Schwierigkeit erheblich aus der Entgeltgruppe KR 7 Fallgruppe 1 heraushebt.
   (Hierzu Protokollerklärungen Nrn. 2, 3, 4 und 5)
2. Hebammen mit mindestens dreijähriger Ausbildung und entsprechender Tätigkeit.
3. Beschäftigte der Entgeltgruppe KR 7 Fallgruppe 2,
   deren Tätigkeit sich aufgrund besonderer Schwierigkeit erheblich aus der Entgeltgruppe KR 7 Fallgruppe 2 heraushebt.
   (Hierzu Protokollerklärungen Nrn. 3, 4 und 5)

Entgeltgruppe KR 7

1. Pflegerinnen mit mindestens dreijähriger Ausbildung und entsprechender Tätigkeit.
   (Hierzu Protokollerklärung Nr. 3)
2. Operationstechnische Assistentinnen sowie Anästhesietechnische Assistentinnen mit abgeschlossener Ausbildung nach der DKG-Empfehlung vom 17. September 2013 in der jeweiligen Fassung oder nach gleichwertiger landesrechtlicher Regelung und
   jeweils entsprechender Tätigkeit.
   (Hierzu Protokollerklärung Nr. 3)

Entgeltgruppe KR 6

Pflegehelferinnen mit mindestens einjähriger Ausbildung und entsprechender Tätigkeit.

Entgeltgruppe KR 5

Pflegehelferinnen mit entsprechender Tätigkeit.

Protokollerklärungen:

Nr. 1 [1]Die hochschulische Ausbildung befähigt darüber hinaus insbesondere

a) zur Steuerung und Gestaltung hochkomplexer Pflegeprozesse auf der Grundlage wissenschaftsbasierter oder wissenschaftsorientierter Entscheidungen,
b) vertieftes Wissen über Grundlagen der Pflegewissenschaft, des gesellschaftlich institutionellen Rahmens des pflegerischen Handelns sowie des normativ-institutionellen Systems der Versorgung anzuwenden und die Weiterentwicklung der gesundheitlichen und pflegerischen Versorgung dadurch maßgeblich mitzugestalten,
c) sich Forschungsgebiete der professionellen Pflege auf dem neuesten Stand der gesicherten Erkenntnisse erschließen und forschungsgestützte Problemlösungen wie auch neue Technologien in das berufliche Handeln übertragen zu können sowie berufsbezogene Fort- und Weiterbildungsbedarfe zu erkennen,

d) sich kritisch reflexiv und analytisch sowohl mit theoretischem als auch praktischem Wissen auseinandersetzen und wissenschaftsbasiert innovative Lösungsansätze zur Verbesserung im eigenen beruflichen Handlungsfeld entwickeln und implementieren zu können und

e) an der Entwicklung von Qualitätsmanagementkonzepten, Leitlinien und Expertenstandards mitzuwirken.

[2]Tätigkeiten, die der hochschulischen Ausbildung entsprechen, sind nur Tätigkeiten des Satzes 1 Buchstaben a bis e; für Pflegekräfte mit Tätigkeiten, die der Tätigkeit von Pflegekräften mit Fachweiterbildung entsprechen, gelten ausschließlich die KR-Entgeltgruppen.

Nr. 2 Auf Pflegerinnen in Psychiatrien und psychiatrischen Krankenhäusern oder Einrichtungen, die aufgrund Erfüllung der Anforderung des Buchstaben a der Protokollerklärung Nr. 5 in Entgeltgruppe KR 8 eingruppiert sind, findet § 1 Absatz 1 Ziffer 5 Unterabsatz 1 des Tarifvertrages über die Gewährung von Zulagen gemäß § 33 Absatz 1 Buchstabe c BAT – ggf. i. V. m. dem TV Zulagen Ang-O – keine Anwendung.

Nr. 3 [1]Praxisanleiterinnen in der Pflege mit berufspädagogischer Zusatzqualifikation nach bundesrechtlicher Regelung und entsprechender Tätigkeit erhalten für die Dauer der Tätigkeit als Praxisanleiterin eine monatliche Zulage nach Anlage F Abschnitt IV Nr. 9. [2]Die Zulage verändert sich bei allgemeinen Entgeltanpassungen um den von den Tarifvertragsparteien für die jeweilige Entgeltgruppe festgelegten Vomhundertsatz; Sockelbeträge, Mindestbeträge und vergleichbare nichtlineare Steigerungen bleiben unberücksichtigt.

Nr. 4 Bei den Fachweiterbildungen muss es sich entweder um eine Fachweiterbildung nach § 1 der DKG-Empfehlung zur pflegerischen Weiterbildung vom 29. September 2015 in der jeweiligen Fassung oder um eine Fachweiterbildung nach § 1 der DKG-Empfehlung für die Weiterbildung Notfallpflege vom 29. November 2016 bzw. um eine gleichwertige Weiterbildung jeweils nach § 21 dieser DKG-Empfehlungen handeln.

Nr. 5 Tätigkeiten, die sich aufgrund besonderer Schwierigkeit erheblich aus der Entgeltgruppe KR 7 herausheben, sind

a) Tätigkeiten in Spezialbereichen, in denen eine Fachweiterbildung nach den DKG-Empfehlungen zur Weiterbildung von Gesundheits- und (Kinder-) Krankenpflegekräften (siehe Protokollerklärung Nr. 4) vorgesehen ist, oder

b) die Wahrnehmung einer der folgenden besonderen pflegerischen Aufgaben außerhalb von Spezialbereichen nach Buchstabe a:
   - Wundmanagerin,
   - Gefäßassistentin,
   - Breast Nurse/Lactation,
   - Assistenz bei Herzkatheterisierungen, Dilatationen oder Angiografien,
   - Palliativpflege,
   - Painnurse oder

c) die Tätigkeit im Case- oder Caremanagement in der Pflege, auch stationsübergreifend.

2. Leitende Beschäftigte in der Pflege

Vorbemerkungen

1. [1]Hinsichtlich der Bezeichnung „Pflegerinnen" wird auf Satz 2 der Vorbemerkung Nr. 1 zu Abschnitt 1 verwiesen. [2]Zusätzlich gelten Operationstechnische Assistentinnen, Anästhesietechnische Assistentinnen, Hebammen, Medizinische Fachangestellte, Zahnmedizinische Fachangestellte und Erzieherinnen mit Leitungsfunktion in der Pflege als Pflegerinnen im Sinne dieses Abschnitts.
2. Unterstellte Beschäftigte sind Beschäftigte, die der Leitung ständig unterstellt sind.
3. Sind Beschäftigte mehreren Einheiten unterstellt, werden diese in Bezug auf die einzelnen Leitungskräfte mit demjenigen Umfang der Arbeitszeit als unterstellt berücksichtigt, wie sie der jeweiligen Leitung zugewiesen sind.
4. [1]Leiten mehrere Pflegerinnen eine Einheit gemeinsam und sind ihnen jeweils alle Beschäftigte dieser Einheit unterstellt (sog. Jobsharing), ergibt sich die Eingruppierung aus der Gesamtzahl der unterstellten Beschäftigten. [2]Leiten mehrere Pflegerinnen eine Einheit gemeinsam, in der ihnen jeweils nur ein Teil der Beschäftigten unterstellt ist, ergibt sich die Eingruppierung aus der Anzahl der ihnen jeweils zugewiesenen Beschäftigten.
5. Für leitende Beschäftigte in der Pflege, deren Tätigkeit eine Hochschulbildung oder eine wissenschaftliche Hochschulbildung erfordert, gilt Teil I.
6. Nr. 6 der Vorbemerkungen zu allen Teilen der Entgeltordnung gilt mit folgenden Maßgaben:
   a) Beschäftigte, die zu einem Teil ihrer Arbeitszeit unterstellt sind oder zu einem Teil ihrer Arbeitszeit in einem Bereich beschäftigt sind, zählen entsprechend dem Verhältnis dieses Anteils zur regelmäßigen Arbeitszeit eines entsprechenden Vollzeitbeschäftigten.
   b) [1]Schülerinnen in der Gesundheits- und Krankenpflege, Gesundheits- und Kinderkrankenpflege, Gesundheits- und Krankenpflegehilfe und Entbindungspflege sowie Personen, die sich in einer Ausbildung in der Altenpflege befinden, bleiben außer Betracht. [2]Für die Berücksichtigung von Stellen, auf die Schülerinnen angerechnet werden, gilt Satz 3 der Nr. 6 der Vorbemerkungen zu allen Teilen der Entgeltordnung.
7. Pflegerinnen der Entgeltgruppen KR 9 bis KR 15 erhalten die Zulage
   a) nach der Vorbemerkung Nr. 9 Buchstabe a oder Nr. 10 zu Abschnitt 1, wenn alle ihnen durch ausdrückliche Anordnung

IV

ständig unmittelbar unterstellten Pflegerinnen Anspruch auf eine Zulage nach der Vorbemerkung Nr. 9 Buchstabe a oder Nr. 10 zu Abschnitt 1 haben,

b) nach der Vorbemerkung Nr. 9 Buchstaben b bis g zu Abschnitt 1, wenn alle ihnen durch ausdrückliche Anordnung ständig unmittelbar unterstellten Pflegerinnen Anspruch auf eine Zulage nach der Vorbemerkung Nr. 9 Buchstaben a bis g oder Nr. 10 zu Abschnitt 1 haben und ein Anspruch auf eine Zulage nach Buchstabe a nicht besteht.

8. [1]Pflegerinnen an Universitätskliniken, im Maßregelvollzug (§ 61 Nrn. 1, 2 und 3 StGB) und im Justizvollzug erhalten eine monatliche Zulage nach Anlage F Abschnitt IV Nr. 8. [2]Die Zulage verändert sich bei allgemeinen Entgeltanpassungen um den von den Tarifvertragsparteien für die jeweilige Entgeltgruppe festgelegten Vomhundertsatz; Sockelbeträge, Mindestbeträge und vergleichbare nichtlineare Steigerungen bleiben unberücksichtigt. [3]Sie wird nur für die Zeiträume gezahlt, in denen Beschäftigte einen Anspruch auf Entgelt oder Entgeltfortzahlung nach § 21 haben. [4]Sie ist bei der Bemessung des Sterbegeldes (§ 23 Absatz 3) zu berücksichtigen.

9. [1]Leitende Gesundheits- und Krankenpflegerinnen, die die Gesamtverantwortung für den Pflegedienst des Krankenhauses bzw. des zugeteilten Pflegebereiches haben, denen gegenüber keine weitere Leitende Gesundheits- und Krankenpflegerin hinsichtlich des Pflegedienstes weisungsbefugt ist und die durch ausdrückliche schriftliche Anordnung zu Mitgliedern der Krankenhausbetriebsleitung bestellt worden sind, erhalten für die Dauer dieser Tätigkeit eine Zulage

gemäß Anlage F Abschnitt IV	**wenn im Krankenhaus bzw. Pflegebereich mindestens ... Pflegepersonen beschäftigt sind**
Nr. 2	900
Nr. 3	600
Nr. 4	300
Nr. 5	150
Nr. 6	75
Nr. 7	weniger als 75.

[2]Die Zulage verändert sich bei allgemeinen Entgeltanpassungen um den von den Tarifvertragsparteien für die jeweilige Entgeltgruppe festgelegten Vomhundertsatz; Sockelbeträge, Mindestbeträge und vergleichbare nichtlineare Steigerungen bleiben unberücksichtigt. [3]Sie wird nur für die Zeiträume gezahlt, in denen Beschäftigte einen

Anspruch auf Entgelt oder Entgeltfortzahlung nach § 21 haben. [4]Sie ist bei der Bemessung des Sterbegeldes (§ 23 Absatz 3) zu berücksichtigen.

Entgeltgruppe KR 17

1. Pflegerinnen,
   denen durch ausdrückliche Anordnung die Leitung des Pflegepersonals einer organisatorischen Einheit oder mehrerer organisatorischer Einheiten übertragen ist,
   denen insgesamt mindestens 320 Beschäftigte ständig unterstellt sind.
   (Hierzu Protokollerklärung Nr. 1)
2. Pflegerinnen,
   denen durch ausdrückliche Anordnung die Leitung des Pflegepersonals einer organisatorischen Einheit oder mehrerer organisatorischer Einheiten übertragen ist,
   denen insgesamt mindestens 160 Beschäftigte ständig unterstellt sind,
   deren Tätigkeiten sich dadurch aus der Entgeltgruppe KR 16 Fallgruppe 1 herausheben, dass sie besondere Leistungen erfordern.
   (Hierzu Protokollerklärungen Nrn. 1 und 2)
3. Beschäftigte, die durch ausdrückliche Anordnung als ständige Vertreterinnen der Pflegedirektorin an einer Universitätsklinik bestellt sind.

Entgeltgruppe KR 16

1. Pflegerinnen,
   denen durch ausdrückliche Anordnung die Leitung des Pflegepersonals einer organisatorischen Einheit oder mehrerer organisatorischer Einheiten übertragen ist,
   denen insgesamt mindestens 160 Beschäftigte ständig unterstellt sind.
   (Hierzu Protokollerklärung Nr. 1)
2. Pflegerinnen,
   denen durch ausdrückliche Anordnung die Leitung des Pflegepersonals einer organisatorischen Einheit oder mehrerer organisatorischer Einheiten übertragen ist,
   denen insgesamt mindestens 80 Beschäftigte ständig unterstellt sind,
   deren Tätigkeiten sich dadurch aus der Entgeltgruppe KR 15 Fallgruppe 1 herausheben, dass sie besondere Leistungen erfordern.
   (Hierzu Protokollerklärungen Nrn. 1 und 2)

IV

3. Pflegerinnen,

   die durch ausdrückliche Anordnung als ständige Vertreterinnen von Pflegerinnen der Entgeltgruppe KR 17 Fallgruppe 1 oder Fallgruppe 2 bestellt sind.

Entgeltgruppe KR 15

1. Pflegerinnen,

   denen durch ausdrückliche Anordnung die Leitung des Pflegepersonals einer organisatorischen Einheit oder mehrerer organisatorischer Einheiten übertragen ist,

   denen insgesamt mindestens 80 Beschäftigte ständig unterstellt sind.

   (Hierzu Protokollerklärung Nr. 1)

2. Pflegerinnen,

   denen durch ausdrückliche Anordnung die Leitung des Pflegepersonals einer organisatorischen Einheit oder mehrerer organisatorischer Einheiten übertragen ist,

   denen insgesamt mindestens 40 Beschäftigte ständig unterstellt sind,

   deren Tätigkeiten sich dadurch aus der Entgeltgruppe KR 14 Fallgruppe 1 herausheben, dass sie besondere Leistungen erfordern.

   (Hierzu Protokollerklärungen Nrn. 1 und 2)

3. Pflegerinnen,

   die durch ausdrückliche Anordnung als ständige Vertreterinnen von Pflegerinnen der Entgeltgruppe KR 16 Fallgruppe 1 oder Fallgruppe 2 bestellt sind.

Entgeltgruppe KR 14

1. Pflegerinnen,

   denen durch ausdrückliche Anordnung die Leitung des Pflegepersonals einer organisatorischen Einheit oder mehrerer organisatorischer Einheiten übertragen ist,

   denen insgesamt mindestens 40 Beschäftigte ständig unterstellt sind.

   (Hierzu Protokollerklärung Nr. 1)

2. Pflegerinnen,

   denen durch ausdrückliche Anordnung die Leitung des Pflegepersonals einer organisatorischen Einheit oder mehrerer organisatorischer Einheiten übertragen ist, denen insgesamt mindestens 20 Beschäftigte ständig unterstellt sind,

deren Tätigkeiten sich dadurch aus der Entgeltgruppe KR 13 Fallgruppe 1 herausheben, dass sie besondere Leistungen erfordern.

(Hierzu Protokollerklärungen Nrn. 1 und 2)

3. Pflegerinnen,

   die durch ausdrückliche Anordnung als ständige Vertreterinnen von Pflegerinnen der Entgeltgruppe KR 15 Fallgruppe 1 oder Fallgruppe 2 bestellt sind.

Entgeltgruppe KR 13

1. Pflegerinnen,

   denen durch ausdrückliche Anordnung die Leitung des Pflegepersonals einer organisatorischen Einheit oder mehrerer organisatorischer Einheiten übertragen ist,

   denen insgesamt mindestens 20 Beschäftigte ständig unterstellt sind.

   (Hierzu Protokollerklärung Nr. 1)

2. Pflegerinnen,

   denen durch ausdrückliche Anordnung die Leitung des Pflegepersonals einer organisatorischen Einheit oder mehrerer organisatorischer Einheiten übertragen ist,

   denen insgesamt mindestens zehn Beschäftigte ständig unterstellt sind,

   deren Tätigkeiten sich dadurch aus der Entgeltgruppe KR 12 Fallgruppe 1 herausheben, dass sie besondere Leistungen erfordern.

   (Hierzu Protokollerklärungen Nrn. 1 und 2)

3. Pflegerinnen,

   die durch ausdrückliche Anordnung als ständige Vertreterinnen von Pflegerinnen der Entgeltgruppe KR 14 Fallgruppe 1 oder Fallgruppe 2 bestellt sind.

Entgeltgruppe KR 12

1. Pflegerinnen,

   denen durch ausdrückliche Anordnung die Leitung des Pflegepersonals einer organisatorischen Einheit oder mehrerer organisatorischer Einheiten übertragen ist,

   denen insgesamt mindestens zehn Beschäftigte ständig unterstellt sind.

   (Hierzu Protokollerklärung Nr. 1)

2. Pflegerinnen,

   denen durch ausdrückliche Anordnung die Leitung des Pflegepersonals einer organisatorischen Einheit oder mehrerer organisatorischer Einheiten übertragen ist,

   denen insgesamt mindestens fünf Beschäftigte ständig unterstellt sind,

   deren Tätigkeiten sich dadurch aus der Entgeltgruppe KR 11 Fallgruppe 1 herausheben, dass sie besondere Leistungen erfordern.

   (Hierzu Protokollerklärungen Nrn. 1 und 2)

3. Pflegerinnen,

   die durch ausdrückliche Anordnung als ständige Vertreterinnen von Pflegerinnen der Entgeltgruppe KR 13 Fallgruppe 1 oder Fallgruppe 2 bestellt sind.

Entgeltgruppe KR 11

1. Pflegerinnen,

   denen durch ausdrückliche Anordnung die Leitung des Pflegepersonals einer organisatorischen Einheit oder mehrerer organisatorischer Einheiten übertragen ist,

   denen insgesamt mindestens fünf Beschäftigte ständig unterstellt sind.

   (Hierzu Protokollerklärung Nr. 1)

2. Pflegerinnen,

   denen durch ausdrückliche Anordnung die Leitung des Pflegepersonals einer organisatorischen Einheit oder mehrerer organisatorischer Einheiten übertragen ist,

   denen insgesamt mindestens zwei Beschäftigte ständig unterstellt sind,

   deren Tätigkeiten sich dadurch aus der Entgeltgruppe KR 10 Fallgruppe 1 herausheben, dass sie besondere Leistungen erfordern.

   (Hierzu Protokollerklärungen Nrn. 1 und 2)

3. Pflegerinnen,

   die durch ausdrückliche Anordnung als ständige Vertreterinnen von Pflegerinnen der Entgeltgruppe KR 12 Fallgruppe 1 oder Fallgruppe 2 bestellt sind.

Entgeltgruppe KR 10

1. Pflegerinnen,

   denen durch ausdrückliche Anordnung die Leitung des Pflegepersonals einer organisatorischen Einheit übertragen ist, denen insgesamt mindestens zwei Beschäftigte ständig unterstellt sind.

(Hierzu Protokollerklärung Nr. 1)

2. Pflegerinnen,

   die durch ausdrückliche Anordnung als ständige Vertreterinnen von Pflegerinnen der Entgeltgruppe KR 11 Fallgruppe 1 oder Fallgruppe 2 bestellt sind.

3. Pflegerinnen,

   denen durch ausdrückliche Anordnung die Leitung des Krankentransportdienstes oder des zentralen Sterilisationsdienstes übertragen ist,

   denen insgesamt mindestens 20 Beschäftigte ständig unterstellt sind.

Entgeltgruppe KR 9

Pflegerinnen,

denen durch ausdrückliche Anordnung die Leitung des Krankentransportdienstes oder des zentralen Sterilisationsdienstes übertragen ist.

Protokollerklärungen:

Nr. 1 Organisatorische Einheiten sind z. B. Teams, Gruppen, Stationen, Bereiche, Abteilungen.

Nr. 2 Besondere Leistungen erfordert die Leitung einer organisatorischen Einheit, die sich in fachlicher Hinsicht durch besondere Komplexität heraushebt, z. B. die Leitung

a) einer Einheit für Intensivmedizin,
b) des Operationsdienstes,
c) des Anästhesiedienstes,
d) einer onkologischen Einheit.

3. Lehrkräfte in der Pflege

Vorbemerkungen

1. Dieser Abschnitt gilt nicht in den Ländern, in denen es sich bei den Krankenpflegeschulen bzw. den Schulen für die Gesundheitsberufe nach den jeweiligen landesrechtlichen Regelungen um berufsbildende Schulen handelt; in diesen Ländern gilt stattdessen der Tarifvertrag über die Eingruppierung und die Entgeltordnung für die Lehrkräfte der Länder (TV EntgOL) vom 28. März 2015 in seiner jeweils geltenden Fassung.

2. (1) Wissenschaftliche Hochschulen sind Universitäten, Technische Hochschulen sowie andere Hochschulen, die nach Landesrecht als wissenschaftliche Hochschulen anerkannt sind.

   (2) [1]Eine abgeschlossene wissenschaftliche Hochschulbildung liegt vor, wenn das Studium mit einer ersten Staatsprüfung oder mit einer Diplomprüfung oder mit einer Masterprüfung oder mit einer Magisterprüfung beendet worden ist. [2]Diesen Prüfungen steht eine Promotion nur in den Fällen gleich, in denen die Ablegung einer ersten Staatsprüfung oder einer Diplomprüfung oder einer Masterprüfung oder einer Magisterprüfung nach den einschlägigen Ausbildungsvorschriften nicht vorgesehen ist. [3]Eine abgeschlossene wissenschaftliche Hochschulbildung liegt auch vor, wenn der Master an einer Fachhochschule erlangt wurde und den Zugang zur Laufbahn des höheren Dienstes bzw. zur entsprechenden Qualifikationsebene eröffnet; dies setzt voraus, dass der Masterstudiengang das Akkreditierungsverfahren erfolgreich durchlaufen hat, solange dies nach dem jeweils geltenden Landesbeamtenrecht für den Zugang zur Laufbahn des höheren Dienstes bzw. zur entsprechenden Qualifikationsebene gefordert ist.

   (3) [1]Eine abgeschlossene wissenschaftliche Hochschulbildung setzt voraus, dass die Abschlussprüfung in einem Studiengang abgelegt wird, der seinerseits mindestens das Zeugnis der Hochschulreife (allgemeine Hochschulreife oder einschlägige fachgebundene Hochschulreife) oder eine andere landesrechtliche Hochschulzugangsberechtigung als Zugangsvoraussetzung erfordert, und für den Abschluss eine Mindeststudienzeit von mehr als sechs Semestern – ohne etwaige Praxissemester, Prüfungssemester o. Ä. – vorgeschrieben ist. [2]Ein Bachelorstudiengang erfüllt diese Voraussetzung auch dann nicht, wenn mehr als sechs Semester für den Abschluss vorgeschrieben sind.

   (4) Ein Abschluss an einer ausländischen Hochschule gilt als abgeschlossene wissenschaftliche Hochschulbildung, wenn er von der

zuständigen staatlichen Anerkennungsstelle als dem deutschen Hochschulabschluss gleichwertig anerkannt wurde.

3. (1) Eine abgeschlossene Hochschulbildung liegt vor, wenn von einer Hochschule im Sinne des § 1 Hochschulrahmengesetz (HRG) ein Diplomgrad mit dem Zusatz „Fachhochschule" („FH"), ein anderer nach § 18 HRG gleichwertiger Abschlussgrad oder ein Bachelorgrad verliehen wurde.

   (2) [1]Der Bachelorstudiengang muss nach den Regelungen des Akkreditierungsrats akkreditiert sein. [2]Dem gleichgestellt sind Abschlüsse in akkreditierten Bachelorausbildungsgängen an Berufsakademien.

   (3) Eine abgeschlossene Hochschulbildung setzt voraus, dass die Abschlussprüfung in einem Studiengang abgelegt wird, der seinerseits mindestens das Zeugnis der Hochschulreife (allgemeine Hochschulreife) oder eine andere landesrechtliche Hochschulzugangsberechtigung als Zugangsvoraussetzung erfordert, und für den Abschluss eine Mindeststudienzeit von sechs Semestern – ohne etwaige Praxissemester, Prüfungssemester o. Ä. – vorgeschrieben ist.

   (4) Ein Abschluss an einer ausländischen Hochschule gilt als abgeschlossene Hochschulbildung, wenn er von der zuständigen staatlichen Anerkennungsstelle als dem deutschen Hochschulabschluss gleichwertig anerkannt wurde.

Entgeltgruppe 15

Leiterinnen einer Pflegeschule.

Entgeltgruppe 14

1. Stellvertretende Leiterinnen einer Pflegeschule.
2. Fachbereichsleiterinnen einer Pflegeschule.

Entgeltgruppe 13

1. Lehrkräfte mit abgeschlossener wissenschaftlicher Hochschulbildung und – soweit nach dem jeweiligen Landesrecht vorgesehen – mit erfolgreich absolviertem Vorbereitungsdienst (Referendariat) mit entsprechender Tätigkeit sowie sonstige Beschäftigte, die aufgrund gleichwertiger Fähigkeiten und ihrer Erfahrungen entsprechende Tätigkeiten ausüben.
2. Beschäftigte der Entgeltgruppe 11 Fallgruppe 1 als Leiterinnen einer Hebammenschule.

Entgeltgruppe 12

1. Beschäftigte der Entgeltgruppe 10 als Leiterinnen einer Hebammenschule.
2. Beschäftigte der Entgeltgruppe 11 Fallgruppe 1 als stellvertretende Leiterinnen oder als Fachbereichsleiterinnen einer Hebammenschule.

Entgeltgruppe 11

1. Lehrkräfte an Pflegeschulen mit abgeschlossener Hochschulbildung und entsprechender Tätigkeit sowie sonstige Beschäftigte, die aufgrund gleichwertiger Fähigkeiten und ihrer Erfahrungen entsprechende Tätigkeiten ausüben.
2. Beschäftigte der Entgeltgruppe 10 als stellvertretende Leiterinnen oder als Fachbereichsleiterinnen einer Hebammenschule.

Entgeltgruppe 10

Lehrkräfte mit entsprechender Zusatzqualifikation.

Abschnitt V
Eingruppierung Lehrkräfte

V

Tarifvertrag über die Eingruppierung und die Entgeltordnung für die Lehrkräfte der Länder (TV EntgO-L)

Vom 28. März 2015[1])

Zuletzt geändert durch
Änderungstarifvertrag Nr. 3 zum Tarifvertrag über die Eingruppierung und die Entgeltordnung für die Lehrkräfte der Länder (TV EntgO-L)
vom 2. März 2019

V

Präambel

Die Tarifvertragsparteien bekennen sich zum hohen gesellschaftlichen Wert der schulischen Bildung und Erziehung. Zur Gewährleistung der bestehenden hohen Unterrichtsqualität in den Ländern halten sie auch für die tarifvertraglich beschäftigten Lehrkräfte grundsätzlich eine vollständige Lehrerausbildung, die auch den erfolgreich abgeschlossenen Vorbereitungsdienst einschließt, für erforderlich.

Abschnitt 1
Allgemeine Vorschriften

§ 1 Geltungsbereich

Dieser Tarifvertrag gilt für Lehrkräfte an allgemeinbildenden und berufsbildenden Schulen, die unter den Geltungsbereich des § 44 Tarifvertrag für den öffentlichen Dienst der Länder (TV-L) fallen.

§ 2 Maßgaben zum TV-L und zum TVÜ-Länder

(1) Für die Eingruppierung der Lehrkräfte gilt der TV-L mit den Maßgaben in Abschnitt II.

(2) Für die Überleitung der am 31. Juli 2015 vorhandenen Lehrkräfte in die Entgeltordnung Lehrkräfte (Anlage zum TV EntgO-L) gilt der Tarifvertrag zur Überleitung der Beschäftigten in den TV-L und zur Regelung des Übergangsrechts (TVÜ-Länder) mit den Maßgaben in Abschnitt III.

---

[1]) Der Tarifvertrag wurde 2015 zunächst zwischen der TdL und dbb beamtenbund und tarifunion geschlossen. Seit dem Tarifabschluss 2017/2018 gilt er auch für verdi/GEW. Die Entgeltordnung Lehrkräfte ist eine Anlage zu diesem Vertrag und unter der Leitziffer **515** abgedruckt.

Abschnitt 2
Maßgaben zum TV-L

§ 3 Maßgabe zu § 12 TV-L – Eingruppierung –

§ 12 TV-L gilt in folgender Fassung:

„§ 12
Eingruppierung

(1) [1]Die Eingruppierung der Lehrkraft richtet sich nach den Eingruppierungsregelungen der Entgeltordnung Lehrkräfte (Anlage zum TV EntgO-L). [2]Die Lehrkraft erhält Entgelt nach der Entgeltgruppe, in der sie eingruppiert ist. [3]Die Lehrkraft ist in der Entgeltgruppe eingruppiert, die sich für die gesamte von ihr nicht nur vorübergehend auszuübende Tätigkeit aus den Eingruppierungsregelungen ergibt.

(2) Die Entgeltgruppe der Lehrkraft ist im Arbeitsvertrag anzugeben."

V

§ 4 Maßgabe zu § 13 TV-L – Eingruppierung in besonderen Fällen –

§ 13 TV-L findet keine Anwendung.

§ 5 Maßgabe zu § 14 TV-L – Vorübergehende Übertragung einer höherwertigen Tätigkeit –

§ 14 TV-L gilt in folgender Fassung:

„§ 14
Vorübergehende Übertragung einer höherwertigen Tätigkeit

(1) Wird einer unter Abschnitt 1, Abschnitt 2 Ziffer 1 oder Abschnitt 5 Ziffer 1 der Entgeltordnung Lehrkräfte (Anlage zum TV EntgO-L) fallenden Lehrkraft vorübergehend eine Tätigkeit übertragen, die einer höheren Entgeltgruppe zugeordnet ist, erhält sie eine persönliche Zulage, wenn die Voraussetzungen – stünde sie im Beamtenverhältnis – für die Zahlung einer Zulage nach dem beim Arbeitgeber geltenden Besoldungsrecht bei vorübergehender Übertragung der Aufgaben eines höherwertigen Amtes erfüllt wären.

(2) Die persönliche Zulage bemisst sich aus dem Unterschiedsbetrag zu dem Betrag, der sich für die Lehrkraft bei dauerhafter Übertragung nach § 17 Absatz 4 Satz 1 bis 3 ergeben hätte."

§ 6 Maßgaben zu § 16 TV-L – Stufen der Entgelttabelle –

(1) § 16 Absatz 1 Satz 2 TV-L und § 16 Absatz 3 Satz 2 TV-L gelten mit der Maßgabe, dass Entgeltordnung im Sinne der Vorschrift die Entgeltordnung Lehrkräfte (Anlage zum TV EntgO-L) ist.

(2) § 16 Absätze 2 und 3 gelten mit folgenden Maßgaben:

1. Bei Anwendung des § 16 Absatz 2 Satz 2 TV-L gilt:

   [1]Für ab 1. April 2011 neu zu begründende Arbeitsverhältnisse von Lehrkräften werden im Rahmen des § 16 Absatz 2 Satz 2 TV-L Zeiten einschlägiger Berufserfahrung aus mehreren Arbeitsverhältnissen zum selben Arbeitgeber, zuzüglich einer einmaligen Berücksichtigung der nach Ziffer 4 Satz 1 angerechneten Zeit des Referendariats oder Vorbereitungsdienstes, zusammengerechnet. [2]Die Nr. 3 der Protokollerklärungen zu § 16 Absatz 2 TV-L bleibt unberührt.
2. (weggefallen)
3. Für ab 1. August 2015 neu zu begründende Arbeitsverhältnisse von Lehrkräften im Sinne von Abschnitt 2 Ziffer 1 der Entgeltordnung Lehrkräfte (Anlage zum TV EntgO-L) gilt § 16 Absatz 2 Satz 3 TV-L in folgender Fassung:

   „Ist die einschlägige Berufserfahrung von mindestens zwei Jahren in einem Arbeitsverhältnis zu einem anderen Arbeitgeber erworben worden, erfolgt die Einstellung in die Stufe 2, beziehungsweise – bei Vorliegen einer einschlägigen Berufserfahrung von mindestens sieben Jahren – in Stufe 3."
4. Bei Anwendung des § 16 Absatz 3 Satz 1 TV-L gilt:

   [1]Für ab 1. März 2009 neu zu begründende Arbeitsverhältnisse von Lehrkräften wird die zur Vorbereitung auf den Lehrerberuf abgeleistete Zeit des Referendariats oder des Vorbereitungsdienstes im Umfang von sechs Monaten auf die Stufenlaufzeit der Stufe 1 angerechnet. [2]Für ab 1. August 2015 neu zu begründende Arbeitsverhältnisse von Lehrkräften im Sinne von Abschnitt 2 Ziffer 1 der Entgeltordnung Lehrkräfte (Anlage zum TV EntgO-L) beträgt die Stufenlaufzeit in Stufe 1 zwei Jahre und in Stufe 2 fünf Jahre.

Niederschriftserklärung zu § 6 Absatz 2 Nr. 1 und Nr. 4 Satz 1

Zur Erläuterung von § 6 Absatz 2 Nr. 1 und Nr. 4 Satz 1 sind sich die Tarifvertragsparteien über folgende Beispiele einig:

Beispiel 1:

Eine Lehrkraft war im Anschluss an den festgesetzten Vorbereitungsdienst in folgenden befristeten Arbeitsverhältnissen beim selben Arbeitgeber beschäftigt:

1. vom 1. September 2015 bis zum 30. Juni 2016 (zehn Monate),
2. vom 1. August 2016 bis zum 31. Mai 2017 (zehn Monate).

Zum 1. September 2017 wird die Lehrkraft beim selben Arbeitgeber in ein unbefristetes Arbeitsverhältnis übernommen.

In dem zum 1. September 2017 begründeten Arbeitsverhältnis werden zu den Zeiten einschlägiger Berufserfahrung aus den beiden Fristarbeitsverhältnissen (10 Monate + 10 Monate = 20 Monate) einmalig sechs Monate des Vorbereitungsdienstes, die im ersten Arbeitsverhältnis nach § 6 Absatz 2 Nr. 4 Satz 1 auf die Stufenlaufzeit der Stufe 1 angerechnet wurden, hinzugerechnet (20 Monate + 6 Monate = 26 Monate). Die Einstellung am 1. September 2017 erfolgt in Stufe 2.

Beispiel 2:

Eine Lehrkraft war im Anschluss an den festgesetzten Vorbereitungsdienst in folgenden befristeten Arbeitsverhältnissen beim selben Arbeitgeber beschäftigt:

1. vom 1. März 2015 bis zum 29. Februar 2016 (zwölf Monate),
2. vom 1. März 2016 bis zum 31. Dezember 2016 (zehn Monate),
3. vom 1. Februar 2017 bis zum 30. September 2017 (acht Monate).

Danach wird die Lehrkraft beim selben Arbeitgeber vom 1. März 2018 bis zum 31. Juli 2018 für fünf Monate befristet weiterbeschäftigt und ab 1. August 2018 in ein unbefristetes Arbeitsverhältnis übernommen.

Für das am 1. März 2018 beginnende Arbeitsverhältnis werden gemäß § 6 Absatz 2 Nr. 1 für die Stufenfestsetzung zu den Zeiten einschlägiger Berufserfahrung aus den vorangegangenen drei Fristarbeitsverhältnissen (12 Monate + 10 Monate + 8 Monate = 30 Monate) einmalig sechs Monate des Vorbereitungsdienstes, die im ersten Arbeitsverhältnis nach § 6 Absatz 2 Nr. 4 Satz 1 auf die Stufenlaufzeit der Stufe 1 angerechnet wurden, hinzugerechnet (30 Monate + 6 Monate = 36 Monate). Die Einstellung am 1. März 2018 erfolgt in Stufe 3.

Ebenso erfolgt die Stufenfestsetzung für das zum 1. August 2018 beginnende Arbeitsverhältnis. Zu den Zeiten einschlägiger Berufserfahrung aus den vier Fristarbeitsverhältnissen (12 Monate + 10 Monate + 8 Monate + 5 Monate = 35 Monate) werden einmalig sechs Monate des Vorbereitungsdienstes, die im ersten Arbeitsverhältnis nach § 6 Absatz 2 Nr. 4 Satz 1 auf die Stufenlaufzeit der Stufe 1 angerechnet wurden, hinzugerechnet (35 Monate + 6 Monate = 41 Monate). Die Einstellung am 1. August 2018 erfolgt in Stufe 3.

§ 7 Maßgabe zu § 17 TV-L – Allgemeine Regelung zu den Stufen –

Die Protokollerklärung zu § 17 Absatz 4 Satz 1 2. Halbsatz TV-L gilt in folgender Fassung:

„[1]Für nachstehend aufgeführte Lehrkräfte im Sinne der Entgeltordnung Lehrkräfte (Anlage zum TV EntgO-L) gelten folgende Höhergruppierungen nicht als „Eingruppierung über mehr als eine Entgeltgruppe:

- Lehrkräfte nach Abschnitt 1 von der Entgeltgruppe 11 in die Entgeltgruppe 13,
- Lehrkräfte nach Abschnitt 2 Ziffer 1 von der Entgeltgruppe 11 in die Entgeltgruppe 13,
- Lehrkräfte nach Abschnitt 2 Ziffer 2 von der Entgeltgruppe 10 in die Entgeltgruppe 12,
- Lehrkräfte nach Abschnitt 5 Ziffer 1 von der Entgeltgruppe 11 in die Entgeltgruppe 13.

[2]Satz 1 findet keine Anwendung bei einer Höhergruppierung, die aufgrund des Inkrafttretens der Entgeltordnung Lehrkräfte auf Antrag gemäß § 29a Absatz 3 und 4 TVÜ-Länder in der Fassung des § 11 TV EntgO-L erfolgt. [3]Hat die Lehrkraft nach der Überleitung in die Entgeltordnung Lehrkräfte einen Antrag nach § 29a Absatz 3 TVÜ-Länder in der Fassung des § 11 TV EntgO-L nicht gestellt, gilt im Falle einer

späteren Höhergruppierung die bisherige Entgeltgruppe (Protokollerklärung zu § 29a Absatz 2 Satz 1 und 2 TVÜ-Länder in der Fassung des § 11 TV EntgO-L) als Entgeltgruppe nach Satz 1, von der aus die Höhergruppierung erfolgt.“

§ 8 (weggefallen)

Abschnitt III
Maßgaben zum TVÜ-Länder

§ 9 Maßgabe zu § 12 TVÜ-Länder – Strukturausgleich –

§ 12 Absatz 5 TVÜ-Länder gilt in folgender Fassung:

„(5) [1]Bei Höhergruppierungen wird der Unterschiedsbetrag zum bisherigen Entgelt auf den Strukturausgleich angerechnet. [2]Dies gilt auch, wenn die Höhergruppierung aufgrund der Überleitung von Beschäftigten in die Entgeltordnung Lehrkräfte (Anlage zum TV EntgO-L) gemäß § 29a Absatz 3 erfolgt. [3]Für Lehrkräfte in einer der Entgeltgruppen 9a bis 15 (Anlage B zum TV-L) sowie 13 Ü (§ 19 TVÜ-Länder) wird bei Erreichen der Stufe 6 auch der Unterschiedsbetrag zwischen Stufe 5 und Stufe 6 auf den Strukturausgleich angerechnet.

V

§ 10 Maßgaben zu § 17 TVÜ-Länder – Eingruppierung –

(1) § 17 Absatz 1 TVÜ-Länder gilt in folgender Fassung:

„(1) [1]Die Nr. 5 der Vorbemerkungen zu allen Vergütungsgruppen der Anlage 1a zum BAT/BAT-O sowie § 2 Nr. 3 des Änderungstarifvertrages Nr. 1 zum BAT-O vom 8. Mai 1991 gelten über den 31. Oktober 2006 hinaus bis zum 31. Dezember 2011 fort. [2]Für Beschäftigte, die unter § 2 Nr. 3 des Änderungstarifvertrages Nr. 1 zum BAT-O vom 8. Mai 1991 fallen, gelten die entsprechenden Vorschriften des Satzes 1 auch über den 31. Dezember 2011 hinaus bis zum 31. Juli 2015 fort.“

(2) § 17 Absatz 3 TVÜ-Länder gilt nicht.

(3) § 17 Absatz 7 TVÜ-Länder gilt in folgender Fassung:

„(7) [1]Für Eingruppierungen ab dem 1. November 2006 bis zum 31. Dezember 2011 werden die Vergütungsgruppen der Allgemeinen Vergütungsordnung (Anlage 1a zum BAT) gemäß Anlage 4 den Entgeltgruppen des TV-L zugeordnet. [2]Für Lehrkräfte, die unter den Geltungsbereich des § 44 TV-L und unter § 2 Nr. 3 des Änderungstarifvertrages Nr. 1 zum BAT-O vom 8. Mai 1991 fallen, gilt Satz 1 für Eingruppierungen in der Zeit vom 1. Januar 2012 bis zum 31. Juli 2015 fort. [3]In den Fällen des § 16 Absatz 2a TV-L kann die Eingruppierung auch über den 31. Juli 2015 hinaus unter Anwendung der Anlage 2 in die im unmittelbar vorhergehenden Arbeitsverhältnis gemäß § 4

Absatz 1 in Verbindung mit Anlage 2, § 8 Absatz 1 und 3, oder durch vergleichbare Regelungen erworbene Entgeltgruppe erfolgen, sofern das unmittelbar vorhergehende Arbeitsverhältnis vor dem 1. November 2006 begründet worden ist und derselben Ausgangsvergütungsgruppe zugeordnet war; im vorhergehenden Arbeitsverhältnis noch nicht vollzogene Bewährungs-, Tätigkeits- oder Zeitaufstiege werden in dem neuen Arbeitsverhältnis nicht weitergeführt.

Protokollerklärung zu § 17 Absatz 7 Satz 1:

Für das Land Berlin tritt an die Stelle des Datums „1. November 2006" das Datum „1. September 2008"."

§ 11 Maßgabe zu § 29a TVÜ-Länder – Überleitung in die Entgeltordnung zum TV-L am 1. Januar 2012 –

§ 29a TVÜ-Länder gilt in folgender Fassung:

„§ 29a

Überleitung der Lehrkräfte in die Entgeltordnung Lehrkräfte (Anlage zum TV EntgO-L) am 1. August 2015

V

(1) [1]Für in den TV-L übergeleitete und für zwischen dem 1. November 2006 und dem 31. Juli 2015 neu eingestellte Lehrkräfte gelten für Eingruppierungen ab dem 1. August 2015 der § 12 TV-L in der Fassung des § 3 TV EntgO-L sowie die Entgeltordnung Lehrkräfte (Anlage zum TV EntgO-L). [2]Hängt die Eingruppierung nach Satz 1 von der Zeit einer Tätigkeit oder Berufsausübung ab, wird die vor dem 1. August 2015 zurückgelegte Zeit so berücksichtigt, wie sie zu berücksichtigen wäre, wenn die Entgeltordnung Lehrkräfte (Anlage zum TV EntgO-L) bereits seit dem Beginn des Arbeitsverhältnisses gegolten hätte.

(2) [1]In den TV-L übergeleitete und ab dem 1. November 2006 neu eingestellte Lehrkräfte,

- deren Arbeitsverhältnis zu einem Arbeitgeber, der Mitglied der TdL oder eines Mitgliedsverbandes der TdL ist, über den 31. Juli 2015 hinaus fortbesteht, und
- die am 1. August 2015 unter den Geltungsbereich des § 44 TV-L fallen,

sind – jedoch unter Beibehaltung der bisherigen Entgeltgruppe für die Dauer der unverändert auszuübenden Tätigkeit – zum 1. August 2015 in die Entgeltordnung Lehrkräfte (Anlage zum TV EntgO-L) übergeleitet; Absatz 3 bleibt unberührt. [2]Soweit an die Tätigkeit in der bisherigen Entgeltgruppe in Abweichung von § 16 Absatz 1 Satz 1 und Absatz 3 Satz 1 TV-L besondere Stufenregelungen geknüpft waren, gelten diese für die Dauer der unverändert auszuübenden Tätigkeit fort. [3]Soweit an die Tätigkeit in der bisherigen Entgeltgruppe eine Zulage geknüpft war, wird diese weitergewährt, solange die anspruchsbegründende Tätigkeit unverändert ausgeübt wird und die sonstigen Voraussetzungen für die Zulage erfüllt sind.

Protokollerklärung zu § 29a Absatz 2 Satz 1 und 2:

[1]Bisherige Entgeltgruppe ist die Entgeltgruppe, die sich aufgrund der Regelungen in
- den Lehrer-Richtlinien der TdL,
- § 2 Nr. 3 des Änderungstarifvertrages Nr. 1 zum BAT-O vom 8. Mai 1991 i. V. m. den Lehrer-Richtlinien-O der TdL oder
- landesspezifischen Eingruppierungsregelungen

ergibt, die am 31. Juli 2015 auf das Arbeitsverhältnis der Lehrkraft anzuwenden sind. [2]Die vorläufige Zuordnung zu der Entgeltgruppe des TV-L nach der Anlage 2 oder 4 gilt als Eingruppierung. [3]Eine Überprüfung und Neufeststellung der Eingruppierungen findet aufgrund der Überleitung in die Entgeltordnung Lehrkräfte (Anlage zum TV EntgO-L) nicht statt.

Protokollerklärung zu § 29a Absatz 2 Satz 3:

Die Höhe der jeweiligen Zulage entspricht der Höhe der vergleichbaren Zulage nach dem beim Arbeitgeber geltenden Besoldungsrecht.

V

(3) [1]Ergibt sich in den Fällen des Absatzes 2 Satz 1 nach der Entgeltordnung Lehrkräfte (Anlage zum TV EntgO-L) eine höhere Entgeltgruppe, sind die Lehrkräfte auf Antrag in die Entgeltgruppe eingruppiert, die sich nach § 12 TV-L in der Fassung des § 3 TV EntgO-L ergibt. [2]Die Stufenzuordnung in der höheren Entgeltgruppe richtet sich nach den Regelungen für Höhergruppierungen (§ 17 Absatz 4 TV-L in der Fassung des § 7 TV EntgO-L). [3]War die Lehrkraft in der bisherigen Entgeltgruppe der Stufe 1 zugeordnet, wird sie abweichend von Satz 2 der Stufe 1 der höheren Entgeltgruppe zugeordnet; die bisher in Stufe 1 verbrachte Zeit wird angerechnet. [4]Satz 1 gilt für den erstmaligen Anspruch auf eine Entgeltgruppenzulage entsprechend. [5]Satz 1 gilt für den Anspruch auf die Angleichungszulage (Anhang 1 zur Anlage zum TV EntgO-L) entsprechend.

Protokollerklärung zu § 29a Absatz 3 Satz 1:

Die Regelung gilt auch im Falle des Wechsels von einem Eingruppierungsmerkmal der Entgeltgruppe 9 mit dem Zusatz „Stufe 3 nach 5 Jahren in Stufe 2, Stufe 4 nach 9 Jahren in Stufe 3, keine Stufen 5 und 6" in ein Eingruppierungsmerkmal der Entgeltgruppe 9 ohne Zusatz.

(4) [1]Der Antrag nach Absatz 3 Satz 1 und/oder nach Absatz 3 Satz 4 kann nur bis zum 31. Juli 2016 gestellt werden (Ausschlussfrist) und wirkt auf den 1. August 2015 zurück; nach dem Inkrafttreten der Entgeltordnung Lehrkräfte (Anlage zum TV EntgO-L) eingetretene Änderungen der Stufenzuordnung in der bisherigen Entgeltgruppe bleiben bei der Stufenzuordnung nach Absatz 3 Satz 2 und 3 unberücksichtigt. [2]Ruht das Arbeitsverhältnis am 1. August 2015, beginnt die Frist von einem Jahr mit der Wiederaufnahme der Tätigkeit; der Antrag wirkt auf den 1. August 2015 zurück.

(5) [1]Der Antrag nach Absatz 3 Satz 5 kann nur bis zum 31. Juli 2017 gestellt werden (Ausschlussfrist) und wirkt auf den 1. August 2016

zurück. [2]Ruht das Arbeitsverhältnis am 1. August 2016, beginnt die Frist von einem Jahr mit der Wiederaufnahme der Tätigkeit; der Antrag wirkt auf den 1. August 2016 zurück. [3]Ergibt sich in den Fällen des Absatzes 2 Satz 1 nach der Entgeltordnung Lehrkräfte ein Anspruch auf eine höhere Entgeltgruppe (Absatz 3 Satz 1) oder auf eine Entgeltgruppenzulage (Absatz 3 Satz 4) und bestünde nach entsprechender Eingruppierung Anspruch auf eine Angleichungszulage (Absatz 3 Satz 5) ab 1. August 2016, gilt im Falle eines nicht ausgeübten Antragsrechts nach Absatz 3 Satz 1 bzw. Satz 4 ein Antrag nach Absatz 3 Satz 5 als Antrag nach Absatz 3 Satz 1 bzw. Satz 4, der auf den 1. August 2015 zurückwirkt.

(6) [1]Ergibt sich in den Fällen des Absatzes 2 Satz 1 aufgrund einer Änderung des beim Arbeitgeber geltenden Besoldungsgesetzes für die vergleichbare beamtete Lehrkraft eine höhere Besoldungsgruppe, sind die Lehrkräfte, die keinen Antrag nach Absatz 3 gestellt haben, auf Antrag in die Entgeltgruppe eingruppiert, die sich nach § 12 TV-L in der Fassung des § 3 TV EntgO-L ergibt. [2]Die Stufenzuordnung in der höheren Entgeltgruppe richtet sich nach den Regelungen für Höhergruppierungen (§ 17 Absatz 4 TV-L in der Fassung des § 7 TV EntgO-L). [3]War die Lehrkraft in der bisherigen Entgeltgruppe der Stufe 1 zugeordnet, wird sie abweichend von Satz 2 der Stufe 1 der höheren Entgeltgruppe zugeordnet; die bisher in Stufe 1 verbrachte Zeit wird angerechnet. [4]Satz 1 gilt für den erstmaligen Anspruch auf eine Entgeltgruppenzulage entsprechend.

(7) [1]Der Antrag nach Absatz 6 Satz 1 und/oder nach Absatz 6 Satz 4 kann nur innerhalb eines Jahres nach dem Inkrafttreten der Gesetzesänderung gestellt werden (Ausschlussfrist) und wirkt auf den Tag des Inkrafttretens zurück; danach eingetretene Änderungen der Stufenzuordnung in der bisherigen Entgeltgruppe bleiben bei der Stufenzuordnung nach Absatz 6 Satz 2 und 3 unberücksichtigt. [2]Ruht das Arbeitsverhältnis am Tag des Inkrafttretens des Änderungsgesetzes, beginnt die Frist von einem Jahr mit der Wiederaufnahme der Tätigkeit; der Antrag wirkt auf den Tag des Inkrafttretens der Gesetzesänderung zurück."

Abschnitt IV
Schlussvorschriften

§ 12 Inkrafttreten, Laufzeit

(1) Dieser Tarifvertrag tritt am 1. August 2015 in Kraft.

(2) Dieser Tarifvertrag kann ohne Nachwirkung mit einer Frist von drei Monaten zum Schluss eines Kalenderhalbjahres gekündigt werden.

Entgeltordnung Lehrkräfte

Vom 28. März 2015[1])

Zuletzt geändert durch
Änderungstarifvertrag Nr. 3 zum Tarifvertrag
über die Eingruppierung und die Entgeltordnung
für die Lehrkräfte der Länder (TV EntgO-L)
vom 2. März 2019

Inhaltsübersicht

V

---

[1]) Die Entgeltordnung Lehrkräfte wurde als Anlage zum TV EntgO-L (Leitziffer **510**) zunächst zwischen der TdL und dbb beamtenbund und tarifunion geschlossen. Seit der Tarifrunde 2017/2018 gilt sie auch für die GEW.

V

Vorbemerkungen zu allen Abschnitten der Entgeltordnung Lehrkräfte

1. (1) Für das Verhältnis der Abschnitte zueinander gelten die Regelungen der Absätze 2 bis 8.

   (2) Für Lehrkräfte in der Tätigkeit von Lehrkräften mit abgeschlossenem Lehramtsstudium an einer wissenschaftlichen Hochschule und mit abgeschlossenem Referendariat oder Vorbereitungsdienst gelten nur die Abschnitte 1 und 2.

   (3) Für Lehrkräfte in der Tätigkeit von Fachlehrern im Sinne der Vorbemerkungen zu Abschnitt 3 gelten nur die Abschnitte 1 und 3.

   (4) Für Lehrkräfte, die herkunftssprachlichen Ergänzungsunterricht erteilen, gilt nur Abschnitt 4 Unterabschnitt 1.

   (5) Für pädagogische und heilpädagogische Unterrichtshilfen und sonderpädagogische Fachkräfte, die nach landesrechtlichen Vorschriften Lehrkräfte sind oder nach landesrechtlichen Vorschriften Lehrkräften gleichgestellt sind, gelten nur Abschnitt 1 und Abschnitt 4 Unterabschnitt 2.

   (6) Für Lehrkräfte in Schulkindergärten oder in Vorschulklassen für schulpflichtige Kinder gilt nur Abschnitt 4 Unterabschnitt 3.

   (7) Für Lehrkräfte mit einer Ausbildung als Lehrer, als Freundschaftspionierleiter oder als Erzieher jeweils nach dem Recht der ehemaligen DDR in der Tätigkeit von Lehrkräften mit abgeschlossenem Lehramtsstudium an einer wissenschaftlichen Hochschule und mit abgeschlossenem Referendariat oder Vorbereitungsdienst gelten nur die Abschnitte 1 und 5.

   (8) Für Lehrkräfte mit einer Ausbildung nach dem Recht der ehemaligen DDR, die im Arbeitsverhältnis zum Freistaat Sachsen stehen, gilt Abschnitt 6, soweit diese dort aufgeführt sind.

   Niederschriftserklärung zu der Vorbemerkung Nr. 1 Absätze 5 und 6 zu allen Abschnitten der Entgeltordnung Lehrkräfte sowie zu Abschnitt 4 Unterabschnitte 2 und 3:

   [1]Zwischen den Tarifvertragsparteien besteht Einvernehmen, dass von der Entgeltordnung für Lehrkräfte nur Beschäftigte erfasst werden, bei denen entsprechend der Protokollerklärung zu § 44 Nr. 1 TV-L die Vermittlung von Kenntnissen und Fertigkeiten im Rahmen eines Schulbetriebes der Tätigkeit das Gepräge gibt. [2]Gibt diese Aufgabenstellung nicht der Tätigkeit das Gepräge, erfolgt die Eingruppierung nach den Tätigkeitsmerkmalen des Teils II Abschnitt 20 der Entgeltordnung (Anlage A zum TV-L).

2. [1]Die Lehrkraft, die Tätigkeiten aus verschiedenen Abschnitten bzw. Unterabschnitten nicht nur vorübergehend auszuüben hat, ist nach der Tätigkeit eingruppiert, die zeitlich mindestens zur Hälfte anfällt. [2]Für die Feststellung, welche Tätigkeit mindestens zur Hälfte anfällt,

V

ist von der für die jeweilige Tätigkeit geltenden Pflichtstundenzahl auszugehen.

3. Im Land Berlin gilt die Entgeltordnung Lehrkräfte nicht für Ballettpädagogen und Lehrkräfte für Artistik einschließlich der Leitungskräfte für die Bereiche Ballett und Artistik an der Staatlichen Ballettschule Berlin und Schule für Artistik sowie für amerikanische Lehrkräfte an der John-F.-Kennedy-Schule.

4. (1) [1]Aufgrund des Artikels 37 des Einigungsvertrages und der Vorschriften hierzu als gleichwertig festgestellte Abschlüsse, Prüfungen und Befähigungsnachweise stehen ab dem Zeitpunkt ihres Erwerbs den in den Eingruppierungsregelungen geforderten entsprechenden Anforderungen gleich. [2]Ist die Gleichwertigkeit erst nach Erfüllung zusätzlicher Erfordernisse festgestellt worden, gilt die Gleichstellung ab der Feststellung.

   (2) Facharbeiter mit einem im Beitrittsgebiet erworbenen Facharbeiterzeugnis, das nach Artikel 37 des Einigungsvertrages und der Vorschriften hierzu dem Prüfungszeugnis in einem anerkannten Ausbildungsberuf mit einer Ausbildungsdauer von mindestens drei Jahren bzw. einer kürzeren Ausbildungsdauer gleichgestellt ist, werden bei entsprechender Tätigkeit wie Beschäftigte mit erfolgreich abgeschlossener Ausbildung in einem solchen Ausbildungsberuf eingruppiert.

1. Lehrkräfte, bei denen die fachlichen und pädagogischen Voraussetzungen für die Übernahme in das Beamtenverhältnis erfüllt sind

Vorbemerkungen

1. Dieser Abschnitt gilt für Lehrkräfte, bei denen die fachlichen und pädagogischen Voraussetzungen für die Übernahme in das Beamtenverhältnis erfüllt sind.
2. [1]Die Lehrkraft, die ihre Tätigkeit an verschiedenen Schulformen nicht nur vorübergehend auszuüben hat, ist nach der Tätigkeit eingruppiert, die zeitlich mindestens zur Hälfte anfällt. [2]Für die Feststellung, welche Tätigkeit mindestens zur Hälfte anfällt, ist von der für die jeweilige Schulform geltenden Pflichtstundenzahl auszugehen. [3]Die Sätze 1 und 2 gelten entsprechend, wenn die Lehrkraft ihre Tätigkeit

   a) in mehreren Schulzweigen oder

   b) in mehreren Schul- bzw. Klassenstufen

   auszuüben hat.

(1) [1]Die Lehrkraft ist in der Entgeltgruppe eingruppiert, die nach Satz 3 der beim Arbeitgeber geltenden Besoldungsgruppe entspricht, in welche sie eingestuft wäre, wenn sie unter Zugrundelegung ihrer fachlichen und pädagogischen Voraussetzungen im Beamtenverhältnis stünde. [2]Sind in dem beim Arbeitgeber geltenden Besoldungsgesetz Beförderungsämter in einer höheren Besoldungsgruppe als dem Eingangsamt ausgebracht, erfolgt eine Höhergruppierung unter denselben Voraussetzungen wie eine Beförderung bei einer vergleichbaren beamteten Lehrkraft. [3]Es entspricht

der Besoldungsgruppe	die Entgeltgruppe
A 9	9a**)
A 10	9b**)
A 11	10**)
A 12, 12a	11**)
A 13	13
A 14	14
A 15	15.

**) Lehrkräfte in dieser Entgeltgruppe erhalten eine monatliche Angleichungszulage gemäß Anhang 1

(2) [1]Hat die Lehrkraft ihre Tätigkeit an einer anderen als ihrer Lehramtsbefähigung entsprechenden Schulform auszuüben und

wäre sie bei einem Einsatz entsprechend ihrer Lehramtsbefähigung nach Absatz 1 Satz 3 einer höheren Entgeltgruppe zuzuordnen als eine Lehrkraft mit einer dieser anderen Schulform entsprechenden Lehramtsbefähigung,

ist für die Zuordnung nach Absatz 1 Satz 3 die Lehramtsbefähigung zugrunde zu legen, die dieser anderen Schulform entspricht.

[2]Sind in dem beim Arbeitgeber geltenden Besoldungsgesetz für die Laufbahn, die der Schulform entspricht, an der die Lehrkraft ihre Tätigkeit auszuüben hat, Beförderungsämter in einer höheren Besoldungsgruppe als dem Eingangsamt ausgebracht,

erfolgt eine Höhergruppierung in die nach Absatz 1 Satz 3 entsprechende Entgeltgruppe unter denselben Voraussetzungen wie eine Beförderung bei einer vergleichbaren beamteten Lehrkraft an dieser Schulform.

[3]Die Sätze 1 und 2 gelten entsprechend, wenn die Lehrkraft ihre Tätigkeit

a) in einem anderen als ihrer Lehramtsbefähigung entsprechenden Schulzweig oder
b) in einer anderen als ihrer Lehramtsbefähigung entsprechenden Schul- bzw. Klassenstufe

auszuüben hat. [4]Die Sätze 1 bis 3 gelten nicht für Lehrkräfte mit der Befähigung

a) für das Lehramt an Förderschulen/Sonderschulen,
b) für das Lehramt für Sonderpädagogik,

die sonderpädagogische Fördermaßnahmen durchführen.

(3) [1]Hat die Lehrkraft ihre Tätigkeit an einer anderen als ihrer Lehramtsbefähigung entsprechenden Schulform auszuüben und

wäre sie bei einem Einsatz entsprechend ihrer Lehramtsbefähigung nach Absatz 1 Satz 3 einer niedrigeren Entgeltgruppe zuzuordnen als eine Lehrkraft mit einer dieser anderen Schulform entsprechenden Lehramtsbefähigung,

sind für die Zuordnung nach Absatz 1 Satz 3 die erworbene Lehramtsbefähigung und eine entsprechende Tätigkeit zugrunde zu legen.

[2]Sind in dem beim Arbeitgeber geltenden Besoldungsgesetz für die Laufbahn, die der Lehramtsbefähigung der Lehrkraft entspricht, Beförderungsämter in einer höheren Besoldungsgruppe als dem Eingangsamt ausgebracht,

erfolgt eine Höhergruppierung unter denselben Voraussetzungen wie eine Beförderung bei einer in vergleichbarer Tätigkeit beamteten Lehrkraft an der Schulform, an der die Lehrkraft ihre Tätigkeit auszuüben hat;

für die Zuordnung nach Absatz 1 Satz 3 ist das Beförderungsamt für die Laufbahn zugrunde zu legen, die der Lehramtsbefähigung der Lehrkraft entspricht.

[3]Die Sätze 1 und 2 gelten entsprechend, wenn die Lehrkraft ihre Tätigkeit

a) in einem anderen als ihrer Lehramtsbefähigung entsprechenden Schulzweig oder

b) in einer anderen als ihrer Lehramtsbefähigung entsprechenden Schul- bzw. Klassenstufe

auszuüben hat.

(4) [1]Die Lehrkraft erhält eine Entgeltgruppenzulage, wenn sie – stünde sie im Beamtenverhältnis – nach dem beim Arbeitgeber geltenden Besoldungsrecht in ihrer Besoldungsgruppe Anspruch auf eine Zulage hätte. [2]Satz 1 gilt nicht für

a) Zulagen, die unabhängig davon zustehen können, ob die Beamtin oder der Beamte als Lehrkraft tätig ist, sowie

b) die allgemeine Stellenzulage nach Nr. 27 der Vorbemerkungen zu den Bundesbesoldungsordnungen A und B (Anlage I des Bundesbesoldungsgesetzes) in der am 30. Juni 2009 geltenden Fassung oder einer vergleichbaren landesrechtlichen Regelung.

[3]Soweit die besoldungsrechtliche Zulage als Beförderungsamt gewährt wird, gilt für die Gewährung der Entgeltgruppenzulage Absatz 1 Satz 2 entsprechend. [4]Die Höhe der Entgeltgruppenzulage entspricht der Höhe der Zulage nach dem beim Arbeitgeber geltenden Besoldungsrecht. [5]Die Entgeltgruppenzulage ist nicht zusatzversorgungspflichtig, soweit die entsprechende besoldungsrechtliche Zulage nicht ruhegehaltfähig ist.

(5) [1]In den Fällen von Absatz 2 Satz 1 und 3 gilt Absatz 4 mit der Maßgabe, dass von der Besoldungsgruppe auszugehen ist, in welche die Lehrkraft mit der dieser Schulform, diesem Schulzweig bzw. dieser Schul- bzw. Klassenstufe entsprechenden Lehramtsbefähigung und entsprechender Tätigkeit eingestuft wäre. [2]Satz 1 gilt nicht für Lehrkräfte mit der Befähigung

a) für das Lehramt an Förderschulen/Sonderschulen,

b) für das Lehramt für Sonderpädagogik,

die sonderpädagogische Fördermaßnahmen durchführen.

(6) In den Fällen von Absatz 3 Satz 1 und 3 gilt Absatz 4 mit der Maßgabe, dass von der Besoldungsgruppe auszugehen ist, in welche die

Lehrkraft mit der erworbenen Lehramtsbefähigung und entsprechender Tätigkeit eingestuft wäre.

Protokollerklärungen:

Nr. 1 Soweit im jeweiligen Landesrecht anstelle des Begriffs „Schulform" der Begriff „Schulart" verwendet wird, ist dem Begriff „Schulform" der Begriff „Schulart" gleichgestellt.

Nr. 2 (1) [1]Für Lehrkräfte mit einer Ausbildung als Lehrer, als Freundschaftspionierleiter oder als Erzieher mit Lehrbefähigung jeweils nach dem Recht der ehemaligen DDR gilt als Beamtenverhältnis, in das die Lehrkraft übernommen werden könnte, das Beamtenverhältnis, für das in dem Besoldungsgesetz, das beim Arbeitgeber im Zeitpunkt der Eingruppierung gilt, ein Eingangsamt ausgebracht ist, dessen Voraussetzungen die Lehrkraft erfüllt. [2]Eine fehlende tatsächliche Möglichkeit der Übernahme in das Beamtenverhältnis im Zeitpunkt der Eingruppierung z. B. aufgrund einer zwischenzeitlichen Schließung der Laufbahn ist unschädlich.

(2) Lehrkräfte mit einer Ausbildung als Lehrer nach dem Recht der ehemaligen DDR haben ihre Tätigkeit an einer anderen als ihrer Lehramtsbefähigung entsprechenden Schulform z. B. in folgenden Fällen auszuüben:

a) Lehrer für untere Klassen an einem Gymnasium, an einer Realschule oder an einer Sonderschule/Förderschule;
b) Diplom-Lehrer für zwei Fächer an einer Grundschule oder an einer Sonderschule/Förderschule;
c) Sonderschullehrer an einer Grundschule, an einer Realschule oder an einem Gymnasium, soweit sie nicht sonderpädagogische Fördermaßnahmen durchführen.

Nr. 3 Besoldungsrechtliche Ausgleichszulagen gelten auch dann als Zulagen im Sinne von Absatz 4 Satz 2 Buchstabe a, wenn ihre Voraussetzungen an einen lehrkräftespezifischen Sachverhalt anknüpfen, z. B.

a) § 13 Absatz 1 Satz 1 Nr. 4 Bundesbesoldungsgesetz in der Fassung der Bekanntmachung vom 6. August 2002 (BGBl. I S. 3020), zul. geändert durch Art. 3 des Gesetzes vom 12. Juli 2006 (BGBl. I S. 1466), und
b) § 58 Absatz 1 Satz 1 Nr. 4 Besoldungsgesetz Schleswig-Holstein vom 26. Januar 2012 (GVOBl. S. 153).

Nr. 4 Für Lehrkräfte, die im Arbeitsverhältnis zum Land Berlin stehen, gelten für die Anwendung von Absatz 2 Satz 1 und 3 sowie von Absatz 5 Satz 1 folgende Maßgaben:

a) Hat eine Lehrkraft mit einem Studium nach § 7 Absatz 1 Nr. 3 oder 4 Lehrerbildungsgesetz in der bis zum 19. Februar 2014 geltenden Fassung ihre Tätigkeit
   - an einer Grundschule oder
   - an einer anderen Schulform im Grundschulteil

   auszuüben, ist für die Zuordnung nach Absatz 1 Satz 3 die Besoldungsgruppe zugrunde zu legen, in welche eine Lehrkraft mit einem Studium nach § 7 Absatz 1 Nr. 2 Lehrerbildungsgesetz in der bis zum 19. Februar 2014 geltenden Fassung eingestuft wäre.
b) Buchstabe a gilt für eine Lehrkraft mit einem Studium nach § 7 Absatz 2 Satz 1 erste Alternative Lehrerbildungsgesetz in der bis zum 19. Februar 2014 geltenden Fassung, die keine sonderpädagogischen Fördermaßnahmen durchführt, entsprechend.

2. Lehrkräfte, bei denen die fachlichen und pädagogischen Voraussetzungen für die Übernahme in das Beamtenverhältnis nicht erfüllt sind, in der Tätigkeit von Lehrkräften mit abgeschlossenem Lehramtsstudium an einer wissenschaftlichen Hochschule und mit abgeschlossenem Referendariat oder Vorbereitungsdienst

Vorbemerkungen

1. Dieser Abschnitt gilt für Lehrkräfte,

   bei denen die fachlichen und pädagogischen Voraussetzungen für die Übernahme in das Beamtenverhältnis nicht erfüllt sind,

   in der Tätigkeit von Lehrkräften mit abgeschlossenem Lehramtsstudium an einer wissenschaftlichen Hochschule und mit abgeschlossenem Referendariat oder Vorbereitungsdienst.

   (Hierzu Protokollerklärungen Nrn. 1 und 2)

2. [1]Die Lehrkraft, die ihre Tätigkeit an verschiedenen Schulformen nicht nur vorübergehend auszuüben hat, ist nach der Tätigkeit eingruppiert, die zeitlich mindestens zur Hälfte anfällt. [2]Für die Feststellung, welche Tätigkeit mindestens zur Hälfte anfällt, ist von der für die jeweilige Schulform geltenden Pflichtstundenzahl auszugehen. [3]Die Sätze 1 und 2 gelten entsprechend, wenn die Lehrkraft ihre Tätigkeit

   a) in mehreren Schulzweigen oder

   b) in mehreren Schul- bzw. Klassenstufen

   auszuüben hat.

   (Hierzu Protokollerklärung Nr. 3)

V

1.

(1) [1]Die Lehrkraft mit abgeschlossenem Lehramtsstudium an einer wissenschaftlichen Hochschule,

die aufgrund ihres Studiums die fachlichen Voraussetzungen zum Unterrichten in mindestens zwei Fächern hat,

ist in der Entgeltgruppe eingruppiert, die nach Satz 4 der beim Arbeitgeber geltenden Besoldungsgruppe entspricht, in welche sie eingestuft wäre, wenn sie nach Maßgabe von Satz 2 und 3 im Beamtenverhältnis stünde. [2]Für die Ermittlung dieser Besoldungsgruppe ist das Beamtenverhältnis zugrunde zu legen, in das die Lehrkraft übernommen werden könnte, wenn sie nach Abschluss ihres Lehramtsstudiums zur Vorbereitung auf den Lehrerberuf das Referendariat oder den Vorbereitungsdienst abgeschlossen hätte. [3]Sind in dem beim Arbeitgeber geltenden Besoldungsgesetz Beförderungsämter in einer höheren Besoldungsgruppe als dem Eingangsamt ausgebracht, erfolgt eine Höhergruppierung in die nach Satz 4 entsprechende Entgeltgruppe unter den selben Voraussetzungen wie eine Beförderung bei einer vergleichbaren beamteten Lehrkraft, wobei sich die jeweils geltende beamtenrechtliche Beförderungswartezeit um fünf Jahre verlängert. [4]Es entspricht

der Besoldungsgruppe	die Entgeltgruppe
A 12, 12a	11*)**)
A 13	13*)
A 14	14*)
A 15	15*).

*) Für ab 1. August 2015 neu zu begründende Arbeitsverhältnisse: Stufe 2 nach 2 Jahren in Stufe 1, Stufe 3 nach 5 Jahren in Stufe 2

**) Lehrkräfte in dieser Entgeltgruppe erhalten eine monatliche Angleichungszulage gemäß Anhang 1

V

(2) [1]Hat die Lehrkraft ihre Tätigkeit an einer anderen als ihrem Lehramtsstudium entsprechenden Schulform auszuüben und

wäre sie bei einem Einsatz entsprechend ihrem Lehramtsstudium nach Absatz 1 Satz 4 einer höheren Entgeltgruppe zuzuordnen als eine Lehrkraft mit einem dieser anderen Schulform entsprechenden Lehramtsstudium,

ist für die Zuordnung nach Absatz 1 Satz 4 das Lehramtsstudium zugrunde zu legen, das dieser anderen Schulform entspricht.

[2]Sind in dem beim Arbeitgeber geltenden Besoldungsgesetz für die Laufbahn, die der Schulform entspricht, an der die Lehrkraft ihre Tätigkeit auszuüben hat, Beförderungsämter in einer höheren Besoldungsgruppe als dem Eingangsamt ausgebracht,

erfolgt eine Höhergruppierung in die nach Absatz 1 Satz 4 entsprechende Entgeltgruppe unter denselben Voraussetzungen wie eine Beförderung bei einer vergleichbaren beamteten Lehrkraft an dieser Schulform, wobei sich die jeweils geltende beamtenrechtliche Beförderungswartezeit um fünf Jahre verlängert.

[3]Die Sätze 1 und 2 gelten entsprechend, wenn die Lehrkraft ihre Tätigkeit

a) in einem anderen als ihrem Lehramtsstudium entsprechenden Schulzweig oder
b) in einer anderen als ihrem Lehramtsstudium entsprechenden Schul- bzw. Klassenstufeauszuüben hat.

[4]Die Sätze 1 bis 3 gelten nicht für Lehrkräfte mit einem abgeschlossenen Studium

a) für das Lehramt an Förderschulen/Sonderschulen,
b) für das Lehramt für Sonderpädagogik,

die sonderpädagogische Fördermaßnahmen durchführen.

(3) [1]Hat die Lehrkraft ihre Tätigkeit an einer anderen als ihrem Lehramtsstudium entsprechenden Schulform auszuüben und

wäre sie bei einem Einsatz entsprechend ihrem Lehramtsstudium nach Absatz 1 Satz 4 einer niedrigeren Entgeltgruppe zuzuordnen als eine Lehrkraft mit einem dieser anderen Schulform entsprechenden Lehramtsstudium,

sind für die Zuordnung nach Absatz 1 Satz 4 das von ihr abgeschlossene Lehramtsstudium und eine entsprechende Tätigkeit zugrunde zu legen.

[2]Sind in dem beim Arbeitgeber geltenden Besoldungsgesetz für die Laufbahn, die dem Lehramtsstudium der Lehrkraft entspricht, Beförderungsämter in einer höheren Besoldungsgruppe als dem Eingangsamt ausgebracht,

erfolgt eine Höhergruppierung unter denselben Voraussetzungen wie eine Beförderung bei einer in vergleichbarer Tätigkeit beamteten Lehrkraft an der Schulform, an der die Lehrkraft ihre Tätigkeit auszuüben hat, wobei sich die jeweils geltende beamtenrechtliche Beförderungswartezeit um fünf Jahre verlängert;

für die Zuordnung nach Absatz 1 Satz 4 ist das Beförderungsamt für die Laufbahn zugrunde zu legen, die dem Lehramtsstudium der Lehrkraft entspricht.

[3]Die Sätze 1 und 2 gelten entsprechend, wenn die Lehrkraft ihre Tätigkeit

a) in einem anderen als ihrem Lehramtsstudium entsprechenden Schulzweig oder
b) in einer anderen als ihrem Lehramtsstudium entsprechenden Schul- bzw. Klassenstufe

auszuüben hat.

(4) [1]Die Lehrkraft im Sinne von Absatz 1 Satz 1 erhält eine Entgeltgruppenzulage, wenn sie – stünde sie im Beamtenverhältnis – nach dem beim Arbeitgeber geltenden Besoldungsrecht in ihrer Besoldungsgruppe Anspruch auf eine Zulage hätte. [2]Satz 1 gilt nicht für

a) Zulagen, die unabhängig davon zustehen können, ob die Beamtin oder der Beamte als Lehrkraft tätig ist, sowie
b) die allgemeine Stellenzulage nach Nr. 27 der Vorbemerkungen zu den Bundesbesoldungsordnungen A und B (Anlage I des Bundesbe-

V

soldungsgesetzes) in der am 30. Juni 2009 geltenden Fassung oder einer vergleichbaren landesrechtlichen Regelung.

[3]Soweit die besoldungsrechtliche Zulage als Beförderungsamt gewährt wird, gilt für die Gewährung der Entgeltgruppenzulage Absatz 1 Satz 3 entsprechend. [4]Die Höhe der Entgeltgruppenzulage entspricht der Höhe der Zulage nach dem beim Arbeitgeber geltenden Besoldungsrecht. [5]Die Entgeltgruppenzulage ist nicht zusatzversorgungspflichtig, soweit die entsprechende besoldungsrechtliche Zulage nicht ruhegehaltfähig ist.

(5) [1]In den Fällen von Absatz 2 Satz 1 und 3 gilt Absatz 4 mit der Maßgabe, dass von der Besoldungsgruppe auszugehen ist, in welche die Lehrkraft mit dem dieser Schulform, diesem Schulzweig bzw. dieser Schul- bzw. Klassenstufe entsprechenden Lehramtsstudium und entsprechender Tätigkeit eingestuft wäre. [2]Satz 1 gilt nicht für Lehrkräfte mit der Befähigung

V

a) für das Lehramt an Förderschulen/Sonderschulen,
b) für das Lehramt für Sonderpädagogik,

die sonderpädagogische Fördermaßnahmen durchführen.

(6) In den Fällen von Absatz 3 Satz 1 und 3 gilt Absatz 4 mit der Maßgabe, dass von der Besoldungsgruppe auszugehen ist, in welche die Lehrkraft dem von ihr abgeschlossenen Lehramtsstudium und entsprechender Tätigkeit eingestuft wäre.

(Hierzu Protokollerklärungen Nrn. 1, 2, 3, 4, 5, 6 und 12)

2.

[1]Die Lehrkraft, die

a) eine wissenschaftliche Hochschulbildung oder
b) ein Studium an einer Hochschule für Kunst oder Musik oder an einer vergleichbaren Einrichtung mit einem Mastergrad oder mit einem vergleichbaren Abschluss

abgeschlossen hat, und

die aufgrund ihres Studiums die fachlichen Voraussetzungen zum Unterrichten in mindestens einem Schulfach hat,

ist in der Entgeltgruppe eingruppiert, die nach Satz 3 der beim Arbeitgeber geltenden Besoldungsgruppe entspricht, in welche sie im Eingangsamt eingestuft wäre, wenn sie nach Maßgabe von Satz 2 im Beamtenverhältnis stünde. [2]Für die Ermittlung dieser Besoldungsgruppe ist das Beamtenverhältnis zugrunde zu legen, in das eine Lehrkraft übernommen werden könnte, wenn sie

a) aufgrund eines einschlägigen abgeschlossenen Lehramtsstudiums an einer wissenschaftlichen Hochschule die Fähigkeit zum Unterrichten in mindestens zwei Fächern hätte und
b) zur Vorbereitung auf den Lehrerberuf das Referendariat oder den Vorbereitungsdienst abgeschlossen hätte;

das Lehramtsstudium ist nur dann einschlägig, wenn es der auszuübenden Tätigkeit entspricht. [3]Es entspricht

der Besoldungsgruppe	die Entgeltgruppe
A 12, 12a	10**)
A 13	12.
**) Lehrkräfte in dieser Entgeltgruppe erhalten eine monatliche Angleichungszulage gemäß Anhang 1	

(Hierzu Protokollerklärungen Nrn. 1, 2, 3, 5, 7, 8, 10, 11 und 12)

3.

[1]Die Lehrkraft, die

a) eine Hochschulbildung oder
b) ein Studium an einer Hochschule für Kunst oder Musik oder an einer vergleichbaren Einrichtung mit einem Bachelorgrad oder mit einem vergleichbaren Abschluss

abgeschlossen hat, und

die aufgrund ihres Studiums die fachlichen Voraussetzungen zum Unterrichten in mindestens einem Schulfach hat,

ist in der Entgeltgruppe eingruppiert, die nach Satz 2 der beim Arbeitgeber geltenden Besoldungsgruppe entspricht, in welche sie im Eingangsamt eingestuft wäre, wenn sie nach Maßgabe von Ziffer 2 Satz 2 im Beamtenverhältnis stünde. [2]Es entspricht

der Besoldungsgruppe	die Entgeltgruppe
A 12, 12a	10
A 13	11.

(Hierzu Protokollerklärungen Nrn. 1, 2, 3, 5, 8, 9, 10, 11 und 12)

4.

[1]Die Lehrkraft, die nicht mindestens die Voraussetzungen von Ziffer 3 Satz 1 erfüllt,

ist in der Entgeltgruppe eingruppiert, die nach Satz 2 der beim Arbeitgeber geltenden Besoldungsgruppe entspricht, in welche sie im Eingangsamt eingestuft wäre, wenn sie nach Maßgabe von Ziffer 2 Satz 2 im Beamtenverhältnis stünde. [2]Es entspricht

der Besoldungsgruppe	die Entgeltgruppe
A 12, 12a	9b
A 13	10.

(Hierzu Protokollerklärungen Nrn. 1, 2, 3, 5 und 12)

Protokollerklärungen:

Nr. 1 Wissenschaftliche Hochschulen sind Universitäten, Technische Hochschulen sowie andere Hochschulen, die nach Landesrecht als wissenschaftliche Hochschulen anerkannt sind.

Nr. 2 Ein abgeschlossenes Lehramtsstudium an einer wissenschaftlichen Hochschule liegt vor, wenn das Studium lehramtsbezogen ist und mit einer ersten Staatsprüfung, mit einer Diplomprüfung oder mit einer Masterprüfung beendet worden ist.

V

Nr. 3 Soweit im jeweiligen Landesrecht anstelle des Begriffs „Schulform" der Begriff „Schulart" verwendet wird, ist dem Begriff „Schulform" der Begriff „Schulart" gleichgestellt.

Nr. 4 Ein Abschluss an einer ausländischen Hochschule gilt als abgeschlossenes Lehramtsstudium, wenn er von der zuständigen staatlichen Anerkennungsstelle als dem deutschen Hochschulabschluss gleichwertig anerkannt wurde.

Nr. 5 [1]Ein Lehramtsstudium entspricht der auszuübenden Tätigkeit, wenn es dem Lehramt für die Schulform entspricht, in der die Tätigkeit auszuüben ist. [2]Soweit in Schulformen Lehrämter nach Schulzweigen unterschieden werden, entspricht ein Lehramtsstudium der auszuübenden Tätigkeit, wenn es dem Lehramt für den Schulzweig entspricht, in dem die Tätigkeit auszuüben ist. [3]Soweit in Schulformen Lehrämter nach Schul- bzw. Klassenstufen unterschieden werden, entspricht ein Lehramtsstudium der auszuübenden Tätigkeit, wenn es dem Lehramt für die Schul- bzw. Klassenstufe entspricht, in der die Tätigkeit auszuüben ist.

Niederschriftserklärung

Der auszuübenden Tätigkeit an einer Grundschule entspricht z. B. ein Lehramtsstudium für die Primarstufe.

Der auszuübenden Tätigkeit an einer kooperativen Gesamtschule (NI) im Schulzweig Realschule entspricht z. B. ein Lehramtsstudium für die Realschule. Der auszuübenden Tätigkeit an einer Gesamtschule (NW) im Bereich der Sekundarstufe I entspricht z. B. ein Studium des Lehramts für Haupt- und Realschulen und die entsprechenden Jahrgangsstufen an der Gesamtschule.

Nr. 6 Besoldungsrechtliche Ausgleichszulagen gelten auch dann als Zulagen im Sinne von Absatz 4 Satz 2 Buchstabe a, wenn ihre Voraussetzungen an einen lehrkräftespezifischen Sachverhalt anknüpfen, z. B.

a) § 13 Absatz 1 Satz 1 Nr. 4 Bundesbesoldungsgesetz in der Fassung der Bekanntmachung vom 6. August 2002 (BGBl. I S. 3020), zul. geändert durch Art. 3 des Gesetzes vom 12. Juli 2006 (BGBl. I S. 1466), und

b) § 58 Absatz 1 Satz 1 Nr. 4 Besoldungsgesetz Schleswig-Holstein vom 26. Januar 2012 (GVOBl. S. 153).

Nr. 7 (1) [1]Eine abgeschlossene wissenschaftliche Hochschulbildung liegt vor, wenn das Studium mit einer ersten Staatsprüfung oder mit einer Diplomprüfung oder mit einer Masterprüfung oder mit einer Magisterprüfung beendet worden ist. [2]Diesen Prüfungen steht eine Promotion nur in den Fällen gleich, in denen die Ablegung einer ersten Staatsprüfung oder einer Diplomprüfung oder einer Masterprüfung oder einer Magisterprüfung nach den einschlägigen Ausbildungsvorschriften nicht vorgesehen ist. [3]Eine abgeschlossene wissenschaftliche Hochschulbildung liegt auch vor, wenn der Mastergrad an einer Fachhochschule erlangt wurde und den Zugang zur Laufbahn des höheren Dienstes bzw. zur entsprechenden Qualifikationsebene eröffnet; dies setzt voraus, dass der Masterstudiengang das Akkreditierungsverfahren erfolgreich durchlaufen hat, solange dies nach dem jeweils geltenden Landesbeamtenrecht für den Zugang zur Laufbahn des höheren Dienstes bzw. zur entsprechenden Qualifikationsebene gefordert ist.

(2) [1]Eine abgeschlossene wissenschaftliche Hochschulbildung setzt voraus, dass die Abschlussprüfung in einem Studiengang abgelegt wird, der seinerseits mindestens das Zeugnis der Hochschulreife (allgemeine Hochschulreife oder einschlägige fachgebundene Hochschulreife) oder eine andere landesrechtliche Hochschulzugangsberechtigung als Zugangsvoraussetzung erfordert, und für den Abschluss eine Mindeststudienzeit von mehr als sechs Semestern – ohne etwaige Praxissemester, Prüfungssemester o. Ä. – vorgeschrieben ist. [2]Ein Bachelorstudiengang erfüllt diese Voraussetzung auch dann nicht, wenn mehr als sechs Semester für den Abschluss vorgeschrieben sind.

Nr. 8 (1) Einer Hochschule für Kunst oder Musik vergleichbare Einrichtungen sind

a) entsprechende Hochschulinstitute,

b) Hochschulen bzw. Hochschulinstitute für Kirchenmusik,

c) Konservatorien und Musikakademien,

d) Kunstakademien,

soweit sie nicht bereits Hochschulen nach Landesrecht sind.

(2) Einem Mastergrad vergleichbar ist z. B. die Ablegung der A-Prüfung für Kirchenmusik.

(3) Einem Bachelorgrad vergleichbar ist z. B. die Ablegung der B-Prüfung für Kirchenmusik.

Nr. 9 (1) Eine abgeschlossene Hochschulbildung liegt vor, wenn von einer Hochschule im Sinne des § 1 Hochschulrahmengesetz (HRG) ein Diplomgrad mit dem Zusatz „Fachhochschule" („FH"), ein anderer nach § 18 HRG gleichwertiger Abschlussgrad oder ein Bachelorgrad verliehen wurde.

(2) [1]Der Bachelorstudiengang muss nach den Regelungen des Akkreditierungsrats akkreditiert sein. [2]Dem gleichgestellt sind Abschlüsse in akkreditierten Bachelorausbildungsgängen an Berufsakademien.

(3) Eine abgeschlossene Hochschulbildung setzt voraus, dass die Abschlussprüfung in einem Studiengang abgelegt wird, der seinerseits mindestens das Zeugnis der Hochschulreife (allgemeine Hochschulreife) oder eine andere landesrechtliche Hochschulzugangsberechtigung als Zugangsvoraussetzung erfordert, und für den Abschluss eine Mindeststudienzeit von sechs Semestern – ohne etwaige Praxissemester, Prüfungssemester o. Ä. – vorgeschrieben ist.

Nr. 10 Ein Abschluss an einer ausländischen Hochschule gilt als

a) abgeschlossene wissenschaftliche Hochschulbildung,

b) mit einem Mastergrad abgeschlossenes Studium an einer Hochschule für Kunst oder Musik,

c) abgeschlossene Hochschulbildung,

d) mit einem Bachelorgrad abgeschlossenes Studium an einer Hochschule für Kunst oder Musik,

wenn er von der zuständigen staatlichen Anerkennungsstelle als dem deutschen Hochschulabschluss gleichwertig anerkannt wurde.

Nr. 11 Eine Lehrkraft, die ein pädagogisches oder erziehungswissenschaftliches Studium abgeschlossen hat und

an einer Förderschule eingesetzt wird oder sonderpädagogische Fördermaßnahmen durchzuführen hat,

gilt als Lehrkraft, die aufgrund ihres Studiums die fachlichen Voraussetzungen zum Unterrichten in mindestens einem Schulfach hat.

Nr. 12 Für Lehrkräfte, die im Arbeitsverhältnis zum Land Berlin stehen, gilt Folgendes:

(1) Für die Anwendung der Ziffer 1 Absatz 2 Satz 1 und 3 gelten folgende Maßgaben:

a) Hat eine Lehrkraft mit einem Studium nach § 2 Absatz 2 Nr. 1 Lehrerkräftebildungsgesetz vom 7. Februar 2014, zuletzt geändert durch Artikel 1 des Gesetzes vom 2. März 2018, ihre Tätigkeit
   - an einer Grundschule oder
   - an einer anderen Schulform im Grundschulteil

   auszuüben, ist für die Zuordnung nach Absatz 1 Satz 4 die Besoldungsgruppe zugrunde zu legen, in welche eine Lehrkraft mit einem Studium nach § 7 Absatz 1 Nr. 2 Lehrerbildungsgesetz in der bis zum 19. Februar 2014 geltenden Fassung eingestuft wäre.

b) Buchstabe a gilt für eine Lehrkraft mit einem Studium nach § 7 Absatz 2 Satz 1 erste Alternative Lehrerbildungsgesetz in der bis zum 19. Februar 2014 geltenden Fassung, die keine sonderpädagogischen Fördermaßnahmen durchführt, entsprechend.

(2) Für die Anwendung der Ziffern 2, 3 und 4 gilt bis zum 31. Juli 2019 für Lehrkräfte, die ihre Tätigkeit an einer Grundschule oder an einer anderen Schule im Grundschulteil auszuüben haben, Folgendes:

Anstelle der Wörter „aufgrund eines einschlägigen abgeschlossenen Lehramtsstudiums an einer wissenschaftlichen Hochschule die Fähigkeit zum Unterrichten in mindestens zwei Fächern hätte und" gelten die Wörter „ein Lehramtsstudium nach § 7 Absatz 1 Nr. 1 des Lehrerbildungsgesetzes in der bis zum 19. Februar 2014 geltenden Fassung absolviert hätte und".

(2a) [1]Ab dem 1. August 2019 sind Lehrkräfte im Sinne von Absatz 2 für die Dauer der unverändert auszuübenden Tätigkeit in der bisherigen Entgeltgruppe eingruppiert. [2]Ergibt sich aufgrund der Anwendung der Ziffern 2, 3 oder 4 eine höhere Entgeltgruppe, sind die Lehrkräfte auf Antrag in die Entgeltgruppe eingruppiert, die sich nach § 12 TV-L in der Fassung des § 3 TV-EntgO-L ergibt; für den Antrag gilt § 29a Absatz 7 TVÜ-Länder in der Fassung von § 11 TV EntgO-L entsprechend. Satz 2 gilt für Lehrkräfte im Sinne von § 29a Absatz 2 Satz 1 TVÜ-Länder in der Fassung von § 11 TV EntgO-L entsprechend.

(3) [1]Lehrkräfte an einer Staatlichen Europa-Schule oder einer Staatlichen Internationalen Schule, die nicht ausschließlich muttersprachlichen Unterricht erteilen,

a) mit abgeschlossener Ausbildung an einer ausländischen wissenschaftlichen Hochschule und mit voller ausländischer Lehrbefähigung

   gelten als Lehrkräfte im Sinne der Ziffer 2, soweit sie nicht von Ziffer 1 erfasst sind, und

b) mit sonstiger ausländischer Lehrerausbildung (z. B. in Lehrerbildungsinstituten) und mit voller ausländischer Lehrbefähigung

   gelten als Lehrkräfte im Sinne der Ziffer 3.

[2]Ab dem 1. August 2019 sind Lehrkräfte der Wangari-Maathai-Schule im Sinne von Absatz 2 für die Dauer der unverändert auszuübenden Tätigkeit in der bisherigen Entgeltgruppe eingruppiert. [3]Ergibt sich aufgrund der Anwen-

V

dung der Ziffern 2 oder 3 eine höhere Entgeltgruppe, sind diese Lehrkräfte auf Antrag in die Entgeltgruppe eingruppiert, die sich nach § 12 TV-L in der Fassung des § 3 TV EntgO-L ergibt; für den Antrag gilt § 29a Absatz 7 TVÜ-Länder in der Fassung von § 11 TV EntgO-L entsprechend. [4]Satz 3 gilt für Lehrkräfte im Sinne von § 29a Absatz 2 Satz 1 TVÜ-Länder in der Fassung von § 11 TV EntgO-L entsprechend.

3. Lehrkräfte, bei denen die fachlichen und pädagogischen Voraussetzungen für die Übernahme in das Beamtenverhältnis nicht erfüllt sind, in der Tätigkeit von Fachlehrern

Vorbemerkungen

1. [1]Dieser Abschnitt gilt für Lehrkräfte,

   bei denen die fachlichen und pädagogischen Voraussetzungen für die Übernahme in das Beamtenverhältnis nicht erfüllt sind,

   in der Tätigkeit von

   - Fachlehrern,
   - Fachoberlehrern,
   - Fachschullehrern,
   - Fachschuloberlehrern,
   - Förderlehrern,
   - Lehrern für Fachpraxis,
   - Lehrkräften für gestaltendes Werken und Technik,
   - Lehrkräften für Hauswirtschaft,
   - technischen Lehrern,
   - Lehrern für technische Fächer,
   - Lehrkräften für musisch-technische Fächer,
   - Lehrkräften für textiles Gestalten,
   - Lehrkräften für Werken,
   - Werkstattlehrern oder
   - Werkmeistern sowie
   - vergleichbaren Lehrkräften

   im Sinne des beim Arbeitgeber geltenden Besoldungsrechts bzw. – soweit entsprechende Ämter nicht ausgebracht sind – im Sinne der beim Arbeitgeber geltenden Regelungen. [2]Dieser Abschnitt gilt darüber hinaus für die in den Unterabschnitten 4 und 5 ausdrücklich aufgeführten Beschäftigten.

2. Soweit in diesem Abschnitt der Begriff „Fachlehrer“ verwendet wird, sind auch die weiteren in Nr. 1 aufgeführten Lehrkräfte erfasst.

3.1 Lehrkräfte in der Tätigkeit von beamteten Fachlehrern mit abgeschlossener Hochschulbildung

Vorbemerkung

Dieser Unterabschnitt gilt für Lehrkräfte

in der Tätigkeit von beamteten Fachlehrern mit abgeschlossener Hochschulbildung.

(Hierzu Protokollerklärungen Nrn. 1 und 2)

1.

[1]Die Lehrkraft mit abgeschlossener Hochschulbildung, die aufgrund ihres Studiums die fachlichen Voraussetzungen zum Unterrichten in mindestens einem Schulfach hat,

ist in der Entgeltgruppe eingruppiert, die nach Satz 3 der beim Arbeitgeber geltenden Besoldungsgruppe entspricht, in welche sie im Eingangsamt eingestuft wäre, wenn sie nach Maßgabe von Satz 2 im Beamtenverhältnis stünde. [2]Für die Ermittlung dieser Besoldungsgruppe ist das Beamtenverhältnis zugrunde zu legen, in das die Lehrkraft übernommen werden könnte, wenn sie über ihre abgeschlossene Hochschulbildung hinaus alle weiteren laufbahnrechtlich vorgeschriebenen Voraussetzungen erfüllen würde. [3]Es entspricht

der Besoldungsgruppe	die Entgeltgruppe
A 10	9b**)
A 11	10**).

**) Lehrkräfte in dieser Entgeltgruppe erhalten eine monatliche Angleichungszulage gemäß Anhang 1

(Hierzu Protokollerklärungen Nrn. 2 und 3)

2.

[1]Die Lehrkraft mit abgeschlossener fachspezifischer, mindestens dreijähriger Berufsausbildung,

ist in der Entgeltgruppe eingruppiert, die nach Satz 3 der beim Arbeitgeber geltenden Besoldungsgruppe entspricht, in welche sie im Eingangsamt eingestuft wäre, wenn sie nach Maßgabe von Satz 2 im Beamtenverhältnis stünde. [2]Für die Ermittlung dieser Besoldungsgruppe ist das der auszuübenden Tätigkeit entsprechende Beamtenverhältnis zugrunde zu legen, in das eine Lehrkraft übernommen werden könnte, wenn sie über eine abgeschlossene Hochschulbildung hinaus alle weiteren laufbahnrechtlich vorgeschriebenen Voraussetzungen erfüllen würde. [3]Es entspricht

der Besoldungsgruppe	die Entgeltgruppe
A 10	9a**)
A 11	9b**).
**) Lehrkräfte in dieser Entgeltgruppe erhalten eine monatliche Angleichungszulage gemäß Anhang 1	

(Hierzu Protokollerklärung Nr. 2)

3.

[1]Die Lehrkraft, die nicht mindestens die Voraussetzungen von Ziffer 2 Satz 1 erfüllt,

ist in der Entgeltgruppe eingruppiert, die nach Satz 2 der beim Arbeitgeber geltenden Besoldungsgruppe entspricht, in welche sie im Eingangsamt eingestuft wäre, wenn sie nach Maßgabe von Ziffer 2 Satz 2 im Beamtenverhältnis stünde. [2]Es entspricht

V

der Besoldungsgruppe	die Entgeltgruppe
A 10	8**)
A 11	9a**).
**) Lehrkräfte in dieser Entgeltgruppe erhalten eine monatliche Angleichungszulage gemäß Anhang 1	

(Hierzu Protokollerklärung Nr. 2)

Protokollerklärungen:

Nr. 1 Eine Tätigkeit von beamteten Fachlehrern mit abgeschlossener Hochschulbildung liegt vor,

wenn es sich um eine Tätigkeit handelt, die beamtete Fachlehrer einer Laufbahn bzw. Qualifikationsebene auszuüben haben, für deren Zugang nach dem beim Arbeitgeber geltenden Laufbahnrecht zumindest auch eine abgeschlossene Hochschulbildung erforderlich ist.

Nr. 2 (1) Eine abgeschlossene Hochschulbildung liegt vor, wenn von einer Hochschule im Sinne des § 1 Hochschulrahmengesetz (HRG) ein Diplomgrad mit dem Zusatz „Fachhochschule" („FH"), ein anderer nach § 18 HRG gleichwertiger Abschlussgrad oder ein Bachelorgrad verliehen wurde.

(2) [1]Der Bachelorstudiengang muss nach den Regelungen des Akkreditierungsrats akkreditiert sein. [2]Dem gleichgestellt sind Abschlüsse in akkreditierten Bachelorausbildungsgängen an Berufsakademien.

(3) Eine abgeschlossene Hochschulbildung setzt voraus, dass die Abschlussprüfung in einem Studiengang abgelegt wird, der seinerseits mindestens das Zeugnis der Hochschulreife (allgemeine Hochschulreife) oder eine andere landesrechtliche Hochschulzugangsberechtigung als Zugangsvoraussetzung erfordert, und für den Abschluss eine Mindeststudienzeit von sechs Semestern – ohne etwaige Praxissemester, Prüfungssemester o. Ä. – vorgeschrieben ist.

Nr. 3 Ein Abschluss an einer ausländischen Hochschule gilt als abgeschlossene Hochschulbildung, wenn er von der zuständigen staatlichen Anerkennungsstelle als dem deutschen Hochschulabschluss gleichwertig anerkannt wurde.

3.2 Lehrkräfte in der Tätigkeit von beamteten Fachlehrern mit abgeschlossener fachspezifischer, mindestens dreijähriger Berufsausbildung und abgeschlossener Aufstiegsfortbildung

Vorbemerkung

Dieser Unterabschnitt gilt für Lehrkräfte

in der Tätigkeit von beamteten Fachlehrern mit abgeschlossener fachspezifischer, mindestens dreijähriger Berufsausbildung und abgeschlossener Aufstiegsfortbildung.

(Hierzu Protokollerklärungen Nrn. 1 und 2)

1.

[1]Die Lehrkraft mit abgeschlossener fachspezifischer, mindestens dreijähriger Berufsausbildung und abgeschlossener Aufstiegsfortbildung

ist in der Entgeltgruppe eingruppiert, die nach Satz 3 der beim Arbeitgeber geltenden Besoldungsgruppe entspricht, in welche sie im Eingangsamt eingestuft wäre, wenn sie nach Maßgabe von Satz 2 im Beamtenverhältnis stünde. [2]Für die Ermittlung dieser Besoldungsgruppe ist das Beamtenverhältnis zugrunde zu legen, in das die Lehrkraft übernommen werden könnte, wenn sie über ihre abgeschlossene Ausbildung und Aufstiegsfortbildung hinaus alle weiteren laufbahnrechtlich vorgeschriebenen Voraussetzungen erfüllen würde. [3]Es entspricht

der Besoldungsgruppe	die Entgeltgruppe
A 9	9a**)
A 10	9b**)
A 11	10**).

**) Lehrkräfte in dieser Entgeltgruppe erhalten eine monatliche Angleichungszulage gemäß Anhang 1

2.

[1]Die Lehrkraft mit abgeschlossener fachspezifischer, mindestens dreijähriger Berufsausbildung

ist in der Entgeltgruppe eingruppiert, die nach Satz 3 der beim Arbeitgeber geltenden Besoldungsgruppe entspricht, in welche sie im Eingangsamt eingestuft wäre, wenn sie nach Maßgabe von Satz 2 im Beamtenverhältnis stünde. [2]Für die Ermittlung dieser Besoldungsgruppe ist das der auszuübenden Tätigkeit entsprechende Beamtenverhältnis zugrunde zu legen, in das eine Lehrkraft übernommen werden könnte, wenn sie über eine abgeschlossene Ausbildung und

V

Aufstiegsfortbildung hinaus alle weiteren laufbahnrechtlich vorgeschriebenen Voraussetzungen erfüllen würde. [3]Es entspricht

der Besoldungsgruppe	die Entgeltgruppe
A 9	8**)
A 10	9a**)
A 11	9b**).
**) Lehrkräfte in dieser Entgeltgruppe erhalten eine monatliche Angleichungszulage gemäß Anhang 1	

3.

[1]Die Lehrkraft, die nicht mindestens die Voraussetzungen von Ziffer 2 Satz 1 erfüllt,

ist in der Entgeltgruppe eingruppiert, die nach Satz 2 der beim Arbeitgeber geltenden Besoldungsgruppe entspricht, in welche sie im Eingangsamt eingestuft wäre, wenn sie nach Maßgabe von Ziffer 2 Satz 2 im Beamtenverhältnis stünde. [2]Es entspricht

der Besoldungsgruppe	die Entgeltgruppe
A 9	7**)
A 10	8**)
A 11	9a**).
**) Lehrkräfte in dieser Entgeltgruppe erhalten eine monatliche Angleichungszulage gemäß Anhang 1	

Protokollerklärungen:

Nr. 1 Eine Tätigkeit von beamteten Fachlehrern mit abgeschlossener fachspezifischer, mindestens dreijähriger Berufsausbildung und abgeschlossener Aufstiegsfortbildung liegt vor,

wenn es sich um eine Tätigkeit handelt, die beamtete Fachlehrer einer Laufbahn bzw. Qualifikationsebene auszuüben haben, für deren Zugang nach dem beim Arbeitgeber geltenden Laufbahnrecht zumindest auch eine abgeschlossene fachspezifische, mindestens dreijährige Berufsausbildung und eine abgeschlossene Aufstiegsfortbildung erforderlich sind.

Nr. 2 Eine abgeschlossene Aufstiegsfortbildung liegt vor, wenn die Lehrkraft eine Meisterprüfung oder eine andere nach dem Beschluss der Kultusministerkonferenz vom 6. März 2009 vergleichbare berufliche Aufstiegsfortbildung abgeschlossen hat.

3.3 Lehrkräfte in der Tätigkeit von sonstigen beamteten Fachlehrern

Vorbemerkung

Dieser Unterabschnitt gilt für Lehrkräfte in der Tätigkeit von beamteten Fachlehrern, die nicht unter die Unterabschnitte 1 oder 2 fallen.

[1]Die Lehrkraft ist in der Entgeltgruppe eingruppiert, die nach Satz 3 der beim Arbeitgeber geltenden Besoldungsgruppe entspricht, in welche sie im Eingangsamt eingestuft wäre, wenn sie nach Maßgabe von Satz 2 im Beamtenverhältnis stünde. [2]Für die Ermittlung dieser Besoldungsgruppe ist das Beamtenverhältnis zugrunde zu legen, in das die Lehrkraft übernommen werden könnte, wenn sie alle laufbahnrechtlich vorgeschriebenen Voraussetzungen erfüllen würde. [3]Es entspricht

der Besoldungsgruppe	die Entgeltgruppe
A 9	8**)
A 10	9a**).
**) Lehrkräfte in dieser Entgeltgruppe erhalten eine monatliche Angleichungszulage gemäß Anhang 1	

3.4 Lehrkräfte in der Tätigkeit von Fachlehrern an allgemeinbildenden Schulen, für die in dem beim Arbeitgeber geltenden Besoldungsrecht kein Amt ausgebracht ist

Vorbemerkungen

1. Dieser Unterabschnitt gilt für Lehrkräfte in der Tätigkeit von Fachlehrern an allgemeinbildenden Schulen, soweit für die Tätigkeit der Lehrkraft in dem beim Arbeitgeber geltenden Besoldungsrecht

   a) das Amt eines Fachlehrers nicht ausgebracht ist oder

   b) das Amt eines Fachlehrers zwar ausgebracht ist, jedoch eine tatsächliche Möglichkeit der Übernahme in das Beamtenverhältnis im Zeitpunkt der Eingruppierung aufgrund einer zwischenzeitlichen Schließung der Laufbahn nicht besteht.

2. [1]Die Lehrkraft, die ihre Tätigkeit an verschiedenen Schulformen nicht nur vorübergehend auszuüben hat, ist nach der Tätigkeit eingruppiert, die zeitlich mindestens zur Hälfte anfällt. [2]Für die Feststellung, welche Tätigkeit mindestens zur Hälfte anfällt, ist von der für die jeweilige Schulform geltenden Pflichtstundenzahl auszugehen. [3]Die Sätze 1 und 2 gelten entsprechend, wenn die Lehrkraft ihre Tätigkeit

   a) in mehreren Schulzweigen oder

   b) in mehreren Schul- bzw. Klassenstufen

   auszuüben hat.

   (Hierzu Protokollerklärung Nr. 1)

V

Entgeltgruppe 9b

1. Fachlehrer

   mit Lehrbefähigung oder mit Unterrichtserlaubnis für mindestens zwei Fächer.

2. Erzieher, Ergotherapeuten, Physiotherapeuten mit entsprechender staatlicher Prüfung oder staatlicher Anerkennung und anerkannter mindestens einjähriger sonderpädagogischer Zusatzausbildung

   als Fachlehrer an Förderschulen/Sonderschulen.

   (Hierzu Protokollerklärung Nr. 2)

3. Lehrkräfte für Textverarbeitung und Kurzschrift

   mit staatlicher Prüfung für Lehrer der Kurzschrift und des Maschineschreibens.

   (Hierzu Protokollerklärung Nr. 3)

Entgeltgruppe 9a

1. Lehrkräfte für Werken sowie Lehrkräfte für Gestaltendes Werken und Technik mit Lehrbefähigung für Werkarbeit an Grund-, Haupt- und höheren Schulen,

   wenn die Ausbildung den Abschluss einer Realschule und ein mindestens viersemestriges Studium an einem staatlichen oder einem staatlich anerkannten Ausbildungsinstitut voraussetzt.

2. Lehrkräfte für Textverarbeitung und Informationstechnologie sowie Lehrkräfte für Textverarbeitung und Kurzschrift.

3. Erzieher, Ergotherapeuten, Physiotherapeuten mit entsprechender staatlicher Prüfung oder staatlicher Anerkennung

   als Fachlehrer an Förderschulen/Sonderschulen.

   (Hierzu Protokollerklärung Nr. 2)

Entgeltgruppe 8

Fachlehrer

mit Lehrbefähigung oder mit Unterrichtserlaubnis für ein Fach.

Entgeltgruppe 7

Fachlehrer.

Protokollerklärungen:

Nr. 1 Soweit im jeweiligen Landesrecht anstelle des Begriffs „Schulform" der Begriff „Schulart" verwendet wird, ist dem Begriff „Schulform" der Begriff „Schulart" gleichgestellt.

Nr. 2 Das Tätigkeitsmerkmal gilt nur im Land Baden-Württemberg.

Nr. 3 Das Tätigkeitsmerkmal gilt nur im Land Berlin.

3.5 Lehrkräfte in der Tätigkeit von Fachlehrern an berufsbildenden Schulen, für die in dem beim Arbeitgeber geltenden Besoldungsrecht kein Amt ausgebracht ist

Vorbemerkungen

(1) Dieser Unterabschnitt gilt für Lehrkräfte in der Tätigkeit von Fachlehrern an berufsbildenden Schulen, soweit für die Tätigkeit der Lehrkraft in dem beim Arbeitgeber geltenden Besoldungsrecht

a) das Amt eines Fachlehrers nicht ausgebracht ist oder

b) das Amt eines Fachlehrers zwar ausgebracht ist, jedoch eine tatsächliche Möglichkeit der Übernahme in das Beamtenverhältnis im Zeitpunkt der Eingruppierung aufgrund einer zwischenzeitlichen Schließung der Laufbahn nicht besteht.

(2) Für Lehrkräfte im Sinne von Absatz 1 gelten

a) auch das Tätigkeitsmerkmal in Entgeltgruppe 9a Fallgruppe 2 und

b) im Land Berlin auch das Tätigkeitsmerkmal in Entgeltgruppe 9b Fallgruppe 3

des Unterabschnitts 4.

V

Entgeltgruppe 10

Lehrkräfte mit abgeschlossener wissenschaftlicher Hochschulbildung,

die aufgrund ihres Studiums die fachlichen Voraussetzungen zum Unterrichten in mindestens einem Schulfach haben,

in der Tätigkeit von Fachlehrern.

(Hierzu Protokollerklärungen Nrn. 1, 3 und 5)

Entgeltgruppe 9b

Lehrkräfte mit abgeschlossener Hochschulbildung,

die aufgrund ihres Studiums die fachlichen Voraussetzungen zum Unterrichten in mindestens einem Schulfach haben,

in der Tätigkeit von Fachlehrern.

(Hierzu Protokollerklärungen Nrn. 2, 4 und 5)

Entgeltgruppe 9a

Lehrkräfte mit abgeschlossener fachspezifischer Ausbildung und Aufstiegsfortbildung in der Tätigkeit von Fachlehrern.

(Hierzu Protokollerklärung Nr. 6)

Entgeltgruppe 8

Lehrkräfte mit abgeschlossener fachspezifischer, mindestens dreijähriger Ausbildung in der Tätigkeit von Fachlehrern.

Entgeltgruppe 7

Lehrkräfte in der Tätigkeit von Fachlehrern.

Protokollerklärungen:

Nr. 1 (1) [1]Eine abgeschlossene wissenschaftliche Hochschulbildung liegt vor, wenn das Studium mit einer ersten Staatsprüfung oder mit einer Diplomprüfung oder mit einer Masterprüfung oder mit einer Magisterprüfung beendet worden ist. [2]Diesen Prüfungen steht eine Promotion nur in den Fällen gleich, in denen die Ablegung einer ersten Staatsprüfung oder einer Diplomprüfung oder einer Masterprüfung oder einer Magisterprüfung nach den einschlägigen Ausbildungsvorschriften nicht vorgesehen ist. [3]Eine abgeschlossene wissenschaftliche Hochschulbildung liegt auch vor, wenn der Mastergrad an einer Fachhochschule erlangt wurde und den Zugang zur Laufbahn des höheren Dienstes bzw. zur entsprechenden Qualifikationsebene eröffnet; dies setzt voraus, dass der Masterstudiengang das Akkreditierungsverfahren erfolgreich durchlaufen hat, solange dies nach dem jeweils geltenden Landesbeamtenrecht für den Zugang zur Laufbahn des höheren Dienstes bzw. zur entsprechenden Qualifikationsebene gefordert ist.

V

(2) [1]Eine abgeschlossene wissenschaftliche Hochschulbildung setzt voraus, dass die Abschlussprüfung in einem Studiengang abgelegt wird, der seinerseits mindestens das Zeugnis der Hochschulreife (allgemeine Hochschulreife oder einschlägige fachgebundene Hochschulreife) oder eine andere landesrechtliche Hochschulzugangsberechtigung als Zugangsvoraussetzung erfordert, und für den Abschluss eine Mindeststudienzeit von mehr als sechs Semestern – ohne etwaige Praxissemester, Prüfungssemester o. Ä. – vorgeschrieben ist. [2]Ein Bachelorstudiengang erfüllt diese Voraussetzung auch dann nicht, wenn mehr als sechs Semester für den Abschluss vorgeschrieben sind.

Nr. 2 (1) Eine abgeschlossene Hochschulbildung liegt vor, wenn von einer Hochschule im Sinne des § 1 Hochschulrahmengesetz (HRG) ein Diplomgrad mit dem Zusatz „Fachhochschule" („FH"), ein anderer nach § 18 HRG gleichwertiger Abschlussgrad oder ein Bachelorgrad verliehen wurde.

(2) [1]Der Bachelorstudiengang muss nach den Regelungen des Akkreditierungsrats akkreditiert sein. [2]Dem gleichgestellt sind Abschlüsse in akkreditierten Bachelorausbildungsgängen an Berufsakademien.

(3) Eine abgeschlossene Hochschulbildung setzt voraus, dass die Abschlussprüfung in einem Studiengang abgelegt wird, der seinerseits mindestens das Zeugnis der Hochschulreife (allgemeine Hochschulreife) oder eine andere landesrechtliche Hochschulzugangsberechtigung als Zugangsvoraussetzung erfordert, und für den Abschluss eine Mindeststudienzeit von sechs Semestern – ohne etwaige Praxissemester, Prüfungssemester o. Ä. – vorgeschrieben ist.

Nr. 3 Das Tätigkeitsmerkmal erstreckt sich im Land Berlin und im Freistaat Thüringen auch auf Lehrkräfte mit einer nach dem Recht der ehemaligen DDR abgeschlossenen Hochschulausbildung als Diplom-Pädagoge von mindestens zwei Studienjahren

mit einer Lehrbefähigung bezogen auf das Unterrichtsprofil der berufsbildenden Schule, an der sie als Lehrkraft tätig sind,

die überwiegend mindestens in einem Fach Unterricht erteilen, das dem Berufsfeld des Studienfaches entspricht (entsprechend dem Beschluss der Kultusministerkonferenz vom 7. Oktober 1994).

Nr. 4 Das Tätigkeitsmerkmal erstreckt sich im Land Berlin und im Land Sachsen-Anhalt auch auf Lehrkräfte mit einem nach dem Recht der ehemaligen DDR erworbenen Abschluss als
a) Ingenieur-Pädagoge,
b) Ökonompädagoge,
c) Agraringenieurpädagoge,
d) Musikpädagoge oder
e) Medizinpädagoge,
wenn diese berufstheoretischen Unterricht erteilen.

Nr. 5 Ein Abschluss an einer ausländischen Hochschule gilt als
a) abgeschlossene wissenschaftliche Hochschulbildung,
b) abgeschlossene Hochschulbildung,
wenn er von der zuständigen staatlichen Anerkennungsstelle als dem deutschen Hochschulabschluss gleichwertig anerkannt wurde.

Nr. 6 Eine abgeschlossene Aufstiegsfortbildung liegt vor, wenn die Lehrkraft eine Meisterprüfung oder eine andere nach dem Beschluss der Kultusministerkonferenz vom 6. März 2009 vergleichbare berufliche Aufstiegsfortbildung abgeschlossen hat.

4. Lehrkräfte, die herkunftssprachlichen Ergänzungsunterricht erteilen; pädagogische Unterrichtshilfen, die nach landesrechtlichen Vorschriften Lehrkräfte sind oder nach landesrechtlichen Vorschriften Lehrkräften gleichgestellt sind; Lehrkräfte in Schulkindergärten oder in Vorschulklassen für schulpflichtige Kinder

4.1 Lehrkräfte, die herkunftssprachlichen Ergänzungsunterricht erteilen

Vorbemerkung

Dieser Unterabschnitt gilt für Lehrkräfte, die herkunftssprachlichen Ergänzungsunterricht nach landesrechtlichen Vorschriften erteilen.

Entgeltgruppe 10

Lehrkräfte

a) mit abgeschlossenem Lehramtsstudium an einer wissenschaftlichen Hochschule oder

b) mit abgeschlossener wissenschaftlicher Hochschulbildung.

(Hierzu Protokollerklärungen Nrn. 1, 2, 3 und 5)

Entgeltgruppe 9b

Lehrkräfte mit abgeschlossener Hochschulbildung.

(Hierzu Protokollerklärungen Nrn. 4 und 5)

Entgeltgruppe 8

Lehrkräfte mit anderweitiger abgeschlossener fachspezifischer, mindestens dreijähriger Berufsausbildung.

(Hierzu Protokollerklärung Nr. 6)

Entgeltgruppe 7

Lehrkräfte, die nicht mindestens die Voraussetzungen der Entgeltgruppe 8 erfüllen.

Protokollerklärungen:

Nr. 1 Wissenschaftliche Hochschulen sind Universitäten, Technische Hochschulen sowie andere Hochschulen, die nach Landesrecht als wissenschaftliche Hochschulen anerkannt sind.

Nr. 2 Ein abgeschlossenes Lehramtsstudium an einer wissenschaftlichen Hochschule liegt vor, wenn das Studium lehramtsbezogen ist und mit einer ersten Staatsprüfung, mit einer Diplomprüfung oder mit einer Masterprüfung beendet worden ist.

Nr. 3 (1) [1]Eine abgeschlossene wissenschaftliche Hochschulbildung liegt vor, wenn das Studium mit einer ersten Staatsprüfung oder mit einer Diplomprüfung oder mit einer Masterprüfung oder mit einer Magisterprüfung beendet worden ist. [2]Diesen Prüfungen steht eine Promotion nur in den Fällen gleich, in denen die

Ablegung einer ersten Staatsprüfung oder einer Diplomprüfung oder einer Masterprüfung oder einer Magisterprüfung nach den einschlägigen Ausbildungsvorschriften nicht vorgesehen ist. [3]Eine abgeschlossene wissenschaftliche Hochschulbildung liegt auch vor, wenn der Mastergrad an einer Fachhochschule erlangt wurde und den Zugang zur Laufbahn des höheren Dienstes bzw. zur entsprechenden Qualifikationsebene eröffnet; dies setzt voraus, dass der Masterstudiengang das Akkreditierungsverfahren erfolgreich durchlaufen hat, solange dies nach dem jeweils geltenden Landesbeamtenrecht für den Zugang zur Laufbahn des höheren Dienstes bzw. zur entsprechenden Qualifikationsebene gefordert ist.

(2) [1]Eine abgeschlossene wissenschaftliche Hochschulbildung setzt voraus, dass die Abschlussprüfung in einem Studiengang abgelegt wird, der seinerseits mindestens das Zeugnis der Hochschulreife (allgemeine Hochschulreife oder einschlägige fachgebundene Hochschulreife) oder eine andere landesrechtliche Hochschulzugangsberechtigung als Zugangsvoraussetzung erfordert, und für den Abschluss eine Mindeststudienzeit von mehr als sechs Semestern – ohne etwaige Praxissemester, Prüfungssemester o. Ä. – vorgeschrieben ist. [2]Ein Bachelorstudiengang erfüllt diese Voraussetzung auch dann nicht, wenn mehr als sechs Semester für den Abschluss vorgeschrieben sind.

Nr. 4 (1) Eine abgeschlossene Hochschulbildung liegt vor, wenn von einer Hochschule im Sinne des § 1 Hochschulrahmengesetz (HRG) ein Diplomgrad mit dem Zusatz „Fachhochschule" („FH"), ein anderer nach § 18 HRG gleichwertiger Abschlussgrad oder ein Bachelorgrad verliehen wurde.

(2) [1]Der Bachelorstudiengang muss nach den Regelungen des Akkreditierungsrats akkreditiert sein. [2]Dem gleichgestellt sind Abschlüsse in akkreditierten Bachelorausbildungsgängen an Berufsakademien.

(3) Eine abgeschlossene Hochschulbildung setzt voraus, dass die Abschlussprüfung in einem Studiengang abgelegt wird, der seinerseits mindestens das Zeugnis der Hochschulreife (allgemeine Hochschulreife oder einschlägige fachgebundene Hochschulreife) oder eine andere landesrechtliche Hochschulzugangsberechtigung als Zugangsvoraussetzung erfordert, und für den Abschluss eine Mindeststudienzeit von sechs Semestern – ohne etwaige Praxissemester, Prüfungssemester o. Ä. – vorgeschrieben ist.

Nr. 5 [1]Ein Abschluss an einer ausländischen Hochschule gilt als

a) abgeschlossenes Lehramtsstudium,
b) abgeschlossene wissenschaftliche Hochschulbildung,
c) abgeschlossene Hochschulbildung,

wenn er von der zuständigen staatlichen Anerkennungsstelle als dem deutschen Hochschulabschluss gleichwertig anerkannt wurde. [2]Eine Gleichstellung nach Satz 1 ist nicht erforderlich, wenn stattdessen eine volle ausländische Lehrbefähigung nachgewiesen wird.

Nr. 6 Eine Lehrkraft, die eine mindestens dreijährige pädagogische Ausbildung abgeschlossen hat,

gilt als Lehrkraft mit anderweitiger abgeschlossener fachspezifischer, mindestens dreijähriger Berufsausbildung.

4.2 Pädagogische und heilpädagogische Unterrichtshilfen und sonderpädagogische Fachkräfte

Vorbemerkung

Dieser Unterabschnitt gilt für pädagogische und heilpädagogische Unterrichtshilfen und sonderpädagogische Fachkräfte, die nach landesrechtlichen Vorschriften Lehrkräfte sind oder nach landesrechtlichen Vorschriften Lehrkräften gleichgestellt sind.

Entgeltgruppe 10

Sozialarbeiter/Sozialpädagogen mit entsprechender staatlicher Anerkennung

als pädagogische oder heilpädagogische Unterrichtshilfen oder sonderpädagogische Fachkräfte.

(Hierzu Protokollerklärungen Nrn. 1 und 2)

Entgeltgruppe 9b

1. Heilpädagogen mit staatlicher Anerkennung

   als pädagogische oder heilpädagogische Unterrichtshilfen.

   (Hierzu Protokollerklärung Nr. 3)

2. Erzieher, Freundschaftspionierleiter, Heilerziehungspfleger, Hortner, Kindergärtner, Ergotherapeuten, Logopäden oder Physiotherapeuten mit entsprechender staatlicher Anerkennung und anerkannter mindestens einjähriger sonder- oder heilpädagogischer Zusatzausbildung

   als pädagogische oder heilpädagogische Unterrichtshilfen oder sonderpädagogische Fachkräfte.

   (Hierzu Protokollerklärung Nr. 4)

3. Werkmeister mit Meisterprüfung

   als heilpädagogische Unterrichtshilfen.

   (Hierzu Protokollerklärung Nr. 3)

Entgeltgruppe 9a

1. Erzieher, Freundschaftspionierleiter, Heilerziehungspfleger, Hortner, Kindergärtner, Ergotherapeuten, Logopäden oder Physiotherapeuten mit entsprechender staatlicher Anerkennung

   als pädagogische oder heilpädagogische Unterrichtshilfen oder sonderpädagogische Fachkräfte.

2. Beschäftigte mit anerkannter mindestens einjähriger sonderpädagogischer Zusatzausbildung

   als pädagogische oder heilpädagogische Unterrichtshilfen.

   (Hierzu Protokollerklärung Nr. 5)

3. Beschäftigte

   mit abgeschlossener Berufsausbildung in einem anerkannten Ausbildungsberuf ohne Meisterprüfung

in der Tätigkeit eines Werkmeisters
als heilpädagogische Unterrichtshilfen.
(Hierzu Protokollerklärung Nr. 3)

Entgeltgruppe 8

Beschäftigte
als pädagogische oder heilpädagogische Unterrichtshilfen oder sonderpädagogische Fachkräfte.

Protokollerklärungen:

Nr. 1 Hierunter fallen auch Diplomerzieher und Diplomvorschulerzieher im Sinne der Nr. 2 des Beschlusses der Kultusministerkonferenz vom 7. Oktober 1994 zur Feststellung der Gleichwertigkeit von Bildungsabschlüssen im Sinne des Artikels 37 Absatz 1 des Einigungsvertrages – Hochschulbereich –.

Nr. 2 Soweit sich das Tätigkeitsmerkmal auf sonderpädagogische Fachkräfte erstreckt, gilt dies nur im Land Schleswig-Holstein.

Nr. 3 Das Tätigkeitsmerkmal gilt nur im Freistaat Bayern.

Nr. 4 Soweit sich das Tätigkeitsmerkmal auf sonderpädagogische Fachkräfte erstreckt, gilt dies nur im Freistaat Bayern und im Land Schleswig-Holstein.

Nr. 5 Das Tätigkeitsmerkmal gilt nur im Freistaat Bayern und im Land Berlin.

4.3 Lehrkräfte in Schulkindergärten oder in Vorschulklassen für schulpflichtige Kinder

Entgeltgruppe 10

Leiter eines Schulkindergartens oder einer Vorschulklasse
einer Sonderschule oder einer vergleichbaren Schulform

a) mit einem Abschluss als Sozialarbeiter/Sozialpädagoge mit staatlicher Anerkennung oder
b) mit einem Abschluss als Kindheitspädagoge mit staatlicher Anerkennung oder
c) mit anderweitiger abgeschlossener einschlägiger Hochschulbildung mit staatlicher Anerkennung.

(Hierzu Protokollerklärungen Nrn. 1, 2, 3 und 4)

Entgeltgruppe 9b

1. Leiter eines Schulkindergartens oder einer Vorschulklasse
   a) mit einem Abschluss als Sozialarbeiter/Sozialpädagoge mit staatlicher Anerkennung oder
   b) mit einem Abschluss als Kindheitspädagoge mit staatlicher Anerkennung oder
   c) mit anderweitiger abgeschlossener einschlägiger Hochschulbildung mit staatlicher Anerkennung.

   (Hierzu Protokollerklärung Nrn. 1, 2, 3 und 4)

2. Leiter eines Schulkindergartens oder einer Vorschulklasse
   mit einem Abschluss als Erzieher, Freundschaftspionierleiter, Heilerziehungspfleger, Hortner, Kindergärtner, Ergotherapeut, Logopäde oder Physiotherapeut mit entsprechender staatlicher Anerkennung
   und
   mindestens einjähriger sonderpädagogischer Zusatzausbildung.
   (Hierzu Protokollerklärung Nr. 2)

Entgeltgruppe 9a

Erzieher, Freundschaftspionierleiter, Heilerziehungspfleger, Hortner, Kindergärtner, Ergotherapeuten, Logopäden oder Physiotherapeuten mit entsprechender staatlicher Anerkennung
in einem Schulkindergarten oder in einer Vorschulklasse.
(Hierzu Protokollerklärung Nr. 2)

V

Protokollerklärungen:

Nr. 1 Hierunter fallen auch Diplomerzieher und Diplomvorschulerzieher im Sinne der Nr. 2 des Beschlusses der Kultusministerkonferenz vom 7. Oktober 1994 zur Feststellung der Gleichwertigkeit von Bildungsabschlüssen im Sinne des Artikels 37 Absatz 1 des Einigungsvertrages – Hochschulbereich –.

Nr. 2 In Nordrhein-Westfalen gelten auch
a) sozialpädagogische Mitarbeiter in der Schuleingangsphase an Förderschulen und sozialpädagogische Mitarbeiter mit einer Tätigkeit in inklusiven Lerngruppen in der Schuleingangsphase an Grundschulen als Lehrkräfte im Sinne der Entgeltgruppe 10,
b) sozialpädagogische Mitarbeiter in der Schuleingangsphase an Grundschulen als Lehrkräfte im Sinne der Entgeltgruppe 9b Fallgruppe 1 und
c) sozialpädagogische Mitarbeiter in der Schuleingangsphase an Grundschulen oder an Förderschulen als Lehrkräfte im Sinne der Entgeltgruppe 9b Fallgruppe 2 und Entgeltgruppe 9a

Nr. 3 (1) Eine abgeschlossene Hochschulbildung liegt vor, wenn von einer Hochschule im Sinne des § 1 Hochschulrahmengesetz (HRG) ein Diplomgrad mit dem Zusatz „Fachhochschule" („FH"), ein anderer nach § 18 HRG gleichwertiger Abschlussgrad oder ein Bachelorgrad verliehen wurde.

(2) [1]Der Bachelorstudiengang muss nach den Regelungen des Akkreditierungsrats akkreditiert sein. [2]Dem gleichgestellt sind Abschlüsse in akkreditierten Bachelorausbildungsgängen an Berufsakademien.

(3) Eine abgeschlossene Hochschulbildung setzt voraus, dass die Abschlussprüfung in einem Studiengang abgelegt wird, der seinerseits mindestens das Zeugnis der Hochschulreife (allgemeine Hochschulreife) oder eine andere landesrechtliche Hochschulzugangsberechtigung als Zugangsvoraussetzung erfordert, und für den Abschluss eine Mindeststudienzeit von sechs Semestern – ohne etwaige Praxissemester, Prüfungssemester o. Ä. – vorgeschrieben ist.

(4) Ein Abschluss an einer ausländischen Hochschule gilt als abgeschlossene Hochschulbildung, wenn er von der zuständigen staatlichen Anerkennungsstelle als dem deutschen Hochschulabschluss gleichwertig anerkannt wurde.

Nr. 4 Eine abgeschlossene einschlägige Hochschulbildung liegt z. B. vor bei einem Abschluss des Bachelor-Studiengangs „Frühkindliche und Elementarbildung" an der Pädagogischen Hochschule Heidelberg.

5. Regelungen für Lehrkräfte mit einer Ausbildung als Lehrer, als Freundschaftspionierleiter oder als Erzieher jeweils nach dem Recht der ehemaligen DDR, bei denen die fachlichen und pädagogischen Voraussetzungen für die Übernahme in das Beamtenverhältnis nicht erfüllt sind

Vorbemerkungen

1. Dieser Abschnitt gilt für Lehrkräfte mit einer Ausbildung
   a) als Lehrer nach dem Recht der ehemaligen DDR bzw.
   b) als Freundschaftspionierleiter bzw.
   c) als Erzieher nach dem Recht der ehemaligen DDR,

   bei denen die fachlichen und pädagogischen Voraussetzungen für die Übernahme in das Beamtenverhältnis nicht erfüllt sind,
   in der Tätigkeit von Lehrkräften mit abgeschlossenem Lehramtsstudium an einer wissenschaftlichen Hochschule und mit abgeschlossenem Referendariat oder Vorbereitungsdienst.
   (Hierzu Protokollerklärungen Nrn. 1 und 2)
2. [1]Die Lehrkraft, die ihre Tätigkeit an verschiedenen Schulformen nicht nur vorübergehend auszuüben hat, ist nach der Tätigkeit eingruppiert, die zeitlich mindestens zur Hälfte anfällt. [2]Für die Feststellung, welche Tätigkeit mindestens zur Hälfte anfällt, ist von der für die jeweilige Schulform geltenden Pflichtstundenzahl auszugehen. [3]Die Sätze 1 und 2 gelten entsprechend, wenn die Lehrkraft ihre Tätigkeit
   a) in mehreren Schulzweigen oder
   b) in mehreren Schul- bzw. Klassenstufen

   auszuüben hat.
   (Hierzu Protokollerklärung Nr. 3)

1.

(1) [1]Die Lehrkraft mit abgeschlossener Lehrerausbildung nach dem Recht der ehemaligen DDR

ist in der Entgeltgruppe eingruppiert, die nach Satz 4 der beim Arbeitgeber geltenden Besoldungsgruppe entspricht, in welche sie eingestuft wäre, wenn sie nach Maßgabe von Satz 2 und 3 im Beamtenverhältnis stünde. [2]Für die Ermittlung dieser Besoldungsgruppe ist das Beamtenverhältnis zugrunde zu legen, in das die Lehrkraft übernommen werden könnte, wenn sie eine Bewährungsfeststellung nach der beim Arbeitgeber auf der Grundlage der Anlage I Kapitel XIX Sachgebiet A Abschnitt III Nr. 2 Buchst. b und c des Einigungsvertrages getroffenen Regelung hätte. [3]Sind in dem beim Arbeitgeber geltenden Besoldungsgesetz Beförderungsämter für Lehrkräfte mit Bewährungsfeststellung in einer höheren Besoldungsgruppe als dem Eingangsamt ausgebracht, erfolgt eine Höhergruppierung in die nach Satz 4 entsprechende Entgeltgruppe unter denselben Voraussetzungen wie eine Beförderung bei einer vergleichbaren beamteten Lehrkraft. [4]Es entspricht

der Besoldungsgruppe	die Entgeltgruppe
A 11	10**)
A 12, 12a	11**)
A 13	13
A 14	14
A 15	15.
**) Lehrkräfte in dieser Entgeltgruppe erhalten eine monatliche Angleichungszulage gemäß Anhang 1	

(2) [1]Hat die Lehrkraft ihre Tätigkeit an einer anderen als ihrer Lehrerausbildung nach dem Recht der ehemaligen DDR entsprechenden Schulform auszuüben und

wäre sie bei einem Einsatz entsprechend ihrer Lehrerausbildung nach Absatz 1 Satz 4 einer höheren Entgeltgruppe zuzuordnen als eine Lehrkraft mit einer dieser anderen Schulform entsprechenden Lehrerausbildung,

ist für die Zuordnung nach Absatz 1 Satz 4 die Lehrerausbildung zugrunde zu legen, die dieser anderen Schulform entspricht.

[2]Sind in dem beim Arbeitgeber geltenden Besoldungsgesetz für die Laufbahn, die der Schulform entspricht, an der die Lehrkraft ihre Tätigkeit auszuüben hat, Beförderungsämter für Lehrkräfte mit Bewährungsfeststellung in einer höheren Besoldungsgruppe als dem Eingangsamt ausgebracht,

erfolgt eine Höhergruppierung in die nach Absatz 1 Satz 4 entsprechende Entgeltgruppe unter denselben Voraussetzungen wie eine Beförderung bei einer vergleichbaren beamteten Lehrkraft an dieser Schulform.

[3]Die Sätze 1 und 2 gelten entsprechend, wenn die Lehrkraft ihre Tätigkeit

a) in einem anderen als ihrer Lehrerausbildung entsprechenden Schulzweig oder
b) in einer anderen als ihrer Lehrerausbildung entsprechenden Schul- bzw. Klassenstufe

auszuüben hat.

[4]Die Sätze 1 bis 3 gelten nicht für Lehrkräfte mit einer Lehrerausbildung für Förderschulen/Sonderschulen, die sonderpädagogische Fördermaßnahmen durchführen.

(3) [1]Hat die Lehrkraft ihre Tätigkeit an einer anderen als ihrer Lehrerausbildung nach dem Recht der ehemaligen DDR entsprechenden Schulform auszuüben und

wäre sie bei einem Einsatz entsprechend ihrer Lehrerausbildung nach Absatz 1 Satz 4 einer niedrigeren Entgeltgruppe zuzuordnen als eine Lehrkraft mit einer dieser anderen Schulform entsprechenden Lehrerausbildung,

sind für die Zuordnung nach Absatz 1 Satz 4 die von ihr abgeschlossene Lehrerausbildung und eine entsprechende Tätigkeit zugrunde zu legen.

[2]Sind in dem beim Arbeitgeber geltenden Besoldungsgesetz für die Laufbahn, die der Lehrerausbildung der Lehrkraft entspricht, Beförderungsämter in einer höheren Besoldungsgruppe als dem Eingangsamt ausgebracht,

erfolgt eine Höhergruppierung unter denselben Voraussetzungen wie eine Beförderung bei einer in vergleichbarer Tätigkeit beamteten Lehrkraft an der Schulform, an der die Lehrkraft ihre Tätigkeit auszuüben hat;

für die Zuordnung nach Absatz 1 Satz 4 ist das Beförderungsamt für die Laufbahn zugrunde zu legen, die der Lehrerausbildung der Lehrkraft entspricht.

[3]Die Sätze 1 und 2 gelten entsprechend, wenn die Lehrkraft ihre Tätigkeit

a) in einem anderen als ihrer Lehrerausbildung entsprechenden Schulzweig oder
b) in einer anderen als ihrer Lehrerausbildung entsprechenden Schul- bzw. Klassenstufe

auszuüben hat.

(4) [1]Die Lehrkraft im Sinne von Absatz 1 Satz 1 erhält eine Entgeltgruppenzulage, wenn sie – stünde sie im Beamtenverhältnis – nach dem beim Arbeitgeber geltenden Besoldungsrecht in ihrer Besoldungsgruppe Anspruch auf eine Zulage hätte. [2]Satz 1 gilt nicht für

a) Zulagen, die unabhängig davon zustehen können, ob die Beamtin oder der Beamte als Lehrkraft tätig ist, sowie
b) die allgemeine Stellenzulage nach Nr. 27 der Vorbemerkungen zu den Bundesbesoldungsordnungen A und B (Anlage I des Bundesbe-

V

soldungsgesetzes) in der am 30. Juni 2009 geltenden Fassung oder einer vergleichbaren landesrechtlichen Regelung.

[3]Soweit die besoldungsrechtliche Zulage als Beförderungsamt gewährt wird, gilt für die Gewährung der Entgeltgruppenzulage Absatz 1 Satz 3 entsprechend. [4]Die Höhe der Entgeltgruppenzulage entspricht der Höhe der Zulage nach dem beim Arbeitgeber geltenden Besoldungsrecht. [5]Die Entgeltgruppenzulage ist nicht zusatzversorgungspflichtig, soweit die entsprechende besoldungsrechtliche Zulage nicht ruhegehaltfähig ist.

(5) [1]In den Fällen von Absatz 2 Satz 1 und 3 gilt Absatz 4 mit der Maßgabe, dass von der Besoldungsgruppe auszugehen ist, in welche die Lehrkraft mit der dieser Schulform, diesem Schulzweig bzw. dieser Schul- bzw. Klassenstufe entsprechenden Lehrerausbildung und entsprechender Tätigkeit eingestuft wäre. [2]Satz 1 gilt nicht für Lehrkräfte mit einer Lehrerausbildung für Förderschulen/Sonderschulen, die sonderpädagogische Fördermaßnahmen durchführen.

V

(6) In den Fällen von Absatz 3 Satz 1 und 3 gilt Absatz 4 mit der Maßgabe, dass von der Besoldungsgruppe auszugehen ist, in welche die Lehrkraft mit der von ihr abgeschlossenen Lehrerausbildung und entsprechender Tätigkeit eingestuft wäre.

(Hierzu Protokollerklärungen Nrn. 3, 4, 5, 6, 7, 8 und 9)

2.

(1) Soweit Freundschaftspionierleiter bzw. Erzieher in dem beim Arbeitgeber geltenden Besoldungsrecht bestimmten Lehrkräften mit einer Ausbildung als Lehrer nach dem Recht der ehemaligen DDR gleichgestellt sind, gelten entsprechende Lehrkräfte als Lehrkräfte im Sinne der Ziffer 1.

(2) Freundschaftspionierleiter und Erzieher, die nicht unter Absatz 1 fallen, sind

a) mit mindestens einer Lehrbefähigung in Entgeltgruppe 10 und

b) ohne Lehrbefähigung in Entgeltgruppe 9b

eingruppiert.

Protokollerklärungen:

Nr. 1 Wissenschaftliche Hochschulen sind Universitäten, Technische Hochschulen sowie andere Hochschulen, die nach Landesrecht als wissenschaftliche Hochschulen anerkannt sind.

Nr. 2 Ein abgeschlossenes Lehramtsstudium an einer wissenschaftlichen Hochschule liegt vor, wenn das Studium lehramtsbezogen ist und mit einer ersten Staatsprüfung, mit einer Diplomprüfung oder mit einer Masterprüfung beendet worden ist.

Nr. 3 Soweit im jeweiligen Landesrecht anstelle des Begriffs „Schulform" der Begriff „Schulart" verwendet wird, ist dem Begriff „Schulform" der Begriff „Schulart" gleichgestellt.

Nr. 4 [1]Als Beamtenverhältnis, in das die Lehrkraft übernommen werden könnte, gilt das Beamtenverhältnis, für das in dem Besoldungsgesetz, das beim Arbeitgeber im Zeitpunkt der Eingruppierung gilt, ein Eingangsamt ausgebracht ist, dessen Voraussetzungen die Lehrkraft erfüllen würde, wenn sie die Bewährungsfeststellung hätte. [2]Eine fehlende tatsächliche Möglichkeit der Übernahme in das Beamtenverhältnis im Zeitpunkt der Eingruppierung z. B. aufgrund einer zwischenzeitlichen Schließung der Laufbahn ist unschädlich.

Nr. 5 [1]Eine Lehrerausbildung entspricht der auszuübenden Tätigkeit, wenn sie dem Lehramt für die Schulform entspricht, in der die Tätigkeit auszuüben ist. [2]Soweit in Schulformen Lehrämter nach Schulzweigen unterschieden werden, entspricht eine Lehrerausbildung der auszuübenden Tätigkeit, wenn sie dem Lehramt für den Schulzweig entspricht, in dem die Tätigkeit auszuüben ist. [3]Soweit in Schulformen Lehrämter nach Schul- bzw. Klassenstufen unterschieden werden, entspricht eine Lehrerausbildung der auszuübenden Tätigkeit, wenn sie dem Lehramt für die Schul- bzw. Klassenstufe entspricht, in der die Tätigkeit auszuüben ist.

Niederschriftserklärung zu Abschnitt 5 Nr. 5:

Der auszuübenden Tätigkeit an einer Grundschule entspricht z. B. eine Lehrerausbildung als Lehrer für die unteren Klassen.

Der auszuübenden Tätigkeit an einer Regelschule (TH) entspricht z. B. eine Lehrerausbildung als Diplomlehrer mit einer Lehrbefähigung für zwei Fächer.

Der auszuübenden Tätigkeit an einer Förderschule entspricht z. B. eine Lehrerausbildung als Diplom-Lehrer für Hilfsschulen (Universität Rostock).

Nr. 6 Für die Bewährungsfeststellung auf der Grundlage der Anlage I Kapitel XIX Sachgebiet A Abschnitt III Nr. 2 Buchst. b und c des Einigungsvertrages sind folgende Regelungen maßgebend:

- Artikel II des Dritten Gesetzes über die Vereinheitlichung des Berliner Landesrechts vom 19. Dezember 1991 (GVBl. S. 294),
- im Land Brandenburg die Verordnung über die Bewährungsanforderungen für die Einstellung von Bewerbern aus dem Beitrittsgebiet in ein Beamtenverhältnis (Bewährungsanforderungsverordnung) vom 20. August 1991 (GVBl. [Nr. 24] S. 378),
- die Bewährungsanforderungsverordnung Mecklenburg-Vorpommern vom 19. November 1991 (GVOBl. M-V S. 444), zul. geändert durch Änderungsverordnung vom 5. September 1993 (GVOBl. M-V S. 846),
- Verordnung über die Laufbahnen der Beamten im Land Sachsen-Anhalt (Laufbahnverordnung – LVO LSA) vom 15. August 1994 (GVBl. LSA S. 920) und
- die Thüringer Bewährungsanforderungsverordnung vom 2. Februar 1993 (GVBl. S. 173).

Nr. 7 Besoldungsrechtliche Ausgleichszulagen gelten auch dann als Zulagen im Sinne von Absatz 4 Satz 2 Buchstabe a, wenn ihre Voraussetzungen an einen lehrkräftespezifischen Sachverhalt anknüpfen, z. B. § 13 Absatz 1 Satz 1 Nr. 4 Bundesbesoldungsgesetz in der Fassung der Bekanntmachung vom 6. August 2002 (BGBl. I S. 3020), zul. geändert durch Art. 3 des Gesetzes vom 12. Juli 2006 (BGBl. I S. 1466).

Nr. 8 Im Land Berlin gilt für die Anwendung von Ziffer 1 Absatz 2 Satz 1 und 3 zusätzlich Folgendes:

a) [1]Hat eine Lehrkraft ohne Befähigungszuerkennung, bei der die Anforderungen für die Befähigungszuerkennung gemäß § 19 Absatz 6 der Verordnung über die Laufbahnen der Beamten des Schul- und Schulaufsichtsdienstes

(Schullaufbahnverordnung – SchulLVO) vom 3. Juli 1980 in der bis zum 31. Dezember 2012 geltenden Fassung erfüllt sind, ihre Tätigkeit

- an einer Grundschule oder
- an einer anderen Schulform im Grundschulteil

auszuüben, ist für die Zuordnung nach Absatz 1 Satz 4 die Besoldungsgruppe zugrunde zu legen, in welche eine Lehrkraft mit einem Studium nach § 7 Absatz 1 Nr. 2 Lehrerbildungsgesetz in der bis zum 19. Februar 2014 geltenden Fassung eingestuft wäre. [2]Satz 1 gilt entsprechend für eine Lehrkraft ohne Befähigungszuerkennung, bei der die Anforderungen für die Befähigungszuerkennung für die Laufbahn des Studienrats (§ 10 SchulLVO) gemäß § 18a i. V. m. § 19 Absatz 7 SchulLVO vom 3. Juli 1980 in der bis zum 31. Dezember 2012 geltenden Fassung erfüllt sind.

b) [1]Buchstabe a gilt entsprechend für eine Lehrkraft ohne Befähigungszuerkennung, bei der die Anforderungen für die Befähigungszuerkennung gemäß § 19 Absatz 5 SchulLVO vom 3. Juli 1980 in der bis zum 31. Dezember 2012 geltenden Fassung erfüllt sind, die keine sonderpädagogischen Fördermaßnahmen durchführt. [2]Satz 1 gilt entsprechend für eine Lehrkraft ohne Befähigungszuerkennung, bei der die Anforderungen für die Befähigungszuerkennung für die Laufbahn des Lehrers an Sonderschulen (§ 8 SchulLVO) gemäß § 18a i. V. m. § 19 Absatz 7 oder nach § 19 Absatz 8 SchulLVO vom 3. Juli 1980 in der bis zum 31. Dezember 2012 geltenden Fassung erfüllt sind.

V

c) Hat eine Lehrkraft ohne Befähigungszuerkennung, bei der die Anforderungen für eine Befähigungszuerkennung gemäß § 18c oder § 18d SchulLVO vom 3. Juli 1980 in der bis zum 31. Dezember 2012 geltenden Fassung erfüllt sind, ihre Tätigkeit
   - an einer Grundschule oder
   - an einer anderen Schulform im Grundschulteil

   in den Klassen 1 bis 4 auszuüben, ist für die Zuordnung nach Absatz 1 Satz 4 die Besoldungsgruppe zugrunde zu legen, die ihrer Lehrerausbildung entspricht, auch wenn sie keine sonderpädagogischen Fördermaßnahmen durchführt.

d) [1]Hat eine Lehrkraft ohne Befähigungszuerkennung, bei der die Anforderungen für eine Befähigungszuerkennung gemäß § 18e SchulLVO vom 3. Juli 1980 in der bis zum 31. Dezember 2012 geltenden Fassung erfüllt sind, ihre Tätigkeit
   - an einer Grundschule oder
   - an einer anderen Schulform im Grundschulteil

   auszuüben, ist für die Zuordnung nach Absatz 1 Satz 4 die Besoldungsgruppe zugrunde zu legen, in welche eine Lehrkraft mit der Befähigungszuerkennung gemäß § 19 Absatz 4 SchulLVO vom 3. Juli 1980 in der bis zum 31. Dezember 2012 geltenden Fassung eingestuft wäre.

Nr. 9. Im Land Sachsen-Anhalt werden Lehrkräfte mit einer Ausbildung als Lehrer nach dem Recht der ehemaligen DDR, die nicht unter Ziffer 1 fallen, wie Freundschaftspionierleiter und Erzieher mit mindestens einer Lehrbefähigung nach Ziffer 2 Absatz 2 Buchstabe a eingruppiert.

6. Regelungen für bestimmte Lehrkräfte mit einer Ausbildung nach dem Recht der ehemaligen DDR, die im Arbeitsverhältnis zum Freistaat Sachsen stehen

Entgeltgruppe 10

Lehrer

mit abgeschlossener pädagogischer Fachschulausbildung als Lehrer für die unteren Klassen der allgemeinbildenden polytechnischen Oberschule bzw. als Lehrer für die Unterstufe der allgemeinbildenden Schulen (bis ca. 1965) jeweils mit einer Lehrbefähigung für die Fächer Deutsch, Mathematik und für ein Wahlfach (Klassen 1 bis 4), soweit keine mindestens sechsjährige Lehrtätigkeit und Bewährung seit 1. August 1991 vorliegt.

(Lehrkräfte in dieser Entgeltgruppe erhalten eine monatliche Angleichungszulage gemäß Anhang 1)

(Hierzu Protokollerklärung)

Protokollerklärung:

Hierunter fallen auch Beschäftigte mit abgeschlossener Ausbildung als Freundschaftspionierleiter oder Erzieher jeweils mit einer Ergänzungsausbildung (Lehrbefähigung) in den Fächern Deutsch, Mathematik und in einem Wahlfach für die Klassen 1 bis 4.

Anhang 1
Angleichungszulage

[1]Die Angleichungszulage im Sinne der Entgeltordnung Lehrkräfte wird ab 1. August 2016 gewährt. [2]Sie beträgt ab dem 1. Januar 2019 105 Euro, höchstens jedoch den Betrag, der als Höhergruppierungsgewinn bei entsprechender Anwendung des § 29a Absatz 3 Satz 2 und 3 TVÜ-Länder in der Fassung des § 11 TV EntgO-L zustehen würde.

V

Anhang 2
(weggefallen)

§ 4 des Änderungstarifvertrages Nr. 3 vom 2. März 2019 enthält dazu folgende Vereinbarung:

„§ 4
Übergangsregelung

Rückgruppierungen als Folge der Streichung des Anhangs 2 der Anlage (§ 1 Nr. 5 Buchstabe r) sind ausgeschlossen."

V

V

Abschnitt VI
Tarifrecht TdL – Marburger Bund

Tarifvertrag für Ärztinnen und Ärzte an Universitätskliniken (TV-Ärzte)

Vom 30. Oktober 2006

Zuletzt geändert durch
Änderungstarifvertrag Nr. 9 vom 26. März 2024[1)]

Inhaltsübersicht

1) Die Abstimmung des Textes des Änderungstarifvertrages war erst im Juli 2024 abgeschlossen.

VI

Anlage A 2
Entgelttabelle zum TV-Ärzte für die Zeit vom 1. April 2024 bis zum 31. Januar 2025

Anlage B 1
Entgelttabelle zum TV-Ärzte für die Zeit vom 1. Februar 2025 bis 31. Dezember 2025

Anlage B 2
Entgelttabelle zum TV-Ärzte für die Zeit ab 1. Januar 2026

Anlage C
Verfahren zur Aufnahme von Tarifverhandlungen zur wirtschaftlichen Sicherung der Universitätskliniken und zur Beschäftigungssicherung an diesen Einrichtungen

Abschnitt I
Allgemeine Vorschriften

§ 1 Geltungsbereich

(1) [1]Dieser Tarifvertrag gilt für Ärztinnen und Ärzte einschließlich Zahnärztinnen und Zahnärzte (nachfolgend „Ärzte" genannt), die an einer Universitätsklinik überwiegend Aufgaben in der Patientenversorgung wahrnehmen. [2]Er gilt auch für Ärztinnen und Ärzte, die in ärztlichen Servicebereichen in der Patientenversorgung eingesetzt sind. [3]Die Ärzte müssen in einem Arbeitsverhältnis zu einem Arbeitgeber stehen, der Mitglied der Tarifgemeinschaft deutscher Länder (TdL) oder eines Mitgliedverbandes der TdL ist.

Protokollerklärungen zu Absatz 1:

1. Wechselt eine Ärztin/ein Arzt vorübergehend in einen Bereich ohne überwiegende Aufgaben in der Patientenversorgung, findet der TV-Ärzte weiterhin Anwendung, wenn bei Aufnahme der Tätigkeit in diesem Bereich feststeht, dass sie zwölf Monate nicht übersteigt und weiterhin ärztliche Aufgaben ausgeübt werden.
2. Zu den ärztlichen Servicebereichen in der Patientenversorgung zählen zum Beispiel Pathologie, Labor und Krankenhaushygiene.
3. Der Tarifvertrag für das Universitätsklinikum Schleswig-Holstein (Beschäftigungspakt) vom 20. Oktober 2004 bleibt unberührt.

(1a) Dieser Tarifvertrag gilt auch für Ärztinnen und Ärzte, die im Justizvollzugsdienst in der Patientenversorgung tätig sind.

(2) Dieser Tarifvertrag gilt nicht für

a) Ärzte, die ein über das Tabellenentgelt der Entgeltgruppe Ä 4 hinausgehendes regelmäßiges Entgelt erhalten; die Zulage nach § 16 Absatz 3 bleibt hierbei unberücksichtigt,

b) geringfügig beschäftigte Ärzte im Sinne von § 8 Absatz 1 Nr. 2 SGB IV.

Niederschriftserklärung zu § 1 Absatz 2 Buchstabe a:

Bei der Bestimmung des regelmäßigen Entgelts werden Zulagen und Zuschläge nicht berücksichtigt.

(3) Dieser Tarifvertrag gilt ferner nicht für Chefärztinnen und Chefärzte.

(4) Ob und inwieweit Regelungen dieses Tarifvertrages auf andere Ärztinnen und Ärzte im Landesdienst (zum Beispiel an psychiatrischen Krankenhäusern) übertragen werden, ist auf Landesebene zu verhandeln.

(5) [1]Neben den Regelungen der §§ 1 bis 39 gelten für Ärztinnen und Ärzte im Justizvollzugsdienst des Freistaates Sachsen die Sonderregelungen in § 40. [2]Die Sonderregelungen sind Bestandteil des TV-Ärzte.

§ 2 Arbeitsvertrag, Nebenabreden, Probezeit

(1) Der Arbeitsvertrag wird schriftlich abgeschlossen.

(2) [1]Mehrere Arbeitsverhältnisse zu demselben Arbeitgeber dürfen nur begründet werden, wenn die jeweils übertragenen Tätigkeiten nicht in einem unmittelbaren Sachzusammenhang stehen. [2]Andernfalls gelten sie als ein Arbeitsverhältnis.

(3) [1]Nebenabreden sind nur wirksam, wenn sie schriftlich vereinbart werden. [2]Sie können gesondert gekündigt werden, soweit dies einzelvertraglich vereinbart ist.

(4) Die ersten sechs Monate der Beschäftigung gelten als Probezeit, soweit nicht eine kürzere Zeit vereinbart ist.

§ 3 Allgemeine Arbeitsbedingungen

(1) [1]Die arbeitsvertraglich geschuldete Leistung ist gewissenhaft und ordnungsgemäß auszuführen; dabei sind die Ziele der Hochschule und die spezifischen Aufgaben in Forschung, Lehre und Weiterbildung zu beachten. [2]Die Ärzte müssen sich durch ihr gesamtes Verhalten zur freiheitlich demokratischen Grundordnung im Sinne des Grundgesetzes bekennen.

VI

(2) [1]Die Ärzte haben über Angelegenheiten, deren Geheimhaltung durch gesetzliche Vorschriften vorgesehen oder vom Arbeitgeber angeordnet ist, Verschwiegenheit zu wahren; dies gilt auch über die Beendigung des Arbeitsverhältnisses hinaus. [2]Bei Unterlagen, die ihrem Inhalt nach von der ärztlichen Schweigepflicht erfasst werden, darf der Arbeitgeber nur die Herausgabe an den ärztlichen Vorgesetzten verlangen.

(3) [1]Die Ärzte dürfen von Dritten Belohnungen, Geschenke, Provisionen oder sonstige Vergünstigungen mit Bezug auf ihre Tätigkeit nicht annehmen. [2]Ausnahmen sind nur mit Zustimmung des Arbeitgebers möglich. [3]Werden den Ärzten derartige Vergünstigungen angeboten, haben sie dies dem Arbeitgeber unverzüglich anzuzeigen.

(4) [1]Eine Beteiligung der Ärzte an Poolgeldern hat nach transparenten Grundsätzen, insbesondere unter Berücksichtigung von Verantwortung, Leistung und Erfahrung zu erfolgen. [2]Sie richtet sich nach den landesrechtlichen Bestimmungen. [3]Soweit keine landesrechtlichen Bestimmungen erlassen sind, soll ein Poolvolumen gemäß den Grundsätzen des Satzes 1 verteilt werden; die Klinik kann weitere Kriterien bestimmen. [4]Die Beteiligung an Poolgeldern ist kein zusatzversorgungspflichtiges Entgelt.

(5) [1]Der Arbeitgeber ist bei begründeter Veranlassung berechtigt, Ärzte zu verpflichten, durch ärztliche Bescheinigung nachzuweisen, dass sie zur Leistung der arbeitsvertraglich geschuldeten Tätigkeit in der Lage sind. [2]Bei dem beauftragten Arzt kann es sich um einen Amtsarzt handeln, soweit sich die Betriebsparteien nicht auf einen anderen Arzt geeinigt haben. [3]Die Kosten dieser Untersuchung trägt der Arbeitgeber. [4]Der Arbeitgeber kann die Ärzte auch bei Beendigung des Arbeitsverhältnisses untersuchen lassen. [5]Auf Verlangen der Ärzte ist er hierzu verpflichtet. [6]Ärzte, die besonderen Ansteckungsgefahren ausgesetzt oder in gesundheitsgefährdenden Bereichen beschäftigt sind, sind in regelmäßigen Zeitabständen ärztlich zu untersuchen.

(6) [1]Die Ärzte haben ein Recht auf Einsicht in ihre vollständigen Personalakten. [2]Sie können das Recht auf Einsicht auch durch eine/n hierzu schriftlich Bevollmächtigte/n ausüben lassen. [3]Sie können Auszüge oder Kopien aus ihren Personalakten erhalten. [4]Die Ärzte müssen über Beschwerden und Behauptungen tatsächlicher Art, die für sie ungünstig sind oder ihnen nachteilig werden können, vor Aufnahme in die Personalakten gehört werden. [5]Ihre Äußerung ist zu den Personalakten zu nehmen.

(7) Für die Schadenshaftung der Ärzte finden die Bestimmungen, die für die Beamten des jeweiligen Landes jeweils gelten, entsprechende Anwendung.

(8) [1]Der Arbeitgeber hat bei der Wahrnehmung des Direktionsrechts die Grundrechte der Wissenschaftsfreiheit und das Grundrecht der Gewissensfreiheit zu beachten. [2]Für Konfliktfälle wird eine Ombudsperson oder eine Schlichtungskommission durch die Betriebsparteien bestimmt, die Empfehlungen zur Konfliktlösung aussprechen kann. [3]Gesetzliche Ansprüche bleiben von den Empfehlungen der Schlichtung unberührt.

(9) [1]Zu den Pflichten der Ärzte gehört es auch, ärztliche Bescheinigungen auszustellen. [2]Die Ärzte können vom Arbeitgeber verpflichtet werden, im Rahmen einer zugelassenen Nebentätigkeit von leitenden Ärztinnen und Ärzten oder für Belegärztinnen und Belegärzte innerhalb der Einrichtung ärztlich tätig zu werden.

(10) Zu den Pflichten der Ärzte aus der Haupttätigkeit gehören auch die Erstellung von Gutachten, gutachtlichen Äußerungen und wissenschaftlichen Ausarbeitungen, die nicht von einem Dritten angefordert und vergütet werden.

§ 4 Versetzung, Abordnung, Personalgestellung

(1) [1]Ärzte können aus dienstlichen oder betrieblichen Gründen versetzt oder abgeordnet werden. [2]Sollen Ärzte an eine Dienststelle oder

einen Betrieb außerhalb des bisherigen Arbeitsortes versetzt oder voraussichtlich länger als drei Monate abgeordnet werden, so sind sie vorher zu hören.

Protokollerklärungen zu § 4 Absatz 1:

1. Abordnung ist die vom Arbeitgeber veranlasste vorübergehende Beschäftigung bei einer anderen Dienststelle oder einem anderen Betrieb desselben oder eines anderen Arbeitgebers unter Fortsetzung des bestehenden Arbeitsverhältnisses.
2. Versetzung ist die vom Arbeitgeber veranlasste, auf Dauer bestimmte Beschäftigung bei einer anderen Dienststelle oder einem anderen Betrieb desselben Arbeitgebers unter Fortsetzung des bestehenden Arbeitsverhältnisses.

Niederschriftserklärung zu § 4 Absatz 1:

Der Begriff „Arbeitsort" ist ein generalisierter Oberbegriff; die Bedeutung unterscheidet sich nicht von dem bisherigen Begriff „Dienstort".

(2) (Nicht besetzt)

(3) [1]Werden Aufgaben der Ärzte zu einem Dritten verlagert, ist auf Verlangen des Arbeitgebers bei weiter bestehendem Arbeitsverhältnis die arbeitsvertraglich geschuldete Arbeitsleistung bei dem Dritten zu erbringen (Personalgestellung). [2]§ 613a BGB sowie gesetzliche Kündigungsrechte bleiben unberührt.

Protokollerklärung zu § 4 Absatz 3:

[1]Personalgestellung ist – unter Fortsetzung des bestehenden Arbeitsverhältnisses – die auf Dauer angelegte Beschäftigung bei einem Dritten. [2]Die Modalitäten der Personalgestellung werden zwischen dem Arbeitgeber und dem Dritten vertraglich geregelt.

VI

§ 5 Nebentätigkeit

(1) Für die Nebentätigkeiten der Ärzte finden die Bestimmungen, die für die Beamten des jeweiligen Landes jeweils gelten, sinngemäß Anwendung.

(2) [1]Die Ärzte können vom Arbeitgeber verpflichtet werden, als Nebentätigkeit Unterricht zu erteilen sowie Gutachten, gutachtliche Äußerungen und wissenschaftliche Ausarbeitungen zu erstellen, die von einem Dritten angefordert und vergütet werden. [2]Dies gilt auch im Rahmen einer zugelassenen Nebentätigkeit des leitenden Arztes. [3]Steht die Vergütung für das Gutachten, die gutachtliche Äußerung oder wissenschaftliche Ausarbeitung ausschließlich dem Arbeitgeber zu, so haben die Ärzte entsprechend ihrer Beteiligung einen Anspruch auf einen Teil dieser Vergütung. [4]In allen anderen Fällen sind die Ärzte berechtigt, für die Nebentätigkeit einen Anteil der Vergütung anzunehmen, die von dem Dritten zu zahlen ist. [5]Die Ärzte können die Übernahme der Nebentätigkeit verweigern, wenn die angebotene Vergütung offenbar nicht dem Umfang ihrer Beteiligung entspricht. [6]Im Übrigen kann die Übernahme der Nebentätigkeit nur in besonders begründeten Ausnahmefällen verweigert werden.

(3) Auch die Ausübung einer unentgeltlichen Nebentätigkeit bedarf der vorherigen Genehmigung des Arbeitgebers, wenn für sie Räume, Einrichtungen, Personal oder Material des Arbeitgebers in Anspruch genommen werden.

(4) [1]Werden für eine Nebentätigkeit Räume, Einrichtungen, Personal oder Material des Arbeitgebers in Anspruch genommen, so haben die Ärzte dem Arbeitgeber die Kosten hierfür zu erstatten, soweit sie nicht von anderer Seite zu erstatten sind. [2]Die Kosten können in einer Nebenabrede zum Arbeitsvertrag pauschaliert werden.

Abschnitt II
Arbeitszeit

§ 6 Regelmäßige Arbeitszeit[1])

(1) [1]Die durchschnittliche regelmäßige wöchentliche Arbeitszeit ausschließlich der Pausen beträgt 42 Stunden. [2]Die regelmäßige Arbeitszeit kann auf fünf Tage, aus notwendigen betrieblichen/dienstlichen Gründen auch auf sechs Tage verteilt werden.

VI

(2) [1]Für die Berechnung des Durchschnitts der regelmäßigen wöchentlichen Arbeitszeit ist ein Zeitraum von einem Jahr zugrunde zu legen. [2]Abweichend kann bei Ärzten, die ständig Wechselschicht- oder Schichtarbeit zu leisten haben, ein längerer Zeitraum zugrunde gelegt werden.

(3) [1]Soweit es die betrieblichen/dienstlichen Verhältnisse zulassen, werden die Ärzte am 24. Dezember und am 31. Dezember unter Fortzahlung des Tabellenentgelts und der sonstigen in Monatsbeträgen festgelegten Entgeltbestandteile von der Arbeit freigestellt. [2]Kann die Freistellung nach Satz 1 aus betrieblichen/dienstlichen Gründen nicht erfolgen, ist entsprechender Freizeitausgleich innerhalb von drei Monaten zu gewähren. [3]Die regelmäßige Arbeitszeit vermindert sich für den 24. Dezember und 31. Dezember, sofern sie auf einen Werktag fallen, um die dienstplanmäßig ausgefallenen Stunden.

[4]Die Arbeitszeit an einem gesetzlichen Feiertag, der auf einen Werktag fällt, wird durch eine entsprechende Freistellung an einem anderen Werktag bis zum Ende des dritten Kalendermonats ausgeglichen, wenn es die betrieblichen Verhältnisse zulassen; der Ausgleich soll möglichst aber schon bis zum Ende des nächsten Kalendermonats erfolgen. [5]Kann ein Freizeitausgleich nicht gewährt werden, erhalten

---

1) **Zum 1. Januar 2026 lautet § 6 Abs. 1 Satz 1 wie folgt:**
„[1]Die durchschnittliche regelmäßige wöchentliche Arbeitszeit ausschließlich der Pausen beträgt 40 Stunden."

die Ärzte je Stunde 100 v. H. des Stundenentgelts. [6]Stundenentgelt ist der auf eine Stunde entfallende Anteil des monatlichen Entgelts der jeweiligen Entgeltgruppe und Stufe nach der Entgelttabelle. [7]In den Fällen des Satzes 4 steht der Zeitzuschlag von 35 v. H. (§ 8 Absatz 1 Satz 2 Buchstabe d) zu.

[8]Für Ärzte, die regelmäßig nach einem Dienstplan eingesetzt werden, der Wechselschicht- oder Schichtdienst an sieben Tagen in der Woche vorsieht, vermindert sich die regelmäßige Wochenarbeitszeit um ein Fünftel der arbeitsvertraglich vereinbarten durchschnittlichen Wochenarbeitszeit, wenn sie an einem gesetzlichen Feiertag, der auf einen Werktag fällt, nicht wegen des Feiertags, sondern dienstplanmäßig nicht zur Arbeit eingeteilt sind und deswegen an anderen Tagen der Woche ihre regelmäßige Arbeitszeit erbringen müssen. [9]In den Fällen des Satzes 8 gelten die Sätze 4 bis 7 nicht.

Protokollerklärung zu § 6 Absatz 3 Satz 3:

Die Verminderung der regelmäßigen Arbeitszeit betrifft die Ärzte, die wegen des Dienstplans frei haben und deshalb ohne diese Regelung nacharbeiten müssten.

(4) Aus dringenden betrieblichen/dienstlichen Gründen kann auf der Grundlage eines Tarifvertrages auf Landesebene im Rahmen des § 7 Absatz 1, 2 und des § 12 Arbeitszeitgesetz von den Vorschriften des Arbeitszeitgesetzes abgewichen werden.

VI

(5) [1]Die Ärzte sind im Rahmen begründeter betrieblicher/dienstlicher Notwendigkeiten verpflichtet, Sonntags-, Feiertags-, Nacht-, Wechselschicht-, Schichtarbeit sowie – bei Teilzeitbeschäftigung aufgrund arbeitsvertraglicher Regelung oder mit ihrer Zustimmung – Überstunden und Mehrarbeit zu leisten. [2]Ärzte, die regelmäßig an Sonn- und Feiertagen arbeiten müssen, erhalten innerhalb von zwei Wochen zwei arbeitsfreie Tage. [3]Hiervon soll ein freier Tag auf einen Sonntag fallen.

(6) [1]Durch Tarifvertrag auf Landesebene kann ein wöchentlicher Arbeitszeitkorridor von bis zu 45 Stunden eingerichtet werden. [2]Die innerhalb eines Arbeitszeitkorridors geleisteten zusätzlichen Arbeitsstunden werden im Rahmen des nach Absatz 2 Satz 1 festgelegten Zeitraums ausgeglichen.

(7) [1]Durch Tarifvertrag auf Landesebene kann in der Zeit von 6 bis 20 Uhr eine tägliche Rahmenzeit von bis zu zwölf Stunden eingeführt werden. [2]Die innerhalb der täglichen Rahmenzeit geleisteten zusätzlichen Arbeitsstunden werden im Rahmen des nach Absatz 2 Satz 1 festgelegten Zeitraums ausgeglichen.

(8) [1]Bei Dienstreisen gilt nur die Zeit der dienstlichen Inanspruchnahme am auswärtigen Geschäftsort als Arbeitszeit. [2]Für jeden Tag einschließ-

lich der Reisetage wird jedoch mindestens die auf ihn entfallende regelmäßige, durchschnittliche oder dienstplanmäßige Arbeitszeit berücksichtigt, wenn diese bei Nichtberücksichtigung der Reisezeit nicht erreicht würde. [3]Überschreiten nicht anrechenbare Reisezeiten insgesamt 15 Stunden im Monat, so werden auf Antrag 25 v. H. dieser überschreitenden Zeiten bei fester Arbeitszeit als Freizeitausgleich gewährt und bei gleitender Arbeitszeit im Rahmen der jeweils geltenden Vorschriften auf die Arbeitszeit angerechnet. [4]Der besonderen Situation von Teilzeitbeschäftigten ist Rechnung zu tragen.

(9) [1]Eine Arbeitsleistung (regelmäßige Arbeit, Bereitschaftsdienst, Rufbereitschaft) am Wochenende (Freitag ab 21 Uhr bis Montag 5 Uhr) darf an höchstens zwei Wochenenden im Kalendermonat angeordnet werden. [2]Abweichend davon darf je Kalendervierteljahr eine weitere Arbeitsleistung am Wochenende angeordnet werden. [3]Darüber hinaus dürfen weitere Arbeitsleistungen am Wochenende nur angeordnet werden, wenn eine Gefährdung der Patientensicherheit droht. [4]Die Arbeitsleistung wird dem Kalendermonat zugeordnet, in dem sie begonnen hat. [5]Auf Antrag der Ärztin/des Arztes sind die nach Satz 3 nicht gewährten freien Wochenenden innerhalb des laufenden oder des nächsten Kalendervierteljahres zusätzlich zu gewähren, eine weitere Übertragung auf das darauffolgende Kalendervierteljahr ist nicht möglich. [6]Am Ende dieses zweiten Kalendervierteljahres müssen alle freien Wochenenden gewährt sein. [7]Der Antrag nach Satz 5 ist innerhalb von zwei Wochen nach Ablauf des Kalendermonats zu stellen, in dem die freien Wochenenden nicht gewährt wurden. [8]Jedenfalls ein freies Wochenende pro Kalendermonat ist zu gewährleisten.

Protokollerklärungen zu § 6:

1. [1]Die Tarifvertragsparteien erwarten, dass den Ärzten bei der Festlegung der Arbeitszeit ein angemessener zeitlicher Anteil der Arbeitszeit für ihre wissenschaftliche Tätigkeit in Forschung und Lehre zugestanden wird. [2]Die in den Hochschulgesetzen der Länder geregelten Mindestzeiten für die Ausübung wissenschaftlicher Tätigkeit bleiben unberührt.
2. Die Tarifvertragsparteien erwarten, dass die Kliniken zusammen mit den Ärzten nach Wegen suchen, die Ärzte von bürokratischen, patientenfernen Aufgaben zu entlasten und deren Arbeitsabläufe besser zu organisieren.
3. Die Tarifvertragsparteien erwarten, dass in den Kliniken unter Einbeziehung der Ärzte intensiv alternative Arbeitszeitmodelle entwickelt werden, die sowohl den gesetzlichen Anforderungen als auch veränderten betrieblichen Anforderungen entsprechen.

§ 7 Sonderformen der Arbeit

(1) [1]Wechselschichtarbeit ist die Arbeit nach einem Schichtplan, der einen regelmäßigen Wechsel der täglichen Arbeitszeit in Wechselschichten vorsieht, bei denen die Ärztin/der Arzt durchschnittlich

längstens nach Ablauf eines Monats erneut zu mindestens zwei Nachtschichten herangezogen wird. [2]Wechselschichten sind wechselnde Arbeitsschichten, in denen ununterbrochen bei Tag und Nacht, werktags, sonntags und feiertags gearbeitet wird. [3]Nachtschichten sind Arbeitsschichten, die mindestens zwei Stunden Nachtarbeit umfassen.

Niederschriftserklärung zu § 7 Absatz 1:

Der Anspruch auf die Wechselschichtzulage ist auch erfüllt, wenn unter Einhaltung der Monatsfrist zwei Nachtdienste geleistet werden, die nicht zwingend unmittelbar aufeinander folgen müssen.

(2) Schichtarbeit ist die Arbeit nach einem Schichtplan, der einen regelmäßigen Wechsel des Beginns der täglichen Arbeitszeit um mindestens zwei Stunden in Zeitabschnitten von längstens einem Monat vorsieht, und die innerhalb einer Zeitspanne von mindestens 13 Stunden geleistet wird.

(3) [1]Unter den Voraussetzungen des Arbeitszeit- und Arbeitsschutzgesetzes, insbesondere des § 5 Arbeitsschutzgesetz, kann die tägliche Arbeitszeit im Schichtdienst auf bis zu 12 Stunden ausschließlich der Pausen ausgedehnt werden, um längere Freizeitintervalle zu schaffen oder die Zahl der Wochenenddienste zu vermindern. [2]In unmittelbarer Folge dürfen nicht mehr als vier Zwölf-Stunden-Schichten und innerhalb von zwei Kalenderwochen nicht mehr als acht Zwölf-Stunden-Schichten geleistet werden. [3]Solche Schichten können nicht mit Bereitschaftsdienst (§ 7 Absatz 4) kombiniert werden.

(4) [1]Die Ärzte sind verpflichtet, sich auf Anordnung des Arbeitgebers außerhalb der regelmäßigen Arbeitszeit an einer vom Arbeitgeber bestimmten Stelle aufzuhalten, um im Bedarfsfall die Arbeit aufzunehmen (Bereitschaftsdienst). [2]Der Arbeitgeber darf Bereitschaftsdienst nur anordnen, wenn zu erwarten ist, dass zwar Arbeit anfällt, erfahrungsgemäß aber die Zeit ohne Arbeitsleistung überwiegt. [3]Wenn in die Arbeitszeit regelmäßig und in erheblichem Umfang Bereitschaftsdienst fällt, kann unter den Voraussetzungen

- einer Prüfung alternativer Arbeitszeitmodelle unter Einbeziehung des Betriebsarztes und
- gegebenenfalls daraus resultierender Maßnahmen zur Gewährleistung des Gesundheitsschutzes

im Rahmen des § 7 Absatz 1 Nr. 1 und 4, Absatz 2 Nr. 3 Arbeitszeitgesetz die tägliche Arbeitszeit im Sinne des Arbeitszeitgesetzes abweichend von den §§ 3, 5 Absatz 1 und 2 und § 6 Absatz 2 Arbeitszeitgesetz über acht Stunden hinaus auf bis zu 24 Stunden verlängert werden, wenn mindestens die acht Stunden überschreitende Zeit als Bereitschaftsdienst abgeleistet wird. [4]Über acht Stunden hinausgehende Dienste im Sinne von Satz 3 dürfen nicht mit einer unmittelbar anschließenden

Rufbereitschaft kombiniert werden; abweichend davon können Ärzte, die in einem unbefristeten Arbeitsverhältnis stehen, nach Ende der Wartezeit des § 1 Absatz 1 Kündigungsschutzgesetz aufgrund einer schriftlichen Vereinbarung mit ihrem Arbeitgeber zu solchen Diensten herangezogen werden; § 7 Absatz 7 Arbeitszeitgesetz gilt sinngemäß mit der Maßgabe, dass die Frist zum Widerruf drei Kalendermonate beträgt. [5]Die tägliche Arbeitszeit darf bei Ableistung ausschließlich von Bereitschaftsdienst an Samstagen, Sonn- und Feiertagen maximal 24 Stunden betragen, wenn dadurch für den Einzelnen mehr Wochenenden und Feiertage frei sind.

Protokollerklärung zu § 7 Absatz 4 Satz 4:

Bei Ärzten, die Dienste nach Satz 4 Teilsatz 2 leisten, führt der Arbeitgeber kalenderjährlich eine Analyse der Arbeitsauslastung im Bereitschaftsdienst und in der Rufbereitschaft durch.

(5) [1]Unter den Voraussetzungen des Absatzes 4 Satz 3 und bei Einhaltung der Grenzwerte des Absatzes 4 kann im Rahmen des § 7 Absatz 2a Arbeitszeitgesetz eine Verlängerung der täglichen Arbeitszeit über acht Stunden hinaus auch ohne Ausgleich erfolgen. [2]Dabei ist eine wöchentliche Arbeitszeit von bis zu maximal durchschnittlich 58 Stunden in der Bereitschaftsdienststufe I und von bis zu maximal durchschnittlich 54 Stunden in der Bereitschaftsdienststufe II zulässig. [3]Durch Tarifvertrag auf Landesebene kann in begründeten Einzelfällen eine durchschnittliche wöchentliche Höchstarbeitszeit von bis zu 66 Stunden vereinbart werden. [4]Für die Berechnung des Durchschnitts der wöchentlichen Arbeitszeit ist ein Zeitraum von einem Jahr zugrunde zu legen.

Niederschriftserklärung zu § 7 Absatz 5:

Die Tarifvertragsparteien gehen davon aus, dass es für die Vereinbarung einer durchschnittlichen wöchentlichen Höchstarbeitszeit von bis zu 66 Stunden einen Bedarf geben kann.

(5a) [1]Bei der Anordnung von Bereitschaftsdiensten gemäß § 7 Absatz 4 und 5 hat die Ärztin/der Arzt grundsätzlich im Kalendermonat höchstens vier Bereitschaftsdienste zu leisten. [2]Abweichend davon dürfen in einem Kalendermonat pro Kalendervierteljahr fünf Bereitschaftsdienste angeordnet werden. [3]Darüber hinaus sind Bereitschaftsdienste nur zu leisten, wenn eine Gefährdung der Patientensicherheit droht. [4]Abweichend von Satz 1 und 2 können Ärzte, die in einem unbefristeten Arbeitsverhältnis stehen, nach Ende der Wartezeit des § 1 Absatz 1 Kündigungsschutzgesetz aufgrund einer schriftlichen Vereinbarung mit ihrem Arbeitgeber bis zu sieben Dienste im Kalendermonat leisten; § 7 Absatz 7 Arbeitszeitgesetz gilt sinngemäß mit der Maßgabe, dass die Frist zum Widerruf drei Kalendermonate beträgt. [5]Der Bereitschaftsdienst wird dem Kalendermonat zugeordnet, in dem er begonnen hat. [6]Durch Betriebs-/Dienstvereinbarungen können abweichend von Satz 1 bis 3 für bis zu fünf organisatorische Einheiten abweichende Regelungen getroffen werden. [7]Über den Abschluss einer Dienst- bzw. Betriebsvereinbarung nach Satz 6 sind die Tarifgemeinschaft deutscher Länder und der entsprechende Landesverband des Marburger Bundes unverzüglich zu informieren. [8]Sie haben im Einzelfall innerhalb von vier Wochen die Möglichkeit, dem In-Kraft-Treten der Dienst- bzw. Betriebsvereinbarung im Hinblick auf die Ärzte im Geltungsbereich dieses Tarifvertrages zu widersprechen; in diesem Fall ist die Betriebs-/ Dienstvereinbarung von Anfang an unwirksam.

Protokollerklärungen zu § 7 Absatz 5a:

1. Bereitschaftsdienste bis zu vier Stunden von Montag 5 Uhr bis Freitag 21 Uhr werden mit 0,5 eines Dienstes gewertet.
2. Bei der Teilung von Wochenenddiensten werden Bereitschaftsdienste bis zu zwölf Stunden mit 0,5 eines Dienstes gewertet.

(6) [1]Die Ärztin/Der Arzt hat sich auf Anordnung des Arbeitgebers außerhalb der regelmäßigen Arbeitszeit an einer dem Arbeitgeber anzuzeigenden Stelle aufhalten, um auf Abruf die Arbeit aufzunehmen (Rufbereitschaft). [2]Der Arbeitgeber darf Rufbereitschaft nur anordnen, wenn erfahrungsgemäß lediglich in Ausnahmefällen Arbeit anfällt. [3]Rufbereitschaft wird nicht dadurch ausgeschlossen, dass Ärzte vom Arbeitgeber mit einem Mobiltelefon oder einem vergleichbaren technischen Hilfsmittel ausgestattet sind. [4]Durch tatsächliche Arbeitsleistung innerhalb der Rufbereitschaft kann die tägliche Höchstarbeitszeit von zehn Stunden überschritten werden (§§ 3, 7 Absatz 1 Nr. 1 und Nr. 4 Arbeitszeitgesetz).

(6a) [1]Die Lage der Dienste (regelmäßige Arbeit einschließlich Schicht- und Wechselschichtarbeit, Bereitschafts- und Rufbereitschaftsdienste) der Ärzte wird in einem Dienstplan geregelt, der spätestens einen Monat vor Beginn des jeweiligen Planungszeitraumes aufgestellt wird. [2]Wird diese Frist nicht eingehalten, so

a) wird bei Tätigkeit in regelmäßiger Arbeit einschließlich Schicht- und Wechselschichtarbeit zusätzlich zum Entgelt ein Zuschlag in Höhe von 10 v.H. des Tabellenentgelts für den zu planenden Folgemonat gezahlt,

b) wird zusätzlich zum Rufbereitschaftsentgelt ein Zuschlag von 10 v.H. des Entgelts gemäß § 9 Absatz 1 auf jeden Dienst des zu planenden Folgemonats gezahlt bzw.

c) erhöht sich die Bewertung des Bereitschaftsdienstes gemäß § 9 Absatz 2 für jeden Dienst des zu planenden Folgemonats um 10 Prozentpunkte.

VI

[3]Ergeben sich nach der Aufstellung des Dienstplanes Gründe für eine Änderung des Dienstplanes, die in der Person einer Ärztin/eines Arztes begründet sind oder die auf nicht vorhersehbaren Umständen beruhen, kann der Dienstplan nach Aufstellung geändert werden. [4]Die Mitbestimmung nach der Aufstellung des Dienstplanes bleibt unberührt. [5]Liegen bei einer notwendigen Dienstplanänderung nach Satz 3 zwischen der Dienstplanänderung und dem Antritt des Dienstes weniger als drei Tage, wird

a) bei Tätigkeit in regelmäßiger Arbeit einschließlich Schicht- und Wechselschichtarbeit ein Zuschlag in Höhe von 10 v.H. des individuellen Stundenentgeltes je Arbeitsstunde für Zeiten, die nach dem bisherigen Dienstplan frei waren, gezahlt,
b) zum Rufbereitschaftsentgelt ein Zuschlag in Höhe von 10 v.H. des Entgelts gemäß § 9 Absatz 1 gezahlt bzw.
c) erhöht sich die Bewertung des Bereitschaftsdienstes gemäß § 9 Absatz 2 um 10 Prozentpunkte.

Protokollerklärungen zu § 7 Absatz 6a Satz 5 Buchstabe a:

1. Abweichend von Buchstabe a beträgt der Zuschlag 5 v.H. des individuellen Stundenentgeltes je Arbeitsstunde, wenn für diese Stunde ein Überstundenzuschlag zusteht.
2. Buchstabe a findet keine Anwendung auf das Überschreiten des geplanten Dienstendes im Laufe des Dienstes.

VI

(7) Nachtarbeit ist die Arbeit zwischen 20 Uhr und 6 Uhr.

(8) Mehrarbeit sind die Arbeitsstunden, die Teilzeitbeschäftigte über die vereinbarte regelmäßige Arbeitszeit hinaus bis zur regelmäßigen wöchentlichen Arbeitszeit von Vollbeschäftigten (§ 6 Absatz 1 Satz 1) leisten.

(9) Überstunden sind die auf Anordnung geleisteten Arbeitsstunden, die über die im Rahmen der regelmäßigen Arbeitszeit von Vollbeschäftigten (§ 6 Absatz 1) für die Woche dienstplanmäßig beziehungsweise betriebsüblich festgesetzten Arbeitsstunden hinausgehen und nicht bis zum Ende der folgenden Kalenderwoche ausgeglichen werden.

(10) Abweichend von Absatz 9 sind nur die Arbeitsstunden Überstunden, die im Falle von Wechselschicht- oder Schichtarbeit über die im Schichtplan festgelegten täglichen Arbeitsstunden einschließlich der im Schichtplan vorgesehenen Arbeitsstunden, die bezogen auf die regelmäßige wöchentliche Arbeitszeit im Schichtplanturnus nicht ausgeglichen werden, angeordnet worden sind.

(11) [1]In den Fällen, in denen Teilzeitarbeit (§ 11) vereinbart wurde, verringern sich die Höchstgrenzen der wöchentlichen Arbeitszeit in Absatz 5 – beziehungsweise in den Fällen, in denen Absatz 5 nicht zur Anwendung kommt, die Höchstgrenze von 48 Stunden – in demselben Verhältnis wie die Arbeitszeit dieser Teilzeitbeschäftigten zu

der regelmäßigen Arbeitszeit der Vollbeschäftigten verringert worden ist. [2]Mit Zustimmung der Ärztin/des Arztes oder aufgrund von dringenden dienstlichen oder betrieblichen Belangen kann hiervon abgewichen werden.

§ 8 Ausgleich für Sonderformen der Arbeit

(1) [1]Ärzte erhalten neben dem Entgelt für die tatsächliche Arbeitsleistung Zeitzuschläge. [2]Die Zeitzuschläge betragen – auch bei Teilzeitbeschäftigten – je Stunde

a) für Überstunden	15 v. H.,
b) für Nachtarbeit	20 v. H.,
c) für Sonntagsarbeit	25 v. H.,
d) bei Feiertagsarbeit	
– ohne Freizeitausgleich	135 v. H.,
– mit Freizeitausgleich	35 v. H.,
e) für Arbeit am 24. Dezember und am 31. Dezember jeweils ab 6 Uhr	35 v. H.,
f) für Arbeit an Samstagen von 13 bis 20 Uhr	20 v. H.

des auf eine Stunde entfallenden Anteils des Tabellenentgelts der Stufe 3 der jeweiligen Entgeltgruppe. [3]Beim Zusammentreffen von Zeitzuschlägen nach Satz 2 Buchstabe c bis f wird nur der höchste Zeitzuschlag gezahlt. [4]Auf Wunsch der Ärzte können, soweit die betrieblichen/dienstlichen Verhältnisse es zulassen, die nach Satz 2 zu zahlenden Zeitzuschläge entsprechend dem jeweiligen Vomhundertsatz einer Stunde in Zeit umgewandelt (faktorisiert) und ausgeglichen werden. [5]Dies gilt entsprechend für Überstunden als solche.

Protokollerklärung zu § 8 Absatz 1 Satz 2:

Bei Überstunden richtet sich das Entgelt für die tatsächliche Arbeitsleistung nach der jeweiligen Entgeltgruppe und der individuellen Stufe, höchstens jedoch nach der Stufe 4.

Protokollerklärung zu § 8 Absatz 1 Satz 2 Buchstabe d:

[1]Der Freizeitausgleich muss im Dienstplan besonders ausgewiesen und bezeichnet werden. [2]Falls kein Freizeitausgleich gewährt wird, werden als Entgelt einschließlich des Zeitzuschlags und des auf den Feiertag entfallenden Tabellenentgelts höchstens 235 v. H. gezahlt.

(2) [1]Überstunden sind grundsätzlich durch entsprechende Freizeit auszugleichen; für die Zeit des Freizeitausgleichs werden das Tabellenentgelt sowie die sonstigen, in Monatsbeträgen festgelegten Entgeltbestandteile weitergezahlt. [2]Ärzte erhalten für Überstunden (§ 7 Absatz 9), die nicht bis zum Ende des dritten Kalendermonats – möglichst aber schon bis zum Ende des nächsten Kalendermonats – nach deren Entstehen mit Freizeit ausgeglichen worden sind, je Stunde 100 v. H. des auf die Stunde entfallenden Anteils des Tabellenentgelts

VI

der jeweiligen Entgeltgruppe und Stufe, höchstens jedoch nach der Stufe 4. [3]Der Anspruch auf den Zeitzuschlag für Überstunden nach Absatz 1 besteht unabhängig von einem Freizeitausgleich.

(3) (Nicht besetzt)

(4) Für Arbeitsstunden, die keine Überstunden sind und die aus betrieblichen/dienstlichen Gründen nicht innerhalb des nach § 6 Absatz 2 Satz 1 oder 2 festgelegten Zeitraums mit Freizeit ausgeglichen werden, erhalten die Ärzte je Stunde 100 v. H. des auf eine Stunde entfallenden Anteils des Tabellenentgelts der jeweiligen Entgeltgruppe und Stufe.

Protokollerklärung zu § 8 Absatz 4:

Mit dem Begriff „Arbeitsstunden" sind nicht die Stunden gemeint, die im Rahmen von Gleitzeitregelungen im Sinne der Protokollerklärung zu Abschnitt II anfallen, es sei denn, sie sind angeordnet worden.

(5) [1]Ärzte, die ständig Wechselschichtarbeit leisten, erhalten eine Wechselschichtzulage von 105 Euro monatlich. [2]Ärzte, die nicht ständig Wechselschichtarbeit leisten, erhalten eine Wechselschichtzulage von 0,63 Euro pro Stunde.

VI

(6) [1]Ärzte, die ständig Schichtarbeit leisten, erhalten eine Schichtzulage von 40 Euro monatlich. [2]Ärzte, die nicht ständig Schichtarbeit leisten, erhalten eine Schichtzulage von 0,24 Euro pro Stunde.

§ 9 Ausgleich für Bereitschaftsdienst und Rufbereitschaft

(1) [1]Für die Rufbereitschaft wird eine tägliche Pauschale je Entgeltgruppe gezahlt. [2]Für eine Rufbereitschaft von mindestens zwölf Stunden wird für die Tage Montag bis Freitag das Zweifache, für Samstag, Sonntag sowie für Feiertage das Vierfache des tariflichen Stundenentgelts der jeweiligen Entgeltgruppe und Stufe (individuelles Stundenentgelt) gezahlt. [3]Maßgebend für die Bemessung der Pauschale nach Satz 2 ist der Tag, an dem die Rufbereitschaft beginnt. [4]Für Rufbereitschaften von weniger als zwölf Stunden werden für jede angefangene Stunde 12,5 v. H. des individuellen Stundenentgelts nach der Entgelttabelle gezahlt. [5]Hinsichtlich der Arbeitsleistung wird jede einzelne Inanspruchnahme innerhalb der Rufbereitschaft mit einem Einsatz im Krankenhaus einschließlich der hierfür erforderlichen Wegezeiten auf eine volle Stunde gerundet. [6]Für die Inanspruchnahme wird das Entgelt für Überstunden sowie etwaiger Zeitzuschläge bezahlt. [7]Für die Zeit der Rufbereitschaft werden Zeitzuschläge nicht gezahlt.

Protokollerklärung zu § 9 Absatz 1:

Zur Ermittlung der Tage einer Rufbereitschaft, für die eine Pauschale gezahlt wird, ist auf den Tag des Beginns der Rufbereitschaft abzustellen.

Niederschriftserklärung zu § 9 Absatz 1:

Zur Erläuterung von § 9 Absatz 1 und der dazugehörigen Protokollerklärung sind sich die Tarifvertragsparteien über folgendes Beispiel einig: „Beginnt eine Wochenendrufbereitschaft am Freitag um 15 Uhr und endet am Montag um 7 Uhr, so erhalten Beschäftigte folgende Pauschalen: Zwei Stunden für Freitag, je vier Stunden für Samstag und Sonntag, keine Pauschale für Montag. Sie erhalten somit zehnmal das individuelle Stundenentgelt."

(2) [1]Zur Berechnung des Entgelts wird die Zeit des Bereitschaftsdienstes einschließlich der geleisteten Arbeit in zwei Stufen als Arbeitszeit gewertet. [2]Ausschlaggebend sind die Arbeitsleistungen, die während des Bereitschaftsdienstes erfahrungsgemäß durchschnittlich anfallen:

Bereitschaftsdienststufe	**Arbeitsleistung innerhalb des Bereitschaftsdienstes**	**Bewertung als Arbeitszeit**
I	0 bis zu 25 v. H.	60 v. H.
II	Mehr als 25 v. H. bis 49 v. H.	95 v. H.

[3]Für die Zeit des Bereitschaftsdienstes an gesetzlichen Feiertagen erhöht sich die Bewertung um 25 Prozentpunkte. [4]Für die Zeit des Bereitschaftsdienstes, die als Arbeitszeit gewertet wird, wird das tarifliche Stundenentgelt der jeweiligen Entgeltgruppe und Stufe (individuelles Stundenentgelt) gezahlt. [5]Das Bereitschaftsdienstentgelt kann im Verhältnis 1 : 1 in Freizeit abgegolten werden (Freizeitausgleich). [6]Für die Zeit des Freizeitausgleichs werden das Entgelt und die in Monatsbeträgen festgelegten Zulagen fortgezahlt. [7]Die Zuweisung zu den Stufen des Bereitschaftsdienstes erfolgt durch schriftliche Nebenabrede zum Arbeitsvertrag. [8]Die Nebenabrede ist abweichend von § 2 Absatz 3 mit einer Frist von drei Monaten jeweils zum Ende eines Kalenderhalbjahres kündbar.

(2a) [1]Ab mehr als vier Bereitschaftsdiensten nach § 7 Absatz 5a im Kalendermonat erhöht sich die Bewertung des Bereitschaftsdienstes gemäß § 9 Absatz 2 Satz 2 um 10 Prozentpunkte; dieser Zuschlag erhöht sich bei jedem weiteren Bereitschaftsdienst um weitere 10 Prozentpunkte. [2]Ist in einem Kalendermonat ein fünfter Bereitschaftsdienst nach § 7 Absatz 5a Satz 2 angeordnet worden, erhöht sich die Bewertung gemäß § 9 Absatz 2 Satz 2 für diesen Bereitschaftsdienst um 10 Prozentpunkte; für weitere Bereitschaftsdienste in diesem Kalendermonat gilt Satz 1 entsprechend mit der Maßgabe, dass sich die Bewertung ab dem sechsten Bereitschaftsdienst um 10 Prozentpunkte erhöht; dieser Zuschlag erhöht sich bei jedem weiteren Bereitschaftsdienst um weitere 10 Prozentpunkte.

(3) [1]Für die Zeit des Bereitschaftsdienstes in den Nachtstunden (20 Uhr bis 6 Uhr) wird zusätzlich zum Ausgleich für Bereitschaftsdienste nach Absatz 2 je Stunde ein Zeitzuschlag in Höhe von 20 v. H. entsprechend § 8 Absatz 1 Satz 2 Buchstabe b gewährt. [2]Dieser Zeitzuschlag kann nicht in Freizeit abgegolten werden.

(4) In den Fällen der Absätze 2 und 3 werden im Übrigen Zeitzuschläge (§ 8) für die Zeit des Bereitschaftsdienstes einschließlich der geleisteten Arbeit nicht gezahlt.

§ 10 Sonderfunktionen, Dokumentation

(1) Wird den Ärzten durch ausdrückliche Anordnung des Arbeitgebers eine Sonderfunktion innerhalb der Klinik übertragen (zum Beispiel Transplantationsbeauftragter, Strahlenschutzbeauftragter usw.), sind sie für diese Tätigkeit und die Fortbildung hierzu in erforderlichem Umfang von ihren sonstigen Aufgaben freizustellen.

(2) [1]Die Arbeitszeiten der Ärzte sind durch elektronische Verfahren so zu erfassen, dass die gesamte Anwesenheit am Arbeitsplatz dokumentiert ist. [2]Dabei gilt die gesamte Anwesenheit der Ärzte abzüglich der tatsächlich gewährten Pausen als Arbeitszeit. [3]Soweit dienstplanmäßig vorgesehene Pausen nicht gewährt worden sind, ist die Dokumentation auf entsprechenden Hinweis der Ärztin/des Arztes zu korrigieren; das Gleiche gilt, sobald der Arbeitgeber auf sonstige Weise von diesem Sachverhalt Kenntnis erlangt hat. [4]Eine von Satz 2 abweichende Bewertung ist nur bei Nebentätigkeiten zulässig, die keine Dienstaufgaben sind, und bei privaten Tätigkeiten der Ärztin/des Arztes. [5]Die Ärztin/Der Arzt hat insbesondere zur Überprüfung der dokumentierten Anwesenheitszeiten nach Satz 1 ein persönliches Einsichtsrecht in die Arbeitszeitdokumentation. [6]Die Einsicht ist unverzüglich zu gewähren. [7]Die näheren Einzelheiten der Arbeitszeitdokumentation nach den Sätzen 1 bis 6 können durch die Betriebsparteien geregelt werden.

Protokollerklärungen zu Absatz 2:

1. Bei einer außerplanmäßigen Überschreitung der täglichen Höchstarbeitszeit von zehn Stunden bzw. der im Dienstplan vorgegebenen Arbeitszeit haben die Ärzte dem Arbeitgeber im Einzelfall auf dessen Verlangen den Grund der Überschreitung mitzuteilen.
2. Für die private Veranlassung gemäß Satz 4 trägt der Arbeitgeber nach den allgemeinen Regeln des Arbeitsrechts die Darlegungs- und Beweislast.

Protokollerklärung zu Absatz 2 Satz 2:

Das Direktionsrecht des Arbeitgebers zur Arbeitszeitgestaltung bleibt unberührt; es ist sicherzustellen, dass entgegengenommene Arbeitsleistung als Arbeitszeit anerkannt und ausgeglichen bzw. bezahlt wird.

§ 11 Teilzeitbeschäftigung

(1) [1]Mit Ärzten soll auf Antrag eine geringere als die vertraglich festgelegte Arbeitszeit vereinbart werden, wenn sie

a) mindestens ein Kind unter 18 Jahren oder

b) einen nach ärztlichem Gutachten pflegebedürftigen sonstigen Angehörigen tatsächlich betreuen oder pflegen und dringende dienstliche beziehungsweise betriebliche Belange nicht entgegenstehen.

[2]Die Teilzeitbeschäftigung nach Satz 1 ist auf Antrag auf bis zu fünf Jahre zu befristen. [3]Sie kann verlängert werden; der Antrag ist spätestens sechs Monate vor Ablauf der vereinbarten Teilzeitbeschäftigung zu stellen. [4]Bei der Gestaltung der Arbeitszeit hat der Arbeitgeber im Rahmen der dienstlichen beziehungsweise betrieblichen Möglichkeiten der besonderen persönlichen Situation der Ärztin/des Arztes nach Satz 1 Rechnung zu tragen.

(2) Ärzte, die in anderen als den in Absatz 1 genannten Fällen eine Teilzeitbeschäftigung vereinbaren wollen, können von ihrem Arbeitgeber verlangen, dass er mit ihnen die Möglichkeit einer Teilzeitbeschäftigung mit dem Ziel erörtert, zu einer entsprechenden Vereinbarung zu gelangen.

(3) Ist mit früher Vollbeschäftigten auf ihren Wunsch eine nicht befristete Teilzeitbeschäftigung vereinbart worden, sollen sie bei späterer Besetzung eines Vollzeitarbeitsplatzes bei gleicher Eignung im Rahmen der dienstlichen beziehungsweise betrieblichen Möglichkeiten bevorzugt berücksichtigt werden.

Protokollerklärung zu Abschnitt II:

[1]Gleitzeitregelungen sind unter Wahrung der jeweils geltenden Mitbestimmungsrechte unabhängig von den Vorgaben zu Arbeitszeitkorridor und Rahmenzeit (§ 6 Absatz 6 und 7) möglich; dies gilt nicht bei Schicht- und Wechselschichtarbeit. [2]Sie dürfen keine Regelungen nach § 6 Absatz 4 enthalten. [3]Bei In-Kraft-Treten dieses Tarifvertrages bestehende Gleitzeitregelungen bleiben unberührt.

Abschnitt III
Eingruppierung, Entgelt und sonstige Leistungen

§ 12 Eingruppierung

Ärzte sind entsprechend ihrer nicht nur vorübergehend und zeitlich mindestens zur Hälfte auszuübenden Tätigkeit wie folgt eingruppiert:

Entgelt-gruppe	Bezeichnung
Ä 1	Ärztin/Arzt mit entsprechender Tätigkeit
Ä 2	Fachärztin/Facharzt mit entsprechender Tätigkeit

Entgelt-gruppe	Bezeichnung
Ä 3	Oberärztin/Oberarzt Oberarzt ist derjenige Arzt, dem die medizinische Verantwortung für Teil- oder Funktionsbereiche der Klinik beziehungsweise Abteilung vom Arbeitgeber übertragen worden ist. Oberarzt ist ferner der Facharzt in einer durch den Arbeitgeber übertragenen Spezialfunktion, für die dieser eine erfolgreich abgeschlossene Schwerpunkt- oder Zusatzweiterbildung nach der Weiterbildungsordnung fordert.
Ä 4	Fachärztin/Facharzt, der/dem die ständige Vertretung des leitenden Arztes (Chefarzt) vom Arbeitgeber übertragen worden ist. (Protokollerklärung: Ständiger Vertreter ist nur der Arzt, der den leitenden Arzt in der Gesamtheit seiner Dienstaufgaben vertritt. Das Tätigkeitsmerkmal kann daher innerhalb einer Klinik nur von einer Ärztin/einem Arzt erfüllt werden.)

VI

§ 13 Zulage bei Überschreiten der Mindestweiterbildungszeit

Ärzte der Entgeltgruppe Ä 1 in der Weiterbildung zur Fachärztin beziehungsweise zum Facharzt erhalten eine monatliche Zulage in Höhe der Differenz zur Stufe 1 der Entgeltgruppe Ä 2, sobald sie die Mindestweiterbildungszeit nach der Weiterbildungsordnung um mehr als ein Jahr überschritten haben, ohne dass sie dies zu vertreten haben.

§ 14 Vorübergehende Übertragung einer höherwertigen Tätigkeit

(1) Wird Ärzten vorübergehend eine andere Tätigkeit übertragen, die den Tätigkeitsmerkmalen einer höheren Entgeltgruppe entspricht, und wurde diese Tätigkeit mindestens einen Monat ausgeübt, erhalten sie für die Dauer der Ausübung eine persönliche Zulage rückwirkend ab dem ersten Tag der Übertragung der Tätigkeit.

(2) Die persönliche Zulage bemisst sich bei Ärzten, die in eine der Entgeltgruppen Ä 1 bis Ä 3 eingruppiert sind, aus dem Unterschiedsbetrag zu dem Tabellenentgelt, das sich bei dauerhafter Übertragung ergeben hätte.

§ 15 Tabellenentgelt

(1) [1]Die Ärztin/Der Arzt erhält monatlich ein Tabellenentgelt. [2]Die Höhe bestimmt sich nach der Entgeltgruppe, in die sie/er eingruppiert ist, und nach der für sie/ihn geltenden Stufe.

(2) Die Höhe der Tabellenentgelte ist in den Anlagen A 1, A 2, B 1 und B 2 festgelegt.

§ 16 Stufen der Entgelttabelle[1])

(1) [1]Die Entgeltgruppen Ä 1 und Ä 2 umfassen je sechs und die Entgeltgruppen Ä 3 und Ä 4 umfassen je drei Stufen. [2]Die Ärzte erreichen die jeweils nächste Stufe nach den Zeiten ärztlicher (Ä 1), fachärztlicher (Ä 2), oberärztlicher (Ä 3) Tätigkeit beziehungsweise der Tätigkeit als ständiger Vertreter des leitenden Arztes (Chefarztes), die in den Tabellen Anlagen A 1, A 2, B 1 und B 2 angegeben sind.

(2) [1]Für die Anrechnung von Vorzeiten ärztlicher Tätigkeit gilt Folgendes: Bei der Stufenzuordnung werden Zeiten mit einschlägiger Berufserfahrung als förderliche Zeiten berücksichtigt. [2]Zeiten von Berufserfahrung aus nichtärztlicher Tätigkeit können berücksichtigt werden.

(3) [1]Zur regionalen Differenzierung, zur Deckung des Personalbedarfs, zur Bindung von qualifizierten Fachkräften oder zum Ausgleich höherer Lebenshaltungskosten kann abweichend von der tarifvertraglichen Einstufung ein bis zu zwei Stufen höheres Entgelt ganz oder teilweise vorweg gewährt werden. [2]Ärzte mit einem Entgelt der Endstufe können bis zu 20 v. H. der Stufe 2 zusätzlich erhalten. [3]Die Zulage kann befristet werden. [4]Sie ist auch als befristete Zulage widerruflich.

(4) [1]Bei Wissenschaftlerinnen und Wissenschaftlern tritt bei Anwendung des Absatzes 3 an die Stelle des Wertes von 20 v. H. der Wert 25 v. H. [2]Dies gilt jedoch nur, wenn

a) sie aufgrund ihrer fachlichen Qualifikation besondere projektbezogene Anforderungen erfüllen oder

b) eine besondere Personalbindung beziehungsweise Personalgewinnung erreicht werden soll.

§ 17 Allgemeine Regelungen zu den Stufen

(1) Die Ärzte erhalten das Tabellenentgelt nach der neuen Stufe vom Beginn des Monats an, in dem die nächste Stufe erreicht wird.

(2) [1]Den Zeiten einer Tätigkeit im Sinne des § 16 Absatz 1 Satz 2 stehen gleich:

a) Schutzfristen nach dem Mutterschutzgesetz,

b) Zeiten einer Arbeitsunfähigkeit nach § 22 bis zu 39 Wochen,

c) Zeiten eines bezahlten Urlaubs,

d) Zeiten eines Sonderurlaubs, bei denen der Arbeitgeber vor dem Antritt schriftlich ein dienstliches beziehungsweise betriebliches Interesse anerkannt hat,

---

1) **Zum 1. Januar 2026 lautet § 16 Abs. 1 Satz 1 wie folgt:**
„[1]Die Entgeltgruppen Ä 1 und Ä 2 umfassen je sechs, die Entgeltgruppe Ä 3 umfasst vier und die Entgeltgruppe Ä 4 umfasst drei Stufen."

VI

e) Zeiten einer sonstigen Unterbrechung von weniger als einem Monat im Kalenderjahr,
f) Zeiten der vorübergehenden Übertragung einer höherwertigen Tätigkeit.

[2]Zeiten der Unterbrechung bis zu einer Dauer von jeweils drei Jahren, die nicht von Satz 1 erfasst werden, und Elternzeit sind unschädlich; sie werden aber nicht auf die Stufenlaufzeit angerechnet. [3]Zeiten, in denen eine Beschäftigung mit einer kürzeren als der regelmäßigen wöchentlichen Arbeitszeit eines entsprechenden Vollbeschäftigten erfolgt ist, werden voll angerechnet.

§ 18 Besondere Zahlung im Drittmittelbereich

[1]Die Ärzte im Drittmittelbereich können vom Arbeitgeber eine Sonderzahlung erhalten. [2]Voraussetzung ist, dass nach Deckung der Einzel- und Gemeinkosten des Drittmittelvorhabens entsprechende Erträge aus Mitteln privater Dritter verbleiben. [3]Die Ärzte müssen zudem durch besondere Leistungen bei der Einwerbung der Mittel oder der Erstellung einer für die eingeworbenen Mittel zu erbringenden beziehungsweise erbrachten Leistung beigetragen haben. [4]Die Sonderzahlung kann bis zu 10 v. H. ihres Jahrestabellenentgelts betragen. [5]Sie ist nicht zusatzversorgungspflichtig.

VI

§ 19 Einsatzzuschlag für Rettungsdienst

[1]Zu den Pflichten der Ärzte aus der Haupttätigkeit gehört es, am Rettungsdienst in Notarztwagen und Hubschraubern teilzunehmen. [2]Für jeden Einsatz in diesem Rettungsdienst erhalten die Ärzte einen nicht zusatzversorgungspflichtigen Einsatzzuschlag in Höhe von 15,41 Euro. [3]Dieser Betrag verändert sich zu demselben Zeitpunkt und in dem gleichen Ausmaß wie das Tabellenentgelt der Entgeltgruppe Ä 1 Stufe 2.

Protokollerklärungen zu § 19:

1. Ärzte, denen aus persönlichen Gründen (zum Beispiel Vorliegen einer anerkannten Minderung der Erwerbsfähigkeit, die dem Einsatz im Rettungsdienst entgegen steht, Fluguntverträglichkeit) oder aus fachlichen Gründen die Teilnahme am Rettungsdienst nicht zumutbar beziehungsweise untersagt ist, dürfen nicht zum Einsatz im Rettungsdienst herangezogen werden.
2. [1]Der Einsatzzuschlag steht nicht zu, wenn den Ärzten wegen der Teilnahme am Rettungsdienst außer den tariflichen Bezügen sonstige Leistungen vom Arbeitgeber oder von einem Dritten (zum Beispiel private Unfallversicherung, für die der Arbeitgeber oder ein Träger des Rettungsdienstes die Beiträge ganz oder teilweise trägt, Liquidationsansprüche) zustehen. [2]Die Ärzte können auf die sonstigen Leistungen verzichten.
3. Der Einsatzzuschlag beträgt
   - 21,88 Euro ab 1. Oktober 2023,
   - 22,76 Euro ab 1. April 2024 und
   - 24,13 Euro ab 1. Februar 2025.

§ 19a Entgeltumwandlung zum Fahrrad-Leasing

(1) [1]Ärztinnen und Ärzte haben Anspruch darauf, dass künftige monatliche Entgeltansprüche durch Entgeltumwandlung für das Leasing eines Fahrrades verwendet werden, wenn und soweit

- die Entgeltumwandlung zum Fahrrad-Leasing auch Beamtinnen und Beamten des jeweiligen Landes angeboten wird und
- der Arbeitgeber die Entgeltumwandlung zum Fahrrad-Leasing auch den Ärztinnen und Ärzten anbietet.

[2]Bietet der Arbeitgeber die Entgeltumwandlung zum Fahrrad-Leasing einer Ärztin oder einem Arzt an, muss er die Entgeltumwandlung allen Ärztinnen und Ärzten anbieten.

(2) Von der Entgeltumwandlung ausgenommen sind

a) Ärztinnen und Ärzte, die zu Beginn der Entgeltumwandlung
   - in der Probezeit sind,
   - in einem gekündigten Arbeitsverhältnis stehen,
   - in einem Arbeitsverhältnis stehen, das weniger als die zu vereinbarende Leasingdauer andauert, sowie

b) Ärztinnen und Ärzte, deren Bezüge von einer Abtretung, Aufrechnung oder Pfändung betroffen sind, oder die Schuldnerin oder Schuldner in einem laufenden Insolvenzverfahren sind; dies gilt solange die jeweiligen Gläubiger aus den Bezügen pfändbare Beträge verlangen können, ungeachtet dessen, ob und in welcher Höhe sie dieses Recht tatsächlich wahrnehmen.

(3) [1]Leasingnehmer ist der Arbeitgeber. [2]Er überlässt der Ärztin/dem Arzt das Fahrrad zur dienstlichen und privaten Nutzung. [3]Die monatliche Entgeltumwandlung muss während der gesamten Dauer des Leasingvertrages, die längstens 36 Monate betragen darf, der monatlichen Leasingrate entsprechen.

(4) [1]Die Entgeltumwandlung ist nur zulässig für das Leasing von Fahrrädern im Sinne von § 63a Straßenverkehrs-Zulassungs-Ordnung. [2]Aus dem Angebot des Leasinggebers kann die Ärztin/der Arzt ein Fahrrad auswählen, das einschließlich etwaiger Zusatzleistungen (zum Beispiel Versicherungen) und verbundenem Zubehör einen Höchstbetrag von 7000 Euro nicht über- und einen Mindestbetrag von 750 Euro nicht unterschreitet. [3]Als Preis für das Fahrrad selbst ist dabei die unverbindliche Preisempfehlung des Herstellers, Importeurs oder Großhändlers einschließlich Umsatzsteuer zugrunde zu legen. [4]Jeder Ärztin/Jedem Arzt kann jeweils nur ein Fahrrad überlassen werden.

(5) Die umgewandelten Entgeltbestandteile sind zusatzversorgungspflichtiges Entgelt.

VI

(6) Die gesetzlichen Mitbestimmungs- und Beteiligungsrechte der Betriebs- oder Personalräte bleiben unberührt.

Protokollerklärung zu § 19a:

Für die Ärztinnen und Ärzte findet im Freistaat Bayern und im Bereich des AVdöD Baden-Württemberg anstelle des § 19a für die Dauer ihrer jeweiligen Geltung

- in Bayern der Tarifvertrag zur Entgeltumwandlung zum Zwecke des Leasings von Fahrrädern für Ärztinnen und Ärzte des Freistaates Bayern (TV-Fahrradleasing Ärzte Bayern) vom 24. Juni 2024 und
- im Bereich des AVdöD Baden-Württemberg der Tarifvertrag zur Entgeltumwandlung zum Zwecke des Leasings von Fahrrädern für Ärztinnen und Ärzte für den Bereich des Arbeitgeberverbandes des öffentlichen Dienstes des Landes Baden-Württemberg (TV Radleasing Ärzte BW) vom 22. Mai 2024

Anwendung.

§ 20 Jahressonderzahlungen

Eine Jahressonderzahlung wird bis zum 31. Dezember 2009 nicht gewährt.

§ 21 Bemessungsgrundlage für die Entgeltfortzahlung

VI

[1]In den Fällen der Entgeltfortzahlung nach § 22 Absatz 1, § 26 und § 27 werden das Tabellenentgelt sowie die sonstigen in Monatsbeträgen festgelegten Entgeltbestandteile weitergezahlt. [2]Nicht in Monatsbeträgen festgelegte Entgeltbestandteile werden als Durchschnitt auf Basis der letzten drei vollen Kalendermonate, die dem maßgebenden Ereignis für die Entgeltfortzahlung vorhergehen (Berechnungszeitraum), gezahlt. [3]Ausgenommen hiervon sind das zusätzlich gezahlte Entgelt für Überstunden und Mehrarbeit (mit Ausnahme der im Dienstplan vorgesehenen Mehrarbeits- oder Überstunden), Leistungsentgelte, Jahressonderzahlungen sowie besondere Zahlungen nach § 23.

Protokollerklärungen zu § 21 Satz 2 und 3:

1. [1]Volle Kalendermonate im Sinne der Durchschnittsberechnung nach Satz 2 sind Kalendermonate, in denen an allen Kalendertagen das Arbeitsverhältnis bestanden hat. [2]Hat das Arbeitsverhältnis weniger als drei Kalendermonate bestanden, sind die vollen Kalendermonate, in denen das Arbeitsverhältnis bestanden hat, zugrunde zu legen. [3]Bei Änderungen der individuellen Arbeitszeit werden die nach der Arbeitszeitänderung liegenden vollen Kalendermonate zugrunde gelegt.
2. [1]Der Tagesdurchschnitt nach Satz 2 beträgt 1/65 aus der Summe der zu berücksichtigenden Entgeltbestandteile, die für den Berechnungszeitraum zugestanden haben, wenn die regelmäßige wöchentliche Arbeitszeit durchschnittlich auf fünf Tage verteilt ist.

   [2]Maßgebend ist die Verteilung der Arbeitszeit zu Beginn des Berechnungszeitraums.

   [3]Bei einer abweichenden Verteilung der Arbeitszeit ist der Tagesdurchschnitt entsprechend Satz 1 und 2 zu ermitteln. [4]Sofern während des Berechnungszeitraums bereits Fortzahlungstatbestände vorlagen, bleiben bei der Ermittlung des Durch-

schnitts nach Satz 2 die für diese Ausfalltage auf Basis des Tagesdurchschnitts zustehenden Beträge sowie die Ausfalltage selbst unberücksichtigt.

3. [1]Liegt zwischen der Begründung des Arbeitsverhältnisses oder der Änderung der individuellen Arbeitszeit und dem maßgeblichen Ereignis für die Entgeltfortzahlung kein voller Kalendermonat, ist der Tagesdurchschnitt anhand der konkreten individuellen Daten zu ermitteln. [2]Dazu ist die Summe der zu berücksichtigenden Entgeltbestandteile, die für diesen Zeitraum zugestanden haben, durch die Zahl der tatsächlich in diesem Zeitraum erbrachten Arbeitstage zu teilen.
4. Tritt die Fortzahlung des Entgelts nach einer allgemeinen Entgeltanpassung ein, sind die berücksichtigungsfähigen Entgeltbestandteile, die vor der Entgeltanpassung zustanden, um 90 v. H. des Vomhundertsatzes für die allgemeine Entgeltanpassung zu erhöhen.

Niederschriftserklärung zu § 21 Satz 2:

Bereitschaftsdienstentgelte und Rufbereitschaftsentgelte einschließlich des Entgelts für die Inanspruchnahme während der Rufbereitschaft fallen unter die Regelung des § 21 Satz 2.

§ 22 Entgelt im Krankheitsfall

(1) [1]Werden Ärzte durch Arbeitsunfähigkeit infolge Krankheit an der Arbeitsleistung verhindert, ohne dass sie ein Verschulden trifft, erhalten sie bis zur Dauer von sechs Wochen das Entgelt nach § 21. [2]Bei erneuter Arbeitsunfähigkeit infolge derselben Krankheit sowie bei Beendigung des Arbeitsverhältnisses gelten die gesetzlichen Bestimmungen. [3]Als unverschuldete Arbeitsunfähigkeit im Sinne der Sätze 1 und 2 gilt auch die Arbeitsverhinderung im Sinne von § 3 Absatz 2, § 3a und des § 9 Entgeltfortzahlungsgesetzes.

Protokollerklärung zu § 22 Absatz 1 Satz 1:

Ein Verschulden liegt nur dann vor, wenn die Arbeitsunfähigkeit vorsätzlich oder grob fahrlässig herbeigeführt wurde.

(2) [1]Nach Ablauf des Zeitraums gemäß Absatz 1 erhalten die Ärzte für die Zeit, für die ihnen Krankengeld oder entsprechende gesetzliche Leistungen gezahlt werden, einen Krankengeldzuschuss in Höhe des Unterschiedsbetrags zwischen den tatsächlichen Barleistungen des Sozialleistungsträgers und dem Nettoentgelt. [2]Nettoentgelt ist das um die gesetzlichen Abzüge verminderte Entgelt im Sinne des § 21; bei freiwillig in der gesetzlichen Krankenversicherung versicherten Ärzten ist dabei deren Gesamtkranken- und Pflegeversicherungsbeitrag abzüglich Arbeitgeberzuschuss zu berücksichtigen. [3]Bei Ärzten, die in der gesetzlichen Krankenversicherung versicherungsfrei oder die von der Versicherungspflicht in der gesetzlichen Krankenversicherung befreit sind, sind bei der Berechnung des Krankengeldzuschusses diejenigen Leistungen zugrunde zu legen, die ihnen als Pflichtversicherte in der gesetzlichen Krankenversicherung zustünden.

Protokollerklärung zu § 22 Absatz 2:
Im Falle der Arbeitsverhinderung nach § 3a Entgeltfortzahlungsgesetz stehen den tatsächlichen Barleistungen des Sozialversicherungsträgers das Krankengeld nach § 44a SGB V oder die tatsächlichen Leistungen des privaten Krankenversicherungsträgers oder des Beihilfeträgers gleich.

(3) [1]Der Krankengeldzuschuss wird bei einer Beschäftigungszeit (§ 34 Absatz 3)

a) von mehr als einem Jahr längstens bis zum Ende der 13. Woche und

b) von mehr als drei Jahren längstens bis zum Ende der 39. Woche

seit dem Beginn der Arbeitsunfähigkeit infolge derselben Krankheit gezahlt. [2]Maßgeblich für die Berechnung der Fristen nach Satz 1 ist die Beschäftigungszeit, die im Laufe der krankheitsbedingten Arbeitsunfähigkeit vollendet wird. [3]Innerhalb eines Kalenderjahres kann das Entgelt im Krankheitsfall nach Absatz 1 und 2 insgesamt längstens bis zum Ende der in Absatz 3 Satz 1 genannten Fristen bezogen werden; bei jeder neuen Arbeitsunfähigkeit besteht jedoch mindestens der sich aus Absatz 1 ergebende Anspruch.

VI

(4) [1]Entgelt im Krankheitsfall wird nicht über das Ende des Arbeitsverhältnisses hinaus gezahlt; § 8 Entgeltfortzahlungsgesetz bleibt unberührt. [2]Krankengeldzuschuss wird zudem nicht über den Zeitpunkt hinaus gezahlt, von dem an Ärzte eine Rente oder eine vergleichbare Leistung auf Grund eigener Versicherung aus der gesetzlichen Rentenversicherung, aus einer zusätzlichen Alters- und Hinterbliebenenversorgung oder aus einer sonstigen Versorgungseinrichtung erhalten, die nicht allein aus Mitteln der Ärzte finanziert ist. [3]Überzahlter Krankengeldzuschuss und sonstige Überzahlungen gelten als Vorschuss auf die in demselben Zeitraum zustehenden Leistungen nach Satz 2; die Ansprüche der Ärzte gehen insoweit auf den Arbeitgeber über. [4]Der Arbeitgeber kann von der Rückforderung des Teils des überzahlten Betrags, der nicht durch die für den Zeitraum der Überzahlung zustehenden Bezüge im Sinne des Satzes 2 ausgeglichen worden ist, absehen, es sei denn, die Ärztin/der Arzt hat dem Arbeitgeber die Zustellung des Rentenbescheids schuldhaft verspätet mitgeteilt.

§ 23 Besondere Zahlungen

(1) [1]Einen Anspruch auf vermögenswirksame Leistungen nach Maßgabe des Vermögensbildungsgesetzes in seiner jeweiligen Fassung haben Ärzte, deren Arbeitsverhältnis voraussichtlich mindestens sechs Monate dauert. [2]Für Vollbeschäftigte beträgt die vermögenswirksame Leistung für jeden vollen Kalendermonat 6,65 Euro. [3]Der Anspruch entsteht frühestens für den Kalendermonat, in dem die Ärztin/der Arzt dem Arbeitgeber die erforderlichen Angaben schriftlich mitteilt,

und für die beiden voran gegangenen Monate desselben Kalenderjahres; die Fälligkeit tritt nicht vor acht Wochen nach Zugang der Mitteilung beim Arbeitgeber ein. [4]Die vermögenswirksame Leistung wird nur für Kalendermonate gewährt, für die den Ärzten Tabellenentgelt, Entgeltfortzahlung oder Krankengeldzuschuss zusteht. [5]Für Zeiten, für die Krankengeldzuschuss zusteht, ist die vermögenswirksame Leistung Teil des Krankengeldzuschusses. [6]Die vermögenswirksame Leistung ist kein zusatzversorgungspflichtiges Entgelt.

(2) [1]Ärzte erhalten ein Jubiläumsgeld bei Vollendung einer Beschäftigungszeit (§ 34 Absatz 3)

a) von 25 Jahren in Höhe von 350 Euro,
b) von 40 Jahren in Höhe von 500 Euro.

[2]Teilzeitbeschäftigte erhalten das Jubiläumsgeld in voller Höhe.

(3) [1]Beim Tod von Ärzten, deren Arbeitsverhältnis nicht geruht hat, wird der Ehegattin/dem Ehegatten oder den Kindern ein Sterbegeld gewährt; der Ehegattin/dem Ehegatten steht die Lebenspartnerin/der Lebenspartner im Sinne des Lebenspartnerschaftsgesetzes gleich. [2]Als Sterbegeld wird für die restlichen Tage des Sterbemonats und – in einer Summe – für zwei weitere Monate das Tabellenentgelt der/des Verstorbenen gezahlt. [3]Die Zahlung des Sterbegeldes an einen der Berechtigten bringt den Anspruch der Übrigen gegenüber dem Arbeitgeber zum Erlöschen; die Zahlung auf das Gehaltskonto hat befreiende Wirkung.

(4) Für die Erstattung von Reise- und Umzugskosten sowie Trennungsgeld finden die Bestimmungen, die für die Beamtinnen und Beamten des Arbeitgebers jeweils gelten, entsprechende Anwendung.

VI

§ 24 Berechnung und Auszahlung des Entgelts

(1) [1]Bemessungszeitraum für das Tabellenentgelt und die sonstigen Entgeltbestandteile ist der Kalendermonat, soweit tarifvertraglich nicht ausdrücklich etwas Abweichendes geregelt ist. [2]Die Zahlung erfolgt am letzten Tag des Monats (Zahltag) für den laufenden Kalendermonat auf ein von der Ärztin/dem Arzt benanntes Konto innerhalb eines Mitgliedstaats der Europäischen Union. [3]Fällt der Zahltag auf einen Samstag oder auf einen Wochenfeiertag, gilt der vorhergehende Werktag, fällt er auf einen Sonntag, gilt der zweite vorhergehende Werktag als Zahltag. [4]Entgeltbestandteile, die nicht in Monatsbeträgen festgelegt sind, sowie der Tagesdurchschnitt nach § 21 sind am Zahltag des zweiten Kalendermonats, der auf ihre Entstehung folgt, fällig.

Protokollerklärungen zu § 24 Absatz 1:

1. Teilen Ärzte ihrem Arbeitgeber die für eine kostenfreie beziehungsweise kostengünstigere Überweisung in einen anderen Mitgliedstaat der Europäischen Union erforderlichen Angaben nicht rechtzeitig mit, so tragen sie die dadurch entstehenden zusätzlichen Überweisungskosten.
2. Soweit Arbeitgeber die Bezüge am 15. eines jeden Monats für den laufenden Monat zahlen, können sie jeweils im Dezember eines Kalenderjahres den Zahltag vom 15. auf den letzten Tag des Monats gemäß Absatz 1 Satz 1 verschieben.

(2) Soweit tarifvertraglich nicht ausdrücklich etwas anderes geregelt ist, erhalten Teilzeitbeschäftigte das Tabellenentgelt (§ 15) und alle sonstigen Entgeltbestandteile in dem Umfang, der dem Anteil ihrer individuell vereinbarten durchschnittlichen Arbeitszeit an der regelmäßigen Arbeitszeit vergleichbarer Vollzeitbeschäftigter entspricht.

(3) [1]Besteht der Anspruch auf das Tabellenentgelt oder die sonstigen Entgeltbestandteile nicht für alle Tage eines Kalendermonats, wird nur der Teil gezahlt, der auf den Anspruchszeitraum entfällt. [2]Besteht nur für einen Teil eines Kalendertags Anspruch auf Entgelt, wird für jede geleistete dienstplanmäßige oder betriebsübliche Arbeitsstunde der auf eine Stunde entfallende Anteil des Tabellenentgelts sowie der sonstigen in Monatsbeträgen festgelegten Entgeltbestandteile gezahlt. [3]Zur Ermittlung des auf eine Stunde entfallenden Anteils sind die in Monatsbeträgen festgelegten Entgeltbestandteile durch das 4,348-fache der regelmäßigen wöchentlichen Arbeitszeit (§ 6 Absatz 1) zu teilen.

VI

(4) [1]Ergibt sich bei der Berechnung von Beträgen ein Bruchteil eines Cents von mindestens 0,5, ist er aufzurunden; ein Bruchteil von weniger als 0,5 ist abzurunden. [2]Zwischenrechnungen werden jeweils auf zwei Dezimalstellen gerundet. [3]Jeder Entgeltbestandteil ist einzeln zu runden.

(5) Entfallen die Voraussetzungen für eine Zulage im Laufe eines Kalendermonats, gilt Absatz 3 entsprechend.

(6) [1]Durch Nebenabrede zum Arbeitsvertrag können neben dem Tabellenentgelt zustehende Entgeltbestandteile (zum Beispiel Zeitzuschläge, Erschwerniszuschläge, Überstundenentgelte) pauschaliert werden. [2]Die Nebenabrede ist abweichend von § 2 Absatz 3 mit einer Frist von drei Monaten jeweils zum Ende eines Kalenderhalbjahres kündbar.

§ 25 Betriebliche Altersversorgung

[1]Die Ärzte haben Anspruch auf eine zusätzliche Alters- und Hinterbliebenenversorgung unter Eigenbeteiligung. [2]Einzelheiten bestimmt der Tarifvertrag über die betriebliche Altersversorgung der Beschäftigten des öffentlichen Dienstes (Tarifvertrag Altersversorgung – ATV) in seiner jeweils geltenden Fassung und für Beschäftigte der Freien und

Hansestadt Hamburg das Hamburgische Zusatzversorgungsgesetz in seiner jeweils geltenden Fassung.

Abschnitt IV
Urlaub und Arbeitsbefreiung

§ 26 Erholungsurlaub

(1) [1]Ärzte haben in jedem Kalenderjahr Anspruch auf Erholungsurlaub unter Fortzahlung des Entgelts (§ 21). [2]Bei Verteilung der wöchentlichen Arbeitszeit auf fünf Tage in der Kalenderwoche beträgt der Urlaubsanspruch in jedem Kalenderjahr 30 Arbeitstage. [3]Arbeitstage sind alle Kalendertage, an denen die Ärztin/der Arzt dienstplanmäßig oder betriebsüblich zu arbeiten hat oder zu arbeiten hätte, mit Ausnahme der auf Arbeitstage fallenden gesetzlichen Feiertage, für die kein Freizeitausgleich gewährt wird. [4]Bei einer anderen Verteilung der wöchentlichen Arbeitszeit als auf fünf Tage in der Woche erhöht oder vermindert sich der Urlaubsanspruch entsprechend. [5]Verbleibt bei der Berechnung des Urlaubs ein Bruchteil, der mindestens einen halben Urlaubstag ergibt, wird er auf einen vollen Urlaubstag aufgerundet; Bruchteile von weniger als einem halben Urlaubstag bleiben unberücksichtigt. [6]Der Erholungsurlaub muss im laufenden Kalenderjahr gewährt werden; er kann auch in Teilen genommen werden.

VI

Protokollerklärung zu § 26 Absatz 1 Satz 6:

Der Urlaub soll grundsätzlich zusammenhängend gewährt werden; dabei soll ein Urlaubsteil von zwei Wochen Dauer angestrebt werden.

(2) Im Übrigen gilt das Bundesurlaubsgesetz mit folgenden Maßgaben:

a) Im Falle der Übertragung muss der Erholungsurlaub in den ersten drei Monaten des folgenden Kalenderjahres angetreten werden. Kann der Erholungsurlaub wegen Arbeitsunfähigkeit oder aus betrieblichen/dienstlichen Gründen nicht bis zum 31. März angetreten werden, ist er bis zum 31. Mai anzutreten.

b) Beginnt oder endet das Arbeitsverhältnis im Laufe eines Jahres, steht als Erholungsurlaub für jeden vollen Monat des Arbeitsverhältnisses ein Zwölftel des Urlaubsanspruchs nach Absatz 1 zu; § 5 Bundesurlaubsgesetz bleibt unberührt.

c) Ruht das Arbeitsverhältnis, so vermindert sich die Dauer des Erholungsurlaubs einschließlich eines etwaigen tariflichen Zusatzurlaubs für jeden vollen Kalendermonat um ein Zwölftel.

d) Das Entgelt nach Absatz 1 Satz 1 wird zu dem in § 24 genannten Zeitpunkt gezahlt.

§ 27 Zusatzurlaub

(1) [1]Für die Gewährung eines Zusatzurlaubs gelten die für die Beamten des jeweiligen Landes jeweils maßgebenden Bestimmungen für Grund und Dauer sinngemäß. [2]Die beamtenrechtlichen Bestimmungen gelten nicht für den Zusatzurlaub für Wechselschichtarbeit, Schichtarbeit und Nachtarbeit.

(2) Ärzte, die ständig Wechselschichtarbeit nach § 7 Absatz 1 oder ständig Schichtarbeit nach § 7 Absatz 2 leisten und denen die Zulage nach § 8 Absatz 5 Satz 1 oder Absatz 6 Satz 1 zusteht, erhalten einen Arbeitstag Zusatzurlaub

a) bei Wechselschichtarbeit für je zwei zusammenhängende Monate und

b) bei Schichtarbeit für je vier zusammenhängende Monate.

(3) Im Falle nicht ständiger Wechselschicht- oder Schichtarbeit (zum Beispiel ständige Vertreter) erhalten Ärzte, denen die Zulage nach § 8 Absatz 5 Satz 2 oder Absatz 6 Satz 2 zusteht, einen Arbeitstag Zusatzurlaub für

a) je drei Monate im Jahr, in denen sie überwiegend Wechselschichtarbeit geleistet haben, und

b) je fünf Monate im Jahr, in denen sie überwiegend Schichtarbeit geleistet haben.

VI

Protokollerklärung zu § 27 Absatz 2 und 3:

[1]Der Anspruch auf Zusatzurlaub bemisst sich nach der abgeleisteten Schicht- oder Wechselschichtarbeit und entsteht im laufenden Jahr, sobald die Voraussetzungen nach Absatz 2 oder 3 erfüllt sind. [2]Für die Feststellung, ob ständige Wechselschichtarbeit oder ständige Schichtarbeit vorliegt, ist eine Unterbrechung durch Arbeitsbefreiung, Freizeitausgleich, bezahlten Urlaub oder Arbeitsunfähigkeit in den Grenzen des § 22 unschädlich.

(4) [1]Zusatzurlaub nach diesem Tarifvertrag und sonstigen Bestimmungen mit Ausnahme von § 208 SGB IX wird nur bis zu insgesamt sechs Arbeitstagen im Kalenderjahr gewährt. [2]Erholungsurlaub und Zusatzurlaub (Gesamturlaub) dürfen im Kalenderjahr zusammen 38 Arbeitstage nicht überschreiten. [3]Satz 2 ist für Zusatzurlaub nach den Absätzen 2 und 3 hierzu nicht anzuwenden.

(5) Im Übrigen gilt § 26 mit Ausnahme von Absatz 2 Buchstabe b entsprechend.

(6) [1]Ärzte erhalten Zusatzurlaub im Kalenderjahr bei einer Leistung von Nachtarbeit außerhalb von Bereitschaftsdienst im Kalenderjahr von mindestens

150 Nachtarbeitsstunden	1 Arbeitstag
300 Nachtarbeitsstunden	2 Arbeitstage
450 Nachtarbeitsstunden	3 Arbeitstage

600 Nachtarbeitsstunden	4 Arbeitstage
750 Nachtarbeitsstunden	5 Arbeitstage
900 Nachtarbeitsstunden	6 Arbeitstage.

[2]Als Nachtarbeitsstunde im Sinne von Satz 1 gilt auch jede Stunde der Zeit des Bereitschaftsdienstes zwischen 20 Uhr und 6 Uhr (§ 7 Absatz 7). [3]Bei Teilzeitkräften ist die Zahl der in Satz 1 geforderten Nachtarbeitsstunden entsprechend dem Verhältnis der vereinbarten durchschnittlichen regelmäßigen Arbeitszeit zur regelmäßigen Arbeitszeit von entsprechenden Vollzeitkräften zu kürzen. [4]Nachtarbeitsstunden, die in Zeiträumen geleistet werden, für die Zusatzurlaub für Wechselschicht- oder Schichtarbeit zusteht, bleiben unberücksichtigt. [5]Absatz 4 und Absatz 5 finden Anwendung.

Protokollerklärung zu § 27 Absatz 6:

Der Anspruch auf Zusatzurlaub bemisst sich nach den abgeleisteten Nachtarbeitsstunden und entsteht im laufenden Jahr, sobald die Voraussetzungen nach Absatz 6 Satz 1 erfüllt sind.

VI

§ 28 Sonderurlaub

Ärzte können bei Vorliegen eines wichtigen Grundes unter Verzicht auf die Fortzahlung des Entgelts Sonderurlaub erhalten.

§ 29 Arbeitsbefreiung

(1) [1]Nur die nachstehend aufgeführten Anlässe gelten als Fälle nach § 616 BGB, in denen Ärzte unter Fortzahlung des Entgelts in dem angegebenen Ausmaß von der Arbeit freigestellt werden:

a) Niederkunft der Ehefrau/der Lebenspartnerin im Sinne des Lebenspartnerschaftsgesetzes	ein Arbeitstag,
b) Tod der Ehegattin/des Ehegatten, der Lebenspartnerin/ des Lebenspartners im Sinne des Lebenspartnerschaftsgesetzes, eines Kindes oder Elternteils	zwei Arbeitstage,
c) Umzug aus dienstlichem oder betrieblichem Grund an einen anderen Ort	ein Arbeitstag,
d) 25- und 40-jähriges Arbeitsjubiläum	ein Arbeitstag,
e) schwere Erkrankung	
aa) einer/eines Angehörigen, soweit sie/er in demselben Haushalt lebt,	ein Arbeitstag im Kalenderjahr,

bb) eines Kindes, das das 12. Lebensjahr noch nicht vollendet hat, wenn im laufenden Kalenderjahr kein Anspruch nach § 45 SGB V besteht oder bestanden hat,	bis zu vier Arbeitstage im Kalenderjahr,
cc) einer Betreuungsperson, wenn Ärzte deshalb die Betreuung ihres Kindes, das das 8. Lebensjahr noch nicht vollendet hat oder wegen körperlicher, geistiger oder seelischer Behinderung dauernd pflegebedürftig ist, übernehmen müssen,	bis zu vier Arbeitstage im Kalenderjahr.
[2]Eine Freistellung nach Buchstabe e erfolgt nur, soweit eine andere Person zur Pflege oder Betreuung nicht sofort zur Verfügung steht und durch ärztliche Bescheinigung in den Fällen der Doppelbuchstaben aa und bb die Notwendigkeit der Anwesenheit der/des Beschäftigten zur vorläufigen Pflege bescheinigt wird. [3]Die Freistellung darf insgesamt fünf Arbeitstage im Kalenderjahr nicht überschreiten.	
f) Ärztliche Behandlung von Ärztinnen und Ärzten, wenn diese während der Arbeitszeit erfolgen muss,	erforderliche nachgewiesene Abwesenheitszeit einschließlich erforderlicher Wegezeiten.

VI

Niederschriftserklärung zu § 29 Absatz 1 Buchstabe f:

Die ärztliche Behandlung erfasst auch die ärztliche Untersuchung und die ärztlich verordnete Behandlung.

(2) [1]Bei Erfüllung allgemeiner staatsbürgerlicher Pflichten nach deutschem Recht besteht der Anspruch auf Fortzahlung des Entgelts nur dann, wenn die Arbeitsbefreiung gesetzlich vorgeschrieben ist und soweit die Pflichten nicht außerhalb der Arbeitszeit, gegebenenfalls nach ihrer Verlegung, wahrgenommen werden können; soweit die Ärzte Anspruch auf Ersatz des Entgelts geltend machen können, besteht kein Anspruch auf Entgeltfortzahlung. [2]Das fortgezahlte Entgelt gilt in Höhe des Ersatzanspruchs als Vorschuss auf die Leistungen der Kostenträger. [3]Die Ärzte haben den Ersatzanspruch geltend zu machen und die erhaltenen Beträge an den Arbeitgeber abzuführen.

(3) [1]Der Arbeitgeber kann in sonstigen dringenden Fällen Arbeitsbefreiung unter Fortzahlung des Entgelts bis zu drei Arbeitstagen gewähren. [2]In begründeten Fällen kann bei Verzicht auf das Entgelt kurzfristige Arbeitsbefreiung gewährt werden, wenn die dienstlichen oder betrieblichen Verhältnisse es gestatten.

Protokollerklärung zu § 29 Absatz 3 Satz 2:

Zu den „begründeten Fällen" können auch solche Anlässe gehören, für die kein Anspruch auf Arbeitsbefreiung besteht (zum Beispiel Umzug aus persönlichen Gründen).

(4) [1]Auf Antrag kann den gewählten Vertreterinnen/Vertretern der Gewerkschaft zur Teilnahme an Tagungen Arbeitsbefreiung bis zu acht Werktagen im Jahr unter Fortzahlung des Entgelts erteilt werden; dringende dienstliche oder betriebliche Interessen dürfen der Arbeitsbefreiung nicht entgegen stehen. [2]Zur Teilnahme an Tarifverhandlungen mit der TdL oder ihren Mitgliedern kann auf Anfordern der Gewerkschaft Arbeitsbefreiung unter Fortzahlung des Entgelts ohne zeitliche Begrenzung erteilt werden.

(5) Zur Teilnahme an Sitzungen von Prüfungs- und von Berufsbildungsausschüssen nach dem Berufsbildungsgesetz sowie für eine Tätigkeit in Organen von Sozialversicherungsträgern kann den Mitgliedern Arbeitsbefreiung unter Fortzahlung des Entgelts gewährt werden, sofern nicht dringende dienstliche oder betriebliche Interessen entgegen stehen.

VI

(6) [1]Zur Teilnahme an Arztkongressen, Fachtagungen und vergleichbaren Veranstaltungen ist Ärzten Arbeitsbefreiung bis zu drei Arbeitstage im Kalenderjahr zu gewähren. [2]Die Arbeitsbefreiung wird auf einen Anspruch nach den Weiterbildungsgesetzen der Länder angerechnet. [3]Bei Personalkostenerstattung durch Dritte erfolgt eine Freistellung für bis zu fünf Tage.

(7) In den Fällen der Absätze 1 bis 6 werden das Tabellenentgelt sowie die sonstigen Entgeltbestandteile, die in Monatsbeträgen festgelegt sind, weitergezahlt.

Abschnitt V
Befristung und Beendigung des Arbeitsverhältnisses

§ 30 Befristete Arbeitsverträge

(1) [1]Befristete Arbeitsverhältnisse sind nach den gesetzlichen Vorschriften über die Befristung von Arbeitsverträgen zulässig. [2]Dabei soll eine ausgewogene Abwägung zwischen den dienstlichen Notwendigkeiten einerseits und den berechtigten Interessen der betroffenen Ärzte andererseits erfolgen.

(2) [1]Beim Abschluss von befristeten Arbeitsverträgen mit besonders kurzen Vertragslaufzeiten ist auch das Interesse der Ärzte an einer notwendigen Planungssicherheit zu berücksichtigen. [2]Bei befristeten Beschäftigungen nach dem Hochschulrahmengesetz beziehungsweise einer gesetzlichen Nachfolgeregelung mit dem Zweck der Weiterbildung zur Fachärztin beziehungsweise zum Facharzt soll der erste Vertrag möglichst für eine Laufzeit von nicht weniger als zwei Jahren und der weitere Vertrag bis zum Ende der Mindestweiterbildungszeit geschlossen werden. [3]Sachliche Gründe können eine kürzere Vertragslaufzeit erfordern.

(3) Befristete Arbeitsverhältnisse können gekündigt werden (§ 15 Absatz 4 Teilzeit- und Befristungsgesetz).

Niederschriftserklärung zu § 30:

Die Tarifvertragsparteien erwarten eine verantwortungsbewusste Handhabung der Befristungen im Wissenschaftsbereich.

§ 31 (Nicht besetzt)

VI

§ 32 (weggefallen)

§ 33 Beendigung des Arbeitsverhältnisses ohne Kündigung

(1) Das Arbeitsverhältnis endet, ohne Kündigung,

a) mit Ablauf des Monats, in dem die Ärztin/der Arzt das gesetzlich festgelegte Alter zum Erreichen der Regelaltersrente vollendet hat,

b) jederzeit im gegenseitigen Einvernehmen (Auflösungsvertrag).

(2) [1]Das Arbeitsverhältnis endet ferner mit Ablauf des Monats, in dem der Bescheid eines Rentenversicherungsträgers (Rentenbescheid) zugestellt wird, wonach die Ärztin/der Arzt voll oder teilweise erwerbsgemindert ist. [2]Die Ärztin/Der Arzt hat den Arbeitgeber von der Zustellung des Rentenbescheids unverzüglich zu unterrichten. [3]Beginnt die Rente erst nach der Zustellung des Rentenbescheids, endet das Arbeitsverhältnis mit Ablauf des dem Rentenbeginn voran gehenden Tages. [4]Liegt im Zeitpunkt der Beendigung des Arbeitsverhältnisses eine nach § 92 SGB IX erforderliche Zustimmung des Integrationsamtes noch nicht vor, endet das Arbeitsverhältnis mit Ablauf des Tages der Zustellung des Zustimmungsbescheids des Integrationsamtes. [5]Das Arbeitsverhältnis endet nicht, wenn nach dem Bescheid des Rentenversicherungsträgers eine Rente auf Zeit gewährt wird. [6]In diesem Fall ruht das Arbeitsverhältnis für den Zeitraum, für den eine Rente auf Zeit gewährt wird; beginnt die Rente rückwirkend, ruht das Arbeitsverhältnis ab dem ersten Tag des Monats, der auf den Monat der Zustellung des Rentenbescheids folgt.

(3) Im Falle teilweiser Erwerbsminderung endet beziehungsweise ruht das Arbeitsverhältnis nicht, wenn die Ärztin/der Arzt nach ihrem/seinem vom Rentenversicherungsträger festgestellten Leistungsvermögen auf ihrem/seinem bisherigen oder einem anderen geeigneten und freien Arbeitsplatz weiterbeschäftigt werden könnte, soweit dringende dienstliche beziehungsweise betriebliche Gründe nicht entgegen stehen, und die Ärztin/der Arzt innerhalb von zwei Wochen nach Zugang des Rentenbescheids ihre/seine Weiterbeschäftigung schriftlich beantragt.

Protokollerklärung zu § 33 Absatz 2 und 3:

Als Rentenversicherungsträger im Sinne der Absätze 2 und 3 gelten auch berufsständische Versorgungswerke.

(4) [1]Verzögert die Ärztin/der Arzt schuldhaft den Rentenantrag oder bezieht sie/er Altersrente nach § 236, § 236a oder § 236b SGB VI oder ist sie/er nicht in der gesetzlichen Rentenversicherung oder in einem berufsständischen Versorgungswerk versichert, so tritt an die Stelle des Rentenbescheids das Gutachten einer Amtsärztin/eines Amtsarztes oder einer/eines nach § 3 Absatz 5 Satz 2 bestimmten Ärztin/Arztes. [2]Das Arbeitsverhältnis endet in diesem Fall mit Ablauf des Monats, in dem der Ärztin/dem Arzt das Gutachten bekannt gegeben worden ist.

(5) [1]Soll die Ärztin/der Arzt, deren/dessen Arbeitsverhältnis nach Absatz 1 Buchstabe a geendet hat, weiterbeschäftigt werden, ist ein neuer schriftlicher Arbeitsvertrag abzuschließen. [2]Das Arbeitsverhältnis kann jederzeit mit einer Frist von vier Wochen zum Monatsende gekündigt werden, wenn im Arbeitsvertrag nichts anderes vereinbart ist.

VI

§ 34 Kündigung des Arbeitsverhältnisses

(1) [1]Die Kündigungsfrist beträgt bis zum Ende des sechsten Monats seit Beginn des Arbeitsverhältnisses zwei Wochen zum Monatsschluss. [2]Im Übrigen beträgt die Kündigungsfrist bei einer Beschäftigungszeit (Absatz 3 Satz 1 und 2)

bis zu einem Jahr	ein Monat zum Monatsschluss,
von mehr als einem Jahr	6 Wochen,
von mindestens 5 Jahren	3 Monate,
von mindestens 8 Jahren	4 Monate,
von mindestens 10 Jahren	5 Monate,
von mindestens 12 Jahren	6 Monate

zum Schluss eines Kalendervierteljahres.

(2) [1]Arbeitsverhältnisse von Ärzten, die das 40. Lebensjahr vollendet haben und unter die Regelungen des Tarifgebiets West fallen, können nach einer Beschäftigungszeit (Absatz 3 Satz 1 und 2) von mehr

als 15 Jahren durch den Arbeitgeber nur aus einem wichtigen Grund gekündigt werden. [2]Soweit Beschäftigte nach den bis zum 31. Oktober 2006 geltenden Tarifregelungen unkündbar waren, verbleibt es dabei.

(3) [1]Beschäftigungszeit ist die Zeit, die bei demselben Arbeitgeber im Arbeitsverhältnis zurückgelegt wurde, auch wenn sie unterbrochen ist. [2]Unberücksichtigt bleibt die Zeit eines Sonderurlaubs gemäß § 28, es sei denn, der Arbeitgeber hat vor Antritt des Sonderurlaubs schriftlich ein dienstliches oder betriebliches Interesse anerkannt. [3]Wechseln Ärzte zwischen Arbeitgebern, die vom Geltungsbereich dieses Tarifvertrages erfasst werden, werden die Zeiten bei dem anderen Arbeitgeber als Beschäftigungszeit anerkannt. [4]Satz 3 gilt entsprechend bei einem Wechsel von einem anderen öffentlich-rechtlichen Arbeitgeber.

§ 35 Zeugnis

(1) Bei Beendigung des Arbeitsverhältnisses haben die Ärzte Anspruch auf ein schriftliches Zeugnis über Art und Dauer ihrer Tätigkeit; es muss sich auch auf Führung und Leistung erstrecken (Endzeugnis).

VI

(2) Aus triftigen Gründen können Ärzte auch während des Arbeitsverhältnisses ein Zeugnis verlangen (Zwischenzeugnis).

(3) Bei bevorstehender Beendigung des Arbeitsverhältnisses können die Ärzte ein Zeugnis über Art und Dauer ihrer Tätigkeit verlangen (vorläufiges Zeugnis).

(4) Die Zeugnisse gemäß den Absätzen 1 bis 3 sind unverzüglich auszustellen.

(5) Die Zeugnisse gemäß den Absätzen 1 bis 3 werden vom leitenden Arzt und vom Arbeitgeber ausgestellt.

Abschnitt VI
Übergangs- und Schlussvorschriften

§ 36 Sicherung der wirtschaftlichen Zukunft und Beschäftigungssicherung

[1]Zur Sicherung der wirtschaftlichen Zukunft der Universitätskliniken und zur Beschäftigungssicherung werden regionale Öffnungen für Anwendungsvereinbarungen auf Landesebene ermöglicht. [2]Im Interesse des Klinikums kann ein Beitrag der Ärzte vereinbart werden. [3]Der Beitrag kann darin bestehen, im Interesse des Klinikums künftige tarifliche Ansprüche in Beteiligungen der Ärzte am Klinikum umzuwandeln beziehungsweise tarifliche Ansprüche zu reduzieren. [4]Die Summe des Beitrags kann für jede Ärztin/jeden Arzt max. bis zu 10 v. H. des Jahresbruttoeinkommens betragen, wobei der Anteil für die Reduzierung von tariflichen Ansprüchen max. bis zu 6 v. H. beträgt.

[5]Die Länder stellen sicher, dass eine Mitarbeiterbeteiligung möglich ist. [6]Die Einzelheiten zum Verfahren ergeben sich aus der Anlage C.

§ 37 Ausschlussfrist

(1) [1]Ansprüche aus dem Arbeitsverhältnis verfallen, wenn sie nicht innerhalb einer Ausschlussfrist von sechs Monaten nach Fälligkeit von den Ärzten oder vom Arbeitgeber schriftlich geltend gemacht werden. [2]Für denselben Sachverhalt reicht die einmalige Geltendmachung des Anspruchs auch für später fällige Leistungen aus.

(2) Absatz 1 gilt nicht für Ansprüche aus einem Sozialplan.

§ 38 Begriffsbestimmungen

(1) Sofern auf die Tarifgebiete Ost oder West Bezug genommen wird, gilt Folgendes:

a) Die Regelungen für das Tarifgebiet Ost gelten für die Ärzte, deren Arbeitsverhältnis in dem in Artikel 3 des Einigungsvertrages genannten Gebiet begründet worden ist und bei denen der Bezug des Arbeitsverhältnisses zu diesem Gebiet fortbesteht.

b) Für die übrigen Ärzte gelten die Regelungen für das Tarifgebiet West.

(2) Sofern auf die Begriffe „Betrieb", „betrieblich" oder „Betriebspartei" Bezug genommen wird, gilt die Regelung für Verwaltungen sowie für Parteien nach dem Personalvertretungsrecht entsprechend; es sei denn, es ist etwas anderes bestimmt.

§ 38a Übergangsvorschriften

(1) (weggefallen)

(2) (weggefallen)

(3) [1]Bei Ärztinnen und Ärzten, die Pflichtmitglieder einer auf landesrechtlicher Grundlage errichteten Versorgungseinrichtung für Ärztinnen und Ärzte, Zahnärztinnen und Zahnärzte bzw. Tierärztinnen und Tierärzte (ärztliche Versorgungswerke) sind, endet das Arbeitsverhältnis abweichend von § 33 Absatz 1 Buchstabe a mit Erreichen der für das jeweilige ärztliche Versorgungswerk nach dem Stand vom 1. April 2017 geltenden Altersgrenze für eine abschlagsfreie Altersrente, sofern dies zu einem späteren Zeitpunkt als nach § 33 Absatz 1 Buchstabe a erfolgt. [2]Nach dem 1. April 2017 wirksam werdende Änderungen der satzungsmäßigen Bestimmungen der ärztlichen Versorgungswerke im Hinblick auf das Erreichen der Altersgrenze für eine abschlagsfreie Altersrente sind nur dann maßgeblich, wenn die sich

VI

daraus ergebende Altersgrenze mit der gesetzlich festgelegten Altersgrenze zum Erreichen der Regelaltersrente übereinstimmt.

§ 39 In-Kraft-Treten, Laufzeit

(1) [1]Dieser Tarifvertrag tritt am 1. November 2006 in Kraft. [2]Abweichend von Satz 1 treten § 26 Absatz 1 und Absatz 2 Buchstabe b und c sowie § 27 am 1. Januar 2007 in Kraft.

(2) Dieser Tarifvertrag kann von jeder Tarifvertragspartei mit einer Frist von drei Monaten zum Schluss eines Kalenderhalbjahres schriftlich gekündigt werden.

(3) Abweichend von Absatz 2 kann § 23 Absatz 2 von jeder Tarifvertragspartei auf Landesebene mit einer Frist von einem Monat zum Schluss eines Kalendermonats schriftlich gekündigt werden.

(4) Abweichend von Absatz 2 können ferner schriftlich gekündigt werden

VI

a) § 7 Absatz 4 Sätze 3 bis 5 mit einer Frist von drei Monaten zum 31. März 2026, nachfolgend mit einer Frist von drei Monaten zum Schluss eines Kalenderhalbjahres,

b) § 8 Absatz 1 mit einer Frist von drei Monaten, frühestens jedoch zum 31. März 2026,

c) § 6 Absatz 2 Satz 2, § 7 Absätze 1, 2 und 10, § 8 Absätze 5 und 6, § 27 Absätze 2 und 3 mit einer Frist von drei Monaten zum Schluss eines Kalendermonats, frühestens jedoch zum 31. März 2026,

d) § 16 Absatz 1 ohne Einhaltung einer Frist, frühestens jedoch zum 31. März 2026,

e) § 19a mit einer Frist von drei Monaten zum Schluss eines Kalenderjahres, frühestens jedoch zum 31. Dezember 2027,

f) § 23 Absatz 1 mit einer Frist von einem Monat zum Schluss eines Kalendermonats,

g) § 27 Absatz 6 ohne Einhaltung einer Frist,

h) die Entgelttabelle (Anlage B 2) mit einer Frist von einem Monat zum Schluss eines Kalendermonats, frühestens zum 31. März 2026; eine Kündigung nach Absatz 2 umfasst nicht die Entgelttabellen.

Abschnitt VII
Sonderregelungen

§ 40 Sonderregelungen für Ärztinnen und Ärzte im Justizvollzugsdienst des Freistaates Sachsen

Nr. 1
Zu § 1 – Geltungsbereich –

Diese Sonderregelungen gelten für Ärztinnen und Ärzte, die im Justizvollzugsdienst des Freistaates Sachsen in der Patientenversorgung tätig sind.

Nr. 2
Zu § 9 Absätze 2 bis 4 – Ausgleich für Bereitschaftsdienst – und zu § 12 – Eingruppierung –

[1]Abweichend von § 9 Absätze 2 bis 4 richtet sich die Berechnung des Entgelts für den Bereitschaftsdienst nach den entsprechenden Regelungen im Tarifvertrag für Ärztinnen und Ärzte an den Sächsischen Krankenhäusern (Fachkrankenhäuser für Psychiatrie und Neurologie) des Freistaates Sachsen (TV-Ärzte SKH) in seiner jeweils geltenden Fassung. [2]Abweichend von § 12 richtet sich die Eingruppierung von Oberärztinnen und -ärzten und von stellvertretenden Chefärztinnen und -ärzten ausschließlich nach den Regelungen des TV-Ärzte SKH in seiner jeweils geltenden Fassung.

VI

Anlage A 1

Entgelttabelle zum TV-Ärzte

Monatsbeträge in Euro bei 42 Wochenstunden

– gültig vom 1. Oktober 2023 bis zum 31. März 2024 –

Entgelt-gruppe	Stufe 1	Stufe 2	Stufe 3	Stufe 4	Stufe 5	Stufe 6
Ä 1	**5.104,24** im 1. Jahr	**5.393,56** im 2. Jahr	**5.600,21** im 3. Jahr	**5.958,42** im 4. Jahr	**6.385,47** im 5. Jahr	**6.552,04** ab dem 6. Jahr
Ä 2	**6.736,78** ab dem 1. Jahr	**7.301,63** ab dem 4. Jahr	**7.797,59** ab dem 7. Jahr	**8.076,29** ab dem 9. Jahr	**8.228,22** ab dem 11. Jahr	**8.438,20** ab dem 13. Jahr
Ä 3	**8.438,20** ab dem 1. Jahr	**8.934,16** ab dem 4. Jahr	**9.643,64** ab dem 7. Jahr			
Ä 4	**9.926,10** ab dem 1. Jahr	**10.635,56** ab dem 4. Jahr	**11.200,40** ab dem 7. Jahr			

Anlage A 2

Entgelttabelle zum TV-Ärzte

Monatsbeträge in Euro bei 42 Wochenstunden

– gültig vom 1. April 2024 bis zum 31. Januar 2025 –

Entgelt-gruppe	Stufe 1	Stufe 2	Stufe 3	Stufe 4	Stufe 5	Stufe 6
Ä 1	**5.308,41** im 1. Jahr	**5.609,30** im 2. Jahr	**5.824,22** im 3. Jahr	**6.196,76** im 4. Jahr	**6.640,89** im 5. Jahr	**6.814,12** ab dem 6. Jahr
Ä 2	**7.006,25** ab dem 1. Jahr	**7.593,70** ab dem 4. Jahr	**8.109,49** ab dem 7. Jahr	**8.399,34** ab dem 9. Jahr	**8.557,35** ab dem 11. Jahr	**8.775,73** ab dem 13. Jahr
Ä 3	**8.775,73** ab dem 1. Jahr	**9.291,53** ab dem 4. Jahr	**10.029,39** ab dem 7. Jahr			
Ä 4	**10.323,14** ab dem 1. Jahr	**11.060,98** ab dem 4. Jahr	**11.648,42** ab dem 7. Jahr			

Anlage B 1

Entgelttabelle zum TV-Ärzte

Monatsbeträge in Euro bei 42 Wochenstunden

– gültig vom 1. Februar 2025 bis 31. Dezember 2025 –

Entgelt-gruppe	Stufe 1	Stufe 2	Stufe 3	Stufe 4	Stufe 5	Stufe 6
Ä 1	**5.626,91** im 1. Jahr	**5.945,86** im 2. Jahr	**6.173,67** im 3. Jahr	**6.568,57** im 4. Jahr	**7.039,34** im 5. Jahr	**7.222,97** ab dem 6. Jahr
Ä 2	**7.426,63** ab dem 1. Jahr	**8.049,32** ab dem 4. Jahr	**8.596,06** ab dem 7. Jahr	**8.903,30** ab dem 9. Jahr	**9.070,79** ab dem 11. Jahr	**9.302,27** ab dem 13. Jahr
Ä 3	**9.302,27** ab dem 1. Jahr	**9.849,02** ab dem 4. Jahr	**10.631,15** ab dem 7. Jahr			
Ä 4	**10.942,53** ab dem 1. Jahr	**11.724,64** ab dem 4. Jahr	**12.347,33** ab dem 7. Jahr			

Anlage B 2

Entgelttabelle zum TV-Ärzte

Monatsbeträge in Euro bei 40 Wochenstunden

– gültig ab 1. Januar 2026 –

Entgelt-gruppe	Stufe 1	Stufe 2	Stufe 3	Stufe 4	Stufe 5	Stufe 6
Ä 1	**5.626,91** im 1. Jahr	**5.945,86** im 2. Jahr	**6.173,67** im 3. Jahr	**6.568,57** im 4. Jahr	**7.039,34** im 5. Jahr	**7.222,97** ab dem 6. Jahr
Ä 2	**7.426,63** ab dem 1. Jahr	**8.049,32** ab dem 4. Jahr	**8.596,06** ab dem 7. Jahr	**8.903,30** ab dem 9. Jahr	**9.070,79** ab dem 11. Jahr	**9.302,27** ab dem 13. Jahr
Ä 3	**9.302,27** ab dem 1. Jahr	**9.849,02** ab dem 4. Jahr	**10.631,15** ab dem 7. Jahr	**10.942,53** ab dem 10. Jahr		
Ä 4	**10.942,53** ab dem 1. Jahr	**11.724,64** ab dem 4. Jahr	**12.347,33** ab dem 7. Jahr			

Anlage C

Verfahren zur Aufnahme von Tarifverhandlungen zur wirtschaftlichen Sicherung der Universitätskliniken und zur Beschäftigungssicherung an diesen Einrichtungen

1. Kontaktaufnahme der Klinik mit dem für das Tarifrecht zuständigen Landesministerium
2. Information der Klinik über die inhaltlichen Voraussetzungen für die Aufnahme von Tarifverhandlungen
   a) Vorlage der testierten Jahresabschlüsse (Offenlegung der Geschäfts- und Vermögensverhältnisse)
   b) Vorlage eines Zukunftskonzepts
   c) Aussage zur Laufzeit der Anwendungsvereinbarung
   d) Erklärung des Einrichtungsträgers
      - Erhalt des Krankenhauses im Länderbereich
      - Keine Kürzung geleisteter Eigenanteile und/oder Betriebskostenzuschüsse aufgrund der Arbeitnehmerbeiträge
   e) Darstellung des Umfangs der erforderlichen Maßnahmen zur wirtschaftlichen Stärkung des Krankenhauses und zur Sicherung der Beschäftigung
   f) Herstellung betrieblicher Akzeptanz
   g) Erklärung betreffend eine evtl. gleichzeitige Anwendung des TV-Service, gegebenenfalls Erklärung zum Verhältnis zu einem laufenden Sanierungstarifvertrag.
3. Das Ministerium informiert den zuständigen Landesverband des Marburger Bundes über die Absicht der Uniklinik, eine Anwendungsvereinbarung abschließen zu wollen und übersendet die Unterlagen gemäß Nr. 2.
4. Der Landesverband des Marburger Bundes überprüft die Unterlagen und teilt dem Ministerium innerhalb von zwei Wochen mit, ob Tarifverhandlungen über eine Anwendungsvereinbarung aufgenommen werden können oder welche konkreten Hinderungsgründe bestehen.
5. Im Falle der beabsichtigten Aufnahme von Tarifverhandlungen schaltet die Uniklinik im Einvernehmen mit dem Landesverband des Marburger Bundes umgehend einen neutralen Gutachter, dessen Kosten von der Uniklinik zu tragen sind, zur Stellungnahme zu der wirtschaftlichen Lage, dem Zukunftskonzept und den beabsichtigten Maßnahmen ein. Das Gutachten soll innerhalb eines Monats nach Beauftragung vorliegen.

6. Das Gutachten wird dem Landesverband des Marburger Bundes, dem Ministerium und der Uniklinik zugeleitet. Die Tarifverhandlungen werden innerhalb von zwei Wochen nach Eingang des Gutachtens aufgenommen.

Die Tarifverhandlungen sollen innerhalb von drei Monaten nach Information des Landesverbandes des Marburger Bundes durch das Ministerium abgeschlossen werden.

Tarifvertrag zur Überleitung der Ärztinnen und Ärzte an Universitätskliniken (TVÜ-Ärzte)

Vom 30. Oktober 2006

Zuletzt geändert durch
Änderungstarifvertrag Nr. 1
vom 12. Dezember 2012

Inhaltsübersicht

VI

1. Abschnitt
Allgemeine Vorschriften

§ 1 Geltungsbereich

(1) [1]Dieser Tarifvertrag gilt für Ärztinnen und Ärzte einschließlich Zahnärztinnen und Zahnärzte (nachfolgend „Ärzte" genannt),

- die an einer Universitätsklinik überwiegend Aufgaben in der Patientenversorgung wahrnehmen,
- deren Arbeitsverhältnis zu einem Arbeitgeber, der Mitglied der Tarifgemeinschaft deutscher Länder (TdL) oder eines Mitgliedverbandes der TdL ist, über den 31. Oktober 2006 hinaus fortbesteht, und
- die am 1. November 2006 unter den Geltungsbereich des Tarifvertrages für Ärztinnen und Ärzte an Universitätskliniken (TV-Ärzte) fallen,

für die Dauer des ununterbrochen fortbestehenden Arbeitsverhältnisses. [2]Er gilt auch für Ärztinnen und Ärzte, die in ärztlichen Servicebereichen in der Patientenversorgung eingesetzt sind.

VI

Protokollerklärungen zu § 1 Absatz 1:

1. Zu den ärztlichen Servicebereichen in der Patientenversorgung zählen zum Beispiel Pathologie, Labor, Krankenhaushygiene.
2. In der Zeit bis zum 31. Oktober 2008 sind Unterbrechungen von bis zu einem Monat unschädlich.
3. Hat das Arbeitsverhältnis nur wegen des Feiertages am 31. Oktober oder 1. November 2006 nicht bestanden, ist dies für die Anwendung dieses Tarifvertrages unschädlich.

(2) Nur soweit nachfolgend ausdrücklich bestimmt, gelten die Vorschriften dieses Tarifvertrages auch für Ärzte, deren Arbeitsverhältnis zu einem Arbeitgeber im Sinne des Absatzes 1 nach dem 31. Oktober 2006 beginnt und die unter den Geltungsbereich des TV-Ärzte fallen.

(3) Für geringfügig beschäftigte Ärzte im Sinne des § 8 Absatz 1 Nr. 2 SGB IV, die am 31. Oktober 2006 unter den Geltungsbereich des BAT/BAT-O fallen, finden die bisher jeweils einschlägigen tarifvertraglichen Regelungen für die Dauer ihres ununterbrochen fortbestehenden Arbeitsverhältnisses weiterhin Anwendung.

(4) Die Bestimmungen des TV-Ärzte gelten, soweit dieser Tarifvertrag keine abweichenden Regelungen trifft.

§ 2 Ersetzung bisheriger Tarifverträge durch den TV-Ärzte

(1) [1]Der TV-Ärzte ersetzt in Verbindung mit diesem Tarifvertrag für den Bereich der Tarifgemeinschaft deutscher Länder (TdL) die in Anlage 1 TVÜ-Ärzte Teil A und Teil B aufgeführten Tarifverträge (ein-

schließlich deren Anlagen) beziehungsweise Tarifvertragsregelungen, soweit im TV-Ärzte, in diesem Tarifvertrag oder in den Anlagen nicht ausdrücklich etwas anderes bestimmt ist. [2]Die Ersetzung erfolgt mit Wirkung vom 1. November 2006, soweit kein abweichender Termin bestimmt ist.

Protokollerklärungen zu § 2 Absatz 1:

1. [1]Die Anlage 1 TVÜ-Ärzte Teil B (Liste der ersetzten Tarifverträge beziehungsweise Tarifvertragsregelungen) enthält – über die Anlage 1 TVÜ-Ärzte Teil A hinaus – die Tarifverträge beziehungsweise die Tarifvertragsregelungen, die am 1. November 2006 ohne Nachwirkung außer Kraft treten. [2]Ist für diese Tarifvorschriften in der Liste ein abweichender Zeitpunkt für das Außer-Kraft-Treten beziehungsweise eine vorübergehende Fortgeltung vereinbart, beschränkt sich die Fortgeltung dieser Tarifverträge auf deren bisherigen Geltungsbereich (Tarifgebiet Ost/Tarifgebiet West usw.).
2. Von der ersetzenden Wirkung werden ergänzende Tarifverträge, die von der TdL abgeschlossen sind, nicht erfasst, soweit diese anstelle landesbezirklicher Regelungen oder für das Tarifgebiet Ost vereinbart sind.

(2) [1]Tarifverträge, die von einzelnen Mitgliedern der TdL abgeschlossen wurden, sind durch die landesbezirklichen Tarifvertragsparteien hinsichtlich ihrer Weitergeltung zu prüfen und bei Bedarf an den TV-Ärzte anzupassen. [2]Das Recht zur Kündigung der in Satz 1 genannten Tarifverträge bleibt unberührt.

VI

Protokollerklärung zu § 2 Absatz 2:

Entsprechendes gilt für Tarifverträge, die von der TdL abgeschlossen sind, soweit diese anstelle landesbezirklicher Regelungen oder für das Tarifgebiet Ost vereinbart sind.

(3) Unabhängig von den Absätzen 1 und 2 gelten Tarifverträge gemäß § 3 des Tarifvertrages zur sozialen Absicherung fort und sind bei Bedarf an den TV-Ärzte anzupassen.

(4) Im Übrigen werden solche Tarifvertragsregelungen mit Wirkung vom 1. November 2006 ersetzt, die

- materiell in Widerspruch zu Regelungen des TV-Ärzte beziehungsweise dieses Tarifvertrages stehen,
- einen Regelungsinhalt haben, der nach dem Willen der Tarifvertragsparteien durch den TV-Ärzte beziehungsweise diesen Tarifvertrag ersetzt oder aufgehoben worden ist, oder
- zusammen mit dem TV-Ärzte beziehungsweise diesem Tarifvertrag zu Doppelleistungen führen würden.

(5) [1]Die in der Anlage 1 TVÜ-Ärzte Teil C aufgeführten Tarifverträge und Tarifvertragsregelungen gelten fort, soweit im TV-Ärzte, in diesem Tarifvertrag oder in den Anlagen nicht ausdrücklich etwas ande-

res bestimmt ist. [2]Die Fortgeltung erfasst auch Ärzte im Sinne des § 1 Absatz 2.

Protokollerklärung zu § 2 Absatz 5:

Die Fortgeltung dieser Tarifverträge beschränkt sich auf den bisherigen Geltungsbereich (zum Beispiel Tarifgebiet Ost/Tarifgebiet West).

(6) Soweit in nicht ersetzten Tarifverträgen und Tarifvertragsregelungen auf Vorschriften verwiesen wird, die aufgehoben oder ersetzt worden sind, gelten an deren Stelle bis zu einer redaktionellen Anpassung die Regelungen des TV-Ärzte beziehungsweise dieses Tarifvertrages entsprechend.

2. Abschnitt Überleitungsregelungen

§ 3 Überleitung in den TV-Ärzte

Die von § 1 Absatz 1 erfassten Ärzte werden am 1. November 2006 gemäß den nachfolgenden Regelungen in den TV-Ärzte übergeleitet.

VI

§ 4 Eingruppierung

Für die Eingruppierung der Ärzte ab 1. November 2006 gilt die Entgeltordnung gemäß § 12 TV-Ärzte.

Niederschriftserklärungen zu § 4:

Die Tarifvertragsparteien gehen davon aus, dass Ärzte, die am 31. Oktober 2006 die Bezeichnung „Oberärztin/Oberarzt" führen, ohne die Voraussetzungen für eine Eingruppierung als Oberärztin beziehungsweise Oberarzt nach § 12 TV-Ärzte zu erfüllen, die Berechtigung zur Führung ihrer bisherigen Bezeichnung nicht verlieren. Eine Eingruppierung nach Entgeltgruppe Ä 3 ist hiermit nicht verbunden. Die Tarifvertragsparteien werden im Frühjahr 2007 auf Verlangen des Marburger Bundes gemeinsam die ordnungsgemäße Überleitung in den TV-Ärzte prüfen.

Die missbräuchliche Entziehung der Tätigkeit mit dem ausschließlichen Ziel, eine höhere Eingruppierung beziehungsweise eine Besitzstandszulage zu verhindern, ist nicht zulässig.

§ 5 Stufenzuordnung der Ärzte

[1]Die Ärzte werden derjenigen Stufe der Entgeltgruppe (§ 12 TV-Ärzte) zugeordnet, die sie erreicht hätten, wenn die Entgelttabelle für Ärztinnen und Ärzte bereits seit Beginn ihrer Zugehörigkeit zu der für sie maßgebenden Entgeltgruppe gegolten hätte. [2]Für die Stufenfindung bei der Überleitung zählen die Zeiten im jetzigen Arbeitsverhältnis zu demselben Arbeitgeber. [3]Für die Berücksichtigung von Vorzeiten ärztlicher Tätigkeit bei der Stufenfindung gilt § 16 Absatz 2 TV-Ärzte.

3. Abschnitt
Besitzstandsregelungen

§ 6 Vergleichsentgelt

(1) [1]Für die Prüfung, ob sich durch die Eingruppierung und Stufenzuordnung der Ärzte (§§ 4, 5) die Notwendigkeit zu einem Besitzstand erweist, wird ein Vergleichsentgelt auf der Grundlage der Bezüge, die im Oktober 2006 zustehen, gebildet. [2]Die Einzelheiten ergeben sich aus den Absätzen 2 bis 5. [3]Ist das Vergleichsentgelt höher als das nach den §§ 4, 5 maßgebende Tabellenentgelt, wird das Vergleichsentgelt so lange gezahlt, bis das Tabellenentgelt das Vergleichsentgelt erreicht. [4]Das Vergleichsentgelt wird zum 1. Januar 2008 im Tarifgebiet West um 2,9 v. H. erhöht und auf volle fünf Euro aufgerundet. [5]Die Erhöhung einschließlich Aufrundung gilt im Tarifgebiet Ost ab 1. Mai 2008.

(2) [1]Das Vergleichsentgelt setzt sich aus Grundvergütung, allgemeiner Zulage und Ortszuschlag der Stufe 1 oder 2 zusammen. [2]Ist auch eine andere Person im Sinne von § 29 Abschnitt B Absatz 5 BAT/BAT-O ortszuschlagsberechtigt oder nach beamtenrechtlichen Grundsätzen familienzuschlagsberechtigt, wird die Stufe 1 und der jeweilige Anteil des Unterschiedsbetrages der Ortszuschlagsstufe 1 und 2 beziehungsweise des Familienzuschlags der Stufe 1, den die andere Person aufgrund von Teilzeitbeschäftigung nicht mehr erhält, zugrunde gelegt; findet der TV-L oder der TV-Ärzte am 1. November 2006 auch auf die andere Person Anwendung, geht der jeweils individuell zustehende Teil des Unterschiedsbetrages zwischen den Stufen 1 und 2 des Ortszuschlags in das Vergleichsentgelt ein. [3]Ferner fließen im Oktober 2006 tarifvertraglich zustehende Funktionszulagen insoweit in das Vergleichsentgelt ein, als sie nach dem TV-Ärzte nicht mehr vorgesehen sind.

(3) Ärzte, die im November 2006 bei Fortgeltung des bisherigen Rechts die Grundvergütung der nächst höheren Lebensaltersstufe erhalten hätten, werden für die Bemessung des Vergleichsentgelts so behandelt, als wäre der Stufenaufstieg bereits im Oktober 2006 erfolgt.

(4) [1]Bei Teilzeitbeschäftigten wird das Vergleichsentgelt auf der Grundlage eines entsprechenden Vollzeitbeschäftigten bestimmt. [2]Satz 1 gilt für Ärzte, deren Arbeitszeit nach § 3 des Tarifvertrages zur sozialen Absicherung vom 6. Juli 1992 herabgesetzt ist, entsprechend.

Protokollerklärung zu § 6 Absatz 4:

[1]Lediglich das Vergleichsentgelt wird auf der Grundlage eines entsprechenden Vollzeitbeschäftigten ermittelt; sodann wird nach der Stufenzuordnung das zustehende Entgelt zeitanteilig berechnet. [2]Die zeitanteilige Kürzung des auf den Ehegattenanteil im Ortszuschlag entfallenden Betrages (§ 6 Absatz 2 Satz 2 2. Halbsatz) unter-

VI

bleibt nach Maßgabe des § 29 Abschnitt B Absatz 5 Satz 2 BAT/BAT-O. [3]Neue Ansprüche entstehen hierdurch nicht.

(5) Für Ärzte, die nicht für alle Tage im Oktober 2006 oder für keinen Tag dieses Monats Bezüge erhalten, wird das Vergleichsentgelt so bestimmt, als hätten sie für alle Tage dieses Monats Bezüge erhalten; in den Fällen des § 27 Abschnitt A Absatz 7 BAT/BAT-O werden die Ärzte für das Vergleichsentgelt so gestellt, als hätten sie am 1. Oktober 2006 die Arbeit wieder aufgenommen.

§ 7 Fortführung vorübergehend übertragener höherwertiger Tätigkeit

[1]Ärzte, denen am 31. Oktober 2006 eine Zulage nach § 24 BAT/BAT-O zusteht, erhalten nach Überleitung in den TV-Ärzte eine Besitzstandszulage in Höhe ihrer bisherigen Zulage, solange sie die anspruchsbegründende Tätigkeit weiterhin ausüben und die Zulage nach bisherigem Recht zu zahlen wäre. [2]Wird die anspruchsbegründende Tätigkeit über den 31. Oktober 2008 hinaus beibehalten, finden mit Wirkung ab dem 1. November 2008 die Regelungen des TV-Ärzte über die vorübergehende Übertragung einer höherwertigen Tätigkeit Anwendung. [3]Für eine vor dem 1. November 2006 vorübergehend übertragene höherwertige Tätigkeit, für die am 31. Oktober 2006 wegen der zeitlichen Voraussetzungen des § 24 Absatz 1 beziehungsweise 2 BAT/BAT-O noch keine Zulage gezahlt wird, gilt Satz 1 und 2 ab dem Zeitpunkt entsprechend, zu dem nach bisherigem Recht die Zulage zu zahlen gewesen wäre. [4]Die Zulage nach Satz 1 verändert sich bei allgemeinen Entgeltanpassungen um den von den Tarifvertragsparteien für die jeweilige Entgeltgruppe vereinbarten Vomhundertsatz.

§ 8 Kinderbezogene Entgeltbestandteile

(1) [1]Für im Oktober 2006 zu berücksichtigende Kinder werden die kinderbezogenen Entgeltbestandteile des BAT/BAT-O in der für Oktober 2006 zustehenden Höhe als Besitzstandszulage fortgezahlt, solange für diese Kinder Kindergeld nach dem Einkommensteuergesetz oder nach dem Bundeskindergeldgesetz ununterbrochen gezahlt wird oder ohne Berücksichtigung des § 64 oder § 65 Einkommensteuergesetz oder des § 3 oder § 4 Bundeskindergeldgesetz gezahlt würde. [2]Die Besitzstandszulage entfällt ab dem Zeitpunkt, zu dem einer anderen Person, die im öffentlichen Dienst steht oder auf Grund einer Tätigkeit im öffentlichen Dienst nach beamtenrechtlichen Grundsätzen oder nach einer Ruhelohnordnung versorgungsberechtigt ist, für ein Kind, für welches die Besitzstandszulage gewährt wird, das Kindergeld gezahlt wird; die Änderung der Kindergeldberechtigung haben die

Ärzte dem Arbeitgeber unverzüglich schriftlich anzuzeigen. [3]Unterbrechungen der Kindergeldzahlung wegen Ableistung von Grundwehrdienst, Zivildienst oder Wehrübungen sowie die Ableistung eines freiwilligen sozialen oder ökologischen Jahres sind unschädlich; soweit die unschädliche Unterbrechung bereits im Monat Oktober 2006 vorliegt, wird die Besitzstandszulage ab dem Zeitpunkt des Wiederauflebens der Kindergeldzahlung gewährt.

Protokollerklärung zu § 8 Absatz 1 Satz 1:

[1]Die Unterbrechung der Entgeltzahlung im Oktober 2006 bei Ruhen des Arbeitsverhältnisses wegen Elternzeit, Rente auf Zeit oder Ablauf der Krankenbezugsfristen ist für das Entstehen des Anspruchs auf die Besitzstandszulage unschädlich. [2]Bei späteren Unterbrechungen der Entgeltzahlung in den Fällen von Satz 1 wird die Besitzstandszulage nach Wiederaufnahme der Beschäftigung weiter gezahlt. [3]Die Höhe der Besitzstandszulage nach Satz 1 richtet sich nach § 6 Absatz 5. [4]Diejenigen Ärzte, die im Oktober 2006 nicht kindergeldberechtigt waren und deshalb keinen kinderbezogenen Ortszuschlagsanteil erhalten haben und bis zum 31. Dezember 2006 einen Berechtigtenwechsel beim Kindergeld vornehmen, haben Anspruch auf die Besitzstandszulage nach Satz 1. [5]Die Höhe der Besitzstandszulage ist so zu bemessen, als hätten die Ärzte bereits im Oktober 2006 Anspruch auf Kindergeld gehabt.

(2) [1]§ 24 Absatz 2 TV-Ärzte ist anzuwenden. [2]Die Besitzstandszulage nach Absatz 1 Satz 1 verändert sich bei allgemeinen Entgeltanpassungen um den von den Tarifvertragsparteien für die jeweilige Entgeltgruppe vereinbarten Vomhundertsatz. [3]Ansprüche nach Absatz 1 können für Kinder ab dem vollendeten 16. Lebensjahr durch Vereinbarung mit der Ärztin/dem Arzt abgefunden werden.

(3) Die Absätze 1 und 2 gelten entsprechend für zwischen dem 1. November 2006 und dem 31. Dezember 2006 geborene Kinder der übergeleiteten Ärzte.

VI

§ 9 Strukturausgleich

(1) [1]Übergeleitete Fachärztinnen und Fachärzte, die

- am 31. Oktober 2006 Grundvergütung aus den Lebensaltersstufen 45 oder 47 der Vergütungsgruppe Ia BAT/BAT-O beziehen und
- ab 1. November 2006 in die Entgeltgruppe Ä 2 eingruppiert sind,

erhalten ab November 2006 einen nicht dynamischen Strukturausgleich zusätzlich zu ihrem monatlichen Entgelt. [2]Der Strukturausgleich beträgt monatlich bei Anspruch auf Grundvergütung am 31. Oktober 2006 aus

Lebensaltersstufe	Tarifgebiet West	Tarifgebiet Ost
45	90,00 Euro	83,25 Euro
47	190,00 Euro	175,75 Euro

(2) [1]Bei Teilzeitbeschäftigung steht der Strukturausgleich anteilig zu (§ 24 Absatz 2 TV-Ärzte). [2]Satz 1 gilt für Ärzte, deren Arbeitszeit nach § 3 des Tarifvertrages zur sozialen Absicherung vom 6. Juli 1992 herabgesetzt ist, entsprechend.

Protokollerklärung zu § 9 Absatz 2:

Bei späteren Veränderungen der individuellen regelmäßigen wöchentlichen Arbeitszeit der/des Beschäftigten ändert sich der Strukturausgleich entsprechend.

(3) [1]Bei Höhergruppierungen und allgemeinen Entgelterhöhungen wird der Unterschiedsbetrag zum bisherigen Entgelt auf den Strukturausgleich angerechnet. [2]Dasselbe gilt für die Zahlung von Zulagen nach §§ 14 und 16 Absatz 3 und 4 TV-Ärzte. [3]Im Tarifgebiet Ost wird auch die Angleichung zum 1. Januar 2010 angerechnet.

§ 10 Entgeltfortzahlung im Krankheitsfall

(1) [1]Bei Ärzten, für die bis zum 31. Oktober 2006 § 71 BAT gegolten hat und die nicht in der privaten Krankenversicherung versichert sind, wird abweichend von § 22 Absatz 2 TV-Ärzte für die Dauer des über den 31. Oktober 2006 hinaus ununterbrochen fortbestehenden Arbeitsverhältnisses der Krankengeldzuschuss in Höhe des Unterschiedsbetrages zwischen dem festgesetzten Nettokrankengeld oder der entsprechenden gesetzlichen Nettoleistung und dem Nettoentgelt (§ 22 Absatz 2 Satz 2 und 3 TV-Ärzte) gezahlt. [2]Nettokrankengeld ist das um die Arbeitnehmeranteile zur Sozialversicherung reduzierte Krankengeld. [3]Bei Ärzten, die in der gesetzlichen Krankenversicherung versicherungsfrei oder die von der Versicherungspflicht in der gesetzlichen Krankenversicherung befreit sind, werden bei der Berechnung des Krankengeldzuschusses diejenigen Leistungen zugrunde gelegt, die ihnen als Pflichtversicherte in der gesetzlichen Krankenversicherung zustünden.

VI

(2) [1]Ärzte im Sinne des Absatzes 1 erhalten längstens bis zum Ende der 26. Woche seit dem Beginn ihrer über den 31. Oktober 2006 hinaus ununterbrochen fortbestehenden Arbeitsunfähigkeit infolge derselben Krankheit oder Arbeitsverhinderung infolge einer Maßnahme der medizinischen Vorsorge oder Rehabilitation ihr Entgelt nach § 21 TV-Ärzte fortgezahlt. [2]Tritt nach dem 1. November 2006 Arbeitsunfähigkeit infolge derselben Krankheit ein, werden die Zeiten der Entgeltfortzahlung nach Satz 1 auf die Fristen gemäß § 22 TV-Ärzte angerechnet.

(3) [1]Bei Ärzten, für die bis zum 31. Oktober 2006 § 71 BAT gegolten hat und die in der privaten Krankenversicherung versichert sind, wird anstelle des Krankengeldzuschusses nach § 22 Absatz 2 und 3 TV-Ärzte für die Dauer des über den 31. Oktober 2006 hinaus ununterbrochen

fortbestehenden Arbeitsverhältnisses das Entgelt nach § 21 TV-Ärzte bis zur Dauer von 26 Wochen gezahlt. [2]§ 22 Absatz 4 TV-Ärzte findet auf die Entgeltfortzahlung nach Satz 1 entsprechende Anwendung. [4]Die Sätze 1 und 2 gelten auf Antrag entsprechend für bisher unter § 71 BAT fallende Ärzte, die freiwillig in der gesetzlichen Krankenversicherung versichert sind und am 19. Mai 2006 (Stichtag) einen Anspruch auf Krankengeld erst ab der 27. Woche der Arbeitsunfähigkeit hatten; der Antrag ist bis zum 31. Dezember 2006 zu stellen.

Protokollerklärung zu § 10:

[1]Ansprüche aufgrund von Regelungen für die Gewährung von Beihilfen an Arbeitnehmerinnen und Arbeitnehmer im Krankheitsfall bleiben für übergeleitete Ärzte, die am 31. Oktober 2006 noch Anspruch auf Beihilfe haben, unberührt. [2]Änderungen von Beihilfevorschriften für Beamte kommen zur Anwendung, soweit auf Landes- beziehungsweise Bundesvorschriften Bezug genommen wird.

§ 11 Beschäftigungszeit

(1) Für die Dauer des über den 31. Oktober 2006 hinaus fortbestehenden Arbeitsverhältnisses werden die vor dem 1. November 2006 nach Maßgabe der jeweiligen tarifrechtlichen Vorschriften anerkannten Beschäftigungszeiten „mit Ausnahme der Zeiten im Sinne der Übergangsvorschrift Nr. 3 zu § 19 BAT-O" als Beschäftigungszeit im Sinne des § 34 Absatz 3 TV-Ärzte berücksichtigt.

VI

(2) Für die Anwendung des § 23 Absatz 2 TV-Ärzte werden die bis zum 31. Oktober 2006 zurückgelegten Zeiten, die nach Maßgabe

- des § 39 BAT anerkannte Dienstzeit,
- des § 39 BAT-O anerkannte Beschäftigungszeit

sind, als Beschäftigungszeit im Sinne des § 34 Absatz 3 TV-Ärzte berücksichtigt.

§ 12 Urlaub

(1) [1]Für die Dauer und die Bewilligung des Erholungsurlaubs beziehungsweise von Zusatzurlaub für das Urlaubsjahr 2006 sowie für dessen Übertragung auf das Urlaubsjahr 2007 gelten die im Oktober 2006 jeweils maßgebenden Vorschriften (BAT/BAT-O), auch für die im November und Dezember 2006 neu begründeten Arbeitsverhältnisse, bis zum 31. Dezember 2006 fort. [2]Die Regelungen des TV-Ärzte gelten für die Bemessung des Urlaubsentgelts.

(2) [1]Aus dem Geltungsbereich des BAT/BAT-O übergeleitete Ärzte der Vergütungsgruppen I und Ia, die für das Urlaubsjahr 2006 einen Anspruch auf 30 Arbeitstage Erholungsurlaub erworben haben, behalten bei einer Fünftagewoche diesen Anspruch für die Dauer des über den 31. Oktober 2006 hinaus ununterbrochen fortbestehenden

Arbeitsverhältnisses. [2]Die Urlaubsregelungen des TV-Ärzte bei abweichender Verteilung der Arbeitszeit gelten entsprechend.

(3) [1]In den Fällen des § 48a BAT/BAT-O wird der nach der Arbeitsleistung im Kalenderjahr 2006 zu bemessende Zusatzurlaub im Kalenderjahr 2007 gewährt. [2]Die nach Satz 1 zustehenden Urlaubstage werden auf den nach den Bestimmungen des TV-Ärzte im Kalenderjahr 2007 zustehenden Zusatzurlaub für Wechselschichtarbeit und Schichtarbeit angerechnet. [3]Absatz 1 Satz 2 gilt entsprechend.

§ 13 Abgeltung

[1]Durch Vereinbarung mit der Ärztin/dem Arzt können Entgeltbestandteile aus Besitzständen pauschaliert beziehungsweise abgefunden werden. [2]§ 8 Absatz 2 Satz 3 bleibt unberührt.

4. Abschnitt
Sonstige vom TV-Ärzte abweichende oder ihn ergänzende Bestimmungen

§ 14 Abrechnung unständiger Bezügebestandteile

[1]Unständige Bezügebestandteile im Sinne des § 36 Absatz 1 Unterabsatz 2 BAT/BAT-O für Arbeitsleistungen bis zum 31. Oktober 2006 werden nach den bis dahin jeweils geltenden Regelungen mit den bisherigen Stunden- beziehungsweise Überstundensätzen am 31. Oktober 2006 abgerechnet.

[2]Bei Entgeltfortzahlungsfällen im Monat November 2006 ist der Tagesdurchschnitt (§ 21 Satz 2 TV-Ärzte) auf der Basis der individuellen Arbeitstage und tatsächlichen Arbeitsleistungen des Monats November 2006 zu berechnen. [3]Bei Entgeltfortzahlungsfällen im Monat Dezember 2006 berechnet sich der Tagesdurchschnitt auf der Basis der individuellen Arbeitstage und der tatsächlichen Arbeitsleistungen des Monats November 2006. [4]Bei Entgeltfortzahlungsfällen im Monat Januar 2007 berechnet sich der Tagesdurchschnitt auf der Basis der individuellen Arbeitstage und der tatsächlichen Arbeitsleistungen der Monate November und Dezember 2006. [5]Bei Entgeltfortzahlungsfällen im Monat Februar 2007 berechnet sich der Tagesdurchschnitt auf der Basis der individuellen Arbeitstage und der tatsächlichen Arbeitsleistungen der Monate November 2006 bis Januar 2007. [6]Bei Entgeltfortzahlungsfällen im Monat März 2007 berechnet sich der Tagesdurchschnitt auf der Basis der individuellen Arbeitstage und der tatsächlichen Arbeitsleistungen der Monate Dezember 2006 bis Februar 2007.

§ 15 Änderung des Beschäftigungsumfangs im Zuge der Arbeitszeitverlängerung

(1) [1]Bei Teilzeitbeschäftigten, mit denen am 31. Oktober 2006 im Arbeitsvertrag eine feste Stundenzahl vereinbart ist und bei denen sich am 1. November 2006 das Entgelt wegen einer anderen Relation von ermäßigter zur vollen Arbeitszeit vermindert, ist auf Antrag der Ärztin/des Arztes die Stundenzahl so aufzustocken, dass die Höhe ihres bisherigen regelmäßigen Brutto-Entgelts erreicht wird. [2]Der Antrag ist bis zum 31. Januar 2007 zu stellen. [3]Satz 1 gilt nicht für Ärzte in Altersteilzeit.

(2) Die einzelne Ärztin/der einzelne Arzt erhält das Recht auf Beibehaltung der regelmäßigen wöchentlichen Arbeitszeit von 38,5 Stunden (Tarifgebiet West) beziehungsweise 40 Stunden (Tarifgebiet Ost); in diesem Fall wird das entsprechende zeitanteilige Tabellenentgelt gezahlt.

§ 16 Führung auf Zeit

Bei Ärzten, mit denen am 31. Oktober 2006 ein unbefristetes Arbeitsverhältnis besteht, findet § 32 TV-Ärzte keine Anwendung, es sei denn, die Ärztin/der Arzt wechselt zu einer anderen Klinik.

5. Abschnitt
Übergangs- und Schlussvorschrift

§ 17 In-Kraft-Treten, Laufzeit

(1) Dieser Tarifvertrag tritt am 1. November 2006 in Kraft. [2]Die TdL wird die neuen Entgelttabellen des TV-Ärzte, Anlagen A 1 und B 1, ab 1. Juli 2006 anwenden, entsprechend dem Beschluss der Mitgliederversammlung der TdL vom 8. Juni 2006 (Anlage 2).

(2) [1]Dieser Tarifvertrag kann ohne Einhaltung einer Frist jederzeit schriftlich gekündigt werden, frühestens zum 31. Dezember 2009.

Anlage 1 TVÜ-Ärzte Teil A
– Ersetzte Tarifverträge –

1. Bundes-Angestelltentarifvertrag (BAT) vom 23. Februar 1961, zuletzt geändert durch den 78. Tarifvertrag zur Änderung des Bundes-Angestelltentarifvertrages vom 31. Januar 2003.
2. Tarifvertrag zur Anpassung des Tarifrechts – Manteltarifliche Vorschriften – (BAT-O) vom 10. Dezember 1990, zuletzt geändert durch den Änderungstarifvertrag Nr. 13 vom 31. Januar 2003 vom Tarifvertrag zur Anpassung des Tarifrechts – Manteltarifliche Vorschriften – (BAT-O).

Anlage 1 Teil B

Anlage 1 TVÜ-Ärzte Teil B

– Ersetzte Tarifverträge bzw. Tarifvertragsregelungen –

Vorbemerkung:

Soweit einzelne Tarifvertragsregelungen vorübergehend fortgelten, erstreckt sich die Fortgeltung auch auf Beschäftigte im Sinne des § 1 Absatz 2 TVÜ-Ärzte.

1.	Tarifvertrag zu § 71 betreffend Besitzstandswahrung vom 23. Februar 1961
2.	Vergütungstarifvertrag Nr. 35 zum BAT für den Bereich der Länder vom 31. Januar 2003
3.	Vergütungstarifvertrag Nr. 7 zum BAT-O für den Bereich der Länder vom 31. Januar 2003, mit Ausnahme des § 3 Abs. 1 Satz 2, 2. Alternative
4.	Tarifvertrag über Zulagen an Angestellte (Länder) vom 17. Mai 1982,
5.	Tarifvertrag über Zulagen an Angestellte (TV Zulagen Ang-O) (Länder) vom 8. Mai 1991
6.	Tarifvertrag über die Gewährung von Zulagen gemäß § 33 Abs. 1 Buchst. c BAT vom 11. Januar 1962
7.	Tarifvertrag über vermögenswirksame Leistungen an Angestellte vom 17. Dezember 1970
8.	Tarifvertrag über vermögenswirksame Leistungen an Angestellte (TV VL Ang-O) vom 8. Mai 1991
9.	Tarifvertrag über eine Zuwendung für Angestellte vom 12. Oktober 1973
10.	Tarifvertrag über eine Zuwendung für Angestellte (TV Zuwendung Ang-O) vom 10. Dezember 1990
11.	Tarifvertrag über ein Urlaubsgeld für Angestellte vom 16. März 1977
12.	Tarifvertrag über ein Urlaubsgeld für Angestellte (TV Urlaubsgeld Ang-O) vom 10. Dezember 1990
13.	Tarifvertrag über die Erhöhung der Löhne und Gehälter für Beschäftigte im öffentlichen Dienst vom 4. September 1990
14.	Tarifvertrag über die Versorgung der Arbeitnehmer des Bundes und der Länder sowie von Arbeitnehmern kommunaler Verwaltungen und Betriebe (Versorgungs-TV) vom 4. November 1966
15.	Tarifvertrag über die Versorgung der Arbeitnehmer des Saarlandes und der Mitglieder des Kommunalen Arbeitgeberverbandes Saar e.V. (VersTV-Saar) vom 15. November 1966
16.	Tarifvertrag vom 26. Mai 1964 betreffend Beihilfe für Angestellte und Lehrlinge des Landes Baden-Württemberg

17.	Tarifvertrag vom 26. Mai 1964 betreffend Beihilfe für Angestellte und Lehrlinge des Landes Bremen
18.	Tarifvertrag vom 26. Mai 1964 betreffend Beihilfe für Angestellte und Lehrlinge des Landes Hamburg
19.	Tarifvertrag vom 26. Mai 1964 betreffend Beihilfe für Angestellte und Lehrlinge des Landes Niedersachsen
20.	Tarifvertrag vom 26. Mai 1964 betreffend Beihilfe für Angestellte, Arbeiter und Lehrlinge des Landes Rheinland-Pfalz
21.	Tarifvertrag vom 26. Mai 1964 betreffend Beihilfe für Angestellte, Arbeiter und Lehrlinge des Saarlandes
22.	Tarifvertrag vom 26. Mai 1964 betreffend Beihilfe für Angestellte und Lehrlinge des Landes Schleswig-Holstein
23.	Tarifvertrag vom 26. Mai 1964 betreffend die Beihilfe für Angestellte und Lehrlinge des Landes Berlin

Anlage 1 Teil C

Anlage 1 TVÜ-Ärzte Teil C
– Fortgeltende Tarifverträge –

Vorbemerkung:

Die in dieser Anlage aufgeführten Tarifverträge sind in der jeweils geltenden Fassung zitiert.

1.	Tarifvertrag über den Rationalisierungsschutz für Angestellte (RatSchTV Ang) vom 9. Januar 1987
2.	Tarifvertrag zur sozialen Absicherung vom 6. Juli 1992
3.	Tarifvertrag zur Regelung der Altersteilzeitarbeit (TV ATZ) vom 5. Mai 1998
4.	Tarifvertrag über die betriebliche Altersversorgung der Beschäftigten des öffentlichen Dienstes (Tarifvertrag Altersversorgung – ATV) vom 1. März 2002
5.	Tarifvertrag über den Geltungsbereich der für den öffentlichen Dienst in der Bundesrepublik Deutschland bestehenden Tarifverträge vom 1. August 1990
6.	Tarifvertrag über die Bewertung der Personalunterkünfte für Angestellte vom 16. März 1974

VI

Anlage 2

Vorwegregelung zur Erhöhung der Arztgehälter ab 1. Juli 2006

(Beschluss der Mitgliederversammlung der TdL vom 8. Juni 2006)

– Auszug –

Die Mitgliederversammlung ermächtigt die Länder zu folgender Regelung:

1. An Ärztinnen und Ärzte, einschließlich Zahnärzte und Psychiater, die als Angestellte eines Landes oder eines Arbeitgebers, der Mitglied der TdL ist, an einer Universitätsklinik überwiegend Aufgaben in der Patientenversorgung wahrnehmen, kann frühestens ab dem 1. Juli 2006 eine Zulage zur Aufstockung der ihnen nach BAT/BAT-O zustehenden Summe aus Grundvergütung, Ortszuschlag der Stufe 1 oder 2 und allgemeiner Zulage einerseits auf die in der Anlage 1 (Tarifgebiet West) beziehungsweise Anlage 2 (Tarifgebiet Ost) festgelegten Tabellenwerte andererseits gezahlt werden.
2. Für die Zuordnung zu den Gehaltsgruppen der Entgelttabelle gilt Folgendes: *(entspricht § 12)*
3. Die Entgelttabellen (Anlagen 1 beziehungsweise 2) sind auf der Basis einer durchschnittlichen regelmäßigen wöchentlichen Arbeitszeit von 42 Stunden festgelegt. Etwaige Ansprüche auf Abgeltung von Überstunden bis einschließlich der 42. Wochenstunde sind auf die Zulage nach Ziffer 1 anzurechnen.
4. Ferner sind etwaige Ansprüche auf das Urlaubsgeld 2006 sowie auf eine anteilige Zuwendung nach den Zuwendungs-Tarifverträgen auf die Zulage nach Ziffer 1 anzurechnen.
5. Ansprüche auf die kinderbezogenen Anteile im Ortszuschlag werden von dieser Regelung nicht berührt.

Abschnitt VII
Weiteres Tarifrecht der Länder

VII

Tarifvertrag über die Gewährung einer Hauptstadtzulage (TV Hauptstadtzulage)

Vom 9. Dezember 2023

Präambel

[1]Mit diesem Tarifvertrag setzen die Tarifvertragsparteien den Abschnitt VI. der Tarifeinigung vom 9. Dezember 2023 um. [2]Die Tarifvertragsparteien bezwecken mit der Hauptstadtzulage die besondere hauptstadtbedingte Konkurrenzsituation auszugleichen.

§ 1 Geltungsbereich

Dieser Tarifvertrag gilt für die Beschäftigten und auszubildenden Personen, die in einem Arbeits- bzw. Ausbildungsverhältnis zum Land Berlin stehen, soweit sie vom Geltungsbereich eines nachstehend behandelten Tarifvertrages erfasst sind:

a) Tarifvertrag für den öffentlichen Dienst der Länder (TV-L),
b) Tarifvertrag zur Regelung der Arbeitsbedingungen von Beschäftigten in forstwirtschaftlichen Verwaltungen, Einrichtungen und Betrieben der Länder (TV-L-Forst),
c) Tarifvertrag zur Überleitung der Beschäftigten des Landes Berlin in das Tarifrecht der TdL (TV Wiederaufnahme Berlin) für studentische Hilfskräfte des Landes Berlin,
d) Tarifvertrag für Auszubildende der Länder in Ausbildungsberufen nach dem Berufsbildungsgesetz (TVA-L BBiG),
e) Tarifvertrag für Auszubildende der Länder in Pflegeberufen (TVA-L Pflege),
f) Tarifvertrag für Auszubildende zum Forstwirt in forstwirtschaftlichen Verwaltungen, Einrichtungen und Betrieben der Länder (TVA-L-Forst),
g) Tarifvertrag für dual Studierende der Länder in ausbildungsintegrierten dualen Studiengängen (TVdS-L).

§ 2 Hauptstadtzulage

(1) [1]Beschäftigte mit einer Eingruppierung in den Entgeltgruppen 1 bis 13 (ohne E 13 Ü), in den Entgeltgruppen S 2 bis S 18 sowie KR 5 bis KR 17, die von § 1 Buchstaben a und b erfasst sind, sowie Beschäftigte nach § 1 Buchstabe c erhalten eine monatliche Hauptstadtzulage in Höhe von bis zu 150 Euro bestehend aus einem monatlichen Zuschuss für ein vom Verkehrsverbund Berlin-Brandenburg angebotenes Fir-

VII

menticket und einem monatlichen Zulagenbetrag. [2]Die Höhe des monatlichen Zuschusses für ein Firmenticket nach Satz 1 entspricht dem Betrag, den der bzw. die Beschäftigte für das Firmenticket an die Berliner Verkehrsbetriebe monatlich zu entrichten hat, höchstens jedoch dem wirtschaftlichen Gegenwert eines Firmentickets für den Tarifbereich Berlin AB mit monatlicher Zahlungsweise. [3]Zur Ermittlung der Höhe des monatlichen Zulagenbetrages wird die Differenz aus 150 Euro und dem Zuschuss nach Satz 2 gebildet.

Protokollerklärung zu § 2 Abs. 1 Satz 1:

Die Tarifvertragsparteien verständigen sich darauf, im Fall einer gesetzlichen Erstreckung der Hauptstadtzulage im Beamtenbereich auf die Besoldungsgruppen A 14 und A 15 eine Erstreckung auf Beschäftigte mit einer Eingruppierung in den Entgeltgruppen 13Ü, 14 und 15 zu vereinbaren.

(2) Abweichend von Absatz 1 wird die monatliche Hauptstadtzulage allein als monatlicher Zulagenbetrag in Höhe von bis zu 150 Euro gewährt, wenn die bzw. der Beschäftigte dies beantragt und mit diesem Antrag erklärt, auf den monatlichen Zuschuss für ein vom Verkehrsverbund Berlin-Brandenburg angebotenes Firmenticket zu verzichten.

(3) [1]Auszubildende Personen, die von § 1 Buchstaben d bis g erfasst sind, erhalten eine Hauptstadtzulage gemäß Absatz 1 in Höhe von bis zu 50 Euro monatlich. [2]Abweichend von Absatz 1 Satz 1 wird diesen Personen der monatliche Zuschuss

VII

a) für eine Monatskarte für Auszubildende oder

b) für ein vom Verkehrsverbund Berlin-Brandenburg angebotenes Firmenticket für den Tarifbereich Berlin AB, soweit diese Personen nicht Auszubildende im Sinne des § 45a Absatz 1 des Personenbeförderungsgesetzes in Verbindung mit § 1 Absatz 1 der Verordnung über den Ausgleich gemeinwirtschaftlicher Leistungen im Straßenpersonenverkehr in der jeweils geltenden Fassung sind

mindestens in Höhe des wirtschaftlichen Gegenwertes des jeweils nach den Tarifbestimmungen des Verkehrsverbundes Berlin-Brandenburg erhältlichen Tickets gezahlt, auch wenn dieser den Betrag von 50 Euro übersteigt. [3]Die Zuschüsse sind begrenzt auf den Betrag, der von den auszubildenden Personen an das Verkehrsunternehmen zu entrichten ist. [4]Absatz 2 gilt sinngemäß.

(4) [1]In Teilzeit beschäftigte Personen erhalten den monatlichen Zuschuss zu einem vom Verkehrsverbund Berlin-Brandenburg angebotenen Firmenticket oder einer Monatskarte für Auszubildende in voller Höhe. [2]In Teilzeit beschäftigte Personen erhalten den Zulagenbetrag der Hauptstadtzulage in dem Umfang, der dem Anteil ihrer

individuell vereinbarten durchschnittlichen Arbeitszeit an der regelmäßigen Arbeitszeit vergleichbarer Vollzeitbeschäftigter entspricht.

§ 3 Zeiträume ohne Anspruch auf Entgelt

(1) Die Hauptstadtzulage gemäß § 2 wird nur für Zeiträume gewährt, in denen Anspruch auf Entgelt oder Entgeltfortzahlung besteht.

(2) Entsprechend dem Rundschreiben IV Nr. 75/2020 der Senatsverwaltung für Finanzen in der Fassung vom 9. September 2020 wird Folgendes vereinbart:

a) [1]Der monatliche Zuschuss zu einem vom Verkehrsverbund Berlin-Brandenburg angebotenen Firmenticket wird für Zeiträume, für die ein Anspruch auf Entgelt oder Entgeltfortzahlung nicht besteht, in Höhe von 15 Euro, mindestens jedoch in Höhe des für das Firmenticket jeweils geltenden Mindestarbeitgeberzuschusses fortgezahlt. [2]Der Zuschuss nach Satz 1 ist begrenzt auf den Betrag, der an das Verkehrsunternehmen zu entrichten ist.

b) [1]Die Fortzahlung des Zuschusses nach Buchstabe a erfolgt unter der Maßgabe, dass die von § 2 erfassten Beschäftigten und auszubildenden Personen eine aus von ihnen zu vertretenden Gründen notwendige Kündigung des vom Verkehrsverbund Berlin-Brandenburg angebotenen Firmentickets ohne schuldhaftes Zögern veranlassen. [2]Die Fortzahlung des Zuschusses nach Buchstabe a erfolgt längstens bis zum Wirksamwerden der Kündigung der jeweiligen Abonnements.

c) Der Zuschuss nach Buchstabe a wird für Zeiten des Mutterschutzes nach § 3 des Mutterschutzgesetzes und für Zeiten mit Anspruch auf Zahlung eines Krankengeldzuschusses fortgezahlt.

§ 4 Weitere Bestimmungen

(1) [1]Allgemeine Entgeltanpassungen haben keine Auswirkungen auf die Höhe der Hauptstadtzulage. [2]Preisänderungen des Firmentickets führen zur Anpassung des Zuschusses, nicht jedoch zu einer Erhöhung oder Verringerung der Hauptstadtzulage.

(2) Die Hauptstadtzulage ist kein zusatzversorgungspflichtiges Entgelt.

(3) Die neben dem Tabellenentgelt als Wettbewerbsausgleich gewährte Hauptstadtzulage ist bei der Bemessung der Jahressonderzahlung nicht zu berücksichtigen.

§ 5 In-Kraft-Treten, Laufzeit

(1) Dieser Tarifvertrag tritt am 1. April 2025 in Kraft.

(2) [1]Dieser Tarifvertrag kann von jeder Tarifvertragspartei mit einer Frist von drei Monaten zum Schluss eines Kalenderhalbjahres gekündigt werden, frühestens jedoch zum 31. März 2028. [2]Im Fall einer Kündigung zum 31. März 2028 ist diese nicht an den Schluss des Kalenderhalbjahres als Kündigungstermin im Sinne des Satz 1 gebunden. [3]Der Tarifvertrag tritt mit Ablauf der Kündigungsfrist ohne Nachwirkung außer Kraft.

Tarifvertrag über die Gewährung von Zulagen gem. § 33 Abs. 1 Buchst. c BAT[1])

Vom 11. Januar 1962

§ 1 Zulagen in Monatsbeträgen

(1) Zulagen in Monatsbeträgen erhalten:

		Monatsbetrag Euro
1.	Angestellte, die in unterirdischen Anlagen – mit Ausnahme von Kelleranlagen – mit unzureichender Entlüftung oder in fensterlosen überirdischen Betonbunkern mit unzureichender Entlüftung arbeiten	7,67
2.	Angestellte, die Desinfektionsarbeiten – mit Ausnahme der Schädlingsbekämpfung – ausüben	10,23
3.	Angestellte, die bei Arbeiten mit gesundheitsschädigenden, ätzenden oder giftigen Stoffen der Einwirkung dieser Stoffe ausgesetzt sind, wenn sie im Kalendermonat durchschnittlich mindestens 1/4 der regelmäßigen Arbeitszeit in Räumen oder mindestens 1/3 der regelmäßigen Arbeitszeit im Freien dieser Einwirkung ausgesetzt sind	12,78
4.	Angestellte, die Versuchstiere in wissenschaftlichen Anstalten, Lehr-, Versuchs- oder Untersuchungsanstalten pflegen, wenn sie bei der Pflege der Tiere mit diesen in unmittelbare Berührung kommen	12,78
5.	Pflegepersonen in psychiatrischen Krankenhäusern (Heil- und Pflegeanstalten) oder psychiatrischen Kliniken, Abteilungen oder Stationen, Pflegepersonen in neurologischen Kliniken, Abteilungen oder Stationen, die ständig geisteskranke Patienten pflegen, Angestellte in psychiatrischen oder neurologischen Krankenhäusern, Kliniken oder Abteilungen, die im EEG-Dienst oder in der Röntgendiagnostik ständig mit geisteskranken Patienten Umgang haben, Angestellte der Krankengymnastik, die überwiegend mit geisteskranken Patienten Umgang haben, sonstige Angestellte, die ständig mit geisteskranken Patienten zu arbeitstherapeutischen Zwecken zusammenarbeiten oder sie hierbei beaufsichtigen	15,34

[1]) Zur vorläufigen Weitergeltung dieses Tarifvertrages vgl. § 19 Abs. 5 Satz 2 TV-L und Ziffer 11 der Anlage 1 Teil B zum TVÜ-Länder.

VII

		Monatsbetrag Euro
6.	Angestellte, die in großen Behandlungsbecken (nicht in Badewannen) Unterwassermassagen ausführen, wenn sie im Kalendermonat durchschnittlich mindestens ¼ der regelmäßigen Arbeitszeit mit diesen Arbeiten beschäftigt sind	10,23
7.	Angestellte als Sektionsgehilfen in der Human- oder Tiermedizin	15,34
8.	Angestellte, die in Leichenschauhäusern oder in Einrichtungen, die die Aufgaben von Leichenschauhäusern zu erfüllen haben, Leichen versorgen und herrichten	12,78
9.	Angestellte, die in Kühlhäusern, Kühlräumen oder Kühlwagen im Kalendermonat durchschnittlich arbeitstäglich mindestens zwei Stunden arbeiten sind den Angestellten Arbeiter unterstellt, so richten sich die Voraussetzungen für die Gewährung der Zulage nach den jeweils für die Arbeiter geltenden Vorschriften	12,78
10.	Angestellte, die in Tropenkammern mit einer Temperatur von über 40° C im Kalendermonat durchschnittlich arbeitstäglich mindestens zwei Stunden arbeiten sind den Angestellten Arbeiter unterstellt, so richten sich die Voraussetzungen für die Gewährung der Zulage nach den jeweils für die Arbeiter geltenden Vorschriften	15,34
11.	Tierpfleger in zoologischen Gärten, die gefährliche Tiere pflegen	12,78
12.	Angestellte, die in unterirdischen Abwässerkanälen im Kalendermonat durchschnittlich mindestens ¼ der regelmäßigen Arbeitszeit arbeiten	10,23
13.	Angestellte im kommunalen Dienst, die ständig Blitzschutzanlagen zu überprüfen haben	12,78
14.	Angestellte mit Arbeiten in Prüfständen von Motoren für Kettenfahrzeuge oder Schiffe sowie bei Belastungsproben für Panzermotoren	12,78
15.	Angestellte mit Prüfungs- oder Kontrollarbeiten an Propellerflugzeugen oder auf Flugzeugmotorenprüfständen bei laufendem Motor	17,90
16.	Angestellte mit Prüfungs- oder Kontrollarbeiten an Flugzeugen oder in Prüfständen bei laufendem Düsentriebwerk	25,56

(2) Voraussetzung für die Gewährung der Zulagen nach den Nrn. 1, 2, 4, 8, 11, 14, 15 und 16 ist, daß die zulageberechtigende Tätigkeit regelmäßig und nicht nur in unerheblichem Umfange ausgeführt wird.

(3) Beginnt die zulageberechtigende Tätigkeit nicht am Ersten, sondern im Laufe eines Kalendermonats, so ist in diesem Monat für jeden

Kalendertag ab Beginn dieser Tätigkeit 1/30 des Monatsbetrages zu zahlen.

(4) Die Zulage entfällt mit Ablauf des Kalendermonats, in dem die Voraussetzungen für die Gewährung der Zulage weggefallen sind (§ 33 Abs. 3 BAT).

§ 2 Zulagen in Tagesbeträgen

(1) Zulagen in Tagesbeträgen erhalten:

	Tages-betrag Euro
1. Angestellte, zu deren regelmäßigen Aufgaben das Besteigen von Masten in Höhe von mindestens 10 m über Dach bzw. mindestens 20 m über dem Erdboden gehört	1,02
2. Angestellte des Eichdienstes, die Hochtanks in einer Höhe von mindestens 20 m über dem Erdboden ohne feste Einrüstung vermessen	1,02
3. Angestellte in der Brückenunterhaltung, die Brückenkonstruktionen in einer Höhe von mindestens 20 m über dem Erdboden oder der Wasserfläche ohne feste Einrüstung überwachen	1,02
4. Angestellte, die Schleusentore von mindestens 15 m Höhe ohne ausreichende Sicherungsvorrichtung durch Einsteigen in die Tore überprüfen oder unter Einsteigen den Ein- und Ausbau solcher Tore überwachen	1,02

(2) Die Zulage wird für jeden Tag gewährt, an dem der Angestellte die Tätigkeit ausübt.

§ 3 Sonstige Zulagen

(1) Für Arbeiten am Stromnetz unter Spannung, die nach den einschlägigen Vorschriften zulässig sind, erhalten die Angestellten Zulagen unter den gleichen Voraussetzungen und in der gleichen Höhe, wie sie jeweils die Arbeiter ihres Arbeitgebers erhalten. Soweit ein Arbeitgeber im Zeitpunkt des Inkrafttretens des Tarifvertrages für diese Arbeiten an Angestellte höhere Zulagen zahlt, bleiben diese unberührt.

(2) Die Angestellten im Baggereibetrieb der Bundeswasser- und Schifffahrtsverwaltung erhalten bei Munitionsfunden Zulagen unter den gleichen Voraussetzungen und in der gleichen Höhe, wie sie die Arbeiter der Bundeswasser- und Schiffahrtsverwaltung jeweils erhalten.

(3) Sind in den Fällen der Absätze 1 und 2 die Zulagen für die Arbeiter in Vom-Hundert-Sätzen des Lohnes bemessen, so richten sich die Zula-

gen der Angestellten nach der bei dem Arbeitgeber jeweils geltenden höchsten Lohngruppe und Dienstzeitzulage.

§ 4 Zusammentreffen von Ansprüchen

(1) Liegen die Voraussetzungen für mehrere Zulagen nach diesem Tarifvertrag vor, so wird jeweils nur die höchste Zulage gezahlt.

(2) Wird für eine Tätigkeit, für die eine Zulage nach diesem Tarifvertrag zusteht, eine Zulage nach § 33 Abs. 1 Buchst. a BAT gezahlt, so wird die Zulage nach diesem Tarifvertrag nur insoweit gewährt, als sie die Zulage nach § 33 Abs. 1 Buchst. a BAT übersteigt.

(3) Neben den Zulagen nach diesem Tarifvertrag werden bei gegebenen Voraussetzungen

a) die Zusatzverpflegung nach § 33 Abs. 4 BAT

b) die Zulagen der Protokollnotizen Nr. 1 zu den Vergütungsgruppen Kr. I bis Kr. VI der Anlage 1b zum BAT

gewährt.

§ 5 Zahlung der Zulagen

Die Zulagen nach diesem Tarifvertrag sind spätestens mit der Vergütung für den übernächsten Monat (§ 36 Abs. 1 BAT) zu zahlen.

VII

§ 6 Besitzstandswahrung

Erhalten Angestellte im Zeitpunkt des Inkrafttretens dieses Tarifvertrages für eine Tätigkeit, für die in den §§ 1 und 2 eine Zulage vereinbart ist, eine höhere Zulage als die nach §§ 1 und 2, so erhalten sie während des zu diesem Zeitpunkt bestehenden Arbeitsverhältnisses die höhere Zulage für die Dauer der Ausübung der Tätigkeit weiter.

§ 7 Inkrafttreten und Laufzeit

(betrifft Inkrafttreten und Kündigungsvorschrift des Tarifvertrages vom 11. Januar 1962)

Tarifvertrag über Zulagen an Angestellte bei den Sicherheitsdiensten der Länder (West)[1])

Vom 9. Februar 1978

§ 1 Geltungsbereich

Dieser Tarifvertrag gilt für die Angestellten der Länder, deren Arbeitsverhältnisse durch den Bundes-Angestelltentarifvertrag (BAT) geregelt sind.

§ 2 Anspruchsvoraussetzungen und Höhe der Zulage

(1) Angestellte erhalten für die Dauer ihrer Verwendung bei den Sicherheitsdiensten der Länder eine Zulage unter den gleichen Voraussetzungen, in der gleichen Höhe und in dem gleichen Umfang, wie sie die entsprechenden vergleichbaren Beamten des Arbeitgebers nach Nr. 8 der Vorbemerkungen zu den Bundesbesoldungsordnungen A und B des Bundesbesoldungsgesetzes erhalten (Sicherheitszulage).

(2) Hinsichtlich der Vergleichbarkeit der Vergütungsgruppen mit den Besoldungsgruppen gilt § 11 Satz 2 BAT entsprechend.

(3) Für die Bemessung der Sicherheitszulage an Angestellte,

a) die das 18. Lebensjahr noch nicht vollendet haben, ist § 30 BAT,

b) die nicht vollbeschäftigt sind, ist § 34 BAT

entsprechend anzuwenden.

(4) Die Zulage wird nur für Zeiträume gezahlt, für die dem Angestellten Vergütung, Urlaubsvergütung oder Krankenbezüge zustehen; § 36 Abs. 2 BAT ist entsprechend anzuwenden.

(5) Die Sicherheitszulage ist – auch im Rahmen der Zuwendung nach dem Tarifvertrag über eine Zuwendung für Angestellte – nicht zusatzversorgungspflichtig. Abweichend von Satz 1 ist die Sicherheitszulage bei Angestellten, die diese Zulage bereits vor dem 1. Januar 1999 erhalten haben, zusatzversorgungspflichtig nach Ablauf des Kalendermonats, in dem sie sieben Jahre lang bezogen worden ist, längstens jedoch bei Angestellten der Vergütungsgruppen IVb bis I bis zum 31. Dezember 2004 und bei Angestellten der Vergütungsgruppen X bis Va/b bis zum 31. Dezember 2007. Auf die Mindestzeit werden auch solche Zeiträume angerechnet, während derer die Sicherheitszulage nur aufgrund von Konkurrenzvorschriften oder nur wegen Ablaufs der Krankenbezugsfristen nicht zugestanden hat.

---

[1]) Zur Weitergeltung dieses Tarifvertrages siehe Ziffer 11 der Anlage 1 Teil C zum TVÜ-Länder

VII

§ 3 Konkurrenzvorschrift

Zeitzuschläge nach § 35 Abs. 1 Satz 2 Buchst. a bis f BAT, Überstundenvergütung nach § 35 Abs. 3 Unterabs. 2 BAT, Vergütung für Bereitschaftsdienst und Rufbereitschaft sowie Zulagen für Wechselschicht- und Schichtarbeit werden an Angestellte, denen die Sicherheitszulage nach § 2 zusteht, insoweit gezahlt, als die Summe dieser Leistungen monatlich bei Angestellten der Vergütungsgruppen

X bis VIII	20 v. H.
VII bis Va/b	25 v. H.
IVb und höher	30 v. H.

der Sicherheitszulage übersteigt.

§ 4 Berücksichtigung der Zulage bei anderen Leistungen

Die Sicherheitszulage nach § 2 ist bei der Bemessung des Sterbegeldes (§ 41 BAT) und des Übergangsgeldes (§ 63 BAT) zu berücksichtigen.

§§ 5 und 6 (weggefallen)

§ 7 Inkrafttreten, Laufzeit

(betrifft Inkrafttreten und Kündigungsvorschrift des Tarifvertrages vom 9. Februar 1978)

VII

Tarifvertrag über die Bewertung der Personalunterkünfte für Angestellte (TdL/VKA)*)

in der Fassung der Bekanntmachung vom 16. März 1974

§ 1 Geltungsbereich

Dieser Tarifvertrag gilt für die unter den Bundes-Angestelltentarifvertrag (BAT) fallenden Angestellten

a) der Länder und der Stadtgemeinde Bremen,

b) der Mitglieder der Arbeiterverbände, die der Vereinigung der kommunalen Arbeitgeberverbände angehören.

§ 2 Personalunterkünfte

(1) Der Wert einer dem Angestellten auf arbeitsvertraglicher Grundlage gewährten Personalunterkunft ist unter Berücksichtigung ihrer Nutzfläche und ihrer Ausstattung auf die Vergütung anzurechnen. Für Zeiten, für die kein Vergütungsanspruch besteht, hat der Angestellte dem Arbeitgeber den Wert zu vergüten.

(2) Personalunterkünfte im Sinne dieses Tarifvertrages sind möblierte Wohnungen, möblierte Wohnräume und möblierte Schlafräume, die im Eigentum, in der Verwaltung oder in der Nutzung des Arbeitgebers stehen und die dem Angestellten zur alleinigen Benutzung – bei Mehrbettzimmern zur gemeinsamen Benutzung durch die festgelegte Personenzahl – überlassen werden.

VII

§ 3 Bewertung der Personalunterkünfte

(1) Der Wert der Personalunterkünfte wird wie folgt festgelegt:[1])

Wertklasse	Personalunterkünfte	Euro je qm Nutzfläche monatlich
1	ohne ausreichende Gemeinschaftseinrichtungen	9,47
2	mit ausreichenden Gemeinschaftseinrichtungen	10,49
3	mit eigenem Bad oder Dusche	12,00
4	mit eigener Toilette und Bad oder Dusche	13,35
5	mit eigener Kochnische, Toilette und Bad oder Dusche	14,22

---

*) Zur Weitergeltung des Tarifvertrages siehe Ziffer 17 der Anlage 1 Teil C zum TVÜ-Länder.

[1]) Beträge in der ab 1. Januar 2025 voraussichtlich geltenden Fassung. Zum Zeitpunkt des Redaktionsschlusses bedurfte die entsprechende Verordnung zur Änderung der Sozialversicherungsentgeltverordnung noch der Zustimmung des Bundesrates.

Bei einer Nutzfläche von mehr als 25 qm erhöhen sich für die über 25 qm hinausgehende Nutzfläche die Quadratmetersätze um 10 v. H. Bei Personalunterkünften mit einer Nutzfläche von weniger als 12 qm ermäßigen sich die Quadratmetersätze um 10 v. H.

Wird die Nutzung der Personalunterkunft durch besondere Umstände erheblich beeinträchtigt (z. B. Ofenheizung, kein fließendes Wasser, Unterbringung in einem Patientenzimmer, das vorübergehend als Personalunterkunft verwendet wird und in dem die Bewohner erheblichen Störungen durch den Krankenhausbetrieb ausgesetzt sind), sollen die Quadratmetersätze um bis zu 10 v. H., beim Zusammentreffen mehrerer solcher Umstände um bis zu 25 v. H. ermäßigt werden, beim Zusammentreffen zahlreicher außergewöhnlicher Beeinträchtigungen kann die Ermäßigung bis zu 33 $^{1}/_{3}$ v. H. betragen.

(2) Bei der Ermittlung der Nutzfläche ist von den Fertigmaßen auszugehen. Balkonflächen sind mit 25 v. H. und Flächen unter Dachschrägen mit 50 v. H. anzurechnen. Die Nutzfläche von Bädern oder Duschen in Nasszellen, die zwei Personalunterkünften zugeordnet sind, ist den beiden Personalunterkünften je zur Hälfte zuzurechnen.

(3) Ausreichende Gemeinschaftseinrichtungen im Sinne des Absatzes 1 haben Personalunterkünfte, wenn

a) in Wohnheimen eine ausreichende Zahl von Bädern oder Duschen, von Toiletten und von Kochgelegenheiten für die Bewohner des Wohnheimes,

b) in anderen Gebäuden als Wohnheimen eine ausreichende Zahl von Bädern oder Duschen, von Toiletten und von Kochgelegenheiten zur Benutzung nur durch das Personal des Arbeitgebers

vorhanden ist.

Die Gemeinschaftseinrichtungen sind nicht ausreichend, wenn

a) für mehr als sechs Wohnplätze nur eine Toilette und ein Bad oder eine Dusche oder

b) für mehr als zehn Wohnplätze nur eine Kochgelegenheit vorhanden ist.

Bäder oder Duschen in Nasszellen, die zwei Personalunterkünften zugeordnet sind (Zugang von beiden Unterkünften bzw. über einen gemeinsamen Vorraum), gelten als eigenes Bad oder Dusche im Sinne des Absatzes 1.

(4) Mit dem sich aus Absatz 1 ergebenden Wert sind die üblichen Nebenkosten abgegolten. Zu diesen gehören die Kosten für Heizung, Strom, Wasser (einschließlich Warmwasser), die Gestellung sowie die Reinigung der Bettwäsche und der Handtücher. Werden diese Neben-

leistungen teilweise nicht erbracht oder wird die Personalunterkunft auf eigenen Wunsch von dem Angestellten ganz oder teilweise möbliert, ist eine Herabsetzung des Wertes ausgeschlossen.

Wird die Personalunterkunft auf Kosten des Arbeitgebers gereinigt oder werden vom Arbeitgeber andere als allgemein übliche Nebenleistungen erbracht (z. B. besondere Ausstattung mit erheblich höherwertigen Möbeln, Reinigung der Körperwäsche), ist ein Zuschlag in Höhe der Selbstkosten zu erheben.

Steht eine gemeinschaftliche Waschmaschine zur Reinigung der Körperwäsche zur Verfügung, ist dafür ein monatlicher Pauschbetrag von 5,67 Euro[1]) zu erheben, sofern die Waschmaschine nicht mit einem Münzautomaten ausgestattet ist.

(5) Wird eine Personalunterkunft von mehreren Personen benutzt, werden dem einzelnen Angestellten bei Einrichtung der Personalunterkunft

a) für zwei Personen 66 $^{2}/_{3}$ v. H.,

b) für drei Personen 40 v. H.

des vollen Wertes angerechnet.

§ 4 Anpassung des Wertes der Personalunterkünfte

Die in § 3 Abs. 1 und Abs. 4 Unterabs. 3 genannten Beträge sind jeweils zu demselben Zeitpunkt und demselben Vomhundertsatz zu erhöhen oder zu vermindern, um den der aufgrund § 17 Satz 1 Nr. 3 SGB IV in der Sachbezugsverordnung allgemein festgesetzte Wert für Wohnungen mit Heizung und Beleuchtung erhöht oder vermindert wird.

VII

§ 5 Übergangsregelung

(Durch Zeitablauf überholt)

§ 6 Außerkrafttreten von Tarifverträgen

(Durch Zeitablauf überholt)

§ 7 Inkrafttreten, Laufzeit

Dieser Tarifvertrag tritt mit Wirkung vom 1. Januar 1974 in Kraft. Er kann mit einer Frist von einem Monat zum Schluss eines Kalendervierteljahres, frühestens zum 31. Dezember 1978, schriftlich gekündigt werden.

---

1) Betrag in der ab 1. Januar 2025 voraussichtlich geltenden Fassung. Zum Zeitpunkt des Redaktionsschlusses bedurfte die entsprechende Verordnung zur Änderung der Sozialversicherungsentgeltverordnung noch der Zustimmung des Bundesrates.

Tarifvertrag zur Entgeltumwandlung für die Beschäftigten des Bundes und der Länder (TV-EntgeltU-B/L)

Vom 25. Mai 2011

Präambel

[1]Die Bundesrepublik Deutschland und zahlreiche Bundesländer führen seit über 60 Jahren die Versorgungsanstalt des Bundes und der Länder (VBL) als gemeinsame Anstalt des öffentlichen Rechts fort. [2]Bei der VBL wird dementsprechend die betriebliche Altersversorgung der Beschäftigten des öffentlichen Dienstes des Bundes und der Mehrzahl der in der Tarifgemeinschaft deutscher Länder zusammengeschlossenen Länder durchgeführt. [3]In Anbetracht dessen schließen die Bundesrepublik Deutschland und die Tarifgemeinschaft deutscher Länder diesen Tarifvertrag gemeinsam.

§ 1 Geltungsbereich

Dieser Tarifvertrag gilt für Arbeitnehmerinnen und Arbeitnehmer sowie Auszubildende (Beschäftigte), die unter den Geltungsbereich des

a) Tarifvertrages für den öffentlichen Dienst (TVöD) oder des Tarifvertrages für Auszubildende des öffentlichen Dienstes (TVAöD) bzw. des

b) Tarifvertrages für den öffentlichen Dienst der Länder (TV-L), des Tarifvertrages für Auszubildende der Länder in Ausbildungsberufen nach dem Berufsbildungsgesetz (TVA-L BBiG) oder des Tarifvertrages für Auszubildende der Länder in Pflegeberufen (TVA-L Pflege)

fallen.

§ 2 Grundsatz der Entgeltumwandlung

Dieser Tarifvertrag regelt die Grundsätze zur Umwandlung tarifvertraglicher Entgeltbestandteile zum Zwecke der betrieblichen Altersversorgung.

Protokollerklärung:

Der Klammerzusatz „(einschließlich des Ausschlusses der Entgeltumwandlung und der Verhandlungszusage nach 1.3)“ in § 40 Abs. 4 des Tarifvertrages Altersversorgung findet keine Anwendung mehr.

§ 3 Anspruchsvoraussetzungen

(1) Beschäftigte haben Anspruch darauf, dass künftige Entgeltansprüche durch Entgeltumwandlung für ihre betriebliche Altersversorgung verwendet werden.

(2) [1]Der Höchstbetrag für die Entgeltumwandlung wird begrenzt auf jährlich bis zu 4 v. H. der jeweiligen Beitragsbemessungsgrenze (West) in der allgemeinen Rentenversicherung zuzüglich 1800 Euro. [2]Im beiderseitigen Einvernehmen kann in der Entgeltumwandlungsvereinbarung (§ 5 Abs. 2) vereinbart werden, dass ein über den Höchstbetrag nach Satz 1 hinausgehender Betrag des Entgelts umgewandelt wird.

(3) Der umzuwandelnde Entgeltbetrag für ein Jahr muss mindestens 1/160 der Bezugsgröße nach § 18 Abs. 1 SGB IV erreichen.

§ 4 Umwandelbare Entgeltbestandteile

(1) Beschäftigte können nur künftige Entgeltansprüche umwandeln.

(2) Umwandelbar sind künftige Ansprüche auf die Jahressonderzahlung sowie auf monatliche Entgeltbestandteile.

(3) Vermögenswirksame Leistungen können nicht umgewandelt werden.

§ 5 Geltendmachung des Entgeltumwandlungsanspruchs

(1) Beschäftigte müssen den Anspruch auf Entgeltumwandlung rechtzeitig gegenüber dem Arbeitgeber schriftlich geltend machen.

Niederschriftserklärung zu Absatz 1:

Die Arbeitgeber weisen darauf hin, dass für die Durchführung der Entgeltumwandlung technische Vorarbeiten notwendig sind, die gewisse Vorlaufzeiten erfordern. Die Entgeltumwandlung wird deshalb in der Regel nur für Entgeltbestandteile möglich sein, deren Umwandlung mindestens zwei Monate vor ihrer Fälligkeit beantragt wurde. Die Gewerkschaften nehmen dies zur Kenntnis.

(2) Für die Entgeltumwandlung schließen die/der Beschäftigte und der Arbeitgeber eine schriftliche Vereinbarung (Entgeltumwandlungsvereinbarung).

(3) [1]Die Umwandlung monatlicher Entgeltbestandteile hat mindestens für den Zeitraum eines Jahres zu erfolgen. [2]In begründeten Einzelfällen ist ein kürzerer Zeitraum zulässig. [3]Der Arbeitgeber kann bei Umwandlung monatlicher Entgeltbestandteile verlangen, dass für den Zeitraum eines Jahres gleich bleibende monatliche Beträge umgewandelt werden.

(4) Die Absätze 1 bis 3 gelten für die Änderung bestehender Vereinbarungen zur Entgeltumwandlung entsprechend.

§ 6 Durchführungsweg

[1]Für den Durchführungsweg gelten die Vorschriften des Betriebsrentengesetzes. [2]Die Entgeltumwandlung ist bei der VBL durchzuführen; dies gilt nicht für die Beschäftigten des Saarlandes und der Freien und Hansestadt Hamburg.

Protokollerklärung:

Die Tarifvertragsparteien stimmen darin überein, dass die Durchführung der Entgeltumwandlung ausschließlich bei der Versorgungsanstalt des Bundes und der Länder erfolgt, die seit jeher für die betriebliche Altersversorgung der Arbeitnehmerinnen und Arbeitnehmer von Bund und Ländern zuständig ist. Lediglich im Saarland und in der Freien und Hansestadt Hamburg wird die betriebliche Altersversorgung nicht über die VBL durchgeführt; dort gelten für den Durchführungsweg deshalb ausschließlich die Vorschriften des Betriebsrentengesetzes.

§ 7 In-Kraft-Treten

(1) Dieser Tarifvertrag tritt am 1. August 2011 in Kraft.

(2) Dieser Tarifvertrag kann mit einer Frist von drei Monaten zum Ende eines Kalendervierteljahres, frühestens zum 31. Dezember 2011, schriftlich gekündigt werden.

(3) Mit In-Kraft-Treten dieses Tarifvertrages tritt der Tarifvertrag zur Entgeltumwandlung für die Beschäftigten der Länder vom 12. Oktober 2006 (TV-EntgeltU-L) außer Kraft.

(4) Die Rechtswirksamkeit von bereits vor In-Kraft-Treten dieses Tarifvertrages abgeschlossenen Entgeltumwandlungsvereinbarungen bleibt unberührt, ebenso die Möglichkeit nachträglicher Änderungen entsprechend § 5 TV-EntgeltU-L.

Tarifvertrag über den Rationalisierungsschutz für Angestellte (RatSchTV Ang)[1])

Vom 9. Januar 1987

Zuletzt geändert durch
Tarifvertrag über die Fortentwicklung von Zulagenregelungen für Angestellte
vom 29. Oktober 2001

Vorbemerkung

Rationalisierung einschließlich der Nutzung des technischen Fortschritts hat den Zweck, die Aufgaben der Verwaltungen und Betriebe anforderungsgerecht, wirtschaftlich und kostengünstig zu erfüllen.

Bei der Durchführung von Rationalisierungsmaßnahmen sind die sich aus dem Arbeitsverhältnis ergebenden Belange der Arbeitnehmer zu berücksichtigen und soziale Härten möglichst zu vermeiden. Diesem Ziel dienen die nachstehenden Vorschriften.

Für Maßnahmen, die nicht unter diesen Tarifvertrag fallen, bleiben die einschlägigen gesetzlichen und tarifvertraglichen Vorschriften unberührt.

§ 1 Begriffsbestimmung

VII

(1) Rationalisierungsmaßnahmen im Sinne dieses Tarifvertrages sind vom Arbeitgeber veranlasste erhebliche Änderungen der Arbeitstechnik oder wesentliche Änderungen der Arbeitsorganisation mit dem Ziel einer rationelleren Arbeitsweise, wenn diese Maßnahmen für Angestellte zu einem Wechsel der Beschäftigung oder zur Beendigung des Arbeitsverhältnisses führen.

Unter den Voraussetzungen des Unterabsatzes 1 kommen als Maßnahmen z. B. in Betracht:

a) Stilllegung oder Auflösung einer Verwaltung/eines Betriebes bzw. eines Verwaltungs-/Betriebsteils,
b) Verlegung oder Ausgliederung einer Verwaltung/eines Betriebes bzw. eines Verwaltungs-/Betriebsteils,
c) Zusammenlegung von Verwaltungen/Betrieben bzw. von Verwaltungs-/Betriebsteilen,
d) Verlagerung von Aufgaben zwischen Verwaltungen/Betrieben,
e) Einführung anderer Arbeitsmethoden und Fertigungsverfahren, auch soweit sie durch Nutzung technischer Veränderungen bedingt sind.

---

[1]) Zur Weitergeltung dieses Tarifvertrages siehe Ziffer 1 der Anlage 1 Teil C zum TVÜ-Länder.

Protokollnotizen zu Absatz 1:

1. Ob eine Änderung erheblich bzw. wesentlich ist, ist von der Auswirkung der Maßnahme her zu beurteilen.

   Eine Rationalisierungsmaßnahme liegt auch dann vor, wenn sich aus der begrenzten Anwendung einzelner Änderungen zunächst zwar keine erheblichen bzw. wesentlichen Auswirkungen ergeben, aber eine Fortsetzung der Änderungen beabsichtigt ist, die erhebliche bzw. wesentliche Auswirkungen haben wird.

   Eine Änderung, die für die gesamte Verwaltung bzw. den gesamten Betrieb nicht erheblich bzw. nicht wesentlich ist, kann für einen Verwaltungs- bzw. Betriebsteil erheblich bzw. wesentlich sein.

   Ist die Änderung erheblich bzw. wesentlich, ist es nicht erforderlich, dass sie für mehrere Angestellte zu einem Wechsel der Beschäftigung oder zur Beendigung des Arbeitsverhältnisses führt.
2. Keine Maßnahmen im Sinne des Absatzes 1 sind Maßnahmen, die unmittelbar z. B. durch
   - voraussichtlich nicht nur kurzfristigen Nachfragerückgang,
   - eine von Dritten (insbesondere durch gesetzgeberische Maßnahmen) verursachte Aufgabeneinschränkung,
   - Wegfall zweckgebundener Drittmittel

   veranlasst sind.
3. Eine wesentliche Änderung der Arbeitsorganisation kann auch vorliegen, wenn aufgrund von Arbeitsverträgen geleistete Arbeiten künftig aufgrund Werkvertrages durchgeführt werden sollen (z. B. bei Privatisierung des Reinigungsdienstes).

(2) Maßnahmen, deren Ziel der Abbau von Arbeitsbelastungen ist (durch die z. B. die Lage der Arbeitszeit geändert oder die Dienstplangestaltung oder äußere Umstände der Arbeit verbessert werden), sind keine Maßnahmen im Sinne des Absatzes 1. Maßnahmen mit dem Ziel einer rationelleren Arbeitsweise sind unter den Voraussetzungen des Absatzes 1 Unterabs. 1 jedoch auch dann Rationalisierungsmaßnahmen, wenn durch sie zugleich Arbeitsbelastungen abgebaut werden.

(3) Dieser Tarifvertrag gilt nicht für Fälle des Betriebsübergangs im Sinne des § 613a BGB.

§ 2 Unterrichtungspflicht

(1) Der Arbeitgeber hat die zuständige Personalvertretung/Betriebsvertretung rechtzeitig und umfassend über eine vorgesehene Rationalisierungsmaßnahme zu unterrichten. Er hat die personellen und sozialen Auswirkungen mit der Personalvertretung/Betriebsvertretung zu beraten.

(2) Die Beteiligungsrechte der Personalvertretungen/Betriebsvertretungen sind zu beachten. Sie werden durch diesen Tarifvertrag nicht berührt.

(3) Unbeschadet der Absätze 1 und 2 soll der Arbeitgeber die Angestellten, deren Arbeitsplätze von der vorgesehenen Rationalisierungsmaßnahme voraussichtlich betroffen werden, rechtzeitig vor deren Durchführung unterrichten.

§ 3 Arbeitsplatzsicherung

(1) Der Arbeitgeber ist dem von einer Rationalisierungsmaßnahme im Sinne des § 1 betroffenen Angestellten nach den Absätzen 2 bis 5 zur Arbeitsplatzsicherung verpflichtet.

Die Sicherung setzt erforderlichenfalls eine Fortbildung oder Umschulung des Angestellten voraus.

(2) Der Arbeitgeber ist verpflichtet, dem Angestellten einen mindestens gleichwertigen Arbeitsplatz zu sichern.

Ein Arbeitsplatz ist gleichwertig im Sinne des Unterabsatzes 1, wenn sich durch die neue Tätigkeit die bisherige Eingruppierung nicht ändert und der Angestellte in der neuen Tätigkeit vollbeschäftigt bzw. im bisherigen Umfang nicht vollbeschäftigt bleibt.

Bei der Sicherung eines gleichwertigen Arbeitsplatzes bei demselben Arbeitgeber gilt folgende Reihenfolge:

a) Arbeitsplatz in derselben Verwaltung/demselben Betrieb an demselben Ort,

b) Arbeitsplatz in derselben Verwaltung/demselben Betrieb an einem anderen Ort oder in einer anderen Verwaltung/einem anderen Betrieb an demselben Ort,

c) Arbeitsplatz in einer anderen Verwaltung/einem anderen Betrieb an einem anderen Ort.

Von der vorstehenden Reihenfolge kann im Einvernehmen mit dem Angestellten abgewichen werden.

Steht ein gleichwertiger Arbeitsplatz nach Maßgabe des Unterabsatzes 3 nicht zur Verfügung, soll der Angestellte entsprechend fortgebildet oder umgeschult werden, wenn ihm dadurch ein gleichwertiger Arbeitsplatz bei demselben Arbeitgeber zur Verfügung gestellt werden kann.

(3) Kann dem Angestellten kein Arbeitsplatz im Sinne des Absatzes 2 zur Verfügung gestellt werden, ist der Arbeitgeber verpflichtet, dem Angestellten einen anderen Arbeitsplatz anzubieten. Absatz 2 Unterabs. 3 und 4 gilt entsprechend.

Die spätere Bewerbung um einen gleichwertigen Arbeitsplatz ist im Rahmen der Auswahl unter gleichgeeigneten Bewerbern bevorzugt zu berücksichtigen.

(4) Kann dem Angestellten kein Arbeitsplatz im Sinne der Absätze 2 und 3 zur Verfügung gestellt werden, ist der Arbeitgeber verpflichtet, sich um einen Arbeitsplatz bei einem anderen Arbeitgeber des öffentlichen Dienstes an demselben Ort zu bemühen.

VII

Protokollnotiz zu Absatz 4:

Öffentlicher Dienst im Sinne des Absatzes 4 ist eine Beschäftigung

a) beim Bund, bei einem Land, bei einer Gemeinde oder einem Gemeindeverband oder bei einem sonstigen Mitglied eines Arbeitgeberverbandes, der der Vereinigung der kommunalen Arbeitgeberverbände oder der Tarifgemeinschaft deutscher Länder angehört,
b) bei einer Körperschaft, Anstalt oder Stiftung des öffentlichen Rechts, die den BAT/BAT-O oder einen Tarifvertrag wesentlich gleichen Inhalts anwendet.

(5) Kann dem Angestellten kein Arbeitsplatz im Sinne der Absätze 2 bis 4 zur Verfügung gestellt werden, kann der Arbeitgeber dem Angestellten auch einen Arbeitsplatz bei einem anderen Arbeitgeber im Sinne des § 29 Abschn. B Abs. 7 BAT, vorzugsweise an demselben Ort, nachweisen.

(6) Der Angestellte ist verpflichtet, einen ihm angebotenen Arbeitsplatz im Sinne der Absätze 2 bis 5 anzunehmen, es sei denn, dass ihm die Annahme nach seinen Kenntnissen und Fähigkeiten billigerweise nicht zugemutet werden kann.

§ 4 Fortbildung, Umschulung

(1) Ist nach § 3 eine Fortbildung oder Umschulung erforderlich, hat sie der Arbeitgeber rechtzeitig zu veranlassen oder auf seine Kosten durchzuführen.

VII

Der Angestellte darf seine Zustimmung zu einer Fortbildungs- oder Umschulungsmaßnahme nicht willkürlich verweigern.

Protokollnotiz zu Absatz 1 Unterabs. 2:

Gibt ein Angestellter, der das 55. Lebensjahr vollendet hat, seine Zustimmung zu einer Fortbildungs- oder Umschulungsmaßnahme nicht, kann dies nicht als willkürliche Verweigerung angesehen werden.

(2) Der Angestellte ist für die zur Fortbildung oder Umschulung erforderliche Zeit, längstens für zwölf Monate, von der Arbeit freizustellen. Für ganze Arbeitstage der Freistellung ist die Urlaubsvergütung zu zahlen, im Übrigen sind die Bezüge fortzuzahlen. Wird durch die Fortbildung oder Umschulung die durchschnittliche regelmäßige wöchentliche Arbeitszeit überschritten, ist dem Angestellten ein entsprechender Freizeitausgleich bis zur Dauer der vereinbarten regelmäßigen wöchentlichen Arbeitszeit zu gewähren.

(3) Setzt der Angestellte nach der Fortbildung oder Umschulung aus einem von ihm zu vertretenden Grunde das Arbeitsverhältnis nicht für mindestens einen der Dauer der Fortbildung oder Umschulung entsprechenden Zeitraum fort, ist der Arbeitgeber berechtigt, das nach Absatz 2 Satz 2 gezahlte Entgelt und die Kosten der Fortbildung oder Umschulung zurückzufordern.

§ 5 Besonderer Kündigungsschutz

(1) Ist dem Angestellten eine andere Tätigkeit übertragen worden, darf das Arbeitsverhältnis während der ersten neun Monate dieser Tätigkeit weder aus betriebsbedingten Gründen noch wegen mangelnder Einarbeitung gekündigt werden.

Wird die andere Tätigkeit bereits während der Fortbildung oder Umschulung ausgeübt, verlängert sich die Frist auf zwölf Monate.

(2) Eine Kündigung mit dem Ziel der Beendigung des Arbeitsverhältnisses darf nur dann ausgesprochen werden, wenn dem Angestellten ein Arbeitsplatz nach § 3 Abs. 2 bis 5 nicht angeboten werden kann oder der Angestellte einen Arbeitsplatz entgegen § 3 Abs. 6 nicht annimmt. Die Kündigungsfrist beträgt drei Monate zum Schluss eines Kalendervierteljahres, soweit sich nicht aus § 53 Abs. 2 BAT eine längere Kündigungsfrist ergibt.

Bei Angestellten, die beim Wechsel der Beschäftigung eine Beschäftigungszeit (§ 19 BAT ohne die nach § 72 Abschn. A Ziff. I BAT berücksichtigten Zeiten) von mehr als 15 Jahren zurückgelegt und das 40. Lebensjahr vollendet haben, dürfen Kündigungen mit dem Ziel der Beendigung des Arbeitsverhältnisses im Zusammenhang mit Rationalisierungsmaßnahmen nur dann ausgesprochen werden, wenn der Angestellte einen gleichwertigen Arbeitsplatz bei demselben Arbeitgeber entgegen § 3 Abs. 6 nicht annimmt. Für diese Kündigung aus wichtigem Grunde beträgt die Kündigungsfrist sechs Monate zum Schluss eines Kalendervierteljahres.

(3) Der Angestellte, der auf Veranlassung des Arbeitgebers im gegenseitigen Einvernehmen oder aufgrund einer Kündigung durch den Arbeitgeber aus dem Arbeitsverhältnis ausgeschieden ist, soll auf Antrag bevorzugt wieder eingestellt werden, wenn ein für ihn geeigneter Arbeitsplatz zur Verfügung steht.

§ 6 Vergütungssicherung

(1) Ergibt sich in den Fällen des § 3 Abs. 2 und 3 eine Minderung der Vergütung, ist der Arbeitgeber verpflichtet, dem Angestellten die Vergütung auf der Grundlage des Sicherungsbetrages (Absatz 2) zu wahren.

(2) Der Sicherungsbetrag setzt sich zusammen aus

a) der Grundvergütung und dem Ortszuschlag der Stufe 1,

   der allgemeinen Zulage nach dem Tarifvertrag über Zulagen an Angestellte vom 17. Mai 1982,

   den in der Protokollnotiz Nr. 1 genannten Zulagen,

VII

b) den in der Protokollnotiz Nr. 2 genannten Zulagen, die der Angestellte für dieselbe Tätigkeit mindestens die letzten drei Jahre vor dem in Absatz 3 Unterabs. 2 genannten Tag ununterbrochen bezogen hat,

und,

wenn sie der Angestellte mindestens die letzten fünf Jahre vor dem in Absatz 3 Unterabs. 2 genannten Tag für mindestens die Hälfte der durchschnittlichen regelmäßigen wöchentlichen Arbeitszeit (§ 15 Abs. 1 BAT) ununterbrochen bezogen hat, den in der Protokollnotiz Nr. 3 genannten Zulagen,

die dem Angestellten im Kalendermonat vor dem in Absatz 3 Unterabs. 2 genannten Tag zugestanden haben oder zugestanden hätten,

sowie

c) dem monatlichen Durchschnitt der Zulagen nach § 33 Abs. 2 BAT, nach dem Tarifvertrag zu § 33 Abs. 1 Buchst. c BAT und nach Sonderregelungen zu § 33 BAT, die in den letzten zwölf Kalendermonaten vor dem in Absatz 3 Unterabs. 2 genannten Tag gezahlt worden sind, sofern der Angestellte mindestens die letzten fünf Jahre vor dem genannten Tag für mindestens die Hälfte der durchschnittlichen regelmäßigen wöchentlichen Arbeitszeit (§ 15 Abs. 1 BAT) eine oder mehrere dieser Zulagen bezogen hat.

(3) Für die Dauer der für den Angestellten nach § 53 Abs. 2 BAT geltenden Frist – bei unter § 53 Abs. 3 BAT fallenden Angestellten für die Dauer von sechs Monaten zum Schluss eines Kalendervierteljahres – erhält der Angestellte eine persönliche Zulage in Höhe des jeweiligen Unterschiedsbetrages zwischen dem Sicherungsbetrag und den um den Teil des Ortszuschlages, der sich aus der Differenz zwischen der Stufe 1 und der für ihn maßgebenden Stufe ergibt, sowie um die Zeitzuschläge und um die Vergütungen für Überstunden, Bereitschaftsdienst und Rufbereitschaft verminderten Bezügen aus der neuen Tätigkeit.

Die Frist beginnt mit dem Tag, an dem der Angestellte nach der Anordnung des Arbeitgebers die neue Tätigkeit aufzunehmen hat.

(4) Der Angestellte, der an dem nach Absatz 3 Unterabs. 2 für ihn maßgebenden Tag eine Beschäftigungszeit (§ 19 BAT ohne die nach § 72 Abschn. A Ziff. I BAT berücksichtigten Zeiten) von mehr als fünf Jahren zurückgelegt hat, erhält die persönliche Zulage nach Absatz 3 auch nach Ablauf der für ihn nach Absatz 3 Unterabs. 1 maßgebenden Frist.

Der Sicherungsbetrag vermindert sich mit jeder allgemeinen Vergütungserhöhung – beginnend mit der ersten allgemeinen Vergütungserhöhung nach Ablauf der für den Angestellten nach Absatz 3 Unterabs. 1 maßgebenden Frist – bei dem Angestellten, der an dem nach Absatz 3 Unterabs. 2 für ihn maßgebenden Tag

a) eine Beschäftigungszeit (§ 19 BAT ohne die nach § 72 Abschn. A Ziff. I BAT berücksichtigten Zeiten) von mehr als 15 Jahren zurückgelegt und das 50. Lebensjahr vollendet hat,
   insgesamt fünfmal um jeweils ein Fünftel,
b) eine Beschäftigungszeit (§ 19 BAT ohne die nach § 72 Abschn. A Ziff. I BAT berücksichtigten Zeiten) von mehr als 15 Jahren zurückgelegt und das 40. Lebensjahr vollendet hat,
   insgesamt viermal um jeweils ein Viertel,
c) die Voraussetzungen der Buchstaben a und b nicht erfüllt,
   insgesamt dreimal um jeweils ein Drittel

der Summe der Bezügebestandteile, die nach Absatz 2 Buchst. b und c bei der Errechnung des Sicherungsbetrages zu berücksichtigen waren. Eine Verminderung unterbleibt bei dem Angestellten, der an dem nach Absatz 3 Unterabs. 2 für ihn maßgebenden Tag eine Beschäftigungszeit (§ 19 BAT ohne die nach § 72 Abschn. A Ziff. I BAT berücksichtigten Zeiten) von mehr als 15 Jahren zurückgelegt und das 55. Lebensjahr vollendet hat.

Der jeweilige Sicherungsbetrag erhöht sich für den Angestellten, der

a) an dem nach Absatz 3 Unterabs. 2 für ihn maßgebenden Tag eine Beschäftigungszeit (§ 19 BAT ohne die nach § 72 Abschn. A Ziff. I BAT berücksichtigten Zeiten) von mehr als 15 Jahren zurückgelegt und das 55. Lebensjahr vollendet hat,
   jeweils um vier Viertel,
b) unter Unterabsatz 2 Buchst. a fällt,
   jeweils um drei Viertel,
c) unter Unterabsatz 2 Buchst. b fällt,
   jeweils um die Hälfte,
d) an dem nach Absatz 3 Unterabs. 2 für ihn maßgebenden Tag eine Beschäftigungszeit (§ 19 BAT ohne die nach § 72 Abschn. A Ziff. I BAT berücksichtigten Zeiten) von mehr als zehn Jahren zurückgelegt hat,
   jeweils um ein Viertel

der sich aus einer allgemeinen Vergütungserhöhung ergebenden Mehrbeträge der Bezüge im Sinne des Absatzes 2 Buchst. a aus der neuen Tätigkeit.

Der Anspruch auf die persönliche Zulage entfällt, wenn für mindestens zwölf zusammenhängende Kalendermonate keine persönliche Zulage mehr angefallen ist, weil die um den Teil des Ortszuschlags, der sich aus der Differenz zwischen der Stufe 1 und der für den Angestellten maßgebenden Stufe ergibt, sowie um die Zeitzuschläge und um die Vergütungen für Überstunden, Bereitschaftsdienst und Rufbereitschaft verminderten jeweiligen Bezüge aus der neuen Tätigkeit den Sicherungsbetrag nicht unterschritten haben oder hätten.

(5) Wird mit dem Angestellten für die neue Tätigkeit eine geringere durchschnittliche regelmäßige wöchentliche Arbeitszeit als die Arbeitszeit vereinbart, die der Angestellte nach der am Tage vor der Änderung der Beschäftigung bestehenden arbeitsvertraglichen Vereinbarung durchschnittlich regelmäßig wöchentlich zu leisten hatte, ist der maßgebende Sicherungsbetrag in demselben Verhältnis zu kürzen, wie die Arbeitszeit herabgesetzt worden ist.

(6) Die persönliche Zulage wird neben der Vergütung aus der neuen Tätigkeit gezahlt. Sie ist keine in Monatsbeträgen festgelegte Zulage im Sinne des § 47 Abs. 2 Unterabs. 1 Satz 1 BAT. Sie ist jedoch bei der Berechnung des Aufschlags im Sinne des § 47 Abs. 2 Unterabs. 1 Satz 2 BAT zu berücksichtigen. § 36 Abs. 1 Unterabs. 2 und Abs. 2 BAT gilt entsprechend.

Die persönliche Zulage wird bei der Bemessung des Sterbegeldes (§ 41 BAT) berücksichtigt.

VII

(7) Die Absätze 2 bis 6 gelten nicht, wenn der Angestellte seine Zustimmung zu einer Fortbildungs- oder Umschulungsmaßnahme entgegen § 4 Abs. 1 Unterabs. 2 verweigert oder die Fortbildung bzw. Umschulung aus einem von ihm zu vertretenden Grund abbricht.

Die persönliche Zulage entfällt, wenn der Angestellte die Übernahme einer höherwertigen Tätigkeit ohne triftige Gründe ablehnt. Die persönliche Zulage entfällt ferner, wenn der Angestellte bzw. die Angestellte einen Anspruch auf Bezug einer ungekürzten Altersrente nach § 236, § 236a oder § 237a SGB VI oder einer entsprechenden Leistung einer berufsständischen Versorgungseinrichtung im Sinne des § 6 Abs. 1 Nr. 1 SGB VI oder der Zusatzversorgung hat.

(8) Bei Vergütungssicherung nach den vorstehenden Absätzen finden die Vorschriften über die Änderungskündigung keine Anwendung.

Protokollnotizen zu Absatz 2:

Nr. 1

A. Bereich des Bundes und Bereich der Tarifgemeinschaft deutscher Länder

Zulage nach der Fußnote 1 zu Vergütungsgruppe IIa des Teils I der Anlage 1a zum BAT

Zulage nach der Fußnote 1 zu Vergütungsgruppe IIa des Teils II Abschn. E Unterabschn. I der Anlage 1a zum BAT

Zulagen nach den Fußnoten 1 bis 3 zu Vergütungsgruppe Vc, der Fußnote 1 zu Vergütungsgruppe Vb, den Fußnoten 1 und 2 zu Vergütungsgruppe IVb und der Fußnote 1 zu Vergütungsgruppe IVa des Teils II Abschn. G der Anlage 1a zum BAT

Zulage nach der jeweiligen Fußnote zu den Vergütungsgruppen Vb und Vc des Teils II Abschn. H der Anlage 1a zum BAT

Zulage nach der Fußnote 1 zu Vergütungsgruppe Vb des Teils II Abschn. L Unterabschn. I der Anlage 1a zum BAT

Zulage nach der jeweiligen Fußnote 1 zu Vergütungsgruppe VII des Teils II Abschn. N Unterabschn. I bis III der Anlage 1a zum BAT

Zulage nach der jeweiligen Fußnote 1 zu den Vergütungsgruppen IVb und Vb des Teils II Abschn. Q der Anlage 1a zum BAT

Zulage nach der Fußnote 1 zu Vergütungsgruppe VII des Teils III Abschn. L Unterabschn. VII der Anlage 1a zum BAT

Zulagen nach den Fußnoten 1 und 2 zu Vergütungsgruppe Vb des Teils III Abschn. L Unterabschn. XI der Anlage 1a zum BAT

Zulage nach der Fußnote 1 zu Vergütungsgruppe VII des Teils III Abschn. O der Anlage 1a zum BAT

Zulage nach der Fußnote 1 zu Vergütungsgruppe Vb des Teils IV Abschn. B der Anlage 1a zum BAT

B. Bereich der Vereinigung der kommunalen Arbeitgeberverbände (VKA)

Vergütungsgruppenzulagen nach der Anlage 1a zum BAT

Nr. 2

Zulagen nach Fußnoten und Protokollnotizen in der Anlage 1a zum BAT, soweit nicht in den Protokollnotizen Nrn. 1 und 3 aufgeführt

Zulagen nach den Tarifverträgen über Zulagen an Angestellte vom 17. Mai 1982 mit Ausnahme der allgemeinen Zulage

Nr. 3

A. Bereich des Bundes und Bereich der Tarifgemeinschaft deutscher Länder

Tarifvertragliche Wechselschicht- und Schichtzulagen

Zulagen nach

- Nr. 9 Abs. 1 SR 2e II BAT
- Nr. 6 SR2k BAT – zu 50 v. H. –
- Nr. 5a und Nr. 6 Abs. 3 SR 2o BAT
- Nr. 6 SR 2u BAT
- den Protokollnotizen Nrn. 4 und 7 zu Unterabschnitt I, Nrn. 1 und 3 zu Unterabschnitt II und Nr. 2 zu Unterabschnitt III des Teils II Abschn. N der Anlage 1a zum BAT
- den jeweiligen Fußnoten 3 und 4 zu Teil III Abschn. C Unterabschn. I und II der Anlage 1a zum BAT
- den Fußnoten 4 und 5 zu Teil III Abschn. C Unterabschn. III der Anlage 1a zum BAT
- den Fußnoten 2 und 3 zu Teil III Abschn. C Unterabschn. IV der Anlage 1a zum BAT
- den Fußnoten 2 und 4 zu Teil III Abschn. F Unterabschn. I der Anlage 1a zum BAT
- den Fußnoten 1 bis 3 zu Teil III Abschn. F Unterabschn. II der Anlage 1a zum BAT
- den Protokollnotizen Nrn. 2 und 5 zu Teil III Abschn. L Unterabschn. VII der Anlage 1a zum BAT
- der Fußnote 3 zu den Vergütungsgruppen Vb und Vc des Teils III Abschn. L Unterabschn. XI der Anlage 1a zum BAT

VII

- der Protokollnotiz Nr. 3 zu Teil III Abschn. O der Anlage 1a zum BAT
- der jeweiligen Protokollerklärung Nr. 1 zu den Abschnitten A und B der Anlage 1b zum BAT

B. Bereich der Vereinigung der kommunalen Arbeitgeberverbände (VKA)
Tarifvertragliche Wechselschicht- und Schichtzulagen
Zulagen nach
- Nr. 6 SR 2k BAT – zu 50 v. H.
- Nr. 5a und Nr. 6 Abs. 3 SR 2o BAT
- Nr. 6 SR 2u BAT
- der jeweiligen Protokollerklärung Nr. 1 zu den Abschnitten A und B der Anlage 1b zum BAT

Nr. 4
Eine Zulage gilt auch dann als im Sinne des Buchstaben b ununterbrochen bezogen, wenn der Angestellte sie vorübergehend
- wegen Arbeitsunfähigkeit, wegen Erholungsurlaubs einschließlich eines etwaigen Zusatzurlaubs oder wegen Arbeitsbefreiung,
- wegen Ableistung des Grundwehrdienstes, von Wehrübungen oder des Zivildienstes,
- wegen Mutterschaftsurlaubs oder wegen Elternzeit nach dem Bundeserziehungsgeldgesetz,
- aus sonstigen Gründen bis zu insgesamt höchstens zwei Monaten

nicht erhalten hat.

§ 7 Abfindung

VII

(1) Der Angestellte, der auf Veranlassung des Arbeitgebers im gegenseitigen Einvernehmen oder aufgrund einer Kündigung durch den Arbeitgeber aus dem Arbeitsverhältnis ausscheidet, erhält nach Maßgabe folgender Tabelle eine Abfindung:

Beschäftigungszeit*)	bis zum vollendeten 40. Lebensjahr	nach vollendetem 40. Lebensjahr	45.	50.	55.
	Monatsbezüge				
3 Jahre	–	2	2	3	3
5 Jahre	2	3	3	4	5
7 Jahre	3	4	5	6	7
9 Jahre	4	5	6	7	9
11 Jahre	5	6	7	9	11
13 Jahre	6	7	8	10	12
15 Jahre	7	8	9	11	13
17 Jahre	8	9	10	12	14
19 Jahre	9	10	11	13	15
21 Jahre	10	11	12	14	16
23 Jahre	–	12	13	15	17
25 Jahre	–	13	14	16	18

*) § 19 BAT ohne die nach § 72 Abschn. A Ziff. I BAT berücksichtigten Zeiten

Monatsbezug ist der Betrag, der dem Angestellten als Summe aus der Vergütung (§ 26 BAT), der allgemeinen Zulage nach dem Tarifvertrag vom 17. Mai 1982 und den in der Protokollnotiz Nr. 1 zu § 6 Abs. 2 genannten Zulagen im letzten Kalendermonat vor dem Ausscheiden zugestanden hat oder zugestanden hätte.

(2) Der Anspruch auf Abfindung entsteht am Tag nach der Beendigung des Arbeitsverhältnisses. Hat der Arbeitgeber das Arbeitsverhältnis gekündigt, wird die Abfindung erst fällig, wenn die Frist zur Erhebung der Kündigungsschutzklage abgelaufen ist oder, falls der Angestellte Kündigungsschutzklage erhoben hat, endgültig feststeht, dass der Angestellte ausgeschieden ist.

(3) Die Abfindung steht nicht zu, wenn

a) die Kündigung aus einem von dem Angestellten zu vertretenden Grund (z. B. Ablehnung eines angebotenen Arbeitsplatzes entgegen § 3 Abs. 6, Ablehnung der Fortbildung bzw. Umschulung entgegen § 4 Abs. 1 Unterabs. 2) erfolgt ist oder

b) der Angestellte im Einvernehmen mit dem Arbeitgeber aus dem Arbeitsverhältnis ausgeschieden ist, weil er von einem anderen Arbeitgeber im Sinne des § 29 Abschn. B Abs. 7 BAT übernommen wird.

(4) Neben der Abfindung steht Übergangsgeld nach dem BAT nicht zu.

VII

§ 8 Anspruchsvoraussetzungen

(1) Ansprüche aus diesem Tarifvertrag bestehen nicht, wenn der Angestellte erwerbsgemindert im Sinne der gesetzlichen Rentenversicherung ist oder die Voraussetzungen für den Bezug einer Rente wegen Alters aus der gesetzlichen Rentenversicherung vor Vollendung des 65. Lebensjahres oder einer entsprechenden Leistung einer berufsständischen Versorgungseinrichtung im Sinne des § 6 Abs. 1 Nr. 1 SGB VI oder der Zusatzversorgung erfüllt. Satz 1 gilt nicht für eine Angestellte, die die Voraussetzungen für den Bezug einer Altersrente nach § 237a SGB VI erfüllt, solange ihre Versorgungsrente nach § 65 Abs. 7 der Satzung der VBL oder entsprechenden Vorschriften ruhen würde.

(2) Besteht ein Anspruch auf Abfindung und wird der Angestellte das 65. Lebensjahr innerhalb eines Zeitraumes vollenden, der kleiner ist als die der Abfindung zugrunde liegende Zahl der Monatsbezüge, oder ist absehbar, dass innerhalb dieses Zeitraumes einer der Tatbestände des Absatzes 1 eintritt, verringert sich die Abfindung entsprechend.

(3) Tritt der Angestellte innerhalb eines Zeitraumes, der kleiner ist als die der Abfindung zugrunde liegende Zahl der Monatsbezüge, in ein

Arbeitsverhältnis bei einem Arbeitgeber im Sinne des § 29 Abschn. B Abs. 7 BAT ein, verringert sich die Abfindung entsprechend. Der überzahlte Betrag ist zurückzuzahlen.

§ 9 Bezirkliche und betriebliche Regelungen im Bereich der VKA

(1) Sind hinsichtlich betrieblicher Sozialleistungen besondere Regelungen erforderlich, werden sie betrieblich getroffen.

(2) Steht dem Angestellten im Falle der Beendigung des Arbeitsverhältnisses eine Versorgung durch den Arbeitgeber zu, kann durch bezirkliche oder betriebliche Vereinbarung von den Vorschriften dieses Tarifvertrages abgewichen werden.

§ 10 Anrechnungsvorschrift

(1) Leistungen, die dem Angestellten nach anderen Bestimmungen zu den gleichen Zwecken gewährt werden, sind auf die Ansprüche nach diesem Tarifvertrag anzurechnen. Dies gilt insbesondere für gesetzliche oder durch Vertrag vereinbarte Abfindungsansprüche gegen den Arbeitgeber (z. B. §§ 9, 10 Kündigungsschutzgesetz, § 113 Betriebsverfassungsgesetz).

(2) Der Angestellte ist verpflichtet, die ihm nach anderen Bestimmungen zu den gleichen Zwecken zustehenden Leistungen Dritter zu beantragen. Er hat den Arbeitgeber von der Antragstellung und von den hierauf beruhenden Entscheidungen sowie von allen ihm gewährten Leistungen im Sinne des Absatzes 1 unverzüglich zu unterrichten.

Kommt der Angestellte seinen Verpflichtungen nach Unterabsatz 1 trotz Belehrung nicht nach, stehen ihm Ansprüche nach diesem Tarifvertrag nicht zu.

§ 11 Übergangsvorschrift für den Bereich der VKA

Dieser Tarifvertrag gilt nicht für Verwaltungen und Betriebe, für die am 1. Januar 1972 eine Regelung über den Rationalisierungsschutz bestanden hat, solange diese Regelung fortbesteht.

§ 12 Inkrafttreten, Laufzeit

(1) Dieser Tarifvertrag tritt mit Wirkung vom 1. Januar 1987 in Kraft. Er kann mit einer Frist von drei Monaten zum Schluss eines Kalenderjahres schriftlich gekündigt werden.

(2) Dieser Tarifvertrag gilt nur, wenn der Wechsel der Beschäftigung bzw. die Beendigung des Arbeitsverhältnisses nach dem 31. Dezember 1986 eintritt. Ist der Wechsel der Beschäftigung bzw. die Beendigung des Arbeitsverhältnisses vor dem 1. Januar 1987 eingetreten, verbleibt es bei den bisherigen Regelungen.

Abschnitt VIII
Alters- und Hinterbliebenenversorgung

VIII

Tarifvertrag über die betriebliche Altersversorgung der Beschäftigten des öffentlichen Dienstes (Tarifvertrag Altersversorgung – ATV)[1])

Vom 1. März 2002

Zuletzt geändert durch
Änderungstarifvertrag Nr. 11 vom 10. November 2021

Inhaltsübersicht

VIII

---

[1]) Zur Weitergeltung dieses Tarifvertrages siehe Nr. 6 der Anlage 1 Teil C zum TVÜ-Länder.

Präambel

[1]Die Tarifvertragsparteien haben sich – auch in Ausfüllung des Beschlusses des Bundesverfassungsgerichts vom 22. März 2000 (1 BvR 1136/96) – am 13. November 2001 auf eine grundlegende Reform der Zusatzversorgung des öffentlichen Dienstes geeinigt, um deren Zukunftsfähigkeit zu sichern; der Altersvorsorgeplan 2001 vom 13. November 2001 ist zugleich Geschäftsgrundlage dieses Tarifvertrages.

[2]Das bisherige Gesamtversorgungssystem wird mit Ablauf des 31. Dezember 2000 geschlossen und durch ein Punktemodell ersetzt, in dem entsprechend den nachfolgenden Regelungen diejenigen Leistungen zugesagt werden, die sich ergeben würden, wenn eine Gesamt-Beitragsleistung von vier v. H. des zusatzversorgungspflichtigen Entgelts vollständig in ein kapitalgedecktes System eingezahlt würde. [3]Das Jahr 2001 wird im Rahmen des Übergangsrechts berücksichtigt.

[4]Bei den Zusatzversorgungseinrichtungen kann als Leistung der betrieblichen Altersversorgung auch eine zusätzliche kapitalgedeckte Altersvorsorge durch eigene Beiträge unter Inanspruchnahme der steuerlichen Förderung durchgeführt werden.

Erster Teil
Punktemodell

Abschnitt I
Geltungsbereich

§ 1 Geltungsbereich

Dieser Tarifvertrag gilt für die Arbeitnehmerinnen/Arbeitnehmer und Auszubildende (Beschäftigte), die unter den Geltungsbereich der in der Anlage 1 aufgeführten Tarifverträge des öffentlichen Dienstes fallen und deren Arbeitgeber bei der Versorgungsanstalt des Bundes und der Länder (VBL) Beteiligter oder bei der Ruhegehalts- und Zusatzversorgungskasse des Saarlandes (ZVK-Saar) Mitglied ist.

Abschnitt II
Versicherung bei der Zusatzversorgungseinrichtung

§ 2 Pflichtversicherung

(1) [1]Die Beschäftigten sind vorbehaltlich der Absätze 2 und 3 zu versichern, wenn sie

a) das 17. Lebensjahr vollendet haben und

b) die Wartezeit (§ 6) erfüllen können.

[2]Die Wartezeit muss bis zum Ablauf des Monats, in dem die/der Beschäftigte das gesetzlich festgelegte Alter zum Erreichen einer abschlagsfreien Regelaltersrente vollendet, erfüllt werden können; frühere Versicherungszeiten, die auf die Wartezeit angerechnet werden, sind zu berücksichtigen.

[3]Die Pflicht zur Versicherung setzt mit dem Beginn des Beschäftigungsverhältnisses bei der öffentlichen Zusatzversorgungseinrichtung, bei der der Arbeitgeber Mitglied/Beteiligter ist, ein.

[4]Die Pflicht zur Versicherung endet mit der Beendigung des Beschäftigungsverhältnisses.

(2) [1]Beschäftigte mit einer wissenschaftlichen Tätigkeit an Hochschulen oder Forschungseinrichtungen, die für ein befristetes Arbeitsverhältnis eingestellt werden, in dem sie wegen der Dauer der Befristung die Wartezeit nach § 6 Abs. 1 nicht erfüllen können, und die bisher keine Pflichtversicherungszeiten in der Zusatzversorgung haben, sind auf ihren schriftlichen Antrag vom Arbeitgeber von der Pflicht zur Versicherung zu befreien. [2]Der Antrag ist innerhalb von zwei Monaten nach Beginn des Arbeitsverhältnisses zu stellen. Zugunsten der nach Satz 1 von der Pflichtversicherung befreiten Beschäftigten werden Versorgungsanwartschaften auf eine freiwillige Versicherung (entsprechend § 26 Abs. 3 Satz 1) mit Beiträgen in Höhe der auf den Arbeitgeber entfallenden Aufwendungen für die Pflichtversicherung, einschließlich eines eventuellen Arbeitnehmerbeitrags nach § 37a Abs. 2, höchstens jedoch mit vier v. H. des zusatzversorgungspflichtigen Entgelts begründet. [3]Wird das Arbeitsverhältnis im Sinne des Satzes 1 verlängert oder fortgesetzt, beginnt die Pflichtversicherung anstelle der freiwilligen Versicherung mit dem Ersten des Monats, in dem die Verlängerung oder Fortsetzung des Arbeitsverhältnisses über fünf Jahre hinaus vereinbart wurde. [4]Eine rückwirkende Pflichtversicherung von Beginn des Arbeitsverhältnisses an ist ausgeschlossen.

VIII

(3) Von der Pflicht zur Versicherung ausgenommen sind die von der Anlage 2 erfassten Beschäftigten.

(4) Der Anspruch der/des Beschäftigten nach § 1 Abs. 2 Nr. 4, zweiter Halbsatz in Verbindung mit § 1a Abs. 4 BetrAVG auf Fortführung der Versicherung mit eigenen Beiträgen in entgeltlosen Zeiten während eines bestehenden Beschäftigungsverhältnisses ist für die Pflichtversicherung ausgeschlossen.

§ 3 Beitragsfreie Versicherung

(1) Die Versicherung bleibt als beitragsfreie Versicherung bestehen, wenn das Beschäftigungsverhältnis endet.

(2) Die beitragsfreie Versicherung endet bei Eintritt des Versicherungsfalles, Überleitung der Versicherung auf eine andere Zusatzversorgungseinrichtung, Tod, Erlöschen der Anwartschaft oder bei Beginn einer erneuten Pflichtversicherung.

§ 4 Überleitung der Versicherung

(1) [1]Die Beschäftigten, die bei einer anderen Zusatzversorgungseinrichtung versichert sind, von der die Versicherung übergeleitet wird, sind verpflichtet, die Überleitung der Versicherung auf die für ihren Arbeitgeber zuständige Zusatzversorgungseinrichtung zu beantragen, es sei denn, dass bei der anderen Zusatzversorgungseinrichtung Pflicht zur Versicherung besteht oder auch bei Überleitung der Versicherung keine Pflicht zur Versicherung bei der für ihren Arbeitgeber zuständigen Zusatzversorgungseinrichtung entstünde. [2]Das Gleiche gilt für die Beschäftigten, die gegen eine in Satz 1 genannte Zusatzversorgungseinrichtung Anspruch auf Rente haben, und zwar auch dann, wenn diese Zusatzversorgungseinrichtung die Rente weiter gewährt.

(2) Werden Beschäftigte als Arbeiterinnen/Arbeiter der Wasser- und Schifffahrtsverwaltung des Bundes oder bei der Häfen- und Schifffahrtsverwaltung des Landes Niedersachsen oder bei der Wasserwirtschaftsverwaltung eines Landes eingestellt und bei der Bahnversicherungsanstalt Abteilung B versicherungspflichtig, sind sie verpflichtet, die Überleitung der Versicherung von der für ihren bisherigen Arbeitgeber zuständigen Zusatzversorgungseinrichtung auf die Bahnversicherungsanstalt Abteilung B zu beantragen, wenn ein entsprechendes Überleitungsabkommen besteht.

VIII

Abschnitt III
Betriebsrente

§ 5 Versicherungsfall und Rentenbeginn

[1]Der Versicherungsfall tritt am Ersten des Monats ein, von dem an der Anspruch auf gesetzliche Rente wegen Alters als Vollrente bzw. wegen teilweiser oder voller Erwerbsminderung besteht. [2]Der Anspruch ist durch Bescheid des Trägers der gesetzlichen Rentenversicherung nachzuweisen.

[3]Den in der gesetzlichen Rentenversicherung Pflichtversicherten, bei denen der Versicherungsfall nach Satz 1 eingetreten ist und die die Wartezeit nach § 6 erfüllt haben, wird auf ihren schriftlichen Antrag von der Zusatzversorgungseinrichtung eine Betriebsrente gezahlt. [4]Die Betriebsrente beginnt – vorbehaltlich des § 12 – mit dem Beginn der Rente aus der gesetzlichen Rentenversicherung.

§ 6 Wartezeit

(1) [1]Betriebsrenten werden erst nach Erfüllung der Wartezeit von 60 Kalendermonaten gewährt. [2]Dabei wird jeder Kalendermonat berücksichtigt, für den mindestens für einen Tag Aufwendungen für die Pflichtversicherung nach §§ 16, 18 erbracht wurden. [3]Bis zum 31. Dezember 2000 nach dem bisherigen Recht der Zusatzversorgung als Umlagemonate zu berücksichtigende Zeiten zählen für die Erfüllung der Wartezeit. [4]Für die Erfüllung der Wartezeit werden Versicherungsverhältnisse bei Zusatzversorgungseinrichtungen nach § 2 Abs. 1 zusammengerechnet.

(2) [1]Die Wartezeit gilt als erfüllt, wenn der Versicherungsfall durch einen Arbeitsunfall eingetreten ist, der im Zusammenhang mit dem die Pflicht zur Versicherung begründenden Arbeitsverhältnis steht oder wenn die/der Versicherte infolge eines solchen Arbeitsunfalls gestorben ist. [2]Ob ein Arbeitsunfall vorgelegen hat, ist durch Bescheid des Trägers der gesetzlichen Unfallversicherung nachzuweisen.

(3) In den Fällen des § 7 Abs. 5 des Gesetzes über die Rechtsverhältnisse der Mitglieder des Deutschen Bundestages und entsprechender gesetzlicher Vorschriften werden Zeiten einer nach dem Beginn der Pflichtversicherung liegenden Mitgliedschaft im Deutschen Bundestag, im Europäischen Parlament oder in dem Parlament eines Landes auf die Wartezeit angerechnet.

§ 7 Höhe der Betriebsrente

(1) Die monatliche Betriebsrente errechnet sich aus der Summe der bis zum Beginn der Betriebsrente (§ 5 Satz 4) erworbenen Versorgungspunkte (§ 8), multipliziert mit dem Messbetrag von vier Euro.

(2) Die Betriebsrente wegen teilweiser Erwerbsminderung beträgt die Hälfte der Betriebsrente, die sich nach Absatz 1 bei voller Erwerbsminderung ergeben würde.

(3) Die Betriebsrente mindert sich für jeden Monat, für den der Zugangsfaktor nach § 77 SGB VI herabgesetzt ist, um 0,3 v. H., höchstens jedoch um insgesamt 10,8 v. H.

§ 8 Versorgungspunkte

(1) [1]Versorgungspunkte ergeben sich

a) für das zusatzversorgungspflichtige Entgelt (§ 15),

b) für soziale Komponenten (§ 9) und

c) als Bonuspunkte (§ 19).

[2]Die Versorgungspunkte nach Satz 1 Buchst. a und b werden jeweils zum Ende des Kalenderjahres bzw. zum Zeitpunkt der Beendigung des Arbeitsverhältnisses festgestellt und dem Versorgungskonto gutgeschrieben; die Feststellung und Gutschrift der Bonuspunkte erfolgt zum Ende des folgenden Kalenderjahres. [3]Versorgungspunkte werden jeweils auf zwei Nachkommastellen unter gemeinüblicher Rundung berechnet.

(2) [1]Die Anzahl der Versorgungspunkte für ein Kalenderjahr nach Absatz 1 Satz 1 Buchst. a ergibt sich aus dem Verhältnis eines Zwölftels des zusatzversorgungspflichtigen Jahresentgelts zum Referenzentgelt von 1000 Euro, multipliziert mit dem Altersfaktor (Absatz 3); dies entspricht einer Beitragsleistung von vier v. H. des zusatzversorgungspflichtigen Entgelts. [2]Bei einer vor dem 1. Januar 2003 vereinbarten Altersteilzeit auf der Grundlage des Altersteilzeitgesetzes werden die Versorgungspunkte nach Satz 1 mit dem 1,8-fachen berücksichtigt, soweit sie nicht auf Entgelten beruhen, die in voller Höhe zustehen.

Protokollnotiz zu Absatz 2 Satz 2:

Wird aufgrund einer Einzelregelung ein Beitrag an die gesetzliche Rentenversicherung gezahlt, der den Mindestbeitrag nach § 3 Abs. 1 Nr. 1 Buchst. b des Altersteilzeitgesetzes übersteigt, ist das zusatzversorgungspflichtige Entgelt so zu erhöhen, dass sich nach Anwendung von Absatz 2 Satz 2 so viele Versorgungspunkte ergeben, wie dies dem über den gesetzlichen Mindestbeitrag erhöhten Beitrag zur gesetzlichen Rentenversicherung entspricht.

(3) Der Altersfaktor beinhaltet eine jährliche Verzinsung von 3,25 v. H. während der Anwartschaftsphase und von 5,25 v. H. während des Rentenbezuges und richtet sich nach der folgenden Tabelle; dabei gilt als Alter die Differenz zwischen dem jeweiligen Kalenderjahr und dem Geburtsjahr:

VIII

Alter	Altersfaktor
17	3,1
18	3,0
19	2,9
20	2,8
21	2,7
22	2,6
23	2,5
24	2,4
25	2,4
26	2,3
27	2,2
28	2,2
29	2,1

Alter	Altersfaktor
30	2,0
31	2,0
32	1,9
33	1,9
34	1,8
35	1,7
36	1,7
37	1,6
38	1,6
39	1,6
40	1,5
41	1,5
42	1,4
43	1,4
44	1,3
45	1,3
46	1,3
47	1,2
48	1,2
49	1,2
50	1,1
51	1,1
52	1,1
53	1,0
54	1,0
55	1,0
56	1,0
57	0,9
58	0,9
59	0,9
60	0,9
61	0,9
62	0,8
63	0,8
64 + älter	0,8

VIII

§ 9 Soziale Komponenten

(1) [1]Für jeden vollen Kalendermonat, in dem das Arbeitsverhältnis wegen einer Elternzeit nach § 15 des Bundeserziehungsgeldgeset-

zes ruht, werden für jedes Kind, für das ein Anspruch auf Elternzeit besteht, die Versorgungspunkte berücksichtigt, die sich bei einem zusatzversorgungspflichtigen Entgelt von 500 Euro in diesem Monat ergeben würden. [2]Es werden je Kind höchstens 36 Kalendermonate berücksichtigt. [3]Bestehen mehrere zusatzversorgungspflichtige Arbeitsverhältnisse im Sinne des Satzes 1, bestimmt die/der Pflichtversicherte, für welches Arbeitsverhältnis die Versorgungspunkte nach Satz 1 berücksichtigt werden.

[4]Für die Zeit, in der das Arbeitsverhältnis wegen der Schutzfristen nach § 3 Abs. 2 und § 6 Abs. 1 MuSchG ruht, werden die Versorgungspunkte berücksichtigt, die sich ergeben würden, wenn in dieser Zeit das fiktive Entgelt nach § 21 TVöD/§ 21 TV-L bzw. entsprechenden tarifvertraglichen Regelungen gezahlt worden wäre. [5]Diese Zeiten werden als Umlage-/Beitragsmonate für die Erfüllung der Wartezeiten berücksichtigt.

(2) [1]Bei Eintritt des Versicherungsfalles wegen teilweiser oder voller Erwerbsminderung vor Vollendung des 60. Lebensjahres werden Pflichtversicherten für jeweils zwölf volle, bis zur Vollendung des 60. Lebensjahres fehlende Kalendermonate so viele Versorgungspunkte hinzugerechnet, wie dies dem Verhältnis von durchschnittlichem monatlichem zusatzversorgungspflichtigem Entgelt der letzten drei Kalenderjahre vor Eintritt des Versicherungsfalles zum Referenzentgelt entspricht; bei Berechnung des durchschnittlichen Entgelts werden Monate ohne zusatzversorgungspflichtiges Entgelt nicht berücksichtigt. [2]Ist in diesem Zeitraum kein zusatzversorgungspflichtiges Entgelt angefallen, ist für die Berechnung nach Satz 1 das Entgelt zugrunde zu legen, das sich als durchschnittliches monatliches zusatzversorgungspflichtiges Entgelt im Kalenderjahr vor dem Rentenbeginn ergeben hätte.

(3) [1]Bei Beschäftigten, die am 1. Januar 2002 bereits 20 Jahre pflichtversichert sind, werden für jedes volle Kalenderjahr der Pflichtversicherung bis zum 31. Dezember 2001 mindestens 1,84 Versorgungspunkte berücksichtigt. [2]Bei Beschäftigten, deren Gesamtbeschäftigungsquotient am 31. Dezember 2001 kleiner als 1,0 ist, gilt Satz 1 entsprechend mit der Maßgabe, dass der Faktor 1,84 mit dem am 31. Dezember 2001 maßgebenden Gesamtbeschäftigungsquotienten multipliziert wird.

§ 10 Betriebsrente für Hinterbliebene

(1) [1]Stirbt eine Versicherte/ein Versicherter, die/der die Wartezeit (§ 6) erfüllt hat, oder eine Betriebsrentenberechtigte/ein Betriebsrentenberechtigter, hat die hinterbliebene Ehegattin/der hinterbliebene Ehegatte Anspruch auf eine kleine oder große Betriebsrente für Wit-

VIII

wen/Witwer, wenn und solange ein Anspruch auf Witwen-/Witwerrente aus der gesetzlichen Rentenversicherung besteht oder bestehen würde, sofern kein Rentensplitting unter Ehegatten durchgeführt worden wäre. [2]Art (kleine/große Betriebsrenten für Witwen/Witwer), Höhe (der nach Ablauf des Sterbevierteljahres maßgebende Rentenartfaktor nach § 67 Nrn. 5 und 6 und § 255 Abs. 1 SGB VI) und Dauer des Anspruchs richten sich – soweit keine abweichenden Regelungen getroffen sind – nach den entsprechenden Bestimmungen der gesetzlichen Rentenversicherung. [3]Bemessungsgrundlage der Betriebsrenten für Hinterbliebene ist jeweils die Betriebsrente, die die Verstorbene/der Verstorbene bezogen hat oder hätte beanspruchen können, wenn sie/er im Zeitpunkt ihres/seines Todes wegen voller Erwerbsminderung ausgeschieden wäre. [4]Die Kinder der/des Verstorbenen haben entsprechend den Sätzen 1 bis 3 Anspruch auf Betriebsrente für Voll- oder Halbwaisen. [5]Als Kinder im Sinne des Satzes 4 gelten nur die Kinder, die nach § 32 Abs. 3 und 4 Satz 1 Nr. 1 bis 3 EStG berücksichtigungsfähig sind. [6]Der Anspruch ist durch Bescheid des Trägers der gesetzlichen Rentenversicherung nachzuweisen.

(2) Anspruch auf Betriebsrente für Witwen/Witwer besteht nicht, wenn die Ehe mit der/dem Verstorbenen weniger als zwölf Monate gedauert hat, es sei denn, dass nach den besonderen Umständen des Falles die Annahme nicht gerechtfertigt ist, dass es der alleinige oder überwiegende Zweck der Heirat war, der Witwe/dem Witwer eine Betriebsrente zu verschaffen.

(3) [1]Betriebsrenten für Witwen/Witwer und Waisen dürfen zusammen den Betrag der ihrer Berechnung zugrunde liegenden Betriebsrente nicht übersteigen. [2]Ergeben die Hinterbliebenenrenten in der Summe einen höheren Betrag, werden sie anteilig gekürzt. [3]Erlischt eine der anteilig gekürzten Hinterbliebenenrenten, erhöhen sich die verbleibenden Hinterbliebenenrenten vom Beginn des folgenden Monats entsprechend, jedoch höchstens bis zum vollen Betrag der Betriebsrente der/des Verstorbenen.

(4) Für einen Anspruch auf Betriebsrente für Witwen/Witwer gelten als Heirat auch die Begründung einer Lebenspartnerschaft, als Ehe auch eine Lebenspartnerschaft, als Witwe und Witwer auch ein/e überlebende/r Lebenspartner/in und als Ehegatte auch ein/e Lebenspartner/in jeweils im Sinne des Lebenspartnerschaftsgesetzes.

§ 11 Anpassung und Neuberechnung

(1) Die Betriebsrenten werden, beginnend ab dem Jahr 2002, zum 1. Juli eines jeden Jahres um 1,0 v. H. dynamisiert.

(2) [1]Die Betriebsrente ist neu zu berechnen, wenn bei einer/einem Betriebsrentenberechtigten ein neuer Versicherungsfall eintritt und seit der Festsetzung der Betriebsrente aufgrund des früheren Versicherungsfalles zusätzliche Versorgungspunkte zu berücksichtigen sind.

[2]Durch die Neuberechnung wird die bisherige Betriebsrente um den Betrag erhöht, der sich als Betriebsrente aufgrund der neu zu berücksichtigenden Versorgungspunkte ergibt; für diese zusätzlichen Versorgungspunkte wird der Abschlagsfaktor nach § 7 Abs. 3 gesondert festgestellt.

[3]Wird aus einer Betriebsrente wegen teilweiser Erwerbsminderung eine Betriebsrente wegen voller Erwerbsminderung oder wegen Alters, wird die bisher nach § 7 Abs. 2 zur Hälfte gezahlte Betriebsrente voll gezahlt. [4]Wird aus einer Betriebsrente wegen voller Erwerbsminderung eine Betriebsrente wegen teilweiser Erwerbsminderung, wird die bisher gezahlte Betriebsrente entsprechend § 7 Abs. 2 zur Hälfte gezahlt. [5]Die Sätze 1 und 2 sind entsprechend anzuwenden, wenn zusätzliche Versorgungspunkte zu berücksichtigen sind.

[6]Bei Neuberechnung der Betriebsrente sind Versorgungspunkte nach § 9 Abs. 2, die aufgrund des früheren Versicherungsfalls berücksichtigt wurden, nur noch insoweit anzurechnen, als sie die zusätzlichen Versorgungspunkte – ohne Bonuspunkte nach § 19 – aus einer Pflichtversicherung übersteigen oder soweit in dem nach § 9 Abs. 2 maßgebenden Zeitraum keine Pflichtversicherung mehr bestanden hat.

[7]Für Hinterbliebene gelten die Sätze 3 und 4 entsprechend.

§ 12 Nichtzahlung und Ruhen

VIII

(1) [1]Die Betriebsrente wird von dem Zeitpunkt an nicht gezahlt, von dem an die Rente wegen Alters aus der gesetzlichen Rentenversicherung nach § 100 Abs. 3 Satz 1 in Verbindung mit § 34 Abs. 2 SGB VI endet. [2]Die Betriebsrente ist auf Antrag vom Ersten des Monats an wieder zu zahlen, für den der/dem Rentenberechtigten die Rente wegen Alters aus der gesetzlichen Rentenversicherung wieder geleistet wird.

[3]Wird die Altersrente der gesetzlichen Rentenversicherung nach Eintritt des Versicherungsfalls (§ 5) als Teilrente gezahlt, wird die Betriebsrente nur in Höhe eines entsprechenden Anteils gezahlt.

(2) Ist der Versicherungsfall wegen voller oder teilweiser Erwerbsminderung eingetreten und wird die Rente aus der gesetzlichen Rentenversicherung wegen Hinzuverdienstes nicht oder nur zu einem Anteil gezahlt, wird auch die Betriebsrente nicht oder nur in Höhe eines entsprechenden Anteils gezahlt.

(3) Die Betriebsrente ruht, solange die Rente aus der gesetzlichen Rentenversicherung ganz oder teilweise versagt wird.

(4) Die Betriebsrente ruht ferner, solange die/der Berechtigte ihren/seinen Wohnsitz oder dauernden Aufenthalt außerhalb eines Mitgliedstaates der Europäischen Union hat und trotz Aufforderung der Zusatzversorgungseinrichtung keine Empfangsbevollmächtigte/keinen Empfangsbevollmächtigten im Inland bestellt.

(5) Die Betriebsrente ruht ferner in Höhe des Betrages des für die Zeit nach dem Beginn der Betriebsrente gezahlten Krankengeldes aus der gesetzlichen Krankenversicherung, soweit dieses nicht nach § 96a Abs. 3 SGB VI auf eine Rente wegen teilweiser Erwerbsminderung anzurechnen oder bei einer Rente wegen voller Erwerbsminderung bzw. wegen Alters als Vollrente dem Träger der Krankenversicherung zu erstatten ist.

(6) Für Hinterbliebene gelten die Vorschriften der gesetzlichen Rentenversicherung über das Zusammentreffen von Rente und Einkommen entsprechend mit folgenden Maßgaben:

a) Eventuelle Freibeträge sowie das Einkommen, das auf die Rente aus der gesetzlichen Rentenversicherung angerechnet wird, bleiben unberücksichtigt.

b) Der/Dem Hinterbliebenen werden mindestens 35 v.H. der ihr/ihm nach § 10 zustehenden Betriebsrente gezahlt.

§ 13 Erlöschen

(1) Der Anspruch auf Betriebsrente erlischt mit dem Ablauf des Monats,

a) in dem die/der Betriebsrentenberechtigte gestorben ist oder

b) für den Rente nach § 43 bzw. § 240 SGB VI letztmals gezahlt worden ist oder

c) der dem Monat vorangeht, von dessen Beginn an die Zusatzversorgungseinrichtung, zu der die Versicherung übergeleitet worden ist, zur Zahlung der Betriebsrente verpflichtet ist.

(2) [1]Der Anspruch auf Betriebsrente für Witwen/Witwer sowie Lebenspartner/innen im Sinne des Lebenspartnerschaftsgesetzes erlischt im Übrigen mit dem Ablauf des Monats, in dem die Witwe/der Witwer oder der/die hinterbliebene eingetragene Lebenspartner/in geheiratet oder eine Lebenspartnerschaft begründet hat. [2]Für das Wiederaufleben der Betriebsrenten für Witwen/Witwer sowie Lebenspartner/innen im Sinne des Lebenspartnerschaftsgesetzes gilt § 46 Abs. 3 SGB VI entsprechend.

(3) [1]Der Anspruch auf Betriebsrente erlischt ferner unbeschadet des Satzes 2 mit Ablauf des Monats, in dem die Entscheidung eines deutschen Gerichts rechtskräftig geworden ist, durch die die/der Betriebsrentenberechtigte

a) wegen einer vorsätzlichen Tat zu einer Freiheitsstrafe von mindestens zwei Jahren oder
b) wegen einer vorsätzlichen Tat, die nach den Vorschriften über Friedensverrat, Hochverrat, Gefährdung des demokratischen Rechtsstaates oder Landesverrat und Gefährdung der äußeren Sicherheit strafbar ist, zu einer Freiheitsstrafe von mindestens sechs Monaten

verurteilt worden ist. [2]Es ist eine Beitragserstattung nach § 24 durchzuführen.

Protokollnotiz zu Abschnitt III:

[1]Die Anpassungen an die veränderten Rahmenbedingungen bzgl. Biometrie und Zins durch den Änderungstarifvertrag Nr. 9 vom 29. April 2016 erfolgen ausschließlich auf der Finanzierungsseite, die zusätzlichen Finanzierungsmittel nach § 16 Abs. 1 Satz 5 und 6, § 37 Abs. 1 Satz 2 und 4 und § 37a Abs. 1 Satz 2 und 4 führen nicht zu zusätzlichen Leistungen. [2]Die bisherigen und die künftigen Ansprüche (Startgutschriften, Anwartschaften aus dem Punktemodell, Anwartschaftsdynamik und Renten) bleiben der Höhe nach unverändert, es ergeben sich keine Verschlechterungen und keine Verbesserungen; insbesondere werden die künftigen Anwartschaften und Überschüsse weiterhin entsprechend der Altersfaktorentabelle nach § 8 Abs. 3 und auf der Basis eines Beitrags von 4,0 v. H. berechnet, ungeachtet des zugrundeliegenden Finanzierungsverfahrens (Umlagefinanzierung, Kapitaldeckung, Mischfinanzierung) und ungeachtet der tatsächlichen Umlage-/Beitragshöhe.

Abschnitt IV
Beschäftigte, die in der gesetzlichen Rentenversicherung nicht versichert sind

VIII

§ 14 Sonderregelungen für Beschäftigte, die in der gesetzlichen Rentenversicherung nicht versichert sind

[1]Für Beschäftigte, die in der gesetzlichen Rentenversicherung nicht versichert sind, gelten die §§ 2 bis 13 entsprechend. [2]Soweit auf Regelungen des Rechts der gesetzlichen Rentenversicherung Bezug genommen wird, ist die jeweilige Regelung so entsprechend anzuwenden, wie dies bei unterstellter Versicherung in der gesetzlichen Rentenversicherung der Fall wäre. [3]Bei Anwendung des § 5 sind dabei anstelle der Versicherungszeiten in der gesetzlichen Rentenversicherung die Pflichtversicherungszeiten in der Zusatzversorgung zu berücksichtigen.

[4]Die teilweise oder volle Erwerbsminderung ist durch einen von der Zusatzversorgungseinrichtung zu bestimmenden Facharzt nachzu-

weisen. [5]Die Betriebsrente ruht, solange sich die Betriebsrentenberechtigten trotz Verlangens der Zusatzversorgungseinrichtung innerhalb einer von dieser zu setzenden Frist nicht fachärztlich untersuchen lassen oder das Ergebnis der Untersuchung der Zusatzversorgungseinrichtung nicht vorlegen. [6]Der Anspruch auf Betriebsrente erlischt mit Ablauf des Monats, der auf den Monat folgt, in dem der/dem Berechtigten die Entscheidung der Zusatzversorgungseinrichtung über das Erlöschen des Anspruchs wegen Wegfalls der Erwerbsminderung zugegangen ist.

Abschnitt V
Finanzierung

§ 15 Finanzierungsgrundsätze und zusatzversorgungspflichtiges Entgelt

(1) [1]Die Finanzierung der Pflichtversicherung wird von den Zusatzversorgungseinrichtungen eigenständig geregelt. [2]Nach den Möglichkeiten der einzelnen Zusatzversorgungseinrichtungen kann die Umlagefinanzierung schrittweise durch eine kapitalgedeckte Finanzierung abgelöst werden (Kombinationsmodell).

(2) [1]Zusatzversorgungspflichtiges Entgelt ist, soweit sich aus Anlage 3 nichts anderes ergibt, der steuerpflichtige Arbeitslohn. [2]Wird Altersteilzeit nach dem 31. Dezember 2002 vereinbart, ist – unter Berücksichtigung des Satzes 1 – zusatzversorgungspflichtiges Entgelt während des Altersteilzeitarbeitsverhältnisses das 1,8fache der zur Hälfte zustehenden Bezüge nach § 4 TV ATZ zuzüglich derjenigen Bezüge, die in voller Höhe zustehen.

VIII

Protokollnotiz zu Absatz 2 Satz 2:
Wird aufgrund einer Einzelregelung ein Beitrag an die gesetzliche Rentenversicherung gezahlt, der den Mindestbeitrag nach § 3 Abs. 1 Nr. 1 Buchst. b des Altersteilzeitgesetzes übersteigt, ist das zusatzversorgungspflichtige Entgelt nach Absatz 2 Satz 2 entsprechend zu erhöhen.

(3) [1]Durch landesbezirklichen Tarifvertrag kann für Mitglieder/Beteiligte einer Zusatzversorgungseinrichtung, die sich in einer wirtschaftlichen Notlage befinden, für die Pflichtversicherung geregelt werden, dass für die Zusage von Leistungen für die Dauer von bis zu drei Jahren bis zu einer Mindesthöhe von zwei v. H. von der nach § 8 Abs. 2 zugesagten Leistung abgewichen werden kann. [2]Entsprechend der Verminderung der Leistungszusage für die bei dem Mitglied/Beteiligten beschäftigten Pflichtversicherten reduziert sich für die Mitglieder/Beteiligten insoweit die zu tragende Umlagebelastung bzw. der zu zahlende Beitrag an die Zusatzversorgungseinrichtung. [3]Die Feststellung der wirtschaftlichen Notlage wird durch eine paritätisch

besetzte Kommission der betroffenen Tarifvertragsparteien getroffen. [4]Die Regelung kann durch landesbezirklichen Tarifvertrag über die in Satz 1 genannte Dauer verlängert werden.

§ 16 Umlagen

(1) [1]Von der Zusatzversorgungseinrichtung festgesetzte monatliche Umlagen in Höhe eines bestimmten Vomhundertsatzes des zusatzversorgungspflichtigen Entgelts der Beschäftigten (Umlagesatz) führt der Arbeitgeber – ggf. einschließlich des von der/dem Beschäftigten zu tragenden Umlage-Beitrags – an die Zusatzversorgungseinrichtung ab. [2]Die Umlage-Beiträge der Beschäftigten behält der Arbeitgeber von deren Arbeitsentgelt ein. [3]Bei Pflichtversicherten bleiben die am 1. November 2001 geltenden Vomhundertsätze für die Erhebung der Umlage-Beiträge bei der jeweiligen Zusatzversorgungseinrichtung maßgebend, soweit sich nicht aus § 37 oder § 37a etwas anderes ergibt. [4]Der Umlage-Beitrag für die Beschäftigten des Saarlandes beträgt abweichend von Satz 3 ab 1. Januar 2007 1,41 v. H. [5]Neben dem Umlage-Beitrag nach Satz 3 bzw. 4 wird von den bei der ZVK-Saar pflichtversicherten Beschäftigten entsprechend § 37 Abs. 1 Satz 2 und 3 ein zusätzlicher Arbeitnehmerbeitrag zur Umlage in Höhe von 0,4 v. H. des zusatzversorgungspflichtigen Entgelts erhoben; abweichend davon beträgt der zusätzliche Arbeitnehmerbeitrag zur Umlage für

a) die Beschäftigten des Saarlandes in der Zeit vom 1. Juli 2016 bis 30. Juni 2017 0,3 v. H. des zusatzversorgungspflichtigen Entgelts;
b) die Beschäftigten der Mitglieder des Kommunalen Arbeitgeberverbandes Saar
   - in der Zeit vom 1. Juli 2016 bis 30. Juni 2017 0,2 v. H. des zusatzversorgungspflichtigen Entgelts und
   - in der Zeit vom 1. Juli 2017 bis 30. Juni 2018 0,3 v. H. des zusatzversorgungspflichtigen Entgelts.

[6]Ergeben sich für das Saarland und die Mitglieder des Kommunalen Arbeitgeberverbandes Saar bei der ZVK-Saar künftig Mehrkosten aufgrund der veränderten biometrischen Risikoverhältnisse, werden diese paritätisch je zur Hälfte vom Arbeitgeber und durch eine entsprechende Entnahme aus dem mit dem zusätzlichen Arbeitnehmerbeitrag gebildeten Vermögen getragen.

(2) Der Arbeitgeber hat die auf ihn entfallende Umlage bis zu einem Betrag von monatlich 89,48 Euro pauschal zu versteuern, solange die Pauschalversteuerung rechtlich möglich ist und soweit sich aus § 37 nicht etwas anderes ergibt.

(3) [1]Die auf die Umlage entfallenden Pflichtversicherungszeiten und die daraus erworbenen Versorgungspunkte sind von der Zusatzversorgungseinrichtung auf einem personenbezogenen Versorgungskonto zu führen (Versorgungskonto I); umfasst sind auch Aufwendungen und Auszahlungen. [2]Das Weitere regelt die Satzung der Zusatzversorgungseinrichtung.

Protokollnotiz:

Für den Fall, dass die pauschal versteuerte Umlage über den am 1. Januar 2001 geltenden Umfang hinaus in der Sozialversicherung beitragspflichtig werden sollte, werden die Tarifvertragsparteien unverzüglich Verhandlungen aufnehmen mit dem Ziel, ein dem Zweck der Pauschalversteuerung entsprechendes Ergebnis zu erreichen.

§ 17 Sanierungsgelder

(1) [1]Zur Deckung des infolge der Schließung des Gesamtversorgungssystems und des Wechsels vom Gesamtversorgungssystem zum Punktemodell zusätzlichen Finanzbedarfs, der über die am 1. November 2001 jeweils geltende Umlage hinausgeht, erhebt die Zusatzversorgungseinrichtung vom Arbeitgeber Sanierungsgelder. [2]Diese Sanierungsgelder sind kein steuerpflichtiger Arbeitslohn.

(2) Sanierungsgelder kommen nicht in Betracht, wenn der am 1. November 2001 jeweils gültige Umlagesatz weniger als vier v. H. des zusatzversorgungspflichtigen Entgelts betragen hat.

§ 18 Beiträge im Kapitaldeckungsverfahren

VIII

(1) Soweit die Zusatzversorgungseinrichtung für die Pflichtversicherung Beiträge im Kapitaldeckungsverfahren von höchstens vier v. H. des zusatzversorgungspflichtigen Entgelts erhebt, trägt diese der Arbeitgeber, soweit sich aus § 37a nichts anderes ergibt.

(2) Die Beiträge im Sinne des Absatzes 1 einschließlich der darauf entfallenden Erträge sind von der Zusatzversorgungseinrichtung auf einem gesonderten personenbezogenen Versorgungskonto getrennt von den sonstigen Einnahmen zu führen (Versorgungskonto II).

(3) Die Einnahmen und Ausgaben einschließlich der Kapitalanlagen sind gesondert zu führen und zu verwalten.

§ 19 Bonuspunkte

(1) [1]Die Zusatzversorgungseinrichtung stellt jährlich bis zum Jahresende für das vorangegangene Geschäftsjahr fest, in welchem Umfang aus verbleibenden Überschüssen (Absatz 2) Bonuspunkte (§ 8 Abs. 1 Satz 1 Buchst. c) vergeben werden können. [2]Bonuspunkte nach Satz 1 kommen in Betracht für die am Ende des laufenden Geschäftsjahres

Pflichtversicherten sowie für die zum gleichen Zeitpunkt beitragsfrei Versicherten, die eine Wartezeit von 120 Umlage-/Beitragsmonaten erfüllt haben. [3]Über die Vergabe von Bonuspunkten entscheidet das zuständige Gremium der Zusatzversorgungseinrichtung auf Vorschlag des Verantwortlichen Aktuars der Zusatzversorgungseinrichtung. [4]Grundlage für die Feststellung und Entscheidung ist eine auf anerkannten versicherungsmathematischen Grundsätzen (Anlage 4) beruhende und durch den Verantwortlichen Aktuar erstellte fiktive versicherungstechnische Bilanz für die Verpflichtungen gegenüber den Pflichtversicherten und den beitragsfrei Versicherten mit erfüllter Wartezeit von 120 Umlage-/Beitragsmonaten. [5]Soweit eine Kapitaldeckung vorhanden ist, werden dabei das Vermögen und die tatsächlich erzielten Kapitalerträge nur veranschlagt, soweit sie auf Beitragsleistungen von bis zu 4,0 v. H. der zusatzversorgungspflichtigen Entgelte entfallen. [6]Soweit keine Kapitaldeckung vorhanden ist, wird die durchschnittliche laufende Verzinsung der zehn nach der Bilanzsumme größten Pensionskassen gemäß dem zum Zeitpunkt der Fertigstellung der Bilanz nach Satz 4 jeweils aktuellen Geschäftsbericht des Bundesaufsichtsamtes für das Versicherungswesen bzw. der Nachfolgebehörde zugrunde gelegt. [7]Beschäftigte, deren Arbeitsverhältnis in Folge von Witterungseinflüssen oder wegen anderer Naturereignisse nach besonderen tarifvertraglichen Vorschriften geendet hat und die bei Wiederaufnahme der Arbeit Anspruch auf Wiedereinstellung haben, sowie Saisonbeschäftigte, die bei Beginn der nächsten Saison voraussichtlich wieder eingestellt werden, gelten als Pflichtversicherte im Sinne des Satzes 2.

VIII

(2) [1]Ergibt die fiktive versicherungstechnische Bilanz einen Überschuss, wird dieser Überschuss um den Aufwand für soziale Komponenten nach § 9 und um die Verwaltungskosten der Zusatzversorgungseinrichtung vermindert und nach Maßgabe des Absatzes 1 verwendet; soweit keine Kapitaldeckung vorhanden ist, werden für die fiktive Verzinsung nach Absatz 1 Satz 6 als Verwaltungskosten zwei v. H. dieser fiktiven Zinserträge berücksichtigt. [2]Ergibt die versicherungstechnische Bilanz eine Unterdeckung, wird diese vorgetragen. [3]Einzelheiten werden in den Ausführungsbestimmungen zur Satzung der Zusatzversorgungseinrichtung geregelt.

Protokollnotiz:

Die Tarifvertragsparteien gehen davon aus, dass wegen der unverändert hohen Mindestverzinsung zumindest mittelfristig weiterhin keine Ausschüttung von Bonuspunkten für die seit 2001 im Punktemodell erworbenen Anwartschaften und die Startgutschriften erfolgen wird.

Abschnitt VI
Verfahren

§ 20 Pflichten der Versicherten und der Betriebsrentenberechtigten

(1) [1]Der Zusatzversorgungseinrichtung sind alle für die Prüfung des Anspruchs auf Betriebsrente notwendigen Angaben zu machen und die erforderlichen Nachweise beizubringen. [2]Die Zusatzversorgungseinrichtung fordert die für die Feststellung des Eintritts des Versicherungsfalls und die Berechnung der Betriebsrente erforderlichen Daten elektronisch durch gesicherte und verschlüsselte Datenübertragung von den Trägern der gesetzlichen Rentenversicherung an. [3]Dies gilt nach Rentenbeginn auch für die Prüfung des Anspruchs auf Betriebsrente dem Grunde und der Höhe nach. [4]Soweit eine elektronische Datenübertragung der erforderlichen Daten nicht möglich ist, besteht die Verpflichtung nach Satz 1 insoweit fort. [5]Die Zusatzversorgungseinrichtung informiert die Betriebsrentenberechtigten über die elektronische Datenübertragung. [6]Die Satzung der Zusatzversorgungseinrichtung regelt den Zeitpunkt, von dem an die Daten erstmals elektronisch bei den Trägern der gesetzlichen Rentenversicherung angefordert werden.

(2) Kommen Betriebsrentenberechtigte der Verpflichtung nach Absatz 1 nicht nach, kann die Betriebsrente zurückbehalten werden.

(3) Vereinbarungen mit Dritten über die Abtretung, Verpfändung oder Beleihung eines Anspruchs auf Betriebsrente sind vorbehaltlich zwingender gesetzlicher Vorschriften gegenüber dem Arbeitgeber und der Zusatzversorgungseinrichtung unwirksam.

(4) Ist der Versicherungsfall durch ein Verhalten Dritter verursacht worden, sind Schadensersatzansprüche, soweit rechtlich zulässig, bis zur Höhe des Brutto-Betrages der Betriebsrente an die Zusatzversorgungseinrichtung abzutreten; soweit die Abtretung nicht erfolgt oder die zur Durchsetzung des Anspruchs erforderlichen Nachweise nicht vorgelegt werden, kann die Betriebsrente zurückbehalten werden.

(5) [1]Ohne Rechtsgrund gezahlte Betriebsrenten sind in Höhe ihrer Brutto-Beträge zurückzuzahlen. [2]Haben Versicherte oder Betriebsrentenberechtigte ihre Pflichten nach Absatz 1 verletzt, können sie sich nicht auf den Wegfall der Bereicherung berufen.

§ 21 Versicherungsnachweise

(1) [1]Pflichtversicherte erhalten jeweils nach Ablauf des Kalenderjahres bzw. bei Beendigung der Pflichtversicherung einen Nachweis über ihre bisher insgesamt erworbene Anwartschaft auf Betriebsrente wegen Alters nach § 7. [2]Dabei ist neben der Anwartschaft auch die Zahl der Versorgungspunkte und der Messbetrag anzugeben. [3]Im Falle der Kapitaldeckung sind zusätzlich die steuerrechtlich vorgeschriebenen Angaben zu beachten. [4]Der Nachweis ist mit einem Hinweis auf die Ausschlussfrist nach Absatz 2 zu versehen. [5]Wird der Nachweis im Zusammenhang mit der Beendigung der Pflichtversicherung erbracht, ist er um den Hinweis zu ergänzen, dass die aufgrund der Pflichtversicherung erworbene Anwartschaft bis zum erneuten Beginn der Pflichtversicherung bzw. bis zum Eintritt des Versicherungsfalles nicht dynamisiert wird, wenn die Wartezeit von 120 Umlage-/Beitragsmonaten nicht erfüllt ist. [6]Das Weitere regelt die Satzung der Zusatzversorgungseinrichtung.

(2) [1]Die Beschäftigten können nur innerhalb einer Ausschlussfrist von sechs Monaten nach Zugang des Nachweises nach Absatz 1 gegenüber ihrem Arbeitgeber schriftlich beanstanden, dass die vom Arbeitgeber zu entrichtenden Beiträge oder die zu meldenden Entgelte nicht oder nicht vollständig an die Zusatzversorgungseinrichtung abgeführt oder gemeldet wurden. [2]Beanstandungen in Bezug auf die ausgewiesenen Bonuspunkte sind innerhalb der Ausschlussfrist des Satzes 1 schriftlich unmittelbar gegenüber der Zusatzversorgungseinrichtung zu erheben.

§ 22 Zahlung und Abfindung

(1) [1]Die Betriebsrenten werden monatlich im Voraus auf ein Girokonto der Betriebsrentenberechtigten innerhalb eines Mitgliedstaates der Europäischen Union überwiesen. [2]Die Kosten der Überweisung auf ein Konto im Inland, mit Ausnahme der Kosten für die Gutschrift, trägt die Zusatzversorgungseinrichtung.

[3]Besteht der Betriebsrentenanspruch nicht für einen vollen Kalendermonat, wird der Teil gezahlt, der auf den Anspruchszeitraum entfällt.

(2) [1]Die Satzung der Zusatzversorgungseinrichtung kann vorsehen, dass Betriebsrenten, die einen Monatsbetrag von bis zu 30 Euro nicht überschreiten, abgefunden werden. [2]Darüber hinaus kann die Abfindung der Betriebsrente ermöglicht werden, wenn die Kosten der Übermittlung der Beriebsrenten unverhältnismäßig hoch sind.

§ 23 Ausschlussfristen

[1]Der Anspruch auf Betriebsrente für einen Zeitraum, der mehr als zwei Jahre vor dem Ersten des Monats liegt, in dem der Antrag bei der Zusatzversorgungseinrichtung eingegangen ist, kann nicht mehr geltend gemacht werden (Ausschlussfrist). [2]Dem Antrag steht eine Mitteilung der/des Berechtigten gleich, die zu einem höheren Anspruch führt. [3]Die Beanstandung, die mitgeteilte laufende monatliche Betriebsrente, eine Rentennachzahlung, eine Abfindung, eine Beitragserstattung oder eine Rückzahlung sei nicht oder nicht in der mitgeteilten Höhe ausgezahlt worden, ist nur schriftlich und innerhalb einer Ausschlussfrist von einem Jahr zulässig; die Frist beginnt bei laufenden Betriebsrenten mit dem Ersten des Monats, für den die Betriebsrente zu zahlen ist, im Übrigen mit dem Zugang der Mitteilung über die entsprechende Leistung.

[4]Auf die Ausschlussfrist ist in der Mitteilung über die Leistung hinzuweisen.

§ 24 Beitragserstattung

(1) [1]Die beitragsfrei Versicherten, die die Wartezeit (§ 6) nicht erfüllt haben, können bis zur Vollendung ihres 69. Lebensjahres die Erstattung der von ihnen getragenen Beiträge beantragen. [2]Der Antrag auf Beitragserstattung gilt für alle von den Versicherten selbst getragenen Beiträge und kann nicht widerrufen werden. [3]Rechte aus der Versicherung für Zeiten, für die Beiträge erstattet werden, erlöschen mit der Antragstellung. [4]Die Beiträge werden ohne Zinsen erstattet.

VIII

(2) [1]Sterben Versicherte nach Antragstellung, aber vor Beitragserstattung, gehen die Ansprüche auf die Hinterbliebenen über, die betriebsrentenberechtigt sind. [2]Mit der Zahlung an einen der Hinterbliebenen erlischt der Anspruch der übrigen Berechtigten gegen die Zusatzversorgungseinrichtung.

(3) Beiträge im Sinne dieser Vorschrift sind

a) die für die Zeit vor dem 1. Januar 1978 entrichteten Pflichtbeiträge einschließlich der Beschäftigtenanteile an den Erhöhungsbeträgen,

b) die für die Zeit nach dem 31. Dezember 1977 entrichteten Beschäftigtenanteile an den Erhöhungsbeträgen,

c) die für die Zeit nach dem 31. Dezember 1998 entrichteten Umlage-Beiträge der Beschäftigten.

Abschnitt VII
Zuschüsse des Arbeitgebers zu anderen Zukunftssicherungssystemen

§ 25 Zuschüsse des Arbeitgebers zu anderen Zukunftssicherungssystemen

(1) [1]Für Beschäftigte, die als Mitglieder einer berufsständischen Versicherung von der Versicherung in der gesetzlichen Rentenversicherung befreit sind, richtet sich die Beteiligung des Arbeitgebers am Beitrag zur berufsständischen Versorgungseinrichtung nach § 172 Abs. 2 SGB VI.

[2]Pflichtversicherte, die nach § 231 Abs. 1 oder § 231a SGB VI von der Versicherungspflicht in der gesetzlichen Rentenversicherung befreit und freiwillig in der gesetzlichen Rentenversicherung versichert sind oder die für sich und ihre Hinterbliebenen eine (befreiende) Lebensversicherung abgeschlossen haben oder die freiwillig im Versorgungswerk der Presse versichert sind, erhalten von ihrem Arbeitgeber auf schriftlichen Antrag für jeden Kalendermonat, für den ihnen Entgelt, Urlaubsentgelt oder Entgelt im Krankheitsfall zustehen, einen Zuschuss in Höhe der Hälfte des Betrages, der zu zahlen wäre, wenn sie in der gesetzlichen Rentenversicherung versichert wären, höchstens jedoch die Hälfte des Beitrages.

[3]Beschäftigte, die freiwilliges Mitglied des Versorgungswerkes der Presse sind und die antragsgemäß (Anlage 2 Satz 2) von der Pflicht zur Versicherung in einer Zusatzversorgungseinrichtung befreit wurden, erhalten auf ihren Antrag für die Zeit, für die ohne die Befreiung die Pflicht zur Versicherung bestünde und für die ihnen Entgelt, Urlaubsentgelt oder Entgelt im Krankheitsfall zustehen, einen zweckgebundenen Zuschuss zu ihren Beiträgen zur Versicherung im Versorgungswerk der Presse. [4]Der Zuschuss beträgt die Hälfte des Beitrages, höchstens jedoch vier v. H. des zusatzversorgungspflichtigen Entgelts.

[5]Die Zuschüsse nach den Sätzen 1 und 2 dürfen insgesamt den Betrag nicht übersteigen, den der Arbeitgeber zu zahlen hätte, wenn die Beschäftigten in der gesetzlichen Rentenversicherung pflichtversichert wären.

(2) Im Falle der freiwilligen Versicherung in der gesetzlichen Rentenversicherung behält der Arbeitgeber den von den Beschäftigten zu tragenden Teil des Beitrages von deren Bezügen ein und führt den Beitrag nach der Verordnung über die Zahlung von Beiträgen zur gesetzlichen Rentenversicherung ab.

VIII

(3) [1]Verfügen die Beschäftigten ohne vorherige Zustimmung des Arbeitgebers durch Abtretung und Verpfändung über ihre Lebensversicherung oder über die sich aus dem Zuschuss nach Absatz 1 Satz 3 ergebende Anwartschaft, wird der Zuschuss nach Absatz 1 Satz 2 bzw. Satz 3 nicht gewährt. [2]Der Zuschuss wird bis zu der in Absatz 1 bestimmten Höhe auch gewährt, wenn im Beitrag Mehrbeträge für Versicherungsleistungen bei Eintritt der vollen oder teilweisen Erwerbsminderung enthalten sind.

Zweiter Teil
Freiwillige Versicherung

§ 26 Freiwillige Versicherung

(1) [1]Den Pflichtversicherten wird die Möglichkeit eröffnet, durch Entrichtung eigener Beiträge unter Inanspruchnahme der steuerlichen Förderung (Sonderausgabenabzug, Zulage) bei der Zusatzversorgungseinrichtung nach deren Satzungsvorschriften eine zusätzliche kapitalgedeckte Altersvorsorge im Rahmen der betrieblichen Altersversorgung aufzubauen. [2]Nach Beendigung der Pflichtversicherung kann die freiwillige Versicherung – unabhängig davon, ob eine steuerliche Förderung möglich ist – längstens bis zum Eintritt des Versicherungsfalles (§ 5) fortgesetzt werden. [3]Die Fortsetzung ist innerhalb einer Ausschlussfrist von drei Monaten nach Beendigung der Pflichtversicherung zu beantragen.

Protokollnotiz zu Absatz 1:

VIII

Arbeiterinnen/Arbeiter, die nach Satz 3 der Anlage 2 bei der Bahnversicherungsanstalt Abteilung B versichert bleiben und die sonst bei der VBL pflichtversichert wären, können die freiwillige Versicherung bei der VBL entsprechend § 26 durchführen.

(2) [1]Die eigenen Beiträge der Pflichtversicherten zur freiwilligen Versicherung werden entsprechend deren schriftlicher Ermächtigung vom Arbeitgeber aus dem Arbeitsentgelt an die Zusatzversorgungseinrichtung abgeführt. [2]Der Arbeitgeber schuldet auch in Anbetracht von Absatz 5 keine eigenen Beiträge.

(3) [1]Die freiwillige Versicherung kann in Anlehnung an das Punktemodell erfolgen. [2]Wahlweise kann sie auch durch fondsgebundene Rentenversicherung erfolgen, sofern die Zusatzversorgungseinrichtung Entsprechendes anbietet. [3]Unbeschadet etwaiger von der Zusatzversorgungseinrichtung übernommener Zinsgarantien, haftet der Arbeitgeber nach § 1 Abs. 2 Nr. 2 BetrAVG nur für den Erhalt der eingezahlten Beiträge, soweit sie nicht rechnungsmäßig für einen biometrischen Risikoausgleich verbraucht wurden.

[4] Das Nähere regelt die Satzung der Zusatzversorgungseinrichtung.

(4) [1]Die Beschäftigten behalten ihre Anwartschaft, wenn ihr Arbeitsverhältnis vor Eintritt des Versicherungsfalles (§ 5) endet. [2] Eine Abfindung von Anwartschaften ist nur dann möglich, wenn der Beschäftigte die freiwillige Versicherung kündigt. [3]Im Rahmen dieser Abfindung erhält der Beschäftigte seine eingezahlten Beiträge abzüglich der durch die Satzung und die Allgemeinen Versicherungsbedingungen der freiwilligen Versicherung der Zusatzversorgungseinrichtung näher beschriebenen Abschläge zurück. [4]Die Beschäftigten können jedoch verlangen, dass der Barwert ihrer Anwartschaft auf eine andere Zusatzversorgungseinrichtung, auf die die bisherige Pflichtversicherung nach § 4 übergeleitet wird, oder auf ein Versorgungssystem einer überstaatlichen Einrichtung, mit der ein entsprechendes Abkommen besteht, zu übertragen ist, wenn die Versorgungszusage des neuen Arbeitgebers eine dem übertragenen Barwert wertmäßig entsprechende Zusage auf lebenslange Altersvorsorge umfasst. [5]Besteht bei einem Arbeitgeberwechsel die Pflichtversicherung bei der Zusatzversorgungseinrichtung fort, kann verlangt werden, dass die Versorgungszusage des neuen Arbeitgebers eine dem Barwert der bisherigen Anwartschaften wertmäßig entsprechende Zusage auf lebenslange Altersvorsorge umfasst. [6]Das Verlangen ist nur innerhalb einer Ausschlussfrist von sechs Monaten nach Beendigung des Arbeitsverhältnisses möglich. [7]Mit der Versorgungszusage durch den neuen Arbeitgeber erlischt die Verpflichtung des früheren Arbeitgebers.

(5) Der Arbeitgeber kann zu einer freiwilligen Versicherung der Beschäftigten eigene Beiträge außerhalb einer Entgeltumwandlung leisten; Absätze 2 bis 4 gelten entsprechend.

§ 27 Verfahren

(1) Die Zusatzversorgungseinrichtung hat die Beiträge, die im Rahmen der freiwilligen Versicherung entrichtet werden, einschließlich der Erträge auf einem gesonderten personenbezogenen Versicherungskonto getrennt von den sonstigen Einnahmen zu führen; umfasst sind auch Aufwendungen und Auszahlungen.

(2) [1]Die freiwillige Versicherung wird in einem eigenen Abrechnungsverband geführt. [2]Die Einnahmen und Ausgaben einschließlich der Kapitalanlagen sind gesondert zu führen und zu verwalten.

(3) [1]Die freiwillig Versicherten erhalten jeweils nach Ablauf des Kalenderjahres sowie bei Beendigung der freiwilligen Versicherung einen Nachweis mit den steuerlich vorgeschriebenen Angaben bzw. soweit keine steuerliche Förderung möglich ist, über die Höhe der geleisteten Beiträge sowie über Art und Umfang der bisher erworbenen Anwartschaften. [2]Eine unterbliebene oder nicht vollständige Abführung der

Beiträge an die Zusatzversorgungseinrichtung kann nur innerhalb einer Ausschlussfrist von sechs Monaten nach Zugang des Nachweises beanstandet werden. [3]Im Übrigen gelten die §§ 20, 21 und 22 Abs. 1 entsprechend.

Dritter Teil
Übergangs- und Schlussvorschriften
Abschnitt I
Übergangsregelungen zur Versicherungspflicht

§ 28 Höherversicherte

[1]Die Beschäftigten, deren zusätzliche Alters- und Hinterbliebenenversorgung im Wege der Höherversicherung bis 31. Dezember 1997 durchgeführt wurde, sind weiterhin nicht zu versichern. [2]Der Arbeitgeber zahlt einen Zuschuss zur Verwendung für eine zusätzliche Alters- und Hinterbliebenenversorgung von 66,47 Euro monatlich.

§ 29 Von der Pflichtversicherung Befreite

(1) Beschäftigte, die am 31. Dezember 1966 im Arbeitsverhältnis gestanden haben, nach der zwischen ihrem Arbeitgeber und der Zusatzversorgungseinrichtung bestehenden Mitgliedschafts-/Beteiligungsvereinbarung nicht zu versichern waren und die keinen Antrag auf Versicherung bei dem Arbeitgeber gestellt haben, bleiben weiterhin von der Pflicht zur Versicherung befreit.

VIII

(2) Beschäftigte, deren zusätzliche Alters- und Hinterbliebenenversorgung im Wege der Versicherung bei einem Lebensversicherungsunternehmen durchgeführt worden ist und die keinen Antrag auf Versicherung nach einem der in § 40 Abs. 3 aufgeführten Tarifverträge gestellt haben, sind – entsprechend den bis zum In-Kraft-Treten dieses Tarifvertrages geltenden Regelungen – weiterhin nicht bei der Zusatzversorgungseinrichtung zu versichern.

Abschnitt II
Übergangsregelungen für die Rentenberechtigten

§ 30 Am 31. Dezember 2001 Versorgungsrentenberechtigte

(1) Die Versorgungsrenten, die sich ohne Berücksichtigung von Nichtzahlungs- und Ruhensregelungen ergeben, und die Ausgleichsbeträge nach dem bis zum 31. Dezember 2000 geltenden Zusatzversorgungsrecht werden für die am 31. Dezember 2001 Versorgungsrentenberechtigten und versorgungsrentenberechtigten Hinterbliebenen zum 31. Dezember 2001 festgestellt.

(2) [1]Die nach Absatz 1 festgestellten Versorgungsrenten werden vorbehaltlich des Satzes 3 als Besitzstandsrenten weitergezahlt und entsprechend § 11 Abs. 1 dynamisiert. [2]Die abbaubaren Ausgleichsbeträge werden jeweils in Höhe des Dynamisierungsgewinns abgebaut; die nicht abbaubaren Ausgleichsbeträge werden nicht dynamisiert. [3]Die am Tag vor In-Kraft-Treten dieses Tarifvertrages geltenden Regelungen über die Nichtzahlung und das Ruhen sind entsprechend anzuwenden.

(3) Es gelten folgende Maßgaben:

a) [1]Neuberechnungen werden nur unter den Voraussetzungen des § 11 Abs. 2 durchgeführt; zusätzliche Versorgungspunkte nach Satz 2 sind dabei zu berücksichtigen. [2]Soweit noch Zeiten vor dem 1. Januar 2002 zu berücksichtigen sind, wird eine Startgutschrift entsprechend den §§ 32 bis 34 berechnet; übersteigt der hiernach festgestellte Betrag den Betrag, der sich als Versorgungsrente am 31. Dezember 2001 ergeben hat bzw. ohne Nichtzahlungs- und Ruhensregelungen ergeben hätte, wird die Differenz durch den Messbetrag geteilt und dem Versorgungskonto (§ 8 Abs. 1) als Startgutschrift gutgeschrieben.

b) § 10 Abs. 3 und die §§ 12 bis 14 sowie 20 bis 23 gelten entsprechend.

c) [1]Hat die Versorgungsrente vor dem 1. Januar 2002 geendet und besteht die Möglichkeit einer erneuten Rentengewährung, ist die Versorgungsrente, die sich unter Außerachtlassung von Nichtzahlungs- und Ruhensregelungen und ohne Berücksichtigung eines Ausgleichsbetrages (Absatz 1) am 31. Dezember 2001 ergeben hätte, durch den Messbetrag zu teilen und als Startgutschrift auf dem Versorgungskonto (§ 8 Abs. 1) gutzuschreiben; im Übrigen gelten in diesen Fällen die Vorschriften des Punktemodells. [2]Satz 1 gilt entsprechend, wenn der Versicherungsfall vor dem 1. Januar 2002 eingetreten ist, die Versorgungsrente jedoch erst nach dem 1. Januar 2002 beginnen würde.

(4) Stirbt eine unter Absatz 1 fallende Versorgungsrentenberechtigte/ein unter Absatz 1 fallender Versorgungsrentenberechtigter, gelten die Vorschriften des Punktemodells für Hinterbliebene entsprechend.

(5) Die Absätze 1 bis 4 gelten für Rentenberechtigte entsprechend, deren Rente aus der Zusatzversorgung am 1. Januar 2002 beginnt.

Zur Vorschrift des § 30 Abs. 3 Buchstabe a Satz 1 haben die Tarifpartner im Rahmen des Änderungstarifvertrages Nr. 4 folgende Protokollnotiz vereinbart:

„Sind in Fällen, die den mit Urteilen des BGH vom 14. Juni 2006 – Az. IV ZR 54/05 und IV ZR 55/07 – entschiedenen Fällen vergleichbar sind, bereits vor dem 22. Juni 2007 Ansprüche aufgrund der vor Vereinbarung des 4. Änderungstarifvertrags

VIII

geltenden Formulierung des § 30 Abs. 3 ATV geltend gemacht worden, verbleibt es für diese Fälle beim bisherigen Wortlaut."

§ 31 Am 31. Dezember 2001 Versicherungsrentenberechtigte

(1) Für Versicherungsrentenberechtigte und versicherungsrentenberechtigte Hinterbliebene, deren Versicherungsrente spätestens am 31. Dezember 2001 begonnen hat, wird die am 31. Dezember 2001 maßgebende Versicherungsrente festgestellt.

(2) Die nach Absatz 1 festgestellten Versicherungsrenten werden als Besitzstandsrenten weitergezahlt und entsprechend § 11 Abs. 1 dynamisiert.

(3) § 30 Abs. 3 bis 5 gilt entsprechend.

(4) Die Absätze 1 bis 3 gelten für Leistungen nach der am Tag vor In-Kraft-Treten dieses Tarifvertrages geltenden Sonderregelung für Arbeitnehmer im Beitrittsgebiet (§ 105b VBL-Satzung) und für Betriebsrenten nach § 18 BetrAVG, die spätestens am 31. Dezember 2001 begonnen haben, entsprechend.

Abschnitt III
Übergangsregelungen für Anwartschaften der Versicherten

§ 32 Grundsätze

VIII

(1) [1]Für die Versicherten werden die Anwartschaften (Startgutschriften) nach dem am 31. Dezember 2000 geltenden Recht der Zusatzversorgung entsprechend den §§ 33 und 34 ermittelt. [2]Die Anwartschaften nach Satz 1 werden ohne Berücksichtigung der Altersfaktoren in Versorgungspunkte umgerechnet, indem der Anwartschaftsbetrag durch den Messbetrag von vier Euro geteilt wird; sie werden dem Versorgungskonto (§ 8 Abs. 1) ebenfalls gutgeschrieben. [3]Eine Verzinsung findet vorbehaltlich des § 19 Abs. 1 nicht statt.

(2) [1]Das Jahr 2001 wird entsprechend dem Altersvorsorgeplan 2001 berücksichtigt; dies gilt auch für im Jahr 2001 eingetretene Rentenfälle. [2]Ist der Versicherungsfall der teilweisen oder vollen Erwerbsminderung im Jahr 2001 eingetreten, gilt Satz 1 mit der Maßgabe, dass die zusatzversorgungsrechtliche Umsetzung der Neuregelungen im gesetzlichen Erwerbsminderungsrecht aus der 39. Änderung der Satzung der VBL vom 19. Oktober 2001 oder der Änderung der Satzung der ZVK-Saar vom 10. Dezember 2001 zu berücksichtigen ist.

(3) Soweit in den §§ 33, 34 und 39 auf Vorschriften des bis zum 31. Dezember 2000 geltenden Satzungsrechts verwiesen wird, erfolgt dies durch Benennung der bisherigen Regelung in der VBL-Satzung mit dem Zusatz „a. F."; für den Bereich der ZVK-Saar gelten die ent-

sprechenden Vorschriften ihrer Satzung in der bis zum 31. Dezember 2000 geltenden Fassung.

(4) [1]Für die Berechnung der Anwartschaften sind, soweit jeweils erforderlich, die Rechengrößen (Entgelt, Gesamtbeschäftigungsquotient, Steuertabelle, Sozialversicherungsbeiträge, Familienstand u. a.) vom 31. Dezember 2001 maßgebend; soweit gesamtversorgungsfähiges Entgelt zu berücksichtigen ist, ergibt sich dieses aus den entsprechenden Kalenderjahren vor dem 1. Januar 2002, dabei bleibt die Dynamisierung zum 1. Januar 2002 unberücksichtigt. [2]Für die Rentenberechnung nach § 18 Abs. 2 BetrAVG ist das am 31. Dezember 2001 geltende Rentenrecht maßgebend (Anlage 4 Nr. 5 Satz 2).

(5) [1]Beanstandungen gegen die mitgeteilte Startgutschrift sind innerhalb einer Ausschlussfrist von sechs Monaten nach Zugang des Nachweises der Zusatzversorgungseinrichtung schriftlich unmittelbar gegenüber der Zusatzversorgungseinrichtung zu erheben. [2]Auf die Ausschlussfrist ist in dem Nachweis hinzuweisen.

(6) [1]Soweit die Summe aus der Startgutschrift ohne Berücksichtigung des § 33 Abs. 1 Satz 3, dem Zuschlag zur Startgutschrift nach § 33 Abs. 1a sowie dem Betrag, der nach § 33 Abs. 3a als zusätzliche Startgutschrift ermittelt wurde, die Höhe der Anwartschaft nach § 33 Abs. 1 erreicht oder übersteigt, verbleibt es bei der bereits mitgeteilten Startgutschrift. [2]Einer gesonderten Mitteilung durch die Zusatzversorgungseinrichtung bedarf es in diesen Fällen nicht, es sei denn es liegt eine Beanstandung nach Absatz 5 vor oder die Zusatzversorgungseinrichtung hat auf die Beanstandung der Startgutschriften verzichtet. [3]Im Übrigen übermittelt die Zusatzversorgungseinrichtung eine neue Mitteilung über die Höhe der Startgutschrift.

§ 33 Höhe der Anwartschaften für am 31. Dezember 2001 schon und am 1. Januar 2002 noch Pflichtversicherte

(1) [1]Die Anwartschaften der am 31. Dezember 2001 schon und am 1. Januar 2002 noch Pflichtversicherten berechnen sich nach § 18 Abs. 2 BetrAVG, soweit sich aus Absatz 2 nichts anderes ergibt. [2]Satz 1 gilt entsprechend für Beschäftigte, die nach den am 31. Dezember 2000 geltenden Vorschriften der Zusatzversorgungseinrichtung als pflichtversichert gelten. [3]Bei Anwendung von Satz 1 ist an Stelle des Faktors von 2,25 v. H. nach § 18 Abs. 2 Nr. 1 Satz 1 BetrAVG der Faktor zu berücksichtigen, der sich ergibt, indem man 100 v. H. durch die Zeit in Jahren vom erstmaligen Beginn der Pflichtversicherung bis zum Ende des Monats, in dem das 65. Lebensjahr vollendet wird, teilt; der Faktor beträgt jedoch mindestens 2,25 v. H. und höchstens 2,5 v. H.

Protokollnotiz zu Absatz 1 Satz 3:

[1]Bei Anwendung von Absatz 1 Satz 3 werden Teilmonate ermittelt, indem die Pflichtversicherungszeit unabhängig von der tatsächlichen Anzahl der Tage des betreffenden Monats durch 30 dividiert wird. [2]Aus der Summe der (Teil-)Monate werden die Jahre der Pflichtversicherung berechnet. [3]Die sich nach Satz 1 und 2 ergebenden Werte werden jeweils auf zwei Nachkommastellen gemeinüblich gerundet. [4]Der sich durch die Division mit der Zeit in Jahren ergebende Faktor wird auf vier Nachkommastellen gemeinüblich gerundet.

(1a) [1]Bei Beschäftigten, deren Anwartschaft nach Absatz 1 (rentenferne Jahrgänge) berechnet wurde, wird auch ermittelt, welche Anwartschaft sich bei einer Berechnung nach § 18 Abs. 2 BetrAVG unter Berücksichtigung folgender Maßgaben ergeben würde:

1. [1]Anstelle des Vomhundertsatzes nach § 18 Abs. 2 Nr. 1 Satz 1 BetrAVG wird ein Unverfallbarkeitsfaktor entsprechend § 2 Abs. 1 Satz 1 BetrAVG errechnet. [2]Dieser wird ermittelt aus dem Verhältnis der Pflichtversicherungszeit vom Beginn der Pflichtversicherung bis zum 31. Dezember 2001 zu der Zeit vom Beginn der Pflichtversicherung bis zum Ablauf des Monats, in dem das 65. Lebensjahr vollendet wird. [3]Der sich danach ergebende Vomhundertsatz wird auf zwei Stellen nach dem Komma gemeinüblich gerundet und um 7,5 Prozentpunkte vermindert.
2. [1]Ist der nach Nummer 1 Satz 3 ermittelte Vomhundertsatz höher als der bisherige Vomhundertsatz nach § 18 Abs. 2 Nr. 1 Satz 1 BetrAVG, wird für die Voll-Leistung nach § 18 Abs. 2 BetrAVG ein individueller Brutto- und Nettoversorgungssatz nach § 41 Abs. 2 und 2b VBL-Satzung a. F. ermittelt. [2]Als gesamtversorgungsfähige Zeit werden dabei berücksichtigt
   a) die bis zum 31. Dezember 2001 erreichten Pflichtversicherungsmonate zuzüglich der Monate vom 1. Januar 2002 bis zum Ablauf des Monats, in dem das 65. Lebensjahr vollendet wird, und
   b) die Monate ab Vollendung des 17. Lebensjahres bis zum 31. Dezember 2001 abzüglich der Pflichtversicherungsmonate bis zum 31. Dezember 2001 zur Hälfte.

   [3]Für Beschäftigte, für die der Umlagesatz des Abrechnungsverbandes Ost maßgebend war und die nur Pflichtversicherungszeiten in der Zusatzversorgung nach dem 31. Dezember 1996 haben, gilt Satz 2 Buchst. b mit der Maßgabe, dass für die Zeit vor dem 1. Januar 1997 höchstens 75 Monate zur Hälfte berücksichtigt werden.

   [4]Bei Anwendung des § 41 Abs. 2 Satz 5 VBL-Satzung a. F. gilt als Eintritt des Versicherungsfalls der Erste des Kalendermonats nach Vollendung des 65. Lebensjahres; als gesamtversorgungsfähige Zeit im Sinne des § 42 Abs. 1 VBL-Satzung a. F. sind die Zeiten nach Satz 2 Buchst. a zu berücksichtigen.

VIII

Protokollnotiz zu Absatz 1a Satz 1 Nr. 2:

Der „bisherige Vomhundertsatz nach § 18 Abs. 2 Nr. 1 Satz 1 BetrAVG" wird für jedes Jahr der Pflichtversicherung mit dem Faktor 2,25 v. H. berechnet, Absatz 1 Satz 3 findet keine Anwendung.

[2]Ist die unter Berücksichtigung der Maßgaben nach den Nummern 1 und 2 berechnete Anwartschaft höher als die Anwartschaft nach Absatz 1, wird der Unterschiedsbetrag zwischen diesen beiden Anwartschaften ermittelt und als Zuschlag zur Anwartschaft nach Absatz 1 berücksichtigt. [3]Der Zuschlag vermindert sich um den Betrag, der bereits nach Absatz 3a als zusätzliche Startgutschrift ermittelt wurde.

Protokollnotiz zu Absatz 1 und Absatz 1a:

Zur Ermittlung der Anwartschaften nach den Absätzen 1 und 1a wird bei Berechnung der Voll-Leistung nach § 18 Abs. 2 Nr. 1 BetrAVG ausschließlich das sogenannte Näherungsverfahren entsprechend § 18 Abs. 2 Nr. 1 Satz 2 Buchst. f BetrAVG berücksichtigt.

(2) [1]Für Beschäftigte im Tarifgebiet West bzw. für bei der VBL versicherte Beschäftigte, für die der Umlagesatz des Abrechnungsverbandes West maßgeblich ist (§ 76 Abs. 4 Satz 3 VBL-Satzung a. F.) oder die Pflichtversicherungszeiten in der Zusatzversorgung vor dem 1. Januar 1997 haben, und die am 1. Januar 2002 das 55. Lebensjahr vollendet haben (rentennahe Jahrgänge), ist Ausgangswert für die bis zum 31. Dezember 2001 in der Zusatzversorgung (Gesamtversorgung) erworbene Anwartschaft die Versorgungsrente, die sich unter Beachtung der Maßgaben des § 32, insbesondere unter Berücksichtigung der Mindestgesamtversorgung (§ 41 Abs. 4 VBL-Satzung a. F.) und des § 44a VBL-Satzung a. F., für die Berechtigte/den Berechtigten bei Eintritt des Versicherungsfalles am 31. Dezember 2001, frühestens jedoch zum Zeitpunkt der Vollendung des 63. Lebensjahres ergeben würde. [2]Von diesem Ausgangswert ist der Betrag abzuziehen, den die Versicherten aus dem Punktemodell bis zur Vollendung des 63. Lebensjahres vor Berücksichtigung des Abschlages noch erwerben könnten, wenn für sie zusatzversorgungspflichtige Entgelte in Höhe des gesamtversorgungsfähigen Entgelts gezahlt würden. [3]Sind am 31. Dezember 2001 die Voraussetzungen für die Berücksichtigung des § 98 Abs. 5 VBL-Satzung a. F. erfüllt, berechnet sich der Versorgungsvomhundertsatz nach dieser Vorschrift mit der Maßgabe, dass nach § 98 Abs. 5 Satz 2 VBL-Satzung a. F. abzuziehende Monate die Monate sind, die zwischen dem 31. Dezember 1991 und dem Ersten des Monats liegen, der auf die Vollendung des 63. Lebensjahres folgt. [4]Die Sätze 1 bis 3 gelten für Beschäftigte, die am 31. Dezember 2001 das 52. Lebensjahr vollendet haben und eine Rente für schwerbehinderte Menschen beanspruchen könnten, wenn sie zu diesem Zeitpunkt bereits das 60. Lebensjahr vollendet hätten, entsprechend

VIII

mit der Maßgabe, dass an die Stelle des 63. Lebensjahres das entsprechende, für sie individuell frühestmögliche Eintrittsalter in die abschlagsfreie Rente für schwerbehinderte Menschen maßgeblich ist. [5]Werden in den Fällen des Satzes 4 die Voraussetzungen für die Mindestgesamtversorgung zwischen dem Zeitpunkt der Hochrechnung nach Satz 4 und der Vollendung des 63. Lebensjahres erfüllt, erfolgt die Berechnung der Anwartschaft abweichend von Satz 4 bezogen auf den Zeitpunkt, zu dem die Voraussetzungen der Mindestgesamtversorgung erfüllt wären.

(3) Für Beschäftigte im Tarifgebiet West bzw. für bei der VBL versicherte Beschäftigte, für die der Umlagesatz des Abrechnungsverbandes West maßgeblich ist (§ 76 Abs. 4 Satz 3 VBL-Satzung a. F.) oder die Pflichtversicherungszeiten in der Zusatzversorgung vor dem 1. Januar 1997 haben, und die vor dem 14. November 2001 Altersteilzeit oder einen Vorruhestand vereinbart haben, gilt Absatz 2 mit folgenden Maßgaben:

a) An die Stelle des 63. Lebensjahres tritt das vereinbarte Ende des Altersteilzeitarbeitsverhältnisses bzw. in den Fällen des Vorruhestandes das Alter, zu dem nach der Vorruhestandsvereinbarung die Rente beginnen würde.
b) Der anzurechnende Bezug nach Absatz 4 wird in den Fällen, in denen die Mindestgesamtversorgung nach dem bis zum 31. Dezember 2000 geltenden Zusatzversorgungsrecht maßgeblich gewesen wäre, um die Abschläge vermindert, die sich zu dem Zeitpunkt, auf den die Startgutschrift hochgerechnet wird, voraussichtlich ergeben werden; diese Abschläge sind der Zusatzversorgungseinrichtung vom Beschäftigten in geeigneter Weise nachzuweisen. Die Startgutschrift ist in den Fällen des Satzes 1 um den Betrag der sich im Zeitpunkt der Hochrechnung nach Satz 1 voraussichtlich ergebenden Abschläge gemäß § 7 Abs. 3 zu erhöhen.

VIII

(3a) [1]Pflichtversicherte, bei denen der Versicherungsfall der vollen Erwerbsminderung vor dem 1. Januar 2007 eingetreten ist, deren Startgutschrift nach Absatz 1 berechnet wurde und die am 31. Dezember 2001

a) das 47. Lebensjahr vollendet sowie
b) mindestens 120 Umlagemonate zurückgelegt hatten,

erhalten in Abweichung von dem üblichen Verfahren eine zusätzliche Startgutschrift in Höhe des Betrages, um den die Startgutschrift nach Absatz 2 die Startgutschrift nach Absatz 1 übersteigt; bei Berechnung der Startgutschrift nach Absatz 2 sind die Maßgaben der Sätze 2 und 3 zu beachten. [2]Die Berechnung erfolgt bezogen auf die Vollendung des

63. Lebensjahres. [3]Als anzurechnender Bezug wird die tatsächliche, entsprechend Absatz 5 auf das vollendete 63. Lebensjahr hochgerechnete gesetzliche Rente zugrunde gelegt. [4]Die sich nach den Sätzen 1 bis 3 ergebende zusätzliche Startgutschrift gilt bei Anwendung des § 19 als soziale Komponente im Sinne des § 9.

(4) [1]Für die Berechnung der Startgutschrift nach Absatz 2 ist die Rentenauskunft des gesetzlichen Rentenversicherungsträgers zum Stichtag 31. Dezember 2001 nach Durchführung einer Kontenklärung maßgebend. [2]Die Pflichtversicherten haben, sofern sie nicht bereits über eine Rentenauskunft aus dem Jahr 2001 verfügen, bis zum 30. September 2002 eine Rentenauskunft zu beantragen und diese unverzüglich der zuständigen Zusatzversorgungseinrichtung zu übersenden. [3]Sofern die Rentenauskunft aus von den Pflichtversicherten zu vertretenden Gründen bis zum 31. Dezember 2003 nicht beigebracht wird, wird die Startgutschrift nach Absatz 1 berechnet. [4]Bei Vorliegen besonderer Gründe kann die Zusatzversorgungseinrichtung eine angemessene Fristverlängerung gewähren. [5]Soweit bis zum 31. Dezember 2002 bereits ein bestands- oder rechtskräftiger Rentenbescheid der gesetzlichen Rentenversicherung vorliegt, ist – abweichend von Satz 1 – dieser Grundlage für die Berechnung nach Absatz 2.

(5) [1]Für die Zeit bis zur Vollendung des 63. Lebensjahres werden Entgeltpunkte in Höhe des jährlichen Durchschnitts der in dem Zeitraum vom 1. Januar 1999 bis 31. Dezember 2001 tatsächlich aus Beitragszeiten erworbenen Entgeltpunkte in Ansatz gebracht. [2]Bei Pflichtversicherten, die nicht in der gesetzlichen Rentenversicherung versichert sind, wird der anzurechnende Bezug nach der bisher geltenden Regelung berücksichtigt; Zuschüsse werden in Höhe des jährlichen Durchschnitts der in der Zeit vom 1. Januar 1999 bis 31. Dezember 2001 tatsächlich gemeldeten Zuschüsse in Ansatz gebracht. [3]Ist in den Jahren 1999 bis 2001 kein zusatzversorgungspflichtiges Entgelt bezogen worden, ist gesamtversorgungsfähiges Entgelt das zusatzversorgungspflichtige Entgelt, das sich ergeben hätte, wenn für den gesamten Monat Dezember 2001 eine Beschäftigung vorgelegen hätte. [4]Sind in den Jahren 1999 bis 2001 keine Entgeltpunkte erworben worden, ist für die Ermittlung der Entgeltpunkte das rentenversicherungspflichtige Entgelt maßgebend, das im Monat Dezember 2001 bezogen worden wäre, wenn während des gesamten Monats eine Beschäftigung vorgelegen hätte; für die Ermittlung der Zuschüsse gilt dies entsprechend.

(6) [1]Für die Berechnung der Startgutschrift nach Absatz 1 und 2 haben die Pflichtversicherten bis zum 31. Dezember 2002 ihrem Arbeitgeber den Familienstand am 31. Dezember 2001 (§ 41 Abs. 2c Satz 1 Buchst. a

VIII

und b VBL-Satzung a. F.) mitzuteilen. [2]Der Arbeitgeber hat die Daten an die Zusatzversorgungseinrichtung zu melden.

(7) [1]Für die Dynamisierung der Anwartschaften gilt § 19. [2]Auf den Zuschlag zur Anwartschaft nach Absatz 1a werden für die Jahre 2001 bis 2010 keine Bonuspunkte (§ 19) gewährt. [3]Die Vergabe von Bonuspunkten für die Zeit bis zum 31. Dezember 2016 wird durch die Neuberechnung der Startgutschriften aufgrund der Änderungen durch § 1 des Änderungstarifvertrages Nr. 10 zum ATV vom 8. Juni 2017 nicht berührt.

Protokollnotiz zu Absatz 7:

Die Tarifvertragsparteien gehen davon aus, dass wegen der unverändert hohen Mindestverzinsung zumindest mittelfristig weiterhin keine Ausschüttung von Bonuspunkten für die seit 2001 im Punktemodell erworbenen Anwartschaften und die Startgutschriften erfolgen wird.

§ 34 Höhe der Anwartschaften für am 1. Januar 2002 beitragsfrei Versicherte

(1) [1]Die Startgutschriften der am 1. Januar 2002 beitragsfrei Versicherten werden nach der am 31. Dezember 2001 geltenden Versicherungsrentenberechnung ermittelt. [2]Auf einen gesetzlichen Anspruch nach § 18 Abs. 2 BetrAVG sind § 33 Abs. 1 Satz 3 und Abs. 1a entsprechend anzuwenden. [3]Für die Dynamisierung der Anwartschaften gilt § 33 Abs. 7 entsprechend.

(2) [1]Für Beschäftigte, für die § 105b VBL-Satzung a. F. gilt, findet Absatz 1 mit der Maßgabe Anwendung, dass die Startgutschriften nur nach § 44 VBL-Satzung a. F. berechnet werden und dass der Berechnung das Entgelt zugrunde zu legen ist, das bei Pflichtversicherung in den letzten fünf Jahren vor Beendigung des Arbeitsverhältnisses zusatzversorgungspflichtig gewesen wäre. [2]Für Beschäftigte nach Satz 1 gilt die Wartezeit als erfüllt.

(3) Für die freiwillig Weiterversicherten gilt Absatz 1 entsprechend.

VIII

Abschnitt IV
Schlussvorschriften

§ 35 Sterbegeld

[1]Sterbegeld wird bei Fortgeltung des bisherigen Rechts Anspruchsberechtigten unter Berücksichtigung des am 31. Dezember 2001 maßgebenden Gesamtbeschäftigungsquotienten in folgender Höhe gezahlt für Sterbefälle

im Jahr 2002	1535 Euro,
im Jahr 2003	1500 Euro,

im Jahr 2004	1200 Euro,
im Jahr 2005	900 Euro,
im Jahr 2006	600 Euro,
im Jahr 2007	300 Euro.

[2]Ab dem Jahr 2008 entfällt das Sterbegeld.

§ 36 Sonderregelungen für die Jahre 2001/2002

(1) Anstelle von § 2 Abs. 2 und des Satzes 1 der Anlage 2 finden bis zum 31. Dezember 2002 der § 5 Abs. 3 und § 6 Abs. 1 bis 3 Versorgungs-TV sowie § 4 Abs. 1 und § 5 Abs. 1 bis 3 VersTV-Saar weiterhin Anwendung.

(2) Soweit bis zum 31. Dezember 2002 zusatzversorgungspflichtiges Entgelt entsprechend § 8 Versorgungs-TV oder § 7 VersTV-Saar gemeldet wurde, hat es dabei sein Bewenden.

(3) Soweit bis zum 31. Dezember 2002 Beiträge im Sinne des § 25 entsprechend den Vorschriften des Versorgungs-TV oder des VersTV-Saar gezahlt wurden, hat es dabei sein Bewenden.

§ 36a Übergangsregelungen

(1) Ist die/der Versicherte oder die/der Betriebsrentenberechtigte vor dem 1. Juli 2007 verstorben, findet § 10 Abs. 1 Satz 5 keine Anwendung; dies gilt nicht für Neuzusagen, die nach dem 31. Dezember 2006 erteilt wurden.

(2) [1]Für Mutterschutzzeiten nach § 3 Abs. 2 und § 6 Abs. 1 MuSchG, die in der Zeit vom 1. Januar 2002 bis zum 31. Dezember 2011 liegen, gilt § 9 Abs. 1 Satz 4 und 5 mit folgenden Maßgaben:

a) [1]Die Mutterschutzzeiten werden auf schriftlichen Antrag der Beschäftigten berücksichtigt. [2]Geeignete Nachweise zum Beginn und Ende der Mutterschutzfristen sind vorzulegen. [3]Der Antrag und die Nachweise sind bei der Zusatzversorgungseinrichtung einzureichen, bei der die Pflichtversicherung während der Mutterschutzzeit bestanden hat.

b) [1]Das für die Mutterschutzzeit anzusetzende zusatzversorgungspflichtige Entgelt wird errechnet aus dem durchschnittlichen kalendertäglichen zusatzversorgungspflichtigen Entgelt des Kalenderjahres, das dem Jahr vorangeht, in dem die Mutterschutzfrist begonnen hat. [2]Bei der Berechnung des durchschnittlichen Entgelts werden Kalendermonate ohne zusatzversorgungspflichtiges Entgelt nicht berücksichtigt. [3]Ist in diesem Zeitraum kein zusatzversorgungspflichtiges Entgelt angefallen, ist für die Berechnung das Entgelt zugrunde zu legen, das sich als durchschnittliches zusatzver-

VIII

sorgungspflichtiges Entgelt im Kalenderjahr vor Beginn der Mutterschutzzeit ergeben hätte.

c) Das zusatzversorgungspflichtige Entgelt nach Buchstabe b vermindert sich um das zusatzversorgungspflichtige Entgelt, das nach § 9 Abs. 1 in der Fassung des Änderungstarifvertrages Nr. 2 vom 12. März 2003 für Kalendermonate berücksichtigt worden ist, in denen das Arbeitsverhältnis ganz oder teilweise nach § 6 Abs. 1 MuSchG geruht hat.

[2]Für Mutterschutzzeiten vor dem 1. Januar 2002 gilt Satz 1 bei entsprechendem Antrag der Versicherten bzw. der Rentenberechtigten sinngemäß für die Berechnung ihrer Startgutschriften. [3]Am 31. Dezember 2001 Rentenberechtigte mit Mutterschutzzeiten vor dem 1. Januar 2002 erhalten auf Antrag einen Zuschlag zu ihrer Besitzstandsrente, der sich ergibt, wenn auf der Grundlage der Entgelte gemäß Satz 1 Buchst. b entsprechend § 8 Versorgungspunkte gutgeschrieben würden.

§ 37 Sonderregelungen für die VBL

(1) [1]Zu § 16 Abs. 1: Bei Pflichtversicherten, für die der Umlagesatz des Abrechnungsverbandes West der VBL maßgebend ist, beträgt der Umlage-Beitrag 1,41 v. H. des zusatzversorgungspflichtigen Entgelts. [2]Neben dem Umlage-Beitrag nach Satz 1 wird ein zusätzlicher Arbeitnehmerbeitrag zur Umlage in Höhe von 0,4 v. H. des zusatzversorgungspflichtigen Entgelts erhoben; abweichend davon beträgt der zusätzliche Arbeitnehmerbeitrag zur Umlage bei

VIII

a) den Beschäftigten eines Mitglieds der TdI oder eines Mitglieds eines Mitgliedsverbandes der TdI, die bei der VBL pflichtversichert sind, in der Zeit vom 1. Juli 2016 bis 30. Juni 2017 0,3 v. H. des zusatzversorgungspflichtigen Entgelts;
b) den Beschäftigten des Bundes und den Beschäftigten eines Mitglieds eines Mitgliedsverbandes der VKA, die bei der VBL pflichtversichert sind,
   - in der Zeit vom 1. Juli 2016 bis 30. Juni 2017 0,2 v. H. des zusatzversorgungspflichtigen Entgelts und
   - in der Zeit vom 1. Juli 2017 bis 30. Juni 2018 0,3 v. H. des zusatzversorgungspflichtigen Entgelts.

[3]Der zusätzliche Arbeitnehmerbeitrag zur Umlage nach Satz 2 dient der Finanzierung von Mehrkosten aufgrund der Veränderung der biometrischen Risiken (Richttafeln Heubeck 1998, derzeit VBL 2010G); er wird zunächst in einem Sondervermögen des Abrechnungsverbandes West der VBL angespart.

[4]Die Arbeitgeber im Abrechnungsverband West der VBL tragen entsprechend dem periodischen Bedarf im Umlageverfahren eine Umlage von 6,45 v. H. bis zu 6,85 v. H. der zusatzversorgungspflichtigen Entgelte.

[5]Für die Finanzierung der sich aufgrund der veränderten biometrischen Risikoverhältnisse im Abrechnungsverband West der VBL ergebenden Mehrkosten gilt folgendes Verfahren:

a) Die Mehrkosten aufgrund der veränderten biometrischen Risikoverhältnisse im Sinne von Satz 3 werden für den jeweiligen Deckungsabschnitt pauschal ermittelt, indem auf die sich für die einzelnen Kalenderjahre des Deckungsabschnitts ergebenden Rentenausgaben der sich aus der Anlage 6 jeweils ergebende Vomhundertsatz angewandt wird.
b) Die Hälfte der sich nach Buchstabe a ergebenden Mehrkosten in dem jeweiligen Deckungsabschnitt wird durch eine Entnahme aus dem Sondervermögen nach Satz 3 finanziert; die aus dem Sondervermögen hierzu entnommenen Mittel sind dem jeweiligen Arbeitgeber bzw. seiner Arbeitgebergruppe in dem Verhältnis zuzurechnen, in dem das Sondervermögen von deren Beschäftigten aufgebaut wurde.
c) Die andere Hälfte der sich nach Buchstabe a ergebenden Mehrkosten, höchstens jedoch 0,4 v. H. der zusatzversorgungspflichtigen Entgelte, wird von den Arbeitgebern im Rahmen der Festsetzung des Finanzierungsaufwandes für den jeweiligen Deckungsabschnitt getragen.
d) Die Anwendung der Buchstaben a bis c im jeweiligen Deckungsabschnitt setzt einen Umlagesatz in diesem Deckungsabschnitt von mindestens 7,86 v. H. voraus.

VIII

Protokollnotizen zu Absatz 1:

1. Eine Entnahme aus dem Sondervermögen erfolgt erst ab 2023.
2. Über die Frage der Finanzierung der durch die neuen Startgutschriften entstehenden Mehrkosten werden die Tarifvertragsparteien entscheiden, wenn das derzeitige von den Arbeitgebern zu tragende Finanzierungsvolumen (Umlage/Sanierungsgeldsätze) bei der VBL (Abrechnungsverband West) nicht ausreichen sollte.

(2) Zu § 16 Abs. 2: Bei Pflichtversicherten, deren zusatzversorgungspflichtiges Entgelt sich nach für das Tarifgebiet West geltenden Tarifvertragsregelungen bemisst und für die der Umlagesatz des Abrechnungsverbandes West maßgebend ist, gilt anstelle des in § 16 Abs. 2 genannten Betrages ein Betrag von 92,03 Euro.

(3) Zu § 17: Die Sanierungsgelder nach § 17 werden im Abrechnungsverband West nach dem Verhältnis der Entgeltsumme aller Pflicht-

versicherten zuzüglich der neunfachen Rentensumme aller Renten zu den entsprechenden Werten, die einem Arbeitgeberverband oder einem Arbeitgeber zurechenbar sind, erhoben. Die Satzung regelt die Grundsätze der Zuordnung von Beteiligten zu den jeweiligen Arbeitgebergruppen entsprechend dem Altersvorsorgeplan 2001 und dem Beschluss des Verwaltungsrates vom 1. Februar 2002.

(4) Zu § 26 Abs. 3: Die VBL hat die für die sonstigen Pensionskassen geltenden Regelungen des § 54 Abs. 2 und 3 VAG in Verbindung mit der Anlageverordnung, der §§ 54b, 66 VAG einschließlich der nach § 65 VAG erlassenen Deckungsrückstellungsverordnung zu beachten, soweit sich aufsichtsrechtlich nichts anderes ergibt.

(5) Zu § 34 Abs. 1: § 34 Abs. 1 Satz 2 gilt in folgender Fassung:

„[2]Soweit die Startgutschrift nach § 18 Abs. 2 BetrAVG berechnet wurde, sind § 32 Abs. 6 sowie § 33 Abs. 1 Satz 3 und Abs. 1a entsprechend anzuwenden."

(6) Zu § 36a Abs. 2: Anstelle von § 36a Abs. 2 Sätze 2 und 3 gilt folgender Satz 2:

„[2]Für Mutterschutzzeiten vor dem 1. Januar 2002 gilt Satz 1 bei entsprechendem Antrag der Versicherten bzw. Rentenberechtigten sinngemäß für die Berechnung ihrer bis zum 31. Dezember 2001 erworbenen Anwartschaften."

§ 37a Sonderregelungen für das Tarifgebiet Ost

(1) [1]Bei Pflichtversicherten, für die der Umlagesatz des Abrechnungsverbandes Ost der VBL maßgebend ist, beträgt der Arbeitnehmerbeitrag zur Pflichtversicherung 2,0 v. H. des zusatzversorgungspflichtigen Entgelts. [2]Dieser Arbeitnehmerbeitrag zur Kapitaldeckung erhöht sich auf 4,25 v. H. des zusatzversorgungspflichtigen Entgelts; abweichend davon beträgt der Arbeitnehmerbeitrag zur Kapitaldeckung bei

a) den Beschäftigten eines Mitglieds der TdL oder eines Mitglieds eines Mitgliedsverbandes der TdL, die bei der VBL pflichtversichert sind, in der Zeit vom 1. Juli 2016 bis 30. Juni 2017 3,5 v. H. des zusatzversorgungspflichtigen Entgelts;

b) den Beschäftigten des Bundes und den Beschäftigten eines Mitglieds eines Mitgliedsverbandes der VKA, die bei der VBL pflichtversichert sind,
   - in der Zeit vom 1. Juli 2016 bis 30. Juni 2017 2,75 v. H. des zusatzversorgungspflichtigen Entgelts und
   - in der Zeit vom 1. Juli 2017 bis 30. Juni 2018 3,5 v. H. des zusatzversorgungspflichtigen Entgelts.

[3]Der Arbeitgeberbeitrag im Kapitaldeckungsverfahren der VBL-Ost beträgt 2,0 v. H. der zusatzversorgungspflichtigen Entgelte. [4]Im Umlageverfahren tragen die Arbeitgeber im Abrechnungsverband Ost der VBL entsprechend dem periodischen Bedarf eine Umlage von 1,0 v. H. bis zu 3,25 v. H. der zusatzversorgungspflichtigen Entgelte. [5]Mit dieser Umlage werden auch die Leistungen aus der Kapitaldeckung finanziert, soweit die Entnahmen aus der Kapitaldeckung dazu nicht ausreichen (Mischfinanzierung).

Protokollnotiz zu Absatz 1:

Solange wegen der aktuellen Niedrigzinsphase tatsächlich ein Beitrag von über 8,0 v. H. des zusatzversorgungspflichtigen Entgelts zur Finanzierung der Leistungen des Punktemodells im Rahmen der Kapitaldeckung erforderlich ist, wirkt sich der zusätzliche Arbeitnehmerbeitrag nach Absatz 1 Satz 2 nicht auf den sofort unverfallbaren Teil der Anwartschaften aus.

(2) In den Fällen der freiwilligen Versicherung aufgrund von § 2 Abs. 2 wird ein entsprechender Arbeitnehmerbeitrag zur freiwilligen Versicherung erhoben; § 16 Abs. 1 Satz 2 gilt entsprechend.

(3) Der Zuschuss nach § 25 Abs. 1 Satz 4 wird für Beschäftigte im Tarifgebiet Ost um den Betrag gemindert, der sich ohne die Befreiung von der Pflichtversicherung als Arbeitnehmerbeitrag nach Absatz 1 ergeben würde.

Protokollnotiz zu den Absätzen 2 und 3:

In den Fällen der Absätze 2 und 3 wird als Arbeitnehmerbeitrag ein Beitrag von 2,0 v. H. des zusatzversorgungspflichtigen Entgelts zugrunde gelegt.

§ 37b Rechtsfolgen des Ausscheidens eines Beteiligten aus der VBL

[1]Mit dem Ausscheiden eines Beteiligten aus der VBL enden die Pflichtversicherungen der bei ihm im Arbeitsverhältnis stehenden Beschäftigten. [2]Die Versicherungen bleiben bei der VBL als beitragsfreie Versicherungen bis zum Beginn einer erneuten Pflichtversicherung bzw. bis zum Eintritt des Versicherungsfalls ebenso bestehen wie die dort erworbenen Anwartschaften und Leistungsansprüche der aktiven und ehemaligen Beschäftigten des ausgeschiedenen Beteiligten. [3]Diese dürfen nicht abweichend von Anwartschaften und Leistungsansprüchen solcher Beschäftigten geregelt werden, deren Arbeitgeber weiterhin Beteiligter der VBL ist.

§ 37c Zahlung eines Gegenwertes

(1) [1]Zur Sicherung der Umlage- und Solidargemeinschaft zahlt ein Beteiligter, der aus der VBL ausscheidet, einen Gegenwert an die VBL für die dort verbleibenden Leistungsansprüche und unverfallbaren Anwartschaften, die ihm zuzurechnen sind. [2]Bei der Berechnung des Gegenwertes sind folgende Grundsätze zu berücksichtigen:

a) Der ausgeschiedene Beteiligte hat neben den Leistungsansprüchen und Anwartschaften, die seine aktiven und ehemaligen Beschäftigten und deren Hinterbliebene bei der VBL während seiner Beteiligung erworben haben, auch die bis zu seinem Ausscheiden entstandenen Leistungsansprüche und Anwartschaften auszufinanzieren, die ihm nach der Satzung der VBL in den bis zum 31. Dezember 2015 gültigen Fassungen bzw. aufgrund Verpflichtungserklärung ausdrücklich zugeordnet worden sind und die nicht bereits vor dem Zeitpunkt des Ausscheidens kapitalgedeckt finanziert waren.

b) Die Höhe des Gegenwertes ist nach den anerkannten Regeln der Versicherungsmathematik unter Heranziehung von zum Ausscheidenszeitpunkt bestehenden und unter Verwendung der in den nachfolgenden Buchstaben c bis e näher bezeichneten Rechnungsgrundlagen zu berechnen.

c) Als Rechnungszins wird der zum Ausscheidenszeitpunkt jeweils gültige Höchstzinssatz nach § 2 Abs. 1 der Verordnung über Rechnungsgrundlagen für die Deckungsrückstellungen (Deckungsrückstellungsverordnung) zu Grunde gelegt, mindestens jedoch 2 v. H. und höchstens 4 v. H.

d) Hinsichtlich der biometrischen Risiken sind die jeweils aktuellen Sterbetafeln der VBL für die Pflichtversicherung zu berücksichtigen.

e) Die Verwaltungskosten werden pauschal mit 2 v. H. des Gegenwertes berechnet.

Protokollnotiz zu Absatz 1 Satz 2 Buchstabe c:

Im Fall des Wegfalls des Zinssatzes der Deckungsrückstellungsverordnung wird die Anknüpfung an einen anderen angemessenen Zinssatz durch die Tarifvertragsparteien vereinbart.

VIII

(2) Zum Ausgleich des Risikos, dass der nach Absatz 1 ermittelte Gegenwert aufgrund sich verändernder Rechnungsgrundlagen zu hoch oder zu niedrig ist, gilt Folgendes:

a) [1]Die VBL wiederholt die Gegenwertberechnung nach Absatz 1 alle zehn Jahre. [2]Die Kosten hierfür trägt die Umlagegemeinschaft. [3]Auf Veranlassung der VBL oder des ausgeschiedenen Beteiligten kann eine Neuberechnung auch bereits nach Ablauf von fünf Jahren seit der letzten Berechnung erneut durchgeführt werden. [4]In diesem Fall werden die Kosten durch den Veranlasser getragen.

b) [1]Übersteigt nach der Neuberechnung der bisher berechnete Gegenwert die bestehenden Verpflichtungen (Überschuss), werden dem ausgeschiedenen Beteiligten für jeweils fünf volle Jahre seit dem Ausscheiden 6,25 v. H. dieses Überschusses ausgezahlt. [2]Nach Ablauf von 80 Jahren seit dem Ausscheiden, spätestens mit dem Versterben des letzten Leistungsempfängers werden 100 v. H. des zu diesem Zeitpunkt festgestellten Überschusses ausgezahlt.

c) [1]Decken die zum Zeitpunkt der Neuberechnung aus dem bisherigen Gegenwert noch vorhandenen Mittel nicht alle bestehenden Verpflichtungen, besteht eine Nachschusspflicht des ausgeschiedenen Beteiligten. [2]Für die Nachschusspflicht gelten die in Buchstabe b aufgeführten Regelungen entsprechend.

d) [1]Auf Antrag des ausgeschiedenen Beteiligten unterbleibt die Neuberechnung nach Buchstaben a bis c, wenn der ausgeschiedene Beteiligte einen Zuschlag von 10 v. H. der Gegenwertsumme innerhalb von sechs Monaten nach seinem Ausscheiden zahlt. [2]Reichen Zuschlag und Gegenwert nicht aus, um die dem ausgeschiedenen Beteiligten zuzurechnenden Leistungsansprüche und Anwartschaften zu finanzieren, tragen dieses Risiko die Solidargemeinschaft der verbliebenen Beteiligten sowie diejenigen Beteiligten, die sich für das Erstattungsmodell nach § 37e entschieden haben, entsprechend dem periodischen Bedarf im Umlageverfahren.

§ 37d Vermögensanrechnung

[1]Ergab sich bei Ende des letzten Deckungsabschnitts vor dem Ausscheiden des Beteiligten ein überschüssiges Vermögen, verringert sich der Gegenwert nach § 37c um den Anteil, der dem ausgeschiedenen Beteiligten nach Satz 3 zuzurechnen ist. [2]Als überschüssiges Vermögen gilt der Betrag, der aufgrund eines Überschusses am Ende des vorangegangenen Deckungsabschnitts als sonstige Einnahme bei der Kalkulation des Finanzierungsaufwandes im laufenden Deckungsabschnitt berücksichtigt wurde. [3]Der Anteil des ausgeschiedenen Beteiligten berechnet sich wie folgt:

a) Der Anteil des ausscheidenden Beteiligten an dem überschüssigen Vermögen wird nach der Summe der zusatzversorgungspflichtigen Entgelte der über ihn Pflichtversicherten bei Ende der Beteiligung im Verhältnis zur Summe der zusatzversorgungspflichtigen Entgelte aller zu diesem Zeitpunkt Pflichtversicherten ermittelt.

b) Der ausgeschiedene Beteiligte erhält von dem Vermögensanteil nach Buchstabe a 30 v. H. sowie für jedes vollendete Kalenderjahr, das nach dem Ende der Beteiligung bis zum Ende des laufenden Deckungsabschnitts folgt,
   - bei einem fünfjährigen Deckungsabschnitt weitere 10,0 v. H. und
   - bei einem siebenjährigen Deckungsabschnitt weitere 6,67 v. H.,

   höchstens insgesamt 70 v. H.

[4]Ergab sich bei Ende des letzten Deckungsabschnitts vor dem Ausscheiden des Beteiligten eine Unterfinanzierung, die im Zuge der Kalkulation für den Finanzierungsaufwand des laufenden Deckungsabschnitts in diesem ausgeglichen wird, erhöht sich der Gegenwert nach

VIII

§ 37c um den Anteil, der dem ausgeschiedenen Beteiligten in entsprechender Anwendung von Satz 3 zuzurechnen ist. [5]Die Anrechnung des überschüssigen Vermögens nach Satz 1 oder der Ausgleich einer Unterdeckung nach Satz 4 erfolgt nur einmalig bei Beendigung der Beteiligung. [6]Eine über die Sätze 1 bis 4 hinausgehende Vermögensbeteiligung bzw. Beteiligung an einer Unterdeckung erfolgt nicht.

§ 37e Erstattungsmodell

[1]Der ausgeschiedene Beteiligte ist berechtigt, anstelle der Zahlung eines Gegenwertes nach § 37c die Aufwendungen der VBL für die ihm nach § 37c Abs. 1 Satz 2 Buchst. a zuzurechnenden Leistungsansprüche zuzüglich anteiliger Verwaltungskosten in Höhe von 2 v. H. des jeweiligen Erstattungsbetrages fortlaufend zu erstatten (Erstattungsmodell). [2]Er kann – auch nachträglich – den Erstattungszeitraum verkürzen, indem er einen Deckungsstock zur Ausfinanzierung verbleibender Ansprüche nach § 37c Abs. 1 Satz 2 Buchst. b bis c aufbaut oder zukünftig einen Gegenwert zur Ausfinanzierung solcher verbleibenden Ansprüche zahlt. [3]Dabei sind folgende Grundsätze zu berücksichtigen:

a) Beim Erstattungsmodell kann der ausscheidende Beteiligte zwischen reiner Erstattung, verkürzter Erstattung mit Deckungsstock und verkürzter Erstattung mit verbleibendem Gegenwert wählen.
b) [1]Das Ende des zu vereinbarenden Erstattungszeitraums kann der ausscheidende Beteiligte festlegen. [2]Wählt er das reine Erstattungsmodell, endet der Erstattungszeitraum mit der letzten ihm zuzurechnenden Rentenzahlung.
c) [1]Aufbau und Höhe eines vom ausscheidenden Beteiligten gewählten Deckungsstocks bestimmen sich nach dem von ihm festgelegten Ende des Erstattungszeitraums und den dann noch vorhandenen Leistungsansprüchen und Anwartschaften; die Einzelheiten sind unter entsprechender Berücksichtigung der Maßgaben nach § 37c Abs. 1 Satz 2 Buchst. b bis e durch die VBL festzulegen. [2]Ist der Deckungsstock am Ende des gewählten Erstattungszeitraums höher als die noch vorhandenen Leistungsansprüche, erhält der ausgeschiedene Beteiligte den Überschuss.
d) [1]Wählt der ausscheidende Beteiligte die Zahlung eines verbleibenden Gegenwertes für die bei Ende des von ihm festgelegten Erstattungszeitraums noch vorhandenen Leistungsansprüche und Anwartschaften, so gelten für den Gegenwert § 37c Abs. 1 und 2 entsprechend. [2]Dies gilt auch bei einem gebildeten Deckungsstock.
e) [1]Ausgeschiedene Beteiligte, die statt der Zahlung eines Gegenwertes nach § 37c Abs. 1 das Erstattungsmodell wählen, werden

VIII

für die Dauer der Erstattungen – wie bei einer fortbestehenden Beteiligung – an den Kosten von vergangenen bzw. zukünftigen Beendigungen von Beteiligungen beteiligt, soweit diese von den ausgeschiedenen Beteiligten nicht selbst getragen werden. [2]Der ausgeschiedene Beteiligte hat keine Ausfallsicherung beizubringen.

f) § 37d gilt entsprechend.

Gemeinsame Niederschriftserklärungen zu §§ 37b bis 37e ATV

1. Um wieder zu einer einheitlichen Nummerierung der ATV-Änderungstarifverträge zurückzukehren, erhält dieser Tarifvertrag die Ordnungszahl „8". Der Änderungstarifvertrag vom 28. März 2015 zum ATV ist faktisch der Änderungstarifvertrag Nr. 7; formal wird ihm die Ordnungszahl „7" jedoch nicht zugewiesen, so dass es bei der bisherigen Bezeichnung bleibt.
2. Die aktuellen biometrischen Rechnungsgrundlagen der VBL (§ 37c Absatz 1 Satz 2 Buchst. d ATV) sind derzeit (7. Januar 2016) die Richttafeln VBL 2010G.
3. Zu § 37d ATV: Das für die Jahre 2013 bis 2015 zurückzuzahlende Sanierungsgeld einschließlich hierauf gezahlter Nutzungsentschädigungen stellen kein Vermögen im Sinne von § 37d ATV dar.
4. Zu den Kosten, die von ausgeschiedenen Beteiligten nicht selbst getragen werden (§ 37e Satz 3 Buchst. e ATV), gehören die Kosten aufgrund von Insolvenzen, Liquidationen und zu niedrig bemessener Gegenwerte. Das Nähere regelt die VBL-Satzung.
5. Die Tarifvertragsparteien wirken auf die Vertreter in den Gremien der VBL hin,
   a) den Abrechnungsverband Gegenwerte aufzulösen und ihn in die entsprechenden Abrechnungsverbände der VBL (Umlage-West bzw. Umlage-Ost) zu integrieren,
   b) durch Satzungsänderung vorzusehen, dass die Aufnahme insolvenzfähiger Arbeitgeber von Sicherheiten abhängig gemacht werden kann, wenn und solange konkrete Anhaltspunkte dafür bestehen, dass der Arbeitgeber keinen dauerhaften Bestand haben wird; eine darüberhinausgehende Insolvenzsicherungspflicht bei der Vereinbarung neuer Beteiligungen unterbleibt.

VIII

§ 37f Rechtsfolgen von Personalübertragungen

(1) [1]Werden kraft Rechtsvorschrift (Gesetz, Verordnung, Satzung) oder aufgrund einer Vereinbarung (einschließlich Betriebsübergang und Fusion) zwischen einem an der VBL Beteiligten und einem nicht beteiligten Arbeitgeber Arbeitsverhältnisse mit Pflichtversicherten auf Letzteren übertragen (Personalübertragungen) und scheidet dadurch ein wesentlicher Teil von Pflichtversicherten des Beteiligten aus der VBL aus, ist dieser verpflichtet, hierfür einen anteiligen Gegenwert zu zahlen. [2]Dabei sind folgende Grundsätze zu berücksichtigen.

a) [1]Ein wesentlicher Teil von Pflichtversicherten ist gegeben, wenn in den vergangenen zehn Jahren (jeweils Stand Jahresende) zehn v. H. der Pflichtversicherten des Beteiligten oder 500 Pflichtversicherte übertragen worden sind. [2]Der zehnjährige Betrachtungszeitraum beginnt neu, wenn ein Gegenwert geschuldet wird. [3]Hat ein beteiligter Arbeitgeber im Betrachtungszeitraum im Wege einer Personalübertragung von nicht beteiligten Arbeitgebern zusätzliche Pflichtversicherte übernommen, wird der Umfang zugunsten des Beteiligten berücksichtigt.

b) [1]Mit dem anteiligen Gegenwert sind unverfallbare Anwartschaften der Versicherten zu finanzieren, deren Pflichtversicherungen wegen der Personalübertragungen während des Betrachtungszeitraums enden. [2]Zusätzlich sind Anwartschaften von beitragsfreien Versicherungen sowie Leistungsansprüche von Betriebsrentenberechtigten und Hinterbliebenen in dem Anteil zu finanzieren, der dem Verhältnis des übertragenen Pflichtversichertenbestandes zu dem Pflichtversichertenbestand des Beteiligten vor der Personalübertragung entspricht.

c) Im Übrigen gelten die Grundsätze nach § 37c und § 37d entsprechend.

d) [1]Anstelle eines anteiligen Gegenwertes kann der Beteiligte die Aufwendungen der VBL für die ihm im Zusammenhang mit den Personalübertragungen nach Buchstabe b zuzurechnenden Leistungsansprüche entsprechend § 37e erstatten. [2]§ 37d gilt entsprechend.

(2) Die Personalübertragungen nach Absatz 1 stellen für sich genommen keinen Grund zur fristlosen Kündigung der Beteiligung dar.

(3) Die Einzelheiten zu Absatz 1 regelt die VBL eigenständig.

§ 38 Sonderregelung für die VKA

VIII

[1]Zu § 29 Abs. 2: Beschäftigte, deren zusätzliche Altersvorsorge bei einem Lebensversicherungsunternehmen durchgeführt worden ist, sind auf ihren schriftlichen Antrag beim Vorliegen der sonstigen Voraussetzungen bei der Zusatzversorgungseinrichtung zu versichern. [2]Der Antrag kann nur bis zum Ablauf von sechs Monaten nach dem Beginn der Mitgliedschaft des Arbeitgebers bei einem Mitgliedverband der Vereinigung der kommunalen Arbeitgeberverbände gestellt werden. [3]Beschäftigte, die den Antrag nach Satz 1 nicht stellen, haben die Lebensversicherung mindestens zu den bisherigen Bedingungen fortzuführen. [4]Der Arbeitgeber hat sich nach den am Tage vor dem Beitritt des Arbeitgebers zu einem Mitgliedverband der Vereinigung der kommunalen Arbeitgeberverbände bestehenden Vereinbarungen an den Beiträgen zur Lebensversicherung zu beteiligen. [5]Daneben hat der Arbeitgeber für die Zeit, für die die Beschäftigten Arbeitsentgelt erhalten, einen zusätzlichen Beitragsanteil in Höhe von 1,5 v. H. des der Beitragsberechnung in der gesetzlichen Rentenversicherung zugrunde liegenden Arbeitsentgelts zu entrichten; dabei bleibt die Beitragsbemessungsgrenze unberücksichtigt. [6]Die Beitragsanteile des

Arbeitgebers dürfen den insgesamt zu zahlenden Beitrag nicht übersteigen.

§ 39 Sonderregelungen für das zusatzversorgungspflichtige Entgelt

(1) [1]Bei Bund und TdL gilt für pflichtversicherte Beschäftigte und für freiwillig versicherte Beschäftigte mit wissenschaftlicher Tätigkeit (§ 2 Absatz 2) Folgendes: Soweit das monatliche zusatzversorgungspflichtige Entgelt den Grenzbetrag nach Satz 2 übersteigt, hat der Arbeitgeber ab 1. Januar 2002 im Rahmen der freiwilligen Versicherung nach § 26 Abs. 3 Satz 1 einen Beitrag von acht v. H. des übersteigenden Betrages an die Zusatzversorgungseinrichtung zu zahlen. [2]Grenzbetrag ist das 1,181-fache des Betrages der Entgeltgruppe 15 Stufe 5 TVöD/Bund Tarifgebiet West bzw. Tarifgebiet Ost – jährlich einmal einschließlich der Jahressonderzahlung, wenn die/der Beschäftigte eine zusatzversorgungspflichtige Jahressonderzahlung erhält. [3]Die Sätze 1 und 2 gelten nur für Beschäftigte, für die keine zusätzliche Umlage nach Absatz 2 zu entrichten ist.

(2) [1]Für Beschäftigte, für die für Dezember 2001 schon und für Januar 2002 noch eine zusätzliche Umlage nach § 29 Abs. 4 VBL-Satzung a. F. gezahlt wurde, gilt Folgendes: Soweit das monatliche zusatzversorgungspflichtige Entgelt den Grenzbetrag nach Satz 3 übersteigt, ist in diesem Arbeitsverhältnis zusätzlich eine Umlage von neun v. H. des übersteigenden Betrages zu zahlen. [2]Die sich daraus ergebenden Versorgungspunkte sind zu verdreifachen. [3]Grenzbetrag ist das 1,133-fache des Betrages der Entgeltgruppe 15 Stufe 6 TVöD/VKA Tarifgebiet West bzw. Tarifgebiet Ost – jährlich einmal einschließlich der Jahressonderzahlung, wenn die/der Beschäftigte eine zusatzversorgungspflichtige Jahressonderzahlung erhält.

VIII

Protokollnotiz:

Bei Beschäftigten im Tarifgebiet Ost, für die der Umlagesatz des Abrechnungsverbandes West der VBL maßgeblich ist, sind bei Erhebung des Beitrags nach Absatz 1 und der zusätzlichen Umlage nach Absatz 2 die jeweiligen Beträge für das Tarifgebiet West zu berücksichtigen.

§ 40 In-Kraft-Treten

(1) [1]Dieser Tarifvertrag tritt mit Wirkung vom 1. Januar 2001 in Kraft. [2]Abweichend von Satz 1 tritt § 2 Abs. 2 am 1. Januar 2003 mit der Maßgabe in Kraft, dass er nur für nach dem 31. Dezember 2002 begründete Arbeitsverhältnisse Anwendung findet.

(2) [1]Dieser Tarifvertrag kann jederzeit schriftlich mit einer Frist von drei Monaten zum Monatsende gekündigt werden, frühestens jedoch zum 30. Juni 2026. [2]Abweichend von Satz 1 kann dieser Tarifvertrag von

und gegenüber der TdL mit einer Frist von drei Monaten zum Monatsende gekündigt werden, frühestens jedoch zum 31. Dezember 2024.

(3) Mit dem In-Kraft-Treten dieses Tarifvertrages treten – unbeschadet des § 36 – außer Kraft der

a) Tarifvertrag über die Versorgung der Arbeitnehmer des Bundes und der Länder sowie von Arbeitnehmern kommunaler Verwaltungen und Betriebe (Versorgungs-TV) vom 4. November 1966,

b) Tarifvertrag über die Versorgung der Arbeitnehmer des Saarlandes und der Mitglieder des Kommunalen Arbeitgeberverbandes e. V. Saar (VersTV-Saar) vom 15. November 1966.

(4) Soweit vorstehend keine Regelung getroffen ist, findet der als Anlage 5 beigefügte Altersvorsorgeplan 2001 vom 13. November 2001 mit seinen Anlagen Anwendung (einschließlich des Ausschlusses der Entgeltumwandlung und der Verhandlungszusage nach 1.3).

Niederschriftserklärung

Im Zusammenhang mit dem Änderungstarifvertrag Nr. 2 vom 12. März 2003 zum ATV haben die Tarifvertragsparteien folgende Niederschriftserklärung abgegeben:

„1. Im Zusammenhang mit den Änderungen zu § 33 sind weitere Fallkonstellationen umfassend erörtert worden. Die Tarifvertragsparteien sind sich einig, dass kein weiterer Änderungsbedarf besteht.

2. Für die Waldarbeiter wird eine dem § 19 Abs. 1 Satz 7 ATV/ATV-K entsprechende Regelung im ATV-W angestrebt.

3. Die Abfindung nach § 22 Abs. 2 ATV/ATV-K ist während des Bezugs einer Erwerbsminderungsrente nur auf Antrag der/des Rentenberechtigten zulässig.

4. Soweit eine Nachversicherung sog. unterhälftig Teilzeitbeschäftigter bisher nicht erfolgt ist, soll diese nunmehr zeitnah nachgeholt werden.

VIII

5. Die Zusatzversorgungseinrichtungen haben nach § 26 Abs. 3 Satz 1 ATV/ATV-K eine freiwillige Versicherung in Anlehnung an das Punktemodell anzubieten.

6. Bei Berechnung der Startgutschriften erfolgt eine ausschließlich stichtagsbezogene Berücksichtigung des Familienstandes zum 31. Dezember 2001, auf deren Basis eine Differenzierung nach Steuerklasse III/0 bzw. I/0 erfolgt; ein späterer Wechsel der berücksichtigten Steuerklasse ist ausgeschlossen.

7. In den Fällen des § 33 Abs. 1 ATV/ATV-K erfolgt bei Berechnung des anzurechnenden Bezuges eine Rechtskreistrennung (Ost/West) bei der Frage der zu berücksichtigenden Beitragsbemessungsgrenze. Dies gilt auch für die Berechnung des fiktiven Nettoarbeitsentgelts (§ 41 Abs. 2c VBL-Satzung a. F.).

8. Die noch erreichbare Betriebsrente nach § 33 Abs. 2 Satz 2 ATV/ATV-K ist unter Berücksichtigung der sich nach § 38 ATV-K, § 39 Abs. 1 bzw. 2 ATV ggf. noch ergebenden Betriebsrente zu berechnen.

9. Auch in den Fällen des Vorruhestandes erfolgt die Hochrechnung der Anwartschaft entsprechend § 33 Abs. 3 ATV/ATV-K nicht auf das vollendete 63. Lebensjahr, sondern auf den voraussichtlichen Rentenbeginn.

10. Die Tarifvertragsparteien gehen weiterhin davon aus, dass die im Altersvorsorgeplan 2001 bzw. ATV/ATV-K gefundenen Regelungen zur Ermittlung der Startgutschrift inklusive der Übergangsregelungen zur Anwendung des § 44a VBL-Satzung a. F. (ausschließlich im § 33 Abs. 2, 3 und 3a) rechtmäßig sind."

Anlage 1

Geltungsbereich

[1]Tarifverträge im Sinne des § 1 sind der

1. Tarifvertrag für den öffentlichen Dienst (TVöD),
2. Tarifvertrag für den öffentlichen Dienst der Länder (TV-L),
3. Tarifvertrag für die Auszubildenden des öffentlichen Dienstes (TVAöD),
4. Tarifvertrag für Auszubildende der Länder in Ausbildungsberufen nach dem Berufsbildungsgesetz (TVA-L BBiG),
5. Tarifvertrag für Auszubildende der Länder in Pflegeberufen (TVA-L Pflege),
6. Tarifvertrag über die Regelung der Rechtsverhältnisse der nicht vollbeschäftigten amtlichen Tierärzte und Fleischkontrolleure in öffentlichen Schlachthöfen und in Einfuhruntersuchungsstellen (TV Ang iöS),
7. Tarifvertrag über die Regelung der Rechtsverhältnisse der nicht vollbeschäftigten amtlichen Tierärzte und Fleischkontrolleure in öffentlichen Schlachthöfen und in Einfuhruntersuchungsstellen (TV Ang-O iöS),
8. Tarifvertrag Versorgungsbetriebe (TV-V),
9. Spartentarifvertrag Nahverkehrsbetriebe eines Arbeitgeberverbandes, der der Vereinigung der kommunalen Arbeitgeberverbände angehört, soweit die Anwendung des öffentlichen Zusatzversorgungsrechts dort geregelt ist,
10. Tarifvertrag für die Arbeitnehmer/innen der Wasserwirtschaft in Nordrhein-Westfalen (TV-WW/NW).

Protokollnotiz zu Satz 1:
Soweit in Satz 1 der Anlage 1 in der Fassung des 3. Änderungstarifvertrags aufgeführte Tarifverträge noch nicht durch einen der in Satz 1 der Anlage 1 aufgeführten Tarifverträge abgelöst sind, verbleibt es bis zur Ablösung beim bisherigen Geltungsbereich.

[2]Dieser Tarifvertrag gilt nicht für die Beschäftigten

a) des Landes und der Stadtgemeinde Bremen bzw. der Mitglieder des kommunalen Arbeitgeberverbandes Bremen e.V., die unter den Geltungsbereich des Bremischen Ruhelohngesetzes vom 22. Dezember 1998 fallen,
b) der Freien und Hansestadt Hamburg,
c) der Mitglieder der Arbeitsrechtlichen Vereinigung Hamburg e. V.

VIII

Anlage 2

Ausnahmen von der Versicherungspflicht

[1]Von der Pflicht zur Versicherung sind Beschäftigte ausgenommen, die

1. nach einer aufgrund einer im Zeitpunkt des Beginns der Mitgliedschaft/Beteiligung bestehenden Ruhelohnordnung oder einer entsprechenden Bestimmung eine Anwartschaft oder einen Anspruch auf Ruhelohn haben und denen Hinterbliebenenversorgung gewährleistet ist,
2. eine Anwartschaft oder einen Anspruch auf lebenslängliche Versorgung nach beamten- oder soldatenrechtlichen Vorschriften oder Grundsätzen oder entsprechenden kirchenrechtlichen Regelungen mindestens in Höhe der beamtenrechtlichen Mindestversorgungsbezüge haben und denen Hinterbliebenenversorgung gewährleistet ist,
3. aufgrund Tarifvertrages, Arbeitsvertrages, der Satzung der Zusatzversorgungseinrichtung oder der Satzung einer Zusatzversorgungseinrichtung, von der Versicherungen übergeleitet werden, von der Versicherungspflicht befreit worden sind,
4. für das bei dem Beteiligten bestehende Arbeitsverhältnis aufgrund gesetzlicher, tariflicher oder vertraglicher Vorschrift einer anderen Zusatzversorgungseinrichtung (Versorgungsanstalt der deutschen Bühnen, Versorgungsanstalt der deutschen Kulturorchester, Bahnversicherungsanstalt Abteilung B oder eine gleichartige Versorgungseinrichtung) angehören müssen,
5. bei der Versorgungsanstalt der deutschen Bühnen oder der Versorgungsanstalt der deutschen Kulturorchester freiwillig weiterversichert sind, und zwar auch dann, wenn diese freiwilligen Weiterversicherungen später als drei Monate nach dem Beginn des Arbeitsverhältnisses enden,
6. Rente wegen Alters nach §§ 35 bis 40 bzw. §§ 235 bis 238 SGB VI als Vollrente erhalten oder erhalten haben oder wenn der Versicherungsfall der Betriebsrente wegen Alters (§ 5) bei einer Zusatzversorgungseinrichtung, von der Überleitungen (§ 4) erfolgen, eingetreten ist,
7. eine Übergangszahlung nach § 46 Nummer 4 TVöD BT-V (VKA) oder § 47 Nummer 3 TV-L beziehungsweise eine Übergangsversorgung nach den tariflichen Vorgängerregelungen erhalten oder
8. im Sinne des § 8 Abs. 1 Nr. 2 SGB IV geringfügig beschäftigt sind.

[2]Auf ihren beim Arbeitgeber schriftlich zu stellenden Antrag sind Beschäftigte, solange sie freiwilliges Mitglied des Versorgungswerks

der Presse sind, nicht zu versichern; wird der Antrag spätestens zwölf Monate nach Beginn der Pflicht zur Versicherung gestellt, gilt die Pflichtversicherung als nicht entstanden.

[3]Zwischen den Tarifvertragsparteien besteht Einvernehmen, dass die Arbeiterinnen und Arbeiter

a) der Wasser- und Schifffahrtsverwaltung des Bundes,

b) der Häfen- und Schifffahrtsverwaltung des Landes Niedersachsen und der Wasserwirtschaftsverwaltungen der Länder

weiterhin bei der Bahnversicherungsanstalt Abteilung B versichert bleiben, soweit die Bahnversicherungsanstalt Abteilung B als Versicherungsträger bestimmt ist.

VIII

Anlage 3

Ausnahmen vom und Sonderregelungen zum zusatzversorgungspflichtigen Entgelt

[1]Kein zusatzversorgungspflichtiges Entgelt im Sinne des § 15 Abs. 2 sind

1. Bestandteile des Arbeitsentgelts, die durch Tarifvertrag auf Bundes-, Landes- oder landesbezirklicher Ebene ausdrücklich als nicht zusatzversorgungspflichtig bezeichnet sind sowie über- und außertarifliche Bestandteile des Arbeitsentgelts, soweit sie durch Betriebsvereinbarung oder Arbeitsvertrag ausdrücklich als nicht zusatzversorgungspflichtig bezeichnet sind,

   Protokollnotiz zu Nr. 1:

   Für am 30. Juni 2007 bestehende Vereinbarungen in Tarifverträgen, Betriebsvereinbarungen oder Arbeitsverträgen über die Ausnahme von Bestandteilen des Arbeitsentgelts aus der Zusatzversorgung gilt Anlage 3 Satz 1 Nr. 1 in der bis zum 1. Januar 2007 geltenden Fassung.

2. Bestandteile des Arbeitsentgelts, die auf einer Verweisung auf beamtenrechtliche Vorschriften beruhen, soweit die beamtenrechtlichen Bezüge nicht ruhegehaltfähig sind,
3. Aufwandsentschädigungen; reisekostenähnliche Entschädigungen (z. B. Ausbleibezulage, Auswärtszulage),
4. geldliche Nebenleistungen wie Ersatz von Werbungskosten (z. B. Aufwendungen für Werkzeuge, Berufskleidung, Fortbildung) sowie Zuschüsse z. B. zu Fahr-, Heizungs-, Wohnungs-, Essens-, Kontoführungskosten, Schul- und Sprachenbeihilfen, Mietbeiträge, Kassenverlustentschädigungen (Mankogelder, Fehlgeldentschädigungen),
5. Leistungszulagen, Leistungsprämien sowie erfolgsabhängige Entgelte (z. B. Tantiemen, Provisionen, Abschlussprämien und entsprechende Leistungen, Prämien für Verbesserungsvorschläge, Erfindervergütungen),
6. einmalige und sonstige nicht laufend monatlich gezahlte über- oder außertarifliche Leistungen,
7. Entgelte aus Nebentätigkeiten einschließlich Einkünfte, die aus ärztlichen Liquidationserlösen zufließen,
8. Krankengeldzuschüsse,
9. Jubiläumsgelder,
10. Aufwendungen des Arbeitgebers für eine Zukunftssicherung der Beschäftigten,

11. geldwerte Vorteile/Sachbezüge, soweit derartige Leistungen nicht anstelle von Entgelt für Zeiträume gezahlt werden, für die laufendes zusatzversorgungspflichtiges Entgelt zusteht,
12. Zuschläge für Sonntags-, Feiertags- und Nachtarbeit,
13. einmalige Zahlungen (z. B. Urlaubsabgeltungen, Abfindungen), die aus Anlass der Beendigung, des Eintritts des Ruhens oder nach der Beendigung des Arbeitsverhältnisses gezahlt werden,
14. einmalige Zahlungen (z. B. Zuwendungen) insoweit, als bei ihrer Berechnung Zeiten berücksichtigt sind, für die keine Umlagen für laufendes zusatzversorgungspflichtiges Entgelt zu entrichten sind,
15. einmalige Unfallentschädigungen,
16. bei einer Verwendung im Ausland diejenigen Bestandteile des Arbeitsentgelts, die wegen dieser Verwendung über das für eine gleichwertige Tätigkeit im Inland zustehende Arbeitsentgelt hinaus gezahlt werden.

[2]Kein zusatzversorgungspflichtiges Entgelt ist ferner der Teil des steuerpflichtigen Arbeitsentgelts, der nach Anwendung des Satzes 1 den 2,5fachen Wert der monatlichen Beitragsbemessungsgrenze in der gesetzlichen Rentenversicherung (West bzw. Ost) übersteigt; wenn eine zusatzversorgungspflichtige Jahressonderzahlung gezahlt wird, ist der vorgenannte Wert jährlich einmal im Monat der Jahressonderzahlung zu verdoppeln.

[3]Als zusatzversorgungspflichtiges Entgelt gilt für Kalendermonate, in denen Beschäftigte für mindestens einen Tag Anspruch auf Krankengeldzuschuss haben – auch wenn dieser wegen der Höhe der Barleistungen des Sozialversicherungsträgers nicht gezahlt wird –, das fiktive Entgelt nach § 21 TVöD/§ 21 TV-L bzw. entsprechenden tarifvertraglichen Regelungen, das für die Tage, für die tatsächlich Anspruch auf Entgelt, Entgeltfortzahlung oder Krankengeldzuschuss bestand, im Falle eines entsprechenden Entgeltfortzahlungsanspruchs gezahlt worden wäre.

[4]In diesen Kalendermonaten geleistete einmalige Zahlungen sind neben dem fiktiven Entgelt nach § 21 TVöD/§ 21 TV-L bzw. entsprechenden tarifvertraglichen Regelungen nach Maßgabe der Sätze 1 und 2 zusatzversorgungspflichtiges Entgelt.

[5]Für Beschäftigte, die zur Übernahme von Aufgaben der Entwicklungshilfe im Sinne des § 1 Entwicklungshelfergesetz vom 18. Juni 1969 in der jeweils geltenden Fassung ohne Arbeitsentgelt beurlaubt sind, hat der Arbeitgeber für die Zeit der Beurlaubung Umlagen an die Zusatzversorgungseinrichtung abzuführen, wenn der Träger der Entwicklungshilfe die Umlagen erstattet. [6]Für die Bemessung der Umla-

VIII

gen gilt als zusatzversorgungspflichtiges Entgelt das Entgelt, von dem nach § 166 Abs. 1 Nr. 4 SGB VI die Beiträge für die gesetzliche Rentenversicherung zu berechnen sind.

[7]Für Beschäftigte, die eine Ausgleichszahlung nach Maßgabe des § 11 des Tarifvertrages über sozialverträgliche Begleitmaßnahmen im Zusammenhang mit der Umgestaltung der Bundeswehr vom 18. Juli 2001 erhalten, ist zusatzversorgungspflichtiges Entgelt das der Bemessung dieser Ausgleichszahlung zugrunde liegende unverminderte Einkommen im Sinne des vorgenannten Tarifvertrages.

Anlage 4

Versicherungsmathematische Grundsätze für die Bewertung der Verpflichtungen im Rahmen der versicherungstechnischen Bilanz

1. Bewertungsgegenstand

Bewertet werden die Verpflichtungen nach dem Stande vom Bilanzstichtag (= Inventurstichtag). Bereits feststehende allgemeine Leistungsveränderungen, die erst nach dem Stichtag wirksam werden, bleiben unberücksichtigt.

2. Bewertungsmethode

Es wird der versicherungsmathematische Barwert der Verpflichtungen nach dem Grundsatz der Einzelbewertung ermittelt.

3. Rechnungsgrundlagen

Als biometrischen Rechnungsgrundlagen dienen die Richttafeln 1998 von Klaus Heubeck. Als Altersgrenze ist die Vollendung des 65. Lebensjahres in Ansatz zu bringen.

Der Rechnungszins beträgt 3,25 % in der Zeit bis zum Eintritt eines Versorgungsfalles und 5,25 % nach Eintritt eines Versorgungsfalles.

4. Verwaltungskostenrückstellung

Eine Verwaltungskostenrückstellung wird nicht gebildet.

5. Sonstiges

Solange die den Besitzstand abbildenden Versorgungspunkte noch nicht ermittelt sind, werden die anzurechnenden Sozialversicherungsrenten nach dem steuerlichen Näherungsverfahren in Ansatz gebracht. Der in diesem Verfahren anzusetzende Korrekturfaktor wird einheitlich für alle Berechtigten auf 0,9086 festgesetzt, Entgelt und Beitragsbemessungsgrenze sind nach dem Stande vom 31. 12. 2001 zu berücksichtigen.

Ein nach Feststellung der den Besitzstand abbildenden Versorgungspunkte ermittelter Unterschiedsbetrag gegenüber dem vorläufigen Bewertungsansatz bleibt bei der Ermittlung des Überschusses unberücksichtigt.

Anlage 5

Altersvorsorgeplan 2001

Dieser Tarifvertrag gilt einheitlich für die Tarifgebiete Ost und West

1. Ablösung des Gesamtversorgungssystems

1.1 Das bisherige Gesamtversorgungssystem wird mit Ablauf des 31. 12. 2000 geschlossen und durch das Punktemodell ersetzt. Zur juristischen Bewertung vgl. Anlage 1.

1.2 Auf ein Zurückfallen der Renten und Anwartschaften auf den Stand des Jahres 2000 wird verzichtet.

1.3 Durch den Systemwechsel erhalten die Arbeitnehmer die Möglichkeit, eine zusätzliche kapitalgedeckte Altersversorgung durch eigene Beiträge unter Inanspruchnahme der steuerlichen Förderung aufzubauen (Riester-Rente). Diese Möglichkeit soll auch bei den Zusatzversorgungskassen eröffnet werden.

Die Möglichkeit der Entgeltumwandlung besteht derzeit – einheitlich für alle Arbeitnehmer – nicht; die Tarifvertragsparteien geben sich eine Verhandlungszusage für eine tarifvertragliche Regelung zur Entgeltumwandlung.

1.4 Die Umlagefinanzierung wird auch nach Systemwechsel beibehalten. Sie kann schrittweise nach den Möglichkeiten der einzelnen Zusatzversorgungskassen durch Kapitaldeckung abgelöst werden (Kombinationsmodell).

2. Punktemodell

2.1 Die Leistungsbemessung erfolgt nach dem Punktemodell. Es werden diejenigen Leistungen zugesagt, die sich ergeben würden, wenn eine Gesamt-Beitragsleistung von 4 v. H. vollständig in ein kapitalgedecktes System eingezahlt würde.

2.2 Soweit eine Kapitaldeckung vorhanden ist, werden die tatsächlich erzielten Kapitalerträge veranschlagt.

Soweit keine Kapitaldeckung vorhanden ist, wird jährlich die laufende Verzinsung der zehn größten Pensionskassen gemäß jeweils aktuellem Geschäftsbericht des Bundesaufsichtsamtes für das Versicherungswesen (bzw. Nachfolgeeinrichtung) zugrunde gelegt.

Überschüsse werden wie bei einer Pensionskasse festgestellt. Von diesen Überschüssen werden nach Abzug der Verwaltungskosten (soweit fiktiv: 2 v. H.) vorrangig die sozialen Komponenten und dann Bonuspunkte finanziert.

Soziale Komponenten sind:

a) Zurechnungszeiten bei Erwerbsminderungs- und Hinterbliebenenrenten (vgl. Textziffer 2.5)

b) Kindererziehungszeiten

Berücksichtigung eines Beitrages von 20 Euro pro Monat pro Kind für die Dauer der gesetzlichen Erziehungszeit (ohne Beschäftigung).

c) Übergangsregelung für alle Versicherten mit einer Mindestpflichtversicherungszeit von 20 Jahren die monatlich weniger als 3600 DM brutto verdienen. Ihre erworbenen Anwartschaften werden festgestellt und ggf. auf mindestens 0,8 Versorgungspunkte für jedes volle Kalenderjahr der Pflichtversicherung angehoben (Einbeziehung des Beschäftigungsquotienten).

2.3 Die als Anlage beigefügte Tabelle kommt zur Anwendung. Diese Tabelle basiert auf folgenden Parametern:

Ein Zinssatz entsprechend § 2 der Deckungsrückstellungsverordnung von derzeit 3,25 v. H. vor Eintritt des Versorgungsfalls wird zugrunde gelegt. Nach Eintritt des Versorgungsfalls gilt ein Zinssatz von 5,25 v. H. Bei Änderungen des Verordnungs-Zinssatzes gilt dieser bis zum Wirksamwerden einer entsprechenden tarifvertraglichen Anpassung fort. Die versicherungsmathematischen Berechnungen basieren auf den Richttafeln 1998 von Klaus Heubeck.

2.4 Die Versicherungsfälle entsprechen denen in der gesetzlichen Rentenversicherung (Altersrenten, Erwerbsminderungsrenten, Hinterbliebenenrenten). Bei teilweiser Erwerbsminderung wird die Hälfte des Betrages gezahlt, der bei voller Erwerbsminderung zustünde.

Abschläge werden für jeden Monat der vorzeitigen Inanspruchnahme der Rente (wie gesetzliche Rentenversicherung) in Höhe von 0,3 v. H. erhoben; höchstens jedoch insgesamt 10,8 v. H.

2.5 Bei Erwerbsminderungs- und Hinterbliebenenrenten vor Vollendung des 60. Lebensjahres werden Versorgungspunkte hinzugerechnet. Für ein Referenzentgelt wird für jedes Kalenderjahr vor Vollendung des 60. Lebensjahres je ein Versorgungspunkt hinzugerechnet.

2.6 Von den Verpflichtungen zur Beitragszahlung in der Textziffer 2.1 dieses Tarifvertrages kann bis zu einer Mindesthöhe von zwei v. H. für die Dauer von bis zu drei Jahren im Rahmen eines landesbezirklichen Tarifvertrages abgewichen werden, wenn sich der Betrieb in einer wirtschaftlichen Notlage befindet. Die Feststellung der wirtschaftlichen Notlage wird durch eine paritätisch besetzte Kommission der Tarifvertragsparteien getroffen.

Die Regelung kann verlängert werden.

2.7 Entgelte aus Altersteilzeit werden in Höhe des vereinbarten Entgelts mindestens jedoch mit 90 v. H. des vor Beginn der Altersteilzeit maßgebenden Wertes berücksichtigt (wie nach bisherigem Recht). Fälle des Vorruhestandes werden wie nach altem Recht behandelt.

3. Übergangsrecht

3.1 Die Höhe der laufenden Renten und der Ausgleichsbeträge wird zum 31. 12. 2001 festgestellt.

3.2 Die laufenden Renten werden als Besitzstandsrenten weitergezahlt. Die abbaubaren Ausgleichsbeträge werden in Höhe des Dynamisierungsgewinns abgebaut.

3.3 Die Besitzstandsrenten und die Neurenten werden beginnend mit dem Jahr 2002 jeweils zum 1. 7. eines Jahres bis 2007 mit 1 v. H. jährlich dynamisiert.

3.4 Die Anwartschaften der am 31. 12. 2001 schon und am 1. 1. 2002 noch pflichtversicherten Arbeitnehmer werden wie folgt berechnet:

3.4.1 Es gelten die Berechnungsvorgaben des § 18 Abs. 2 BetrAVG. Der danach festgestellte Betrag wird in Versorgungspunkte unter Berücksichtigung eines Zinssatzes von 3,25 umgerechnet und in das Punktemodell transferiert. Die transferierten Versorgungspunkte nehmen an der Dynamisierung nach Ziffer 2.2 teil.

3.4.2 Für Arbeitnehmer im Tarifgebiet West, die am 1. 1. 2002 das 55. Lebensjahr vollendet haben (rentennahe Jahrgänge), gilt folgende Besitzstandsregelung: Auf der Grundlage des am 31. 12. 2000 geltenden Rechts der Zusatzversorgung ist Ausgangswert für die Bemessung des in das Punktemodell zu transferierenden Betrages die individuell bestimmte Versorgungsrente im Alter von 63 (bei Behinderten Alter entsprechend gesetzlicher Rentenversicherung) unter Berücksichtigung der Mindestgesamtversorgung und des § 44a VBL-Satzung bzw. entsprechende Versorgungsregelung; die gesetzliche Rente ist nach persönlichen Daten anzurechnen; von diesem nach den Bemessungsgrößen per 31. 12. 2001 einmalig ermittelten Ausgangswert ist die aus dem Punktemodell noch zu erwerbende

Betriebsrente abzuziehen; die Differenz ist die Besitzstandsrente; sie wird in Versorgungspunkte umgerechnet und in das Punktemodell transferiert.

3.4.3 Textziffer 3.4.2 gilt entsprechend für solche Arbeitnehmer, die im Jahre 2001 das 55. Lebensjahr vollendet und vor Inkrafttreten des Tarifvertrages Altersteilzeit bzw. Vorruhestand vereinbart haben.

3.5 Die im bisherigen Versorgungssystem erworbenen Anwartschaften von Arbeitnehmern, die am 1. 1. 2002 nicht mehr pflichtversichert sind und die eine unverfallbare Anwartschaft haben, werden entsprechend der bisherigen Versicherungsrentenberechnung festgestellt, transferiert und nicht dynamisiert.

4. Finanzierung

4.1 Jede Kasse regelt ihre Finanzierung selbst.

Zusätzlicher Finanzbedarf über die tatsächliche Umlage des Jahres 2001 hinaus (Stichtag 1. 11. 2001) – mindestens jedoch ab Umlagesatz von 4 v. H. – wird durch steuerfreie, pauschale Sanierungsgelder gedeckt.

Im Tarifgebiet West verbleibt es bei den von den Arbeitnehmern bei Zusatzversorgungskassen geleisteten Beiträgen.

4.2 Für die VBL-West gilt:

Ab 2002 betragen die Belastungen der Arbeitgeber 8,45 v. H. Dies teilt sich auf in eine steuerpflichtige, mit 180 DM/Monat pauschal versteuerte Umlage von 6,45 v. H. und steuerfreie pauschale Sanierungsgelder von 2,0 v. H., die zur Deckung eines Fehlbetrages im Zeitpunkt der Schließung dienen sollen.

Ab 2002 beträgt der aus versteuertem Einkommen zu entrichtende Umlagebeitrag der Arbeitnehmer 1,41 v. H.

4.3 Die Verteilung der Sanierungsgelder auf Arbeitgeberseite bestimmt sich nach dem Verhältnis der Entgeltsumme aller Pflichtversicherten zuzüglich der neunfachen Rentensumme aller Renten zu den entsprechenden Werten, die einem Arbeitgeberverband bzw. bei Verbandsfreien, dem einzelnen Arbeitgeber zuzurechnen sind; ist ein verbandsfreier Arbeitgeber einer Gebietskörperschaft mittelbar oder haushaltsmäßig im Wesentlichen zuzuordnen, wird dieser bei der Gebietskörperschaft einbezogen.

Arbeitgebern, die seit dem 1. November 2001 durch Ausgliederung entstanden sind, sind zur Feststellung der Verteilung der Sanierungszuschüsse Renten in dem Verhältnis zuzurechnen, das dem Verhältnis der Zahl der Pflichtversicherten des Ausge-

VIII

gliederten zu der Zahl der Pflichtversicherten des Ausgliedernden zum 1. 11. 2001 entspricht.

4.4 Bei abnehmendem Finanzierungsbedarf für die laufenden Ausgaben werden die übersteigenden Einnahmen – getrennt und individualisierbar – zum Aufbau einer Kapitaldeckung eingesetzt.

5. Die Tarifvertragsparteien gehen davon aus, dass mit diesem Tarifvertrag das Abwandern von Betrieben oder Betriebsteilen aus den Zusatzversorgungseinrichtungen des öffentlichen Dienstes verhindert wird.

Während der Laufzeit des Tarifvertrages überprüfen die Tarifvertragsparteien, ob es zu signifikanten Abwanderungen aus einzelnen Zusatzversorgungseinrichtungen gekommen ist. Sie beauftragen einen Gutachter, die Gründe für eventuelle Abwanderungen darzustellen. Dies gilt auch für den Tarifvertrag über sozialverträgliche Begleitmaßnahmen im Zusammenhang mit der Umgestaltung der Bundeswehr.

6. Laufzeit des Tarifvertrages bis zum 31. 12. 2007.

Zu Anlage 5: Anlage 1

Juristische Zulässigkeit des rückwirkenden Systemwechsels zum 31. 12. 2000 (Arbeitskreis 2)

Die Tarifvertragsparteien gehen davon aus, dass der rückwirkende Wechsel vom Gesamtversorgungssystem in ein Punktemodell zum 1. 1. 2001 verfassungsrechtlich zulässig ist. Dies gilt auch für den Transfer der am 31. 12. 2000 bestehenden Anwartschaften.

Für das Jahr 2001 ist aus verwaltungstechnischen Gründen eine Einführungsphase für das neue System vorgesehen, in der sich Anwartschaften technisch weiterhin nach den Berechnungsmethoden des alten Systems fortentwickeln. Diese für die Betroffenen günstige Übergangsregelung liegt in der Normsetzungsbefugnis der Tarifvertragsparteien.

Seit dem Ergebnis der Tarifrunde 2000 konnte niemand auf den Fortbestand des bisherigen Versorgungssystems vertrauen und deshalb davon ausgehen, dass dieses unverändert bestehen bleiben würde.

Sollte ein Bundesgericht abschließend feststellen, dass Arbeitnehmern oder Versorgungsempfängern mit Vordienstzeiten (Beschäftigungen außerhalb des öffentlichen Dienstes) im neuen System im Hinblick auf den Beschluss des Bundesverfassungsgerichts vom 22. 3. 2000 (1 BvR 1136/96) höhere als die überführten Ansprüche zustehen, werden den Berechtigten diese Ansprüche auch dann rückwirkend erfüllt, wenn sie sie nicht vor der neuen Entscheidung geltend gemacht haben.

Zu Anlage 5: Anlage 2

Rentenformel im Punktemodell

ohne Zwischenschaltung eines Regelbeitrages und bei Überschussanteilen in Form von beitragslosen Versorgungspunkten

Die Rentenhöhe ist abhängig von der gesamten Erwerbsbiografie im öffentlichen Dienst. In jedem Beschäftigungsjahr t werden Versorgungspunkte VPt erworben. Die Höhe der Versorgungspunkte ergibt sich aus der Formel:

$VP_t = E_t / RE \times Tab_x$

Ggf. wird VPt aus Überschüssen erhöht.

Darin bedeuten

VP_t Versorgungspunkt für das Jahr t

E_t Entgelt des Versicherten im Jahr t

RE Referenzentgelt

Tab_x Tabellenwert für das Alter X des Versicherten im Jahr t

Im Versorgungsfall ergibt sich die Rente nach der Formel

Rente = [Summe aller VP_t] × Messbetrag

Der Messbetrag beträgt 0,4 % des Referenzentgeltes.

X	Tab_x
17	3,1
18	3,0
19	2,9
20	2,8
21	2,7
22	2,6
23	2,5
24	2,4
25	2,4
26	2,3
27	2,2
28	2,2
29	2,1
30	2,0
31	2,0
32	1,9
33	1,9
34	1,8

VIII

X	Tab_x
35	1,7
36	1,7
37	1,6
38	1,6
39	1,6
40	1,5
41	1,5
42	1,4
43	1,4
44	1,3
45	1,3
46	1,3
47	1,2
48	1,2
49	1,2
50	1,1
51	1,1
52	1,1
53	1,0
54	1,0
55	1,0
56	1,0
57	0,9
58	0,9
59	0,9
60	0,9
61	0,9
62	0,8
63	0,8
64 + älter	0,8

Anlage 6

Ermittlung der biometriebedingten Mehrkosten

Auf der Grundlage der Berechnungen von AONHewitt im Schreiben vom 7. Januar 2015 werden die Mehrkosten aufgrund der veränderten biometrischen Verhältnisse pauschal ermittelt, indem jeweils folgender Vomhundertsatz auf die Rentenausgaben angewandt wird, die sich in dem Kalenderjahr unter Berücksichtigung der tatsächlichen biometrischen Risikoverhältnisse voraussichtlich ergeben werden:

Kalenderjahr	Anteil der Mehrkosten aufgrund der veränderten biometrischen Verhältnisse an den voraussichtlichen tatsächlichen Rentenausgaben in v. H.
2023	4,77
2024	5,34
2025	5,93
2026	6,51
2027	7,06
2028	7,63
2029	8,16
2030	8,67
2031	9,17
2032	9,63
2033	10,10
2034	10,57
2035	11,08
2036	11,59
2037	12,14
2038	12,67
2039	13,12
2040	13,62
2041	14,06
2042	14,47
2043	14,86
2044	15,21
2045	15,49
2046	15,75
2047	15,99
2048	16,17
2049	16,30
2050	16,42
2051	16,48

Kalenderjahr	Anteil der Mehrkosten aufgrund der veränderten biometrischen Verhältnisse an den voraussichtlichen tatsächlichen Rentenausgaben in v. H.
2052	16,52
2053	16,59
ab 2054	16,60

VIII

VIII

Stichwortverzeichnis

Die fett gedruckten Zahlen verweisen auf die entsprechenden Leitziffern.

Findex

Findex

Findex

Findex

Findex

Findex

Findex

Z

Findex